Vallender (Hrsg.)
EuInsVO

# EuInsVO

## Kommentar zur Verordnung (EU) 2015/848 über Insolvenzverfahren

Herausgegeben von
Professor Dr. Heinz Vallender, Köln

Bearbeitet von
Daniel Friedemann Fritz, Dr. Robert Hänel, Ottmar Hermann,
Dr. Jana Julia Hübler, Dr. Christoph Keller, Dr. Oliver Liersch,
Prof. Dr. Stephan Madaus, Dr. Johanna Reutershan,
Dr. Anne Deike Riewe, Prof. Dr. Holger Sutschet,
Prof. Dr. Christoph Thole, Prof. Dr. Heinz Vallender,
Dr. Helmut Zipperer

RWS Verlag Kommunikationsforum GmbH & Co. KG · Köln

Die Deutsche Nationalbibliothek verzeichnet diese Publikation in der Deutschen Nationalbibliografie; detaillierte bibliografische Daten sind im Internet über http://dnb.d-nb.de abrufbar.

© 2020 RWS Verlag Kommunikationsforum GmbH & Co. KG
Postfach 27 01 25, 50508 Köln
E-Mail: info@rws-verlag.de, Internet: http://www.rws-verlag.de

Das vorliegende Werk ist in all seinen Teilen urheberrechtlich geschützt. Alle Rechte vorbehalten, insbesondere das Recht der Übersetzung, des Vortrags, der Reproduktion, der Vervielfältigung auf fotomechanischem oder anderen Wegen und der Speicherung in elektronischen Medien.

Satz und Datenverarbeitung: SEUME Publishing Services GmbH, Erfurt
Druck und Bindung: CPI books GmbH, Leck

## Vorwort zur 2. Auflage

Vor mehr als zweieinhalb Jahren ist die 1. Auflage dieses Kommentars erschienen. Seit dieser Zeit hat es im Bereich des europäischen Insolvenz- und Sanierungsrechts grundlegende Veränderungen gegeben. Die folgenschwerste dürfte der Austritt des Vereinigten Königreichs aus der Europäischen Union am 31.1.2020 sein. Sollte es nicht gelingen, bis Ende des Jahres zu einer für beide Seiten zufriedenstellenden Übergangslösung zu gelangen, finden bei einem sog. *hard Brexit* das Europäische Primärrecht, das Europäische Sekundärrecht, und weitgehend das durch die Rechtsprechung des EuGH geschaffene Richterrecht, und alle von der EU abgeschlossenen Abkommen mit Drittstaaten auf das Vereinigte Königreich keine Anwendung mehr. Ein ungeregelter Austritt hat zur Folge, dass Großbritannien im Verhältnis zu den verbleibenden Mitgliedstaaten den Status eines Drittstaates erhält, so dass bei grenzüberschreitenden Insolvenzverfahren im Verhältnis zu Deutschland die Vorschriften des deutschen internationalen Insolvenzrechts (§§ 335 ff. InsO) Anwendung finden werden. Nicht nur die Auswirkungen des *Brexit*, sondern auch die Verordnung (EU) 2018/946 des Europäischen Parlaments und des Rates vom 4.7.2018 zur Ersetzung der Anhänge A und B wurden ebenso wie die EU-Restrukturierungsrichtlinie, die nach langwierigen Verhandlungen und Beratungen am 16.7.2019 in Kraft getreten und im Wesentlichen bis zum 17.7.2021 in nationales Recht umzusetzen ist, in der 2. Auflage dieses Kommentars, soweit das möglich ist, berücksichtigt. Die spannende Frage in diesem Zusammenhang lautet, ob Deutschland das durch den Austritt Großbritanniens entstehende „Sanierungsvakuum" durch ein auch für ausländische Schuldner attraktives außergerichtliches Sanierungsverfahren füllen und ein solches Gesetz Aufnahme in Anhang A der Verordnung (EU) 848/2015 finden wird.

Ihre erste Bewährungsprobe haben die reformierten Vorschriften der EuInsVO in Sachen *NIKI Luftfahrt GmbH* (vgl. AG Berlin-Charlottenburg, Beschluss v. 13.12.2017 – 36n IN 6433/17, ZIP 2018, 43; LG Berlin, Beschluss v. 12.01.2018 – 84 T 2/18, ZIP 2018, 140, Landesgericht Korneuburg, Beschluss v. 12.1.2018 – 36 S 5/18d – 3, ZIP 2018, 393) bestehen müssen. Gegenstand der vorgenannten Entscheidungen waren Fragen zur internationalen Zuständigkeit für Konzerngesellschaften und zur Wirkung und Anerkennung von Eröffnungsentscheidungen. Aufnahme in die 2. Auflage dieses Kommentars haben selbstverständlich zahlreiche weitere Entscheidungen nationaler und Gerichte anderer Mitgliedstaaten zur neuen EuInsVO sowie die Rechtsprechung des EuGHs gefunden. Diese bezieht sich naturgemäß noch auf die Vorschriften der EuInsVO 2000, eignet sich indes in zahlreichen Fällen als Auslegungshilfe für die Bestimmungen der reformierten EuInsVO, die sich als Fortentwicklung des bisherigen Rechts versteht. Ebenso wie die aktuelle Rechtsprechung wurde auch die seit Erscheinen der Erstauflage ergangene Literatur berücksichtigt.

Für Anregungen und Verbesserungsvorschläge bin ich weiterhin dankbar unter hvallender@t-online.de. Mein besonderer Dank gilt den Mitautoren für die ausgezeichnete Kooperation und pünktliche Abgabe der überarbeiteten Manuskripte für die 2. Auflage, dem RWS-Verlag in Person des Verlagsleiters Rechtsanwalt *Markus J. Sauerwald*

# Vorwort zur 2. Auflage

für die sehr professionelle Begleitung und Unterstützung des Projekts sowie Frau Rechtsanwältin *Iris Theves-Telyakar* für die hervorragende lektoratsmäßige Bearbeitung der Manuskripte.

Erftstadt, im Januar 2020  Heinz Vallender

# Inhaltsübersicht

Seite

Vorwort .................................................................................................. V

Bearbeiterverzeichnis ........................................................................... IX

Literaturverzeichnis .............................................................................. XI

**Teil I Texte**

Verordnung (EU) 2015/848 des Europäischen Parlaments und des Rates vom 20. Mai 2015 über Insolvenzverfahren (EuInsVO) ......................... 3

Gesetz zur Durchführung der Verordnung (EU) 2015/848 über Insolvenzverfahren vom 5. Juni 2017 .................................................................... 79

**Teil II Kommentierung der EuInsVO**

Einleitung ............................................................................................... 97

Die Erwägungsgründe .......................................................................... 113

| | | |
|---|---|---|
| Kapitel I | Allgemeine Bestimmungen Artikel 1–18 .................................................. | 125 |
| Kapitel II | Anerkennung der Insolvenzverfahren Artikel 19–33 ............................................... | 331 |
| Kapitel III | Sekundärinsolvenzverfahren Artikel 34–52 ............................................... | 463 |
| Kapitel IV | Unterrichtung der Gläubiger und Anmeldung ihrer Forderungen Artikel 53–55 ............................................... | 595 |
| Kapitel V | Insolvenzverfahren über das Vermögen von Mitgliedern einer Unternehmensgruppe Artikel 56–77 ............................................... | 615 |

| | | | |
|---|---|---|---|
| | Abschnitt 1 | Zusammenarbeit und Kommunikation Artikel 56–60 ............................ | 615 |
| | Abschnitt 2 | Koordinierung Artikel 61–77 ............................ | 669 |
| | | Unterabschnitt 1 Verfahren Artikel 61–70 ............ | 669 |
| | | Unterabschnitt 2 Allgemeine Vorschriften Artikel 71–77 ............ | 696 |

# Inhaltsübersicht

| | | |
|---|---|---|
| Kapitel VI | Datenschutz<br>Artikel 78–83 | 755 |
| Kapitel VII | Übergangs- und Schlussbestimmungen<br>Artikel 84–92 | 783 |

## Teil III  Kommentierung des Art. 102c EGInsO

| | | | |
|---|---|---|---|
| Artikel 102c | Durchführung der Verordnung (EU) 2015/848 über Insolvenzverfahren | | 807 |
| Teil 1 | Allgemeine Bestimmungen<br>§§ 1–10 | | 807 |
| Teil 2 | Sekundärinsolvenzverfahren<br>§§ 11–21 | | 875 |
| | Abschnitt 1 | Hauptinsolvenzverfahren in der Bundesrepublik Deutschland<br>§§ 11–14 | 875 |
| | Abschnitt 2 | Hauptinsolvenzverfahren in einem anderen Mitgliedstaat der Europäischen Union<br>§§ 15–20 | 883 |
| | Abschnitt 3 | Maßnahmen zur Einhaltung einer Zusicherung<br>§ 21 | 896 |
| Teil 3 | Insolvenzverfahren über das Vermögen von Mitgliedern einer Unternehmensgruppe<br>§§ 22–26 | | 904 |

## Anhang

EU Cross-Border Insolvency Court-to-Court Cooperations Principles (EU JudgeCO Priniciples), englisch/deutsch .......... 915

EU Cross-Border Insolvency Court-to-Court Communications Guidelines (EU JudgeCO Guidelines), englisch/deutsch .......... 931

**Stichwortverzeichnis** .......... 941

# Bearbeiterverzeichnis

*Rechtsanwalt Daniel Friedemann Fritz* .............................................. Artt. 31, 71–77
DENTONS Europe LLP,
Frankfurt a. M.

*Rechtsanwalt Dr. Robert Hänel* ............................................................ Artt. 6, 21–23,
anchor Rechtsanwälte, Weilheim  Art. 102c §§ 6, 10 EGInsO

*Rechtsanwalt Ottmar Hermann* ................................................... Artt. 41, 56, 59–60,
hww hermann wienberg wilhelm  Art. 102c §§ 22–23 EGInsO
Insolvenzverwalter,
Frankfurt a. M.

*Rechtsanwältin Dr. Jana Julia Hübler* ................................................... Art. 45–51
GÖRG Rechtsanwälte/Insolvenzverwalter, Köln

*Rechtsanwalt Dr. Christoph Keller, LL.M. (LSE)* ................................ Artt. 34–40,
München  Art. 102c §§ 11–20 EGInsO

*Rechtsanwalt Dr. Oliver Liersch* ............................................................. Artt. 7–15
Brinkmann.Weinkauf Rechtsanwälte,
Hannover

*Professor Dr. Stephan Madaus* .............................................................. Artt. 61–70,
Martin-Luther-Universität Halle-Wittenberg  Art. 102c §§ 24–26 EGInsO

*Richterin am AG Dr. Johanna Reutershan* ......................................... Artt. 32–33, 52
Amtsgericht Köln

*Rechtsanwältin Dr. Anne Deike Riewe* ............................................ Artt. 53–55, 84–87
Köln

*Professor Dr. Holger Sutschet* ............................................................. Artt. 2, 19–20
Hochschule Osnabrück

*Professor Dr. Christoph Thole* ............................................................ Artt. 16–18
Universität zu Köln

# Bearbeiterverzeichnis

*Rechtsanwalt Professor Dr. Heinz Vallender* ...... Artt. 1, 3–5 (gemeinsam mit *Zipperer*),
Universität zu Köln  Artt. 28–30, 57–58, 88–92,
Art. 102c §§ 1–5 EGInsO (gemeinsam mit *Zipperer*),
Art. 102c §§ 7–9 EGInsO

*Richter am AG a. D. Dr. Helmut Zipperer* ............... Einleitung, Erwägungsgründe,
Mannheim  Artt. 3–5 (gemeinsam mit *Vallender*),
Artt. 24–27, 42–44, 78–83,
Art. 102c §§ 1–5 EGInsO (gemeinsam mit *Vallender*),
Art. 102c § 21 EGInsO

# Literaturverzeichnis

*Aderhold*, Auslandskonkurs im Inland, 1992

*Ahrens*, Rechte und Pflichten ausländischer Insolvenzverwalter, 2002

*Ahrens/Gehrlein/Ringstmeier*, Insolvenzrecht, 3. Aufl., 2017
(zit.: Ahrens/Gehrlein/Ringstmeier-*Bearbeiter*, InsO)

*Ambach*, Reichweite und Bedeutung von Art. 25 EuInsVO, 2009

*Andres/Leithaus*, Insolvenzordnung: InsO, Kommentar, 4. Aufl., 2018
(zit.: Andres/Leithaus-*Bearbeiter*, InsO)

*Bariatti/Omar*, The Grand Project: Reform of the European Insolvency Regulation, 2014

*Beck'scher Online-Kommentar Datenschutzrecht*, hrsg. v. Brink/Wolff, 29. Ed. Stand: 1.8.2019 (zit.: *Bearbeiter* in: BeckOK-DatenschutzR)

*Beck'scher Online-Kommentar InsO*, hrsg. v. Fridgen/Geiwitz/Göpfert, 16. Ed. Stand: 15.10.2019 (zit.: *Bearbeiter* in: BeckOK-InsO)

*Beck'scher Online-Kommentar ZPO*, hrsg. v. Vorwerk/Wolf, 33. Ed. Stand: 1.7.2019 (zit.: *Bearbeiter* in: BeckOK-ZPO)

*Bergmann*, Handlexikon der Europäischen Union, 5. Aufl., 2015
(zit.: Bergmann-*Bearbeiter*, Handlexikon der EU, Stichwort)

*Bork/Hölzle*, Handbuch Insolvenzrecht, 2. Aufl., 2019
(zit.: *Bearbeiter* in: Bork/Hölzle, Hdb. InsR)

*Bork/Mangano*, European Cross-Border Insolvency Law, 2016
(zit.: Bork/Mangano-*Bearbeiter*, European Cross-Border Insolvency Law)

*Bork/van Zwieten*, Commentary on the European Insolvency Regulation, 2016
(zit.: Bork/van Zwieten-*Bearbeiter*, Commentary on the European Insolvency Regulation)

*Braun*, Insolvenzordnung, 7. Aufl., 2017 (zit.: Braun-*Bearbeiter*, InsO)

*Brinkmann*, European Insolvency Regulation, 2019
(zit.: Brinkmann-*Bearbeiter*, EIR)

*Burgstaller/Neumayr*, Internationales Zivilverfahrensrecht II, 2006

*Burgstaller/Neumayr/Geroldinger/Schmaranzer*, Internationales Zivilverfahrensrecht, Loseblatt, 20. Aufl., Stand: 12/2016

*Calliess/Ruffert*, EUV/AEUV, 5. Aufl., 2016
(zit.: Calliess/Ruffert-*Bearbeiter*, EUV/AEUV)

*Duursma-Kepplinger/Duursma/Chalupsky*, Europäische Insolvenzverordnung, Kommentar, 2002 (zit.: Duursma-Kepplinger/Duursma/Chalupsky-*Bearbeiter*, EuInsVO)

*Ehmann/Selmayr*, Datenschutz-Grundverordnung, 2. Aufl., 2018
(zit.: Ehmann/Selmayr-*Bearbeiter*, DS-GVO)

# Literaturverzeichnis

*Fehrenbach*, Haupt- und Sekundärinsolvenzverfahren, 2014

*Flöther*, Handbuch zum Konzerninsolvenzrecht, 2. Aufl., 2018 (zit.: *Bearbeiter* in: Flöther, Hdb. Konzerninsolvenzrecht)

*Frankfurter Kommentar zur Insolvenzordnung*, hrsg. v. Wimmer, 9. Aufl., 2018 (zit.: *Bearbeiter* in: FK-InsO)

*Fuchs*, Nationale und internationale Aspekte des Restschuldbefreiungs-Tourismus, 2015 (zit.: *Fuchs*, Restschuldbefreiungs-Tourismus)

*Gebauer/Wiedmann*, Zivilrecht unter europäischem Einfluss, 2. Aufl., 2010

*Geimer/Schütze*, Internationaler Rechtsverkehr in Zivil- und Handelssachen, Loseblatt, 52. Aufl., Stand: 2016 (zit.: Geimer/Schütze-*Bearbeiter*, Internationaler Rechtsverkehr)

*Geimer/Schütze*, Europäisches Zivilverfahrensrecht, 3. Aufl., 2010 (zit.: Geimer/Schütze-*Bearbeiter*, EuZVR)

*Geroldinger*, Verfahrenskoordination im Europäischen Insolvenzrecht – Die Abstimmung von Haupt- und Sekundärinsolvenzverfahren nach der EuInsVO, 2010 (zit.: Verfahrenskoordination)

*Gola*, DS-GVO, Datenschutz-Grundverordnung, Kommentar, 2. Aufl., 2018 (zit.: Gola-*Bearbeiter*, DS-GVO)

*Gola/Heckmann*, Bundesdatenschutzgesetz (BDSG), Kommentar, 13. Aufl., 2019 (zit.: Gola/Heckmann-*Bearbeiter*, BDSG)

*Gottwald*, Insolvenzrechts-Handbuch, 5. Aufl., 2015 (zit.: Gottwald-*Bearbeiter*, Insolvenzrechts-Hdb.)

*Grabitz/Hilf/Nettesheim*, Das Recht der Europäischen Union: EUV/AEUV, Loseblatt, 67. Aufl., Stand: 6/2019 (zit.: Grabitz/Hilf/Nettesheim-*Bearbeiter*, EUV/AEUV)

*Graf-Schlicker*, InsO Kommentar zur Insolvenzordnung, 5. Aufl., 2020 (zit.: Graf-Schlicker-*Bearbeiter*, InsO)

*Hamburger Kommentar zum Insolvenzrecht*, hrsg. v. A. Schmidt, 6. Aufl., 2017 und 7. Aufl., 2019 (zit.: *Bearbeiter* in: HambKomm-InsO)

*Handbuch der Rechtsförmlichkeit*, hrsg. v. Bundesministerium der Justiz, 3. Aufl., 2008 (zit.: BMJV, HdR)

*Haß/Huber/Gruber/Heiderhoff*, EU-Insolvenzverordnung: EuInsVO, Kommentar zur Verordnung (EG) Nr. 1346/2000 über Insolvenzverfahren (EuInsVO), Sonderausgabe aus dem Loseblatt-Handbuch Geimer/Schütze, Internationaler Rechtsverkehr in Zivil- und Handelssachen, 2005 (zit.: Haß/Huber/Gruber/Heiderhoff-*Bearbeiter*, EuInsVO)

*Heidelberger Kommentar zur Insolvenzordnung*, hrsg. v. Kayser/Thole, 9. Aufl., 2018 (zit.: *Bearbeiter* in: HK-InsO)

# Literaturverzeichnis

*Herchen*, Das Übereinkommen über Insolvenzverfahren der Mitgliedstaaten der Europäischen Union vom 23.11.1995. Eine Analyse zentraler Fragen des Internationalen Insolvenzrechts unter besonderer Berücksichtigung dinglicher Sicherungsrechte, Bd. 19 der Reihe Würzburger rechtswissenschaftliche Schriften, hrsg. v. der Juristischen Fakultät der Universität Würzburg, 2000 (zit.: *Herchen*, Das Übereinkommen über Insolvenzverfahren)

*Hess/Oberhammer/Pfeiffer*, European Insolvency Law, The Heidelberg-Luxembourg-Vienna Report on the Application of Regulation No. 1346/2000/EC on Insolvency Proceedings, 2014 (zit.: European Insolvency Law)

*Hess/Oberhammer/Pfeiffer*, External Evaluation of Regulation No. 1346/2000 on Insolvency Proceedings, JUST/2011/JCIV/PR/0049/A4, Heidelberg-Luxembourg-Vienna, 2013 (zit.: Heidelberg-Luxembourg-Vienna Report)

*Jaeger*, Insolvenzordnung, Kommentar, Bd. 1: Reprint 2012; Bd. 4: 2008 (zit.: Jaeger-*Bearbeiter*, InsO)

*Jaufer/Nunner-Krautgasser/Schummer*, Unternehmenssanierung mit Auslandsbezug, 2019

*Jeremias*, Internationale Insolvenzaufrechnung, 2005

*Kegel/Schurig*, Internationales Privatrecht, 9. Aufl., 2004

*Koller/Lovrek/Spitzer*, IO – Insolvenzordnung, Kommentar, 2019 (zit.: Koller/Lovrek/Spitzer-*Bearbeiter*, IO)

*Kolmann*, Kooperationsmodelle im Internationalen Insolvenzrecht, 2001 (zit.: *Kolmann*, Kooperationsmodelle)

*Konecny*, Insolvenz-Forum 2017 – Vorträge anlässlich des 24. Insolvenz-Forums Grundlsee im November 2017, 2018 (zit.: *Bearbeiter* in: Konecny, Insolvenz-Forum 2017)

*Konecny*, Insolvenz-Forum 2006 – Vorträge anlässlich des 13. Insolvenz-Forums Grundlsee im November 2006; 2007 (zit.: *Bearbeiter* in: Konecny, Insolvenz-Forum 2006)

*Konecny*, Insolvenz-Forum 2005 – Vorträge anlässlich des 12. Insolvenz-Forums Grundlsee im November 2005 (zit.: *Bearbeiter* in: Konecny, Insolvenz-Forum 2005)

*Konecny/Schubert*, Kommentar zu den Insolvenzgesetzen, 2009 (zit.: Konecny/Schubert-*Bearbeiter*, Insolvenzgesetze)

*Kübler*, HRI, Handbuch Restrukturierung in der Insolvenz, 3. Aufl., 2019 (zit.: Bearbeiter in: Kübler, HRI)

*Kübler/Prütting/Bork*, InsO, Kommentar zur Insolvenzordnung, Loseblatt, 81. EL Stand: 8/2019 (zit.: Kübler/Prütting/Bork-*Bearbeiter*, InsO)

# Literaturverzeichnis

*Kühling/Buchner*, Datenschutz-Grundverordnung, Bundesdatenschutzgesetz: DS-GVO/BDSG, 2. Aufl., 2018 (zit.: Kühling/Buchner-Bearbeiter, DS-GVO/BDSG)

*Kusche*, Die Anerkennung des Scheme of Arrangement in Deutschland, KTS Schriften zum Insolvenzrecht, Bd. 46: 2014

*Leible/Terhechte*, Enzyklopädie Europarecht – EnzEuR (Gesamtherausgeber: Hatje/Müller-Graff), Bd. 3: Europäisches Rechtsschutz- und Verfahrensrecht, 2015 (zit.: Leible/Terchechte-*Bearbeiter*, EnzEuR, Bd. 3)

*Leonhardt/Smid/Zeuner*, Internationales Insolvenzrecht, 2. Aufl., 2012 (zit.: Leonhardt/Smid/Zeuner-*Bearbeiter*, Internationales Insolvenzrecht)

*Liebscher/Oberhammer/Rechberger*, Schiedsverfahrensrecht, Bd. I: 2012

*Liersch*, Sicherungsrechte im Internationalen Insolvenzrecht: Unter besonderer Berücksichtigung der Vereinbarkeit von Art. 5 und 7 der EG-Verordnung über Insolvenzfahren (EuInsVO) mit dem deutschen Recht, 2001 (zit.: Sicherungsrechte im Internationalen Insolvenzrecht)

*Mankowski/Müller/J. Schmidt*, EuInsVO 2015, Europäische Insolvenzverordnung 2015, Kommentar, 2016

*Mevorach*, Insolvency within Multinational Enterprise Groups, 2009

*Mohrbutter/Ringstmeier*, Handbuch Insolvenzverwaltung, 10. Aufl., 2018 (zit.: Mohrbutter/Ringstmeier-*Bearbeiter*, Hdb. Insolvenzverwaltung)

*Mönning*, Betriebsfortführung in Restrukturierung und Insolvenz, 3. Aufl., 2016 (zit.: *Bearbeiter* in: Mönning, Betriebsfortführung)

*Moss/Fletcher/Isaacs*, On the EU Regulation on Insolvency Proceedings, 3. Aufl., 2016 (zit.: The EU Regulation on Insolvency Proceedings)

*Münchener Kommentar zum Anfechtungsgesetz*, hrsg. v. Kirchhof, 2012 (zit.: *Bearbeiter* in: MünchKomm-AnfG)

*Münchener Kommentar zum Bürgerlichen Gesetzbuch*, hrsg. v. Säcker/Rixer/Oetker/Limperg, Bd. 6: 7. Aufl., 2017; Bd. 10: 7. Aufl., 2017; Bd. 11: 7. Aufl., 2018; Bd. 12: 7. Aufl., 2018 (zit.: *Bearbeiter* in: MünchKomm-BGB)

*Münchener Kommentar zur Insolvenzordnung*, hrsg. v. Kirchhof/Stürner/Eidenmüller, Bd. 1: 4. Aufl., 2019; Bd. 2: 4. Aufl., 2019; Bd. 3: 3. Aufl., 2014; Bd. 4: 3. Aufl., 2016 (zit.: *Bearbeiter* in: MünchKomm-InsO)

*Münchener Kommentar zur Zivilprozessordnung*, hrsg. v. Krüger/Rauscher, Bd. 1: 5. Aufl., 2016; Bd. 3: 5. Aufl., 2017 (zit.: *Bearbeiter* in: MünchKomm-ZPO)

*Musielak/Borth*, hrsg. v. Musielak, Familiengerichtliches Verfahren – FamFG, 6. Aufl., 2018 (zit.: Musielak/Borth-*Bearbeiter*, FamFG)

*Musielak/Voit*, Zivilprozessordnung: ZPO, Kommentar, 16. Aufl., 2019 (zit.: Musielak/Voit-*Bearbeiter*, ZPO)

*Nerlich/Römermann*, Insolvenzordnung (InsO), Kommentar, Loseblatt, 39. Aufl., Stand: 7/2019 (zit.: Nerlich/Römermann-*Bearbeiter*, InsO)

# Literaturverzeichnis

*Nunner-Krautgasser/Garber/Jaufer*, Grenzüberschreitende Insolvenzen im europäischen Binnenmarkt – Die neue EU-Insolvenzverordnung, 2017 (zit.: *Bearbeiter* in: Nunner-Krautgasser/Garber/Jaufer, Grenzüberschreitende Insolvenzen)

*Obermüller*, Insolvenzrecht in der Bankpraxis, 9. Aufl., 2016

*von Oertzen*, Inlandswirkungen eines Auslandskonkurses, 1990

*Oppermann/Classen/Nettesheim*, Europarecht, 8. Aufl., 2018 (zit.: EuR)

*Paal/Pauly*, Datenschutz-Grundverordnung, Bundesdatenschutzgesetz, 2. Aufl., 2018 (zit.: Paal/Pauly-*Bearbeiter*, DS-GVO/BDSG)

*Palandt*, BGB, Kommentar, 78. Aufl., 2019

*Pannen*, Europäische Insolvenzordnung, 2007, reprint 2011 (zit.: Pannen-*Bearbeiter*, EuInsVO)

*Paulus*, Europäische Insolvenzverordnung, EuInsVO, 5. Aufl., 2017 (zit.: EuInsVO)

*Rauscher*, Europäisches Zivilprozess- und Kollisionsrecht, EuZPR/EuIPR, Bd. 2: 4. Aufl., 2016 (zit.: Rauscher-*Bearbeiter*, EuZPR/EuIPR)

*Riesenhuber*, Europäische Methodenlehre, 3. Aufl., 2015 (zit.: Riesenhuber-*Bearbeiter*, Europäische Methodenlehre)

*Saenger*, Zivilprozessordnung, ZPO, Kommentar, 8. Aufl., 2019 (zit.: Saenger-*Bearbeiter*, ZPO)

*Schlosser/Hess*, EU-Zivilprozessrecht, 4. Aufl., 2015 (zit.: EuZPR)

*Schmidt, K.*, Insolvenzordnung, InsO, Kommentar, 19. Aufl., 2016

*Schmüser*, Das Zusammenspiel zwischen Haupt- und Sekundärinsolvenzverfahren nach der EuInsVO, 2009 (zit.: Das Zusammenspiel zwischen Haupt- und Sekundärinsolvenzverfahren)

*Schwarze/Becker/Hatje/Schoo*, EU-Kommentar, 4. Aufl., 2019

*Simitis/Hornung/Spieker*, Datenschutzrecht, DSGVO mit BDSG, Großkommentar, 2019 (zit.: Simitis/Hornung/Spieker-*Bearbeiter*, Datenschutzrecht)

*Smid*, Internationales Insolvenzrecht, 2009

*Staudinger*, BGB, Kommentar, EGBGB, Neubearb. 2016

*Stoll*, Vorschläge und Gutachten zur Umsetzung des EU-Übereinkommens über Insolvenzverfahren im deutschen Recht, 1997 (zit.: *Autor* in: Stoll, Vorschläge und Gutachten)

*Streinz*, EUV/AEUV, Vertrag über die Europäische Union und Vertrag über die Arbeitsweise der Europäischen Union, 3. Aufl., 2018 (zit.: Streinz-*Bearbeiter*, EUV/AEUV)

*Streinz*, Europarecht, 11. Aufl., 2019

*Thomas*, Grenzüberschreitende Insolvenzeröffnungsverfahren – Eine rechtsvergleichende und kollisionsrechtliche Untersuchung vor dem Hintergrund der EuInsVO, Insolvenzrecht in Forschung und Praxis, Bd. 73: 2013

# Literaturverzeichnis

*Uhlenbruck*, Insolvenzordnung, InsO, Kommentar, 14. Aufl., 2015 und Bd. 1: 15. Aufl., 2019

*Vallender/Undritz*, Praxis des Insolvenzrechts, 2. Aufl., 2017
(zit.: Vallender/Undritz-*Bearbeiter*, Praxis des Insolvenzrechts)

*Virgós/Garcimartín*, The European Insolvency Regulation: Law and Practice, 2004
(zit.: The European Insolvency Regulation)

*Wessels, B.*, EU Cross-Border Insolvency Court-to-Court Coordination Principles, 2015 (zit.: Cooperation Principles)

*Wessels, B.*, International Insolvency Law, 4. Ed. Stand: 2015

*Wessels, B.*, Judicial Coordination of Cross-border Insolvency cases, Inaugural Lecture, University of Leiden, Law School, 6 june 2008
(zit.: Judicial Coordination of Cross-border Insolvency cases)

*Wessels/Virgós*, European Communication & Cooperation Guidelines for Cross-border Insolvency, 2007

*Westpfahl/Goetker/Wilkens*, Grenzüberschreitende Insolvenzen, 2008

*Wilhelm*, Konzerninsolvenzrecht, Praxisbuch, 2018

*Wimmer/Bornemann/Lienau*, Die Neufassung der EuInsVO, 2016
(zit.: Wimmer/Bornemann/Lienau-*Bearbeiter*, Die Neufassung der EuInsVO)

*Ziegel*, Current Developments in International and Comparative Corporate Insolvency Law, 1994

*Zippelius*, Das Wesen des Rechts, 6. Aufl., 2012

*Zippelius*, Rechtsphilosophie, 6. Aufl., 2011

# Teil I
# Texte

# VERORDNUNG (EU) 2015/848 DES EUROPÄISCHEN PARLAMENTS UND DES RATES
## vom 20. Mai 2015
## über Insolvenzverfahren[*]

ABl. (EU) L 141 vom 5. Juni 2015, S. 19, die zuletzt geändert worden ist durch Verordnung (EU) 2018/946 vom 4. Juli 2018, ABl. (EU) L 171 vom 6. Juli 2018, S. 1

DAS EUROPÄISCHE PARLAMENT UND DER RAT DER EUROPÄISCHEN UNION –

gestützt auf den Vertrag über die Arbeitsweise der Europäischen Union, insbesondere auf Artikel 81,

auf Vorschlag der Europäischen Kommission,

nach Zuleitung des Entwurfs des Gesetzgebungsakts an die nationalen Parlamente,

nach Stellungnahme des Europäischen Wirtschafts- und Sozialausschusses[1],

gemäß dem ordentlichen Gesetzgebungsverfahren[2],

in Erwägung nachstehender Gründe:

(1) Die Kommission hat am 12. Dezember 2012 einen Bericht über die Anwendung der Verordnung (EG) Nr. 1346/2000 des Rates[3] angenommen. Dem Bericht zufolge funktioniert die Verordnung im Allgemeinen gut, doch sollte die Anwendung einiger Vorschriften verbessert werden, um grenzüberschreitende Insolvenzverfahren noch effizienter abwickeln zu können. Da die Verordnung mehrfach geändert wurde und weitere Änderungen erfolgen sollen, sollte aus Gründen der Klarheit eine Neufassung vorgenommen werden.

(2) Die Union hat sich die Schaffung eines Raums der Freiheit, der Sicherheit und des Rechts zum Ziel gesetzt.

(3) Für ein reibungsloses Funktionieren des Binnenmarktes sind effiziente und wirksame grenzüberschreitende Insolvenzverfahren erforderlich. Die Annahme dieser Verordnung ist zur Verwirklichung dieses Ziels erforderlich, das in den Bereich der justiziellen Zusammenarbeit in Zivilsachen im Sinne des Artikels 81 des Vertrags fällt.

---

[*] Berichtigung des Art. 84 Abs. 1, ABl. (EU) L 349/6 v. 21.12.2016; geändert durch Verordnung (EU) 2017/353 des Europäischen Parlaments und des Rates v. 15.2.2017 zur Ersetzung der Anhänge A und B der Verordnung (EU) 2015/848 über Insolvenzverfahren, ABl. (EU) L 57/19 v. 3.3.2017.

[1] ABl. C 271 vom 19.9.2013, S. 55.

[2] Standpunkt des Europäischen Parlaments vom 5. Februar 2014 (noch nicht im Amtsblatt veröffentlicht) und Standpunkt des Rates in erster Lesung vom 12. März 2015 (noch nicht im Amtsblatt veröffentlicht). Standpunkt des Europäischen Parlaments vom 20. Mai 2015 (noch nicht im Amtsblatt veröffentlicht).

[3] Verordnung (EG) Nr. 1346/2000 des Rates vom 29. Mai 2000 über Insolvenzverfahren (ABl. L 160 vom 30.6.2000, S. 1).

# Verordnung (EU) 2015/848

(4) Die Geschäftstätigkeit von Unternehmen greift mehr und mehr über die einzelstaatlichen Grenzen hinaus und unterliegt damit in zunehmendem Maß den Vorschriften des Unionsrechts. Die Insolvenz solcher Unternehmen hat auch nachteilige Auswirkungen auf das ordnungsgemäße Funktionieren des Binnenmarktes, und es bedarf eines Unionsrechtsakts, der eine Koordinierung der Maßnahmen in Bezug auf das Vermögen eines zahlungsunfähigen Schuldners vorschreibt.

(5) Im Interesse eines ordnungsgemäßen Funktionierens des Binnenmarkts muss verhindert werden, dass es für Beteiligte vorteilhafter ist, Vermögensgegenstände oder Gerichtsverfahren von einem Mitgliedstaat in einen anderen zu verlagern, um auf diese Weise eine günstigere Rechtsstellung zum Nachteil der Gesamtheit der Gläubiger zu erlangen (im Folgenden „Forum Shopping").

(6) Diese Verordnung sollte Vorschriften enthalten, die die Zuständigkeit für die Eröffnung von Insolvenzverfahren und für Klagen regeln, die sich direkt aus diesen Insolvenzverfahren ableiten und eng damit verknüpft sind. Darüber hinaus sollte diese Verordnung Vorschriften für die Anerkennung und Vollstreckung von in solchen Verfahren ergangenen Entscheidungen sowie Vorschriften über das auf Insolvenzverfahren anwendbare Recht enthalten. Sie sollte auch die Koordinierung von Insolvenzverfahren regeln, die sich gegen denselben Schuldner oder gegen mehrere Mitglieder derselben Unternehmensgruppe richten.

(7) Konkurse, Vergleiche und ähnliche Verfahren sowie damit zusammenhängende Klagen sind vom Anwendungsbereich der Verordnung (EU) Nr. 1215/2012 des Europäischen Parlaments und des Rates ausgenommen[4]. Diese Verfahren sollten unter die vorliegende Verordnung fallen. Die vorliegende Verordnung ist so auszulegen, dass Rechtslücken zwischen den beiden vorgenannten Rechtsinstrumenten so weit wie möglich vermieden werden. Allerdings sollte der alleinige Umstand, dass ein nationales Verfahren nicht in Anhang A dieser Verordnung aufgeführt ist, nicht bedeuten, dass es unter die Verordnung (EU) Nr. 1215/2012 fällt.

(8) Zur Verwirklichung des Ziels einer Verbesserung der Effizienz und Wirksamkeit der Insolvenzverfahren mit grenzüberschreitender Wirkung ist es notwendig und angemessen, die Bestimmungen über den Gerichtsstand, die Anerkennung und das anwendbare Recht in diesem Bereich in einer Maßnahme der Union zu bündeln, die in den Mitgliedstaaten verbindlich ist und unmittelbar gilt.

(9) Diese Verordnung sollte für alle Insolvenzverfahren gelten, die die in ihr festgelegten Voraussetzungen erfüllen, unabhängig davon, ob es sich beim Schuldner um eine natürliche oder juristische Person, einen Kaufmann oder eine Privatperson handelt. Diese Insolvenzverfahren sind erschöpfend in Anhang A aufgeführt. Bezüglich der in Anhang A aufgeführten nationalen Verfahren sollte diese Verordnung Anwendung finden, ohne dass die Gerichte eines anderen Mitgliedstaats die Erfüllung der Anwendungsvoraussetzungen dieser Verordnung nachprüfen. Nationale Insolvenzverfahren, die nicht in Anhang A aufgeführt sind, sollten nicht in den Anwendungsbereich dieser Verordnung fallen.

---

[4] Verordnung (EU) Nr. 1215/2012 des Europäischen Parlaments und des Rates vom 12. Dezember 2012 über die gerichtliche Zuständigkeit und die Anerkennung und Vollstreckung von Entscheidungen in Zivil- und Handelssachen (ABl. L 351 vom 20.12.2012, S. 1).

# Verordnung (EU) 2015/848

(10) In den Anwendungsbereich dieser Verordnung sollten Verfahren einbezogen werden, die die Rettung wirtschaftlich bestandsfähiger Unternehmen, die sich jedoch in finanziellen Schwierigkeiten befinden, begünstigen und Unternehmern eine zweite Chance bieten. Einbezogen werden sollten vor allem Verfahren, die auf eine Sanierung des Schuldners in einer Situation gerichtet sind, in der lediglich die Wahrscheinlichkeit einer Insolvenz besteht, und Verfahren, bei denen der Schuldner ganz oder teilweise die Kontrolle über seine Vermögenswerte und Geschäfte behält. Der Anwendungsbereich sollte sich auch auf Verfahren erstrecken, die eine Schuldbefreiung oder eine Schuldenanpassung in Bezug auf Verbraucher und Selbständige zum Ziel haben, indem z. B. der vom Schuldner zu zahlende Betrag verringert oder die dem Schuldner gewährte Zahlungsfrist verlängert wird. Da in solchen Verfahren nicht unbedingt ein Verwalter bestellt werden muss, sollten sie unter diese Verordnung fallen, wenn sie der Kontrolle oder Aufsicht eines Gerichts unterliegen. In diesem Zusammenhang sollte der Ausdruck „Kontrolle" auch Sachverhalte einschließen, in denen ein Gericht nur aufgrund des Rechtsbehelfs eines Gläubigers oder anderer Verfahrensbeteiligter tätig wird.

(11) Diese Verordnung sollte auch für Verfahren gelten, die einen vorläufigen Aufschub von Vollstreckungsmaßnahmen einzelner Gläubiger gewähren, wenn derartige Maßnahmen die Verhandlungen beeinträchtigen und die Aussichten auf eine Sanierung des Unternehmens des Schuldners mindern könnten. Diese Verfahren sollten sich nicht nachteilig auf die Gesamtheit der Gläubiger auswirken und sollten, wenn keine Einigung über einen Sanierungsplan erzielt werden kann, anderen Verfahren, die unter diese Verordnung fallen, vorgeschaltet sein.

(12) Diese Verordnung sollte für Verfahren gelten, deren Eröffnung öffentlich bekanntzugeben ist, damit Gläubiger Kenntnis von dem Verfahren erlangen und ihre Forderungen anmelden können, und dadurch der kollektive Charakter des Verfahrens sichergestellt wird, und damit den Gläubigern Gelegenheit gegeben wird, die Zuständigkeit des Gerichts überprüfen zu lassen, das das Verfahren eröffnet hat.

(13) Dementsprechend sollten vertraulich geführte Insolvenzverfahren vom Anwendungsbereich dieser Verordnung ausgenommen werden. Solche Verfahren mögen zwar in manchen Mitgliedstaaten von großer Bedeutung sein, es ist jedoch aufgrund ihrer Vertraulichkeit unmöglich, dass ein Gläubiger oder Gericht in einem anderen Mitgliedstaat Kenntnis von der Eröffnung eines solchen Verfahrens erlangt, so dass es schwierig ist, ihren Wirkungen unionsweit Anerkennung zu verschaffen.

(14) Ein Gesamtverfahren, das unter diese Verordnung fällt, sollte alle oder einen wesentlichen Teil der Gläubiger des Schuldners einschließen, auf die die gesamten oder ein erheblicher Anteil der ausstehenden Verbindlichkeiten des Schuldners entfallen, vorausgesetzt, dass die Forderungen der Gläubiger, die nicht an einem solchen Verfahren beteiligt sind, davon unberührt bleiben. Verfahren, die nur die finanziellen Gläubiger des Schuldners betreffen, sollten auch unter diese Verordnung fallen. Ein Verfahren, das nicht alle Gläubiger

# Verordnung (EU) 2015/848

eines Schuldners einschließt, sollte ein Verfahren sein, dessen Ziel die Rettung des Schuldners ist. Ein Verfahren, das zur endgültigen Einstellung der Unternehmenstätigkeit des Schuldners oder zur Verwertung seines Vermögens führt, sollte alle Gläubiger des Schuldners einschließen. Einige Insolvenzverfahren für natürliche Personen schließen bestimmte Arten von Forderungen, wie etwa Unterhaltsforderungen, von der Möglichkeit einer Schuldenbefreiung aus, was aber nicht bedeuten sollte, dass diese Verfahren keine Gesamtverfahren sind.

(15) Diese Verordnung sollte auch für Verfahren gelten, die nach dem Recht einiger Mitgliedstaaten für eine bestimmte Zeit vorläufig oder einstweilig eröffnet und durchgeführt werden können, bevor ein Gericht durch eine Entscheidung die Fortführung des Verfahrens als nicht vorläufiges Verfahren bestätigt. Auch wenn diese Verfahren als „vorläufig" bezeichnet werden, sollten sie alle anderen Anforderungen dieser Verordnung erfüllen.

(16) Diese Verordnung sollte für Verfahren gelten, die sich auf gesetzliche Regelungen zur Insolvenz stützen. Allerdings sollten Verfahren, die sich auf allgemeines Gesellschaftsrecht stützen, das nicht ausschließlich auf Insolvenzfälle ausgerichtet ist, nicht als Verfahren gelten, die sich auf gesetzliche Regelungen zur Insolvenz stützen. Ebenso sollten Verfahren zur Schuldenanpassung nicht bestimmte Verfahren umfassen, in denen es um den Erlass von Schulden einer natürlichen Person mit sehr geringem Einkommen und Vermögen geht, sofern derartige Verfahren nie eine Zahlung an Gläubiger vorsehen.

(17) Der Anwendungsbereich dieser Verordnung sollte sich auf Verfahren erstrecken, die eingeleitet werden, wenn sich ein Schuldner in nicht finanziellen Schwierigkeiten befindet, sofern diese Schwierigkeiten mit der tatsächlichen und erheblichen Gefahr verbunden sind, dass der Schuldner gegenwärtig oder in Zukunft seine Verbindlichkeiten bei Fälligkeit nicht begleichen kann. Der maßgebliche Zeitraum zur Feststellung einer solchen Gefahr kann mehrere Monate oder auch länger betragen, um Fällen Rechnung zu tragen, in denen sich der Schuldner in nicht finanziellen Schwierigkeiten befindet, die die Fortführung seines Unternehmens und mittelfristig seine Liquidität gefährden. Dies kann beispielsweise der Fall sein, wenn der Schuldner einen Auftrag verloren hat, der für ihn von entscheidender Bedeutung war.

(18) Die Vorschriften über die Rückforderung staatlicher Beihilfen von insolventen Unternehmen, wie sie nach der Rechtsprechung des Gerichtshofs der Europäischen Union ausgelegt worden sind, sollten von dieser Verordnung unberührt bleiben.

(19) Insolvenzverfahren über das Vermögen von Versicherungsunternehmen, Kreditinstituten, Wertpapierfirmen und anderen Firmen, Einrichtungen oder Unternehmen, die unter die Richtlinie 2001/24/EG des Europäischen Parlaments und des Rates[5] fallen, und Organismen für gemeinsame Anlagen sollten vom Anwendungsbereich dieser Verordnung ausgenommen werden, da

---

5) Richtlinie 2001/24/EG des Europäischen Parlaments und des Rates vom 4. April 2001 über die Sanierung und Liquidation von Kreditinstituten (ABl. L 125 vom 5.5.2001, S. 15).

# Verordnung (EU) 2015/848

für sie besondere Vorschriften gelten und die nationalen Aufsichtsbehörden weitreichende Eingriffsbefugnisse haben.

(20) Insolvenzverfahren sind nicht zwingend mit dem Eingreifen einer Justizbehörde verbunden. Der Ausdruck „Gericht" in dieser Verordnung sollte daher in einigen Bestimmungen weit ausgelegt werden und Personen oder Stellen umfassen, die nach einzelstaatlichem Recht befugt sind, Insolvenzverfahren zu eröffnen. Damit diese Verordnung Anwendung findet, muss es sich um ein Verfahren (mit den entsprechenden gesetzlich festgelegten Handlungen und Formalitäten) handeln, das nicht nur im Einklang mit dieser Verordnung steht, sondern auch in dem Mitgliedstaat der Eröffnung des Insolvenzverfahrens offiziell anerkannt und rechtsgültig ist.

(21) Verwalter sind in dieser Verordnung definiert und in Anhang B aufgeführt. Verwalter, die ohne Beteiligung eines Justizorgans bestellt werden, sollten nach nationalem Recht einer angemessenen Regulierung unterliegen und für die Wahrnehmung von Aufgaben in Insolvenzverfahren zugelassen sein. Der nationale Regelungsrahmen sollte angemessene Vorschriften über den Umgang mit potenziellen Interessenkonflikten umfassen.

(22) Diese Verordnung erkennt die Tatsache an, dass aufgrund der großen Unterschiede im materiellen Recht ein einziges Insolvenzverfahren mit universaler Geltung für die Union nicht realisierbar ist. Die ausnahmslose Anwendung des Rechts des Staates der Verfahrenseröffnung würde vor diesem Hintergrund häufig zu Schwierigkeiten führen. Dies gilt etwa für die in den Mitgliedstaaten sehr unterschiedlich ausgeprägten nationalen Regelungen zu den Sicherungsrechten. Aber auch die Vorrechte einzelner Gläubiger im Insolvenzverfahren sind teilweise vollkommen anders ausgestaltet. Bei der nächsten Überprüfung dieser Verordnung wird es erforderlich sein, weitere Maßnahmen zu ermitteln, um die Vorrechte der Arbeitnehmer auf europäischer Ebene zu verbessern. Diese Verordnung sollte solchen unterschiedlichen nationalen Rechten auf zweierlei Weise Rechnung tragen. Zum einen sollten Sonderanknüpfungen für besonders bedeutsame Rechte und Rechtsverhältnisse vorgesehen werden (z. B. dingliche Rechte und Arbeitsverträge). Zum anderen sollten neben einem Hauptinsolvenzverfahren mit universaler Geltung auch innerstaatliche Verfahren zugelassen werden, die lediglich das im Eröffnungsstaat befindliche Vermögen erfassen.

(23) Diese Verordnung gestattet die Eröffnung des Hauptinsolvenzverfahrens in dem Mitgliedstaat, in dem der Schuldner den Mittelpunkt seiner hauptsächlichen Interessen hat. Dieses Verfahren hat universale Geltung sowie das Ziel, das gesamte Vermögen des Schuldners zu erfassen. Zum Schutz der unterschiedlichen Interessen gestattet diese Verordnung die Eröffnung von Sekundärinsolvenzverfahren parallel zum Hauptinsolvenzverfahren. Ein Sekundärinsolvenzverfahren kann in dem Mitgliedstaat eröffnet werden, in dem der Schuldner eine Niederlassung hat. Seine Wirkungen sind auf das in dem betreffenden Mitgliedstaat belegene Vermögen des Schuldners beschränkt. Zwingende Vorschriften für die Koordinierung mit dem Hauptinsolvenzverfahren tragen dem Gebot der Einheitlichkeit in der Union Rechnung.

# Verordnung (EU) 2015/848

(24) Wird über das Vermögen einer juristischen Person oder einer Gesellschaft ein Hauptinsolvenzverfahren in einem anderen Mitgliedstaat als dem, in dem sie ihren Sitz hat, eröffnet, so sollte die Möglichkeit bestehen, im Einklang mit der Rechtsprechung des Gerichtshofs der Europäischen Union ein Sekundärinsolvenzverfahren in dem Mitgliedstaat zu eröffnen, in dem sie ihren Sitz hat, sofern der Schuldner einer wirtschaftlichen Aktivität nachgeht, die den Einsatz von Personal und Vermögenswerten in diesem Mitgliedstaat voraussetzt.

(25) Diese Verordnung gilt nur für Verfahren in Bezug auf einen Schuldner, der Mittelpunkt seiner hauptsächlichen Interessen in der Union hat.

(26) Die Zuständigkeitsvorschriften dieser Verordnung legen nur die internationale Zuständigkeit fest, das heißt, sie geben die Mitgliedstaat an, dessen Gerichte Insolvenzverfahren eröffnen dürfen. Die innerstaatliche Zuständigkeit des betreffenden Mitgliedstaats sollte nach dem nationalen Recht des betreffenden Staates bestimmt werden.

(27) Vor Eröffnung des Insolvenzverfahrens sollte das zuständige Gericht von Amts wegen prüfen, ob sich der Mittelpunkt der hauptsächlichen Interessen des Schuldners oder der Niederlassung des Schuldners tatsächlich in seinem Zuständigkeitsbereich befindet.

(28) Bei der Beantwortung der Frage, ob der Mittelpunkt der hauptsächlichen Interessen des Schuldners für Dritte feststellbar ist, sollte besonders berücksichtigt werden, welchen Ort die Gläubiger als denjenigen wahrnehmen, an dem der Schuldner der Verwaltung seiner Interessen nachgeht. Hierfür kann es erforderlich sein, die Gläubiger im Fall einer Verlegung des Mittelpunkts der hauptsächlichen Interessen zeitnah über den neuen Ort zu unterrichten, an dem der Schuldner seine Tätigkeiten ausübt, z. B. durch Hervorhebung der Adressänderung in der Geschäftskorrespondenz, oder indem der neue Ort in einer anderen geeigneten Weise veröffentlicht wird.

(29) Diese Verordnung sollte eine Reihe von Schutzvorkehrungen enthalten, um betrügerisches oder missbräuchliches Forum Shopping zu verhindern.

(30) Folglich sollten die Annahmen, dass der Sitz, die Hauptniederlassung und der gewöhnliche Aufenthalt jeweils der Mittelpunkt des hauptsächlichen Interesses sind, widerlegbar sein, und das jeweilige Gericht eines Mitgliedstaats sollte sorgfältig prüfen, ob sich der Mittelpunkt der hauptsächlichen Interessen des Schuldners tatsächlich in diesem Mitgliedstaat befindet. Bei einer Gesellschaft sollte diese Vermutung widerlegt werden können, wenn sich die Hauptverwaltung der Gesellschaft in einem anderen Mitgliedstaat befindet als in dem Mitgliedstaat, in dem sich der Sitz der Gesellschaft befindet, und wenn eine Gesamtbetrachtung aller relevanten Faktoren die von Dritten überprüfbare Feststellung zulässt, dass sich der tatsächliche Mittelpunkt der Verwaltung und der Kontrolle der Gesellschaft sowie der Verwaltung ihrer Interessen in diesem anderen Mitgliedstaat befindet. Bei einer natürlichen Person, die keine selbständige gewerbliche oder freiberufliche Tätigkeit ausübt, sollte diese Vermutung widerlegt werden können, wenn sich z. B. der Großteil des Vermögens des Schuldners außerhalb des Mitgliedstaats des gewöhnlichen Aufenthalts des

Schuldners befindet oder wenn festgestellt werden kann, dass der Hauptgrund für einen Umzug darin bestand, einen Insolvenzantrag im neuen Gerichtsstand zu stellen, und die Interessen der Gläubiger, die vor dem Umzug eine Rechtsbeziehung mit dem Schuldner eingegangen sind, durch einen solchen Insolvenzantrag wesentlich beeinträchtigt würden.

(31) Im Rahmen desselben Ziels der Verhinderung von betrügerischem oder missbräuchlichem Forum Shopping sollte die Vermutung, dass der Mittelpunkt der hauptsächlichen Interessen der Sitz, die Hauptniederlassung der natürlichen Person bzw. der gewöhnliche Aufenthalt der natürlichen Person ist, nicht gelten, wenn – im Falle einer Gesellschaft, einer juristischen Person oder einer natürlichen Person, die eine selbständige gewerbliche oder freiberufliche Tätigkeit ausübt, – der Schuldner seinen Sitz oder seine Hauptniederlassung in einem Zeitraum von drei Monaten vor dem Antrag auf Eröffnung des Insolvenzverfahrens in einen anderen Mitgliedstaat verlegt hat, oder – im Falle einer natürlichen Person, die keine selbständige gewerbliche oder freiberufliche Tätigkeit ausübt – wenn der Schuldner seinen gewöhnlichen Aufenthalt in einem Zeitraum von sechs Monaten vor dem Antrag auf Eröffnung des Insolvenzverfahrens in einen anderen Mitgliedstaat verlegt hat.

(32) Das Gericht sollte in allen Fällen, in denen die Umstände des Falls Anlass zu Zweifeln an seiner Zuständigkeit geben, den Schuldner auffordern, zusätzliche Nachweise für seine Behauptung vorzulegen, und, wenn das für das Insolvenzverfahren geltende Recht dies erlaubt, den Gläubigern des Schuldners Gelegenheit geben, sich zur Frage der Zuständigkeit zu äußern.

(33) Stellt das mit dem Antrag auf Eröffnung eines Insolvenzverfahrens befasste Gericht fest, dass der Mittelpunkt der hauptsächlichen Interessen nicht in seinem Hoheitsgebiet liegt, so sollte es das Hauptinsolvenzverfahren nicht eröffnen.

(34) Allen Gläubigern des Schuldners sollte darüber hinaus ein wirksamer Rechtsbehelf gegen die Entscheidung, ein Insolvenzverfahren zu eröffnen, zustehen. Die Folgen einer Anfechtung der Entscheidung, ein Insolvenzverfahren zu eröffnen, sollten dem nationalen Recht unterliegen.

(35) Die Gerichte des Mitgliedstaats, in dessen Hoheitsgebiet das Insolvenzverfahren eröffnet wurde, sollten auch für Klagen zuständig sein, die sich direkt aus dem Insolvenzverfahren ableiten und eng damit verknüpft sind. Zu solchen Klagen sollten unter anderem Anfechtungsklagen gegen Beklagte in anderen Mitgliedstaaten und Klagen in Bezug auf Verpflichtungen gehören, die sich im Verlauf des Insolvenzverfahrens ergeben, wie z. B. zu Vorschüssen für Verfahrenskosten. Im Gegensatz dazu leiten sich Klagen wegen der Erfüllung von Verpflichtungen aus einem Vertrag, der vom Schuldner vor der Eröffnung des Verfahrens abgeschlossen wurde, nicht unmittelbar aus dem Verfahren ab. Steht eine solche Klage im Zusammenhang mit einer anderen zivil- oder handelsrechtlichen Klage, so sollte der Verwalter beide Klagen vor die Gerichte am Wohnsitz des Beklagten bringen können, wenn er sich von einer Erhebung der Klagen an diesem Gerichtsstand einen Effizienzgewinn verspricht. Dies kann beispielsweise dann der Fall sein, wenn der Verwalter eine insolvenzrechtliche

# Verordnung (EU) 2015/848

Haftungsklage gegen einen Geschäftsführer mit einer gesellschaftsrechtlichen oder deliktsrechtlichen Klage verbinden will.

(36) Das für die Eröffnung des Hauptinsolvenzverfahrens zuständige Gericht sollte zur Anordnung einstweiliger Maßnahmen und von Sicherungsmaßnahmen ab dem Zeitpunkt des Antrags auf Verfahrenseröffnung befugt sein. Sicherungsmaßnahmen sowohl vor als auch nach Beginn des Insolvenzverfahrens sind zur Gewährleistung der Wirksamkeit des Insolvenzverfahrens von großer Bedeutung. Diese Verordnung sollte hierfür verschiedene Möglichkeiten vorsehen. Zum einen sollte das für das Hauptinsolvenzverfahren zuständige Gericht einstweilige Maßnahmen und Sicherungsmaßnahmen auch über Vermögensgegenstände anordnen können, die sich im Hoheitsgebiet anderer Mitgliedstaaten befinden. Zum anderen sollte ein vor Eröffnung des Hauptinsolvenzverfahrens bestellter vorläufiger Verwalter in den Mitgliedstaaten, in denen sich eine Niederlassung des Schuldners befindet, die nach dem Recht dieser Mitgliedstaaten möglichen Sicherungsmaßnahmen beantragen können.

(37) Das Recht, vor der Eröffnung des Hauptinsolvenzverfahrens die Eröffnung eines Insolvenzverfahrens in dem Mitgliedstaat, in dem der Schuldner eine Niederlassung hat, zu beantragen, sollte nur lokalen Gläubigern und Behörden zustehen beziehungsweise auf Fälle beschränkt sein, in denen das Recht des Mitgliedstaats, in dem der Schuldner den Mittelpunkt seiner hauptsächlichen Interessen hat, die Eröffnung eines Hauptinsolvenzverfahrens nicht zulässt. Der Grund für diese Beschränkung ist, dass die Fälle, in denen die Eröffnung eines Partikularverfahrens vor dem Hauptinsolvenzverfahren beantragt wird, auf das unumgängliche Maß beschränkt werden sollen.

(38) Das Recht, nach der Eröffnung des Hauptinsolvenzverfahrens die Eröffnung eines Insolvenzverfahrens in dem Mitgliedstaat, in dem der Schuldner eine Niederlassung hat, zu beantragen, wird durch diese Verordnung nicht beschränkt. Der Verwalter des Hauptinsolvenzverfahrens oder jede andere, nach dem Recht des betreffenden Mitgliedstaats dazu befugte Person sollte die Eröffnung eines Sekundärverfahrens beantragen können.

(39) Diese Verordnung sollte Vorschriften für die Bestimmung der Belegenheit der Vermögenswerte des Schuldners vorsehen, und diese Vorschriften sollten bei der Feststellung, welche Vermögenswerte zur Masse des Haupt- oder des Sekundärinsolvenzverfahrens gehören, und auf Situationen, in denen die dinglichen Rechte Dritter betroffen sind, Anwendung finden. Insbesondere sollte in dieser Verordnung bestimmt werden, dass Europäische Patente mit einheitlicher Wirkung, eine Gemeinschaftsmarke oder jedes andere ähnliche Recht, wie gemeinschaftliche Sortenschutzrechte oder das Gemeinschaftsgeschmacksmuster, nur in das Hauptinsolvenzverfahren mit einbezogen werden dürfen.

(40) Ein Sekundärinsolvenzverfahren kann neben dem Schutz der inländischen Interessen auch anderen Zwecken dienen. Dies kann der Fall sein, wenn die Insolvenzmasse des Schuldners zu verschachtelt ist, um als Ganzes verwaltet zu werden, oder weil die Unterschiede in den betroffenen Rechtssystemen so groß sind, dass sich Schwierigkeiten ergeben können, wenn das Recht des

Staates der Verfahrenseröffnung seine Wirkung in den anderen Staaten, in denen Vermögensgegenstände belegen sind, entfaltet. Aus diesem Grund kann der Verwalter des Hauptinsolvenzverfahrens die Eröffnung eines Sekundärinsolvenzverfahrens beantragen, wenn dies für die effiziente Verwaltung der Masse erforderlich ist.

(41) Sekundärinsolvenzverfahren können eine effiziente Verwaltung der Insolvenzmasse auch behindern. Daher sind in dieser Verordnung zwei spezifische Situationen vorgesehen, in denen das mit einem Antrag auf Eröffnung eines Sekundärinsolvenzverfahrens befasste Gericht auf Antrag des Verwalters des Hauptinsolvenzverfahrens die Eröffnung eines solchen Verfahrens aufschieben oder ablehnen können sollte.

(42) Erstens erhält der Verwalter des Hauptinsolvenzverfahrens im Rahmen dieser Verordnung die Möglichkeit, den lokalen Gläubigern die Zusicherung zu geben, dass sie so behandelt werden, als wäre das Sekundärinsolvenzverfahren eröffnet worden. Bei dieser Zusicherung ist eine Reihe von in dieser Verordnung festgelegten Voraussetzungen zu erfüllen, insbesondere muss sie von einer qualifizierten Mehrheit der lokalen Gläubiger gebilligt werden. Wurde eine solche Zusicherung gegeben, so sollte das mit einem Antrag auf Eröffnung eines Sekundärinsolvenzverfahrens befasste Gericht den Antrag ablehnen können, wenn es der Überzeugung ist, dass diese Zusicherung die allgemeinen Interessen der lokalen Gläubiger angemessen schützt. Das Gericht sollte bei der Beurteilung dieser Interessen die Tatsache berücksichtigen, dass die Zusicherung von einer qualifizierten Mehrheit der lokalen Gläubiger gebilligt worden ist.

(43) Für die Zwecke der Abgabe einer Zusicherung an die lokalen Gläubiger sollten die in dem Mitgliedstaat, in dem der Schuldner eine Niederlassung hat, belegenen Vermögenswerte und Rechte eine Teilmasse der Insolvenzmasse bilden, und der Verwalter des Hauptinsolvenzverfahrens sollte bei ihrer Verteilung bzw. der Verteilung des aus ihrer Verwertung erzielten Erlöses die Vorzugsrechte wahren, die Gläubiger bei Eröffnung eines Sekundärinsolvenzverfahrens in diesem Mitgliedstaat hätten.

(44) Für die Billigung der Zusicherung sollte, soweit angemessen, das nationale Recht Anwendung finden. Insbesondere sollten Forderungen der Gläubiger für die Zwecke der Abstimmung über die Zusicherung als festgestellt gelten, wenn die Abstimmungsregeln für die Annahme eines Sanierungsplans nach nationalem Recht die vorherige Feststellung dieser Forderungen vorschreiben. Gibt es nach nationalem Recht unterschiedliche Verfahren für die Annahme von Sanierungsplänen, so sollten die Mitgliedstaaten das spezifische Verfahren benennen, das in diesem Zusammenhang maßgeblich sein sollte.

(45) Zweitens sollte in dieser Verordnung die Möglichkeit vorgesehen werden, dass das Gericht die Eröffnung des Sekundärinsolvenzverfahrens vorläufig aussetzt, wenn im Hauptinsolvenzverfahren eine vorläufige Aussetzung von Einzelvollstreckungsverfahren gewährt wurde, um die Wirksamkeit der im Hauptinsolvenzverfahren gewährten Aussetzung zu wahren. Das Gericht sollte die vorläufige Aussetzung gewähren können, wenn es der Überzeugung ist, dass geeig-

# Verordnung (EU) 2015/848

nete Maßnahmen zum Schutz der Interessen der lokalen Gläubiger bestehen. In diesem Fall sollten alle Gläubiger, die von dem Ergebnis der Verhandlungen über einen Sanierungsplan betroffen sein könnten, über diese Verhandlungen informiert werden und daran teilnehmen dürfen.

(46) Im Interesse eines wirksamen Schutzes lokaler Interessen sollte es dem Verwalter im Hauptinsolvenzverfahren nicht möglich sein, das in dem Mitgliedstaat der Niederlassung befindliche Vermögen missbräuchlich zu verwerten oder missbräuchlich an einen anderen Ort zu bringen, insbesondere wenn dies in der Absicht geschieht, die wirksame Befriedigung dieser Interessen für den Fall, dass im Anschluss ein Sekundärinsolvenzverfahren eröffnet wird, zu vereiteln.

(47) Diese Verordnung sollte die Gerichte der Mitgliedstaaten, in denen Sekundärinsolvenzverfahren eröffnet worden sind, nicht daran hindern, gegen Mitglieder der Geschäftsleitung des Schuldners Sanktionen wegen etwaiger Pflichtverletzung zu verhängen, sofern diese Gerichte nach nationalem Recht für diese Streitigkeiten zuständig sind.

(48) Hauptinsolvenzverfahren und Sekundärinsolvenzverfahren können zur wirksamen Verwaltung der Insolvenzmasse oder der effizienten Verwertung des Gesamtvermögens beitragen, wenn die an allen parallelen Verfahren beteiligten Akteure ordnungsgemäß zusammenarbeiten. Ordnungsgemäße Zusammenarbeit setzt voraus, dass die verschiedenen beteiligten Verwalter und Gerichte eng zusammenarbeiten, insbesondere indem sie einander wechselseitig ausreichend informieren. Um die dominierende Rolle des Hauptinsolvenzverfahrens sicherzustellen, sollten dem Verwalter dieses Verfahrens mehrere Einwirkungsmöglichkeiten auf gleichzeitig anhängige Sekundärinsolvenzverfahren gegeben werden. Der Verwalter sollte insbesondere einen Sanierungsplan oder Vergleich vorschlagen oder die Aussetzung der Verwertung der Masse im Sekundärinsolvenzverfahren beantragen können. Bei ihrer Zusammenarbeit sollten Verwalter und Gerichte die bewährten Praktiken für grenzüberschreitende Insolvenzfälle berücksichtigen, wie sie in den Kommunikations- und Kooperationsgrundsätzen und -leitlinien, die von europäischen und internationalen Organisationen auf dem Gebiet des Insolvenzrechts ausgearbeitet worden sind, niedergelegt sind, insbesondere den einschlägigen Leitlinien der Kommission der Vereinten Nationen für internationales Handelsrecht (UNCITRAL).

(49) Zum Zwecke dieser Zusammenarbeit sollten Verwalter und Gerichte Vereinbarungen schließen und Verständigungen herbeiführen können, die der Erleichterung der grenzüberschreitenden Zusammenarbeit zwischen mehreren Insolvenzverfahren in verschiedenen Mitgliedstaaten über das Vermögen desselben Schuldners oder von Mitgliedern derselben Unternehmensgruppe dienen, sofern dies mit den für die jeweiligen Verfahren geltenden Vorschriften vereinbar ist. Diese Vereinbarungen und Verständigungen können in der Form – sie können schriftlich oder mündlich sein – und im Umfang – von allgemein bis spezifisch – variieren und von verschiedenen Parteien geschlossen werden. In einfachen allgemeinen Vereinbarungen kann die Notwendigkeit einer engen Zusammenarbeit der Parteien hervorgehoben werden, ohne dass dabei auf konkrete Punkte eingegangen wird, während in spezifischen Vereinbarungen

# Verordnung (EU) 2015/848

ein Rahmen von Grundsätzen für die Verwaltung mehrerer Insolvenzverfahren festgelegt werden und von den beteiligten Gerichten gebilligt werden kann, sofern die nationalen Rechtsvorschriften dies erfordern. In ihnen kann zum Ausdruck gebracht werden, dass Einvernehmen unter den Parteien besteht, bestimmte Schritte zu unternehmen oder Maßnahmen zu treffen oder davon abzusehen.

(50) In ähnlicher Weise können Gerichte verschiedener Mitgliedstaaten durch die Koordinierung der Bestellung von Verwaltern zusammenarbeiten. In diesem Zusammenhang können sie dieselbe Person zum Verwalter für mehrere Insolvenzverfahren über das Vermögen desselben Schuldners oder verschiedener Mitglieder einer Unternehmensgruppe bestellen, vorausgesetzt, dies ist mit den für die jeweiligen Verfahren geltenden Vorschriften – insbesondere mit etwaigen Anforderungen an die Qualifikation und Zulassung von Verwaltern – vereinbar.

(51) Diese Verordnung sollte gewährleisten, dass Insolvenzverfahren über das Vermögen verschiedener Gesellschaften, die einer Unternehmensgruppe angehören, effizient geführt werden.

(52) Wurden über das Vermögen mehrerer Gesellschaften derselben Unternehmensgruppe Insolvenzverfahren eröffnet, so sollten die an diesen Verfahren beteiligten Akteure ordnungsgemäß zusammenarbeiten. Die verschiedenen beteiligten Verwalter und Gerichte sollten deshalb in ähnlicher Weise wie die Verwalter und Gerichte in denselben Schuldner betreffenden Haupt- und Sekundärinsolvenzverfahren verpflichtet sein, miteinander zu kommunizieren und zusammenzuarbeiten. Die Zusammenarbeit der Verwalter sollte nicht den Interessen der Gläubiger in den jeweiligen Verfahren zuwiderlaufen, und das Ziel dieser Zusammenarbeit sollte sein, eine Lösung zu finden, durch die Synergien innerhalb der Gruppe ausgeschöpft werden.

(53) Durch die Einführung von Vorschriften über die Insolvenzverfahren von Unternehmensgruppen sollte ein Gericht nicht in seiner Möglichkeit eingeschränkt werden, Insolvenzverfahren über das Vermögen mehrerer Gesellschaften, die derselben Unternehmensgruppe angehören, nur an einem Gerichtsstand zu eröffnen, wenn es feststellt, dass der Mittelpunkt der hauptsächlichen Interessen dieser Gesellschaften in einem einzigen Mitgliedstaat liegt. In diesen Fällen sollte das Gericht für alle Verfahren gegebenenfalls dieselbe Person als Verwalter bestellen können, sofern dies mit den dafür geltenden Vorschriften vereinbar ist.

(54) Um die Koordinierung der Insolvenzverfahren über das Vermögen von Mitgliedern einer Unternehmensgruppe weiter zu verbessern und eine koordinierte Sanierung der Gruppe zu ermöglichen, sollten mit dieser Verordnung Verfahrensvorschriften für die Koordinierung der Insolvenzverfahren gegen Mitglieder einer Unternehmensgruppe eingeführt werden. Bei einer derartigen Koordinierung sollte angestrebt werden, dass die Effizienz der Koordinierung gewährleistet wird, wobei gleichzeitig die eigene Rechtspersönlichkeit jedes einzelnen Gruppenmitglieds zu achten ist.

# Verordnung (EU) 2015/848

(55) Ein Verwalter, der in einem Insolvenzverfahren über das Vermögen eines Mitglieds einer Unternehmensgruppe bestellt worden ist, sollte die Eröffnung eines Gruppen-Koordinationsverfahrens beantragen können. Allerdings sollte dieser Verwalter vor der Einreichung eines solchen Antrags die erforderliche Genehmigung einholen, sofern das für das Insolvenzverfahren geltende Recht dies vorschreibt. Im Antrag sollten Angaben zu den wesentlichen Elementen der Koordinierung erfolgen, insbesondere eine Darlegung des Koordinationsplans, ein Vorschlag für die als Koordinator zu bestellende Person und eine Übersicht der geschätzten Kosten für die Koordinierung.

(56) Um die Freiwilligkeit des Gruppen-Koordinationsverfahrens sicherzustellen, sollten die beteiligten Verwalter innerhalb einer festgelegten Frist Widerspruch gegen ihre Teilnahme am Verfahren einlegen können. Damit die beteiligten Verwalter eine fundierte Entscheidung über ihre Teilnahme am Gruppen-Koordinationsverfahren treffen können, sollten sie in einer frühen Phase über die wesentlichen Elemente der Koordinierung unterrichtet werden. Allerdings sollten Verwalter, die einer Einbeziehung in ein Gruppen-Koordinationsverfahren ursprünglich widersprochen haben, eine Beteiligung nachträglich beantragen können. In einem solchen Fall sollte der Koordinator über die Zulässigkeit des Antrags befinden. Alle Verwalter einschließlich des antragstellenden Verwalters sollten über die Entscheidung des Koordinators in Kenntnis gesetzt werden und die Gelegenheit haben, diese Entscheidung bei dem Gericht anzufechten, von dem das Gruppen-Koordinationsverfahren eröffnet wurde.

(57) Gruppen-Koordinationsverfahren sollten stets zum Ziel haben, dass die wirksame Verwaltung in den Insolvenzverfahren über das Vermögen der Gruppenmitglieder erleichtert wird, und sie sollten sich allgemein positiv für die Gläubiger auswirken. Mit dieser Verordnung sollte daher sichergestellt werden, dass das Gericht, bei dem ein Antrag auf ein Gruppen-Koordinationsverfahren gestellt wurde, diese Kriterien vor der Eröffnung des Gruppen-Koordinationsverfahrens prüft.

(58) Die Kosten des Gruppen-Koordinationsverfahrens sollten dessen Vorteile nicht überwiegen. Daher muss sichergestellt werden, dass die Kosten der Koordinierung und der von jedem Gruppenmitglied zu tragende Anteil an diesen Kosten angemessen, verhältnismäßig und vertretbar sind und im Einklang mit den nationalen Rechtsvorschriften des Mitgliedstaats, in dem das Gruppen-Koordinationsverfahren eröffnet wurde, festzulegen sind. Die beteiligten Verwalter sollten auch die Möglichkeit haben, diese Kosten ab einer frühen Phase des Verfahrens zu kontrollieren. Wenn es die nationalen Rechtsvorschriften erfordern, kann die Kontrolle der Kosten ab einer frühen Phase des Verfahrens damit verbunden sein, dass der Verwalter die Genehmigung eines Gerichts oder eines Gläubigerausschusses einholt.

(59) Wenn nach Überlegung des Koordinators die Wahrnehmung seiner Aufgaben zu einer – im Vergleich zu der eingangs vorgenommenen Kostenschätzung – erheblichen Kostensteigerung führen wird, und auf jeden Fall, wenn die Kosten 10 % der geschätzten Kosten übersteigen, sollte der Koordinator von dem Gericht, das das Gruppen-Koordinationsverfahren eröffnet hat, die Geneh-

# Verordnung (EU) 2015/848

migung zur Überschreitung dieser Kosten einholen. Bevor das Gericht, das das Gruppen-Koordinationsverfahren eröffnet hat, seine Entscheidung trifft, sollte es den beteiligten Verwaltern Gelegenheit geben, gehört zu werden und dem Gericht ihre Bemerkungen dazu darzulegen, ob der Antrag des Koordinators angebracht ist.

(60) Diese Verordnung sollte für Mitglieder einer Unternehmensgruppe, die nicht in ein Gruppen-Koordinationsverfahren einbezogen sind, auch einen alternativen Mechanismus vorsehen, um eine koordinierte Sanierung der Gruppe zu erreichen. Ein in einem Verfahren, das über das Vermögen eines Mitglieds einer Unternehmensgruppe anhängig ist, bestellter Verwalter sollte die Aussetzung jeder Maßnahme im Zusammenhang mit der Verwertung der Masse in Verfahren über das Vermögen anderer Mitglieder der Unternehmensgruppe, die nicht in ein Gruppen-Koordinationsverfahren einbezogen sind, beantragen können. Es sollte nur möglich sein, eine solche Aussetzung zu beantragen, wenn ein Sanierungsplan für die betroffenen Mitglieder der Gruppe vorgelegt wird, der den Gläubigern des Verfahrens, für das die Aussetzung beantragt wird, zugute kommt und die Aussetzung notwendig ist, um die ordnungsgemäße Durchführung des Plans sicherzustellen.

(61) Diese Verordnung sollte die Mitgliedstaaten nicht daran hindern, nationale Bestimmungen zu erlassen, mit denen die Bestimmungen dieser Verordnung über die Zusammenarbeit, Kommunikation und Koordinierung im Zusammenhang mit Insolvenzverfahren über das Vermögen von Mitgliedern einer Unternehmensgruppe ergänzt würden, vorausgesetzt, der Geltungsbereich der nationalen Vorschriften beschränkt sich auf die nationale Rechtsordnung und ihre Anwendung beeinträchtigt nicht die Wirksamkeit der in dieser Verordnung enthaltenen Vorschriften.

(62) Die Vorschriften dieser Verordnung über die Zusammenarbeit, Kommunikation und Koordinierung im Rahmen von Insolvenzverfahren über das Vermögen von Mitgliedern einer Unternehmensgruppe sollten nur insoweit Anwendung finden, als Verfahren über das Vermögen verschiedener Mitglieder derselben Unternehmensgruppe in mehr als einem Mitgliedstaat eröffnet worden sind.

(63) Jeder Gläubiger, der seinen gewöhnlichen Aufenthalt, Wohnsitz oder Sitz in der Union hat, sollte das Recht haben, seine Forderungen in jedem in der Union anhängigen Insolvenzverfahren über das Vermögen des Schuldners anzumelden. Dies sollte auch für Steuerbehörden und Sozialversicherungsträger gelten. Diese Verordnung sollte den Verwalter nicht daran hindern, Forderungen im Namen bestimmter Gläubigergruppen – z. B. der Arbeitnehmer – anzumelden, sofern dies im nationalen Recht vorgesehen ist. Im Interesse der Gläubigergleichbehandlung sollte jedoch die Verteilung des Erlöses koordiniert werden. Jeder Gläubiger sollte zwar behalten dürfen, was er im Rahmen eines Insolvenzverfahrens erhalten hat, sollte aber an der Verteilung der Masse in einem anderen Verfahren erst dann teilnehmen können, wenn die Gläubiger gleichen Rangs die gleiche Quote auf ihre Forderungen erlangt haben.

# Verordnung (EU) 2015/848

(64) Es ist von grundlegender Bedeutung, dass Gläubiger, die ihren gewöhnlichen Aufenthalt, Wohnsitz oder Sitz in der Union haben, über die Eröffnung von Insolvenzverfahren über das Vermögen ihres Schuldners informiert werden. Um eine rasche Übermittlung der Informationen an die Gläubiger sicherzustellen, sollte die Verordnung (EG) Nr. 1393/2007 des Europäischen Parlaments und des Rates[6] keine Anwendung finden, wenn in der vorliegenden Verordnung auf die Pflicht zur Information der Gläubiger verwiesen wird. Gläubigern sollte die Anmeldung ihrer Forderungen in Verfahren, die in einem anderen Mitgliedstaat eröffnet werden, durch die Bereitstellung von Standardformularen in allen Amtssprachen der Organe der Union erleichtert werden. Die Folgen des unvollständigen Ausfüllens des Standardformulars sollten durch das nationale Recht geregelt werden.

(65) In dieser Verordnung sollte die unmittelbare Anerkennung von Entscheidungen zur Eröffnung, Abwicklung und Beendigung der in ihren Geltungsbereich fallenden Insolvenzverfahren sowie von Entscheidungen, die in unmittelbarem Zusammenhang mit diesen Insolvenzverfahren ergehen, vorgesehen werden. Die automatische Anerkennung sollte somit zur Folge haben, dass die Wirkungen, die das Recht des Mitgliedstaats der Verfahrenseröffnung dem Verfahren beilegt, auf alle übrigen Mitgliedstaaten ausgedehnt werden. Die Anerkennung der Entscheidungen der Gerichte der Mitgliedstaaten sollte sich auf den Grundsatz des gegenseitigen Vertrauens stützen. Die Gründe für eine Nichtanerkennung sollten daher auf das unbedingt notwendige Maß beschränkt sein. Nach diesem Grundsatz sollte auch der Konflikt gelöst werden, wenn sich die Gerichte zweier Mitgliedstaaten für zuständig halten, ein Hauptinsolvenzverfahren zu eröffnen. Die Entscheidung des zuerst eröffnenden Gerichts sollte in den anderen Mitgliedstaaten anerkannt werden; diese Mitgliedstaaten sollten die Entscheidung dieses Gerichts keiner Überprüfung unterziehen dürfen.

(66) Diese Verordnung sollte für den Insolvenzbereich einheitliche Kollisionsnormen formulieren, die die nationalen Vorschriften des internationalen Privatrechts ersetzen. Soweit nichts anderes bestimmt ist, sollte das Recht des Staates der Verfahrenseröffnung (*lex concursus*) Anwendung finden. Diese Kollisionsnorm sollte für Hauptinsolvenzverfahren und Partikularverfahren gleichermaßen gelten. Die *lex concursus* regelt sowohl die verfahrensrechtlichen als auch die materiellen Wirkungen des Insolvenzverfahrens auf die davon betroffenen Personen und Rechtsverhältnisse. Nach ihr bestimmen sich alle Voraussetzungen für die Eröffnung, Abwicklung und Beendigung des Insolvenzverfahrens.

(67) Die automatische Anerkennung eines Insolvenzverfahrens, auf das regelmäßig das Recht des Staats der Verfahrenseröffnung Anwendung findet, kann mit den Vorschriften anderer Mitgliedstaaten für die Vornahme von Rechtshand-

---

6) Verordnung (EG) Nr. 1393/2007 des Europäischen Parlaments und des Rates vom 13. November 2007 über die Zustellung gerichtlicher und außergerichtlicher Schriftstücke in Zivil- oder Handelssachen in den Mitgliedstaaten (Zustellung von Schriftstücken) und zur Aufhebung der Verordnung (EG) Nr. 1348/2000 des Rates (ABl. L 324 vom 10.12.2007, S. 79).

# Verordnung (EU) 2015/848

lungen kollidieren. Um in den anderen Mitgliedstaaten als dem Staat der Verfahrenseröffnung Vertrauensschutz und Rechtssicherheit zu gewährleisten, sollte eine Reihe von Ausnahmen von der allgemeinen Vorschrift vorgesehen werden.

(68) Ein besonderes Bedürfnis für eine vom Recht des Eröffnungsstats abweichende Sonderanknüpfung besteht bei dinglichen Rechten, da solche Rechte für die Gewährung von Krediten von erheblicher Bedeutung sind. Die Begründung, Gültigkeit und Tragweite von dinglichen Rechten sollten sich deshalb regelmäßig nach dem Recht des Belegenheitsorts bestimmen und von der Eröffnung des Insolvenzverfahrens nicht berührt werden. Der Inhaber des dinglichen Rechts sollte somit sein Recht zur Aus- bzw. Absonderung an dem Sicherungsgegenstand weiter geltend machen können. Falls an Vermögensgegenständen in einem Mitgliedstaat dingliche Rechte nach dem Recht des Belegenheitsstaats bestehen, das Hauptinsolvenzverfahren aber in einem anderen Mitgliedstaat stattfindet, sollte der Verwalter des Hauptinsolvenzverfahrens die Eröffnung eines Sekundärinsolvenzverfahrens in dem Zuständigkeitsgebiet, in dem die dinglichen Rechte bestehen, beantragen können, sofern der Schuldner dort eine Niederlassung hat. Wird kein Sekundärinsolvenzverfahren eröffnet, so sollte ein etwaiger überschießender Erlös aus der Veräußerung der Vermögensgegenstände, an denen dingliche Rechte bestanden, an den Verwalter des Hauptinsolvenzverfahrens abzuführen sein.

(69) Diese Verordnung enthält mehrere Bestimmungen, wonach ein Gericht die Aussetzung der Eröffnung eines Verfahrens oder die Aussetzung von Vollstreckungsverfahren anordnen kann. Eine solche Aussetzung sollte die dinglichen Rechte von Gläubigern oder Dritten unberührt lassen.

(70) Ist nach dem Recht des Staats der Verfahrenseröffnung eine Aufrechnung von Forderungen nicht zulässig, so sollte ein Gläubiger gleichwohl zur Aufrechnung berechtigt sein, wenn diese nach dem für die Forderung des insolventen Schuldners maßgeblichen Recht möglich ist. Auf diese Weise würde die Aufrechnung eine Art Garantiefunktion aufgrund von Rechtsvorschriften erhalten, auf die sich der betreffende Gläubiger zum Zeitpunkt der Entstehung der Forderung verlassen kann.

(71) Ein besonderes Schutzbedürfnis besteht auch bei Zahlungssystemen und Finanzmärkten, etwa im Zusammenhang mit den in diesen Systemen anzutreffenden Glattstellungsverträgen und Nettingvereinbarungen sowie der Veräußerung von Wertpapieren und den zur Absicherung dieser Transaktionen gestellten Sicherheiten, wie dies insbesondere in der Richtlinie 98/26/EG des Europäischen Parlaments und des Rates[7] geregelt ist. Für diese Transaktionen sollte deshalb allein das Recht maßgebend sein, das auf das betreffende System bzw. den betreffenden Markt anwendbar ist. Dieses Recht soll verhindern, dass im Fall der Insolvenz eines Geschäftspartners die in Zahlungs- oder

---

[7] Richtlinie 98/26/EG des Europäischen Parlaments und des Rates vom 19. Mai 1998 über die Wirksamkeit von Abrechnungen in Zahlungs- sowie Wertpapierliefer- und -abrechnungssystemen (ABl. L 166 vom 11.6.1998, S. 45).

# Verordnung (EU) 2015/848

Aufrechnungssystemen und auf den geregelten Finanzmärkten der Mitgliedstaaten vorgesehenen Mechanismen zur Zahlung und Abwicklung von Transaktionen geändert werden können. Die Richtlinie 98/26/EG enthält Sondervorschriften, die den in dieser Verordnung festgelegten allgemeinen Regelungen vorgehen sollten.

(72) Zum Schutz der Arbeitnehmer und der Arbeitsverhältnisse sollten die Wirkungen der Insolvenzverfahren auf die Fortsetzung oder Beendigung von Arbeitsverhältnissen sowie auf die Rechte und Pflichten aller an einem solchen Arbeitsverhältnis beteiligten Parteien durch das gemäß den allgemeinen Kollisionsnormen für den jeweiligen Arbeitsvertrag maßgebliche Recht bestimmt werden. Zudem sollte in Fällen, in denen zur Beendigung von Arbeitsverträgen die Zustimmung eines Gerichts oder einer Verwaltungsbehörde erforderlich ist, die Zuständigkeit zur Erteilung dieser Zustimmung bei dem Mitgliedstaat verbleiben, in dem sich eine Niederlassung des Schuldners befindet, selbst wenn in diesem Mitgliedstaat kein Insolvenzverfahren eröffnet wurde. Für sonstige insolvenzrechtliche Fragen, wie etwa, ob die Forderungen der Arbeitnehmer durch ein Vorrecht geschützt sind und welchen Rang dieses Vorrecht gegebenenfalls erhalten soll, sollte das Recht des Mitgliedstaats maßgeblich sein, in dem das Insolvenzverfahren (Haupt- oder Sekundärverfahren) eröffnet wurde, es sei denn, im Einklang mit dieser Verordnung wurde eine Zusicherung gegeben, um ein Sekundärinsolvenzverfahren zu vermeiden.

(73) Auf die Wirkungen des Insolvenzverfahrens auf ein anhängiges Gerichts- oder Schiedsverfahren über einen Vermögenswert oder ein Recht, der bzw. das Teil der Insolvenzmasse ist, sollte das Recht des Mitgliedstaats Anwendung finden, in dem das Gerichtsverfahren anhängig ist oder die Schiedsgerichtsbarkeit ihren Sitz hat. Diese Bestimmung sollte allerdings die nationalen Vorschriften über die Anerkennung und Vollstreckung von Schiedssprüchen nicht berühren.

(74) Um den verfahrensrechtlichen Besonderheiten der Rechtssysteme einiger Mitgliedstaaten Rechnung zu tragen, sollten bestimmte Vorschriften dieser Verordnung die erforderliche Flexibilität aufweisen. Dementsprechend sollten Bezugnahmen in dieser Verordnung auf Mitteilungen eines Justizorgans eines Mitgliedstaats, sofern es die Verfahrensvorschriften eines Mitgliedstaats erforderlich machen, eine Anordnung dieses Justizorgans umfassen, die Mitteilung vorzunehmen.

(75) Im Interesse des Geschäftsverkehrs sollte der wesentliche Inhalt der Entscheidung über die Verfahrenseröffnung auf Antrag des Verwalters in einem anderen Mitgliedstaat als in dem, in dem das Gericht diese Entscheidung erlassen hat, bekanntgemacht werden. Befindet sich in dem betreffenden Mitgliedstaat eine Niederlassung, sollte die Bekanntmachung obligatorisch sein. In keinem dieser Fälle sollte die Bekanntmachung jedoch Voraussetzung für die Anerkennung des ausländischen Verfahrens sein.

(76) Um eine bessere Information der betroffenen Gläubiger und Gerichte zu gewährleisten und die Eröffnung von Parallelverfahren zu verhindern, sollten die Mitgliedstaaten verpflichtet werden, relevante Informationen in grenzüber-

schreitenden Insolvenzfällen in einem öffentlich zugänglichen elektronischen Register bekanntzumachen. Um Gläubigern und Gerichten in anderen Mitgliedstaaten den Zugriff auf diese Informationen zu erleichtern, sollte diese Verordnung die Vernetzung solcher Insolvenzregister über das Europäische Justizportal vorsehen. Den Mitgliedstaaten sollte freistehen, relevante Informationen in verschiedenen Registern bekanntzumachen, und es sollte möglich sein, mehr als ein Register je Mitgliedstaat zu vernetzen.

(77) In dieser Verordnung sollte der Mindestumfang der Informationen, die in den Insolvenzregistern bekanntzumachen sind, festgelegt werden. Die Mitgliedstaaten sollten zusätzliche Informationen aufnehmen dürfen. Ist der Schuldner eine natürliche Person, so sollte in den Insolvenzregistern nur dann eine Registrierungsnummer angegeben werden, wenn der Schuldner eine selbständige gewerbliche oder freiberufliche Tätigkeit ausübt. Diese Registrierungsnummer sollte gegebenenfalls als die einheitliche Registrierungsnummer seiner selbständigen oder freiberuflichen Tätigkeit im Handelsregister zu verstehen sein.

(78) Informationen über bestimmte Aspekte des Insolvenzverfahrens, wie z. B. die Fristen für die Anmeldung von Forderungen oder die Anfechtung von Entscheidungen, sind für die Gläubiger von grundlegender Bedeutung. Diese Verordnung sollte allerdings die Mitgliedstaaten nicht dazu verpflichten, diese Fristen im Einzelfall zu berechnen. Die Mitgliedstaaten sollten ihren Pflichten nachkommen können, indem sie Hyperlinks zum Europäischen Justizportal einfügen, über das selbsterklärende Angaben zu den Kriterien zur Berechnung dieser Fristen verfügbar zu machen sind.

(79) Damit ausreichender Schutz der Informationen über natürliche Personen, die keine selbständige gewerbliche oder freiberufliche Tätigkeit ausüben, gewährleistet ist, sollte es den Mitgliedstaaten möglich sein, den Zugang zu diesen Informationen von zusätzlichen Suchkriterien wie der persönlichen Kennnummer des Schuldners, seiner Anschrift, seinem Geburtsdatum oder dem Bezirk des zuständigen Gerichts abhängig zu machen oder den Zugang an die Voraussetzung eines Antrags an die zuständige Behörde oder der Feststellung eines rechtmäßigen Interesses zu knüpfen.

(80) Den Mitgliedstaaten sollte es auch möglich sein, Informationen über natürliche Personen, die keine selbständige gewerbliche oder freiberufliche Tätigkeit ausüben, nicht in ihre Insolvenzregister aufzunehmen. In solchen Fällen sollten die Mitgliedstaaten sicherstellen, dass die einschlägigen Informationen durch individuelle Mitteilung an die Gläubiger übermittelt werden und die Forderungen von Gläubigern, die die Informationen nicht erhalten haben, durch das Verfahren nicht berührt werden.

(81) Es kann der Fall eintreten, dass einige der betroffenen Personen keine Kenntnis von der Eröffnung des Insolvenzverfahrens haben und gutgläubig im Widerspruch zu der neuen Sachlage handeln. Zum Schutz solcher Personen, die in Unkenntnis der ausländischen Verfahrenseröffnung eine Zahlung an den Schuldner statt an den ausländischen Verwalter leisten, sollte eine schuldbefreiende Wirkung der Leistung bzw. Zahlung vorgesehen werden.

# Verordnung (EU) 2015/848

(82) Zur Gewährleistung einheitlicher Bedingungen für die Durchführung dieser Verordnung sollten der Kommission Durchführungsbefugnisse übertragen werden. Diese Befugnisse sollten im Einklang mit der Verordnung (EU) Nr. 182/2011 des Europäischen Parlaments und des Rates[8] ausgeübt werden.

(83) Diese Verordnung steht im Einklang mit den Grundrechten und Grundsätzen, die mit der Charta der Grundrechte der Europäischen Union anerkannt wurden. Die Verordnung zielt insbesondere darauf ab, die Anwendung der Artikel 8, 17 und 47 der Charta zu fördern, die den Schutz der personenbezogenen Daten, das Recht auf Eigentum und das Recht auf einen wirksamen Rechtsbehelf und ein faires Verfahren betreffen.

(84) Die Richtlinie 95/46/EG des Europäischen Parlaments und des Rates[9] und die Verordnung (EG) Nr. 45/2001 des Europäischen Parlaments und des Rates[10] regeln die Verarbeitung personenbezogener Daten im Rahmen dieser Verordnung.

(85) Diese Verordnung lässt die Verordnung (EWG, Euratom) Nr. 1182/71 des Rates[11] unberührt.

(86) Da das Ziel dieser Verordnung von den Mitgliedstaaten nicht ausreichend verwirklicht werden kann, sondern vielmehr aufgrund der Schaffung eines rechtlichen Rahmens für die geordnete Abwicklung von grenzüberschreitenden Insolvenzverfahren auf Unionsebene besser zu verwirklichen ist, kann die Union im Einklang mit dem in Artikel 5 des Vertrags über die Europäische Union verankerten Subsidiaritätsprinzip tätig werden. Entsprechend dem in demselben Artikel genannten Grundsatz der Verhältnismäßigkeit geht diese Verordnung nicht über das zur Verwirklichung dieses Ziels erforderliche Maß hinaus.

(87) Gemäß Artikel 3 und Artikel 4a Absatz 1 des dem Vertrag über die Europäische Union und dem Vertrag über die Arbeitsweise der Europäischen Union beigefügten Protokolls Nr. 21 über die Position des Vereinigten Königreichs und Irlands hinsichtlich des Raums der Freiheit, der Sicherheit und des Rechts haben diese Mitgliedstaaten mitgeteilt, dass sie sich an der Annahme und Anwendung der vorliegenden Verordnung beteiligen möchten.

---

8) Verordnung (EU) Nr. 182/2011 des Europäischen Parlaments und des Rates vom 16. Februar 2011 zur Festlegung der allgemeinen Regeln und Grundsätze, nach denen die Mitgliedstaaten die Wahrnehmung der Durchführungsbefugnisse durch die Kommission kontrollieren (ABl. L 55 vom 28.2.2011, S. 13).
9) Richtlinie 95/46/EG des Europäischen Parlaments und des Rates vom 24. Oktober 1995 zum Schutz natürlicher Personen bei der Verarbeitung personenbezogener Daten und zum freien Datenverkehr (ABl. L 281 vom 23.11.1995, S. 31).
10) Verordnung (EG) Nr. 45/2001 des Europäischen Parlaments und des Rates vom 18. Dezember 2000 zum Schutz natürlicher Personen bei der Verarbeitung personenbezogener Daten durch die Organe und Einrichtungen der Gemeinschaft und zum freien Datenverkehr (ABl. L 8 vom 12.1.2001, S. 1).
11) Verordnung (EWG, Euratom) Nr. 1182/71 des Rates vom 3. Juni 1971 zur Festlegung der Regeln für die Fristen, Daten und Termine (ABl. L 124 vom 8.6.1971, S. 1).

(88) Gemäß den Artikeln 1 und 2 des dem Vertrag über die Europäische Union und dem Vertrag über die Arbeitsweise der Europäischen Union beigefügten Protokolls Nr. 22 über die Position Dänemarks beteiligt sich Dänemark nicht an der Annahme dieser Verordnung und ist weder durch diese Verordnung gebunden noch zu ihrer Anwendung verpflichtet.

(89) Der Europäische Datenschutzbeauftragte wurde angehört und hat seine Stellungnahme am 27. März 2013 abgegeben[12] –

HABEN FOLGENDE VERORDNUNG ERLASSEN:

## KAPITEL I
## ALLGEMEINE BESTIMMUNGEN

### Artikel 1
### Anwendungsbereich

(1) Diese Verordnung gilt für öffentliche Gesamtverfahren einschließlich vorläufiger Verfahren, die auf der Grundlage gesetzlicher Regelungen zur Insolvenz stattfinden und in denen zu Zwecken der Rettung, Schuldenanpassung, Reorganisation oder Liquidation

a) dem Schuldner die Verfügungsgewalt über sein Vermögen ganz oder teilweise entzogen und ein Verwalter bestellt wird,

b) das Vermögen und die Geschäfte des Schuldners der Kontrolle oder Aufsicht durch ein Gericht unterstellt werden oder

c) die vorübergehende Aussetzung von Einzelvollstreckungsverfahren von einem Gericht oder kraft Gesetzes gewährt wird, um Verhandlungen zwischen dem Schuldner und seinen Gläubigern zu ermöglichen, sofern das Verfahren, in dem die Aussetzung gewährt wird, geeignete Maßnahmen zum Schutz der Gesamtheit der Gläubiger vorsieht und in dem Fall, dass keine Einigung erzielt wird, einem der in den Buchstaben a oder b genannten Verfahren vorgeschaltet ist.

Kann ein in diesem Absatz genanntes Verfahren in Situationen eingeleitet werden, in denen lediglich die Wahrscheinlichkeit einer Insolvenz besteht, ist der Zweck des Verfahrens die Vermeidung der Insolvenz des Schuldners oder der Einstellung seiner Geschäftstätigkeit.

Die Verfahren, auf die in diesem Absatz Bezug genommen wird, sind in Anhang A aufgeführt.

(2) Diese Verordnung gilt nicht für Verfahren nach Absatz 1 in Bezug auf

a) Versicherungsunternehmen,

b) Kreditinstitute,

c) Wertpapierfirmen und andere Firmen, Einrichtungen und Unternehmen, soweit sie unter die Richtlinie 2001/24/EG fallen, oder

d) Organismen für gemeinsame Anlagen.

---

12) ABl. C 358 vom 7.12.2013, S. 15.

# Verordnung (EU) 2015/848

## Artikel 2
### Begriffsbestimmungen

Für die Zwecke dieser Verordnung bezeichnet der Ausdruck

1. „Gesamtverfahren" ein Verfahren, an dem alle oder ein wesentlicher Teil der Gläubiger des Schuldners beteiligt sind, vorausgesetzt, dass im letzteren Fall das Verfahren nicht die Forderungen der Gläubiger berührt, die nicht daran beteiligt sind;

2. „Organismen für gemeinsame Anlagen" Organismen für gemeinsame Anlagen in Wertpapieren (OGAW) im Sinne der Richtlinie 2009/65/EG des Europäischen Parlaments und des Rates[13] und alternative Investmentfonds (AIF) im Sinne der Richtlinie 2011/61/EU des Europäischen Parlaments und des Rates[14];

3. „Schuldner in Eigenverwaltung" einen Schuldner, über dessen Vermögen ein Insolvenzverfahren eröffnet wurde, das nicht zwingend mit der Bestellung eines Verwalters oder der vollständigen Übertragung der Rechte und Pflichten zur Verwaltung des Vermögens des Schuldners auf einen Verwalter verbunden ist, und bei dem der Schuldner daher ganz oder zumindest teilweise die Kontrolle über sein Vermögen und seine Geschäfte behält;

4. „Insolvenzverfahren" ein in Anhang A aufgeführtes Verfahren;

5. „Verwalter" jede Person oder Stelle, deren Aufgabe es ist, auch vorläufig

    i) die in Insolvenzverfahren angemeldeten Forderungen zu prüfen und zuzulassen;

    ii) die Gesamtinteressen der Gläubiger zu vertreten;

    iii) die Insolvenzmasse entweder vollständig oder teilweise zu verwalten;

    iv) die Insolvenzmasse im Sinne der Ziffer iii zu verwerten oder

    v) die Geschäftätigkeit des Schuldners zu überwachen.

   Die in UnterAbsatz 1 genannten Personen und Stellen sind in Anhang B aufgeführt;

6. „Gericht"

    i) in Artikel 1 Absatz 1 Buchstaben b und c, Artikel 4 Absatz 2, Artikel 5, Artikel 6, Artikel 21 Absatz 3, Artikel 24 Absatz 2 Buchstabe j, Artikel 36, Artikel 39 und Artikel 61 bis Artikel 77 das Justizorgan eines Mitgliedstaats;

    ii) in allen anderen Artikeln das Justizorgan oder jede sonstige zuständige Stelle eines Mitgliedstaats, die befugt ist, ein Insolvenzverfahren zu eröff-

---

[13] Richtlinie 2009/65/EG des Europäischen Parlaments und des Rates vom 13. Juli 2009 zur Koordinierung der Rechts- und Verwaltungsvorschriften betreffend bestimmte Organismen für gemeinsame Anlagen in Wertpapieren (OGAW) (ABl. L 302 vom 17.11.2009, S. 32).

[14] Richtlinie 2011/61/EU des Europäischen Parlaments und des Rates vom 8. Juni 2011 über die Verwalter alternativer Investmentfonds und zur Änderung der Richtlinien 2003/41/EG und 2009/65/EG und der Verordnungen (EG) Nr. 1060/2009 und (EU) Nr. 1095/2010 (ABl. L 174 vom 1.7.2011, S. 1).

# Verordnung (EU) 2015/848

nen, die Eröffnung eines solchen Verfahrens zu bestätigen oder im Rahmen dieses Verfahrens Entscheidungen zu treffen;

7. „Entscheidung zur Eröffnung eines Insolvenzverfahrens"

    i) die Entscheidung eines Gerichts zur Eröffnung eines Insolvenzverfahrens oder zur Bestätigung der Eröffnung eines solchen Verfahrens und

    ii) die Entscheidung eines Gerichts zur Bestellung eines Verwalters;

8. „Zeitpunkt der Verfahrenseröffnung" den Zeitpunkt, zu dem die Entscheidung zur Eröffnung des Insolvenzverfahrens wirksam wird, unabhängig davon, ob die Entscheidung endgültig ist oder nicht;

9. „Mitgliedstaat, in dem sich ein Vermögensgegenstand befindet", im Fall von

    i) Namensaktien, soweit sie nicht von Ziffer ii erfasst sind, den Mitgliedstaat, in dessen Hoheitsgebiet die Gesellschaft, die die Aktien ausgegeben hat, ihren Sitz hat;

    ii) Finanzinstrumenten, bei denen die Rechtsinhaberschaft durch Eintrag in ein Register oder Buchung auf ein Konto, das von einem oder für einen Intermediär geführt wird, nachgewiesen wird („im Effektengiro übertragbare Wertpapiere"), den Mitgliedstaat, in dem das betreffende Register oder Konto geführt wird;

    iii) Guthaben auf Konten bei einem Kreditinstitut den Mitgliedstaat, der in der internationalen Kontonummer (IBAN) angegeben ist, oder im Fall von Guthaben auf Konten bei einem Kreditinstitut ohne IBAN den Mitgliedstaat, in dem das Kreditinstitut, bei dem das Konto geführt wird, seine Hauptverwaltung hat, oder, sofern das Konto bei einer Zweigniederlassung, Agentur oder sonstigen Niederlassung geführt wird, den Mitgliedstaat, in dem sich die Zweigniederlassung, Agentur oder sonstige Niederlassung befindet;

    iv) Gegenständen oder Rechten, bei denen das Eigentum oder die Rechtsinhaberschaft in anderen als den unter Ziffer i genannten öffentlichen Registern eingetragen ist, den Mitgliedstaat, unter dessen Aufsicht das Register geführt wird;

    v) Europäischen Patenten den Mitgliedstaat, für den das Europäische Patent erteilt wurde;

    vi) Urheberrechten und verwandten Schutzrechten den Mitgliedstaat, in dessen Hoheitsgebiet der Eigentümer solcher Rechte seinen gewöhnlichen Aufenthalt oder Sitz hat;

    vii) anderen als den unter den Ziffern i bis iv genannten körperlichen Gegenständen den Mitgliedstaat, in dessen Hoheitsgebiet sich der Gegenstand befindet;

    viii) anderen Forderungen gegen Dritte als solchen, die sich auf Vermögenswerte gemäß Ziffer iii beziehen, den Mitgliedstaat, in dessen Hoheitsgebiet der zur Leistung verpflichtete Dritte den Mittelpunkt seiner hauptsächlichen Interessen im Sinne des Artikels 3 Absatz 1 hat;

# Verordnung (EU) 2015/848

10. „Niederlassung" jeden Tätigkeitsort, an dem der Schuldner einer wirtschaftlichen Aktivität von nicht vorübergehender Art nachgeht oder in den drei Monaten vor dem Antrag auf Eröffnung des Hauptinsolvenzverfahrens nachgegangen ist, die den Einsatz von Personal und Vermögenswerten voraussetzt;

11. „lokaler Gläubiger" den Gläubiger, dessen Forderungen gegen den Schuldner aus oder in Zusammenhang mit dem Betrieb einer Niederlassung in einem anderen Mitgliedstaat als dem Mitgliedstaat entstanden sind, in dem sich der Mittelpunkt der hauptsächlichen Interessen des Schuldners befindet;

12. „ausländischer Gläubiger" den Gläubiger, der seinen gewöhnlichen Aufenthalt, Wohnsitz oder Sitz in einem anderen Mitgliedstaat als dem Mitgliedstaat der Verfahrenseröffnung hat, einschließlich der Steuerbehörden und der Sozialversicherungsträger der Mitgliedstaaten;

13. „Unternehmensgruppe" ein Mutterunternehmen und alle seine Tochterunternehmen;

14. „Mutterunternehmen" ein Unternehmen, das ein oder mehrere Tochterunternehmen entweder unmittelbar oder mittelbar kontrolliert. Ein Unternehmen, das einen konsolidierten Abschluss gemäß der Richtlinie 2013/34/EU des Europäischen Parlaments und des Rates[15] erstellt, wird als Mutterunternehmen angesehen.

## Artikel 3
### Internationale Zuständigkeit

(1) Für die Eröffnung des Insolvenzverfahrens sind die Gerichte des Mitgliedstaats zuständig, in dessen Hoheitsgebiet der Schuldner den Mittelpunkt seiner hauptsächlichen Interessen hat (im Folgenden „Hauptinsolvenzverfahren"). Mittelpunkt der hauptsächlichen Interessen ist der Ort, an dem der Schuldner gewöhnlich der Verwaltung seiner Interessen nachgeht und der für Dritte feststellbar ist.

Bei Gesellschaften oder juristischen Personen wird bis zum Beweis des Gegenteils vermutet, dass der Mittelpunkt ihrer hauptsächlichen Interessen der Ort ihres Sitzes ist. Diese Annahme gilt nur, wenn der Sitz nicht in einem Zeitraum von drei Monaten vor dem Antrag auf Eröffnung des Insolvenzverfahrens in einen anderen Mitgliedstaat verlegt wurde.

Bei einer natürlichen Person, die eine selbständige gewerbliche oder freiberufliche Tätigkeit ausübt, wird bis zum Beweis des Gegenteils vermutet, dass der Mittelpunkt ihrer hauptsächlichen Interessen ihre Hauptniederlassung ist. Diese Annahme gilt nur, wenn die Hauptniederlassung der natürlichen Person nicht in einem Zeitraum von drei Monaten vor dem Antrag auf Eröffnung des Insolvenzverfahrens in einen anderen Mitgliedstaat verlegt wurde.

---

15) Richtlinie 2013/34/EU des Europäischen Parlaments und des Rates vom 26. Juni 2013 über den Jahresabschluss, den konsolidierten Abschluss und damit verbundene Berichte von Unternehmen bestimmter Rechtsformen und zur Änderung der Richtlinie 2006/43/EG des Europäischen Parlaments und des Rates und zur Aufhebung der Richtlinien 78/660/EWG und 83/349/EWG des Rates (ABl. L 182 vom 29.6.2013, S. 19).

Bei allen anderen natürlichen Personen wird bis zum Beweis des Gegenteils vermutet, dass der Mittelpunkt ihrer hauptsächlichen Interessen der Ort ihres gewöhnlichen Aufenthalts ist. Diese Annahme gilt nur, wenn der gewöhnliche Aufenthalt nicht in einem Zeitraum von sechs Monaten vor dem Antrag auf Eröffnung des Insolvenzverfahrens in einen anderen Mitgliedstaat verlegt wurde.

(2) Hat der Schuldner den Mittelpunkt seiner hauptsächlichen Interessen im Hoheitsgebiet eines Mitgliedstaats, so sind die Gerichte eines anderen Mitgliedstaats nur dann zur Eröffnung eines Insolvenzverfahrens befugt, wenn der Schuldner eine Niederlassung im Hoheitsgebiet dieses anderen Mitgliedstaats hat. Die Wirkungen dieses Verfahrens sind auf das im Hoheitsgebiet dieses letzteren Mitgliedstaats befindliche Vermögen des Schuldners beschränkt.

(3) Wird ein Insolvenzverfahren nach Absatz 1 eröffnet, so ist jedes zu einem späteren Zeitpunkt nach Absatz 2 eröffnete Insolvenzverfahren ein Sekundärinsolvenzverfahren.

(4) Vor der Eröffnung eines Insolvenzverfahrens nach Absatz 1 kann ein Partikularverfahren nach Absatz 2 nur eröffnet werden, falls:

a) die Eröffnung eines Insolvenzverfahrens nach Absatz 1 angesichts der Bedingungen, die das Recht des Mitgliedstaats vorschreibt, in dessen Hoheitsgebiet der Schuldner den Mittelpunkt seiner hauptsächlichen Interessen hat, nicht möglich ist oder

b) die Eröffnung des Partikularverfahrens von

   i) einem Gläubiger beantragt wird, dessen Forderung sich aus dem Betrieb einer Niederlassung ergibt oder damit im Zusammenhang steht, die sich im Hoheitsgebiet des Mitgliedstaats befindet, in dem die Eröffnung des Partikularverfahrens beantragt wird, oder

   ii) einer Behörde beantragt wird, die nach dem Recht des Mitgliedstaats, in dessen Hoheitsgebiet sich die Niederlassung befindet, das Recht hat, die Eröffnung von Insolvenzverfahren zu beantragen.

Nach der Eröffnung des Hauptinsolvenzverfahrens wird das Partikularverfahren zum Sekundärinsolvenzverfahren.

## Artikel 4
### Prüfung der Zuständigkeit

(1) Das mit einem Antrag auf Eröffnung eines Insolvenzverfahrens befasste Gericht prüft von Amts wegen, ob es nach Artikel 3 zuständig ist. In der Entscheidung zur Eröffnung des Insolvenzverfahrens sind die Gründe anzugeben, auf denen die Zuständigkeit des Gerichts beruht sowie insbesondere, ob die Zuständigkeit auf Artikel 3 Absatz 1 oder Absatz 2 gestützt ist.

(2) Unbeschadet des Absatzes 1 können die Mitgliedstaaten in Insolvenzverfahren, die gemäß den nationalen Rechtsvorschriften ohne gerichtliche Entscheidung eröffnet werden, den in einem solchen Verfahren bestellten Verwalter damit betrauen, zu prüfen, ob der Mitgliedstaat, in dem der Antrag auf Eröffnung des Verfahrens anhängig ist, gemäß Artikel 3 zuständig ist. Ist dies der Fall, führt der Ver-

# Verordnung (EU) 2015/848

walter in der Entscheidung zur Verfahrenseröffnung die Gründe auf, auf welchen die Zuständigkeit beruht sowie insbesondere, ob die Zuständigkeit auf Artikel 3 Absatz 1 oder Absatz 2 gestützt ist.

## Artikel 5
### Gerichtliche Nachprüfung der Entscheidung zur Eröffnung des Hauptinsolvenzverfahrens

(1) Der Schuldner oder jeder Gläubiger kann die Entscheidung zur Eröffnung des Hauptinsolvenzverfahrens vor Gericht aus Gründen der internationalen Zuständigkeit anfechten.

(2) Die Entscheidung zur Eröffnung des Hauptinsolvenzverfahrens kann von anderen als den in Absatz 1 genannten Verfahrensbeteiligten oder aus anderen Gründen als einer mangelnden internationalen Zuständigkeit angefochten werden, wenn dies nach nationalem Recht vorgesehen ist.

## Artikel 6
### Zuständigkeit für Klagen, die unmittelbar aus dem Insolvenzverfahren hervorgehen und in engem Zusammenhang damit stehen

(1) Die Gerichte des Mitgliedstaats, in dessen Hoheitsgebiet das Insolvenzverfahren nach Artikel 3 eröffnet worden ist, sind zuständig für alle Klagen, die unmittelbar aus dem Insolvenzverfahren hervorgehen und in engem Zusammenhang damit stehen, wie beispielsweise Anfechtungsklagen.

(2) Steht eine Klage nach Absatz 1 im Zusammenhang mit einer anderen zivil- oder handelsrechtlichen Klage gegen denselben Beklagten, so kann der Verwalter beide Klagen bei den Gerichten in dem Mitgliedstaat, in dessen Hoheitsgebiet der Beklagte seinen Wohnsitz hat, oder – bei einer Klage gegen mehrere Beklagte – bei den Gerichten in dem Mitgliedstaat, in dessen Hoheitsgebiet einer der Beklagten seinen Wohnsitz hat, erheben, vorausgesetzt, die betreffenden Gerichte sind nach der Verordnung (EU) Nr. 1215/2012 zuständig.

UnterAbsatz 1 gilt auch für den Schuldner in Eigenverwaltung, sofern der Schuldner in Eigenverwaltung nach nationalem Recht Klage für die Insolvenzmasse erheben kann.

(3) Klagen gelten für die Zwecke des Absatzes 2 als miteinander im Zusammenhang stehend, wenn zwischen ihnen eine so enge Beziehung gegeben ist, dass eine gemeinsame Verhandlung und Entscheidung zweckmäßig ist, um die Gefahr zu vermeiden, dass in getrennten Verfahren miteinander unvereinbare Entscheidungen ergehen.

## Artikel 7
### Anwendbares Recht

(1) Soweit diese Verordnung nichts anderes bestimmt, gilt für das Insolvenzverfahren und seine Wirkungen das Insolvenzrecht des Mitgliedstaats, in dessen Hoheitsgebiet das Verfahren eröffnet wird (im Folgenden „Staat der Verfahrenseröffnung").

# Verordnung (EU) 2015/848

(2) Das Recht des Staates der Verfahrenseröffnung regelt, unter welchen Voraussetzungen das Insolvenzverfahren eröffnet wird und wie es durchzuführen und zu beenden ist. Es regelt insbesondere:

a) bei welcher Art von Schuldnern ein Insolvenzverfahren zulässig ist;

b) welche Vermögenswerte zur Insolvenzmasse gehören und wie die nach der Verfahrenseröffnung vom Schuldner erworbenen Vermögenswerte zu behandeln sind;

c) die jeweiligen Befugnisse des Schuldners und des Verwalters;

d) die Voraussetzungen für die Wirksamkeit einer Aufrechnung;

e) wie sich das Insolvenzverfahren auf laufende Verträge des Schuldners auswirkt;

f) wie sich die Eröffnung eines Insolvenzverfahrens auf Rechtsverfolgungsmaßnahmen einzelner Gläubiger auswirkt; ausgenommen sind die Wirkungen auf anhängige Rechtsstreitigkeiten;

g) welche Forderungen als Insolvenzforderungen anzumelden sind und wie Forderungen zu behandeln sind, die nach der Eröffnung des Insolvenzverfahrens entstehen;

h) die Anmeldung, die Prüfung und die Feststellung der Forderungen;

i) die Verteilung des Erlöses aus der Verwertung des Vermögens, den Rang der Forderungen und die Rechte der Gläubiger, die nach der Eröffnung des Insolvenzverfahrens aufgrund eines dinglichen Rechts oder infolge einer Aufrechnung teilweise befriedigt wurden;

j) die Voraussetzungen und die Wirkungen der Beendigung des Insolvenzverfahrens, insbesondere durch Vergleich;

k) die Rechte der Gläubiger nach der Beendigung des Insolvenzverfahrens;

l) wer die Kosten des Insolvenzverfahrens einschließlich der Auslagen zu tragen hat;

m) welche Rechtshandlungen nichtig, anfechtbar oder relativ unwirksam sind, weil sie die Gesamtheit der Gläubiger benachteiligen.

## Artikel 8
### Dingliche Rechte Dritter

(1) Das dingliche Recht eines Gläubigers oder eines Dritten an körperlichen oder unkörperlichen, beweglichen oder unbeweglichen Gegenständen des Schuldners – sowohl an bestimmten Gegenständen als auch an einer Mehrheit von nicht bestimmten Gegenständen mit wechselnder Zusammensetzung –, die sich zum Zeitpunkt der Eröffnung des Insolvenzverfahrens im Hoheitsgebiet eines anderen Mitgliedstaats befinden, wird von der Eröffnung des Verfahrens nicht berührt.

(2) Rechte im Sinne von Absatz 1 sind insbesondere

a) das Recht, den Gegenstand zu verwerten oder verwerten zu lassen und aus dem Erlös oder den Nutzungen dieses Gegenstands befriedigt zu werden, insbesondere aufgrund eines Pfandrechts oder einer Hypothek;

# Verordnung (EU) 2015/848

b) das ausschließliche Recht, eine Forderung einzuziehen, insbesondere aufgrund eines Pfandrechts an einer Forderung oder aufgrund einer Sicherheitsabtretung dieser Forderung;

c) das Recht, die Herausgabe von Gegenständen von jedermann zu verlangen, der diese gegen den Willen des Berechtigten besitzt oder nutzt;

d) das dingliche Recht, die Früchte eines Gegenstands zu ziehen.

(3) Das in einem öffentlichen Register eingetragene und gegen jedermann wirksame Recht, ein dingliches Recht im Sinne von Absatz 1 zu erlangen, wird einem dinglichen Recht gleichgestellt.

(4) Absatz 1 steht der Nichtigkeit, Anfechtbarkeit oder relativen Unwirksamkeit einer Rechtshandlung nach Artikel 7 Absatz 2 Buchstabe m nicht entgegen.

## Artikel 9
### Aufrechnung

(1) Die Befugnis eines Gläubigers, mit seiner Forderung gegen eine Forderung eines Schuldners aufzurechnen, wird von der Eröffnung des Insolvenzverfahrens nicht berührt, wenn diese Aufrechnung nach dem für die Forderung des insolventen Schuldners maßgeblichen Recht zulässig ist.

(2) Absatz 1 steht der Nichtigkeit, Anfechtbarkeit oder relativen Unwirksamkeit einer Rechtshandlung nach Artikel 7 Absatz 2 Buchstabe m nicht entgegen.

## Artikel 10
### Eigentumsvorbehalt

(1) Die Eröffnung eines Insolvenzverfahrens gegen den Käufer einer Sache lässt die Rechte der Verkäufer aus einem Eigentumsvorbehalt unberührt, wenn sich diese Sache zum Zeitpunkt der Eröffnung des Verfahrens im Hoheitsgebiet eines anderen Mitgliedstaats als dem der Verfahrenseröffnung befindet.

(2) Die Eröffnung eines Insolvenzverfahrens gegen den Verkäufer einer Sache nach deren Lieferung rechtfertigt nicht die Auflösung oder Beendigung des Kaufvertrags und steht dem Eigentumserwerb des Käufers nicht entgegen, wenn sich diese Sache zum Zeitpunkt der Verfahrenseröffnung im Hoheitsgebiet eines anderen Mitgliedstaats als dem der Verfahrenseröffnung befindet.

(3) Die Absätze 1 und 2 stehen der Nichtigkeit, Anfechtbarkeit oder relativen Unwirksamkeit einer Rechtshandlung nach Artikel 7 Absatz 2 Buchstabe m nicht entgegen.

## Artikel 11
### Vertrag über einen unbeweglichen Gegenstand

(1) Für die Wirkungen des Insolvenzverfahrens auf einen Vertrag, der zum Erwerb oder zur Nutzung eines unbeweglichen Gegenstands berechtigt, ist ausschließlich das Recht des Mitgliedstaats maßgebend, in dessen Hoheitsgebiet sich dieser Gegenstand befindet.

# Verordnung (EU) 2015/848

(2) Die Zuständigkeit für die Zustimmung zu einer Beendigung oder Änderung von Verträgen nach diesem Artikel liegt bei dem Gericht, das das Hauptinsolvenzverfahren eröffnet hat, wenn

a) ein derartiger Vertrag nach den für diese Verträge geltenden Rechtsvorschriften des Mitgliedstaats nur mit Zustimmung des Gerichts der Verfahrenseröffnung beendet oder geändert werden kann und

b) in dem betreffenden Mitgliedstaat kein Insolvenzverfahren eröffnet worden ist.

## Artikel 12
### Zahlungssysteme und Finanzmärkte

(1) Unbeschadet des Artikels 8 ist für die Wirkungen des Insolvenzverfahrens auf die Rechte und Pflichten der Mitglieder eines Zahlungs- oder Abwicklungssystems oder eines Finanzmarktes ausschließlich das Recht des Mitgliedstaats maßgebend, das für das betreffende System oder den betreffenden Markt gilt.

(2) Absatz 1 steht einer Nichtigkeit, Anfechtbarkeit oder relativen Unwirksamkeit der Zahlungen oder Transaktionen gemäß den für das betreffende Zahlungssystem oder den betreffenden Finanzmarkt geltenden Rechtsvorschriften nicht entgegen.

## Artikel 13
### Arbeitsvertrag

(1) Für die Wirkungen des Insolvenzverfahrens auf einen Arbeitsvertrag und auf das Arbeitsverhältnis gilt ausschließlich das Recht des Mitgliedstaats, das auf den Arbeitsvertrag anzuwenden ist.

(2) Die Zuständigkeit für die Zustimmung zu einer Beendigung oder Änderung von Verträgen nach diesem Artikel verbleibt bei den Gerichten des Mitgliedstaats, in dem ein Sekundärinsolvenzverfahren eröffnet werden kann, auch wenn in dem betreffenden Mitgliedstaat kein Insolvenzverfahren eröffnet worden ist.

Unter Absatz 1 gilt auch für eine Behörde, die nach nationalem Recht für die Zustimmung zu einer Beendigung oder Änderung von Verträgen nach diesem Artikel zuständig ist.

## Artikel 14
### Wirkung auf eintragungspflichtige Rechte

Für die Wirkungen des Insolvenzverfahrens auf Rechte des Schuldners an einem unbeweglichen Gegenstand, einem Schiff oder einem Luftfahrzeug, die der Eintragung in ein öffentliches Register unterliegen, ist das Recht des Mitgliedstaats maßgebend, unter dessen Aufsicht das Register geführt wird.

## Artikel 15
### Europäische Patente mit einheitlicher Wirkung und Gemeinschaftsmarken

Für die Zwecke dieser Verordnung kann ein Europäisches Patent mit einheitlicher Wirkung, eine Gemeinschaftsmarke oder jedes andere durch Unionsrecht begrün-

**Verordnung (EU) 2015/848**

dete ähnliche Recht nur in ein Verfahren nach Artikel 3 Absatz 1 miteinbezogen werden.

## Artikel 16
### Benachteiligende Handlungen

Artikel 7 Absatz 2 Buchstabe m findet keine Anwendung, wenn die Person, die durch eine die Gesamtheit der Gläubiger benachteiligende Handlung begünstigt wurde, nachweist, dass

a) für diese Handlung das Recht eines anderen Mitgliedstaats als des Staates der Verfahrenseröffnung maßgeblich ist und

b) diese Handlung im vorliegenden Fall in keiner Weise nach dem Recht dieses Mitgliedstaats angreifbar ist.

## Artikel 17
### Schutz des Dritterwerbers

Verfügt der Schuldner durch eine nach Eröffnung des Insolvenzverfahrens vorgenommene Handlung gegen Entgelt über

a) einen unbeweglichen Gegenstand,

b) ein Schiff oder ein Luftfahrzeug, das der Eintragung in ein öffentliches Register unterliegt, oder

c) Wertpapiere, deren Eintragung in ein gesetzlich vorgeschriebenes Register Voraussetzung für ihre Existenz ist,

so richtet sich die Wirksamkeit dieser Rechtshandlung nach dem Recht des Staats, in dessen Hoheitsgebiet sich dieser unbewegliche Gegenstand befindet oder unter dessen Aufsicht das Register geführt wird.

## Artikel 18
### Wirkungen des Insolvenzverfahrens auf anhängige Rechtsstreitigkeiten und Schiedsverfahren

Für die Wirkungen des Insolvenzverfahrens auf einen anhängigen Rechtsstreit oder ein anhängiges Schiedsverfahren über einen Gegenstand oder ein Recht, der bzw. das Teil der Insolvenzmasse ist, gilt ausschließlich das Recht des Mitgliedstaats, in dem der Rechtsstreit anhängig oder in dem das Schiedsgericht belegen ist.

# KAPITEL II
# ANERKENNUNG DER INSOLVENZVERFAHREN

## Artikel 19
### Grundsatz

(1) Die Eröffnung eines Insolvenzverfahrens durch ein nach Artikel 3 zuständiges Gericht eines Mitgliedstaats wird in allen übrigen Mitgliedstaaten anerkannt, sobald die Entscheidung im Staat der Verfahrenseröffnung wirksam ist.

Die Regel nach UnterAbsatz 1 gilt auch, wenn in den übrigen Mitgliedstaaten über das Vermögen des Schuldners wegen seiner Eigenschaft ein Insolvenzverfahren nicht eröffnet werden könnte.

(2) Die Anerkennung eines Verfahrens nach Artikel 3 Absatz 1 steht der Eröffnung eines Verfahrens nach Artikel 3 Absatz 2 durch ein Gericht eines anderen Mitgliedstaats nicht entgegen. In diesem Fall ist das Verfahren nach Artikel 3 Absatz 2 ein Sekundärinsolvenzverfahren im Sinne von Kapitel III.

## Artikel 20
### Wirkungen der Anerkennung

(1) Die Eröffnung eines Insolvenzverfahrens nach Artikel 3 Absatz 1 entfaltet in jedem anderen Mitgliedstaat, ohne dass es hierfür irgendwelcher Förmlichkeiten bedürfte, die Wirkungen, die das Recht des Staates der Verfahrenseröffnung dem Verfahren beilegt, sofern diese Verordnung nichts anderes bestimmt und solange in diesem anderen Mitgliedstaat kein Verfahren nach Artikel 3 Absatz 2 eröffnet ist.

(2) Die Wirkungen eines Verfahrens nach Artikel 3 Absatz 2 dürfen in den anderen Mitgliedstaaten nicht in Frage gestellt werden. Jegliche Beschränkung der Rechte der Gläubiger, insbesondere eine Stundung oder eine Schuldbefreiung infolge des Verfahrens, wirkt hinsichtlich des im Hoheitsgebiet eines anderen Mitgliedstaats befindlichen Vermögens nur gegenüber den Gläubigern, die ihre Zustimmung hierzu erteilt haben.

## Artikel 21
### Befugnisse des Verwalters

(1) Der Verwalter, der durch ein nach Artikel 3 Absatz 1 zuständiges Gericht bestellt worden ist, darf im Gebiet eines anderen Mitgliedstaats alle Befugnisse ausüben, die ihm nach dem Recht des Staates der Verfahrenseröffnung zustehen, solange in dem anderen Staat nicht ein weiteres Insolvenzverfahren eröffnet ist oder eine gegenteilige Sicherungsmaßnahme auf einen Antrag auf Eröffnung eines Insolvenzverfahrens hin ergriffen worden ist. Er darf insbesondere vorbehaltlich der Artikel 8 und 10 die zur Masse gehörenden Gegenstände aus dem Hoheitsgebiet des Mitgliedstaats entfernen, in dem diese sich befinden.

(2) Der Verwalter, der durch ein nach Artikel 3 Absatz 2 zuständiges Gericht bestellt worden ist, darf in jedem anderen Mitgliedstaat gerichtlich und außergerichtlich geltend machen, dass ein beweglicher Gegenstand nach der Eröffnung des Insolvenzverfahrens aus dem Hoheitsgebiet des Staates der Verfahrenseröffnung in das Hoheitsgebiet dieses anderen Mitgliedstaats verbracht worden ist. Des Weiteren kann der Verwalter eine den Interessen der Gläubiger dienende Anfechtungsklage erheben.

(3) Bei der Ausübung seiner Befugnisse hat der Verwalter das Recht des Mitgliedstaats, in dessen Hoheitsgebiet er handeln will, zu beachten, insbesondere hinsichtlich der Art und Weise der Verwertung eines Gegenstands der Masse. Diese Befugnisse dürfen nicht die Anwendung von Zwangsmitteln ohne Anordnung durch ein Gerichts dieses Mitgliedstaats oder das Recht umfassen, Rechtsstreitigkeiten oder andere Auseinandersetzungen zu entscheiden.

**Verordnung (EU) 2015/848**

*Artikel 22*
Nachweis der Verwalterbestellung

Die Bestellung zum Verwalter wird durch eine beglaubigte Abschrift der Entscheidung, durch die er bestellt worden ist, oder durch eine andere von dem zuständigen Gericht ausgestellte Bescheinigung nachgewiesen. Es kann eine Übersetzung in die Amtssprache oder eine der Amtssprachen des Mitgliedstaats, in dessen Hoheitsgebiet er handeln will, verlangt werden. Eine Legalisation oder eine entsprechende andere Förmlichkeit wird nicht verlangt.

*Artikel 23*
Herausgabepflicht und Anrechnung

(1) Ein Gläubiger, der nach der Eröffnung eines Insolvenzverfahrens nach Artikel 3 Absatz 1 auf irgendeine Weise, insbesondere durch Zwangsvollstreckung, vollständig oder teilweise aus einem Gegenstand der Masse befriedigt wird, der im Hoheitsgebiet eines anderen Mitgliedstaat belegen ist, hat vorbehaltlich der Artikel 8 und 10 das Erlangte an den Verwalter herauszugeben.

(2) Zur Wahrung der Gleichbehandlung der Gläubiger nimmt ein Gläubiger, der in einem Insolvenzverfahren eine Quote auf seine Forderung erlangt hat, an der Verteilung im Rahmen eines anderen Verfahrens erst dann teil, wenn die Gläubiger gleichen Ranges oder gleicher Gruppenzugehörigkeit in diesem anderen Verfahren die gleiche Quote erlangt haben.

*Artikel 24*
Einrichtung von Insolvenzregistern

(1) Die Mitgliedstaaten errichten und unterhalten in ihrem Hoheitsgebiet ein oder mehrere Register, um Informationen über Insolvenzerfahren bekanntzumachen (im Folgenden „Insolvenzregister"). Diese Informationen werden so bald als möglich nach Eröffnung eines solchen Verfahrens bekanntgemacht.

(2) Die Informationen nach Absatz 1 sind gemäß den Voraussetzungen nach Artikel 27 öffentlich bekanntzumachen und umfassen die folgenden Informationen (im Folgenden „Pflichtinformationen"):

a) Datum der Eröffnung des Insolvenzverfahrens;

b) Gericht, das das Insolvenzverfahren eröffnet hat, und – soweit vorhanden – Aktenzeichen;

c) Art des eröffneten Insolvenzverfahrens nach Anhang A und gegebenenfalls Unterart des nach nationalem Recht eröffneten Verfahrens;

d) Angaben dazu, ob die Zuständigkeit für die Eröffnung des Verfahrens auf Artikel 3 Absatz 1, 2 oder 4 beruht;

e) Name, Registernummer, Sitz oder, sofern davon abweichend, Postanschrift des Schuldners, wenn es sich um eine Gesellschaft oder eine juristische Person handelt;

f) Name, gegebenenfalls Registernummer sowie Postanschrift des Schuldners oder, falls die Anschrift geschützt ist, Geburtsort und Geburtsdatum des Schuldners, wenn er eine natürliche Person ist, unabhängig davon, ob er eine selbständige gewerbliche oder freiberufliche Tätigkeit ausübt;

g) gegebenenfalls Name, Postanschrift oder E-Mail-Adresse des für das Verfahren bestellten Verwalters;

h) gegebenenfalls die Frist für die Anmeldung der Forderungen bzw. einen Verweis auf die Kriterien für die Berechnung dieser Frist;

i) gegebenenfalls das Datum der Beendigung des Hauptinsolvenzverfahrens;

j) das Gericht, das gemäß Artikel 5 für eine Anfechtung der Entscheidung zur Eröffnung des Insolvenzverfahrens zuständig ist und gegebenenfalls die Frist für die Anfechtung bzw. einen Verweis auf die Kriterien für die Berechnung dieser Frist.

(3) Absatz 2 hindert die Mitgliedstaaten nicht, Dokumente oder zusätzliche Informationen, beispielsweise denn Ausschluss von einer Tätigkeit als Geschäftsleiter im Zusammenhang mit der Insolvenz, in ihre nationalen Insolvenzregister aufzunehmen.

(4) Die Mitgliedstaaten sind nicht verpflichtet, die in Absatz 1 dieses Artikels genannten Informationen über natürliche Personen, die keine selbständige gewerbliche oder freiberufliche Tätigkeit ausüben, in die Insolvenzregister aufzunehmen oder diese Informationen über das System der Vernetzung dieser Register öffentlich zugänglich zu machen, sofern bekannte ausländische Gläubiger gemäß Artikel 54 über die in Absatz 2 Buchstabe j dieses Artikels genannten Elemente informiert werden. Macht ein Mitgliedstaat von der in UnterAbsatz 1 genannten Möglichkeit Gebrauch, so berührt das Insolvenzverfahren nicht die Forderungen der ausländischen Gläubiger, die die Informationen gemäß UnterAbsatz 1 nicht erhalten haben.

(5) Die Bekanntmachung von Informationen in den Registern gemäß dieser Verordnung hat keine anderen Rechtswirkungen als die, die nach nationalem Recht und in Artikel 55 Absatz 6 festgelegt sind.

## Artikel 25
### Vernetzung von Insolvenzregistern

(1) Die Kommission richtet im Wege von Durchführungsrechtsakten ein dezentrales System zur Vernetzung der Insolvenzregister ein. Dieses System besteht aus den Insolvenzregistern und dem Europäischen Justizportal, das für die Öffentlichkeit als zentraler elektronischer Zugangspunkt zu Informationen im System dient. Das System bietet für die Abfrage der Pflichtinformationen und alle anderen Dokumente oder Informationen in den Insolvenzregistern, die von den Mitgliedstaaten über das Europäische Justizportal verfügbar gemacht werden, einen Suchdienst in allen Amtssprachen der Organe der Union.

(2) Die Kommission legt im Wege von Durchführungsrechtsakten gemäß dem Verfahren nach Artikel 87 bis zum 26. Juni 2019 Folgendes fest:

# Verordnung (EU) 2015/848

a) die technischen Spezifikationen für die elektronische Kommunikation und den elektronischen Informationsaustausch auf der Grundlage der festgelegten Schnittstellenspezifikation für das System zur Vernetzung der Insolvenzregister;

b) die technischen Maßnahmen, durch die die IT-Mindestsicherheitsstandards für die Übermittlung und Verbreitung von Informationen innerhalb des Systems zur Vernetzung der Insolvenzregister gewährleistet werden;

c) die Mindestkriterien für den vom Europäischen Justizportal bereitgestellten Suchdienst anhand der Informationen nach Artikel 24;

d) die Mindestkriterien für die Anzeige der Suchergebnisse in Bezug auf die Informationen nach Artikel 24;

e) die Mittel und technischen Voraussetzungen für die Verfügbarkeit der durch das System der Vernetzung von Insolvenzregistern angebotenen Dienste und

f) ein Glossar mit einer allgemeinen Erläuterung der in Anhang A aufgeführten nationalen Insolvenzverfahren.

## Artikel 26
### Kosten für die Einrichtung und Vernetzung der Insolvenzregister

(1) Die Einrichtung, Unterhaltung und Weiterentwicklung des Systems zur Vernetzung der Insolvenzregister wird aus dem Gesamthaushalt der Union finanziert.

(2) Jeder Mitgliedstaat trägt die Kosten für die Einrichtung und Anpassung seiner nationalen Insolvenzregister für deren Interoperabilität mit dem Europäischen Justizportal sowie die Kosten für die Verwaltung, den Betrieb und die Pflege dieser Register. Davon unberührt bleibt die Möglichkeit, Zuschüsse zur Unterstützung dieser Vorhaben im Rahmen der Finanzierungsprogramme der Union zu beantragen.

## Artikel 27
### Voraussetzungen für den Zugang zu Informationen über das System der Vernetzung

(1) Die Mitgliedstaaten stellen sicher, dass die Pflichtinformationen nach Artikel 24 Absatz 2 Buchstaben a bis j über das System der Vernetzung von Insolvenzregistern gebührenfrei zur Verfügung stehen.

(2) Diese Verordnung hindert die Mitgliedstaaten nicht, für den Zugang zu den Dokumenten oder zusätzlichen Informationen nach Artikel 24 Absatz 3 über das System der Vernetzung von Insolvenzregister eine angemessene Gebühr zu erheben.

(3) Die Mitgliedstaaten können den Zugang zu Pflichtinformationen bezüglich natürlicher Personen, die keine selbständige gewerbliche oder freiberufliche Tätigkeit ausüben sowie bezüglich natürlicher Personen, die eine selbständige gewerbliche oder freiberufliche Tätigkeit ausüben, sofern sich das Insolvenzverfahren nicht auf diese Tätigkeit bezieht, von zusätzlichen, über die Mindestkriterien nach Artikel 25 Absatz 2 Buchstabe c hinausgehenden Suchkriterien in Bezug auf den Schuldner abhängig machen.

(4) Die Mitgliedstaaten können ferner verlangen, dass der Zugang zu den Informationen nach Absatz 3 von einem Antrag an die zuständige Behörde abhängig zu machen ist. Die Mitgliedstaaten können den Zugang von der Prüfung des berechtigten Interesses am Zugang zu diesen Daten anhängig machen. Der anfragenden Person muss es möglich sein, die Auskunftsanfrage in elektronischer Form anhand eines Standardformulars über das Europäische Justizportal zu übermitteln. Ist ein berechtigtes Interesse erforderlich, so ist es zulässig, dass die anfragende Person die Rechtmäßigkeit ihres Antrags anhand von Kopien einschlägiger Dokumente in elektronischer Form belegt. Die anfragende Person erhält innerhalb von drei Arbeitstagen eine Antwort von der zuständigen Behörde.

Die anfragende Person ist weder verpflichtet, Übersetzungen der Dokumente, die die Berechtigung ihrer Anfrage belegen, zur Verfügung zu stellen, noch dazu, die bei der Behörde möglicherweise aufgrund der Übersetzungen anfallenden Kosten zu tragen.

## Artikel 28
### Öffentliche Bekanntmachung in einem anderen Mitgliedstaat

(1) Der Verwalter oder der Schuldner in Eigenverwaltung hat zu beantragen, dass eine Bekanntmachung der Entscheidung zur Eröffnung des Insolvenzverfahrens und gegebenenfalls der Entscheidung zur Bestellung des Verwalters in jedem anderen Mitgliedstaat, in dem sich eine Niederlassung des Schuldners befindet, nach den in diesem Mitgliedstaat vorgesehenen Verfahren veröffentlicht wird. In der Bekanntmachung ist gegebenenfalls anzugeben, wer als Verwalter bestellt wurde und ob sich die Zuständigkeit aus Artikel 3 Absatz 1 oder Absatz 2 ergibt.

(2) Der Verwalter oder der Schuldner in Eigenverwaltung kann beantragen, dass die Bekanntmachung nach Absatz 1 in jedem anderen Mitgliedstaat, in dem er dies für notwendig hält, nach dem in diesem Mitgliedstaat vorgesehenen Verfahren der Bekanntmachung veröffentlicht wird.

## Artikel 29
### Eintragung in öffentliche Register eines anderen Mitgliedstaats

(1) Ist es in einem Mitgliedstaat, in dem sich eine Niederlassung des Schuldners befindet und diese Niederlassung in einem öffentlichen Register dieses Mitgliedstaats eingetragen ist oder in dem unbewegliches Vermögen des Schuldners belegen ist, gesetzlich vorgeschrieben, dass die Informationen nach Artikel 28 über die Eröffnung eines Insolvenzverfahrens im Grundbuch, Handelsregister oder einem sonstigen öffentlichen Register einzutragen sind, stellt der Verwalter oder der Schuldner in Eigenverwaltung die Eintragung im Register durch alle dazu erforderlichen Maßnahmen sicher.

(2) Der Verwalter oder der Schuldner in Eigenverwaltung kann diese Eintragung in jedem anderen Mitgliedstaat beantragen, sofern das Recht des Mitgliedstaats, in dem das Register geführt wird, eine solche Eintragung zulässt.

# Verordnung (EU) 2015/848

### Artikel 30
### Kosten

Die Kosten der öffentlichen Bekanntmachung nach Artikel 28 und der Eintragung nach Artikel 29 gelten als Kosten und Aufwendungen des Verfahrens.

### Artikel 31
### Leistung an den Schuldner

(1) Wer in einem Mitgliedstaat an einen Schuldner leistet, über dessen Vermögen in einem anderen Mitgliedstaat ein Insolvenzverfahren eröffnet worden ist, obwohl er an den Verwalter des Insolvenzverfahrens hätte leisten müssen, wird befreit, wenn ihm die Eröffnung des Verfahrens nicht bekannt war.

(2) Erfolgt die Leistung vor der öffentlichen Bekanntmachung nach Artikel 28, so wird bis zum Beweis des Gegenteils vermutet, dass dem Leistenden die Eröffnung nicht bekannt war. Erfolgt die Leistung nach der Bekanntmachung gemäß Artikel 28, so wird bis zum Beweis des Gegenteils vermutet, dass dem Leistenden die Eröffnung bekannt war.

### Artikel 32
### Anerkennung und Vollstreckbarkeit sonstiger Entscheidungen

(1) Die zur Durchführung und Beendigung eines Insolvenzverfahrens ergangenen Entscheidungen eines Gerichts, dessen Eröffnungsentscheidung nach Artikel 19 anerkannt wird, sowie ein von diesem Gericht bestätigter Vergleich werden ebenfalls ohne weitere Förmlichkeiten anerkannt. Diese Entscheidungen werden nach den Artikeln 39 bis 44 und 47 bis 57 der Verordnung (EU) Nr. 1215/2012 vollstreckt.

UnterAbsatz 1 gilt auch für Entscheidungen, die unmittelbar aufgrund des Insolvenzverfahrens ergehen und in engem Zusammenhang damit stehen, auch wenn diese Entscheidungen von einem anderen Gericht erlassen werden.

UnterAbsatz 1 gilt auch für Entscheidungen über Sicherungsmaßnahmen, die nach dem Antrag auf Eröffnung eines Insolvenzverfahrens oder in Verbindung damit getroffen werden.

(2) Die Anerkennung und Vollstreckung anderer als der in Absatz 1 dieses Artikels genannten Entscheidungen unterliegen der Verordnung (EU) Nr. 1215/2012, sofern jene Verordnung anwendbar ist.

### Artikel 33
### Öffentliche Ordnung

Jeder Mitgliedstaat kann sich weigern, ein in einem anderen Mitgliedstaat eröffnetes Insolvenzverfahren anzuerkennen oder eine in einem solchen Verfahren ergangene Entscheidung zu vollstrecken, soweit diese Anerkennung oder Vollstreckung zu einem Ergebnis führt, das offensichtlich mit seiner öffentlichen Ordnung, insbesondere mit den Grundprinzipien oder den verfassungsmäßig garantierten Rechten und Freiheiten des Einzelnen, unvereinbar ist.

## KAPITEL III
## SEKUNDÄRINSOLVENZVERFAHREN

### Artikel 34
### Verfahrenseröffnung

Ist durch ein Gericht eines Mitgliedstaats ein Hauptinsolvenzverfahren eröffnet worden, das in einem anderen Mitgliedstaat anerkannt worden ist, kann ein nach Artikel 3 Absatz 2 zuständiges Gericht dieses anderen Mitgliedstaats nach Maßgabe der Vorschriften dieses Kapitels ein Sekundärinsolvenzverfahren eröffnen. War es für das Hauptinsolvenzverfahren erforderlich, dass der Schuldner insolvent ist, so wird die Insolvenz des Schuldners in dem Mitgliedstaat, in dem ein Sekundärinsolvenzverfahren eröffnet werden kann, nicht erneut geprüft. Die Wirkungen des Sekundärinsolvenzverfahrens sind auf das Vermögen des Schuldners beschränkt, das im Hoheitsgebiet des Mitgliedstaats belegen ist, in dem dieses Verfahren eröffnet wurde.

### Artikel 35
### Anwendbares Recht

Soweit diese Verordnung nichts anderes bestimmt, finden auf das Sekundärinsolvenzverfahren die Rechtsvorschriften des Mitgliedstaats Anwendung, in dessen Hoheitsgebiet das Sekundärinsolvenzverfahren eröffnet worden ist.

### Artikel 36
### Recht, zur Vermeidung eines Sekundärinsolvenzverfahrens eine Zusicherung zu geben

(1) Um die Eröffnung eines Sekundärinsolvenzverfahrens zu vermeiden, kann der Verwalter des Hauptinsolvenzverfahrens in Bezug auf das Vermögen, das in dem Mitgliedstaat, in dem ein Sekundärinsolvenzverfahren eröffnet werden könnte, belegen ist, eine einseitige Zusicherung (im Folgenden „Zusicherung") des Inhalts geben, dass er bei der Verteilung dieses Vermögens oder des bei seiner Verwertung erzielten Erlöses die Verteilungs- und Vorzugsrechte nach nationalem Recht wahrt, die Gläubiger hätten, wenn ein Sekundärinsolvenzverfahren in diesem Mitgliedstaat eröffnet worden wäre. Die Zusicherung nennt die ihr zugrunde liegenden tatsächlichen Annahmen, insbesondere in Bezug auf den Wert der in dem betreffenden Mitgliedstaat belegenen Gegenstände der Masse und die Möglichkeiten ihrer Verwertung.

(2) Wurde eine Zusicherung im Einklang mit diesem Artikel gegeben, so gilt für die Verteilung des Erlöses aus der Verwertung von Gegenständen der Masse nach Absatz 1, für den Rang der Forderungen und für die Rechte der Gläubiger in Bezug auf Gegenstände der Masse nach Absatz 1 das Recht des Mitgliedstaats, in dem das Sekundärinsolvenzverfahren hätte eröffnet werden können. Maßgebender Zeitpunkt für die Feststellung, welche Gegenstände nach Absatz 1 betroffen sind, ist der Zeitpunkt der Abgabe der Zusicherung.

(3) Die Zusicherung erfolgt in der Amtssprache oder einer der Amtssprachen des Mitgliedstaats, in dem ein Sekundärinsolvenzverfahren hätte eröffnet werden können, oder – falls es in dem betreffenden Mitgliedstaat mehrere Amtssprachen gibt – in

# Verordnung (EU) 2015/848

der Amtssprache oder einer Amtssprache des Ortes, an dem das Sekundärinsolvenzverfahren hätte eröffnet werden können.

(4) Die Zusicherung erfolgt in schriftlicher Form. Sie unterliegt den gegebenenfalls im Staat der Eröffnung des Hauptinsolvenzverfahrens geltenden Formerfordernissen und Zustimmungserfordernissen hinsichtlich der Verteilung.

(5) Die Zusicherung muss von den bekannten lokalen Gläubigern gebilligt werden. Die Regeln über die qualifizierte Mehrheit und über die Abstimmung, die für die Annahme von Sanierungsplänen gemäß dem Recht des Mitgliedstaats, in dem ein Sekundärinsolvenzverfahren hätte eröffnet werden können, gelten, gelten auch für die Billigung der Zusicherung. Die Gläubiger können über Fernkommunikationsmittel an der Abstimmung teilnehmen, sofern das nationale Recht dies gestattet. Der Verwalter unterrichtet die bekannten lokalen Gläubiger über die Zusicherung, die Regeln und Verfahren für deren Billigung sowie die Billigung oder deren Ablehnung.

(6) Eine gemäß diesem Artikel gegebene und gebilligte Zusicherung ist für die Insolvenzmasse verbindlich. Wird ein Sekundärinsolvenzverfahren gemäß den Artikeln 37 und 38 eröffnet, so gibt der Verwalter des Hauptinsolvenzverfahrens Gegenstände der Masse, die er nach Abgabe der Zusicherung aus dem Hoheitsgebiet dieses Mitgliedstaats entfernt hat, oder – falls diese bereits verwertet wurden – ihren Erlös an den Verwalter des Sekundärinsolvenzverfahrens heraus.

(7) Hat der Verwalter eine Zusicherung gegeben, so benachrichtigt er die lokalen Gläubiger, bevor er Massegegenstände und Erlöse im Sinne des Absatzes 1 verteilt, über die beabsichtigte Verteilung. Entspricht diese Benachrichtigung nicht dem Inhalt der Zusicherung oder dem geltendem Recht, so kann jeder lokale Gläubiger diese Verteilung vor einem Gericht des Mitgliedstaats anfechten, in dem das Hauptinsolvenzverfahren eröffnet wurde, um eine Verteilung gemäß dem Inhalt der Zusicherung und dem geltendem Recht zu erreichen. In diesen Fällen findet keine Verteilung statt, bis das Gericht über die Anfechtung entschieden hat.

(8) Lokale Gläubiger können die Gerichte des Mitgliedstaats, in dem das Hauptinsolvenzverfahren eröffnet wurde, anrufen, um den Verwalter des Hauptinsolvenzverfahrens zu verpflichten, die Einhaltung des Inhalts der Zusicherung durch alle geeigneten Maßnahmen nach dem Recht des Staats, in dem das Hauptinsolvenzverfahren eröffnet wurde, sicherzustellen.

(9) Lokale Gläubiger können auch die Gerichte des Mitgliedstaats, in dem ein Sekundärinsolvenzverfahren eröffnet worden wäre, anrufen, damit das Gericht einstweilige Maßnahmen oder Sicherungsmaßnahmen trifft, um die Einhaltung des Inhalts der Zusicherung durch den Verwalter sicherzustellen.

(10) Der Verwalter haftet gegenüber den lokalen Gläubigern für jeden Schaden infolge der Nichterfüllung seiner Pflichten und Auflagen im Sinne dieses Artikels.

(11) Für die Zwecke dieses Artikels gilt eine Behörde, die in dem Mitgliedstaat, in dem ein Sekundärinsolvenzverfahren hätte eröffnet werden können, eingerichtet ist

und die nach der Richtlinie 2008/94/EG des Europäischen Parlaments und des Rates[16] verpflichtet ist, die Befriedigung nicht erfüllter Ansprüche von Arbeitnehmern aus Arbeitsverträgen oder Arbeitsverhältnissen zu garantieren, als lokaler Gläubiger, sofern dies im nationalen Recht geregelt ist.

## Artikel 37
### Recht auf Beantragung eines Sekundärinsolvenzverfahrens

(1) Die Eröffnung eines Sekundärinsolvenzverfahrens kann beantragt werden von

a) dem Verwalter des Hauptinsolvenzverfahrens,

b) jeder anderen Person oder Behörde, die nach dem Recht des Mitgliedstaats, in dessen Hoheitsgebiet die Eröffnung des Sekundärinsolvenzverfahrens beantragt wird, dazu befugt ist.

(2) Ist eine Zusicherung im Einklang mit Artikel 36 bindend geworden, so ist der Antrag auf Eröffnung eines Sekundärinsolvenzverfahrens innerhalb von 30 Tagen nach Erhalt der Mitteilung über die Billigung der Zusicherung zu stellen.

## Artikel 38
### Entscheidung zur Eröffnung eines Sekundärinsolvenzverfahrens

(1) Das mit einem Antrag auf Eröffnung eines Sekundärinsolvenzverfahrens befasste Gericht unterrichtet den Verwalter oder den Schuldner in Eigenverwaltung des Hauptinsolvenzverfahrens umgehend davon und gibt ihm Gelegenheit, sich zu dem Antrag zu äußern.

(2) Hat der Verwalter des Hauptinsolvenzverfahrens eine Zusicherung gemäß Artikel 36 gegeben, so eröffnet das in Absatz 1 dieses Artikels genannte Gericht auf Antrag des Verwalters kein Sekundärinsolvenzverfahren, wenn es der Überzeugung ist, dass die Zusicherung die allgemeinen Interessen der lokalen Gläubiger angemessen schützt.

(3) Wurde eine vorübergehende Aussetzung eines Einzelvollstreckungsverfahrens gewährt, um Verhandlungen zwischen dem Schuldner und seinen Gläubigern zu ermöglichen, so kann das Gericht auf Antrag des Verwalters oder des Schuldners in Eigenverwaltung die Eröffnung eines Sekundärinsolvenzverfahrens für einen Zeitraum von höchstens drei Monaten aussetzen, wenn geeignete Maßnahmen zum Schutz des Interesses der lokalen Gläubiger bestehen.

Das in Absatz 1 genannte Gericht kann Sicherungsmaßnahmen zum Schutz des Interesses der lokalen Gläubiger anordnen, indem es dem Verwalter oder Schuldner in Eigenverwaltung untersagt, Gegenstände der Masse, die in dem Mitgliedstaat belegen sind, in dem sich seine Niederlassung befindet, zu entfernen oder zu veräußern, es sei denn, dies erfolgt im Rahmen des gewöhnlichen Geschäftsbetriebs. Das Gericht kann ferner andere Maßnahmen zum Schutz des Interesses der lokalen Gläu-

---

[16] Richtlinie 2008/94/EG des Europäischen Parlaments und des Rates vom 22. Oktober 2008 über den Schutz der Arbeitnehmer bei Zahlungsunfähigkeit des Arbeitgebers (ABl. L 283 vom 28.10.2008, S. 36).

biger während einer Aussetzung anordnen, es sei denn, dies ist mit den nationalen Vorschriften über Zivilverfahren unvereinbar.

Die Aussetzung der Eröffnung eines Sekundärinsolvenzverfahrens wird vom Gericht von Amts wegen oder auf Antrag eines Gläubigers widerrufen, wenn während der Aussetzung im Zuge der Verhandlungen gemäß UnterAbsatz 1 eine Vereinbarung geschlossen wurde.

Die Aussetzung kann vom Gericht von Amts wegen oder auf Antrag eines Gläubigers widerrufen werden, wenn die Fortdauer der Aussetzung für die Rechte des Gläubigers nachteilig ist, insbesondere wenn die Verhandlungen zum Erliegen gekommen sind oder wenn offensichtlich geworden ist, dass sie wahrscheinlich nicht abgeschlossen werden, oder wenn der Verwalter oder der Schuldner in Eigenverwaltung gegen das Verbot der Veräußerung von Gegenständen der Masse oder ihres Entfernens aus dem Hoheitsgebiet des Mitgliedstaats, in dem sich seine Niederlassung befindet, verstoßen hat.

(4) Auf Antrag des Verwalters des Hauptinsolvenzverfahrens kann das Gericht nach Absatz 1 abweichend von der ursprünglich beantragten Art des Insolvenzverfahrens ein anderes in Anhang A aufgeführtes Insolvenzverfahren eröffnen, sofern die Voraussetzungen für die Eröffnung dieses anderen Verfahrens nach nationalem Recht erfüllt sind und dieses Verfahren im Hinblick auf die Interessen der lokalen Gläubiger und die Kohärenz zwischen Haupt- und Sekundärinsolvenzverfahren am geeignetsten ist. Artikel 34 Satz 2 findet Anwendung.

## Artikel 39
### Gerichtliche Nachprüfung der Entscheidung zur Eröffnung des Sekundärinsolvenzverfahrens

Der Verwalter des Hauptinsolvenzverfahrens kann die Entscheidung zur Eröffnung eines Sekundärinsolvenzverfahrens bei dem Gericht des Mitgliedstaats, in dem das Sekundärinsolvenzverfahren eröffnet wurde, mit der Begründung anfechten, dass das Gericht den Voraussetzungen und Anforderungen des Artikels 38 nicht entsprochen hat.

## Artikel 40
### Kostenvorschuss

Verlangt das Recht des Mitgliedstaats, in dem ein Sekundärinsolvenzverfahren beantragt wird, dass die Kosten des Verfahrens einschließlich der Auslagen ganz oder teilweise durch die Masse gedeckt sind, so kann das Gericht, bei dem ein solcher Antrag gestellt wird, vom Antragsteller einen Kostenvorschuss oder eine angemessene Sicherheitsleistung verlangen.

## Artikel 41
### Zusammenarbeit und Kommunikation der Verwalter

(1) Der Verwalter des Hauptinsolvenzverfahrens und der oder die in Sekundärinsolvenzverfahren über das Vermögen desselben Schuldners bestellten Verwalter arbeiten soweit zusammen, wie eine solche Zusammenarbeit mit den für das jeweilige

Verfahren geltenden Vorschriften vereinbar ist. Die Zusammenarbeit kann in beliebiger Form, einschließlich durch den Abschluss von Vereinbarungen oder Verständigungen, erfolgen.

(2) Bei der Durchführung der Zusammenarbeit nach Absatz 1 obliegt es den Verwaltern,

a) einander so bald wie möglich alle Informationen mitzuteilen, die für das jeweilige andere Verfahren von Bedeutung sein können, insbesondere den Stand der Anmeldung und Prüfung der Forderungen sowie alle Maßnahmen zur Rettung oder Sanierung des Schuldners oder zur Beendigung des Insolvenzverfahrens, vorausgesetzt, es bestehen geeignete Vorkehrungen zum Schutz vertraulicher Informationen;

b) die Möglichkeit einer Sanierung des Schuldners zu prüfen und, falls eine solche Möglichkeit besteht, die Ausarbeitung und Umsetzung eines Sanierungsplans zu koordinieren;

c) die Verwertung oder Verwendung der Insolvenzmasse und die Verwaltung der Geschäfte des Schuldners zu koordinieren; der Verwalter eines Sekundärinsolvenzverfahrens gibt dem Verwalter des Hauptinsolvenzverfahrens frühzeitig Gelegenheit, Vorschläge für die Verwertung oder Verwendung der Masse des Sekundärinsolvenzverfahrens zu unterbreiten.

(3) Die Absätze 1 und 2 gelten sinngemäß für Fälle, in denen der Schuldner im Haupt- oder Sekundärinsolvenzverfahren oder in einem der Partikularverfahren über das Vermögen desselben Schuldners, das zur gleichen Zeit eröffnet ist, die Verfügungsgewalt über sein Vermögen behält.

## *Artikel 42*
### Zusammenarbeit und Kommunikation der Gerichte

(1) Um die Koordinierung von Hauptinsolvenzverfahren, Partikularverfahren und Sekundärinsolvenzverfahren über das Vermögen desselben Schuldners zu erleichtern, arbeitet ein Gericht, das mit einem Antrag auf Eröffnung eines Insolvenzverfahrens befasst ist oder das ein solches Verfahren eröffnet hat, mit jedem anderen Gericht, das mit einem Antrag auf Eröffnung eines Insolvenzverfahrens befasst ist oder das ein solches Verfahren eröffnet hat, zusammen, soweit diese Zusammenarbeit mit den für jedes dieser Verfahren geltenden Vorschriften vereinbar ist. Die Gerichte können hierzu bei Bedarf eine unabhängige Person oder Stelle bestellen bzw. bestimmen, die auf ihre Weisungen hin tätig wird, sofern dies mit den für sie geltenden Vorschriften vereinbar ist.

(2) Bei der Durchführung der Zusammenarbeit nach Absatz 1 können die Gerichte oder eine von ihnen bestellte bzw. bestimmte und in ihrem Auftrag tätige Person oder Stelle im Sinne des Absatzes 1 direkt miteinander kommunizieren oder einander direkt um Informationen und Unterstützung ersuchen, vorausgesetzt, bei dieser Kommunikation werden die Verfahrensrechte der Verfahrensbeteiligten sowie die Vertraulichkeit der Informationen gewahrt.

# Verordnung (EU) 2015/848

(3) Die Zusammenarbeit im Sinne des Absatzes 1 kann auf jedem von dem Gericht als geeignet erachteten Weg erfolgen. Sie kann sich insbesondere beziehen auf

a) die Koordinierung bei der Bestellung von Verwaltern,

b) die Mitteilung von Informationen auf jedem von dem betreffenden Gericht als geeignet erachteten Weg,

c) die Koordinierung der Verwaltung und Überwachung des Vermögens und der Geschäfte des Schuldners,

d) die Koordinierung der Verhandlungen,

e) soweit erforderlich die Koordinierung der Zustimmung zu einer Verständigung der Verwalter.

## Artikel 43
### Zusammenarbeit und Kommunikation zwischen Verwaltern und Gerichten

(1) Um die Koordinierung von Hauptinsolvenzverfahren, Partikularverfahren und Sekundärinsolvenzverfahren über das Vermögen desselben Schuldners zu erleichtern,

a) arbeitet der Verwalter des Hauptinsolvenzverfahrens mit jedem Gericht, das mit einem Antrag auf Eröffnung eines Sekundärinsolvenzverfahrens befasst ist oder das ein solches Verfahren eröffnet hat, zusammen und kommuniziert mit diesem,

b) arbeitet der Verwalter eines Partikularverfahrens oder Sekundärinsolvenzverfahrens mit dem Gericht, das mit einem Antrag auf Eröffnung des Hauptinsolvenzverfahrens befasst ist oder das ein solches Verfahren eröffnet hat, zusammen und kommuniziert mit diesem, und

c) arbeitet der Verwalter eines Partikularverfahrens oder Sekundärinsolvenzverfahrens mit dem Gericht, das mit einem Antrag auf Eröffnung eines anderen Partikularverfahrens oder Sekundärinsolvenzverfahrens befasst ist oder das ein solches Verfahren eröffnet hat, zusammen und kommuniziert mit diesem,

soweit diese Zusammenarbeit und Kommunikation mit den für die einzelnen Verfahren geltenden Vorschriften vereinbar sind und keine Interessenkonflikte nach sich ziehen.

(2) Die Zusammenarbeit im Sinne des Absatzes 1 kann auf jedem geeigneten Weg, wie etwa in Artikel 42 Absatz 3 bestimmt, erfolgen.

## Artikel 44
### Kosten der Zusammenarbeit und Kommunikation

Die Anforderungen nach Artikel 42 und 43 dürfen nicht zur Folge haben, dass Gerichte einander die Kosten der Zusammenarbeit und Kommunikation in Rechnung stellen.

## Artikel 45
### Ausübung von Gläubigerrechten

(1) Jeder Gläubiger kann seine Forderung im Hauptinsolvenzverfahren und in jedem Sekundärinsolvenzverfahren anmelden.

(2) Die Verwalter des Hauptinsolvenzverfahrens und der Sekundärinsolvenzverfahren melden in den anderen Verfahren die Forderungen an, die in dem Verfahren, für das sie bestellt sind, bereits angemeldet worden sind, soweit dies für die Gläubiger des letztgenannten Verfahrens zweckmäßig ist und vorbehaltlich des Rechts dieser Gläubiger, eine solche Anmeldung abzulehnen oder die Anmeldung ihrer Ansprüche zurückzunehmen, sofern das anwendbare Recht dies vorsieht.

(3) Der Verwalter eines Haupt- oder eines Sekundärinsolvenzverfahrens ist berechtigt, wie ein Gläubiger an einem anderen Insolvenzverfahren mitzuwirken, insbesondere indem er an einer Gläubigerversammlung teilnimmt.

## Artikel 46
### Aussetzung der Verwertung der Masse

(1) Das Gericht, welches das Sekundärinsolvenzverfahren eröffnet hat, setzt auf Antrag des Verwalters des Hauptinsolvenzverfahrens die Verwertung der Masse ganz oder teilweise aus. In diesem Fall kann das Gericht jedoch vom Verwalter des Hauptinsolvenzverfahrens verlangen, alle angemessenen Maßnahmen zum Schutz der Interessen der Gläubiger des Sekundärinsolvenzverfahrens sowie einzelner Gruppen von Gläubigern zu ergreifen. Der Antrag des Verwalters des Hauptinsolvenzverfahrens kann nur abgelehnt werden, wenn die Aussetzung offensichtlich für die Gläubiger des Hauptinsolvenzverfahrens nicht von Interesse ist. Die Aussetzung der Verwertung der Masse kann für höchstens drei Monate angeordnet werden. Sie kann für jeweils denselben Zeitraum verlängert oder erneuert werden.

(2) Das Gericht nach Absatz 1 hebt die Aussetzung der Verwertung der Masse in folgenden Fällen auf:

a) auf Antrag des Verwalters des Hauptinsolvenzverfahrens,

b) von Amts wegen, auf Antrag eines Gläubigers oder auf Antrag des Verwalters des Sekundärinsolvenzverfahrens, wenn sich herausstellt, dass diese Maßnahme insbesondere nicht mehr mit dem Interesse der Gläubiger des Haupt- oder des Sekundärinsolvenzverfahrens zu rechtfertigen ist.

## Artikel 47
### Recht des Verwalters, Sanierungspläne vorzuschlagen

(1) Kann nach dem Recht des Mitgliedstaats, in dem das Sekundärinsolvenzverfahren eröffnet worden ist, ein solches Verfahren ohne Liquidation durch einen Sanierungsplan, einen Vergleich oder eine andere vergleichbare Maßnahme beendet werden, so hat der Verwalter des Hauptinsolvenzverfahrens das Recht, eine solche Maßnahme im Einklang mit dem Verfahren des betreffenden Mitgliedstaats vorzuschlagen.

(2) Jede Beschränkung der Rechte der Gläubiger, wie zum Beispiel eine Stundung oder eine Schuldbefreiung, die sich aus einer im Sekundärinsolvenzverfahren vorgeschlagenen Maßnahme im Sinne des Absatzes 1 ergibt, darf ohne Zustimmung aller von ihr betroffenen Gläubiger keine Auswirkungen auf das nicht von diesem Verfahren erfasste Vermögen des Schuldners haben.

# Verordnung (EU) 2015/848

### Artikel 48
### Auswirkungen der Beendigung eines Insolvenzverfahrens

(1) Unbeschadet des Artikels 49 steht die Beendigung eines Insolvenzverfahrens der Fortführung eines zu diesem Zeitpunkt noch anhängigen anderen Insolvenzverfahrens über das Vermögen desselben Schuldners nicht entgegen.

(2) Hätte ein Insolvenzverfahren über das Vermögen einer juristischen Person oder einer Gesellschaft in dem Mitgliedstaat, in dem diese Person oder Gesellschaft ihren Sitz hat, deren Auflösung zur Folge, so besteht die betreffende juristische Person oder Gesellschaft so lange fort, bis jedes andere Insolvenzverfahren über das Vermögen desselben Schuldners beendet ist oder von dem Verwalter in diesem bzw. den Verwaltern in diesen anderen Verfahren der Auflösung zugestimmt wurde.

### Artikel 49
### Überschuss im Sekundärinsolvenzverfahren

Können bei der Verwertung der Masse des Sekundärinsolvenzverfahrens alle in diesem Verfahren festgestellten Forderungen befriedigt werden, so übergibt der in diesem Verfahren bestellte Verwalter den verbleibenden Überschuss unverzüglich dem Verwalter des Hauptinsolvenzverfahrens.

### Artikel 50
### Nachträgliche Eröffnung des Hauptinsolvenzverfahrens

Wird ein Verfahren nach Artikel 3 Absatz 1 eröffnet, nachdem in einem anderen Mitgliedstaat ein Verfahren nach Artikel 3 Absatz 2 eröffnet worden ist, so gelten die Artikel 41, 45, 46, 47 und 49 für das zuerst eröffnete Insolvenzverfahren, soweit dies nach dem Stand dieses Verfahrens möglich ist.

### Artikel 51
### Umwandlung von Sekundärinsolvenzverfahren

(1) Auf Antrag des Verwalters des Hauptinsolvenzverfahrens kann das Gericht eines Mitgliedstaats, bei dem ein Sekundärinsolvenzverfahren eröffnet worden ist, die Umwandlung des Sekundärinsolvenzverfahrens in ein anderes der in Anhang A aufgeführten Insolvenzverfahren anordnen, sofern die Voraussetzungen nach nationalem Recht für die Eröffnung dieses anderen Verfahrens erfüllt sind und dieses Verfahren im Hinblick auf die Interessen der lokalen Gläubiger und die Kohärenz zwischen Haupt- und Sekundärinsolvenzverfahren am geeignetsten ist.

(2) Bei der Prüfung des Antrags nach Absatz 1 kann das Gericht Informationen von den Verwaltern beider Verfahren anfordern.

### Artikel 52
### Sicherungsmaßnahmen

Bestellt das nach Artikel 3 Absatz 1 zuständige Gericht eines Mitgliedstaats zur Sicherung des Schuldnervermögens einen vorläufigen Verwalter, so ist dieser berechtigt, zur Sicherung und Erhaltung des Schuldnervermögens, das sich in einem anderen Mitgliedstaat befindet, jede Maßnahme zu beantragen, die nach dem Recht dieses Mitgliedstaats für die Zeit zwischen dem Antrag auf Eröffnung eines Insolvenzverfahrens und dessen Eröffnung vorgesehen ist.

## KAPITEL IV
## UNTERRICHTUNG DER GLÄUBIGER UND ANMELDUNG IHRER FORDERUNGEN

### Artikel 53
### Recht auf Forderungsanmeldung

Jeder ausländische Gläubiger kann sich zur Anmeldung seiner Forderungen in dem Insolvenzverfahren aller Kommunikationsmittel bedienen, die nach dem Recht des Staats der Verfahrenseröffnung zulässig sind. Allein für die Anmeldung einer Forderung ist die Vertretung durch einen Rechtsanwalt oder sonstigen Rechtsbeistand nicht zwingend.

### Artikel 54
### Pflicht zur Unterrichtung der Gläubiger

(1) Sobald in einem Mitgliedstaat ein Insolvenzverfahren eröffnet wird, unterrichtet das zuständige Gericht dieses Staates oder der von diesem Gericht bestellte Verwalter unverzüglich alle bekannten ausländischen Gläubiger.

(2) Die Unterrichtung nach Absatz 1 erfolgt durch individuelle Übersendung eines Vermerks und gibt insbesondere an, welche Fristen einzuhalten sind, welches die Versäumnisfolgen sind, welche Stelle für die Entgegennahme der Anmeldungen zuständig ist und welche weiteren Maßnahmen vorgeschrieben sind. In dem Vermerk ist auch anzugeben, ob die bevorrechtigten oder dinglich gesicherten Gläubiger ihre Forderungen anmelden müssen. Dem Vermerk ist des Weiteren eine Kopie des Standardformulars für die Anmeldung von Forderungen gemäß Artikel 55 beizufügen oder es ist anzugeben, wo dieses Formular erhältlich ist.

(3) Die Unterrichtung nach den Absätzen 1 und 2 dieses Artikels erfolgt mithilfe eines Standardmitteilungsformulars, das gemäß Artikel 88 festgelegt wird. Das Formular wird im Europäischen Justizportal veröffentlicht und trägt die Überschrift „Mitteilung über ein Insolvenzverfahren" in sämtlichen Amtssprachen der Organe der Union. Es wird in der Amtssprache des Staates der Verfahrenseröffnung oder – falls es in dem betreffenden Mitgliedstaat mehrere Amtssprachen gibt – in der Amtssprache oder einer der Amtssprachen des Ortes, an dem das Insolvenzverfahren eröffnet wurde, oder in einer anderen Sprache übermittelt, die dieser Staat gemäß Artikel 55 Absatz 5 zugelassen hat, wenn anzunehmen ist, dass diese Sprache für ausländische Gläubiger leichter zu verstehen ist.

(4) Bei Insolvenzverfahren bezüglich einer natürlichen Person, die keine selbständige gewerbliche oder freiberufliche Tätigkeit ausübt, ist die Verwendung des in diesem Artikel genannten Standardformulars nicht vorgeschrieben, sofern die Gläubiger nicht verpflichtet sind, ihre Forderungen anzumelden, damit diese im Verfahren berücksichtigt werden.

# Verordnung (EU) 2015/848

## Artikel 55
### Verfahren für die Forderungsanmeldung

(1) Ausländische Gläubiger können ihre Forderungen mithilfe des Standardformulars anmelden, das gemäß Artikel 88 festgelegt wird. Das Formular trägt die Überschrift „Forderungsanmeldung" in sämtlichen Amtssprachen der Organe der Union.

(2) Das Standardformular für die Forderungsanmeldung nach Absatz 1 enthält die folgenden Angaben:

a) Name, Postanschrift, E-Mail-Adresse sofern vorhanden, persönliche Kennnummer sofern vorhanden sowie Bankverbindung des ausländischen Gläubigers nach Absatz 1,

b) Forderungsbetrag unter Angabe der Hauptforderung und gegebenenfalls der Zinsen sowie Entstehungszeitpunkt der Forderung und – sofern davon abweichend – Fälligkeitsdatum,

c) umfasst die Forderung auch Zinsen, den Zinssatz unter Angabe, ob es sich um einen gesetzlichen oder vertraglich vereinbarten Zinssatz handelt, sowie den Zeitraum, für den die Zinsen gefordert werden, und den Betrag der kapitalisierten Zinsen,

d) falls Kosten für die Geltendmachung der Forderung vor Eröffnung des Verfahrens gefordert werden, Betrag und Aufschlüsselung dieser Kosten,

e) Art der Forderung,

f) ob ein Status als bevorrechtigter Gläubiger beansprucht wird und die Grundlage für einen solchen Anspruch,

g) ob für die Forderung eine dingliche Sicherheit oder ein Eigentumsvorbehalt geltend gemacht wird und wenn ja, welche Vermögenswerte Gegenstand der Sicherheit sind, Zeitpunkt der Überlassung der Sicherheit und Registernummer, wenn die Sicherheit in ein Register eingetragen wurde, und

h) ob eine Aufrechnung beansprucht wird und wenn ja, die Beträge der zum Zeitpunkt der Eröffnung des Insolvenzverfahrens bestehenden gegenseitigen Forderungen, den Zeitpunkt ihres Entstehens und den geforderten Saldo nach Aufrechnung.

Der Forderungsanmeldung sind etwaige Belege in Kopie beizufügen.

(3) Das Standardformular für die Forderungsanmeldung enthält den Hinweis, dass die Bankverbindung und die persönliche Kennnummer des Gläubigers nach Absatz 2 Buchstabe a nicht zwingend anzugeben sind.

(4) Meldet ein Gläubiger seine Forderung auf anderem Wege als mithilfe des in Absatz 1 genannten Standardformulars an, so muss seine Anmeldung die in Absatz 2 genannten Angaben enthalten.

(5) Forderungen können in einer Amtssprache der Organe der Union angemeldet werden. Das Gericht, der Verwalter oder der Schuldner in Eigenverwaltung können vom Gläubiger eine Übersetzung in die Amtssprache des Staats der Verfahrenseröffnung oder – falls es in dem betreffenden Mitgliedstaat mehrere Amtssprachen gibt – in die Amtssprache oder in eine der Amtssprachen des Ortes, an dem das

# Verordnung (EU) 2015/848

Insolvenzverfahren eröffnet wurde, oder in eine andere Sprache, die dieser Mitgliedstaat zugelassen hat, verlangen. Jeder Mitgliedstaat gibt an, ob er neben seiner oder seinen eigenen Amtssprachen andere Amtssprachen der Organe der Union für eine Forderungsanmeldung zulässt.

(6) Forderungen sind innerhalb der im Recht des Staats der Verfahrenseröffnung festgelegten Frist anzumelden. Bei ausländischen Gläubigern beträgt diese Frist mindestens 30 Tage nach Bekanntmachung der Eröffnung des Insolvenzverfahrens im Insolvenzregister des Staats der Verfahrenseröffnung. Stützt sich ein Mitgliedstaat auf Artikel 24 Absatz 4, so beträgt diese Frist mindestens 30 Tage ab Unterrichtung eines Gläubigers gemäß Artikel 54.

(7) Hat das Gericht, der Verwalter oder der Schuldner in Eigenverwaltung Zweifel an einer nach Maßgabe dieses Artikels angemeldeten Forderung, so gibt er dem Gläubiger Gelegenheit, zusätzliche Belege für das Bestehen und die Höhe der Forderung vorzulegen.

## KAPITEL V
## INSOLVENZVERFAHREN ÜBER DAS VERMÖGEN VON MITGLIEDERN EINER UNTERNEHMENSGRUPPE

### ABSCHNITT 1
### Zusammenarbeit und Kommunikation

### Artikel 56
### Zusammenarbeit und Kommunikation der Verwalter

(1) Bei Insolvenzverfahren über das Vermögen von zwei oder mehr Mitgliedern derselben Unternehmensgruppe arbeiten die Verwalter dieser Verfahren zusammen, soweit diese Zusammenarbeit die wirksame Abwicklung der Verfahren erleichtern kann, mit den für die einzelnen Verfahren geltenden Vorschriften vereinbar ist und keine Interessenkonflikte nach sich zieht. Diese Zusammenarbeit kann in beliebiger Form, einschließlich durch den Abschluss von Vereinbarungen oder Verständigungen, erfolgen.

(2) Bei der Durchführung der Zusammenarbeit nach Absatz 1 obliegt es den Verwaltern,

a) einander so bald wie möglich alle Informationen mitzuteilen, die für das jeweilige andere Verfahren von Bedeutung sein können, vorausgesetzt, es bestehen geeignete Vorkehrungen zum Schutz vertraulicher Informationen;

b) zu prüfen, ob Möglichkeiten einer Koordinierung der Verwaltung und Überwachung der Geschäfte der Gruppenmitglieder, über deren Vermögen ein Insolvenzverfahren eröffnet wurde, bestehen; falls eine solche Möglichkeit besteht, koordinieren sie die Verwaltung und Überwachung dieser Geschäfte;

c) zu prüfen, ob Möglichkeiten einer Sanierung von Gruppenmitgliedern, über deren Vermögen ein Insolvenzverfahren eröffnet wurde, bestehen und, falls eine solche Möglichkeit besteht, sich über den Vorschlag für einen koordinierten Sanierungsplan und dazu, wie er ausgehandelt werden soll, abzustimmen.

# Verordnung (EU) 2015/848

Für die Zwecke der Buchstaben b und c können alle oder einige der in Absatz 1 genannten Verwalter vereinbaren, einem Verwalter aus ihrer Mitte zusätzliche Befugnisse zu übertragen, wenn eine solche Vereinbarung nach den für die jeweiligen Verfahren geltenden Vorschriften zulässig ist. Sie können ferner vereinbaren, bestimmte Aufgaben unter sich aufzuteilen, wenn eine solche Aufteilung nach den für die jeweiligen Verfahren geltenden Vorschriften zulässig ist.

## Artikel 57
### Zusammenarbeit und Kommunikation der Gerichte

(1) Bei Insolvenzverfahren über das Vermögen von zwei oder mehr Mitgliedern derselben Unternehmensgruppe arbeitet ein Gericht, das ein solches Verfahren eröffnet hat, mit Gerichten, die mit einem Antrag auf Eröffnung eines Insolvenzverfahrens über das Vermögen eines anderen Mitglieds derselben Unternehmensgruppe befasst sind oder die ein solches Verfahren eröffnet haben, zusammen, soweit diese Zusammenarbeit eine wirksame Verfahrensführung erleichtern kann, mit den für die einzelnen Verfahren geltenden Vorschriften vereinbar ist und keine Interessenkonflikte nach sich zieht. Die Gerichte können hierzu bei Bedarf eine unabhängige Person oder Stelle bestellen bzw. bestimmen, die auf ihre Weisungen hin tätig wird, sofern dies mit den für sie geltenden Vorschriften vereinbar ist.

(2) Bei der Durchführung der Zusammenarbeit nach Absatz 1 können die Gerichte oder eine von ihnen bestellte bzw. bestimmte und in ihrem Auftrag tätige Person oder Stelle im Sinne des Absatzes 1 direkt miteinander kommunizieren oder einander direkt um Informationen und Unterstützung ersuchen, vorausgesetzt, bei dieser Kommunikation werden die Verfahrensrechte der Verfahrensbeteiligten sowie die Vertraulichkeit der Informationen gewahrt.

(3) Die Zusammenarbeit im Sinne des Absatzes 1 kann auf jedem von dem Gericht als geeignet erachteten Weg erfolgen. Sie kann insbesondere Folgendes betreffen:

a) die Koordinierung bei der Bestellung von Verwaltern,

b) die Mitteilung von Informationen auf jedem von dem betreffenden Gericht als geeignet erachteten Weg,

c) die Koordinierung der Verwaltung und Überwachung der Insolvenzmasse und Geschäfte der Mitglieder der Unternehmensgruppe,

d) die Koordinierung der Verhandlungen,

e) soweit erforderlich die Koordinierung der Zustimmung zu einer Verständigung der Verwalter.

## Artikel 58
### Zusammenarbeit und Kommunikation zwischen Verwaltern und Gerichten

Ein Verwalter, der in einem Insolvenzverfahren über das Vermögen eines Mitglieds einer Unternehmensgruppe bestellt worden ist,

a) arbeitet mit jedem Gericht, das mit einem Antrag auf Eröffnung eines Insolvenzverfahrens über das Vermögen eines anderen Mitglieds derselben Unternehmensgruppe befasst ist oder das ein solches Verfahren eröffnet hat, zusammen und kommuniziert mit diesem und

b) kann dieses Gericht um Informationen zum Verfahren über das Vermögen des anderen Mitgliedes der Unternehmensgruppe oder um Unterstützung in dem Verfahren, für das er bestellt worden ist, ersuchen,

soweit eine solche Zusammenarbeit und Kommunikation die wirkungsvolle Verfahrensführung erleichtern können, keine Interessenkonflikte nach sich ziehen und mit den für die Verfahren geltenden Vorschriften vereinbar sind.

### Artikel 59
### Kosten der Zusammenarbeit und Kommunikation bei Verfahren über das Vermögen von Mitgliedern einer Unternehmensgruppe

Die Kosten der Zusammenarbeit und Kommunikation nach den Artikeln 56 bis 60, die einem Verwalter oder einem Gericht entstehen, gelten als Kosten und Auslagen des Verfahrens, in dem sie angefallen sind.

### Artikel 60
### Rechte des Verwalters bei Verfahren über das Vermögen von Mitgliedern einer Unternehmensgruppe

(1) Der Verwalter eines über das Vermögen eines Mitglieds einer Unternehmensgruppe eröffneten Insolvenzverfahrens kann, soweit dies eine effektive Verfahrensführung erleichtern kann,

a) in jedem über das Vermögen eines anderen Mitglieds derselben Unternehmensgruppe eröffneten Verfahren gehört werden,

b) eine Aussetzung jeder Maßnahme im Zusammenhang mit der Verwertung der Masse in jedem Verfahren über das Vermögen eines anderen Mitglieds derselben Unternehmensgruppe beantragen, sofern

　i) für alle oder einige Mitglieder der Unternehmensgruppe, über deren Vermögen ein Insolvenzverfahren eröffnet worden ist, ein Sanierungsplan gemäß Artikel 56 Absatz 2 Buchstabe c vorgeschlagen wurde und hinreichende Aussicht auf Erfolg hat;

　ii) die Aussetzung notwendig ist, um die ordnungsgemäße Durchführung des Sanierungsplans sicherzustellen;

　iii) der Sanierungsplan den Gläubigern des Verfahrens, für das die Aussetzung beantragt wird, zugute käme und

　iv) weder das Insolvenzverfahren, für das der Verwalter gemäß Absatz 1 bestellt wurde, noch das Verfahren, für das die Aussetzung beantragt wird, einer Koordinierung gemäß Abschnitt 2 dieses Kapitels unterliegt;

c) die Eröffnung eines Gruppen-Koordinationsverfahrens gemäß Artikel 61 beantragen.

(2) Das Gericht, das das Verfahren nach Absatz 1 Buchstabe b eröffnet hat, setzt alle Maßnahmen im Zusammenhang mit der Verwertung der Masse in dem Verfahren

ganz oder teilweise aus, wenn es sich überzeugt hat, dass die Voraussetzungen nach Absatz 1 Buchstabe b erfüllt sind.

Vor Anordnung der Aussetzung hört das Gericht den Verwalter des Insolvenzverfahrens, für das die Aussetzung beantragt wird. Die Aussetzung kann für jeden Zeitraum bis zu drei Monaten angeordnet werden, den das Gericht für angemessen hält und der mit den für das Verfahren geltenden Vorschriften vereinbar ist.

Das Gericht, das die Aussetzung anordnet, kann verlangen, dass der Verwalter nach Absatz 1 alle geeigneten Maßnahmen nach nationalem Recht zum Schutz der Interessen der Gläubiger des Verfahrens ergreift.

Das Gericht kann die Dauer der Aussetzung um einen weiteren Zeitraum oder mehrere weitere Zeiträume verlängern, die es für angemessen hält und die mit den für das Verfahren geltenden Vorschriften vereinbar sind, sofern die in Absatz 1 Buchstabe b Ziffern ii bis iv genannten Voraussetzungen weiterhin erfüllt sind und die Gesamtdauer der Aussetzung (die anfängliche Dauer zuzüglich aller Verlängerungen) sechs Monate nicht überschreitet.

## ABSCHNITT 2
### Koordinierung
#### Unterabschnitt 1
##### Verfahren

### Artikel 61
#### Antrag auf Eröffnung eines Gruppen-Koordinationsverfahrens

(1) Ein Gruppen-Koordinationsverfahren kann von einem Verwalter, der in einem Insolvenzverfahren über das Vermögen eines Mitglieds der Gruppe bestellt worden ist, bei jedem Gericht, das für das Insolvenzverfahren eines Mitglieds der Gruppe zuständig ist, beantragt werden.

(2) Der Antrag nach Absatz 1 erfolgt gemäß dem für das Verfahren, in dem der Verwalter bestellt wurde, geltenden Recht.

(3) Dem Antrag nach Absatz 1 ist Folgendes beizufügen:

a) ein Vorschlag bezüglich der Person, die zum Gruppenkoordinator (im Folgenden: „Koordinator") ernannt werden soll, Angaben zu ihrer Eignung nach Artikel 71, Angaben zu ihren Qualifikationen und ihre schriftliche Zustimmung zur Tätigkeit als Koordinator;

b) eine Darlegung der vorgeschlagenen Gruppen-Koordination, insbesondere der Gründe, weshalb die Voraussetzungen nach Artikel 63 Absatz 1 erfüllt sind;

c) eine Liste der für die Mitglieder der Gruppe bestellten Verwalter und gegebenenfalls die Gerichte und zuständigen Behörden, die in den Insolvenzverfahren über das Vermögen der Mitglieder der Gruppe betroffen sind;

d) eine Darstellung der geschätzten Kosten der vorgeschlagenen Gruppen-Koordination und eine Schätzung des von jedem Mitglied der Gruppe zu tragenden Anteils dieser Kosten.

Verordnung (EU) 2015/848

### Artikel 62
### Prioritätsregel

Unbeschadet des Artikels 66 gilt Folgendes: Wird die Eröffnung eines Gruppen-Koordinationsverfahrens bei Gerichten verschiedener Mitgliedstaaten beantragt, so erklären sich die später angerufenen Gerichte zugunsten des zuerst angerufenen Gerichts für unzuständig.

### Artikel 63
### Mitteilung durch das befasste Gericht

(1) Das mit einem Antrag auf Eröffnung eines Gruppen-Koordinationsverfahrens befasste Gericht unterrichtet so bald als möglich die für die Mitglieder der Gruppe bestellten Verwalter, die im Antrag gemäß Artikel 61 Absatz 3 Buchstabe c angegeben sind, über den Antrag auf Eröffnung eines Gruppen-Koordinationsverfahrens und den vorgeschlagenen Koordinator, wenn es davon überzeugt ist, dass

a) die Eröffnung eines solchen Verfahrens die effektive Führung der Insolvenzverfahren über das Vermögen der verschiedenen Mitglieder der Gruppe erleichtern kann,

b) nicht zu erwarten ist, dass ein Gläubiger eines Mitglieds der Gruppe, das voraussichtlich am Verfahren teilnehmen wird, durch die Einbeziehung dieses Mitglieds in das Verfahren finanziell benachteiligt wird, und

c) der vorgeschlagene Koordinator die Anforderungen gemäß Artikel 71 erfüllt.

(2) In der Mitteilung nach Absatz 1 dieses Artikels sind die in Artikel 61 Absatz 3 Buchstaben a bis d genannten Bestandteile des Antrags aufzulisten.

(3) Die Mitteilung nach Absatz 1 ist eingeschrieben mit Rückschein aufzugeben.

(4) Das befasste Gericht gibt den beteiligten Verwaltern die Gelegenheit, sich zu äußern.

### Artikel 64
### Einwände von Verwaltern

(1) Ein für ein Mitglied einer Gruppe bestellter Verwalter kann Einwände erheben gegen

a) die Einbeziehung des Insolvenzverfahrens, für das er bestellt wurde, in ein Gruppen-Koordinationsverfahren oder

b) die als Koordinator vorgeschlagene Person.

(2) Einwände nach Absatz 1 dieses Artikels sind innerhalb von 30 Tagen nach Eingang der Mitteilung über den Antrag auf Eröffnung eines Gruppen-Koordinationsverfahrens durch den Verwalter gemäß Absatz 1 dieses Artikels bei dem Gericht nach Artikel 63 zu erheben. Der Einwand kann mittels des nach Artikel 88 eingeführten Standardformulars erhoben werden.

(3) Vor der Entscheidung über eine Teilnahme bzw. Nichtteilnahme an der Koordination gemäß Absatz 1 Buchstabe a hat ein Verwalter die Genehmigungen, die

# Verordnung (EU) 2015/848

gegebenenfalls nach dem Recht des Staats der Verfahrenseröffnung, für das er bestellt wurde, erforderlich sind, zu erwirken.

## Artikel 65
### Folgen eines Einwands gegen die Einbeziehung in ein Gruppen-Koordinationsverfahren

(1) Hat ein Verwalter gegen die Einbeziehung des Verfahrens, für das er bestellt wurde, in ein Gruppen-Koordinationsverfahren Einwand erhoben, so wird dieses Verfahren nicht in das Gruppen-Koordinationsverfahren einbezogen.

(2) Die Befugnisse des Gerichts gemäß Artikel 68 oder des Koordinators, die sich aus diesem Verfahren ergeben, haben keine Wirkung hinsichtlich des betreffenden Mitglieds und ziehen keine Kosten für dieses Mitglied nach sich.

## Artikel 66
### Wahl des Gerichts für ein Gruppen-Koordinationsverfahren

(1) Sind sich mindestens zwei Drittel aller Verwalter, die für Insolvenzverfahren über das Vermögen der Mitglieder der Gruppe bestellt wurden, darüber einig, dass ein zuständiges Gericht eines anderen Mitgliedstaats am besten für die Eröffnung eines Gruppen-Koordinationsverfahrens geeignet ist, so ist dieses Gericht ausschließlich zuständig.

(2) Die Wahl des Gerichts erfolgt als gemeinsame Vereinbarung in Schriftform oder wird schriftlich festgehalten. Sie kann bis zum Zeitpunkt der Eröffnung des Gruppen-Koordinationsverfahrens gemäß Artikel 68 erfolgen.

(3) Jedes andere als das gemäß Absatz 1 befasste Gericht erklärt sich zugunsten dieses Gerichts für unzuständig.

(4) Der Antrag auf Eröffnung eines Gruppen-Koordinationsverfahrens wird bei dem vereinbarten Gericht gemäß Artikel 61 eingereicht.

## Artikel 67
### Folgen von Einwänden gegen den vorgeschlagenen Koordinator

Werden gegen die als Koordinator vorgeschlagene Person Einwände von einem Verwalter vorgebracht, der nicht gleichzeitig Einwände gegen die Einbeziehung des Mitglieds, für das er bestellt wurde, in das Gruppen-Koordinationsverfahren erhebt, kann das Gericht davon absehen, diese Person zu bestellen und den Einwände erhebenden Verwalter auffordern, einen den Anforderungen nach Artikel 61 Absatz 3 entsprechenden neuen Antrag einzureichen.

## Artikel 68
### Entscheidung zur Eröffnung eines Gruppen-Koordinationsverfahrens

(1) Nach Ablauf der in Artikel 64 Absatz 2 genannten Frist kann das Gericht ein Gruppen-Koordinationsverfahren eröffnen, sofern es davon überzeugt ist, dass die Voraussetzungen nach Artikel 63 Absatz 1 erfüllt sind. In diesem Fall hat das Gericht:

a) einen Koordinator zu bestellen,

b) über den Entwurf der Koordination zu entscheiden und

c) über die Kostenschätzung und den Anteil, der von den Mitgliedern der Gruppe zu tragen ist, zu entscheiden.

(2) Die Entscheidung zur Eröffnung eines Gruppen-Koordinationsverfahrens wird den beteiligten Verwaltern und dem Koordinator mitgeteilt.

*Artikel 69*
Nachträgliches Opt-in durch Verwalter

(1) Im Einklang mit dem dafür geltenden nationalen Recht kann jeder Verwalter im Anschluss an die Entscheidung des Gerichts nach Artikel 68 die Einbeziehung des Verfahrens, für das er bestellt wurde, beantragen, wenn

a) ein Einwand gegen die Einbeziehung des Insolvenzverfahrens in das Gruppen-Koordinationsverfahren erhoben wurde oder

b) ein Insolvenzverfahren über das Vermögen eines Mitglieds der Gruppe eröffnet wurde, nachdem das Gericht ein Gruppen-Koordinationsverfahren eröffnet hat.

(2) Unbeschadet des Absatzes 4 kann der Koordinator einem solchen Antrag nach Anhörung der beteiligten Verwalter entsprechen, wenn

a) er davon überzeugt ist, dass unter Berücksichtigung des Stands, den das Gruppen-Koordinationsverfahren zum Zeitpunkt des Antrags erreicht hat, die Voraussetzungen gemäß Artikel 63 Absatz 1 Buchstaben a und b erfüllt sind, oder

b) alle beteiligten Verwalter gemäß den Bestimmungen ihres nationalen Rechts zustimmen.

(3) Der Koordinator unterrichtet das Gericht und die am Verfahren teilnehmenden Verwalter über seine Entscheidung gemäß Absatz 2 und über die Gründe, auf denen sie beruht.

(4) Jeder beteiligte Verwalter und jeder Verwalter, dessen Antrag auf Einbeziehung in das Gruppen-Koordinationsverfahren abgelehnt wurde, kann die in Absatz 2 genannte Entscheidung gemäß dem Verfahren anfechten, das nach dem Recht des Mitgliedstaats, in dem das Gruppen-Koordinationsverfahren eröffnet wurde, bestimmt ist.

*Artikel 70*
Empfehlungen und Gruppen-Koordinationsplan

(1) Bei der Durchführung ihrer Insolvenzverfahren berücksichtigen die Verwalter die Empfehlungen des Koordinators und den Inhalt des in Artikel 72 Absatz 1 genannten Gruppen-Koordinationsplans.

(2) Ein Verwalter ist nicht verpflichtet, den Empfehlungen des Koordinators oder dem Gruppen-Koordinationsplan ganz oder teilweise Folge zu leisten.

Folgt er den Empfehlungen des Koordinators oder dem Gruppen-Koordinationsplan nicht, so informiert er die Personen oder Stellen, denen er nach seinem nationalen Recht Bericht erstatten muss, und den Koordinator über die Gründe dafür.

# Verordnung (EU) 2015/848

## Unterabschnitt 2
### Allgemeine Vorschriften
#### Artikel 71
#### Der Koordinator

(1) Der Koordinator muss eine Person sein, die nach dem Recht eines Mitgliedstaats geeignet ist, als Verwalter tätig zu werden.

(2) Der Koordinator darf keiner der Verwalter sein, die für ein Mitglied der Gruppe bestellt sind, und es darf kein Interessenkonflikt hinsichtlich der Mitglieder der Gruppe, ihrer Gläubiger und der für die Mitglieder der Gruppe bestellten Verwalter vorliegen.

#### Artikel 72
#### Aufgaben und Rechte des Koordinators

(1) Der Koordinator

a) legt Empfehlungen für die koordinierte Durchführung der Insolvenzverfahren fest und stellt diese dar,

b) schlägt einen Gruppen-Koordinationsplan vor, der einen umfassenden Katalog geeigneter Maßnahmen für einen integrierten Ansatz zur Bewältigung der Insolvenz der Gruppenmitglieder festlegt, beschreibt und empfiehlt. Der Plan kann insbesondere Vorschläge enthalten zu

   i) den Maßnahmen, die zur Wiederherstellung der wirtschaftlichen Leistungsfähigkeit und der Solvenz der Gruppe oder einzelner Mitglieder zu ergreifen sind,

   ii) der Beilegung gruppeninterner Streitigkeiten in Bezug auf gruppeninterne Transaktionen und Anfechtungsklagen,

   iii) Vereinbarungen zwischen den Verwaltern der insolventen Gruppenmitglieder.

(2) Der Koordinator hat zudem das Recht

a) in jedem Insolvenzverfahren über das Vermögen eines Mitglieds der Unternehmensgruppe gehört zu werden und daran mitzuwirken, insbesondere durch Teilnahme an der Gläubigerversammlung,

b) bei allen Streitigkeiten zwischen zwei oder mehr Verwaltern von Gruppenmitgliedern zu vermitteln,

c) seinen Gruppen-Koordinationsplan den Personen oder Stellen vorzulegen und zu erläutern, denen er aufgrund der nationalen Rechtsvorschriften seines Landes Bericht erstatten muss,

d) von jedem Verwalter Informationen in Bezug auf jedes Gruppenmitglied anzufordern, wenn diese Informationen bei der Festlegung und Darstellung von Strategien und Maßnahmen zur Koordinierung der Verfahren von Nutzen sind oder sein könnten, und

e) eine Aussetzung von Verfahren über das Vermögen jedes Mitglieds der Gruppe für bis zu sechs Monate zu beantragen, sofern die Aussetzung notwendig ist,

**Verordnung (EU) 2015/848**

um die ordnungsgemäße Durchführung des Plans sicherzustellen, und den Gläubigern des Verfahrens, für das die Aussetzung beantragt wird, zugute käme, oder die Aufhebung jeder bestehenden Aussetzung zu beantragen. Ein derartiger Antrag ist bei dem Gericht zu stellen, das das Verfahren eröffnet hat, für das die Aussetzung beantragt wird.

(3) Der in Absatz 1 Buchstabe b genannte Plan darf keine Empfehlungen zur Konsolidierung von Verfahren oder Insolvenzmassen umfassen.

(4) Die in diesem Artikel festgelegten Aufgaben und Rechte des Koordinators erstrecken sich nicht auf Mitglieder der Gruppe, die nicht am Gruppen-Koordinationsverfahren beteiligt sind.

(5) Der Koordinator übt seine Pflichten unparteiisch und mit der gebotenen Sorgfalt aus.

(6) Wenn nach Ansicht des Koordinators die Wahrnehmung seiner Aufgaben zu einer – im Vergleich zu der in Artikel 61 Absatz 3 Buchstabe d genannten Kostenschätzung – erheblichen Kostensteigerung führen wird, und auf jeden Fall, wenn die Kosten die geschätzten Kosten um 10 % übersteigen, hat der Koordinator

a) unverzüglich die beteiligten Verwalter zu informieren und

b) die vorherige Zustimmung des Gerichts einzuholen, das das Gruppen-Koordinationsverfahren eröffnet hat.

### Artikel 73
### Sprachen

(1) Der Koordinator kommuniziert mit dem Verwalter eines beteiligten Gruppenmitglieds in der mit dem Verwalter vereinbarten Sprache oder bei Fehlen einer entsprechenden Vereinbarung in der Amtssprache oder in einer der Amtssprachen der Organe der Union und des Gerichts, das das Verfahren für dieses Gruppenmitglied eröffnet hat.

(2) Der Koordinator kommuniziert mit einem Gericht in der Amtssprache, die dieses Gericht verwendet.

### Artikel 74
### Zusammenarbeit zwischen den Verwaltern und dem Koordinator

(1) Die für die Mitglieder der Gruppe bestellten Verwalter und der Koordinator arbeiten soweit zusammen, wie diese Zusammenarbeit mit den für das betreffende Verfahren geltenden Vorschriften vereinbar ist.

(2) Insbesondere übermitteln die Verwalter jede Information, die für den Koordinator zur Wahrnehmung seiner Aufgaben von Belang ist.

### Artikel 75
### Abberufung des Koordinators

Das Gericht ruft den Koordinator von Amts wegen oder auf Antrag des Verwalters eines beteiligten Gruppenmitglieds ab, wenn der Koordinator

a) zum Schaden der Gläubiger eines beteiligten Gruppenmitglieds handelt oder

Verordnung (EU) 2015/848

b) nicht seinen Verpflichtungen nach diesem Kapitel nachkommt.

## Artikel 76
### Schuldner in Eigenverwaltung

Die gemäß diesem Kapitel für den Verwalter geltenden Bestimmungen gelten soweit einschlägig entsprechend für den Schuldner in Eigenverwaltung.

## Artikel 77
### Kosten und Kostenaufteilung

(1) Die Vergütung des Koordinators muss angemessen und verhältnismäßig zu den wahrgenommenen Aufgaben sein sowie angemessene Aufwendungen berücksichtigen.

(2) Nach Erfüllung seiner Aufgaben legt der Koordinator die Endabrechnung der Kosten mit dem von jedem Mitglied zu tragenden Anteil vor und übermittelt diese Abrechnung jedem beteiligten Verwalter und dem Gericht, das das Koordinationsverfahren eröffnet hat.

(3) Legt keiner der Verwalter innerhalb von 30 Tagen nach Eingang der in Absatz 2 genannten Abrechnung Widerspruch ein, gelten die Kosten und der von jedem Mitglied zu tragende Anteil als gebilligt. Die Abrechnung wird dem Gericht, das das Koordinationsverfahren eröffnet hat, zur Bestätigung vorgelegt.

(4) Im Falle eines Widerspruchs entscheidet das Gericht, das das Gruppen-Koordinationsverfahren eröffnet hat, auf Antrag des Koordinators oder eines beteiligten Verwalters über die Kosten und den von jedem Mitglied zu tragenden Anteil im Einklang mit den Kriterien gemäß Absatz 1 dieses Artikels und unter Berücksichtigung der Kostenschätzung gemäß Artikel 68 Absatz 1 und gegebenenfalls Artikel 72 Absatz 6.

(5) Jeder beteiligte Verwalter kann die in Absatz 4 genannte Entscheidung gemäß dem Verfahren anfechten, das nach dem Recht des Mitgliedstaats, in dem das Gruppen-Koordinationsverfahren eröffnet wurde, vorgesehen ist.

# KAPITEL VI
# DATENSCHUTZ

## Artikel 78
### Datenschutz

(1) Sofern keine Verarbeitungsvorgänge im Sinne des Artikels 3 Absatz 2 der Richtlinie 95/46/EG betroffen sind, finden die nationalen Vorschriften zur Umsetzung der Richtlinie 95/46/EG auf die nach Maßgabe dieser Verordnung in den Mitgliedstaaten durchgeführte Verarbeitung personenbezogener Daten Anwendung.

(2) Die Verordnung (EG) Nr. 45/2001 gilt für die Verarbeitung personenbezogener Daten, die von der Kommission nach Maßgabe der vorliegenden Verordnung durchgeführt wird.

Verordnung (EU) 2015/848

*Artikel 79*
**Aufgaben der Mitgliedstaaten hinsichtlich der Verarbeitung personenbezogener Daten in nationalen Insolvenzregistern**

(1) Jeder Mitgliedstaat teilt der Kommission im Hinblick auf seine Bekanntmachung im Europäischen Justizportal den Namen der natürlichen oder juristischen Person, Behörde, Einrichtung oder jeder anderen Stelle mit, die nach den nationalen Rechtsvorschriften für die Ausübung der Aufgaben eines für die Verarbeitung Verantwortlichen gemäß Artikel 2 Buchstabe d der Richtlinie 95/46/EG benannt worden ist.

(2) Die Mitgliedstaaten stellen sicher, dass die technischen Maßnahmen zur Gewährleistung der Sicherheit der in ihren nationalen Insolvenzregistern nach Artikel 24 verarbeiteten personenbezogenen Daten durchgeführt werden.

(3) Es obliegt den Mitgliedstaaten, zu überprüfen, dass der gemäß Artikel 2 Buchstabe d der Richtlinie 95/46/EG benannte für die Verarbeitung Verantwortliche die Einhaltung der Grundsätze in Bezug auf die Qualität der Daten, insbesondere die Richtigkeit und die Aktualisierung der in nationalen Insolvenzregistern gespeicherten Daten sicherstellt.

(4) Es obliegt den Mitgliedstaaten gemäß der Richtlinie 95/46/EG, Daten zu erheben und in nationalen Datenbanken zu speichern und zu entscheiden, diese Daten im vernetzten Register, das über das Europäische Justizportal eingesehen werden kann, zugänglich zu machen.

(5) Als Teil der Information, die betroffene Personen erhalten, um ihre Rechte und insbesondere das Recht auf Löschung von Daten wahrnehmen zu können, teilen die Mitgliedstaaten betroffenen Personen mit, für welchen Zeitraum ihre in Insolvenzregistern gespeicherten personenbezogenen Daten zugänglich sind.

*Artikel 80*
**Aufgaben der Kommission im Zusammenhang mit der Verarbeitung personenbezogener Daten**

(1) Die Kommission nimmt die Aufgaben des für die Verarbeitung Verantwortlichen gemäß Artikel 2 Buchstabe d der Verordnung (EG) Nr. 45/2001 im Einklang mit den diesbezüglich in diesem Artikel festgelegten Aufgaben wahr.

(2) Die Kommission legt die notwendigen Grundsätze fest und wendet die notwendigen technischen Lösungen an, um ihre Aufgaben im Aufgabenbereich des für die Verarbeitung Verantwortlichen zu erfüllen.

(3) Die Kommission setzt die technischen Maßnahmen um, die erforderlich sind, um die Sicherheit der personenbezogenen Daten bei der Übermittlung, insbesondere die Vertraulichkeit und Unversehrtheit bei der Übermittlung zum und vom Europäischen Justizportal, zu gewährleisten.

(4) Die Aufgaben der Mitgliedstaaten und anderer Stellen in Bezug auf den Inhalt und den Betrieb der von ihnen geführten, vernetzten nationalen Datenbanken bleiben von den Verpflichtungen der Kommission unberührt.

# Verordnung (EU) 2015/848

### Artikel 81
### Informationspflichten

Unbeschadet der anderen den betroffenen Personen nach Artikel 11 und 12 der Verordnung (EG) Nr. 45/2001 zu erteilenden Informationen informiert die Kommission die betroffenen Personen durch Bekanntmachung im Europäischen Justizportal über ihre Rolle bei der Datenverarbeitung und die Zwecke dieser Datenverarbeitung.

### Artikel 82
### Speicherung personenbezogener Daten

Für Informationen aus vernetzten nationalen Datenbanken gilt, dass keine personenbezogenen Daten von betroffenen Personen im Europäischen Justizportal gespeichert werden. Sämtliche derartige Daten werden in den von den Mitgliedstaaten oder anderen Stellen betriebenen nationalen Datenbanken gespeichert.

### Artikel 83
### Zugang zu personenbezogenen Daten über das Europäische Justizportal

Die in den nationalen Insolvenzregistern nach Artikel 24 gespeicherten personenbezogenen Daten sind solange über das Europäische Justizportal zugänglich, wie sie nach nationalem Recht zugänglich bleiben.

## KAPITEL VII
## ÜBERGANGS- UND SCHLUSSBESTIMMUNGEN

### Artikel 84
### Zeitlicher Anwendungsbereich

(1) Diese Verordnung ist nur auf solche Insolvenzverfahren anzuwenden, die ab[*] dem 26. Juni 2017 eröffnet worden sind. Für Rechtshandlungen des Schuldners vor diesem Datum gilt weiterhin das Recht, das für diese Rechtshandlungen anwendbar war, als sie vorgenommen wurden.

(2) Unbeschadet des Artikels 91 der vorliegenden Verordnung gilt die Verordnung (EG) Nr. 1346/2000 weiterhin für Verfahren, die in den Geltungsbereich jener Verordnung fallen und vor dem 26. Juni 2017 eröffnet wurden.

### Artikel 85
### Verhältnis zu Übereinkünften

(1) Diese Verordnung ersetzt in ihrem sachlichen Anwendungsbereich hinsichtlich der Beziehungen der Mitgliedstaaten untereinander die zwischen zwei oder mehreren Mitgliedstaaten geschlossenen Übereinkünfte, insbesondere

a) das am 8. Juli 1899 in Paris unterzeichnete belgisch-französische Abkommen über die gerichtliche Zuständigkeit, die Anerkennung und die Vollstreckung von gerichtlichen Entscheidungen, Schiedssprüchen und öffentlichen Urkunden;

---

[*] Berichtigung der Verordnung (EU) 2015/848 des Europäischen Parlaments und des Rates v. 20.5.2015 über Insolvenzverfahren, ABl. (EU) L 349/6 v. 21.12.2016.

# Verordnung (EU) 2015/848

b) das am 16. Juli 1969 in Brüssel unterzeichnete belgisch-österreichische Abkommen über Konkurs, Ausgleich und Zahlungsaufschub (mit Zusatzprotokoll vom 13. Juni 1973);

c) das am 28. März 1925 in Brüssel unterzeichnete belgisch-niederländische Abkommen über die Zuständigkeit der Gerichte, den Konkurs sowie die Anerkennung und die Vollstreckung von gerichtlichen Entscheidungen, Schiedssprüchen und öffentlichen Urkunden;

d) den am 25. Mai 1979 in Wien unterzeichneten deutsch-österreichischen Vertrag auf dem Gebiet des Konkurs- und Vergleichs-(Ausgleichs-)rechts;

e) das am 27. Februar 1979 in Wien unterzeichnete französisch-österreichische Abkommen über die gerichtliche Zuständigkeit, die Anerkennung und die Vollstreckung von Entscheidungen auf dem Gebiet des Insolvenzrechts;

f) das am 3. Juni 1930 in Rom unterzeichnete französisch-italienische Abkommen über die Vollstreckung gerichtlicher Urteile in Zivil- und Handelssachen;

g) das am 12. Juli 1977 in Rom unterzeichnete italienisch-österreichische Abkommen über Konkurs und Ausgleich;

h) den am 30. August 1962 in Den Haag unterzeichneten deutsch-niederländischen Vertrag über die gegenseitige Anerkennung und Vollstreckung gerichtlicher Entscheidungen und anderer Schuldtitel in Zivil- und Handelssachen;

i) das am 2. Mai 1934 in Brüssel unterzeichnete britisch-belgische Abkommen zur gegenseitigen Vollstreckung gerichtlicher Entscheidungen in Zivil- und Handelssachen mit Protokoll;

j) das am 7. November 1933 in Kopenhagen zwischen Dänemark, Finnland, Norwegen, Schweden und Irland geschlossene Konkursübereinkommen;

k) das am 5. Juni 1990 in Istanbul unterzeichnete Europäische Übereinkommen über bestimmte internationale Aspekte des Konkurses;

l) das am 18. Juni 1959 in Athen unterzeichnete Abkommen zwischen der Föderativen Volksrepublik Jugoslawien und dem Königreich Griechenland über die gegenseitige Anerkennung und Vollstreckung gerichtlicher Entscheidungen;

m) das am 18. März 1960 in Belgrad unterzeichnete Abkommen zwischen der Föderativen Volksrepublik Jugoslawien und der Republik Österreich über die gegenseitige Anerkennung und die Vollstreckung von Schiedssprüchen und schiedsgerichtlichen Vergleichen in Handelssachen;

n) das am 3. Dezember 1960 in Rom unterzeichnete Abkommen zwischen der Föderativen Volksrepublik Jugoslawien und der Republik Italien über die gegenseitige justizielle Zusammenarbeit in Zivil- und Handelssachen;

o) das am 24. September 1971 in Belgrad unterzeichnete Abkommen zwischen der Sozialistischen Föderativen Republik Jugoslawien und dem Königreich Belgien über die justizielle Zusammenarbeit in Zivil- und Handelssachen;

p) das am 18. Mai 1971 in Paris unterzeichnete Abkommen zwischen den Regierungen Jugoslawiens und Frankreichs über die Anerkennung und Vollstreckung gerichtlicher Entscheidungen in Zivil- und Handelssachen;

q) das am 22. Oktober 1980 in Athen unterzeichnete Abkommen zwischen der Tschechoslowakischen Sozialistischen Republik und der Hellenischen Repu-

**Verordnung (EU) 2015/848**

blik über die Rechtshilfe in Zivil- und Strafsachen, der zwischen der Tschechischen Republik und Griechenland noch in Kraft ist;

r) das am 23. April 1982 in Nikosia unterzeichnete Abkommen zwischen der Tschechoslowakischen Sozialistischen Republik und der Republik Zypern über die Rechtshilfe in Zivil- und Strafsachen, der zwischen der Tschechischen Republik und Zypern noch in Kraft ist;

s) den am 10. Mai 1984 in Paris unterzeichneten Vertrag zwischen der Regierung der Tschechoslowakischen Sozialistischen Republik und der Regierung der Französischen Republik über die Rechtshilfe und die Anerkennung und Vollstreckung gerichtlicher Entscheidungen in Zivil-, Familien- und Handelssachen, der zwischen der Tschechischen Republik und Frankreich noch in Kraft ist;

t) den am 6. Dezember 1985 in Prag unterzeichneten Vertrag zwischen der Tschechoslowakischen Sozialistischen Republik und der Republik Italien über die Rechtshilfe in Zivil- und Strafsachen, der zwischen der Tschechischen Republik und Italien noch in Kraft ist;

u) das am 11. November 1992 in Tallinn unterzeichnete Abkommen zwischen der Republik Lettland, der Republik Estland und der Republik Litauen über Rechtshilfe und Rechtsbeziehungen;

v) das am 27. November 1998 in Tallinn unterzeichnete Abkommen zwischen Estland und Polen über Rechtshilfe und Rechtsbeziehungen in Zivil-, Arbeits- und Strafsachen;

w) das am 26. Januar 1993 in Warschau unterzeichnete Abkommen zwischen der Republik Litauen und der Republik Polen über Rechtshilfe und Rechtsbeziehungen in Zivil-, Familien-, Arbeits- und Strafsachen;

x) das am 19. Oktober 1972 in Bukarest unterzeichnete Abkommen zwischen der Sozialistischen Republik Rumänien und der Hellenischen Republik über die Rechtshilfe in Zivil- und Strafsachen mit Protokoll;

y) das am 5. November 1974 in Paris unterzeichnete Abkommen zwischen der Sozialistischen Republik Rumänien und der Französischen Republik über die Rechtshilfe in Zivil- und Handelssachen;

z) das am 10. April 1976 in Athen unterzeichnete Abkommen zwischen der Volksrepublik Bulgarien und der Hellenischen Republik über die Rechtshilfe in Zivil- und Strafsachen;

aa) das am 29. April 1983 in Nikosia unterzeichnete Abkommen zwischen der Volksrepublik Bulgarien und der Republik Zypern über die Rechtshilfe in Zivil- und Strafsachen;

ab) das am 18. Januar 1989 in Sofia unterzeichnete Abkommen zwischen der Volksrepublik Bulgarien und der Regierung der Französischen Republik über die gegenseitige Rechtshilfe in Zivilsachen;

ac) den am 11. Juli 1994 in Bukarest unterzeichneten Vertrag zwischen Rumänien und der Tschechischen Republik über die Rechtshilfe in Zivilsachen;

ad) den am 15. Mai 1999 in Bukarest unterzeichneten Vertrag zwischen Rumänien und der Republik Polen über die Rechtshilfe und die Rechtsbeziehungen in Zivilsachen.

# Verordnung (EU) 2015/848

(2) Die in Absatz 1 aufgeführten Übereinkünfte behalten ihre Wirksamkeit hinsichtlich der Verfahren, die vor Inkrafttreten der Verordnung (EG) Nr. 1346/2000 eröffnet worden sind.

(3) Diese Verordnung gilt nicht

a) in einem Mitgliedstaat, soweit es in Konkurssachen mit den Verpflichtungen aus einer Übereinkunft unvereinbar ist, die dieser Mitgliedstaat mit einem oder mehreren Drittstaaten vor Inkrafttreten der Verordnung (EG) Nr. 1346/2000 geschlossen hat;

b) im Vereinigten Königreich Großbritannien und Nordirland, soweit es in Konkurssachen mit den Verpflichtungen aus Vereinbarungen, die im Rahmen des Commonwealth geschlossen wurden und die zum Zeitpunkt des Inkrafttretens der Verordnung (EG) Nr. 1346/2000 wirksam sind, unvereinbar ist.

## Artikel 86
### Informationen zum Insolvenzrecht der Mitgliedstaaten und der Union

(1) Die Mitgliedstaaten übermitteln im Rahmen des durch die Entscheidung 2001/470/EG des Rates[17] geschaffenen Europäischen Justiziellen Netzes für Zivil- und Handelssachen eine kurze Beschreibung ihres nationalen Rechts und ihrer Verfahren zum Insolvenzrecht, insbesondere zu den in Artikel 7 Absatz 2 aufgeführten Aspekten, damit die betreffenden Informationen der Öffentlichkeit zur Verfügung gestellt werden können.

(2) Die in Absatz 1 genannten Informationen werden von den Mitgliedstaaten regelmäßig aktualisiert.

(3) Die Kommission macht Informationen bezüglich dieser Verordnung öffentlich verfügbar.

## Artikel 87
### Einrichtung der Vernetzung der Register

Die Kommission erlässt Durchführungsrechtsakte zur Einrichtung der Vernetzung der Insolvenzregister gemäß Artikel 25. Diese Durchführungsrechtsakte werden gemäß dem in Artikel 89 Absatz 3 genannten Prüfverfahren erlassen.

## Artikel 88
### Erstellung und spätere Änderung von Standardformularen

Die Kommission erlässt Durchführungsrechtsakte zur Erstellung und soweit erforderlich Änderung der in Artikel 27 Absatz 4, Artikel 54, Artikel 55 und Artikel 64 Absatz 2 genannten Formulare. Diese Durchführungsrechtsakte werden gemäß dem in Artikel 89 Absatz 2 genannten Beratungsverfahren erlassen.

---

[17] Entscheidung 2001/470/EG des Rates vom 28. Mai 2001 über die Einrichtung eines Europäischen Justiziellen Netzes für Zivil- und Handelssachen (ABl. L 174 vom 27.6.2001, S. 25).

# Verordnung (EU) 2015/848

## Artikel 89
### Ausschussverfahren

(1) Die Kommission wird von einem Ausschuss unterstützt. Dieser Ausschuss ist ein Ausschuss im Sinne der Verordnung (EU) Nr. 182/2011.

(2) Wird auf diesen Absatz Bezug genommen, so gilt Artikel 4 der Verordnung (EU) Nr. 182/2011.

(3) Wird auf diesen Absatz Bezug genommen, so gilt Artikel 5 der Verordnung (EU) Nr. 182/2011.

## Artikel 90
### Überprüfungsklausel

(1) Die Kommission legt dem Europäischen Parlament, dem Rat und dem Europäischen Wirtschafts- und Sozialausschuss spätestens bis zum 27. Juni 2027 und danach alle fünf Jahre einen Bericht über die Anwendung dieser Verordnung vor. Der Bericht enthält gegebenenfalls einen Vorschlag zur Anpassung dieser Verordnung.

(2) Die Kommission legt dem Europäischen Parlament, dem Rat und dem Europäischen Wirtschafts- und Sozialausschuss spätestens bis zum 27. Juni 2022 einen Bericht über die Anwendung des Gruppen-Koordinationsverfahrens vor. Der Bericht enthält gegebenenfalls einen Vorschlag zur Anpassung dieser Verordnung.

(3) Die Kommission übermittelt dem Europäischen Parlament, dem Rat und dem Europäischen Wirtschafts- und Sozialausschuss spätestens bis zum 1. Januar 2016 eine Studie zu den grenzüberschreitenden Aspekten der Haftung von Geschäftsleitern und ihres Ausschlusses von einer Tätigkeit.

(4) Die Kommission übermittelt dem Europäischen Parlament, dem Rat und dem Europäischen Wirtschafts- und Sozialausschuss spätestens bis zum 27. Juni 2020 eine Studie zur Frage der Wahl des Gerichtsstands in missbräuchlicher Absicht.

## Artikel 91
### Aufhebung

Die Verordnung (EG) Nr. 1346/2000 wird aufgehoben.

Verweisungen auf die aufgehobene Verordnung gelten als Verweisungen auf die vorliegende Verordnung und sind nach der Entsprechungstabelle in Anhang D dieser Verordnung zu lesen.

## Artikel 92
### Inkrafttreten

Diese Verordnung tritt am zwanzigsten Tag nach ihrer Veröffentlichung im *Amtsblatt der Europäischen Union* in Kraft.

Sie gilt ab dem 26. Juni 2017 mit Ausnahme von

a) Artikel 86, der ab dem 26. Juni 2016 gilt,

b) Artikel 24 Absatz 1, der ab dem 26. Juni 2018 gilt und

c) Artikel 25, der ab dem 26. Juni 2019 gilt.

Verordnung (EU) 2015/848

## ANHANG A[*]

### Insolvenzverfahren im Sinne von Artikel 2 Nummer 4

**BELGIQUE/BELGIË**
- Het faillissement/La faillite,
- De gerechtelijke reorganisatie door een collectief akkoord/La réorganisation judiciaire par accord collectif,
- De gerechtelijke reorganisatie door een minnelijk akkoord/La réorganisation judiciaire par accord amiable,
- De gerechtelijke reorganisatie door overdracht onder gerechtelijk gezag/La réorganisation judiciaire par transfert sous autorité de justice,
- De collectieve schuldenregeling/Le règlement collectif de dettes,
- De vrijwillige vereffening/La liquidation volontaire,
- De gerechtelijke vereffening/La liquidation judiciaire,
- De voorlopige ontneming van het beheer, als bedoeld in artikel XX.32 van het Wetboek van economisch recht/Le dessaisissement provisoire de la gestion, visé à l'article XX.32 du Code de droit économique,

**БЪЛГАРИЯ**
- Производство по несъстоятелност,
- Производство по стабилизация на търговеца,

**ČESKÁ REPUBLIKA**
- Konkurs,
- Reorganizace,
- Oddlužení,

**DEUTSCHLAND**
- Das Konkursverfahren,
- Das gerichtliche Vergleichsverfahren,
- Das Gesamtvollstreckungsverfahren,
- Das Insolvenzverfahren,

**EESTI**
- Pankrotimenetlus,
- Võlgade ümberkujundamise menetlus,

---

[*] Anhang A i. d. F. der Verordnung (EU) 2018/946 des Europäischen Parlaments und des Rates v. 4.7.2018 zur Ersetzung der Anhänge A und B der Verordnung (EU) 2015/848 über Insolvenzverfahren, ABl. (EU) L 171/1 v. 6.7.2018.

# Verordnung (EU) 2015/848

## ÉIRE/IRELAND

- Compulsory winding-up by the court,
- Bankruptcy,
- The administration in bankruptcy of the estate of persons dying insolvent,
- Winding-up in bankruptcy of partnerships,
- Creditors' voluntary winding-up (with confirmation of a court),
- Arrangements under the control of the court which involve the vesting of all or part of the property of the debtor in the Official Assignee for realisation and distribution,
- Examinership,
- Debt Relief Notice,
- Debt Settlement Arrangement,
- Personal Insolvency Arrangement,

## ΕΛΛΑΔΑ

- Η πτώχευση,
- Η ειδική εκκαθάριση εν λειτουργία,
- Σχέδιο αναδιοργάνωσης,
- Απλοποιημένη διαδικασία επί πτωχεύσεων μικρού αντικειμένου,
- Διαδικασία εξυγίανσης,

## ESPAÑA

- Concurso,
- Procedimiento de homologación de acuerdos de refinanciación,
- Procedimiento de acuerdos extrajudiciales de pago,
- Procedimiento de negociación pública para la consecución de acuerdos de refinanciación colectivos, acuerdos de refinanciación homologados y propuestas anticipadas de convenio,

## FRANCE

- Sauvegarde,
- Sauvegarde accélérée,
- Sauvegarde financière accélérée,
- Redressement judiciaire,
- Liquidation judiciaire,

## HRVATSKA

- Stečajni postupak,
- Predstečajni postupak,
- Postupak stečaja potrošača,
- Postupak izvanredne uprave u trgovačkim društvima od sistemskog značaja za Republiku Hrvatsku,

Verordnung (EU) 2015/848

## ITALIA

- Fallimento,
- Concordato preventivo,
- Liquidazione coatta amministrativa,
- Amministrazione straordinaria,
- Accordi di ristrutturazione,
- Procedure di composizione della crisi da sovraindebitamento del consumatore (accordo o piano),
- Liquidazione dei beni,

## ΚΥΠΡΟΣ

- Υποχρεωτική εκκαθάριση από το Δικαστήριο,
- Εκούσια εκκαθάριση από μέλη,
- Εκούσια εκκαθάριση από πιστωτές
- Εκκαθάριση με την εποπτεία του Δικαστηρίου,
- Διάταγμα παραλαβής και πτώχευσης κατόπιν Δικαστικού Διατάγματος,
- Διαχείριση της περιουσίας προσώπων που απεβίωσαν αφερέγγυα,

## LATVIJA

- Tiesiskās aizsardzības process,
- Juridiskās personas maksātnespējas process,
- Fiziskās personas maksātnespējas process,

## LIETUVA

- Įmonės restruktūrizavimo byla,
- Įmonės bankroto byla,
- Įmonės bankroto procesas ne teismo tvarka,
- Fizinio asmens bankroto procesas,

## LUXEMBOURG

- Faillite,
- Gestion contrôlée,
- Concordat préventif de faillite (par abandon d'actif),
- Régime spécial de liquidation du notariat,
- Procédure de règlement collectif des dettes dans le cadre du surendettement,

## MAGYARORSZÁG

- Csődeljárás,
- Felszámolási eljárás,

# Verordnung (EU) 2015/848

## MALTA

- Xoljiment,
- Amministrazzjoni,
- Stralċ volontarju mill-membri jew mill-kredituri,
- Stralċ mill-Qorti,
- Falliment f'każ ta' kummerċjant,
- Proċedura biex kumpanija tirkupra,

## NEDERLAND

- Het faillissement,
- De surséance van betaling,
- De schuldsaneringsregeling natuurlijke personen,

## ÖSTERREICH

- Das Konkursverfahren (Insolvenzverfahren),
- Das Sanierungsverfahren ohne Eigenverwaltung (Insolvenzverfahren),
- Das Sanierungsverfahren mit Eigenverwaltung (Insolvenzverfahren),
- Das Schuldenregulierungsverfahren,
- Das Abschöpfungsverfahren,
- Das Ausgleichsverfahren,

## POLSKA

- Upadłość,
- Postępowanie o zatwierdzenie układu,
- Przyspieszone postępowanie układowe,
- Postępowanie układowe,
- Postępowanie sanacyjne,

## PORTUGAL

- Processo de insolvência,
- Processo especial de revitalização,
- Processo especial para acordo de pagamento,

## ROMÂNIA

- Procedura insolvenței,
- Reorganizarea judiciară,
- Procedura falimentului,
- Concordatul preventiv,

Verordnung (EU) 2015/848

**SLOVENIJA**

- Postopek preventivnega prestrukturiranja,
- Postopek prisilne poravnave,
- Postopek poenostavljene prisilne poravnave,
- Stečajni postopek: stečajni postopek nad pravno osebo, postopek osebnega stečaja in postopek stečaja zapuščine,

**SLOVENSKO**

- Konkurzné konanie,
- Reštrukturalizačné konanie,
- Oddlženie,

**SUOMI/FINLAND**

- Konkurssi/konkurs,
- Yrityssaneeraus/företagssanering,
- Yksityishenkilön velkajärjestely/skuldsanering för privatpersoner,

**SVERIGE**

- Konkurs,
- Företagsrekonstruktion,
- Skuldsanering,

**UNITED KINGDOM**

- Winding-up by or subject to the supervision of the court,
- Creditors' voluntary winding-up (with confirmation by the court),
- Administration, including appointments made by filing prescribed documents with the court,
- Voluntary arrangements under insolvency legislation,
- Bankruptcy or sequestration.

Verordnung (EU) 2015/848

## ANHANG B*⁾

Verwalter im Sinne von Artikel 2 Nummer 5

**BELGIQUE/BELGIË**
- De curator/Le curateur,
- De gerechtsmandataris/Le mandataire de justice,
- De schuldbemiddelaar/Le médiateur de dettes,
- De vereffenaar/Le liquidateur,
- De voorlopige bewindvoerder/L'administrateur provisoire,

**БЪЛГАРИЯ**
- Назначен предварително временен синдик,
- Временен синдик,
- (Постоянен) синдик,
- Служебен синдик,
- Доверено лице,

**ČESKÁ REPUBLIKA**
- Insolvenční správce,
- Předběžný insolvenční správce,
- Oddělený insolvenční správce,
- Zvláštní insolvenční správce,
- Zástupce insolvenčního správce,

**DEUTSCHLAND**
- Konkursverwalter,
- Vergleichsverwalter,
- Sachwalter (nach der Vergleichsordnung),
- Verwalter,
- Insolvenzverwalter,
- Sachwalter (nach der Insolvenzordnung),
- Treuhänder,
- Vorläufiger Insolvenzverwalter,
- Vorläufiger Sachwalter,

---

*) Anhang B i. d. F. der Verordnung (EU) 2018/946 des Europäischen Parlaments und des Rates v. 4.7.2018 zur Ersetzung der Anhänge A und B der Verordnung (EU) 2015/848 über Insolvenzverfahren, ABl. (EU) L 171/1 v. 6.7.2018.

Verordnung (EU) 2015/848

**EESTI**
- Pankrotihaldur,
- Ajutine pankrotihaldur,
- Usaldusisik,

**ÉIRE/IRELAND**
- Liquidator,
- Official Assignee,
- Trustee in bankruptcy,
- Provisional Liquidator,
- Examiner,
- Personal Insolvency Practitioner,
- Insolvency Service,

**ΕΛΛΑΔΑ**
- Ο σύνδικος,
- Ο εισηγητής,
- Η επιτροπή των πιστωτών,
- Ο ειδικός εκκαθαριστής,

**ESPAÑA**
- Administrador concursal,
- Mediador concursal,

**FRANCE**
- Mandataire judiciaire,
- Liquidateur,
- Administrateur judiciaire,
- Commissaire à l'exécution du plan,

**HRVATSKA**
- Stečajni upravitelj,
- Privremeni stečajni upravitelj,
- Stečajni povjerenik,
- Povjerenik,
- Izvanredni povjerenik,

**ITALIA**
- Curatore,
- Commissario giudiziale,

# Verordnung (EU) 2015/848

- Commissario straordinario,
- Commissario liquidatore,
- Liquidatore giudiziale,
- Professionista nominato dal Tribunale,
- Organismo di composizione della crisi nella procedura di composizione della crisi da sovraindebitamento del consumatore,
- Liquidatore,

**ΚΥΠΡΟΣ**

- Εκκαθαριστής και Προσωρινός Εκκαθαριστής,
- Επίσημος Παραλήπτης,
- Διαχειριστής της Πτώχευσης,

**LATVIJA**

- Maksātnespējas procesa administrators,
- Tiesiskās aizsardzības procesa uzraugošā persona,

**LIETUVA**

- Bankroto administratorius,
- Restruktūrizavimo administratorius,

**LUXEMBOURG**

- Le curateur,
- Le commissaire,
- Le liquidateur,
- Le conseil de gérance de la section d'assainissement du notariat,
- Le liquidateur dans le cadre du surendettement,

**MAGYARORSZÁG**

- Vagyonfelügyelő,
- Felszámoló,

**MALTA**

- Amministratur Proviżorju,
- Riċevitur Uffiċjali,
- Stralċjarju,
- Manager Speċjali,
- Kuraturi f'każ ta' proċeduri ta' falliment,
- Kontrolur Speċjali,

Verordnung (EU) 2015/848

## NEDERLAND
- De curator in het faillissement,
- De bewindvoerder in de surséance van betaling,
- De bewindvoerder in de schuldsaneringsregeling natuurlijke personen,

## ÖSTERREICH
- Masseverwalter,
- Sanierungsverwalter,
- Ausgleichsverwalter,
- Besonderer Verwalter,
- Einstweiliger Verwalter,
- Sachwalter,
- Treuhänder,
- Insolvenzgericht,
- Konkursgericht,

## POLSKA
- Syndyk,
- Nadzorca sądowy,
- Zarządca,
- Nadzorca układu,
- Tymczasowy nadzorca sądowy,
- Tymczasowy zarządca,
- Zarządca przymusowy,

## PORTUGAL
- Administrador da insolvência,
- Administrador judicial provisório,

## ROMÂNIA
- Practician în insolvență,
- Administrator concordatar,
- Administrator judiciar,
- Lichidator judiciar,

## SLOVENIJA
- Upravitelj,

# Verordnung (EU) 2015/848

**SLOVENSKO**
- Predbežný správca,
- Správca,

**SUOMI/FINLAND**
- Pesänhoitaja/boförvaltare,
- Selvittäjä/utredare,

**SVERIGE**
- Förvaltare,
- Rekonstruktör,

**UNITED KINGDOM**
- Liquidator,
- Supervisor of a voluntary arrangement,
- Administrator,
- Official Receiver,
- Trustee,
- Provisional Liquidator,
- Interim Receiver,
- Judicial factor.

## ANHANG C[*]

**Aufgehobene Verordnung mit Liste ihrer nachfolgenden Änderungen**

Verordnung (EG) Nr. 1346/2000 des Rates
(ABl. L 160 vom 30.6.2000, S. 1)

Verordnung (EG) Nr. 603/2005 des Rates
(ABl. L 100 vom 20.4.2005, S. 1)

Verordnung (EG) Nr. 694/2006 des Rates
(ABl. L 121 vom 6.5.2006, S. 1)

Verordnung (EG) Nr. 1791/2006 des Rates
(ABl. L 363 vom 20.12.2006, S. 1)

Verordnung (EG) Nr. 681/2007 des Rates
(ABl. L 159 vom 20.6.2007, S. 1)

Verordnung (EG) Nr. 788/2008 des Rates
(ABl. L 213 vom 8.8.2008, S. 1)

Durchführungsverordnung (EU) Nr. 210/2010 des Rates
(ABl. L 65 vom 13.3.2010, S. 1)

Durchführungsverordnung (EU) Nr. 583/2011 des Rates
(ABl. L 160 vom 18.6.2011, S. 52)

Verordnung (EU) Nr. 517/2013 des Rates
(ABl. L 158 vom 10.6.2013, S. 1)

Durchführungsverordnung (EU) Nr. 663/2014 des Rates
(ABl. L 179 vom 19.6.2014, S. 4)

Akte über die Bedingungen des Beitritts der Tschechischen Republik, der Republik Estland, der Republik Zypern, der Republik Lettland, der Republik Litauen, der Republik Ungarn, der Republik Malta, der Republik Polen, der Republik Slowenien und der Slowakischen Republik und die Anpassungen der die Europäische Union begründenden Verträge
(ABl. L 236 vom 23.9.2003, S. 33)

---

[*] I. d. F. der Verordnung (EU) 2015/848 des Europäischen Parlaments und des Rates v. 20.5.2015 über Insolvenzverfahren, ABl. (EU) L 149/19 v. 5.6.2015.

# Verordnung (EU) 2015/848

## ANHANG D*⁾
### Entsprechungstabelle

| Verordnung (EG) Nr. 1346/2000 | In dieser Verordnung wird Folgendes festgelegt: |
|---|---|
| Artikel 1 | Artikel 1 |
| Artikel 2 Eingangsteil | Artikel 2 Eingangsteil |
| Artikel 2 Buchstabe a | Artikel 2 Nummer 4 |
| Artikel 2 Buchstabe b | Artikel 2 Nummer 5 |
| Artikel 2 Buchstabe c | – |
| Artikel 2 Buchstabe d | Artikel 2 Nummer 6 |
| Artikel 2 Buchstabe e | Artikel 2 Nummer 7 |
| Artikel 2 Buchstabe f | Artikel 2 Nummer 8 |
| Artikel 2 Buchstabe g Eingangsteil | Artikel 2 Nummer 9 Eingangsteil |
| Artikel 2 Buchstabe g erster Gedankenstrich | Artikel 2 Nummer 9 Ziffer vii |
| Artikel 2 Buchstabe g zweiter Gedankenstrich | Artikel 2 Nummer 9 Ziffer iv |
| Artikel 2 Buchstabe g dritter Gedankenstrich | Artikel 2 Nummer 9 Ziffer viii |
| Artikel 2 Buchstabe h | Artikel 2 Nummer 10 |
| – | Artikel 2 Nummern 1 bis 3 und 11 bis 13 |
| – | Artikel 2 Nummer 9 Ziffern i bis iii, v, vi |
| Artikel 3 | Artikel 3 |
| – | Artikel 4 |
| – | Artikel 5 |
| – | Artikel 6 |
| Artikel 4 | Artikel 7 |
| Artikel 5 | Artikel 8 |
| Artikel 6 | Artikel 9 |
| Artikel 7 | Artikel 10 |
| Artikel 8 | Artikel 11 Absatz 1 |
| – | Artikel 11 Absatz 2 |
| Artikel 9 | Artikel 12 |
| Artikel 10 | Artikel 13 Absatz 1 |

---

*⁾ I. d. F. der Verordnung (EU) 2015/848 des Europäischen Parlaments und des Rates v. 20.5.2015 über Insolvenzverfahren, ABl. (EU) L 149/19 v. 5.6.2015.

# Verordnung (EU) 2015/848

| Verordnung (EG) Nr. 1346/2000 | In dieser Verordnung wird Folgendes festgelegt: |
|---|---|
| – | Artikel 13 Absatz 2 |
| Artikel 11 | Artikel 14 |
| Artikel 12 | Artikel 15 |
| Artikel 13 Absatz 1 | Artikel 16 Buchstabe a |
| Artikel 13 Absatz 2 | Artikel 16 Buchstabe b |
| Artikel 14 Gedankenstrich 1 | Artikel 17 Buchstabe a |
| Artikel 14 Gedankenstrich 2 | Artikel 17 Buchstabe b |
| Artikel 14 Gedankenstrich 3 | Artikel 17 Buchstabe c |
| Artikel 15 | Artikel 18 |
| Artikel 16 | Artikel 19 |
| Artikel 17 | Artikel 20 |
| Artikel 18 | Artikel 21 |
| Artikel 19 | Artikel 22 |
| Artikel 20 | Artikel 23 |
| – | Artikel 24 |
| – | Artikel 25 |
| – | Artikel 26 |
| – | Artikel 27 |
| Artikel 21 Absatz 1 | Artikel 28 Absatz 2 |
| Artikel 21 Absatz 2 | Artikel 28 Absatz 1 |
| Artikel 22 | Artikel 29 |
| Artikel 23 | Artikel 30 |
| Artikel 24 | Artikel 31 |
| Artikel 25 | Artikel 32 |
| Artikel 26 | Artikel 33 |
| Artikel 27 | Artikel 34 |
| Artikel 28 | Artikel 35 |
| – | Artikel 36 |
| Artikel 29 | Artikel 37 Absatz 1 |
| – | Artikel 37 Absatz 2 |
| – | Artikel 38 |
| – | Artikel 39 |
| Artikel 30 | Artikel 40 |
| Artikel 31 | Artikel 41 |
| – | Artikel 42 |

# Verordnung (EU) 2015/848

| Verordnung (EG) Nr. 1346/2000 | In dieser Verordnung wird Folgendes festgelegt: |
|---|---|
| – | Artikel 43 |
| – | Artikel 44 |
| Artikel 32 | Artikel 45 |
| Artikel 33 | Artikel 46 |
| Artikel 34 Absatz 1 | Artikel 47 Absatz 1 |
| Artikel 34 Absatz 2 | Artikel 47 Absatz 2 |
| Artikel 34 Absatz 3 | – |
| – | Artikel 48 |
| Artikel 35 | Artikel 49 |
| Artikel 36 | Artikel 50 |
| Artikel 37 | Artikel 51 |
| Artikel 38 | Artikel 52 |
| Artikel 39 | Artikel 53 |
| Artikel 40 | Artikel 54 |
| Artikel 41 | Artikel 55 |
| Artikel 42 | – |
| – | Artikel 56 |
| – | Artikel 57 |
| – | Artikel 58 |
| – | Artikel 59 |
| – | Artikel 60 |
| – | Artikel 61 |
| – | Artikel 62 |
| – | Artikel 63 |
| – | Artikel 64 |
| – | Artikel 65 |
| – | Artikel 66 |
| – | Artikel 67 |
| – | Artikel 68 |
| – | Artikel 69 |
| – | Artikel 70 |
| – | Artikel 71 |
| – | Artikel 72 |
| – | Artikel 73 |
| – | Artikel 74 |

| Verordnung (EG) Nr. 1346/2000 | In dieser Verordnung wird Folgendes festgelegt: |
|---|---|
| – | Artikel 75 |
| – | Artikel 76 |
| – | Artikel 77 |
| – | Artikel 78 |
| – | Artikel 79 |
| – | Artikel 80 |
| – | Artikel 81 |
| – | Artikel 82 |
| – | Artikel 83 |
| Artikel 43 | Artikel 84 Absatz 1 |
| – | Artikel 84 Absatz 2 |
| Artikel 44 | Artikel 85 |
| – | Artikel 86 |
| Artikel 45 | – |
| – | Artikel 87 |
| – | Artikel 88 |
| – | Artikel 89 |
| Artikel 46 | Artikel 90 Absatz 1 |
| – | Artikel 90 Absätze 2 bis 4 |
| – | Artikel 91 |
| Artikel 47 | Artikel 92 |
| Anhang A | Anhang A |
| Anhang B | – |
| Anhang C | Anhang B |
| – | Anhang C |
| – | Anhang D |

# Gesetz zur Durchführung der Verordnung (EU) 2015/848

## Gesetz
## zur Durchführung der Verordnung (EU) 2015/848 über Insolvenzverfahren[*]

vom 5. Juni 2017, BGBl. I, 1476

Der Bundestag hat das folgende Gesetz beschlossen:

## Artikel 1
## Änderung des Rechtspflegergesetzes

Das Rechtspflegergesetz in der Fassung der Bekanntmachung vom 14. April 2013 (BGBl. I S. 778; 2014 I 46), das zuletzt durch Artikel 3 des Gesetzes vom 1. Juni 2017 (BGBl. I S. 1396) geändert worden ist, wird wie folgt geändert:

1. § 3 Nummer 2 Buchstabe g wird wie folgt gefasst:

   „g) Verfahren nach der Verordnung (EG) Nr. 1346/2000 des Rates vom 29. Mai 2000 über Insolvenzverfahren (ABl. L 160 vom 30.6.2000, S. 1; L 350 vom 6.12.2014, S. 15), die zuletzt durch die Durchführungsverordnung (EU) 2016/1792 (ABl. L 274 vom 11.10.2016, S. 35) geändert worden ist, Verfahren nach der Verordnung (EU) 2015/848 des Europäischen Parlaments und des Rates vom 20. Mai 2015 über Insolvenzverfahren (ABl. L 141 vom 5.6.2015, S. 19; L 349 vom 21.12.2016, S. 6), die zuletzt durch die Verordnung (EU) 2017/353 (ABl. L 57 vom 3.3.2017, S. 19) geändert worden ist, Verfahren nach den Artikeln 102 und 102c des Einführungsgesetzes zur Insolvenzordnung sowie Verfahren nach dem Ausführungsgesetz zum deutsch-österreichischen Konkursvertrag vom 8. März 1985 (BGBl. I S. 535),".

2. Dem § 19a wird folgender Absatz 3 angefügt:

   „(3) In Verfahren nach der Verordnung (EU) 2015/848 und nach Artikel 102c des Einführungsgesetzes zur Insolvenzordnung bleiben dem Richter vorbehalten:

   1. die Entscheidung über die Fortführung eines Insolvenzverfahrens als Sekundärinsolvenzverfahren nach Artikel 102c § 2 Absatz 1 Satz 2 des Einführungsgesetzes zur Insolvenzordnung,
   2. die Einstellung eines Insolvenzverfahrens zugunsten eines anderen Mitgliedstaats nach Artikel 102c § 2 Absatz 1 Satz 2 des Einführungsgesetzes zur Insolvenzordnung,
   3. die Entscheidung über das Stimmrecht nach Artikel 102c § 18 Absatz 1 Satz 2 des Einführungsgesetzes zur Insolvenzordnung,
   4. die Entscheidung über Rechtsbehelfe und Anträge nach Artikel 102c § 21 des Einführungsgesetzes zur Insolvenzordnung,

---

[*] Dieses Gesetz dient der Durchführung der Verordnung (EU) 2015/848 des Europäischen Parlaments und des Rates vom 20. Mai 2015 über Insolvenzverfahren (ABl. L 141 vom 5.6.2015, S. 19; L 349 vom 21.12.2016, S. 6), die zuletzt durch die Verordnung (EU) 2017/353 (ABl. L 57 vom 3.3.2017, S. 19) geändert worden ist.

# Gesetz zur Durchführung der Verordnung (EU) 2015/848

5. die Anordnung von Sicherungsmaßnahmen nach Artikel 52 der Verordnung (EU) 2015/848,

6. die Zuständigkeit für das Gruppen-Koordinationsverfahren nach Kapitel V Abschnitt 2 der Verordnung (EU) 2015/848."

## Artikel 2
## Änderung der Insolvenzordnung

Die Insolvenzordnung vom 5. Oktober 1994 (BGBl. I S. 2866), die zuletzt durch Artikel 1 des Gesetzes vom 13. April 2017 (BGBl. I S. 866) geändert worden ist, wird wie folgt geändert:

1. § 13 wird wie folgt geändert:

    a) Nach Absatz 2 wird folgender Absatz 3 eingefügt:

    „(3) Ist der Eröffnungsantrag unzulässig, so fordert das Insolvenzgericht den Antragsteller unverzüglich auf, den Mangel zu beheben und räumt ihm hierzu eine angemessene Frist ein."

    b) Der bisherige Absatz 3 wird Absatz 4.

2. § 15a wird wie folgt geändert:

    a) Absatz 4 wird wie folgt gefasst:

    „(4) Mit Freiheitsstrafe bis zu drei Jahren oder mit Geldstrafe wird bestraft, wer entgegen Absatz 1 Satz 1, auch in Verbindung mit Satz 2 oder Absatz 2 oder Absatz 3, einen Eröffnungsantrag

    1. nicht oder nicht rechtzeitig stellt oder

    2. nicht richtig stellt."

    b) Nach Absatz 5 wird folgender Absatz 6 eingefügt:

    „(6) Im Falle des Absatzes 4 Nummer 2, auch in Verbindung mit Absatz 5, ist die Tat nur strafbar, wenn der Eröffnungsantrag rechtskräftig als unzulässig zurückgewiesen wurde."

    c) Der bisherige Absatz 6 wird Absatz 7 und die Wörter „Absätze 1 bis 5" werden durch die Wörter „Absätze 1 bis 6" ersetzt.

3. § 27 Absatz 2 wird wie folgt geändert:

    a) In Nummer 4 wird der Punkt am Ende durch ein Semikolon ersetzt.

    b) Folgende Nummer 5 wird angefügt:

    „5. eine abstrakte Darstellung der für personenbezogene Daten geltenden Löschungsfristen nach § 3 der Verordnung zu öffentlichen Bekanntmachungen in Insolvenzverfahren im Internet vom 12. Februar 2002 (BGBl. I S. 677), die zuletzt durch Artikel 2 des Gesetzes vom 13. April 2007 (BGBl. I S. 509) geändert worden ist."

4. In § 35 Absatz 2 Satz 2 wird die Angabe „§ 295 Absatz 3" durch die Angabe „§ 295 Absatz 2" ersetzt.

Gesetz zur Durchführung der Verordnung (EU) 2015/848

5. In § 303a Satz 2 Nummer 1 wird die Angabe „§ 300 Absatz 2" durch die Angabe „§ 300 Absatz 3" ersetzt.

6. In § 305 Absatz 5 Satz 1 werden die Wörter „Nummer 1 bis 3" durch die Wörter „Nummer 1 bis 4" ersetzt.

## Artikel 3
## Änderung des Einführungsgesetzes zur Insolvenzordnung

Nach Artikel 102b des Einführungsgesetzes zur Insolvenzordnung vom 5. Oktober 1994 (BGBl. I S. 2911), das zuletzt durch Artikel 2 des Gesetzes vom 29. März 2017 (BGBl. I S. 654) geändert worden ist, wird folgender Artikel 102c eingefügt:

„Artikel 102c
Durchführung der Verordnung (EU) 2015/848 über Insolvenzverfahren

Teil 1
Allgemeine Bestimmungen

§ 1
Örtliche Zuständigkeit; Verordnungsermächtigung

(1) Kommt in einem Insolvenzverfahren den deutschen Gerichten nach Artikel 3 Absatz 1 der Verordnung (EU) 2015/848 des Europäischen Parlaments und des Rates vom 20. Mai 2015 über Insolvenzverfahren (ABl. L 141 vom 5.6.2015, S. 19; L 349 vom 21.12.2016, S. 6), die zuletzt durch die Verordnung (EU) 2017/353 (ABl. L 57 vom 3.3.2017, S. 19) geändert worden ist, die internationale Zuständigkeit zu, ohne dass nach § 3 der Insolvenzordnung ein Gerichtsstand begründet wäre, so ist das Insolvenzgericht ausschließlich örtlich zuständig, in dessen Bezirk der Schuldner den Mittelpunkt seiner hauptsächlichen Interessen hat.

(2) Besteht eine Zuständigkeit der deutschen Gerichte nach Artikel 3 Absatz 2 der Verordnung (EU) 2015/848, so ist das Insolvenzgericht ausschließlich örtlich zuständig, in dessen Bezirk die Niederlassung des Schuldners liegt. § 3 Absatz 2 der Insolvenzordnung gilt entsprechend.

(3) Unbeschadet der Zuständigkeiten nach diesem Artikel ist für Entscheidungen oder sonstige Maßnahmen nach der Verordnung (EU) 2015/848 jedes Insolvenzgericht örtlich zuständig, in dessen Bezirk sich Vermögen des Schuldners befindet. Zur sachdienlichen Förderung oder schnelleren Erledigung von Verfahren nach der Verordnung (EU) 2015/848 werden die Landesregierungen ermächtigt, diese Verfahren durch Rechtsverordnung für die Bezirke mehrerer Insolvenzgerichte einem von diesen zuzuweisen. Die Landesregierungen können die Ermächtigung auf die Landesjustizverwaltungen übertragen.

§ 2
Vermeidung von Kompetenzkonflikten

(1) Hat das Gericht eines anderen Mitgliedstaats der Europäischen Union ein Hauptinsolvenzverfahren eröffnet, so ist, solange dieses Insolvenzverfahren anhängig ist, ein bei einem deutschen Insolvenzgericht gestellter Antrag auf Eröffnung eines

# Gesetz zur Durchführung der Verordnung (EU) 2015/848

solchen Verfahrens über das zur Insolvenzmasse gehörende Vermögen unzulässig. Ein entgegen Satz 1 eröffnetes Verfahren ist nach Maßgabe der Artikel 34 bis 52 der Verordnung (EU) 2015/848 als Sekundärinsolvenzverfahren fortzuführen, wenn eine Zuständigkeit der deutschen Gerichte nach Artikel 3 Absatz 2 der Verordnung (EU) 2015/848 besteht; liegen die Voraussetzungen für eine Fortführung nicht vor, ist es einzustellen.

(2) Hat das Gericht eines Mitgliedstaats der Europäischen Union die Eröffnung des Insolvenzverfahrens abgelehnt, weil nach Artikel 3 Absatz 1 der Verordnung (EU) 2015/848 die deutschen Gerichte zuständig seien, so darf ein deutsches Insolvenzgericht die Eröffnung des Insolvenzverfahrens nicht mit der Begründung ablehnen, dass die Gerichte des anderen Mitgliedstaats zuständig seien.

## § 3
### Einstellung des Insolvenzverfahrens zugunsten eines anderen Mitgliedstaats

(1) Vor der Einstellung eines bereits eröffneten Insolvenzverfahrens nach § 2 Absatz 1 Satz 2 soll das Insolvenzgericht den Insolvenzverwalter, den Gläubigerausschuss, wenn ein solcher bestellt ist, und den Schuldner hören. Wird das Insolvenzverfahren eingestellt, so ist jeder Insolvenzgläubiger beschwerdebefugt.

(2) Wirkungen des Insolvenzverfahrens, die vor dessen Einstellung bereits eingetreten und nicht auf die Dauer dieses Verfahrens beschränkt sind, bleiben auch dann bestehen, wenn sie Wirkungen eines in einem anderen Mitgliedstaat der Europäischen Union eröffneten Insolvenzverfahrens widersprechen, die sich nach der Verordnung (EU) 2015/848 auf die Bundesrepublik Deutschland erstrecken. Dies gilt auch für Rechtshandlungen, die während des eingestellten Verfahrens vom Insolvenzverwalter oder ihm gegenüber in Ausübung seines Amtes vorgenommen worden sind.

(3) Vor der Einstellung nach § 2 Absatz 1 Satz 2 hat das Insolvenzgericht das Gericht des anderen Mitgliedstaats der Europäischen Union, bei dem das Verfahren anhängig ist, und den Insolvenzverwalter, der in dem anderen Mitgliedstaat bestellt wurde, über die bevorstehende Einstellung zu unterrichten. Dabei soll angegeben werden, wie die Eröffnung des einzustellenden Verfahrens bekannt gemacht wurde, in welchen öffentlichen Büchern und Registern die Eröffnung eingetragen wurde und wer Insolvenzverwalter ist. In dem Einstellungsbeschluss ist das Gericht des anderen Mitgliedstaats zu bezeichnen, zu dessen Gunsten das Verfahren eingestellt wird. Diesem Gericht ist eine Ausfertigung des Einstellungsbeschlusses zu übersenden. § 215 Absatz 2 der Insolvenzordnung ist nicht anzuwenden.

## § 4
### Rechtsmittel nach Artikel 5 der Verordnung (EU) 2015/848

Unbeschadet des § 21 Absatz 1 Satz 2 und des § 34 der Insolvenzordnung steht dem Schuldner und jedem Gläubiger gegen die Entscheidung über die Eröffnung des Hauptinsolvenzverfahrens nach Artikel 3 Absatz 1 der Verordnung (EU) 2015/848 die sofortige Beschwerde zu, wenn nach Artikel 5 Absatz 1 der Verordnung (EU) 2015/848 das Fehlen der internationalen Zuständigkeit für die Eröffnung eines Haupt-

# Gesetz zur Durchführung der Verordnung (EU) 2015/848

insolvenzverfahrens gerügt werden soll. Die §§ 574 bis 577 der Zivilprozessordnung gelten entsprechend.

## § 5
### Zusätzliche Angaben im Eröffnungsantrag des Schuldners

Bestehen Anhaltspunkte dafür, dass auch die internationale Zuständigkeit eines anderen Mitgliedstaats der Europäischen Union für die Eröffnung eines Hauptinsolvenzverfahrens nach Artikel 3 Absatz 1 der Verordnung (EU) 2015/848 begründet sein könnte, so soll der Eröffnungsantrag des Schuldners auch folgende Angaben enthalten:

1. seit wann der Sitz, die Hauptniederlassung oder der gewöhnliche Aufenthalt an dem im Antrag genannten Ort besteht,
2. Tatsachen, aus denen sich ergibt, dass der Schuldner gewöhnlich der Verwaltung seiner Interessen in der Bundesrepublik Deutschland nachgeht,
3. in welchen anderen Mitgliedstaaten sich Gläubiger oder wesentliche Teile des Vermögens befinden oder wesentliche Teile der Tätigkeit ausgeübt werden und
4. ob bereits in einem anderen Mitgliedstaat ein Eröffnungsantrag gestellt oder ein Hauptinsolvenzverfahren eröffnet wurde.

Satz 1 findet keine Anwendung auf die im Verbraucherinsolvenzverfahren nach § 305 Absatz 1 der Insolvenzordnung zu stellenden Anträge.

## § 6
### Örtliche Zuständigkeit für Annexklagen

(1) Kommt den deutschen Gerichten infolge der Eröffnung eines Insolvenzverfahrens die Zuständigkeit für Klagen nach Artikel 6 Absatz 1 der Verordnung (EU) 2015/848 zu, ohne dass sich aus anderen Vorschriften eine örtliche Zuständigkeit ergibt, so wird der Gerichtsstand durch den Sitz des Insolvenzgerichts bestimmt.

(2) Für Klagen nach Artikel 6 Absatz 1 der Verordnung (EU) 2015/848, die nach Artikel 6 Absatz 2 der Verordnung in Zusammenhang mit einer anderen zivil- oder handelsrechtlichen Klage gegen denselben Beklagten stehen, ist auch das Gericht örtlich zuständig, das für die andere zivil- oder handelsrechtliche Klage zuständig ist.

## § 7
### Öffentliche Bekanntmachung

(1) Der Antrag auf öffentliche Bekanntmachung nach Artikel 28 Absatz 1 der Verordnung (EU) 2015/848 ist an das nach § 1 Absatz 2 zuständige Gericht zu richten.

(2) Der Antrag auf öffentliche Bekanntmachung nach Artikel 28 Absatz 2 der Verordnung (EU) 2015/848 ist an das Insolvenzgericht zu richten, in dessen Bezirk sich der wesentliche Teil des Vermögens des Schuldners befindet. Hat der Schuldner in der Bundesrepublik Deutschland kein Vermögen, so kann der Antrag bei jedem Insolvenzgericht gestellt werden.

# Gesetz zur Durchführung der Verordnung (EU) 2015/848

(3) Das Gericht kann eine Übersetzung des Antrags verlangen, die von einer hierzu in einem der Mitgliedstaaten der Europäischen Union befugten Person zu beglaubigen ist. § 9 Absatz 1 und 2 und § 30 Absatz 1 der Insolvenzordnung gelten entsprechend. Ist die Eröffnung des Insolvenzverfahrens bekannt gemacht worden, so ist dessen Beendigung in gleicher Weise von Amts wegen bekannt zu machen.

(4) Geht der Antrag nach Absatz 1 bei einem unzuständigen Gericht ein, so leitet dieses den Antrag unverzüglich an das zuständige Gericht weiter und unterrichtet den Antragsteller hierüber.

## § 8
### Eintragung in öffentliche Bücher und Register

(1) Der Antrag auf Eintragung nach Artikel 29 Absatz 1 der Verordnung (EU) 2015/848 ist an das nach § 1 Absatz 2 zuständige Gericht zu richten. Er soll mit dem Antrag nach Artikel 28 Absatz 1 der Verordnung (EU) 2015/848 verbunden werden. Das Gericht ersucht die registerführende Stelle um Eintragung. § 32 Absatz 2 Satz 2 der Insolvenzordnung findet keine Anwendung.

(2) Der Antrag auf Eintragung nach Artikel 29 Absatz 2 der Verordnung (EU) 2015/848 ist an das nach § 7 Absatz 2 zuständige Gericht zu richten. Er soll mit dem Antrag nach Artikel 28 Absatz 2 der Verordnung (EU) 2015/848 verbunden werden.

(3) Die Form und der Inhalt der Eintragung richten sich nach deutschem Recht. Kennt das Recht des Mitgliedstaats der Europäischen Union, in dem das Insolvenzverfahren eröffnet worden ist, Eintragungen, die dem deutschen Recht unbekannt sind, so hat das Insolvenzgericht eine Eintragung zu wählen, die der des Mitgliedstaats der Verfahrenseröffnung am nächsten kommt.

(4) § 7 Absatz 4 gilt entsprechend.

## § 9
### Rechtsmittel gegen eine Entscheidung nach § 7 oder § 8

Gegen die Entscheidung des Insolvenzgerichts nach § 7 oder § 8 findet die sofortige Beschwerde statt. Die §§ 574 bis 577 der Zivilprozessordnung gelten entsprechend.

## § 10
### Vollstreckung aus der Eröffnungsentscheidung

Ist der Verwalter eines Hauptinsolvenzverfahrens nach dem Recht des Mitgliedstaats der Europäischen Union, in dem das Insolvenzverfahren eröffnet worden ist, befugt, auf Grund der Entscheidung über die Verfahrenseröffnung die Herausgabe der Sachen, die sich im Gewahrsam des Schuldners befinden, im Wege der Zwangsvollstreckung durchzusetzen, so gilt für die Vollstreckung in der Bundesrepublik Deutschland Artikel 32 Absatz 1 UnterAbsatz 1 der Verordnung (EU) 2015/848. Für die Verwertung von Gegenständen der Insolvenzmasse im Wege der Zwangsvollstreckung gilt Satz 1 entsprechend.

# Gesetz zur Durchführung der Verordnung (EU) 2015/848

## Teil 2
## Sekundärinsolvenzverfahren

### Abschnitt 1
### Hauptinsolvenzverfahren in der Bundesrepublik Deutschland

#### § 11
#### Voraussetzungen für die Abgabe der Zusicherung

(1) Soll in einem in der Bundesrepublik Deutschland anhängigen Insolvenzverfahren eine Zusicherung nach Artikel 36 der Verordnung (EU) 2015/848 abgegeben werden, hat der Insolvenzverwalter zuvor die Zustimmung des Gläubigerausschusses oder des vorläufigen Gläubigerausschusses nach § 21 Absatz 2 Satz 1 Nummer 1a der Insolvenzordnung einzuholen, sofern ein solcher bestellt ist.

(2) Hat das Insolvenzgericht die Eigenverwaltung angeordnet, gilt Absatz 1 entsprechend.

#### § 12
#### Öffentliche Bekanntmachung der Zusicherung

Der Insolvenzverwalter hat die öffentliche Bekanntmachung der Zusicherung sowie den Termin und das Verfahren zu deren Billigung zu veranlassen. Den bekannten lokalen Gläubigern ist die Zusicherung durch den Insolvenzverwalter besonders zuzustellen; § 8 Absatz 3 Satz 2 und 3 der Insolvenzordnung gilt entsprechend.

#### § 13
#### Benachrichtigung über die beabsichtigte Verteilung

Für die Benachrichtigung nach Artikel 36 Absatz 7 Satz 1 der Verordnung (EU) 2015/848 gilt § 12 Satz 2 entsprechend.

#### § 14
#### Haftung des Insolvenzverwalters bei einer Zusicherung

Für die Haftung des Insolvenzverwalters nach Artikel 36 Absatz 10 der Verordnung (EU) 2015/848 in einem in der Bundesrepublik Deutschland anhängigen Insolvenzverfahren gilt § 92 der Insolvenzordnung entsprechend.

### Abschnitt 2
### Hauptinsolvenzverfahren in einem anderen Mitgliedstaat der Europäischen Union

#### § 15
#### Insolvenzplan

Sieht ein Insolvenzplan in einem in der Bundesrepublik Deutschland eröffneten Sekundärinsolvenzverfahren eine Stundung, einen Erlass oder sonstige Einschränkungen der Rechte der Gläubiger vor, so darf er vom Insolvenzgericht nur bestätigt werden, wenn alle betroffenen Gläubiger dem Insolvenzplan zugestimmt haben. Satz 1 gilt nicht für Planregelungen, mit denen in Absonderungsrechte eingegriffen wird.

# Gesetz zur Durchführung der Verordnung (EU) 2015/848

## § 16
### Aussetzung der Verwertung

Wird auf Antrag des Verwalters des Hauptinsolvenzverfahrens nach Artikel 46 der Verordnung (EU) 2015/848 in einem in der Bundesrepublik Deutschland eröffneten Sekundärinsolvenzverfahren die Verwertung eines Gegenstandes ausgesetzt, an dem ein Absonderungsrecht besteht, so sind dem Gläubiger laufend die geschuldeten Zinsen aus der Insolvenzmasse zu zahlen.

## § 17
### Abstimmung über die Zusicherung

(1) Der Verwalter des Hauptinsolvenzverfahrens führt die Abstimmung über die Zusicherung nach Artikel 36 der Verordnung (EU) 2015/848 durch. Die §§ 222, 243, 244 Absatz 1 und 2 sowie die §§ 245 und 246 der Insolvenzordnung gelten entsprechend.

(2) Im Rahmen der Unterrichtung nach Artikel 36 Absatz 5 Satz 4 der Verordnung (EU) 2015/848 informiert der Verwalter des Hauptinsolvenzverfahrens die lokalen Gläubiger, welche Fernkommunikationsmittel bei der Abstimmung zulässig sind und welche Gruppen für die Abstimmung gebildet wurden. Er hat ferner darauf hinzuweisen, dass diese Gläubiger bei der Anmeldung ihrer Forderungen Urkunden beifügen sollen, aus denen sich ergibt, dass sie lokale Gläubiger im Sinne von Artikel 2 Nummer 11 der Verordnung (EU) 2015/848 sind.

## § 18
### Stimmrecht bei der Abstimmung über die Zusicherung

(1) Der Inhaber einer zur Teilnahme an der Abstimmung über die Zusicherung angemeldeten Forderung gilt vorbehaltlich des Satzes 2 auch dann als stimmberechtigt, wenn der Verwalter des Hauptinsolvenzverfahrens oder ein anderer lokaler Gläubiger bestreitet, dass die Forderung besteht oder dass es sich um die Forderung eines lokalen Gläubigers handelt. Hängt das Abstimmungsergebnis von Stimmen ab, die auf bestrittene Forderungen entfallen, kann der Verwalter oder der bestreitende lokale Gläubiger bei dem nach § 1 Absatz 2 zuständigen Gericht eine Entscheidung über das Stimmrecht erwirken, das durch die bestrittenen Forderungen oder eines Teils davon gewährt wird; § 77 Absatz 2 Satz 2 der Insolvenzordnung gilt entsprechend. Die Sätze 1 und 2 gelten auch für aufschiebend bedingte Forderungen. § 237 Absatz 1 Satz 2 der Insolvenzordnung gilt entsprechend.

(2) Im Rahmen des Verfahrens über eine Zusicherung gilt die Bundesagentur für Arbeit als lokaler Gläubiger nach Artikel 36 Absatz 11 der Verordnung (EU) 2015/848.

## § 19
### Unterrichtung über das Ergebnis der Abstimmung

Für die Unterrichtung nach Artikel 36 Absatz 5 Satz 4 der Verordnung (EU) 2015/848 gilt § 12 Satz 2 entsprechend.

# Gesetz zur Durchführung der Verordnung (EU) 2015/848

## § 20
### Rechtsbehelfe gegen Entscheidungen über die Eröffnung eines Sekundärinsolvenzverfahrens

(1) Wird unter Hinweis auf die Zusicherung die Eröffnung eines Sekundärinsolvenzverfahrens nach Artikel 38 Absatz 2 der Verordnung (EU) 2015/848 abgelehnt, so steht dem Antragsteller die sofortige Beschwerde zu. Die §§ 574 bis 577 der Zivilprozessordnung gelten entsprechend.

(2) Wird in der Bundesrepublik Deutschland ein Sekundärinsolvenzverfahren eröffnet, ist der Rechtsbehelf nach Artikel 39 der Verordnung (EU) 2015/848 als sofortige Beschwerde zu behandeln. Die §§ 574 bis 577 der Zivilprozessordnung gelten entsprechend.

## Abschnitt 3
### Maßnahmen zur Einhaltung einer Zusicherung

## § 21
### Rechtsbehelfe und Anträge nach Artikel 36 der Verordnung (EU) 2015/848

(1) Für Entscheidungen über Anträge nach Artikel 36 Absatz 7 Satz 2 oder Absatz 8 der Verordnung (EU) 2015/848 ist das Insolvenzgericht ausschließlich örtlich zuständig, bei dem das Hauptinsolvenzverfahren anhängig ist. Der Antrag nach Artikel 36 Absatz 7 Satz 2 der Verordnung (EU) 2015/848 muss binnen einer Notfrist von zwei Wochen bei dem Insolvenzgericht gestellt werden. Die Notfrist beginnt mit der Zustellung der Benachrichtigung über die beabsichtigte Verteilung.

(2) Für die Entscheidung über Anträge nach Artikel 36 Absatz 9 der Verordnung (EU) 2015/848 ist das Gericht nach § 1 Absatz 2 zuständig.

(3) Unbeschadet des § 58 Absatz 2 Satz 3 der Insolvenzordnung entscheidet das Gericht durch unanfechtbaren Beschluss.

## Teil 3
### Insolvenzverfahren über das Vermögen von Mitgliedern einer Unternehmensgruppe

## § 22
### Eingeschränkte Anwendbarkeit des § 56b und der §§ 269a bis 269i der Insolvenzordnung

(1) Gehören Unternehmen einer Unternehmensgruppe im Sinne von § 3e der Insolvenzordnung auch einer Unternehmensgruppe im Sinne von Artikel 2 Nummer 13 der Verordnung (EU) 2015/848 an,

1. findet § 269a der Insolvenzordnung keine Anwendung, soweit Artikel 56 der Verordnung (EU) 2015/848 anzuwenden ist,
2. finden § 56b Absatz 1 und § 269b der Insolvenzordnung keine Anwendung, soweit Artikel 57 der Verordnung (EU) 2015/848 anzuwenden ist.

(2) Gehören Unternehmen einer Unternehmensgruppe im Sinne von § 3e der Insolvenzordnung auch einer Unternehmensgruppe im Sinne von Artikel 2 Nummer 13

# Gesetz zur Durchführung der Verordnung (EU) 2015/848

der Verordnung (EU) 2015/848 an, ist die Einleitung eines Koordinationsverfahrens nach den §§ 269d bis 269i der Insolvenzordnung ausgeschlossen, wenn die Durchführung des Koordinationsverfahrens die Wirksamkeit eines Gruppen-Koordinationsverfahrens nach den Artikeln 61 bis 77 der Verordnung (EU) 2015/848 beeinträchtigen würde.

### § 23
### Beteiligung der Gläubiger

(1) Beabsichtigt der Verwalter, die Einleitung eines Gruppen-Koordinationsverfahrens nach Artikel 61 Absatz 1 der Verordnung (EU) 2015/848 zu beantragen und ist die Durchführung eines solchen Verfahrens von besonderer Bedeutung für das Insolvenzverfahren, hat er die Zustimmung nach den §§ 160 und 161 der Insolvenzordnung einzuholen. Dem Gläubigerausschuss sind die in Artikel 61 Absatz 3 der Verordnung (EU) 2015/848 genannten Unterlagen vorzulegen.

(2) Absatz 1 gilt entsprechend

1. für die Erklärung eines Einwands nach Artikel 64 Absatz 1 Buchstabe a der Verordnung (EU) 2015/848 gegen die Einbeziehung des Verfahrens in das Gruppen-Koordinationsverfahren,
2. für den Antrag auf Einbeziehung des Verfahrens in ein bereits eröffnetes Gruppen-Koordinationsverfahren nach Artikel 69 Absatz 1 der Verordnung (EU) 2015/848 sowie
3. für die Zustimmungserklärung zu einem entsprechenden Antrag eines Verwalters, der in einem Verfahren über das Vermögen eines anderen gruppenangehörigen Unternehmens bestellt wurde (Artikel 69 Absatz 2 Buchstabe b der Verordnung (EU) 2015/848).

### § 24
### Aussetzung der Verwertung

§ 16 gilt entsprechend bei der Aussetzung

1. der Verwertung auf Antrag des Verwalters eines anderen gruppenangehörigen Unternehmens nach Artikel 60 Absatz 1 Buchstabe b der Verordnung (EU) 2015/848 und
2. des Verfahrens auf Antrag des Koordinators nach Artikel 72 Absatz 2 Buchstabe e der Verordnung (EU) 2015/848.

### § 25
### Rechtsbehelf gegen die Entscheidung nach Artikel 69 Absatz 2 der Verordnung (EU) 2015/848

Gegen die Entscheidung des Koordinators nach Artikel 69 Absatz 2 der Verordnung (EU) 2015/848 ist die Erinnerung statthaft. § 573 der Zivilprozessordnung gilt entsprechend.

## Gesetz zur Durchführung der Verordnung (EU) 2015/848

### § 26
### Rechtsmittel gegen die Kostenentscheidung nach Artikel 77 Absatz 4 der Verordnung (EU) 2015/848

Gegen die Entscheidung über die Kosten des Gruppen-Koordinationsverfahrens nach Artikel 77 Absatz 4 der Verordnung (EU) 2015/848 ist die sofortige Beschwerde statthaft. Die §§ 574 bis 577 der Zivilprozessordnung gelten entsprechend."

### Artikel 4
### Änderung des Gerichtskostengesetzes

Das Gerichtskostengesetz in der Fassung der Bekanntmachung vom 27. Februar 2014 (BGBl. I S. 154), das zuletzt durch Artikel 6 Absatz 22 des Gesetzes vom 13. April 2017 (BGBl. I S. 872) geändert worden ist, wird wie folgt geändert:

1. § 1 wird wie folgt geändert:

    a) In Absatz 1 Satz 1 Nummer 2 werden nach dem Wort „Insolvenzordnung" die Wörter „und dem Einführungsgesetz zur Insolvenzordnung" eingefügt.

    b) Absatz 3 wird wie folgt geändert:

        aa) In Nummer 3 wird das Wort „und" am Ende durch ein Komma ersetzt.

        bb) In Nummer 4 wird der Punkt am Ende durch das Wort „und" ersetzt.

        cc) Folgende Nummer 5 wird angefügt:

        „5. der Verordnung (EU) 2015/848 des Europäischen Parlaments und des Rates vom 20. Mai 2015 über Insolvenzverfahren."

2. § 23 wird wie folgt geändert:

    a) Nach Absatz 2 werden die folgenden Absätze 3 bis 5 eingefügt:

    „(3) Die Kosten des Verfahrens wegen einer Anfechtung nach Artikel 36 Absatz 7 Satz 2 der Verordnung (EU) 2015/848 schuldet der antragstellende Gläubiger, wenn der Antrag abgewiesen oder zurückgenommen wird.

    (4) Die Kosten des Verfahrens über einstweilige Maßnahmen nach Artikel 36 Absatz 9 der Verordnung (EU) 2015/848 schuldet der antragstellende Gläubiger.

    (5) Die Kosten des Gruppen-Koordinationsverfahrens nach Kapitel V Abschnitt 2 der Verordnung (EU) 2015/848 trägt der Schuldner, dessen Verwalter die Einleitung des Koordinationsverfahrens beantragt hat."

    b) Der bisherige Absatz 3 wird Absatz 6.

3. § 58 wird wie folgt geändert:

    a) Absatz 3 Satz 2 wird wie folgt gefasst:

    „Bei der Beschwerde eines Gläubigers gegen die Eröffnung des Insolvenzverfahrens oder gegen die Abweisung des Eröffnungsantrags gilt Absatz 2."

# Gesetz zur Durchführung der Verordnung (EU) 2015/848

b) Die folgenden Absätze 4 bis 6 werden angefügt:

„(4) Im Verfahren über einen Antrag nach Artikel 36 Absatz 7 Satz 2 der Verordnung (EU) 2015/848 bestimmt sich der Wert nach dem Mehrbetrag, den der Gläubiger bei der Verteilung anstrebt.

(5) Im Verfahren über Anträge nach Artikel 36 Absatz 9 der Verordnung (EU) 2015/848 bestimmt sich der Wert nach dem Betrag der Forderung des Gläubigers.

(6) Im Verfahren über die sofortige Beschwerde nach Artikel 102c § 26 des Einführungsgesetzes zur Insolvenzordnung gegen die Entscheidung über die Kosten des Gruppen-Koordinationsverfahrens bestimmt sich der Wert nach der Höhe der Kosten."

4. Die Anlage 1 (Kostenverzeichnis) wird wie folgt geändert:

a) In der Gliederung wird die Angabe zu Teil 2 Hauptabschnitt 3 Abschnitt 6 durch die folgenden Angaben ersetzt:

„Abschnitt 6 Besondere Verfahren nach der Verordnung (EU) 2015/848

Abschnitt 7 Beschwerden".

b) Nach Nummer 2350 wird folgender Abschnitt 6 eingefügt:

| Nr. | Gebührentatbestand | Gebühr oder Satz der Gebühr nach § 34 GKG |
|---|---|---|
| *„Abschnitt 6* *Besondere Verfahren nach der Verordnung (EU) 2015/848* | | |
| 2360 | Verfahren über einen Antrag nach Artikel 36 Abs. 7 Satz 2 der Verordnung (EU) 2015/848 .... . | 3,0 |
| 2361 | Verfahren über einstweilige Maßnahmen nach Artikel 36 Abs. 9 der Verordnung (EU) 2015/848 .... . | 1,0 |
| 2362 | Verfahren über einen Antrag auf Eröffnung eines Gruppen-Koordinationsverfahrens nach Artikel 61 der Verordnung (EU) 2015/848. | 4 000,00 €".|

c) Der bisherige Abschnitt 6 wird Abschnitt 7.

d) Die bisherigen Nummern 2360 und 2361 werden die Nummern 2370 und 2371.

# Gesetz zur Durchführung der Verordnung (EU) 2015/848

e) Nach der neuen Nummer 2371 wird folgende Nummer 2372 eingefügt:

| Nr. | Gebührentatbestand | Gebühr oder Satz der Gebühr nach § 34 GKG |
|---|---|---|
| „2372 | Verfahren über die sofortige Beschwerde gegen die Entscheidung über die Kosten des Gruppen-Koordinationsverfahrens nach Artikel 102c § 26 EGInsO .... | 1,0". |

f) Die bisherige Nummer 2362 wird Nummer 2373.

g) Die bisherige Nummer 2363 wird Nummer 2374 und im Gebührentatbestand wird die Angabe „2362" durch die Angabe „2373" ersetzt.

h) Die bisherige Nummer 2364 wird Nummer 2375.

i) Nach der neuen Nummer 2375 wird folgende Nummer 2376 eingefügt:

| Nr. | Gebührentatbestand | Gebühr oder Satz der Gebühr nach § 34 GKG |
|---|---|---|
| „2376 | Verfahren über die Rechtsbeschwerde gegen die Beschwerdeentscheidung über die Kosten des Gruppen-Koordinationsverfahrens nach Artikel 102c § 26 EGInsO i. V. m. § 574 ZPO. | 2,0". |

## Artikel 5
## Änderung des Rechtsanwaltsvergütungsgesetzes

Die Anlage 1 (Vergütungsverzeichnis) zum Rechtsanwaltsvergütungsgesetz vom 5. Mai 2004 (BGBl. I S. 718, 788), das zuletzt durch Artikel 6 Absatz 24 des Gesetzes vom 13. April 2017 (BGBl. I S. 872) geändert worden ist, wird wie folgt geändert:

1. In Vorbemerkung 3.3.5 Absatz 3 werden die Wörter „im Sekundärinsolvenzverfahren" gestrichen.

2. In der Anmerkung zu Nummer 3317 werden vor dem Punkt am Ende die Wörter „und im Verfahren über Anträge nach Artikel 36 Abs. 9 der Verordnung (EU) 2015/848" eingefügt.

# Gesetz zur Durchführung der Verordnung (EU) 2015/848

## Artikel 6
## Weitere Änderung des Gerichtskostengesetzes

Das Gerichtskostengesetz, das zuletzt durch Artikel 4 dieses Gesetzes geändert worden ist, wird wie folgt geändert:

1. § 23 wird wie folgt geändert:

    a) Nach Absatz 5 wird folgender Absatz 6 eingefügt:

    „(6) Die Kosten des Koordinationsverfahrens trägt der Schuldner, der die Einleitung des Verfahrens beantragt hat. Dieser Schuldner trägt die Kosten auch, wenn der Antrag von dem Insolvenzverwalter, dem vorläufigen Insolvenzverwalter, dem Gläubigerausschuss oder dem vorläufigen Gläubigerausschuss gestellt wird."

    b) Der bisherige Absatz 6 wird Absatz 7.

2. Die Anlage 1 (Kostenverzeichnis) wird wie folgt geändert:

    a) In der Gliederung wird die Angabe zu Teil 2 Hauptabschnitt 3 Abschnitt 7 durch die folgenden Angaben ersetzt:

    „Abschnitt 7 Koordinationsverfahren

    Abschnitt 8 Beschwerden".

    b) Nach Nummer 2362 wird folgender Abschnitt 7 eingefügt:

| Nr. | Gebührentatbestand | Gebühr oder Satz der Gebühr nach § 34 GKG |
|---|---|---|
| | *„Abschnitt 7*<br>*Koordinationsverfahren* | |
| 2370 | Verfahren im Allgemeinen .... | 500,00 € |
| 2371 | In dem Verfahren wird ein Koordinationsplan zur Bestätigung vorgelegt:<br>Die Gebühr 2370 beträgt .... | 1 000,00 €". |

    c) Der bisherige Abschnitt 7 wird Abschnitt 8.

    d) Die bisherigen Nummern 2370 bis 2373 werden die Nummern 2380 bis 2383.

    e) Die bisherige Nummer 2374 wird Nummer 2384 und im Gebührentatbestand wird die Angabe „2373" durch die Angabe „2383" ersetzt.

    f) Die bisherigen Nummern 2375 und 2376 werden die Nummern 2385 und 2386.

## Artikel 7
## Änderung des SCE-Ausführungsgesetzes

In § 36 Absatz 1 Satz 1 des SCE-Ausführungsgesetzes vom 14. August 2006 (BGBl. I S. 1911), das zuletzt durch Artikel 11 des Gesetzes vom 10. Mai 2016 (BGBl. I S. 1142)

# Gesetz zur Durchführung der Verordnung (EU) 2015/848

geändert worden ist, wird die Angabe „§ 15a Abs. 4 und 5" durch die Angabe „§ 15a Absatz 4 bis 6" ersetzt.

## Artikel 8
## Änderung des Gesetzes zur Erleichterung der Bewältigung von Konzerninsolvenzen

Artikel 4 des Gesetzes zur Erleichterung der Bewältigung von Konzerninsolvenzen vom 13. April 2017 (BGBl. I S. 866) wird aufgehoben.

## Artikel 9
## Inkrafttreten

(1) Dieses Gesetz tritt vorbehaltlich des Absatzes 2 am 26. Juni 2017 in Kraft.

(2) In Artikel 3 tritt Artikel 102c § 22 des Einführungsgesetzes zur Insolvenzordnung am 21. April 2018 in Kraft, gleichzeitig tritt Artikel 6 in Kraft.

# Teil II
# Kommentierung der EuInsVO

# Einleitung

**Literatur:** *Bornemann*, Der lange Weg der Insolvenzrechtsharmonisierung, NZI Beilage 1 z. Heft 16–17/2019, S. 6; *Cranshaw*, Tendenzen im Internationalen Insolvenzrecht, DZWiR 2018, 1; *Fehrenbach*, Die reformierte EuInsVO, GPR 2016, 282 (Teil I), GPR 2017, 38 (Teil II); *Kindler/Sakka*, Die Neufassung der Europäischen Insolvenzverordnung; EuZW 2015, 460; *Leipold*, Zuständigkeitslücken im neuen Europäischen Insolvenzrecht, in: Festschrift für Akira Ishikawa zum 70. Geburtstag, 2001, S. 221; *Parzinger*, Die neue EuInsVO auf einen Blick, NZI 2016, 63; *Prager/Keller*, Der Entwicklungsstand des Europäischen Insolvenzrechts, WM 2015, 805; *Redeker/Karpenstein*, Über Nutzen und Notwendigkeiten, Gesetze zu begründen, NJW 2001, 2825; *Schröder*, Die Auslegung des EU-Rechts, JuS 2004, 180; *Thole*, Die neue Europäische Insolvenzverordnung, IPrax 2017, 213; *Thole*, Die Reform der Europäischen Insolvenzverordnung, ZEuP 2014, 39; *Vallender*, Europaparlament gibt den Weg frei für eine neue Europäische Insolvenzverordnung, ZIP 2015, 1513; *Wenner*, Die Reform der EuInsVO – ein Verriss, ZIP 2017, 1137.

**Materialien zur EuInsVO (2000):** Rat der Europäischen Union, Übereinkommen über Insolvenzverfahren vom 23.11.1995, in: Stoll, Vorschläge und Gutachten zum Entwurf eines EU-Konkursübereinkommens, 1997, S. 3; *Virgós/Schmit*, Erster Teil: EU-Übereinkommen über Insolvenzverfahren, Kap. B – Erläuternder Bericht, in: Stoll, Vorschläge und Gutachten zur Umsetzung des EU-Übereinkommens über Insolvenzverfahren im deutschen Recht, 1997, S. 32 (zit.: *Virgós/Schmit* in: Stoll, Vorschläge und Gutachten).

**Materialien zur EuInsVO (2015):** Bericht der Kommission an das Europäische Parlament, den Rat und den Europäischen Wirtschafts- und Sozialausschuss über die Anwendung der Verordnung (EG) Nr. 1346/2000 des Rates vom 20. Mai 2000 über Insolvenzverfahren, v. 12.12.2012, COM(2012) 743 final, abrufbar unter https://ec.europa.eu/transparency/regdoc/rep/1/2012/DE/1-2012-743-DE-F1-1.Pdf (Abrufdatum: 20.1.2020); Vorschlag für eine Verordnung des Europäischen Parlaments und des Rats zur Änderung der Verordnung (EG) Nr. 1346/2000 des Rats über Insolvenzverfahren, v. 12.12.2012, COM(2012) 744 final, abrufbar unter https://www.europarl.europa.eu/meetdocs/2009_2014/documents/com/com_com(2012)0744_/com_com(2012)0744_de.pdf (Abrufdatum: 20.1.2020); *Hess/Oberhammer/Pfeiffer*, External Evaluation of Regulation No. 1346/2000 on Insolvency Proceedings, Heidelberg-Luxembourg-Vienna, 2013 (zit.: *Hess/Oberhammer/Pfeiffer*, Heidelberg-Luxembourg-Vienna Report, 2013).

## Übersicht

| | |
|---|---|
| I. Entstehungsgeschichte ............ 1 | V. Die Erwägungsgründe ............ 22 |
| II. Der Aufbau der EuInsVO ............ 6 | 1. Bedeutung für die Rechtsanwendung ............ 22 |
| III. Die gesetzliche Anpassung an das nationale Recht ............ 14 | 2. Der Inhalt der Erwägungsgründe ....... 27 |
| IV. Die Auslegung der EuInsVO .......... 17 | |

## I. Entstehungsgeschichte

Die EuInsVO löste für den Unionsrechtsraum das Zeitalter der bi- und multilateralen Verträge ab (Art. 85), sie kam erst nach verschiedenen erfolglosen Anläufen, die sich als „zu kompliziert und ambitiös" erwiesen hatten,[1] zustande. Erwähnung verdient v. a. das **Europäische Insolvenzübereinkommen (EuInsÜ)** vom 23.11.1995[2], das als völkerrechtlicher Vertrag an der fehlenden Zeichnung durch Großbritannien

---

1) *Virgós/Schmit* in: Stoll, Vorschläge und Gutachten, Rz. 5.
2) Abgedruckt in ZIP 1996, 976 f.

# Einleitung

scheiterte.[3] Es legte zur Vermeidung von Kompetenzkonflikten fest, in welchem Staat das Hauptinsolvenzverfahren eröffnet wird, enthielt eine Reihe kollisionsrechtlicher Vorschriften zur Bestimmung des anzuwendenden Rechts, formulierte in Anlehnung an die EuGVVO die Anerkennung und Vollstreckung von Entscheidungen anderer Mitgliedstaaten, sodann als Ausgleich für die Zulassung paralleler Verfahren, Vorschriften über die Kooperation und Zusammenarbeit und schließlich vereinfachte Regeln für die Forderungsanmeldung.[4] Nachdem der Vertrag von Amsterdam vom 1.5.1999 die justizielle Zusammenarbeit in Art. 65 EGV vorsah, erließ der Rat am 29.5.2000 gestützt auf Artt. 61 lit. c, 65 EGV die **VO (EG) Nr. 1346/2000** über Insolvenzverfahren (EuInsVO a. F.)[5]. Abgesehen von der, durch die Art des Rechtssetzungsakts bedingten Abweichungen,[6] ist die **EuInsVO a. F.** nahezu **deckungsgleich** mit dem **EuInsÜ**, weshalb dessen **Materialien** weiterhin für die praktische Handhabung **herangezogen** werden können.[7] Lediglich Teil V, der die Anrufung des EuGH zu Auslegungsfragen vorsah, wurde gestrichen, da zwischenzeitlich dessen Zuständigkeit in den Art. 19 EGV und Artt. 251 f. AEUV geregelt ist.

2 Gemäß Art. 46 a. F. war die EuInsVO a. F. zu evaluieren, deshalb legte die Kommission am 12.12.2012 einen Vorschlag zur Änderung der EuInsVO a. F. vor.[8] Vorausgegangen war die Anhörung der Öffentlichkeit und eine externe Studie der Universitäten Heidelberg und Wien, die die bisherigen Erfahrungen mit der EuInsVO a. F. erörterte und Empfehlungen für eine Neufassung ausspach (Vienna Report). Am 5.6.2015 wurde die **VO (EU) Nr. 2015/848** (EuInsVO) im Amtsblatt der EU veröffentlicht,[9] nachdem sie den legislativen Prozess durchlaufen hatte.[10] Sie ist nunmehr gestützt auf Artt. 67, 74, 81 Abs. 2 lit. c AEUV und ersetzt die VO (EG) Nr. 1346/2000 (EuInsVO a. F.), siehe Art. 91. Wie ihre Vorgängerin enthält Art. 90 eine Überprüfungsklausel, die Kommission hat bis zum 27.6.2022 einen Bericht und Vorschlag zur Änderung der EuInsVO vorzulegen, bis zum 1.6.2016 eine Studie zu

---

3) Duursma-Kepplinger/Duursma/Chalupsky-*Duursma*, EuInsVO, Geschichte Rz. 1–6; *Kindler* in: MünchKomm-BGB, Einl. IntInsR Rz. 16; Pannen-*Pannen*, EuInsVO, Einl. Rz. 1–13; *Reinhart* in: MünchKomm-InsO, Vor Art. 1 EuInsVO 2000 Rz. 6.
4) Einzelheiten bei *Reinhart* in: MünchKomm-InsO, Vor Art. 1 EuInsVO 2000 Rz. 7.
5) Verordnung (EG) Nr. 1346/2000 des Rates v. 29.5.2000 über Insolvenzverfahren, ABl. (EG) L 160/1 v. 30.6.2000.
6) Duursma-Kepplinger/Duursma/Chalupsky-*Duursma*, EuInsVO, Geschichte Rz. 10.
7) Das betrifft in erster Linie den Bericht von *Virgós/Schmit* in: Stoll, Vorschläge und Gutachten, S. 32 ff. *Kindler* in: MünchKomm-BGB, Einl. IntInsR Vorb. Rz. 1; *Reinhart* in: MünchKomm-InsO, Vor Art. 1 EuInsVO 2000 Rz. 9.
8) Der **Vorschlag** COM(2012) 744 final geht auf den **Bericht** v. 12.12.2012, COM(2012) 743 final, zurück, der sich wiederum auf die Erkenntnisse von *Hess/Oberhammer/Pfeiffer*, Heidelberg-Luxembourg-Vienna Report, 2013, stützt.
9) Verordnung (EU) 2015/848 des Europäischen Parlaments und des Rates v. 20.5.2015 über Insolvenzverfahren, ABl. (EU) L 141/19 ff. v. 5.6.2015.
10) Einzelheiten bei *Kindler* in: MünchKomm-BGB, Einl. IntInsR Vorb. Rz. 2; *Prager/Keller*, WM 2015, 805; *Reinhart* in: MünchKomm-InsO, Vor Art. 1 EuInsVO 2000 Rz. 36; *Vallender*, ZIP 2015, 1513.

# Einleitung

den grenzüberschreitenden Aspekten der Haftung von Geschäftsleitern[11] und bis zum 27.6.2020 eine solche zur missbräuchlichen Gerichtsstandswahl.

Die Kommission legte nach den Erfahrungen der Finanzkrise am 3.3.2010 ein Strategiepapier zur Verbesserung des Geschäftsumfelds für kleine und mittlere Unternehmen vor, das u. a. den Neuanfang nach dem Scheitern fördern sollte.[12] Diese Initiative sekundierte der „Aktionsplan Unternehmertum 2020", der ein eigenes Kapitel „vom Scheitern zum Erfolg" enthielt.[13] Beides begleitete das Europäische Parlament, welches in seiner Entschließung vom 15.11.2011[14] ein Insolvenzrecht zur Rettung von Unternehmen, wann immer diese möglich ist, forderte. Diese Entwicklung fortführend, legte die Kommission ihre **Empfehlung** vom **12.3.2014**[15] für einen **neuen Umgang** mit unternehmerischem Scheitern und **Unternehmensinsolvenzen** vor, mit dessen Hilfe sie die **Kohärenz** national-staatlicher Bemühungen zur Verbesserung des Rahmens von Unternehmenssanierungen und der zweiten Chance (i. S. von Entschuldungsfristen) für Unternehmer zu verbessern gedachte. Nach Durchlaufen des Gesetzgebungsverfahrens einschließlich der Triloggespräche wurde die **Restrukturierungsrichtlinie** am 26.6.2019 im Amtsblatt veröffentlicht.[16] Sie versteht sich als Komplementärmaßnahme zu den bisherigen Reformen der EuInsVO,[17] ein Schritt zur Harmonisierung des Europäischen Insolvenzrechts.[18]

3

---

11) Diese liegt als Studie der Universität Leeds – verfasst von *Gerard McCormack, Andrew Keay, Sarah Brown* and *Judith Dahlgreen* – seit Januar 2016 vor, abrufbar unter https://ec.europa.eu/info/sites/info/files/insolvency_study_2016_final_en.pdf (Abrufdatum: 20.1.2020).

12) Kommission, Europe 2020, Eine Strategie für intelligentes, nachhaltiges und integratives Wachstum, Mitteilung v. 3.3.2010, COM(2010) 2020 final, insb. S. 25, abrufbar unter https://eur-lex.europa.eu/legal-content/DE/TXT/PDF/?uri=CELEX:52010DC2020&from=en (Abrufdatum: 20.1.2020).

13) Kommission, Aktionsplan Unternehmertum 2020, Mitteilung an das Europäische Parlament, den Rat, den Europäischen Wirtschafts- und Sozialausschuss und den Ausschuss der Regionen, v. 9.1.2013, COM(2012) 795 final, abrufbar unter https://ec.europa.eu/transparency/regdoc/rep/1/2012/DE/1-2012-795-DE-F1-1.Pdf (Abrufdatum: 20.1.2020).

14) Europäisches Parlament, Entschließung v. 15.11.2011, P7_TA(2011)0484, ErwG J, abrufbar unter https://www.europarl.europa.eu/sides/getDoc.do?pubRef=-//EP//TEXT+TA+P7-TA-2011-0484+0+DOC+XML+V0//DE (Abrufdatum: 20.1.2020).

15) Kommission, Empfehlung v. 12.3.2014 für einen neuen Ansatz im Umgang mit unternehmerischem Scheitern und Unternehmensinsolvenzen (2014/135/EU), ABl. (EU) L 74/65 v. 14.3.2015. Dazu bereits Kommission, Den Binnenmarkt weiter ausbauen: mehr Chancen für die Menschen und die Unternehmen, Mitteilung an das Europäische Parlament, den Rat, den Europäischen Wirtschafts- und Sozialausschuss und den Ausschuss der Regionen, v. 28.10.2015, COM(2015) 550 final, abrufbar unter https://ec.europa.eu/transparency/regdoc/rep/1/2015/DE/1-2015-550-DE-F1-1.PDF (Abrufdatum: 20.1.2020).

16) Richtlinie (EU) 2019/1023 des Europäischen Parlaments und des Rates v. 20.6.2019 über präventive Restrukturierungsrahmen, über Entschuldung und über Tätigkeitsverbote sowie über Maßnahmen zur Steigerung der Effizienz von Restrukturierungs-, Insolvenz- und Entschuldungsverfahren und zur Änderung der Richtlinie (EU) 2017/1132 (Richtlinie über Restrukturierung und Insolvenz) – Restrukturierungsrichtlinie, ABl. (EU) L 172/18 v. 26.6.2019.

17) *Prager/Keller*, WM 2015, 805, 811.

18) So auch *Bornemann*, NZI Beilage 1 z. Heft 16-17/2019, S. 6 ff.

## Einleitung

4 Die revidierte EuInsVO ist am 26.7.2015 in Kraft getreten und **gilt im Wesentlichen ab dem 26.6.2017**. Es handelt sich um **keine Neuausrichtung** der EuInsVO, sondern um **punktuelle, systemimmanente Verbesserungen** zur möglichst reibungslosen Bewältigung grenzüberschreitender Insolvenzverfahren.[19] Die **wesentlichen Änderungen**:

- Erweiterung des Anwendungsbereichs um Verfahren, für die kein Insolvenzgrund vorhanden sein muss („hybride" Sanierungsverfahren; Art. 1 Abs. 1 und Unterabs. 2);
- Konkretisierung der internationalen Zuständigkeit gemäß Art. 3 Abs. 1 durch Einbeziehung der Rechtsprechung des EuGH und Einführung einer Verdachtsperiode (période suspecte; Looking-back-Period);
- Verfahren und Rechtsbehelf zu den Eröffnungsentscheidungen (Artt. 4 und 5);
- Regelung zu den Annexverfahren (Art. 6);
- Schaffung von Insolvenzregistern (Artt. 24–30);
- Zurückdrängung und Koordinierung von Haupt- und Sekundärverfahren (Art. 3 Abs. 3 f.; Artt. 34–52);
- Vereinfachung der Forderungsanmeldung (Artt. 53–55);
- Regeln zu Konzerninsolvenzen (Artt. 56–77).[20]

5 Der Verordnungsgeber greift damit die von den vorangegangenen empirischen Studien aufgezeigten fünf Schwachstellen auf,[21] gleichzeitig übernimmt er weitgehend die Rechtsprechung des EuGH zur internationalen Eröffnungs- und Annexzuständigkeit.[22]

## II. Der Aufbau der EuInsVO

6 Die EuInsVO ist in sieben Kapitel unterteilt und um die Anhänge A bis D ergänzt. **Kapitel I** trägt die Überschrift „**Allgemeine Bestimmungen**" es umfasst wie bisher, aber erweitert, den Anwendungsbereich (Art. 1), die Legaldefinitionen der in der EuInsVO verwandten Begriffe (Art. 2), Zuständigkeit und Zulässigkeit von Haupt- und Sekundärverfahren (Art. 3), Prüfung der Zuständigkeit (Art. 4) und ihre gerichtliche Nachprüfung (Art. 5), Zuständigkeit für Annexklagen (Art. 6). Ausgehend von der lex fori concursus als dem anwendbaren Recht (**Art. 7**), enthalten die folgenden Bestimmungen aus Gründen des Verkehrsschutzes Ausnahmen von der

---

19) Wimmer/Bornemann/Lienau-*Wimmer*, Die Neufassung der EuInsVO, Rz. 3, und schon EuGH, Urt. v. 2.5.2006 – Rs. C-341/04 (Eurofood), Rz. 48, ZIP 2006, 907, m. Anm. *Knof/Mock*, dazu EWiR 2005, 725 *(Pannen)*.
20) Ausführlich *Fehrenbach*, GPR 2016, 282 f., GPR 2017, 38 f.; *Reinhart* in: MünchKomm-InsO, Vor Art. 1 EuInsVO 2000 Rz. 37–43; Wimmer/Bornemann/Lienau-*Wimmer*, Die Neufassung der EuInsVO, Rz. 4–29.
21) Bericht der Kommission an das Europäische Parlament, den Rat und den Europäischen Wirtschafts- und Sozialausschuss über die Anwendung der Verordnung (EG) Nr. 1346/2000 des Rates v. 29.5.2000 über Insolvenzverfahren, v. 12.12.2012, COM(2012) 743 final. Einzelheiten bei Mankowski/Müller/J. Schmidt-*Müller*, EuInsVO 2015, Einl. Rz. 50 f.
22) Mankowski/Müller/J. Schmidt-*Müller*, EuInsVO 2015, Einl. Rz. 55.

# Einleitung

kollisionsrechtlichen Grundnorm,[23] vgl. Artt. 8 bis 18. Dem Kapitel I unzureichende Systematik vorzuwerfen,[24] berücksichtigt nur unzureichend den Kompromisscharakter der EuInsVO, der die verschiedenen Rechtstraditionen miteinander „versöhnen" muss.

Kapitel II behandelt die **Anerkennung von Insolvenzverfahren** in anderen Mitgliedstaaten und ihre **automatische Wirkungserstreckung** (Artt. 19–20). Daraus folgend die Befugnisse des Verwalters, insbesondere die Rückabwicklung von Zwangsvollstreckungen betreiben zu können (Artt. 21–23). Die **Artt. 24 bis 30** regeln die Errichtung, den Betrieb, die Unterhaltung, den Zugang und die Kosten der **Insolvenzregister**, sowie in Art. 31 den gutgläubigen Erwerb. Art. 32 die Anerkennung sonstiger Entscheidungen, die zur Durchführung oder Beendigung eines Insolvenzverfahrens ergehen; die Vollstreckung erfolgt nach den Artt. 39 bis 44 und 47 bis 57 der VO (EU) Nr. 1215/2012 (EuVVO). Am Ende steht, was in systematischer Hinsicht nicht zu unterschätzen ist, der **ordre-public-Vorbehalt (Art. 33)**. 7

Das **Kapitel III** enthält die Regeln zur Durchführung der **Sekundärinsolvenzverfahren**. Hervorhebenswert ist das Recht des Verwalters des Hauptinsolvenzverfahrens, eine **Zusicherung** zur Abwendung des Sekundärverfahrens zu geben (Art. 36). Weiter sind das sich daran anschließende gerichtliche Verfahren sowie der Kostenvorschuss geregelt (Artt. 37–40). Artt. 41 bis 44 verordnen Pflichten zur **Zusammenarbeit** und **Kommunikation** zwischen den beteiligten Verwaltern und den Gerichten, einschließlich der dadurch entstehenden Kosten. Ferner Bestimmungen zur Forderungsanmeldung, Aussetzung der Verwertung und der Befugnis zur Vorlage eines Sanierungsplans (Artt. 45–47), endlich die beschränkte Wirkung der Beendigung des Sekundärverfahrens (Art. 48) und das Schicksal eines Überschusses im Sekundärverfahren (Art. 49). Art. 50 ordnet die Wirkungen eines nach dem Partikularverfahren eröffneten Hauptinsolvenzverfahrens an und die Möglichkeit, dieses in ein Sekundärverfahren umzuwandeln (Art. 51). Nach Art. 52 steht dem vorläufigen Verwalter die Befugnis zu, Sicherungsmaßnahmen durch den Erlass der nach nationalem Recht zugelassenen Maßnahmen unionsweit zu erstrecken. 8

**Kapitel IV** ist mit **Unterrichtung der Gläubiger** und **Anmeldung ihrer Forderungen** überschrieben, es schafft unionsweites Einheitsrecht.[25] Im Rahmen des Verfahrens können sich die Gläubiger aller, im Eröffnungsstaat zugelassener Kommunikationsmittel bedienen (Art. 53). Art. 54 verordnet die Unterrichtung der Gläubiger mittels eines **Standardmitteilungsformulars**, die wiederum ihre Forderungen in einem Standardformular in allen Amtssprachen anmelden können (Art. 55). 9

**Kapitel V** nimmt sich der **Insolvenzverfahren von Mitgliedern einer Unternehmensgruppe** an. Bereits der Aufbau macht deutlich, dass grundsätzlich am Trennungsprinzip festgehalten wird, stattdessen setzt der Verordnungsgeber auf Verfahrenskoordination.[26] Dazu ordnet **Abschnitt 1**, also erstrangig, die Zusammenarbeit 10

---

23) *Reinhart* in: MünchKomm-InsO, Vor Art. 1 EuInsVO 2000 Rz. 12.
24) *Reinhart* in: MünchKomm-InsO, Vor Art. 1 EuInsVO 2000 Rz. 20, 21; Mankowski/Müller/J. Schmidt-*Müller*, EuInsVO 2015, Einl. Rz. 27.
25) Mankowski/Müller/J. Schmidt-*Müller*, EuInsVO 2015, Einl. Rz. 30.
26) Mankowski/Müller/J. Schmidt-*Müller*, EuInsVO 2015, Einl. Rz. 31.

## Einleitung

und Kommunikation zwischen den Beteiligten an (Artt. 56–60), die unter dem Vorbehalt der **effektiven Verfahrensführung** stehen. **Abschnitt 2**, so seine Überschrift, koordiniert die verschiedenen Verfahren und schafft ein **Gruppen-Koordinationsverfahren**, zu dem es opt-out- und opt-in-Befugnissse zubilligt (Artt. 61–70). Dieses Verfahren wird von einem **Koordinationsverwalter** geleitet, dessen Befugnisse und das gerichtliche Verfahren die Artt. 71–77 behandeln und Empfehlungen eine koordinierte Durchführung der Verfahren festlegt.

11  Das **Datenschutz-Kapitel VI** bestimmt in Art. 78 das anwendbare Datenschutzrecht, konkretisiert die datenschutzrechtlichen Verpflichtungen der Mitgliedstaaten (Art. 79) und der Kommission (Art. 80) beim Betrieb der vernetzten Insolvenzregister. Ferner die Informations- (Art. 81) und Speicherpflichten (Art. 82) sowie Zugangsgewährung über das **Europäische Justizportal** (Art. 83).

12  Die Übergangs- und Schlussbestimmungen des **Kapitels VII** stehen am Ende des Textes der EuInsVO. Die EuInsVO **gilt nur für Verfahren, die ab dem 26.6.2017** eröffnet sind, ersetzt weitgehend Übereinkünfte zur Sicherung des Anwendungsvorrangs der EuInsVO[27] und stellt zugängliche Informationen über die nationalstaatlichen Insolvenzrechte zur Verfügung. Die Kommission hat die Befugnis zum Erlass von **Durchführungsrechtsakten** zur Vernetzung der Insolvenzregister und zur Erstellung von Standardformularen zur Forderungsanmeldung, jeweils unterstützt durch einen Ausschuss. Wie schon in der Vorgänger-Verordnung besteht eine **Überprüfungsklausel** (Art. 90) und Art. 92 normiert die Aufhebung der EuInsVO a. F. sowie ihr Inkrafttreten.

13  Die EuInsVO schließt mit vier Anhängen. **Anhang A** nennt die Insolvenzverfahren nach Art. 2 Nr. 4 in ihrer mitgliedstaatsspezifischen Fassung; sie ist konstitutiv, was Art. 1 Abs. 1 Unterabs. 3 bestätigt.[28] **Anhang B** führt, wiederum konstitutiv,[29] die **Verwalter** nach Art. 2 Nr. 5 auf; ausdrücklich genannt ist jetzt der **vorläufige** Insolvenz- bzw. Sachwalter, denn deren Bestellung genügt dem autonomen Eröffnungsbegriff. **Anhang C** listet die mit der EuInsVO a. F. außer Kraft tretenden Verordnungen auf. **Anhang D** bietet eine **Synopse** von EuInsVO a. F. und der neuen EuInsVO. Erwähnenswert sind noch die Änderungen der Anhänge A und B durch Verordnung (EU) 2018/946 des Europäischen Parlaments und des Rates vom 4.7.2018 zur Ersetzung der Anhänge A und B der Verordnung (EU) 2015/848 über Insolvenzverfahren, ABl. L 171/1 vom 6.7.2018.

### III. Die gesetzliche Anpassung an das nationale Recht

14  Das **Gesetz zur Durchführung der Verordnung (EU) 2015/848 über Insolvenzverfahren** (nachfolgend „Durchführungsgesetz")[30], geht zurück auf einen RegE[31] der Bundesregierung vom 4.11.2016, der am 5.6.2017 vom Bundestag ver-

---

27) *Thole* in: MünchKomm-InsO, Art. 31 EuInsVO 2015 Rz. 1.
28) *Thole* in: MünchKomm-InsO, Art. 2 EuInsVO 2015 Rz. 6.
29) *Thole* in: MünchKomm-InsO, Art. 2 EuInsVO 2015 Rz. 7.
30) Beschlussempfehlung und Bericht d. RA z. RegE Durchführungsgesetz, BT-Drucks. 18/12154.
31) RegE Durchführungsgesetz, BR-Drucks. 654/16.

# Einleitung

abschiedet wurde[32]), das nach seinem Art. 6 am 26.6.2017 in Kraft getreten ist.[33]) Sein Ziel ist, die Neufassung der EuInsVO in das deutsche Recht mit den hierfür erforderlichen Regelungen einzupassen, damit sich einige Bestimmungen der EuInsVO sinnvoll und praxisgerecht anwenden lassen, mithin mit dem deutschen Verfahrensrecht i. S. eines reibungslosen Zusammenspiels verzahnt werden.[34]) Hierzu wird Art. 102c §§ 1–25 EGInsO eingefügt. Der besseren Lesbarkeit willen, ist Art. 102 EGInsO unverändert geblieben,[35]) obschon seine weitestgehende Beibehaltung möglich gewesen wäre.[36]) Gleichwohl bleibt die enge Anlehnung erhalten.

Art. 3 des Durchführungsgesetzes trifft ergänzende Regelungen für die **gerichtlichen Entscheidungen und Rechtsbehelfe**, namentlich zu Art. 6 (= Art. 102c § 6 EGInsO). Zu synthetischen Sekundärverfahren überlässt Art. 36 dem nationalen Gesetzgeber die Regelung wichtiger Fragen, insbesondere zu Form und Verfahren der Abgabe einer Zusicherung, zur Abstimmung der lokalen Gläubiger, von Rechtsmitteln und Rechtsbehelfen (Art. 102c §§ 11–21 EGInsO).[37]) Ferner sind Vorschriften zur **Insolvenz von Mitgliedern von Unternehmensgruppen** vorgesehen, namentlich zur Aussetzung der Verwertung, Antragsbefugnisse des Verwalters im Zusammenhang mit der Einleitung und Durchführung des Verfahrens (Artt. 61, 64 und 69), denn die Neufassung der EuInsVO verdrängt hier nicht vollständig die Kompetenzzuweisung der nationalen Verfahrensrechte (Art. 102c §§ 22–25 EGInsO). 15

**Art. 1 des Durchführungsgesetzes** fügt § 19a RpflG einen Absatz 3 hinzu, wonach die dort in Bezug genommenen Entscheidungen dem **Richter** zugewiesen sind, um zeitaufwändige Wege zu vermeiden.[38]) Es handelt sich um die Entscheidungen gemäß Art. 102c §§ 2 Abs. 1 Satz 2, 18 Abs. 1 Satz 3, 19 Abs. 1, 22, 52 und die Anordnung des Gruppenkoordinationsverfahrens gemäß Kapitel V Abschnitt 2 EuInsVO.[39]) **Art. 2 des Durchführungsgesetzes** ändert § 27 Abs. 2 InsO durch Hinzufügen der Nr. 5.[40]) Der Eröffnungsbeschluss hat künftig die Löschungsfristen in abstrakter Form zu enthalten, damit Gläubiger und insbesondere Schuldner über den Zeitraum informiert sind, für den personenbezogene Daten im Insolvenzre- 16

---

32) RegE Durchführungsgesetz, BT-Drucks. 18/10823; Gesetz zur Durchführung der Verordnung (EU) 2015/848 über Insolvenzverfahren – Durchführungsgesetz, v. 5.6.2017, BGBl. I 2017, 1476.
33) Art. 9 des Durchführungsgesetzes, BGBl. I 2017, 1476.
34) Begr. RegE Durchführungsgesetz, BR-Drucks. 654/16, S. 14; *Swierczok* in: HK-InsO, Vorb. Art. 102c §§ 1–26 Rz. 2.
35) Begr. RegE Durchführungsgesetz, BR-Drucks. 654/16, S. 18.
36) *Thole* in: MünchKomm-InsO, Art. 102 § 1 EGInsO Rz. 19–21.
37) Begr. RegE Durchführungsgesetz, BR-Drucks. 654/16, S. 19.
38) Begr. RegE Durchführungsgesetz, BR-Drucks. 654/16, S. 24.
39) RegE Durchführungsgesetz BR-Drucks. 654/16, S. 1.
40) Folgende Nummer 5 wird angefügt: „… eine abstrakte Darstellung der für personenbezogene Daten geltenden Löschungsfristen nach § 3 der Verordnung zu öffentlichen Bekanntmachungen in Insolvenzverfahren im Internet vom 12. Februar 2002 (BGBl. I S. 677), die zuletzt durch Artikel 2 des Gesetzes vom 13. April 2007 (BGBl. I S. 509) geändert worden ist." Vgl. RegE Durchführungsgesetz, BR-Drucks. 654/16, S. 2.

# Einleitung

gister zugänglich sind; das verlangt Art. 79 Abs. 5.[41] **Art. 4 des Durchführungsgesetzes** enthält Änderungen des GKG einschließlich der zu erhebenden Gebühren (KV 2350, 2372, 2376), **Art. 5 des Durchführungsgesetzes** behandelt Änderungen des RVG.

## IV. Die Auslegung der EuInsVO

17 Die Auslegung unterliegt dem **Auslegungsmonopol des EuGH**, der dieses aus Art. 19 Abs. 1 Satz 2 EUV ableitet und damit die **materielle Verpflichtung** aller Rechtsunterworfenen der EuInsVO einlöst.[42] Zu berücksichtigen sind dabei die **Besonderheiten des europäischen Rechts**, das nicht statuar organisiert, sondern die schrittweise Verwirklichung eines erst zu schaffenden gemeinschaftlichen Rechtsraums „konstituiert"; das entspricht dem Selbstverständnis des EuGH als „**Motor der Integration**".[43] schon daran scheitert die Übernahme national-staatlicher Auslegungsprinzipien.[44] Dies vorausgeschickt, ist die EuInsVO Gemeinschaftsrecht und **autonom auszulegen**; die Eigenständigkeit der Begriffsbildung sichert die **Autonomie** und den **Vorrang** gegenüber dem nationalen Recht.[45] Die **Einheitlichkeit** der Begriffsbildung ist normativ durch den **Gleichheitsgrundsatz** vorgegeben, er gebietet, soweit das Unionsrecht nicht für die Ermittlung ihres Sinnes und ihrer Bedeutung ausdrücklich auf das Recht der Mitgliedstaaten verweist, in der Regel unionsweit eine einheitliche und daher autonome Anwendung.[46] Dem liegt ein ganzheitliches Verständnis zugrunde, denn die EuInsVO ist i. R. ihrer Zielsetzung (ErwG 1–3) **funktionsspezifisch**, also nicht allein vom allgemeinen Wortlaut ausgehend, sondern in **ihrem jeweiligen Funktionszusammenhang** zu interpretieren („unter Berücksichtigung des Kontextes der Bestimmung"), dabei berücksichtigend, dass die EuInsVO ein Mittel zur Verwirklichung dieser Ziele ist

---

41) Begr. RegE Durchführungsgesetz, BR-Drucks. 654/16, S. 26.
42) Grabitz/Hilf/Nettesheim-*Mayer*, EUV/AEUV, Art. 19 EUV Rz. 18.
43) Streinz-*Huber*, EUV/AEUV, Art. 19 EUV Rz. 32. Krit. BVerfG, Urt. v. 21.6.2016 – 2 BvR 2728/13 (OMT), Rz. 184, BVerfGE 142, 123, 218: „Die großzügige Hinnahme behaupteter Zielsetzungen verbunden mit weiten Bewertungsspielräumen der Stellen der Europäischen Union und einer erheblichen Zurücknahme der gerichtlichen Kontrolldichte ist geeignet, den Organen, Einrichtungen und sonstigen Stellen der Europäischen Union eine eigenständige Disposition über die Reichweite der ihnen von den Mitgliedstaaten zur Ausübung überlassenen Kompetenzen zu ermöglichen."
44) Ehmann/Selmayr-*Selmayr/Ehmann*, DS-GVO, Einl. Rz. 91; Grabitz/Hilf/Nettesheim-*Mayer*, EUV/AEUV, Art. 19 EUV Rz. 53.
45) EuGH, Urt. v. 15.7.1964 – Rs. 6/64 (Costa/ENEL), Slg. 1964, 1253, 1270: „Aus alledem folgt, dass dem vom Vertrag geschaffenen, somit aus einer **autonomen Rechtsquelle** fließenden Recht wegen dieser seiner Eigenständigkeit **keine** wie immer gearteten **innerstaatlichen Rechtsvorschriften** vorgehen können, ..." (Hv. d. Verf.).
46) EuGH, Urt. v. 20.10.2011 – Rs. C-396/09 (Interedil), Rz. 42, ZIP 2011, 2153, 2156, dazu EWiR 2011, 745 *(Paulus)*; EuGH, Urt. v. 2.5.2006 – Rs. C-341/04 (Eurofood), Rz. 31, 33, ZIP 2006, 907, 908, m. Anm. *Knof/Mock*.

# Einleitung

(**Zielbindung**),[47)] die deshalb eine vernünftige Wirkung entfalten muss (effet utile).[48)]

Auch die **systematische Auslegung**, also die Auslegung einer Vorschrift nach ihrer Stellung im Rechtsakt,[49)] hat ihren Platz und dient der Absicherung teleologischer Erwägungen.[50)] Ob die **historische Auslegung** im Zuge des Art. 15 Abs. 2 und 3 AEUV künftig verstärkte Bedeutung haben wird,[51)] ist angesichts der bisherigen Weigerung des EuGH, auf Dokumente außerhalb des Rechtsakts zurückzugreifen,[52)] eher unwahrscheinlich. Begreift man die Erwägungsgründe (ErwG) als „Willen des Gesetzgebers",[53)] sind sie schon jetzt „bewährtes" Begründungselement.[54)]

18

Für die reformierte EuInsVO kommen als Materialien in Betracht: **COM(2012) 743 final und COM(2012) 744 final**. Heranzuziehen, weil von rechtspolitischer Bedeutung und rechtsfortbildendem Gewicht, ist die **Restrukturierungsrichtlinie**

19

---

47) EuGH, Urt. v. 6.10.1982 – Rs. 283/81 (CILFIT), Rz. 20, Slg. 1982, 3415, 3430: „Schließlich ist jede Vorschrift des Gemeinschaftsrechts in ihrem Zusammenhang zu sehen und im Lichte des **gesamten** Gemeinschaftsrechts, seiner **Ziele** und seines **Entwicklungsstands** zur Zeit der Anwendung der betreffenden Vorschrift auszulegen." (Hv. d. Verf.).

48) EuGH, Urt. v. 19.1.1982 – Rs. 8/81 (Becker), Rz. 23 f., Slg. 1982, 53: „Insbesondere in den Fällen, in denen etwa die Gemeinschaftsbehörden die Mitgliedstaaten durch eine Richtlinie zu einem bestimmten Verhalten verpflichten, würde die **praktische Wirksamkeit** einer solchen Maßnahme abgeschwächt, wenn die Einzelnen sich vor Gericht hierauf nicht berufen und die staatlichen Gerichte sie nicht als Bestandteil des Gemeinschaftsrechts berücksichtigen könnten." (Hv. d. Verf.); EuGH, Urt. v. 8.4.1976 – Rs. 43/75 (Defrenne), Rz. 71, 73, Slg. 1976, 455: „Es trifft zwar zu, dass bei allen gerichtlichen Entscheidungen die praktischen Auswirkungen sorgfältig erwogen werden müssen; dies darf aber nicht soweit gehen, dass die Objektivität des Rechts gebeugt und seine zukünftige Anwendung unterbunden wird, …".

49) Riesenhuber-*Stotz*, Europäische Methodenlehre, S. 491, 497.

50) EuGH, Urt. v. 11.9.2008 – Rs. C-265/07 (Caffuso), Rz. 14, Slg. 2008, I-0000: „… dass die Richtlinie 2000/35 mit Blick auf ihre Ziele und das mit ihr eingeführte System auszulegen ist"; EuGH, Urt. v. 10.3.2005 – Rs. C-336/03 (easycar), Rz. 20, Slg. 2005, I-1947: „Nach ständiger Rechtsprechung sind Bedeutung und Tragweite von Begriffen, die das Gemeinschaftsrecht nicht definiert, entsprechend ihrem Sinn nach dem **gewöhnlichen Sprachgebrauch** und unter **Berücksichtigung** des **Zusammenhangs**, in dem sie verwendet werden, und der mit der Regelung, zu der sie gehören, verfolgten Ziele zu bestimmen (Urteile vom 19. Oktober 1995 in der Rechtssache C-128/94, Hönig, Slg. 1995, I-3389, Randnr. 9, und vom 27. Januar 2000 in der Rechtssache C-164/98 P, DIR International Film u. a./Kommission, Slg. 2000, I-447, Randnr. 26). Stehen diese Begriffe wie im Ausgangsverfahren in einer Bestimmung, die eine Ausnahme von einem allgemeinen Grundsatz oder, spezifischer, von gemeinschaftsrechtlichen Verbraucherschutzvorschriften darstellt, so sind sie außerdem eng auszulegen (Urteile vom 18. Januar 2001 in der Rechtssache C-83/99, Kommission/Spanien, Slg. 2001, I-445, Randnr. 19, und vom 13. Dezember 2001 in der Rechtssache C-481/99, Heininger, Slg. 2001, I-9945, Randnr. 31)." (Hv. d. Verf.). In diesem Zusammenhang wird auch vom **Primat der teleologischen Auslegung** gesprochen; Ehmann/Selmayr-*Selmayr/Ehmann*, DS-GVO, Einl. Rz. 91.

51) Riesenhuber-*Riesenhuber*, Europäische Methodenlehre, S. 199, 213; Riesenhuber-*Stotz*, Europäische Methodenlehre, S. 491, 496.

52) Ehmann/Selmayr-*Selmayr/Ehmann*, DS-GVO, Einl. Rz. 96.

53) Riesenhuber-*Riesenhuber*, Europäische Methodenlehre, S. 199, 213.

54) Anschaulich EuGH, Urt. v. 20.6.2013 – Rs. C-635/11 (Kommission/Niederlande), Rz. 35 f., AG 2013, 592, 593, dazu EWiR 2013, 463 *(Forst)*. Zur Ermittlung des objektiven Telos einer Vorschrift s. Ehmann/Selmayr-*Selmayr/Ehmann*, DS-GVO, Einl. Rz. 97.

# Einleitung

vom 20.6.2019 für einen neuen Ansatz im Umgang mit unternehmerischem Scheitern und Unternehmensinsolvenzen.[55] Für die alte EuInsVO und unverändert beibehaltene Vorschriften ist der **Erläuternde Bericht** von *Virgós/Schmit* noch immer relevant.[56] Vorstehende Ausführungen entsprechen dem Standpunkt der Literatur,[57] wenngleich nicht allen Nuancen in den Formulierungen nachgegangen wurde.

20 **Zentrale Rolle** bei der autonomen Auslegung spielt der **Wortlaut der Bestimmung**. **Ausgangspunkt** sind dabei die Legaldefinitionen des Art. 2, deren bloße Existenz die Notwendigkeit autonomer Auslegung unterstreicht.[58] Sie werden positiv ausgefüllt und ggf. im Wege des Umkehrschlusses negativ abgegrenzt. Eine „Niederlassung" i. S. des Art. 2 Nr. 10 erfordert demzufolge ein Mindestmaß an Organisation und eine gewisse Stabilität, das bloße Vorhandensein einzelner Vermögenswerte oder von Bankkonten ist für sie ungenügend.[59] Darüber hinaus ist **jeder Begriff** autonom nach dem **gewöhnlichen Sprachgebrauch**[60] unter Beachtung der spezifisch unionsrechtlichen Terminologie zu bestimmen, d. h. es ist sein **spezifisch unionsrechtlicher Sinn** zu ermitteln.[61] Wegen der notwendig einheitlichen Geltung des Unionsrechts gibt es keine Verweisung auf innerstaatliche Sinngehalte, allerdings kann der Vergleich der verschiedenen Sprachen bei der Auslegung Hilfe leisten.[62] Im **unionsrechtlichen Sprachgebrauch** bedeutet **Eröffnung des Insolvenzverfahrens** die **Bestellung eines vorläufigen Verwalters**, die rechtlich zur Folge hat, dass die

---

55) Richtlinie (EU) 2019/1023 des Europäischen Parlaments und des Rates v. 20.6.2019 über präventive Restrukturierungsrahmen, über Entschuldung und über Tätigkeitsverbote sowie über Maßnahmen zur Steigerung der Effizienz von Restrukturierungs-, Insolvenz- und Entschuldungsverfahren und zur Änderung der Richtlinie (EU) 2017/1132 (Richtlinie über Restrukturierung und Insolvenz) – Restrukturierungsrichtlinie, ABl. (EU) L 172/18 v. 26.6.2019.
56) Allg. M. Mankowski/Müller/J. Schmidt-*Müller*, EuInsVO 2015, Einl. Rz. 43 m. N.
57) Duursma-Kepplinger/Duursma/Chalupsky-*Duursma*, EuInsVO, Vorb. Rz. 20; Graf-Schlicker-*Bornemann*, InsO, Vorb. EuInsVO Rz. 46; *Dornblüth* in: HK-InsO, Vorb. zu Artt. 1–47 EuInsVO Rz. 4 und 5; Kübler/Prütting/Bork-*Kemper*, InsO, Einl. EuInsVO Rz. 21 f.; *Kindler* in: MünchKomm-BGB, Einl. IntInsR Vorb. Rz. 13; Mankowski/Müller/J. Schmidt-*Müller*, EuInsVO 2015, Einl. Rz. 36; *Reinhart* in: MünchKomm-InsO, Vor Art. 1 EuInsVO 2000 Rz. 23 f.; Riesenhuber-*Riesenhuber*, Europäische Methodenlehre, S. 199 f.; *Schroeder*, Jus 2004, 180, 184 f.; Riesenhuber-*Stotz*, Europäische Methodenlehre, S. 491 f.
58) Riesenhuber-*Riesenhuber*, Europäische Methodenlehre, S. 199, 201.
59) EuGH, Urt. v. 4.9.2014 – Rs. C-327/13 (Burgo Group), Rz. 31, ZIP 2014, 2513, 2514, dazu EWiR 2015, 81 *(Undritz)*.
60) EuGH, Urt. v. 10.3.2005 – Rs. C-336/03 (easycar), Rz. 20, Slg. 2005, I-1947.
61) Ehmann/Selmayr-*Selmayr/Ehmann*, DS-GVO, Einl. Rz. 94.
62) EuGH, Urt. v. 6.10.1982 – Rs. 283/81 (CILFIT), Rz. 17–19, Slg. 1982, 3415, 3430: „Ob diese Möglichkeit besteht, ist jedoch unter Berücksichtigung der Eigenheiten des Gemeinschaftsrechts und der besonderen Schwierigkeiten seiner Auslegung zu beurteilen.
… Zunächst ist dem Umstand Rechnung zu tragen, dass die Vorschriften des Gemeinschaftsrechts in mehreren Sprachen abgefasst sind und dass die verschiedenen sprachlichen Fassungen gleichermassen verbindlich sind; die Auslegung einer gemeinschaftsrechtlichen Vorschrift erfordert somit einen Vergleich ihrer sprachlichen Fassungen.
… Sodann ist auch bei genauer Übereinstimmung der sprachlichen Fassungen zu beachten, dass das Gemeinschaftsrecht eine eigene, besondere Terminologie verwendet. Im Übrigen ist hervorzuheben, dass Rechtsbegriffe im Gemeinschaftsrecht und in den verschiedenen nationalen Rechten nicht unbedingt den gleichen Gehalt haben müssen."

# Einleitung

Unternehmensführung ihre Handlungsbefugnisse verliert. Dafür spricht die der automatischen Anerkennung des Art. 19 Abs. 1 Unterabs. 1 zugrunde liegende Prioritätsregel, die, um der Effizienz willen, so früh als möglich einsetzen muss.[63]

Mitunter sind wegen den bis zu **vierundzwanzig** gleichrangigen **Sprachfassungen**[64] besondere Schwierigkeiten mit der am „normalen Sprachgebrauch" orientierten Wortlautinterpretation verbunden, weil dieser in den verschiedenen Mitgliedstaaten differieren kann. In Fällen dieser Art, lässt sich aus der Terminologie nichts ableiten, ist die Lösung dann im **Aufbau und Zweck** der Vorschrift zu suchen,[65] d. h. im Wege einer **systematischen** und insbesondere **teleologischen** Interpretation.[66] So steht dem Niederlassungsbegriff nicht entgegen, das folgt schon aus der nachgeordneten Stellung des Art. 3 Abs. 2, wenn sich an ihrem Tätigkeitsort der satzungsmäßige Sitz der Gesellschaft befindet, denn andernfalls würde dem in diesem Staat ansässigen Gläubiger mit berechtigtem Vertrauen der mit Art. 37 Abs. 1 verfolgte Schutz nicht gewährt.[67] Schließlich soll der **Rechtsvergleich** mit funktional äquivalenten Texten in ihrem jeweiligen Kontext der nationalen Rechtsordnung Auslegungshilfen bieten,[68] das legt der EuGH aber nicht offen und es ist zweifelhaft, ob ein Gerichtsverfahren den dazu geeigneten institutionellen Rahmen bietet.[69] In der Sache geht es um das Auffinden allgemeiner Rechtsgrundsätze und ihre Konkretisierung.[70]

21

---

63) EuGH, Urt. v. 2.5.2006 – Rs. C-341/04 (Eurofood), Rz. 45 f., ZIP 2006, 907, 909 f., m. Anm. *Knof/Mock.*
64) Verordnung (EWG) Nr. 1 des Rates v. 15.4.1958 zur Regelung der Sprachenfrage für die Europäische Wirtschaftsgemeinschaft, ABl. (EG) L 17/385 v. 6.10.1958, zuletzt anlässlich des Beitritts Kroatiens geändert durch die dafür maßgeblichen Beitrittsakte ABl. (EU) L 158/1 v. 10.6.2013.
65) EuGH, Urt. v. 28.3.1985 – Rs. 100/84 (Kommission/Großbritannien), Rz. 16, 17, Slg. 1985, 1169: „… Dementsprechend erlaubt eine vergleichende Untersuchung der verschiedenen sprachlichen Fassungen der Verordnung keine Schlussfolgerung zugunsten der einer der vorgetragenen Ansichten, so dass man aus der verwendeten Terminologie rechtlich nichts ableiten kann.
… Deshalb muss die fragliche Vorschrift, wie der Gerichtshof mehrfach, insbesondere in seinem Urteil vom 27. Oktober 1977 in der Rechtssache 30/77 (Boucherau, Slg. 1977, 1999), entschieden hat, falls die **sprachlichen Fassungen** voneinander **abweichen**, nach dem allgemeinen Aufbau und dem Zweck der Regelung ausgelegt werden, zu der sie gehört." (Hv. d. Verf.).
66) Grabitz/Hilf/Nettesheim-*Mayer*, EUV/AEUV, Art. 19 EUV Rz. 53. Beispiel bei EuGH, Urt. v. 4.2.2016 – Rs. C-659/13 (C & J Clark International), C-34/14 (Puma SE), Rz. 121 und 122, EuZW 2016, 440.
67) EuGH, Urt. v. 4.9.2014 – Rs. C-327/13 (Burgo Group), Rz. 29 f., ZIP 2014, 2513, 2514 f.
68) Grabitz/Hilf/Nettesheim-*Mayer*, EUV/AEUV, Art. 19 EUV Rz. 53.
69) Mankowski/Müller/J. Schmidt-*Müller*, EuInsVO 2015, Einl. Rz. 49.
70) EuGH, Urt. v. 5.3.1996 – Rs. C-46/93 (Brasserie du pecheur), Rz. 28 f., Slg. 1996, I-1029: „Auf die **allgemeinen Rechtsgrundsätze**, die den **Rechtsordnungen der Mitgliedstaaten gemeinsam** sind, …" (Hv. d. Verf.).
„… daß eine rechtswidrige Handlung oder Unterlassung die Verpflichtung zum Ersatz des verursachten Schadens nach sich zieht. …". In diesem Sinne auch *Schroeder*, Jus 2004, 180, 184.

# Einleitung

## V. Die Erwägungsgründe

### 1. Bedeutung für die Rechtsanwendung

22 Die **Erwägungsgründe** (ErwG) sind von bisher 49 in der EuInsVO 2000 auf 89 angewachsen,[71] sie erreichen damit den Umfang der EuInsVO selbst. Sie sind kein Selbstzweck, sondern durch sie erfüllt der Verordnungsgeber seine **Begründungspflicht** gemäß **Art. 296 Abs. 2 AEUV** (bestätigt durch Art. 41 Abs. 2 lit. c GRCh)[72]. Danach sind Rechtsakte, wozu die EuInsVO gemäß Art. 288 Abs. 1 Unterabs. 1 AEUV rechnet, primär im Interesse der Rechtsunterworfenen, sekundär auch der Gerichte, zur Ermöglichung einer umfassenden Rechtskontrolle mit einer Begründung zu versehen.[73] Bei **generellen Maßnahmen**, wie einer Verordnung, kann sich die Begründung darauf beschränken, die **Gesamtlage** anzugeben, die zum Erlass der Maßnahme geführt hat, die **allgemeinen Ziele**, die mit ihr erreicht werden sollen, zu bezeichnen, zugleich muss sie den Regelungsgegenstand in seinen **wesentlichen Zügen** erkennen lassen; technische Entscheidungen müssen nicht begründet werden.[74] Nach dem Wortlaut des Art. 296 Abs. 2 AEUV muss die **Begründung mit der EuInsVO verbunden** werden, was in der Praxis mit den ErwG geschieht. Sie werden damit **wesentlicher Bestandteil** des Rechtsakts,[75] Text der EuInsVO und Erwägungen sind ein **unteilbares Ganzes**.[76]

23 Welche Auswirkungen das auf die Rechtsanwendungspraxis hat, ist außerhalb der konkreten Fallanwendung ungeklärt. Ihnen komme **überragende Bedeutung** bei der Auslegung der EuInsVO zu,[77] oder sie leisten nur Hilfe bei der Rechtsanwendung, wirken aber **mangels Verbindlichkeit** selbst **nicht konstitutiv**.[78] Ausgehend vom **Wortsinn** erweist sich „Erwägungsgrund" als die Substantivierung von „in Erwägung nachstehender Gründe" und als die zutreffende **Übersetzung** der

---

71) Krit. zum Umfang *Thole*, ZEuP 2014, 39, 76; ein Mehr an Erläuterung wünscht sich Mankowski/Müller/J. Schmidt-*Müller*, EuInsVO 2015, Einl. Rz. 26.
72) Charta der Grundrechte der Europäischen Union (2010/C 83/02) – Grundrechtscharta (GRCh), ABl. (EU) C 83/389 v. 30.3.2010.
73) Grabitz/Hilf/Nettesheim-*Krajewski/Rösslein*, EUV/AEUV, Art. 296 AEUV Rz. 5.
74) EuGH, Urt. v. 9.9.2004 – Rs. C-304/01 (Spanien/Kommission), Rz. 51, Slg. 2004, I-7655 m. w. N.
75) EuGH, Urt. v. 23.2.1988 – Rs. 131/86 (Vereinigtes Königreich/Kommission), Rz. 37, Slg. 1988, 905, 935.
76) EuGH, Urt. v. 15.6.1994 – Rs. C-137/92 (Kommission/BASF), Rz. 67, Slg. 1994, I-2555 = EuZW 1994, 436–440.
77) Graf-Schlicker-*Bornemann*, InsO, Vorb. EuInsVO Rz. 44; Duursma-Kepplinger/Duursma/Chalupsky-*Duursma*, EuInsVO, Vorb. Rz. 21; *Leipold* in: FS Ishikawa, S. 221, 234; Mankowski/Müller/J. Schmidt-*Müller*, EuInsVO 2015, Einl. Rz. 46; *Reinhart* in: MünchKomm-InsO, Vor Art. 1 EuInsVO 2000 Rz. 23.
78) Mankowski/Müller/J. Schmidt-*Mankowski*, EuInsVO 2015, Art. 3 Rz. 168 und Mankowski/Müller/J. Schmidt-*Müller*, EuInsVO 2015, Einl. Rz. 45; für eine nur „begrenzte Bedeutung" Riesenhuber-*Riesenhuber*, Europäische Methodenlehre, S. 199, 214. Ehmann/Selmayr-*Selmayr/Ehmann*, DS-GVO, Einl. Rz. 97.

verschiedenen Amtssprachen.[79] Da Erwägen stets etwas in Betracht zieht, be-, über- und durchdenkt, beschreiben sie die **Motive** und **Absichten** des Verordnungsgebers, sowie die **Maßnahmen zu ihrer Umsetzung**.[80] In systematischer Hinsicht sind sie dem verfügenden Teil vorangestellt und **Bestandteil** der veröffentlichten **Verordnung**. Das rückt sie in die Nähe von Präambeln in völkerrechtlichen Verträgen, die vermöge ihrer politisch-programmatisch motivierten Natur[81] inhaltlich in der Regel unbestimmt bleiben, weshalb ihnen als mögliche Auslegungsrichtlinie kaum Bedeutung zukommt.[82] Nach hiesiger Auffassung sind die ErwG ein **Mehr** gegenüber einer **Präambel**, aber ein **Weniger** gegenüber dem **Text der EuInsVO**. Aus dieser Zwischenstellung folgt ihr Einfluss auf die Rechtsanwendung.[83]

Das entspricht dem durchaus nicht immer stringenten Standpunkt des EuGH. „Die Begründungserwägungen eines Rechtsakts der Gemeinschaften sind rechtlich nicht verbindlich und können nicht zur Rechtfertigung einer Abweichung von den Bestimmungen des betreffenden Rechtsaktes angeführt werden."[84] Zugleich ist der verfügende Teil eines Gemeinschaftsrechtsakts „**untrennbar mit seiner Begründung verbunden** und erforderlichenfalls unter **Berücksichtigung der Gründe** auszulegen, die zu seinem Erlass geführt haben" (Hv. d. Vf.).[85] Sie liefern damit eine wichtige Orientierung für die Zielsetzung und den Sinngehalt der EuInsVO,[86] weder rechtfertigen sie eine Abweichung vom Text der EuInsVO noch lassen sie eine Auslegung zu, die dem Wortlaut der EuInsVO offensichtlich widerspricht. Auch wenn einige Urteilspassagen den Eindruck erwecken, als stünden ErwG und

24

---

79) Im deutschen Text heißt es „in Erwägung nachstehender Gründe", im engl. schlicht „whereas", frz. „considérant ce qui suit", ital. „considerando quanso segue"; sp. „consideranto eo signiente" und niederl. „overwegende hetgen volgt". Die romanischen Sprachen sind mit „in der Erwägung" zu übersetzen, das engl. mit „angesichts dessen, dass" und das niederl. mit „wohl/reiflich überlegt".

80) EU, Gemeinsamer Leitfaden des Europäischen Parlaments, des Rates und der Kommission für Personen, die an der Abfassung von Rechtstexten der Europäischen Union mitwirken, 2. Aufl. 2015, Rz. 10: „Zweck der Erwägungsgründe ist es, die wichtigsten Bestimmungen des verfügenden Teils in knapper Form zu begründen, ohne deren Wortlaut wiederzugeben oder zu paraphrasieren. Sie dürfen keine Bestimmungen mit normativem Gehalt und auch keine politischen Willensbekundungen enthalten", zit. nach Ehmann/Selmayr-*Selmayr/Ehmann*, DS-GVO, Einl. Rz. 97 mit Fn. 253.

81) Grabitz/Hilf/Nettesheim-*Nettesheim*, EUV/AEUV, AEUV Präambel Rz. 1; *Redeker/ Karpenstein*, NJW 2001, 2825, 2830.

82) Grabitz/Hilf/Nettesheim-*Nettesheim*, EUV/AEUV, AEUV Präambel Rz. 5; Grabitz/Hilf/ Nettesheim-*Krajewski/Rösslein*, EUV/AEUV, Art. 296 AEUV Rz. 36; *Redeker/Karpenstein*, NJW 2001, 2825, 2830.

83) Ähnlich differenzierend Riesenhuber-*Stotz*, Europäische Methodenlehre, S. 491, 498.

84) EuGH, Urt. v. 19.11.1998 – Rs. C-162/97 (Nilsson), Rz. 54, Slg. 1998, I-7477; EuGH, Urt. v. 12.5.2005 – Rs. C-444/03 (meta Fackler), Rz. 25, Slg. 2005, I-3932, 3945.

85) EuGH, Urt. v. 19.11.2009 – Rs. C-402/07 und C-432/07 (Sturgeon), Rz. 43, Slg. 2009, I-10923; EuGH, Urt. v. 20.1.2009 – Rs. C-240/07 (Sony Music), Rz. 23, 34, Slg. 2009, I-263.

86) Riesenhuber-*Riesenhuber*, Europäische Methodenlehre, S. 199, 213.

## Einleitung

Text der EuInsVO auf derselben Stufe,[87] sollte dies nicht über die „**begrenzte Wirkung**" der ErwG hinwegtäuschen.[88]

25 Allerdings variiert ihr **Einfluss** auf den Text der EuInsVO, denn es ist zwischen den einzelnen ErwG zu differenzieren. Sie beschränken sich in der Regel nicht auf die Darstellung der Zielsetzungen, sondern umschreiben auch den **Sinn vieler einzelner Normen** oder **Normenkomplexe**, gelegentlich sind sie so **konkret formuliert**, dass sie für die Auslegung entscheidende Hinweise liefern. Sie stehen dann gleichberechtigt neben dem Wortlaut und systematischen Erwägungen;[89] vielfach vermitteln sie das teleologische Gebot der „**praktischen Wirksamkeit**" (effet utile).[90] Für die Auslegungspraxis bedeutet das, je **konkreter** ihr **Inhalt** desto mehr bestimmen sie die Rechtsanwendung. Soweit die **ErwG** allgemeine **Ziele** und **Absichten** formulieren, stützen sie die **teleologische Auslegung**[91] und ermöglichen die **dynamische Rechtsfortbildung**. Ein Gleichlauf mit dem Text der EuInsVO ist erreicht, wenn die ErwG selbst unmittelbare **Auslegungsanweisungen** enthalten (z. B. ErwG 7). Qualitativ unzureichende ErwG, also unklare, mehrdeutige Formulierungen, widersprüchlich zu anderen Gründen bzw. Bestimmungen der EuInsVO, stellen einen Verstoß gegen die Begründungspflicht dar,[92] den nur der Verordnungsgeber beheben kann.[93] Eine **berichtigende Auslegung** scheidet aus, der **Text der EuInsVO** geht vor.

26 Der EuGH geht in seiner, die EuInsVO konkretisierenden Urteilspraxis, stets von ihrem Wortlaut aus und klärt einen **unklaren Textbegriff** mittels der **ErwG**, oder entnimmt ihnen ein der EuInsVO zugrunde liegendes Gestaltungsprinzip.[94] Seine Rechtsprechung ist der subjektiv-historischen Auslegung weit weniger verbun-

---

87) Riesenhuber-*Stotz*, Europäische Methodenlehre, S. 491, 498.
88) EuGH *(GA Colomer)*, SA v. 6.9.2007 – Rs. C-267/06 (Tadao Maruko), Rz. 76, BeckRS 2007, 70624: „Die ... einleitenden Erwägungsgründe hingegen weisen diese beiden Elemente nicht auf, da sie nur veranschaulichen, begründen und rechtfertigen sollen; sie haben daher, obwohl sie den regelnden Teil begleiten und ihm häufig vorangestellt sind und obwohl sie dadurch Teil der Rechtsquelle sind, trotz ihrer Dienlichkeit als Auslegungskriterien – einer Funktion, die der Gerichtshof bei zahlreichen Gelegenheiten erwähnt hat – doch **keine Bindungswirkung**. Deshalb stellt [stellen] ... die ... Erwägungsgründe, lediglich ein **Hilfsmittel für die Auslegung** von deren Vorschriften dar und darf [dürfen] in seiner [ihrer] Bedeutung nicht überschätzt werden." (Hv. d. Verf.); Paal/Pauly-*Paal/Pauly*, DS-GVO, Einl. Rz. 10; Riesenhuber-*Riesenhuber*, Europäische Methodenlehre, S. 199, 214. Ähnlich Ehmann/Selmayr-*Selmayr/Ehmann*, DS-GVO, Einl. Rz. 97.
89) EuGH, Urt. v. 2.5.2006 – Rs. C-341/04 (Eurofood), Rz. 32, 33, ZIP 2006, 907, 908, m. Anm. *Knof/Mock*: Der ErwG 13 a. F. definiert den Begriff des Mittelpunkts des hauptsächlichen Interesses.
90) Grabitz/Hilf/Nettesheim-*Classen*, EUV/AEUV, Art. 197 AEUV Rz. 23; *Redeker/Karpenstein*, NJW 2001, 2825, 2830.
91) *Dornblüth* in: HK-InsO, Vorb. Artt. 1 – 47 EuInsVO Rz. 5.
92) EuGH, Urt. v. 26.11.1981 – Rs. 195/80 (Michel/Parlament), Rz. 22 f., Slg. 1981, 2861; Grabitz/Hilf/Nettesheim-*Krajewski/Rösslein*, EUV/AEUV, Art. 296 AEUV Rz. 37, 39; *Redeker/Karpenstein*, NJW 2001, 2825, 2830.
93) Grabitz/Hilf/Nettesheim-*Krajewski/Rösslein*, EUV/AEUV, Art. 296 AEUV Rz. 43.
94) EuGH, Urt. v. 2.5.2006 – Rs. C-341/04 (Eurofood), Rz. 32, 39, ZIP 2006, 907, m. Anm. *Knof/Mock*; EuGH, Urt. v. 20.10.2011 – Rs. C-396/09 (Interedil), Rz. 49, ZIP 2011, 2153, 2156; zust. *Prager/Ch. Keller*, NZI 2013, 57 f.

# Einleitung

den, als die deutsch-rechtliche Tradition,[95)] weshalb er die ErwG **nicht** als „**Willen des Verordnungsgebers**" behandelt, sondern als **Leitlinien**, an denen er seine Auslegung, dem **Effektivitätsgrundsatz** folgend, ausrichtet. Das bedeutet, die Auslegung an ihrer **Funktionsfähigkeit** zu orientieren und auszuschöpfen, immer zur **Optimierung** des **praktischen Nutzens** der EuInsVO. Dabei geht er mit Hilfe der ErwG gelegentlich über den Wortlaut der EuInsVO hinaus, es sei denn, er sieht sich durch die „acte-clair"-Doktrin gehindert.[96)] Das entspricht der **Absicht des Verordnungsgebers**, der bewusst einige ErwG **flexibel** gestaltete (z. B. ErwG 74), also einen bestimmten Interpretationshof um sie legt. Damit ist die **teleologische** und **rechtsfortbildende Auslegung** mittels der ErwG vorgeprägt, jeweils die **Funktionalität** der EuInsVO in den Blick nehmend.[97)]

## 2. Der Inhalt der Erwägungsgründe

Denkbar ist, die ErwG in **Gruppen** zu unterteilen, etwa nach den **Zielen**, den der EuInsVO zugrunde liegenden **Prinzipien**, dem persönlichen und sachlichen **Anwendungsbereich**, den Erwägungen zur **Zuständigkeit**, kollisionsrechtlichen Gesichtspunkten, dem Verhältnis von **Haupt- zu Partikularinsolvenzen**, der Einzel- und Gruppenkoordination.[98)] Angesichts des enormen Zuwachses der ErwG erscheint vielversprechender, sie in ihrer Gesamtheit in der Reihenfolge ihrer Anordnung und in dem jeweiligen Umfang darzustellen, und, soweit möglich, nach einheitlichen Regelungsgegenständen zusammenzufassen. Damit ist zum einen der Vollständigkeit Genüge getan, zum anderen macht sie ihre Systematik und Bedeutung sichtbar.

---

95) Grabitz/Hilf/Nettesheim-*Nettesheim*, EUV/AEUV, AEUV Präambel Rz. 8; *Schröder*, JuS 2004, 180, 183.
96) *Oppermann/Classen/Nettesheim*, EuR, § 9 Rz. 170 und 178.
97) *Schröder*, JuS 2004, 180, 185 f.
98) *Kindler* in: MünchKomm-BGB, Vor Art. 1 EuInsVO Rz. 3.

## Die Erwägungsgründe

**Literatur:** Vgl. auch die in der Einleitung zitierten Materialien zur EuInsVO 2015; *Albrecht*, Die Reform der EuInsVO nimmt Fahrt auf – der Vorschlag der Europäischen Kommission in der Übersicht, ZInsO 2013, 1876; *Busch/Remmert/Rüntz/Vallender*, Kommunikation zwischen Gerichten in grenzüberschreitenden Insolvenzen – Was geht und was nicht geht, NZI 2010, 417; *Paulus*, Globale Grundsätze für die Zusammenarbeit in grenzüberschreitenden Insolvenzen und globale Richtlinien für die gerichtliche Kommunikation, RIW 2014, 194; *Paulus*, EuInsVO: Änderungen am Horizont und ihre Auswirkungen, NZI 2012, 297; *Prager/Keller, Ch.*, Der Vorschlag der Europäischen Kommission zur Reform der EuInsVO, NZI 2013, 57; *Thole*, Die Reform der Europäischen Insolvenzverordnung – Zentrale Aspekte des Kommissionsvorschlags und offene Fragen, ZEuP 2014, 39; *Thole/Swierczok*, Der Kommissionsvorschlag zur Reform EuInsVO, ZIP 2013, 550; *Vallender*, Europaparlament gibt den Weg frei für eine neue Europäische Insolvenzverordnung, ZIP 2015, 1513.

### Übersicht

1. ErwG 1–6: Anlass und Ziele der EuInsVO ................................ 1
2. ErwG 7–19: Anwendungsbereich der EuInsVO ........................ 2
3. ErwG 20–21: Begriffsbestimmungen ................................ 3
4. ErwG 22–24: Universalitäts- und Territorialitätsprinzip ............ 4
5. ErwG 25–28: Zuständigkeit ............... 5
6. ErwG 29–34: Forum Shopping ......... 6
7. ErwG 35: Annexzuständigkeit .......... 7
8. ErwG 36–47: Haupt- und Sekundärinsolvenzverfahren ............. 8
9. ErwG 48–50: Koordination von Haupt- und Sekundärverfahren ....... 10
10. ErwG 51–62: Koordination von Unternehmensgruppen ................ 11
11. ErwG 63–64: Forderungsmeldung und Information ....................... 13
12. ErwG 65–74: Automatische Anerkennung ....................... 14
13. ErwG 75–81: Publizität und Information ....................... 17
14. ErwG 82–89: Europarechtliche Folgen und Implikationen ............. 19

### 1. ErwG 1–6: Anlass und Ziele der EuInsVO

Die gemäß Art. 296 Abs. 2 AEUV darzustellende **Gesamtlage,** ist die punktuelle **Ver-** 1 **besserung** der bewährten EuInsVO a. F. zur **Effizienzsteigerung grenzüberschreitender Insolvenzen.** Das Vorhaben versteht sich als Baustein zur Schaffung eines **einheitlichen Raumes** der **Sicherheit** und des **Rechts** (Art. 81 AEUV), konkret als **Maßnahme zur Förderung** eines **reibungslos funktionierenden Binnenmarktes,** die neuerdings durch die **Richtlinie (EU) 2019/1023** über präventive Restrukturierungsrahmen, Entschuldung und Tätigkeitsverbote für Unternehmer ergänzt wird.[1] Bereits der ErwG 5 macht das vermögens- und verfahrensverlagernde **Forum Shopping** als Störfaktor aus. Zur Koordinierung der Maßnahmen ist ein **Unionsrechtsakt** erforderlich, dessen **Gesetzgebungsplan** beschrieben ist.

---

1) Richtlinie (EU) 2019/1023 des Europäischen Parlaments und des Rates v. 20.6.2019 über präventive Restrukturierungsrahmen, über Entschuldung und über Tätigkeitsverbote sowie über Maßnahmen zur Steigerung der Effizienz von Restrukturierungs-, Insolvenz- und Entschuldungsverfahren und zur Änderung der Richtlinie (EU) 2017/1132 (Richtlinie über Restrukturierung und Insolvenz) – Restrukturierungsrichtlinie, ABl. (EU) L 172/18 v. 26.6.2019.

## Die Erwägungsgründe

### 2. ErwG 7–19: Anwendungsbereich der EuInsVO

2  Die Bereichsausnahme des Art. 1 Abs. 2 lit. b EuGVVO erfasst nicht **Annexverfahren**, sie fallen jetzt in den Anwendungsbereich der EuInsVO. Dass ein Verfahren nicht in Anhang A genannt wird, führt nicht zur Anwendung der EuGVVO, wiewohl die Auslegung beider Verordnungen keine Rechtslücken hinterlassen darf. Der Unionsrechtsakt hat aus Gründen der Verhältnismäßigkeit den Gerichtsstand, die Anerkennung und das Kollisionsrecht zu regeln. In den Anwendungsbereich der EuInsVO werden[2] **vorinsolvenzliche Sanierungs-, Quasi-Kollektivverfahren**[3] und **Eigenverwaltungsverfahren** einbezogen, soweit sie unter der Kontrolle oder Aufsicht des Gerichts stehen und sich nicht nachteilig auf die Gläubiger auswirken. So sollen Auslandsgläubiger von Blockaden abgehalten und sanierungswillige Auslandsgläubiger durch die Anerkennung der ergangenen Entscheidungen zur Mitwirkung ermuntert werden.[4] Ein **Gesamtverfahren** ist nur gegeben, wenn es zumindest einen **wesentlichen Teil der Gläubiger** erfasst, das können auch **nur die finanziellen Gläubiger** des Schuldners sein, wenn ihr Ziel die Rettung des Schuldners ist.[5] Die **Restschuldbefreiung** ist auch dann ein Gesamtverfahren, wenn einzelne Forderungen von ihr ausgenommen sind (z. B. § 302 InsO). Das gilt gleichermaßen für **vorläufige Verfahren**, wenn sie alle anderen Voraussetzungen der EuInsVO erfüllen, zu denen eine gerichtliche Entscheidung über die Bestätigung noch aussteht; sie müssen sich „auf eine gesetzliche Regelung zur Insolvenz" oder zur **Schuldenanpassung** stützen, **nicht** aber auf solche des **Gesellschaftsrechts**.[6] Quasi eine Bereichsausnahme bilden **Rückforderungen staatlicher Beihilfen** von insolventen Unternehmen,[7] sie liefen dem neu in die EuInsVO aufgenommenen Sanierungsgedanken zuwider. Weitere Bereichsausnahmen betreffen **Versicherungsunternehmen, Kreditinstitute, Wertpapierfirmen**, die den weitgehenden Eingriffsbefugnissen der nationalen Aufsichtsbehörden unterstehen. Schließlich **Organismen für gemeinsame Anlagen** (vgl. Art. 2 Nr. 2).

---

2) Der Entwicklung in vielen Mitgliedstaaten folgend *Albrecht*, ZInsO 2013, 1876, 1877.
3) Wenn sie öffentlich bekannt gemacht werden und den Gläubigern die Möglichkeit der gerichtlichen Überprüfung der Eröffnungsentscheidung einräumen. **Vertrauliche Verfahren** werden daher nicht erfasst.
4) Bericht der Kommission an das Europäische Parlament, den Rat und den Europäischen Wirtschafts- und Sozialausschuss über die Anwendung der Verordnung (EG) Nr. 1346/2000 des Rates v. 20.5.2000 über Insolvenzverfahren, v. 12.12.2012, COM(2012) 743 final, S. 7, abrufbar unter https://ec.europa.eu/transparency/regdoc/rep/1/2012/DE/1-2012-743-DE-F1-1.Pdf (Abrufdatum: 20.1.2020); *Prager/Ch. Keller*, NZI 2013, 57, 58.
5) Die Regelung hat erkennbar das französische Sauvegarde financière accélerée im Blick, das demzufolge im Anhang A aufgeführt ist.
6) ErwG 17 ist sprachlich misslungen übersetzt, er meint eine Situation, ausgelöst nicht durch finanzielle Schwierigkeiten, die die künftige Zahlungsunfähigkeit nachsichziehen kann, wie der Verlust eines Auftrags. Vgl. den frz. Text: „déclenchées par des situations dans lesquelles le débiteur rencontre des difficultés non financières …".
7) Das ist vor dem Hintergrund des EuGH, Urt. v. 11.12.2012 – Rs. C-610/10 (Kommission/Spanien), Rz. 72, 99, 104, 106, 107, CELEX 62010CJ0610 = NZI 2013, 124, verständlich, wonach die Anmeldung der Rückforderung zur Tabelle nur genügt, wenn das Unternehmen liquidiert wird, bei übertragener Sanierung ist die Beihilfe, falls ihr Vorteil fortwirkt, vom Übernehmer zu erstatten.

## Die Erwägungsgründe

### 3. ErwG 20–21: Begriffsbestimmungen

Der Begriff „**Insolvenzverfahren**" erfährt eine Erweiterung, er umfasst jetzt auch Verfahren, die **nicht unter** der **Aufsicht** der **Justiz** geführt werden, wenn nur nach innerstaatlichem Recht die Personen und Stellen zur Eröffnung befugt sind. Das Verfahren muss im Einklang mit der EuInsVO gesetzlich geregelt und seine Entscheidung anerkannt und rechtsgültig sein. Erweiternd ist auch der Begriff **Verwalter** zu verstehen, er kann auch **ohne Beteiligung** eines **Justizorgans bestellt** werden; jedoch nur dann, wenn seine Zulassung und Geeignetheit gesetzlich geregelt sind.

3

### 4. ErwG 22–24: Universalitäts- und Territorialitätsprinzip

Die „kontrolliert" verwirklichte **Universalität**[8] ist ein Kompromiss, weil seine **rigide Durchsetzung** an den erheblichen Unterschieden in den nationalen Insolvenzgesetzen scheitern würde und **politisch nicht durchsetzbar** wäre.[9] Das betrifft v. a. die unterschiedlichen Regelungen zu Sicherungsrechten und Vorrechten einzelner Gläubiger.[10] Die EuInsVO gestattet **Durchbrechungen** des **Universalitätsgrundsatzes** auf zwei Ebenen, durch territoriale **Sonderanknüpfungen** und die **Zulassung** von **Territorialverfahren**, also dem Abgehen von der Einheit des Verfahrens. Im Grundsatz anerkennt die EuInsVO das **Universalitätsprinzip** als **Leitgedanken** für Schuldner, die im Eröffnungsstaat den Mittelpunkt ihrer hauptsächlichen Interessen unterhalten. Das **Sekundärverfahren** ist zum **Schutz** unterschiedlicher **Interessen in dem Mitgliedstaat** gestattet, in dem der Schuldner eine mit einem Mindestmaß an Organisation und Stabilität ausgestattete **Niederlassung**[11] unterhält. Die Wirkungen des Partikularverfahrens sind auf das dort belegene Vermögen beschränkt.

4

### 5. ErwG 25–28: Zuständigkeit

Die **territoriale Wirkung** der EuInsVO ist auf Schuldner beschränkt, die den Mittelpunkt ihrer hauptsächlichen Interessen in der EU unterhalten. Die **Zuständigkeitsvorschriften** legen nur die **internationale Zuständigkeit** fest, sie regeln, welcher Mitgliedstaat das Insolvenzverfahren eröffnen darf. Die Bestimmung der innerstaatlichen (örtlichen) Zuständigkeit bleibt dem betreffenden Staat vorbehalten, in Deutschland durch **Art. 102c § 1 EGInsO**.[12] Das eröffnende Gericht hat **von Amts wegen** die internationale Zuständigkeit zu **prüfen**. Die verstärkte Prüfungspflicht fördert den Grundsatz des Community Trust, auf den sich die (automatische) Anerkennung stützt (ErwG 65 Satz 3) und ihre Beachtung durch die nationalstaatlichen Gerichte sicherstellt. Der Mittelpunkt der hauptsächlichen Interessen muss für **Dritte erkennbar** sein, aus der **Sicht** der **Gläubiger** muss ihnen der Verwal-

5

---

8) *Kindler* in: MünchKomm-BGB, Vorb. IntInsR B Rz. 14.
9) *Paulus*, NZI 2012, 297, 299.
10) ErwG 22 Satz 3 formuliert das **Ziel der nächsten Evaluierung** der EuInsVO, die Vorrechte der Arbeitnehmer harmonisierend zu verbessern.
11) Das bloße Vorhandensein von Gesellschaftsaktiva und das Bestehen von Verträgen über deren finanzielle Nutzung genügt nicht; EuGH, Urt. v. 20.10.2011 – Rs. C-396/09 (Interedil), Rz. 64, 62, ZIP 2011, 2153, 2157, dazu EWiR 2011, 745 *(Paulus)*.
12) Begr. RegE Durchführungsgesetz, BR-Drucks. 654/16, S. 3 und 27.

## Die Erwägungsgründe

tungsmittelpunkt **bekannt gemacht** (Hervorhebung in der Geschäftskorrespondenz), oder zumindest **transparent** (in anderer geeigneter Weise) **sein.**[13]

### 6. ErwG 29–34: Forum Shopping

6   Um[14] **betrügerisches** und **missbräuchliches**[15] Forum Shopping zu verhindern, sind der **Sitz,** die **Hauptniederlassung** und der **gewöhnliche Aufenthalt widerleglich** und vom Gericht **sorgfältig zu prüfen.** Die zuständigkeitsbegründende Vermutung des Sitzes ist bei einer **Gesellschaft** widerlegt, wenn sich in einer Gesamtschau die Hauptverwaltung für Dritte erkennbar in einem anderen Mitgliedstaat befindet und dort die Kontrolle der Gesellschaft und die Verwaltung ihrer Interessen stattfindet. Ebenfalls greift die **Vermutung** nicht, wenn eine **Gesellschaft** bzw. eine **selbstständig gewerblich tätige natürliche Person** innerhalb von **drei Monaten** vor Antragstellung den Sitz oder den gewöhnlichen Aufenthalt **verlegt** hat.[16] Bei **natürlichen Personen,** die **nicht selbstständig** tätig sind, ist die Vermutung zugunsten des gewöhnlichen Aufenthaltes dann widerlegt, wenn sich der Großteil des Vermögens in einem anderen Mitgliedstaat befindet, oder der Umzug nur deshalb stattfand, um den Insolvenzantrag zum Schaden der Gläubiger am neuen Gerichtsstand zu stellen. Für sie gilt eine Frist von **sechs Monaten.** Vorbehaltlich der Zulässigkeit nach nationalem Recht, ist in **Zweifelsfällen** der Schuldner zu **weiterer Substantiierung** und **Nachweisen** aufzufordern und den Gläubigern Gelegenheit zur Stellungnahme zur Zuständigkeit zu geben. Befindet sich der Mittelpunkt des hauptsächlichen Interesses des Schuldners außerhalb seines Hoheitsgebiets, soll das Insolvenzgericht das Verfahren nicht eröffnen. **Allen Gläubigern** des Schuldners steht ein **Rechtsbehelf** gegen die **Eröffnungsentscheidung** zu.

### 7. ErwG 35: Annexzuständigkeit

7   Der Gerichtsstand der Eröffnungszuständigkeit besteht für **Anfechtungsklagen.** Daneben gibt es einen **Gerichtsstand kraft Sachzusammenhangs,** etwa bei einer insolvenzrechtlichen Haftungsklage, die der Insolvenzverwalter mit einer gesellschafts- oder deliktsrechtlichen Klage gegen den Geschäftsführer verbindet; sie kann vor dem nach der **EuGVVO** zuständigen Gericht erhoben werden.

### 8. ErwG 36–47: Haupt- und Sekundärinsolvenzverfahren

8   Zur Steigerung der Effizienz des Anerkennungsgrundsatzes[17] fallen **einstweilige Maßnahmen** in den **Anwendungsbereich** der EuInsVO. Das für die Eröffnung des Hauptinsolvenzverfahrens zuständige Gericht ist befugt, einstweilige Maßnahmen mit Wirkung in den anderen Mitgliedstaaten anzuordnen und der Verwalter des

---

13) EuGH, Urt. v. 20.10.2011 – Rs. C-396/09 (Interedil), Rz. 49, ZIP 2011, 2153, 2156.
14) „Par conséquent" (frz.) – als Folge, und „accordingly" (engl.) – als Konsequenz.
15) Der frz. Fassung ist zu entnehmen, was die EuInsVO unter Forum Shopping versteht, es geht um „la jurisdiction la plus favorable", also die bevorzugte, weil dem Schuldner günstigere Zuständigkeit; sie ist beschränkt auf Fälle „frauduleuse ou abusive" (frz.) oder „fraudulent or abusive" (engl.), was **betrügerisch** und **missbräuchlich** bedeutet.
16) Sog. „looking-back-Period" oder „période suspecte".
17) EuGH, Urt. v. 2.5.2006 – Rs. C-341/04 (Eurofood), Rz. 52, ZIP 2006, 907, 910, m. Anm. *Knof/Mock,* dazu EWiR 2005, 725 *(Pannen).*

Hauptinsolvenzverfahrens kann im Staat einer Niederlassung, Sicherungsmaßnahmen beantragen.[18] Ein **Partikularverfahren** zu eröffnen, ist dem für die Eröffnung des Hauptinsolvenzverfahrens unzuständigen Gericht des Mitgliedstaats, in dem der Schuldner eine Niederlassung unterhält, vorbehalten; die **Antragsbefugnis** ist auf die **lokalen Gläubiger** begrenzt. Das soll unerwünschte Partikularinsolvenzverfahren zurückdrängen, was wiederum die automatische Wirkungserstreckung des Hauptinsolvenzverfahrens unterstützt. Die innerstaatlichen Regeln zur Antragsbefugnis im Staat der Niederlassung bleiben unberührt, aber der **Verwalter** des **Hauptinsolvenzverfahrens** und jede andere Person im Niederlassungsstaat hat die Befugnis, ein **Sekundärverfahren zu beantragen**. Die EuInsVO präzisiert den Begriff der „**Belegenheit**" der Vermögenswerte des Schuldners, um ihre Massezugehörigkeit zum Haupt- oder Sekundärverfahren bestimmen zu können. Ein **Zuweisungsvorrang** zur Masse des Hauptverfahrens besteht zur Sicherstellung ihrer europarechtskonformen Verwertung für **Europäische Patente, Marken- und Schutzrechte**.

Das **Sekundärinsolvenzverfahrens** bezweckt den Schutz inländischer Interessen, kann aber auch angeordnet werden, wenn die Insolvenzmasse aufgrund ihrer Verschachtelung einer einheitlichen Verwaltung nicht zugänglich ist, oder nur durch seine Zulassung, den erheblichen, zu Rechtskollisionen führenden Unterschieden der nationalen Rechtssysteme Rechnung trägt. Die **Antragsbefugnis** des **Verwalters** des Hauptinsolvenzverfahrens beschränkt sich auf Fälle, die für eine effektive Verwaltung erforderlich sind. Behindert ein Sekundärverfahren das Hauptverfahren, kann das für das Sekundärverfahren zuständige Gericht die **Eröffnung aufschieben** (ggf. aussetzen) oder **ablehnen**. Das setzt voraus, dass der **Verwalter des Hauptinsolvenzverfahrens** den lokalen Gläubigern eine **Zusicherung** gibt und deren Interessen nach Überzeugung des eröffnenden Gerichts nicht schlechter stellt, als sie bei Eröffnung des Sekundärverfahrens stünden;[19] notwendig ist schließlich die Zustimmung einer qualifizierten Mehrheit der lokalen Gläubiger. Der Verwalter des Hauptinsolvenzverfahrens hat zur Erfüllung seiner Zusicherung im Mitgliedstaat der Niederlassung eine **Teilmasse** zu bilden und bei ihrer Verteilung die lokalen Vorzugsrechte zu wahren.[20] Die Zusicherung ist nach Feststellung der Forderungen, falls das nationale Recht das vorschreibt, vom **Gericht zu billigen**, „soweit – die **Zusicherung – angemessen**" ist; für diese Beurteilung ist das nationale Recht maßgeblich, also § 253 InsO.[21] Dem **Gericht des Sekundärverfahrens** ist die **Möglichkeit** der **vorläufigen Aussetzung** eröffnet, wenn im Hauptinsolvenzverfahren

---

18) Das bedeutet lediglich eine punktuelle Einbeziehung vorläufiger Maßnahmen, erkennbar beschränkt auf Prioritätskonflikte; EuGH *(GA Kokott)*, SA 24.5.2012 – Rs. C-116/11 (Handlowy), Rz. 37, ZIP 2012, 1133, 1135, 1136, dazu EWiR 2012, 385 *(Jopen)*.
19) Das nimmt den Verwalter in die Pflicht, die Ergebnisse des „virtuellen" Sekundärverfahrens mit denen des Hauptverfahrens unter Berücksichtigung seiner Zusicherung gegenüberzustellen.
20) Vorschlag für eine Verordnung des Europäischen Parlaments und des Rates zur Änderung der Verordnung (EG) Nr. 1346/2000 des Rates über Insolvenzverfahren, v. 12.12.2012, COM(2012) 744 final, S. 8, abrufbar unter https://www.europarl.europa.eu/meetdocs/2009_2014/documents/com/com_com(2012)0744_/com_com(2012)0744_de.pdf (Abrufdatum: 20.1.2020). Im Hinblick auf § 294 Abs. 2 InsO ist das problematisch; *Thole/Swierczok*, ZIP 2013, 550, 555.
21) *Vallender*, ZIP 2015, 1513, 1518.

## Die Erwägungsgründe

die Einzelzwangsvollstreckung zur Massesicherung eingestellt wurde und durch geeignete Maßnahmen die lokalen Gläubiger geschützt sind.[22] Zum **Schutz der lokalen Gläubiger** ist es dem Verwalter des Hauptverfahrens **verboten**, das im Mitgliedstaat der Niederlassung belegene Vermögen **missbräuchlich zu verwerten** oder **außer Landes** zu schaffen, wenn er dabei die Interessen der lokalen Gläubiger gegenüber einem zu eröffnenden Sekundärverfahren schlechterstellt. Die Befugnis der Mitgliedstaaten des Sekundärverfahrens, gegen die Geschäftsleitung des Schuldners wegen Pflichtverletzungen Sanktionen zu verhängen, bleibt unberührt.

### 9. ErwG 48–50: Koordination von Haupt- und Sekundärverfahren

10 Damit die Masse **effektiv verwertet** wird, sind die **Verwalter** und **Gerichte** des Haupt- und Sekundärinsolvenzverfahrens zur „ordnungsgemäßen Zusammenarbeit" verpflichtet, was in erster Linie **wechselseitige** und **umfassende Information** bedeutet. Zur Sicherung der **Dominanz des Hauptverfahrens**, erhält dessen Verwalter **Einwirkungsmöglichkeiten** auf die Sekundärverfahren, etwa die Befugnis einen **Sanierungsplan** vorzulegen oder einen **Vergleich** vorzuschlagen und die **Aussetzung der Verwertung** im Sekundärverfahren zu beantragen. Bei ihrer Zusammenarbeit haben Verwalter und Gerichte die bewährten Praktiken bei grenzüberschreitenden Insolvenzen zu beachten, wie sie in den **Kommunikations- und Kooperationsgrundsätzen** und -leitlinien von europäischen und internationalen Organisationen auf dem Gebiet des Insolvenzrechts[23] ausgearbeitet sind, insbesondere die des **UNCITRAL**. Dazu schließen die Verwalter, vorbehaltlich der Zulässigkeit nach nationalem Recht, **Vereinbarungen** und führen **Verständigungen** herbei. Entweder in **allgemeinen Vereinbarungen**, die lediglich die Notwendigkeit der Zusammenarbeit betonen, oder mit **spezifischen Vereinbarungen**, die einen Rahmen von Verwaltungsgrundsätzen mehrerer Insolvenzverfahren festlegen und das Einvernehmen über bestimmte Schritte und Maßnahmen oder deren Unterlassen herstellen. Beispielhaft für die **Zusammenarbeit der Gerichte** ist das Ziel, **dieselbe Person zum Verwalter** zu bestellen, soweit dies mit der Qualifikation und Zulassung im nationalen Recht vereinbar ist.

### 10. ErwG 51–62: Koordination von Unternehmensgruppen

11 **Insolvenzverfahren** einer **Unternehmensgruppe**, also eröffnete Verfahren ihrer Mitglieder in mehr als einem Mitgliedstaat, sind **effizient** zu führen. Auch hier besteht die **Pflicht zur Zusammenarbeit**, die in **ähnlicher Weise** wie zu ErwG 48 bis 50 gestaltet ist, allerdings begrenzt durch gegenläufige Interessen der Gläubiger und ausgerichtet an einer Lösung, die Synergien innerhalb der Gruppe freisetzt.

---

22) Diese, soweit betroffen, sind über die Verhandlungen des Sanierungsplans zu informieren und daran zu beteiligen.

23) Damit sind die aus dem Jahre 2012 stammenden „Global Guidelines for Court-to-Court Communications in international Insolvency cases" in **deutscher Sprache** bei *Paulus*, RIW 2014, 194, und in Anpassung dieser für den Anwendungsbereich der EuInsVO die „EU JudgeCO Principles and Guidelines" (abgedr. im Anhang, S. 915 ff.). Vorläufer war die „European Communication an Cooperation Guidelines for Cross-border- Insolvency" der INSOL; in **deutscher Sprache**, *Zipperer* ZIP 2017, 632; vgl. *Busch/Remmert/ Rüntz/Vallender*, NZI 2010, 417, 418; *Kindler/Sakka*, EuZW 2015, 460, 464.

## Die Erwägungsgründe

Die EuInsVO hindert nicht, **Verfahren** über **mehrere Gesellschaften** derselben Unternehmensgruppe an einem Gerichtsstand zu eröffnen, wenn feststeht, dass der Mittelpunkt des hauptsächlichen Interesses in einem einzigen Mitgliedstaat liegt.[24] Vorbehaltlich entgegenstehender gesetzlicher Vorschriften sollte eine **einzige Person** zum **Verwalter** bestellt werden, um eine koordinierte Sanierung der Gruppe zu ermöglichen. Die **Effizienzsteigerung** durch **Koordinierung** hat die **eigenen Rechtspersönlichkeiten** der Mitglieder der Unternehmensgruppe zu achten.[25] Der Verwalter eines Mitglieds der Gruppe kann, ggf. nach Erteilung der durch das nationale Recht erforderlichen Genehmigung, ein **Gruppen-Koordinationsverfahren** beantragen mit den wesentlichen Elementen der Koordinierung, einem Koordinationsplan, einem Vorschlag für die als **Koordinator zu bestellende Person** sowie eine Übersicht über die geschätzten Kosten der Koordination. Das **Gruppen-Koordinationsverfahren** ist weitgehend **freiwillig**, denn die beteiligten Verwalter haben die Befugnis, **Widerspruch gegen** die **Teilnahme** einzulegen (**opt-out**) und können **nachträglich** die **Beteiligung** beantragen (**opt-in**). Um ihnen die Entscheidung über die Teilnahme zu ermöglichen, müssen sie vom Inhalt des Antrags Kenntnis erhalten. Alle Verwalter sind von der Entscheidung des Koordinationsverwalters zu unterrichten und haben bei dem das Gruppen-Koordinationsverfahren eröffnenden Gericht das Recht, die Entscheidung anzufechten.

Das Gruppen-Koordinationsverfahren ist nur durchzuführen, wenn es die **Wirksamkeit** der **Verwaltung erleichtert** und eine **Verbesserung der Gläubigerbefriedigung** mit sich bringt; was vom zuständigen Gericht zu prüfen ist. Die Kosten des Gruppen-Koordinationsverfahrens dürfen die mit ihr avisierten **Quotenverbesserung** der Gläubiger **nicht übersteigen**. Deshalb ist **sicherzustellen**, dass der von jedem Mitglied zu tragende Kostenanteil „angemessen, verhältnismäßig und vertretbar" ist und im Einklang mit den nationalen Vorschriften steht. Den beteiligten Verwaltern ist frühestmöglich eine Kostenkontrolle zu ermöglichen, ggf. ist die Genehmigung des Gerichts oder eines Gläubigerausschusses einzuholen. Stellt der Koordinator eine erhebliche **Kostensteigerung** von mehr als 10 % fest, soll er beim zuständigen Gericht, das die beteiligten Verwalter anhört, die Genehmigung einholen. Bei den Gesellschaften, die **nicht am Gruppen-Koordinationsverfahren teilnehmen**, sollte der Verwalter zur Wahrung der Sanierungsoption, deren **Aussetzung** der **Verwertung** beantragen können. Dazu hat er einen **Sanierungsplan** für die betroffenen Mitglieder der Gruppe **vorzulegen**, der den von der Aussetzung betroffenen Gläubigern zugutekommt und erforderlich ist, die ordnungsgemäße Durchführung des Plans zu gewährleisten. Es bleibt den Mitgliedstaaten unbenommen, ergänzende Bestimmungen über die Zusammenarbeit, Kommunikation und Koordination für Insolvenzen von Unternehmensgruppen zu erlassen.

12

---

24) Einen Konzerngerichtsstand sieht die EuInsVO gleichwohl nicht vor; *Kindler/Sakka*, EuZW 2015, 460, 464. Die Vermutungsregeln des Art. 3 Abs. 1 können zur Zersplitterung der Konzerninsolvenz führen, aber der faktische Konzernverbund kann gleichzeitig zu seiner Widerlegung herangezogen werden; *Undritz* in: Flöther, Hdb. Konzerninsolvenzrecht, § 8 Rz. 30 f.

25) Einer materiell-rechtlichen Konsolidierung erteilt die EuInsVO eine Absage; *Paulus*, NZI 2013, 57, 62; *Thole*, ZEuP 2014, 39, 67.

## Die Erwägungsgründe

### 11. ErwG 63–64: Forderungsmeldung und Information

13 Jedem Gläubiger, einschließlich Steuerbehörden und Sozialversicherungsträgern, mit **gewöhnlichen Aufenthalt** in der EU ist die **Forderungsanmeldung** in jedem in der EU anhängigen Insolvenzverfahren zu **ermöglichen**. Vorbehaltlich der Zulässigkeit nach nationalem Recht, sollte der Verwalter des Hauptinsolvenzverfahrens berechtigt sein, im Namen bestimmter Gläubigergruppen (z. B. der Arbeitnehmer) Forderungen anzumelden. **Gläubiger**, die im Rahmen eines Insolvenzverfahrens **befriedigt** werden, können **erst dann an der Verteilung** in einem **anderen Verfahren teilnehmen**, wenn die dortigen **Gläubiger gleichen Rangs** die gleiche Quote erhalten haben. Die Gläubiger sollten über die Eröffnung des Insolvenzverfahrens ihres Schuldners rasch **informiert** werden. Die Forderungsmeldung ist durch ein **Standardformular** in allen Amtssprachen der EU zu **erleichtern**;[26] die Folgen unzureichenden Ausfüllens regelt das nationale Recht.

### 12. ErwG 65–74: Automatische Anerkennung

14 Die in den Mitgliedstaaten geführten Insolvenzverfahren sind **automatisch anzuerkennen**, was die **Wirkungserstreckung** des **Rechts** des Eröffnungsstaates bedeutet. Da den Mitgliedstaaten auf dem Gebiet des Insolvenzrechts eigene Gestaltungsspielräume verbleiben, geschieht die Rechtsangleichung der gegenseitigen Anerkennung mittels ergänzender unionsrechtlicher Regelungen zur Förderung des **gegenseitigen Vertrauens** (Art. 81 Abs. 1 Satz 1 AEUV), die zugleich den Mitgliedstaaten verbieten, zuwiderlaufende nationalstaatliche Regelungen zu erlassen.[27] Die **Gründe** der **Nichtanerkennung** sind auf das **unbedingt erforderliche Maß** zu beschränken. Konkurrierende Gerichte aus zwei Mitgliedstaaten sollten ihren Konflikt nach dem Grundsatz des gegenseitigen Vertrauens beilegen, es gilt das **Prioritätsprinzip**, die Entscheidung des zuerst eröffnenden Gerichts darf in anderen Mitgliedstaaten nicht überprüft werden.

15 Die EuInsVO formuliert **einheitliche Kollisionsnormen** sowohl in verfahrens- als auch materiell-rechtlicher Hinsicht. Im **Grundsatz** gilt die lex fori concursus, also das Recht des Eröffnungsstaates für Hauptinsolvenz- und Partikularverfahren. Soweit in Mitgliedstaaten damit kollidierende Normen existieren, gebietet der **Vertrauensschutz Sonderanknüpfungen** dann, wenn etwa ein Gläubiger seine Kreditvergabe oder einen Vertragsschluss von den Bedingungen des nationalstaatlichen Rechts anhängig machte. Solche **Sonderanknüpfungen** gelten v. a. für **dingliche Rechte**, die **Aus- und Absonderungsrechte** gewähren; diese bleiben auch bei eingestellter Zwangsvollstreckung nach dem Recht des Belegenheitsstaates erhalten. Ebenso bleibt die **Aufrechnungsbefugnis**, soweit sie nach dem Recht der Forderung zulässig ist, unbeschadet des Rechts des Eröffnungsstaates **erhalten**.

---

26) Das Formular ist als Anhang II zur Durchführungsverordnung (EU) 2017/1105 der Kommission v. 12.6.2017 zur Festlegung der in der Verordnung (EU) 2015/848 des Europäischen Parlaments und des Rates über Insolvenzverfahren genannten Formulare, ABl. (EU) L 160/1 v. 22.6.2017, erlassen. Abrufbar unter https://eur-lex.europa.eu/legal-content/DE/TXT/?uri=CELEX%3A32017R1105 (Abrufdatum: 20.1.2020).

27) EuGH, Urt. v. 20.2.1979 – Rs. C-120/78 (Cassis de Dijon), Rz. 14, Slg. 1979, 649 = NJW 1979, 1767, 1768.

## Die Erwägungsgründe

Eine **Sonderanknüpfung** besteht für **Zahlungssysteme** und **Finanzmärkte**, für sie ist ausschließlich das Recht des Mitgliedstaats maßgebend, das für das betreffende System oder den Markt gilt. Die harmonisierende Finalitätsrichtlinie enthält vorgängige Sondervorschriften gegenüber dieser Verordnung. Zum Schutz der **Arbeitnehmer und des Arbeitsverhältnisses** ist allein die lex causae, also ausschließlich das Recht des auf den Arbeitsvertrag anwendbaren Rechts maßgeblich. Dieses bestimmt auch die Notwendigkeit der Zustimmung einer Behörde (z. B. zu einer insolvenzbedingten Kündigung gemäß § 126 InsO). Die Insolvenzfestigkeit von Vorrängen richten sich nach dem Insolvenzrecht des Eröffnungsstaates, es sei denn der Verwalter des Hauptinsolvenzverfahrens gibt eine Zusicherung zur Vermeidung eines Sekundärinsolvenzverfahrens.

16

### 13. ErwG 75–81: Publizität und Information

Zum **Schutz des Geschäftsverkehrs** ist der wesentliche **Inhalt** der **Eröffnungsentscheidung** auf Antrag des Verwalters in einem anderen als dem Eröffnungsstaat **bekannt zu machen**; das ist **obligatorisch**, wenn sich dort eine **Niederlassung** befindet, aber sie ist nicht Voraussetzung für die Anerkennung des ausländischen Verfahrens. Zu diesem Zweck, aber auch um Parallelverfahren zu verhindern, sind die Mitgliedstaaten verpflichtet, die Veröffentlichung in **öffentlich zugänglichen Registern**, ggf. mehreren, bekannt zu machen, die wiederum über das **Europäische Justizportal zu vernetzen** sind. Die EuInsVO regelt den **Mindestumfang** der zu veröffentlichenden **Informationen**. **Natürliche Personen** sind nur dann in diese Register aufzunehmen, wenn sie eine **selbstständige Tätigkeit** ausüben. Soweit vorhanden, ist ihre Handelsregisternummer anzugeben. Bestimmte Aspekte des Verfahrens, wie **Fristen der Forderungsanmeldung** oder die **Anfechtung von Entscheidungen** verpflichten, ungeachtet ihrer Bedeutung für die Gläubiger, die Mitgliedstaaten nicht, diese Fristen zu berechnen; allerdings sind sie gefordert, **Hyperlinks** zum Europäischen Justizportal einzufügen, die **selbsterklärend** die **Kriterien** zu ihrer Berechnung **ermöglichen**.

17

Zum Zwecke des **Datenschutzes** ist es den Mitgliedstaaten bei **natürlichen, nicht gewerblich tätigen** Personen gestattet, den Zugang zu den Informationen von **zusätzlichen Suchkriterien** abhängig zu machen, wie die persönliche Kennnummer, Anschrift, Geburtsdatum oder den Bezirk des zuständigen Gerichts. Möglich auch, die **Rechtmäßigkeit der Einsicht** an die vorherige Prüfung des Interesses durch die zuständige Behörde zu knüpfen. Es bleibt den Mitgliedstaaten unbenommen, bestimmte Personenkreise nicht in ihre Insolvenzregister aufzunehmen, dann sollten die Gläubiger durch **individuelle Mitteilungen** die einschlägigen Informationen erhalten, was im Unterlassensfall keine **Auswirkung** auf ihre Forderung hat. **Gutgläubige**, in Unkenntnis der ausländischen Verfahrenseröffnung **Drittschuldner** leisten an den Schuldner mit **schuldbefreiender Wirkung**. Die **Wirkungen** der Eröffnung auf **Gerichts- und Schiedsverfahren** bestimmt sich nach dem **Recht** des Staates, in dem das **Verfahren anhängig** ist. Um den verfahrensrechtlichen Besonderheiten der Mitgliedstaaten gerecht zu werden, sollen die Bestimmungen dieser EuInsVO flexibel gehandhabt werden, wenn also die EuInsVO auf Mitteilungen der Justizorgane Bezug nimmt, bedeutet dies zugleich die Befugnis, diese vorzunehmen.

18

## Die Erwägungsgründe

### 14. ErwG 82–89: Europarechtliche Folgen und Implikationen

19 Der Kommission werden **Durchführungsbefugnisse** zur Gewährleistung einheitlicher Bedingungen für die EuInsVO übertragen, die in Einklang mit der VO (EU) 182/2011 stehen müssen. Angesichts der in Art. 291 Abs. 1 AEUV verankerten Umsetzungspflicht der Mitgliedstaaten, beschränken sich **Durchsetzungsrechtsakte** der Kommission gemäß Art. 291 Abs. 2 AEUV auf **rechtssetzende Durchführungssteuerung** zur Sicherung der einheitlichen und effektiven Umsetzung des EU-Rechts.[28] Die Feststellung der **Konformität** der EuInsVO mit der **Charta der Grundrechte (GrCh)**, für die eine besondere Begründung entbehrlich ist,[29] erfüllt die **Begründungspflicht** gemäß Art. 41 Abs. 2 lit. c GRCh. Die EuInsVO verfolgt das **Ziel**, den Schutz personenbezogener Daten (Art. 8 GRCh), das Eigentumsrecht (Art. 17 GRCh) und das Recht auf wirksamen Rechtsbehelf und faires Verfahren (Art. 47 GRCh) zu fördern. Soweit die EuInsVO die **Verarbeitung personenbezogener Daten** regelt, sind sie **richtlinienkonform** mit RL 95/46/EG und **verordnungskonform** mit VO (EG) 45/2001 zu handhaben. An deren Stelle ist ab dem **25.5.2018** die **Datenschutz-Grundverordnung** (DS-GVO) vom 25.5.2016 getreten (siehe Art. 78 [*Zipperer*]).[30] Die VO (EWG, Euratom) Nr. 1182/71 vom 3.6.1971 zur Festlegung der **Regeln** für **Fristen, Daten und Termine** gilt auch für diese Verordnung.

20 Das Ziel der Schaffung eines rechtlichen Rahmens für die **geordnete Abwicklung grenzüberschreitender Insolvenzverfahren** ist auf Unionsebene **besser zu verwirklichen** und gemäß Art. 5 Satz 4 des Protokolls vom 13.12.2007 über die Anwendung der Subsidiarität und der Verhältnismäßigkeit[31] gerechtfertigt (Art. 5 Abs. 3 Unterabs. 1 EUV). Die Angaben sind erforderlich, weil auf dem Gebiet des Rechts gemäß Art. 4 Abs. 2 lit. j AEUV eine geteilte Zuständigkeit zwischen der EU und den Mitgliedstaaten besteht, die nur bei besserer Verwirklichung auf Unionsebene ausgeübt werden darf (Art. 5 Abs. 3 EUV). Das eröffnet zugleich die **Anwendung der Grundrechtscharta**[32] (GRCh).[33] Die EuInsVO hält den Grundsatz der **Verhältnismäßigkeit** (Art. 5 Abs. 4 EUV) ein, weil sie nicht über das zur Verwirklichung der geordneten Abwicklung grenzüberschreitender Insolvenzverfahren erforderliche Maß hinausgeht.

---

28) Grabitz/Hilf/Nettesheim-*Nettesheim*, EUV/AEUV, Art. 291 AEUV Rz. 7, 10, 23, 24.
29) Das ist der Fall, wenn sich wie hier der vom Gemeinschaftsorgan verfolgte Zweck in seinen wesentlichen Zügen entnehmen lässt; EuGH, Urt. v. 12.7.2005 – Rs. C-154/04 und Rs. C-155/04 (Alliance for Natural Health u. a./Secretary of State for Health), Rz. 133, EuZW 2005, 598, 605.
30) Verordnung (EU) 2016/679 des Europäischen Parlaments und des Rates v. 27.4.2016 zum Schutz natürlicher Personen bei der Verarbeitung personenbezogener Daten, zum freien Datenverkehr und zur Aufhebung der Richtlinie 95/46/EG – Datenschutz-Grundverordnung (DS-GVO), ABl. (EU) L 119/1 v. 4.5.2016.
31) ABl. (EU) C 306/150 v. 17.12.2007.
32) Charta der Grundrechte der Europäischen Union (2010/C 83/02) – Grundrechtscharta (GRCh), ABl. (EU) C 83/389 v. 30.3.2010.
33) EuG, Urt. v. 17.9.2007 – Rs. T-240/04 (Frankreich/Kommission), Rz. 31, Slg. 2007, II-4035, zu Art. 3 EAGV.

## Die Erwägungsgründe

Das **Vereinigte Königreich** und **Irland** verfügen kraft des Protokolls Nr. 21 bzgl. des Titels V AEUV (Artt. 67 ff. AEUV) über ein umfassendes **opt-out** und die Möglichkeit des (nachträglichen) **opt-in**, d. h. grundsätzlich gelten primäres und sekundäres Recht nicht in diesen Staaten, allerdings haben sie mitgeteilt sich an der Annahme und Anwendung der EuInsVO zu beteiligen.[34] **Dänemark** nimmt gemäß Artt. 1, 2 und 3 Protokoll über die Rechtsstellung DK grundsätzlich nicht an Maßnahmen nach Titel V teil.[35] Die Anhörung des **Datenschutzbeauftragten** beruht auf Art. 28 Abs. 2 der Datenschutzrichtlinie vom 7.12.2013.

21

---

34) Vgl. Grabitz/Hilf/Nettesheim-*Röben*, EUV/AEUV, Art. 67 AEUV Rz. 41–50. Welche Auswirkungen ein ungeregelter „Brexit" haben wird, bleibt abzuwarten.
35) Grabitz/Hilf/Nettesheim-*Röben*, EUV/AEUV, Art. 67 AEUV Rz. 51–52.

## VERORDNUNG (EU) 2015/848 DES EUROPÄISCHEN PARLAMENTS UND DES RATES

vom 20. Mai 2015

über Insolvenzverfahren

ABl. (EU) L 141 vom 5. Juni 2015, die zuletzt geändert worden ist durch Verordnung (EU) 2018/946 vom 4. Juli 2018, ABl. (EU) L 171 vom 6. Juli 2018, S. 1

## KAPITEL I
## ALLGEMEINE BESTIMMUNGEN

### Artikel 1
### Anwendungsbereich

(1) <sup>(Unterabs. 1)</sup> Diese Verordnung gilt für öffentliche Gesamtverfahren einschließlich vorläufiger Verfahren, die auf der Grundlage gesetzlicher Regelungen zur Insolvenz stattfinden und in denen zu Zwecken der Rettung, Schuldenanpassung, Reorganisation oder Liquidation

a) dem Schuldner die Verfügungsgewalt über sein Vermögen ganz oder teilweise entzogen und ein Verwalter bestellt wird,

b) das Vermögen und die Geschäfte des Schuldners der Kontrolle oder Aufsicht durch ein Gericht unterstellt werden oder

c) die vorübergehende Aussetzung von Einzelvollstreckungsverfahren von einem Gericht oder kraft Gesetzes gewährt wird, um Verhandlungen zwischen dem Schuldner und seinen Gläubigern zu ermöglichen, sofern das Verfahren, in dem die Aussetzung gewährt wird, geeignete Maßnahmen zum Schutz der Gesamtheit der Gläubiger vorsieht und in dem Fall, dass keine Einigung erzielt wird, einem der in den Buchstaben a oder b genannten Verfahren vorgeschaltet ist.

<sup>(Unterabs. 2)</sup> Kann ein in diesem Absatz genanntes Verfahren in Situationen eingeleitet werden, in denen lediglich die Wahrscheinlichkeit einer Insolvenz besteht, ist der Zweck des Verfahrens die Vermeidung der Insolvenz des Schuldners oder der Einstellung seiner Geschäftstätigkeit.

<sup>(Unterabs. 3)</sup> Die Verfahren, auf die in diesem Absatz Bezug genommen wird, sind in Anhang A aufgeführt.

(2) Diese Verordnung gilt nicht für Verfahren nach Absatz 1 in Bezug auf

a) Versicherungsunternehmen,

b) Kreditinstitute,

c) Wertpapierfirmen und andere Firmen, Einrichtungen und Unternehmen, soweit sie unter die Richtlinie 2001/24/EG fallen, oder

d) Organismen für gemeinsame Anlagen.

# Artikel 1

Anwendungsbereich

**Literatur:** *Albrecht*, Die Reform der EuInsVO ist abgeschlossen – eine Übersicht, ZInsO 2015, 1077; *Balz*, The European Union Convention on Insolvency Proceedings, 70 Am. Bankr. L. J. (1996) 485; *Bork*, Prinzipien des Internationalen Insolvenzrechts, in: Festschrift für Hanns Prütting, 2018, S. 613; *Bramkamp*, Neues zu insolvenzbezogenen Annexverfahren im Sinne der EuInsVO, KTS 2015, 421; *Braun/Heinrich*, Finanzdienstleister in der grenzüberschreitenden Insolvenz – Lücken im System?; NZI 2005, 578; *Brinkmann*, Grenzüberschreitende Sanierung und europäisches Insolvenzrecht, KTS 2014, 381; *Cohen/ Dammann/Sax*, Final text for the Amended EU Regulation on Insolvency proceedings, IILR 2015, 117; *Dammann*, Umsetzung des EU-Richtlinienvorschlags vom 22.11.2016: Vorschläge zur Einführung eines präventiven Restrukturierungsverfahrens, in Festschrift für Klaus Wimmer, 2017, S. 162; *Dammann*, Die Erfolgsrezepte französischer vorinsolvenzlicher Sanierungsverfahren, NZI 2009, 502; *Dammann*, Die Schlüssel des Erfolgs der französischen Vorverfahren und der neuen procédure de sauvegarde, NZI 2008, 420; *Dammann/Undritz*, Die Reform des französischen Insolvenzrechts im Rechtsvergleich zur InsO, NZI 2005, 198; *Degenhardt*, Das neue französische „beschleunigte finanzielle Sanierungsverfahren" (Sauvegarde financière accélérée), NZI 2013, 830; *Dickinson*, Background and Introduction to the Regulation, in: Dickinson/Lein, The Brussels I Regulation Recast, 2015, Ch. 1; *Duursma-Kepplinger/Duursma*, Der Anwendungsbereich der Insolvenzverordnung, IPRax 2003, 505; *Eidenmüller*, Europäische Verordnung über Insolvenzverfahren und zukünftiges deutsches internationales Insolvenzrecht, IPRax 2001, 2; *Eidenmüller/Frobenius*, Die internationale Reichweite eines englischen Scheme of Arrangement, WM 2011, 1210; *Eidenmüller/van Zwieten*, Restructuring the European Business Enterprise: The Commission Recommendation on a new Approach to Business failure an d Insolvency, European Corporate Governance Institute (ECGI) – Law Working Paper No. 301/2015, Oxford Legal Studies Research Paper No. 52/2015 (zit.: Restructuring the European Business Enterprise, Oxford Legal Studies Research Paper No. 52/2015), *Eidenmüller*, A New Framework for Business Restructuring in Europe: The EU Commissions's Proposal for a Reform of the European Insolvency Regulation, 20 Maastricht Journal of European and Comparative Law (2013), 133; *Fischer*, Rechtliche Anerkennung eines Scheme of Arrangement, das eine Gesellschaft mit Sitz in Deutschland betrifft, in: Festschrift für Heinz Vallender zum 65. Geburtstag, 2015, S. 137; *Flessner*, Insolvenzverfahren ohne Insolvenz? Vorteile und Nachteile eines vorinsolvenzlichen Reorganisationsverfahrens nach französischem Vorbild, KTS 2010, 127; *Freitag*, Grundfragen der Richtlinie über präventive Restrukturierungsrahmen und ihre Umsetzung in das deutsche Recht, ZIP 2019, 541; *Freitag/Korch*, Gedanken zum Brexit – Mögliche Auswirkungen im Internationalen Insolvenzrecht, ZIP 2016, 1849; *Frind*, Die Begründung von Masseverbindlichkeiten im Eigenverwaltungseröffnungsverfahren, ZInsO 2012, 1099; *Frind*, Insolvenzgerichtliche Veröffentlichungsnotwendigkeiten bei der vorläufigen Sachwalterschaft, ZIP 2012, 1591; *Fritz*, Die Neufassung der Europäischen Insolvenzverordnung: Erleichterung bei der Restrukturierung in grenzüberschreitenden Fällen? (Teil 1), DB 2015, 1882; *Garcimartín*, The EU Insolvency Regulation Recast: Scope, Jurisdiction and Applicable Law, ZEuP 2015, 694; *Garcimartín*, The Review of the Insolvency Regulation: Hybrid Procedures and other issues, IILR 2011, 321; *Graf-Schlicker*, Die Entwicklung des ESUG und die Fortentwicklung des Insolvenzrechts, ZInsO 2013, 1765; *Herchen*, Wer zuerst kommt, mahlt zuerst!, NZI 2006, 435; *Herchen*, Scheinauslandsgesellschaften im Anwendungsbereich der Europäischen Insolvenzverordnung, ZInsO 2003, 742; *Hergenröder*, Internationales Verbraucherinsolvenzrecht, ZVI 2005, 233; *Hess*, Hybride Sanierungsinstrumente zwischen der Europäischen Insolvenzverordnung und der Verordnung, in: Festschrift für Rolf Stürner zum 70. Geburtstag, 2013, S. 1253; *Hirte*, Anmerkungen zum von § 270b RefE-Inso ESUG vorgeschlagenen „Schutzschirm", ZInsO 2011, 401; *Huber*, Internationales Insolvenzrecht in Europa, ZZP 114 (2001), 133; *Kindler/Sakka*, Die Neufassung der Europäischen Insolvenzverordnung, EuZW 2015, 460; *Korch*, Gedanken zum Brexit – Insolvenzanfechtung, dingliche Rechte Dritter und weitere besondere Sachverhalte (Art. 7 ff. EuInsVO n. F.)

Anwendungsbereich **Artikel 1**

nach dem Brexit, ZInsO 2016, 1884; *Liersch*, Deutsches Internationales Insolvenzrecht, NZI 2003, 302; *Lutter*, Der Konzern in der Insolvenz, ZfB 1984, 781; *Mankowski*, Internationale Nachlassinsolvenzverfahren, ZIP 2011, 1501; *Mankowski*, Anerkennung englischer Solvent Schemes of Arrangement in Deutschland, WM 2011, 1201; *Mankowski*, Europäisches Internationales Insolvenzrecht (EuInsVO), in: Kölner Schrift zur Insolvenzordnung, 3. Aufl., 2009, Kap. 47; *Mansel/Thorn/Wagner*, Europäisches Kollisionsrecht 2015: Neubesinnung, IPRax 2016, 1; *Martini*, Die Europäische Insolvenzverordnung über Insolvenzverfahren v. 29.5.2000 und die Rechtsfolgen für die Praxis, ZInsO 2002, 905; *Mock/Schildt*, Insolvenz ausländischer Kapitalgesellschaften mit Sitz in Deutschland, ZInsO 2003, 396; *Pannen*, Auf dem Weg zu einem vorinsolvenzlichen Restrukturierungsverfahren für Deutschland, in: Festschrift für Gerhard Pape, 2019, S. 309; *Parzinger*, Die neue EuInsVO auf einen Blick, NZI 2016, 63; *Piekenbrock*, Auslandsvermögen in inländischen Insolvenzverfahren, IPRax 2018, 392; *Piekenbrock*, Das Europäische Insolvenzrecht im Umbruch, KSzW 2015, 191; *Piekenbrock*, Der Anwendungsbereich der EuInsVO de lege ferenda, ZIP 2014, 250; *Prager/Keller, Ch.*, Der Entwicklungsstand des Europäischen Insolvenzrechts, WM 2015, 805; *Riedemann/Schmidt*, Europäische Nachlassinsolvenz – Das Verhältnis von EuInsVO und EuErbVO, ZVI 2015, 447; *Riewe*, Die Macht des Moratoriums, NZI Beilage 1 z. Heft 16–17/2019, S. 42; *Sax/Swierczok*, Die Anerkennung des englischen Scheme of Arrangement in Deutschland post Brexit, ZIP 2017, 691; *Schlegel*, EU-Trend zu vorinsolvenzlichen Sanierungsverfahren – EU gibt Gerüst vor: Präventiv und hybrid, INDat-Report 8/2015, 10; *Schmidt, J.*, Das Prinzip „eine Person, ein Vermögen, eine Insolvenz" und seine Durchbrechungen vor dem Hintergrund der aktuellen Reformen im europäischen und deutschen Recht, KTS 2015, 19; *Smid*, Vier Entscheidungen englischer und deutscher Gerichte zur europäischen internationalen Zuständigkeit zur Eröffnung von Hauptinsolvenzverfahren, DZWIR 2003, 397; *Schulz*, Anm. zur Entscheidung des EuGH vom 16.1.2014 (C-328/12) – Zur Frage der internationalen Zuständigkeit für eine Anfechtungsklage gegen einen in einem Drittstaat ansässigen Anfechtungsgegner, EuZW 2014, 264; *Senoner/Weber-Wilfert*, Die Prüfung der internationalen Zuständigkeit nach der EuInsVO neu, RZ (Österreichische Richterzeitung) 2016, 126; *Skauradszun*, Ein Umsetzungskonzept für den präventiven Restrukturierungsrahmen, KTS 2019, 161; *Taupitz*, Das (zukünftige) europäische Internationale Insolvenzrecht – insbesondere aus international-privatrechtlicher Sicht, ZZP 111 (1998), 315; *Thole*, Die Reform der Europäischen Insolvenzverordnung – Zentrale Aspekte des Kommissionsvorschlags und offene Fragen, ZEuP 2014, 39; *Thole*, Sanierung mittels Scheme of Arrangement im Blickwinkel des Internationalen Privat- und Verfahrensrechts, ZGR 2013, 109; *Thole/Swierczok*, Vom Umgang mit überwertigen Sacheinlagen im Allgemeinen und mit gemischten (verdeckten) Sacheinlagen im Besonderen, ZIP 2013, 550; *Vallender*, Die Folgen des Brexit für das nationale und internationale Insolvenzrecht, ZInsO 2019, 645; *Vallender*, Europaparlament gibt den Weg frei für eine neue Europäische Insolvenzverordnung, ZIP 2015, 1513; *Vallender*, Das neue Schutzschirmverfahren nach dem ESUG, GmbHR 2012, 451; *Vallender*, Gesetz zur weiteren Erleichterung der Sanierung von Unternehmen [ESUG] – Das reformierte Plan- und Eigenverwaltungsverfahren, MDR 2012, 125; *Vallender*, Die Insolvenz von Scheinauslandsgesellschaften, ZGR 2006, 426; *Vallender/Heukamp*, Alte Ziele und neue Verfahren: Die Reform des französischen Unternehmensinsolvenzrechts, EuZW 2006, 193; *Vallens*, Scope of the European Insolvency Regulation and Definition of Insolvency, in: Bariatti/Omar, The Grand Project: Reform of the European Insolvency Regulation, 2014, S. 17; *Virgós/Schmit*, Erster Teil: EU-Übereinkommen über Insolvenzverfahren, Kap. B – Erläuternder Bericht, in: Stoll, Vorschläge und Gutachten zur Umsetzung des EU-Übereinkommens über Insolvenzverfahren im deutschen Recht, 1997, S. 32 (zit.: *Virgós/Schmit* in: Stoll, Vorschläge und Gutachten); *v. Bismarck/Schulz*, Das Verhältnis der Richtlinie zur EuInsVO, NZI Beilage 1 z. Heft 16–17/2019, S. 82; *Wagner*, Aktuelle Entwicklungen in der justiziellen Zusammenarbeit in Zivilsachen, NJW 2016, 1774; *Wessels, B.*, Themes of the future: rescue businesses and cross-border cooperation, 2014, Insolvency

**Artikel 1** Anwendungsbereich

Intelligence 4; *Wessels, B.*, International Insolvency Law, Volume X, 2012; *Wimmer*, Die Richtlinien 2001/17 EG und 2001/24 EG über die Sanierung und Liquidation von Versicherungsunternehmen und Kreditinstituten, ZInsO 2002, 897; *Zipperer*, Der präventive Restrukturierungsrahmen – ein flankierendes Projekt der Kommission zur Effektivierung der EuInsVO, ZInsO 2016, 831; *Zwickel*, Die Verzahnung von Gerichtsverfahren und einvernehmlicher Streitbeilegung in Frankreich, ZKM 2013, 91.

Übersicht

I. Normzweck .................... 1
II. Anwendungsbereich .................... 2
III. Verhältnis von EuInsVO und EuGVVO .................... 5
IV. Sachlicher Anwendungsbereich (Art. 1 Abs. 1 i. V. m. Anhang A) .................... 8
 1. Vom traditionellen Verständnis zur europäischen Rettungskultur .................... 8
 2. Erweiterung des Anwendungsbereichs .................... 11
 3. Öffentliche Gesamtverfahren, die auf Grundlage gesetzlicher Regelungen zur Insolvenz stattfinden .................... 14
  a) Öffentliche Gesamtverfahren .................... 15
   aa) Kollektivverfahren .................... 16
   bb) Partielle Kollektivverfahren .................... 17
   cc) Gerichtliche und administrative Verfahren .................... 20
   dd) Öffentlichkeit des Verfahrens .................... 21
  b) Vorläufige Verfahren .................... 26
  c) Auf der Grundlage gesetzlicher Regelungen zur Insolvenz .................... 29
   aa) Wahrscheinlichkeit der Insolvenz als ausreichendes Kriterium .................... 30
   bb) Ausklammerung von Verfahren, die sich auf allgemeines Gesellschaftsrecht stützen .................... 31
    (1) Scheme-of-Arrangement .................... 32
    (2) Spezifische Verfahren zur Schuldenanpassung .................... 34
   cc) Zweckrichtung des Verfahrens .................... 35
  d) Einschränkungen der individuellen Rechte von Gläubigern und Schuldner (Art. 1 Abs. 1 Unterabs. 1 lit. a–c) .................... 39
   aa) Vermögensbeschlag und Verwalter (Art. 1 Abs. 1 Unterabs. 1 lit. a) .................... 40
   bb) Gerichtliche Kontrolle (Art. 1 Abs. 1 Unterabs. 1 lit. b) .................... 41
   cc) Temporäres Vollstreckungsmoratorium (Art. 1 Abs. 1 Unterabs. 1 lit. c) .................... 43
  e) Aufnahme in Anhang A (Art. 1 Abs. 1 Unterabs. 3) .................... 44
   aa) Unmittelbare und verbindliche Wirkung .................... 45
   bb) Änderung der Anhänge .................... 47
   cc) Deutsche Verfahren .................... 49
V. Persönlicher Anwendungsbereich ... 55
 1. Natürliche und juristische Personen .................... 56
 2. Konzerninsolvenz .................... 57
 3. Bereichsausnahmen (Art. 1 Abs. 2) ... 59
  a) Kreditinstitute und Versicherungsunternehmen (Art. 1 Abs. 2 lit. a und b) .................... 61
  b) Wertpapier- sowie Investmentunternehmen (Art. 1 Abs. 2 lit. c) .................... 62
  c) Organismen für gemeinsame Anlagen (Art. 1 Abs. 2 lit. d) .................... 63
VI. Räumlicher Anwendungsbereich .... 66
 1. Sachlich-räumlicher Anwendungsbereich .................... 68
  a) Grenzüberschreitender Bezug .................... 69
   aa) Anhaltspunkte für einen Auslandsbezug .................... 70
   bb) Pflicht zur Begründung der internationalen Zuständigkeit ... 71
  b) Drittstaatensachverhalte .................... 73
  c) Kollisionsnormen .................... 78
  d) Anerkennung von Insolvenzverfahren .................... 84
  e) Sekundärinsolvenzverfahren .................... 85
  f) Kooperation .................... 86
 2. Rückgriff auf die allgemeine Kollisionsnorm des Art. 7? .................... 87
 3. Bilaterale und multilaterale Übereinkünfte .................... 88
VII. Zeitlicher Anwendungsbereich ....... 89

## I. Normzweck

1 Ein wesentliches Anliegen des Verordnungsgebers der reformierten EuInsVO ist es, diese verstärkt für Verfahren zu öffnen, die auf eine **Rettung wirtschaftlich an-**

Anwendungsbereich **Artikel 1**

geschlagener, aber **sanierungsfähiger** Unternehmen abzielen.[1] Dem trägt die Neufassung des Art. 1 Abs. 1 durch eine **Erweiterung des Anwendungsbereichs** Rechnung, indem sie auch Verfahren erfasst, die als Auslöser für die Einleitung eines Verfahrens keine zwingenden Insolvenzgründe wie Zahlungsunfähigkeit oder Überschuldung voraussetzen. Auf diese Weise soll die zur EuInsVO a. F. bestehende Diskrepanz zwischen der Definition Gesamtverfahren und den im Anhang A genannten Verfahren beseitigt werden.[2] Regelungstechnisch geschieht dies dadurch, dass der in der alten Fassung der Vorschrift gewählte Bezug auf die Insolvenz des Schuldners ersetzt wird durch die Regelung, dass sich das (öffentliche) Gesamtverfahren auf „gesetzliche Regelungen zur Insolvenz" oder „Rettung, Schuldenanpassung, Reorganisation" stützen muss. Erfasst werden auch solche Verfahren, an denen zwar kein Verwalter beteiligt ist, das Vermögen und der Geschäftsbetrieb des Schuldners aber der gerichtlichen Kontrolle oder Aufsicht unterstellt sind.[3] Damit bricht der Verordnungsgeber gleichzeitig sein bisheriges Schweigen hinsichtlich der **Zweckrichtung des Verfahrens**. Während sich die Verordnung 1346/2000 gegenüber der Zielsetzung der Insolvenzverfahren weitgehend neutral verhielt, werden nunmehr ausdrücklich die Rettung, Schuldanpassung, Reorganisation oder Liquidation in Art. 1 Abs. 1 Unterabs. 1 genannt. Dabei erfasst die Vorschrift nicht nur Unternehmen, sondern zielt auch auf Verfahren ab, welche die Schuldbefreiung oder eine Schuldanpassung in Bezug auf Verbraucher und Selbstständige zum Gegenstand haben. Voraussetzung ist aber, dass diese Verfahren der Kontrolle oder Aufsicht eines Gerichts unterliegen (ErwG 10 Satz 2). Die Neufassung der Verordnung favorisiert indes nicht **Verfahren** zur Vermeidung einer Insolvenz.[4] Vielmehr gilt sie gleichermaßen sowohl für Verfahren, die eine Liquidation des schuldnerischen Vermögens anstreben, als auch für solche Verfahren, die eine Restrukturierung des Schuldners, sei es außergerichtlich oder in einem Insolvenzverfahren, zum Ziel haben.

## II. Anwendungsbereich

Nach wie vor findet die EuInsVO Anwendung auf Insolvenzverfahren über das Vermögen von Schuldnern, deren Interessenmittelpunkt (Centre-of-Main-Interests) in   2

---

1) Vorschlag für eine Verordnung des Europäischen Parlaments und des Rates zur Änderung der Verordnung (EG) Nr. 1346/2000 des Rates über Insolvenzverfahren, v. 12.12.2012, COM(2012) 744 final, S. 2 f., 6 f., abrufbar unter https://www.europarl.europa.eu/meetdocs/2009_2014/documents/com/com_com(2012)0744_/com_com(2012)0744_de.pdf (Abrufdatum: 20.1.2020); *Wimmer*, jurisPR-InsR 7/2015 Anm. 1.
2) Näher dazu *Piekenbrock*, ZIP 2014, 250, 256.
3) Vorschlag für eine Verordnung des Europäischen Parlaments und des Rates zur Änderung der Verordnung (EG) Nr. 1346/2000 des Rates über Insolvenzverfahren, v. 12.12.2012, COM(2012) 744 final, S. 6, abrufbar unter https://www.europarl.europa.eu/meetdocs/2009_2014/documents/com/com_com(2012)0744_/com_com(2012)0744_de.pdf (Abrufdatum: 20.1.2020).
4) Ähnlich *Paulus*, EuInsVO, Art. 1 Rz. 10.

**Artikel 1** Anwendungsbereich

der EU liegt (mit Ausnahme von Dänemark)[5] und die nicht zu den in Art. 1 Abs. 2 aufgezählten Unternehmen des Finanzsektors zählen.[6]

3 Die abstrakte Definition in **Art. 1 Abs. 1** trifft i. V. m. **Anhang A** (vgl. Art. 2 Nr. 4)[7] eine Regelung zum **sachlichen** Anwendungsbereich, Art. 1 Abs. 2 beschreibt in einer Negativabgrenzung den **persönlichen** Anwendungsbereich der Verordnung, während die Regelung zum **zeitlichen** Anwendungsbereich außerhalb der Vorschrift in **Art. 84** und **Art. 92 Satz 2** angesiedelt ist. Dagegen enthält die Verordnung keine ausdrückliche Regelung ihres **räumlichen** bzw. territorialen Anwendungsbereichs. Soweit der Anwendungsbereich der EuInsVO eröffnet ist, finden die Vorschriften des autonomen Internationalen Insolvenzrechts (§§ 335 ff. InsO) keine Anwendung; die **EuInsVO geht** in ihrem Anwendungsbereich den Vorschriften des Deutschen Internationalen Insolvenzrechts **vor**.[8] Das Insolvenzstatut setzt sich als **Gesamtstatut** auch insoweit gegen das **deutsche Sachrecht** durch. Dies folgt aus der Pflicht zur Effektuierung des Unionsrechts, insbesondere des Art. 7 Abs. 2 Satz 2 lit. c.[9] Letztlich besteht ein Vorrang des Unionsrechts bei der Qualifikation.

4 Für die **Ausführung der Verordnung durch die deutschen Insolvenzgerichte** hat der deutsche Gesetzgeber durch das Gesetz zur Durchführung der Verordnung (EU) 2015/848 über Insolvenzverfahren[10] in **Art. 102c EGInsO** entsprechende Bestimmungen erlassen. Diese sind an die geänderten Vorschriften der reformierten EuInsVO angepasst, teilweise auch erweitert worden.

### III. Verhältnis von EuInsVO und EuGVVO

5 Eine **Abgrenzung** der Anwendungsbereiche der **EuInsVO** und der **EuGVVO**[11] erfolgt durch **Art. 1 Abs. 2 lit. b EuGVVO**. Die Vorschrift bestimmt, dass die EuGVVO auf Konkurse, Vergleiche und ähnliche Verfahren **nicht anwendbar** ist (ErwG 7 Satz 1). In seinem Urteil vom 19.4.2012[12] hat der EuGH noch einmal grundlegend zu dem Verhältnis zwischen der EuInsVO und der EuGVVO Stellung genommen. Anknüpfend an seine Rechtsprechung zum Brüsseler Übereinkommen

---

5) ErwG 25; Bork/van Zwieten-*van Zwieten*, Commentary on the European Insolvency Regulation, Art. 1 Rz. 1.06.
6) Wimmer/Bornemann/Lienau-*Bornemann*, Die Neufassung der EuInsVO, Rz. 60.
7) *Paulus* (EuInsVO, Art. 1 Rz. 11) sieht die „eventuell fehlende Präzision bzw. Unschärfe" der Definition der Verfahren in Art. 1 Abs. 1 aufgrund dieser Regelung kompensiert.
8) BGH, Urt. v. 30.4.2015 – IX ZR 301/13, Rz. 4, ZIP 2015, 1134, dazu EWiR 2015, 383 (*Eckardt*); BGH, Beschl. v. 3.2.2011 – V ZB 54/10, Rz. 11, BGHZ 188, 177 = ZIP 2011, 926 ff., dazu EWiR 2011, 313 (*Undritz*); s. a. AG Niebüll, Beschl. v. 15.7.2015 – 5 IN 7/15, ZIP 2015, 1746, dazu EWiR 2015, 551 (*Paulus*).
9) Staudinger-*Mansel*, BGB, Art. 43 EGBGB Rz. 1006; a. A. *Aderhold*, Auslandskonkurs im Inland, S. 230; *v. Oertzen*, Inlandswirkungen eines Auslandskonkurses; offengelassen von BGH, Beschl. v. 3.2.2011 – V ZB 54/10, Rz. 11, BGHZ 188, 177 = ZIP 2011, 926 ff.
10) Gesetz zur Durchführung der Verordnung (EU) 2015/848 über Insolvenzverfahren, v. 5.6.2017, BGBl. I 2017, 1476.
11) Verordnung (EU) Nr. 1215/2012 des Europäischen Parlaments und des Rates v. 12.12.2012 über die gerichtliche Zuständigkeit und die Anerkennung und Vollstreckung von Entscheidungen in Zivil- und Handelssachen, ABl. (EU) L 351/1 v. 20.12.2012.
12) EuGH, Urt. v. 19.4.2012 – Rs. C-213/10, ZIP 2012, 1049, dazu EWiR 2012, 383 (*Brinkmann*).

Anwendungsbereich **Artikel 1**

vom 27.9.1968 (EuGVÜ)[13] hat er ausgeführt, dass die Auslegung des EuGVÜ auch für die EuGVVO gelte, soweit die in Rede stehenden Vorschriften als gleichbedeutend angesehen werden können, was bei Art. 1 Abs. 2 lit. b EuGVVO und Art. 1 Abs. 2 Nr. 2 EuGVÜ, die den gleichen Wortlaut haben, der Fall sei, und dass Klagen, die sich unmittelbar aus einem Insolvenzverfahren herleiten und in engem Zusammenhang damit stehen, – nur – in den Anwendungsbereich der EuInsVO fallen. Die beiden Verordnungen seien so auszulegen, dass jede Regelungslücke und Überschneidung zwischen den in diesen Verordnungen enthaltenen Rechtsvorschriften vermieden werde.[14] In weiteren Entscheidungen[15] hat der EuGH nochmals klargestellt, dass nur Klagen, die sich unmittelbar aus einem Insolvenzverfahren herleiten und in engem Zusammenhang damit stehen, vom Anwendungsbereich des Brüsseler Übereinkommens und danach der EuGVVO ausgenommen sind.

Daraus folgt zwangsläufig, dass das **Insolvenzverfahren** selbst allein der EuInsVO unterfällt (ErwG 7 Satz 2), ohne dass sich daraus ein Vorrang der EuInsVO gegenüber der EuGVVO ergibt. Umgekehrt bedeutet der Umstand, dass ein Verfahren nicht in Anhang A der EuInsVO aufgeführt ist, nicht, dass dieses Verfahren unter den Anwendungsbereich des EuGVVO fällt (ErwG 7 Satz 4). Dadurch entsteht indes weder eine Rechtslücke[16], die nach der Vorstellung des Verordnungsgebers gerade vermieden werden soll, noch eine Überschneidung der beiden Anwendungsbereiche.[17] Ist ein Verfahren **nicht in Anhang A** aufgeführt, fällt es entweder unter die EuGVVO, falls deren Voraussetzungen vorliegen, und scheidet damit aus dem Anwendungsbereich der EuInsVO aus[18] oder es wird als Annexverfahren von der EuInsVO erfasst.[19] Finden weder die EuGVVO noch die EuInsVO Anwendung, ist das autonome nationale Recht heranzuziehen. Aus diesem Grunde kann dahinstehen, ob EuInsVO und EuGVVO tatsächlich nahtlos ineinander übergehen.[20] Jedenfalls reicht nach der Vorstellung des Verordnungsgebers die Bereichsausnahme des Art. 1 Abs. 2 lit. b EuGVVO nicht „genauso weit" wie der Anwendungsbereich der EuInsVO. Eine etwaige durch Nichtaufnahme in Anhang A entstehende – unerwünschte – Rechtslücke kann der betreffende Mitgliedstaat durch Anmeldung des Verfahrens zur Aufnahme in den Anhang A schließen.[21]

6

---

13) Übereinkommen über die gerichtliche Zuständigkeit und die Vollstreckung gerichtlicher Entscheidungen in Zivil- und Handelssachen v. 27.12.1968, ABl. (EG) L 299/32 v. 31.12.1972.
14) S. ErwG 7 Satz 3; EuGH, Urt. v. 14.11.2018 – Rs. C-296/17, Rz. 29, ZIP 2018, 2327.
15) EuGH, Urt. v. 6.2.2019 – Rs. C-535/17, ZIP 2019, 524, dazu EWiR 2019,305 *(Schulz)*; EuGH, Urt. v. 20.12.2017 – Rs. C-649/16, ZIP 2018, 185, dazu EWiR 2018, 243 *(Undritz)*; EuGH, Urt. v. 9.11.2017 – Rs. C-641/16, ZIP 2017, 2275, dazu EWiR 2017, 737 *(J. Schmidt)*.
16) Nach Auffassung des BGH (BGH, Beschl. v. 8.5.2014 – IX ZB 35/12, Rz. 7, ZIP 2014, 1131 = NZG 2015, 205) greifen EUGVVO und EuInsVO lückenlos ineinander.
17) *Dickinson* in: Dickinson/Lein, The Brussels I Regulation Recast, Ch. 1 Rz. 1.87.
18) S. EuGH, Urt. v. 19.4.2012 – Rs. C-213/10, ZIP 2012, 1049.
19) Mankowski/Müller-*J. Schmidt*, EuInsVO 2015, Art. 1 Rz. 42.
20) BGH, Beschl. v. 8.5.2014 – IX ZB 35/12, ZIP 2014, 1131 = NZG 2015, 205; *Mankowski*, WM 2011, 1201, 1203; *Eidenmüller/Frobenius*, WM 2011, 1210.
21) Wimmer/Bornemann/Lienau-*Bornemann*, Die Neufassung der EuInsVO, Rz. 101 a. E.

# Artikel 1

7 Art. 6 hat für **Annexverfahren**, d. h., Erkenntnisverfahren, die unmittelbar aus dem Insolvenzverfahren hervorgehen und im Zusammenhang damit stehen, die bislang höchst umstrittene Frage dahin geregelt, dass diese Verfahren der EuInsVO und nicht der EuGVVO unterfallen.

## IV. Sachlicher Anwendungsbereich (Art. 1 Abs. 1 i. V. m. Anhang A)

### 1. Vom traditionellen Verständnis zur europäischen Rettungskultur

8 Die Regelung des sachlichen Anwendungsbereichs der Verordnung (EU) 1346/2000 spiegelt noch ein **traditionelles Verständnis des Verordnungsgebers** von Insolvenzverfahren wider.[22] Art. 1 Abs. 1 a. F. erfasst von seinem Wortlaut her weder nationale Verfahren, welche die Restrukturierung eines Unternehmens im Vorfeld der Insolvenz vorsehen (vorinsolvenzliches Sanierungsverfahren) noch kombinierte (hybride) Verfahren,[23] bei denen der Schuldner weiterhin die Geschäfte führt (Verfahren in Eigenverwaltung).[24] Nicht einbezogen sind ferner bestimmte Insolvenzverfahren, die sich gegen natürliche Personen richten.[25] Eindeutig erfasst sind lediglich Gesamtverfahren, welche die Insolvenz des Schuldners voraussetzen und den vollständigen oder teilweisen Vermögensbeschlag gegen den Schuldner sowie die Bestellung eines Verwalters zur Folge haben (Art. 1 Abs. 1 a. F.). *Piekenbrock*[26] stellt insoweit zutreffend fest, dass die abstrakte Definition von Art. 1 Abs. 1 a. F. noch nie in Einklang mit allen in Anhang A genannten Verfahren gestanden habe und erst recht nicht mehr zur heutigen Rettungskultur passe, weil moderne Restrukturierungsverfahren weder die akute Zahlungsunfähigkeit des Schuldners voraussetzen noch einen Vermögensbeschlag oder die Einsetzung eines Verwalters bewirken. Diskutiert wurde jedoch, in welchen Konfigurationen Hybridverfahren von der EuInsVO erfasst werden.[27] Wegen der insoweit bestehenden Unsicherheiten erhoben sich in der Literatur zunehmend Stimmen mit der Forderung nach Einbeziehung dieser Verfahren in die EuInsVO.[28]

9 Da nach Inkrafttreten der EuInsVO a. F., insbesondere nach Vorlage der Empfehlungen der Kommission vom 12.3.2014 für einen neuen Ansatz im Umgang mit

---

22) S. *Hess* in: Hess/Oberhammer/Pfeiffer, Heidelberg-Luxembourg-Vienna Report, S. 37: „The elements of this definition correspond to the model of typical insolvency proceedings in the late 1980s".
23) Näher dazu *Hess* in: FS Stürner, S. 1253–1261.
24) S. Vorschlag für eine Verordnung des Europäischen Parlaments und des Rates zur Änderung der Verordnung (EG) Nr. 1346/2000 des Rates über Insolvenzverfahren, v. 12.12.2012, COM(2012) 744 final, 3.1.1., BR-Drucks. 777/12, abrufbar unter https://www.europarl.europa.eu/meetdocs/2009_2014/documents/com/com_com(2012)0744_/com_com(2012)0744_de.pdf (Abrufdatum: 20.1.2020); Mankowski/Müller/J. Schmidt-*J. Schmidt*, EuInsVO 2015, Art. 1 Rz. 6 m. w. N.; Moss/Fletcher/Isaacs-*Fletcher*, The EC Regulation on Insolvency Proceedings, Rz. 3.06.
25) Im Verfahren *Radziejewski* entschied der EuGH, Urt. v. 8.11.2012 – Rs. C-461/11, ABl. (EU) 2013 C 9/20 = EuZW 2013, 72 ff., dass das in Frage stehende schwedische Entschuldungsverfahren mangels Vermögensbeschlags gegen den Schuldner sowie fehlender Nennung in Anhang A nicht in den Anwendungsbereich der EuInsVO falle.
26) *Piekenbrock*, KSzW 2015, 191, 192.
27) *Piekenbrock*, ZIP 2014, 250, 255.
28) *Garcimartín*, IILR 2011, 321, 331 ff.; *Hess* in: Hess/Oberhammer/Pfeiffer, Heidelberg-Luxembourg-Vienna Report, S. 66 ff., 81; *Piekenbrock*, ZIP 2014, 250, 255.

unternehmerischem Scheitern und Unternehmensinsolvenzen,[29)] zahlreiche Mitgliedstaaten der EU Verfahren geändert oder in ihre Rechtsordnung aufgenommen haben, die auf die Vermeidung einer Insolvenz abzielen und die Aussichten für eine erfolgreiche Unternehmenssanierung erhöhen sollen,[30)] sah sich der Verordnungsgeber veranlasst, dieser Entwicklung auch auf europäischer Ebene Rechnung zu tragen (**Förderung einer europäischen Rettungskultur** [Rescue-Culture])[31)] und sich von dem überkommenen Verständnis zu lösen, dass zu einem Insolvenzverfahren der Beschlag des schuldnerischen Vermögens und die Bestellung des Verwalters gehören.[32)] Die **Erweiterung des Anwendungsbereichs** dürfte auch dem Umstand geschuldet sein, dass bei einem Eigenantrag des Schuldners kaum noch signifikante Unterschiede zwischen dem Insolvenzverfahren und einem vorinsolvenzlichen Verfahren, was den Verfahrensgrund angeht, bestehen. Beredte Beispiele dafür sind das französische und italienische Recht.[33)] Gleichzeitig hat der Verordnungsgeber mit der Neufassung des Art. 1 Abs. 1 die Chance genutzt, die Verordnung stärker der Konzeption des **UNCITRAL-Modellgesetzes** anzupassen.[34)] Nunmehr werden insgesamt 19 neue nationale Insolvenzverfahren mit der Verordnung abgedeckt.[35)]

Eine Fortsetzung hat diese Gesetzgebung mit der Richtlinie (EU) 2019/1023 des Europäischen Parlaments und des Rates vom 20.6.2019 (im Weiteren: Restrukturierungsrichtlinie) erfahren.[36)] Diese zielt darauf ab, bestandsfähige Unternehmen

---

29) Empfehlungen der Kommission v. 12.3.2014 für einen neuen Ansatz im Umgang mit unternehmerischem Scheitern und Unternehmensinsolvenzen, COM(2014) 1500 final, ABl. (EU) L 74/65 v. 14.3.2014.

30) S. dazu insbesondere Empfehlungen der Kommission v. 12.3.2014 für einen neuen Ansatz im Umgang mit unternehmerischem Scheitern und Unternehmensinsolvenzen, COM(2014) 1500 final, S. 5 ff., ABl. (EU) L 74/65, 66 ff. v. 14.3.2014; *Eidenmüller/van Zwieten*, Restructuring the European Business Enterprise, Oxford Legal Studies Research Paper No. 52/2015, S. 20, äußern Zweifel, ob „restructuring proceedings", wie in den Empfehlungen der Kommission vorgeschlagen, zwangsläufig vom Anwendungsbereich des Art. 1 Abs. 1 erfasst werden.

31) Mitteilung der Kommission an das Europäische Parlament, den Rat und den Europäischen Wirtschafts- und Sozialausschuss, Ein neuer europäischer Ansatz zur Verfahrensweise bei Firmenpleiten und Unternehmensinsolvenzen, v. 12.12.2012, COM(2012) 742 final, S. 3 ff., https://eur-lex.europa.eu/LexUriServ/LexUriServ.do?uri=COM:2012:0742:FIN:DE:PDF (Abrufdatum: 10.1.2020).

32) Einen ausführlichen Überblick über die Neukonzipierung des Art. 1 Abs. 1 verschafft Wimmer/Bornemann/Lienau-*Bornemann*, Die Neufassung der EuInsVO, Rz. 50 ff.

33) Näher dazu *Flessner*, KTS 2010, 127, 129–137, 146.

34) Bereits 2013 wies *Vallens* in: The Grand Project: Reform of the Europeen Insolvency Reagulation, S. 17, 22, darauf hin, dass der UNCITRAL „The Legislative Guide on Insolvency" ein wichtiger Ratgeber bei der Reform der EuInsVO sein könne.

35) Einen Überblick über die neu hinzugekommenen Verfahren gibt Mankowski/Müller/J. Schmidt-*J. Schmidt*, EuInsVO 2015, Art. 1 Rz. 40; s. ferner die Darstellung bei Wimmer/Bornemann/Lienau-*Bornemann*, Die Neufassung der EuInsVO, Rz. 106 ff.

36) Richtlinie (EU) 2019/1023 des Europäischen Parlaments und des Rates vom 20.6.2019 über präventive Restrukturierungsrahmen, über Entschuldung und über Tätigkeitsverbote sowie über Maßnahmen zur Steigerung der Effizienz von Restrukturierungs-, Insolvenz- und Entschuldungsverfahren und zur Änderung der Richtlinie (EU) 2017/1132 (Richtlinie über Restrukturierung und Insolvenz) – Restrukturierungsrichtlinie, ABl. (EU) L 172/18 v. 26.6.2019. Näher zu der Richtlinie *Seagon/Riggert*, NZI Beilage 1 z. Heft 16–17/2019; *Skauradszun*, KTS 2019, 161; *Freitag*, ZIP 2019, 541.

und Unternehmer, die in finanziellen Schwierigkeiten sind, einen Zugang zu wirksamen nationalen präventiven Restrukturierungsrahmen zu eröffnen, die es ihnen ermöglichen, ihren Betrieb fortzusetzen. Redliche insolvente oder überschuldete Unternehmer sollen nach einer angemessenen Frist in den Genuss einer vollen Entschuldung kommen und dadurch eine zweite Chance erhalten (ErwG 1 Satz 2). Vom Zeitpunkt ihrer Veröffentlichung im Amtsblatt an haben die Mitgliedstaaten zwei Jahre Zeit, um die neuen Bestimmungen umzusetzen (Art. 34 Abs. 1). In hinreichend begründeten Fällen können sie die Kommission jedoch um ein zusätzliches Jahr ersuchen (Art. 34 Abs. 2).

### 2. Erweiterung des Anwendungsbereichs

11 Aufgrund des geänderten Art. 1 Abs. 1 erfasst der sachliche Anwendungsbereich der EuInsVO **öffentliche Gesamtverfahren**, die auf der Grundlage gesetzlicher Regelungen zur Insolvenz stattfinden, deren Zweck in der Rettung, Schuldenanpassung, Reorganisation oder Liquidation besteht und bei denen einer der Tatbestände der lit. a–c erfüllt ist. Einbezogen sind nunmehr auch **vorinsolvenzliche Verfahren** und **Verfahren in Eigenverantwortung** (verwalterlose Restrukturierungsverfahren und verwalterlose Restschuldbefreiungs- und Schuldenanpassungsverfahren für natürliche Personen, sogen. **Hybridverfahren**)[37] Mit Recht weist *Bornemann*[38] unter Bezugnahme auf *Schlegel*[39] allerdings darauf hin, dass sich zur Bezeichnung der neu in den Anwendungsbereich aufgenommenen Verfahren noch keine stabile, klar konturierte und verlässliche Terminologie herausgebildet hat. Gleichwohl sind die zuvor gewählten Verfahrensbezeichnungen geeignet, das erweiterte Anwendungsspektrum von Verfahrensarten weitgehend abzudecken.

12 Regelungstechnisch geschieht dies dadurch, dass sich das Begriffsmerkmal der „Insolvenz des Schuldners" in Art. 1 Abs. 1 a. F. nicht mehr in der Neufassung findet,[40] so dass damit der Weg zum **vorinsolvenzlichen Verfahren**, d. h. einem Verfahren, in deren Verlauf ein Schuldner bereits vor einer drohenden Insolvenz zu einer Einigung mit seinen Gläubigern gelangen kann,[41] eröffnet ist. Darüber hinaus wurde das zwingende Erfordernis eines Vermögensbeschlags und einer Verwalterbestellung in Art. 1 Abs. 1 a. F. herabgestuft zu einer bloßen Alternative zur gerichtlichen Überwachung (Abs. 1 Unterabs. 1 lit. b) oder durch ein temporäres Moratorium zum Zwecke der Ermöglichung einer Sanierungslösung (Abs. 1 Unterabs. 1 lit. c). Dies ermöglicht die Einbeziehung von **Verfahren in Eigenverwaltung**.

13 Aus Gründen der **Rechtssicherheit** bestimmt Art. 1 Abs. 1 Unterabs. 3, dass nur die in Anhang A aufgenommenen Verfahren als Verfahren in diesem Sinne gel-

---

37) Vorschlag für eine Verordnung des Europäischen Parlaments und des Rates zur Änderung der Verordnung (EG) Nr. 1346/2000 des Rates über Insolvenzverfahren, v. 12.12.2012, COM(2012) 744 final, S. 6, abrufbar unter https://www.europarl.europa.eu/meetdocs/2009_2014/documents/com/com_com(2012)0744_/com_com(2012)0744_de.pdf (Abrufdatum: 10.1.2020).
38) Wimmer/Bornemann/Lienau-*Bornemann*, Die Neufassung der EuInsVO, Rz. 35.
39) *Schlegel*, INDat-Report 8/2015, S. 10, 13 ff.
40) Art. 1 Abs. 1 Satz 2 bezieht sich auf Verfahren, in denen „lediglich die Wahrscheinlichkeit einer Insolvenz besteht".
41) *Kindler/Sakka*, EuZW 2015, 460, 461.

Anwendungsbereich **Artikel 1**

ten.[42] Korrespondierend dazu stellt ErwG 9 klar, dass die in Art. 1 Abs. 1 genannten Verfahren in **Anhang A** erschöpfend aufgeführt sind und nationale Insolvenzverfahren, die dort nicht aufgeführt sind, **nicht** in den Anwendungsbereich der Verordnung fallen. Wie bereits unter der Geltung der EuInsVO a. F. haben **vertrauliche Verfahren**[43] keinen Eingang in Art. 1 Abs. 1 gefunden (vgl. ErwG 13 Satz 1). Bereits die Kommission räumte in ihrem Vorschlag vom 12.12.2012[44] insoweit zwar ein, dass solche Verfahren in manchen Mitgliedstaaten von großer Bedeutung sein könnten. Es sei jedoch aufgrund ihrer vertraglichen und vertraulichen Natur schwierig, ihre Wirkungen EU-weit anzuerkennen, weil Gerichte und Gläubiger in anderen Mitgliedstaaten über solche Verfahren nicht informiert würden. Ebenso wenig wie vertrauliche Verfahren sind Verfahren, die sich auf **allgemeines Gesellschaftsrecht** stützen, das nicht ausschließlich auf Insolvenzfälle ausgerichtet ist (ErwG 16 Satz 2), in den Regelungsbereich des Art. 1 Abs. 1 einbezogen. Da die **Rückforderungen staatlicher Beihilfen von insolventen Unternehmen** dem neu in die EuInsVO aufgenommenen Sanierungsgedanken zuwiderlaufen würden, stellen sie insoweit eine Bereichsausnahme zu Art. 1 Abs. 1 dar, als die Anmeldung der Rückforderung zur Tabelle nur genügt, wenn das Unternehmen liquidiert wird. Bei übertragender Sanierung ist die Beihilfe, falls ihr Vorteil fortwirkt, vom Übernehmer zu erstatten.[45]

**3. Öffentliche Gesamtverfahren, die auf Grundlage gesetzlicher Regelungen zur Insolvenz stattfinden**

Um die komplexe Struktur der Vorschrift des Art. 1 Abs. 1 besser verstehen zu können, empfiehlt es sich, die Norm **in fünf wesentliche Elemente** aufzuteilen.[46] Die EuInsVO findet Anwendung auf

– öffentliche Gesamtverfahren (siehe Rz. 15),

– die vorläufige Verfahren einschließen (siehe Rz. 26).

– Die Verfahren finden auf der Grundlage gesetzlicher Regelungen zur Insolvenz statt (siehe Rz. 29).

– Sie ziehen bestimmte Einschränkungen der individuellen Rechte von Gläubigern und Schuldner nach sich, Art. 1 Abs. 1 Unterabs. 1 lit. a und b (siehe Rz. 40).

– Die Verfahren müssen in Anhang A aufgeführt sein (siehe Rz. 44 ff.).

14

---

42) *Kindler/Sakka*, EuZW 2015, 460, 461.
43) Dazu zählen z. B. die im französischen Insolvenzrecht vorgesehenen präventiven Sanierungsinstrumente der Einsetzung eines „mandataire ad hoc" (Art. L611-3 ff. C com) und der „procedure de conciliation" (Art. 611-4 ff. C.com); näher dazu *Degenhardt*, NZI 2013, 830, 831; *Dammann*, NZI 2008, 420; *Vallender/Heukamp*, EuZW 2006, 193; *Dammann/ Undritz*, NZI 2005, 198.
44) Vorschlag für eine Verordnung des Europäischen Parlaments und des Rates zur Änderung der Verordnung (EG) Nr. 1346/2000 des Rates über Insolvenzverfahren, v. 12.12.2012, COM(2012) 744 final, S. 6, abrufbar unter https://www.europarl.europa.eu/meetdocs/2009_2014/documents/com/com_com(2012)0744_/com_com(2012)0744_de.pdf (Abrufdatum: 10.1.2020).
45) EuGH, Urt. v. 11.12.2012 – Rs. C-610/10, Rz. 72, 99, 104, 106, 107, ECLI:EU:C:2012:781 = BeckRS 2012, 82608.
46) So *Garcimartín*, ZEuP 2015, 694 ff.

## Artikel 1

### a) Öffentliche Gesamtverfahren

15 Unter **Gesamtverfahren** (Collective-Insolvency-Proceedings) sind nach der **Definition in Art. 2 Nr. 1** alle Verfahren zu fassen, an denen **alle** oder ein **wesentlicher Teil** der Gläubiger des Schuldners – mit Ausnahme der besicherten Gläubiger, die in der Regel die Möglichkeit haben, ihre Ansprüche im Wege der Einzelrechtsverfolgung durchzusetzen[47] – beteiligt sind, vorausgesetzt, dass im letzteren Fall das Verfahren nicht die Forderungen der Gläubiger berührt, die nicht daran beteiligt sind. Damit nähert sich die EuInsVO dem UNCITRAL-Modellgesetz an, dass ein Gesamtverfahren auch dann annimmt, wenn zumindest „ein wesentlicher Teil der Gläubiger" erfasst wird, sofern die Forderungen der übrigen Gläubiger unberührt bleiben.

### aa) Kollektivverfahren[48]

16 Unter Kollektivverfahren sind die **Verfahren klassischer Prägung** zu verstehen (Einbeziehung aller Gläubiger, gerichtsförmiges Verfahren, Verwalterbestellung, Verteilung an die Gläubiger).[49] An diesem Verständnis hat auch die Neufassung des Art. 1 Abs. 1 nichts geändert. Sind an dem Verfahren **alle Gläubiger beteiligt**, handelt es sich **stets um ein Gesamtverfahren** i. S. des Art. 1 Abs. 1.[50] ErwG 14 Satz 4 stellt insoweit klar, dass das Verfahren alle Gläubiger einschließen soll, wenn es zur endgültigen Einstellung der Unternehmenstätigkeit des Schuldners und zu einer Verwertung des schuldnerischen Vermögens (**Liquidation**) führt. In einem solchen Fall werden zwangsläufig die Rechte aller Gläubiger berührt. Dies gebietet es, den Gläubigern Gelegenheit zu geben, ihre Forderung anzumelden (ErwG 12).[51]

### bb) Partielle Kollektivverfahren

17 Neben den „echten Kollektivverfahren" (siehe Rz. 16), die alle Gläubiger umfassen, schließt die EuInsVO in den Begriff des Gesamtverfahrens i. S. des Art. 1 Abs. 1 auch **partielle Kollektivverfahren** ein. Davon ist auszugehen, wenn das Verfahren einen **wesentlichen Teil der Gläubiger** einschließt, es die Rettung des Schuldners zum Ziel hat und die Forderungen der nicht an dem Verfahren beteiligten Gläubiger unberührt bleiben. Die Formulierung „wesentliche Gläubiger" lässt es auch zu, dass nur eine bestimmte Gruppe von Gläubigern (z. B. Kreditgeber oder Lieferanten) beteiligt ist. Indem ErwG 14 Satz 2 ausdrücklich die **finanziellen Gläubiger** erwähnt, wird deutlich, dass auch eine **homogene Gläubigerstruktur** ausreicht. Damit wäre auch eine Forderungsmodifikation nach dem Schuldverschreibungsgesetz (SchVG) erfasst.[52]

18 Was unter einem wesentlichen Teil der Gläubiger zu verstehen ist, lässt sich ErwG 14 Satz 1 ansatzweise entnehmen. Erforderlich ist, dass auf die beteiligten Gläubiger

---

47) *Garber* in: Nunner-Krautgasser/Garber/Jaufer, Grenzüberschreitende Insolvenzen, S. 51.
48) So auch *Paulus*, EuInsVO, Art. 1 Rz. 15.
49) *Fritz*, DB 2015, 1882, 1883.
50) Mankowski/Müller/J. Schmidt-*J. Schmidt*, EuInsVO 2015, Art. 1 Rz. 12.
51) Krit. zur Anwendbarkeit der EuInsVO auf partielle Kollektivverfahren *Eidenmüller*, 20 Maastricht Journal of European and Comparative Law (2013), 133, 142.
52) *Reinhart* in: MünchKomm-InsO, Art. 1 EuInsVO 2015 Rz. 4 m. Fn. 7 m. w. N.

ein **erheblicher Anteil** der **ausstehenden Verbindlichkeiten** des Schuldners entfällt. Der Verordnungsgeber überlässt die Auslegung dieses Begriffs der Praxis. Man könnte versucht sein, allein auf eine einfache oder gar qualifizierte Summenmehrheit abzustellen. Dies würde indes der Zielrichtung des Verfahrens nicht gerecht. Entscheidend dürfte sein, welche Gläubigerforderungen dazu dienen, die Rettung des Schuldners herbeizuführen.[53] Danach wäre es auch vertretbar, das nur einen Hauptgläubiger (z. B. die Hausbank) einbeziehende Schuldenbereinigungsverfahren als eine Situation anzusehen, die Gegenstand eines partiellen Kollektivverfahrens ist. Entscheidend ist letztlich, ob das konkrete, in Rede stehende Verfahren in den Anhang A aufgenommen ist, um als „öffentliches Gesamtverfahren" i. S. der Art. 1 Abs. 1 und Art. 2 Nr. 1 zu gelten. Sollte sich ein Gericht wegen der Auslegung des Begriffs „wesentlicher Teil der Gläubiger" zur Vorlage an den EuGH als berechtigt ansehen, ist nicht auszuschließen, dass diese Frage Gegenstand einer Entscheidung sein könnte. Die **Auslegungskompetenz des EuGH** ist im *Lissabon-Vertrag* einheitlich in Art. 267 AEUV (vormals Art. 234 EGV) normiert worden.

ErwG 14 Satz 3 stellt für die Annahme eines partiellen Kollektivverfahrens klar, 19 dass **neben** dem Erfordernis der Beteiligung eines wesentlichen Teils der Gläubiger die Rettung des Schuldners Ziel des Verfahrens sein muss. Dies versteht sich eigentlich von selbst, weil ein begrenztes, auf Liquidation ausgerichtetes Verfahren nur schwerlich vorstellbar ist.[54] Schließlich müssen – als **Korrektiv**[55] – die Forderungen der nicht am Verfahren beteiligten Gläubiger von diesem Verfahren unberührt bleiben (ErwG 14 Satz 1). Andersfalls käme ein Verstoß gegen Art. 41 Abs. 2 GRCh und Art. 17 GRCh in Betracht.[56]

#### cc) Gerichtliche und administrative Verfahren

Während der Vorschlag der Kommission vorsah, dem Begriff des Gesamtverfah- 20 rens die Merkmale „gerichtliche und administrative" voranzusetzen,[57] hat der Verordnungsgeber davon Abstand genommen. Ebenso wenig ist er dem Vorschlag einiger Mitgliedstaaten gefolgt, den Begriff „öffentlich" in Art. 2 zu definieren.[58] Unbeschadet dessen sind vom Anwendungsbereich der EuInsVO sowohl gerichtliche Verfahren als auch Verwaltungsverfahren umfasst. Unter **Gericht** i. S. des **Art. 1 Abs. 1 Unterabs. 1 lit. b und c** sind indes **nur Gerichte im institutionellen**

---

53) Ähnlich Mankowski/Müller/J. Schmidt-*J. Schmidt*, EuInsVO 2015, Art. 1 Rz. 12; Wimmer/Bornemann/Lienau-*Bornemann*, Die Neufassung der EuInsVO, Rz. 75; *Garber* in: Nunner-Krautgasser/Garber/Jaufer, Grenzüberschreitende Insolvenzen, S. 53.
54) So mit Recht *Paulus*, EuInsVO, Art. 1 Rz. 16.
55) Wimmer/Bornemann/Lienau-*Bornemann*, Die Neufassung der EuInsVO, Rz. 76.
56) Wimmer/Bornemann/Lienau-*Bornemann*, Die Neufassung der EuInsVO, Rz. 76.
57) Vorschlag für eine Verordnung des Europäischen Parlaments und des Rates zur Änderung der Verordnung (EG) Nr. 1346/2000 des Rates über Insolvenzverfahren, v. 12.12.2012, COM(2012) 744 final, abrufbar unter https://www.europarl.europa.eu/meetdocs/2009_2014/documents/com/com_com(2012)0744_/com_com(2012)0744_de.pdf (Abrufdatum: 10.1.2020).
58) Vorschläge der rumänischen Delegation, Interinstitutional file 2012/3060, Brüssel, 10.6.2014, 10694/14.

# Artikel 1

Sinne zu verstehen. Dies erschließt sich aus der Regelung des **Art. 2 Nr. 6 (i)**. Die Vorschrift nimmt ausdrücklich Bezug auf die vorerwähnten Bestimmungen und stellt klar, dass es sich insoweit um ein Justizorgan eines Mitgliedstaats handeln muss. Damit werden vom Anwendungsbereich der EuInsVO auch (Sanierungs-)Verfahren erfasst, die zunächst ohne gerichtliche Beteiligung eingeleitet werden, bei denen sodann aber zu einem späteren Zeitpunkt eine gerichtliche Bestätigung[59] bzw. die Überleitung in ein anderes Verfahrensstadium erfolgt.[60]

### dd) Öffentlichkeit des Verfahrens

21 Mit der Aufnahme des Tatbestandsmerkmals „öffentliche Gesamtverfahren" in Art. 1 Abs. 1 nimmt der Verordnungsgeber eine klare **Abgrenzung** zu Verfahren vor, die **vertraulich** geführt werden.[61] Ein **Vergleichsvertrag** gemäß § 779 BGB, den der Schuldner mit einem seiner wesentlichen Gläubiger führt, dürfte demnach grundsätzlich nicht als Insolvenzverfahren anzusehen sein.[62] Dies gilt selbst dann, wenn das Ergebnis nach Abschluss der Verhandlungen öffentlich bekannt gemacht wird. Bisweilen war der Versuch unternommen worden, bestimmte Hybrid-Verfahren wie z. B. die französische Conciliation (Art. L 611-4 C.Com)[63] oder den spanischen Verfahrensrahmen für Refinanzierungsvereinbarungen,[64] die vertraulich durchgeführt und nicht öffentlich gekannt gemacht werden, in den Anwendungsbereich der Verordnung einzubeziehen. Nunmehr ist geklärt, dass Verfahren, die lediglich einen Teil der Gläubiger einbeziehen und in denen die getroffenen Vereinbarungen nicht in einem transparenten Prozess der Öffentlichkeit zugänglich gemacht werden, **nicht** den Regelungen der EuInsVO unterfallen.[65] Zu diesen Verfahren zählt auch das österreichische Reorganisationsverfahren nach dem URG.[66]

22 Das Verfahren muss, um vom Anwendungsbereich der Verordnung umfasst zu sein, **öffentlich bekannt gemacht werden** (vgl. ErwG 12). Unter diesen Begriff können nur die gesetzlich vorgesehenen Veröffentlichungsformen fallen. Es kommt daher auf die gesetzlich vorgesehene Veröffentlichungspflicht an.[67] Nur diese Verfahrensweise wird dem Begriff „öffentlich" gerecht und vermeidet, dass Parallelverfahren drohen, weil Gerichte eventuell von einem in einem anderen Mitgliedstaat

---

59) Vgl. Art. 10 des Vorschlags für eine Richtlinie des Europäischen Parlaments und des Rates über präventive Restrukturierungsrahmen, die zweite Chance und Maßnahmen zur Steigerung der Effizienz von Restrukturierungs-, Insolvenz- und Entschuldungsverfahren und zur Änderung der Richtlinie 2012/30/EU v. 22.11.2016, COM(2016) 723 final, S. 51, abrufbar unter https://eur-lex.europa.eu/legal-content/DE/TXT/?qid=1573664975751&uri=CELEX:52016PC0723 (Abrufdatum: 10.1.2020).
60) *Reinhart* in: MünchKomm-InsO, Art. 1 EuInsVO 2015 Rz. 4. Vor diesem Hintergrund dürfte es keinem Zweifel unterliegen, dass ein vorinsolvenzliches Sanierungsverfahren nach Maßgabe der Restrukturierungsrichtlinie diesen Anforderungen entspricht.
61) Für eine Einbeziehung dieser Verfahren hat sich *Hess* in: Hess/Oberhammer/Pfeiffer, European Insolvency Law, Rz. 272, ausgesprochen.
62) *Paulus*, EuInsVO, Art. 1 Rz. 19.
63) Näher dazu *Dammann*, NZI 2009, 502, 503 ff.; *Zwickel*, ZKM 2013, 91.
64) Art. 5 Abs. 3 des spanischen Konkursgesetzes (ley concursal).
65) *Wimmer*, jurisPR-InsR 7/2015 Anm. 1.
66) *Senoner/Weber-Wilfert*, RZ 2016, 126.
67) *Reinhart* in: MünchKomm-InsO, Art. 1 EuInsVO 2000 Rz. 5.

eröffneten Sanierungsverfahren nichts wissen.[68)] Die Veröffentlichung ermöglicht den Gläubigern, Kenntnis von dem Verfahren zu erlangen und ihre Forderungen anzumelden.

Die **praktische Umsetzung** geschieht durch die Regelungen der Artt. 24 bis 30, welche die Mitgliedstaaten verpflichten, öffentlich zugängliche **elektronische Register** einzuführen (Art. 24). Diese Register sind über das **Europäische Justizportal** zu vernetzen (Art. 25). Die beiden Regelungen gelten ab dem 26.6.2018 bzw. 26.6.2019 (Art. 92 Unterabs. 2 lit. b und c). Bis zu diesem Zeitpunkt sind für die Bekanntmachungen die einschlägigen Bestimmungen der lex fori concursus maßgeblich.[69)]

23

Auswirkungen hat die Veröffentlichungspflicht auch auf die die Frage, ob das **Schutzschirmverfahren gemäß § 270b InsO** tatsächlich vom sachlichen Anwendungsbereich der EuInsVO erfasst ist. Hierfür spricht bereits, dass das Insolvenzverfahren in Anhang A aufgeführt ist und auch das Eröffnungsverfahren umfasst. Soweit eine Eröffnungsentscheidung nach Ablauf der Frist des § 270b Abs. 1 Satz 1 InsO ergeht, sehen bereits §§ 270 Abs. 1 Satz 2, 30 Abs. 1 InsO eine Pflicht zur Veröffentlichung dieser Entscheidung vor. Dies gilt indes nicht für das Eröffnungsverfahren nach Maßgabe des § 270b InsO. Während einige Stimmen in der Literatur[70)] sich gegen eine Bekanntmachungspflicht mit dem Argument aussprechen, dass sich eine Veröffentlichung kontraproduktiv im Hinblick auf die Sanierungschancen auswirke, sprechen sich andere für eine Veröffentlichung aus.[71)] Das AG Göttingen[72)] stellt die Veröffentlichung in das Ermessen des Gerichts.[73)] Es ist zwar nicht zu verkennen, dass die Auswirkungen einer öffentlichen Bekanntmachung auf das allgemeine Vertrauen in das Unternehmen und die Sanierungsaussichten nicht immer und zu jeder Zeit abschätzbar sind.[74)] Dies spricht dafür, die Veröffentlichung der Anordnung des Schutzschirmverfahrens der Ermessensentscheidung des Gerichtes zu überlassen. Dies reicht indes nicht aus, um dem Erfordernis des Tatbestandsmerkmals „öffentlich" zu genügen.[75)] Sieht ein deutsches Gericht davon ab, das Verfahren gemäß § 270b InsO zu veröffentlichen, fällt es nicht in in den Anwendungsbereich der EuInsVO, weil ansonsten die „bewusst getroffene Entscheidung des Verordnungsgebers gegen die Einbeziehung vertraulicher Verfahren sowie für die Aufwertung der öffentlichen Bekanntmachung i. R der Aus-

24

---

68) ErwG 13; *Brinkmann*, KTS 2014, 381, 386; Bork/van Zwieten-*van Zwieten*, Commentary on the European Insolvency Regulation, Art. 1 Rz. 1.16.
69) Wimmer/Bornemann/Lienau-*Bornemann*, Die Neufassung der EuInsVO, Rz. 81.
70) *Hirte*, ZInsO 2011, 401, 404; Andres/Leithaus-*Leithaus*, InsO, § 270b Rz. 14; differenzierend Uhlenbruck-*Zipperer*, InsO, § 270b Rz. 55.
71) *Frind*, ZInsO 2012, 1099, 1106; *Frind*, ZIP 2012, 1591.
72) AG Göttingen, Beschl. v. 12.11.2012 – 74 IN 160/12, ZIP 2012, 2360; befürwortend *Graf-Schlicker*, ZInsO 2013, 1765, 1766.
73) *Vallender*, MDR 2012, 125, 128; *Vallender*, GmbHR 2012, 451.
74) *Graf-Schlicker*, ZInsO 2013, 1765, 1766.
75) *Brinkmann*, KTS 2014, 381, 386; Mankowski/Müller/J. Schmidt-*J. Schmidt*, EuInsVO 2015, Art. 1 Rz. 19.

bildung eines europäischen Netzwerks internetbasierter Insolvenzregister unterlaufen würde"[76].

25 Um einen Gleichlauf mit den Vorschriften der EuInsVO herzustellen und letzte Zweifel auszuräumen (siehe Ausführungen Rz. 50), dass das Schutzschirmverfahren – als eine besondere Form der vorläufigen Eigenverwaltung – unter den Begriff des in Anhang A aufgeführten Insolvenzverfahrens zu fassen ist, böte es sich i. R der nächsten Gesetzesnovelle zum Insolvenzrecht an, durch einen Verweis auf die Regelung des § 23 Abs. 1 InsO in § 270a Abs. 1 InsO eine Pflicht der Insolvenzgerichte zur Veröffentlichung folgender, in die Rechtspositionen der Gläubiger eingreifender Maßnahmen anzuordnen: Anordnungen gemäß § 21 Abs. 2 Nr. 3 und 5 InsO sowie gemäß § 270b Abs. 3 Satz 1 InsO und die Anordnung von Einzelermächtigungen.

### b) Vorläufige Verfahren[77]

26 Die EuInsVO a. F. enthielt keine Regelung für Verfahren, „die nach dem Recht einiger Mitgliedstaaten für eine bestimmte Zeit vorläufig oder einstweilen eröffnet und durchgeführt werden können, bevor ein Gericht durch eine Entscheidung die Fortführung des Verfahrens als nicht vorläufiges bestätigt" (Wortlaut des ErwG 15 n. F.)[78]. Seit der *Eurofood-Entscheidung* des EuGH[79] vom 2.5.2006 ist zwar höchstrichterlich geklärt, dass auch vorläufige Verfahren zumindest für Zwecke der Artt. 3, 16 und 25 a. F. als Insolvenzverfahren gelten, sofern diese in ein in Anhang A aufgenommenes Verfahren übergehen und dabei mit einem Vermögensbeschlag und einer Verwalterbestellung einhergehen.[80] Nach wie vor bestehende Unklarheit hat der Verordnungsgeber nunmehr beseitigt, indem er das **vorläufige Verfahren** ausdrücklich in die Regelung des Art. 1 Abs. 1 aufgenommen hat. Allerdings sieht ErwG 15 Satz 2 vor, dass diese Verfahren in ihrem vorläufigen Stadium „alle **Anforderungen**" erfüllen müssen, die an Insolvenzverfahren zu stellen sind. Nach der Neufassung reicht es für die Annahme eines Gesamtverfahrens bereits aus, dass das Verfahren einer hinreichenden gerichtlichen Kontrolle unterliegt (Abs. 1 Satz 1 lit. b). Eines Vermögensbeschlags oder der Bestellung eines (endgültigen) Verwal-

---

76) Wimmer/Bornemann/Lienau-*Bornemann*, Die Neufassung der EuInsVO, Rz. 97, 105.
77) Der Rat der EU hatte während des Gesetzgebungsverfahrens (3.6.2014) noch den Begriff „Verfahren des vorläufigen Rechtsschutzes" gewählt, aber bereits die gleichen inhaltlichen Vorgaben formuliert, wie sie ErwG 15 enthält (10284/14, S. 3 m. Fn. 5). In seinem Vorschlag vom 20.11.2014 (15414/14) nimmt er den Begriff „vorläufige Verfahren" (interim proceedings) in Art. 1 Abs. 1 und ErwG 14 auf.
78) Im Falle eines Schuldnerantrags sieht das spanische Insolvenzrecht die sofortige Eröffnung des Insolvenzverfahrens vor, während ein Gläubigerantrag zu einem vorläufigen Verfahren (Insolvenzeröffnungsverfahren) führt. Soweit Mitgliedstaaten besondere Reorganisationsverfahren als freiwillige Verfahren anbieten, werden diese in zahlreichen Mitgliedstaaten (Frankreich, Ungarn, Holland, Schweden und England [administration]) sofort eröffnet.
79) EuGH, Urt. v. 2.5.2006 – Rs. C-341/04 (Eurofood), ZIP 2006, 907, m. Anm. *Knof/Mock*, dazu EWiR 2005, 725 *(Pannen)*.
80) EuGH, Urt. v. 2.5.2006 – Rs. C-341/04 (Eurofood), Rz. 51 ff., ZIP 2006, 907, m. Anm. *Knof/Mock*.

ters bedarf es dagegen nicht. Für den Anwendungsbereich des vorläufigen Verfahrens gilt nichts anderes.

Da die Aufzählung in Anhang A abschließenden Charakter hat, könnte argumentiert werden, dass **deutsche vorläufige Insolvenzverfahren** nicht vom Anwendungsbereich des Art. 1 Abs. 1 erfasst sind und damit auch nicht den Regelungen der Artt. 19 ff. unterliegen. Denn „Anhang A Deutschland" führt nicht vorläufige Insolvenzverfahren, sondern nur „Insolvenzverfahren" auf. Als **Vorstufe** zum eröffneten Verfahren ist auch das **vorläufige Insolvenzverfahren Teil eines Insolvenzverfahrens**. Dies gilt gleichermaßen für die vorläufige Eigenverwaltung und das Schutzschirmverfahren. Der Begriff „Insolvenzverfahren" ist so zu verstehen, dass er **alle** aufgrund eines Insolvenzantrags eingeleiteten Verfahren, die vor der Eröffnungsentscheidung durchgeführt werden, erfasst. Für dieses Verständnis lässt sich auch ErwG 15 anführen („... für eine bestimmte Zeit vorläufig ... durchgeführt werden können, ..."). Vor diesem Hintergrund kommt es nicht darauf an, ob ein Zustimmungsvorbehalt angeordnet oder dem Schuldner ein allgemeines Verfügungsverbot auferlegt wurde (§ 21 Abs. 2 Nr. 2 InsO.[81]

Das **österreichische Insolvenzeröffnungsverfahren** dürfte ebenfalls vom Anwendungsbereich der EuInsVO erfasst sein. Dies ist vor dem Hintergrund zu sehen, dass § 73 IO dem Insolvenzgericht die – in der Praxis selten genützte – Möglichkeit bietet, einstweilige Vorkehrungen zur Sicherung der Masse, insbesondere zur Unterbindung anfechtbarer Rechtshandlungen und zur Sicherung der Fortführung eines Unternehmens anzuordnen.[82] Nehmen diese Verfügungen ein Ausmaß an, das den Verfügungsbeschränkungen des Schuldners in einem eröffneten Sanierungsverfahren mit Eigenverwaltung gleichkommt, dann hat auch dieses Verfahren als Hauptinsolvenzverfahren zu gelten, das EU-weit die Einleitung eines Hauptverfahrens sperrt.[83]

### c) Auf der Grundlage gesetzlicher Regelungen zur Insolvenz

Nach dem ausdrücklichen Wortlaut des Art. 1 Abs. 1 muss das Verfahren „auf der Grundlage gesetzlicher Regelungen zur Insolvenz stattfinden". Der Verordnungsgeber hat den **Begriff der Insolvenz** auch in der Neufassung nicht definiert. Dies findet seine Rechtfertigung in dem Umstand, dass sich die nationalen Insolvenzrechte der einzelnen Mitgliedstaaten teilweise erheblich unterscheiden und damit die Einführung eines für alle Mitgliedstaaten verbindlichen Terminus erschweren.[84] So lassen manche nationalen Gesetze bereits eine Finanzkrise, andere nur eine Zahlungskrise und wiederum andere eine Vermögensinsuffizienz ausreichen. Nach traditionellem Verständnis bezeichnet Insolvenz die Situation eines Schuld-

---

81) Dazu *Herchen*, NZI 2006, 435, 436, nach dessen Verständnis bereits nach der *Eurofood-Entscheidung* des EuGH die Bestellung eines „schwachen" vorläufigen Insolvenzverwalters eine Eröffnung eines Hauptinsolvenzverfahrens i. S. des Art. 16 EuInsVO a. F. darstellt. Ebenso *Paulus*, EuInsVO, Art. 1 Rz. 20.
82) *Senoner/Weber-Wilfert*, RZ 2016, 126.
83) *Senoner/Weber-Wilfert*, RZ 2016, 127.
84) Näher dazu Bork/van Zwieten-*van Zwieten*, Commentary on the European Insolvency Regulation, Art. 1 Rz. 1.21 ff.

ners, seine Zahlungsverpflichtungen gegenüber den Gläubigern nicht erfüllen zu können. Die Insolvenz ist gekennzeichnet durch akute Zahlungsunfähigkeit („Illiquidität" oder mangelnde Liquidität) oder drohende Zahlungsunfähigkeit.[85] Der entsprechende Nachweis erfolgt in nahezu allen Mitgliedstaaten der EU mittels Cashflow-Test. Für juristische Personen findet sich in manchen Mitgliedstaaten daneben noch eine zweite Definition der Insolvenz, die Überschuldung.[86] Maßgeblich ist letztlich, dass **eine schwerwiegende finanzielle Krise des Schuldners** vorliegen muss, die schwer genug ist, um Anlass und Grund für eine kollektive Bewältigung zu sein.[87] Nur eine solche Betrachtungsweise wird einem einheitlichen, funktional-abstrahierenden Insolvenzverständnis der reformierten EuInsVO gerecht.

### aa) Wahrscheinlichkeit der Insolvenz als ausreichendes Kriterium

30  Dass auch solche Verfahren „auf der Grundlage gesetzlicher Regelungen zur Insolvenz" stehen, in denen **anstelle eines Insolvenzgrundes die Wahrscheinlichkeit der Insolvenz** ausreicht,[88] stellt **Art. 1 Abs. 1 Unterabs. 2** klar (vgl. ErwG 10). Die Vorschrift formuliert ihrerseits wiederum Anforderungen an den Grad der Wahrscheinlichkeit. Sie verlangt, dass **Zweck des Verfahrens die Abwendung der Insolvenz** des Schuldners sein müsse. Die vorerwähnten Begriffe finden sich auch in der Restrukturierungsrichtlinie (Art. 1 Abs. 1 lit. a, Art. 2 Abs. 2 lit. b; Art. 4 Abs. 1).[89] Solche Verfahren sind von der EuInsVO nur erfasst, „wenn sich ein Schuldner in nicht finanziellen Schwierigkeiten befindet, sofern diese Schwierigkeiten mit der tatsächlichen und erheblichen Gefahr verbunden sind, dass der Schuldner gegenwärtig oder in Zukunft seine Verbindlichkeiten bei Fälligkeit nicht begleichen kann" **(ErwG 17 Satz 1)**. Danach reicht eine zukünftige oder drohende Zahlungsunfähigkeit aus, wobei ein Prognosezeitraum von „mehrere(n) Monate(n) oder auch länger" zugrunde gelegt wird.[90] Eine materielle Insolvenz darf noch nicht eingetreten sein.

---

85) S. UNCITRAL, Legislative Guide on Insolvency Law, 2004, Recommendation 15 (a), Principles of European Insolvency Law (2003), § 1.2.
86) Deutschland und Österreich sowie – eingeschränkt – Polen.
87) *Garber* in: Nunner-Krautgasser/Garber/Jaufer, Grenzüberschreitende Insolvenzen, S. 56.
88) S. auch Empfehlungen der Kommission v. 12.3.2014 für einen neuen Ansatz im Umgang mit unternehmerischem Scheitern und Unternehmensinsolvenzen, COM(2014) 1500 final, II. 5. (a), ABl. (EU) L 74/65, 67 v. 14.3.2014.
89) Richtlinie (EU) 2019/1023 des Europäischen Parlaments und des Rates v. 20.6.2019 über präventive Restrukturierungsrahmen, über Entschuldung und über Tätigkeitsverbote sowie über Maßnahmen zur Steigerung der Effizienz von Restrukturierungs-, Insolvenz- und Entschuldungsverfahren und zur Änderung der Richtlinie (EU) 2017/1132 (Richtlinie über Restrukturierung und Insolvenz) – Restrukturierungsrichtlinie, ABl. (EU) L 172/18 v. 26.6.2019. Bei Einführung eines vorinsolvenzlichen Sanierungsverfahrens bedarf es bzgl. der Zugangsvoraussetzungen einer klaren Abgrenzung zum Insolvenzverfahren. Soll ein präventiver Restrukturierungsrahmen frühzeitig einsetzen, gleichzeitig aber nicht die Errungenschaften durch das ESUG konterkarieren, bietet es sich an, das Tatbestandsmerkmal „ernstliche Wahrscheinlichkeit einer Insolvenz" einzuführen (so *Skauradszun*, KTS 2019, 161, 166). Dieser Begriff ist zeitlich vor der drohenden Zahlungsunfähigkeit und der Überschuldung zu verorten und lässt noch ausreichend Anwendungsraum für Sanierungen in einem Insolvenzverfahren. Er stünde i. Ü. im Einklang mit ErwG 24 der Restrukturierungsrichtlinie.
90) ErwG 17 Satz 2.

Anwendungsbereich **Artikel 1**

Die Regelung in **Art. 1 Abs. 1 Unterabs. 2** unterstreicht das **funktional-abstrahierte Insolvenzverständnis** des Verordnungsgebers.[91]

**bb) Ausklammerung von Verfahren, die sich auf allgemeines Gesellschaftsrecht stützen**

Durch die Einführung des Tatbestandsmerkmals „auf der Grundlage gesetzlicher Regelungen zur Insolvenz", für das Art. 2 (a) des UNCITRAL-Modellgesetz offensichtlich Pate stand,[92] hat der Verordnungsgeber die Reichweite der EuInsVO zwar insoweit erheblich eingeschränkt, als er auf das Merkmal Insolvenz nicht verzichtet hat. Gleichwohl ist die Formulierung noch so weit gefasst, dass sie die meisten vorinsolvenzlichen und hybriden Verfahren der Mitgliedstaaten umfasst.[93] Art. 1 Abs. 1 Unterabs. 1 lit. b i. V. m. Unterabs. 2 machen besonders deutlich, dass vorinsolvenzliche Verfahren, in deren Verlauf es dem Schuldner gelingen könnte, die drohende Insolvenz durch eine Einigung mit den Gläubigern abzuwenden, in den Anwendungsbereich der EuInsVO fallen.

**(1) Scheme-of-Arrangement**

Um einer uferlosen Ausweitung des Anwendungsbereichs der EuInsVO entgegenzuwirken, stellt ErwG 16 Satz 2 ausdrücklich klar, dass solche Verfahren ausgeklammert sind, die sich auf **allgemeines Gesellschaftsrecht** stützen, das nicht ausschließlich auf Insolvenzfälle ausgerichtet ist.[94] In der Literatur wird gemutmaßt, dass der vorgenannte ErwG auf das Scheme-of-Arrangement, ein in ss 895 ff. des englischen Companies Act 2006 geregeltes Vergleichsverfahren, zugeschnitten sei.[95] Bei diesem Rechtsinstitut handelt es sich um ein flexibles Instrument des englischen Gesellschaftsrechts, das auch zur Restrukturierung herangezogen wird. Solange kein Insolvenzverfahren über das Vermögen der Gesellschaft eröffnet ist,[96] bezeichnet man ein Scheme-of-Arrangement als **Solvent-Scheme-of-Arrangement**. Das Verfahren zur Implementierung eines solchen Arrangements kann mangels eines Auslösetatbestands theoretisch jeder Zeit und ohne besonderen Anlass durchgeführt werden.[97] Dieses Verfahren hat keinen Eingang in Anhang A gefunden. Die Verordnung findet auf diese Verfahrensart keine Anwendung, weil die **Aufzählung** der in Anhang A aufgeführten Verfahren **abschließenden Charakter** hat.

Seit dem Austritt aus der EU zum 31.1.2020 ist das Vereinigte Königreich kein Mitgliedstaat mehr.[98] Sollt es nicht gelingen, in der elfmonatigen Übergangsperiode bis zum Ende des Jahres 2020 noch Einzelfallregelungen auszuhandeln finden

---

91) Wimmer/Bornemann/Lienau-*Bornemann*, Die Neufassung der EuInsVO, Rz. 66.
92) „... pursuant to a law relating to insolvency".
93) *Garcimartín*, ZEuP 2015, 694, 700.
94) Dies hatte der Rat der EU hatte bereits am 3.6.2014 in seinem Änderungsvorschlag gefordert (10284/14, S. 3 m. Fn. 6).
95) *Brinkmann*, KTS 2014, 386; *Garcimartín*, ZEuP 2015, 694, 700 ff.
96) *Albrecht*, ZInsO 2015, 1077, 1078, unterstellt Großbritannien insoweit ein taktisches Kalkül.
97) *Kusche*, Die Anerkennung des Scheme of Arrangement in Deutschland, S. 7.
98) Näher dazu *Vallender*, ZInsO 2019, 645 ff.

**Artikel 1** Anwendungsbereich

das Europäische Primärrecht[99], das Europäische Sekundärrecht, und weitgehend das durch die Rechtsprechung des EuGH geschaffene Richterrecht sowie alle von der EU abgeschlossenen Abkommen mit Drittstaaten auf das Vereinigte Königreich keine Anwendung mehr. Ein ungeregelter Austritt hätte zur Folge, dass Großbritannien im Verhältnis zu den verbleibenden Mitgliedstaaten den Status eines Drittstaates erhält, so dass bei grenzüberschreitenden Insolvenzverfahren im Verhältnis zu Deutschland die Vorschriften des deutschen Internationalen Insolvenzrechts (§§ 335 ff. InsO) Anwendung finden.[100]

(2) Spezifische Verfahren zur Schuldenanpassung

34 Ausgenommen vom Anwendungsbereich der EuInsVO sind auch **spezifische Verfahren zur Schuldenanpassung**, „in denen es um den Erlass von Schulden einer natürlichen Person mit sehr geringem Einkommen und Vermögen geht, sofern derartige Verfahren nie eine Zahlung an Gläubiger vorsehen" (ErwG 16 Satz 3). Dies trifft auf das deutsche Verbraucherinsolvenz- und Restschuldbefreiungsverfahren nicht zu (siehe Ausführungen Rz. 52).

cc) Zweckrichtung des Verfahrens

35 Während die EuInsVO a. F. zur **Zweckrichtung des Verfahrens** schweigt, unternimmt der Verordnungsgeber der reformierten EuInsVO mit der Nennung der insolvenzrechtlichen Zwecksetzung der Gesamtverfahren („zu Zwecken der Rettung, Schuldenanpassung, Reorganisation oder Liquidation") in Art. 1 Abs. 1 den Versuch einer näheren Umschreibung der Ausrichtung des Gesamtverfahrens.

36 Der Begriff **Rettung** zielt auf die Einbeziehung von wirtschaftlich bestandsfähigen Unternehmen ab, die sich in finanziellen Schwierigkeiten befinden und denen eine zweite Chance gegeben werden soll.

37 Der Begriff **Reorganisation** deckt im weitesten Sinne eine Reihe von Verfahren mit dem wirtschaftlichen Ziel einer Unternehmensfortführung in beliebiger Form ab. Die Reorganisation trägt dazu bei, die Zahlungsunfähigkeit zu vermeiden, wobei vertraglich geschuldete Beträge im Allgemeinen gezahlt werden und die Verhandlungen in den meisten Fällen nur die finanziellen Verbindlichkeiten betreffen.[101] Von der Reorganisation umfasst ist auch die Änderung der Beteiligungsverhältnisse. In Abgrenzung zur **Liquidation**, bei der gesicherte Gläubiger damit rechnen müssen, dass sich der Wert ihrer Forderungen möglicherweise erheblich verringert, geht es bei der Reorganisation nicht um die Veräußerung und Verteilung des schuldnerischen Vermögens, sondern um den **Erhalt des Unternehmens** und der hierzu er-

---

99) S. z. B. Art. 58 EuGVVO, der für seine Anwendbarkeit auf den Status als Mitgliedstaat abstellt, oder Art. 19 EuInsVO („… durch ein nach Artikel 3 zuständiges Gericht eines Mitgliedstaats …").
100) S. aber *Freitag/Korch*, ZIP 2016, 1849, 1850.
101) Richtlinie (EU) 2019/1023 des Europäischen Parlaments und des Rates vom 20.6.2019 über präventive Restrukturierungsrahmen, über Entschuldung und über Tätigkeitsverbote sowie über Maßnahmen zur Steigerung der Effizienz von Restrukturierungs-, Insolvenz- und Entschuldungsverfahren und zur Änderung der Richtlinie (EU) 2017/1132 (Richtlinie über Restrukturierung und Insolvenz) – Restrukturierungsrichtlinie, ABl. (EU) L 172/18 v. 26.6.2019.

forderlichen **Anpassung der Schulden**, d. h. die Angleichung der Verbindlichkeiten an die finanzielle Leistungskraft.

ErwG 10 Satz 3 stellt klar, dass sich der Anwendungsbereich der EuInsVO auch 38 auf Verfahren erstrecken soll, die eine **Schuldbefreiung** oder eine **Schuldenanpassung** in Bezug auf **Verbraucher und Selbstständige** zum Ziel haben, indem z. B. der vom Schuldner zu zahlende Betrag verringert oder die dem Schuldner gewährte Zahlungsfrist verlängert wird.

#### d) Einschränkungen der individuellen Rechte von Gläubigern und Schuldner (Art. 1 Abs. 1 Unterabs. 1 lit. a–c)

Der sachliche Anwendungsbereich der reformierten EuInsVO setzt neben den in 39 Art. 1 Abs. 1 Unterabs. 1 genannten Tatbestandsvoraussetzungen voraus, dass **einer der drei alternativen Tatbestände in lit. a, b oder c** – alternativ – erfüllt ist. Dies stellt eine Auflockerung gegenüber Art. 1 Abs. 1 a. F. dar.[102] Denn diese Vorschrift verlangt, dass nachfolgende vier Voraussetzungen **kumulativ** vorliegen müssen: Gesamtverfahren, d. h. Einbeziehung aller Gläubiger, Vorliegen einer Insolvenz, vollständiger oder teilweiser Vermögensbeschlag und Bestellung eines Verwalters. Nunmehr genügen diese Varianten **alternativ**; es handelt sich nicht mehr um notwendige Anforderungen.[103] Während in den Regelungen in lit. a und b eine Einschränkung der Befugnisse und individuellen Rechte des Schuldners zu sehen ist, wirkt lit. c auf die Rechtsstellung der Gläubiger ein. Sie müssen eine vorübergehende Beschränkung ihrer Vollstreckungsbefugnisse hinnehmen.

#### aa) Vermögensbeschlag und Verwalter (Art. 1 Abs. 1 Unterabs. 1 lit. a)

Die Regelung entspricht weitgehend der Fassung von Art. 1 Abs. 1 a. F. und dem 40 traditionellen Verständnis eines Insolvenzverfahrens. Die Formulierung „dem Schuldner die Verfügungsgewalt über sein Vermögen ganz oder teilweise entzogen wird" ist dem Begriff „Vermögensbeschlag" gleichzusetzen. Dabei reicht nach dem Wortlaut der Vorschrift bereits der teilweise Vermögensbeschlag aus. Darüber hinaus bedarf es der Bestellung eines Verwalters. Dieser wird nach Art. 2 Nr. 5 nur funktional bestimmt.

#### bb) Gerichtliche Kontrolle (Art. 1 Abs. 1 Unterabs. 1 lit. b)

Die Regelung erlaubt es, zahlreiche von einzelnen Mitgliedstaaten eingeführte **Ver-** 41 **fahren der finanziellen Restrukturierung** des Schuldners in den Anwendungsbereich der EuInsVO einzubeziehen.[104] Damit folgt der Verordnungsgeber dem Trend, dass nationale Gesetzgeber v. a. **Eigenverwaltungsverfahrens** mehr Gewicht verliehen haben.[105] Denn die Regelung lässt es genügen, dass das Vermögen und die Geschäfte des Schuldners der Kontrolle **oder** Aufsicht durch ein Gericht unterstellt

---

102) *Fritz*, DB 2015, 1882, 1883.
103) Wimmer/Bornemann/Lienau-*Bornemann*, Die Neufassung der EuInsVO, Rz. 82.
104) Einen Überblick über die Entwicklung der letzten Jahre gibt *B. Wessels*, Themes of the future: rescue businesses and cross-border cooperation, 2014, Insolvency Intelligence 4; s. ferner http://ec.europa.eu/justice/civil/files/evaluation recommendation final.pdf (Abrufdatum: 10.1.2020).
105) *Cohen/Dammann/Sax*, IILR 2015, 117, 119.

werden. Bei dem **Gericht** muss es sich um ein **Justizorgan** eines Mitgliedstaats handeln, eine Verwaltungsbehörde erfüllt nicht die Anforderungen an den Begriff Gericht (vgl. Definition in Art. 2 Nr. 6 (i)). Ein Vermögensbeschlag und eine Verwalterbestellung sind nicht erforderlich (ErwG 10 Satz 4). Die Kontrolle des Gerichts über das Verfahren muss nicht umfassend sein, insbesondere ist nicht erforderlich, dass das Gericht das Handeln des Schuldners laufend überwacht. Vielmehr reicht es aus, dass das Gericht nur aufgrund des Rechtsbehelfs eines Gläubigers oder anderer Verfahrensbeteiligter tätig wird (ErwG 10 Satz 5).[106] Damit könnte der Weg eröffnet sein, auch vorinsolvenzliche Verfahren, die selbst keine gerichtlichen Befugnisse zur Überwachung des Schuldners vorsehen, bereits unter die Regelung in lit. b zu fassen. Denn eine Kontrolle des Schuldners, der ohne Einschaltung des Gerichts eine Restrukturierung seines Unternehmens durch Verhandlungen mit allen oder einem Teil seiner Gläubiger eingeleitet hat, wäre jedenfalls dadurch gewährleistet, dass das Gericht bei einem Fremdantrag entsprechende Sicherungsmaßnahmen anordnet.[107]

42 Da die für **natürliche Personen** konzipierte **schwedische Schuldensanierung** (skuldsanering) auf Vermögensbeschlag und Verwalterbestellung verzichtet,[108] es bei diesem Verfahren allein auf die Anpassung der finanziellen Leistungsfähigkeit des Schuldners geht, unterliegt es (nunmehr) in Anbetracht der Regelung in lit. b als Gesamtverfahren dem Anwendungsbereich der EuInsVO.

### cc) Temporäres Vollstreckungsmoratorium (Art. 1 Abs. 1 Unterabs. 1 lit. c)

43 Da die Varianten in Art. 1 Abs. 1 Unterabs. 1 lit. a bis c alternativ gelten, erfasst die EuInsVO auch Verfahren, bei denen weder ein Vermögensbeschlag noch eine Verwalterbestellung erfolgt sind (lit. a) und auch eine gerichtliche Aufsicht oder Kontrolle (lit. b) nicht vorgesehen ist. Die **Regelung in lit. c** betrifft **temporäre Einzelzwangsvollstreckungsmoratorien**.[109] Diese tragen dazu bei, die Verhandlungen zwischen Gläubigern und Schuldner über eine Sanierungslösung zu ermöglichen. Um das Gleichgewicht zwischen den Interessen des Schuldners und der Gläubiger, insbesondere der besicherten Gläubiger, zu wahren, sieht lit. c nur eine „vorübergehende Aussetzung"[110] von Einzelzwangsvollstreckungsverfahren vor. Der Anwendungsbereich für diese Verfahren ist indes nur eröffnet, wenn sie geeig-

---

106) Bork/van Zwieten-*van Zwieten*, Commentary on the European Insolvency Regulation, Art. 1 Rz. 1.31.
107) So Wimmer/Bornemann/Lienau-*Bornemann*, Die Neufassung der EuInsVO, Rz. 84, unter Hinweis auf die Empfehlungen der Kommission v. 12.3.2014 für einen neuen Ansatz im Umgang mit unternehmerischem Scheitern und Unternehmensinsolvenzen, COM (2014) 1500 final, ABl. (EU) L 74/65 v. 14.3.2014.
108) EuGH, Urt. v. 8.11.2012 – Rs. C-461/11, Rz. 23, ABl. (EU) 2013 C 9/20 = EuZW 2013, 72 ff.
109) Der Tatbestand wurde auf spanische Initiative aufgenommen (Proposal from the Spanish delegation on Art. 1, 2 (c) and 27, 28646/EU XXV.GP, Dok. 10310/14). Damit sollen Verfahren nach Art. 5 Ley Concursal erfasst werden.
110) Nach der Vorstellung der Kommission sollte der Aussetzungszeitraum zwölf Monate nicht überschreiten, s. Vorschlag für eine Richtlinie über präventive Restrukturierungsrahmen, Art. 6 (7), COM (2016) 723 final, abrufbar unter https://eur-lex.europa.eu/legal-content/DE/TXT/?qid=1573664975751&uri=CELEX:52016PC0723 (Abrufdatum: 10.1.2020).

nete Vorkehrungen zum Schutz der Gesamtheit der Gläubiger vorsehen und sicherstellen, dass das Verfahren im Fall des Scheiterns der Sanierungsverhandlungen in ein Verfahren übergeht, bei dem entweder ein Vermögensbeschlag und eine Verwalterbestellung erfolgen (lit. a) oder das Verfahren mit einer gerichtlichen Aufsicht oder Kontrolle des Schuldners einhergeht (lit. b). Welche konkreten Vorkehrungen das Verfahren zum Schutz der Gesamtheit der Gläubiger außer der zeitlichen Beschränkung des Moratoriums („vorübergehend") enthalten muss, lässt der Verordnungsgeber offen. Artt. 6 und 7 der Restrukturierungsrichtlinie eröffnen eine weite Bandbreite der möglichen Ausprägungen des Moratoriums in der Umsetzung.[111]

e) **Aufnahme in Anhang A**[112] **(Art. 1 Abs. 1 Unterabs. 3)**

Der **Anhang A-Mechanismus** hat sich nicht geändert. Sowohl die klassischen Insolvenzverfahren als auch die neuen vorinsolvenzlichen und hybriden Verfahren sind in Anhang A aufzunehmen, wenn sie die in Art. 1 Abs. 1 kodifizierten Voraussetzungen erfüllen. Für den **effektiven** Anwendungsbereich der EuInsVO ist entscheidend, ob ein Verfahren in Anhang A aufgeführt ist (**Art. 1 Abs. 2 Unterabs. 3**).[113] Damit hat die Aufnahme eines mitgliedstaatlichen Verfahrens in den Anhang A **konstitutive Wirkung** für die Geltung der EuInsVO.[114] Einerseits fördert diese Regelung **Rechtssicherheit und Praktikabilität**, indem sie z. B. nationalen Gerichten die bisweilen schwierige Prüfung erspart, ob ein ausländisches Verfahren die in Art. 1 Abs. 1 normierten Voraussetzungen erfüllt oder nicht. Andererseits birgt dieser Mechanismus – worauf *Parzinger*[115] zutreffend hinweist – die **Gefahr des Missbrauchs** in sich. Denn nach Aufnahme eines Verfahrens in Anhang A kann der maßgebliche Mitgliedstaat ohne Konsequenzen das Verfahren umgestalten und dabei die Vorgaben des Art. 1 hinter sich lassen. Solange der Name des Verfahrens unverändert bleibt, findet die EuInsVO Anwendung. Die nationalen Gerichte sind nicht befugt, etwaige inhaltliche Änderungen zu überprüfen bzw. zu beanstanden und dem Verfahren die Anerkennung zu versagen. Abhilfe kann allenfalls ein Vertragsverletzungsverfahren nach Artt. 258 ff. AEUV schaffen.

44

aa) **Unmittelbare und verbindliche Wirkung**

Die Anhänge A und B haben ebenso wie die EuInsVO selbst **unmittelbare und verbindliche Wirkungen** in den Mitgliedstaaten.[116] ErwG 9 stellt ausdrücklich klar, dass die **Aufzählung der in Anhang A** aufgeführten Verfahren **abschließend** ist und die Gerichte der Mitgliedstaaten nicht prüfen dürfen, ob die dort aufgeführ-

45

---

111) Näher dazu *Riewe*, NZI Beilage 1 z. Heft 16–17/2019, S. 42 ff.
112) Anhang A und Anhang B wurden zuletzt geändert durch Verordnung (EU) 2018/946 des Europäischen Parlaments und des Rates vom 4.7.2018 zur Ersetzung der Anhänge A und B der Verordnung (EU) 2015/848 über Insolvenzverfahren, ABl. (EU) L 171/1 v. 6.7.2018.
113) K. Schmidt-*Brinkmann*, InsO, Art. 1 EuInsVO Rz. 5.
114) *Piekenbrock*, KSzW 2015, 191, 192; Bork/van Zwieten-*van Zwieten*, Commentary on the European Insolvency Regulation, Art. 1 Rz. 1.08.
115) *Parzinger*, NZI 2016, 63, 64.
116) *Prager/Ch. Keller*, WM 2015, 805.

ten Verfahren den Anwendungsvoraussetzungen des Art. 1 entsprechen.[117] Dies steht im Einklang mit der bisherigen Rechtsprechung des EuGH.[118]

46 Erfasst werden auch Verfahren, die nicht dem Anforderungsprofil von Art. 1 Abs. 1 entsprechen.[119] Aufgrund der Regelung in Art. 1 Abs. 1 Unterabs. 3 hat sich die Streitfrage erledigt, ob neben der Auflistung in Anhang A die materiellen Merkmale des Begriffs „Insolvenzverfahren" für die Einstufung herangezogen werden können.[120] Die Gerichte eines anderen Mitgliedstaates haben – wie bereits ausgeführt – nicht die Befugnis, unter Einbeziehung der Umstände und Modalitäten des Einzelfalls die Anwendungsvoraussetzungen zu überprüfen.[121]

### bb) Änderung der Anhänge

47 Während Art. 45 a. F. vorsieht, dass der Rat auf Initiative eines seiner Mitglieder oder auf Vorschlag der Kommission mit qualifizierter Mehrheit die Anhänge ändern kann, beschreitet der Verordnungsgeber der reformierten EuInsVO nunmehr einen völligen anderen Weg. Die EuInsVO hält keinerlei Regelungen für eine Änderung der Anhänge bereit. Dies ist auch dem Umstand geschuldet, dass der *Lissabon-Vertrag* eine Alleinentscheidung des Rates nicht mehr vorsieht.[122] Das ursprünglich vorgesehene vereinfachte Änderungsverfahren[123] ist einem **ordentlichen Verordnungsgebungsverfahren** gewichen. Dies stellt einen **Paradigmenwechsel** dar. Die Mitgliedstaaten entscheiden zwar frei darüber, ob sie mit Aufnahme des von ihnen vorgeschlagenen Verfahrens die Anerkennungswirkungen nach Artt. 19 ff. herbeiführen wollen. Sie müssen sich aber einem aufwändigen **ordentlichen Gesetzgebungsverfahren nach Artt. 81 Abs. 2, 289 Abs. 1 AEUV** zur Überarbeitung des Anhangs A stellen.[124] Dieses Verfahren kann u. a. bis zu drei Lesungen im Europäischen Parlament erfordern.[125] Dadurch soll eine umfassende Beteiligung aller Mitgliedstaaten gewährleistet werden.[126] Mit Recht weisen *Kindler/Sakka*[127] aber

---

117) EuGH, Urt. v. 22.11.2012 – Rs. C-116/11, Rz. 33, ZIP 2012, 2403, dazu EWiR 2013, 173 *(Jopen)*; *Dörnblüth* in: HK-InsO, Art. 1 EuInsVO Rz. 2.
118) EuGH, Urt. v. 22.11.2012 – Rs. C-116/11, Rz. 33, ABl. EU 2013 C 26/4–5 = ZIP 2012, 2403.
119) S. EuGH, Urt. v. 22.11.2012 – Rs. C-116/11, Rz. 33, ZIP 2012, 2403, zum französischen Sauvegarde-Verfahren.
120) S. *Eidenmüller*, IPRax 2001, 2, 4; *Kindler* in: MünchKomm-BGB, Art. 1 EuInsVO Rz. 2 ff.; *Thole/Swierczok*, ZIP 2013, 550.
121) *Wimmer*, jurisPR-InsR 7/2015 Anm. 1.
122) Wimmer/Bornemann/Lienau-*Bornemann*, Die Neufassung der EuInsVO, Rz. 47 m. w. N.
123) Vorschlag für eine Verordnung des Europäischen Parlaments und des Rates zur Änderung der Verordnung (EG) Nr. 1346/2000 des Rates über Insolvenzverfahren, v. 12.12.2012, COM(2012) 744 final, S. 36, abrufbar unter https://www.europarl.europa.eu/meetdocs/ 2009_2014/documents/com/com_com(2012)0744_/com_com(2012)0744_de.pdf (Abrufdatum: 10.1.2020).
124) Die Ausgestaltung dieses Verfahrens regelt Art. 294 AEUV.
125) *Parzinger*, NZI 2016, 63, 65.
126) Vgl. Statement of the Council's reasons: Position (EU) No 7/2015 of the Council at first reading with a view to the adoption of a Regulation of the European Parliament and of the Council on insolvency proceedings (recast), JUSTCIV 134 EJUSTICE 54 CODEC 1366 = ABl. (EU) C 141/55, Rz. 19 ff.; *Kindler/Sakka*, EuZW 2015, 460, 461.
127) *Kindler/Sakka*, EuZW 2015, 460, 461.

darauf hin, dass diese Verfahrensweise keinen Beitrag zur Eindämmung des „Restrukturierungstourismus" leiste, weil diejenigen Mitgliedstaaten, die von diesem Phänomen profitierten, für die betreffenden Verfahren keinen Antrag auf Aufnahme in den Anhang A stellen werden.[128] Tatsächlich hat **Großbritannien** davon abgesehen, die Aufnahme des Scheme-of-Arrangement in den Anhang A zu betreiben. Folge wäre gewesen, dass dieses Verfahren durch Aufnahme in Anhang A einen erheblichen Teil seiner Attraktivität verloren hätte, weil es der Feststellung des COMI des schuldnerischen Unternehmens durch das englische Gericht bedurft hätte, während der Zugang zu diesem Verfahren nach wie vor durch eine Sufficient-Connection möglich ist (siehe näher Rz. 32).

Soweit ein Mitgliedstaat die Aufnahme eines bestimmten Verfahrens in Anhang A anstrebt, sind im Verordnungsgebungsverfahren die Regelungen in Art. 1 Abs. 1 der **Maßstab** für die Frage, ob das Verfahren Eingang in Anhang A findet oder nicht.[129] Eine verbindliche Vorgabe kommt den Regelungen indes nicht zu, weil der Verordnungsgeber die Befugnis hat, die Anforderungen abzuändern.[130] Durch Verordnung (EU) 2018/946 des Europäischen Parlaments und des Rates vom 4.7.2018 zur Ersetzung der Anhänge A und B der Verordnung (EU) 2015/848 über Insolvenzverfahren, ABl. (EU) L 171/1 v. 6.7.2018, wurden die Anhänge A und B ersetzt.

48

#### cc) Deutsche Verfahren

Während zahlreiche Mitgliedstaaten der Gemeinschaft anlässlich der Neufassung der EuInsVO die Gelegenheit ergriffen haben, auf die Einbeziehung von Verfahren in Anhang A hinzuwirken, die dort noch keine Aufnahme gefunden hatten,[131] ist Deutschland insoweit abstinent geblieben. Nach wie vor führt Anhang A für **Deutschland** als erfasste Verfahren „das Konkursverfahren, das gerichtliche Vergleichsverfahren, das Gesamtvollstreckungsverfahren und das Insolvenzverfahren" auf. Damit sind **sämtliche Verfahren** erfasst, die nach Maßgabe der Bestimmungen zur InsO eröffnet werden können.[132]

49

**Anhang B** nennt als Verwalter i. S. des Art. 2 Nr. 5 den Konkursverwalter, Vergleichsverwalter, Sachwalter (nach der VerglO), den Verwalter, Insolvenzverwalter, Sachwalter (nach der InsO), Treuhänder, vorläufigen Insolvenzverwalter und vorläufigen Sachwalter. Damit dürften Zweifel weitgehend[133] ausgeräumt sein, ob auch das **Eigenverwaltungs- und Schutzschirmverfahren gemäß § 270b InsO**, das die Bestellung eines vorläufigen Sachwalters vorsieht (§§ 270a Abs. 2, 270b Abs. 2

50

---

128) Krit. auch *Piekenbrock*, KSzW 2015, 191, 193; *Parzinger*, NZI 2016, 63, 65.
129) Wimmer/Bornemann/Lienau-*Bornemann*, Die Neufassung der EuInsVO, Rz. 93 m. w. N.
130) Wimmer/Bornemann/Lienau-*Bornemann*, Die Neufassung der EuInsVO, Rz. 93 m. w. N. spricht insoweit von einer rechtspolitischen Programmerklärung.
131) S. die Darstellung bei Wimmer/Bornemann/Lienau-*Bornemann*, Die Neufassung der EuInsVO, Rz. 106 ff.
132) Wimmer/Bornemann/Lienau-*Bornemann*, Die Neufassung der EuInsVO, Rz. 103.
133) Zweifel bestehen noch insoweit, als nach deutschem Recht eine Veröffentlichung dieser Verfahren nicht zwingend vorgesehen ist (s. Ausführungen Rz. 24).

**Artikel 1** Anwendungsbereich

InsO), vom Anwendungsbereich der EuInsVO erfasst sind.[134)] ErwG 10 stellt eindeutig auf diese Verfahrensarten ab. Die Kommission hatte die Rechtslage noch als unklar eingeschätzt.[135)]

51 Erfasst wird auch das **Insolvenzeröffnungsverfahren**, bei dem es sich um ein vorläufiges Verfahren i. S. des Art. 1 Abs. 1 handelt.[136)] Dem steht nicht entgegen, dass es nicht ausdrücklich in Anhang A erwähnt ist. Tatsächlich erfüllt das Eröffnungsverfahren alle Voraussetzungen der vorgenannten Bestimmung. Bereits der EuGH[137)] hatte deutlich gemacht, dass „eine künstliche Unterscheidung" zwischen dem in Anhang A aufgeführten Insolvenzverfahren und dem auf dessen Eröffnung gerichteten Verfahren untunlich sei.[138)] Zwar verlangt er auch für das Eröffnungsverfahren **Vermögensbeschlag und Verwalterbestellung**. Indem Art. 1 Abs. 1 Unterabs. 1 lit. b es ausreichen lässt, dass das Vermögen und die Geschäfte des Schuldners der Kontrolle oder Aufsicht durch ein Gericht unterstellt werden, kommt es auf das Vorliegen der Merkmale Vermögensbeschlag und Verwalterbestellung nicht mehr an. Der Verordnungsgeber geht bereits dann von einer Kontrolle durch ein Gericht aus, wenn es reaktiv, etwa aufgrund eines Antrags eines Verfahrensbeteiligten, tätig wird (ErwG 10 Satz 4). Dafür bedarf es nicht einmal der Bestellung eines Sachverständigen. Mithin ist das deutsche Insolvenzeröffnungsverfahren auch dann vom Anwendungsbereich der EuInsVO erfasst, wenn das Gericht keine Sicherungsmaßnahmen trifft. Vor diesem Hintergrund gilt die EuInsVO auch für das – veröffentlichte (siehe Rz. 24 f.) – **vorläufige Eigenverwaltungsverfahren** (§ 270a InsO) und das **Schutzschirmverfahren** (§ 270b InsO).

52 Ebenso erfasst die EuInsVO auch das **Verbraucherinsolvenzverfahren** und das **Nachlassverfahren** nach §§ 315 ff. InsO[139)] sowie besondere Verfahren in Ansehung von Gütergemeinschaften. Dies gilt gleichermaßen für das **Restschuldbefreiungsverfahren**, dem die Eröffnung des Insolvenzverfahrens voranzugehen hat (vgl. ErwG 10 Satz 2). Dass z. B. § 302 Nr. 1 InsO bestimmte Forderungen (z. B. Unter-

---

134) *Dornblüth* in: HK-InsO, Art. 1 EuInsVO Rz. 5; *Kindler/Sakka*, EuZW 2015, 460, 471; *Thole/Swierczok*, ZIP 2013, 550; Kübler/Prütting/Bork-*Madaus*, InsO, Art. 1 EuInsVO Rz. 8.
135) Vgl. Bericht der Kommission an das Europäische Parlament, den Rat und den Europäischen Wirtschafts- und Sozialausschuss über die Anwendung der Verordnung (EG) Nr. 1346/2000 des Rates v. 29.5.2000 über Insolvenzverfahren, v. 12.12.2012, COM(2012) 743 final, S. 6 m. Fn. 5, abrufbar unter https://ec.europa.eu/transparency/regdoc/rep/1/2012/DE/1-2012-743-DE-F1-1.Pdf (Abrufdatum: 10.1.2020).
136) *Fritz*, DB 2015, 1882, 1883.
137) EuGH, Urt. v. 2.5.2006 – Rs. C-341/04 (Eurofood), Rz. 54, ZIP 2006, 907, m. Anm. *Knof/Mock*: „... als ‚Eröffnung eines Insolvenzverfahrens' im Sinne der Verordnung (ist) nicht nur eine Entscheidung zu verstehen, die in dem für das Gericht, das die Entscheidung erlassen hat, geltenden Recht des Mitgliedstaats förmlich als Eröffnungsentscheidung bezeichnet wird, sondern auch die Entscheidung, die infolge eines auf die Insolvenz des Schuldners gestützten Antrags auf Eröffnung eines in Anhang A genannten Verfahrens ergeht, wenn diese Entscheidung den Vermögensbeschlag gegen den Schuldner zur Folge hat und durch sie ein in Anhang C der Verordnung genannter Verwalter bestellt wird."
138) Wimmer/Bornemann/Lienau-*Bornemann*, Die Neufassung der EuInsVO, Rz. 104.
139) AG Düsseldorf, Beschl. v. 19.6.2012 – 503 IN 6/12, ZInsO 2012, 1278; *Mankowski*, ZIP 2011, 1501; zum Verhältnis EuInsVO und EuErbVO s. *Riedemann/Schmidt*, ZVI 2015, 447.

Anwendungsbereich **Artikel 1**

haltsforderungen) von der Restschuldbefreiung ausnimmt, steht der Annahme, dass es sich insoweit um ein Gesamtverfahren i. S. des Art. 1 Abs. 1 handelt,[140] nicht entgegen. Dies stellt ErwG 14 Satz 5 ausdrücklich klar.[141]

Bislang verfügt Deutschland über kein gesetzlich geregeltes **vorinsolvenzliches Sanierungsverfahren**. Dies wird sich möglicherweise ändern. Denn am 26.6.2019 ist die Restrukturierungsrichtlinie in Kraft getreten.[142] Nach Verkündung im Amtsblatt haben die Mitgliedstaaten zwei Jahre Zeit, um die neuen Bestimmungen umzusetzen (Art. 34 Restrukturierungsrichtlinie). Offen ist allerdings, wie die Umsetzung auf nationaler Ebene erfolgen wird. Sollte sich der deutsche Gesetzgeber für die Einführung eines **eigenständigen Restrukturierungsverfahrens** entscheiden, wird er auch darüber nachzudenken haben, **Anhang A** der EuInsVO im Wege des ordentlichen Rechtssetzungsverfahrens um diese Verfahren erweitern zu lassen. Dies hat den Effekt der automatischen Anerkennung der in diesem Verfahren getroffenen Eröffnungsentscheidung bzw. der gerichtlichen Bestätigungsentscheidung des Restrukturierungsplans (Art. 10 Restrukturierungsrichtlinie) in jedem anderen Mitgliedstaat der EU. 53

Die Aufnahme in Anhang A liegt nahe, weil eine Verzahnung der Richtlinie mit der EuInsVO ausdrücklich vorgesehen ist.[143] Die abstrakten Voraussetzungen dafür lägen vor.[144] Denn Art. 1 lässt die Wahrscheinlichkeit einer Insolvenz als Eingangsvoraussetzung genügen. Allerdings führt dies vor dem Hintergrund, dass ErwG 13 der Restrukturierungsrichtlinie deren **vollständige Vereinbarkeit mit der EuInsVO** verlangt, zwangsläufig zu einigen Folgeproblemen. So sind nicht nur der Weg zur Forderungsanmeldung, sondern auch die Regelungen eines Sekundärinsolvenzverfahrens eröffnet, das kaum im Einklang mit der Zweckverfolgung eines vorinsolvenzlichen Sanierungsverfahrens stehen dürfte. Als nachteilig kann sich erweisen, dass Verfahren nach der EuInsVO öffentlich sein müssen (Art. 1 Abs. 1). Im Einzelfall kann sich dies bei einer vorinsolvenzlichen Sanierung als kontraproduktiv erweisen.[145] Weniger ins Gewicht fällt, dass bei Anordnung eines Moratoriums und dem Planbestätigungsverfahren das angerufene Gericht seine internationale Zuständigkeit nach Art. 3 EuInsVO zu prüfen hätte. 54

---

140) Mankowski/Müller/J. Schmidt-*J. Schmidt*, EuInsVO 2015, Art. 1 Rz. 14 a. E.
141) Wimmer/Bornemann/Lienau-*Lienau*, Die Neufassung der EuInsVO, Rz. 146.
142) Richtlinie (EU) 2019/1023 des Europäischen Parlaments und des Rates vom 20.6.2019 über präventive Restrukturierungsrahmen, über Entschuldung und über Tätigkeitsverbote sowie über Maßnahmen zur Steigerung der Effizienz von Restrukturierungs-, Insolvenz- und Entschuldungsverfahren und zur Änderung der Richtlinie (EU) 2017/1132 (Richtlinie über Restrukturierung und Insolvenz) – Restrukturierungsrichtlinie, ABl. (EU) L 172/18 v. 26.6.2019; s. a. die Ausführungen in Rz. 10.
143) S. ErwG 13 und 14 sowie Art. 6 Abs. 8 Unterabs. 2 der Restrukturierungsrichtlinie.
144) Näher dazu *Skauradszun*, KTS 2919, 161, 171.
145) Ebenso *v. Bismarck/Schulz*, NZI Beilage 1 z. Heft 16–17/2019, S. 82, 84; soweit *Dammann* in: FS Wimmer, S. 178 f., insoweit unterschiedliche Verfahren vorschlägt, erscheint dies ein zu aufwändiger Weg zur Vermeidung des aufgezeigten Problems.

## Artikel 1

### V. Persönlicher Anwendungsbereich

55 Die EuInsVO enthält weder eine abschließende Regelung des persönlichen Anwendungsbereichs noch eine Definition des Begriffs des Schuldners. Ob ein bestimmter Schuldner insolvenzfähig ist, entscheidet das nationale Insolvenzrecht des Staates der Verfahrenseröffnung (lex fori concursus, Art. 7 Abs. 2 lit. a).[146]

#### 1. Natürliche und juristische Personen

56 Nach deutschem Recht kann ein Insolvenzverfahren über das Vermögen jeder (lebenden) natürlichen und juristischen Person eröffnet werden. Dem entspricht **ErwG 9 Satz 1**. Danach wird vom persönlichen Anwendungsbereich der EuInsVO eine natürliche oder juristische Person, ein Kaufmann oder eine Privatperson erfasst, unabhängig von seiner Staatsangehörigkeit. Denn Art. 18 Abs. 1 AEUV verbietet jede Diskriminierung aus Gründen der Staatsangehörigkeit. Dies gilt gleichermaßen für ausländische Gläubiger und ist Ausdruck der Universalität des Insolvenzverfahrens. Selbst wenn in einem Mitgliedstaat lediglich das Insolvenzverfahren über das Vermögen eines Kaufmanns vorgesehen ist, zwingt Art. 19 diesen Staat zur Anerkennung der Eröffnungsentscheidung über das Vermögen eines Nichtkaufmanns. Ist dagegen ein Insolvenzverfahren über das Vermögen eines Schuldners in einem Mitgliedstaat, in dem er seinen COMI hat, nicht vorgesehen, eröffnet Art. 3 Abs. 4 Satz 1 lit. a die Möglichkeit der Eröffnung **eines isolierten Partikularverfahrens** in einem anderen Mitgliedstaat. Anwendbar ist die EuInsVO auch auf „**Scheinauslandsgesellschaften**".[147] Dabei handelt es sich um eine Gesellschaft, die außer ihrer Rechtsform und ihrer Inkorporation keine Beziehung zum ausländischen Gründungsstaat hat.[148] Sie ist rechts- und parteifähig sowie insolvenzfähig als Gesellschaft ausländischen Rechts.

#### 2. Konzerninsolvenz

57 Auch wenn im neuen Kapitel V (Artt. 56–77) erstmals ein **spezieller Rechtsrahmen für Konzerninsolvenzen** geschaffen wurde, hat der Gesetzgeber der reformierten EuInsVO davon abgesehen, dem Konzern (als Unternehmensgruppe) die Schuldnereigenschaft zuzugestehen.[149] Damit ist er nicht von dem auch in den einzelnen Mitgliedstaaten bestehenden Grundkonsens abgewichen, dass es sich bei dem Konzern nicht um eine juristische Einheit mit eigener Rechtspersönlichkeit, sondern um eine Vielzahl (mindestens zweier) selbstständiger Rechtsträger handelt, die durch ihre einheitliche Leitung miteinander verbunden sind.[150] Allein die nationalen Rechtsvorschriften beantworten die Frage, wer Schuldner ist (Art. 7 Abs. 2 lit. a).

---

146) S. auch *Virgós/Garcimartín*, The European Insolvency Regulation, S. 26.
147) BGH, Urt. v. 14.5.2012 – II ZR 69/12, ZIP 2012, 1289, 1290, dazu EWiR 2012, 685 *(Seidl/Wojtek)*; näher zu Scheinauslandsgesellschaften *Vallender*, ZGR 2006, 426.
148) *Dornblüth* in: HK-InsO, Art. 1 EuInsVO Rz. 12.
149) EuGH, Urt. v. 2.5.2006 – Rs. C-341/04 (Eurofood), ZIP 2006, 907, m. Anm. *Knof/Mock*, setzt dies in seiner *Eurofood-Entscheidung* stillschweigend voraus, soweit er ausführt, dass für sämtliche Schuldner, die eine selbstständige Einheit im juristischen Sinne bilden, auch die gerichtliche Zuständigkeit separat zu beurteilen sei.
150) So etwa *Lutter*, ZfB 1984, 781.

Anwendungsbereich **Artikel 1**

Nach deutschem Recht kann der **Konzern** nicht tauglicher Schuldner eines Insolvenzverfahrens sein, sondern stets nur einzelne Konzerngesellschaften.[151] Mithin ist die **internationale Zuständigkeit** für das Insolvenzverfahren über die **Konzernmutter** (vgl. Art. 2 Nr. 14) und die **Tochterunternehmen** jeweils getrennt nach Art. 3 zu beurteilen; einen Automatismus dahingehend, dass der COMI eines Tochterunternehmens am COMI der Muttergesellschaft liegt, gibt es nicht.[152] Ebenso wenig eröffnet die EuInsVO die Möglichkeit, das Verfahren über das Vermögen einer Konzerngesellschaft auf das Vermögen einer anderen Konzerngesellschaft, deren Interessenmittelpunkt in einem anderen Mitgliedstaat belegen ist, zu erstrecken.[153] Nach Art. 7 Abs. 1 gilt für das Insolvenzverfahren und seine Wirkungen das Insolvenzrecht des Mitgliedstaats, in dessen Hoheitsgebiet das Verfahren eröffnet wird.

58

### 3. Bereichsausnahmen (Art. 1 Abs. 2)

Art. 1 Abs. 2, der unverändert in die neue Verordnung übernommen wurde, enthält als **negative Abgrenzung** zum persönlichen Anwendungsbereich der EuInsVO Bereichsausnahmen für vier Schuldnerkategorien.[154] Danach sind **Versicherungsunternehmen** oder **Kreditinstitute**,[155] **Wertpapierfirmen**, die Dienstleistungen erbringen, welche die Haltung von Geldern oder Wertpapieren Dritter umfassen, sowie **Organismen für gemeinsame Anlagen** vom Anwendungsbereich der Verordnung ausgenommen. Die Abwicklung von Insolvenzverfahren über das Vermögen dieser Einrichtungen und Unternehmen bestimmt sich nicht nach der EuInsVO sondern nach nationalem Recht.[156] Grund dafür ist die Überlegung, dass **nationalen Aufsichtsbehörden weitreichende Eingriffsbefugnisse** zustehen (ErwG 19). Aus Sicht des Verordnungsgebers schafft gerade dieses Aufsichtsrecht den höheren Grad an Harmonisierung[157] und rechtfertigt den konzeptionellen Ansatz einer exklusiven Normierung jenseits der EuInsVO.

59

Die EuInsVO n. F. enthält ebenso wie die EuInsVO a. F. keinerlei Definitionen zu den von Art. 1 Abs. 2 ausgenommenen Einrichtungen und Unternehmen. Es ist indes allgemein anerkannt, dass zur Bestimmung die allgemeinen Regelungen des Gemeinschaftsrechts (Richtlinien) heranzuziehen sind.[158] Diese orientieren sich streng am Grundsatz der Einheit und Universalität des Insolvenzverfahrens. Die als Sonderregeln anzusehenden Richtlinien sind zwar gegenüber dem Mitglied hinsichtlich des zu erreichenden Ziels verbindlich, müssen indes in den einzelnen Mit-

60

---

151) Ausführlich *J. Schmid*, KTS 2015, 19.
152) EuGH, Urt. v. 2.5.2006 – Rs. C-341/04 (Eurofood), ZIP 2006, 907, m. Anm. *Knof/Mock*.
153) EuGH, Urt. v. 15.12.2011 – Rs. C-191/10 (Rastelli), ZIP 2012, 183, dazu EWiR 2012, 87 *(Paulus)*.
154) Mankowski/Müller/J. Schmidt-*K. Schmidt*, EuInsVO 2015, Art. 1 Rz. 46.
155) OLG Frankfurt/M., Urt. v. 17.12.2012 – 1 U 17/11, ZIP 2013, 277 = IPRax 2014, 276, dazu EWiR 2013, 159 *(Brinkmann)*.
156) BGH, Urt. v. 9.6.2016 – IX ZR 314/14, Rz. 52, ZIP 2016, 1226, dazu EWiR 2016, 535 *(Hartmann)*.
157) Näher zur Harmonisierung im Internationalen Insolvenzrecht *Bork* in: FS Prütting, S. 613, 622.
158) *Braun/Heinrich*, NZI 2005, 578, 581 m. w. N.; *Balz*, 70 Am. Bankr. L. J. (1996) 485, 502.

**Artikel 1** Anwendungsbereich

gliedstaaten in nationales Recht umgesetzt werden. Diese Transformation ist in Deutschland durch das Gesetz zur Neuregelung des Internationalen Insolvenzrechts vom 14.3.2003[159)] und durch das Gesetz zur Umsetzung aufsichtsrechtlicher Bestimmungen zur Sanierung und Liquidation von Versicherungsunternehmen vom 10.12.2003[160)] erfolgt. Soweit eine solche Umsetzung in nationales Recht nicht stattfindet, bleibt das jeweilige nationale Insolvenzrecht anwendbar.

### a) Kreditinstitute und Versicherungsunternehmen (Art. 1 Abs. 2 lit. a und b)

61 Bei einem **Kreditinstitut** handelt es sich um ein „Unternehmen, dessen Tätigkeit darin besteht, Einlagen oder andere rückzahlbare Gelder des Publikums entgegenzunehmen und Kredite für eigene Rechnung zu gewähren.[161)] Die Definition für **Versicherungsunternehmen** ist aus den Richtlinien über die Ausübung der Tätigkeit der Direktversicherung zu ermitteln.[162)] Für **beide** gelten als Sonderregeln die Richtlinien 2001/24/EG vom 4.4.2001 i. V. m. den Richtlinien 2000/12/EG vom 20.3.2000 und 2006/29/EG vom 8.3.2006 über die Sanierung und Liquidation von Kreditinstituten und seit dem 1.1.2014 die Richtlinie 2009/138/EG vom 25.11.2009 (vgl. Richtlinie 2012/23/EG v. 12.12.2012)[163)] über die Sanierung und Liquidation von Versicherungsunternehmen. Unterschiede zu den Regelungen der EuInsVO ergeben sich z. B. sowohl bei der Banken- als auch Versicherungskrisenrichtlinie, dass diese Sekundärinsolvenzverfahren für unzulässig erklären.[164)] Auch wenn die Richtlinien als „Schritt zur gemäßigten Universalität" anzusehen sind, vermögen sie nicht alle Bereiche befriedigend abzudecken.[165)]

### b) Wertpapier- sowie Investmentunternehmen (Art. 1 Abs. 2 lit. c)

62 Ziel der Richtlinie über Märkte für Finanzinstrumente (2004/39/EG) ist es, einen Rechtsrahmen zur Abdeckung des vollen Angebots der anlegerorientierten Tätigkeiten abzudecken. Dazu nimmt die Richtlinie eine Harmonisierung in dem Umfang vor, der notwendig ist, um Anlegern ein hohes Schutzniveau zu bieten und Wertpapierfirmen das Erbringen von Dienstleistungen in der gesamten Gemeinschaft i. R. des Binnenmarkts auf der Grundlage der Herkunftslandsaufsicht zu gestatten (ErwG 1). Art. 4 Abs. 1 Nr. 1 RL 2004/39/EG definiert **Wertpapierfirmen** als juristische Personen, die i. R. ihrer üblichen beruflichen und gewerblichen

---

159) Gesetz zur Neuregelung des Internationalen Insolvenzrechts, v. 14.3.2003, BGBl. I 2003, 345.
160) Gesetz zur Umsetzung aufsichtsrechtlicher Bestimmungen zur Sanierung und Liquidation von Versicherungsunternehmen, v. 10.12.2003, BGBl. I 2003, 2478.
161) Vgl. Moss/Fletcher/Isaacs-*Moss/Smith*, The EC Regulation on Insolvency Proceedings, Rz. 8.09.
162) Pannen-*Pannen*, EuInsVO, Art. 1 Rz. 23 m. w. N.
163) Bis zu diesem Zeitpunkt fand die Richtlinie 2001/17/EG des Europäischen Parlaments und des Rates v. 19.3.2001 über die Sanierung und Liquidation von Versicherungsunternehmen, ABl. (EU) L 110/28 v. 20.4.2001, Anwendung.
164) ErwG 6 der Richtlinie 2001/24/EG des Europäischen Parlaments und des Rates v. 4.4.2001 über Sanierung und Liquidation von Kreditinstituten, ABl. (EU) L 125/15 v. 5.5.2001: „alleinige Befugnis" der Behörden und Gerichte des Herkunftsstaats; s. ferner *Wimmer*, ZInsO 2002, 897; *Braun/Heinrich*, NZI 2005, 578, 580.
165) Näher dazu *Wimmer*, ZInsO 2002, 897, 901.

Tätigkeit gewerbsmäßig Wertpapierdienstleistungen für Dritte erbringen und/oder eine oder mehrere Anlagetätigkeiten ausüben. Aufgrund der Bankenrestrukturierungsrichtlinie 2014/59/EU[166)] gibt es seit dem 1.5.2015 auch für Wertpapierfirmen ein Sonderregime für die Bewältigung grenzüberschreitender Insolvenzen. Keine Anwendung findet die EuInsVO auf Optionsgeschäfte in Bezug auf Aktien.[167)]

c) Organismen für gemeinsame Anlagen (Art. 1 Abs. 2 lit. d)

Die **Legaldefinition** für Organismen für gemeinsame Anlagen findet sich in **Art. 2 Nr. 2**. Die Vorschrift definiert „Organismen für gemeinsame Anlagen" nicht inhaltlich, sondern unter Verweis auf die „Organismen für gemeinsame Anlagen in Wertpapieren" (OGAW) i. S. der Richtlinie 2009/65/EG[168)] und alternative Investmentfonds (AIF) i. S. der Richtlinie 2011/61/EU vom 8.6.2011, in deren Art. 4 alternative Investmentfonds definiert sind. Ausschließlicher Zweck dieser Institutionen ist es, beim Publikum beschaffte Gelder für gemeinsame Rechnung nach dem Grundsatz der Risikobetreuung in Wertpapieren anzulegen, und deren Anteile auf Verlangen der Anteilsinhaber unmittelbar oder mittelbar zulasten des Vermögens dieser Organismen zurückzunehmen oder auszuzahlen.[169)] Ein europäisches Sonderregime für die Organismen für gemeinsame Anlagen gibt es bislang nicht.

63

Die **Einschränkung des persönlichen Anwendungsbereichs** nach Art. 1 Abs. 2 gilt nicht nur für die Insolvenzverfahren selbst über das Vermögen der in der Vorschrift aufgeführten vier Schuldnerkategorien, sondern gleichzeitig auch für sog. **Annexverfahren** aus solchen Verfahren gegen Klagegegner, die ihren satzungsmäßigen Sitz in einem anderen EU-Mitgliedstaat haben.[170)]

64

Nach einer Entscheidung des High Court of Justice vom 1.2.2010[171)] sind die unter Art. 1 Abs. 2 lit. a bis c aufgeführten Unternehmen vom Anwendungsbereich der EuInsVO nur dann ausgenommen, wenn sie nicht nur die entsprechende aufsichtsrechtliche Erlaubnis besitzen, sondern die jeweils beschriebenen Tätigkeiten auch tatsächlich ausgeführt haben.

65

## VI. Räumlicher Anwendungsbereich

Die EuInsVO enthält **keine ausdrückliche Definition ihres räumlichen Anwendungsbereichs**. ErwG 25 macht deutlich, dass die Verordnung nur Anwendung findet, wenn der Schuldner den Mittelpunkt seiner hauptsächlichen Interessen (**COMI**) in der EU hat. Daraus und dem Zusammenspiel anderer Regelungsmechanismen

66

---

166) Richtlinie 2014/59/EU des Europäischen Parlaments und des Rates v. 15.5.2014 zur Festlegung eines Rahmens für die Sanierung und Abwicklung von Kreditinstituten und Wertpapierfirmen, ABl. (EU) L 173/190 v. 12.6.2014.
167) BGH, Urt. v. 9.6.2016 – IX ZR 314/14, Rz. 33, ZIP 2016, 1226.
168) Richtlinie 2009/65/EG des Europäischen Parlaments und des Rates v. 13.7.2009 zur Koordinierung des Rechts- und Verwaltungsvorschriften betreffend bestimmte Organismen für gemeinsame Anlagen in Wertpapieren (OGAW) n. F., ABl. (EU) L 302/32 v. 17.11.2009.
169) Art. 1 Abs. 2 lit. a und b Richtlinie 2009/65/EG.
170) OLG Frankfurt/M., Urt. v. 17.12.2012 – 1 U 17/11, Rz. 17, ZIP 2013, 277 = IPRax 2014, 276; Uhlenbruck-*Lüer*, InsO, Art. 1 EuInsVO Rz. 11.
171) High Court of Justice, Entsch. v. 1.2.2010 – [2010] EWHC 133 (Ch), IILR 2011, 221.

einzelner Vorschriften wie z. B. Art. 3 Abs. 1, Artt. 19 und 20[172)] lässt sich der räumliche Anwendungsbereich der EuInsVO ableiten. Er erstreckt sich auf **alle Mitgliedstaaten der EU** mit Ausnahme **Dänemarks**, das von der in Art. 69 EGV[173)] vorgesehenen Möglichkeit Gebrauch gemacht, sich nicht an der Annahme der Verordnung zu beteiligen (**opt-out**).[174)] Dass Dänemark vom Anwendungsbereich der EuInsVO nicht erfasst[175)] und auch nicht zur Anwendung der EuInsVO verpflichtet ist, stellt ErwG 88 ausdrücklich klar. Damit ist Dänemark – obwohl Mitglied der EU – zu den Drittstaaten zu zählen,[176)] so dass z. B. bei einem grenzüberschreitenden Bezug zu Deutschland grundsätzlich die §§ 335 ff. InsO heranzuziehen sind. Im Verhältnis von Dänemark zu Island, Norwegen, Schweden und Finnland gilt weiterhin das Nordische Konkursübereinkommen vom 7.11.1933. Danach wirkt ein in einem dieser Vertragsstaaten eröffnetes Insolvenzverfahren am Sitz des Schuldners in allen fünf Vertragsstaaten über alle Vermögensgegenstände des Schuldners.[177)] Für den räumlichen Anwendungsbereich der EuInsVO ist es unbeachtlich, um welche Art von Verfahren es sich handelt.[178)]

67 Die EuInsVO findet keine Anwendung, wenn sich das **COMI** des Schuldners **außerhalb der EU** bzw. in Dänemark befindet und in den **Drittstaaten** ein Insolvenzverfahren eröffnet wird. Dies kann aus der Regelung in Art. 3 Abs. 1 Satz 1 geschlossen werden.[179)] Nichts anderes gilt für die EFTA-Mitgliedstaaten Island, Liechtenstein[180)] und Norwegen.[181)] Einige Mitgliedstaaten wie Deutschland, Österreich, Finnland und Spanien unterstellen etwaige Drittstaatenbezüge ihrem autonomen Internationalen Insolvenzrecht, während andere Mitgliedstaaten wie Polen, Griechenland, Großbritannien, Rumänien, Slowenien sich am UNCITRAL-Modellgesetz für grenzüberschreitende Verfahren orientieren.[182)]

### 1. Sachlich-räumlicher Anwendungsbereich

68 Nach überwiegender Ansicht in der Literatur[183)] werden **reine Binnensachverhalte**, d. h. Sachverhalte nur eines Mitgliedstaats ohne Bezug zu einem anderen Mitglied-

---

172) Pannen-*Pannen*, EuInsVO, Art. 1 Rz. 112.
173) Der Vertrag zur Gründung der Europäischen Gemeinschaft (EG-Vertrag) ist mit Inkrafttreten des *Lissabon-Vertrages* zum 1.12.2009 in „Vertrag über die Arbeitsweise der Europäischen Union" umbenannt worden und hat eine neue Artikelabfolge erhalten.
174) Vgl. Protokoll Nr. 22 hier die Position Dänemarks, ABl. (EU) C 326/299 v. 26.10.2012.
175) S. OLG Frankfurt/M., Beschl. v. 24.1.2005 – 20 W 527/04, ZInsO 2005, 715 ff.
176) *Garber* in: Nunner-Krautgasser/Garber/Jaufer, Grenzüberschreitende Insolvenzen, S. 34 m. w. N.
177) Pannen-*Pannen*, EuInsVO, Einl. Rz. 25 m. w. N.
178) *Mock* in: BeckOK-InsO, Art. 1 Rz. 18 EuInsVO 2017.
179) *Garber* in: Nunner-Krautgasser/Garber/Jaufer, Grenzüberschreitende Insolvenzen, S. 36. Eine Bestätigung findet diese Auffassung in ErwG 25.
180) BGH, Urt. v. 29.4.2010 – 3 StR 314/09, BGHSt 55, 107–121 = NJW 2010, 2894, 2897 = ZIP 2010, 1351, dazu EWiR 2010, 583 (*Wessing*).
181) AG Köln, Beschl. v. 18.2.2008 – 71 IK 585/07, NZI 2008, 390.
182) Wimmer/Bornemann/Lienau-*Bornemann*, Die Neufassung der EuInsVO, Rz. 48 m. w. N.
183) Duursma-Kepplinger/Duursma/Chalupsky-*Duursma-Kepplinger*, EuInsVO, Art. 1 Rz. 2; *Hergenröder*, ZVI 2005, 233; *Huber*, ZZP 114 (2001), 133; *Mock/Schildt*, ZInsO 2003, 396; a. A. Ahrens/Gehrlein/Ringstmeier-*Gruber*, InsO, Art. 1 EuInsVO Rz. 45, der aber einräumt, dass die Problematik für die Rechtsanwendung keine größere praktische Bedeutung hat.

staat,[184] nicht von der EuInsVO erfasst.[185] Dies lässt sich den Materialien der EuInsVO entnehmen, die das Ziel der EuInsVO in der effizienten Regelung **grenzüberschreitender** Insolvenzverfahren angeben.

### a) Grenzüberschreitender Bezug

Anwendung findet die EuInsVO auf **Verfahren**, die einen **grenzüberschreitenden Bezug** zu mindestens einem anderen Mitgliedstaat aufweisen,[186] wobei der **Auslandsbezug als transnationales Element** kumulativ zum Vorliegen des Mittelpunkts der hauptsächlichen Interessen des Schuldners hinzutreten muss.[187] Nicht in Frage gestellt wird, dass bereits **ein Berührungspunkt** zu einem anderen Mitgliedstaat ausreicht.[188] Dies ist zwar nicht direkt geregelt, ergibt sich aber aus ErwG 1, 3, 8 und 76 Satz 1 sowie aus der Rechtsgrundlage in Art. 81 AEUV.[189] *Gruber*[190] vertritt demgegenüber die Ansicht, die ErwG 2 und 3 a. F. hätten nur den Zweck, die EuInsVO allgemein kompetenzrechtlich zu legitimieren.

69

### aa) Anhaltspunkte für einen Auslandsbezug

Auch wenn weitgehend Einigkeit besteht, dass die **EuInsVO nur Fälle grenzüberschreitender Insolvenzen** regelt, kann die Feststellung, ob und wann im Einzelfall ein reiner Inlandssachverhalt oder ein solcher grenzüberschreitender Bezug vorliegt, Schwierigkeiten bereiten. Dies ist z. B. der Fall, wenn ein zunächst im Ausland belegener Vermögensbestandteil nachträglich ins Inland verschafft wird oder umgekehrt.[191] Unproblematisch ist demgegenüber von einem Auslandsbezug auszugehen, wenn der Gläubiger seinen Sitz im Ausland hat,[192] der Schuldner Forderungen gegen einen Dritten mit Mittelpunkt seiner hauptsächlichen Interessen in einem anderen Mitgliedstaat hat,[193] Vermögensgegenstände des Schuldners im Ausland belegen sind oder Rechtsverhältnisse mit Auslandsbezug abgeschlossen wur-

70

---

184) *Reinhart* in: MünchKomm-InsO, Art. 1 EuInsVO 2000 Rz. 13.
185) AG Köln, Beschl. v. 19.1.2012 – 74 IN 108/10, Rz. 8, NZI 2012, 379 = ZVI 2012, 193, m. Anm. *Guski*, GPR 2012, 322; *Garber* in: Nunner-Krautgasser/Garber/Jaufer, Grenzüberschreitende Insolvenzen, S. 39; Leonhardt/Smid/Zeuner-*Smid*, Internationales Insolvenzrecht, Art. 1 EuInsVO Rz. 7; *Huber*, ZZP 114 (2001), 133, 133, 136, 137; Pannen-*Pannen*, EuInsVO, Art. 1 Rz. 115; a. A. *Burgstaller/Keppelmüller* in: Burgstaller/Neumayr/Geroldinger/Schmaranzer, Internationales Zivilverfahrensrecht, Vor Art. 1 InsVO Rz. 16 und Art. 3 InsVO Rz. 2.
186) AG Köln, Beschl. v. 19.1.2012 – 74 IN 108/10, Rz. 8, NZI 2012, 379 = ZVI 2012, 193 = GPR 2012, 322, m. Anm. *Guski*; AG Hamburg, Beschl. v. 16.8.2006 – 67a IE 1/06, ZIP 2007, 929 = NZI 2006, 653, m. Anm. *Klöhn*.
187) Ähnlich *Paulus*, EuInsVO, Art. 1 Rz. 31.
188) *Reinhart* in: MünchKomm-InsO, Art. 1 EuInsVO 2000 Rz. 14 m. Fn. 49 m. w. N.
189) Mankowski/Müller/*J. Schmidt*-*J. Schmidt*, EuInsVO 2015, Art. 1 Rz. 56.
190) Ahrens/Gehrlein/Ringstmeier-*Gruber*, InsO, Art. 1 EuInsVO Rz. 45.
191) Zutreffend weist *Reinhart* in: MünchKomm-InsO, Art. 1 EuInsVO 2000 Rz. 15, darauf hin, dass sich die Frage der Anwendbarkeit der EuInsVO bei einem Drittstaatenbezug nicht pauschal für die Verordnung insgesamt beantworten lasse.
192) AG Hamburg, Beschl. v. 16.8.2006 – 67a IE 1/06, ZIP 2007, 929 = NZI 2006, 653, m. Anm. *Klöhn*; *Paulus*, EuInsVO, Art. 1 Rz. 34.
193) Vgl. Art. 2 Nr. 9 (viii).

den.[194) Der EuGH[195)] lässt es sogar ausreichen, einen Auslandsbezug bei einem rein nationalen Fall anzunehmen, wenn auf den in Frage stehenden Vertrag das Recht eines anderen Mitgliedsstaats anwendbar ist. Spätestens zum Zeitpunkt der Verfahrenseröffnung hat ein grenzüberschreitender Bezug vorzuliegen.[196)]

### bb) Pflicht zur Begründung der internationalen Zuständigkeit

71 Ist anzunehmen, dass sich Vermögen des Schuldners in einem anderen Mitgliedstaat befindet, verpflichtet **Art. 102 § 2 EGInsO**[197)] das inländische Insolvenzgericht, die tatsächlichen Feststellungen und rechtlichen Erwägungen, aus denen sich eine Zuständigkeit nach Art. 3 ergibt, im Eröffnungsbeschluss kurz darzustellen.[198)] **Art. 4 Abs. 1 Satz 2 Halbs. 1** erlegt dem Eröffnungsgericht nunmehr ausdrücklich auf, in seiner Eröffnungsentscheidung die Gründe aufzuführen, auf die es seine Zuständigkeit stützt. Auf diese Weise sollen **positive Kompetenzkonflikte vermieden** werden. Auch wenn das Vorliegen eines eventuellen grenzüberschreitenden Bezugs bei Antragstellung möglicherweise noch nicht erkennbar ist, dürfe – so der EuGH[199)] – die Bestimmung des zuständigen Gerichts nicht so lange aufgeschoben werden, bis neben dem Ort, an dem der Schuldner den Mittelpunkt seiner hauptsächlichen Interessen hat, auch die für die verschiedenen Aspekte des Verfahrens maßgeblichen Orte, wie der Wohnsitz möglicher Beklagter in Annexverfahren, feststehe. Ein Abwarten bis zum Vorliegen vollständiger Erkenntnisse hierüber würde nämlich die Erreichung der Ziele der Effizienz und der Wirksamkeit des Insolvenzverfahrens gefährden. Dem kann dadurch Rechnung getragen werden, dass das angerufene Gericht bei Annahme seiner nationalen Zuständigkeit das Insolvenzverfahren als Hauptinsolvenzverfahren deklariert (siehe unten Art. 3 Rz. 52 [*Vallender/Zipperer*]).

72 Innerstaatlich wird die Vorschrift des Art. 4 Abs. 1 Satz 2 Halbs. 1 flankiert durch **Art. 102c § 5 EGInsO**, der eine **Verpflichtung des Schuldners** zu ergänzenden Angaben im Eröffnungsantrag vorsieht, wenn **Anhaltspunkte** dafür bestehen, dass auch die internationale Zuständigkeit eines anderen Mitgliedstaats der EU für die Eröffnung eines Hauptinsolvenzverfahrens nach Art. 3 Abs. 1 begründet sein könnte.

---

194) S. Fallbeispiele bei Duursma-Kepplinger/Duursma/Chalupsky-*Duursma-Kepplinger*, EuInsVO, Art. 1 Rz. 2.
195) EuGH, Urt. v. 8.6.2017 – Rs. C-54/16 (Vinyls Italia), Rz. 40 ff., ZIP 2017, 1426 = NZI 2017, 633.
196) *Garber* in: Nunner-Krautgasser/Garber/Jaufer, Grenzüberschreitende Insolvenzen, S. 46, der mit Recht darauf verweist, dass die Anwendbarkeit der EuInsVO auch gegeben ist, wenn der Schuldner seinen COMI in einem Mitgliedstaat hat, vor Verfahrenseröffnung den Sitz, die Hauptniederlassung bzw. den gewöhnlichen Aufenthalt in den Mitgliedstaat verlegt, auf den sich sämtliche anderen Sachverhaltselemente beziehen und die Verlegung innerhalb der in Art. 3 genannten Frist erfolgt.
197) Der durch das Gesetz zur Durchführung der Verordnung (EU) 2015/848 über Insolvenzverfahren (v. 5.6.2017, BGBl. I 2017, 1476) eingeführte Art. 102c EGInsO enthält keine entsprechende Regelung.
198) Da die Verordnung (EG) Nr. 1346/2000 auch über den 26.6.2017 hinaus für die bis dahin eröffneten Verfahren gilt (Art. 84 Abs. 2), bleibt Art. 102 EGInsO neben dem neu eingeführten Art. 102c EGInsO bestehen (RegE Durchführungsgesetz, BR-Drucks. 654/16, S. 1).
199) EuGH, Urt. v. 16.1.2014 – Rs. C-328/12, Rz. 28, ABl. (EU) 2014 C 85/5 = ZIP 2014, 181, dazu EWiR 2014, 85 *(Paulus)*.

Solche Anhaltspunkte für die Zuständigkeit eines anderen Mitgliedstaats liegen insbesondere dann vor, wenn eines der in Art. 3 Abs. 1 oder in ErwG 30 genannten Kriterien zur Bestimmung des Mittelpunkts der hauptsächlichen Interessen einen Bezug zu einem anderen Mitgliedstaat der EU aufweist.[200]

**b) Drittstaatensachverhalte**

Umstritten ist, ob die EuInsVO auch Fälle erfasst, in denen ein grenzüberschreitender Bezug **nur zu einem Drittstaat**, nicht aber zu einem weiteren **Mitgliedstaat** besteht, es also an einem **qualifizierten Auslandsbezugs** fehlt.[201] Die Frage stellt sich z. B. dann, wenn ein mitgliedstaatliches Gericht über die Eröffnung eines Insolvenzverfahrens über das Vermögen eines in einem Drittstaat gegründeten, aber ausschließlich im Staatsgebiet dieses Mitgliedstaats wirtschaftlich tätigen Unternehmens zu entscheiden hat.[202]

73

Auch die Neufassung der EuInsVO enthält keine Regelung des Erfordernisses eines qualifizierten Binnenmarktbezugs als allgemeine oder absolute Voraussetzung. Während noch der historische Verordnungsgeber der EuInsVO von der Vorstellung geleitet wurde, dass die EuInsVO allein auf die Bezüge innerhalb der EuInsVO anzuwenden sei,[203] hat der **EuGH**[204] am 16.1.2014 aufgrund des **Vorlagebeschlusses des BGH**[205] entschieden, dass bei **Annexverfahren gegen Beklagte mit Sitz in Drittstaaten** der räumliche Anwendungsbereich der EuInsVO bereits eröffnet sei, wenn der Schuldner sein COMI in einem Mitgliedstaat der EU habe.[206] Dem Wortlaut der EuInsVO sei nicht zu entnehmen, dass in den Anwendungsbereich der EuInsVO nur Sachverhalte fielen, die Anknüpfungspunkte zu zwei oder mehreren Mitgliedstaaten aufweisen. Eine solche Beschränkung ergebe sich insbesondere nicht aus den spezifischen Zielen des Art. 3 Abs. 1. Diese Bestimmung enthalte

74

---

200) Begr. RegE Durchführungsgesetz, BR-Drucks. 654/16, S. 31.
201) Für einen qualifizierten Auslandsbezug *Duursma-Kepplinger/Duursma*, IPRax 2003, 505; *Liersch*, NZI 2003, 302; *Eidenmüller*, IPrax 2001, 2; *Smid*, DZWiR 2003, 397; *Taupitz*, ZZP 111 (1998), 315; für die Erfassung von Drittstaatensachverhalten vgl. High Court of Justice Chancery Division Companies Court (England), Urt. v. 7.2.2003 – 0042/2003, ZIP 2003, 813, dazu EWiR 2003, 367 *(Sabel/Schlegel)*; Ahrens/Gehrlein/Ringstmeier-*Gruber*, InsO, Art. 1 EuInsVO Rz. 49; *Herchen*, ZInsO 2003, 742; *Huber*, ZZP 114 (2001), 133; *Haubold*, IPRax 2003, 59; *Schulz*, EuZW 2014, 264; Mankowski/Müller/J. Schmidt-*J. Schmidt*, EuInsVO 2015, Art. 1 Rz. 59.
202) S. statt vieler High Court of Justice Chancery Division London, Urt. v. 7.2.2003 – 0042/2003 (BRAC Rent-A-Car International), ZIP 2003, 813 und die weiteren Nachw. bei *Westphal/Goetker/Wilkens*, Grenzüberschreitende Insolvenzen, Rz. 83.
203) Wimmer/Bornemann/Lienau-*Bornemann*, Die Neufassung der EuInsVO, Rz. 135, unter Bezugnahme *Virgós/Schmit* in: Stoll, Vorschläge und Gutachten, Rz. 11.
204) EuGH, Urt. v. 16.1.2014 – Rs. C-328/12, ABl. (EU) 2014 C 85/5 = ZIP 2014, 181.
205) BGH, EuGH-Vorlage v. 21.6.2012 – IX ZR 2/12, ZIP 2012, 1467, dazu EWiR 2012, 519 *(Undritz)*.
206) Der EuGH, Urt. v. 11.6.2015 – Rs. C-649/13, ZIP 2015, 1299 = EuZW 2015, 593, dazu EWiR 2015, 515 *(J. Schmidt)*, hat – ergänzend – klargestellt, dass im Hinblick auf die Systematik und die praktische Wirksamkeit der EuInsVO a. F. Art. 3 Abs. 2 dahin aufzufassen sei, dass er den Gerichten des Mitgliedstaats, in dessen Gebiet ein Sekundärinsolvenzverfahren eröffnet worden ist, eine internationale Zuständigkeit zur Entscheidung über Annexverfahren zuweise, soweit sich diese Klagen auf das im Gebiet dieses Staates belegene Vermögen des Schuldners beziehe. Krit. *Schulz*, EuZW 2015, 596 ff. (Urteilsanm.).

lediglich eine Regelung zur internationalen Zuständigkeit. Die Vorschrift habe die Aufgabe, „im Licht ihres achten Erwägungsgrunds die Vorhersehbarkeit und mithin die Rechtssicherheit in Bezug auf die gerichtlichen Zuständigkeiten in Konkurssachen" zu fördern.[207] Seinen Standpunkt hat der EuGH in einer Folgeentscheidung (Haftungsklage gegen einen GmbH-Geschäftsführer wegen masseschmälernder Zahlungen) noch einmal bekräftigt.[208]

75 In beiden Verfahren hat der EuGH die **Reichweite** für die Eröffnung des Einzelstreitverfahrens im Eröffnungsstaat **weit gefasst**. In den Anwendungsbereich der EuInsVO werden danach alle Ansprüche einbezogen, die innerhalb eines insolvenzrechtlichen Verfahrens geltend gemacht werden und die eine förmliche Insolvenzeröffnung oder die materielle Zahlungsunfähigkeit der Schuldnergesellschaft voraussetzen.[209] ErwG 35 dürfte der Betrachtungsweise des EuGH auch in Zukunft nicht entgegenstehen. Denn die Vorschrift enthält keine abschließende Aufzählung der Zuständigkeit der Gerichte des Mitgliedstaats, in dessen Gebiet das Insolvenzverfahren eröffnet wurde, für Klagen, die sich direkt aus dem Insolvenzverfahren ableiten und eng damit verknüpft sind. Darüber hinaus lässt sich dem Wortlaut der einzelnen Bestimmungen der EuInsVO nicht zweifelsfrei entnehmen, dass es für die Anwendbarkeit der EuInsVO eines qualifizierten Auslandsbezugs zwingend bedarf.[210]

76 Danach dürfte jedenfalls in Annexverfahren auch ein Rückgriff auf die Zuständigkeitsvorschriften der EuInsVO zulässig sein, wenn in Dänemark oder in einem Drittstaat befindliche Vermögensgegenstände oder dort ansässige Drittschuldner von einem Rechtsstreit betroffen sind.[211] Dies gilt gleichermaßen für Verfahren, in denen der Schuldner über Vermögenswerte sowohl in einem Mitgliedstaat als auch in Drittstaaten verfügt.[212] Für den **Insolvenzverwalter** mag die Judikatur des EuGH vordergründig die Chance bieten, die Masse anzureichern. Stoßen indes Anerkennung und Vollstreckung des ergangenen Urteils in dem Drittstaat auf tatsächliche oder rechtliche Widerstände, kann sich der gerichtliche Erfolg sogar ins Gegenteil verkehren. *Paulus*[213] spricht insoweit von einem „Pyrrhussieg".[214] Ob der Hinweis des EuGH[215] in seinem vorgenannten Urteil, dass ein solches Urteil, auch

---

207) EuGH, Urt. v. 16.1.2014 – Rs. C-328/12, ABl. (EU) 2014 C 85/5 = ZIP 2014, 181.
208) EuGH, Urt. v. 4.12.2014 – Rs. C-295/13, ABl. (EU) 2015 C 46/9 = ZIP 2015, 196 = KTS 2015, 421, m. Anm. *Bramkamp*, dazu EWiR 2015, 93 *(Mankowski)*.
209) *Kindler*, EuZW 2015, 143 (Urteilsanm.).
210) Ebenso Wimmer/Bornemann/Lienau-*Bornemann*, Die Neufassung der EuInsVO, Rz. 136; Mankowski/Müller/J. Schmidt-*J. Schmidt*, EuInsVO 2015, Art. 1 Rz. 59; *Piekenbrock*, IPRax 2018, 392, 394.
211) *Dornblüth* in: HK-InsO, Art. 1 EuInsVO Rz. 10.
212) Mohrbutter/Ringstmeier-*Paulus*, Hdb. Insolvenzverwaltung, § 20 Rz. 7; **a. A.** Kübler/Prütting/Bork-*Kemper*, InsO, Vor §§ 335–358 Rz. 12.
213) *Paulus*, EWiR 2014, 85.
214) Mankowski/Müller/J. Schmidt-*J. Schmidt*, EuInsVO 2015, Art. 1 Rz. 63, schätzt die Gefahr angesichts bilateraler Übereinkommen und der Regelung des Art. 32, nach der ein solches Urteil von anderen Mitgliedstaaten anerkannt und vollstreckt werden kann, offensichtlich nicht als groß ein.
215) EuGH, Urt. v. 16.1.2014 – Rs. C-328/12, Rz. 38, ABl. (EU) 2014 C 85/5 = ZIP 2014, 181.

wenn es von dem Staat, in dem der Wohnsitz des Beklagten liegt, nicht auf der Grundlage einer **bilateralen Übereinkunft** anerkannt und vollstreckt wird, von den anderen Mitgliedstaaten gemäß Art. 25 a. F. (Art. 32 n. F.) anerkannt und vollstreckt werden könne, insbesondere wenn sich ein Teil des Vermögens des Beklagten im Gebiet eines dieser Staaten befinde, tatsächlich den Prozesserfolg sichert, erscheint fraglich. Verfügt dagegen der Anfechtungsgegner über Vermögenswerte im Eröffnungsstaat, kann der Insolvenzverwalter hierauf nach den Vorschriften des nationalen Rechts zugreifen.

Da sich nach Auffassung des EuGH[216)] die Art des erforderlichen Auslandsbezugs stets nur im Hinblick auf einzelne Bestimmungen der EuInsVO aus deren Wortlaut und Funktion herleiten lässt, darf das Urteil vom 16.1.2014 nicht so verstanden werden, dass sich künftig die Frage nach der **Erforderlichkeit eines qualifizieren Gemeinschaftsbezugs** nicht mehr stellt. Das Gericht führt selbst aus, dass manche Vorschriften der EuInsVO wie z. B. Art. 5 Abs. 1 a. F. (Art. 8 n. F.) das Vorliegen von Elementen voraussetzen, die an das Gebiet oder die Rechtsordnung von mindestens zwei Mitgliedstaaten anknüpfen.[217)]

77

### c) Kollisionsnormen

Bei zahlreichen der in **Artt. 7 bis 18** enthaltenen Sonderanknüpfungen handelt es sich um **einseitige Kollisionsnormen**, d. h. Vorschriften, die den Anwendungsbereich einer einzigen Rechtsordnung festlegen. Dies gilt für Artt. 8, 10, 11, 12, 14, 15, 16 und 18. Diese Vorschriften verweisen nur auf „das Recht eines Mitgliedstaates". Darüber hinaus enthalten wiederum einige dieser Bestimmungen (Artt. 8, 10, 11) zusätzlich auf der Tatbestandsseite einen Bezug zu nur einem Mitgliedstaat. Soweit es sich um **unionslimitierte Kollisionsnormen** handelt, sind diese Vorschriften nicht auf Sachverhalte und Sachverhaltsaspekte mit **reinen Drittstaatenaspekten** anzuwenden.[218)], vielmehr werden nur innerunionale Sachverhalte erfasst.[219)] Dafür spricht bereits der Wortlaut der meisten Vorschriften, die gerade den Bezug zu einem „anderen Mitgliedstaat" voraussetzen. In diesem Fall ist auf das nationale Kollisionsrecht, insbesondere die §§ 335 ff. InsO zurückzugreifen. Im Einzelnen gilt:

78

**Artt. 8 und 10** knüpfen ausdrücklich an die Belegenheit im Gebiet eines Mitgliedstaats an. Sie sind sachlich-räumlich nur anwendbar, wenn sich der jeweilige Vermögensgegenstand in einem Mitgliedstaat befindet. Dies ist nach Art. 2 Nr. 9 zu

79

---

216) EuGH, Urt. v. 16.1.2014 – Rs. C-328/12, Rz. 22, ABl. (EU) 2014 C 85/5 = ZIP 2014, 181.
217) EuGH, Urt. v. 16.1.2014 – Rs. C-328/12, Rz. 22, ABl. (EU) 2014 C 85/5 = ZIP 2014, 181. *Garber* in: Nunner-Krautgasser/Garber/Jaufer, Grenzüberschreitende Insolvenzen, S. 45, führt für seine Auffassung an, eines qualifizierten Auslandsbezugs bedürfe es grundsätzlich nicht, weil der Europäische Gesetzgeber, hätte er von der vorgenannten Entscheidung des EuGH abweichen wollen, dies ausdrücklich im Text der Verordnung normiert hätte. Zwingend ist dies nicht.
218) *Korch*, ZInsO 2016, 1884, 1886 m. w. N.
219) *Piekenbrock*, IPRax 2019, 392, 394 m. w. N., der mit Recht beanstandet, dass der BGH in seiner Entscheidung vom 20.7.2017 (BGH, Beschl. v. 20.7.2017 – IX ZB 63/16, ZIP 2017, 1578, dazu EWiR 2017, 599 *(Brinkmann)*) die Frage, ob Art. 4 Abs. 1, 2 lit. b EuInsVO 2000 auch in Drittstaatenfällen anwendbar ist, nicht zum Gegenstand einer Vorlage nach Art. 267 AEUV gemacht hat.

ermitteln.[220] Ist der Anwendungsbereich der Norm gegeben, gilt die darin enthaltene Regelung nicht für Drittstaaten. Besteht der grenzüberschreitende Bezug allein zu einem Drittstaat, ist § 351 InsO anwendbar, der aber keine Regelung für den Fall trifft, dass das Insolvenzverfahren in Deutschland eröffnet wurde und der Gegenstand in einem anderen Staat belegen ist.

80 Keine ausdrücklichen Beschränkungen i. S. einer Anknüpfung an das Gebiet oder die Rechtsordnung von mindestens zwei Mitgliedstaaten enthalten dagegen **Artt. 9 und 17**. Bislang wurde hierzu vertreten, dass die Auslassung des Mitgliedstaatsbezugs im Wortlaut lediglich ein Redaktionsversehen darstelle.[221] In Übereinstimmung mit der Rechtsprechung des EuGH dürften diese Vorschriften nunmehr Geltung auch im Verhältnis zu Drittstaaten haben.[222]

81 **Artt. 11, 12, 13 und 18** finden nur dann Anwendung, wenn der in den einzelnen Bestimmungen genannte relevante Bezugspunkt gegeben ist. Liegt dieser nicht in einem der Mitgliedstaaten, gilt die EuInsVO nicht.

82 **Art. 14** greift nur ein, wenn es sich um ein Register handelt, das in einem der Mitgliedstaaten geführt wird. Soweit es um Rechte geht, die der Eintragung in ein öffentliches Register eines Drittstaates unterliegen, sind die Wirkungen des Insolvenzverfahrens nach dem autonomen Recht zu ermitteln. Die Einbeziehung **Europäischer Patente**[223] in das Insolvenzverfahren setzt voraus, dass der Schuldner seinen COMI im Eröffnungsstaat hat und sich das eröffnete Verfahren als Hauptinsolvenzverfahren i. S. des Art. 3 Abs. 1 darstellt (**Art. 15**).

83 Handelt es sich bei der lex causae (das für die in Art. 16 genannte Handlung geltende Recht) um das Recht eines Mitgliedstaats, findet **Art. 16** Anwendung. Dies setzt zunächst voraus, dass der Vermögensgegenstand, der Gegenstand der anfechtbaren Rechtshandlung ist, im Zeitpunkt der Vornahme der anfechtbaren Rechtshandlung in einem der Mitgliedstaaten belegen war.[224] Ist dies nicht der Fall, ist wegen der Belegenheit des anfechtbar weggegebenen Vermögens in einem Drittstaat Art. 16 nicht einschlägig.

### d) Anerkennung von Insolvenzverfahren

84 **Artt. 19 bis 33** gelten ausschließlich für die Anerkennung mitgliedstaatlicher Insolvenzverfahren durch mitgliedstaatliche Gerichte.[225] Liegt ein grenzüberschrei-

---

220) Vgl. Duursma-Kepplinger/Duursma/Chalupsky-*Duursma-Kepplinger*, EuInsVO, Art. 2 Rz. 17, 18.
221) Nerlich/Römermann-*Nerlich*, Vorb. EuInsVO Rz. 34 ff. m. w. N.; *Reinhart* in: Münch-Komm-InsO, Art. 6 EuInsVO 2000 Rz. 10.
222) Mankowski/Müller/J. Schmidt-*J. Schmidt*, EuInsVO 2015, Art. 1 Rz. 68; offengelassen von *Korch*, ZInsO 2016, 1884, 1887, 1888.
223) S. dazu die Verordnung (EU) Nr. 1257/2012 des Europäischen Parlaments und des Rates v. 17.12.2012 über die Umsetzung der Verstärkten Zusammenarbeit im Bereich der Schaffung eines einheitlichen Patentschutzes, ABl. (EU) L 361/1 v. 31.12.2012, und Verordnung (EU) Nr. 1260/2012 des Rates v. 17.12.2012 über die Umsetzung der verstärkten Zusammenarbeit im Bereich der Schaffung eines einheitlichen Patentschutzes im Hinblick auf die anzuwendenden Übersetzungsregelungen, ABl. (EU) L 361/89 v. 31.12.2012.
224) S. EuGH, Urt. v. 15.10.2015 – Rs. C-310/14, Rz. 19, ABl. (EU) 2015 C 406/10 – 11 = ZIP 2015, 2379, dazu EWiR 2015, 773 *(Mankowski)*.
225) Mankowski/Müller/J. Schmidt-*J. Schmidt*, EuInsVO 2015, Art. 1 Rz. 70 m. w. N.

tender Bezug zu einem Mitgliedstaat und zu einem Drittstaat vor, finden die vorgenannten Bestimmungen lediglich bzgl. des Verfahrens des Mitgliedstaats Anwendung, im Verhältnis zum Drittstaat sind die Regelungen des autonomen Internationalen Insolvenzrechts (in Deutschland § 343 InsO) heranzuziehen.[226]

### e) Sekundärinsolvenzverfahren

Bereits der Wortlaut des **Art. 34 Satz 1** stellt klar, dass Sekundärinsolvenzverfahren nur dann von der EuInsVO erfasst sind, wenn das **Hauptverfahren in einem Mitgliedstaat** durchgeführt wird. Ist die Eröffnung des Hauptinsolvenzverfahren in einem Drittstaat erfolgt, mag es praktische Gründe dafür geben, die EuInsVO auch insoweit anzuwenden.[227] Dem Gesetzgeber der neuen EuInsVO dürfte dieses Bedürfnis bekannt gewesen sein. Gleichwohl hat er keine abweichende Regelung zu Art. 27 a. F. getroffen.

85

### f) Kooperation

Die Regelungen über die Unterrichtung der Gläubiger (**Art. 54**) und die Anmeldung ihrer Forderungen (**Artt. 53, 55**) sind anzuwenden, wenn in einem der Mitgliedstaaten ein Hauptverfahren, ein Sekundärinsolvenzverfahren neben dem Hauptinsolvenzverfahren oder ein unabhängiges Partikularverfahren nach Maßgabe des Art. 3 durchgeführt wird. Art. 53 Satz 1 betrifft ausschließlich die Anmeldung von Forderungen „**ausländischer Gläubiger**". Damit sind die Gläubiger gemeint, die ihren gewöhnlichen Aufenthalt, Wohnsitz oder Sitz in einem anderen Mitgliedstaat als dem Mitgliedstaat der Verfahrenseröffnung haben. Art. 54 Abs. 1 verpflichtet Gericht oder Verwalter des Eröffnungsstaats allein zur Unterrichtung dieser Gläubiger. Da die vorgenannten Bestimmungen keine Geltung im Verhältnis zu Drittstaaten (oder Dänemark) haben,[228] finden hinsichtlich der in Drittstaaten ansässigen Gläubiger die Vorschriften des autonomen Internationalen Insolvenzrechts Anwendung (in Deutschland gilt insoweit § 335 InsO i. V. m. §§ 9, 28 und §§ 174 ff. InsO).

86

## 2. Rückgriff auf die allgemeine Kollisionsnorm des Art. 7?

Nach wie vor ungeklärt ist die Frage, ob in den Fällen, in denen ein **qualifizierter Unionsbezug nicht eingreift,** dieser Sachverhalt zu einer Generalverweisung auf die lex fori concursus nach Art. 7 führt oder das autonome Internationale Insolvenzrecht heranzuziehen ist. Es spricht einiges für die Anwendung der Auffangregel des Art. 7.[229] Berücksichtigt man indes, dass auch die reformierte EuInsVO keine Regelungen im Hinblick auf international-insolvenzrechtliche Fragen im Verhältnis der EU-Mitgliedstaaten zu Drittstaaten getroffen hat und das Rekurrieren auf Art. 7 die Gefahr einer Vermischung von Rechtsquellen in sich birgt,[230] sollte allein auf das autonome Internationale Insolvenzrecht abgestellt werden.

87

---

226) *Reinhart* in: MünchKomm-InsO, Art. 1 EuInsVO 2000 Rz. 29 m. w. N.
227) *Reinhart* in: MünchKomm-InsO, Art. 1 EuInsVO 2000 Rz. 29 m. w. N.
228) Ebenso Graf-Schlicker-*Bornemann*, EuInsVO, Vorb. Rz. 8; Mankowski/Müller/J. Schmidt-*J. Schmidt*, EuInsVO 2015, Art. 1 Rz. 70–72.
229) Mankowski/Müller/*J. Schmidt*, EuInsVO 2015, Art. 1 Rz. 69.
230) K. Schmidt-*Brinkmann*, InsO, Art. 1 EuInsVO Rz. 20; s. a. Pannen-*Pannen*, EuInsVO, Art. 1 Rz. 131.

# Artikel 1

### 3. Bilaterale und multilaterale Übereinkünfte

88 Der weitreichende räumliche Anwendungsbereich der EuInsVO führt dazu, dass eine Vielzahl von bilateralen bzw. multilateralen Übereinkünften zwischen den EU-Mitgliedstaaten ihre Wirkung verloren haben. Art. 85 (Art. 44 a. F.) benennt all jene Übereinkünfte, die durch die Verordnung derogiert wurden.[231]

### VII. Zeitlicher Anwendungsbereich

89 Die neue EuInsVO wurde am 5.6.2015 im Amtsblatt der EU veröffentlicht.[232] Art. 92 bestimmt zwar, dass sie am zwanzigsten Tage nach ihrer Veröffentlichung in Kraft tritt. Allerdings finden nach Satz 2 der Vorschrift die Regelungen der Verordnung – mit Ausnahme von Artt. 86, 24 und 25 – erst Anwendung ab dem **26.6.2017**. Dies stand in Widerspruch zu Art. 84 Abs. 1 Satz 1, der den zeitlichen Anwendungsbereich der Verordnung auf Verfahrenseröffnungen **nach** dem 26.6.2017 festlegte. Diese Unklarheit hat der Verordnungsgeber beseitigt, indem er am 21.12.2016 Art. 84 wie folgt berichtigt[233] hat:

> „(1) Diese Verordnung ist nur auf solche Insolvenzverfahren anzuwenden, die ab dem 26. Juni 2017 eröffnet worden sind. Für Rechtshandlungen des Schuldners vor diesem Datum gilt weiterhin das Recht, das für diese Rechtshandlungen anwendbar war, als sie vorgenommen wurden."

90 Da Art. 84 nicht nach Verfahrensarten differenziert, gilt die Vorschrift für **alle Arten von Insolvenzverfahren** i. S. des Art. 1 Abs. 1. Erfasst werden auch die Bestellung eines **vorläufigen Insolvenzverwalters gemäß § 21 Abs. 2 Nr. 1 InsO** und die Anordnung der **vorläufigen Eigenverwaltung gemäß § 270a Abs. 1 Satz 2 InsO**, die ab dem 26.6.2017 erfolgt sind.[234] Denn hierbei handelt es sich um eine „Entscheidung zur Eröffnung eines Insolvenzverfahrens". Von der Regelung des Art. 2 Nr. 7 ist nicht nur die eigentliche Eröffnungsentscheidung umfasst sondern auch die Bestellung eines „Verwalters" durch das Gericht. In dem in Art. 2 Nr. 5 in Bezug genommenen Anhang B wird der vorläufige Insolvenzverwalter ausdrücklich erwähnt. Auf den Zeitpunkt des Antrags bei Gericht kommt es nicht an.

91 Unter **„Zeitpunkt der Verfahrenseröffnung"** ist der Zeitpunkt zu verstehen, zu dem die Entscheidung zur Eröffnung des Insolvenzverfahrens wirksam wird, unabhängig davon, ob die Entscheidung endgültig ist oder nicht (Art. 2 Nr. 8). Nach deutschem Recht steht die Verfahrensfehlerhaftigkeit der Wirksamkeit der Eröffnungsentscheidung nicht entgegen. Nichtig und damit **ausnahmsweise unwirksam** ist der Beschluss nur dann, wenn dem Akt infolge seiner Fehlerhaftigkeit bereits äußerlich ein für eine richterliche Entscheidung wesentliches Merkmal fehlt, z. B. wenn die Entscheidung nicht unterzeichnet ist.[235]

---

231) *Martini*, ZInsO 2002, 905, 907.
232) Verordnung (EU) 2015/848 des Europäischen Parlaments und des Rates v. 20.5.2015 über Insolvenzverfahren, ABl. (EU) L 141/19 v. 5.6.2015.
233) Berichtigung der Verordnung (EU) 2015/848 des Europäischen Parlaments und des Rates vom 20.5.2015 über Insolvenzverfahren, ABl. (EU) L 349/6 v. 21.12.2016.
234) *Fritz*, DB 2015, 1882.
235) BGH, Urt. v. 9.1.2003 – IX ZR 85/02, Rz. 17, ZIP 2003, 356, dazu EWiR 2003, 281 *(Pape)*.

Für **Altverfahren**, d. h. Verfahren, die **vor dem 26.6.2017** eröffnet worden sind, 92
bleibt es bei der Anwendbarkeit der EuInsVO a. F.[236)] Dies gilt gleichermaßen für
**Rechtshandlungen des Schuldners**, die vor diesem Zeitpunkt vorgenommen worden sind. Für **Mitglieder einer Unternehmensgruppe**, über die ein Insolvenzverfahren vor dem 26.6.2017 eröffnet wird, gilt die neue EuInsVO nicht.[237)] Dagegen
bestehen keine Bedenken, die Regelungen des Kapitels V auf die Gruppenmitglieder anzuwenden, über die ab dem 26.6.2017 ein Insolvenzverfahren eröffnet wird.[238)]

---

236) Nach Auffassung des Supreme Court of Gibraltar, Urt. v. 31.7.2017 –2016/COMP/039,
 ZIP 2017, 1772, gilt die Verordnung auch für Verfahren, die vor dem 26.6.2017 beantragt
 worden sind. Dies steht im Widerspruch zum klaren Wortlaut des Art. 84 Abs. 1 n. F.
237) *Garber* in: Nunner-Krautgasser/Garber/Jaufer, Grenzüberschreitende Insolvenzen, S. 29.
238) *Garber* in: Nunner-Krautgasser/Garber/Jaufer, Grenzüberschreitende Insolvenzen, S. 29
 m. w. N.

## Artikel 2

### Begriffsbestimmungen

¹Für die Zwecke dieser Verordnung bezeichnet der Ausdruck

1. „Gesamtverfahren" ein Verfahren, an dem alle oder ein wesentlicher Teil der
 Gläubiger des Schuldners beteiligt sind, vorausgesetzt, dass im letzteren Fall
 das Verfahren nicht die Forderungen der Gläubiger berührt, die nicht daran
 beteiligt sind;
2. „Organismen für gemeinsame Anlagen" Organismen für gemeinsame Anlagen in Wertpapieren (OGAW) im Sinne der Richtlinie 2009/65/EG des
 Europäischen Parlaments und des Rates[*)] und alternative Investmentfonds
 (AIF) im Sinne der Richtlinie 2011/61/EU des Europäischen Parlaments und
 des Rates[**)];
3. „Schuldner in Eigenverwaltung" einen Schuldner, über dessen Vermögen ein
 Insolvenzverfahren eröffnet wurde, das nicht zwingend mit der Bestellung
 eines Verwalters oder der vollständigen Übertragung der Rechte und Pflichten
 zur Verwaltung des Vermögens des Schuldners auf einen Verwalter verbunden
 ist, und bei dem der Schuldner daher ganz oder zumindest teilweise die
 Kontrolle über sein Vermögen und seine Geschäfte behält;
4. „Insolvenzverfahren" ein in Anhang A aufgeführtes Verfahren;

---

*) Richtlinie 2009/65/EG des Europäischen Parlaments und des Rates vom 13. Juli 2009 zur
 Koordinierung der Rechts- und Verwaltungsvorschriften betreffend bestimmte Organismen für gemeinsame Anlagen in Wertpapieren – OGAW, ABl. L 302 vom 17.11.2009,
 S. 32.
**) Richtlinie 2011/61/EU des Europäischen Parlaments und des Rates vom 8. Juni 2011 über
 die Verwalter alternativer Investmentfonds und zur Änderung der Richtlinien 2003/41/EG
 und 2009/65/EG und der Verordnungen (EG) Nr. 1060/2009 und (EU) Nr. 1095/2010,
 ABl. L 174 vom 1.7.2011, S. 1.

**Artikel 2** — Begriffsbestimmungen

5. (Unterabs. 1) „Verwalter" jede Person oder Stelle, deren Aufgabe es ist, auch vorläufig
   - i) die in Insolvenzverfahren angemeldeten Forderungen zu prüfen und zuzulassen;
   - ii) die Gesamtinteressen der Gläubiger zu vertreten;
   - iii) die Insolvenzmasse entweder vollständig oder teilweise zu verwalten;
   - iv) die Insolvenzmasse im Sinne der Ziffer iii zu verwerten oder
   - v) die Geschäftstätigkeit des Schuldners zu überwachen.

   (Unterabs. 2) Die in Unterabsatz 1 genannten Personen und Stellen sind in Anhang B aufgeführt;

6. „Gericht"
   - i) in Artikel 1 Absatz 1 Buchstaben b und c, Artikel 4 Absatz 2, Artikel 5, Artikel 6, Artikel 21 Absatz 3, Artikel 24 Absatz 2 Buchstabe j, Artikel 36, Artikel 39 und Artikel 61 bis Artikel 77 das Justizorgan eines Mitgliedstaats;
   - ii) in allen anderen Artikeln das Justizorgan oder jede sonstige zuständige Stelle eines Mitgliedstaats, die befugt ist, ein Insolvenzverfahren zu eröffnen, die Eröffnung eines solchen Verfahrens zu bestätigen oder im Rahmen dieses Verfahrens Entscheidungen zu treffen;

7. „Entscheidung zur Eröffnung eines Insolvenzverfahrens"
   - i) die Entscheidung eines Gerichts zur Eröffnung eines Insolvenzverfahrens oder zur Bestätigung der Eröffnung eines solchen Verfahrens und
   - ii) die Entscheidung eines Gerichts zur Bestellung eines Verwalters;

8. „Zeitpunkt der Verfahrenseröffnung" den Zeitpunkt, zu dem die Entscheidung zur Eröffnung des Insolvenzverfahrens wirksam wird, unabhängig davon, ob die Entscheidung endgültig ist oder nicht;

9. „Mitgliedstaat, in dem sich ein Vermögensgegenstand befindet", im Fall von
   - i) Namensaktien, soweit sie nicht von Ziffer ii erfasst sind, den Mitgliedstaat, in dessen Hoheitsgebiet die Gesellschaft, die die Aktien ausgegeben hat, ihren Sitz hat;
   - ii) Finanzinstrumenten, bei denen die Rechtsinhaberschaft durch Eintrag in ein Register oder Buchung auf ein Konto, das von einem oder für einen Intermediär geführt wird, nachgewiesen wird („im Effektengiro übertragbare Wertpapiere"), den Mitgliedstaat, in dem das betreffende Register oder Konto geführt wird;
   - iii) Guthaben auf Konten bei einem Kreditinstitut den Mitgliedstaat, der in der internationalen Kontonummer (IBAN) angegeben ist, oder im Fall von Guthaben auf Konten bei einem Kreditinstitut ohne IBAN den Mitgliedstaat, in dem das Kreditinstitut, bei dem das Konto geführt wird, seine Hauptverwaltung hat, oder, sofern das Konto bei einer Zweigniederlassung, Agentur oder sonstigen Niederlassung geführt

wird, den Mitgliedstaat, in dem sich die Zweigniederlassung, Agentur oder sonstige Niederlassung befindet;

iv) Gegenständen oder Rechten, bei denen das Eigentum oder die Rechtsinhaberschaft in anderen als den unter Ziffer i genannten öffentlichen Registern eingetragen ist, den Mitgliedstaat, unter dessen Aufsicht das Register geführt wird;

v) Europäischen Patenten den Mitgliedstaat, für den das Europäische Patent erteilt wurde;

vi) Urheberrechten und verwandten Schutzrechten den Mitgliedstaat, in dessen Hoheitsgebiet der Eigentümer solcher Rechte seinen gewöhnlichen Aufenthalt oder Sitz hat;

vii) anderen als den unter den Ziffern i bis iv genannten körperlichen Gegenständen den Mitgliedstaat, in dessen Hoheitsgebiet sich der Gegenstand befindet;

viii) anderen Forderungen gegen Dritte als solchen, die sich auf Vermögenswerte gemäß Ziffer iii beziehen, den Mitgliedstaat, in dessen Hoheitsgebiet der zur Leistung verpflichtete Dritte den Mittelpunkt seiner hauptsächlichen Interessen im Sinne des Artikels 3 Absatz 1 hat;

10. „Niederlassung" jeden Tätigkeitsort, an dem der Schuldner einer wirtschaftlichen Aktivität von nicht vorübergehender Art nachgeht oder in den drei Monaten vor dem Antrag auf Eröffnung des Hauptinsolvenzverfahrens nachgegangen ist, die den Einsatz von Personal und Vermögenswerten voraussetzt;

11. „lokaler Gläubiger" den Gläubiger, dessen Forderungen gegen den Schuldner aus oder in Zusammenhang mit dem Betrieb einer Niederlassung in einem anderen Mitgliedstaat als dem Mitgliedstaat entstanden sind, in dem sich der Mittelpunkt der hauptsächlichen Interessen des Schuldners befindet;

12. „ausländischer Gläubiger" den Gläubiger, der seinen gewöhnlichen Aufenthalt, Wohnsitz oder Sitz in einem anderen Mitgliedstaat als dem Mitgliedstaat der Verfahrenseröffnung hat, einschließlich der Steuerbehörden und der Sozialversicherungsträger der Mitgliedstaaten;

13. „Unternehmensgruppe" ein Mutterunternehmen und alle seine Tochterunternehmen;

14. „Mutterunternehmen" ein Unternehmen, das ein oder mehrere Tochterunternehmen entweder unmittelbar oder mittelbar kontrolliert. ²Ein Unternehmen, das einen konsolidierten Abschluss gemäß der Richtlinie 2013/34/EU des Europäischen Parlaments und des Rates[***]) erstellt, wird als Mutterunternehmen angesehen.

---

[***]) Richtlinie 2013/34/EU des Europäischen Parlaments und des Rates vom 26. Juni 2013 über den Jahresabschluss, den konsolidierten Abschluss und damit verbundene Berichte von Unternehmen bestimmter Rechtsformen und zur Änderung der Richtlinie 2006/43/EG des Europäischen Parlaments und des Rates und zur Aufhebung der Richtlinien 78/660/EWG und 83/349/EWG des Rates (ABl. L 182 vom 29.6.2013, S. 19).

# Artikel 2

Begriffsbestimmungen

**Literatur:** *Bork/Harten*, Die Niederlassung i. S. v. Art. 2 Nr. 10 EuInsVO bei natürlichen Personen, NZI 2018, 673; *Eble*, Auf dem Weg zu einem europäischen Konzerninsolvenzrecht – Die „Unternehmensgruppe" in der EuInsVO 2017, NZI 2016, 115; *Eidenmüller*, Der Markt für internationale Konzerninsolvenzen: Zuständigkeitskonflikte unter der EuInsVO, NJW 2004, 3455; *Ehricke*, Die Zusammenarbeit der Insolvenzverwalter bei grenzüberschreitenden Insolvenzen nach der EuInsVO, WM 2005, 397; *Ehricke*, Die neue Europäische Insolvenzverordnung und grenzüberschreitende Konzerninsolvenzen, EWS 2002, 101; *Ehricke/Ries*, Die neue Europäische Insolvenzverordnung, JuS 2003, 313; *Fletcher*, The European Insolvency Regulation recast: the main features of the new law, Insolvency Intelligence 2015, 97; *Freitag/Leible*, Justizkonflikte im Europäischen Internationalen Insolvenzrecht, RIW 2006, 641; *Fritz/Bähr*, Die Europäische Verordnung über Insolvenzverfahren – Herausforderung an Gerichte und Insolvenzverwalter, DZWIR 2001, 221; *Herchen*, Wer zuerst kommt, mahlt zuerst!, NZI 2006, 435; *Herchen*, Aktuelle Entwicklungen im Recht der internationalen Zuständigkeit zur Eröffnung von Insolvenzverfahren: Der Mittelpunkt der (hauptsächlichen) Interessen im Mittelpunkt der Interessen, ZInsO 2004, 825; *Huber*, Internationales Insolvenzrecht in Europa, ZZP 114 (2001), 133; *Hübler*, Aktuelles internationales und ausländisches Insolvenzrecht, NZI 2018, 151; *Kindler/Sakka*, Die Neufassung der Europäischen Insolvenzverordnung, EuZW 2015, 460; *Konecny*, Probleme grenzüberschreitender Insolvenzen, in: Smid, Neue Fragen des deutschen und internationalen Insolvenzrechts, 2006, S. 106; *Leible/Staudinger*, Die europäische Verordnung über Insolvenzverfahren, KTS 2000, 533; *Lüke*, Das europäische internationale Insolvenzrecht, ZZP 111 (1998), 275; *Mankowski*, Zusicherungen zur Vermeidung von Sekundärinsolvenzen unter Art. 36 EuInsVO – Synthetische Sekundärverfahren, NZI 2015, 961; *McCormack*, Something Old, Something New: Recasting the European Insolvency Regulation, Modern Law Review 2016, 121; *Mock*, Das (geplante) neue europäische Insolvenzrecht nach dem Vorschlag der Kommission zur Reform der EuInsVO, GPR 2013, 156; *Oberhammer*, Europäisches Insolvenzrecht in praxi – „Was bisher geschah", ZInsO 2004, 761; *Parzinger*, Die neue EuInsVO auf einen Blick, NZI 2016, 63; *Paulus*, EuInsVO: Änderungen am Horizont und ihre Auswirkungen, NZI 2012, 297; *Paulus*, Der EuGH und das moderne Insolvenzrecht, NZG 2006, 609; *Reumers*, What is in a Name? Group Coordination or Consolidation Plan – What is Allowed Under the EIR Recast?, International Insolvency Review 2016, 225; *Reuß*, Europäisches Insolvenzrecht 3.0 oder doch nur Version 1.1?, EuZW 2013, 165; *Sabel*, Hauptsitz als Niederlassung im Sinne der EuInsVO?, NZI 2004, 126; *Saenger/Klockenbrink*, Anerkennungsfragen im internationalen Insolvenzrecht gelöst?, EuZW 2006, 363; *Thole*, Die Reform der Europäischen Insolvenzverordnung, ZEuP 2014, 39; *Thole/Dueñas*, Some Observations on the New Group Coordination Procedure of the Reformed European Insolvency Regulation, International Insolvency Review 2015, 214; *Virgós/Schmit*, Report on the Convention of Insolvency Proceedings (1996), EU Council Document 6500/96 Limite DRS 8 (CFC); *Virgós/Schmit*, Erster Teil: EU-Übereinkommen über Insolvenzverfahren, Kap. B – Erläuternder Bericht, in: Stoll, Vorschläge und Gutachten zur Umsetzung des EU-Übereinkommens über Insolvenzverfahren im deutschen Recht, 1997, S. 32 (zit.: *Virgós/Schmit* in: Stoll, Vorschläge und Gutachten); *Wenner*, Die Reform der EuInsVO – ein Verriss, ZIP 2017, 1137; *Wimmer*, Konzerninsolvenzen im Rahmen der EuInsVO – Ausblick auf die Schaffung eines deutschen Konzerninsolvenzrechts, DB 2013, 1343; *Wimmer*, Anmerkungen zum Vorlagebeschluss des irischen Supreme Court in Sachen Parmalat, ZInsO 2005, 119; *Zipperer/Vallender*, Der vorläufige Insolvenzverwalter – offene Fragen und Probleme in der neuen EuInsVO, ZInsO 2018, 960.

## Übersicht

| | |
|---|---|
| I. Zweck der Norm .................. 1 | 2. Organismen für gemeinsame Anlagen (Art. 2 Nr. 2) .................. 6 |
| II. Allgemeines .................. 2 | |
| III. Einzelne Definitionen .................. 4 | 3. Schuldner in Eigenverwaltung (Art. 2 Nr. 3) .................. 9 |
| 1. Gesamtverfahren (Art. 2 Nr. 1) .................. 4 | |

4. Insolvenzverfahren (Art. 2 Nr. 4) ...... 11
5. Verwalter (Art. 2 Nr. 5) ...................... 13
6. Gericht (Art. 2 Nr. 6) .......................... 15
7. Entscheidung zur Eröffnung eines Insolvenzverfahrens (Art. 2 Nr. 7) .... 18
8. Zeitpunkt der Verfahrenseröffnung (Art. 2 Nr. 8) ...................................... 24
9. Mitgliedstaat, in dem sich ein Vermögensgegenstand befindet (Art. 2 Nr. 9) ...................................... 26
   a) Allgemeines ..................................... 26
   b) Die einzelnen Belegenheitsorte (Art. 2 Nr. 9 (i) bis (viii)) ........... 32
10. Niederlassung (Art. 2 Nr. 10) ............ 40
11. Lokaler Gläubiger (Art. 2 Nr. 11) ...... 57
12. Ausländischer Gläubiger (Art. 2 Nr. 12) .................................... 59
13. Unternehmensgruppe (Art. 2 Nr. 13) .................................... 60
14. Mutterunternehmen (Art. 2 Nr. 14) .................................... 62

## I. Zweck der Norm

Die Vorschrift definiert zentrale Begriffe der EuInsVO mit dem Ziel, die **einheitliche Anwendung** der EuInsVO in allen Mitgliedstaaten sicherzustellen.[1]   1

## II. Allgemeines

Gegenüber der **alten Fassung** der EuInsVO haben sich einige **Änderungen** ergeben, die im Zusammenhang mit der jeweiligen Definition besprochen werden. Entfallen ist die Definition des Begriffs des **Liquidationsverfahrens** (Art. 2 lit. c a. F.). Das liegt daran, dass in der alten EuInsVO als Sekundärverfahren gemäß Art. 3 Abs. 3 a. F. nur ein Liquidationsverfahren zugelassen wurde (nicht aber ein Sanierungsverfahren). Die jetzige Fassung enthält eine solche Einschränkung nicht, wodurch der Begriff des Liquidationsverfahrens in Art. 3 a. F. entfallen und in Art. 52 (Art. 38 a. F.) durch den Begriff „Insolvenzverfahren" ersetzt worden ist.  2

Neu hinzugekommen sind Definitionen der Begriffe Gesamtverfahren (Nr. 1), Organismen für gemeinsame Anlagen (Nr. 2), Schuldner in Eigenverwaltung (Nr. 3), lokaler Gläubiger (Nr. 11), ausländischer Gläubiger (Nr. 12), Unternehmensgruppe (Nr. 13) und Mutterunternehmen (Nr. 14).  3

## III. Einzelne Definitionen

### 1. Gesamtverfahren (Art. 2 Nr. 1)

Die Definition des Begriffs Gesamtverfahren, welcher außer in Art. 2 nur in Art. 1 verwendet wird, dient der Bestimmung des **Anwendungsbereichs** der EuInsVO. Praktisch ist diese Definition kaum von Bedeutung,[2] weil **Anhang A** der EuInsVO alle Verfahren erschöpfend (siehe ErwG 9) auflistet, die Gesamtverfahren i. S. der EuInsVO sind. Die wesentliche Aussage des Art. 2 Nr. 1 besteht darin, dass ein Verfahren, an welchem nur ein Teil der Gläubiger beteiligt ist, nur dann ein Gesamtverfahren ist, wenn die Wirkungen des Verfahrens auf die beteiligten Gläubiger beschränkt bleiben. Vor diesem Hintergrund ist die Definition des Gesamtverfahrens vornehmlich an den Verordnungsgeber gerichtet, der bei der etwaigen künftigen Aufnahme eines nationalen Verfahrens in den Anhang A prüfen muss, ob das Verfahren die Voraussetzungen des Art. 2 Nr. 1 erfüllt.[3]  4

---

1) Uhlenbruck-*Lüer*, InsO, Art. 2 EuInsVO Rz. 1; *Thole* in: MünchKomm-InsO, Art. 2 EuInsVO 2015 Rz. 1.
2) *Thole* in: MünchKomm-InsO, Art. 2 EuInsVO 2015 Rz. 2; *Mock*, GPR 2013, 156.
3) *Thole* in: MünchKomm-InsO, Art. 2 EuInsVO 2015 Rz. 2; *Parzinger*, NZI 2016, 63, 64.

## Artikel 2

5 Zu den Begriffen **Hauptinsolvenzverfahren, Sekundärinsolvenzverfahren** und **Partikularverfahren** siehe unten Rz. 12.

### 2. Organismen für gemeinsame Anlagen (Art. 2 Nr. 2)

6 Die Definition des Begriffs „Organismen für gemeinsame Anlagen" dient ausschließlich dazu, diese von dem **Anwendungsbereich** der EuInsVO **auszunehmen**, Art. 1 Abs. 2 lit. d. Der Grund dafür besteht darin, dass für sie besondere Vorschriften gelten und die nationalen Aufsichtsbehörden weitreichende Eingriffsbefugnisse haben (ErwG 19). Der Begriff wird als **Oberbegriff** für zwei Unterarten verwendet, nämlich für Organismen für gemeinsame Anlagen in Wertpapieren einerseits und alternative Investmentfonds andererseits.

7 **Organismen für gemeinsame Anlagen in Wertpapieren** sind gemäß Art. 1 Abs. 2 der Richtlinie 2009/65/EG[4] Organismen, deren ausschließlicher Zweck es ist, beim Publikum beschaffte Gelder für gemeinsame Rechnung nach dem Grundsatz der Risikostreuung in Wertpapieren und/oder anderen in Art. 50 Abs. 1 dieser Richtlinie genannten liquiden Finanzanlagen zu investieren, und deren Anteile auf Verlangen der Anteilinhaber unmittelbar oder mittelbar zulasten des Vermögens dieser Organismen zurückgenommen oder ausgezahlt werden. Diesen Rücknahmen oder Auszahlungen gleichgestellt sind Handlungen, mit denen ein OGAW sicherstellen will, dass der Kurs seiner Anteile nicht erheblich von deren Nettoinventarwert abweicht.

8 Ein **Alternativer Investmentfonds** ist gemäß Art. 4 Abs. 1 lit. a Richtlinie 2011/61/EG[5] jeder Organismus für gemeinsame Anlagen einschließlich seiner Teilfonds, der von einer Anzahl von Anlegern Kapital einsammelt, um es gemäß einer festgelegten Anlagestrategie zum Nutzen dieser Anleger zu investieren, und keine Genehmigung gemäß Art. 5 der Richtlinie 2009/65/EG benötigt.

### 3. Schuldner in Eigenverwaltung (Art. 2 Nr. 3)

9 Die alte Fassung der EuInsVO enthielt keine gesonderten Bestimmungen zu Verfahren, in welchen der Schuldner ganz oder teilweise die Kontrolle über sein Vermögen behält. Nach ErwG 10 sollen solche Verfahren in die EuInsVO einbezogen werden. Schuldner in Eigenverwaltung kann nach der Definition sowohl der Schuldner in einem Insolvenzverfahren sein, in welchem **kein Verwalter** bestellt worden ist, als auch in einem Verfahren, in welchem zwar ein Verwalter bestellt wurde, diesem aber **nicht alle Rechte und Pflichten zur Verwaltung** des Vermögens übertragen wurden.

10 Einige Vorschriften der EuInsVO sind vor diesem Hintergrund so angepasst worden, dass neben dem Verwalter auch der Schuldner in Eigenverwaltung genannt wird,

---

[4] Richtlinie 2009/65/EG des Europäischen Parlaments und des Rates v. 13.7.2009 zur Koordinierung der Rechts- und Verwaltungsvorschriften betreffend bestimmte Organismen für gemeinsame Anlagen in Wertpapieren – OGAW, ABl. (EU) L 302/32 v. 17.11.2009.

[5] Richtlinie 2011/61/EU des Europäischen Parlaments und des Rates v. 8.6.2011 über die Verwalter alternativer Investmentfonds und zur Änderung der Richtlinien 2003/41/EG und 2009/65/EG und der Verordnungen (EG) Nr. 1060/2009 und (EU) Nr. 1095/2010, ABl. (EU) L 174/1 v. 1.7.2011.

nämlich Art. 6 Abs. 2 Unterabs. 2, Art. 28, Art. 29, Art. 38, Art. 55 Abs. 5 und Abs. 7. Für den Schuldner in Eigenverwaltung entsprechend gelten nach Art. 76 außerdem alle einschlägigen für einen Verwalter geltenden Bestimmungen des Kapitels V betreffend Insolvenzverfahren über das Vermögen von Mitgliedern einer Unternehmensgruppe. Soweit eine Gleichstellung des Schuldners in Eigenverwaltung mit dem Verwalter in weiteren Vorschriften sachgerecht sein sollte, kommt eine analoge Anwendung in Betracht.[6]

### 4. Insolvenzverfahren (Art. 2 Nr. 4)

Insolvenzverfahren ist jedes Verfahren, welches in **Anhang A** aufgeführt ist. Der Anhang ist eine **erschöpfende** Aufzählung (ErwG 9). Ein Verfahren, das im Anhang nicht genannt ist, ist daher kein Insolvenzverfahren i. S. der EuInsVO, auch wenn es inhaltlich die Voraussetzungen einer Anerkennung als Insolvenzverfahren erfüllen sollte.[7] Für solche Verfahren kommt eine Anerkennung nach nationalem Recht in Betracht.[8] Umgekehrt ist ein Verfahren, das im Anhang A aufgeführt ist, ein Insolvenzverfahren auch dann, wenn es die materiellen Voraussetzungen hierfür nicht (mehr) erfüllt.[9]

11

Die EuInsVO benutzt außer dem Begriff des Insolvenzverfahrens (und dem des Gesamtverfahrens, siehe oben Rz. 4) auch noch die Begriffe **Hauptinsolvenzverfahren, Sekundärinsolvenzverfahren** und **Partikularverfahren**. Der Begriff „Hauptinsolvenzverfahren" wird legaldefiniert in Art. 3 Abs. 1 Unterabs. 1 als das Insolvenzverfahren, welches in dem Mitgliedstaat eröffnet wird, in dessen Hoheitsgebiet der Schuldner den Mittelpunkt seiner hauptsächlichen Interessen hat. Sekundärinsolvenzverfahren heißt gemäß Art. 3 Abs. 3 ein Verfahren, welches nach Art. 3 Abs. 2 zu einem späteren Zeitpunkt als das Hauptinsolvenzverfahren eröffnet wird. Das vor der Eröffnung des Hauptinsolvenzverfahrens nach Art. 3 Abs. 2 eröffnete Verfahren heißt Partikularverfahren (Art. 3 Abs. 4 Satz 1); dieses wird mit Eröffnung des Hauptinsolvenzverfahrens zu einem Sekundärinsolvenzverfahren (Art. 3 Abs. 4 Satz 2).

12

### 5. Verwalter (Art. 2 Nr. 5)

Gegenüber der vorherigen Fassung der EuInsVO ergeben sich folgende Änderungen des Verwalterbegriffs:

13

– Auch der **vorläufige Verwalter** ist Verwalter. Das hat der EuGH auch zur vorherigen Fassung des Art. 2 lit. b a. F. so gesehen;[10] insofern hat die ausdrückliche Nennung des vorläufigen Verwalters in Art. 2 Nr. 5 nur klarstellende Be-

---

6) Braun-*Tashiro*, InsO, Art. 2 EuInsVO Rz. 9.
7) BAG, Urt. v. 13.12.2012 – 6 AZR 752/11, NZA 2013, 1040 (LS) = NJOZ 2013, 1232; Braun-*Tashiro*, InsO, Art. 2 EuInsVO Rz. 10.
8) BAG, Urt. v. 13.12.2012 – 6 AZR 752/11, NZA 2013, 1040 (LS) = NJOZ 2013, 1232; *Wenner*, ZIP 2017, 1137, 1139.
9) *Parzinger*, NZI 2016, 63, 64; *Fletcher*, Insolvency Intelligence 2015, 97, 99; *Paulus*, NZI 2012, 297, 302.
10) EuGH, Urt. v. 2.5.2006 – Rs. C-341/04 (Eurofood), ZIP 2006, 907, m. Anm. *Knof/Mock*, dazu EWiR 2005, 725 *(Pannen)*.

# Artikel 2

deutung. Verwalter ist sowohl der „starke" wie auch der „**schwache**" vorläufige Insolvenzverwalter.[11)

– Verwalter kann nunmehr nach Art. 2 Nr. 5 (i) und (ii) auch sein, wer nur die in Insolvenzverfahren angemeldeten **Forderungen zu prüfen und zuzulassen** oder die **Gesamtinteressen der Gläubiger zu vertreten** hat, ohne dass er zugleich die Insolvenzmasse zu verwalten oder zu verwerten oder die Geschäftstätigkeit des Schuldners zu überwachen hätte. Der Kreis der Verwalter wird also ausgedehnt.[12)

14  Anhang B führt für jeden Mitgliedstaat **abschließend**[13) aus, welche Personen und Stellen Verwalter i. S. der EuInsVO sind. Nach der Vorstellung des Verordnungsgebers ist es nicht erforderlich, dass der Verwalter von einem Gericht bestellt wird; er muss nur einer angemessenen Regulierung unterliegen und für die Wahrnehmung von Aufgaben in Insolvenzverfahren zugelassen sein; zudem soll der nationale Regelungsrahmen angemessene Vorschriften über den Umgang mit potenziellen Interessenkonflikten umfassen (ErwG 21). Auch ein Gericht kann Verwalter in diesem Sinne sein, insoweit es die genannten Aufgaben eines Verwalters wahrnimmt; erforderlich ist freilich darüber hinaus, dass das Gericht in Anhang B aufgeführt ist.[14)

## 6. Gericht (Art. 2 Nr. 6)

15  Der Begriff Gericht ist, wie schon in der vorherigen Fassung der EuInsVO, **weit auszulegen**.[15) Allerdings ist neu, dass in den Begriff des Gerichts nunmehr eine Differenzierung hineingetragen wird, dass es jetzt also gleichsam **zwei Begriffe des Gerichts** gibt,[16) einen engeren und einen weiteren. ErwG 20 führt insoweit aus: „Insolvenzverfahren sind nicht zwingend mit dem Eingreifen einer Justizbehörde verbunden. Der Ausdruck ‚Gericht' in dieser Verordnung sollte daher in einigen Bestimmungen weit ausgelegt werden und Personen oder Stellen umfassen, die nach einzelstaatlichem Recht befugt sind, Insolvenzverfahren zu eröffnen."

16  Der **engere Gerichtsbegriff** meint das Justizorgan eines Staates, also diejenige Behörde, welche in Ausübung der judikativen Funktion tätig wird.

---

11) Mankowski/Müller/J. Schmidt-*J. Schmidt*, EuInsVO 2015, Art. 2 Rz. 13; Mankowski/Müller/J. Schmidt-*Müller*, EuInsVO 2015, Art. 19 Rz. 8; K. Schmidt-*Brinkmann*, InsO, Art. 2 EuInsVO Rz. 8; Nerlich/Römermann-*Nerlich*, InsO, Art. 2 EuInsVO Rz. 5; Uhlenbruck-*Lüer*, InsO, Art. 2 EuInsVO Rz. 8; *Thole* in: MünchKomm-InsO, Art. 2 EuInsVO 2000 Rz. 11; *Ambach*, Reichweite und Bedeutung von Art. 25 EuInsVO, S. 62 f.; *Herchen*, NZI 2006, 435; *Freitag/Leible*, RIW 2006, 641, 646; *Saenger/Klockenbrink*, EuZW 2006, 363, 366; a. A. *Paulus*, NZG 2006, 609, 613.
12) Vgl. Braun-*Tashiro*, InsO, Art. 2 EuInsVO Rz. 33.
13) Mankowski/Müller/J. Schmidt-*J. Schmidt*, EuInsVO 2015, Art. 2 Rz. 15; Braun-*Tashiro*, InsO, Art. 2 EuInsVO Rz. 14.
14) *Virgós/Schmit* in: Stoll, Vorschläge und Gutachten, Rz. 63.
15) *Virgós/Schmit* in: Stoll, Vorschläge und Gutachten, Rz. 66; Duursma-Kepplinger/Duursma/Chalupsky-*Duursma-Kepplinger*, EuInsVO, Art. 2 Rz. 11; Nerlich/Römermann-*Nerlich*, InsO, Art. 2 EuInsVO Rz. 3; Uhlenbruck-*Lüer*, InsO, Art. 2 EuInsVO Rz. 5; *Thole* in: MünchKomm-InsO, Art. 2 EuInsVO 2000 Rz. 9; i. E. auch *Zipperer/Vallender*, ZInsO 2018, 960, 962 f.
16) Mankowski/Müller/J. Schmidt-*J. Schmidt*, EuInsVO 2015, Art. 2 Rz. 16; Braun-*Tashiro*, InsO, Art. 2 EuInsVO Rz. 20.

Begriffsbestimmungen **Artikel 2**

Der **weitere Gerichtsbegriff** meint die Gerichte im engeren Sinne, daneben aber 17
auch diejenigen sonstigen zuständigen Stellen, die befugt sind, ein Insolvenzverfahren
zu eröffnen, die Eröffnung eines solchen Verfahrens zu bestätigen oder i. R. dieses
Verfahrens Entscheidungen zu treffen. Sollte ein Mitgliedstaat also eine solche
Entscheidung einer Behörde in Ausübung der exekutiven Funktion oder einer Person
oder Institution des Privatrechts zugewiesen haben, so ist diese Behörde, Person
oder Institution ein Gericht im weiteren Sinne (nicht aber im engeren Sinne).

**7. Entscheidung zur Eröffnung eines Insolvenzverfahrens (Art. 2 Nr. 7)**

Die vorherige Fassung der Definition zur Entscheidung (Art. 2 lit. e a. F.) trennte 18
die Eröffnungsentscheidung einerseits von der Entscheidung zur Bestellung eines
Verwalters andererseits.[17] Diese Trennung wird in der neuen Fassung aufgegeben,
indem die Ernennung eines Verwalters nunmehr in der Eröffnungsentscheidung
aufgeht.

Die Definition der Entscheidung zur Eröffnung eines Insolvenzverfahrens ist wichtig 19
für die Frage, ab wann die **Sperrwirkung** greift und damit für die Frage, in welchem
Mitgliedstaat das Hauptinsolvenzverfahren durchgeführt wird. Denn nach Art. 19
Abs. 1 Unterabs. 1 wird die Eröffnung eines Insolvenzverfahrens durch das Gericht
eines Mitgliedstaats anerkannt, sobald die Entscheidung im Staat der Verfahrenseröffnung wirksam ist. Gemäß der Definition der Eröffnungsentscheidung in Art. 2
Nr. 7 wird die Sperrwirkung des Art. 19 über den **Eröffnungsbeschluss** selbst hinaus
ausgedehnt auf **zwei weitere Entscheidungen**, nämlich

– die **Bestellung eines Verwalters** und
– die **Bestätigung einer Verfahrenseröffnung.**

Diese Erweiterung der Entscheidungen, welche die Sperrwirkung des Art. 19 aus- 20
lösen, geht auf die *Eurofood-Entscheidung* des EuGH[18] zurück, in welcher zu Art. 16,
Art. 2 lit. f a. F. entschieden wurde, dass auch schon eine andere Entscheidung als
der Eröffnungsbeschluss diese Wirkung haben kann, sofern sie die Bestellung eines
Verwalters und die Beschlagnahme des Schuldnervermögens zur Folge hat. Über
diese Rechtsprechung geht die neue Fassung der EuInsVO nunmehr insoweit noch
hinaus, als auch eine Entscheidung die **Sperrwirkung auslöst**, mit der zwar ein
Verwalter bestellt, das Schuldnervermögen aber nicht beschlagnahmt wird.

Die **Bestellung eines Verwalters** ist per definitionem eine Eröffnungsentscheidung 21
und löst deshalb die Sperrwirkung gemäß Art. 19 aus. Weil „Verwalter" gemäß Art. 2
Nr. 5 auch der **vorläufige Verwalter** sein kann, ist dessen Bestellung eine Eröffnungsentscheidung. Schließlich kommt es auch nicht auf die Frage an, ob der Verwalter ein „schwacher" oder „starker" vorläufiger Verwalter ist;[19] entscheidend ist
bloß, dass er Verwalter ist, also in Anhang B aufgeführt wird.

---

17) *Saenger/Klockenbrink*, EuZW 2006, 363, 365.
18) EuGH, Urt. v. 2.5.2006 – Rs. C-341/04 (Eurofood), ZIP 2006, 907, m. Anm. *Knof/Mock*.
19) Nerlich/Römermann-*Nerlich*, InsO, Art. 2 EuInsVO Rz. 5; Uhlenbruck-*Lüer*, InsO, Art. 2
EuInsVO Rz. 8; *Thole* in: MünchKomm-InsO, Art. 2 EuInsVO 2000 Rz. 12; *Ambach*,
Reichweite und Bedeutung von Art. 25 EuInsVO, S. 62 f.

# Artikel 2

22 Die **Bestätigung einer Eröffnungsentscheidung** als Eröffnungsentscheidung wird in der Praxis selten vorkommen. Nach Art. 19 i. V. m. Art. 2 Nr. 6 (ii) kann nämlich jede zuständige staatliche Stelle eine wirksame und in den anderen Mitgliedstaaten anzuerkennende Eröffnungsentscheidung treffen, auch wenn es sich bei dieser Stelle nicht um ein Gericht im engeren Sinne (siehe Rz. 16) handelt. Eine solche Entscheidung ist also in aller Regel Eröffnungsentscheidung gemäß Art. 2 Nr. 7 (i) Var. 1.

23 Eine nachfolgende „bestätigende" Entscheidung mag ebenfalls als Eröffnungsentscheidung definiert werden; über die vorherige Entscheidung hinausgehende Rechtsfolgen kommen einer solchen Entscheidung nach der EuInsVO aber nicht zu. Der Fall, dass erst die Bestätigung einer Eröffnungsentscheidung eine Eröffnungsentscheidung i. S. der EuInsVO ist, kann daher nur dann eintreten, wenn ein nationales Recht vorsieht, dass die Eröffnungsentscheidung einer unzuständigen Stelle durch die Bestätigung eines Gerichts i. S. des Art. 2 Nr. 6 zur Wirksamkeit gebracht werden kann oder wenn die vorherige Eröffnungsentscheidung durch eine Stelle erfolgt ist, welche kein Gericht i. S. des Art. 2 Nr. 6 ist und sodann von einem Gericht i. S. dieser Vorschrift bestätigt wird (ErwG 15).[20]

## 8. Zeitpunkt der Verfahrenseröffnung (Art. 2 Nr. 8)

24 Eine Eröffnungsentscheidung i. S. des Art. 2 Nr. 7, also die Eröffnungsentscheidung selbst, die Bestellung eines (vorläufigen) Verwalters und die Bestätigung einer Eröffnungsentscheidung, eröffnet das Verfahren in dem Zeitpunkt, in welchem die Entscheidung wirksam wird. Wirksamkeit in diesem Sinne bedeutet **nicht Unanfechtbarkeit**.[21] Erforderlich ist nur, dass die Entscheidung „in der Welt" ist, dass also bspw. die Ernennung des Verwalters den Geschäftsbereich des Insolvenzgerichts verlassen hat[22] und dass die Wirksamkeit der Entscheidung nicht ausgesetzt ist.[23] Wird gegen die Bestellung des Insolvenzverwalters sofortige Beschwerde eingelegt, bleibt die Eröffnungsentscheidung zunächst wirksam (§§ 4 InsO, 570 ZPO). Die Wirksamkeit entfällt mit der Aufhebung der Entscheidung, und zwar auch dann, wenn Rechtsbeschwerde eingelegt wird (§§ 4 InsO, 575 V, 570 ZPO).[24]

25 Die ursprüngliche Konzeption der EuInsVO a. F. sah vor, dass das Verfahren erst im Zeitpunkt der Wirksamkeit des Eröffnungsbeschlusses selbst eröffnet war (und also erst zu diesem Zeitpunkt die Sperrwirkung des Art. 19 eintrat). Diesen Zeit-

---

20) Braun-*Tashiro*, InsO, Art. 2 EuInsVO Rz. 32; *Thole*, ZEuP 2014, 39, 50.
21) *Virgós/Schmit* in: Stoll, Vorschläge und Gutachten, Rz. 68; Duursma-Kepplinger/Duursma/Chalupsky-*Duursma-Kepplinger*, EuInsVO, Art. 2 Rz. 13; Nerlich/Römermann-*Nerlich*, InsO, Art. 2 EuInsVO Rz. 4; Uhlenbruck-*Lüer*, InsO, Art. 2 EuInsVO Rz. 7; *Thole* in: MünchKomm-InsO, Art. 2 EuInsVO 2000 Rz. 11.
22) K. Schmidt-*Keller*, InsO, § 27 Rz. 56 f.; *Ambach*, Reichweite und Bedeutung von Art. 25 EuInsVO, S. 48.
23) *Virgós/Schmit* in: Stoll, Vorschläge und Gutachten, Rz. 68.
24) Deshalb konnte im Fall NIKI das österreichische LG Korneuburg ein Hauptinsolvenzverfahren eröffnen (Beschl. v. 12.1.2018 – 36 S 5/18d-3, ZIP 2018, 393), ohne gegen das Prioritätsprinzip zu verstoßen (a. A. *Hübler*, NZI 2018, 151, 152 und wohl auch *Mankowski*, NZI 2018, 85, 90 [Urteilsanm.]).

punkt hat zunächst der EuGH[25] und nunmehr auch der Verordnungsgeber vorverlegt, allerdings nicht durch eine Änderung des Zeitpunktes selbst, sondern durch eine Uminterpretation dessen, was als „Eröffnungsentscheidung" anzusehen ist (siehe dazu Rz. 18 ff.).

9. **Mitgliedstaat, in dem sich ein Vermögensgegenstand befindet (Art. 2 Nr. 9)**

a) **Allgemeines**

Die **alte Fassung** der EuInsVO enthielt in Art. 2 lit. g eine Bestimmung, die sich lediglich mit körperlichen Gegenständen, Forderungen und öffentlichen Registern befasste. Insoweit übernimmt die neue Fassung die alten Regelungen (Art. 2 Nr. 9 (iv), (vii) und (viii) a. F.), welche ihrerseits auf anerkannten Regeln des Internationalen Privatrechts beruhen.[26] In der Neufassung kommen nun Vorschriften über Namensaktien, im Effektengiro übertragbare Wertpapiere, Kontenguthaben, Patente und Urheberrechte und verwandte Schutzrechte hinzu. Einen **Auffangtatbestand** für nicht ausdrücklich genannte Rechte[27] gibt es nach wie vor nicht, was freilich im Maße der Aufnahme zusätzlicher Regelungen in die Neufassung der EuInsVO an Bedeutung verloren hat. 26

Die Festlegung der jeweiligen Belegenheitsorte folgt im Wesentlichen dem **Grundgedanken**, eine möglichst einfach handhabbare, klare und rechtssichere Bestimmung des Belegenheitsortes der Vermögenswerte zu ermöglichen.[28] 27

Durch die Bestimmung des Belegenheitsortes wird insbesondere bestimmt, welche Vermögenswerte dem Hauptinsolvenzverfahren und welche einem **Sekundärinsolvenzverfahren** unterliegen, Art. 3 Abs. 2 Satz 2.[29] Bedeutsam ist die Festlegung aber auch für die Regelung der **dinglichen Rechte Dritter** gemäß Art. 8. 28

Maßgebender **Zeitpunkt** für die Bestimmung des Belegenheitsortes ist der Zeitpunkt, in dem die Entscheidung über die Eröffnung des Verfahrens wirksam wird (vgl. Art. 19 Abs. 1).[30] Eine spätere Änderung des Belegenheitsortes kann deshalb nicht mehr zu einer anderen Zuordnung des Vermögensgegenstandes führen.[31] 29

Für die Bestimmung des Belegenheitsortes sind die **Gerichte** des Staates, in dem das Hauptinsolvenzverfahren durchgeführt wird, und die Gerichte des Staates, in dem das Sekundärinsolvenzverfahren durchgeführt wird, **alternativ zuständig**; widersprechenden Entscheidungen wird durch Art. 25 vorgebeugt.[32] 30

---

25) EuGH, Urt. v. 2.5.2006 – Rs. C-341/04 (Eurofood), ZIP 2006, 907, m. Anm. *Knof/Mock*.
26) *Virgós/Schmit* in: Stoll, Vorschläge und Gutachten, Rz. 69.
27) Hierzu *Undritz* in: HambKomm-InsO, Art. 2 EuInsVO Rz. 5.
28) Anders Mankowski/Müller/*J. Schmidt-J. Schmidt*, EuInsVO 2015, Art. 2 Rz. 25: Leitgedanke sei die Zuordnung zu dem Staat, zu dem die engsten Verbindungen bestehen.
29) *Virgós/Schmit* in: Stoll, Vorschläge und Gutachten, Rz. 69; Thole in: MünchKomm-InsO, Art. 2 EuInsVO 2000 Rz. 17; Braun-*Tashiro*, InsO, Art. 2 EuInsVO Rz. 38.
30) BPatG, Urt. v. 10.7.2013 – 4 Ni 8/11 (EP), BeckRS 2013, 12865.
31) Mankowski/Müller/*J. Schmidt-J. Schmidt*, EuInsVO 2015, Art. 2 Rz. 28.
32) EuGH, Urt. v. 11.6.2015 – Rs. C-649/13 (Nortel), ZIP 2015, 1299, dazu EWiR 2015, 515 (*J. Schmidt*).

31  Der Maßstab des Art. 2 lit. g ist auch dann anwendbar, wenn sich Vermögensgegenstände in **Drittstaaten** befinden; die Anwendung nationaler Regelungen zur Bestimmung des Belegenheitsortes ist also ausgeschlossen.[33]

b) Die einzelnen Belegenheitsorte (Art. 2 Nr. 9 (i) bis (viii))

32  **Nr. 9 (i): Namensaktien** (mit Ausnahme der im Effektengiro übertragbaren Wertpapiere) befinden sich am Sitz der ausgebenden Gesellschaft. Diese Regelung dient der einfachen und rechtssicheren Feststellung des Belegenheitsortes.

33  **Nr. 9 (ii):** Im **Effektengiro übertragbare Wertpapiere** befinden sich dort, wo das betreffende Register oder Konto geführt wird.

34  **Nr. 9 (iii):** Für **Kontenguthaben** wird unterschieden zwischen IBAN-Konten und anderen Konten. IBAN-Konten befinden sich in dem Staat, welcher in der IBAN angegeben ist. Andere Konten befinden sich in dem Staat, in welchem die kontoführende Bank ihre Hauptverwaltung hat; wird das Konto jedoch bei einer Niederlassung geführt, befindet es sich im Staat dieser Niederlassung.

35  **Nr. 9 (iv):** Wird das Eigentum oder die Rechtsinhaberschaft von Gegenständen oder Rechten in einem **öffentlichen Register** eingetragen (wie z. B. bei Schiffen oder Flugzeugen,[34] Grundstücken oder nationalen Patenten[35]), so befinden sich diese Gegenstände in dem Mitgliedstaat, unter dessen Aufsicht das Register geführt wird (welcher Staat von dem Staat verschieden sein kann, in welchem das Register sich befindet)[36]. „Öffentlich" in diesem Sinne erfordert nicht, dass das Register von einer öffentlichen Einrichtung geführt werden muss, sondern nur, dass ein öffentlicher Zugang zu dem staatlich anerkannten und mit Publizitätswirkung ausgestatteten Register besteht.[37]

36  **Nr. 9 (v): Europäische Patente** befinden sich in dem Staat, für den sie erteilt wurden. Zum „Europäischen Patent mit einheitlicher Wirkung" (welches nicht unter den Begriff „Europäische Patente" fällt[38]) siehe Art. 15, wonach dieses nur in ein Hauptinsolvenzverfahren nach Art. 3 Abs. 1 miteinbezogen werden kann; eine Verwertung in einem Sekundärinsolvenz- oder Partikularverfahren scheidet also aus.

37  **Nr. 9 (vi): Urheberrechte** und **verwandte Schutzrechte** (z. B. Rechte der Film- oder Datenbankhersteller)[39] befinden sich dort, wo ihr Inhaber („Eigentümer") seinen Sitz (wenn es eine Gesellschaft ist) oder gewöhnlichen Aufenthalt (im Falle einer natürlichen Person) hat.

38  **Nr. 9 (vii): Körperliche Gegenstände** (mit Ausnahme der in Nr. 9 (i) bis (iv) genannten) befinden sich in dem Staat, in dem sie sich befinden. Diese tautologische Bestimmung ist dem Umstand geschuldet, dass der Verordnungsgeber sich bei anderen Gegenständen (z. B. den unter Nr. 9 (iv) genannten) die Freiheit nimmt, einen

---

33) EuGH, Urt. v. 11.6.2015 – Rs. C-649/13 (Nortel), ZIP 2015, 1299.
34) *Virgós/Schmit* in: Stoll, Vorschläge und Gutachten, Rz. 69.
35) Mankowski/Müller/*J. Schmidt*-*J. Schmidt*, EuInsVO 2015, Art. 2 Rz. 37.
36) *Virgós/Schmit* in: Stoll, Vorschläge und Gutachten, Rz. 69.
37) *Virgós/Schmit* in: Stoll, Vorschläge und Gutachten, Rz. 69.
38) Mankowski/Müller/*J. Schmidt*-*J. Schmidt*, EuInsVO 2015, Art. 2 Rz. 39.
39) Braun-*Tashiro*, InsO, Art. 2 EuInsVO Rz. 61.

von der tatsächlichen Situation womöglich abweichenden Belegenheitsort zu bestimmen. Erfasst werden auch Gegenstände im Transport; deren Belegenheitsort ist der Staat, in welchem sie sich zum Zeitpunkt des Wirksamwerdens der Eröffnungsentscheidung befinden.[40]

**Nr. 9 (viii): Forderungen** (mit Ausnahme von Bankguthaben) befinden sich dort, wo der Drittschuldner den Mittelpunkt seiner hauptsächlichen Interessen hat.  39

**10. Niederlassung (Art. 2 Nr. 10)**

Der Begriff der Niederlassung ist wichtig für die Frage, ob ein **Sekundärinsolvenz-** oder **Partikularverfahren** durchgeführt werden kann, weil **Art. 3 Abs. 2** dies an die Voraussetzung knüpft, dass der Schuldner eine Niederlassung in dem Staat dieses Verfahrens hat. Im Unterschied zu der vorherigen Version (Art. 2 lit. h a. F.) sieht Art. 2 Nr. 10 nun vor, dass eine nicht mehr bestehende Niederlassung noch drei Monate lang „nachwirkt". Auch eine natürliche Person als Schuldner kann eine Niederlassung haben; allerdings werden die Voraussetzungen des Niederlassungsbegriffs bei natürlichen Personen nur selten erfüllt sein.[41]  40

Einigkeit besteht darüber, dass der Begriff der Niederlassung in der EuInsVO **anders** zu bestimmen ist als in der **EuGVVO**.[42] Begründet wurde dies unter der Geltung der vorherigen Version der EuInsVO mit der Erwägung, dass der EuGH den Begriff der Niederlassung i. S. des Art. 7 Nr. 5 EuGVVO eng auslege, um das Entstehen besonderer Gerichtsstände zu begrenzen, wohingegen die Möglichkeit der Eröffnung eines Verfahrens nach Art. 3 Abs. 2 nicht in gleicher Weise eng begrenzt werden solle.[43] Diese Argumentation greift für die neue EuInsVO allenfalls noch teilweise, weil auch insoweit ein Bestreben des Verordnungsgebers erkennbar wird, Verfahren nach Art. 3 Abs. 2 zu begrenzen.[44] Dennoch bleibt es richtig, die Begriffe der Niederlassung in der EuInsVO und der EuGVVO unabhängig voneinander zu definieren, weil sie verschiedene Funktionen erfüllen.[45]  41

Entscheidend für das Bestehen einer Niederlassung ist eine wirtschaftliche Tätigkeit nicht vorübergehender Art, die den Einsatz von Personal und Vermögenswerten voraussetzt. „**Wirtschaftlich**" ist eine Tätigkeit bereits dann, wenn mit ihr ein Auftreten am Markt verbunden ist;[46] Gewinnerzielungsabsicht ist nicht erforderlich.[47]  42

---

40) K. Schmidt-*Brinkmann*, InsO, Art. 2 EuInsVO Rz. 11, der diesen Befund als unerfreulich, aber unvermeidlich bezeichnet.
41) *Bork/Harten*, NZI 2018, 673 ff.
42) *Virgós/Schmit* in: Stoll, Vorschläge und Gutachten, Rz. 70; Nerlich/Römermann-*Nerlich*, InsO, Art. 2 EuInsVO Rz. 9; *Fritz/Bähr*, DZWIR 2001, 221, 230 f.; *Huber*, ZZP 114 (2001), 133, 142; *Leible/Staudinger*, KTS 2000, 533, 546 f.; *Lüke*, ZZP 111 (1998), 275, 298 f.
43) *Virgós/Schmit* in: Stoll, Vorschläge und Gutachten, Rz. 70; Duursma-Kepplinger/Duursma/Chalupsky-*Duursma-Kepplinger*, EuInsVO, Art. 2 Rz. 23; *Reinhart* in: MünchKomm-InsO, 2. Aufl., Art. 1 EuInsVO 2000 Rz. 27.
44) *McCormack*, Modern Law Review 2016, 121, 133.
45) Nerlich/Römermann-*Nerlich*, InsO, Art. 2 EuInsVO Rz. 9; Haß/Huber/Gruber/Heiderhoff-*Huber*, EuInsVO, Art. 2 Rz. 11.
46) Duursma-Kepplinger/Duursma/Chalupsky-*Duursma-Kepplinger*, EuInsVO, Art. 2 Rz. 25.
47) Nerlich/Römermann-*Nerlich*, InsO, Art. 2 EuInsVO Rz. 11; Uhlenbruck-*Lüer*, InsO, Art. 2 EuInsVO Rz. 15; *Thole* in: MünchKomm-InsO, Art. 2 EuInsVO 2000 Rz. 32.

Besteht eine Tätigkeit hingegen nur noch in rein internen Verwaltungsvorgängen, liegt keine Niederlassung mehr vor, auch wenn insoweit noch Arbeitnehmer beschäftigt werden.[48] Selbstverständlich begründet es auch keine wirtschaftliche Tätigkeit, dass der Schuldner noch Gesellschafter und Geschäftsführer insolventer Gesellschaften ist und deshalb noch Vermögensinteressen am Sitz dieser Gesellschaften hat.[49]

43 Der **Einsatz von Personal und Vermögenswerten** muss kumulativ vorliegen; nur eine der Formen (z. B. das Vorhalten von Leiharbeitnehmern, deren Einsätze aus einem anderen Mitgliedstaat heraus organisiert werden oder das Vorhandensein von Bankkonten[50] oder eines Grundstücks[51] oder die Einrichtung eines Messestandes[52]) genügt nicht. **Personal** meint diejenigen Personen, welche nach außen für den Schuldner tätig werden; zu eng ist aber die Annahme, diese Personen müssten in einem Schuldner stets in einem gewissen Abhängigkeitsverhältnis stehen.[53] Der Schuldner selbst ist kein Personal;[54] auch genügt es grundsätzlich nicht, dass der Schuldner mit dem Personal eines Dritten zusammenarbeitet.[55] Den Personalbegriff erfüllen Arbeitnehmer des Schuldners, der Begriff beschränkt sich aber nicht auf diese.[56]

44 **Selbstständige**, die bestimmte Aufgaben für den Schuldner übernehmen, sollen grundsätzlich kein „Personal" sein. Teilweise wird auch der **Handelsvertreter** nicht als Personal angesehen.[57] Daran ist richtig, dass viele Handelsvertreter selbstständig und nicht abhängig sind und ihren Einsatz selbst organisieren; auf diese trifft die Behauptung zu. Der angestellte Handelsvertreter unterfällt freilich dem Personalbegriff, ebenso aber auch derjenige selbstständige Handelsvertreter, der sein Einkommen im Wesentlichen über den Schuldner bezieht und deshalb in einem Abhängigkeitsverhältnis zu diesem steht.

45 Darüber hinaus ist zu beachten, dass das Erfordernis des Personaleinsatzes deshalb Bestandteil des Niederlassungsbegriffs ist, weil Personaleinsatz ein **Minimum an**

---

48) UK Supreme Court, Urt. v. 29.4.2015 (Re Olympic Airlines SA), [2015] UKSC 27.
49) Abw. LG Kiel, Beschl. v. 31.10.2011 – 13 T 138/11, BeckRS 2012, 11626.
50) EuGH, Urt. v. 20.10.2011 – Rs. C-396/09 (Interedil), ZIP 2011, 2153, dazu EWiR 2011, 745 *(Paulus)*.
51) BGH, Beschl. v. 21.6.2012 – IX ZB 287/11, ZIP 2012, 1920 = NZI 2012, 725.
52) *Konecny* in: Smid, Neue Fragen des deutschen und internationalen Insolvenzrechts, S. 106, 121.
53) Nerlich/Römermann-*Nerlich*, InsO, Art. 2 EuInsVO Rz. 10 f.
54) BGH, Beschl. v. 21.6.2012 – IX ZB 287/11, ZIP 2012, 1920 = NZI 2012, 725; OLG Wien, Beschl. v. 9.11.2004 – 28 R 225/04w, NZI 2005, 56, m. Anm. *Paulus*; a. A. LG Kiel, Beschl. v. 31.10.2011 – 13 T 138/11, BeckRS 2012, 11626.
55) *Vallender*, NZI 2008, 632 f.
56) A. A. *Konecny* in: Smid, Neue Fragen des deutschen und internationalen Insolvenzrechts, S. 106, 122. Zu einem Sonderfall s. BGH, Beschl. v. 8.3.2012 – IX ZB 178/11, ZIP 2012, 782: Der Notariatsverwalter und die von diesem weiterbeschäftigten Notariatsangestellten sind kein Personal des (vorherigen) Notars, der vorläufig seines Amtes enthoben wurde.
57) Haß/Huber/Gruber/Heiderhoff-*Huber*, EuInsVO, Art. 2 Rz. 8; Uhlenbruck-*Lüer*, InsO, Art. 2 EuInsVO Rz. 16; Nerlich/Römermann-*Nerlich*, InsO, Art. 2 EuInsVO Rz. 11; Pannen-*Riedemann*, EuInsVO, Art. 2 Rz. 57; *Dornblüth* in: HK-InsO, Art. 2 EuInsVO Rz. 14; Geimer/Schütze-*Geimer*, EuZVR, Art. 2 EuInsVO Rz. 22.

**Organisation** erfordert.[58] Daraus ergibt sich, dass „Personal" den Einsatz aller derjenigen Kräfte umfasst, deren Einsatz eine gewisse Organisation erfordert.[59] Auch der nicht wirtschaftlich abhängige Selbstständige kann daher Personal in diesem Sinne sein; ob er es ist, hängt davon ab, ob er seinen Einsatz selbstständig organisiert oder ob dies durch den Schuldner erfolgt. Diese Auslegung des Personalbegriffs hat den Vorteil großer Rechtssicherheit und der Übereinstimmung mit dem Sinn des Niederlassungsbegriffs, welcher darin besteht, dass sich Vertragspartner nicht darum zu sorgen brauchen, ob der am Markt operierende Schuldner ein nationales oder ein ausländisches Unternehmen ist.[60] Ein zu enger Personalbegriff führt hingegen dazu, dass das Insolvenzverfahren mit schwierigen arbeitsrechtlichen Abgrenzungsfragen belastet werden könnte.

„**Nicht vorübergehend**" bedeutet, dass kurzfristige, von vornherein zeitlich begrenzte Engagements nicht niederlassungsbegründend sind, etwa die Einrichtung eines Messestandes. Andererseits kann schwerlich gewollt sein, dass die Einrichtung eines Büros für die bestimmte Dauer von fünf Jahren keine Niederlassung begründen soll. Begrifflich ist eine solche Tätigkeit „vorübergehend", weil sie nach fünf Jahren wieder endet. Selbst wenn also der Begriff gewählt worden sein sollte, um zeitliche Mindestanforderungen zu vermeiden,[61] wird man nicht umhinkommen, ein Zeitelement in den Begriff „nicht vorübergehend" hineinzulesen.  46

Eine Niederlassung in diesem Sinne kann sich auch am **Sitz des Schuldners** befinden (ErwG 24). Diese Frage stellt sich, wenn infolge der Regelung des Art. 3 Abs. 1 das Gericht eines Mitgliedstaates, in dem der Schuldner nicht seinen Sitz hat, das Hauptinsolvenzverfahren eröffnet, weil es annimmt, dass der Schuldner im Eröffnungsstaat den Mittelpunkt seiner hauptsächlichen Interessen hat. Solchenfalls kann am Sitz des Schuldners nur noch ein Sekundärinsolvenzverfahren eröffnet werden, was voraussetzt, dass der Sitz als „Niederlassung" angesehen wird. Während es Schwierigkeiten bereiten mag, den Sitz als Niederlassung im allgemeinen Wortsinn zu begreifen, lässt sich diese Konstellation mühelos unter die Voraussetzungen des technischen Begriffs (wirtschaftliche Aktivität, nicht vorübergehend, Einsatz von Personal und Vermögenswerten) subsumieren.[62]  47

---

58) EuGH, Urt. v. 4.9.2014 – Rs. C-327/13 (Burgo Group SpA/Illochroma SA in Liquidation), ZIP 2014, 2513; EuGH, Urt. v. 20.10.2011 – Rs. C-396/09 (Interedil), ZIP 2011, 2153; *Virgós/Schmit* in: Stoll, Vorschläge und Gutachten, Rz. 71; *Mankowski*, NZI 2007, 360.
59) Vgl. AG München, Beschl. v. 5.2.2007 – 1503 IE 4371/06, NZI 2007, 358, m. Anm. *Mankowski*; *Ehricke/Ries*, JuS 2003, 313, 319.
60) *Virgós/Schmit* in: Stoll, Vorschläge und Gutachten, Rz. 71.
61) *Virgós/Schmit* in: Stoll, Vorschläge und Gutachten, Rz. 71; Duursma-Kepplinger/Duursma/Chalupsky-*Duursma-Kepplinger*, EuInsVO, Art. 2 Rz. 26.
62) EuGH, Urt. v. 4.9.2014 – Rs. C-327/13 (Burgo Group SpA/Illochroma SA in Liquidation), ZIP 2014, 2513; LG Klagenfurt, Beschl. v. 2.7.2004 – 41 S 75/04h, NZI 2004, 677; AG Köln, Beschl. v. 23.1.2004 – 71 IN 1/04, ZIP 2004, 471, dazu EWiR 2004, 601 *(Blenske)*; AG Düsseldorf, Beschl. v. 12.3.2004 – 502 IN 126/03, NZI 2004, 269; Haß/Huber/Gruber/Heiderhoff-*Huber*, EuInsVO, Art. 2 Rz. 10; *Undritz* in: HambKomm-InsO, Art. 2 EuInsVO Rz. 9; *Herchen*, ZInsO 2004, 825, 829; *Eidenmüller*, NJW 2004, 3455, 3458; *Oberhammer*, ZInsO 2004, 761, 771; *Sabel*, NZI 2004, 126, 127; *Wimmer*, ZInsO 2005, 119, 124; *Konecny* in: Smid, Neue Fragen des deutschen und internationalen Insolvenzrechts, S. 106, 123 f.

## Artikel 2

48  Umstritten ist, ob ein **selbstständiges Tochterunternehmen** eine Niederlassung sein kann. Die Frage wird relevant, wenn über das Vermögen des Mutterunternehmens in Staat A ein Hauptinsolvenzverfahren eröffnet wird und ein selbstständiges Tochterunternehmen in Staat B existiert. Wird dieses als Niederlassung angesehen, so kann ein Sekundärinsolvenzverfahren eröffnet und darüber auf das Vermögen des Tochterunternehmens zugunsten der Gläubiger des Mutterunternehmens zugegriffen werden.

49  Der Streit ist unter der vorherigen Fassung der EuInsVO entstanden. Diese enthielt, anders als jetzt Artt. 56 ff., noch keine Vorschriften über Insolvenzverfahren über das Vermögen von Mitgliedern einer Unternehmensgruppe. Die Einfügung des V. Kapitels könnte nun dahin verstanden werden, dass der Verordnungsgeber alle Fälle der Insolvenz von Mitgliedern einer Unternehmensgruppe ausschließlich den Bestimmungen dieses Kapitels unterwerfen wollte. Die ErwG enthalten allerdings keine dahingehende Aussage. Auch aus Art. 3 lässt sich nicht schließen, dass in diesen Fällen ein Sekundärinsolvenzverfahren von vornherein nicht in Betracht käme. Die Regelungen der Artt. 56 ff. sind ebenfalls nicht unvereinbar mit der Auffassung, die ein selbstständiges Tochterunternehmen als Niederlassung ansieht, weil die dort geregelte Zusammenarbeit, Kommunikation und Koordination nicht notwendig zwischen Verwaltern in verschiedenen Hauptinsolvenzverfahren stattfinden muss, sondern auch zwischen dem Verwalter eines Hauptinsolvenzverfahrens und dem Verwalter eines Sekundärinsolvenzverfahrens stattfinden kann. Die Vorschriften sprechen jeweils von „Insolvenzverfahren" und umfassen somit begrifflich Hauptinsolvenz-, Sekundärinsolvenz- und Partikularverfahren (siehe oben Rz. 11 f.). Der unter der alten Fassung der EuInsVO geführte Streit hat sich daher durch die Neufassung nicht erledigt.

50  Der **EuGH** hat zu dieser Frage bislang nicht Stellung genommen. Zunächst lässt sich der *Burgo-Entscheidung*[63)] nichts hierzu entnehmen.[64)] Zwar führt der EuGH in dieser Entscheidung aus, die Definition der Niederlassung nehme in keiner Weise auf den Ort des satzungsgemäßen Sitzes einer Schuldnergesellschaft oder die Rechtsform an dem betreffenden Tätigkeitsort Bezug; nach dem Wortlaut der Definition des Niederlassungsbegriffs sei es somit nicht ausgeschlossen, dass eine Niederlassung für die Zwecke dieser Bestimmung eigene Rechtspersönlichkeit haben könne. Damit meinte der EuGH aber nur, wie aus dem Kontext der Entscheidung ersichtlich ist, dass über das Vermögen des Schuldners selbst an dessen Sitz ein Sekundärinsolvenzverfahren eröffnet werden kann, dass also der Hauptsitz des Schuldners eine Niederlassung sein kann. Für die Frage, ob auch eine selbstständige Tochtergesellschaft eine Niederlassung sein kann, lässt sich daraus nichts herleiten.

51  Auch der *Rastelli-Entscheidung*[65)] ist nichts über diese Frage zu entnehmen; in dieser Entscheidung wird nur ausgesprochen, dass die rechtliche Eigenständigkeit zwingend

---

63) EuGH, Urt. v. 4.9.2014 – Rs. C-327/13 (Burgo Group SpA/Illochroma SA in Liquidation), ZIP 2014, 2513.
64) **A. A.** Mankowski/Müller/*J.* Schmidt-*J. Schmidt*, EuInsVO 2015, Art. 2 Rz. 56.
65) EuGH, Urt. v. 15.12.2011 – Rs. C-191/10 (Rastelli), ZIP 2012, 183.

dazu führt, dass für jede rechtliche Einheit die internationale Zuständigkeit gesondert bestimmt werden muss.

Nach **überwiegender Auffassung** unterfallen Tochterunternehmen nicht dem Niederlassungsbegriff.[66] Die entgegenstehende Auffassung widerspreche der Absicht des Verordnungsgebers, die Konzernproblematik gerade nicht in die EuInsVO (a. F.) aufnehmen zu wollen. Für rechtlich selbstständige Einheiten sehe die EuInsVO nur die Möglichkeit eines Hauptinsolvenzverfahrens am Mittelpunkt der hauptsächlichen Interessen eben dieser Einheit vor, nicht aber die Erstreckung eines anderen Hauptinsolvenzverfahrens. 52

Die **Gegenauffassung** meint, dass der Begriff der Niederlassung keine rechtliche Unselbstständigkeit erfordere oder jedenfalls analog auf rechtlich selbstständige Tochterunternehmen anzuwenden sei; denn das Regelungsmodell von Haupt- und Sekundärinsolvenzverfahren sei unabhängig von der Lage des Mittelpunkts der hauptsächlichen Interessen des Schuldners.[67] Auch der EuGH habe sich dafür ausgesprochen.[68] 53

Es ist zweifelhaft, ob der Streit den richtigen Begriff zum Gegenstand hat. Die Frage kann nämlich nicht nur unter dem Gesichtspunkt behandelt werden, ob das selbstständige Tochterunternehmen eine Niederlassung sein kann; vielmehr kann man auch fragen, ob sich nicht schon aus dem **Begriff des Schuldners** eine Antwort ergibt. Denn Hauptinsolvenzverfahren und Sekundärinsolvenzverfahren müssen sich notwendig auf denselben Schuldner, in diesem Zusammenhang also die Muttergesellschaft, beziehen. Deswegen setzt Art. 2 Nr. 10 voraus, dass **der Schuldner** am Ort der Niederlassung einer wirtschaftlichen Aktivität nachgeht und deswegen bestimmt Art. 3 Abs. 2 Satz 2, dass die Wirkungen des Sekundärinsolvenzverfahrens auf das im Niederlassungsstaat befindliche Vermögen **des Schuldners** beschränkt sind. Der Schuldner (das Mutterunternehmen) hat in diesem Staat aber gar kein Vermögen; die dort befindlichen Vermögensgegenstände sind solche des Tochterunternehmens.[69] 54

Auch das Tochterunternehmen selbst kann nicht als im Ausland belegener Vermögensgegenstand des Mutterunternehmens angesehen werden, denn nicht dieses, sondern die Anteile an ihm gehören dem Mutterunternehmen.[70] Diese Anteile 55

---

66) Braun-*Tashiro*, InsO, Art. 2 EuInsVO Rz. 70; Duursma-Kepplinger/Duursma/Chalupsky-*Duursma-Kepplinger*, EuInsVO, Art. 2 Rz. 29; Uhlenbruck-*Lüer*, InsO, Art. 2 EuInsVO Rz. 18; K. Schmidt-*Brinkmann*, InsO, Art. 2 EuInsVO Rz. 21; *Kindler* in: MünchKomm-BGB, Art. 2 EuInsVO Rz. 27 f.; Pannen-*Riedemann*, EuInsVO, Art. 2 Rz. 60 ff.; *Huber*, ZZP 114 (2001), 133, 142 f.; *Eidenmüller*, NJW 2004, 3455, 3458; *Ehricke*, EWS 2002, 101, 105; *Ehricke*, WM 2005, 397, 398; Geimer/Schütze-*Geimer*, EuZVR, Art. 2 EuInsVO Rz. 23; Gottwald-*Kolmann*, Insolvenzrechts-Hdb., § 130 InsO Rz. 29, 42; *Konecny* in: Smid, Neue Fragen des deutschen und internationalen Insolvenzrechts, S. 106, 121.
67) Nerlich/Römermann-*Nerlich*, InsO, Art. 2 Rz. 19; *Oberhammer*, ZInsO 2004, 761, 770 f.; Mankowski/Müller/J. Schmidt-*J. Schmidt*, EuInsVO 2015, Art. 2 Rz. 56; *Dornblüth* in: HK-InsO, Art. 2 EuInsVO Rz. 15.
68) Mankowski/Müller/J. Schmidt-*J. Schmidt*, EuInsVO 2015, Art. 2 Rz. 56.
69) Geimer/Schütze-*Geimer*, EuZVR, Art. 2 EuInsVO Rz. 23.
70) Gottwald-*Kolmann*, Insolvenzrechts-Hdb., § 130 InsO Rz. 29; vgl. auch *Smid*, Internationales Insolvenzrecht, § 6 Rz. 44.

können sich im Niederlassungsstaat befinden, müssen es aber nicht. Daran zeigt sich, dass die Folge der Anerkennung als Niederlassung auf diese Konstellation nicht zugeschnitten ist. Jedenfalls aber fehlt es auch an deren Voraussetzungen: Wenn ein rechtlich selbstständiges Tochterunternehmen im „Niederlassungsstaat" tätig wird, dann wird dort nicht der Schuldner (das Mutterunternehmen) tätig.[71] Man kann auch nicht einwenden, der Schuldner werde durch das Tochterunternehmen im Niederlassungsstaat tätig. Die Tätigkeit durch einen anderen kann zwar den Niederlassungsbegriff erfüllen, setzt aber voraus, dass es sich bei dem vor Ort Tätigen um „Personal" handelt, und dieser Begriff ist auf Menschen begrenzt (vgl. die englische Fassung des Art. 2 Nr. 10: „human means"). Folglich begründet die Tätigkeit des selbstständigen Tochterunternehmens keine Aktivität **des Schuldners**, so dass die Voraussetzungen des Niederlassungsbegriffs in dieser Konstellation nicht erfüllt sind.

56 Besteht die Niederlassung nicht mehr, so bleibt ihre Wirkung noch für **drei Monate** nach Auflösung der Niederlassung bestehen. In diesem **Nachwirkungszeitraum** kann also noch ein Sekundärinsolvenz- oder Partikularverfahren eröffnet werden. Damit werden insbesondere die Fälle erfasst, in welchen sich die Auflösung einer Niederlassung schrittweise vollzieht und zwar keine hinreichende Organisationsstruktur mehr vorhanden ist (und deswegen der Niederlassungsbegriff nicht mehr erfüllt ist), sich aber die der Niederlassung zugeordneten Vermögenswerte noch im Niederlassungsstaat befinden.[72] Entscheidend für die Einhaltung der Frist ist der **Zeitpunkt**, in welchem der **Antrag auf Eröffnung** eines solchen Verfahrens gestellt wird.[73] Soweit der Schuldner selbst den Antrag auf Eröffnung eines Hauptinsolvenzverfahrens stellt, kann durch Zuwarten ein Sekundärinsolvenzverfahren im Staat der ehemaligen Niederlassung verhindert werden. Die Frage, welches Maß an Aktivität innerhalb dieses Drei-Monats-Zeitraums ausreicht,[74] ist dahin zu beantworten, dass jede Aktivität innerhalb dieses Zeitraums die Nachwirkung begründet.[75]

### 11. Lokaler Gläubiger (Art. 2 Nr. 11)

57 Der Begriff des lokalen Gläubigers ist **forderungsbezogen** zu verstehen, nicht personenbezogen.[76] Hat der Gläubiger z. B. die Niederlassung des Schuldners beliefert, so ist er in Ansehung der sich daraus ergebenden Forderungen ein lokaler Gläubiger. Hat er gleichzeitig andere Forderungen gegen den Schuldner, die nicht im Zusammenhang mit dessen Niederlassung stehen (weil er den Schuldner bspw. auch am Mittelpunkt der hauptsächlichen Interessen beliefert hat), so ist er insoweit Gläubiger, aber nicht lokaler Gläubiger.

58 Auf die Stellung als lokaler Gläubiger wird in den Vorschriften der Artt. 36, 38 und 51 Bezug genommen; alle diese Regelungen haben die Stellung der lokalen Gläubiger in Bezug auf ein (etwaiges) Sekundärinsolvenzverfahren im Blick.

---

71) K. Schmidt-*Brinkmann*, InsO, Art. 2 EuInsVO Rz. 21.
72) *Fritz/Bähr*, DZWIR 2001, 221, 230.
73) Mankowski/Müller/J. Schmidt-*J. Schmidt*, EuInsVO 2015, Art. 2 Rz. 58.
74) *Fletcher*, Insolvency Intelligence 2015, 97, 99 f., bezeichnet diese Frage als eine Unsicherheit.
75) Braun-*Tashiro*, InsO, Art. 2 EuInsVO Rz. 68.
76) *Mankowski*, NZI 2015, 961, 963.

## 12. Ausländischer Gläubiger (Art. 2 Nr. 12)

Ausländischer Gläubiger ist jeder Gläubiger, der nicht im Verfahrensstaat seinen (Wohn)Sitz oder gewöhnlichen Aufenthalt hat. Für solche Gläubiger ist es regelmäßig schwieriger, Kenntnis von dem Verfahren zu erlangen und ihre Forderungen in dem im Ausland geführten Verfahren ordnungsgemäß anzumelden. Deshalb stellt die EuInsVO in Artt. 53–55 **Schutzvorschriften** insbesondere für ausländische Gläubiger auf. Im Falle der Insolvenz einer natürlichen Person werden ausländische Gläubiger außerdem nach Maßgabe von Art. 24 Abs. 4 privilegiert.

59

## 13. Unternehmensgruppe (Art. 2 Nr. 13)

In Kapitel V (Artt. 56 ff.) enthält die EuInsVO seit der Neufassung Vorschriften über Insolvenzverfahren über das Vermögen von Mitgliedern einer Unternehmensgruppe. Diese Bestimmungen gelten gemäß der Definition in Art. 2 Nr. 13 für ein Mutterunternehmen und alle seine Tochterunternehmen. Der Plural drückt nicht nur aus, dass ein Mutterunternehmen mehrere Tochterunternehmen haben kann, sondern auch, dass eine Staffelung vorliegen kann, indem Tochterunternehmen ihrerseits wieder Tochterunternehmen haben.[77]

60

Allerdings wird es infolge der unwiderleglichen Vermutung des Art. 2 Nr. 14 Satz 2 Fälle geben, in welchen hierüber hinaus das Bestehen einer Unternehmensgruppe in Fällen des Vorhandenseins eines konsolidierten Abschlusses anzunehmen ist, namentlich im Falle einer **nur vermeintlichen Kontrolle** des Mutterunternehmens über das oder die Tochterunternehmen, aber auch in Fällen von **Gleichordnungskonzernen**[78] (siehe unten Rz. 63 ff.). In letzteren Fällen ist zwar nur – kraft Definition – ein Mutterunternehmen vorhanden, während an einem Tochterunternehmen fehlt, so dass insgesamt keine Unternehmensgruppe zu existieren scheint. Jedoch ist der Begriff des Tochterunternehmens in der EuInsVO nicht definiert. Deshalb wird man die Vermutung, dass im Gleichordnungskonzern das Unternehmen, welches den konsolidierten Abschluss erstellt hat, als Mutterunternehmen gilt, dahin verstehen dürfen, dass die anderen (gleichgeordneten) Unternehmen als Tochterunternehmen gelten.

61

## 14. Mutterunternehmen (Art. 2 Nr. 14)

Für die Eigenschaft als Mutterunternehmen konstitutiv ist das Merkmal der **Kontrolle** der Tochterunternehmen.[79] Die Kontrolle kann unmittelbar oder mittelbar erfolgen.

62

Nach der Richtlinie 2013/34/EU (Bilanzrichtlinie)[80] haben Unternehmensgruppen einen konsolidierten Abschluss zu erstellen. Hierzu ist im Grundsatz das Mutter-

63

---

77) Mankowski/Müller/J. Schmidt-*J. Schmidt*, EuInsVO 2015, Art. 2 Rz. 77.
78) A. A. *Thole/Dueñas*, International Insolvency Review 2015, 214, 221 f.; *Kindler/Sakka*, EuZW 2015, 460, 465; *Reuß*, EuZW 2013, 165, 168.
79) Braun-*Tashiro*, InsO, Art. 2 EuInsVO Rz. 82.
80) Richtlinie 2013/34/EU über den Jahresabschluss, den konsolidierten Abschluss und damit verbundene Berichte von Unternehmen bestimmter Rechtsformen und zur Änderung der Richtlinie 2006/43/EG des Europäischen Parlaments und des Rates und zur Aufhebung der Richtlinien 78/660/EWG und 83/349/EWG des Rates – Bilanzrichtlinie, ABl. (EU) L 182/19 v. 29.6.2013.

unternehmen verpflichtet (Art. 22 Abs. 1 Bilanzrichtlinie), es kommt aber auch die Erstellung des konsolidierten Abschlusses in einem Gleichordnungskonzern in Betracht (Art. 22 Abs. 7 Bilanzrichtlinie). Ist ein konsolidierter Abschluss erstellt worden, so wird das Unternehmen, das diesen Abschluss erstellt hat, für die Zwecke der EuInsVO als Mutterunternehmen angesehen.[81] Die Frage der Kontrolle stellt sich dann nicht mehr.[82] Ebenso kommt es nicht auf die Frage an, ob der konsolidierte Abschluss in Erfüllung einer tatsächlich bestehenden Pflicht erstellt wurde oder – irrtümlicherweise – obwohl keine Pflicht hierzu bestand.

64 Im Rahmen der EuInsVO ist in diesem Zusammenhang – wie auch sonst – **Rechtssicherheit** von großer Wichtigkeit; das Gefüge der in Kapitel V gegebenen Bestimmungen kann deshalb nicht sinnvoll von der Frage abhängig gemacht werden, ob ein tatsächlich erstellter konsolidierter Abschluss in Erfüllung einer Pflicht hierzu erstellt wurde oder nicht. Wer einen konsolidierten Abschluss erstellt, muss sich auch dann als Mutterunternehmen i. S. des Art. 14 Nr. 1 behandeln lassen, wenn eine Pflicht zur Erstellung nicht bestanden haben sollte.[83]

65 Aus dem gleichen Grund ist es verfehlt, die Regelung des Art. 2 Nr. 14 Satz 2 als widerleglich anzusehen.[84] Die Durchführung des Insolvenzverfahrens von Mitgliedern einer Unternehmensgruppe nach Maßgabe der Vorschriften des V. Kapitels der EuInsVO kann, wenn ein konsolidierter Abschluss erstellt wurde, nicht mit der zeitraubenden Feststellung belastet werden, ob das Unternehmen, welches den Abschluss erstellt hat, vielleicht doch (mangels hinreichender Kontrolle) kein Mutterunternehmen ist. Die **Vermutung** ist also **unwiderleglich**.[85]

---

81) Krit. hierzu *Mock*, GPR 2013, 156, 164; begrüßt wird dieser Ansatz hingegen von *Wimmer*, DB 2013, 1343, 1344 f. und Mankowski/Müller/J. Schmidt-*J. Schmidt*, EuInsVO 2015, Art. 2 Rz. 74.
82) *Kindler/Sakka*, EuZW 2015, 460, 465; vgl. auch *Reumers*, International Insolvency Review 2016, 225, 230 m. Fn. 30.
83) A. A. *Eble*, NZI 2016, 115, 116 f.; unklar Braun-*Tashiro*, InsO, Art. 2 EuInsVO Rz. 82, die eine **Vermutung** ablehnt, aber **Indizwirkung** annimmt.
84) So aber *Eble*, NZI 2016, 115, 117; Braun-*Tashiro*, InsO, Art. 2 EuInsVO Rz. 83.
85) Mankowski/Müller/J. Schmidt-*J. Schmidt*, EuInsVO 2015, Art. 2 Rz. 79.

# Artikel 3
## Internationale Zuständigkeit

(1) <sup>(Unterabs. 1)</sup> ¹Für die Eröffnung des Insolvenzverfahrens sind die Gerichte des Mitgliedstaats zuständig, in dessen Hoheitsgebiet der Schuldner den Mittelpunkt seiner hauptsächlichen Interessen hat (im Folgenden „Hauptinsolvenzverfahren"). ²Mittelpunkt der hauptsächlichen Interessen ist der Ort, an dem der Schuldner gewöhnlich der Verwaltung seiner Interessen nachgeht und der für Dritte feststellbar ist.

<sup>(Unterabs. 2)</sup> ¹Bei Gesellschaften oder juristischen Personen wird bis zum Beweis des Gegenteils vermutet, dass der Mittelpunkt ihrer hauptsächlichen Interessen der Ort ihres Sitzes ist. ²Diese Annahme gilt nur, wenn der Sitz nicht in einem

Zeitraum von drei Monaten vor dem Antrag auf Eröffnung des Insolvenzverfahrens in einen anderen Mitgliedstaat verlegt wurde.

(Unterabs. 3) ¹Bei einer natürlichen Person, die eine selbständige gewerbliche oder freiberufliche Tätigkeit ausübt, wird bis zum Beweis des Gegenteils vermutet, dass der Mittelpunkt ihrer hauptsächlichen Interessen ihre Hauptniederlassung ist. ²Diese Annahme gilt nur, wenn die Hauptniederlassung der natürlichen Person nicht in einem Zeitraum von drei Monaten vor dem Antrag auf Eröffnung des Insolvenzverfahrens in einen anderen Mitgliedstaat verlegt wurde.

(Unterabs. 4) ¹Bei allen anderen natürlichen Personen wird bis zum Beweis des Gegenteils vermutet, dass der Mittelpunkt ihrer hauptsächlichen Interessen der Ort ihres gewöhnlichen Aufenthalts ist. ²Diese Annahme gilt nur, wenn der gewöhnliche Aufenthalt nicht in einem Zeitraum von sechs Monaten vor dem Antrag auf Eröffnung des Insolvenzverfahrens in einen anderen Mitgliedstaat verlegt wurde.

(2) ¹Hat der Schuldner den Mittelpunkt seiner hauptsächlichen Interessen im Hoheitsgebiet eines Mitgliedstaats, so sind die Gerichte eines anderen Mitgliedstaats nur dann zur Eröffnung eines Insolvenzverfahrens befugt, wenn der Schuldner eine Niederlassung im Hoheitsgebiet dieses anderen Mitgliedstaats hat. ²Die Wirkungen dieses Verfahrens sind auf das im Hoheitsgebiet dieses letzteren Mitgliedstaats befindliche Vermögen des Schuldners beschränkt.

(3) Wird ein Insolvenzverfahren nach Absatz 1 eröffnet, so ist jedes zu einem späteren Zeitpunkt nach Absatz 2 eröffnete Insolvenzverfahren ein Sekundärinsolvenzverfahren.

(4) ¹Vor der Eröffnung eines Insolvenzverfahrens nach Absatz 1 kann ein Partikularverfahren nach Absatz 2 nur eröffnet werden, falls:

a) die Eröffnung eines Insolvenzverfahrens nach Absatz 1 angesichts der Bedingungen, die das Recht des Mitgliedstaats vorschreibt, in dessen Hoheitsgebiet der Schuldner den Mittelpunkt seiner hauptsächlichen Interessen hat, nicht möglich ist oder

b) die Eröffnung des Partikularverfahrens von

   i) einem Gläubiger beantragt wird, dessen Forderung sich aus dem Betrieb einer Niederlassung ergibt oder damit im Zusammenhang steht, die sich im Hoheitsgebiet des Mitgliedstaats befindet, in dem die Eröffnung des Partikularverfahrens beantragt wird, oder

   ii) einer Behörde beantragt wird, die nach dem Recht des Mitgliedstaats, in dessen Hoheitsgebiet sich die Niederlassung befindet, das Recht hat, die Eröffnung von Insolvenzverfahren zu beantragen.

²Nach der Eröffnung des Hauptinsolvenzverfahrens wird das Partikularverfahren zum Sekundärinsolvenzverfahren.

Literatur: *Brinkmann*, Grenzüberschreitende Sanierung und europäisches Insolvenzrecht, KTS 2014, 381; *Cranshaw*, Partikulare Insolvenzverfahren nach der EuInsVO, DZWiR 2014, 473; *Cranshaw*, Das Urteil „Interedil" des EuGH, Fortentwicklung des COMI, Durchbrechung von Bindungswirkungen, Folgen?, DZWIR 2012, 53; *Deyda*, Der Fall Niki Luftfahrt – Bruchlandung des neuen europäischen internationalen Insolvenzrechts?,

ZInsO 2018, 221; *Engelhart,* Keine Insolvenzfähigkeit der Zweigniederlassung, ZIK 2016, 162; *Frind/Pannen,* Einschränkung der Manipulation der insolvenzrechtlichen Zuständigkeit durch Sperrfristen – ein Ende des Forum Shopping in Sicht?, ZIP 2016, 398; *Garcimartín,* The EU Insolvency Regulation Recast: Scope, Jurisdiction and Applicable Law, ZEuP 2015, 694; *Hanisch,* Dritter Teil, Kap. B – Gutachten zur Umsetzung des EU-Insolvenzübereinkommens im deutschen Recht, in: Stoll, Vorschläge und Gutachten zur Umsetzung des EU-Übereinkommens über Insolvenzverfahren im deutschen Recht, 1997, S. 183 (zit.: *Hanisch,* Gutachten zur Umsetzung, in: Stoll, Vorschläge und Gutachten); *Häsemeyer,* Prozessrechtliche Rahmenbedingungen für die Entwicklung des Privatrechts – Zur Unvertauschbarkeit materieller und formeller Rechtssätze, AcP 188 (1988), 140; *Herchen,* Aktuelle Entwicklungen im Recht der internationalen Zuständigkeit zur Eröffnung von Insolvenzverfahren: Der Mittelpunkt der (hauptsächlichen) Interessen im Mittelpunkt der Interessen, ZInsO 2004, 825; *Huber,* Internationale Insolvenzen in Europa, ZZP 114 (2001), 133; *Kindler,* Hauptfragen der Reform des Europäischen Internationalen Insolvenzrechts, KTS 2014, 25; *Klöhn,* Statische oder formale Lebenssachverhalte als „Interessen" i. S. des Art. 3 Abs. 1 Satz 1 EuInsVO, NZI 2006, 383; *Konecny,* Die EuInsVO 2015 im Überblick, ZIK 2017, 82; *Lautenbach,* Zur Eröffnung eines Hauptinsolvenzverfahrens trotz früheren Antrags in England (Anm. zu AG Mönchengladbach, Beschl. v. 27.4.2004 – 19 IN 54/04), NZI 2004, 384; *Leible/Staudinger,* Die europäische Verordnung über Insolvenzverfahren, KTS 2000, 533; *Lemontey,* Bericht über das Übereinkommen über den Konkurs, Vergleiche und ähnliche Verfahren in: Kegel/Thieme, Vorschläge und Gutachten zum Entwurf eines EG-Konkursübereinkommens, 1988, S. 93 (zit.: *Lemontey* in: Kegel/Thieme, Vorschläge und Gutachten); *Kindler/ Sakka,* Die Neufassung der Europäischen Insolvenzordnung, EuZW 2015, 460; *Senoner/ Weber-Wilfert,* Die Prüfung der internationalen Zuständigkeit nach der EuInsVO neu, RZ (Österreichische Richterzeitung) 2016, 126; *Thole,* Lehren aus dem Fall NIKI, ZIP 2018, 401; *Thole,* Die Reform der Europäischen Insolvenzverordnung – Zentrale Aspekte des Kommissionsvorschlags und offene Fragen, ZEuP 2014, 39; *Vallender,* Instrumente zur Verhinderung von rechtsmißbräuchlichem Forum Shopping natürlicher Personen, in Festschrift Graf-Schlicker, 2018, S. 407; *Vallender,* EuInsVO 2017 – eine neue Herausforderung für Insolvenzgerichte, in: Festschrift für Siegfried Beck zum 70. Geburtstag, 2016, S. 537; *Vallender,* Europaparlament gibt den Weg frei für eine neue Europäische Insolvenzverordnung, ZIP 2015, 1513; *Vallender,* Aufgaben und Befugnisse des deutschen Insolvenzrichters in Verfahren nach der EuInsVO, KTS 2005, 283; *Vallender/ Fuchs,* Die Antragspflicht organschaftlicher Vertreter vor dem Hintergrund der Europäischen Insolvenzverordnung, ZIP 2004, 829; *Virgós/Schmit,* Erster Teil: EU-Übereinkommen über Insolvenzverfahren, Kap. B – Erläuternder Bericht, in: Stoll, Vorschläge und Gutachten zur Umsetzung des EU-Übereinkommens über Insolvenzverfahren im deutschen Recht, 1997, S. 32 (zit.: *Virgós/Schmit* in: Stoll, Vorschläge und Gutachten); *Zipperer,* Ein Plädoyer für eine europarechtskonforme Anwendung deutscher Verfahrensvorschriften am Beispiel von Niki, ZIP 2018, 956; *Zipperer,* Der präventive Restrukturierungsrahmen – ein flankierendes Projekt der Kommission zur Effektivierung der EuInsVO, ZInsO 2016, 831.

## Übersicht

I. Die Neufassung von Art. 3 .................. 1
II. Beibehaltung der Normstruktur ........ 8
III. Regelungsgehalt und Normzweck ..... 9
IV. Der Mittelpunkt des hauptsächlichen Interesses
(Art. 3 Abs. 1 Unterabs. 1 Satz 1) ..... 10
1. Interesse ........................................ 12
2. Maßgeblicher Beurteilungszeitpunkt .......................................... 13

3. Legaldefinition des Art. 3 Abs. 1 Unterabs. 1 Satz 2 ................................ 15
   a) Objektive und zugleich für Dritte feststellbare Kriterien ........ 16
   b) Mehrstufige Prüfung ...................... 18
V. Die Vermutungsregel des Art. 3 Abs. 1 Unterabs. 2 bis 4 ..................... 20
1. Beweis des Gegenteils .................. 21

| | | | |
|---|---|---|---|
| a) | Vermutung der internationalen Zuständigkeit bis zum Beweis des Gegenteils ................................ 22 | 1. | Vorliegen der Voraussetzungen des Art. 3 Abs. 2 ........................................ 49 |
| b) | Verfahrensrechtliche Handhabung der Führung des Beweises des Gegenteils ............................. 24 | 2. | Vorhergehendes Hauptinsolvenzverfahren ..................................................... 50 |
| | | 3. | Negativer Kompetenzkonflikt ........... 51 |
| 2. | Sperrfristen ............................................ 27 | **VIII.** | **Unabhängiges Partikularverfahren (Art. 3 Abs. 4)** ...................... 54 |
| a) | Gesellschaften und juristische Personen ............................................... 29 | 1. | Zulässigkeitsvoraussetzungen .............. 57 |
| b) | Natürliche Personen, die eine selbstständige gewerbliche oder freiberufliche Tätigkeit ausüben .................................................... 34 | a) | Unmöglichkeit der Eröffnung eines Hauptinsolvenzverfahrens (Art. 3 Abs. 4 Satz 1 lit. a) ............ 58 |
| c) | Alle anderen natürlichen Personen ............................................... 37 | b) | Forderungen, die sich aus dem Betrieb einer Niederlassung ergeben oder damit in Zusammenhang stehen (Art. 3 Abs. 4 Satz 1 lit. b) .............................. 59 |
| **VI.** | **Das Sekundärinsolvenzverfahren (Art. 3 Abs. 2)** .................................... 40 | | |
| 1. | Mittelpunkt des hauptsächlichen Interesses des Schuldners in einem anderen Mitgliedstaat ........................ 41 | 2. | Antragsbefugnis ..................................... 60 |
| 2. | Niederlassung im Inland ..................... 44 | 3. | Antragsrecht von Behörden ............... 61 |
| 3. | Feststellung des Insolvenzgrundes .... 47 | 4. | Feststellung des Insolvenzgrundes .... 62 |
| **VII.** | **Das unselbstständige Partikularverfahren (Art. 3 Abs. 3)** ................... 48 | 5. | Wirkungen ............................................. 64 |
| | | 6. | Automatische Überleitung ................. 65 |

## I. Die Neufassung von Art. 3

Art. 3 hat durch die **VO 2015/848** vom **20.5.2015**[1] eine umfassende Neugestaltung 1 erfahren. Dem bisherigen und unverändert beibehaltenen Art. 3 Abs. 1 Unterabs. 1 Satz 1 ist jetzt der Regelungsteil (im Folgenden „Hauptinsolvenzverfahren") nachgestellt.[2] Der neue **Satz 2** des Art. 3 Abs. 1 Unterabs. 1 enthält die **Legaldefinition** des **Mittelpunkts der hauptsächlichen Interessen**. Es ist der **für Dritte erkennbare Ort** der **Verwaltung** der Interessen.

Die bisherige Vermutungsregel bei **Gesellschaften** und **juristischen Personen** des 2 Art. 3 Abs. 1 Satz 2 a. F. wird jetzt wortgleich zu Satz 1 des Unterabsatzes 2, der nach dessen neuem Satz 2 bei einer **Sitzverlegung** innerhalb **dreier Monate** nicht gilt (période suspecte; Looking-back-Period).

Der neue 3. Unterabsatz überträgt in Satz 1 für **selbständige** und **freiberufliche** 3 **natürliche Personen** die Vermutungsregel auf ihre **Hauptniederlassung**, die nach Satz 2 dann keine Anwendung findet, wenn diese **drei Monate** vor Stellung des Eröffnungsantrages verlegt wurde.

Art. 3 Unterabs. 4 behandelt die Vermutungsregel für alle **anderen natürlichen** 4 **Personen** zugunsten ihres **gewöhnlichen Aufenthaltes**, solange er (Unterabs. 4 Satz 2) nicht während der letzten **sechs Monate** verlegt wurde.

Der bisherige Art. 3 Abs. 2 a. F. bleibt weitgehend unverändert (Einzelheiten siehe 5 Rz. 40) und regelt die Zuständigkeit für Partikularverfahren.

---

1) Verordnung (EU) 2015/848 des Europäischen Parlaments und des Rates v. 20.5.2015 über Insolvenzverfahren, ABl. (EU) L 141/19.
2) Wimmer/Bornemann/Lienau-*Lienau*, Die Neufassung der EuInsVO, Rz. 217.

6   Art. 3 Abs. 3 Satz 1 a. F. bleibt wie er war; allerdings wird der bisherige Satz 2 gestrichen, wonach das Sekundärinsolvenzverfahren ein Liquidationsverfahren sein müsse.

7   Wie bisher behandelt Art. 3 Abs. 4 die Eröffnung **unabhängiger Partikularverfahren**. In Satz 1 werden die Worte „in den nachstehenden Fällen" gestrichen, jetzt ist die Eröffnung **nur** zulässig, falls lit. a und b erfüllt sind. Art. 3 Abs. 4 Satz 1 lit. a erhält insoweit eine neue sprachliche Fassung, als die Rechtsvorschriften durch das **Recht des Mitgliedstaates** ersetzt werden. Art. 3 Abs. 4 Satz 1 lit. b wird in zwei Unterabsätze untergliedert. Art. 3 Abs. 4 Satz 1 lit. b (i) ersetzt die Wohnsitz- und Forderungsanbindung des antragstellenden Gläubigers, seine **Forderung** muss sich im weiteren Sinne **aus dem Betrieb einer Niederlassung** ergeben, die sich wiederum im Mitgliedstaat befinden muss, in dem das Partikularverfahren beantragt wird. Art. 3 Abs. 4 Satz 1 lit. b (ii) erweitert die **Antragsbefugnis** auf nach dem nationalen Recht zur Antragstellung befugte **Behörden**. Neu ist der Nachsatz (Satz 2). Danach ist nach der Eröffnung des Hauptinsolvenzverfahrens das Partikularverfahren als Sekundärinsolvenzverfahren weiterzuführen.

### II. Beibehaltung der Normstruktur

8   Ungeachtet der Erweiterung des Umfangs bleibt die bisherige Normstruktur beibehalten, die bei systematischer Betrachtung das Reformanliegen verdeutlicht. Im Vordergrund steht die Absicht, die bewährte VO nur **punktuell zu verbessern** (ErwG 1).[3] Die Kopfstellung nimmt weiterhin Art. 3 **Abs. 1**, die Regelung des **Hauptinsolvenzverfahrens**, ein. Die Vorschrift unterstreicht ihre nach dem **Prioritätsprinzip** geordnete (Abs. 3, ErwG 65) **universelle Geltung** (ErwG 22). Art. 3 **Abs. 2** behandelt das **Sekundärinsolvenzverfahren**, das sowohl nach seiner Stellung als auch seiner Bezeichnung nach dem Hauptinsolvenzverfahren **nachgeordnet** ist.[4] Dieses ist gegenständlich auf das Vermögen beschränkt (sog. **Partikularverfahren**),[5] das zum Zeitpunkt der Verfahrenseröffnung in dem betreffenden Mitgliedstaat i. S. des Art. 2 Nr. 9 belegen ist. Art. 3 **Abs. 3** bestimmt jedes nach einem Hauptinsolvenzverfahren eröffnete Verfahren zu einem Sekundärinsolvenzverfahren. Art. 3 **Abs. 4** behandelt die Partikularverfahren, wenn es zuvor am Hauptsitz des Schuldners zu keinem Insolvenzverfahren kommt und wandelt dieses in ein Sekundärverfahren um, wenn nachfolgend ein Hauptinsolvenzverfahren eröffnet wird. Die Zulässigkeit unabhängiger Partikularverfahren ist in zweierlei Hinsicht beschränkt, einmal bei **rechtlicher Unmöglichkeit** der **Verfahrenseröffnung** am Mittelpunkt des hauptsächlichen Interesses und zum anderen zum **Schutz der lokalen Gläubiger** i. S. des Art. 2 Nr. 11 und antragsbefugter **Behörden**. Beides soll Partikularverfahren auf das unumgängliche Maß beschränken (ErwG 37). Nach der Normstruktur sind

---

3) Vorschlag für eine Verordnung des Europäischen Parlaments und des Rates zur Änderung der Verordnung (EG) Nr. 1346/2000 des Rates über Insolvenzverfahren, v. 12.12.2012, COM(2012) 744 final, S. 7, abrufbar unter https://www.europarl.europa.eu/meetdocs/2009_2014/documents/com/com_com(2012)0744_/com_com(2012)0744_de.pdf (Abrufdatum: 10.1.2020).

4) Kübler/Prütting/Bork-*Kemper*, InsO, Art. 3 EuInsVO 2000 Rz. 3.

5) Dies ist der von der VO verwendete Oberbegriff für Sekundärinsolvenzverfahren und unabhängige Partikularverfahren; *Dornblüth* in: HK-InsO, Art. 3 EuInsVO Rz. 25.

Internationale Zuständigkeit                                                                              **Artikel 3**

**Haupt- und Partikularverfahren** nach einem **Regel-Ausnahmeprinzip** geordnet.
Die EuInsVO strebt zwar vorrangig Hauptinsolvenzverfahren an, aber unter verengenden Voraussetzungen erfährt die universelle Geltung Durchbrechungen, um den Besonderheiten im Recht der Mitgliedstaaten Rechnung zu tragen (ErwG 22).

### III. Regelungsgehalt und Normzweck

Art. 3 regelt die **internationale Zuständigkeit** grenzüberschreitender Insolvenz- 9
verfahren innerhalb der Gemeinschaft[6)] und bestimmt, welches Gericht der Mitgliedstaaten für seine Eröffnung zuständig ist (ErwG 26). Es handelt sich um eine **unmittelbare Zuweisung** (compètence directe) und keine mittelbare in Form einer Anerkennungszuständigkeit,[7)] weil sie mehrere konkurrierende Eröffnungsentscheidungen nicht verhindert.[8)] Die Bestimmung will zugleich der missbräuchlichen Zuständigkeitserschleichung (Forum Shopping)[9)] entgegenwirken (ErwG 5). Nach dem Wortlaut des Art. 3 ist die internationale eine **ausschließliche Zuständigkeit** für Hauptinsolvenzverfahren.[10)] Die innerstaatliche Zuständigkeit regelt das Recht des Mitgliedstaates (ErwG 26).[11)] Die internationale Zuständigkeit legt zugleich das **anwendbare Recht** fest,[12)] es gilt das Recht des Eröffnungsstaates (Art. 7), soweit nicht in den Artt. 7 ff. Ausnahmen vorgesehen sind.[13)] Haupt- und Sekundärverfahren unterliegen der **automatischen Anerkennung** gemäß Art. 19 Abs. 1, der auf dem **Grundsatz des gegenseitigen Vertrauens** beruht (ErwG 65).[14)] Der Anwendungsbereich des Art. 3 ist auf schuldnerisches Vermögen beschränkt, das in Mitgliedstaaten der EU belegen ist, solches in Drittstaaten erfasst er nicht (ErwG 25).[15)]

### IV. Der Mittelpunkt des hauptsächlichen Interesses
### (Art. 3 Abs. 1 Unterabs. 1 Satz 1)

Der **Anknüpfungspunkt** der internationalen Zuständigkeit ist gemäß **Abs. 1 Unter-** 10
**abs. 1 Satz 1** der **Mittelpunkt des hauptsächlichen Interesses** (ErwG 23 Satz 1). Diese Anbindung ist unmittelbar auf die Waffengleichheit herstellende Regel des

---

6) Mit Ausnahme Dänemarks.
7) Duursma-Kepplinger/Duursma/Chalupsky-*Duursma-Kepplinger*, EuInsVO, Art. 3 Rz. 1.
8) *Lemontey* in: Kegel/Thieme, Vorschläge und Gutachten, S. 93, 112.
9) Näher dazu *Frind/Pannen*, ZIP 2016, 398 ff.; *Vallender* in: FS Graf-Schlicker, S. 407 ff. Erfolgt die Verlegung des Gerichtsstands zur Optimierung der Prozesschancen, liegt darin nichts Verwerfliches, sondern erst dann, wenn sie zu einer ungerechtfertigten Ungleichheit zwischen den Parteien eines Rechtsstreits in der Verteidigung ihrer jeweiligen Interessen führt; EuGH *(GA Colomer),* SA v. 6.9.2005 – Rs. C-1/04 (Susanne Staubitz-Schreiber), Rz. 72 und 73, ZIP 2005, 1641, 1645, m. Anm. *Brenner.*
10) EuGH *(GA Colomer),* SA v. 16.10.2008 – Rs. C-339/07 (Deko Marty Belgium), Rz. 64, ZIP 2008, 2082, 2089; Kübler/Prütting/Bork-*Kemper*, InsO, Art. 3 EuInsVO Rz. 1; a. A. Mankowski/Müller/J. Schmidt-*Mankowski*, EuInsVO 2015, Art. 3 Rz. 9, der die Ausschließlichkeit der quasi-automatischen Anerkennung nach Art. 19 Abs. 1 entnimmt.
11) Dazu Art. 102 § 1 EGInsO.
12) Österreichischer OGH, Entsch. v. 11.8.2015 – 4 Ob 235/14h, ZIK 2016, 155.
13) *Senoner/Weber-Wilfert*, RZ 2016, 126, 127.
14) Nur mit seiner Hilfe lassen sich Zuständigkeitskonflikte ohne internationale Verweisungsregeln lösen; *Dornblüth* in: HK-InsO, Art. 3 EuInsVO Rz. 17.
15) Kübler/Prütting/Bork-*Kemper*, InsO, Art. 3 EuInsVO 2000 Rz. 2. Dazu Wimmer/Bornemann/Lienau-*Bornemann*, Die Neufassung der EuInsVO, Rz. 48.

"actor sequitur forum rei"[16] zurückzuführen.[17] Diese Anknüpfung will den Gläubigern die Kalkulation der rechtlichen Risiken im Insolvenzfall ermöglichen (ErwG 28).[18] Der Rechtsbegriff des Mittelpunkts der hauptsächlichen Interessen ist verordnungsautonom, d. h. in den Mitgliedstaaten einheitlich und unabhängig von nationalen Rechtsvorschriften auszulegen.[19]

11 **Mittelpunkt** ist der Ort, an dem der Schuldner üblicherweise der **Verwaltung seiner Interessen** nachgeht.[20] Die Kombination mit dem hauptsächlichen Interesse darf nicht tautologisch verstanden werden, denn das „**hauptsächlich**" ist Entscheidungskriterium für die Ausübung verschiedenartiger Tätigkeiten an verschiedenen Zentren;[21] es dient der Schwerpunktbildung, um aus den diversen Aktivitäten des Schuldners diejenige herauszufiltern, die das Wesen ausmacht. Zugleich schließt sie mehrere Anknüpfungspunkte aus und lässt durch seine Offenheit zu, dass überhaupt ein Anknüpfungspunkt gefunden werden kann.[22]

## 1. Interesse

12 **Interesse** bezeichnet, das folgt aus der niederländischen Fassung[23] und nach seiner synonymen Bedeutung, die **wirtschaftlichen Belange** oder die **allgemeine wirtschaftliche Tätigkeit**[24] des Schuldners. Mit diesem Begriffshof sollen nicht nur Handels-, gewerbliche oder berufliche Tätigkeiten, sondern auch allgemein wirtschaftliche Tätigkeiten bis hin zu typischen Verbraucheraktivitäten erfasst werden;[25] persönliche und immaterielle Interessen scheiden aus.[26] Das **Allgemeine** erlangt bei natürlichen Personen Bedeutung, wenn Aufenthaltsstaat und Staat der beruflichen Tätigkeit bzw. der Konsumentfaltung auseinanderfallen.[27] In ähnlicher Weite umschreibt der in diesem Zusammenhang verwandte Komplementärbegriff **Verwaltung** das Besorgen, Wirtschaften und Betreuen und beschränkt sich nicht auf den Ort der Vermögensverwaltung.[28] Der Begriff des Mittelpunkts der hauptsächlichen Interessen ist **autonom**, d. h. einheitlich und unabhängig von nationalen Rechtsvorschriften

---

16) „Der Kläger muss dem Gerichtsstand des Beklagten folgen."
17) *Lemontey* in: Kegel/Thieme, Vorschläge und Gutachten, S. 93, 112. Sie folgt damit dem Modell des UNCITRAL, Wimmer/Bornemann/Lienau-*Lienau*, Die Neufassung der EuInsVO, Rz. 210; Mankowski/Müller/J. Schmidt-*Mankowski*, EuInsVO 2015, Art. 3 Rz. 8.
18) *Virgós/Schmit* in: Stoll, Vorschläge und Gutachten, Nr. 75.
19) BGH, Beschl. v. 2.3.2017 – IX ZB 70/16, ZIP 2017, 688 = NZI 2017, 320, m. Anm. *Mankowski*, NZI 2017, 320, 322, dazu EWiR 2017, 373 *(Egerlandt)*.
20) *Virgós/Schmit* in: Stoll, Vorschläge und Gutachten, Nr. 75.
21) *Virgós/Schmit* in: Stoll, Vorschläge und Gutachten, Nr. 75.
22) Mankowski/Müller/J. Schmidt-*Mankowski*, EuInsVO 2015, Art. 3 Rz. 15 und 16.
23) „... van de vornehmste belangen ...". Das erklärt, weshalb die niederländische Fassung ohne den Begriff Verwaltung auskommt; dazu Kübler/Prütting/Bork-*Kemper*, InsO, Art. 3 EuInsVO Rz. 6 a. E.
24) Mankowski/Müller/J. Schmidt-*Mankowski*, EuInsVO 2015, Art. 3 Rz. 13.
25) *Virgós/Schmit* in: Stoll, Vorschläge und Gutachten, Nr. 75; wie hier *Kindler* in: MünchKomm-BGB, Art. 3 EuInsVO Rz. 17; Mankowski/Müller/J. Schmidt-*Mankowski*, EuInsVO 2015, Art. 3 Rz. 13.
26) Mankowski/Müller/J. Schmidt-*Mankowski*, EuInsVO 2015, Art. 3 Rz. 13.
27) Mankowski/Müller/J. Schmidt-*Mankowski*, EuInsVO 2015, Art. 3 Rz. 13.
28) Kübler/Prütting/Bork-*Kemper*, InsO, Art. 3 EuInsVO 2000 Rz. 6.

auszulegen.[29)] Die Spezifika der verschiedenen Schuldnerarten regeln die **Unterabsätze 2 bis 4** (siehe unten Rz. 29 ff.). Der Ort des Mittelpunkts des Interesses muss anstelle des „Gebiets" (Art. 3 Abs. 1 Satz 1 a. F.) im **„Hoheitsgebiet"** des betr. Mitgliedstaates gelegen sein, eine sachliche Änderung bedeutet das nicht.[30)] Der Begriff des Interesses, das erschwert seine Auslegung, vereint zum einen das Prinzip des Schuldner schützenden „actor sequitur forum rei" und zum anderen das Prinzip des Gläubiger- und Drittschutzes, welches das Insolvenzrisiko kalkulierbar machen soll. Er hat seine Bewährungsprobe dann, wenn die subjektiven und objektiven Anknüpfungsmerkmale auseinanderfallen.[31)]

## 2. Maßgeblicher Beurteilungszeitpunkt

Maßgeblicher **Beurteilungszeitpunkt** ist der **Eingang** des **Antrags** auf Eröffnung des Insolvenzverfahrens,[32)] was, um der Effizienz der EuInsVO willen, verhindern soll, den Gläubiger zu zwingen, immer wieder an dem Ort der aktuellen (zeitweisen) Niederlassung des Schuldners vorzugehen. Zugleich sichert sie ihm die Rechtssicherheit der eingegangenen Risiken und verhindert unerwünschtes Forum Shopping.[33)] Aus denselben Erwägungen kann der Schuldner **nach** einem **Gläubigerantrag** den COMI nicht verlegen.[34)] Das bedeutet eine Absage an das Insolvenznomadentum.[35)] **Vor** einem **Eröffnungsantrag** kann der Schuldner, sofern er die Suspektsperiode einhält (siehe unten Rz. 27 ff.), den COMI verlegen. Entscheidend ist aber dessen tatsächliche Änderung. Dazu genügt nicht das Abhalten einzelner Geschäftsleitersitzungen unter Zurücklassen des gesamten operativen Geschäfts, der Betriebsstätten und des Anlagevermögens; bei natürlichen Personen die bloße Ummeldung des Wohnsitzes.[36)] Die Verlegung des COMI **nach** einem **erledigten**, aber **vor** der Entscheidung über einen **Zweitantrag** soll zur Verhinderung von Forum Shopping unbeachtlich sein,[37)] was aber die selbstständigen Antragsverfahren zu einer im Gesetz nicht vorgesehenen Einheit verbindet.[38)] Der durchaus bewegliche Mittelpunkt des hauptsächlichen Interesses ist **exklusiv**, d. h. es kann

13

---

29) EuGH, Urt. v. 2.5.2006 – Rs. C-341/04 (Eurofood), Rz. 31, ZIP 2006, 907, 908, m. Anm. *Knof/Mock*, dazu EWiR 2005, 725 *(Pannen)*; EuGH, Urt. v. 20.10.2011 – Rs. C-396/09 (Interedil), Rz. 42–44, ZIP 2011, 2153, 2156, dazu EWiR 2011, 745 *(Paulus)*.

30) Das folgt aus den anderen Amtssprachen, engl. „territory", frz. „territoire", nl. „grondegebiet"; vgl. Wimmer/Bornemann/Lienau-*Lienau*, Die Neufassung der EuInsVO, Rz. 216.

31) *Klöhn*, NZI 2006, 383, 384.

32) EuGH, Urt. v. 17.1.2006 – Rs. C-1/04 (Susanne Staubitz-Schreiber), Rz. 21, ZIP 2006, 188, m. Anm. *Knof/Mock*, dazu EWiR 2006, 141 *(Vogl)*; OLG Wien, Entsch. v. 10.12.2015 – 28 R 315/15x, ZIK 2016/153, 114.

33) EuGH, Urt. v. 17.1.2006 – Rs. C-1/04 (Susanne Staubitz-Schreiber), Rz. 26, 27, ZIP 2006, 188, 189, m. Anm. *Knof/Mock*; zum Forum Shopping natürlicher Personen s. *Vallender* in: FS Graf-Schlicker, S. 407 ff.

34) EuGH, Urt. v. 17.1.2006 – Rs. C-1/04 (Susanne Staubitz-Schreiber), Rz. 24 ff., ZIP 2006, 188, m. Anm. *Knof/Mock*.

35) *Thole* in: MünchKomm-InsO, Art. 3 EuInsVO 2000 Rz. 57.

36) *Thole* in: MünchKomm-InsO, Art. 3 EuInsVO 2000 Rz. 55.

37) BGH, Beschl. v. 2.3.2006 – IX ZB 192/04, Rz. 14, ZIP 2006, 767, 768, dazu EWiR 2006, 397 *(Mankowski)*.

38) Mankowski/Müller/J. Schmidt-*Mankowski*, EuInsVO 2015, Art. 3 Rz. 31, der Zweitantrag ist unzulässig.

nur ein **Hauptinsolvenzverfahren** über das Vermögen ein und **desselben Schuldners** geben.[39)]

14 Mit der **rechtsträgerbezogenen** Bestimmung der internationalen Zuständigkeit[40)] erteilt die EuInsVO dem **Konzerngerichtsstand** eine bewusste Absage (ErwG 53).[41)] Auch wenn die Gefahr unkoordinierten Führens von Insolvenzen einer Unternehmensgruppe gesehen wird (ErwG 51), enthält Kapitel V **keine Sonderregelung** für die internationale Zuständigkeit.[42)]

### 3. Legaldefinition des Art. 3 Abs. 1 Unterabs. 1 Satz 2

15 Art. 3 Abs. 1 Unterabs. 1 Satz 2 übernimmt weitestgehend[43)] den bisherigen ErwG 13 a. F. in den VO-Text. Das geschieht zur **Erleichterung der Rechtsanwendung**[44)] und damit zur Förderung der **Rechtssicherheit** und **Vorhersehbarkeit** der Bestimmung des COMI.[45)] Der Verordnungsgeber erhebt den appellativen Charakter eines Erwägungsgrundes in den Rang legislativer Anordnung, denn Dritte müssen im Vorhinein kalkulieren können, wo die Eröffnung eines Insolvenzverfahrens über das Vermögen des Schuldners zu erwarten ist und welches Insolvenzstatut (Art. 7) zur Anwendung kommt (ErwG 28 Satz 1).[46)] Anlass war gewiss der Wortlaut der bisherigen Fassung von Art. 3 Abs. 1 Satz 1 a. F., der sowohl der **Mind-of-Management-Theorie** als auch der **Business-Activity-Theorie** Raum gab,[47)] bis sich der **EuGH** für die eine **vermittelnde Lösung** entschied.[48)] Der Ort der strategischen Entscheidungen bleibt relevant, wenn er für die Gläubiger erkennbar ist,[49)] weil die Erkennbarkeit vor Manipulation der Insider schützt.[50)]

---

39) Duursma-Kepplinger/Duursma/Chalupsky-*Duursma-Kepplinger*, EuInsVO, Art. 3 Rz. 6; Kübler/Prütting/Bork-*Kemper*, InsO, Art. 3 EuInsVO Rz. 5.
40) EuGH, Urt. v. 15.12.2011 – Rs. C-191/10 (Rastelli), Rz. 25, 26, ZIP 2012, 183, 185 = NZI 2012, 150, m. Anm. *Mankowski*, dazu EWiR 2012, 87 *(Paulus)*.
41) EuGH, Urt. v. 15.12.2011 – Rs. C-191/10 (Rastelli), Rz. 25–28, ZIP 2012, 183, 185 = NZI 2012, 150, m. Anm. *Mankowski*.
42) Wimmer/Bornemann/Lienau-*Lienau*, Die Neufassung der EuInsVO, Rz. 215.
43) Anstelle des bisherigen „und damit" heißt es jetzt „und der ... feststellbar ist".
44) Vorschlag für eine Verordnung des Europäischen Parlaments und des Rates zur Änderung der Verordnung (EG) Nr. 1346/2000 des Rates über Insolvenzverfahren, v. 12.12.2012, COM(2012) 744 final, S. 7, https://www.europarl.europa.eu/meetdocs/2009_2014/documents/com/com_com(2012)0744_/com_com(2012)0744_de.pdf (Abrufdatum: 10.1.2020).
45) EuGH, Urt. v. 2.5.2006 – Rs. C-341/04 (Eurofood), Rz. 33, ZIP 2006, 907, 908, m. Anm. *Knof/Mock*.
46) Mankowski/Müller/J. Schmidt-*Mankowski*, EuInsVO 2015, Art. 3 Rz. 18.
47) *Kindler* in: MünchKomm-BGB, Art. 3 EuInsVO Rz. 21; *Thole* in: MünchKomm-InsO, Art. 3 EuInsVO 2000 Rz. 17 ff.
48) EuGH, Urt. v. 2.5.2006 – Rs. C-341/04 (Eurofood), Rz. 33, ZIP 2006, 907, 908, m. Anm. *Knof/Mock*, jedenfalls reicht die Kontrolle einer Muttergesellschaft nicht aus, um die Vermutung des Art. 3 Abs. 1 Unterabs. 1 Satz 2 zu widerlegen.
49) Wimmer/Bornemann/Lienau-*Lienau*, Die Neufassung der EuInsVO, Rz. 233. Anschaulich *Garcimartín*, ZEuP 2015, 694, 705, die zugrunde liegende Idee ist nach dem „Kopf" des Schuldners zu suchen, nicht nach seinen Gliedern.
50) *Lautenbach*, NZI 2004, 384, 386 (Urteilsanm. zu AG Mönchengladbach, Beschl. v. 27.4.2004 – 19 IN 54/04, NZI 2004, 383); Mankowski/Müller/J. Schmidt-*Mankowski*, EuInsVO 2015, Art. 3 Rz. 84.

a) Objektive und zugleich für Dritte feststellbare Kriterien

Nach der **Legaldefinition** des Art. 3 Abs. 1 Unterabs. 1 Satz 2 ist der Mittelpunkt der hauptsächlichen Interessen nach **objektiven und zugleich für Dritte feststellbaren Kriterien** zu bestimmen. Es handelt sich in Anbindung an die bisherige Rechtsprechung[51] um **kumulativ erforderliche Voraussetzungen**.[52] Objektiv sind die Interessen, wenn sie **nach außen in Erscheinung** treten „und damit" für **Dritte feststellbar** sind.[53] Diese zweifache Objektivität ist notwendig, um **Rechtssicherheit** und **Vorhersehbarkeit** bei der Bestimmung des für die Eröffnung eines Hauptinsolvenzverfahrens zuständigen Gerichts zu garantieren und von enormer Bedeutung, weil sie nach **Art. 7 Abs. 1** das **anwendbare Recht** bestimmen.[54] Damit scheiden bloße interne Organisationsänderungen oder Leitungsprozesse aus; stets muss die Erkennbarkeit außerhalb des Schuldners gegeben sein, das einmal kalkulierte Insolvenzrisikos bleibt erhalten.[55]

**Feststellbar, ermittelbar** und **nachweisbar** entspricht dem Gebrauch in den verschiedenen Amtssprachen.[56] Feststellbar ist **nicht festgestellt**, es genügt die Möglichkeit zur Information, die die Feststellung des COMI ermöglicht.[57] Damit dies gewährleistet ist, hat der Schuldner im Falle der Verlegung des COMI die Gläubiger zeitnah zu informieren (ErwG 28 Satz 2), etwa durch Hervorhebung in der Geschäftskorrespondenz oder durch Veröffentlichung in den amtlichen Anzeigern, sowohl im Ursprungs- als auch im Zielstaat.[58] Maßgebliche **Dritte** sind vorrangig gegenüber dem sonstigen Rechtsverkehr die aktuellen und potentiellen **Gläubiger** des betreffenden **Schuldners** (ErwG 28 Satz 1),[59] nicht aber Gläubiger von dem Schuldner nahestehenden oder verbundenen Rechtssubjekten.[60] Praktische Bedeutung hat der Vorrang dann, wenn die **Wahrnehmung** des allgemeinen Geschäftsverkehrs und der Gläubiger **auseinanderfallen**. Dann ist die Sicht der Letzteren maßgeb-

---

51) EuGH, Urt. v. 20.10.2011 – Rs. C-396/09 (Interedil), Rz. 49, ZIP 2011, 2153, 2156; EuGH, Urt. v. 2.5.2006 – Rs. C-341/04 (Eurofood), Rz. 33, ZIP 2006, 907, 908, m. Anm. *Knof/Mock*.
52) Wimmer/Bornemann/Lienau-*Lienau*, Die Neufassung der EuInsVO, Rz. 218.
53) *Kindler* in: MünchKomm-BGB, Art. 3 EuInsVO Rz. 21.
54) EuGH, Urt. v. 2.5.2006 – Rs. C-341/04 (Eurofood), Rz. 33, ZIP 2006, 907, 908, m. Anm. *Knof/Mock*.
55) Mankowski/Müller/J. Schmidt-*Mankowski*, EuInsVO 2015, Art. 3 Rz. 20.
56) Engl.: „ascertainable by third parties"; frz.: „vérifiable par des tiers"; nl.: „voor derden herkenbaar"; sp.: „reconocible por terceros".
57) Mankowski/Müller/J. Schmidt-*Mankowski*, EuInsVO 2015, Art. 3 Rz. 22, genügend ist die abstrakte Erkennbarkeit, nicht die an positive Erkenntnis heranreichende konkrete Erkennbarkeit.
58) Mankowski/Müller/J. Schmidt-*Mankowski*, EuInsVO 2015, Art. 3 Rz. 19.
59) EuGH *(GA Jacobs)*, SA v. 27.9.2005 – Rs. C-341/04 (Eurofood/Parmalat), Rz. 122, ZIP 2005, 1878; EuGH, Urt. v. 20.10.2011 – Rs. C-396/09 (Interedil), Rz. 49, ZIP 2011, 2153, 2156 („Gläubiger dieser Gesellschaft"); *Virgós/Schmit* in: Stoll, Vorschläge und Gutachten, Nr. 75 („potentielle Gläubiger"); Wimmer/Bornemann/Lienau-*Lienau*, Die Neufassung der EuInsVO, Rz. 219, 220; zur bisher kritisierten mangelnden Konkretisierung dieses Personenkreises vgl. Nachweise bei *Undritz* in: HambKomm-InsO, Art. 3 EuInsVO Rz. 5, ist damit erledigt.
60) Mankowski/Müller/J. Schmidt-*Mankowski*, EuInsVO 2015, Art. 3 Rz. 23. Anders, wenn die Kontaktaufnahme über die Konzerngesellschaft stattfindet.

lich;[61] ebenso, wenn die objektiv feststellbaren Kriterien und die Wahrnehmung der Gläubiger differiert.[62] Auch wenn die verschiedenen Gläubigergruppen über unterschiedliche Erkenntnisstände verfügen, darf keine Gruppe privilegiert werden, besonders nicht die unfreiwilligen Gläubiger.[63]

### b) Mehrstufige Prüfung

18  Dem folgend nimmt der EuGH eine **mehrstufige Prüfung** vor: Aus dem ErwG 13 a. F. geht hervor, dass der Mittelpunkt der hauptsächlichen Interessen nach **objektiven** und zugleich **für Dritte feststellbaren Kriterien** zu bestimmen ist. Beide Voraussetzungen sind (**kumulativ**) erforderlich, um **Rechtssicherheit** und **Vorhersehbarkeit** bei der Bestimmung des für die Eröffnung eines Hauptinsolvenzverfahrens zuständigen Gerichts zu garantieren.[64] Die **Vermutung** ist zugunsten des Satzungssitzes bei einer **Briefkastenfirma**, die in demselben Land keiner Tätigkeit nachgeht, **widerlegt, nicht,** wenn sie am Satzungssitz ihrer Tätigkeit nachgeht, ihre wirtschaftlichen Entscheidungen aber von einer **Muttergesellschaft** in einem anderen Mitgliedstaat **kontrolliert** werden.[65] In die Entscheidung fließen u. a. alle Orte, an denen die Schuldnergesellschaft eine wirtschaftliche Tätigkeit ausübt, und alle Orte, an denen sie Vermögenswerte besitzt, ein, sofern diese Orte für Dritte, insbesondere die Gläubiger dieser Gesellschaft, erkennbar sind. Diese Faktoren sind in einer **Gesamtbetrachtung** und unter Berücksichtigung der **Umstände** des **Einzelfalls** zu beurteilen.[66] Allein das Vorhandensein von Geschäftsbüchern, Gesellschaftsaktiva und das Bestehen von Verträgen über deren finanzielle Nutzung bestimmen den COMI nicht, auch wenn wie bei Immobilien die öffentliche Wahrnehmbarkeit gewährleistet ist.[67]

19  Bei einer **Abwicklungsgesellschaft** liegt der COMI dort, wo die Schuldnergesellschaft zum Zeitpunkt ihrer Löschung und der Einstellung jeglicher Tätigkeit den letzten Mittelpunkt ihrer hauptsächlichen Interessen hatte. Befinden sich die Verwaltungs- und Kontrollorgane einer Gesellschaft am Ort ihres satzungsmäßigen Sitzes und werden die Verwaltungsentscheidungen der Gesellschaft in für Dritte feststellbarer Weise an diesem Ort getroffen, kommt die Vermutungsregel des Art. 3 Abs. 1 Unterabs. 1 Satz 2 zum Tragen.[68] Erst wenn Hauptverwaltung und

---

61) Wimmer/Bornemann/Lienau-*Lienau*, Die Neufassung der EuInsVO, Rz. 220.
62) Wimmer/Bornemann/Lienau-*Lienau*, Die Neufassung der EuInsVO, Rz. 221, 222.
63) Mankowski/Müller/J. Schmidt-*Mankowski*, EuInsVO 2015, Art. 3 Rz. 21.
64) EuGH, Urt. v. 2.5.2006 – Rs. C-341/04 Rs. (Eurofood), Rz. 33, ZIP 2006, 907, 908, m. Anm. *Knof/Mock*.
65) EuGH, Urt. v. 2.5.2006 – Rs. C-341/04 Rs. (Eurofood), Rz. 35, 36, ZIP 2006, 907, 908, m. Anm. *Knof/Mock*; s. a. OLG Linz, Entsch. v. 20.8.2015 – 2 R 123/15v, ZIK 2016/41, 34; High Court of Justice London, Urt. v. 17.1.2017 – No. 7232 [2017] EWHC 25 (Ch) (Re Frogmore Real Estate), Rz. 35, BeckRS 2017/102165.
66) EuGH, Urt. v. 20.10.2011 – Rs. C-396/09 (Interedil), Rz. 52, ZIP 2011, 2153, 2157, unter Bezugnahme auf EuGH (*GAin Kokott*), SA v. 10.3.2011 – Rs. C-396/09 (Interedil), Rz. 70, ZIP 2011, 918, 924.
67) EuGH, Urt. v. 20.10.2011 – Rs. C-396/09 (Interedil), Rz. 53, ZIP 2011, 2153, 2157.
68) EuGH, Urt. v. 20.10.2011 – Rs. C-396/09 (Interedil), Rz. 50, ZIP 2011, 2153, 2156.

Satzungssitz auseinanderfallen, ist durch wertende Gesamtbetrachtung der COMI zu bestimmen.[69)]

## V. Die Vermutungsregel des Art. 3 Abs. 1 Unterabs. 2 bis 4

Zwar ist der Anknüpfungspunkt bei juristischen, natürlichen Personen und „anderen natürlichen" Personen stets der Interessenmittelpunkt;[70)] er ist personenspezifisch festzustellen.[71)] Die Reform hat **drei** neue **Unterabsätze** eingefügt. Der erste neu eingefügte Unterabsatz 2 entspricht Art. 3 Abs. 1 Satz 2 a. F., i. Ü. sind sämtlichen Unterabsätzen 2 bis 4, abgesehen von der Dauer der Frist, gleichlautende Sätze 2 angefügt. Sie sind strukturell gleich. Nach dem jeweiligen Satz 1 der Unterabsätze besteht **bis zum** Beweis des Gegenteils eine Vermutung[72)] für den Mittelpunkt des wirtschaftlichen Interesses am Ort des Sitzes, der Hauptniederlassung oder dem gewöhnlichen Aufenthalt.

### 1. Beweis des Gegenteils

Die EuInsVO lässt offen, wer diesen **Beweis zu führen** hat und **wann** er geführt ist. Demzufolge finden sich unterschiedliche Auffassungen zur Bedeutung und Wirkungsweise der **Vermutungsregel**. Es handele sich um eine **gesetzliche Vermutung,** die dem Antragsteller eine Pflicht zum Beweis des Gegenteils aufbürde.[73)] Sie wird als **Zweifelsregel** verstanden, die das Gericht nicht von der amtswegigen Untersuchung entlaste. Es müsse bei Kongruenz von Satzungs- und Verwaltungssitz prüfen, ob sich der COMI nicht doch in einem anderen Land befinde,[74)] oder sie führe zur **Beweislastumkehr,** soweit nicht konkrete Anhaltspunkte vorgetragen werden, dass der COMI nicht am Satzungssitz liege. Insoweit ist weiter im Streit, ob dafür „leiseste" Zweifel[75)] oder erst der Beweis des Gegenteils ausreicht.[76)] Dabei wird die Debatte auf der Grundlage der Annahme geführt, dem Gericht obliege eine **Amtsermittlungspflicht** i. S. des § 5 InsO,[77)] während Art. 4 Abs. 1 nur von einer Amtsprüfung spricht (siehe unten Art. 4 Rz. 4 f. [*Vallender/Zipperer*]). Verständlich ist dies wegen der Wirkungsweise der Vermutungsregel: Sie ist Ausgangs- und Endpunkt der Zuständigkeitsentscheidung,[78)] sie ist auf Rechtsungewissheit hin konzipiert,[79)] und verbindet materiell- und verfahrensrechtliche Komponenten.

---

69) *Thole* in: MünchKomm-InsO, Art. 3 EuInsVO 2000 Rz. 26; s. ferner AG Hamburg, Beschl. v. 16.8.2006 – 67a IE 1/06, ZIP 2006, 1642, m. Anm. *Klöhn,* NZI 2006, 652, 653.
70) *Thole* in: MünchKomm-InsO, Art. 3 EuInsVO 2000 Rz. 11.
71) *Dornblüth* in: HK-InsO, Art. 3 EuInsVO Rz. 5.
72) So auch die Amtssprachen, engl.: „in the absence of proof to the contrary"; frz.: „jusqu'à preuve contraire"; nl.: „zolang het tegendeel niet is bewezen", sp.: „salvo prueba en contrario".
73) *Herchen,* ZInsO 2004, 825, 827.
74) *Thole* in: MünchKomm-InsO, Art. 3 EuInsVO 2000 Rz. 15.
75) Duursma-Kepplinger/Duursma/Chalupsky-*Duursma-Kepplinger,* EuInsVO, Art. 3 Rz. 25.
76) Kübler/Prütting/Bork-*Kemper,* InsO, Art. 3 EuInsVO 2000 Rz. 17.
77) BGH, Beschl. v. 1.12.2011 – IX ZB 232/10, Rz. 11, ZIP 2012, 139, 140, dazu EWiR 2012, 175 *(Riedemann);* AG Köln, 1.12.2005 – 71 IN 564/05, dazu ZIP 2006, 628 = NZI 2006, 57, EWiR 2006, 109 *(Mankowski); Thole* in: MünchKomm-InsO, Art. 3 EuInsVO 2000 Rz. 14 m. w. N.
78) Mankowski/Müller/J. Schmidt-*Mankowski,* EuInsVO 2015, Art. 3 Rz. 52.
79) *Häsemeyer,* AcP 188 (1988), 140, 150, 165.

### a) Vermutung der internationalen Zuständigkeit bis zum Beweis des Gegenteils

22  Die internationale Zuständigkeit **wird** bis zum **Beweis des Gegenteils vermutet**. Das „wird" erstreckt die Vermutungswirkung **temporär** bzw. **befristet** bis zu dem Zeitpunkt, zu dem der erforderliche Beweis geführt ist. Die Formel trägt dem Umstand Rechnung, dass bis zur endgültigen positiven oder negativen Feststellung des COMI ein gewisser Zeitraum verstreichen kann und verschafft dem Insolvenzgericht im Eröffnungsverfahren die Sicherungsoptionen, die bis zur Eröffnungsentscheidung erforderlich sind. Der **Beweis des Gegenteils**, auch insoweit stimmen die Amtssprachen überein,[80] erfordert eine **gerichtliche Überzeugung**.[81] Sowohl das Gebot der Rechtssicherheit als auch die Voraussehbarkeit für den Gläubiger verlangen für die Widerlegung der Regelvermutung einen strengen Maßstab.[82]

23  Wie die Überzeugungsbildung des Gerichts zu gewinnen ist, sagt Art. 3 Abs. 1 Unterabs. 2 nicht, und wegen der autonomen Auslegung des Begriffs ist sie nicht identisch mit dem Beweis des Gegenteils nach deutschem Beweisrecht. Jedenfalls muss die Vermutung **widerlegt** sein, weshalb ihre bloße Erschütterung oder die bloße Wahrscheinlichkeit ihrer Widerlegbarkeit nicht ausreichen.[83] Zur Widerlegung kommen nur **objektive** und **für Dritte erkennbare Faktoren** in Betracht (ErwG 30 Satz 2).[84] Zusätzliche Hinweise sind ErwG 30 Satz 1 zu entnehmen, nach dem die Vermutungswirkung („Annahmen") **widerlegbar**, zu entkräften, mithin **hypothetisch** ist.

### b) Verfahrensrechtliche Handhabung der Führung des Beweises des Gegenteils

24  Da Art. 3 Abs. 1 Unterabs. 2 nichts zur **Führung des Beweises des Gegenteils** sagt, haben sich unterschiedliche Standpunkte für die **verfahrensrechtliche Handhabung** gebildet. Die Auffassung, die Vermutungsregel sei Sachrecht und hebe die Amtsermittlungspflicht des § 5 Abs. 1 InsO auf,[85] ist schon durch Art. 4 Abs. 1 überholt. Der Regelung des **Art. 4 Abs. 1** eine **verordnungsautonome Amtsermittlungspflicht** zu entnehmen,[86] übersieht, dass die Vorschrift lediglich von einer Amts**prüfung** und **nicht** von einer Amts**ermittlung** spricht. Der weitere Standpunkt, die Vermutungsregel sei überflüssig, da der Ort der Hauptverwaltung bereits wertend ermittelt werde und damit Zweifelsfälle ausschließe,[87] verkennt, dass bis zu dieser Feststellung die Vermutungsregel temporäre Wirkung äußert.

---

80) Engl.: „proof to the contrary"; frz.: „preuve contraire"; nl.: „tegendeel niet is bewijzen", sp.: „prueba en contrario".
81) Soweit das LG Berlin in seinem Beschl. v. 8.1.2018 – 84 T 2/18 (NIKI), NZI 2018, 85, 87 = ZIP 2018, 140, dazu EWiR 2018, 85 (*J. Schmidt*), davon auszugehen scheint, dass bereits ein „... eindeutiges Übergewicht der für einen COMI in Deutschland sprechenden Anknüpfungstatsachen ..." für den Beweis des Gegenteils ausreicht, begegnet diese Betrachtungsweise Bedenken, weil sie offensichtlich von der Überlegung getragen ist, die Anzahl der Anknüpfungstatsachen entscheide („iudex non calculat").
82) LG Berlin, Beschl. v. 8.1.2018 – 84 T 2/18 (NIKI), NZI 2018, 85, 87 = ZIP 2018, 140.
83) Mankowski/Müller/J. Schmidt-*Mankowski*, EuInsVO 2015, Art. 3 Rz. 52 und 77.
84) Mankowski/Müller/J. Schmidt-*Mankowski*, EuInsVO 2015, Art. 3 Rz. 53.
85) *Herchen*, ZInsO 2004, 825, 827.
86) Mankowski/Müller/J. Schmidt-*Mankowski*, EuInsVO 2015, Art. 3 Rz. 75.
87) *Thole* in: MünchKomm-InsO, Art. 3 EuInsVO 2000 Rz. 4.

Die Auffassungen, die Vermutungsregel regele die Beweislast, erst bei hinreichenden Anhaltspunkten entstehe die Pflicht zur amtswegigen Ermittlung,[88] die amtswegigige Ermittlung sei vorrangig, weshalb die Vermutung erst nach deren Ausschöpfen, also bei einem non liquet eingreife,[89] orientieren sich beide an § 5 Abs. 1 InsO, der im deutschen Recht die Feststellung der Zuständigkeit bestimmt.[90]

Nachdem **Art. 4 Abs. 1 Satz 1** das Gericht zur **amtswegigen Prüfung** seiner Zuständigkeit verpflichtet, ist eine Neubewertung erforderlich. Die Vermutungsregel des Satzes 2 ist in die **amtswegige Prüfung** der Zuständigkeit **eingebettet**, sie entscheidet, wann sie eingreift, während **Art. 4 Abs. 1** bestimmt, **wie** das Gericht den Zweifelsfall ermittelt.[91] Die Zuständigkeitsfeststellung ist Teil der **Schutzvorkehrungen** zur Verhinderung von Forum Shopping (ErwG 29), daher ist die Vermutungswirkung **widerleglich** (ErwG 30 Satz 1).[92] Nur wenn die Verwaltung der Interessen des Schuldners und sein(e) Sitz/Niederlassung/gewöhnlicher Aufenthalt im selben Mitgliedstaat liegen, kommt die Vermutungswirkung zum Tragen.[93] Die **Vermutung** ist **entkräftet**, wenn bei einer **Gesamtbetrachtung aller relevanten Faktoren** aufgrund objektiver und von Dritten erkennbarer Elemente (sog. wertende Gesamtbetrachtung) die **Unrichtigkeit** der **Vermutung** belegt ist.[94]

25

Zu den zu berücksichtigenden Faktoren gehören alle Orte, an denen der Schuldner erkennbar wirtschaftlicher Tätigkeit nachgeht oder Vermögenswerte belegen sind (ErwG 30 Satz 2 und 3).[95] Dafür sind Feststellungen des Gerichts notwendig.[96] Die Vermutung ist nicht bereits bei **leisesten Zweifeln**[97] entkräftet, sie lösen aber die Prüfungspflicht des Gerichts aus, indem das Gericht den Schuldner auffordern soll, **weitere Nachweise** vorzulegen (ErwG 32). In diesem Zusammenhang ist der Unterschied von **Amtsermittlung** i. S. des § 5 InsO und **Amtsprüfung** gemäß Art. 4 Abs. 1 nur von theoretischer Bedeutung. Erstere setzt erst ein, wenn die Verfahrensbeteiligten **greifbare Anhaltspunkte** für konkrete Ermittlungsansätze

26

---

88) Duursma-Kepplinger/Duursma/Chalupsky-*Duursma-Kepplinger*, EuInsVO, Art. 3 Rz. 25; *Undritz* in: HambKomm-InsO, Art. 3 EuInsVO Rz. 6.
89) *Huber*, ZZP 114 (2001), 133, 141; Kübler/Prütting/Bork-*Kemper*, InsO, Art. 3 EuInsVO Rz. 17; *Kindler* in: MünchKomm-BGB, Art. 3 EuInsVO Rz. 26, 27.
90) BGH, Beschl. v. 21.6.2007 – IX ZB 51/06, Rz. 11, NZI 2008, 121, 122.
91) Wimmer/Bornemann/Lienau-*Lienau*, Die Neufassung der EuInsVO, Rz. 228.
92) EuGH, Urt. v. 20.10.2011 – Rs. C-396/09 (Interedil), Rz. 51, ZIP 2011, 2153, 2156, 2157; EuGH, Urt. v. 2.5.2006 – Rs. C-341/04 (Eurofood), Rz. 34, ZIP 2006, 907, 908, m. Anm. *Knof/Mock*.
93) EuGH, Urt. v. 20.10.2011 – Rs. C-396/09 (Interedil), Rz. 50, ZIP 2011, 2153, 2156.
94) EuGH, Urt. v. 20.10.2011 – Rs. C-396/09 (Interedil), Rz. 50, ZIP 2011, 2153, 2156; LG Berlin, Beschl. v. 8.1.2018 – 84 T 2/18 (NIKI), NZI 2018, 85, 87 = ZIP 2018, 140.
95) EuGH, Urt. v. 20.10.2011 – Rs. C-396/09 (Interedil), Rz. 52, ZIP 2011, 2153, 2157.
96) *Kindler* in: MünchKomm-BGB, Art. 3 EuInsVO Rz. 26.
97) A. A. Duursma-Kepplinger/Duursma/Chalupsky-*Duursma-Kepplinger*, EuInsVO, Art. 3 Rz. 25.

liefern,[98] während die prozessleitende Amtsprüfung nur bei nach außen erkennbaren Momenten eingreift, die **Anlass zu Zweifeln** an der Vermutungsregel auslösen, also dann, wenn eine andere Zuständigkeit nicht ausgeschlossen ist. Beide Verfahrensprinzipien sind einander angenähert.[99] Es gilt den alleinigen Sachvortrag des Schuldners (unopposed hearings) kritisch zu hinterfragen,[100] also die Amtsprüfung nicht vorschnell mittels der Vermutungsregel auszuschließen, noch sie verspätet erst nach Ausschöpfen aller Ermittlungsansätze (non liquet) ihrer praktischen Bedeutung zu berauben.[101] Ob der **Beweis** des **Gegenteils** geführt ist,[102] entscheiden die Umstände des **Einzelfalls**.[103]

### 2. Sperrfristen

27 Nach dem jeweiligen Satz 2 der Unterabsätze 2 bis 4 gilt die der Vermutungswirkung des jeweiligen Satzes 1 zugrunde liegende **Annahme** nur, wenn die **Verlegung** des Sitzes/Hauptniederlassung nicht in einem Zeitraum **von drei Monaten** vor dem Eröffnungsantrag **erfolgt** ist, bei Verbrauchern beträgt die Frist für den gewöhnlichen Aufenthalt **sechs Monate**. Es handelt sich um keine echte **Suspektsperiode**, weil der COMI ohnedies eine bestimmte Festigkeit verlangt.[104] Diese **Sperrfristen** sollen Forum Shopping verhindern (ErwG 31). Ihre Wirksamkeit wird wegen der knappen Bemessung bezweifelt.[105] Da sie bei Vorliegen entsprechender Anhaltspunkte das **Gericht** zu **umfangreicher Sachaufklärung** verpflichtet,[106] besteht die Möglichkeit, Forum Shopping entgegenzuwirken, wenn es gelingt, ihre tatbestandlichen Folgen zu verhindern (ErwG 31). Maßgebliches Indiz für ein Forum Shopping

---

98) Nach Auffassung des OLG Wien, Beschl. v. 30.9.2004 – 28 R 210/04i, ZIK 2005, 37, darf sich das Insolvenzgericht nicht ohne weitere Erhebungen auf die Vermutung des Art. 3 Abs. 2 zurückziehen, wenn mehrere Umstände bestehen, die auf eine Geschäftstätigkeit der Schuldnerin im Inland hindeuten, obwohl sich der Sitz im Ausland befindet (i. c. war der Gläubiger bei der Schuldnerin als Kraftfahrer beschäftigt; es bestand ein Exekutionstitel eines inländischen Gerichts; nach dem Bericht des Gerichtsvollziehers befand sich das Firmenschild der Schuldnerin an der Haustüre, der Geschäftsführer war Österreicher).
99) Ähnlich Musielak/Borth-*Borth*/*Grandel*, FamFG, § 26 Rz. 5.
100) Zutr. stellt das LG Berlin im Verfahren NIKI (Beschl. v. 8.1.2018 – 84 T 2/18 (NIKI), NZI 2018, 85, 87 = ZIP 2018, 140) bei der Prüfung des COMI der Schuldnerin auf den Sachvortrag der Schuldnerin ab und gelangt bei einer Gesamtbetrachtung aller „bekannt gewordenen" Anknüpfungstatsachen zu einem non liquet. Dass es dabei eine Amtsprüfung vorschnell auszuschließen beabsichtigte, ist nicht zu erkennen. Krit. zu der Entscheidung *Thole*, ZIP 2018, 401.
101) Duursma-Kepplinger/Duursma/Chalupsky-*Duursma-Kepplinger*, EuInsVO, Art. 3 Rz. 25; Mankowski/Müller/J. Schmidt-*Mankowski*, EuInsVO 2015, Art. 3 Rz. 75.
102) Kübler/Prütting/Bork-*Kemper*, InsO, Art. 3 EuInsVO 2000 Rz. 17; Mankowski/Müller/J. Schmidt-*Mankowski*, EuInsVO 2015, Art. 3 Rz. 52 und 76.
103) EuGH, Urt. v. 20.10.2011 – Rs. C-396/09 (Interedil), Rz. 52, ZIP 2011, 2153, 2157; EuGH, Urt. v. 21.1.2010 – Rs. C-444/07 (Probud), Rz. 37 und 38, ZIP 2010, 187, 189, dazu EWiR 2010, 77 *(J. Schmidt)*, hier auf Aktenlage abstellend.
104) *Thole* in: MünchKomm-InsO, Art. 3 EuInsVO 2000 Rz. 3.
105) *Frind/Pannen*, ZIP 2016, 398, 407; *Kindler/Sakka*, EuZW 2015, 460, 462, die für die Jahresfrist der INSOL Europe, Revision of the European Insolvency Regulation, 10, S. 38 ff., abrufbar unter https://www.insol-europe.org/download/documents/588 (Abrufdatum: 20.1.2020) plädieren.
106) *Vallender*, ZIP 2015, 1513, 1515.

ist, wenn die **Verlegung des Sitzes, der Niederlassung** oder des **gewöhnlichen Aufenthaltes** entgegen ErwG 28 Satz 2 **heimlich**, d. h. ohne die Gläubiger zu informieren erfolgte, weil der COMI dann für die Gläubiger nicht wahrnehmbar ist.[107]

Im Zusammenwirken mit Art. 4 Abs. 1 sind die **Fristen nicht als starr** zu verstehen. Auch wenn die Sitzverlegung **außerhalb der Frist** stattfand, kann die Zuständigkeit beim Hinzutreten entsprechender Umstände als rechtsmissbräuchlich verneint werden. Umgekehrt ist eine Sitzverlegung **innerhalb der Frist** bedenkenlos, wenn sie aufgrund sachlicher Gründe erfolgt und sich nicht nachteilig auf die Gläubiger auswirkt.[108] Die Fristen sind Ausdruck einer Risikoabschätzung zugunsten der Gläubiger unter Wahrung der Niederlassungsfreiheit gemäß Art. 49 Abs. 1 AEUV.[109] **Art. 102c § 5 EGInsO** sieht im deutschen Recht flankierende Regelungen zur besseren Handhabbarkeit in der Praxis vor, indem er vom Schuldner zusätzliche Angaben zum Eröffnungsantrag verlangt. Diese Verpflichtung ist allerdings auf Fälle beschränkt, in denen „Anhaltspunkte dafür bestehen, dass auch die internationale Zuständigkeit eines anderen Mitgliedstaats ... begründet sein könnte, ..." Das ist nach der Legaldefinition des Art. 3 Abs. 2 der Fall, wenn sich der COMI außerhalb Deutschlands befindet. Dann hat („soll") der Schuldner anzugeben, seit wann der Sitz, die Hauptniederlassung oder sein gewöhnlicher Aufenthalt besteht (Art. 102 § 5 Satz 1 Nr. 1 EGInsO), die die inländische Zuständigkeit begründenden Tatsachen (Art. 102c § 5 Satz 1 Nr. 2 EGInsO), in welchem anderen Mitgliedstaat sich Gläubiger oder Vermögenswerte befinden (Art. 102c § 5 Satz 1 Nr. 3 EGInsO) und ob bereits in einem anderen Mitgliedstaat ein Eröffnungsantrag gestellt oder ein Hauptinsolvenzverfahren eröffnet wurde (Art. 102c § 5 Satz 1 Nr. 4 EGInsO). 28

### a) Gesellschaften und juristische Personen

Für **Gesellschaften** und **juristischen Personen** gilt gemäß Art. 3 Abs. 1 Unterabs. 2 die widerlegliche Vermutung, dass der Mittelpunkt ihres hauptsächlichen Interesses der Ort ihres **Sitzes** ist. Der Wortlaut weicht von Art. 3 Abs. 1 Satz 2 a. F. („Ort des satzungsmäßigen Sitzes") ab, die Änderung ist jedoch nur redaktioneller Art, wie sich aus dem Vergleich mit anderen Amtssprachen ergibt.[110] Hier befindet sich gewöhnlich der Hauptsitz des Schuldners.[111] In dieser Vermutung kommt die Intention des Unionsgesetzgebers zum Ausdruck, dem Ort der Haupt- 29

---

107) *Thole* in: MünchKomm-InsO, Art. 3 EuInsVO 2000 Rz. 3.
108) Ähnlich wie hier bei objektiv verfestigter Wohnsitzverlegung unternehmerisch tätiger natürlicher Personen, Mankowski/Müller/J. Schmidt-*Mankowski*, EuInsVO 2015, Art. 3 Rz. 131 und *Garcimartín*, ZEuP 2015, 694, 711, nach dem der Schuldner für die Dauer der Frist für die tatsächliche Verlegung des COMI beweisbelastet ist.
109) Wimmer/Bornemann/Lienau-*Lienau*, Die Neufassung der EuInsVO, Rz. 235.
110) Frz. „du siège statutaire"; engl. „the place of the registered office"; nl. „de plaats van de statutaire."
111) *Virgós/Schmit* in: Stoll, Vorschläge und Gutachten, Nr. 75.

verwaltung der Gesellschaft als Zuständigkeitskriterium den Vorzug zu geben.[112]
Art. 3 Abs. 1 **Unterabs. 2 Satz 1** gilt nur für **juristisch selbstständige Einheiten**. Auch wenn Kapitel V Unternehmenszusammenschlüsse regelt, beschränken sich diese auf Kooperation, Kommunikation und Koordination der verschiedenen Verfahren.[113] Satzungsmäßiger Sitz ist der **tatsächliche** oder **effektive Satzungssitz**, weil hier erfahrungsgemäß der Schuldner der Verwaltung nachgeht und dies für Dritte erkennbar ist.[114]

30 Der Mittelpunkt des hauptsächlichen Interesses bei **Gesellschaften und juristischen Personen** ist dann widerlegbar, wenn **objektive**, für **Dritte feststellbare Tatsachen** belegen, dass er in Wahrheit nicht dem satzungsmäßigen Sitz entspricht.[115] Das ist etwa bei einer „**Briefkastenfirma**" der Fall, die am satzungsmäßigen Sitz für Dritte erkennbar keiner Tätigkeit nachgeht,[116] das nur mit einer Sekretärin besetzte Büro der Geschäftsleitung.[117] Anzustellen ist eine Gesamtbetrachtung[118] mit wertender Berücksichtigung aller Umstände des Einzelfalls.[119] Zu den **objektiven Tatsachen** gehören u. a. alle **Orte**, an denen die Schuldnergesellschaft eine **wirtschaftliche Tätigkeit** ausübt, und an denen sie **Vermögenswerte** besitzt, sofern diese für **Dritte erkennbar** sind. Der **tatsächliche** und **effektive Verwaltungssitz** ist der **Ort der Willensbildung** der **Verwaltungs- und Kontrollorgane** einer Gesellschaft (ErwG 30 Satz 2),[120] **Geschäftsräume, Produktionsstätten, Warenlager**, Einsatzort der überwiegenden Anzahl der **Mitarbeiter, Geschäftskonten** und **Rechtswahl** der Vertragsbeziehungen mit den Gläubigern[121] und die Bereitstellung von Kreditsicherheiten oder die Finanzierung durch Dritte.[122]

31 Gehören der Gesellschaft **vermietete Immobilien** in einem anderen Mitgliedstaat als dem satzungsmäßigen Sitz und hat sie auch mit einem dort ansässigen **Kreditinstitut** eine **Finanzierung** vereinbart, sind das zwar objektive Faktoren, in die Gesamtbetrachtung fließen sie nur dann ein, wenn sich die **Gesellschaftsaktiva**, ebenso die Verträge über ihre Nutzung, für Dritte erkennbar nicht am satzungsmäßigen

---

112) EuGH, Urt. v. 15.12.2011 – Rs. C-191/10 (Rastelli), Rz. 32, ZIP 2012, 183, 186 = NZI 2012, 150, m. Anm. *Mankowski*; EuGH, Urt. v. 20.10.2011 – Rs. C-396/09 (Interedil), Rz. 48, ZIP 2011, 2153, 2156.
113) Zum bisherigen Recht vgl. Kübler/Prütting/Bork-*Kemper*, InsO, Art. 3 EuInsVO 2000 Rz. 10.
114) EuGH, Urt. v. 2.5.2006 – Rs. C-341/04 (Eurofood), Rz. 32, 33, ZIP 2006, 907, 908, m. Anm. *Knof/Mock*; EuGH *(GA Jacobs)*, SA v. 27.9.2005 – Rs. C-341/04 (Eurofood/Parmalat), Rz. 119, ZIP 2005, 1878.
115) EuGH, Urt. v. 2.5.2006 – Rs. C-341/04 (Eurofood), Rz. 34, ZIP 2006, 907, 908, m. Anm. *Knof/Mock*.
116) EuGH, Urt. v. 2.5.2006 – Rs. C-341/04 (Eurofood), Rz. 35, ZIP 2006, 907, 908, m. Anm. *Knof/Mock*.
117) Mankowski/Müller/J. Schmidt-*Mankowski*, EuInsVO 2015, Art. 3 Rz. 107.
118) EuGH, Urt. v. 20.10.2011 – Rs. C-396/09 (Interedil), Rz. 48, ZIP 2011, 2153, 2156.
119) EuGH *(GAin Kokott)*, SA v. 10.3.2011 – Rs. C-396/09 (Interedil), Rz. 70, ZIP 2011, 918, 824.
120) Einschränkend, weil nicht ausschlaggebend, Mankowski/Müller/J. Schmidt-*Mankowski*, EuInsVO 2015, Art. 3 Rz. 108.
121) *Undritz* in: HambKomm-InsO, Art. 3 EuInsVO Rz. 14.
122) *Kindler* in: MünchKomm-BGB, Art. 3 EuInsVO Rz. 20.

Sitz befinden.[123)] Für eine **Holding**, die nur **Anteile** an einer Tochter **hält**, ist der Standort jener maßgeblich, wenn von hier die Korrespondenz abgewickelt und der Geschäftsführer unter derselben Anschrift sein Büro unterhält.[124)] Für **Dritte** gleichfalls **nicht erkennbar** sind das **Vermischen der Rechnungslegung** und **unübliche Finanzbeziehungen** zwischen verschiedenen Gesellschaften, wie Vermögensübertragungen ohne Gegenleistung.[125)] Bei **eingestellter werbender Tätigkeit** ist der letzte COMI vor der Einstellung maßgeblich (siehe oben Rz. 19).[126)] Bei einer Verlegung des Orts der Verwaltung ist der Schuldner verpflichtet, die Gläubiger hierüber zu informieren (ErwG 28 Satz 2), anderenfalls bleibt die vorherige Wahrnehmung maßgeblich.[127)]

Bei **Verlegung des Satzungssitzes einer deutschen Gesellschaft** in einen anderen Mitgliedstaat der EU ist zu berücksichtigen, dass diese Rechtshandlung nach deutschem Gesellschaftsrecht als Auflösungsbeschluss betrachtet wird.[128)] Dementsprechend kann die Verlegung des Satzungssitzes einer nach deutschem Recht gegründeten GmbH in einen anderen Mitgliedstaat der EU nicht in das deutsche Handelsregister eingetragen werden.[129)] Soweit deutsche Unternehmen bisher den Beschluss gefasst haben, den Satzungssitz der Gesellschaft grenzüberschreitend zu verlegen, haben sie das Unternehmen in dem einen Mitgliedstaat aufgelöst und in dem anderen Mitgliedstaat neu gegründet.[130)] Dagegen wird die **Verlegung des Verwaltungssitzes** in einen anderen Mitgliedstaat der Gemeinschaft überwiegend für zulässig erachtet. Der Schutz inländischer Gläubiger wird dadurch nicht beeinträchtigt, weil diese nach § 17 Abs. 1 ZPO gegen die Gesellschaft weiterhin am Satzungssitz vorgehen können. Befindet sich aufgrund der Verlegung des Verwaltungssitzes in einen anderen Mitgliedstaat der Gemeinschaft der Mittelpunkt der hauptsächlichen Interessen der Gesellschaft im Zuzugsstaat, kann allerdings ein Insolvenzantrag nur dort gestellt werden (Art. 3 Abs. 1).[131)] 32

Mit der **rechtsträgerbezogenen** Bestimmung der internationalen Zuständigkeit[132)] erteilt die EuInsVO dem **Konzerngerichtsstand** eine bewusste Absage (ErwG 53).[133)] 33

---

123) EuGH, Urt. v. 20.10.2011 – Rs. C-396/09 (Interedil), Rz. 53, ZIP 2011, 2153, 2156.
124) AG Mönchengladbach, Beschl. v. 11.8.2011 – 45 IN 130/10, ZIP 2012, 383, 384, 385.
125) EuGH, Urt. v. 15.12.2011 – Rs. C-191/10 (Rastelli), Rz. 37, ZIP 2012, 183, 186 = NZI 2012, 150, m. Anm. *Mankowski*; Mankowski/Müller/J. Schmidt-*Mankowski*, EuInsVO 2015, Art. 3 Rz. 85, 95, 96.
126) Mankowski/Müller/J. Schmidt-*Mankowski*, EuInsVO 2015, Art. 3 Rz. 109 f.; s. ferner AG Hamburg, Beschl. v. 16.8.2006 – 67a IE 1/06, ZIP 2006, 1642, m. Anm. *Klöhn*, NZI 2006, 652, 653.
127) Wimmer/Bornemann/Lienau-*Lienau*, Die Neufassung der EuInsVO, Rz. 223.
128) S. die Nachweise bei *Vallender* in: FS Beck, S. 537, 542 Fn. 33.
129) OLG München, Beschl. v. 4.10.2007 – 31 Wx 36/07, NZG 2007, 915, 916 = ZIP 2007, 2124, dazu EWiR 2007, 715 *(Neye)*, Sitzverlegung nach Portugal.
130) S. Stellungnahme des Deutschen Industrie- und Handelskammertages v. 16.4.2014, S. 5, BT-Drucks. 18/6673.
131) *Vallender* in: FS Beck, S. 537, 542.
132) EuGH, Urt. v. 15.12.2011 – Rs. C-191/10 (Rastelli), Rz. 25, 26, ZIP 2012, 183, 185 = NZI 2012, 150, m. Anm. *Mankowski*.
133) EuGH, Urt. v. 15.12.2011 – Rs. C-191/10 (Rastelli), Rz. 25 – 28, ZIP 2012, 183, 185 = NZI 2012, 150, m. Anm. *Mankowski*.

Auch wenn die Gefahr unkoordinierten Führens von Insolvenzen einer Unternehmensgruppe gesehen wird (ErwG 51), enthält Kapitel V **keine Sonderregelung** für die internationale Zuständigkeit.[134] Vor diesem Hintergrund muss der Mittelpunkt der hauptsächlichen Interessen im Falle von Insolvenzverfahren über das Vermögen von Mitgliedern einer Unternehmensgruppe **für jede einzelne Gesellschaft oder juristische Person einzeln ermittelt werden**.[135] Wird dagegen die Eröffnung von Gruppenkoordinationsverfahren bei Gerichten verschiedener Mitgliedstaaten beantragt, findet Art. 62 Anwendung, der für diesen Fall das Prioritätsprinzip etabliert.

b) **Natürliche Personen, die eine selbstständige gewerbliche oder freiberufliche Tätigkeit ausüben**

34 Art. 3 Abs. 1 Unterabs. 3 behandelt den Mittelpunkt des hauptsächlichen Interesses von **natürlichen Personen**, die eine **selbstständige** gewerbliche oder **freiberufliche Tätigkeit** ausüben. Er erfasst Kaufleute, Unternehmer und Freiberufler. Der Zusatz **gewerblich** schließt künstlerische Tätigkeiten aus; das folgt aus dem Gegenschluss zu Art. 3 Abs. 1 Unterabs. 4. Nach Auffassung des Supreme Court of Gibraltar[136] kann eine selbstständige Tätigkeit auch dann vorliegen, wenn der Schuldner seine Geschäfte durch von ihm gehaltene oder beherrschte Gesellschaften ausübt. Aus systematischen Gründen bedeutet **Hauptniederlassung** bei im Handelsregister eingetragenen Kaufleuten die **eingetragene Niederlassung**. Bei dem nicht im Handelsregister eingetragenen Personenkreis ist Anknüpfungspunkt der **Ort des beruflichen Domizils**,[137] an dem sie diesen Tätigkeiten nachgehen,[138] also in der Regel **Kanzlei-, Büro-** oder **Praxissitz**.[139]

35 Art. 3 Abs. 1 Unterabs. 3 sieht, dem Standpunkt der Literatur folgend,[140] erstmals eine spezifische Regel für diesen Personenkreis vor. Er bietet die beste Gewähr für die Gläubiger, hinsichtlich des gewerblichen Vermögens des Schuldners ihre Risiken kalkulieren zu können.[141] Probleme bereiten **Mischfälle** von selbstständiger und abhängiger Beschäftigung; diese sollten nach dem **Schwerpunkt der Tätigkeit**

---

134) Wimmer/Bornemann/Lienau-*Lienau*, Die Neufassung der EuInsVO, Rz. 215.
135) *Mock* in: BeckOK-InsO, Art. 3 EuInsVO Rz. 17.
136) Supreme Court of Gibraltar, Urt. v. 31.7.2017 – 2016/COMP/039, ZIP 2017, 1772, dazu EWiR 2017, 571 *(Bork)*, auch verfügbar unter Insol Europe, European Insolvency Regulation Case Register/Gibraltar/2017/2016/COMP/030-2017.
137) Frz. „le lieu d'activité principal"; engl. „principal place of business"; nl. „centrum van de voornaamste belangen"; sp. „centro de actividad principal"; EuGH *(GA Colomer)*, SA v. 6.9.2005 – Rs. C-1/04 (Susanne Staubitz-Schreiber), Rz. 62, ZIP 2005, 1641, 1644, m. Anm. Brenner. *Thole*, ZEuP 2014, 39, 55, will demgegenüber an die Hauptniederlassung anknüpfen, wo in der Regel der Kanzlei-, Büro- oder Praxissitz ist. In der Sache ergeben sich keine Unterschiede.
138) *Virgós/Schmit* in: Stoll, Vorschläge und Gutachten, Nr. 75.
139) *Thole*, ZEuP 2014, 39, 55.
140) EuGH *(GA Colomer)*, SA v. 6.9.2005 – Rs. C-1/04 (Susanne Staubitz-Schreiber), Rz. 64, ZIP 2005, 1641, 1645, m. Anm. *Brenner*.
141) EuGH *(GA Colomer)*, SA v. 6.9.2005 – Rs. C-1/04 (Susanne Staubitz-Schreiber), Rz. 64, ZIP 2005, 1641, 1645, m. Anm. *Brenner*.

gelöst werden.[142] Soweit ein Schuldner angestellter Geschäftsführer einer Gesellschaft und gleichzeitig Gesellschafter seines Arbeitgebers ist, empfiehlt *Mankowski*[143] zur Feststellung der Selbstständigkeit der Tätigkeit auf europäisch-einheitliche Kriterien zur Prüfung der Arbeitnehmereigenschaft abzustellen. Beim **Auseinanderfallen von Wohnsitz** und **Ort der Geschäftstätigkeit** ist letzterer maßgeblich, wenn das Verfahren an die Ausübung der gewerblichen Tätigkeit anknüpft. Für die umgekehrte Konstellation, d. h. eine typische Verbraucherverschuldung eines gewerblich Tätigen gilt dasselbe, denn die Vorschrift unterscheidet nicht nach der Ursache der Verbindlichkeiten, zumal sich das Verfahren in der Regel auf das gesamte Vermögen erstreckt.[144] Die Mittelpunkte der verschiedenen hauptsächlichen Interessen können an unterschiedlichen Orten liegen, wenn der Schuldner außerhalb seines Wohnsitzes die Hauptniederlassung einer Gesellschaft führt;[145] dann aber geht es um die COMI zweier Schuldner.

Die **Vermutungswirkung gilt** nach Art. 3 Abs. 1 Unterabs. 3 Satz 2 **nicht,** wenn der gewöhnliche Aufenthalt innerhalb von **drei Monaten** vor Insolvenzantragstellung verlegt wurde. 36

c) **Alle anderen natürlichen Personen**

**Art. 3 Abs. 1 Unterabs. 4** betrifft **alle anderen natürlichen Personen** und ist gewissermaßen der **Auffangtatbestand** für alle nicht gewerblich tätigen Schuldner (sog. **Verbraucher**). Dazu zählen auch diejenigen Personen, die vor Antragstellung ihre Geschäftstätigkeit vollständig eingestellt haben.[146] 37

Anknüpfungspunkt für die Feststellung des COMI ist der **Ort** ihres **gewöhnlichen Aufenthaltes**.[147] Der Verordnungsgeber verzichtet bewusst auf das normative Merkmal des **Wohnsitzes,** denn seine begriffliche Ausfüllung erfolgt in den Mitgliedstaaten unterschiedlich,[148] was seine Feststellung erschwert. Das schließt melderechtliche Aspekte mit ein, denn es gibt unionsweit keine Meldepflicht. In Anknüpfung an das Europäische Internationale Privatrecht[149] geht Art. 3 Abs. 1 Unterabs. 4 vom Grundsatz der engsten Verbindung aus, d. h. vom **tatsächlichen** 38

---

142) *Thole* in: MünchKomm-InsO, Art. 3 EuInsVO 2000 Rz. 7.
143) BGH, Beschl. v. 2.3.2017 – IX ZB 70/16, ZIP 2017, 688 = NZI 2017, 320, m. Anm. *Mankowski*, NZI 2017, 320, 322.
144) Mankowski/Müller/J. Schmidt-*Mankowski*, EuInsVO 2015, Art. 3 Rz. 114; Wimmer/ Bornemann/Lienau-*Lienau*, Die Neufassung der EuInsVO, Rz. 239.
145) High Court of Justice London, Beschl. v. 20.12.2006 – No. 9849/02 (Stoyevic), NZI 2007, 361, 364 Rz. 44, dazu EWiR 2007, 463 *(Mankowski)*.
146) *Konecny*, ZIK 2017, 82, 85.
147) Frz. „résidence habituelle"; engl. „habitual residence". Die engl. Fassung weicht bewusst vom „domicile" ab, dem eine völlig andere Bedeutung als dem gewöhnlichen Aufenthalt zukommt; dazu *v. Hein* in: MünchKomm-BGB, Art. 5 EGBGB Rz. 128; BGH, Beschl. v. 2.3.2017 – IX ZB 70/16, Rz. 10, ZIP 2017, 688 = NZI 2017, 320, m. Anm. *Mankowski*, NZI 2017, 320, 322, dazu EWiR 2017, 373 *(Egerlandt)*; AG Köln, Beschl. v. 19.1.2012 – 74 IN 108/10, Rz. 8, NZI 2012, 379 = ZVI 2012, 193, m. Anm. *Guski*, GPR 2012, 322.
148) Mankowski/Müller/J. Schmidt-*Mankowski*, EuInsVO 2015, Art. 3 Rz. 119.
149) *Leible/Staudinger*, KTS 2000, 533, 543 m. w. N.; Duursma-Kepplinger/Duursma/Chalupsky-*Duursma-Kepplinger*, EuInsVO, Art. 3 Rz. 21; *v. Hein* in: MünchKomm-BGB, Einl. IPR Rz. 8 und 58.

**gewöhnlichen Aufenthalt.** Per definitionem verfügt die natürliche Person nur über einen tatsächlichen Aufenthalt, der Begriff vermeidet Mehrfachanknüpfungen.[150] Der gewöhnliche Aufenthalt ist besser als der Wohnsitz gegen Manipulationen gefeit, auch lässt er schon begrifflich keine Scheinbegründung zu. Gewöhnlicher Aufenthalt ist der Ort der **zentrierten Lebensumstände** für eine **bestimmte Zeit**[151] und an einem **bestimmten Ort**;[152] gemeint ist der **Daseinsmittelpunkt**, also der **Schwerpunkt der Lebensverhältnisse**; das umfasst Haus oder Wohnung, soziale Bindungen und mit Abstrichen das Beherrschen der Landessprache. Der Lebensmittelpunkt muss **auf Dauer angelegt** sein; nach hiesigem Verständnis sind sechs Monate keine Mindestfrist (siehe oben Rz. 27 f.).[153] Mit dieser Domizilanknüpfung scheidet der Ort aus, an dem der Schuldner seiner Arbeit nachgeht. Ihm kann jedoch bei einer Einzelfallbetrachtung Indizwirkung zukommen, wenn Wohnsitz und berufliche Tätigkeit auseinanderfallen (**Grenzgänger**).[154] Bei diesen Personen liegt der Mittelpunkt der hauptsächlichen Interessen an dem Ort, wo sie und ihre Familie ansässig sind.[155]

39 Die **Vermutungswirkung gilt** nach Art. 3 Abs. 1 Unterabs. 4 Satz 2 **nicht**, wenn der gewöhnliche Aufenthalt innerhalb von **sechs Monaten** vor Insolvenzantragstellung verlegt wurde. Dies entspricht dem Zeitraum, der auch in der deutschen Rechtsprechung für erforderlich gehalten wird.[156] Sie kann **widerlegt** werden, wenn sich der **Großteil** des **Vermögens** außerhalb des Mitgliedstaates seines gewöhnlichen Aufenthaltes befindet, oder das **Motiv** des Umzugs darin bestand, am neuen Ort einen die Gläubiger am Ursprungsort beeinträchtigenden **Insolvenzantrag** zu **stellen** (ErwG 30 Satz 3). Diese Indizien dürfen nicht darüber hinwegtäuschen, dass die Grundanknüpfung personen- und nicht vermögensbezogen ist.[157] Diese Widerlegung findet unabhängig von der Sechs-Monats-Frist statt und umfasst damit Konstellationen, bei denen der Umzug außerhalb dieses Zeitraums stattfand. Das ist bei einem **Scheinwohnsitz** der Fall, etwa beim temporären Umzug vom Eigenheim in ein möbliertes Zimmer, oder bei Zuhilfenahme professioneller Insol-

---

150) Duursma-Kepplinger/Duursma/Chalupsky-*Duursma-Kepplinger*, EuInsVO, Art. 3 Rz. 21; Mankowski/Müller/J. Schmidt-*Mankowski*, EuInsVO 2015, Art. 3 Rz. 122.
151) Str. v. *Hein* in: MünchKomm-BGB, Art. 5 EGBGB Rz. 124, aber für die EuInsVO wegen Art. 3 Unterabs. 4 Satz 2 unerheblich.
152) *Dutta* in: MünchKomm-BGB, EGBGB Art. 26 Rz. 57.
153) A. A. Mankowski/Müller/J. Schmidt-*Mankowski*, EuInsVO 2015, Art. 3 Rz. 129.
154) Kübler/Prütting/Bork-*Kemper*, InsO, Art. 3 EuInsVO Rz. 9; Wimmer/Bornemann/Lienau-*Lienau*, Die Neufassung der EuInsVO, Rz. 243. Das Problem des gewöhnlichen Aufenthaltes Minderjähriger (*Thole*, ZEuP 2014, 39, 56) ist in der Praxis zu vernachlässigen; *Kindler*, KTS 2014, 25, 32.
155) BGH, Beschl. v. 2.3.2017 – IX ZB 70/16, Rz. 14, ZIP 2017, 688 = NZI 2017, 320; krit. zu dieser Entsch. *Mankowski*, NZI 2017, 320, 322 (Urteilsanm.) und *Fritz*, IWRZ 2017, 172, 173 (Urteilsanm.), die beide beanstanden, dass der BGH es versäumt habe, auf den „Altfall" bereits die grundlegende Wertung der Neufassung der EuInsVO heranzuziehen.
156) *Vallender* in: FS Beck, S. 537, 539 m. w. N.
157) Mankowski/Müller/J. Schmidt-*Mankowski*, EuInsVO 2015, Art. 3 Rz. 132.

venzhilfe.¹⁵⁸⁾ Weitere **Indizien**, die gegen eine Verlegung des gewöhnlichen Aufenthaltes sprechen, sind geringer Strom- oder Wasserverbrauch, fehlende Einkaufsbelege von lokalen Geschäften, keine inländische Handynummer, Familie lebt weiterhin am alten COMI, Brief- und Schriftverkehr, der weiterhin von der alten Adresse aus geführt wird.¹⁵⁹⁾ Die Anforderungen dürfen nicht zu hoch angesetzt werden, das würde die Niederlassungsfreiheit gemäß Art. 49 Abs. 1 AEUV einschränken. Übertriebene Großzügigkeit fördert den Insolvenztourismus; beides vermeidet, die Verfestigung des gewöhnlichen Aufenthaltes zu überprüfen.¹⁶⁰⁾

## VI. Das Sekundärinsolvenzverfahren (Art. 3 Abs. 2)

**Sekundärinsolvenzverfahren** dienen dem **Schutz der lokalen Gläubiger**. Dieses Schutzes bedarf es bei **Verschachtelung** der **Insolvenzmasse**, die keine einheitliche Verwaltung zulässt, sowie bei **Abwicklungsschwierigkeiten** aufgrund der unterschiedlichen Rechtssysteme (ErwG 40 Sätze 1 und 2). Zugleich soll seine Zulassung gleiche Wettbewerbsbedingungen zwischen der Niederlassung und den inländischen Wettbewerbern herstellen.¹⁶¹⁾ Das Sekundärverfahren suspendiert die unionsweite Wirkung des Hauptinsolvenzverfahrens.¹⁶²⁾ Mit seiner beschränkten Zulassung und der Entschärfung möglicher Störpotentials verfolgt (vgl. Artt. 36, 37, 38) die reformierte EuInsVO einen Kompromiss, da die gänzliche Abschaffung des Sekundärinsolvenzverfahrens aus verständlichen Gründen nicht durchsetzbar ist.¹⁶³⁾ Art. 3 Abs. 2 Satz 1 ist die **Grundregel**. Neben einer nur redaktionellen Änderung („Hoheitsgebiet" anstelle von „Gebiet"), ist jetzt das „nur dann" eingefügt, womit die EuInsVO verdeutlicht, dass das Sekundärverfahren nur **unter engen Voraussetzungen** eröffnet werden darf (ErwG 37 Satz 3).¹⁶⁴⁾

### 1. Mittelpunkt des hauptsächlichen Interesses des Schuldners in einem anderen Mitgliedstaat

Das **Sekundärinsolvenzverfahren** setzt voraus, dass der Schuldner den Mittelpunkt seines hauptsächlichen Interesses in einem anderen Mitgliedstaat unterhält; das folgt bereits aus dem Wortlaut des Art. 3 Abs. 2 Satz 1 („anderen").¹⁶⁵⁾ An die Eröffnungsentscheidung im Hauptinsolvenzverfahren ist das Gericht des Sekundärverfahrens **ohne Sachprüfung gebunden** (Artt. 19 Abs. 1, 34 Satz 2).¹⁶⁶⁾

Für die Frage, ob auf ein Sekundärinsolvenzverfahren die EuInsVO 2000 oder die EuInsVO 2015 anzuwenden ist, kommt es gemäß Art. 84 Abs. 1 auf die Eröffnung des Hauptinsolvenzverfahrens und nicht auf die Eröffnung des Sekundärinsolvenz-

---

158) Wimmer/Bornemann/Lienau-*Lienau*, Die Neufassung der EuInsVO, Rz. 246; dazu BGH, Beschl. v. 18.9.2018 – IX ZB 77/17, NZI 2018, 997, m. krit. Anm. von *Tashiro*, FD-InsR 2018, 411669.
159) Mankowski/Müller/J. Schmidt-*Mankowski*, EuInsVO 2015, Art. 3 Rz. 124.
160) Ähnlich Mankowski/Müller/J. Schmidt-*Mankowski*, EuInsVO 2015, Art. 3 Rz. 131, 132.
161) *Virgós/Schmit* in: Stoll, Vorschläge und Gutachten, Nr. 71.
162) *Dornblüth* in: HK-InsO, Art. 3 EuInsVO Rz. 22.
163) Wimmer/Bornemann/Lienau-*Wimmer*, Die Neufassung der EuInsVO, Rz. 400 und 401.
164) Wimmer/Bornemann/Lienau-*Lienau*, Die Neufassung der EuInsVO, Rz. 249.
165) Mankowski/Müller/J. Schmidt-*Mankowski*, EuInsVO 2015, Art. 3 Rz. 136.
166) Kübler/Prütting/Bork-*Kemper*, InsO, Art. 3 EuInsVO 2000 Rz. 30.

verfahrens an.[167] Es muss gewährleistet sein, dass sich Haupt- und Sekundärinsolvenzverfahren nach demselben Recht richten. Erfolgte die Eröffnung des Hauptinsolvenzverfahrens vor dem 26.6.2017, findet demnach auch auf das Sekundärinsolvenzverfahren die EuInsVO 2000 Anwendung.

43 Bei einer **fehlerhaften Bestimmung des Mittelpunkts der hauptsächlichen Interessen** ist das Partikularverfahren geeignet, den Schutz lokaler Gläubiger „abzufedern" (ErwG 24).[168] Wurde das Hauptinsolvenzverfahren (fälschlicherweise) in einem anderen Mitgliedstaat eröffnet, ist das Sekundärverfahren zulässig, auch wenn die **Niederlassung** am Ort des Satzungssitzes **eigene Rechtspersönlichkeit** hat.[169] Wird kein Mittelpunkt des hauptsächlichen Interesses in den Mitgliedstaaten unterhalten, kommt Art. 3 Abs. 2 nicht zur Anwendung.[170]

## 2. Niederlassung im Inland

44 Der Schuldner muss im Inland eine **Niederlassung** betreiben. Diese umfasst nach der Legaldefinition des **Art. 2 Nr. 10** jeden **Tätigkeitsort**, an dem der Schuldner **nicht nur vorübergehend** seinen wirtschaftlichen **Aktivitäten** nachgeht, bzw. drei Monate vor dem Antrag auf Eröffnung des Hauptinsolvenzverfahrens **nachgegangen ist** und am Ort Vermögenswerte belegen sind. Diese Neuerung will verhindern, dass in einem engen zeitlichen Zusammenhang mit dem Eröffnungsantrag des Hauptinsolvenzverfahrens der Schuldner oder sein Insolvenzverwalter die Niederlassung schließt.[171] Der Einsatz **eigener Arbeitnehmer** ist **nicht erforderlich**, wenn nur das eingesetzte Personal für die Niederlassung als Auftraggeber tätig ist;[172] ein ständiges **Ein-Mann-Büro** genügt. Der Schuldner muss für das Personal Verantwortung tragen.[173] Deshalb gelten Personen nicht als Personal, die vom Schuldner unabhängig handeln, wie bspw. Handelsvertreter, selbstständige Handelsmakler oder Vertriebshändler. Das bloße **Vorhandensein** einzelner **Vermögenswerte** oder **Bankkonten** (allgemein Sachmittel) oder die Belegenheit eines vermieteten und von ihrem Geschäftsführer verwalteten **Grundstücks** der Schuldnerin im Inland[174]

---

167) So mit Recht LG München I, Beschl. v. 5.3.2018 – 14 T 2769/18, r. kr., ZIP 2018, 796, m. zust. Anm. *Bork*, dazu EWiR 2018, 247 (Urteilsanm.).
168) *Brinkmann*, KTS 2014, 381, 393.
169) EuGH, Urt. v. 4.9.2014 – Rs. C-327/13 (Burgo Group), Rz. 32 und 36, ZIP 2014, 2513, 2514, 2515, dazu EWiR 2015, 81 *(Undritz)*; AG Köln, Beschl. v. 23.1.2004 – 71 IN 1/04 (automold), ZIP 2004, 471 = NZI 2004, 151, dazu EWiR 2004, 601 *(Blenske)*; Wimmer/Bornemann/Lienau-*Wimmer*, Die Neufassung der EuInsVO, Rz. 395.
170) Kübler/Prütting/Bork-*Kemper*, InsO, Art. 3 EuInsVO 2000 Rz. 33. Gleiches gilt, wenn die Niederlassung in einem Drittstaat oder Dänemark belegen ist. Es gilt dann das autonome internationale Insolvenzrecht. S. a. AG Köln, Beschl. v. 19.1.2012 – 74 IN 108/10 Rz. 8, NZI 2012, 379 = ZVI 2012, 193, m. Anm. *Guski*, GPR 2012, 32.
171) Wimmer/Bornemann/Lienau-*Lienau*, Die Neufassung der EuInsVO, Rz. 195; s. a. *Konecny* in: Nunner-Krautgasser/Garber/Jaufer, Grenzüberschreitende Insolvenzen, S. 90.
172) Mankowski/Müller/J. Schmidt-*Mankowski*, EuInsVO 2015, Art. 3 Rz. 142 f.; *Thole* in: MünchKomm-InsO, Art. 3 EuInsVO 2000 Rz. 82.
173) OLG Graz, Entsch. v. 5.3.2015 – 3 R 31/15a, ZIK 2015/316, 238, 239.
174) BGH, Beschl. v. 21.6.2012 – IX ZB 287/11, ZIP 2012, 1920.

genügt grundsätzlich **nicht** den Erfordernissen einer „Niederlassung",[175] auch wenn dadurch Schutzlücken entstehen, etwa der Insolvenzverwalter des Hauptinsolvenzverfahrens keine Anstalten trifft, inländische Vermögenswerte zu verwerten.[176] Schutzlücken entstehen auch bei **manipulativen Änderungen** der Niederlassung durch kurzfristige Verlegung oder der Einstellung der Niederlassung, sie sind durch entsprechende Auslegungen des Art. 2 Nr. 10 zu verhindern.[177]

**Fehlen** wirtschaftliche Tätigkeit, Vermögenswerte und Personal völlig, liegt in diesem Staat **keine Niederlassung** vor.[178] Der bloße **Satzungssitz** ohne Personal oder Vermögen stellt ebenfalls keine Niederlassung dar.[179] Unterhält der zweite Schuldner in einem anderen Mitgliedstaat als seinem COMI eine Niederlassung, muss er damit rechnen, dass im Wege der **personellen Erweiterung** der Insolvenzbeschlag des Erstschuldners auf ihn erstreckt wird.[180] Zwar ist der Niederlassungsbegriff weit auszulegen, dies gestattet aber nicht, ihn auf Konzernsachverhalte zu erstrecken, er gilt deshalb nur für **unselbstständige, nicht** für **rechtlich selbstständige Töchter**.[181] Ist das der Fall, ist es unschädlich, wenn im Mitgliedstaat des Sekundärverfahrens der Schwerpunkt der Haupttätigkeit ausgeübt wird oder sämtliche Assets belegen sind,[182] aber Voraussetzung ist das nicht.[183] Liegen die Voraussetzungen einer Niederlassung nicht vor, fehlt dem angerufenen Gericht die internationale Zuständigkeit.[184] Für das **Sekundärinsolvenzverfahren** sind die **Regeln** des **Kapitels III** anzuwenden.   45

**Art. 3 Abs. 2 Satz 2** übernimmt, abgesehen von einer redaktionellen Änderung („Hoheitsgebiet"), unverändert die bisherige Regelung und normiert die **räumliche Wirkung** des **Insolvenzbeschlags** des Sekundärverfahrens. Dieser ist **beschränkt** auf das in diesem Mitgliedstaat **befindliche Vermögen** (**Art. 34 Satz 3**) unter Berücksichtigung der **Besonderheiten** des **Art. 2 Nr. 9 (i) bis (viii)**. Diese Wirkungen   46

---

175) EuGH, Urt. v. 20.10.2011 – Rs. C-396/09, Rz. 6, ZIP 2011, 2153; dazu *Cranshaw*, DZWIR 2012, 53; BGH, Beschl. v. 8.3.2012 – IX ZB 178/11, ZIP 2012, 782, dazu EWiR 2012, 315 *(Paulus)*; Mankowski/Müller/J. Schmidt-*Mankowski*, EuInsVO 2015, Art. 3 Rz. 137, 140, 146.
176) *Undritz* in: HambKomm-InsO, Art. 3 EuInsVO Rz. 42.
177) Wimmer/Bornemann/Lienau-*Wimmer*, Die Neufassung der EuInsVO, Rz. 404.
178) Mankowski/Müller/J. Schmidt-*Mankowski*, EuInsVO 2015, Art. 3 Rz. 147.
179) Mankowski/Müller/J. Schmidt-*Mankowski*, EuInsVO 2015, Art. 3 Rz. 148.
180) EuGH, Urt. v. 15.12.2011 – Rs. C-191/10 (Rastelli), Rz. 24 f., ZIP 2012, 183, 184 = NZI 2012, 150, 151, m. Anm. *Mankowski*; Mankowski/Müller/J. Schmidt-*Mankowski*, EuInsVO 2015, Art. 3 Rz. 153 f.
181) Kübler/Prütting/Bork-*Kemper*, InsO, Art. 3 EuInsVO Rz. 30; eingehend Mankowski/Müller/J. Schmidt-*Mankowski*, EuInsVO 2015, Art. 3 Rz. 150 f., mit dem Vorschlag ein Partikularverfahren über die Mutter am Sitz der Tochter zu eröffnen, um Umgehungen zu verhindern.
182) AG Köln, Beschl. v. 23.1.2004 – 71 IN 1/04 (automold), ZIP 2004, 471, 472 = NZI 2004, 151; *Vallender/Fuchs*, ZIP 2004, 829, 834.
183) BGH, Beschl. v. 8.3.2012 – IX ZB 178/11, Rz. 15, 16, ZIP 2012, 782, 784, dazu EWiR 2012, 315 *(Paulus)*.
184) Kübler/Prütting/Bork-*Kemper*, InsO, Art. 3 EuInsVO Rz. 31.

erstrecken sich nicht nur auf die Niederlassung, sondern auf das in diesem Staat vorhandene **gesamte Schuldnervermögen**.[185]

**3. Feststellung des Insolvenzgrundes**

47 Die **Feststellung des Insolvenzgrundes** im Sekundärinsolvenzverfahren ist entbehrlich, wenn das Hauptinsolvenzverfahren voraussetzt, dass der Schuldner insolvent ist (Art. 34 Satz 2). Das ist eine Neuerung gegenüber Art. 27 Satz 1 a. F. („ohne dass die Insolvenz des Schuldners geprüft wird"), weil die Gerichte jetzt u. U. eine **eigenständige Prüfung** vornehmen müssen. Das zielt auf Fälle ab, in denen das Verfahren ohne den Eintritt der materiellen Insolvenz eröffnet wird;[186] oder sie nur wahrscheinlich ist (Art. 1 Abs. 1 Unterabs. 2). Eine **Prüfung** der Insolvenz durch das Gericht des Sekundärverfahrens ist deshalb immer dann **erforderlich**, wenn es sich im **Hauptverfahren** um ein **Sanierungsverfahren** handelt.[187] Ist das Hauptverfahren dagegen kein Sanierungs- bzw. Restrukturierungs-, sondern ein Liquidationsverfahren, ist dem Gericht des Sekundärverfahrens eine *erneute* Prüfung der Insolvenz verwehrt. Was unter einer **Insolvenz** zu verstehen ist, klärt die EuInsVO nicht, der **Begriff** ist **autonom auszulegen**. Der Rückgriff auf strengere innerstaatliche Insolvenzgründe darf nicht dazu führen, dass das Sekundärverfahren nicht eröffnet wird und die lokalen Gläubiger ungeschützt bleiben.[188] Divergenzen zwischen den mitgliedstaatlichen Insolvenzgründen sind zugunsten der schuldnerfreundlichsten Variante zu überspielen.[189] Ob der Insolvenzgrund unionsweit oder nur für den Staat der Zweigniederlassung festzustellen ist, wird unterschiedlich beantwortet. Da der Verwalter des Hauptinsolvenzverfahrens gemäß Art. 52 Sicherungsmaßnahmen beantragen kann,[190] wirkt das daraus erwachsende Sicherungsbedürfnis und damit der Insolvenzgrund unionsweit. Dafür spricht der effet utile, der allerdings an Grenzen stößt, wenn die Eröffnung mangels Insolvenzgrundes unwahrscheinlich ist.[191]

**VII. Das unselbstständige Partikularverfahren (Art. 3 Abs. 3)**

48 Art. 3 Abs. 3 behandelt das **unselbstständige Partikularverfahren**, das zeitlich **nach** der **Eröffnung** des **Hauptinsolvenzverfahrens** nach Art. 3 Abs. 1 eröffnet wird, deren Zulässigkeit ist nicht beschränkt (ErwG 38). Art. 3 Abs. 3 übernimmt unverändert die bisherige Regelung. Neu ist der **Wegfall** der **Beschränkung** der Sekundärverfahren auf **Liquidationsverfahren** durch Streichung des Art. 3 Abs. 3 Satz 2 a. F. Sie können jetzt auch **Sanierungsverfahren** sein, was früher abgelehnt

---

185) Kübler/Prütting/Bork-*Kemper*, InsO, Art. 3 EuInsVO Rz. 28; *Kindler* in: MünchKomm-BGB, Art. 3 EuInsVO Rz. 61.
186) *Reinhart* in: MünchKomm-InsO, Art. 34 EuInsVO 2015 Rz. 4; a. A. Mankowski/Müller/ J. Schmidt-*Mankowski*, EuInsVO 2015, Art. 34 Rz. 2–5.
187) EuGH *(GAin Kokott)*, SA v. 24.5.2012 – Rs. C-116/11 (Handlowy), Rz. 80, ZIP 2012, 1133, 1140, dazu EWiR 2012, 385 *(Paulus)*.
188) *Reinhart* in: MünchKomm-InsO, Art. 34 EuInsVO 2015 Rz. 6.
189) Mankowski/Müller/J. Schmidt-*Mankowski*, EuInsVO 2015, Art. 34 Rz. 5.
190) Wimmer/Bornemann/Lienau-*Wimmer*, Die Neufassung der EuInsVO, Rz. 414.
191) BGH, Beschl. v. 22.3.2007 – IX ZB 164/06, Rz. 10, ZIP 2007, 878, 879, dazu EWiR 2007, 599 *(Pape)*.

wurde.[192] Die zulässige Sanierung darf allerdings die Gestaltung und Durchführung des Hauptinsolvenzverfahrens nicht beeinträchtigen,[193] die Kohärenz beider Verfahren stellt die Möglichkeit des Art. 38 Abs. 4 her.[194] Die EuInsVO geht damit über den bisherigen Ansatz hinaus, die notwendige Abstimmung durch Koordinierung der Verfahren aufzufangen.[195] Das ist bedeutsam für die Mitgliedstaaten, die wie Frankreich ein eigenes Sanierungsverfahren kennen.[196] Ob die bisherige Beschränkung wegen der §§ 217 f., 270 f. InsO keine Bedeutung hatte,[197] wird mit Blick auf Konzernsachverhalte bezweifelt[198]. Diese entbehren aber einer Niederlassung.

### 1. Vorliegen der Voraussetzungen des Art. 3 Abs. 2

Das Verfahren ist ein Sekundärinsolvenzverfahren und stets müssen die **Voraussetzungen** des Art. 3 **Abs. 2 gegeben** sein;[199] das folgt aus der Wendung „nach Absatz 2." Es ist in seiner Wirkung beschränkt auf den jeweiligen Mitgliedstaat und suspendiert die universelle Wirkung des Hauptinsolvenzverfahrens.[200] Haupt- und Sekundärverfahren sind nach dem **Grundsatz der Koordination**, nicht der Subordination geordnet.[201] Aus Gründen der praktischen Wirksamkeit sind **parallele Annexverfahren** über die Massezugehörigkeit eines Gegenstandes oder die Verteilung des Erlöses im Staat des Hauptinsolvenzverfahrens und des Sekundärinsolvenzverfahrens möglich; eine ausschließliche Zuständigkeit des Staats des Sekundärverfahrens würde entgegen Art. 3 Abs. 1 über die Vermögenszuordnung des Hauptverfahrens entscheiden.[202] Widerstreitende gerichtliche Entscheidungen sind im Wege der Kooperation auszugleichen (Art. 41). Für die **internationale** Zuständigkeit ist Art. 3 Abs. 2 maßgeblich. Die **Eröffnungsvoraussetzungen** bestimmt das **nationale Recht (Art. 35)**, ohne dass der **Insolvenzgrund** erneut **geprüft** werden muss (Art. 34 Satz 2), wenn das Hauptinsolvenzverfahren einen solchen voraussetzt.[203] Wie zu verfahren ist, wenn dieser entbehrlich ist, muss der Einzelfall

---

192) *Virgós/Schmit* in: Stoll, Vorschläge und Gutachten, Nr. 221; *Leible/Staudinger*, KTS 2000, 533, 569; krit. *Reinhart* in: MünchKomm-InsO, 2. Aufl., 2008, Art. 3 EuInsVO 2000 Rz. 75.
193) Kübler/Prütting/Bork-*Kemper*, InsO, Art. 3 EuInsVO 2000 Rz. 36.
194) Wimmer/Bornemann/Lienau-*Wimmer*, Die Neufassung der EuInsVO, Rz. 405.
195) EuGH, Urt. v. 22.12.2012 – Rs. C-116/11 (Handlowy), Rz. 60–62, ZIP 2012, 2403, 2406, dazu EWiR 2013, 173 *(Jopen)*.
196) Wimmer/Bornemann/Lienau-*Lienau*, Die Neufassung der EuInsVO, Rz. 248 und Wimmer/Bornemann/Lienau-*Wimmer*, Die Neufassung der EuInsVO, Rz. 405.
197) Wimmer/Bornemann/Lienau-*Wimmer*, Die Neufassung der EuInsVO, Rz. 405; krit. *Kindler* in: MünchKomm-BGB, Art. 3 EuInsVO Rz. 63.
198) *Brinkmann*, KTS 2014, 381, 389.
199) Kübler/Prütting/Bork-*Kemper*, InsO, Art. 3 EuInsVO 2000 Rz. 38.
200) BGH, Urt. v. 18.9.2014 – VII ZR 58/13, Rz. 10, ZIP 2014, 2092, 2093, dazu EWiR 2014, 751 *(Mankowski)*.
201) Mankowski/Müller/J. Schmidt-*Mankowski*, EuInsVO 2015, Art. 3 Rz. 157.
202) EuGH, Urt. v. 11.6.2015 – Rs. C-649/13 (Nortel), Rz. 39 f., ZIP 2015, 1299, 1302, dazu EWiR 2015, 515 *(J. Schmidt)*.
203) *Kindler* in: MünchKomm-BGB, Art. 3 EuInsVO Rz. 66.

entscheiden (siehe oben Rz. 47). Zum nationalen Recht sind teilweise **abweichende Sachnormen in Kapitel III** enthalten.[204]

## 2. Vorhergehendes Hauptinsolvenzverfahren

50 Art. 3 Abs. 3 gilt nur, wenn zuerst in einem Mitgliedstaat ein Hauptinsolvenzverfahren eröffnet wurde. Er ordnet an, dass die Partikularinsolvenz ein Sekundärinsolvenzverfahren sein muss, sobald das Gericht von der bereits erfolgten Eröffnung erfährt. Hat es Kenntnis vom Hauptverfahren, muss es das Partikularverfahren als Sekundärverfahren eröffnen, weil es nur dann im Umfang des Art. 34 Satz 1 an die dortigen Eröffnungsgründe gebunden ist. Art. 3 Abs. 3 behandelt nicht die Konstellation, dass in zwei Mitgliedstaaten Hauptinsolvenzen eröffnet werden und beide als solche fortgeführt werden (positiver Kompetenzkonflikt). Konflikte dieser Art werden nach dem **Prioritätsprinzip** gelöst, wobei man zwar über dessen rechtliche Grundlegung,[205] nicht aber die Sinnhaftigkeit des Ergebnisses streiten kann. Das ist der auf ErwG 65 Satz 6 gestützte Standpunkt des **EuGH**.[206] Maßgeblich ist der Zeitpunkt der Eröffnung und nicht der nach nationalem Recht fingierte Zeitpunkt der Eröffnungswirkung.[207] ErwG 65 normative Festschreibung abzusprechen,[208] missdeutet den rechtlichen Gehalt der Erwägungsgründe (siehe oben Einl. Rz. 2 f. [*Zipperer*]).[209] Dem Zweitgericht als dem kleineren Übel die Befugnis einzuräumen, die internationale Zuständigkeit des Erstgerichts zu überprüfen, sie nur im Falle der Richtigkeit anzuerkennen,[210] ist nach Art. 5 nicht haltbar, da sich die EuInsVO für die Überprüfung im Rechtsmittelverfahren entschieden hat, unter Belassen des Grundsatzes des gegenseitigen Vertrauens im Übrigen. Wegen der Dauer nicht hilfreich ist die Möglichkeit des **Vorabentscheidungsverfahrens** gemäß Art. 267 Abs. 1 lit. b und Unterabs. 3 AEUV.[211]

## 3. Negativer Kompetenzkonflikt

51 Zu einem **negativen Kompetenzkonflikt** kann es dann kommen, wenn ein zweites Gericht seine Zuständigkeit deswegen verneint, weil es das erste Gericht eines an-

---

204) Kübler/Prütting/Bork-*Kemper*, InsO, Art. 3 EuInsVO 2000 Rz. 35.
205) Mankowski/Müller/J. Schmidt-*Mankowski*, EuInsVO 2015, Art. 3 Rz. 165 f.
206) EuGH, Urt. v. 2.5.2006 – Rs. C-341/04 (Eurofood), Rz. 39 f., ZIP 2006, 907, 909, m. Anm. *Knof/Mock*; Duursma-Kepplinger/Duursma/Chalupsky-*Duursma-Kepplinger*, EuInsVO, Art. 3 Rz. 35; Kübler/Prütting/Bork-*Kemper*, InsO, Art. 3 EuInsVO 2000 Rz. 24; *Thole* in: MünchKomm-InsO, Art. 3 EuInsVO 2000 Rz. 69.
207) So aber High Court of Dublin, Beschl. v. 23.3.2004 – 33/04 (Eurofood/Parmalat II), ZIP 2004, 1223, 1226, dazu EWiR 2004, 599 *(Herweg/Tschauner)*; a. A. *Herchen*, ZInsO 2004, 825, 829; *Thole* in: MünchKomm-InsO, Art. 3 EuInsVO 2000 Rz. 69.
208) Mankowski/Müller/J. Schmidt-*Mankowski*, EuInsVO 2015, Art. 3 Rz. 168.
209) Die zitierte Entscheidung EuGH, Urt. v. 15.10.2002 – C-238/99 P u. a. (Limburgse Vinyl u. a./Kommission), Rz. 452, Slg. 2002, I-8375 u. a., behandelt nur die Begründungspflicht gemäß Art. 2 AEUV, nicht aber die Rechtsbedeutung des ErwG; richtig hingegen AG Köln, Beschl. v. 23.1.2004 – 71 IN 1/04 (automold), UG I. a, dd, ZIP 2004, 471 = NZI 2004, 151, 152.
210) Mankowski/Müller/J. Schmidt-*Mankowski*, EuInsVO 2015, Art. 3 Rz. 175 und 178.
211) *Virgós/Schmit* in: Stoll, Vorschläge und Gutachten, Nr. 79; a. A. *Kindler* in: MünchKomm-BGB, Art. 3 EuInsVO Rz. 44; Duursma-Kepplinger/Duursma/Chalupsky-*Duursma-Kepplinger*, EuInsVO, Art. 3 Rz. 37.

deren Mitgliedstaates für zuständig hält, welches allerdings seinerseits die Zuständigkeit bereits verneint hat.[212] Ebenso, wenn sich die Gerichte zweier Mitgliedstaaten nur für die Eröffnung von Partikularverfahren zuständig erachten.[213] Auch diesen Fall regelt die EuInsVO nicht ausdrücklich, weshalb unter Rückgriff auf **Art. 32 Abs. 1 Unterabs. 2** einmal mehr der **Prioritätsgedanke** mit der Folge bemüht wird, dem zur Anerkennung verpflichteten Zweitgericht sei die Verneinung seiner Zuständigkeit verwehrt;[214] teilweise wird dasselbe Ergebnis mit dem **Grundsatz des gemeinschaftlichen Vertrauens** begründet.[215] Die letztgenannte Auffassung kann sich auf ErwG 65 Satz 3 stützen, der die Anerkennung auf das gegenseitige Vertrauen stützt.[216] Die Möglichkeit einer **grenzüberschreitenden Verweisung**[217] hat gemäß ErwG 26 Satz 1 keine Bindungswirkung und findet in der EuInsVO keine Grundlage.[218] Allerdings ist der Verweisungsbeschluss als **Anregung** zur **Zusammenarbeit** und **Kooperation** i. S. des **Art. 42** zu verstehen.

Bisher wurde es als rechtlich bedeutungslos betrachtet, wenn das eröffnende Gericht in seiner Entscheidung die internationale Zuständigkeit nicht ausdrücklich feststellte.[219] Daran ist auch nach Einführung von **Art. 4 Abs. 1** festzuhalten. Denn der **Verstoß** gegen die **Begründungspflicht** ist weitgehend sanktionslos (siehe unten Art. 4 Rz. 10 [*Vallender/Zipperer*]). Gleichwohl empfiehlt sich eine entsprechende Feststellung, weil sie die Gerichte der anderen Mitgliedstaaten davon abhalten dürfte, ein zweites Hauptinsolvenzverfahren mit all den rechtlichen Problemstellungen, wie sie z. B. im *Daisytek-ISA-Verfahren* aufgetreten sind, zu eröffnen.[220]

52

Innerstaatlich ist **Art. 102c § 2 Abs. 2 EGInsO** zu beachten. Danach dürfen deutsche Gerichte, wenn ein Gericht in einem anderen Mitgliedstaat die Eröffnung ablehnte, weil die deutschen Gerichte zuständig seien, die Eröffnung nicht ablehnen. Damit soll ein Zuständigkeitsvakuum vermieden werden. Die Bindungswirkung tritt aber nicht ein, wenn das Erstgericht die Zuständigkeit in einem anderen Mitgliedstaat verortet oder offenlässt. Dann steht es dem deutschen Gericht frei, den COMI in einem weiteren dritten Mitgliedstaat zu sehen.[221]

53

---

212) Kübler/Prütting/Bork-*Kemper*, InsO, Art. 3 EuInsVO Rz. 25.
213) Duursma-Kepplinger/Duursma/Chalupsky-*Duursma-Kepplinger*, EuInsVO, Art. 3 Rz. 36.
214) Kübler/Prütting/Bork-*Kemper*, InsO, Art. 3 EuInsVO 2000 Rz. 25.
215) Duursma-Kepplinger/Duursma/Chalupsky-*Duursma-Kepplinger*, EuInsVO, Art. 3 Rz. 36; Mankowski/Müller/J. Schmidt-*Mankowski*, EuInsVO 2015, Art. 3 Rz. 186.
216) Krit. *Thole* in: MünchKomm-InsO, Art. 3 EuInsVO 2000 Rz. 76.
217) AG Hamburg, Beschl. v. 9.5.2006 – 67c IN 122/06, ZIP 2006, 1105, 1107, dazu EWiR 2006, 433 *(Wagner)*.
218) Mankowski/Müller/J. Schmidt-*Mankowski*, EuInsVO 2015, Art. 3 Rz. 182; *Thole* in: MünchKomm-InsO, Art. 3 EuInsVO 2000 Rz. 68.
219) Kübler/Prütting/Bork-*Kemper*, InsO, Art. 3 EuInsVO 2000 Rz. 26; Mankowski/Müller/J. Schmidt-*Mankowski*, EuInsVO 2015, Art. 3 Rz. 182.
220) S. beispielhaft BGH, Beschl. v. 29.5.2008 – IX ZB 102/07, ZIP 2008, 1338, dazu EWiR 2008, 491 *(J. Schmidt)*; s. ferner AG Düsseldorf, Beschl. v. 6.6.2003 – 502 IN 126/03 (Daisytek-ISA), ZIP 2003, 1363, dazu EWiR 2003, 767 *(Mankowski)*.
221) *Vallender*, KTS 2005, 283, 295; Mankowski/Müller/J. Schmidt-*Mankowski*, EuInsVO 2015, Art. 3 Rz. 185; *Thole* in: MünchKomm-InsO, Art. 102 § 3 EGInsO Rz. 15, 16.

## VIII. Unabhängiges Partikularverfahren (Art. 3 Abs. 4)

**54** Art. 3 Abs. 4 wurde sowohl **redaktionell umgestaltet** als auch inhaltlich verändert. Art. 3 Abs. 4 Satz 1 streicht in der i. Ü. unverändert übernommenen Fassung „in den nachstehenden Fällen"; es heißt jetzt lediglich „nur". Das Partikularverfahren soll **nur unter engen Voraussetzungen** eröffnet werden, wie das ErwG 37 Satz 2 unterstreicht („auf das unumgängliche Maß beschränkt ...").[222] Es ist von der EuInsVO **unerwünscht**[223] und funktionell **subsidiär**.[224] Art. 3 Abs. 4 Satz 1 lit. a bleibt, abgesehen von der redaktionellen Änderung der „Rechtsvorschriften des Mitgliedstaats" in „das Recht des Mitgliedstaates" unverändert und behandelt die **Unmöglichkeit** der **Eröffnung** des **Hauptinsolvenzverfahrens** im Mitgliedstaat des Mittelpunkts des wirtschaftlichen Interesses. Art. 3 Abs. 4 Satz 1 **lit. b** ist in zwei Absätze umgestaltet. Art. 3 Abs. 4 Satz 1 **lit. b (i)** verzichtet auf den Wohnsitz des antragstellenden Gläubigers im Staat der Niederlassung und fordert stattdessen, dass seine **Forderung** sich **aus dem Betrieb der Niederlassung** ergibt oder damit **in Zusammenhang steht**. Entscheidend ist die Kontaktaufnahme über die Niederlassung, ohne dass sich Bezugsfragen des Gläubigers wie Wohnsitz oder gewöhnlicher Aufenthalt im Hinblick auf die Rolle der Niederlassung wie nach altem Recht stellen.[225]

**55** Art. 3 Abs. 4 Satz 1 **lit. b (ii)** ist neu: Er gewährt auch einer **Behörde** die **Antragsbefugnis**, wenn diese nach nationalem Recht vorgesehen ist. Das war nach bisherigem Recht, da Behörden im Allgemeininteresse handeln und über keine eigene Forderung verfügen, nicht der Fall.[226]

**56** Neu ist Art. 3 Abs. 4 **Satz 2**, der ErwG 17 Satz 3 a. F. in den VO-Text übernimmt. Danach wird mit der **Eröffnung** des **Hauptinsolvenzverfahrens** das Partikularverfahren zum **Sekundärinsolvenzverfahren**. Die Einzelheiten regeln die Artt. 50–53.

### 1. Zulässigkeitsvoraussetzungen

**57** Das **isolierte Partikularverfahren**, bei dem es sich um ein **Territorialverfahren** handelt, ist nur unter **einschränkenden Voraussetzungen** zulässig. Es darf noch kein Hauptinsolvenzverfahren eröffnet worden sein („vor der Eröffnung ..."), die inländische Eröffnung bezieht sich auf ein Partikularverfahren „nach Abs. 2", d. h. der Schuldner muss im Inland eine **Niederlassung** unterhalten, dessen internationale Zuständigkeit aus Art. 3 Abs. 2 folgt. Ferner müssen die weiteren drei Voraussetzungen des Art. 3 Abs. 4 gegeben sein.[227] Von diesen Voraussetzungen muss wenigstens eine erfüllt sein, die Einzelanforderungen sind **disjunktiv** („oder") an-

---

222) EuGH, Urt. v. 17.11.2011 – Rs. C-112/10 (Zaza Retail), Rz. 22, ZIP 2011, 2415, 2417, dazu EWiR 2011, 807 *(J. Schmidt)*.
223) Duursma-Kepplinger/Duursma/Chalupsky-*Duursma-Kepplinger*, EuInsVO, Art. 3 Rz. 86; Mankowski/Müller/J. Schmidt-*Mankowski*, EuInsVO 2015, Art. 3 Rz. 189.
224) *Cranshaw*, DZWiR 2014, 473, 474.
225) Wimmer/Bornemann/Lienau-*Lienau*, Die Neufassung der EuInsVO, Rz. 251 und Wimmer/Bornemann/Lienau-*Wimmer*, Die Neufassung der EuInsVO Rz. 410; zum bisherigen Recht vgl. Kübler/Prütting/Bork-*Kemper*, InsO, Art. 3 EuInsVO 2000 Rz. 40 f.
226) EuGH, Urt. v. 17.11.2011 – Rs. C-112/10 (Zaza Retail), Rz. 30 f., ZIP 2011, 2415, 2417.
227) *Thole* in: MünchKomm-InsO, Art. 3 EuInsVO 2000 Rz. 88.

geordnet.[228] Für die **Verfahrensabwicklung** gelten die **Artt. 34 ff.**, insbesondere die Kollisionsnorm des Art. 35, die allerdings für das isolierte Partikularverfahren für überflüssig gehalten wird, weil die lex fori concursus unmittelbar dem Art. 7 entnommen werden könne.[229] Sachliche Unterschiede ergeben sich daraus nicht.

### a) Unmöglichkeit der Eröffnung eines Hauptinsolvenzverfahrens (Art. 3 Abs. 4 Satz 1 lit. a)

Nach Art. 3 Abs. 4 Satz 1 lit. a ist das Partikularverfahren zulässig, wenn die Eröffnung eines **Hauptinsolvenzverfahrens nicht möglich** ist. Dies richtet sich nach dem Insolvenzrecht des Staates, in dem der COMI belegen ist.[230] In Betracht kommt das, wenn dem Schuldner die notwendige Kaufmannseigenschaft fehlt, oder es sich bei dem Schuldner um ein nicht insolvenzfähiges öffentliches Unternehmen handelt.[231] Die Unmöglichkeit muss eine **objektive** sein und sich **nicht** aus den **besonderen Umständen** des Einzelfalles ergeben,[232] wie die Masseunzulänglichkeit oder eine besonders hohe Vorschussanforderung.[233] Die Unmöglichkeit muss sich aus Umständen ergeben, die außerhalb des konkreten Verfahrens liegen,[234] etwa die fehlende Insolvenzfähigkeit eines öffentlichen Unternehmens. Abweisungen wegen Formfehlern oder fehlender Antragsbefugnis rechnen nicht dazu.[235] Dies sichert den **Ausnahmecharakter** des Partikularverfahrens, das auf den Schutz der lokalen Gläubiger beschränkt ist (ErwG 37)[236] und nicht als Auffangverfahren dienen darf. **Antragsbefugt** sind alle Gläubiger, auch die aus dem Mitgliedstaat des hauptsächlichen Interesses.[237]

58

### b) Forderungen, die sich aus dem Betrieb einer Niederlassung ergeben oder damit in Zusammenhang stehen (Art. 3 Abs. 4 Satz 1 lit. b)

Die bisherige vierfache Anknüpfung an die internationale Zuständigkeit (Wohnsitz, gewöhnlicher Aufenthalt, Sitz und aus einer sich aus dem Betrieb der Niederlassung ergebenden Forderung) ist in Art. 3 Abs. 4 Satz 1 **lit. b** (i) auf **Forderungen** beschränkt, die sich **aus dem Betrieb einer Niederlassung** ergeben oder damit **in Zusammenhang** stehen. Diese Verengung gegenüber dem bisherigen Recht soll einmal mehr das Ziel verwirklichen, Partikularverfahren auf das unumgängliche Maß zu beschränken (ErwG 37 Satz 2) und zum anderen für mehr Rechtssicherheit

59

---

228) Mankowski/Müller/J. Schmidt-*Mankowski*, EuInsVO 2015, Art. 3 Rz. 188.
229) Kübler/Prütting/Bork-*Kemper*, InsO, Art. 28 EuInsVO 2000 Rz. 3; Mankowski/Müller/J. Schmidt-*Mankowski*, EuInsVO 2015, Art. 36 Rz. 23; *Thole* in: MünchKomm-InsO, Art. 28 EuInsVO 2000 Rz. 1.
230) *Dornblüth* in: HK-InsO, Art. 3 EuInsVO Rz. 26.
231) EuGH, Urt. v. 17.11.2011 – Rs. C-112/10 (Zaza Retail), Rz. 23, ZIP 2011, 2415, 2417.
232) EuGH, Urt. v. 17.11.2011 – Rs. C-112/10 (Zaza Retail), Rz. 21, ZIP 2011, 2415, 2416, 2417.
233) Wimmer/Bornemann/Lienau-*Wimmer*, Die Neufassung der EuInsVO, Rz. 409.
234) Kübler/Prütting/Bork-*Madaus*, InsO, Art. 3 EuInsVO Rz. 50.
235) Mankowski/Müller/J. Schmidt-*Mankowski*, EuInsVO 2015, Art. 3 Rz. 194.
236) *Virgós/Schmit* in: Stoll, Vorschläge und Gutachten, Nr. 84.
237) Kübler/Prütting/Bork-*Kemper*, InsO, Art. 3 EuInsVO 2000 Rz. 39.

sorgen.[238] Art. 3 Abs. 4 Satz 1 lit. b (i) knüpft an die Definition der **lokalen Gläubiger** in Art. 2 Nr. 11 an. Diese weite Fassung erfasst auch Fälle, in denen die rechtliche Verbindung nicht durch die Niederlassung, sondern bloß unter deren Mitwirkung begründet wurde.[239] Bisher wurde der Wortlaut „aus dem Betrieb einer Niederlassung" in Anlehnung an Art. 5 Nr. 5 EuGVVO präzisiert,[240] was jetzt nicht mehr erforderlich erscheint. Ziel des Partikularinsolvenzverfahrens ist der Schutz der lokalen Gläubiger, deren **Schutzbedürfnis** aus der **Betriebsbezogenheit** zur Niederlassung entsteht und dazu der Grundsatz der Universalität zurückgedrängt wird.[241] Dabei sind die Tatbestandsmerkmale „aus dem Betrieb" bzw. „in Zusammenhang" nach **objektiven** und **zugleich für Dritte feststellbare Kriterien** zu bestimmen.[242] In Betracht kommen deshalb alle Forderungen, die **nach außen erkennbar** aus der wirtschaftlichen Tätigkeit der Niederlassung resultieren, wie Lohnforderungen der Arbeitnehmer, Forderungen der Lieferanten und Dienstleister, Steuer- und Sozialversicherungsforderungen.[243] Entscheidend ist einmal mehr, dass von der Niederlassung die Korrespondenz abgewickelt und ein Büro unterhalten wird (siehe oben Rz. 44). Ob es sich dabei um **vertragliche** oder **außervertragliche Ansprüche** handelt,[244] ist ebenso **ohne Belang** wie der **Erfüllungsort**,[245] da der Ort der Vertrauensbegründung entscheidet. **Durchgriffshaftungsansprüche** sollen hingegen nicht erfasst sein, da sie rechtliche Selbständigkeit der Tochter voraussetzen und damit der Niederlassungsbegriff nicht erfüllt ist.[246]

## 2. Antragsbefugnis

60 Ob nur ein **Gläubiger** oder auch der **Schuldner antragsbefugt** ist, wird unterschiedlich beurteilt. Teilweise wird angenommen, das Antragsrecht diene dazu, die Verweigerungshaltung des Schuldners aufzubrechen, am COMI keinen Insolvenzantrag zu stellen, weshalb nur der Gläubiger antragsbefugt sei.[247] Demgegenüber soll diese Einschränkung europarechtlich nicht geboten sein.[248] Der Streit beant-

---

238) Vgl. Bericht der Kommission an das Europäische Parlament, den Rat und den Europäischen Wirtschafts- und Sozialausschuss über die Anwendung der Verordnung (EG) Nr. 1346/2000 des Rates v. 29.5.2000 über Insolvenzverfahren, v. 12.12.2012, COM(2012) 743 final, S. 10, abrufbar unter https://ec.europa.eu/transparency/regdoc/rep/1/2012/DE/1-2012-743-DE-F1-1.Pdf (Abrufdatum: 10.1.2020).
239) Wimmer/Bornemann/Lienau-*Wimmer*, Die Neufassung der EuInsVO, Rz. 410.
240) Kübler/Prütting/Bork-*Kemper*, InsO, Art. 3 EuInsVO 2000 Rz. 43; *Reinhart* in: Münch-Komm-InsO, 2. Aufl., 2008, Art. 3 EuInsVO 2000 Rz. 77.
241) *Virgós/Schmit* in: Stoll, Vorschläge und Gutachten, Nr. 84. Duursma-Kepplinger/Duursma/Chalupsky-*Duursma-Kepplinger*, EuInsVO, Art. 3 Rz. 96.
242) Duursma-Kepplinger/Duursma/Chalupsky-*Duursma-Kepplinger*, EuInsVO, Art. 3 Rz. 93.
243) *Virgós/Schmit* in: Stoll, Vorschläge und Gutachten, Nr. 85, 2b.
244) Kübler/Prütting/Bork-*Kemper*, InsO, Art. 3 EuInsVO 2000 Rz. 43.
245) Zutreffend *Reinhart* in: MünchKomm-InsO, 2. Aufl., 2008, Art. 3 EuInsVO 2000 Rz. 77.
246) Mankowski/Müller/J. Schmidt-*Mankowski*, EuInsVO 2015, Art. 3 Rz. 200.
247) Duursma-Kepplinger/Duursma/Chalupsky-*Duursma-Kepplinger*, EuInsVO, Art. 3 Rz. 94; Mankowski/Müller/J. Schmidt-*Mankowski*, EuInsVO 2015, Art. 3 Rz. 202.
248) *Kolmann*, Kooperationsmodelle, S. 335. In der Praxis wird ein Schuldner, der am COMI keinen Insolvenzantrag stellt, dies auch am Ort der Niederlassung nicht tun.

wortet sich mit dem Wortlaut der Vorschrift („von einem Gläubiger beantragt wird ..."), den die ErwG 37 und 38 wiederholen. Deshalb wird **nur** den in Art. 3 Abs. 4 Satz 1 lit. b (i) und (ii) benannten **Gläubigern** die Antragsbefugnis gewährt.

### 3. Antragsrecht von Behörden

Art. 3 Abs. 4 Satz 1 **lit. b (ii)** gewährt **Behörden** des Mitgliedstaates der Niederlassung ein **Antragsrecht**. Der Begriff Behörde wird nicht definiert; er klärt sich durch den weiteren Wortlaut der Bestimmung. Die Behörde muss „nach dem Recht des Mitgliedstaates" der Niederlassung „das Recht haben, die Eröffnung eines Insolvenzverfahrens zu beantragen." Entscheidend ist diese Befugnis und nicht die Art ihrer (hoheitlichen) Organisation, ebenso wenig der Umstand, ob sie zugleich Forderungsinhaber ist. Das ist für Mitgliedstaaten bedeutsam, in denen der Staatsanwaltschaft die Antragsbefugnis zukommt.[249] In Deutschland stellt sich diese Frage nicht, da Finanzämter und Sozialversicherungsträger zugleich Vollstreckungsbehörden sind. Damit dehnt Art. 3 Abs. 4 Satz 1 lit. b (ii) den Anwendungsbereich auf Behörden, die im Allgemeininteresse handeln, aus und verlässt ein Stück weit die Absicht, den Schutz lokaler Gläubiger zu verfolgen, was mangels inländischer Relevanz keiner Vertiefung bedarf.

61

### 4. Feststellung des Insolvenzgrundes

**Problematisch** ist die Feststellung des **Insolvenzgrundes**. Sie richtet sich grundsätzlich nach der lex fori concursus (Art. 7 Abs. 2). Im Unterschied zum Sekundärverfahren, für das gemäß Art. 34 Satz 2 in der Regel die Insolvenz des Schuldners nicht geprüft wird, ist diese Feststellung beim unabhängigen Partikularverfahren unumgänglich. Dann stellt sich die Frage, welche Vermögensbestandteile in die Prüfung einzubeziehen sind.

62

Es wird die Auffassung vertreten, die **Zahlungsunfähigkeit** global, d. h. auf das gesamte schuldnerische Vermögen zu erstrecken, weil an dem Verfahren alle in- und ausländischen Gläubiger teilnehmen können.[250] Dagegen sprechen bereits der zeitliche Aufwand dieser Prüfung und das Schutzbedürfnis der lokalen Gläubiger, die auf die Geltendmachung ihrer Ansprüche im Ausland verwiesen würden. Ebenso wenig genügt das Zahlungsverhalten der Niederlassung.[251] Gegen diese Auffassung spricht, dass bei nicht feststellbarer unionsweiter Zahlungsunfähigkeit kein Sekundärverfahren eröffnet werden könnte.[252] Die Debatte wiederholt sich zur Frage der **Überschuldung**. Hierzu wird vertreten, diese könne bei einer juristischen Per-

63

---

249) Wimmer/Bornemann/Lienau-*Wimmer*, Die Neufassung der EuInsVO, Rz. 410. Zur EuInsVO 2000 hatte der Hof van Cassatie te Antwerpen (1ste kamer) am 10.5.2012 – Nr. C.08.0596.N, noch zutr. entschieden, dass dem belgischen Procureur-Generaal ein Antragsrecht nicht zustehe, weil er keine Gläubigerstellung innehabe.
250) Kübler/Prütting/Bork-*Kemper*, InsO, Art. 3 EuInsVO 2000 Rz. 44.
251) BGH, Urt. v. 11.7.1991 – IX ZR 230/90, ZIP 1991, 1014/1015. Zust. *Hanisch*, Gutachten zur Umsetzung, in: Stoll, Vorschläge und Gutachten, S. 183, 203, 212; *Thole* in: MünchKomm-InsO, Art. 3 EuInsVO 2000, Rz. 96; **a. A.** OLG Graz, Entsch. v. 3.5.2015 – 3 R 31/15a, ZIK 2015/316, 238, 239, das nur die niederlassungsbezogenen Verbindlichkeiten und die niederlassungsbezogene Liquidität berücksichtigt.
252) Wimmer/Bornemann/Lienau-*Wimmer*, Die Neufassung der EuInsVO, Rz. 414, der allerdings ein verbleibendes Schutzbedürfnis der lokalen Gläubiger einräumen muss.

son nur global, nicht **partiell** festgestellt werden.[253] Dem wird entgegengehalten, dass sich dadurch die praktischen Probleme ihrer Feststellung verstärken würden.[254] Als Ausweg wird deshalb vorgeschlagen, im Falle isolierter Partikularinsolvenzen auf den Insolvenzgrund der Überschuldung zu verzichten.[255] Die Frage erfordert eine pragmatische Lösung, die für eine **partielle Überschuldungs- und Zahlungsunfähigkeitsprüfung** plädiert.[256] Sie versucht die praktischen Probleme und den gebotenen Schutz der lokalen Gläubiger in Einklang zu bringen. Die **Aufklärungsbefugnis** des Gerichts endet an den **Grenzen des Hoheitsgebiets**, unionsweite Feststellungen scheiden daher aus. Zugleich gebietet der Schutz der lokalen Gläubiger, **Ermittlungen rasch** abzuschließen, mithin die Insolvenzgründe auf **objektive** und für **Dritte erkennbare Kriterien** zu beschränken.[257] Diese auf die lokalen Gläubiger verengte Perspektive **indiziert** das Vorliegen der Insolvenzgründe und verlangt vom Schuldner im **Wege der sekundären Darlegung** deren Entkräftung.

### 5. Wirkungen

64 Die Wirkungen eines Partikularverfahrens sind auf das im Gebiet des verfahrenseröffnenden Mitgliedsstaats belegene Vermögen des Schuldners beschränkt (Art. 3 Abs. 2 Satz 2). Die Eröffnung eines Partikularinsolvenzverfahrens führt nicht zu einer Spaltung der Rechtspersönlichkeit des Schuldners.[258] Es werden vielmehr zwei separat zu verwaltende Vermögensmassen ein- und desselben Rechtssubjekts gebildet.[259] Der Antrag auf Eröffnung eines Partikularinsolvenzverfahrens kann sich verfahrensrechtlich immer nur gegen den Schuldner und nicht isoliert gegen die Niederlassung i. S. des Art. 2 Nr. 10 richten.[260] Daran ändert der Umstand, dass nur das in dem Mitgliedstaat der Niederlassung belegene Vermögen von den Verfahrenswirkungen umfasst ist, nichts. Die **Niederlassung** erlangt durch die Verfahrenseröffnung keine eigene Rechtspersönlichkeit oder Parteistellung. Mangels Rechts- und Parteifähigkeit ist sie **nicht insolvenzfähig**.[261]

### 6. Automatische Überleitung

65 **Art. 3 Abs. 4 Satz 2** übernimmt ErwG 17 Satz 3 a. F. in den VO-Text, womit die Anordnung, mit Eröffnung des Hauptinsolvenzverfahrens das Partikularverfahren als Sekundärverfahren zu führen, **zusätzliche Verbindlichkeit** gewinnt. Dabei be-

---

253) So *Dornblüth* in: HK-InsO, Art. 3 EuInsVO Rz. 28, die hinsichtlich der Überschuldung für eine umfassende Betrachtung sämtlicher Aktiva und Passiva des Schuldners – unabhängig von ihrer Belegenheit – plädiert.
254) Kübler/Prütting/Bork-*Kemper*, InsO, Art. 3 EuInsVO 2000 Rz. 47.
255) *Hanisch*, Gutachten zur Umsetzung, in: Stoll, Vorschläge und Gutachten, S. 183, 203, 212.
256) *Hanisch*, Gutachten zur Umsetzung, in: Stoll, Vorschläge und Gutachten, S. 183, 202, 212.
257) *Paulus*, EuInsVO, Art. 3 Rz. 54, will die Prüfung, ob ein Eröffnungsgrund vorliegt, auf diejenigen Vermögensgegenstände beschränken, die im Inland belegen sind sowie diejenigen, die der Verwalter gem. Art. 21 Abs. 2 zur inländischen Masse ziehen kann.
258) *Engelhart*, ZIK 2016, 162, 164.
259) Pannen-*Herchen*, EuInsVO, Art. 27 Rz. 3.
260) *Engelhart*, ZIK 2016, 162, 164.
261) OLG Wien, Entsch. v. 19.5.2016 – 28 R 127/16a, ZIK 2016/250, 186.

sagt die Regelung nur Selbstverständliches.[262] Allerdings war nach Art. 37 a. F. ein Antrag des Verwalters des Hauptinsolvenzverfahrens erforderlich, was jetzt nach Art. 50 entbehrlich ist. Die **automatische Überleitung** setzt allerdings voraus, dass sie „nach dem Stand des Verfahrens möglich ist". Sind im Partikularverfahren Verwertungen und Erlösverteilungen weitgehend fortgeschritten, macht die Überleitung keinen Sinn, ebenso wenig bei einem bestätigten Plan.[263] Dessen ungeachtet erhält der Verwalter die Befugnis, die Umwandlung des bisherigen Partikularverfahrens in eine **andere Verfahrensart** zu beantragen (Art. 51 Abs. 1).[264] Auf diese Weise soll eine **abgestimmte Abwicklung** der parallelen Verfahren ermöglicht werden, etwa die Umwandlung in ein Sanierungsverfahren.[265] Solange Deutschland nicht über ein im Anhang A aufgeführtes vorinsolvenzliches Sanierungsverfahren verfügt, hat diese Möglichkeit keine Bedeutung, es sei denn man rechnet die §§ 270a und 270b InsO dazu.[266]

---

262) *Virgós/Schmit* in: Stoll, Vorschläge und Gutachten, Nr. 86.
263) Wimmer/Bornemann/Lienau-*Wimmer*, Die Neufassung der EuInsVO, Rz. 497.
264) Wimmer/Bornemann/Lienau-*Wimmer*, Die Neufassung der EuInsVO, Rz. 411.
265) Wimmer/Bornemann/Lienau-*Wimmer*, Die Neufassung der EuInsVO, Rz. 496.
266) Abl. *Zipperer*, ZInsO 2016, 831, 832.

# Artikel 4
## Prüfung der Zuständigkeit

(1) ¹Das mit einem Antrag auf Eröffnung eines Insolvenzverfahrens befasste Gericht prüft von Amts wegen, ob es nach Artikel 3 zuständig ist. ²In der Entscheidung zur Eröffnung des Insolvenzverfahrens sind die Gründe anzugeben, auf denen die Zuständigkeit des Gerichts beruht sowie insbesondere, ob die Zuständigkeit auf Artikel 3 Absatz 1 oder Absatz 2 gestützt ist.

(2) ¹Unbeschadet des Absatzes 1 können die Mitgliedstaaten in Insolvenzverfahren, die gemäß den nationalen Rechtsvorschriften ohne gerichtliche Entscheidung eröffnet werden, den in einem solchen Verfahren bestellten Verwalter damit betrauen, zu prüfen, ob der Mitgliedstaat, in dem der Antrag auf Eröffnung des Verfahrens anhängig ist, gemäß Artikel 3 zuständig ist. ²Ist dies der Fall, führt der Verwalter in der Entscheidung zur Verfahrenseröffnung die Gründe auf, auf welchen die Zuständigkeit beruht sowie insbesondere, ob die Zuständigkeit auf Artikel 3 Absatz 1 oder Absatz 2 gestützt ist.

**Literatur:** *Bork*, Internationale Zuständigkeit und ordre public, ZIP Beilage 22/2016, S. 11; *Deyda*, Der Fall Niki Luftfahrt – Bruchlandung des neuen europäischen internationalen Insolvenzrechts?, ZInsO 2018, 221; *Garcimartín*, The EU Insolvency Regulation Recast: Scope, Jurisdiction and Applicable Law, ZEuP 2015, 694; *Hess/Oberhammer/Pfeiffer*, External Evaluation of Regulation No. 1346/2000 on Insolvency Proceedings, Heidelberg-Luxembourg-Vienna, 2013 (zit.: Heidelberg-Luxembourg-Vienna Report, 2013); *Mock*, Das (geplante) neue europäische Insolvenzrecht nach dem Vorschlag der Kommission zur Reform der EuInsVo, GPR 2013, 156; *Priebe*, Zur Anerkennung der Wirkungen eines Insolvenzverfahrens nach englisch-walisischem Recht in Deutschland, ZInsO 2016, 601; *Thole*, Lehren aus dem Fall NIKI, ZIP 2018, 401; *Thole*, Die Reform der Europäischen Insolvenzverordnung – Zentrale Aspekte des Kommissionsvorschlags und offene Fragen, ZEuP 2014, 39.

# Artikel 4 — Prüfung der Zuständigkeit

### Übersicht

I. Entstehung und Zweck der Norm ..... 1
II. Art. 4 Abs. 1 ................................. 4
1. Prüfung von Amts wegen ............. 5
2. Begründungspflicht ............................. 11
III. Art. 4 Abs. 2 ........................................ 15

## I. Entstehung und Zweck der Norm

**1** Art. 4 ist neu, d. h. ohne Vorgängerregelung. Art. 4 a. F. ist jetzt Art. 7. Die Neufassung schließt sich der Zustandsbeschreibung des Vienna Reports an, wonach die Gerichte in den verschiedenen Mitgliedstaaten unterschiedliche Standards bei der Feststellung des COMI praktizieren. So werde die internationale Zuständigkeit ungeprüft auf das häufig unzureichende und auch manipulative Vorbringen des Schuldners gestützt, was den Insolvenztourismus befördere, während sich andere durch Ermittlungen von Amts wegen um die Voraussetzungen des Art. 3 Abs. 1 bemühten. Dieses prozedurale Gefälle erschüttere das gegenseitige Vertrauen und damit die automatische unionsweite Anerkennung[1] der Entscheidungen. Abhilfe könne nur die Zuständigkeitsprüfung ex officio, die zu begründen sei, gepaart mit zusätzlichen verfahrensrechtlichen Sicherungen, schaffen (dazu Art. 5).[2] Davon lässt sich der VO-Geber leiten, da nicht allen Gerichten die Pflicht zur amtswegigen Zuständigkeitsprüfung und die Notwendigkeit ihrer Begründung bewusst sei.[3] Das setzt Art. 4 Abs. 1 um, indem er in **Satz 1** das Gericht verpflichtet, die internationale Zuständigkeit von **Amts wegen** zu **prüfen** und in **Satz 2** eine **Begründungspflicht** anordnet. Art. 4 versteht sich als Kompromiss zwischen dem Beibringungsgrundsatz, dem die Gefahr des *forum shopping* immanent ist und der Amtsermittlung, die der Vermutungsregel des Art. 3 Abs. 1 die Effektivität nimmt.[4]

**2** In Mitgliedstaaten, denen ein Eröffnungsverfahren unbekannt ist, kann diese Prüfung dem bestellten Verwalter auferlegt werden (**Abs. 2 Satz 1**), der seine Entscheidung gleichermaßen zu begründen hat (**Abs. 2 Satz 2**). Das unterstreicht ErwG 27, nach dem das Gericht vor der Eröffnung seine internationale Zuständigkeit von Amts wegen prüfen solle, um, gewissermaßen als Programmsatz,[5] sich in die Reihe der Schutzvorkehrungen gegen ein Forum Shopping zu stellen (ErwG 29), weshalb die **Prüfung sorgfältig** erfolgen müsse (ErwG 30 Satz 1). Hat das Gericht Zweifel, soll es durch Auflagenverfügungen seine Entscheidungsgrundlage verbreitern (ErwG 32).[6] Die Einführung des prozeduralen Minimums fügt sich ein in die Bestrebungen des Internationalen Privatrechts und ist auch kein Abweichen von den

---

1) Anschaulich AG Nürnberg, Beschl. v. 15.8.2006 – 8004 IN 1326–1331/06 (Brochier), ZIP 2007, 81, 82, dazu EWiR 2007, 81 *(Duursma-Kepplinger)*.
2) *Hess/Oberhammer/Pfeiffer*, Heidelberg-Luxembourg-Vienna Report, S. 18 und 19.
3) Vgl. Bericht der Kommission an das Europäische Parlament, den Rat und den Europäischen Wirtschafts- und Sozialausschuss über die Anwendung der Verordnung (EG) Nr. 1346/2000 des Rates v. 29.5.2000 über Insolvenzverfahren, v. 12.12.2012, COM(2012) 743 final, S. 11 f. abrufbar unter https://ec.europa.eu/transparency/regdoc/rep/1/2012/DE/1-2012-743-DE-F1-1.Pdf (Abrufdatum: 20.1.2020).
4) Im Ansatz ähnlich Mankowski/Müller/J. Schmidt-*Mankowski*, EuInsVO 2015, Art. 3 Rz. 76.
5) Mankowski/Müller/J. Schmidt-*Mankowski*, EuInsVO 2015, Art. 4 Rz. 2.
6) Wimmer/Bornemann/Lienau-*Lienau*, Die Neufassung der EuInsVO, Rz. 257.

üblichen gesetzgeberischen Techniken,[7] vielmehr versucht sie die unterschiedlichen Niveaus und Intensität der gerichtlichen Prüfung in den Mitgliedstaaten anzugleichen.[8]

Die Regelung zur Prüfung der internationalen Zuständigkeit (Abs. 1 Satz 1) ist die **verfahrensrechtliche Absicherung** der Berücksichtigung der maßgeblichen Kriterien des Art. 3 im **konkreten Einzelfall**.[9] Die auf die internationale Zuständigkeit beschränkte Bestimmung nimmt keinen kompetenzwidrigen Eingriff in die nationalstaatlichen Verfahrensrechte vor.[10] Die Begründungspflicht des Art. 4 Abs. 1 Satz 2 dient der Selbstvergewisserung des Entscheidenden und damit der **Selbstkontrolle**.[11] Art. 4 Abs. 2 transferiert die Pflichten des Absatzes 1 auf den Verwalter, sofern das nationale Insolvenzrecht kein Zwischenverfahren vorsieht. Sie soll das Vertrauen in die richtige Rechtsanwendung stärken und damit die automatische Anerkennung erleichtern.[12] Gemeinsam mit **Art. 5**, der durch die Gewährung eines Rechtsmittels eine zusätzliche verfahrensrechtliche Kontrolle schafft, ist damit eine, intern und extern wirkende, **zweifache Kontrolle** implementiert.[13]

## II. Art. 4 Abs. 1

Das mit dem Eröffnungsantrag befasste Gericht **prüft von Amts wegen** die internationale Zuständigkeit i. S. des **Art. 3**. Der Wortlautgebrauch des „Prüfens" sollte nicht darüber hinwegtäuschen, dass damit ein Gesetzesbefehl verbunden ist.[14] Das folgt aus dem in der englischen Fassung gebrauchten „shall", das in der Rechtssprache als „sollen", das keine andere Option duldet, zu übersetzen ist. Das bestätigt der Sprachgebrauch der Erwägungsgründe (ErwG 33 und 34), die den Begriff „sollen" als verbindliche Anordnung verstehen.[15] Das „prüfen" ist **Prüfungspflicht**,[16] es handelt sich also um eine normative Anordnung gegenüber den Insolvenzgerichten. Nur bei diesem Verständnis ist das mit der Vorschrift verbundene Anliegen, ein **prozedurales Minimum** herzustellen, zu erreichen.

### 1. Prüfung von Amts wegen

**Prüfung** der Zuständigkeit **von Amts wegen** ist **nicht gleichzusetzen** mit Amtsermittlung,[17] insoweit sind die Amtssprachen einheitlich.[18] Das Gericht hat, soweit

---

7) *Hess/Oberhammer/Pfeiffer*, Heidelberg-Luxembourg-Vienna Report, 2013, S. 19. Einzelheiten bei Mankowski/Müller/J. Schmidt-*Mankowski*, EuInsVO 2015, Art. 4 Rz. 3.
8) Mankowski/Müller/J. Schmidt-*Mankowski*, EuInsVO 2015, Art. 3 Rz. 83.
9) Wimmer/Bornemann/Lienau-*Lienau*, Die Neufassung der EuInsVO, Rz. 255.
10) Mankowski/Müller/J. Schmidt-*Mankowski*, EuInsVO 2015, Art. 4 Rz. 1.
11) *Musielak* in: MünchKomm-ZPO, § 313 Rz. 5.
12) Mankowski/Müller/J. Schmidt-*Mankowski*, EuInsVO 2015, Art. 4 Rz. 1.
13) Mankowski/Müller/J. Schmidt-*Mankowski*, EuInsVO 2015, Art. 4 Rz. 1.
14) So auch *Thole*, ZIP 2018, 401, 405; a. A. offenbar AG Charlottenburg, Beschl. v. 4.1.2018 – 36n IN 6433/17, ZInsO 2018, 111, das lediglich eine Prüfungspflicht annimmt.
15) Wimmer/Bornemann/Lienau-*Lienau*, Die Neufassung der EuInsVO, Rz. 256 mit Fn. 22.
16) Mankowski/Müller/J. Schmidt-*Mankowski*, EuInsVO 2015, Art. 4 Rz. 5.
17) *Garcimartín*, ZEuP 2015, 694, 709; Mankowski/Müller/J. Schmidt-*Mankowski*, EuInsVO 2015, Art. 4 Rz. 8; *Thole* in: MünchKomm-InsO, Art. 4 EuInsVO 2015 Rz. 3; *Thole*, ZEuP 2014, 39, 57; Wimmer/Bornemann/Lienau-*Lienau*, Die Neufassung der EuInsVO, Rz. 256.
18) Engl.: „examine", frz.: „examine", ital.: „verifica", nl.: „onderzoeht", sp.: „examinará".

nicht das nationale Verfahrensrecht die Amtsermittlung anordnet (§ 5 InsO),[19] nicht die zuständigkeitsrelevanten Tatsachen zu ermitteln, sondern insbesondere unter **Geltung des Beibringungsgrundsatzes**[20] die vorgebrachten Tatsachen zu prüfen. Neben dem Wortlaut bestätigt das der zu eng geratene ErwG 32, nach dem das Gericht bei **Zweifeln** am Vortrag des Schuldners,[21] diesen, aber auch den Antrag stellenden Gläubiger, aufzufordern hat, weitere Beweise vorzulegen. Art. 4 Abs. 1 lässt die **lex fori unberührt**, welches Beweismaß, welche Mitwirkungs- und Darlegungspflichten bestehen, beantwortet das nationale Verfahrensrecht.[22] Zwar würde eine unionsweite Anordnung der Amtsermittlung das Ziel der EuInsVO, die gegenseitige Anerkennung zu fördern, wesentlich effektiver unterstützen, doch bedeutete sie einen kompetenzwidrigen Eingriff in die nationalstaatlichen Verfahrensrechte.[23] Nach **deutschem Recht** hat der Antragsteller alle, die internationale Zuständigkeit des angerufenen Gerichts begründenden Tatsachen anzugeben.

6 Dem steht nicht entgegen, dass der Begriff der amtswegigen Prüfung **autonom auszulegen** ist, denn nach dem hier vertretenen Verständnis soll das befasste Insolvenzgericht verpflichtet sein, **sorgfältig** und **unparteiisch alle relevanten Gesichtspunkte** des **Einzelfalles** zu **untersuchen**, dem Betroffenen das Recht einzuräumen, seinen Standpunkt zu Gehör zu bringen, und das Recht auf eine ausreichende Begründung der Entscheidung zu gewähren.[24] Nur so kann das über die Anerkennung entscheidende Gericht überprüfen, ob die Voraussetzungen des Art. 19 gegeben sind.

7 **Von Amts** wegen, lat. ex officio[25] oder anschaulich im Englischen „of its own motion", meint, dass das Gericht die **Prüfung** ohne Antrag **von sich aus vornimmt**. Art. 4 entzieht den Beteiligten die **Dispostionsbefugnis** über die internationale Zuständigkeit, es ist an abweichenden Vortrag nicht gebunden, ebensowenig an fehlenden Vortrag. Die Prüfungspflicht des Gerichts setzt daher nicht erst dann ein, wenn es dazu „angehalten" wird, sondern es hat **von sich aus** (of its own motion) auch den **leisesten Zweifeln** nachzugehen.[26] Zweifel werden durch **positive Anhaltspunkte** ausgelöst, wie das Stellen des Insolvenzantrags nicht im Staat des

---

19) Wimmer/Bornemann/Lienau-*Lienau*, Die Neufassung der EuInsVO, Rz. 257.
20) So das engl.-walisische Recht, vgl. *Priebe*, ZInsO 2016, 601, 603; wie hier *Dornblüth* in: HK-InsO, Art. 4 EuInsVO Rz. 2.
21) Gemeint ist **jeder Antragsteller**, vgl. Mankowski/Müller/J. Schmidt-*Mankowski*, EuInsVO 2015, Art. 4 Rz. 10; Wimmer/Bornemann/Lienau-*Lienau*, Die Neufassung der EuInsVO, Rz. 256.
22) Mankowski/Müller/J. Schmidt-*Mankowski*, EuInsVO 2015, Art. 4 Rz. 11; *Thole* in: MünchKomm-InsO, Art. 4 EuInsVO 2015 Rz. 3; *Thole*, ZEuP 2014, 39, 57. Deshalb und weil Art. 4 Abs. 1 nur ein prozedurales Mindestmaß anordnet, beschränkt er § 5 InsO nicht auf die amtswegige Prüfung.
23) Mankowski/Müller/J. Schmidt-*Mankowski*, EuInsVO 2015, Art. 4 Rz. 1.
24) EuGH, Urt. v. 21.11.1991 – Rs. C-269/90 (Hauptzollamt München-Mitte/Technische Universität München), Rz. 14, 19, 22, Slg. 1991, I-5469.
25) So der Sprachgebrauch in den romanischen Amtssprachen.
26) Duursma-Kepplinger/Duursma/Chalupsky-*Duursma-Kepplinger*, EuInsVO, Art. 3 Rz. 25; Mankowski/Müller/J. Schmidt-*Mankowski*, EuInsVO 2015, Art. 3 Rz. 79.

Satzungssitzes,[27] bei Hinweisen auf COMI-Verlagerungen in den Verdachtsfristen, Zustellproblemen an der angeblichen Geschäftsadresse[28] oder bei Indizien aus den Medien, Geschäftsbüchern oder vorgelegten Geschäftszahlen, oder durch **negative Anhaltspunkte** wie das Fehlen von Personal, Produktionsanlagen, Post- oder Kommunikationsanschriften, anderer Wohnsitz der Leitungsebene als am Satzungssitz.[29] Stets muss das Gericht eine positive Entscheidung treffen.[30] Bei Zweifeln an der internationalen Zuständigkeit kann das Gericht vom Schuldner **zusätzliche Nachweise** verlangen, oder auch, sofern das nationale Recht dies vorsieht, den Gläubigern Gelegenheit geben, sich zur Zuständigkeit zu äußern.[31] Bietet der Sachvortrag zunächst keinen Anlass zu Zweifeln, wird aber im Laufe des weiteren Verfahrensgangs deutlich, dass der COMI womöglich in einem anderen Mitgliedstaat belegen ist, hat spätestens zu diesem Zeitpunkt die Prüfungspflicht einzusetzen. Richtigerweise endet die Pflicht nicht mit Anordnung von Sicherungsmaßnahmen, obwohl diese Entscheidung einer Eröffnungsentscheidung gleichzusetzen ist.[32]

Unter dem Regime des Beibringungsgrundsatzes verbietet die Vorschrift dem Gericht, unwidersprochenen Sachvortrag ungeprüft seiner Entscheidung zugrunde zu legen. Bei Geltung des Amtsermittlungsgrundsatzes hat es Ermittlungsansätze aufzuspüren, anhand derer es zu einer den Tatsachen entsprechenden Feststellung gelangt. Gemeinsam ist beiden, dass das Gericht sämtliche, ihm nach der nationalstaatlichen Verfahrensordnung zu Gebote stehenden **Aufklärungsmittel auszuschöpfen** hat, um zur Entscheidung zu gelangen. Keineswegs darf sich das Gericht mit vorgetäuschten Umständen begnügen.[33] Erinnert sei in diesem Zusammenhang an das Bestreben des Verordnungsgebers, missbräuchliches oder betrügerisches Forum Shopping zu verhindern. Ein **deutsches Gericht** kann z. B. die Beteiligten oder Zeugen hören. Soweit dies geboten erscheint, kann es eine mündliche Verhandlung anberaumen, ein Sachverständigengutachten in Auftrag geben oder den Schuldner auffordern, Geschäftsunterlagen vorzulegen (§ 5 Abs. 1 InsO). Feste Prüfvorgänge gibt es nicht. Entscheidend sind die Umstände des Einzelfalls. Die Feststellung der internationalen Zuständigkeit durch das Insolvenzgericht hat sich am Beweismaß des § 286 Abs. 1 ZPO zu orentieren.[34]  8

Dabei stellt sich die Frage, inwieweit sich das Gericht **bei fehlenden Anhaltspunkten** von der Vermutungswirkung des Art. 3 Abs. 1 Unterabs. 1 Satz 2 leiten lassen darf.[35] Nach hiesiger Auffassung (siehe oben Art. 3 Rz. 25 [*Vallender/Zipperer*]) besteht zwischen **Art. 3 Abs. 1 Unterabs. 1 Satz 2** und **Art. 4 Abs. 1 kein** unauflösbarer  9

---

27) Mankowski/Müller/J. Schmidt-*Mankowski*, EuInsVO 2015, Art. 3 Rz. 80; ob der Antragsteller in diesem Fall, um einem abweisenden Beschluss zu entgehen, die Prüfung des Gerichts durch Sachvortrag erleichtert wird, ist in der Praxis eher nicht zu erwarten.
28) *Konecny* in: Nunner-Krautgasser/Garber/Jaufer, Grenzüberschreitende Insolvenzen, S. 92.
29) *Mankowski*, NZI 2004, 450, 451.
30) Mankowski/Müller/J. Schmidt-*Mankowski*, EuInsVO 2015, Art. 4 Rz. 5; *Thole* in: MünchKomm-InsO, Art. 4 EuInsVO 2015 Rz. 2.
31) *Konecny* in: Nunner-Krautgasser/Garber/Jaufer, Grenzüberschreitende Insolvenzen, S. 91.
32) *Deyda*, ZInsO 2018, 221, 230; *Thole*, ZIP 2018, 401, 405.
33) *Paulus*, EuInsVO, Art. 4 Rz. 3 m. w. N. zur Rspr.
34) BGH, Beschl. v. 22.4.2010 – IX ZB 217/09, ZInsO 2010, 1013.
35) *Thole*, ZEuP 2014, 39, 57.

**Widerspruch,** denn Art. 3 steuert die Entscheidung des Gerichts, während Art. 4 den Weg dorthin vorgibt. Deshalb ist die **Vermutung** nur **entkräftet,** wenn nach Betrachtung aller relevanten Faktoren, mithin **nach** der **Amtsprüfung,** die Unrichtigkeit der Vermutung belegt ist (ErwG 30 Sätze 2 und 3);[36] ihre vorschnelle Anwendung ist **verfahrensfehlerhaft.** Werden allerdings keine Indizien gegen die Richtigkeit bekannt, ist die Vermutungsregel ohne weitere Prüfung anzuwenden.[37] Das gilt gleichermaßen für ein **non liquet** und insbesondere widersprüchlichen, nicht zu verifizierenden Angaben.[38]

10 **Sanktionen** bei einem **Verstoß** gegen die **Amtsprüfung** sieht die EuInsVO nicht vor.[39] Am gegenteiligen Standpunkt, wonach bei unterlassener Amtsprüfung die automatische Anerkennung zu versagen sei,[40] ist zwar richtig, dass die gegenseitige Anerkennung auf der wechselseitigen Erfüllung der Untersuchungspflicht beruht.[41] Aber einerseits ist die Eröffnungsentscheidung hinsichtlich der Prüfungspflicht eine unionsrechtliche Vorgabe, auf die Art. 19 keine Anwendung findet[42] und zum anderen erstreckt sich das Vertrauen auf das Stattfinden dieser Prüfung, andernfalls von diesem Grundsatz nichts übrig bliebe.[43] Endlich hat der VO-Geber die Kontrolle dem Rechtsmittel des Art. 5 überantwortet und die genannte Auffassung liefe dem Bestreben des VO-Gebers zuwider, die automatische Anerkennung zu fördern (ErwG 65 Sätze 3 und 4).

## 2. Begründungspflicht

11 Art. 4 Abs. 1 Satz 2 auferlegt den Gerichten eine **Begründungspflicht** für Insolvenzverfahren eröffnende Entscheidungen, nicht für solche, die einen Eröffnungsantrag wegen Unzuständigkeit abweisen.[44] In der Eröffnungsentscheidung sind die **Gründe anzugeben,** auf denen die **Zuständigkeit** des **Gerichts** beruht. Für das **deutsche Recht** bestand diese Verpflichtung bereits gemäß **Art. 102 § 2 EGInsO,** die durch Darstellung der tatsächlichen Feststellungen und rechtlichen Erwägungen für die Zuständigkeit zu erfüllen ist. Art. 4 Abs. 1 Satz 2 Halbs. 2 enthält nur den Hinweis, ob es ein Haupt- oder Sekundärverfahren eröffnen will. Daraus wird gefolgert, es genüge die Feststellung der Zuständigkeit gemäß Art. 3[45] bzw. die Angabe der einschlägigen Vorschrift,[46] solange daraus ersichtlich sei, dass das er-

---

36) EuGH, Urt. v. 20.10.2011 – Rs. C-396/09 (Interedil), Rz. 52, ZIP 2011, 2153, 2157, dazu EWiR 2011, 745 *(Paulus).*
37) Duursma-Kepplinger/Duursma/Chalupsky-*Duursma-Kepplinger,* EuInsVO, Art. 3 Rz. 25.
38) Mankowski/Müller/J. Schmidt-*Mankowski,* EuInsVO 2015, Art. 3 Rz. 82.
39) Mankowski/Müller/J. Schmidt-*Mankowski,* EuInsVO 2015, Art. 4 Rz. 9.
40) *Thole* in: MünchKomm-InsO, Art. 16 EuInsVO 2000 Rz. 18; *Thole,* ZEuP 2014, 39, 57.
41) EuGH, Urt. v. 21.1.2010 – Rs. C-444/07 (Probud), Rz. 29, ZIP 2010, 187, 189, dazu EWiR 2010, 77 *(J. Schmidt);* EuGH, Urt. v. 2.5.2006 – Rs. C-341/04 (Eurofood), Rz. 41 und 42, ZIP 2006, 907, 909, m. Anm. *Knof/Mock,* dazu EWiR 2005, 725 *(Pannen).*
42) *Mock,* GPR 2013, 156, 158.
43) BGH, Urt. v. 10.9.2015 – IX ZR 304/13, Rz. 13, ZIP 2015, 2331, 2332, dazu EWiR 2016, 19 *(Vallender); Bork,* ZIP Beilage 22/2016, S. 11, 14.
44) *Konecny* in: Nunner-Krautgasser/Garber/Jaufer, Grenzüberschreitende Insolvenzen, S. 95.
45) *Thole* in: MünchKomm-InsO, Art. 4 EuInsVO 2015 Rz. 4.
46) Mankowski/Müller/J. Schmidt-*Mankowski,* EuInsVO 2015, Art. 4 Rz. 15.

öffnende Gericht die EuInsVO in den Blick genommen habe. Dem ist zu widersprechen; richtig ist vielmehr, dass die **Begründungspflicht** (Halbs. 1) die Mitteilung der für Art. 3 **maßgeblichen Tatsachen** und die hierauf gestützten **rechtlichen Erwägungen** erfordert sowie (Halbs. 2), ob ein **Haupt- oder Sekundärverfahren** eröffnet wird. Dies hat sich in der entsprechenden Regelung des Art. 3 (Abs. 1 oder Abs. 2) widerzuspiegeln. Bereits nach dem Wortlaut des Art. 4 Abs. 1 Satz 2 sind die Gründe anzugeben. Es handelt sich um einen unionsrechtlichen VO-Befehl (Art. 288 Unterabs. 2 AEUV).[47] Das **deutsche Recht** erleichtert dies durch die Regelung des **Art. 102c § 5 Satz 1 Nr. 4 EGInsO** (siehe unten Art. 102c § 5 EGInsO Rz. 11 und 15 [*Vallender/Zipperer*]), nach der schon im Antrag auf Eröffnung eines Insolvenzverfahrens anzugeben ist, ob in einem anderen Mitgliedstaat bereits ein Antrag gestellt oder ein Hauptinsolvenzverfahren eröffnet wurde, die erforderlichen Feststellungen zu treffen. Um etwaige Rückfragen des Gerichts zu vermeiden, empfiehlt es sich an, sämtliche Informationen, die das Gericht zur Beurteilung seiner Zuständigkeit benötigt, detailliert aufzubereiten.[48]

Zwar sind die Überschriften in den Amtssprachen noch übereinstimmend formuliert,[49] allerdings weicht der Wortlaut in der englischen Fassung des Art. 4 Abs. 1 Satz 2 von der kargen deutschen Formulierung insoweit ab, als sie lautet, „shall specify the grounds …", was die genaue Angabe der Gründe verlangt, ähnlich die italienische Fassung, wo von „espone i motivi", dem Darlegen der tragenden Gründe, die Rede ist. Das verlangt mehr als nur die Angabe von Art. 3 Abs. 1 oder 2, was Art. 4 Abs. 1 Satz 2 Halbs. 2 unterstreicht. Denn danach ist „insbesondere"[50] die Anwendung von Art. 3 Abs. 1 oder 2 anzugeben. Sprachlich ist das mit „vor allem" gleichzusetzen und misst dieser Angabe gesteigerte Bedeutung bei. Keinesfalls stellt das einen Verzicht auf die Darstellung der Gründe dar. Nur diese, am **effet utile**[51] orientierte Auslegung fördert den Grundsatz des gegenseitigen Vertrauens (ErwG 65 Satz 3), unterstützt von Art. 5, der die Richtigkeitsgewähr der Eröffnungsentscheidung erhöht, ggf. richtigstellt.[52] Allein dieses Begründungsverständnis erlaubt einem Anfechtungsberechtigten i. S. des Art. 5 abzuschätzen, ob sein Rechtsbehelf Erfolg verspricht.[53]  12

Art. 4 Abs. 1 Satz 2 Halbs. 2 ist deshalb von Bedeutung, weil die Mitteilung die Gerichte in anderen Mitgliedstaaten darüber informiert, ob ihnen der Weg zu einem Hauptinsolvenzverfahren versperrt ist. Wird umgekehrt ein Sekundärverfahren  13

---

47) A. A. *Thole* in: MünchKomm-InsO, Art. 4 EuInsVO 2015 Rz. 4: **Unionsrechtlich** sei das Gericht nicht verpflichtet, die tatsächlichen Umstände, die der Entscheidung zugrunde liegen, zu nennen.
48) Braun-*Tashiro*, InsO, Art. 4 EuInsVO Rz. 24.
49) Engl.: „examination as to jurisdiction"; frz.: „verfication de la competence"; ital.: „verifica della competenza"; sp.: „comprobacion de la competencia"; nl.: „toetsing va den bevoogdheit".
50) Engl.: „in particular"; frz.: „précise notamment"; ital.: „in particulare"; sp.: „in particular"; nl.: „en meer bepaald".
51) EuGH, Urt. v. 6.10.1970 – Rs. 9/70 (Grad/Finanzamt Traunstein), Rz. 5, Slg. 1970, 825; EuGH, Urt. v. 4.12.1974 – Rs. 41/74 (Van Duyn/Home Office), Rz. 12, Slg. 1974, 1337; Kübler/Prütting/Bork-*Kemper*, InsO, Einl. EuInsVO Rz. 22.
52) Mankowski/Müller/J. Schmidt-*Mankowski*, EuInsVO 2015, Art. 5 Rz. 2.
53) Mankowski/Müller/J. Schmidt-*Mankowski*, EuInsVO 2015, Art. 4 Rz. 14.

gemäß Art. 3 Abs. 2 eröffnet, setzt dies ein eröffnetes Hauptinsolvenzverfahren voraus. Etwaige Unklarheiten können die beteiligten Gerichte ggf. nach Maßgabe des Art. 42 beseitigen.

14 Die **Verletzung** der **Begründungspflicht** ist **sanktionslos**, es sei denn, das nationale Recht gewährt einen Rechtsbehelf allein wegen fehlender Begründung (vgl. §§ 538 Abs. 2 Satz 1 Nr. 1, 547 Nr. 6 ZPO).[54] Ihre Erfüllung ist jedenfalls keine positive Anerkennungsvorrausetzung (siehe oben Rz. 10),[55] ebensowenig ihre inhaltliche Richtigkeit. Sowohl die Prüfungs- als auch die Untersuchungspflicht sind **Amtspflichten** i. S. des § 839 BGB; der schwer zu berechnende Schaden bestünde dann in der Quotenverringerung gegenüber der Durchführung des Verfahrens im international zuständigen Mitgliedstaat. Denkbar ist auch ein gemeinschaftsrechtlicher Staatshaftungsanspruch gegen den Mitgliedstaat wegen **Verletzung** der aus Art. 4 AEUV bestehenden **unionsrechtlichen Verpflichtung**.[56] Dieser im Grundsatz anerkannte Anspruch[57] greift in der Praxis in erster Linie bei nicht umgesetzten Richtlinien.[58] Inwieweit der Staat für den unabhängig entscheidenden Richter haftet, ist hingegen weitgehend ungeklärt[59] und scheitert am hinreichend qualifizierten Kausalbeitrag des Staates auf den Inhalt der richterlichen Entscheidung.[60]

### III. Art. 4 Abs. 2

15 Der für Deutschland bedeutungslose **Absatz 2** ist für Mitgliedstaaten relevant, in denen Verfahren **ohne gerichtliche Entscheidung** eröffnet werden. Voraussetzung ist indes, dass dieser Staat ein Verfahren in Anhang A aufgelistet hat, das ohne eine gerichtliche Entscheidung eröffnet wird. Dazu zählen z. B. das englische „out of court appointment".[61] oder die französische „procedure de sauvegarde". In diesen Verfahren ist der Verwalter – im englischen Recht der Administrator – mit der **Prüfung** zu beauftragen, ob der Mitgliedstaat, in dem der Eröffnungsantrag gestellt wurde, international zuständig ist. **Verwalter** i. S. des Art. 4 Abs. 2 Satz 1 ist der endgültige und v. a. der **vorläufige Verwalter**.[62] Der Wortlaut sagt nicht, wie er diese Prüfungspflicht vorzunehmen hat. Aber der Administrator ist auch Officer of the Court und unterliegt strafbewehrten Pflichten,[63] die im Wege von „directions" konkretisiert werden können. Nach Art. 4 Abs. 2 Satz 2 wird der **Verwalter** in **dieselbe Pflicht** genommen, **wie das Gericht** gemäß Absatz 1, d. h. er hat in derselben Weise die Prüfungs- und Begründungspflicht zu erfüllen.[64] Die Eröffnungsentscheidung ist einer gerichtlichen Nachprüfung nach Maßgabe des Art. 5 zugänglich.

---

54) *Musielak* in: MünchKomm-ZPO, § 313 Rz. 19.
55) **A. A.** *Thole* in: MünchKomm-InsO, Art. 4 EuInsVO 2015 Rz. 4.
56) Mankowski/Müller/J. Schmidt-*Mankowski*, EuInsVO 2015, Art. 4 Rz. 18.
57) EuGH, Urt. v. 5.3.1996 – Rs. C-46/93 und C-48/93 (Brasserie du Pecheur), ZIP 1996, 561, 564 Rz. 31.
58) BGH, Urt. v. 24.10.1996 – III ZR 127/91, UG 3, ZIP 1996, 2220, 2024, 2025.
59) *Oppermann/Classen/Nettesheim*, Europarecht, § 14 Rz. 11.
60) BGH, Urt. v. 24.10.1996 – III ZR 127/91, UG 3 b, ZIP 1996, 2220, 2025.
61) *Schlegel* in: MünchKomm-InsO, Länderberichte: England und Wales Rz. 48.
62) Mankowski/Müller/J. Schmidt-*Mankowski*, EuInsVO 2015, Art. 4 Rz. 20.
63) *Schlegel* in: MünchKomm-InsO, Länderberichte: England und Wales Rz. 48.
64) *Schlegel* in: MünchKomm-InsO, Länderberichte: England und Wales Rz. 48.

## Artikel 5
### Gerichtliche Nachprüfung der Entscheidung zur Eröffnung des Hauptinsolvenzverfahrens

(1) Der Schuldner oder jeder Gläubiger kann die Entscheidung zur Eröffnung des Hauptinsolvenzverfahrens vor Gericht aus Gründen der internationalen Zuständigkeit anfechten.

(2) Die Entscheidung zur Eröffnung des Hauptinsolvenzverfahrens kann von anderen als den in Absatz 1 genannten Verfahrensbeteiligten oder aus anderen Gründen als einer mangelnden internationalen Zuständigkeit angefochten werden, wenn dies nach nationalem Recht vorgesehen ist.

**Literatur:** *Brinkmann*, Verfahrensrechtlicher Schutz gegen die Eröffnung des Insolvenzverfahrens, Festschrift für Eberhard Schilken, 2015, S. 631; *Fritz*, Die Neufassung der Europäischen Insolvenzverordnung: Erleichterung der Restrukturierung in grenzüberschreitenden Fällen?, Teil 1, DB 2015, 1882; *Garcimartín*, The EU Insolvency Regulation Recast: Scope, Jurisdiction and Applicable Law, ZEuP 2015, 694; *Jacoby*, Der ordre public-Vorbehalt beim forum shopping im Insolvenzrecht, GPR 2007, 200; *Laumen/Vallender*, Beweisführung und Beweislast im Insolvenzverfahren, NZI 2016, 609; *Mehring*, Die Durchsetzung von Ansprüchen trotz Restschuldbefreiungsverfahren nach englischem und französischem Recht, ZInsO 2012, 1247; *Mock*, Das (geplante) neue europäische Insolvenzrecht nach dem Vorschlag der Kommission zur Reform der EuInsVO, GPR 2013, 156; *Prager/Keller, Ch.*, Der Vorschlag der Kommission zur Reform der EuInsVO, NZI 2013, 57; *Reinhart*, Die Bedeutung der EuInsVO im Insolvenzeröffnungsverfahren – Besonderheiten paralleler Eröffnungsverfahren, NZI 2009, 201; *Schoppmeyer*, Rechtsmittel im internationalen Insolvenzrecht, in: Festschrift für Gerhard Pape, 2019, S. 373; *Thole*, Die Reform der Europäischen Insolvenzverordnung – Zentrale Aspekte des Kommissionsvorschlags und offene Fragen, ZEuP 2014, 39; *Thole/Swierczok*, Der Kommissionsvorschlag zur Reform der EuInsVO, ZIP 2013, 550; *Vallender*, Wirkungen und Anerkennung einer im Ausland erteilten Restschuldbefreiung, ZInsO 2009, 616; *Zipperer*, Ein Plädoyer für eine europarechtskonforme Anwendung deutscher Verfahrensvorschriften am Beispiel von Niki, ZIP 2018, 956.

### Übersicht

| | |
|---|---|
| I. Entstehung und Zweck der Norm ........... 1 | 1. Fehlende Regelung zur Ausgestaltung des Verfahrens .......... 6 |
| II. Art. 5 Abs. 1 ............... 2 | 2. Der deutsche verfahrensrechtliche Weg ............ 7 |
| 1. Statthaftigkeit des Rechtsbehelfs ......... 2 | a) Form und Frist der Anfechtung ..... 9 |
| 2. Anfechtungsbefugte ............... 3 | b) Beschwer .......... 9 |
| 3. Anfechtungsgegenstand ......... 4 | c) Verfahrensablauf ............ 12 |
| 4. Adressat der Anfechtung ........... 5 | |
| III. Das Verfahren der Anfechtung .......... 6 | IV. Art. 5 Abs. 2 ................. 13 |

### I. Entstehung und Zweck der Norm

Wie Art. 4 ist **Art. 5** ohne Vorgängerregelung. Art. 5 a. F. ist jetzt Art. 8. Die Regelung schafft einen unionsrechtlichen Rechtsbehelf, der wirksam sein soll (ErwG 34 Satz 1) und dessen Folgen der Regelung des nationalen Rechts vorbehalten ist (ErwG 34 Satz 2).[1)] Art. 5 versteht sich als weiterer Baustein, den Grundpfeiler des gegenseitigen Vertrauens, auf dem die automatische Anerkennung beruht, 1

---

1) *Zipperer*, ZIP 2018, 956, 959.

zu stärken. Sie geschieht durch Verbesserung des verfahrensrechtlichen Rahmens, indem ausländischen Gläubigern ermöglicht wird, die Eröffnungsentscheidung effektiv mit Rechtsmitteln anzufechten.[2] Die Bedeutung des Rechtsmittels unterstreicht ErwG 12, wonach bei Eröffnungsentscheidungen, die öffentlich bekannt zu machen sind, für die Gläubiger die **Möglichkeit bestehen muss**, die internationale Zuständigkeit des Gerichts überprüfen zu lassen.[3] Dieser **Rechtsbehelf** soll darüber hinaus wirksam sein (ErwG 34 Satz 1). Dieses Ziel setzt Art. 5 Abs. 1 um, indem der Schuldner und jeder Gläubiger die Entscheidung zur Eröffnung eines Hauptinsolvenzverfahrens vor Gericht aus Gründen der internationale Zuständigkeit anfechten kann. Absatz 2 besagt demgegenüber Selbstverständliches, dass von anderen als den in Absatz 1 genannten Verfahrensbeteiligten oder aus anderen Gründen als der internationalen Zuständigkeit die Anfechtbarkeit vom nationalen Recht abhängt.

## II. Art. 5 Abs. 1

### 1. Statthaftigkeit des Rechtsbehelfs

2  Art. 5 Abs. 1 gewährt dem **Schuldner** und **jedem Gläubiger** das **Recht**, die Entscheidung zur **Eröffnung** des Hauptinsolvenzverfahrens **vor Gericht** aus Gründen der internationalen Zuständigkeit **anzufechten** und regelt damit die **Statthaftigkeit** des **Rechtsbehelfs**.[4] **Anfechtung** meint i. w. S. **gerichtliche Überprüfung**, so die Quintessenz aus den verschiedenen Amtssprachen.[5] Zur Anfechtung berechtigt sind der **Schuldner** und **jeder Gläubiger**. Anfechtbar ist die Eröffnungsentscheidung über ein **Hauptinsolvenzverfahren**. Das Recht zur Anfechtung gewährt Art. 5 Abs. 1 unmittelbar (Art. 288 Unterabs. 2 AEUV), die Bestimmung schafft **Sachrecht**[6] und ist hinsichtlich der Statthaftigkeit des Rechtsbehelfs nicht von einer innerstaatlichen Umsetzung abhängig. Das Gesetz zur Durchführung der VO (EU) 2015/848, das in **Art. 102c § 4 EGInsO-E** eine „Verzahnung" von Art. 5 Abs. 1 mit dem nationalen Verfahrensrecht vorsieht, wurde in dritter Lesung am 27.4.2017 vom Bundestag unverändert angenommen.[7] **Anfechtungsgegenstand** ist die in der Eröffnungsentscheidung ausdrücklich oder konkludent bejahte internationale Zuständigkeit.

### 2. Anfechtungsbefugte

3  **Anfechtungsbefugt** sind der **Schuldner**, das ist in Anlehnung an Art. 2 Nr. 3 derjenige, über dessen Vermögen das Insolvenzverfahren eröffnet wurde und **jeder**

---

2) Bericht der Kommission an das Europäische Parlament, den Rat und den Europäischen Wirtschafts- und Sozialausschuss über die Anwendung der Verordnung (EG) Nr. 1346/2000 des Rates v. 29.5.2000 über Insolvenzverfahren, v. 12.12.2012, COM(2012) 743 final, S. 12, abrufbar unter https://ec.europa.eu/transparency/regdoc/rep/1/2012/DE/1-2012-743-DE-F1-1.Pdf (Abrufdatum: 10.1.2020).
3) Wimmer/Bornemann/Lienau-*Lienau*, Die Neufassung der EuInsVO, Rz. 263.
4) *Thole* in: MünchKomm-InsO, Art. 5 EuInsVO 2015 Rz. 1.
5) Engl.: „challenge"; frz.: „attaquer"; nl.: „aanfechten"; sp.: „impugnar".
6) *Fritz*, DB 2015, 1882, 1885; Mankowski/Müller/J. Schmidt-*Mankowski*, EuInsVO 2015, Art. 5 Rz. 1; *Thole* in: MünchKomm-InsO, Art. 5 EuInsVO 2015 Rz. 2.
7) RegE Durchführungsgesetz, BT-Drucks. 18/10823. Gesetz zur Durchführung der Verordnung (EU) 2015/848 über Insolvenzverfahren – Durchführungsgesetz, v. 5.6.2017, BGBl. I 2017, 1476.

Gläubiger, also alle, denen eine Forderung gegen den Schuldner zusteht (Art. 2 Nr. 11). Damit sind auch **Gläubiger außerhalb der EU** erfasst.[8] Dazu rechnen die **nachrangigen Gläubiger**, auch wenn sie nicht zur Forderungsanmeldung aufgefordert werden (§ 174 Abs. 3 InsO), ebenso **Aus- und Absonderungsberechtigte**, auch wenn sie nicht am Verfahren beteiligt sind (§ 47 Satz 2 InsO).[9] Nach dem Entwurf des Art. 3b Abs. 3[10] stand die Anfechtungsbefugnis nur **ausländischen Gläubigern** zu, erkennbar weil nur diese im Gegensatz zu inländischen Gläubigern von einer fehlerhaften Annahme der internationale Zuständigkeit beeinträchtigt sein können (ErwG 5).[11] Die Eröffnung des Hauptinsolvenzverfahrens gestattet ihnen in ihrem Heimatstaat allenfalls einen Antrag auf Eröffnung eines Sekundärverfahrens zu stellen.[12] Die damit verbundene Diskriminierung inländischer Gläubiger[13] ist durch die Neufassung des Art. 5 beseitigt, ohne etwas zur Zulässigkeit des Rechtsbehelfs zu sagen. Der Wortlaut stellt **nicht** auf eine **konkrete Beteiligung** am Verfahren ab, sondern auf die Inhaberschaft einer Forderung, die gegen die Masse gerichtet sein muss. Das folgt aus der Einbindung des Art. 5, das *forum shopping* zu verhindern, das wiederum den Gläubigern die Kalkulation des Insolvenzfalles erhalten soll (ErwG 5; siehe oben Art. 3 Rz. 10 [*Vallender/Zipperer*]). Die uneingeschränkte Fassung des Art. 5 Abs. 1 kann Störpotential freisetzen.[14] Nicht erfasst werden Behörden, die nur im Allgemeininteresse das Verfahren betreiben (vgl. Art. 3 Abs. 4 lit. b (ii)); siehe oben Art. 3 Rz. 61 [*Vallender/Zipperer*]. Bei Zweifeln an der Gläubigerstellung darf das Gericht einen **Nachweis der Gläubigerstellung** verlangen. Aus Art. 5 ergibt sich nichts Gegenteiliges. Der Vorschrift ist nicht zu entnehmen, dass die bloße Behauptung, Gläubiger zu sein, ausreicht.[15]

## 3. Anfechtungsgegenstand

**Anfechtungsgegenstand**, das meint „aus Gründen", ist die positive **Eröffnungsentscheidung** über ein **Hauptinsolvenzverfahren**, also zumindest das inzidente Bejahen der internationalen Zuständigkeit. Lehnt das Gericht die Verfahrenseröffnung mangels internationaler Zuständigkeit ab, ist diese Entscheidung nicht gemäß Art. 5 Abs. 1 anfechtbar;[16] die mögliche Anfechtung richtet sich nach nationalem Recht.[17] **Vorläufige Sicherungsmaßnahmen**, die als Eröffnung bewertet werden, sind gleichfalls anfechtbar,[18] es sei denn die Anordnung beschränkt sich ausschließ-

---

8) *Garcimartín*, ZEuP 2015, 694, 709.
9) *Thole* in: MünchKomm-InsO, Art. 5 EuInsVO 2015 Rz. 9.
10) Vorschlag für eine Verordnung des Europäischen Parlaments und des Rates zur Änderung der Verordnung (EG) Nr. 1346/2000 des Rates über Insolvenzverfahren, v. 12.12.2012, COM (2012) 744 final, S. 24.
11) *Prager/Ch. Keller*, NZI 2013, 57, 59.
12) *Thole*, ZEuP 2014, 39, 58.
13) Krit. *Thole*, ZEuP 2014, 39, 58.
14) *Fritz*, DB 2015, 1882, 1885; *Thole* in: MünchKomm-InsO, Art. 5 EuInsVO 2015 Rz. 6.
15) *Konecny* in: Nunner-Krautgasser/Garber/Jaufer, Grenzüberschreitende Insolvenzen, S. 96.
16) Wimmer/Bornemann/Lienau-*Lienau*, Die Neufassung der EuInsVO, Rz. 263.
17) Mankowski/Müller/J. Schmidt-*Mankowski*, EuInsVO 2015, Art. 5 Rz. 4; Wimmer/Bornemann/Lienau-*Lienau*, Die Neufassung der EuInsVO, Rz. 263.
18) Mankowski/Müller/J. Schmidt-*Mankowski*, EuInsVO 2015, Art. 5 Rz. 4.

lich auf das im Inland befindliche Vermögen. Die bisherige Einschränkung, der Schuldner müsse die Befugnis zur Verwaltung seines Vermögens verlieren,[19] ist durch die Neufassung des Art. 1 Abs. 1 lit. a und c sowie des Anhangs B („vorläufiger Insolvenzverwalter") überholt. Die Konstellation, dass Sicherungsmaßnahmen angeordnet werden, bevor die internationale Zuständigkeit endgültig feststeht,[20] ist schon wegen ihrer unionsweiten Wirkungserstreckung[21] nicht anders zu behandeln.[22] Die Eröffnung eines **Partikular- oder Sekundärverfahren** kann **nicht** nach Art. 5 Abs. 1 angefochten werden.[23]

### 4. Adressat der Anfechtung

5 Die Anfechtung, so der Wortlaut, erfolgt **vor Gericht**. Art. 5 Abs. 1 stellt damit sicher, dass in jedem Fall die Entscheidung eines **staatlichen Gerichts**, also eines **Justizorgans** (Art. 2 Nr. 6 (i)), nach **rechtsstaatlichen Grundsätzen**, herbeigeführt werden kann; dies hat v. a. Bedeutung, wenn die Eröffnungsentscheidung nicht durch ein Gericht getroffen wird.[24] Hiergegen geäußerte Bedenken im Hinblick auf die abweichende Fassung des Art. 2 Nr. 6,[25] sind schon nach den amtlichen Überschriften der Vorschrift in den verschiedenen Amtssprachen nicht berechtigt.[26] **Unterbleibt die Anfechtung** kann ein Verstoß gegen Art. 33 wegen einer Verlegung des COMI nicht damit begründet werden, sie sei **nur zum Schein** oder aufgrund **unzutreffender Angaben** erfolgt,[27] denn die Entscheidung über die internationale Zuständigkeit wird von den Anfechtungsbefugten hingenommen. Bereits nach altem Recht vertrat die h. M. die Auffassung, auch die Erlangung einer Eröffnungsentscheidung infolge Täuschung des Gerichts müsse – soweit möglich – durch Einlegung eines Rechtsbehelfs im Eröffnungsstaat geltend gemacht werden.[28]

### III. Das Verfahren der Anfechtung
### 1. Fehlende Regelung zur Ausgestaltung des Verfahrens

6 Art. 5 beschränkt sich auf die Statthaftigkeit des Rechtsbehelfs, sagt aber nichts über die Ausgestaltung des Verfahrens. Das hinterlässt eine Lücke im nationalen Verfahrensrecht (vgl. Art. 102 § 7 EGInsO), die auch durch eine Richtlinie hätte

---

19) EuGH, Urt. v. 2.5.2006 – Rs. C-341/04 (Eurofood), Rz. 54, ZIP 2006, 907, 910, m. Anm. *Knof/Mock*, dazu EWiR 2005, 725 *(Pannen)*.
20) BGH, Beschl. v. 22.3.2007 – IX ZB 164/06, Rz. 11, ZIP 2007, 878, 879, dazu EWiR 2007, 599 *(Pape)*.
21) *Reinhart*, NZI 2009, 201.
22) Dazu Mankowski/Müller/J. Schmidt-*Mankowski*, EuInsVO 2015, Art. 19 Rz. 8.
23) Wimmer/Bornemann/Lienau-*Lienau*, Die Neufassung der EuInsVO, Rz. 267.
24) Wimmer/Bornemann/Lienau-*Lienau*, Die Neufassung der EuInsVO, Rz. 264.
25) *Fritz*, DB 2015, 1882, 1885.
26) Engl.: „judicial review"; frz.: „contrôle juridictionelle"; nl.: „hoofdinsolventieprocedure"; sp.: „control jurisdictional".
27) So aber BFH, Beschl. v. 27.1.2016 – VII B 119/15, Rz. 23 und 28, ZInsO 2016, 1936, 1939 = ZIP 2016, 2027.
28) BGH, Urt. v. 10.9.2015 – IX ZR 304/13, Rz. 20, ZIP 2015, 2331, dazu EWiR 2016, 19 *(Vallender)*; *Jacoby*, GPR 2007, 200, 204 ff.; *Mehring*, ZInsO 2012, 1247, 1250; *Vallender*, ZInsO 2009, 616, 620.

geschlossen werden können.[29] Der VO-Geber regelt nur die **grundsätzliche Zulässigkeit** der Anfechtbarkeit, das Verfahren richtet sich ansonsten nach dem **nationalen Prozessrecht**, ohne dass es einer Kollisionsregel wie Art. 7 Abs. 1 bedarf.[30] Es ist dieselbe Regelungstechnik, die er bereits in Art. 49 Abs. 1 EuGVVO nutzte[31] und ein weiterer Baustein zu einem einheitlichen internationalen Zivilverfahrensrecht.[32] Hier wie dort setzt der VO-Geber explizit oder implizit voraus, dass die **Mitgliedstaaten** Durchführungsregeln erlassen **(indirekter unmittelbarer Vollzug)**, um dem Verordnungsrecht zur Wirksamkeit zu verhelfen. Die Mitgliedstaaten sind zum **Erlass verordnungsakzessorischen** Rechts **befugt** und gemäß Art. 291 Abs. 1 AEUV **verpflichtet**.[33] Regelmäßig reicht diese Kompetenz nur soweit, wie dies unerlässlich ist, d. h. eine Lücke oder Unvollständigkeit im Unionsrecht besteht. Das Durchführungsrecht darf **nicht** den **Zweck** oder die **Wirkung** haben, die **Tragweite** der **Verordnungsbestimmung** zu ändern.[34] Diesen Standpunkt stützt das Zusammenwirken von Satz 1 und 2 in ErwG 34, der das Verfahren mit seinen Folgen verknüpft. Auch wenn nur Folgen der Anfechtung[35] dem nationalen Recht unterstehen, können sich diese nur genuin aus dem Anfechtungsverfahren ergeben, das wiederum die Einhaltung des Unionsrechts sichert. Dem ErwG 34 mangelnde Verbindlichkeit zu attestieren,[36] entspricht nicht dem hier vertretenen Standpunkt (siehe Einl. Rz. 21 und 24 [*Zipperer*]).

### 2. Der deutsche verfahrensrechtliche Weg

Da § 34 Abs. 1 und 2 InsO nur dem Schuldner im Falle der Eröffnung und dem Antragsteller im Falle der Ablehnung die Beschwerde zugesteht, war der deutsche

---

29) *Prager/Ch. Keller*, NZI 2013, 57, 59.
30) *Fritz*, DB 2015, 1882, 1885; Mankowski/Müller/J. Schmidt-*Mankowski*, EuInsVO 2015, Art. 5 Rz. 13; a. A. *Mock*, GPR 2013, 156, 158; *Thole* in: MünchKomm-InsO, Art. 5 EuInsVO 2015 Rz. 5.
31) Der dort eröffnete Rechtsbehelf führte zur Einführung des § 1115 Abs. 5 ZPO, der auf die Beschwerde nach §§ 567 ff. ZPO verweist. Dabei orientierte sich der Gesetzgeber an der Regelung der §§ 11 ff. des Gesetzes zur Ausführung zwischenstaatlicher Verträge und zur Durchführung von Abkommen der Europäischen Union auf dem Gebiet der Anerkennung und Vollstreckung in Zivil- und Handelssachen – AVAG, v. 30.1.2001, BGBl. I 2001, 564, was dann zu Schwierigkeiten führt, wenn die Versagung der Vollstreckung mit allgemeinen Vollstreckungseinwänden verbunden wird; *Schlosser/Hess*, EuZPR, Art. 49 EuGVVO Rz. 2.
32) Dazu Mankowski/Müller/J. Schmidt-*Mankowski*, EuInsVO 2015, Art. 4 Rz. 3, 4.
33) Grabitz/Hilf/Nettesheim-*Nettesheim*, EUV/AEUV, Art. 291 AEUV Rz. 17. Aus der Pflicht zur Beachtung des Unionsrechts müssen die Mitgliedstaaten den normativen Gehalt des Art. 5 Abs. 1 zur Geltung bringen, hier durch gesetzgeberische Maßnahmen.
34) Grabitz/Hilf/Nettesheim-*Nettesheim*, EUV/AEUV, Art. 288 AEUV Rz. 1. Der EuGH (EuGH, Urt. v. 11.2.1971 – Rs. 39/70 (Fleischkontor), Slg. 1971, 49, 58) hat für den **indirekten unmittelbaren Vollzug** einer **Verordnung** folgenden Grundsatz aufgestellt: „Obliegt der Vollzug einer Gemeinschaftsverordnung den nationalen Behörden, so ist davon auszugehen, dass er grds. nach den Form- und Verfahrensvorschriften des nationalen Rechts zu geschehen hat. Um der einheitlichen Anwendung des Gemeinschaftsrechts willen, ist jedoch der Rückgriff auf innerstaatliche Rechtsvorschriften nur in dem zum Vollzug der Verordnung notwendigen Umfange zulässig."
35) Engl.: „the consequences;" frz.: „les conséquences"; nl.: „de gevolgen"; sp.: „la consecuencia".
36) Mankowski/Müller/J. Schmidt-*Mankowski*, EuInsVO 2015, Art. 5 Rz. 10.

Gesetzgeber gefordert, Art. 102 § 7 EGInsO a. F. zu ändern.[37] Dies ist mit **Art. 102c § 4 EGInsO** geschehen, der das Rechtsmittel der **sofortigen Beschwerde** vorsieht. Diese ist gegen Eröffnungsentscheidungen und vorläufige Sicherungsmaßnahmen eröffnet, „wenn … das Fehlen der internationalen Zuständigkeit für die Eröffnung eines Hauptinsolvenzverfahrens gerügt werden soll." Art. 102c § 4 EGInsO **erweitert**, die Anfechtungsbefugnis auf den **Verwalter des ausländischen Hauptinsolvenzverfahrens**, was mit Art. 5 Abs. 2 konform geht. Die maßgeblichen anfechtbaren Entscheidungen müssen veröffentlicht werden, damit den Gläubigern **Gelegenheit gegeben wird, die Zuständigkeit überprüfen** zu lassen (ErwG 12). Der Rechtsbehelf soll **wirksam** sein (ErwG 34 Satz 1). In positiver Hinsicht muss der Rechtsbehelf ungehindert möglich sein, in negativer Hinsicht darf das anzuwendende Verfahrensrecht keine Hindernisse errichten.

### a) Form und Frist der Anfechtung

8   Die Beschwerde ist gemäß § 569 Abs. 2 Satz 1 ZPO **schriftlich** beim **Insolvenzgericht** einzureichen. Angesichts des Umstands, dass die Gläubiger gemäß Art. 55 vergleichbare Anforderungen bei der Forderungsanmeldung erfüllen müssen, bestehen gegen diese Anforderungen keine Bedenken. Zwar gilt gemäß § 571 ZPO ein **Begründungserfordernis**, aber kein Begründungszwang,[38] auch das geht mit Art. 5 Abs. 1 konform. Die **Beschwerdefrist** beträgt **zwei Wochen** ab der Zustellung der Eröffnungsentscheidung (§ 4 InsO, § 569 Abs. 1 Satz 1 ZPO). Durch die Gewährung der **Wiedereinsetzung** in den vorigen Stand und Zulässigkeit der Beschwerde **nach Ablauf der Beschwerdefrist** bei Vorliegen der Nichtigkeits- bzw. Restitutionsklage (§ 569 Abs. 1 Satz 3 ZPO),[39] ist die Notwendigkeit der Fristwahrung hinreichend flexibel, um angemessen auf Erschwernisse ausländischer Gläubiger reagieren zu können;[40] eine persönliche Zustellung ist deswegen entbehrlich.[41] Die Wahrung der Beschwerdefrist liegt im Interesse des Anfechtenden, um irreversible Fakten, die eine Eröffnungsentscheidung mitsichbringt,[42] zu verhindern. Die Beschwerdefrist geht konform mit Art. 5 Abs. 1.[43]

---

37) *Prager/Ch. Keller*, NZI 2013, 57, 59; *Thole* in: MünchKomm-InsO, Art. 5 EuInsVO 2015 Rz. 5; *Thole/Swierczok*, ZIP 2013, 550, 552. Eine Änderung des § 34 InsO kommt nicht in Betracht, da sich die Vorschrift nur mit der Eröffnungsentscheidung befasst, während europarechtlich bereits durch die Anordnung von Sicherungsmaßnahmen das Hauptinsolvenzverfahren „eröffnet" wird; *Brinkmann* in: FS Schilken, S. 631, 633. Der Vorschlag, Art. 102 § 7 EGInsO entsprechend anzuwenden, bietet nur unzureichende Rechtssicherheit.

38) Uhlenbruck-*Pape*, InsO, § 6 Rz. 13.

39) Uhlenbruck-*Pape*, InsO, § 6 Rz. 14.

40) Das berücksichtigt *Mock*, GPR 2013, 156, 158, nicht hinreichend. Wie hier *Thole* in: MünchKomm-InsO, Art. 5 EuInsVO 2015 Rz. 4.

41) Zweifelnd *Mock*, GPR 2013, 156, 158, 159, der eine individuelle Zustellung an die wesentlichen Gläubiger fordert.

42) Krit. zur nachgelagerten gerichtlichen Prüfung, *Fritz*, DB 2015, 1882, 1885.

43) Zust. *Thole* in: MünchKomm-InsO, Art. 5 EuInsVO 2015 Rz. 4; a. A. Brinkmann-*Brinkmann*, EIR, Art. 5 Rz. 12.

## b) Beschwer

Neben der formellen Beschwerdeberechtigung, die Art. 5 Abs. 1 gewährt, muss eine 9
**Beschwer** hinzutreten.[44] Diese ist dann relevant, wenn der **Anfechtende** selbst den **Eröffnungsantrag** gestellt hat und das Gericht seinen Standpunkt zur internationalen Zuständigkeit teilt.[45] Sie zu fordern, bedeutet die unionsrechtliche Garantie der Anfechtung zu beschränken, ihr Verzicht die Zulassung der Popularklage.[46] Das Erfordernis der Beschwer ist an Art. 81 Abs. 2 lit. e AEUV zu messen, es stellt, da es alle Unionsbürger gleichbehandelt, keine Diskriminierung dar.[47] Da der VO-Geber die Ausgestaltung des Verfahrens den Mitgliedstaaten überlassen hat, ist das Verlangen einer Beschwer unbedenklich,[48] zumal sie die Wirksamkeit des Rechtsbehelfs nicht in Frage stellt (ErwG 34). Sie ist überdies mit ErwG 5 zu begründen, der einen Nachteil zulasten der Gläubiger infolge des Forum Shopping verlangt.

Da die Beschwer aus einem Vergleich zwischen den Anträgen, dem Streitgegenstand 10
und der angefochtenen Entscheidung zu ermitteln ist *(formelle Beschwer)*, **entfällt** allerdings ihre **Notwendigkeit**, wenn sich der Anfechtungsbefugte bisher **nicht am Verfahren beteiligte**. Für ihn ist es ausreichend, dass die Entscheidung über die Eröffnung nachteilig ist (ErwG 5). Das ist bis zum Beweis des Gegenteils zu vermuten, wenn dem Anfechtungsbefugten seine Rechtsdurchsetzung gegenüber derjenigen in seinem Heimatstaat erschwert ist, wovon dann auszugehen ist, wenn der Schuldner während der inkriminierenden Fristen des Art. 3 Unterabs. 1 bis 4 Vermögensgegenstände oder Gerichtsverfahren von einem Mitgliedstaat in einen anderen verlagert hat (ErwG 5). Der Beweis des Gegenteils, in der Regel vom Schuldner zu führen, ist erst gelungen, wenn die Sitzverlegung für den Gläubiger nicht nachteilig ist, womit die Niederlassungsfreiheit i. S. des Art. 49 Abs. 1 AEUV gewahrt wird.

Dieser gespaltenen Beschwer folgt die **Darlegungslast**, von der die Amtsermitt- 11
lungspflicht des Gerichts gemäß § 4 InsO nicht restlos befreit. Die Anfechtungsbefugten müssen in jedem Fall zumindest inzidenter behaupten, die Eröffnungsentscheidung verletze die internationale Zuständigkeit des Art. 3; dem entspricht der **Wortlaut** des **Art. 102c § 4 EGInsO**. Von denjenigen, die sich bisher nicht am Verfahren beteiligten, sind **substantielle Ausführungen** nicht zu erwarten,[49] es genügt, wenn sie die aus ihrer Sicht relevanten Faktoren darlegen (ErwG 30 Sätze 2 und 3). Antragstellende Gläubiger bzw. der Schuldner verfügen vielfach allein über die **wesentlichen Kenntnisse** der die internationale Zuständigkeit begründenden Tatsachen. Dann endet die Aufklärungspflicht des Gerichts und ihre Mitwirkungspflicht beginnt. Kommt ein Beschwerdeführer dieser Pflicht nicht, oder nur unzureichend

---

44) Uhlenbruck-*Pape*, InsO, § 6 Rz. 12.
45) Wimmer/Bornemann/Lienau-*Lienau*, Die Neufassung der EuInsVO, Rz. 265. Zur Ausnahme vgl. Uhlenbruck-*Pape*, InsO, § 34 Rz. 13.
46) Mankowski/Müller/J. Schmidt-*Mankowski*, EuInsVO 2015, Art. 5 Rz. 13; Wimmer/Bornemann/Lienau-*Lienau*, Die Neufassung der EuInsVO, Rz. 264.
47) Grabitz/Hilf/Nettesheim-*Hess*, EUV/AEUV, Art. 81 AEUV Rz. 35.
48) Wimmer/Bornemann/Lienau-*Lienau*, Die Neufassung der EuInsVO, Rz. 265; a. A. Mankowski/Müller/J. Schmidt-*Mankowski*, EuInsVO 2015, Art. 5 Rz. 13, der das Problem der Popularklage durch den eingeschränkten Kreis der Anfechtungsberechtigten gelöst sieht.
49) *Thole* in: MünchKomm-InsO, Art. 5 EuInsVO 2015 Rz. 7.

nach, entscheidet die objektive Beweislast (Feststellungslast) zu seinen Ungunsten,[50] es sei denn die Vermutungswirkungen des Art. 3 Unterabs. 1 bis 4 greifen.

#### c) Verfahrensablauf

12 Eine **mündliche Verhandlung** oder einen **Instanzenzug** gebietet Art. 5 Abs. 1 nicht.[51] Da das Beschwerdeverfahren wirksam sein soll (ErwG 34 Satz 1), muss die Entscheidung innerhalb einer **angemessenen Frist** ergehen. Mangels Suspensiveffekt der Beschwerde (§ 4 InsO, § 570 ZPO)[52] bleibt die Eröffnungsentscheidung wirksam und das Verfahren ist fortzusetzen,[53] was unter Umständen zu irreversiblen Änderungen im Vermögen des Schuldners führt.[54] Daher ist eine Beschwerdeentscheidung nach überlanger Verfahrensdauer wirkungslos, mithin ist das Verfahren beschleunigt zu betreiben, das Gericht hat **unverzüglich** zu **entscheiden** (vgl. Art. 48 EuGVVO). Nur das entspricht dem Gebot praktischer Wirksamkeit der EuInsVO.[55] Die zunächst fortbestehenden Eröffnungsfolgen lassen sich gemäß § 570 Abs. 3 ZPO eindämmen.[56]

### IV. Art. 5 Abs. 2

13 Die Bestimmung ist kryptisch. Die **Entscheidung zur Eröffnung** erfasst wie in Art. 5 Abs. 1 (siehe oben Rz. 2) nur die **positive** Eröffnungsentscheidung über ein Hauptinsolvenzverfahren. Sie kann, sofern das das nationale Recht vorsieht, von **anderen Verfahrensbeteiligten** oder **aus anderen Gründen** als einer mangelnden internationalen Zuständigkeit angefochten werden. Damit wird der Kreis der Anfechtungsberechtigten über den Schuldner und alle Gläubiger hinaus ausgedehnt. Der zweite Halbsatz verdeutlicht durch das „mangelnde", dass nur die **fehlerhaft bejahte** internationale Zuständigkeit dem Absatz 1 unterfällt, nicht aber die Entscheidung, die die internationale Zuständigkeit oder einen Insolvenzgrund verneint,[57] deren Anfechtung ist Absatz 2 vorbehalten. Diese Deutung, auch wenn ihr nur deklaratorische Bedeutung zukommt, unterstreicht den Willen des VO-Gebers, die **Anfechtbarkeit** der **Eröffnungsentscheidung** auf die **Frage** der **internationalen Zuständigkeit** zu **beschränken**, weitergehende Harmonisierungen sind nicht beabsichtigt.[58] Jenseits der Verfahrensgarantie des Art. 5 Abs. 1 regiert das lex fori concursus,[59] nach Art. 5 Abs. 2 sowohl zum Kreis der Anfechtungsberechtigten als auch zu den möglichen Anfechtungsgründen.

---

50) *Laumen/Vallender*, NZI 2016, 609, 611.
51) Mankowski/Müller/J. Schmidt-*Mankowski*, EuInsVO 2015, Art. 5 Rz. 19; *Thole* in: MünchKomm-InsO, Art. 5 EuInsVO 2015 Rz. 6.
52) So auch *Schoppmeyer* in: FS Pape, S. 373, 380.
53) Uhlenbruck-*Pape*, InsO, § 34 Rz. 22.
54) *Fritz*, DB 2015, 1882, 1885.
55) *Garcimartín*, ZEuP 2015, 694, 710.
56) Uhlenbruck-*Pape*, InsO, § 34 Rz. 22.
57) Insoweit missverständlich Mankowski/Müller/J. Schmidt-*Mankowski*, EuInsVO 2015, Art. 5 Rz. 4 und 17.
58) Wimmer/Bornemann/Lienau-*Lienau*, Die Neufassung der EuInsVO, Rz. 268; *Thole* in: MünchKomm-InsO, Art. 5 EuInsVO 2015 Rz. 9.
59) So treffend Mankowski/Müller/J. Schmidt-*Mankowski*, EuInsVO 2015, Art. 5 Rz. 15.

Der Inhalt von Art. 5 Abs. 2 ist bereits durch Art. 7 Abs. 1 geregelt und hat daher 14
nur **deklaratorischen Charakter**. Daher wird ihr Sinn ebenso hinterfragt wie das
Verhältnis zu Absatz 1. Dazu finden sich unterschiedliche Auffassungen. Art. 5
Abs. 2 solle den Umkehrschluss aus Absatz 1 unterbinden, eine Anfechtung der
Eröffnungsentscheidung könne nur ausschließlich nach Absatz 1 stattfinden (sog.
Freisperrungs- und Blockerfunktion).[60] Oder Art. 5 Abs. 2 komme erweiternde
Funktion zu, indem das nationale Recht Erweiterungen der Anfechtungsberechtigten und der Anfechtungsgründe zulassen dürfe, auch wenn sie sich auf die fehlende
internationale Zuständigkeit stützen.[61] Der übereinstimmende Wortlaut in den
verschiedenen Amtssprachen leistet zum Verständnis keine Hilfe,[62] ebensowenig
die ErwG 12 und 34. Vor dem Hintergrund seines deklaratorischen Gehalts folgt
aus der Systematik beider Absätze, dass ein **Anwendungsvorrang des Art. 5 Abs. 1**
besteht. Damit stellt der VO-Geber klar: Art. 5 Abs. 1 ist eine **Mindestregelung
zur Justizgewährung**.[63] Das unterstreicht der subsidiäre Charakter des Absatz 2
und der teilidentische Regelungsgehalt beider. Das bedeutet, der Umkehrschluss
aus Art. 5 Abs. 1, die internationale Zuständigkeit sei nur von dem dort genannten
Personenkreis aus aus den dortigen Gründen zulässig, ist unzutreffend. Stattdessen
können die Mitgliedstaaten über die Mindestregelung hinaus gesetzgeberische Erweiterungen zur Anfechtbarkeit schaffen.[64] Das bezieht auch die Anfechtbarkeit
der Eröffnung von Partikular- und Sekundärverfahren mit ein.[65]

---

60) Mankowski/Müller/J. Schmidt-*Mankowski*, EuInsVO 2015, Art. 5 Rz. 15.
61) *Thole* in: MünchKomm-InsO, Art. 5 EuInsVO 2015 Rz. 9.
62) Frz.: „La décision d'ouverture de la procédure d'insolvabilité principale peut être attaquée par des parties autres que celles visées au paragraphe 1, ou pour des motifs autres que l'absence de compétence internationale, si le droit national le prévoit ...“; engl.: „The decision opening main insolvency proceedings may be challenged by parties other than those referred to in paragraph 1 or on grounds other than a lack of international jurisdiction where national law so provides."; ital.: „La decisione di apertura della procedura principale di insolvenza può essere impugnata da parti diverse da quelle previste al paragrafo 1, ovvero per motivi diversi dalla mancanza di competenza giurisdizionale internazionale, qualora il diritto nazionale lo preveda.".
63) Wimmer/Bornemann/Lienau-*Lienau*, Die Neufassung der EuInsVO, Rz. 268.
64) Das ist allerdings nicht aus dem Gebrauch des „oder" abzuleiten (so *Thole* in: MünchKomm-InsO, Art. 5 EuInsVO 2015 Rz. 9), sondern, wie dargestellt, aus systematischen Erwägungen.
65) Wimmer/Bornemann/Lienau-*Lienau*, Die Neufassung der EuInsVO, Rz. 267.

---

# Artikel 6
### Zuständigkeit für Klagen, die unmittelbar aus dem Insolvenzverfahren hervorgehen und in engem Zusammenhang damit stehen

**(1) Die Gerichte des Mitgliedstaats, in dessen Hoheitsgebiet das Insolvenzverfahren nach Artikel 3 eröffnet worden ist, sind zuständig für alle Klagen, die unmittelbar aus dem Insolvenzverfahren hervorgehen und in engem Zusammenhang damit stehen, wie beispielsweise Anfechtungsklagen.**

**(2)** (Unterabs. 1) **Steht eine Klage nach Absatz 1 im Zusammenhang mit einer anderen zivil- oder handelsrechtlichen Klage gegen denselben Beklagten, so kann**

der Verwalter beide Klagen bei den Gerichten in dem Mitgliedstaat, in dessen Hoheitsgebiet der Beklagte seinen Wohnsitz hat, oder – bei einer Klage gegen mehrere Beklagte – bei den Gerichten in dem Mitgliedstaat, in dessen Hoheitsgebiet einer der Beklagten seinen Wohnsitz hat, erheben, vorausgesetzt, die betreffenden Gerichte sind nach der Verordnung (EU) Nr. 1215/2012 zuständig.

(Unterabs. 2) Unterabsatz 1 gilt auch für den Schuldner in Eigenverwaltung, sofern der Schuldner in Eigenverwaltung nach nationalem Recht Klage für die Insolvenzmasse erheben kann.

(3) Klagen gelten für die Zwecke des Absatzes 2 als miteinander im Zusammenhang stehend, wenn zwischen ihnen eine so enge Beziehung gegeben ist, dass eine gemeinsame Verhandlung und Entscheidung zweckmäßig ist, um die Gefahr zu vermeiden, dass in getrennten Verfahren miteinander unvereinbare Entscheidungen ergehen.

**Literatur:** *Albrecht*, Die reformierte EuInsVO im Spiegel der Rechtsprechung des EuGH – Ein Überblick (Teil 2), InsBüro 2018, 53; *Albrecht*, Die Reform der EuInsVO ist abgeschlossen – eine Übersicht, ZInsO 2015, 1077; *Baumert*, Offene Praxisfragen beim internationalen Gerichtsstand bei Insolvenzanfechtungsklagen in Drittstaatenfällen – Art. 3 EuInsVO analog, NZI 2014, 106; *Bierbach*, Wettlauf der Gläubiger um den Insolvenzgerichtsstand – Anfechtungsbefugnisse des Insolvenzverwalters nach Art. 18 Abs. 2 Satz 2 EuInsVO, ZIP 2008, 2203; *Brinkmann*, Avoidance Claims in the Context of the EIR, IILR 2013, 371; *Brinkmann*, Der Aussonderungsstreit im internationalen Insolvenzrecht – Zur Abgrenzung zwischen EuGVVO und EuInsVO, IPRax 2010, 324; *Cranshaw*, Grenzüberschreitende Anfechtungsklagen, ZInsO 2012, 1237; *Cranshaw*, Aktuelle Fragen zur europäischen Insolvenzverordnung vor dem Hintergrund der Rechtsprechung des EuGH, DZWiR 2009, 353; *Damman/Müller*, Eröffnung eines Sekundärinsolvenzverfahrens in Frankreich gemäß Art. 29 lit. a EuInsVO auf Antrag eines „schwachen" deutschen Insolvenzverwalters, NZI 2011, 752; *Ebenroth/Kieser*, Die Qualifikation der „action en comblement du passif" nach Art. 180 des neuen französischen Insolvenzrechts, KTS 1988, 19; *Fehrenbach*, Insolvenzanfechtung in grenzüberschreitenden Insolvenzverfahren bei Verfahrenspluralität, NZI 2015, 157; *Freitag*, Grundfragen der Richtlinie über präventive Restrukturierungsrahmen und ihrer Umsetzung in das deutsche Recht, ZIP 2019, 541; *Freitag*, Internationale Zuständigkeit für Schadensersatzklagen aus Insolvenzverschleppungshaftung, ZIP 2014, 302; *Freitag/Korch*, Gedanken zum Brexit – Mögliche Auswirkungen im Internationalen Insolvenzrecht, ZIP 2016, 1849; *Guski*, Die internationale Zuständigkeit für Klagen mit Insolvenzbezug, ZIP 2018, 2395; *Haas*, Insolvenzrechtliche Annexverfahren und international Zuständigkeit, ZIP 2013, 2381; *Hänel*, Befugnisse des Verwalters, in: Nunner-Krautgasser/Garber/Jaufer, Grenzüberschreitende Insolvenzen im europäischen Binnenmarkt – die neue EU-Insolvenzverordnung, 2017, S. 183; *Kindler*, Hauptfragen der Reform des Europäischen Internationalen Insolvenzrechts, KTS 2014, 25; *Kindler/Wendland*, Die internationale Zuständigkeit für Einzelstreitverfahren nach der neuen Europäischen Insolvenzverordnung, RIW 2018, 245; *Kodek/Reisch*, Ausgewählte Probleme der Anfechtung nach der EuInsVO, ZIK 2006, 182; *Koller*, Die internationale Zuständigkeit für Annexverfahren und das Kollisionsrecht der Insolvenzanfechtung im Spiegel jüngster Entwicklungen, in: Konecny, Insolvenz-Forum 2017, S. 37; *Konecny*, Aktuelles zu insolvenznahen Verfahren, in: Jaufer/Nunner-Krautgasser/Schummer, Unternehmenssanierung mit Auslandsbezug, 2019, S. 73; *Lund*, Verschwommene Konturen: Das Luxemburger Porträt der Konnexität des Art. 6 EuGVVO, RIW 2012, 377; *Madaus*, Der Wettlauf ist eröffnet – Die Nortel-Entscheidung des EuGH, ecolex 2015, 775; *Mankowski*, Insolvenzrecht gegen Gesellschaftsrecht 2:0 im europäischen Spiel um § 64 GmbH, NZG 2016, 281; *Mankowski*, Insolvenznahe Entscheidungen im Grenzbereich zwischen EuInsVO und EuGVVO – Zur Entscheidung des EuGH in

Sachen German Graphics (NZI 2009, 741), NZI 2010, 508; *Markgraf/Hertelt*, Die Beendigung des Insolvenzverfahrens während des rechtshängigen Zivilprozesses, ZIP 2018, 1480; *Musger*, Gläubigerbenachteiligung in der EuInsVO, in: Jaufer/Nunner-Krautgasser/ Schummer, Unternehmenssanierung mit Auslandsbezug, 2019, S. 87; *Oberhammer*, Zur Abgrenzung von EuGVVO und EuInsVO bei insolvenzbezogenen Erkenntnisverfahren, ZIK 2010, 6; *Oberhammer*, Von der EuInsVO zum europäischen Insolvenzrecht, KTS 2009, 27; *Oberhammer*, Zur Anfechtungsbefugnis des Sekundärverwalters nach Europäischem Insolvenzrecht, KTS 2008, 271; *Oberhammer*, Europäisches Insolvenzrecht in praxi – „Was bisher geschah", ZInsO 2004, 761; *Paulus*, Anfechtungsklagen in grenzüberschreitenden Insolvenzverfahren, ZInsO 2006, 295; *Piekenbrock*, Insolvenzrechtliche Annexverfahren im Europäischen Justizraum, KTS 2015, 379; *Piekenbrock*, Das Europäische Insolvenzrecht im Umbruch, KSzW 2015, 191; *Piekenbrock*, Klagen und Entscheidungen über Insolvenzforderungen zwischen LugÜb, EuGVVO und EuInsVO, ZIP 2014, 2067; *Planitzer*, Die ausschließliche internationale Zuständigkeit für insolvenzrechtliche Annexverfahren – Anmerkungen zu EuGH C-296/17, Wiemer & Trachte, ZIK 2019, 5; *Prager/Keller, Ch.*, Der Entwicklungsstand des Europäischen Insolvenzrechts, WM 2015, 805; *Prager/Keller, Ch.*, Der Vorschlag der Europäischen Kommission zur Reform der EuInsVO, NZI 2013, 57; *Reisch*, Befugnisse des jeweils ausländischen Verwalters in Hauptinsolvenzverfahren/Sekundärinsolvenzverfahren, in: Konecny, Insolvenz-Forum 2005, 243; *Schneider*, Insolvenznahe Verfahren, in: Nunner-Krautgasser/ Garber/Jaufer, Grenzüberschreitende Insolvenzen im europäischen Binnenmarkt – die neue EU-Insolvenzverordnung, 2017, S. 97; *Skauradszun*, Die Restrukturierungsrichtlinie und das „verschwitzte" internationale Zivilverfahrensrecht, ZIP 2019, 1501; *Skauradszun*, Ein Umsetzungskonzept für den präventiven Restrukturierungsrahmen, KTS 2019, 161; *Smid*, Internationale Zuständigkeit bei den „Annexverfahren" mit „verkehrten" Parteirollen, in: Festschrift für Heinz Vallender, 2015, S. 585; *Stürner*, Insolvenztourismus und Einzelgläubigeranfechtung, KTS 2017, 291; *Stürner*, Gerichtsstandsvereinbarungen und Europäisches Insolvenzrecht, IPRax 2005, 416; *Thole*, Die Reform der Europäischen Insolvenzverordnung, ZEuP 2014, 39; *Thole*, Negative Feststellungsklagen, Insolvenztorpedos und EuInsVO, ZIP 2012, 605; *Thole/Swierczok*, Der Kommissionsvorschlag zur Reform der EuInsVO, ZIP 2013, 550; *Vallender*, Die Folgen des Brexit für das nationale und internationale Insolvenzrecht, ZInsO 2019, 645; *Vallender*, Europaparlament gibt den Weg frei für eine neue Europäische Insolvenzverordnung, ZIP 2015, 1513; *Virgós/ Schmit*, Erster Teil: EU-Übereinkommen über Insolvenzverfahren, Kap. B – Erläuternder Bericht, in: Stoll, Vorschläge und Gutachten zur Umsetzung des EU-Übereinkommens über Insolvenzverfahren im deutschen Recht, 1997, S. 32 (zit.: Virgós/Schmit in: Stoll, Vorschläge und Gutachten); *Wedemann*, EuGVVO oder EuInsVO bei gesellschaftsrechtlichen Haftungsklagen?, IPRax 2015, 505; *Weller*, GmbH-Bestattung im Ausland, ZIP 2009, 2029.

## Übersicht

I. Überblick ............ 1
II. Entstehungsgeschichte ............ 4
III. Normzweck und Auslegung ............ 7
IV. Zeitlicher Anwendungsbereich ............ 9
1. Eröffnetes Insolvenzverfahren ............ 9
2. Vorläufiges Verfahren ............ 10
3. Beendigtes Insolvenzverfahren ............ 15
   a) Nachtragsverteilung ............ 20
   b) Im Insolvenzplan vorbehaltene Anfechtungsklage ............ 23
4. Inkrafttreten ............ 28
V. Persönlicher Anwendungsbereich ............ 29
VI. Räumlicher Anwendungsbereich ............ 37
VII. Erfasste Insolvenzverfahren ............ 43

VIII. Reichweite der Zuständigkeitsregeln ............ 47
1. Internationale Zuständigkeit ............ 47
2. (Relativ) ausschließlicher Gerichtsstand ............ 51
IX. Insolvenzbezogene Klagen (Art. 6 Abs. 1) ............ 57
1. Allgemeine Kriterien ............ 57
2. Beispiele ............ 59
   a) Positivbeispiele ............ 59
   b) Negativbeispiele ............ 60
3. Sonstige Anforderungen ............ 61
X. Zusammenhängende Klagen (Art. 6 Abs. 2 und Abs. 3) ............ 63

## Artikel 6

Zuständigkeit für Klagen

1. Systematik .................................. 63
2. Voraussetzungen der Gerichtsstandswahl .................................. 70
   a) Zivil- oder handelsrechtlicher Aktivanspruch .................................. 70
   b) Gerichtsstand des/eines Beklagten .................................. 72
   c) Konnexität der Klagen (Art. 6 Abs. 3) .................................. 77
   d) Verbindung der Klagen .................................. 80
3. Problemkonstellationen .................................. 82
   a) Gesplittete Prozessführungsbefugnis .................................. 82
   b) Unzureichender Zusammenhang .................................. 84
   c) Mängel der Ankerklage .................................. 85
   d) Abweichende Beendigung .................................. 87
   e) Wohnsitzverlegung eines Beklagten .................................. 90
   f) Anwendbares Recht für Annexklage .................................. 92
XI. Parallelverfahren .................................. 93

### I. Überblick

1  Die Regelungen in Art. 6 wurden im Zuge der Reform 2015 neu in die EuInsVO aufgenommen. Sie setzen den neuen ErwG 35 um und betreffen (ausschließlich) die **internationale Zuständigkeit für Annexverfahren**, d. h. Rechtsstreitigkeiten, die mit dem Insolvenzverfahren in unmittelbarem Zusammenhang stehen.

2  Art. 6 Abs. 1 enthält keine inhaltliche Neuerung. Er kodifiziert nach einhelliger Auffassung[1] vielmehr nur die Rechtsprechung des EuGH zur Abgrenzung der internationalen Zuständigkeit nach der EuInsVO und der EuGVVO[2] zugunsten einer vis attractiva concursus bei insolvenzspezifischen Annexverfahren, d. h. einer Zuständigkeit der Gerichte des Staats, in dem das Insolvenzverfahren eröffnet wurde, auch für aus diesem hervorgehende Verfahren. Aufgrund dieser Beschränkung des Regelungsgehalts behalten einerseits die vor der Kodifizierung aufgestellten Grundsätze weiter Geltung,[3] andererseits bleiben aber auch die ungelösten Fragen weitgehend offen.[4] Der beabsichtigte lückenlose Übergang der Zuständigkeiten entweder nach der EuInsVO oder der EuGVVO, der keinen durch nationales Recht aufzufüllenden Zwischenraum lassen soll,[5] ist daher nach wie vor zum Teil

---

1) Vgl. *Guski*, ZIP 2018, 2395, 2396; Mankowski/Müller/J. Schmidt-*Mankowski*, EuInsVO 2015, Art. 6 Rz. 1 m. w. N.; *Thole* in: MünchKomm-InsO, Art. 6 EuInsVO 2015 Rz. 1; Bork/van Zwieten-*Ringe*, Commentary on the European Insolvency Regulation, Art. 6 Rz. 6.09; *Moss/Fletcher/Isaacs*, The EU Regulation on Insolvency Proceedings, (RR) Art. 6 Rz. 8.586; Brinkmann-*Madaus*, EIR, Art. 6 Rz. 7.

2) Verordnung (EU) 1215/2012 des Europäischen Parlaments und des Rates v. 12.12.2012 über die gerichtliche Zuständigkeit und die Anerkennung und Vollstreckung von Entscheidungen in Zivil- und Handelssachen – Brüssel Ia-Verordnung, ABl. (EU) L 351/1 v. 20.12.2012.

3) Vgl. *Kindler*, KTS 2014, 25, 35; *Schneider* in: Nunner-Krautgasser/Garber/Jaufer, Grenzüberschreitende Insolvenzen, S. 98 m. w. N.; Koller/Lovrek/Spitzer-*Lind/Richter*, IO, Art. 6 EuInsVO Rz. 3; teilweise zweifelnd allerdings Wimmer/Bornemann/Lienau-*Lienau*, Die Neufassung der EuInsVO, Rz. 275.

4) Die Zurückhaltung des Verordnungsgebers bei der Ausgestaltung von Art. 6 stieß daher auf Kritik, vgl. nur Mankowski/Müller/J. Schmidt-*Mankowski*, EuInsVO 2015, Art. 6 Rz. 1 ff. m. w. N.; *Thole* in: MünchKomm-InsO, Art. 6 EuInsVO 2015 Rz. 4 f.; *Piekenbrock*, KTS 2015, 379, 417; *Schneider* in: Nunner-Krautgasser/Garber/Jaufer, Grenzüberschreitende Insolvenzen, S. 98; *Thole/Swierczok*, ZIP 2013, 550, 553.

5) Vgl. Bericht *Schlosser*, ABl. (EG) C 59/71 Nr. 53 v. 5.3.1979; *Virgós/Schmit* in: Stoll, Vorschläge und Gutachten, Nr. 77; BGH, Beschl. v. 8.5.2014 – IX ZB 35/12, ZIP 2014, 1131; EuGH, Urt. v. 9.11.2017 – Rs. C-641/16 (Tünkers), ZIP 2017, 2275, dazu EWiR 2017, 737 (*J. Schmidt*); EuGH, Urt. v. 6.2.2019 – Rs. C-535/17 (NK), ZIP 2019, 524.

schwer identifizierbar. Gesichert ist mittlerweile zumindest der Grundsatz, dass der Anwendungsbereich der EuGVVO weit und derjenige der EuInsVO eng auszulegen ist,[6] was sich schon angesichts der differenzierteren Zuständigkeitsordnung der EuGVVO anbietet.[7] Offen und kaum regelbar bleibt, **wie weit** bzw. **eng** die Auslegung zu erfolgen hat.[8]

Inhaltlich neu ist demgegenüber die in Art. 6 Abs. 2 – auf Wunsch der Praxis[9] – geschaffene Möglichkeit des Verwalters, abweichend von Art. 6 Abs. 1 die **Annexklage in einem anderen Mitgliedstaat** zu erheben, wenn sie gegen den- oder dieselben Beklagten zusammen mit einer zivil- oder handelsrechtlichen Klage geltend gemacht wird, die mit dem Annexverfahren in einem in Art. 6 Abs. 3 konkretisierten Zusammenhang steht, und wenn für diese nicht annexe Klage eine abweichende internationale Zuständigkeit nach der EuGVVO besteht. Richtet sich eine solche Klage gegen mehrere Beklagte, eröffnet jeder nach der EuGVVO zuständigkeitsbegründende Beklagtenwohnsitz in einem Mitgliedstaat dem Verwalter ein Wahlforum für das kombinierte Vorgehen bzgl. aller zusammenhängenden Klagen gegen alle Beklagten.

3

## II. Entstehungsgeschichte

Im Jahr 1979 begründete der damalige EWG-Gerichtshof in der Sache *Gourdain/ Nadler*[10] für eine französischem Recht unterliegende Klage „en comblement du passif social"[11] die Formel, dass der in Art. 1 EuGVÜ[12] definierte Ausschluss der Anwendbarkeit (u. a.) auf Konkurse, Vergleiche und ähnliche Verfahren sich auch auf Entscheidungen erstreckt, die „unmittelbar aus diesen Verfahren hervorgehen und sich eng innerhalb des Rahmens eines Konkurs- oder Vergleichsverfahrens ... halten". Die EuGVVO[13] übernahm – auch in der Neufassung von 2012 – in ihrem

4

---

6) Vgl. *Brinkmann*, IPRax 2010, 324, 326; *Mankowski*, NZI 2010, 508, 510; *Oberhammer*, ZIK 2010, 6, 9; *Schneider* in: Nunner-Krautgasser/Garber/Jaufer, Grenzüberschreitende Insolvenzen, S. 98 m. w. N.; EuGH, Urt. v. 4.9.2014 – Rs. C-157/13 (Nickel & Goeldner Spedition), ZIP 2015, 96, dazu EWiR 2015, 31 *(Zarth);* EuGH, Urt. v. 10.9.2009 – Rs. C-292/08 (German Graphics Graphische Maschinen GmbH), ZIP 2009, 2345; EuGH, Urt. v. 9.11.2017 – Rs. C-641/16 (Tünkers), ZIP 2017, 2275; EuGH, Urt. v. 6.2.2019 – Rs. C-535/17 (NK), ZIP 2019, 524.
7) Vgl. *Schneider* in: Nunner-Krautgasser/Garber/Jaufer, Grenzüberschreitende Insolvenzen, S. 98 m. w. N.
8) Vgl. dazu *Guski*, ZIP 2018, 2395, 2396 ff.
9) Vgl. Bericht der Kommission an das Europäische Parlament, den Rat und den Europäischen Wirtschafts- und Sozialausschuss über die Anwendung der Verordnung (EG) Nr. 1346/2000 des Rates v. 20.5.2000 über Insolvenzverfahren, v. 12.12.2012, COM(2012) 743 final, S. 11 unter 3.3, abrufbar unter https://ec.europa.eu/transparency/regdoc/rep/1/2012/DE/1-2012-743-DE-F1-1.Pdf (Abrufdatum: 10.1.2020).
10) EWG-Gerichtshof von Luxemburg, Urt. v. 22.2.1979 – Rs. 133/78 (Gourdain/Nadler), Slg. 1979, 733 = KTS 1979, 268.
11) Klage „zur Deckung von Gesellschaftsschulden", vgl. dazu *Ebenroth/Kieser*, KTS 1988, 19.
12) Übereinkommen über die gerichtliche Zuständigkeit und die Vollstreckung gerichtlicher Entscheidungen in Zivil- und Handelssachen, v. 27.9.1968, BGBl. II 1972, 808.
13) Verordnung (EG) Nr. 44/2001 des Rates v. 22.12.2000 über die gerichtliche Zuständigkeit und die Anerkennung und Vollstreckung von Entscheidungen in Zivil- und Handelssachen (Brüssel I-Verordnung), ABl. (EG) L 12/1 v. 16.1.2001.

# Artikel 6

Art. 1 Abs. 2 lit. b wörtlich die Negativabgrenzung des EuGVÜ. Europaweite Regelungen zur Behandlung grenzüberschreitender Insolvenzverfahren waren zwar parallel zum EuGVÜ geplant gewesen, kamen aber mangels Einigung in diesem Bereich lange Zeit nicht zustande.[14] Insbesondere wurde die in Entwürfen von 1970 und 1980 vorgesehene vis attractiva concursus für konkret aufgelistete, „sich aus dem Konkurs ergebende(n) Klagen"[15] bzw. „Klagen aufgrund des Konkurses"[16] nie umgesetzt.[17] Entsprechend fehlte in der ursprünglichen Fassung der EuInsVO eine explizite Regelung zur Zuständigkeit für insolvenznahe Annexverfahren; der frühere ErwG 6 enthielt lediglich eine Absichtserklärung[18] und Art. 25 Abs. 1 Unterabs. 2 a. F. – jetzt Art. 32 Abs. 1 Unterabs. 2 – nur eine Regelung zur Anerkennung und Vollstreckbarkeit von Entscheidungen in Annexverfahren, die jeweils in Anlehnung an die *Gourdain/Nadler*-Formel beschrieben wurden als „Entscheidungen, die unmittelbar aufgrund des Insolvenzverfahrens ergehen und in engem Zusammenhang damit stehen". Das Fehlen einer Zuständigkeitsregelung führte dazu, dass zur Zuständigkeit für insolvenznahe Annexverfahren praktisch alle denkbaren Ansichten vertreten wurden[19] und daher erhebliche Rechtsunsicherheit herrschte.

5 Der EuGH beseitigte diese Rechtsunsicherheit zumindest teilweise in der grundlegenden Entscheidung *Deko Marty*[20], indem er in Anknüpfung an die *Gourdain/Nadler*-Formel Art. 3 Abs. 1 a. F. dahin auslegte, dass die Gerichte des Mitgliedstaats, in dessen Gebiet das Insolvenzverfahren eröffnet worden ist, für eine Insolvenzanfechtungsklage gegen einen Anfechtungsgegner, der seinen satzungsmäßigen Sitz in einem anderen Mitgliedstaat hat, international zuständig ist. Weitere Entscheidungen des EuGH zum Verhältnis zwischen EuInsVO und EuGVVO[21] betrafen Randbereiche, ließen keine klare Linie erkennen und brachten daher über die

---

14) S. zur Entstehungsgeschichte *Paulus*, EuInsVO, Einl. Rz. 1 ff.
15) Art. 17 des Vorentwurfs eines Konkursabkommens für die EWG-Staaten, deutscher Text abgedruckt in KTS 1971, 167.
16) Art. 15 des Entwurfs eines Übereinkommens über den Konkurs, Vergleiche und ähnliche Verfahren, Drucks. III/D/72/80-DE der Kommission der Europäischen Gemeinschaften; deutscher Text abgedr. in KTS 1981, 167.
17) Zu den Hintergründen *Piekenbrock*, KSzW 2015, 191, 194 f.
18) „Gemäß dem Verhältnismäßigkeitsgrundsatz sollte sich diese Verordnung auf Vorschriften beschränken, die die Zuständigkeit für die Eröffnung von Insolvenzverfahren und für Entscheidungen regeln, die unmittelbar aufgrund des Insolvenzverfahrens ergehen und in engem Zusammenhang damit stehen." Krit. zu dieser nicht umgesetzten Ankündigung *Oberhammer*, KTS 2009, 27, 42.
19) Ein Überblick zum damaligen Meinungsstand findet sich z. B. bei *Oberhammer*, ZInsO 2004, 761, 764 ff.; *Oberhammer*, KTS 2009, 27, 40 ff.; *Paulus*, ZInsO 2006, 295, 297 ff., sowie BGH, Vorlagebeschl. v. 21.6.2007 – IX ZR 39/06, ZIP 2007, 1415, m. Anm. *Klöhn/Berner*, dazu EWiR 2007, 751 *(Voss)*.
20) EuGH, Urt. v. 12.2.2009 – Rs. C-339/07 (Deko Marty Belgium), ZIP 2009, 427, dazu EWiR 2009, 411 *(K. Müller)*.
21) Zu nennen sind insoweit insbesondere EuGH, Urt. v. 2.7.2009 – Rs. C-111/08 (SCT Industri/Alpenblume), ZIP 2009, 1441; EuGH, Urt. v. 10.9.2009 – Rs. C-292/08 (German Graphics Graphische Maschinen GmBH), ZIP 2009, 2345; EuGH, Urt. v. 19.4.2012 – Rs. C-213/10 (F-Tex), ZIP 2012, 1049, dazu EWiR 2012, 383 *(Brinkmann)*.

Aufrechterhaltung der *Gourdain/Nadler*-Formel hinaus keine vergleichbar grundlegende Aufhellung der Problematik.[22]

Auch wenn die *Deko-Marty-Entscheidung* in ihrer Begründung nicht vollends zu überzeugen vermochte,[23] blieb sie hiernach doch die wesentliche Grundlage für den Vorschlag der Europäischen Kommission zur Änderung der EuInsVO vom 12.12.2012,[24] dessen ErwG 13b und Art. 3a a. F. weitgehend unverändert zum jetzigen ErwG 35 und Art. 6 wurden.[25]

### III. Normzweck und Auslegung

Die Regelungen des Art. 6 werden zu Recht[26] als für den Insolvenzverwalter „günstig und pragmatisch" wahrgenommen.[27] Bereits die Schlussanträge des Generalanwalts zur *Deko-Marty-Entscheidung*[28] und die Entscheidung selbst[29] argumentierten unter Bezugnahme auf die damaligen ErwG 2, 4 und 8 (ErwG 3, 5 und 8 n. F.) vorrangig damit, dass dem Insolvenzverwalter Möglichkeiten zur **effizienten und ökonomischen Wahrung der Interessen der Insolvenzmasse** an die Hand gegeben werden sollten. ErwG 35 und Art. 6 bauen darauf unmittelbar auf,[30] und es ist durchaus bemerkenswert, dass Art. 6 Abs. 2 dem Verwalter die Option eines ansonsten eher negativ belegten[31] Forum Shopping eröffnet, wenn er sich davon – so ausdrücklich ErwG 35 Satz 4 – „einen Effizienzgewinn verspricht".

Vor dem Hintergrund dieser eindeutigen gesetzgeberischen Intention darf für die Auslegung von Art. 6 die Faustregel aufgestellt werden, dass **Flexibilität des Verwalters** sowie ein **Effizienzgewinn für die Insolvenzmasse** maßgebliche Auslegungskriterien darstellen.[32]

---

22) Vgl. *Mankowski*, NZI 2010, 508; *Haas*, ZIP 2013, 2381, 2383; *Brinkmann*, IILR 2013, 371, 372 f.; Bork/van Zwieten-*Ringe*, Commentary on the European Insolvency Regulation, Art. 6 Rz. 6.07.

23) Vgl. zur Kritik nur *Thole* in: MünchKomm-InsO, Art. 3 EuInsVO 2000 Rz. 105 ff. m. w. N.

24) Vorschlag der Europäischen Kommission v. 12.12.2012 für eine Verordnung des Europäischen Parlaments und des Rates zur Änderung der Verordnung (EG) Nr. 1346/2000 des Rates über Insolvenzverfahren, 2012/0360 (COD).

25) Laut *Thole/Swierczok*, ZIP 2013, 550, 553, bedeutet Art. 6 EuInsVO „nicht weniger, aber auch nicht mehr als die Kodifizierung des Deko-Marty-Urteils".

26) Zur Einschränkung s. Rz. 52 f.

27) Mankowski/Müller/J. Schmidt-*Mankowski*, EuInsVO 2015, Art. 6 Rz. 1 m. w. N.

28) EuGH GA (*Colomer*), SA v. 16.10.2008 – Rs. C-339/07 (Deko Marty Belgien), Rz. 59 ff., ZIP 2008, 2082, 2088 f., dazu EWiR 2009, 53 (*Ch. Keller/Thomas*).

29) EuGH, Urt. v. 12.2.2009 – Rs. C-339/07 (Deko Marty Belgien), Rz. 22 ff., ZIP 2009, 427 f.

30) Vgl. *Thole* in: MünchKomm-InsO, Art. 6 EuInsVO 2015 Rz. 6 f.

31) Der Verordnungsgeber verurteilt Forum Shopping klar, wenn es zum Nachteil der Gläubigergesamtheit betrieben wird. Adressaten sind insoweit nach ErwG 5 nicht nur Beteiligte, die Vermögensgegestände oder Gerichtsverfahren zum eigenen Vorteil verlagern, sondern in ErwG 46 auch Verwalter von Hauptinsolvenzverfahren, wenn sie durch Vermögenverlagerung schutzwürdige lokale Interessen im Niederlassungsstaat verletzen.

32) In diesem Sinn wohl auch *Kindler*, KTS 2014, 25, 35 ff.; *Kindler/Wendland*, RIW 2018, 245, 249; Koller/Lovrek/Spitzer-*Lind/Richter*, IO, Art. 6 EuInsVO Rz. 4 m. w. N.; krit. *Guski*, ZIP 2018, 2395, 2398.

## IV. Zeitlicher Anwendungsbereich
### 1. Eröffnetes Insolvenzverfahren

9 Art. 6 Abs. 1 weist die Zuständigkeit für Annexklagen den Gerichten des Mitgliedstaats zu, „in dessen Hoheitsgebiet das Insolvenzverfahren nach Artikel 3 eröffnet worden ist." Art. 6 Abs. 2 Unterabs. 1 bezieht sich auf „eine Klage nach Absatz 1". Damit setzt die Anwendbarkeit aller Zuständigkeitsregeln des Art. 6 nach dessen eindeutigem Wortlaut formell ein **eröffnetes Insolvenzverfahren** voraus.[33] Bloße Sach- und Beweisnähe begründet jedenfalls dann keine Zuständigkeit nach Art. 6, wenn eine Klage Ansprüche betrifft, die in einem Insolvenzverfahren als insolvenznah zu qualifizieren wären, es aber kein Insolvenzverfahren gibt oder gab (siehe auch Rz. 15).[34] Demgemäß scheidet auch eine Anwendung von Art. 6 auf die Gläubigeranfechtung nach dem AnfG[35] aus, die nur außerhalb eines Insolvenzverfahrens erfolgen kann; die beispielhafte Nennung von Anfechtungsklagen in Art. 6 Abs. 1 bezieht sich ersichtlich nur auf Insolvenzanfechtung i. S. von Art. 7 Abs. 2 lit. m.

### 2. Vorläufiges Verfahren

10 Mit dem Erfordernis eines eröffneten Insolvenzverfahren ist noch nicht geklärt, auf welchen Zeitpunkt konkret abzustellen ist, mit anderen Worten, ob Art. 6 auch schon in vorläufigen Verfahren Anwendung findet. Praktische Relevanz hat die Frage dann, wenn die gerichtliche Geltendmachung eines i. S. von Art. 6 insolvenznahen Anspruchs nach nationalem Recht schon im vorläufigen Verfahren zulässig und ggf. sogar praktisch – etwa zur Verjährungshemmung – erforderlich ist. Unter der bisherigen Verordnung war die generelle **Einbeziehung vorläufiger Verfahren** streitig.[36] In der *Eurofood-Entscheidung* hatte der EuGH zwar die Bestellung eines mit Verwaltungs- und Verfügungsbefugnissen ausgestatteten „provisional liquidator" (also eines vorläufigen Verwalters) nach irischem Recht als Eröffnungsent-

---

[33] *Schneider* in: Nunner-Krautgasser/Garber/Jaufer, Grenzüberschreitende Insolvenzen, S. 102 ff. m. w. N. auch zu anderslautenden Stimmen; Bork/van Zwieten-*Ringe*, Commentary on the European Insolvency Regulation, Art. 6 Rz. 6.13.

[34] Vgl. *Konecny* in: Jaufer/Nunner-Krautgasser/Schummer, Unternehmenssanierung mit Auslandsbezug, S. 73, 80 m. w. N.; strenger wohl *Paulus*, EuInsVO, Art. 6 Rz. 3; *Schneider* in: Nunner-Krautgasser/Garber/Jaufer, Grenzüberschreitende Insolvenzen, S. 103; *Thole* in: MünchKomm-InsO, Art. 3 EuInsVO 2000 Rz. 131 ff., die Art. 6 außerhalb eines (eröffneten) Insolvenzverfahrens für unanwendbar halten.

[35] Gesetz über die Anfechtung von Rechtshandlungen eines Schuldners außerhalb des Insolvenzverfahrens, v. 5.10.1994, BGBl. I 1994, 2911. Die internationale Zuständigkeit für Klagen nach diesem Gesetz richtet sich nach den Artt. 2, 60 EuGVVO, vgl. *Cranshaw*, ZInsO 2012, 1237, 1243; ebenso EuGH, Urt. v. 4.10.2018 – Rs. C-337/17 (Feniks), ZIP 2018, 142, dazu EWiR 2018, 701 *(Mankowski)*.

[36] Vgl. nur Wimmer/Bornemann/Lienau-*Bornemann*, Die Neufassung der EuInsVO, Rz. 87; K. Schmidt-*Brinkmann*, InsO, Art. 1 EuInsVO Rz. 3; Bork/van Zwieten-*van Zwieten*, Commentary on the European Insolvency Regulation, Art. 1 Rz. 1.39 ff.

scheidung mit Prioritätswirkung i. S. der Verordnung qualifiziert.[37] Darüber hinaus sollten hierdurch generelle, unionsautonome Kriterien, nach denen ein Insolvenzverfahren grundsätzlich als eröffnet anzusehen ist, aber wohl nicht aufgestellt werden.[38]

Verschiedene Neuerungen der reformierten Verordnung sprechen nunmehr dafür, die **Anwendbarkeit von Art. 6 auch für vorläufige Verfahren** jedenfalls dann zu bejahen, wenn diese der endgültigen Eröffnungsentscheidung vorgeschaltet, auf diese ausgerichtet sind und auch in ihrem vorläufigen Stadium alle anderen Anforderungen erfüllen, die an Insolvenzverfahren zu stellen sind.[39] Dies entspricht zunächst dem Wortlaut des neuen ErwG 15. Darüber hinaus führt der deutlich erweiterte Art. 1 in seinem Absatz 1 Unterabs. 1 ausdrücklich vorläufige Verfahren als von der Verordnung erfasst auf, und konkretisiert unter lit. a–c die vorerwähnten, an ein Insolvenzverfahren i. S. der Verordnung zu stellenden Anforderungen, die weniger streng sind, als in der *Eurofood-Entscheidung* anhand des Wortlauts von Art. 1 a. F. aufgestellt.[40] Sie umfassen insbesondere nicht mehr notwendigerweise die Bestellung eines Verwalters und einen Vermögensbeschlag, wenn das Vermögen und die Geschäfte des Schuldners unter gerichtliche Kontrolle und Aufsicht gestellt werden.[41] Ein von der Verordnung erfasstes Verfahren setzt nach Art. 1 Abs. 1 Unterabs. 1 auch nicht mehr die Insolvenz des Schuldners voraus, sondern nur gesetzliche Regelungen zur Insolvenz als Grundlage, wobei diesem Merkmal keine besondere Relevanz zukommen soll.[42]

Weitere Argumente für die Aufnahme vorläufiger Verfahren in den Anwendungsbereich von Art. 6 sind die Einbeziehung vorläufiger Verwalter in die Verwalterdefinition des Art. 2 Nr. 5 und v. a. schließlich der Umstand, dass ErwG 35 Satz 2 explizit als Beispiel für eine Annexklage i. S. von Art. 6 die Klage auf Zahlung eines Verfahrenskostenvorschusses nennt, die regelmäßig zeitlich vor einer endgültigen

11

12

---

37) EuGH, Urt. v. 2.5.2006 – Rs. C-341/04 (Eurofood/Parmalat), ZIP 2006, 907, m. Anm. *Knof/Mock*, dazu EWiR 2005, 725 *(Pannen)*. Dem schloss sich die wohl h. M. selbst für den „schwachen" vorläufigen Insolvenzverwalter nach deutschem Recht an, vgl. nur *Damman/Müller*, NZI 2011, 752 m. w. N.; AG Hamburg, Beschl. v. 11.2.2009 – 67c IE 1/09, ZIP 2009, 1024, dazu EWiR 2009, 441 *(Mankowski)*; LG Patra, Beschl. v. 2.5.2007 – 316/06, ZIP 2007, 1875, dazu EWiR 2007, 563 *(Paulus)*; a. A. Cour d'appel Colmar, Urt. v. 31.3.2010 – 1re ch. civ B 08/04852, dazu ZIP 2010, 1460, dazu EWiR 2010, 453 *(Mankowski)*.
38) Vgl. EuGH (*GA Kokott*), SA v. 24.5.2012 – Rs. C-116/11 (Handlowy), Rz. 35 ff., ZIP 2012, 1133, 1135 f., dazu EWiR 2012, 385 *(Paulus)*; ebenso K. Schmidt-*Brinkmann*, InsO, Art. 1 EuInsVO Rz. 3.
39) Wimmer/Bornemann/Lienau-*Bornemann*, Die Neufassung der EuInsVO, Rz. 88; ebenso *Schneider* in: Nunner-Krautgasser/Garber/Jaufer, Grenzüberschreitende Insolvenzen, S. 103; Bork/van Zwieten-*van Zwieten*, Commentary on the European Insolvency Regulation, Art. 1 Rz. 1.46 ff.
40) Verfahren i. S. von Art. 1 EuInsVO a. f. mussten danach vier Merkmale aufweisen: Es musste sich um eine Gesamtverfahren handeln, das die Insolvenz des Schuldners voraussetzt und den zumindest teilweisen Vermögensbeschlag gegen den Schuldner sowie die Bestellung eines Verwalters zur Folge hat, vgl. EuGH, Urt. v. 2.5.2006 – Rs. C-341/04 (Eurofood/Parmalat), Rz. 46, ZIP 2006, 907, m. Anm. *Knof/Mock*.
41) Wimmer/Bornemann/Lienau-*Bornemann*, Die Neufassung der EuInsVO, Rz. 89.
42) Wimmer/Bornemann/Lienau-*Bornemann*, Die Neufassung der EuInsVO, Rz. 90.

**Artikel 6**

Verfahrenseröffnung liegen wird und zumindest nach deutschem Recht von einem vorläufigen Insolvenzverwalter geführt werden kann, § 26 Abs. 4 Satz 3 InsO.

13 Die Einbeziehung vorläufiger Verfahren in den Anwendungsbereich von Art. 6 wirft freilich die Frage nach dem Schicksal einer vom vorläufigen Verwalter erhobenen Klage auf, wenn es nicht zur rechtskräftigen Eröffnung des endgültigen Verfahrens kommt, sei es, weil der Eröffnungsantrag mangels Masse abgewiesen, oder weil die Eröffnungsentscheidung erfolgreich angegriffen worden ist oder aus anderen Gründen. In diesen Fällen der **Beendigung des vorläufigen ohne Eröffnung des endgültigen Verfahrens** wird in aller Regel das Amt des vorläufigen Verwalters und damit seine Prozessführungsbefugnis enden.[43] Deren grundsätzlicher Übergang auf den Schuldner[44] dürfte hier ebenso wenig weiterhelfen, wie wenn der Schuldner i. R. einer vorläufigen Eigenverwaltung den Prozess ggf. von vornherein selbst führen konnte. Denn der für die ursprüngliche Anwendbarkeit von Art. 6 vorausgesetzte Insolvenzverfahrensbezug wird in der Regel damit einhergehen, dass der Anspruch nur in Verbindung mit dem Verfahren Bestand hat (siehe näher Rz. 58 f., aber auch Rz. 15).[45]

14 Jedenfalls besteht – mehr noch als im endgültig eröffneten Verfahren – das Risiko, dass mit Wegfall des Verfahrens die Voraussetzungen des Art. 6 Abs. 1 entfallen (siehe dazu Rz. 15). Die Folge, dass die Klage unzulässig wird, wenn der Anspruch und die Gerichtszuständigkeit nicht aus anderen Gründen fortbestehen, steht der grundsätzlichen Anwendbarkeit von Art. 6 auf vorläufige Verfahren allerdings nicht entgegen. Denn dieses Risiko ist zum einen für den vorläufigen Verwalter (oder eigenverwaltenden Schuldner) abschätzbar und zumutbar, der vor Rechtskraft der endgültigen Eröffnungsentscheidung klagt, zum anderen unterscheidet es sich nicht wesentlich von dem unvermeidlichen Risiko einer (vorzeitigen) Beendigung des endgültigen Verfahrens bei laufendem Annexprozess.

**3. Beendigtes Insolvenzverfahren**

15 Das zeitliche Gegenstück zur Frage, *ab* wann ein eröffnetes Insolvenzverfahren i. S. von Art. 6 anzunehmen ist, ist die Frage, *bis* wann ein solches vorliegt, d. h. ob und wie sich die Beendigung eines Insolvenzverfahrens auf die Anwendbarkeit von Art. 6 auswirkt. In diesem Zusammenhang ist zunächst festzuhalten, dass nach dem EuGH die bloße Verfahrensbeendigung eine insolvenznahe Klage nicht aus-

---

43) Die Konstellation entspricht derjenigen bei Aufhebung des Insolvenzverfahrens, vgl. dazu nur Uhlenbruck-*Lüer/Streit*, InsO, § 259 Rz. 21 m. w. N.
44) Vgl. hierzu etwa *Hintzen* in: MünchKomm-InsO, § 200 Rz. 37 ff.; *Hefermehl* in: MünchKomm-InsO, § 215 Rz. 11; *Madaus/Huber* in: MünchKomm-InsO, § 259 Rz. 14, jeweils m. w. N.
45) Vgl. Wimmer/Bornemann/Lienau-*Lienau*, Die Neufassung der EuInsVO, Rz. 278.

schließt.[46] Jedenfalls bestimmt **Voraussetzungen und Schicksal von Annexklagen die lex concursus** des Eröffnungsstaats. Denn diese regelt gemäß Art. 7, unter welchen Voraussetzungen das Insolvenzverfahren eröffnet wird, wie es durchzuführen und zu beenden ist und welche insolvenzbezogenen Ansprüche und Klagemöglichkeiten bestehen. Fehlen oder enden nach der lex concursus die Voraussetzungen, die eine Klage als insolvenznah i. S. von Art. 6 qualifizieren, so kann die Vorschrift auch nicht (mehr) anwendbar sein.

Nach deutschem Insolvenzrecht endet das eröffnete Insolvenzverfahren mit der Aufhebung des Verfahrens[47] oder mit dessen Einstellung.[48] Die **regelmäßige Folge der Verfahrensbeendigung** ist im Hinblick auf Prozesse, die der Insolvenzverwalter oder Sachwalter führt, dass dieser mit der Wirksamkeit des jeweiligen Beschlusses die Verwaltungs- und Verfügungsbefugnis über den Gegenstand der Klage und damit auch seine Prozessführungsbefugnis verliert.[49] Dies gilt gleichermaßen für Aktiv- und Passivprozesse.[50] Laufende Verwalterprozesse werden grundsätzlich analog §§ 239, 242 ZPO unterbrochen, bis der wieder prozessführungsbefugte Schuldner sie aufnimmt.[51]

16

Für **rechtshängige Anfechtungsklagen** gilt dies allerdings nicht: Aufgrund ihrer notwendigen Verknüpfung mit dem Verwalteramt geht insoweit die Prozessführungsführungsbefugnis nicht auf den Schuldner über, sondern ein Anfechtungsprozess erledigt sich bei Fehlen einer anderweitigen Regelung in der Hauptsache. Der Schuldner kann den Rechtsstreit allenfalls noch hinsichtlich der Kostenentscheidung nach § 91a ZPO aufnehmen.[52] Auch die Möglichkeit, dass ein Einzel-

17

---

46) EuGH, Urt. v. 2.7.2009 – Rs. C-111/08 (SCT Industri) Rz. 30, ZIP 2009, 1441; krit. dazu *Mankowski*, NZI 2009, 571 (Urteilsanm.). Diese Entscheidung steht in einem gewissen Spannungsverhältnis zu EuGH, Urt. v. 19.4.2012 – Rs. C-213/10 (F-Tex), ZIP 2012, 1049, nach der der Zession eines Anfechtungsanspruchs zum Wegfall des Insolvenzbezugs führen soll (s. Rz. 18). *Konecny* in: Jaufer/Nunner-Krautgasser/Schummer, Unternehmenssanierung mit Auslandsbezug, S. 73, 80, weist allerdings darauf hin, dass sich der EuGH in den Rechtssachen *Valach* (EuGH, Urt. v. 20.12.2017 – Rs. C-649/16, ZIP 2018, 185) und *Tünkers* (EuGH, Urt. v. 9.11.2017 – Rs. C-641/16, ZIP 2017, 2275) auf sein SCT Industri-Urteil beruft. Zu weit geht m. E. die Interpretation der EuGH-Rspr. dahin, dass die Beendigung des Insolvenzverfahrens nie Einfluss auf die Zuständigkeit für Annexverfahren hat (so aber Koller/Lovrek/Spitzer-*Lind/Richter*, IO, Art. 6 EuInsVO Rz. 10, unter Berufung auf *Konecny* in: Jaufer/Nunner-Krautgasser/Schummer, a. a. O.).

47) Zur Frage, ob bzw. unter welchen Voraussetzungen die Wirkung der Aufhebung bereits mit der Beschlussfassung, mit der Veröffentlichung oder erst mit der Rechtskraft eintreten, vgl. *Hintzen* in: MünchKomm-InsO, § 200 Rz. 17 m. w. N.

48) Eine Verfahrenseinstellung nach §§ 207, 211, 212 oder 213 InsO wird mit Bewirkung der öffentlichen Bekanntmachung wirksam, vgl. *Hefermehl* in: MünchKomm-InsO, § 215 Rz. 6 m. w. N.

49) Ausführlich *Markgraf/Hertelt*, ZIP 2018, 1480 ff. m. w. N.

50) Vgl. Uhlenbruck-*Wegener*, InsO, § 200 Rz. 21; Uhlenbruck-*Lüer/Streit*, InsO, § 259 Rz. 13, jeweils m. w. N.

51) Vgl. *Hintzen* in: MünchKomm-InsO, § 200 Rz. 37 ff.; *Hefermehl* in: MünchKomm-InsO, § 215 Rz. 11; *Madaus/Huber* in: MünchKomm-InsO, § 259 Rz. 14, jeweils m. w. N.

52) Vgl. BGH, Urt. v. 11.4.2013 – IX ZR 122/12, Rz. 8, ZIP 2013, 998, dazu EWiR 2013, 557 (*Ruhe-Schweigel*); BGH, Urt. v. 10.12.2009 – IX ZR 206/08, Rz. 7 und 10, ZIP 2010, 102 = NZI 2010, 99, dazu EWiR 2010, 193 (*Rendels/Körner*); *Hefermehl* in: MünchKomm-InsO § 215 Rz. 11 m. w. N.

gläubiger einen vom Verwalter begonnenen Anfechtungsprozess nach Verfahrensbeendigung als Anfechtungsklage nach dem AnfG aufnimmt, besteht nicht.[53] Einzelgläubiger können vom Verwalter nicht realisierte Anfechtungsansprüche ggf. nur nach § 18 Abs. 1 AnfG verfolgen; die internationale Zuständigkeit richtet sich dann nach den Artt. 4, 63 EuGVVO.[54]

18 Ob eine an sich zulässige[55] **Abtretung des Anfechtungsanspruchs**,[56] die sogar an den Schuldner möglich sein soll,[57] den Anspruch über die Beendigung des Insolvenzverfahrens hinaus zu „retten" vermag, ist zumindest zweifelhaft. Bislang ist höchstrichterlich ungeklärt, welche Auswirkungen die Verfahrensbeendigung auf einen abgetretenen Anfechtungsanspruch hat, d. h. ob dieser auch in der Hand des Zessionars erlischt.[58] Selbst wenn man aber unterstellt, dass der Zessionar den Anspruch weiter verfolgen darf, kann von der Anwendbarkeit von Art. 6 nicht ausgegangen werden. Denn der EuGH sieht nach Abtretung eines Anfechtungsanspruchs an einen Dritten schon während des laufenden Insolvenzverfahrens keinen hinreichenden Insolvenzverfahrensbezug mehr, um noch die Annexzuständigkeit in Anspruch zu nehmen.[59] Das Argument, dass mit „Trennung" des Anspruchs vom Insolvenzverfahren der enge Bezug zu diesem entfällt, kommt aber mit Beendigung des Insolvenzverfahrens immer zum Tragen, d. h. auch – soweit überhaupt möglich – bei Anspruchsverfolgung durch den Schuldner als Zessionar.

19 Näher zu betrachten bleiben hiernach die vom nationalen Recht eröffneten Möglichkeiten, unter **partieller Aufrechterhaltung von Verfahrenswirkungen** auch nach formellem Ende des Insolvenzverfahrens Prozesse (weiter) zu führen, die im eröffneten Insolvenzverfahren unter Art. 6 Abs. 1 fallen. Dies kommt zum einen im Anschluss an ein Insolvenzplanverfahren unter den Voraussetzungen von § 259

---

53) Vgl. *Kirchhof* in: MünchKomm-AnfG, § 18 Rz. 16 m. w. N.
54) Vgl. *Cranshaw*, ZInsO 2012, 1237, 1243.
55) Entschieden durch BGH, Urt. v. 17.2.2011 – IX ZR 91/10, ZIP 2011, 1114, dazu EWiR 2011, 433 *(Huber)*; bestätigt in BGH, Urt. v. 10.1.2013 – IX ZR 172/11, ZIP 2013, 531, dazu EWiR 2013, 329 *(Schulz)*; BGH, Urt. v. 14.06.2018 – IX ZR 232/17, Rz. 29, ZIP 2018, 1451, dazu EWiR 2018, 563 *(Haas)* und BGH, Urt. v. 12.9.2019 – IX ZR 16/18, Rz. 10 ff., ZIP 2019, 1972.
56) Genauer: des aus Insolvenzanfechtung folgenden Rückgewähranspruchs, vgl. BGH, Urt. v. 17.2.2011 – IX ZR 91/10, Rz. 7 ff., ZIP 2011, 1114 f. Zur Abtretbarkeit des Anspruchs aus § 64 GmbHG vgl. BGH, Urt. v. 14.6.2018 – IX ZR 232/17, ZIP 2018, 1451.
57) Vgl. Uhlenbruck-*Borries/Hirte*, InsO, § 143 Rz. 90.
58) Vgl. hierzu Uhlenbruck-*Borries/Hirte*, InsO, § 143 Rz. 91, 102 m. w. N. Offengelassen in BGH, Urt. v. 17.2.2011 – IX ZR 91/10, Rz. 15, ZIP 2011, 1114, 1116. Der EuGH (EuGH, Urt. v. 19.4.2012 – Rs. C-213/10 (F-Tex), Rz. 46, ZIP 2012, 1049) unterstellt zwar, und das auf eine Rechtsauskunft der deutschen Bundesregierung, dass der Anfechtungsanspruch in der Hand des Zessionars von der Verfahrensbeendigung unbeeinflusst bleibt, wofür auch einiges spricht; diese Ansicht ist indes nicht gesichert, vgl. hierzu *Cranshaw*, ZInsO 2012, 1237, 1240 f.; Uhlenbruck-*Borries/Hirte*, InsO, § 143 Rz 16, jeweils m. w. N. *Kayser* in: MünchKomm-InsO, § 129 Rz. 221, 225, geht im Grundsatz vom Erlöschen auch des abgetretenen Anfechtungsrechts mit Beendigung des Insolvenzverfahrens aus, sofern keine Nachtragsverteilung angeordnet wird.
59) EuGH, Urt. v. 19.4.2012 – Rs. C-213/10 (F-Tex), Rz. 47, ZIP 2012, 1049; krit. dazu etwa EWiR 2012, 383 *(Brinkmann)* und *Cranshaw*, ZInsO 2012, 1237, 1241 f. *Kindler/Wendland*, RIW 2018, 245, 248, halten das EuGH-Urteil nicht für verallgemeinerungsfähig.

Abs. 3 InsO für Anfechtungsprozesse in Betracht. Für Rechtsstreite, die keine Insolvenzanfechtung zum Gegenstand haben, soll diese Vorschrift aufgrund ihres Ausnahmecharakters nicht gelten.[60] Zum anderen kann eine Nachtragsverteilung, soweit zulässig,[61] gemäß § 203 Abs. 1 InsO oder § 211 Abs. 3 InsO für Anfechtungsansprüche,[62] aber nicht beschränkt auf diese und somit auch für andere insolvenzspezifische Klageforderungen vorbehalten oder nachträglich angeordnet werden.

### a) Nachtragsverteilung

Endet das Insolvenzverfahren **ohne Nachtragsverteilung** kann die Wirkung auf eine anhängige Annexklage nicht anders sein als im Fall der Beendigung eines vorläufigen Verfahrens ohne anschließende (endgültige) Eröffnung: Das Ende von Amt und Prozessführungsbefugnis des Verwalters führt bei amts- und verfahrensabhängigen Ansprüchen zum Ende des Rechtsstreits, ansonsten jedenfalls zum Wegfall der Voraussetzungen von Art. 6, womit auch seine Anwendbarkeit entfallen muss (siehe Rz. 13 f., 57 f.). Ob im Fall eines Rechtsstreits, den der Schuldner weiterführen kann, zumindest eine perpetuatio fori in Betracht kommt, ist hinsichtlich der internationalen Zuständigkeit zweifelhaft und einzelfallabhängig; bei ausschließlichem anderweitigem Gerichtsstand lehnt die wohl h. M. dies bislang ab.[63]  20

Im Fall der vorbehaltenen Nachtragsverteilung bleiben im angeordneten Umfang das **Amt des Verwalters und der Insolvenzbeschlag aufrecht**; eine erst nach Verfahrensbeendigung angeordnete Nachtragsverteilung begründet beides neu, allerdings als gegenständlich beschränkte Fortsetzung bzw. Wiederaufnahme der Verwertung und Verteilung, nicht als eigenständiges Insolvenzverfahren.[64]  21

Unproblematisch ist die Anwendbarkeit von Art. 6 (für einen von der Vorschrift erfassten Anspruch) auf eine Nachtragsverteilung zwischen Schlusstermin und Verfahrensaufhebung. Fraglich kann nur sein, ob Art. 6 dem Verwalter auch in einer Nachtragsverteilung zugutekommt, welche die Verfahrensbeendigung überdauert oder erst danach angeordnet wird. Dafür spricht die dargestellte Aufrechterhaltung  22

---

60) Vgl. BGH, Beschl. v. 26.4.2018 – IX ZB 49/17, ZIP 2018, 1141, EWiR 2018, 401 *(Madaus)*; Uhlenbruck-*Lüer/Streit*, InsO, § 259 Rz. 21; K. Schmidt-*Spliedt*, InsO, § 259 Rz. 14, jeweils m. w. N.
61) Eine Nachtragsverteilung scheidet aus bei Verfahrenseinstellung gemäß §§ 212, 213 InsO sowie nach h. M. auch nach einem verfahrensbeendenden Insolvenzplan, vgl. BGH, Urt. v. 7.7.2008 – II ZR 26/07, ZIP 2008, 2094; BGH, Beschl. v. 26.4.2018 – IX ZB 49/17, ZIP 2018, 1141; *Huber* in: MünchKomm-InsO, 3. Aufl., § 259 Rz. 13 (unzutreffend insoweit *Madaus/Huber* in der 4. Aufl. Rz. 21); Uhlenbruck-*Lüer/Streit*, InsO, § 259 Rz. 10, jeweils m. w. N. Krit. zum Vorbehalt einer Nachtragsverteilung für bereits vor dem Schlusstermin bekannte Anfechtungsansprüche *Hintzen* in: MünchKomm-InsO, § 203 Rz. 17; s. aber auch Uhlenbruck-*Wegener*, InsO, § 203 Rz. 11a m. w. N. Zur Möglichkeit der Nachtragsverteilung bei Einstellung nach § 207 InsO vgl. Uhlenbruck-*Wegener*, InsO, § 203 Rz. 38 m. w. N.
62) Vgl. zur Möglichkeit des Vorbehalts einer Nachtragsverteilung nach § 203 InsO für Anfechtungsansprüche BGH, Urt. v. 10.12.2009 – IX ZR 206/08, Rz. 10 m. w. N., ZIP 2010, 102 = NZI 2010, 99, sowie im Fall des § 211 Abs. 3 InsO Uhlenbruck-*Ries*, InsO, § 211 Rz. 15 m. w. N. Zur Anordnung der Nachtragsverteilung für Anfechtungsansprüche nach Verfahrensaufhebung vgl. Kübler/Prütting/Bork-*Holzer*, InsO, § 200 Rz. 9 m. w. N.
63) Vgl. zu dieser Problematik *Becker-Eberhard* in: MünchKomm-ZPO, § 261 Rz. 86 m. w. N.
64) Vgl. *Hintzen* in: MünchKomm-InsO, § 203 Rz. 19 ff., 22 f. m. w. N.

bzw. Wiederherstellung von Verwalteramt und Insolvenzbeschlag und die **funktionelle Zugehörigkeit der Nachtragsverteilung zum Insolvenzverfahren**[65] sowie deren unveränderte Ausrichtung auf das Interesse der Insolvenzmasse. Die Entscheidung des nationalen Gesetzgebers, die Nachtragsverteilung als – wenn auch nachgeschalteten – Teil des (eröffneten) Insolvenzverfahrens zu behandeln, muss sich letztlich auch in der **Anwendbarkeit von Art. 6** auf Annexklagen niederschlagen, die berechtigterweise i. R. einer Nachtragsverteilung geführt werden.

### b) Im Insolvenzplan vorbehaltene Anfechtungsklage

23  Setzt der Verwalter kraft **Vorbehalt im Insolvenzplan** gemäß § 259 Abs. 3 InsO einen Anfechtungsprozess fort, kann zwischenzeitlich als geklärt betrachtet werden, dass er nicht in Fortsetzung seines Amtes handelt, sondern nur noch als gewillkürter Prozessstandschafter des Schuldners.[66] § 259 Abs. 3 Satz 2 InsO, wonach der Verwalter den Rechtsstreit ohne abweichende Regelung **für Rechnung des Schuldners** führt, ist nach h. M. dahingehend zu verstehen, dass der (frühere) Verwalter sein Amt verliert und den Prozess als Privatperson in gewillkürter Prozessstandschaft für den Schuldner fortsetzt, dem dann sowohl das Kostenrisiko als auch ein etwaiger Erlös zufallen.[67] Abweichend kann der Plan vorsehen, dass der Rechtsstreit **für Rechnung der Gläubiger** fortgeführt wird.[68]

24  Der letztgenannte Fall ist vergleichbar mit der Fortsetzung eines Anfechtungsprozesses bei Aufrechterhaltung von Insolvenzbeschlag und Verwalteramt i. R. einer Nachtragsverteilung.[69] Entsprechend ist auch die Anwendbarkeit von Art. 6, also die **Fortdauer der internationalen Zuständigkeit**, wie bei einer vorbehaltenen Nachtragsverteilung zu bejahen.[70]

25  Ob dies auch für eine Planregelung gilt, bei der Anfechtungsansprüche zur Realisierung nach Verfahrensaufhebung **dem Verwalter als Treuhänder abgetreten**[71] werden, der sie dann nicht mehr als Partei kraft Amtes, sondern nur noch in eige-

---

65) Für die Anwendbarkeit von Art. 6 EuInsVO auf die Nachtragsverteilung (nach österreichischer Ausgestaltung, § 138 öIO, die der deutschen aber im Wesentlichen gleicht) daher *Schneider* in: Nunner-Krautgasser/Garber/Jaufer, Grenzüberschreitende Insolvenzen, S. 103.

66) Vgl. BGH, Beschl. v. 26.4.2018 – IX ZB 49/17, Rz. 16, ZIP 2018, 1141; Urt. v. 6.10.2005 – IX ZR 36/02, Rz. 29, ZIP 2006, 39, dazu EWiR 2006, 87 *(Bähr/Landry)*; für gesetzliche Prozessstandschaft noch BGH, Urt. v. 24.3.2016 – IX ZR 157/14, Rz. 7, ZIP 2016, 831, EWiR 2016, 307 *(Dimassi)*; Uhlenbruck-*Lüer/Streit*, InsO, § 259 Rz. 30 m. w. N.

67) Vgl. BGH, Urt. v. 6.10.2005 – IX ZR 36/02, Rz. 24, ZIP 2006, 39, 42; BGH, Urt. v. 7.7.2008 – II ZR 26/07, ZIP 2008, 2094; *Huber* in: MünchKomm-InsO, 3. Aufl., § 259 Rz. 22 f.; K. Schmidt-*Spliedt*, InsO, § 259 Rz. 11; Kübler/Prütting/Bork-*Spahlinger*, InsO, § 259 Rz. 20, jeweils m. w. N. A. A. *Madaus/Huber* in: MünchKomm-InsO, 4. Aufl., § 259 Rz. 24.

68) Vgl. BGH, Urt. v. 6.10.2005 – IX ZR 36/02, Rz. 24, ZIP 2006, 39, 42; *Huber* in: MünchKomm-InsO, 3. Aufl., § 259 Rz. 22; Nerlich/Römermann-*Braun*, InsO, § 259 Rz. 7 m. w. N.

69) So *Huber* in: MünchKomm-InsO, 3. Aufl., § 259 Rz. 22; wohl auch BGH, Urt. v. 7.1.2008 – II ZR 283/06 Rz. 9, ZIP 2008, 546, 547 m. w. N.

70) Entsprechend wohl auch *Cranshaw*, ZInsO 2012, 1237, 1243.

71) Die Abtretung ist zwingend erforderlich, da der BGH die bloße Übertragung der Einziehungsbefugnis an einen Treuhänder für unzulässig hält, vgl. BGH, Beschl. v. 26.4.2018 – IX ZB 49/17, ZIP 1141, dazu EWiR 2018, 401 *(Madaus)*.

nem Namen geltend machen kann,[72] ist zweifelhaft. Die Zweifel gründen zwar nicht, wie teils vertreten wird, auf einer zur EuGVVO führenden Anwendbarkeit von § 18 Abs. 1 AnfG für eine aus abgetretenem Recht nach Verfahrensaufhebung erst rechtshängig gemachte Anfechtungsklage,[73] weil die insolvenzrechtliche Anspruchsgrundlage durch die Zession nicht verloren geht oder sich umwandelt.[74] Auf Basis der *F-Tex-Entscheidung* des EuGH[75] (siehe dazu Rz. 18) ist aber zu befürchten, dass jedenfalls mit Zusammentreffen von Abtretung und Verfahrensende der hinreichende Verfahrensbezug und damit die **Qualifikation als Annexverfahren entfällt**[76] – zumal wenn es eine Gestaltungsalternative ohne diese „Mängel" gibt (siehe Rz. 27). Ob allein die Gläubigernützigkeit der Treuhand dieses Risiko beseitigt, ist fraglich.

Auch eine Fortsetzung des Prozesses **für Rechnung des Schuldners** kann dem Interesse der Masse und damit der Gläubiger indirekt dienen, weil der prognostizierte Prozesserlös i. R. der Vergleichsrechnung des Insolvenzplans „eingepreist" sein muss.[77] Allerdings ist dieser Gläubigervorteil bei Planbestätigung in der Regel schon umgesetzt, so dass der konkrete Verlauf des Rechtsstreits die Gläubigerinteressen nicht mehr tangiert.[78] Die Konstellation entspricht daher eher der regulären Verfahrensbeendigung, bei der die Prozessführungsbefugnis (wieder) auf den Schuldner übergeht, bzw. der Fortführung des Rechtsstreits durch einen Zessionar im Individualinteresse. Für den Fall der Fortsetzung eines Anfechtungsprozesses nach § 259 Abs. 3 InsO auf Rechnung des Schuldners wird man daher entsprechend von einem **Wegfall der internationalen Zuständigkeit** nach Art. 6 ausgehen müssen.[79] 26

Dies führt indes zu einem Dilemma, wenn ein Rechtsstreit nach § 259 Abs. 3 InsO auf Rechnung des Schuldners fortgesetzt werden soll, für den die internationale Zuständigkeit nach Art. 6 Abs. 1 im eröffneten Verfahren von derjenigen außerhalb des Insolvenzverfahrens abweicht. Denn die Prozessfortsetzung setzt **Rechtshängigkeit der Klage bei Verfahrensaufhebung** voraus, hier also die Klageerhebung bei einem Gericht, das – ggf. schon absehbar – unzuständig wird.[80] Die Erhebung der Klage beim erst künftig zuständigen Gericht riskiert eine Abweisung im Fall, dass der Insolvenzplan scheitert oder sich seine Bestätigung verzögert, sowie eine 27

---

72) Vgl. BGH, Urt. v. 7.1.2008 – II ZR 283/06, Rz. 9, ZIP 2008, 546, 547 m. w. N. Näher zu dieser Gestaltung K. Schmidt-*Spliedt*, InsO, § 259 Rz. 8 m. w. N.
73) So aber *Cranshaw*, ZInsO 2012, 1237, 1243.
74) Darauf weist *Cranshaw* an anderer Stelle selbst hin, ZInsO 2012, 1237, 1241 m. w. N. Ebenso BGH, Beschl. v. 24.3.2016 – IX ZR 157/14, Rz. 7, ZIP 2016, 831. Überdies gehen die Befürworter der Fortdauer des abgetretenen Anfechtungsanspruchs nach Verfahrensaufhebung von einer allgemeinen Sperrwirkung für die Gläubigeranfechtung aus, vgl. *Kirchhof* in: MünchKomm-AnfG, § 18 Rz. 5 m. w. N.
75) EuGH, Urt. v. 19.4.2012 – Rs. C-213/10 (F-Tex), ZIP 2012, 1049. S. zu dessen nur eingeschränkter Reichweite aber *Cranshaw*, ZInsO 2012, 1237, 1242 f.
76) Ebenso *Cranshaw*, ZInsO 2012, 1237, 1244.
77) Vgl. K. Schmidt-*Spliedt*, InsO, § 259 Rz. 11.
78) Vgl. BGH, Urt. v. 6.10.2005 – IX ZR 36/02, Rz. 24, ZIP 2006, 39, 42.
79) Vgl. *Cranshaw*, ZInsO 2012, 1237, 1243.
80) Näher zu dieser Problematik *Cranshaw*, ZInsO 2012, 1237, 1244.

unzureichende Erfüllung der nach der jeweiligen lex fori zu beurteilenden[81] Rechtshängigkeits-Voraussetzungen. Insbesondere wenn man den Fall bedenkt, dass sich der Rechtsstreit bei Aufhebung des Insolvenzverfahrens bereits in einem fortgeschrittenen Stadium oder im Instanzenzug befinden kann, bietet sich eine Auflösung des Dilemmas über die Grundsätze der perpetuatio fori an,[82] zumal man § 259 Abs. 3 InsO in teleologischer Extension eine die internationale Zuständigkeit perpetuierende Wirkung beimessen könnte. Sicherer ist freilich eine Regelung im Insolvenzplan, die eine Prozessfortführung für Rechnung der Gläubiger unter Aufrechterhaltung des Verwalteramts vorsieht, ggf. kombiniert mit einer Verschiebung der Verfahrensaufhebung nach Planbestätigung i. S. von § 258 Abs. 1 InsO.[83]

### 4. Inkrafttreten

28   Art. 6 ist nur in Verfahren anwendbar, die ab Inkrafttreten der Neufassung der EuInsVO eröffnet wurden, also ab dem 26.6.2017, vgl. Artt. 84, 92. Auch insoweit gilt, dass bereits die Anordnung eines vorläufigen Verfahrens eine Verfahrenseröffnung i. S. der Verordnung darstellt, wenn es alle anderen an Insolvenzverfahren zu stellenden Anforderungen erfüllt (siehe Rz. 10 f.). Für Art. 6 Abs. 1, der nur die bisherige Rechtsprechung kodifiziert, spielt der Übergang inhaltlich keine Rolle. Von den **Möglichkeiten des Art. 6 Abs. 2** kann aber **nur in Neuverfahren** Gebrauch gemacht werden.

### V. Persönlicher Anwendungsbereich

29   Hinsichtlich der **Person des Klägers** enthält Art. 6 Abs. 1 nach seinem Wortlaut keine Einschränkungen. Seine Anwendbarkeit bestimmt sich vielmehr allein danach, ob der Klagegegenstand als hinreichend insolvenznah zu qualifizieren ist. Demgegenüber regelt Art. 6 Abs. 2 ausdrücklich, dass nur der Verwalter und ggf. der eigenverwaltende Schuldner von den dort genannten Möglichkeiten Gebrauch machen können. ErwG 35 enthält zum persönlichen Anwendungsbereich der Vorschrift keine weitergehenden Anhaltspunkte. Daraus ergibt sich Folgendes:

30   Alle Zuständigkeitsregeln in Art. 6 Abs. 1 und 2 finden für **Aktivprozesse** des Verwalters Anwendung. Ausdrücklich ergibt sich dies nur aus Art. 6 Abs. 2 Unterabs. 1, dieser nimmt aber auf Absatz 1 Bezug. Der Begriff des „Verwalters" ist in Art. 2 Nr. 5 definiert. Danach sind alle in Betracht kommenden **Verwalter in Anhang B** zur Verordnung aufgeführt.

31   Von den dort für Deutschland genannten Verwaltern dürften der Konkurs- und Vergleichsverwalter sowie der Sachwalter nach §§ 91, 92 der Vergleichsordnung kaum noch praktische Relevanz haben. Betroffen sind somit im Wesentlichen der **Insolvenzverwalter** und, soweit ihm die Verfolgung insolvenznaher Ansprüche i. S. von Art. 6 Abs. 1 (in § 280 InsO) zugewiesen ist, der **Sachwalter**. Die Anwendung für den **Treuhänder** wird sich praktisch auf den an die Stelle des Insolvenz-

---

81) Vgl. Musielak/Voit-*Foerste*, ZPO, § 261 Rz. 5 m. w. N.
82) Dies ist nicht unproblematisch, weil eine *perpetuatio fori* z. B. verneint wird, wenn die internationale Zuständigkeit eines ausländischen Gerichts eine ausschließliche ist, vgl. *Becker-Eberhard* in: MünchKomm-ZPO, § 261 Rz. 86 m. w. N.
83) Vgl. *Cranshaw*, ZInsO 2012, 1237, 1244.

verwalters tretenden Treuhänder i. S. von § 313 Abs. 1 InsO a. F. in vor dem 1.4.2014 beantragten[84] Verfahren beschränken.

Folgt man der hier (siehe Rz. 11 f.) vertretenen Auffassung, dass Art. 6 auch im vorläufigen Insolvenzverfahren Anwendung finden kann, ist auch der **vorläufige Insolvenzverwalter erfasst**. Die Anwendbarkeit für den neu in Anhang B aufgenommenen **vorläufigen Sachwalter erscheint zweifelhaft**, allerdings vorrangig aus praktischen Erwägungen; denn die Durchsetzung einer Vorschusspflicht nach § 26 Abs. 4 Satz 3 InsO kann in der vorläufigen Eigenverwaltung kaum zum Tragen kommen und andere insolvenznahe Klagen – insbesondere materiell erst mit Verfahrenseröffnung mögliche – werden in diesem Verfahrensstadium ebenfalls in der Regel nicht relevant werden. Theoretisch ist der vorläufige Sachwalter aber jedenfalls **nicht vom Anwendungsbereich des Art. 6 ausgeschlossen**, weil seine Aufgaben und Befugnisse mit denjenigen des endgültigen Sachwalters übereinstimmen.[85]

Art. 6 Abs. 2 Unterabs. 2 stellt klar, dass auch der **Schuldner in Eigenverwaltung** von den Möglichkeiten des Unterabsatzes 1 Gebrauch machen kann, soweit ihm die lex concursus des Eröffnungsstaats eine entsprechende Klagebefugnis zuweist. Anders als der Wortlaut vielleicht zunächst vermuten lässt, unterliegt der eigenverwaltende Schuldner damit **auch dem Anwendungsbereich von Art. 6 Abs. 1**, weil Absatz 2 seinerseits bzgl. der Annexklagen auf Absatz 1 verweist.[86]

Da der Anwendungsbereich von **Art. 6 Abs. 1** nicht über die Person des Klägers, sondern über den Klagegegenstand bestimmt wird, können auch Klagen von Gläubigern, also **Passivprozesse des Verwalters** bei hinreichendem Bezug zum Insolvenzverfahren erfasst sein, nach h. M. etwa solche auf Feststellung von Forderungen zur Insolvenztabelle.[87] Dies verhindert bei insolvenznahem Gegenstand auch (in der Regel taktisch motivierte) zulässige „Torpedo"-Klagen gegen den Verwalter vor Gerichten außerhalb des Eröffnungsstaats.[88] Nichts anderes kann bei entsprechender Qualifikation für **Passivprozesse des Schuldners in Eigenverwaltung** gelten. Dies hat z. B. zur Folge, dass die Klage auf Beseitigung des Schuldnerwiderspruchs gegen eine angemeldete Forderung in der Eigenverwaltung (wegen § 183 Abs. 1 Satz 2 InsO) der Zuständigkeit nach Art. 6 Abs. 1 unterliegt, im Regelverfahren (wegen § 178 Abs. 1 Satz 2 InsO)[89] hingegen nicht.

---

84) Vgl. Art. 103h EGInsO.
85) Vgl. BGH, Beschl. v. 21.7.2016 – IX ZB 70/14, Rz. 38, ZIP 2016, 1592, 1594, dazu EWiR 2016, 499 *(Beck)* m. Verw. auf die Gesetzesbegründung, BT-Drucks. 17/5712, S. 39.
86) Ebenso Wimmer/Bornemann/Lienau-*Lienau*, Die Neufassung der EuInsVO, Rz. 285; *Paulus*, EuInsVO, Art. 6 Rz. 13; *Brinkmann*-Madaus, EIR, Art. 6 Rz. 1.
87) Vgl. EuGH, Urt. v. 18.9.2019 – Rs. C-47/18 (Riel), Rz. 32 ff., ZIP 2019, 1872, dazu EWiR 2019, 627 *(Paulus)*; Piekenbrock, ZIP 2014, 2067, 2072; Mankowski/Müller/J. Schmidt-*Mankowski*, EuInsVO 2015, Art. 6 Rz. 12; *Paulus*, EuInsVO, Art. 6 Rz. 11; *Thole* in: MünchKomm-InsO, Art. 3 EuInsVO 2000 Rz. 125; *Schneider* in: Nunner-Krautgasser/Garber/Jaufer, Grenzüberschreitende Insolvenzen, S. 104 f.; allgemein auch *Kindler*, KTS 2014, 25, 37, jeweils m. w. N. **A. A.** *Guski*, ZIP 2018, 2395, 2401.
88) Vgl. LG Innsbruck, Beschl. v. 12.12.2013 – 14 CG 56/13z, NZI 2014, 286, m. Anm. *Mäsch*; *Paulus*, EuInsVO, Art. 23 Rz. 11; *Thole*, ZIP 2012, 605.
89) Vgl. hierzu *Piekenbrock*, ZIP 2014, 2067, 2072.

35 Demgemäß kann Art. 6 Abs. 1 auch auf Rechtsstreite anwendbar sein, an denen weder der Verwalter noch der eigenverwaltende Schuldner beteiligt ist.[90] Denn einen hinreichenden Insolvenzbezug i. S. der Vorschrift können auch **Rechtsstreite ausschließlich zwischen Gläubigern** aufweisen, etwa die Feststellungsklage eines Gläubigers nach § 179 Abs. 1 InsO gegen das Bestreiten seiner Forderung durch einen anderen Gläubiger.[91]

36 Bei **Art. 6 Abs. 2 und 3** ist nach dem Wortlaut und dem in ErwG 35 zum Ausdruck kommenden Regelungszweck klar, dass es sich um eine (einseitige) Privilegierung der Insolvenzmasse handelt, die **nur für Aktivprozesse des Verwalters und ggf. des eigenverwaltenden Schuldners** zur Verfügung steht. Diese Beschränkung wird teilweise für überdenkenswert gehalten, weil auch die gemeinsame Verhandlung von Ansprüchen gegen die Masse oder den Verwalter einen Effizienzgewinn hätte.[92] Soweit sich die internationale Zuständigkeit für Klagen gegen den Verwalter oder eigenverwaltenden Schuldner mangels Insolvenznähe des Klagegegenstands nicht nach Art. 6 Abs. 1 richtet, wird sie auch nach den Artt. 4, 62, 63 EuGVVO in der Regel den Gerichten des Staats der Insolvenzeröffnung zukommen. Praktische Auswirkungen hat die Beschränkung des Art. 6 Abs. 2 auf Klagen des Verwalters jedenfalls dahingehend, dass Annexverfahren gegen den Verwalter (oder eigenverwaltenden Schuldner) nicht durch Kombination mit einer zusammenhängenden Klage gegen ihn i. S. von Art. 6 Abs. 3, für die nach der EuGVVO die Gerichte eines anderen Mitgliedstaats zuständig sind, in diesen „gezogen" werden können.

## VI. Räumlicher Anwendungsbereich

37 Die Zuständigkeitsregeln des Art. 6 sind ohne weiteres anwendbar auf insolvenznahe **Aktivprozesse** des Verwalters (oder eigenverwaltenden Schuldners) gegen **Beklagte mit (Wohn-) Sitz in einem Mitgliedstaat**.

38 In der Sache *Schmid/Hertel*[93] entschied der EuGH unter Geltung der EuInsVO a. F., dass die Annexzuständigkeit für insolvenznahe Klagen auch dann Anwendung findet, wenn der **(Wohn-)Sitz des Beklagten in einem Drittstaat** liegt. Dass ErwG 35 Satz 2 nun als Beispiel für insolvenznahe Klagen Anfechtungsklagen gegen Beklagte „in anderen Mitgliedstaaten" nennt, wird vereinzelt als mögliche Distanzierung des Verordnungsgebers von der vorgenannten Rechtsprechung aufgefasst.[94] Mit

---

90) Ebenso Koller/Lovrek/Spitzer-*Lind/Richter*, IO, Art. 6 EuInsVO Rz. 14; wohl auch *Kindler/ Wendland*, RIW 2018 245, 247 m. w. N., die in der formalen Parteistellung des Verwalters kein taugliches Abgrenzungskriterium für die Insolvenznähe sehen.

91) Vgl. Koller/Lovrek/Spitzer-*Lind/Richter*, IO, Art. 6 EuInsVO Rz. 14; *Piekenbrock*, ZIP 2014, 2067, 2072 m. w. N.; s. aber auch Bork/van Zwieten-*Oberhammer*, Commentary on the European Insolvency Regulation, Art. 32 Rz. 32.30, nach dessen Analyse der EuGH bislang immer die Beteiligung des Verwalters am Rechtsstreit für erforderlich hielt.

92) So *Thole* in: MünchKomm-InsO, Art. 6 EuInsVO 2015 Rz. 10 m. w. N.; *Schneider* in: Nunner-Krautgasser/Garber/Jaufer, Grenzüberschreitende Insolvenzen, S. 106 f. Ebenso mit Verweis auf die Problematik der „Torpedoklagen" *Kindler/Wendland*, RIW 2018, 245, 252 (s. dazu Rz. 34 und Rz. 70 Fn. 212).

93) EuGH, Urt. v. 16.1.2014 – Rs. C-328/12 (Schmid), ZIP 2014, 85, dazu EWiR 2014, 85 *(Paulus)*.

94) Wimmer/Bornemann/Lienau-*Lienau*, Die Neufassung der EuInsVO, Rz. 275.

der h. M. ist indes davon auszugehen, dass auch für Klagen gegen in Drittstaaten domizilierte Beklagte Art. 6 Abs. 1 anwendbar ist.[95] Es darf unterstellt werden, dass der Verordnungsgeber eine diesbezügliche Änderung der Rechtslage klar(er) zum Ausdruck gebracht hätte.[96] Mit der somit weiterhin bestehenden Möglichkeit, im Staat der Insolvenzeröffnung auch in Drittstaaten ansässige Beklagte zu verklagen, bleibt freilich auch das **Problem der dort u. U. fehlenden Vollstreckbarkeit** von Urteilen.[97] Zur Frage der Gerichtsstandswahl in diesen Fällen siehe Rz. 75.

Bejaht man die Anwendbarkeit von Art. 6 Abs. 1 auf Klagen gegen Beklagte, die ihren (Wohn-)Sitz in Drittstaaten haben, muss dies – mangels Einschränkung des persönlichen Anwendungsbereichs (siehe Rz. 29 ff.) – konsequenterweise **auch für entsprechende Passivprozesse** gelten, also Klagen mit hinreichendem Insolvenzbezug, die in Drittstaaten ansässige Kläger gegen den Verwalter oder eigenverwaltenden Schuldner erheben. 39

Nach seinem klaren Wortlaut sind die Zuständigkeitsregeln und Möglichkeiten der Gerichtsstandswahl in **Art. 6 Abs. 2** demgegenüber nur in **Aktivprozessen** des Verwalters (oder eigenverwaltenden Schuldners) i. S. von Absatz 1 gegen **Beklagte** anwendbar, die ihren **Wohnsitz in einem Mitgliedstaat** haben. Durch die weitere Voraussetzung, dass im Wohnsitzstaat des Beklagten die **EuGVVO (2012) anwendbar** sein muss, kommt zum Ausdruck, dass die EuInsVO keine Zuständigkeit in einem Drittstaat begründen kann.[98] Keine Rolle spielt insoweit, ob die Anwendbarkeit der EuGVVO sich aus einem ausschließlichen oder einem Wahlgerichtsstand ergibt.[99] 40

Der in Art. 6 Abs. 2 verwendete Begriff **Wohnsitz**[100] ist weder in Art. 2 noch an sonstiger Stelle der EuInsVO definiert, entspricht aber der **Terminologie der EuGVVO**, weshalb insoweit auf diese zurückgegriffen werden kann, also auf Art. 62 EuGVVO für natürliche und Art. 63 EuGVVO für juristische Personen.[101] 41

Scheidet das Vereinigte Königreich infolge des „**Brexit**" aus der EU aus, werden die Folgen maßgeblich vom Inhalt des gemäß Art. 50 Abs. 2 Satz 2 EUV zu schließen- 42

---

95) Vgl. nur Mankowski/Müller/J. Schmidt-*Mankowski*, EuInsVO 2015, Art. 6 Rz. 11 m. w. N.; Bork/van Zwieten-*Ringe*, Commentary on the European Insolvency Regulation, Art. 6 Rz. 6.20, mit dem Hinweis, dass diese Sichtweise gängiger Rechtsprechungspraxis z. B. in England und Deutschland entspreche.
96) Ebenso *Mock* in: BeckOK-InsO, Art. 6 EuInsVO Rz. 2a.1.
97) Vgl. hierzu etwa *Paulus*, EWiR 2014, 85; *Cranshaw*, ZInsO 2012, 1237, 1244 ff. (u. a. zur Schweiz und Liechtenstein); *Laukemann*, LMK 2012, 339261 (Urteilsanm.).
98) *Schneider* in: Nunner-Krautgasser/Garber/Jaufer, Grenzüberschreitende Insolvenzen, S. 110 m. w. N.
99) *Schneider* in: Nunner-Krautgasser/Garber/Jaufer, Grenzüberschreitende Insolvenzen, S. 112.
100) Die englische und französische Fassung der Norm verwenden die auch für juristische Personen gängigen Begriffe „domiciled" und "domicilié", womit klar ist, dass der Wohnsitzbegriff hier weiter ist als in § 7 BGB.
101) Vgl. *Kindler/Wendland*, RIW 2018, 245, 253; Mankowski/Müller/J. Schmidt-*Mankowski*, EuInsVO 2015, Art. 6 Rz. 40 f.; Koller/Lovrek/Spitzer-*Lind/Richter*, IO, Art. 6 EuInsVO Rz. 34.

den Austrittsabkommens abhängen.[102] Kommt es zum „Hard Brexit" ohne Abkommen, ist eine Fortführung des EuInsVO-Regimes auf autonom-englischer Basis unwahrscheinlich und das Vereinigte Königreich wird zum Drittstaat.[103] Im Zweifel wird über die Cross-Border Insolvency Regulation 2006 das im Vereinigten Königreich adaptierte UNCITRAL Model Law on Cross-Border Insolvency zum Tragen kommen.[104] In jedem Fall bleibt Art. 6 Abs. 1 anwendbar bei einem deutschen Insolvenzverfahren aufgrund seiner oben erwähnten Geltung auch im Verhältnis zu Drittstaaten.[105] Endet die Anwendbarkeit der EuGVVO, was bei einem „Hard Brexit" der Fall wäre, hätte dies zur Folge, dass auch die Möglichkeiten des Art. 6 Abs. 2 im Verhältnis zum Vereinigten Königreich nicht mehr bestehen.

## VII. Erfasste Insolvenzverfahren

43 Bezüglich des von Art. 6 vorausgesetzten Insolvenzverfahrens verweist Absatz 1 ohne Einschränkungen auf Art. 3. Daraus wird einhellig gefolgert, dass Art. 6 nicht nur auf **Hauptinsolvenzverfahren** gemäß Art. 3 Abs. 1, sondern auch auf **isolierte Partikularinsolvenzverfahren** gemäß Art. 3 Abs. 2 und auf **Sekundärinsolvenzverfahren** gemäß Art. 3 Abs. 3 Anwendung findet.[106]

44 Damit können sich **Kompetenzkonflikte** ergeben, etwa im Fall des Streits, ob ein Vermögensgegenstand zur Haupt- oder zur Sekundärinsolvenzmasse gehört. Der EuGH verneinte in einem entsprechenden Fall einen prinzipiellen Zuständigkeitsvorrang des Haupt- oder Sekundärinsolvenzverfahrens, nahm mit dem Hinweis auf die Maßgeblichkeit der praktischen Wirksamkeit der Verordnung alternativ bestehende Zuständigkeiten an und sah die Lösung darin, dass die zuerst ergehende Entscheidung über (den jetzigen) Art. 32 Abs. 1 anzuerkennen ist.[107] Kritiker befürworten zwar ebenfalls das **Prioritätsprinzip**, allerdings in analoger Anwendung der Artt. 29 ff. EuGVVO nicht erst auf Anerkennungsebene, sondern zugunsten des zuerst angerufenen Gerichts, um die Mehrfachbefassung unterschiedlicher Gerichte zu vermeiden.[108] Dieser Ansatz verdient aus Effizienz- und Ökonomiegesichtspunkten den Vorzug.

---

102) Vgl. *Freitag/Korch*, ZIP 2016, 1361.
103) Vgl. ausführlich *Vallender*, ZInsO 2019, 645, 646 ff.
104) Dazu *Vallender*, ZInsO 2019, 645, 646 ff.; Uhlenbruck-*Lüer/Knof*, InsO, Vorb. zu §§ 335–358 Rz. 15 f. m. w. N.
105) *Freitag/Korch*, ZIP 2016, 1849, 1853. Dies entspricht auch englischem Case-Law, vgl. Bork/van Zwieten-*Ringe*, Commentary on the European Insolvency Regulation, Art. 6 Rz. 6.20 m. w. N.
106) Vgl. EuGH, Urt. v. 11.6.2015 – Rs. C-649/13 (Nortel), ZIP 2015, 1299 = NZI 2015, 663, m. Anm. *Fehrenbach* = EuZW 2015, 593, m. Anm. *Schulz*, dazu EWiR 2015, 515 (*J. Schmidt*); Mankowski/Müller/J. Schmidt-*Mankowski*, EuInsVO 2015, Art. 6 Rz. 31 m. w. N.; Wimmer/Bornemann/Lienau-*Lienau*, Die Neufassung der EuInsVO, Rz. 272; Bork/van Zwieten-*Ringe*, Commentary on the European Insolvency Regulation, Art. 6 Rz. 6.14.
107) EuGH, Urt. v. 11.6.2015 – Rs. C-649/13 (Nortel), Rz. 39 ff., ZIP 2015, 1299 = NZI 2015, 663, m. Anm. *Fehrenbach* = EuZW 2015, 593, m. Anm. *Schulz*.
108) *Fehrenbach*, NZI 2015, 667 (Urteilsanm.); Mankowski/Müller/J. Schmidt-*Mankowski*, EuInsVO 2015, Art. 6 Rz. 33 m. w. N.

Aufgrund der entsprechenden Klarstellung in ErwG 9 und Art. 1 Abs. 1 Unterabs. 3 erfasst die Verordnung ausschließlich **in Anhang A aufgelistete Insolvenzverfahren**. Demgemäß erstreckt sich auch der Anwendungsbereich von Art. 6 nur auf diese und insbesondere nicht auf die in Art. 1 Abs. 2 genannten Verfahren. 45

Aus ErwG 13 und Art. 6 Nr. 8 Unterabs. 2 der **Richtlinie über präventive Restrukturierungsrahmen**[109] geht hervor, dass den Mitgliedstaaten die Möglichkeit eröffnet wird, ein oder mehrere Verfahren oder Maßnahmen bei der Umsetzung dieser Richtlinie so auszugestalten, dass sie die Voraussetzungen für eine Aufnahme in Anhang A zur EuInsVO erfüllen.[110] Damit kommt in solchen Verfahren theoretisch auch eine Anwendbarkeit von Art. 6 in Betracht. Aufgrund des Erfordernisses der Insolvenznähe dürfte der faktische Anwendungsbereich aber allenfalls gering ausfallen. Denkbare Annexverfahren könnten z. B. Auseinandersetzungen über Maßnahmen nach Art. 6 (Aussetzung von Einzelzwangsvollstreckungsmaßnahmen), Art. 7 Abs. 4 und 5 (Leistungsverweigerungs- und Kündigungsverbote) der Richtlinie oder deren Durchsetzung sein. Eine nähere Beurteilung wird insoweit erst anhand der nationalen Umsetzung der Richtlinie möglich sein. 46

## VIII. Reichweite der Zuständigkeitsregeln
### 1. Internationale Zuständigkeit

Nach einhelliger Auffassung regelt **Art. 6 Abs. 1** nur die internationale Zuständigkeit; die örtliche und sachliche Zuständigkeit richtet sich jeweils nach nationalem Recht.[111] Nach der *Deko-Marty-Entscheidung* des EuGH[112] löste der BGH die nationale örtliche Zuständigkeit für Deutschland über eine analoge Anwendung von § 19a ZPO.[113] Art. 102c § 6 Abs. 1 EGInsO[114] lehnt sich daran an und sieht 47

---

109) Richtlinie (EU) 2019/1023 des Europäischen Parlaments und des Rates v. 20.6.2019 über präventive Restrukturierungsrahmen, über Entschuldung und über Tätigkeitsverbote sowie über Maßnahmen zur Steigerung der Effizienz von Restrukturierungs-, Insolvenz- und Entschuldungsverfahren und zur Änderung der Richtlinie (EU) 2017/1132 (Richtlinie über Restrukturierung und Insolvenz) – Restrukturierungsrichtlinie, ABl. (EU) L 172/18 v. 26.6.2019.
110) Befürwortend für Deutschland etwa *Freitag*, ZIP 2019, 541, 547 f.; *Skauradszun*, KTS 2019, 161, 171 f., der indes auch Zweifel an der vollen Kompatibilität äußert und an anderer Stelle (*Skauradszun*, Die Restrukturierungsrichtlinie und das „verschwitzte" internationale Zivilverfahrensrecht, ZIP 2019, 1501 ff.) darauf hinweist, dass für die Aufnahme in Anhang A ein bis zu zweijähriger Prozess einzuplanen ist, und dass ohne die Aufnahme – mit einer Reihe von Folgeproblemen – die Brüssel Ia-VO (EuGVVO) zur Anwendung kommt.
111) Vgl. nur Mankowski/Müller/J. Schmidt-*Mankowski*, EuInsVO 2015, Art. 6 Rz. 30; Koller/Lovrek/Spitzer-*Lind/Richter*, IO, Art. 6 EuInsVO Rz. 5; Bork/van Zwieten-*Ringe*, Commentary on the European Insolvency Regulation, Art. 6 Rz. 6.32, jeweils m. w. N.; Thole in: MünchKomm-InsO, Art. 6 EuInsVO 2015 Rz. 1; Wimmer/Bornemann/Lienau-*Lienau*, Die Neufassung der EuInsVO, Rz. 271.
112) EuGH, Urt. v. 12.2.2009 – Rs. C-339/07 (Deko Marty Belgium), ZIP 2009, 427.
113) BGH, Urt. v. 19.5.2009 – IX ZR 39/06 (Deko Marty Belgium), ZIP 2009, 1287, dazu EWiR 2009, 505 (*Riedemann*).
114) Gesetz zur Durchführung der Verordnung (EU) 2015/848 über Insolvenzverfahren, v. 5.6.2017, BGBl. I 2017, 1476. Koller/Lovrek/Spitzer-*Lind/Richter*, IO, Art. 6 EuInsVO Rz. 7 m. w. N.

vor, dass im Fall der Zuständigkeit deutscher Gerichte für Klagen nach Art. 6 Abs. 1 der Gerichtsstand durch den **Sitz des Insolvenzgerichts** bestimmt wird, wenn sich aus anderen Vorschriften keine andere örtliche Zuständigkeit ergibt.

48 Nach verbreiteter Ansicht beschränkt sich auch **Art. 6 Abs. 2** auf die Bestimmung der internationalen Zuständigkeit.[115] Dies legt zum einen der Wortlaut der Vorschrift nahe, der (nur) auf die Gerichte des jeweiligen Wohnsitzstaats des oder der Beklagten verweist; zum anderen spricht dafür auf den ersten Blick auch ErwG 26, nach dem die Zuständigkeitsvorschriften der Verordnung nur die internationale Zuständigkeit regeln, die innerstaatliche Zuständigkeit aber dem nationalen Recht überlassen bleibt. Die Aussagekraft von ErwG 26 ist insoweit allerdings begrenzt, weil er sich explizit nur auf die Zuständigkeit für die Eröffnung des Insolvenzverfahrens bezieht.

49 Praktisch führt die Beschränkung auf die internationale Zuständigkeit zum **potentiellen Auseinanderfallen der nationalen Gerichtszuständigkeit**. Wenn das nationale Recht für die insolvenznahe Klage zu einer anderen sachlichen oder örtlichen Zuständigkeit führt als für die nicht insolvenznahe(n), könnte der Verwalter zwar die Klagen in einem Mitgliedstaat erheben, aber nicht bei demselben Gericht.[116] Dies würde die in ErwG 35 illustrierte Intention von Art. 6 Abs. 2 und die Begründung der Zweckmäßigkeit einer Prozessverbindung in Absatz 3 konterkarieren. Das Problem mag sich praktisch weitgehend dadurch auflösen, dass die meisten nationalen Prozessrechte eine allgemeine Wohnsitzzuständigkeit vorsehen.[117] Dies hilft aber nicht weiter bei der **Prozesskonzentration gegen mehrere Beklagte** aus unterschiedlichen Mitgliedstaaten. Es spricht daher Einiges für die differenzierende Ansicht, dass zumindest Art. 6 Abs. 2 Alt. 2 nach dem Vorbild von Art. 8 Nr. 1 EuGVVO **auch die örtliche Zuständigkeit für die Ankerbeklagten** mitregelt.[118] Dies muss jedenfalls gelten, soweit das nationale Recht zu der Frage schweigt.

50 Für Deutschland sieht insoweit Art. 102c § 6 Abs. 2 EGInsO[119] ausdrücklich eine Konzentration der örtlichen Zuständigkeit für Klagen nach Art. 6 Abs. 1, die nach Art. 102c § 6 Abs. 2 mit einer anderen zivil- oder handelsrechtlichen Klage gegen denselben Beklagten zusammenhängen, bei dem für diese andere Klage örtlich zuständigen Gericht vor.

### 2. (Relativ) ausschließlicher Gerichtsstand

51 Für insolvenznahe Klagen i. S. von Art. 6 Abs. 1 stellte sich mangels Anhaltspunkten im Wortlaut der Vorschrift die Frage, ob sie einen ausschließlichen (internatio-

---

115) *Thole* in: MünchKomm-InsO, Art. 6 EuInsVO 2015 Rz. 9; Bork/van Zwieten-*Ringe*, Commentary on the European Insolvency Regulation, Art. 6 Rz. 6.51; *Schneider* in: Nunner-Krautgasser/Garber/Jaufer, Grenzüberschreitende Insolvenzen, S. 112.
116) Vgl. *Schneider* in: Nunner-Krautgasser/Garber/Jaufer, Grenzüberschreitende Insolvenzen, S. 112.
117) *Thole* in: MünchKomm-InsO, Art. 6 EuInsVO 2015 Rz. 9.
118) Mankowski/Müller/J. Schmidt-*Mankowski*, EuInsVO 2015, Art. 6 Rz. 44; *Paulus*, EuInsVO, Art. 6 Rz. 21.
119) Gesetz zur Durchführung der Verordnung (EU) 2015/848 über Insolvenzverfahren, v. 5.6.2017, BGBl. I 2017, 1476.

nalen) Gerichtsstand begründet, oder den jeweiligen – ggf. nur bestimmten – Klägern einen Wahlgerichtsstand bietet. In den Schlussanträgen zur *Deko-Marty-Entscheidung*[120], die der Regelung zugrunde liegt, hatte der Generalanwalt im Grundsatz für eine zentralisierte Zuständigkeit plädiert, allerdings unter Aufrechterhaltung anderer Klagemöglichkeiten für den Verwalter, soweit dies zweckmäßiger ist, etwa zur Vermeidung von Anerkennungs- und Vollstreckungskosten in Drittstaaten.[121] Die *Deko-Marty-Entscheidung* selbst schwieg zu der Frage.[122]

Der vorrangig auf den Effizienzgedanken (ErwG 35) gestützten Annahme eines für den Verwalter disponiblen Gerichtsstands[123] erteilte der EuGH[124] zwischenzeitlich eine Absage und bestätigte die wohl h. M.,[125] dass die Annexzuständigkeit der Gerichte des Eröffnungsstaats einen **ausschließlichen Gerichtsstand** begründet. Die Urteile ergingen zur EuInsVO 2000, gelten aber zweifellos auch für den jetzigen Art. 6 Abs. 1.[126] Die Argumentation des EuGH überzeugt nur bedingt, insbesondere wenn er auf verbesserte Effizienz und Verfahrensbeschleunigung verweist.[127] Denn gerade diesen Zwecken kann die Ausschließlichkeit des Gerichtsstands bei unterschiedlich leistungsfähiger Justiz oder absehbaren Vollstreckungsproblemen in einem Drittstaat entgegenstehen,[128] was jetzt – soweit möglich – rechtssicher[129] nur noch durch Abtretung des Klageanspruchs zu lösen ist (siehe Rz. 18, aber auch Rz. 56). Zumindest schafft die EuGH-Entscheidung für Art. 6

52

---

120) EuGH, Urt. v. 12.2.2009 – Rs. C-339/07 (Deko Marty Belgium), ZIP 2009, 427.
121) EuGH *(GA Colomer)*, SA v. 16.10.2008 – Rs. C-339/07 (Deko Marty Belgium), Rz. 62 ff., ZIP 2008, 2082, 2088 f.
122) Der anderslautenden Deutung in der Abschlussentscheidung des BGH (BGH, Urt. v. 19.5.2009 – IX ZR 39/06 (Deko Marty Belgium), Rz. 16, ZIP 2009, 1287) widerspricht zurecht *Kindler*, KTS 2014, 25, 36; ebenso *Thole* in: MünchKomm-InsO, Art. 6 EuInsVO 2015 Rz. 7.
123) Vgl. Rz. 51 der Vorauflage; *Kindler*, KTS 2014, 25, 36 f.; *Kindler/Wendland*, RIW 2018, 245, 249 f.; Bork/van Zwieten-*Ringe*, Commentary on the European Insolvency Regulation, Art. 6 Rz. 6.35 ff., jeweils m. w. N.; wohl auch *Albrecht*, ZInsO 2015, 1077, 1081. Weitere Nachw. bei *Koller* in: Konecny, Insolvenz-Forum 2017, S. 37, 49 m. Fn. 56.
124) EuGH, Urt. v. 14.11.2018 – Rs. C-296/17 (Wiemer & Trachte), ZIP 2018, 2327, dazu EWiR 2019, 19 *(Brinkmann/Kleindiek)*. Nach EuGH, Urt. v. 4.12.2019 – Rs. C-493/18 (Tiger u. a.), ZIP 2020, 80, steht die ausschließliche internationale Zuständigkeit auch nicht zur Disposition der Gerichte des Eröffnungsstaats.
125) S. nur *Koller* in: Konecny, Insolvenz-Forum 2017, S. 37, 48 f. m. w. N.; Mankowski/Müller/J. Schmidt-*Mankowski*, EuInsVO 2015, Art. 6 Rz. 27 ff. m. w. N.; *Thole* in: MünchKomm-InsO, Art. 6 EuInsVO 2015 Rz. 3; Wimmer/Bornemann/Lienau-*Lienau*, Die Neufassung der EuInsVO, Rz. 284; *Prager/Ch. Keller*, NZI 2013, 57, 59; *Schulz*, EuZW 2015, 596, 598 (Urteilsanm.); *Wedemann*, IPRax 2015, 505, 508.
126) Vgl. Mankowski, NZI 2018, 996 f. (Urteilsanm.); *Planitzer*, ZIK 2019, 5, 6 f.; *J. Schmidt*, ZInsO 2018, 2629, 2631 (Urteilsanm.).
127) EuGH, Urt. v. 14.11.2018 – Rs. C-296/17 (Wiemer & Trachte) Rz. 33, ZIP 2018, 2327, 2328.
128) Vgl. *Baumert*, NZI 2014, 106; *Kindler/Wendland*, RIW 2018, 245, 249; *Oberhammer*, KTS 2009, 27, 47; *Planitzer*, ZIK 2019, 5, 7 m. w. N.
129) Skeptisch insoweit allerdings *Kindler/Wendland* (RIW 2018, 245, 249), die das F-Tex-Urteil des EuGH (EuGH, Urt. v. 19.4.2012 – Rs. C-523/10, ZIP 2012, 1049) nicht für verallgemeinerungsfähig halten.

**Artikel 6** Zuständigkeit für Klagen

Abs. 1 Klarheit und bestätigt die Unzulässigkeit von Torpedoklagen außerhalb des Eröffnungsstaats (siehe Rz. 34).

53 Dass Art. 6 Abs. 1 dennoch nur eine **relativ ausschließliche Zuständigkeit** begründet, ergibt sich bereits aus den Wahlmöglichkeiten in Absatz 2.[130] Das wird von den Vertretern der Ausschließlichkeit nicht in Abrede gestellt und ist letztlich nur eine Etikettierungsfrage. Allerdings geht die **Relativität über Art. 6 Abs. 2 hinaus.** Dies betrifft zum einen das **gerichtliche Verfolgungsrecht nach Art. 21 Abs. 2 Satz 1**, das dem Verwalter eines Territorialverfahrens in jedem anderen Mitgliedstaat zusteht. Soweit man die Regelung nicht schon als eigenständige Anspruchsgrundlage betrachtet[131] (siehe dazu Art. 21 Rz. 32 [*Hänel*])und deshalb als insolvenznah, gibt es auch dann keinen Grund sie einzuschränken, wenn das Verfolgungsrecht im Einzelfall aus anderen Gründen – insbesondere wegen Verletzung des Insolvenzbeschlags – insolvenznah i. S. von Art. 6 Abs. 1 ist.[132] Zum anderen gilt die vom EuGH in einer anderen Entscheidung[133] zur EuInsVO 2000 bejahte **Alternativzuständigkeit für Aufteilungsstreitigkeiten** zwischen Haupt- und Sekundärinsolvenzverfahren auch für das neue Recht.[134] Darüber hinaus ist zweifelhaft, ob die strenge Ausschließlichkeit des Gerichtsstands nach Art. 6 Abs. 1 gegen die Klage in einem **Drittstaat** tatsächlich erfolgreich eingewandt werden könnte, zumal die Qualifikation als Drittstaat ja voraussetzt, dass er und seine Gerichte nicht der EuInsVO unterliegen und daher ihr autonomes Verfahrensrecht anwenden.[135]

54 Schließlich muss die Ausschließlichkeit auch relativiert werden im Fall einer im Ausland anhängigen, **nach § 16 AnfG unterbrochenen Gläubigeranfechtungsklage**. Nimmt der Verwalter eine solche den Zuständigkeitsregeln der EuGVVO unterliegende[136] Klage auf,[137] wäre ein Wegfall der Zuständigkeit – womöglich erst im Instanzenzug – u. U. fatal und ist abzulehnen.[138]

---

130) Vgl. *Brinkmann/Kleindiek*, EWiR 2019, 19, 20 (Urteilsanm.); Thole in: MünchKomm-InsO, Art. 6 EuInsVO 2015 Rz. 7.
131) So *Thole* in: MünchKomm-InsO, Art. 18 EuInsVO 2000 Rz. 11; Koller/Lovrek/Spitzer-*Scholz/Berger*, IO, Art. 21 EuInsVO Rz. 16.
132) Vgl. EuGH, Urt. v. 14.11.2018 – Rs. C-296/17 (Wiemer & Trachte), obiter dictum in Rz. 40, ZIP 2018, 2327, 2329; *Mankowski*, NZI 2018, 996, 997. A. A. *Planitzer*, ZIK 2019, 5, 9.
133) EuGH, Urt. v. 11.6.2015 – Rs. C-649/13 (Nortel), ZIP 2015, 1299 = NZI 2015, 663, m. Anm. *Fehrenbach* = EuZW 2015, 593, m. Anm. *Schulz*.
134) Vgl. *Konecny* in: Jaufer/Nunner-Krautgasser/Schummer, Unternehmenssanierung mit Auslandsbezug, S. 73, 81; Koller/Lovrek/Spitzer-*Lind/Richter*, IO, Art. 6 EuInsVO Rz. 19; *Madaus*, ecolex 2015, 775, 777; *Planitzer*, ZIK 2019, 5, 9. A. A. wohl *Schulz*, EuZW 2015, 596, 598 (Urteilsanm.).
135) Vgl. *Planitzer*, ZIK 2019, 5, 9 f. m. w. N.; ebenfalls die Klagemöglichkeit im Drittstaat bejahend *Konecny* in: Jaufer/Nunner-Krautgasser/Schummer, Unternehmenssanierung mit Auslandsbezug, S. 73, 81; Koller/Lovrek/Spitzer-*Lind/Richter*, IO, Art. 6 EuInsVO Rz. 19; Brinkmann-*Madaus*, EIR, Art. 6 Rz. 12 (im Widerspruch zu Rz. 8).
136) Vgl. *Kirchhof* in: MünchKomm-AnfG, § 13 Rz. 12 f. m. w. N.
137) Nimmt der Insolvenzverwalter die Klage nicht auf, kann nach Verfahrensende die Möglichkeit der Fortsetzung bestehen, vgl. BGH, Urt. v. 12.11.2015 – IX ZR 301/14, ZIP 2015, 2428, dazu EWiR 2016, 149 *(Riedemann/Linnemann)*; *Stürner*, KTS 2017, 291.
138) Vgl. zur Fortdauer der Zuständigkeit bei einer nach § 16 AnfG aufgenommenen Klage *Kirchhof/Piekenbrock* in: MünchKomm-InsO, § 143 Rz. 161; Uhlenbruck-*Borries/Hirte*, InsO, § 143 Rz. 133.

Die Reichweite der Ausschließlichkeit des von Art. 6 Abs. 1 geregelten Gerichtsstands hat auch Auswirkungen auf die Fragen der Zulässigkeit von **Gerichtsstandsvereinbarungen** und einer **Zuständigkeitsbegründung durch rügelose Einlassung**. Beides muss konsequenterweise ablehnen, wer eine strenge Ausschließlichkeit befürwortet.[139] Vorinsolvenzliche Gerichtsstandsvereinbarungen werden, soweit sie nicht ohnehin durch die Insolvenzeröffnung hinfällig sind,[140] für insolvenznahe Ansprüche i. S. von Art. 6 Abs. 1 im Zweifel gar nicht möglich sein, weil eine entsprechende Verfügungsbefugnis des Schuldners gegen die Insolvenznähe spräche.[141] Entsprechendes gilt für **Schiedsverträge**.[142] Soweit wirksame Schiedsvereinbarungen trotz Insolvenznähe des Streitgegenstands in Betracht kommen,[143] etwa beim Streit über die Forderungsfeststellung (siehe dazu Rz. 34, 60), steht ihnen die Ausschließlichkeit des Gerichtsstands nicht per se entgegen.[144] Die in Art. 18 vorgesehene Beschränkung des Vertrauensschutzes auf anhängige Schiedsverfahren spricht dafür, die Bindungswirkung von Schiedsvereinbarungen vor Schiedshängigkeit dann gemäß Art. 7 Abs. 2 lit. e nach der lex consursus zu beantworten.[145] Ein Ausschluss der Zuständigkeitsbegründung durch rügelose Einlassung ist rein praktisch zumindest dann zweifelhaft, wenn das nationale Recht diese Möglichkeit hinsichtlich der internationalen Zuständigkeit grundsätzlich vorsieht.[146] Denn wenn ein nach Art. 6 eigentlich unzuständiges Gericht über eine Annexklage **nach rügeloser Einlassung entscheidet**,[147] wird diese Entscheidung – im Staat der Entscheidung ohnehin, aber auch außerhalb – **anzuerkennen** sein, Art. 32 Abs. 1 Unterabs. 2. Nimmt ein Gericht eines Mitgliedstaats nach der EuGVVO oder der EuInsVO – ggf. auch fehlerhaft oder unzulässiges Forum Shopping übersehend – seine internationale Zu-

55

---

139) So Mankowski/Müller/J. Schmidt-*Mankowski*, EuInsVO 2015, Art. 6 Rz. 29; *Mock* in: BeckOK-InsO, Art. 6 EuInsVO Rz. 10; Brinkmann-*Madaus*, EIR, Art. 6 Rz. 8.
140) Vgl. für Anfechtungsansprüche etwa *Kirchhof/Piekenbrock* in: MünchKomm-InsO, § 143 Rz. 161; Uhlenbruck-*Borries/Hirte*, InsO, § 143 Rz. 133, jeweils m. w. N.
141) Ebenso *Stürner*, IPRax 2005, 416; *Paulus*, EuInsVO, Art. 6 Rz. 6.
142) Näher hierzu *Kirchhof/Piekenbrock* in: MünchKomm-InsO, § 143 Rz. 162.
143) Nach der Rspr. des BGH (BGH, Beschl. v. 27.7.2017 – I ZB 93/16, ZIP 2018, 487; BGH, Beschl. v. 29.6.2017 – I ZB 60/16 Rz. 18, ZIP 2017, 2317, dazu EWiR 2017, 729 [*Tintelnot*]) entfällt die Bindung eines Insolvenzverwalters an eine vom Schuldner vor Insolvenzeröffnung getroffene Schiedsvereinbarung nur, wenn die Anträge im Schiedsverfahren unmittelbar oder als entscheidungserhebliche Vorfrage tatsächlich ein insolvenzspezifisches Recht des Insolvenzverwalters betreffen.
144) Vgl. *Koller* in: Liebscher/Oberhammer/Rechberger, Schiedsverfahrensrecht, Bd. I, Rz. 3/126 m. w. N; *Koller* in: Konecny, Insolvenz-Forum 2017, S. 37, 50.
145) Vgl. K. Schmidt-*Brinkmann*, InsO, Art. 4 EuInsVO Rz. 16.; *Koller* in: Konecny, Insolvenz-Forum 2017, S. 37, 50 m. w. N.; *Reinhart* in: MünchKomm-InsO, Art. 4 EuInsVO 2000 Rz. 28; Bork/van Zwieten-*Snowden*, Commentary on the European Insolvency Regulation, Art. 7 Rz. 7.33 m. w. N.
146) Vgl. zum deutschen Recht *Patzina* in: MünchKomm-ZPO, § 39 Rz. 14 f. m. w. N. Art. 26 EuGVVO, der eine Begründung der internationalen Zuständigkeit durch rügelose Einlassung unter bestimmten Voraussetzungen zulässt, kommt für eine Annexklage i. S. von Art. 6 Abs. 1 EuInsVO nicht zur Anwendung.
147) Vgl. Audiencia Provincial Barcelona, Urt. v. 6.3.2013 – 431/2012-2a, NZI 2014, 576, m. Anm. *Paulus*. Die spanischen Gerichte unterstellten hier – offenbar ohne Rüge durch den Beklagten – ihre Zuständigkeit für die Organhaftungsklage eines deutschen Insolvenzverwalters nach § 64 GmbHG.

ständigkeit an, darf die Entscheidung (vorbehaltlich Art. 5) im Zuge der Anerkennung und Vollstreckung nicht mehr überprüft werden.[148]

56 Praktisch relativiert sich die Diskussion über die Ausschließlichkeit des Gerichtsstands nach Art. 6 Abs. 1 im Licht der Entscheidung des EuGH, dass die Anfechtungsklage eines Dritten aus abgetretenem Recht keine Annexzuständigkeit mehr begründet (siehe Rz. 18). Denn dies eröffnet dem Verwalter die Möglichkeit einer **faktischen Gerichtsstandswahl durch Abtretung** des Anspruchs unter Vereinbarung einer Massebeteiligung.[149] Freilich setzt dieses Vorgehen einen abtretbaren Klageanspruch voraus, was z. B. bei einer Anfechtungsklage auf bloße Feststellung der Unwirksamkeit einer Rechtshandlung nicht gewährleistet ist.

## IX. Insolvenzbezogene Klagen (Art. 6 Abs. 1)

### 1. Allgemeine Kriterien

57 Für die Qualifikation als Annexverfahren nennen Art. 6 Abs. 1 und ErwG 35 nur die beiden kumulativ erforderlichen[150] Kriterien, dass die Klage **unmittelbar aus dem Insolvenzverfahren hervorgehen** und **in engem Zusammenhang damit** stehen muss. Daraus ergibt sich keine Konkretisierung gegenüber der bisherigen Rechtslage (siehe dazu oben Rz. 2) und auch die in der Verordnung jeweils genannten Positiv- (Anfechtungsklage und Durchsetzung verfahrensspezifischer Pflichten wie Verfahrenskostenvorschuss) und Negativbeispiele (Klage aus vorinsolvenzlicher Vertragspflicht) bringen keinen deutlichen Erkenntnisgewinn. Die vor der Neuregelung bestehende Rechtsunsicherheit setzt sich daher fort.[151] Eine vom Europäischen Parlament in Ergänzung von Art. 2 zunächst in Aussicht genommene Definition: „Klage, die auf ein Urteil gerichtet ist, das aufgrund seines Inhalts nicht außerhalb oder unabhängig von einem Insolvenzverfahren erreicht werden kann oder erreicht werden kann, und die nur dann zulässig ist, wenn ein Insolvenzverfahren anhängig ist;"[152] wurde nicht umgesetzt, gibt aber zumindest Anhaltspunkte, welche Klagen in jedem Fall von der Vorschrift erfasst sind.[153]

---

148) Vgl. nur *Skauradszun*, ZIP 2019, 1501, 1505 m. w. N. sowie für die EuInsVO EuGH, Urt. v. 2.5.2006 – Rs. C-341/04 (Eurofood), ZIP 2006, 907, m. Anm. *Knof/Mock*; EuGH, Urt. v. 21.1.2010 – Rs. C-444/07 (Probud), Rz. 29, ZIP 2010, 187, dazu dazu EWiR 2010, 77 *(J. Schmidt)*.
149) Vgl. *Brinkmann/Kleindiek*, EWiR 2019, 19, 20 (Urteilsanm.). Trotz unvermeidlicher Erlösteilung kann diese Gestaltung für die Masse z. B. dann wirtschaftlich vorteilhaft sein, wenn ein Prozess im Eröffnungsstaat unverhältnismäßig teurer oder langwieriger wäre.
150) EuGH, Urt. v. 20.12.2017 – Rs. C-649/16 (Valach), ZIP 2018, 185, dazu EWiR 2018, 243 *(Undritz)*; EuGH, Urt. v. 18.9.2019 – Rs. C-47/18 (Riel), Rz. 36, ZIP 2019, 1872; *Koller* in: Konecny, Insolvenz-Forum 2017, S. 37, 41.
151) Vgl. zur Kritik nur Mankowski/Müller/J. Schmidt-*Mankowski*, EuInsVO 2015, Art. 6 Rz. 3 ff. m. w. N.
152) Legislative Entschließung des Europäischen Parlaments v. 5.2.2014 zu dem Vorschlag für eine Verordnung des Europäischen Parlaments und des Rates zur Änderung der Verordnung (EG) Nr. 1346/2000 des Rates über Insolvenzverfahren, COM(2012) 744 final, abrufbar unter https://www.europarl.europa.eu/meetdocs/2009_2014/documents/com/com_com(2012) 0744_/com_com(2012)0744_de.pdf (Abrufdatum: 10.1.2020).
153) Ebenso *Mock* in: BeckOK-InsO, Art. 6 EuInsVO Rz. 3.1.

Konkretisierungen in der **Rechtsprechung des EuGH** werden zwar als unzureichend kritisiert,[154)] man wird aber davon ausgehen können, dass der Gerichtshof auch künftig auf seine bisherigen Feststellungen und Entscheidungen aufbaut. Klar ist jedenfalls zwischenzeitlich, dass der EuGH als ausschlaggebendes Kriterium zur Zuordnung einer Klage allgemein nicht den prozessualen Kontext erachtet, in dem die Klage steht, sondern deren Rechtsgrundlage.[155)] Die Literatur identifiziert als wesentliche Kriterien, dass der **Anspruchsgrund im spezifischen Insolvenzrecht** liegt und der Anspruch idealiter nur im Insolvenzfall besteht und insolvenzspezifische Befugnisse betrifft und nicht nur angelegentlich oder im Umfeld eines Insolvenzverfahrens geltend gemacht wird, dass der **Prozessgegenstand auf spezifisch insolvenzrechtlichen Regeln** basiert, die das allgemeine Zivilrecht modifizieren, und dass die Prozessführung den **Interessen der Gläubigergesamtheit**, nicht nur Individualinteressen dient.[156)] Die **Beteiligung eines Verwalters am Prozess** ist ein weiteres Indiz, aber kein unverzichtbares Kriterium.[157)] Allerdings erfasst der prozessuale Streitgegenstand bei einem einheitlichen Lebenssachverhalt Ansprüche aus Insolvenzanfechtung neben materiell-rechtlichen Ansprüchen nur bei Klageerhebung durch den Insolvenzverwalter.[158)]

58

## 2. Beispiele

### a) Positivbeispiele

Einen Anhaltspunkt dafür, was der Verordnungsgeber als insolvenzspezifisch erachtet und Prozesse darüber somit in der Regel als insolvenznah eingestuft wissen

59

---

154) Vgl. nur *Kindler/Wendland*, RIW 2018, 245; *Koller* in: Konecny, Insolvenz-Forum 2017, S. 37, 43; *Paulus*, EuInsVO, Art. 6 Rz. 6; *Schneider* in: Nunner-Krautgasser/Garber/Jaufer, Grenzüberschreitende Insolvenzen, S. 97 ff. m. w. N. Bork/van Zwieten-*Oberhammer* (Commentary on the European Insolvency Regulation, Art. 32 Rz. 32.29) weist darauf hin, dass der EuGH dem Tatbestandsmerkmal „unmittelbar aus dem Insolvenzverfahren hervorgehen" keine unabhängige Bedeutung beimisst. Diese Ansicht dürfte aber jedenfalls seit der *Valach-Entscheidung* (EuGH, Urt. v. 20.12.2017 – Rs. C-649/16, ZIP 2018, 185) überholt sein.
155) EuGH, Urt. v. 6.2.2019 – Rs. C-535/17 (NK), ZIP 2019, 524, dazu EWiR 2019, 305 *(Schulz)*; EuGH, Urt. v. 18.9.2019 – Rs. C-47/18 (Riel), Rz. 36, ZIP 2019, 1872; EuGH, Urt. v. 4.12.2019 – Rs. C-493/18 (Tiger u. a.), Rz. 27, ZIP 2020, 80, 82; *Konecny* in: Jaufer/Nunner-Krautgasser/Schummer, Unternehmenssanierung mit Auslandsbezug, S. 79; Koller/Lovrek/Spitzer-*Lind/Richter*, IO, Art. 6 EuInsVO Rz. 22 m. w. N.
156) Die Analysen der EuGH-Rspr. variieren in den Formulierungen, nicht aber im wesentlichen Inhalt, vgl. nur *Albrecht*, InsBüro 2018, 53 f., und *Albrecht*, ZInsO 2015, 1077, 1080 f.; *Koller* in: Konecny, Insolvenz-Forum 2017, S. 37, 41 ff.; *Konecny* in: Jaufer/Nunner-Krautgasser/Schummer, Unternehmenssanierung mit Auslandsbezug, S. 76 ff.; *Haas*, ZIP 2013, 2381, 2384 f.; Bork/van Zwieten-*Oberhammer*, Commentary on the European Insolvency Regulation, Art. 32 Rz. 32.31 ff.; Mankowski/Müller/J. Schmidt-*Mankowski*, EuInsVO 2015, Art. 6 Rz. 9 f.; *Schneider* in: Nunner-Krautgasser/Garber/Jaufer, Grenzüberschreitende Insolvenzen, S. 100 ff.; *Vallender*, ZIP 2015, 1513, 1517, jeweils m. w. N.; Koller/Lovrek/Spitzer-*Lind/Richter*, IO, Art. 6 EuInsVO Rz. 23.
157) Für die Unverzichtbarkeit aber offenbar Bork/van Zwieten-*Oberhammer*, Commentary on the European Insolvency Regulation, Art. 32 Rz. 32.30; a. A. *Kindler*/Wendland, RIW 2018, 245, 247 m. w. N.; Mankowski/Müller/J. Schmidt-*Mankowski*, EuInsVO 2015, Art. 6 Rz. 13 m. w. N.
158) BGH, Urt. v. 22.11.2018 – IX ZR 14/18, ZIP 2019, 37, dazu EWiR 2019, 147 *(Loszynski)*.

möchte, bieten die **Themen, die Art. 7 Abs. 2 dem Insolvenzstatut** unterstellt.[159] Konkret können außerdem folgende Beispiele genannt werden:

- **Insolvenzanfechtungsklagen**[160] im weiteren Sinn, insbesondere auch nach §§ 133–135 InsO, stellen Annexklagen dar, wenn sie vom Verwalter geltend gemacht werden.[161]
- Die Geltendmachung der **Anfechtbarkeit im Wege der Einrede** nach § 146 Abs. 2 InsO begründet jedenfalls dann die Zuständigkeit nach Art. 6 Abs. 1, wenn dies den Kern des Streits bildet.[162]
- Eine **negative Feststellungsklage** gegen drohende Insolvenzanfechtung stellt eine Annexklage dar (siehe Rz. 34).[163]
- Die Geltendmachung der **Unwirksamkeit einer Rechtshandlung nach § 88 InsO** ist insolvenzspezifisch.[164]
- Insolvenzspezifisch sind auch Klagen wegen der **Unwirksamkeit von Verfügungen infolge insolvenzbedingter Verfügungsbeschränkungen** gemäß §§ 24, 81 f. InsO.[165]
- Der Streit über das **Wahlrecht des Insolvenzverwalters gemäß § 103 InsO** ist insolvenznah.[166]
- Die Geltendmachung der **Insolvenzverschleppungshaftung** gegen Gesellschaftsorgane (auch in Deutschland domizilierter Auslandsgesellschaften und auch gegen in einem Drittstaat ansässige Geschäftsleiter) unterliegt der Annexzu-

---

159) Vgl. Mankowski/Müller/J. Schmidt-*Mankowski*, EuInsVO 2015, Art. 6 Rz. 6; *Undritz*, EWiR 2018, 243, 244 (Urteilsanm.).
160) EuGH, Urt. v. 12.2.2009 – Rs. C-339/07 (Deko Marty Belgium), ZIP 2009, 427.
161) Vgl. Mankowski/Müller/J. Schmidt-*Mankowski*, EuInsVO 2015, Art. 6 Rz. 11; *Thole* in: MünchKomm-InsO, Art. 3 EuInsVO 2000 Rz. 122, auch zur möglichen Differenzierung nach dem Schutzzweck der Anfechtungstatbestände.
162) *Haas*, ZIP 2013, 2381, 2389; Mankowski/Müller/J. Schmidt-*Mankowski*, EuInsVO 2015, Art. 6 Rz. 12; Koller/Lovrek/Spitzer-*Lind/Richter*, IO, Art. 6 EuInsVO Rz. 25.
163) LG Innsbruck, Beschl. v. 12.12.2013 – 14 CG 56/13z, NZI 2014, 286, m. Anm. *Mäsch*; Mankowski/Müller/J. Schmidt-*Mankowski*, EuInsVO 2015, Art. 6 Rz. 12 m. w. N.; *Paulus*, EuInsVO, Art. 6 Rz. 11.
164) Unterstellt in BGH, Vorlagebeschl. v. 10.10.2013 – IX ZR 265/12, ZIP 2013, 2167, dazu EWiR 2014, 185 *(Undritz)*; *Prager/Ch. Keller*, WM 2015, 805, 807. Allgemein für die Geltendmachung der insolvenzspezifischen Unwirksamkeit einer Rechtshandlung EuGH, Urt. v. 4.12.2019 – Rs. C-493/18 (Tiger u. a.), ZIP 2020, 80.
165) Befürwortet (aber nicht entscheidungserheblich) von OLG Düsseldorf, Beschl. v. 23.10.2014 – I-12 U 27/14, ZInsO 2015, 920, 921 = ZIP 2015, 794; *Prager/Ch. Keller*, WM 2015, 805, 807.
166) *Haas*, ZIP 2013, 2381, 2389; *Prager/Ch. Keller* in: Bork/Hölzle, Hdb. InsR, Kap. 20 Rz. 45 m. w. N.; *Paulus*, EuInsVO, Art. 6 Rz. 11; **a. A.** allerdings *Prager/Ch. Keller*, WM 2015, 805, 807, soweit nur die Erfüllung von Pflichten aus einem vom Schuldner abgeschlossenen Vertrag im Raum steht.

ständigkeit,[167] allerdings nicht bei deliktischer Anspruchsgrundlage (§ 823 Abs. 2 BGB i. V. m. § 15a InsO).[168]

- Nach verbreiteter Ansicht stellen trotz ihres deliktsrechtlichen Charakters auch Klagen aus **Existenzvernichtungshaftung** Annexverfahren dar.[169]
- Insolvenznah sind allerdings **deliktische Schadensersatzklagen gegen Mitglieder eines Gläubigerausschusses** wegen ihres Verhaltens bei der Abstimmung über einen Sanierungsplan in einem Insolvenzverfahren.[170]
- Klagen des Verwalters zur **Geltendmachung eines Gesamtschadens i. S. von § 92 InsO** werden teilweise als hinreichend insolvenzspezifisch betrachtet,[171] teilweise nicht.[172]
- Klagen auf **Feststellung einer Forderung** zur Insolvenztabelle oder über deren Rang sind insolvenznah.[173]) Siehe auch Rz. 34.
- **Rechtsstreite zwischen Verwalter und Schuldner** sind regelmäßig insolvenztypisch.[174]
- **Kompetenzstreite zwischen Haupt- und Sekundärinsolvenzverfahren** über die Zuordnung von Vermögensgegenständen gemäß Art. 2 Nr. 9 sind insolvenzspezifisch und unterliegen alternativ der Zuständigkeit der Gerichte des

---

167) EuGH, Urt. v. 4.12.2014 – Rs. C-295/13 (H), ZIP 2015, 196 = EuZW 2015, 141, m. Anm. *Kindler*, dazu EWiR 2015, 93 *(Mankowski)*; EuGH, Urt. v. 10.12.2015 – Rs. C-594/14 (Kornhaas), ZIP 2015, 2468, dazu EWiR 2016, 67 *(Schulz)*; *Mankowski*, NZG 2016, 281; *Prager/Ch. Keller*, WM 2015, 805, 807 m. w. N; differenzierend *Mock* in: BeckOK-InsO, Art. 6 EuInsVO Rz. 7 ff. m. w. N.
168) EuGH, Urt. v. 18.7.2013 – Rs. C-147/12 (ÖFAB), ZIP 2013, 1932, dazu *Freitag*, ZIP 2014, 302; differenzierend nach Alt- (ja) und Neugläubigerschaden (nein) K. Schmidt-*Brinkmann*, InsO, Art. 3 EuInsVO Rz. 48 m. w. N.
169) Vgl. *Cranshaw*, DZWiR 2009, 353, 362; *Weller*, ZIP 2009, 2029, 2032, dort Fn. 48; *Paulus*, EuInsVO, Art. 6 Rz. 11.
170) EuGH, Urt. v. 20.12.2017 – Rs. C-649/16 (Valach), ZIP 2018, 185.
171) *Prager/Ch. Keller*, WM 2015, 805, 807; K. Schmidt-*Brinkmann*, InsO, Art. 3 EuInsVO Rz. 48, 51 m. w. N.
172) Mankowski/Müller/J. Schmidt-*Mankowski*, EuInsVO 2015, Art. 6 Rz. 26.
173) EuGH Urt. v. 18.9.2019 – Rs. C-47/18 (Riel) Rz. 32 ff., ZIP 2019, 1872; OGH (Österreich), Beschl. v. 22.4.2010 – 8 Ob 78/09t; *Cranshaw*, DZWiR 2009, 353, 361; *Konecny* in: Jaufer/Nunner-Krautgasser/Schummer, Unternehmenssanierung mit Auslandsbezug, S. 82 f.; Koller/Lovrek/Spitzer-*Lind/Richter*, IO, Art. 6 EuInsVO Rz. 25 m. w. N.; Mankowski/ Müller/J. Schmidt-*Mankowski*, EuInsVO 2015, Art. 6 Rz. 12; *Mock* in: BeckOK-InsO, Art. 6 EuInsVO Rz. 5; *Paulus*, EuInsVO, Art. 6 Rz. 11 m. w. N. (abweichend zur Vorauflage); *Thole* in: MünchKomm-InsO, Art. 3 EuInsVO 2000 Rz. 125; *Schneider* in: Nunner-Krautgasser/Garber/Jaufer, Grenzüberschreitende Insolvenzen, S. 104 f.; **a. A.** *Guski*, ZIP 2018, 2395, 2401; vgl. zum Streitstand vor der EuGH-Entscheidung auch *Prager/Ch. Keller* in: Bork/Hölzle, Hdb. InsR, Kap. 20 Rz. 47.
174) *Thole* in: MünchKomm-InsO, Art. 3 EuInsVO 2000 Rz. 129.

Mitgliedstaats des Haupt- oder des Sekundärverfahrens,[175] wobei die grundsätzliche Prioritätsregel der Artt. 29 ff. EuGVVO analog anwendbar ist.[176]

- Streitigkeiten über die **Wirksamkeit der vom Verwalter vorgenommenen Handlungen** stellen Annexstreitigkeiten dar.[177]

- **Haftungsklagen gegen den Verwalter** sind jedenfalls dann insolvenznah, wenn sie die Verletzung insolvenzspezifischer Pflichten betreffen.[178]

- Eine Herausgabeklage des Verwalters gemäß Art. 23 Abs. 1 ist insolvenznah;[179] ebenso **Auskunftsklagen** im Zusammenhang mit Art. 23 (siehe Art. 23 Rz. 76 [*Hänel*]).

- Infolge der beispielhaften Erwähnung in ErwG 35 ist die **Klage auf Zahlung eines Verfahrenskostenvorschusses** (§ 26 Abs. 4 InsO)[180] insolvenznah.

b) Negativbeispiele

60 Abgesehen von dem in ErwG 35 ausdrücklich genannten Fall der Klage aus einer vorinsolvenzlich vom Schuldner begründeten Vertragspflicht, können folgende Fälle genannt werden, die keine Annexklagen i. S. von Art. 6 Abs. 1 darstellen:

- Macht ein Dritter einen **Insolvenzanfechtungsanspruch aus abgetretenem Recht** geltend, kann ein hinreichender Insolvenzbezug fehlen.[181]

- Eine **Kaufpreisklage des Verwalters** aus einem vorinsolvenzlich vom Schuldner geschlossenen Kaufvertrag ist auch dann keine Annexklage i. S. der EuInsVO, wenn der Beklagte hilfsweise mit Gegenforderungen aufrechnet und der Verwalter die **Aufrechnung als gemäß § 96 Abs. 1 Nr. 3 InsO unwirksam** ansieht.[182]

---

175) Vgl. EuGH, Urt. v. 11.6.2015 – Rs. C-649/13 (Nortel), ZIP 2015, 1299; Bork/van Zwieten-*Ringe*, Commentary on the European Insolvency Regulation, Art. 6 Rz. 6.26. Missverständlich *Mock* in: BeckOK-InsO, Art. 6 EuInsVO Rz. 12. **Gegen** eine pauschale Anwendung von Art. 6 und für eine Einzelfallbeurteilung *Paulus*, EuInsVO, Art. 6 Rz. 11.
176) *Fehrenbach*, NZI 2015, 667; Mankowski/Müller/J. Schmidt-*Mankowski*, EuInsVO 2015, Art. 6 Rz. 33; wohl auch *Mock* in: BeckOK-InsO, Art. 6 EuInsVO Rz. 12.
177) EuGH, Urt. v. 2.7.2009 – Rs. C-111/08 (SCT Industri/Alpenblume), Rz. 26 ff., ZIP 2009, 1441; *Prager/Ch. Keller* in: Bork/Hölzle, Hdb. InsR, Kap. 20 Rz. 49.
178) Vgl. *Kindler* in: MünchKomm-BGB, IntInsR Rz. 579; *Prager/Ch. Keller*, WM 2015, 805, 807; Brinkmann-*Madaus*, EIR, Art. 6 Rz. 18; differenzierend nach dem Haftungsgrund *Thole* in: MünchKomm-InsO, Art. 3 EuInsVO 2000 Rz. 134 m. w. N.
179) Vgl. Mankowski/Müller/J. Schmidt-*Mankowski*, EuInsVO 2015, Art. 6 Rz. 10; *Thole* in: MünchKomm-InsO, Art. 3 EuInsVO 2000 Rz. 122.
180) Das AG Hamburg, Beschl. v. 30.5.2016 – 67g IN 508/15, dazu EWiR 2018, 121 *(Richter)* m. w. N. hält mit einer Mindermeinung die Festsetzung einer Vorschusspflicht per Beschluss für zulässig.
181) EuGH, Urt. v. 19.4.2012 – Rs. C-213/10 (F-Tex), Rz. 47, ZIP 2012, 1049; Koller/Lovrek/Spitzer-*Lind*/Richter, IO, Art. 6 EuInsVO Rz. 26; krit. dazu etwa EWiR 2012, 383 *(Brinkmann)*, und *Cranshaw*, ZInsO 2012, 1237, 1241 f.
182) BGH, Urt. v. 16.9.2015 – VIII ZR 17/15, ZIP 2015, 2192 = NZI 2015, 1033, m. Anm. *Mankowski*, dazu EWiR 2015, 751 *(Brinkmann)*. A. A. für den Fall, dass der Insolvenzverwalter von vornherein die Klage auf die Anfechtbarkeit der Aufrechnung stützt, *Smid* in: FS Vallender, S. 585, 609; Mankowski/Müller/J. Schmidt-*Mankowski*, EuInsVO 2015, Art. 6 Rz. 12.

- **Aussonderungsklagen** zwischen dem Verwalter und Dritten (z. B. wegen Eigentumsvorbehalts) sind nicht insolvenzspezifisch, weil sie auf der Geltendmachung eines nicht insolvenzspezifischen materiellen Anspruchs beruhen.[183]
- **Absonderungsklagen** sind in der Regel keine Annexklagen, weil sie einer gleichermaßen außerhalb des Verfahren möglichen Pfandklage gleichstehen.[184]
- **Klagen gegen Gesellschafter** sind nicht insolvenznah, wenn sie aus dem Gesellschaftsverhältnis resultieren (z. B. §§ 14, 19, 30, 31 GmbHG).[185] Dies gilt auch für die Klage eines Insolvenzverwalters aus einer internen Patronatserklärung.[186]
- Die **Organhaftung wegen Verletzung gesellschaftsrechtlicher Pflichten** (z. B. § 43 GmbHG, § 93 AktG) hat keinen hinreichenden Insolvenzbezug.[187]
- Klagen des Verwalters zur Geltendmachung der **persönlichen Gesellschafterhaftung gemäß § 93 InsO** erachtet die h. M. nicht als Annexverfahren, weil es um materiell auch außerhalb des Verfahrens bestehende Ansprüche nach § 128 HGB geht, die allein durch die Sperr- und Ermächtigungswirkung des § 93 InsO nicht insolvenzspezifisch werden.[188]
- Das OLG Wien hielt auch Ansprüche auf Kapitalerhaltung, insbesondere wegen **verbotener Einlagenrückgewähr**, nicht für insolvenznah.[189]
- Macht der Insolvenzverwalter **Schadensersatz aus unerlaubter Handlung oder einer gleichgestellten Handlung** geltend, handelt es sich um eine der EuGVVO unterliegende Zivil- oder Handelssache.[190]
- Ein **Verfahren auf Kreditrückzahlung** hat auch dann keinen hinreichenden Insolvenzbezug, wenn die Ausübung eines insolvenzbedingten Kündigungsrechts zugrunde liegt.[191]
- Klagen aus **Verträgen, die erst der Verwalter abgeschlossen hat,** sind keine Annexklagen.[192]

---

183) EuGH, Urt. v. 10.9.2009 – Rs. C-292/08 (German Graphics Graphische Maschinen GmBH), Rz. 32, ZIP 2009, 2345; *Thole* in: MünchKomm-InsO, Art. 3 EuInsVO 2000 Rz. 124; a. A. *Guski*, ZIP 2018, 2395, 2400 f.; Brinkmann-*Madaus*, EIR, Art. 6 Rz. 18 (ohne Begründung); differenzierend *Paulus*, EuInsVO, Art. 6 Rz. 11 m. w. N.; Koller/Lovrek/ Spitzer-*Lind/Richter*, IO, Art. 6 EuInsVO Rz. 26.
184) H. M. vgl. *Thole* in: MünchKomm-InsO, Art. 3 EuInsVO 2000 Rz. 126 – auch zu evtl. anders zu beurteilenden Konstellationen; *Paulus*, EuInsVO, Art. 6 Rz. 11; a. A. *Guski*, ZIP 2018, 2395, 2401.
185) *Thole* in: MünchKomm-InsO, Art. 3 EuInsVO 2000 Rz. 130.
186) OGH (Österreich), Urt. v. 23.11.2016 – 3 Ob 202/16a, ZIP 2017, 829, dazu EWiR 2017, 247 *(Mankowski)*; Koller/Lovrek/Spitzer-*Lind/Richter*, IO, Art. 6 EuInsVO Rz. 26.
187) *Prager/Ch. Keller*, WM 2015, 805, 807.
188) Mankowski/Müller/J. Schmidt-*Mankowski*, EuInsVO 2015, Art. 6 Rz. 26; K. Schmidt-*Brinkmann*, InsO, Art. 3 EuInsVO Rz. 59, jeweils m. w. N.; a. A. *Mock* in: BeckOK-InsO, Art. 6 EuInsVO Rz. 7a; *Prager/Ch. Keller*, WM 2015, 805, 807.
189) OLG Wien, Urt. v. 18.4.2008 – 4 R 20/08b, ZIK 2009/110, 67; *Koller* in: Konecny, Insolvenz-Forum 2017, S. 37, 44.
190) Vgl. für den Fall einer niederländischen „Peeters/Gatzen"-Klage EuGH, Urt. v. 6.2.2019 – Rs. C-535/17 (NK), ZIP 2019, 524, dazu EWiR 2019, 305 *(Schulz)*.
191) Mankowski/Müller/J. Schmidt-*Mankowski*, EuInsVO 2015, Art. 6 Rz. 13.
192) Mankowski/Müller/J. Schmidt-*Mankowski*, EuInsVO 2015, Art. 6 Rz. 15 m. w. N.

# Artikel 6

Zuständigkeit für Klagen

- Der **Streit über Masseverbindlichkeiten** stellt in der Regel keine Annexklage dar.[193]
- **Klagen gegen die Kündigung von Arbeitsverhältnissen** durch einen Insolvenzverwalter sind auch dann keine Annexklagen, wenn den Kündigungen insolvenzrechtliche Erleichterungen (§§ 113, 125 InsO) zugrunde lagen.[194]
- Die **Haftungsklage wegen unlauteren Wettbewerbs** gegen den Übernehmer eines insolventen Betriebs ist nicht insolvenznah.[195]
- Eine **Gläubigeranfechtungsklage** außerhalb eines Insolvenzverfahrens dient dem Eigeninteresse des Gläubigers und ist daher eine „Zivil- und Handelssache" i. S. von Art. 1 Abs. 1 EuGVVO.[196]
- Das **Rechtsmittelverfahren** gegen die Festsetzung einer vorinsolvenzlichen **Steuerforderung im Niederlassungsstaat** ist von der Zuständigkeitsregel des Art. 6 Abs. 1 nicht erfasst.[197]

### 3. Sonstige Anforderungen

61  Soweit Art. 6 den **Begriff der „Klage"** verwendet, ist damit nicht notwendigerweise eine förmliche Klage in einem kontradiktorischen Verfahren gemeint, sondern allgemein ein **gerichtliches Vorgehen mit Rechtsprechungscharakter**, z. B. auch ein Antrag auf Erlass eines Mahnbescheids[198] oder Verfahren der freiwilligen Gerichtsbarkeit.[199] Dies ergibt sich auch daraus, dass die englische und französische Fassung der Vorschrift den weiteren Begriff „action" verwenden.[200]

---

193) *Guski*, ZIP 2018, 2395, 2401; Mankowski/Müller/J. Schmidt-*Mankowski*, EuInsVO 2015, Art. 6 Rz. 15 m. w. N. Differenzierend *Thole* in: MünchKomm-InsO, Art. 3 EuInsVO 2000 Rz. 127.

194) BAG, Urt. v. 20.9.2012 – 6 AZR 253/11 (Nortel Group), ZIP 2012, 2312, dazu EWiR 2013, 49 *(Knof/Stütze)*.

195) EuGH 9.11.2017 – Rs. C-641/16 (Tünkers), ZIP 2017, 2275, dazu EWiR 2017, 737 *(J. Schmidt)*. *Mock* in: BeckOK-InsO, Art. 6 EuInsVO Rz. 9, hält dies für erweiterungsfähig auf wettbewerbsrechtliche Streitigkeiten mit dem Insolvenzverwalter.

196) EuGH 4.10.2018 – Rs. C-337/17 (Feniks), ZIP 2018, 142, dazu EWiR 2018, 701 *(Mankowski)*.

197) In EuGH, Urt. v. 9.11.2016 – Rs. C-212/15 (ENEFI), ZIP 2017, 26, dazu EWiR 2016, 533 *(Schulz)* ging es nur darum, ob Steuerforderungen im Niederlassungsstaat den Beschränkungen der lex concursus des Eröffnungsstaats unterliegen. Die Zuständigkeit der Gerichte des Niederlassungsstaats für den Rechtsbehelf gegen einen Steuerbescheid wird aber mit keinem Wort thematisiert und somit unterstellt. Aufgrund der Besonderheiten des steuerlichen Festsetzungsverfahrens ist es auch sinnvoll, die Zuständigkeit hierfür im Staat der Besteuerung zu belassen. Demgemäß nahmen auch die Entwürfe für ein europäisches Konkursabkommen bzw. -übereinkommen (s. Rz. 4) Steuerforderungen und vergleichbare Forderungen von den Annexverfahren aus.

198) Vgl. für die EuGVVO OLG Zweibrücken, Beschl. v. 25.1.2006 – 3 W 239/05, RIW 2006, 709.

199) Vgl. *Kindler*, KTS 2014, 25, 34 f.; Mankowski/Müller/J. Schmidt-*Mankowski*, EuInsVO 2015, Art. 6 Rz. 9, jeweils m. w. N.; Koller/Lovrek/Spitzer-*Lind/Richter*, IO, Art. 6 EuInsVO Rz. 12.

200) Vgl. zur Berücksichtigung der Mehrsprachigkeit bei der Auslegung der Verordnung *Moss/Fletcher/Isaacs*, The EU Regulation on Insolvency Proceedings, Rz. 2.24 ff.

Fraglich ist, inwiefern es zur Begründung der Zuständigkeit nach Art. 6 einer expliziten Berufung auf die **insolvenzspezifische Natur** der „Klage" bedarf.[201)] So ist etwa die Ausübung der Insolvenzanfechtung im deutschen Insolvenzrecht kein Gestaltungsrecht, sondern nur die Geltendmachung der Rechtsfolgen aus der Anfechtbarkeit.[202)] Es genügt, dass das Klagebegehren und der vorgetragene Sachverhalt die Prüfung der Anfechtungstatbestände ermöglichen; der Verwalter muss keine Anfechtungsnorm nennen, sondern das Gericht hat diese von sich aus zu prüfen.[203)] Da weder Art. 6, noch ErwG 35 Anforderungen zu entnehmen sind, die über das hinausgehen, was zur Geltendmachung des insolvenzspezifischen Anspruchs nach der gemäß Art. 7 anwendbaren lex concursus erforderlich ist, richtet sich ausschließlich nach ihr der Umfang dessen, welche Erklärungen und welcher Vortrag erforderlich ist. Allerdings liegt es im eigenen Interesse desjenigen, der die Zuständigkeit nach Art. 6 in Anspruch nehmen will, die insolvenzspezifische Natur des Verfahrens darzulegen, um die **inhaltliche (Vor-)Prüfung durch das Gericht zu ermöglichen**, die für die Feststellung der internationalen Zuständigkeit notwendig ist.[204)]

62

## X. Zusammenhängende Klagen (Art. 6 Abs. 2 und Abs. 3)

### 1. Systematik

Wie zwischenzeitlich vom EuGH entschieden,[205)] ergibt sich aus Art. 6 Abs. 1 kein Wahlgerichtsstand, so dass die internationale Zuständigkeit für isolierte Annexklagen grundsätzlich nur im Staat der Eröffnung des Insolvenzverfahrens besteht (siehe Rz. 52 ff.). Art. 6 Abs. 2 schafft hiervon in zweifacher Hinsicht Ausnahmen, die dem Verwalter (oder eigenverwaltenden Schuldner) i. S. eines **Opt-out von der Annexzuständigkeit** im Interesse von Flexibilität und Effizienz (ErwG 35 Satz 4) unter bestimmten Voraussetzungen die Wahl eines anderen internationalen Gerichtsstands ermöglichen, also ein **prozessuales Forum Shopping.**

63

Art. 6 Abs. 2 begründet in seiner ersten Alternative einen **Wahlgerichtsstand des Sachzusammenhangs**[206)] für den Fall, dass eine Annexklage im Zusammenhang steht mit einer anderen zivil- oder handelsrechtlichen Klage **gegen denselben Beklagten**. Eröffnet dessen Wohnsitz eine Zuständigkeit nach der EuGVVO in einem anderen Mitgliedstaat, so kann der Verwalter wahlweise dort auch die Annexklage erheben.

64

---

201) Diese Frage wirft insbesondere die Entscheidung auf, nach der die im Prozess vom Verwalter eingewandte Unwirksamkeit einer Aufrechnung nach § 96 Abs. 1 Nr. 3 InsO keine hinreichende Insolvenznähe begründet: BGH, Urt. v. 16.9.2015 – VIII ZR 17/15, ZIP 2015, 2192 = NZI 2015, 1033, m. Anm. *Mankowski*. Vgl. dazu auch *Smid* in: FS Vallender, S. 585, 609; Mankowski/Müller/J. Schmidt-*Mankowski*, EuInsVO 2015, Art. 6 Rz. 12.
202) *Kayser* in: MünchKomm-InsO, § 129 Rz. 194 m. w. N.
203) BGH, Urt. v. 20.3.1997 – IX ZR 71/96, BGHZ 135, 140 = ZIP 1997, 737, dazu EWiR 1997, 943 *(Henckel)*; Jaeger-*Henckel*, InsO, § 143 Rz. 175.
204) Vgl. *Smid* in: FS Vallender, S. 585, 609 f.
205) EuGH, Urt. v. 14.11.2018 – Rs. C-296/17 (Wiemer & Trachte), ZIP 2018, 2327, dazu EWiR 2019, 19 *(Brinkmann/Kleindiek)*.
206) *Kindler/Wendland*, RIW 2018, 245, 252; *Thole/Swierczok*, ZIP 2013, 550, 553; Mankowski/Müller/J. Schmidt-*Mankowski*, EuInsVO 2015, Art. 6 Rz. 34.

65 Die zweite Alternative von Art. 6 Abs. 2 eröffnet als Erweiterung der ersten, d. h. bei bestehendem **Sachzusammenhang**, einen oder mehrere **zusätzliche Wahlgerichtsstände der Streitgenossenschaft**[207] für den Fall, dass sich die Annexklage und die mit ihr zusammenhängende Klage **gegen mehrere Beklagte** richten, die nach ihrem Wohnsitz-Gerichtsstand sonst in unterschiedlichen Jurisdiktionen verklagt werden müssten. Die Verbindung der zusammenhängenden Klage mit der Annexklage ermöglicht dem Verwalter nicht nur in Bezug auf diese eine Abweichung von der Zuständigkeit des Art. 6 Abs. 1, sondern bzgl. aller Beklagten bis auf einen „**Ankerbeklagten**"[208] auch eine Abweichung von der Zuständigkeit, die ansonsten jeweils für die zivil- oder handelsrechtliche Klage bestünde.

66 Die Möglichkeit, die Annexklage zum abweichenden Gerichtsstand einer mit ihr zusammenhängenden Klage zu „ziehen", besteht in umgekehrter Konstellation nicht. Nur die zusammenhängende Klage mit **Gerichtsstand nach der EuGVVO löst die Konzentrationsoption aus**.

67 Besteht nur eine **teilweise Identität der Beklagten** in den Annexklagen und den zusammenhängenden Klagen, kann die Möglichkeit der Zuständigkeitskonzentration in Art. 6 Abs. 2 nur im Verhältnis zu denjenigen Annexbeklagten bejaht werden, gegen die sich auch eine zusammenhängende Klage richtet.

68 Ob er von der Möglichkeit der Verfahrenskonzentration Gebrauch macht, steht im **Ermessen des Verwalters**, wie sich aus ErwG 35 Satz 4 ergibt („... wenn er sich ... einen Effizienzgewinn verspricht.").[209] Eine Verpflichtung zur Verfahrensverbindung besteht weder hinsichtlich der Annex- und der mit ihr zusammenhängenden Klage, noch ggf. hinsichtlich mehrerer Beklagter. Der Verwalter ist – i. R. pflichtgemäßen Ermessens i. S. des Insolvenzzwecks – auch frei in der **Auswahl des Ankerbeklagten**.[210]

69 Der Begriff der zusammenhängenden Verfahren und das Modell der Konzentration von Klagen gegen mehrere Beklagte haben **Vorbilder in Art. 8 Nr. 1 und Art. 30 Abs. 3 EuGVVO**, weshalb zur Auslegung auf die Rechtsprechung und Literatur zu diesen Vorschriften zurückgegriffen werden kann.[211]

### 2. Voraussetzungen der Gerichtsstandswahl

#### a) Zivil- oder handelsrechtlicher Aktivanspruch

70 Die Wahlmöglichkeiten des Art. 6 Abs. 2 stehen nur dem Verwalter oder eigenverwaltenden Schuldner zur Verfügung, setzen also die **aktive gerichtliche Geltend-**

---

207) Mankowski/Müller/J. Schmidt-*Mankowski*, EuInsVO 2015, Art. 6 Rz. 38; Koller/Lovrek/Spitzer-*Lind/Richter*, IO, Art. 6 EuInsVO Rz. 28.
208) Zum Begriff *Würdinger*, ZZP Int 12 (2007), 221 (Urteilsanm.).
209) *Kindler/Wendland*, RIW 2018, 245, 252; Mankowski/Müller/J. Schmidt-*Mankowski*, EuInsVO 2015, Art. 6 Rz. 35, jeweils m. w. N.; Koller/Lovrek/Spitzer-*Lind/Richter*, IO, Art. 6 EuInsVO Rz. 28.
210) *Kindler/Wendland*, RIW 2018, 245, 253; Mankowski/Müller/J. Schmidt-*Mankowski*, EuInsVO 2015, Art. 6 Rz. 38.
211) *Kindler/Wendland*, RIW 2018, 245, 253; *Thole* in: MünchKomm-InsO, Art. 6 EuInsVO 2015 Rz. 11 f.; Mankowski/Müller/J. Schmidt-*Mankowski*, EuInsVO 2015, Art. 6 Rz. 37; *Moss/Fletcher/Isaacs*, The EU Regulation on Insolvency Proceedings, (RR) Art. 6 Rz. 8.589.

machung von **Ansprüchen der Insolvenzmasse** hinsichtlich der Annexklage, wie auch der mit ihr zusammenhängenden Klage voraus (siehe Rz. 36).[212]

Die **zusammenhängende Klage** darf selbst nicht die Voraussetzungen eines Annexverfahrens i. S. von Art. 6 Abs. 1 erfüllen, weil sie sonst auch dessen vorrangigem Zuständigkeitsregime unterläge. Es muss sich um eine **nicht insolvenzspezifische zivil- oder handelsrechtliche Klage** handeln. ErwG 35 Satz 5 nennt beispielhaft gesellschafts- oder deliktsrechtliche Klagen gegen Geschäftsführer. Diesbezüglich ist auf Art. 1 Abs. 1 EuGVVO zurückzugreifen, weil nur Klagen, die dem Anwendungsbereich der EuGVVO unterliegen, die Wahlgerichtsstände eröffnen. Der Begriff „Zivil- und Handelssachen" gemäß Art. 1 EuGVVO ist **autonom auszulegen**.[213] Erfasst sind von Art. 1 EuGVVO z. B. gesellschaftsrechtliche Streitigkeiten, Ansprüche aus Konzernhaftung, Kartellsachen, Streitigkeiten des gewerblichen Rechtsschutzes und des Urheberrechts sowie Patentverletzungsstreitigkeiten.[214] Nicht alle Bereiche werden sich indes für die in Art. 6 Abs. 3 definierte Konnexität zur Annexklage eignen (siehe Rz. 77 ff.). Für die Einordnung unerheblich ist die Gerichtsbarkeit, vor der der Rechtsstreit geführt wird, so dass auch Verfahren der freiwilligen Gerichtsbarkeit dem Anwendungsbereich unterfallen können.[215]

71

### b) Gerichtsstand des/eines Beklagten

Der für die Klageverbindung vorausgesetzte **Wohnsitzgerichtsstand des Beklagten** (zum „Wohnsitz" siehe Rz. 41) nach der EuGVVO in einem Mitgliedstaat muss nur für die mit der Annexklage **zusammenhängende Klage** bestehen, nicht für die Annexklage selbst, weil diese ja der Zuständigkeit nach Art. 6 Abs. 1 unterliegt.[216]

72

Die Wahlmöglichkeit des Art. 6 Abs. 2 wird nur ausgelöst, wenn kumulativ zum einen ein Beklagtenwohnsitz in einem Mitgliedstaat besteht und zum anderen die dortigen Gerichte nach der EuGVVO international zuständig sind für die zusammenhängende Klage. Die **besonderen Gerichtsstände der EuGVVO**, die nicht an den Wohnsitz anknüpfen, begründen demgemäß, soweit sie zu einer vom Wohnsitzstaat abweichenden Zuständigkeit führen würden, nicht die Wahlmöglichkeit

73

---

212) *Thole*, ZEuP 2014, 39, 61; Mankowski/Müller/J. Schmidt-*Mankowski*, EuInsVO 2015, Art. 6 Rz. 34; Koller/Lovrek/Spitzer-*Lind/Richter*, IO, Art. 6 EuInsVO Rz. 29 f. m. w. N. A. A. *Kindler/Wendland*, RIW 2018, 245, 252, die Art. 6 Abs. 2 unter Verweis auf eine EuGH-Entscheidung zu „Torpedoklagen" (EuGH, Urt. v. 25.10.2012 – Rs. C-133/11 (Folien Fischer), NJW 2013, 287) auch auf negative Feststellungsklagen des natürlichen Beklagten anwenden wollen. Dies würde indes dem „Torpedokläger" ermöglichen, den Annexgerichtsstand nach Art. 6 Abs. 1 auszuhebeln und eine isolierte Annexklage zu vereiteln, was nicht Sinn von Art. 6 Abs. 2 sein kann.

213) Vgl. EuGH, Urt. v. 14.10.1976 – Rs. 29/76 (Eurocontrol), NJW 1977, 489; EuGH, Urt. v. 15.5.2003 – Rs. C-266/01 (Présevatrice foncière TIARD), Slg. 2003, I-4867 = IPRax 2003, 528, 529.

214) Musielak/Voit-*Stadler*, ZPO, Art. 1 EuGVVO n. F. Rz. 1 m. w. N.

215) Musielak/Voit-*Stadler*, ZPO, Art. 1 EuGVVO n. F. Rz. 1 m. Hinweis auf EuGH, Urt. v. 3.10.2013 – Rs. C-386/12 (Schneider), FamRZ 2013, 1873.

216) Vgl. *Thole* in: MünchKomm-InsO, Art. 6 EuInsVO 2015 Rz. 8.

des Art. 6 Abs. 2.²¹⁷⁾ Auch die **ausschließlichen Zuständigkeiten** nach Art. 24 EuGVVO sind zu beachten, soweit sich entsprechende Klagen überhaupt für die erforderliche Konnexität eignen (siehe Rz. 77 ff.). Führt ein Gerichtsstand nach der EuGVVO aber in den Wohnsitzstaat des Beklagten, kann die Art des Gerichtsstands keine Rolle spielen. Unter dieser Voraussetzung können daher auch **Gerichtsstandsvereinbarungen und rügelose Einlassung nach Maßgabe der Artt. 25, 26 EuGVVO** zuständigkeitsbegründend und wahlrechtsauslösend wirken.²¹⁸⁾

74 Demgegenüber fallen **Schiedsvereinbarungen** gemäß Art. 1 Abs. 2 lit. d EuGVVO nicht in den Anwendungsbereich der EuGVVO und eignen sich daher nicht als Auslöser für eine Gerichtsstandswahl nach Art. 6 Abs. 2.

75 Im Fall der **Klagenkonzentration gegen mehrere Beklagte** ist dem Wortlaut von Art. 6 Abs. 2 und ErwG 35 nicht zu entnehmen, ob nur der Ankerbeklagte oder jeder einzubeziehende Beklagte einen Wohnsitzgerichtsstand nach der EuGVVO in einem Mitgliedstaat haben muss. Daher stellt sich insbesondere die Frage der **Einbeziehung von Beklagten in Drittstaaten**. Teilweise wird diese Möglichkeit bejaht.²¹⁹⁾ Zu Art. 8 EuGVVO, der eine parallele Problematik aufweist, ist die Frage umstritten.²²⁰⁾ Im Bereich der EuInsVO sehen sich Beklagte in Drittstaaten ohnehin dem Risiko ausgesetzt, dass die Annexklage nicht an ihrem Wohnsitzgerichtsstand erhoben wird (siehe Rz. 38).²²¹⁾ Wenn die Annexklage (auch) an einem Wahlgerichtsstand erhoben werden kann, erhöht dies einerseits das Risiko des Beklagten nicht wesentlich, entspricht andererseits aber dem Effizienzgedanken von Art. 6 Abs. 2.²²²⁾ Auch wird vermieden, dass Beklagte sich dem Risiko gemeinsamer Inanspruchnahme durch bloße Wohnsitzverlegung entziehen können. Folglich ist bei einer Klagenkonzentration gegen mehrere Beklagte die Einbeziehung auch von Beklagten zu bejahen, die nicht die Voraussetzungen eines Ankerbeklagten erfüllen.

76 Da dem Wortlaut von Art. 6 Abs. 2 nichts Gegenteiliges zu entnehmen ist, kann **Ankerbeklagter** auch ein Beklagter sein, der seinen Wohnsitz und Gerichtsstand nach der EuGVVO **im Mitgliedstaat der Eröffnung des Insolvenzverfahrens** hat.²²³⁾ Dies ermöglicht eine Verfahrenskonzentration gegen mehrere Beklagte am ursprüng-

---

217) Insoweit übereinstimmend *Thole/Swierczok*, ZIP 2013, 550, 553; *Schneider* in: Nunner-Krautgasser/Garber/Jaufer, Grenzüberschreitende Insolvenzen, S. 110; Koller/Lovrek/Spitzer-*Lind/Richter*, IO, Art. 6 EuInsVO Rz. 32.
218) So wohl auch *Schneider* in: Nunner-Krautgasser/Garber/Jaufer, Grenzüberschreitende Insolvenzen, S. 112 m. Fn. 86; Koller/Lovrek/Spitzer-*Lind/Richter*, IO, Art. 6 EuInsVO Rz. 32 m. Fn. 128.
219) *Schneider* in: Nunner-Krautgasser/Garber/Jaufer, Grenzüberschreitende Insolvenzen, S. 111 m. Fn. 83; Koller/Lovrek/Spitzer-*Lind/Richter*, IO, Art. 6 EuInsVO Rz. 33; a. A. *Paulus*, EuInsVO, Art. 6 Rz. 20.
220) **Abl.** Musielak/Voit-*Stadler*, ZPO, Art. 8 EuGVVO n. F. Rz. 5; **befürwortend** Geimer/Schütze-*Geimer*, EuZVR, Art. 6 EuGVVO Rz. 4 ff., jeweils m. w. N. Ob eine der Ansichten als h. M. bezeichnet werden kann, ist zweifelhaft.
221) Vgl. EuGH, Urt. v. 16.1.2014 – Rs. C-328/12 (Schmid), ZIP 2014, 85.
222) Vgl. dazu Wimmer/Bornemann-*Lienau*, Die Neufassung der EuInsVO, Rz. 283.
223) Dies folgt zusätzlich daraus, dass die EuGVVO auch auf reine Inlandsfälle anwendbar ist, vgl. Geimer/Schütze-*Geimer*, EuZVR, Art. 2 EuGVVO Rz. 101 ff. m. w. N.

lichen Gerichtsstand der Annexklage, also im Staat der Eröffnung des Insolvenzverfahrens, und dient wiederum der Effizienz.

c) Konnexität der Klagen (Art. 6 Abs. 3)

Das Erfordernis des **Sachzusammenhangs** zwischen der Annexklage und der anderen zivil- oder handelsrechtlichen Klage gemäß Art. 6 Abs. 2 erläutert Absatz 3 fast wörtlich so wie in Art. 8 Nr. 1 und Art. 30 Abs. 3 EuGVVO, weshalb deren Auslegung nach verbreiteter Auffassung herangezogen werden kann.[224] Zu bedenken ist allerdings, dass diesen Bestimmungen nicht in gleicher Weise die gesetzgeberische Intention einer Privilegierung des Klägers aus Effizienzgesichtspunkten zugrunde liegt, wie bei Art. 6 Abs. 2. Dessen Auslegung gebietet daher im Zweifel einen **weniger strengen Maßstab**. Insbesondere kann die Konnexität nicht allein deshalb verneint werden, weil die insolvenzspezifische und die verbundene Klage – naturgemäß – unterschiedliche Ausgangspunkte haben.[225]

Der Begriff des „Zusammenhangs" ist **autonom** zu bestimmen,[226] wobei die Umschreibung der einfachen Streitgenossenschaft in § 60 ZPO einen Anhaltspunkt geben kann.[227] Gemäß dem Beispiel in ErwG 35 Satz 5 wäre bei einer Geltendmachung der Geschäftsführerhaftung nach § 64 GmbHG[228] einerseits und nach § 823 Abs. 2 BGB i. V. m. § 15a InsO[229] andererseits der erforderliche Zusammenhang zu bejahen. Allgemein wird ein Sachzusammenhang bejaht, wenn Klagen **im Wesentlichen tatsächlich oder rechtlich gleichartig** sind, wofür die Gleichartigkeit des rechtlichen Grundes ausreichend[230], aber nicht zwingend erforderlich ist.[231] Ein hinreichender Zusammenhang liegt auch dann vor, wenn zwei Ansprüche von

---

224) Vgl. *Kindler/Wendland*, RIW 2018, 245, 252; *Schneider* in: Nunner-Krautgasser/Garber/Jaufer, Grenzüberschreitende Insolvenzen, S. 107 m. w. N.; *Thole* in: MünchKomm-InsO, Art. 6 EuInsVO 2015 Rz. 12; Mankowski/Müller/J. Schmidt-*Mankowski*, EuInsVO 2015, Art. 6 Rz. 43; *Moss/Fletcher/Isaacs*, The EU Regulation on Insolvency Proceedings, (RR) Art. 6 Rz. 8.589; Koller/Lovrek/Spitzer-*Lind/Richter*, IO, Art. 6 EuInsVO Rz. 36.
225) *Thole* in: MünchKomm-InsO, Art. 6 EuInsVO 2015 Rz. 12.
226) Vgl. *Kindler/Wendland*, RIW 2018, 245, 252; *Paulus*, EuInsVO, Art. 6 Rz. 16; *Thole* in: MünchKomm-InsO, Art. 6 EuInsVO 2015 Rz. 12; zur Vorgängerregelung der EuGVVO vgl. EuGH, Urt. v. 27.9.1988 – Rs. 189/87 (Kalfelis), NJW 1988, 3088; BAG, Urt. v. 23.1.2008 – 5 AZR 60/07, NJW 2008, 2797, 2799.
227) Vgl. Musielak/Voit-*Stadler*, ZPO, Art. 8 EuGVVO n. F. Rz. 3 m. w. N.
228) Zur Qualifizierung als Annexklage i. S. von Art. 6 Abs. 1 EuInsVO vgl. EuGH, Urt. v. 4.12.2014 – Rs. C-295/13 (H) ZIP 2015, 196 = EuZW 2015, 141, m. Anm. *Kindler*; EuGH, Urt. v. 10.12.2015 – Rs. C-594/14 (Kornhaas), ZIP 2015, 2468; *Mankowski*, NZG 2016, 281; *Prager/Ch. Keller*, WM 2015, 805, 807 m. w. N.
229) Zur Qualifizierung als nicht insolvenzspezifische Klage vgl. EuGH, Urt. v. 18.7.2013 – Rs. C-147/12 (ÖFAB), ZIP 2013, 1932, dazu *Freitag*, ZIP 2014, 302; differenzierend nach Alt- (ja) und Neugläubigerschaden (nein) K. Schmidt-*Brinkmann*, InsO, Art. 3 EuInsVO Rz. 48 m. w. N.
230) Vgl. Geimer/Schütze-*Geimer*, EuZVR, Art. 6 EuGVVO Rz. 20; *Schneider* in: Nunner-Krautgasser/Garber/Jaufer, Grenzüberschreitende Insolvenzen, S. 107, jeweils m. w. N.; Koller/Lovrek/Spitzer-*Lind/Richter*, IO, Art. 6 EuInsVO Rz. 37.
231) Vgl. EuGH, Urt. v. 11.10.2007 – Rs. C-98/06 (Freeport/Arnoldsson), Rz. 53, IPRax 2008, 253, dazu EWiR 2007, 749 (*Knöfel*); Geimer/Schütze-*Geimer*, EuZVR, Art. 6 EuGVVO Rz. 19 m. w. N.; Koller/Lovrek/Spitzer-*Lind/Richter*, IO, Art. 6 EuInsVO Rz. 37.

einer **gemeinsamen Vorfrage** abhängen.[232] Die Gefahr widersprechender Entscheidungen erfordert **weder Parteienidentität noch Rechtskrafterstreckung.** Ebenso wenig müssen sich die Rechtsfolgen der beiden Entscheidungen gegenseitig ausschließen.[233]

79 Zur EuGVVO hat der EuGH als Erfordernis für die Verbindung von Klagen gegen mehrere Beklagte auch schon als Konnexitätskriterium erachtet, inwieweit es aufgrund gemeinsamen Agierens für die Beklagten **vorhersehbar** war, **gemeinsam verklagt zu werden.**[234] Ein notwendiges Kriterium dürfte dies für Kombinationsklagen nach Art. 6 Abs. 2 gegen mehrere Beklagte nicht sein, liegt es aber vor, spricht es für den Zusammenhang.

d) Verbindung der Klagen

80 Die teils vertretene Ansicht, dass die Anwendbarkeit von Art. 6 Abs. 2 stets die Erhebung zweier getrennter Klagen erfordere,[235] ist durch den Wortlaut der Vorschrift nicht gedeckt, insbesondere aufgrund des gebotenen weiten Verständnisses des Begriffs „Klage" (siehe Rz. 61). Die nach Art. 6 Abs. 3 anzustrebende gemeinsame Verhandlung und Entscheidung von zwei oder mehreren isoliert erhobenen Klagen würde schon auf praktische Schwierigkeiten stoßen. Richtigerweise ist eine **kombinierte Erhebung der verbundenen Klagen** geboten,[236] im Idealfall in Gestalt einer kumulativen Klagenhäufung[237] gegenüber einem Beklagten sowie ggf. einer zusätzlichen subjektiven Klagenhäufung[238] bei mehreren Beklagten.

81 Die Gerichtsstandswahl nach Art. 6 Abs. 2 ist allerdings nicht ausgeschlossen, wenn die Annexklage und die mit ihr zusammenhängende Klage nicht zeitgleich erhoben werden. Vielmehr spricht nichts dagegen, wie im Anwendungsbereich von Art. 8 Nr. 1 EuGVVO[239] eine **gestaffelte Klageerhebung** zuzulassen. Zur Inanspruchnahme des Wahlgerichtsstands muss dann nur die – ohnehin auch isoliert mögliche – Klage zuerst erhoben worden sein, die die internationale Zuständigkeit nach der EuGVVO begründet, damit die Annexklage i. S. von Art. 6 Abs. 1 und ggf. die Klagen gegen weitere Beklagte nachgezogen werden können. Unbeschadet einer ggf. nach der EuGVVO möglichen Zuständigkeitskonzentration kommt eine solche aller-

---

232) Vgl. *Thole* in: MünchKomm-InsO, Art. 6 EuInsVO 2015 Rz. 12; *Schneider* in: Nunner-Krautgasser/Garber/Jaufer, Grenzüberschreitende Insolvenzen, S. 107 m. w. N.
233) Vgl. *Schneider* in: Nunner-Krautgasser/Garber/Jaufer, Grenzüberschreitende Insolvenzen, S. 107 f. m. w. N.
234) EuGH, Urt. v. 1.12.2011 – Rs. C-145/10 (Painer), EuZW 2012, 182, 185; Musielak/Voit-*Stadler*, ZPO, Art. 8 EuGVVO n. F. Rz. 3 m. w. N.; a. A. *Lund*, RIW 2012, 377, 379.
235) Vgl. *Schneider* in: Nunner-Krautgasser/Garber/Jaufer, Grenzüberschreitende Insolvenzen, S. 108.
236) Vgl. Mankowski/Müller/J. Schmidt-*Mankowski*, EuInsVO 2015, Art. 6 Rz. 34 m. w. N.; Koller/Lovrek/Spitzer-*Lind*/*Richter*, IO, Art. 6 EuInsVO Rz. 38. Strenger wohl *Kindler*/ *Wendland*, RIW 2018, 245, 252 m. w. N., die nur eine Klagehäufung zulassen wollen, daraus resultierende Probleme (s. Rz. 49 und R. 82 ff.) aber nicht thematisieren.
237) Zum Begriff *Becker-Eberhard* in: MünchKomm-ZPO, § 260 Rz. 4 f.
238) Zum Begriff *Becker-Eberhard* in: MünchKomm-ZPO, § 260 Rz. 7.
239) Vgl. Musielak/Voit-*Stadler*, ZPO, Art. 8 EuGVVO n. F. Rz. 2; Geimer/Schütze-*Geimer*, EuZVR, Art. 6 EuGVVO Rz. 24, mit dem Hinweis, dass das nationale Recht bestimmt, bis zu welchem Zeitpunkt eine solche Klageerweiterung möglich ist.

dings gegen mehrere Beklagte unter Inanspruchnahme von Art. 6 Abs. 2 nur mit gleichzeitig verbundener Annexklage in Betracht, da sonst die EuInsVO nicht anwendbar ist.

### 3. Problemkonstellationen

#### a) Gesplittete Prozessführungsbefugnis

Die Wahlmöglichkeiten des Art. 6 Abs. 2 stehen nach dessen Unterabsatz 2 im Fall der Eigenverwaltung dem Schuldner zu, soweit dieser nach nationalem Recht für die Insolvenzmasse klagen kann. Letzteres ist nach deutschem Recht der Fall, allerdings weist § 280 InsO bestimmte – tendenziell insolvenzspezifische – Klagen dem Zuständigkeitsbereich des Sachwalters zu, womit die Prozessführungsbefugnis für nach Art. 6 Abs. 2 zu verbindende Klagen gesplittet ist. Da es sich zum einen um Klagen für dieselbe Insolvenzmasse handelt und zum anderen die Gründe und Zweckmäßigkeit einer Verbindung unverändert bleiben, müssen die **Wahlmöglichkeiten** des Art. 6 Abs. 2 **auch in dieser Konstellation** bestehen. 82

Fraglich ist allerdings die praktische Umsetzung. Eine Streitgenossenschaft auf Klägerseite kommt in Betracht, wenn man deren Zulässigkeit aus Zweckmäßigkeitserwägungen weit auslegt.[240] Dies dürfte aber nicht in jedem Prozessstaat hinreichend sicher gewährleistet sein. Vorzugswürdig ist daher eine **Übertragung der Prozessführungsbefugnis an den Sachwalter** auch für die nicht von § 280 InsO erfassten Ansprüche, die geltend zu machen sind. Eine umgekehrte Übertragung der von § 280 InsO erfassten Ansprüche an den Schuldner würde den Einwand eines Interessenkonflikts provozieren, dem § 280 InsO gerade vorbeugen will.[241] Die Übertragung erfolgt **durch den Schuldner**, schon weil die Zulässigkeit einer Übertragung (nur) durch das Gericht fraglich wäre.[242] Letzteres steht indes einer **deklaratorischen Bestätigung durch das Gericht** nicht entgegen, die für den Nachweis der Prozessführungsbefugnis im Ausland hilfreich sein kann. Entsprechendes gilt für die Zustimmung eines etwaigen Gläubigerausschusses. 83

#### b) Unzureichender Zusammenhang

Bei kombinierten Klagen gegen mehrere Beklagte gemäß dem jetzigen Art. 8 Nr. 1 EuGVVO hat das nationale Gericht nach der Rechtsprechung des EuGH in jedem Einzelfall anhand des gesamten Akteninhalts zu prüfen, ob zwischen den verschiedenen bei ihm anhängig gemachten Klagen ein Zusammenhang und damit die Gefahr besteht, dass in getrennten Verfahren widersprechende Entscheidungen ergehen.[243] Vorbehaltlich einer etwaigen Zuständigkeitsbegründung kraft rügeloser Einlassung (siehe Rz. 55) wird eine entsprechende **gerichtliche Prüfung** auch i. R. von Art. 6 Abs. 2 zu erfolgen haben. Verneint das Gericht einen hinreichenden Zusammenhang, weist es die Klage ab, die es nicht in seinem Zuständigkeitsbereich sieht. 84

---

240) Vgl. hierzu Musielak/Voit-*Weth*, ZPO, § 60 Rz. 7 m. w. N.
241) Vgl. nur Uhlenbruck-*Zipperer*, InsO, § 280 Rz. 1 m. w. N.
242) Insoweit wird die Ansicht vertreten, dass das Gericht nicht in die gesetzlich vorgesehene Aufgabenverteilung eingreifen darf, vgl. Uhlenbruck-*Zipperer*, InsO, § 274 Rz. 18 m. w. N.
243) EuGH, Urt. v. 1.12.2011 – Rs. C-145/10 (Painer), Rz. 83, EuZW 2012, 182, 185; Musielak/ Voit-*Stadler*, ZPO, Art. 8 EuGVVO n. F. Rz. 3.

Es besteht **keine Möglichkeit einer Verweisung** an das zuständige Gericht eines anderen Staats.[244)] Für den klagenden Verwalter birgt die Verfahrensverbindung nach Art. 6 Abs. 2 somit ein Risiko, insbesondere bei fristgebundenen Klagen.

c) Mängel der Ankerklage

85 Art. 6 und ErwG 35 geben keine Anhaltspunkte, ob und ggf. welche **Anforderungen an Zulässigkeit und Begründetheit der Ankerklage** erfüllt sein müssen, um den Anwendungsbereich von Art. 6 Abs. 2 zu eröffnen. Im Bereich des Art. 8 Nr. 1 EuGVVO muss bei Inanspruchnahme mehrerer Beklagter nach h. M. die Klage gegen den Ankerbeklagten für die Zuständigkeitsbegründung nicht begründet, aber schlüssig sein.[245)] Der EuGH ließ auch schon eine von vornherein unzulässige Klage als zuständigkeitsbegründend zu, allerdings mit dem Hinweis, dass dies nicht für eine Klage gelten würde, die allein zu dem Zweck gegen mehrere Beklagte erhoben wird, um einen von diesen der Zuständigkeit seines Wohnsitzstaats zu entziehen.[246)] In einer anderen Entscheidung ließ der Gerichtshof eine **Missbrauchsprüfung durch das angerufene Gericht** ausdrücklich zu.[247)]

86 **Grenze** der zulässigkeitsbegründenden Wirkung einer Ankerklage muss auch i. R. von Art. 6 Abs. 2 ein **Missbrauch zur Zuständigkeitserschleichung** sein, dessen Prüfung dem nationalen Gericht obliegt.[248)] Die Abgrenzung zu bloßen Qualitätsmängeln der Klage(-entscheidung) kann freilich im Einzelfall schwierig sein.

d) Abweichende Beendigung

87 Die kombinierte Erhebung einer Annexklage und einer mit dieser zusammenhängenden Klage führt auch bei gemeinsamer Geltendmachung in Gestalt einer kumulativen Klagenhäufung[249)] zu **mehreren Prozessrechtsverhältnissen**, bei denen eine abweichende Beendigung z. B. durch Anerkenntnis, Rücknahme, Teilurteil oder Vergleich möglich ist. Im Fall mehrerer Beklagter summieren sich die Prozessrechtsverhältnisse und die Möglichkeiten unterschiedlicher Beendigung der jeweiligen Rechtsstreite entsprechend. Insbesondere für den Fall **vorzeitiger Beendigung der zuständigkeitsbegründenden Annex- oder Ankerklage** stellt sich die Frage nach dem Schicksal der verbundenen Klagen.

88 Im Geltungsbereich der EuGVVO ist für die subjektive Klagenhäufung strittig, ob eine vorzeitige Beendigung der zuständigkeitsbegründenden Ankerklage durch

---

244) Musielak/Voit-*Stadler*, ZPO, Art. 27 EuGVVO n. F. Rz. 1 und Art. 28 n. F. Rz. 1; Geimer/Schütze-*Geimer*, EuZVR, Art. 25 EuGVVO Rz. 11 und Art. 27 Rz. 3, jeweils m. w. N.
245) Vgl. nur Musielak/Voit-*Stadler*, ZPO, Art. 8 EuGVVO n. F. Rz. 5; Geimer/Schütze-*Geimer*, EuZVR, Art. 6 EuGVVO Rz. 25 f. m. w. N.
246) EuGH, Urt. v. 13.7.2006 – Rs. C-103/05 (Reisch Montage Bau), Rz. 32, NJW-RR 2006, 1568; zur Kritik an dieser Entscheidung Musielak/Voit-*Stadler*, ZPO, Art. 8 EuGVVO n. F. Rz. 5 m. w. N.
247) EuGH, Urt. v. 21.5.2015 – Rs. C-352/13 (CDC Hydrogen Peroxide), Rz. 28 ff., ZIP 2015, 2043 = EuZW 2015, 584, m. Anm. *Harms/Sanner/Schmidt*, dazu EWiR 2015, 687 *(Mankowski)*.
248) Ebenso *Paulus*, EuInsVO, Art. 6 Rz. 22.
249) Zum Begriff *Becker-Eberhard* in: MünchKomm-ZPO, § 260 Rz. 4 f.

Klagerücknahme die Zuständigkeit für die weiteren Klagen entfallen lässt, oder ob der Kläger sich auf den perpetuatio-fori-Grundsatz berufen kann.[250]

Unter Berücksichtigung des – mehr als bei der EuGVVO (siehe Rz. 77) – auf Effizienz ausgerichteten Zwecks von Art. 6 Abs. 2, sollte auch in diesen Konstellationen die **Missbrauchsgrenze** gelten und ansonsten eine perpetuatio fori. 89

### e) Wohnsitzverlegung eines Beklagten

Im Anwendungsbereich der EuGVVO reicht es zur Begründung der internationalen Zuständigkeit deutscher Gerichte nach Art. 2 Abs. 1 EuGVVO aus, dass diese erst im Lauf des Rechtsstreits eingetreten ist. Die einmal begründete internationale Zuständigkeit des Gerichts bleibt auch dann erhalten, wenn die sie begründenden Umstände im Lauf des Rechtsstreits wegfallen.[251] 90

Übertragen auf die Zuständigkeiten nach Art. 6 Abs. 2 folgt daraus, dass es für dessen Anwendung genügt, wenn die **Wohnsitzzuständigkeit** (bzgl. des Ankerbeklagten) nach der EuGVVO **im Rechtsstreit eintritt**, und dass eine einmal begründete Zuständigkeit **erhalten bleibt**, wenn der Beklagte während des Rechtsstreits seinen Wohnsitz in einen anderen Staat verlegt. 91

### f) Anwendbares Recht für Annexklage

Soweit die Annexklage einen der in Art. 7 Abs. 2 aufgeführten Bereiche betrifft, bleibt die lex concursus des Staats, in dem das Insolvenzverfahren eröffnet wurde, auch dann anwendbar, wenn die Klage infolge der Gerichtsstandswahl in einem anderen Mitgliedstaat erhoben wird. Demgegenüber ist für **Klagegegenstände außerhalb des Katalogs von Art. 7 Abs. 2**, die gleichwohl insolvenzspezifisch i. S. von Art. 6 Abs. 1 sind, bei einem Forumswechsel die **Geltung der lex concursus nicht gewährleistet**.[252] 92

## XI. Parallelverfahren

Werden über das Vermögen eines Schuldners neben einem Haupt- auch ein oder mehrere Sekundärinsolvenzverfahren in unterschiedlichen Mitgliedstaaten eröffnet, kommt es regelmäßig zu **Kompetenzkonflikten**, insbesondere in Bezug auf Anfechtungsansprüche, deren Geltendmachung nach Art. 21 Abs. 2 Satz 2 einem Sekundärverwalter i. R. seiner territorialen Zuständigkeit zusteht, ohne dass jedoch immer eine klare Abgrenzung hinsichtlich der **Zugehörigkeit zur Haupt- oder Sekundärmasse** möglich ist.[253] Keinen Kompetenzkonflikt stellt insoweit allerdings eine anfechtbare Erhöhung der Passivmasse dar, die von jedem (Haupt- und 93

---

250) Für eine Fortdauer der Zuständigkeit Geimer/Schütze-*Geimer*, EuZVR, Art. 6 EuGVVO Rz. 27, 29; Musielak/Voit-*Stadler*, ZPO, Art. 8 EuGVVO n. F. Rz. 4, jeweils m. w. N. zur Gegenansicht.
251) BGH, Urt. v. 1.3.2011 – XI ZR 48/10, ZIP 2011, 833 = NJW 2011, 2515, dazu EWiR 2011, 311 *(Geimer)*; Musielak/Voit-*Stadler*, ZPO, Art. 8 EuGVVO n. F. Rz. 5 m. w. N.
252) Vgl. Bork/van Zwieten-*Ringe*, Commentary on the European Insolvency Regulation, Art. 6 Rz. 6.42, 6.48.
253) Vgl. nur *Oberhammer*, KTS 2008, 271; *Bierbach*, ZIP 2008, 2203; *Fehrenbach*, NZI 2015, 157; *Reisch* in: Konecny, Insolvenz-Forum 2005, 243, 265 f.

Sekundär-)Verwalter geltend gemacht werden kann.[254] Dies gilt natürlich nur, soweit die jeweilige lex concursus es zulässt, weshalb die Anfechtbarkeit in einem Verfahren keine Wirkung in Parallelverfahren entfaltet.

94 Bei **unstreitiger Zuordnung zur Sekundärmasse** stellt sich die Frage, welches Schicksal eine wegen eines insolvenzspezifischen Anspruchs **vom Hauptverwalter bereits erhobene Klage** mit der Eröffnung des Sekundärverfahrens nimmt. Nach dem Verständnis des BGH sind die Wirkungen eines Hauptinsolvenzverfahrens in Bezug auf einen zur Sekundärmasse gehörigen Anfechtungsanspruch für die Dauer des Sekundärverfahrens suspendiert.[255] Der mit Eröffnung des Sekundärverfahrens einhergehende Kompetenzwechsel hinsichtlich des streitbefangenen Anspruchs müsste danach konsequenterweise dazu führen, dass der Rechtsstreit **analog § 240 ZPO unterbrochen wird**,[256] bei Anhängigkeit im Ausland ggf. nach den entsprechenden dortigen Regeln.[257]

95 Bei **Aufnahme des Rechtsstreits durch den Sekundärverwalter**[258] kämen dann verschiedenen Konstellationen in Betracht: Ist der Rechtsstreit aufgrund Verbindung mit zusammenhängenden Klagen i. S. von Art. 6 Abs. 2, 3 **im Sekundärverfahrensstaat anhängig**, sind dessen Gerichte nach Art. 6 Abs. 1 ohnehin auch für die Klage des Sekundärverwalters zuständig. Für **verbundene Klagen**, bzgl. derer kein Kompetenzwechsel stattfindet, entspricht die Situation derjenigen einer vorzeitigen Beendigung der Ankerklage (siehe Rz. 87 ff.), so dass eine perpetuatio fori für den Hauptverwalter zu befürworten wäre, soweit die Zuständigkeit anderenfalls entfallen würde. Soweit auch für verbundene Klagen ein Kompetenzwechsel zum Sekundärverwalter stattfindet, ergäben sich keine Probleme, weil notwendigerweise für einen der Ankerbeklagten ein Wohnsitzgerichtsstand im Sekundärverfahrensstaat liegt. Ist der unterbrochene insolvenzspezifische Rechtsstreit **nicht im Sekundärverfahrensstaat anhängig**, bedürfte es für die fortdauernde Zuständigkeit des Gerichts über Art. 6 Abs. 2 einer zusammenhängenden Ankerklage, die den Kompetenzwechsel teilt, oder der Annahme einer perpetuatio fori zugunsten des Sekundärverwalters.

---

254) Vgl. *Fehrenbach*, NZI 2015, 157, 160. Dies übersieht *Reisch* in: Konecny, Insolvenz-Forum 2005, 243, 265 f. m. w. N.
255) BGH, Urt. v. 20.11.2014 – IX ZR 13/14, Rz. 9 f., ZIP 2015, 42, dazu EWiR 2015, 83 *(Paulus)*; differenzierter, aber im Ergebnis übereinstimmend *Fehrenbach*, NZI 2015, 157.
256) Dass die Eröffnung eines ausländischen Insolvenzverfahrens, bei dem die Prozessführungsbefugnis auf einen Insolvenzverwalter übergeht, die Wirkung des § 240 ZPO auslöst, entspricht allg. Auffassung, vgl. nur Musielak/Voit-*Stadler*, ZPO, § 240 Rz. 4; Saenger-*Wöstmann*, ZPO, § 240 Rz. 5 m. w. N.
257) Auf die Anwendbarkeit der lex fori processus weist *Thole* in: MünchKomm-InsO, Art. 18 EuInsVO 2000 Rz. 19, hin; er geht nach deutschem Recht aber von einer Erledigung, evtl. auch der Möglichkeit eines Parteiwechsels aus.
258) Für diese Lösung unter Berichtigung der Parteibezeichnung *Kodek/Reisch*, ZIK 2006, 182, 185; ebenso als das „geringste Übel" *Musger* in: Jaufer/Nunner-Krautgasser/Schummer, Unternehmenssanierung mit Auslandsbezug, S. 87, 108 (m. Darstellung weiterer Lösungsansätze); a. A. *Paulus*, EuInsVO, Art. 21 Rz. 24, und *Paulus*, ZInsO 2006, 295, 299, der meint, dass der Erstprozess einzustellen sei, wenn und soweit der Sekundärverwalter den fraglichen Gegenstand zur Sekundärmasse ziehen kann und will.

Bei all dem unberücksichtigt ist allerdings der Umstand, dass mit dem Kompetenzwechsel zum Sekundärverwalter auch ein **Wechsel der lex concursus** einhergeht,[259] wodurch die insolvenzspezifische Klage im Zweifel auf eine völlig neue Grundlage zu stellen wäre, was jedenfalls bei einem Kompetenzwechsel im Instanzenzug an prozessuale Grenzen stoßen dürfte. Selbst wenn man die Möglichkeit des notwendigen „Austauschs" der Klage bejaht, kann der Kompetenzwechsel die Angreifbarkeit der fraglichen Rechtshandlung erschweren, wenn die lex concursus des Sekundärverfahrens eine weniger effektive oder weitreichende Anspruchsgrundlage zur Verfügung stellt als die lex concursus des Hauptverfahrens. In keinem Fall darf die Problematik zu einer Begünstigung des insoweit nicht schutzwürdigen Anfechtungsgegners führen.[260]

96

Vor diesem Hintergrund ist der beschriebene **rechtliche Mechanismus des prozessualen Kompetenzwechsels abzulehnen**[261] und sollte zumindest praktisch vermieden werden, jedenfalls wenn sich die Angreifbarkeit der streitgegenständlichen Handlung(en) nicht nach der lex concursus des Sekundärverfahrens so deutlich besser darstellt, dass es das dargestellte Problem aufwiegt. Zur Vermeidung des Problems bietet sich der Abschluss einer **Verwaltervereinbarung** i. S. von ErwG 49 und Art. 41 Abs. 1 an, in welcher – unter Regelung der Erlösaufteilung – entweder der Sekundärverwalter dem Hauptverwalter die Fortsetzung des Rechtsstreits gestattet[262] oder der Hauptverwalter dem Sekundärverwalter „seinen" insolvenzspezifischen Klageanspruch zur Fortsetzung des Rechtsstreits abtritt.[263] Eine solche Abtretung beseitigt den Insolvenzbezug i. S. von Art. 6 Abs. 1 nicht, weil sie nicht an einen Dritten erfolgt, der ohne Rücksicht auf die Gläubigerinteressen den Anspruch nach freiem Ermessen und im Eigeninteresse weiterverfolgt.[264]

97

---

259) Zutreffend *Paulus*, ZInsO 2006, 295, 299. Zu den nationalen Unterschieden *Paulus*, EuInsVO, Art. 6 Rz. 4.
260) Ebenso *Paulus*, ZInsO 2006, 295, 299.
261) Als denkbare rechtliche Lösung könnte man davon auszugehen, dass mit der Klageerhebung durch den Hauptverwalter insolvenzspezifische Ansprüche bzgl. der streitgegenständlichen Rechtshandlung(en) der Sekundärmasse – jedenfalls für die Dauer des Rechtsstreits – entzogen sind. Mit Blick auf ErwG 46 wäre dann an einen internen Ausgleich zwischen den Massen im Umfang der Erfolgsaussicht zu denken, die eine Klage des Sekundärverwalters gehabt hätte.
262) Im Urteil v. 20.11.2014 (BGH, Urt. v. 20.11.2014 – IX ZR 13/14, ZIP 2015, 42) hatte der BGH offengelassen, ob bloße Untätigkeit des Sekundärverwalters die Suspendierung der Kompetenz des Hauptverwalters bereits beendet. Wenn die lex concursus dem Sekundärverwalter aber ermöglicht, dem Hauptverwalter den Vorrang einzuräumen, bestehen gegen die Wirksamkeit einer entsprechenden Verwaltervereinbarung keine Bedenken.
263) So auch *Reinhart* in: MünchKomm-InsO, Art. 13 EuInsVO 2000 Rz. 20; lassen die lex concursus und die lex fori processus dies zu, kann der Verwalter wirksam eine Einziehungsermächtigung erteilen und eine gewillkürte Prozessstandschaft vereinbaren, vgl. BGH, Urt. v. 24.2.1994 – VII ZR 34/93, ZIP 1994, 547 f., dazu EWiR 1994, 401 *(Hanisch)*.
264) Dies waren die wesentlichen Kriterien, mit denen der EuGH (EuGH, Urt. v. 19.4.2012 – Rs. C-213/10/F-Tex), ZIP 2012, 1049) den Wegfall der Insolvenznähe bei Abtretung begründete. Gegen eine Verallgemeinerungsfähigkeit dieser Entscheidung auch *Kindler/ Wendland*, RIW 2018, 245, 248.

98  Die Abtretung muss nach nationalem Recht zulässig sein,[265] ermöglicht dann aber auch, dass die Verwalter paralleler Haupt- und Sekundärverfahren i. R. einer Vereinbarung gemäß Art. 41 Abs. 1 ihre jeweiligen (potentiellen) insolvenzspezifischen Ansprüche in eine gemeinsame **Verwaltungstreuhand zur gebündelten Geltendmachung** durch einen der Verwalter als Treuhänder einbringen und damit auch die Möglichkeiten der Gerichtsstandswahl bündeln.[266]

---

265) In Österreich bejahte der OGH (OGH, Beschl. v. 17.06.2019 – 17 Ob 6/19k) erst jüngst gegen die bisherige h. L. die Abtretbarkeit von Anfechtungsansprüchen.

266) Hierzu näher *Hänel* in: Nunner-Krautgasser/Garber/Jaufer, Grenzüberschreitende Insolvenzen, S. 192 ff.

## Artikel 7
### Anwendbares Recht

(1) Soweit diese Verordnung nichts anderes bestimmt, gilt für das Insolvenzverfahren und seine Wirkungen das Insolvenzrecht des Mitgliedstaats, in dessen Hoheitsgebiet das Verfahren eröffnet wird (im Folgenden „Staat der Verfahrenseröffnung").

(2) ¹Das Recht des Staates der Verfahrenseröffnung regelt, unter welchen Voraussetzungen das Insolvenzverfahren eröffnet wird und wie es durchzuführen und zu beenden ist. ²Es regelt insbesondere:

a) bei welcher Art von Schuldnern ein Insolvenzverfahren zulässig ist;

b) welche Vermögenswerte zur Insolvenzmasse gehören und wie die nach der Verfahrenseröffnung vom Schuldner erworbenen Vermögenswerte zu behandeln sind;

c) die jeweiligen Befugnisse des Schuldners und des Verwalters;

d) die Voraussetzungen für die Wirksamkeit einer Aufrechnung;

e) wie sich das Insolvenzverfahren auf laufende Verträge des Schuldners auswirkt;

f) wie sich die Eröffnung eines Insolvenzverfahrens auf Rechtsverfolgungsmaßnahmen einzelner Gläubiger auswirkt; ausgenommen sind die Wirkungen auf anhängige Rechtsstreitigkeiten;

g) welche Forderungen als Insolvenzforderungen anzumelden sind und wie Forderungen zu behandeln sind, die nach der Eröffnung des Insolvenzverfahrens entstehen;

h) die Anmeldung, die Prüfung und die Feststellung der Forderungen;

i) die Verteilung des Erlöses aus der Verwertung des Vermögens, den Rang der Forderungen und die Rechte der Gläubiger, die nach der Eröffnung des Insolvenzverfahrens auf Grund eines dinglichen Rechts oder infolge einer Aufrechnung teilweise befriedigt wurden;

j) die Voraussetzungen und die Wirkungen der Beendigung des Insolvenzverfahrens, insbesondere durch Vergleich;

k) die Rechte der Gläubiger nach der Beendigung des Insolvenzverfahrens;
l) wer die Kosten des Insolvenzverfahrens einschließlich der Auslagen zu tragen hat;
m) welche Rechtshandlungen nichtig, anfechtbar oder relativ unwirksam sind, weil sie die Gesamtheit der Gläubiger benachteiligen.

**Literatur:** *Beck*, Verteilungsfragen im Verhältnis zwischen Haupt- und Sekundärinsolvenzverfahren nach der EuInsVO, NZI 2007, 1; *Bork*, Die Aufrechnung im internationalen Insolvenzverfahren, ZIP 2002, 690; *Eidenmüller*, Europäische Verordnung über Insolvenzverfahren und zukünftiges deutsches internationales Insolvenzrecht, IPRax 2001, 2; *Grönda/Bünning/Liersch*, Hase und Igel, oder: Die nachträgliche Eröffnung von Sekundärinsolvenzverfahren im Anwendungsbereich der Europäischen Insolvenzverordnung, in: Der Jurist als Notarzt – Festschrift für Eberhard Braun, 2007, S. 403; *Leible/Staudinger*, Die europäische Verordnung über Insolvenzverfahren, KTS 2000, 533; *Oberer*, Der deutsche Insolvenzschuldner im Ausland, ZVI 2009, 49; *v. Wilmowsky*, Aufrechnung in internationalen Insolvenzfällen, KTS 1998, 343.

### Übersicht

I. Zweck der Norm ................... 1
II. Das Insolvenzstatut (Art. 7 Abs. 1) ..... 4
III. Der Beispielkatalog nach Art. 7 Abs. 2 ................ 7
1. Insolvenzfähigkeit (Art. 7 Abs. 2 Satz 2 lit. a) ................ 10
2. Insolvenzmasse (Art. 7 Abs. 2 Satz 2 lit. b) ................ 12
3. Befugnisse des Schuldners und des Verwalters (Art. 7 Abs. 2 Satz 2 lit. c) ................ 15
4. Aufrechnung (Art. 7 Abs. 2 Satz 2 lit. d) ................ 18
5. Laufende Verträge (Art. 7 Abs. 2 Satz 2 lit. e) ................ 21
6. Auswirkungen auf Rechtsverfolgungsmaßnahmen (Art. 7 Abs. 2 Satz 2 lit. f) ................ 23
7. Insolvenzforderungen und Masseverbindlichkeiten (Art. 7 Abs. 2 Satz 2 lit. g) ................ 26
8. Anmeldung, Prüfung und Feststellung von Forderungen (Art. 7 Abs. 2 Satz 2 lit. h) ................ 30
9. Verteilung (Art. 7 Abs. 2 Satz 2 lit. i) ... 33
10. Verfahrensbeendigung (Art. 7 Abs. 2 Satz 2 lit. j) ................ 37
11. Gläubigerrechte nach Verfahrensbeendigung (Art. 7 Abs. 2 Satz 2 lit. k) ................ 40
12. Kosten des Verfahrens (Art. 7 Abs. 2 Satz 2 lit. l) ................ 42
13. Die Gesamtheit der Gläubiger benachteiligende Rechtshandlungen (Art. 7 Abs. 2 Satz 2 lit. m) ................ 44

### I. Zweck der Norm

Art. 7 steht am Beginn der Regelungen betreffend das eigentliche Insolvenzkollisionsrecht, welche sich in den Artt. 7 bis 18 wiederfinden, wobei einzelne dieser Normen auch sachrechtliche Regelungen enthalten. Art. 7 ist die **Grundnorm des Kollisionsrechts** und ist neben der Regelung in Art. 3 zur internationalen Zuständigkeit strukturprägend für die Systematik des Internationalen Insolvenzrechts. Systematisch ist Art. 7 so zu verstehen, dass dort die Geltung des Rechts des Staates der Verfahrenseröffnung angeordnet wird, soweit nicht in den Artt. 8 bis 18 abweichendes geregelt ist. Insofern wird hier ein Regel-Ausnahmeverhältnis normiert. 1

Nach Art. 7 findet für das Insolvenzverfahren und seine Wirkungen grundsätzlich immer das Insolvenzrecht des Mitgliedstaates Anwendung, in dessen Hoheitsgebiet das Verfahren eröffnet wird. An dieser Stelle findet sich zugleich eine **Legaldefinition** des „Staates der Verfahrenseröffnung". Es erfolgt keine Differenzierung zwischen materiellen und verfahrensrechtlichen Wirkungen. Ebenso ist der Begriff des 2

Insolvenzverfahrens umfassend zu verstehen. Unabhängig von der Frage, wann ein Insolvenzverfahren als eröffnet gilt, ist die Regelung des Art. 7 im Grundsatz ebenso auf das Insolvenzantragsverfahren anzuwenden.

3   Die **Reform der EuInsVO** hat Art. 7 (Art. 4 a. F.) nur geringfügig redaktionell geändert. Dies hat auf die Rechtsanwendung praktisch keine Auswirkungen.

## II. Das Insolvenzstatut (Art. 7 Abs. 1)

4   Art. 7 Abs. 1 bestimmt die Anwendbarkeit des Insolvenzrechts des Mitgliedstaats, in dessen Hoheitsgebiet das Verfahren eröffnet wird. Es kommt somit zur Anwendung der **lex fori concursus**. Dieses Recht ist anwendbar „für das Insolvenzverfahren und seine Wirkungen". An dieser Stelle ist daher die Frage zu klären, ob eine bestimmte Rechtsfrage dem Insolvenzverfahren und seinen Wirkungen zuzurechnen ist. Zur Beantwortung dieser **Qualifikationsfrage** dient der Beispielkatalog des Absatzes 2. Dieser ist jedoch nicht abschließend, sodass es bei einer zum Teil schwierigen Abgrenzung des Insolvenzstatutes bleibt. Wenig hilfreich ist die Frage, ob Art. 7 eng oder weit auszulegen ist. Richtig ist es, auf die Nähe des Sachverhalts zum Insolvenzrecht bzw. den unmittelbaren Zusammenhang eines Anspruchs mit dem Insolvenzrecht abzustellen.[1]

5   In der Praxis von Relevanz ist insbesondere die Abgrenzung des Insolvenzstatuts nach Art. 7 vom **Gesellschaftsstatut**. Viele Pflichten gesellschaftsrechtlicher Natur erhalten erst in der Insolvenz der Gesellschaft ihre praktische Relevanz. Dies ändert jedoch nichts an einer gesellschaftsrechtlichen Qualifikation, soweit diese Vorschriften auch außerhalb der Insolvenz Geltung haben. Dies gilt etwa für **Kapitalaufbringungs- oder Kapitalerhaltungsregelungen.**[2]

6   Die **Insolvenzantragspflicht** ist als insolvenzrechtlich zu qualifizieren. Diese Regelungen betreffen nicht das Innenverhältnis der Gesellschaft, sondern dienen dem Schutz der Gläubiger in der Insolvenzsituation.[3] Entsprechendes gilt für die **Insolvenzverschleppungshaftung.**[4]

## III. Der Beispielkatalog nach Art. 7 Abs. 2

7   Art. 7 Abs. 2 enthält einen Katalog von Beispielen, die die Auslegung des Insolvenzstatus gemäß Absatz 1 erleichtern sollen. Dieser Katalog ist **nicht abschließend**. Die Beispiele haben somit allein einen klarstellenden Charakter, er dient der Rechtsanwendung. Einen eigenen Regelungsgehalt haben die Beispiele nicht, da ohnehin gemäß Art. 7 Abs. 1 das Insolvenzstatut gilt.

8   Noch bevor in Art. 7 Abs. 2 Satz 2 der Bespielkatalog beginnt, erfolgt in **Absatz 2 Satz 1** die Normierung, dass das Recht des Staates der Verfahrenseröffnung regelt,

---

1) So auch *Reinhart* in: MünchKomm-InsO, Art. 4 EuInsVO 2000 Rz. 4.
2) Vgl. BGH, Urt. v. 9.12.1991 – II ZR 43/91, ZIP 1992, 108 = NJW 1992, 1166; BGH, Urt. v. 30.4.1992 – IX ZR 233/90, ZIP 1992, 781 = NJW 1992, 2026.
3) EuGH, Urt. v. 10.12.2015 – Rs. C-594/14 (Kornhaas), ZIP 2015, 2468 = NZI 2016, 48, dazu EWiR 2016, 67 *(Schulz)*. Ebenso *Reinhart* in: MünchKomm-InsO, Art. 4 EuInsVO 2000 Rz. 8; Mankowski/Müller/J. Schmidt-*Müller*, EuInsVO 2015, Art. 7 Rz. 92, jeweils m. w. N.
4) EuGH, Urt. v. 10.12.2015 – Rs. C-594/14 (Kornhaas), ZIP 2015, 2468 = NZI 2016, 48; a. A. Rauscher-*Mäsch*, EuZPR/EuIPR, Art. 4 EG-InsVO Rz. 9.

unter welchen Voraussetzungen das Insolvenzverfahren eröffnet wird und wie es durchzuführen und zu beenden ist. Auch diese Definition ist nicht abschließend zu verstehen, sie ist jedoch unsystematisch außerhalb des Beispielkatalogs definiert, kann jedoch in gleicher Weise dort eingruppiert werden. Es besteht keine andere Qualität im Verhältnis zu den Beispielen, die im Weiteren folgen.

Zu den Voraussetzungen des Insolvenzverfahrens gehören alle **verfahrens- und materiell-rechtlichen Voraussetzungen** für die Eröffnung eines Verfahrens, insbesondere die Zulässigkeit eines Insolvenzantrags und die materiellen Voraussetzungen für die Insolvenzeröffnung, insbesondere die Eröffnungsgründe. Das Insolvenzstatut regelt nach Art. 7 Abs. 2 Satz 1 ferner die Durchführung und Beendigung des Verfahrens. Hierunter ist zu verstehen, dass **sämtliche Verfahrensabschnitte** dem Insolvenzstatut unterliegen, von der Insolvenzantragstellung bis hin zur Wirkung einer Restschuldbefreiung auf die Gläubigerrechte. Einzelne dieser Fragestellungen sind in dem Beispielkatalog des Art. 7 Abs. 2 Satz 2 näher definiert.

### 1. Insolvenzfähigkeit (Art. 7 Abs. 2 Satz 2 lit. a)

Art. 7 Abs. 2 Satz 2 lit. a regelt, dass sich die Frage, bei welcher Art von Schuldnerin ein Insolvenzverfahren zulässig ist, nach dem Statut des Eröffnungsstaates bestimmt. Hiermit ist die Frage der **Insolvenzfähigkeit des Schuldners** umschrieben. Es existieren in den verschiedenen nationalen Insolvenzrechtsordnungen differierende Regelungen, insbesondere zur Insolvenzfähigkeit **natürlicher Personen** oder etwa zur Frage der Zulässigkeit der Eröffnung eines Insolvenzverfahrens über einen **Nachlass**. Darüber hinaus ist die Insolvenzfähigkeit von öffentlich-rechtlichen Rechtsträgern regelmäßig eingeschränkt.

Die Regelung gilt in gleicher Weise für **Sekundär- und Partikularverfahren**, wie Art. 7 insgesamt. Dies hat zur Folge, dass ein Partikularverfahren zulässig sein kann, auch wenn im Staat des Gerichtsstands für ein Hauptinsolvenzverfahren dem Schuldner die Insolvenzfähigkeit fehlt.[5]

### 2. Insolvenzmasse (Art. 7 Abs. 2 Satz 2 lit. b)

Art. 7 Abs. 2 Satz 2 lit. b bestimmt, dass das Insolvenzstatut regelt, welche Vermögenswerte zur Insolvenzmasse gehören und wie die nach der Verfahrenseröffnung vom Schuldner erworbenen Vermögenswerte zu behandeln sind. Es wird daher die Massezugehörigkeit dem Insolvenzstatut unterworfen. Damit ist insbesondere gemeint, wie weit der Vermögensbeschlag des Insolvenzverfahrens reicht, insbesondere inwiefern etwa **Pfändungsgrenzen** oder **insolvenzfreies Vermögen** zu berücksichtigen sind.[6] Darüber hinaus soll das Insolvenzstatut gelten, inwiefern ein etwaiger **Neuerwerb** zu berücksichtigen ist.[7] Die verschiedenen nationalen Rechtsordnungen differieren darin, inwiefern im Zeitpunkt der Eröffnung noch nicht vorhandenes Vermögen beim Schuldner zu berücksichtigen ist, relevant ist insbesondere das laufende Arbeitseinkommen einer natürlichen Person.

---

5) Ebenso *Reinhart* in: MünchKomm-InsO, Art. 4 EuInsVO 2000 Rz. 18; Bork/van Zwieten-Snowden, Commentary on the European Insolvency Regulation, Art. 7 Rz. 7.19.
6) BGH, Beschl. v. 20.7.2017 – IX ZB 63/16, dazu EWiR 2017, 599 *(Brinkmann)*.
7) *Oberer*, ZVI 2009, 49.

13 Das Insolvenzstatut regelt damit auch, inwiefern der **Universalitätsanspruch** zur Geltung kommt. Das deutsche Insolvenzstatut differenziert den Vermögensbeschlag nicht nach dem Belegenheitsort, sondern erfasst das weltweite Vermögen. Zwar gilt der Universalitätsanspruch heute international sehr weitgehend, Art. 7 verweist jedoch auf die Geltung des Insolvenzstatuts für die Wirkung diesbezüglicher, etwaiger Einschränkungen.[8]

14 Eine Einschränkung von Art. 7 betreffend die Massezugehörigkeit besteht in Art. 15. Danach können zum Zweck dieser Verordnung **Europäische Patente** mit einheitlicher Wirkung, eine Gemeinschaftsmarke oder jedes andere durch Unionsrecht begründete ähnliche Rechte nur in ein Verfahren nach Art. 3 Abs. 1 miteinbezogen werden. Sie werden daher dem Insolvenzbeschlag eines Sekundär- und Partikularverfahrens entzogen.

### 3. Befugnisse des Schuldners und des Verwalters (Art. 7 Abs. 2 Satz 2 lit. c)

15 Art. 7 Abs. 2 Satz 2 lit. c bestimmt die Geltung des Insolvenzstatuts für die jeweiligen Befugnisse des Schuldners und des Verwalters. Einerseits geht es hier um die **Abgrenzung** der Rechte des Schuldners von denen des Verwalters, dies ist eine Frage des Übergangs der Verwaltungs- und Verfügungsbefugnis, andererseits meint die Regelung auch etwaige prozessuale Befugnisse des Verwalters oder des Schuldners im Verfahren. Die Norm ist daher sowohl **materiell- wie prozessrechtlich** zu verstehen.

16 Zu berücksichtigen sind hier **Sonderanknüpfungen** bzw. **Sachnormen** in Art. 17, Art. 21 sowie Art. 31. Art. 17 enthält eine gesonderte Regelung über Verfügungen des Schuldners und den Schutz des Dritterwerbers. Art. 21 Abs. 3 bestimmt, dass der Verwalter bei der Ausübung seiner Befugnisse das Recht des Mitgliedstaates, in dessen Hoheitsgebiet er handeln will, zu beachten hat. Damit gilt hier einschränkend die lex rei sitae. Schließlich enthält Art. 31 eine Regelung betreffend die Leistung an den Schuldner nach einer Verfahrenseröffnung.

17 Im Grundsatz gilt jedoch, dass ein Verwalter, welcher im Staat der Verfahrenseröffnung nach dem dortigen Insolvenzstatut mit universeller Wirkung ausgestattet ist, diese Befugnisse auch in anderen Mitgliedstaaten ausüben darf. Entsprechendes gilt für den **vorläufigen Insolvenzverwalter**.

### 4. Aufrechnung (Art. 7 Abs. 2 Satz 2 lit. d)

18 Nach Art. 7 Abs. 2 Satz 2 lit. d gilt das Insolvenzstatut für die Beantwortung der Frage der Voraussetzungen für die Wirksamkeit einer Aufrechnung. Die international-insolvenzrechtliche Wirkung der Aufrechnung muss jedoch im **Zusammenhang mit Art. 9** gesehen werden. Dort ist abweichend von Art. 7 ein Erhalt einer Aufrechnungslage unabhängig von dem Insolvenzstatut normiert, wenn weitere Voraussetzungen hinzutreten. Das Recht der Aufrechnung wird daher zusammengefasst bei Art. 9 kommentiert.

19 Art. 7 Abs. 2 Satz 2 lit. d selbst wird bereits verschieden ausgelegt. Es ist umstritten, inwiefern das Insolvenzstatut hiernach sowohl die zivilrechtlichen wie die insol-

---

8) Ebenso Mankowski/Müller/J. Schmidt-*Müller*, EuInsVO 2015, Art. 7 Rz. 19.

venzrechtlichen Voraussetzungen der Aufrechnung umfassen soll, oder ob hier allein eine Regelung betreffend die **insolvenzrechtliche Zulässigkeit** der Aufrechnung erfolgt ist. In diesem Fall würden sich die zivilrechtlichen Aufrechnungsvoraussetzungen weiterhin nach der lex causae ergeben.

Würde man auch die **zivilrechtliche Zulässigkeit** der Aufrechnung als miterfasst betrachten, so hätte dies zur Folge, dass eine vor der Insolvenz nicht bestehende Aufrechnungslage mit Anwendung des Insolvenzstatuts nach Verfahrenseröffnung ein Aufrechnungsrecht begründen könnte. Dies ist weder sachgerecht, noch gegenüber dem Gläubiger aufgrund fehlenden Vertrauensschutzes gerechtfertigt. Die Norm ist daher auf die insolvenzrechtlichen Wirkungen zu begrenzen. Dies entspricht auch dem Wortlaut von Absatz 1. Danach soll auf das Insolvenzstatut sich auf die Wirkungen eines Insolvenzverfahrens begrenzen und eben nicht allgemein in zivilrechtliche Vermögenszuordnungen eingreifen.[9]

### 5. Laufende Verträge (Art. 7 Abs. 2 Satz 2 lit. e)

Art. 7 Abs. 2 Satz 2 lit. e bestimmt, dass das Insolvenzstatut entscheidet, wie sich das Insolvenzverfahren auf laufende Verträge des Schuldners auswirkt. Aus deutscher Sicht betrifft dies insbesondere Fragen der **Anwendbarkeit der §§ 103 ff. InsO**, wobei der Begriff des laufenden Vertrages weiter zu verstehen ist, als der gegenseitig nicht vollständig erfüllte Vertrag i. S. des § 103 InsO. Auch Prozessverträge wie Gerichtsstandsvereinbarungen und Schiedsvereinbarungen dürften erfasst sein.[10]

Sonderanknüpfungen enthalten Art. 11 betreffend **Verträge über unbewegliche Gegenstände** sowie Art. 13 betreffend **Arbeitsverträge**. Diese Regelungen beschränken die Wirkung des Art. 7. Ansonsten ist der Umfang der Regelung des Art. 7 umfassend zu verstehen. Es geht um die Wirkung hinsichtlich einer automatischen Beendigung von Vertragsverhältnissen, über die Gestaltungsmöglichkeiten für den Insolvenzverwalter durch Wahlrechte bis hin zu Regelungen über das Fortbestehen von Verträgen in der Insolvenz. In diesem Zusammenhang sind auch Regelungen über insolvenzbedingte Lösungsklauseln mit einzubeziehen.

### 6. Auswirkungen auf Rechtsverfolgungsmaßnahmen (Art. 7 Abs. 2 Satz 2 lit. f)

Nach Art. 7 Abs. 2 Satz 2 lit. f bestimmt das Insolvenzstatut, wie sich die Eröffnung eines Insolvenzverfahrens auf Rechtsverfolgungsmaßnahmen einzelner Gläubiger auswirkt. Hiervon ausgenommen sind die **Wirkungen auf anhängige Rechtsstreitigkeiten**, letzteres ist i. R. einer Sonderanknüpfung in Art. 18 gesondert geregelt.

Unter den Begriff der Rechtsverfolgungsmaßnahmen fallen sowohl das **Erkenntnis-** als auch das **Vollstreckungsverfahren**. Im Erkenntnisverfahren betrifft dies etwa die Frage, ob nach Insolvenzeröffnung eine Leistungsklage gegen den Schuldner zu-

---

[9] Ebenso v. *Wilmowsky*, KTS 1998, 343; *Bork*, ZIP 2002, 690; *Reinhart* in: MünchKomm-InsO, Art. 4 EuInsVO 2000 Rz. 24; Mankowski/Müller/J. Schmidt-*Müller*, EuInsVO 2015, Art. 7 Rz. 26; a. A. *Eidenmüller*, IPRax 2001, 2; *Leible/Staudinger*, KTS 2000, 533.

[10] So auch Mankowski/Müller/J. Schmidt-*Müller*, EuInsVO 2015, Art. 7 Rz. 30.

lässig ist.[11] Die Frage der **Verfahrensunterbrechung** ist hingegen in Art. 18 geregelt.[12]

25 **Hauptanwendungsfall** des Absatzes 2 Satz 2 lit. f sind hingegen Vollstreckungsmaßnahmen.[13] Eingeschlossen ist der gesamte Zeitraum vom Beginn bis über den Abschluss der Maßnahme hinaus.[14] Eine **Rückschlagsperre** im nationalen Insolvenzrecht ist jedoch systematisch dem Anfechtungsrecht zuzuordnen, sodass die Erfassung nicht unter Absatz 2 Satz 2 lit. f, sondern unter Absatz 2 Satz 2 lit. m im Zusammenhang mit Art. 16 zu verstehen ist.[15]

### 7. Insolvenzforderungen und Masseverbindlichkeiten (Art. 7 Abs. 2 Satz 2 lit. g)

26 Nach Art. 7 Abs. 2 Satz 2 lit. g bestimmt das Insolvenzstatut, welche Forderungen als Insolvenzforderungen anzumelden sind, und wie Forderungen zu behandeln sind, die nach der Eröffnung des Insolvenzverfahrens entstehen. Die Regelung betrifft damit einerseits Insolvenzforderungen andererseits Masseverbindlichkeiten.

27 Da durch Absatz 2 Satz 2 lit. h die Anmeldung von Insolvenzforderungen erfasst wird, betrifft Absatz 2 Satz 2 lit. g die Frage, welche Forderungen als Insolvenzforderungen zu qualifizieren sind. Ebenso regelt das Insolvenzstatut, wie nach Eröffnung des Insolvenzverfahrens entstehende Forderungen zu behandeln sind, hier also im deutschen Recht die Frage, was Masseverbindlichkeiten sind. Insoweit überschneidet sich der Anwendungsbereich der Regelung des lit. g mit dem des Absatz 2 Satz 2 lit. i. Dort ist dem Insolvenzstatut der **Rang der Forderungen** zugewiesen. Dies ist hier insofern jedoch irrelevant, da in beiden Fällen das Insolvenzstatut zur Anwendung kommt.

28 Das Insolvenzstatut kommt hinsichtlich der insolvenzrechtlichen Einordnung von Ansprüchen auch dann zur Anwendung, wenn ansonsten auf das Vertragsverhältnis selbst i. R. einer Sonderanknüpfung eine abweichende Regelung gilt. Dies gilt etwa auch für das **Arbeitsverhältnis**.[16]

29 Eine besondere Schwierigkeit ergibt sich in der Abgrenzung von Masse- und Insolvenzforderungen, wenn zeitlich nachgelagert ein Sekundärinsolvenzverfahren eröffnet wird und hier nunmehr das dortige Insolvenzstatut zur Anwendung kommt.[17]

---

11) EuGH, Urt. v. 17.3.2005 – Rs. C-294/02, Slg. 2005, I-2175; *Reinhart* in: MünchKomm-InsO, Art. 4 EuInsVO 2000 Rz. 32.
12) Vgl. hierzu EuGH, Urt. v. 6.6.2018 – Rs. C-250/17 (Tarragó da Silveira), ZIP 2018, 1254; ferner OLG München, Beschl. v. 4.2.2019 – 23 U 2894/17, ZIP 2019, 781.
13) *Herchen*, Das Übereinkommen über Insolvenzverfahren, S. 209; *Kolmann*, Kooperationsmodelle, S. 314.
14) Mankowski/Müller/J. Schmidt-*Müller*, EuInsVO 2015, Art. 7 Rz. 43.
15) So auch Mankowski/Müller/J. Schmidt-*Müller*, EuInsVO 2015, Art. 7 Rz. 44; K. Schmidt-*Brinkmann*, InsO, Art. 4 EuInsVO Rz. 30; a. A. *Reinhart* in: MünchKomm-InsO, Art. 4 EuInsVO 2000 Rz. 31.
16) LAG Baden-Württemberg, Urt. v. 28.3.2012 – 20 Sa 47/11, NZI 2012, 837; *Reinhart* in: MünchKomm-InsO, Art. 4 EuInsVO 2000 Rz. 37.
17) *Grönda/Bünning/Liersch* in: FS Braun, S. 403; *Beck*, NZI 2007, 1.

## 8. Anmeldung, Prüfung und Feststellung von Forderungen (Art. 7 Abs. 2 Satz 2 lit. h)

Art. 7 Abs. 2 Satz 2 lit. h weist dem Insolvenzstatut die Frage der Anmeldung, der Prüfung und der Feststellung von Forderungen zu. Hier werden dem Insolvenzstatut zunächst v. a. verfahrensrechtliche Fragen zugewiesen, etwa die **Berechtigung zur Anmeldung**, die **Form** der Forderungsanmeldung oder etwaige **Fristerfordernisse**. Hierzu gehören jedoch auch mögliche Rechtsfolgen, etwa die einer unterbliebenen Anmeldung.[18] 30

Das Bestehen der Forderung selbst unterliegt hingegen nicht dem Insolvenzstatut, sondern ist selbstständig anzuknüpfende **Vorfrage**.[19] 31

Spezielle Sachnormen enthalten Art. 45 Abs. 1, betreffend die Zulässigkeit der Forderungsanmeldung im Haupt- und jedem **Sekundärinsolvenzverfahren**, sowie Artt. 53 bis 55 betreffend die Forderungsanmeldung, die Pflicht zur Unterrichtung der Gläubiger sowie das Verfahren für die Forderungsanmeldung. Soweit nach diesen Normen abweichende Regelungen zum Insolvenzstatut gelten, sind diese vorrangig anzuwenden. 32

## 9. Verteilung (Art. 7 Abs. 2 Satz 2 lit. i)

Art. 7 Abs. 2 Satz 2 lit. i weist dem Insolvenzstatut die **Verteilung des Erlöses** aus der Verwertung des Vermögens zu. Ferner soll das Insolvenzstatut für den **Rang** der Forderungen sowie die Rechte der Gläubiger maßgeblich sein, die nach der Eröffnung des Insolvenzverfahrens aufgrund eines dinglichen Rechts oder in Folge einer Aufrechnung teilweise befriedigt wurden. Die hier vorgenommene Auflistung ist wenig systematisch. Maßgeblich ist zunächst die Zuweisung des Insolvenzstatus bzgl. des **Verteilungsrechtes**. Hiermit werden sämtliche Verteilungsfragen dem Recht des Staates der Verfahrenseröffnung zugewiesen. 33

Hierzu gehören dann bereits auch die zwei weiteren Beispiele, die sich unter dieser Norm finden. Insofern haben die Erwähnungen hier v. a. deklaratorischen Charakter. Die Verteilungsfragen erfassen selbstverständlich auch die Frage des Ranges einer Forderung. 34

Das dritte Beispiel betrifft Sachverhalte, soweit in Folge eines dinglichen Rechtes nur eine teilweise Befriedigung eines Gläubigers erfolgt ist und sich die Frage stellt, inwiefern der Gläubiger mit seinem Ausfall an der weiteren Verteilung teilnimmt. Auch dies ist eine Frage, die dem Insolvenzstatut hiermit zugewiesen wird. Letztere Regelung ist vor dem Hintergrund der Sachnorm des Art. 8 insofern von klarstellender Bedeutung, als dass zwar das dingliche Recht von der Eröffnung des Verfahrens nicht berührt wird, und insofern Art. 8 eine Begrenzung der Wirkung des Insolvenzstatuts enthält, dies jedoch nichts an der darüber hinausgehenden Verteilung zugunsten des Gläubigers jenseits der dinglichen Befriedigung ändert.[20] 35

---

18) EuGH, Urt. v. 9.11.2016 – Rs. C-212/15 (ENEFI), ZIP 2017, 26 = NZI 2016, 959; ebenso *Reinhart* in: MünchKomm-InsO, Art. 4 EuInsVO 2000 Rz. 39; Mankowski/Müller/J. Schmidt-*Müller*, EuInsVO 2015, Art. 7 Rz. 52.
19) So auch Mankowski/Müller/J. Schmidt-*Müller*, EuInsVO 2015, Art. 7 Rz. 53 m. w. N.
20) So ebenfalls *Reinhart* in: MünchKomm-InsO, Art. 4 EuInsVO 2000 Rz. 40.

36 Auch hier gilt das Insolvenzstatut gleichermaßen für Haupt- wie **Sekundärinsolvenzverfahren**. Dies hat zur Folge, dass unterschiedliche Verteilungsregelungen zugunsten der Gläubigerschaft in parallelen Haupt- und Sekundärinsolvenzverfahren zur Anwendung kommen können. Dies ist eine Folge der Zulässigkeit von Sekundärinsolvenzverfahren und der entsprechenden Zuweisung der Verteilungsregelung im dortigen Insolvenzstatut.

### 10. Verfahrensbeendigung (Art. 7 Abs. 2 Satz 2 lit. j)

37 Art. 7 Abs. 2 Satz 2 lit. j weist dem Insolvenzstatut die Voraussetzung und die Wirkung der Beendigung des Insolvenzverfahrens zu. Dies soll nach dem Wortlaut insbesondere auch für eine Beendigung durch **Vergleich** gelten, was nichts daran ändert, dass auch alle **anderen Formen** der Beendigung dem Insolvenzstatut zugewiesen sind. Dieses Beispiel wiederholt daher bereits die Zuordnung zum Insolvenzstatut aus Absatz 2 Satz 1.

38 Auch der **Zeitpunkt der Verfahrensbeendigung** ist dem Insolvenzstatut zugewiesen.[21]

39 Der Begriff der Wirkung der Beendigung des Insolvenzverfahrens steht in einem überlappenden Verhältnis zu der speziellen Regelung in Art. 7 Abs. 2 Satz 2 lit. k, wo es um die **Rechte der Gläubiger nach der Beendigung** des Insolvenzverfahrens geht. Dies kann jedoch dahinstehen, da diese gleichermaßen dem Insolvenzstatut zugewiesen werden.

### 11. Gläubigerrechte nach Verfahrensbeendigung (Art. 7 Abs. 2 Satz 2 lit. k)

40 In Ergänzung zu Art. 7 Abs. 2 Satz 2 lit. j weist Absatz 2 Satz 2 lit. k dem Insolvenzstatut auch die Rechte der Gläubiger nach der Beendigung des Insolvenzverfahrens zu. Erfasst sind von der Reichweite des Insolvenzstatuts auch die **Fragen der Restschuldbefreiung**, von **Insolvenzplänen** bzw. sonstigen gerichtlichen Vergleichen. Hierunter fallen auch Fragen des Nachforderungsrechts nach Beendigung des Insolvenzverfahrens.[22] Das Insolvenzstatut bestimmt auch, inwieweit ein Gläubiger sein Recht verwirkt hat, wenn dieser nicht an dem Insolvenzverfahren teilgenommen hat.[23] Dies gilt auch, wenn das Insolvenzstatut vorsieht, dass nach Einstellung mangels Masse keine Ansprüche gegen den Schuldner geltend gemacht werden können.[24]

41 Die Wirkung des Insolvenzstatuts betreffend die in einem Hauptinsolvenzverfahren ausgesprochene Restschuldbefreiung wirkt universal auch in Mitgliedstaaten, in denen zwischenzeitlich ein **Sekundärinsolvenzverfahren** eröffnet war, eine entsprechende Wirkung in diesem Mitgliedstaat tritt spätestens dann ein, wenn das Sekundärinsolvenzverfahren beendet ist, auch wenn dies zeitlich nach der **Erlangung der Restschuldbefreiung** in dem Hauptinsolvenzverfahren liegt.

---

21) So jedenfalls EuGH, Urt. v. 22.11.2012 – Rs. C-116/11 (Handlowy), ZIP 2012, 2403 = NZI 2013, 106, dazu EWiR 2013, 173 *(Jopen)*.
22) So auch Mankowski/Müller/J. Schmidt-*Müller*, EuInsVO 2015, Art. 7 Rz. 62.
23) EuGH, Urt. v. 9.11.2016 – Rs. C-212/15 (ENEFI/DGRFP), ZIP 2017, 26, dazu EWiR 2017, 177 *(Riedemann/Schmidt)*.
24) OLG Celle, Urt. v. 7.1.2010 – 6 U 60/09, IPRax 2011, 186.

## 12. Kosten des Verfahrens (Art. 7 Abs. 2 Satz 2 lit. l)

Nach Art. 7 Abs. 2 Satz 2 lit. l bestimmt das Insolvenzstatut ferner, wer die Kosten des Insolvenzverfahrens einschließlich der Auslagen zu tragen hat. Die Reichweite des Insolvenzstatuts umfasst sowohl die Frage wer **Kostenschuldner** ist als auch die Bestimmung über **Grund und Höhe der Kosten**.[25] Auch die Verwaltervergütung richtet sich daher nach dem Insolvenzstatut des Eröffnungsstaates. 42

Dagegen sind die **Kostenbeiträge von gesicherten Gläubigern** etwa nach deutschem Recht gemäß §§ 170 ff. InsO nicht unter Art. 7 Abs. 2 Satz 2 lit. l zu fassen. Hierbei handelt es sich nicht um Kosten des Verfahrens als solche, sondern um Beiträge der Gläubiger zur Sicherung der Gläubigergleichbehandlung, da Aufwendungen der Insolvenzmasse zugunsten von gesicherten Gläubigern nicht zum Nachteil ungesicherter Gläubiger führen sollen. Hinzuweisen ist jedoch, dass aufgrund von Art. 8 diese Eingriffe in die Rechte gesicherter Gläubiger zumindest außerhalb des Staates der Verfahrenseröffnung nicht zum Tragen kommen. 43

## 13. Die Gesamtheit der Gläubiger benachteiligende Rechtshandlungen (Art. 7 Abs. 2 Satz 2 lit. m)

Art. 7 Abs. 2 Satz 2 lit. m weist dem Insolvenzstatut zu, welche Rechtshandlungen nichtig, anfechtbar oder relativ unwirksam sind, weil sie die Gesamtheit der Gläubiger benachteiligen. In der Praxis bezieht sich diese Norm v. a. auf das **Insolvenzanfechtungsrecht**. Die Regelung ist jedoch weiter formuliert und erfasst auch Regelungen, welche die Nichtigkeit bzw. relative Unwirksamkeit zur Folge haben. Wesentlich ist, dass diese Regelungen des nationalen Rechts sich jedoch auf den Schutz der Gesamtheit der Gläubiger beziehen müssen.[26] Erfasst werden damit auch Vorschriften betreffend die Unwirksamkeit von Rechtshandlungen aufgrund von Verfügungsbeschränkungen, so etwa im deutschen Recht §§ 81, 88, 89 und § 24 i. V. m. § 81 InsO.[27] 44

Hinzuweisen ist auf die **Rückausnahmen** in Art. 8 Abs. 4, Art. 9 Abs. 2 und Art. 10 Abs. 3. Die Normen enthalten Regelungen, die zunächst Ausnahmen von der Wirkung des Insolvenzstatuts beinhalten und in den genannten Absätzen entsprechende Rückausnahmen und daher einen Verweis auf das Insolvenzstatut enthalten. 45

Hauptanwendungsfall von Art. 7 Abs. 2 Satz 2 lit. m bleibt in der Praxis jedoch das Recht der **Insolvenzanfechtung**. Hier ist die Norm im Zusammenhang mit **Art. 16** zu lesen, wo ein **Vertrauensschutz** zugunsten von Anfechtungsgegnern normiert ist. Insofern ist die Wirkung des Insolvenzstatuts im Ergebnis sehr eingeschränkt und an dieser Stelle auf die differenzierten Wirkungen von Art. 16 zu verweisen. 46

---

25) Ebenso Mankowski/Müller/J. Schmidt-*Müller*, EuInsVO 2015, Art. 7 Rz. 65 m. w. N.
26) *Reinhart* in: MünchKomm-InsO, Art. 4 EuInsVO 2000 Rz. 46.
27) So auch *Reinhart* in: MünchKomm-InsO, Art. 4 EuInsVO 2000 Rz. 47.

## Artikel 8
### Dingliche Rechte Dritter

(1) Das dingliche Recht eines Gläubigers oder eines Dritten an körperlichen oder unkörperlichen, beweglichen oder unbeweglichen Gegenständen des Schuldners – sowohl an bestimmten Gegenständen als auch an einer Mehrheit von nicht bestimmten Gegenständen mit wechselnder Zusammensetzung –, die sich zum Zeitpunkt der Eröffnung des Insolvenzverfahrens im Hoheitsgebiet eines anderen Mitgliedstaats befinden, wird von der Eröffnung des Verfahrens nicht berührt.

(2) Rechte im Sinne von Absatz 1 sind insbesondere

a) das Recht, den Gegenstand zu verwerten oder verwerten zu lassen und aus dem Erlös oder den Nutzungen dieses Gegenstands befriedigt zu werden, insbesondere aufgrund eines Pfandrechts oder einer Hypothek;

b) das ausschließliche Recht, eine Forderung einzuziehen, insbesondere aufgrund eines Pfandrechts an einer Forderung oder aufgrund einer Sicherheitsabtretung dieser Forderung;

c) das Recht, die Herausgabe von Gegenständen von jedermann zu verlangen, der diese gegen den Willen des Berechtigten besitzt oder nutzt;

d) das dingliche Recht, die Früchte eines Gegenstands zu ziehen.

(3) Das in einem öffentlichen Register eingetragene und gegen jedermann wirksame Recht, ein dingliches Recht im Sinne von Absatz 1 zu erlangen, wird einem dinglichen Recht gleichgestellt.

(4) Absatz 1 steht der Nichtigkeit, Anfechtbarkeit oder relativen Unwirksamkeit einer Rechtshandlung nach Artikel 7 Absatz 2 Buchstabe m nicht entgegen.

**Literatur:** *Balz*, Das neue Europäische Insolvenzübereinkommen, ZIP 1996, 948; *Liersch*, Sicherungsrechte im Internationalen Insolvenzrecht, NZI 2002, 15; *v. Wilmowsky*, Sicherungsrechte im Europäischen Insolvenzübereinkommen, EWS 1997, 295.

### Übersicht

| | |
|---|---|
| I. Zweck der Norm .................. 1 | 3. Belegenheit in einem anderen Mitgliedstaat (Art. 8 Abs. 1) ............. 16 |
| II. Tatbestandsvoraussetzungen ............. 4 | 4. Zum Zeitpunkt der Verfahrenseröffnung (Art. 8 Abs. 1) ... 19 |
| 1. Erfasste Rechte ................... 4 | |
| a) Dingliche Rechte (Art. 8 Abs. 1 und Abs. 2) ............ 5 | 5. Keine Eröffnung eines Sekundärinsolvenzverfahrens ............. 22 |
| b) Gleichgestellte Rechte (Art. 8 Abs. 3) ................. 13 | III. Rechtsfolge ..................... 24 |
| 2. Inhaber des Rechts (Art. 8 Abs. 1) .... 15 | IV. Ausnahmen gemäß Art. 8 Abs. 4 ..... 27 |

### I. Zweck der Norm

1 Gemäß Art. 8 werden dingliche Rechte an Vermögensgegenständen, die zur Zeit der Verfahrenseröffnung in einem anderen Mitgliedstaat als dem Staat der Verfahrenseröffnung belegen sind, von der Eröffnung des Verfahrens nicht berührt. Hierdurch sollen insbesondere Kreditsicherungsrechte vor Eingriffen des Insolvenzrechts geschützt werden. Die Norm dient dem **Schutz des Wirtschaftsverkehrs**, insbesondere zugunsten der Kreditwirtschaft. Es soll sichergestellt werden, dass durch

die Eröffnung eines Insolvenzverfahrens im EU-Ausland nicht ein weitergehender Eingriff in Sicherungsrechte möglich ist, als dies der Sicherungsnehmer annehmen durfte, als er das Sicherungsrecht begründete.

Art. 8 enthält keine Kollisionsnormen, sondern ist **sachrechtlicher Natur**.[1]  2

Die Wirkung von Art. 8 geht über ihren Normzweck hinaus, da im Ergebnis im Ausland belegene Gegenstände, an denen Sicherungsrechte bestehen, in der Regel besser geschützt werden, als dies bei entsprechenden Rechten an Gegenständen im Staat der Verfahrenseröffnung der Fall ist. Dies führte in der Vergangenheit bereits zu **Kritik an der Norm**.[2] Dies wurde bei der **Reform der EuInsVO** aber letztlich nicht aufgegriffen.  3

## II. Tatbestandsvoraussetzungen

### 1. Erfasste Rechte

Art. 8 enthält **keine eigene Definition** eines dinglichen Rechts, sondern arbeitet mit Regelbeispielen (Abs. 2) bzw. stellt weitere Rechte dinglichen Rechten gleich (Abs. 3).  4

### a) Dingliche Rechte (Art. 8 Abs. 1 und Abs. 2)

Art. 8 enthält keine eigene Definition des Begriffs des „dinglichen Rechts". Die Frage der **Einstufung** des betreffenden Rechts als „dingliches" Recht i. S. der Vorschrift ist **nach nationalem Recht** vorzunehmen.[3] Der EuGH weist in seiner Rechtsprechung jedoch darauf hin, dass sich in Absatz 2 a. F. eine Reihe von Beispielen für Rechte befinden, die von der Verordnung als „dinglich" eingestuft werden. Mit diesen Beispielen würden die Tragweite und damit die Grenzen des Schutzes bestimmt, den die Vorschrift den Vorrechten, Garantien oder anderen, im nationalen Recht der Mitgliedstaaten vorgesehenen Rechten des Gläubigers des insolventen Schuldners gewährt. Daraus schließt der **EuGH**, dass allein die Einstufung des betreffenden Rechts als „dingliches" Recht nach dem nationalen Recht nicht ausreicht, sondern dieses national bestimmte „dingliche" Recht **bestimmte Kriterien erfüllen** müsse, um unter die Regelung dieses Artikels zu fallen. Diese Kriterien ergäben sich aus den Beispielen des Art. 8 Abs. 2.  5

Umgekehrt bedeutet dies, dass nach der Rechtsprechung des EuGH zunächst **national** eine **Einordnung als dingliches Recht** vorliegen muss, um überhaupt in den Anwendungsbereich des Art. 8 Abs. 2 zu gelangen. Der Auffassung, wonach Rechte, die die Definition gemäß Art. 8 Abs. 2 erfüllen als dingliche Rechte i. S. der Norm anzusehen sind, auch wenn das nationale Recht dies anders definiert,[4] kann nach der Rechtsprechung des EuGH nicht mehr gefolgt werden.  6

---

1) *Liersch*, Sicherungsrechte im Internationalen Insolvenzrecht; *Liersch*, NZI 2002, 15; Mankowski/Müller/*J. Schmidt*-*J. Schmidt*, EuInsVO 2015, Art. 8 Rz. 34 m. w. N.; ausdrücklich auch EuGH *(GA Szpunar)*, SA v. 26.5.2016 – Rs. C-195/15, ZIP 2016, 2073 = NZI 2016, 788.
2) *Liersch*, NZI 2002, 15; Hess/Oberhammer/Pfeiffer-*Piekenbrock*, European Insolvency Law.
3) So EuGH, Urt. v. 26.10.2016 – Rs. C-195/15, ZIP 2016, 2175, dazu EWiR 2016, 703 *(Swierczok)*.
4) Mankowski/Müller/*J. Schmidt*-*J. Schmidt*, EuInsVO 2015, Art. 8 Rz. 10.

7  Aus dem Beispielkatalog des Art. 8 Abs. 2 lassen sich zwei Kriterien entwickeln, die erfüllt sein müssen, um ein dingliches Recht als solches i. S. der Norm anzunehmen.

– Dies betrifft zum einen den Umstand, dass das Recht **direkt und unmittelbar an den Gegenstand** gebunden sein muss,
– zum anderen absolut wirkt und zwar **gegenüber jedermann**.[5]

8  In Art. 8 Abs. 1 wird klargestellt, dass sich das dingliche Recht sowohl an **bestimmten Gegenständen** als auch an einer Mehrheit von nicht bestimmten Gegenständen mit **wechselnder Zusammensetzung** ergeben kann. Hiermit soll insbesondere die **Floating Charge** nach englischem Recht erfasst werden.[6]

9  Erfasst sind in gleicher Weise Forderungen aus **privatrechtlichen** oder **öffentlich-rechtlichen** Rechtsbeziehungen. Im Sinne der Gleichbehandlung der Gläubiger hat der EuGH den Ursprung des betreffenden Rechts als gleichgültig angesehen. So sind auch dinglich gesicherte Grundsteuern von der Norm erfasst.[7]

10  Das dingliche Recht muss an einem **Gegenstand der Insolvenzmasse** bestehen. Welche Gegenstände der Insolvenzmasse zuzurechnen sind, bestimmt die lex fori concursus. Art. 8 differenziert nicht zwischen unbeweglichen Sachen, beweglichen Sachen oder Rechten.

11  Von der in Art. 8 Abs. 1 und Abs. 2 geregelten Frage, was ein dingliches Recht i. S. des Art. 8 ist und wie dieses dingliche Recht zu definieren ist, ist die Frage abzugrenzen, ob ein solches **dingliches Recht wirksam begründet** bzw. untergegangen ist. Diese sachenrechtliche Frage ist außerhalb des Insolvenzrechts selbstständig kollisionsrechtlich anzuknüpfen. Es handelt sich nicht um eine Frage des Insolvenzrechts, daher kommt Art. 8 hier nicht zur Anwendung. Es gibt auch keinen Grund i. S. einer einheitlichen Anknüpfung aus Art. 8 auf eine entsprechende Anknüpfung sachenrechtlicher Natur zu schließen. Das Sachenrecht enthält eigene Kollisionsnormen, die darüber befinden, welches Recht über die Begründung, Tragweite und Gültigkeit des dinglichen Rechts entscheidet.[8]

12  Aus deutscher Sicht ist darauf hinzuweisen, dass sich aus Art. 8 Abs. 2 lit. b ausdrücklich ergibt, dass der **Nießbrauch** als dingliches Recht i. S. der EuInsVO anzusehen ist.

### b) Gleichgestellte Rechte (Art. 8 Abs. 3)

13  Art. 8 Abs. 3 normiert, dass das in einem öffentlichen Register eingetragene und gegen jedermann wirkende Recht, ein dingliches Recht i. S. von Absatz 1 zu erlangen, einem dinglichen Recht gleichgestellt wird. Das entsprechend eingetragene

---

5) So *Reinhart* in: MünchKomm-InsO, Art. 5 EuInsVO 2000 Rz. 5; Mankowski/Müller/J. Schmidt-*J. Schmidt*, EuInsVO 2015, Art. 8 Rz. 11; Bork/van Zwieten-*Snowden*, Commentary on the European Insolvency Regulation, Art. 8 Rz. 8.24.
6) Näher erläuternd Bork/van Zwieten-*Snowden*, Commentary on the European Insolvency Regulation, Art. 8 Rz. 8.22.
7) EuGH, Urt. v. 26.10.2016 – Rs. C-195/15, ZIP 2016, 2175.
8) So auch ausdrücklich *Reinhart* in: MünchKomm-InsO, Art. 5 EuInsVO 2000 Rz. 7, ebenso Rauscher-*Mäsch*, EuZPR/EuIPR, Art. 5 EG-InsVO Rz. 4.

**Recht auf Erwerb eines Rechts** muss sich folglich auf ein dingliches Recht i. S. von Art. 8 Abs. 1 beziehen. Auf die entsprechenden Definitionen wird verwiesen. Es muss zudem gegenüber jedermann wirken, was jedoch bereits aus der Definition des dinglichen Rechts i. S. des Art. 8 Abs. 2 ebenso folgt.

Abs. 3 erfasst im deutschen Recht die **Vormerkung** gemäß § 883 BGB und das dingliche **Vorkaufsrecht**.[9] 14

### 2. Inhaber des Rechts (Art. 8 Abs. 1)

Art. 8 erfasst sowohl die dinglichen **Rechte eines Gläubigers** des Schuldners wie auch dingliche **Rechte Dritter**. Erfasst werden damit auch Kreditsicherheiten, die am Vermögen des Schuldners bestehen, jedoch Ansprüche eines Dritten absichern, dessen schuldrechtliche Forderung nicht gegen den Schuldner des Insolvenzverfahrens gerichtet ist.[10] 15

### 3. Belegenheit in einem anderen Mitgliedstaat (Art. 8 Abs. 1)

Das dingliche Recht muss an einem Gegenstand bestehen, der sich im Gebiet eines anderen **Mitgliedstaats** befindet. Es darf sich daher nicht um den Staat der Verfahrenseröffnung handeln. Ferner sind solche Mitgliedstaaten ausgenommen, die nicht im Anwendungsbereich der EuInsVO liegen. 16

Die **Belegenheit** des jeweiligen Vermögensgegenstandes ist definiert in Art. 2 Nr. 9. 17

Befindet sich der Vermögensgegenstand **im Staat der Verfahrenseröffnung**, so bleibt es bei der allgemeinen Geltung der lex fori concursus gemäß Art. 7. Ist der Vermögensgegenstand in einem **Drittstaat** belegen, findet Art. 8 keine Anwendung. Streitig ist, ob in diesem Fall Art. 7 und damit die lex fori concursus Anwendung findet[11] oder ob das autonome Kollisionsrecht des Mitgliedstaats anzuwenden ist.[12] 18

### 4. Zum Zeitpunkt der Verfahrenseröffnung (Art. 8 Abs. 1)

Die Belegenheit im Gebiet eines anderen Mitgliedstaates muss zum **Zeitpunkt der Eröffnung** des Insolvenzverfahrens gegeben sein. Da in Partikularverfahren kein Vermögensbeschlag im Ausland erfolgt und daher Art. 8 nur in Hauptinsolvenzverfahren zur Geltung kommt, meint die Eröffnung des Insolvenzverfahrens die Eröffnung eines Hauptinsolvenzverfahrens.[13] Aus der Norm folgt auch, dass auch der Bestand des dinglichen Rechts im Zeitpunkt der Eröffnung des Insolvenzverfahrens gegeben sein muss. 19

Wann eine Eröffnung des Insolvenzverfahrens vorliegt, ist in Art. 2 Nr. 8 legal definiert. 20

---

9) So auch Mankowski/Müller/J. Schmidt-*J. Schmidt*, EuInsVO 2015, Art. 8 Rz. 20 m. w. N.
10) So auch *Reinhart* in: MünchKomm-InsO, Art. 5 EuInsVO 2000 Rz. 16.
11) So Mankowski/Müller/J. Schmidt-*J. Schmidt*, EuInsVO 2015, Art. 8 Rz. 27; Rauscher-*Mäsch*, EuZPR/EuIPR, Art. 5 EG-InsVO Rz. 15.
12) So *Reinhart* in: MünchKomm-InsO, Art. 5 EuInsVO 2000 Rz. 13.
13) So auch *Reinhart* in: MünchKomm-InsO, Art. 5 EuInsVO 2000 Rz. 11; Mankowski/Müller/J. Schmidt-*J. Schmidt*, EuInsVO 2015, Art. 8 Rz. 28.

21 Die Norm ist auch dann anwendbar, wenn das Recht zum Zeitpunkt der Verfahrenseröffnung in einem Mitgliedstaat belegen war, der sich zu diesem Zeitpunkt noch nicht im **Geltungsbereich der EuInsVO** befand, dies heute jedoch ist.[14]

### 5. Keine Eröffnung eines Sekundärinsolvenzverfahrens

22 Art. 8 entfaltet nur dann Wirkung, wenn im Staat der Verfahrenseröffnung ein universal wirkendes Hauptinsolvenzverfahren eröffnet worden ist und im Staat der Belegenheit **kein Sekundärinsolvenzverfahren** angeordnet ist. Ansonsten wird der Vermögensgegenstand dem Insolvenzbeschlag des Sekundärinsolvenzverfahrens unterworfen. Es gilt nunmehr die lex fori concursus des Sekundärinsolvenzverfahrens auch hinsichtlich der Wirkungen auf den Gegenstand. Insoweit kommt dann erneut Art. 7 zur Anwendung.

23 Mit der **zeitlich nachfolgenden Eröffnung** eines Sekundärinsolvenzverfahrens entfällt damit nachträglich die Rechtsfolge des Art. 8 und es kommt zur Einbeziehung des Gegenstandes auch hinsichtlich der Wirkung auf die auf ihn wirkenden dinglichen Rechte durch die im Sekundärinsolvenzverfahren geltende lex fori concursus.

## III. Rechtsfolge

24 Art. 8 ist eine **Sachnorm**, es handelt sich nicht um eine Kollisionsnorm.[15] In Art. 8 findet sich keine Regelung, welches Recht auf die Behandlung dinglicher Rechte anwendbar sein soll. Es wird lediglich unmittelbar angeordnet, dass die Eröffnung des Insolvenzverfahrens bestimmte Rechte **nicht berühren** darf. Dies hat zur Folge, dass auf die dinglichen Rechte, soweit sie von Art. 8 erfasst sind, keine insolvenzrechtlichen Einschränkungen zur Anwendung kommen, weder solche nach dem Recht des Staates der Verfahrenseröffnung noch solche nach dem Recht der Belegenheit des Gegenstandes, an dem das dingliche Recht besteht.[16]

25 Diese Rechtsfolge ist in ihrer Weite **rechtspolitisch fragwürdig**.[17] Durch Art. 8 werden dingliche Rechte an Gegenständen in dem Gebiet eines anderen Mitgliedstaats außerhalb des Staates der Verfahrenseröffnung in einer Weise privilegiert, wie dies selbst im Interesse einer umfassenden Sicherung der Interessen der Kreditwirtschaft nicht geboten wäre. Diese Rechtsfolge ändert jedoch nichts an der hier vorgenommenen Einordnung als Sachnorm. Gegenteilige Auffassungen, die offenkundig vom rechtspolitischen Willen einer anderen Lösung getragen sind, überzeugen nicht.

26 **In der Praxis** kann lediglich der Versuch unternommen werden, durch die Eröffnung von **Sekundärinsolvenzverfahren** die entsprechenden Gegenstände, an denen dingliche Rechte bestehen, auf diese Weise in ein Insolvenzverfahren einzubeziehen,

---

14) So EuGH, Urt. v. 5.7.2012 – Rs. C-527/10, ZIP 2012, 1815. Krit. hierzu *Reinhart* in: MünchKomm-InsO, Art. 5 EuInsVO 2000 Rz. 14.
15) So bereits *Balz*, ZIP 1996, 948; v. *Wilmowsky*, EWS 1997, 295; *Liersch*, NZI 2002, 15; *Reinhart* in: MünchKomm-InsO, Art. 5 EuInsVO 2000 Rz. 17a m. w. N.
16) Ebenso *Reinhart* in: MünchKomm-InsO, Art. 5 EuInsVO 2000 Rz. 17a; Mankowski/Müller/ J. Schmidt-*J. Schmidt*, EuInsVO 2015, Art. 8 Rz. 34, beide m. w. N.; vgl. auch BGH, Beschl. v. 8.12.2016 – V ZB 41/14, ZIP 2017, 535, m. Anm. *Mankowski*, NZI 2017, 457.
17) Vgl. *Liersch*, NZI 2002, 15.

um eine Sanierung der Unternehmensgesamtheit sicherzustellen, insbesondere, wenn die Gegenstände zur Aufrechterhaltung des Geschäftsbetriebs erforderlich sind. Daneben besteht selbstverständlich die Möglichkeit, die betreffende Forderung vollständig zu befriedigen, um das Sicherungsrecht abzulösen. In diesem Fall besteht dann an dem Gegenstand kein entsprechendes dingliches Recht mehr. M. E. gilt Art. 7 ohne die Einschränkung durch Art. 8.

### IV. Ausnahmen gemäß Art. 8 Abs. 4

Der umfassende Vertrauensschutz des Art. 8 wird in Absatz 4 dahingehend eingeschränkt, dass Art. 8 Abs. 1 der Nichtigkeit, Anfechtbarkeit oder relativen Unwirksamkeit einer Rechtshandlung nach Art. 7 Abs. 2 Satz 2 lit. m nicht entgegensteht. Dies bedeutet, dass der Schutz des dinglichen Rechts gemäß Art. 8 dann nicht greift, wenn das dingliche Recht selbst durch eine **gläubigerbenachteiligende Handlung** gewährt wurde. Es kommt daher hier zunächst wieder die lex fori concursus gemäß Art. 7 zur Anwendung, soweit sich nicht aus Art. 16 andere Schutzvorschriften ergeben. 27

Allein das **Verbringen eines Gegenstandes**, an dem entsprechende dingliche Rechte bestehen, kurz vor Eröffnung des Insolvenzverfahrens in einen anderen Mitgliedstaat lässt die Wirkung von Art. 8 Abs. 1 nicht entfallen. Hinzutreten muss ein Anfechtungstatbestand bzw. ein anderer Grund für die Nichtigkeit oder Unwirksamkeit der Rechtshandlung.[18] 28

---

18) A. A. offenbar Mankowski/Müller/J. Schmidt-*J. Schmidt*, EuInsVO 2015, Art. 8 Rz. 37.

# Artikel 9
## Aufrechnung

**(1) Die Befugnis eines Gläubigers, mit seiner Forderung gegen eine Forderung eines Schuldners aufzurechnen, wird von der Eröffnung des Insolvenzverfahrens nicht berührt, wenn diese Aufrechnung nach dem für die Forderung des insolventen Schuldners maßgeblichen Recht zulässig ist.**

**(2) Absatz 1 steht der Nichtigkeit, Anfechtbarkeit oder relativen Unwirksamkeit einer Rechtshandlung nach Artikel 7 Absatz 2 Buchstabe m nicht entgegen.**

Literatur: *Bork*, Die Aufrechnung im internationalen Insolvenzverfahren, ZIP 2002, 690; *Leible/Staudinger*, Die europäische Verordnung über Insolvenzverfahren, KTS 2000, 533; *Liersch*, Deutsches Internationales Insolvenzrecht, NZI 2003, 302.

### Übersicht

| | |
|---|---|
| I. Zweck der Norm ............... 1 | 3. Forderungen zum Zeitpunkt der Verfahrenseröffnung entstanden ........................... 10 |
| II. Tatbestandsvoraussetzungen (Art. 9 Abs. 1) ...................... 6 | |
| 1. Eingriff in das Recht der Aufrechnung nach der lex fori concursus ......... 6 | III. Rechtsfolge .......................... 11 |
| | IV. Ausnahmen gemäß Art. 9 Abs. 2 ................................ 12 |
| 2. Zulässigkeit der Aufrechnung nach dem Statut der Hauptforderung ........... 7 | |

# Artikel 9 — Aufrechnung

## I. Zweck der Norm

1 Das Recht zur Aufrechnung führt im Insolvenzfall regelmäßig zu einer Sicherung und Befriedigung einer Forderung, wo ansonsten durch das Insolvenzereignis nur eine quotale Befriedigung als Insolvenzforderung zu erwarten ist.[1] Vor diesem Hintergrund hat das Recht zur Aufrechnung eine Sicherungsfunktion, die in grenzüberschreitenden Fällen gefährdet sein kann, wenn durch die Verfahrenseröffnung in einem anderen Mitgliedstaat die dortige lex fori concursus gemäß Art. 7 zur Anwendung kommt, welche möglicherweise umfassende Einschränkungen des Rechts zur Aufrechnung in der Insolvenz kennt.

2 Art. 9 dient daher dem **Vertrauensschutz** des Gläubigers in die Aufrechenbarkeit mit einer Forderung des Schuldners. Die Norm hat nur dann einen **Anwendungsbereich**, wenn nach der lex fori concursus eine außerhalb der Insolvenz bestehende Aufrechnungslage eingeschränkt wird. In diesem Fall soll ergänzend geprüft werden, ob die Aufrechnung nach dem für die Forderung des insolventen Schuldners **maßgeblichen Recht** zulässig wäre. Nur wenn auch nach dieser Rechtsordnung ebenfalls eine Einschränkung der Aufrechnung im Insolvenzfall gewährt wird, so kommt die Einschränkung der Aufrechnungslage gemäß der lex fori concursus zur Geltung. Anderenfalls soll Bestandsschutz nach der für die Forderung des insolventen Schuldners maßgeblichen Rechtsordnung durchgreifen.

3 Im Ergebnis führt die Regelung dazu, dass in solchen grenzüberschreitenden Sachverhalten die Aufrechnungsmöglichkeiten umfangreicher gegeben sind, als dies bei reinen nationalen Sachverhalten der Fall wäre, da jeweils zwei **Tatbestandsvoraussetzungen kumulativ** vorliegen müssen und sich im Ergebnis zulasten der Gläubigergleichbehandlung die Rechtsordnung durchsetzt, die die großzügigsten Aufrechnungsmöglichkeiten enthält.

4 Art. 12 enthält für die Aufrechnung i. R. von **Zahlungs- und Finanzierungssystemen** eine gesonderte Regelung, die Art. 9 verdrängt.

5 Die **Neufassung der EuInsVO** hat den Regelungsgehalt von Art. 9 nicht geändert. Der frühere Art. 6 (a. F.) ist identisch. Ein Kommissionsvorschlag zur Einführung eines Art. 6a für Aufrechnungs- und Schuldumwandlungsvereinbarungen ist nicht umgesetzt worden.

## II. Tatbestandsvoraussetzungen (Art. 9 Abs. 1)

### 1. Eingriff in das Recht der Aufrechnung nach der lex fori concursus

6 Voraussetzung ist zunächst, dass nach dem **Insolvenzstatut** ein Eingriff in das Recht der Aufrechnung erfolgt und damit die Aufrechnung unzulässig wird.[2] Die grundsätzliche Maßgeblichkeit des Insolvenzstatuts hinsichtlich der Voraussetzungen für die Wirksamkeit einer Aufrechnung ergibt sich aus Art. 7 Abs. 2 Satz 2 lit. d. Art und Umfang der Beschränkung ist für den Tatbestand unerheblich, maßgeblich ist, dass durch das Insolvenzereignis eine Aufrechnung eingeschränkt wird, die außerhalb der Insolvenz möglich wäre.

---

1) Vgl. zur Funktion der Insolvenzaufrechnung *Jeremias*, Internationale Insolvenzaufrechnung, S. 136 ff.
2) So zu § 338 InsO auch BGH, Urt. v. 8.2.2018 – IX ZR 103/17, ZIP 2018, 1299.

## 2. Zulässigkeit der Aufrechnung nach dem Statut der Hauptforderung

Führt das Insolvenzstatut zu einer Einschränkung der Aufrechnungsmöglichkeit, ist weitere Voraussetzung des Art. 9 das **Bestehen einer Aufrechnungsbefugnis nach der lex causae**, also dem Statut der Hauptforderung. Es wird damit auf das außerhalb der Insolvenz maßgebliche Recht verwiesen. Das Statut der Hauptforderung wird nicht durch die EuInsVO selbst bestimmt, sondern ist eine Vorfrage, die selbstständig anzuknüpfen ist. Maßgeblich ist hier die Rom I-VO. Danach ist auch eine **Rechtswahl** der Anknüpfung zulässig. Das Insolvenzereignis soll gerade keinen Einfluss auf die Bestimmung des Statuts der Hauptforderung haben, nach welchem hier ergänzend die Aufrechnung geprüft wird.

Bei dem Statut der Hauptforderung muss es sich nicht um das Recht eines Mitgliedstaates handeln. Bereits aus dem Wortlaut der Norm ist erkennbar, dass das Statut der Hauptforderung auch das **Recht eines Drittstaates** sein kann.[3] Wo sich der Mittelpunkt der hauptsächlichen Interessen des Inhabers der Hauptforderung befindet, ist gleichgültig.[4]

Bei der Prüfung der Aufrechnungslage nach dem Statut der Hauptforderung kommen neben den allgemeinen Aufrechnungsregelungen **auch insolvenzspezifische Normen**, insbesondere Einschränkungen des Aufrechnungsrechtes nach dem Statut der Hauptforderung, zur Anwendung.[5] Der Vertrauensschutz des Art. 9 bezieht sich ausschließlich darauf, dass bei rein inländischen Sachverhalten und einem Zusammentreffen von Insolvenzstatut und Statut der Hauptforderung nach der gleichen Rechtsordnung eine dortige Aufrechnungslage nunmehr auch in grenzüberschreitenden Fällen gewahrt werden soll. Dies ändert nichts daran, dass eine nach dem Statut der Hauptforderung bestehende Einschränkung des Aufrechnungsrechtes in der Insolvenz auch in einem grenzüberschreitenden Sachverhalt gelten soll.

## 3. Forderungen zum Zeitpunkt der Verfahrenseröffnung entstanden

Art. 9 setzt voraus, dass sowohl die Forderung des Gläubigers als auch die Forderung des Schuldners bereits **vor der Eröffnung** des Insolvenzverfahrens **entstanden** sein muss.[6] Bereits aus dem Wortlaut ergibt sich, dass zwei Forderungen bestehen müssen, bzgl. derer eine Aufrechnungslage eingeschränkt werden könnte, ansonsten ist das „Nichtberühren" nicht zu verstehen. Es gäbe ferner auch keinen Grund für einen entsprechenden Vertrauensschutz des Gläubigers.

---

3) So auch Mankowski/Müller/J. Schmidt-*J. Schmidt*, EuInsVO 2015, Art. 9 Rz. 14; *Reinhart* in: MünchKomm-InsO, Art. 6 EuInsVO 2000 Rz. 10; Rauscher-*Mäsch*, EuZPR/EuIPR, Art. 6 EG-InsVO Rz. 6; Bork/van Zwieten-*Snowden*, Commentary on the European Insolvency Regulation, Art. 9 Rz. 9.16; a. A. *Bork*, ZIP 2002, 690, 694; *Leible/Staudinger*, KTS 2000, 533, 554.

4) So richtigerweise Uhlenbruck-*Lüer*, InsO, Art. 6 EuInsVO Rz. 3.

5) *Liersch*, NZI 2003, 302; Bork/van Zwieten-*Snowden*, Commentary on the European Insolvency Regulation, Art. 9 Rz. 9.13. Vgl. auch BGH, Urt. v. 8.2.2018 – IX ZR 103/17, ZIP 2018, 1299.

6) So die ganz h. A., vgl. nur *Reinhart* in: MünchKomm-InsO, Art. 6 EuInsVO 2000 Rz. 4 m. w. N.

## III. Rechtsfolge

11 Art. 9 spricht davon, dass bei Vorliegen der Tatbestandsvoraussetzungen die Aufrechnungsbefugnis von der Eröffnung des Insolvenzverfahrens **nicht berührt** wird. Hierunter ist zu verstehen, dass eine Aufrechnungsbefugnis, welche nach dem Statut der Hauptforderung gegeben ist, bestehen bleibt, obwohl grundsätzlich nach Art. 7 das Insolvenzstatut zur Anwendung kommt. Der Gläubiger kann also wirksam aufrechnen, auch wenn das Insolvenzstatut eine solche Aufrechnung als unzulässig ansehen würde. Entsprechend der dargestellten Vertrauenserwägung kommt damit im Ergebnis immer das **für den Gläubiger günstigere Recht** zur Anwendung. Das Recht zur Aufrechnung kann sich ergeben aus dem Insolvenzstatut selbst oder in Anwendung von Art. 9 durch das Statut der Hauptforderung.

## IV. Ausnahmen gemäß Art. 9 Abs. 2

12 Art. 9 Abs. 2 enthält eine **Rückausnahme** entsprechend der Regelung in Art. 8 Abs. 4 bzw. Art. 10 Abs. 3. Durch Art. 9 Abs. 2 wird der Vertrauensschutz des Art. 9 dahingehend eingeschränkt, dass Absatz 1 der Norm der Nichtigkeit, Anfechtbarkeit oder relativen Unwirksamkeit eine Rechtshandlung nach Art. 7 Abs. 2 Satz 2 lit. m nicht entgegensteht. Dies bedeutet hier, dass der Schutz der Aufrechnungslage gemäß Art. 9 dann nicht greift, wenn etwa die Aufrechnungslage selbst durch eine gläubigerbenachteiligende Handlung hergestellt wurde. Es kommt dann hier zunächst wieder die lex fori concursus gemäß Art. 7 zur Anwendung, soweit sich nicht aus Art. 16 andere Schutzvorschriften ergeben.

13 Neben der Begründung der Aufrechnungslage kann sich die Anfechtbarkeit oder sonstige Unwirksamkeit auch auf das Bestehen der beiden Forderungen und ggf. auch auf die Rechtswahl der Parteien beziehen. Hinzutreten muss jedoch jeweils das Vorliegen eines entsprechenden Anfechtungstatbestands bzw. ein anderer Grund für die Nichtigkeit oder Unwirksamkeit der Rechtshandlung.[7]

---

7) So im Ergebnis auch *Reinhart* in: MünchKomm-InsO, Art. 6 EuInsVO 2000 Rz. 13.

# Artikel 10
## Eigentumsvorbehalt

(1) Die Eröffnung eines Insolvenzverfahrens gegen den Käufer einer Sache lässt die Rechte der Verkäufer aus einem Eigentumsvorbehalt unberührt, wenn sich diese Sache zum Zeitpunkt der Eröffnung des Verfahrens im Hoheitsgebiet eines anderen Mitgliedstaats als dem der Verfahrenseröffnung befindet.

(2) Die Eröffnung eines Insolvenzverfahrens gegen den Verkäufer einer Sache nach deren Lieferung rechtfertigt nicht die Auflösung oder Beendigung des Kaufvertrags und steht dem Eigentumserwerb des Käufers nicht entgegen, wenn sich diese Sache zum Zeitpunkt der Verfahrenseröffnung im Hoheitsgebiet eines anderen Mitgliedstaats als dem der Verfahrenseröffnung befindet.

(3) Die Absätze 1 und 2 stehen der Nichtigkeit, Anfechtbarkeit oder relativen Unwirksamkeit einer Rechtshandlung nach Artikel 7 Absatz 2 Buchstabe m nicht entgegen.

# Artikel 10

**Literatur:** *Huber*, Internationales Insolvenzrecht in Europa – Das internationale Privat- und Verfahrensrecht der Europäischen Insolvenzverordnung, ZZP 114 (2001), 133; *Mankowski*, Insolvenznahe Verfahren im Grenzbereich zwischen EuInsVO und EuGVVO – Zur Entscheidung des EuGH in Sachen German Graphics (NZI 2009, 741), NZI 2010, 508.

### Übersicht

| | |
|---|---|
| I. Zweck der Norm .................. 1 | III. Rechtsfolge ............................ 11 |
| II. Tatbestandsvoraussetzungen ........... 4 | 1. Käuferinsolvenz (Art. 10 Abs. 1) ....... 11 |
| 1. Eigentumsvorbehalt ............ 4 | 2. Verkäuferinsolvenz |
| 2. Begründung vor Verfahrenseröffnung ............................. 6 | (Art. 10 Abs. 2) ......................... 14 |
| | IV. Ausnahmen gemäß |
| 3. Belegenheit in einem anderen Mitgliedstaat ..................... 7 | Art. 10 Abs. 3 ............................. 16 |

## I. Zweck der Norm

Art. 10 enthält eine Sonderregelung für den **einfachen Eigentumsvorbehalt** und ist im Zusammenhang mit Art. 8 zu sehen.[1] Während Art. 8 allgemein eine Regelung zum Vertrauensschutz des gesicherten Gläubigers in der Insolvenz enthält, regelt Art. 10 speziell den einfachen Eigentumsvorbehalt, sowohl in der **Käufer-** wie in der **Verkäuferinsolvenz**. Der Schutzgedanke beider Vorschriften ist jedoch identisch. Auch durch Art. 10 soll gewährleistet werden, dass durch die Eröffnung eines Insolvenzverfahrens und der Geltung des Insolvenzstatuts nicht Einschränkungen von Rechten zum Tragen kommen, welche bei reinen Inlandsfällen durch die Vereinbarung eines Eigentumsvorbehalts bzw. die Erlangung eines Anwartschaftsrechtes gewahrt wären.    1

Art. 10 enthält **sachrechtliche Bestimmungen** und ist keine Kollisionsnorm.[2] Es wird gerade nicht auf die Anwendbarkeit einer nationalen Rechtsordnung verwiesen, stattdessen erfolgt unmittelbar eine inhaltliche Ausgestaltung in grenzüberschreitenden Sachverhalten durch das europäische Recht.    2

Durch die **Reform der Verordnung** ist es zu keinen Veränderungen der Norm gekommen. Vorschläge zur Änderung des früheren Art. 7, heute Art. 10, wurden nicht aufgegriffen.    3

## II. Tatbestandsvoraussetzungen

### 1. Eigentumsvorbehalt

Art. 10 verlangt tatbestandlich das Vorliegen eines Eigentumsvorbehalts. Eine **Definition**, was unter einem Eigentumsvorbehalt zu verstehen ist, enthält Art. 10 nicht, auch ein Beispielkatalog i. S. des Art. 8 Abs. 2 fehlt hier. Es entspricht jedoch dem allgemeinen Verständnis der Norm, dass Art. 10 allein auf den einfachen Eigentumsvorbehalt Anwendung findet.[3] Eine Regelungslücke verbleibt dennoch nicht, da die **Erweiterungsformen des Eigentumsvorbehalts** vorbehaltlich ihrer Einord-    4

---

1) Die Differenzierung beruht darauf, dass der einfache Eigentumsvorbehalt nicht uneingeschränkt als dingliches Recht betrachtet wurde, vgl. *Huber*, ZZP 114 (2001), 133.
2) EuGH, Urt. v. 10.9.2009 – Rs. C-292/08 (German Graphics Graphische Maschinen GmbH), ZIP 2009, 2345 = NZI 2009, 741; vgl. auch *Mankowski*, NZI 2010, 508.
3) So auch Mankowski/Müller/*J. Schmidt*-*J. Schmidt*, EuInsVO 2015, Art. 10 Rz. 7; *Reinhart* in: MünchKomm-InsO, Art. 7 EuInsVO 2000 Rz. 3.

nung als dingliches Recht in den Anwendungsbereich des Art. 8 fallen. Insofern ist Art. 10 als Sondervorschrift zu Art. 8 allein in dem bilateralen Verhältnis zwischen Käufer und Verkäufer zu verstehen.

5 Ob ein Eigentumsvorbehalt **wirksam begründet** ist, ist eine selbstständig anzuknüpfende Vorfrage. Diese ist nicht insolvenzrechtlich zu beantworten, sondern bestimmt sich nach dem allgemeinen Kollisionsrecht.

### 2. Begründung vor Verfahrenseröffnung

6 Der Eigentumsvorbehalt muss **vor der Eröffnung** des Insolvenzverfahrens begründet worden sein. Aus der Systematik des Art. 10 ergibt sich, dass es sich diesbezüglich um die Eröffnung eines **Hauptinsolvenzverfahrens** handeln muss, das eine universelle Wirkung besitzt. Ansonsten wären keine Vermögensgegenstände von diesem Verfahren erfasst, welche sich außerhalb des Staates der Verfahrenseröffnung befinden. Der Zeitpunkt der Verfahrenseröffnung selbst bestimmt sich nach Art. 2 Nr. 8.

### 3. Belegenheit in einem anderen Mitgliedstaat

7 Der Kaufgegenstand muss im Zeitpunkt der Eröffnung des Insolvenzverfahrens im Hoheitsgebiet eines anderen **Mitgliedstaates** als dem der Verfahrenseröffnung belegen sein. Eine Definition des Belegenheitsortes findet sich in Art. 2 Nr. 9. Trotz der geringfügigen sprachlichen Differenz zu Art. 8 sind die Tatbestandsvoraussetzungen hier als identisch anzusehen.

8 Befindet sich der Gegenstand zum Zeitpunkt der Eröffnung des Insolvenzverfahrens nicht in einem Mitgliedstaat, sondern in einem **Drittstaat**, so ist Art. 10 nicht anwendbar. Im Verhältnis zu einem Drittstaat kommt die EuInsVO hier nicht zur Anwendung, es gilt das allgemeine autonome Internationale Insolvenzrecht.[4]

9 Befindet sich der Gegenstand im **Staat der Verfahrenseröffnung**, kommt Art. 10 ebenfalls nicht zur Anwendung. Es bleibt bei der Anwendbarkeit von Art. 7.

10 Ist der Gegenstand in einem anderen Mitgliedstaat belegen, dort jedoch ein **Sekundärinsolvenzverfahrens** eröffnet, so kommt Art. 10 ebenfalls nicht zur Anwendung, da der Vermögensgegenstand dem Insolvenzbeschlag des Hauptinsolvenzverfahrens entzogen ist. Die Behandlung des Rechtes aus Eigentumsvorbehalt erfolgt dann allein nach dem Insolvenzstatut des Sekundärinsolvenzverfahrens.

## III. Rechtsfolge

### 1. Käuferinsolvenz (Art. 10 Abs. 1)

11 Nach Art. 10 Abs. 1 wird die Wirkung des Insolvenzstatuts inhaltlich eingeschränkt. Es erfolgt somit **keine Verweisung**. Es handelt sich nicht um eine Kollisionsnorm, sondern um eine Sachnorm. Die Rechte des Verkäufers aus dem Eigentumsvorbehalt bleiben „**unberührt**". Die Eröffnung des Insolvenzverfahrens hat somit keinen Einfluss auf den vereinbarten Eigentumsvorbehalt. Es bleibt bei den Rechten,

---

[4] So richtigerweise *Reinhart* in: MünchKomm-InsO, Art. 7 EuInsVO 2000 Rz. 7; a. A. Mankowski/Müller/J. Schmidt-*J. Schmidt*, EuInsVO 2015, Art. 10 Rz. 12.

welche ohne das Insolvenzereignis gelten. Umgekehrt wird durch Art. 10 Abs. 1 dem Verkäufer keine weitergehende Rechtsposition zugewiesen.

Der Kaufgegenstand selbst ist ungeachtet von Art. 10 Abs. 1 **Gegenstand der Insolvenzmasse.** Auch hier besteht eine Parallelität zu Art. 8. Nach einer Verwertung steht damit ein über die gesicherte Kaufpreisforderung hinausgehender Erlös der Insolvenzmasse zu. Ferner hat der Insolvenzverwalter das Recht, den Eigentumsvorbehalt abzulösen, um den Gegenstand i. R. einer Sanierung miteinzubeziehen. Auch hier besteht eine Parallelität zu Art. 8.

12

Die prozessuale Durchsetzung des Eigentumsvorbehalts kann nicht i. R. einer Annexzuständigkeit des Art. 3 auf die EuInsVO gestützt werden. Die **internationale Zuständigkeit** richtet sich nach der EuGVVO.[5]

13

### 2. Verkäuferinsolvenz (Art. 10 Abs. 2)

Art. 10 Abs. 2 schützt die Rechtsposition des Käufers einer Sache. Es wird sachrechtlich angeordnet, dass im Fall der Insolvenz des Verkäufers weder die Auflösung noch die Beendigung des Kaufvertrages gerechtfertigt sei und auch dem Eigentumserwerb des Käufers die Insolvenz nicht entgegensteht. Es wird daher durch die Verordnung selbst ein **insolvenzfestes Anwartschaftsrecht** hergestellt. Daraus folgt, dass bei Belegenheit der Kaufsache außerhalb des Staates der Verfahrenseröffnung ein weitergehender Schutz des Käufers besteht, als dies bei einem rein nationalen Inlandssachverhalt der Fall wäre. Hier kommt Art. 10 nicht zur Anwendung und damit wären Eingriffe etwa durch das Insolvenzstatut möglich. Ob das Recht, unter dem der Eigentumsvorbehalt vereinbart wurde, die Rechtsposition des Vorbehaltskäufers insolvenzfest ausgestaltet, ist im Anwendungsbereich von Art. 10 Abs. 2 irrelevant.[6]

14

Der Schutz des Art. 10 Abs. 2 greift jedoch dann nicht, wenn in dem Staat der Belegenheit der Sache ein **Sekundärinsolvenzverfahren** eröffnet wird. In diesem Fall findet Art. 10 tatbestandlich keine Anwendung, da der Vermögenswert nicht von dem hier erfassten Hauptinsolvenzverfahren berührt wird. Die Eröffnung des Sekundärinsolvenzverfahrens beschränkt die entsprechende Wirkungserstreckung. Es gibt keinen Grund, die ohnehin sehr weite Schutznorm des Art. 10 Abs. 2 weiter auszudehnen, selbst wenn ein Sekundärinsolvenzverfahren im Staat der Belegenheit eröffnet ist.[7]

15

### IV. Ausnahmen gemäß Art. 10 Abs. 3

Art. 10 Abs. 3 enthält eine **Rückausnahme** entsprechend der Regelung in Art. 8 Abs. 4 bzw. Art. 9 Abs. 2. Durch Art. 10 Abs. 3 wird der Vertrauensschutz des Art. 10 dahingehend eingeschränkt, dass Absatz 1 und 2 der Norm der Nichtigkeit, Anfechtbarkeit oder relativen Unwirksamkeit einer Rechtshandlung nach Art. 7

16

---

5) EuGH, Urt. v. 10.9.2009 – Rs. C-292/08 (German Graphics Graphische Maschinen GmbH), ZIP 2009, 2345 = NZI 2009, 741.
6) So Mankowski/Müller/J. Schmidt-*J. Schmidt*, EuInsVO 2015, Art. 10 Rz. 7 m. w. N.
7) So auch *Reinhart* in: MünchKomm-InsO, Art. 7 EuInsVO 2000 Rz. 12; a. A. Mankowski/Müller/J. Schmidt-*J. Schmidt*, EuInsVO 2015, Art. 10 Rz. 18; Rauscher-*Mäsch*, EuZPR/EuIPR, Art. 7 EuInsVO Rz. 10.

Abs. 2 lit. m nicht entgegensteht. Dies bedeutet, dass der Schutz des Eigentumsvorbehalts bzw. des Anwartschaftsrechts dann nicht greift, wenn eine gläubigerbenachteiligende Handlung vorliegt. In einem solchen Fall kommt zunächst wieder die lex fori concursus gemäß Art. 7 zur Anwendung, soweit sich nicht aus Art. 16 andere Schutzvorschriften ergeben.

17 Die gläubigerbenachteiligende Rechtshandlung kann sich sowohl auf die Begründung des Eigentumsvorbehaltes als auch auf die Wahl des Belegenheitsortes beziehen. Eine pauschale Nichtanwendbarkeit des Art. 10 im Falle einer entsprechenden **Wahl des Belegenheitsortes** ist jedoch nicht geboten. Auch hier bedarf es einer entsprechenden tatbestandlichen Anfechtbarkeit, Nichtigkeit oder sonstigen Unwirksamkeit entsprechend Art. 10 Abs. 3.[8]

---

8) A. A. offenbar Mankowski/Müller/*J. Schmidt-J. Schmidt*, EuInsVO 2015, Art. 10 Rz. 21.

# Artikel 11
## Vertrag über einen unbeweglichen Gegenstand

(1) Für die Wirkungen des Insolvenzverfahrens auf einen Vertrag, der zum Erwerb oder zur Nutzung eines unbeweglichen Gegenstands berechtigt, ist ausschließlich das Recht des Mitgliedstaats maßgebend, in dessen Hoheitsgebiet sich dieser Gegenstand befindet.

(2) Die Zuständigkeit für die Zustimmung zu einer Beendigung oder Änderung von Verträgen nach diesem Artikel liegt bei dem Gericht, das das Hauptinsolvenzverfahren eröffnet hat, wenn

a) ein derartiger Vertrag nach den für diese Verträge geltenden Rechtsvorschriften des Mitgliedstaats nur mit Zustimmung des Gerichts der Verfahrenseröffnung beendet oder geändert werden kann und

b) in dem betreffenden Mitgliedstaat kein Insolvenzverfahren eröffnet worden ist.

Literatur: *Balz*, Das neue Europäische Insolvenzübereinkommen, ZIP 1996, 948; *Huber*, Internationales Privat- und Verfahrensrecht der Europäischen Insolvenzverordnung, ZZP 114 (2001), 133; *Virgós/Schmit*, Erster Teil: EU-Übereinkommen über Insolvenzverfahren, Kap. B – Erläuternder Bericht, in: Stoll, Vorschläge und Gutachten zur Umsetzung des EU-Übereinkommens über Insolvenzverfahren im deutschen Recht, 1997, S. 32 (zit.: *Virgós/Schmit* in: Stoll, Vorschläge und Gutachten).

### Übersicht

| | |
|---|---|
| I. Zweck der Norm .................... 1 | 4. Belegenheit in einem anderen Mitgliedstaat ........................ 13 |
| II. Tatbestandsvoraussetzungen (Art. 11 Abs. 1) ..................... 5 | 5. Rechtsfolge ........................ 15 |
| 1. Unbeweglicher Gegenstand ........ 5 | III. Internationale Zuständigkeit (Art. 11 Abs. 2) ..................... 17 |
| 2. Erfasste Verträge .................. 8 | |
| 3. Vertrag zum Zeitpunkt der Verfahrenseröffnung begründet .......... 12 | |

Vertrag über einen unbeweglichen Gegenstand **Artikel 11**

## I. Zweck der Norm

Art. 11 Abs. 1 soll dem **Schutz des lokalen Rechtsverkehrs** dienen, indem Verträge 1
über unbewegliche Gegenstände ausschließlich nach dem Recht des Mitgliedstaates
behandelt werden sollen, in dessen Gebiet dieser Gegenstand belegen ist. Die Wirkungen eines Insolvenzverfahrens werden damit abweichend von Art. 7 hier dem Insolvenzstatut entzogen. Es erfolgt eine **kollisionsrechtliche Sonderanknüpfung**.

Die Anwendung des Rechts der Belegenheit (lex rei sitae) verdrängt das Vertrags- 2
statut (lex causae).[1] Dieser grundsätzliche Eingriff der EuInsVO in die Rechtwahl
der Parteien ist rechtspolitisch kaum verständlich, lässt doch die Rom I-VO außerhalb der Insolvenz eine Rechtswahl ausdrücklich zu. Es ist schwerlich nachvollziehbar, warum innerhalb der Insolvenz hier zum Schutz des lokalen Rechtsverkehrs eine **Einschränkung der Vertragsfreiheit** geboten ist.

Art. 11 Abs. 1 enthält eine Regelung betreffend Verträge, die zum Erwerb oder zur 3
Nutzung eines unbeweglichen Gegenstands berechtigen. Die Norm ist im **Zusammenhang mit Art. 14** zu lesen. Danach werden die Wirkungen des Insolvenzverfahrens auf Rechte des Schuldners an unbeweglichen Gegenständen, die der Eintragung in ein öffentliches Register unterliegen, dem Recht des Mitgliedstaats zugewiesen, unter dessen Aufsicht das Register geführt wird. Im Ergebnis kommt bei
Art. 14 daher ebenfalls das Recht der Belegenheit der Sache zur Anwendung.

Art. 11 Abs. 1 (Art. 8 a. F.) hat im Zuge der **Reform der EuInsVO** keine Ände- 4
rung erfahren. Ergänzt wurde Art. 11 Abs. 2 der Norm. Dieser enthält eine Regelung
der internationalen Zuständigkeit. Hierdurch soll eine Kompetenzlücke geschlossen
werden, die sich daraus ergibt, dass im Recht des Belegenheitsstaates kein Insolvenzverfahren eröffnet ist und damit auch keine gerichtliche Zuständigkeit für das
Verfahren gegeben ist.

## II. Tatbestandsvoraussetzungen (Art. 11 Abs. 1)

### 1. Unbeweglicher Gegenstand

Die hier erfassten Verträge müssen sich auf einen unbeweglichen Gegenstand be- 5
ziehen. Die **Qualifikation** eines Gegenstands als unbeweglich wird von der ganz
h. A. **verordnungsautonom** vorgenommen.[2]

Unbeweglicher Gegenstand ist auch der **Wohnungseigentumsanteil** sowie das **Bruch-** 6
**teilseigentum** an einem Grundstück.[3]

Hingegen fallen **Luftfahrzeuge und Schiffe** nicht unter den Begriff des unbeweg- 7
lichen Gegenstands nach Art. 8. Dies folgt aus Art. 14, wo die Begriffe unbeweglicher Gegenstand, Schiff und Luftfahrzeug nebeneinander gebraucht werden,
letztere somit nicht selbst unbeweglicher Gegenstand i. S. der EuInsVO sein sollen.

---

1) *Huber*, ZZP 114 (2001), 133.
2) Vgl. Mankowski/Müller/J. Schmidt-*Mankowski*, EuInsVO 2015, Art. 11 Rz. 11; *Reinhart* in: MünchKomm-InsO, Art. 8 EuInsVO 2000 Rz. 4.
3) BGH, Beschl. v. 20.7.2017 – IX ZB 69/16, ZIP 2017, 1627; Mankowski/Müller/J. Schmidt-*Mankowski*, EuInsVO 2015, Art. 11 Rz. 6.

Verträge betreffend Luftfahrzeuge und Schiffe sollen daher nicht von Art. 11 erfasst sein.

### 2. Erfasste Verträge

8 Die Norm erfasst Verträge, die zum Erwerb oder zur Nutzung eines unbeweglichen Gegenstands berechtigen, bezieht sich daher auf **schuldrechtliche Verträge**, wobei es gleichgültig ist, welche der Vertragsparteien insolvent ist.

9 Erwerbsverträge sind **Kauf- und Schenkungsverträge**. Hierbei muss sich der Erwerb jeweils auf die Eigentumsposition beziehen.[4] Der Erwerb eines Grundpfandrechts ist von Art. 11 nicht erfasst.[5] Gleiches gilt für den Erwerb von Anteilen an Immobiliengesellschaften.[6]

10 Verträge, die auf die Nutzung eines unbeweglichen Gegenstandes abzielen, sind **Miet-, Pacht- oder Leasingverträge**. Auf die Entgeltlichkeit des Vertrages kommt es nicht an.[7]

11 Unerheblich ist, welche Partei insolvent ist. Ferner ist es auch gleichgültig, ob sich der Vertrag auf einen Gegenstand bezieht, der Teil der Insolvenzmasse ist.

### 3. Vertrag zum Zeitpunkt der Verfahrenseröffnung begründet

12 Art. 11 Abs. 1 bezieht sich ausschließlich auf Verträge, die bereits im **Zeitpunkt der Verfahrenseröffnung** begründet worden sind. Der Zeitpunkt der Verfahrenseröffnung ist definiert in Art. 2 Nr. 8. Der Vertrag muss zu diesem Zeitpunkt von beiden Vertragsparteien wirksam geschlossen sein. Ausreichend ist die entsprechende schuldrechtliche Verpflichtung. Unerheblich ist, ob daneben etwa bereits eine Auflassung erklärt wurde.

### 4. Belegenheit in einem anderen Mitgliedstaat

13 Ungeschriebenes Tatbestandsmerkmal ist die Belegenheit des unbeweglichen Gegenstands **außerhalb des Staates der Verfahrenseröffnung**. Bei Belegenheit im Staat der Verfahrenseröffnung bedarf es der Regelung des Art. 11 Abs. 1 nicht. Hier käme gemäß Art. 7 das Insolvenzstatut zur Anwendung, so dass ein Auseinanderfallen von Insolvenzstatut und Belegenheitsstatut nicht möglich ist.

14 Aus dem Wortlaut ergibt sich eindeutig, dass hier nur solche unbeweglichen Gegenstände erfasst sind, die sich in einem Hoheitsgebiet eines Mitgliedstaats befinden. Unbewegliche Gegenstände, die sich in einem **Drittstaat** befinden, sind hier folglich nicht erfasst.[8]

### 5. Rechtsfolge

15 Art. 11 Abs. 1 führt betreffend der erfassten Verträge dazu, dass für die Wirkung des Insolvenzverfahrens auf den Vertrag ausschließlich das Recht des Mitgliedstaats

---

[4] *Virgós/Schmit* in: Stoll, Vorschläge und Gutachten, Rz. 118; *Balz*, ZIP 1996, 948.
[5] So auch *Reinhart* in: MünchKomm-InsO, Art. 8 EuInsVO 2000 Rz. 6.
[6] Uhlenbruck-*Lüer*, InsO, Art. 8 EuInsVO Rz. 8.
[7] Mankowski/Müller/J. Schmidt-*Mankowski*, EuInsVO 2015, Art. 11 Rz. 20.
[8] Uhlenbruck-*Lüer*, InsO, Art. 8 EuInsVO Rz. 12.

maßgeblich ist, in dessen Hoheitsgebiet dieser Gegenstand belegen ist. Nach ganz h. A. handelt es sich dabei um eine **Sachnormverweisung**.[9] Es kommen die insolvenzrechtlichen Regelungen des Staates der Belegenheit zur Anwendung, die Wirkungen auf den Vertrag entfalten, hierzu gehören auch die Wirkungen der Verfahrenseröffnung auf den Vertrag selbst. Hingegen erfolgt keine Verweisung auf das Insolvenzverfahrensrecht des Staates der Belegenheit.[10] Das Recht der Insolvenzanfechtung eines Vertrages über einen unbeweglichen Gegenstand bestimmt sich nach Art. 16.[11]

Art. 11 Abs. 1 erfasst **keine Rang- oder Verteilungsfragen**. Schadensersatzforderungen aufgrund etwa der Beendigung eines Vertrages bestimmen sich gemäß Art. 7 Abs. 2 Satz 2 lit. i nach dem Insolvenzstatut.[12]   16

### III. Internationale Zuständigkeit (Art. 11 Abs. 2)

Art. 11 Abs. 2 enthält eine Regelung der internationalen Zuständigkeit, die für den Fall eine Regelung trifft, dass für die Beendigung oder Änderung von Verträgen gemäß Absatz 1 nach dem Recht der Belegenheit eine **Zustimmung des Gerichts der Verfahrenseröffnung** erforderlich ist, in dem jeweiligen Mitgliedstaat jedoch kein Insolvenzverfahren eröffnet worden ist. In diesem Fall normiert Absatz 2, dass die entsprechende Zustimmung durch das Gericht erfolgen kann, welches das Hauptinsolvenzverfahren eröffnet hat. Dies hat zur Folge, dass das nun zuständige Insolvenzgericht eine Zustimmungspflicht erhält, die es nach seinem eigenen Insolvenzrecht des Staates der Verfahrenseröffnung jedoch ggf. gar nicht kennt. Das Gericht im Staat der Verfahrenseröffnung wendet somit ausländisches Insolvenzrecht, nämlich das der Belegenheit an.   17

Ist im Staat der Belegenheit jedoch ein **Sekundärinsolvenzverfahren** eröffnet, so fallen das Insolvenzstatut im Staat der Eröffnung des Sekundärinsolvenzverfahrens und das Belegenheitsstatut zusammen. In diesem Fall bedarf es der Zuständigkeitsregelung gemäß Art. 11 Abs. 2 nicht. Es verbleibt bei der Zuständigkeit des Insolvenzgerichts im Staat der Eröffnung des Sekundärinsolvenzverfahrens.   18

---

9) Vgl. *Reinhart* in: MünchKomm-InsO, Art. 8 EuInsVO 2000 Rz. 16 m. w. N.
10) So Mankowski/Müller/J. Schmidt-*Mankowski*, EuInsVO 2015, Art. 11 Rz. 31.
11) So zu § 336 InsO BGH, Urt. v. 8.2.2018 – IX ZR 92/17, ZIP 2018, 1455.
12) *Reinhart* in: MünchKomm-InsO, Art. 8 EuInsVO 2000 Rz. 16.

---

## Artikel 12

### Zahlungssysteme und Finanzmärkte

(1) Unbeschadet des Artikels 8 ist für die Wirkungen des Insolvenzverfahrens auf die Rechte und Pflichten der Mitglieder eines Zahlungs- oder Abwicklungssystems oder eines Finanzmarktes ausschließlich das Recht des Mitgliedstaats maßgebend, das für das betreffende System oder den betreffenden Markt gilt.

(2) Absatz 1 steht einer Nichtigkeit, Anfechtbarkeit oder relativen Unwirksamkeit der Zahlungen oder Transaktionen gemäß den für das betreffende Zahlungs-

system oder den betreffenden Finanzmarkt geltenden Rechtsvorschriften nicht entgegen.

**Literatur:** *Ehricke*, Zum anwendbaren Recht auf ein in einem Clearing-System vereinbartes Glattstellungsverfahren im Fall der Insolvenz ausländischer Clearing-Teilnehmer, WM 2006, 2109; *Virgós/Schmit*, Erster Teil: EU-Übereinkommen über Insolvenzverfahren, Kap. B – Erläuternder Bericht, in: Stoll, Vorschläge und Gutachten zur Umsetzung des EU-Übereinkommens über Insolvenzverfahren im deutschen Recht, 1997, S. 32 (zit.: *Virgós/Schmit* in: Stoll, Vorschläge und Gutachten); *Wimmer*, Die Verordnung (EG) Nr. 1346/2000 über Insolvenzverfahren, ZInsO 2001, 97.

### Übersicht

| | |
|---|---|
| I. Zweck der Norm .................. 1 | 2. Mitglieder ............................... 9 |
| II. Tatbestandsvoraussetzungen (Art. 12 Abs. 1) ............................ 5 | 3. Wahl des Rechts eines Mitgliedstaates ........................ 11 |
| 1. Zahlungs- oder Abwicklungssysteme oder Finanzmarkt .................. 5 | III. Rechtsfolge ........................... 12 |
| a) Zahlungssystem ................ 6 | IV. Sonderanknüpfung für anfechtbare Rechtshandlungen |
| b) Abwicklungssystem ......... 7 | (Art. 12 Abs. 2) ...................... 14 |
| c) Finanzmarkt .................... 8 | |

## I. Zweck der Norm

**1** Art. 12 enthält eine Sonderanknüpfung, die dem **Vertrauensschutz** in die Wirksamkeit von Abrechnungs- und Zahlungssystemen Rechnung tragen soll. Statt des Insolvenzstatuts gemäß Art. 7 sollen sich die Wirkung des Insolvenzverfahrens auf die Rechte und Pflichten der Mitglieder eines solchen Systems ausschließlich nach dem Recht des Mitgliedstaates ergeben, das für das betreffende System bzw. den betreffenden Markt gilt.

**2** Hintergrund ist, dass die Abwicklung des Zahlungsverkehrs bzw. die Abwicklung von Wertpapiergeschäften regelmäßig über solche Abwicklungs- bzw. Zahlungssysteme durchgeführt werden. Hierbei wird ständig eine Vielzahl von Einzelvorgängen einer Verrechnung unterzogen. Die beteiligten Mitglieder haben zudem regelmäßig ihren Sitz und im Insolvenzfall ihren COMI in verschiedenen Staaten, so dass für den Insolvenzfall eines oder mehrerer Mitglieder eine **komplexe Rechtslage** entstehen würde, wenn sämtliche Einzelbeziehungen zwischen den beteiligten Partnern dieser Systeme nach verschiedenen Rechtsordnungen abgewickelt werden müssten. Entsprechende Rechtsunsicherheiten könnten zu einer Einstellung von Verpflichtungen einzelner Mitglieder untereinander bzw. zu Verzögerungen führen, die letztlich zum Zusammenbruch eines entsprechenden Systems führen könnten. Durch die Anwendung einer einzigen Rechtsordnung auf ein solches System soll hingegen eine **Planbarkeit** eines Insolvenzereignisses[1] hergestellt werden, das auch eine Kalkulierbarkeit der hierdurch entstehenden Kosten beinhaltet.

**3** Die Bedeutung der Norm ist als gering einzuschätzen.[2] Dies hängt mit dem Anwendungsbereich der EuInsVO gemäß Art. 1 Abs. 2 zusammen, wonach insbesondere Kreditinstitute nicht in den Anwendungsbereich der EuInsVO fallen, diese

---

1) *Virgós/Schmit* in: Stoll, Vorschläge und Gutachten, Rz. 120; *Wimmer*, ZInsO 2001, 97; *Ehricke*, WM 2006, 2109.
2) Ebenso Rauscher-*Mäsch*, EuZPR/EuIPR, Art. 9 EG-InsVO Rz. 1.

jedoch die üblichen Mitglieder eines solchen Zahlungs- oder Abwicklungssystems sind.

Art. 12 ist durch die **Reform der EuInsVO** nicht geändert worden. Er entspricht wörtlich Art. 9 a. F.  4

## II. Tatbestandsvoraussetzungen (Art. 12 Abs. 1)

### 1. Zahlungs- oder Abwicklungssysteme oder Finanzmarkt

Die Definition des Systems i. S. der Verordnung ist im Rückgriff auf **Art. 2 Fina-**  5
**litätsrichtlinie** zu verstehen. Danach ist unter einem System eine förmliche Vereinbarung zwischen mindestens drei Teilnehmern zu verstehen, welche dem Recht eines von diesen gewählten Mitgliedstaates, in dem mindestens einer der Teilnehmer seine Hauptverwaltung hat, unterliegt und gemeinsame Regeln für die Ausführung von Zahlungs- und Überweisungsaufträgen zwischen den Teilnehmern vorsieht.[3]
Im Einzelnen:

### a) Zahlungssystem

Ein Zahlungssystem dient der **standardisierten Abwicklung von Zahlungsvorgän-**  6
**gen** zwischen den Mitgliedern dieses Systems. Ein solches System hat eine infrastrukturelle Bedeutung für den Zahlungsverkehr. Solche Systeme regeln formale und technische Fragen der Übermittlung von Daten sowie die Konditionen der entsprechenden Abwicklung.

### b) Abwicklungssystem

In Abgrenzung zum Zahlungssystem sind Abwicklungssysteme i. S. der EuInsVO  7
Systeme zur **Abwicklung von Wertpapierübertragungen**.[4]

### c) Finanzmarkt

Der Begriff des Finanzmarkts i. S. von Art. 12 Abs. 1 ist nicht in dem allgemeinen,  8
weiten Verständnis zu verstehen, wie dies der Wortlaut zunächst vermuten lässt. Es handelt sich hier um einen **Auffangtatbestand** neben den Begriffen des Zahlungssystems und des Abwicklungssystems.[5] Der Anwendungsbereich von Art. 9 Abs. 1 soll sich nicht auf förmliche Systeme verengen. Finanzmarkt i. S. der Verordnung ist ein Markt in einem Vertragsstaat, auf dem Finanzinstrumente, sonstige Finanzwerte oder Warenterminkontrakte und -optionen gehandelt werden, der regelmäßig funktioniert, dessen Funktions- und Zugangsbedingungen durch Vorschriften geregelt sind und der dem Recht des jeweiligen Vertragsstaates unterliegt, einschließlich einer etwaigen entsprechenden Aufsicht von Seiten der zuständigen Behörde des Vertragsstaates.[6]

---

3) Richtlinie 98/26/EG des Europäischen Parlaments und des Rates v. 19.5.1998 über die Wirksamkeit von Abrechnungen in Zahlungs- sowie Wertpapierliefer- und -abrechnungssystemen, ABl. (EG) L 166/45 v. 11.6.1998.
4) Vgl. auch Mankowski/Müller/J. Schmidt-*Mankowski*, EuInsVO 2015, Art. 12 Rz. 12.
5) So auch Mankowski/Müller/J. Schmidt-*Mankowski*, EuInsVO 2015, Art. 12 Rz. 15; *Jahn/Fried* in: MünchKomm-InsO, Art. 9 EuInsVO 2000 Rz. 3.
6) *Virgós/Schmit* in: Stoll, Vorschläge und Gutachten, Rz. 120.

## 2. Mitglieder

**9** Mitglieder eines Zahlungs- und Abwicklungssystems bzw. eines Finanzmarktes sind die Teilnehmer des Systems bzw. Marktes.[7] Dies sind regelmäßig **Kreditinstitute**, welche jedoch nicht vom Anwendungsbereich der EuInsVO erfasst sind, Art. 1 Abs. 2. Aus diesem Grund ist der Anwendungsbereich von Art. 12 als gering einzuschätzen.

**10** Nicht erforderlich ist, dass alle Mitglieder des Systems ihren Sitz bzw. den Mittelpunkt ihrer hauptsächlichen Interessen in einem Mitgliedstaat i. S. der EuInsVO besitzen. Art. 12 Abs. 1 kommt jedoch nur dann zur Anwendung, wenn von der Insolvenz ein Teilnehmer des Systems mit **COMI** in einem Mitgliedstaat betroffen ist. Dies folgt aus der Systematik von Art. 12 im Verhältnis zu Art. 7. Letzteres Insolvenzstatut wird durch Art. 12 Abs. 1 verdrängt, setzt jedoch seinerseits jedoch zunächst den Mittelpunkt der hauptsächlichen Interessen in einem Mitgliedstaat voraus. Unerheblich ist, ob daneben weitere Insolvenzverfahren über das Vermögen anderer Teilnehmer, ggf. in Drittstaaten, existieren.[8]

## 3. Wahl des Rechts eines Mitgliedstaates

**11** Weitere Tatbestandsvoraussetzung ist, dass die Teilnehmer des Systems oder Finanzmarktes das **Recht eines Mitgliedstaates** i. S. der Verordnung gewählt haben. Bei Anwendbarkeit einer anderen Rechtsordnung auf das System kommt Art. 12 nicht zur Anwendung, es bleibt bei dem Insolvenzstatut gemäß Art. 7 bzw. den sonstigen kollisionsrechtlichen Regelungen der EuInsVO.

## III. Rechtsfolge

**12** Bei Vorliegen der Voraussetzungen des Art. 12 Abs. 1 folgt hieraus, dass sich die Wirkungen des Insolvenzverfahrens auf die Rechte und Pflichten der Mitglieder eines solchen Systems ausschließlich nach dem Recht des Mitgliedstaates ergeben, das für das betreffende System bzw. den betreffenden Markt gilt. Wesentlich ist die Einschränkung, dass es sich ausschließlich um die **Wirkung des Insolvenzverfahrens** auf die Rechte und Pflichten innerhalb des Systems bezieht. Durch Art. 9 Abs. 1 werden nicht sämtliche Wirkungen des Insolvenzverfahrens für die Mitglieder eines solchen Systems der Wirkung des Insolvenzstatuts enthoben, sondern nur solche, die sich auf die entsprechenden Systeme beziehen.

**13** Art. 12 Abs. 1 enthält selbst eine Einschränkung dahingehend, dass die Wirkungen der dortigen Anknüpfung unbeschadet des Art. 8 gelten. Diese Einschränkung betrifft das Verhältnis von Art. 12 Abs. 1 zu Art. 8, der **dingliche Rechte** schützt. Dieser Schutz dinglicher Rechte in der Insolvenz soll der Rechtswahl gemäß Art. 12 vorgehen. So werden dingliche Rechte Dritter an Wertpapierbeständen durch Art. 8 geschützt, die Rechte werden durch das Insolvenzverfahren nicht befürt. Auch eine Einschränkung dieser Rechte durch das Recht, welches nach Art. 12 Abs. 1 auf das System Anwendung findet, ist ausgeschlossen.[9]

---

7) *Jahn/Fried* in: MünchKomm-InsO, Art. 9 EuInsVO 2000 Rz. 4.
8) So auch Mankowski/Müller/J. Schmidt-*Mankowski*, EuInsVO 2015, Art. 12 Rz. 31 f.
9) Vgl. auch Mankowski/Müller/J. Schmidt-*Mankowski*, EuInsVO 2015, Art. 12 Rz. 33.

## IV. Sonderanknüpfung für anfechtbare Rechtshandlungen (Art. 12 Abs. 2)

Art. 12 Abs. 2 enthält eine **Sonderanknüpfung** betreffend die Nichtigkeit, Anfechtbarkeit oder relative Unwirksamkeit der Zahlungen oder Transaktionen gemäß den Systemen bzw. Finanzmärkten i. S. von Absatz 1. Anstelle von Art. 7 Abs. 2 Satz 2 lit. m sowie Art. 16 kommt betreffend die **Nichtigkeit, Anfechtbarkeit oder relative Unwirksamkeit** der genannten Rechtshandlungen ausschließlich das Recht zur Anwendung, das gemäß Art. 12 Abs. 1 für das System bzw. den Markt gilt. 14

Umgekehrt stellt Art. 12 Abs. 2 jedoch auch klar, dass Zahlungen oder Transaktionen im Zusammenhang mit einem System oder Markt i. S. von Absatz 1 nicht der Nichtigkeit, Anfechtbarkeit oder relativen Unwirksamkeit entzogen sind. Hier kommt in Abweichung von den sonstigen kollisionsrechtlichen Regelungen diesbezüglich allein das entsprechende Recht des Mitgliedstaates zur Anwendung, das für das betreffende System oder den betreffenden Markt gilt. 15

# Artikel 13
## Arbeitsvertrag

(1) Für die Wirkungen des Insolvenzverfahrens auf einen Arbeitsvertrag und auf das Arbeitsverhältnis gilt ausschließlich das Recht des Mitgliedstaats, das auf den Arbeitsvertrag anzuwenden ist.

(2) (Unterabs. 1) Die Zuständigkeit für die Zustimmung zu einer Beendigung oder Änderung von Verträgen nach diesem Artikel verbleibt bei den Gerichten des Mitgliedstaats, in dem ein Sekundärinsolvenzverfahren eröffnet werden kann, auch wenn in dem betreffenden Mitgliedstaat kein Insolvenzverfahren eröffnet worden ist.

(Unterabs. 2) Unterabsatz 1 gilt auch für eine Behörde, die nach nationalem Recht für die Zustimmung zu einer Beendigung oder Änderung von Verträgen nach diesem Artikel zuständig ist.

**Literatur:** *Garcimartin*, The EU Insolvency Regulation Recast: Scope, Jurisdiction and Applicable Law, ZEuP 2015, 694; *Göpfert/Müller*, Englisches Administrationsverfahren und deutsches Insolvenzrecht, NZA 2009, 1057; *Graf*, EU-Insolvenzordnung und Arbeitsverhältnis, ZAS 2002, 173; *Mankowski*, Bestimmung der Insolvenzmasse und Pfändungsschutz unter der EuInsVO, NZI 2009, 785.

### Übersicht

| | |
|---|---|
| I. Zweck der Norm .................. 1 | 3. Anwendungsbereich ..................... 14 |
| II. Tatbestandsvoraussetzungen (Art. 13 Abs. 1) ...................... 6 | III. Rechtsfolge (Art. 13 Abs. 1) ............. 16 |
| 1. Arbeitsvertrag oder Arbeitsverhältnis ..... 6 | IV. Internationale Zuständigkeit (Art. 13 Abs. 2) ................................ 17 |
| 2. Wirkungen des Insolvenzverfahrens ................................................. 10 | |

## I. Zweck der Norm

Art. 13 dient dem **Schutz der Arbeitnehmer** insbesondere in der Insolvenz des Arbeitgebers. Die Sonderanknüpfung des Art. 13 Abs. 1 bestimmt, dass einheitlich das **Arbeitsvertragsstatut** unter Einbeziehung seines Insolvenzarbeitsrechts zur 1

Anwendung kommt und hierdurch das Insolvenzstatut verdrängt wird.[1)] Hierdurch soll insbesondere eine Rechtsklarheit und einheitliche Anknüpfung sämtlicher Rechtsfragen in der Insolvenz hergestellt werden. Insbesondere der Arbeitnehmer soll in der Insolvenz seines Arbeitgebers nicht damit konfrontiert werden, dass nunmehr bzgl. des Arbeitsverhältnisses fremde Rechtsordnungen zur Anwendung kommen sollen. Es bleibt einheitlich bei der Rechtsordnung, die bereits außerhalb der Insolvenz auf das Arbeitsverhältnis Anwendung fand.

2 Die Einheitlichkeit der Anknüpfung an das Arbeitsvertragsstatut – inklusive dem dortigen Insolvenzarbeitsrecht – soll zudem die enge Verzahnung der arbeitsrechtlichen Vorschriften gewährleisten. Dies geht auch einher mit dem zwar gesondert angeknüpften, jedoch auf das Arbeitsvertragsstatut abgestimmten sozialrechtlichen Instrumentarium in der Insolvenz des Arbeitgebers, insbesondere im Hinblick auf die Gewährung von **Insolvenzgeld**.

3 Die einheitliche Anknüpfung an das Arbeitsvertragsstatut kann im Einzelfall dazu führen, dass eine Rechtsordnung zur Anwendung kommt, die aus Sicht des Arbeitnehmers ungünstiger ist, als dies nach dem Insolvenzstatut gemäß Art. 7 der Fall wäre. Dies wäre etwa dann gegeben, wenn das Insolvenzstatut gemäß Art. 7 längere Kündigungsschutzfristen in der Insolvenz des Arbeitgebers zulässt, als es das Arbeitsvertragsstatut unter Einbeziehung des einschlägigen Insolvenzarbeitsrechts ermöglicht.[2)] Es kommt hier eben **nicht zu einer kumulativen Anwendung** verschiedener Rechtsordnungen unter ggf. Auswahl der arbeitnehmerfreundlichsten. Stattdessen wird im Interesse der Rechtsklarheit einheitlich an das Arbeitsvertragsstatut angeknüpft. Daraus folgt auch, dass eine etwaige Verlegung des COMI zwar die Zuständigkeit des Insolvenzgerichts und damit das Insolvenzstatut ändern kann, nicht jedoch das auf das Arbeitsverhältnis anwendbare Recht.[3)]

4 Art. 13 gilt sowohl in der **Insolvenz des Arbeitgebers** als auch in der **Insolvenz des Arbeitnehmers**. Tatbestandlich wird zwischen beiden Fallgestaltungen nicht unterschieden, auch wenn Zweck der Norm insbesondere auf den Schutz des Arbeitnehmers in der Arbeitgeberinsolvenz ausgerichtet ist.

5 Die Norm wurde i. R. der **Novellierung der EuInsVO** nicht geändert. Art. 13 Abs. 1 entspricht dem ursprünglichen Art. 10 (a. F.). Es wurde lediglich durch Absatz 2 eine Ergänzung zur internationalen Zuständigkeit vorgenommen.

## II. Tatbestandsvoraussetzungen (Art. 13 Abs. 1)

### 1. Arbeitsvertrag oder Arbeitsverhältnis

6 Die Begriffe des Arbeitsvertrages und des Arbeitsverhältnisses sind **autonom auszulegen**.[4)] Diesbezüglich erfolgt keine Verweisung auf das Arbeitsvertragsstatut.

---

1) Mankowski/Müller/J. Schmidt-*Mankowski*, EuInsVO 2015, Art. 13 Rz. 2.
2) BAG, Urt. v. 20.9.2012 – 6 AZR 253/11, ZIP 2012, 2312 = NZI 2012, 880, dazu EWiR 2013, 49 *(Knof/Stütze)*.
3) *Garcimartin*, ZEuP 2015, 694, 716.
4) Ganz h. A., vgl. nur Mankowski/Müller/J. Schmidt-*Mankowski*, EuInsVO 2015, Art. 3 Rz. 5; *Reinhart* in: MünchKomm-InsO, Art. 10 EuInsVO 2000 Rz. 5; *Göpfert/Müller*, NZA 2009, 1057.

Es existiert unabhängig von der EuInsVO bereits eine gefestigte Rechtsprechung zur Definition von „Arbeitsvertrag" und „Arbeitsverhältnis". Diese stützt sich auf Art. 8 Rom I-VO bzw. Art. 18 EuGVVO.

Danach ist ein **Arbeitsvertrag** ein Vertrag, in dem sich die eine Partei für eine gewisse Dauer verpflichtet, gegen Vergütung für die andere Partei Dienste zu erbringen, dabei deren Weisungen unterworfen ist und sich in deren betriebliche Organisation eingliedert, kein eigenes unternehmerisches Risiko trägt und keine eigene unternehmerische Entscheidungsfreiheit hat. Eine gewisse soziale und wirtschaftliche Abhängigkeit der schwächeren Partei kann hinzutreten, ist aber nicht notwendig.[5] 7

Der Begriff des **Arbeitsverhältnisses** ist weiter zu verstehen, als der des Arbeitsvertrages, wobei Einzelheiten streitig bleiben. So wird zum Teil angenommen, dass der Begriff des Arbeitsverhältnisses auch betriebsverfassungsrechtliche oder tarifvertragliche Regelungen umfasst.[6] Hiergegen wird vorgebracht, dass Art. 13 an das Individualarbeitsvertragsstatut anknüpft und daher kein Anwendungsraum für **kollektives Arbeitsrecht** zulässt mit der Folge, den Begriff des Arbeitsverhältnisses nicht auf das kollektive Arbeitsrecht auszudehnen.[7] Letzterem ist zuzustimmen. 8

Anwendungsraum für den Begriff des Arbeitsverhältnisses neben dem Begriff des Arbeitsvertrages bleibt bei rechtsgeschäftlich unwirksamen, aber faktisch durchgeführten Arbeitsverträgen.[8] 9

## 2. Wirkungen des Insolvenzverfahrens

Art. 13 ist anwendbar für die Wirkungen des Insolvenzverfahrens auf das Vertragsverhältnis. Der Anwendungsbereich ist daher eingeschränkt auf die **insolvenzrechtlichen Wirkungen**, die sich aus der Eröffnung eines Insolvenzverfahrens ergeben. Dies betrifft insbesondere insolvenzrechtliche Normen, welche die Beendigung bzw. Beendigungsmöglichkeit eines solchen Vertragsverhältnisses in der Insolvenz ermöglichen. Im deutschen Recht sind dies die §§ 108 ff. InsO. Gleichgültig ist, ob es sich um entsprechende Gestaltungsrechte des Insolvenzverwalters handelt oder um gesetzliche Wirkungen, die durch die Insolvenzeröffnung eintreten.[9] 10

Der **Rang einer Forderung** des Arbeitnehmers in der Insolvenz wird hingegen von Art. 13 nicht berührt. Dies gilt ebenso für die Frage, inwiefern eine Forderung als Masseverbindlichkeit anzusehen ist. Dies sind alles Verteilungsfragen, die dem Insolvenzstatut gemäß Art. 7 zuzurechnen sind.[10] Ebenso richtet sich der **Pfändungsschutz** von Arbeitseinkommen nach dem Insolvenzstatut. Dies folgt aus Art. 7 11

---

5) Mankowski/Müller/J. Schmidt-*Mankowski*, EuInsVO 2015, Art. 13 Rz. 6 m. w. N.
6) So *Reinhart* in: MünchKomm-InsO, Art. 10 EuInsVO 2000 Rz. 4; Rauscher-*Mäsch*, EuZPR/EuIPR, Art. 10 EG-InsVO Rz. 11.
7) So Mankowski/Müller/J. Schmidt-*Mankowski*, EuInsVO 2015, Art. 13 Rz. 8.
8) Vgl. Mankowski/Müller/J. Schmidt-*Mankowski*, EuInsVO 2015, Art. 13 Rz. 8 m. w. N.
9) *Graf*, ZAS 2002, 173.
10) Vgl. LAG Baden-Württemberg, Urt. v. 28.3.2012 – 20 Sa 47/11, BeckRS 2012, 69167; High Court of Justice (Birmingham), Beschl. v. 11.5.2005 – 2375/05 – 2382/05, NZI 2005, 515, m. Anm. *Penzlin/Riedemann*; ferner *Reinhart* in: MünchKomm-InsO, Art. 10 EuInsVO 2000 Rz. 9 m. w. N.

Abs. 2 Satz 2 lit. b. Die Frage des Pfändungsschutzes betrifft nicht das Arbeitsverhältnis zwischen Arbeitgeber und Arbeitnehmer, sondern berührt die Zuordnung der Vermögenswerte zur Insolvenzmasse. Art. 13 findet daher keine Anwendung.[11]

12 Fragen des **Betriebsübergangs** sind hingegen von Art. 13 erfasst. Es handelt sich hier um eine Fragestellung, die das Bestehen des Vertragsverhältnisses zwischen den Vertragsparteien unmittelbar betrifft. Denkbar ist, dass das Insolvenzstatut Einschränkungen des automatischen Betriebsübergangs für den Fall der Insolvenz kennt. Art. 4 der Richtlinie 2001/23/EG des Rates vom 12.3.2011 steht dem nicht entgegen.[12]

13 Nicht von Art. 13 erfasst sind Fragen der **Insolvenzgeldsicherung**. Hier handelt es sich um sozialversicherungsrechtliche Ansprüche, die weder von Art. 7 noch von Art. 13 berührt sind.[13] Grundsätzlich gilt hier, dass gemäß § 165 Abs. 1 SGB III ein Anspruch auf Insolvenzgeld in Deutschland dann besteht, wenn der Arbeitnehmer im Inland beschäftigt ist. Die Rechtsprechung hat den Anspruch inzwischen dahingehend erweitert, dass auch eine Beschäftigung bei einem deutschen Arbeitgeber im Inland bei zugleich ständiger Beschäftigung in einem anderen Mitgliedstaat der EU ausreichend ist, soweit dort keine Zweigniederlassung des Arbeitgebers bestand.[14]

## 3. Anwendungsbereich

14 Die Anwendung der EuInsVO und damit auch die Anwendung von Art. 13 Abs. 1 setzt zunächst einen Bezug des Arbeitsvertrages bzw. des Arbeitsverhältnisses zu einem Mitgliedstaat i. S. der EuInsVO voraus. Dies bedeutet, dass entweder der **Arbeitsort in einem Mitgliedstaat** belegen ist oder, soweit der **Arbeitsort in einem Drittstaat** belegen ist, zumindest der COMI des Arbeitgebers Auslöser der Insolvenz in einem Mitgliedstaat sein muss. Darüber hinaus setzt die Anwendbarkeit von Art. 13 bereits aus seinem Wortlaut heraus voraus, dass auf das Arbeitsverhältnis das **Recht eines Mitgliedstaates** Anwendung finden muss. Findet etwa aufgrund einer Rechtswahl das Recht eines Drittstaates Anwendung, so bleibt es bei der Anwendbarkeit von Art. 7, soweit überhaupt ein entsprechender Anwendungsbereich der EuInsVO selbst hergestellt ist.

15 In zeitlicher Hinsicht kommt Art. 13 Abs. 1 nur dann zur Anwendung, wenn das Arbeitsverhältnis zum **Zeitpunkt der Verfahrenseröffnung** bereits bestand. Es bedarf eines entsprechenden Vertragsschlusses vor der Eröffnungsentscheidung.[15]

---

11) So auch Mankowski/Müller/J. Schmidt-*Mankowski*, EuInsVO 2015, Art. 13 Rz. 23 ff.; *Mankowski*, NZI 2009, 785.
12) Vgl. Richtlinie 2001/23/EG des Rates v. 12.3.2011 zur Angleichung der Rechtsvorschriften der Mitgliedstaaten über die Wahrung von Ansprüchen der Arbeitnehmer beim Übergang von Unternehmen, Betrieben oder Unternehmens- oder Betriebsteilen, ABl. (EG) L 82/16 v. 22.3.2001.
13) Vgl. auch EuGH, Urt. v. 10.3.2011 – Rs. C-477/09 (Defossez), ZIP 2011, 1167 = NZI 2011, 496, dazu EWiR 2011, 513 (*Stiebert*).
14) BSG, Urt. v. 29.6.2000 – B 11 AL 35/99 R, NZI 2001, 277.
15) So auch *Reinhart* in: MünchKomm-InsO, Art. 10 EuInsVO 2000 Rz. 6.

Soweit das Arbeitsverhältnis erst nach der Eröffnung des Insolvenzverfahrens neu begründet wurde, verbleibt kein Anwendungsraum für Art. 13.

### III. Rechtsfolge (Art. 13 Abs. 1)

Art. 13 Abs. 1 verweist auf das autonome Kollisionsrecht, welches das Arbeitsvertragsstatut bestimmen soll.[16] Anwendbar ist das Kollisionsrecht des angerufenen Gerichts,[17] wobei im Anwendungsbereich der EuInsVO einheitlich Art. 8 Rom I-VO zur Anwendung kommt. Soweit keine Rechtswahl vorliegt, kommt daher das Recht des Arbeitsortes zur Anwendung. Dieses bestimmt gemäß Art. 13 Abs. 1 die Wirkung des Insolvenzverfahrens auf den Arbeitsvertrag bzw. das Arbeitsverhältnis.

### IV. Internationale Zuständigkeit (Art. 13 Abs. 2)

Im Rahmen der **Reform der EuInsVO** ist Art. 13 Abs. 2 neu eingefügt worden. Hier findet sich eine Regelung der internationalen Zuständigkeit vergleichbar mit Art. 11 Abs. 2. Durch die Regelung soll eine **Kompetenzlücke geschlossen** werden, die sich ergibt, wenn etwa zur Beendigung eines Arbeitsverhältnisses eine gerichtliche Zustimmung erforderlich ist, diesbezüglich jedoch keine Zuständigkeitsregelung besteht, weil das Insolvenzverfahren in einem anderen Mitgliedstaat eröffnet wurde als dem des Arbeitsortes, das Recht des Arbeitsortes jedoch eine entsprechende gerichtliche Zustimmung verlangt. Art. 13 Abs. 2 schließt diese Lücke, indem die Gerichte des Mitgliedstaates eine Zustimmung erteilen können, in dem der Arbeitsort belegen ist. Die Zuordnung zum Arbeitsort ergibt sich in Art. 13 Abs. 2 aus dem Zusammenhang mit Absatz 1.

Eine Einschränkung enthält **Art. 13 Abs. 2 Unterabs. 1** dahingehend, als dass nur die Gerichte des Arbeitsortes zuständig sein sollen, in denen ein **Sekundärinsolvenzverfahren** eröffnet werden kann. Die tatsächliche Eröffnung eines Sekundärinsolvenzverfahrens ist für die Zuständigkeitsbegründung nicht erforderlich. Letzteres ergibt sich aus dem Wortlaut der Norm. Dennoch bleibt eine Zuständigkeitslücke, da das Vorhandensein eines Arbeitsverhältnisses nicht in jedem Fall das Niederlassungserfordernis als Eröffnungsvoraussetzung eines Sekundärinsolvenzverfahrens gemäß Art. 3 Abs. 2 i. V. m. Art. 2 Nr. 10 erfüllt.

Es bleibt kein Raum entgegen dem Wortlaut der Norm eine Zuständigkeit auch für Gerichte zu begründen, in denen kein Sekundärinsolvenzverfahren eröffnet werden kann. Zweck der Regelung des Art. 13 Abs. 2 ist es, die Eröffnung von Sekundärinsolvenzverfahren zu vermeiden. Letztere können die einheitliche Abwicklung insbesondere in Sanierungsverfahren behindern. Allein aufgrund der zu erreichenden Zuständigkeit eines Gerichtes i. S. des Absatzes 2 soll es nicht notwendig sein, zuvor Sekundärinsolvenzverfahren zu eröffnen.[18]

**Art. 13 Abs. 2 Unterabs. 2** stellt eine **Behörde** einem Gericht i. S. von Unterabsatz 1 gleich. Hierdurch soll sichergestellt werden, dass auch die Zuständigkeit

---

16) Ganz h. A., vgl. nur *Reinhart* in: MünchKomm-InsO, Art. 10 EuInsVO 2000 Rz. 20.
17) So auch *Reinhart* in: MünchKomm-InsO, Art. 10 EuInsVO 2000 Rz. 20.
18) So im Ergebnis auch Mankowski/Müller/J. Schmidt-*Mankowski*, EuInsVO 2015, Art. 13 Rz. 35; a. A. *Reinhart* in: MünchKomm-InsO, Art. 13 EuInsVO 2015 Rz. 4.

einer Behörde etwa für die Beendigung oder Änderung von Arbeitsverträgen erfasst wird. Auch i. R. des Unterabsatzes 2 ist die Zuständigkeit nur gegeben, wenn in dem betroffenen Mitgliedstaat die Eröffnung eines Sekundärinsolvenzverfahrens möglich ist.

21 Art. 13 Abs. 2 ist allein eine zuständigkeitsbegründende Norm. Einfluss auf das anwendbare Recht hat Absatz 2 nicht.[19]

---

19) **A. A.** offenbar Mankowski/Müller/J. Schmidt-*Mankowski*, EuInsVO 2015, Art. 13 Rz. 40.

# Artikel 14
## Wirkung auf eintragungspflichtige Rechte

Für die Wirkungen des Insolvenzverfahrens auf Rechte des Schuldners an einem unbeweglichen Gegenstand, einem Schiff oder einem Luftfahrzeug, die der Eintragung in ein öffentliches Register unterliegen, ist das Recht des Mitgliedstaats maßgebend, unter dessen Aufsicht das Register geführt wird.

**Literatur:** *Balz*, Das neue Europäische Insolvenzübereinkommen, ZIP 1996, 948; *Leible/ Staudinger*, Die europäische Verordnung über Insolvenzverfahren, KTS 2000, 533.

### Übersicht

| | | | |
|---|---|---|---|
| I. Zweck der Norm | 1 | 5. Eintragungsfähigkeit in ein öffentliches Register | 10 |
| II. Tatbestandsvoraussetzungen | 5 | 6. Räumlicher und zeitlicher Anwendungsbereich | 13 |
| 1. Unbeweglicher Gegenstand | 5 | III. Rechtsfolge | 17 |
| 2. Schiff | 6 | | |
| 3. Luftfahrzeug | 8 | | |
| 4. Rechte des Schuldners | 9 | | |

## I. Zweck der Norm

1 Ein öffentliches Register unterliegt regelmäßig hohen formalen Anforderungen, um den an das Register gestellten Publizitätserfordernissen gerecht zu werden. Art. 14 bezieht sich ausschließlich auf die Wirkungen des Insolvenzverfahrens auf entsprechende **eintragungsfähige Rechte des Schuldners**. Hierunter fallen insbesondere Verfügungsbeschränkungen, die sich durch die Insolvenzeröffnung oder auch Anordnungen im Insolvenzantragsverfahren ergeben können. Fallen der Staat der Verfahrenseröffnung und der Staat der Registereintragung auseinander, so würde die Anwendung des Insolvenzstatuts dazu führen, dass in das Register Eintragungen vorzunehmen wären, die der Rechtsordnung, der das Register unterliegt, fremd sind. Dies soll durch Art. 14 vermieden werden.

2 Abs. 14 bestimmt daher **nicht die eigentlichen materiellen Wirkungen** des Insolvenzverfahrens auf Rechte des Schuldners, sondern bestimmt, dass hinsichtlich der **Eintragungsfähigkeit** dieser Rechte eine Prüfung nach dem Recht des Mitgliedstaates, unter dessen Aufsicht das Register geführt wird, vorzunehmen ist. Die Wirkungen des ausländischen Insolvenzverfahrens sind so anzupassen, dass das Register nicht durch fremdartige Eintragungen gestört wird.[1]

---

1) *Balz*, ZIP 1996, 948.

Der Zweck der Norm ist nicht unumstritten, insbesondere wird zum Teil hinsichtlich der Rechtsfolge eine Kumulierung von Register- und Insolvenzstatut angenommen.[2] Dies entspricht jedoch nicht dem Normzweck, der bei Schaffung der EuInsVO beabsichtigt war.[3] Eine kumulative Anknüpfung an das Register- und Insolvenzstatut ist auch nicht erforderlich.[4]

Im Rahmen der **Novellierung der EuInsVO** ist die Norm nicht geändert worden. Der frühere Art. 11 (a. F.) entspricht dem heutigen Art. 14.

## II. Tatbestandsvoraussetzungen

### 1. Unbeweglicher Gegenstand

Der Begriff des unbeweglichen Gegenstands ist **autonom auszulegen**. An dieser Stelle kann auf Art. 11 Abs. 1 verwiesen werden. Der Begriff ist in beiden Normen identisch zu verstehen.[5]

### 2. Schiff

Auch der Begriff des Schiffs ist autonom auszulegen. Aus dem Zweck der Norm ist ersichtlich, dass nur solche Schiffe erfasst werden sollen, die in einem **öffentlichen Register** erfasst werden, wobei es maßgeblich ist, dass dieses Register Rechte in vermögensrechtlicher Hinsicht erfasst. Nur insoweit entspricht dies dem Sinn und Zweck einer Anordnung aus insolvenzrechtlichen Erwägungen.

Hieraus folgt, dass nur das **Real Rights-Register** maßgeblich ist.[6] Ebenso sind Sportboote und Yachten nicht erfasst, soweit diese lediglich eine Registrierungsnummer führen und keine vermögensrechtlichen Eintragungen vorgenommen werden.[7] Soweit jedoch eine Registrierung erfolgt, die entsprechende sachenrechtliche Eintragungen zulässt, gibt es keinen Grund weiter zu differenzieren. Aus diesem Grund fallen neben dem Seeschiff auch Binnenschiffe in den Anwendungsbereich des Art. 14.

### 3. Luftfahrzeug

Luftfahrzeuge sind **Flugzeuge**, **Hubschrauber**, **Tragschrauber** und **Ballons**. Ein eigener Antrieb ist nicht zwingend erforderlich.[8]

### 4. Rechte des Schuldners

Art. 14 erfasst ausschließlich Rechte des Schuldners und zwar abschließend nur an den aufgeführten Vermögensgegenständen, namentlich unbeweglichen Gegenständen,

---

2) Vgl. Duursma-Kepplinger/Duursma/Chalupsky-*Duursma-Kepplinger*, EuInsVO, Art. 11 Rz. 5.
3) Vgl. insbesondere die ausführliche Darstellung bei *Reinhart* in: MünchKomm-InsO, Art. 11 EuInsVO 2000 Rz. 1 ff.
4) *Reinhart* in: MünchKomm-InsO, Art. 11 EuInsVO 2000 Rz. 13 f.; Mankowski/Müller/ J. Schmidt-*Mankowski*, EuInsVO 2015, Art. 14 Rz. 18 ff.
5) Mankowski/Müller/J. Schmidt-*Mankowski*, EuInsVO 2015, Art. 14 Rz. 5.
6) Vgl. Mankowski/Müller/J. Schmidt-*Mankowski*, EuInsVO 2015, Art. 14 Rz. 7 m. w. N.
7) Mankowski/Müller/J. Schmidt-*Mankowski*, EuInsVO 2015, Art. 14 Rz. 8.
8) So Mankowski/Müller/J. Schmidt-*Mankowski*, EuInsVO 2015, Art. 14 Rz. 9.

Schiffen und Luftfahrzeugen. Art. 14 bezieht sich **nicht auf Rechte der Gläubiger** an diesen Gegenständen. Diese Beschränkung ergibt sich aus dem Zweck der Norm, nämlich Verfügungsbeschränkungen in Übereinstimmung mit dem örtlichen Registerrecht vorzunehmen. Diese betreffen ausschließlich die Rechte des Schuldners an diesen Gegenständen.

### 5. Eintragungsfähigkeit in ein öffentliches Register

10 Der Begriff des öffentlichen Registers ist autonom auszulegen. Er ist identisch mit dem Begriff in Art. 2 Nr. 9 (iv). Auch ein elektronisches Register fällt in den Anwendungsbereich der Norm.

11 Es muss sich um ein **öffentliches Register** handeln. Dabei muss das Register selbst nicht durch eine staatliche Stelle geführt werden. Das Register muss jedoch im öffentlichen Auftrag geführt werden.[9] Es genügt, dass das Register unter der „Aufsicht" des Mitgliedstaates geführt wird.

12 Nicht erforderlich ist, dass das Recht des Schuldners in das öffentliche Register eintragen ist. Es kommt auf die **Eintragungsfähigkeit** des Rechtes an.

### 6. Räumlicher und zeitlicher Anwendungsbereich

13 Art. 14 setzt voraus, dass die erfassten Vermögensgegenstände in einem Register eingetragen sind bzw. einzutragen wären, welches von einem Mitgliedstaat i. S. der EuInsVO geführt wird. Bei einem Register im Staat der Verfahrenseröffnung ist dem Wortlaut nach die Norm zwar ebenso anwendbar, eine Relevanz kommt Art. 14 jedoch erst dann zu, wenn in dem Staat, in dem das Register geführt wird, kein Verfahren eröffnet ist.

14 Wird in dem Staat, in welchem das Register geführt wird, ein **Sekundärinsolvenzverfahren** eröffnet, so bleibt ebenfalls kein Raum für die Wirkung auf entsprechende Anordnungen im Hauptinsolvenzverfahren, da die Rechte des Schuldners an den Vermögensgegenständen nicht mehr den Insolvenzbeschlag des Hauptinsolvenzverfahrens berühren. Raum bleibt hier nur insoweit, als mit Anordnung des Sekundärinsolvenzverfahrens Verfügungsbeschränkungen aus der zeitlich früheren Anordnung der Eröffnung des Hauptinsolvenzverfahrens zu löschen sind.

15 Wird ein Register unter **Aufsicht eines Drittstaats** geführt, so findet Art. 14 keine Anwendung. Die EuInsVO selbst kommt hier nicht zur Anwendung.[10]

16 Eine Eintragung in das Register muss nicht bereits mit Verfahrenseröffnung vorliegen. Art. 14 erfasst sämtliche Rechte, die der Eintragung unterliegen. Das bedeutet, dass auch Rechte, die im Zeitpunkt der Verfahrenseröffnung nicht eingetragen sind, im Anwendungsbereich von Art. 14 verbleiben.

### III. Rechtsfolge

17 Entsprechend des dargelegten Zwecks der Norm bestimmt Art. 14 allein, inwiefern die Wirkungen des Insolvenzverfahrens auf die Rechte des Schuldners in ein öffentliches Register einzutragen sind. Es geht folglich um die Eintragungsfähig-

---

9) Vgl. auch Mankowski/Müller/J. Schmidt-*Mankowski*, EuInsVO 2015, Art. 14 Rz. 4.
10) So auch *Reinhart* in: MünchKomm-InsO, Art. 11 EuInsVO 2000 Rz. 10.

keit, nicht die materielle Wirkung des Insolvenzverfahrens auf die Rechte selbst. Letztere bestimmen sich nach dem Insolvenzstatut gemäß Art. 7.

Die **Rechtsordnung, der das Register unterliegt**, bestimmt im Anwendungsbereich von Art. 14, in welcher Weise die nach dem Insolvenzstatut sich ergebenen Wirkungen eingetragen werden können bzw. ob eine entsprechende Eintragung möglich ist.[11] Hierzu bedarf es dann ggf. einer Substitution oder Angleichung an das Recht des Registerstaates.[12]

18

---

11) So richtigerweise *Reinhart* in: MünchKomm-InsO, Art. 11 EuInsVO 2000 Rz. 15; a. A. Duursma-Kepplinger/Duursma/Chalupsky-*Duursma-Kepplinger*, EuInsVO, Art. 11 Rz. 7, *Leible/Staudinger*, KTS 2000, 533.
12) Hierzu Rauscher-*Mäsch*, EuZPR/EuIPR, Art. 11 EuInsVO Rz. 8 f.

## Artikel 15
### Europäische Patente mit einheitlicher Wirkung und Gemeinschaftsmarken

Für die Zwecke dieser Verordnung kann ein Europäisches Patent mit einheitlicher Wirkung, eine Gemeinschaftsmarke oder jedes andere durch Unionsrecht begründete ähnliche Recht nur in ein Verfahren nach Artikel 3 Absatz 1 miteinbezogen werden.

**Literatur:** *Berger*, Gemeinschaftsmarke und Europäisches Insolvenzrecht, Harmonisierung der GMV mit der EuInsVO, in: Festschrift für Rolf Stürner zum 70. Geburtstag, 2013, S. 647.

### Übersicht

I. Zweck der Norm .................. 1
II. Tatbestandsvoraussetzungen ............. 4
1. Europäisches Patent mit einheitlicher Wirkung .................. 4
2. Gemeinschaftsmarke .................. 6
3. Andere durch Unionsrecht begründete ähnliche Rechte .................. 7
4. Anwendungsbereich .................. 9
III. Rechtsfolge .................. 10

### I. Zweck der Norm

Art. 15 ist **keine Kollisionsnorm**, sondern ordnet bestimmte Vermögensgegenstände dem Hauptinsolvenzverfahren zu, und zwar in negativer Abgrenzung zu Sekundärinsolvenzverfahren oder isolierten Partikularinsolvenzverfahren. Hintergrund ist, dass durch Gemeinschaftsrecht begründete Gemeinschaftsschutzrechte nicht territorial abzugrenzen sind. Sie gelten unionsweit. Eine Verwertung dieser Rechte als Vermögensgegenstände einer Insolvenzmasse ist nur in einem Verfahren möglich, eine territoriale Aufteilung, insbesondere bei Eröffnung paralleler Insolvenzverfahren über das Vermögen des Schuldners, ist nicht möglich.

1

Im Ergebnis ist Art. 15 als Spezialregelung zu Art. 2 Nr. 9 (iv) zu verstehen. Die dort geforderte Eintragung in ein öffentliches Register, das unter Aufsicht eines Mitgliedstaates geführt wird, fehlt bei den Gemeinschaftsschutzrechten. Diese werden in einem Gemeinschaftsregister geführt und durch Art. 15 **einem Lageort zugewiesen**, der sich jeweils im Staat der Eröffnung des Hauptinsolvenzverfahrens befindet.[1]

2

---

1) Die Lokalisierung der Gemeinschaftsmarke in Art. 16 GMV wird durch Art. 15 in der Insolvenz durchbrochen, vgl. *Berger* in: FS Stürner, S. 647.

3 Im Rahmen der **Reform der EuInsVO** ist Art. 15 (Art. 12 a. F.) nur redaktionell angepasst worden. Inhaltliche Änderungen waren damit nicht verbunden. Einzig wurden Begrifflichkeiten an die aktuelle unionsrechtliche Terminologie angepasst.

## II. Tatbestandsvoraussetzungen

### 1. Europäisches Patent mit einheitlicher Wirkung

4 Das Europäische Patent mit einheitlicher Wirkung wurde durch Verordnung (EU) Nr. 1257/2012 vom 17.12.2012 eingeführt.[2] Europäisches Patent mit einheitlicher Wirkung i. S. von Art. 15 sind ausschließlich Patente gemäß vorgenannter Verordnung.

5 Nicht von Art. 15 erfasst, ist das **europäische Patent gemäß Europäischem Patentübereinkommen (EPÜ)**[3] Letzteres wird vom Europäischen Patentamt erteilt. Es hat nicht in der gesamten Union Gültigkeit und basiert insbesondere nicht auf Unionsrecht.

### 2. Gemeinschaftsmarke

6 Die Gemeinschaftsmarke ist durch die Verordnung (EG) Nr. 40/94 des Rates vom 20.12.1993 eingeführt worden.[4] Gemeinschaftsmarken werden beim Harmonisierungsamt für den Binnenmarkt in Alicante registriert.

### 3. Andere durch Unionsrecht begründete ähnliche Rechte

7 Die Aufzählung der erfassten Rechte durch Art. 15 ist nicht abschließend, sondern durch einen **Auffangtatbestand** offen ausgestaltet. Es bedarf daher einer Definition der hier erfassten Rechte. Wesentliche Charakteristika sind, dass die erfassten Rechte durch Unionsrecht begründet sein müssen. Es muss sich um ein einheitliches, nicht territorial aufgespaltenes Schutzrecht handeln, ferner muss es von einer Gemeinschaftsbehörde registriert und verwaltet sein. Es muss gemeinschaftsweit gelten, nur einheitlich entstehen können und nur einheitlich übertragen werden können.[5]

8 Andere Rechte i. S. der EuInsVO sind heute das **Gemeinschaftsgeschmacksmuster (EGV)**[6] sowie der **Gemeinschaftssortenschutz**.[7]

### 4. Anwendungsbereich

9 Der sachliche Anwendungsbereich von Art. 15 ist dahingehend eingeschränkt, als dass Voraussetzungen für seine Anwendung die **Zuständigkeit** zur Eröffnung eines Hauptinsolvenzverfahrens gemäß Art. 3 Abs. 1 **in einem Mitgliedstaat** liegt. Liegt

---

2) Verordnung (EU) Nr. 1257/2012 des Europäischen Parlaments und des Rates v. 17.12.2012 über die Umsetzung der Verstärkten Zusammenarbeit im Bereich der Schaffung eines einheitlichen Patentschutzes, ABl. (EU) L 361/1 v. 31.12.2012.
3) Übereinkommen über die Erteilung europäischer Patente, v. 5.10.1973 – EPÜ, BGBl. II 1976, 826.
4) Verordnung (EG) Nr. 40/94 des Rates v. 20.12.1993 über die Gemeinschaftsmarke – GMV, ABl. (EG) L 11/1 v. 14.1.1994.
5) So Mankowski/Müller/J. Schmidt-*Mankowski*, EuInsVO 2015, Art. 15 Rz. 6.
6) Verordnung (EG) Nr. 6/2002 des Rates v. 12.12.2001 über das Gemeinschaftsgeschmacksmuster – EGV, ABl. (EG) L 3/1 v. 5.1.2002.
7) Verordnung (EG) Nr. 2100/94 des Rates v. 27.7.1994 über den gemeinschaftlichen Sortenschutz – SortenschutzVO, ABl. (EG) Nr. L 227/1 v. 1.9.1994.

der Mittelpunkt der hauptsächlichen Interessen des Schuldners (COMI) nicht im Anwendungsbereich der EuInsVO, so kommt auch Art. 15 nicht zur Anwendung. Dies hat insbesondere dadurch Bedeutung, dass für diesen Fall keine Sperrwirkung hinsichtlich einer Verwertung der Gemeinschaftsrechte in einem Partikularinsolvenzverfahrens besteht.

### III. Rechtsfolge

Im Anwendungsbereich der EuInsVO werden die erfassten Gemeinschaftsrechte ausschließlich in einem Hauptinsolvenzverfahren nach Art. 3 Abs. 1 einbezogen. Die erfassten Rechte sind **Massegegenstand des Hauptinsolvenzverfahrens**, nicht etwaiger Sekundärinsolvenzverfahren, und auch nicht Massegegenstand von Partikularinsolvenzverfahren; letzteres jedenfalls soweit ein Hauptinsolvenzverfahren in einem Mitgliedstaat eröffnet werden könnte. Allein im Hauptinsolvenzverfahren wird über die Verwertung des entsprechenden Rechtes entschieden. Der dortigen Masse fließt ein entsprechender Verwertungserlös zu.

10

Die Zuordnung der Belegenheit des Gemeinschaftsschutzrechtes zum Hauptinsolvenzverfahren hat Auswirkungen auf Art. 8. Dieser enthält eine Sondervorschrift, soweit Vermögensgegenstände mit **dinglichen Rechten** behaftet sind und die Gegenstände sich außerhalb des Staates der Verfahrenseröffnung befinden. Im Anwendungsbereich von Art. 15 bleibt kein Raum für Art. 8. Die Belegenheit des Schutzrechtes wird durch Art. 15 als im Staat der Eröffnung des Hauptinsolvenzverfahrens belegen angesehen.[8]

11

Die Rechtsfolge des Art. 15 verdrängt bereits **vor Inkrafttreten der EuInsVO normierte Zuständigkeiten** betreffend die Zuordnung von Gemeinschaftsschutzrechten im Insolvenzverfahren. Solche Regelungen befinden sich in Art. 21 GMV betreffend Gemeinschaftsmarken sowie in Art. 25 SortenschutzVO betreffend die Gemeinschaftssorten. In den genannten Regelungen ist eine Priorisierung dahingehend vorgenommen worden, dass ein solches Recht in dem zuerst eröffneten Insolvenzverfahren einbezogen werden soll. Diese Zuordnung kollidiert mit Art. 15, da das Hauptinsolvenzverfahren nicht zwingend das zuerst eröffnete Insolvenzverfahren sein muss. Art. 15 geht den genannten Vorschriften vor.

12

---

8) *Reinhart* in: MünchKomm-InsO, Art. 12 EuInsVO 2000 Rz. 11; Mankowski/Müller/ J. Schmidt-*Mankowski*, EuInsVO 2015, Art. 15 Rz. 14; im Ergebnis auch Rauscher-*Mäsch*, EuZPR/EuIPR, Art. 12 EG-InsVO Rz. 7; a. A. Geimer/Schütze-*Huber*, Internationaler Rechtsverkehr, Art. 12 EuInsVO Rz. 5.

## Artikel 16
### Benachteiligende Handlungen

Artikel 7 Absatz 2 Buchstabe m findet keine Anwendung, wenn die Person, die durch eine die Gesamtheit der Gläubiger benachteiligende Handlung begünstigt wurde, nachweist, dass

a) für diese Handlung das Recht eines anderen Mitgliedstaats als des Staates der Verfahrenseröffnung maßgeblich ist und

b) diese Handlung im vorliegenden Fall in keiner Weise nach dem Recht dieses Mitgliedstaats angreifbar ist.

**Literatur:** *Balz*, Das neue Europäische Insolvenzübereinkommen, ZIP 1996, 948; *Brinkmann*, Gesellschafterdarlehen und Art. 13 EuInsVO – Ein offenes Scheunentor des Gläubigerschutzes?; ZIP Beilage z. Heft 22/2016, S. 14; *Burgstaller*, Zur Anfechtung nach der EuInsVO, in: Festschrift für Wolfgang Jelinek, 2002, S. 31; *Fumagalli*, Avoidance Proceedings before the Italian Courts – Avoiding Art. 13 EIR, IILR 2011, 460; *Gelter*, Konkurs- und Gläubigeranfechtung bei europäischen Auslandsgesellschaften in Österreich, JBl 2007, 17; *Habscheid*, Konkursstatut und Wirkungsstatut bei der internationalen und der künftigen innereuropäischen Insolvenzanfechtung, ZZP 114 (2001), 167; *Hanisch*, Internationalprivatrecht der Gläuigeranfechtung, ZIP 1981, 569; *Hohloch*, Gläubigeranfechtung international, IPRax 1995, 305; *Huber*, Das für die anfechtbare Rechtshandlung maßgebende Recht, in: Festschrift für Andreas Heldrich, 2005, S. 695; *Huber*, Inländische Insolvenzverfahren über Auslands- gesellschaften nach der Europäischen Insolvenzverordnung, in: Festschrift für Walter Gerhardt, 2004, S. 397; *Prager/Keller, Ch.*, Die Einrede des Art. 13 EuInsVO, NZI 2011, 697; *Kemper*, Die Verordnung (EG) Nr. 1346/2000 über Insolvenzverfahren – Ein Schritt zu einem europäischen Insolvenzrecht, ZIP 2001, 1609; *Koch*, Das IPR der actio Pauliana, IPRax 2007, 466; *Kolmann*, Vis attractive concursus for actions to set transactions aside by the virtue of Insolvency, IILR 2013, 193; *Kubis*, Internationale Gläubigeranfechtung – vor und nach Inkrafttreten der Insolvenzrechtsreform, IPRax 2000, 501; *Müller*, Das europäische Kollisionsrecht der Insolvenzanfechtung zwischen Gläubigergleichbehandlung und Vertrauensschutz, EuZW 2016, 212; *Paulus*, Anfechtungsklagen in grenzüberschreitenden Insolvenzverfahren, ZInsO 2006, 295; *Stürner/Fix*, Das maßgebliche Recht im Sinne des Artikel 13 EuInsVO – Bestimmung und Geltungsumfang, Festschrift für Jobst Wellensiek, 2011, S. 833; *Thole*, Die Anwendung des Art. 13 EuInsVO bei Zahlungen auf fremde Schuld, NZI 2013, 113; *Thole*, Die Einrede des Anfechtungsgegners gemäß Art. 16 EuInsVO 2017 (Art. 13 EuInsVO 2002) zwischen lex causae und lex fori concursus, IPRax 2018, 388; *Virgós/Schmit*, Erster Teil: EU-Übereinkommen über Insolvenzverfahren, Kap. B – Erläuternder Bericht, in: Stoll, Vorschläge und Gutachten zur Umsetzung des EU-Übereinkommens über Insolvenzverfahren im deutschen Recht, 1997, S. 32 (zit.: Virgós/Schmit in: Stoll, Vorschläge und Gutachten).

### Übersicht

I. Zweck der Norm .................. 1
II. Verhältnis zum autonomen Recht und Anwendungsbereich ............ 2
III. Inhalt der Norm .................. 4
1. Benachteiligende Handlung i. S. des Art. 7 Abs. 2 Satz 2 lit. m ............ 4
2. Das für die Rechtshandlung maßgebliche Recht (Art. 16 lit. a) ............ 5
3. Unangreifbarkeit (Art. 16 lit. b) ........ 10
4. Darlegungs- und Beweislast .............. 13

## I. Zweck der Norm

1 Art. 16 (früher Art. 13 a. F.) schränkt die kollisionsrechtliche Vorgabe des Art. 7 Abs. 2 Satz 2 lit. m und damit die Maßgeblichkeit der lex fori concursus für die Insolvenzanfechtung und die verwandten Unwirksamkeitsregeln ein. Die Vorschrift begründet ein Veto-Recht[1] für den Anfechtungsgegner und eine Einrede. Er kann sich auf die Unangreifbarkeit der angefochtenen Rechtshandlung nach dem auf die Rechtshandlung anwendbaren Recht (siehe dazu unten Rz. 5), d. h. nach der lex causae („Wirkungsstatut")[2] berufen. Dies soll das Vertrauen des Anfechtungsgeg-

---

[1] *Huber* in: FS Heldrich, S. 695, 696.
[2] Der Begriff stammt aus den Zeiten des Art. 102 EGInsO a. F. (und § 19 AnfG), die das Recht für anwendbar erklärten, dem die Wirkungen einer Rechtshandlung unterliegen.

ners in die Rechtsbeständigkeit seines Erwerbs und den Rechtsverkehr schützen,[3] weil der Erwerber zwar das auf die Rechtshandlung anwendbare Recht kennen mag, im Zeitpunkt seines Erwerbs aber über die Eröffnungszuständigkeit für ein späteres Insolvenzverfahren und damit über die lex fori concursus im Unklaren ist.[4] Zugleich sind allgemeine öffentliche Interessen angesprochen. Der Geschäftsverkehr in den jeweiligen Mitgliedstaaten soll nicht durch ein Übergreifen ausländischer Insolvenzeröffnungsstatute beeinträchtigt werden.[5] Es handelt sich um eine (nur) durch die Behauptungs- und Darlegungslast des Anfechtungsgegners **eingeschränkte Kumulativanknüpfung**, die in der Sache dazu führt, dass das weniger anfechtungsfreundliche Recht obsiegt.[6] Im Zuge der Reform der EuInsVO war Art. 13 a. F. stark kritisiert worden,[7] dennoch wurde diese Lösung fortgeführt.

## II. Verhältnis zum autonomen Recht und Anwendungsbereich

Eine vergleichbare Vorschrift kennt § 339 InsO für das autonome deutsche Internationale Insolvenzrecht. **§ 339 InsO** wird aber weitgehend **verdrängt**. Vor Gerichten der Mitgliedstaaten kommt im Ausgangspunkt für das Kollisionsrecht stets Art. 7 Abs. 2 Satz 2 lit. m zum Tragen, wenn das Verfahren in einem **Mitgliedstaat** wegen des hier belegenen COMI geführt wird. Ist sodann das nach Art. 16 lit. a zu ermittelnde Recht, d. h. die lex causae, nicht das Recht eines Mitgliedstaates, sondern eines Drittstaats, so bleibt es bei Art. 7 Abs. 2 Satz 2 lit. m; § 339 InsO greift nicht. In diesem Fall ist die Rechtshandlung also allein nach der lex fori concursus ohne Rücksicht auf die Regeln des Drittstaats anfechtbar (zu Vorfragen siehe unten Rz. 9).[8] Das gilt richtigerweise unabhängig davon, ob der Anfechtungsanspruch nach Maßgabe des Art. 2 Nr. 9 (viii) in einem Mitgliedstaat belegen ist, ob also der Anfechtungsgegner seinen COMI in einem Mitgliedstaat hat.[9]

2

Art. 16 gilt auch im **Sekundärverfahren**, soweit der Sekundärinsolvenzverwalter Rechtshandlungen in Bezug auf das zur Masse des Sekundärverfahrens gehörende Vermögen anficht. Art. 12 Abs. 2 geht als Sonderregelung für Zahlungssysteme und Finanzmärkte dem Art. 16 vor.

3

## III. Inhalt der Norm

### 1. Benachteiligende Handlung i. S. des Art. 7 Abs. 2 Satz 2 lit. m

Die Vetofunktion des Art. 16 kommt nur dann zum Tragen, wenn die Rechtshandlung nach der lex fori concursus als dem Insolvenzstatut als eine die Gesamtheit der Gläubiger benachteiligende Rechtshandlung anfechtbar ist bzw. wäre. Insoweit

4

---

3) *Virgós/Schmit*, Erläuternder Bericht, in: Stoll, Vorschläge und Gutachten, S. 32, 81, Rz. 138.
4) *Burgstaller* in: FS Jelinek, S. 31, 35; *Huber* in: FS Heldrich, S. 695, 696.
5) *Huber* in: FS Heldrich, S. 695, 697; vgl. auch zur früheren Rechtslage *Hanisch*, ZIP 1981, 569, 571, der in der Berücksichtigung der lex causae des Erwerbsvorgangs einen Zugang für Anerkennung und Vollstreckung im Staat des Anfechtungsgegners erkennt.
6) Uhlenbruck-*Lüer*, InsO, Art. 13 EuInsVO Rz. 1.
7) Statt vieler *Fumagalli*, IILR 2011, 460.
8) *Prager/Ch. Keller*, NZI 2011, 697, 700; Leible/Terhechte-*Thole*, EnzEuR, Bd. 3, § 24 Rz. 112; K. Schmidt-*Brinkmann*, InsO, Art. 13 EuInsVO Rz. 7; a. A. *Westpfahl/Goetker/Wilkens*, Grenzüberschreitende Insolvenzen, Rz. 448, die § 339 InsO anwenden wollen.
9) So aber *Paulus*, ZInsO 2006, 295, 296; *Paulus*, EuInsVO, Art. 16 Rz. 9.

wird auf die Kommentierung zu Art. 7 verwiesen. Es sind nicht alle Unwirksamkeitsgründe gemeint, sondern nur solche, welche die Beseitigung einer erfolgten Gläubigerbenachteiligung bezogen auf die Gesamtheit der Gläubiger bezwecken.[10]

### 2. Das für die Rechtshandlung maßgebliche Recht (Art. 16 lit. a)

5 Art. 16 lit. a verlangt es, das für die Rechtshandlung maßgebliche Recht zu ermitteln. Das maßgebliche Recht muss ein anderes als das Insolvenzeröffnungsstatut sein. Fallen lex fori concursus und lex causae zusammen, entfaltet Art. 16 keine Sperrwirkung. Das **maßgebliche Recht** eines anderen Mitgliedstaats bestimmt sich nach dem **Internationalen Privatrecht des Forumstaates**.[11] Der Forumstaat ist aber wegen Art. 6 in der Regel der Insolvenzeröffnungsstaat. Nach seinen Regeln des IPR wird das „für diese Handlung" maßgebliche Recht ermittelt. Die Frage ist dann, was das konkret bedeutet. Meist wird auf das Schuld- bzw. Vertragsstatut verwiesen.[12] Geht es also um eine Zahlung auf eine Forderung, wird das **Statut dieser Forderung** ermittelt, was bei Verträgen das nach der Rom I-VO[13] ermittelte **Vertragsstatut** ist, bei deliktischen Forderungen das nach der Rom II-VO maßgebliche Deliktstatut usw. Innerhalb dieser Strömung werden ggf. Ausnahmen für Grundstücksgeschäfte (hier: Maßgeblichkeit des Belegenheitsorts nach Art. 43 EGBGB)[14] und für die Anfechtung gegenüber dem Rechtsnachfolger gemacht.[15] Bei Zahlung auf Gesellschafterdarlehen i. S. des § 135 Abs. 1 Nr. 2 InsO ist umstritten, ob bei deutschem Insolvenzstatut (das auch die Anfechtung nach § 135 InsO einschließt) über Art. 16 ein anderes Recht maßgeblich ist, insbesondere das Vertragsstatut,[16] oder ob das „andere Recht" mit dem Insolvenzstatut (Art. 7 Abs. 2 Satz 2 lit. m) identisch ist. Gegen Letzteres spricht, dass es ja um das außerhalb der Insolvenz, also das „eigentlich" anwendbare Recht geht und auch der Gesellschafter oder gesellschaftergleiche Dritte typisiert in seinem Vertrauen auf die Beurteilung der Rechtshandlung nach dem sich nach allgemeinen Regeln des IPR ergebenden Recht schutzbedürftig sein kann. Für die Maßgeblichkeit des Insolvenzstatuts als anderes Recht spricht zwar, dass die Rechtshandlung (Rückzahlung oder Besicherung) für sich genommen im Zusammenhang mit der Gläubigergleichbehandlung steht;[17] mit

---

10) *Stürner/Fix* in: FS Wellensiek, S. 833 f.
11) Vgl. *Kegel/Schurig*, Internationales Privatrecht, § 7 III 2 m. w. N., und eigener Tendenz zu einer autonomen Auslegung. Zu Zahlungen auf fremde Schuld *Thole*, NZI 2013, 113.
12) Grundlegend für das Schuldstatut bei Art. 13 a. F. *Huber* in: FS Heldrich, S. 695, 704 ff. Dem folgend *Paulus*, ZInsO 2006, 295, 296; *Stürner/Fix* in: FS Wellensiek, S. 833, 838 ff.; differenzierend *Gelter*, JBl 2007, 17, 21.
13) Verordnung des Europäischen Parlaments und des Rates v. 17.6.2008 über das auf vertragliche Schuldverhältnisse anzuwendende Recht (Rom I-VO) Nr. 593/2008, ABl. (EU) L 177/6 v. 4.7.2008.
14) *Gelter*, JBl 2007, 17, 21.
15) *Huber* in: FS Heldrich, S. 695, 709 ff.; *Huber* in: FS Gerhardt, S. 397, 420 f.
16) Mankowski/Müller/J. Schmidt-*Müller*, EuInsVO 2015, Art. 16 Rz. 17; *Kindler* in: MünchKomm-BGB, Art. 16 EuInsVO Rz. 12; *Prager/Ch. Keller*, NZI 2011, 697, 700; Kolmann, IILR 2011, 193, 195 f. Für § 339 InsO ebenso OLG Dresden, Urt. v. 14.11.2018 – 13 U 730/16, Rz. 36, BeckRS 2018, 30341; offenlassend BGH, Urt. v. 12.12.2019 – IX ZR 328/18, Rz. 15.
17) In diesem Sinne *Brinkmann*, ZIP Beilage z. Heft 22/2016, S. 14 ff. Vgl. auch OLG Naumburg, Urt. v. 6.10.2010 – 5 U 73/10, ZIP 2011, 677, dazu EWiR 2011, 709 *(Knof)*.

diesem Argument müsste man freilich bei Art. 16 fast immer zum Fehlen eines anderen Rechts kommen und man würde die Wertung des Insolvenzstatuts auf die Qualifikation bei Art. 16 durchschlagen lassen. Diese Wertungsabhängigkeit ist zwar möglich, hat sich aber allgemein bisher nicht durchgesetzt, weil man die Qualifikation der Rechtshandlung unter Art. 7 Abs. 2 Satz 2 lit. m bisher bei Art. 16 stets unberücksichtigt ließ (siehe dazu Rz. 8). Eine solche, bisher nicht allseits akzeptierte Lösung, die mithin die Qualifikation nach der lex fori concursus auf die Prüfung des maßgeblichen Rechts durchschlagen lässt, würde dann bedeuten, dass nach dem auf eine (bei § 135 InsO in der Rückzahlung liegende) Zuwendung der Gesellschaft an ihren Gesellschafter anwendbaren Recht zu fragen wäre. Doch auch diese Zuwendung wäre als Erfüllungshandlung wohl eher wie das Darlehen selbst zu beurteilen, das wiederum *unter dieser Prämisse* als solches aber jedenfalls keine insolvenzrechtliche Qualifikation, sondern allenfalls eine gesellschaftsrechtliche trägt, wenn man die Darlehensgewährung entgegen der Wertung des MoMiG einer Eigenkapitalgewährung gleichstellte (siehe Rz. 8).

Spricht daher im Ergebnis doch vieles für das Vertragsstatut bzw. die Absage an das Insolvenzstatut als maßgebliches Recht bei Gesellschafterdarlehen, kann es davon unabhängig trotz Maßgeblichkeit des Vertragsstatuts sein, dass der maßgebliche Staat für Art. 4 Abs. 2 oder Abs. 3 Rom I-VO im COMI-Staat der Gesellschaft liegt und deshalb kein anderes Recht in Betracht kommt. Zudem bedeutet die Anwendbarkeit des Vertragsstatuts nicht zwingend, dass man auch einer Rechtswahl Beachtung schenkt; diese Frage hat noch eine besondere Dimension. Der EuGH hat allerdings in der kritikwürdigen Entscheidung in der Rechtssache *Vinyls Italia*[18] Art. 3 Abs. 3 Rom I-VO nicht angewendet, wohl aber einen gewissen Missbrauchsvorbehalt eingezogen, der aber (möglicherweise zu) anspruchsvoll ist.

6

Ein **anderer Ansatz** geht von der konkreten Rechtshandlung aus und ermittelt also bei der Anfechtung einer **Erfüllungs- oder Besicherungshandlung** bzw. eines **Verfügungsgeschäfts** das auf diese Handlung anwendbare Recht, d. h. abstrakt von dem für die Kausalbeziehung geltenden Recht.[19] So scheint auch der BGH vorzugehen,[20] wenngleich er gerade bei Erfüllungshandlungen unklar bleibt und dort wohl auf das Forderungsstatut abstellt.[21] Demgegenüber wäre das Statut des Verfügungs- oder Erfüllungsgeschäfts bei einer dinglichen Verfügung die lex rei sitae (Art. 43 Abs. 1 EGBGB)[22], nicht aber das Vertragsstatut, weil sich dies nach Art. 12

7

---

18) EuGH, Urt. v. 8.6.2017 – Rs. C-54/16 (Vinyls Italia), ZIP 2017, 1426 = IPRax 2018, 422, m. Anm. *Thole*, IPRax 2018, 388.
19) *Kindler* in: MünchKomm-BGB, Art. 16 EuInsVO Rz. 9; Haß/Huber/Gruber/Heiderhoff-*Gruber*, EuInsVO, Art. 13 Rz. 3; Kübler/Prütting/Bork-*Bork*, InsO, Art. 16 EuInsVO 2015 Rz. 14; *Burgstaller* in: FS Jelinek, S. 31, 36; *Gelter*, JBl 2007, 17, 21; teils für das außerinsolvenzliche Anfechtungsrecht ferner *Hanisch*, ZIP 1981, 569, 572; *Hohloch*, IPRax 1995, 305, 308 f.; *Kubis*, IPRax 2000, 501, 505 f.; *Koch*, IPRax 2007, 466.
20) BGH, Urt. v. 7.2.2002 – IX ZR 115/99, ZIP 2002, 489, 490; BGH, Urt. v. 2.6.2005 – IX ZR 263/03, DZWIR 2006, 31, 32 = ZIP 2005, 1521, dazu EWiR 2006, 21 *(Beutler/Weissenfels)*; für eigene Beurteilung auch schon RG, Urt. v. 15.5.1891 – Rep. III. 44/91, RGZ 27, 130, 132.
21) BGH, Beschl. v. 10.10.2013 – IX ZR 265/12, Rz. 11, NZI 2013, 1042 = ZIP 2013, 2167, dazu EWiR 2014, 185 *(Undritz)* – bei Zahlung Vertragsstatut. Vgl. auch den Nachweis in Fn. 20.
22) BGH, Urt. v. 25.9.1996 – VIII ZR 76/95, NJW 1997, 461, 462 = ZIP 1997, 275.

lit. b Rom I-VO nur auf die Leistungspflichten bei der Erfüllung, nicht die Leistung selbst bezieht.[23] Das kann auf das gleiche maßgebliche Recht hinauslaufen, muss es aber nicht. Demnach kann für die Verfügung, etwa die Übereignung eines Sicherungsguts, ein anderes Recht maßgeblich sein als für die Kausalbeziehung. Für Personalsicherheiten wäre das Sicherheitenstatut maßgeblich nach den allgemeinen Regeln des IPR. **Beispiel:** Kaufvertrag nach italienischem Recht, Übereignung in Deutschland nach deutschem Recht. Auch bei **Zahlungen auf fremde Schuld** kann sich der Unterschied auswirken, denn nach dem ersten Ansatz ist die getilgte fremde Schuld maßgeblich, nach dem zweiten Ansatz der Zahlungsvorgang an sich, also z. B. die Übergabe des Bargelds (Art. 43 EGBGB) oder die Überweisung.

8 Schließlich muss allerdings noch die vorgelagerte Frage entschieden werden, die bisher selten thematisiert wird. Denn die **Qualifikation** im kollisionsrechtlichen Sinne geht der Ermittlung des Rechts vor. Eigentlich müsste sich, auch wenn man von der Maßgeblichkeit des Schuldstatuts ausgeht, die Qualifikation der angefochtenen Rechtshandlung nach der lex fori concursus und dem Art. 7 Abs. 2 Satz 2 lit. m richten. Wird also bspw. eine **Drittzahlung** auf wertlose fremde Schuld nach § 134 InsO (als der maßgeblichen lex fori concursus) angefochten, müsste man diese Zahlung als unentgeltliche Zuwendung qualifizieren und das auf unentgeltliche Zuwendungen (Prototyp: Schenkungen) anwendbare Recht ermitteln als maßgebliches Schuldstatut.[24] Entsprechendes könnte für Rückzahlungen auf Gesellschafterdarlehen gelten (siehe soeben Rz. 5). Das bedeutete, dass man bei Drittzahlung auf das **Kausalgeschäft in der Beziehung Insolvenzschuldner und Empfänger** schaut, nicht auf die Kausalbeziehung zwischen dem Forderungsschuldner und dem Empfänger. Diese Sichtweise hat sich freilich bisher nicht durchgesetzt.

9 Bei allem ist zu berücksichtigen, dass die Maßgeblichkeit eines anderen Rechts nicht ausschließt, dass Vorfragen selbständig anzuknüpfen sind, das gilt insoweit auch schon auf der vorgelagerten Ebene des Art. 7 Abs. 2 Satz 2 lit. m. So kann bspw. bei Beurteilung einer Sicherheit nach dem Sicherheitenstatut eine gesellschaftsrechtliche Vorfrage auftauchen; auch bei § 135 Abs. 2 InsO ist etwa kollisionsrechtlich zwischen verschiedenen Aspekten zu trennen (Sicherheit, Drittdarlehen etc.).

### 3. Unangreifbarkeit (Art. 16 lit. b)

10 Die Angreifbarkeit der Rechtshandlung in Art. 16 bezieht sich auch auf **allgemeine Vorschriften**, etwa Vorschriften über Willensmängel, Sittenwidrigkeit oder gesetzliche Verbote:[25] Die Rechtshandlung darf **in keiner Weise** angreifbar sein, damit die Anfechtung nach der lex fori concursus gesperrt wird.[26] Ist die Rechtshandlung nach der lex causae zwar nicht anfechtbar gemäß dem Insolvenzanfechtungs-

---

23) Rauscher-*Freitag*, EuZPR/EuIPR, Art. 12 Rom I-VO Rz. 7; **anders** aber offenbar zu Art. 32 EGBGB: BGH, Urt. v. 21.11.1996 – IX ZR 148/95, BGHZ 134, 116, 123 = ZIP 1997, 150.
24) *Thole*, NZI 2013, 113, 116.
25) EuGH, Urt. v. 15.10.2015 – Rs. C-310/14 (Nike European Operations Netherlands), Rz. 20, ZIP 2015, 2379, dazu EWiR 2015, 773 *(Mankowski)*; *Balz*, ZIP 1996, 948, 951; *Habscheid*, ZZP 114 (2001), 167, 176; *Kemper*, ZIP 2001, 1609, 1618; *Kindler* in: MünchKomm-BGB, Art. 16 EuInsVO Rz. 11.
26) EuGH, Urt. v. 15.10.2015 – Rs. C-310/14 (Nike European Operations Netherlands), Rz. 21, ZIP 2015, 2379.

recht, wohl aber aus zivilrechtlichen Gründen aufhebbar oder nichtig, bleibt es bei der Maßgeblichkeit des Art. 7 Abs. 2 Satz 2 lit. m und die Rechtshandlung ist gemäß der lex fori concursus anfechtbar.

In die umgekehrte Richtung hat der EuGH in der Rechtssache *Lutz* allerdings entschieden, dass die Ausnahme auch die **Verjährungs-, Anfechtungs- und Ausschlussfristen** erfasst, die nach dem Recht vorgesehen sind, das für die vom Insolvenzverwalter angefochtene Rechtshandlung gilt.[27] Das gilt unabhängig davon, ob es sich um bloße Formvorschriften handelt. Die Form der Anfechtung richtet sich nach dem Recht der lex causae; sieht dieses für die Anfechtung eine Klage vor, muss sie auch tatsächlich erhoben werden, um die Rechtshandlung nach Maßgabe der lex causae angreifbar zu machen und Art. 16 auszuhebeln. Das bedeutet, dass etwa ein deutscher Insolvenzverwalter Gefahr läuft, die nach deutschem Recht bestehende Anfechtbarkeit einer Rechtshandlung zu beseitigen bzw. die Verjährung herbeizuführen, wenn er die nach der lex causae bestehenden kürzeren Fristen und/oder Klageerfordernisse nicht einhält.[28] Die **lex causae** gilt insoweit also **umfassend**. Darin liegt auch eine **Haftungsgefahr für den Verwalter**.

11

Art. 16 gilt grundsätzlich nicht, wie schon Art. 7 Abs. 2 Satz 2 lit. m nicht, für Rechtshandlungen **nach der Verfahrenseröffnung**. Ob hier der unsionsrechtliche Eröffnungsbegriff gelten kann, ist fraglich.[29] Für Handlungen nach Eröffnung ist **kein Vertrauensschutz** geboten; die lex fori concursus regelt die Befugnisse des Verwalters und die Wirksamkeit von Rechtshandlungen nach Eröffnung. Eine Ausnahme macht der EuGH für den Fall, dass ein dinglich gesicherter und nach Art. 8 vom Insolvenzverfahren grundsätzlich nicht berührter Gläubiger nach Verfahrenseröffnung aufgrund des Rechts Befriedigung erlangt. Er meint, Art. 13 a. F. sei anwendbar, wenn die von einem Insolvenzverwalter angefochtene Auszahlung eines vor Eröffnung des Insolvenzverfahrens gepfändeten Geldbetrags erst nach Eröffnung dieses Verfahrens erfolgt ist.[30] Damit gilt in den Fällen des Art. 8 Abs. 4, in denen eine Anfechtbarkeit in Betracht kommt, ebenfalls die Begrenzung durch Art. 16. Gleiches gilt bei Art. 9 Abs. 2 und Art. 10 Abs. 3. In der Vorlagesache ging es hier letztlich – was eher unausgesprochen blieb[31] – darum, dass das dingliche Recht anfechtbar vor Verfahrenseröffnung erworben, wegen der nach Verfahrenseröffnung erfolgten Auszahlung indes erloschen war und folglich sich der Anfechtungsanspruch in einen Wertersatzanspruch verwandelte. Angefochten wurde also in Wahrheit die Begründung des dinglichen Rechts selbst. Im Ergebnis dürfte daher gar keine Ausnahme vorliegen, sondern es bei dem Grundsatz bleiben, dass nach

12

---

27) EuGH, Urt. v. 16.4.2015 – Rs. C-557/13 (Lutz), Rz. 49, ZIP 2015, 1030, dazu EWiR 2015, 415 *(Ch. Keller)*.
28) **Anders** noch OLG Stuttgart, Urt. v. 28.9.2012 – 5 U 17/12, ZIP 2012, 2162, 2164 f., dazu EWiR 2013, 109 *(Riedemann)*.
29) *Thole* in: MünchKomm-InsO, Art. 2 EuInsVO 2015 Rz. 16; ausführlich demnächst in der 4. Auflage.
30) EuGH, Urt. v. 16.4.2015 – Rs. C-557/13 (Lutz), Rz. 37 ff., ZIP 2015, 1030.
31) Nur andeutungsweise BGH, Beschl. v. 10.10.2013 – IX ZR 265/12, Rz. 13, NZI 2013, 1042 = ZIP 2013, 2167.

Verfahrenseröffnung vorgenommene Rechtshandlungen von Art. 7 Abs. 2 Satz 2 lit. m und Art. 16 nicht gemeint sind.

### 4. Darlegungs- und Beweislast

13 Die Darlegungs- und Beweislast für die Unangreifbarkeit der Rechtshandlung nach der lex causae trägt der **Anfechtungsgegner**, wie der EuGH in der Rechtssache *Nike* betont hat.[32] Gemeint ist der Nachweis, dass *im konkreten Fall* die Voraussetzungen für eine Angreifbarkeit nicht gegeben sind.[33] Bleiben Zweifel, gehen diese zu seinen Lasten und es bleibt bei der Maßgeblichkeit der lex fori concursus (Art. 7 Abs. 2 Satz 2 lit. m). Der **EuGH** formuliert einen weiteren Leitsatz wie folgt:

> „Das mit einer solchen Klage befasste nationale Gericht kann nur dann davon ausgehen, dass der Anfechtende das Vorliegen einer Vorschrift oder eines Grundsatzes dieses Rechts, wonach diese Handlung angefochten werden kann, nachzuweisen hat, wenn es der Ansicht ist, dass der Anfechtungsgegner zuvor nach den allgemein anwendbaren Vorschriften seines nationalen Verfahrensrechts tatsächlich nachgewiesen hat, dass die betreffende Handlung nach diesem Recht unanfechtbar ist."[34]

14 Im deutschen Prozess dürfte § 293 ZPO nur insoweit anwendbar sein, als das Gericht über die vom Anfechtungsgegner vorgelegten Beweise hinaus formlose Ermittlungen anstellen darf. Das ändert aber nichts daran, dass zunächst der Anfechtungsgegner Beweis (Sachverständigengutachten) antreten muss.[35] Seiner Darlegungslast genügt er zunächst, wenn er den Inhalt des ausländischen Rechts darlegt, soweit es ernsthaft beachtlich sein kann; zu allen irgendwie denkbaren Unwirksamkeitsgründen muss er sich nicht äußern, wohl aber auf spezifizierten Einwand des Klägers hin, der folglich ebenfalls zur sekundären Darlegung verpflichtet ist. Zur Vorlage des Beweismittels und folglich zum Beweisantritt ist der Anfechtungsgegner verpflichtet, wenn der Kläger den Inhalt des Rechts bestreitet. Bei Unaufklärbarkeit des ausländischen Rechts muss – anders als im Normalfall des § 293 ZPO – eine Beweislastentscheidung zulasten des Anfechtungsgegners erfolgen. Bei verbleibenden rechtlichen Zweifeln über die Unangreifbarkeit nach Ermittlung geht dies gleichfalls zulasten des Anfechtungsgegners.

15 Die Frage, in welcher Form und innerhalb welcher Frist die Einrede des Art. 16 geltend gemacht werden muss und ob diese Vorschrift von dem zuständigen Gericht auch von Amts wegen angewandt werden darf, richtet sich – solange der unionsrechtliche Effektivitätsgrundsatz nicht verletzt ist – nach dem Verfahrensrecht des Mitgliedstaats, in dem der Rechtsstreit anhängig ist.[36]

---

32) EuGH, Urt. v. 15.10.2015 – Rs. C-310/14 (Nike European Operations Netherlands), ZIP 2015, 2379.
33) EuGH, Urt. v. 8.6.2017 – Rs. C-54/16 (Vinyls Italia), ZIP 2017, 1426 = IPRax 2018, 422, m. Anm. *Thole*, IPRax 2018, 388.
34) EuGH, Urt. v. 15.10.2015 – Rs. C-310/14 (Nike European Operations Netherlands), ZIP 2015, 2379.
35) BGH, Urt. v. 12.12.2019 – IX ZR 328/18, Rz. 20. *Swierczok*, NZI 2015, 958 (Urteilsanm.). S. wohl auch Makowski/Müller/J. Schmidt-*Müller*, EuInsVO 2015, Art. 16 Rz. 28 f.
36) EuGH, Urt. v. 8.6.2017 – Rs. C-54/16 (Vinyls Italia), ZIP 2017, 1426 = IPRax 2018, 422, m. Anm. *Thole*, IPRax 2018, 388.

## Artikel 17
### Schutz des Dritterwerbers

Verfügt der Schuldner durch eine nach Eröffnung des Insolvenzverfahrens vorgenommene Handlung gegen Entgelt über

a) einen unbeweglichen Gegenstand,

b) ein Schiff oder ein Luftfahrzeug, das der Eintragung in ein öffentliches Register unterliegt, oder

c) Wertpapiere, deren Eintragung in ein gesetzlich vorgeschriebenes Register Voraussetzung für ihre Existenz ist,

so richtet sich die Wirksamkeit dieser Rechtshandlung nach dem Recht des Staats, in dessen Hoheitsgebiet sich dieser unbewegliche Gegenstand befindet oder unter dessen Aufsicht das Register geführt wird.

Literatur: *Anthimos*, Zur Anwendung des Art. 14 EuInsVO in Griechenland, IPRax 2014, 450; *Reinhart*, Die Bedeutung der EuInsVO im Insolvenzeröffnungsverfahren – Besonderheiten paralleler Eröffnungsverfahren, NZI 2009, 201; *Schneider*, Registrierte Gegenstände im grenzüberschreitenden Insolvenzverfahren nach der EuInsVO, 2019.

### Übersicht

| | |
|---|---|
| I. Zweck der Norm ................. 1 | 3. Nach Verfahrenseröffnung ............ 5 |
| II. Inhalt der Norm ................. 2 | 4. Entgeltlichkeit ............ 6 |
| 1. Rechtshandlung ................. 2 | III. Rechtsfolgen ............ 7 |
| 2. Erfasste Verfügungsobjekte ........ 3 | |

### I. Zweck der Norm

Die Vorschrift verfolgt zum einen den bereits in der Überschrift angesprochenen 1 Schutz des Dritterwerbers bei bestimmten Verfügungsgeschäften, zugleich aber auch öffentliche Interessen. Diese begründen v. a. in dem Schutz des jeweiligen Registers bzw. des Grundbuchs. Die im systematischen Kontext mit Art. 14 stehende Vorschrift[1]) enthält eine **Sonderanknüpfung**, die v. a. den Schutz des guten Glaubens eines Dritten zum Gegenstand hat. Sie verdrängt die lex fori concursus. Eine nach der lex fori concursus angeordnete Unwirksamkeit einer nach Verfahrenseröffnung vorgenommenen Verfügung wird auf diesem Weg durchbrochen, wenn das Recht des Staates, in dessen Gebiet der Gegenstand belegen ist oder unter dessen Aufsicht das Register geführt wird, einen (in der Regel) gutgläubigen Rechtserwerb gleichwohl noch zulässt. Für bewegliche Sachen bleibt es demgegenüber stets bei der Maßgeblichkeit der lex fori concursus. Der im öffentlichen Interesse liegende Registerschutz wird erreicht, weil die nach dem Registerrecht maßgeblichen Eintragungsvoraussetzungen für den Rechtserwerb erfüllt sein müssen und damit keine Unrichtigkeit des Grundbuchs bzw. des Registers aufgrund der Rechtshandlung eintreten kann.

---

1) *Schneider*, Registrierte Gegenstände, S. 120 f.

## II. Inhalt der Norm

### 1. Rechtshandlung

2  Art. 17 setzt zunächst eine gegen Entgelt vorgenommene Rechtshandlung voraus. Gemeint ist in erster Linie eine Verfügung auf **rechtsgeschäftlichem** Weg.[2]

### 2. Erfasste Verfügungsobjekte

3  In gegenständlicher Hinsicht muss sich die Verfügung auf einen unbeweglichen Gegenstand, ein eingetragenes Schiff oder Luftfahrzeug oder auf die in Art. 17 lit. c genannten, kraft Registrierung in Existenz gebrachten Wertpapiere richten. Dazu gehören nicht Namensaktien, da deren Eintragung nicht gesetzlich i. S. einer konstitutiven Wirkung vorgeschrieben ist.[3] Immaterialgüterrechte sind hier ebenfalls nicht erfasst. Im deutschen Recht ist Art. 17 lit. c daher bedeutungslos; es bleibt bei Art. 7.[4] Hinsichtlich der unbeweglichen Gegenstände und von Schiffen und Luftfahrzeugen ist der Anwendungsbereich mit Art. 14 identisch (siehe dazu Art. 14 Rz. 5 ff. [*Liersch*]). Erfasst sind nicht nur die Verfügungen über das Vollrecht selbst, sondern auch über Rechte an den so bestimmten Gegenständen, d. h. über beschränkt dingliche Rechte.

4  Art. 17 kommt nicht zum Tragen, wenn der Gegenstand bereits in dem Staat der Verfahrenseröffnung belegen ist, weil dann ohnehin das Recht des Insolvenzeröffnungsstaates gilt. Die **Belegenheit** richtet sich nach Art. 2 Nr. 9. Damit wird letztlich zurückverwiesen auf den Staat der Registerführung. Befindet sich der Gegenstand dagegen in einem **Drittstaat**, so kommt Art. 17 trotz fehlender ausdrücklicher Klarstellung nicht zum Tragen, da die kollisionsrechtlichen Sonderanknüpfungen zumindest implizit auf den Fälle beschränkt sind, in denen zwei mitgliedstaatliche Rechtsordnungen konkurrieren.[5]

### 3. Nach Verfahrenseröffnung

5  Die Rechtshandlung muss **nach Verfahrenseröffnung** vorgenommen worden sein. Das kann auch ein Sekundärverfahren sein.[6] Was unter einer Eröffnung zu verstehen ist, ergibt sich allgemein aus den zu Art. 3 und Art. 19 bekannten Maßstäben (siehe Art. 19 Rz. 5 [*Sutschet*]); daher kann auch im Falle eines Eröffnungsverfahrens das Verfahren i. S. der EuInsVO bereits eröffnet sein.[7] Der maßgebliche Zeitpunkt bestimmt sich nach der Definitionsnorm des Art. 2 Nr. 8. Für die Bemessung des Zeitpunkts ist der **Leistungserfolg**, d. h. der Eintritt der dinglichen Rechtsänderung entscheidend;[8] die Leistungshandlung kann also vorher erfolgt

---

[2] Anders *Paulus*, EuInsVO, Art. 17 Rz. 3.
[3] K. Schmidt-*Brinkmann*, InsO, Art. 14 EuInsVO Rz. 3.
[4] Uhlenbruck-*Lüer*, InsO, Art. 14 EuInsVO Rz. 3; *Undritz* in: HambKomm-InsO, Art. 14 EuInsVO Rz. 4 f.
[5] Im Ergebnis auch *Paulus*, EuInsVO, Art. 17 Rz. 9.
[6] Uhlenbruck-*Lüer*, InsO, Art. 14 EuInsVO Rz. 2.
[7] *Reinhart*, NZI 2009, 201, 202, der sodann auch davon unabhängig zur Anwendung des Art. 14 a. F. im Eröffnungsverfahren gelangt.
[8] *Paulus*, EuInsVO, Art. 17 Rz. 2.

sein (wenngleich sie anfechtbar sein mag, Art. 7 Abs. 2 Satz 2 lit. m bleibt unberührt). Wird die Verfügung i. R. des Eröffnungsverfahrens vorgenommen und verstößt sie gegen eine nach Art. 32 Abs. 1 Unterabs. 3 angeordnete Sicherungsmaßnahme, so wird gleichwohl über Art. 17 entschieden, ob der Dritterwerber gutgläubig erwerben kann.[9]

## 4. Entgeltlichkeit

Entgeltlich ist eine Rechtshandlung dann, wenn der Erwerber für die Verfügung eine Gegenleistung erbringen muss. Insoweit ist das Kausalgeschäft maßgeblich. Das wirft die Frage auf, wie **teilweise unentgeltliche Geschäfte** zu behandeln sind. Mit Blick auf den Schutzzweck des Art. 17 sind auch solche gemischten Schenkungen und teilweise unentgeltliche Verfügungen erfasst. Von einer Unterscheidung danach, ob der unentgeltliche oder der entgeltliche Teil überwiegt, sollte man schon aus Praktikabilitätsgründen absehen.[10] Eine verschleierte Schenkung fällt dagegen nicht unter Art. 17, wenn die Gegenleistung folglich in Wahrheit gar nicht gewollt ist.

## III. Rechtsfolgen

Liegen die Voraussetzungen vor, beruft Art. 17 das Recht des Staates, in dessen Gebiet der unbewegliche Gegenstand belegen ist (für die unbeweglichen Gegenstände i. S. des Art. 17 lit. a) oder unter dessen Aufsicht das Register geführt wird (für die Gegenstände i. S. des Art. 17 lit. b und lit. c). Art. 17 verlangt nicht, dass nach dem dann berufenen Recht Gutglaubenserfordernisse bestehen und eingehalten sein müssen; ob auch ohne Gutgläubigkeit ein Erwerb noch möglich ist, bestimmt das zur Anwendung berufene Recht dann ohne Rücksicht auf die lex fori concursus selbst. Im Fall von Grundstücksverfügungen durch den Insolvenzschuldner nach Verfahrenseröffnung bedeutet dies bei einem in Deutschland belegenen unbeweglichen Gegenstand, dass im Fall eines ausländischen Insolvenzverfahrens die Frage der Möglichkeit des gutgläubigen Erwerbs des Dritterwerbers nach **Artt. 81 Abs. 1, 91 Abs. 2 InsO** zu beurteilen ist. Auf § 349 InsO wird nicht verwiesen.[11] Umgekehrt kommen bei einem in Deutschland geführten Insolvenzverfahren und einem in einem anderen Mitgliedstaat belegenen Gegenstand nicht §§ 81 Abs. 1 Satz 2, 91 Abs. 2 InsO zum Tragen, sondern die Regeln des ausländischen Sachrechts.[12]

---

9) Vgl. *Reinhart*, NZI 2009, 201, 202.
10) Anders *Paulus*, EuInsVO, Art. 17 Rz. 6; Mankowski/Müller/J. Schmidt-*Müller*, EuInsVO 2015, Art. 17 Rz. 13; wie hier K. Schmidt-*Brinkmann*, InsO, Art. 14 EuInsVO Rz. 7; *Kindler* in: MünchKomm-BGB, Art. 17 EuInsVO Rz. 5; *Undritz* in: HambKomm-InsO, Art. 14 EuInsVO Rz. 4.
11) K. Schmidt-*Brinkmann*, InsO, Art. 14 EuInsVO Rz. 8. Anders *Cranshaw*, jurisPR-InsR 21/2010 Anm. 4.
12) Zu einer Gerichtsentscheidung und zur Anwendung des Art. 14 a. F. in Griechenland *Anthimos*, IPRax 2014, 450.

## Artikel 18
**Wirkungen des Insolvenzverfahrens auf anhängige Rechtsstreitigkeiten und Schiedsverfahren**

Für die Wirkungen des Insolvenzverfahrens auf einen anhängigen Rechtsstreit oder ein anhängiges Schiedsverfahren über einen Gegenstand oder ein Recht, der bzw. das Teil der Insolvenzmasse ist, gilt ausschließlich das Recht des Mitgliedstaats, in dem der Rechtsstreit anhängig oder in dem das Schiedsgericht belegen ist.

Literatur: *Berger*, Schiedsvereinbarung und Insolvenzverfahren, ZInsO 2009, 1036; *Brinkmann*, Die Auswirkungen der Eröffnung eines Verfahrens nach Chapter 11 U.S. Bankruptcy Code auf im Inland anhängige Prozesse, IPRax 2011, 143; *Eyber*, Auslandsinsolvenz und Inlandsrechtsstreit, ZInsO 2009, 1225; *Leible/Staudinger*, Die europäische Verordnung über Insolvenzverfahren, KTS 2000, 533; *Mankowski*, Auswirkungen ausländischer Insolvenzverfahren auf deutsche Steuerfortsetzungen, DStR 2019, 1979; *Mankowski*, EuInsVO und Schiedsverfahren, ZIP 2010, 2478; *Pfeiffer*, Insolvenzeröffnung und internationale Schiedsverfahren, in: Festschrift für Jobst Wellensiek, 2011, S. 821; *Poelzig*, Parteieninsolvenz in der internationalen Schiedsgerichtsbarkeit, ZZPInt 2009, 393; *Virgós/Schmit*, Erster Teil: EU-Übereinkommen über Insolvenzverfahren, Kap. B – Erläuternder Bericht, in: Stoll, Vorschläge und Gutachten zur Umsetzung des EU-Übereinkommens über Insolvenzverfahren im deutschen Recht, 1997, S. 32 (zit.: Virgós/Schmit in: Stoll, Vorschläge und Gutachten); *Wagner*, Insolvenz und Schiedsverfahren, KTS 2010, 39.

### Übersicht

| | |
|---|---|
| I. Zweck der Norm ............................ 1 | 2. Anhängiger Rechtsstreit ............... 4 |
| II. Inhalt der Norm ............................. 2 | 3. Anhängiges Schiedsverfahren ...... 8 |
| 1. Wirkungen des Insolvenzverfahrens ....................................... 2 | III. Rechtsfolgen ................................. 11 |

### I. Zweck der Norm

1   Art. 18 stellt mit einer kollisionsrechtlichen Sonderanknüpfung eine weitere **Ausnahme** von der grundsätzlichen Maßgeblichkeit der lex fori concursus (Art. 7) dar.[1] Die Sonderanknüpfung ist bereits im Vorbehalt in Art. 7 Abs. 2 Satz 2 lit. f a. E. angelegt und hat ein Pendant im autonomen Recht in § 352 InsO. Die Vorschrift begründet einen **Vorrang einer mitgliedstaatlichen lex fori processus**. Damit soll bei anhängigen Rechtsstreitigkeiten über die (als Vorfrage nach der lex fori concursus zu definierenden) Vermögenswerte der Masse (Art. 7 Abs. 2 Satz 2 lit. b) die **Einheit des anwendbaren Prozessrechts** gesichert werden. Praktisch geht es v. a. um die Unterbrechung des Rechtsstreits. In Deutschland und bei Rechtsstreitigkeiten im Inland richtet sich dies nach § 240 ZPO (i. V. m §§ 85–87, 180 Abs. 2, 184, 250 InsO). § 240 ZPO ist nach nunmehr wohl einhelliger Meinung auch auf **ausländische Insolvenzverfahren** anwendbar.[2] Siehe näher unten Rz. 7.

---

1) Nur Kollisionsnorm: Mankowski/Müller/J. Schmidt-*Müller*, EuInsVO 2015, Art. 18 Rz. 28.
2) BGH, Urt. v. 13.10.2009 – X ZR 79/06 (Schnellverschlusskappe), ZIP 2009, 2217 = IPRax 2011, 181, dazu EWiR 2009, 781 *(Rendels/Körner)* – Entscheidung zu Chapter 11 des US-amerikanischen Bankruptcy Code und § 352 InsO; ausführlich *Leible/Staudinger*, KTS 2000, 533, 558 f. m. w. N. – § 352 InsO gilt hier wegen des Vorrangs der EuInsVO insoweit nicht direkt.

## II. Inhalt der Norm

### 1. Wirkungen des Insolvenzverfahrens

Die Vorschrift betrifft die Wirkungen des Insolvenzverfahrens. Das Insolvenzverfahren bzw. der Eröffnungsbeschluss muss anerkennungsfähig, darf also nicht ordre-public-widrig sein.[3] Unter Umständen können es aber auch Wirkungen im Eröffnungsverfahren sein. Wegen der Vorverlagerung des Eröffnungsbegriffs durch den EuGH und Art. 2 Nr. 6 und 7 handelt es sich dann i. S. der EuInsVO meist ohnedies bereits um ein eröffnetes Verfahren (siehe dazu Art. 2 Rz. 20 [*Sutschet*]). Auf den Übergang der Verwaltungs- und Verfügungsbefugnis auf einen Verwalter kommt es im Ergebnis nicht mehr an.[4] Das eröffnete Verfahren kann sowohl ein Hauptverfahren sein als auch ein Partikularverfahren (Sekundärverfahren oder isoliertes Partikularverfahren).[5] Im Fall des Partikularverfahrens muss es sich dann um einen auf die Masse dieses Partikularverfahrens bezogenen Rechtsstreit handeln.

Gemeint sind nur die prozessualen und unmittelbaren Wirkungen des Insolvenzverfahrens für den Prozess wie z. B. die Unterbrechungswirkung,[6] nicht hingegen Fragen des Fortbestands von (Schieds-)Verträgen oder des Verwalterwahlrechts. Letzteres bleibt eine Frage der lex fori concursus. Siehe dazu unten Rz. 11.

### 2. Anhängiger Rechtsstreit

Der **Begriff der Rechtsstreitigkeiten** ist nicht geklärt. Er ist autonom auszulegen.[7] Erfasst sind jedenfalls Aktiv- und Passivprozesse,[8] etwa auch **Aussonderungsklagen**,[9] also wenn darüber gestritten wird, ob der Gegenstand zur Masse gehört. Kontradiktorische Verfahren vor staatlichen Gerichten sind jedenfalls ohne weiteres erfasst. Verfahren in **Vollstreckungssachen** gehören dazu nach teilweise vertretener Auffassung nicht.[10] Für diese Auffassung spricht Art. 7 Abs. 2 Satz 2 lit. f (nur) indiziell, wenn er gerade zwischen Erkenntnisverfahren und sonstiger Einzelrechtsverfolgung unterscheidet,[11] v. a. aber, dass die lex fori concursus regeln sollte, inwieweit Vollstreckungen fortgeführt werden können; insoweit ist

---

3) *Reinhart* in: MünchKomm-InsO, Art. 15 EuInsVO 2000 Rz. 12, unter Hinweis auf OLG Hamburg, Urt. v. 17.4.2008 – 10 U 9/07, BeckRS 2009, 8980.
4) Vgl. auch OLG München, Beschl. v. 4.2.2019 – 23 U 2894/17, ZIP 2019, 781.
5) Unklar hinsichtlich Sekundärverfahren K. Schmidt-*Brinkmann*, InsO, Art. 15 EuInsVO Rz. 2.
6) *Mankowski*, ZIP 2010, 2478, 2481; Pannen-*Dammann*, EuInsVO, Art. 15 Rz. 8; *Paulus*, EuInsVO, Art. 18 Rz. 3.
7) K. Schmidt-*Brinkmann*, InsO, Art. 15 EuInsVO Rz. 3.
8) BPatG, Urt. v. 10.7.2013 – 4 Ni 8/11 (EP), GRUR 2014, 104.
9) OLG München, Urt. v. 25.2.2010 – 29 U 1513/07 (Budget), NZI 2010, 826, 828 = ZIP 2010, 2118, dazu EWiR 2010, 727 *(Westpfahl/Luhn)*.
10) EuGH, Urt. v. 21.1.2010 – Rs. C-444/07 (Probud), Rz. 25, Slg 2010, I-417, 430 = ZIP 2010, 187, dazu EWiR 2010, 77 *(J. Schmidt)*; *Eyber*, ZInsO 2009, 1225, 1227; für das nationale Verfahren und § 240 ZPO: BGH, Beschl. v. 28.3.2007 – VII ZB 25/05, Rz. 10, BGHZ 172, 16, 19 = ZIP 2007, 983, dazu EWiR 2008, 319 *(Naraschewski)*. Zur Auswirkung einer Insolvenzeröffnung im Ausland auf deutsche Steuerfestsetzungen und -vollstreckungen *Mankowski*, DStR 2019, 1979, 1984 f.
11) *Virgós/Schmit* in: Stoll, Vorschläge und Gutachten, S. 32, 83 Rz. 142. Hier besteht freilich die Gefahr des Zirkelschlusses, so dass die Differenzierung nur Indizwirkung haben kann.

das grundlegende Verteilungsprinzip des Insolvenzverfahrens angesprochen. Der EuGH hat sich mit Recht gegen eine Einbeziehung von **Vollstreckungsverfahren** in Art. 15 a. F. ausgesprochen.[12] Allerdings macht er eine Unterscheidung: Klagen auf Feststellung von Zahlungsverpflichtungen, die sich auf die Feststellung der Rechte und der Verbindlichkeiten des Schuldners beschränken, ohne über deren Durchsetzung zu entscheiden, und bei denen im Gegensatz zu einzelnen Zwangsvollstreckungsverfahren somit nicht die Gefahr besteht, gegen den Grundsatz der Gleichbehandlung der Gläubiger sowie gegen die kollektive Durchführung des Insolvenzverfahrens zu verstoßen, fallen in den Anwendungsbereich von Art. 18.[13]

5 Im Übrigen ist aber weder nach der **Art der Gerichtsbarkeit** noch nach dem Gegenstand näher zu unterscheiden, so dass z. B. auch Verfahren der freiwilligen Gerichtsbarkeit (FamFG) und Patentnichtigkeitsverfahren ebenso wie Verfahren vor Finanzgerichten erfasst sind.[14] Das gilt unabhängig davon, ob das „Prozessrecht des betreffenden Mitgliedstaats dies so vorsieht",[15] denn zur Einordnung unter Art. 18 wird sich kaum eine mitgliedstaatliche Rechtsordnung explizit verhalten. Demgemäß sind auch verwaltungsbehördliche kontradiktorische Verfahren ggf. erfasst.[16] Auch Verfahren im Exequatur- bzw. Beschwerdeverfahren nach der Brüssel Ia-VO/EuGVVO n. F. (Artt. 43 ff. EuGVVO) fallen unter Art. 18.[17]

6 Die **Anhängigkeit** lässt sich autonom durch Rückgriff auf Art. 32 EuGVVO bestimmen,[18] wobei die zur Zustellung „notwendigen Schritte" i. S. dieser Vorschrift naturgemäß nach der lex fori processus zu bestimmen sind. Für den Zeitpunkt der Eröffnung gilt Art. 2 Nr. 8.[19]

7 Der Rechtsstreit muss in einem **Mitgliedstaat** anhängig sein. Für die Auswirkungen auf drittstaatliche Verfahren gilt das autonome Recht, in Deutschland § 352 InsO. Art. 18 gilt aber nicht, wenn der Rechtsstreit erst nach Eröffnung anhängig gemacht wird,[20] weil die Vorschrift ihrem Zweck nach gerade auf die durch die Eröffnung entstehende Unsicherheit im *laufenden* Prozess reagiert.

---

12) EuGH, Urt. v. 9.11.2016 – Rs. C-212/15 (ENEFI), Rz. 34, ECLI:EU:C:2016:841 = ZIP 2017, 26, dazu EWiR 2017, 177 *(Riedemann/Schmidt)*; zuvor schon EuGH *(GA Bobek)*, SA v. 9.6.2016 – Rs. C-212/15 (ENEFI), Rz. 72, ECLI:EU:C:2016:427, dazu EWiR 2016, 533 *(Schulz)*.
13) EuGH, Urt. v. 6.6.2018 – Rs. C-250/17 (Tarragó da Silveira), Rz. 33, ZIP 2018, 1254, dazu EWiR 2018, 465 *(Swierczok/Dittmann)*.
14) *Reinhart* in: MünchKomm-InsO, Art. 15 EuInsVO 2000 Rz. 3; vgl. BGH, Urt. v. 23.4.2013 – X ZR 169/12, Rz. 6, ZIP 2013, 1447 = NZI 2013, 690; BPatG, Urt. v. 10.7.2013 – 4 Ni 8/11 (EP), GRUR 2014, 104; BFH, Beschl. v. 9.2.2015 – VII B 104/13, ZIP 2015, 996; a. A. *Kindler* in: MünchKomm-BGB, Art. 18 EuInsVO Rz. 5.
15) So aber *Paulus*, EuInsVO, Art. 15 Rz. 3.
16) K. Schmidt-*Brinkmann*, InsO, Art. 15 EuInsVO Rz. 3.
17) OLG Köln, Beschl. v. 17.10.2007 – 16 W 24/07, ZIP 2007, 2287. Zurückhaltend *Kindler* in: MünchKomm-BGB, Art. 18 EuInsVO Rz. 4.
18) *Reinhart* in: MünchKomm-InsO, Art. 15 EuInsVO 2000 Rz. 5; *Kindler* in: MünchKomm-BGB, Art. 18 EuInsVO Rz. 7.
19) In diese Richtung Pannen-*Dammann*, EuInsVO, Art. 10 Rz. 10.
20) BPatG, Urt. v. 10.7.2013 – 4 Ni 8/11 (EP), GRUR 2014, 104.

## 3. Anhängiges Schiedsverfahren

Ob unter Art. 15 a. F. auch **schiedsgerichtliche Streitigkeiten** einzuordnen sind, war fraglich und u. a. im Verfahren des *Schweizer BG in Elektrim vs. Vivendi* virulent geworden.[21] Die Frage war schon bisher zu bejahen, weil es keinen Grund gibt, alternative und gerichtliche Streitbeilegung unterschiedlich zu behandeln, wenn es gerade die ratio des Art. 15 a. F. ist, das anhängige Verfahren und die Insolvenzeröffnung zu koordinieren. Nunmehr stellt Art. 18 dies klar. Schiedsverfahren sind indessen nicht Schiedsgutachten-„verfahren".

Fraglich ist dann nur, welches Recht die lex fori processus ist. Art. 18 verweist auf das Sachrecht des Staates, in welchem der Rechtsstreit anhängig ist,[22] also hier die lex loci arbitri. Die Verweisung umfasst naturgemäß auch eine von den Parteien gewählte Schiedsordnung, soweit die Parteien eben von ihrer in der lex loci arbitri gewährten Wahlfreiheit Gebrauch gemacht haben.[23] Man kann, weil es um die verfahrensrechtlichen Wirkungen geht, darüber hinaus annehmen, dass Art. 18 auch dann auf das anwendbare und von den Parteien gewählte (staatliche) Schiedsverfahrensstatut verweist, auch wenn es nicht mit der lex loci arbitri, also dem Recht am Sitzort des Schiedsgerichts übereinstimmt.[24] Bei deutschem Recht ist eine Unterbrechung schon aus Gründen des rechtlichen Gehörs (§ 1042 Abs. 1 Satz 2 ZPO) angezeigt, selbst wenn § 240 ZPO nach der zweifelhaften h. M. nicht unmittelbar gilt.[25]

Läuft das unterbrochene Schiedsverfahren wieder an, kann die Frage auftauchen, ob die Voraussetzungen noch gegeben sind, weil etwa die lex fori concursus Schiedsvereinbarungen im Insolvenzfalle für nichtig erklärt. Wenn Schiedsvereinbarungen wie gewöhnliche Verträge zu behandeln sind, kommt man nicht umhin, Art. 7 Abs. 2 Satz 2 lit. e anzuwenden.[26] Danach bestimmt aber die lex fori concursus den Einfluss der Insolvenzeröffnung auf die Vertragsbindung. Unter dieser Prämisse ist es aber schief, wenn der *Vivendi-Entscheidung* des BG[27] vorgehalten wird, sie konterkariere durch Schaffung einer Schiedsverfahrensparteifähigkeit die Wertung des Art. 18.[28] Die Frage ist vielmehr präziser dahin zu stellen, ob Art. 7 Abs. 2 Satz 2 lit. e auch

---

21) BG Schweiz, Urt. v. 31.3.2009 – 4A_428/2008 (Elektrim), ZIP 2010, 2530. Dazu *Mankowski*, ZIP 2010, 2478, 2480 ff.; *Wagner*, KTS 2010, 39, 51 ␣m. w. N.
22) *Paulus*, EuInsVO, Art. 15 Rz. 6; *Reinhart* in: MünchKomm-InsO, Art. 15 EuInsVO 2000 Rz. 41; *Kindler* in: MünchKomm-BGB, Art. 18 EuInsVO Rz. 13 f.; *Brinkmann*, IPRax 2011, 143, 146; Rauscher-*Mäsch*, EuZPR/EuIPR, Art. 15 EuInsVO Rz. 2.
23) *Mankowski*, ZIP 2010, 2478, 2482.
24) *Mankowski*, ZIP 2010, 2478, 2482. Dem folgend *Reinhart* in: MünchKomm-InsO, Art. 18 EuInsVO 2015 Rz. 5.
25) K. Schmidt-*Brinkmann*, InsO, Art. 15 EuInsVO Rz. 11. Gegen die Anwendung des § 240 ZPO auf Schiedsverfahren RG, Urt. v. 7.11.1905 – Rep. VII. 62/05, RGZ 62, 24 f.; BGH, Urt. v. 21.11.1966 – VII ZR 174/65, WM 1967, 56; OLG Dresden, Beschl. v. 27.1.2005 – 11 SchH 02/04, SchiedsVZ 2005, 159, 162. Dafür *Paulus*, EuInsVO, Art. 18 Rz. 3; *Wagner*, KTS 2010, 39, 56 m. w. N. Abwägend *Pfeiffer* in: FS Wellensiek, S. 821, 827 ff., 829, der meint, der Streit um die Reichweite des Art. 15 a. F. sei weitgehend ein Scheingefecht und Art. 15 a. F. nur als Orientierungspunkt anerkannt ohne unmittelbare Anwendung.
26) Mit Recht *Mankowski*, ZIP 2010, 2478, 2483.
27) BG Schweiz, Urt. v. 31.3.2009 – 4A_428/2008 (Elektrim), ZIP 2010, 2530.
28) *Wagner*, KTS 2010, 39, 60.

die **Bindung an Schiedsvereinbarungen** betrifft oder ob Art. 18 eine Verweisung auf die lex fori processus auch insoweit beinhaltet, als es um den Verlust der subjektiven Schiedsfähigkeit geht.[29] Es ist zu unterscheiden:[30] Was den Einfluss der Eröffnung auf einen Schiedsvertrag angeht (z. B. Nichtigkeit), so greift die lex fori concursus. Dafür spricht die Gleichbehandlung mit anderen Verträgen, da Prozessverträge eben Verträge mit verpflichtendem Inhalt sind. Ob und wer jedoch nach Insolvenzeröffnung noch prozessführungsbefugt ist, berührt nicht das Substrat der Bindung und ist nach Art. 18 und der lex arbitri zu beurteilen.

## III. Rechtsfolgen

11 Die prozessualen Wirkungen des Insolvenzverfahrens auf den Rechtsstreit sind sodann nach dem Recht des Staates, in dem der Rechtsstreit anhängig ist, zu beurteilen. Zum Schiedsverfahren siehe bereits eben Rz. 9 f. Das betrifft v. a. die Frage, ob der Rechtsstreit unterbrochen wird (bei Rechtsstreit in Deutschland: § 240 ZPO) und unter welchen Voraussetzungen er aufgenommen (bei Rechtsstreit in Deutschland: §§ 85, 86 InsO) werden kann. Dabei können Vorfragen zu beantworten sein. Bei deutschem Rechtsstreit und Insolvenzverfahren in einem anderen Mitgliedstaat ist die Frage, ob es sich um eine Insolvenzforderung handelt und eine Prozessaufnahme im Passivprozess verwehrt ist, nach der lex fori concursus zu beurteilen.[31] Die Aufnahmebefugnis ist zudem etwas anderes als die Aufnahmemöglichkeit.[32] Die Frage, ob ein Verwalter oder der Sachwalter oder der Schuldner selbst den Prozess führen darf, betrifft die Handlungsbefugnisse nach dem anwendbaren Insolvenzrecht und richtet sich nach der lex fori concursus.

---

29) *Mankowski*, ZIP 2010, 2478, 2483; *Poelzig*, ZZPInt 2009, 393, 427 ff.
30) Leible/Terchechte-*Thole*, EnzEuR, Bd. 3, § 24 Rz. 114.
31) K. Schmidt-*Brinkmann*, InsO, Art. 15 EuInsVO Rz. 10.
32) K. Schmidt-*Brinkmann*, InsO, Art. 15 EuInsVO Rz. 9; *Mankowski*, ZIP 2010, 2478, 2482.

# KAPITEL II
# ANERKENNUNG DER INSOLVENZVERFAHREN

## Artikel 19
### Grundsatz

(1) <sup>(Unterabs. 1)</sup> Die Eröffnung eines Insolvenzverfahrens durch ein nach Artikel 3 zuständiges Gericht eines Mitgliedstaats wird in allen übrigen Mitgliedstaaten anerkannt, sobald die Entscheidung im Staat der Verfahrenseröffnung wirksam ist.

<sup>(Unterabs. 2)</sup> Die Regel nach Unterabsatz 1 gilt auch, wenn in den übrigen Mitgliedstaaten über das Vermögen des Schuldners wegen seiner Eigenschaft ein Insolvenzverfahren nicht eröffnet werden könnte.

(2) ¹Die Anerkennung eines Verfahrens nach Artikel 3 Absatz 1 steht der Eröffnung eines Verfahrens nach Artikel 3 Absatz 2 durch ein Gericht eines anderen Mitgliedstaats nicht entgegen. ²In diesem Fall ist das Verfahren nach Artikel 3 Absatz 2 ein Sekundärinsolvenzverfahren im Sinne von Kapitel III.

**Literatur:** *Clift*, Developing an international regime for transnational corporations: the importance of insolvency law to sustainable recovery and development, Transnational Corporations 2011, 117; *Deyda*, Der Fall NIKI Luftfahrt – Bruchlandung des neuen europäischen internationalen Insolvenzrechts?, ZInsO 2018, 221; *Eidenmüller*, Wettbewerb der Insolvenzrechte?, ZGR 2006, 467; *Eidenmüller*, Der Markt für internationale Konzerninsolvenzen: Zuständigkeitskonflikte unter der EuInsVO, NJW 2004, 3455; *Fletcher*, The European Insolvency Regulation recast: the main features of the new law, Insolvency Intelligence 2015, 97; *Freitag/Leible*, Justizkonflikte im Europäischen Internationalen Insolvenzrecht und (k)ein Ende?, RIW 2006, 641; *Fritz/Bähr*, Die Europäische Verordnung über Insolvenzverfahren – Herausforderung an Gerichte und Insolvenzverwalter, DZWIR 2001, 221; *Fritz/Scholtis*, Rechtsprechungsübersicht im internationalen Insolvenzrecht 2018/2019, IWRZ 2019, 147; *Gruber*, Die EuInsVO in schweren Turbulenzen, DZWIR 2018, 301; *Herchen*, Wer zuerst kommt, mahlt zuerst! Die Bestellung eines „schwachen" vorläufigen Insolvenzverwalters als Insolvenzverfahrenseröffnung im Sinne der EuInsVO, NZI 2006, 435; *Herchen*, Das Prioritätsprinzip im internationalen Insolvenzrecht, ZIP 2005, 1401; *Herchen*, Aktuelle Entwicklungen im Recht der internationalen Zuständigkeit zur Eröffnung von Insolvenzverfahren: Der Mittelpunkt der (hauptsächlichen) Interessen im Mittelpunkt der Interessen, ZInsO 2004, 825; *Herchen*, International-insolvenzrechtliche Kompetenzkonflikte in der Europäischen Gemeinschaft, ZInsO 2004, 61; *Huber*, Die Europäische Insolvenzverordnung, EuZW 2002, 490; *Huber*, Internationales Insolvenzrecht in Europa, ZZP 114 (2001), 133; *Hübler*, Aktuelles internationales und ausländisches Insolvenzrecht, NZI 2018, 151; *Leible/Staudinger*, Die europäische Verordnung über Insolvenzverfahren, KTS 2000, 533; *Konecny*, Probleme grenzüberschreitender Insolvenzen, in: Smid, Neue Fragen des deutschen und internationalen Insolvenzrechts, 2006, S. 106; *Lüke*, Das europäische internationale Insolvenzrecht, ZZP 111 (1998), 275; *Mankowski*, Klärung von Grundfragen des europäischen Internationalen Insolvenzrechts durch die Eurofood-Entscheidung?, BB 2006, 1753; *McCormack*, Universalism in Insolvency Proceedings and the Common Law, Oxford Journal of Legal Studies 2012, 325; *Mock*, Das (geplante) neue europäische Insolvenzrecht nach dem Vorschlag der Kommission zur Reform der EuInsVO, GPR 2013, 156; *Mucciarelli*, Not just efficiency: insolvency law in the EU and its political dimension, EBOR 2013, 176; *Oberhammer*, Europäisches Insolvenzrecht in praxi – „Was bisher geschah", ZInsO 2004, 761; *Paulus*, Der EuGH und das moderne Insolvenzrecht, NZG 2006, 609; *Poertzgen/Adam*, Die Bestimmung des „centre of main interests" gem. Art. 3 Abs. 1 EuInsVO, ZInsO 2006, 505; *Sabel*, Hauptsitz als Niederlassung im Sinne der EuInsVO?, NZI 2004, 126; *Saenger/ Klockenbrink*, Anerkennungsfragen im internationalen Insolvenzrecht gelöst?, EuZW 2006, 363; *Schilling*, Das englische Insolvenzeröffnungsverfahren im Anwendungsbereich der EuInsVO und im Vergleich mit dem deutschen Insolvenzeröffnungsverfahren, DZWIR 2006, 143; *Smid*, Zum Prioritätsprinzip und Mittelpunkt des hauptsächlichen Interesses bei grenzüberschreitenden Insolvenzverfahren, DZWIR 2005, 65; *Smid*, Vier Entscheidungen englischer und deutscher Gerichte zur europäischen internationalen Zuständigkeit zur Eröffnung von Hauptinsolvenzverfahren, DZWIR 2003, 397; *Stockhausen/ Seyer*, Zur internationalen Zuständigkeit bei der Eröffnung des Insolvenzverfahrens – Die „Niki Luftfahrt GmbH"-Entscheidung des LG Berlin, Der Konzern 2018, 133; *Thole*, Lehren aus dem Fall NIKI, ZIP 2018, 401; *Virgós/Schmit*, Erster Teil: EU-Übereinkommen über Insolvenzverfahren, Kap. B – Erläuternder Bericht, in: Stoll, Vorschläge und Gutachten zur Umsetzung des EU-Übereinkommens über Insolvenzverfahren im deutschen Recht, 1997, S. 32 (zit.: *Virgós/Schmit* in: Stoll, Vorschläge und Gutachten); *Virgós/Schmit*, Report on the Convention of Insolvency Proceedings (1996), EU Council Document 6500/96 Limite DRS 8 (CFC); *Weller/Thomale/Benz*, Englische Gesellschaften und Unternehmensinsolvenzen in der Post-Brexit-EU, NJW 2016, 2378; *Wimmer*, Anmerkungen zum Vorlagebeschluss des irischen Supreme Court in Sachen Parmalat, ZInsO 2005, 119; *Zipperer*, Ein Plädoyer für eine europarechtskonforme Anwendung deutscher Verfahrensvorschriften am Beispiel von Niki, ZIP 2018, 956.

### Übersicht

I. Zweck der Norm ............... 1
II. Inhalt der Norm ............... 4
1. Voraussetzungen
   (Art. 19 Abs. 1 Unterabs. 1) ...... 4
   a) Eröffnung ... ............... 5
   b) ... eines Insolvenzverfahrens ... ... 6
   c) ... durch ein nach Art. 3 zuständiges Gericht ............ 7
   d) Wirksamkeit im Staat der Verfahrenseröffnung ............ 11

2. Rechtsfolgen ..................... 12
   a) Automatische Anerkennung ....... 12
   b) Gegenstand der Anerkennung .... 13
   c) Zeitpunkt und Dauer ........... 15
   d) Grenze der Anerkennung ........ 21
3. Eigenschaft des Schuldners
   (Art. 19 Abs. 1 Unterabs. 2) ...... 22
4. Sekundärinsolvenzverfahren
   (Art. 19 Abs. 2) ................ 25

### I. Zweck der Norm

1 Art. 19 entspricht nahezu unverändert dem bisherigen Art. 16 a. F. Die einzige **Änderung** besteht darin, dass die bisherigen Eingangsworte des Absatzes 1 Satz 2 a. F. „Dies gilt auch" ersetzt wurden durch die Wendung „Die Regel nach Unterabsatz 1 gilt auch". Eine inhaltliche Änderung ist damit nicht verbunden.[1] Zusammen mit Art. 32 bilden die Artt. 19, 20 den **Kern der EuInsVO**:[2] Ein in einem Mitgliedstaat[3] durchgeführtes Insolvenzverfahren hat in jedem anderen Mitgliedstaat (außer Dänemark) automatisch diejenigen Wirkungen, welche ihm auch in dem Staat zukommen, in welchem es durchgeführt wird.

---

1) *Braun-Ehret*, InsO, Art. 19 EuInsVO Rz. 4.
2) *Fritz/Bähr*, DZWIR 2001, 221, 225; Haß/Huber/Gruber/Heiderhoff-*Gruber*, EuInsVO, Art. 16 Rz. 3; Braun-*Ehret*, InsO, Art. 19 EuInsVO Rz. 1; *Leible/Staudinger*, KTS 2000, 533, 560; *Fletcher*, Insolvency Intelligence 2015, 97, 100.
3) Die Anerkennung von Insolvenzverfahren in Drittstaaten bestimmt sich hingegen nach § 343 InsO; Nerlich/Römermann-*Nerlich*, InsO, Art. 16 EuInsVO Rz. 12. Dies gilt nach dem „Brexit" auch für das Vereinigte Königreich; *Weller/Thomale/Benz*, NJW 2016, 2378, 2382.

Grundsatz **Artikel 19**

Soweit es das **Hauptinsolvenzverfahren** betrifft, kommen in Art. 19 zwei Prinzipien zum Ausdruck: das **Universalitätsprinzip** und das **Prioritätsprinzip**: 2

– Nach dem Universalitätsprinzip wirkt die Eröffnung in einem Mitgliedstaat universell, also im gesamten Geltungsbereich der Verordnung und erfasst das gesamte schuldnerische Vermögen, wo immer dieses sich befindet.[4]
– Das Prioritätsprinzip ergibt sich aus dem Universalitätsprinzip i. V. m. demjenigen Rechtssatz des einschlägigen materiellen Insolvenzrechts, welcher anordnet, dass die Eröffnung des Hauptinsolvenzverfahrens der Eröffnung eines weiteren Hauptinsolvenzverfahrens entgegensteht; dieser Satz ist im deutschen Insolvenzrecht allgemein anerkannt[5] und dürfte seine positiv-rechtliche Grundlage in § 4 InsO i. V. m. § 261 Abs. 3 Nr. 1 ZPO finden.[6] Sofern eine nationale Rechtsordnung diesen Satz nicht aufstellen sollte, wäre er aus einem Umkehrschluss aus Art. 19 Abs. 2 Satz 1 zu gewinnen.[7] Auch der EuGH entnimmt ihn – ohne nähere Begründung – der EuInsVO.[8]

Dadurch entfaltet die Eröffnung des Hauptinsolvenzverfahrens in einem Mitgliedstaat eine **Sperrwirkung** in den übrigen Mitgliedstaaten.[9] Entscheidend dafür, in welchem Mitgliedstaat das Hauptinsolvenzverfahren durchgeführt wird, ist danach die zeitliche Priorität: Wo früher eröffnet wird, da wird das Verfahren durchgeführt (zum insoweit relevanten Zeitpunkt siehe unten Rz. 15 ff.). Nach alter Rechtslage war ein dennoch in Deutschland eröffnetes weiteres Hauptinsolvenzverfahren zumindest schwebend unwirksam;[10] es durfte gemäß Art. 102 § 3 Abs. 1 Satz 2 EGInsO nicht fortgesetzt werden, auch nicht als Sekundärverfahren.[11] Nach neuer Rechtslage (Art. 102c § 2 Abs. 1 EGInsO)[12] bleibt der Antrag auf Eröffnung eines weiteren Hauptinsolvenzverfahrens unzulässig; wird aber doch ein solches eröffnet, so ist dieses als Sekundärverfahren durchzuführen, sofern eine Zuständigkeit deutscher Gerichte nach Art. 3 Abs. 3 besteht. Besteht keine Zuständigkeit deutscher Gerichte nach dieser Vorschrift, ist das Verfahren einzustellen. 3

## II. Inhalt der Norm

### 1. Voraussetzungen (Art. 19 Abs. 1 Unterabs. 1)

Voraussetzung der Wirkungserstreckung nach Art. 19 ist, dass ein Insolvenzverfahren durch ein nach Art. 3 zuständiges Gericht eröffnet worden und diese Entscheidung im Staat der Verfahrenseröffnung wirksam ist. 4

---

4) *Virgós/Schmit* in: Stoll, Vorschläge und Gutachten, Rz. 5, 3.
5) OLG Köln, Beschl. v. 14.6.2000 – 2 W 85/00, ZIP 2000, 1343 = NZI 2000, 480; Uhlenbruck-*Pape*, InsO, § 4 Rz. 37; Nerlich/Römermann-*Becker*, InsO, § 4 Rz. 19.
6) Vgl. Mankowski/Müller/J. Schmidt-*Müller*, EuInsVO 2015, Art. 19 Rz. 23. Nach a. A. ergibt er sich aus einer Analogie zu § 3 Abs. 2 InsO; *Herchen*, ZIP 2005, 1401, 1402.
7) *Huber*, ZZP 114 (2001), 133, 144 f.; *Herchen*, ZInsO 2004, 61, 63.
8) EuGH, Urt. v. 22.11.2012 – Rs. C-116/11 (Bank Handlowy/Christianapol), ZIP 2012, 2403.
9) Mankowski/Müller/J. Schmidt-*Müller*, EuInsVO 2015, Art. 19 Rz. 23.
10) BGH, Beschl. v. 29.5.2008 – IX ZB 102/07, ZIP 2008, 1338.
11) *Thole* in: MünchKomm-InsO, Art. 102 § 3 EGInsO Rz. 13.
12) Gesetz zur Durchführung der Verordnung (EU) 2015/848 über Insolvenzverfahren – Durchführungsgesetz, v. 5.6.2017, BGBl. I 2017, 1476.

## Artikel 19 — Grundsatz

### a) Eröffnung ...

5 Nur die Entscheidung über die **Eröffnung** des Insolvenzverfahrens wird durch Art. 19 mit universeller Wirkung versehen. Andere Entscheidungen, insbesondere über Durchführung und Beendigung des Verfahrens sowie Restschuldbefreiung, sofern diese nicht schon Folge der Verfahrenseröffnung ist, können nicht nach Art. 19, wohl aber nach Art. 32 dieselbe Wirkung entfalten. Die **Ablehnung** der Eröffnung wird ebenfalls nicht von Art. 19 erfasst.

### b) ... eines Insolvenzverfahrens ...

6 Nur die Eröffnung eines **Insolvenzverfahrens** führt zur automatischen Anerkennung der Entscheidung in den übrigen Mitgliedstaaten. Was ein Insolvenzverfahren ist, bestimmt Art. 2 Nr. 4 i. V. m. Anhang A. Umfasst werden sowohl Hauptinsolvenzverfahren als auch Sekundärinsolvenz- und Partikularverfahren.[13]

### c) ... durch ein nach Art. 3 zuständiges Gericht

7 Der Begriff „Gericht" i. S. des Art. 19 wird legaldefiniert in Art. 2 Nr. 6 (ii): Das Justizorgan oder jede sonstige zuständige Stelle eines Mitgliedstaats, die befugt ist, ein Insolvenzverfahren zu eröffnen, die Eröffnung eines solchen Verfahrens zu bestätigen oder i. R. dieses Verfahrens Entscheidungen zu treffen.

8 Problematisch erscheint die Wendung, die Wirkung des Art. 19 komme Eröffnungsentscheidungen zu, welche durch ein nach Art. 3 **zuständiges** Gericht getroffen werden. Daraus könnte geschlossen werden und wurde geschlossen,[14] der Eröffnungsentscheidung eines unzuständigen Gerichts komme diese Wirkung nicht zu. Wenn ein Gericht sich also fehlerhaft als zuständig ansieht und sodann ein Insolvenzverfahren eröffnet, würde dieser Eröffnungsbeschluss nach dieser Ansicht keine Sperrwirkung für die Eröffnung eines (weiteren) Hauptinsolvenzverfahrens in einem anderen Mitgliedstaat entfalten.

9 Nach ganz h. M. jedoch ist Art. 19 nicht in dieser Weise zu lesen. Vielmehr ist die Entscheidung des Gerichts, das ein Insolvenzverfahren eröffnet hat, auch hinsichtlich der Bejahung seiner Zuständigkeit grundsätzlich ohne weiteres hinzunehmen und **nicht** auf inhaltliche Richtigkeit **zu überprüfen**.[15] Dies hat der EuGH in der

---

13) *Virgós/Schmit* in: Stoll, Vorschläge und Gutachten, Rz. 146; K. Schmidt-*Brinkmann*, InsO, Art. 16 EuInsVO Rz. 3; Duursma-Kepplinger/Duursma/Chalupsky-*Duursma-Kepplinger/Chalupsky*, EuInsVO, Art. 16 Rz. 9; *Ambach*, Reichweite und Bedeutung von Art. 25 EuInsVO, S. 44.

14) *Mankowski*, EWiR 2003, 1239, 1240 (Urteilsanm.); *Mankowski*, BB 2006, 1753, 1755 f.; *Smid*, DZWIR 2003, 397, 401.

15) OLG Celle, Beschl. v. 27.11.2012 – 2 U 147/12, ZIP 2013, 945; OLG Köln, Urt. v. 28.2.2013 – 18 U 298/11, ZIP 213, 644; OLG Nürnberg, Beschl. v. 15.12.2011 – 1 U 2/11, ZIP 2012, 241 = NJW 2012, 862; VG Greifswald, Urt. v. 20.6.2018 – 3 A 1365/16 HGW, NZI 2018, 658; Uhlenbruck-*Lüer*, InsO, Art. 16 EuInsVO Rz. 5; Nerlich/Römermann-*Nerlich*, InsO, Art. 16 EuInsVO Rz. 16 ff.; Haß/Huber/Gruber/Heiderhoff-*Gruber*, EuInsVO, Art. 16 Rz. 9; *Thole* in: MünchKomm-InsO, Art. 16 EuInsVO 2000 Rz. 17; K. Schmidt-*Brinkmann*, InsO, Art. 16 EuInsVO Rz. 7; Duursma-Kepplinger/Duursma/Chalupsky-*Duursma-Kepplinger/Chalupsky*, EuInsVO, Art. 16 Rz. 14; *Kindler* in: MünchKomm-BGB, Art. 19 EuInsVO Rz. 9; *Herchen*, ZInsO 2004, 61, 64; *Huber*, ZZP 114 (2001), 133, 145 f.; *Lüke*, ZZP 111 (1998), 275, 287; *Poertzgen/Adam*, ZInsO 2006, 505, 507 f.; *Sabel*, NZI 2004, 126, 127; *Smid*, DZWIR 2003, 397, 401; *Wimmer*, ZInsO 2005, 119, 123.

*Eurofood*-Entscheidung ebenso gesehen: Dem Grundsatz des gegenseitigen Vertrauens sei es inhärent, dass die Gerichte anderer Mitgliedstaaten die von dem eröffnenden Gericht getroffene Entscheidung ohne inhaltliche Überprüfung akzeptieren, also auch ohne Überprüfung der von dem eröffnenden Gericht angenommenen Zuständigkeit nach Art. 3.[16]

Gleiches gilt, jedenfalls nach der Neufassung der EuInsVO, auch für den Fall, dass das eröffnende Gericht eine **Zuständigkeitsprüfung** nach Art. 3 **nicht vorgenommen** hat, etwa weil es den grenzüberschreitenden Charakter der Insolvenz nicht erkannt hat.[17] Nach Art. 5 können in diesem Fall der Schuldner und jeder Gläubiger sowie evtl. weitere Personen die Entscheidung über die Verfahrenseröffnung anfechten. Aus der Existenz des Art. 5 lässt sich schließen, dass eine Nichtanerkennung der Eröffnungsentscheidung wegen Unzuständigkeit des eröffnenden Gerichts insgesamt nicht, also auch in diesen Fällen nicht in Betracht kommt.[18]

d) **Wirksamkeit im Staat der Verfahrenseröffnung**

Erst wenn die Entscheidung über die Verfahrenseröffnung im eröffnenden Mitgliedstaat **wirksam** geworden ist, tritt die Wirkung des Art. 19 ein. Wirksamkeit erfordert **nicht**, dass die Entscheidung **unanfechtbar** ist;[19] es müssen vielmehr nur die nach der jeweiligen lex fori zu bestimmenden formellen Wirksamkeitsvoraussetzungen der Entscheidung gegeben sein (etwa Verkündung oder Zustellung), in Deutschland also der Verkündung des Eröffnungsbeschlusses oder die Herausgabe aus dem inneren Geschäftsbereich des Insolvenzgerichts zur Bekanntgabe an einen Außenstehenden.[20]

2. **Rechtsfolgen**

a) **Automatische Anerkennung**

Liegen die Voraussetzungen des Art. 19 vor, so kommt es **automatisch** zur Anerkennung der Verfahrenseröffnung in den anderen Mitgliedstaaten (außer Dänemark).[21] Einer irgendwie gearteten Entscheidung über die Anerkennung, etwa i. R.

---

16) EuGH, Urt. v. 2.5.2006 – Rs. C-341/04 (Eurofood), ZIP 2006, 907, m. Anm. *Knof/Mock.*
17) S. hierzu *Thole* in: MünchKomm-InsO, Art. 16 EuInsVO 2000 Rz. 17; Haß/Huber/Gruber/Heiderhoff-*Gruber*, EuInsVO, Art. 16 Rz. 11; Duursma-Kepplinger/Duursma/Chalupsky-*Duursma-Kepplinger/Chalupsky*, EuInsVO, Art. 16 Rz. 14 und Art. 17 Rz. 5; *Ambach*, Reichweite und Bedeutung von Art. 25 EuInsVO, S. 49 f.; *Konecny* in: Smid, Neue Fragen des deutschen und internationalen Insolvenzrechts, S. 106, 118.
18) Geimer/Schütze-*Geimer*, EuZVR, Art. 16 EuInsVO Rz. 33 f.; a. A. Braun-*Ehret*, InsO, Art. 19 EuInsVO Rz. 9; Mankowski/Müller/J. Schmidt-*Müller*, EuInsVO 2015, Art. 19 Rz. 14, zumindest für den Fall, dass das Gericht sich (fehlerhaft) auf nationales Recht gestützt hat und objektiv die Voraussetzungen des Art. 3 nicht vorliegen.
19) *Virgós/Schmit* in: Stoll, Vorschläge und Gutachten, Rz. 147; Nerlich/Römermann-*Nerlich*, InsO, Art. 16 Rz. 6; Haß/Huber/Gruber/Heiderhoff-*Gruber*, EuInsVO, Art. 16 Rz. 7; Uhlenbruck-*Lüer*, InsO, Art. 16 EuInsVO Rz. 6; Duursma-Kepplinger/Duursma/Chalupsky-*Duursma-Kepplinger/Chalupsky*, EuInsVO, Art. 16 Rz. 10; *Huber*, ZZP 114 (2001), 133, 145.
20) K. Schmidt-*Keller*, InsO, § 27 Rz. 56 f.; *Ambach*, Reichweite und Bedeutung von Art. 25 EuInsVO, S. 48.
21) *Virgós/Schmit* in: Stoll, Vorschläge und Gutachten, Rz. 143; Uhlenbruck-*Lüer*, InsO, Art. 16 EuInsVO Rz. 1, 7.

eines Exequaturverfahrens, bedarf es nicht,[22] die Anerkennung tritt vielmehr ipso iure ein. Ebenso wenig ist eine Veröffentlichung der Entscheidung erforderlich.[23] Es kommt auch nicht darauf an, ob die Entscheidung des eröffnenden Gerichts richtig ist. Die anderen Mitgliedstaaten haben die Entscheidung vielmehr solange hinzunehmen, wie nicht gegen den ordre public verstoßen wird, etwa durch die Versagung rechtlichen Gehörs.[24] In diesem Sinne führt ErwG 65 aus: „Die Anerkennung der Entscheidung der Gerichte der Mitgliedstaaten sollte sich auf den Grundsatz des gegenseitigen Vertrauens stützen. Die Gründe für eine Nichtanerkennung sollten daher auf das unbedingt notwendige Maß beschränkt sein. ... [die] Mitgliedstaaten sollten die Entscheidung dieses Gerichts keiner Überprüfung unterziehen dürfen". Die Wirkungen der automatischen Anerkennung gemäß der lex fori concursus behandelt Art. 20 (siehe Art. 20 Rz. 4 ff. [*Sutschet*]).

### b) Gegenstand der Anerkennung

13 Die Anerkennung umfasst die **Tatsache der Eröffnung** eines Insolvenzverfahrens und den **rechtsgestaltenden Eröffnungsbeschluss** als solchen, d. h. soweit er die Eröffnung des Verfahrens ausspricht. Alle Entscheidungen des Gerichts, die darüber hinausgehen, sind, auch soweit sie mit dem Eröffnungsbeschluss ergehen, nicht nach Art. 19, sondern nach Art. 32 anzuerkennen.[25]

14 Im Übrigen gilt Art. 19 Abs. 1 nicht bloß für ein Hauptinsolvenzverfahren, sondern auch für ein Partikularverfahren, wie sich aus der Inbezugnahme des Art. 3 insgesamt (also auch des Art. 3 Abs. 2) ergibt.[26] Art. 20 hingegen differenziert zwischen den Verfahrensarten, was die Frage der Wirkungen der Anerkennung angeht (siehe Art. 20 Rz. 2 [*Sutschet*]).

### c) Zeitpunkt und Dauer

15 Nach dem Wortlaut des Art. 19 tritt die Wirkung der Anerkennung in dem Zeitpunkt ein, in welchem der Eröffnungsbeschluss wirksam wird. Das hätte zur Folge, dass ein Gericht das Hauptinsolvenzverfahren durch einen Eröffnungsbeschluss an sich ziehen kann, nachdem bereits in einem anderen Mitgliedstaat ein Insolvenzverfahren beantragt wurde und das mit diesem Antrag befasste Gericht daraufhin vorläufige Maßnahmen getroffen hat. Insoweit hat aber der EuGH den **Zeitpunkt der Sperrwirkung** des Art. 16 a. F. interpretativ vorverlegt: Auch die vorläufige Entscheidung des Gerichts, die aufgrund eines Antrags auf Eröffnung eines Insol-

---

22) *Virgós/Schmit* in: Stoll, Vorschläge und Gutachten, Rz. 19; Haß/Huber/Gruber/Heiderhoff-*Gruber*, EuInsVO, Art. 16 Rz. 3; Duursma-Kepplinger/Duursma/Chalupsky-*Duursma-Kepplinger/Chalupsky*, EuInsVO, Art. 16 Rz. 2.
23) Duursma-Kepplinger/Duursma/Chalupsky-*Duursma-Kepplinger/Chalupsky*, EuInsVO, Art. 16 Rz. 16.
24) EuGH, Urt. v. 2.5.2006 – Rs. C-341/04 (Eurofood), ZIP 2006, 907, m. Anm. *Knof/Mock*.
25) Nerlich/Römermann-*Nerlich*, InsO, Art. 16 EuInsVO Rz. 20; Haß/Huber/Gruber/Heiderhoff-*Gruber*, EuInsVO, Art. 16 Rz. 2; *Thole* in: MünchKomm-InsO, Art. 17 EuInsVO 2000 Rz. 1; *Ambach*, Reichweite und Bedeutung von Art. 25 EuInsVO, S. 44 ff.
26) Haß/Huber/Gruber/Heiderhoff-*Gruber*, EuInsVO, Art. 16 Rz. 5; Nerlich/Römermann-*Nerlich*, InsO, Art. 16 EuInsVO Rz. 10; Uhlenbruck-*Lüer*, InsO, Art. 16 EuInsVO Rz. 4; *Thole* in: MünchKomm-InsO, Art. 16 EuInsVO 2000 Rz. 7.

venzverfahrens getroffen wird, ist dann bereits eine „Eröffnung" i. S. des Art. 16 a. F., wenn sie den Vermögensbeschlag gegen den Schuldner zur Folge hat und durch sie ein in Anhang C der Verordnung genannter Verwalter bestellt wird.[27]

Die neue Fassung der EuInsVO geht darüber noch etwas hinaus. Nach Art. 2 Nr. 7 (ii) ist nämlich auch die Entscheidung eines Gerichts zur Bestellung eines Verwalters eine Entscheidung zur Eröffnung eines Insolvenzverfahrens. Damit genügt nun **jede Bestellung eines Verwalters**, um die Sperrwirkung des Art. 19 auszulösen. Es kommt weder darauf an, ob die Bestellung **vorläufig** oder endgültig ist noch darauf, ob es sich um einen **„schwachen"** oder „starken" Insolvenzverwalter handelt (er muss nur unter den Begriff des Verwalters gemäß Art. 2 Nr. 5 i. V. m. Anhang B fallen).[28] Schließlich ist auch nicht erforderlich, dass zu der Bestellung eines Verwalters der Vermögensbeschlag hinzutritt. 16

Als problematisch hat sich die Frage erwiesen, **wie lange die Sperrwirkung andauert**. Im Fall *NIKI* wurde durch das AG Charlottenburg[29] das Insolvenzverfahren eröffnet; auf die sofortige Beschwerde hin hob das LG Berlin[30] den Eröffnungsbeschluss auf. Hiergegen wurde Rechtsbeschwerde eingelegt. Zu diesem Zeitpunkt eröffnete sodann das österreichische Landesgericht Korneuburg[31] das Hauptinsolvenzverfahren. Dieses nahm an, dass infolge der Aufhebung des Eröffnungsbeschlusses dessen Wirksamkeit und damit die Sperrwirkung des Art. 19 endete. Zu diesem Schluss kam das Gericht deswegen, weil Art. 102c § 4 Satz 2 EGInsO nur die §§ 574–577 ZPO in Bezug nimmt, nicht aber § 6 Abs. 3 InsO. Diese Entscheidung ist zum Teil zustimmend,[32] überwiegend aber ablehnend[33] aufgenommen worden, weil der Zweck des § 6 Abs. 3 InsO auch (und gerade) in einer solchen Konstellation einschlägig sei. 17

Klarheit über die bestehende Regelung ergibt sich durch eine historische Auslegung. Die ursprüngliche Fassung der InsO sah vor, dass die Entscheidung über die sofortige Beschwerde mit der weiteren sofortigen Beschwerde angefochten werden kann. Im Jahr 2001 wurde § 7 InsO dahin abgeändert, dass nunmehr die Rechtsbeschwerde stattfand.[34] 2003 wurde Art. 102 § 7 EGInsO geschaffen, welcher die sofortige Beschwerde gegen Entscheidungen über die öffentliche Bekanntmachung 18

---

27) EuGH, Urt. v. 2.5.2006 – Rs. C-341/04 (Eurofood), ZIP 2006, 907, m. Anm. *Knof/Mock*.
28) Mankowski/Müller/*J. Schmidt-J. Schmidt*, EuInsVO 2015, Art. 2 Rz. 13; Mankowski/Müller/*J. Schmidt-Müller*, EuInsVO 2015, Art. 19 Rz. 8; K. Schmidt-*Brinkmann*, InsO, Art. 2 EuInsVO Rz. 8; Nerlich/Römermann-*Nerlich*, InsO, Art. 2 EuInsVO Rz. 5; Uhlenbrock-*Lüer*, InsO, Art. 2 EuInsVO Rz. 8; *Ambach*, Reichweite und Bedeutung von Art. 25 EuInsVO, S. 62 f.; *Herchen*, NZI 2006, 435; *Freitag/Leible*, RIW 2006, 641, 646; *Saenger/Klockenbrink*, EuZW 2006, 363, 366; a. A. *Paulus*, NZG 2006, 609, 613.
29) AG Charlottenburg, Beschl. v. 13.12.2017 – 36n IN 6433/17, ZIP 2018, 43.
30) LG Berlin, Beschl. v. 8.1.2018 – 84 T 2/18, ZIP 2018, 168.
31) LG Korneuburg, Urt. v. 12.1.2018 – 36 S 5/18d – 3, ZIP 2018, 393.
32) *Zipperer*, ZIP 2018, 956 und – offenbar in Verkennung der rechtlichen Problematik – *Fritz/Scholtis*, IWRZ 2019, 147.
33) *Thole*, ZIP 2018, 401; *Deyda*, ZInsO 2018, 221; *Gruber*, DZWIR 2018, 301; *Baumert*, EWiR 2018, 153 (Urteilsanm.); *Hübler*, NZI 2018, 151, 152; *Stockhausen/Seyer*, Der Konzern 2018, 133; wohl auch *Mankowski*, NZI 2018, 90 (Urteilsanm.).
34) Art. 12 Nr. 2 des Gesetzes zur Reform des Zivilprozesses, v. 27.7.2001, BGBl. I 2001, 1887.

# Artikel 19

und Eintragung ins Grundbuch eröffnete.[35] Art. 102 § 7 Satz 2 EGInsO lautete seinerzeit: „§ 7 der Insolvenzordnung gilt entsprechend". Im Jahr 2011 wurde § 7 InsO aufgehoben,[36] damit die Rechtsbeschwerde nicht mehr voraussetzungslos, sondern nur noch kraft Zulassung eröffnet ist und der BGH dadurch entlastet wird.[37] Gleichzeitig wurde der in Art. 102 § 7 Satz 2 EGInsO enthaltene Verweis auf die §§ 574–577 ZPO umgestellt.[38] Schließlich wurde im Jahr 2017 Art. 102c § 4 EGInsO geschaffen[39] und hierzu ausgeführt:

„Nach § 4 handelt es sich bei diesem Rechtsbehelf um eine sofortige Beschwerde[,] auf die die §§ 567 ff. und 574–577 ZPO anwendbar sind. Wie auch in Artikel 102 § 7 EGInsO wird die entsprechende Anwendbarkeit der Vorschriften über die Rechtsbeschwerde aus Gründen der Rechtsklarheit durch einen ausdrücklichen Verweis angeordnet."[40]

19 Hieraus ergibt sich: nach dem Willen des Gesetzgebers soll für die Rechtsbeschwerde nach Art. 102c § 4 EGInsO das gelten, was für die Rechtsbeschwerde nach Art. 102 § 7 EGInsO gilt. Für diese soll wiederum das gelten, was für die Rechtsbeschwerde nach der InsO gilt (nämlich zulassungsfreie Rechtsbeschwerde gemäß § 7 InsO in den Jahren 2001–2011 bzw. zulassungsgebundene Rechtsbeschwerde gemäß §§ 574–577 ZPO ab 2011). Daraus folgt zunächst, dass die Argumentation des Landesgerichts Korneuburg nicht trägt; aus dem Nichterwähnen des § 6 InsO in Art. 102c § 7 EGInsO kann nicht gefolgert werden, dass dieser nicht gelten solle. Dem Gesetzgeber geht es in Art. 102c § 7 EGInsO nur um die Frage, ob und unter welchen Voraussetzungen die Rechtsbeschwerde statthaft ist; er regelt hingegen nicht, welche Wirkung der Entscheidung über die sofortige Beschwerde und der eingelegten Rechtsbeschwerde zukommt. Dass i. Ü. für die sofortige Beschwerde die Vorschriften der InsO gelten sollen, erschließt sich daraus, dass der Gesetzgeber von der Anwendbarkeit der §§ 567 ff. ZPO auf diese ausgeht, ohne dies in der EGInsO gesondert anordnen zu müssen. Das ergibt nur Sinn, wenn § 4 InsO, der diese Anwendbarkeit sicherstellt, für die sofortige Beschwerde nach der EGInsO gilt. Unterfällt demnach die sofortige Beschwerde nach EGInsO den Regelungen der InsO, so gilt auch § 6 InsO mit der Folge, dass die Wirksamkeit der Entscheidung des Beschwerdegerichts erst mit Rechtskraft eintritt. Einziger Schönheitsfehler dieser Sichtweise ist, dass § 6 InsO von der sofortigen Beschwerde spricht, die „dieses Gesetz" vorsieht. Damit scheint die Regelung nicht anwendbar zu sein auf eine sofortige Beschwerde, die in einem anderen Gesetz vorgesehen ist. Hier sollte durch den Gesetzgeber klarstellend eingegriffen werden. Im Ergebnis ist also die Entscheidung des Landesgerichts Korneuburg falsch und die dagegen gerichtete Kritik zutreffend.

---

35) Art. 1 des Gesetzes zur Neuregelung des Internationalen Insolvenzrechts, v. 14.3.2003, BGBl. I 2003, 345.
36) Art. 2 des Gesetzes zur Änderung des § 522 ZPO, v. 21.10.2011, BGBl. I 2011, 2082.
37) Begr. RegE Gesetz zur Änderung des § 522 ZPO, BT-Drucks. 17/5334, S. 8 f.
38) Art. 4 Nr. 1 des Gesetzes zur Änderung des § 522 ZPO, v. 21.10.2011, BGBl. I 2011, 2082.
39) Art. 3 Durchführungsgesetz, v. 5.6.2017, BGBl. I 2017, 1476.
40) Begr. RegE z. § 4 Durchführungsgesetz, BT-Drucks. 18/10823, S. 29.

Grundsatz **Artikel 19**

Für die Praxis hat sich mit der Neufassung der EuInsVO auch größtenteils die Frage 20
erledigt, ob eine nationale Vorschrift, welche dem Eröffnungsbeschluss **Rückwirkung** beimisst, dazu führt, dass dieser Rückwirkungszeitpunkt zum Zeitpunkt der Wirksamkeit der Verfahrenseröffnung i. S. des Art. 19 Abs. 1 wird;[41] denn entweder stellt der Rückwirkungszeitpunkt auf eine Entscheidung ab, welche nunmehr ohnehin selbst Eröffnungsentscheidung i. S. der EuInsVO ist, oder der Rückwirkungszeitpunkt stellt zwar auf einen anderen Zeitpunkt ab, dieser liegt aber nicht zeitlich früher als getroffene vorläufige Maßnahmen, welche Eröffnungscharakter haben. Die umstrittene Frage, ob die Rückwirkung zu beachten ist, bleibt indessen für die Fälle bestehen, in welchen vorläufige Maßnahmen, denen Eröffnungscharakter zukommt, nicht getroffen worden sind und das nationale Insolvenzrecht vorsieht, dass die Eröffnungsentscheidung auf den Zeitpunkt der Antragstellung zurückwirkt.[42]

### d) Grenze der Anerkennung

Gemäß Art. 33 kann ein Mitgliedstaat sich weigern, die Verfahrenseröffnung anzu- 21
erkennen, soweit diese Anerkennung gegen den ordre public verstößt. Diese Bestimmung ist **eng** auszulegen[43] im Einklang mit ErwG 65, der ausführt, dass die Gründe für eine Nichtanerkennung auf das unbedingt notwendige Maß beschränkt sein sollten. Einen Verstoß gegen den ordre public stellt bspw. die **Versagung rechtlichen Gehörs** dar.[44] Die unzutreffende Annahme eines Gerichts, für die Eröffnungsentscheidung zuständig zu sein, kann demgegenüber keinen Verstoß gegen den ordre public begründen.[45] Selbstverständlich begründet auch der Umstand, dass eine im Verfahrensstaat gewährte Restschuldbefreiung schneller oder unter leichteren Voraus-

---

41) Dazu Nerlich/Römermann-*Nerlich*, InsO, Art. 2 EuInsVO Rz. 6; *Herchen*, ZInsO 2004, 825, 829.
42) Eine Anerkennung der Rückwirkung auch auf europäischer Ebene befürworten EuGH (*GA Jacobs*), SA v. 27.9.2005 – Rs. C-341/04 (Eurofood/Parmalat), ZIP 2005, 1878, dazu EWiR 2005, 725 (*Pannen*); High Court Dublin (*Justice Kelly*), Judgement v. 23.3.2004 – 33/04 (Eurofood/Parmalat II), ZIP 2004, 1223, dazu EWiR 2004, 599 (*Herweg/Tschauner*); *Saenger/Klockenbrink*, EuZW 2006, 363, 366; a. A. *Kindler* in: MünchKomm-BGB, Art. 2 EuInsVO Rz. 16; Haß/Huber/Gruber/Heiderhoff-*Gruber*, EuInsVO, Art. 2 Rz. 3; Pannen-Riedemann, EuInsVO, Art. 2 Rz. 28; *Dornblüth* in: HK-InsO, Art. 2 EuInsVO Rz. 5; *Poertzgen/Adam*, ZInsO 2006, 505, 509; *Schilling*, DZWIR 2006, 143, 146 f.; *Smid*, DZWIR 2005, 65; *Wimmer*, ZInsO 2005, 119, 120, 127; *Herchen*, ZIP 2005, 1401, 1403 f.
43) Nerlich/Römermann-*Nerlich*, InsO, Art. 16 EuInsVO Rz. 22; Uhlenbruck-*Lüer*, InsO, Art. 16 EuInsVO Rz. 8; Duursma-Kepplinger/Duursma/Chalupsky-*Duursma-Kepplinger/Chalupsky*, EuInsVO, Art. 16 Rz. 23; *Leible/Staudinger*, KTS 2000, 533, 567.
44) EuGH, Urt. v. 2.5.2006 – Rs. C-341/04 (Eurofood), ZIP 2006, 907, m. Anm. *Knof/Mock*; Uhlenbruck-*Lüer*, InsO, Art. 16 EuInsVO Rz. 8; *Herchen*, ZInsO 2004, 61, 65.
45) OLG Celle, Beschl. v. 27.11.2012 – 2 U 147/12, ZIP 2013, 945; OLG Köln, Urt. v. 28.2.2013 – 18 U 298/11, ZIP 2013, 644; OLG Nürnberg, Beschl. v. 15.12.2011 – 1 U 2/11, ZIP 2012, 241 = NJW 2012, 862; VG Greifswald, Urt. v. 20.6.2018 – 3 A 1365/16 HGW, NZI 2018, 658; Duursma-Kepplinger/Duursma/Chalupsky-*Duursma-Kepplinger/Chalupsky*, EuInsVO, Art. 16 Rz. 26; *Herchen*, ZInsO 2004, 61, 65; *Huber*, ZZP 114 (2001), 133, 146; *Huber*, EuZW 2002, 490, 495; *Lüke*, ZZP 111 (1998), 275, 287; *Eidenmüller*, NJW 2004, 3455, 3457; *Oberhammer*, ZInsO 2004, 761, 768; *Wimmer*, ZInsO 2005, 119, 123; *Herchen*, ZIP 2005, 1401, 1404.

setzungen ausgesprochen wurde, als dies im Anerkennungsstaat möglich gewesen wäre, keinen Verstoß gegen den ordre public.[46]

**3. Eigenschaft des Schuldners (Art. 19 Abs. 1 Unterabs. 2)**

22 Art. 19 Abs. 1 Unterabs. 2 stellt klar, dass die Wirkung nach Art. 19 Abs. 1 Unterabs. 1 nicht davon abhängt, ob der Schuldner in den anderen Mitgliedstaaten überhaupt insolvenzfähig wäre. Damit wird dem Umstand Rechnung getragen, dass manche Mitgliedstaaten etwa die Insolvenz eines **Nicht-Kaufmanns** kennen, andere Mitgliedstaaten hingegen nicht.[47] Wenn also bspw. in Deutschland ein Insolvenzverfahren über das Vermögen eines Nicht-Kaufmanns eröffnet wird, ist dies auch in Frankreich anzuerkennen, wo ein entsprechendes Verfahren nach französischem Insolvenzrecht nicht eröffnet werden könnte.[48]

23 Es besteht auch Einigkeit darüber, dass Art. 19 Abs. 1 Unterabs. 2 auf die **Nachlassinsolvenz** anzuwenden ist, welche nur in manchen Mitgliedstaaten existiert; umstritten, für die Praxis aber freilich bedeutungslos, ist nur die Frage, ob die Vorschrift unmittelbar[49] oder analog[50] anzuwenden ist.

24 Ist der Anerkennungsstaat somit verpflichtet, die Verfahrenseröffnung im Verfahrensstaat anzuerkennen, so bedeutet das freilich nicht, dass nunmehr im Anerkennungsstaat ein Sekundärinsolvenzverfahren zulässig sein müsste. Insoweit gilt nämlich die lex fori concursus.[51]

**4. Sekundärinsolvenzverfahren (Art. 19 Abs. 2)**

25 Art. 19 Abs. 2 bestimmt, dass ein Mitgliedstaat nach wie vor ein Sekundärinsolvenzverfahren eröffnen kann, nachdem ein anderer Mitgliedstaat ein Hauptverfahren eröffnet hat.

26 Diese Vorschrift dient einer **Ausbalancierung verschiedener Interessen** durch die EuInsVO.[52] Einerseits soll durch den Grundsatz der Universalität erreicht werden, dass nur ein Verfahren über das gesamte Vermögen des Schuldners durchgeführt wird. Andererseits sollen die **Interessen der Gläubiger** in den Staaten, in welchen Vermögen des Schuldners vorhanden ist, in denen aber das Hauptverfahren nicht

---

46) BGH, Urt. v. 10.9.2015 – IX ZR 304/13, ZIP 2015, 2331 = NZI 2016, 93, dazu EWiR 2016, 19 *(Vallender)*; BFH, Urt. v. 27.1.2016 – VII B 119/15, ZIP 2016, 2027 = NZI 2016, 929 (einschränkend für Fälle des Rechtsmissbrauchs); OLG Celle, Beschl. v. 27.11.2012 – 2 U 147/12, ZIP 2013, 945; VG Wiesbaden, Urt. v. 19.4.2016 – 1 K 260/14.WI, IPRspr 2016, Nr. 287, 696.
47) *Virgós/Schmit* in: Stoll, Vorschläge und Gutachten, Rz. 148.
48) Haß/Huber/Gruber/Heiderhoff-*Gruber*, EuInsVO, Art. 16 Rz. 19.
49) *Thole* in: MünchKomm-InsO, Art. 16 EuInsVO 2000 Rz. 19; Uhlenbruck-*Lüer*, InsO, Art. 16 EuInsVO Rz. 2; Haß/Huber/Gruber/Heiderhoff-*Gruber*, EuInsVO, Art. 16 Rz. 20.
50) Nerlich/Römermann-*Nerlich*, InsO, Art. 16 EuInsVO Rz. 5.
51) *Virgós/Schmit* in: Stoll, Vorschläge und Gutachten, Rz. 148; Nerlich/Römermann-*Nerlich*, InsO, Art. 16 EuInsVO Rz. 4; Haß/Huber/Gruber/Heiderhoff-*Gruber*, EuInsVO, Art. 16 Rz. 19; Duursma-Kepplinger/Duursma/Chalupsky-*Duursma-Kepplinger/Chalupsky*, EuInsVO, Art. 16 Rz. 19.
52) Vgl. *Virgós/Schmit* in: Stoll, Vorschläge und Gutachten, Rz. 13; Fritz/Bähr, DZWIR 2001, 221, 223 f.

durchgeführt wird, angemessen berücksichtigt werden.[53)] Zum Ausgleich dieser Interessen wird über Art. 19 Abs. 1 Unterabs. 1 ein weiteres Hauptinsolvenzverfahren verhindert, über Art. 19 Abs. 1 Unterabs. 2 ein Sekundärinsolvenzverfahren zugelassen und diese Möglichkeit über Art. 3 Abs. 2 auf die Fälle beschränkt, in welchen der Schuldner eine Niederlassung in dem Staat des Sekundärinsolvenzverfahrens hat (das bloße Vorhandensein von Vermögen allein genügt also nicht; andererseits kann „Niederlassung" auch der Sitz der Gesellschaft sein, falls infolge der Bestimmung des „Mittelpunkts der hauptsächlichen Interessen" i. S. des Art. 3 (COMI) das Hauptinsolvenzverfahren in einem anderen Mitgliedstaat durchgeführt wird als demjenigen, in welchem der Sitz liegt; siehe auch ErwG 24).[54)] Entsprechend heißt es in ErwG 23:

> „Dieses [Hauptinsolvenz]Verfahren hat universale Geltung sowie das Ziel, das gesamte Vermögen des Schuldners zu erfassen. Zum Schutz der unterschiedlichen Interessen gestattet diese Verordnung die Eröffnung von Sekundärinsolvenzverfahren parallel zum Hauptinsolvenzverfahren."

Macht ein Gericht von der Möglichkeit des Art. 19 Abs. 2, Art. 3 Abs. 2 Gebrauch, so ist das dadurch eröffnete Verfahren stets ein Sekundärinsolvenzverfahren; seine **Wirkungen** bleiben also auf das Vermögen des Schuldners beschränkt, welches sich im Gebiet des Staates befindet, in dem das Sekundärverfahren eröffnet wurde (zum Belegenheitsort der einzelnen Vermögensgegenstände siehe Art. 2 Rz. 26 ff. [*Sutschet*]). 27

Vorstellbar ist auch, dass ein Gericht bereits ein **Partikularverfahren** eröffnet hat, bevor ein Hauptinsolvenzverfahren eröffnet wurde. Dieser Fall wird von Art. 19 Abs. 2 **nicht erfasst**,[55)] denn der **Wortlaut** dieser Vorschrift geht ersichtlich von der Reihenfolge 28

- erstens Eröffnung des Hauptinsolvenzverfahrens,
- zweitens Eröffnung des Verfahrens nach Art. 3 Abs. 2 aus.

**Für den anderen Fall,** 29

- also erstens Eröffnung des Partikularverfahrens,
- zweitens Eröffnung des Hauptinsolvenzverfahrens,

bestimmt nunmehr Art. 3 Abs. 4 Satz 2, dass sich das Partikularverfahren nach der Eröffnung des Hauptinsolvenzverfahrens in ein **Sekundärinsolvenzverfahren umwandelt**. Diese Vorschrift war in der vorherigen Fassung des Art. 3 a. F. nicht enthalten, so dass man sich mit einer analogen Anwendung des Art. 16 Abs. 2 Satz 2 a. F.[56)] oder einer Zusammenschau von Art. 3 Abs. 4 und Art. 36 a. F.[57)] behelfen

---

53) Krit. zu diesem Ansatz *Eidenmüller*, ZGR 2006, 467, 485 f.; *Mock*, GPR 2013, 156, 163; *Mucciarelli*, EBOR 2013, 176, 185 f.; *Konecny* in: Smid, Neue Fragen des deutschen und internationalen Insolvenzrechts, S. 106, 108. Eine Diskussion der Vor- und Nachteile von Universalität und Territorialität findet sich bei *McCormack*, Oxford Journal of Legal Studies 2012, 325, 327 ff.; *Clift*, Transnational Corporations 2011, 117, 132 ff.
54) EuGH, Urt. v. 4.9.2014 – Rs. C-327/13 (Burgo Group SpA/Illochroma SA in Liquidation), ZIP 2014, 2513, dazu EWiR 2015, 81 (*Undritz*).
55) **Anders wohl** Haß/Huber/Gruber/Heiderhoff-*Gruber*, EuInsVO, Art. 16 Rz. 21.
56) Haß/Huber/Gruber/Heiderhoff-*Gruber*, EuInsVO, Art. 16 Rz. 21.
57) Nerlich/Römermann-*Nerlich*, InsO, Art. 16 EuInsVO Rz. 6.

musste. Die Anwendung der Vorschriften über das Sekundärinsolvenzverfahren auf das zeitlich vorgelagerte Partikularverfahren setzt allerdings voraus, dass dies nach dem Stand dieses Verfahrens möglich ist (Art. 50).

## Artikel 20
### Wirkungen der Anerkennung

(1) Die Eröffnung eines Insolvenzverfahrens nach Artikel 3 Absatz 1 entfaltet in jedem anderen Mitgliedstaat, ohne dass es hierfür irgendwelcher Förmlichkeiten bedürfte, die Wirkungen, die das Recht des Staates der Verfahrenseröffnung dem Verfahren beilegt, sofern diese Verordnung nichts anderes bestimmt und solange in diesem anderen Mitgliedstaat kein Verfahren nach Artikel 3 Absatz 2 eröffnet ist.

(2) [1]Die Wirkungen eines Verfahrens nach Artikel 3 Absatz 2 dürfen in den anderen Mitgliedstaaten nicht in Frage gestellt werden. [2]Jegliche Beschränkung der Rechte der Gläubiger, insbesondere eine Stundung oder eine Schuldbefreiung infolge des Verfahrens, wirkt hinsichtlich des im Hoheitsgebiet eines anderen Mitgliedstaats befindlichen Vermögens nur gegenüber den Gläubigern, die ihre Zustimmung hierzu erteilt haben.

**Literatur:** *Becker*, Insolvenz in der Europäischen Union – Zur Verordnung des Rates über Insolvenzverfahren, ZEuP 2002, 287; *Fritz/Bähr*, Die Europäische Verordnung über Insolvenzverfahren – Herausforderung an Gerichte und Insolvenzverwalter, DZWIR 2001, 221; *Huber*, Internationales Insolvenzrecht in Europa, ZZP 114 (2001), 133; *Kemper*, Die Verordnung (EG) Nr. 1346/2000 über Insolvenzverfahren, ZIP 2001, 1609; *Kindler/Sakka*, Die Neufassung der Europäischen Insolvenzverordnung, EuZW 2015, 460; *Mankowski*, Zusicherungen zur Vermeidung von Sekundärinsolvenzen unter Art. 36 EuInsVO – Synthetische Sekundärverfahren, NZI 2015, 961; *McCormack*, Something Old, Something New: Recasting the European Insolvency Regulation, Modern Law Review 2016, 121; *Meyer-Löwy/Plank*, Entbehrlichkeit des Sekundärinsolvenzverfahrens bei flexibler Verteilung der Insolvenzmasse im Hauptinsolvenzverfahren?, NZI 2006, 622; *Mock*, Das (geplante) neue europäische Insolvenzrecht nach dem Vorschlag der Kommission zur Reform der EuInsVO, GPR 2013, 156; *Parzinger*, Die neue EuInsVO auf einen Blick, NZI 2016, 63; *Prager/Keller, Ch.*, Der Entwicklungsstand des Europäischen Insolvenzrechts, WM 2015, 805; *Virgós/Schmit*, Report on the Convention of Insolvency Proceedings (1996), EU Council Document 6500/96 Limite DRS 8 (CFC); *Virgós/Schmit*, Erster Teil: EU-Übereinkommen über Insolvenzverfahren, Kap. B – Erläuternder Bericht, in: Stoll, Vorschläge und Gutachten zur Umsetzung des EU-Übereinkommens über Insolvenzverfahren im deutschen Recht, 1997, S. 32 (zit.: *Virgós/Schmit* in: Stoll, Vorschläge und Gutachten).

### Übersicht

| | |
|---|---|
| I. Zweck der Norm ................ 1 | c) Vorbehalt anderer Bestimmung ...... 7 |
| II. Inhalt der Norm .................. 4 | d) Vorbehalt eines Verfahrens |
| 1. Wirkungen der Anerkennung der | nach Art. 3 Abs. 2 ........................ 8 |
| Eröffnung des Hauptinsolvenz- | 2. Wirkungen der Anerkennung der |
| verfahrens (Art. 20 Abs. 1) ......... 4 | Eröffnung des Verfahrens nach |
| a) Grundsatz ........................ 4 | Art. 3 Abs. 2 (Art. 20 Abs. 2) ......... 12 |
| b) Automatische Wirkung ............. 6 | |

Wirkungen der Anerkennung **Artikel 20**

I. Zweck der Norm

Die Vorschrift entspricht mit unerheblichen[1] Änderungen dem bisherigen Art. 17 **1**
a. F. (Abs. 1 a. F.: „Die Eröffnung eines Verfahrens", n. F.: „Die Eröffnung eines
Insolvenzverfahrens"; Abs. 2 Satz 2 a. F.: „im Gebiet eines anderen Mitgliedstaats
belegenen Vermögens", n. F.: „im **Hoheits**gebiet eines anderen Mitgliedstaats **befindlichen** Vermögens").

Während Art. 19 die Voraussetzungen der Anerkennung für **alle Verfahrensarten** **2**
(Hauptinsolvenzverfahren, Partikularverfahren, Sekundärinsolvenzverfahren) gleichermaßen regelt, bestimmt Art. 20 die Wirkungen dieser Anerkennung getrennt nach
Hauptinsolvenzverfahren einerseits (Art. 20 Abs. 1) und Verfahren nach Art. 3 Abs. 2
andererseits (Art. 20 Abs. 2).[2]

Die Vorschrift verfolgt die **dreifache Zielrichtung**, die Wirkungen der Eröffnung **3**
des Hauptinsolvenzverfahrens festzulegen, das Verhältnis des Hauptinsolvenzverfahrens zu Sekundärinsolvenz- und Partikularverfahren zu bestimmen und die Möglichkeit der Erstreckung der Wirkung eines Partikularverfahrens auf andere Mitgliedstaaten zu schaffen.

II. Inhalt der Norm

1. Wirkungen der Anerkennung der Eröffnung des Hauptinsolvenzverfahrens
(Art. 20 Abs. 1)

a) Grundsatz

Während Art. 19 regelt, unter welchen Voraussetzungen die Eröffnung eines Verfahrens in anderen Mitgliedstaaten anzuerkennen ist, bestimmt Art. 20 die Folgen **4**
dieser Anerkennung. Dies geschieht in der Weise, dass die **Wirkungen**, welche der
Verfahrenseröffnung in dem Eröffnungsstaat zukommen, auf die übrigen Mitgliedstaaten (mit Ausnahme Dänemarks) **erstreckt** werden.[3] „Wirkungen" in diesem Sinne
sind v. a. der Vermögensbeschlag und das Verbot individueller Rechtsdurchsetzung.
In der Vorschrift des Art. 20 Abs. 1 äußert sich der **Universalitätsgrundsatz**:[4] Das
in einem Mitgliedstaat eröffnete Verfahren führt dazu, dass das im gesamten Geltungsbereich der Verordnung befindliche Vermögen diesem Verfahren und dem dafür
geltenden Recht unterfällt.

Wird also bspw. in England ein Insolvenzverfahren eröffnet, so bestimmen sich die **5**
Wirkungen der Eröffnung auch in Deutschland nach englischem Insolvenzrecht. In
anderen Mitgliedstaaten als dem Eröffnungsstaat kann zwar noch ein Sekundärverfahren eröffnet werden; i. Ü. aber scheiden dem Hauptinsolvenzverfahren wider-

---

1) Braun-*Ehret*, InsO, Art. 20 EuInsVO Rz. 4.
2) *Virgós/Schmit* in: Stoll, Vorschläge und Gutachten, Rz. 150; Duursma-Kepplinger/Duursma/
Chalupsky-*Duursma-Kepplinger/Chalupsky*, EuInsVO, Art. 17 Rz. 1.
3) Duursma-Kepplinger/Duursma/Chalupsky-*Duursma-Kepplinger/Chalupsky*, EuInsVO, Art. 16
Rz. 8.
4) *Virgós/Schmit* in: Stoll, Vorschläge und Gutachten, Rz. 151; Nerlich/Römermann-*Nerlich*,
InsO, Art. 17 EuInsVO Rz. 1; Uhlenbruck-*Lüer*, InsO, Art. 17 EuInsVO Rz. 4; K. Schmidt-
*Brinkmann*, InsO, Art. 17 EuInsVO Rz. 2; Duursma-Kepplinger/Duursma/Chalupsky-
*Duursma-Kepplinger/Chalupsky*, EuInsVO, Art. 17 Rz. 8.

sprechende Maßnahmen aus.[5)] Praktische Bedeutung hat das insoweit, wie die betroffenen nationalen Insolvenzrechte voneinander abweichen, etwa in der Frage der Rechte oder Pflichten des Verwalters oder des Umfangs des Vermögensbeschlags.[6)] Die Anerkennung und Vollstreckung sonstiger Entscheidungen des Insolvenzgerichts regelt Art. 32.

### b) Automatische Wirkung

6 Die in Art. 20 Abs. 1 angeordnete Wirkung tritt **automatisch** ein, „ohne dass es irgendwelcher Förmlichkeiten bedürfte"; insbesondere ist also kein Exequaturverfahren erforderlich, ebenso wenig gibt es sonstige Erfordernisse wie etwa eine Bekanntmachung.[7)]

### c) Vorbehalt anderer Bestimmung

7 Die EuInsVO kann **Ausnahmen von dem Universalitätsgrundsatz** bestimmen. Nach h. M.[8)] tut sie dies insbesondere durch die Vorschriften der Artt. 8 bis 18; nach **a. A.**[9)] bestimmen diese Vorschriften lediglich das anwendbare Recht, haben aber mit der Wirkungserstreckung nichts zu tun. Jedenfalls führen diese Vorschriften dazu, dass in ihrem jeweiligen Anwendungsbereich der Universalitätsgrundsatz durchbrochen wird.

### d) Vorbehalt eines Verfahrens nach Art. 3 Abs. 2

8 Ein Hauptinsolvenzverfahren und ein Sekundärinsolvenzverfahren können nebeneinander durchgeführt werden, sei es, dass bereits vor Eröffnung des Hauptinsolvenzverfahrens ein Partikularverfahren eröffnet wurde, welches sich gemäß Art. 3 Abs. 4 Satz 2 mit der Eröffnung des Hauptinsolvenzverfahrens in ein Sekundärinsolvenzverfahren umwandelt, sei es, dass nach Eröffnung des Hauptinsolvenzverfahrens ein Sekundärinsolvenzverfahren eröffnet wird, was nach Art. 19 Abs. 2 Satz 1 weiterhin möglich bleibt. Für diese Fälle ordnet Art. 20 Abs. 1 a. E. den **Vorrang des Sekundärinsolvenzverfahrens** an[10)] und bewirkt damit in der Regel eine Besserstellung der Gläubiger in dem Staat des Sekundärinsolvenzverfahrens.[11)]

---

5) EuGH, Urt. v. 21.1.2010 – Rs. C-444/07 (Probud), ZIP 2010, 187, dazu EWiR 2010, 77 (*J. Schmidt*).
6) Vgl. Haß/Huber/Gruber/Heiderhoff-*Gruber*, EuInsVO, Art. 17 Rz. 2.
7) EuGH, Urt. v. 21.1.2010 – Rs. C-444/07 (Probud), ZIP 2010, 187; *Virgós/Schmit* in: Stoll, Vorschläge und Gutachten, Rz. 152; *Thole* in: MünchKomm-InsO, Art. 17 EuInsVO 2000 Rz. 2; Haß/Huber/Gruber/Heiderhoff-*Gruber*, EuInsVO, Art. 17 Rz. 1.
8) Uhlenbruck-*Lüer*, InsO, Art. 17 EuInsVO Rz. 2, 5.
9) *Reinhart* in: MünchKomm-InsO, 2. Aufl., Art. 1 EuInsVO 2000 Rz. 6 ff., 10; einschränkend nun *Thole* in: MünchKomm-InsO, Art. 17 EuInsVO 2000 Rz. 3 ff.
10) *Virgós/Schmit* in: Stoll, Vorschläge und Gutachten, Rz. 155; Mankowski/Müller/J. Schmidt-*Müller*, EuInsVO 2015, Art. 20 Rz. 23; Haß/Huber/Gruber/Heiderhoff-*Gruber*, EuInsVO, Art. 17 Rz. 4; Duursma-Kepplinger/Duursma/Chalupsky-*Duursma-Kepplinger/Chalupsky*, EuInsVO, Art. 17 Rz. 3, 15; *Huber*, ZZP 114 (2001), 133, 147; Geimer/Schütze-*Geimer*, EuZVR, Art. 16 EuInsVO Rz. 11.
11) *Virgós/Schmit* in: Stoll, Vorschläge und Gutachten, Rz. 32; Duursma-Kepplinger/Duursma/Chalupsky-*Duursma-Kepplinger/Chalupsky*, EuInsVO, Art. 17 Rz. 10; *Fritz/Bähr*, DZWIR 2001, 221, 230; *Kemper*, ZIP 2001, 1609, 1611, 1612; *McCormack*, Modern Law Review 2016, 121, 124; *Kindler/Sakka*, EuZW 2015, 460, 463.

Die Praxis hat gezeigt, dass die Möglichkeit der Beantragung eines Sekundärinsolvenz- 9
verfahrens eine „Waffe" in der Hand der Gläubiger sein und dass es wirtschaftlich,
aber auch mit Blick auf Arbeitnehmerinteressen sinnvoll sein kann, den Gläubigern
diese Möglichkeit „abzukaufen".[12] Diesen Weg der Praxis haben zunächst die Gerichte sanktioniert[13] und nunmehr ist er in der Vorschrift des **Art. 36** betreffend
sog. **synthetische Sekundärverfahren** gemündet.[14] Diese Regelung nimmt denjenigen Mitgliedstaaten, welche schon bislang von dieser Möglichkeit aufgrund der Regelungen ihres als lex fori concursus geltenden nationalen Insolvenzrechts Gebrauch
machen konnten, ihren Standortvorteil.[15] In dem Maße, in welchem von der Möglichkeit der Durchführung des Sekundärinsolvenzverfahrens oder dem Weg des Art. 36
Gebrauch gemacht wird, vermindert sich die Geltung des Universalitätsgrundsatzes,[16] was der Verordnungsgeber bewusst in Kauf nimmt (siehe Art. 19 Rz. 26
[*Sutschet*]).[17]

Der Vorrang des Sekundärinsolvenzverfahrens bewirkt **keine Verdrängung**, wohl 10
aber eine **Suspendierung** der Wirkung des Art. 20 Abs. 1,[18] welche solange anhält,
wie das Sekundärinsolvenzverfahren dauert. Endet das Sekundärinsolvenzverfahren, so endet mit ihm die suspendierende Wirkung. Ab diesem Zeitpunkt kommt es
daher (wiederum) zur Wirkungserstreckung des Hauptinsolvenzverfahrens.[19]

Auch während des laufenden Sekundärinsolvenzverfahrens ist die Wirkung des Art. 20 11
Abs. 1 **nicht vollständig** suspendiert;[20] so ist etwa auch im Mitgliedstaat des Sekundärinsolvenzverfahrens der Verwalter des Hauptinsolvenzverfahrens als Verwalter
anerkannt mit der Folge, dass er in dieser Eigenschaft die ihm zustehenden Rechte

---

12) *Mankowski*, NZI 2006, 418 (Urteilsanm.); *Mankowski*, NZI 2015, 961; *Parzinger*, NZI 2016, 63, 66; *Prager/Ch. Keller*, WM 2015, 805, 807.
13) High Court of Justice London, Beschl. v. 9.6.2006 – [2006] EWHC 1343 (Ch) (Collins & Aikman), ZIP 2006, 2093 = NZI 2006, 654; dazu *Meyer-Löwy/Plank*, NZI 2006, 622 ff.; High Court of Justice Birmingham, Beschl. v. 30.3.2006 – No. 2377/2006, NZI 2006, 416, m. Anm. *Mankowski*.
14) *Mankowski*, NZI 2015, 961.
15) Vorschlag für eine Verordnung des Europäischen Parlaments und des Rates zur Änderung der Verordnung (EG) Nr. 1346/2000 des Rates über Insolvenzverfahren, v. 12.12.2012, COM(2012) 744 final, unter 3.1.3, abrufbar unter https://www.europarl.europa.eu/meetdocs/2009_2014/documents/com/com_com(2012)0744_/com_com(2012)0744_de.pdf (Abrufdatum: 20.11.2019).
16) Vgl. Nerlich/Römermann-*Nerlich*, InsO, Art. 17 EuInsVO Rz. 6.
17) Krit. dazu *Mock*, GPR 2013, 156, 162 f.
18) BGH, Urt. v. 20.11.2014 – IX ZR 13/14, ZIP 2015, 42, dazu EWiR 2015, 83 (*Paulus*); BGH, Urt. v. 18.9.2014 – VII ZR 58/13, ZIP 2014, 2092 = NJW-RR 2014, 1512; Nerlich/Römermann-*Nerlich*, InsO, Art. 17 EuInsVO Rz. 2; Duursma-Kepplinger/Duursma/Chalupsky-*Duursma-Kepplinger/Chalupsky*, EuInsVO, Art. 16 Rz. 31 u. Art. 17 Rz. 16.
19) BGH, Urt. v. 20.11.2014 – IX ZR 13/14, ZIP 2015, 42; OLG Düsseldorf, Beschl. v. 9.7.2004 – 3 W 53/04, ZIP 2004, 1515, dazu EWiR 2005, 177 (*Pannen/Riedemann*); Nerlich/Römermann-*Nerlich*, InsO, Art. 17 EuInsVO Rz. 4; Haß/Huber/Gruber/Heiderhoff-*Gruber*, EuInsVO, Art. 17 Rz. 6.
20) *Virgós/Schmit* in: Stoll, Vorschläge und Gutachten, Rz. 20; *Thole* in: MünchKomm-InsO, Art. 17 EuInsVO 2000 Rz. 13.

auch in diesem Staat wahrnehmen kann.[21] Auch ist ein etwaiger Überschuss aus dem Sekundärinsolvenzverfahren unverzüglich an den Verwalter des Hauptinsolvenzverfahrens herauszugeben, Art. 49.

### 2. Wirkungen der Anerkennung der Eröffnung des Verfahrens nach Art. 3 Abs. 2 (Art. 20 Abs. 2)

12 Nach Art. 20 Abs. 1 dürfen die Wirkungen eines Sekundärinsolvenz- oder Partikularverfahrens in den anderen Mitgliedstaaten nicht infrage gestellt werden. Eine Wirkungserstreckung, wie sie Art. 20 Abs. 1 für das Hauptinsolvenzverfahren vorsieht, kommt für die Verfahren gemäß Art. 3 Abs. 2 deshalb nicht in Betracht, weil die Wirkung dieser Verfahren von vornherein auf das in dem Verfahrensstaat befindliche Vermögen beschränkt ist und sein soll, Art. 3 Abs. 2 Satz 2.[22] Erlangt ein Gläubiger im Sekundärverfahren eine Befriedigung, braucht er diese nicht herauszugeben.[23] Auch darf die Verwertung des Schuldnervermögens im Sekundärverfahren nicht durch eine Vollstreckbarerklärung des Beschlusses über die Eröffnung des Hauptinsolvenzverfahrens konterkariert werden.[24]

13 Die eigentliche Aussage des Art. 20 Abs. 2 besteht in der Möglichkeit, welche Satz 2 schafft: Die Wirkungen des Partikularverfahrens können über die Beschränkung des Art. 3 Abs. 2 Satz 2 hinaus auch auf **Vermögensbestandteile in anderen Mitgliedstaaten** erstreckt werden,[25] indem die jeweiligen Gläubiger ihre Zustimmung hierzu erteilen. Wo sich ein Vermögensgegenstand befindet, ergibt sich aus Art. 2 Nr. 9. Für Sekundärinsolvenzverfahren gilt das Gleiche wie nach Art. 20 Abs. 2 Satz 2 bereits gemäß Art. 47 Abs. 2. Eine Mehrheitsentscheidung führt nicht dazu, dass Beschränkungen gegenüber allen Gläubigern gelten; vielmehr wirkt die Beschränkung nur gegenüber denjenigen Gläubigern, die zugestimmt haben.[26]

---

21) *Thole* in: MünchKomm-InsO, Art. 17 EuInsVO 2000 Rz. 13; Haß/Huber/Gruber/Heiderhoff-*Gruber*, EuInsVO, Art. 17 Rz. 5; *Becker*, ZEuP 2002, 287, 314.

22) Duursma-Kepplinger/Duursma/Chalupsky-*Duursma-Kepplinger/Chalupsky*, EuInsVO, Art. 17 Rz. 15; Braun-*Ehret*, InsO, Art. 20 EuInsVO Rz. 11; *Kindler* in: MünchKomm-BGB, Art. 20 EuInsVO Rz. 13; *Ambach*, Reichweite und Bedeutung von Art. 25 EuInsVO, S. 57; *Fritz/Bähr*, DZWIR 2001, 221, 230.

23) OLG Köln, Beschl. v. 31.1.1989 – 3 W 7/89 (Kaußen), Rz. 13, ZIP 1989, 321; *Virgós/Schmit* in: Stoll, Vorschläge und Gutachten, Rz. 36.5; Nerlich/Römermann-*Nerlich*, InsO, Art. 17 EuInsVO Rz. 7; Haß/Huber/Gruber/Heiderhoff-*Gruber*, EuInsVO, Art. 17 Rz. 8.

24) Dies ist geschehen in OLG Düsseldorf, Beschl. v. 9.7.2004 – 3 W 53/04, ZIP 2004, 1515, wobei das OLG allerdings in der Begründung ausführte, die Vollstreckbarkeit sei deshalb nicht gehindert, weil das Hauptinsolvenzverfahren nach Abschluss des Sekundärverfahrens wieder Wirksamkeit entfalten könne. Das ist zwar richtig, hätte aber zur Abweisung des Antrags als „derzeit unbegründet" führen müssen. Wie hier Braun-*Ehret*, InsO, Art. 20 EuInsVO Rz. 8; vgl. auch Uhlenbruck-*Lüer*, InsO, Art. 17 EuInsVO Rz. 7.

25) Nerlich/Römermann-*Nerlich*, InsO, Art. 17 EuInsVO Rz. 8; Uhlenbruck-*Lüer*, InsO, Art. 17 EuInsVO Rz. 8; Haß/Huber/Gruber/Heiderhoff-*Gruber*, EuInsVO, Art. 17 Rz. 10.

26) *Virgós/Schmit* in: Stoll, Vorschläge und Gutachten, Rz. 157; Nerlich/Römermann-*Nerlich*, InsO, Art. 17 EuInsVO Rz. 8; Uhlenbruck-*Lüer*, InsO, Art. 17 EuInsVO Rz. 8; Haß/Huber/Gruber/Heiderhoff-*Gruber*, EuInsVO, Art. 17 Rz. 10; Duursma-Kepplinger/Duursma/Chalupsky-*Duursma-Kepplinger/Chalupsky*, EuInsVO, Art. 17 Rz. 18.

## Artikel 21
### Befugnisse des Verwalters

(1) ¹Der Verwalter, der durch ein nach Artikel 3 Absatz 1 zuständiges Gericht bestellt worden ist, darf im Gebiet eines anderen Mitgliedstaats alle Befugnisse ausüben, die ihm nach dem Recht des Staates der Verfahrenseröffnung zustehen, solange in dem anderen Staat nicht ein weiteres Insolvenzverfahren eröffnet ist oder eine gegenteilige Sicherungsmaßnahme auf einen Antrag auf Eröffnung eines Insolvenzverfahrens hin ergriffen worden ist. ²Er darf insbesondere vorbehaltlich der Artikel 8 und 10 die zur Masse gehörenden Gegenstände aus dem Hoheitsgebiet des Mitgliedstaats entfernen, in dem diese sich befinden.

(2) ¹Der Verwalter, der durch ein nach Artikel 3 Absatz 2 zuständiges Gericht bestellt worden ist, darf in jedem anderen Mitgliedstaat gerichtlich und außergerichtlich geltend machen, dass ein beweglicher Gegenstand nach der Eröffnung des Insolvenzverfahrens aus dem Hoheitsgebiet des Staates der Verfahrenseröffnung in das Hoheitsgebiet dieses anderen Mitgliedstaats verbracht worden ist. ²Des Weiteren kann der Verwalter eine den Interessen der Gläubiger dienende Anfechtungsklage erheben.

(3) ¹Bei der Ausübung seiner Befugnisse hat der Verwalter das Recht des Mitgliedstaats, in dessen Hoheitsgebiet er handeln will, zu beachten, insbesondere hinsichtlich der Art und Weise der Verwertung eines Gegenstands der Masse. ²Diese Befugnisse dürfen nicht die Anwendung von Zwangsmitteln ohne Anordnung durch ein Gericht*⁾ dieses Mitgliedstaats oder das Recht umfassen, Rechtsstreitigkeiten oder andere Auseinandersetzungen zu entscheiden.

Literatur: *Balz*, Das neue Europäische Insolvenzübereinkommen, ZIP 1996, 948; *Berger*, Die Insolvenzmasse nach der EuInsVO 2015, in: Nunner-Krautgasser/Garber/Jaufer, Grenzüberschreitende Insolvenzen im europäischen Binnenmarkt – die neue EU-Insolvenzverordnung, 2017, S. 115; *Bierbach*, Wettlauf der Gläubiger um den Insolvenzgerichtsstand – Anfechtungsbefugnisse des Insolvenzverwalters nach Art. 18 Abs. 2 Satz 2 EuInsVO, ZIP 2008, 2203; *Bismarck/Schümann-Kleber*, Insolvenz eines ausländischen Sicherungsgebers – Anwendung deutscher Vorschriften auf die Verwertung in Deutschland belegener Kreditsicherheiten, NZI 2005, 147; *Brinkmann*, Grenzüberschreitende Sanierung und europäisches Insolvenzrecht, KTS 2014, 381; *Cranshaw*, Aktuelle Fragen zur europäischen Insolvenzverordnung vor dem Hintergrund der Rechtsprechung des EuGH, DZWiR 2009, 353; *Fehrenbach*, Insolvenzanfechtung in grenzüberschreitenden Insolvenzverfahren bei Verfahrenspluralität, NZI 2015, 157; *Freitag*, Grundfragen der Richtlinie über präventive Restrukturierungsrahmen und ihrer Umsetzung in das deutsche Recht, ZIP 2019, 541; *Garber*, Zum Anwendungsbereich der EuInsVO 2015, in: Nunner-Krautgasser/Garber/Jaufer, Grenzüberschreitende Insolvenzen im europäischen Binnenmarkt – die neue EU-Insolvenzverordnung, 2017, S. 21; *Haas*, Die Verwertung der im Ausland belegenen Insolvenzmasse im Anwendungsbereich der EuInsVO, in: Festschrift für Walter Gerhardt, 2004, S. 319; *Hänel*, Befugnisse des Verwalters, in: Nunner-Krautgasser/Garber/Jaufer, Grenzüberschreitende Insolvenzen in europäischen Binnenmarkt – die neue EU-Insolvenzverordnung, 2017, S. 173; *Herchen*, Die Befugnisse des deutschen Insolvenzverwalters hinsichtlich der „Auslandsmasse" nach In-Kraft-Treten der EG-Insolvenzverordnung (Verordnung des Rates Nr. 1346/2000), ZInsO 2002, 345; *Kaulartz/Matzke*, Die Tokenisierung des Rechts, NJW 2018, 3278; *Kodek/Reisch*, Ausgewählte

---

*⁾ In der amtlichen Fassung „Gerichts".

# Artikel 21

Probleme der Anfechtung nach der EuInsVO, ZIK 2006, 182, 183; *Mankowski*, Bestimmung der Insolvenzmasse und Pfändungsschutz unter der EuInsVO, NZI 2009, 785; *Mock*, Handlungsoptionen bei ausufernden Sekundärinsolvenzverfahren, ZInsO 2009, 895; *Musger*, Gläubigerbenachteiligung in der EuInsVO, in: Jaufer/Nunner-Krautgasser/Schummer, Unternehmenssanierung mit Auslandsbezug, 2019, S. 87; *Oberhammer*, Zur Anfechtungsbefugnis des Sekundärverwalters nach Europäischem Insolvenzrecht, KTS 2008, 271; *Pannen/Kühnle/Riedemann*, Die Stellung des deutschen Insolvenzverwalters in einem Insolvenzverfahren mit europäischem Auslandsbezug, NZI 2003, 72; *Paulick/Simon*, „EU-Grenzgänger" und die Anwendbarkeit der deutschen Pfändungsschutzvorschriften, ZInsO 2009, 1933; *Paulus*, Die europäische Insolvenzverordnung und der deutsche Insolvenzverwalter, NZI 2001, 505; *Reisch*, Befugnisse des jeweils ausländischen Verwalters in Hauptinsolvenzverfahren/Sekundärinsolvenzverfahren, in: Konecny, Insolvenz-Forum 2005, S. 243; *Skauradszun*, Die Restrukturierungsrichtlinie und das „verschwitzte" internationale Zivilverfahrensrecht, ZIP 2019, 1501; *Skauradszun*, Absicherungen des Mieters mittels Mieterdienstbarkeit und Dauernutzungsrecht in präventiven Restrukturierungsrahmen, InsO- und EuInsVO-Verfahren, NZI 2019, 965; *Skauradszun*, Ein Umsetzungskonzept für den präventiven Restrukturierungsrahmen, KTS 2019, 161; *Virgós/Schmit*, Erster Teil: EU-Übereinkommen über Insolvenzverfahren, Kap. B – Erläuternder Bericht, in: Stoll, Vorschläge und Gutachten zur Umsetzung des EU-Übereinkommens über Insolvenzverfahren im deutschen Recht, 1997, S. 32 (zit.: *Virgós/Schmit* in: Stoll, Vorschläge und Gutachten).

## Übersicht

I. Zweck der Norm .................. 1
II. Inhalt der Norm .................. 5
1. Verwalter .................. 5
    a) Vorläufige Verwalter .................. 8
    b) Schuldner in Eigenverwaltung .................. 11
    c) Restrukturierungsbeauftragter .................. 14
2. Befugnisse .................. 15
    a) Allgemein .................. 15
    b) Hauptinsolvenzverwalter (Art. 21 Abs. 1) .................. 19
    aa) Befugnisse aus dem Eröffnungsstaat (Art. 21 Abs. 1 Satz 1) .................. 19
    bb) Abholungsrecht (Art. 21 Abs. 1 Satz 2) .................. 23
    cc) Vorbehalt bei Sonderrechten (Art. 21 Abs. 1 Satz 2) .................. 26

    c) Territorialverwalter (Art. 21 Abs. 2) .................. 31
    aa) Verfolgungsrecht (Art. 21 Abs. 2 Satz 1) .................. 31
    bb) Anfechtungsklagen (Art. 21 Abs. 2 Satz 2) .................. 38
    cc) Weitere grenzüberschreitende Befugnisse? .................. 47
    d) Koordiniertes Vorgehen .................. 49
3. Schranken (Art. 21 Abs. 3) .................. 51
    a) Recht des Zielstaats .................. 52
    b) Gewalt- und Rechtsprechungsmonopol des Zielstaats .................. 60
III. Rechtsbehelf .................. 63

## I. Zweck der Norm

1 Die Regelungen des Art. 21 und des ihn ergänzenden Art. 22 entsprechen – bis auf wenige redaktionelle Änderungen und eine Ergänzung in Art. 21 Abs. 3 – den Artt. 18 und 19 a. F. Die **Anerkennung von Befugnissen und Stellung des ausländischen Verwalters** ist eine Folge bzw. ein wesentlicher Bestandteil des in ErwG 65 und den Artt. 19 und 20 normierten Grundsatzes, dass die Eröffnung und Wirkungen eines Insolvenzverfahrens im gegenseitigen Vertrauen in allen Mitgliedstaaten anerkannt werden.[1] Die Anerkennung erfolgt gemäß Art. 32 Abs. 1 automatisch; insbesondere setzt sie keine Veröffentlichung gemäß Art. 28 voraus.[2]

---

1) Vgl. *Virgós/Schmit* in: Stoll, Vorschläge und Gutachten, Rz. 158.
2) Vgl. *Virgós/Schmit* in: Stoll, Vorschläge und Gutachten, Rz. 160.

Entsprechende Regelungen finden sich bereits in den Entwürfen für ein europäisches Konkursab- bzw. -übereinkommen von 1971 und 1981.[3] Vergleichbar führt nach den Vorschriften der InsO, die das Verhältnis zu **Drittstaaten** regeln, die Anerkennung ausländischer Insolvenzverfahren – ohne eine explizite Bestimmung wie Art. 21 – nach Maßgabe von § 343 InsO auch zur Anerkennung von Befugnissen des Verwalters, wenn dieser seine Bestellung gemäß § 347 Abs. 1 InsO nachweist.[4] Das Konzept findet sich dem Grunde nach auch im **UNCITRAL Model Law**,[5] das allerdings für ausländische Verwalter keinen vergleichbaren Automatismus vorsieht, sondern lediglich sein Recht, nach Anerkennung des ausländischen Insolvenzverfahrens auch konkrete Einzelbefugnisse zu beantragen. 2

**Systematisch** befasst sich **Art. 21 Abs. 1** mit dem Verwalter eines **Hauptinsolvenzverfahrens** i. S. von Art. 3 Abs. 1 und **Art. 21 Abs. 2** mit dem Verwalter eines **Territorialverfahrens** i. S. von Art. 3 Abs. 2, also eines isolierten Partikularverfahrens oder eines Sekundärverfahrens. Beide Absätze behandeln Befugnisse der jeweiligen Verwalter bzw. ihre Ausübung und Grenzen und stellen nach einhelliger Ansicht **Sachnormen** ohne kollisionsrechtliche Aussage dar.[6] **Art. 21 Abs. 3**, der demgegenüber eine **Kollisionsnorm** ist, setzt für beide Fälle den Befugnissen außerhalb des Staats der Verfahrenseröffnung eine Grenze in Gestalt der Pflicht zur **Beachtung lokalen Rechts.**[7] 3

Im Zuge der zum Teil nur klarstellenden[8] Einräumung und Begrenzung von Befugnissen hat Art. 21 Abs. 1 und 2 auch den Zweck einer **Kompetenzabgrenzung zwischen Haupt- und Sekundärverwalter.** Dies ergibt sich einerseits aus dem Vorbehalt des Art. 21 Abs. 1 Satz 1 für die Handlungsmöglichkeiten des Hauptinsolvenzverwalters und andererseits aus den grenzüberschreitenden Befugnissen, die Art. 21 Abs. 2 dem Sekundärverwalter einräumt.[9] 4

---

3) Art. 28 des Vorentwurfs eines Konkursabkommens für die EWG-Staaten, deutscher Text abgedr. in KTS 1971, 167, 174, sowie Art. 29 des Entwurfs eines Übereinkommens über den Konkurs, Vergleiche und ähnliche Verfahren, Drucks. III/D/72/80-DE der Kommission der Europäischen Gemeinschaften, deutscher Text abgedr. in KTS 1981, 167, 175.
4) Vgl. nur Kübler/Prütting/Bork-*Paulus*, InsO, § 347 Rz. 3; Uhlenbruck-*Lüer/Knof*, InsO, § 347 Rz. 2.
5) Abgedr. in ZIP 1997, 2224; näher z. B. Uhlenbruck-*Lüer/Knof*, InsO, Vorb. zu §§ 335–358 Rz. 15 f.; *Reinhart* in: MünchKomm-InsO, Vor §§ 335 ff. Rz. 79 ff.
6) Vgl. nur Mankowski/Müller/J. Schmidt-*Müller*, EuInsVO 2015, Art. 21 Rz. 7; *Thole* in: MünchKomm-InsO, Art. 18 EuInsVO 2000 Rz. 6; Pannen-*Pannen/Riedemann*, EuInsVO, Art. 18 Rz. 5 m. w. N.
7) Vgl. *Paulus*, EuInsVO, Art. 21 Rz. 25; *Thole* in: MünchKomm-InsO, Art. 18 EuInsVO 2000 Rz. 6; Pannen-*Pannen/Riedemann*, EuInsVO, Art. 18 Rz. 7 m. w. N.
8) Vgl. *Virgós/Schmit* in: Stoll, Vorschläge und Gutachten, Rz. 161 („In order to remove any doubts ..."); *Thole* in: MünchKomm-InsO, Art. 18 EuInsVO 2000 Rz. 6.
9) Vgl. *Virgós/Schmit* in: Stoll, Vorschläge und Gutachten, Rz. 163; *Bierbach*, ZIP 2008, 2203, 2207; *Oberhammer*, KTS 2008, 271, 278 ff., 287; Mankowski/Müller/J. Schmidt-*Müller*, EuInsVO 2015, Art. 21 Rz. 3.

## II. Inhalt der Norm

### 1. Verwalter

5 Die Anwendung von Art. 21 setzt voraus, dass ein nach Art. 3 **zuständiges Gericht** einen Verwalter bestellt hat. Die in ErwG 20 vorgegebene weite Standarddefinition für **Gericht** in Art. 2 Nr. 6 (ii) gilt nur für Art. 21 Abs. 1 und 2; für Art. 21 Abs. 3 – der allerdings nicht die Verwalterbestellung betrifft – gilt die engere Definition des Art. 2 Nr. 6 (i). Hat das Gericht eines Mitgliedstaats nach Prüfung gemäß Art. 4 seine **Zuständigkeit** angenommen, wird dies außerhalb des Verfahrens über etwaige Rechtsmittel gegen den Eröffnungsbeschluss gemäß Art. 5, d. h. insbesondere bei der Anerkennung des Verwalters, nicht mehr überprüft.[10] Ob die Entscheidung über die Verfahrenseröffnung und Verwalterbestellung schon vor Rechtskraft Wirkung entfaltet, richtet sich nach nationalem Recht.[11]

6 Wer als **Verwalter** i. S. von Art. 21 gilt, ergibt sich grundsätzlich aus der ErwG 21 konkretisierenden Definition des Art. 2 Nr. 5, der auf **Anhang B** verweist. Von den dort für Deutschland genannten Verwaltern dürften der Konkurs- und Vergleichsverwalter sowie der Sachwalter nach §§ 91, 92 der Vergleichsordnung kaum noch praktische Relevanz haben. Betroffen sind somit im Wesentlichen der **Insolvenzverwalter** und der **Sachwalter** (nach der InsO). Den an die Stelle des Insolvenzverwalters tretenden **Treuhänder i. S. von § 313 Abs. 1 InsO a. F.** gibt es nur noch in vor dem 1.4.2014 beantragten[12] Verfahren. Mangels Differenzierung in Anhang B ist auch der gemäß § 288 InsO bestellte **Treuhänder für das Restschuldbefreiungsverfahren** erfasst.

7 Fragen ergeben sich für den in Anhang B aufgeführten vorläufigen Insolvenzverwalter und Sachwalter sowie für den dort nicht genannten eigenverwaltenden Schuldner.

### a) Vorläufige Verwalter

8 Neben Deutschland sehen auch andere Mitgliedstaaten im EuInsVO-Raum in ihrem Insolvenzrecht die Bestellung vorläufiger Verwalter vor.[13] Unter Geltung der EuInsVO a. F. war streitig, ob und in welchem Umfang vorläufige Verfahren in den Anwendungsbereich der Verordnung fallen.[14] Nunmehr sprechen **ErwG 15**

---

10) Vgl. EuGH, Urt. v. 2.5.2006 – Rs. C-341/04 (Eurofood/Parmalat), ZIP 2006, 907, m. Anm. *Knof/Mock*, dazu EWiR 2005, 725 *(Pannen)*; Mankowski/Müller/J. Schmidt-*Müller*, EuInsVO 2015, Art. 19 Rz. 12; Kübler/Prütting/Bork-*Skauradszun*, InsO, Art. 21 EuInsVO 2015 Rz. 5; Bork/van Zwieten-*Veder*, Commentary on the European Insolvency Regulation, Art. 21 Rz. 21.06, jeweils m. w. N.; Brinkmann-*Thole*, EIR, Art. 21 Rz. 5.
11) Vgl. *Virgós/Schmit* in: Stoll, Vorschläge und Gutachten, Rz. 147; Mankowski/Müller/ J. Schmidt-*Müller*, EuInsVO 2015, Art. 19 Rz. 15 m. w. N.
12) Vgl. Art. 103h EGInsO.
13) So etwa Belgien (de voorlopige bewindvoerder/L'administrateur provisoire), Tschechien (předběžný insolvenční správce), Estland (Ajutine pankrotihaldur), Irland (Provisional Liquidator), Österreich (einstweiliger Verwalter, § 73 Abs. 2 IO), Portugal (Administrador judicial provisório); die Slowakei (Predbežný správca) und das Vereinigte Königreich (Provisional Liquidator, Interim Receiver).
14) Vgl. Wimmer/Bornemann/Lienau-*Bornemann*, Die Neufassung der EuInsVO, Rz. 87 m. w. N.

und die **Verwalterdefinition in Art. 2 Nr. 5** klar dafür und auch **ErwG 36 Satz 5** setzt die Anerkennung eines vorläufigen Verwalters voraus, weshalb die Einbeziehung auch der in Anhang B aufgelisteten vorläufigen Verwalter in den Anwendungsbereich von Art. 21 einhellig angenommen wird.[15]

Allerdings gibt es einen Ansatzpunkt für **Zweifel**, ob ein vorläufiger Verwalter automatisch immer gemäß Art. 21 Befugnisse im Ausland ausüben kann: Nach **ErwG 12** soll die Verordnung nur für Verfahren gelten, deren Eröffnung öffentlich bekannt zu geben ist, damit Gläubiger Kenntnis von dem Verfahren erlangen und u. a. Gelegenheit erhalten, die Zuständigkeit des eröffnenden Gerichts i. S. von ErwG 34 überprüfen zu lassen. Vertraulich geführte Insolvenzverfahren sollen gemäß **ErwG 13** vom Anwendungsbereich der Verordnung ausgenommen werden. Wenn hiernach bereits die Anerkennung des Verfahrens an die (nationale)[16] Veröffentlichungspflicht geknüpft ist (siehe Art. 1 Rz. 24 [*Vallender*]), dann kann für die Anerkennung von Verwalterbefugnissen nichts anderes gelten.[17]

Zumindest im deutschen Recht besteht nach wohl h. M. keine Veröffentlichungspflicht bei Anordnung eines Schutzschirmverfahrens (§ 270b InsO) oder einer vorläufigen Eigenverwaltung (§ 270a InsO).[18] Soweit der vorläufige Sachwalter Befugnisse in anderen Mitgliedstaaten ausüben möchte, könnte daher **ohne Veröffentlichung ein Wirksamkeitshindernis** bestehen.[19] Demgemäß obliegt den Beteiligten nicht veröffentlichungspflichtiger vorläufiger Verfahren eine Abwägung zwischen einerseits den Vorteilen des Absehens von der Veröffentlichung oder ihrer Verzögerung und andererseits dem Risiko fehlender Anerkennung sowie der Unwirksamkeit von Verwalterhandlungen in anderen Mitgliedstaaten. Dass ErwG 12 die Anwendbarkeit der Verordnung an eine Veröffentlichungspflicht („... bekanntzugeben *ist*, ...") zu knüpfen scheint, steht ihrer Anwendung auch in nur optional zu veröffentlichenden Verfahren nicht entgegen.[20]

### b) Schuldner in Eigenverwaltung

Die Frage, ob der Schuldner im Eigenverwaltungsverfahren als Verwalter i. S. der Bestimmungen der jetzigen Artt. 21 und 22 gilt, wurde bereits zur EuInsVO a. F.

---

15) Vgl. *Garber* in: Nunner-Krautgasser/Garber/Jaufer, Grenzüberschreitende Insolvenzen, S. 21, 55; Mankowski/Müller/*J. Schmidt-Müller*, EuInsVO 2015, Art. 21 Rz. 5; Kübler/Prütting/Bork-*Skauradszun*, InsO, Art. 21 EuInsVO 2015 Rz. 5; Bork/van Zwieten-*Veder*, Commentary on the European Insolvency Regulation, Art. 21 Rz. 21.03.
16) Hier ist nicht die öffentliche Bekanntmachung in anderen Mitgliedstaaten gemäß Art. 28 EuInsVO gemeint, sondern diejenige nach der lex concursus des Eröffnungsstaats.
17) So auch – ohne Bezugnahme auf ErwG 12 – Wimmer/Bornemann/Lienau-*Bornemann*, Die Neufassung der EuInsVO, Rz. 94 ff., 105.
18) Vgl. Uhlenbruck-*Vallender*, InsO, § 23 Rz. 1 m. w. N.; *Kern* in: MünchKomm-InsO, § 270a Rz. 34; **a. A.** Mankowski/Müller/*J. Schmidt-J. Schmidt*, EuInsVO 2015, Art. 1 Rz. 19 m. w. N.
19) Vgl. *Brinkmann*, KTS 2014, 381, 386 m. w. N.
20) Vgl. *Hänel* in: Nunner-Krautgasser/Garber/Jaufer, Grenzüberschreitende Insolvenzen, S. 179.

diskutiert[21] und ist in der reformierten Verordnung nicht explizit beantwortet.[22] Klärungsbedarf[23] besteht in zweierlei Hinsicht:

- Zum einen stehen dem Schuldner in der Eigenverwaltung über die Aufrechterhaltung seiner „normalen" Verwaltungs- und Verfügungsbefugnis hinaus auch **insolvenzspezifische Befugnisse** zu, deren Ausübung im Ausland erforderlich sein kann;[24]
- zum anderen kann sich das praktische Problem stellen, dass im Ausland anlässlich der Insolvenzeröffnung ein **Nachweis der fortbestehenden Handlungsbefugnis** verlangt wird.[25]

12 Der Verordnung lassen sich sowohl Argumente dagegen, als auch dafür entnehmen, den eigenverwaltenden Schuldner als Verwalter zu qualifizieren. **Dagegen** spricht die fehlende Nennung in Anhang B. Weiter enthalten die Artt. 21 und 22 keine ausdrückliche Erstreckung der Regelungen auf die Eigenverwaltung wie diverse andere Vorschriften[26] und Art. 21 befasst sich ausdrücklich nur mit Verwaltern, die durch ein nach Art. 3 zuständiges Gericht bestellt wurden. Der Beschluss zur Anordnung der Eigenverwaltung dürfte keine entsprechende Bestellung des Schuldners darstellen. Schließlich geben auch die Begriffsbestimmungen in Art. 2, der in Nr. 3 den „Schuldner in Eigenverwaltung" und in Nr. 5 den „Verwalter" definiert, keinen Anhaltspunkt, dass der eigenverwaltende Schuldner automatisch einem Verwalter gleichsteht.

13 **Argumente für eine Gleichstellung** bietet zunächst der neue ErwG 10, nach dem die Verordnung ausdrücklich auch für Eigenverwaltungsverfahren gelten soll. Im Zuge der Revision der EuInsVO war nach dem Vorschlag der Kommission ein wesentliches Ziel, zur Verbesserung der rechtlichen Rahmenbedingungen für Unternehmenssanierungen Eigenverwaltungsverfahren in den Anwendungsbereich der Verordnung mit einzubeziehen.[27] Die Kommission hatte im Entwurf eines Art. 2 lit. b (ii) sogar eine explizite Aufnahme des eigenverwaltenden Schuldners in die Verwalterdefinition vorgeschlagen. Dass dieser Vorschlag nicht übernommen wurde, war

---

21) Vgl. etwa *Thole* in: MünchKomm-InsO, Art. 2 EuInsVO 2000 Rz. 46 f.; *Paulus*, EuInsVO, Art. 2 Rz. 7.
22) Vgl. *Thole* in: MünchKomm-InsO, Art. 21 EuInsVO 2015 Rz. 2.
23) Kübler/Prütting/Bork-*Skauradszun*, InsO, Art. 21 EuInsVO 2015 Rz. 3, hält die Diskussion für ein künstlich geschaffenes Problem. Die Praxis zeigt indes, dass gerade im grenzüberschreitenden Bereich selbst rechtlich eindeutige Konstellationen Probleme aufwerfen können.
24) Dieses Problem adressiert auch Braun-*Tashiro*, InsO, Art. 21 EuInsVO Rz. 40.
25) Vgl. *Hänel* in: Nunner-Krautgasser/Garber/Jaufer, Grenzüberschreitende Insolvenzen, S. 180.
26) Dies sind insbesondere die Artt. 6 Abs. 2 Satz 2, 28 Abs. 1 und 2, 29 Abs. 1 und 2, 38 Abs. 1 und 3, 55 Abs. 5 und 7 sowie Art. 76 EuInsVO.
27) EU-Kommission, Vorschlag für eine Verordnung des Europäischen Parlaments und des Rates zur Änderung der Verordnung (EG) Nr. 1346/2000 des Rates über Insolvenzverfahren, v. 12.12.2012, COM(2012) 744 final, S. 2 f., 5, 6 abrufbar unter https:// www.europarl.europa.eu/meetdocs/2009_2014/documents/com/com_com(2012)0744_/ com_com(2012)0744_de.pdf (Abrufdatum: 10.1.2020).

keine Entscheidung gegen die Gleichstellung,[28] sondern hatte andere Gründe.[29] Die **Qualifikation des eigenverwaltenden Schuldners als Verwalter** i. S. der Artt. 21 und 22 ergibt sich letztlich – trotz der genannten formalen Gegenargumente – aus dem in ErwG 65 postulierten Grundsatz der unmittelbaren und automatischen Anerkennung aller verfahrensbezogenen Entscheidungen in allen Mitgliedstaaten.[30] Die Geltung der lex concursus des Eröffnungsstaats für das Verfahren und seine Wirkungen[31] gemäß Art. 7 Abs. 1 betrifft über dessen Abs. 2 lit. c insbesondere auch die Befugnisse des eigenverwaltenden Schuldners.[32] Unbeschadet etwaiger Einschränkungen durch die lex concursus steht dieser somit einem Verwalter i. R. von Art. 21 vollumfänglich gleich.[33] Zum Nachweis seiner Handlungsbefugnisse siehe Art. 22 Rz. 16 f. [*Hänel*].

### c) Restrukturierungsbeauftragter

Aus ErwG 13 und Art. 6 Nr. 8 Unterabs. 2 der **Richtlinie über präventive Restrukturierungsrahmen**[34] geht hervor, dass den Mitgliedstaaten die Möglichkeit eröffnet wird, ein oder mehrere Verfahren oder Maßnahmen bei der Umsetzung dieser Richtlinie so auszugestalten, dass sie die Voraussetzungen für eine Aufnahme in Anhang A zur EuInsVO erfüllen.[35] Entschließt sich der deutsche Gesetzgeber hierzu, würde parallel auch der in Art. 2 Nr. 12 definierte Restrukturierungsbeauftragte in Anhang B aufzunehmen sein und damit in den Anwendungsbereich von Art. 21 fallen. Die praktische Relevanz dürfte aufgrund der vorrangig überwachenden und beratenden Funktion des Restrukturierungsbeauftrag-

14

---

28) Jedenfalls ist eine solche Intention nicht erkennbar im Zusammenhang mit dem Änderungsvorschlag im Bericht des Rechtsausschusses vom 20.12.2013 zu dem Vorschlag für eine Verordnung des Europäischen Parlaments und des Rates zur Änderung der Verordnung (EG) Nr. 1346/2000 des Rates über Insolvenzverfahren, COM(2012) 744 – C7-0413/2012 – 2012/0360(COD)).
29) Vgl. dazu Wimmer/Bornemann/Lienau-*Lienau*, Die Neufassung der EuInsVO, Rz. 152.
30) Zur grundlegenden Bedeutung der automatischen Anerkennung vgl. *Virgós/Schmit* in: Stoll, Vorschläge und Gutachten, Rz. 8.
31) Vgl. zum Prinzip der Wirkungserstreckung EuGH, Urt. v. 21.1.2010 – Rs. C-444/07 (Probud) Rz. 43, 45, ZIP 2010, 187, 190, dazu EWiR 2010, 77 *(J. Schmidt)*; *Paulus*, EuInsVO, Art. 21 Rz. 3 m. w. N.
32) Ebenso *Thole* in: MünchKomm-InsO, Art. 21 EuInsVO 2015 Rz. 2.
33) Näher *Hänel* in: Nunner-Krautgasser/Garber/Jaufer, Grenzüberschreitende Insolvenzen, S. 179 ff.; Koller/Lovrek/Spitzer-*Scholz/Berger*, IO, Art. 21 EuInsVO Rz. 5 m. w. N.; ebenso wohl Braun-*Tahsiro*, InsO, Art. 21 EuInsVO Rz. 40, die für eine analoge Anwendung von Art. 21 EuInsVO plädiert. A. A. *Paulus*, EuInsVO, Art. 21 Rz. 4 f.
34) Richtlinie (EU) 2019/1023 des Europäischen Parlaments und des Rates v. 20.6.2019 über präventive Restrukturierungsrahmen, über Entschuldung und über Tätigkeitsverbote sowie über Maßnahmen zur Steigerung der Effizienz von Restrukturierungs-, Insolvenz- und Entschuldungsverfahren und zur Änderung der Richtlinie (EU) 2017/1132 (Richtlinie über Restrukturierung und Insolvenz) – Restrukturierungsrichtlinie, ABl. (EU) L 172/18 v. 26.6.2019.
35) Befürwortend für Deutschland etwa *Freitag*, ZIP 2019, 541, 547 f.; *Skauradszun*, KTS 2019, 161, 171 f., der indes auch Zweifel an der vollen Kompatibilität äußert und an anderer Stelle (*Skauradszun*, ZIP 2019, 1501 ff.) darauf hinweist, dass für die Aufnahme in Anhang A ein bis zu zweijähriger Prozess einzuplanen ist, und dass ohne die Aufnahme – mit einer Reihe von Folgeproblemen – die Brüssel Ia-VO (EuGVVO) zur Anwendung kommt.

ten regelmäßig gering sein. Die Richtlinie lässt aber in Art. 2 Nr. 12 lit. c auch Regelungen zu, wonach er die teilweise Kontrolle über die Vermögenswerte oder Geschäfte des Schuldners übernimmt.

## 2. Befugnisse

### a) Allgemein

15 Befugnisse des Verwalters ergeben sich aus verschiedenen Bereichen: Abgesehen vom teilweisen oder vollständigen **Übergang der Verfügungsbefugnis des Schuldners**, die außerhalb des Insolvenzverfahrens allein diesem zusteht, handelt es sich insoweit um „klassische" **insolvenzspezifische Befugnisse**, die sich aus der **lex concursus des Staats der Insolvenzeröffnung** ergeben,[36] also etwa besondere Verwertungsrechte, Wahlrechte oder sonstige Sonderrechte in Bezug auf die Gestaltung bestimmter Rechtsverhältnisse, die Geltendmachung insolvenzspezifischer Ansprüche, aber auch die Forderungsprüfung und das Recht zur Vorlage eines Plans zur alternativen Verfahrensabwicklung.

16 Dem Verwalter können daneben aber auch Sonderbefugnisse zustehen, die sich aus der **lex concursus des Zielstaats** ergeben, d. h. des vom Eröffnungsstaat verschiedenen Staats, in dem eine Rechtshandlung vorgenommen werden soll.[37] So konnte z. B. schon vor der Reform das Sonderkündigungsrecht des § 113 InsO auch ein ausländischer Insolvenzverwalter gegenüber deutschen Arbeitnehmern ausüben.[38] Im reformierten Art. 13 Abs. 2 ist dies nun inzident enthalten. Für immobilienbezogene Verträge, wie z. B. Mietverträge in der Vermieterinsolvenz, kommt dies im reformierten Art. 11 Abs. 2 (insbesondere lit. a) noch deutlicher zum Ausdruck.[39] Verkauft ein ausländischer Verwalter ein massezughöriges Grundstück in Deutschland, muss danach z. B. dem Erwerber als neuem Vermieter das Sonderkündigungsrecht des § 111 InsO zustehen.[40] Teils wird vertreten, dass einem ausländischen Verwalter bezüglich in Deutschland befindlichen Absonderungsguts die Verwertungs- und Nutzungsbefugnisse eines deutschen Verwalters inklusive der Kostenbeiträge der §§ 170, 171 InsO zustehen.[41] Dies ist zweifelhaft, soweit damit die Befugnisse nach der lex concursus des Eröffnungsstaats überschritten würden. Ohne Anknüpfung in der EuInsVO in Gestalt eines Verweises auf das Recht des Zielstaats dürfte eine Befugniserweiterung ausscheiden.

---

36) Vgl. zur Maßgeblichkeit der lex concursus nur Kübler/Prütting/Bork-*Skauradszun*, InsO, Art. 21 EuInsVO 2015 Rz. 6 m. w. N.
37) Ebenso Kübler/Prütting/Bork-*Skauradszun*, InsO, Art. 21 EuInsVO 2015 Rz. 6.
38) BAG, Urt. v. 20.9.2012 – 6 AZR 253/11 (Nortel Group), ZIP 2012, 2312, dazu EWiR 2013, 49 *(Knof/Stütze)*; LAG Frankfurt/M., Urt. v. 14.12.2010 – 13 Sa 969/10 (Nortel), ZIP 2011, 289, dazu EWiR 2011, 215 *(J. Schmidt)*, und LAG Frankfurt/M., Urt. v. 15.2.2011 – 13 Sa 767/10 (Nortel Group), ZIP 2011, 683.
39) Ebenso Braun-*de Marx*, InsO, Art. 11 EuInsVO Rz. 18.
40) Zur Anwendbarkeit des materiellen Insolvenzrechts des Belegenheitsstaats vgl. Mankowski/Müller/J. Schmidt-*Mankowski*, EuInsVO 2015, Art. 11 Rz. 31 ff. m. w. N.; zur Vorbeugung gegen das Sonderkündigungsrecht vgl. *Skauradszun*, NZI 2019, 965.
41) *Bismarck/Schümann-Kleber*, NZI 2005, 147, 149; **a. A.** Leonhard/Smid/Zeuner-*Smid*, Internationales Insolvenzrecht, Art. 5 EuInsVO Rz. 25.

Neben der jeweiligen lex concursus ist schließlich noch die **EuInsVO** selbst eine 17
Quelle für Befugnisse, Rechte und Handlungsmöglichkeiten des Verwalters. Zu
nennen sind hier z. B. Sonderbefugnisse, Informations- und Partizipationsrechte des
Haupt- und Sekundärverwalters, der Abschluss von Verwaltervereinbarungen, die Gerichtsstandswahl des Art. 6, das „synthetische Sekundärinsolvenzverfahren" durch Zusicherung gemäß Art. 36, der Anspruch auf Überschuss aus einem Sekundärverfahren gemäß Art. 48 sowie die Initiierung der Umwandlung eines Sekundärverfahrens
gemäß Art. 51 oder eines Koordinationsverfahrens gemäß Art. 61. In Umsetzung
von ErwG 36 Satz 5 räumt Art. 52 dem (vorläufigen) Verwalter eines vorläufigen
Hauptinsolvenzverfahrens das Recht ein, in anderen Mitgliedstaaten zur Sicherung
und Erhaltung dort befindlichen Schuldnervermögens jede nach dortiger lex concursus
für ein Antragsverfahren vorgesehene Sicherungsmaßnahme zu beantragen.

Im Verhältnis zu **Drittstaaten** außerhalb des Anwendungsbereichs der EuInsVO 18
bestimmen sich die Verwalterbefugnisse nach dem jeweiligen nationalen Recht, ggf.
nach Staatsverträgen.

### b) Hauptinsolvenzverwalter (Art. 21 Abs. 1)

#### aa) Befugnisse aus dem Eröffnungsstaat (Art. 21 Abs. 1 Satz 1)

Die Feststellung, dass der Verwalter eines Hauptinsolvenzverfahrens im Gebiet der 19
anderen Mitgliedstaaten grundsätzlich alle Befugnisse ausüben darf, die ihm nach
dem Recht des Eröffnungsstaats zustehen, ist zunächst nur eine klarstellende Konkretisierung dessen, was sich bereits aus Art. 7 Abs. 2 lit. c ergibt.[42] Mangels anderslautender Beschränkung umfasst dies sowohl **insolvenzspezifische Befugnisse**, als
auch auf den Verwalter **übergegangene Schuldnerbefugnisse**. Die Maßgeblichkeit
der Handlungsmöglichkeiten des Eröffnungsstaats führt dazu, dass sie diejenigen
übersteigen können, die einem vergleichbaren Verwalter im Zielstaat zustünden,[43]
schließt aber die Inanspruchnahme zusätzlicher **Befugnisse nach dem Recht des
Zielstaats** nicht aus (siehe Rz. 16).

Nach dem Recht des Eröffnungsstaats richten sich somit z. B. die Befugnisse zur 20
**Inbesitznahme, Inventarisierung, Sicherung**[44] und, vorbehaltlich der Beschränkungen des Art. 21 Abs. 3 (siehe Rz. 51 ff.), zur **Verwertung**, aber auch – unabhängig von Zulässigkeit oder Beschränkungen im Zielstaat – zur **Freigabe**[45] von
Massegegenständen. Auch die Massezugehörigkeit bestimmt sich gemäß Art. 7 Abs. 2

---

42) *Paulus*, EuInsVO, Art. 21 Rz. 3; Kübler/Prütting/Bork-*Skauradszun*, InsO, Art. 21 EuInsVO 2015 Rz. 6; *Thole* in: MünchKomm-InsO, Art. 18 EuInsVO 2000 Rz. 6; Koller/Lovrek/Spitzer-*Scholz/Berger*, IO, Art. 21 EuInsVO Rz. 7 m. w. N. Für die Qualifizierung als Sachnorm hingegen Mankowski/Müller/J. Schmidt-*Müller*, EuInsVO 2015, Art. 21 Rz. 7.
43) Vgl. Bork/van Zwieten-*Veder*, Commentary on the European Insolvency Regulation, Art. 21 Rz. 21.08; *Herchen*, ZInsO 2002, 345, 346 m. w. N.
44) Vgl. Kübler/Prütting/Bork-*Kemper*, InsO, Art. 18 EuInsVO 2000 Rz. 5, 7 m. w. N.; Pannen-*Pannen/Riedemann*, EuInsVO, Art. 18 Rz. 18 m. w. N.
45) Näher *Berger* in: Nunner-Krautgasser/Garber/Jaufer, Grenzüberschreitende Insolvenzen, S. 117.

lit. b nach der lex concursus des Eröffnungsstaats.[46] Gleiches gilt für die **Prozessführungsbefugnis** des Verwalters und deren Übertragbarkeit.[47]

21 Spiegelbildlich zu den Befugnissen richten sich nach dem Recht des Eröffnungsstaats nach allgemeiner Meinung auch die **Pflichten des Verwalters**,[48] in Bezug auf ein Unternehmen oder Massegegenstände im Ausland also insbesondere diejenigen aus den §§ 22 Abs. 1 Satz 2, Abs. 2, 148 Abs. 1, 158 Abs. 2, 159 InsO. Siehe aber Rz. 24 f.

22 Sobald in einem anderen Mitgliedstaat ein **Sekundärinsolvenzverfahren** eröffnet wird oder in einem entsprechenden Antragsverfahren **Sicherungsmaßnahmen** angeordnet sind, wird der Insolvenzbeschlag des Hauptinsolvenzverfahrens überlagert[49] mit der Folge, dass die in Art. 21 Abs. 1 genannten **Befugnisse**, aber auch die damit einhergehenden **Pflichten** des Hauptverwalters in Bezug auf die von den Wirkungen des (ggf. vorläufigen) Sekundärverfahrens erfassten Gegenstände **ex nunc suspendiert** werden.[50] Die verbleibenden Befugnisse (und Pflichten) des Hauptinsolvenzverwalters ergeben sich dann aus den Regelungen zum Sekundärinsolvenzverfahren in Kapitel III der Verordnung. Zu einem **Wiederaufleben** der Befugnisse des Hauptinsolvenzverwalters kommt es erst bzw. nur im Fall der Aufhebung der Sicherungsmaßnahmen oder des Sekundärverfahrens und des hierdurch wieder auflebenden Insolvenzbeschlags des ggf. noch andauernden Hauptverfahrens.[51]

### bb) Abholungsrecht (Art. 21 Abs. 1 Satz 2)

23 Das in Art. 21 Abs. 1 Satz 2 geregelte Recht des Verwalters, in anderen Mitgliedstaaten befindliche Massegegenstände in den Eröffnungsstaat zu holen, was auch bargeldlosen Zahlungsverkehr einschließt,[52] ist wiederum Ausdruck der Wirkungserstreckung gemäß Art. 7 Abs. 2 lit. b und c und bringt das in ErwG 23 Satz 2 statuierte **Universalitätsprinzip** zum Ausdruck, das nach ErwG 36 bereits in einem

---

46) Vgl. *Berger* in: Nunner-Krautgasser/Garber/Jaufer, Grenzüberschreitende Insolvenzen, S. 117; dies schließt nach h. M. den Umfang etwaigen Pfändungsschutzes ein, vgl. *Mankowski*, NZI 2009, 785; *Thole* in: MünchKomm-InsO, Art. 18 EuInsVO 2000 Rz. 20 m. w. N.; a. A. *Haas* in: FS Gerhardt, S. 319, 324 ff.
47) Vgl. Kübler/Prütting/Bork-*Kemper*, InsO, Art. 18 EuInsVO 2000 Rz. 6 m. w. N.; *Paulus*, EuInsVO, Art. 21 Rz. 7; *Thole* in: MünchKomm-InsO, Art. 18 EuInsVO 2000 Rz. 6.
48) Vgl. nur *Thole* in: MünchKomm-InsO, Art. 18 EuInsVO 2000 Rz. 6; Brinkmann-*Thole*, EIR, Art. 21 Rz. 7; Koller/Lovrek/Spitzer-*Scholz/Berger*, IO, Art. 21 EuInsVO Rz. 8; Pannen-*Pannen/Riedemann*, EuInsVO, Art. 18 Rz. 18, jeweils m. w. N.
49) Vgl. BGH, Urt. v. 20.11.2014 – IX ZR 13/14, Rz. 9 f., ZIP 2015, 42, dazu EWiR 2015, 83 *(Paulus)*; differenzierter, aber im Ergebnis übereinstimmend *Fehrenbach*, NZI 2015, 157.
50) Vgl. *Virgós/Schmit* in: Stoll, Vorschläge und Gutachten, Rz. 163; Kübler/Prütting/Bork-*Skauradszun*, InsO, Art. 21 EuInsVO Rz. 12, 15; Pannen-*Pannen/Riedemann*, EuInsVO, Art. 18 Rz. 26, jeweils m. w. N.
51) Vgl. BGH, Urt. v. 20.11.2014 – IX ZR 13/14, Rz. 9 f., ZIP 2015, 42; *Thole* in: MünchKomm-InsO, Art. 18 EuInsVO 2000 Rz. 8; Mankowski/Müller/J. Schmidt-*Müller*, EuInsVO 2015, Art. 21 Rz. 10; krit. *Fehrenbach*, NZI 2015, 157.
52) Vgl. *Thole* in: MünchKomm-InsO, Art. 18 EuInsVO 2000 Rz. 7; *Paulus*, EuInsVO, Art. 21 Rz. 6; Kübler/Prütting/Bork-*Skauradszun*, InsO, Art. 21 EuInsVO 2015 Rz. 8.

vorläufigen Verfahren durch Sicherungsmaßnahmen umgesetzt werden kann. Daher wird die Regelung meist als rein klarstellend oder deklaratorisch bezeichnet.[53]

Angesichts des Umstands, dass die sofortige Inbesitznahme und Verwaltung des gesamten – auch ausländischen – Vermögens, seine Erhaltung und bestmögliche Verwertung haftungsrelevante Pflichten des Hauptverwalters darstellen,[54] liegt der Schluss nah, dass das Abholungsrecht des Hauptinsolvenzverwalters auch eine **Abholungspflicht** begründet bzw. ein Haftungsrisiko für den Fall, dass mangels Abholung ein Nachteil für die Masse des Hauptinsolvenzverfahrens entsteht, z. B. weil der Gegenstand untergeht oder in den Beschlag eines nachträglich eröffneten Sekundärverfahrens fällt. 24

Zumindest für den letztgenannten Fall wirft ErwG 46 Zweifel auf, der von einem **Missbrauch des Abholungsrechts** ausgeht, wenn es zur Vereitelung eines Sekundärverfahrens, insbesondere der wirksamen Befriedigung lokaler Interessen ausgeübt wird. Dies ist auch deshalb kurios, weil die Verhinderung eines Sekundärverfahrens in Anbetracht der Regelungen in den Artt. 36 ff. durchaus nicht nur negativ belegt ist und ErwG 41 sogar explizit festhält, dass Sekundärverfahren die effektive Verwaltung der Masse behindern können.[55] Indes sind der Verordnung selbst für eine i. S. von ErwG 46 missbräuchliche Abholung von Gegenständen aus dem Staat eines potentiellen Sekundärverfahrens keine Regelungen zur Rückgängigmachung oder Sanktionen für den Hauptverwalter zu entnehmen. Eine Umsetzung von ErwG 46 kann allenfalls darin gesehen werden, dass nach Art. 21 Abs. 1 Satz 1 bereits Sicherungsmaßnahmen in einem vorläufigen Sekundärverfahren die Befugnisse des Hauptverwalters suspendieren.[56] Darüber hinaus kann folglich **ErwG 46 keine Einschränkung des Abholungsrechts** darstellen. Er mag freilich dem Hauptverwalter als Verteidigungsargument gegen den etwaigen Vorwurf dienen, er habe zulasten der Masse des Hauptinsolvenzverfahrens Gegenstände im Staat eines Sekundärverfahrens nicht rechtzeitig vor dessen Beantragung abgeholt.[57] 25

cc) **Vorbehalt bei Sonderrechten (Art. 21 Abs. 1 Satz 2)**

Der Hauptverwalter darf seine Befugnisse, insbesondere – aber nicht nur – das Abholungsrecht, nicht ausüben, soweit dies zu einer **Beeinträchtigung dinglicher Rechte** i. S. der Artt. 8 oder 10 führen würde. Der Vorbehalt ist selbstverständlich 26

---

53) Vgl. *Virgós/Schmit* in: Stoll, Vorschläge und Gutachten, Rz. 161: *Thole* in: MünchKomm-InsO, Art. 18 EuInsVO 2000 Rz. 7; Pannen-*Pannen/Riedemann*, EuInsVO, Art. 18 Rz. 20, jeweils m. w. N.; *Paulus*, EuInsVO, Art. 21 Rz. 6. A. A. Mankowski/Müller/J. Schmidt-*Müller*, EuInsVO 2015, Art. 21 Rz. 11 m. w. N., der in der Vorschrift eine vom nationalen Recht unabhängige unionsrechtliche Befugnis sieht.
54) Vgl. *Brandes/Schoppmeyer* in: MünchKomm-InsO, § 60 Rz. 11a ff., 15 ff., 32 ff. m. w. N.
55) *Mock*, ZInsO 2009, 895, 900, weist ausdrücklich darauf hin, dass es keine Pflicht des Hauptverwalters gibt, zur Ermöglichung von Sekundärverfahren Gegenstände in anderen Mitgliedstaaten zu belassen, und er schlägt die Entfernung sogar als Vermeidungsstrategie vor. *Thole* (in: Brinkmann, EIR, Art. 21 Rz. 29 m. w. N.) hält die bloße Abholung ohne Hinzutreten weiterer Umstände nicht für missbräuchlich i. S. von ErwG 46.
56) Ähnlich *Paulus*, EuInsVO, Art. 21 Rz. 11.
57) Vgl. *Hänel* in: Nunner-Krautgasser/Garber/Jaufer, Grenzüberschreitende Insolvenzen, S. 184 f.

und ergibt sich schon aus Art. 20 Abs. 1.[58] Die Bestimmungen verlören ihren Sinn, wenn sie durch Art. 21 Abs. 1 eingeschränkt würden. Ihr Schutzumfang kann bei Belegenheit des Sicherungsguts außerhalb des Eröffnungsstaats nicht geringer sein als in diesem.

27 Handelt es sich um erkennbar **massefremdes Aussonderungsgut**, wie z. B. Eigentumsvorbehalts-, Kommissionsware oder Leasinggegenstände, besteht schon kein auf den Insolvenzbeschlag gestütztes Zugriffsrecht des Verwalters und eine Inbesitznahme sollte nur erfolgen, wenn ein Sicherungsbedürfnis besteht bzw. die Gegenstände für das schuldnerische Unternehmen betriebsnotwendig sind.[59]

28 Wenn grundsätzlich eine Zugriffsbefugnis des Verwalters besteht, ist eine Entfernung des Sicherungsguts aus dem Belegenheitsstaat nicht per se ausgeschlossen, sondern nur, soweit diese zu einer **Beeinträchtigung** der durch die Artt. 8 und 10 geschützten Rechte des dinglichen Gläubigers führen würde. Gleiches gilt für eine Nutzung des Gegenstands.[60] Eine Entfernung oder Nutzung im **Einvernehmen mit dem Berechtigten** ist in jedem Fall zulässig[61] und insbesondere dann – zumindest interimistisch – empfehlenswert, wenn das dingliche Recht strittig, der Gegenstand aber sicherungsbedürftig ist. Übt der Verwalter das Abholungsrecht in Unkenntnis eines dinglichen Rechts aus, darf eine etwaige Beeinträchtigung nicht ersatzlos bleiben. In jedem Fall trägt der Verwalter bei einer Beeinträchtigung der geschützten Rechte ein Haftungsrisiko.[62]

29 Bei grundsätzlich **massezugehörigem Absonderungsgut** steht ein das dingliche Recht übersteigender Wert der Insolvenzmasse zu,[63] wie sich schon aus ErwG 68 Satz 5 ergibt. Ob der Verwalter ein **Verwertungsrecht** nach der lex concursus des Eröffnungsstaats – auch gegen den Willen des Sicherungsgläubigers – dann ausüben kann, wenn ein solches im Recht des Belegenheitsstaats ebenfalls vorgesehen ist, ist strittig; die wohl h. M. bejaht dies.[64] Jedenfalls kommt ein Einbehalt von Kostenpauschalen gemäß § 171 InsO nur in Betracht, soweit auch das Recht des Belegenheitsstaats dies vorsieht.[65]

---

58) Rauscher-*Mäsch*, EuZPR/EuIPR, Art. 18 EG-InsVO Rz. 3; Koller/Lovrek/Spitzer-*Scholz/Berger*, IO, Art. 21 EuInsVO Rz. 13 m. w. N.
59) Vgl. nur Uhlenbruck-*Sinz*, InsO, § 148 Rz. 2 m. w. N.
60) Vgl. Mankowski/Müller/J. Schmidt-*Müller*, EuInsVO 2015, Art. 21 Rz. 12, Kübler/Prütting/Bork-*Kemper*, InsO, Art. 18 EuInsVO 2000 Rz. 8; Pannen-*Pannen/Riedemann*, EuInsVO, Art. 18 Rz. 22; Uhlenbruck-*Lüer*, InsO, Art. 18 EuInsVO Rz. 14, jeweils m. w. N.
61) Vgl. *Virgós/Schmit* in: Stoll, Vorschläge und Gutachten, Rz. 161; Kübler/Prütting/Bork-*Kemper*, InsO, Art. 18 EuInsVO 2000 Rz. 8; Pannen-*Pannen/Riedemann*, EuInsVO, Art. 18 Rz. 22, jeweils m. w. N.
62) Vgl. Kübler/Prütting/Bork-*Skauradszun*, InsO, Art. 21 EuInsVO 2015 Rz. 11; *Moss/Fletcher/Isaacs*, The EU Regulation on Insolvency Proceedings, Rz. 5.156 f., mit dem Hinweis, dass gesetzliche Immunitätsrechte des englischen Rechts dem Verwalter in einem solchen Fall nicht zugutekommen.
63) Vgl. Kübler/Prütting/Bork-*Kemper*, InsO, Art. 18 EuInsVO 2000 Rz. 8; *Reinhart* in: MünchKomm-InsO, Art. 5 EuInsVO 2000 Rz. 19, jeweils m. w. N.
64) Vgl. Kübler/Prütting/Bork-*Kemper*, InsO, Art. 18 EuInsVO 2000 Rz. 8; *Paulus*, EuInsVO, Art. 8 Rz. 24 f., jeweils m. w. N.; a. A. *Herchen*, ZInsO 2002, 345, 346 ff. m. w. N.
65) Vgl. *Paulus*, EuInsVO, Art. 8 Rz. 25 m. w. N.

**Befugnisse des Verwalters** **Artikel 21**

Strittig ist ebenfalls, ob der Vorbehalt nur für dingliche Rechte gemäß den Artt. 8 30
und 10 besteht,[66)] oder ob der Verwalter bei der Ausübung seiner Befugnisse auch
die **weiteren Sonderregelungen** in den Art. 9 und Artt. 11–18 zu beachten hat.[67)]
Die letztgenannte, herrschende Ansicht verdient den Vorzug. Dies ergibt sich aus
Art. 20 Abs. 1 und es ist auch kein sachlicher Grund ersichtlich, warum der Schutzzweck der Sonderregeln nur im Eröffnungsstaat bestehen sollte.

c) Territorialverwalter (Art. 21 Abs. 2)

aa) Verfolgungsrecht (Art. 21 Abs. 2 Satz 1)

Nach den Artt. 3 Abs. 2 Satz 2 und 34 Abs. 1 Satz 3 entfaltet ein Sekundär- oder 31
isoliertes Partikularinsolvenzverfahren Beschlagswirkung nur hinsichtlich des im
Hoheitsgebiet des Niederlassungsstaats befindlichen Vermögens. Vor diesem Hintergrund erscheint das von Art. 21 Abs. 2 Satz 1 dem Territorialverwalter eingeräumte Recht, außerhalb des Niederlassungsstaats zu agieren, zunächst als Erweiterung seiner Befugnisse. Allerdings bezieht sich das Verfolgungsrecht (nur) auf
**nach Verfahrenseröffnung entfernte Gegenstände**. Im Sinne einer ungeschriebenen
Tatbestandsvoraussetzung muss die Entfernung ohne entsprechende Verfügung des
Verwalters erfolgt sein. Da dann üblicherweise ohnehin Verfolgungsrechte wegen
Verletzung des Insolvenzbeschlags bzw. rechtswidrigen Besitzentzugs bestehen,
wird die Vorschrift vielfach als bloße Klarstellung betrachtet, dass diese bereits
bestehenden Rechte sich ins Gebiet des anderen Staats erstrecken.[68)]

Diese Betrachtung greift indes zu kurz, was sich schon daran zeigt, dass als eröffnetes 32
Verfahren gemäß Art. 1 Abs. 1 auch ein vorläufiges Insolvenzverfahren gilt, das weder
Insolvenzbeschlag noch Verfügungsbeschränkungen involviert (siehe Art. 1 Rz. 26 f.
[*Vallender*]), so dass die Entfernung von Gegenständen nicht notwendigerweise eine
Beschlagsverletzung oder Besitzschutzansprüche auslöst. Richtigerweise begründet
Art. 21 Abs. 2 Satz 1 einen **eigenständigen Anspruch**,[69)] der neben Regelungen zum
Schutz von Insolvenzbeschlag und Besitz sowie auch dann zum Tragen kommt, wenn
diese nicht greifen und/oder Verfügungen trotz fehlender Mitwirkung des Territori-

---

66) So Mankowski/Müller/J. Schmidt-*Müller*, EuInsVO 2015, Art. 21 Rz. 12 m. w. N. zur
    Gegenansicht.
67) So Kübler/Prütting/Bork-*Kemper*, InsO, Art. 18 EuInsVO 2000 Rz. 8; *Paulus*, EuInsVO,
    Art. 21 Rz. 10; *Wenner/Schuster* in: FK-InsO, Art. 21 EuInsVO Rz. 3; Koller/Lovrek/
    Spitzer-*Scholz/Berger*, IO, Art. 21 EuInsVO Rz. 13 m. w. N.; wohl auch Kübler/Prütting/
    Bork-*Skauradszun*, InsO, Art. 21 EuInsVO 2015 Rz. 11.
68) So Kübler/Prütting/Bork-*Kemper*, InsO, Art. 18 EuInsVO 2000 Rz. 19, unter Bezugnahme auf *Virgós/Schmit* in: Stoll, Vorschläge und Gutachten, Rz. 224, wo allerdings nur
    ausgeführt wird, dass für die Wiederbeschaffungs*maßnahmen* die lex concursus des Sekundärverfahrensstaats Anwendung findet; ebenso Uhlenbruck-*Lüer*, InsO, Art. 18 EuInsVO 2000
    Rz. 24 m. w. N.
69) Vgl. *Paulus*, EuInsVO, Art. 21 Rz. 14; Kübler/Prütting/Bork-*Skauradszun*, InsO, Art. 21
    EuInsVO 2015 Rz. 25; *Thole* in: MünchKomm-InsO, Art. 18 EuInsVO 2000 Rz. 11;
    Brinkmann-*Thole*, EIR, Art. 21 Rz. 13; Koller/Lovrek/Spitzer-*Scholz/Berger*, IO, Art. 21
    EuInsVO Rz. 16; Mankowski/Müller/J. Schmidt-*Müller*, EuInsVO 2015, Art. 21 Rz. 15;
    *Hänel* in: Nunner-Krautgasser/Garber/Jaufer, Grenzüberschreitende Insolvenzen, S. 185 ff.

alverwalters wirksam sind.[70] Nur mit diesem Verständnis ist der intendierte Schutz der Territorialmasse bzw. der (in Art. 2 Nr. 11 definierten) lokalen Gläubiger[71] gewährleistet und das Verfolgungsrecht im Zielstaat ohne aufwendige Prüfung von Anspruchsgrundlagen aus dem Recht des Niederlassungsstaats effektiv durchsetzbar. Die Behandlung des Verfolgungsrechts als eigenständiger Anspruch verschafft dem Zweck der Regelung auch dann Geltung, wenn man mit der h. M. „bewegliche Sachen" weit versteht und darunter nicht nur körperliche Gegenstände, sondern alle Rechtsgüter außer Immobilien fasst, also z. B. auch Buchgeld.[72] Die Differenzierung im reformierten Art. 2 Nr. 9 steht einer solchen Auslegung nicht entgegen.[73]

33 Die Regelung wird auch als Bestandteil einer **Kompetenzabgrenzung** zwischen Haupt- und Sekundärinsolvenzverwalter verstanden,[74] was dem Gedanken des neuen ErwG 39 Satz 1 entspricht. Des Weiteren wird vertreten, dass die Reichweite und die Wirkungen des Territorialverfahrens in Art. 3 Abs. 2 nicht territorial, sondern gegenständlich bestimmt werden,[75] und die in Art. 21 Abs. 2 geregelten exterritorialen Befugnisse des Territorialverwalters Ausfluss der **haftungsrechtlichen Zuweisung** von Gegenständen zur Masse des Territorialverfahrens sind.[76] Diese Überlegungen sind plausibel, zumal sie eine dogmatische Begründung dafür ermöglichen, dass sich das Verfolgungsrecht des Art. 21 Abs. 2 Satz 1 **auch gegenüber Parallelverfahren**, also dem Haupt- oder einem weiteren Partikular- oder Sekundärverfahren durchsetzen muss,[77] und auch

---

70) Dies kann etwa bei Überweisungen der Fall sein, welche die Bank in Unkenntnis der Verfahrenseröffnung noch ausführt, vgl. *Obermüller*, Insolvenzrecht in der Bankpraxis, Rz. 3.47 m. w. N.
71) Vgl. *Virgós/Schmit* in: Stoll, Vorschläge und Gutachten, Rz. 224, und ErwG 46.
72) Vgl. *Virgós/Schmit* in: Stoll, Vorschläge und Gutachten, Rz. 163; *Oberhammer*, KTS 2008, 271, 283 ff.; *Bierbach*, ZIP 2008, 2203, 2206 ff.; *Paulus*, EuInsVO, Art. 21 Rz. 16 f.; Mankowski/Müller/J. Schmidt-*Müller*, EuInsVO 2015, Art. 21 Rz. 16. Demgegenüber will Kübler/Prütting/Bork-*Skauradszun*, InsO, Art. 21 EuInsVO 2015 Rz. 26 – mit unzutreffender Berufung auf *Paulus* a. a. O. – „bewegliche Sachen" nach der jeweiligen lex rei sitae bestimmen. Dies überzeugt angesichts des denkbaren Falls nicht, dass ein Gegenstand dann mit Grenzüberschreitung die Qualifikation als „beweglich" verlieren könnte.
73) Vgl. *Paulus*, EuInsVO, Art. 21 Rz. 16; Bork/van Zwieten-*Veder*, Commentary on the European Insolvency Regulation, Art. 21 Rz. 21.22.
74) *Oberhammer*, KTS 2008, 271, 283 ff.; *Bierbach*, ZIP 2008, 2203, 2207; *Paulus*, EuInsVO, Art. 21 Rz. 13, m. Fn. 19; K. Schmidt-*Brinkmann*, InsO, Art. 18 EuInsVO Rz. 8; Mankowski/Müller/J. Schmidt-*Müller*, EuInsVO 2015, Art. 21 Rz. 16 m. w. N.
75) K. Schmidt-*Brinkmann*, InsO, Art. 18 EuInsVO Rz. 8; Haß/Huber/Gruber/Heiderhoff-*Gruber*, EuInsVO, Art. 18 Rz. 18; *Thole* in: MünchKomm-InsO, Art. 18 EuInsVO 2000 Rz. 18; Rauscher-*Mäsch*, EuZPR/EuIPR, Art. 18 EG-InsVO Rz. 8; a. A. für eine Gebietsbezogenheit der Befugnisse der Territorialverwalters Uhlenbruck-*Lüer*, InsO, Art. 18 EuInsVO Rz. 19; Pannen-*Pannen/Riedemann*, EuInsVO, Art. 18 Rz. 37, jeweils m. w. N.
76) K. Schmidt-*Brinkmann*, InsO, Art. 18 EuInsVO Rz. 8.
77) *Hänel* in: Nunner-Krautgasser/Garber/Jaufer, Grenzüberschreitende Insolvenzen, S. 186 f.; *Pannen/Kühnle/Riedemann*, NZI 2003, 72, 76; für diese Durchsetzung wohl auch Mankowski/Müller/J. Schmidt-*Müller*, EuInsVO 2015, Art. 21 Rz. 19, und jedenfalls gegenüber einem weiteren Sekundärverfahren *Thole* in: MünchKomm-InsO, Art. 18 EuInsVO 2000 Rz. 12; Koller/Lovrek/Spitzer-*Scholz/Berger*, IO, Art. 21 EuInsVO Rz. 17. A. A. offenbar *Paulus*, EuInsVO, Art. 21 Rz. 13, m. Fn. 19, der bei Zugriffsmöglichkeit von Haupt- und Sekundärverfahren dem universell wirkenden Hauptverfahren den Vorzug geben will, was indes dem Kompetenzabgrenzungsgedanken widerspricht, wenn die Voraussetzungen von Art. 21 Abs. 2 Satz 1 vorliegen.

in Bezug auf einen etwaigen Erlös aus der Verwertung des Gegenstands.[78] Ließe man die rechtswirksame Verletzung des Insolvenzbeschlags eines eröffneten Territorialverfahrens durch unberechtigte Verschiebung von Gegenständen in den Beschlag eines Parallelverfahrens zu, würde dies dem Schutzzweck des Territorialverfahrens zuwider laufen[79] und über den in ErwG 46 beschriebenen Missbrauch – Abzug von Gegenständen *vor* Eröffnung eines Sekundärverfahrens – sogar hinausgehen.

Die **Identifizierung des Belegenheitsortes** verschiedener insoweit problematischer Gegenstände und damit die Zuordnung zur Insolvenzmasse des Haupt- oder Territorialverfahrens erleichtert der umfangreich ergänzte Art. 2 Nr. 9. Maßgeblich für die Zuordnung ist der Zeitpunkt, zu dem die Verfahrenseröffnung wirksam wird.[80] Eine Herausforderung stellt hierbei **Kryptowährung** dar. Die rechtliche Einordnung von „Token", die ggf. den Wert „verkörpern", ist noch unklar;[81] infolge gewisser Ähnlichkeiten mit Buchgeld und Wertpapieren ist aber die Qualifikation als „beweglicher Gegenstand" im weit verstandenen Sinn von Art. 21 Abs. 2 Satz 1 (siehe Rz. 32) nicht auszuschließen. Da „Token" technisch betrachtet Einträge in dezentralen, blockchainbasierten Datenbanken darstellen,[82] und daher im Zweifel nie ausschließlich (auf Servern) im Territorium nur einer Jurisdiktion verortet sind, spricht nicht zuletzt der hinter Art. 15 stehende Gedanke (siehe dazu Art. 15 Rz. 1 [*Liersch*]) dafür, sie immer dem universell wirkenden Hauptinsolvenzverfahren zuzuordnen. 34

Die Formulierung, dass der Territorialverwalter das Verfolgungsrecht **gerichtlich** und außergerichtlich **geltend machen** darf, stellt klar, dass es sich um einen vom Territorialverwalter einklagbaren Anspruch handelt,[83] der inhaltlich nach verbreiteter Ansicht in der Regel auf Herausgabe, Zahlung oder Schadensersatz gerichtet ist.[84] Bei Betrachtung als eigenständiger Anspruch (siehe Rz. 32) liegt es nahe, ihn 35

---

78) So EuGH (*GA Mengozzi*), SA v. 29.1.2015 – Rs. C-649/13 (Nortel), Rz. 66, ZIP 2015, 747 = ZInsO 2015, 1202, dazu EWiR 2015, 319 *(Knof)*; Mankowski/Müller/J. Schmidt-*J. Schmidt*, EuInsVO 2015, Art. 2 Rz. 28 m. w. N.; *Thole* in: MünchKomm-InsO, Art. 18 EuInsVO 2000 Rz. 13.
79) Nach *Virgós/Schmit* in: Stoll, Vorschläge und Gutachten, Rz. 161 Abs. 3, soll die Einleitung eines Sekundärverfahrens den lokalen Gläubigern gerade dazu dienen, einen Zugriff des Hauptverwalters zu vermeiden.
80) Vgl. EuGH, Urt. v. 11.6.2015 – Rs. C-649/13 (Nortel), Rz. 48 ff., ZIP 2015, 1299, m. Anm. *Fehrenbach*, NZI 2015, 663, dazu EWiR 2015, 515 *(J. Schmidt)*; Mankowski/Müller/ J. Schmidt-*J. Schmidt*, EuInsVO 2015, Art. 2 Rz. 28 m. w. N.
81) Näher zur Thematik z. B. *Kaulartz/Matzke*, NJW 2018, 3278; INSOL International, Cryptocurrency and its impact on insolvency and restructuring (mit Länderberichten zum Umgang mit Krypowährung), INSOL Special Report, 5/2019; vgl. auch *Peters* in: MünchKomm-InsO, § 35 Rz. 407 m. w. N., der Kryptowährung als „sonstige Gegenstände" i. S. von § 453 Abs. 1 BGB einstuft.
82) Vgl. nur *Kaulartz/Matzke*, NJW 2018, 3278.
83) Vgl. nur Mankowski/Müller/J. Schmidt-*Müller*, EuInsVO 2015, Art. 21 Rz. 21 m. w. N.; Kübler/Prütting/Bork-*Skauradszun*, InsO, Art. 21 EuInsVO 2015 Rz. 25.
84) Vgl. K. Schmidt-*Brinkmann*, InsO, Art. 18 EuInsVO Rz. 8; Haß/Huber/Gruber/ Heiderhoff-*Gruber*, EuInsVO, Art. 18 Rz. 16; Rauscher-*Mäsch*, EuZPR/EuIPR, Art. 18 EG-InsVO Rz. 6; Mankowski/Müller/J. Schmidt-*Müller*, EuInsVO 2015, Art. 21 Rz. 21; Brinkmann-*Thole*, EIR, Art. 21 Rz. 19; Koller/Lovrek/Spitzer-*Scholz/Berger*, IO, Art. 21 EuInsVO Rz. 18.

auch als insolvenzspezifisch i. S. von Art. 6 Abs. 1 zu qualifizieren.[85] Aufgrund des klaren Wortlauts von Art. 21 Abs. 2 Satz 1 („... in jedem anderen Mitgliedstaat ...") begründet die Zuständigkeitsregel des Art. 6 Abs. 1 aber keinen ausschließlichen Gerichtsstand im Staat der Eröffnung des Territorialverfahrens (siehe Art. 6 Rz. 53 [*Hänel*]).[86] Die gerichtliche Geltendmachung kann vielmehr am **Gerichtsstand des Anspruchsschuldners** erfolgen. Wie für den Aufteilungsstreit zwischen Haupt- und Sekundärverfahren bereits inzident entschieden,[87] ist allgemein die Möglichkeit des Sekundärverwalters zur **Gerichtsstandswahl** zu befürworten.

36 Die Befugnis zur **außergerichtlichen Geltendmachung** wird üblicherweise dahingehend interpretiert, dass der Territorialverwalter einen möglichst breiten Handlungsspielraum zur Durchsetzung des Verfolgungsrechts erhalten soll, insbesondere auch im Wege von Schlichtungs- oder Schiedsverfahren.[88]

37 Ob das Verfolgungsrecht über den Wortlaut von Art. 21 Abs. 2 Satz 1 hinaus auch im **Verhältnis zu Drittstaaten** gilt, ist strittig.[89] Versteht man die Vorschrift als Kompetenzabgrenzung und haftungsrechtliche Zuweisung von Gegenständen zur Haupt- oder Sekundärmasse (siehe Rz. 33) muss dem Territorialverwalter das Verfolgungsrecht auch in Drittstaaten – vorrangig – zustehen.[90] Dafür sprechen auch neben dem Verfolgungsrecht bestehende Besitzschutzansprüche (siehe Rz. 31), die anderenfalls zu einer Anspruchskonkurrenz gegenüber Parallelverfahren führen würden.

### bb) Anfechtungsklagen (Art. 21 Abs. 2 Satz 2)

38 Die Befugnis des Territorialverwalters, Anfechtungsklagen zu erheben, ergänzt das Verfolgungsrecht des Art. 21 Abs. 2 Satz 1, das *nach* Eröffnung des Territorialverfahrens erfolgte Vermögensverschiebungen erfasst, in Bezug auf masseschmälernde **Rechtshandlungen *vor* Verfahrenseröffnung**.[91] Auch das Anfechtungsrecht richtet

---

85) So EuGH, Urt. v. 11.6.2015 – Rs. C-649/13 (Nortel), Rz. 29 f., ZIP 2015, 1299, m. Anm. *Fehrenbach*, NZI 2015, 663, m. Anm. *Schulz*, EuZW 2015, 593, dazu EWiR 2015, 515 (*J. Schmidt*).
86) Vgl. EuGH, Urt. v. 14.11.2018 – Rs. C-296/17 (Wiemer & Trachte) obiter dictum in Rz. 40, ZIP 2018, 2327, 2329; *Mankowski*, NZI 2018, 996, 997. A. A. *Planitzer*, ZIK 2019, 5, 9.
87) EuGH, Urt. v. 11.6.2015 – Rs. C-649/13 (Nortel), ZIP 2015, 1299, m. Anm. *Fehrenbach*, NZI 2015, 663, m. Anm. *Schulz*, EuZW 2015, 593, dazu EWiR 2015, 515 (*J. Schmidt*).
88) Vgl. Mankowski/Müller/J. Schmidt-*Müller*, EuInsVO 2015, Art. 21 Rz. 21; Kübler/Prütting/Bork-*Skauradszun*, InsO, Art. 21 EuInsVO 2015 Rz. 26; *Thole* in: MünchKomm-InsO, Art. 18 EuInsVO Rz. 12; Pannen-*Pannen/Riedemann*, EuInsVO, Art. 18 Rz. 39, m. Fn. 84; Kübler/Prütting/Bork-*Kemper*, InsO, Art. 18 EuInsVO 2000 Rz. 20.
89) Zum Meinungsstand vgl. nur Mankowski/Müller/J. Schmidt-*Müller*, EuInsVO 2015, Art. 21 Rz. 20 m. w. N.
90) So zu verstehen wohl EuGH, Urt. v. 11.6.2015 – Rs. C-649/13 (Nortel), Rz. 52 f., ZIP 2015, 1299, m. Anm. *Fehrenbach* NZI 2015, 663; ebenso *Oberhammer*, KTS 2008, 271, 286 ff.; Mankowski/Müller/J. Schmidt-*Müller*, EuInsVO 2015, Art. 21 Rz. 20; *Bierbach*, ZIP 2008, 2203, 2206 ff.
91) *Bierbach*, ZIP 2008, 2203, 2207; *Oberhammer*, KTS 2008, 271, 285; Mankowski/Müller/J. Schmidt-*Müller*, EuInsVO 2015, Art. 21 Rz. 24; *Paulus*, EuInsVO, Art. 21 Rz. 20; Kübler/Prütting/Bork-*Skauradszun*, InsO, Art. 21 EuInsVO 2015 Rz. 27; *Thole* in: MünchKomm-InsO, Art. 18 EuInsVO 2000 Rz. 14, 18.

sich gegen Anfechtungsgegner im Ausland, betrifft also Vermögensverschiebungen in einen anderen Staat als den des späteren Territorialverfahrens, da die Regelung für Binnensachverhalte überflüssig wäre.[92] Es erfasst aber neben **Kürzungen der Aktivmasse** auch anfechtbare **Erhöhungen der Passivmasse** mit grenzüberschreitendem Bezug.[93] Für die teilweise angenommene Beschränkung auf bewegliche Gegenstände i. S. von Art. 21 Abs. 2 Satz 1[94] gibt es keine Anhaltspunkte oder plausiblen Gründe.[95] Die haftungsrechtliche Zuweisung kennt keine Ausnahmen.

Der in Art. 21 Abs. 2 Satz 2 verwendete **Begriff der Anfechtungsklage** ist autonom und weit zu verstehen und bezeichnet nach h. M. mindestens alle Klagen, die aufgrund von die Gläubiger benachteiligenden Rechtshandlungen i. S. von Art. 7 Abs. 2 lit. m geltend gemacht werden.[96]

Bei der Frage der **Zuordnung eines Anfechtungsanspruchs** zur Territorialmasse bzw. (besser:) zum Kompetenzbereich des Territorialverwalters ist zu bedenken, dass der Anfechtungsanspruch nicht Bestandteil des Schuldnervermögens ist, sondern erst mit Insolvenzeröffnung entsteht,[97] weshalb es nicht auf die Belegenheit des Anfechtungsanspruchs ankommt, sondern auf die **Belegenheit des anfechtbar entfernten Gegenstands** und den **Zeitpunkt seiner Entfernung**.[98] Wäre der Gegenstand bei Wegdenken der anfechtbaren Rechtshandlung nach Maßgabe der Belegenheitsdefinitionen in Art. 2 Nr. 9 der Insolvenzmasse des Territorialverfahrens zuzuordnen (siehe dazu auch Rz. 34), steht deren Verwalter auch das Anfechtungsrecht zu.[99]

39

40

---

92) Vgl. nur *Bierbach*, ZIP 2008, 2203, 2207; Mankowski/Müller/J. Schmidt-*Müller*, EuInsVO 2015, Art. 21 Rz. 24; *Thole* in: MünchKomm-InsO, Art. 18 EuInsVO 2000 Rz. 15.

93) *Fehrenbach*, NZI 2015, 157, 160 mit dem zutreffenden Hinweis, dass die Anfechtbarkeit einer Erhöhung der Passivmasse in Parallelverfahren jeder Verwalter geltend machen kann. Dies übersieht *Reisch* in: Konecny, Insolvenz-Forum 2005, S. 243, 265 f. m. w. N.

94) So – ohne Begr. – Pannen-*Pannen/Riedemann*, EuInsVO, Art. 18 Rz. 40; Kübler/Prütting/Bork-*Kemper*, InsO, Art. 18 EuInsVO 2000 Rz. 23.

95) Vgl. *Oberhammer*, KTS 2008, 271, 281 f. m. w. N.; *Paulus*, EuInsVO, Art. 21 Rz. 20; Kübler/Prütting/Bork-*Skauradszun*, InsO, Art. 21 EuInsVO 2015 Rz. 26; Koller/Lovrek/Spitzer-*Scholz/Berger*, IO, Art. 21 EuInsVO Rz. 19 m. w. N.

96) *Bierbach*, ZIP 2008, 2203, 2206; *Oberhammer*, KTS 2008, 271, 286 f. m. w. N.; *Paulus*, EuInsVO, Art. 6 Rz. 4 f. und Art. 21 Rz. 20; Mankowski/Müller/J. Schmidt-*Müller*, EuInsVO 2015, Art. 21 Rz. 26 m. w. N.; Kübler/Prütting/Bork-*Kemper*, InsO, Art. 18 EuInsVO 2000 Rz. 22; *Thole* in: MünchKomm-InsO, Art. 18 EuInsVO 2000 Rz. 18.

97) Zutreffend *Fehrenbach*, NZI 2015, 157, 159 m. w. N.

98) *Oberhammer*, KTS 2008, 271, 285; *Musger* in: Jaufer/Nunner-Krautgasser/Schummer, Unternehmenssanierung mit Auslandsbezug, S. 87, 105 f. m. w. N.; *Reisch* in: Konecny, Insolvenz-Forum 2005, S. 243, 265 f.; *Paulus*, EuInsVO, Art. 21 Rz. 20; *Thole* in: MünchKomm-InsO, Art. 18 EuInsVO 2000 Rz. 16 f.; *Paulus*, EuInsVO, Art. 18 Rz. 16; Koller/Lovrek/Spitzer-*Scholz/Berger*, IO, Art. 21 EuInsVO Rz. 19 m. w. N. Die **Gegenansicht** (z. B. Pannen-*Pannen/Riedemann*, EuInsVO, Art. 18 Rz. 40 m. w. N.) stellt auf den Zeitpunkt der Eröffnung des Territorialverfahrens ab, verkennt dabei aber, dass dies zur Anwendung des Verfolgungsrechts nach Art. 21 Abs. 2 Satz 1 und zum Leerlauf des Anfechtungsrechts führen würde.

99) *Reinhart* in: MünchKomm-InsO, Art. 13 EuInsVO 2000 Rz. 19; *Thole* in: MünchKomm-InsO, Art. 18 EuInsVO 2000 Rz. 18; *Paulus*, EuInsVO, Art. 21 Rz. 21.

41 Kommt neben einem Anfechtungsrecht nach der insoweit maßgeblichen lex concursus des Sekundärverfahrens auch eines nach der lex concursus des Hauptinsolvenzverfahrens in Betracht, hat das **Anfechtungsrecht des Sekundärverwalters Vorrang** vor dem des Hauptverwalters und überlagert und suspendiert dieses für die Dauer des Sekundärverfahrens.[100] Zu Kompetenzkonflikten und der Situation einer bei Eröffnung des Sekundärverfahrens bereits im Hauptverfahren erhobenen Anfechtungsklage siehe Art. 6 Rz. 93 ff. [*Hänel*].

42 Zum Teil wird vertreten, dass das früher eröffnete Hauptverfahren für die Berechnung der **Anfechtungsfristen** auch im Sekundärverfahren maßgeblich sein soll,[101] womit in diesem der Antrag auf Eröffnung des Hauptverfahrens einen früheren Antrag i. S. von § 139 Abs. 2 InsO darstellen würde. Dies entspricht allerdings nicht der h. M. in Deutschland.[102]

43 Bejaht man das Verfolgungsrecht des Sekundärverwalters gemäß Art. 21 Abs. 2 Satz 1 (auch) gegen den Hauptverwalter, insbesondere mit dem Argument der haftungsrechtlichen Zuweisung des fraglichen Gegenstands (siehe Rz. 33), wäre es an sich konsequent, auch eine **Anfechtung des Sekundärverwalters gegen den Hauptverwalter** und ggf. weitere Sekundärverwalter zuzulassen. Dies würde auch die Folgenlosigkeit der in ErwG 46 dargestellten Missbrauchskonstellation vermeiden (siehe Rz. 25).

44 Die h. M. lehnt eine Anfechtung im Verhältnis vom Sekundär- zum Hauptverfahren indes ab.[103] Ihr ist zuzugeben, dass Verwalterstreite in Parallelverfahren in der Regel dem Effizienz- und Kooperationsgebot zuwiderlaufen. Das wesentliche rechtliche Argument, dass es für eine Anfechtung in Parallelverfahren über das Vermögen desselben Schuldners an einer Gläubigerbenachteiligung fehle,[104] ist jedoch zweifelhaft: Denn nach dem Maßstab der jeweiligen lex concursus stellt jede von ihren Verteilungsregeln abweichende Umverteilung eine Gläubigerbenachteiligung dar. Und die in verschiedenen Mitgliedstaaten insoweit bestehenden Unterschiede[105] spiegeln sich ja gerade in dem vom Verordnungsgeber angenommenen Bedürfnis für – reale oder synthetische – Sekundärverfahren. Eine Gläubigerbenachteiligung entfällt nur dann, wenn die Voraussetzung in Art. 21 Abs. 2 Satz 2, eine Anfech-

---

100) Vgl. BGH, Urt. v. 20.11.2014 – IX ZR 13/14, Rz. 9 f., ZIP 2015, 42; differenzierter, aber im Ergebnis übereinstimmend *Febrenbach*, NZI 2015, 157. Ebenso für Österreich *Musger* in: Jaufer/Nunner-Krautgasser/Schummer, Unternehmenssanierung mit Auslandsbezug, S. 87, 106 m. w. N.; Koller/Lovrek/Spitzer-*Scholz/Berger*, IO, Art. 21 EuInsVO Rz. 20.

101) *Kodek/Reisch*, ZIK 2006, 182, 183; *Musger* in: Jaufer/Nunner-Krautgasser/Schummer, Unternehmenssanierung mit Auslandsbezug, S. 87, 106 m. w. N.; *Reisch* in: Konecny, Insolvenz-Forum 2005, S. 243, 267 m. w. N. Ebenso Kübler/Prütting/Bork-*Bartels*, InsO, § 139 Rz. 22, allerdings unter Fehlinterpretation der von ihm zitierten Literatur.

102) Vgl. Jaeger-*Henckel*, InsO, § 139 Rz. 7; Uhlenbruck-*Hirte/Borries*, InsO, § 139 Rz. 4; *Kirchhof/Piekenbrock* in: MünchKomm-InsO, § 139 Rz. 7 m. w. N.; *Thole* in: HK-InsO, § 139 Rz. 6; *Paulus*, EuInsVO, Art. 21 Rz. 23.

103) *Reisch* in: Konecny, Insolvenz-Forum 2005, S. 243, 265; Mankowski/Müller/J. Schmidt-*Müller*, EuInsVO 2015, Art. 21 Rz. 25 m. w. N.; *Paulus*, EuInsVO, Art. 21 Rz. 22; Bork/van Zwieten-*Veder*, Commentary on the European Insolvency Regulation, Art. 21 Rz. 21.24; und – trotz Einführung des Gedankens der haftungsrechtlichen Zuweisung – K. Schmidt-*Brinkmann*, InsO, Art. 18 EuInsVO Rz. 10. Zweifelnd *Mock*, ZInsO 2009, 895, 900.

104) *Paulus*, EuInsVO, Art. 21 Rz. 22.

105) Dazu *Bierbach*, ZIP 2008, 2203 f.; *Paulus*, EuInsVO, Art. 6 Rz. 4.

tungsklage müsse „den Interessen der Gläubiger dienen", als (fiktives) **Interesse der Gesamtgläubigerschaft aller Parallelverfahren** verstanden wird.[106] Auch dann kommt aber die Zulässigkeit interner Anfechtungsklagen noch in Betracht, soweit deren Durchführung trotz der anfallenden Masseverbindlichkeiten einen belegbaren Mehrwert bringt,[107] z. B. in Gestalt einer Zusammenführung nur gemeinsam sinnvoll verwertbarer Gegenstände. Faktisch sollte dergleichen zwar über die **Kooperationspflichten** bewerkstelligt werden können. Den in ErwG 46 befürchteten Verwaltertypus mögen diese allerdings unbeeindruckt lassen. Dass es überhaupt erforderlich ist, eigentliche Selbstverständlichkeiten in Kooperationsappelle zu fassen, zeigt die Kluft zwischen Theorie und Praxis.

**Maßgebliches Recht** für eine Anfechtungsklage des Territorialverwalters ist gemäß Art. 7 Abs. 2 lit. m die lex concursus des Staats der Verfahrenseröffnung. Die **Einrede des Art. 16** steht dem Anfechtungsgegner auch gegenüber dem Territorialverwalter zu.[108]  45

Auch gegenüber **Anfechtungsgegnern in Drittstaaten** ist eine Anfechtungskompetenz des Territorialverwalters zu bejahen.[109] Der EuGH erachtet Anfechtungsklagen gegen Beklagte in Drittstaaten als Annexklagen i. S. des jetzigen **Art. 6**,[110] der auch für den Territorialverwalter zur Anwendung kommt (siehe Art. 6 Rz. 43 [*Hänel*]).  46

#### cc) Weitere grenzüberschreitende Befugnisse?

Ob Art. 21 Abs. 2 eine abschließende Regelung trifft,[111] oder der Territorialverwalter noch weitere grenzüberschreitende Befugnisse ausüben kann,[112] ist strittig, wobei Kern des Streits die Frage zu sein scheint, ob der **Insolvenzbeschlag rein territorial oder massebezogen** (also indirekt territorial) bestimmt wird, bildlich gesprochen: ob das Staatsgebiet des Eröffnungsstaats oder die bei Insolvenzeröff-  47

---

106) Zu einem solchen Interesse *Fehrenbach*, NZI 2015, 157, 161 f.
107) Ebenso *Mock*, ZInsO 2009, 895, 900; *Cranshaw*, DZWiR 2009, 353, 361.
108) Mankowski/Müller/J. Schmidt-*Müller*, EuInsVO 2015, Art. 21 Rz. 28; *Musger* in: Jaufer/Nunner-Krautgasser/Schummer, Unternehmenssanierung mit Auslandsbezug, S. 87, 106 m. w. N.; *Paulus*, EuInsVO, Art. 21 Rz. 22; Kübler/Prütting/Bork-*Skauradszun*, InsO, Art. 21 EuInsVO 2015 Rz. 29.
109) *Oberhammer*, KTS 2008, 271, 286 ff.; Kübler/Prütting/Bork-*Skauradszun*, InsO, Art. 21 EuInsVO 2015 Rz. 28; tendenziell auch *Bierbach*, ZIP 2008, 2203, 2207, und *Musger* in: Jaufer/Nunner-Krautgasser/Schummer, Unternehmenssanierung mit Auslandsbezug, S. 87, 105 f. m. w. N.; Koller/Lovrek/Spitzer-*Scholz/Berger*, IO, Art. 21 EuInsVO Rz. 20.
110) EuGH, Urt. v. 16.1.2014 – Rs. C-328/12 (Schmid), ZIP 2014, 85, dazu EWiR 2014, 85 (*Paulus*).
111) So Pannen-*Pannen/Riedemann*, EuInsVO, Art. 18 Rz. 42 m. w. N.; Kübler/Prütting/Bork-*Kemper*, InsO, Art. 18 EuInsVO 2000 Rz. 17; *Kindler* in: MünchKomm-BGB, Art. 18 EuInsVO Rz. 16. Die teils ebenso gedeutete Entscheidung KG Berlin, Beschl. v. 21.7.2011 – 23 U 97/09, ZIP 2011, 1730 = NZI 2011, 729, m. Anm. *Mankowski*, betraf eine Sonderkonstellation, die zur hiesigen Frage unergiebig ist.
112) So *Bierbach*, ZIP 2008, 2203, 2206; Mankowski/Müller/J. Schmidt-*Müller*, EuInsVO 2015, Art. 21 Rz. 30; Haß/Huber/Gruber/Heiderhoff-*Gruber*, EuInsVO, Art. 18 Rz. 18; K. Schmidt-*Brinkmann*, InsO, Art. 18 EuInsVO Rz. 8; *Thole* in: MünchKomm-InsO, Art. 18 EuInsVO 2000 Rz. 18; Rauscher-*Mäsch*, EuZPR/EuIPR, Art. 18 EG-InsVO Rz. 8.

nung dort befindlichen Gegenstände mit dem Beschlag „infiziert" sind (und bleiben). Die letztgenannte Sichtweise ist vorzugswürdig, denn sie entspricht dem insolvenzrechtlichen Grundgedanken der **haftungsrechtlichen Zuordnung**[113] sowie dem Telos und der Systematik von ErwG 46, Art. 3 Abs. 2 Satz 2 und Art. 21 Abs. 2, wie auch Abs. 3 Halbs. 2, der ein Verwertungsrecht des Territorialverwalters im Ausland unterstellt.

48 Daraus folgt keine Erweiterung der vom Insolvenzbeschlag erfassten und durch Anfechtung zu generierenden Masse; auf dieser Grundlage lässt sich aber z. B. zwanglos begründen, dass der Verwalter Massegegenstände ohne Wegfall des Insolvenzbeschlags – etwa zur Verwertung[114] – ins Ausland bringen oder dort „verlängerte" Klagen bei Verlust oder Vereitelung des Verfolgungsrechts führen kann.[115]

### d) Koordiniertes Vorgehen

49 Im Fall von Abgrenzungsproblemen zwischen den Verwaltern bzw. Massen von Parallelverfahren sind streitige Auseinandersetzungen selten (objektiv) sinnvoll und im Licht der in ErwG 48 und Art. 41 statuierten Kooperationspflicht auch mit Haftungsrisiken verbunden. Alternativ empfiehlt sich daher ein koordiniertes Vorgehen unter Abschluss einer **Verwaltervereinbarung** gemäß den vorgenannten Bestimmungen, in der – ggf. unter Regelung der Risiko- und Erlösteilung – demjenigen Verwalter der Vortritt gelassen wird, dessen lex concursus das effektivere bzw. erfolgversprechendere Vorgehen ermöglicht.

50 Auch unabhängig von Abgrenzungsproblemen können i. R. einer **Vereinbarung** gemäß Art. 41 Abs. 1 (potentielle) Ansprüche parallel laufender Verfahren – z. B. Anfechtungsansprüche (siehe Art. 6 Rz. 97 f. [*Hänel*]) – in eine gemeinsame **Verwaltungstreuhand** eingebracht und gepoolt geltend gemacht werden.[116] Anspruchsgegner sind nicht schutzwürdig, was die Zahl und Konstellation eröffneter Parallelverfahren anbelangt.

### 3. Schranken (Art. 21 Abs. 3)

51 Art. 21 Abs. 3 wird überwiegend als Kollisionsnorm verstanden[117] und gilt für den **Haupt- und** den **Territorialverwalter**.[118] Die Vorschrift verpflichtet den Verwalter zur Rücksichtnahme auf das Recht sowie das Gewalt- und Rechtsprechungsmono-

---

113) Vgl. hierzu nur Jaeger/*Henckel*, InsO, § 35 Rz. 4 ff. m. w. N.
114) Mankowski/Müller/J. Schmidt-*Müller*, EuInsVO 2015, Art. 21 Rz. 30.
115) *Thole* in: MünchKomm-InsO, Art. 18 EuInsVO 2000 Rz. 18.
116) Näher *Hänel* in: Nunner-Krautgasser/Garber/Jaufer, Grenzüberschreitende Insolvenzen, S. 189 ff., 192 f.
117) *Kindler* in: MünchKomm-BGB, Art. 18 EuInsVO Rz. 18; Pannen-*Pannen/Riedemann*, EuInsVO, Art. 18 Rz. 7, 45 m. w. N.; Uhlenbruck-*Lüer*, InsO, Art. 18 EuInsVO Rz. 15; *Thole* in: MünchKomm-InsO, Art. 18 EuInsVO 2000 Rz. 20; skeptisch Mankowski/Müller/ J. Schmidt-*Müller*, EuInsVO 2015, Art. 21 Rz. 33 m. w. N.
118) Vgl. *Paulus*, EuInsVO, Art. 21 Rz. 25; Pannen-*Pannen/Riedemann*, EuInsVO, Art. 18 Rz. 43; Kübler/Prütting/Bork-*Kemper*, InsO, Art. 18 EuInsVO 2000 Rz. 11, 24; *Kindler* in: MünchKomm-BGB, Art. 18 EuInsVO Rz. 18; Mankowski/Müller/J. Schmidt-*Müller*, EuInsVO 2015, Art. 21 Rz. 32 m. w. N.; Koller/Lovrek/Spitzer-*Scholz/Berger*, IO, Art. 21 EuInsVO Rz. 65.

pol des Mitgliedstaats, in dem er handeln will. Theoretisch hat er direkten Zugang zu allen Behörden und Gerichten des Zielstaats;[119)] praktisch werden sprachliche und bürokratische Hürden aber oftmals die Inanspruchnahme eines lokalen Anwalts erfordern.

### a) Recht des Zielstaats

Die Pflicht des Verwalters zur Beachtung des Ortsrechts wird teilweise auch als Erstreckung auf das lokale Insolvenzrecht verstanden.[120)] Richtigerweise setzt das Recht des Zielstaats nur hinsichtlich der **Art und Weise**, wie die Befugnisse auszuüben sind, Wegweiser und Schranken. Die Gerichte und Behörden des Zielstaats dürfen und sollen ihr **Verfahrensrecht** anwenden.[121)] Den grundsätzlichen Umfang der Befugnisse geben die lex concursus des Eröffnungsstaats und die EuInsVO vor. Das lokale Insolvenzrecht kann diese erweitern (siehe Rz. 16), bildet aber keine Befugnis-Obergrenze.

52

Beispiele für zu beachtendes Ortsrecht sind Arbeitsschutzbestimmungen im Fall einer Betriebsfortführung,[122)] verwaltungsrechtliche Verfahrensregeln sowie Prozess- und Vollstreckungsrecht. Art. 21 Abs. 3 nennt selbst insbesondere Vorschriften über die Art und Weise der **Verwertung eines Gegenstands der Masse**. Nach einhelliger Ansicht ist die Befugnis zur Abholung eines Gegenstands vom Belegenheitsort gesperrt, wenn die Entfernung gegen ein nationales, aber von Art. 36 AEUV toleriertes Ausfuhrverbot für nationale Kulturgüter verstoßen würde.[123)]

53

Lokales Verfahrensrecht hat nicht nur der ausländische Verwalter für sein Vorgehen im Zielstaat zu beachten. Es findet auch umgekehrt beim **Vorgehen gegen den Verwalter** Anwendung. So bedarf die Zwangsvollstreckung in ein deutsches Grundstück, das dem Beschlag eines ausländischen Hauptverfahrens unterliegt, einer Titelumschreibung und -zustellung an den ausländischen Verwalter nach deutschem Vollstreckungsrecht.[124)]

54

Die Pflicht, **Verwertungshandlungen in den Formen des Ortsrechts** vorzunehmen involviert, dass ggf. im Wege der international-privatrechtlichen **Anpassung** dasjenige Verwertungsverfahren des Ortsrechts zu wählen ist, das den Absichten der lex concursus am nächsten kommt.[125)]

55

---

119) *Paulus*, EuInsVO, Art. 21 Rz. 26 m. w. N.
120) Vgl. Pannen-*Pannen/Riedemann*, EuInsVO, Art. 18 Rz. 47; Kübler/Prütting/Bork-*Kemper*, InsO, Art. 18 EuInsVO 2000 Rz. 12; a. A. K. Schmidt-*Brinkmann*, InsO, Art. 18 EuInsVO Rz. 12; *Thole* in: MünchKomm-InsO, Art. 18 EuInsVO 2000 Rz. 20.
121) Vgl. Rauscher-*Mäsch*, EuZPR/EuIPR, Art. 18 EG-InsVO Rz. 9 m. w. N.; Haß/Huber/Gruber/Heiderhoff-*Gruber*, EuInsVO, Art. 18 Rz. 9.
122) *Thole* in: MünchKomm-InsO, Art. 18 EuInsVO 2000 Rz. 20.
123) *Virgós/Schmit* in: Stoll, Vorschläge und Gutachten, Rz. 164; Mankowski/Müller/J. Schmidt-*Müller*, EuInsVO 2015, Art. 21 Rz. 14.
124) BGH, Beschl. v. 3.2.2011 – V ZB 54/10, ZIP 2011, 926 = MittBayNot 2012, 155, m. Anm. *Bierhenke*, dazu EWiR 2011, 313 *(Undritz)*.
125) *Balz*, ZIP 1996, 948, 952; Mankowski/Müller/J. Schmidt-*Müller*, EuInsVO 2015, Art. 21 Rz. 34 m. w. N.; Koller/Lovrek/Spitzer-*Scholz/Berger*, IO, Art. 21 EuInsVO Rz. 26 m. w. N.; *Paulus*, EuInsVO, Art. 21 Rz. 27. Art. 102c § 8 Abs. 3 EGInsO sieht eine solche Anpassung explizit für Registereinträge vor.

56 Strittig ist der Umgang mit **Verwertungswahlrechten** der lex concursus – wie Versteigerung und freihändiger Verkauf – die das Recht des Zielstaats nicht einräumt. Die wohl h. M. geht davon aus, dass in diesem Fall das **Wahlrecht leerläuft** und der Verwalter nur die vom Zielstaat vorgegebene Form nutzen kann.[126]

57 Ebenfalls umstritten ist, ob sich die **Pfändbarkeit von Gegenständen** und damit die Frage, in welchem Umfang sie massezugehörig sind, nach dem Recht des Zielstaats oder nach der lex concursus richtet. Mit Blick auf Art. 7 Abs. 2 lit. b bejaht die wohl h. M. Letzteres.[127] Dies betrifft insbesondere auch die Pfändungsschutzbestimmungen für Arbeitseinkommen.[128]

58 Strittig ist schließlich auch, nach welchem Recht sich die **Folgen eines Verstoßes** gegen Art. 21 Abs. 3 richten, d. h. ob eine entsprechende Maßnahme des Verwalters wirksam oder unwirksam ist. Die besseren Gründe sprechen für das Recht des Zielstaats,[129] denn es wäre widersinnig, dessen Anwendung und Beachtung unter Ausnahme seiner Folgen zu gebieten. Die lex concursus des Eröffnungsstaats kann z. B. keine verfahrensrechtlichen Versäumnisse im Zielstaat heilen.[130]

59 Vor diesem Hintergrund ist es auch riskant, wenn der Verwalter umständliche Behördenwege mit einer **Vollmacht des Schuldners** zu umgehen sucht;[131] denn infolge der automatischen unionsweiten Wirkung und Anerkennung von dessen Verlust der Verwaltungs- und Verfügungsbefugnis ist (auch) eine im Namen des Schuldners vorgenommene Rechtshandlung im Zweifel unwirksam.

### b) Gewalt- und Rechtsprechungsmonopol des Zielstaats

60 Art. 21 Abs. 3 Satz 2 stellt klar, dass der ausländische Verwalter **keine hoheitlichen Befugnisse** in Gestalt der Anwendung von Zwangsmitteln oder Entscheidung rechtlicher Auseinandersetzungen ausüben darf, die ihm ggf. nach der lex concursus des Eröffnungsstaats zustehen. Diese Beschränkung ist der Souveränität des Zielstaats geschuldet.

61 Damit ist allerdings nicht ausgeschlossen, dass der Verwalter für entsprechende Maßnahmen – wie jeder andere Teilnehmer des Rechtsverkehrs – die **Gerichte und**

---

126) *Paulus*, NZI 2001, 505, 511; *Paulus*, EuInsVO, Art. 21 Rz. 28; *Kindler* in: MünchKomm-BGB, Art. 18 EuInsVO Rz. 13; Pannen-*Pannen/Riedemann*, EuInsVO, Art. 18 Rz. 48; Mankowski/Müller/J. Schmidt-*Müller*, EuInsVO 2015, Art. 21 Rz. 34 m. w. N.; a. A. Haß/Huber/Gruber/Heiderhoff-*Gruber*, EuInsVO, Art. 18 Rz. 9 m. w. N.
127) *Paulus*, NZI 2001, 505, 510; Pannen-*Pannen/Riedemann*, EuInsVO, Art. 18 Rz. 49; *Thole* in: MünchKomm-InsO, Art. 18 EuInsVO 2000 Rz. 20; Haß/Huber/Gruber/Heiderhoff-*Gruber*, EuInsVO, Art. 18 Rz. 11 ff.; Kübler/Prütting/Bork-*Kemper*, InsO, Art. 18 EuInsVO Rz. 13; K. Schmidt-*Brinkmann*, InsO, Art. 18 EuInsVO Rz. 13; Mankowski/Müller/ J. Schmidt-*Müller*, EuInsVO 2015, Art. 21 Rz. 35 m. w. N.; Koller/Lovrek/Spitzer-*Scholz/Berger*, IO, Art. 21 EuInsVO Rz. 27.
128) LG Traunstein, Beschl. v. 3.2.2009 – 4 T 263/09, ZInsO, 1026; zust. *Paulick/Simon*, ZInsO 2009, 1933; *Mankowski*, NZI 2009, 785.
129) Ebenso Mankowski/Müller/J. Schmidt-*Müller*, EuInsVO 2015, Art. 21 Rz. 36; a. A. *Wenner/Schuster* in: FK-InsO, Art. 21 Rz. 9.
130) Indirekt wird diese Sichtweise gestützt durch die Rspr., dass die Einwendungen des jetzigen Art. 16 auch Verjährungs- und Ausschlussfristen des Zielstaats erfassen, EuGH, Urt. v. 16.4.2015 – Rs. C-557/13 (Lutz), ZIP 2015, 1030, dazu EWiR 2015, 415 *(Ch. Keller)*.
131) Dies empfiehlt allerdings *Undritz* in: HambKomm-InsO, Art. 18 EuInsVO Rz. 12.

Behörden des Zielstaats einschaltet, die dann nach Ortsrecht entscheiden.[132] Eine im Eröffnungsstaat vollstreckbare Entscheidung, die nach Art. 32 Abs. 1 anzuerkennen ist, kann nach Maßgabe der dort genannten Bestimmungen der EuGVVO im Zielstaat vollstreckt werden.[133] Darunter fallen etwa die Möglichkeit der **Herausgabevollstreckung gemäß § 148 Abs. 2 InsO** aus einem deutschen Insolvenzeröffnungsbeschluss[134] sowie eine **Postsperre**.[135] Art. 102c § 10 EGInsO[136] sieht vor, dass im Fall eines Hauptverfahrens in einem anderen Mitgliedstaat, dessen lex concursus (ebenfalls) die Herausgabevollstreckung aus dem Eröffnungsbeschluss vorsieht, für diese und eine Verwertung von Gegenständen im Vollstreckungsweg in Deutschland Art. 32 Abs. 1 Unterabs. 1 gilt.

Ob eine **teleologische Reduktion** der Regelung in Art. 21 Abs. 3 Satz 2 für den Fall erfolgt, dass der Zielstaat nach seiner lex concursus vergleichbare Befugnisse für einen Insolvenzverwalter vorsieht, die insolvenzrechtliche „Befugnisobergrenze" des Zielstaats also nicht verletzt wird, ist strittig.[137] In der Praxis wird die dogmatische Antwort auf diese Frage von untergeordneter Bedeutung und vielmehr relevant sein, inwieweit die zuständigen Stellen des Zielstaats einer liberalen Handhabung im Einzelfall aufgeschlossen gegenüberstehen.

### III. Rechtsbehelf

Die EuInsVO sieht keine gesonderten Rechtsbehelfe für den Fall vor, dass dem Verwalterhandeln im Zielstaat widersprochen werden soll.[138] Insoweit soll unterschieden werden, ob sich der Einwand gegen den **Inhalt der Befugnis** oder (nur) gegen die **Modalitäten der Ausübung** richtet, was ersterenfalls zu den Gerichten

---

132) Vgl. *Virgós/Schmit* in: Stoll, Vorschläge und Gutachten, Rz. 164; Haß/Huber/Gruber/Heiderhoff-*Gruber*, EuInsVO, Art. 18 Rz. 14; Kübler/Prütting/Bork-*Kemper*, InsO, Art. 18 EuInsVO 2000 Rz. 15; Uhlenbruck-*Lüer*, InsO, Art. 18 EuInsVO Rz. 16, jeweils m. w. N.
133) Haß/Huber/Gruber/Heiderhoff-*Gruber*, EuInsVO, Art. 18 Rz. 14; Kübler/Prütting/Bork-*Kemper*, InsO, Art. 18 EuInsVO 2000 Rz. 15; Pannen-*Pannen/Riedemann*, EuInsVO, Art. 18 Rz. 51; Bork/van Zwieten-*Veder*, Commentary on the European Insolvency Regulation, Art. 21 Rz. 21.30, unter Hinweis auf eine Entscheidung des Hoge Raad (v. 18.3.2011, ECLI:NL:HR:2011:BP1404 [2011] EIRCR(A) 237), in der englischen Verwaltern die zwangsweise Durchsetzung einer Auskunftspflicht in den Niederlanden gestattet wurde.
134) Haß/Huber/Gruber/Heiderhoff-*Gruber*, EuInsVO, Art. 18 Rz. 14; Kübler/Prütting/Bork-*Kemper*, InsO, Art. 18 EuInsVO 2000 Rz. 15; *Paulus*, EuInsVO, Art. 21 Rz. 6.
135) *Paulus*, NZI 2001, 505, 511; *Paulus*, EuInsVO, Art. 21 Rz. 6; Kübler/Prütting/Bork-*Kemper*, InsO, Art. 18 EuInsVO 2000 Rz. 13; Haß/Huber/Gruber/Heiderhoff-*Gruber*, EuInsVO, Art. 18 Rz. 11 ff.; K. Schmidt-*Brinkmann*, InsO, Art. 18 EuInsVO Rz. 13; Mankowski/Müller/J. Schmidt-*Müller*, EuInsVO 2015, Art. 21 Rz. 35 m. w. N. *Balz*, ZIP 1996, 948, 952, plädiert bei der Postsperre für eine Zuständigkeit des lokalen Insolvenzgerichts im Fall einer Niederlassung.
136) Gesetz zur Durchführung der Verordnung (EU) 2015/848 über Insolvenzverfahren – Duchführungsgesetz, v. 5.6.2017, BGBl. I 2017, 1476.
137) Dafür Haß/Huber/Gruber/Heiderhoff-*Gruber*, EuInsVO, Art. 18 Rz. 15; a. A. Mankowski/Müller/J. Schmidt-*Müller*, EuInsVO 2015, Art. 21 Rz. 38 m. w. N. zum Meinungsstand.
138) Vgl. *Virgós/Schmit* in: Stoll, Vorschläge und Gutachten, Rz. 166.

des Eröffnungsstaats und letzterenfalls zu denen des Zielstaats führt.[139] Entsprechendes muss auch für das anwendbare Recht gelten (siehe Rz. 52 ff.).

---

139) Vgl. *Virgós/Schmit* in: Stoll, Vorschläge und Gutachten, Rz. 166; Pannen-*Pannen/Riedemann*, EuInsVO, Art. 18 Rz. 55; *Thole* in: MünchKomm-InsO, Art. 18 EuInsVO 2000 Rz. 20; *Paulus*, EuInsVO, Art. 21 Rz. 31 f.; Kübler/Prütting/Bork-*Skauradszun*, InsO, Art. 21 EuInsVO 2015 Rz. 32 f.; Bork/van Zwieten-*Veder*, Commentary on the European Insolvency Regulation, Art. 21 Rz. 21.31.

# Artikel 22
## Nachweis der Verwalterbestellung

¹Die Bestellung zum Verwalter wird durch eine beglaubigte Abschrift der Entscheidung, durch die er bestellt worden ist, oder durch eine andere von dem zuständigen Gericht ausgestellte Bescheinigung nachgewiesen.

²Es kann eine Übersetzung in die Amtssprache oder eine der Amtssprachen des Mitgliedstaats, in dessen Hoheitsgebiet er handeln will, verlangt werden. ³Eine Legalisation oder eine entsprechende andere Förmlichkeit wird nicht verlangt.

Literatur: *Balz*, Das neue Europäische Insolvenzübereinkommen, ZIP 1996, 948; *Bierhenke*, Anmerkungen zu BGH, Beschl. v. 3.2.2011 – V ZB 54/10 – Erfordernis der Titelumschreibung auf einen englischen Trustee bei Zwangsvollstreckung in ein deutsches Grundstück nach Eröffnung eines englischen Insolvenzverfahrens, MittBayNot 2012, 155; *Bierhenke*, Der ausländische Insolvenzverwalter und das deutsche Grundbuch, MittBayNot 2009, 197; *Kysel/Röder*, Ausländische Insolvenz und deutsches Grundbuch, ZIP 2017, 1650; *Liersch*, Deutsches Internationales Insolvenzrecht, NZI 2003, 302; *Pannen/Kühnle/Riedemann*, Die Stellung des deutschen Insolvenzverwalters in einem Insolvenzverfahren mit europäischem Auslandsbezug, NZI 2003, 72; *Virgós/Schmit*, Erster Teil: EU-Übereinkommen über Insolvenzverfahren, Kap. B – Erläuternder Bericht, in: Stoll, Vorschläge und Gutachten zur Umsetzung des EU-Übereinkommens über Insolvenzverfahren im deutschen Recht, 1997, S. 32 (zit.: Virgós/Schmit in: Stoll, Vorschläge und Gutachten).

### Übersicht

| | |
|---|---|
| I. Zweck der Norm .................. 1 | b) Praktische Probleme ............ 10 |
| II. Inhalt der Norm .................. 3 | c) Schuldner in Eigenverwaltung ..... 16 |
| 1. Verwalter ........................ 3 | 3. Übersetzung (Art. 22 Satz 2) ...... 19 |
| 2. Anforderungen an den Nachweis (Art. 22 Satz 1) .............. 6 | a) Anforderungen .................. 19 |
| a) Theorie ........................ 6 | b) Anforderungsrecht .............. 21 |
| | III. Kosten ............................ 22 |

## I. Zweck der Norm

1   Die automatische Anerkennung der Verfahrenseröffnung in einem Mitgliedstaat und ihrer Wirkungen im gesamten Geltungsbereich der EuInsVO würde durch bürokratielastige Anforderungen an den Nachweis konterkariert. Daher stellt die Sachnorm[1] des Art. 22 an den vom Verwalter ggf. zu führenden Nachweis seiner Bestellung niederschwellige Anforderungen, die einerseits dem Interesse des Verwalters

---

1) Vgl. *Mock* in: BeckOK-InsO, Art. 22 EuInsVO Rz. 2.

am **einfachen Nachweis** seiner Stellung Rechnung tragen,[2)] andererseits aber auch im Zielstaat, in dem er Befugnisse ausüben will, eine **formelle Mindestkontrolle** ermöglichen.[3)] Ein europaweit einheitliches Formular hätte diesen Zweck vermutlich besser erfüllt, wurde vom Verordnungsgeber aber nicht für erforderlich gehalten.[4)]

Das **autonome deutsche Insolvenzrecht** enthält in § 347 Abs. 1 InsO eine entsprechende Regelung für den Bestellungsnachweis von Verwaltern aus Drittstaaten. § 347 Abs. 1 Satz 2 InsO konkretisiert insoweit, dass das Insolvenzgericht eine von der zuständigen Stelle des Eröffnungsstaats beglaubigte Übersetzung verlangen kann.

## II. Inhalt der Norm

### 1. Verwalter

Der Kreis der von der Vorschrift erfassten Verwalter entspricht demjenigen von Art. 21 (siehe Art. 21 Rz. 5 ff. [*Hänel*]). Es handelt sich also zum einen um die in Art. 2 Nr. 5 definierten und in **Anhang B** aufgelisteten, **auch vorläufigen**[5)] **Verwalter**. Für Deutschland sind dies somit insbesondere der jeweils vorläufige und endgültige Insolvenzverwalter und Sachwalter sowie der Treuhänder.[6)]

Zum anderen muss aus den gleichen Gründen wie bei Art. 21 (siehe Art. 21 Rz. 11 ff. [*Hänel*]) auch im Anwendungsbereich von Art. 22 der **eigenverwaltende Schuldner** als „Verwalter" gelten.[7)] Zum Nachweis seiner Verwalterstellung siehe Rz. 16 ff.

Praxisrelevant ist die Vorschrift v. a. für den Verwalter im **Hauptinsolvenzverfahren** gemäß Art. 3 Abs. 1. Sie ist aber auch für den **Territorialverwalter** eines Verfahrens nach Art. 3 Abs. 2[8)] anwendbar und hinsichtlich dessen grenzüberschreitender Befugnisse (siehe Art. 21 Rz. 31 ff. [*Hänel*]) von praktischer Bedeutung.

---

2) Zumindest nach der Intention soll der Nachweis „simple, quick and inexpensive" sein, vgl. *Moss/Fletcher/Isaacs*, The EU Regulation on Insolvency Proceedings, Rz. 8.324, sowie wortgleich Bork/van Zwieten-*Veder*, Commentary on the European Insolvency Regulation, Art. 21 Rz. 22.03.
3) Vgl. Mankowski/Müller/J. Schmidt-*Müller*, EuInsVO 2015, Art. 22 Rz. 2 m. w. N.; Kübler/Prütting/Bork-*Skauradszun*, InsO, Art. 22 EuInsVO 2015 Rz. 3.
4) Vgl. *Virgós/Schmit* in: Stoll, Vorschläge und Gutachten, Rz. 167; Brinkmann-*Thole*, EIR, Art. 22, mit dem Hinweis, dass Art. 2 der Istanbul Convention (European Convention on Certain International Aspects of Bankruptcy v. 5.6.1990, abrufbar unter https://www.coe.int/en/web/conventions/full-list/-/conventions/treaty/136 [Abrufdatum: 10.1.2020]) noch ein Standardformular vorsah.
5) Einhellige Ansicht, vgl. nur *Paulus*, EuInsVO, Art. 22; Kübler/Prütting/Bork-*Skauradszun*, InsO, Art. 22 EuInsVO 2015 Rz. 2; Mankowski/Müller/J. Schmidt-*Müller*, EuInsVO 2015, Art. 22 Rz. 3, jeweils m. w. N.
6) Den an die Stelle des Insolvenzverwalters tretenden Treuhänder gemäß § 313 Abs. 1 InsO a. F. gibt es nur noch in vor dem 1.4.2014 beantragten (vgl. Art. 103h EGInsO) Verfahren. Mangels Differenzierung in Anhang B ist auch der gemäß § 288 InsO bestellte Treuhänder im Restschuldbefreiungsverfahren erfasst.
7) Ebenso Kübler/Prütting/Bork-*Skauradszun*, InsO, Art. 22 EuInsVO 2015 Rz. 2; Braun-*Tashiro*, InsO, Art. 22 EuInsVO Rz. 15 ff.; a. A. *Paulus*, EuInsVO, Art. 22 Rz. 4.
8) Einhellige Ansicht, vgl. nur Mankowski/Müller/J. Schmidt-*Müller*, EuInsVO 2015, Art. 22 Rz. 3; *Paulus*, EuInsVO, Art. 22 Rz. 1; Kübler/Prütting/Bork-*Skauradszun*, InsO, Art. 22 EuInsVO 2015 Rz. 1, jeweils m. w. N.

## 2. Anforderungen an den Nachweis (Art. 22 Satz 1)

### a) Theorie

6 Der Nachweis der Verwalterstellung erfolgt alternativ durch jeweils beglaubigte Abschrift der Bestellungsentscheidung (Art. 2 Nr. 7 (ii)) oder einer anderen Bescheinigung, die das zuständige Gericht ausgestellt hat. **Bestellungsentscheidungen** sind nach deutschem Recht der Beschluss zur Anordnung eines vorläufigen Insolvenzverfahrens unter Einsetzung eines vorläufigen Insolvenzverwalters oder Sachwalters (§ 22 Abs. 1, 2 InsO, ggf. i. V. m. § 270a Abs. 1 Satz 2 InsO) und der Insolvenzeröffnungsbeschluss (§ 27 Abs. 2 Nr. 2 InsO ggf. i. V. m. § 270c Satz 1 InsO).[9] **Andere nachweistaugliche Bescheinigungen** sind die Bestellungsurkunde (§ 56 Abs. 2 InsO)[10], aber auch sonstige, in der InsO nicht geregelte Bescheinigungen des Insolvenzgerichts,[11] aus denen die Verwalterbestellung hervorgeht.[12] Zur Einsparung absehbarer Übersetzungskosten ist etwa an eine – entsprechend gekennzeichnete – verkürzte Fassung des Eröffnungsbeschlusses zu denken, die neben der Verwalterbestellung nur die wesentlichen Verfahrensdaten enthält.

7 Die **Beglaubigung der Abschrift** hat gemäß den nationalen Regeln des Bestellungsstaats im dafür vorgesehenen Verfahren zu erfolgen, wobei eine Beglaubigung durch die Stelle, die das Original ausgestellt hat, ratsam ist, weil sonstige nach nationalem Recht ggf. bestehende Zuständigkeiten im Ausland kaum prüfbar sind.[13]

8 Weitere formelle Anforderungen bestehen nicht. Art. 22 Satz 3 nennt beispielhaft eine **Legalisation** (§ 13 KonsularG) „oder eine entsprechende andere Förmlichkeit"; dies wäre insbesondere eine **Apostille** nach dem Haager Übereinkommen[14] oder eine gerichtliche Zwischenbescheinigung.[15] Gegenüber einem ausländischen Verwalter entfällt damit auch die Entscheidungsmöglichkeit des Prozessgerichts nach § 438 ZPO.[16]

---

9) Vgl. Mankowski/Müller/J. Schmidt-*Müller*, EuInsVO 2015, Art. 22 Rz. 5 m. w. N.; Kübler/Prütting/Bork-*Skauradszun*, InsO, Art. 22 EuInsVO 2015 Rz. 6.
10) Vgl. Mankowski/Müller/J. Schmidt-*Müller*, EuInsVO 2015, Art. 22 Rz. 5 m. w. N.; *Paulus*, EuInsVO, Art. 22 Rz. 2; Kübler/Prütting/Bork-*Skauradszun*, InsO, Art. 22 EuInsVO 2015 Rz. 2.
11) Weitere, i. S. von Art. 2 Nr. 6 (ii) für die Bestätigung des Verfahrens zuständige Stellen sieht das deutsche Recht nicht vor.
12) Vgl. *Virgós/Schmit* in: Stoll, Vorschläge und Gutachten, Rz. 168: „any other certificate".
13) Mankowski/Müller/J. Schmidt-*Müller*, EuInsVO 2015, Art. 22 Rz. 5 m. w. N.; *Mock* in: BeckOK-InsO, Art. 22 EuInsVO Rz. 5.1; Kübler/Prütting/Bork-*Skauradszun*, InsO, Art. 22 EuInsVO 2015 Rz. 8; Brinkmann-*Thole*, EIR, Art. 22 Rz. 6, weist darauf hin, dass bei strenger Wortlaut-Auslegung von Art. 22 Abs. 1 eine beglaubigte Kopie nur für die Bestellungsentscheidung genügt. Auch dies spricht für eine Beglaubigung durch die ausstellende Stelle.
14) Übereinkommen zur Befreiung ausländischer öffentlicher Urkunden von der Legalisation – Apostilleübereinkommen, v. 5.10.1961, BGBl. II 1965, 876.
15) Vgl. Rauscher-*Mäsch*, EuZPR/EuIPR, Art. 19 EG-InsVO Rz. 4; Kübler/Prütting/Bork-*Kemper*, InsO, Art. 19 EuInsVO 2000 Rz. 5; *Thole* in: MünchKomm-InsO, Art. 19 EuInsVO 2000 Rz. 3, jeweils m. w. N.
16) Vgl. Rauscher-*Mäsch*, EuZPR/EuIPR, Art. 19 EG-InsVO Rz. 4; Kübler/Prütting/Bork-*Kemper*, InsO, Art. 19 EuInsVO 2000 Rz. 5; *Thole* in: MünchKomm-InsO, Art. 19 EuInsVO 2000 Rz. 3, jeweils m. w. N.

Entsteht **Streit über die Befugnisse** des Verwalters, hat dieser die Darlegungs- und Beweislast.[17]   9

### b) Praktische Probleme

Ein Nachweis, der die formellen Anforderungen von Art. 22 erfüllt, belegt nur die Stellung des Verwalters, nicht aber den **Umfang seiner Befugnisse**. Für einen diesbezüglichen Nachweis enthält die Verordnung keine Regelung, weshalb vorgeschlagen wird, dass das Insolvenzgericht im Bedarfsfall die Befugnisse gesondert bescheinigt.[18] Welche formellen Anforderungen eine solche Bescheinigung erfüllen muss, ist strittig; nach allgemeinen Beweisregeln,[19] aber auch aus rein praktischen Gründen – Vermeidung uneffektiver Diskussionen – wird sich der Verwalter an die Anforderungen des Zielstaats halten müssen.[20]   10

Soweit die wirksame Ausübung einer Befugnis nach der lex concursus an **Genehmigungen oder Zustimmungen** geknüpft ist, muss der Verwalter im Zweifel auch die Nachweise über deren Vorliegen auf Verlangen in der Form des Art. 22 mit Übersetzung vorlegen.[21]   11

Übt der Verwalter mehrfach oder über längere Zeit in einem anderen Mitgliedstaat Befugnisse aus, kann dies dazu führen, dass er – ggf. wiederholt – das **Fortbestehen seines Amts nachweisen** muss.[22]   12

Die Praxis weicht vom Idealbild des Art. 22 nicht selten dahingehend ab, dass lokale Gerichte, Register und Ämter **überhöhte Anforderungen** stellen, wie Apostille, notarielle Beglaubigungen oder zusätzliche Dokumente. Zum Teil ist dies verwaltungstechnischen Anforderungen geschuldet,[23] zum Teil aber schlicht europarechtswidrig. Gleichwohl wird ein Rechtsbehelfsverfahren in eiligen Fällen kaum eine sinnvolle Alternative zur Erfüllung der Anforderungen darstellen.[24] Eine Haf-   13

---

17) Vgl. Bericht *Virgós/Schmit* in: Stoll, Vorschläge und Gutachten, Rz. 170; *Balz*, ZIP 1996, 948, 952.

18) Bericht *Virgós/Schmit* in: Stoll, Vorschläge und Gutachten, Rz. 170; Uhlenbruck-*Lüer*, InsO, Art. 19 EuInsVO Rz. 11 m. w. N.; Kübler/Prütting/Bork-*Skauradszun*, InsO, Art. 22 EuInsVO 2015 Rz. 13. Bezeichnenderweise wird ausländischen Verwaltern für Registeranträge in Deutschland durchaus empfohlen, z. B. Gesetzestexte, Fachaufsätze oder gerichtliche Bescheinigungen zum Nachweis der Befugnisse vorzulegen, vgl. *Busch* in: MünchKomm-InsO, § 33 Rz. 47; *Kysel/Röder*, ZIP 2017, 1650, 1652; vgl. beispielhaft die „supplemental orders" des High Court of Birmingham v. 11.5.2005 – 2375-2382/05 (MG Rover), NZI 2005, 515.

19) Vgl. zum autonomen deutschen Recht *Thole* in: MünchKomm-InsO, § 347 Rz. 4.

20) Dies dürfte h. M. sein, vgl. – auch zum Streitstand – Mankowski/Müller/J. Schmidt-*Müller*, EuInsVO 2015, Art. 22 Rz. 11 m. w. N.; Koller/Lovrek/Spitzer-*Scholz/Berger*, IO, Art. 22 EuInsVO Rz. 5 m. w. N.

21) *Bierhenke*, MittBayNot 2009, 197, 199.

22) Vgl Bork/van Zwieten-*Veder*, Commentary on the European Insolvency Regulation, Art. 21 Rz. 22.06.

23) So sind etwa Eingaben zum italienischen Handelsregister nur auf elektronischem Weg über Notare möglich, die ihrerseits ausländische Urkunden nur mit notarieller Beglaubigung annehmen.

24) Vgl. *Undritz* in: HambKomm-InsO, Art. 19 EuInsVO Rz. 2.

tung des Verwalters für – nach dem Maßstab des Art. 22 – unnötig aufgewandte Kosten wird in dieser Konstellation kaum in Betracht kommen.[25]

14 Problematisch werden zusätzliche Anforderungen, aber auch schon der normale Nachweis mit Übersetzung insbesondere dann, wenn die Masse **keine Kostendeckung** zulässt, zumal zusätzliche Kosten durch die regelmäßig erforderliche Einschaltung eines lokalen Korrespondenzanwalts entstehen. Anfällig für diese Konstellation sind auf Stundungsbasis gemäß § 4a InsO eröffnete Insolvenzverfahren mit schwer verwertbaren Auslandsimmobilien. Eine Vorfinanzierung der Kosten durch die Staatskasse als Auslagen i. S von § 63 Abs. 2 InsO dürfte nach den zur Steuererklärungspflicht entwickelten Grundsätzen[26] kaum in Betracht kommen.

15 Selbst wenn die in Art. 28 Abs. 1 und Art. 29 Abs. 1 neu aufgenommene **Publikationspflicht in Niederlassungsstaaten** (noch) nicht erfüllt ist, rechtfertigt dies keine Verweigerung der Anerkennung einer gemäß Art. 22 ordnungsgemäß nachgewiesenen Verwalterbestellung.[27] Umgekehrt kann der **Nachweis trotz Publikation** verlangt werden. Eine fehlende Publikation im Eröffnungsstaat kann allerdings der Anerkennung des Verfahrens und damit der Befugnisse des Verwalters entgegenstehen (siehe Art. 21 Rz. 9 f. [*Hänel*]).

c) Schuldner in Eigenverwaltung

16 Auch für den eigenverwaltenden Schuldner kann das Bedürfnis bestehen, seine – nach Insolvenzeröffnung fortdauernden oder zusätzlichen[28] – Befugnisse im Ausland nachzuweisen.[29] Mangels einer Bestellungsurkunde i. S. von § 56 Abs. 2 InsO kommen als Nachweis für ihn nur der Beschluss zur **Anordnung vorläufiger Eigenverwaltung** gemäß § 270a oder § 270b InsO sowie der **Eröffnungsbeschluss** in Betracht. Deren Belegkraft ist im Zweifel aber schon aufgrund der Aufhebungsmöglichkeiten in § 272 InsO von kurzer Halbwertszeit.

17 Entsprechend der für den regulären Verwalter möglichen **Bescheinigung der Befugnisse** (siehe Rz. 10) empfiehlt sich, auch dem Schuldner bei Bedarf eine solche Bescheinigung auszustellen, wobei sich eine Negativabgrenzung anbieten kann, d. h. die Auflistung der dem Sachwalter vorbehaltenen Befugnisse.[30]

18 Einem **etwaigen Missbrauch der Bescheinigung** bzw. dem Risiko, dass der Schuldner diese bei Aufhebung der Eigenverwaltung nicht zurückgibt, kann vorgebeugt werden, indem sie von vornherein nur „für die Dauer der Eigenverwaltung" erteilt

---

25) Ebenso Kübler/Prütting/Bork-*Skauradszun*, InsO, Art. 22 EuInsVO 2015 Rz. 15, der auf die Möglichkeit verweist, europarechtswidriges Handeln eines Mitgliedstaats bei der EU-Kommission anzuzeigen.
26) Hierzu BGH, Beschl. v. 22.7.2004 – IX ZB 161/03, ZIP 2004, 1717, dazu EWiR 2004, 1037 (*Schäferhoff*).
27) Vgl. *Balz*, ZIP 1996, 948, 952; Mankowski/Müller/J. Schmidt-*Müller*, EuInsVO 2015, Art. 22 Rz. 9 m. w. N.; Kübler/Prütting/Bork-*Skauradszun*, InsO, Art. 22 EuInsVO 2015 Rz. 7.
28) Insbesondere die ihm in § 279 InsO zugewiesenen insolvenzspezifischen Befugnisse.
29) Ebenso Braun-*Tashiro*, InsO, Art. 22 EuInsVO Rz. 16; Kübler/Prütting/Bork-*Skauradszun*, InsO, Art. 22 EuInsVO 2015 Rz. 2.
30) Braun-*Tashiro*, InsO, Art. 22 EuInsVO Rz. 16, erwähnt diese Möglichkeit nicht und empfiehlt als Nachweis lediglich die Bestellungsurkunde des Sachwalters ergänzt durch die Entscheidung über die Anordnung der Eigenverwaltung.

und dem Schuldner lediglich als beglaubigte Abschrift mit vermerktem Hinweis auf den Zeitpunkt der Erteilung ausgehändigt wird.

### 3. Übersetzung (Art. 22 Satz 2)

#### a) Anforderungen

Eine Übersetzung des Nachweises der Verwalterbestellung muss **nur auf Verlangen** vorgelegt werden. Somit richten sich die Anforderungen an die Übersetzung praktisch in erster Linie nach dem konkreten Verlangen. Reicht der angegangenen Stelle eine Übersetzung in eine für sie verständliche Sprache, genügt eine solche auch.[31] Art. 22 Satz 2 setzt nur die **Obergrenze des rechtlich zulässigen Verlangens**. 19

Eine dieser Obergrenze entsprechende Übersetzung soll die **Anforderungen des Zielstaats** an die Übersetzung offizieller Dokumente berücksichtigen.[32] Art. 57 Abs. 3 EuGVVO, der als Orientierung dienen kann[33], gibt insoweit vor, dass eine Übersetzung von einer Person zu erstellen ist, die zur Anfertigung von Übersetzungen in einem der Mitgliedstaaten befugt ist. Eine **Beglaubigung** kann nach h. M. ebenfalls verlangt werden.[34] Eine solche sehen auch § 347 Abs. 1 InsO für den Nachweis des Verwalters aus einem Drittstaat und Art. 102c § 7 Abs. 3 EGInsO[35] für einen vom Verwalter aus einem anderen Mitgliedstaat gestellten Antrag auf öffentliche Bekanntmachung vor. 20

#### b) Anforderungsrecht

Wer eine Übersetzung verlangen kann, lässt Art. 22 Satz 2 durch die passivische Formulierung offen. Zu § 347 InsO, der insoweit konkreter ist (siehe Rz. 2) wird vertreten, dass jedenfalls private Drittbeteiligte und/oder Gläubiger hierzu grundsätzlich nicht berechtigt sind.[36] Richtig dürfte zu Art. 22 sein, dass **jeder Beteiligte mit berechtigtem Interesse** den Nachweis nebst Übersetzung verlangen kann, wenn er die hierfür anfallenden Kosten trägt (siehe Rz. 24). Im Übrigen darf jeder eine (beglaubigte) Übersetzung anfordern, dem gegenüber der Verwalter seine Bestellung nachweisen will oder muss.[37] 21

### III. Kosten

Kosten können im Zusammenhang mit dem Nachweis der Verwalterstellung insbesondere in Gestalt von **Gebühren** (im Eröffnungs- und Zielstaat, auch für die Erfüllung überhöhter Anforderungen, siehe Rz. 13), **Übersetzungskosten** und für die 22

---

31) Ebenso Koller/Lovrek/Spitzer-*Scholz/Berger*, IO, Art. 22 EuInsVO Rz. 3.
32) Vgl. Bericht *Virgós/Schmit* in: Stoll, Vorschläge und Gutachten, Rz. 169; Uhlenbruck-*Lüer*, InsO, Art. 19 Rz. 8 m. w. N.
33) Vgl. Bericht *Virgós/Schmit* in: Stoll, Vorschläge und Gutachten, Rz. 169.
34) Vgl. nur Pannen-*Pannen/Riedemann*, EuInsVO, Art. 19 Rz. 9; Kübler/Prütting/Bork-*Kemper*, InsO, Art. 19 EuInsVO 2000 Rz. 4; *Thole* in: MünchKomm-InsO, Art. 19 EuInsVO 2000 Rz. 6; Mankowski/Müller/J. Schmidt-*Müller*, EuInsVO 2015, Art. 22 Rz. 7; Koller/Lovrek/Spitzer-*Scholz/Berger*, IO, Art. 22 EuInsVO Rz. 3, jeweils m. w. N.; *Mock* in: BeckOK InsO, Art. 22 EuInsVO Rz. 6.
35) Gesetz zur Durchführung der Verordnung (EU) 2015/848 über Insolvenzverfahren – Durchführungsgesetz, v. 5.6.2017, BGBl. I 2017, 1476.
36) *Liersch*, NZI 2003, 302; 307; *Thole* in: MünchKomm-InsO, § 347 Rz. 6 m. w. N.
37) Ebenso Kübler/Prütting/Bork-*Skauradszun*, InsO, Art. 22 EuInsVO 2015 Rz. 10.

regelmäßig erforderliche Einschaltung von **Korrespondenzanwälten** im Zielstaat anfallen.

23 Nach wohl h. M. handelt es sich um **Verfahrenskosten**;[38] nach a. A. soll sich die Kostentragung – mangels Regelung in Art. 30 – gemäß Art. 7 Abs. 2 lit. g nach der lex concursus richten.[39] Selbst wenn diese zu einem anderen Ergebnis führen würde, dürften in der Praxis Diskussionen über die Kostentragung wenig zielführend sein, sofern der Nachweis der Bestellung zum Verwalter in dessen Interesse liegt.

24 Anders ist die Kostentragungspflicht indes zu beurteilen, wenn der Nachweis der Verwalterbestellung auf **Initiative eines anderen Beteiligten** erstellt wird, etwa eines Grundpfandgläubigers, der den Nachweis zur Titelumschreibung benötigt.[40] In diesem Fall hat dieser die Kosten zu tragen.[41]

---

38) Vgl. nur Pannen-*Pannen/Riedemann*, EuInsVO, Art. 19 Rz. 7; Haß/Huber/Gruber/Heiderhoff-*Gruber*, EuInsVO, Art. 19 Rz. 3, jeweils m. w. N.; Bork/van Zwieten-*Veder*, Commentary on the European Insolvency Regulation, Art. 21 Rz. 22.07.

39) So Kübler/Prütting/Bork-*Kemper*, InsO, Art. 19 EuInsVO 2000 Rz. 4; *Thole* in: MünchKomm-InsO, Art. 19 EuInsVO 2000 Rz. 5; Mankowski/Müller/J. Schmidt-*Müller*, EuInsVO 2015, Art. 22 Rz. 12; Koller/Lovrek/Spitzer-*Scholz/Berger*, IO, Art. 22 EuInsVO Rz. 4, jeweils m. w. N.; Kübler/Prütting/Bork-*Skauradszun*, InsO, Art. 22 EuInsVO 2015 Rz. 14.

40) Hierzu *Bierhenke*, MittBayNot 2012, 155, 157.

41) Dies unterstellt BGH, Beschl. v. 3.2.2011 – V ZB 54/10, Rz. 22, ZIP 2011, 926, 929, dazu EWiR 2011, 313 *(Undritz)*.

# Artikel 23
## Herausgabepflicht und Anrechnung

(1) Ein Gläubiger, der nach der Eröffnung eines Insolvenzverfahrens nach Artikel 3 Absatz 1 auf irgendeine Weise, insbesondere durch Zwangsvollstreckung, vollständig oder teilweise aus einem Gegenstand der Masse befriedigt wird, der im Hoheitsgebiet eines anderen Mitgliedstaat belegen ist, hat vorbehaltlich der Artikel 8 und 10 das Erlangte an den Verwalter herauszugeben.

(2) Zur Wahrung der Gleichbehandlung der Gläubiger nimmt ein Gläubiger, der in einem Insolvenzverfahren eine Quote auf seine Forderung erlangt hat, an der Verteilung im Rahmen eines anderen Verfahrens erst dann teil, wenn die Gläubiger gleichen Ranges oder gleicher Gruppenzugehörigkeit in diesem anderen Verfahren die gleiche Quote erlangt haben.

**Literatur:** *Balz*, Das neue Europäische Insolvenzübereinkommen, ZIP 1996, 948; *Beck*, Verteilungsfragen im Verhältnis zwischen Haupt- und Sekundärinsolvenzverfahren nach der EuInsVO, NZI 2007, 1; *Duursma-Kepplinger*, Einfluss der Eröffnung eines Sekundärinsolvenzverfahrens auf die Befriedigung von zuvor begründeten Masseverbindlichkeiten, ZIP 2007, 752; *Fehrenbach*, Insolvenzanfechtung in grenzüberschreitenden Insolvenzverfahren bei Verfahrenspluralität, NZI 2015, 157; *Hergenröder*, Internationales Verbraucherinsolvenzrecht, ZVI 2005, 233; *Leible/Staudinger*, Die europäische Verordnung über Insolvenzverfahren, KTS 2000, 533; *Meyer-Löwy/Plank*, Entbehrlichkeit des Sekundärinsolvenzverfahrens bei flexibler Verteilung der Insolvenzmasse im Hauptinsolvenzverfahren?, NZI 2006, 622; *Nadelmann*, Ausländisches Vermögen unter dem Vorentwurf eines

Konkursabkommens für die EWG-Staaten, KTS 1971, 65; *Oberhammer*, Zur Anfechtungsbefugnis des Sekundärverwalters nach Europäischem Insolvenzrecht, KTS 2008, 271; *Paulus*, Anfechtungsklagen in grenzüberschreitenden Insolvenzverfahren, ZInsO 2006, 295; *Ringstmeier/Homann*, Masseverbindlichkeiten als Prüfstein des internationalen Insolvenzrechts, NZI 2004, 354; *Stehle*, Die Auslandsvollstreckung – ein Mittel zur Flucht aus dem deutschen Insolvenzrecht, DZWiR 2008, 53; *Virgós/Schmit*, Erster Teil: EU-Übereinkommen über Insolvenzverfahren, Kap. B – Erläuternder Bericht, in: Stoll, Vorschläge und Gutachten zur Umsetzung des EU-Übereinkommens über Insolvenzverfahren im deutschen Recht, 1997, S. 32 (zit.: *Virgós/Schmit* in: Stoll, Vorschläge und Gutachten); *Wessels/Virgós*, European Communication & Cooperation Guidelines for Cross-border Insolvency, 2007.

### Übersicht

| | |
|---|---|
| I. Zweck der Norm und Regelungsumfeld ........ 1 | aa) Gegenstand der Masse ........ 33 |
| II. Inhalt der Norm ........ 7 | bb) Belegenheit in anderem Mitgliedstaat ........ 36 |
| 1. Herausgabepflicht (Art. 21 Abs. 1) ..... 7 | e) Einschränkungen ........ 41 |
| a) Anwendungsbereich ........ 7 | f) Inhalt der Herausgabepflicht ........ 48 |
| b) Anspruchskonkurrenz ........ 9 | g) Eröffnung Sekundärverfahren ..... 54 |
| c) Befriedigung eines Gläubigers ..... 14 | 2. Quotenausgleich (Art. 23 Abs. 2) ........ 58 |
| aa) Gläubiger ........ 14 | a) Allgemeines ........ 58 |
| bb) Befriedigung ........ 20 | b) Anwendungsbereich ........ 61 |
| cc) Art und Weise der Befriedigung ........ 23 | c) Berechnungsverfahren ........ 66 |
| dd) Zeitpunkt der Befriedigung ........ 28 | aa) Grundregeln ........ 66 |
| d) Massegegenstand in anderem Mitgliedstaat ........ 33 | bb) Vorgehensweise ........ 67 |
| | cc) Keine Herausgabepflicht ........ 71 |
| | 3. Auskunftsanspruch ........ 73 |

### I. Zweck der Norm und Regelungsumfeld

ErwG 22 adressiert das Problem, dass ein im Geltungsbereich der EuInsVO universal wirkendes Insolvenzverfahren aufgrund der großen Unterschiede im materiellen Recht nicht realisierbar ist. Die Verordnung sieht daher zur Wahrung lokaler Interessen Einschränkungen des Universalitätsprinzips in diversen Sonderanknüpfungen und in der Zulassung von Territorialverfahren vor.[1] Gleichwohl soll die **Verteilungsgerechtigkeit** einem **universalen Ansatz** folgen, dessen Umsetzung die Regelungen in Art. 23 dienen.[2]

1

Die Vorschrift stimmt bis auf geringfügige redaktionelle Anpassungen mit dem bisherigen Art. 20 a. F. überein und enthält nach allgemeiner Ansicht in beiden Absätzen **Sachnormen** (also keine Kollisions- oder international verfahrensrechtliche Vorschriften).[3]

2

---

1) Vgl. *Virgós/Schmit* in: Stoll, Vorschläge und Gutachten, Rz. 12 f.; *Balz*, ZIP 1996, 948, 953.
2) Vgl. *Virgós/Schmit* in: Stoll, Vorschläge und Gutachten, Rz. 171.
3) Vgl. *Kindler* in: MünchKomm-BGB, Art. 23 EuInsVO Rz. 1; Kübler/Prütting/Bork-*Kemper*, InsO, Art. 20 EuInsVO 2000 Rz. 1; Rauscher-*Mäsch*, EuZPR/EuIPR, Art. 20 EG-InsVO Rz. 2; Uhlenbruck-*Lüer*, InsO, Art. 20 EuInsVO 2000 Rz. 1; Mankowski/Müller/J. Schmidt-*Müller*, EuInsVO 2015, Art. 23 Rz. 19, 31; Koller/Lovrek/Spitzer-*Scholz/Berger*, IO, Art. 23 EuInsVO Rz. 4, jeweils m. w. N.

3   Als Normzweck wird allgemein die in Art. 23 Abs. 2 auch ausdrücklich erwähnte **Gläubigergleichbehandlung** genannt.[4] Etwas differenzierter betrachtet sichert Art. 23 Abs. 1 den Vorrang des kollektiven Ausschüttungssystems[5] und Abs. 2 den Ausgleich zwischen Gläubigergleichbehandlung und der Effektivität von Nebenverfahren.[6]

4   Die in Art. 23 Abs. 1 statuierte Pflicht eines Gläubigers zur Herausgabe eines nach Insolvenzeröffnung im Ausland erlangten Sondervorteils **ergänzt das Abholungsrecht des Art. 21 Abs. 1 Satz 2** (siehe dort, Art. 21 Rz. 23 ff. [*Hänel*]).[7] Kann der Verwalter dieses nicht mehr ausüben, weil der fragliche Gegenstand bereits zur Befriedigung eines Gläubigers verwertet wurde, muss dieser der Insolvenzmasse das Surrogat zur Verfügung stellen. Diese Herausgabepflicht entspricht einem im Common Law bereits im 18. Jahrhundert entwickelten Prinzip, dem auch der überwiegende Teil der europäischen Staaten gefolgt war,[8] und läuft im englischen Recht unter dem Schlagwort „Hotchpot".[9]

5   Die Wurzeln der Regelung des verfahrensübergreifenden **Quotenausgleichs** in Art. 23 Abs. 2 reichen mindestens ins 19. Jahrhundert zurück.[10] Ihr Grundgedanke, dass im Interesse der Gleichstellung bei Ausschüttungen zunächst eine Quotenaufholung stattfindet, wenn verfahrenstechnische Umstände zu einer ungleichen Befriedigung von Gläubigern geführt haben, liegt auch § 192 InsO zugrunde.

6   Art. 23 hat eine **Entsprechung in § 342 InsO**, der außerhalb des Geltungsbereichs der EuInsVO zur Anwendung kommt und in zweierlei Hinsicht differenzierter ist: § 342 Abs. 1 Satz 2 InsO erklärt bezüglich der Herausgabepflicht des Gläubigers Bereicherungsrecht für entsprechend anwendbar, und § 342 Abs. 3 InsO gibt dem Insolvenzverwalter gegenüber dem Gläubiger einen Anspruch auf Auskunft über das Erlangte.

## II. Inhalt der Norm

### 1. Herausgabepflicht (Art. 21 Abs. 1)

#### a) Anwendungsbereich

7   Art. 23 Abs. 1 setzt nach seinem Wortlaut die Eröffnung eines Insolvenzverfahrens nach Art. 3 Abs. 1 voraus, also eines **Hauptinsolvenzverfahrens**, weshalb die Vor-

---

4) Vgl. nur *Virgós/Schmit* in: Stoll, Vorschläge und Gutachten, Rz. 172, 174; *Thole* in: MünchKomm-InsO, Art. 20 EuInsVO 2000 Rz. 1; *Kindler* in: MünchKomm-BGB, Art. 23 EuInsVO Rz. 1; Kübler/Prütting/Bork-*Skauradszun*, InsO, Art. 23 EuInsVO 2015 Rz. 3; Rauscher-*Mäsch*, EuZPR/EuIPR, Art. 20 EG-InsVO Rz. 1; Uhlenbruck-*Lüer*, InsO, Art. 20 EuInsVO 2000 Rz. 1, jeweils m. w. N.
5) Vgl. Uhlenbruck-*Lüer*, InsO, Art. 20 EuInsVO 2000 Rz. 1; Mankowski/Müller/J. Schmidt-*Müller*, EuInsVO 2015, Art. 23 Rz. 2.
6) So Mankowski/Müller/J. Schmidt-*Müller*, EuInsVO 2015, Art. 23 Rz. 2.
7) Ebenso Kübler/Prütting/Bork-*Skauradszun*, InsO, Art. 23 EuInsVO 2015 Rz. 2.
8) Vgl. *Nadelmann*, KTS 1971, 65, 69 ff.; für Deutschland: BGH, Urt. v. 13.7.1983 – VIII ZR 246/82, BGHZ 88, 961 = ZIP 1983, 961, **anders** aber z. B. Spanien, vgl. Nachw. bei *Leible/Staudinger*, KTS 2000, 533, 564.
9) Vgl. *Moss/Fletcher/Isaacs*, The EU Regulation on Insolvency Proceedings, Rz. 5.162 m. Fn. 221. Der Begriff lässt sich im hiesigen Kontext mit „Eintopf" übersetzen.
10) Vgl. *Paulus*, EuInsVO, Art. 23 Rz. 2, m. w. N. in Fn. 6. An sich findet sich die Grundidee – neben anderen – bereits im Neuen Testament, *Matthäus* 20, 1–16.

schrift nach ganz h. M. auch nur in einem solchen Verfahren Anwendung findet, zumal auch nur dessen Insolvenzbeschlag grenzüberschreitende Wirkung entfaltet und damit Gegenstände erfassen kann, die sich zum maßgeblichen Zeitpunkt der Insolvenzeröffnung (siehe dazu aber auch Rz. 39) außerhalb des Eröffnungsstaats befinden.[11]

Eine Mindermeinung spricht sich demgegenüber für eine analoge Anwendung in Territorialverfahren aus, weil auch deren Insolvenzbeschlag grenzüberschreitend wirken könne, wie sich aus dem in Art. 21 Abs. 2 Satz 1 geregelten **Verfolgungsrecht des Territorialverwalters** für Gegenstände ergebe, die nach Eröffnung des Territorialverfahrens ins Ausland verbracht wurden (siehe Art. 21 Rz. 31 ff. [*Hänel*]).[12] Richtig ist insoweit, dass das Surrogat aus der Verwertung eines dem Verfolgungsrecht des Territorialverwalters unterliegenden Gegenstands dem Sekundärverfahren zustehen muss. Doch bedarf es hierfür keiner analogen Anwendung von Art. 23 Abs. 1, die wegen dessen klaren Wortlauts problematisch wäre. Denn schon im Wege der Auslegung erstreckt sich das Verfolgungsrecht des Art. 21 Abs. 2 Satz 1 auf „verlängerte" Klagen infolge eines Untergangs des Gegenstands oder der Vereitelung seiner Herausgabe (siehe Art. 21 Rz. 47 f. [*Hänel*]).[13]

8

**b) Anspruchskonkurrenz**

Die Herausgabepflicht des Art. 23 Abs. 1 begründet nach allgemeiner Ansicht eine **eigenständige europäische Anspruchsgrundlage**, die in Tatbestand und Rechtsfolge autonom auszulegen ist.[14] Soweit nationales Recht dem Anspruch entgegenstehen sollte, ist es nicht anzuwenden.[15]

9

---

11) Vgl. nur *Thole* in: MünchKomm-InsO, Art. 20 EuInsVO 2000 Rz. 1; Brinkmann-*Thole*, EIR, Art. 23 Rz. 5; *Kindler* in: MünchKomm-BGB, Art. 23 EuInsVO Rz. 6; Kübler/Prütting/ Bork-*Skauradszun*, InsO, Art. 23 EuInsVO 2015 Rz. 7; Rauscher-*Mäsch*, EuZPR/EuIPR, Art. 20 EG-InsVO Rz. 3; *Paulus*, EuInsVO, Art. 23 Rz. 3; Pannen-*Riedemann*, EuInsVO, Art. 20 Rz. 13; K. Schmidt-*Brinkmann*, InsO, Art. 20 EuInsVO Rz. 2; Uhlenbruck-*Lüer*, InsO, Art. 20 EuInsVO 2000 Rz. 1.
12) Mankowski/Müller/J. Schmidt-*Müller*, EuInsVO 2015, Art. 23 Rz. 4; wohl auch *Schultz* in: HK-InsO, Art. 23 EuInsVO Rz. 3.
13) Vgl. *Thole* in: MünchKomm-InsO, Art. 18 EuInsVO 2000 Rz. 18 und Art. 20 Rz. 7; Koller/Lovrek/Spitzer-*Scholz/Berger*, IO, Art. 23 EuInsVO Rz. 6; Brinkmann-*Thole*, EIR, Art. 23 Rz. 12, weist darauf hin, dass unklar ist, ob das Abholungsrecht des Art. 21 Abs. 1 Satz 2 auch ein Surrogat erfasst.
14) Vgl. Mankowski/Müller/J. Schmidt-*Müller*, EuInsVO 2015, Art. 23 Rz. 19 m. w. N.; *Paulus*, EuInsVO, Art. 23 Rz. 9; *Thole* in: MünchKomm-InsO, Art. 20 EuInsVO 2000 Rz. 2, 4; Pannen-*Riedemann*, EuInsVO, Art. 20 Rz. 20 m. w. N.; Leonhardt/Smid/Zeuner-*Smid*, Internationales Insolvenzrecht, Art. 20 EuInsVO Rz. 11; Kübler/Prütting/Bork-*Kemper*, InsO, Art. 20 EuInsVO 2000 Rz. 11; Kübler/Prütting/Bork-*Skauradszun*, InsO, Art. 23 EuInsVO 2015 Rz. 5; *Schultz* in: HK-InsO, Art. 23 EuInsVO Rz. 7; *Wenner* /*Schuster* in: FK-InsO, Art. 23 EuInsVO Rz. 4; *Kindler* in: MünchKomm-BGB, Art. 23 EuInsVO Rz. 5; Uhlenbruck-*Lüer*, InsO, Art. 20 EuInsVO 2000 Rz. 3.
15) Mankowski/Müller/J. Schmidt-*Müller*, EuInsVO 2015, Art. 23 Rz. 19; *Kindler* in: MünchKomm-BGB, Art. 23 EuInsVO Rz. 5.

10 Bestehen indes parallel laufende **Anspruchsgrundlagen nach nationalem Recht**,[16] sind diese – entgegen verbreiteter Meinung[17] – durch das Eingreifen von Art. 23 Abs. 1 nicht ausgeschlossen, sondern neben diesem anwendbar. Denn Art. 23 Abs. 1 dient nur der Schließung etwaiger Lücken des nationalen Rechts, bezweckt aber keine Einschränkung bestehender Verwalterbefugnisse.[18]

11 Relevanz kann eine Parallelität mit nationalen Anspruchsgrundlagen in mehrerlei Hinsicht erlangen:

- zum einen bei der Frage, ob Einwendungen des nationalen Rechts – etwa Entreicherung – auch dem Anspruch nach Art. 23 Abs. 1 entgegengehalten werden können,
- zum zweiten, ob Regelungsdefizite durch nationales Recht zu füllen sind, und
- zum dritten bei weitergehenden Ansprüchen des nationalen Rechts.

12 Hinsichtlich der ersten beiden Punkte gebietet der Grundsatz der autonomen Auslegung von Art. 23 Abs. 1, dass weder **Einwendungen des nationalen Rechts** zum Tragen kommen,[19] noch dieses zur **Auffüllung von Lücken** – insbesondere auf Rechtsfolgenseite[20] – unmittelbare Anwendung findet. Letzteres schließt gleiche Ergebnisse einer autonomen Auslegung nicht aus.[21] Was den dritten Punkt anbelangt, ist kein Grund ersichtlich, warum **weitergehende Ansprüche des nationalen Rechts** – etwa ein über die Herausgabe hinausgehender Schadensersatz – ausgeschlossen sein sollten.[22]

13 Da Art. 23 Abs. 1 eine eigene insolvenzspezifische Anspruchsgrundlage darstellt, unterliegt eine auf die Vorschrift gestützte Klage dem **Zuständigkeitsregime von Art. 6** (siehe dort, Art. 6 Rz. 59 [*Hänel*]).[23] Demgemäß kann auch insoweit ein

---

16) Im deutschem Recht kommen insbesondere Ansprüche nach § 812 BGB, § 280 Abs. 1 BGB i. V. m. § 89 Abs. 1 InsO und §§ 823 Abs. 1, 823 Abs. 2 BGB i. V. m. § 89 Abs. 1 InsO in Betracht, vgl. *Thole* in: MünchKomm-InsO, Art. 20 EuInsVO 2000 Rz. 5; *Kindler* in: MünchKomm-BGB, Art. 23 EuInsVO Rz. 5, m. Fn. 9.
17) Haß/Huber/Gruber/Heiderhoff-*Gruber*, EuInsVO, Art. 20 Rz. 6 m. w. N.; wohl auch Kübler/Prütting/Bork-*Kemper*, InsO, Art. 20 EuInsVO 2000 Rz. 11; *Kindler* in: MünchKomm-BGB, Art. 23 EuInsVO Rz. 5.
18) Vgl. ausführlich *Thole* in: MünchKomm-InsO, Art. 20 EuInsVO 2000 Rz. 4 f.; Mankowski/Müller/J. Schmidt-*Müller*, EuInsVO 2015, Art. 23 Rz. 19 m. w. N.; Kübler/Prütting/Bork-*Skauradszun*, InsO, Art. 23 EuInsVO 2015 Rz. 6; Koller/Lovrek/Spitzer-*Scholz/Berger*, IO, Art. 23 EuInsVO Rz 17; im Ergebnis auch *Wenner/Schuster* in: FK-InsO, Art. 23 EuInsVO Rz. 4.
19) Vgl. *Thole* in: MünchKomm-InsO, Art. 20 EuInsVO 2000 Rz. 17 f.; *Kindler* in: MünchKomm-BGB, Art. 23 EuInsVO Rz. 18 m. w. N.; Kübler/Prütting/Bork-*Skauradszun*, InsO, Art. 23 EuInsVO 2015 Rz. 6; Rauscher-*Mäsch*, EuZPR/EuIPR, Art. 20 EG-InsVO Rz. 12; Leonhardt/Smid/Zeuner-*Smid*, Internationales Insolvenzrecht, Art. 20 EuInsVO Rz. 13.
20) *Paulus*, EuInsVO, Art. 23 Rz. 9 und Mankowski/Müller/J. Schmidt-*Müller*, EuInsVO 2015, Art. 23 Rz. 23, plädieren insoweit für eine Anwendbarkeit der §§ 818, 819 BGB jedenfalls bis zur Herausbildung eines gemeinschaftsweiten Verständnisses.
21) So wohl *Thole* in: MünchKomm-InsO, Art. 20 EuInsVO 2000 Rz. 17 m. w. N.
22) Vgl. *Thole* in: MünchKomm-InsO, Art. 20 EuInsVO 2000 Rz. 5; Kübler/Prütting/Bork-*Skauradszun*, InsO, Art. 23 EuInsVO 2015 Rz. 6; Koller/Lovrek/Spitzer-*Scholz/Berger*, IO, Art. 23 EuInsVO Rz. 17.
23) Ebenso Kübler/Prütting/Bork-*Skauradszun*, InsO, Art. 23 EuInsVO 2015 Rz. 30.

parallel bestehender Anspruch nach nationalem Recht relevant sein, indem er bei entsprechender Anknüpfung nach der EuGVVO die Möglichkeit der Gerichtsstandswahl gemäß Art. 6 Abs. 2 eröffnet.

### c) Befriedigung eines Gläubigers
#### aa) Gläubiger

Als Anspruchsgegner des Herausgabeanspruchs nennt Art. 23 Abs. 1 (einen) Gläubiger. Der Begriff ist unionsautonom auszulegen und erfasst unproblematisch diejenigen Gläubiger, die gemäß der lex concursus des Eröffnungsstaats den Status von **Insolvenzgläubigern** haben (siehe aber auch Rz. 47).[24] 14

Insolvenzgläubiger, deren Forderungen durch dingliche Rechte i. S. der Artt. 8, 10 **insolvenzfest gesichert** sind, kommen als Anspruchsgegner nur im Umfang eines etwaigen **Übererlöses** in Betracht, den sie nach ErwG 68 Satz 5 auskehren müssen, wenn kein Sekundärinsolvenzverfahren eröffnet ist.[25] 15

Sobald der im anderen Mitgliedstaat befindliche Massegegenstand aufgrund der Eröffnung eines Sekundärinsolvenzverfahrens von dessen Insolvenzbeschlag erfasst wird, gehört er nicht mehr zur Masse des Hauptinsolvenzverfahrens.[26] Daher ist auch ein **Sekundärinsolvenzverwalter kein herausgabepflichtiger Gläubiger** i. S. von Art. 23 Abs. 1. 16

Der Wortlaut von Art. 23 Abs. 1 würde auch eine Anwendbarkeit auf **Massegläubiger** nicht ausschließen. Konzeptionell ist die Vorschrift dafür allerdings nicht gedacht[27] und sie kann auch gegenüber einer rechtmäßig erlangten Befriedigung eines Massegläubigers nicht zum Tragen kommen. Hinsichtlich des etwaigen Übererlöses aus einer Verwertung entspricht die Situation aber derjenigen bei insolvenzfest gesicherter Insolvenzforderung, so dass die Anwendung auf einen Übererlös in Betracht zu ziehen ist. Bedeutung kann dies für den Gerichtsstand im Fall einer Klage haben (siehe Rz. 13). 17

Maßgeblicher **Zeitpunkt** für die Gläubigerstellung ist naturgemäß derjenige vor der Befriedigung aus dem Massegegenstand. 18

Wo sich der **(Wohn-)Sitz des Gläubigers** befindet, kann für die Anwendbarkeit von Art. 23 Abs. 1 keine Rolle spielen, zumal die Gerichtsstandsregelung des Art. 6 Abs. 1 auch gegenüber Beklagten in Drittstaaten gilt (siehe Art. 6 Rz. 38 [*Hänel*]). 19

#### bb) Befriedigung

Das Tatbestandsmerkmal der – vollständigen oder teilweisen – Befriedigung des herausgabepflichtigen Gläubigers wird teils als Eintritt der Erfüllungswirkung (nach 20

---

24) Vgl. *Paulus*, EuInsVO, Art. 23 Rz. 4; Mankowski/Müller/J. Schmidt-*Müller*, EuInsVO 2015, Art. 23 Rz. 20 m. w. N.; Koller/Lovrek/Spitzer-*Scholz/Berger*, IO, Art. 23 EuInsVO Rz. 12; *Wenner/Schuster* in: FK-InsO, Art. 23 EuInsVO Rz. 5.
25) Vgl. *Thole* in: MünchKomm-InsO, Art. 20 EuInsVO 2000 Rz. 9. Brinkmann-*Thole*, EIR, Art. 23 Rz. 6.
26) Vgl. *Thole* in: MünchKomm-InsO, Art. 20 EuInsVO 2000 Rz. 8; Rauscher-*Mäsch*, EuZPR/EuIPR, Art. 20 EG-InsVO Rz. 8; K. Schmidt-*Brinkmann*, InsO, Art. 20 EuInsVO Rz. 2.
27) Die Parallelbestimmung in § 342 Abs. 1 InsO bezieht sich explizit nur auf Insolvenzgläubiger.

der auf die Forderung anwendbaren lex causae) verstanden,[28] teils werden nur unterschiedliche Befriedigungsarten behandelt,[29] teils wird vertreten, dass der Begriff weit zu verstehen sei und auch Sicherungen erfasse.[30]

21 Für die **Auslegung des Begriffs „Befriedigung"** empfiehlt es sich, die von Art. 23 Abs. 1 geregelte Konstellation und das Regelungsumfeld (siehe Rz. 4) in den Blick zu nehmen: Befindet sich der Massegegenstand noch in herausgabefähigem Zustand beim Gläubiger und hat dieser kein insolvenzfestes dingliches Recht i. S. der Artt. 8, 10 erlangt, greift das Abholungsrecht des Art. 21 Abs. 1 Satz 2, ggf. unter Geltendmachung der Anfechtbarkeit oder Unwirksamkeit eines Sicherungsrechts.[31] Kann der Gläubiger den Gegenstand selbst – insbesondere infolge einer Verwertungsmaßnahme – nicht mehr herausgeben, erstreckt Art. 23 Abs. 1 die Herausgabepflicht auf das Surrogat. Der Mechanismus ähnelt der in § 48 InsO geregelten Ersatzaussonderung. Im Interesse einer lückenlosen Realisierung des Normzwecks von Art. 23 Abs. 1 liegt eine Befriedigung im Sinne der Vorschrift somit bereits dann vor, wenn an Stelle des Massegegenstands ein **Surrogat in die Verfügungsbefugnis des Gläubigers gelangt** ist.

22 Erfüllungswirkung hinsichtlich dessen Forderung kann für die Annahme einer Befriedigung nicht erforderlich sein, weil sonst die Herausgabepflicht z. B. (noch) nicht eingreifen würde, solange der Gläubiger eine Forderung aus der Veräußerung des Massegegenstands nicht einzieht. Demgegenüber besteht keine Notwendigkeit, eine bloße Sicherung (z. B. ein Pfandrecht) unter den Begriff der Befriedigung zu subsumieren,[32] weil im Stadium der (nicht insolvenzfesten) Sicherung noch das Abholungsrecht des Art. 21 Abs. 1 Satz 2 besteht.

### cc) Art und Weise der Befriedigung

23 Aufgrund des insoweit klaren Wortlauts der Vorschrift („auf irgendeine Weise") spielt es für die Herausgabepflicht nach einhelliger Ansicht jedenfalls im Ausgangspunkt keine Rolle, auf welche Art und Weise der Gläubiger Befriedigung erlangt hat. Die beispielhafte Nennung der Zwangsvollstreckung verdeutlicht, dass auch ein rechtlich ordnungsgemäß erlangter Vorteil nicht geschützt ist.[33] Erfasst ist

---

28) *Reinhart* in: MünchKomm-InsO, 2. Aufl., Art. 20 EuInsVO 2000 Rz. 3; ähnlich *Thole* in: MünchKomm-InsO, Art. 20 EuInsVO 2000 Rz. 9, allerdings mit dem Hinweis unter Rz. 10, dass Feinheiten des Eintritts der Erfüllungswirkung i. R. der Zwangsvollstreckung keine Rolle spielen; Nerlich/Römermann-*Nerlich*, InsO, Art. 20 EuInsVO 2000 Rz. 4, 7; *Kindler* in: MünchKomm-BGB, Art. 23 EuInsVO Rz. 7; Kübler/Prütting/Bork-*Skauradszun*, InsO, Art. 23 EuInsVO 2015 Rz. 16, mit dem Hinweis, dass eine etwaige Rückwirkung zu berücksichtigen ist; Koller/Lovrek/Spitzer-*Scholz*/*Berger*, IO, Art. 23 EuInsVO Rz. 11; *Schultz* in: HK-InsO, Art. 23 EuInsVO Rz. 6.
29) Vgl. Nachw. bei Mankowski/Müller/J. Schmidt-*Müller*, EuInsVO 2015, Art. 23 Rz. 6.
30) Kübler/Prütting/Bork-*Skauradszun*, InsO, Art. 23 EuInsVO 2015 Rz. 20; *Wenner/Schuster* in: FK-InsO, Art. 23 EuInsVO Rz. 8.
31) Pannen-*Riedemann*, EuInsVO, Art. 20 Rz. 21, und Leonhardt/Smid/Zeuner-*Smid*, Internationales Insolvenzrecht, Art. 20 EuInsVO Rz. 13, gehen davon aus, dass auch die Herausgabe des (unverwerteten) Massegegenstands selbst auf Art. 23 Abs. 1 zu stützen ist. Dies setzt voraus, dass der dann (richtigerweise) herauszugebende Besitz als „Befriedigung" i. S. von Art. 23 Abs. 1 verstanden wird. Im Ergebnis ergibt sich kein Unterschied. Auch nach dieser Ansicht darf kein insolvenzfestes Besitzrecht bestehen.
32) Ebenso wohl K. Schmidt-*Brinkmann*, InsO, Art. 20 EuInsVO Rz. 5.
33) Vgl. *Paulus*, EuInsVO, Art. 23 Rz. 6; Pannen-*Riedemann*, EuInsVO, Art. 20 Rz. 9.

letztlich **jeder werthaltige Erfolg der individuellen Rechtsverfolgung**, also z. B. auch gesetzliche Erwerbstatbestände oder die Befreiung von einer Verbindlichkeit.[34)]

In der Literatur werden durchwegs auch **freiwillige Leistungen des Schuldners** genannt.[35)] Im Regelverfahren werden solche im Normalfall unwirksam sein (Art. 7 Abs. 2 lit. c).[36)] Eine Einschränkung ist für wirksame Verfügungen des **Schuldners in Eigenverwaltung** vorzunehmen: Hier kann die Herausgabepflicht des Art. 23 Abs. 1 genauso wenig zur Anwendung kommen wie bei Verfügungen des Verwalters.[37)]

24

Mit der ganz h. M. ist auch im Fall einer Befriedigung durch **eigenmächtiges Vorgehen des Gläubigers** die Herausgabepflicht des Art. 23 Abs. 1 zu bejahen.[38)] Die Gegenansicht argumentiert, dass eigenmächtiges Vorgehen keine Erfüllungswirkung entfalte und der Schutz über nationale Deliktsrechte insoweit ausreiche.[39)] Dies müsste aber in gleicher Weise für unwirksame Leistungen des Schuldners gelten. Jedenfalls würde die Mindermeinung ohne ersichtlichen Grund den Zugriff auf das Surrogat sowie den Gerichtsstand des Art. 6 Abs. 1 (siehe Rz. 13) abschneiden.

25

Eine von Art. 23 Abs. 1 erfasste Befriedigung ist im Ausgangspunkt auch die **Aufrechnung**,[40)] allerdings mit Einschränkungen: Bei Erklärung durch den Schuldner stellt sie sich als dessen freiwillige Leistung dar[41)] und ist entsprechend genauso zu behandeln (siehe Rz. 24). Bei Erklärung durch den Gläubiger muss sie nach wohl h. M. unangreifbar sein, soweit sie nach Art. 9 insolvenzfest ist;[42)] anderenfalls würde

26

---

34) Vgl. nur Mankowski/Müller/J. Schmidt-*Müller*, EuInsVO 2015, Art. 23 Rz. 6; *Thole* in: MünchKomm-InsO, Art. 20 EuInsVO 2000 Rz. 10; Kübler/Prütting/Bork-*Skauradszun*, InsO, Art. 23 EuInsVO 2015 Rz. 19, jeweils m. w. N. Die Vorschrift begründet ein Verbot der individuellen Rechtsverfolgung bei laufender Gesamtvollstreckung, vgl. *Kindler* in: MünchKomm-BGB, Art. 23 EuInsVO Rz. 10 m. w. N.

35) Vgl. nur *Virgós/Schmit* in: Stoll, Vorschläge und Gutachten, Rz. 172; *Balz*, ZIP 1996, 948, 952; Mankowski/Müller/J. Schmidt-*Müller*, EuInsVO 2015, Art. 23 Rz. 6; *Thole* in: MünchKomm-InsO, Art. 20 EuInsVO 2000 Rz. 10, jeweils m. w. N.

36) Rauscher-*Mäsch*, EuZPR/EuIPR, Art. 20 EG-InsVO Rz. 6.

37) Vgl. *Thole* in: MünchKomm-InsO, Art. 20 EuInsVO 2000 Rz. 9; Koller/Lovrek/Spitzer-*Scholz/Berger*, IO, Art. 23 EuInsVO Rz. 10.

38) *Balz*, ZIP 1996, 948, 952; *Kindler* in: MünchKomm-BGB, Art. 23 EuInsVO Rz. 9; *Paulus*, EuInsVO, Art. 23 Rz. 6; Kübler/Prütting/Bork-*Skauradszun*, InsO, Art. 23 EuInsVO 2015 Rz. 19; *Schultz* in: HK-InsO, Art. 23 EuInsVO Rz. 6.

39) Mankowski/Müller/J. Schmidt-*Müller*, EuInsVO 2015, Art. 23 Rz. 7.

40) Vgl. Mankowski/Müller/J. Schmidt-*Müller*, EuInsVO 2015, Art. 23 Rz. 6; *Thole* in: MünchKomm-InsO, Art. 20 EuInsVO 2000 Rz. 10; Kübler/Prütting/Bork-*Kemper*, InsO, Art. 20 EuInsVO 2000 Rz. 6; Kübler/Prütting/Bork-*Skauradszun*, InsO, Art. 23 EuInsVO 2015 Rz. 19.

41) Vgl. Mankowski/Müller/J. Schmidt-*Müller*, EuInsVO 2015, Art. 23 Rz. 6, allerdings ohne die hier genannte Einschränkung.

42) Vgl. *Balz*, ZIP 1996, 948, 952; *Thole* in: MünchKomm-InsO, Art. 20 EuInsVO 2000 Rz. 10; Bork/van Zwieten-*Veder*, Commentary on the European Insolvency Regulation, Art. 23 Rz. 23.21 m. w. N.; *Reinhart* in: MünchKomm-InsO, Art. 20 EuInsVO 2000 Rz. 11; K. Schmidt-*Brinkmann*, InsO, Art. 20 EuInsVO Rz. 7; Kübler/Prütting/Bork-*Skauradszun*, InsO, Art. 23 EuInsVO 2015 Rz. 23; Koller/Lovrek/Spitzer-*Scholz/Berger*, IO, Art. 23 EuInsVO Rz. 14, jeweils m. w. N.; *Mock* in: BeckOK-InsO, Art. 23 EuInsVO Rz. 6; a. A. Mankowski/Müller/J. Schmidt-*Müller*, EuInsVO 2015, Art. 23 Rz. 6; *Kindler* in: MünchKomm-BGB, Art. 23 EuInsVO Rz. 13; *Wenner/Schuster* in: FK-InsO, Art. 23 EuInsVO Rz. 12.

die Bestimmung ausgehebelt. Besteht die Aufrechnungslage bei Insolvenzeröffnung bereits, ist überdies – zumindest bei rückwirkender Erklärung gemäß § 389 BGB – fraglich, ob überhaupt eine Befriedigung „nach der Eröffnung eines Insolvenzverfahrens" vorliegt (siehe Rz. 30).[43]

27 Die **quotale Befriedigung in einem Territorialverfahren** begründet keine Herausgabepflicht nach Art. 23 Abs. 1, weil insoweit Absatz 2 der Vorschrift vorgeht und mit dem Insolvenzbeschlag des Territorialverfahrens der betroffene Gegenstand auch nicht mehr zur Masse des Hauptinsolvenzverfahrens gehört.[44] Die teils vorgenommene Differenzierung zwischen Partikular- und Sekundärverfahren[45] ist praktisch nicht relevant, da mit Eröffnung des Hauptinsolvenzverfahrens ein Partikular- zum Sekundärverfahren wird, Art. 3 Abs. 4 Satz 2.

### dd) Zeitpunkt der Befriedigung

28 Die Herausgabepflicht nach Art. 23 Abs. 1 setzt voraus, dass der Gläubiger **nach Eröffnung des Hauptinsolvenzverfahrens** eine Befriedigung erlangt hat. Somit sind zwei Zeitpunkte zu bestimmen: Derjenige der Verfahrenseröffnung und derjenige der Befriedigung.

29 Die Eröffnungsentscheidung ist in Art. 2 Nr. 7 und der **Zeitpunkt der Verfahrenseröffnung** in Art. 2 Nr. 8 jeweils legal definiert.[46] Mit der ausdrücklichen Einbeziehung vorläufiger Verfahren in den Anwendungsbereich der Verordnung (vgl. ErwG 15)[47] ist für Deutschland ggf. die **Anordnung eines vorläufigen Insolvenzverfahrens** der frühest maßgebliche Zeitpunkt.[48] Ob auch die Anordnung einer vorläufigen Eigenverwaltung nach § 270a InsO oder eines Schutzschirmverfahrens nach § 270b InsO genügen, hängt von ihrer Einbeziehung in den Anwendungsbereich der Verordnung ab, was nach hier vertretener Ansicht bei Veröffentlichung (siehe Art. 21 Rz. 9 f. [*Hänel*]), nach anderer Ansicht nur bei Annahme einer Veröffentlichungspflicht[49] zu bejahen ist.

---

43) Insoweit ist es inkonsequent, eine nach Art. 9 insolvenzfeste Aufrechnung nicht von der Anwendbarkeit des Art. 23 Abs. 1 auszunehmen, den Zeitpunkt der Befriedigung aber nach der lex causae zu bestimmen. So aber (mit der einhelligen **Mindermeinung**) Mankowski/Müller/J. Schmidt-*Müller*, EuInsVO 2015, Art. 23 Rz. 9 m. w. N.
44) Vgl. *Thole* in: MünchKomm-InsO, Art. 20 EuInsVO 2000 Rz. 8, 11; Mankowski/Müller/J. Schmidt-*Müller*, EuInsVO 2015, Art. 23 Rz. 6; Kübler/Prütting/Bork-*Skauradszun*, InsO, Art. 23 EuInsVO 2015 Rz. 8; Koller/Lovrek/Spitzer-*Scholz/Berger*, IO, Art. 23 EuInsVO Rz. 10; K. Schmidt-*Brinkmann*, InsO, Art. 20 EuInsVO Rz. 4; Rauscher-*Mäsch*, EuZPR/EuIPR, Art. 20 EG-InsVO Rz. 8.
45) So *Paulus*, EuInsVO, Art. 23 Rz. 6; Pannen-*Riedemann*, EuInsVO, Art. 20 Rz. 14.
46) Kübler/Prütting/Bork-*Skauradszun*, InsO, Art. 23 EuInsVO 2015 Rz. 12, weist zurecht darauf hin, dass es nicht auf die Rechtskraft der Eröffnungsentscheidung ankommen kann.
47) Vgl. Mankowski/Müller/J. Schmidt-*J. Schmidt*, EuInsVO 2015, Art. 1 Rz. 23 f.
48) Ebenso Braun-*Dugué*, InsO, Art. 23 EuInsVO Rz. 8; a. A. Kübler/Prütting/Bork-*Skauradszun*, InsO, Art. 23 EuInsVO 2015 Rz. 13, der die Anwendbarkeit von Art. 23 Abs. 1 im vorläufigen Verfahren als zu weitgehend erachtet.
49) Vgl. Mankowski/Müller/J. Schmidt-*J. Schmidt*, EuInsVO 2015, Art. 1 Rz. 19 m. w. N.

Nach allgemeiner Meinung richtet sich der **Zeitpunkt der Befriedigung** nach der 30
für die Forderung maßgeblichen lex causae.[50)] Im Sinne des obigen Verständnisses
von „Befriedigung" (siehe Rz. 21 f.) ist dies dahingehend zu konkretisieren, dass
der Zeitpunkt maßgeblich ist, zu dem nach der lex causae das Surrogat an Stelle des
Massegegenstands in die Verfügungsbefugnis des Gläubigers gelangt ist.

Liegt hiernach der Zeitpunkt der **Befriedigung vor der Insolvenzeröffnung**, schei- 31
det eine Anwendung von Art. 23 Abs. 1 aus. Ansprüche des Verwalters richten sich
dann gemäß Art. 7 Abs. 2 lit. m nach den Regelungen der lex concursus über die
Nichtigkeit, Anfechtbarkeit oder (relative) Unwirksamkeit von Rechtshandlungen,[51)]
allerdings mit der potentiellen zusätzlichen Hürde des Art. 16.[52)]

Für **gestreckte Befriedigungstatbestände** (z. B. § 91 Abs. 2 InsO), die vor Insolvenz- 32
eröffnung beginnen und danach enden, ist die Rechtslage unklar.[53)] Die Lösung hängt
wiederum von der Definition des Begriffs „Befriedigung" (siehe Rz. 20 ff.) und des
daran orientierten Zeitpunkts ab, zu dem man den Eintritt der Befriedigung annimmt
(siehe Rz. 30). Das hier vertretene Abstellen auf den Zeitpunkt, zu dem der Gläubiger
über das Surrogat verfügen kann, dürfte eine Lösung des Problems erleichtern.[54)]

### d) Massegegenstand in anderem Mitgliedstaat

### aa) Gegenstand der Masse

Der Herausgabeanspruch des Art. 23 Abs. 1 setzt die Befriedigung aus einem masse- 33
zugehörigen Gegenstand voraus. Aufgrund des insoweit beschränkten Anwendungsbereichs der Vorschrift (siehe Rz. 7 f.) muss die **Masse des Hauptinsolvenzverfahrens** betroffen sein. Sobald ein Gegenstand vom Beschlag eines Partikular- oder Sekundärinsolvenzverfahrens erfasst wird, kommt – jedenfalls für die Dauer dieses
Verfahrens[55)] – der Anspruch nach Art. 23 Abs. 1 nicht zum Tragen (siehe Rz. 16).

---

50) Mankowski/Müller/J. Schmidt-*Müller*, EuInsVO 2015, Art. 23 Rz. 9; Bork/van Zwieten-*Veder*, Commentary on the European Insolvency Regulation, Art. 23 Rz. 23.13; Koller/Lovrek/Spitzer-*Scholz/Berger*, IO, Art. 23 EuInsVO Rz. 11; Kübler/Prütting/Bork-*Kemper*, InsO, Art. 20 EuInsVO 2000 Rz. 7; Haß/Huber/Gruber/Heiderhoff-*Gruber*, EuInsVO, Art. 20 Rz. 3; Pannen-*Riedemann*, EuInsVO, Art. 20 Rz. 16; *Reinhart* in: MünchKomm-InsO, 2. Aufl., Art. 20 EuInsVO 2000 Rz. 7; wohl auch *Kindler* in: MünchKomm-BGB, Art. 23 EuInsVO Rz. 7.
51) Mankowski/Müller/J. Schmidt-*Müller*, EuInsVO 2015, Art. 23 Rz. 10; *Thole* in: MünchKomm-InsO, Art. 20 EuInsVO 2015 Rz. 6; Kübler/Prütting/Bork-*Skauradszun*, InsO, Art. 23 EuInsVO 2015 Rz. 16; Haß/Huber/Gruber/Heiderhoff-*Gruber*, EuInsVO, Art. 20 Rz. 3; Pannen-*Riedemann*, EuInsVO, Art. 20 Rz. 13; *Kindler* in: MünchKomm-BGB, Art. 23 EuInsVO Rz. 7.
52) Hierzu näher *Stehle*, DZWiR 2008, 53, 55 f.
53) Vgl. Mankowski/Müller/J. Schmidt-*Müller*, EuInsVO 2015, Art. 23 Rz. 10 und Art. 16 Rz. 12.
54) Ähnlich das Abstellen auf den Befriedigungserfolg, wenn dieser nicht mit der Befriedigungshandlung zusammenfällt: Mankowski/Müller/J. Schmidt-*Müller*, EuInsVO 2015, Art. 23 Rz. 14; Kübler/Prütting/Bork-*Skauradszun*, InsO, Art. 23 EuInsVO 2015 Rz. 16.
55) S. zur Theorie, dass der Beschlag des Territorialverfahrens nur für dessen Dauer denjenigen des Hauptverfahren überlagert oben Art. 21 Rz. 22 [*Hänel*], und BGH, Urt. v. 20.11.2014 – IX ZR 13/14, Rz. 9 f., ZIP 2015, 42, dazu EWiR 2015, 83 *(Paulus)*; *Thole* in: MünchKomm-InsO, Art. 18 EuInsVO 2000 Rz. 8; Mankowski/Müller/J. Schmidt-*Müller*, EuInsVO 2015, Art. 21 Rz. 10; krit. *Fehrenbach*, NZI 2015, 157.

34 Welche **Gegenstände** zur Insolvenzmasse gehören, ist gemäß Art. 7 Abs. 2 lit. b nach der **lex concursus des Eröffnungsstaats** zu bestimmen.[56] Erfasst sind auch Bankguthaben[57] und pfändbarer Neuerwerb des Schuldners. Die Maßgeblichkeit der lex concursus des Eröffnungsstaats für die Massezugehörigkeit führt auch dann zur Anwendbarkeit von Art. 23 Abs. 1, wenn der Gegenstand nach dem Recht des Belegenheitsstaats insolvenzbeschlagsfrei wäre.[58]

35 Konsequenterweise muss die Vorschrift im umgekehrten Fall unanwendbar sein, wenn der Gegenstand nur im Belegenheitsstaat insolvenzbefangen bzw. pfändbar ist, nach dem Recht des Eröffnungsstaats aber beschlagsfrei. Damit kommt zwar in Betracht, dass ein Gläubiger sich einen Sondervorteil verschafft, wenn ein Individualzugriff nicht aus anderen Gründen ausgeschlossen ist.[59] Mangels Schmälerung der durch die lex concursus des Hauptinsolvenzverfahrens definierten Masse fehlt es aber an einem Nachteil für die Gläubigergesamtheit.

### bb) Belegenheit in anderem Mitgliedstaat

36 Der Gegenstand, aus dem der Gläubiger Befriedigung erlangt hat, muss sich in einem anderen Mitgliedstaat befunden haben. Die **Belegenheit** richtet sich im Grundsatz nach der Definition in Art. 2 Nr. 9.

37 Art. 23 Abs. 1 greift hiernach jedenfalls dann – auch mangels Erfordernis – nicht ein, wenn sich der fragliche **Gegenstand im Eröffnungsstaat** befand.[60] Insbesondere bei immateriellen Gütern können allerdings rechtliche und faktische Belegenheit auseinanderfallen: Ordnet man z. B. supranational gespeicherte Daten wie Kryptowährung gemäß der hier vertretenen Ansicht rechtlich der Masse des Hauptinsolvenzverfahrens zu (siehe Art. 21 Rz. 34 [*Hänel*]), befinden sich aber verwertungsrelevante Daten – wie der Private Key – faktisch (in der Hand einer Person oder auf einem Rechner) in einem anderen Mitgliedstaat, sollte der Anspruch nach Art. 23 Abs. 1 nicht ausgeschlossen sein.

38 Strittig ist der Umgang mit dem Fall, dass sich der **Gegenstand in einem Drittstaat** außerhalb des Geltungsbereichs der EuInsVO befand. Zum Teil wird hier eine analoge Anwendung von Art. 23 Abs. 1 befürwortet.[61] Die h. M. lehnt dies ab und verweist auf das autonome Internationale Insolvenzrecht, was im deutschen Insol-

---

56) Vgl. nur Mankowski/Müller/J. Schmidt-*Müller*, EuInsVO 2015, Art. 23 Rz. 11; Kübler/Prütting/Bork-*Skauradszun*, InsO, Art. 23 EuInsVO 2015 Rz. 17; Haß/Huber/Gruber/Heiderhoff-*Gruber*, EuInsVO, Art. 20 Rz. 4; Pannen-*Riedemann*, EuInsVO, Art. 20 Rz. 8; *Thole* in: MünchKomm-InsO, Art. 20 EuInsVO 2000 Rz. 11; *Kindler* in: MünchKomm-BGB, Art. 23 EuInsVO Rz. 8.
57) Vgl. Mankowski/Müller/J. Schmidt-*Müller*, EuInsVO 2015, Art. 23 Rz. 11; *Paulus*, EuInsVO, Art. 23 Rz. 7; *Thole* in: MünchKomm-InsO, Art. 20 EuInsVO 2000 Rz. 11.
58) Vgl. *Paulus*, EuInsVO, Art. 23 Rz. 4.
59) In einem deutschen Hauptinsolvenzverfahren wäre § 89 Abs. 1 InsO anwendbar.
60) Vgl. nur Bork/van Zwieten-*Veder*, Commentary on the European Insolvency Regulation, Art. 23 Rz. 23.14; Mankowski/Müller/J. Schmidt-*Müller*, EuInsVO 2015, Art. 23 Rz. 13; *Paulus*, EuInsVO, Art. 23 Rz. 7; Pannen-*Riedemann*, EuInsVO, Art. 20 Rz. 10.
61) So Rauscher-*Mäsch*, EuZPR/EuIPR, Art. 20 EG-InsVO Rz. 9; *Wenner/Schuster* in: FK-InsO, Art. 23 EuInsVO Rz. 6 m. w. N.

venzrecht zur Anwendbarkeit von § 342 Abs. 1 InsO führt.[62] Am Charakter und dem Insolvenzbezug des Anspruchs ändert dies nichts, daher kann auch eine auf § 342 Abs. 1 InsO gestützte Herausgabeklage unter dem **Gerichtsstand des Art. 6 Abs. 1** erhoben werden.

Zu welchem **Zeitpunkt** die **Belegenheit** in einem anderen Mitgliedstaat vorliegen muss, geht aus Art. 23 Abs. 1 nicht hervor. Ein Abstellen auf den Zeitpunkt der Insolvenzeröffnung würde zu Schutzlücken für die Fälle führen, dass ein Gegenstand erst später (aus dem Eröffnungs- oder einem Drittstaat) in einen anderen Mitgliedstaat gelangt[63] oder entsteht (z. B. Neuerwerb). In Anbetracht des auf die universalen Verfahrenswirkungen ausgerichteten Normzwecks (siehe Rz. 1) sollte daher Art. 23 Abs. 1 immer dann zur Anwendung kommen, wenn der Gegenstand **bei Beginn der zur Befriedigung führenden Handlung** vom Insolvenzbeschlag erfasst wurde und sich zwischen diesem Zeitpunkt und dem Zeitpunkt der Befriedigung (siehe Rz. 28 ff.) in einem anderen Mitgliedstaat befand.[64]  39

Bei örtlichem **Auseinanderfallen von Leistungshandlung und Befriedigungserfolg**, zu dem es insbesondere bei Banküberweisungen kommen kann, überzeugt im Interesse des Schutzzwecks der Norm eine weite Auslegung dahingehend, dass es genügt, wenn sich der Gegenstand entweder bei Vornahme der Leistungshandlung oder bei Eintritt der Befriedigung in einem anderen Mitgliedstaat befand.[65]  40

### e) Einschränkungen

Die Herausgabepflicht nach Art. 23 Abs. 1 besteht nicht, soweit ein Gläubiger die Befriedigung aus dem Gegenstand nur in **Wahrnehmung dinglicher Rechte** gemäß den Artt. 8 und 10 erlangt hat. Für Aussonderungsgut in Fremdeigentum ist dies selbstverständlich; insoweit scheitert die Herausgabepflicht schon an fehlender Massezugehörigkeit des Gegenstands. Relevant ist der Vorbehalt daher für **dinglich wirkende Sicherungsrechte** an Gegenständen des Schuldnervermögens. Mit der Entscheidung des Verordnungsgebers, solche Rechte zu privilegieren, ist der Umfang der freien Masse entsprechend eingeschränkt definiert. Die Ausübung dieser Rechte bewirkt dann keine zusätzliche Masseschmälerung auf Kosten der anderen Gläubiger.[66]  41

---

62) Vgl. K. Schmidt-*Brinkmann*, InsO, Art. 20 EuInsVO Rz. 3; Haß/Huber/Gruber/Heiderhoff-*Gruber*, EuInsVO, Art. 20 Rz. 5; Braun-*Dugué*, InsO, Art. 23 EuInsVO Rz. 11; *Paulus*, EuInsVO, Art. 23 Rz. 7; Pannen-*Riedemann*, EuInsVO, Art. 20 Rz. 12; Kübler/Prütting/Bork-*Skauradszun*, InsO, Art. 23 EuInsVO 2015 Rz. 9; *Thole* in: MünchKomm-InsO, Art. 20 EuInsVO 2000 Rz. 12; *Kindler* in: MünchKomm-BGB, Art. 23 EuInsVO Rz. 11; *Reinhart* in: MünchKomm-InsO, § 342 InsO Rz. 6.

63) Vgl. *Thole* in: MünchKomm-InsO, Art. 20 EuInsVO 2000 Rz. 13; Brinkmann-*Thole*, EIR, Art. 23 Rz. 12.

64) Ebenso Kübler/Prütting/Bork-*Skauradszun*, InsO, Art. 23 EuInsVO 2015 Rz. 18; ähnlich *Thole* in: MünchKomm-InsO, Art. 20 EuInsVO 2000 Rz. 13; a. A. Mankowski/Müller/J. Schmidt-*Müller*, EuInsVO 2015, Art. 23 Rz. 14, der auf den Zeitpunkt des Befriedigungserfolgs abstellt.

65) Vgl. *Thole* in: MünchKomm-InsO, Art. 20 EuInsVO 2000 Rz. 14; Brinkmann-*Thole*, EIR, Art. 23 Rz. 13; *Reinhart* in: MünchKomm-InsO, 2. Aufl., Art. 20 EuInsVO 2000 Rz. 5.

66) Vgl. *Virgós/Schmit* in: Stoll, Vorschläge und Gutachten, Rz. 173; Pannen-*Riedemann*, EuInsVO, Art. 20 Rz. 23; *Kindler* in: MünchKomm-BGB, Art. 23 EuInsVO Rz. 12 m. w. N. Nach *Paulus*, EuInsVO, Art. 23 Rz. 8, verstehen sich die Ausnahmen infolge der Dinglichkeit der Rechtsposition von selbst.

## Artikel 23

42 Der Vorbehalt ist ein **Rechtsgrundverweis**, so dass die Tatbestandsvoraussetzungen dieser Vorschriften vorliegen müssen.[67] Dies umfasst, dass die Gegenausnahmen in Art. 8 Abs. 4 und Art. 10 Abs. 3 – insolvenzspezifische Angreifbarkeit der dinglichen Rechte – nicht vorliegen dürfen.[68]

43 Nur eine Befriedigung in **ordnungsgemäßer Wahrnehmung dinglicher Sicherungsrechte** gemäß den Artt. 8, 10 sollte zur Immunisierung gegen die Herausgabepflicht des Art. 23 Abs. 1 führen, nicht aber rechtswidrige Eigenmacht des Gläubigers. Anderenfalls würden Fehlanreize gesetzt, von den gesetzlich vorgegebenen Verfahren zur Realisierung von Sicherungsrechten abzuweichen.

44 Grenze der Privilegierung ist in jedem Fall die Reichweite der dinglichen Rechte, weshalb der entsprechend gesicherte Gläubiger einen etwaigen **Übererlös** nach ErwG 68 Satz 5 an die Masse des Hauptinsolvenzverfahrens **auszukehren** hat, sofern kein Sekundärinsolvenzverfahren eröffnet ist.[69]

45 Auch wenn der Vorbehalt in Art. 23 Abs. 1 sich nicht ausdrücklich auf Art. 9 erstreckt, muss eine nach dieser Vorschrift **insolvenzfeste Aufrechnung** in dem oben (siehe Rz. 26) dargestellten Umfang mit der h. M. in gleicher Weise gegen die Herausgabepflicht immun sein wie die Befriedigung aus dinglichen Rechten i. S. der Artt. 8 und 10.[70]

46 Wie ebenfalls schon erwähnt (siehe Rz. 27), begründet auch die **quotale Befriedigung in einem Territorialverfahren** keine Herausgabepflicht nach Art. 23 Abs. 1.[71]

47 Der Grundgedanke, dass Art. 23 Abs. 1 nur gegen die Verletzung der universalen Wirkung des Hauptinsolvenzverfahrens schützen soll,[72] gebietet schließlich noch eine weitere Einschränkung: Soweit die lex concursus des Eröffnungsstaats die Verfahrenswirkungen nur auf bestimmte Gläubiger erstreckt und/oder ein indivi-

---

67) Vgl. *Thole* in: MünchKomm-InsO, Art. 20 EuInsVO 2000 Rz. 16.
68) Vgl. Mankowski/Müller/J. Schmidt-*Müller*, EuInsVO 2015, Art. 23 Rz. 15; *Stehle*, DZWiR 2008, 53, 57.
69) Vgl. Mankowski/Müller/J. Schmidt-*Müller*, EuInsVO 2015, Art. 23 Rz. 15 m. w. N.; Braun-*Dugué*, InsO, Art. 23 EuInsVO Rz. 13; Kübler/Prütting/Bork-*Skauradszun*, InsO, Art. 23 EuInsVO 2015 Rz. 24; *Thole* in: MünchKomm-InsO, Art. 20 EuInsVO 2000 Rz. 9; Uhlenbruck-*Lüer*, InsO, Art. 20 EuInsVO Rz. 5; *Reinhart* in: MünchKomm-InsO, 2. Aufl., Art. 20 EuInsVO 2000 Rz. 9; *Schultz* in: HK-InsO, Art. 23 EuInsVO Rz. 7.
70) Vgl. *Balz*, ZIP 1996, 948, 952; *Thole* in: MünchKomm-InsO, Art. 20 EuInsVO 2000 Rz. 10; Bork/van Zwieten-*Veder*, Commentary on the European Insolvency Regulation, Art. 23 Rz. 23.21 m. w. N.; Kübler/Prütting/Bork-*Skauradszun*, InsO, Art. 23 EuInsVO 2015 Rz. 23; *Reinhart* in: MünchKomm-InsO, 2. Aufl., Art. 20 EuInsVO 2000 Rz. 11; K. Schmidt-*Brinkmann*, InsO, Art. 20 EuInsVO Rz. 7, jeweils m. w. N.; Koller/Lovrek/Spitzer-*Scholz/Berger*, IO, Art. 23 EuInsVO Rz. 14; **a. A.** Mankowski/Müller/J. Schmidt-*Müller*, EuInsVO 2015, Art. 23 Rz. 6; *Kindler* in: MünchKomm-BGB, Art. 23 EuInsVO Rz. 13; *Wenner/Schuster* in: FK-InsO, Art. 23 EuInsVO Rz. 12.
71) Vgl. *Thole* in: MünchKomm-InsO, Art. 20 EuInsVO 2000 Rz. 8, 11; Mankowski/Müller/J. Schmidt-*Müller*, EuInsVO 2015, Art. 23 Rz. 6; Kübler/Prütting/Bork-*Skauradszun*, InsO, Art. 23 EuInsVO 2015 Rz. 8; Koller/Lovrek/Spitzer-*Scholz/Berger*, IO, Art. 23 EuInsVO Rz. 10; K. Schmidt-*Brinkmann*, InsO, Art. 20 EuInsVO Rz. 4; Rauscher-*Mäsch*, EuZPR/EuIPR, Art. 20 EG-InsVO Rz. 8.
72) Vgl. nur Kübler/Prütting/Bork-*Skauradszun*, InsO, Art. 23 EuInsVO 2015 Rz. 1; K. Schmidt-*Brinkmann*, InsO, Art. 20 EuInsVO Rz. 6.

duelles Vorgehen für privilegierte Forderungen gestattet, ist die Ungleichbehandlung der Gläubiger bereits in der gemäß Art. 20 europaweit wirkenden Verfahrensordnung angelegt.[73] Es wäre widersinnig, eine damit konforme Sonderbehandlung über Art. 23 Abs. 1 wieder auszuheben, zumal dies im Eröffnungsstaat zu einer ungerechtfertigten Bereicherung der Masse führen dürfte. Demgemäß muss Art. 23 Abs. 1 unanwendbar sein, soweit die **Gläubigergleichbehandlung gemäß der lex concursus nicht verletzt ist.**[74]

### f) Inhalt der Herausgabepflicht

Nach verbreiteter Ansicht bezieht sich die Herausgabepflicht bereits im Sinne einer Naturalrestitution auf den **Gegenstand** selbst.[75] Hierfür müsste der dann (richtigerweise) herauszugebende Besitz als „Befriedigung" i. S. von Art. 23 Abs. 1 verstanden werden,[76] was große Liberalität auf Tatbestandsebene voraussetzen würde und schwerlich in Einklang zu bringen wäre mit der Ansicht, dass Befriedigung eine Erfüllungswirkung nach der lex causae voraussetzt.[77] Vorzugswürdig ist daher, die Herausgabe des Gegenstands selbst dem **Abholungsrecht des Art. 21 Abs. 1 Satz 2** zu unterwerfen (siehe Rz. 21).  48

Die Herausgabepflicht des Gläubigers gemäß Art. 23 Abs. 1 bzw. der damit korrespondierende Herausgabeanspruch des Hauptinsolvenzverwalters richtet sich somit auf das Erlangte i. S. des vom Gläubiger erlangten **Surrogats für den Gegenstand**. Der Begriff des „Erlangten" ist dabei unionsrechtlich-autonom auszulegen; eine subsidiäre Anwendung der Rechtsfolgenverweisung auf das Bereicherungsrecht in § 342 Abs. 1 Satz 2 InsO scheidet daher aus.[78]  49

---

73) Näher Bork/van Zwieten-*Veder*, Commentary on the European Insolvency Regulation, Art. 23 Rz. 23.09 m. w. N.; Kübler/Prütting/Bork-*Skauradszun*, InsO, Art. 23 EuInsVO 2015 Rz. 10.
74) Vgl. Bork/van Zwieten-*Veder*, Commentary on the European Insolvency Regulation, Art. 23 Rz. 23.10 m. w. N.; im Ergebnis ebenso Kübler/Prütting/Bork-*Skauradszun*, InsO, Art. 23 EuInsVO 2015 Rz. 10.
75) So Pannen-*Riedemann*, EuInsVO, Art. 20 Rz. 21; Leonhardt/Smid/Zeuner-*Smid*, Internationales Insolvenzrecht, Art. 20 EuInsVO Rz. 13; Haß/Huber/Gruber/Heiderhoff-*Gruber*, EuInsVO, Art. 20 Rz. 7; Nerlich/Römermann-*Nerlich*, InsO, Art. 20 EuInsVO 2000 Rz. 11; *Thole* in: MünchKomm-InsO, Art. 20 EuInsVO 2000 Rz. 17; Braun-*Dugué*, InsO, Art. 23 EuInsVO Rz. 14; *Kindler* in: MünchKomm-BGB, Art. 23 EuInsVO Rz. 15; Kübler/Prütting/Bork-*Skauradszun*, InsO, Art. 23 EuInsVO 2015 Rz. 25; *Schultz* in: HK-InsO, Art. 23 EuInsVO Rz. 7; Koller/Lovrek/Spitzer-*Scholz/Berger*, IO, Art. 23 EuInsVO Rz. 16.
76) So wohl über eine autonome Auslegung des Begriffs „Befriedigung" Kübler/Prütting/Bork-*Skauradszun*, InsO, Art. 23 EuInsVO 2015 Rz. 19, 25.
77) So Haß/Huber/Gruber/Heiderhoff-*Gruber*, EuInsVO, Art. 20 Rz. 3; *Reinhart* in: MünchKomm-InsO, 2. Aufl., Art. 20 EuInsVO 2000 Rz. 3; Nerlich/Römermann-*Nerlich*, InsO, Art. 20 EuInsVO 2000 Rz. 4; Braun-*Dugué*, InsO, Art. 23 EuInsVO Rz. 9; *Schultz* in: HK-InsO, Art. 23 EuInsVO Rz. 6; ähnlich *Thole* in: MünchKomm-InsO, Art. 20 EuInsVO 2000 Rz. 9.
78) Vgl. *Thole* in: MünchKomm-InsO, Art. 20 EuInsVO 2000 Rz. 17; Brinkmann-*Thole*, EIR, Art. 23 Rz. 16; Pannen-*Riedemann*, EuInsVO, Art. 20 Rz. 21; Kübler/Prütting/Bork-*Skauradszun*, InsO, Art. 23 EuInsVO 2015 Rz. 26; **a. A.** *Paulus*, EuInsVO, Art. 23 Rz. 9, und Mankowski/Müller/J. Schmidt-*Müller*, EuInsVO 2015, Art. 23 Rz. 23, die ohne Rückgriff auf § 342 InsO für eine Anwendung der §§ 818, 819 BGB plädieren bis zu einer ggf. anderen Klärung durch den EuGH.

50 Das Erlangte ist relativ unproblematisch zu bestimmen, wenn der Gläubiger i. R. der Verwertung des Gegenstands durch Zahlung eines wertadäquaten Geldbetrags befriedigt wurde. Ein Abzug von Kosten der Rechtsverfolgung ist nicht gerechtfertigt, weil auch insoweit der Gläubiger Befriedigung einer (Ersatz-)Forderung erlangt hat.[79] Nach h. M. begründet Art. 23 Abs. 1 auch einen Anspruch auf **Ersatz des objektiven Werts**,[80] was insbesondere bei Untergang des Gegenstands, Vermischung oder Verarbeitung relevant ist.[81] Verneint man den Entreicherungseinwand,[82] was auch bei autonomer Auslegung hinterfragenswert ist,[83] kann dies zu Härten führen, wenn das Erlangte zufällig untergeht und dem Gläubiger kein Wert verbleibt.[84]

51 Ob aus dem grundsätzlichen Wertersatzanspruch ein **Wahlrecht des Verwalters** folgt, auch dann Wertersatz zu verlangen, wenn das vom Gläubiger Erlangte herausgabefähig vorhanden ist, ist strittig.[85] Von Bedeutung ist die Frage insbesondere dann, wenn der Wert des Erlangten – womöglich bewusst gesteuert – den objektiven Wert des Gegenstands unterschreitet. In Anbetracht der Tatsache, dass die Herausgabepflicht schon den (Besitz am) Gegenstand erfasst (siehe Rz. 48) und dem Gläubiger der Entreicherungseinwand verwehrt ist, muss er konsequenterweise – entsprechend einer Schadensminderungspflicht – die Gefahr einer Verwertung unter

---

79) Insoweit vergleichbar der anfechtungsrechtliche Rückgewähranspruch, vgl. *Kirchhof/Piekenbrock* in: MünchKomm-InsO, § 143 Rz. 45. Nach a. A. soll die Kostentragungspflicht nach der lex concursus entscheiden, vgl. Kübler/Prütting/Bork-*Kemper*, InsO, Art. 20 EuInsVO 2000 Rz. 12; im Ergebnis ebenfalls nur für „Netto"-Wertersatz Kübler/Prütting/Bork-*Skauradszun*, InsO, Art. 23 EuInsVO 2015 Rz. 26; differenzierend *Schultz* in: HK-InsO, Art. 23 Rz. 7 (nur Verwertungskosten abzugsfähig, die auch beim Verwalter angefallen wären).
80) Vgl. *Virgós/Schmit* in: Stoll, Vorschläge und Gutachten, Rz. 172; Mankowski/Müller/J. Schmidt-*Müller*, EuInsVO 2015, Art. 23 Rz. 23 m. w. N.; *Thole* in: MünchKomm-InsO, Art. 20 EuInsVO 2000 Rz. 17; Kübler/Prütting/Bork-*Kemper*, InsO, Art. 20 EuInsVO 2000 Rz. 12; *Kindler* in: MünchKomm-BGB, Art. 23 EuInsVO Rz. 15; Pannen-*Riedemann*, EuInsVO, Art. 20 Rz. 21; Rauscher-*Mäsch*, EuZPR/EuIPR, Art. 20 EG-InsVO Rz. 11; Leonhardt/Smid/Zeuner-*Smid*, Internationales Insolvenzrecht, Art. 20 EuInsVO Rz. 13; *Wenner/Schuster* in: FK-InsO, Art. 23 EuInsVO Rz. 14.
81) Vgl. *Thole* in: MünchKomm-InsO, Art. 20 EuInsVO 2000 Rz. 17; Leonhardt/Smid/Zeuner-*Smid*, Internationales Insolvenzrecht, Art. 20 EuInsVO Rz. 13; Koller/Lovrek/Spitzer-*Scholz/Berger*, IO, Art. 23 EuInsVO Rz. 16 m. w. N.
82) Vgl. *Thole* in: MünchKomm-InsO, Art. 20 EuInsVO 2000 Rz. 17 f.; *Kindler* in: MünchKomm-BGB, Art. 23 EuInsVO Rz. 18 m. w. N.; Rauscher-*Mäsch*, EuZPR/EuIPR, Art. 20 EG-InsVO Rz. 12; Leonhardt/Smid/Zeuner-*Smid*, Internationales Insolvenzrecht, Art. 20 EuInsVO Rz. 13; Kübler/Prütting/Bork-*Skauradszun*, InsO, Art. 23 EuInsVO 2015 Rz. 28; Koller/Lovrek/Spitzer-*Scholz/Berger*, IO, Art. 23 EuInsVO Rz. 16.
83) Vgl. Mankowski/Müller/J. Schmidt-*Müller*, EuInsVO 2015, Art. 23 Rz. 23.
84) Vgl. Haß/Huber/Gruber/Heiderhoff-*Gruber*, EuInsVO, Art. 20 Rz. 8.
85) **Dafür** *Undritz* in: HambKomm-InsO, Art. 20 EuInsVO 2000 Rz. 6; *Hergenröder*, ZVI 2005, 233, 240; **dagegen** Mankowski/Müller/J. Schmidt-*Müller*, EuInsVO 2015, Art. 23 Rz. 23; Rauscher-*Mäsch*, EuZPR/EuIPR, Art. 20 EG-InsVO Rz. 11; Kübler/Prütting/Bork-*Skauradszun*, InsO, Art. 23 EuInsVO 2015 Rz. 29; Schultz in: HK-InsO, Art. 23 EuInsVO Rz. 7.

Wert tragen.[86] Dies zwingt allerdings noch nicht zur Annahme eines Wahlrechts des Verwalters; vorzugswürdig ist vielmehr eine Erstreckung der Herausgabepflicht auf das Erlangte zuzüglich einer etwaigen Wertdifferenz. Die **Beweislast** für Letztere trägt nach allgemeinen Regeln der Anspruch stellende Verwalter.

Umstritten ist weiter, ob der Gläubiger auch gezogene **Nutzungen, Zinsen und Gebrauchsvorteile** herauszugeben bzw. insoweit Wertersatz zu leisten hat.[87] Da der Anspruch aus Art. 23 Abs. 1 kein Schadensersatzanspruch ist,[88] scheidet eine Herausgabe- oder Wertersatzpflicht jedenfalls hinsichtlich nicht gezogener Vorteile dieser Art aus. Tatsächlich gezogene Vorteile hat der Gläubiger indes auch im Zuge der Befriedigung aus dem Massegegenstand erlangt, weshalb ihre Einbeziehung in die Herausgabepflicht vom Wortlaut der Vorschrift gedeckt ist.   52

Die in Art. 23 Abs. 2 nicht geregelte Frage des **Erfüllungsorts der Herausgabepflicht** stellt sich insbesondere dann, wenn man dieses auf den Gegenstand selbst erstreckt, nicht nur auf das Surrogat (siehe dazu Rz. 48 f.), das regelmäßig in Geld oder einer Forderung bestehen wird. Dann liegt es nahe, den Gläubiger dort als herausgabepflichtig zu betrachten, wo er aus dem Gegenstand befriedigt wurde.[89] Dies entspricht der Wiederherstellung des Zustands vor Verletzung der haftungsrechtlichen Zuweisung des Gegenstands.   53

### g) Eröffnung Sekundärverfahren

Wird ein Sekundärinsolvenzverfahren **nach Geltendmachung des Herausgabeanspruchs** eröffnet, soll nach teilweise vertretener Ansicht die Belegenheit des Herausgabeanspruchs nach Maßgabe von Art. 2 Nr. 9 (viii) darüber entscheiden, ob der Haupt-, oder der Sekundärinsolvenzverwalter den Anspruch weiterverfolgen kann.[90] Diese Ansicht ist zu undifferenziert und überzeugt nicht.   54

Mit Eröffnung eines Sekundärverfahrens in einem anderen Mitgliedstaat wird ein dort befindlicher Massegegenstand vom **Beschlag des Sekundärverfahrens** erfasst. Ein Herausgabeanspruch des Hauptinsolvenzverwalters scheidet dann sowohl hinsichtlich des Gegenstands, als auch hinsichtlich eines Surrogats aus dessen Ver-   55

---

86) A. A. *Kindler* in: MünchKomm-BGB, Art. 23 EuInsVO Rz. 16, der diese Konsequenz nicht zieht und die Herausgabe auch im Fall einer Wertdifferenz auf das vorhandene Erlangte beschränken will. Damit wäre indes der Gläubiger, bei dem das Erlangte zufällig untergeht, ohne Grund schlechtergestellt.
87) Dafür etwa Haß/Huber/Gruber/Heiderhoff-*Gruber*, EuInsVO, Art. 20 Rz. 7; Pannen-*Riedemann*, EuInsVO, Art. 20 Rz. 22 m. w. N.; *Wenner/Schuster* in: FK-InsO, Art. 23 EuInsVO Rz. 14; Koller/Lovrek/Spitzer-*Scholz/Berger*, IO, Art. 23 EuInsVO Rz. 16; **dagegen** *Kindler* in: MünchKomm-BGB, Art. 23 EuInsVO Rz. 17; *Schultz* in: HK-InsO, Art. 23 EuInsVO Rz. 7; Rauscher-*Mäsch*, EuZPR/EuIPR, Art. 20 EG-InsVO Rz. 12; *Thole* in: MünchKomm-InsO, Art. 20 EuInsVO 2000 Rz. 17. Für eine Anwendung von § 818 BGB bis zur Klärung durch den EuGH Mankowski/Müller/J. Schmidt-*Müller*, EuInsVO 2015, Art. 23 Rz. 23 m. w. N.; *Paulus*, EuInsVO, Art. 23 Rz. 9.
88) Vgl. *Kindler* in: MünchKomm-BGB, Art. 23 EuInsVO Rz. 16; Kübler/Prütting/Bork-*Skauradszun*, InsO, Art. 23 EuInsVO Rz. 29.
89) Überzeugend Kübler/Prütting/Bork-*Skauradszun*, InsO, Art. 23 EuInsVO 2015 Rz. 30.
90) So Haß/Huber/Gruber/Heiderhoff-*Gruber*, EuInsVO, Art. 20 Rz. 9, und Pannen-*Riedemann*, EuInsVO, Art. 20 Rz. 18 m. w. N. – allerdings mit unterschiedlichem Ergebnis.

wertung aus, jedenfalls wenn diese nach Eröffnung des Sekundärverfahrens erfolgte (siehe Rz. 16, 33).

56 Bei **Verwertung vor Eröffnung des Sekundärverfahrens** aber nach Eröffnung des Hauptinsolvenzverfahrens unterlag der Gegenstand zunächst nur dessen Insolvenzbeschlag, aber zu keinem Zeitpunkt dem des Sekundärverfahrens. Der Zugriff des Sekundärverwalters auf das Surrogat ist dann keine Frage des Insolvenzbeschlags, sondern der Angreifbarkeit der Verwertungshandlung des Gläubigers nach der lex concursus des Sekundärverfahrens, Art. 7 Abs. 2 lit. m. Ein originärer Herausgabeanspruch nach Art. 23 Abs. 1 steht dem Sekundärverwalter an sich schon nicht zu (siehe Rz. 8) und zudem handelt es sich um einen Binnensachverhalt. Hat der Sekundärverwalter über insolvenzspezifische Ansprüche i. S. von Art. 7 Abs. 2 lit. m Zugriff auf das Surrogat, gebührt dieser **haftungsrechtlichen Zuweisung** zur Masse des Sekundärverfahrens der Vorrang.[91] Ist demgegenüber die Befriedigung des Gläubigers nach der lex concursus des Sekundärverfahrens insolvenzfest, besteht kein Grund, das Surrogat der Herausgebepflicht nach Art. 23 Abs. 1 und damit der Masse des Hauptinsolvenzverfahrens zu entziehen.

57 Ist bei Eröffnung des Sekundärverfahrens bereits eine **Herausgabeklage des Hauptinsolvenzverwalters anhängig**, das Herauszugebende aber infolge insolvenzspezifischer Ansprüche der Masse des Sekundärverfahrens zugewiesen, darf der Kompetenzkonflikt jedenfalls nicht zu einer Begünstigung des beklagten Gläubigers führen.[92] Es bietet sich an, den Einwand eines vorrangigen Anspruchs des Sekundärverwalters nur zuzulassen, wenn der Beklagte die Voraussetzungen dieses Anspruchs beweist.[93] Auch im Fall eines solchen Beweises ist der Einwand zurückzuweisen, wenn der Fortsetzung der Herausgabeklage durch den Hauptinsolvenzverwalter eine **Verwaltervereinbarung** mit dem Sekundärverwalter zugrunde liegt (siehe Art. 6 Rz. 97 f. [*Hänel*]), was in der Regel die vorzugswürdige Lösung sein dürfte.

## 2. Quotenausgleich (Art. 23 Abs. 2)

### a) Allgemeines

58 Gemäß Art. 3 kann es in unterschiedlichen Mitgliedstaaten zur Eröffnung paralleler Verfahren über das Vermögen eines Schuldners kommen. Art. 23 Abs. 2 enthält eine **Anrechnungsregel**,[94] mittels derer Verteilungsgerechtigkeit hergestellt werden soll, wenn Gläubiger ihre Forderungen in mehreren Parallelverfahren angemeldet haben und zeitlich gestaffelt Ausschüttungen erhalten. Das Prinzip entspricht der

---

91) *Oberhammer*, KTS 2008, 271, 280, bezeichnet die Anfechtungskompetenz des Sekundärverwalters für reine Binnensachverhalte als „selbstverständlich".
92) Vgl. *Paulus*, ZInsO 2006, 295, 299.
93) Insoweit kann auf die Rspr. zur Anfechtung im Mehrpersonen-Verhältnis rekurriert werden: BGH, Urt. v. 16.11.2007 – IX ZR 194/04, ZIP 2008, 125, dazu EWiR 2008, 211 (*Ch. Keller*).
94) Vgl. nur *Thole* in: MünchKomm-InsO, Art. 20 EuInsVO 2000 Rz. 30 m. w. N. Mankowski/Müller/J. Schmidt-*Müller*, EuInsVO 2015, Art. 23 Rz. 31, weist darauf hin, dass die Regel wegen ihres rechtlichen Inhalts besser als Verteilungssperre bezeichnet werden sollte.

in § 192 InsO geregelten Quotenaufholung für Nachzügler, die an bereits erfolgten Ausschüttungen nicht teilgenommen haben.

Angesichts des in Art. 45 jedem Gläubiger eingeräumten Rechts, seine Forderung im Haupt- und in jedem Sekundärinsolvenzverfahren anzumelden bzw. eine „Weitermeldung" durch den jeweiligen Verwalter zuzulassen,[95] bestünde theoretisch eigentlich keine Notwendigkeit für die Regelung in Art. 23 Abs. 2, weil das intendierte Ergebnis faktisch gewährleistet ist, wenn jeder Gläubiger von seinem Recht Gebrauch macht, also vollständige Überkreuzanmeldungen vorliegen.[96] Insofern ist die Vorschrift im Regelfall eine zulasten der Verfahrensökonomie (und der mit der Verteilung befassten Verwalter) gehende **Fürsorgemaßnahme für Gläubiger**, die ihre Forderungen nicht in allen Verfahren anmelden. Für Letzteres können aber durchaus nachvollziehbare Gründe bestehen, wie z. B. der Kosten- und Folgeaufwand einer Anmeldung,[97] der auch die Möglichkeit einer „Weitermeldung" durch den Verwalter gemäß Art. 45 Abs. 2 erschweren oder undurchführbar machen kann.[98] Eine echte Rechtfertigung für die Regelung des Art. 23 Abs. 2 besteht aber jedenfalls dann, wenn einzelne Gläubiger aus rechtlichen Gründen Forderungen nicht in allen Parallelverfahren anmelden können, z. B. weil diese rangbedingt nicht durchwegs zur Anmeldung zugelassen sind (vgl. etwa §§ 39, 174 Abs. 3 InsO oder den Fall der nicht in allen Parallelverfahren anfechtbaren Erhöhung der Passivmasse, siehe dazu Art. 6 Rz. 93 [*Hänel*]). 59

Art. 23 Abs. 2 stellt nur eine **relative Verteilungsgerechtigkeit** her, weil ein unionsweiter Verteilungsstandard fehlt und die Insolvenzregime der involvierten Mitgliedstaaten unterschiedliche Rangordnungen vorsehen können, insbesondere z. B. für Forderungen von Gesellschaftern.[99] Das Ergebnis für die einzelnen Gläubiger hängt daher im Zweifel von der Zufälligkeit der zeitlichen Reihenfolge und der Höhe ab, in der Verteilungen in den Parallelverfahren erfolgen. Für die Verwalter können sich bei entsprechender Abstimmung, die zu empfehlen ist, diesbezügliche Steuerungsmöglichkeiten ergeben.[100] 60

---

95) Die Möglichkeit besteht auch bei parallel laufenden Partikularverfahren, vgl. Art. 45 Rz. 5 [*Hübler*]; Brinkmann-*Maesch*/*Knof*, EIR, Art. 45 Rz. 5 jeweils m. w. N.; Kübler/Prütting/Bork-*Kemper*, InsO, Art. 20 EuInsVO 2000 Rz. 13.
96) Vgl. *Paulus*, EuInsVO, Art. 23 Rz. 12.
97) Vgl. Rauscher-*Mäsch*, EuZPR/EuIPR, Art. 20 EG-InsVO Rz. 13; Kübler/Prütting/Bork-*Skauradszun*, InsO, Art. 23 EuInsVO 2015 Rz. 31.
98) Selbst wenn man die „Weitermeldung" gemäß Art. 45 Abs. 2 als obligatorisch erachtet (so *Hübler*, siehe Art. 45 Rz. 8 m. w. N.), kann ihr Unterlassen keine Pflichtverletzung darstellen, solange die Deckung der Kosten nicht gesichert ist, deren Umfang etwa bei zu erwartendem Übersetzungsverlangen gemäß Art. 55 Abs. 5 erheblich sein kann. Selbst wenn man die Kosten angesichts dessen nicht als Masseverbindlichkeiten einstuft (so aber wohl *Hübler*, siehe Art. 45 Rz. 14 m. w. N. zum Streitstand), kann der jeweilige Gläubiger mit Blick auf Art. 45 Abs. 2 zur Übernahme nicht gezwungen werden.
99) Vgl. *Paulus*, EuInsVO, Art. 23 Rz. 10; *Meyer-Löwy*/*Plank*, NZI 2006, 622, 623.
100) Die Anwendung der „Hotch-pot-Rule" und Abstimmung von Verteilungen kann Gegenstand von Verwaltervereinbarungen („Protocols") sein, vgl. *Wessels*/*Virgós*, European Communication & Cooperation Guidelines for Cross-border Insolvency, Guideline 12.5 Rz. 96.

## b) Anwendungsbereich

61 Der Quotenausgleich nach Art. 23 Abs. 2 gilt in allen Parallelverfahren, die in Mitgliedstaaten eröffnet werden. Die Anwendbarkeit im Verhältnis zu **Verfahren in Drittstaaten** ist strittig. Zum Teil wird sie bejaht,[101] zum Teil verneint und auf das autonome Internationale Insolvenzrecht verwiesen.[102] Für deutsche Insolvenzverfahren ergibt sich im Ergebnis kein Unterschied, weil die autonome Regelung in § 342 Abs. 2 InsO inhaltlich derjenigen des Art. 23 Abs. 2 entspricht.[103]

62 Art. 23 Abs. 2 gilt für **Gläubiger**, die in einem Parallelverfahren schon eine Quote auf ihre Forderung erlangt haben. Unproblematisch ist die Anwendbarkeit für **Insolvenzgläubiger** hinsichtlich ihrer ungesicherten Insolvenzforderungen. Soweit aus der Verwertung von Absonderungsgut Zahlungen an **Absonderungsberechtigte** fließen, handelt es sich nicht um Quotenzahlungen i. R. einer Verteilung, weshalb vertreten wird, dass insoweit Art. 23 Abs. 2 keine Anwendung findet.[104] Richtigerweise geht es darum, ob Sicherungsgläubiger bei der Verteilung in anderen Verfahren nur mit ihrer Ausfallforderung teilnehmen. Dies blieb in der Verordnung ungeregelt und sollte dem nationalen Recht überlassen bleiben, Art. 7 Abs. 2 lit. i.[105]

63 **Massegläubiger** sollen nach teilweise vertretener Ansicht in den Anwendungsbereich von Art. 23 Abs. 2 fallen, wenn sie eine quotale Befriedigung erhalten haben.[106] Die Frage tangiert den recht komplexen Problembereich, ob und inwieweit die Massen von Parallelverfahren für Masseverbindlichkeiten anderer Verfahren haften.[107] Soweit Masseverbindlichkeiten, die im Ausgangsverfahren nur quotal befriedigt wurden, in einem Parallelverfahren nur als Insolvenzforderungen geltend gemacht werden können, liegt die Anwendbarkeit von Art. 23 Abs. 2 nahe. Stellt die Forderung in beiden Verfahren eine Masseverbindlichkeit dar, tritt das Problem nur bei

---

101) So K. Schmidt-*Brinkmann*, InsO, Art. 20 EuInsVO Rz. 9; Braun-*Dugué*, InsO, Art. 23 EuInsVO Rz. 16; Rauscher-*Mäsch*, EuZPR/EuIPR, Art. 20 EG-InsVO Rz. 18; *Mock* in: BeckOK-InsO, Art. 23 EuInsVO Rz. 9; Nerlich/Römermann-*Nerlich*, InsO, Art. 20 EuInsVO 2000 Rz. 14; Pannen-*Riedemann*, EuInsVO, Art. 20 Rz. 28; *Reinhart* in: MünchKomm-InsO, 2. Aufl., Art. 20 EuInsVO 2000 Rz. 15; *Thole* in: MünchKomm-InsO, Art. 20 EuInsVO 2000 Rz. 20; *Wenner/Schuster* in: FK-InsO, Art. 23 EuInsVO Rz. 23. Uhlenbruck-*Lüer*, InsO, Art. 20 EuInsVO Rz. 7, propagiert die Anwendbarkeit für den Fall, dass das jeweilige Insolvenzstatut dies nicht vorsieht.

102) So Mankowski/Müller/J. Schmidt-*Müller*, EuInsVO 2015, Art. 23 Rz. 25; Kübler/Prütting/Bork-*Kemper*, InsO, Art. 20 EuInsVO 2000 Rz. 14; *Paulus*, EuInsVO, Art. 23 Rz. 12, m. Fn. 24; Koller/Lovrek/Spitzer-*Scholz/Berger*, IO, Art. 23 EuInsVO Rz. 19 m. w. N.; Kübler/Prütting/Bork-*Skauradszun*, InsO, Art. 23 EuInsVO 2015 Rz. 35; Leonhardt/Smid/Zeuner-*Smid*, Internationales Insolvenzrecht, Art. 20 EuInsVO Rz. 17; unklar Haß/Huber/Gruber/Heiderhoff-*Gruber*, EuInsVO, Art. 20 Rz. 11.

103) Auch in Österreich gibt es mit § 128 Abs. 2a IO eine entsprechende Regelung.

104) Mankowski/Müller/J. Schmidt-*Müller*, EuInsVO 2015, Art. 23 Rz. 29; *Reinhart* in: MünchKomm-InsO, 2. Aufl., Art. 20 EuInsVO 2000 Rz. 14.

105) Vgl. nur *Balz*, ZIP 1996, 948, 952, dort Fn. 31; *Thole* in: MünchKomm-InsO, Art. 20 EuInsVO 2000 Rz. 19.

106) So *Thole* in: MünchKomm-InsO, Art. 20 EuInsVO 2000 Rz. 19; Kübler/Prütting/Bork-*Skauradszun*, InsO, Art. 23 EuInsVO 2015 Rz. 36.

107) Vgl. dazu nur *Ringstmeier/Homann*, NZI 2004, 354; *Duursma-Kepplinger*, ZIP 2007, 752; Mankowski/Müller/J. Schmidt-*Mankowski*, EuInsVO 2015, Vor Art. 34–51 Rz. 34 ff.; *Paulus*, EuInsVO, Art. 35 Rz. 8 ff., jeweils m. w. N.

auch gleichzeitiger und dauerhafter **Masseunzulänglichkeit** auf, und dann dürften Einzelfalllösungen unter Beachtung der Regelungen der jeweiligen lex concursus für diesen Fall näher liegen.

Art. 36 sieht die Möglichkeit eines „**synthetischen Sekundärverfahrens**"[108] vor, bei dem ein Sekundärinsolvenzverfahren vermieden wird, indem regionale Gläubiger mit dem fiktiven Ergebnis eines solchen Verfahrens gleichgestellt werden. Seinem Wortlaut nach ist Art. 23 Abs. 2 nur anwendbar, wenn tatsächlich ein Parallelverfahren eröffnet wurde, weshalb zum Teil seine entsprechende Anwendung für synthetische Sekundärverfahren befürwortet wird.[109] Hierfür dürfte indes kein Erfordernis bestehen, weil der fiktive Quotenausgleich bereits i. R. der Zusicherung nach Art. 36 berücksichtigt werden kann (soweit eine realistische Simulation des Vergleichsszenarios überhaupt möglich ist) und mit Blick auf Art. 45 Abs. 1 und 2 wohl auch muss.[110]

64

Nach dem Wortlaut von Art. 23 Abs. 2 käme dessen Anwendung nicht nur bei Parallelverfahren über das Vermögen desselben Schuldners in Betracht, sondern auch bei **Parallelverfahren über die Vermögen von Gesamtschuldnern** oder sonstigen Mithaftenden für dieselbe Forderung eines Gläubigers. Diese Konstellation hatte der Verordnungsgeber aber vermutlich nicht im Blick[111] und eine entsprechende Auslegung würde grundlos § 43 InsO (nur) im grenzüberschreitenden Bereich einschränken und ist daher abzulehnen.

65

### c) Berechnungsverfahren

### aa) Grundregeln

Der erläuternde Bericht von *Virgós/Schmit* zum Entwurf eines Insolvenzübereinkommens[112] bezeichnet das Berechnungsverfahren zur Umsetzung von Art. 23 Abs. 2 euphemistisch[113] als „relatively simple" und stellt **vier Grundregeln** auf:

66

– Jeder Gläubiger darf **maximal 100 % seiner Forderung** erhalten. Die Banalität und geringe praktische Relevanz dieser Regel mag den Blick auf ein Durchfüh-

---

108) Zum Begriff vgl. Mankowski/Müller/J. Schmidt-*Mankowski*, EuInsVO 2015, Art. 36 Rz. 4 m. w. N.
109) So Bork/van Zwieten-*Veder*, Commentary on the European Insolvency Regulation, Art. 23 Rz. 23.27; wohl auch Brinkmann-*Thole*, EIR, Art. 23 Rz. 34. Selbst eine direkte Anwendung wird nicht für unvertretbar gehalten, vgl. Kübler/Prütting/Bork-*Skauradszun*, InsO, Art. 23 EuInsVO 2015 Rz. 41 ff.
110) Art. 36 Abs. 1 verweist zwar nur auf nationales Recht, womit der Regelungsgehalt von Art. 23 Abs. 2 nicht umfasst ist (so zutreffend Kübler/Prütting/Bork-*Skauradszun*, InsO, Art. 23 EuInsVO 2015 Rz. 44). Faktisch erreicht eine Zusicherung, die weder vollständige Überkreuzanmeldungen unterstellt noch den Quotenausgleich i. S. von Art. 23 Abs. 2 integriert, aber keine vollständige Simulation eines durchgeführten Sekundärverfahrens und wirft damit Probleme entweder auf Ebene der Billigung gemäß Art. 36 Abs. 5 oder auf Ebene der Verwalterhaftung auf.
111) Jedenfalls enthält der Bericht von *Virgós/Schmit* in: Stoll, Vorschläge und Gutachten, hierfür keine Anhaltspunkte.
112) *Virgós/Schmit* in: Stoll, Vorschläge und Gutachten, Rz. 175.
113) Der Bericht – und die meisten Berechnungsbeispiele in der Literatur – legen eine in ihrer Realitätsnähe zweifelhafte Konstellation zugrunde, in der die Forderungen in den (offenbar gleichzeitig eröffneten) Parallelverfahren jeweils gleich hoch sind und im Fall der Anmeldung umgehend und identisch festgestellt werden. Vgl. hierzu auch *Undritz* in: HambKomm-InsO, Art. 20 EuInsVO 2000 Rz. 10 f.

rungsproblem verschleiern: Je nachdem, ob der Gläubiger in jedem Verfahren seine Haupt- und Nebenforderungen vollumfänglich angemeldet hat oder – siehe § 174 Abs. 3 InsO – anmelden durfte, jedenfalls aber hinsichtlich Zinsforderungen und etwaiger Anmeldekosten bei unterschiedlichen Eröffnungszeitpunkten wird der 100 %-Betrag in unterschiedlichen Verfahren regelmäßig differieren. Maßgeblich können dann nur die im jeweiligen Verfahren angemeldeten und festgestellten Forderungen sein.[114] Das Berechnungsverfahren sollte vor diesem Hintergrund insgesamt **forderungs- und nicht gläubigerbezogen** durchgeführt werden.

– Die Anmeldung der Forderung(en) und deren Berücksichtigung bei Ausschüttungen erfolgt in jedem Verfahren mit dem **vollen Nominalwert**. In anderen Verfahren bereits erhaltene Quoten reduzieren nicht den Forderungsbetrag, sondern werden bei der Quotenaufholung (dazu gleich unten) berücksichtigt. Diese Regel simuliert die Situation, dass nur ein universal wirkendes Insolvenzverfahren eröffnet wurde, in dem mehrere Abschlagsverteilungen auch jeweils auf den vollen Nominalbetrag erfolgen würden. Eine **Ausnahme** gilt für Forderungen, die mit **dinglichen Rechten** i. S. der Artt. 8, 10 gesichert sind und für Gläubiger mit gemäß Art. 9 **insolvenzfester Aufrechnungsbefugnis**. Ob sie an Verteilungen mit dem ursprünglichen Nominalbetrag der Forderung oder nur mit dem Ausfall[115] teilnehmen, bestimmt sich gemäß Art. 7 Abs. 2 lit. i nach der jeweiligen lex concursus (siehe Rz. 62),[116] was mit Blick auf die vorerwähnte Simulation eines Einheitsverfahrens einen Systembruch darstellt.

– Gläubigerforderungen, die in einem Parallelverfahren bereits eine Quote erhalten haben, unterliegen einer **Verteilungssperre**, bis ihnen Gläubiger(-Forderungen) gleichen Rangs oder Gruppenzugehörigkeit, die eine solche Quote noch nicht erlangt haben, durch eine **Quotenaufholung** gleichgestellt sind. Der Wortlaut von Art. 23 Abs. 2 begrenzt den Kreis der gleichzustellenden Gläubiger nicht auf diejenigen, die am Erstverfahren nicht teilgenommen haben, so dass auch (im Zweitverfahren festgestellte) Forderungen(-Forderungen) erfasst sind, die im Erstverfahren deshalb keine Quote erhalten haben, weil sie nachrangig waren oder bestritten wurden. Letzteres kann zu fragwürdigen Ergebnissen führen, wenn die unterschiedlichen Prüfungsergebnisse nicht Besonderheiten der jeweiligen lex concursus – z. B. bezüglich Rang/Anmeldefähigkeit – geschuldet sind. Unklar ist, wie die Quotenaufholung für Forderungen zu erfolgen hat, bzgl. derer im Erstverfahren ein Feststellungsstreit anhängig ist, des-

---

114) So wohl auch *Thole* in: MünchKomm-InsO, Art. 20 EuInsVO 2000 Rz. 22.
115) Dies betrifft nicht nur den Ausfall Absonderungsberechtigter, sondern auch z. B. die um den Wert der Vorbehaltsware reduzierte Schadensersatzforderung eines zur Aussonderung oder Ersatzaussonderung berechtigten Lieferanten mit einfachem Eigentumsvorbehalt.
116) Vgl. *Balz*, ZIP 1996, 948, 952, dort Fn. 31; Bork/van Zwieten-*Veder*, Commentary on the European Insolvency Regulation, Art. 23 Rz. 23.25; Mankowski/Müller/J. Schmidt-*Müller*, EuInsVO 2015, Art. 23 Rz. 35 m. w. N.; *Kindler* in: MünchKomm-BGB, Art. 23 EuInsVO Rz. 22; *Schultz* in: HK-InsO, Art. 23 EuInsVO Rz. 9; Koller/Lovrek/Spitzer-*Scholz/Berger*, IO, Art. 23 EuInsVO Rz. 29 m. w. N.; *Pannen-Riedemann*, EuInsVO, Art. 20 Rz. 29 m. w. N.; Leonhardt/Smid/Zeuner-*Smid*, Internationales Insolvenzrecht, Art. 20 EuInsVO Rz. 19; *Thole* in: MünchKomm-InsO, Art. 20 EuInsVO 2000 Rz. 19, 23.

sen Ergebnis in diesem Verfahren noch zu einer Nachzahlung führen kann. Zur Gleichbehandlung mit den anderen Gläubigern hinsichtlich der Ausschüttungsreihenfolge läge nahe, bis zum Ausgang des Feststellungsstreits in allen Verfahren nur eine Rückstellung zu bilden. Lassen die nationalen Verteilungsregeln dies allerdings nicht zu, wird man eine solche Einschränkung aus Art. 23 Abs. 2 kaum herleiten können. Aufgrund der gebotenen forderungsbezogenen Betrachtung (siehe oben) muss eine Quotenaufholung auch erfolgen für **Forderungen, die zwischen Erst- und Zweitverfahrenseröffnung entstanden** sind und deshalb im Erstverfahren nicht angemeldet werden konnten.[117]

– **Rang und Gruppenzugehörigkeit** bestimmen sich für jede Forderung in jedem Verfahren gesondert **nach der jeweiligen lex concursus**, Art. 7 Abs. 2 lit. i. Eine Forderung, die aufgrund eines nur im Erstverfahren bestehenden Vorrangs eine höhere Quote erhalten hat als die im Zweitverfahren gleichrangigen, unterliegt somit im Zweitverfahren der Verteilungssperre und die (nur) im Erstverfahren nachrangigen erhalten die Quotenaufholung.[118]

### bb) Vorgehensweise

In Anlehnung an ein Umsetzungsbeispiel im Bericht von *Virgós/Schmit*[119] wird praktisch ein **Vorgehen in drei Schritten** empfohlen, nämlich 67

– zunächst die Rang- oder Gruppenzugehörigkeit von Gläubigern zu ermitteln,
– sodann festzustellen, ob und ggf. welche Gläubiger in anderen Verfahren schon teilgenommen und Quotenzahlungen erhalten haben, und
– davon abhängig dann die vorbefriedigten Gläubiger von Ausschüttungen auszuschließen, bis die anderen Gläubiger hinsichtlich der Quote gleichgestellt sind.[120]

Richtigerweise bedarf diese Empfehlung noch einmal (siehe Rz. 66) der Konkretisierung und Klarstellung dahingehend, dass die Ermittlung und Einteilung jeweils nicht gläubiger-, sondern forderungsbezogen erfolgen muss. Soweit Teil- oder Nebenforderungen desselben Gläubigers nach Betrag, Rang oder Feststellung in Parallelverfahren einen anderen Status haben, bedarf es einer gesonderten Behandlung. 68

Für die konkrete **Berechnung** schlägt *Thole*[121] ein **zweistufiges Modell** vor, das der Abhängigkeit der jeweiligen Quote von der Passivmasse Rechnung trägt: 69

– Auf der ersten Stufe wird aus dem verteilbaren Betrag (Beispiel: 10.000 €) die Quote (Beispiel: 5 %) der vorbefriedigten Forderungen (Beispiel: 5.000 €) für alle nicht vorbefriedigten Forderungen (Beispiel: 40.000 €) ermittelt. Diese erhalten dann die Zahlung zur Quotenaufholung (im Beispiel: 2.000 € = 5 % auf 40.000 €).

---

117) Die gegenteilige Auffassung in der Vorauflage ist systematisch nicht haltbar, denn soweit die „Neuforderung" im Zweitverfahren nach der lex concursus zu berücksichtigen ist, gibt Art. 23 Abs. 2 nach Wortlaut und Zweck hiergegen keinen Einwand her.
118) Ebenso Kübler/Prütting/Bork-*Skauradszun*, InsO, Art. 23 EuInsVO 2015 Rz. 39.
119) *Virgós/Schmit* in: Stoll, Vorschläge und Gutachten, Rz. 176.
120) Vgl. Pannen-*Riedemann*, EuInsVO, Art. 20 Rz. 31 f. m. w. N.
121) *Thole* in: MünchKomm-InsO, Art. 20 EuInsVO 2000 Rz. 27 ff. m. w. N.; Brinkmann-*Thole*, EIR, Art. 23 Rz. 29 ff.

– Auf der zweiten Stufe wird sodann der zur Verteilung verbleibende Betrag (im Beispiel: 8.000 €) auf die Summe aller Forderungen (im Beispiel: 45.000 €) verteilt, wodurch sich eine weitere Quote von rd. 17,78 % auf alle Forderungen ergibt.

70 Wie bereits erwähnt (siehe Rz. 66 a. A. und Fn. 113), dürften sich die Berechnungsszenarien in der Praxis regelmäßig deutlich komplexer darstellen. Die beste Empfehlung ist daher, den **Quotenausgleich** nach Art. 23 Abs. 2 so weit als möglich **zu vermeiden durch Überkreuzanmeldungen** der Verwalter gemäß Art. 45 Abs. 2.[122] Aufgrund der diesbezüglichen Hürden (siehe Rz. 59 m. Fn. 98) und der zwischen den Verfahrenseröffnungen entstehenden Nebenforderungen lässt sich die Notwendigkeit eines Quotenausgleichs aber nie ganz ausschließen.[123]

### cc) Keine Herausgabepflicht

71 Nicht unmittelbar aus Art. 23 Abs. 2, aber aus ErwG 63 Satz 5 ergibt sich, dass Gläubiger das **in einem Verfahren Erhaltene behalten dürfen**. Demgemäß ist einhellige Auffassung, dass Gläubiger erhaltene Quoten auch dann behalten dürfen, wenn die verteilungsfähige Masse in einem oder mehreren Parallelverfahren eine vollständige Quotenaufholung für die anderen Gläubiger nicht mehr zulässt.[124] Dies ist weniger eine unzureichende Verwirklichung des Grundsatzes der Gläubigergleichbehandlung,[125] als eine Grenze der Gläubigerfürsorge (siehe Rz. 59), soweit es jedem Gläubiger freisteht, seine Forderung in jedem Verfahren anzumelden bzw. die „Weitermeldung" seiner Anmeldung durch den Insolvenzverwalter zuzulassen, Art. 45 Abs. 2.

72 Rückgewähransprüche auf anderer, insbesondere **bereicherungsrechtlicher Grundlage** für den Fall einer gegen Art. 23 Abs. 2 verstoßenden Befriedigung werden vereinzelt diskutiert, sind im Ergebnis aber wohl zu verneinen.[126]

---

122) Zwar müssen Verwalteranmeldungen nur bei Zweckmäßigkeit erfolgen (vgl. Art. 45 Rz. 9 [*Hübler*] sowie zum diesbezüglichen Meinungsstand *Beck*, NZI 2007, 1, 6); die Zweckmäßigkeit dürfte aber schon mit Blick auf Art. 23 Abs. 2 regelmäßig zu bejahen sein. (s. o. Rn. 58).
123) Zu optimistisch daher noch die Vorauflage sowie *Paulus*, EuInsVO, Art. 23 Rz. 12.
124) Vgl. *Balz*, ZIP 1996, 948, 952; Bork/van Zwieten-*Veder*, Commentary on the European Insolvency Regulation, Art. 23 Rz. 23.23; Mankowski/Müller/J. Schmidt-*Müller*, EuInsVO 2015, Art. 23 Rz. 36 m. w. N.; Kübler/Prütting/Bork-*Kemper*, InsO, Art. 20 EuInsVO 2000 Rz. 18; K. Schmidt-*Brinkmann*, InsO, Art. 24 EuInsVO Rz. 11; Rauscher-*Mäsch*, EuZPR/EuIPR, Art. 20 EG-InsVO Rz. 17; *Mock* in: BeckOK-InsO, Art. 23 EuInsVO Rz. 11; Nerlich/Römermann-*Nerlich*, InsO, Art. 20 EuInsVO 2000 Rz. 15; Pannen-*Riedemann*, EuInsVO, Art. 20 Rz. 28; *Paulus*, EuInsVO, Art. 23 Rz. 14; *Reinhart* in: MünchKomm-InsO, 2. Aufl., Art. 20 EuInsVO 2000 Rz. 17; Kübler/Prütting/Bork-*Skauradszun*, InsO, Art. 23 EuInsVO 2015 Rz. 38; Koller/Lovrek/Spitzer-*Scholz/Berger*, IO, Art. 23 EuInsVO Rz. 23; Leonhardt/Smid/Zeuner-*Smid*, Internationales Insolvenzrecht, Art. 23 Rz. 24; *Thole* in: MünchKomm-InsO, Art. 20 EuInsVO 2000 Rz. 30; *Wenner/Schuster* in: FK-InsO, Art. 23 EuInsVO Rz. 16.
125) So *Kindler* in: MünchKomm-BGB, Art. 23 EuInsVO Rz. 26.
126) *Thole* in: MünchKomm-InsO, Art. 20 EuInsVO 2000 Rz. 31.

## 3. Auskunftsanspruch

Beide Absätze von Art. 23 regeln Konstellationen, in denen der Verwalter Informationen benötigt, die ihm nicht automatisch zur Verfügung stehen. Anders als § 342 Abs. 3 InsO für das autonome deutsche Recht sieht Art. 23 keinen Auskunftsanspruch des Verwalters gegenüber Gläubigern über eine erlangte Befriedigung oder Quote vor. Die **Kooperations- und Informationsobliegenheiten** zwischen Verwaltern und Gerichten, die sich aus ErwG 48 und Art. 41 Abs. 2 lit. a und c ergeben, decken den Informationsbedarf im Zweifel nicht vollständig ab.

73

Ein **unionsrechtlicher Auskunftsanspruch** wird nur vereinzelt bejaht,[127)] wenngleich dies nicht abwegig ist, zumal eine Auskunftspflicht in der Art von § 260 BGB aus dem Grundsatz von Treu und Glauben hervorgeht,[128)] der auch im Europäischen Recht verankert ist.[129)] Überdies spräche zumindest bei Art. 23 Abs. 2 auch der Fürsorgecharakter (siehe Rz. 59) im Gegenzug für eine Auskunftspflicht des Gläubigers.

74

Hinsichtlich der für den **Quotenausgleich** nach Art. 23 Abs. 2 erforderlichen Informationen halten einige Stimmen die gegenseitigen Informationsobliegenheiten der Verwalter für ausreichend.[130)]

75

Mehrheitlich wird jedoch für **Art. 23 Abs. 1 und 2** ein Rückgriff auf das **autonome Recht** bejaht, was jedenfalls für einen deutschen Verwalter zu einem Auskunftsanspruch gegenüber dem Gläubiger nach **§ 342 Abs. 3 InsO** führt.[131)]

76

Da es sich – egal nach welcher Anspruchsgrundlage – um einen insolvenzspezifischen Anspruch handelt, kommt für eine **Auskunftsklage** des Verwalters der Gerichtsstand des Art. 6 Abs. 1 zur Anwendung.[132)] Im Fall des Quotenausgleichs nach Art. 23 Abs. 2 ist indes auch an ein **Zurückbehaltungsrecht** des Verwalters hinsichtlich der Quote zu denken, wenn der Gläubiger eine notwendige Auskunft nicht erteilt.

77

---

127) So wohl Rauscher-*Mäsch*, EuZPR/EuIPR, Art. 20 EG-InsVO Rz. 19.
128) Vgl. Palandt-*Grüneberg*, BGB, § 260 Rz. 4.
129) Vgl. Palandt-*Grüneberg*, BGB, § 242 Rz. 14.
130) *Beck*, NZI 2007, 1, 6; Kübler/Prütting/Bork-*Kemper*, InsO, Art. 20 EuInsVO 2000 Rz. 22; *Reinhart* in: MünchKomm-InsO, 2. Aufl., Art. 20 EuInsVO 2000 Rz. 23; K. Schmidt-*Brinkmann*, InsO, Art. 20 EuInsVO Rz. 13.
131) Mankowski/Müller/J. Schmidt-*Müller*, EuInsVO 2015, Art. 23 Rz. 39; Haß/Huber/Gruber/Heiderhoff-*Gruber*, EuInsVO, Art. 20 Rz. 15; *Kindler* in: MünchKomm-BGB, Art. 23 EuInsVO Rz. 27; Nerlich/Römermann-*Nerlich*, InsO, Art. 20 EuInsVO 2000 Rz. 16; *Reinhart* in: MünchKomm-InsO, 2. Aufl., Art. 20 EuInsVO 2000 Rz. 27; Kübler/Prütting/Bork-*Skauradszun*, InsO, Art. 23 EuInsVO 2015 Rz. 45; *Thole* in: MünchKomm-InsO, Art. 20 EuInsVO 2000 Rz. 32; *Wenner/Schuster* in: FK-InsO, Art. 23 EuInsVO Rz. 27; a. A. *Mock* in: BeckOK-InsO, Art. 23 EuInsVO Rz. 12, der die Anwendbarkeit von § 342 Abs. 3 InsO verneint und auf ein mögliches Auskunftsrecht nach der gemäß Rom II-VO zu bestimmenden Ersatzrechtsordnung verweist.
132) Vgl. *Reinhart* in: MünchKomm-InsO, § 342 Rz. 25 m. w. N.

## Artikel 24
### Einrichtung von Insolvenzregistern

(1) ¹Die Mitgliedstaaten errichten und unterhalten in ihrem Hoheitsgebiet ein oder mehrere Register, um Informationen über Insolvenzerfahren bekanntzumachen (im Folgenden „Insolvenzregister"). ²Diese Informationen werden so bald als möglich nach Eröffnung eines solchen Verfahrens bekanntgemacht.

(2) Die Informationen nach Absatz 1 sind gemäß den Voraussetzungen nach Artikel 27 öffentlich bekanntzumachen und umfassen die folgenden Informationen (im Folgenden „Pflichtinformationen"):

a) Datum der Eröffnung des Insolvenzverfahrens;

b) Gericht, das das Insolvenzverfahren eröffnet hat, und – soweit vorhanden – Aktenzeichen;

c) Art des eröffneten Insolvenzverfahrens nach Anhang A und gegebenenfalls Unterart des nach nationalem Recht eröffneten Verfahrens;

d) Angaben dazu, ob die Zuständigkeit für die Eröffnung des Verfahrens auf Artikel 3 Absatz 1, 2 oder 4 beruht;

e) Name, Registernummer, Sitz oder, sofern davon abweichend, Postanschrift des Schuldners, wenn es sich um eine Gesellschaft oder eine juristische Person handelt;

f) Name, gegebenenfalls Registernummer sowie Postanschrift des Schuldners oder, falls die Anschrift geschützt ist, Geburtsort und Geburtsdatum des Schuldners, wenn er eine natürliche Person ist, unabhängig davon, ob er eine selbständige gewerbliche oder freiberufliche Tätigkeit ausübt;

g) gegebenenfalls Name, Postanschrift oder E-Mail-Adresse des für das Verfahren bestellten Verwalters;

h) gegebenenfalls die Frist für die Anmeldung der Forderungen bzw. einen Verweis auf die Kriterien für die Berechnung dieser Frist;

i) gegebenenfalls das Datum der Beendigung des Hauptinsolvenzverfahrens;

j) das Gericht, das gemäß Artikel 5 für eine Anfechtung der Entscheidung zur Eröffnung des Insolvenzverfahrens zuständig ist und gegebenenfalls die Frist für die Anfechtung bzw. einen Verweis auf die Kriterien für die Berechnung dieser Frist.

(3) Absatz 2 hindert die Mitgliedstaaten nicht, Dokumente oder zusätzliche Informationen, beispielsweise denn Ausschluss von einer Tätigkeit als Geschäftsleiter im Zusammenhang mit der Insolvenz, in ihre nationalen Insolvenzregister aufzunehmen.

(4) (Unterabs. 1) Die Mitgliedstaaten sind nicht verpflichtet, die in Absatz 1 dieses Artikels genannten Informationen über natürliche Personen, die keine selbständige gewerbliche oder freiberufliche Tätigkeit ausüben, in die Insolvenzregister aufzunehmen oder diese Informationen über das System der Vernetzung dieser Register öffentlich zugänglich zu machen, sofern bekannte ausländische Gläu-

biger gemäß Artikel 54 über die in Absatz 2 Buchstabe j dieses Artikels genannten Elemente informiert werden.

(Unterabs. 2) Macht ein Mitgliedstaat von der in Unterabsatz 1 genannten Möglichkeit Gebrauch, so berührt das Insolvenzverfahren nicht die Forderungen der ausländischen Gläubiger, die die Informationen gemäß Unterabsatz 1 nicht erhalten haben.

(5) Die Bekanntmachung von Informationen in den Registern gemäß dieser Verordnung hat keine anderen Rechtswirkungen als die, die nach nationalem Recht und in Artikel 55 Absatz 6 festgelegt sind.

Literatur: *Deyda*, Der Fall NIKI Luftfahrt – Bruchlandung des neuen europäischen internationalen Insolvenzrechts?, ZInsO 2018, 221; *Hess/Oberhammer/Pfeiffer*, External Evaluation of Regulation No. 1346/2000/EC on Insolvency Proceedings, Heidelberg-Luxembourg-Vienna, 2013 (zit.: *Hess/Oberhammer/Pfeiffer*, Heidelberg-Luxembourg-Vienna Report, 2013); *Kilian*, EU-Richtlinie zur Verknüpfung der Handelsregister verabschiedet, FGPrax 2012, 185; *Mock*, Das (geplante) neue europäische Insolvenzrecht nach dem Vorschlag der Kommission zur Reform der EuInsVO, GPR 2013, 156; *Prütting/Brinkmann*, Das Geburtsdatum des Insolvenzschuldners als delikate Information – Zum Spannungsverhältnis zwischen Datenschutz und Rechtssicherheit, ZVI 2006, 477; *Reck*, Rechtsbehelfsbelehrung in Internetveröffentlichungen nach § 9 Abs. 1 InsO?, ZVI 2014, 405; *Vallender*, Europaparlament gibt den Weg frei für eine neue EuInsVO, ZIP 2015, 1513; *Virgós/Schmit*, Erster Teil: EU-Übereinkommen über Insolvenzverfahren, Kap. B – Erläuternder Bericht, in: Stoll, Vorschläge und Gutachten zur Umsetzung des EU-Übereinkommens über Insolvenzverfahren im deutschen Recht, 1997, S. 32 (zit.: *Virgós/Schmit* in: Stoll, Vorschläge und Gutachten).

### Übersicht

| | |
|---|---|
| I. Zweck der Norm .................. 1 | 3. Art. 24 Abs. 2 lit. a bis j ............... 11 |
| II. Inhalt der Norm .................. 4 | 4. Art. 24 Abs. 3 ............................. 20 |
| 1. Art. 24 Abs. 1 ..................... 4 | 5. Art. 24 Abs. 4 ............................. 21 |
| 2. Art. 24 Abs. 2 ..................... 9 | 6. Art. 24 Abs. 5 ............................. 22 |

## I. Zweck der Norm

Bereits Art. 21 EuIÜ[1]) hatte die öffentliche Bekanntmachung behandelt, allerdings kein europaweites Verfahren festgelegt, das oblag weiterhin den Bestimmungen des die Bekanntmachung verantwortenden Mitgliedstaates.[2]) Gemäß Art. 21 EuIÜ bestand für den Verwalter keine Pflicht, in anderen Mitgliedstaaten die Veröffentlichung zu veranlassen. Seine Verpflichtung, die Gläubiger in anderen Mitgliedstaaten zu unterrichten (Art. 40 EuIÜ), sollte zwar deren Lage verbessern,[3]) sie war aber auf die ihm bekannten Gläubiger beschränkt. Dieses, von Artt. 21, 40 EuInsVO a. F. übernommene System erwies sich als defizitär, weil es einer **Zersplitterung der Insolvenzregister** Vorschub leistete,[4]) zudem konnten **ausländische Gläubiger**,

1

---

1) Europäisches Insolvenzübereinkommen (EuIÜ), v. 23.11.1995, ZIP 1996, 976 f.
2) *Virgós/Schmit* in: Stoll, Vorschläge und Gutachten, S. 33, 95.
3) *Virgós/Schmit* in: Stoll, Vorschläge und Gutachten, S. 33, 122.
4) Bericht der Kommission an das Europäische Parlament, den Rat und den Europäischen Wirtschafts- und Sozialausschuss, v. 12.12.2012, COM(2012) 743 final, S. 18, 19, zumal in vier Mitgliedstaaten keine Register in elektronischer Form geführt würden und ausländische Gläubiger keine Möglichkeit des Zugriffs hätten.

ohne Kenntnis vom Verfahren, ihre Forderungen nicht anmelden,[5] wenn schon die verschiedenen Amtssprachen und Alphabete nicht von vornherein den Zugang versperrten.[6] Aus denselben Gründen waren **potentielle Vertragspartner** des Schuldners gefährdet. Diese unzureichenden Informationen verhinderten die Gleichbehandlung der Gläubiger und verweigerte ihnen das rechtliche Gehör.[7] Die **Lückenhaftigkeit der Information** beeinträchtigte überdies die automatische Anerkennung von Eröffnungsentscheidungen und begünstigte Kompetenzkonflikte und die Einleitung unnötiger Parallelverfahren. Das veranlasste die Kommission, die Forderung nach **europaweiter Veröffentlichung** aufzugreifen.[8]

2   Die Reform will die effektive Abwicklung grenzüberschreitender Insolvenzverfahren als elementareren Bestandteil des funktionierenden Binnenmarkts verwirklichen (ErwG 3). Dabei sind öffentlich zugängliche Insolvenzregister von enormer Bedeutung für den **Schutz** und im **Interesse des Geschäftsverkehrs** (ErwG 75 Satz 1) und die Gerichte zur **Vermeidung von Doppeleröffnungen** (ErwG 76 Satz 1).[9] Sie verschaffen in erster Linie den betroffenen Gläubigern **bessere Information**, dies im Bestreben, ausländischen **Gläubigern** die Anmeldung ihrer **Forderungen** im Haupt- und jedem Sekundärinsolvenzverfahren zu ermöglichen (Art. 45 Abs. 1); ihnen wird zusätzlich eine vom nationalen Recht unabhängige Mindestfrist eingeräumt (Art. 55 Abs. 6). Die Informationen dienen auch der Wahrnehmung des **Rechtsbehelfs** des **Art. 5**. Zusätzlich profitieren die **Gerichte** und können Parallelverfahren verhindern helfen (ErwG 76 Satz 1), wie auch die automatische Anerkennung gemäß Art. 19 Abs. 1 die Kenntnis der **Gerichte** von der Verfahrenseröffnung bzw. der Anordnung von Sicherungsmaßnahmen voraussetzt. Endlich knüpft die **Umkehr der Beweislast des leistenden Drittschuldners** an die Kenntnis vom Verfahren an (Art. 31 Abs. 2, Art. 32).[10]

3   Gleichwohl verwirklicht der Verordnungsgeber **kein Europäisches Insolvenzregister**, sondern ermöglicht die europaweite Publizität unter **Beibehaltung, Harmonisierung** und **Vernetzung** der **nationalen Register**. Dafür sind neben den nationalstaatlichen Befindlichkeiten v. a. die unterschiedlichen rechtlichen und technischen Gegebenheiten bei der Führung der Register in den Mitgliedstaaten ursächlich.[11] Der Verordnungsgeber folgt damit dem Weg, den er bereits zur Verknüpfung der

---

5)  Selbst dann waren sie gezwungen, die gesetzlichen Bestimmungen und die Sprache des Eröffnungsstaates einzuhalten; vgl. *Hess/Oberhammer/Pfeiffer*, Heidelberg-Luxemburg-Vienna Report, 2013, S. 370 f.
6)  Wimmer/Bornemann/Lienau-*Lienau*, Die Neufassung der EuInsVO, Rz. 329.
7)  *Hess/Oberhammer/Pfeiffer*, Heidelberg-Luxemburg-Vienna Report, 2013, S. 369, 373 f.
8)  Bericht der Kommission an das Europäische Parlament, den Rat und den Europäischen Wirtschafts- und Sozialausschuss, v. 12.12.2012, COM(2012) 743 final, S. 18, 19; *Hess/Oberhammer/Pfeiffer*, Vienna Report, 2013, S. 19. Krit. zum rechtpolitischen Anliegen, der in der Vernetzung eine „Scheinöffentlichkeit" sieht; *Mock*, GPR 2013, 156, 158 f.
9)  Kübler/Prütting/Bork-*Laroche*, InsO, Art. 24 EuInsVO Rz. 1.
10) Wimmer/Bornemann/Lienau-*Lienau*, Die Neufassung der EuInsVO, Rz. 318; *Thole* in: MünchKomm-InsO, Art. 27 EuInsVO 2000 Rz. 1.
11) Bericht der Kommission an das Europäische Parlament, den Rat und den Europäischen Wirtschafts- und Sozialausschuss, v. 12.12.2012, COM(2012) 743 final, S. 19.

Handelsregister beschritten hat.[12] Zu diesem Zweck verpflichtet Art. 24 die Mitgliedstaaten zur Errichtung und Unterhaltung (Organisations- und Betreiberpflichten)[13] von **nationalen elektronischen** (ErwG 76 Satz 1) **Insolvenzregistern**, die öffentlich im Internet zugänglich sein müssen (**internetbasiert**),[14] bei gleichzeitiger Regelung von **Veröffentlichungsstandards** (Pflichtinformationen). Art. 25 regelt die **Vernetzung** der Insolvenzregister und Art. 26 die Kosten hierfür. Art. 27 bestimmt den **einheitlichen Zugang** zu den Insolvenzregistern über das System der Vernetzung. Art. 28 regelt die **Veröffentlichungspflicht** des Verwalters oder des eigenverwaltenden Schuldners in jedem anderen Mitgliedstaat, Art. 29 die **Pflicht** zur **Sicherstellung der Veröffentlichung** im Staat der Niederlassung. Gemäß Art. 30 sind die Eintragungskosten der Artt. 28, 29 Kosten des Verfahrens. Die genannten Vorschriften sind nur als **zusammenhängender Normkomplex** verständlich,[15] sie sind eine **wesentliche Neuerung**,[16] ja gelten als **Herzstück der Reform**.[17]

## II. Inhalt der Norm

### 1. Art. 24 Abs. 1

Art. 24 Abs. 1 **Satz 1** der Vorschrift verpflichtet die Mitgliedstaaten **bis zum 26.6.2018** (Art. 92 Satz 2 lit. b), soweit noch nicht vorhanden, zur Errichtung und Unterhaltung von Insolvenzregistern, die dem nationalen Recht unterstellt bleiben.[18] Zwar handelt es sich um eine Maßnahme zur Rechtsangleichung, eine Verpflichtung die typischerweise Art. 114 AEUV zugewiesen ist, doch ist im Bereich des Art. 81 AEUV dieser lex specialis.[19] Hinzu kommt, Art. 24 will keine nationalstaatlichen Schranken i. S. einer **reaktiven Rechtsangleichung** abbauen, sondern grenzüberschreitende Insolvenzen durch verbesserte Informationen effektivieren und hierzu **positive Veröffentlichungs-** und **Zugriffsstandards** setzen (ErwG 76 Satz 1), mithin Hindernisse i. S. des **Art. 81 Abs. 2 lit. f AEUV** beseitigen.

4

---

12) Richtlinie zur Verknüpfung von Zentral-, Handels- und Gesellschaftsregistern, v. 7.7.2012, ABl. (EU) L 156/1 v. 16.6.2012; dazu *Kilian*, FGPrax 2012, 185.
13) Kübler/Prütting/Bork-*Laroche*, InsO, Art. 24 EuInsVO Rz. 3.
14) Bericht der Kommission an das Europäische Parlament, den Rat und den Europäischen Wirtschafts- und Sozialausschuss, v. 12.12.2012, COM (2012) 743 final, S. 20.
15) Zust. Kübler/Prütting/Bork-*Laroche*, InsO, Art. 24 EuInsVO Rz. 2. Die Normen bilden einen Gesamtkomplex mit gegenseitiger Ergänzungsfunktion.
16) Wimmer/Bornemann/Lienau-*Lienau*, Die Neufassung der EuInsVO, Rz. 314.
17) *Thole* in: MünchKomm-InsO, Artt. 24–27 EuInsVO 2015 Rz. 1.
18) *Vallender*, ZIP 2015, 1513, 1516. Die Insolvenzregister werden bis zum 30.6.2021 nach Maßgabe dieser technischen Spezifikationen, Maßnahmen und sonstigen Anforderungen vernetzt (vgl. Art. 1 Unterabs. 2 UVO der **Durchführungsverordnung (EU) 2019/917** der Kommission v. 4.6.2019 zur Festlegung technischer Spezifikationen, Maßnahmen, und sonstiger Anforderungen für das System zur Vernetzung der Insolvenzregister gemäß Artikel 25 der Verordnung (EU) 2015/848 des Europäischen Parlaments und des Rates, ABl. (EU) L 146/100 v. 5.6.2019. Die **Interoperabilität** muss daher erst zum letztgenannten Zeitpunkt hergestellt sein.
19) Grabitz/Hilf/Nettesheim-*Hess*, EUV/AEUV, Art. 81 AEUV Rz. 10, 11; Streinz-*Leible*, EUV/AEUV, Art. 81 AEUV Rz. 6 f. und Streinz-*Schröder*, EUV/AEUV, Art. 114 AEUV Rz. 133.

## Artikel 24

5  Art. 24 Abs. 1 **Satz 1** beschränkt sich auf die grundsätzliche Verpflichtung (das **Ob**) der Mitgliedstaaten ein Insolvenzregister zu errichten bzw. zu führen (sog. **Organisationspflicht**). Die Konkretisierung dieser Pflichten folgt aus dem Ziel der Vorschrift (Art. 24 Abs. 1 Satz 1 Halbs. 2), „... *um* Informationen über Insolvenzverfahren bekannt*zu*machen." Art. 24 Abs. 1 Satz 1 verklammert sie mit der weiteren Pflicht, die in den Registern enthaltenen Informationen europaweit zugänglich zu machen (**Ermöglichung des Zugangs**). Das bedeutet, die Mitgliedstaaten sind in der **Gestaltung** ihrer Insolvenzregister **frei**,[20] wenn und soweit sie **europäische Netzwerktauglichkeit** erfüllen. Der Begriff **Informationen** erfährt in Art. 24 Abs. 2 eine **Legaldefinition** („Informationen nach Abs. 1 ..."), die Register haben also die dort aufgeführten Daten zu enthalten.

6  Die **Verpflichtung** zur **Registerbekanntmachung** besteht nur in **grenzüberschreitenden Insolvenzfällen** (ErwG 76 Satz 1), weil schon Art. 81 Abs. 1 AEUV einen „grenzüberschreitenden Bezug" voraussetzt. Da hierzu eine grenzüberschreitende **Wirkung** ausreichend ist (ErwG 8) und die Grundlage der Forderungsanmeldung der Artt. 45, 53 f. darstellt, ist bereits bei Beteiligung eines ausländischen Gläubigers die Grenzüberschreitung gegeben. Damit ist **jedes Insolvenzverfahren potentiell** grenzüberschreitend und zu **veröffentlichen**.[21]

7  Art. 24 Abs. 1 Satz 2 dringt auf rasche Veröffentlichung. Der Wortlaut spricht von „**so bald als möglich**" und verlangt die Wahrung der **verfahrensrechtlichen Beschleunigung**.[22] Da die Führung der Insolvenzregister den Mitgliedstaaten obliegt, bestimmt das **nationale Registerrecht** über den Zeitpunkt der Veröffentlichung, was dafür spricht Art. 24 Abs. 1 Satz 2 **nicht autonom auszulegen**. Andererseits ist die Vorschrift dem Ziel des Art. 24 Abs. 1 Satz 1 nachgeordnet, weshalb sich das nationalstaatliche Registerrecht am übergeordneten Ziel orientieren muss, also **autonom vorgeprägt** ist. Die Veröffentlichungen sind entsprechend ihrer Funktion vorzunehmen. Soweit sie der **Insolvenz Geltung verschaffen**,[23] besteht dieses Bedürfnis **zum Schutz der Masse sofort** mit der Verfahrenseröffnung, sobald Interessen durch den **Fortgang des Verfahrens** berührt werden (z. B. Fristen zur Forderungsanmeldung), mit Beginn des Fristenlaufs.

8  Wegen der weitreichenden Folgen der Eintragung für den Schuldner, kann es geboten sein, bei der **Abweisung mangels Masse** bis zur **Rechtskraft** zuzuwarten,[24] während **Verfügungsbeschränkungen** im **Eröffnungsverfahren**, weil sie gutgläu-

---

[20] Sie können daher ein zentrales Insolvenzregister oder eine Mehrzahl dezentraler Register errichten; Mankowski/Müller/J. Schmidt-*Müller*, EuInsVO 2015, Art. 24 Rz. 4.

[21] Wimmer/Bornemann/Lienau-*Lienau*, Die Neufassung der EuInsVO, Rz. 334; „potentiell" deshalb, weil zum Zeitpunkt der Veröffentlichung noch nicht alle Gläubiger bekannt sind. Das bestätigt die Begründung zum Vorschlag für eine Verordnung des Europäischen Parlaments und des Rates zur Einführung eines europäischen Verfahrens für geringfügige Forderungen, v. 15.3.2005, KOM (2005) 87 endgültig, S. 6, denn die meisten Unternehmer und Verbraucher können angesichts der Entwicklung des Binnenmarkts früher oder später in solche Streitigkeiten im Ausland verwickelt werden, was als genügend erscheint; zust. Streinz-*Leible*, EUV/AEUV, Art. 81 AEUV Rz. 4.

[22] Mankowski/Müller/J. Schmidt-*Müller*, EuInsVO 2015, Art. 24 Rz. 6.

[23] *Ganter/Lohmann* in: MünchKomm-InsO, § 9 Rz. 5.

[24] *Haarmeyer* in: MünchKomm-InsO, § 26 Rz. 42.

bigen Erwerb und schuldbefreiende Leistungen an den Schuldner verhindern, aber auch potentielle Geschäftspartner des Schuldners warnen, nicht bis zur Rechtskraft zurückgestellt werden dürfen.[25] Da im Anwendungsbereich der EuInsVO der Prioritätsgrundsatz gilt (Art. 3 Abs. 3, ErwG 65), kann die automatische Anerkennung des zuerst eröffnenden Gerichts nur dann effektiv umgesetzt werden, wenn Eröffnungsentscheidungen oder solche mit vergleichbarer Wirkung **ohne schuldhaftes Zögern** durch die Gerichte veröffentlicht werden. Damit ist ein Zeitraum von **deutlich unter einer Woche** seit der Entscheidung gemeint.[26]

## 2. Art. 24 Abs. 2

**Art. 24 Abs. 2** ordnet die **Pflichtinformationen** an, sie sind **zwingend** bekannt zu machen[27] und ihr gebührenfreier (Art. 27 Abs. 1) **Zugang** über die Vernetzung **sicherzustellen** (Art. 27). Die nationalstaatliche Pflicht erschöpft sich also nicht in der Aufnahme der Informationen im Insolvenzregisternetz, die Daten müssen vielmehr europaweit zugänglich, d. h. vernetzbar sein. Eine Verletzung dieser Pflichten sanktioniert die EuInsVO indirekt in Art. 24 Abs. 4 Unterabs. 2, wonach fehlende, weil nicht veröffentlichte Informationen die Forderungen ausländischer Gläubiger unberührt lässt. Einzutragen sind alle **Insolvenzverfahren** i. S. der Artt. 1, 2 Abs. 4 i. V. m. Anhang A, z. B. vorinsolvenzliche Sanierungsverfahren, auch wenn sie auf stille Abwicklung angelegt sind. Da der Anhang A die Insolvenzverfahren insgesamt aufführt und Anhang B den vorläufigen Sachwalter nennt, dürften in **Deutschland** die Anordnungen gemäß **§§ 270a und 270b InsO eintragungspflichtig** sein; der darüber geführte Streit ist überholt.[28] Die Frage wird bei einigen ausländischen außergerichtlichen Sanierungsverfahren relevant, die auf Vertraulichkeit beruhen.[29] **Art. 24 Abs. 2 lit. a bis d, lit. h und i** behandeln die **Daten zum Insolvenzverfahren**, **lit. e und f**, jeweils differenzierend zwischen natürlichen und juristischen Personen, **Informationen zum Schuldner** und **lit. h und j** Daten zur **Ausübung von Verfahrensrechten**.[30] Der in lit. c, f, g, h, i und j enthaltene Zusatz „gegebenenfalls" bedeutet keine Einschränkung der Publizitätspflicht, sondern trägt dem Umstand Rechnung, dass nicht in jedem Verfahren diese Informationen erhoben werden (siehe unten Rz. 12).[31]

Die Informationen i. S. des Art. 24 Abs. 2 lit. a bis j, bestätigt durch Art. 24 Abs. 3, sind der **obligatorische, informationelle Mindeststandard**, d. h. es ist den Mitgliedstaaten unbenommen, zusätzliche Informationen bzw. Verfahrensdaten in ihre Register aufzunehmen, den Pflichtenbereich der zu veröffentlichenden Verfahrensdaten darf kein Mitgliedstaat unterschreiten.[32]

---

25) *Haarmeyer* in: MünchKomm-InsO, § 23 Rz. 7 und 8.
26) Zust. Kübler/Prütting/Bork-*Laroche*, InsO, Art. 24 EuInsVO Rz. 4.
27) Mankowski/Müller/J. Schmidt-*Müller*, EuInsVO 2015, Art. 24 Rz. 7.
28) *Thole* in: MünchKomm-InsO, Artt. 24–27 EuInsVO 2000 Rz. 6.
29) Braun-*Dugué*, InsO, Artt. 24–27 EuInsVO Rz. 19 und 20.
30) Wimmer/Bornemann/Lienau-*Lienau*, Die Neufassung der EuInsVO, Rz. 336–338.
31) Kübler/Prütting/Bork-*Laroche*, InsO, Art. 24 EuInsVO Rz. 5.
32) Braun-*Dugué*, InsO, Artt. 24–27 EuInsVO Rz. 10.

### 3. Art. 24 Abs. 2 lit. a bis j

11 Art. 24 Abs. 2 lit. a und b entsprechen § 27 Abs. 2 Nr. 3 InsO, wonach der **Eröffnungszeitpunkt** dem Tag und der Stunde nach zu veröffentlichen ist. Der Begriff **Entscheidung zur Eröffnung** ist in Art. 2 Nr. 7 definiert. Dazu genügt bereits die Bestellung eines vorläufigen Insolvenzverwalters (siehe oben Art. 5 Rz. 4 [*Vallender/ Zipperer*]). Setzt nur der Schuldner das Verfahren in Gang, ist erst die gerichtliche Bestätigungsentscheidung, etwa eines Sanierungsplans zu veröffentlichen (Art. 2 Abs. 2 lit. j Alt. 2).[33] Den **Zeitpunkt der Eröffnung** bestimmt **Art. 2 Nr. 8**, danach ist nicht ihre Rechtskraft, sondern **Wirksamkeit** maßgeblich; das ist in Deutschland der Zeitpunkt der Anordnung der Sicherungsmaßnahme,[34] bzw. beim Eröffnungsbeschluss die Unterschrift und Eingabe der Akte in den Geschäftsgang.[35] Inhaltlich muss die Entscheidung nicht mehr einen **Vermögensbeschlag** bewirken, aufgrund dessen der Schuldner die Verwaltungsbefugnis über sein Vermögen an einen im Anhang B aufgeführten Verwalter verliert.[36]

12 Art. 24 Abs. 2 lit. c fordert die Angabe der **Verfahrensart** nach Anhang A und „gegebenenfalls"[37] die **Unterart** des nach nationalen Recht eröffneten Verfahrens. Das ist im Zusammenhang mit der Neuregelung des Art. 1 Abs. 1 Unterabs. 3 zu sehen, wonach der Anhang A für die Anwendung der EuInsVO maßgeblich ist und nicht die Legaldefinition des Art. 1 Abs. 1 (ErwG 9 Satz 2 „erschöpfend" aufgeführt). Die Angabe der Verfahrens- oder Unterart vermittelt, ob das veröffentlichte Verfahren dem Anwendungsbereich der EuInsVO unterfällt.

13 Art. 24 Abs. 2 lit. d klärt durch **Angabe der zuständigkeitsbegründenden Norm**, ob es sich um ein Haupt-, Sekundärinsolvenz- oder Partikularverfahren handelt und **fördert** auf diese Weise die **Prüfung von Amts wegen** durch die Gerichte gemäß Art. 4 Abs. 1. Die **Information** ist zudem für **Gläubiger** zur Entscheidung des Ob und Wie der Forderungsanmeldung **bedeutsam** (Art. 45), für **Verwalter** des **Hauptinsolvenzverfahrens**, ob sie die Aussetzung der Verwertung im Sekundärverfahren gemäß Art. 36 beantragen oder eine Zusicherung geben können und endlich, welche Pflichten auf das **Gericht** des **Sekundärverfahrens** zukommen (Art. 38). Die innerstaatliche „Umsetzung" erfolgt durch Art. 102c § 5 EGInsO.

14 **Art. 24 Abs. 2 lit. e:** Name (Firma), **Registernummer** und Sitz können naturgemäß nur für **Gesellschaften** und **juristische Personen** veröffentlicht werden, ebenso die vom Sitz abweichende Postanschrift des Schuldners. Auch insoweit ist der Begriff Firmenname autonom auszulegen und knüpft demnach an das Recht **am Ort**

---

33) *Thole* in: MünchKomm-InsO, Artt. 24–27 EuInsVO 2015 Rz. 7. Zust. Kübler/Prütting/ Bork-*Laroche*, InsO, Art. 24 EuInsVO Rz. 7 mit dem zutr. Hinweis, dass das Verfahren im Anhang A aufgeführt sein muss.
34) Uhlenbruck-*Vallender*, InsO, § 21 Rz. 48.
35) BGH, Urt. v. 1.4.2004 – IX ZR 117/03, NJW-RR 2004, 1575.
36) So noch EuGH, Urt. v. 2.5.2006 – Rs. C-341/04 (Eurofood), Rz. 45 f., ZIP 2006, 907, m. Anm. *Knof/Mock*, dazu EWiR 2005, 725 *(Pannen)*.
37) Das ist die zutreffende Übersetzung, heißt es doch engl. „where applicable" (wo anwendbar), frz. „le cas échéant" (gegebenenfalls); man könnte auch übersetzen, „wo dies der Fall ist." Das trifft etwa bei der Sauvegarde des frz. Rechts zu, zu der es mehrere Erscheinungsformen gibt.

der **Niederlassung** an,[38] weshalb insbesondere haftungsbeschränkende **Rechtsformzusätze vollständig** und **in der Originalsprache** anzugeben sind.[39] Demnach sind obligatorisch der **Name**, also die Firma, die **Registernummer** und der **Sitz**, womit der Satzungssitz gemeint ist, zu veröffentlichen. Nur im Falle der Abweichung zusätzlich die **Postanschrift**.[40]

**Art. 24 Abs. 2 lit. f:** Gelangt eine **natürliche Person** zur Eintragung, unabhängig davon, ob sie gewerblich tätig ist, sind ihr **Name** und **falls vorhanden** die **Registernummer** und Postanschrift einzutragen. Der Begriff Name ist autonom auszulegen, das bedeutet, es ist in Anknüpfung an das int. Privatrecht das Personalstatut des Namensträgers maßgeblich.[41] Das ist in der Regel der **Vor- und Familienname**[42] des letzten namensbegründenden- bzw. ändernden Vorgangs.[43] ErwG 77 Satz 3 verdeutlicht, dass „einheitliche" Registernummern nur bei selbstständig gewerblich oder freiberuflich tätigen natürlichen Personen in Betracht kommen, ohne den **Verbraucher** auszuschließen (Rückschluss aus Art. 24 Abs. 4).[44] Ist die Anschrift gesperrt,[45] ist stattdessen der Geburtsort und Geburtstag anzugeben.[46]  15

**Art. 24 Abs. 2 lit. g:** Soweit für das Verfahren ein **Verwalter** i. S. des Art. 2 Nr. 5 bestellt ist,[47] dessen **Name, Post-** oder **E-Mail**-Anschrift. Bezüglich der beiden zuletzt genannten Angaben haben die Mitgliedstaaten ein Wahlrecht.[48]  16

**Art. 24 Abs. 2 lit. h:** Im Falle[49] einer **Fristsetzung zur Forderungsanmeldung** sind diese oder ggf. die Kriterien ihrer Berechnung[50] einzutragen. Dabei ist Art. 55 Abs. 6 besonders zu beachten.[51] Nach ErwG 78 Sätze 2 und 3 sollen die Mitgliedstaaten von einer Berechnung der Frist im konkreten Einzelfall entbunden werden, stattdessen genügt es, über das Europäische Justizportal selbsterklärende Angaben zu den Berechnungsmethoden bereitzustellen.[52]  17

**Art. 24 Abs. 2 lit. i:** Soweit feststeht, das **Datum der Verfahrensbeendigung**, was für das 30-tägige französische „sauvegarde financière aceleré" oder § 270b Abs. 1 InsO relevant ist. Ob dazu auch die von Gesetzes wegen eintretende Verfahrensbe-  18

---

38) *Kindler* in: MünchKomm-BGB, IntGesR Rz. 237.
39) *Kindler* in: MünchKomm-BGB, IntGesR Rz. 243.
40) Mankowski/Müller/J. Schmidt-*Müller*, EuInsVO 2015, Art. 24 Rz. 12.
41) *Lipp* in: MünchKomm-BGB, Art. 10 EGBGB Rz. 29.
42) *Lipp* in: MünchKomm-BGB, Art. 10 EGBGB Rz. 23.
43) *Lipp* in: MünchKomm-BGB, Art. 10 EGBGB Rz. 33.
44) Mankowski/Müller/J. Schmidt-*Müller*, EuInsVO 2015, Art. 24 Rz. 13.
45) Das sind Fälle der Auskunftsbeschränkung i. S. des § 11 Abs. 1 Nr. 2 und 4 BMG i. d. F. des Gesetzes zur Fortentwicklung des Meldewesens, v. 3.5.2013, BGBl. I 2013, 1084.
46) Dazu *Prütting/Brinkmann*, ZVI 2006, 477, 479.
47) Nicht der eigenverwaltende Schuldner, aber der Sachwalter; vgl. Anhang B.
48) Mankowski/Müller/J. Schmidt-*Müller*, EuInsVO 2015, Art. 24 Rz. 16.
49) Sie ist nicht immer notwendig.
50) Z. B. Wochen oder der auf die Veröffentlichung folgende Monatserste.
51) Die Frage, ob für inländische Gläubiger eine von Art. 55 Abs. 6 abweichende Frist gesetzt werden kann, ist nur von theoretischem Interesse, weil aus Gründen der Zweckmäßigkeit der Verfahrensbearbeitung (z. B. Bestimmung der Wiedervorlagefristen) nur gleichlaufende Fristen gesetzt werden.
52) Mankowski/Müller/J. Schmidt-*Müller*, EuInsVO 2015, Art. 24 Rz. 17.

endigung rechnet (z. B. sec. 283a (2) Insolvency Act 1986), ist offen. Die Amtssprachen sprechen dagegen.[53] Die Beschränkung auf **Hauptinsolvenzverfahren** verhindert den systematischen Gleichlauf mit lit. a und vorenthält dem Verwalter des Hauptinsolvenzverfahrens die Information, ab dem seine Befugnisse nicht mehr beschränkt sind (Art. 21 Abs. 1 Satz 1 a E).[54] Die deutschen Gerichte sollten daher über den Wortlaut hinaus, auch die Beendigung der Nebenverfahren veröffentlichen; das lässt sich mit dem Gebot der praktischen Wirksamkeit ungeachtet des Datenschutzes ohne Weiteres rechtfertigen.

19 Art. 24 Abs. 2 lit. j: Die Veröffentlichung des **Rechtsmittelgerichts** und der **Rechtsmittelfrist** muss nicht in Form einer Rechtsbehelfsbelehrung erfolgen, denn das Rechtsmittel ermöglicht Gläubiger und Schuldner lediglich die **Rüge der internationalen Zuständigkeit** (Art. 5 Abs. 1), während über § 34 Abs. 2 InsO und seine weitergehenden Anfechtungsmöglichkeiten gesondert zu belehren ist (§ 232 ZPO),[55] die aber ihrerseits keine anfechtbare Entscheidung darstellt und nicht zu veröffentlichen ist.[56] Innerstaatlich setzt das **Art. 102c § 4 EGInsO** um und eröffnet die **sofortige Beschwerde**, nicht nur gegen den Eröffnungsbeschluss i. S. des § 27 InsO, sondern auch gegen vorläufige Maßnahmen gemäß § 21 InsO.[57]

### 4. Art. 24 Abs. 3

20 Art. 24 Abs. 3 erlaubt den Mitgliedstaaten, Dokumente und **zusätzliche, fakultative Informationen**,[58] z. B. den Ausschluss von einer Tätigkeit als Geschäftsleiter, im Register aufzunehmen. Das ist in Deutschland obsolet, weil der Ausschluss von Geschäftsleiterbefugnissen zwingende Folge des § 80 InsO ist und in der Eigenverwaltung nur eine eingeschränkte Befugnis besteht (§ 276a InsO). Entsprechendes gilt für das Eröffnungsverfahren, da der Zustimmungsvorbehalt des „schwachen" Insolvenzverwalters veröffentlicht wird und die vorläufige Eigenverwaltung im Veröffentlichungsermessen des Gerichts steht (siehe oben Rz. 9).[59]

### 5. Art. 24 Abs. 4

21 Für **natürliche, nicht gewerblich tätige Personen** besteht nach der EuInsVO **keine Veröffentlichungspflicht**, wenn und soweit gewährleistet ist, dass bekannte ausländische Gläubiger vom Insolvenzverwalter unterrichtet werden (Art. 54 Abs. 1); dieser hat eine individuelle Unterrichtungspflicht der **bekannten ausländischen Gläubiger** gemäß **Art. 24 Abs. 2 lit. j**. Nimmt ein Mitgliedstaat gleichwohl

---

53) Engl. „date of closing", frz. „la date de cloture", ital. „la data di chiusare"; sie scheinen ein wie immer geartetes Zutun des Gerichts vorauszusetzen.
54) Mankowski/Müller/J. Schmidt-*Müller*, EuInsVO 2015, Art. 24 Rz. 18; krit. Kübler/Prütting/Bork-*Laroche*, InsO, Art. 24 EuInsVO Rz. 4.
55) A. A. Mankowski/Müller/J. Schmidt-*Müller*, EuInsVO 2015, Art. 24 Rz. 19.
56) *Reck*, ZVI 2014, 405, 407.
57) RegE Gesetz zur Durchführung der Verordnung (EU) 2015/848 über Insolvenzverfahren, BR-Drucks. 654/16, S. 4, 5 und Begr. RegE, S. 28.
58) So auch Mankowski/Müller/J. Schmidt-*Müller*, EuInsVO 2015, Art. 24 Rz. 20.
59) Uhlenbruck-*Vallender*, InsO, § 23 Rz. 1. Der Streit über die Befugnis zur Veröffentlichung der Eigenverwaltung ist damit unionsrechtlich beendet und hat allenfalls noch für rein innerstaatliche Verfahren Relevanz.

diesen Personenkreis in seine Register auf, berührt das nicht die Forderungen ausländischer Gläubiger, sofern sie nicht vom Verwalter gemäß Art. 54 Abs. 1 informiert werden. Diese Bevorzugung soll unionsweit die Gläubiger zur **Beteiligung am Verfahren anhalten** und zugleich den **effektiven Rechtsschutz** ermöglichen. Entscheidet sich ein Mitgliedstaat für die Veröffentlichung der Verbraucherinsolvenzen, genügt diese auch Art. 47 GRCh.[60] Für diesen Fall bestimmt **Art. 24 Abs. 4 Unterabs. 2**, dass das Insolvenzverfahren die **Forderungen** ausländischer Gläubiger **unberührt** lässt, die diese Informationen **nicht erhalten** haben. Das gilt gleichermaßen für die bekannten und die unbekannten Gläubiger, wie sich aus der Entstehungsgeschichte nachzeichnen lässt.[61] Nicht erfasst diese Regelung den unzureichend informierten inländischen Gläubiger; das klärt das innerstaatliche Recht. Wurde aber diese Forderung an einen ausländischen Gläubiger abgetreten, ist dieser offenbar durch die EuInsVO geschützt.[62]

## 6. Art. 24 Abs. 5

Die **Wirkungen** der **Veröffentlichung** bestimmen sich gemäß Art. 24 Abs. 5 nach **nationalem Recht**. Die Veröffentlichung setzt für ausländische Gläubiger die **Mindestanmeldungsfrist** von **30 Tagen** in Lauf und soll den effektiven Rechtsschutz gewährleisten. Das bedeutet, jede Forderungsanmeldung innerhalb dieses Zeitraums ist **keine nachträgliche Anmeldung** i. S. des § 177 Abs. 1 InsO, der ausländische Gläubiger darf nicht mit Säumniskosten belastet werden (§ 177 Abs. 1 Satz 2 InsO). Daneben bestimmt das nationale Recht die Rechtswirkungen der Veröffentlichung. In Deutschland sind das Zustellungs- und Beweislastwirkungen, sie entfaltet aber keine positive Publizitätswirkung.[63] Den Mitgliedstaaten steht insoweit ein Gestaltungsspielraum über die Folgen der veröffentlichten Pflichtinformationen zu, sie sind nicht auf andere Gegenstände i. S. des Art. 24 Abs. 3 beschränkt.[64]

22

---

60) Mankowski/Müller/J. Schmidt-*Müller*, EuInsVO 2015, Art. 24 Rz. 14.
61) Mankowski/Müller/J. Schmidt-*Müller*, EuInsVO 2015, Art. 24 Rz. 15.
62) Braun-*Dugué*, InsO, Artt. 24–27 EuInsVO Rz. 15.
63) Mankowski/Müller/J. Schmidt-*Müller*, EuInsVO 2015, Art. 24 Rz. 21 m. w. N.
64) Mankowski/Müller/J. Schmidt-*Müller*, EuInsVO 2015, Art. 24 Rz. 18.

## Artikel 25

### Vernetzung von Insolvenzregistern

(1) ¹Die Kommission richtet im Wege von Durchführungsrechtsakten ein dezentrales System zur Vernetzung der Insolvenzregister ein. ²Dieses System besteht aus den Insolvenzregistern und dem Europäischen Justizportal, das für die Öffentlichkeit als zentraler elektronischer Zugangspunkt zu Informationen im System dient. ³Das System bietet für die Abfrage der Pflichtinformationen und alle anderen Dokumente oder Informationen in den Insolvenzregistern, die von den Mitgliedstaaten über das Europäische Justizportal verfügbar gemacht werden, einen Suchdienst in allen Amtssprachen der Organe der Union.

(2) Die Kommission legt im Wege von Durchführungsrechtsakten gemäß dem Verfahren nach Artikel 87 bis zum 26. Juni 2019 Folgendes fest:

a) die technischen Spezifikationen für die elektronische Kommunikation und den elektronischen Informationsaustausch auf der Grundlage der festgelegten Schnittstellenspezifikation für das System zur Vernetzung der Insolvenzregister;

b) die technischen Maßnahmen, durch die die IT-Mindestsicherheitsstandards für die Übermittlung und Verbreitung von Informationen innerhalb des Systems zur Vernetzung der Insolvenzregister gewährleistet werden;

c) die Mindestkriterien für den vom Europäischen Justizportal bereitgestellten Suchdienst anhand der Informationen nach Artikel 24;

d) die Mindestkriterien für die Anzeige der Suchergebnisse in Bezug auf die Informationen nach Artikel 24;

e) die Mittel und technischen Voraussetzungen für die Verfügbarkeit der durch das System der Vernetzung von Insolvenzregistern angebotenen Dienste und

f) ein Glossar mit einer allgemeinen Erläuterung der in Anhang A aufgeführten nationalen Insolvenzverfahren.

**Literatur:** *Kilian*, EU-Richtlinie zur Verknüpfung der Handelsregister verabschiedet, FGPrax 2012, 185.

## Übersicht

| | | | |
|---|---|---|---|
| I. | Zweck der Norm ............ 1 | 2. | Art. 25 Abs. 2 ............ 5 |
| II. | Inhalt der Norm ............ 3 | 3. | Art. 25 Abs. 2 lit. a bis f ............ 7 |
| 1. | Art. 25 Abs. 1 ............ 3 | | |

### I. Zweck der Norm

1   Die amtliche Überschrift der Bestimmung klärt den Regelungsgegenstand, die **Vernetzung von Insolvenzregistern**. Zweck der Artt. 24 ff. ist nicht die Schaffung einer **Paralleldatenbank**, sondern einer **Registerplattform**. Das System besteht aus den nationalen Insolvenzregistern und dem **Europäischen Justizportal** (ErwG 76), das der Öffentlichkeit als **zentraler Zugang** zu den Informationen im künftig vernetzten System der nationalen Insolvenzregister dient (Abs. 2; ErwG 76 Satz 2); zu erreichen über **e-justice.europa.eu**. Eine nähere Ausgestaltung des zu errichtenden Europäischen Justizportals enthält die Bestimmung nicht,[1] sie ist vielmehr den **Durchführungsrechtsakten** vorbehalten. **Art. 25 Abs. 1 Satz 3** gibt einen ersten Anhalt: Das Justizportal muss einen **Suchdienst in allen Amtssprachen** bereithalten, der die Abfrage in sämtlichen europäischen Insolvenzregistern erlaubt. **Nicht vorgesehen sind Korrekturbefugnisse** des Justizportals hinsichtlich der an sie vermittelten Informationen.[2] Weitere Gestaltungsbefugnisse der Kommission legt

---

1) Wie beim verknüpften Handelsregister, sollte es öffentlich-rechtlich organisiert werden, um die Richtigkeitsgewähr der nationalen Insolvenzregister zu erhalten; vgl. *Kilian*, FGPrax 2012, 185, 186, 187.
2) *Kilian*, FGPrax 2012, 185.

Art. 25 Abs. 2 lit. a bis f fest, der sich mit den zu regelnden **technischen Umsetzungen** befasst.

Die **grundsätzliche Pflicht** der Mitgliedstaaten **zur öffentlichen Bekanntmachung** (Art. 24, ErwG 76 Satz 1), das Verlangen nach **öffentlicher Zugänglichkeit** der Informationen **im Internet**[3] und ihre **Vernetzung** über das **Europäische Justizportal** sind in technischer Hinsicht aufeinander abzustimmen. Die elektronischen Register müssen mit der Plattform **kompatibel** sein. Die dafür erforderliche Koordination leistet die Befugnis nach **Art. 291 Abs. 2 AEUV** zum Erlass von **Durchführungsrechtsakten**, die nur gerechtfertigt sind, wenn eine gleichförmige Durchführung in den Mitgliedstaaten nicht gesichert ist und die Unionsebene den besseren Weg darstellt.[4] Das ist schon deshalb der Fall, weil einige Mitgliedstaaten Insolvenzregister erst schaffen müssen. Erst mit der Vorgabe unionsweit einheitlicher Durchführungsregeln werden unmittelbare Pflichten der Mitgliedstaaten begründet.[5] Sie verhindern eine Zersplitterung der elektronischen Systeme der Mitgliedstaaten. Da ohne Durchführungsrechtsakte die nationalen Insolvenzregister über das Europäische Justizportal nicht zu vernetzen wären, besteht das Bedürfnis nach zusätzlicher Steuerung, **um einheitliche Bedingungen** zu schaffen.[6] Die Beschränkung der Durchführungsbefugnisse auf das technisch Erforderliche und Geeignete ist Gebot des Verhältnismäßigkeitsgrundsatzes – die **Harmonisierung** der **Insolvenzregister** bleibt auf **das unbedingt erforderliche Maß** beschränkt. Die Mitgliedstaaten stehen daher nicht nur in der grundsätzlichen Veröffentlichungspflicht (Art. 24), sondern sie haben zusätzlich ein den Anforderungen des Art. 25 entsprechendes elektronisches System zur Verfügung zu stellen, das die Vernetzung erlaubt.

## II. Inhalt der Norm
### 1. Art. 25 Abs. 1

Art. 25 Abs. 1 beschreibt den **Weg** und das **Ziel** zur europaweiten Vernetzung der Insolvenzregister. Art. 25 Abs. 1 **Satz 1 ermächtigt**[7] die Kommission zur Einrichtung eines **dezentralen Systems** zu ihrer Vernetzung. Das System zur Verknüpfung der Insolvenzregister (IRI) ist ein dezentrales System, das die nationalen Register und das Europäische Justizportal miteinander verbindet (vgl. Anhang Ziff. 1 DVO 2019/917; siehe unten Rz. 5). Das Wort „dezentral" unterstreicht den Verbleib der Zuständigkeit für die Insolvenzregister bei den Mitgliedstaaten, sie verantworten die Richtigkeit der veröffentlichten Informationen und, nota bene, ihre rechtzeitige Löschung. Die Mitgliedstaaten machen ihre Registerinformationen über das im Wege von Durchführungsrechtsakten zu schaffende **Justizportal** verfügbar, das **alleinige Europäische** Element im System. Es dient der Öffentlichkeit als **zentraler Zugangspunkt** zu den nationalen Insolvenzregistern (**Art. 25 Abs. 1 Satz 2**), dazu bietet es für die Abfrage einen **Suchdienst in allen Amtssprachen** der EU (Art. 25 Abs. 1

---

3) Bericht der Kommission an das Europäische Parlament, den Rat und den Europäischen Wirtschafts- und Sozialausschuss, v. 12.12.2012, COM(2012) 743 final, S. 20.
4) Streinz-*Gellermann*, EUV/AEUV, Art. 291 AEUV Rz. 11.
5) Mankowski/Müller/J. Schmidt-*Müller*, EuInsVO 2015, Art. 25 Rz. 2.
6) Grabitz/Hilf/Nettesheim-*Nettesheim*, EUV/AEUV, Art. 291 AEUV Rz. 20.
7) Mankowski/Müller/J. Schmidt-*Müller*, EuInsVO 2015, Art. 25 Rz. 1.

Satz 3).[8] In einem Pilotprojekt hat die Kommission bereits sieben nationale Insolvenzregister vernetzt.[9]

4   Art. 25 Abs. 1 konturiert die Bausteine zur Vernetzung der Insolvenzregister. Auch wenn Art. 291 AEUV explizit keine **Grenzen** für die Einräumung von **Durchführungsbefugnissen** normiert,[10] dürfen sie das vorgegebene System nicht verlassen oder überschreiten. Das folgt aus der systematischen Stellung des Art. 25 Abs. 1 gegenüber dem ihn konkretisierenden Art. 25 Abs. 2. Abgesehen von zu veröffentlichenden Mindestinformationen (Art. 24) und dem Einhalten technischer Voraussetzungen (Art. 25 Abs. 2), bleiben die nationalstaatlichen Insolvenzregister unangetastet, das Europäische Justizportal eröffnet nur einen zentralen elektronischem Zugang.

## 2. Art. 25 Abs. 2

5   Die Kommission legt mittels Durchführungsrechtsakten die in lit. a bis f bestimmten Inhalte fest. Das ist am 4.6.2019 mit der **Durchführungsverordnung (EU) 2019/917** der Kommission (DVO 2019/917) geschehen.[11] Es handelt sich um eine **ausfüllende** und **konkretisierende Befugnis** zur **Normsetzung**, also die Vereinheitlichung und inhaltliche Steuerung des elektronischen Informationsaustausches.[12] Ob der Kommission damit die Befugnis zur Wahl technischer und damit nichtrechtsförmiger Instrumente eingeräumt ist, was den Bereich des Art. 291 Abs. 2 AEUV verlassen könnte,[13] ist zu verneinen, weil die Mitgliedstaaten **rechtlich verpflichtet** werden, die technischen Vorgaben zu erfüllen. Der Rechtsakt hat **Durchgriffswirkung**, er entfaltet in seinem Anwendungsbereich **ohne weiteren Umsetzungsbedarf** Wirkungen.[14]

6   Die Durchsetzungsrechtsakte werden im Prüfverfahren gemäß Art. 89 Abs. 3 erlassen, also unterstützt von einem Ausschuss.[15] Sie sind bis zum 26.6.2019 zu erlassen, denn Art. 25 gilt erst ab diesem Zeitpunkt (Art. 92 Satz 2 lit. c). Insoweit besteht eine **Umsetzungspflicht** für die Kommission.[16] Die nationalen Insolvenzregister

---

8) Das IRI dient als zentrales Suchsystem, das Zugang zu allen in der Verordnung (EU) 2015/848 vorgegebenen obligatorischen Insolvenzinformationen sowie zu sonstigen in den nationalen Registern enthaltenen Informationen oder Dokumenten bietet.
9) *Thole* in: MünchKomm-InsO, Artt. 24–27 EuInsVO 2015 Rz. 9.
10) Grabitz/Hilf/Nettesheim-*Nettesheim*, EUV/AEUV, Art. 291 AEUV Rz. 40.
11) Durchführungsverordnung (EU) 2019/917 der Kommission zur Festlegung technischer Spezifikationen, Maßnahmen und sonstiger Anforderungen für das System zur Vernetzung der Insolvenzregister gemäß Artikel 25 der Verordnung (EU) 2015/848 des Europäischen Parlaments und des Rates – DVO 2019/917, ABl. (EU) L 146/100 v. 5.6.2019.
12) Grabitz/Hilf/Nettesheim-*Nettesheim*, EUV/AEUV, Art. 291 AEUV Rz. 27. In dieser Funktion handelt es sich bei Art. 291 AEUV auch um eine Verfahrensvorschrift, die die Eckpunkte des Verfahrens ausgestaltet (ebenda Rz. 7).
13) Grabitz/Hilf/Nettesheim-*Nettesheim*, EUV/AEUV, Art. 291 AEUV Rz. 29.
14) Grabitz/Hilf/Nettesheim-*Nettesheim*, EUV/AEUV, Art. 291 AEUV Rz. 16.
15) Verordnung (EU) Nr. 182/2011 des Europäischen Parlaments und des Rates v. 16.2.2011 zur Festlegung der allgemeinen Regeln und Grundsätze, nach denen die Mitgliedstaaten die Wahrnehmung der Durchführungsbefugnisse durch die Kommission kontrollieren, ABl. (EU) L 55/13 v. 28.2.2011.
16) Mankowski/Müller/J. Schmidt-*Müller*, EuInsVO 2015, Art. 25 Rz. 2.

sind bereits ein Jahr zuvor (26.6.2018) zu errichten und zu unterhalten (Art. 92 Satz 2 lit. b), ihre Vernetzung erfolgt erst ein Jahr später. Die Mitgliedstaaten haben deshalb die Pflichtinformationen des Art. 24 Abs. 2 bis zum erstgenannten Zeitpunkt in ihren Registern aufzunehmen, ein Jahr später sind die technischen Voraussetzungen zur Vernetzung zu erfüllen.

3. Art. 25 Abs. 2 lit. a bis f

Art. 25 Abs. 2 lit. a: Die Kommission legt im Wege von Durchführungsrechtsakten 7 fest, was von den **nationalen elektronischen Registern** für die elektronische Kommunikation und den Informationsaustausch **zu leisten** ist (sog. **Interoperabilität**). Beides auf der Grundlage festgelegter **Schnittstellenspezifikationen**;[17] das ist eine Vereinbarung gemeinsamer Signaturen von Methoden, wobei die Schnittstelle angibt, welche Methoden vorhanden sind bzw. vorhanden sein müssen. Verfügt z. B. das Europäische Justizportal über das Konto „Schuldner" mit der Methode „Auskunft," müssen alle nationalen Insolvenzregister über ein Konto „Schuldner" und eine Methode „Auskunft" verfügen. Es geht also um die **funktionalen und nicht-funktionalen Anforderungen** an die **Softwaretechnik** der nationalen Insolvenzregister und des Europäischen Justizportals.

**Art. 25 Abs. 2 lit. b** erstreckt die Durchführungsrechtsakte auf die gemeinsamen 8 technischen Maßnahmen, durch die die **IT-Mindestsicherheitsstandards**[18] für die Übermittlung und Verbreitung von Informationen innerhalb des Systems gewährleistet werden. Die Sicherheitsstandards sind nicht nur im Datenaustausch zwischen dem nationalen Insolvenzregister und dem Europäischen Justizportal einzuhalten, sondern auch bei Suchanfragen über die Europäische Plattform, um ein Verfälschen der Daten von außen zu verhindern. Es handelt sich um die Nutzung sicherer Kanäle, der Gewährleistung der Integrität der Daten bei Einlieferung, Sicherung, dass die Herkunft der Daten nicht in Abrede gestellt werden kann, Sicherungsprotokolle u. a. m.[19]

**Art. 25 Abs. 2 lit. c** ermächtigt zur Festlegung von **Mindestkriterien** für den vom 9 Europäischen Justizportal zur Verfügung gestellten Suchdienst anhand der Pflichtinformationen des Art. 24 Abs. 2. Konkret geht es darum zu bestimmen, dass und wie die Mitgliedstaaten die Informationen in elektronisch zugänglicher Weise dem Justizportal bereitstellen, um die **Suche zu ermöglichen**. **Art. 25 Abs. 2 lit. d** behandelt die Mindeststandards, die zur **Anzeige der Suchergebnisse** einzuhalten sind.

---

17) Aufgrund der Interoperabilitätsanforderungen müssen die von Registern angebotenen Dienste einheitlich sein und dieselbe Schnittstelle aufweisen, damit jede Abfrageanwendung (z. B. das Europäische Justizportal) nur mit einer einzigen Art von Schnittstelle und einem gemeinsamen Satz von Datenelementen interagieren muss. Dies setzt voraus, dass die Mitgliedstaaten ihre interne Datenstruktur an die von der Kommission vorgegebenen Schnittstellenspezifikationen anpassen; vgl. Anhang Ziff. 8.1. DVO 2019/917, ABl. (EU) L 146/102 v. 5.6.2019.
18) Die Mindestsicherheitsstandards wollen Persönlichkeitsschutz und freien Datenaustausch in Einklang bringen, vgl. Art. 1 Richtlinie 95/46/EG (jetzt Art. 5 Abs. 1 lit. a DS-GVO), und setzt deshalb voraus, dass das innerstaatliche Recht dieses Schutzniveau garantiert; EuGH, Urt. v. 6.10.2015 – Rs. C-362/14 (Schrems/Digital Rights Ireland), Rz. 73, NJW 2015, 3151, 3155.
19) Anhang Ziff. 5 DVO 2019/917, ABl. (EU) L 146/102 v. 5.6.2019.

**Artikel 26** Kosten für die Einrichtung und Vernetzung der Insolvenzregister

Als Suchkriterien über IRI sind angeordnet: Es ist mindestens ein Land auszuwählen, harmonisiert sind die Kriterien a) Name und b) nationale Registernummer, die alternativ oder gemeinsam verwendet werden können; ggf. kann das Portal weitere Suchkriterien anbieten.[20] Uneingeschränkt zu begrüßen sind unter dem Aspekt des Datenmissbrauchs **Maßnahmen zum Schutz gegen automatisierte Abfragen** (z. B. Nutzung des Captcha-Moduls) und gegen die Vervielfältigung von Registern (z. B. Begrenzung der angezeigten Suchergebnisse auf eine Höchstzahl pro Register).[21]

10  Art. 25 Abs. 2 lit. e ermöglicht Mittel und technische Voraussetzungen für die Verfügbarkeit der durch das System der Vernetzung der Insolvenzregister angebotenen Dienste festzulegen. Hier geht es auch um die von den Mitgliedstaaten einzufügenden **Hyperlinks** zum Europäischen Justizportal, damit die ausländischen Gläubiger mithilfe **selbsterklärender Angaben** die Fristen zur Forderungsanmeldung errechnen können (ErwG 78 Satz 3).

11  Nach Art. 25 Abs. 2 lit. f legt der Durchführungsrechtsakt ein **Glossar** fest, das **allgemeine Erläuterungen** zu den im Anhang A aufgeführten **nationalen Insolvenzverfahren** enthält. Das erläuterte Wörterverzeichnis richtet sich an den Nutzer des Europäischen Justizportals, das ihm über bestimmte Aspekte des Insolvenzverfahrens Informationen verschafft und somit unionsweit die Gleichbehandlung der Gläubiger verbessert. Dazu werden die Termini aus den Vokabularen und Glossaren in die EU-Amtssprachen übersetzt; soweit möglich, werden anerkannte Standards und standardisierte Mitteilungen verwendet.[22]

---

20) Anhang Ziff. 10 DVO 2019/917, ABl. (EU) L 146/102 v. 5.6.2019.
21) Anhang Ziff. 5 lit. f. DVO 2019/917, ABl. (EU) L 146/102 v. 5.6.2019.
22) Anhang Ziff. 9.1 lit. b DVO 2019/917, ABl. (EU) L 146/102 v. 5.6.2019.

---

### Artikel 26
#### Kosten für die Einrichtung und Vernetzung der Insolvenzregister

(1) Die Einrichtung, Unterhaltung und Weiterentwicklung des Systems zur Vernetzung der Insolvenzregister wird aus dem Gesamthaushalt der Union finanziert.

(2) ¹Jeder Mitgliedstaat trägt die Kosten für die Einrichtung und Anpassung seiner nationalen Insolvenzregister für deren Interoperabilität mit dem Europäischen Justizportal sowie die Kosten für die Verwaltung, den Betrieb und die Pflege dieser Register. ²Davon unberührt bleibt die Möglichkeit, Zuschüsse zur Unterstützung dieser Vorhaben im Rahmen der Finanzierungsprogramme der Union zu beantragen.

Literatur: Siehe Artt. 24, 25.

#### Übersicht

| | | | |
|---|---|---|---|
| I. | Zweck der Norm ................. 1 | 1. | Kosten der EU ......................... 3 |
| II. | Inhalt der Norm .................. 2 | 2. | Kosten der Mitgliedstaaten ........ 4 |

## I. Zweck der Norm

Art. 26 behandelt die **Kostenaufteilung** zwischen der EU und den **Mitgliedstaaten** 1
bei der Verwirklichung der Errichtung und Vernetzung der Insolvenzregister. Als
staatsorganisationsrechtliche Bestimmung mag sie fehlplatziert erscheinen,[1)] fügt
sich aber mühelos in den Regelungszusammenhang ein und fördert die Bereitschaft
der Mitgliedstaaten zur Errichtung nationaler Insolvenzregister. Wie sich aus den
Artt. 24 und 25 ergibt, hat die Errichtung und das Betreiben des Systems rechtsangleichenden Charakter (siehe oben Art. 24 Rz. 4 [*Zipperer*]), bei der die EU nur
mittelbar das angeglichene Insolvenzregisterrecht steuert, ohne die Mitgliedstaaten
aus ihrer Zuständigkeit zu verdrängen. Ihr Vollzug obliegt den Mitgliedstaaten,
soweit nicht die EU durch Betreiben des Europäischen Justizportals unmittelbar
tätig wird.[2)] Dieser Kompetenz- bzw. Aufgabenverteilung[3)] folgt die Aufteilung
der Kosten; das entspricht der **geteilten Zuständigkeit** des Art. 4 Abs. 2 lit. j
AEUV und der daraus folgenden **Finanzierungsverantwortung**, sog. **Konnexitätsprinzip**.[4)]

## II. Inhalt der Norm

Art. 26 Abs. 1 legt der **EU** die Kosten für die Einrichtung, Unterhaltung und Wei- 2
terentwicklung des Systems zu Vernetzung auf, also die Kosten für den Betrieb des
**gemeinsamen Zugangsportals (IRI)**. Nach Art. 26 Abs. 2 Satz 1 trägt jeder **Mitgliedstaat** die Kosten für sein **Insolvenzregister**, einschließlich der Kosten der
**Interoperabilität** mit dem Europäischen Justizportal. Davon unberührt bleibt nach
Art. 26 Abs. 2 Satz 2 die Möglichkeit Zuschüsse zur Unterstützung i. R. Europäischer Finanzierungsprogramme zu beantragen.

### 1. Kosten der EU

Zu den Kosten der Einrichtung rechnen selbstverständlich die Entwicklungskosten 3
für das Europäische Justizportal, seine Unterhaltung und Weiterentwicklung. Letzteres ist insbesondere für Anpassungskosten beim Datenschutz relevant, aber auch
bei der Fortentwicklung in technischer Hinsicht.[5)] Soweit Art. 170 Abs. 1 Satz 1
AEUV die EU verpflichtet, zum Aufbau der Telekommunikationsnetze beizutragen, ist diese Pflicht auf hauptsächlich unterstützende und koordinierende Maßnahmen, wie Verknüpfungen und Verbindungselemente zur Erleichterung der Nutzung, ggf. zur Kapazitätserhöhung,[6)] beschränkt,[7)] daher war eine eigene Kostenregelung erforderlich.

---

1) So *Thole* in: MünchKomm-InsO, Artt. 24–27 EuInsVO 2015 Rz. 10.
2) *Oppermann/Classen/Nettesheim*, EuR, § 12 Rz. 23.
3) Sie folgt der Aufgabenverantwortung bzw. -verteilung der Art. 24 und 25; Kübler/Prütting/Bork-*Laroche*, InsO, Art. 26 EuInsVO Rz. 2; *Schultz* in: HK-InsO, Komm. zu Art. 26.
4) Mankowski/Müller/J. Schmidt-*Müller*, EuInsVO 2015, Art. 26 Rz. 1.
5) Die Überprüfung und Aktualisierung ist eine Maßnahme zur Gewährleistung der Rechtmäßigkeit der Verarbeitung; vgl. Art. 24 Abs. 1 Satz 2, 32 Abs. 1 lit d DSGVO; Ehmann/Selmayr-*Bertermann*, DS-GVO, Art. 24 Rz. 12.
6) Streinz-*Schröder*, EUV/AEUV, Art. 170 AEUV Rz. 5.
7) Grabitz/Hilf/Nettesheim-*Lecheler*, EUV/AEUV, Art. 170 AEUV Rz. 18.

## 2. Kosten der Mitgliedstaaten

**4** Die Mitgliedstaaten haben die Kosten der Einrichtung und Anpassung der nationalen Insolvenzregister, ihrer Interoperabilität mit dem Europäischen Justizportal, ferner die Verwaltungs-, Betriebskosten sowie die ihrer Pflege zu tragen und, teilweise über den Wortlaut der Bestimmung hinaus, die durch die Durchführungsrechtsakte gemäß **Art. 25 Abs. 2 lit. a bis f** veranlassten Kosten (vgl. Art. 27 Abs. 1). Hierzu wird man auch die Kosten rechnen, die durch Anpassungen des zentralen Insolvenzportals an den Datenschutz entstehen. Die gemäß Art. 26 Abs. 2 Satz 2 in Aussicht gestellten Zuschüsse werden in erster Linie den Mitgliedstaaten zufließen, die bisher noch über keine Insolvenzregister verfügen.

## Artikel 27
### Voraussetzungen für den Zugang zu Informationen über das System der Vernetzung

(1) Die Mitgliedstaaten stellen sicher, dass die Pflichtinformationen nach Artikel 24 Absatz 2 Buchstaben a bis j über das System der Vernetzung von Insolvenzregistern gebührenfrei zur Verfügung stehen.

(2) Diese Verordnung hindert die Mitgliedstaaten nicht, für den Zugang zu den Dokumenten oder zusätzlichen Informationen nach Artikel 24 Absatz 3 über das System der Vernetzung von Insolvenzregister eine angemessene Gebühr zu erheben.

(3) Die Mitgliedstaaten können den Zugang zu Pflichtinformationen bezüglich natürlicher Personen, die keine selbständige gewerbliche oder freiberufliche Tätigkeit ausüben[*)] sowie bezüglich natürlicher Personen, die eine selbständige gewerbliche oder freiberufliche Tätigkeit ausüben, sofern sich das Insolvenzverfahren nicht auf diese Tätigkeit bezieht, von zusätzlichen, über die Mindestkriterien nach Artikel 25 Absatz 2 Buchstabe c hinausgehenden Suchkriterien in Bezug auf den Schuldner abhängig machen.

(4) [(Unterabs. 1)] ¹Die Mitgliedstaaten können ferner verlangen, dass der Zugang zu den Informationen nach Absatz 3 von einem Antrag an die zuständige Behörde abhängig zu machen ist. ²Die Mitgliedstaaten können den Zugang von der Prüfung des berechtigten Interesses am Zugang zu diesen Daten anhängig machen. ³Der anfragenden Person muss es möglich sein, die Auskunftsanfrage in elektronischer Form anhand eines Standardformulars über das Europäische Justizportal zu übermitteln. ⁴Ist ein berechtigtes Interesse erforderlich, so ist es zulässig, dass die anfragende Person die Rechtmäßigkeit ihres Antrags anhand von Kopien einschlägiger Dokumente in elektronischer Form belegt. ⁵Die anfragende Person erhält innerhalb von drei Arbeitstagen eine Antwort von der zuständigen Behörde.

---

[*)] In der amtlichen Fassung ist vor „sowie" kein Komma gesetzt, das ist im hier gebrauchten Sinne von „und auch" entbehrlich; a. A. Mankowski/Müller/J. Schmidt-*Müller*, EuInsVO 2015, Art. 27 Rz. 1.

**(Unterabs. 2)** Die anfragende Person ist weder verpflichtet, Übersetzungen der Dokumente, die die Berechtigung ihrer Anfrage belegen, zur Verfügung zu stellen, noch dazu, die bei der Behörde möglicherweise aufgrund der Übersetzungen anfallenden Kosten zu tragen.

**Literatur:** Siehe auch Art. 24, 25; *Theurich/Degenhardt*, Datenschutz versus Gläubigerinformationsrechte, NZI 2018, 870.

## Übersicht

I. Zweck der Norm .................... 1
II. Inhalt der Norm .................... 3
1. Zugang zu den Pflichtinformationen (Art. 27 Abs. 1) .................... 3
2. Zugang zu Dokumenten und zusätzlichen Informationen (Art. 27 Abs. 2) .................... 6
3. Zugang über Mindest- und Zusatzkriterien (Art. 27 Abs. 3) .................... 8
4. Genehmigungsvorbehalt des Zugangs (Art. 27 Abs. 4) .................... 10

## I. Zweck der Norm

Die Bestimmung behandelt die Zugangsvoraussetzungen in formell-technischer und materiell-rechtlicher Hinsicht zu den in den Insolvenzregistern enthaltenen Informationen. Nach **Art. 27 Abs. 1** sind die **Pflichtinformationen** von den Mitgliedstaaten **gebührenfrei** zur Verfügung zu stellen, d. h. zugänglich zu halten. Für den Zugang zu **Dokumenten und zusätzlichen Informationen** i. S. des Art. 24 Abs. 3 sind die Mitgliedstaaten befugt, eine **angemessene Gebühr** zu erheben (**Art. 27 Abs. 2**). Den Zugang zu den Pflichtinformationen betreffend **natürliche Personen**, die **keine gewerbliche oder freiberufliche Tätigkeit** ausüben, oder solchen, die zwar in dieser Weise tätig sind, aber das Insolvenzverfahren sich hierauf nicht bezieht, können die Mitgliedstaaten über Art. 25 Abs. 2 lit. c hinaus von **zusätzlichen Suchkriterien** abhängig machen (**Art. 27 Abs. 3**). Die Mitgliedstaaten sind auch berechtigt, den Zugang zu den Informationen gemäß Art. 27 Abs. 3 von einem **Antrag** an **die zuständige Behörde** abhängig zu machen und auch ein **berechtigtes Interesse** für den Zugang zu verlangen, das ggf. zu belegen ist. 1

Die **Art. 27 Abs. 2 und 3** nehmen auf die unterschiedlichen Datenschutzniveaus in den Mitgliedstaaten Rücksicht.[1] Dem Anfragenden muss es möglich sein, sein **Gesuch in elektronischer Form** über das Europäische Justizportal zu übermitteln. Das Gesuch ist binnen drei Tagen zu bescheiden (**Art. 27 Abs. 4 Unterabs. 1 Sätze 1 bis 4**). Der Gesuchsteller ist weder verpflichtet, Übersetzungen seiner Dokumente vorzulegen, noch die der Behörde entstehenden Übersetzungskosten zu erstatten (**Art. 27 Abs. 4 Unterabs. 2**). 2

## II. Inhalt der Norm

### 1. Zugang zu den Pflichtinformationen (Art. 27 Abs. 1)

Der Zugang zu den Pflichtinformationen ist **gebührenfrei**, d. h. für den Abruf der Informationen darf keine Gegenleistung gefordert werden. Nicht umfasst sind 3

---

1) Mankowski/Müller/J. Schmidt-*Müller*, EuInsVO 2015, Art. 27 Rz. 1.

**Artikel 27** Voraussetzungen für den Zugang zu Informationen

mögliche Kosten für die Bereitstellung dieser Information,[2] denn diese können, wie in Deutschland, aus der Masse erhoben werden (§ 54 Nr. 1 InsO i. V. m. KV 9004 GKG).[3] Das entspricht der Absicht des Verordnungsgebers, den Zugang zu diesen Informationen (ErwG 76 Satz 1) und die Forderungsanmeldung (ErwG 64) zu erleichtern, letztlich um den Gläubigern Kosten zu ersparen.[4] Dies bedeutet, so die Schlussfolgerung aus ErwG 76 Satz 1, ein **subjektives Recht auf Informationszugang**.[5] Aus dem Umkehrschluss zu Art. 27 Abs. 3 und 4 folgt, die Mitgliedstaaten dürfen den Zugang zu den Pflichtinformationen **nicht** von **einschränkenden** materiell-rechtlichen **Voraussetzungen** abhängig machen. Damit ist Änderungsbedarf für die **IntBekVO**[6] ausgelöst, denn nach dessen § 2 Abs. 1 Nr. 3 ist eine **uneingeschränkte Suche** nur während zweier Wochen möglich und Einschränkungen bei der Suche nur bei natürlichen Personen zulässig (Art. 27 Abs. 3). VO-konform müssen die Pflichtinformationen für juristische Personen und gewerblich tätige natürliche Personen künftig uneingeschränkt zugänglich bleiben (Art. 24 Abs. 2 lit. e). Die EuInsVO räumt hier dem Schutz des Rechtsverkehrs den Vorrang gegenüber dem Geheimhaltungsinteresse der betroffenen Firmen und Gewerbetreibenden ein. Das greift die Erste Verordnung zur Änderung der Verordnung zu öffentlichen Bekanntmachungen in Insolvenzverfahren im Internet vom 14.10.2019 auf.[7]

4 Die **Mitgliedstaaten** sind **zweifach gefordert**: Sie haben
 – zum einen die **Pflichtinformationen** des Art. 24 Abs. 2 lit. a bis j in ihre **Insolvenzregister zu veröffentlichen** und

---

2) **A. A.** Mankowski/Müller/J. Schmidt-*Müller*, EuInsVO 2015, Art. 27 Rz. 4, der die Bereitstellungskosten als gebührenfrei ansieht.
3) **KV 9004:** „Auslagen für öffentliche Bekanntmachungen | in voller Höhe.
 (1) Auslagen werden nicht erhoben für die Bekanntmachung in einem elektronischen Informations- und Kommunikationssystem, wenn das Entgelt nicht für den Einzelfall oder nicht für ein einzelnes Verfahren berechnet wird. Nicht erhoben werden ferner Auslagen für die Bekanntmachung eines besonderen Prüfungstermins (§ 177 InsO, § 18 SVertO)."
4) Bericht der Kommission an das Europäische Parlament, den Rat und den Europäischen Wirtschafts- und Sozialausschuss, v. 12.12.2012, COM(2012) 743 final, S 19, 20. Die Kommission hat durchschnittliche Kosten für die Forderungsanmeldung i. H. von 2.000 € ermittelt, was u. a. Kleingläubiger davon abhält, sich am Verfahren zu beteiligen.
5) Mankowski/Müller/J. Schmidt-*Müller*, EuInsVO 2015, Art. 27 Rz. 3.
6) Verordnung zu öffentlichen Bekanntmachungen in Insolvenzverfahren im Internet, v. 12.2.2002, BGBl. I 2002, 677.
7) Erste Verordnung zur Änderung der Verordnung zu öffentlichen Bekanntmachungen in Insolvenzverfahren im Internet, v. 14.10.2019, BGBl. I 2019, 1466. In der Begr. des Entwurfs (BR-Drucks. 338/19, S. 6) heißt es dazu: „Gemäß § 2 Absatz 1 Satz 1 Nummer 3 InsoBekV ist der Abruf von Daten aus dem Internet über Insolvenzverfahren nach Ablauf von zwei Wochen nur unter Angabe von mindestens zwei Suchbegriffen möglich. Um den Vorgaben des Artikels 27 EuInsVO zu entsprechen, wird § 2 Absatz 1 Satz 1 Nummer 3 InsoBekV auf solche Insolvenzverfahren beschränkt, in denen der Schuldner keine selbständige wirtschaftliche Tätigkeit ausübt oder ausgeübt hat." Krit. dazu *Theurich/Degenhardt*, NZI 2018, 870, 875, die dies als Verschärfung gegenüber der Zweckbindung des Art. 5 Abs. 1 Satz 1 lit. b DSGVO ansehen und die mangelnde Beachtung des Verhältnismäßigkeitsgrundsatzes rügen. S. unten Rz. 9.

– zum anderen den **Zugang** zu ihrem Insolvenzregister, ggf. mehrere (ErwG 76 Satz 3), über das Europäische Justizportal durch Umsetzung der Durchführungsrechtsakte des Art. 25 Abs. 2 lit. a bis f **zu ermöglichen.**

Das „Sicherstellen"[8] bedeutet nicht nur ein einmaliges Tätigwerden, sondern macht die Pflicht zur Veröffentlichung und zur Ermöglichung des Zugangs gemäß Art. 27 Abs. 1 zur **Daueraufgabe** der Mitgliedstaaten. Das korrespondiert mit Art. 26 Abs. 2 Satz 1 der nicht nur die erstmalige Errichtung des Systems, sondern auch die dauerhafte Aufrechterhaltung der Interoperabilität und die Pflege der Insolvenzregister von den Mitgliedstaaten fordert.

## 2. Zugang zu Dokumenten und zusätzlichen Informationen (Art. 27 Abs. 2)

Nach Art. 27 Abs. 2 bleibt es den Mitgliedstaaten unbenommen, über die Pflichtinformationen des Art. 24 Abs. 2 hinaus, Dokumente und zusätzliche Informationen in ihre Insolvenzregister aufzunehmen (Art. 24 Abs. 3). Dazu ist beispielhaft der Ausschluss von der Tätigkeit als Geschäftsleiter benannt, wie in § 70 Abs. 1 StGB behandelt, aber nur, wenn eine Verurteilung im **Zusammenhang mit der Insolvenz** ergeht. Für den Zugang zu diesen Informationen sind die Mitgliedstaaten befugt, eine **angemessene Gebühr** zu erheben. Die Beschränkung auf die Angemessenheit verhindert Gebühren, die angesichts ihrer Höhe das Auskunftsersuchen verunmöglichen.[9]

Die Höhe der Gebühr bestimmt das nationale Recht, weil nur der Mitgliedstaat in der Lage ist, seinen durch diesen Zugang erwachsenen Aufwand zu beziffern. Aus Art. 27 Abs. 1 folgt die Verpflichtung des Mitgliedstaates die ihm entstandenen Sowieso-Kosten für die Pflichtinformationen nicht in die Berechnung einzubeziehen; eine **Querfinanzierung** ist **unzulässig**. Die Berechnungsgrundlage ist zwar nicht autonom zu bestimmen, das nationale Recht muss sie **bereinigen** von den untrennbar durch **Art. 27 Abs. 1** entstandenen **Kosten**. Ob danach Raum für eine eigenständige nationale Berechnungsgrundlage verbleibt, ist angesichts der mischfinanzierten nationalen Insolvenzregister ungewiss. Bei der zugelassenen Gebührenerhebung beschreiten die Mitgliedstaaten einen **sicheren Weg** durch Erhebung von **Pauschalgebühren**, die deutlich unter 1 € pro Dokumentenseite[10], bzw. zusätzlicher Information, oder bis 5 € pro Datei liegen sollte.[11] Die Gebührenerhebung muss den Nutzern eine **Online-Zahlung** mittels allgemein verbreiteter Zahlungsarten wie Kredit- und Debitkartenzahlung ermöglichen.[12]

---

8) Frz. „veillent" – sorgen dafür; engl. „shall ensure" – sicherstellen, gewährleisten.
9) Mankowski/Müller/J. Schmidt-*Müller*, EuInsVO 2015, Art. 27 Rz. 5; zust. Kübler/Prütting/Bork-*Laroche*, InsO, Art. 27 EuInsVO Rz. 3.
10) S. etwa KV 9000 Nr. 1 GKG: für die ersten 50 Seiten 0,50 €, für jede weitere Seite 0,15 €.
11) Einen Anhaltspunkt bietet § 7 Abs. 2 und 3 JVEG.
12) Vgl. Anhang Ziff. 11.1 der Durchführungsverordnung (EU) 2019/917 der Kommission v. 4.6.2019 zur Festlegung technischer Spezifikationen, Maßnahmen und sonstiger Anforderungen für das System zur Vernetzung der Insolvenzregister gemäß Artikel 25 der Verordnung (EU) 2015/848 des Europäischen Parlaments und des Rates – DVO 2019/917, ABl. (EU) L 146/103 v. 5.6.2019.

**Artikel 27**  Voraussetzungen für den Zugang zu Informationen

### 3. Zugang über Mindest- und Zusatzkriterien (Art. 27 Abs. 3)

8 Die Mindestkriterien für den Zugang zu den Pflichtinformationen legt der Durchführungsrechtsakt gemäß Art. 25 Abs. 2 lit. c fest, gemeint sind damit **Suchkriterien**, wie sich aus dem letzten Halbsatz ergibt. Bei jeder Suche über das IRI ist mindestens ein Land auszuwählen und a) Name, b) nationale Registernummer; die beiden zuletzt genannten sind „harmonisiert," d. h. in allen Mitgliedstaaten als Suchkriterien vorzuhalten, sie sind alternativ oder kumulativ verwendbar. Das Portal kann ggf. weitere Suchkriterien anbieten.[13] Damit Interessierte die Daten der Insolvenzregister über das Portal durchsuchen können („Interoperabilität"), müssen die Mitgliedstaaten ihre Datenbestände sortieren bzw. indizieren. Das bedeutet, es muss Vergleichbarkeit zwischen Datenbestand und Suchkriterien bestehen.[14] Jenseits dieser technischen Gegebenheiten **verhindert** das Vorschalten von Suchkriterien **Rasterabfragen**, der Nutzer soll gezielt nach Daten suchen, mithin muss er hierfür ein **berechtigtes Interesse** mitbringen.[15] Das schränkt den Kreis der Suchenden auf Personen ein, die über Vorkenntnisse verfügen und einen bestimmten Anlass zur Suche haben, eine Suche ins Blaue hinein wird so ausgeschlossen. Die einschränkenden Suchkriterien gewährleisten ein Mindestmaß an berechtigtem Interesse des Suchenden und halten gleichzeitig den bürokratischen Kontrollaufwand in Grenzen (siehe unten Rz. 10).

9 Der Anwendungsbereich des Art. 27 Abs. 3 beschränkt sich auf **natürliche Personen, die keine selbstständige Tätigkeit** ausüben, oder natürliche Personen, die zwar eine selbstständige gewerbliche oder freiberufliche Tätigkeit ausüben, diese aber **nicht vom Insolvenzverfahren betroffen ist**.[16] Die Errichtung eines Filters für die Suche mittels Suchkriterien erklärt sich mit der erhöhten Datensensibilität dieses Personenkreises gegenüber den bereits in Unternehmensregistern geführten juristischen Personen und Gesellschaften, deren Geheimhaltungsinteresse faktisch ungeschützt ist. Dem folgend, sind die Mitgliedstaaten befugt, **zusätzliche Mindestkriterien** für die Suche zu fordern. Das können solche sein, die über die Mindestinformationen des Art. 24 Abs. 2 lit. a bis j hinausgehen. Sie werden beispielhaft in ErwG 79 aufgeführt; persönliche Kennnummer, Anschrift und Geburtsdatum des Schuldners etc. Das trägt den unterschiedlich ausgeprägten Sensibilitäten der Mitgliedstaaten im Umgang mit den Registerdaten Rechnung. Die Möglichkei-

---

13) Anhang Ziff. 10 DVO 2019/917, ABl. (EU) L 146/103 v. 5.6.2019.
14) Das ist Gegenstand der DVO 2019/917, ABl. (EU) L 146/102 v. 5.6.2019, wo es in Anhang Ziff. 8.2. heißt: „Damit die Plattform ihre Aufgaben erfüllen kann, sind folgende Arten von Daten bereitzustellen: a) Daten zur Identifizierung der mit der Plattform verbundenen Systeme; diese Daten können aus URLs bestehen, die die Identifizierung jedes Systems innerhalb des IRI ermöglichen; b) alle sonstigen Betriebsdaten, die erforderlich sind, damit die Plattform den ordnungsgemäßen und effizienten Betrieb des Suchsystems und die Interoperabilität der Register gewährleisten kann; diese Daten können Codelisten, Referenzdaten, Glossare und Übersetzungen dieser Metadaten sowie Protokollierungs- und Berichterstattungsdaten umfassen."
15) Das bestätigt Anhang Ziff. 5 lit. f der DVO 2019/917, ABl. (EU) L 146/102 v. 5.6.2019, das zu den Mindestsicherungsstandards Maßnahmen zum Schutz gegen automatisierte Abfragen (z. B. Nutzung des Captcha-Moduls) und gegen die Vervielfältigung von Registern (z. B. Begrenzung der angezeigten Suchergebnisse durch eine Höchstzahl pro Register) rechnet.
16) Das sind Fälle des § 35 Abs. 2 InsO.

ten der Mitgliedstaaten, für „Verbraucher" keine Register zu unterhalten oder diese nicht über die europäische Plattform zugänglich zu machen, hat den Nachteil des Art. 24 Abs. 4 Unterabs 2.[17)]

**4. Genehmigungsvorbehalt des Zugangs (Art. 27 Abs. 4)**

Über die Einschränkung der Suche durch zusätzliche Suchkriterien hinaus (Art. 27 Abs. 3), können die Mitgliedstaaten die Suche von einer **behördlichen Genehmigung** abhängig machen **(Art. 27 Abs. 4 Unterabs. 1 Satz 1)**. Der Legaldefinition des Art. 2 Nr. 6 (ii) folgend, sind darunter das Justizorgan und jede sonstige Stelle zu verstehen, die über die Zugangsberechtigung nach nationalem Recht zu entscheiden befugt sind.[18)] Materiell darf die Genehmigung vom Vorliegen eines **berechtigten Interesses** (vgl. § 299 Abs. 2 ZPO) abhängig gemacht werden **(Art. 27 Abs. 4 Unterabs. 1 Satz 2)**. Weitere Voraussetzungen, wie die Erhebung von Gebühren, sind unzulässig.[19)] Dieses bestimmt das **nationale Recht**, das aber dem **Ziel der EuInsVO**, prinzipielle Zugangserleichterung zu schaffen, **nicht zuwiderlaufen** darf; unzulässig sind demnach unüberwindbare Zugangshürden. Die Mitgliedstaaten sind i. R. des Ziels der Artt. 24 ff. bei der Gestaltung der Anforderungen frei; das schafft eine **autonome Gestaltungsgrenze**.

10

Art. 27 Abs. 4 Unterabs. 1 Sätze 3 bis 5 regeln das **Verfahren**. Dem Gesuchsteller muss die **Zugangsanfrage** anhand eines **Standardformulars** über das Europäische Justizportal möglich sein, das berechtigte Interesse darf er durch Kopien in elektronischer **Form** nachweisen,[20)] er erhält innerhalb von **drei Tagen Antwort** von der zuständigen Behörde. Nach dem **1. Unterabsatz** ist der Gesuchsteller weder verpflichtet, Übersetzungen vorzulegen, noch die anfallenden Übersetzungskosten der Behörde zu tragen.

11

Wollen die Mitgliedstaaten das Verfahren des Art. 27 Abs. 4 VO-konform gestalten, werden sie erhebliche Anstrengungen unternehmen müssen, z. B. um die fristgerechte Entscheidung über das in fremder Sprache abgefasste Gesuch sicherzustellen. Die Gestaltungsbefugnis der Mitgliedstaaten ist deshalb, wollen sie den Aufwand in vertretbarem Umfang halten, begrenzt und wird die Bereitschaft fördern, auf ein berechtigtes Interesse für die Suchanfrage zu verzichten oder es einem standardisierten Prüfverfahren zu unterwerfen. Damit sind, abgesehen von der Kenntnis besonderer Suchkriterien, die Insolvenzregister über natürliche Personen faktisch öffentlich zugänglich und erfüllen das Anliegen des Verordnungsgebers die Gläubiger unionsweit besser zu informieren (ErwG 76) – ein Fall „schleichender Integration."

12

---

17) *Schultz* in: HK-InsO, Art. 27 EuInsVO Rz. 4.
18) Vgl. Art. 2 Nr. 6 (ii): „... die befugt ist ... im Rahmen dieses Verfahrens Entscheidungen zu treffen."
19) Mankowski/Müller/J. Schmidt-*Müller*, EuInsVO 2015, Art. 27 Rz. 7.
20) Mankowski/Müller/J. Schmidt-*Müller*, EuInsVO 2015, Art. 27 Rz. 8: zur Verhinderung prohibitiver Auskunftshürden.

13  In **Deutschland** sind die Informationen zu Insolvenzverfahren über insolvenzbekanntmachungen.de abrufbar. Eine uneingeschränkte Suche ist innerhalb von **zwei Wochen** ab der Veröffentlichung möglich (§ 2 Abs. 1 Nr. 3 IntBekVO), danach eingeschränkt durch Angabe von Zusatzinformationen für die Dauer von **sechs Monaten** (§ 3 Abs. 1 IntBekVO). Nach der Verfahrensaufhebung oder -einstellung muss für die Suche mindestens ein Suchkriterium des § 2 Abs. 1 Nr. 3 lit. a bis e IntBekVO zwar nicht vollständig, aber **unterscheidbar** erfüllt werden (§ 2 Abs. 1 Satz 2 IntBekVO). Das Informationsinteresse des Suchenden ergibt sich aus der Kenntnis der Suchkriterien, sein **berechtigtes Interesse**,[21] das jedes ideelle und wirtschaftliche Interesse, das auf sachlichen Gründen beruht und mit der Rechtsordnung in Einklang steht,[22] ist dann auch ohne Glaubhaftmachung gegeben, da bei verständiger Würdigung die Einsichtnahme sinnvoll erscheint, um einen gesetzlichen Zweck zu verfolgen.[23]

14  Eine Unterrichtung des Schuldners ist entbehrlich, denn er verfügt über die mitzuteilenden Informationen (Art. 13 Abs. 4 DSGVO).[24] In diesem Zusammenhang ist daran zu erinnern, dass insolvenzbekanntmachungen.de ein **öffentliches**, für jedermann einsehbares **Register** darstellt, das nur durch erleichterten Zugang seine Warn- und Informationsfunktion erfüllen kann;[25] das Geheimhaltungsinteresse des Schuldners tritt demgegenüber zurück. Seine datenschutzrechtlichen Befugnisse beschränken sich auf die **Richtigkeit** der veröffentlichten Daten und ihre **fristgerechte Löschung** (vgl. Art. 79 Abs. 5). Ähnlich dem Schuldnerverzeichnis verfolgt das Insolvenzregister durch die Eintragung das Ziel, als reines Auskunftsregister über die Kreditunwürdigkeit einer Person Mitteilung zu machen. Die Eintragungen erfolgen demgemäß von Amts wegen.[26]

---

21) „The legitimate interests."
22) Art. 6 Abs. 1 lit. f DSGVO und ErwG 47 DSGVO; Ehmann/Selmayr-*Heberlein*, DS-GVO, Art. 6 Rz. 25 und 27; Kühling/Buchner-*Buchner/Petri*, DS-GVO/BDSG, Art. 6 DS-GVO Rz. 146.
23) *Dörndorfer* in: MünchKomm-ZPO, § 882f Rz. 2.
24) Kühling/Buchner-*Bäcker*, DS-GVO/BDSG, Art. 13 DS-GVO Rz. 83 f.; zust. Kübler/Prütting/Bork-*Laroche*, InsO, Art. 27 EuInsVO Rz. 7.
25) Zum zentralen Vollstreckungsgericht vgl. Begr. RegE Gesetz zur Reform der Sachaufklärung in der Zwangsvollstreckung, BT-Drucks. 16/10069, S. 41. Hier ist die Situation des elektronischen Abrufs vergleichbar gestaltet, eine Rechtmäßigkeitsprüfung findet nur nachgelagert statt; *Dörndorfer* in: MünchKomm-ZPO, § 882f Rz. 3.
26) BGH, Beschl. v. 9.2.2017 – I ZB 56/16, ZInsO 2017, 648, 649 = ZVI 2017, 227.

## Artikel 28

### Öffentliche Bekanntmachung in einem anderen Mitgliedstaat

(1) ¹Der Verwalter oder der Schuldner in Eigenverwaltung hat zu beantragen, dass eine Bekanntmachung der Entscheidung zur Eröffnung des Insolvenzverfahrens und gegebenenfalls der Entscheidung zur Bestellung des Verwalters in jedem anderen Mitgliedstaat, in dem sich eine Niederlassung des Schuldners befindet, nach den in diesem Mitgliedstaat vorgesehenen Verfahren veröffentlicht

wird. ²In der Bekanntmachung ist gegebenenfalls anzugeben, wer als Verwalter bestellt wurde und ob sich die Zuständigkeit aus Artikel 3 Abs. 1 oder Abs. 2 ergibt.

(2) Der Verwalter oder der Schuldner in Eigenverwaltung kann beantragen, dass die Bekanntmachung nach Abs. 1 in jedem anderen Mitgliedstaat, in dem er dies für notwendig hält, nach dem in diesem Mitgliedstaat vorgesehenen Verfahren der Bekanntmachung veröffentlicht wird.

Literatur: *Jacoby*, Die Haftung des Sanierungsgeschäftsführers in der Eigenverwaltung, in: Festschrift für Heinz Vallender, 2015, S. 261; *Kebekus/Zenker*, Das Gesellschaftsorgan als Insolvenzverwalter – Zur Haftungssituation bei der Eigenverwaltung, in: Festschrift für Bruno M. Kübler, 2015, S. 331; *Leible/Staudinger*, Die Europäische Verordnung über Insolvenzverfahren, KTS 2000, 533; *Reinhart*, Die Bedeutung der EuInsVO im Insolvenzeröffnungsverfahren – Besonderheiten paralleler Eröffnungsverfahren, NZI 2009, 201; *Virgós/Schmit*, Erster Teil: EU-Übereinkommen über Insolvenzverfahren, Kap. B – Erläuternder Bericht, in: Stoll, Vorschläge und Gutachten zur Umsetzung des EU-Übereinkommens über Insolvenzverfahren im deutschen Recht, 1997, S. 32 (zit.: *Virgós/Schmit* in: Stoll, Vorschläge und Gutachten).

## Übersicht

| | |
|---|---|
| I. Einführung ................................................. 1 | bb) Mitwirkungspflicht und Prüfungsbefugnis des Bekanntmachungsstaats ......................... 15 |
| II. Zweck der Norm ....................................... 3 | cc) Bekanntmachungsverfahren ........ 16 |
| III. Änderungen gegenüber Art. 21 a. F. .................................................. 5 | dd) Beweislastverteilung bei Leistungen an den Schuldner nach |
| IV. Anwendungsbereich ................................. 6 | öffentlicher Bekanntmachung ..... 18 |
| V. Inhalt der Norm ........................................ 7 | 2. Bekanntmachung nach Art. 28 |
| 1. Bekanntmachung nach Art. 28 Abs. 1 (obligatorisch) ............................. 7 | Abs. 2 (Antragsrecht) ............................ 19 |
| a) Antragsvoraussetzungen ................. 8 | a) Voraussetzungen ........................... 20 |
| b) Rechtsfolge ....................................... 12 | b) Rechtsfolgen .................................. 23 |
| aa) Inhalt der Bekanntmachung ................................................. 14 | VI. Kosten ......................................................... 24 |

## I. Einführung

Bereits in ihrem **Reformvorschlag vom 12.12.2012 zur EuInsVO** hatte die EU-Kommission darauf hingewiesen, dass die Vorschriften über die öffentliche Bekanntmachung von Insolvenzverfahren und die Anmeldung der Forderungen Schwierigkeiten bereiten würden. So bestehe in einigen Mitgliedstaaten, in denen Insolvenzverfahren eröffnet würden oder in denen eine Niederlassung des insolventen Unternehmens vorhanden sei, keine Verpflichtung, Entscheidungen über Verfahrenseröffnungen öffentlich bekannt zu machen oder zu registrieren.[1] Dass in grenzüberschreitenden Insolvenzverfahren, in denen die Eröffnungsentscheidung automatisch und sofort anzuerkennen ist (siehe Art. 19 Abs. 1), der öffentlichen Bekanntmachung dieser Entscheidung besonderer Bedeutung für deren reibungsloses 1

---

1) Vorschlag für eine Verordnung des Europäischen Parlaments und des Rates zur Änderung der Verordnung (EG) Nr. 1346/2000 des Rates über Insolvenzverfahren, v. 12.12.2012, COM(2012) 744 final, S. 3, abrufbar unter https://www.europarl.europa.eu/meetdocs/2009_2014/documents/com/com_com(2012)0744_/com_com(2012)0744_de.pdf (Abrufdatum: 28.1.2020); Working Party on Civil Law Matters (Insolvency), v. 21.3.2013, Dok. 8460/13, S. 13. Die österreichische KO normiert in § 219 Abs. 2 ausdrücklich eine Pflicht des Verwalters des ausländischen Hauptinsolvenzverfahrens, die Eröffnung des Verfahrens dem österreichischen Grundbuch- bzw. Firmenbuchgericht bekannt zu geben.

Funktionieren zukommt,[2] ist dem Verordnungsgeber wohl bewusst. Aus diesem Grunde versucht Art. 28 die von der Kommission aufgezeigte Unzulänglichkeit dadurch zu beheben, dass **Absatz 1** der Vorschrift den Insolvenzverwalter oder den Schuldner in Eigenverwaltung bei **Vorhandensein einer Niederlassung** verpflichtet, einen Antrag zur öffentlichen Bekanntmachung der Eröffnungsentscheidung in dem anderen Mitgliedstaat zu stellen.

2 Darüber hinaus normiert **Absatz 2** der Vorschrift zur Gewährleistung der erforderlichen Publizität des Insolvenzverfahrens ein **ermessensabhängiges Antragsrechts** des Verwalters bzw. Schuldners in Eigenverwaltung, z. B. in den Fällen, in denen der Schuldner zwar über keine Niederlassung in anderen Mitgliedstaaten, wohl aber über erhebliche Vermögensgegenstände verfügt. Dadurch soll ausländischen Gläubigern derselbe Schutz gewährt werden wie ihn auch die nationalen insolvenzrechtlichen Bestimmungen vorsehen.[3] So hat nach **deutschem Recht** die Geschäftsstelle den Eröffnungsbeschluss sofort öffentlich bekannt zu machen (§ 30 Abs. 1 Satz 1 InsO), damit Gläubiger und Drittschuldner möglichst schnell über die Verfahrenseröffnung unterrichtet sind. Nach Art. 14 (3), Art. 216 und Art. 293 der **niederländischen Konkursordnung (Faillissementswet, Fw)** ist sogar dafür Sorge zu tragen, dass die Eröffnungsentscheidung auch in anderen Staaten zur Kenntnis genommen werden kann.[4]

### II. Zweck der Norm

3 Art. 28 EuInsVO ist als **Sachnorm** zu qualifizieren, die entsprechende nationale Reglungen verdrängt.[5] Die Vorschrift bezweckt gemäß ErwG 75 Satz 1 den **Schutz des gesamten Geschäfts- und Wirtschaftsverkehrs** im Bekanntmachungsstaat.[6] Sie will etwaige Informationsdefizite im Hinblick auf die Eröffnung eines Insolvenzverfahrens in einem anderen Mitgliedstaat vermeiden helfen. Verstärkt wird dieser Schutz durch die **Einrichtung bzw. Vernetzung der nationalen Insolvenzregister (Artt. 24 ff.)**, die zusätzlich zur besseren Information der betroffenen Gläubiger und Gerichte beiträgt. Offensichtlich war der Verordnungsgeber der Auffassung, dass die Veröffentlichung über die vernetzten Insolvenzregister im Internet keine ausreichende Form der Information von Gläubigern und Gerichten darstellt, so dass er auch nicht dem Vorschlag der Kommission gefolgt ist, die Pflicht zur zusätzlichen öffentlichen Bekanntmachung auf einen Übergangszeitraum zu begrenzen.[7]

4 Mit Hilfe der durch die **zusätzliche öffentliche Bekanntmachung** erreichten Publizität sollen ein gutgläubiger Erwerb sowie die schuldbefreiende Leistung an den

---

2) Ähnlich Bork/van Zwieten-*Veder*, Commentary On The European Insolvency Regulation, Art. 28 Rz. 28.01.
3) *Kindler* in: MünchKomm-BGB, Art. 21 EuInsVO Rz. 1.
4) *B. Wessels*, International Insolvency Law, para 10778, S. 693. Die Veröffentlichungsvorschriften zahlreicher europäischer Staaten sind abrufbar unter https://www.insol-europe.org/technical-content/european-insolvency-regulation-articles-21-22 (Abrufdatum: 10.1.2020).
5) Vgl. *Thole* in: MünchKomm-InsO, Art. 21 EuInsVO 2000 Rz. 1; K. Schmidt-*Brinkmann*, InsO, Art. 21 EuInsVO Rz. 1.
6) *Leible/Staudinger*, KTS 2000, 533, 564; K. Schmidt-*Brinkmann*, InsO, Art. 21 EuInsVO Rz. 1.
7) Wimmer/Bornemann/Lienau-*Lienau*, Die Neufassung der EuInsVO, Rz. 370.

Insolvenzschuldner statt an die Masse verhindert werden (siehe Art. 31).[8] Damit trägt Art. 28 primär zur Masseanreicherung bei und dient gleichzeitig der Verwirklichung der *par condicio creditorum*.[9] Die Norm beschränkt sich auf den **Gläubigerschutz**; Drittschuldner schützender Charakter ist ihr nicht beizumessen; dieser lässt sich allein durch das nationale Recht erreichen.[10] ErwG 75 Satz 3 stellt ausdrücklich klar, dass die öffentliche Bekanntmachung keine Voraussetzung für die Anerkennung des ausländischen Verfahrens ist.

### III. Änderungen gegenüber Art. 21 a. F.

**Art. 28 Abs. 1** sieht insoweit effektivere Maßnahmen zur Verbesserung des Gläubigerschutzes in grenzüberschreitenden Insolvenzverfahren gegenüber Art. 21 a. F. vor, als das Vorhandensein einer Niederlassung des Schuldners in einem anderen Mitgliedstaat **zwingende Tatbestandsvoraussetzung** für eine **verpflichtende Veröffentlichung** ist. Diese Regelung ist Art. 21 a. F. fremd. Danach obliegt es dem Ermessen des bestellten Verwalters, einen Antrag zur Veröffentlichung in einem *beliebigen* Mitgliedstaat zu stellen (Art. 21 Abs. 1 Satz 1 a. F.). Diese Vorschrift entspricht Art. 28 Abs. 2. Eine **obligatorische Bekanntmachung** war bislang lediglich nach einzelstaatlichem Recht vorgesehen. Art. 21 Abs. 2 a. F. ermächtigt alle EU-Mitgliedstaaten, in denen der Schuldner eine Niederlassung hat, in ihrem jeweiligen nationalen Recht eine öffentliche Bekanntmachung vorzusehen. Im Gegensatz zu zahlreichen anderen Mitgliedstaaten hat der deutsche Gesetzgeber bereits kurz nach Inkrafttreten der EuInsVO 1346/2000 in **Art. 102 § 5 Abs. 2 EGInsO a. F.**[11] von dieser Möglichkeit Gebrauch gemacht. Nur für diesen Fall normiert Art. 21 Abs. 2 Satz 2 a. F. eine Verpflichtung des Hauptinsolvenzverwalters, die für diese Bekanntmachung erforderlichen Maßnahmen zu treffen. Nunmehr ist den nationalen Gesetzgebern kein Regelungsermessen mehr eingeräumt. Vielmehr folgt das Veröffentlichungserfordernis unmittelbar aus Art. 28 Abs. 1.

### IV. Anwendungsbereich

Art. 28 Abs. 1 und 2 gelten sowohl für **Haupt- als auch Sekundär-/Partikularinsolvenzverfahren**.[12] Dies ergibt sich aus der Verweisung in Absatz 1 Satz 2 auf die Vorschrift des Art. 3 Abs. 2 und 3. Zur Antragstellung verpflichtet bzw. befugt sind der Verwalter oder der Schuldner in Eigenverwaltung. Verwalter i. S. des Art. 28 Abs. 1 und 2 ist sowohl der Haupt- als auch der Sekundärinsolvenzverwalter sowie der vorläufige Insolvenzverwalter, sofern die jeweiligen Personen in Anhang B zur

---

8) Haß/Huber/Gruber/Heiderhoff-*Gruber*, EuInsVO, Rz. 2; vgl. in dem Sinne *Reinhart*, NZI 2009, 201, 203.
9) *Paulus*, EuInsVO, Art. 28 Rz. 1.
10) Mankowski/Müller/J. Schmidt-*Müller*, EuInsVO 2015, Art. 28 Rz. 3 m. w. N.
11) Gesetz zur Neuregelung des Internationalen Insolvenzrechts, v. 14.3.2003, BGBl. I 2003, 345. Einen Überblick über die Mitgliedstaaten, die eine obligatorische Bekanntmachung bei Vorhandensein einer Niederlassung vorsehen, gibt die website von INSOL Europe, abrufbar unter https://www.insol-europe.org/technical-content/european-insolvency-regulation-articles-21-22 (Abrufdatum: 10.1.2020).
12) Bork/van Zwieten-*Veder*, Commentary On The European Insolvency Regulation, Art. 28 Rz. 28.06; Mankowski/Müller/J. Schmidt-*Müller*, EuInsVO 2015, Art. 28 Rz. 4 m. w. N.

EuInsVO aufgelistet sind, auf den Art. 2 Nr. 5 Unterabs. 2 verweist. Die Legaldefinition des Schuldners in Eigenverwaltung findet sich in Art. 2 Nr. 3.

## V. Inhalt der Norm

### 1. Bekanntmachung nach Art. 28 Abs. 1 (obligatorisch)

7   Art. 28 Abs. 1 normiert unter den dort genannten Voraussetzungen eine **Antragspflicht des Insolvenzverwalters bzw. Schuldners in Eigenverwaltung** zur Bekanntmachung. Anders als nach Art. 21 Abs. 2 a. F. trifft die Pflicht zur Veranlassung der zusätzlichen Veröffentlichung nicht mehr „jede andere hierzu befugte Stelle des Mitgliedstaats, in dem das Verfahren nach Artikel 3 Absatz 1 eröffnet wurde".

### a) Antragsvoraussetzungen

8   Zunächst bedarf es des Vorliegens der formellen **Eröffnung eines Insolvenzverfahrens**.[13] Art. 2 Nr. 7 enthält eine Legaldefinition der Eröffnungsentscheidung. Unter diesen Begriff ist auch die **Bestellung eines vorläufigen Insolvenzverwalters** bei Anordnung eines Vermögensbeschlags zu fassen, so dass auch dieser Person die Antragspflicht gemäß Art. 28 Abs. 1 Satz 1 zukommen kann.[14] Diese lässt grundsätzlich die Frage unberührt, ob die **Eröffnungsentscheidung anerkennungsfähig** ist.[15] Dem Wortlaut der Vorschrift ist eine Prüfungspflicht des Insolvenzverwalters bzw. eigenverwaltenden Schuldners nicht zu entnehmen. Etwas anderes gilt allenfalls dann, wenn die **Nichtanerkennungsfähigkeit** der Eröffnungsentscheidung **offensichtlich** ist. Ein solcher Fall liegt z. B. vor, wenn der Verwalter bzw. eigenverwaltende Schuldner Kenntnis davon hat, dass bereits in einem anderen Mitgliedstaat zuvor ein Hauptinsolvenzverfahren über das Vermögen des Schuldners eröffnet worden ist (vgl. Art. 102c § 2 Satz 1 EGInsO).

9   Als weitere Antragsvoraussetzung nennt Art. 28 Abs. 1 Satz 1 das **Vorhandensein einer Niederlassung** i. S. des Art. 2 Nr. 10 in einem anderen Mitgliedstaat, ohne dass es dort bereits zur Eröffnung eines Sekundärinsolvenzverfahrens gekommen sein muss. *Lienau*[16] weist darauf hin, dass die Vorschrift ungewollt zu eng gefasst sei. Sie erfülle ihr Regelungsziel nur, wenn der in einem Sekundär- und Partikularverfahren bestellte Verwalter die **zusätzliche Veröffentlichung** nicht nur in den Mitgliedstaaten vornehmen müsse, in denen ein weiteres Sekundär- oder Partikularverfahren stattfinden könnte oder bereits eröffnet sei, sondern auch in dem anderen Mitgliedstaat veranlasse, in dem der Schuldner seinen COMI habe. Dort wird aber im Regelfall das Hauptinsolvenzverfahren bereits eröffnet worden und eine entsprechende öffentliche Bekanntmachung erfolgt sein. Aus diesem Grunde kommt die zusätzliche Veröffentlichung nur in Betracht, wenn COMI und der Ort, an dem das Hauptinsolvenzverfahren eröffnet worden ist, voneinander abweichen.

10   Um der in Art. 28 Abs. 1 Satz 1 normierten Antragspflicht nachkommen zu können, hat der Insolvenzverwalter oder eigenverwaltende Schuldner zu prüfen, ob der Schuld-

---

13) *Reinhart*, NZI 2009, 201, 203.
14) Vgl. *Thole* in: MünchKomm-InsO, Art. 21 EuInsVO 2000 Rz. 10.
15) A. A. Mankowski/Müller/J. Schmidt-*Müller*, EuInsVO 2015, Art. 28 Rz. 6; K. Schmidt-*Brinkmann*, InsO, Art. 21 EuInsVO Rz. 2.
16) Wimmer/Bornemann/Lienau-*Lienau*, Die Neufassung der EuInsVO, Rz. 371.

ner Niederlassungen in den Mitgliedstaaten hat und bejahendenfalls wo. Darüber hinaus hat er sich über die Modalitäten der Veröffentlichung in den Mitgliedstaaten zu informieren. Dies betrifft insbesondere die Frage, an welche Stelle er seinen Antrag zu richten hat.[17] Sobald das Vorhandensein einer Niederlassung bekannt ist, hat der Insolvenzverwalter oder eigenverwaltende Schuldner unverzüglich die Bekanntmachung zu beantragen.[18] Soweit auf Grund dieser Prüfung Kosten für die Hinzuziehung eines Experten oder Übersetzungskosten anfallen, zählen diese zu den Kosten und Aufwendungen des Verfahrens i. S. des Art. 30 (näher dazu siehe Art. 30 Rz. 7 [*Vallender*]). Eine schuldhafte Verletzung der Bekanntmachungspflicht kann zu Schadensersatzansprüchen führen.

Bei einer **in Deutschland vorzunehmenden Veröffentlichung nach Art. 28 Abs. 1** ist der Antrag an das Insolvenzgericht zu richten, in dessen Bezirk die Niederlassung des Schuldners liegt (**Art. 102c EGInsO § 7 Abs. 1 i. V. m. § 1 Abs. 2 EGInsO**). Geht der Antrag bei einem unzuständigen Gericht ein, so hat es ihn unverzüglich an das zuständige Gericht weiterzuleiten und den Antragsteller zu informieren (Art. 102c § 7 Abs. 4 EGInsO); näher dazu siehe Art. 102c § 7 EGInsO Rz. 25 [*Vallender*].

### b) Rechtsfolge

Liegen die Voraussetzungen des Art. 28 Abs. 1 Satz 1 vor, trifft den Insolvenzverwalter bzw. eigenverwaltenden Schuldner die **Pflicht**, die **Bekanntmachung** der Eröffnungsentscheidung und ggf. der Entscheidung zur Bestellung des Verwalters in dem jeweiligen Mitgliedstaat **zu beantragen**. Die Nichterfüllung dieser Pflicht kann Schadensersatzansprüche der Masse bzw. der Insolvenzgläubiger nach sich ziehen.[19] Soweit *Schultz*[20] angesichts von ErwG 75 („Im Interesse des Geschäftsverkehrs...") der Vorschrift eine insolvenzspezifische Pflicht zum Schutz der Beteiligten nicht zu entnehmen vermag und einen deliktischen Anspruch nur dann bejaht, wenn sich der lex fori concursus neben dem Haftungstatbestand auch eine – von Art. 28 – verschiedene Pflicht entnehmen lässt, die zum Schutz der Masse eine Bekanntmachung der Eröffnungsentscheidung im Niederlassungsstaat gebietet, kann dem nur insoweit gefolgt werden, als es um die Verneinung einer Haftung gegenüber Dritten geht. Berücksichtigt man, dass die Vorschrift auch der Verwirklichung des Grundsatzes der par condicio creditorum dient (siehe Rz. 4), erscheint es vertretbar und sachgerecht, ihr auch eine insolvenzspezifische Pflicht zum Schutz der

---

17) Eine erste Orientierungshilfe gibt insoweit der Europäische Gerichtsatlas für Zivilsachen. Er enthält die Namen und Adressen aller in Zivil- und Handelssachen zuständigen Gerichte der Mitgliedstaaten (Amtsgerichte, Handelsgerichte usw.) sowie deren örtliche Zuständigkeit, abrufbar unter https://e-justice.europa.eu/content_european_judicial_ atlas_in_civil_matters-321-de.do (Abrufdatum: 10.1.2020). Dem Vernehmen nach arbeitet die Kommission an der Erstellung einer Europäischen Gerichtsdatenbank ähnlich dem deutschen Orts- und Gerichtsverzeichnis. Diese soll über das Europäische Justizportal verfügbar sein. Aller Voraussicht nach wird diese Datenbank auch Informationen der zuständigen Insolvenzgerichte der jeweiligen Mitgliedstaaten enthalten.
18) *Paulus*, EuInsVO, Art. 28 Rz. 4.
19) Braun-*Ehret*, InsO, Art. 28 Rz. 12 m. w. N; *Paulus*, EuInsVO, Art. 28 Rz. 4.
20) *Schultz* in: HK-InsO, Art. 28 EuInsVO Rz. 8.

Masse bzw. Insolvenzgläubiger beizumessen, deren schuldhafte Verletzung Schadensersatzansprüche zur Folge haben kann.

13 Es empfiehlt sich, dem Antrag auf öffentliche Bekanntmachung den **Nachweis der Verwalterbestellung** nach Maßgabe des **Art. 22** beizufügen. Dies erspart unnötige Rückfragen der ersuchten Stelle. Die für die Übersetzung des Antrags und des Inhalts der Verwalterbestellungsurkunde in die jeweilige Landessprache anfallenden Kosten sind Kosten des Verfahrens.

### aa) Inhalt der Bekanntmachung

14 Zum **Mindestinhalt** der Bekanntmachung zählen gemäß Art. 28 Abs. 1 Sätze 1 und 2 die Bezeichnung des Schuldners, der Vermögensbeschlag, die Angaben, ob es sich um **ein Haupt- oder ein Sekundär- bzw. Partikularverfahren** handelt,[21] und im Falle einer Verwalterbestellung in der Eröffnungsentscheidung Angaben zur Identität dieser Person.[22] Da in manchen Mitgliedstaaten die Verwalterbestellung gesondert erfolgt, bedurfte es des Wortlauts „gegebenenfalls" in Art. 28 Abs. 1 Sätze 1 und 2. Diese gesonderte Bestellung ist ebenfalls bekannt zu machen und zählt zum Mindestinhalt der Bekanntmachung. Bleiben die Vorgaben im Bekanntmachungsstaat hinter den vorgenannten Mindestinformationen zurück, ist der in Art. 28 Abs. 1 normierte **Mindestinhalt** maßgeblich. Insoweit hat das Unionsrecht Vorrang vor dem nationalen Recht. Umgekehrt schließt Art. 28 Abs. 1 nicht die Veröffentlichung weiterer Informationen wie z. B. eine Frist zur Anmeldung von Forderungen aus.[23] Auch im Falle der **Bestellung eines vorläufigen Insolvenzverwalters mit Anordnung eines Vermögensbeschlags** besteht eine Antragspflicht des vorläufigen Insolvenzverwalters.[24] Zu veröffentlichen ist grundsätzlich nur der Anordnungsbeschluss als Mindestinformation.

### bb) Mitwirkungspflicht und Prüfungsbefugnis des Bekanntmachungsstaats

15 Auch wenn der Verordnungsgeber davon abgesehen hat, ausdrücklich eine Pflicht der Bekanntmachungsstellen zur Bekanntmachung auf Antrag des Verfahrensorgans in den einzelnen Mitgliedstaaten zu normieren, ist der **Bekanntmachungsstaat** zur **Mitwirkung** verpflichtet. Ein Ermessen steht ihm nicht zu.[25] Ansonsten liefe die Regelung des Art. 28 Abs. 1 ins Leere. Er darf die Veröffentlichung nur unter den Voraussetzungen ablehnen, die es ihm erlauben, die Eröffnungsentscheidung nicht anzuerkennen. Dies richtet sich nach **Art. 33**. Grundsätzlich ist der Bekanntmachungsstaat befugt, den Antrag zurückweisen, soweit die ausländische

---

21) Die Regelung in Art. 28 Abs. 1 Satz 2 unterstreicht die Notwendigkeit, im Eröffnungsbeschluss klarzustellen, um was für ein Verfahren es sich handelt, vgl. dazu AG Hamburg, Beschl. v. 11.2.2009 – 67c IE 1/09, NZI 2009, 343, 344 = ZIP 2009, 1024, dazu EWiR 2009, 441 *(Mankowski)*.
22) Ebenso Mankowski/Müller/J. Schmidt-*Müller*, EuInsVO 2015, Art. 28 Rz. 11.
23) Bork/van Zwieten-*Veder*, Commentary On The European Insolvency Regulation, Art. 28 Rz. 28.08; *Virgós/Schmit* in: Stoll, Vorschläge und Gutachten, Rz. 181; Uhlenbruck-*Lüer*, InsO, Art. 21 EuInsVO Rz. 14.
24) *Thole* in: MünchKomm-InsO, Art. 21 EuInsVO 2000 Rz. 5.
25) Ebenso Bork/van Zwieten-*Veder*, Commentary On The European Insolvency Regulation, Art. 28 Rz. 28.05.

Eröffnungsentscheidung offensichtlich mit den Grundprinzipien oder den verfassungsmäßig genannten Rechten und Freiheiten des Einzelnen unvereinbar wäre. Der Effektivität des Art. 28 kann indes nur dann Genüge getan werden, wenn sich die **inzidente Prüfung** auf solche Fälle beschränkt, in denen der Anwendungsbereich der EuInsVO prima facie nicht gegeben ist.[26] Dies dürfte im Einklang mit der höchstrichterlichen Rechtsprechung stehen, nach der der **ordre-public-Vorbehalt** nur in Ausnahmefällen einschlägig ist.[27]

### cc) Bekanntmachungsverfahren

Das Bekanntmachungsverfahren richtet sich ausschließlich nach dem **Recht des Bekanntmachungsstaates** („nach den in diesem Mitgliedstaat vorgesehenen Verfahren"). Einzelheiten der Bekanntmachung wie die **Art und Weise** und das **Wo** der Veröffentlichung[28] sind dem Mitgliedstaat, in dem die Bekanntmachung erfolgen soll, überlassen.[29] Soll die Regelung des Art. 28 Abs. 1 ihren Zweck erfüllen, hat die Veröffentlichung in der **Sprache des Bekanntmachungsstaates** zu erfolgen. Dementsprechend sieht das deutsche Recht in Art. 102c § 7 Abs. 3 Satz 1 EGInsO zur Arbeitserleichterung für das deutsche Insolvenzgericht vor, dass es eine Übersetzung der bekannt zu machenden Informationen verlangen kann.

16

In **Deutschland** richtet sich die verfahrensmäßige Behandlung von Bekanntmachungsanträgen anderer Mitgliedstaaten nach **Art. 102c § 7 EGInsO**. Aus der Verweisung auf **§§ 9 Abs. 1 und 2 und 30 InsO** in Art. 102c § 7 Abs. 3 Satz 2 EGInsO folgt, dass die öffentliche Bekanntmachung durch eine zentrale und länderübergreifende Veröffentlichung im Internet erfolgt und sie sich auf sämtliche der in §§ 27 bis 29 InsO enthaltenen Angaben zu erstrecken hat. Die Eintragung hat der ausländische Verwalter bzw. der eigenverwaltende Schuldner zu beantragen. Sieht der andere Staat ebenso wie Deutschland eine Internetveröffentlichung vor, gelangt diese Information in das System der Registervernetzung. Dies hat den Vorteil, dass die Informationen nicht nur über das Europäische Justizportal, sondern auch über den elektronischen Zugangspunkt des Mitgliedstaats, in dem die zusätzliche Veröffentlichung erfolgt, abrufbar sind.[30] Ist die Veröffentlichung des Insolvenzverfahrens bekannt gemacht worden, so ist dessen **Beendigung** in gleicher Weise **von Amts wegen bekannt zu machen** (Art. 102c § 7 Abs. 3 Satz 3 EGInsO).

17

### dd) Beweislastverteilung bei Leistungen an den Schuldner nach öffentlicher Bekanntmachung

Nach **Art. 31 Abs. 2** hat die Veröffentlichung **Auswirkungen auf die Beweislastverteilung** bei Leistungen an den Schuldner. Hat der Dritte **nach der Bekanntmachung** gemäß Art. 28 an den Schuldner und nicht an den Insolvenzverwalter ge-

18

---

26) *Kindler* in: MünchKomm-BGB, Internationales Wirtschaftsrecht, IntInsR Rz. 537; *Thole* in: MünchKomm-InsO, Art. 21 EuInsVO 2000 Rz. 5.
27) EuGH, Urt. v. 2.5.2006 – Rs. C-341/04 (Eurofood), Slg. 2006, I-3813-3880 = ZIP 2006, 907, dazu EWiR 2005, 725 *(Pannen)*; BGH, Urt. v. 10.9.2015 – IX ZR 304/13, Rz. 10, ZIP 2015, 2331, dazu EWiR 2016, 19 *(Vallender)*.
28) Mankowski/Müller/J. Schmidt-*Müller*, EuInsVO 2015, Art. 28 Rz. 12 m. w. N.
29) *Virgós/Schmit* in: Stoll, Vorschläge und Gutachten, Rz. 113.
30) Wimmer/Bornemann/Lienau-*Lienau*, Die Neufassung der EuInsVO, Rz. 372.

leistet, wird bis zum Beweis des Gegenteils[31] vermutet, dass ihm die Eröffnung des Verfahrens bekannt war (Abs. 2 Satz 2). Er wird nur dann von seiner Leistungspflicht gegenüber dem Insolvenzverwalter befreit, wenn er beweist, dass er trotz Veröffentlichung keine Kenntnis von der Eröffnungsentscheidung hatte. Die Regelung unterstreicht die Bedeutung des masseschützenden Charakters der öffentlichen Bekanntmachung.

### 2. Bekanntmachung nach Art. 28 Abs. 2 (Antragsrecht)

19 Art. 28 Abs. 2 normiert ein Antragsrecht des Insolvenzverwalters oder des Schuldners in Eigenverwaltung. Die Vorschrift entspricht weitgehend Art. 21 Abs. 1 a. F.

#### a) Voraussetzungen

20 Auf Grund der Bezugnahme in Art. 28 Abs. 2 auf die Bekanntmachung nach Absatz 1 betrifft die Antragsbefugnis die **Entscheidung zur Eröffnung eines Insolvenzverfahrens**. Ob der Verwalter bzw. der Schuldner in Eigenverwaltung hiervon Gebrauch macht, liegt – wie der Wortlaut des Absatzes 2 verdeutlicht („kann ... in dem er dies für notwendig hält") – in seinem **pflichtgemäßen Ermessen**. Bei Kenntnis vom Vorhandensein von **Gläubigern, Drittschuldnern**[32] und **Vermögensgegenständen** in anderen Mitgliedstaaten liegt ein entsprechender Antrag auf Bekanntmachung der Eröffnungsentscheidung zumindest dann nahe, wenn der Nutzen einer Veröffentlichung die Kosten übersteigt.[33] Diesen Nutzen wird der Verwalter regelmäßig nur anhand der ihm zur Verfügung gestellten Informationen einschätzen können. Im Rahmen des **pflichtgemäßen Ermessens** wird der Verwalter bzw. eigenverwaltende Schuldner insbesondere zu berücksichtigen haben, dass eine **Nichtveröffentlichung negative Folgen** für die Masse haben kann (vgl. Art. 31 Abs. 2). Vermag die Veröffentlichung eine drohende Masseschmälerung zu verhindern, dürfte sich das Ermessen zu einer Antragspflicht verdichten, weil es zur ordnungsmäßen Amtsführung des Insolvenzverwalters bzw. eigenverwaltenden Schuldners zählt, jeglichen Schaden von der Masse abzuwehren. Liegen insoweit konkrete Anhaltspunkte vor, ist dem Verwalter bzw. eigenverwaltenden Schuldner zur Vermeidung der eigenen Haftung (vgl. z. B. § 60 InsO)[34] eine Bekanntmachung jedenfalls in den Mitgliedstaaten zu empfehlen, in welchen der Schuldner Vermögenswerte besitzt oder in denen sich Gläubiger und Drittschuldner aufhalten.[35] Der mögliche Schaden kann z. B. in der **Masseschmälerung** infolge eines gutgläubigen Erwerbs eines massezugehörigen Gegenstandes durch einen Dritten oder eine schuldbefreiende Leistung eines Dritten an den Schuldner bestehen.[36] Für etwaige Staatshaftungsansprüche, Aufsichtsmaßnahmen und die Haftung des Insolvenzverwalters

---

31) Kritik an dieser Regelung äußert Mankowski/Müller/J. Schmidt-*Müller*, EuInsVO 2015, Art. 31 Rz. 19.
32) S. Working Party on Civil Law Matters (Insolvency), v. 21.3.2013, Dokument 8460/13, S. 13.
33) So auch Mankowski/Müller/J. Schmidt-*Müller*, EuInsVO 2015, Art. 28 Rz. 17.
34) Näher zur Haftung des Schuldners in der Eigenverwaltung *Kebekus/Zenker* in: FS Kübler, S. 331 ff.; *Jacoby* in: FS Vallender, S. 261 ff.
35) K. Schmidt-*Brinkmann*, InsO, Art. 21 EuInsVO Rz. 5; Duursma-Kepplinger/Duursma/Chalupsky-*Duursma-Kepplinger/Chalupsky*, EuInsVO, Art. 21 a. F. Rz. 6.
36) Vgl. Uhlenbruck-*Lüer*, InsO, Art. 21 EuInsVO Rz. 11.

oder eigenverwaltenden Schuldners ist grundsätzlich das durch Art. 7 Abs. 1 berufene Recht des Eröffnungsstaates maßgeblich.[37] Dies gilt gleichermaßen bei **Unterlassen einer obligatorischen Bekanntmachung** gemäß Art. 28 Abs. 1.

Anderer Mitgliedstaat i. S. des Art. 28 Abs. 2 ist ein solcher, in dem der Schuldner keine Niederlassung hat. Dies ergibt sich aus einem Umkehrschluss aus Art. 28 Abs. 1. Die **Wirkungen der Bekanntmachung** richten sich nach dem über die Kollisionsnormen der EuInsVO berufenen nationalen Recht.[38] 21

Bei einer **in Deutschland vorzunehmenden Veröffentlichung** nach Art. 28 Abs. 2 ist der Antrag nach Art. 102c EGInsO § 7 Abs. 2 an das zuständige Insolvenzgericht zu richten. Dies ist das Insolvenzgericht, in dessen Bezirk sich der wesentliche Teil des Vermögens des Schuldners befindet. Hat der Schuldner in der Bundesrepublik kein Vermögen, so kann der Antrag bei jedem Insolvenzgericht gestellt werden (näher dazu siehe Art. 102c § 7 EGInsO Rz. 13, 14 [*Vallender*]). 22

### b) Rechtsfolgen

Liegen die Antragsvoraussetzungen vor, steht dem Insolvenzverwalter bzw. eigenverwaltenden Schuldner ein **Antragsrecht** zu. Die Nichtausübung pflichtgemäßen Ermessens kann zu Schadensersatzansprüchen führen (näher dazu siehe Ausführungen bei Rz. 20). Allerdings ist hier ein gewisser Beurteilungsspielraum des Verwalters zu berücksichtigen.[39] Der Bekanntmachungsstaat ist zur Mitwirkung bei der Bekanntmachung ebenso wie bei einem Antrag gemäß Art. 28 Abs. 1 verpflichtet. Bezüglich des Inhalts und Umfangs der Bekanntmachung gilt Art. 28 Abs. 1 entsprechend. Das Bekanntmachungsverfahren richtet sich nach dem Recht des Bekanntmachungsstaates (siehe dazu Rz. 16). 23

### VI. Kosten

Gemäß Art. 30 fallen die Kosten der öffentlichen Bekanntmachung der Masse des Verfahrens zur Last, dass die Bekanntmachung veranlasst hat. 24

---

37) Mankowski/Müller/J. Schmidt-*Müller*, EuInsVO 2015, Art. 28 Rz. 20.
38) Mankowski/Müller/J. Schmidt-*Müller*, EuInsVO 2015, Art. 28 Rz. 19.
39) *Schultz* in: HK-InsO, Art. 28 EuInsVO Rz. 10.

## Artikel 29
### Eintragung in öffentliche Register eines anderen Mitgliedstaats

(1) Ist es in einem Mitgliedstaat, in dem sich eine Niederlassung des Schuldners befindet und diese Niederlassung in einem öffentlichen Register dieses Mitgliedstaats eingetragen ist oder in dem unbewegliches Vermögen des Schuldners belegen ist, gesetzlich vorgeschrieben, dass die Informationen nach Artikel 28 über die Eröffnung eines Insolvenzverfahrens im Grundbuch, Handelsregister oder einem sonstigen öffentlichen Register einzutragen sind, stellt der Verwalter oder der Schuldner in Eigenverwaltung die Eintragung im Register durch alle dazu erforderlichen Maßnahmen sicher.

(2) Der Verwalter oder der Schuldner in Eigenverwaltung kann diese Eintragung in jedem anderen Mitgliedstaat beantragen, sofern das Recht des Mitgliedstaats, in dem das Register geführt wird, eine solche Eintragung zulässt.

**Literatur:** *Leible/Staudinger*, Die europäische Verordnung über Insolvenzverfahren, KTS 2000, 533; *Piekenbrock*, Auslandsvermögen in inländischen Insolvenzverfahren, IPRax 2018, 392; *Virgós/Schmit*, Erster Teil: EU-Übereinkommen über Insolvenzverfahren, Kap. B – Erläuternder Bericht, in: Stoll, Vorschläge und Gutachten zur Umsetzung des EU-Übereinkommens über Insolvenzverfahren im deutschen Recht, 1997, S. 32 (zit.: *Virgós/Schmit* in: Stoll, Vorschläge und Gutachten).

### Übersicht

| | |
|---|---|
| I. Einführung .......................... 1 | d) Gesetzlich vorgeschriebene |
| II. Zweck der Norm ................. 3 | Eintragungspflicht ..................... 12 |
| III. Änderungen gegenüber | e) Rechtsfolge ............................ 13 |
| Art. 22 a. F. ............................ 5 | aa) Eintragungsverfahren .............. 14 |
| IV. Anwendungsbereich .......... 6 | bb) Prüfungsbefugnis der Register- |
| V. Inhalt der Norm ................. 8 | stelle ........................................ 18 |
| 1. Voraussetzungen des Art. 29 Abs. 1 | cc) Wirkungen der Eintragung ..... 20 |
| (obligatorische Eintragung) ... 8 | 2. Voraussetzungen des Art. 29 Abs. 2 |
| a) Niederlassung des Schuldners ... 9 | (Antragsrecht) ............................ 21 |
| b) Eintragung in einem öffent- | a) Tatbestandsvoraussetzungen ...... 22 |
| lichen Register ..................... 10 | b) Rechtsfolgen ........................... 24 |
| c) Vorhandensein von unbeweg- | 3. Haftung ................................... 26 |
| lichem Vermögen ................ 11 | |

## I. Einführung

1 Bei **Art. 29** handelt es sich um eine **Sachnorm**, hinter der entgegenstehende nationale Rechtsvorschriften zurückzutreten haben. Die Vorschrift ist in zwei Absätze gegliedert, die parallel zur Formulierung des Art. 28 EuInsVO gefasst sind. **Absatz 1** normiert eine **Pflicht des Insolvenzverwalters oder des eigenverwaltenden Schuldners**, die Eintragung in einem **öffentlichen Register** des Mitgliedstaates herbeizuführen, in dem sich eine registrierte Niederlassung oder unbewegliches Vermögen des Schuldners befindet und das Recht dieses Mitgliedstats eine entsprechende Eintragungspflicht vorsieht.

2 **Absatz 2** stellt eine **Ermessensvorschrift** dar, nach der der Verwalter oder der Schuldner in Eigenverwaltung in jedem anderen Mitgliedstaat, in dem eine entsprechende Eintragung zulässig ist, diese beantragen kann.

## II. Zweck der Norm

3 Art. 29 verfolgt denselben Zweck wie Art. 28, namentlich den Schutz der **Sicherheit des Wirtschafts- und Rechtsverkehrs**.[1] Die besondere Bedeutung der Eintragung der Eröffnungsentscheidung in von anderen Mitgliedstaaten geführten Registern unterstreicht **Art. 17**. Denn diese Vorschrift beruft das **Recht des Belegenheitsortes** zur Entscheidung darüber, ob Verfügungen wirksam sind, die der Schuldner nach dem verfahrensbedingten Verlust der Verfügungsbefugnis über bestimmte

---

1) Mankowski/Müller/J. Schmidt-*Müller*, EuInsVO 2015, Art. 29 Rz. 2; Graf-Schlicker-Bornemann, InsO, Art. 29 EuInsVO Rz. 1; *Leible/Staudinger*, KTS 2000, 533, 564.

massezugehörige Vermögensgegenstände trifft.[2)] Mit der Eintragung der Eröffnungsentscheidung in **öffentlichen Registern**, deren wichtigste Aufgabe es ist, bestimmte rechtliche und tatsächliche Verhältnisse, die für die Allgemeinheit von besonderer Bedeutung sind, zuverlässig und vollständig zu registrieren und sie jedermann zugänglich zu machen, wird die **fehlende Verfügungsbefugnis des Schuldners** registerrechtlich abgesichert.[3)] Die Eintragung der Verfahrenseröffnung trägt dazu bei, einen **Gutglaubenserwerb Dritter** zu zerstören.[4)]

Gleichzeitig bezweckt Art. 29 eine Informations- und Warnfunktion des Rechtsverkehrs hinsichtlich unwirksamer oder anfechtbarer Rechtsgeschäfte.[5)] Tatsächlich kann nur die Schaffung **größtmöglicher Transparenz** in grenzüberschreitenden Insolvenzverfahren sicherstellen, dass die Masse hinreichend geschützt wird. Damit dient Art. 29 ebenso wie Art. 28 der par condicio creditorum. Die Eintragung der Eröffnung in die Register ist keine Voraussetzung für die Anerkennung der Eröffnungsentscheidung. Diese erfolgt nach Art. 19 automatisch.

## III. Änderungen gegenüber Art. 22 a. F.

Art. 29 unterscheidet sich von Art. 22 a. F. zunächst dadurch, dass die Vorschrift eine klarstellende Erstreckung auf den Schuldner in Eigenverwaltung enthält. Darüber hinaus sieht sie Eintragungsanträge durch eine „andere hierzu befugte Stelle des Mitgliedstaats, in dem das Verfahren nach Artikel 3 Absatz 1 eröffnet wurde", nicht mehr vor. Gemäß **Art. 29 Abs. 1** trifft den Verwalter oder den eigenverwaltenden Schuldner nunmehr die **Pflicht, alle erforderlichen Maßnahmen** zu treffen, um eine Eintragung in den entsprechenden Registern des jeweiligen Mitgliedstaates sicherzustellen, sofern die Voraussetzungen vorliegen. Die Vorgängervorschrift, Art. 22 Abs. 1 a. F., normierte lediglich ein Antragsrecht des Verwalters hinsichtlich einer Eintragung über die Verfahrenseröffnung in öffentlichen Registern in allen Mitgliedstaaten.[6)] Es lag demnach in seinem pflichtgemäßen Ermessen, einen entsprechenden Antrag zu stellen. Lediglich im Falle einer obligatorischen Eintragung traf den Verwalter die Pflicht, alle hierzu erforderlichen Maßnahmen zu treffen (vgl. Art. 22 Abs. 2 a. F.).[7)]

## IV. Anwendungsbereich

Da in Art. 29 Abs. 1 kein Verweis auf Art. 3 Abs. 1 enthalten ist, liegt es nahe anzunehmen, dass sich die Vorschrift nicht nur auf das **Hauptverfahren** erstreckt.[8)] Die h. M. zu Art. 22 a. F. ging davon aus, dass eine Registereintragung im Ausland

---

2) K. Schmidt-*Brinkmann*, InsO, Art. 22 EuInsVO Rz. 1.
3) *Virgós/Schmit* in: Stoll, Vorschläge und Gutachten, Rz. 182.
4) *Kindler* in: MünchKomm-BGB, Internationales Wirtschaftsrecht, IntInsR Rz. 530; Bork/van Zwieten-*Veder*, Commentary On The European Insolvency Regulation, Art. 29 Rz. 29.01; *Piekenbrock*, IPRax 2018, 392, 393.
5) Pannen-*Eickmann*, EuInsVO, Art. 22 Rz. 1.
6) AG Duisburg, Beschl. v. 13.1.2010 – 62 IE 1/10, NZI 2010, 199, 200 = ZIP 2010, 594.
7) Vgl. zum Ganzen *Dornblüth* in: HK-InsO, Art. 22 EuInsVO Rz. 1.
8) So aber *Paulus*, EuInsVO, Art. 29 Rz. 1; Wimmer/Bornemann/Lienau-*Lienau*, Die Neufassung der EuInsVO, Rz. 376.

nur für das Hauptverfahren sinnvoll sei. Diese Auffassung dürfte aufgrund der Neufassung des Art. 29 nicht mehr aufrechtzuerhalten sein.

7 Gleichwohl ist hinsichtlich der Verfahren, deren Eröffnungsentscheidung in öffentlichen Registern einzutragen ist, zu differenzieren. Sinnvoll erscheint die Eintragung der Eröffnung sowohl eines **Haupt- als auch eines Sekundärinsolvenzverfahrens im Handelsregister** des anderen Mitgliedstaates, in dem der Schuldner eine **Niederlassung** hat.[9] Denn auch die Eröffnung eines Partikularverfahrens kann Auswirkungen auf die Tätigkeit einer Niederlassung in einem anderen Mitgliedstaat haben.[10] Dagegen beschränkt sich bei **Vorhandensein von Grundbesitz in einem anderen Mitgliedstaat** die Notwendigkeit der Eintragung der Eröffnungsentscheidung in das Grundbuch auf das **Hauptinsolvenzverfahren**, weil sich in diesem Fall der Insolvenzbeschlag auch auf Grundbesitz im Ausland erstreckt.[11] Für die Eintragung der Eröffnung eines Sekundärinsolvenzverfahrens in das Grundbuch anderer Mitgliedstaaten besteht wegen dessen begrenzter territorialen Wirkung keine Notwendigkeit.

## V. Inhalt der Norm

### 1. Voraussetzungen des Art. 29 Abs. 1 (obligatorische Eintragung)

8 Wie Art. 28 setzt Art. 29 Abs. 1 zunächst die **Eröffnung eines Insolvenzverfahrens** voraus („... die Informationen nach Artikel 28 über die Eröffnung eines Insolvenzverfahrens").

### a) Niederlassung des Schuldners

9 Darüber hinaus normiert die Vorschrift als weitere Zulässigkeitsvoraussetzung das Vorhandensein einer **Niederlassung des Schuldners** (siehe dazu näher Art. 3 Rz. 44 ff. [*Vallender/Zipperer*]) und deren Eintragung in einem **öffentlichen Register** in diesem Mitgliedstaat. Der Begriff der Niederlassung ist in Art. 2 Nr. 10 definiert. Der Insolvenzverwalter bzw. eigenverwaltende Schuldner hat zunächst zu prüfen, ob die Niederlassungsvoraussetzungen vorliegen. So erfüllt z. B. das Eigentum eines Grundstücks, auf dem keinerlei wirtschaftliche Tätigkeit erfolgt, nicht den Tatbestand der vorgenannten Bestimmung.[12]

### b) Eintragung in einem öffentlichen Register

10 Darüber hinaus ist in einem nächsten Schritt zu ermitteln, ob eine entsprechende **Eintragung in einem öffentlichen Register dieses Mitgliedstats** erfolgt ist.[13]

---

9) Wie hier Bork/van Zwieten-*Veder*, Commentary On The European Insolvency Regulation, Art. 29 Rz. 29.02; Mankowski/Müller/J. Schmidt-*Müller*, EuInsVO 2015, Art. 29 Rz. 2; *Schultz* in: HK-InsO, Art. 29 EuInsVO Rz. 3.
10) Näher dazu Mankowski/Müller/J. Schmidt-*Müller*, EuInsVO 2015, Art. 29 Rz. 3; *Wenner/Schuster* in FK-InsO, Anh. I Art. 18 EuInsVO Rz. 4.
11) Wimmer/Bornemann/Lienau-*Lienau*, Die Neufassung der EuInsVO, Rz. 376.
12) BGH, Beschl. v. 21.6.2012 – IX ZB 287/11, Rz. 6, ZIP 2012, 1920.
13) Informationen über die einzelnen Handelsregister und Grundbuchämter in den Mitgliedstaaten der EU sind abrufbar unter https://e-justice.europa.eu/content_business_registers_in_member_states-106-en.do (Abrufdatum: 28.10.2019) und https://e-justice.europa.eu/content_land_registers_in_member_states-109-en.do (Abrufdatum: 10.1.2020).

Unter öffentliche Register dürften alle diejenigen fallen, die **frei einsehbar** sind. Unerheblich ist, ob es des Nachweises eines wie auch immer gearteten (rechtlichen, erheblichen, berechtigten) Interesses bedarf.[14] Entscheidend ist die Funktion des Registers. Ist die Eintragung pflichtwidrig unterlassen worden, stellt sich die Frage, ob damit die Verpflichtung des Insolvenzverwalters bzw. eigenverwaltenden Schuldners entfällt, das Erforderliche zur Eintragung zu veranlassen. Der Wortlaut der Vorschrift legt dies nahe. Jedenfalls dürfte es an einem pflichtwidrigen Verhalten des Verwalters fehlen, wenn er aufgrund dessen keine Eintragung veranlasst.[15]

### c) Vorhandensein von unbeweglichem Vermögen

**Alternativ** nennt Art. 29 Abs. 1 das **Vorhandensein von unbeweglichem Vermögen in einem anderen Mitgliedstaat** (Art. 29 Abs. 1 Halbs. 1 Alt. 2). Ob ein Gegenstand beweglich oder unbeweglich ist, ist anhand der Qualifikationsverweisung auf die lex rei sitae zu bestimmen (vgl. Art. 24 Nr. 1 EuGVVO). Maßgeblich für die Feststellung der Belegenheit des unbeweglichen Vermögens ist nicht der Mitgliedstaat, in dem sich das Register befindet, sondern der Mitgliedstaat, der die Aufsicht über das Register führt (vgl. Art. 2 Nr. 9 (iv)). Die Massezugehörigkeit eines in einem anderen Mitgliedstaat eingetragenen dinglichen Rechts folgt nicht bereits daraus, dass im dortigen Grundbuch ein Insolvenzvermerk eingetragen worden war.[16] Allein das einschlägige Recht des anderen Mitgliedstaats entscheidet darüber, ob der Schuldner Inhaber des dinglichen Rechts an dem Grundstück geworden ist sowie über den Inhalt des Rechts und die mögliche Verwertung.[17]

11

### d) Gesetzlich vorgeschriebene Eintragungspflicht

Hat der Verwalter bzw. eigenverwaltende Schuldner das Vorhandensein einer Niederlassung in einem anderen Mitgliedstaat bzw. das Vorhandensein von unbeweglichem Vermögen ermittelt, ist in einem nächsten Schritt zu prüfen, ob dort **gesetzlich vorgeschrieben** ist, dass die Informationen nach Art. 28 über die Eröffnung des Insolvenzverfahrens im **Grundbuch, Handelsregister oder einem sonstigen öffentlichen Register** einzutragen sind. Art. 29 Abs. 1 stellt bei Immobilien auf die **Eintragungsfähigkeit** nach dem Grundbuchrecht des Belegenheitsstaates ab.[18] Ausdrücklich erfasst die Vorschrift lediglich das Grundbuch und das Handelsregister. Zu den **sonstigen öffentlichen Registern**[19] zählen sowohl die von öffentlicher Hand geführten Register als auch privat organisierte Register, wenn sie unter staatlicher Aufsicht geführt werden, öffentlichen Zwecken dienen und der Öffentlichkeit zugänglich sind.[20] In den Mitgliedstaaten der EU dürfte aufgrund der **Zweig-**

12

---

14) *Paulus*, EuInsVO, Art. 29 Rz. 4.
15) Näher dazu Mankowski/Müller/J. Schmidt-*Müller*, EuInsVO 2015, Art. 29 Rz. 8.
16) BGH, Beschl. v. 20.7.2017 – IX ZB 69/16, Rz. 14, ZIP 2017, dazu EWiR 2017, 697 *(Stoffler)*.
17) *Piekenbrock*, IPRax 2018, 392, 393.
18) Zu Art. 22 Abs. 1 EuInsVO 2000 war noch die Auffassung vertreten worden, die Pflicht zur Eintragung sei dort unionsrechtlich verbindlich vorgeschrieben.
19) Hierzu zählen das Genossenschafts-, Partnerschafts-, Vereins-, Schiffs-, Luft- und Kraftfahrzeugregister und Register für gewerbliche Schutzrechte wie Patente, Marken, Geschmacks- und Gebrauchsmuster.
20) *Thole* in: MünchKomm-InsO, Art. 22 EuInsVO 2000 Rz. 6.

niederlassungsrichtlinie vom 1.12.1989[21]) eine gesetzliche Regelung für die Eintragung der Verfahrenseröffnung im **Handelsregister** eines Mitgliedstaats, in dem sich eine Niederlassung des Schuldners befindet, bestehen.

### e) Rechtsfolge

13  Liegen die Tatbestandsvoraussetzungen des Art. 29 Abs. 1 vor, hat der Insolvenzverwalter bzw. eigenverwaltende Schuldner **unionsrechtlich** die Pflicht, die **Eintragung** im Register durch alle dazu **erforderlichen Maßnahmen sicherzustellen**. Diese Sprachregelung entspricht Art. 22 Abs. 2 a. F. Voraussetzung für die Anerkennung der Eröffnungsentscheidung ist die Eintragung in die öffentlichen Register nicht.[22])

### aa) Eintragungsverfahren

14  Das **Eintragungsverfahren** richtet sich nach dem **Recht des Registerstaates**. Dies gilt insbesondere für **Form und Inhalt des Antrags**. Dem Eintragungsbegehren sollte aus Gründen der Verfahrensbeschleunigung eine Ausfertigung der Eröffnungsentscheidung und bei einem Antrag des Verwalters auf Eintragung der Nachweis seiner Bestellung (Art. 22) beigefügt werden. Art. 29 gibt die **zuständige Stelle**, an die das Begehren (Antrag) zu richten ist, nicht vor. Da hierüber das Recht des Registerstaates entscheidet, trifft den Insolvenzverwalter bzw. eigenverwaltenden Schuldner insoweit ebenfalls eine **Erkundigungspflicht**. Soweit er den Antrag an eine unzuständige Stelle richtet, hat diese ihn entweder darauf hinzuweisen, welche Stelle zuständig ist oder nach entsprechender Benachrichtigung des Verwalters den Antrag der zuständigen Stelle vorzulegen. Sieht die angerufene Stelle von jeglicher Mitwirkung ab, stellt dies einen Verstoß gegen den Grundsatz des rechtlichen Gehörs dar.

15  Der **Eintragungsgegenstand** beschränkt sich nicht auf den **wesentlichen Inhalt der Eröffnungsentscheidung** einschließlich der Verwalterbestellungsentscheidung. Vielmehr erstreckt er sich „auf die Informationen nach Art. 28". Dazu zählen die gesonderte Verwalterbestellung sowie, im Falle der Bestellung eines vorläufigen Insolvenzverwalters, die Anordnung des Vermögensbeschlags (siehe dazu näher Art. 28 Rz. 14 [*Vallender*]). Nicht erfasst vom Mindestinhalt der Eintragung wird z. B. die **Löschung eines Rechts**. Dem Insolvenzverwalter bzw. eigenverwaltenden Schuldner steht es aber frei, auch insoweit die Eintragung zu bewirken.

16  Jeder Mitgliedstaat ist gehalten, für die Eintragung des eröffneten Verfahrens ähnliche Bedingungen vorzusehen wie bei inländischen Verfahren.[23]) Selbst wenn die Bedingungen voneinander abweichen, trifft die Registerbehörde die Pflicht, **inhaltlich die Eröffnung einzutragen**. Dies folgt zwingend aus dem Wortlaut des Art. 29 Abs. 1.

---

21) Richtlinie 89/666/EWG des Rates vom 21.12.1989, geändert durch Richtlinie 2012/17/EU des Europäischen Parlaments und des Rates vom 13.6.2012, ABl. (EG) L 156/1 v. 16.6.2012.
22) Allg. M.; s. die entsprechenden Nachw. bei Mankowski/Müller/J. Schmidt-*Müller*, EuInsVO 2015, Art. 19 Rz. 19 mit Fn. 53.
23) *Kindler* in: MünchKomm-BGB, Internationales Wirtschaftsrecht, IntInsR Rz. 540 m. w. N.

Für das **deutsche Recht** enthält Art. 102c § 8 Abs. 1 EGInsO nähere Vorgaben zur 17
Eintragung der Verfahrenseröffnung in deutschen öffentlichen Registern auf Antrag eines ausländischen Verwalters. Danach ist der Antrag auf Eintragung nach Art. 29 Abs. 1 an das nach Art. 102c § 1 Abs. 2 EGInsO zuständige Gericht zu richten. Dies ist nach deutschem Recht nicht das Grundbuchamt, sondern das **Insolvenzgericht**, in dessen Bezirk die Niederlassung des Schuldners liegt. Die Vorschrift sieht ferner vor, dass der Eintragungsantrag mit dem Antrag auf öffentliche Bekanntmachung verbunden werden soll. Das Insolvenzgericht wiederum ersucht nach Prüfung der Anerkennungsvoraussetzungen des ausländischen Verfahrens die zuständige registerführende Stelle um Eintragung. Diese ist von der Prüfung der Anerkennungsvoraussetzungen entlastet. Form und Inhalt des Antrags richten sich nicht nach dem Recht des Eröffnungsstaates, sondern nach deutschem Recht (Art. 102c § 8 Abs. 3 EGInsO). Bei Eintragungsersuchen, die dem deutschen Recht fremd sind, hat das Insolvenzgericht eine Eintragung zu wählen, die der des Mitgliedstaats der Verfahrenseröffnung am nächsten kommt.

### bb) Prüfungsbefugnis der Registerstelle

Aus der Antragspflicht des Verwalters bzw. eigenverwaltenden Schuldners folgt 18
korrespondierend die **Pflicht des Registerstaats**, die Eintragung zu ermöglichen. Dies schließt nicht aus, dass der Registerstaat die Eintragung von seiner vorherigen **Prüfung der Anerkennungsvoraussetzungen** abhängig machen kann.[24] Ablehnen darf er die Eintragung allerdings nur unter den Voraussetzungen, die es ihm erlauben, die Eröffnungsentscheidung nicht anzuerkennen. Bei einer ausdrücklich auf Art. 3 gestützten Eröffnungsentscheidung hat sich die Prüfung allein an **Art. 33** zu orientieren. Danach ist der Registerstaat grundsätzlich befugt, den Antrag zurückweisen, soweit die ausländische Eröffnungsentscheidung **offensichtlich** mit den Grundprinzipien oder den verfassungsmäßig genannten Rechten und Freiheiten des Einzelnen unvereinbar ist. Der Effektivität des Art. 29 kann indes nur dann Genüge getan werden, wenn sich die **inzidente Prüfung** auf solche Fälle beschränkt, in denen der Anwendungsbereich der EuInsVO prima facie nicht gegeben ist.[25] Dies steht im Einklang mit der höchstrichterlichen Rechtsprechung, nach der der **ordre-public-Vorbehalt** nur in **Ausnahmefällen** einschlägig ist.[26]

Eine solche Prüfung dürfte einer registerführenden Stelle im Regelfall nicht mög- 19
lich sein. Soweit Mitgliedstaaten als Adressat der Registereintragung das Insolvenzgericht bestimmen (vgl. Art. 102c § 1 Abs. 2 EGInsO), scheidet eine erneute Prüfungsbefugnis des Registergerichts aus.[27] Eine inzidente Prüfung der Eröffnungsvoraussetzungen nach der EuInsVO durch die Registerbehörde kommt allenfalls in den Fällen in Betracht, in denen der in dem anderen Mitgliedstaat ergangene Eröff-

---

24) *Virgós/Schmit* in: Stoll, Vorschläge und Gutachten, Rz. 182.
25) *Kindler* in: MünchKomm-BGB, Internationales Wirtschaftsrecht, IntInsR Rz. 537; *Thole* in: MünchKomm-InsO, Art. 21 EuInsVO 2000 Rz. 5.
26) EuGH, Urt. v. 2.5.2006 – Rs. C-341/04 (Eurofood), Slg. 2006, I-3813-3880 = ZIP 2006, 907, dazu EWiR 2005, 725 *(Pannen)*; BGH, Urt. v. 10.9.2015 – IX ZR 304/13, Rz. 10, ZIP 2015, 2331, dazu EWiR 2016, 19 *(Vallender)*.
27) *Thole* in: MünchKomm-InsO, Art. 22 EuInsVO 2000 Rz. 9.

nungsbeschluss zwar nicht ausdrücklich auf Art. 3 gestützt wurde, es sich aber gleichwohl um ein eröffnetes Verfahren nach Art. 3 handelt.[28] Um – zeitverzögernde – Überprüfungen seitens der Registerbehörden zu vermeiden, empfiehlt es sich, dass Gerichte auch ohne konkrete Anhaltspunkte für einen grenzüberschreitenden Bezug im Eröffnungsbeschluss ausdrücklich auf Art. 3 verweisen.

### cc) Wirkungen der Eintragung

20 Art. 29 regelt nicht die Wirkungen der Eintragung. **Maßgeblich** ist hinsichtlich der materiell-rechtlichen Rechtsfolgen das **nationale Recht**, während **Art. 30** die **Kostenfolge** normiert. Die Eintragung im Register wirkt sich insbesondere auf Verfügungen durch den Schuldner aus (Art. 17). Im Regelfall verhindert sie einen – gutgläubigen – Erwerb eines Dritten vom nicht mehr verfügungsbefugten Schuldner und damit eine Verkürzung der Masse (vgl. § 81 Abs. 1 Satz 2 InsO, § 892 Abs. 1 Satz 2 BGB).[29]

## 2. Voraussetzungen des Art. 29 Abs. 2 (Antragsrecht)

21 Ebenso wie Art. 28 Abs. 2 enthält **Art. 29 Abs. 2** eine **Ermessensvorschrift** bezüglich der Eintragung der Eröffnung eines Insolvenzverfahrens in ein öffentliches Register **in einem anderen Mitgliedstaat**, in dem sich keine Niederlassung des Schuldners befindet oder in dem kein unbewegliches Vermögen vorhanden ist. Die Antragsbefugnis besteht unabhängig davon, ob nach der lex fori concursus das Insolvenzgericht befugt ist, die Eintragung der Eröffnungsentscheidung in die Wege zu leiten.

### a) Tatbestandsvoraussetzungen

22 Tatbestandsvoraussetzung ist zunächst die **Eröffnung eines Insolvenzverfahrens**. Dies folgt aus dem Verweis „diese" in Absatz 2. Darüber hinaus ist der Verwalter bzw. eigenverwaltende Schuldner nur dann zur Antragstellung befugt, wenn das **Recht des Mitgliedstaats**, in dem das Register geführt wird, eine solche **Eintragung zulässt**. Soweit ein nationales Register die Eintragung einer nationalen Eröffnungsentscheidung vorsieht, ist er verpflichtet, sie auch für ausländische Eröffnungsentscheidung zuzulassen.[30] Schließlich muss die Eintragung **in einem anderen Mitgliedstaat** erstrebt werden. Dies setzt voraus, dass Eröffnungs- und Registerstaat nicht identisch sein dürfen.

23 Bei einem Antrag nach Art. 29 Abs. 2 sieht das deutsche Recht in **Art. 102c § 8 Abs. 2 EGInsO** vor, dass der Antrag an das nach Art. 102c § 7 Abs. 2 EGInsO zuständige Gericht zu richten ist. Dies ist das Insolvenzgericht, in dessen Bezirk sich der wesentliche Teil des Vermögens des Schuldners befindet. Hat der Schuldner in der Bundesrepublik Deutschland kein Vermögen, so kann der Antrag bei jedem Insolvenzgericht gestellt werden.

---

28) Ahrens/Gehrlein/Ringstmeier-*Flöther/Wehner*, InsO, Art. 22 EuInsVO Rz. 16.
29) *Virgós/Schmit* in: Stoll, Vorschläge und Gutachten, Rz. 182.
30) Mankowski/Müller/J. Schmidt-*Müller*, EuInsVO 2015, Art. 29 Rz. 14.

## b) Rechtsfolgen

Liegen die Tatbestandsvoraussetzungen des Art. 29 Abs. 2 vor, hat der Insolvenzverwalter bzw. eigenverwaltende Schuldner nach **pflichtgemäßen Ermessen** zu entscheiden, ob und ggf. in welchem anderen Mitgliedstaat er die Eintragung beantragt. Dabei hat er mit der gebotenen Sorgfalt darüber zu befinden, ob eine Registereintragung zur Wahrung der Interessen des Geschäftsverkehrs erforderlich ist.[31] Besteht z. B. bei einem in einem anderen Mitgliedstaat belegenen Grundstück die Gefahr gutgläubigen Erwerbs, liegt ein Antrag auf Eintragung nahe. In jedem Fall wird der Verwalter bzw. eigenverwaltende Schuldner zu prüfen haben, ob der Nutzen einer Eintragung die Kosten übersteigt. Ist dies der Fall, dürfte sich sein Ermessen dann zu einer Antragspflicht verdichten, wenn die Eintragung der Eröffnung des Insolvenzverfahrens in das jeweilige nationale Register eine Masseschmälerung verhindert. Ebenso wie im Falle des Art. 29 Abs. 1 richtet sich das Eintragungsverfahren nach dem Recht des Registerstaates.[32] Sieht der Verwalter von einem Antrag ab, kann dies zu einer Haftung nach Maßgabe des nationalen Rechts führen (siehe dazu Rz. 26 ff.). 24

Das **Gericht des Eröffnungsstaats** kann den Insolvenzverwalter nach Vorgabe der dortigen lex fori concursus beauftragen, die Eintragung in Register anderer Mitgliedstaaten zu veranlassen.[33] Hierzu wird es sich veranlasst sehen, wenn ihm Erkenntnisse über Vermögen des Schuldners in anderen Mitgliedstaaten vorliegen, die der Verwalter nicht hat. 25

### 3. Haftung

Da **Art. 29 Abs. 1** eine **unionsrechtliche Pflicht** begründet, bei Maßliegen der Tatbestandsvoraussetzungen das Erforderliche für die Eintragung zu veranlassen, haftet der Verwalter bzw. eigenverwaltende Schuldner bei schuldhafter Verletzung dieser Pflicht **der Masse** nach der lex fori concursus. Ein Schaden der Masse kann z. B. darin liegen, dass durch die unterlassene oder verspätet veranlasste Eintragung ein Dritter einen massezugehörigen Gegenstand nach Verfahrenseröffnung wirksam erworben hat. Denn im Regelfall wird die – rechtzeitige – Eintragung einem gutgläubigen Erwerb vom nicht mehr verfügungsberechtigten Schuldner entgegenstehen.[34] Bei inländischen Verfahren findet die Vorschrift des § 60 InsO Anwendung. **Dritte,** die infolge der unterbliebenen Eintragung mit dem Schuldner kontrahiert und hierdurch einen Schaden erlitten haben, sind nicht in die vorbeschriebene Haftung einbezogen, weil es an einer Sonderbeziehung zwischen ihnen und dem Verwalter fehlt.[35] 26

Bei ermessenfehlerhafter Ausübung der Antragsbefugnis gemäß **Absatz 2** stellt sich ebenfalls die Frage nach einer Haftung. Zu berücksichtigen ist hierbei indes, dass 27

---

31) *Schultz* in: HK-InsO, Art. 29 EuInsVO Rz. 9.
32) Mankowski/Müller/J. Schmidt-*Müller*, EuInsVO 2015, Art. 29 Rz. 17.
33) *Virgós/Schmit* in: Stoll, Vorschläge und Gutachten, Rz. 534.
34) Mankowski/Müller/J. Schmidt-*Müller*, EuInsVO 2015, Art. 29 Rz. 18; K. Schmidt-*Brinkmann*, InsO, Art. 22 EuInsVO Rz. 9.
35) *Schultz* in: HK-InsO, Art. 29 EuInsVO Rz. 8; K. Schmidt-*Brinkmann*, InsO, Art. 22 EuInsVO 2000 Rz. 9.

dem Insolvenzverwalter bzw. eigenverwaltenden Schuldner ein gewisser **Beurteilungsspielraum** eingeräumt ist („... kann diese Eintragung ...").

## Artikel 30

### Kosten

**Die Kosten der öffentlichen Bekanntmachung nach Artikel 28 und der Eintragung nach Artikel 29 gelten als Kosten und Aufwendungen des Verfahrens.**

**Literatur:** *Virgós/Schmit*, Erster Teil: EU-Übereinkommen über Insolvenzverfahren, Kap. B – Erläuternder Bericht, in: Stoll, Vorschläge und Gutachten zur Umsetzung des EU-Übereinkommens über Insolvenzverfahren im deutschen Recht, 1997, S. 32 (zit.: *Virgós/Schmit* in: Stoll, Vorschläge und Gutachten).

#### Übersicht

| | |
|---|---|
| I. Zweck der Norm ............... 1 | bb) Aufwendungen ............... 7 |
| II. Inhalt der Norm ............... 4 | b) Nationales Kosten- und Ge- |
| 1. Erfasste Kosten und Aufwendungen ..... 4 | bührenrecht ............... 8 |
| a) Kostenbegriff ............... 5 | 2. Rechtsfolge ............... 9 |
| aa) Kosten ............... 6 | III. Geltung der Vorschrift ............... 10 |

### I. Zweck der Norm

1  Art. 30, der vollinhaltlich Art. 23 a. F. entspricht, stellt klar, dass die **Masse des die Veröffentlichung veranlassenden Verfahrens** alle Kosten zu tragen hat, die zur Bekanntmachung und Durchführung des Insolvenzbeschlags in den Mitgliedstaaten durch Maßnahmen nach Art. 28 und Art. 29 entstehen.[1] Diese Kostentragungspflicht umfasst sowohl diejenigen Kosten der Eintragung und Bekanntmachung, die durch den Insolvenzverwalter veranlasst werden als auch diejenigen, die in sonstiger Weise entstehen.[2] Hierzu zählen die Kosten der amtswegigen Bekanntmachung oder Eintragung.

2  Auch wenn in dem Mitgliedstaat der öffentlichen Bekanntmachung oder Eintragung ein Sekundärinsolvenzverfahren eröffnet wird, erscheint es gerechtfertigt, die **Masse des Hauptverfahrens** als Kostenschuldner heranzuziehen, weil der Schutz der Masse eines späteren Sekundärinsolvenzverfahrens mittelbar auch dem Hauptverfahren zugutekommt (vgl. Art. 49).[3]

3  Die Vorschrift des Art. 30, bei der es sich um eine **Sachnorm** handelt,[4] hat weitgehend deklaratorischen Charakter, weil zahlreiche Mitgliedstaaten die von Art. 30

---

1) Vgl. *Virgós/Schmit* in: Stoll, Vorschläge und Gutachten, Rz. 186; Kübler/Prütting/Bork-*Kemper*, InsO, Art. 23 EuInsVO Rz. 1.
2) Bork/van Zwieten-*Veder*, Commentary on the European Insolvency Regulation, Art. 30 Rz. 30.01.
3) Wie hier Mankowski/Müller/J. Schmidt-*Müller*, Art. 30 Rz. 7; *Pannen*, EuInsVO 2000, Art. 23 Rz. 1; Graf-Schlicker-*Bornemann*, InsO, Art. 30 EuInsVO Rz. 2; a. A. *Paulus*, EuInsVO, Art. 30 Rz. 1, der bei einem nach Art. 28 von einem Sekundärverfahren ausgestellten Antrag die Kostenlast dem schuldnerischen Vermögensteil aufbürden möchte, der der Verwaltung des Sekundärverfahrens unterliegt.
4) Vgl. *Thole* in: MünchKomm-InsO, Art. 23 EuInsVO 2000 Rz. 1.

erfassten Kosten ohnehin als privilegierte Forderungen oder Masseverbindlichkeiten ansehen. Die Regelung des Art. 30 dient dazu, einen **Gleichlauf von Kosten und Nutzen der Publizität** herzustellen.[5] Dieser Gleichlauf spiegelt sich wiederum in dem Umstand wider, dass die Masse von der durch die Eintragung bewirkten Publizität profitiert, weil auf diese Weise ein Gutglaubenserwerb oder eine gutgläubige Leistung an den Schuldner ausscheidet.[6]

## II. Inhalt der Norm

### 1. Erfasste Kosten und Aufwendungen

Die **Kostentragungspflicht** trifft das Verfahren, in dessen Rahmen die Bekanntmachung bzw. Eintragung veranlasst worden ist (siehe Rz. 2).[7] Dies folgt bereits aus der Regelung des Art. 7 Abs. 2 lit. l. 4

### a) Kostenbegriff

Art. 30 definiert nicht, welche Kosten zu denen der öffentlichen Bekanntmachung 5 gemäß Art. 28 bzw. der Eintragung gemäß Art. 29 zählen. Der Begriff der Kosten ist unionsautonom auszulegen.

### aa) Kosten

Zu den Kosten i. S. des Art. 30 zählen **alle Gebühren und Auslagen**, die von den 6 zuständigen Stellen oder den von dort beauftragten (ersuchten) Stellen nach Maßgabe der geltenden Kostennormen erhoben werden.[8] Erfasst werden insbesondere **Gerichts- und Registerkosten**. Es kommt nicht darauf an, ob die Kosten infolge der Erfüllung einer entsprechenden Pflicht oder in Ausübung eines entsprechenden Rechts des Verwalters entstanden sind.

### bb) Aufwendungen

Auch der Begriff der Aufwendungen wird in der Verordnung nicht definiert. Zu 7 den Aufwendungen zählen nach überwiegender Auffassung[9] die **beim Verwalter** zur Herbeiführung der Bekanntmachung und/oder Eintragung angefallen Kosten in Gestalt von Übersetzungs-,[10] Beglaubigungs- und Portokosten. Im Einzelfall können auch Reisekosten und Kosten für die Beauftragung eines Anwalts in dem Bekanntmachungs- und/oder Eintragungsstaat anfallen. Dies ist bspw. der Fall, wenn die zuständige Stelle sich weigert, dem Antrag zu entsprechen. Der Regelungsgehalt des Art. 30 erstreckt sich auch auf die Kosten der Übersetzung und Beglaubigung des Bestellungsnachweises (Art. 22). Hierbei handelt es sich ebenfalls um Aufwendungen, die im Zusammenhang mit der Herbeiführung der Bekanntmachung/Eintragung anfallen. Letztlich erfasst die Vorschrift sämtliche Aufwendungen, die in einem **objektiven Sachzusammenhang** mit der Bekanntmachung/Eintragung stehen.

---

5) Mankowski/Müller/J. Schmidt-*Müller*, EuInsVO 2015, Art. 30 Rz. 2.
6) Duursma-Kepplinger/Duursma/Chalupsky-*Duursma-Kepplinger/Chalupsky*, EuInsVO, Art. 23 Rz. 2.
7) Braun-*Ehret*, InsO, Art. 30 EuInsVO Rz. 3.
8) *Pannen*, EuInsVO, Art. 23 Rz. 2.
9) Vgl. statt vieler *Thole* in: MünchKomm-InsO, Art. 23 EuInsVO 2000 Rz. 3.
10) Kübler/Prütting/Bork-*Laroche*, InsO, Art. 30 EuInsVO Rz. 2.

## Artikel 30

Es kommt nicht darauf an, ob sie erforderlich oder notwendig sind.[11] Hat der Verwalter Kosten veranlasst, die sachlich nicht geboten waren, richten sich eventuelle Haftungsansprüche nach der lex fori concursus.

### b) Nationales Kosten- und Gebührenrecht

8   Die **Kosten** der in **Deutschland** erfolgten öffentlichen Bekanntmachung ausländischer Entscheidungen richten sich nach Nr. 9004 Kostenverzeichnis GKG. Nach § 24 GKG ist Kostenschuldner der Antragsteller. Nach zutreffender Ansicht von *Paulus*[12] ist die Vorschrift europarechtskonform dahin umzudeuten, dass die Masse die Kostenlast trifft. Nach deutschem Recht ist die **Eintragung ins Register** kostenfrei (vgl. § 69 KostO a. F.).[13] Zwar normiert § 58 Abs. 1 Satz 2 GNotKG lediglich die Gebührenfreiheit für die Eintragungen ins Handels-, Partnerschafts- und Genossenschaftsregister. Mangels ausdrücklicher Regelung hinsichtlich der Kostentragungspflicht für die Eintragung eines Insolvenzvermerks ins Grundbuch kann insoweit nichts anderes gelten.[14] Die Kosten für die Maßnahmen des Gerichts gemäß Art. 102c § 8 EGInsO sind nicht geregelt, so dass ebenfalls von Kostenfreiheit auszugehen ist.[15] Wird in Deutschland ein Hauptinsolvenzverfahren eröffnet, handelt es sich bei den Kosten und Aufwendungen eines deutschen Insolvenzverwalters in einem anderen Mitgliedstaat um **Masseverbindlichkeiten** gemäß § 55 Abs. 1 Nr. 1 InsO. Die Vorschrift des § 54 InsO findet keine Anwendung, weil sie allein die Kosten in Bezug auf das deutsche Insolvenzgericht erfasst.[16]

### 2. Rechtsfolge

9   Das Recht des Eröffnungsstaates ordnet die Rangfolge der durch die Bekanntmachung und Eintragung verursachten Kosten an.[17] Ob diese Kosten privilegiert sind, bestimmt sich ausschließlich nach diesem Recht. Art. 30 enthält sich insoweit einer Regelung. Unionsrechtlich ist jedenfalls nicht vorgeschrieben, dass es sich stets um vorrangige Kosten handelt. Den **Insolvenzverwalter** trifft – wie bereits ausgeführt – **keine persönliche Kostentragungspflicht**. Der um öffentliche Bekanntmachung oder Eintragung ersuchte Staat bestimmt autonom, ob er für die erbetenen Maßnahmen Gebühren erhebt oder nicht.

### III. Geltung der Vorschrift

10  Die Vorschrift des Art. 30 gilt gemäß Art. 92 ab dem 26.6.2017.

---

11) Mankowski/Müller/J. Schmidt-*Müller*, EuInsVO 2015, Art. 30 Rz. 4; a. A. *Thole* in: MünchKomm-InsO, Art. 23 EuInsVO 2000 Rz. 3.
12) *Paulus*, EuInsVO, Art. 30 Rz. 2.
13) Die Kostenordnung wurde mit Wirkung v. 1.8.2013 aufgehoben. Es gilt nunmehr das Gesetz über Kosten der freiwilligen Gerichtsbarkeit für Gerichte und Notare – GNotKG, v. 23.7.2013, BGBl. I 2013, 2586.
14) Ebenso Mankowski/Müller/J. Schmidt-*Müller*, EuInsVO 2015, Art. 30 Rz. 3.
15) Vgl. *Thole* in: MünchKomm-InsO, Art. 23 EuInsVO 2000 Rz. 2.
16) *Thole* in: MünchKomm-InsO, Art. 24 EuInsVO 2000 Rz. 4.
17) Bork/van Zwieten-*Veder*, Commentary on the European Insolvency Regulation, Art. 30 Rz. 30.02.

## Artikel 31
### Leistung an den Schuldner

(1) Wer in einem Mitgliedstaat an einen Schuldner leistet, über dessen Vermögen in einem anderen Mitgliedstaat ein Insolvenzverfahren eröffnet worden ist, obwohl er an den Verwalter des Insolvenzverfahrens hätte leisten müssen, wird befreit, wenn ihm die Eröffnung des Verfahrens nicht bekannt war.

(2) ¹Erfolgt die Leistung vor der öffentlichen Bekanntmachung nach Artikel 28, so wird bis zum Beweis des Gegenteils vermutet, dass dem Leistenden die Eröffnung nicht bekannt war. ²Erfolgt die Leistung nach der Bekanntmachung gemäß Artikel 28, so wird bis zum Beweis des Gegenteils vermutet, dass dem Leistenden die Eröffnung bekannt war.

Literatur: *Fritz*, Die Neufassung der Europäischen Insolvenzverordnung: Erleichterung bei der Restrukturierung in grenzüberschreitenden Fällen, DB 2015, 1882; *Fritz/Scholtis*, Rechtsprechungsübersicht im internationalen Insolvenzrecht 2018/2019 – Entscheidungen des EuGH und deutscher Gerichtsbarkeit, IWRZ 2019, 147; *Garcimartín*, The EU Insolvency Regulation Recast, Scope, Jurisdiction and Applicable Law, ZEuP 2015, 694; *Reinhart*, Die Bedeutung der EuInsVO im Insolvenzeröffnungsverfahren – Besonderheiten paralleler Eröffnungsverfahren, NZI 2009, 201; *Virgós/Schmit*, Erster Teil: EU-Übereinkommen über Insolvenzverfahren, Kap. B – Erläuternder Bericht, in: Stoll, Vorschläge und Gutachten zur Umsetzung des EU-Übereinkommens über Insolvenzverfahren im deutschen Recht, 1997, S. 32 (zit.: *Virgós/Schmit* in: Stoll, Vorschläge und Gutachten).

### Übersicht

I. Zweck der Norm .................. 1
II. Anwendungsbereich ........................... 8
1. Leistung an den Schuldner in einem anderen Mitgliedstaat ..................... 8
2. Eigenverwaltung ................................ 11
3. Eröffnung des Verfahrens .................. 12
III. Inhalt der Norm ................................. 15
1. Voraussetzungen (Art. 31 Abs. 1) ................................... 15
   a) Leistung an den Schuldner .......... 15
   b) Leistung an Dritte aufgrund Anweisung des Schuldners .......... 18
   c) Leistung von Dritten für Drittschuldner an den Schuldner ......... 21
2. Beweislastverteilung in Abhängigkeit von der Gutgläubigkeit bei Leistung (Art. 31 Abs. 2) ..................... 25
   a) Anforderungen an die Gutgläubigkeit ..................................... 25
   b) Beweislastverteilung ..................... 26
   c) Ort der öffentlichen Bekanntmachung ..................................... 30
3. Rechtsfolgen ....................................... 31
IV. Schlussfolgerung für die Praxis ........ 33

### I. Zweck der Norm

Die Norm bezweckt den **Schutz des guten Glaubens eines Drittschuldners** in die befreiende Wirkung seiner Leistung an den Schuldner, wenn er von der Verfahrenseröffnung keine Kenntnis hatte.[1]

Dies bringt ErwG 81 zum Ausdruck, in dem der Fall angesprochen wird, „... dass einige der betroffenen Personen keine Kenntnis von der Eröffnung des Insolvenzverfahrens haben und gutgläubig im Widerspruch zu der neuen Sachlage handeln. Zum Schutz solcher Personen, die in Unkenntnis der ausländischen Verfahrenser-

1

2

---

1) Uhlenbruck-*Lüer*, InsO, Art. 24 EuInsVO Rz. 1; *Thole* in: MünchKomm-InsO, Art. 24 EuInsVO 2000 Rz. 1; *Wenner/Schuster* in: FK-InsO, Art. 31 EuInsVO Rz. 1; Bork/van Zwieten-*Veder*, Commentary on the European Insolvency Regulation, Art. 31 Rz. 31.07.

öffnung eine Zahlung an den Schuldner statt an den ausländischen Verwalter leisten, sollte eine schuldbefreiende Wirkung der Leistung bzw. Zahlung vorgesehen werden."

3 Der EuGH weist in der Sache *Van Buggenhout and Van Mierop v BIL* zudem daraufhin, dass die Norm auch im Kontext des jetzigen ErwG 5 zu sehen ist, die im Interesse eines ordnungsgemäßen Funktionierens des Binnenmarkts verhindert wissen möchte, dass es für Beteiligte vorteilhafter ist, Vermögensgegenstände von einem Mitgliedstaat in einen anderen zu verlagern, um auf diese Weise eine günstigere Rechtsstellung zum Nachteil der Gesamtheit der Gläubiger zu erlangen.[2] Damit ist diese Norm so auszulegen, dass zwar der gute Glaube, nicht jedoch die **Gläubigergesamtheit benachteiligende Vermögensverschiebungen**, insbesondere beim Hinzutreten Dritter in die Leistungsbeziehung, geschützt werden sollen.

4 Leistet ein **gutgläubiger Drittschuldner** nach der Verfahrenseröffnung an einen Insolvenzschuldner, soll diese Leistung daher grundsätzlich wegen mangelnder Empfangsbefugnis unwirksam sein. Für ein deutsches Insolvenzverfahren unter der EuInsVO ergibt sich das über Art. 7 Abs. 2 Satz 2 lit. c nach deutschem Recht, somit aus § 80 InsO und betrifft damit auch das Auslandsvermögen.[3] Der Drittschuldner muss dann erneut an den Insolvenzverwalter leisten, damit die Erfüllungswirkung eintritt. Für die bereits erbrachte Leistung an den Schuldner entsteht lediglich ein Bereicherungsanspruch gegen den Schuldner.[4] Eine Ausnahme hierzu enthält der Art. 31, der sich an den §§ 82, 350 InsO orientiert. Sofern der Drittschuldner tatsächlich keine Kenntnis von der Verfahrenseröffnung hatte und an den nicht (mehr) empfangszuständigen Schuldner leistete, muss er nicht nochmals an den Insolvenzverwalter leisten. Die Leistung hat dann auch gegenüber der Insolvenzmasse Erfüllungswirkung. Zu den Rechtsfolgen siehe sogleich unter Rz. 31.

5 Die **Sachnorm** des Art. 31[5] ist jedoch nur anwendbar, wenn der Schuldner in einem anderen Mitgliedstaat als dem der Verfahrenseröffnung die geschuldete Leistung erfüllt. Nur dann ist abweichend von der lex fori concursus ein Schutz des Rechtsverkehrs notwendig.[6] Ferner muss der Schuldner gutgläubig hinsichtlich der fehlenden Kenntnis über die Eröffnung des Insolvenzverfahren sein. **Art. 31 Abs. 2** enthält eine Beweislastverteilung zur Frage der Kenntnis. Siehe zur Anwendbarkeit der Vorschrift i. Ü. sogleich unter Rz. 25.

6 Art. 31 entspricht dabei dem bisherigen Art. 24 a. F. Änderungen wurden nicht vorgenommen. Soweit Art. 31 auf Art. 28 verweist entspricht dieser Verweis dem früheren Verweis auf Art. 21 a. F. Art. 28 regelt dabei die öffentliche Bekanntmachung

---

2) EuGH, Urt. v. 19.9.2013 – Rs. C-251/12 (van Buggenhout und van de Mierop), Rz. 38, ZIP 2013, 1971 = NZI 2013, 1039, m. Anm. *Schäfer*, dazu EWiR 2013, 719 *(Paulus)*; dazu auch Bork/van Zwieten-*Veder*, Commentary on the European Insolvency Regulation, Art. 31 Rz. 31.16.
3) Uhlenbruck-*Mock*, InsO, § 80 Rz. 10.
4) Uhlenbruck-*Mock*, InsO, § 82 Rz. 27; K. Schmidt-*Sternal*, InsO, § 82 Rz. 9; a. A. Ott/Vuia in: MünchKomm-InsO, § 82 Rz. 11.
5) Bork/van Zwieten-*Veder*, Commentary on the European Insolvency Regulation, Art. 31 Rz. 31.01; Braun-*Ehret*, InsO, Art. 31 EuInsVO Rz. 1; *Mock* in: BeckOK-InsO, Art. 31 EuInsVO Rz. 1.
6) *Mock* in: BeckOK-InsO, Art. 31 EuInsVO Rz. 3, 5.

der Entscheidung über die Verfahrenseröffnung. Die neue Regelung des Art. 28 hat insoweit die Verpflichtungen des Verwalters oder Schuldners in Eigenverwaltung erhöht, diese sind nun nicht nur berechtigt, sondern verpflichtet, die Entscheidung über die Verfahrenseröffnung oder Bestellung in einem Mitgliedstaat, in dem sich eine Niederlassung befindet, zu veröffentlichen.[7]

Es empfiehlt sich aber vorbeugend, um gar nicht erst in die durch Art. 31 geregelte Situation zu kommen, von der Möglichkeit des Art. 28 Abs. 2 Gebrauch zu machen und darüber hinaus in jedem Staat die Entscheidung zu veröffentlichen, in dem es für notwendig zu erachten ist. Dies sind regelmäßig die Staaten, in denen sich Drittschuldner des Insolvenzschuldners befinden.

## II. Anwendungsbereich

### 1. Leistung an den Schuldner in einem anderen Mitgliedstaat

Zunächst setzt die Norm voraus, dass der Schuldner seinen **COMI** in einem Mitgliedstaat hat und es sich um ein Insolvenzverfahren i. S. des Art. 2 Nr. 4 i. V. m. Anhang A handelt. Für Insolvenzverfahren, die in einem **Drittstaat** eröffnet werden, gilt das Internationale Insolvenzrecht. Im Falle der Anwendbarkeit deutschen Rechtes gilt § 350 InsO.

Ferner muss es sich um eine **grenzüberschreitende Leistung** handeln. Der Leistungsort muss in einem anderen Mitgliedstaat liegen, als dem der Verfahrenseröffnung. Entscheidend ist dabei nach h. A., wo der Drittschuldner die Leistung tatsächlich erbracht hat.[8] Unerheblich ist dagegen, ob der Sitz des Leistenden auch in einem anderen Mitgliedstaat als dem der Verfahrenseröffnung belegen ist.[9]

Für **Leistungen an den Schuldner im Staat der Verfahrenseröffnung** ist dortiges Recht nach Art. 7 Abs. 2 Satz 2 lit. b anwendbar. Für ein deutsches Insolvenzverfahren unter der EuInsVO ergeben sich die Rechtsfolgen einer solchen Leistung im Inland somit aus § 82 InsO.[10]

### 2. Eigenverwaltung

Bei Eigenverwaltung kommt Art. 31 nicht zur Anwendung. Dem Schuldner in Eigenverwaltung wird die Empfangszuständigkeit nicht abgesprochen, sodass an den Schuldner mit erfüllungsbefreiender Wirkung geleistet werden kann. Sollte jedoch

---

7) *Garcimartín*, ZEuP 2015, 694, 729.
8) *Virgós/Schmit* in: Stoll, Vorschläge und Gutachten, Rz. 188; Mankowski/Müller/J. Schmidt-Müller, EuInsVO 2015, Art. 31 Rz. 8; Uhlenbruck-*Lüer*, InsO, Art. 24 EuInsVO Rz. 3; Bork/van Zwieten-*Veder*, Commentary on the European Insolvency Regulation, Art. 31 Rz. 31.08; a. A. *Thole* in: MünchKomm-InsO, Art. 24 EuInsVO 2000 Rz. 10; *Wenner/Schuster* in: FK-InsO, Art. 31 EuInsVO Rz. 5. Danach ist der rechtlich richtige Ort entscheidend, um Missbrauch zu verhindern; a. A. Braun-*Ehret*, InsO, Art. 31 EuInsVO Rz. 3, wonach es auf den tatsächlichen Ort ankommt.
9) *Mock* in: BeckOK-InsO, Art. 31 EuInsVO Rz. 5.1.
10) Bork/van Zwieten-*Veder*, Commentary on the European Insolvency Regulation, Art. 31 Rz. 31.08.

ausnahmsweise nur an den Sachwalter geleistet werden dürfen, so sollte die Leistung entsprechend Anwendung finden.[11]

### 3. Eröffnung des Verfahrens

12 Für die **Anwendbarkeit** kommt es zeitlich auf die tatsächliche Entscheidung über die Eröffnung an, die nach Art. 19 automatisch anzuerkennen ist, und nicht auf die Veröffentlichung nach Art. 28.[12]

13 Führt bereits das Insolvenzeröffnungsverfahren zu einem Verlust der Empfangszuständigkeit des Schuldners, so greift Art. 31 über seinen Wortlaut hinaus nach h. A. auch hier.[13] So definiert sich nach Art. 2 Nr. 7 eine „Entscheidung zur Eröffnung eines Insolvenzverfahrens" sowohl als eine eigentliche „Eröffnungsentscheidung", wie sie die deutsche InsO kennt, als auch schon als Bestellung eines „Verwalters" durch ein Gericht.

14 Dass ein **vorläufiger Insolvenzverwalter** nach deutschem Insolvenzrecht ein „Verwalter" ist, ergibt sich aus Art. 2 Nr. 5 bzw. dem dort in Bezug genommenen Anhang B. In diesem Anhang B wird der vorläufige Insolvenzverwalter ausdrücklich erwähnt. Art. 2 Nr. 8 bestimmt, dass für die so definierte Eröffnungsentscheidung der Zeitpunkt maßgeblich ist, in dem diese wirksam wird.[14]

### III. Inhalt der Norm

#### 1. Voraussetzungen (Art. 31 Abs. 1)

##### a) Leistung an den Schuldner

15 Der Drittschuldner muss eine Leistung „an den Schuldner" erbringen. Eine Leistung liegt vor, wenn sie zur Erfüllung einer Verbindlichkeit (solvendi causa) mit entsprechender Tilgungsbestimmung vorgenommen wird. Der Begriff ist unionsautonom auszulegen.[15] Sollte die Leistung bereits aus anderen (vertraglichen) Gründen keine Erfüllungswirkung haben, fehlt es bereits an einer Leistung. Zudem muss die Forderung zur Insolvenzmasse zählen, sie muss also der Verwaltungsbefugnis des Verwalters i. S. des Art. 7 Abs. 1 i. V. m. Art. 7 Abs. 2 Satz 2 lit. b unterstehen, was sich nach dem jeweiligen lex fori concursus bestimmt.[16]

16 Handelt es sich um **höchstpersönliche Forderungen des Schuldners**, hat der Insolvenzverwalter den Anspruch freigegeben oder genehmigt der Insolvenzverwalter die

---

11) *Thole* in: MünchKomm-InsO, Art. 31 EuInsVO 2015 Rz. 1.
12) Bork/van Zwieten-*Veder*, Commentary on the European Insolvency Regulation, Art. 31 Rz. 31.01.
13) Braun-*Ehret*, InsO, Art. 31 EuInsVO Rz. 4; *Reinhart*, NZI 2009, 201, 203; K. Schmidt-*Brinkmann*, InsO, Art. 24 EuInsVO Rz. 2; Mankowski/Müller/J. Schmidt-*Müller*, EuInsVO 2015, Art. 31 Rz. 4, 9; *Undritz* in: HambKomm-InsO, Art. 24 EuInsVO Rz. 3; *Thole* in: MünchKomm-InsO, Art. 24 EuInsVO 2000 Rz. 9; der EuGH hat diese Frage in der Entscheidung im Fall *Wiemer & Trachte* offengelassen, vgl. EuGH, Urteil v. 14.11.2018 – Rs. C-296/17 (Wiemer & Trachte), ZIP 2018, 2327, IWRZ 2019, 139, m. Anm. Fritz/Scholtis; dazu im Allgemeinen *Fritz/Scholtis*, IWRZ 2019, 147, 148 f.
14) *Fritz*, DB 2015, 1882.
15) Mankowski/Müller/J. Schmidt-*Müller*, EuInsVO 2015, Art. 31 Rz. 6.
16) Mankowski/Müller/J. Schmidt-*Müller*, EuInsVO 2015, Art. 31 Rz. 10.

Zahlung des Drittschuldners, so findet Art. 31 keine Anwendung. Das gilt auch dann, wenn die Genehmigung ex ante wegfällt, der Drittschuldner jedoch von der Genehmigung der Empfangszuständigkeit ausging.[17]

Auch bei einer Leistung, die mittelbar über eine in einem anderen Mitgliedstaat eingetragenen Niederlassung der schuldnerischen Gesellschaft an diese fließt, ist von einer Leistung an den Schuldner auszugehen. 17

### b) Leistung an Dritte aufgrund Anweisung des Schuldners

Strittig war die Frage, ob Art. 31 auch dann greift, wenn der Schuldner den Drittschuldner anweist, an eine Dritte Person zu leisten.[18] Dies ist mittlerweile höchstrichterlich vom EuGH in der Sache *Van Buggenhout and Van Mierop v BIL* geklärt.[19] 18

Der EuGH hat die Anwendbarkeit verneint und dies sowohl mit dem Wortlaut der Norm „an" als auch mit dem Ziel begründet, dass die mit dieser Bestimmung geschützten Personen, die Schuldner des Insolvenzschuldners sind, die entweder unmittelbar oder mittelbar gutgläubig an diesen leisten. Art. 31 darf nach dem EuGH eben nicht dahin ausgelegt werden, „... dass er es zulässt, dass die Masse auch um Vermögensgegenstände verringert wird, die der Insolvenzschuldner Gläubigern schuldet. Bei einer solchen Auslegung könnte der Insolvenzschuldner nämlich dadurch, dass er von Dritten, die keine Kenntnis von der Eröffnung des Insolvenzverfahrens haben, Verpflichtungen, die er gegenüber einem Gläubiger hat, erfüllen lässt, Vermögensgegenstände aus der Masse auf diesen Gläubiger verlagern und damit eines der Hauptziele ... vereiteln, nämlich ..., zu verhindern, dass es für die Parteien vorteilhafter ist, Vermögensgegenstände von einem Mitgliedstaat in einen anderen zu verlagern, um auf diese Weise eine verbesserte Rechtsstellung anzustreben." 19

Der EuGH weist aber auch darauf hin, dass in einem solchen Falle der Nichtanwendbarkeit dieser Vorschrift, nicht ohne Weiteres auf eine Verpflichtung des betreffenden Drittschuldners, den streitigen Betrag an die Insolvenzmasse zurückzuzahlen geschlossen werden kann. Die Frage einer möglichen Haftung regelt sich demnach nach dem anwendbaren nationalen Recht. 20

### c) Leistung von Dritten für Drittschuldner an den Schuldner

Ob Art. 31 greift, wenn ein Dritter für einen Drittschuldner an den Schuldner zahlt, ist noch nicht entschieden und in der bisherigen Literatur nur vereinzelt kommentiert. Dabei sind nach *Thole* mehrere Fallkonstellationen zu unterscheiden: Zum einen kann der Fall vorliegen, dass der Dritte auf Anweisung des Drittschuldners die Leistung erbringt. Hierbei ist wieder zu differenzieren, auf wessen Wissen oder Unkenntnis abzustellen ist.[20] 21

---

17) *Thole* in: MünchKomm-InsO, Art. 24 EuInsVO 2000 Rz. 5.
18) *Thole* in: MünchKomm-InsO, Art. 24 EuInsVO 2000 Rz. 2.
19) EuGH, Urt. v. 19.9.2013 – Rs. C-251/12 (van Buggenhout und van de Mierop), Rz. 38, ZIP 2013, 1971 = NZI 2013, 1039, m. Anm. *Schäfer*; dazu auch Bork/van Zwieten-*Veder*, Commentary on the European Insolvency Regulation, Art. 31 Rz. 31.16; *Kern*, LMK 2013, 352199 (Urteilsanm.)
20) *Thole* in: MünchKomm-InsO, Art. 24 EuInsVO 2000 Rz. 7.

22 Letztlich entscheidend nach dessen Auffassung ist, ob der Drittschuldner Kenntnis von der Eröffnung des Insolvenzverfahrens des Schuldners hatte. Ob der Dritte Kenntnis von der Verfahrenseröffnung hatte, ist grundsätzlich irrelevant. Es sei denn, dass ein solches Näheverhältnis besteht, dass der Dritte den Drittschuldner aufklären musste bzw. die Kenntnis dem Drittschuldner zugerechnet werden kann.

23 Für diese Auffassung spricht auch die Entscheidung des EuGH in der Sache *Van Buggenhout and Van Mierop v BIL*.[21] So sollen nach dessen Ansicht (siehe oben Rz. 18) auch die Schuldner des Insolvenzschuldners geschützt werden, die nur mittelbar und dabei gutgläubig an diesen leisten. Die Einschaltung eines angewiesenen Dritten wäre dann eine solche mittelbare Leistung des Drittschuldners.

24 Die Vorschrift findet indes nur Anwendung, wenn der Dritte die Leistung in einem anderen Mitgliedstaat als dem der Verfahrenseröffnung erbringt (siehe oben Rz. 9). Auch sofern der Dritte gar nicht erfüllungswirksam leisten kann, kommt Art. 31 gar nicht zur Anwendung.

### 2. Beweislastverteilung in Abhängigkeit von der Gutgläubigkeit bei Leistung (Art. 31 Abs. 2)

#### a) Anforderungen an die Gutgläubigkeit

25 Der Drittschuldner darf keine **positive Kenntnis von der Verfahrenseröffnung** des Schuldners haben. Grobe Fahrlässigkeit genügt dabei generell nicht, um die Schutzvorschrift zu verneinen.[22] Die **Gutgläubigkeit** muss bei der Leistungshandlung vorliegen. Sollte der Drittschuldner kurz nach der Leistung von der Verfahrenseröffnung Kenntnis erlangen und kann er die Erfüllung noch verhindern, so ist kein Grund ersichtlich dem Drittschuldner die günstige Wirkung des Art. 31 zuzusprechen.[23]

#### b) Beweislastverteilung

26 Art. 31 hält somit für die Frage der **Kenntnis der Verfahrenseröffnung** prozessuale Beweislastregeln vor. Prinzipiell trägt daher der Drittschuldner nach Art. 31 Abs. 1 die Beweislast, dies wird durch die zwei widerlegbaren Vermutungen des Art. 31 Abs. 2 ergänzt.[24]

27 Sofern der Drittschuldner **vor der öffentlichen Bekanntmachung** gemäß Art. 28 in dem jeweiligen Mitgliedstaat die Leistung erbracht hat, wird vermutet, dass der Drittschuldner gutgläubig war. Jedoch steht es dem Verwalter offen, das Gegenteil zu beweisen. Dafür muss er jedoch den vollen Beweis erbringen.[25] Kann der Ver-

---

21) EuGH, Urt. v. 19.9.2013 – Rs. C-251/12 (van Buggenhout und van de Mierop), Rz. 38, ZIP 2013, 1971 = NZI 2013, 1039, m. Anm. *Schäfer*; dazu auch Bork/van Zwieten-*Veder*, Commentary on the European Insolvency Regulation, Art. 31 Rz. 31.16.
22) Uhlenbruck-*Lüer*, InsO, Art. 24 EuInsVO Rz. 5; Pannen-*Riedemann*, EuInsVO, Art. 24 Rz. 13; *Thole* in: MünchKomm-InsO, Art. 24 EuInsVO 2000 Rz. 11.
23) So auch für § 82 InsO, BGH, Urt. v. 16.7.2009 – IX ZR 118/08, BGHZ 182, 85 = ZIP 2009, 1726 = NZI 2009, 860, m. Anm. *Thole*, dazu EWiR 2009, 685 (*Gundlach/Schirrmeister*); *Schultz* in HK-InsO, Art. 31 EuInsVO Rz. 10.
24) Bork/van Zwieten-*Veder*, Commentary on the European Insolvency Regulation, Art. 31 Rz. 31.11.
25) Bork/van Zwieten-*Veder*, Commentary on the European Insolvency Regulation, Art. 31 Rz. 31.12.

walter z. B. nachweisen, dass er an den Drittschuldner einen Brief mit der Information der Verfahrenseröffnung gesendet hat, so ist der Vollbeweis erbracht. Die Beweislastregel in Art. 31 Abs. 2 Satz 1 entspricht der des § 82 Satz 2 InsO.

Leistet der Drittschuldner **nach Bekanntmachung** (Abs. 2 Satz 2) der Verfahrenseröffnung gemäß Art. 28 an den (empfangsunzuständigen) Schuldner, wird vermutet, dass ihm die Verfahrenseröffnung bekannt war. Will der Drittschuldner trotzdem von der Leistung frei bleiben, muss er darlegen und beweisen, dass er trotz öffentlicher Bekanntmachung keine Kenntnis von der Verfahrenseröffnung hatte. Dies entspricht ebenfalls dem § 82 InsO auch wenn dies nicht ausdrücklich geregelt ist.[26] Auf etwaige Beweiserleichterungen nach der lex fori kann sich der Drittschuldner nicht berufen.[27]

28

Ein Beweis über eine negative Tatsache ist zwar praktisch schwierig aber nicht unmöglich. Wenn der Drittschuldner nachweisen kann, dass er über keinerlei Informationskanäle verfügte, über die er die Kenntnis von der Verfahrenseröffnung hätte erlangen können, ist der Beweis erbracht. Auch die Existenz eines Internetanschlusses genügt noch nicht, wenn die Verfahrenseröffnung online bekannt gemacht wurde. Vielmehr können sich Unternehmen mit umfangreichem Zahlungsverkehr auf die Unkenntnis von der Insolvenz des Zahlungsempfängers berufen, wenn sie ansonsten ständig aktiv nachgeforscht haben.[28]

29

### c) Ort der öffentlichen Bekanntmachung

Ungeklärt und streitig[29] ist die Frage welcher **Bekanntmachungsstaat** für die Beweislastregel herangezogen werden muss, wenn die Leistungshandlung des Drittschuldners mit dem seines Sitzes divergiert. Als Anknüpfungspunkt kommt der Ort der vertraglichen bzw. tatsächlichen Leistung oder des Schuldners in Betracht. Fraglich ist auch, ob die Gutglaubensvorschrift kumulativ oder alternativ gelten soll.[30] Nach *Virgós/Schmit*[31] ist eine Veröffentlichung in dem Mitgliedstaat, in dem der Drittschuldner seinen Sitz hat, ausreichend. Dies kommt den Zielen der EuInsVO und den daraus resultierenden Pflichten des Verwalters am nächsten. Dieser sollte durch Sichtung der Debitoren-Listen in der Lage sein, zu erkennen, in welchen Mitgliedstaaten Drittschuldner zu finden sind und somit auch dort zu deren Schutz Bekanntmachungen veranlassen. Den Ort der Leistungshandlung kann man hingegen nur mit deutlich mehr Aufwand vorhersehen. Die Veröffentlichung im Staat des Drittschuldners ist insoweit maßgeblich, einer weiteren kumulativen Veröffentlichung am Leistungsort bedarf es daher nicht. Eine Veröffentlichung dort ist aber

30

---

26) BGH, Urt. v. 15.12.2005 – IX ZR 227/04, ZIP 2006, 138 = WM 2006, 194, dazu EWiR 2006, 213 *(Flitsch/Schellenberger)*.
27) *Mock* in: BeckOK-InsO, Art. 31 EuInsVO Rz. 13.
28) BGH, Urt. v. 15.4.2010 – IX ZR 62/09, ZIP 2010, 935 = KTS 2010, 339, m. Anm. Brinkmann, dazu EWiR 2010, 615 *(Flitsch)*.
29) Ahrens/Gehrlein/Ringstmeier-*Flöther/Wehner*, InsO, Anh. I Art. 24 EuInsVO Rz. 14 ff.
30) *Thole* in: MünchKomm-InsO, Art. 24 EuInsVO 2000 Rz. 12.
31) *Virgós/Schmit* in: Stoll, Vorschläge und Gutachten, Rz. 187; zustimmend Kübler/Prütting/Bork-*Skauradszun*, InsO, Art. 31 EuInsVO 2015 Rz. 15.

allein auch nicht automatisch ausreichend, denn hier ist es reiner Zufall, ob der Drittschuldner sie kannte. Freilich kann dies bei der Beweiserbringung eine Rolle spielen.

### 3. Rechtsfolgen

31 Sind die Voraussetzungen erfüllt, so durfte der Drittschuldner an den Schuldner leisten und es tritt **schuldbefreiende Wirkung** ein. Besteht keine Gutgläubigkeit bzw. kann diese nicht bewiesen werden, so muss der Drittschuldner nochmals an den Insolvenzverwalter leisten. Es handelt sich hierbei um eine rechtsvernichtende Einrede.[32]

32 Davon ungeachtet sind Sekundär- und Schadensersatzansprüche gegen den Drittschuldner aus anderen Rechtsgründen möglich. Soweit indes Art. 7 Abs. 2 Satz 2 lit. b wiederum regelt, dass auf nach Verfahrenseröffnung vom Schuldner erworbenes Vermögen die lex fori concursus anzuwenden ist, gilt hier wieder bei einem deutschen Haupt- oder Sekundärinsolvenzverfahren deutsches Recht. Demnach tritt die Rechtsfolge der nochmaligen Leistungspflicht des Drittschuldners nicht ein, wenn die Leistung anschließend noch an den Schuldner gelangt.[33] Dabei ist der Verwalter auch verpflichtet, eine ggf. an den Schuldner erbrachte, aber für ihn noch erreichbare Leistung zur Masse zu ziehen. Unterlässt er dies, kann der Drittschuldner der nochmaligen Leistungsaufforderung des Verwalters die Arglisteinrede des § 242 BGB entgegenhalten. Der Insolvenzverwalter sollte insoweit zunächst alle Möglichkeiten ausschöpfen, über den Schuldner an die Leistung zu kommen.[34]

### IV. Schlussfolgerung für die Praxis

33 Für die Praxis lässt sich das Fazit hier kurz halten: Gerade in Zeiten in denen Verfahren auch in anderen Staaten als dem des Sitzes eines Schuldners eröffnet werden können, müssen sich Gläubiger regelmäßig auch außerhalb der Landesgrenze über den Status ihres Schuldners informieren. Dies gilt im Umkehrfall aber auch für Schuldner bei Zahlungen an Gläubiger, wenn sie das Risiko der Doppelzahlung vermeiden wollen.

34 Die Insolvenzverwalter sind hingegen gehalten, für eine **ausreichende Veröffentlichung** im Ausland zu sorgen. Soweit es sich hier – wie in der Regel – um Zahlungen handelt, sind zudem die Konten des Schuldners genau zu kontrollieren. Sind alle Banken – auch im Ausland – informiert, dürfte sich weitgehend in Fällen des Zahlungsverkehrs kein Risiko ergeben.

35 *Ehret* schlägt zudem für den Fall einer streitigen Beitreibung der Forderung vor, die Klage bei verschiedenen Gerichtsständen ggf. dort zu erheben, wo der Beweis der Unkenntnis für den Gegner am schwersten zu erbringen ist.[35]

---

32) Pannen-*Riedemann*, EuInsVO, Art. 24 Rz. 6.
33) BGH, Urt. v. 23.4.2009 – IX ZR 65/08, ZIP 2009, 1075 = NZI 2009, 425, dazu EWiR 2009, 515 *(Neußner)*.
34) Uhlenbruck-*Mock*, InsO, § 82 Rz. 25.
35) Braun-*Ehret*, InsO, Art. 31 EuInsVO Rz. 11.

## Artikel 32
### Anerkennung und Vollstreckbarkeit sonstiger Entscheidungen

(1) <sup>(Unterabs. 1)</sup> ¹Die zur Durchführung und Beendigung eines Insolvenzverfahrens ergangenen Entscheidungen eines Gerichts, dessen Eröffnungsentscheidung nach Artikel 19 anerkannt wird, sowie ein von diesem Gericht bestätigter Vergleich werden ebenfalls ohne weitere Förmlichkeiten anerkannt. ²Diese Entscheidungen werden nach den Artikeln 39 bis 44 und 47 bis 57 der Verordnung (EU) Nr. 1215/2012 vollstreckt.

<sup>(Unterabs. 2)</sup> Unterabs. 1 gilt auch für Entscheidungen, die unmittelbar aufgrund des Insolvenzverfahrens ergehen und in engem Zusammenhang damit stehen, auch wenn diese Entscheidungen von einem anderen Gericht erlassen werden.

<sup>(Unterabs. 3)</sup> Unterabs. 1 gilt auch für Entscheidungen über Sicherungsmaßnahmen, die nach dem Antrag auf Eröffnung eines Insolvenzverfahrens oder in Verbindung damit getroffen werden.

(2) Die Anerkennung und Vollstreckung anderer als der in Absatz 1 dieses Artikels genannten Entscheidungen unterliegen der Verordnung (EU) Nr. 1215/2012, sofern jene Verordnung anwendbar ist.

Literatur: *Mankowski*, Insolvenznahe Verfahren im Grenzbereich zwischen EuInsVO und EuGVVO – Zur Entscheidung des EuGH in Sachen German Graphics, NZI 2010, 508; *Thole*, Die Restrukturierung von Schuldverschreibungen im Insolvenzverfahren, ZIP 2014, 293; *Vallender*, Wirkungen und Anerkennung einer im Ausland erteilten Restschuldbefreiung, ZInsO 2009, 616; *Virgós/Schmit*, Erster Teil: EU-Übereinkommen über Insolvenzverfahren, Kap. B – Erläuternder Bericht, in: Stoll, Vorschläge und Gutachten zur Umsetzung des EU-Übereinkommens über Insolvenzverfahren im deutschen Recht, 1997, S. 32 (zit.: *Virgós/Schmit* in: Stoll, Vorschläge und Gutachten).

### Übersicht

| | |
|---|---|
| I. Zweck der Norm ... 1 | 2. Anerkennung und Vollstreckbarkeit von Annexentscheidungen (Art. 32 Abs. 1 Unterabs. 2) ... 11 |
| II. Inhalt der Norm ... 2 | |
| 1. Anerkennung und Vollstreckbarkeit von Entscheidungen (Art. 32 Abs. 1 Unterabs. 1) ... 2 | 3. Anerkennung und Vollstreckbarkeit von Sicherungsmaßnahmen (Art. 32 Abs. 1 Unterabs. 3) ... 17 |
| a) Anwendungsbereich ... 2 | |
| b) Anerkennung (Art. 32 Abs. 1 Unterabs. 1 Satz 1) ... 8 | 4. Anerkennung und Vollstreckbarkeit sonstiger Entscheidungen (Art. 32 Abs. 2) ... 20 |
| c) Vollstreckung (Art. 32 Abs. 1 Unterabs. 1 Satz 2) ... 9 | |

### I. Zweck der Norm

Art. 32 regelt in Erweiterung des Art. 19 der EuInsVO, der die Anerkennung der Eröffnungsentscheidungen vorsieht, die Anerkennung und Vollstreckung sonstiger Entscheidungen (ErwG 35).[1] In den Anwendungsbereich von Art. 32 fallen die zur Durchführung und Beendigung eines Insolvenzverfahrens ergangenen Entscheidungen eines Gerichts, dessen Eröffnungsentscheidung nach Art. 19 anerkannt wird,

1

---

1) *Kindler* in: MünchKomm-BGB, Art. 32 EuInsVO Rz. 1.

sowie ein von einem solchen Gericht geschlossener Vergleich.[2] Nach Art. 32 Abs. 1 Unterabs. 2 werden auch sog. Annexentscheidungen erfasst, d. h. solche die unmittelbar aufgrund eines Insolvenzverfahrens ergehen und in einem engen Zusammenhang damit stehen, auch wenn die Entscheidungen von einem anderen Gericht getroffen werden.[3] Art. 32 Abs. 1 Unterabs. 3 regelt schließlich, dass auch Entscheidungen über Sicherungsmaßnahmen automatisch anerkannt werden.[4] Die Vollstreckung der in Art. 32 genannten Entscheidungen soll gemäß Absatz 2 nach den Artt. 39–44 und Artt. 47–57 der Verordnung (EU) Nr. 1215/2012[5] (EuGVVO) erfolgen.

## II. Inhalt der Norm

### 1. Anerkennung und Vollstreckbarkeit von Entscheidungen (Art. 32 Abs. 1 Unterabs. 1)

#### a) Anwendungsbereich

2   Art. 32 Abs. 1 Unterabs. 1 regelt, dass die zur Durchführung und Beendigung eines Insolvenzverfahrens ergangenen Entscheidungen eines Gerichts, dessen Eröffnungsentscheidung nach Art. 19 anerkannt wird, sowie ein von einem solchen Gericht bestätigter Vergleich ohne weitere Förmlichkeiten anerkannt werden.[6] Dahinstehen kann, ob es sich um ein Haupt- oder Partikularinsolvenzverfahren handelt.[7] Der Begriff „Entscheidung" ist autonom auszulegen. Erfasst wird danach **jede Entscheidung** unabhängig von ihrer Bezeichnung als Urteil oder Beschluss, auch einfache Anordnungen oder Verfügungen.[8] Die internationale Zuständigkeit wird weder ausdrücklich noch implizit geregelt.[9] Für die Definition des Begriffes „Gericht" kann hingegen auf Art. 2 Nr. 6 zurückgegriffen werden.[10] Welche Stelle zuständig ist, richtet sich nach dem jeweiligen nationalen Recht des Hauptinsolvenzverfahrens.[11] Die Anwendung auf Befugnisse oder Maßnahmen des Insolvenzverwalters ist damit ausgeschlossen.[12]

3   **Eröffnungsentscheidungen** sind grundsätzlich von Art. 19 erfasst. Nicht von Art. 19 geregelt wird hingegen die Vollstreckbarerklärung von Eröffnungsentscheidungen.

---

2) *Thole* in: MünchKomm-InsO, Art. 25 EuInsVO 2000 Rz. 1; *Thole* in: MünchKomm-InsO, Art. 32 EuInsVO 2015 Rz. 1.
3) Uhlenbruck-*Lüer*, InsO, Art. 25 EuInsVO Rz. 7.
4) Uhlenbruck-*Lüer*, InsO, Art. 25 EuInsVO Rz. 9.
5) Verordnung Nr. 1215/2012 des Europäischen Parlaments und Rates vom 12.12.2012 – EuGVVO (Brüssel-Ia-Verordnung), ABl. (EU) L 351/1 v. 20.12.2012.
6) *Thole* in: MünchKomm-InsO, Art. 25 EuInsVO 2000 Rz. 1 i. V. m. Art. 32 EuInsVO 2015 Rz. 1.
7) *Mock* in: BeckOK-InsO, Art. 32 EuInsVO 2017 Rz. 4.
8) *Thole* in: MünchKomm-InsO, Art. 25 EuInsVO 2000 Rz. 5 i. V. m. Art. 32 Art. 32 EuInsVO 2015 Rz. 1.
9) Duursma-Kepplinger/Duursma/Chalupsky-*Duursma-Kepplinger*, EuInsVO, Art. 25 Rz. 14.
10) Uhlenbruck-*Lüer*, InsO, Art. 25 EuInsVO Rz. 2; *Thole* in: MünchKomm-InsO, Art. 25 EuInsVO 2000 Rz. 6; *Thole* in: MünchKomm-InsO, Art. 32 EuInsVO 2015 Rz. 1.
11) Kübler/Prütting/Bork-*Skauradszun*, InsO, Art. 32 EuInsVO 2015 Rz. 13.
12) *Mock* in: BeckOK-InsO, Art. 32 EuInsVO 2017 Rz. 5.

Sofern die Eröffnungsentscheidung einen vollstreckbaren Inhalt hat, ist Art. 32 auch hier anwendbar.[13]

Bei **Entscheidungen zur Durchführung oder Beendigung** des Insolvenzverfahrens handelt es sich um Entscheidungen eines Gerichts, die im laufenden Verfahren getroffen werden um eine Verfahrenshandlung vorzunehmen, einen Verfahrensabschnitt zu gestalten oder einen Verfahrensfortschritt zu erzielen,[14] wie bspw.

– die Verwalterbestellung,

– die Anordnung bestimmter Verfügungsbeschränkungen gegenüber dem Schuldner,

– verfahrensleitende Verfügungen sowie

– Aufhebungs- oder Einstellungsentscheidungen, d. h. Entscheidungen, die das Insolvenzverfahren insgesamt oder einzelne Verfahrensteile förmlich abschließen.[15]

Im deutschen Recht ist das bspw. die Aufhebung des Insolvenzverfahrens nach § 200 InsO oder die Einstellung des Verfahrens gemäß §§ 207, 212 InsO oder nach § 213 InsO sowie die Aufhebung nach § 258 InsO.

Bei der Entscheidung zur Anordnung einer **Restschuldbefreiung** ist danach zu differenzieren, ob diese nach dem jeweiligen nationalen Recht eine Wirkung der Einstellungsentscheidung und damit Art. 32 Abs. 1 Unterabs. 1 zuzuordnen oder eine Folge der Eröffnungsentscheidung und somit Artt. 19, 20 zuzuordnen ist.[16]

Ebenfalls ausdrücklich von Art. 32 erfasst ist die **Bestätigung von Vergleichen**. Es handelt sich um Rechtsinstitute, durch die die Rechtsbeziehungen des Schuldners zu den Gläubigern modifiziert werden,[17] wie bspw. die Annahme eines Insolvenzplans oder der Sanierungsvergleich.[18] Erforderlich ist, dass der Vergleich einer gerichtlichen Bestätigung bedarf. Die Anerkennung eines Company Voluntary Arrangements – CVA nach englischem Recht erfolgt daher nur auf kollisionsrechtlicher Ebene, da das CVA ohne Gerichtsbeschluss wirksam ist.[19] Etwas anderes gilt für im Insolvenzplan vorgesehene Forderungskürzungen.[20]

---

13) OLG Düsseldorf, Beschl. v. 9.7.2004 – I-3 W 53/04 (ISA), ZIP 2004, 1514 = NZI 2004, 628, dazu EWiR 2005, 177 *(Pannen/Riedemann)*; K. Schmidt-*Brinkmann*, InsO, Art. 25 EuInsVO Rz. 6; Duursma-Kepplinger/Duursma/Chalupsky-*Duursma-Kepplinger*, EuInsVO, Art. 25 Rz. 4.
14) Mankowski/Müller/J. Schmidt-*Müller*, EuInsVO 2015, Art. 32 Rz. 18.
15) Uhlenbruck-*Lüer*, InsO, Art. 25 EuInsVO Rz. 5; Mankowski/Müller/J. Schmidt-*Müller*, EuInsVO 2015, Art. 32 Rz. 19.
16) K. Schmidt-*Brinkmann*, InsO, Art. 25 EuInsVO Rz. 7; Kübler/Prütting/Bork-*Kemper*, InsO, Art. 25 EuInsVO 2000 Rz. 5; *Vallender*, ZInsO 2009, 616, 618.
17) *Thole* in: MünchKomm-InsO, Art. 25 EuInsVO 2000 Rz. 8; *Thole* in: MünchKomm-InsO, Art. 32 EuInsVO 2015 Rz. 1.
18) *Thole* in: MünchKomm-InsO, Art. 25 EuInsVO 2000 Rz. 8a; *Thole* in: MünchKomm-InsO, Art. 32 EuInsVO 2015 Rz. 1.
19) Uhlenbruck-*Lüer*, InsO, Art. 25 EuInsVO; Rz. 5; K. Schmidt-*Brinkmann*, InsO, Art. 25 EuInsVO Rz. 5.
20) *Thole*, ZIP 2014, 293, 294; K. Schmidt-*Brinkmann*, InsO, Art. 25 EuInsVO Rz. 9; Kübler/Prütting/Bork-*Kemper*, InsO, Art. 25 EuInsVO 2000 Rz. 2.

### b) Anerkennung (Art. 32 Abs. 1 Unterabs. 1 Satz 1)

8 Die Anerkennung erfolgt automatisch, d. h. ohne ein gesondertes Anerkennungsverfahren (ErwG 65).[21] Entsprechend Art. 19 verbietet sich auch i. R. von Art. 32 Abs. 1 die Prüfung der internationalen Zuständigkeit.[22] Der Grundsatz des gegenseitigen Vertrauens verbietet darüber hinaus auch i. R. von Art. 32 die Prüfung der Sache nach – Verbot der Révision au fond.[23] Die Grenze der Anerkennung findet sich abschließend in Art. 33 (ordre public). Eine Prüfung der Versagungsgründe der Artt. 45 ff. EuGVVO findet nicht statt.[24] Auch das gesonderte Anerkennungshindernis aus Art. 25 Abs. 3 a. F. wurde in i. R. der Novellierung der EuInsVO gestrichen. Ob diesem neben Art. 33 a. F. eine selbstständige Bedeutung zukam, war aber bereits fraglich. Entscheidend ist die Streichung lediglich für Entscheidungen über Sicherungsmaßnahmen nach Art. 25 Abs. 1 Unterabs. 3 a. F./Art. 32 Abs. 1 Unterabs. 3 (siehe dazu die Kommentierung Rz. 19 sowie Art. 33 Rz. 2 [*Reutershan*]).

### c) Vollstreckung (Art. 32 Abs. 1 Unterabs. 1 Satz 2)

9 Art. 32 Abs. 1 Unterabs. 1 Satz 2 verweist für die Vollstreckung auf die Artt. 39–44 und Artt. 47–57 EuGVVO. Einer Vollstreckbarerklärung bedarf es nach Art. 39 der EuGVVO nicht mehr.[25] Erforderlich ist nach Art. 42 EuGVVO lediglich die Vorlage einer Ausfertigung der Entscheidung sowie eine Bescheinigung nach Art. 53 EuGVVO.

10 Dem Schuldner steht gegen die Vollstreckung der **Rechtsbehelf** nach Art. 44 EuGVVO zu. Im Rahmen des Rechtsbehelfes ist der Rechtsbehelfsführer auf die Rüge der Verletzung des Art. 33 beschränkt. Die Anerkennungshindernisse der EuGVVO werden nicht geprüft.[26] Aufgrund der territorialen Souveränität der Mitgliedstaaten obliegt aber die unmittelbare Ausübung von Hoheitsakten, d. h. die direkte Ausübung von Zwangsbefugnissen, den Behörden des Staates, in dem sich die von der Maßnahme betroffenen Vermögensgegenstände und Personen befinden.[27]

### 2. Anerkennung und Vollstreckbarkeit von Annexentscheidungen (Art. 32 Abs. 1 Unterabs. 2)

11 Art. 32 Abs. 1 Unterabs. 2 erfasst die Entscheidungen, die aufgrund des Insolvenzverfahrens ergehen und in engem Zusammenhang damit stehen aber nicht zu den verfahrensbezogenen Entscheidungen i. S. von Unterabsatz 1 gehören. Diese sog. **Annexentscheidungen** werden aufgrund des Verweises von Unterabsatz 2 auf Art. 32

---

21) Uhlenbruck-*Lüer*, InsO, Art. 25 EuInsVO Rz. 2.
22) K. Schmidt-*Brinkmann*, InsO, Art. 25 EuInsVO Rz. 10.
23) *Thole* in: MünchKomm-InsO, Art. 25 EuInsVO 2000 Rz. 9; *Thole* in: MünchKomm-InsO, Art. 32 EuInsVO 2015 Rz. 1.
24) *Mock* in: BeckOK-InsO, Art. 32 EuInsVO 2017 Rz. 2; Mankowski/Müller/J. Schmidt-*Müller*, EuInsVO 2015, Art. 32 Rz. 5.
25) Braun-*Ehret*, InsO, Art. 32 EuInsVO Rz. 5 ff. und 22.
26) Braun-*Ehret*, InsO, Art. 32 EuInsVO Rz. 11.
27) *Virgós/Schmit* in: Stoll, Vorschläge und Gutachten, Rz. 190.

Abs. 1 Unterabs. 1 automatisch anerkannt und gemäß Unterabsatz 1 Satz 2 nach den Artt. 39–44 und Artt. 47–57 EuGVVO vollstreckt.[28]

Erfasst sind nach dem Wortlaut der Norm auch Entscheidungen, die **von einem anderen Gericht** getroffen werden. Dies bedeutet indes nicht, dass eine Zuständigkeit der Gerichte des Staates, in dessen Gebiet das Insolvenzverfahren eröffnet worden ist, für die fragliche Art der Klagen ausgeschlossen werden sollte. Vielmehr soll durch die Wendung festgestellt werden, dass es den Mitgliedstaaten obliegt, das sachlich und örtlich zuständige Gericht zu bestimmen, das nicht zwangsläufig das Gericht sein muss, welches das Insolvenzverfahren eröffnet hat.[29] So soll den in den Mitgliedstaaten divergierenden sachlichen und örtlichen Zuständigkeiten Rechnung getragen und verhindert werden, dass die Zuweisung von Aufgaben an unterschiedliche Gerichte eine Anerkennung und Vollstreckung nach Art. 32 hindert.[30]

12

Die **Bestimmung, ob es sich um ein Annexverfahren** handelt oder nicht, erfolgt unionsautonom. Abgestellt werden muss auf den Kernpunkt der Streitigkeit.[31] Die Kriterien leiten sich im Wesentlichen aus der EuGH-Entscheidung *Gourdain/Nadler* ab.[32] Entscheidend ist danach die Verwirklichung insolvenzrechtlicher Zwecke.[33] Es handelt sich dabei insbesondere um Rechtsstreitigkeiten, die zwischen dem Verwalter und einzelnen Gläubigern bestehen und deren Rechtsposition im Verfahren betreffen.[34] Das bedeutet allerdings nicht, dass der Annexanspruch immer ein Insolvenzverfahren voraussetzt.[35]

13

Zu den **Annexentscheidungen** zählen u. a.

14

- Insolvenzanfechtungsklagen,[36]
- insolvenzrechtlich gestützte Klagen auf persönliche Haftung der Gesellschafter,[37]
- Haftungsklagen gegen den Verwalter,[38]
- Klagen betreffend den Rang einer Forderung,[39]

---

28) K. Schmidt-*Brinkmann*, InsO, Art. 25 EuInsVO Rz. 15, 16.
29) EuGH, Urt. v. 12.2.2009 – Rs. C-339/07 (DekoMarty Belgium), ZIP 2009, 427 = NJW 2009, 2189, dazu EWiR 2009, 411 *(K. Müller)*.
30) Kübler/Prütting/Bork-*Skauradszun*, InsO, Art. 32 EuInsVO 2015 Rz. 24.
31) Mankowski/Müller/J. Schmidt-*Müller*, EuInsVO 2015, Art. 32 Rz. 25.
32) EuGH, Urt. v. 22.2.1979 – Rs. 133/78 (Gourdain/Nadler), NJW 1979, 1771.
33) *Thole* in: MünchKomm-InsO, Art. 25 EuInsVO 2000 Rz. 17; *Thole* in: MünchKomm-InsO, Art. 32 EuInsVO 2015 Rz. 1.
34) Uhlenbruck-*Lüer*, InsO, Art. 25 EuInsVO Rz. 7.
35) *Thole* in: MünchKomm-InsO, Art. 25 EuInsVO 2000 Rz. 17; *Thole* in: MünchKomm-InsO, Art. 32 EuInsVO 2015 Rz. 1; a. A. *Kindler* in: MünchKomm-BGB, Art. 32 EuInsVO Rz. 17.
36) EuGH, Urt. v. 12.2.2009 – Rs. C-339/07 (DekoMarty Belgium), ZIP 2009, 427 = NJW 2009, 2189; *Kindler* in: MünchKomm-BGB, Art. 32 EuInsVO Rz. 18.
37) Uhlenbruck-*Lüer*, InsO, Art. 32 EuInsVO Rz. 7.
38) *Kindler* in: MünchKomm-BGB, Art. 32 EuInsVO Rz. 18; Uhlenbruck-*Lüer*, InsO, Art. 25 EuInsVO Rz. 7.
39) Uhlenbruck-*Lüer*, InsO, Art. 25 EuInsVO Rz. 7.

- Streitigkeiten zwischen Verwalter und Schuldner in Bezug auf die Zugehörigkeit zur Masse, Festestellungsklagen zur Insolvenztabelle[40] und
- die Bestätigung eines Insolvenzplans.[41]

15 Nicht erfasst werden Klagen
- über den Bestand und Umfang einer Forderung nach allgemeinem Recht,
- über Bestand und Wirksamkeit eines dinglichen Rechts sowie
- Herausgabeklagen in Bezug auf Gegenstände, die sich im Besitz des Schuldners befinden.[42]

16 Der EuGH hat die Anerkennung einer gerichtlichen Entscheidung, die in einer Zivilsache ergangen ist, die im Zusammenhang mit einem in einem anderen Mitgliedstaat durchgeführten Konkursverfahren stand, im Fall *Alpenblume*[43] bejaht.[44] In diesem Rahmen muss allerdings berücksichtigt werden, dass im Entscheidungszeitpunkt die EuInsVO noch keine Anwendung fand.[45] Im Verfahren *German Graphics*[46] wurde die Anerkennung von Aussonderungsklagen mit Hinweis auf den engen Anwendungsbereich der EuInsVO verneint.[47] In der Rechtssache *Nortel*[48] hat der EuGH klargestellt, dass die rein formale Beteiligung eines Insolvenzverwalters – selbst wenn beide Parteien Verwalter eines Insolvenzverfahrens sind – nicht ausreicht, um die EuInsVO zur Anwendung zu bringen.[49]

### 3. Anerkennung und Vollstreckbarkeit von Sicherungsmaßnahmen (Art. 32 Abs. 1 Unterabs. 3)

17 Art. 32 Abs. 1 Unterabs. 3 erstreckt die Wirkung von Unterabsatz 1 auf die Anerkennung und Vollstreckung von Sicherungsmaßnahmen, die nach dem Antrag auf Eröffnung eines Insolvenzverfahrens, aber vor der Verfahrenseröffnung getroffen werden. Diese Regelung ist erforderlich, um dem Sicherungszweck des Insolvenzeröffnungsverfahrens gerecht zu werden.[50] Erforderlich ist die Einleitung eines Hauptverfahrens i. S. von Art. 3 Abs. 1. Anträge, die auf die Eröffnung von **Partikularverfahren** gerichtet sind, werden nicht erfasst.[51] Korrespondierend dazu

---

40) Kübler/Prütting/Bork-*Kemper*, InsO, Art. 25 EuInsVO 2000 Rz. 10.
41) Uhlenbruck-*Lüer*, InsO, Art. 25 EuInsVO Rz. 7.
42) *Kindler* in: MünchKomm-BGB, Art. 32 EuInsVO Rz. 18; Duursma-Kepplinger/Duursma/Chalupsky-*Duursma-Kepplinger*, EuInsVO, Art. 25 Rz. 55.
43) EuGH, Urt. v. 2.7.2009 – Rs. C-111/08 (Högsta domstol), ZIP 2009, 1441.
44) Krit. *Thole* in: MünchKomm-InsO, Art. 25 EuInsVO 2000 Rz. 19; *Thole* in: MünchKomm-InsO, Art. 32 EuInsVO 2015 Rz. 1.
45) Kübler/Prütting/Bork-*Skauradszun*, InsO, Art. 32 EuInsVO 2015 Rz. 26.
46) EuGH, Urt. v. 10.9.2009 – Rs. C-292/08 (German Graphics), ZIP 2009, 2345, m. Anm. Mankowski, NZI 2010, 508, 512.
47) *Thole* in: MünchKomm-InsO, Art. 25 EuInsVO 2000 Rz. 20; *Thole* in: MünchKomm-InsO, Art. 32 EuInsVO 2015 Rz. 1.
48) EuGH Urt. v. 11.6.2015 – Rs. C-649/13 (Nortel), ZIP 2015, 1299.
49) Kübler/Prütting/Bork-*Skauradszun*, InsO, Art. 32 EuInsVO 2015 Rz. 26 ff.
50) *Virgós/Schmit* in: Stoll, Vorschläge und Gutachten, Rz. 190.
51) K. Schmidt-*Brinkmann*, InsO, Art. 25 EuInsVO Rz. 18.

enthält Art. 52 eine Regelung bzgl. der **Sicherungsmaßnahmen**, die in einem anderen Mitgliedstaat beantragt werden (vgl. dazu ErwG 36).

Die Anerkennung nach Art. 32 erfolgt automatisch, d. h. ohne ein gesondertes Anerkennungsverfahren.[52] Im deutschen Recht sind die Sicherungsmaßnahmen nach Art. 21 InsO, wie bspw. die Anordnung eines Verfügungsverbotes nach § 21 Abs. 2 Satz 1 Nr. 2 InsO erfasst.[53] Als milderes, gleichzeitig weniger effektiveres Mittel können Handlungs- und Unterlassungsauflagen an den Schuldner gelten.[54] Auch die Bestellung eines vorläufigen Insolvenzverwalters ist erfasst, sofern die Bestellung des vorläufigen Verwalters nicht schon unter den Voraussetzungen von Art. 19 als Eröffnungsentscheidung anerkannt wird.[55] Von Art. 32 Abs. 1 Unterabs. 3 nicht erfasst sind Maßnahmen, die der vorläufige Verwalter selbst trifft.[56] Dies ergibt sich bereits aus dem Wortlaut des Art. 32 „Gericht" im Umkehrschluss zu Art. 52.

18

Die Versagungsgründe des Art. 33 finden auf Sicherungsmaßnahmen nach dessen Wortlaut keine Anwendung. Nach Streichung des gesonderten Anerkennungshindernisses in Art. 25 Abs. 3 a. F. i. R. der Novellierung der EuInsVO, bestünde demnach keine Möglichkeit, Sicherungsmaßnahmen die Anerkennung aus Gründen eines ordre-public-Verstoßes zu versagen. Fraglich ist allerdings, ob hier nicht eine analoge Anwendung von Art. 33 auf Sicherungsmaßnahmen erfolgen muss. So kann bereits die Anordnung von Sicherungsmaßnahmen tiefgreifende Eingriffe in die Rechtsstellung des Schuldners nach sich ziehen. Warum diese Eingriffe nicht durch den ordre public begrenzt werden sollten, erschließt sich nicht.

19

### 4. Anerkennung und Vollstreckbarkeit sonstiger Entscheidungen (Art. 32 Abs. 2)

Nach Art. 32 Abs. 2 werden alle sonstigen Entscheidungen, das heißt Entscheidungen, die nicht unter die EuInsVO fallen, nach der EuGVVO anerkannt und vollstreckt. Hier wird das Bild aufgegriffen, wonach grundsätzlich von einem lückenlosen Ineinandergreifen von EuInsVO und EUGVVO ausgegangen wird.[57] Der Verweis hat keine eigenständige Bedeutung und entbindet nicht von der Prüfung der Anerkennungsvoraussetzungen der EuGVVO.[58]

20

---

52) Uhlenbruck-*Lüer*, InsO, Art. 25 EuInsVO Rz. 2.
53) Cour d'appel Colmar, Urt. v. 31.3.2010 – 1re ch. civ. B 08/04852, ZIP 2010, 1460.
54) Mankowski/Müller/J. Schmidt-*Müller*, EuInsVO 2015, Art. 32 Rz. 27.
55) EuGH, Urt. v. 2.5.2006 – Rs. C-341/04 (Eurofood), ZIP 2006, 907, m. Anm. *Knof/Mock*.
56) K. Schmidt-*Brinkmann*, InsO, Art. 25 EuInsVO Rz. 16, *Thole* in: MünchKomm-InsO, Art. 25 EuInsVO 2000 Rz. 27.
57) K. Schmidt-*Brinkmann*, InsO, Art. 25 EuInsVO Rz. 20; Uhlenbruck-*Lüer*, InsO, Art. 25 EuInsVO Rz. 13.
58) *Mankowski*, NZI 2010, 508, 509; K. Schmidt-*Brinkmann*, InsO, Art. 25 EuInsVO Rz. 20.

# Artikel 33
## Öffentliche Ordnung

**Jeder Mitgliedstaat kann sich weigern, ein in einem anderen Mitgliedstaat eröffnetes Insolvenzverfahren anzuerkennen oder eine in einem solchen Verfahren ergangene Entscheidung zu vollstrecken, soweit diese Anerkennung oder Voll-**

# Artikel 33

streckung zu einem Ergebnis führt, das offensichtlich mit seiner öffentlichen Ordnung, insbesondere mit den Grundprinzipien oder den verfassungsmäßig garantierten Rechten und Freiheiten des Einzelnen, unvereinbar ist.

**Literatur:** *Mankowski*, Ordre public im europäischen und deutschen Insolvenzrecht, KTS 2011, 185.

## Übersicht

| | |
|---|---|
| I. Zweck der Norm ............................ 1 | 4. Verfahrensrechtlicher ordre public ...... 5 |
| II. Inhalt der Norm ............................ 2 | 5. Materieller ordre public ...................... 7 |
| 1. Entscheidungen eines ausländischen Gerichts ............................................ 2 | 6. Einschränkung durch die EuInsVO ..... 8 |
| 2. Öffentliche Ordnung ...................... 3 | 7. Fallgruppen ........................................ 9 |
| 3. Offensichtliche Unvereinbarkeit ........ 4 | III. Rechtsfolgen eines Verstoßes ............ 10 |

## I. Zweck der Norm

1 Der Grundsatz der Anerkennung und des gegenseitigen Vertrauens findet seine Grenze im ordre-public-Vorbehalt des Art. 32.[1] Die Anerkennung einer Entscheidung darf danach verweigert werden, wenn sie mit der öffentlichen Ordnung, insbesondere den Grundprinzipien oder den verfassungsmäßig garantierten Rechten und Freiheiten des Einzelnen unvereinbar ist. Im Rahmen des **ordre-public-Vorbehalts** wird zwischen dem

– verfahrensrechtlichen und
– materiell-rechtlichen ordre public

unterschieden.[2] Der verfahrensrechtliche ordre public schützt die Grundprinzipien des Rechts des Anerkennungsstaates. Erfasst werden insbesondere die Verfahrensgarantien.[3] Der materielle ordre public-Vorbehalt umfasst im Wesentlichen den Grundsatz der Nichtdiskriminierung und den Schutz des Privateigentums.[4] Um den Vertrauensgrundsatz der EuInsVO nicht auszuhöhlen, bedarf es insgesamt einer restriktiven Auslegung des ordre-public-Vorbehalts, die sich auf seltene Ausnahmefälle beschränkt (ErwG 65).[5] Der ordre-public-Vorbehalt darf immer nur ultima ratio sein. Eine Berufung auf den ordre public ist regelmäßig dann ausgeschlossen, wenn der Gläubiger seine Rechtsschutzmöglichkeiten in dem Mitgliedstaat der Verfahrenseröffnung nicht genutzt hat.[6]

## II. Inhalt der Norm

### 1. Entscheidungen eines ausländischen Gerichts

2 Erfasst werden Entscheidungen i. S. des Art. 19 sowie Entscheidungen nach Art. 32 Abs. 1, einschließlich der **Annexentscheidungen** des Art. 32 Abs. 1 Unterabs. 2.

---

1) K. Schmidt-*Brinkmann*, InsO, Art. 26 EuInsVO Rz. 1; Uhlenbruck-*Lüer*, InsO, Art. 26 EuInsVO Rz. 1.
2) *Thole* in: MünchKomm-InsO, Art. 26 EuInsVO 2000 Rz. 1; *Thole* in: MünchKomm-InsO, Art. 32 EuInsVO 2015 Rz. 1.
3) Pannen-*Riedemann*, EuInsVO, Art. 26 Rz. 5 ff.
4) Pannen-*Riedemann*, EuInsVO, Art. 26 Rz. 9.
5) K. Schmidt-*Brinkmann*, InsO, Art. 25 EuInsVO Rz. 2; Uhlenbruck-*Lüer*, InsO, Art. 26 EuInsVO Rz. 1.
6) *Mock* in: BeckOK-InsO, Art. 33 EuInsVO 2017 Rz. 15.

Entscheidungen über **Sicherungsmaßnahmen** gemäß Art. 32 Abs. 1 Unterabs. 3 sind vom Wortlaut des Art. 33 nicht erfasst. Fraglich ist, ob hier – insbesondere nach Streichung des Art. 25 Abs. 3 a. F. – eine entsprechende Anwendung in Betracht kommt.[7] Für die Definition des Begriffes „Gericht" kann hingegen auf Art. 2 Nr. 6 zurückgegriffen werden.[8] Nicht erfasst sind Entscheidungen nach Art. 32 Abs. 2. Hier findet die EuGVVO inklusive der dort vorhandenen Versagungsgründe Anwendung.[9]

## 2. Öffentliche Ordnung

Der Begriff der öffentlichen Ordnung ist durch die Rechtsordnung des Anerkennungsstaates auszufüllen. Maßgeblich sind die Gerechtigkeitsvorstellungen und Wertgrundsätze des Erkennungsstaates und seiner Rechtsordnung.[10] Ein Verstoß liegt immer dann vor, wenn die in Rede stehende Wirkung des fremden Rechts im Inland zu einem Ergebnis führen würde, das mit der öffentlichen Ordnung, insbesondere den Grundprinzipien und den verfassungsmäßig garantierten Rechten und Freiheiten des Einzelnen unvereinbar ist.[11] Dies unterliegt wiederum der Kontrolle und Begrenzung durch das europäische Primärrecht, so dass der EuGH prüfen kann, ob die Anwendung des ordre-public-Vorbehalts europarechtswidrig ist.[12]

3

## 3. Offensichtliche Unvereinbarkeit

Voraussetzung ist ein offensichtlicher Verstoß, der in nicht hinnehmbaren Gegensatz zur Rechtsordnung des Anerkennungsstaates steht. Dies bedeutet, dass der Verstoß so deutlich sein muss, dass er sich einem verständigen Anwender unmittelbar erschließt[13] und das Ergebnis der Anerkennung oder Vollstreckung der Entscheidung zu den Grundgedanken der mitgliedstaatlichen Regelungen und der in ihnen liegenden Gerechtigkeitsvorstellungen in einem starken Widerspruch steht. Es muss sich um einen Verstoß gegen einen wesentlichen Rechtsgrundsatz handeln.[14] Nur in diesen Ausnahmefällen darf die ordre-public-Klausel Anwendung finden.[15] Finden sich im Recht des Erlassstaates effektive Rechtsschutzmöglichkeiten, so sind diese auszuschöpfen. Eine Berufung auf den ordre-public-Vorbehalt im Anerkennungsstaat verbietet sich.[16]

4

---

7) Vgl. dazu Art. 32 Rz. 19 [*Reutershan*] sowie *Thomas*, Grenzüberschreitende Insolvenzeröffnungsverfahren, S. 121.
8) *Thole* in: MünchKomm-InsO, Art. 26 EuInsVO 2000 Rz. 6; *Thole* in: MünchKomm-InsO, Art. 32 EuInsVO 2015 Rz. 1.
9) *Thole* in: MünchKomm-InsO, Art. 26 EuInsVO 2000 Rz. 6; *Thole* in: MünchKomm-InsO, Art. 32 EuInsVO 2015 Rz. 1.
10) EuGH, Urt. v. 2.5.2006 – Rs. C-341/04 (Eurofood), ZIP 2006, 907, m. Anm. *Knof/Mock*, dazu EWiR 2005, 725 *(Pannen)*.
11) Uhlenbruck-*Lüer*, InsO, Art. 26 EuInsVO Rz. 3.
12) K. Schmidt-*Brinkmann*, InsO, Art. 26 EuInsVO Rz. 3.
13) Uhlenbruck-*Lüer*, InsO, Art. 26 EuInsVO Rz. 4.
14) Uhlenbruck-*Lüer*, InsO, Art. 26 EuInsVO Rz. 4.
15) K. Schmidt-*Brinkmann*, InsO, Art. 26 EuInsVO Rz. 3.
16) K. Schmidt-*Brinkmann*, InsO, Art. 26 EuInsVO Rz. 6.

## 4. Verfahrensrechtlicher ordre public

5 Der verfahrensrechtliche ordre public schützt die Grundprinzipien des Rechts des Anerkennungsstaates. Erfasst werden insbesondere die elementaren verfahrensrechtlichen Garantien.[17] Herangezogen werden kann hier der Sammelbegriff „Recht auf ein faires Verfahren" aus Art. 6 EMRK.[18] Darin inbegriffen ist insbesondere das Recht auf rechtliches Gehör und Übermittlung der Verfahrensunterlagen.[19]

6 Anwendungsfälle des verfahrensrechtlichen ordre public sind bspw. Korruption und (politische) Willkür, fehlende Verfahrensöffentlichkeit und Abhängigkeit oder Parteilichkeit der eröffnenden Stelle,[20] die Eröffnung eines Insolvenzverfahrens nach der EuInsVO ohne Anhörung oder anderweitige Beteiligung des Schuldners[21] oder die fehlende Anhörung inländischer Gläubiger im ausländischen Eröffnungsverfahren bei Sitzverlegung des Schuldners ins Ausland, um dort eine günstige Restschuldbefreiung zu erzielen.[22] Nicht erforderlich ist hingegen, dass vor jeder Entscheidung sowohl dem Schuldner als auch den Gläubigern rechtliches Gehör gewährt werden muss.[23] Zur Sicherung des Vermögens kann es zweckmäßig sein, den Schuldner erst im Wege des Rechtsbehelfs zu hören. Auch die einzelne Anhörung aller Gläubiger ist nicht immer zwingend erforderlich. Entscheidend ist vielmehr, dass die Gläubiger ihre Forderungen unter dem Grundsatz der Gleichbehandlung ordnungsgemäß anmelden können.[24] Verstöße gegen die Kommunikationspflichten zwischen Insolvenzverwalter des Haupt- und des Sekundärinsolvenzverfahrens rechtfertigen keinen ordre-public-Einwand.[25]

## 5. Materieller ordre public

7 Vom materiell-rechtlichen ordre public wird sowohl das Kollisionsrecht als auch das Sachrecht umfasst.[26] Ein Verstoß liegt dann vor, wenn das Ergebnis der Anerkennung und Vollstreckung der Entscheidung in einem nicht hinnehmbaren Gegensatz zu Wertungen des materiellen Rechts des anerkennenden Mitgliedstaates steht.[27] Erfasst werden aber nur wesentliche Grundsätze des materiellen Rechts, nicht das gesamte zwingende Recht.[28] Anwendung findet der materiell rechtliche ordre public bspw. bei Fällen der Diskriminierung ausländischer Gläubiger gegenüber inländischen Gläubigern.

---

17) Pannen-*Riedemann*, EuInsVO, Art. 26 Rz. 5 ff.
18) EuGH, Urt. v. 17.12.1998 – Rs. C-185/95, NJW 1999, 3548.
19) EuGH, Urt. v. 2.5.2006 – Rs. C-341/04 (Eurofood), ZIP 2006, 907, m. Anm. *Knof/Mock*.
20) Mankowski/Müller/J. Schmidt-*Müller*, EuInsVO 2015, Art. 33 Rz. 22.
21) OLG Wien, Beschl. v. 9.11.2004 – 28 R 225/04w, NZI 2005, 56.
22) LG Köln, Urt. v. 14.10.2011 – 82 O 15/08, NZI 2011, 957, m. Anm. *Mankowski*.
23) Braun-*Dugué*, InsO, Art. 33 EuInsVO Rz. 13; K. Schmidt-*Brinkmann*, InsO, Art. 26 EuInsVO Rz. 6.
24) *Thole* in: MünchKomm-InsO, Art. 26 EuInsVO 2000 Rz. 19; *Thole* in: MünchKomm-InsO, Art. 33 EuInsVO 2015 Rz. 1.
25) *Mankowski*, KTS 2011, 185, 197.
26) Uhlenbruck-*Lüer*, InsO, Art. 26 EuInsVO Rz. 7.
27) Braun-*Dugué*, InsO, Art. 33 EuInsVO Rz. 17; K. Schmidt-*Brinkmann*, InsO, Art. 26 EuInsVO Rz. 7.
28) K. Schmidt-*Brinkmann*, InsO, Art. 26 EuInsVO Rz. 7.

## 6. Einschränkung durch die EuInsVO

Nach Art. 19 Abs. 2 stehen der Anerkennung die fehlende Insolvenzfähigkeit nach dem Recht des Anerkennungsstaates nicht entgegen. Diese Regelung darf durch den ordre public nicht unterlaufen werden. Das gleiche gilt für die fehlerhafte Inanspruchnahme der internationalen Zuständigkeit nach Art. 3.[29] Einzige Ausnahme mag die offensichtlich rechtsmissbräuchliche Zuständigkeitserschleichung sein, bspw. im Fall eines Prozessbetruges.[30]

## 7. Fallgruppen

In Betracht kommt die Versagung der Anerkennung bei missbräuchlicher Erschleichung der Zuständigkeit eines Gerichts durch den Schuldner mit dem Ziel von günstigeren Restschuldbefreiungsregelungen zu profitieren.[31] Grundsätzlich ist bei der Sitzverlegung insbesondere von Gesellschaften und Unternehmen aber zu beachten, dass diese i. R. der Prüfung von Art. 3 Abs. 1 berücksichtigt werden muss. Eine Korrektur durch das Zweitgericht über den ordre public kommt nicht in Betracht. Etwas anderes kann nur dann gelten, wenn darüberhinaus ein relevanter Verstoß vorliegt.[32] Abgelehnt hat der BGH einen ordre-public-Verstoß bei der Auferlegung von Verfahrenskosten und Anwaltzeithonoraren.[33]

## III. Rechtsfolgen eines Verstoßes

Einer Rüge einer Partei des ordre public bedarf es nicht, vielmehr ist der ordre public **von Amts wegen** zu prüfen.[34] Bei Verstoß gegen den ordre public kann die betroffene Entscheidung entweder ganz oder teilweise nicht anerkannt und nicht im Anerkennungsstaat vollstreckt werden. Eine teilweise Versagung ist nur dann möglich, wenn die Wirkungserstreckung in konkrete Teile getrennt werden kann und die eine Rechtsfolge auch ohne die andere Sinn ergibt.[35]

---

29) *Thole* in: MünchKomm-InsO, Art. 26 EuInsVO 2000 Rz. 18; *Thole* in: MünchKomm-InsO, Art. 33 EuInsVO 2015 Rz. 1; K. Schmidt-*Brinkmann*, InsO, Art. 26 EuInsVO Rz. 9.
30) *Thole* in: MünchKomm-InsO, Art. 26 EuInsVO 2000 Rz. 15; *Thole* in: MünchKomm-InsO, Art. 33 EuInsVO 2015 Rz. 1; K. Schmidt-*Brinkmann*, InsO, Art. 26 EuInsVO Rz. 9; a. A. *Mock* in: BeckOK-InsO, Art. 33 EuInsVO 2017 Rz. 13.
31) *Thole* in: MünchKomm-InsO, Art. 26 EuInsVO 2000 Rz. 15; *Thole* in: MünchKomm-InsO, Art. 33 EuInsVO 2015 Rz. 1; zum deutschen Recht: BGH, Beschl. v. 18.9.2001 – IX ZB 51/00, ZIP 2002, 365 = NJW 2002, 960.
32) OGH (Österreich), Beschl. v. 17.3.2005 – 8 Ob 135/04t, NZI 2005, 465; *Thole* in: MünchKomm-InsO, Art. 26 EuInsVO 2000 Rz. 1; *Thole* in: MünchKomm-InsO, Art. 33 EuInsVO 2015 Rz. 1; *Mankowski*, NZI 2011, 957, 959.
33) BGH, Beschl. v. 8.5.2014 – IX ZB 35/12, ZIP 2014, 1131 = BeckRS 2014, 10645.
34) *Thole* in: MünchKomm-InsO, Art. 26 EuInsVO 2000 Rz. 21; *Thole* in: MünchKomm-InsO, Art. 33 EuInsVO 2015 Rz. 1; K. Schmidt-*Brinkmann*, InsO, Art. 26 EuInsVO Rz. 11.
35) Uhlenbruck-*Lüer*, InsO, Art. 26 EuInsVO Rz. 9; *Thole* in: MünchKomm-InsO, Art. 26 EuInsVO 2000 Rz. 22; *Thole* in: MünchKomm-InsO, Art. 33 EuInsVO 2015 Rz. 1.

## KAPITEL III
## SEKUNDÄRINSOLVENZVERFAHREN

### Artikel 34
### Verfahrenseröffnung

¹Ist durch ein Gericht eines Mitgliedstaats ein Hauptinsolvenzverfahren eröffnet worden, das in einem anderen Mitgliedstaat anerkannt worden ist, kann ein nach Artikel 3 Absatz 2 zuständiges Gericht dieses anderen Mitgliedstaats nach Maßgabe der Vorschriften dieses Kapitels ein Sekundärinsolvenzverfahren eröffnen. ²War es für das Hauptinsolvenzverfahren erforderlich, dass der Schuldner insolvent ist, so wird die Insolvenz des Schuldners in dem Mitgliedstaat, in dem ein Sekundärinsolvenzverfahren eröffnet werden kann, nicht erneut geprüft. ³Die Wirkungen des Sekundärinsolvenzverfahrens sind auf das Vermögen des Schuldners beschränkt, das im Hoheitsgebiet des Mitgliedstaats belegen ist, in dem dieses Verfahren eröffnet wurde.

Literatur: *Balz*, Das neue Europäische Insolvenzübereinkommen, ZIP 1996, 948; *Beck*, Die Konkurrenz zwischen Haupt und Sekundärinsolvenzverfahren bei Vermögen in Drittstaaten, in: Festschrift für Bruno M. Kübler, 2015, S. 23 ff.; *Beck*, Verteilungsfragen zwischen Haupt- und Sekundärinsolvenzverfahren nach der EuInsVO, NZI 2007, 1; *Beck*, Verwertungsfragen im Verhältnis von Haupt- und Sekundärinsolvenzverfahren nach der EuInsVO, NZI 2006, 609; *Bierbach*, Wettlauf der Gläubiger um den Insolvenzgerichtsstand – Anfechtungsbefugnisse des Insolvenzverwalters nach Art. 18 Abs. 2 Satz 2 EuInsVO, ZIP 2008, 2203; *Brinkmann*, Grenzüberschreitende Sanierung und europäisches Insolvenzrecht, KTS 2014, 381; *Dammann/Müller*, Eröffnung eines Sekundärverfahrens in Frankreich gem. Art. 29 lit. a) EuInsVO auf Antrag eines schwachen deutschen Insolvenzverwalters, NZI 2011, 752; *Duursma-Kepplinger*, Einfluss der Eröffnung eines Sekundärinsolvenzverfahrens auf die Befriedigung von zuvor begründeten Masseverbindlichkeiten, ZIP 2007, 752; *Ehricke*, Das Verhältnis des Hauptinsolvenzverwalters zum Sekundärinsolvenzverwalter bei grenzüberschreitenden Insolvenzen nach der EuInsVO, ZIP 2005, 1104; *Ehricke*, Die Zusammenarbeit der Insolvenzverwalter bei grenzüberschreitenden Insolvenzen nach der EuInsVO, WM 2005, 397; *Fehrenbach*, Insolvenzanfechtung in grenzüberschreitenden Insolvenzverfahren bei Verfahrenspluralität, NZI 2015, 157; *Hanisch*, Einheit oder Pluralität oder ein kombiniertes Modell beim grenzüberschreitenden Insolvenzverfahren?, ZIP 1994, 1; *Haubold*, Europäische Insolvenzverordnung (EuInsVO), in: Gebauer/Wiedmann, Zivilrecht unter europäischem Einfluss, 2. Aufl., 2010, Kap. 32; *Lüke*, Das europäische internationale Insolvenzrecht, ZZP 111 (1998), 275; *Pogacar*, Rechte und Pflichten des Hauptverwalters im Sekundärverfahren, NZI 2011, 46; *Prager/Keller, Ch.*, Der Entwicklungsstand des Europäischen Insolvenzrechts, WM 2015, 805; *Ringleb*, Universalität und Territorialität im deutschen internationalen Konkursrecht, 1968 (Diss.); *Schmüser*, Das Zusammenspiel zwischen Haupt- und Sekundärinsolvenzverfahren nach der EuInsVO, 2009; *Trunk*, Internationales Insolvenzrecht, 1998; *Undritz*, Sekundärinsolvenzverfahren nach der Europäischen Insolvenzverordnung, in: Festschrift für Heinz Vallender, 2015, S. 745; *Vallender*, Das vorgerichtliche Sanierungsverfahren – muss Deutschland sich bewegen?, Festheft für Katherine Knauth, ZIP Beilage z. Heft 22/2016, S. 82; *Virgós/Schmit*, Erster Teil: EU-Übereinkommen über Insolvenzverfahren, Kap. B – Erläuternder Bericht, in: Stoll, Vorschläge und Gutachten zur Umsetzung des EU-Übereinkommens über Insolvenzverfahren im deutschen Recht, 1997, S. 32 (zit.: *Virgós/Schmit* in: Stoll, Vorschläge und Gutachten); *Weller*, Inländische Gläubigerinteressen bei internationalen Konzerninsolvenzen, ZHR 169 (2005), 570; *Wenner*, Die Reform der EuInsVO – Ein Verriss, ZIP 2017, 1137; *Wenner*, Ausländisches Sanierungsverfahren, Inlandsarrest und § 238 KO, KTS 1990, 429; *Wimmer*, Die Besonderheiten von Sekundärinsolvenzverfahren unter besonderer Berücksichtigung des Europäischen Insolvenzübereinkommens, ZIP 1998, 982.

## Übersicht

| | |
|---|---|
| I. Einführung zu Kapitel III der EuInsVO .................. 1 | 3. Weitere Eröffnungsvoraussetzungen ........................ 24 |
| II. Zweck der Norm ................ 13 | 4. Rechtsfolge: Eröffnungsermessen ..... 25 |
| III. Inhalt der Norm ................ 14 | 5. Reichweite des Vermögensbeschlages (Art. 34 Satz 3) .......... 29 |
| 1. Internationale Eröffnungszuständigkeit (Art. 34 Satz 1) .......... 14 | a) Grundsatz ...................... 29 |
| 2. Keine erneute Prüfung des Insolvenzgrundes (Art. 34 Satz 2) ...... 19 | b) Aktivmasse ................... 31 |
| | c) Passivmasse ................. 38 |
| | IV. Partikularverfahren ............ 41 |

## I. Einführung zu Kapitel III der EuInsVO

1 Die EuInsVO beruht auf der Idee der eingeschränkten oder **modifizierten Universalität**.[1] Das bedeutet, dass das in einem Mitgliedstaat eröffnete Insolvenzverfahren zunächst einmal europaweite (und, wenn es diesen Anspruch erhebt, weltweite) Wirkung hat, dass also einerseits das gesamte in Europa (oder der Welt) belegene Vermögen des Schuldners erfasst ist, dass andererseits sämtliche in Europa (oder der Welt) ansässigen Gläubiger am Verfahren teilnehmen können. Als eingeschränkt oder modifiziert wird der Universalitätsanspruch europäischer Insolvenzverfahren bezeichnet, weil er durch die Möglichkeit sog. **Territorialverfahren** eingeschränkt ist, eben modifiziert wird. Diese Einschränkung der Universalität sah der historische Gesetzgeber als notwendig an, weil sich aufgrund der in Europa vorhandenen, unterschiedlichen Rechtstraditionen, den damit verbundenen unterschiedlichen Gerechtigkeitsvorstellungen und den daraus folgenden Erwartungshaltungen betreffend die Durchführung von Insolvenzverfahren ein einheitliches Insolvenzverfahren nicht schaffen ließ.[2]

2 Die EuInsVO kennt zwei Arten von Territorialverfahren: das **Partikularverfahren** und das **Sekundärverfahren**. Der strukturelle Unterschied zwischen Partikular- und Sekundärverfahren ist der, dass das Partikularverfahren *vor* der Eröffnung eines Hauptverfahrens eröffnet werden kann, während das Sekundärverfahren nur *nach* der Eröffnung eines Hauptverfahrens eröffnet werden kann. Ist ein Partikularverfahren anhängig und wird später ein Hauptverfahren eröffnet, so wandelt sich das Partikularverfahren automatisch in Sekundärverfahren um (Art. 3 Abs. 4 Satz 2 und 50).

3 Die Existenz eines **Partikularverfahrens** – eines Territorialverfahrens ohne Hauptverfahren – war und ist **unerwünscht** (ErwG 36), weshalb die Voraussetzungen für seine Eröffnung bereits nach der bislang geltenden Fassung der EuInsVO hoch waren: Es konnte nur eröffnet werden, wenn die Eröffnung eines Hauptverfahrens angesichts

---

1) *Virgós/Schmit* in: Stoll, Vorschläge und Gutachten, Rz. 12 ff.
2) Dieses Problem hallt in der Formulierung von ErwG 39 nach; *Westpfahl/Goetker/Wilkens*, Grenzüberschreitende Insolvenzen, Rz. 482; zur Rechtshistorie *Hanisch*, ZIP 1994, 1, und *Wimmer*, ZIP 1998, 982.

der Bedingungen, die in den Rechtsvorschriften des Mitgliedstaats vorgesehen sind, in dem der Schuldner den Mittelpunkt seiner hauptsächlichen Interessen hatte, nicht möglich war (Art. 3 Abs. 4 lit. b a. F.)[3] *oder* wenn die Eröffnung des Partikularverfahrens von einem Gläubiger beantragt wurde, der seinen Wohnsitz, gewöhnlichen Aufenthalt oder Sitz in dem Mitgliedstaat hatte, in dem sich die betreffende Niederlassung befand, oder dessen Forderung auf einer sich aus dem Betrieb dieser Niederlassung ergebenden Verbindlichkeit beruhte (Art. 3 Abs. 4 lit. b a. F.). Die reformierte EuInsVO **verschärft diese Anforderungen** durch eine Änderung Art. 3 Abs. 4 lit. b noch einmal: Danach ist ein Partikularverfahren nunmehr nur noch zulässig, wenn die Eröffnung des Partikularverfahrens *entweder* von einem Gläubiger beantragt wird, dessen Forderung auf einer sich aus oder im Zusammenhang mit dem Betrieb einer Niederlassung ergebenden Verbindlichkeit beruht, die sich im Gebiet des Mitgliedstaats befindet, in dem die Eröffnung des Partikularverfahrens beantragt wird, *oder* von einer Behörde beantragt wird, die nach dem Recht des Mitgliedstaats, in dessen Gebiet sich die Niederlassung befindet, das Recht hat, die Eröffnung von Insolvenzverfahren zu beantragen (siehe im Einzelnen oben Art. 3 Rz. 54 ff. [*Vallender/ Zipperer*]).

**Sekundärverfahren** waren und sind dagegen grundsätzlich **nicht unerwünscht**, was sich in relativ leicht zu erfüllenden Eröffnungsvoraussetzungen manifestiert(e): Hatte der Schuldner den Mittelpunkt seiner hauptsächlichen Interessen im Gebiet eines Mitgliedstaats, so waren gemäß Art. 3 Abs. 2 a. F. die Gerichte eines anderen Mitgliedstaats zur Eröffnung eines Sekundärverfahrens befugt, wenn der Schuldner eine Niederlassung im Gebiet dieses anderen Mitgliedstaats hatte. Die Wirkungen dieses Verfahrens waren auf das im Gebiet des Niederlassungsstaats belegene Vermögen des Schuldners beschränkt. Diese Voraussetzungen für die Eröffnung eines Sekundärverfahrens wurden im Zuge der Reform der EuInsVO nicht geändert.

Das Sekundärinsolvenzverfahren – fortan kurz Sekundärverfahren – nach Artt. 34 ff. ist ein **eigenständiges Insolvenzverfahren.**[4] Es dient **zwei Zwecken:**[5] Ihm kommt eine **Schutzfunktion** zu, indem es das Vertrauen der lokalen Gläubiger in die Anwendbarkeit des ihnen bekannten lokalen Insolvenzrechts schützt.[6] Es erfüllt damit dieselbe Funktion wie die Sonderanknüpfungen in Artt. 8–18. Es kann, muss aber nicht eine **Unterstützungsfunktion** im Hinblick auf das Hauptinsolvenzverfahren entfalten, wenn und weil es die effiziente Verwaltung und Verwertung der Insol-

---

3) Das in der Kommentarliteratur als Anwendungsfall dieser Vorschrift verwendete Beispiel ist der Nichtkaufmann, der zwar in Deutschland, nicht aber in Frankreich insolvenzfähig ist, vgl. *Kindler* in: MünchKomm-BGB, Art. 3 EuInsVO Rz. 71 m. w. N. und *Reinhart* in: MünchKomm-InsO, 2. Aufl., 2008, Art. 3 EuInsVO 2000 Rz. 76.
4) *Beck*, NZI 2006, 609, 610; Haß/Huber/Gruber/Heiderhoff-*Heiderhoff*, EuInsVO, Art. 27 Rz. 4.
5) ErwG 39; *Virgós/Schmit* in: Stoll, Vorschläge und Gutachten, Rz. 32 und 33; *Kolmann*, Kooperationsmodelle, S. 327; Bork/Hölzle-*Prager/Ch. Keller*, Hdb. InsR, Kap. 20 Rz. 122 m. w. N.; Kübler/Prütting/Bork-*Kemper*, InsO, Art. 27 EuInsVO 2000 Rz. 2; *Trunk*, Internationales Insolvenzrecht, S. 398; *Kindler* in: MünchKomm-BGB, Art. 34 EuInsVO Rz. 3 nennt als dritten Zweck die Vermeidung von Konflikten mit ausländischen Staaten.
6) Krit. *Wenner/Schuster* in: FK-InsO, Art. 34 EuInsVO Rz. 2 m. N.

venzmasse fördert.[7] Diese Funktion tritt im Recht des Hauptinsolvenzverwalters, die Eröffnung eines Sekundärverfahrens zu beantragen, sowie in seinen Rechten gegenüber dem Sekundärverwalter[8] besonders deutlich hervor. Die beiden Funktionen des Sekundärverfahrens sind bei der Auslegung der Artt. 34 ff. stets zu berücksichtigen.

6   Sekundärverfahren können eine **effiziente Verwaltung der Insolvenzmasse allerdings auch behindern.** Daher sind in der EuInsVO zwei Instrumente vorgesehen, mit denen das mit einem Antrag auf Eröffnung eines Sekundärverfahrens befasste Gericht auf Antrag des Insolvenzverwalters des Hauptverfahrens die Eröffnung eines solchen Verfahrens **aufschieben oder ablehnen kann.**[9]

   – Erstens erhält der Insolvenzverwalter des Hauptverfahrens die Möglichkeit, zur Vermeidung der Eröffnung eines Sekundärverfahrens den lokalen Gläubigern die **Zusicherung** zu geben, dass sie so behandelt werden, als wäre ein Sekundärverfahren eröffnet worden (Art. 36). Wurde eine solche Zusicherung gegeben, so kann das mit einem Antrag auf Eröffnung eines Sekundärverfahrens befasste Gericht die Eröffnung ablehnen, wenn es der Überzeugung ist, dass die Zusicherung das allgemeine Interesse der lokalen Gläubiger angemessen schützt (Art. 38 Abs. 2).

   – Zweitens ist in der EuInsVO die Möglichkeit vorgesehen, dass das Gericht die Eröffnung des Sekundärverfahrens **vorläufig aussetzt,** wenn im Hauptverfahren ein vorläufiger Aufschub eines Einzelvollstreckungsverfahrens gewährt wurde, um die Wirksamkeit dieses Aufschubs zu wahren (Art. 38 Abs. 3). Das Gericht kann diese vorläufige Aussetzung gewähren, wenn es der Überzeugung ist, dass geeignete Maßnahmen zum Schutz des Interesses der lokalen Gläubiger bestehen.

7   Neben diese beiden Instrumente tritt die Möglichkeit, die **Verwertung der Sekundärmasse** auf Antrag des Hauptinsolvenzverwalters **auszusetzen** (Art. 46). Die drei genannten Instrumente sind Ausdruck des gesetzgeberischen Willens, das Hauptverfahren gegenüber dem Sekundärverfahren zu stärken, um so die Sanierung von Unternehmen zu fördern.[10]

8   Die Tatsache, dass das Sekundärverfahren Unterstützungsfunktion entfalten kann, darf nicht den Blick dafür verstellen, dass es sich – wie gesagt – um ein **eigenständiges Insolvenzverfahren** handelt.[11] Diese Eigenständigkeit des Sekundärverfahrens zeigt sich darin, dass

   – es einem eigenen **Rechtsregime,** der sog. lex fori concurus secundarii, unterliegt; lex fori concurus secundarii ist immer das Recht des Niederlassungsstaats (Art. 35);

---

7) Diesen Gesichtspunkt – und zugleich die Dominanz des Hauptverfahrens – akzentuiert der EuGH, Urt. v. 22.12.2012 – Rs. C-116/11 (Handlowy), ZIP 2012, 2403, dazu EWiR 2013, 173 *(Jopen)*. Dazu *Beck* in: FS Kübler, S. 23, 25.
8) *Pogacar*, NZI 2011, 46.
9) ErwG 40 und 43.
10) *Prager/Ch. Keller*, WM 2015, 805, 807.
11) LG Aachen, Beschl. v. 17.7.2014 – 6 T 44/14, ZIP 2015, 191, dazu EWiR 2015, 123 *(Mankowski)*; sehr lesenswert *Undritz* in: FS Vallender, S. 745, 746 ff.; monografisch *Fehrenbach*, Haupt- und Sekundärinsolvenzverfahren.

- es in seinem **Fortbestand** vom Hauptinsolvenzverfahren unabhängig ist (arg. e Art. 48 Abs. 1); endet das Hauptverfahren, so endet nicht etwa auch das Sekundärverfahren, sondern es besteht als Partikularinsolvenzverfahren (nicht als Hauptverfahren)[12] fort (siehe unten Rz. 16);

- es über eine eigene, von der Hauptinsolvenzmasse zu trennende **Aktivmasse**[13] verfügt; erst mit der Auskehrung etwaiger Überschüsse der Sekundärinsolvenzmasse an die Hauptinsolvenzmasse kommt es zu einer Vereinigung der Insolvenzmassen,[14] und das auch nur wirtschaftlich betrachtet;

- **Masseverbindlichkeiten** des Sekundärverfahrens grundsätzlich nicht gleichzeitig solche des Hauptinsolvenzverfahrens sind und umgekehrt (siehe näher unten Rz. 38 ff.);

- ein **Insolvenzverwalter** bestellt wird, der nicht personenidentisch mit dem Verwalter des Hauptverfahrens sein darf (siehe unten Rz. 26).[15]

Mehrere Hauptinsolvenzverfahren kann es im Anwendungsbereich der EuInsVO nicht geben, **mehrere Sekundärverfahren neben einem Hauptinsolvenzverfahren** schon.[16] Neben einem nicht dem Anwendungsbereich der EuInsVO fallenden Hauptverfahren kommt kein Sekundärverfahren nach Artt. 34 ff., sondern allenfalls ein solches nach den Vorschriften des jeweiligen autonomen Internationalen Insolvenzrechts (in Deutschland §§ 354 ff. InsO) in Betracht.

**Gründe für die Beantragung eines Sekundärverfahrens** können sein:

- Vorteile (oder Nachteile) der Verteilungsordnung im Niederlassungsstaat für die dort ansässigen Gläubiger (z. B. Arbeitnehmer- oder Fiskusvorrechte);[17]

- ein den Gläubigern im Niederlassungsstaat günstigeres (oder ungünstigeres) Aus- oder Absonderungsregime (vgl. Art. 8);[18]

- ein im Vergleich zum Insolvenzrecht des Hauptinsolvenzverfahrens günstigeres Regime für die Durchsetzung von Anfechtungs- oder anderen Ansprüchen;[19]

- die Vornahme von Zwangsmaßnahmen im Niederlassungsstaat. Diese ist dem Hauptinsolvenzverwalter gemäß Art. 21 Abs. 3 Satz 2 ja verboten;[20]

---

12) *Wenner/Schuster* in: FK-InsO, Art. 34 EuInsVO Rz. 17 und 18.
13) *Westpfahl/Goetker/Wilkens*, Grenzüberschreitende Insolvenzen, Rz. 485. Das ist wegen der unbeschränkten Anmeldebefugnis der Gläubiger (Gottwald-*Kolmann*/Ch. *Keller*, Insolvenzrechts-Hdb., § 131 Rz. 126) in beiden Verfahren bei der Passivmasse anders. Insofern lässt sich durchaus vertreten, dass es sich theoretisch oder genauer: abhängig vom Anmeldeverhalten der Gläubiger, um eine einheitliche Passivmasse handelt. S. im Einzelnen *Fehrenbach*, Haupt- und Sekundärinsolvenzverfahren, S. 223, und zuvor. Zu den Masseverbindlichkeiten s. nun im Text.
14) *Mankowski*, EWiR 2015, 123, 124 (Urteilsanm.).
15) Lesenswert zum Verhältnis der beiden Verwalter (wenngleich beide zur alten Rechtslage) *Ehricke*, ZIP 2005, 1104, und *Ehricke*, WM 2005, 397.
16) Mankowski/Müller/J. Schmidt-*Mankowski*, EuInsVO 2015, Vor Art. 34–51 Rz. 2.
17) Mankowski/Müller/J. Schmidt-*Mankowski*, EuInsVO 2015, Vor Art. 34–51 Rz. 8.
18) Mankowski/Müller/J. Schmidt-*Mankowski*, EuInsVO 2015, Vor Art. 34–51 Rz. 8.
19) Zu Anfechtungsansprüchen *Bierbach*, ZIP 2008, 2203, 2206.
20) *Moss/Fletcher/Isaacs*, The EU Regulation on Insolvency Proceedings, Rz. 8.388.

- Verminderung praktischer Schwierigkeiten (fremde Sprache, fremdes Recht, räumliche Distanz u. dgl.) bei der Verwertung der Insolvenzmasse. Das dient der Vermeidung von Verzögerungen und der Kosteneffizienz;
- steuerrechtliche Vorteile bei Verwertung nach dem Regime des Niederlassungsstaats;
- erleichterte Abwicklung von Arbeitsverhältnissen;
- Vermeidung von Haftungsrisiken für den Hauptinsolvenzverwalter.

11 Vom Sekundärverfahren ist das in der EuInsVO nur fragmentarisch geregelte **Partikularinsolvenzverfahren** – fortan kurz Partikularverfahren – zu unterscheiden. Partikularverfahren können insbesondere dann das Mittel der Wahl sein, wenn ein Hauptinsolvenzverfahren mangels Insolvenzfähigkeit nicht möglich ist.[21] Ob eine bestimmte Vorschrift auch in Partikularverfahren Anwendung findet, wird am Ende jeder Kommentierung erörtert.

12 Die Notwendigkeit und Sachgerechtigkeit von Sekundärverfahren kann bezweifelt werden. Es wird – jedenfalls für das Territorium der EU – zu diskutieren sein, ob es dieses Instituts tatsächlich bedarf, oder ob es – i. S. einer Stärkung des Universalitätsprinzips – nicht abgeschafft werden sollte.[22] Denn: Sekundärverfahren können die ordnungsgemäße Verwertung der Insolvenzmasse ganz erheblich behindern (ErwG 41);[23] Art. 36 EuInsVO schafft aus noch darzulegenden Gründen keine Abhilfe (siehe Art. 36 Rz. 37 a. E. [*Ch. Keller*]), und die Möglichkeit der Aussetzung ist ein zu schwaches Instrument in der Hand des Hauptverwalters. Für Gläubiger wird die Vorhersehbarkeit des anwendbaren Insolvenzstatuts erheblich erschwert.[24] Eine insolvenzfeste Besicherung des Gläubigers wird hierdurch problematisch.[25] Parallele Verfahren führen zu höheren Verfahrenskosten, was nicht im Interesse der Gläubiger liegt.[26] Für die Stärkung des Einheitsverfahrens spricht außerdem, dass es den Grundsatz der par conditio creditorum besser verwirklicht als ein System paralleler Verfahren mit unterschiedlichen Verteilungsordnungen, weil in- und ausländische Gläubiger gleich behandelt werden.[27] Das System der Parallelverfahren mit territorialen Nebenverfahren bietet schließlich in den Fällen keine befriedigende Lösung, in denen miteinander verbundene Rechtsverhältnisse in verschiedenen Ländern belegen sind.[28] Das zeigt sich namentlich bei ausländischen Kreditsicherheiten für inländische Insolvenzforderungen.

---

21) Gottwald-*Kolmann*/*Ch. Keller*, Insolvenzrechts-Hdb., § 131 Rz. 120 und 121. Ausführlich zu Territorialverfahren über in Deutschland belegenes Vermögen Gottwald-*Kolmann*/ *Ch. Keller*, Insolvenzrechts-Hdb., § 132 Rz. 116–182.
22) *Wenner*/*Schuster* in: FK-InsO, Art. 36 EuInsVO Rz. 7; *Brinkmann*, KTS 2014, 381, 392 f.; vgl. *Schultz* in: HK-InsO, Art. 36 EuInsVO Rz. 5.
23) *Wenner*, KTS 1990, 429, 434.
24) *Wenner*/*Schuster* in: FK-InsO, Art. 34 EuInsVO Rz. 2; *Trunk*, Internationales Insolvenzrecht, S. 399.
25) *Wenner*, ZIP 2017, 1137, 1138.
26) *Wenner*/*Schuster* in: FK-InsO, Art. 34 EuInsVO Rz. 2.
27) *Ringleb*, Universalität und Territorialität im deutschen internationalen Konkursrecht, S. 60, 73 f.
28) *Ringleb*, Universalität und Territorialität im deutschen internationalen Konkursrecht, S. 73 f.

## II. Zweck der Norm

Art. 34 ist eine **Sachnorm**.[29)] Sie regelt unter Bezugnahme auf Art. 3 Abs. 2 die internationale (aber weder die sachliche noch die örtliche) Zuständigkeit für die Eröffnung des Sekundärverfahrens. Sie ordnet ferner an, dass für die Eröffnung des Sekundärverfahrens Insolvenzgründe weder vorliegen müssen noch geprüft werden dürfen. Schließlich stellt die Vorschrift den nur territorialen Geltungsanspruch des Sekundärverfahrens klar.

13

## III. Inhalt der Norm

### 1. Internationale Eröffnungszuständigkeit (Art. 34 Satz 1)

Ist durch das Gericht eines Mitgliedstaats ein Hauptinsolvenzverfahren eröffnet worden, das in einem anderen Mitgliedstaat anerkannt worden ist, kann ein nach Art. 3 Abs. 2 zuständiges Gericht dieses anderen Mitgliedstaats nach Maßgabe der Artt. 34 ff. ein Sekundärverfahren eröffnen (näher zu diesen Voraussetzungen siehe oben Art. 3 Rz. 40 ff. [*Vallender/Zipperer*]).[30)]

14

„Hauptinsolvenzverfahren" in diesem Sinne sind die **in Anhang A genannten Verfahren**,[31)] auch **präventive Sanierungsverfahren**.[32)] Die Einbeziehung von präventiven Sanierungsverfahren kann hinsichtlich der Eröffnungsgründe freilich zu Schwierigkeiten führen:[33)] Solche Sanierungsverfahren können nämlich regelmäßig zu einem Zeitpunkt eröffnet werden, in dem noch kein Insolvenzgrund vorliegt; kennt der Niederlassungsstaat solche Verfahren nicht, sondern nur Verfahren, die einen Insolvenzgrund voraussetzen, kann u. U. kein Sekundärverfahren eröffnet werden.

15

Das Hauptinsolvenzverfahren muss zum Zeitpunkt der Entscheidung über den Antrag auf Eröffnung eines Sekundärverfahrens[34)] bereits „**eröffnet**" worden sein. Die **Anordnung von Sicherungsmaßnahmen** (mit der Ausnahme der Bestellung eines starken vorläufigen Insolvenzverwalters, siehe dazu unten Art. 37 Rz. 5 [*Ch. Keller*]) erfüllt das Tatbestandsmerkmal der „Eröffnung" ebenso wenig[35)] wie der bloße **Antrag** auf Eröffnung eines Hauptinsolvenzverfahrens.[36)] **Formelle oder materielle Rechtskraft** der Eröffnungsentscheidung ist **nicht erforderlich**,[37)] die Entscheidung muss aber **wirksam** i. S. des Art. 2 Nr. 8 sein (für Einzelheiten siehe oben Art. 2 Rz. 24 f. [*Sutschet*]).[38)] Wird ein Sekundärverfahren eröffnet, die gerichtliche Entscheidung über die Eröffnung des Hauptinsolvenzverfahrens auf ein Rechtsmittel

16

---

29) Allg. M., statt aller Kübler/Prütting/Bork-*Kemper*, InsO, Art. 27 EuInsVO 2000 Rz. 3.
30) S. a. Bork/Hölzle-*Prager/Ch. Keller*, Hdb. InsR, Kap. 20 Rz. 117–119.
31) *Reinhart* in: MünchKomm-InsO, Art. 27 EuInsVO 2000 Rz. 11.
32) Wimmer/Bornemann/Lienau-*Wimmer*, Die Neufassung der EuInsVO, Rz. 412. Zum Stand der Rechtsentwicklung *Vallender*, ZIP Beilage z. Heft 22/2016, S. 82.
33) Braun-*Delzant*, InsO, Art. 34 EuInsVO Rz. 9.
34) Mankowski/Müller/J. Schmidt-*Mankowski*, EuInsVO 2015, Art. 34 Rz. 13.
35) H. M., K. Schmidt-*Brinkmann*, InsO, Art. 27 EuInsVO Rz. 9; *Reinhart* in: MünchKomm-InsO, Art. 27 EuInsVO 2000 Rz. 9; Pannen-*Herchen*, EuInsVO, Art. 27 Rz. 20; a. A. Handelsgericht Nanterre, Urt. v. 8.7.2011, zit. nach *Dammann/Müller*, NZI 2011, 752.
36) Mankowski/Müller/J. Schmidt-*Mankowski*, EuInsVO 2015, Art. 34 Rz. 7.
37) Mankowski/Müller/J. Schmidt-*Mankowski*, EuInsVO 2015, Art. 34 Rz. 7.
38) Kübler/Prütting/Bork-*Kemper*, InsO, Art. 27 EuInsVO 2000 Rz. 4.

hin aber später kassiert,[39] so verwandelt sich das Sekundärverfahren – entsprechend der Rechtslage bei Beendigung des Hauptinsolvenzverfahrens vor Beendigung des Sekundärverfahrens[40] – ex nunc in ein isoliertes Partikularverfahren.

17 Die Eröffnung muss in einem anderen „**Mitgliedstaat**" stattgefunden haben; ist das Hauptinsolvenzverfahren in einem Drittstaat eröffnet worden, sind nicht die Artt. 34 ff., sondern die entsprechenden Vorschriften des autonomen Internationalen Insolvenzrechts anwendbar, in Deutschland also die §§ 335 ff. InsO.[41]

18 Die Eröffnungsentscheidung muss „**anerkannt**" worden sein. Ist die Eröffnung des Hauptverfahrens – höchst ausnahmsweise – nicht anerkannt worden oder nach Meinung des mit der Sache befassten Insolvenzgerichts im Niederlassungsstaat **nicht anerkennungsfähig** (z. B. wegen eines Verstoßes gegen den ordre public, nicht aber wegen nur unrichtiger Annahme der Eröffnungszuständigkeit)[42], so ist der Antrag auf Eröffnung des Sekundärverfahrens (ggf. nach richterlicher Nachfrage) umzudeuten in einen Antrag auf Eröffnung eines **isolierten Partikularverfahrens** oder sogar eines **Hauptinsolvenzverfahrens**.[43] Der Antragsteller ist, möchte er seinen Antrag unter diesen veränderten Vorzeichen aufrechterhalten, aufzufordern, zum Vorliegen von Insolvenzgründen vorzutragen, denn Art. 34 Satz 2 gilt nun nicht mehr.[44] Zu dem Fall, dass ein entgegen Art. 102c § 2 Abs. 1 Satz 1 EGInsO eröffnetes Hauptverfahren als Sekundärverfahren fortgeführt werden soll, siehe Art. 102c § 2 EGInsO Rz. 7 [*Vallender/Zipperer*].

### 2. Keine erneute Prüfung des Insolvenzgrundes (Art. 34 Satz 2)

19 War es für das Hauptinsolvenzverfahren erforderlich, dass der Schuldner insolvent ist, so wird die Insolvenz des Schuldners in dem Mitgliedstaat, in dem ein Sekundärverfahren eröffnet werden kann, gemäß Art. 34 Satz 2 nicht erneut geprüft. Das ist nicht nur eine Beweisregel, sondern der generelle Verzicht auf einen Eröffnungsgrund,[45] und zwar in Form einer **unwiderleglichen Vermutung**.[46] Weder darf das Insolvenzgericht des Niederlassungsstaats die Entscheidung des Gerichtes im Staat der Eröffnung des Hauptverfahrens im Hinblick auf das Vorliegen von Insolvenz-

---

39) Das gleiche Problem beschreiben Mankowski/Müller/J. Schmidt-*Mankowski*, EuInsVO 2015, Art. 34 Rz. 13 a. E. für den Fall, dass Sicherungsmaßnahmen angeordnet werden, die Eröffnung des Hauptinsolvenzverfahrens aber später abgelehnt wird. Zur Lösung s. weiter im Text.
40) K. Schmidt-*Brinkmann*, InsO, Art. 27 EuInsVO Rz. 10; Mankowski/Müller/J. Schmidt-*Mankowski*, EuInsVO 2015, Vor Art. 34–51 Rz. 61.
41) *Haubold* in: Gebauer/Wiedmann, Zivilrecht unter europäischem Einfluss, Kap. 32 Rz. 212.
42) Kübler/Prütting/Bork-*Kemper*, InsO, Art. 27 EuInsVO 2000 Rz. 4.
43) Die Rspr. steht der Umdeutung von Insolvenzanträgen wohlwollend gegenüber: AG Mönchengladbach, Beschl. v. 27.4.2004 – 19 IN 54/04 (EMBIC I), ZIP 2004, 1064, m. Anm. *Bähr/Riedemann* = ZInsO 2004, 563, dazu EWiR 2004, 705 (*Kebekus*); AG München, Beschl. v. 5.2.2007 – 1503 IE 4371/06 (BenQ Holding II), NZI 2007, 358, 360 = ZIP 2007, 495, dazu EWiR 2007, 277 *(K. Müller)*.
44) Mankowski/Müller/J. Schmidt-*Mankowski*, EuInsVO 2015, Art. 34 Rz. 12.
45) *Kolmann*, Kooperationsmodelle, S. 336 f.
46) *Reinhart* in: MünchKomm-InsO, Art. 27 EuInsVO 2000 Rz. 16 m. w. N.; **a. A.** (bei Ergebnisgleichheit) *Wenner/Schuster* in: FK-InsO, Art. 34 EuInsVO Rz. 9.

gründen nachprüfen,[47] noch darf es eine auf das Gebiet des Niederlassungsstaats beschränkte Prüfung von Insolvenzgründen vornehmen.[48] Ob der ausländische Insolvenzgrund im Niederlassungsstaat als solcher bekannt oder den dortigen Insolvenzgründen vergleichbar ist, ist unerheblich.[49]

**Einschränkende – und neue – Voraussetzung** ist allerdings, dass es nach dem Recht des Staats der Hauptverfahrenseröffnung für die Eröffnung des Insolvenzverfahrens erforderlich war, dass der Schuldner „insolvent" ist.[50] Ist das nicht der Fall,[51] so muss das Insolvenzgericht des Sekundärverfahrensstaats den Insolvenzgrund nach dem Recht des Sekundärverfahrensstaats (Art. 35) prüfen. Die Einschränkung steht im Zusammenhang mit der Öffnung der Verordnung für insolvenznahe Verfahren, die nicht die Insolvenz des Schuldners voraussetzen, sondern deren Vermeidung dienen. Diese ermöglichen eine Verfahrenseröffnung regelmäßig noch vor der Insolvenz des Schuldners.

20

Das Tatbestandsmerkmal „insolvent" ist in der EuInsVO nicht definiert und autonom auszulegen.[52] Was fällt darunter? Zweifelsfrei dürfte sein, dass die den meisten Rechtsordnungen als Eröffnungsvoraussetzung bekannte **Zahlungsunfähigkeit** unter diesen Begriff zu subsumieren ist; gleiches gilt für den weniger verbreiteten Insolvenzgrund der **Überschuldung**. Ebenfalls zweifelsfrei ist, dass wirtschaftliche Schwierigkeiten jenseits von Zahlungsunfähigkeit oder Überschuldung grundsätzlich keine „Insolvenz" in diesem Sinne darstellen.[53] Zweifelhaft ist aber, ob die **drohende Zahlungsunfähigkeit** des deutschen Rechts „Insolvenz" in diesem Sinne ist. Dies ist zu bejahen.[54] Eine enge Auslegung des Insolvenzgrundes „Insolvenz" hätte nämlich zur Folge, dass das Gericht des Niederlassungsstaates keine Sekundärverfahren eröffnen kann, wenn das nationale Recht strengere Anforderungen an die „Insolvenzsituation" des Schuldners stellt, als das Recht des Hauptverfahrensstaats. Da die Wirkungen des Hauptverfahrens dennoch anerkannt werden müssten, wäre die Funktion, nämlich auch der Schutz lokaler Rechte, konterkariert. Es ist nicht ersichtlich, dass der europäische Verordnungsgeber dies mit der Einschränkung beabsichtigt hat. Denn sowohl der Entwurf der Kommission als auch der Entwurf des Parlaments wollten auf die nochmalige Überprüfung des Insolvenzgrundes gänzlich verzichten.

21

---

47) Mankowski/Müller/J. Schmidt-*Mankowski*, EuInsVO 2015, Art. 34 Rz. 3.
48) Mankowski/Müller/J. Schmidt-*Mankowski*, EuInsVO 2015, Art. 34 Rz. 4 und 5 a. E.
49) Kübler/Prütting/Bork-*Kemper*, InsO, Art. 27 EuInsVO 2000 Rz. 9; *Wimmer*, ZIP 1998, 982, 986.
50) **Anders noch** EuGH, Urt. v. 22.12.2012 – Rs. C-116/11 (Handlowy), ZIP 2012, 2403, wo das Hauptverfahren eine französische „procédure de sauvgarde" war, die einen Insolvenzgrund im engeren Sinne nicht voraussetzt.
51) Dieser Fall ist von dem unten in Rz. 23 besprochenen Fall zu unterscheiden, dass die Insolvenz des Schuldners nach dem Recht des Hauptverfahrensstaats zwar Eröffnungsvoraussetzung ist, diese aber rechtswidrigerweise nicht geprüft wurde.
52) *Reinhart* in: MünchKomm-InsO, Art. 34 EuInsVO 2015 Rz. 5.
53) *Wenner/Schuster* in: FK-InsO, Art. 34 EuInsVO Rz. 8.
54) *Reinhart* in: MünchKomm-InsO, Art. 34 EuInsVO 2015 Rz. 6; *Wenner/Schuster* in: FK-InsO, Art. 34 EuInsVO Rz. 8.

**Artikel 34**

22 Ist nach dem Vorstehenden ein Insolvenzgrund zu prüfen, so ist er nicht nur für die Niederlassung festzustellen, vielmehr sind bei der Prüfung der Überschuldung das **weltweite Vermögen** und bei der Prüfung der Zahlungsunfähigkeit die **weltweit zur Verfügung stehenden liquiden Mittel,** aber auch die weltweit bestehenden Verbindlichkeiten anzusetzen.[55]

23 War die Prüfung der Insolvenz des Schuldners nach dem Recht des Hauptverfahrensstaats vorgeschrieben, wurde sie aber **in rechtswidriger Weise gleichwohl nicht vorgenommen,** so ändert dies nichts daran, dass ihr Vorliegen durch die Gerichte des Niederlassungsstaats nicht (erstmalig) geprüft werden darf.[56] Das folgt schon daraus, dass wegen des Grundsatzes gegenseitigen Vertrauens ausländische Entscheidungen durch inländische Gerichte bis zur Grenze des ordre public in der Sache nicht überprüft werden. Sollte der Schuldner der Auffassung sein, die rechtswidrig unterlassene Prüfung eines Insolvenzgrunds sei nachzuholen (etwa weil er der Auffassung ist, es liege kein Insolvenzgrund vor), so muss er sich mit einem dafür etwaig zur Verfügung stehenden Rechtsmittel gegen die Eröffnung des Hauptverfahrens wehren.

### 3. Weitere Eröffnungsvoraussetzungen

24 Die übrigen, im Recht des Niederlassungsstaats vorgesehenen Voraussetzungen für die Eröffnung eines Insolvenzverfahrens müssen erfüllt sein. Das gilt für die **sachliche und örtliche Zuständigkeit des Insolvenzgerichts** (dazu Art. 102c § 1 Abs. 2 EGInsO: Amtsgericht am Ort der inländischen Niederlassung), die Frage der **Insolvenzfähigkeit,**[57] der **Kostendeckung** (ein in Deutschland gestellter Antrag auf Eröffnung eines Sekundärverfahrens kann mangels Masse gemäß § 26 InsO abgewiesen werden;[58] zur Vorschusspflicht siehe die Kommentierung zu Art. 40), der **Bestellung des Verwalters** und seiner Befugnisse[59] sowie der **Werthaltigkeit der Masse.** Die Tatsache, dass sich auch die Frage der Insolvenzfähigkeit nach dem Recht des Niederlassungsstaats richtet, hat zur Folge, dass u. U. mangels Insolvenzfähigkeit kein Sekundärverfahren eröffnet werden kann, nämlich dann nicht, wenn das Recht des Niederlassungsstaats einer bestimmten Art von Schuldnern – z. B. öffentliche Unternehmen oder Nichtkaufleute – die Insolvenzfähigkeit abspricht.[60] Das Recht des Niederlassungsstaats bestimmt auch, wen insofern die Darlegungs- und Beweislast trifft. Negative Voraussetzung für die Eröffnung eines Sekundärverfahrens ist die **Abwesenheit einer Zusicherung nach Art. 36.** Die Darlegungs- und Beweislast für das Vorliegen einer Zusicherung trifft denjenigen, der sich unter Hinweis auf eine solche gegen den Antrag auf Eröffnung eines Sekundärverfahrens wendet.

---

55) Allg. M., statt aller Braun-*Delzant*, InsO, Art. 34 EuInsVO Rz. 9.
56) Gottwald-*Kolmann*/*Ch. Keller*, Insolvenzrechts-Hdb., § 132 Rz. 128.
57) *Wenner*/*Schuster* in: FK-InsO, Art. 34 EuInsVO Rz. 11 halten das für streitig.
58) Gottwald-*Kolmann*/*Ch. Keller*, Insolvenzrechts-Hdb., § 132 Rz. 145.
59) Kübler/Prütting/Bork-*Kemper*, InsO, Art. 27 EuInsVO 2000 Rz. 9.
60) *Moss*/*Fletcher*/*Isaacs*, The EU Regulation on Insolvency Proceedings, Rz. 8.382, und oben Rz. 3 m. Fn. 4.

## 4. Rechtsfolge: Eröffnungsermessen

Liegen diese Voraussetzungen vor, so kann – muss also nicht – ein Sekundärverfahren eröffnet werden. Durch die Einräumung von Eröffnungsermessen wird den Gerichten des Niederlassungsstaats Raum für **Zweckmäßigkeitserwägungen** gelassen, aber nur, sofern die lex fori concursus secundarii dies vorsieht.[61] Wo das nationale Recht Ermessen gewährt, ist zu beachten, dass dieses Ermessen durch europarechtliche Grundsätze – auch und vor allem das Diskriminierungsverbot – gebunden ist.[62]

Im Sekundärverfahren muss ein **eigener Insolvenzverwalter** bestellt werden; der Verwalter des Hauptverfahrens kommt hierfür nicht in Betracht.[63] Da der Sekundärverwalter verpflichtet ist, die Interessen der Gläubiger des Sekundärverfahrens gegen den Verwalter des Hauptverfahrens durchzusetzen, wäre anderenfalls mit unauflöslichen Interessenkonflikten zu rechnen.[64]

Das Sekundärverfahren muss **kein Liquidationsverfahren**, sondern kann ein Sanierungsverfahren sein. Insbesondere kann es sich um ein **vorinsolvenzliches Sanierungsverfahren** handeln, also ein solches, dass das Vorliegen von Insolvenzgründen nicht voraussetzt. Das ist neu. Voraussetzung ist freilich, dass sich das gewählte Verfahren in Anhang A der EuInsVO wiederfindet. **Art. 102c § 15 Satz 1 EGInsO** enthält dazu eine wichtige ergänzende Vorschrift: Sieht ein **Insolvenzplan** in einem in der Bundesrepublik Deutschland eröffneten Sekundärverfahren eine Stundung, einen Erlass oder sonstige Einschränkungen der Rechte der Gläubiger vor, so darf er vom Insolvenzgericht nur bestätigt werden, wenn alle betroffenen Gläubiger dem Plan zugestimmt haben. Durch diese Vorschrift wird sichergestellt, dass ein im Niederlassungsstaat beschlossener Plan Gegenstände, die dem Insolvenzbeschlag des Hauptsolvenzverfahrens unterliegen, nur dann erfasst, wenn die Gläubiger des Hauptinsolvenzverfahrens dem zugestimmt haben. Die Vorschrift gilt gemäß **Art. 102c § 15 Satz 2 EGInsO** nicht für Planregelungen, mit denen in Absonderungsrechte eingegriffen wird.

Auch das **Sekundärverfahren in Eigenverwaltung** ist, wie das AG Köln bereits 2004 feststellte, möglich.[65] Während der weit überwiegende Teil des rechtswissenschaftlichen Schrifttums dieser grundsätzlichen Aussage zu folgen vermag, hat sich gegen

---

61) EuGH, Urt. v. 4.9.2014 – Rs. C-327/13 (Burgo Group), LS 3, ZIP 2014, 2513, dazu EWiR 2015, 81 *(Undritz)*. **Anders** die Lit., s. Haß/Huber/Gruber/Heiderhoff-*Heiderhoff*, EuInsVO, Art. 27 Rz. 10; ausführlich und m. E. sehr überzeugend Mankowski/Müller/J. Schmidt-*Mankowski*, EuInsVO 2015, Art. 34 Rz. 22 ff.; *Reinhart* in: MünchKomm-InsO, Art. 27 EuInsVO 2000 Rz. 14.
62) Näher *Moss/Fletcher/Isaacs*, The EU Regulation on Insolvency Proceedings, Rz. 8.383.
63) A. A. *Wenner/Schuster* in: FK-InsO, Art. 34 EuInsVO Rz. 15.
64) H. M., *Haubold* in: Gebauer/Wiedmann, Zivilrecht unter europäischem Einfluss, Kap. 32 Rz. 281; *Kolmann*, Kooperationsmodelle, S. 351; *Lüke*, ZZP 111 (1998), 275, 304; *Westpfahl/Goetker/Wilkens*, Grenzüberschreitende Insolvenzen, Rz. 482; **a. A.** K. Schmidt-*Brinkmann*, InsO, Art. 27 EuInsVO Rz. 23. Ausführliche Nachweise zum Streitstand bei Mankowski/Müller/J. Schmidt-*Mankowski*, EuInsVO 2015, Art. 27 f.
65) H. M., AG Köln, Beschl. v. 23.1.2004 – 71 IN 1/04, ZIP 2004, 471, 473, dazu EWiR 2004, 601 *(Blenske)*; zu dieser Entscheidung *Beck*, NZI 2006, 609, 616 ff.; s. ferner Mankowski/Müller/J. Schmidt-*Mankowski*, EuInsVO 2015, Art. 34 Rz. 29; *Wenner/Schuster* in: FK-InsO, Art. 34 EuInsVO Rz. 15.

den weiteren Inhalt der Entscheidung des AG Köln, wonach in Sekundärverfahren in Eigenverwaltung (nicht etwa der Schuldner, sondern) der Verwalter des Hauptinsolvenzverfahrens verwaltungs- und verfügungsbefugt sei, Widerstand geregt.[66] Eine solche Praxis könne zu Interessenkonflikten führen, sie widerspreche dem Zweck der Eigenverwaltung, sich die Sachkenntnis des Schuldners zu Nutze zu machen und sie widerspreche vorgängigem nationalen Recht, wenn und weil dieses i. R. der Eigenverwaltung einen Übergang der Verwaltungs- und Verfügungsbefugnis gerade auf den Schuldner vorsehe.

## 5. Reichweite des Vermögensbeschlages (Art. 34 Satz 3)

### a) Grundsatz

29   Die Wirkungen des Sekundärverfahrens sind gemäß Art. 34 Satz 3 auf das Vermögen des Schuldners beschränkt, das im Hoheitsgebiet des Mitgliedstaats belegen ist, in dem dieses Verfahren eröffnet wurde. Vermögen in **Drittstaaten**, solches also, dass sich weder im Staat der Eröffnung des Hauptverfahrens noch im Niederlassungsstaat befindet, ist Bestandteil der Insolvenzmasse des Hauptinsolvenzverfahrens, sofern dieses den Anspruch der Universalität erhebt.[67] Drittstaaten in diesem Sinne sind Staaten außerhalb des Geltungsbereichs der EuInsVO.[68] Maßgeblicher **Zeitpunkt** für die Bestimmung der Belegenheit ist der der Eröffnung des Sekundärverfahrens oder eine zeitlich frühere Anordnung von Sicherungsmaßnahmen.[69] Weitere Vermögensgegenstände sind der Aktivmasse des Sekundärverfahrens nur in drei Fällen zuzuordnen:

– Der Sekundärverwalter kann gemäß Art. 21 Abs. 2 Satz 2 eine den Gläubigerinteressen dienende **Anfechtungsklage** auch außerhalb des Niederlassungsstaats erheben.

– Er kann die Massezugehörigkeit solcher Gegenstände geltend machen, die unter **Missachtung einer Sicherungsmaßnahme** i. S. des Art. 21 Abs. 2 Satz 1 vor Eröffnung des Sekundärverfahrens aus dem Niederlassungsstaat verbracht wurden.

– Wird ein Sekundärverfahren gemäß den Artt. 37 und 38 eröffnet, so gibt der Verwalter des Hauptinsolvenzverfahrens gemäß Art. 36 Abs. 6 Satz 2 Gegenstände der Masse, die er nach **Abgabe einer Zusicherung** i. S. des Art. 36 Abs. 1 aus dem Hoheitsgebiet dieses Mitgliedstaats entfernt hat, oder – falls diese bereits verwertet wurden – ihren Erlös an den Verwalter des Sekundärverfahrens heraus.

---

66) *Fehrenbach*, Haupt- und Sekundärinsolvenzverfahren, S. 234, 244; *Undritz* in: HambKomm-InsO, Art. 27 EuInsVO Rz. 13; *Beck*, NZI 2006, 609, 616; für Verwaltungs- und Verfügungsbefugnis beim Hauptverwalter, sofern die lex fori concursus dies vorsieht, *Wenner/Schuster* in: FK-InsO, Art. 34 EuInsVO Rz. 15.

67) *Beck* in: FS Kübler, S. 23, 28.

68) *Beck* in: FS Kübler, S. 23, 26, unter Hinweis auf EuGH, Urt. v. 16.1.2014 – Rs. C-328/12 (Schmid), ZIP 2014, 181, 182, dazu EWiR 2014, 85 (*Paulus*) (Anfechtungsklage gegen einen Beklagten, der seinen Sitz außerhalb des Geltungsbereichs der EuInsVO hat).

69) EuGH, Urt. v. 11.6.2015 – Rs. C-649/13 (Nortel), ZIP 2015, 1299, dazu EWiR 2015, 515 (*J. Schmidt*); *Wenner/Schuster* in: FK-InsO, Art. 34 EuInsVO Rz. 16.

Was „**Vermögen des Schuldners**" – also die sog. Sekundärinsolvenzmasse – ist, ergibt sich gemäß Art. 35 aus dem Recht des Mitgliedstaats, in dem das Sekundärverfahren eröffnet wurde, in Deutschland also aus §§ 35 ff. InsO. Unter den Vermögensbegriff des Art. 34 Satz 3 fällt nicht nur das Aktivvermögen des Schuldners (die **Aktivmasse**), sondern auch sein Passivvermögen, also seine Verbindlichkeiten (die **Passivmasse**)[70]. Auch für die Bestimmung ihres Umfangs sowie für Rangfragen ist gemäß Art. 34 Satz 3 auf das Recht des Niederlassungsstaats zurückzugreifen. Für die Bestimmung der in den Bereich der Wirkungen des Sekundärinsolvenzverfahrens fallenden Vermögensgegenstände des Schuldners besteht eine **konkurrierende Annexkompetenz der Gerichte von Haupt- und Sekundärverfahrensstaat**.[71]

30

### b) Aktivmasse

Für die Frage, ob ein bestimmter Vermögensgegenstand im Staat der Eröffnung des Sekundärverfahrens belegen ist, ist auf die **Definition in Art. 2 Nr. 9**, nicht etwa auf nationales Recht, zurückzugreifen (siehe zusätzlich die Kommentierung zu Art. 2 Nr. 9, dort Rz. 26 ff. [*Sutschet*]).[72] Es gilt: „Mitgliedstaat, in dem sich ein Vermögensgegenstand befindet", ist im Fall von

31

– **Namensaktien** der Mitgliedstaat, in dessen Hoheitsgebiet die Gesellschaft, die die Aktien ausgegeben hat, ihren Sitz hat;

– **Finanzinstrumenten**, bei denen die Rechtsinhaberschaft durch Eintrag in ein Register oder Buchung auf ein Konto, das von einem oder für einen Intermediär geführt wird, nachgewiesen wird („im Effektengiro übertragbare Wertpapiere"), der Mitgliedstaat, in dem das betreffende Register oder Konto geführt wird;

– **Guthaben auf Konten** bei einem Kreditinstitut der Mitgliedstaat, der in der internationalen Kontonummer (IBAN) angegeben ist, oder im Fall von Guthaben auf Konten bei einem Kreditinstitut ohne IBAN der Mitgliedstaat, in dem das Kreditinstitut, bei dem das Konto geführt wird, seine Hauptverwaltung hat, oder, sofern das Konto bei einer Zweigniederlassung, Agentur oder sonstigen Niederlassung geführt wird, der Mitgliedstaat, in dem sich die Zweigniederlassung, Agentur oder sonstige Niederlassung befindet;

– **Gegenständen oder Rechten**, bei denen das Eigentum oder die Rechtsinhaberschaft in **öffentlichen Registern** eingetragen ist, der Mitgliedstaat, unter dessen Aufsicht das Register geführt wird; das betrifft im Wesentlichen Grundstücke, grundstücksgleiche Rechte, Schiffe und Luftfahrzeuge;

– **europäischen Patenten** der Mitgliedstaat, für den das Europäische Patent erteilt wurde. **Aber**: Ein Europäisches Patent mit einheitlicher Wirkung, eine Gemein-

---

70) Eine im Hauptverfahren erteilte Restschuldbefreiung hindert den Gläubiger nicht, seine Forderung im Sekundärverfahren weiter zu verfolgen, BGH, Urt. v. 18.9.2014 – VII ZR 58/13, ZIP 2014, 2092, dazu EWiR 2014, 751 *(Mankowski)*. Das ist eine Folge des Umstandes, dass die Universalität des Hauptverfahrens durch das Sekundärverfahrens eingeschränkt wird.
71) EuGH, Urt. v. 11.6.2015 – Rs. C-649/13 (Nortel), ZIP 2015, 1299, dazu EWiR 2015, 515 *(J. Schmidt)*.
72) So ausdrücklich ErwG 38 Satz 1; EuGH, Urt. v. 11.6.2015 – Rs. C-649/13 (Nortel), ZIP 2015, 1299, dazu EWiR 2015, 515 *(J. Schmidt)*.

schaftsmarke oder jedes andere durch Vorschriften der Union begründete ähnliche Recht kann gemäß **Art. 15** jedoch **nur in ein Verfahren nach Art. 3 Abs. 1** – also ein Hauptinsolvenzverfahren – miteinbezogen werden.

– **Urheberrechten und verwandten Schutzrechten** der Mitgliedstaat, in dessen Hoheitsgebiet der Inhaber solcher Rechte seinen gewöhnlichen Aufenthalt oder Sitz hat;

– anderen **körperlichen Gegenständen** der Mitgliedstaat, in dessen Hoheitsgebiet sich der Gegenstand befindet. Für res in transitu fehlt eine Sonderregelung. Hier sollte im Verhältnis zwischen den Zugriffsansprüchen mehrerer Insolvenzverwalter die tatsächliche Zugriffsmöglichkeit des sachnächsten lokalen Verwalters entscheiden.[73]

– anderen **Forderungen gegen Dritte** als Kontoguthaben der Mitgliedstaat, in dessen Hoheitsgebiet der zur Leistung verpflichtete Dritte den Mittelpunkt seiner hauptsächlichen Interessen i. S. des Art. 3 Abs. 1 hat.

32 Was die Abgrenzung **konkurrierender Anfechtungsrechte** der beteiligten Verwalter angeht, ist zunächst denkbar, die aus dem Anfechtungsrecht resultierende Forderung als Forderung gegen Dritte i. S. des Art. 2 Nr. 9 (viii) zu begreifen. Das setzt voraus, dass die aus dem Anfechtungsrecht resultierende Forderung als Bestandteil der Insolvenzmasse begriffen wird, was teilweise abgelehnt wird. Letztlich kann diese Frage aber dahinstehen: Entscheidend ist, dass die Subsumtion des Anfechtungsrechts unter Art. 2 Nr. 9 (viii), hinsichtlich der Frage der Abgrenzung konkurrierender Anfechtungsrechte in der Sache nicht weiter führt, weil sie nicht an den Mittelpunkt der hauptsächlichen Interessen des Forderungsgläubigers, sondern an den Sitz des Forderungsschuldners anknüpft, was zu zufälligen und damit willkürlichen Ergebnissen führen kann. In Betracht kommt aber eine **spiegelbildliche Anwendung des Art. 2 Nr. 9 (viii)**: Im Falle einer **Verminderung der Aktivmasse** ist der Verwalter für die Anfechtung zuständig, in dessen Sprengel sich der anfechtbar weggegebene Gegenstand vor der angefochtenen Rechtshandlung befand:[74] Der Sekundärverwalter ist zuständig, wenn sich der Gegenstand im Niederlassungsstaat befand, sonst, auch bei Belegenheit in Drittstaaten, der Verwalter des Hauptinsolvenzverfahrens. Bei Forderungsabtretungen kann dieser Ansatz dann zu korrigieren sein, wenn die Forderung im Einzelfall den größeren Bezug zum jeweils anderen Sprengel aufweist. Geht es um eine **Vermehrung der Passivmasse**, so ist jeder der beiden Verwalter zur Anfechtung berechtigt, wenn die in anfechtbarer Weise begründete Forderung in seinem Verfahren zur Insolvenztabelle angemeldet wurde.[75]

33 Wird nach der Geltendmachung eines Anfechtungsanspruchs aus dem Hauptverfahren heraus ein Sekundärverfahren eröffnet, so **verliert** der Hauptverwalter seine **Aktivlegitimation**;[76] es kann sich je nach Prozessstand **gewillkürte Prozessstandschaft** oder eine analoge Anwendung der Vorschriften über die Unterbrechung und

---

73) Gottwald-*Kolmann*/Ch. *Keller*, Insolvenzrechts-Hdb., § 132 Rz. 131.
74) EuGH, Urt. v. 11.6.2015 – Rs. C-649/13 (Nortel), ZIP 2015, 1299; *Fehrenbach*, NZI 2015, 157, 162; Gottwald-*Kolmann*/Ch. *Keller*, Insolvenzrechts-Hdb., § 132 Rz. 135.
75) *Fehrenbach*, NZI 2015, 157, 161.
76) BGH, Urt. v. 20.11.2014 – IX ZR 13/14, Rz. 9 f., ZIP 2015, 42 dazu EWiR 2015, 83 *(Paulus)*.

Aufnahme des Rechtsstreits anbieten.[77] Zum Problem – auch zur Frage einer möglichen Unterbrechung des bereits anhängigen Anfechtungsprozesses – siehe auch Art. 6 Rz. 94 ff. [*Hänel*]. Wird **eines der beiden Insolvenzverfahren beendet**, so geht die Anfechtungsbefugnis des Insolvenzverwalters des beendeten Verfahrens auf den verbliebenen Insolvenzverwalter über, und zwar unabhängig davon, ob es sich beim beendeten Verfahren um ein Hauptinsolvenz- oder Sekundärverfahren handelte.[78]

Für die Ausübung von **Wahlrechten in Bezug auf die Erfüllung schwebender Verträge** ist nach bestrittener Ansicht darauf abzustellen, ob die vertragscharakteristische Leistung einen Bezug zur Niederlassung im Sekundärverfahrensstaat aufweist.[79] Ist die vertragscharakteristische Leistung entweder durch die Niederlassung zu erbringen oder soll sie gerade ihr zugutekommen, steht das Wahlrecht dem Sekundärverwalter zu. Diese Auffassung kann für sich beanspruchen, mit der internationalprivatrechtlichen Default Rule zu harmonieren, wonach der engste sachliche Bezug über das anzuwendende Recht entscheidet. 34

Streitig ist, wozu die **Freigabe** eines nach dem Vorstehenden zur Sekundärmasse gehörigen Gegenstands führt. Nach teilweise vertretener Ansicht entsteht dann insolvenzfreies Vermögen, weil der Insolvenzbeschlag des Hauptverfahrens nicht wiederauflebe.[80] Vorzugswürdig, weil der Entstehung insolvenzfreien Vermögens vorbeugend, ist die Auffassung, wonach eben dies der Fall ist.[81] 35

Für die Entscheidung über die Zugehörigkeit eines Gegenstandes zur Sekundärinsolvenzmasse besteht eine **konkurrierende internationale Zuständigkeit** der Gerichte des Staats der Eröffnung des Hauptinsolvenzverfahrens und der Gerichte des Niederlassungsstaats.[82] Der Kläger kann also wählen, in welchem Staat er klagt. Es handelt sich um **Annexstreitigkeiten** (örtliche Zuständigkeit: Art. 102c § 6 EGInsO oder § 19a ZPO, je nach Parteirollen). Diese Auffassung ist richtig, und sie zeigt, dass das Sekundärverfahren kein dem Hauptverfahren untergeordnetes Verfahren ist. 36

Nach **Abschluss des Sekundärinsolvenzverfahrens** entfaltet das Hauptinsolvenzverfahren wieder seine uneingeschränkte Geltung, und Gegenstände, die zwischenzeitlich vom territorial begrenztem Insolvenzbeschlag des Sekundärverfahrens erfasst waren und nicht verwertet wurden, unterliegen wieder dem Insolvenzbeschlag des Hauptverfahrens.[83] 37

---

77) Gottwald-*Kolmann*/Ch. *Keller*, Insolvenzrechts-Hdb., § 132 Rz. 161.
78) *Fehrenbach*, NZI 2015, 157, 162. BGH, Urt. v. 20.11.2014 – IX ZR 13/14, ZIP 2015, 42, dazu EWiR 2015, 83 *(Paulus)*.
79) H. M., K. Schmidt-*Brinkmann*, InsO, Art. 27 EuInsVO Rz. 26; *Weller*, ZHR 169 (2005), 570, 590 f.; Pannen-*Herchen*, EuInsVO, Art. 27 Rz. 77; *Wenner/Schuster* in: FK-InsO, Art. 34 EuInsVO Rz. 27; **a. A.** *Reinhart* in: MünchKomm-InsO, Art. 27 EuInsVO 2000 Rz. 24.
80) K. Schmidt-*Brinkmann*, InsO, Art. 27 EuInsVO Rz. 19.
81) Pannen-*Herchen*, EuInsVO, Art. 27 Rz. 81; Kübler/Prütting/Bork-*Kemper*, InsO, Art. 27 EuInsVO 2000 Rz. 17; *Lüke*, ZZP 111 (1998), 275, 307; *Paulus*, EuInsVO, Art. 35 Rz. 6.
82) EuGH, Urt. v. 11.6.2015 – Rs. C-649/13 (Nortel), ZIP 2015, 1299; *Moss/Fletcher/Isaacs*, The EU Regulation on Insolvency Proceedings, Rz. 8.376 und Rz. 8.385.
83) BGH, Urt. v. 20.11.2014 – IX ZR 13/14, ZIP 2015, 42, dazu EWiR 2015, 83 *(Paulus)*.

## c) Passivmasse

**38** Die Passivmasse des Sekundärverfahrens besteht zunächst aus den **Insolvenzforderungen**, die in diesem Verfahren angemeldet werden, und zwar auch dann, wenn die Anmeldung nach Art. 45 Abs. 2 erfolgt. Die Behandlung von **Masseverbindlichkeiten** dagegen ist umstritten. Ein Minimalkonsens besteht nur insoweit, als einerseits die Masse des Hauptinsolvenzverfahrens für die vom Hauptinsolvenzverwalter begründeten Masseforderungen und andererseits die Sekundärmasse – und zwar nur diese[84] – für die von einem Sekundärverwalter begründeten Masseverbindlichkeiten haftet – beides ist eine blanke Selbstverständlichkeit. Die Frage dagegen, ob und unter welchen Voraussetzungen die Sekundärmasse auch für die vom Hauptinsolvenzverwalter begründeten Masseverbindlichkeiten haftet, wird unterschiedlich beantwortet.

**39** Zutreffender Auffassung zufolge haftet die Sekundärmasse für die vom Hauptinsolvenzverwalter begründeten Masseverbindlichkeiten überhaupt nicht, und zwar unabhängig davon, wann diese begründet wurden.[85] Zu begründen ist dies damit, dass man die beiden Haftungsmassen schon deshalb trennen muss, um den beteiligten Verwaltern eine Kostenkalkulation zu ermöglichen und damit, dass anderenfalls das Risiko einer Massearmut des Sekundärverfahrens erhöht würde.

**40** Einer anderen Auffassung zufolge haftet die Sekundärmasse auch für die vom Hauptinsolvenzverwalter begründeten Masseverbindlichkeiten,[86] was allerdings nur mit zwei wesentlichen Einschränkungen gelten soll: Erstens soll die Sekundärmasse nur dann haften, wenn die in Rede stehende Masseverbindlichkeit vor der Eröffnung des Sekundärverfahrens begründet wurde. Zweitens soll sie nur mit den bei Eröffnung des Sekundärverfahrens vorhandenen Gegenständen haften (also nicht mit sog. Neuerwerb).[87] Diese Auffassung trägt zwar dem Argument Rechnung, es müsse dem Sekundärverwalter eine Kalkulation der Kosten ermöglicht werden; sie beseitigt aber nicht das erhöhte Risiko der Massearmut.

## IV. Partikularverfahren

**41** Art. 34 Satz 1 und Satz 2 sind in einer Partikularinsolvenz **nicht anwendbar**, denn sie setzen die Eröffnung eines Hauptinsolvenzverfahrens voraus. Deshalb ist vor der Eröffnung eines Partikularverfahrens das Vorliegen eines Insolvenzgrundes zu prüfen, und zwar im Hinblick auf das **weltweite Vermögen** des Schuldners.[88] Das gilt auch dann, wenn aus einem Sekundärverfahren nach Einstellung des Hauptverfahrens ein Partikularverfahren wird. Ergibt sich, dass ein Insolvenzgrund nach dem Recht des Partikularverfahrensstaats nicht (mehr) besteht, ist das Verfahren einzustellen,

---

84) Mankowski/Müller/J. Schmidt-*Mankowski*, EuInsVO 2015, Vorb. Art. 34–51 Rz. 34.
85) Mankowski/Müller/J. Schmidt-*Mankowski*, EuInsVO 2015, Vorb. Art. 34–51 Rz. 34.
86) Nach *Wenner/Schuster* in: FK-InsO, Art. 34 EuInsVO Rz. 23 angeblich h. M.
87) *Beck*, NZI 2007, 1, 3; K. Schmidt-*Brinkmann*, InsO, Art. 27 EuInsVO Rz. 20; *Duursma-Kepplinger*, ZIP 2007, 752, 754; *Mock* in: BeckOK InsO, Art. 34 EuInsVO 2017 Rz. 26; *Paulus*, Art. 35 EuInsVO Rz. 10; *Schmüser*, Das Zusammenspiel zwischen Haupt- und Sekundärinsolvenzverfahren nach der EuInsVO, S. 155.
88) Kübler/Prütting/Bork-*Kemper*, InsO, Art. 27 EuInsVO 2000 Rz. 10; Gottwald-*Kolmann/Ch. Keller*, Insolvenzrechts-Hdb., § 131 Rz. 120.

Anwendbares Recht  **Artikel 35**

in Deutschland nach § 212 InsO.[89] Art. 34 Satz 3 hingegen ist anwendbar, da das Territorialitätsprinzip auch für Partikularverfahren gilt. Das hat u. a. zur Folge, dass, kennt das Recht des Partikularverfahrensstaats ein **Vollstreckungsverbot**, dieses nur die Vollstreckung in im Niederlassungsstaat belegene Gegenstände verbietet. Vollstreckungen im Ausland sind (anders als bei Hauptverfahren mit Universalitätsanspruch) wirksam, doch muss zumindest in Ansehung des Rechtsgedankens des § 342 Abs. 2 Satz 2 InsO eine Anrechnung auf die Quote erfolgen.[90]

---

89) K. Schmidt-*Brinkmann*, InsO, Art. 27 EuInsVO Rz. 13.
90) Gottwald-*Kolmann*/Ch. *Keller*, Insolvenzrechts-Hdb., § 132 Rz. 160.

# Artikel 35
## Anwendbares Recht

**Soweit diese Verordnung nichts anderes bestimmt, finden auf das Sekundärinsolvenzverfahren die Rechtsvorschriften des Mitgliedstaats Anwendung, in dessen Hoheitsgebiet das Sekundärinsolvenzverfahren eröffnet worden ist.**

Literatur: *Balz*, Das neue Europäische Insolvenzübereinkommen, ZIP 1996, 948; *Lüke*, Das europäische internationale Insolvenzrecht, ZZP 111 (1998), 275; *Wimmer*, Die Besonderheiten von Sekundärinsolvenzverfahren unter besonderer Berücksichtigung des Europäischen Insolvenzübereinkommens, ZIP 1998, 982.

### Übersicht

| | |
|---|---|
| I. Zweck der Norm ................ 1 | III. Partikularverfahren ................ 4 |
| II. Inhalt der Norm ................ 2 | |

### I. Zweck der Norm

Art. 35 ist eine **Kollisionsnorm**, die das im Sekundärverfahren anwendbare Recht  1
bestimmt (die auch sog. lex fori concursus secundarii). Sie bringt gegenüber der ursprünglichen Fassung der EuInsVO keine Änderungen mit sich, so dass auf Literatur und Rechtsprechung zu Art. 28 a. F. noch zurückgegriffen werden kann. Art. 35 enthält **Sachnormverweisungen**, d. h. verweist nicht auf das autonome Internationale Insolvenzrecht der Mitgliedstaaten.[1]

### II. Inhalt der Norm

Gemäß Art. 35 finden auf das Sekundärverfahren die „**Rechtsvorschriften**" des Mit-  2
gliedstaats Anwendung, in dessen Hoheitsgebiet das Sekundärverfahren eröffnet worden ist. Die Regelung ist eine Sachnorm rein deklaratorischer Natur: Gäbe es sie nicht, folgte Nämliches aus Art. 7 Abs. 1. Die Reichweite des Insolvenzstatuts gemäß Art. 35 ist **identisch mit der des Art. 7**, d. h. die lex fori concursus secundarii gilt für alle Fragen, die als insolvenzrechtlich zu qualifizieren sind (siehe dazu oben Art. 7 Rz. 4 ff. [*Liersch*]).[2] Dieses Recht bestimmt daher grundsätzlich die Eröffnungs-

---

1) Mankowski/Müller/J. Schmidt-*Mankowski*, EuInsVO 2015, Art. 35 Rz. 21.
2) Mankowski/Müller/J. Schmidt-*Mankowski*, EuInsVO 2015, Art. 35 Rz. 21; *Wenner/Schuster* in: FK-InsO, Art. 35 EuInsVO Rz. 2 a. E.; a. A. *Paulus*, EuInsVO, Art. 35 Rz. 5: keine Einschränkung auf insolvenzrechtliche Vorschriften.

voraussetzungen, die Bestellung und die Befugnisse des Verwalters und die Durchführung des Verfahrens. Auch die Wirkungen des Sekundärverfahrens auf das Vermögen des Schuldners richtet sich nach dem Recht des Niederlassungsstaats.[3] Auf ein in Deutschland eröffnetes Sekundärverfahren finden die Vorschriften der InsO und des EGInsO Anwendung. Die lex fori concursus secundarii gilt ab Verfahrenseröffnung, nicht vorher. Eine Rückwirkung gibt es nicht, weshalb **Verfügungen des Hauptverwalters** über Vermögen im Niederlassungsstaat **aus der Zeit vor Eröffnung des Sekundärverfahrens wirksam bleiben.**[4]

3 Diese Regel steht allerdings unter dem Vorbehalt, dass nicht die EuInsVO ein anderes Recht für anwendbar erklärt oder selbst eine Sachnorm enthält: Solche Vorschriften gehen innerhalb ihres Anwendungsbereichs dem Art. 35 vor: Das trifft zu auf die meisten der Kollisionsnormen des Kapitels I, nämlich **Art. 9** (Aufrechnung), **Art. 11** (Vertrag über einen unbeweglichen Gegenstand), **Art. 12** (Zahlungssysteme und Finanzmärkte), **Art. 13** (Arbeitsvertrag), **Art. 14** (Wirkung auf eintragungspflichtige Rechte), **Art. 15** (Europäische Patente und Gemeinschaftsmarken), **Art. 16** (Benachteiligende Handlungen), **Art. 17** (Schutz des Dritterwerbers) und **Art. 18** (Anhängige Rechtsstreitigkeiten und Schiedsverfahren), nicht aber Art. 8 (Dingliche Rechte) und Art. 10 (Eigentumsvorbehalt).[5] Es trifft zu für einige Sachnormen des Kapitels III, nämlich **Art. 34 Satz 2** (keine Prüfung des Insolvenzgrunds), **Art. 34 Satz 3** (Vermögensbeschlag auf Inlandsvermögen beschränkt), **Art. 37** (Antragsbefugnis des Hauptinsolvenzverwalters), **Art. 40** (Kostenvorschuss), **Art. 45** (Befugnis des Hauptverwalters zur Forderungsanmeldung),[6] **Art. 46** (Aussetzung der Verwertung), **Art. 47** (Sanierungspläne) und **Art. 49** (Herausgabe des Überschusses an den Hauptinsolvenzverwalter).[7] Es trifft schließlich zu auf die **Vorschriften des Kapitels IV** (Unterrichtung der Gläubiger und Anmeldung ihrer Forderungen) sowie des **Kapitels VI** (Datenschutz).

### III. Partikularverfahren

4 Der angeblich darüber geführte Streit, ob Art. 35 in Partikularverfahren angewendet werden kann,[8] bedarf keiner Entscheidung. Wäre das nicht so, wäre Art. 7 Abs. 1 anwendbar[9] – mit demselben Ergebnis. In Partikularverfahren ist mithin ebenfalls das Recht des Eröffnungsstaats anzuwenden, sofern nicht die Verordnung anderes bestimmt.

---

3) Kübler/Prütting/Bork-*Kemper*, InsO, Art. 28 EuInsVO 2000 Rz. 1.
4) Gottwald-*Kolmann*/Ch. *Keller*, Insolvenzrechts-Hdb., § 132 Rz. 136.
5) H. M., K. Schmidt-*Brinkmann*, InsO, Art. 28 EuInsVO Rz. 4; Braun-*Delzant*, InsO, Art. 35 EuInsVO Rz. 4 f. (differenzierend für Art. 10 Abs. 2); Nerlich/Römermann-*Commandeur*, InsO, Art. 28 EuInsVO Rz. 5; Mankowski/Müller/J. Schmidt-*Mankowski*, EuInsVO 2015, Art. 35 Rz. 10 und 12; *Reinhart* in: MünchKomm-InsO, Art. 28 EuInsVO 2000 Rz. 8; möglicherweise a. A. *Kindler* in: MünchKomm-BGB, Art. 35 EuInsVO Rz. 11, der auch Artt. 8 und 10 nennt.
6) H. M., dafür *Balz*, ZIP 1996, 948, 953; Braun-*Delzant*, InsO, Art. 35 EuInsVO Rz. 2; Haß/Huber/Gruber/Heiderhoff-*Heiderhoff*, EuInsVO, Art. 28 Rz. 3; *Lüke*, ZZP 111 (1998), 275, 300 f.; *Wimmer*, ZIP 1998, 982, 987; wohl auch Mankowski/Müller/J. Schmidt-*Mankowski*, EuInsVO 2015, Art. 35 Rz. 6.
7) H. M., Braun-*Delzant*, InsO, Art. 35 EuInsVO Rz. 2.
8) Vgl. Uhlenbruck-*Lüer*, InsO, Art. 28 EuInsVO Rz. 3.
9) *Wenner/Schuster* in: FK-InsO, Art. 35 EuInsVO Rz. 4.

## Artikel 36

**Recht, zur Vermeidung eines Sekundärinsolvenzverfahrens eine Zusicherung zu geben**

(1) ¹Um die Eröffnung eines Sekundärinsolvenzverfahrens zu vermeiden, kann der Verwalter des Hauptinsolvenzverfahrens in Bezug auf das Vermögen, das in dem Mitgliedstaat, in dem ein Sekundärinsolvenzverfahren eröffnet werden könnte, belegen ist, eine einseitige Zusicherung (im Folgenden „Zusicherung") des Inhalts geben, dass er bei der Verteilung dieses Vermögens oder des bei seiner Verwertung erzielten Erlöses die Verteilungs- und Vorzugsrechte nach nationalem Recht wahrt, die Gläubiger hätten, wenn ein Sekundärinsolvenzverfahren in diesem Mitgliedstaat eröffnet worden wäre. ²Die Zusicherung nennt die ihr zugrunde liegenden tatsächlichen Annahmen, insbesondere in Bezug auf den Wert der in dem betreffenden Mitgliedstaat belegenen Gegenstände der Masse und die Möglichkeiten ihrer Verwertung.

(2) ¹Wurde eine Zusicherung im Einklang mit diesem Artikel gegeben, so gilt für die Verteilung des Erlöses aus der Verwertung von Gegenständen der Masse nach Absatz 1, für den Rang der Forderungen und für die Rechte der Gläubiger in Bezug auf Gegenstände der Masse nach Absatz 1 das Recht des Mitgliedstaats, in dem das Sekundärinsolvenzverfahren hätte eröffnet werden können. ²Maßgebender Zeitpunkt für die Feststellung, welche Gegenstände nach Absatz 1 betroffen sind, ist der Zeitpunkt der Abgabe der Zusicherung.

(3) Die Zusicherung erfolgt in der Amtssprache oder einer der Amtssprachen des Mitgliedstaats, in dem ein Sekundärinsolvenzverfahren hätte eröffnet werden können, oder – falls es in dem betreffenden Mitgliedstaat mehrere Amtssprachen gibt – in der Amtssprache oder einer Amtssprache des Ortes, an dem das Sekundärinsolvenzverfahren hätte eröffnet werden können.

(4) ¹Die Zusicherung erfolgt in schriftlicher Form. ²Sie unterliegt den gegebenenfalls im Staat der Eröffnung des Hauptinsolvenzverfahrens geltenden Formerfordernissen und Zustimmungserfordernissen hinsichtlich der Verteilung.

(5) ¹Die Zusicherung muss von den bekannten lokalen Gläubigern gebilligt werden. ²Die Regeln über die qualifizierte Mehrheit und über die Abstimmung, die für die Annahme von Sanierungsplänen gemäß dem Recht des Mitgliedstaats, in dem ein Sekundärinsolvenzverfahren hätte eröffnet werden können, gelten, gelten auch für die Billigung der Zusicherung. ³Die Gläubiger können über Fernkommunikationsmittel an der Abstimmung teilzunehmen, sofern das nationale Recht dies gestattet. ⁴Der Verwalter unterrichtet die bekannten lokalen Gläubiger über die Zusicherung, die Regeln und Verfahren für deren Billigung sowie die Billigung oder deren Ablehnung.

(6) ¹Eine gemäß diesem Artikel gegebene und gebilligte Zusicherung ist für die Insolvenzmasse verbindlich. ²Wird ein Sekundärinsolvenzverfahren gemäß den Artikeln 37 und 38 eröffnet, so gibt der Verwalter des Hauptinsolvenzverfahrens Gegenstände der Masse, die er nach Abgabe der Zusicherung aus dem Hoheitsgebiet dieses Mitgliedstaats entfernt hat, oder – falls diese bereits verwertet wurden – ihren Erlös an den Verwalter des Sekundärinsolvenzverfahrens heraus.

(7) ¹Hat der Verwalter eine Zusicherung gegeben, so benachrichtigt er die lokalen Gläubiger, bevor er Massegegenstände und Erlöse im Sinne des Absatzes 1 verteilt, über die beabsichtigte Verteilung. ²Entspricht diese Benachrichtigung nicht dem Inhalt der Zusicherung oder dem geltendem Recht, so kann jeder lokale Gläubiger diese Verteilung vor einem Gericht des Mitgliedstaats anfechten, in dem das Hauptinsolvenzverfahren eröffnet wurde, um eine Verteilung gemäß dem Inhalt der Zusicherung und dem geltendem Recht zu erreichen. ³In diesen Fällen findet keine Verteilung statt, bis das Gericht über die Anfechtung entschieden hat.

(8) Lokale Gläubiger können die Gerichte des Mitgliedstaats, in dem das Hauptinsolvenzverfahren eröffnet wurde, anrufen, um den Verwalter des Hauptinsolvenzverfahrens zu verpflichten, die Einhaltung des Inhalts der Zusicherung durch alle geeigneten Maßnahmen nach dem Recht des Staats, in dem das Hauptinsolvenzverfahren eröffnet wurde, sicherzustellen.

(9) Lokale Gläubiger können auch die Gerichte des Mitgliedstaats, in dem ein Sekundärinsolvenzverfahren eröffnet worden wäre, anrufen, damit das Gericht einstweilige Maßnahmen oder Sicherungsmaßnahmen trifft, um die Einhaltung des Inhalts der Zusicherung durch den Verwalter sicherzustellen.

(10) Der Verwalter haftet gegenüber den lokalen Gläubigern für jeden Schaden infolge der Nichterfüllung seiner Pflichten und Auflagen im Sinne dieses Artikels.

(11) Für die Zwecke dieses Artikels gilt eine Behörde, die in dem Mitgliedstaat, in dem ein Sekundärinsolvenzverfahren hätte eröffnet werden können, eingerichtet ist und die nach der Richtlinie 2008/94/EG des Europäischen Parlaments und des Rates[*]) verpflichtet ist, die Befriedigung nicht erfüllter Ansprüche von Arbeitnehmern aus Arbeitsverträgen oder Arbeitsverhältnissen zu garantieren, als lokaler Gläubiger, sofern dies im nationalen Recht geregelt ist.

Literatur: *Brinkmann*, Hauptfragen der Reform des Europäischen Internationalen Insolvenzrechts, KTS 2014, 381; *Fritz*, Besser Sanieren in Deutschland? Wesentliche Aspekte der Einpassung der Europäischen Insolvenzverordnung ins deutsche Recht, BB 2017, 131; *Haubold*, Europäische Insolvenzverordnung (EuInsVO), in: Gebauer/Wiedmann, Zivilrecht unter europäischem Einfluss, 2. Aufl., 2010, Kap. 32; *Keller, Ch.*, Die fehlerhafte Zusicherung nach Art. 36 EuInsVO, ZInsO 2018, 1999; *Mankowski*, Zusicherungen zur Vermeidung von Sekundärinsolvenzverfahren unter Art. 36 EuInsVO – Synthetische Sekundärverfahren, NZI 2015, 961; *Mankowski*, Zulässigkeit von Sonderzahlungen zur Vermeidung eines Sekundärinsolvenzverfahrens – MG Rover, NZI 2006, 416 (Anm. zum Beschl. des High Court of Justice Birmingham v. 11.5.2005 – 2375–2382/05); *Meyer-Löwy/Plank*, Entbehrlichkeit des Sekundärinsolvenzverfahrens bei flexibler Verteilung der Insolvenzmasse im Hauptinsolvenzverfahren?, NZI 2006, 622; *Mock*, Handlungsoptionen bei ausufernden Sekundärinsolvenzverfahren, ZInsO 2009, 895; *Penzlin/Riedemann*, Klarstellung der Befugnisse englischer Hauptinsolvenzverwalter – MG Rover II, NZI 2005, 515 (Anm. zum Besch. des High Court of Justice Birmingham v. 11.5.2005 – 2375–2382/05); *Pluta/Keller, Ch.*, Das virtuelle Sekundärinsolvenzverfahren nach der reformierten Europäischen Insolvenzverordnung, in: Festschrift für Heinz Vallender, 2015, S. 437; *Prager/Keller, Ch.*, Der Entwicklungsstand des Europäischen Insolvenzrechts, WM 2015, 805;

---

[*]) Richtlinie 2008/94/EG des Europäischen Parlaments und des Rates vom 22. Oktober 2008 über den Schutz der Arbeitnehmer bei Zahlungsunfähigkeit des Arbeitgebers (ABl. L 283 vom 28.10.2008, S. 36).

*Schmidt*, Die Zusicherung nach Art. 36 EuInsVO – Zugleich ein Beitrag zur Bewältigung grenzüberschreitender Insolvenzen, 2019; *Schuster*, Die Abgabe der Zusicherung nach Art. 36 I 2 EuInsVO durch den Hauptinsolvenzverwalter, NZI 2017, 873; *Skauradszun*, Synthetische Sekundärinsolvenzverfahren und „echter" Rechtsschutz, Hochschule Fulda – Discussion Paper No. 18, Juni 2016 (zit.: *Skauradszun*, Rechtsschutz); *Skauradszun*, Die „tatsächlichen Annahmen" der Zusicherung nach Art. 36 Abs. 1 Satz 2 EuInsVO n. F., ZIP 2016, 1563; *Skauradszun*, Einstweilige Maßnahmen und Sicherungsmaßnahmen nach Art. 36 Abs. 9 EuInsVO n. F., KTS 2016, 419; *Smid*, Voraussetzungen der Eröffnung eines deutschen Sekundärinsolvenzverfahrens – Geltendes Recht und Reformpläne, ZInsO 2013, 953; *Wenner*, Die Reform der EuInsVO – Ein Verriss, ZIP 2017, 1137.

## Übersicht

I. Zweck der Norm .................. 1
II. Inhalt der Norm .................. 4
1. Inhalt der Zusicherung ........ 4
2. Sprach- und Formfragen ..... 12
3. Rechtsfolgen der Zusicherung ........... 13
4. Beteiligung der Gläubiger im Hauptverfahrensstaat ......... 17
5. Beteiligung der Gläubiger im Niederlassungsstaat ............ 20
   a) Durchführung der Abstimmung ......................... 21
   b) Erforderliche Mehrheiten ........... 23
   c) Stimmrechtsfeststellung .............. 25

d) Fernkommunikationsmittel ........ 27
6. Informationspflicht .............. 29
7. Rechtsschutz ........................ 30
   a) Durchsetzung der Verteilungsordnung ........................... 30
   b) Durchsetzung sonstiger Verpflichtungen ...................... 33
   c) Einstweiliger Rechtsschutz ........ 35
   d) Haftung des Verwalters .............. 36
8. Arbeitsrecht ......................... 39
9. Sekundärverfahren trotz Zusicherung ............................. 40
10. Drittstaatenbezug ................ 41

## I. Zweck der Norm

So richtig es ist, dass Sekundärverfahren grundsätzlich nicht unerwünscht sind (siehe Art. 34 Rz. 4 [*Ch. Keller*]), so richtig ist auch, dass ihre Durchführung – oder schon die bloße Möglichkeit ihrer Beantragung – im Einzelfall nach bislang geltender Rechtslage problematisch sein konnte (ErwG 40).[1] Befand sich etwa der Insolvenzverwalter des Hauptinsolvenzverfahrens in der Situation, dass er das gesamte, mitunter außerhalb des Eröffnungsstaats belegene Vermögen des Schuldners günstig im Paket veräußern konnte, konnten ausländische Gläubiger diese Vorgehensweise dadurch erschweren, dass sie die Eröffnung eines Sekundärverfahrens betrieben. Bei Eröffnung eines Sekundärverfahrens hätten sich die Befugnisse des Hauptinsolvenzverwalters nicht mehr auf das im Niederlassungsstaat belegene Vermögen erstreckt (Art. 21 Abs. 1 Satz 1/ex Art. 18 Abs. 1 Satz 1 a. F.) und wäre ein solcher Verkauf nicht möglich gewesen. Die – wie man sie nennen könnte – „**Sekundärstörer**" hätten den Plan des Hauptinsolvenzverwalters vereiteln können und hatten so ein Druckmittel in der Hand, mit dem sie eigene Interessen durchsetzen konnten. 1

Zur **Vermeidung unerwünschter Sekundärverfahren** wurde in Deutschland Verschiedenes vorgeschlagen, etwa dass der Verwalter des deutschen Hauptverfahrens die im Ausland befindliche Niederlassung schließen möge, um so den rechtlichen Anknüpfungstatbestand für ein mögliches Sekundärverfahren zu beseitigen.[2] Die zeitlich beschleunigte Schließung einer ausländischen Niederlassung war allerdings in den seltensten Fällen möglich; dort wo sie möglich war, wogen die mit ihr ver- 2

---

1) S. auch *Brinkmann*, KTS 2015, 381, 389.
2) *Mock*, ZInsO 2009, 895, 900.

bundenen, namentlich arbeitsrechtlichen Nachteile den Vorteil der Vermeidung eines Sekundärverfahrens auf.[3] Ein in der Sache ähnlicher Vorschlag von *Gottwald/ Kolmann* lautete, der vorläufige Insolvenzverwalter möge sich unverzüglich darum bemühen, das gesamte Vermögen des Schuldners, insbesondere die vorhandene Liquidität, im Hauptverfahrensstaat zu konzentrieren.[4] Bei entsprechender Beratung im Vorfeld könne sogar noch der Schuldner eine solche Konzentration von Vermögenswerten bewerkstelligen. Dadurch sollte der wirtschaftliche Anreiz, ein Sekundärverfahren durchzuführen, verringert werden.[5] Von *Gottwald/Kolmann* stammt auch der Vorschlag, mit antragswilligen Gläubigern im Niederlassungsstaat eine Vereinbarung folgenden Inhaltes zu schließen: Das Schuldnerunternehmen einschließlich der ausländischen Niederlassungen werde aus dem Hauptverfahren heraus im Wege einer übertragenden Sanierung veräußert. Im Unternehmenskaufvertrag werde für die ausländischen Vermögenswerte ein angemessener und konkreter Kaufpreisanteil bestimmt. Am Sitz der ausländischen Niederlassung werde nach Abschluss des Unternehmenskaufvertrages ein Sekundärverfahren eröffnet. Bis dahin müssten die betroffenen Gläubiger stillhalten. Der anteilige Kaufpreis für die lokalen Vermögensgegenstände stehe der Sekundärmasse zu; er werde gemäß den lokalen Verteilungsregeln ausgeschüttet.[6] *Mock* schließlich schlug vor, der Verwalter des Hauptverfahrens möge bei allen für die Eröffnung eines Sekundärverfahrens zuständigen Gerichten Schutzschriften hinterlegen mit dem Ziel, ihm im Falle eines Antrags für ein Sekundäreröffnungsverfahren Gelegenheit zur Stellungnahme einzuräumen.[7] All diese Lösungsansätze erwiesen sich allerdings als nicht praktikabel. Erfolgversprechender schien da schon der Blick über die Grenze.

3 Englische Juristen hatten nämlich eine gute Lösung für dieses Problem gefunden: das sog. **virtuelle (oder synthetische) Sekundärverfahren**. Zum ersten Mal begegnete es – soweit ersichtlich – i. R. des Insolvenzverfahrens *Collins & Aikman*, das nach britischem Recht abgewickelt wurde.[8] Der Sache nach handelt es sich bei einem virtuellen Sekundärverfahren um die vertragliche Zusicherung des Hauptinsolvenzverwalters an die Gesamtheit der Gläubiger des Niederlassungsstaats, dass sie bei Verzicht auf den Antrag auf Eröffnung eines Sekundärverfahrens nicht schlechter stehen werden als bei Eröffnung eines Sekundärverfahrens. In Deutschland fehlte bislang eine gesetzliche Regelung, die die Durchführung solcher virtueller Sekundärverfahren ermöglicht hätte. Die überwiegende Auffassung in Deutschland stand virtuellen Se-

---

3) Gottwald-*Kolmann*, Insolvenzrechts-Hdb., 4. Aufl., 2009, § 131 Rz. 160.
4) S. jetzt aber ErwG 43. Im Interesse eines wirksamen Schutzes lokaler Interessen sollte es dem Insolvenzverwalter des Hauptinsolvenzverfahrens nicht möglich sein, das in dem Mitgliedstaat der Niederlassung belegene Vermögen missbräuchlich zu verwerten oder missbräuchlich an einen anderen Ort zu bringen, insbesondere wenn dies in der Absicht geschieht, die wirksame Befriedigung dieser Interessen für den Fall, dass zu einem späteren Zeitpunkt ein Sekundärverfahren eröffnet wird, zu vereiteln. Das erklärt den Herausgabeanspruch in Art. 36 Abs. 6 Satz 2.
5) Gottwald-*Kolmann*, Insolvenzrechts-Hdb., 4. Aufl., 2009, § 131 Rz. 160; *Mock*, ZInsO 2009, 895, 900.
6) Gottwald-*Kolmann*, Insolvenzrechts-Hdb., 4. Aufl., 2009, § 131 Rz. 160.
7) *Mock*, ZInsO 2009, 895, 898.
8) *Mankowski*, NZI 2015, 961; *Mock*, ZInsO 2009, 895–897.

kundärverfahren wegen eines Verstoßes gegen den Grundsatz der Gläubigergleichbehandlung ablehnend gegenüber[9] oder hielt sie nur i. R. von Insolvenzplanverfahren für zulässig.[10]

## II. Inhalt der Norm

### 1. Inhalt der Zusicherung

Diesem Regelungsdefizit soll Art. 36[11] abhelfen. Um die Eröffnung eines Sekundärverfahrens zu vermeiden, darf der **Insolvenzverwalter des Hauptinsolvenzverfahrens** – auch der **vorläufige**[12] – den lokalen Gläubigern (Art. 2 Nr. 11)[13] gemäß Art. 36 Abs. 1 Satz 1 in Bezug auf in dem Mitgliedstaat, in dem ein Sekundärverfahren eröffnet werden könnte, belegene Gegenstände der Masse eine **Zusicherung** des Inhalts geben, dass er bei der Verteilung dieser Vermögen oder des bei ihrer Verwertung erzielten Erlöses die Verteilungs- und Vorzugsrechte nach nationalem Recht wahrt, die Gläubiger hätten, wenn ein Sekundärverfahren in diesem Mitgliedstaat eröffnet worden wäre. Für die Zwecke der Zusicherung sollen also die im Niederlassungsstaat belegenen Vermögenswerte und Rechte eine **Unterklasse der Insolvenzmasse** bilden (ErwG 41).

4

Umstritten ist mittlerweile, ob auch der **eigenverwaltende Schuldner** oder der **Sachwalter** eine Zusicherung i. S. des Art. 36 abgeben können. Zum Teil wird vertreten, dies sei nicht der Fall. Als Argument wird der Wortlaut der Vorschrift ins Feld geführt, der – anders als eine Reihe anderer Vorschriften – den eigenverwaltenden Schuldner nicht ausdrücklich erwähne.[14] Dass Art. 102c § 11 Abs. 2 EGInsO davon ausgehe, dass eine Abgabe der Zusicherung auch i. R. der Eigenverwaltung möglich sei, ändere an diesem Ergebnis nichts, denn der deutsche Gesetzgeber könne den Anwendungsbereich der Vorschriften der EuInsVO nicht beeinflussen. Die Vertreter **der zutreffenden und herrschenden Gegenauffassung** verweisen darauf, dass die sanierungsfreundliche Grundhaltung der EuInsVO 2015 für die Möglichkeit der Abgabe einer Zusicherung auch in Verfahren der Eigenverwaltung streite: Die Aufnahme der Eigenverwaltung in die EuInsVO 2015 belege die sanierungsfreundliche Grundhaltung des Regelwerks. Die Möglichkeit der Ausschaltung sanierungsfeindlicher lokaler Gläubiger durch eine Zusicherung stehe nach dem Normzweck des Art. 36

5

---

9) *Mankowski*, NZI 2006, 416, 419; *Penzlin/Riedemann*, NZI 2005, 515, 519.
10) *Gottwald-Kolmann*, Insolvenzrechts-Hdb., 4. Aufl., 2009, § 131 Rz. 160; *Meyer-Löwy/Plank*, NZI 2006, 622, 623; *Mock*, ZInsO 2009, 895, 900 m. Fn. 31; *Smid*, ZInsO 2013, 953, 969.
11) Dazu ErwG 40–42.
12) *Kindler* in: MünchKomm-BGB, Art. 36 EuInsVO Rz. 25.
13) Krit. zur Beschränkung auf lokale Gläubiger Kayser/Thole-*Schultz*, HK-InsO, Art. 36 EuInsVO Rz. 8; s. ferner *Schuster*, NZI 2017, 873, 876, nach dem die Zusicherung auch gegenüber anderen als nur lokalen Gläubigern abgegeben werden kann.
14) *Reinhart* in: MünchKomm-InsO, Art. 36 EuInsVO 2015 Rz. 18; wohl auch *Schuster*, NZI 2017, 873, 874, der die – angebliche – Ausklammerung der Eigenverwaltung aber kritisch sieht.

daher auch dem Schuldner in Eigenverwaltung zur Verfügung.[15] Ferner wird ein Rückschluss aus Art. 38 Abs. 1 für möglich gehalten.[16] Endlich lässt sich ins Feld führen, dass der Begriff des „Verwalters" gemäß Art. 2 Nr. 5 i. V. m. Anlage B auch den Sachwalter deutschen Rechtes erfasst.[17] Folgt man dem, kann die Zusicherung vom **eigenverwaltenden Schuldner** oder bei Vorliegen des Zustimmungsvorbehalts nach §§ 275, 277 InsO vom **Sachwalter** abgegeben werden.[18]

6 Im Hinblick auf den Wortlaut des Art. 36 Abs. 1 Satz 1 könnte man fragen, ob der Insolvenzverwalter den lokalen Gläubigern auch etwas anderes – besseres – anbieten könnte als nur die Behandlung, die diese erführen, würde ein Sekundärverfahren eröffnet. Meines Erachtens ist das nicht möglich; Art. 36 Abs. 1 Satz 1 ist hinsichtlich des möglichen Inhalts der Zusicherung abschließend. Sollte eine über Art. 36 Abs. 1 Satz 1 hinausgehende **Besserstellung der Gläubiger** im Niederlassungsstaat gewünscht sein, so wäre der Insolvenzplan, nicht aber die Zusicherung das Mittel der Wahl, denn nur der Insolvenzplan stellt sicher, dass auch die Gläubiger des Hauptverfahrensstaats zur Abstimmung berufen sind.[19]

7 Die Zusicherung nennt gemäß Art. 36 Abs. 1 Satz 2 ihre **„tatsächlichen Annahmen"**, insbesondere in Bezug auf den Wert der in dem betreffenden Mitgliedstaat belegenen Gegenstände der Masse und die Möglichkeiten ihrer Verwertung.[20] **Fehlen diese Pflichtangaben oder sind sie unrichtig**, kann die Zusicherung keine Rechtswirkung entfalten.[21] Der Verwalter darf bei der Wertermittlung in einem ersten Schritt auf die Buchwerte abstellen, wie sie sich aus den Handelsbüchern der Niederlassung ergeben. Maßgeblich ist der primäre Rechnungslegungsstandard des Schuldners. Bestehen jedoch Anhaltspunkte, dass die Buch- und Verkehrswerte auseinanderfallen, ist der Verkehrswert zugrunde zu legen. Kann der wahre Wert nicht ohne Verkehrswertgutachten bestimmt werden und lassen sich entsprechende Gutachten zeitlich oder finanziell nicht realisieren, sind die Zu- und Abschreibungen zu schätzen. Darauf hat der Verwalter bei den angegebenen „tatsächlichen Annahmen" hinzuweisen.[22] Die **„Möglichkeiten der**

---

15) *Commandeur/Hübler* in: Nerlich/Römermann, InsO, Art. 36 EuInsVO Rz. 5; Braun-Delzant, InsO, Art. 36 EuInsVO Rz. 5; *Kindler* in: MünchKomm-BGB, Art. 36 EuInsVO Rz. 24; *Paulus*, EuInsVO, Art. 36 Rz. 3 m. Fn. 6; VID, Stellungnahme zum RefE, S. 9, abrufbar unter https://www.vid.de/stellungnahmen/stellungnahme-des-vid-zum-referentenentwurf-eines-gesetzes-zur-durchfuehrung-der-verordnung-eu-2015848-ueber-insolvenzverfahren/ (Abrufdatum: 20.11.2019); *Wimmer/Bornemann/Lienau*, Die Neufassung der EuInsVO, Rz. 436.
16) *Paulus*, EuInsVO, Art. 36 Rz. 3 m. Fn. 6.
17) Mit diesem Argument (vgl. Kayser/Thole-*Schultz*, HK-InsO, Art. 36 EuInsVO Rz. 9) lässt sich nur die Zusicherungsbefugnis des Sachwalters, aber nicht die des eigenverwaltenden Schuldners begründen.
18) *Hübler* in: Nerlich/Römermann, InsO, Art. 102c § 11 EGInsO Rz. 4 m. w. N.
19) *Pluta/Ch. Keller* in: FS Vallender, S. 437, 443. Zur Frage, ob nach Schaffung des Art. 36 noch Verträge zwischen Hauptverwalter und lokalen Gläubigern zulässig sind, s. Kayser/Thole-*Schultz*, HK-InsO, Art. 36 EuInsVO Rz. 10, und *Schuster*, NZI 2017, 873, 878 (bejahend). Gegen eine Beschränkung der Zusicherung in sachlicher Hinsicht *Schuster*, NZI 2017, 873, 877.
20) *Skauradszun*, ZIP 2016, 1563, 1564.
21) *Skauradszun*, ZIP 2016, 1563, 1564; *Mankowski*, NZI 2015, 961, 964; *Ch. Keller*, ZInsO 2018, 1999, 2001.
22) Zur Wertermittlung *Skauradszun*, ZIP 2016, 1563, 1566 ff.

**Verwertung"** der entsprechenden Gegenstände i. S. von Art. 36 Abs. 1 Satz 2 richten sich nach dem Recht des Staats, in dem das Hauptinsolvenzverfahren eröffnet wurde. Das Recht des Staats, in dem das Sekundärverfahren eröffnet worden wäre, ist nur für die „Verteilungs- und Vorzugsrechte" i. S. von Art. 36 Abs. 1 Satz 1 relevant.[23]

Zusätzlich zu den beiden exemplarisch genannten Informationen 8
– sollte in der Zusicherung auch angegeben werden, wie die Verteilung der virtuellen Sekundärmasse erfolgen soll, also insbesondere, welche Vorrechte es gibt und mit welcher Quote die Gläubiger im Niederlassungsstaat rechnen können.
– Das schließt Angaben zur Passivmasse ein.[24]
– Ferner sollten die Kosten einer hypothetischen Sekundärinsolvenz angegeben werden.
– Die österreichische IO schreibt in § 220b Abs. 2 vor, dass die Zusicherung auch Angaben darüber zu enthalten hat, welche Gegenstände der Insolvenzverwalter nach dem Antrag auf Eröffnung des Insolvenzverfahrens in einen anderen Staat verbracht hat. Die entsprechende, in Art. 102c § 11 Abs. 1 EGInsO-E i. d. F. des RegE vorgesehene deutsche Regelung wurde nicht Gesetz. Angeblich lässt sich eine solche Pflicht der EuInsVO selbst entnehmen.[25] Die Angabe sollte jedenfalls in der Zusicherung enthalten sein.

Das alles sind Informationen, die die Gläubiger im Niederlassungsstaats benötigen, 9 sollen sie eine informierte Entscheidung über die Billigung der Zusicherung treffen, und es sind Informationen, die der Insolvenzverwalter den Gläubigern im Niederlassungsstaat sowieso gemäß Art. 36 Abs. 7 Satz 1 geben und deswegen vorhalten muss. **Fehlen solche ergänzenden Informationen oder sind sie unrichtig,** ist i. R. der Interessenschutzklausel des Art. 38 Abs. 2 von Fall zu Fall zu entscheiden, ob dies zur Unbeachtlichkeit der Zusicherung führt oder nicht.[26] Überlegenswert ist der Vorschlag *Skauradszuns,* analog Art. 38 Abs. 3 könne der Verwalter des Hauptinsolvenzverfahrens mit einem Antrag bei dem Gericht, das mit einem Antrag auf Eröffnung eines Sekundärverfahrens befasst ist, die Eröffnung des Sekundärverfahrens für höchstens drei Monate verhindern lassen, um die „tatsächlichen Annahmen" zu ermitteln und eine Zusicherung nach Art. 36 Abs. 1 Satz 1 vorbereiten zu können.[27]

Unabhängig davon ist es so, dass den „tatsächlichen Annahmen" – wie das Wort 10 „Annahme" nahelegt – ein gewisser **prognostischer Charakter** innewohnt. Erweisen sich die pflichtgemäß gemachten Angaben später als falsch, **scheidet eine Irrtumsanfechtung ebenso aus wie ein Anspruch auf Anpassung.** Art. 102c § 17 Abs. 1 Satz 2 EGInsO verweist nicht auf § 240 InsO, der eine Anpassung ermöglicht hätte. Bei fahrlässigen oder vorsätzlichen Falschangaben kommt nur ein **Schadensersatzanspruch** in Betracht,[28] der aber die Entstehung eines Schadens voraussetzt. Ein

---
23) *Skauradszun,* ZIP 2016, 1563, 1574.
24) *Pluta/Ch. Keller* in: FS Vallender, S. 437, 443 f.; *Skauradszun,* ZIP 2016, 1563, 1574; *Mankowski,* NZI 2015, 961, 964.
25) *Kindler* in: MünchKomm-BGB, Art. 102c § 12 EGInsO Rz. 1.
26) *Ch. Keller,* ZInsO 2018, 1999, 2002.
27) *Skauradszun,* ZIP 2016, 1563, 1565.
28) *Skauradszun,* ZIP 2016, 1563, 1567.

Antrag nach Art. 38 Abs. 2 müsste in Abhängigkeit von Art und Schwere des Fehlers zurückgewiesen werden (siehe oben Rz. 9). Will der Verwalter nach Abgabe einer Zusicherung und Zustimmung der bekannten lokalen Gläubiger von dieser Zustimmung abweichen, so muss er versuchen, eine neue Zusicherung abzugeben oder eine Änderung zu bewirken und die erneute Zustimmung der bekannten lokalen Gläubiger zu erhalten.[29] Einseitig kann er die ursprüngliche Zusicherung jedenfalls nicht nachbessern[30] oder zurücknehmen.[31] Trotzdem können veränderte Umstände und bessere Erkenntnisse über den tatsächlichen Umfang der hypothetischen Sekundärinsolvenzmasse nachträgliche Änderungen sinnvoll werden lassen. Auch für die gebilligte Zustimmung muss, so zutreffend *Mankowski*, in der Sache eine **clausula rebus sic stantibus** gelten, dass volle Bindung nur fortbesteht, wenn sich die bei Abgabe zugrunde gelegten Umstände nicht wesentlich verändert haben.[32]

11 Der Insolvenzverwalter hat die **öffentliche Bekanntmachung** der Zusicherung sowie den Termin und das Verfahren zu deren Billigung (siehe unten Rz. 20 ff.) gemäß **Art. 102c § 12 Satz 1 EGInsO** zu veranlassen. Den bekannten lokalen Gläubigern ist die Zusicherung **durch den Insolvenzverwalter** (also nicht das Gericht) gemäß Art. 102c § 12 Satz 2 EGInsO **besonders zuzustellen**; § 8 Abs. 3 Sätze 2 und 3 InsO gelten entsprechend. Der Insolvenzverwalter kann sich sämtlicher Zustellungsformen bedienen. Das gilt auch für die Aufgabe zur Post.[33]

### 2. Sprach- und Formfragen

12 Die Zusicherung muss gemäß Art. 36 Abs. 3 in der **Amtssprache des Niederlassungsstaats** abgegeben werden. Sie ist gemäß Art. 36 Abs. 4 Satz 1 in **schriftlicher Form** zu geben, wobei diese Wendung – wie die gesamte EuInsVO – autonom auszulegen ist. Das Recht der Mitgliedstaaten, strengere Formerfordernisse vorzusehen, bleibt gemäß Art. 36 Abs. 4 Satz 2 jedoch bestehen. Das deutsche Recht enthält **keine** spezielle, auf die Zusicherung des Art. 36 zugeschnittene Formvorschrift, die die Verweisung in Art. 36 Abs. 4 Satz 2 mit Leben erfüllt. Wird gegen die verordnungsunmittelbaren Sprach- oder Formerfordernisse verstoßen, liegt keine wirksame Zusicherung vor. Weder deren verfahrensrechtliche noch deren materiell-rechtliche Wirkungen (siehe sogleich Rz. 14 und Rz. 15] treten ein.[34]

### 3. Rechtsfolgen der Zusicherung

13 Die Frage, welchen **Rechtscharakter** die Zusicherung haben sollte, war im Gesetzgebungsverfahren umstritten: Nach dem Willen von EU-Kommission und Parlament soll sie nicht nur verpflichtend, sondern sogleich vollstreckbar sein, nach dem Willen des Rats nicht. Der Rat hat sich durchgesetzt: Nach Art. 36 Abs. 6 Satz 1 ist eine Zusicherung nur „**verbindlich**", d. h. die Rechte aus einer solchen Zusicherung

---

29) *Mankowski*, NZI 2015, 961, 965.
30) *Ch. Keller*, ZInsO 2018, 1999, 2002.
31) *Mankowski*, NZI 2015, 961, 965.
32) *Mankowski*, NZI 2015, 961, 965.
33) RefE EGInsO z. § 13, ZIP Beilage z. Heft 33/2016, S. 10.
34) *Ch. Keller*, ZInsO 2018, 1999, 2000; **a. A.** *Mock* in: BeckOK-InsO, Art. 36 EuInsVO 2017 Rz. 6 – Pflichtwidrigkeit – und damit wohl Haftung – des Verwalters.

müssen, verweigert sich der Insolvenzverwalter, gerichtlich durchgesetzt werden.[35]) Dafür enthalten die Art. 36 Abs. 7–10 ein detailliertes Rechtsschutzsystem (siehe unten ab Rz. 30).

Ist eine Zusicherung im Einklang mit Art. 36 bindend geworden, zeitigt das einerseits **verfahrensrechtliche Wirkungen**: So muss der Antrag auf Eröffnung eines Sekundärverfahrens gemäß Art. 37 Abs. 2 innerhalb von 30 Tagen nach Erhalt der Mitteilung über die Billigung der Zusicherung gestellt werden. Wird er später gestellt, ist er **unzulässig**.[36]) Ferner wird bei Vorliegen einer bindenden Zusicherung das Sekundärverfahren gemäß Art. 38 Abs. 2 nicht eröffnet, wenn das mit dem Antrag befasste Gericht der Überzeugung ist, dass die Zusicherung das allgemeine Interesse der lokalen Gläubiger angemessen schützt.

Neben diesen verfahrensrechtlichen Wirkungen hat die Zusicherung **materiell-rechtliche Wirkungen**, deren wichtigste in Art. 36 Abs. 2 Satz 1 so beschrieben ist: Wurde eine Zusicherung gegeben und von den Gläubigern gebilligt, so gilt für die Verteilung des Erlöses aus der Verwertung von Gegenständen der Masse des virtuellen Sekundärverfahrens (maßgeblicher Zeitpunkt für die Bestimmung des Umfangs der virtuellen Sekundärinsolvenzmasse ist gemäß Art. 36 Abs. 2 Satz 2 der Zeitpunkt der Abgabe der Zusicherung, also nicht der der Billigung durch die Gläubiger), für den Rang der Forderungen und für die Rechte der Gläubiger in Bezug auf Gegenstände der Masse des virtuellen Sekundärverfahrens das Recht des Mitgliedstaats, in dem das Sekundärverfahren hätte eröffnet werden können. Es treten also die Wirkungen eines Sekundärverfahrens ein, ohne dass ein solches eröffnet worden wäre.

Weitere Rechtsfolge der Zusicherung ist der **Herausgabeanspruch** in Art. 36 Abs. 6 Satz 2: Wird ein Sekundärverfahren gemäß Artt. 37 f. eröffnet, so gibt der Verwalter des Hauptinsolvenzverfahrens Gegenstände der Masse, die er nach Abgabe der Zusicherung aus dem Hoheitsgebiet dieses Mitgliedstaats entfernt hat, oder – falls diese bereits verwertet wurden – ihren Erlös an den Verwalter des Sekundärverfahrens heraus. Die Vorschrift betrifft den Fall, dass zwar eine Zusicherung abgegeben wurde, gleichwohl ein Sekundärverfahren eröffnet wurde. Der Herausgabeanspruch ist nicht flankiert durch einen Auskunftsanspruch; denkbar ist in Deutschland jedoch der Rekurs auf den allgemeinen Auskunftsanspruch nach § 242 BGB, soweit sich die erforderlichen Informationen nicht ohnehin schon aus den vom Verwalter gegenüber dem Insolvenzgericht regelmäßig abgegebenen Sachstandsberichten ergeben. Auch steht es dem Insolvenzgericht frei, den Verwalter im Wege einer aufsichtlichen Maßnahme zur Hergabe dieser Informationen anzuhalten.

### 4. Beteiligung der Gläubiger im Hauptverfahrensstaat

Die Beteiligung der Gläubiger im Hauptverfahrensstaat regelt **Art. 102c § 11 EGInsO**: Soll in einem in der Bundesrepublik Deutschland anhängigen Insolvenzverfahren eine Zusicherung nach Art. 36 abgegeben werden, hat der Insolvenzverwalter gemäß Absatz 1 zuvor die Zustimmung des Gläubigerausschusses oder des vorläufigen Gläu-

---

35) S. *Prager/Ch. Keller*, WM 2015, 805, und die dort in Fn. 5 und 6 zitierten Entwürfe von Kommission und Parlament.
36) *Pluta/Ch. Keller* in: FS Vallender, S. 437, 447.

bigerausschusses nach § 21 Abs. 2 Satz 1 Nr. 1a InsO einzuholen, sofern ein solcher bestellt ist.[37] Fehlt es daran, ist eine Beteiligung nicht erforderlich. Darin unterscheidet sich die Regelung auf Rechtsfolgenseite vom RegE, der über die Verweisung auf § 160 Abs. 1 Satz 2 InsO in diesem Fall noch eine Befassung der Gläubigerversammlung vorgesehen hatte. Eine solche Befassung der Gläubigerversammlung wurde aber als für die Zwecke des Zusicherungsverfahrens zu umständlich und letztlich nicht erforderlich kritisiert.[38] Solle die Zusicherung ihren Zweck erfüllen, müsse sie auch in einem Verfahrensstadium Wirksamkeit entfalten können, in der es für eine Gläubigerversammlung zu früh bzw. eine außerordentliche Versammlung einzuberufen wäre. Eine Befassung der Gläubigerversammlung erscheint auch insoweit nicht erforderlich, als eine pflichtwidrige Abgabe von Zusicherungen nach § 60 Abs. 1 InsO haftungsbewehrt ist.[39]

18 Nämliches gilt gemäß Absatz 2, wenn **Eigenverwaltung** angeordnet wurde.[40]

19 Ein **Verstoß** gegen Art. 102c § 11 Abs. 1 EGInsO führt nicht zur Unwirksamkeit der Zusicherung, sondern allenfalls zur Haftung des Verwalters gemäß § 60 InsO.[41]

### 5. Beteiligung der Gläubiger im Niederlassungsstaat

20 Art. 36 Abs. 5 Satz 1 sieht vor, dass die **bekannten Gläubiger im Niederlassungsstaat** die Zusicherung billigen müssen. Für die Billigung der Zusicherung gelten gemäß Art. 36 Abs. 5 Satz 2 die Regeln über die qualifizierte Mehrheit und über die Abstimmung, die für die Billigung von Restrukturierungsplänen gemäß dem Recht des Mitgliedstaats, in dem ein Sekundärverfahren hätte eröffnet werden können, gelten. Gibt es nach nationalem Recht unterschiedliche Verfahren für die Billigung von Sanierungsplänen (was in Deutschland nicht der Fall ist)[42], so sollten die Mitgliedstaaten das spezifische Verfahren benennen, das in diesem Zusammenhang maßgeblich ist (ErwG 42).[43] Das ist durch das **EGInsO** durch Verweis auf Vorschriften aus dem **Insolvenzplanverfahren** geschehen.

### a) Durchführung der Abstimmung

21 Gemäß **Art. 102c § 17 Abs. 1 Satz 1 EGInsO** führt der Insolvenzverwalter des Hauptverfahrens die Abstimmung durch. Diese Regelung, dass der – ausländische – Verwalter des Hauptverfahrens und nicht das Insolvenzgericht die Abstimmung über die Zusicherung veranstaltet und leitet, ist in der Sache sehr problematisch, im

---

37) So schon *Prager/Ch. Keller*, WM 2015, 805, 808.
38) *Madaus*, NZI 2017, 203, 206; *Brinkmann*, KTS 2014, 381, 396 f.
39) So Beschlussempfehlung und Bericht d. RA z. Durchführungsgesetz, BT-Drucks. 18/12154, S. 31.
40) Aus dieser Vorschrift folgt i. Ü. zwanglos, dass die Abgabe einer Zusicherung auch in Eigenverwaltungsverfahren zulässig ist.
41) *Ch. Keller*, ZInsO 2018, 1999, 2001.
42) Der Schuldenbereinigungsplan der §§ 304 ff. InsO ist kein Restrukturierungsplan i. S. des Art. 36 Abs. 5 Satz 2, so dass §§ 308, 309 InsO keine Anwendung finden: *Pluta/Ch. Keller* in: FS Vallender, S. 437, 445 m. Fn. 18.
43) Es handelt sich insoweit um eine sog. „hinkende Verordnung", also eine solche, die zugunsten des nationalen Gesetzgebers eine Ermächtigung enthält, konkretisierende oder ergänzende Vorschriften zu schaffen.

internationalen Vergleich ungewöhnlich[44] und war im Gesetzgebungsverfahren stark umstritten. Für eine Veranstaltung und Leitung der Abstimmung durch das Insolvenzgericht wurde – namentlich vom Bundesrat[45] – ins Feld geführt, dass sich der Verweis des Art. 36 Abs. 5 Satz 2 auf die Vorschriften über die „qualifizierte Mehrheit und über die Abstimmung, die für die Annahme von Sanierungsplänen ... gelten" auch auf die von diesen Vorschriften vorausgesetzte verfahrensinterne Zuständigkeit erstrecke, so dass mit der Anwendbarkeit der deutschen Regelungen zur Abstimmung über Insolvenzpläne auch gefordert sei, dass die Abstimmung von den Insolvenzgerichten durchzuführen sei. Bundesregierung und Bundestag standen demgegenüber auf dem Standpunkt, die Beteiligung des Insolvenzgerichts sei nicht erforderlich, weil i. R. der Entscheidung nach Art. 38 Abs. 2 bereits gerichtliche Kontrolle ausgeübt werde. Eine doppelte gerichtliche Kontrolle sei nicht nur nicht nötig, sondern wegen der Verkomplizierung des Verfahrens und zu besorgender zeitlicher Verzögerungen sogar schädlich.[46]

Auch wenn das ein durchaus vertretbares Argument ist, halte ich diese Auffassung im Ergebnis für bedenklich: Eine **gerichtliche Zuständigkeit** hätte den Vorteil gehabt, dass für **Anberaumung und Durchführung der Abstimmung** (insbesondere sitzungsleitende und -polizeiliche Maßnahmen) ein **klarer und justiziabler prozeduraler Rahmen zur Verfügung gestanden** hätte. Daran fehlt es nun.[47] Was gilt nun also, wenn der Verwalter Fehler bei der Ladung macht, wenn er Störer (oder ihm einfach missliebige Personen) aus dem Sitzungssaal entfernen lässt, wenn er kein Protokoll führt, wenn das Protokoll falsch ist oder gefälscht wird, wenn Abstimmungsergebnisse unrichtig festgestellt werden, wenn er die Abstimmung rein örtlich gesehen in seinem Heimatland durchführen lässt?[48] Ist es möglich, die Abstimmung im schriftlichen Verfahren durchzuführen, oder bedarf es eines Präsenztermins?[49] Es sind dies Fragen, die die Rechtsprechung i. R. von Entscheidungen nach Art. 38 Abs. 2[50] und Vorabentscheidungsverfahren nach Art. 267 AEUV wird klären müssen. 22

---

44) In Österreich ist gemäß § 220d Abs. 1 IO sinnvollerweise das Insolvenzgericht zuständig.
45) Begr. RegE Durchführungsgesetz, BT-Drucks. 18/10823, S. 43 f.
46) Beschlussempfehlung und Bericht d. RA z. Durchführungsgesetz, BT-Drucks. 18/12154, S. 32, im Anschluss an *Madaus*, NZI 2017, 203, 204, und *Reinhart* in: MünchKomm-InsO, Art. 36 EuInsVO 2015 Rz. 26. S. ferner die Kommentierung Art. 102c § 17 EGInsO [*Ch. Keller*].
47) Das Problem wird verschärft dadurch, dass der Verwalter das „Verfahren" für die Billigung der Zustimmung öffentlich bekannt zu machen hat. Was unterfällt diesem Begriff? Nur das, was in EuInsVO, EGInsO und InsO geregelt ist? Oder muss der Verwalter eine Tagesordnung – vielleicht sogar eine Hausordnung – bekannt machen?
48) Woran ihn nicht nur nichts – weder die EuInsVO noch Art. 102c EGInsO – hindert, sondern was ihm durch den Verweis auf Fernkommunikationsmittel in Art. 102c § 17 Abs. 2 Satz 1 EGInsO geradezu nahegelegt wird. Vgl. aber Begr. RegE Durchführungsgesetz, BR-Drucks. 654/16, S. 20, wo davon ausgegangen wird, die Abstimmung sei im Niederlassungsstaat durchzuführen.
49) Die Verwendung des Begriffes „Termin" in Art. 102c § 12 Satz 1 EGInsO scheint auf einen Präsenztermin hinzudeuten (wenn der Begriff so verwendet wird, wie in der ZPO, vgl. z. B. § 214 ZPO), könnte er aber auch rein zeitlich – i. S. von „Datum" – verstanden werden. Dann wäre wohl auch eine schriftliche Abstimmung möglich.
50) *Ch. Keller*, ZInsO 2018, 1999, 2005.

### b) Erforderliche Mehrheiten

23 Was die **erforderlichen Mehrheiten** angeht, so gelten gemäß Art. 102c § 17 Abs. 1 Satz 2 EGInsO zunächst **§ 243 und § 244 Abs. 1 und 2 InsO**, wonach in Gruppen abgestimmt wird und zur Billigung durch die Gläubiger erforderlich ist, dass in jeder Gruppe die Mehrheit der abstimmenden Gläubiger dem Plan zustimmt und die Summe der Ansprüche der zustimmenden Gläubiger mehr als die Hälfte der Summe der Ansprüche der abstimmenden Gläubiger beträgt. Weil § 244 Abs. 1 und 2 InsO Gruppenbildung voraussetzen, findet über Art. 102c § 17 Abs. 1 Satz 2 EGInsO konsequenterweise auch diejenige Vorschrift Anwendung, die die **Gruppenbildung** betrifft: **§ 222 InsO**. Art. 102c § 17 Abs. 2 Satz 1 EGInsO verpflichtet den Verwalter, die Gruppenbildung i. R. der Information nach Art. 36 Abs. 5 Satz 4 bekannt zu machen. Darüber hinaus verweist Art. 102c § 17 Abs. 1 Satz 2 EGInsO auf **§ 245 und § 246 InsO**,[51] die das **Obstruktionsverbot** bzw. Sonderregelungen für die Zustimmung der nachrangigen Insolvenzgläubiger enthalten. Die **Aufzählung ist abschließend**; andere als die genannten Vorschriften sind nicht anwendbar.[52]

24 Wird gegen eine der in Art. 102c § 17 Abs. 1 Satz 2 EGInsO für anwendbar erklärten Vorschriften **verstoßen**, entfaltet die Zusicherung keine verfahrens- oder materiell-rechtlichen Wirkungen.[53]

### c) Stimmrechtsfeststellung

25 Für das **Stimmrecht der lokalen Gläubiger** bei der Abstimmung über die Zusicherung gilt **Art. 102c § 18 Abs. 1 Satz 1 EGInsO**. Danach gilt der Inhaber einer zur Teilnahme an der Abstimmung über die Zusicherung angemeldeten Forderung vorbehaltlich des Satzes 2 auch dann als stimmberechtigt, wenn der Verwalter des Hauptinsolvenzverfahrens oder ein anderer lokaler Gläubiger bestreitet, dass die Forderung besteht oder dass es sich um die Forderung eines lokalen Gläubigers handelt. Hängt das Abstimmungsergebnis von Stimmen ab, die auf **bestrittene Forderungen** entfallen, kann der Verwalter oder der bestreitende lokale Gläubiger gemäß Art. 102c § 18 Abs. 1 Satz 1 EGInsO bei dem nach Art. 102c § 1 Abs. 2 EGInsO zuständigen **Gericht** – dem örtlich zuständigen Insolvenzgericht des Niederlassungsstaats – eine **Entscheidung über das Stimmrecht erwirken,** das durch die bestrittenen Forderungen oder eines Teils davon gewährt wird. Der dann folgende Verweis auf **§ 77 Abs. 2 Satz 2 InsO**, wonach das Insolvenzgericht entscheidet, wenn keine Einigung über das Stimmrecht erzielt werden kann, dürfte insofern rein deklaratorisch sein. Art. 102c § 18 Abs. 1 Sätze 1 und 2 EGInsO gelten auch für **aufschiebend bedingte Forderungen**. **Absonderungsberechtigte Gläubiger** sind gemäß Art. 102c § 18 Abs. 1 Satz 4 EGInsO i. V. m. § 237 Abs. 1 Satz 2 InsO nur insoweit zur Abstimmung als Insolvenzgläubiger berechtigt, als ihnen der Schuldner auch persönlich haftet und sie auf die abgesonderte Befriedigung verzichten oder bei ihr ausfallen; solange der Ausfall nicht feststeht, sind sie mit dem mutmaßlichen Ausfall zu berück-

---

51) Krit. zur Einbeziehung des § 246 InsO *Fritz*, BB 2017, 131, 134.
52) Der Verweis auf § 251 InsO – Schutz von Minderheiten – wurde vom Bundestag in letzter Minute gestrichen, s. BT-Drucks. 18/12154, S. 16.
53) *Ch. Keller*, ZInsO 2018, 1999, 2004.

sichtigen. Die **Bundesagentur für Arbeit** gilt gemäß Art. 102c § 18 Abs. 2 EGInsO als lokaler Gläubiger.

**Fehler** im Zusammenhang mit dem auf **bestrittene Forderungen entfallenden Stimmrecht** sind abschließend im gerichtlichen Verfahren nach Art. 102c § 18 Abs. 1 Satz 2 EGInsO zu klären. Wird ein solches Verfahren nicht oder erfolglos betrieben, ist es anderen Gläubigern verwehrt, diesen Fehler im Verfahren nach Art. 38 Abs. 2 zu rügen; die Zusicherung ist dann trotz eines möglicherweise vorliegenden Fehlers als „gemäß Artikel 36" abgegeben anzusehen.[54] Das entspricht dem i. R. eines Insolvenzplans geltenden Fehlerfolgenrecht. Hier ist anerkannt, dass bei erfolgter gerichtlicher Entscheidung nach § 77 Abs. 2 InsO keine weitere gerichtliche Kontrolle im Verfahren nach § 250 InsO stattfindet. **Andere Fehler** bei der Stimmrechtsfeststellung sind dagegen auch noch im Verfahren nach Art. 38 Abs. 2 justiziabel, denn insofern sieht das EGInsO kein vorgelagertes Verfahren des Rechtsschutzes vor, innerhalb dessen dieser Fehler korrigiert werden könnte. Das gilt auch für einen möglichen Verstoß gegen Art. 102c § 18 Abs. 1 Satz 4 EGInsO i. V. m. § 237 Abs. 1 Satz 2 InsO (das Stimmrecht der absonderungsberechtigten Gläubiger) und Art. 102c § 18 Abs. 2 EGInsO (das Stimmrecht der Bundesagentur für Arbeit). Wäre die Zusicherung, den Fehler hinweggedacht, nicht gebilligt worden, so ist sie nicht als „gemäß Artikel 36" abgegeben anzusehen und unbeachtlich. Die Eröffnung des Sekundärverfahrens darf dann nicht unter Rekurs auf Art. 38 Abs. 2 EuInsVO abgelehnt werden.[55]

26

### d) Fernkommunikationsmittel

Sofern dies im nationalen Recht vorgesehen ist, sollten die Gläubiger gemäß Art. 36 Abs. 5 Satz 3 in der Lage sein, über **Fernkommunikationsmittel** an der Abstimmung teilzunehmen. Dazu regelt **Art. 102c § 17 Abs. 2 Satz 1 EGInsO**, dass der Insolvenzverwalter die lokalen Gläubiger **i. R. der Unterrichtung nach Art. 36 Abs. 5 Satz 4** informiert, welche Fernkommunikationsmittel bei der Abstimmung zulässig sind. Bei Verstoß dürfte die Zusicherung unwirksam sein.[56]

27

Er hat gemäß **Art. 102c § 17 Abs. 2 Satz 2 EGInsO** ferner darauf hinzuweisen, dass diese Gläubiger der Anmeldung ihrer Forderungen **Urkunden beifügen sollen**, aus denen sich ergibt, dass sie lokale Gläubiger i. S. von Art. 2 Nr. 11 sind. Bei einem **Verstoß** gegen diese Anordnung neige ich dazu, die Zusicherung gleichwohl für wirksam zu halten.[57] Für die Unterrichtung nach Art. 36 Abs. 5 Satz 4 gilt gemäß **Art. 102c § 19 EGInsO** Art. 102c § 12 Satz 2 EGInsO entsprechend, d. h. den bekannten lokalen Gläubigern ist die Zusicherung durch den Insolvenzverwalter besonders zuzustellen; § 8 Abs. 3 Sätze 2 und 3 InsO gelten dabei entsprechend. **Verstoß** macht die Zusicherung unwirksam.[58]

28

---

54) *Ch. Keller*, ZInsO 2018, 1999, 2004.
55) *Ch. Keller*, ZInsO 2018, 1999, 2005.
56) *Ch. Keller*, ZInsO 2018, 1999, 2005.
57) *Ch. Keller*, ZInsO 2018, 1999, 2003.
58) *Ch. Keller*, ZInsO 2018, 1999, 2001.

## 6. Informationspflicht

29 Der Vorbereitung der gerichtlichen Durchsetzung der Verteilungsordnung dient die **Informationspflicht** in Art. 36 Abs. 7 Satz 1: Hat der Insolvenzverwalter eine Zusicherung i. S. des Art. 36 Abs. 1 gegeben, so informiert er nach dieser Vorschrift die lokalen Gläubiger vor der Verteilung von Gegenständen der Masse oder des Erlöses über die beabsichtigte Verteilung. Für die Benachrichtigung gilt gemäß **Art. 102c § 13 EGInsO** der Art. 102c § 12 Satz 2 EGInsO entsprechend, d. h. den bekannten lokalen Gläubigern ist die Zusicherung durch den Insolvenzverwalter besonders zuzustellen; § 8 Abs. 3 Sätze 2 und 3 InsO gelten dabei entsprechend.

## 7. Rechtsschutz
### a) Durchsetzung der Verteilungsordnung

30 Entspricht der Inhalt dieser Information nicht dem Inhalt der Zusicherung oder geltendem Recht, kann jeder lokale Gläubiger gemäß Art. 36 Abs. 7 Satz 2 diese Verteilung vor einem Gericht des Mitgliedstaats **anfechten**, in dem das Hauptinsolvenzverfahren eröffnet wurde, um eine Verteilung gemäß dem Inhalt der Zusicherung und dem geltendem Recht zu erreichen. In diesem Fall wird gemäß Art. 36 Abs. 7 Satz 3 keine Verteilung der virtuellen Sekundärinsolvenzmasse vorgenommen, bis das Gericht über die Anfechtung entschieden hat. Für die Entscheidung über das Rechtsmittel ist gemäß **Art. 102c § 21 Abs. 1 Satz 1 EGInsO** das **Insolvenzgericht ausschließlich örtlich und sachlich zuständig**, bei dem das Hauptinsolvenzverfahren anhängig ist. Die Anordnung einer ausschließlichen örtlichen und sachlichen Zuständigkeit des Insolvenzgerichts ist zu begrüßen,[59] auch wenn – im Hinblick auf die internationale Zuständigkeit – folgendes dabei etwas misslich ist: In der Sache prüfen die Gerichte des Hauptverfahrensstaats u. a., ob die Art der beabsichtigten Verteilung mit „geltendem Recht" vereinbar ist; mit dem Passus geltendes Recht ist nun aber zumindest primär das Recht des Niederlassungsstaats gemeint, und es dürfte wenig sinnvoll sein, die Gerichte des Hauptverfahrensstaats mit der Prüfung des Rechts des Niederlassungsstaats zu betrauen. Die Gerichte werden sich mit der Einholung von Sachverständigengutachten behelfen (§ 293 Satz 2 ZPO). Die Anfechtung nach Art. 36 Abs. 7 Satz 2 hat gemäß **Art. 102c § 21 Abs. 1 Satz 2 EGInsO** binnen einer **Notfrist von zwei Wochen** zu erfolgen. Die Notfrist beginnt gemäß **Art. 102c § 21 Abs. 1 Satz 3 EGInsO** mit der Zustellung der Benachrichtigung über die beabsichtigte Verteilung. Das Gericht entscheidet durch **unanfechtbaren Beschluss**.

31 Unklar ist, ob die **internationale Zuständigkeit** der Gerichte des Hauptverfahrensstaats eine **ausschließliche** ist (Art. 102c § 21 Abs. 1 Satz 1 EGInsO betrifft nur die örtliche und sachliche Zuständigkeit), oder daneben eine Zuständigkeit der Gerichte des Niederlassungsstaats besteht, i. S. eines internationalen Wahlgerichtsstands. Ich neige der Auffassung zu, dass es sich insoweit um einen **ausschließlichen Gerichtsstand** handelt, und zwar aus dem systematischen Grund, dass dem europäischen Gesetzgeber ausweislich der Vorschrift des Art. 36 Abs. 9 die Möglichkeit der Zu-

---

[59] Das entspricht dem Vorschlag, den der Verfasser gemeinsam mit *Pluta* in: FS Vallender, S. 437, 449, gemacht hatte.

ständigkeitszuweisung auch an die Gerichte des Niederlassungsstaats bekannt war, dass er sich im Falle des Art. 36 Abs. 7 Satz 2 aber bewusst für die internationale Zuständigkeit der Gerichte des Hauptverfahrensstaats entschieden hat.[60]

Ungeklärt ist die Frage, was geschieht, wenn der Insolvenzverwalter **die Informationspflicht des Art. 36 Abs. 7 Satz 1 an sich verletzt** und so versucht, den lokalen Gläubigern von vornherein jede Möglichkeit des Rechtsschutzes abzuschneiden. Das Verfahren nach Art. 36 Abs. 7 Satz 2 löst das Problem nicht, weil die dortige Klage diese Information zur Voraussetzung, nicht zum Gegenstand hat. Das Klagerecht des Art. 36 Abs. 8 löst das Problem nicht, weil es dort um die Durchsetzung des Inhalts einer Zusicherung, nicht um die gesetzliche Informationspflicht nach Art. 36 Abs. 7 Satz 1 geht. Denkbar ist zweierlei: Wenn die Informationspflicht in die Zusicherung aufgenommen wird (sozusagen deklaratorisch), so könnte man an Rechtsschutz nach Art. 36 Abs. 8 (dazu gleich näher) denken, weil es dann in der Tat zumindest auch um die Einhaltung einer Verpflichtung aus der Zusicherung geht. Wo dies nicht der Fall ist, verbleiben als Möglichkeiten die Leistungs- oder Feststellungsklage (§§ 253, 256 ZPO) gegen den Verwalter oder aufsichtliche Maßnahmen durch das Insolvenzgericht (§§ 58 f. InsO). Die Vorschrift ermöglicht ihrem Wortlaut nach beides.[61] Wird im Wege der Leistungs- oder Feststellungsklage vorgegangen, ist in Deutschland das gemäß § 19a ZPO örtlich zuständige Amts- oder Landgericht zuständig. Für aufsichtliche Maßnahmen ist das Insolvenzgericht örtlich und sachlich zuständig.

### b) Durchsetzung sonstiger Verpflichtungen

Gemäß Art. 36 Abs. 8 können lokale Gläubiger die Gerichte des Mitgliedstaats, in dem ein Hauptinsolvenzverfahren eröffnet wurde, anrufen, um den Insolvenzverwalter des Hauptinsolvenzverfahrens zu verpflichten, die Einhaltung des Inhalts der Zusicherung durch alle geeigneten Maßnahmen nach dem nationalen Recht des Mitgliedstaats, in dem das Hauptinsolvenzverfahren eröffnet wurde, sicherzustellen. Art. 36 Abs. 8 ergänzt den Rechtsschutz nach Art. 36 Abs. 7, indem er lokalen Gläubigern nicht nur ein Klagerecht bei einer Verletzung der in der Zusicherung oder geltendem Recht enthaltenen Verteilungsordnung, sondern darüber hinaus für jeden Fall der **Verletzung einer Pflicht aus der Zusicherung** gewährt. Die internationale Zuständigkeit ist ausschließlich, soweit sie Hauptsacheverfahren betrifft;[62] soweit Maßnahmen des einstweiligen Rechtsschutzes in Rede stehen, handelt es sich um eine Wahlzuständigkeit, da den lokalen Gläubigern insofern auch die Möglichkeit gemäß Art. 36 Abs. 9 offensteht, die Gerichte des Niederlassungsstaats anzurufen.

Gemäß **Art. 102c § 21 Abs. 1 Satz 1 EGInsO** ist das **Insolvenzgericht ausschließlich örtlich und sachlich** zuständig, bei dem das Hauptinsolvenzverfahren anhängig ist. Die Anordnung ist unabhängig davon, ob Rechtsschutz im Wege einer aufsichtlichen Maßnahme oder einer Klage (der Wortlaut des Art. 36 Abs. 8 erlaubt beides) verfolgt

---

60) *Pluta/Ch. Keller* in: FS Vallender, S. 437, 548.
61) *Pluta/Ch. Keller* in: FS Vallender, S. 437, 550.
62) *Pluta/Ch. Keller* in: FS Vallender, S. 437, 550.

wird. So betrachtet führt Art. 102c § 21 Abs. 1 Satz 1 EGInsO zu einer streitwertunabhängigen Zuständigkeit des Amtsgerichts für Klagen nach Art. 36 Abs. 8.

### c) Einstweiliger Rechtsschutz

35 Lokale Gläubiger können auch die Gerichte des Mitgliedstaats, in dem ein Sekundärverfahren eröffnet worden wäre, anrufen, damit das Gericht einstweilige Maßnahmen oder Sicherungsmaßnahmen ergreift, um die Einhaltung des Inhalts der Zusicherung durch den Insolvenzverwalter sicherzustellen.[63] Es handelt sich um eine **Wahlzuständigkeit** („auch"). Für die Anordnung von einstweiligen Maßnahmen oder von Sicherungsmaßnahmen nach Art. 36 Abs. 9 ist, wird der Antrag in Deutschland gestellt, gemäß **Art. 102c § 21 Abs. 2, § 1 Abs. 2 EGInsO** das Insolvenzgericht ausschließlich örtlich und sachlich zuständig, in dessen Bezirk die Niederlassung des Schuldners liegt. Rechtsgrundlage für einstweilige Anordnungen des Insolvenzgerichtes ist § 21 InsO; Arrest und einstweilige Verfügung kommen nicht in Betracht, da es an einem Vollstreckungstitel fehlt.[64]

### d) Haftung des Verwalters

36 Schließlich ist in Art. 36 Abs. 10 eine europarechtliche Haftung[65] des Hauptinsolvenzverwalters gegenüber (nur) den lokalen Gläubigern (Art. 2 Nr. 11) auf **Schadenersatz**[66] vorgesehen. Gemäß **Art. 102c § 14 EGInsO** gilt für diese Haftung in einem in Deutschland anhängigen Insolvenzverfahren § 92 InsO entsprechend. Die Leistungs- oder Feststellungsklage auf Schadenersatz (für die kein Gerichtsstand genannt wird) ist ein **Annexverfahren**, für das die Gerichte des Hauptverfahrensstaats international zuständig sind.[67] Örtlich zuständig ist in Deutschland gemäß § 19a ZPO das sachlich zuständige Amts- oder Landgericht im Bezirk des Insolvenzgerichts.[68]

37 Fraglich ist, ob die Haftung nach Art. 36 Abs. 10 **verschuldensunabhängig oder verschuldensabhängig** ist: Der Text der Verordnung erwähnt kein Verschuldenserfordernis; auch wird in Art. 102c § 14 EGInsO nicht auf § 60 Abs. 1 InsO verwiesen. *Mankowski* scheint deshalb einer verschuldensunabhängigen Haftung zuzuneigen.[69] Wenn dies richtig ist, stellt sich die Frage, ob die Haftung des Verwalters in der von den Gläubigern zu billigenden Zusicherung verschuldensabhängig ausgestaltet werden kann,[70] was m. E. richtig wäre: Eine verschuldensunabhängige Haftung (u. a. für die „tatsächlichen Annahmen" i. S. des Art. 36 Abs. 1 Satz 2) wäre ein sehr scharfes Schwert, die hieraus folgenden Risiken wohl auch nicht günstig zu

---

63) Ausführlich *Skauradszun*, Rechtsschutz, und *Skauradszun*, KTS 2016, 419.
64) *Skauradszun*, Rechtsschutz, S. 46.
65) Zur Konkurrenz mit nationalen Haftungstatbeständen *Schuster*, NZI 2017, 873, 879.
66) Für ein Rücktrittsrecht der Gläubiger geben weder die ErwG noch die Vorschrift selbst etwas her. *Mankowski*, NZI 2015, 961, 969 f., scheint das aber zu erwägen.
67) *Pluta/Ch. Keller* in: FS Vallender, S. 437, 550.
68) *Pluta/Ch. Keller* in: FS Vallender, S. 437, 551.
69) *Mankowski*, NZI 2015, 961, 969.
70) *Mankowski*, NZI 2015, 961, 963, würde dem vielleicht unter Hinweis darauf widersprechen, dass die Zusicherung (seiner Ansicht nach) keine Vereinbarung, sondern ein einseitiges Rechtsgeschäft des Verwalters ist.

versichern. M. E. besteht die begründete Sorge, dass das ohnehin schon komplexe Verfahren[71] der Zusicherung solchermaßen eine **erhebliche praktische Entwertung** erfährt, zumal ohnehin schon eine Kannibalisierung der Zusicherung durch das wesentlich simplere Aussetzungsrecht nach Art. 46 zu befürchten steht.

Ebenfalls unklar ist, ob die Haftung nach Art. 36 Abs. 10 auch eine **Haftung für fremdes Verschulden** darstellt. Aus diesem Grund enthielt der RefE für Art. 102c § 14 EGInsO die Regelung, dass der Verwalter dann, wenn er zur Erfüllung seiner Pflichten Angestellte des Schuldners i. R. ihrer bisherigen Tätigkeit einsetzen muss, nur nach Maßgabe des § 60 Abs. 2 InsO haftet. Dies hätte bedeutet, dass er nur für die Überwachung dieser Angestellten und für Entscheidungen von besonderer Bedeutung verantwortlich ist, sofern diese Angestellten nicht offensichtlich ungeeignet sind.[72] Der Ausschuss für Recht und Verbraucherschutz entfernte die Verweisung auf § 60 Abs. 2 InsO; ob Art. 36 Abs. 10 auch eine Haftung für fremdes Verschulden enthalte, sei der Vorschrift durch Auslegung zu entnehmen.[73] Es ist also am EuGH, diese Frage i. R. eines Vorabentscheidungsverfahrens nach Art. 267 AEUV zu klären.

### 8. Arbeitsrecht

Für die Zwecke des Art. 36 gilt gemäß Art. 36 Abs. 11 eine Behörde, die in dem Mitgliedstaat, in dem ein Sekundärverfahren hätte eröffnet werden können, eingerichtet ist und die nach der Richtlinie 2008/94/EG des Europäischen Parlaments und des Rates[74] verpflichtet ist, die Befriedigung nicht erfüllter Ansprüche von Arbeitnehmern aus Arbeitsverträgen oder Arbeitsverhältnissen zu garantieren, als lokaler Gläubiger, sofern dies im nationalen Recht geregelt ist. Das betrifft in Deutschland die Bundesagentur für Arbeit.

### 9. Sekundärverfahren trotz Zusicherung

Wird unter Hinweis auf die Zusicherung die Eröffnung eines Sekundärverfahrens nach Art. 38 Abs. 2 abgelehnt, so steht dem Antragsteller gemäß **Art. 102c § 20 Abs. 1 Satz 1 EGInsO** die sofortige Beschwerde zu. Wird in der Bundesrepublik Deutschland ein Sekundärverfahren eröffnet, ist der Rechtsbehelf nach Art. 39 gemäß Art. 102c § 20 Abs. 2 Satz 1 EGInsO als **sofortige Beschwerde** zu behandeln.

### 10. Drittstaatenbezug

Das Problem unliebsamer Sekundärverfahren stellt sich nicht nur in den Grenzen Europas, sondern auch in grenzüberschreitenden Insolvenzverfahren mit Bezug zu Drittstaaten. Insofern ist Ausgangspunkt die Vorschrift des § 343 Abs. 1 Satz 1 InsO, wonach die Eröffnung eines ausländischen Insolvenzverfahrens in Deutschland grundsätzlich anerkannt wird. Nach zutreffender Auffassung gilt die Vorschrift nicht

---

71) K. Schmidt-*Brinkmann*, InsO, Art. 27 EuInsVO Rz. 3. *Wenner*, ZIP 2017, 1137, 1141.
72) Begr. RegE Durchführungsgesetz, BR-Drucks. 654/16, S. 33.
73) Beschlussempfehlung und Bericht d. RA z. Durchführungsgesetz, BT-Drucks. 18/12154, S. 31.
74) Richtlinie 2008/94/EG des Europäischen Parlaments und des Rates v. 22.10.2008 über den Schutz der Arbeitnehmer bei Zahlungsunfähigkeit des Arbeitgebers, ABl. (EU) L 283/36 v. 28.10.2008.

nur für ausländische Hauptverfahren, sondern auch für ausländische Sekundärverfahren.[75] Die Frage, die sich in diesem Zusammenhang mithin stellt, ist die, ob Art. 36 auch im Hinblick auf Sekundärverfahren angewendet werden kann, die in Drittstaaten eröffnet werden, oder mit deren Beantragung in einem Drittsaat gedroht wird.

42 Grundsätzlich ist umstritten, ob die EuInsVO auf sog. **Drittstaatensachverhalte** Anwendung findet, wobei sich drei Meinungen klar voneinander unterscheiden lassen. Wohl überwiegend wird vertreten, erforderlich sei stets der Bezug zu einem anderen Mitgliedstaat, der Bezug zu einem Drittstaat reiche nicht aus.[76] Begründet wird das mit dem Wortlautargument, Anknüpfungspunkt der Vorschriften der EuInsVO sei regelmäßig eine anderer „Mitgliedstaat", sowie dem Zweck der EuInsVO, das reibungslose Funktionieren des Binnenmarktes zu gewährleisten. Im Verhältnis zu Drittstaaten sei deshalb stets das autonome Internationale Insolvenzrecht anwenden.[77] Folgt man dem, steht fest, dass Art. 36 nicht im Verhältnis zu Drittstaaten angewendet werden kann; da das autonome Deutsche Internationale Insolvenzrecht eine dem Art. 36 vergleichbare Vorschrift nicht kennt, wäre die Durchführung eines virtuellen Sekundärverfahrens insofern nicht (oder nur i. R. eines Insolvenzplans) möglich. Zum Teil wird demgegenüber vertreten, ein Bezug zu einem anderen Mitgliedstaat sei nicht erforderlich, ausreichend sei der Bezug zu einem Drittstaat. Begründet wird das mit dem Argument der Wertungsparallelität zur EuGVVO, bei der der Bezug zu einem Drittstaat ausreicht.[78] Folgt man dem, könnte Art. 36 grundsätzlich auch im Verhältnis zu Drittstaaten angewendet werden.

43 Überzeugender als beide der genannten Auffassungen erscheint indessen die differenzierende Auffassung, die von Vorschrift zu Vorschrift entscheiden möchte, ob Bezug gerade zu einem anderen Mitgliedstaat erforderlich ist, oder ob der Bezug zu einem Drittstaat ausreicht.[79] Wortlaut und Zweck der jeweiligen Vorschriften sind dabei die Hauptkriterien, anhand derer die Notwenigkeit eines Binnenmarktbezugs festgestellt werden soll. Wendet man diese Kriterien auf Art. 36 an, so ist zunächst festzustellen, dass die Zusicherung „in Bezug auf in dem Mitgliedstaat, in dem ein Sekundärverfahren eröffnet werden könnte" abgegeben werden kann, dass also der Wortlaut der Vorschrift eindeutig einen qualifizierten Binnenmarktbezug voraussetzt.

44 Nicht zu verkennen ist allerdings, dass Art. 36 dem **Zweck** dient, die **Abwicklung eines grenzüberschreitenden Insolvenzverfahrens zu vereinfachen**, in dem die Verwaltungs- und Verwertungskompetenz mit dem Mittel der Zusicherung beim Verwalter des Hauptverfahrens konzentriert wird. Dahinter steht – natürlich – das alles überragende Ziel jedes Insolvenzverfahrens: die größtmögliche Befriedigung der

---

75) *Thole* in: MünchKomm-InsO, § 343 Rz. 17.
76) Für Nachweise zum Meinungsstand *Pluta/Ch. Keller* in: FS Vallender, S. 437, 451.
77) *Paulus*, EuInsVO, Einl. Rz. 33.
78) Rauscher-*Mäsch*, EuZPR/EuIPR, Bd. 2, 2. Aufl., 2006, Art. 1 EuInsVO Rz. 15; *Haubold* in: Gebauer/Wiedmann, Zivilrecht unter europäischem Einfluss, Kap. 32, Art. 1 Rz. 30.
79) *Reinhart* in: MünchKomm-InsO, Art. 1 EuInsVO 2000 Rz. 15; K. Schmidt-*Brinkmann*, InsO, Art. 1 EuInsVO Rz. 12 f. – qualifizierter Binnenmarktbezug nur dann, wenn er in einzelnen Vorschriften vorausgesetzt ist.

Insolvenzgläubiger. Dieser Zweck wird aber jedenfalls dann nicht obsolet, wenn das Hauptinsolvenzverfahren Bezug nicht nur zu dem Drittstaat (als potentiellem Sekundärverfahrensstaat), sondern noch zu mindestens einem Mitgliedstaat hat. Beispiel: Ein deutsches Hauptinsolvenzverfahren vereinigt Gläubiger aus Deutschland, Österreich, Polen, Frankreich und Dänemark; dänische Gläubiger wollen unbedingt ein Sekundärverfahren veranstalten; das betrifft nun aber unmittelbar das Interesse der Gläubiger in den Mitgliedstaaten Deutschland, Österreich, Polen und Frankreich, was für eine Anwendbarkeit des Art. 36 auch im Verhältnis zu Drittstaaten sprechen könnte. Eine Anwendung im Verhältnis zu Drittstaaten wäre so betrachtet nur dann ausgeschlossen, wenn überhaupt kein Bezug zu einem Mitgliedstaat der EU vorhanden ist (also auch keine Gläubiger aus einem anderen Mitgliedstaat vorhanden sind), was heute allerdings kaum noch denkbar ist.

## Artikel 37
### Recht auf Beantragung eines Sekundärinsolvenzverfahrens

(1) Die Eröffnung eines Sekundärinsolvenzverfahrens kann beantragt werden von
a) dem Verwalter des Hauptinsolvenzverfahrens,
b) jeder anderen Person oder Behörde, die nach dem Recht des Mitgliedstaats, in dessen Hoheitsgebiet die Eröffnung des Sekundärinsolvenzverfahrens beantragt wird, dazu befugt ist.

(2) Ist eine Zusicherung im Einklang mit Artikel 36 bindend geworden, so ist der Antrag auf Eröffnung eines Sekundärinsolvenzverfahrens innerhalb von 30 Tagen nach Erhalt der Mitteilung über die Billigung der Zusicherung zu stellen.

Literatur: *Dammann/Müller*, Eröffnung eines Sekundärverfahrens in Frankreich gem. Art. 29 lit. a) EuInsVO auf Antrag eines schwachen deutschen Insolvenzverwalters, NZI 2011, 752; *Degenhardt*, Keine Verpflichtung zur Beantragung eines Sekundärinsolvenzverfahrens – Zugleich Besprechung von Cour de cassation, Urt. v. 7.2.2018 – Nr. 17-10056, NZI 2019, 656; *Kemper*, Die Verordnung (EG) Nr. 1346/2000 über Insolvenzverfahren – Ein Schritt zu einem europäischen Insolvenzrecht, ZIP 2001, 1609; *Lüke*, Das europäische internationale Insolvenzrecht, ZZP 111 (1998), 275; *Pluta/Keller, Ch.*, Das virtuelle Sekundärinsolvenzverfahren nach der reformierten Europäischen Insolvenzverordnung, in: Festschrift für Heinz Vallender, 2015, S. 437; *Pogacar*, Rechte und Pflichten des Hauptverwalters im Sekundärverfahren, NZI 2011, 46; *Vallender*, Die Voraussetzungen für die Einleitung eines Sekundärinsolvenzverfahrens nach der EuInsVO, InVo 2005, 41.

### Übersicht

| | |
|---|---|
| I. Zweck der Norm ................ 1 | 2. Antragsrecht anderer Personen und Behörden (Art. 37 Abs. 1 lit. b) ......... 7 |
| II. Inhalt der Norm ................ 4 | 3. Antragsfrist bei Zusicherung |
| 1. Antragsrecht des Hauptverwalters (Art. 37 Abs. 1 lit. a) .............. 4 | (Art. 37 Abs. 2) ................ 11 |
| | III. Partikularverfahren ............ 12 |

### I. Zweck der Norm

Art. 37 Abs. 1 enthält zwei Regelungen für die Befugnis zur Antragstellung auf Eröffnung eines Sekundärverfahrens: Die **Sachnorm**[1] des **Art. 37 Abs. 1 lit. a** sagt, dass

---
1) Mankowski/Müller/J. Schmidt-*Mankowski*, EuInsVO 2015, Art. 37 Rz. 2; *Reinhart* in: MünchKomm-InsO, Art. 29 EuInsVO 2000 Rz. 1.

auch der Verwalter des Hauptverfahrens antragsberechtigt ist (zur Verpflichtung des Hauptverwalters, in diesem Fall einen Kostenvorschuss oder eine Sicherheitsleistung zu erbringen, siehe die Kommentierung zu Art. 40). Das eigene Antragsrecht des Hauptverwalters soll diesem die Möglichkeit geben, das Vermögen des Schuldners im Niederlassungsstaat effektiv zu verwerten und ihm Zugriff auf dingliche Rechte i. S. des Art. 8 in anderen Staaten als dem Hauptverfahrensstaat geben.[2] Gäbe es Art. 37 Abs. 1 nicht, so folgte das Antragsrecht des Hauptinsolvenzverwalters indessen schon aus der Überlegung, dass mit Übergang der Vermögens- und Verwaltungsbefugnis auch das Antragsrecht des Schuldners auf den Verwalter übergeht. Denn das Recht des Schuldners, weitere Insolvenzverfahren über sein Vermögen zu beantragen, gehört zu der Verwaltungsbefugnis, die ihm mit der Eröffnung aber gerade entzogen wird.[3]

2 Die (mit Art. 35 übereinstimmende und daher nur klarstellende) **Kollisionsnorm**[4] des **Art. 37 Abs. 1 lit. b** sagt, dass sich das Antragsrecht anderer Personen als des Verwalters des Hauptverfahrens nach der lex fori concursus secundarii richtet. Art. 37 Abs. 2 **ergänzt** Art. 36, in dem er für den Fall der Abgabe einer Zusicherung eine Frist für die Stellung eines Antrags auf Eröffnung eines Sekundärverfahrens vorsieht.

3 Keine Aussage trifft Art. 37 zu der Frage, ob und unter welchen Voraussetzungen eine – und ggf. wessen – **Rechtspflicht** besteht, die **Eröffnung eines Sekundärverfahrens** zu beantragen (zum speziellen Fall des Hauptinsolvenzverwalters unten Rz. 6). Zutreffender Auffassung zufolge trifft grundsätzlich niemanden – insbesondere nicht die Geschäftsleitung des Schuldners – die Rechtspflicht, nach Eröffnung eines Hauptinsolvenzverfahrens die Eröffnung eines Sekundärinsolvenzverfahrens zu beantragen. Dies gilt insbesondere auch dann, wenn in Mitgliedstaaten, in denen ein Sekundärverfahren beantragt werden könnte, die straf- oder haftungsbewehrte Verpflichtung besteht, bei Vorliegen eines Insolvenzgrundes Insolvenzantrag zu stellen.[5]

## II. Inhalt der Norm

### 1. Antragsrecht des Hauptverwalters (Art. 37 Abs. 1 lit. a)

4 Gemäß Art. 37 Abs. 1 lit. a ist der „**Verwalter des Hauptinsolvenzverfahrens**" berechtigt, den Antrag auf Eröffnung eines Sekundärverfahrens zu stellen. „Verwalter" in diesem Sinne[6] ist aus deutscher Sicht zunächst einmal der **Insolvenzverwalter**. Er erbringt den **Nachweis seiner Antragsbefugnis** durch Vorlage einer beglaubigten Abschrift seiner Bestellungsurkunde oder durch eine andere vom zuständigen Gericht ausgestellte Bescheinigung, wobei er auf Verlangen des Gerichts eine Über-

---

2) Mankowski/Müller/J. Schmidt-*Mankowski*, EuInsVO 2015, Art. 37 Rz. 2; K. Schmidt-*Brinkmann*, InsO, Art. 29 EuInsVO Rz. 2.
3) *Reinhart* in: MünchKomm-InsO, Art. 29 EuInsVO 2000 Rz. 3.
4) *Reinhart* in: MünchKomm-InsO, Art. 29 EuInsVO 2000 Rz. 1; zum Umfang der Verweisung s. unten Rz. 8.
5) Ausführlich *Degenhardt*, NZI 2019, 656 660.
6) Auf Art. 2 Nr. 5 i. V. m. Anhang B kann zur Auslegung des Begriffes „Verwalter" nicht zurückgegriffen werden, weil dort – dazu sogleich näher – auch Amtsträger genannt sind, die nach Sinn und Zweck des Art. 37 nicht zur Antragstellung berechtigt sind. A. A. Mankowski/Müller/J. Schmidt-*Mankowski*, EuInsVO 2015, Art. 37 Rz. 10.

setzung in die Amtssprache(n) des anderen Mitgliedstaats beschaffen muss (Art. 22).[7] Eine Beglaubigung der Übersetzung kann nach h. M. ebenfalls verlangt werden (siehe Art. 22 Rz. 20 [*Hänel*]).[8] Sodann aber besteht Einigkeit darüber, dass der **Sachwalter nicht** zur Stellung eines Antrags auf Eröffnung eines Sekundärverfahrens berechtigt ist, denn ihm werden nicht die Verwaltungs- und Verfügungsbefugnis über das Vermögen des Schuldners, sondern lediglich Überwachungsaufgaben übertragen.[9] Endlich ist unstrittig, dass **andere Sekundärverwalter** oder **Verwalter aus vorangegangenen isolierten Partikularinsolvenzverfahren** aufgrund der Hilfs- und Unterstützungsfunktion des Sekundärverfahrens gegenüber dem Hauptverfahren keine „Verwalter" i. S. des Art. 37 Abs. 1 lit. a, mithin nicht zur Antragstellung befugt sind.[10]

Zur Frage, ob auch ein **vorläufiger Insolvenzverwalter** gemäß Art. 37 Abs. 1 lit. a zur 5 Stellung eines Insolvenzantrags befugt ist, werden **drei Auffassungen** vertreten. Abzulehnen, da nicht in Übereinstimmung mit der Entscheidung des EuGH in Sachen *Eurofood* stehend, ist die häufig vertretene Auffassung, vorläufige Insolvenzverwalter seien *nie* als „Verwalter" i. S. des Art. 37 Abs. 1 lit. a anzusehen.[11] Das Argument dieser Auffassung, ein Sekundärverfahren setze ein eröffnetes Hauptverfahren voraus, weshalb ein nur vorläufiger Insolvenzverwalter nicht antragsbefugt sein könne,[12] vermengt in unzulässiger Weise die Frage der Antragsbefugnis mit der Frage der Begründetheit des Antrags. Wer – wie der Verfasser – die Auffassung für richtig hält, das Antragsrecht des Verwalters sei in der Sache nichts anderes als das Antragsrecht des Schuldners, das durch die Übertragung der Verwaltungs- und Verfügungsbefugnis auf den Verwalter übergehe (siehe oben Rz. 1), der kann ferner die Auffassung nicht für richtig halten, ein vorläufiger Insolvenzverwalter sei *stets* zur Antragstellung berechtigt.[13] Denn es ist jedenfalls nach deutschem Recht möglich, dass einem vorläufigen Insolvenzverwalter die Verwaltungs- und Verfügungsbefugnis *nicht* übertragen wird (§ 22 Abs. 1 Satz 1 InsO). Vorzugswürdig ist denn auch die in gewisser Weise vermittelnde Auffassung, wonach das Antragsrecht vom Umfang der dem vorläufigen Verwalter in casu übertragenen Befugnisse abhängt: Handelt es sich um einen **starken vorläufigen Verwalter**, so ist er antragsbefugt, andern-

---

7) *Pogacar*, NZI 2011, 46, 47.
8) A. A. *Pogacar*, NZI 2011, 46, 47; differenzierend Braun-*Tashiro*, InsO, Art. 22 EuInsVO Rz. 13.
9) H. M., *Reinhart* in: MünchKomm-InsO, Art. 29 EuInsVO 2000 Rz. 3. Er kann allerdings über Art. 37 Abs. 1 lit. b antragsberechtigt sein, wenn ihm das Insolvenzrecht des Niederlassungsstaats ein solches Antragsrecht zugesteht.
10) H. M., *Kolmann*, Kooperationsmodelle, S. 335; Mankowski/Müller/J. Schmidt-*Mankowski*, EuInsVO 2015, Art. 37 Rz. 12; *Mock* in: BeckOK-InsO, Art. 37 EuInsVO 2017 Rz. 4. Ein Antragsrecht dieser Personen kann über Art. 37 Abs. 1 lit. b aber aus dem nationalen Insolvenzrecht des Niederlassungsstaats folgen.
11) K. Schmidt-*Brinkmann*, InsO, Art. 29 EuInsVO Rz. 4; Nerlich/Römermann-*Commandeur*, InsO, Art. 29 EuInsVO Rz. 3 (per Verweis in der Neukommentierung mit *Hübler*); Pannen-Herchen, EuInsVO, Art. 29 Rz. 20; *Kindler* in: MünchKomm-BGB, Art. 37 EuInsVO Rz. 4; *Kolmann*, Kooperationsmodelle, S. 335; Uhlenbruck-*Lüer*, InsO, Art. 29 EuInsVO Rz. 2.
12) *Vallender*, InVo 2005, 41, 42, 45.
13) Handelsgericht Nanterre, Urt. v. 8.7.2011, zit. nach Dammann/Müller, NZI 2011, 752, die diese Auffassung teilen (NZI 2011, 752, 756); Mankowski/Müller/J. Schmidt-*Mankowski*, EuInsVO 2015, Art. 37 Rz. 5; *Schultz* in: HK-InsO, Art. 37 EuInsVO Rz. 6.

falls nicht.[14] Zur Vermeidung von Unklarheiten mag es sich empfehlen, dass der vorläufige Insolvenzverwalter des Hauptverfahrens **in seinem Bestellungsbeschluss ausdrücklich ermächtigt** wird, Sekundärverfahren zu beantragen.[15] Zwar kann das Insolvenzrecht des Hauptverfahrensstaats nicht die Antragsberechtigung im Sekundärverfahren regeln. Andererseits sind jedoch die Befugnisse des vorläufigen Insolvenzverwalters nach Art. 21 im Sekundärverfahrensstaat anzuerkennen.

6 Aus Art. 37 Abs. 1 lit. a folgt **keine Pflicht des Hauptverwalters, ein Sekundärverfahren zu beantragen**.[16] Ob eine solche besteht, richtet sich nach dem Recht des Hauptverfahrensstaats.[17] Da dem Verwalter in der Regel nach dem jeweiligen nationalen Recht die Pflicht zur möglichst günstigen und effektiven Verwertung der Insolvenzmasse obliegt, ist denkbar, dass bei absehbaren Nachteilen, die sich bei Fehlen eines Sekundärverfahrens ergeben (z. B. einem ungünstigen Anfechtungsstatut), eine Antragspflicht besteht.[18] In diesen Fällen kommt ggf. eine Haftung des Verwalters des Hauptverfahrens nach dem Recht des Hauptverfahrensstaats in Betracht.

**2. Antragsrecht anderer Personen und Behörden (Art. 37 Abs. 1 lit. b)**

7 Gemäß Art. 37 Abs. 1 lit. b Fall 1 richtet sich die Antragsbefugnis „anderer Personen und Behörden" nach dem Insolvenzrecht des Niederlassungsstaats,[19] in Deutschland also den §§ 13, 14 InsO. Das Recht, die Eröffnung eines Sekundärverfahrens zu beantragen, darf allerdings nicht auf Personen mit Sitz oder Wohnsitz in dem Mitgliedstaat, in dem sich die betreffende Niederlassung befindet, oder auf die Gläubiger, deren Forderung auf einer sich aus dem Betrieb dieser Niederlassung ergebenden Verbindlichkeit beruht, beschränkt werden.[20] Denn in einer solchen Unterscheidung läge eine mittelbare Benachteiligung auf Grund der Staatsangehörigkeit, die nach ständiger Rechtsprechung des EuGH grundsätzlich unzulässig ist.[21] Der Begriff der „**Behörde**" (er ersetzt das alte Wort „Stelle") ist in der EuInsVO nicht definiert und verordnungsautonom auszulegen. Gemeint sind öffentliche Stellen, die auf das Ausscheiden insolventer Teilnehmer aus dem Markt zu achten haben, wobei Antragsrechte von Aufsichtsbehörden über Kreditinstitute und Versicherungen oder

---

14) Wohl h. M., *Reinhart* in: MünchKomm-InsO, Art. 29 EuInsVO 2000 Rz. 3; unentschieden K. Schmidt-*Brinkmann*, InsO, Art. 29 EuInsVO Rz. 4, der unter Verweis auf *Eurofood* aber eher für ein Antragsrecht ist; wohl auch *Wenner/Schuster* in: FK-InsO, Art. 37 EuInsVO Rz. 5, wenn sie die Antragstellung als „die stärkste Sicherungsmaßnahme nach nationalem Recht" ansehen.
15) *Reinhart* in: MünchKomm-InsO, Art. 29 EuInsVO 2000 Rz. 3.
16) H. M., Mankowski/Müller/J. Schmidt-*Mankowski*, EuInsVO 2015, Art. 37 Rz. 6 und 9.
17) Mankowski/Müller/J. Schmidt-*Mankowski*, EuInsVO 2015, Art. 37 Rz. 11; *Reinhart* in: MünchKomm-InsO, Art. 29 EuInsVO 2000 Rz. 3; *Wenner/Schuster* in: FK-InsO, Art. 37 EuInsVO Rz. 4.
18) K. Schmidt-*Brinkmann*, InsO, Art. 29 EuInsVO Rz. 4; *Wenner/Schuster* in: FK-InsO, Art. 37 EuInsVO Rz. 4.
19) So schon EuGH, Urt. v. 4.9.2014 – Rs. C-327/13 (Burgo Group), ZIP 2014, 2513, dazu EWiR 2015, 81 *(Undritz)*.
20) EuGH, Urt. v. 4.9.2014 – Rs. C-327/13 (Burgo Group), ZIP 2014, 2513.
21) EuGH, Urt. v. 4.9.2014 – Rs. C-327/13 (Burgo Group), ZIP 2014, 2513.

über von der RL 2001/24/EG erfasste Wertpapierunternehmen wegen der Bereichsausnahme in Art. 1 Abs. 2 nicht erfasst sind.[22]

Streitig ist, ob es sich bei Art. 37 Abs. 1 lit. b um eine Sachnormverweisung auf die materiell-rechtlichen Vorschriften für die Antragsberechtigung im Verfahrensstaat (in Deutschland also die §§ 13 ff. InsO) oder um eine Verweisung auch auf das autonome Internationale Insolvenzrecht (in Deutschland §§ 354 ff. InsO) handelt. Diese Frage ist deshalb aufgeworfen worden, weil, würde man Art. 37 Abs. 1 lit. b als Verweisung auch auf die Vorschriften des autonomen Deutschen Internationalen Insolvenzrechts begreifen, von der Verweisung auch die Vorschrift des § 354 Abs. 1 InsO erfasst wäre, wonach bei Partikularverfahren (gemeint sind damit auch Sekundärverfahren)[23] die Eröffnung eines besonderen Insolvenzverfahrens über das inländische Vermögen des Schuldners nur auf Antrag *eines Gläubigers* – eben nicht des Schuldners – zulässig ist. Da § 354 Abs. 1 InsO aber nur verhindern soll, dass der Schuldner unter missbräuchlicher Stellung eines oder mehrerer Anträge auf Eröffnung eines Partikularverfahrens sein Vermögen „von den Rändern her liquidiert"[24], diese Gefahr bei einem Sekundärverfahren (das per definitionem ein Hauptverfahren voraussetzt) aber nicht besteht,[25] ist die Vorschrift in der Situation eines Schuldnerantrages nach Art. 37 Abs. 1 lit. b nicht anzuwenden. Dann ist es konsequent, Art. 37 Abs. 1 lit. b als Sachnormverweisung zu begreifen.[26]

8

Für die Antragsbefugnis des **Gläubigers** sind bei einem Sekundärverfahren keine weiteren qualifizierenden Voraussetzungen nach der EuInsVO zu beachten.[27] Insbesondere muss ein Gläubiger **kein besonderes rechtliches Interesse** an der Eröffnung eines Sekundärverfahrens nachweisen[28] und ist die Zulässigkeit oder Begründetheit seines Antrags **nicht von der Billigung des Hauptinsolvenzverwalters abhängig.**[29] Sollte der Hauptinsolvenzverwalter der Auffassung sein, die Durchführung eines Sekundärverfahrens auf Antrag eines Gläubigers sei nicht opportun, ist er auf die Gegenmaßnahmen verwiesen, die ihm die EuInsVO zur Verfügung stellt (insbesondere die Abgabe einer Zusicherung gemäß Art. 36). Ob daneben ein Rechtsschutzbedürfnis für eine Feststellungsklage oder eine einstweilige Verfügung bestehen kann, halte ich für zweifelhaft.[30] Ein Gläubiger des Schuldners ist antragsberech-

9

---

22) Mankowski/Müller/J. Schmidt-*Mankowski*, EuInsVO 2015, Art. 37 Rz. 20 und 23.
23) *Reinhart* in: MünchKomm-InsO, § 356 Rz. 7.
24) Begr. RegE z. § 354, BR-Drucks. 715/02, S. 30 f.
25) Nerlich/Römermann-*Commandeur*, InsO, Art. 29 EuInsVO Rz. 6 (per Verweis in Neukommentierung mit *Hübler*).
26) H. M., Mankowski/Müller/J. Schmidt-*Mankowski*, EuInsVO 2015, Art. 37 Rz. 14 m. w. N.
27) H. M., K. Schmidt-*Brinkmann*, InsO, Art. 29 EuInsVO Rz. 5 m. w. N.; a. A. z. B. *Wenner/Schuster* in: FK-InsO, Art. 37 EuInsVO Rz. 9 und 10; Pannen-*Herchen*, EuInsVO, Art. 29 Rz. 31–35.
28) *Schultz* in: HK-InsO, Art. 37 EuInsVO Rz. 11; a. A. *Wenner/Schuster* in: FK-InsO, Art. 37 EuInsVO Rz. 9 und 10. Das ist konsequent, denn diese Autoren betrachten schon die Existenz des Sekundärverfahrens an sich kritisch. Ich sehe dies zwar auch so, würde deshalb aber keine ungeschriebenen Voraussetzungen in Art. 37 EuInsVO hineinlesen.
29) H. M., Mankowski/Müller/J. Schmidt-*Mankowski*, EuInsVO 2015, Art. 37 Rz. 16 m. w. N.
30) **A. A.** wohl Mankowski/Müller/J. Schmidt-*Mankowski*, EuInsVO 2015, Art. 37 Rz. 16.

tigt unabhängig davon, ob er seinen Sitz oder Wohnsitz im Sekundärverfahrensstaat hat, oder ob seine Forderung aus dem Betrieb der Niederlassung herrührt.

10 Streitig ist, inwieweit der **Schuldner** selbst sein regelmäßig nach dem Insolvenzrecht des Sekundärverfahrensstaats bestehendes Antragsrecht auf Grund der Eröffnung des Hauptverfahrens verliert. Die Antwort auf diese Frage ist im Recht des Hauptverfahrensstaats zu suchen.[31)] Art. 37 Abs. 1 lit. b trifft hierüber keine Aussage.[32)] In Deutschland sind insofern die §§ 80, 81 InsO einschlägig. Die Eröffnung des Sekundärverfahrens kommt einer Verfügung über Massegegenstände gleich, da durch sie dem Hauptinsolvenzverfahren Massegegenstände entzogen werden. Daher hat ein deutscher Schuldner kein Recht, im Ausland ein Sekundärinsolvenzverfahren über sein Vermögen zu beantragen.[33)]

### 3. Antragsfrist bei Zusicherung (Art. 37 Abs. 2)

11 Ist eine **Zusicherung** im Einklang mit Art. 36 bindend geworden, so ist der Antrag auf Eröffnung eines Sekundärverfahrens innerhalb von 30 Tagen nach Erhalt der Mitteilung über die Billigung der Zusicherung zu stellen. Es kommt darauf an, wann der Antragsteller die Billigung der Zusicherung „erhalten" hat (alles andere ist sinnlos)[34)], weshalb sich deren förmliche Zustellung empfiehlt (vgl. Art. 102c § 19 EGInsO für die Situation eines im Ausland eröffneten Hauptinsolvenzverfahrens). Für die **Fristberechnung** gilt die Verordnung des Rates Nr. 1182/71 (EWG, Euratom).[35)] Nicht fristgerecht gestellte Anträge sind als **unzulässig** zurückzuweisen.[36)] Ob die in der Fristbestimmung enthaltene Einschränkung der Antragsbefugnis nur für lokale oder für alle Gläubiger des Schuldners gilt, scheint mir ein Scheinproblem

---

31) *Wenner/Schuster* in: FK-InsO, Art. 37 EuInsVO Rz. 11.
32) K. Schmidt-*Brinkmann*, InsO, Art. 29 EuInsVO Rz. 6; *Reinhart* in: MünchKomm-InsO, Art. 29 EuInsVO 2000 Rz. 8; Uhlenbruck-*Lüer*, InsO, Art. 29 EuInsVO Rz. 3; *Wenner/ Schuster* in: FK-InsO, Art. 37 EuInsVO Rz. 11; Pannen-*Herchen*, EuInsVO, Art. 29 Rz. 21.
33) H. M., K. Schmidt-*Brinkmann*, InsO, Art. 29 EuInsVO Rz. 6; *Reinhart* in: MünchKomm-InsO, Art. 29 EuInsVO 2000 Rz. 8; Pannen-*Herchen*, EuInsVO, Art. 29 Rz. 22; *Kindler* in: MünchKomm-BGB, Art. 37 EuInsVO Rz. 12 und zuvor; a. A. AG Berlin-Charlottenburg, Beschl. v. 23.1.2018 – 36 n IE 6433/17, ZIP 2018, 240, dazu EWiR 2018, 153 *(Baumert)* („Wahrnehmung nicht von Masseverwaltung, sondern von Verfahrensrechten"); AG Köln, Beschl. v. 23.1.2004 – 71 IN 1/04, ZIP 2004, 471, 473 a. E., dazu EWiR 2004, 601 *(Blenske)*; *Kemper*, ZIP 2001, 1609, 1613; *Lüke*, ZZP 111 (1998), 275, 302.; Mankowski/Müller/ J. Schmidt-*Mankowski*, EuInsVO 2015, Art. 37 Rz. 26.
34) S. *Schultz* in: HK-InsO, Art. 37 EuInsVO Rz. 14, und Mankowski/Müller/J. Schmidt-*Mankowski*, EuInsVO 2015, Art. 37 Rz. 20 und 23, der sich sehr ausführlich mit der Frage befasst (und diese wohl verneint), ob es auf die Kenntnis des Hauptverwalters ankommen könne. S. zu dieser Frage auch das Paper des EU-Projekts, The Implementation of the New Insolvency Regulation – Recommendations and Guidelines, JUST/2013/JCIV/AG/ 4679, S. 65, abrufbar unter http://insreg.mpi.lu/Guidelines.pdf (Abrufdatum: 28.11.2019); a. A. *Mock* in: BeckOK-InsO, Art. 37 EuInsVO 2017 Rz. 11 (Zeitpunkt der Zustimmung der lokalen Gläubiger).
35) Ebenso *Mock* in: BeckOK-InsO, Art. 37 EuInsVO 2017 Rz. 11.
36) *Pluta/Ch. Keller* in: FS Vallender, S. 437, 447; Mankowski/Müller/J. Schmidt-*Mankowski*, EuInsVO 2015, Art. 37 Rz. 40; *Mock* in: BeckOK-InsO, Art. 37 EuInsVO 2017 Rz. 10.

zu sein.[37] Sie gilt m. E. schlicht für alle Gläubiger, die die Billigung der Zusicherung „erhalten" haben.

### III. Partikularverfahren

Art. 37 findet keine Anwendung auf die Antragsbefugnis in einem Partikularverfahren, denn ein Partikularverfahren ist ein solches nur so lange, wie kein (von Art. 37 aber vorausgesetztes) Hauptinsolvenzverfahren eröffnet wurde (Art. 3 Abs. 4 Satz 2). 12

Allerdings kann danach ein zunächst unzulässiger Antrag zulässig werden, wenn nach Antragstellung auch im Staat des Hauptverfahrens ein Insolvenzantrag auf Eröffnung eines Hauptverfahrens gestellt wird. Denn dann zielt der Antrag auf Eröffnung eines Sekundärverfahrens, für den die Einschränkungen nach Art. 3 Abs. 4 Satz 1 lit. a nicht gelten.[38] 13

---

37) Vgl. aber *Wenner/Schuster* in: FK-InsO, Art. 37 EuInsVO Rz. 16.
38) *Reinhart* in: MünchKomm-InsO, Art. 29 EuInsVO 2000 Rz. 10.

## Artikel 38
### Entscheidung zur Eröffnung eines Sekundärinsolvenzverfahrens

(1) Das mit einem Antrag auf Eröffnung eines Sekundärinsolvenzverfahrens befasste Gericht unterrichtet den Verwalter oder den Schuldner in Eigenverwaltung des Hauptinsolvenzverfahrens umgehend davon und gibt ihm Gelegenheit, sich zu dem Antrag zu äußern.

(2) Hat der Verwalter des Hauptinsolvenzverfahrens eine Zusicherung gemäß Artikel 36 gegeben, so eröffnet das in Absatz 1 dieses Artikels genannte Gericht auf Antrag des Verwalters kein Sekundärinsolvenzverfahren, wenn es der Überzeugung ist, dass die Zusicherung die allgemeinen Interessen der lokalen Gläubiger angemessen schützt.

(3) (Unterabs. 1) Wurde eine vorübergehende Aussetzung eines Einzelvollstreckungsverfahrens gewährt, um Verhandlungen zwischen dem Schuldner und seinen Gläubigern zu ermöglichen, so kann das Gericht auf Antrag des Verwalters oder des Schuldners in Eigenverwaltung die Eröffnung eines Sekundärinsolvenzverfahrens für einen Zeitraum von höchstens drei Monaten aussetzen, wenn geeignete Maßnahmen zum Schutz des Interesses der lokalen Gläubiger bestehen.

(Unterabs. 2) ¹Das in Absatz 1 genannte Gericht kann Sicherungsmaßnahmen zum Schutz des Interesses der lokalen Gläubiger anordnen, indem es dem Verwalter oder Schuldner in Eigenverwaltung untersagt, Gegenstände der Masse, die in dem Mitgliedstaat belegen sind, in dem sich seine Niederlassung befindet, zu entfernen oder zu veräußern, es sei denn, dies erfolgt im Rahmen des gewöhnlichen Geschäftsbetriebs. ²Das Gericht kann ferner andere Maßnahmen zum Schutz des Interesses der lokalen Gläubiger während einer Aussetzung anordnen, es sei denn, dies ist mit den nationalen Vorschriften über Zivilverfahren unvereinbar.

# Artikel 38

(Unterabs. 3) Die Aussetzung der Eröffnung eines Sekundärinsolvenzverfahrens wird vom Gericht von Amts wegen oder auf Antrag eines Gläubigers widerrufen, wenn während der Aussetzung im Zuge der Verhandlungen gemäß Unterabsatz 1 eine Vereinbarung geschlossen wurde.

(Unterabs. 4) Die Aussetzung kann vom Gericht von Amts wegen oder auf Antrag eines Gläubigers widerrufen werden, wenn die Fortdauer der Aussetzung für die Rechte des Gläubigers nachteilig ist, insbesondere wenn die Verhandlungen zum Erliegen gekommen sind oder wenn offensichtlich geworden ist, dass sie wahrscheinlich nicht abgeschlossen werden, oder wenn der Verwalter oder der Schuldner in Eigenverwaltung gegen das Verbot der Veräußerung von Gegenständen der Masse oder ihres Entfernens aus dem Hoheitsgebiet des Mitgliedstaats, in dem sich seine Niederlassung befindet, verstoßen hat.

(4) ¹Auf Antrag des Verwalters des Hauptinsolvenzverfahrens kann das Gericht nach Absatz 1 abweichend von der ursprünglich beantragten Art des Insolvenzverfahrens ein anderes in Anhang A aufgeführtes Insolvenzverfahren eröffnen, sofern die Voraussetzungen für die Eröffnung dieses anderen Verfahrens nach nationalem Recht erfüllt sind und dieses Verfahren im Hinblick auf die Interessen der lokalen Gläubiger und die Kohärenz zwischen Haupt- und Sekundärinsolvenzverfahren am geeignetsten ist. ²Artikel 34 Satz 2 findet Anwendung.

Literatur: *Brinkmann*, Hauptfragen der Reform des Europäischen Internationalen Insolvenzrechts, KTS 2014, 381; *Fritz*, Die Neufassung der Europäischen Insolvenzverordnung: Erleichterung bei der Restrukturierung in grenzüberschreitenden Fällen? (Teil 1), DB 2015, 1882; *Keller, Ch.*, Die fehlerhafte Zusicherung nach Art. 36 EuInsVO, ZInsO 2018, 1999; *Mock*, Handlungsoptionen bei ausufernden Sekundärinsolvenzverfahren, ZInsO 2009, 895; *Prager/Keller, Ch.*, Der Vorschlag der Europäischen Kommission zur Reform der EuInsVO, NZI 2013, 57; *Virgós/Schmit*, Erster Teil: EU-Übereinkommen über Insolvenzverfahren, Kap. B – Erläuternder Bericht, in: Stoll, Vorschläge und Gutachten zur Umsetzung des EU-Übereinkommens über Insolvenzverfahren im deutschen Recht, 1997, S. 32 (zit.: *Virgós/Schmit* in: Stoll, Vorschläge und Gutachten); *Wimmer*, Übersicht zur Neufassung der EuInsVO, jurisPR-InsR 7/2015 Anm. 1.

## Übersicht

| | |
|---|---|
| I. Zweck der Norm .................................. 1 | 3. Aussetzung der Eröffnung |
| II. Inhalt der Norm ................................... 3 | (Art. 38 Abs. 3) ........................... 19 |
| 1. Unterrichtung und Anhörung | 4. Abweichung vom Antrag |
| (Art. 38 Abs. 1) ........................... 3 | (Art. 38 Abs. 4) ........................... 29 |
| 2. Folgen einer Zusicherung | III. Partikularverfahren .......................... 33 |
| (Art. 38 Abs. 2) ........................... 9 | |

## I. Zweck der Norm

1 Art. 38 enthält durchweg **Sachnormen**, die keine Vorgängervorschriften haben. Sie dienen der **besseren Koordination von Hauptinsolvenz- und Sekundärverfahren** in der Eröffnungsphase der Sekundärinsolvenz.[1] Gedanklicher Ausgangspunkt der Vorschrift ist die Erkenntnis, dass die Eröffnung eines Sekundärverfahrens dem Ziel der effektiven Verwaltung und Verwertung der Insolvenzmasse bisweilen zuwider-

---

1) Mankowski/Müller/J. Schmidt-*Mankowski*, EuInsVO 2015, Art. 38 Rz. 1.

läuft. Die EuInsVO trägt dem Rechnung, indem sie in Art. 38 zwei Instrumente bereitstellt, die dem entgegenwirken:

- Zum einen der in Art. 38 Abs. 2 geregelten Befugnis, die Eröffnung eines Sekundärverfahrens bei Vorliegen einer Zusicherung abzulehnen,
- zum anderen der in Art. 38 Abs. 3 geregelten Befugnis, die Eröffnung des Sekundärverfahrens für einen Zeitraum von höchstens drei Monaten zu dispensieren, wenn die sofortige Eröffnung einem im Hauptverfahren bestehenden Vollstreckungsverbot zuwiderliefe.

Flankiert werden diese beiden Regelungen von einer in Art. 38 Abs. 1 geregelten Unterrichtungs- und Anhörungspflicht sowie dem in Art. 38 Abs. 4 geregelten Recht des Insolvenzverwalters, für die Eröffnung eines Sekundärverfahrens einen anderen Verfahrenstyp vorzuschlagen als den, der dem Antragsteller vorschwebt. 2

## II. Inhalt der Norm

### 1. Unterrichtung und Anhörung (Art. 38 Abs. 1)

Das mit einem Antrag auf Eröffnung eines Sekundärverfahrens befasste Gericht unterrichtet den Verwalter oder den Schuldner in Eigenverwaltung des Hauptinsolvenzverfahrens gemäß Art. 38 Abs. 1 umgehend von der Antragstellung und gibt ihm Gelegenheit, sich zu dem Antrag auf Eröffnung eines Sekundärverfahrens zu äußern. Die Regelung ist nur in Mitgliedstaaten relevant, in denen das nationale Recht keine Unterrichtung des Schuldners vorsieht.[2] Die Vorschrift flankiert die Rechte des Hauptinsolvenzverwalters, den lokalen Gläubigern zur Vermeidung der Eröffnung eines Sekundärverfahrens eine Zusicherung zu geben (Art. 36, 38 Abs. 2), eine Dispensierung der Eröffnung (Art. 38 Abs. 3) oder die Eröffnung in einem abweichenden Verfahrenstyp (Art. 38 Abs. 4) zu beantragen. 3

Unterrichten und Anhörung muss das „Gericht"; dazu Art. 2 Nr. 6 (ii). 4

Unterrichtet und angehört werden muss der „**Insolvenzverwalter des Hauptinsolvenzverfahrens**" oder der „**Schuldner in Eigenverwaltung**" (Art. 2 Nr. 3). Das Recht auf Anhörung gilt auch für den **vorläufigen Insolvenzverwalter** (Art. 2 Nr. 5). Anders als im eröffneten Verfahren macht die Unterrichtung des vorläufigen Insolvenzverwalters die Unterrichtung des **Schuldners** jedoch nicht obsolet. Dieser ist vielmehr über den Wortlaut des Art. 38 Abs. 1 hinaus ebenfalls zu unterrichten.[3] Die Unterrichtungspflicht gilt **nicht für Insolvenzverwalter weiterer Sekundärverfahren**, weil diese hinsichtlich der von ihnen zu verwaltenden Insolvenzmasse durch die Eröffnung eines weiteren Sekundärverfahrens nicht betroffen sind. Sie können auch keine Zusicherung nach Art. 36 geben, die i. R. der Eröffnungsentscheidung zu prüfen wäre.[4] 5

„Befasst" ist ein Gericht mit einem Antrag auf Eröffnung eines Sekundärverfahrens, sobald der Antrag eingegangen ist. Fraglich ist, ob die Informationspflicht auch bei erkennbar unzulässigen oder unbegründeten Anträgen besteht, also dann, wenn das 6

---

2) *Reinhart* in: MünchKomm-InsO, Art. 38 EuInsVO 2015 Rz. 2.
3) *Reinhart* in: MünchKomm-InsO, Art. 38 EuInsVO 2015 Rz. 3.
4) *Reinhart* in: MünchKomm-InsO, Art. 38 EuInsVO 2015 Rz. 4.

Insolvenzgericht ohnehin beabsichtigt, den Antrag ohne viel Federlesen abzuweisen (z. B. weil erkennbar keine Niederlassung besteht oder weil der Schuldner nicht insolvenzfähig ist). Der Sinn der Vorschrift, die Eröffnung missliebiger Sekundärverfahren zu verhindern, spricht dagegen, ihr Wortlaut (der eine solche Ausnahme nicht kennt) dafür. Meines Erachtens wiegt das teleologische Argument schwerer, weshalb es Gerichten erlaubt sein sollte, in Fällen offensichtlicher Unzulässigkeit oder Unbegründetheit von Unterrichtung und Anhörung abzusehen. Verboten ist es nicht, aber unnötig umständlich.

7 Die Unterrichtung hat „umgehend" zu erfolgen. Das Tatbestandsmerkmal „umgehend" ist in der Verordnung nicht definiert. Es ist autonom auszulegen und dürfte denselben Bedeutungsgehalt wie das deutsche „unverzüglich", d. h. ohne schuldhaftes Zögern, haben. Auf welchem Wege die Unterrichtung stattzufinden hat, ist in der EuInsVO ebenfalls nicht geregelt. Mit *Mankowski* ist anzunehmen, dass über Art. 35 alle nach der lex fori concursus secundarii zu Gebote stehenden **Kommunikationsmittel** zulässig sind.[5] Zur Unterrichtung gehört es, dass dem Verwalter des Hauptinsolvenzverfahrens eine **Kopie des Antrags auf Eröffnung des Sekundärverfahrens nebst Anlagen** übermittelt wird,[6] denn er muss für eine sinnvolle Wahrnehmung seines Äußerungsrechts wissen, welche Gründe den Antragsteller bewogen haben. Eine etwa erforderliche **Übersetzung** muss der Hauptverwalter selbst anfertigen (lassen), was i. Ü. auch für seine Äußerung gilt. Nicht erforderlich ist, dass das Gericht einen Hinweis zur eigenen Haltung gegenüber dem Antrag mitteilt, denn die wäre vor einer Äußerung des Hauptverwalters ohnehin nur vorläufig.

8 Unterbleiben Unterrichtung und/oder Anhörung, steht dem Verwalter des Hauptinsolvenzverfahrens gemäß Art. 39 die **sofortige Beschwerde** zu Gebote, allerdings nur, wenn das Sekundärverfahren eröffnet wird. Wird das Sekundärverfahren nicht eröffnet, kann diese Entscheidung nach Sinn und Zweck des Art. 38 nicht nach Art. 39 und nicht mit der Begründung angefochten werden, die Unterrichtung bzw. Anhörung sei unterblieben.

## 2. Folgen einer Zusicherung (Art. 38 Abs. 2)

9 Hat der Verwalter des Hauptinsolvenzverfahrens eine Zusicherung gemäß Art. 36 gegeben, so eröffnet das in Art. 38 Abs. 1 genannte Gericht auf Antrag des Verwalters kein Sekundärverfahren, wenn es der Überzeugung ist, dass die Zusicherung die allgemeinen Interessen der lokalen Gläubiger angemessen schützt.

10 Erforderlich ist nach Art. 38 Abs. 2 mithin ein „**Antrag**" des Verwalters im Hauptinsolvenzverfahren; eine Zurückweisung des Antrags auf Eröffnung eines Sekundärverfahrens von Amts wegen aufgrund des Vorliegens einer Zusicherung ist damit ausgeschlossen. Gläubiger haben kein Antragsrecht.

11 Für **Form** und **Sprache** des Antrags gelten gemäß Art. 35 die Vorschriften des Mitgliedstaats, in dem das Sekundärverfahren beantragt ist. Der Antrag lautet in Deutschland, den Antrag auf Eröffnung des Sekundärverfahrens (als **unzulässig**) zurückzuweisen; enthält der Antrag diesen Wortlaut nicht, ist er unter Berücksichtigung

---

5) Mankowski/Müller/J. Schmidt-*Mankowski*, EuInsVO 2015, Art. 38 Rz. 3.
6) Braun-*Delzant*, InsO, Art. 38 EuInsVO Rz. 3.

seiner Begründung auszulegen. Eine **Frist** ist nicht vorgesehen, kann i. R. der Unterrichtung nach Art. 38 Abs. 1 aber gesetzt werden. Das Gericht befindet über den Antrag i. R. seiner Eröffnungsentscheidung,[7] in Deutschland also durch **Beschluss**. Wird ein Sekundärverfahren eröffnet, steht dem Verwalter des Hauptinsolvenzverfahrens oder dem Schuldner in Eigenverwaltung gemäß Art. 39 die **sofortige Beschwerde** zu. Wird der Antrag abgelehnt, steht dem Antragsteller gemäß **Art. 102c § 20 Abs.** 1 EGInsO das Rechtsmittel der **sofortigen Beschwerde** zu.

Die Möglichkeit, den Antrag auf Eröffnung eines Sekundärverfahrens zurückzuweisen, besteht, wenn der „**Verwalter**" des Hauptinsolvenzverfahrens (Art. 2 Nr. 5) eine „**Zusicherung**" (legaldefiniert in Art. 36 Abs. 1 Satz 1) „**gegeben**" hat. Insofern ist etwas problematisch, dass die EuInsVO in Art. 36 Abs. 6 ausdrücklich zwischen der vom Verwalter „gegebenen" und von den lokalen Gläubigern „gebilligten" Zusicherung unterscheidet; nimmt man Art. 38 Abs. 2 beim Wort, wäre deshalb die Billigung der lokalen Gläubiger an sich nicht Voraussetzung der Zurückweisung des Antrags auf Eröffnung eines Sekundärverfahrens. Das kann aber nicht sein, weil die Zusicherung ihre Rechtswirkung erst mit Billigung durch die lokalen Gläubiger entfaltet, es vor diesem Zeitpunkt auch nicht vertretbar wäre, den lokalen Gläubigern das Recht auf Durchführung eines Sekundärverfahrens durch Zurückweisung eines so lautenden Antrags zu nehmen. Art. 38 Abs. 2 ist daher berichtigend dahingehend auszulegen, dass eine Zurückweisung des Antrags auf Eröffnung eines Sekundärverfahrens nur und erst dann in Betracht kommt, wenn die vom Verwalter gegebene Zusicherung von den lokalen Gläubigern auch gebilligt wurde.[8] Ob die **Billigung in rechtmäßiger Form erteilt** wurde, **ist** (wie i. Ü. die Rechtmäßigkeit der Zusicherung an sich) vom Gericht i. R. des Verfahrens nach Art. 38 Abs. 2 **zu prüfen**.[9]

12

Für die Zurückweisung des Antrags auf Eröffnung eines Sekundärverfahrens ist erforderlich, dass das Gericht die Überzeugung fasst, dass die Zusicherung die **allgemeinen Interessen der lokalen Gläubiger** (dazu **Art. 2 Nr. 11**) angemessen schützt. Was das Tatbestandsmerkmal der „allgemeinen Interessen" angeht, so ist es im Lichte des Zwecks des Sekundärverfahrens auszulegen, die Interessen der lokalen Gläubiger zu schützen (siehe oben Art. 34 Rz. 5 [*Ch. Keller*]): Die „**allgemeinen Interessen**", deren Schutz die Zusicherung bewirken soll, sind die, deren Schutz sonst durch die Eröffnung und Durchführung eines Sekundärverfahrens bewirkt werden würde. Das Gericht muss bei der Beurteilung dieser Interessen die Tatsache berücksichtigen, dass die Zusicherung von einer qualifizierten Mehrheit der lokalen Gläubiger gebilligt worden ist (ErwG 40). Zu prüfen ist, ob die Zusicherung das tut, was sie tun soll, nämlich dass sie bei der Verteilung des schuldnerischen Vermögens oder des bei seiner Verwertung erzielten Erlöses die Verteilungs- und Vorzugsrechte des

13

---

7) Eine gesonderte Zurückweisung des Antrags des Verwalters erscheint m. E. entgegen Mankowski/Müller/*J. Schmidt-Mankowski*, EuInsVO 2015, Art. 38 Rz. 7, weder erforderlich noch prozessökonomisch. Außerdem stellte sich dann die Frage des Rechtsmittels – das aus Art. 39 könnte es jedenfalls nicht sein.

8) H. M. *Reinhart* in: MünchKomm-InsO, Art. 38 EuInsVO 2015 Rz. 6 und 8; Braun-*Delzant*, InsO, Art. 38 EuInsVO Rz. 11; *Wenner/Schuster* in: FK-InsO, Art. 38 EuInsVO Rz. 5.

9) *Reinhart* in: MünchKomm-InsO, Art. 38 EuInsVO 2015 Rz. 10; *Wenner/Schuster* in: FK-InsO, Art. 38 EuInsVO Rz. 7; a. A. *Schultz* in: HK-InsO, Art. 38 EuInsVO Rz. 9.

Niederlassungsstaats wahrt, die die lokalen Gläubiger hätten, wenn ein Sekundärverfahren eröffnet worden wäre (Art. 36 Abs. 1 Satz 1). „Allgemeine Interessen" i. S. des Art. 38 Abs. 2 meint also das **Interesse der lokalen Gläubiger an der Wahrung ihrer nationalen Verteilungs- und Vorzugsrechte**.

14 Ob neben diesen rein wirtschaftlichen Interessen noch weitere Interessen (wie z. B. das Interesse an verfahrensrechtlicher Teilhabe oder soziale Interessen wie der Erhalt von Arbeitsplätzen o. Ä.) unter den Begriff der „allgemeinen Interessen" gefasst werden können, ist eine offene Frage:[10] Dagegen spricht, dass die Durchführung eines Sekundärverfahrens aus Sicht des historischen Gesetzgebers diesen Interessen an sich nicht zu dienen bestimmt war,[11] und dass auch die Regelung des Art. 36 Abs. 1 sie nicht erwähnt. Dafür spricht aber, dass es sie zweifellos geben kann, und dass sie nicht minder schutzwürdig als wirtschaftliche Interessen sein können.

15 Art. 38 Abs. 2 verlangt, dass die solchermaßen definierten „allgemeinen Interessen" durch die Zusicherung „**angemessen geschützt**" werden. Fraglich ist, welchen Sinn der Passus „angemessen" in diesem Zusammenhang haben könnte: Die Zusicherung hat den Inhalt, dass den lokalen Gläubigern ihre Verteilungs- und Vorzugsrechte in der Form erhalten bleiben, wie sie sie hätten, würde ein Sekundärverfahren durchgeführt: Nicht mehr, aber eben auch nicht weniger. Ist das der Fall, sind sie sicher angemessen geschützt, denn mehr Schutz kann eine Zusicherung nie gewähren. Das in diesem Zusammenhang bedeutungslose Wort „angemessen" gibt dem Gericht m. E. deshalb die Möglichkeit, ein Sekundärverfahren zu eröffnen, obwohl zwar rein formal die Zusicherung den Kautelen des Art. 36 Abs. 1 genügt, es aber gleichwohl Zweifel hat, ob es tatsächlich zu einer Wahrung der Verteilungs- und Vorzugsrechte der lokalen Gläubiger kommen wird. Angemessenheit liegt nicht erst dann vor, wenn der durch die Zusicherung insgesamt gewährte Schutz identisch ist mit dem durch ein Sekundärverfahren gewährten.[12] Die Interessenschutzklausel des Art. 38 Abs. 2 sollte ferner dazu herangezogen werden, etwaige **Fehler im Verfahren der Abgabe und Billigung der Zusicherung** zu würdigen.[13]

16 Schließlich muss das Gericht die „**Überzeugung**" fassen, die allgemeinen Interessen der lokalen Gläubiger seien angemessen geschützt. Welche Maßstäbe für die richterliche Überzeugungsbildung gelten, ob überwiegende Wahrscheinlichkeit oder Gewissheit erforderlich ist, ist gemäß Art. 35 Sache der lex fori concursus secundarii.[14]

17 In den Anwendungsbereich des Art. 38 Abs. 2 fallen **alle Anträge auf Eröffnung eines Sekundärverfahrens**, ganz gleich, ob sie vor oder nach Abgabe und/oder Billigung der Zusicherung durch die lokalen Gläubiger gestellt wurden. Wird ein Antrag auf Eröffnung eines Sekundärverfahrens während der Verhandlungen über eine Zu-

---

10) Dafür *Reinhart* in: MünchKomm-InsO, Art. 38 EuInsVO 2015 Rz. 14.
11) *Virgós/Schmit* in: Stoll, Vorschläge und Gutachten, Rz. 32 und 33.
12) *Reinhart* in: MünchKomm-InsO, Art. 38 EuInsVO 2015 Rz. 16.
13) Ausführlich *Ch. Keller*, ZInsO 2018, 1999.
14) Mankowski/Müller/J. Schmidt-*Mankowski*, EuInsVO 2015, Art. 38 Rz. 8; s. zu diesem Auslegungsproblem bereits *Prager/Ch. Keller*, NZI 2013, 57, 64 m. Fn. 73.

sicherung gestellt, ist das Antragsverfahren **gemäß oder analog Art. 38 Abs. 3 auszusetzen**.[15]

Art. 38 Abs. 2 ermöglicht flexible Entscheidungen, wirft aber die Frage auf, ob die  18
Erpressungs- und Obstruktionspotentiale, denen mit der Zusicherung begegnet
werden sollte, in zeitkritischen Verfahren wirklich restlos beseitigt werden.[16]

### 3. Aussetzung der Eröffnung (Art. 38 Abs. 3)

Wurde eine vorübergehende Aussetzung eines Einzelvollstreckungsverfahrens ge-  19
währt, um Verhandlungen zwischen dem Schuldner und seinen Gläubigern zu ermöglichen, so kann das Gericht auf Antrag des Verwalters oder des Schuldners in
Eigenverwaltung gemäß Art. 38 Abs. 3 Unterabs. 1 die Eröffnung eines Sekundärverfahrens für einen Zeitraum von höchstens drei Monaten aussetzen, wenn geeignete
Maßnahmen zum Schutz des Interesses der lokalen Gläubiger bestehen.

Für die Aussetzung des Eröffnungsverfahrens ist ein „**Antrag**" des Hauptinsolvenz-  20
verwalters (dazu Art. 2 Nr. 5) oder des Schuldners in Eigenverwaltung (Art. 2 Nr. 3)
nötig (zu Form, Sprache und Frist siehe oben Rz. 11); eine Aussetzung von Amts
wegen ist damit ausgeschlossen. Gläubiger haben kein Antragsrecht. Das Gericht
(Art. 2 Nr. 6 (ii)) entscheidet durch **Beschluss**. Anders als bei der Zurückweisung
des Antrags auf Eröffnung eines Sekundärverfahrens (siehe Rz. 11) muss dieser Beschluss nicht i. R. der Eröffnungsentscheidung ergehen, sondern kann eine gesonderte Entscheidung des Gerichts erforderlich machen.

Fraglich ist dann, welches **Rechtsmittel** gegen einen solchen gesonderten Beschluss  21
zu Gebote steht. Das in Art. 39 geregelte Rechtsmittel kann es streng genommen
nicht sein, denn in dieser Vorschrift geht es nur um die Eröffnungsentscheidung. Wo
sich aus dem Recht des Niederlassungsstaats kein Beschwerderecht ergibt, kommt
eine analoge Anwendung des Art. 39 in Betracht, so dass ein gesonderter Aussetzungs-
beschluss mit der **sofortigen Beschwerde** angreifbar ist. Wird der Aussetzungsantrag
im Eröffnungsbeschluss negativ verbeschieden, so ist Art. 39 unmittelbar anwendbar: sofortige Beschwerde.

Gedanklicher Anknüpfungspunkt des Art. 38 Abs. 3 Unterabs. 1 ist ein im Staat  22
der Eröffnung des Hauptverfahrens stattfindendes **konsensuales Schuldenbereinigungsverfahren unter Beteiligung von Gläubigern und Insolvenzverwalter** resp.
**Schuldner** – das ist mit dem, auch in den folgenden Sätzen verwendeten Wort „**Verhandlungen**" gemeint. Das deutsche **Insolvenzplanverfahren** kann m. E. unter dieses
Tatbestandsmerkmal subsumiert werden. Der hier vertretenen Beschränkung der
Aussetzungsmöglichkeit als flankierende Maßnahme zu einem Schuldenbereinigungsverfahren[17] liegt der Wortlaut des ErwG 43 zugrunde, der als Gegenstand der Verhandlungen einen „Sanierungsplan" nennt, sowie der Wortlaut des Art. 38 Abs. 3

---

15) Mankowski/Müller/J. Schmidt-*Mankowski*, EuInsVO 2015, Art. 38 Rz. 6 a. E.; a. A. *Reinhart*
    in: MünchKomm-InsO, Art. 38 EuInsVO 2015 Rz. 9.
16) Alternativ wäre die Regelung in Betracht gekommen, dass die Abgabe einer Zusicherung
    stets zur Unzulässigkeit eines Antrags auf Durchführung eines Sekundärverfahrens führt.
    Vgl. *Mock*, ZInsO 2009, 895, 900, zur bisherigen Rechtslage.
17) So auch *Reinhart* in: MünchKomm-InsO, Art. 38 EuInsVO 2015 Rz. 20.

Unterabs. 3, der den Widerruf ermöglicht, wenn „eine Vereinbarung geschlossen" wurde. *Delzant* vertritt dagegen, dass die Bezugnahme auf „Sanierungsverfahren" nur ein Beispiel sei und dass Gegenstand der Verhandlungen alles Mögliche sein könne, auch und gerade **Verhandlungen über eine Zusicherung** i. S. des Art. 36.[18] Ich hege große Sympathie für diese Auffassung, weil sie sinnvoll ist und in ihrem Bezug auf die Zusicherung nach Art. 36 einem praktischen Bedürfnis Rechnung trägt. Meines Erachtens ist sie aber mit dem Wortlaut schwer vereinbar, denn wenn das Zusicherungsrecht mit einem Aussetzungsrecht hätte versehen werden sollen, dann hätte eine ausdrückliche Regelung oder wenigstens eine ausdrückliche Erwähnung in den ErwG sehr nahegelegen. Ich hielte daher eine **analoge Anwendung auf Verhandlungen über eine Zusicherung** für den methodisch saubereren Weg (siehe Rz. 17), auch wenn zu konzedieren ist, dass das bei Ergebnisgleichheit letztlich eine akademische Frage ist.

23 Die „Verhandlungen" müssen zum Zeitpunkt des Antrags oder der Entscheidung hierüber nicht schon stattfinden; es reicht, dass die eine „**vorübergehende Aussetzung der Einzelzwangsvollstreckung**" vorliegt, die diese Verhandlungen ermöglichen soll, wobei der geforderte **Finalzusammenhang nicht überinterpretiert** werden sollte: Es reicht, wenn die Aussetzung der Einzelzwangsvollstreckung faktisch geeignet ist, Verhandlungen zu fördern. Nicht erforderlich ist, dass sie gerade zu diesem Zweck angeordnet wurde oder vorgeschrieben ist. Die vorübergehende Aussetzung der Einzelzwangsvollstreckung muss **in der Hauptinsolvenz** erfolgt sein (ErwG 45). Unerheblich ist, ob es sich um eine nach der lex fori concursus ipso iure oder nur auf Antrag des Verwalters oder des Schuldners in Eigenverwaltung stattfindende Aussetzung handelt; es ist ferner unerheblich, ob es um Mobiliar- oder Immobiliarvollstreckung geht.[19]

24 Problematisch ist, dass die Aussetzung der Einzelzwangsvollstreckung nach dem Wortlaut der Vorschrift nur eine „**vorübergehende**" sein darf.[20] Wörtlich genommen bedeutet dies, dass das in eröffneten Hauptinsolvenzverfahren regelmäßig bestehende dauerhafte Vollstreckungsverbot nicht ausreicht. Das wiederum würde bedeuten, dass auf der Grundlage des Art. 38 Abs. 3 Unterabs. 1 während eines schwebenden Insolvenzplanverfahrens keine Aussetzung angeordnet werden kann, was misslich ist. In Betracht käme m. E. aber jedenfalls eine analoge Anwendung der Vorschrift auf in vorgenanntem Sinne **dauerhafte Vollstreckungsverbote**.[21] Die in vorläufigen Insolvenzverfahren angeordneten Vollstreckungsverbote wird man dagegen als vorübergehende Vollstreckungsverbote ansehen können, denn sie enden mit Insolvenzeröffnung.[22]

---

18) Braun-*Delzant*, InsO, Art. 38 EuInsVO Rz. 17 und 18, unter Hinweis auf *Fritz*, DB 2015, 1882, 1888.
19) Mankowski/Müller/J. Schmidt-*Mankowski*, EuInsVO 2015, Art. 38 Rz. 14.
20) Zu Recht kritisiert von Mankowski/Müller/J. Schmidt-*Mankowski*, EuInsVO 2015, Art. 39 Rz. 17.
21) *Brinkmann*, KTS 2014, 381, 399; Braun-*Delzant*, InsO, Art. 38 EuInsVO Rz. 16; *Fritz*, DB 2015, 1882, 1888; Mankowski/Müller/J. Schmidt-*Mankowski*, EuInsVO 2015, Art. 38 Rz. 17 a. E. (analoge Anwendung); *Wimmer*, jurisPR-InsR 7/2015, Anm. 1, 1, 7.
22) Mankowski/Müller/J. Schmidt-*Mankowski*, EuInsVO 2015, Art. 38 Rz. 16 a. E.

Eine Aussetzung kommt nur in Betracht, wenn „**geeignete Maßnahmen zum Schutz** 25
**der lokalen Gläubiger**" (Art. 2 Nr. 11) bestehen. Was das ist, sagt Art. 38 nicht
ausdrücklich; erfasst sind aber jedenfalls die Schutzmaßnahmen, deren Anordnung
Art. 38 Abs. 3 Unterabs. 2 Satz 1 dem Gericht ermöglicht, also das Verbot, Gegenstände aus dem Niederlassungsstaat zu entfernen. Das ist aber nicht abschließend:
Ermöglicht das Recht des Niederlassungsstaats dem Gericht weitergehende oder
andere Schutzmaßnahmen, so bleibt deren Anordnung möglich. Das Gericht kann bei
seiner Entscheidung auch Schutzmaßnahmen in Betracht ziehen, die einzelne Gläubiger erwirkt haben (z. B. einstweilige Verfügungen gegen den Hauptinsolvenzverwalter) oder Schutzmaßnahmen, die der Hauptinsolvenzverwalter von sich aus
ergriffen hat. Grenzen setzt insoweit lediglich das Zivilprozessrecht des Niederlassungsstaats – so Art. 38 Abs. 3 Unterabs. 2 Satz 2. Die Schutzmaßnahmen
müssen zum Zeitpunkt der Entscheidung nicht schon bestehen, sondern können
mit ihr angeordnet werden.[23]

Liegen die Tatbestandsvoraussetzungen des Art. 38 Abs. 3 Unterabs. 1 vor, „**kann**" 26
das Gericht eine Aussetzung beschließen. Aus der Verwendung des Wortes „kann"
folgt, dass ihm hierbei (übrigens anders als in Art. 38 Abs. 1) **Ermessen** zusteht, bei
dessen Ausübung insbesondere das europarechtliche Diskriminierungsverbot zu beachten ist. Die Aussetzung kann höchstens für einen Zeitraum von „**drei Monaten**"
angeordnet werden. Kürzere Fristen sind möglich. Die Frist ist nach der VO (EWG)
1182/71 zu berechnen.[24] Sie beginnt mit Wirksamkeit des Aussetzungsbeschlusses,
in Deutschland also aber der Verkündung des Beschlusses. Von dem Beschluss erfasst
werden alle Sekundärinsolvenzanträge, ganz gleich, ob sie zum Zeitpunkt des Beschlusses schon gestellt sind oder nicht. Die Drei-Monats-Frist ist allerdings einheitlich
zu berechnen, sie läuft nicht für jeden einzelnen Antrag gesondert. Eine Verlängerung
der Drei-Monats-Frist ist ausgeschlossen,[25] wiederholte Aussetzung unter den Voraussetzungen des Art. 38 Abs. 3 Unterabs. 1 dagegen nicht.[26]

Das in Art. 38 Abs. 1 genannte Gericht kann gemäß Art. 38 Abs. 3 Unterabs. 2 Satz 1 27
**Sicherungsmaßnahmen zum Schutz des Interesses der lokalen Gläubiger** anordnen, indem es dem Verwalter oder Schuldner in Eigenverwaltung untersagt, Gegenstände der Masse, die in dem Mitgliedstaat belegen sind, in dem sich seine Niederlassung befindet, zu entfernen oder zu veräußern, es sei denn, dies erfolgt i. R. des
gewöhnlichen Geschäftsbetriebs. Das Gericht kann ferner gemäß Art. 38 Abs. 3
Unterabs. 2 Satz 2 andere Maßnahmen zum Schutz des Interesses der lokalen Gläubiger während einer Aussetzung anordnen, es sei denn, dies ist mit den nationalen
Vorschriften über Zivilverfahren unvereinbar. Es handelt sich hierbei um eine **Sach-**

---

23) *Reinhart* in: MünchKomm-InsO, Art. 38 EuInsVO 2015 Rz. 24.
24) Mankowski/Müller/J. Schmidt-*Mankowski*, EuInsVO 2015, Art. 38 Rz. 28.
25) Braun-*Delzant*, InsO, Art. 38 EuInsVO Rz. 23; Mankowski/Müller/J. Schmidt-*Mankowski*, EuInsVO 2015, Art. 38 Rz. 29.
26) H. M., Mankowski/Müller/J. Schmidt-*Mankowski*, EuInsVO 2015, Art. 38 Rz. 29, der zu Recht darauf hinweist, dass die Drei-Monats-Frist im Einzelfall zu kurz sein kann (vgl. etwa die Dauer eines Schutzschirms mit Insolvenzplan); a. A. Braun-*Delzant*, InsO, Art. 38 EuInsVO Rz. 24, und *Reinhart* in: MünchKomm-InsO, Art. 38 EuInsVO 2015 Rz. 25: Nach Ablauf der Frist ist über den Eröffnungsantrag zu entscheiden.

norm, die unabhängig davon gilt, ob die jeweilige lex fori concursus secundarii eine solche Möglichkeit im jeweiligen Insolvenzrecht oder sonstigen nationalen Vorschriften vorsieht.[27] Ist das Sekundärverfahren in Deutschland beantragt worden, so kann das Insolvenzgericht mithin sämtliche Sicherungsanordnungen treffen, die die §§ 20, 21 InsO vorsehen.[28] Das Gericht, dem bei seiner Entscheidung Ermessen zusteht („*kann*"), entscheidet durch **Beschluss**; sieht das Recht des Niederlassungsstaats kein **Rechtsmittel** vor, kommt eine analoge Anwendung des Art. 39 in Betracht. Der Begriff des „**Interesses der lokalen Gläubiger**" ist auszulegen wie in Art. 38 Abs. 2 (siehe oben Rz. 13 f.).[29] Der Begriff des „**gewöhnlichen Geschäftsbetriebes**" ist autonom auszulegen; er dient der Abgrenzung zu verbotenen Maßnahmen der Verwertung der hypothetischen Sekundärinsolvenzmasse.[30]

28  Die Aussetzung der Eröffnung eines Sekundärverfahrens wird vom Gericht von Amts wegen oder auf Antrag eines Gläubigers[31] – nicht notwendigerweise eines lokalen Gläubigers – **widerrufen**, wenn während der Aussetzung im Zuge der Verhandlungen gemäß Art. 38 Abs. 1 Satz 1 **eine Vereinbarung geschlossen** wurde. Wer Art. 38 Abs. 3 Unterabs. 1 für direkt oder analog auf die Abgabe und Billigung einer Zusicherung i. S. des Art. 36 anwendbar hält, wird einer Vereinbarung die Abgabe und Billigung einer Zusicherung gleichstellen müssen.[32] Die Aussetzung kann vom Gericht von Amts wegen oder auf Antrag eines Gläubigers – wiederum nicht unbedingt eines lokalen Gläubigers – ferner dann widerrufen werden, wenn die Fortdauer der Aussetzung **für die Rechte des Gläubigers** nachteilig ist, insbesondere wenn die Verhandlungen zum Erliegen gekommen sind oder wenn offensichtlich geworden ist, dass sie wahrscheinlich nicht abgeschlossen werden, oder wenn der Verwalter oder der Schuldner in Eigenverwaltung gegen das Verbot der Veräußerung von Gegenständen der Masse oder ihres Entfernens aus dem Hoheitsgebiet des Mitgliedstaats, in dem sich seine Niederlassung befindet, verstoßen hat. Die Entscheidung über den Widerruf ergeht in beiden Fällen durch **Beschluss**; sofern sie Teil einer Entscheidung ist, durch die ein Sekundärverfahren eröffnet wird, steht das **Rechtsmittel** des Art. 39 zu Gebote. Ergeht sie durch gesonderten Beschluss oder i. R. einer Entscheidung, durch die die Eröffnung des Sekundärverfahrens abgelehnt wird, ist Art. 39 nicht unmittelbar anwendbar. Dann kommt es darauf an, ob das Recht des Niederlassungsstaats ein Rechtsmittel vorsieht. Ist das nicht der Fall, ist eine analoge Anwendung des Art. 39 erwägenswert.

---

27) Braun-*Delzant*, InsO, Art. 38 EuInsVO Rz. 20.
28) *Reinhart* in: MünchKomm-InsO, Art. 38 EuInsVO 2015 Rz. 26.
29) In der Sache ebenso Braun-*Delzant*, InsO, Art. 38 EuInsVO Rz. 22.
30) Wohl abweichend Mankowski/Müller/J. Schmidt-*Mankowski*, EuInsVO 2015, Art. 38 Rz. 32, der offenbar schon dann von einer Veräußerung i. R. des gewöhnlichen Geschäftsbetriebs ausgehen möchte, wenn ein „Aktivtausch" vorliegt, die hypothetische Sekundärmasse wertmäßig also ungeschmälert bleibt.
31) Krit. zur Beschränkung des Antragsrechts auf Gläubiger *Reinhart* in: MünchKomm-InsO, Art. 38 EuInsVO 2015 Rz. 27.
32) Befürwortend Mankowski/Müller/J. Schmidt-*Mankowski*, EuInsVO 2015, Art. 38 Rz. 34.

## 4. Abweichung vom Antrag (Art. 38 Abs. 4)

Auf Antrag des Verwalters des Hauptinsolvenzverfahrens kann das Gericht nach Art. 38 Abs. 1 abweichend von der ursprünglich beantragten Art des Insolvenzverfahrens ein **anderes in Anhang A aufgeführtes Insolvenzverfahren eröffnen**, sofern die Voraussetzungen für die Eröffnung dieses anderen Verfahrens nach nationalem Recht erfüllt sind und dieses Verfahren im Hinblick auf die Interessen der lokalen Gläubiger und die Kohärenz zwischen Haupt- und Sekundärverfahren am geeignetsten ist. Gedanklicher Ausgangspunkt der Vorschrift ist die Tatsache, dass das Sekundärverfahren sowohl ein Liquidations- als auch ein Sanierungsverfahren sein kann. Das bringt es mit sich, dass Hauptinsolvenz- und Sekundärverfahren unterschiedlichen Verfahrenszielen unterliegen können. Art. 38 Abs. 4 Satz 1 soll die Harmonisierung dieser Verfahrensziele ermöglichen, wobei der Hauptanwendungsfall derjenige sein dürfte, dass das Hauptinsolvenzverfahren ein Sanierungsverfahren ist, das Sekundärverfahren als Liquidationsverfahren beantragt wurde und nun – auf Antrag des Hauptinsolvenzverwalters – in ein Sanierungsverfahren umgewandelt wird. 29

Gemäß Art. 38 Abs. 4 Satz 2 findet Art. 34 Satz 2 Anwendung, d. h. **Insolvenzgründe sind nicht zu prüfen**, wenn für die Eröffnung des Hauptverfahrens erforderlich war, dass der Schuldner insolvent ist (siehe für weitere Einzelheiten oben Art. 34 Rz. 19 ff. [*Ch. Keller*]). 30

Zu beachten ist allerdings, dass das Gericht dem Antrag des Hauptinsolvenzverwalters nicht entsprechen muss; ihm steht vielmehr **Ermessen** zu. Ermessensleitende Gesichtspunkte sind die **Schutz- und Unterstützungsfunktion des Sekundärverfahrens**. 31

Das Insolvenzgericht entscheidet durch **Beschluss**. Die Entscheidung des Gerichts, in der Sache die Entscheidung über die Eröffnung des Sekundärverfahrens, ist mit dem in Art. 39 vorgesehenen Rechtsmittel – also der **sofortigen Beschwerde** – anfechtbar. Die Beschwerde kann auf die Rüge beschränkt werden, das Insolvenzgericht sei bei seiner Entscheidung dem Antrag des Hauptinsolvenzverwalters nach Art. 38 Abs. 4 Satz 1 nicht gefolgt, sondern sei hinsichtlich des Verfahrenstyps zu Unrecht dem Insolvenzantragsteller gefolgt. 32

### III. Partikularverfahren

Art. 38 ist in Partikularverfahren **nicht anwendbar**, da sämtliche in ihm enthaltenen Vorschriften die Existenz eines Hauptinsolvenzverfahrens voraussetzen. 33

## Artikel 39

### Gerichtliche Nachprüfung der Entscheidung zur Eröffnung des Sekundärinsolvenzverfahrens

Der Verwalter des Hauptinsolvenzverfahrens kann die Entscheidung zur Eröffnung eines Sekundärinsolvenzverfahrens bei dem Gericht des Mitgliedstaats, in dem das Sekundärinsolvenzverfahren eröffnet wurde, mit der Begründung anfechten, dass das Gericht den Voraussetzungen und Anforderungen des Artikels 38 nicht entsprochen hat.

**Literatur:** *Fritz*, Die Neufassung der Europäischen Insolvenzverordnung: Erleichterung bei der Restrukturierung in grenzüberschreitenden Fällen? (Teil 1), DB 2015, 1882.

**Artikel 39** Gerichtliche Nachprüfung der Entscheidung zur Eröffnung

## Übersicht

I. Zweck der Norm ................................. 1
II. Inhalt der Norm ................................. 3
1. Rechtsmittelberechtigung ................. 3
2. Zuständigkeit ................................. 4
3. Anfechtungsgegenstand ..................... 6
4. Anfechtungsgründe ........................... 7
5. Sonstiges ........................................ 8
III. Partikularverfahren ........................... 9

## I. Zweck der Norm

1 Zweck der Norm (die keine Vorgängervorschrift kennt) ist zweierlei, nämlich – erstens – die **prozedurale Absicherung des Art.** 38 und – zweitens – **die Gewährung von Rechtsschutz für den Hauptinsolvenzverwalter.**[1)] Man wird vermuten dürfen, dass der Hauptanwendungsbereich der Vorschrift bei Verstößen gegen Art. 38 Abs. 2 liegen wird, also der rechtsmitteltragendenden Behauptung, ein Sekundärverfahren sei mit der Begründung eröffnet worden, die Interessen der lokalen Gläubiger seien durch die Zusicherung nicht angemessen geschützt.[2)]

2 Das zentrale Auslegungsproblem der Vorschrift ist die Frage, ob sie eine abschließende Vorschrift ist, die Umkehrschlüsse zulässt,[3)] oder ob es sich um eine punktuelle Regelung handelt, die weitergehende mitgliedstaatliche Regelungen nicht ausschließt. Aus meiner Sicht sprechen die besseren Argumente für Letzteres: Es gibt keinen sachlichen Grund dafür anzunehmen (insbesondere ergibt sich ein solcher nicht aus den Materialien und den Erwägungsgründen), der europäische Gesetzgeber habe etwa ausschließen wollen, dass der Schuldner rechtsmittelberechtigt sei oder dass eine Anfechtung nur wegen eines Verstoßes gegen Art. 39 möglich sei. Auch enthält der Wortlaut der Vorschrift keinerlei Hinweise darauf, sie sei abschließend, etwa durch Verwendung der Wendungen „Nur der Verwalter des Hauptinsolvenzverfahrens" oder „kann ... nur dann anfechten". Art. 39 ist mithin – als **Sachnorm** – so auszulegen, dass er dem Hautverwalter dort, wo das Recht des Niederlassungsstaats dies nicht ohnehin schon vorsieht, ein inhaltlich beschränktes Rechtsmittelrecht einräumt, weitergehenden mitgliedstaatlichen Regelungen aber nicht entgegensteht.[4)]

## II. Inhalt der Norm

### 1. Rechtsmittelberechtigung

3 Rechtsmittelberechtigt ist nach Art. 39 der **Verwalter des Hauptinsolvenzverfahrens**, nicht der Schuldner, nicht ein Gläubiger.[5)] Das Rechtsmittel steht auch dem **Schuldner in Eigenverwaltung** zu.[6)]

---

1) Mankowski/Müller/J. Schmidt-*Mankowski*, EuInsVO 2015, Art. 38 Rz. 3.
2) *Fritz*, DB 2015, 1882, 1888; Mankowski/Müller/J. Schmidt-*Mankowski*, EuInsVO 2015, Art. 38 Rz. 8; Wimmer/Bornemann/Lienau-*Wimmer*, Die Neufassung der EuInsVO, Rz. 466 a. E.
3) So im Hinblick auf die Person des Rechtsmittelberechtigten Mankowski/Müller/J. Schmidt-*Mankowski*, EuInsVO 2015, Art. 38 Rz. 4.
4) Mankowski/Müller/J. Schmidt-*Mankowski*, EuInsVO 2015, Art. 38 Rz. 12; *Wenner/Schuster* in: FK-InsO, Art. 39 EuInsVO Rz. 1.
5) Gläubiger werden durch das Recht geschützt, gemäß Art. 38 Abs. 3 den Widerruf der Aussetzung der Sekundärinsolvenzeröffnung zu beantragen, vgl. Mankowski/Müller/J. Schmidt-*Mankowski*, EuInsVO 2015, Art. 38 Rz. 5.
6) Mankowski/Müller/J. Schmidt-*Mankowski*, EuInsVO 2015, Art. 38 Rz. 5; ihm folgend Braun-*Delzant*, InsO, Art. 39 EuInsVO Rz. 2; *Paulus*, EuInsVO, Art. 39 Rz. 5; a. A. *Wenner/Schuster* in: FK-InsO, Art. 39 EuInsVO Rz. 3: nur wenn das nationale Recht dies vorsieht.

## 2. Zuständigkeit

Als für die Entscheidung über das Rechtsmittel zuständiges Gericht stipuliert Art. 39 "**das Gericht des Mitgliedstaats, in dem das Sekundärverfahren eröffnet wurde**". Zu beachten ist allerdings, dass es sich dabei – wie bei allen Zuständigkeitsregelungen der EuInsVO – um eine **Regelung der internationalen Zuständigkeit**, aber weder der sachlichen noch der örtlichen Zuständigkeit handelt.[7] Falsch wäre also die Annahme, die EuInsVO verorte die Rechtsmittelzuständigkeit just bei dem Gericht, das das Insolvenzverfahren eröffnet hat.[8] Die prozessualen Einzelheiten des Rechtsbehelfs wie u. a. sachliche und örtliche Zuständigkeit richten sich vielmehr nach der lex fori concursus secundarii. Für Deutschland regelt **Art. 102c § 20 Abs. 2 EGInsO**, dass es sich bei dem Rechtsmittel um eine **sofortige Beschwerde i. S.** des § 6 InsO handelt, die binnen zwei Wochen (§ 569 Abs. 1 Satz 1 ZPO) beim Insolvenzgericht zum Zwecke der Abhilfe einzulegen ist, und über die, wird Abhilfe nicht gewährt, das örtlich zuständige Landgericht entscheidet.[9]

Nachdem Art. 39 keine Frist für das Rechtsmittel vorsieht, die sofortige Beschwerde aber fristgebunden ist, stellt sich die Frage, wie mit Beschwerden umzugehen ist, die nach Ablauf der zweiwöchigen Frist für die sofortige Beschwerde eingelegt werden, mit denen aber nur ein Verstoß gegen Art. 38 gerügt wird. Immerhin denkbar wäre das Argument, die **Frist des § 569 Abs. 1 Satz 1 InsO** werde durch die höherrangige **Vorschrift des Art. 39 verdrängt**, der eine solche Frist nicht kenne. Gegen die Möglichkeit eines solchen unbefristeten Rechtsmittels sprechen – neben dem Argument der Rechtssicherheit, das Rechtsmittelfristen auch sonst trägt – die Erwägung, dass es der europäische Gesetzgeber den Mitgliedstaaten ausdrücklich überlassen hat, die Ausgestaltung des Rechtsmittels selbst zu regeln.[10] Wenn das aber so ist, dann verbietet Art. 39 die Befristung des Rechtsmittels jedenfalls dann nicht, wenn die Frist – wie im Falle der sofortigen Beschwerde – nicht zu einer unzumutbaren Verkürzung des von der EuInsVO vorgesehenen Rechtsschutzes führt. Anders wäre nur zu entscheiden, wenn das nationale Recht die verordnungsunmittelbare Rechtsschutzmöglichkeit faktisch entwertet, was m. E. bei einer zweiwöchigen Frist nicht der Fall ist.

## 3. Anfechtungsgegenstand

Nur die „**Entscheidung über die Eröffnung des Sekundärinsolvenzverfahrens**", nicht aber eine Entscheidung über die Ablehnung derselben, kann auf der Grundlage des Art. 39 angefochten werden.[11] Das heißt keineswegs, dass das Recht des Eröffnungs-

---

[7] Wimmer/Bornemann/Lienau-*Wimmer*, Die Neufassung der EuInsVO, Rz. 466; a. A. offenbar Mankowski/Müller/J. Schmidt-*Mankowski*, EuInsVO 2015, Art. 38 Rz. 3: kein Devolutiveffekt.

[8] Überzeugend Wimmer/Bornemann/Lienau-*Wimmer*, Die Neufassung der EuInsVO, Rz. 466, die dafür den englischen Text der EuInsVO als Argument ins Feld führen.

[9] Wimmer/Bornemann/Lienau-*Wimmer*, Die Neufassung der EuInsVO, Rz. 466; Braun-*Delzant*, InsO, Art. 39 EuInsVO Rz. 3.

[10] In diesem Zusammenhang ist daran zu erinnern, dass der Gegenentwurf des europäischen Parlaments für eine reformierte EuInsVO eine Rechtsmittelfrist von drei Wochen vorsah, diese jedoch nicht übernommen wurde, s. näher bei *Reinhart* in: MünchKomm-InsO, Art. 39 EuInsVO 2015 Rz. 2 m. Fn. 1.

[11] Mankowski/Müller/J. Schmidt-*Mankowski*, EuInsVO 2015, Art. 38 Rz. 7.

staats dem Hauptinsolvenzverwalter nicht auch ein Recht zur Anfechtung eines ablehnenden Beschlusses geben könnte, namentlich für den Fall, dass gerade er es war, der die Eröffnung eines Sekundärverfahrens beantragt hat (in Deutschland geschieht dies durch Art. 102c § 20 Abs. 2 EGInsO und § 34 Abs. 1 InsO). Art. 39 ist keine abschließende Vorschrift (siehe oben Rz. 2) und verbietet dies nicht.[12]

## 4. Anfechtungsgründe

7  Mit der Formulierung die Entscheidung über die Eröffnung des Sekundärverfahrens könne „auf der Grundlage des Art. 38" anfochten werden, wird der vom Rechtsmittelgericht anzuwendende **Prüfungsmaßstab** (nicht aber eine formelle Begründungslast des Hauptinsolvenzverwalters)[13] beschrieben: Mit der Beschwerde nach Art. 39 kann nur gerügt werden, dass die Voraussetzungen des Art. 38 – also auch eine **Niederlassung**[14] – nicht vorlagen.[15] Art. 39 beschränkt – wie mehrfach erwähnt – aber nicht das Recht der Mitgliedstaaten, dem Insolvenzverwalter des Hauptverfahrens die Anfechtung der Entscheidung über die Eröffnung eines Sekundärverfahrens auch aus anderen Gründen zu erlauben.[16]

## 5. Sonstiges

8  Die prozessuale Ausgestaltung des Rechtsmittelverfahrens einschließlich des Instanzenzugs ist Sache des Niederlassungsstaats; die EuInsVO enthält hierzu keine Regelungen. Art. 102c § 20 Abs. 2 EGInsO stellt für Deutschland klar, dass der mit Art. 39 eröffnete Rechtsbehelf als **sofortige Beschwerde** zu behandeln ist. Damit sind die allgemeinen Bestimmungen zur sofortigen Beschwerde nach den §§ 567 ff. ZPO anwendbar.[17] Die im Recht der sofortigen Beschwerde enthaltene Beschwerdefrist von zwei Wochen ist mit Art. 39 vereinbar, da die Vorschrift einer solchen Regelung nicht entgegensteht, weil sie unterschiedslos für In- und Ausländer gilt und weil sie in der Sache den durch Art. 39 gewährten Rechtsschutz nicht unzumutbar verkürzt.

## III. Partikularverfahren

9  Die Vorschrift hat – wie Art. 38, auf den sie sich bezieht – in einem isolierten Partikularverfahren keinen Anwendungsbereich, weil es einen Hauptinsolvenzverwalter dort nicht gibt.

---

12) *Reinhart* in: MünchKomm-InsO, Art. 39 EuInsVO 2015 Rz. 4.
13) Mankowski/Müller/J. Schmidt-*Mankowski*, EuInsVO 2015, Art. 38 Rz. 9–11.
14) *Paulus*, EuInsVO, Art. 39 Rz. 6.
15) Wimmer/Bornemann/Lienau-*Wimmer*, Die Neufassung der EuInsVO, Rz. 465; krit. *Reinhart* in: MünchKomm-InsO, Art. 39 EuInsVO 2015 Rz. 3.
16) Mankowski/Müller/J. Schmidt-*Mankowski*, EuInsVO 2015, Art. 38 Rz. 12; *Reinhart* in: MünchKomm-InsO, Art. 39 EuInsVO 2015 Rz. 3.
17) RefE EGInsO, S. 34 f., abrufbar unter https://www.bmjv.de/SharedDocs/Gesetzgebungsverfahren/Dokumente/Verordnung_ueber_Insolvenzverfahren.pdf?__blob=publicationFile&v=1 (Abrufdatum: 28.11.2019).

## Artikel 40
### Kostenvorschuss

Verlangt das Recht des Mitgliedstaats, in dem ein Sekundärinsolvenzverfahren beantragt wird, dass die Kosten des Verfahrens einschließlich der Auslagen ganz oder teilweise durch die Masse gedeckt sind, so kann das Gericht, bei dem ein solcher Antrag gestellt wird, vom Antragsteller einen Kostenvorschuss oder eine angemessene Sicherheitsleistung verlangen.

**Literatur:** *Haubold*, Europäische Insolvenzverordnung (EuInsVO), in: Gebauer/Wiedmann, Zivilrecht unter europäischem Einfluss, 2. Aufl., 2010, Kap. 32; *Leithaus/Lange*, Wer haftet für die Kosten eines Sekundärinsolvenzverfahrens (Art. 27 ff. EuInsVO)?, in: Festschrift für Heinz Vallender, 2015, S. 333; *Mock*, Vergütung des Insolvenzverwalters in grenzüberschreitenden Insolvenzverfahren, in: Insolvenz und Sanierung – auf der Dauerbaustelle geht es weiter, in: Festschrift für Hans Haarmeyer zum 65. Geburtstag, 2013, S. 157; *Mock*, Vergütung des Insolvenzverwalters in grenzüberschreitenden Insolvenzverfahren, ZInsO 2013, 2245; *Pogacar*, Rechte und Pflichten des Hauptverwalters im Sekundärverfahren, NZI 2011, 46; *Virgós/Schmit*, Erster Teil: EU-Übereinkommen über Insolvenzverfahren, Kap. B – Erläuternder Bericht, in: Stoll, Vorschläge und Gutachten zur Umsetzung des EU-Übereinkommens über Insolvenzverfahren im deutschen Recht, 1997, S. 32 (zit.: Virgós/Schmit in: Stoll, Vorschläge und Gutachten); *Wimmer*, Die Besonderheiten von Sekundärinsolvenzverfahren unter besonderer Berücksichtigung des Europäischen Insolvenzübereinkommens, ZIP 1998, 982.

### Übersicht

I. Zweck der Norm .................. 1
II. Inhalt der Norm .................. 3
III. Kosten des Sekundärverfahrens ......... 6
IV. Partikularverfahren ........................ 7

### I. Zweck der Norm

Art. 40 entspricht dem bisherigen Art. 30 a. F. Es handelt sich um eine **Sachnorm**, vermöge derer der Antragsteller zur Leistung eines Kostenvorschusses verpflichtet werden kann, wenn das Recht des Niederlassungsstaats dies vorsieht. Art. 40 ist eine **Ermächtigungsgrundlage** für das Insolvenzgericht, **keine Anspruchsgrundlage**.[1] Auch regelt die Vorschrift nicht, wer für die Kosten eines Sekundärverfahrens haftet, eine Frage, die dem nationalen Recht überlassen ist.[2] Die Vorschrift importiert den ggf. im Recht des Niederlassungsstaats durch Vorschriften zu Kostenvorschuss und/oder Sicherheitsleistung verwirklichten Gedanken, dass öffentliche Ressourcen nicht für die Durchführung wirtschaftlich sinnloser Insolvenzverfahren verschwendet werden sollen.[3]

Nachdem sich die maßgeblichen Fragen der Verfahrenseröffnung gemäß Art. 35 ohnehin nach dem Recht des Verfahrensstaats richten, ist aber fraglich, welcher **Regelungsgehalt** Art. 40 beigemessen werden kann. Er dürfte – erstens – in der

1

2

---

1) Mankowski/Müller/J. Schmidt-*Mankowski*, EuInsVO 2015, Art. 40 Rz. 5; *Paulus*, EuInsVO, Art. 40 Rz. 3; *Wimmer*, ZIP 1998, 982, 987; *Wenner/Schuster* in: FK-InsO, Art. 40 EuInsVO Rz. 3; a. A. Haß/Gruber/Huber/Heiderhoff-*Heiderhoff*, EuInsVO, Art. 30 Rz. 1.
2) *Leithaus/Lange* in: FS Vallender, S. 333 ff.
3) S. für Deutschland § 26 Abs. 1 Satz 2 InsO; dazu Uhlenbruck-*Vallender*, InsO, § 26 Rz. 1.

Klarstellung bestehen,[4] dass sich die Verpflichtung zur Leistung eines Kostenvorschusses bzw. einer Sicherheitsleistung nach dem Recht des Niederlassungsstaats richtet und der Umstand, dass das Recht des Staats der Hauptverfahrenseröffnung eine solche Vorschusspflicht nicht kennt, nicht als Argument gegen die Anordnung eines Vorschusses oder einer Sicherheitsleistung durch das Gericht des Niederlassungsstaats dienen kann. Aus deutscher Sicht ist die Regelung wegen § 26 Abs. 1 Satz 2 InsO deshalb überflüssig.[5] Ein echter konstitutiver Regelungsgehalt kommt der Vorschrift dagegen – zweitens – insofern zu, als sie auch den **Verwalter des Hauptverfahrens als Antragsteller** zur Leistung eines **Kostenvorschusses bzw. einer Sicherheit verpflichtet**, und zwar auch und gerade dann, wenn ihn das Recht des Staats der Hauptverfahrenseröffnung nicht als möglichen Antragsteller nennt.[6] Dass der Hauptinsolvenzverwalter einen Kostenvorschuss erbringen **kann**, wenn ihm das auf sein Insolvenzverfahren anzuwendende Recht das erlaubt,[7] entspricht bislang h. M. und hat sich nicht geändert.[8] Dem künftigen Sekundärverwalter ist das dagegen wegen möglicher Interessenkonflikte verboten.[9] Drittens **verbietet** die Vorschrift, dass für Sekundärverfahren **Sonderregelungen** geschaffen werden.[10]

## II. Inhalt der Norm

3 Gemäß Art. 40 ist der Antragsteller – eben auch der nach Art. 37 Abs. 1 lit. a zur Antragstellung berechtigte Verwalter des Hauptverfahrens – zur Leistung eines „**Kostenvorschusses**" oder „**Sicherheitsleistung**" verpflichtet. Voraussetzung des Art. 40 ist dabei, dass das Recht des Niederlassungsstaats die Kostendeckung verlangt und eine Regelung dazu enthält, dass bei fehlender Kostendeckung ein Kostenvorschuss bzw. Sicherheit zu leisten sind. Soweit dies nicht der Fall ist, ist Art. 40 nicht anwendbar, so dass kein Kostenvorschuss und keine Sicherheit verlangt werden können.[11] Die Frage, ob überhaupt eine Masseunzulänglichkeit vorliegt (also zu welchem Zeitpunkt die Massedeckung gegeben sein muss, welche Gegenstände hierfür berücksichtigt werden und welche Kosten und Auslagen im Einzelnen gedeckt sein müssen), beurteilt sich nach der lex fori concursus secundarii.[12] Bezugspunkt ist aber stets die Aktivmasse der Sekundärinsolvenz, nicht das weltweit vorhandene Schuldnervermögen.[13] Nach der lex fori concursus secundarii

---

4) *Reinhart* in: MünchKomm-InsO, Art. 30 EuInsVO 2000 Rz. 1; *Wimmer*, ZIP 1998, 982, 987. *Wenner/Schuster* in: FK-InsO, Art. 40 EuInsVO Rz. 1.

5) K. Schmidt-*Brinkmann*, InsO, Art. 30 EuInsVO Rz. 2.

6) *Haubold* in: Gebauer/Wiedmann, Zivilrecht unter europäischem Einfluss, Kap. 32 Rz. 227; *Pogacar*, NZI 2011, 46, 51.

7) Uhlenbruck-*Vallender*, InsO, § 26 Rz. 25; *Pogacar*, NZI 2011, 46, 51.

8) *Kindler* in: MünchKomm-BGB, Art. 40 EuInsVO Rz. 4.

9) *Haubold* in: Gebauer/Wiedmann, Zivilrecht unter europäischem Einfluss, Kap. 32 Rz. 227; Uhlenbruck-*Vallender*, InsO, § 26 Rz. 25.

10) *Virgós/Schmit* in: Stoll, Vorschläge und Gutachten, Rz. 228; Kübler/Prütting/Bork-*Flöther*, InsO, Art. 40 EuInsVO 2015 Rz. 2.

11) Braun-*Delzant*, InsO, Art. 40 EuInsVO Rz. 2; *Reinhart* in: MünchKomm-InsO, Art. 30 EuInsVO 2000 Rz. 5; Pannen-*Herchen*, EuInsVO, Art. 30 Rz. 4.

12) Braun-*Delzant*, InsO, Art. 40 EuInsVO Rz. 2; *Kindler* in: MünchKomm-BGB, Art. 40 EuInsVO Rz. 2.

13) Mankowski/Müller/J. Schmidt-*Mankowski*, EuInsVO 2015, Art. 40 Rz. 3 a. E und Rz. 11.

bemisst sich auch, wie Kostenvorschuss und Sicherheit zu leisten sind und was geschieht, wenn die Leistung von Kostenvorschuss und Sicherheit unterbleibt.[14]

Die Wortwahl „kann" ist nicht technisch i. S. einer Ermessenseröffnung für das Gericht des Niederlassungsstaats zu verstehen, sondern stellt eine bloße **Zuständigkeitsregelung** dar.[15] Gewährt allerdings das Recht des Niederlassungsstaats dem Gericht Ermessen, so kann dieses ausgeübt werden.[16] Es wird dann allerdings durch den europarechtlichen Begriff der „Angemessenheit" (dazu sogleich) eingeschränkt. Das Gericht kann auch dann einen Vorschuss bzw. eine Sicherheitsleistung verlangen, wenn das jeweilige nationale Recht zwar die Kostendeckung als Eröffnungsvoraussetzung regelt, nicht jedoch die Möglichkeit, beim Antragsteller einen Kostenvorschuss zu verlangen. Insoweit ist Art. 40 als eine über das jeweilige nationale Recht hinausgehende **Sachnorm** zu verstehen.[17]

4

Die Verpflichtung zur Leistung eines Kostenvorschusses oder einer Sicherheit muss „angemessen", also verhältnismäßig sein, wobei es um das Verhältnis zwischen Kosten und Masse geht.[18] Seinem Wortlaut nach bezieht Art. 40 das Angemessenheitskriterium nur auf die Sicherheitsleistung, es gilt aber auch für den Kostenvorschuss.[19] Das Verhältnismäßigkeitserfordernis soll verhindern, dass prohibitiv überhöhte Vorschüsse oder Sicherheiten gefordert werden und dadurch die Eröffnung von Sekundärverfahren weniger attraktiv gemacht und damit faktisch eingeschränkt wird. Sehen nationale Vorschriften einen in diesem Sinne **unangemessenen Kostenvorschuss oder unangemessene Sicherheitsleistung** vor, kann es sich um eine **Verletzung des Unionsrechts** handeln. Dann kommen Vertragsverletzungsverfahren (Artt. 259 f. AEUV) und die EU-rechtliche Staatshaftung in Betracht.[20] Zuvor ist freilich die Vorschrift des Niederlassungsstaats europarechtskonform auszulegen, wozu wegen des Diskriminierungsverbots u. a. gehört, dass die Pflichten für Vorschuss- oder Sicherheitsleistung für ausländische Antragsteller nicht höher sein dürfen als für Antragsteller, die im Niederlassungsstaat ansässig sind.

5

## III. Kosten des Sekundärverfahrens

Die Fragen, ob und in welcher Höhe für die Durchführung eines Sekundärverfahrens Kosten anfallen, wer Kostenschuldner ist und wer für die Kosten haftet,[21] sind gemäß Art. 35 unter Anwendung der lex fori concursus secundarii zu beant-

6

---

14) Kübler/Prütting/Bork-*Flöther*, InsO, Art. 40 EuInsVO 2015 Rz. 4; *Pogacar*, NZI 2011, 46, 51.
15) Allg. M., *Virgós/Schmit* in: Stoll, Vorschläge und Gutachten, Rz. 228; *Kolmann*, Kooperationsmodelle, S. 338; Kübler/Prütting/Bork-*Flöther*, InsO, Art. 40 EuInsVO 2015 Rz. 6; K. Schmidt-*Brinkmann*, InsO, Art. 30 EuInsVO Rz. 5; *Paulus*, EuInsVO, Art. 40 Rz. 3.
16) Braun-*Delzant*, InsO, Art. 40 EuInsVO Rz. 3.
17) Braun-*Delzant*, InsO, Art. 40 EuInsVO Rz. 3.
18) *Kindler* in: MünchKomm-BGB, Art. 40 EuInsVO Rz. 5.
19) Implizit auch *Kindler* in: MünchKomm-BGB, Art. 40 EuInsVO Rz. 5.
20) *Kindler* in: MünchKomm-BGB, Art. 40 EuInsVO Rz. 5.
21) Dazu *Leithaus/Lange* in: FS Vallender, S. 333.

worten. Vergütungsforderungen des Insolvenzverwalters unterliegen dem Insolvenzstatut.[22]

### IV. Partikularverfahren

7 Art. 40 ist in einem isolierten Partikularinsolvenzverfahren anwendbar. Der Regelungszweck, öffentliche Ressourcen vor dem Verbrauch durch wirtschaftlich sinnlose Sekundärinsolvenzanträge zu schützen (wenn das Recht des Niederlassungsstaats das vorsieht), ist auch im Falle einer isolierten Partikularinsolvenz einschlägig.[23]

---

22) *Mankowski*, EWiR 2015, 123, 124 (Urteilsanm.); *Mock* in: FS Haarmeyer, S. 157; *Mock*, ZInsO 2013, 2245.
23) Mankowski/Müller/J. Schmidt-*Mankowski*, EuInsVO 2015, Art. 40 Rz. 12.

# Artikel 41
## Zusammenarbeit und Kommunikation der Verwalter

(1) ¹Der Verwalter des Hauptinsolvenzverfahrens und der oder die in Sekundärinsolvenzverfahren über das Vermögen desselben Schuldners bestellten Verwalter arbeiten soweit zusammen, wie eine solche Zusammenarbeit mit den für das jeweilige Verfahren geltenden Vorschriften vereinbar ist. ²Die Zusammenarbeit kann in beliebiger Form, einschließlich durch den Abschluss von Vereinbarungen oder Verständigungen, erfolgen.

(2) Bei der Durchführung der Zusammenarbeit nach Absatz 1 obliegt es den Verwaltern,

a) einander so bald wie möglich alle Informationen mitzuteilen, die für das jeweilige andere Verfahren von Bedeutung sein können, insbesondere den Stand der Anmeldung und Prüfung der Forderungen sowie alle Maßnahmen zur Rettung oder Sanierung des Schuldners oder zur Beendigung des Insolvenzverfahrens, vorausgesetzt, es bestehen geeignete Vorkehrungen zum Schutz vertraulicher Informationen;

b) die Möglichkeit einer Sanierung des Schuldners zu prüfen und, falls eine solche Möglichkeit besteht, die Ausarbeitung und Umsetzung eines Sanierungsplans zu koordinieren;

c) die Verwertung oder Verwendung der Insolvenzmasse und die Verwaltung der Geschäfte des Schuldners zu koordinieren; der Verwalter eines Sekundärinsolvenzverfahrens gibt dem Verwalter des Hauptinsolvenzverfahrens frühzeitig Gelegenheit, Vorschläge für die Verwertung oder Verwendung der Masse des Sekundärinsolvenzverfahrens zu unterbreiten.

(3) Die Absätze 1 und 2 gelten sinngemäß für Fälle, in denen der Schuldner im Haupt- oder Sekundärinsolvenzverfahren oder in einem der Partikularverfahren über das Vermögen desselben Schuldners, das zur gleichen Zeit eröffnet ist, die Verfügungsgewalt über sein Vermögen behält.

Literatur: *Albrecht*, Die reformierte EuInsVO im Spiegel der Rechtsprechung des EuGH – Ein Überblick – Teil 2, InsbürO 2018, 53; *Andres/Möhlenkamp*, Konzerne in der Insolvenz

– Chancen auf Sanierung?, BB 2013, 579; *Beck*, Verwertungsfragen im Verhältnis von Haupt- und Sekundärinsolvenzverfahren nach der EuInsVO, NZI 2006, 609; *Brünkmans*, Auf dem Weg zu einem europäischem Konzerninsolvenzrecht, ZInsO 2013, 797; *Dammann*, Sinn und Zweck von Sekundärverfahren nach der Reform der EuInsVO, in: Festschrift für Siegfried Beck, 2016, S. 82; *Ehricke*, Das Verhältnis des Hauptinsolvenzverwalters zum Sekundärinsolvenzverwalter bei grenzüberschreitenden Insolvenzen nach der EuInsVO, ZIP 2005, 1104; *Ehricke*, Die Zusammenarbeit der Insolvenzverwalter bei grenzüberschreitenden Insolvenzen nach der EuInsVO, WM 2005, 397; *Ehricke*, Zur Einflussnahme des Hauptinsolvenzverwalters auf die Verwertungshandlungen des Sekundärverwalters nach der EuInsVO, ZInsO 2004, 633; *Ehricke*, Der nationale und der internationale Insolvenzverwaltungsvertrag, ZZP 1 (2001), 1; *Eidenmüller*, Die nationale und der internationale Insolvenzverwaltungsvertrag, ZZP 114 (2001), 3; *Hess/Oberhammer/Pfeiffer*, External Evaluation of Regulation No. 1346/2000 on Insolvency Proceedings, Heidelberg-Luxembourg-Vienna, 2013 (zit.: Heidelberg-Luxembourg-Vienna Report); *Kindler*, Hauptfragen der Reform des Europäischen Internationalen Insolvenzrechts, KTS 2014, 25; *Lüke*, Das europäische internationale Insolvenzrecht, ZZP 111 (1998), 275; *Paulus*, Die ersten Jahre mit der Europäischen Insolvenzverordnung: Erfahrungen und Erwartungen, RabelsZ 70 (2006), 458; *Paulus*, Änderungen des deutschen Insolvenzrechtes durch die Europäische Insolvenzordnung, ZIP 2002, 729; *Paulus*, „Protokolle" – ein anderer Zugang zur Abwicklung grenzüberschreitender Insolvenzen, ZIP 1998, 977; *Prager/Keller, Ch.*, Der Vorschlag der europäischen Kommission zur Reform der EuInsVO, NZI 2013, 57; *Pogacar*, Rechte und Pflichten des Hauptverwalters im Sekundärverfahren, NZI 2011, 46; *Staak*, Mögliche Probleme im Rahmen der Koordination von Haupt- und Sekundärverfahren nach der europäischen Insolvenzordnung (EuInsVO), NZI 2004, 480; *Thole*, Die Reform der Europäischen Insolvenzordnung, ZEuP 2014, 39; *Vallender*, Europäische Kommission der deutsche Motor stockt, aber Europa drückt auf Gas, Europäisches Konzerninsolvenzrecht vor der Verabschiedung, ZInsO 2015, 57; *Vallender*, Kooperations- und Informationspflichten von Insolvenzverwaltern bei grenzüberschreitenden Insolvenzverfahren, in: Konecny, Insolvenz-Forum 2006 – Vorträge anlässlich des 13. Insolvenz-Forums Grundlsee im November 2006, 2007, S. 191; *Vallender*, Aufgaben und Befugnisse des deutschen Insolvenzrichters in Verfahren nach der EuInsVO, KTS 2003, 283; *Virgós/Schmit*, Erster Teil: EU-Übereinkommen über Insolvenzverfahren, Kap. B – Erläuternder Bericht, in: Stoll, Vorschläge und Gutachten zur Umsetzung des EU-Übereinkommens über Insolvenzverfahren im deutschen Recht, 1997, S. 32 (zit.: *Virgós/Schmit* in: Stoll, Vorschläge und Gutachten); *Wenner/Schuster*, Sind Geheimhaltungsvereinbarungen insolvenzfest?, ZIP 2005, 2191; *Wimmer*, Übersicht zur Neufassung der EuInsVO, jurisPR-InsR 7/2015; *Zipperer/Vallender*, Der vorläufige Insolvenzverwalter – offene Fragen und Probleme in der neuen EuInsVO, ZInsO 2018, 960.

## Übersicht

I. Zweck der Norm ................ 1
II. Inhalt der Norm ................ 4
1. Beteiligte der Mitwirkungs-, Kooperations- und Informationspflichten (Art. 41 Abs. 1) ................ 4
 a) Haupt- und Sekundärinsolvenzverwalter ................ 5
 b) Sekundärinsolvenzverwalter zu Sekundärinsolvenzverwalter ........ 6
 c) Einbeziehung vorläufige Verwalter ................ 7
 d) Eigenverwaltung ................ 8
 e) Koordinationspflichten der Insolvenzgerichte untereinander .... 10

2. Allgemeine Regeln der Zusammenarbeit und Kommunikation (Art. 41 Abs. 1 und 2) ................ 11
 a) Gesetzliche Grundsätze der Zusammenarbeit ................ 13
 aa) Pflicht zur Zusammenarbeit ........ 14
 bb) Pflichten allgemein und Mittel der Zusammenarbeit ................ 15
 cc) Form und Mittel der Kommunikation ................ 19
 dd) Sprache ................ 21
 ee) Grenzen der Zusammenarbeit ..... 23
 ff) Kosten der Zusammenarbeit ....... 27

b) Vertragliche Abmachungen zwischen den beteiligten Verwaltern des Haupt- und Sekundärinsolvenzverfahrens ............ 29
3. Durchsetzbarkeit der Pflichtenstellung ............................................. 39
   a) Einklagbarkeit der Mitwirkungspflichten ....................................... 40
   b) Gerichtliche Zwangsmaßnahmen ......................................... 41
4. Haftung für Pflichtverletzungen ........ 43
5. Mitwirkungspflichten im Einzelnen (Art. 41 Abs. 2) .............................. 48

a) Informationsaustausch (Art. 41 Abs. 2 lit. a) .................... 49
b) Sanierungsprüfung (Art. 41 Abs. 2 lit. b) .................... 53
c) Koordinierung der Verwendung und Verwertung der Masse (Art. 41 Abs. 2 lit. c) .................... 55
   aa) Allgemeines .................................. 56
   bb) Befolgungspflicht des Sekundärinsolvenzverwalters ................. 59
   cc) Mögliches Weisungsrecht des Hauptinsolvenzverwalters .......... 61
III. Schlussfolgerungen für die Praxis ..... 62

## I. Zweck der Norm

1 Art. 41 geht zurück auf die Kritik an Art. 31 a. F. Unter anderem wurde die Abstimmung zwischen Haupt- und Sekundärinsolvenzverfahren als unzureichend bemängelt.[1]) Diese Kritik hat die EU-Kommission in ihre Vorschläge aufgenommen. Art. 41 ersetzt und konkretisiert Art. 31 a. F. Die wechselseitig festgelegten Pflichten des Haupt- und Sekundärinsolvenzverwalters dienen der Verwirklichung des **Grundsatzes der Gläubigergleichbehandlung.**

2 Artt. 41–55 betreffen **ausschließlich Haupt- und Sekundärinsolvenzverfahren.** Das eigentliche Konzerninsolvenzrecht findet sich in den Art. 56 ff. Die Regelungen der Kooperations- und Informationspflichten sowie die Instrumentarien sind jedoch zum großen Teil identisch und ergänzen sich wechselseitig.[2])

3 Auch wenn es sich bei Haupt- und Sekundärinsolvenzverfahren um jeweils **eigenständige Insolvenzverfahren** handelt,[3]) betreffen beide Verfahrensarten **dieselbe Vermögensmasse.**[4]) Das Sekundärinsolvenzverfahren führt lediglich zu einer Teilung des einheitlichen Vermögens mit der Folge, dass nunmehr als Haftungsmasse trotz juristisch einheitlicher Trägerschaft nur das jeweilige Teilvermögen zur Verfügung steht.[5]) Abstimmungsbedarf besteht dabei sowohl **bei Sanierungs- als auch bei Zerschlagungsverfahren.**[6]) Dem Insolvenzverwalter des Hauptinsolvenzverfahrens wird gewisse Priorität eingeräumt.[7])

---

1) Hess/Oberhammer/Pfeiffer-*Oberhammer,* Heidelberg-Luxembourg-Vienna Report, S. 359; Prager/Ch. *Keller,* NZI 2013, 57, 62; *Andres/Möhlenkamp,* BB 2013, 579, 580.
2) *Kindler,* KTS 2014, 25, 38.
3) *Dammann* in: FS Beck, S. 82; Ahrens/Gehrlein/Ringstmeier-*Gruber/Schulz,* InsO, Anh. I Art. 31 EuInsVO Rz. 1; *Staak,* NZI 2004, 480, 481.
4) K. Schmidt-*Brinkmann,* InsO, Art. 27 EuInsVO Rz. 14; *Geroldinger,* Verfahrenskoordination, S. 163; *Lüke,* ZZP 111 (1998), 275, 306.
5) *Lüke,* ZZP 111 (1998), 275, 306; *Vallender,* KTS 2003, 283, 320.
6) K. Schmidt-*Brinkmann,* InsO, Art. 31 EuInsVO Rz. 1; *Wimmer,* jurisPR-InsR 7/2015.
7) Bork/van Zwieten-*Wessels,* Commentary on the European Insolvency Regulation, Art. 41 Rz. 54; *Staak,* NZI 2004, 480, 485; K. Schmidt-*Brinkmann,* InsO, Art. 31 EuInsVO Rz. 3, ErwG 48; *Schultz* in: HK-InsO, Art. 31 EuInsVO Rz. 3; Wimmer/Bornemann/Lienau-*Wimmer,* Die Neufassung der EuInsVO, Rz. 470; *Albrecht,* InsbürO 2018, 53; Nach *Ehricke,* ZIP 2005, 1104, 1106, müssen sich die Gläubiger des sekundären Verfahrens dem Hauptinsolvenzverfahren unterordnen.

## II. Inhalt der Norm

### 1. Beteiligte der Mitwirkungs-, Kooperations- und Informationspflichten (Art. 41 Abs. 1)

In den Adressatenkreis der Mitwirkungspflichten sind verschiedene Beteiligte einzubeziehen. 4

#### a) Haupt- und Sekundärinsolvenzverwalter

Nach Art. 41 Abs. 1 sind unmittelbar der Haupt- und der Sekundärinsolvenzverwalter 5
Beteiligte. Obwohl dem **Hauptinsolvenzverwalter Vorrang** eingeräumt wird, bestehen diese Mitwirkungspflichten nicht nur in eine Richtung, sondern sind **wechselseitig** ausgestaltet.[8] Auch der Sekundärinsolvenzverwalter kann daher verlangen, dass er für das Sekundärinsolvenzverfahren wesentliche Informationen vom Hauptinsolvenzverwalter erhält.

#### b) Sekundärinsolvenzverwalter zu Sekundärinsolvenzverwalter

Schon zu Art. 31 a. F. war es überwiegende Auffassung, dass sich auch die **Verwalter der Sekundärverfahren untereinander unterrichten müssen**.[9] Für Art. 41 soll 6
das aus dem in Absatz 1 und Absatz 2 verwendeten doppelten Plural „die Verwalter der Sekundärinsolvenzverfahren" folgen.[10]

#### c) Einbeziehung vorläufige Verwalter

Art. 41 gilt in gleicher Weise wie Art. 31 a. F. auch dann für die **vorläufigen Insolvenzverwalter**, wenn noch nicht feststeht, welches Verfahren als Haupt- oder Sekundärverfahren zu betrachten ist.[11] Wie zu Recht betont wird, stellt sich das Erfordernis nach Kooperation in besonderer Weise schon im vorläufigen Insolvenzverfahren, da schnelles Handeln geboten ist.[12] 7

---

8) Zum alten Recht: *Staak*, NZI 2004, 480, 481; *Paulus*, RabelsZ 70 (2006), 458, 465; *Vallender* in: Konecny, Insolvenz-Forum 2006, S. 191, 192; K. Schmidt-*Brinkmann*, InsO, Art. 31 EuInsVO Rz. 10, 12; zum neuen Recht: *Paulus*, EuInsVO, Art. 41 Rz. 6; Mankowski/Müller/J. Schmidt-*Mankowski*, EuInsVO 2015, Art. 41 Rz. 38 m. umfangr. Quellennachweisen.
9) Zum alten Recht: *Wenner/Schuster* in: FK-InsO, 8. Aufl., Anh. I Art. 31 EuInsVO Rz. 5; *Ehricke*, WM 2005, 397, 399; *Reinhart* in: MünchKomm-InsO, Art. 31 EuInsVO 2000 Rz. 7; **anders** aber *Vallender* in: Konecny, Insolvenz-Forum 2006, S. 191, 192; zum neuen Recht: Wimmer/Bornemann/Lienau-*Wimmer*, Die Neufassung der EuInsVO, Rz. 470; *Dreschers* in: Kübler, HRI, § 21 Rz. 114; *Wenner/Schuster* in: FK-InsO, Art. 41 EuInsVO Rz. 5.
10) Mankowski/Müller/J. Schmidt-*Mankowski*, EuInsVO 2015, Art. 41 Rz. 4; *Geroldinger*, Verfahrenskoordination, S. 158 f.
11) Zum alten Recht: *Geroldinger*, Verfahrenskoordination, S. 160 f.; *Wenner/Schuster* in: FK-InsO, 8. Aufl., Anh. I Art. 31 EuInsVO Rz. 6; zum neuen Recht: Kübler/Prütting/Bork-*Flöther*, InsO, Art. 41 EuInsVO 2015 Rz. 8.
12) Mankowski/Müller/J. Schmidt-*Mankowski*, EuInsVO 2015, Art. 41 Rz. 6; *Geroldinger*, Verfahrenskoordination, S. 160 f; ausführlich zur Stellung des vorläufigen Insolvenzverwalters: *Zipperer/Vallender*, ZInsO 2018, 960, 966.

### d) Eigenverwaltung

8   Die sich aus Art. 41 ergebenden Mitwirkungspflichten gelten nach Absatz 3 auch bei Verfahren in Eigenverwaltung. Das gilt sowohl für das Hauptinsolvenzverfahren als auch für das Sekundärinsolvenzverfahren. Die eigenverwaltende Schuldnerin und **mittelbar auch der Sachwalter** sind damit Beteiligte der Mitwirkungspflichten.[13]

9   Die Möglichkeit der Eigenverwaltung wurde z. B. in dem Verfahren *Automold* genutzt, in dem der Insolvenzverwalter des Hauptinsolvenzverfahrens gleichzeitig als eigenverwaltender Schuldner des Sekundärinsolvenzfahrens eingesetzt wurde.[14] Diese Variante ist zwar grundsätzlich zulässig, dürfte ihre Grenzen aber dann haben, wenn daraus Nachteile für die (lokalen) Gläubiger möglich sind.[15]

### e) Koordinationspflichten der Insolvenzgerichte untereinander

10   Auf Grundlage des Art. 31 a. F. war nicht eindeutig geklärt, inwieweit sich Kooperationspflichten der ausländischen Gerichte ergeben.[16] Wegen der eindeutigen Regelung in Art. 42 ist diese Frage jedoch klar i. S. einer Zusammenarbeit und Kommunikationspflicht der Gerichte geregelt. Art. 41 kann daher nur noch die wechselseitigen Pflichten zwischen den verschiedenen Verwaltern betreffen.

## 2. Allgemeine Regeln der Zusammenarbeit und Kommunikation (Art. 41 Abs. 1 und 2)

11   Art. 41 enthält in Absatz 1 und Absatz 2 verschiedene Bereiche der Zusammenarbeit und Kommunikation, die eng zusammenhängen. Gemein ist allen Tatbeständen, dass die jeweiligen beteiligten Insolvenzverwalter der Haupt- und Sekundärinsolvenzverfahren **grundsätzlich zur Zusammenarbeit verpflichtet** werden. Diese Zusammenarbeitspflichten werden in Art. 41 Abs. 2 weiter konkretisiert, sind jedoch nicht abschließend.[17] Wie der Verordnungsgeber in seinen ErwG zeigt, geht es um eine effiziente Verwaltung/Verwertung der Insolvenzmasse für eine **bestmögliche Gläubigerbefriedigung**. Dafür ist eine enge und ordnungsgemäße Zusammenarbeit der einzelnen Insolvenzverwalter notwendig (siehe ErwG 48). Relevant wird dies z. B. bei der Auszahlung von Quoten an die Gläubiger: Die Absprache kann verhindern, dass es zu doppelten Auszahlungen bei Haupt- und Sekundärinsolvenzverfahren kommt.[18] In diesem Zusammenhang wird auch eine einheitliche Insolvenztabelle

---

13) Mankowski/Müller/J. Schmidt-*Mankowski*, EuInsVO 2015, Art. 41 Rz. 99; **a. A.** *Dreschers* in: Kübler, HRI, § 21 Rz. 117, sieht als Adressat bei den Sekundarinsolvenzverfahren in Eigenverwaltung den Sachwalter als maßgeblich an.

14) AG Köln, Beschl. v. 23.1.2004 – 71 IN 1/04 (Automold), ZIP 2004, 471 = NZI 2004, 151, dazu EWiR 2004, 601 *(Blenske)*.

15) *Undritz* in: Flöther, Hdb. Konzerninsolvenzrecht, § 8 Rz. 77; *Dreschers* in: Kübler, HRI, § 21 Rz. 92; krit. *Beck*, NZI 2006, 609, 616 f.

16) Wimmer/Bornemann/Lienau-*Wimmer*, Die Neufassung der EuInsVO, Rz. 474–477; zum alten Recht: *Wenner/Schuster* in: FK-InsO, 8. Aufl., Anh. I Art. 31 EuInsVO Rz. 3; K. Schmidt-*Brinkmann*, InsO, Art. 31 EuInsVO Rz. 16, jeweils m. w. N.; ausf. *Paulus*, EuInsVO, 4. Aufl., Art. 31 Rz. 5; *Eidenmüller*, ZZP 114 (2001), 3, 11.

17) *Thole*, ZEuP 2014, 39, 66; *Reinhart* in: MünchKomm-InsO, Art. 41 EuInsVO 2015 Rz. 4; Mankowski/Müller/J. Schmidt-*Mankowski*, EuInsVO 2015, Art. 41 Rz. 11; *Paulus*, EuInsVO, Art. 41 Rz. 2.

18) *Vallender* in: Konecny, Insolvenz-Forum 2006, S. 191, 194.

vorgeschlagen.[19)] Wegen der separaten Insolvenzmassen und der Eigenverantwortlichkeit der jeweiligen Verwalter dürfte zumindest nach gegenwärtigem Recht diese interessante Verknüpfung ausgeschlossen sein.

Die Insolvenzverwalter können weiterhin Streitigkeiten über Anfechtungsrechte, 12
Masseansprüche etc. außergerichtlich regeln, um **kostenintensive Prozesse zu vermeiden**, die der Gesamtheit der Gläubigerschaft mehr schaden als nützen.[20)]

### a) Gesetzliche Grundsätze der Zusammenarbeit

Die beteiligten Insolvenzverwalter der Haupt- und Sekundärinsolvenzverfahren sind 13
schon im Vorfeld gefragt, die Einzelheiten i. R. eines grundsätzlichen Vertragswerkes zu regeln (siehe ErwG 48). Die jeweilige Pflichtenstellung für den einzelnen Insolvenzverwalter folgt unmittelbar aus Art. 41.

### aa) Pflicht zur Zusammenarbeit

Schon auf nationaler Ebene ergibt sich die Pflicht zu einer solchen Kooperation aus 14
§ 357 Abs. 1 InsO, die fast wörtlich der Pflichtenstellung in Art. 41 entspricht.[21)]
Einigkeit besteht darin, dass sowohl für den Insolvenzverwalter des Hauptinsolvenzverfahrens als auch des Sekundärinsolvenzverfahrens aus den allgemeinen Grundsätzen in Art. 41 Abs. 1, konkretisiert durch Art. 41 Abs. 2 eine **echte Pflichtenstellung** folgt.[22)] Bei der Kooperationspflicht nach Art. 31 Abs. 2 a. F., Art. 41 Abs. 1 n. F. wird teilweise nur ein programmatischer Gehalt angenommen.[23)] Insgesamt gilt jedoch, dass eine pflichtbegründende Norm wenig Wert hat, wenn diese Pflichtenstellung nicht auch durchgesetzt werden kann.[24)]

### bb) Pflichten allgemein und Mittel der Zusammenarbeit

Art. 41 Abs. 1 verpflichtet die beteiligten Insolvenzverwalter von Haupt- und Se- 15
kundärinsolvenzverfahren grundsätzlich zur **Zusammenarbeit auf Augenhöhe**.[25)]
Teamarbeit ist gefordert, wobei gute Insolvenzverwalter sich schon immer in dieser Tugend geübt haben.[26)] Ziel der Zusammenarbeit ist es eine Synchronität der Verfahren herzustellen, um damit für die Gläubiger bessere Ergebnisse zu erzielen.[27)]
In diesem Zusammenhang weist ErwG 48 auf die Kooperations- und **Kommunikationsgrundsätze** verschiedener europäischer wie internationaler Organisationen hin,

---

19) Kübler/Prütting/Bork-*Flöther*, InsO, Art. 41 EuInsVO 2015 Rz. 71.
20) *Vallender* in: Konecny, Insolvenz-Forum 2006, S. 191, 197; *Geroldinger*, Verfahrenskoordination, S. 280; Mankowski/Müller/J. Schmidt-*Mankowski*, EuInsVO 2015, Art. 41 Rz. 41.
21) *Wenner/Schuster* in: FK-InsO, Anh. I Art. 31 EuInsVO Rz. 4.
22) *Reinhart* in: MünchKomm-InsO, Art. 41 EuInsVO 2015 Rz. 4; Mankowski/Müller/ J. Schmidt-*Mankowski*, EuInsVO 2015, Art. 41 Rz. 11–12; *Vallender*, ZInsO 2015, 57, 60; *Schultz* in: HK-InsO, Art. 41 EuInsVO Rz. 1.
23) K. Schmidt-*Brinkmann*, InsO, Art. 31 EuInsVO Rz. 10, 12; Mankowski/Müller/J. Schmidt-*Mankowski*, EuInsVO 2015, Art. 41 Rz. 38.
24) *Staak*, NZI 2004, 480, 484.
25) *Ehricke* ZIP 2005, 1104, 1110; *Geroldinger*, Verfahrenskoordination, S. 272.
26) *Paulus*, ZIP 2002, 729, 736.
27) *Schmüser*, Das Zusammenspiel zwischen Haupt- und Sekundärinsolvenzverfahren, S. 96, *Geroldinger*, Verfahrenskoordination, S. 273.

wie z. B. der UNCITRAL[28)] und die European Communication and Cooperation („CoCo") Guidelines for Cross-Border Insolvency Proceedings.[29)] Auch die Global Principles for Cooperation and International Insolvency Cases („Global Principles")[30)] des American Law Institute und des International Insolvency Institute sollen vor dem Hintergrund der American Law Institute Guidelines trotz ihres US-Ursprungs auch im europäischen Kontext wertvolle Hilfestellung liefern.[31)]

16 Die Mitwirkungspflichten beginnen nicht erst mit der Aufforderung des anderen Insolvenzverwalters, sondern müssen **unaufgefordert** erfüllt werden. Fragt der Insolvenzverwalter nach bestimmten Sachverhalten, so ist grundsätzlich davon auszugehen, dass diese Informationen bereitgestellt werden müssen.[32)]

17 Bereits in den Kommentierungen zu Art. 31 a. F. wurde die damalige Unverzüglichkeit in ein „**so schnell wie möglich**" uminterpretiert.[33)] Dem verpflichteten Insolvenzverwalter wird eine angemessene Frist eingeräumt. Trotz des geänderten Wortlauts der Verordnung wird hierin kein Anzeichen für eine Änderung des Zeitraumes, sondern nur eine Klarstellung gesehen.[34)] Es soll dem verpflichteten Insolvenzverwalter die Zeit eingeräumt werden, die er billigerweise benötigt, um die Information zusammenzutragen, zu ordnen, zusammenzufassen und möglicherweise zu übersetzen, wenn man ihn hierzu als verpflichtet ansieht.

18 Das **Maß der Informationsweitergabe** ist nicht pauschal, sondern vom Einzelfall abhängig. Es besteht ein Ermessen des Verpflichteten. Fehlinformationen können eine effektive Zusammenarbeit verhindern.[35)] Die Effektivität wird gesteigert, wenn wechselseitig jeder der betroffenen Insolvenzverwalter wenigstens mitteilt, welche Fakten für ihn von besonderer Bedeutung sind. Alles sollte mitgeteilt werden, was nach eigener Einschätzung des verpflichteten Verwalters für die andere Seite von Bedeutung sein könnte.[36)] Dafür ist es auch notwendig, sich ein gewisses Bild von dem jeweils

---

28) Hierbei handelt es sich um ein Konglomerat verschiedener Empfehlungsrichtlinien, insb.: UNCITRAL Practice Guide on Cross-Border Insolvency Cooperation, 2009, abrufbar unter https://www.uncitral.org/pdf/english/texts/insolven/Practice_Guide_english.pdf; UNCITRAL Legislative Guide on Insolvency Law, 2004, abrufbar unter https://www.uncitral.org/pdf/english/texts/insolven/05-80722_Ebook.pdf, und UNCITRAL Model Law on Cross-Border Insolvency, 2013, http://www.uncitral.org/pdf/english/texts/insolven/1997-Model-Law-Insol-2013-Guide-Enactment-e.pdf (Abrufdatum: 25.11.2019).

29) Zu der Kritik an der Nutzung von Protocols s. *Wenner/Schuster* in: FK-InsO, Anh. I Art. 31 EuInsVO Rz. 24.

30) American Law Institute (ALI), Global Principles for Cooperation and International Insolvency Cases („Global Principles"), 2012, abrufbar unter https://www.iiiglobal.org/sites/default/files/alireportmarch_0.pdf (Abrufdatum: 25.11.2019).

31) S. zusammengefasst zu den europäischen und internationalen Kommunikations- und Kooperationsgrundsätzen Mankowski/Müller/J. Schmidt-*Mankowski*, EuInsVO 2015, Art. 41 Rz. 26–30 m. umfangr. N.

32) Mankowski/Müller/J. Schmidt-*Mankowski*, EuInsVO 2015, Art. 41 Rz. 19; *Schultz* in: HK-InsO, Art. 31 EuInsVO Rz. 4; ausf. *Geroldinger*, Verfahrenskoordination, S. 244 ff.

33) *Paulus*, ZIP 2002, 729, 735.

34) Wimmer/Bornemann/Lienau-*Wimmer*, Die Neufassung der EuInsVO, Rz. 471.

35) *Vallender* in: Konecny, Insolvenz-Forum 2006, S. 191, 195; Mankowski/Müller/J. Schmidt-*Mankowski*, EuInsVO 2015, Art. 41 Rz. 23; *Schmüser*, Das Zusammenspiel zwischen Haupt- und Sekundärinsolvenzverfahren, S. 99 f.; *Geroldinger*, Verfahrenskoordination, S. 245.

36) *Paulus*, EuInsVO, Art. 31 Rz. 8 m. w. N.; *Geroldinger*, Verfahrenskoordination, S. 245 ff.

anderen Verwalter, seinen Kompetenzen sowie dem jeweiligen Verfahrensrecht zu verschaffen.[37]

### cc) Form und Mittel der Kommunikation

Gemäß Art. 41 Abs. 1 Satz 2 ist die Zusammenarbeit in **beliebiger Form** möglich. Die Art und Weise der Kommunikation ist daher ebenfalls in das Ermessen der einzelnen Verwalter gestellt. Grundsätzlich sollten die Verwalter zu Beginn in einer Vereinbarung auch die Form der Kommunikation festlegen.[38] Eilbedürftigkeit und Relevanz der Kommunikationsgrundlagen sind wesentlich. Bei besonderer Eilbedürftigkeit kann es allen Beteiligten zugemutet werden, von sich aus zum Telefonhörer zu greifen, eine Videokonferenz anzuberaumen oder persönliche Treffen anzuregen.[39] Allgemein haben persönliche Treffen den Vorzug, damit jeder Verwalter seine eigenen und konkreten Vorstellungen wiedergeben kann.[40] Zulässig sind jedoch alle Kommunikationsmittel wie auch Faxe, Telexe, E-Mails, einfache oder förmliche Schreiben, die Übersendung von Akten sowie die Reisen zum Kollegen.[41] Auch Chatrooms wurden als möglicher Kommunikationsweg vorgeschlagen und können gemeinsam mit elektronischen Datenbanken einen modernen und effizienten Weg darstellen.[42] Die **Einigung zwischen den jeweiligen Verwaltern** im Vorfeld der betreffenden Verfahren bietet sich in jedem Falle an.[43]

19

Wie häufig sich die Verwalter austauschen, kann nur im Einzelfall entschieden werden. Monatliche Berichte könnten ausreichend sein.[44] Gerade zu Beginn wird aber ein häufigerer Austausch geboten sein.

20

### dd) Sprache

Art. 41 regelt anders als Art. 73 für das Koordinationsverfahren weder die Form der Kooperation noch die einzuhaltende Sprache. Letztendlich geht es auch hierbei um die Effizienz der Verfahrensabwicklung in den jeweiligen nationalen Rechten.[45] Ent-

21

---

37) Staak, NZI 2004, 480, 481.
38) Geroldinger, Verfahrenskoordination, S. 257, Reinhart in: MünchKomm-InsO, Art. 31 EuInsVO 2000 Rz. 15.
39) Paulus, EuInsVO, Art. 31 Rz. 9, Geroldinger, Verfahrenskoordination, S. 257; UNCITRAL Practice Guide on Cross-Border Insolvency Cooperation, 2009, S. 90, abrufbar unter https://www.uncitral.org/pdf/english/texts/insolven/Practice_Guide_english.pdf (Abrufdatum: 25.11.2019); Pannen-Pannen/Riedemann, EuInsVO, Art. 31 Rz. 25.
40) Mankowski/Müller/J. Schmidt-Mankowski, EuInsVO 2015, Art. 41 Rz. 23; Schmüser, Das Zusammenspiel zwischen Haupt- und Sekundärinsolvenzverfahren, S. 99 f.; Geroldinger, Verfahrenskoordination, S. 256.
41) Mankowski/Müller/J. Schmidt-Mankowski, EuInsVO 2015, Art. 41 Rz. 23; Schmüser, Das Zusammenspiel zwischen Haupt- und Sekundärinsolvenzverfahren, S. 99 f.
42) Paulus, ZIP 2002, 729, 735; Staak, NZI 2004, 480, 482; Vallender in: Konecny, Insolvenz-Forum 2006, S. 191, 195; Geroldinger, Verfahrenskoordination, S. 257. Schmüser, Das Zusammenspiel zwischen Haupt- und Sekundärinsolvenzverfahren, S. 99.
43) Reinhart in: MünchKomm-InsO, Art. 31 EuInsVO 2000 Rz. 15; **anders** wohl Mankowski/Müller/J. Schmidt-Mankowski, EuInsVO 2015, Art. 41 Rz. 31.
44) UNCITRAL Practice Guide on Cross-Border Insolvency Cooperation, 2009, S. 95, abrufbar unter https://www.uncitral.org/pdf/english/texts/insolven/Practice_Guide_english.pdf (Abrufdatum: 25.11.2019).
45) Ausf. Geroldinger, Verfahrenskoordination, S. 248 ff.

scheidend ist, in welcher Sprache sich die betroffenen Verwalter am besten verständigen können, wobei es nicht nur auf die Sprachkenntnisse der Verwalter persönlich, sondern auch der jeweiligen Büros ankommt. Auch die Sprache ist regelmäßig im **Vorfeld zu regeln,** wovon auch Art. 74 ausgeht. Kommt eine solche Einigung nicht zustande, so dürfte richtigerweise die Kooperationspflicht dann erfüllt sein, wenn der Verwalter in der Sprache kooperiert, die für sein Verfahren gilt.[46]

22 Auch sollte der verpflichtete Verwalter nicht dazu angehalten werden, selbst für eine **Übersetzung zu sorgen.**[47] Dem der fremden Sprache nicht mächtigen Insolvenzverwalter sollte nicht auch noch das Risiko einer falschen Übersetzung aufgebürdet werden, die er ohnehin nicht kontrollieren kann. Jedenfalls sollten Unterlagen auch in der Originalsprache überlassen werden, um dem Empfänger eine eigene Prüfung zu ermöglichen. Regelmäßig wird man ohne entsprechende Regelung oder bis dahin Kommunikation in englischer Sprache verlangen können.

#### ee) Grenzen der Zusammenarbeit

23 Die Grenzen der Zusammenarbeit bestimmt das nationale Recht (lex fori concursus).[48]

24 Hervorzuheben sind hierbei insbesondere die Regelungen des **Bundesdatenschutzgesetzes und der neuen DSGVO.** Denkbar sollen aber auch Beschränkungen durch andere Vorschriften, etwa über Berufs- und Geschäftsgeheimnisse sein.[49] Ob tatsächlich gegen solche Vorschriften verstoßen werden kann, ist jedoch an strenge Voraussetzungen gebunden. Zu Recht wird darauf hingewiesen, dass es sich nicht um die Weitergabe an einen Dritten handelt, sondern um getrennte Daten ein und derselben juristischen Person.[50]

25 Ob die Weitergabe von **Geschäftsgeheimnissen** möglich ist, welche unter ein Non-Disclosure Agreement (NDA) fallen, ist fraglich. Dafür spricht, dass die Informationen innerhalb des Unternehmens bleiben. Letztlich ist auf die genaue Ausgestaltung des NDA abzustellen, wobei streitig ist, ob ein Insolvenzverwalter überhaupt an privatrechtlich geschlossene NDA gebunden sein kann.[51] Will der betroffene Insolvenzverwalter selbst z. B. i. R. eines M&A-Prozesses eine solche Vertraulichkeitserklärung abgeben, so sollte er jedenfalls darauf achten, dass er bei der Vertraulichkeitsverpflichtung die anderen Insolvenzverwalter als mögliche Informations-

---

46) K. Schmidt-*Brinkmann*, InsO, Art. 31 EuInsVO Rz. 9; *Stephan* in: HK-InsO, Art. 31 EuInsVO Rz. 5; *Wenner/Schuster*, ZIP 2005, 2191, 2192; **anders** wohl Mankowski/Müller/ J. Schmidt-*Mankowski*, EuInsVO 2015, Art. 41 Rz. 31.
47) So aber Mankowski/Müller/J. Schmidt-*Mankowski*, EuInsVO 2015, Art. 41 Rz. 31, *Reinhart* in: MünchKomm-InsO, Art. 31 EuInsVO 2000 Rz. 16; ausf. Geroldinger, Verfahrenskoordination, S. 251.
48) Wimmer/Bornemann/Lienau-*Wimmer*, Die Neufassung der EuInsVO, Rz. 468.
49) *Reinhart* in: MünchKomm-InsO, Art. 31 EuInsVO 2000 Rz. 18 m. w. N.; Mankowski/ Müller/J. Schmidt-*Mankowski*, EuInsVO 2015, Art. 41 Rz. 34; *Wenner/Schuster*, ZIP 2005, 2191, 2192.
50) *Reinhart* in: MünchKomm-InsO, Art. 31 EuInsVO 2000 Rz. 18.
51) Ausf. zu den Auswirkungen eines NDA für deutsche Insolvenzverwalter und Schuldner: *Wenner/Schuster*, ZIP 2005, 2191.

empfänger ausdrücklich vorsieht, gegenüber denen er selbst zur entsprechenden Abstimmung verpflichtet ist.

Insgesamt sind die Grenzen der **nationalen Regelungen jedoch eng zu verstehen**, 26
da die Pflichten, der Haupt- und Sekundärinsolvenzverwaltern, nicht zur Disposition anderer Beteiligter stehen sollen. Vielmehr soll damit nur ein **Pflichtendilemma** der Verwalter gelöst werden. Deshalb kann die Kooperation der Verwalter nur insoweit eingeschränkt sein, als sie gegen die nach den eigenen Insolvenzverfahrensvorschriften auferlegten Pflichten verstoßen.[52]

#### ff) Kosten der Zusammenarbeit

Die Kosten der erforderlichen Mitwirkungshandlungen sind grundsätzlich von der 27
**Masse zu tragen, die mitteilungspflichtig ist.**[53] Das Regressverbot von Kosten in Art. 44 gilt nur für Art. 42 und Art. 43. Somit kann der Verwalter Regress anfordern, sofern das nach dem nationalen Recht möglich ist, für welches die Informationen bestimmt sind.[54]

Auch **Übersetzungen** soll die verpflichtete Seite tragen müssen, da eine effektive 28
Informationspflicht die Übersetzung mit einschließt.[55] Das stimmt jedenfalls dann, wenn anders als hier vertreten, die Übersetzung dem verpflichteten Insolvenzverwalter auferlegt wird. Die Grenzen der Kostentragungspflicht sind aber dann erreicht, wenn über die Pflichtenstellung hinausgehende Auskünfte oder Unterlagen verlangt werden.

### b) Vertragliche Abmachungen zwischen den beteiligten Verwaltern des Haupt- und Sekundärinsolvenzverfahrens

Bei Art. 31 a. F. wurde streitig diskutiert, ob Verwalter ihre Zusammenarbeit auf 29
Grundlage eines verbindlichen Insolvenzverwaltervertrages oder sog. „Protocols" regeln konnten.[56] Demgegenüber sieht ErwG 49 diese Möglichkeit der Zusammenarbeit als Sollvorschrift zwischen Verwaltern und Gerichten ausdrücklich vor, um so die grenzüberschreitende Zusammenarbeit zwischen mehreren Insolvenzverfahren zu vereinfachen. In Art. 41 Abs. 1 Satz 2 ist daher diese Form der Zusammenarbeit durch Abschluss von Vereinbarungen oder Verständigungen ausdrücklich aufgenommen.

Dabei kommt der Abschluss von **förmlichen Koordinationsverträgen** in Betracht. 30
In solchen Verträgen können schon alle Koordinationspflichten, Mitteilungspflichten,

---

52) *Ehricke*, ZIP 2005, 1104, 1111; *Geroldinger*, Verfahrenskoordination, S. 274.
53) Ahrens/Gehrlein/Ringstmeier-*Gruber/Schulz*, InsO, Anh. I Art. 31 EuInsVO Rz. 8; *Reinhart* in: MünchKomm-InsO, Art. 31 EuInsVO 2000 Rz. 16; *Kindler* in: MünchKomm-BGB, 3. Aufl., Art. 31 EuInsVO Rz. 11; ausf. *Geroldinger*, Verfahrenskoordination, S. 251.
54) Mankowski/Müller/J. Schmidt-*Mankowski*, EuInsVO 2015, Art. 41 Rz. 20.
55) Ahrens/Gehrlein/Ringstmeier-*Gruber/Schulz*, InsO, Anh. I Art. 31 EuInsVO Rz. 8; *Reinhart* in: MünchKomm-InsO, Art. 31 EuInsVO 2000 Rz. 16; Bork/van Zwieten-*Wessels*, Commentary on the European Insolvency Regulation, Art. 41 Rz. 60.
56) Zum alten Recht: *Wenner/Schuster* in: FK-InsO, 8. Aufl., Anh. I Art. 31 EuInsVO Rz. 24; zum neuen Recht: Mankowski/Müller/J. Schmidt-*Mankowski*, EuInsVO 2015, Art. 41 Rz. 62; *Wenner/Schuster* in: FK-InsO, Art. 41 EuInsVO Rz. 9 f.

Anzeigepflichten und insbesondere auch die Errichtung eines geeigneten Risikokontrollsystems für alle Beteiligten im Einzelnen geregelt werden.[57]

31 Auch kann auf sog. „Protocols" zurückgegriffen werden, die weitestgehend auf internationalen Mustervorlagen beruhen und Eingang in Art. 25 UNCITRAL Model Law on Crossborder Insolvency gefunden haben.[58] „Protocols" bestehen entweder aus verbindlichen Verträgen oder in der Form eines allgemein formulierten Abwicklungs- und Verwalterprogrammes, zu dem sich die verschiedenen Verwalter verpflichten.[59] Auch wenn sich die EuInsVO nicht ausdrücklich zu solchen Protocols geäußert hat, sollte ein Gebrauch möglich sein.[60] Letztendlich handelt es sich bei beiden Varianten um vertragliche Regelungen, deren Zulässigkeit sich nach dem Recht des jeweiligen Verfahrensstaates richtet.[61]

32 Allgemein wird nach deutschem Recht die Zulässigkeit bejaht. Dem steht es nicht entgegen, dass dieselbe Vermögensmasse betroffen ist und daher die Schuldnerin weiterhin Rechtsträger des Vermögens auch während des Insolvenzverfahrens bleibt.[62] Entscheidend ist, dass sich zwei **unterschiedliche Parteien in Person der betroffenen Insolvenzverwalter gegenüberstehen**.[63] Zu Recht wird man jedoch davon ausgehen müssen, dass aufgrund der **Identität der Vermögensmassen** Übereignungen auch zwischen personenverschiedenen Insolvenzverwaltern ausgeschlossen sind, so dass nur die Möglichkeit der **wechselseitigen Freigabe** verbleibt.[64] Auch für das anzuwendende Recht gilt die lex fori concursus, wenn keine ausdrückliche Rechtswahl getroffen ist. Entscheidend ist also das Internationale Privatrecht des jeweiligen Forums.[65] Der Abschluss eines solchen Vertrages kann weiterhin die Zustimmungserfordernisse nach § 160 InsO auslösen.[66]

33 Es gilt der **Grundsatz der Vertragsfreiheit**. Vereinbarungen und Verständigungen können schriftlich oder mündlich abgeschlossen werden. Die Reichweite reicht von allgemeinen Regelungen bis zu ganz spezifischen konkreten Verträgen, die auch Austauschverhältnisse umfassen können (siehe hierzu ErwG 49).[67]

---

57) S. zu möglichem Inhalt: *Eidenmüller*, ZZP 114 (2001), 3, 10 f.
58) Interessant ist noch die Frage, wer Vertragspartei der Verträge wird. Ist es der Insolvenzverwalter selbst oder das Verfahren/Schuldnerin? Gerade bei Haupt-/Sekundär-Verfahren kann es eigentlich nur der Verwalter sein, da er ja keine eigene Rechtspersönlichkeit vertritt: *Ehricke*, ZZP 2001, 1, 12; *Brünkmans*, ZInsO 2013, 797, 800; *Ehricke*, WM 2005, 398, 404.
59) *Vallender*, KTS 2003, 283, 323; *Ehricke*, WM 2005, 397, 402.
60) Mankowski/Müller/J. Schmidt-*Mankowski*, EuInsVO 2015, Art. 41 Rz. 62.
61) *Reinhart* in: MünchKomm-InsO, Art. 31 EuInsVO 2000 Rz. 25; Mankowski/Müller/J. Schmidt-*Mankowski*, EuInsVO 2015, Art. 41 Rz. 15; zusammenfassend *Brünkmans*, ZInsO 2013, 797, 800.
62) S. *Reinhart* in: MünchKomm-InsO, Art. 31 EuInsVO 2000 Rz. 26.
63) So Mankowski/Müller/J. Schmidt-*Mankowski*, EuInsVO 2015, Art. 41 Rz. 51.
64) Mankowski/Müller/J. Schmidt-*Mankowski*, EuInsVO 2015, Art. 41 Rz. 51; *Lüke*, ZZP 111 (1998), 275, 306 f.; Pannen-*Herchen*, EuInsVO, Art. 27 Rz. 71 f., *Paulus*, ZIP 1998, 977, 979 ff.
65) Mankowski/Müller/J. Schmidt-*Mankowski*, EuInsVO 2015, Art. 41 Rz. 54–58.
66) *Ehricke*, WM 2005, 397, 402.
67) *Reinhart* in: MünchKomm-InsO, Art. 31 EuInsVO 2000 Rz. 25; *Wenner/Schuster* in: FK-InsO, Art. 41 EuInsVO Rz. 9.

Grenzen setzt das jeweilige Insolvenzrecht des einzelnen Staates. Nach deutschem Insolvenzrecht dürfen solche **Abmachungen nicht insolvenzzweckwidrig** sein. Das bedeutet insbesondere, dass die Gläubiger in keinem Verfahren schlechtergestellt werden dürfen, als sie ohne das Protocol oder die entsprechende vertragliche Vereinbarung stünden.[68] Ob und inwieweit solche Verstöße Schadenersatzpflichten auslösen, wird sich jedoch insgesamt nach den Vor- und Nachteilen der jeweils beteiligten Gläubiger in allen Verfahrensstaaten richten. Um einen solchen Pflichtenverstoß auszuschließen,[69] sollten die jeweiligen Abmachungen daher **Öffnungsklauseln** vorsehen, um auch in allen Situationen einen notwendigen Handlungsspielraum zu eröffnen.[70]

34

Neben möglichen Öffnungsklauseln besteht jedoch auch die Frage, wie sich die Verwalter ansonsten **von den Verträgen lösen** können, wenn sich diese für die eigene Masse als nachteilig erweisen. Da mit dem Vertrag die Person des Insolvenzverwalters und nicht das Amt des Insolvenzverwalters gebunden ist, entfällt mit einem Verwalterwechsel die Vertragsbindung.[71]

35

Weitere Lösungsmöglichkeiten können sich nach dem jeweiligen anwendbaren Recht ergeben. Nach deutschem Recht können die **Verträge aufgrund von § 80 InsO nichtig** sein.[72] Auch **Anfechtungsrechte** nach §§ 119 ff. BGB können in Frage kommen. Möglich erscheint auch ein **außerordentliches Kündigungsrecht** gemäß § 314 BGB, wenn es unter Berücksichtigung aller Umstände dem Insolvenzverwalter nicht zugemutet werden kann, an dem Vertrag weiter festzuhalten. Man kann den Vertrag aber auch als nichtig ansehen, wenn von vornherein klar ist, dass der Verwalter mit diesem Vertrag zum Nachteil seiner Gläubiger handelt. (letztlich eine Parallele zur Übersicherung).

36

Es sollte **intensiv** von solchen vertraglichen **Abmachungen Gebrauch gemacht werden.** Die Weite solcher ein- oder mehrseitigen Vereinbarungen reicht von einem Masterplan für alle Verfahren bis zu konkreten Einzelverträgen, auch in Form von Austauschverträgen. Sogar eine vollständige Übertragung der verwalteten Masse soll möglich sein.[73] Es muss nur eine **angemessene Gegenleistung** in die andere Masse fließen, was selbstverständlich ist.[74] Auch bei der Verwertung von Sicherheiten oder der Aufnahme von Massekrediten kann sich ein gemeinsames Vorgehen anbieten. Dabei können auch die unterschiedlichen Gesetzesvorgaben der betroffenen Vertragsstaaten einbezogen werden. So hat etwa in Frankreich die Erhaltung von Arbeitsplätzen Vorrang vor der Befriedigung der Gläubiger. Solche Unterschiede machen es im Falle dortiger Sekundärinsolvenzverfahren schwer, eine einheitliche Lösung zu finden.

37

---

68) *Ehricke*, ZIP 2005, 1104, 1111 f.; *Eidenmüller*, ZZP 114 (2001), 3, 18 ff.; K. Schmidt-*Brinkmann*, InsO, Art. 31 EuInsVO Rz. 11; *Schultz* in: HK-InsO, Art. 41 EuInsVO Rz. 8.
69) S. hierzu auch *Brünkmans*, ZInsO 2013, 797, 798; *Ehricke*, WM 2005, 398, 403.
70) *Wenner/Schuster* in: FK-InsO, Art. 41 EuInsVO Rz. 9.
71) *Ehricke*, WM 2005, 398, 403.
72) K. Schmidt-*Sternal*, InsO, § 80 Rz. 34; K. Schmidt-*Brinkman*, InsO, Art. 31 EuInsVO Rz. 11.
73) *Reinhart* in: MünchKomm-InsO, Art. 31 EuInsVO 2000 Rz. 31.
74) *Reinhart* in: MünchKomm-InsO, Art. 31 EuInsVO 2000 Rz. 25.

**38** Um gleichwohl praxistauglich zusammenzuarbeiten, haben etwa die Arbeitsgruppe Europa, die Arbeitsgemeinschaft Insolvenzrecht und Sanierung im DAV mit dem französischen Conseil National des Administrateurs Judicaires & des Mandataires Judicaires einen gemeinsamen internationalen Leitfaden mit dem Ziel abgestimmt, den Abschluss von Protokollen zur Abstimmung zwischen Verwaltern von Haupt- und Sekundärinsolvenzverfahren zu ermöglichen.

### 3. Durchsetzbarkeit der Pflichtenstellung

**39** Zu Recht verweist *Paulus* zwar darauf, dass aufgrund der gebotenen Professionalität der involvierten Berufsträger allein schon der Inhalt der Verordnung hinreichendes Gebot zu deren Befolgung sein sollte.[75] Dennoch wird es **im Einzelfall zu Konflikten** zwischen den beteiligten Personen kommen. Wie schon bei Art. 31 a. F. zeigt sich auch bei Art. 41, dass die EuInsVO keine Regelungen über die Konsequenzen einer Nichtbeachtung bzw. einer verspäteten Erfüllung der Unterrichtungspflicht/Kooperationspflicht enthält.[76] Mangels entsprechender internationaler Regelungen ist daher die lex fori concursus[77] des verpflichteten Verwalters einschlägig.

#### a) Einklagbarkeit der Mitwirkungspflichten

**40** Art. 41 begründet einen **materiell-rechtlichen Anspruch**. Daraus folgt grundsätzlich auch dessen Einklagbarkeit, zumindest bei den Unterrichtungspflichten.[78] Die Sinnhaftigkeit dieser Vorgehensweise ist jedoch zweifelhaft.[79] Es stellen sich Fragen nach der Vollstreckbarkeit eines Titels. Darüber hinaus dürfte die Eilbedürftigkeit der Kooperation wohl nur dann gerichtlichen Maßnahmen Erfolg verschaffen, wenn ausnahmsweise in gerichtlichen Eilverfahren ohne Vorwegnahme der Hauptsache entsprechender Schutz erreicht werden kann. Im Verhältnis zwischen Haupt- und Sekundärinsolvenzverwalter besteht bei möglicherweise unzulässigen Eingriffen in die Insolvenzmasse des Sekundärinsolvenzverwalters weiterhin die Möglichkeit vollstreckungsgerichtlicher Maßnahmen nach § 767 ZPO, § 148 Abs. 2 Satz 2 InsO, § 89 Abs. 3 InsO, § 766 ZPO.[80]

#### b) Gerichtliche Zwangsmaßnahmen

**41** Auch gerichtliche Zwangsmaßnahmen sind **wenig zielführend**. Im Rahmen des § 58 InsO ist es nicht Sache des Gerichtes, den Verwalter anzuhalten, Auskünfte an andere

---

75) Zum alten Recht: *Paulus*, EuInsVO, 4. Aufl., Art. 31 EuInsVO 2000 Rz. 24; zum neuen Recht: *Paulus*, EuInsVO, Art. 41 Rz. 7.
76) *Staak*, NZI 2004, 480, 482.
77) Mankowski/Müller/J. Schmidt-*Mankowski*, EuInsVO 2015, Art. 41 Rz. 87.
78) Braun-*Delzant*, InsO, Art. 41 EuInsVO Rz. 25, sieht eine Klagemöglichkeit sowohl für Abs. 1 als auch Abs. 2; andererseits wird von der wohl h. A. nur eine Einklagbarkeit der Unterrichtungspflicht angenommen; vgl. *Reinhart* in: MünchKomm-InsO, Art. 31 EuInsVO 2000 Rz. 35; so auch Leonhardt/Smid/Zeuner-*Smid*, Internationales Insolvenzrecht, Art. 31 EuInsVO Rz. 13, 16; *Kindler* in: MünchKomm-BGB, Art. 41 EuInsVO Rz. 11; *Pogacar*, NZI 2011, 46, 48 (wenn nationales Recht dies vorsieht).
79) Leonhardt/Smid/Zeuner-*Smid*, Internationales Insolvenzrecht, Art. 31 EuInsVO Rz. 16; *Reinhart* in: MünchKomm-InsO, Art. 31 EuInsVO 2000 Rz. 35; *Pogacar*, NZI 2011, 46, 48.
80) Mankowski/Müller/J. Schmidt-*Mankowski*, EuInsVO 2015, Art. 41 Rz. 98.

Verfahrensbeteiligte zu erteilen.[81] Insbesondere ist es aber dem Insolvenzgericht nicht möglich, in Zweckmäßigkeitsfragen das Verwalterermessen durch justizielle Entscheidungen zu ersetzen oder zu beeinflussen.[82] Besteht daher Streit über den Umfang der jeweiligen Pflichtenstellung, so sind gerichtliche Zwangsmittel nach § 58 InsO unzulässig.[83] Gerichtliche Zwangsmaßnahmen dürften daher nur dann in Betracht kommen, wenn sich der verpflichtete Insolvenzverwalter seiner Kooperationspflicht vollständig entzieht.[84] Dasselbe gilt bei **evidenter Masseschädigung**.[85]

In Fällen der Eigenverwaltung besteht das Aufsichtsrecht des Gerichtes ohnehin nur gegenüber den Sachwaltern, so dass Pflichtenverstöße der eigenverwalteten Schuldnerin ohnehin nicht mit gerichtlichen Zwangsmitteln geahndet werden können. 42

### 4. Haftung für Pflichtverletzungen

Eine mögliche **Schadensersatzpflicht** richtet sich nach dem Recht der lex fori concursus, also danach, wo der verpflichtete Insolvenzverwalter seine Pflichten zu erfüllen hat.[86] In Betracht kommen also die §§ 60, 61 InsO. Die Nichtbeachtung der Informations- und Kooperationspflicht gehört zu den **insolvenzspezifischen Pflichten** des Haupt- oder Sekundärinsolvenzverwalters.[87] 43

Nach § 60 InsO haftet ein Verwalter, wenn er die Pflichten verletzt, die ihm „nach diesem Gesetz", also nach der InsO, obliegen.[88] Da europäisches Recht über Art. 288 AEUV auch in Deutschland unmittelbar wirksames Recht schafft, stellt Art. 41 ein solches insolvenzrechtliches Gesetz dar, da es insolvenzspezifische Pflichten begründet.[89] 44

Wird daher durch Verletzung der Mitwirkungspflichten den eigenen Gläubigern des Sekundärinsolvenzverfahrens ein Schaden zugefügt, indem die Masse des Sekundärinsolvenzverfahrens verringert wird, so können sie als unmittelbar Beteiligte ohne weiteres diesen Gesamtschaden geltend machen. Das gilt umgekehrt für den Hauptinsolvenzverwalter gegenüber seiner eigenen Gläubigerschaft in gleicher Weise. 45

Die jeweils **anderen Sekundärinsolvenzverwalter oder der Hauptinsolvenzverwalter** sind jedoch ebenfalls Beteiligte i. S. der §§ 60, 61 InsO. Jedenfalls folgt diese Stellung daraus, dass es sich um einen Gesamtschaden handelt, der im Interesse der Gläubiger nur durch den jeweiligen Haupt- oder Sekundärinsolvenzverwalter für deren 46

---

81) Uhlenbruck-*Vallender*, InsO, § 58 Rz. 9.
82) Uhlenbruck-*Vallender*, InsO, § 58 Rz. 9 m. w. N.
83) *Vallender*, KTS 2005, 283, 327.
84) *Reinhart* in: MünchKomm-InsO, Art. 31 EuInsVO 2000 Rz. 36.
85) *Vallender*, KTS 2005, 283, 327.
86) *Wenner/Schuster* in: FK-InsO, Art. 31 EuInsVO Rz. 22; *Staak*, ZIP 2002, 729, 734; *Reinhart* in: MünchKomm-InsO, Art. 31 EuInsVO 2000 Rz. 37; Mankowski/Müller/J. Schmidt-*Mankowski*, EuInsVO 2015, Art. 41 Rz. 39.
87) Leonhardt/Smid/Zeuner-*Smid*, Internationales Insolvenzrecht, Art. 31 EuInsVO Rz. 14.
88) *Reinhart* in: MünchKomm-InsO, Art. 31 EuInsVO 2000 Rz. 38.
89) *Reinhart* in: MünchKomm-InsO, Art. 31 EuInsVO 2000 Rz. 38; *Vallender*, ZInsO 2015, 57, 62.

eigenen Gläubigerschaft geltend gemacht werden kann.[90] Dem Grunde nach ist eine Pflichtverletzung und damit eine Haftung nur dann gegeben, wenn auch das Recht des lex fori concursus eine Mitwirkung nicht ausschließt. Neben der **Kausalität** und der Beweisbarkeit des tatsächlichen Schadenseintrittes wird weiterhin entscheidend sein, ob tatsächlich für die Gläubigerschaft insgesamt ein **Quotenschaden** eingetreten ist. Richtig ist insoweit die Formulierung: „**die wirtschaftlich bessere Entscheidung setzt sich durch**".[91]

47 Sind die Voraussetzungen eines Schadensersatzanspruches danach auch im Verhältnis zwischen den beteiligten Insolvenzverwaltern erfüllt, so fließt dieser Schadensersatz in die Masse des anderen Verfahrens.[92]

### 5. Mitwirkungspflichten im Einzelnen (Art. 41 Abs. 2)

48 Mitwirkungspflichten konkretisiert im Einzelnen Art. 41 Abs. 2. Da die Zusammenarbeitspflichten **nicht abschließend sind**,[93] sind die Merkmale nur beispielhaft. Sie verfeinern die in Art. 41 Abs. 1 aufgestellte Pflicht der Mitwirkung in drei Teilbereichen.

- Informationsaustausch
- Sondierung einer Sanierung und
- Koordination der Verwertung und Verwaltung der Masse und der Geschäftsausübung.

### a) Informationsaustausch (Art. 41 Abs. 2 lit. a)

49 Die Informationspflicht ist zugleich die Grundlage für die in Art. 41 Abs. 2 vorgesehene ergänzende Verpflichtung der Verwalter zur gegenseitigen Zusammenarbeit.[94]

50 Die Pflicht zum Austausch umfasst alle Informationen, die für das jeweilige andere Verfahren **objektiv von Bedeutung sein können**. Entscheidend ist der jeweilige Einzelfall. Dabei sollte der zum Austausch verpflichtete Verwalter sich stets daran orientieren, welche Informationen zum einen dem anderen Verwalter unbekannt sein können und müssen, andererseits aber auch an der jeweiligen Relevanz für das andere Verfahren, wenn nicht ohnehin die Art und Weise sowie der Gegenstand der Auskunft sowie die Art und Weise der Erfüllung im Einzelnen präzisiert sind.[95] Andererseits kann der Insolvenzverwalter nicht alle Verfahren stets im Blick halten und entsprechende Informationen liefern.[96] Vielmehr ist er auf entsprechende Hinweise der anderen Verwalter angewiesen.

---

90) Mankowski/Müller/J. Schmidt-*Mankowski*, EuInsVO 2015, Art. 41 Rz. 95 f.; *Reinhart* in: MünchKomm-InsO, Art. 31 EuInsVO 2000 Rz. 38; *Wenner/Schuster* in: FK-InsO, Art. 41 EuInsVO Rz. 36.
91) S. hierzu Mankowski/Müller/J. Schmidt-*Mankowski*, EuInsVO 2015, Art. 41 Rz. 96.
92) Mankowski/Müller/J. Schmidt-*Mankowski*, EuInsVO 2015, Art. 41 Rz. 95.
93) *Reinhart* in: MünchKomm-InsO, Art. 31 EuInsVO 2000 Rz. 4; Mankowski/Müller/ J. Schmidt-*Mankowski*, EuInsVO 2015, Art. 41 Rz. 11; *Thole*, ZEuP 2014, 39, 66.
94) *Ehricke*, WM 2005, 397, 400.
95) *Reinhart* in: MünchKomm-InsO, Art. 31 EuInsVO 2000 Rz. 8; *Geroldinger*, Verfahrenskoordination, S. 245.
96) *Geroldinger*, Verfahrenskoordination, S. 245.

Einzeln erwähnt, werden der Stand der Anmeldung, die Prüfung der Forderung sowie 51
alle Maßnahmen zur Sanierung des Schuldners oder zur Beendigung des Insolvenzverfahrens. Auch über andere Sachverhalte ist zu informieren, die dem jeweilig anderen
Insolvenzverfahren dienen können, wie z. B.:

– Informationen über die Gegenstände der Masse und deren Umfang,

– Geplante oder eingereichte Klagen zur Wiedererlangung der Masse (Anfechtungsklagen) sowie Schadensersatzklagen,

– Bewertungsmöglichkeiten und dahingehend geplante Maßnahmen,

– Rangfolge der Gläubiger und deren angemeldete Forderungen,

– Sanierungs- und Vergleichsmaßnahmen,

– Voraussichtlich zu erzielende Quoten,

– Eintritt der Massearmut bzw. Gefahren der Masseunzulänglichkeit.

Eine Informationspflicht besteht insbesondere für die Sekundärinsolvenzverwalter 52
gegenüber dem Hauptinsolvenzverwalter, damit er seine besonderen Rechte wie das
Vorschlagsrecht zur Verwendung der Masse (Art. 41 Abs. 2 lit. c), das Aussetzungsrecht (Art. 46) und das Vorschlagsrecht zur Sanierung (Art. 47) ausüben kann.[97] Auf
die Grenzen der Informationspflicht nach Art. 41 Abs. 2 lit. a letzter Halbsatz
wurde schon oben eingegangen, siehe Rz. 23 ff.

### b) Sanierungsprüfung (Art. 41 Abs. 2 lit. b)

Eine Neuerung ergibt sich aus Art. 41 Abs. 2 lit. b. Zum ersten Mal ist die Pflicht 53
zur Zusammenarbeit bei der Möglichkeit einer Sanierung statuiert. Der englische
Wortlaut spricht von „Explore". Damit können nicht nur Fragen gestellt werden,
sondern auch eigene **Vorschläge für eine Sanierung** und gemeinsame Sanierungsmöglichkeiten eingebracht und abgeschätzt werden.[98]

Da es sich bei Haupt- und Sekundärinsolvenzverfahren um eigenständige Insolvenz- 54
verfahren handelt, sind auch – trotz des anderslautenden Wortlautes – **eigenständige
Sanierungspläne** auszuhandeln und den jeweiligen Gläubigern zur Abstimmung
vorzulegen.[99] Anderenfalls würde gegen die Autonomie jedes einzelnen Insolvenzverfahrens verstoßen. Damit die Sanierungspläne zwischen den Verfahren jedoch tatsächlich Wirkung entfalten können, müssen sie selbstverständlich aufeinander abgestimmt sein. Solche Sanierungspläne sind jedoch nicht mit einem Insolvenzplan i. S. der
§§ 217 ff. InsO zu verwechseln.[100]

---

97) Ahrens/Gehrlein/Ringstmeier-*Gruber/Schulz*, InsO, Anh. I Art. 31 EuInsVO Rz. 3.
98) Bork/Mangano-*Mangano*, European Cross-Border Insolvency Law, S. 209.
99) *Paulus*, EuInsVO, Art. 41 Rz. 20; a. A: Kübler/Prütting/Bork-*Flöther*, InsO, Art. 41 EuInsVO 2015 Rz. 73.
100) Mankowski/Müller/J. Schmidt-*Mankowski*, EuInsVO 2015, Art. 41 Rz. 35.

c) **Koordinierung der Verwendung und Verwertung der Masse (Art. 41 Abs. 2 lit. c)**

55 Soweit dem Hauptinsolvenzverwalter eine gewisse Dominanz eingeräumt wird, hat das u. a. Ausdruck in dem Vorschlagsrecht des Hauptinsolvenzverwalters nach Art. 41 Abs. 2 lit. c gefunden.

aa) **Allgemeines**

56 Art. 41 Abs. 2 lit. c Halbs. 2 gibt dem Sekundärinsolvenzverwalter die Pflicht auf, dem Hauptinsolvenzverwalter **frühzeitig** Gelegenheit zu geben, Vorschläge für die Verwertung oder Verwendung der Masse des Sekundärinsolvenzverfahrens zu unterbreiten. Das Recht steht nur dem **Hauptinsolvenzverwalter** gegenüber dem Sekundärinsolvenzverwalter zu, nicht umgekehrt. Art. 46 (Aussetzung der Verwertung der Masse) und Art. 47 (Recht des Verwalters, Sanierungspläne vorzuschlagen) verleihen dem Hauptinsolvenzverwalter die in ErwG 48 bezeichnete, dominierende Stellung.

57 Das Vorschlagsrecht des Hauptinsolvenzverwalters muss auch tatsächlich Anwendung finden können. Er bedarf daher zunächst der relevanten Informationen, um daraufhin einen Vorschlag zu unterbreiten Die Vorschläge haben sich an einer **wirtschaftlichen Prognose** zu orientieren. Nur der Hauptinsolvenzverwalter kann das gesamte Bild der Insolvenz erfassen und entsprechende Vorschläge unterbreiten.[101] Zur Wahrung seiner Rechtsposition kann der Hauptinsolvenzverwalter Aussetzung der Verwertung nach Art. 46 beantragen.

58 Umgekehrt bedeutet dies, dass der Sekundärinsolvenzverwalter auf **eigene Initiative**[102] und noch **vor dem Berichtstermin** den Hauptinsolvenzverwalter über eigene beabsichtigte Maßnahmen unterrichten muss.[103] Soweit nach Art. 31 a. F. als **Frist** von „zu gegebener Zeit" die Rede war, wird jetzt „frühzeitig" verwendet. Damit soll betont werden, dass die Informationen so **rechtzeitig zur Verfügung** gestellt werden, dass noch eine realistische Chance für den Hauptinsolvenzverwalter besteht, Vorschläge zu unterbreiten, die auch tatsächlich umgesetzt werden können. Wo zuvor noch ein Ermessensspielraum für die Mitteilung über geplante Verwertungen angenommen wurde,[104] entfällt mit der Verschärfung des Wortlauts ein solcher Spielraum. Ermessen besteht jedoch weiterhin dahingehend, über welche beabsichtigten Verwertungen der Hauptinsolvenzverwalter informiert werden muss.[105]

bb) **Befolgungspflicht des Sekundärinsolvenzverwalters**

59 Das bereits in Art. 31 Abs. 3 a. F. statuierte Vorschlagsrecht gibt dem Hauptinsolvenzverwalter nur die Möglichkeit, auf das Sekundärinsolvenzverfahren Einfluss zu

---

101) *Schmüser*, Das Zusammenspiel zwischen Haupt- und Sekundärinsolvenzverfahren, S. 69 f.
102) Bork/van Zwieten-*Wessels*, Commentary on the European Insolvency Regulation, Art. 41 Rz. 64.
103) *Wenner/Schuster* in: FK-InsO, Anh. I Art. 31 EuInsVO Rz. 18; *Reinhart* in: MünchKomm-InsO, Art. 31 EuInsVO 2000 Rz. 42.
104) Zum alten Recht: *Schultz* in: HK-InsO, 8. Aufl., Art. 31 EuInsVO Rz. 10; zum neuen Recht: *Schultz* in: HK-InsO, Art. 41 EuInsVO Rz. 16.
105) *Virgós/Schmit* in: Stoll, Vorschläge und Gutachten, S. 32, Rz. 233.

nehmen. Seine **Vorschläge sind nicht bindend.**[106] Der Sekundärinsolvenzverwalter hat sich aber dann an den Vorschlägen zu orientieren, wenn sie für seine Gläubiger vorteilhaft sind. Anderenfalls macht er sich selbst schadensersatzpflichtig. Die Missachtung solcher Vorschläge, **die sich als wirtschaftlich sinnvoll erweisen** und den Interessen der eigenen Gläubiger nützen, wäre eine Pflichtverletzung.[107]

Der Sekundärinsolvenzverwalter steht jedoch in einem **Spannungsverhältnis**. Er hat in erster Linie die Interessen der eigenen Gläubiger des Sekundärinsolvenzverfahrens zu wahren. Er kann daher solche Vorschläge nicht annehmen, die den Interessen der Gläubiger des Sekundärinsolvenzverfahrens widersprechen. Befolgt er Vorschläge des Hauptinsolvenzverwalters in seinem Verfahren, ist er nicht entlastet, wenn er seine eigene Gläubigerschaft schädigt.[108] Zu den Teilnahmerechten in den Gläubigerversammlungen oder Gläubigerausschüssen wird auf Art. 45 und die dortigen Kommentierungen verwiesen. 60

### cc) Mögliches Weisungsrecht des Hauptinsolvenzverwalters

Sind schon Vorschläge des Hauptinsolvenzverwalters nicht bindend, so besteht erst Recht **kein allgemeines Weisungsrecht.**[109] Das folgt aus dem Wortlaut des Art. 41 Abs. 2 lit. c letzter Halbsatz. Es wird nur die Möglichkeit festgelegt, Vorschläge zu unterbreiten. Darüber hinaus folgt ein solches Verbot auch aus der **Eigenverantwortlichkeit eines Insolvenzverwalters**, unabhängig davon, ob es sich um ein Haupt- oder Sekundärinsolvenzverwalter handelt. Wenn er sich schon nicht mit der Befolgung eines Vorschlages des Hauptinsolvenzverwalters entlasten kann, so muss umgekehrt auch ein Weisungsrecht des Hauptinsolvenzverwalters untersagt werden.[110] 61

### III. Schlussfolgerungen für die Praxis

Letztendlich haben Art. 31 a. F. und darauf aufbauend Art. 41 die Grundlage und den Weg für die weitere Koordination auch in Hauptinsolvenzverfahren geschaffen. Die in diesen Vorschriften geschaffenen Koordinations- und Kooperationsmöglichkeiten haben den Weg bereitet für die Artt. 56 ff. in Konzerninsolvenzverfahren. Soweit nicht eine besondere Pflichtenstellung konstruiert wird, haben diese Vorschriften zumindest eine Vorbildfunktion für die Abwicklung von solchen Verfahren, die eine gemeinschaftliche Vermögensmasse betreffen. 62

---

106) *Ehricke*, ZIP 2005, 1104, 1107; Bork/van Zwieten-*Wessels*, Commentary on the European Insolvency Regulation, Art. 41 Rz. 65; *Staak*, NZI 2004, 480, 484; *Ehricke*, ZInsO 2004, 633, 635 f.; a. A. *Vallender* in: Konecny, Insolvenz-Forum 2006, S. 191, 199.
107) Mankowski/Müller/J. Schmidt-*Mankowski*, EuInsVO 2015, Art. 41 Rz. 35 f.; *Staak*, NZI 2004, 480, 484; *Ehricke*, ZIP 2005, 1104, 1107; *Geroldinger*, Verfahrenskoordination, S. 294; *Reinhart* in: MünchKomm-InsO, Art. 31 EuInsVO 2000 Rz. 29.
108) Mankowski/Müller/J. Schmidt-*Mankowski*, EuInsVO 2015, Art. 41 Rz. 84; *Ehricke*, ZIP 2005, 1104, 1107.
109) Ausf. *Schmüser*, Das Zusammenspiel zwischen Haupt- und Sekundärinsolvenzverfahren, S. 71 ff.; anders *Ehricke*, WM 2005, 397, 400; *Ehricke*, ZIP 2005, 1104, 1110, der ein faktisches Weisungsrecht annimmt.
110) So im Ergebnis auch Mankowski/Müller/J. Schmidt-*Mankowski*, EuInsVO 2015, Art. 41 Rz. 86.

**Artikel 42**

63 Der Erfolg jeglicher Kooperation und Zusammenarbeit wird aber letztlich von dem guten Willen der Insolvenzverwalter und insbesondere von dem wechselseitigen Vertrauen abhängen. In Zukunft muss deren persönliches Können und Bereitschaft sowohl auf Seiten eines Hauptinsolvenzverwalters als auch des Sekundärinsolvenzverwalters von vornherein einbezogen werden, da Internationalität besteht. Darauf gilt es schon bei der Auswahl der Insolvenzverwalter durch die Gerichte zu achten. Wenn z. B. wechselseitig der Bezug zum anderen Vertragsstaat der EU ersichtlich ist, muss bei der Auswahl des jeweiligen Haupt- oder Sekundärinsolvenzverwalters zumindest darauf geachtet werden, ob Kenntnisse der jeweils anderen Landessprache, wenn nicht sogar weitergehende Rechtskenntnisse des Rechtes des jeweiligen anderen Belegenheitsstaates des auszuwählenden Verwalters zur Verfügung stehen. Da sowohl die zwangsweise Durchsetzung von Kooperationspflichten als auch die mögliche Haftung bei deren Verletzung als ultima ratio nur eingeschränkt für ein angemessenes Zusammenwirken in Betracht kommen, liegt nach wie vor der Königsweg in der Auswahl kooperationswilliger – und fähiger Verwalter.

## Artikel 42
### Zusammenarbeit und Kommunikation der Gerichte

(1) ¹Um die Koordinierung von Hauptinsolvenzverfahren, Partikularverfahren und Sekundärinsolvenzverfahren über das Vermögen desselben Schuldners zu erleichtern, arbeitet ein Gericht, das mit einem Antrag auf Eröffnung eines Insolvenzverfahrens befasst ist oder das ein solches Verfahren eröffnet hat, mit jedem anderen Gericht, das mit einem Antrag auf Eröffnung eines Insolvenzverfahrens befasst ist oder das ein solches Verfahren eröffnet hat, zusammen, soweit diese Zusammenarbeit mit den für jedes dieser Verfahren geltenden Vorschriften vereinbar ist. ²Die Gerichte können hierzu bei Bedarf eine unabhängige Person oder Stelle bestellen bzw. bestimmen, die auf ihre Weisungen hin tätig wird, sofern dies mit den für sie geltenden Vorschriften vereinbar ist.

(2) Bei der Durchführung der Zusammenarbeit nach Absatz 1 können die Gerichte oder eine von ihnen bestellte bzw. bestimmte und in ihrem Auftrag tätige Person oder Stelle im Sinne des Absatzes 1 direkt miteinander kommunizieren oder einander direkt um Informationen und Unterstützung ersuchen, vorausgesetzt, bei dieser Kommunikation werden die Verfahrensrechte der Verfahrensbeteiligten sowie die Vertraulichkeit der Informationen gewahrt.

(3) ¹Die Zusammenarbeit im Sinne des Absatzes 1 kann auf jedem von dem Gericht als geeignet erachteten Weg erfolgen. ²Sie kann sich insbesondere beziehen auf

a) die Koordinierung bei der Bestellung von Verwaltern,

b) die Mitteilung von Informationen auf jedem von dem betreffenden Gericht als geeignet erachteten Weg,

c) die Koordinierung der Verwaltung und Überwachung des Vermögens und der Geschäfte des Schuldners,

d) die Koordinierung der Verhandlungen,
e) soweit erforderlich die Koordinierung der Zustimmung zu einer Verständigung der Verwalter.

Literatur: *Armbrüster*, Fremdsprachen in Gerichtsverfahren, NJW 2011, 812; *Brinkmann*, Grenzüberschreitende Sanierung und Europäisches Insolvenzrecht, KTS 2014, 381; *Brünkmans*, Auf dem Weg zu einem europäischen Konzerninsolvenzrecht – zum Vorschlag der Europäischen Kommission zur Änderung der EuInsVO, ZInsO 2013, 797; *Busch/Remmert/Rüntz/Vallender*, Kommunikation zwischen Gerichten in grenzüberschreitenden Insolvenzen – Was geht und was nicht geht, NZI 2010, 417; *Ehricke*, Zur Kooperation von Insolvenzgerichten bei grenzüberschreitenden Insolvenzverfahren im Anwendungsbereich der EuInsVO, ZIP 2007, 2395; *Ehricke*, Die Zusammenarbeit der Insolvenzverwalter bei grenzüberschreitenden Insolvenzen nach der EuInsVO, WM 2005, 397; *Eidenmüller*, Europäische Verordnung über Insolvenzverfahren und zukünftiges deutsches internat. Insolvenzrecht, IPrax 2001, 2; *Fritz*, Die Neufassung der Europäischen Insolvenzverordnung: Erleichterung bei der Restrukturierung in grenzüberschreitenden Fällen? (Teil 1), DB 2015, 1882; *Hess/Oberhammer/Pfeifer*, European Insolvency Law, 2014 (zit.: European Insolvency Law); *Leible/Staudinger*, Die europäische Verordnung über Insolvenzverfahren, KTS 2000, 533; *Pache*, Der Grundsatz der Verhältnismäßigkeit in der Rechtsprechung der Gerichte der Europäischen Gemeinschaft, NVwZ 1999, 1033; *Paulus*, Globale Grundsätze für die Zusammenarbeit in grenzüberschreitenden Insolvenzen und globale Richtlinien für die gerichtliche Kommunikation, RIW 2014, 194; *Staak*, Mögliche Probleme im Rahmen der Koordination von Haupt- und Sekundärinsolvenzverfahren nach der Europäischen Insolvenzverordnung (EuInsVO), NZI 2004, 408; *Vallender*, Die Zusammenarbeit der Gerichte in grenzüberschreitenden Insolvenzverfahren, in: Festschrift für Hans-Joachim Lüer, 2008, S. 479; *Vallender*, Aufgaben und Befugnisse des deutschen Insolvenzrichters in Verfahren nach der EuInsVO, KTS 2005, 283; *Virgós/Schmit*, Erster Teil: EU-Übereinkommen über Insolvenzverfahren, Kap. B – Erläuternder Bericht, in: Stoll, Vorschläge und Gutachten zur Umsetzung des EU-Übereinkommens über Insolvenzverfahren im deutschen Recht, 1997, S. 32 (zit.: Virgós/Schmit in: Stoll, Vorschläge und Gutachten); *Wessels, B.*, Cooperation and sharing of information between courts and insolvency practioniers in cross-border insolvency cases, in: Festschrift für Heinz Vallender, 2015, S. 775.

### Übersicht

| | |
|---|---|
| I. Zweck der Norm .................. 1 | 2. Direkte Zusammenarbeit |
| II. Art. 42 und Art. 57 ............... 3 | (Art. 42 Abs. 2) ...................... 12 |
| III. Inhalt der Norm .................. 4 | 3. Die Zusammenarbeit nach Art. 42 |
| 1. Die Zusammenarbeit nach Art. 42 | Abs. 3 ................................... 14 |
| Abs. 1 ..................................... 4 | IV. Sanktionen .............................. 24 |

### I. Zweck der Norm

Art. 42 beendet den für Deutschland bestehenden Streit, ob den **Insolvenzgerich-** 1 **ten** in grenzüberschreitenden Insolvenzverfahren Kooperationspflichten obliegen. Das wurde überwiegend abgelehnt, denn Art. 31 EuInsVO a. F. enthalte keine **Verpflichtung** für die Gerichte.[1] Doch diese starre Front war schon im Wanken[2] und für die englische Rechtstradition scheint diese Verpflichtung selbstverständlich zu

---

1) *Brünkmans*, ZInsO 2013, 797, 802; *Ehricke*, ZIP 2007, 2395, 2400; *Mankowski*, NZI 2009, 451, 452; *Vallender* in: FS Lüer, S. 479, 480; a. A. *Eidenmüller*, IPrax 2001, 2, 9.
2) OLG Wien, Beschl. v. 9.11.2004 – 28 R 225/04w, NZI 2005, 56, 61 a. E. m. Anm. *Paulus*; *Ehricke*, WM 2005, 397, 405, aus Opportunitätserwägungen.

**Artikel 42** Zusammenarbeit und Kommunikation der Gerichte

sein.[3] Bereits Art. 31 EuIÜ[4] beschränkte, die gegenseitigen Unterrichtungs- und Zusammenarbeitspflichten auf die Verwalter von Haupt- und Sekundärverfahren.[5] Angesichts des praktischen Bedürfnisses gerichtlicher Kooperation zur besseren Koordination von Haupt- und Sekundärverfahren war die Ausdehnung des Art. 31 EuInsVO a. F. auf die Gerichte unausweichlich,[6] nach Auffassung der Kommission müssen sie zusammenarbeiten und miteinander **kommunizieren**, weil das für eine erfolgreiche Restrukturierung ausschlaggebend sein kann (ErwG 48–50).[7]

2 Art. 42 betritt Neuland, indem er, ungeachtet der defizitären deutschen Übersetzung,[8] die Gerichte zur Zusammenarbeit gesetzlich **verpflichtet**.[9] Damit sind mögliche Rechtfertigungen durch die Zweckmäßigkeitsmaxime des Prozessrechts, oder die §§ 5 Abs. 1, 21 InsO[10] entbehrlich geworden. Die Überschrift fasst Zusammenarbeit und Kommunikation zusammen, während **Art. 42 Abs. 1** die **Kooperation** und **Art. 42 Abs. 2** die **Kommunikation** getrennt behandeln. Das sollte nicht darüber hinwegtäuschen, dass der Verordnungsgeber die **Kommunikation** als **Bindeglied** zur **Kooperation** versteht, mit deren Hilfe das Ziel verbesserter Koordination verfolgt wird, sie jedoch **ergebnisoffen** ansteuert. Das unterstreicht **Art. 42 Abs. 3**, der die Zusammenarbeit **formfrei** zulässt, soweit sie **geeignet** ist, die in **Art. 42 Abs. 3 Satz 2 lit. a bis e** genannten **Ziele und Ergebnisse** zu erreichen. Aus der Erkenntnis, dass sich die der Kooperation vorausgehende Kommunikation nicht vorschreiben lässt, beschränkt sich die Vorschrift auf die Wiedergabe **ausfüllungsbedürftiger Leitlinien**, ohne von der grundsätzlichen Pflicht der Gerichte zur Zusammenarbeit abzurücken. Damit verstößt die Pflicht zur Koordination **nicht** gegen die **richterliche Unabhängigkeit** des Art. 97 GG, sie ist zwar **verhaltens-**, aber vermöge ihrer **Ergebnisoffenheit nicht entscheidungssteuernd**, einen konkreten Konfliktfall regelt sie

---

3) High Court of Justice London, Beschl. v. 11.2.2009 – [2009] EWHC 206 (Ch) (Nortel Group), Rz. 11, ZIP 2009, 578 = NZI 2009, 450, dazu EWiR 2009, 177 *(Paulus)*: „Although the wording of Art. 31 EuInsVO only obliges the trustees in bankruptcy to cooperate, this also applies to the court according to the prevailing opinion and under the UNCITRAL model law".

4) Europäisches Insolvenzübereinkommen (EuIÜ) v. 23.11.1995, ZIP 1995, 976 f.

5) *Virgós/Schmit* in: Stoll, Vorschläge und Gutachten, S. 111, 112.

6) *Brinkmann*, KTS 2014, 381, 395; *Hess/Oberhammer/Pfeiffer*, European Insolvency Law, S. 27.

7) Vorschlag für eine Verordnung des Europäischen Parlaments und des Rats zur Änderung der Verordnung (EG) Nr. 1346/2000 des Rats über Insolvenzverfahren, v. 12.12.2012, COM(2012) 744 final, S. 9, abrufbar unter www.europarl.europa.eu/meetdocs/2009_2014/documents/com_com(2012)0744_en.pdf (Abrufdatum: 7.1.2020). Zust. Kübler/Prütting/Bork-*Flöther*, InsO, Art. 42 EuInsVO 2015 Rz. 2.

8) Im frz. Text heißt es: „Pour faciliter la coordination ... une juridiction ... coopère avec toute autre jurisdicition", während die engl. Fassung lautet: „In order to facilitate ... a court shall cooperate with any other court ...". Das „coopère" steht in Befehlsform (impérative présent) und in der engl. Rechtssprache hat das „shall" verpflichtende Wirkung.

9) *Hess/Oberhammer/Pfeiffer*, European Insolvency Law, S. 916, die von „soft law" mit appelativem Charakter sprechen; ebenso *Reinhart* in: MünchKomm-InsO, Art. 42 EuInsVO 2015 Rz. 1.

10) *Busch/Remmert/Rüntz/Vallender*, NZI 2010, 417, 418.

nicht.[11] Zudem lässt sie sich genuin aus § 5 InsO ableiten, der schon bisher zur Verfahrensförderung und damit zur Kommunikation verpflichtete.[12]

## II. Art. 42 und Art. 57

Art. 42 regelt die **Zusammenarbeit** und **Kommunikation** zwischen den **Gerichten**. Sie erfährt in Art. 57 eine eigenständige Ausgestaltung für mehrere Insolvenzverfahren einer **Unternehmensgruppe**. Auch wenn beide Vorschriften in ihren Voraussetzungen voneinander abweichen, Art. 42 ist die **Grundnorm** für die **gerichtliche Zusammenarbeit**.[13] Art. 42 Abs. 1 Satz 1 will mittels gerichtlicher **Kooperation** die Verfahren gegen **denselben Schuldner erleichtern**, die Pflicht ist zwingend, auch wenn die Effizienzgewinne noch nicht feststehen. Die Pflicht steht unter dem Vorbehalt, „soweit diese Zusammenarbeit mit den für jedes Verfahren geltenden Vorschriften vereinbar ist." Demgegenüber fordert **Art. 57 Abs. 1 Satz 1** die Zusammenarbeit nur, „soweit sie eine wirksame Verfahrensführung erleichtern kann." Die Unterschiede sind mit den verschiedenen Verfahrenskonstellationen zu erklären: Die Verfahrenserleichterungen des Art. 42 betreffen Haupt- und Sekundärverfahren, ihre Koordinierung ist bereits wegen Art. 36 naheliegend.[14] Demgegenüber bewegt sich Art. 57 zwischen mehreren Hauptinsolvenzverfahren, die deutlich mehr an Freiwilligkeit bei der Koordination erfordern und deren Erfolg anfänglich äußerst ungewiss ist. Mit dem (zeitweisen) Zwang zur Zusammenarbeit stellt die EuInsVO sicher, alle Gelegenheiten zu nutzen, um Synergien besonders zu Beginn des Verfahrens zu erkennen und zu heben (ErwG 50).[15]

### III. Inhalt der Norm

#### 1. Die Zusammenarbeit nach Art. 42 Abs. 1

Das Gericht **arbeitet** mit jedem anderen Gericht **zusammen**. Nach dem Wortsinn („coopère" „cooperate") bedeutet Zusammenarbeit zusammenwirken, gemeinsam an derselben Sache arbeiten, oder am selben Strang ziehen. Bei der Durchführung stehen nach Art. 42 Abs. 2 die direkte **Kommunikation** und das direkte **Ersuchen** um **Information** und **Unterstützung** im Vordergrund. Beides verfolgt den **Zweck**, „um die Koordination zu erleichtern". Die Pflicht zur Zusammenarbeit ist nicht auf Fälle gesicherter Erleichterung beschränkt, da am Anfang der Zusammenarbeit die Klärung des Koordinationspotentials stehen muss. Demzufolge ist es unzulässig, die Anfrage eines Gerichts eines anderen Mitgliedstaates ungeprüft mit der Begründung zurückzuweisen, ein Bedürfnis zur Koordination werde nicht gesehen.

---

11) Uhlenbruck-*Zipperer*, InsO, § 56a Rz. 3.
12) *Busch/Remmert/Rüntz/Vallender*, NZI 2010, 417, 419; Kübler/Prütting/Bork-*Flöther*, InsO, Art. 42 EuInsVO 2015 Rz. 3.
13) Zust. Kübler/Prütting/Bork-*Flöther*, InsO, Art. 42 EuInsVO 2015 Rz. 5.
14) Für einen gesteigerten Kooperations- und Abstimmungsbedarf von Haupt- und Sekundärverfahren, schon um eine Zusicherung zu ermöglichen, *Drescher* in: Kübler, HRI, § 21 Rz. 113. Im Einzelfall kann das Gericht des Hauptinsolvenzverfahrens über mehr Informationen verfügen als das Gericht des Sekundärverfahrens; so Kübler/Prütting/Bork-*Flöther*, InsO, Art. 42 EuInsVO 2015 Rz. 19.
15) *Ehricke*, WM 2005, 397, 401; Kübler/Prütting/Bork-*Flöther*, InsO, Art. 42 EuInsVO 2015 Rz. 3; Mankowski/Müller/J. Schmidt-*Mankowski*, EuInsVO 2015, Art. 42 Rz. 2.

5  **Adressaten** der Kooperationspflichten sind die **Gerichte**, denen ein **Eröffnungsantrag**[16] vorliegt, oder ein **Verfahren eröffnet** haben **mit jedem anderen Gericht**, die in derselben Verfahrenssituation über **denselben Schuldner** stehen (Satz 1), um die Koordination von Hauptinsolvenzverfahren (Art. 3 Abs. 1), Partikularverfahren (Art. 3 Abs. 2) und Sekundärinsolvenzverfahren (Art. 3 Abs. 3, Artt. 34 ff.) zu erleichtern **(Kooperationsgegenstand)**. Der Begriff „Gericht" ist i. S. des Art. 2 Nr. 6 zu verstehen und muss nicht zwingend eine Justizbehörde sein (siehe oben Art. 2 Rz. 15 [*Sutschet*]). Nicht vorgesehen ist die Zusammenarbeit zwischen Gerichten, die jedes ein Hauptinsolvenzverfahren eröffnet haben;[17] Konflikte dieser Art sind bereits im Vorfeld durch gegenseitige Information und Abstimmung zu verhindern.[18] Diese Aufzählung ist nach der Zweckbestimmung der Vorschrift nicht abschließend, sondern erfasst auch die Zusammenarbeit zwischen den Gerichten paralleler Sekundär- oder Partikularinsolvenzverfahren.[19]

6  Die **notwendige Schuldneridentität** ist nicht gewahrt, wenn etwa die Niederlassung eine juristische Person ist.[20] Voraussetzung ist stets der **grenzüberschreitende Bezug**, ohne sie kommt Art. 42 nicht zur Anwendung;[21] davon ist auszugehen, wenn der Schuldner in einem anderen Mitgliedstaat Vermögen besitzt oder Rechtsverhältnisse mit Auslandsbezug abgeschlossen wurden.[22] Art. 42 Abs. 1 Satz 1 wendet sich an **alle Gerichte**, die mit Eröffnungsanträgen über das **Vermögen desselben Schuldners befasst** sind. Der Wortsinn „befasst sind" umfasst auch **unzulässige Anträge**. Dem steht nicht entgegen, dass die Amtshilfe wegen § 5 InsO einen zulässigen Antrag voraussetzt, da die Gerichte bereits die internationale Zuständigkeit von Amts wegen prüfen (Art. 4 Abs. 1) und frühzeitig auf Informationen angewiesen sind.[23] Die Pflicht zur Zusammenarbeit verhindert den Rekurs auf das nationale Prozessrecht,[24] sie ist als Regel und nicht als Ausnahme zu verstehen.[25] Das Stadium des Verfahrens und die gerichtliche Instanz sind unerheblich, solange das Verfahren **nicht abgeschlossen** ist,[26] dann endet die Befassung.

7  Der **Inhalt** der Zusammenarbeit ist durch **Heranziehen der Beispielsfälle des Art. 42 Abs. 2 auszufüllen**, entscheidend ist der konkrete Einzelfall.[27] Art. 42 enthält keinen präzisen gesetzlichen Rahmen für die Zusammenarbeit und bietet allenfalls einen

---

16) Der Wortlaut des Art. 57 Abs. 1 Satz 1 weicht davon ab, denn dort heißt es zum Gericht, „das ein solches Verfahren eröffnet hat." Dessen ungeachtet soll auch das Eröffnungsverfahren erfasst sein; Wimmer/Bornemann/Lienau-*Bornemann*, Die Neufassung der EuInsVO, Rz. 577.
17) *Ehricke*, WM 2005, 397, 398.
18) *Vallender*, KTS 2005, 283, 296, 323; zust. Kübler/Prütting/Bork-*Flöther*, InsO, Art. 42 EuInsVO 2015 Rz. 9.
19) Mankowski/Müller/J. Schmidt-*Mankowski*, EuInsVO 2015, Art. 42 Rz. 6.
20) *Ehricke*, WM 2005, 397, 398.
21) Eine vergleichbare innerstaatliche Regelung enthält § 269b InsO.
22) *Vallender*, KTS 2005, 283, 285/6.
23) *Vallender*, KTS 2005, 283, 293f.
24) Mankowski/Müller/J. Schmidt-*Mankowski*, EuInsVO 2015, Art. 42 Rz. 3.
25) Kübler/Prütting/Bork-*Flöther*, InsO, Art. 42 EuInsVO 2015 Rz. 6.
26) Mankowski/Müller/J. Schmidt-*Mankowski*, EuInsVO 2015, Art. 42 Rz. 4 und 5.
27) *Reinhart* in: MünchKomm-InsO, Art. 43 EuInsVO 2015 Rz. 3.

Leitfaden, an dem sich die Gerichte ausrichten können.[28] Der Verordnungsgeber hat sich bewusst für größtmögliche Flexibilität entschieden und gegen eine komplexe Vorgabe, die nur schwerfällig umzusetzen wäre, zudem musste er auf die unterschiedlichen Befugnisse und Pflichten der Insolvenzgerichte in den verschiedenen Mitgliedstaaten Rücksicht nehmen.[29] Gleichwohl handelt es sich in Anlehnung an Art. 121 Abs. 1 AEUV im Wesentlichen um ein **gegenseitiges Informieren** über die geplanten Maßnahmen und ein **aufeinander Abstimmen**, wodurch – soweit möglich – eine **freiwillige Annäherung** der **Verfahrensziele** erreicht werden soll. Ziel ist die Effizienzsteigerung der Verfahrensabwicklung (ErwG 51), sie soll die Dezentralisierung der Entscheidungsträger ausgleichen.[30]

Koordination schließt in jedem Fall die Möglichkeit eines **direkten Eingriffs** des Gerichts in das Verfahren eines anderen aus, ebenso eine verbindliche Harmonisierung oder Vereinheitlichung.[31] Die **ordnungsgemäße Zusammenarbeit** muss eng sein und in erster Linie **wechselseitig ausreichend informieren** (ErwG 48 Satz 2), ohne ein Gegenseitigkeitsverhältnis vorauszusetzen.[32] Ein Gericht ist demnach nicht gehindert, ein anderes zu informieren, wenn dieses aus Rechtsgründen an der Weitergabe von Informationen gehindert ist. Wegen der Selbständigkeit der Einzelverfahren besteht keine Pflicht zur Selbstaufopferung zur Förderung der Interessen eines anderen Verfahrens, gleichwohl herrscht **Reziprozität** der **Pflichtbindung**,[33] ohne die Kommunikation nicht funktioniert. Dabei fördert das **Glossar** gemäß **Art. 25 Abs. 2 lit. f** das Verständnis für das ausländische Insolvenzverfahren. Wie Art. 31 EuInsVO a. F. erstreckt sich die Kooperation auf die **wesentlichen Elemente** der jeweiligen Insolvenzverfahren, soweit sie ohne Verstoß gegen die Eilbedürftigkeit des Verfahrens möglich ist.[34] Einzelheiten der vom Einzelfall abhängigen Ausgestaltung der Pflicht[35] klären Art. 42 Abs. 3 und ErwG 49, sie sind dort zu behandeln. Verschiedentlich wird eine **Nachforschungspflicht** des Gerichts verneint,[36] zu Unrecht. Die Reform hat mit der Vernetzung der Insolvenzregister eine zusätzliche Informationsmöglichkeit geschaffen, weshalb der VO-Geber zu recht von den Richtern der Mitgliedstaaten ihre Nutzung erwartet. 8

Die Zusammenarbeit steht unter dem **Vorbehalt** ihrer **Vereinbarkeit** mit den **nationalstaatlichen Vorschriften** der beteiligten Verfahren. Die primäre Pflicht zu 9

---

28) So schon *Ehricke*, WM 2005, 397, 399, 402 – zu Art. 31 a. F.
29) *Brünkmans*, ZInsO 2013, 797, 802.
30) *Ehricke*, WM 2005, 397, 399 – zur Kooperation der Verwalter, was sinngemäß auch hier gilt.
31) Grabitz/Hilf/Nettesheim-*Bandilla*, EUV/AEUV, Art. 121 AEUV Rz. 6. S. a. Calliess/Ruffert-*Häde*, EUV/AEUV, Art. 121 AEUV Rz. 1; Schwarze/Becker/Hatje/Schoo-*Hattenberger*, EU-Kommentar, Art. 99 AEUV Rz. 4.
32) Mankowski/Müller/J. Schmidt-*Mankowski*, EuInsVO 2015, Art. 42 Rz. 14.
33) Wimmer/Bornemann/Lienau-*Bornemann*, Die Neufassung der EuInsVO, Rz. 567 und 577 – zur Konzerninsolvenz.
34) *Virgós/Schmit* in: Stoll, Vorschläge und Gutachten, Nr. 230, 233 Abs. 3 Satz 2; *Undritz* in: HambKomm-InsO, Art. 31 EuInsVO Rz. 2 und 3.
35) *Undritz* in: HambKomm-InsO, Art. 31 EuInsVO Rz. 7.
36) Kübler/Prütting/Bork-*Flöther*, InsO, Art. 42 EuInsVO 2015 Rz. 10 m. w. N.

wechselseitiger Information, bedeutet **Offenlegung** von **geheimhaltungsbedürftigen Aktenbestandteilen** und **Verfahrensdaten** durch Übermittlung an ein Gericht eines Mitgliedstaates. Der nationalstaatlich zu beachtende **Datenschutz** bildet die **Grenze** der gegenseitigen **Unterrichtungspflicht**.[37] Dabei handelt es sich nicht um Akteneinsicht i. S. des § 299 Abs. 2 ZPO, sondern um **Amtshilfe**, die die Grenzen der §§ 12 ff. EGGVG zu beachten hat.[38] Dazu liefert Art. 42 Abs. 2 die erforderliche **Rechtsgrundlage** und gestattet die **unmittelbare Amtshilfe** ohne den Umweg über §§ 16, 16a EGGVG.[39] Die zu übermittelnden Daten sind durch **bereichsspezifische Übermittlungsbefugnisse** i. S. des § 13 Nr. 1 EGGVG gerechtfertigt (vgl. § 14 Abs. 2 Nr. 1 BDSG)[40] und fördern die Amtshilfe innerhalb der EU.[41] Uneingeschränkt **übermittlungsfähig** sind gemäß § 13 Nr. 4 EGGVG sämtliche von Amts wegen publizierte Daten i. S. des § 30 InsO,[42] i. Ü. ist für einen objektiven, vernünftigen Beobachter, wegen der im Raum stehenden Effizienzgewinne, kein Grund erkennbar, der für die Annahme einer Einwilligungsverweigerung des Schuldners spricht (§ 13 Nr. 3 EGGVG).[43]

10 Die Gerichte können für die Zusammenarbeit bei **Bedarf** eine **unabhängige Person** oder **Stelle** bestellen, die auf ihre **Weisungen** hin **tätig** wird (**Satz 2**). Der Ursprung geht auf Art. 25 UNCITRAL zurück, der zwischen „foreign courts" und „foreign representatives" unterscheidet; sie sind in Art. 2 lit. d und lit. e UNCITRAL definiert.[44] Sinngemäß übernahm das Art. 5.1 der European Communication Cooperation Guidelines for Cross-Border Insolvency (CoCoGuidelines), wonach die Kooperation entweder direkt über die Verwalter „or through an authorized representive of the foreign court on such terms as the court considers appropriate" erfolgen soll. Die bestellte Person muss **unabhängig** sein, womit der bereits im Verfahren bestellte (vorläufige) Verwalter in der Regel ausscheidet.[45] In Betracht kommt jede

---

37) Kübler/Prütting/Bork-*Flöther*, InsO, Art. 42 EuInsVO 2015 Rz. 20; Pannen-*Pannen/Riedemann*, EuInsVO, Art. 31 (a. F.) Rz. 29; Wimmer/Bornemann/Lienau-*Bornemann*, Die Neufassung der EuInsVO, Rz. 568; *Vallender*, KTS 2005, 283, 327.

38) *Busch/Remmert/Rüntz/Vallender*, NZI 2010, 417, 424; *Reinhart* in: MünchKomm-InsO, Art. 42 EuInsVO 2015 Rz. 4.

39) Der Zweck der Mitteilung, also auch die Amtshilfe, ist dabei unerheblich; *Pabst* in: MünchKomm-ZPO, § 16 EGGVG Rz. 2.

40) *Pabst* in: MünchKomm-ZPO, § 13 EGGVG Rz. 3. Mankowski/Müller/J. Schmidt-*Mankowski*, EuInsVO 2015, Art. 42 Rz. 12.

41) *Pabst* in: MünchKomm-ZPO, § 17 EGGVG Rz. 6, 7. § 17 Nr. 2 EGGVG begründet keine Übermittlungspflicht, diese ersetzt Art. 42 Abs. 1.

42) *Pabst* in: MünchKomm-ZPO, § 13 EGGVG Rz. 6.

43) Kübler/Prütting/Bork-*Flöther*, InsO, Art. 42 EuInsVO 2015 Rz. 20, nach dem die Kooperation im Interesse des Schuldners liegt; *Pabst* in: MünchKomm-ZPO, § 13 EGGVG Rz. 5.

44) Nach Art. 2 lit. e ist „foreign court" eine richterliche oder andere Stelle, die für die Kontrolle oder die Überwachung eines ausländischen Insolvenzverfahrens zuständig ist. Der „foreign representative" ist eine Person oder Stelle, einschließlich eines vorläufigen Verwalters, die in einem ausländischen Verfahren befugt ist, die Reorganisation oder Liquidation des Vermögens oder der Geschäfte des Schuldners zu verwalten oder als Verwalter des ausländischen Verfahrens zu handeln (Art. 2 lit. d).

45) Kübler/Prütting/Bork-*Flöther*, InsO, Art. 42 EuInsVO 2015 Rz. 13; *Fritz*, DB 2015, 1882, 1887; a. A. Mankowski/Müller/J. Schmidt-*Mankowski*, EuInsVO 2015, Art. 42 Rz. 9.

Person mit denselben Befugnissen, die der **Aufsicht des Gerichts** unterstellt ist. Das folgt aus dem Zusammenhang von Art. 2 lit. d und lit. e UNCITRAL, die die gerichtliche Aufsicht auf den „foreign representive" erstrecken.[46] Die Bestellung bietet sich bei Sprachbarrieren an, doch können aus Kostengründen, dem Gericht vertraute Verwalter mit der Zusammenarbeit beauftragt werden,[47] denn er ist der **Rechtsaufsicht** des Gerichts unterstellt. Es besteht kein Gegenseitigkeitserfordernis, d. h. eine delegierte Person oder Stelle kann unmittelbar mit einem Gericht zusammenarbeiten, das von dieser Möglichkeit keinen Gebrauch macht.[48] Dass das **deutsche Recht** wegen des Delegationsverbotes der Rechtsaufsicht der Bestellung gemäß Satz 2 entgegenstehe,[49] ist in dieser Rigidität unrichtig, wenn und soweit der deutsche Richter Weisungen erteilt und sich Kontroll- und Genehmigungsbefugnisse vorbehält. Wegen dieser erscheint die Beauftragung eines anderen Richters desselben Gerichts[50] nicht empfehlenswert.

Grundlagen für die Kooperation bilden die **EU Cross-Border-Insolvency Court-to-Court Principles** (EU JudgeCo Principles) und die **EU Guidelines for Court-to-Court Communications in International Insolvency Cases** (EU JudgeCo Guidelines).[51] Einer der Ausgangspunkte waren die von der INSOL Europe 2007 veröffentlichten European Communication Cooperation Guidelines for Cross-Border Insolvency (CoCoGuidelines), der andere die vom International Insolvency Institute 2012 präsentierten Global Priciples for Coorperation in International Insolvency Cases (Global Principle),[52] deren Bestandteil auch die Global Guidelines for Court-to-Court Comminuications in International Insolvency Cases[53] sind. Die Guidelines verstehen sich als nicht bindende **„Soft-Law Rules"**[54], sind also im besten Fall **Verhaltensanweisungen.**[55] Auf ihrer Grundlage wurden die EU JudgeCo Principles und die EU JudgeCo Guidelines entwickelt.[56] Beides sind die bewährten[57] Praktiken in grenzüberschreitenden Insolvenzen, deren Kommunikations- und Kooperationsgrundsätze und -leitlinien der europäischen Organisationen (ErwG 48 Satz 4),

11

---

46) Ebenso Principle 17.2 Ziff. i und iii der EU Cross-Border Insolvency Court-to-Court Cooperation Principles; deutsche Übersetzung s. Anhang, S. 915 ff. [*Zipperer*].
47) *Fritz*, DB 2015, 1882, 1887.
48) Mankowski/Müller/J. Schmidt-*Mankowski*, EuInsVO 2015, Art. 42 Rz. 10.
49) *Brünkmans*, ZInsO 2013, 797, 802.
50) Kübler/Prütting/Bork-*Flöther*, InsO, Art. 42 EuInsVO 2015 Rz. 14.
51) Abrufbar unter www.tri-leiden.eu/uploads/files/EU_Cross-Border_Insolvency_Court-to-Court_Cooperation_Principles.pdf (Abrufdatum: 25.11.2019).
52) Deutsche Übersetzung *Paulus*, RIW 2014, 194, 196 ff.
53) Deutsche Übersetzung *Paulus*, RIW 2014, 194, 206 ff.
54) *B. Wessels* in: FS Vallender, S. 775, 781.
55) *Paulus*, RIW 2014, 194, 195.
56) Zum Ganzen vgl. *B. Wessels* in: FS Vallender, S. 775, 779 f.; für die deutsche Übersetzung s. Anhang, S. 931 ff. [*Zipperer*].
57) *B. Wessels* in: FS Vallender, S. 775, 782.

die sich am besten in den spezifischen EU-Kontext einfügen.[58] Den Verweis auf internationale Leitlinien rundet die Einbeziehung des UNCITRAL ab.[59]

### 2. Direkte Zusammenarbeit (Art. 42 Abs. 2)

12   Art. 42 Abs. 2 eröffnet den Gerichten die Möglichkeit der **direkten Zusammenarbeit**, d. h. sie können **unmittelbar miteinander kommunizieren**, bzw. sich mit **Ersuchen um Information und Unterstützung direkt** an das **ausländische Gericht** wenden. Bislang war für direkten Rechtshilfeverkehr zwischen den Gerichten ein Abkommen zwischen den jeweiligen Staaten erforderlich.[60] Das substituiert Art. 42 Abs. 2, denn als Sekundärrecht, d. h. das von den Organen der EU aufgrund von Kompetenzzuweisungen im Vertrag erlassene Recht,[61] tritt an die Stelle fehlender völkerrechtlicher Abkommen und setzt sich gegen etwaige Vorbehalte oder Hindernisse des nationalen Rechts durch.[62] Die Vorschrift ist **spezialgesetzlich geregelte Amtshilfe**,[63] da sie den Austausch von Informationen und keine Akteneinsicht durch Dritte zum Gegenstand hat.[64] Als **Sachnorm** verbietet Art. 42 Abs. 2 Justizverwaltungen mittels Anordnungen die Kommunikation unter **Genehmigungsvorbehalt** zu stellen, oder von **vorheriger Anzeige** abhängig zu machen bzw. **bestimmte** einschränkende **Formen vorzuschreiben**.

13   Art. 42 Abs. 2 nimmt zweifach auf Art. 42 Abs. 1 Bezug, einmal hinsichtlich des **Ob** (Art. 42 Abs. 1 Satz 1) und zum anderen bezüglich des **Wie** (Art. 42 Abs. 1 Satz 2) der Kooperation; dem unmittelbaren persönliche Kontakt zwischen den Richtern ist die Dazwischenschaltung von Beauftragten gleichgestellt. Die Gerichte können einander um **Information ersuchen**, ohne dass ein Anspruch auf sie besteht.[65] Dafür spricht „können ... ersuchen", während ErwG 48 Satz 2 unter ordnungsgemäßer Zusammenarbeit und auf wechselseitige ausreichende Information drängt. Die Sicherstellung der Zusammenarbeit erfordert die **Erfüllung** des **Informationsersuchens**. Inhaltlich sind die Informationen an den Gegenständen des Art. 42 Abs. 3 Satz 2 zu orientieren.[66] Der letzte Halbsatz macht die Kooperation von der **Wahrung** der **Verfahrensrechte** der Beteiligten und der **Vertraulichkeit** der **Informationen** abhängig (**Grenzen der direkten Kommunikation**).[67] Die abschließend aufgezähl-

---

58) Kübler/Prütting/Bork-*Flöther*, InsO, Art. 42 EuInsVO 2015 Rz. 4; *B. Wessels* in: FS Vallender, S. 775, 782, 783; zust. Mankowski/Müller/J. Schmidt-*Mankowski*, EuInsVO 2015, Art. 42 Rz. 3.
59) Hier liegt ein Entwurf v. 3.10.2016 zur „Facilitating the cross-border insolvency of multinational enterprise groups: draft legislative provisions" vor, über den die Arbeitsgruppe V der UN Commission on International Trade law in Wien am 12. bis 16.12.2016 befunden hat, abrufbar unter www.uncitral.org/pdf/english/workinggroups/wg_5/50thWG5/wp_142_.pdf (Abrufdatum: 25.11.2019).
60) *Busch/Remmert/Rüntz/Vallender*, NZI 2010, 417, 424.
61) Grabitz/Hilf/Nettesheim-*Nettesheim*, EUV/AEUV, Art. 288 AEUV Rz. 30.
62) Mankowski/Müller/J. Schmidt-*Mankowski*, EuInsVO 2015, Art. 42 Rz. 11.
63) Kübler/Prütting/Bork-*Flöther*, InsO, Art. 42 EuInsVO 2015 Rz. 20; *Reinhart* in: MünchKomm-InsO, Art. 42 EuInsVO 2015 Rz. 3.
64) BGH, Urt. v. 6.12.1968 – RiZ(R) 8/68, UG 4., BGHZ 51, 193 = NJW 1969, 1302, 1302.
65) Mankowski/Müller/J. Schmidt-*Mankowski*, EuInsVO 2015, Art. 42 Rz. 13.
66) Mankowski/Müller/J. Schmidt-*Mankowski*, EuInsVO 2015, Art. 42 Rz. 14.
67) Kübler/Prütting/Bork-*Flöther*, InsO, Art. 42 EuInsVO 2015 Rz. 20.

ten **Vorbehalte**[68] sorgen i. R. der Kooperation für die Wahrung der Verfahrensrechte der Beteiligten – Rechte zur Anhörung und Beteiligung – und die Einhaltung der Geheimhaltungsvorschriften des nationalen Rechts.[69]

## 3. Die Zusammenarbeit nach Art. 42 Abs. 3

Die Zusammenarbeit ist nach Art. 42 Abs. 3 Satz 1 in das **Gestaltungsermessen** des Gerichts gestellt, sie ist auf **jedem Weg zulässig, sofern** das Gericht ihn für **geeignet erachtet**. Mit dieser Formulierung greift der Verordnungsgeber den **Verhältnismäßigkeitsgrundsatz** auf (Art. 5 Abs. 4 EUV), allerdings beschränkt auf die **Geeignetheit**, da zu Beginn der Kooperation die **Erforderlichkeit** noch nicht feststeht. Zugleich ist dies eine Kompromissformel zur Förderung der Akzeptanz in der europäischen Richterschaft, weil die verschiedenen Rechtsordnungen mit dem Verhältnismäßigkeitsgrundsatz unterschiedlichste inhaltliche Vorstellungen und Anforderungen verbinden.[70] Der Singular „von dem Gericht" ist nicht im Plural zu lesen,[71] weil jedes Gericht seine eigene Einschätzung der Geeignetheit vornimmt. Eine **Kooperation** ist **geeignet**, wenn mit ihr ein **zulässiges Ziel verfolgt** wird und sie den verfolgten **Zweck erfüllen** kann.[72] Vom **Formwahlermessen** nicht mehr gedeckt und **unzulässig** sind Kooperationsmaßnahmen, die **über die Ziele** der Kooperation **hinausgehen**, das ist der Fall, wenn das inländische Gericht auf die Verfahrensabwicklung des ausländischen Verfahrens einwirkt. Keinesfalls darf für ein Gericht eine Zwangslage entstehen.[73] Die Kooperation muss sich deshalb in das **Gesamtgefüge** der nationalstaatlichen **Verfahrensordnung einfügen**.[74] Andererseits ist die Kooperation zu **intensivieren**, wenn **weniger weitgehende Bemühungen** den Zweck der Kooperation **vereiteln**.[75] Das kann etwa die Übermittlung sensibler Berichte beeinhalten, wenn anderenfalls eine Zusammenarbeit nicht zustande kommt; in keinem Fall darf sie die Arbeit des Gerichts blockieren.[76] Offen ist, inwieweit damit eine Hierarchisierung der Kooperationsformen intendiert ist,[77] zulässig sind Kombinationsformen.

14

---

68) Kübler/Prütting/Bork-*Flöther*, InsO, Art. 42 EuInsVO 2015 Rz. 21; Mankowski/Müller/ J. Schmidt-*Mankowski*, EuInsVO 2015, Art. 42 Rz. 12.
69) *Reinhart* in: MünchKomm-InsO, Art. 42 EuInsVO 2015 Rz. 3.
70) Diese reichen von der zum englischen Recht entwickelten Aussage „the principle of proportionality prohibits the use of a steam hammer to crack a nut if a nutcracker would do it", also einer reinen Prüfung der Erforderlichkeit hoheitlicher Maßnahmen, bis zu der im deutschen Recht verbreiteten, ausdifferenzierten Prüfung auch der Angemessenheit hoheitlicher Maßnahmen i. S. einer abwägenden Gewichtung der geförderten und der beeinträchtigten Interessen; vgl. *Pache*, NVwZ 1999, 1033, 1035.
71) So aber Mankowski/Müller/J. Schmidt-*Mankowski*, EuInsVO 2015, Art. 42 Rz. 15.
72) Kübler/Prütting/Bork-*Flöther*, InsO, Art. 42 EuInsVO 2015 Rz. 22; *Pache*, NVwZ 1999, 1033, 1036.
73) Kübler/Prütting/Bork-*Flöther*, InsO, Art. 42 EuInsVO 2015 Rz. 23.
74) Kübler/Prütting/Bork-*Flöther*, InsO, Art. 42 EuInsVO 2015 Rz. 26.
75) Der Grundsatz der Verhältnismäßigkeit ist allgemeiner Rechtsgrundsatz, der in vielen Bestimmungen seinen Niederschlag findet; z. B. Art. 41 GRCh. Zum Grundsatz i. R. der Rechtssetzung vgl. Grabitz/Hilf/Nettesheim-*Rösslein/Krajewski*, EUV/AEUV, Art. 296 AEUV Rz. 50.
76) *Virgós/Schmit* in: Stoll, Vorschläge und Gutachten, Nr. 233, Abs. 3 Satz 2.
77) Grabitz/Hilf/Nettesheim-*Bast*, EUV/AEUV, Art. 5 EUV Rz. 72.

15  Art. 42 Abs. 3 Satz 2 beschreibt, worauf sich die Zusammenarbeit **insbesondere**[78] beziehen kann. Die **nicht abschließende Aufzählung**[79] beschränkt sich auf die **hauptsächlichen Kooperationsfelder**, die wechselseitig und konsensual anzugehen sind.[80] Art. 42 Abs. 3 Satz 2 lit. a bis e geht über die Unterrichtungspflichten von Art. 31 Abs. 1 a. F. hinaus, weil sein bisheriger Absatz 2 lediglich ohne Zielbeschreibung zur Koordination verpflichtete.[81] Art. 42 Abs. 3 **Satz 2 lit. a bis e** geben konkretisierend die **Richtung** an und definieren den **Rahmen** (oder auch Leitlinie)[82] innerhalb dessen die Insolvenzgerichte ihre Kooperation gestalten. Auf diese Weise sollen die Gerichte zur Kooperationsdisziplin angehalten werden, indem sie Vereinbarungen schließen und Verständigungen herbeiführen (ErwG 49 Satz 1). Wie die Insolvenzgerichte diese Pflichten mit Leben füllen, hängt vom Einzelfall ab und auch die folgenden Erläuterungen zu Art. 42 Abs. 3 Satz 2 lit. a bis e stehen unter diesem Vorbehalt:[83]

16  **Art. 42 Abs. 3 Satz 2 lit. a:** Die **Koordinierung** bei der **Bestellung von Verwaltern**. Die Gerichte verschiedener Mitgliedstaaten können auf der Grundlage von Vereinbarungen Verständigungen über eine koordinierte Verwalterbestellung herbeiführen, ggf. dieselbe Person zum Verwalter in mehreren Insolvenzverfahren über das Vermögen desselben Schuldners bestellen (ErwG 50). Dabei kommt auch die Bestellung eines **ausländischen Verwalters** in Betracht,[84] ob aber derselbe Verwalter für das Haupt- und Sekundärverfahren zu bestellen ist,[85] mag bei Konzernstrukturen sinnvoll sein, zur Vermeidung von Interessenkollisionen empfiehlt sich die Eigenverwaltung im Sekundärverfahren.[86] Die **koordinierte Verwalterbestellung**, sie umfasst auch die nachträgliche Bestellung, Abberufung und Amtsniederlegung,[87] soll gewährleisten, dass die Verfahren **effizient geführt** werden (ErwG 51), denn nur wenn die Verwalter zur engen Kooperation bereit sind, können i. R. der Verfahrensabwicklung Synergien freigesetzt und genutzt werden.[88] Solche ergeben sich insbesondere bei einer **koordinierten Betriebsfortführung** zur Sicherung bzw. Steigerung der Fortführungserlöse.[89]

---

78) Im engl. Text heißt es „in particular" (insbesondere) und im frz. „notamment" (besonders). Ein sachlicher Unterschied zwischen den Amtsprachen ergibt sich daraus nicht, weil im Deutschen „insbesondere" gleichbedeutend ist mit „besonders/hauptsächlich".
79) *Reinhart* in: MünchKomm-InsO, Art. 42 EuInsVO 2015 Rz. 5.
80) Kübler/Prütting/Bork-*Flöther*, InsO, Art. 42 EuInsVO 2015 Rz. 23.
81) *Virgós/Schmit* in: Stoll, Vorschläge und Gutachten, Nr. 230, 232.
82) Kübler/Prütting/Bork-*Flöther*, InsO, Art. 42 EuInsVO 2015 Rz. 25.
83) *Undritz* in: HambKomm-InsO, Art. 31 EuInsVO Rz. 7.
84) *Vallender*, KTS 2005, 283, 310, 311.
85) Krit. Mankowski/Müller/J. Schmidt-*Mankowski*, EuInsVO 2015, Art. 42 Rz. 19, der den Verlust der Eigenständigkeit des Sekundärverfahrens fürchtet.
86) AG Köln, Beschl. v. 23.1.2004 – 71 IN 1/04, ZIP 2004, 471 = NZI 2004, 151, dazu EWiR 2004, 601 *(Blenske); Vallender*, KTS 2005, 283, 311.
87) Mankowski/Müller/J. Schmidt-*Mankowski*, EuInsVO 2015, Art. 42 Rz. 18.
88) Gemeint sind die koordinierte Betriebsfortführung und die Möglichkeit höherer Verwertungserlöse bei gemeinsamen Vorgehen; *Undritz* in: HambKomm-InsO, Art. 31 EuInsVO Rz. 17. Kübler/Prütting/Bork-*Flöther*, InsO, Art. 42 EuInsVO 2015 Rz. 27.
89) Kübler/Prütting/Bork-*Flöther*, InsO, Art. 42 EuInsVO 2015 Rz. 27.

Die **Dispositionsgrenze und -befugnis** des deutschen Richters folgt aus seiner 17
**Rechtsbindung** an **§ 56 InsO**.[90] Schlägt das kooperierende Insolvenzgericht, an
dessen Sitz das Hauptinsolvenzverfahren durchgeführt wird, einen **ausländischen
Insolvenzverwalter** vor, steht dies nicht seiner Bestellung entgegen, wie Art. 102a
EGInsO belegt, auch dann nicht, wenn er nicht auf der Vorauswahlliste geführt
wird.[91] Der Vorgeschlagene muss **persönlich und fachlich geeignet** sein, den
Erfordernissen und der Eigenart des konkreten Verfahrens gerecht zu werden.[92]
Die Geeignetheit hat der deutsche Richter zu prüfen. Stimmt er dem Vorschlag zu,
muss die Zustimmung **pflichtgemäßem Ermessen** entsprechen, d. h. er hat auf die
Interessen der als Insolvenzverwalter geeigneten Verwalter Rücksicht zu nehmen,
ihnen eine faire Chance der Berücksichtigung einzuräumen.[93] **Sachgerecht** ist die
Ermessensausübung **zugunsten** des **Vorgeschlagenen**, weil das deutsche Gericht
durch seine Bestellung die Dominanz des Hauptinsolvenzverfahrens sichert (ErwG 48
Satz 3), sofern damit eine Effizienzsteigerung einhergeht. **Ausgeschlossen** ist es, denselben Verwalter für die ausländische Muttergesellschaft und die inländische Tochter
zu bestellen, wenn zwischen beiden Gesellschaften streitige, wechselseitige Ansprüche
bestehen. Im Idealfall ist nur ein Verwalter für alle Verfahren zu bestellen, wenn
dies im Interesse der Gläubiger liegt (ErwG 50).[94]

Die Dispositionsbefugnis kann durch einen **bindenden Beschluss** des vorläufigen 18
**Gläubigerausschusses** gemäß **§ 56a Abs. 2 InsO** ausgeschlossen sein. Diesen kann
das deutsche Gericht nur übergehen, wenn bezüglich des Vorgeschlagenen konkrete
Anhaltspunkte bestehen, wonach er für die Übernahme des Amtes **nicht geeignet**
ist; das scheidet immer dann aus, wenn er regelmäßig vom Insolvenzgericht bestellt
wird. Die damit verbundenen Friktionen lassen sich nur durch eine erneute Anhörung
des Ausschusses beseitigen[95] und werden von Art. 42 Abs. 2 toleriert. Keine Probleme wirft **§ 270b Abs. 2 Satz 2 InsO** auf, weil es hier Aufgabe des Schuldners ist,
einen gemeinsamen Kandidaten zu bestimmen, anderenfalls die Anordnung der
Eigenverwaltung **nachteilig** i. S. des § 270 Abs. 2 Nr. 2 InsO ist. So ermöglicht die
Eröffnung des Sekundärverfahrens in Eigenverwaltung das Auftreten des Hauptinsolvenzverwalters als Sachwalter.[96]

**Art. 42 Abs. 3 Satz 2 lit. b:** Die **Mitteilung** von **Informationen** auf **jedem** von dem 19
betreffenden Gericht als **geeignet erachteten Weg**. Durch Wiederholung der bereits in Art. 42 Abs. 3 Satz 1 beschriebenen Freiheit, will die Bestimmung sicher-

---

90) Mankowski/Müller/J. Schmidt-*Mankowski*, EuInsVO 2015, Art. 42 Rz. 21.
91) Problematisch ist der Vorschlag, wenn es sich bei dem Vorschlag um eine juristische
    Person handelt; vgl. dazu AG Mannheim, Beschl. v. 14.12.2015 – 804 AR 163/15, ZIP
    2016, 132 und ZIP 2016, 431, dazu EWiR 2016, 83 *(Römermann)*.
92) *Graeber* in: MünchKomm-InsO, § 56 Rz. 40.
93) Uhlenbruck-*Zipperer*, InsO, § 56 Rz. 39.
94) Braun-*Delzant*, InsO, Art. 42 EuInsVO Rz. 6; Kübler/Prütting/Bork-*Flöther*, InsO,
    Art. 42 EuInsVO 2015 Rz. 29; *Mock* in: BeckOK-InsO, Art. 42 EuInsVO Rz. 5.
95) Uhlenbruck-*Zipperer*, InsO, § 56a Rz. 9. Für das Gericht bietet sich an, bereits vor der
    Abstimmung des Ausschusses für den vorgeschlagenen Kandidaten zu „werben."
96) AG Köln, Beschl. v. 23.1.2004 – 71 IN 1/04, ZIP 2004, 471; Braun-*Delzant*, InsO, Art.
    42 EuInsVO Rz. 7; Kübler/Prütting/Bork-*Flöther*, InsO, Art. 42 EuInsVO 2015 Rz. 29;
    *Vallender*, KTS 2005, 283, 311.

stellen, dass die Kommunikation zwischen den Gerichten nicht an bestehenden oder vorgeschobenen Hindernissen scheitert. Die Beurteilung der Geeignetheit ist dem betreffenden Gericht überantwortet, um Rücksicht auf die Befindlichkeit und Vorlieben des jeweiligen Richters zu nehmen.[97] „**Auf jedem Weg**" eröffnet die Bandbreite von **direkter** bis zur **indirekten Kontaktaufnahme** über die Einschaltung von „representatives." Ebenso die **mündliche** (durch Vorsprache, per Telefon oder Videokonferenz) oder **schriftliche** (Brief oder per E-Mail) Verständigung und den formalisierten Abschluss von „protocols" etwa von **allgemeinen** oder **spezifischen Vereinbarungen** (ErwG 49 Satz 2). Die Rechts- und Gesetzesbindung gemäß Art. 20 Abs. 3 GG hindert den deutschen Insolvenzrichter nicht, Vereinbarungen der genannten Art zu schließen, sofern sichergestellt ist, dass ihr sachlicher Inhalt mit den geltenden Gesetzen in Einklang steht.[98] Das wäre nicht der Fall, wenn sich der deutsche Richter dem Vorschlag des Gerichts des Hauptinsolvenzverfahrens zur Person des Verwalters ohne eigene Geeignetheitsprüfung unterwirft. Will sich der Richter nicht persönlich binden, genügt die **Ermächtigung des Verwalters** gemäß §§ 21 Abs. 1, 22 Abs. 1 Satz 2 Nr. 1 InsO im Anschluss eines Protokolls oder eines Insolvenzverwaltervertrages.[99] **Vorrangig**, vom Prinzip des „community trusts" getragen, ist stets zu erwägen, ob der Abschluss einer Vereinbarung verzichtbar ist.

20   Art. 42 Abs. 3 Satz 2 lit. c: Die **Koordinierung der Verwaltung und Überwachung** des **Vermögens** und der **Geschäfte** des Schuldners ist in einem umfassenden Sinne zu verstehen. **Verwaltungskoordination** heißt, Einvernehmen herzustellen, bestimmte Schritte zu unternehmen oder Maßnahmen zu treffen oder davon abzusehen (ErwG 49 Satz 4); letztlich sämtliche Maßnahmen, die eine effiziente Verwaltung fördern (**abgestimmtes Verwaltungshandeln**).[100] Dagegen erhobene Bedenken, die Verwaltung obliege ausschließlich dem Insolvenzverwalter und nicht dem Gericht,[101] sind unberechtigt, da die Kooperation **mit dem Verwalter** und **nicht gegen** ihn erfolgt (Art. 43);[102] die von der Aufsichtsfunktion gezogenen Schranken dürfen nicht überschritten werden. Die begriffliche Weite umfasst die Entscheidung über die Betriebsfortführung oder die (Teil-)Stilllegung, die Einleitung eines M&A-Prozesses, Entlassung oder Freistellung von Personal, Neubesetzung der Geschäftsleitung und die Herausgabe von ad hoc-Mitteilungen (§ 11 WpHG). **Überwachung** des Vermögens und der Geschäfte beinhaltet ihre Aufsicht und Kontrolle. Da sich die EuInsVO dem vorläufigen Insolvenzverfahren öffnet (ErwG 15), sind damit auch sämtliche Sicherungsmaßnahmen umfasst, die dem Zugriff von Gläubigern und den Verfügungen des Schuldners entgegenwirken.

---

97) Ebenso auf Fremdsprachenkenntnisse.
98) *Busch/Remmert/Rüntz/Vallender*, NZI 2010, 417, 428.
99) Kübler/Prütting/Bork-*Flöther*, InsO, Art. 42 EuInsVO 2015 Rz. 40; *Vallender*, KTS 2005, 283, 324.
100) Den Gefahren konfligierender Verwaltungshandlungen ist zu begegnen durch abgestimmte Verhaltsweisen; *Ehricke*, WM 2005, 397.
101) *Reinhart* in: MünchKomm-InsO, Art. 42 EuInsVO 2015 Rz. 5.
102) Zust. Kübler/Prütting/Bork-*Flöther*, InsO, Art. 42 EuInsVO 2015 Rz. 32.

**Art. 42 Abs. 3 Satz 2 lit. d: Die Koordination** von **Verhandlungen.** Der Begriff der 21
Verhandlung in der deutschen Fassung ist undeutlich, wie der Vergleich mit anderen
Amtssprachen ergibt.[103] Gemeint sind die **mündlichen und schriftlichen Verhandlungen vor den beteiligten Gerichten,** ebenso Gläubigerversammlungen, auch wenn
sie nicht unter dem Vorsitz eines Richters geleitet werden.[104] Das Verfahrenziel
bestimmen in den Insolvenzrechten der Mitgliedstaaten überwiegend die Gläubiger, die dazu in **Gläubigerversammlungen** zusammentreten und abstimmen (§ 157
InsO). Diese Befugnis liegt im Überschneidungsbereich von Verwaltung und Überwachung (lit. c), weshalb die EuInsVO zur Klarstellung eine eigene Regelung bereithält, denn die organisatorischen Vorbereitungen sind in der Regel von den Gerichten zu leisten.

Art. 42 Abs. 3 Satz 2 lit. d ermöglicht die **gemeinsame Durchführung** der **in- und** 22
**ausländischen Gläubigerversammlung.** Das deutsche Recht steht der Durchführung einer **(virtuellen)** Gläubigerversammlung nicht entgegen.[105] Bedenken wegen
der Wahrung der **Parteiöffentlichkeit** können durch Zugangscodes über den Internetzugang besser gewährleistet werden, als es die Kontrolle von Einlasskarten ermöglicht.[106] Denjenigen Teilnahmeberechtigten, die mit der Technik nicht vertraut
sind, ist die Teilnahme an der parallel durchzuführenden **(realen)** Versammlung bei
Gericht zu ermöglichen. Die Teilnahme der Beteiligten des ausländischen Verfahrens sind, da sie nicht zu den inländischen Verfahrensbeteiligten gehören (§ 74 Abs. 1
Satz 2 InsO), nicht an der inländischen Versammlung teilnahmeberechtigt; allerdings als Personen mit berechtigtem Interesse zuzulassen.[107] Bedenken wegen der
**Datensicherheit** sind zwar berechtigt,[108] aber nicht größer als durch unzulässige
Aufzeichnungen und Übertragungen aus realen Versammlungen. Art. 42 Abs. 3 Satz 2
lit. d ersetzt die bisher fehlende völkerrechtliche Vereinbarung für die **Übertragung**
der Versammlung **ins Ausland.**[109] Zwangsläufig werden auf gemeinsamen Verhandlungen verschiedene Amtssprachen gesprochen, doch sind die Hindernisse aus **§ 184
GVG überwindbar.** Eine Fremdsprache kann gesprochen und in dieser verhandelt
werden, wenn alle Beteiligten sie verstehen;[110] das ist durch Bereithalten von Simultandolmetschern sicherzustellen;[111] wegen der Parteiöffentlichkeit ist § 169 GVG
nicht zu beachten. Zwar müssen Schriftsätze, Anträge, Eingaben und sonstige Ausführungen der Beteiligten in deutscher Sprache abgefasst sein,[112] das **Gericht kann,**[113]

---

103) Mankowski/Müller/J. Schmidt-*Mankowski*, EuInsVO 2015, Art. 42 Rz. 24.
104) Mankowski/Müller/J. Schmidt-*Mankowski*, EuInsVO 2015, Art. 42 Rz. 24.
105) *Ehricke* in: MünchKomm-InsO, § 76 Rz. 13; Mankowski/Müller/J. Schmidt-*Mankowski*,
 EuInsVO 2015, Art. 42 Rz. 25.
106) Kübler/Prütting/Bork-*Flöther*, InsO, Art. 42 EuInsVO 2015 Rz. 35.
107) *Busch/Remmert/Rüntz/Vallender*, NZI 2010, 417, 423; für eine restriktive Zulassung *Ehricke*
 in: MünchKomm-InsO, § 76 Rz. 5; für großzügige Handhabung Kübler/Prütting/Bork-
 *Kübler*, InsO, § 76 Rz. 13.
108) *Ehricke* in: MünchKomm-InsO, § 76 Rz. 13.
109) *Busch/Remmert/Rüntz/Vallender*, NZI 2010, 417, 423.
110) *Zimmermann* in: MünchKomm-ZPO, § 184 GVG Rz. 5.
111) *Busch/Remmert/Rüntz/Vallender*, NZI 2010, 417, 423.
112) *Zimmermann* in: MünchKomm-ZPO, § 184 GVG Rz. 6.
113) *Armbrüster*, NJW 2011, 812, 813.

ja muss zur Verwirklichung von Art. 42 Abs. 3 Satz 2 lit. d i. R. seiner **Fürsorgepflicht** die **Übersetzung** dieser Kundgaben **anordnen**.

23 **Art. 42 Abs. 3 Satz 2 lit. e:** Die **Koordinierung** der **Zustimmung** zu einer **Verständigung der Verwalter.** Die Zusammenarbeit der Gerichte wäre nutzlos, würden nicht auch die Verwalter ihre Arbeit koordinieren; das ist Sinn der Regelung in Art. 42 Abs. 3 Satz 2 lit. e. Die Gerichte sollen deshalb auf die Zustimmung der Verwalter zu einer Verständigung hinwirken. Das, **soweit erforderlich**, und die zu Art. 42 Abs. 3 Satz 2 lit. a nachgeordnete Stellung macht deutlich, dass die Bereitschaft zur Verständigung bereits bei der Verwalterbestellung maßgebliches Auswahlkriterium sein muss. Demzufolge erfasst Art. 42 Abs. 3 Satz 2 lit. e die Fälle, in denen sich die mit der Bestellung verbundenen Erwartungen nicht oder nicht mehr erfüllen. Da dies ein Zusatzaufwand für die Gerichte darstellt, fördert die Bestimmung die Bereitschaft bereits bei der Verwalterbestellung zusammenzuwirken. Ziel ist eine Abwicklung auf der Grundlage sog. „protocols," ohne dass ein unterzeichnetes Dokument vorliegen müsste, denn auch mündliche ad hoc-Verständigungen sind mitumfasst und ohne dass sich alle Verwalter daran beteiligen müssten.[114] Allerdings kann das **deutsche**, auf die Rechtsaufsicht beschränkte **Insolvenzgericht** dem Verwalter **nicht** gemäß § 58 InsO die **Weisung** zum Abschluss einer dem Inhalt nach konkretisierten Kooperationsvereinbarung **erteilen**.[115] Daran **ändert** Art. 42 Abs. 3 **Satz 2 lit. e grundsätzlich nichts**, macht aber den beteiligten Insolvenzgerichten zur Pflicht, von sämtlichen, ihnen zu Gebote stehenden Befugnissen Gebrauch zu machen, um eine Verständigung der Verwalter herbeizuführen. Das bedeutet zunächst **mediatisierend** einzuwirken, aber bei **hartnäckiger Kooperationsverweigerung** den Insolvenzverwalter gemäß § 59 InsO **zu entlassen**.[116]

### IV. Sanktionen

24 Art. 42 enthält **keine Sanktion** für den kooperationsunwilligen Insolvenzrichter. Die Rechtslage gestaltet sich ähnlich wie zu Art. 41. Zur Durchsetzung der vorgängigen **Informationspflichten** kann der betreffende deutsche Insolvenzrichter **nicht** im Wege der **Auskunfts- oder Leistungsklage** angehalten werden,[117] denn über die von den Prozessordnungen eingeräumten Rechtsbehelfe hinaus, würde seine Untätigkeit entgegen § 1 GVG durch andere Richter zur Nachprüfung gestellt.[118] Eine **sofortige Beschwerde** gemäß § 6 InsO scheidet aus, weil die Bestimmungen der InsO dem ausländischen Insolvenzrichter keine Befugnis zubilligt.[119] Auch § 198

---

114) Mankowski/Müller/J. Schmidt-*Mankowski*, EuInsVO 2015, Art. 42 Rz. 27.
115) Kübler/Prütting/Bork-*Flöther*, InsO, Art. 42 EuInsVO 2015 Rz. 40; *Vallender*, KTS 2005, 283, 327; *Reinhart* in: MünchKomm-InsO, 2. Aufl., Art. 31 EuInsVO 2000 Rz. 35.
116) Wichtiger Grund ist der Verstoß gegen die Art. 41, 43. Dem sollte eine entsprechende Aufforderung mit Fristsetzung vorausgehen, was in Fällen evidenter und eklatanter Kooperationsverweigerung geboten ist; Kübler/Prütting/Bork-*Flöther*, InsO, Art. 42 EuInsVO 2015 Rz. 40; *Reinhart* in: MünchKomm-InsO, 2. Aufl., Art. 31 EuInsVO 2000 Rz. 35.
117) *Reinhart* in: MünchKomm-InsO, 2. Aufl., Art. 31 EuInsVO 2000 Rz. 16, der sie als ineffizient ansieht.
118) BGH, Urt. v. 11.3.1968 – III ZR 72/65, NJW 1968, 989, 990.
119) *Ganter/Lohmann* in: MünchKomm-InsO, § 6 Rz. 26. Die **Ablehnung wegen der Besorgnis der Befangenheit** scheitert an der mangelnden Verfahrensbeteiligung; *Gehrlein* in: MünchKomm-ZPO, § 42 Rz. 3.

Abs. 3 GVG führt lediglich zu einer Entschädigung, ob daneben die **Untätigkeitsbeschwerde** zulässig ist, wird mit guten Gründen **verneint**.[120] Bleibt deshalb nur die **Haftung**, denn Art. 42 begründet als sekundäres Gemeinschaftsrecht eine Amtspflicht zur Kooperation,[121] ihre Verweigerung oder Verzögerung führt zur **Regelhaftung** der §§ 839 Abs. 1 Satz 1 und Abs. 2 Satz 2.[122] Voraussetzungen und Rechtsfolgen des Schadensausgleiches richten sich nach der lex fori concursus; sie umfassen auch die Quoteneinbußen der ausländischen Insolvenzmasse.[123] Die Verweigerung zur Kooperation ist **haftungsgeneigt**, aber ihre Erfüllung **nicht durchsetzbar**.

---

120) OLG Düsseldorf, Beschl. v. 15.2.2012 – 8 WF 21/12, NJW 2012, 1455, 1456, unter Hinweis auf Begr. RegE Gesetz über den Rechtsschutz bei überlangen Gerichtsverfahren, BT-Drucks. 17/3802, S. 16 zu Punkt 4.
121) *Zimmermann* in: MünchKomm-ZPO, § 1 GVG Rz. 31 und 42.
122) *Papier* in: MünchKomm-BGB, § 839 Rz. 321.
123) Kübler/Prütting/Bork-*Flöther*, InsO, Art. 42 EuInsVO 2015 Rz. 42; *Reinhart* in: MünchKomm-InsO, 2. Aufl., Art. 31 EuInsVO 2000 Rz. 36.

## Artikel 43
### Zusammenarbeit und Kommunikation zwischen Verwaltern und Gerichten

(1) Um die Koordinierung von Hauptinsolvenzverfahren, Partikularverfahren und Sekundärinsolvenzverfahren über das Vermögen desselben Schuldners zu erleichtern,

a) arbeitet der Verwalter des Hauptinsolvenzverfahrens mit jedem Gericht, das mit einem Antrag auf Eröffnung eines Sekundärinsolvenzverfahrens befasst ist oder das ein solches Verfahren eröffnet hat, zusammen und kommuniziert mit diesem,

b) arbeitet der Verwalter eines Partikularverfahrens oder Sekundärinsolvenzverfahrens mit dem Gericht, das mit einem Antrag auf Eröffnung des Hauptinsolvenzverfahrens befasst ist oder das ein solches Verfahren eröffnet hat, zusammen und kommuniziert mit diesem, und

c) arbeitet der Verwalter eines Partikularverfahrens oder Sekundärinsolvenzverfahrens mit dem Gericht, das mit einem Antrag auf Eröffnung eines anderen Partikularverfahrens oder Sekundärinsolvenzverfahrens befasst ist oder das ein solches Verfahren eröffnet hat, zusammen und kommuniziert mit diesem,

soweit diese Zusammenarbeit und Kommunikation mit den für die einzelnen Verfahren geltenden Vorschriften vereinbar sind und keine Interessenkonflikte nach sich ziehen.

(2) Die Zusammenarbeit im Sinne des Absatzes 1 kann auf jedem geeigneten Weg, wie etwa in Artikel 42 Absatz 3 bestimmt, erfolgen.

**Literatur:** *Brünkmans*, Auf dem Weg zu einem europäischen Konzerninsolvenzrecht – zum Vorschlag der Europäischen Kommission zur Änderung der EuInsVO, ZInsO 2013, 797; *Eckhardt/Menz*, Datenschutz bei der Übertragung von Kundendaten in der

Insolvenz, ZInsO 2016, 1917; *Graf-Schlicker*, Das europäische Insolvenzpaket – Aufbruch zu einem europäischen Insolvenzrecht?, in: Festschrift für Bruno M. Kübler zum 70. Geburtstag, 2015, S. 195; *Wessels, B.*, Cooperation and sharing of information between courts and insolvency practioniers in cross-border insolvency cases, in: Festschrift für Heinz Vallender zum 65. Geburtstag, 2015, S. 775.

Übersicht

| | |
|---|---|
| I. Zweck der Norm ........................ 1 | 1. Die Zusammenarbeit (Art. 43 Abs. 1) ........................ 5 |
| II. Inhalt der Norm ........................ 5 | 2. Art. 43 Abs. 2 ........................ 12 |

## I. Zweck der Norm

1  Art. 43 fügt den **Koordinationsebenen** zwischen den **Insolvenzverwaltern** (Art. 41) und den **Gerichten** (Art. 42) einen Schlussstein hinzu. Die Insolvenzverwalter werden verpflichtet, mit sämtlichen Insolvenzgerichten zusammenzuarbeiten (sog. „Crossover-Kooperation"),[1)] unabhängig davon, ob sie von ihnen bestellt wurden oder unter ihrer Aufsicht stehen. Die Kooperations- und Kommunikationspflichten werden **diagonalisiert**.[2)] Mit den nach den verschiedenen Ebenen getrennten Regelungen nimmt der Verordnungsgeber auf die spezifischen Unterschiede der Pflichtigen bei der Erfüllung dieser Aufgabe Rücksicht, etwa Abweichungen bei der Geheimhaltung von Informationen und den gesetzlich zulässigen Reichweiten bei Entgegenkommen. Als **Sachnorm** schafft Art. 43 die Rechtsgrundlage für die Zusammenarbeit.[3)]

2  Die Artt. 41 bis 43 schaffen ein **lückenloses System** der Kommunikation und Zusammenarbeit, die, wenn die Akteure ordnungsgemäß ihre Aufgaben erfüllen, zur wirksamen Verwaltung und effizienten Verwertung des Gesamtvermögens beitragen kann (ErwG 48 Satz 1).

3  **Ordnungsgemäß** bedeutet einmal mehr **enge Zusammenarbeit**, zuvorderst durch wechselseitige ausreichende Information (ErwG 48 Satz 2). Die **beteiligten Akteure** sind

 – der **Verwalter des Hauptinsolvenzverfahrens**,

 – die **Verwalter des Partikular- oder Sekundärinsolvenzverfahrens**,

 – das **Gericht des Hauptinsolvenzverfahrens** und

 – die **Gerichte der Partikular- und Sekundärinsolvenzverfahren**.

4  Der Wortlaut erwähnt weder den eigenverwaltenden Schuldner, noch den Sachwalter. Da auch mit ihnen die Kooperation sinnvoll ist, sollte die Lücke durch entsprechende Anwendung der Norm geschlossen werden;[4)] das gebietet der effet utile.

---

1) Der Begriff geht auf *Brinkmann* in seinem Vortrag (Konzerninsolvenzrecht – Die Vorschläge zur Reform der EuInsVO im Vergleich zum DiskE) v. 7.3.2013 zurück, s. https://www.jura.uni-bonn.de/fileadmin/Fachbereich_Rechtswissenschaft/Einrichtungen/Lehrstuehle/Brinkmann/LS_Brinkmann/Homepage/Brinkmann/Praesentation_7.3.pdf (Abrufdatum: 20.1.2020); vgl. *Brünkmans*, ZInsO 2013, 797, 802 m. Fn. 46.
2) *Graf-Schlicker* in: FS Kübler, S 195, 199.
3) Kübler/Prütting/Bork-*Flöther*, InsO, Art. 43 EuInsVO Rz. 15; *Reinhart* in: MünchKomm-InsO, Art. 43 EuInsVO 2015 Rz. 1.
4) Kübler/Prütting/Bork-*Flöther*, InsO, Art. 43 EuInsVO Rz. 3; Mankowski/Müller/J. Schmidt-*Mankowski*, EuInsVO 2015, Art. 43 Rz. 4. Vgl. Rechtsgedanke des Art. 41 Abs. 3.

Die Vorschrift nimmt die Beteiligten in eine neue, **verfahrensübergreifende Pflicht**.[5] Nach dem Vorbild des Art. 26 Abs. 2 AEUV umfasst der Koordinationsbereich einen Raum ohne Verfahrensgrenzen und beseitigt Hindernisse für die reibungslose Abwicklung von Insolvenzverfahren (Art. 81 Abs. 2 lit. f AEUV).

## II. Inhalt der Norm

### 1. Die Zusammenarbeit (Art. 43 Abs. 1)

**Art. 43 Abs. 1** benennt einleitend das Ziel der Zusammenarbeit, die **Koordination** 5 **von Haupt-, Partikular- und Sekundärverfahren zu erleichtern**. Erst danach beschreibt **Art. 43 Abs. 1 lit. a bis c** die **Adressaten** des Zusammenwirkens, ums das Verfahrensziel erkennbar über die beteiligten Personen zu stellen. **Erleichtern** bedeutet die **Beseitigung** von **Hindernissen in der Verfahrensabwicklung**, etwa das Verhindern von (Teil-)Betriebsschließungen, um das Unternehmen als Ganzes veräußern und/oder sanieren zu können. Die **Zwecklosigkeit** der Kooperation wegen fortgeschrittenen Verfahrens (daher das Rechtzeitigkeitsgebot des Art. 41 Abs. 2 lit. a) bedeutet keine Minderung der Pflicht. Die **Zusammenarbeit** ist **Pflicht**, auch wenn das die deutsche Übersetzung nur unzureichend zum Ausdruck bringt (siehe oben Art. 42 Rz. 2 [*Zipperer*]), und **überlagert** die sich aus der **nationalen** Bestellung ergebenden **Verwalterpflichten**.[6] Die Pflicht besteht **einseitig** gegenüber dem Insolvenzgericht und nicht umgekehrt. Damit steht sie nicht in Einklang mit ErwG 48 Satz 2 (wechselseitig) und birgt die Gefahr eines nicht ausgeglichenen Informationsstands.[7] Erkennbar sollte die Schaffung eines klagbaren Anspruches vermieden werden.[8] Art. 43 Abs. 1 bedeutet **nicht** die **Erstreckung der Aufsichtsbefugnisse** des inländischen Insolvenzgerichts über den ausländischen Insolvenzverwalter,[9] dazu muss das Gericht den Weg über Art. 42 Abs. 3 Satz 2 lit. b und c beschreiten. Gemeinsam ist Art. 43 Abs. 1 lit. a bis c, dass die jeweiligen Gerichte mit den genannten Insolvenzverfahren **befasst sind, oder solche eröffnet haben.** Die Pflicht zur Zusammenarbeit **beginnt mit dem Eröffnungsantrag** und **setzt sich über die Verfahrenseröffnung fort**. Die Kooperationspflicht wird auch durch einen **unzulässigen Eröffnungsantrag** ausgelöst, bis dessen endgültige Unzulässigkeit feststeht.[10] Das wird z. B. praktisch, solange das Gericht seine überwiegend wahrscheinliche internationale Zuständigkeit prüft.[11]

**Art. 43 Abs. 1 lit. a:** Der **Verwalter** des **Hauptinsolvenzverfahrens** arbeitet mit jedem 6 **Gericht** zusammen, das mit einem Antrag auf Eröffnung **eines Sekundärverfah-**

---

5) Ähnlich dem deutschen Konzerninsolvenzrecht, das eine Vereinheitlichung durch Koordination anstrebt; Kübler/Prütting/Bork-*Flöther*, InsO, Art. 43 EuInsVO Rz. 2.
6) Zust. Kübler/Prütting/Bork-*Flöther*, InsO, Art. 43 EuInsVO Rz. 5.
7) B. *Wessels* in: FS Vallender, S. 775, 786; a. A. wohl *Reinhart* in: MünchKomm-InsO, Art. 43 EuInsVO 2015 Rz. 1.
8) Mankowski/Müller/J. Schmidt-*Mankowski*, EuInsVO 2015, Art. 43 Rz. 2.
9) Mankowski/Müller/J. Schmidt-*Mankowski*, EuInsVO 2015, Art. 42 Rz. 3.
10) Zust. Kübler/Prütting/Bork-*Flöther*, InsO, Art. 43 EuInsVO Rz. 4.
11) BGH, Beschl. v. 22.3.2007 – IX ZB 164/06, Rz. 10 ff., ZIP 2007, 878, 879, dazu EWiR 2007, 599 *(Pape)*.

rens befasst ist.[12] Das Hauptinsolvenzgericht bleibt unerwähnt, weil sich dessen Verhältnis zum Verwalter nach der lex fori richtet.[13] Bei dieser Zusammenarbeit steht in erster Linie die wechselseitige und umfassende Information im Vordergrund (siehe oben Art. 42 Rz. 4 [*Zipperer*]), was ihn verpflichtet, das Gericht des Sekundärverfahrens **vollständig** über den **Verfahrensstand** in **Kenntnis** zu setzen. Im Einzelnen hat er dazu, die gerichtlichen Anordnungen, Beschlussfassungen der Ausschüsse und Versammlungen und Berichte mitzuteilen, damit sich das Gericht ein Bild vom Koordinierungsbedarf beider Verfahren machen kann. Zur vollständigen Information rechnet auch die Preisgabe der **Verwaltungsstrategie**, da sie letztlich Hindernisse eines unkoordinierten Sekundärverfahrens offenlegt. Art. 43 Abs. 1 lit. a kann auch zur Grundlage herangezogen werden, die dem Verwalter im Fall des Art. 38 Abs. 1 eine Pflicht zur Stellungnahme auferlegt.[14]

7 **Art. 43 Abs. 1 lit. b** verbürgt die Gegenseitigkeit zu Art. 43 Abs. 1 lit. a, indem er den **Verwalter des Partikular- oder Sekundärinsolvenzverfahrens** zur Zusammenarbeit mit dem **Gericht des Hauptinsolvenzverfahrens** verpflichtet. Das Kommunikationsbedürfnis setzt früher ein, also mit dem Eröffnungsantrag, da Art. 3 Abs. 4 kein Hauptinsolvenzverfahren voraussetzt.[15] Zu den Pflichten im Einzelnen siehe oben Rz. 5 und 6.

8 **Art. 43 Abs. 1 lit. c:** Abs. 1 lit. a und b bringen die Gerichte des Haupt- und der Partikular-/Sekundärverfahren auf den aktuellen Informationsstand, sagen aber nichts zur Zusammenarbeit des Verwalters mit dem **Gericht** eines **anderen Partikular**- oder **Sekundärverfahrens** aus, diese Lücke schließt Art. 43 Abs. 1 lit. c.[16] Erst mit dieser Regelung ist das System der wechselseitigen Kooperation vollständig, weil

– der Verwalter des Hauptinsolvenzverfahrens mit allen Gerichten der Sekundärverfahren (Art. 43 Abs. 1 lit. a),

– die Verwalter der Sekundärverfahren mit dem Gericht des Hauptinsolvenzverfahrens (Art. 43 Abs. 1 lit. b) und

– schließlich die Verwalter der Sekundärverfahren mit den Gerichten der anderen Sekundärverfahren (Art. 43 Abs. 1 lit. c)

kooperieren müssen.

9 Die vorwähnte Pflichterfüllung **der Verwalter** steht unter dem Vorbehalt, dass die **Zusammenarbeit** und **Kommunikation** mit den für die **einzelnen Verfahren** geltenden **Vorschriften** vereinbar sind und **keine Interessenkonflikte** nach sich ziehen. Der Verwalter muss **keine Kooperation beginnen**, wenn bereits die **Weitergabe** von **Informationen unzulässig** ist. Die Erfüllung der Kooperationspflichten durch

---

12) Er war als Vertreter des Schuldners bereits nach bisherigem Recht am Sekundärverfahren beteiligt; *Reinhart* in: MünchKomm-InsO, Art. 43 EuInsVO 2015 Rz. 1.
13) *B. Wessels* in: FS Vallender, S. 775, 786.
14) Kübler/Prütting/Bork-*Flöther*, InsO, Art. 43 EuInsVO Rz. 7.
15) Kübler/Prütting/Bork-*Flöther*, InsO, Art. 43 EuInsVO Rz. 10.
16) Sekundärverfahren und isoliertes Partikularverfahren können aber nur ausnahmsweise nebeneinander existieren, beide schließen sich gegenseitig aus; Kübler/Prütting/Bork-*Flöther*, InsO, Art. 43 EuInsVO Rz. 12; Mankowski/Müller/J. Schmidt-*Mankowski*, EuInsVO 2015, Art. 43 Rz. 8.

den in Deutschland bestellten Insolvenzverwalter ist durch Art. 43 Abs. 1 legitimiert, er muss deshalb **Aufsichtsmaßnahmen** des **Insolvenzgerichts** nicht fürchten (§ 58 InsO), auch nicht die Konsequenzen des § 59 InsO.[17] Eine Grenze ist allerdings dann erreicht, wenn die **Zusammenarbeit masseschädigende** Wirkungen zeigt; das ist die Ausnahme. Die Kommunikation erfolgte nach Art. 31 Abs. 1 EuInsVO a. F. „vorbehaltlich der Vorschriften über die Einschränkung der Weitergabe von Informationen," diese Formulierung ist in Artt. 41 und 43 auf die einleitende Kurzformel gebracht. **Sachlich** ergibt sich daraus keine Änderung. Auch wenn bezweifelt wird, der deutsche Insolvenzverwalter gebe i. R. der Zusammenarbeit keine personenbezogenen Daten weiter,[18] ist das bei **Arbeitnehmerdaten** nicht mehr der Fall (Art. 4 Nr. 1, 6 Abs. 1 lit. c DSGVO),[19] aber **unbedenklich**. Bei **Kunden- und Lieferantendaten** soll im Falle einer „übertragenden Sanierung" deren Zustimmung einzuholen sein (Art. 6 DSGVO) oder diese zumindest informiert werden (§ 33 Abs. 1 BDSG). Gleichzeitig müsse der Verwalter das jederzeitige Widerrufsrecht (Art. 7 Abs. 3 DSGVO) beachten.[20] Ist dem so, unterliegt auch der vorbereitende Informationsaustausch mit Gerichten denselben Anforderungen, die Weitergabe von Informationen an ausländische Gerichte erfolgt allerdings zur Erfüllung der in seiner Zuständigkeit liegenden Aufgaben (Art. 6 Abs. 1 lit. c DSGVO);[21] insoweit ist Art. 43 datenschutzrechtliche **Ermächtigungsgrundlage**.

Gegenüber den **Betroffenen** (Kunden- oder Lieferantendaten) stellt sich die Situation bei der „übertragenden Sanierung" anders dar. Der Insolvenzverwalter hat die **Einwilligung** der Betroffenen **einzuholen** (Art. 6 Abs. 1 lit. a DSGVO), oder sie zumindest zu **informieren** (§ 33 Abs. 1 BDSG). Auch wenn hier vieles streitig ist,[22] wird **Art. 7 Abs. 3 DSGVO** mit dem Recht zum **jederzeitigen Widerruf** der Einwilligung den Insolvenzverwalter zusätzlich in die Pflicht nehmen.[23]

10

Der Zusammenarbeit ist dann eine Grenze gezogen, wenn sie **Interessenkonflikte nach sich zieht**. Der Begriff meint[24] **einen unvermeidlichen Interessenwiderstreit** zwischen der Erfüllung der Kooperations- und der eigenen Amtspflichten. Das „nach sich zieht" ist nicht in dem Sinne zu verstehen, der Interessenkonflikt müsse

11

---

17) *Graeber* in: MünchKomm-InsO, § 59 Rz. 28.
18) *Reinhart* in: MünchKomm-InsO, 2. Aufl., Art. 31 EuInsVO 2000 Rz. 17; *Thole* in: MünchKomm-InsO, Art. 31 EuInsVO 2000 Rz. 18.
19) EuGH, Urt. v. 30.5.2013 – Rs. C-342/12 (Equipamentos/Autoridate), Rz. 19, NZA 2013, 723, 724.
20) *Eckhardt/Menz*, ZInsO 2016, 1917, 1920 f.; Kübler/Prütting/Bork-*Flöther*, InsO, Art. 43 EuInsVO Rz. 15.
21) Kübler/Prütting/Bork-*Kemper*, InsO, Art. 31 EuInsVO Rz. 8, zu §§ 4b Abs. 1 Nr. 1, 14, 15 Abs. 1 Nr. 1 BDSG a. F.
22) *Eckhardt/Menz*, ZInsO 2016, 1917, 1920 f.
23) So schon jetzt der BayLDA, der die Widerspruchslösung fordert, wie *Eckhardt/Menz*, ZInsO 2016, 1917, 1924, berichten.
24) Die Amtssprachen sind insoweit deutlich blumiger, engl. „do not intail any conflict of interest" – unvermeidliche Folge; frz. „n'entrainement aucun conflit d'intérést" – auf keinen Fall nach sich ziehen.

konkret und unmittelbar ausgelöst werden,[25] da ein verantwortungsvoller Verwalter diese Situation von vornherein vermeidet. Es genügt der **greifbare Anschein** einer Interessenkollision. Sie tritt v. a. bei unzulässiger **Vorbefassung** mit dem ausländischen Verfahren auf (vgl. § 43a Abs. 4 BRAO). Der Vorbehalt gilt zugunsten der jeweiligen lex fori concursus des Haupt- bzw. des Sekundärverfahrens, Anwendungsfälle sind Beschlüsse der Gläubigerversammlung, die den Verwalter **zu bestimmten Handlungen verpflichten**[26] oder die Kooperation eine besonders bedeutsame Rechtshandlung i. S. des § 160 InsO bedeutet,[27] oder erst einen Anspruch gegen die jeweils andere Insolvenzmasse auslöst.[28] Vergleichbares gilt bei einem **ausverhandelten Insolvenzplan**, dessen Abstimmung noch aussteht (§§ 235 Abs. 1 Satz 1, 241 InsO). Die Beispiele zu Rz. 9 verdeutlichen, der Übergang von unzulässiger Informationsweitergabe und Interessenwiderstreit ist fließend, aber gewollt. Die Bestimmung will den Verwalter vor jeglichem Konflikt mit seinen Verwalterpflichten schützen, **im Zweifel** hat er den Interessen der Gläubiger seines Verfahrens den **Vorrang** zu geben.[29]

### 2. Art. 43 Abs. 2

12   Art. 43 Abs. 2 nimmt ausdrücklich auf Art. 42 Abs. 3 Satz 1 Bezug. Die Zusammenarbeit kann auf **jedem geeigneten Weg** geschehen, dem pflichtigen Verwalter ist also ein **Gestaltungsermessen** eingeräumt (siehe oben Art. 42 Rz. 14 [*Zipperer*]). Das „wie etwa Art. 42 Abs. 3 bestimmt" verweist auf die in Art. 42 Abs. 3 Satz 2 lit. a bis e genannten Gegenstände der Kooperation, andernfalls der Verweis ohne Inhalt bliebe, da jeder geeignete Weg des Art. 42 Abs. 3 Satz 1 bereits erwähnt ist. Den Verweis nur auf die Wege und Modi zu beschränken,[30] greift zu kurz, weil die in Art. 42 Abs. 3 Satz 2 genannten Kooperationsgegenstände sinnentsprechend an den Kooperationszielen zwischen Verwaltern und Gerichten auszurichten sind.

---

25) *Reinhart* in: MünchKomm-InsO, Art. 43 EuInsVO 2015 Rz. 5.
26) *Reinhart* in: MünchKomm-InsO, 2. Aufl., Art. 31 EuInsVO 2000 Rz. 19.
27) Pannen-*Pannen*/*Riedemann*, EuInsVO, Art. 31 Rz. 37.
28) Kübler/Prütting/Bork-*Flöther*, InsO, Art. 43 EuInsVO Rz. 16.
29) Kübler/Prütting/Bork-*Flöther*, InsO, Art. 43 EuInsVO Rz. 16; Mankowski/Müller/J. Schmidt-*Mankowski*, EuInsVO 2015, Art. 43 Rz. 10.
30) So aber Mankowski/Müller/J. Schmidt-*Mankowski*, EuInsVO 2015, Art. 43 Rz. 12 und 13.

## Artikel 44
### Kosten der Zusammenarbeit und Kommunikation

**Die Anforderungen nach Artikel 42 und 43 dürfen nicht zur Folge haben, dass Gerichte einander die Kosten der Zusammenarbeit und Kommunikation in Rechnung stellen.**

**Literatur:** *Busch/Remmert/Rüntz/Vallender*, Kommunikation zwischen Gerichten in grenzüberschreitenden Insolvenzen – Was geht und was nicht geht, NZI 2010, 417.

#### Übersicht
I. Zweck der Norm ................................. 1 | II. Inhalt der Norm ................................. 2

## I. Zweck der Norm

Die Bestimmung schließt aus, dass sich die Gerichte die Kosten der Kommunikation und Kooperation einander in Rechnung stellen. Diese **Kostensperre** ist in der Absicht errichtet, den Vorgang der Zusammenarbeit ungehindert von **Kostenfragen** in Gang zu setzen und ihn auf diese Weise zu fördern.[1] Die Vorschrift ist **Sachnorm**, soweit ihr nationalstaatliche Kostenvorschriften entgegenstehen. Die Kostensperre beschränkt sich auf die Gerichte untereinander (Art. 42), umfasst aber auch entstehende Kosten aus ihrer Zusammenarbeit mit den Insolvenzverwaltern. 1

## II. Inhalt der Norm

Die Anforderungen nach Artt. 42 und 43, wenngleich die Übersetzung der Amtssprachen zutreffend ist,[2] sind nicht ohne weiteres verständlich. In freier Übersetzung stehen sie für die **Kosten der Aufgabenerfüllung** der Artt. 42 und 43. Die Vorschrift behandelt die **Kosten der Zusammenarbeit zwischen den Gerichten** und die der **Gerichte mit den Insolvenzverwaltern**. In Betracht kommen die Aufwendungen für Kommunikation, Dokumentation, Telekommunikation und Dolmetscherkosten. Diese dürfen sich die Gerichte nicht einander in Rechnung stellen, was weit zu verstehen ist. Das Gericht darf seine Zusammenarbeit **nicht** von der **Sicherstellung** und **Zahlung** von Kosten **abhängig machen**[3] und keine angemessenen **Kautionen** oder **Vorschüsse** verlangen.[4] Für das deutsche Gericht handelt es sich um die nach dem **JVEG** zu erhebenden Beträge.[5] 2

Der Verweis nur auf die Artt. 42 und 43 ist nur scheinbar unvollständig. Die Nichterwähnung von Art. 41 ist folgerichtig. Zwar ist streitig, ob die Übersetzungskosten zulasten der Auskunft gebenden oder empfangenden Masse gehen,[6] doch geben darauf die Verwalter eine an der Kosten-Nutzen-Analyse orientierte pragmatische Antwort: Dort, wo sie anfallen, vermeiden sie zusätzliche Kosten eines insolierten Vorgehens. 3

Der **Verwalter** kann dem **Gericht** grundsätzlich **keine Kooperationskosten** in Rechnung stellen. Es wird zwar nach der ratio der Vorschrift als sinnvoll erachtet, auch diese Kosten in den Anwendungsbereich einzubeziehen,[7] aber das ist nach dem Wortlaut nicht vertretbar.[8] Hinzu kommt, dass der Verwalter durch die Kooperation gemäß Art. 43 eine **gesetzliche Pflicht** erfüllt, über deren Vergütung die lex 4

---

1) Mankowski/Müller/J. Schmidt-*Mankowski*, EuInsVO 2015, Art. 44 Rz. 1.
2) Engl.: „The requirements laid down in ..." und frz.: „Les exigences fixés aux articles ..." sind beide als Anforderung zu übersetzen.
3) Vgl. §§ 10 ff. GKG; *Reinhart* in: MünchKomm-InsO, Art. 44 EuInsVO 2015 Rz. 5.
4) Vgl. Art. 18 Abs. 2 und 3 Beweisaufnahme-VO (VO (EG) Nr. 1206/2001 v. 28.5.2001).
5) Vgl. §§ 1 Abs. 1 Nr. 2, 3 Abs. 2 GKG, Nr. 9005 Anlage 1 GKG, §§ 9 ff. JVEG; dazu *Busch/Remmert/Rüntz/Vallender*, NZI 2010, 417, 420.
6) Pannen-*Pannen/Riedemann*, EuInsVO, Art. 31 Rz. 20. Kostenlast für die Masse, wo sie angefallen sind: Kübler/Prütting/Bork-*Flöther*, InsO, Art. 44 EuInsVO Rz. 10.
7) Kübler/Prütting/Bork-*Flöther*, InsO, Art. 44 Rz. 8; Mankowski/Müller/J. Schmidt-*Mankowski*, EuInsVO 2015, Art. 44 Rz. 3; *Mock* in: BeckOK-InsO, Art. 44 EuInsVO Rz. 2; *Reinhart* in: MünchKomm-InsO, Art. 44 EuInsVO 2015 Rz. 5.
8) Das folgt aus dem Umkehrschluss zu Art. 44. Im Ergebnis zust., aber aus systematischen Gründen Kübler/Prütting/Bork-*Flöther*, InsO, Art. 44 EuInsVO Rz. 6.

fori concursus entscheidet. Dass die EuInsVO in diesen Bereich eingreifen wollte, ist schon deshalb nicht anzunehmen, weil eine Regelung zur Höhe nicht getroffen ist. Ob Art. 44 deswegen zu Umgehungen einlädt,[9] bleibt abzuwarten. In der Regel fallen die Kooperationskosten der vom Verwalter verwalteten Masse zur Last. Gleichzeitig verbietet Art. 44 dem Gericht nicht, die erwachsenen Kooperationskosten der Masse in Rechnung zu stellen (§ 54 Nr. 1 InsO).[10]

---

9) *Reinhart* in: MünchKomm-InsO, Art. 44 EuInsVO 2015 Rz. 4.
10) Kübler/Prütting/Bork-*Flöther*, InsO, Art. 44 EuInsVO Rz. 7; *Reinhart* in: MünchKomm-InsO, Art. 44 EuInsVO 2015 Rz. 3.

## Artikel 45
### Ausübung von Gläubigerrechten

(1) **Jeder Gläubiger kann seine Forderung im Hauptinsolvenzverfahren und in jedem Sekundärinsolvenzverfahren anmelden.**

(2) **Die Verwalter des Hauptinsolvenzverfahrens und der Sekundärinsolvenzverfahren melden in den anderen Verfahren die Forderungen an, die in dem Verfahren, für das sie bestellt sind, bereits angemeldet worden sind, soweit dies für die Gläubiger des letztgenannten Verfahrens zweckmäßig ist und vorbehaltlich des Rechts dieser Gläubiger, eine solche Anmeldung abzulehnen oder die Anmeldung ihrer Ansprüche zurückzunehmen, sofern das anwendbare Recht dies vorsieht.**

(3) **Der Verwalter eines Haupt- oder eines Sekundärinsolvenzverfahrens ist berechtigt, wie ein Gläubiger an einem anderen Insolvenzverfahren mitzuwirken, insbesondere indem er an einer Gläubigerversammlung teilnimmt.**

**Literatur:** *Beck*, Verwertungsfragen im Verhältnis von Haupt- und Sekundärinsolvenzverfahren nach der EuInsVO, NZI 2007, 1; *Beck*, Verwertungsfragen im Verhältnis von Haupt- und Sekundärinsolvenzverfahren nach der EuInsVO, NZI 2006, 609; *Kemper*, Die Verordnung (EG) Nr. 1346/2000 über Insolvenzverfahren, ZIP 2001, 1609, 1620; *Kodek*, Feststellung zur Tabelle in Österreich (Forderungsfeststellung) und internationale Bindungswirkung, ZInsO 2011, 889; *Kübler*, Der Mittelpunkt der hauptsächlichen Interessen nach Art. 3 Abs. 1 EuInsVO, in: Festschrift für Walter Gerhardt, 2004, S. 527; *Pannen/Kühnle/Riedemann*, Die Stellung des deutschen Insolvenzverwalters in einem Insolvenzverfahren mit europäischem Auslandsbezug; NZI 2003, 72; *Pogacar*, Rechte und Pflichten des Hauptverwalters im Sekundärverfahren, NZI 2011, 46; *Reinhart*, Die Bedeutung der EuInsVO im Insolvenzeröffnungsverfahren – Besonderheiten paralleler Eröffnungsverfahren, NZI 2009, 201; *Virgós/Schmit*, Erster Teil: EU-Übereinkommen über Insolvenzverfahren, Kap. B – Erläuternder Bericht, in: Stoll, Vorschläge und Gutachten zur Umsetzung des EU-Übereinkommens über Insolvenzverfahren im deutschen Recht, 1997, S. 32 (zit.: *Virgós/Schmit* in: Stoll, Vorschläge und Gutachten).

### Übersicht

| | |
|---|---|
| I. Zweck der Norm .................. 1 | a) Zweckmäßigkeit ..................... 9 |
| II. Inhalt der Norm .................. 5 | b) Anmeldung der Forderungen ...... 11 |
| 1. Anmelderechte des Gläubigers | c) Gläubigerrechte ..................... 16 |
| (Art. 45 Abs. 1) ...................... 5 | 3. Mitwirkungsrecht des Verwalters |
| 2. Anmelderecht des Verwalters | (Art. 45 Abs. 3) ..................... 17 |
| (Art. 45 Abs. 2) ...................... 8 | |

# Artikel 45

## I. Zweck der Norm

Art. 45 regelt die Ausübung der Gläubigerrechte, einerseits durch die Gläubiger selbst und andererseits durch den jeweiligen Verwalter. Art. 45 Abs. 1 betrifft die **Anmelderechte der Gläubiger** und stellt klar, dass jeder Gläubiger seine Forderung – unabhängig von der lex fori concursus – sowohl im Haupt- als auch in jedem Sekundärinsolvenzverfahren anmelden kann und damit grundsätzlich nicht auf die Anmeldung der Forderung in nur einem Verfahren beschränkt ist.[1] Art. 45 Abs. 2 enthält die **Anmeldebefugnis des Verwalters** und ermächtigt jeden Verwalter, die in seinem Verfahren bereits angemeldeten Forderungen auch in den anderen Insolvenzverfahren über das Vermögen des Schuldners anzumelden.[2] Art. 45 Abs. 3 erweitert das Anmelderecht aus Absatz 2 um ein **Mitwirkungsrecht des Verwalters** in ausländischen Verfahren, welches insbesondere durch die Teilnahme an den Gläubigerversammlungen ausgeübt werden kann.[3]

1

Art. 45 stellt keine allein für das Sekundärinsolvenzverfahren geltenden Grundsätze auf, sondern hat lediglich eine **klarstellende Funktion**. Dies ergibt sich bereits dadurch, dass Art. 53 seinerseits das Recht ausländischer Gläubiger zur Forderungsanmeldung vorsieht bzw. Art. 54 Abs. 3 die Forderungsanmeldung in einer anderen Amtssprache als der des Staates der Verfahrenseröffnung zulässt.[4] Insofern ist Art. 45 im Verhältnis zu mehreren selbstständigen **Partikularverfahren** entsprechend anwendbar.[5]

2

Art. 45 ist weitgehend ähnlich mit § 341 InsO und verdrängt diesen als **Sachnorm** daher grundsätzlich in seinem Anwendungsbereich. Eine Ausnahme gilt hinsichtlich § 341 Abs. 3 InsO. Da die EuInsVO keine Regelung hinsichtlich der Stimmrechtsausübung durch den Verwalter vorsieht, ist § 341 Abs. 3 InsO auch im Verhältnis zu den Mitgliedstaaten anwendbar.[6]

3

Art. 45 entspricht wörtlich dem **Art. 32 a. F.** Obwohl die Verbesserung der Kooperation von Haupt- und Sekundärinsolvenzverfahren eines der Hauptanliegen der Re-

4

---

1) Mankowski/Müller/J. Schmidt-*Mankowski*, EuInsVO 2015, Art. 45 Rz. 1; *Reinhart* in: MünchKomm-InsO, Art. 32 EuInsVO 2000 Rz. 1; K. Schmidt-*Brinkmann*, InsO, Art. 32 EuInsVO Rz. 1.
2) *Reinhart* in: MünchKomm-InsO, Art. 32 EuInsVO 2000 Rz. 1; K. Schmidt-*Brinkmann*, InsO, Art. 32 EuInsVO Rz. 2.
3) Mankowski/Müller/J. Schmidt-*Mankowski*, EuInsVO 2015, Art. 45, Rz. 2; *Reinhart* in: MünchKomm-InsO, Art. 32 EuInsVO 2000 Rz. 1; K. Schmidt-*Brinkmann*, InsO, Art. 32 EuInsVO Rz. 2.
4) *Reinhart* in: MünchKomm-InsO, Art. 32 EuInsVO 2000 Rz. 2; Uhlenbruck-*Lüer*, InsO, Art. 32 EuInsVO Rz. 4; Braun-*Tashiro*, InsO, § 341 Rz. 20 ff., 24 ff.
5) Str.; wie hier: *Reinhardt* in: MünchKomm-InsO, Art. 32 EuInsVO 2000 Rz. 2; Konecny/Schubert-*Pogacar*, Insolvenzgesetze, Art. 32 EuInsVO Rz. 7 ff.; Pannen-*Herchen*, EuInsVO, Art. 32 Rz. 13 f.; *Fehrenbach*, Haupt- und Sekundärinsolvenzverfahren, S. 194.
6) Uhlenbruck-*Lüer*, InsO, Art. 32 EuInsVO Rz. 3; K. Schmidt-*Brinkmann*, InsO, Art. 32 EuInsVO Rz. 2; *Reinhardt* in: MünchKomm-InsO, § 341 Rz. 6; Kübler/Prütting/Bork-*Paulus*, InsO, § 341 Rz. 2; *Undritz* in: HambKomm-InsO, § 341 Rz. 3.

form der EuInsVO war, wurde ein Änderungsbedarf weder von INSOL Europe[7] noch im „Heidelberg-Luxembourg-Vienna Report" diskutiert.[8]

## II. Inhalt der Norm

### 1. Anmelderechte des Gläubigers (Art. 45 Abs. 1)

5 Art. 45 Abs. 1 stellt klar, dass jeder Gläubiger seine Forderung nicht nur in einem, sondern **in sämtlichen Verfahren**, die über das Vermögen des Schuldners eröffnet wurden, anmelden kann.[9] Unerheblich ist dabei, ob es sich um ein Haupt-, ein Sekundär- oder mehrere unabhängige Partikularverfahren handelt, sofern das betreffende Verfahren in einem Mitgliedstaat eröffnet worden ist.[10] Auf diese Weise wird gewährleistet, dass der Gläubiger in allen Verfahren, in denen er seine Forderung angemeldet hat, die Insolvenzquote ausgezahlt bekommt.[11]

6 Art. 45 Abs. 1 regelt lediglich die Befugnis zur Anmeldung; seine **Stellung** der Gläubiger richtet sich dagegen, ebenso wie **Form**, **Frist** und **Kosten** nach der lex fori concursus.[12]

7 Umstritten ist, ob das Anmelderecht auch für **Gläubiger aus Drittstaaten** gilt: Unter Berufung auf Art. 39 a. F. versagt die h. M diesen jedoch eine Anmeldemöglichkeit und spricht das Recht ausschließlich Gläubigern aus Mitgliedstaaten zu.[13] Die Gegenmeinung hält eine Beschränkung des Anmelderechts auf Gläubiger aus Mitgliedstaaten zu Recht für unzulässig.[14] Hierfür spricht insbesondere, dass Art. 32

---

7) INSOL Europe, Revision of the European Insolvency Regulation, 6/2012, Art. 32, abrufbar unter http://www.insol-europe.org/technical-content/revision-of-the-european-insolvency-regulation-proposals-by-insol-europe (Abrufdatum: 20.1.2020).
8) Hess/Oberhammer/Pfeiffer-*Koller/Slonina*, European Insolvency Law, Rz. 938. Vgl. dazu *Reinhardt* in: MünchKomm-InsO, Art. 32 EuInsVO 2000 Rz. 3, der darauf hinweist, dass die Mitwirkungsrechte im Eröffnungsverfahren im Gegensatz zu den Mitwirkungsrechten des Art. 32 Abs. 3 a. F. (Art. 45 Abs. 3), im Zuge der Reform sehr detailliert geregelt wurden und das in Absatz 3 geregelte Mitwirkungsrecht des Verwalters daher künftig viele rechtlich noch nicht geklärte Fragen aufwerfen wird.
9) AG Köln, Beschl. v. 10.8.2005 – 71 IN 416/05, ZIP 2005, 1566 = NZI 2005, 564; Mankowski/Müller/J. Schmidt-*Mankowski*, EuInsVO 2015, Art. 45 Rz. 9.
10) Ganz h. M. Vgl. nur K. Schmidt-*Brinkmann*, InsO, Art. 32 EuInsVO Rz. 3; *Kindler* in: MünchKomm-BGB, Art. 45 EuInsVO Rz. 4; *Schultz* in: HK-InsO, Art. 45 EuInsVO Rz. 3; Rauscher-*Mäsch*, EuZPR/EuIPR, Art. 45 EuInsVO Rz. 1, 4; *Paulus*, EuInsVO, Art. 45 Rz. 3; *Undritz* in: HambKomm-InsO, § 341 Rz. 4.
11) *Wenner/Schuster* in: FK-InsO, Art. 45 EuInsVO Rz. 3; K. Schmidt-*Brinkmann*, InsO, Art. 32 EuInsVO Rz. 3; *Reinhardt* in: MünchKomm-InsO, Art. 32 EuInsVO 2000 Rz. 8 m. w. N.; zur Verteilung vgl. die Kommentierung zu Art. 23; zur Verteilungsgerechtigkeit insbesondere: *Paulus*, EuInsVO, Art. 23 Rz. 10 ff. m. w. N.
12) K. Schmidt-*Brinkmann*, InsO, Art. 32 EuInsVO Rz. 3; *Reinhardt* in: MünchKomm-InsO, Art. 32 EuInsVO 2000 Rz. 7.
13) *Kindler* in: MünchKomm-BGB, Art. 45 EuInsVO Rz. 5; *Paulus*, EuInsVO, Art. 45 Rz. 3.
14) Vgl. K. Schmidt-*Brinkmann*, InsO, Art. 32 EuInsVO Rz. 4; *Reinhart* in: MünchKomm-InsO, Art. 32 EuInsVO 2000 Rz. 9; Nerlich/Römermann-*Commandeur*, InsO, Art. 32 EuInsVO 2000 Rz. 3.

Ausübung von Gläubigerrechten **Artikel 45**

a. F. anders als Art. 39 a. F. gerade keine Einschränkung enthält, wonach die Gläubiger ihren Aufenthalt oder Sitz in einem der Mitgliedstaaten haben müssen.[15]

## 2. Anmelderecht des Verwalters (Art. 45 Abs. 2)

Im Gegensatz zur Anmeldebefugnis der Gläubiger ist das Recht zur Anmeldung 8 des Verwalters eine **Anmeldepflicht**, die unter der Voraussetzung der Zweckmäßigkeit und vorbehaltlich der – je nach anwendbarem Recht möglichen – Ablehnung oder Rücknahme der Anmeldung durch den Gläubiger besteht („melden an ..., soweit").[16]

### a) Zweckmäßigkeit

Richtigerweise sind an das Merkmal der Zweckmäßigkeit keine hohen Anforderungen 9 zu stellen und dem Verwalter insofern ein **Ermessensspielraum** zuzugestehen.[17] Da den Gläubigern durch das Anmelderecht des Verwalters eine Anmeldung auch in den weiteren, über das Vermögen des Schuldners eröffneten Verfahren – ohne weitere Kosten[18] – ermöglicht wird, ist die Zweckmäßigkeit regelmäßig gegeben. Insbesondere soll sich die Frage einer Zweckmäßigkeit der Anmeldung grundsätzlich nicht an der zu erwartenden Quote orientieren.[19] Allerdings wird der Verwalter im Vorfeld der Anmeldung, auch um mögliche Schadensersatzpflichten (nach dem Recht seines Verfahrensstaates) begrenzen, eine **Abwägung** zwischen der Quotenaussicht und den Anmeldekosten vornehmen müssen.[20] Die Entscheidung über die Zweckmäßigkeit fällt auch nicht zugunsten einzelner Gläubiger, sondern ausschließlich für die **Gläubigergesamtheit** oder, sofern die lex fori concursus dies vorsieht, für einzelne Gläubigergruppen.[21]

**Nicht zweckmäßig** ist die Anmeldung jedenfalls dann, wenn der Gläubiger seine 10 Forderung bereits zurückgenommen hat bzw. ausdrücklich einer Anmeldung durch den Verwalter in einem anderen Verfahren widerspricht.[22] Gleiches gilt für die An-

---

15) Ebenso K. Schmidt-*Brinkmann*, InsO, Art. 32 EuInsVO Rz. 4; *Reinhart* in: MünchKomm-InsO, Art. 32 EuInsVO 2000 Rz. 9.
16) Uhlenbruck-*Lüer*, InsO, Art. 32 EuInsVO Rz. 5; K. Schmidt-*Brinkmann*, InsO, Art. 32 EuInsVO Rz. 7; *Reinhart* in: MünchKomm-InsO, Art. 32 EuInsVO 2000 Rz. 15.
17) *Reinhart* in: MünchKomm-InsO, Art. 32 EuInsVO 2000 Rz. 9 m. w. N.; a. A. *Kindler* in: MünchKomm-BGB, Art. 45 EuInsVO Rz. 10 f., der wirtschaftliche Maßstäbe ansetzt; ausführlich zur Zweckmäßigkeit *Fehrenbach*, Haupt- und Sekundärinsolvenzverfahren, S. 213 ff.
18) Diese fallen als Massekosten der Insolvenzmasse des anmeldenden Verwalters zur Last, str. s. hierzu Rz. 14.
19) Wie hier: *Reinhart* in: MünchKomm-InsO, Art. 32 EuInsVO 2000 Rz. 11; a. A. *Wenner/Schuster* in: FK-InsO, Art. 45 EuInsVO Rz. 7; *Paulus*, EuInsVO, Art. 45 Rz. 16; *Ahrens*, Rechte und Pflichten ausländischer Insolvenzverwalter, S. 312; *Kemper*, ZIP 2001, 1609, 1620.
20) Vgl. K. Schmidt-*Brinkmann*, InsO, Art. 32 EuInsVO Rz. 7; Uhlenbruck-*Lüer*, InsO, Art. 32 EuInsVO Rz. 6, 9; *Reinhart* in: MünchKomm-InsO, Art. 32 EuInsVO 2000 Rz. 15; Braun-*Tashiro*, InsO, § 341 Rz. 18.
21) Uhlenbruck-*Lüer*, InsO, Art. 32 EuInsVO Rz. 6 m. w. N.
22) Ähnlich *Reinhart* in: MünchKomm-InsO, Art. 32 EuInsVO 2000 Rz. 12; K. Schmidt-*Brinkmann*, InsO, Art. 32 EuInsVO Rz. 7.

meldung solcher Forderungen, die nach der lex fori concursus an einer Rangstelle stehen, für die keine Quote zu erwarten ist.[23]

### b) Anmeldung der Forderungen

11  Aus Art. 45 geht ausdrücklich nicht hervor, ob die Forderungen in den anderen Verfahren als **Einzel- oder Sammelanmeldung** anzumelden sind.[24] Selbstverständlich ist allerdings, dass eine pauschale Sammelanmeldung des Verwalters aller Forderungen seines Verfahrens nicht zulässig ist. Zwar tritt der Verwalter bei einer Anmeldung der Forderungen nach Absatz 2 als Kollektivvertreter der Gläubiger auf, die einzelnen Forderungen müssen aber Gläubiger und Forderung jeweils bezeichnen.[25]

12  Obwohl dem Wortlaut des Art. 45 keine ausdrückliche Regelung zu entnehmen ist, ist richtigerweise davon auszugehen, dass die Anmeldung nach den Vorschriften der lex fori concursus zu erfolgen hat (siehe Rz. 6).[26]

13  Anzumelden sind grundsätzlich **alle Forderungen** des von dem Verwalter geführten Verfahrens und zwar unabhängig davon, ob diese festgestellt oder bestritten sind.[27] Eine Ausnahme kann für solche Forderungen bestehen, bei denen nach der lex fori concursus keine Quote zu erwarten ist (siehe Rz. 10).[28]

14  Umstritten ist, ob die **Kosten** der Anmeldung durch den Insolvenzverwalter als Masseschulden seinem eigenen Verfahren zur Last fallen: Da in der Anmeldung nach Art. 45 eine „abwicklungsbezogene Handlung" gesehen werden kann, ist richtigerweise davon auszugehen, dass die Kosten grundsätzlich als Masseschulden zu qualifizieren sind.[29] Andernfalls könnten sich die Gläubiger allein aufgrund dieser Mehrkosten ungeachtet ihrer Zweckmäßigkeit gegen die Anmeldung in dem anderen Verfahren aussprechen und der Insolvenzverwalter wäre daran gebunden.

15  Auch nach Neufassung der EuInsVO ungeklärt, ist das Problem der unterschiedlichen **Anmeldefristen** in den verschiedenen Jurisdiktionen.[30]

---

23) Z. B. nachrangige Forderungen gemäß § 39 InsO, *Reinhart* in: MünchKomm-InsO, Art. 32 EuInsVO 2000 Rz. 14.
24) Dies ging bereits aus Art. 32 a. F. nicht hervor.
25) Wie hier Mankowski/Müller/J. Schmidt-*Mankowski*, EuInsVO 2015, Art. 45 Rz. 32 ff.; wohl auch *Paulus*, EuInsVO, Art. 45 Rz. 11; a. A.: Pogacar, NZI 2011, 46, 48.
26) *Reinhart* in: MünchKomm-InsO, Art. 32 EuInsVO 2000 Rz. 14.
27) Vgl. *Reinhart* in: MünchKomm-InsO, Art. 32 EuInsVO 2000 Rz. 13, der jedoch keine Pflicht bzgl. bestrittener Forderungen sieht; zur Frage der (internationalen) Bindungswirkung festgestellter Forderungen vgl. *Kodek*, ZInsO 2011, 889.
28) Zur Anmeldung während des Eröffnungsverfahrens entstehender Forderung in den jeweils anderen Verfahren vgl. *Reinhart*, NZI 2009, 201, 207.
29) Wie hier *Reinhart* in: MünchKomm-InsO, Art. 32 EuInsVO 2000 Rz. 17; *Beck*, NZI 2007, 1, 5; die Kosten dem vertretenen Gläubiger auferlegen wollen **dagegen** *Virgós/Schmit* in: Stoll, Vorschläge und Gutachten, Rz. 239; Duursma-Kepplinger/Duursma/Chalupsky-*Duursma-Kepplinger/Chalupsky*, EuInsVO, Art. 32 Rz. 15; Rauscher-*Mäsch*, EuZPR/EuIPR, Art. 32 EG-InsVO Rz. 10; *Kübler* in: FS Gerhardt, S. 527, 534; *Pannen/Kühnle/Riedemann*, NZI 2003, 72, 77.
30) Hierzu ausführlich *Reinhart* in: MünchKomm-InsO, Art. 32 EuInsVO 2000 Rz. 17.

### c) Gläubigerrechte

Die sich aus der Anmeldung der Forderungen in dem anderen Verfahren ergebenden Rechte stehen bei einer Anmeldung durch den Verwalter auch diesem zu. Zu diesen Rechten gehören das Recht auf **Teilnahme an den Gläubigerversammlungen** sowie ein **Äußerungsrecht** in selbigen, das Recht auf **Akteneinsicht** und auf **Information** durch den anderen Verwalter.[31] Diese Gläubigerrechte sind von den Mitwirkungsrechten des Art. 45 Abs. 3 zu unterscheiden. Letztere stehen dem Verwalter unabhängig von einer Anmeldung der Forderungen nach Art. 45 Abs. 2 zu.

### 3. Mitwirkungsrecht des Verwalters (Art. 45 Abs. 3)

Art. 45 Abs. 3 gewährt dem Verwalter „wie ein Gläubiger" in dem anderen Verfahren teilzunehmen. Darin enthalten ist neben dem Recht zur Teilnahme an der **Gläubigerversammlung** insbesondere das Recht, in diesem Rahmen ein **Rederecht** auszuüben.[32] Ob dem Verwalter auch ein **Stimmrecht** in dem anderen Verfahren zukommt, ist jedoch umstritten.[33] Dagegen spricht insbesondere, dass der Verordnungsgeber auch im Zuge der Reform der EuInsVO keine Vertretungsbefugnis der Gläubiger durch den Verwalter in ausländischen Verfahren normiert hat.[34] Die Bevollmächtigung zur Vertretung bestimmt sich mithin nach der lex fori concursus des Bestellungsstaates. Für einen deutschen Insolvenzverwalter ergibt sich diese aus § 341 Abs. 3 InsO.

Weitere Mitwirkungsrechte, insbesondere des Hauptinsolvenzverwalters, sind in den Art. 46 (Aussetzung der Verwertung der Masse) und Art. 47 (Recht des Verwalters Sanierungspläne vorzuschlagen) vorgesehen. Dagegen ist der Partikularinsolvenzverwalter weder analog Art. 45 noch analog § 93 InsO befugt, im Inland vermeintliche Haftungsansprüche der Insolvenzgläubiger gegen die Gesellschaft geltend zu machen.[35]

---

31) Uhlenbruck-*Lüer*, InsO, Art. 32 EuInsVO Rz. 8; *Reinhart* in: MünchKomm-InsO, Art. 32 EuInsVO 2000 Rz. 18 ff.
32) K. Schmidt-*Brinkmann*, InsO, Art. 32 EuInsVO Rz. 8.
33) **Dagegen:** *Paulus*, EuInsVO, Art. 45 Rz. 18; K. Schmidt-*Brinkmann*, InsO, Art. 32 EuInsVO Rz. 8; Uhlenbruck-*Lüer*, InsO, Art. 32 EuInsVO Rz. 8 (wohl aber in Bezug auf Art. 45 Abs. 2); *Beck*, NZI 2006, 609, 613; **dafür:** *Schultz* in: HK-InsO, Art. 45 EuInsVO Rz. 9; *Moss/Fletcher/Isaacs*, The EC Regulation on Insolvency Proceedings, Rz. 8.240.
34) Wie hier Uhlenbruck-*Lüer*, InsO, Art. 32 EuInsVO Rz. 11; Nerlich/Römermann-*Commandeur*, InsO, Art. 32 EuInsVO 2000 Rz. 10; ähnlich K. Schmidt-*Brinkmann*, InsO, Art. 32 EuInsVO 2000 Rz. 8.
35) KG Berlin, Beschl. v. 21.7.2011 – 23 U 97/09, ZIP 2011, 1730, m. Anm. *Mankowski*, NZI 2011, 729.

---

# Artikel 46

## Aussetzung der Verwertung der Masse

(1) ¹Das Gericht, welches das Sekundärinsolvenzverfahren eröffnet hat, setzt auf Antrag des Verwalters des Hauptinsolvenzverfahrens die Verwertung der Masse ganz oder teilweise aus. ²In diesem Fall kann das Gericht jedoch vom Verwalter des Hauptinsolvenzverfahrens verlangen, alle angemessenen Maßnahmen zum

Schutz der Interessen der Gläubiger des Sekundärinsolvenzverfahrens sowie einzelner Gruppen von Gläubigern zu ergreifen. ³Der Antrag des Verwalters des Hauptinsolvenzverfahrens kann nur abgelehnt werden, wenn die Aussetzung offensichtlich für die Gläubiger des Hauptinsolvenzverfahrens nicht von Interesse ist. ⁴Die Aussetzung der Verwertung der Masse kann für höchstens drei Monate angeordnet werden. ⁵Sie kann für jeweils denselben Zeitraum verlängert oder erneuert werden.

(2) Das Gericht nach Absatz 1 hebt die Aussetzung der Verwertung der Masse in folgenden Fällen auf:

a) auf Antrag des Verwalters des Hauptinsolvenzverfahrens,

b) von Amts wegen, auf Antrag eines Gläubigers oder auf Antrag des Verwalters des Sekundärinsolvenzverfahrens, wenn sich herausstellt, dass diese Maßnahme insbesondere nicht mehr mit dem Interesse der Gläubiger des Haupt- oder des Sekundärinsolvenzverfahrens zu rechtfertigen ist.

Literatur: *Beck*, Verwertungsfragen im Verhältnis von Haupt- und Sekundärinsolvenzverfahren nach der EuInsVO, NZI 2006, 609; *Brinkmann*, Grenzüberschreitende Sanierung und europäisches Insolvenzrecht, KTS 2014, 381; *Ehricke*, Das Verhältnis des Hauptinsolvenzverwalters zum Sekundärinsolvenzverwalter bei grenzüberschreitenden Insolvenzen nach der EuInsVO, ZIP 2005, 1104; *Ehricke*, Zur Einflussnahme des hauptinsolvenzverwalters auf die Verwertungshandlungen des Sekundärinsolvenzverwalters nach der EuInsVO, ZInsO 2004, 633; *Pogacar*, Rechte und Pflichten des Hauptverwalters im Sekundärverfahren, NZI 2011, 46; *Sommer*, Zu den Einflussmöglichkeiten des Hauptverwalters auf das Sekundärinsolvenzverfahren, ZInsO 2005, 1137; *Staak*, Mögliche Probleme im Rahmen der Koordination von Haupt- und Sekundärinsolvenzverfahren nach der Europäischen Insolvenzverordnung (EuInsVO), NZI 2004, 480; *Vallender*, Aufgaben und Befugnisse eines deutschen Insolvenzrichters in einem Insolvenzverfahren nach der EuInsVO, KTS 2005, 283; *Vallender*, Die Aussetzung der Verwertung nach Art. 33 EuInsVO in einem deutschen Sekundärinsolvenzverfahren, in: Festschrift für Gerhart Kreft, 2004, S. 565; *Wimmer*, Die Besonderheiten von Sekundärinsolvenzverfahren unter besonderer Berücksichtigung des Europäischen Insolvenzübereinkommens, ZIP 1998, 982, 988.

### Übersicht

| | |
|---|---|
| I. Zweck der Norm ................. 1 | dd) Form, Frist ........................ 13 |
| II. Inhalt der Norm .................. 5 | c) Rechtsfolge ........................ 14 |
| 1. Aussetzung der Verwertung (Art. 46 Abs. 1) ................. 5 | aa) Ablehnung des Antrags (Art. 46 Abs. 1 Satz 3) ........ 14 |
| a) Verwertungshandlung ........ 5 | bb) Stattgabe des Antrags ........ 16 |
| b) Voraussetzungen der Aussetzung (Art. 46 Abs. 1 Sätze 1 bis 2) .................... 8 | d) Dauer der Aussetzung (Art. 46 Abs. 1 Satz 4 und 5) ...... 21 |
| aa) Antragsrecht ..................... 8 | 2. Aufhebung der Aussetzung (Art. 46 Abs. 2) .................... 22 |
| bb) Zuständiges Gericht ......... 10 | a) Voraussetzung .................... 22 |
| cc) Im Interesse der Gläubiger des Hauptinsolvenzverfahrens ......... 11 | b) Rechtsfolge ........................ 24 |

## I. Zweck der Norm

1 Art. 46 Abs. 1 Satz 1 gewährt dem Hauptinsolvenzverwalter das Recht, die Aussetzung der dem Sekundärinsolvenzverfahren unterfallenden Masse ganz oder teilweise zu beantragen und auf diese Weise **für die Zwecke des Hauptinsolvenzverfahrens zu**

sichern. Deutlich kommt mit dieser Regelung die Dominanz des Hauptinsolvenzverfahrens gegenüber dem Sekundärinsolvenzverfahren (ErwG 48) zum Ausdruck.[1]

Sinnvoll ist ein Antrag auf Aussetzung der Verwertung in der Regel dann, wenn eine getrennte Verwertung der Vermögensmasse des Sekundärinsolvenzverfahrens den im Hauptinsolvenzverfahren angestrebten Zielen widerspricht. Dabei kommt eine Aussetzung nicht nur zur **Wahrung von Sanierungschancen** des schuldnerischen Unternehmens in Betracht, etwa weil die Niederlassung des Schuldners im Staat des Sekundärinsolvenzverfahrens hinsichtlich der dort verfügbaren Produktionsmittel oder der dort aufgebauten Infrastruktur für eine Unternehmensweiterführung erforderlich ist oder der betreffenden Niederlassung i. R. einer übertragenden Sanierung eine entscheidende Rolle zukommt.[2] Darüber hinaus kann die Vermeidung, i. R. einer **Liquidation** getrennte Zerschlagungswerte im Haupt- und Sekundärinsolvenzverfahren vorzunehmen, ebenfalls im Interesse der Gläubiger stehen.[3]

Als **Sachnorm** verdrängt Art. 46 abweichende Regelungen des Rechts des Sekundärverfahrensstaates.[4] Im deutschen Recht ist die Aussetzung der Verwertung in **Art. 102c § 16 EGInsO**[5] geregelt.

Art. 46 entspricht – mit Ausnahme von wenigen sprachlichen Anpassungen – wörtlich dem **Art. 33 a. F.** Eine Änderung dahingehend, die Aussetzung auch auf das Sekundärverfahren selbst zu beziehen, war zwar vom „Heidelberg-Luxembourg-Vienna Report"[6] vorgeschlagen und von der EU-Kommission im Entwurf[7] aufgegriffen, jedoch vom Europäischen Rat[8] nicht übernommen worden.[9]

---

1) EuGH, Urt. v. 22.11.2012 – Rs. C-116/11 (Handlowy), Rz. 61 f., ZIP 2012, 2403 = NZI 2013, 106, dazu EWiR 2013, 173 *(Jopen)*; OLG Graz, Beschl. v. 20.10.2005 – 3 R 149/05 i, ZIP 2006, 1544 = NZI 2006, 660, 661; *Paulus*, EuInsVO, Art. 46 Rz. 1; Nerlich/Römermann-*Commandeur*, InsO, Art. 33 EuInsVO 2000 Rz. 1; *Brinkmann*, KTS 2014, 381, 391, *Staak*, NZI 2004, 480, 484; *Ehricke*, ZIP 2005, 1104, 1107; *Wimmer*, ZIP 1998, 982, 988; vgl. auch LG Leoben, Beschl. v. 31.8.2005 – 17 S 56/05, ZIP 2005, 1930, m. Anm. *Paulus*, NZI 2005, 646.

2) Duursma-Kepplinger/Duursma/Chalupsky-*Duursma-Kepplinger/Chalupsky*, EuInsVO, Art. 33 Rz. 4; K. Schmidt-*Brinkmann*, InsO, Art. 33 EuInsVO Rz. 1; Nerlich/Römermann-*Commandeur*, InsO, Art. 33 EuInsVO 2000 Rz. 1 m. w. N.; Kübler/Prütting/Bork-*Flöther*, InsO, Art. 46 EuInsVO 2015 Rz. 2.

3) Duursma-Kepplinger/Duursma/Chalupsky-*Duursma-Kepplinger/Chalupsky*, EuInsVO, Art. 33 Rz. 4; ähnlich K. Schmidt-*Brinkmann*, InsO, Art. 33 EuInsVO Rz. 5.

4) *Reinhart* in: MünchKomm-InsO, Art. 33 EuInsVO 2000 Rz. 2; K. Schmidt-*Brinkmann*, InsO, Art. 32 EuInsVO Rz. 3; *Schultz* in: HK-InsO, Art. 46 EuInsVO Rz. 4; Rauscher-*Mäsch*, EuZPR/EuIPR, Art. 33 EG-InsVO Rz. 1; *Kindler* in: MünchKomm-BGB, Art. 46 EuInsVO Rz. 1.

5) Art. 102 § 10 EGInsO a. F.

6) Hess/Oberhammer/Pfeiffer-*Oberhammer*, European Insolvency Law, Rz. 923 ff.

7) Europäische Kommission, Vorschlag für eine Verordnung des Europäischen Parlaments und des Rates zur Änderung der Verordnung (EG) Nr. 1346/2000 des Rates über Insolvenzverfahren, v. 12.12.2012, COM(2012) 744 final, S. 31, abrufbar unter https://www.europarl.europa.eu/meetdocs/2009_2014/documents/com/com(2012)0744_/com_com(2012)0744_de.pdf (Abrufdatum: 14.11.2019).

8) Europäischer Rat, Addendum betr. Vorschlag für eine Verordnung des Europäischen Parlaments und des Rates zur Änderung der Verordnung (EG) Nr. 1346/2000 des Rates über Insolvenzverfahren, v. 3.6.2014 – 10284/14 ADD 1, S. 36.

9) Dazu *Reinhart* in: MünchKomm-InsO, Art. 33 EuInsVO 2000 Rz. 3.

## II. Inhalt der Norm

### 1. Aussetzung der Verwertung (Art. 46 Abs. 1)

#### a) Verwertungshandlung

5 Der Begriff der „Verwertung" i. S. des Art. 46 ist (verordnungs-)autonom auszulegen.[10] Hierzu gehört in erster Linie die zum Zweck der Haftungsrealisierung vorgenommenen **Veräußerung** des schuldnerischen Vermögens in Gänze oder in Teilen bzw. von einzelnen – im Antrag konkret zu bezeichnenden – Vermögenswerten.[11] Zu beachten ist, dass die Aussetzung der Verwertung dinglicher Sicherheiten nur beantragt werden kann, wenn die lex fori concursus secundarii eine solche Möglichkeit vorsieht.[12]

6 Als Vorstufe der Veräußerung ist auch die **Stilllegung** der Niederlassung im Staat des Sekundärinsolvenzverfahrens von diesem Begriff umfasst, da diese eine übertragende Sanierung des gesamten Unternehmens (als lebende Einheit) gefährden kann.[13]

7 Vor dem Hintergrund, dass die Vorgabe des bisherigen Art. 3 Abs. 3 Satz 2 a. F., wonach ein Sekundärinsolvenzverfahren zwingend ein Liquidationsverfahren sein musste, im Zuge der Reform der EuInsVO aufgegeben wurde, muss die Antragsbefugnis konsequenterweise auch auf die Aussetzung eines **Sanierungsversuchs** anwendbar sein.[14]

#### b) Vorausssetzungen der Aussetzung (Art. 46 Abs. 1 Sätze 1 bis 2)

##### aa) Antragsrecht

8 Die Aussetzung der Verwertung der Masse im Sekundärinsolvenzverfahren erfolgt auf **Antrag des Verwalters des Hauptinsolvenzverfahrens**. Angesichts dessen, dass der vorläufige Verwalter nunmehr ausdrücklich in der Definition des „Verwalters" in Art. 2 Nr. 5 genannt ist und seine Einsetzung und die Anordnung von Sicherungsmaßnahmen, die den Beschlag der Masse zur Folge haben, bereits nach Maßgabe des *Eurofood*-Urteils[15] als Eröffnung eines Insolvenzverfahrens i. S. von Art. 3 Abs. 1 zu verstehen sein kann, kommt auch dem **vorläufigen (Haupt-)Verwalter** das Antragsrecht aus Art. 46 Abs. 1 zu.[16]

---

10) *Reinhart* in: MünchKomm-InsO, Art. 33 EuInsVO 2000 Rz. 11; K. Schmidt-*Brinkmann*, InsO, Art. 33 EuInsVO Rz. 9.
11) *Paulus*, EuInsVO, Art. 46 Rz. 3; K. Schmidt-*Brinkmann*, InsO, Art. 33 EuInsVO Rz. 9; *Reinhart* in: MünchKomm-InsO, Art. 33 EuInsVO 2000 Rz. 11 und 13.
12) Duursma-Kepplinger/Duursma/Chalupsky-*Duursma-Kepplinger/Chalupsky*, EuInsVO, Art. 33 Rz. 4; *Pogacar*, NZI 2011, 46, 49.
13) K. Schmidt-*Brinkmann*, InsO, Art. 33 EuInsVO Rz. 9; *Wenner/Schuster* in: FK-InsO, Art. 46 EuInsVO Rz. 2; ausführlich dazu *Reinhart* in: MünchKomm-InsO, Art. 33 EuInsVO 2000 Rz. 12.
14) Vgl. *Paulus*, EuInsVO, Art. 46 Rz. 4, der die Ausdehnung der Antragsbefugnis auf weitere Fälle als die Liquidation bereits unter Geltung der EuInsVO a. F. befürwortete.
15) EuGH, Urt. v. 2.5.2006 – Rs. C-341/04 (Eurofood), ZIP 2006, 907, m. Anm. *Knof/Mock* = NZI 2006, 360, dazu EWiR 2005, 725 *(Pannen)*.
16) *Reinhart* in: MünchKomm-InsO, Art. 33 EuInsVO 2000 Rz. 4 und ausführlich in Art. 2 EuInsVO 2000 Rz. 12 ff.

Gemäß Art. 35 sind auf das Sekundärinsolvenzverfahren grundsätzlich die Rechtsvorschriften des Mitgliedstaates anwendbar, in dem dieses Verfahren eröffnet wurde. Nach deutschem Recht stellt der Antrag nach Art. 46 Abs. 1 eine **Prozesshandlung** dar, so dass bei Eröffnung eines Sekundärinsolvenzverfahrens in Deutschland deutsches Recht Anwendung findet.[17] Gemäß **§ 184 GVG** muss der Antrag nach Art. 46 Abs. 1 daher vom Hauptinsolvenzverwalter in deutscher Sprache verfasst werden.[18]

**bb) Zuständiges Gericht**

Der Antrag ist bei dem **Gericht** i. S. des Art. 2 Nr. 6 (ii) einzureichen, welches das Sekundärinsolvenzverfahren eröffnet hat.[19] Auch in diesem Zusammenhang ist das *Eurofood*-Urteil des EuGH zu beachten, so dass die Bestellung eines **vorläufigen (Sekundär-)Verwalters** ausreicht, um dessen Verwertungshandlungen mit einem Antrag nach Art. 46 Abs. 1 analog angreifen zu können.[20]

**cc) Im Interesse der Gläubiger des Hauptinsolvenzverfahrens**

Die Aussetzung der Verwertung muss **im Interesse der Gläubiger des Hauptinsolvenzverfahrens** stehen. Hierbei ist nicht nur das Interesse an einer bestmöglichen Befriedigung zu berücksichtigen, sondern darüber hinaus sämtliche im Recht des Hauptinsolvenzverfahrens anerkannten Interessen.[21] Der Verwalter hat diese Interessen in seinem Antrag darzulegen. Allerdings sind an die diesbezügliche **Darlegungslast** keine allzu hohen Anforderungen zu stellen.[22] Denn das Gericht kann den Antrag auf Aussetzung nach Art. 46 Abs. 1 Satz 3 nur ablehnen, wenn „**offensichtlich**" keine Interessen dieser Gläubiger an der Aussetzung bestehen. Die Regelung des Art. 46 zwingt daher grundsätzlich zur Aussetzung, sobald ein entsprechender Antrag des Hauptinsolvenzverwalters vorliegt; eine Ablehnung kommt aus-

---

17) *Paulus*, EuInsVO, Art. 46 Rz. 7.
18) *Paulus*, EuInsVO, Art. 33 Rz. 7.
19) Kübler/Prütting/Bork-*Flöther*, InsO, Art. 46 EuInsVO 2015 Rz. 4; *Reinhart* in: MünchKomm-InsO, Art. 33 EuInsVO 2000 Rz. 5.
20) K. Schmidt-*Brinkmann*, InsO, Art. 33 EuInsVO Rz. 6; *Reinhart* in: MünchKomm-InsO, Art. 33 EuInsVO 2000 Rz. 10; Konecny/Schubert-*Pogacar*, Insolvenzgesetze, Art. 33 Rz. 41; Pannen-*Herchen*, EuInsVO, Art. 33 Rz. 19; a. A. Rauscher-*Mäsch*, EuZPR/EuIPR, Art. 33 EG-InsVO Rz. 3; *Vallender*, KTS 2005, 283, 305.
21) *Reinhart* in: MünchKomm-InsO, Art. 33 EuInsVO 2000 Rz. 6; K. Schmidt-*Brinkmann*, InsO, Art. 33 EuInsVO Rz. 4; Nerlich/Römermann-*Commandeur*, InsO, Art. 33 EuInsVO 2000 Rz. 12; Kübler/Prütting/Bork-*Flöther*, InsO, Art. 46 EuInsVO 2015 Rz. 13; a. A. *Kindler* in: MünchKomm-BGB, Art. 46 EuInsVO Rz. 8 ff.
22) Nerlich/Römermann-*Commandeur*, InsO, Art. 33 EuInsVO 2000 Rz. 15; *Reinhart* in: MünchKomm-InsO, Art. 33 EuInsVO 2000 Rz. 7; K. Schmidt-*Brinkmann*, InsO, Art. 33 EuInsVO Rz. 3; Kübler/Prütting/Bork-*Flöther*, InsO, Art. 46 EuInsVO 2015 Rz. 14; Duursma-Kepplinger/Duursma/Chalupsky-*Duursma-Kepplinger/Chalupsky*, EuInsVO, Art. 33 Rz. 11, 23; Burgstaller/Neumayr-*Kodek*, Internationales Zivilverfahrensrecht II, Art. 33 EuInsVO Rz. 2.

schließlich im Falle **evident fehlender Interessen** der Gläubiger des Hauptverfahrens und damit höchst selten in Betracht (ErwG 46).[23)]

12   Dennoch ist dem antragstellenden Verwalter zu empfehlen, bereits bei Antragstellung auch die **Interessen der Gläubiger des Sekundärinsolvenzverfahrens** zu berücksichtigen.[24)] Denn nach dem Wortlaut der Regelung kann das Gericht den aufgrund der Interessenlage der Gläubiger des Hauptinsolvenzverfahrens zunächst bewilligten Antrag danach unmittelbar – von Amts wegen – aufheben, wenn nach seiner Auffassung ein Interesse der Gläubiger des Sekundärinsolvenzverfahrens an der Fortsetzung der Verwertung bestehen.[25)]

#### dd) Form, Frist

13   Hinsichtlich **Form** und **Fristen** des Antrags gilt gemäß Art. 35 das Recht des Staates der Eröffnung des Sekundärinsolvenzverfahrens.[26)]

### c) Rechtsfolge

#### aa) Ablehnung des Antrags (Art. 46 Abs. 1 Satz 3)

14   Bei Ablehnung des Antrags wegen offensichtlich fehlender Interessen der Gläubiger des Hauptinsolvenzverfahrens wird das Sekundärinsolvenzverfahren **fortgesetzt.**

15   **Rechtsmittel** gegen die Ablehnung des Antrags nach Art. 46 Abs. 1 durch das Gericht, welches das Sekundärinsolvenzverfahren eröffnet hat, sind in der EuInsVO nicht vorgesehen. Sieht das nationale Insolvenzrecht, in dessen Regelungsbereich das Sekundärinsolvenzverfahren eröffnet wurde, Rechtsmittel vor, können diese über Art. 35 grundsätzlich zur Anwendung gelangen.[27)] Sofern das Sekundärinsolvenzverfahren in Deutschland eröffnet wurde, ist eine Anfechtung der Entscheidung des Gerichts unzulässig, da eine sofortige Beschwerde gemäß § 6 InsO nur in den in der InsO genannten Fällen zulässig ist. Auch Art. 102c EGInsO sieht für die Entscheidung über die Aussetzung der Verwertung keine Rechtsmittel vor. Lediglich dann, wenn die Entscheidung durch einen Rechtspfleger ergangen ist, ist die Rechtspflegererinnerung gemäß § 11 **Abs. 2 RPflG** zulässig.[28)]

---

23) LG Graz, Beschl. v. 20.10.2005 – 3 R 149/05 i, ZIP 2006, 1544 = NZI 2006, 660; Nerlich/Römermann-*Commandeur*, InsO, Art. 33 EuInsVO 2000 Rz. 15; *Reinhart* in: MünchKomm-InsO, Art. 33 EuInsVO 2000 Rz. 7; K. Schmidt-*Brinkmann*, InsO, Art. 33 EuInsVO Rz. 3; Kübler/Prütting/Bork-*Flöther*, InsO, Art. 46 EuInsVO 2015 Rz. 14; *Ehricke*, ZInsO 2004, 633, 636; *Vallender*, KTS 2005, 283, 304; *Sommer*, ZInsO 2005, 1137, 1139; *Beck*, NZI 2006, 609, 612 f.
24) Vgl. dazu *Paulus*, EuInsVO, Art. 46 Rz. 10; ähnlich K. Schmidt-*Brinkmann*, InsO, Art. 33 EuInsVO Rz. 7; a. A.: *Ehricke*, ZInsO 2004, 633, 636, *Reinhart* in: MünchKomm-InsO, Art. 33 EuInsVO 2000 Rz. 14 (jedenfalls in Bezug auf den ersten Antrag).
25) *Paulus*, EuInsVO, Art. 46 Rz. 9 f.
26) *Reinhart* in: MünchKomm-InsO, Art. 33 EuInsVO 2000 Rz. 5; K. Schmidt-*Brinkmann*, InsO, Art. 33 EuInsVO Rz. 2; Uhlenbruck-*Lüer*, InsO, Art. 33 EuInsVO Rz. 2.
27) Kübler/Prütting/Bork-*Flöther*, InsO, Art. 46 EuInsVO 2015 Rz. 15; *Paulus*, EuInsVO, Art. 46 Rz. 17.
28) Kübler/Prütting/Bork-*Flöther*, InsO, Art. 46 EuInsVO 2015 Rz. 15; *Paulus*, EuInsVO, Art. 33 Rz. 17; *Vallender* in: FS Kreft, S. 565, 579.

### bb) Stattgabe des Antrags

Gibt das Gericht dem Antrag auf Aussetzung der Verwertung statt, werden die entsprechenden Verwertungshandlungen **unterbrochen**; eine Aufhebung des Sekundärinsolvenzverfahrens selbst wird dagegen nicht bewirkt.[29] Ebenso kann eine Änderung der Art und Weise der Verwertung durch die Anordnung der Aussetzung nicht erreicht werden.[30] Bestehen bleibt indessen das nach dem Recht des Staates der Eröffnung des Sekundärinsolvenzverfahrens mögliche Verbot der Gläubiger zur Einzelrechtsverfolgung; auch die Aussonderungsberechtigten Gläubiger können weiterhin ihre Rechte durchsetzen.[31]   16

Eine Aussetzung wird auch dann angeordnet, wenn Verwertungsmaßnahmen bisher noch nicht aufgenommen wurden.[32]   17

Der Beschluss über die Aussetzung der Verwertung ist dem Verwalter des Sekundärinsolvenzverfahrens zuzustellen,[33] wobei die **Zustellung** nicht Wirksamkeitsvoraussetzung ist.[34]   18

Zum Schutz der Interessen der Gläubiger des Sekundärinsolvenzverfahrens sowie einzelner Gruppen von Gläubigern, kann das Gericht dem Verwalter des Hauptinsolvenzverfahrens gemäß Art. 46 Abs. 1 Satz 2 zusammen mit der Aussetzungsanordnung aufgeben, **angemessene Maßnahmen** zu ergreifen, die den Nachteil ausgleichen, den die Gläubiger durch die Aussetzung der Verwertung erleiden.[35] Die Entscheidung hierüber steht im Ermessen des Gerichts.[36] Als geeignete Maßnahmen kommen in erster Linie diejenigen in Betracht, die das Recht des Staates der Eröffnung des Sekundärinsolvenzverfahrens für den Fall einer Aussetzung der Verwertung vorsieht.   19

Im deutschen Recht fallen unter die Schutzmaßnahmen daher **Zinszahlungen** nach Art. 102c § 16 EGInsO.[37] Darüber hinaus kommen in Betracht **Sicherheitsleistungen**, sofern für das Sekundärinsolvenzverfahren nicht sichergestellt ist, dass die Entschädigungszahlungen an die gesicherten Gläubiger als Masseschuld ausgeglichen   20

---

29) OLG Graz, Beschl. vom 20.10.2005 – 3 R 149/05 i, ZIP 2006, 1544 = NZI 2006, 660; Kübler/Prütting/Bork-*Flöther*, InsO, Art. 46 EuInsVO 2015 Rz. 16; *Reinhart* in: MünchKomm-InsO, Art. 1 EuInsVO 2000 Rz. 11; *Beck*, NZI 2006, 609, 612; *Sommer*, ZInsO 2005, 1137 ff.; Konecny/Schubert-*Pogacar*, Insolvenzgesetze, Art. 33 EuInsVO Rz. 13.
30) K. Schmidt-*Brinkmann*, InsO, Art. 33 EuInsVO Rz. 9; a. A.: *Ehricke*, ZInsO 2004, 633, 636.
31) Kübler/Prütting/Bork-*Flöther*, InsO, Art. 46 EuInsVO 2015 Rz. 16.
32) OLG Graz, Beschl. vom 20.10.2005 – 3 R 149/05 i, ZIP 2006, 1544 = NZI 2006, 660, 662.
33) LG Loeben, Beschl. v. 31.8.2005 – 17 S 56/05, ZIP 2005, 1930, m. Anm. *Paulus*, NZI 2005, 646; K. Schmidt-*Brinkmann*, InsO, Art. 33 EuInsVO Rz. 8.
34) K. Schmidt-*Brinkmann*, InsO, Art. 33 EuInsVO Rz. 8.
35) *Reinhart* in: MünchKomm-InsO, Art. 33 EuInsVO 2000 Rz. 15; K. Schmidt-*Brinkmann*, InsO, Art. 33 EuInsVO Rz. 10.
36) Nerlich/Römermann-*Commandeur*, InsO, Art. 33 EuInsVO 2000 Rz. 12; Duursma-Kepplinger/Duursma/Chalupsky-*Duursma-Kepplinger/Chalupsky*, EuInsVO, Art. 33 Rz. 9; Haß/Huber/Gruber/Heiderhoff-*Heiderhoff*, EuInsVO, Art. 33 Rz. 3; *Reinhart* in: MünchKomm-InsO, Art. 33 EuInsVO 2000 Rz. 15.
37) K. Schmidt-*Brinkmann*, InsO, Art. 33 EuInsVO Rz. 10; *Reinhart* in: MünchKomm-InsO, Art. 33 EuInsVO 2000 Rz. 15; Kübler/Prütting/Bork-*Flöther*, InsO, Art. 46 EuInsVO 2015 Rz. 19; *Paulus*, EuInsVO, Art. 46 Rz. 15.

werden können bzw. das Recht des Staates der Eröffnung des Sekundärinsolvenzverfahrens eine Aussetzung der Verwertung nur gegen Entschädigungsleistung der dinglich gesicherten Gläubiger vorsieht.[38]

### d) Dauer der Aussetzung (Art. 46 Abs. 1 Satz 4 und 5)

21 Die Aussetzung der Verwertung ist gemäß Art. 46 Abs. 1 Satz 3 grundsätzlich auf eine Dauer von **höchstens drei Monaten** limitiert. Nach Art. 46 Abs. 1 Satz 5 kann sie weitere drei Monate **verlängert** oder **erneuert** werden. Bei jedem Antrag hat das Gericht die Voraussetzungen der Aussetzungsanordnung zum Schutz der Interessen der Gläubiger zu prüfen.[39]

## 2. Aufhebung der Aussetzung (Art. 46 Abs. 2)

### a) Voraussetzung

22 Die Aufhebung der Aussetzung kann auf Antrag des **Verwalters des Hauptinsolvenzverfahrens** (Art. 46 Abs. 2 lit. a), auf **Antrag des Verwalters des Sekundärinsolvenzverfahrens** (Art. 46 Abs. 2 lit. b Alt. 3), auf Antrag eines **Gläubigers** (Art. 46 Abs. 2 lit. b Alt. 2) oder auch **von Amts wegen** durch das Gericht aufgehoben werden.

23 Während an den Aufhebungsantrag des Verwalters des Hauptinsolvenzverfahrens keine Anforderungen zu stellen sind und die Aussetzung der Verwertung durch diesen jederzeit antragsgemäß aufgehoben werden kann, ist der Aufhebungsantrag der in Art. 46 Abs. 2 lit. b – beispielhaft[40] – genannten Voraussetzung aufzuheben, dass sich die Aussetzung nicht (mehr) mit dem Interesse der Gläubiger, sowohl des Haupt- als auch des Sekundärinsolvenzverfahrens vereinbar ist. Ebenso kann die Aussetzung aufgehoben werden, wenn der Verwalter des Hauptinsolvenzverfahrens die Maßnahmen nach Art. 46 Abs. 1 Satz 2 nicht wie vom Gericht vorgegeben getroffen hat.[41]

### b) Rechtsfolge

24 Die Aufhebung bewirkt die **Fortsetzung** des Sekundärinsolvenzverfahrens nach der lex fori concursus.[42]

---

38) Ausführlich dazu *Reinhart* in: MünchKomm-InsO, Art. 33 EuInsVO 2000 Rz. 15.
39) *Reinhart* in: MünchKomm-InsO, Art. 33 EuInsVO 2000 Rz. 16.
40) Vgl. Kübler/Prütting/Bork-*Flöther*, InsO, Art. 46 EuInsVO Rz. 30.
41) K. Schmidt-*Brinkmann*, InsO, Art. 33 EuInsVO Rz. 12; *Reinhart* in: MünchKomm-InsO, Art. 33 EuInsVO 2000 Rz. 15; ausführlich Kübler/Prütting/Bork-*Flöther*, InsO, Art. 46 EuInsVO 2015 Rz. 31; vgl. auch *Paulus*, EuInsVO, Art. 46 Rz. 22.
42) Kübler/Prütting/Bork-*Flöther*, InsO, Art. 46 EuInsVO 2015 Rz. 32.

# Artikel 47
### Recht des Verwalters, Sanierungspläne vorzuschlagen

(1) Kann nach dem Recht des Mitgliedstaats, in dem das Sekundärinsolvenzverfahren eröffnet worden ist, ein solches Verfahren ohne Liquidation durch einen Sanierungsplan, einen Vergleich oder eine andere vergleichbare Maßnahme beendet werden, so hat der Verwalter des Hauptinsolvenzverfahrens das Recht, eine

solche Maßnahme im Einklang mit dem Verfahren des betreffenden Mitgliedstaats vorzuschlagen.

(2) Jede Beschränkung der Rechte der Gläubiger, wie zum Beispiel eine Stundung oder eine Schuldbefreiung, die sich aus einer im Sekundärinsolvenzverfahren vorgeschlagenen Maßnahme im Sinne des Absatzes 1 ergibt, darf ohne Zustimmung aller von ihr betroffenen Gläubiger keine Auswirkungen auf das nicht von diesem Verfahren erfasste Vermögen des Schuldners haben.

**Literatur:** *Beck*, Verwertungsfragen im Verhältnis von Haupt- und Sekundärinsolvenzverfahren nach der EuInsVO, NZI 2006, 609; *Kübler*, Der Mittelpunkt der hauptsächlichen Interessen nach Art. 3 Abs. 2 EuInsVO, in: Festschrift für Walter Gerhardt zum 70. Geburtstag am 18. Oktober 2004, 2004, S. 527; *Staak*, Mögliche Probleme im Rahmen der Koordination von Haupt- und Sekundärinsolvenzverfahren nach der Europäischen Insolvenzverordnung (EuInsVO), NZI 2004, 480; *Vallender*, Aufgaben und Befugnisse eines deutschen Insolvenzrichters in einem Insolvenzverfahren nach der EuInsVO, KTS 2005, 283; *Virgós/Schmit*, Erster Teil: EU-Übereinkommen über Insolvenzverfahren, Kap. B – Erläuternder Bericht, in: Stoll, Vorschläge und Gutachten zur Umsetzung des EU-Übereinkommens über Insolvenzverfahren im deutschen Recht, 1997, S. 32 (zit.: Virgós/Schmit in: Stoll, Vorschläge und Gutachten); *Wimmer*, Die Besonderheiten von Sekundärinsolvenzverfahren unter besonderer Berücksichtigung des Europäischen Insolvenzübereinkommens, ZIP 1998, 982.

## Übersicht

| | |
|---|---|
| I. Zweck der Norm .................... 1 | b) Antragsrecht ............................. 6 |
| II. Inhalt der Norm ..................... 4 | c) Adressat des Vorschlags ............ 10 |
| 1. Vorschlagsrecht des Verwalters | 2. Extraterritoriale Auswirkungen |
| (Art. 47 Abs. 1) ....................... 4 | der Sanierungsmaßnahme |
| a) Sanierungsmaßnahmen .............. 4 | (Art. 47 Abs. 2) ............................ 12 |

## I. Zweck der Norm

Art. 47 Abs. 1 gewährt dem Verwalter des Hauptinsolvenzverfahrens das Recht, einen Sanierungsplan, einen Vergleich oder andere vergleichbare Maßnahmen nach dem **Recht** des Staates der Eröffnung des Sekundärinsolvenzverfahrens **vorzuschlagen**. Aufgrund der Unterstützungsfunktion des Sekundärinsolvenzverfahrens gegenüber dem Hauptinsolvenzverfahren kann sich eine Sanierung i. R. des Sekundärverfahrens dann anbieten, wenn dies aus Sicht des Hauptverfahrens sinnvoll ist, also dem wirtschaftlichen Interesse der Gläubiger des Hauptinsolvenzverfahrens entspricht.[1] Soweit sich aus der jeweiligen Maßnahme aber eine Beschränkung der Rechte der Gläubiger ergibt, darf diese gemäß Art. 47 Abs. 2 nur dann über das nicht vom Sekundärinsolvenzverfahren erfasste Vermögen des Schuldners hinausgehen, wenn alle betroffenen Gläubiger zugestimmt haben.

Art. 47 enthält mit Absatz 1 und Absatz 2 verschiedene **sachrechtliche Regelungen**, die das Sachrecht des jeweiligen Staates der Eröffnung des Sekundärinsolvenzverfahrens verdrängen.[2] Sieht das Recht des Staates der Eröffnung des Sekundärinsol-

---

1) Mankowski/Müller/J. Schmidt-*Mankowski*, EuInsVO 2015, Art. 47 Rz. 1.
2) Kübler/Prütting/Bork-*Flöther*, InsO, Art. 47 EuInsVO 2015 Rz. 2; *Reinhart* in: MünchKomm-InsO, Art. 34 EuInsVO 2000 Rz. 1; Pannen-*Herchen*, EuInsVO, Art. 34 Rz. 18; Mankowski/Müller/J. Schmidt-*Mankowski*, EuInsVO 2015, Art. 47 Rz. 9.

venzverfahrens ein solches jedoch nur als Liquidationsverfahren vor, ist Art. 47 nicht anwendbar.[3]

3   Art. 47 hat die Regelungen des Art. 34 a. F. nur teilweise übernommen: Art. 47 Abs. 1 entspricht inhaltlich dem Art. 34 Abs. 1 Unterabs. 1 a. F. Ebenso entspricht Art. 47 Abs. 2 EuInsVO weitgehend Art. 34 Abs. 2 a. F. Nicht übernommen wurden hingegen Art. 34 Abs. 1 Unterabs. 2 a. F. sowie Art. 34 Abs. 3 a. F. An Stelle letzterer ist jedoch zumindest funktional[4] das Recht des Verwalters des Hauptverfahrens getreten, zur Vermeidung eines Sekundärinsolvenzverfahrens eine Zusicherung nach Art. 36 abzugeben oder eine Aussetzung der Eröffnung des Sekundärinsolvenzverfahrens nach Art. 38 Abs. 3 bzw. eine Aussetzung der Verwertung der Masse gemäß Art. 46 Abs. 1 zu beantragen.[5] Damit kommt dem Verwalter des Hauptinsolvenzverfahrens nach der Reform der EuInsVO weder ein Sperrrecht gegen eine Beendigung des Sekundärinsolvenzverfahrens durch Sanierungsplan, Vergleich oder andere vergleichbare Maßnahmen zu, noch besteht ein subsidiäres Erfordernis, dass solche Maßnahmen die finanziellen Interessen der Gläubiger des Hauptinsolvenzverfahrens nicht beeinträchtigen dürfen.[6]

## II. Inhalt der Norm

### 1. Vorschlagsrecht des Verwalters (Art. 47 Abs. 1)

#### a) Sanierungsmaßnahmen

4   Art. 47 Abs. 1 nennt beispielhaft zunächst den „**Sanierungsplan**" und den „**Vergleich**".[7] Daraus ergibt sich, dass eine „**andere vergleichbare Maßnahme**" nach Absatz 1 nur solche Maßnahmen darstellen kann, mit denen eine erhaltende Sanierung und nicht eine zerschlagenden Liquidation erreicht werden kann.[8] Denkbar sind daher solche Maßnahmen, bei denen die Gläubiger einer Umschuldung zustimmen bzw. auf die Wahrnehmung einzelner Rechte (ganz oder teilweise) verzichten und sich der Schuldner im Gegenzug zu Einhaltung bestimmter Bedingungen bzw. Auflagen verpflichtet.[9]

5   Sofern das Sekundärinsolvenzverfahren in Deutschland eröffnet wurde, ist insbesondere an einen **Asset Deal mit dem Verwalter des Hauptverfahrens** zu denken, der eine vollständige Liquidation der Vermögenswerte des Sekundärinsolvenzverfahrens und Beendigung desselben nach Verteilung des Verkaufserlöses ermöglicht und für den Verwalter des Hauptinsolvenzverfahrens insofern vorteilhaft ist, als dass

---

3)  Wimmer/Bornemann/Lienau-*Wimmer*, Die Neufassung der EuInsVO, Rz. 486; *Reinhart* in: MünchKomm-InsO, Art. 34 EuInsVO 2000 Rz. 7.
4)  So in Bezug auf Art. 36 EuInsVO K. Schmidt-*Brinkmann*, InsO, Art. 33 EuInsVO Rz. 2.
5)  Wimmer/Bornemann/Lienau-*Wimmer*, Die Neufassung der EuInsVO, Rz. 488.
6)  Mankowski/Müller/J. Schmidt-*Mankowski*, EuInsVO 2015, Art. 47 Rz. 2; eine Erschwerung der grenzüberschreitenden Sanierung durch die Neuregelungen kritisiert *Reinhart* in: MünchKomm-InsO, Art. 47 EuInsVO 2015 Rz. 2.
7)  Zu den unterschiedlichen sprachlichen Begriffen vgl. Mankowski/Müller/J. Schmidt-*Mankowski*, EuInsVO 2015, Art. 47 Rz. 4, 5.
8)  Mankowski/Müller/J. Schmidt-*Mankowski*, EuInsVO 2015, Art. 47 Rz. 7.
9)  Vgl. *Virgós/Schmit* in: Stoll, Vorschläge und Gutachten, Rz. 249; Mankowski/Müller/J. Schmidt-*Mankowski*, EuInsVO 2015, Art. 47 Rz. 7; *Staak*, NZI 2004, 480, 485.

auf diese Weise eine Reorganisation bzw. Sanierung auf Grundlage eines einzigen Insolvenzplans durchgeführt werden kann.[10]

b) Antragsrecht

Das Vorschlagsrecht nach Art. 47 Abs. 1 steht nur dem **Verwalter des Hauptinsolvenzverfahrens**, nicht auch anderen Beteiligten zu.[11] Dies ergibt sich einerseits aus dem Wortlaut der Norm selbst und andererseits aus ErwG 48, wonach dem Verwalter des Hauptinsolvenzverfahrens, um die dominierende Rolle dieses Verfahrens gegenüber dem Sekundärinsolvenzverfahren sicherzustellen, mehrere Einwirkungsmöglichkeiten auf (gleichzeitig anhängige) Sekundärinsolvenzverfahren gegeben werden und der Verwalter insbesondere einen Sanierungsplan oder Vergleich vorschlagen kann. Entsprechend den Ausführungen zu Art. 46 Abs. 1 (siehe Art. 46 Rz. 8 [*Hübler*]) kann diese Befugnis bereits im Eröffnungsverfahren ausgeübt werden und steht damit auch dem **vorläufigen Verwalter** zu.[12]

6

Das Vorschlagsrecht des Verwalters nach Art. 47 Abs. 1 wurde gegenüber Art. 34 Abs. 1 Unterabs. 1 a. F. dahingehend präzisiert, dass dieses Recht „im Einklang mit dem Verfahren des betreffenden Mitgliedstaates" auszuüben ist. Demzufolge kann der Verwalter des Hauptinsolvenzverfahrens lediglich solche Maßnahmen vorschlagen, wie sie die lex fori concursus secundarii vorsieht, und zwar in einem Verfahren, das in Anhang A aufgelistet ist.[13] Über **Art. 51** steht ihm aber die Möglichkeit offen, bei dem Gericht des Staates der Eröffnung des Sekundärinsolvenzverfahrens die Umwandlung des Sekundärinsolvenzverfahrens in ein anderes der in Anhang A aufgeführten Insolvenzverfahren anzuordnen und im Anschluss daran sein Vorschlagsrecht nach Art. 47 Abs. 1 auszuüben.[14]

7

Wurde das Sekundärinsolvenzverfahren in Deutschland eröffnet, ergibt sich das Vorschlagsrecht des Verwalters nach **§ 218 Abs. 1 Satz 1 InsO**.[15]

8

Auch wenn die lex fori concursus secundarii ein Vorschlags- und Initiativrecht weiterer Beteiligter vorsieht, so wird deren Antragsrecht durch Art. 47 beschränkt.[16]

9

---

10) Ausführlich hierzu und zu weiteren denkbaren Ausgestaltungen sowie deren praktischer Probleme *Reinhart* in: MünchKomm-InsO, Art. 34 EuInsVO 2000 Rz. 17 ff.
11) Nerlich/Römermann-*Commandeur*, InsO, Art. 34 EuInsVO Rz. 5; *Paulus*, EuInsVO, Art. 47 Rz. 2, *Vallender*, KTS 2005, 283, 305 f.; a. A. Mankowski/Müller/J. Schmidt-*Mankowski*, EuInsVO 2015, Art. 47 Rz. 2; Kübler/Prütting/Bork-*Flöther*, InsO, Art. 47 EuInsVO 2015 Rz. 6.
12) A. A. Pannen-*Herchen*, EuInsVO, Art. 34 Rz. 12.
13) *Reinhart* in: MünchKomm-InsO, Art. 34 EuInsVO 2000 Rz. 2; Mankowski/Müller/J. Schmidt-*Mankowski*, EuInsVO 2015, Art. 47 Rz. 1; Wimmer/Bornemann/Lienau-*Wimmer*, Die Neufassung der EuInsVO, Rz. 486; *Kübler*: in: FS Gerhardt, S. 527, 537.
14) Wimmer/Bornemann/Lienau-*Wimmer*, Die Neufassung der EuInsVO, Rz. 486.
15) K. Schmidt-*Brinkmann*, InsO, Art. 34 EuInsVO Rz. 3; *Vallender*, KTS 2005, 283, 305; *Beck*, NZI 2006, 609, 614.
16) *Paulus*, EuInsVO, Art. 47 Rz. 2; *Vallender*, KTS 2005, 283, 305; a. A. *Virgós/Schmit* in: Stoll, Vorschläge und Gutachten, Rz. 248; Braun-*Delzant*, InsO, Art. 47 EuInsVO Rz. 5; Mankowski/Müller/J. Schmidt-*Mankowski*, EuInsVO 2015, Art. 47 Rz. 10; Pannen-*Herchen*, EuInsVO, Art. 34 Rz. 10.

### c) Adressat des Vorschlags

10 Der Vorschlag hat sich in erster Linie an den **Verwalter des Sekundärinsolvenzverfahrens** zu richten.[17] Dies ergibt sich bereits aus Art. 41 Abs. 2 lit. b, der dem Verwalter des Hauptinsolvenzverfahrens und dem/den Verwalter(n) des/der Sekundärinsolvenzverfahren(s) als Kooperationspflicht die Prüfung der Möglichkeit einer Sanierung und ggf. der Ausarbeitung und Umsetzung eines Sanierungsplans aufgibt.

11 Auch aus ErwG 48 ergibt sich der Verwalter des Sekundärinsolvenzverfahrens als Adressat des Vorschlags. Hiernach sind aber nicht nur die Verwalter des Haupt- und Sekundärinsolvenzverfahrens aufgefordert, durch eine ordnungsgemäße Zusammenarbeit, eine wirksame Verwaltung der Insolvenzmassen bzw. eine effiziente Verwertung des Gesamtvermögens von Haupt- und Sekundärinsolvenzverfahren zu ermöglichen. Vielmehr setzt eine solche ordnungsgemäße Zusammenarbeit voraus, dass sich die beteiligten Verwalter und die Gerichte wechselseitig ausreichend informieren. Demzufolge ist auch das **Gericht des Staates der Eröffnung des Sekundärinsolvenzverfahrens** als Adressat des Vorschlags anzusehen.

### 2. Extraterritoriale Auswirkungen der Sanierungsmaßnahme (Art. 47 Abs. 2)

12 Art. 47 Abs. 2 regelt die Auswirkungen von Beschränkungen der Rechte der Gläubiger, z. B. durch Stundung oder Schuldbefreiung, welche die jeweils getroffene Sanierungsmaßnahme nach Art. 47 Abs. 1 vorsieht. Die betreffende Maßnahme entfaltet grundsätzlich allein im Staat der Eröffnung des Sekundärinsolvenzverfahrens Wirkung.[18] Demzufolge sind die jeweiligen **Forderungseingriffe** gemäß Art. 3 Abs. 2 und Art. 34 Satz 3 als nur **territorial begrenzt** wirkende Vollstreckungshindernisse in Form einer vollstreckungsbeschränkenden Vereinbarung zu deuten.[19]

13 Die Maßnahme entfaltet nach Absatz 2 nur dann auch **außerhalb** des Staates der Eröffnung des Sekundärinsolvenzverfahrens Wirkung, wenn alle von ihr betroffenen Gläubiger zugestimmt haben. „Betroffen" sind nicht nur die Gläubiger, die eine Forderung im Sekundärinsolvenzverfahren angemeldet haben, sondern grundsätzlich auch die Gläubiger, deren Forderung in dem Verfahren nicht angemeldet wurde.[20]

14 Dies gilt jedenfalls dann, wenn die maßgebliche lex fori concursus secundarii die Wirkungen der Sanierungsmaßnahme auch auf nicht teilnehmende Gläubiger erstreckt, wie dies im deutschen Insolvenzrecht für den Insolvenzplan gemäß § 254 InsO nach § 254b InsO der Fall ist. Im Übrigen wird eine Bestätigung des Insolvenzplans nach **Art. 102c § 15 EGInsO i. V. m. § 355 Abs. 2 InsO** nur zugelassen, wenn alle Gläubiger zugestimmt haben.[21]

---

17) *Paulus*, EuInsVO, Art. 47 Rz. 2 a. E.
18) Mankowski/Müller/J. Schmidt-*Mankowski*, EuInsVO 2015, Art. 47 Rz. 12; *Wimmer*, ZIP 1998, 982, 988.
19) K. Schmidt-*Brinkmann*, InsO, Art. 34 EuInsVO Rz. 6; Mankowski/Müller/J. Schmidt-*Mankowski*, EuInsVO 2015, Art. 47 Rz. 17; Uhlenbruck-*Lüer*, InsO, Art. 34 EuInsVO Rz. 5.
20) K. Schmidt-*Brinkmann*, InsO, Art. 34 EuInsVO Rz. 8.
21) Art. 102 § 9 EGInsO a. F.; vgl. hierzu RegE eines Gesetzes zur Neuregelung des Internationalen Insolvenzrechts, v. 25.10.2002, BT-Drucks. 15/16, S. 17; Nerlich/Römermann-*Commandeur*, InsO, Art. 102 § 9 EGInsO Rz. 6; Mankowski/Müller/J. Schmidt-*Mankowski*, EuInsVO 2015, Art. 47 Rz. 14; K. Schmidt-*Brinkmann*, InsO, Art. 34 EuInsVO Rz. 8.

## Artikel 48
### Auswirkungen der Beendigung eines Insolvenzverfahrens

(1) Unbeschadet des Artikels 49 steht die Beendigung eines Insolvenzverfahrens der Fortführung eines zu diesem Zeitpunkt noch anhängigen anderen Insolvenzverfahrens über das Vermögen desselben Schuldners nicht entgegen.

(2) Hätte ein Insolvenzverfahren über das Vermögen einer juristischen Person oder einer Gesellschaft in dem Mitgliedstaat, in dem diese Person oder Gesellschaft ihren Sitz hat, deren Auflösung zur Folge, so besteht die betreffende juristische Person oder Gesellschaft so lange fort, bis jedes andere Insolvenzverfahren über das Vermögen desselben Schuldners beendet ist oder von dem Verwalter in diesem bzw. den Verwaltern in diesen anderen Verfahren der Auflösung zugestimmt wurde.

### Übersicht

| | | | |
|---|---|---|---|
| I. | Zweck der Norm .................................. 1 | a) | Automatischer Fortbestand (Art. 48 Abs. 2 Alt. 1) .................. 5 |
| II. | Inhalt der Norm .................................. 4 | b) | Zustimmung zur Auflösung (Art. 48 Abs. 2 Alt. 2) .................. 9 |
| 1. | Autonomie parallel anhängiger Verfahren (Art. 48 Abs. 1) .............. 4 | | |
| 2. | Fortbestand der aufzulösenden Gesellschaft (Art. 48 Abs. 2) .......... 5 | | |

### I. Zweck der Norm

Art. 48 regelt die sich aus der Beendigung eines Insolvenzverfahrens ergebenden **1** Folgen auf die Fortführung eines anderen Verfahrens. Art. 48 Abs. 1 bestimmt, dass die Beendigung des einen Verfahrens keine Auswirkung auf die Fortführung des anderen Verfahrens hat. Art. 48 Abs. 2 regelt ergänzend, dass, hätte ein Insolvenzverfahren über das Vermögen einer juristischen Person oder einer Gesellschaft in dem Mitgliedstaat, in dem diese Person oder Gesellschaft ihren Sitz hat, deren Auflösung zur Folge, die betreffende juristische Person oder Gesellschaft so lange fortbesteht, bis jedes andere Insolvenzverfahren über das Vermögen desselben Schuldners beendet ist oder der Auflösung von dem/den Verwalter(n) in diesem/diesen anderen Verfahren zugestimmt wurde. Der Regelungszweck des Art. 48 Abs. 2 ist daher streng genommen kein insolvenzrechtlicher, sondern ein **gesellschaftsrechtlicher**.[1]

Als **Sachnorm** verdrängt Art. 48 anders lautende Regelungen bzgl. der sich aus der **2** Beendigung eines Insolvenzverfahrens ergebenden Folgen.

Art. 48 wurde im Zuge der Neufassung der EuInsVO eingeführt und findet **keine** **3** **Entsprechung in der EuInsVO a. F.**

---

1) *Fehrenbach*, Haupt- und Sekundärinsolvenzverfahren, S. 410; Mankowski/Müller/J. Schmidt-*Mankowski*, EuInsVO, Art. 48 Rz. 1; Braun-*Delzant*, InsO, Art. 48 EuInsVO Rz. 4; vgl. auch *Reinhart* in: MünchKomm-InsO, Art. 48 EuInsVO 2015 Rz. 1, demnach die Regelung des Abs. 2 eine materiell-rechtliche Frage des Registergerichts darstellt.

## II. Inhalt der Norm

### 1. Autonomie parallel anhängiger Verfahren (Art. 48 Abs. 1)

4 Art. 48 Abs. 1 bestimmt, dass Haupt- und Sekundärinsolvenzverfahren voneinander unabhängig sind und die Beendigung des einen, daher nicht zur Beendigung des anderen Verfahrens führt. Dass die Beendigung des Sekundärinsolvenzverfahrens keine (beendigende) Auswirkung auf das Hauptinsolvenzverfahren hat, ergab sich bereits vor Neufassung der EuInsVO aus Art. 35 a. F., der Art. 49 wörtlich entspricht.[2] Ebenso ergab sich aus Art. 17 Abs. 2 Satz 1 a. F. (Art. 20 Abs. 2 Satz 1 n. F.) bereits, dass auch die Beendigung des Hauptinsolvenzverfahrens infolge der Anerkennung des Sekundärinsolvenzverfahrens die Fortführung desselben nicht in Frage stellen kann.[3] Demzufolge wird der Regelung des Art. 48 Abs. 1 zu Recht überwiegend lediglich ein **klarstellender Charakter** zugesprochen.[4]

### 2. Fortbestand der aufzulösenden Gesellschaft (Art. 48 Abs. 2)

#### a) Automatischer Fortbestand (Art. 48 Abs. 2 Alt. 1)

5 Art. 48 Abs. 2 Alt. 1 regelt, dass bei Beendigung des Verfahrens und der damit einhergehenden Auflösung der Gesellschaft, diese so lange fortbesteht, bis jedes andere Insolvenzverfahren über das Vermögen dieser Gesellschaft beendet ist oder der bzw. die Verwalter dieses/der anderen Verfahren(s) der Auflösung zugestimmt hat/haben. Damit wird eine **etwaige Auflösungsanordnung hinausgeschoben**, bis das letzte Insolvenzverfahren über das Vermögen dieser Gesellschaft beendet ist.

6 Maßgebliches Recht ist das Recht des Mitgliedstaates, in dem die betroffene Gesellschaft ihren Sitz hat.[5] Die deutsche Übersetzung der EuInsVO ist insofern missglückt, als dass dem Wortlaut selbst nicht zu entnehmen ist, ob mit „**Sitz**" der Satzungssitz, der effektive Verwaltungssitz oder die Hauptniederlassung entsprechend Art. 54 Abs. 1 AEUV bzw. Art. 63 Abs. 1 lit. c EuGVVO gemeint ist.[6]

7 Unter Bezugnahme auf die neuere Rechtsprechung des EuGH[7] zur Bestimmung des Sitzes einer Gesellschaft, dürfte die **Gründungstheorie** hier ebenfalls zur Bestimmung des Sitzes und damit des anwendbaren Rechts i. R des Art. 48 Abs. 2 heran-

---

2) Mankowski/Müller/J. Schmidt-*Mankowski*, EuInsVO 2015, Art. 48 Rz. 2; Wimmer/Bornemann/Lienau-*Wimmer*, Die Neufassung der EuInsVO, Rz. 489.
3) *Fehrenbach*, Haupt- und Sekundärinsolvenzverfahren, S. 410; ähnlich Mankowski/Müller/J. Schmidt-*Mankowski*, EuInsVO 2015, Art. 48 Rz. 2.
4) Braun-*Delzant*, InsO, Art. 48 EuInsVO Rz. 2; Mankowski/Müller/J. Schmidt-*Mankowski*, EuInsVO 2015, Art. 48 Rz. 2; *Reinhart* in: MünchKomm-InsO, Art. 48 EuInsVO 2015 Rz. 2; *Fehrenbach*, Haupt- und Sekundärinsolvenzverfahren, S. 410; wohl auch Wimmer/Bornemann/Lienau-*Wimmer*, Die Neufassung der EuInsVO, Rz. 489.
5) Mankowski/Müller/J. Schmidt-*Mankowski*, EuInsVO 2015, Art. 48 Rz. 5.
6) Mankowski/Müller/J. Schmidt-*Mankowski*, EuInsVO 2015, Art. 48 Rz. 5; Wimmer/Bornemann/Lienau-*Wimmer*, Die Neufassung der EuInsVO, Rz. 489; *Fehrenbach*, Haupt- und Sekundärinsolvenzverfahren, S. 410 f.
7) EuGH, Urt. v. 9.3.1999 – Rs. C-212-97 (Centros), ZIP 1999, 438 = NJW 1999, 2027; EuGH, Urt. v. 5.11.2002 – Rs. C-208/00 (Überseering), ZIP 2002, 2037 = NJW 2002, 3614, dazu EWiR 2002, 1003 *(Neye)*; EuGH, Urt. v. 30.9.2003 – Rs. C-167/01 (Inspire Art), ZIP 2003, 1885 = NJW 2003, 3331, dazu EWiR 2003, 1029 *(Drygala)*.

zuziehen sein.⁸⁾ Darüber hinaus sprechen auch die englische („registered office"), die französische („siège statutaire") und die niederländische Fassung („statutaire zetel") des Art. 48 Abs. 2 Alt. 1 dafür, dass „Sitz" i. S. dieser Vorschrift den Satzungssitz, nicht dagegen den effektiven Verwaltungssitz oder die Hauptniederlassung meint.

Art. 48 Abs. 2 Alt. 1 sieht den Fortbestand einer aufzulösenden juristischen Person oder Gesellschaft vor. Sofern im konkreten Fall deutsches Recht Anwendung findet, ist auch diesbezüglich der Wortlaut der deutschen Übersetzung missglückt.⁹⁾ Denn das deutsche Recht unterscheidet nicht zwischen **Auflösung**¹⁰⁾ einer juristischen Person oder Gesellschaft infolge der Eröffnung eines Insolvenzverfahrens über ihr Vermögen und der **Beendigung** dieser,¹¹⁾ so dass danach eine aufgelöste juristische Person oder Gesellschaft ohnehin (zunächst) fortbesteht¹²⁾. Ebenso verlieren diese nach deutschem Recht nicht ihre Rechtspersönlichkeit aufgrund der Eröffnung des Insolvenzverfahrens, sondern bleiben weiterhin Rechtssubjekt der jeweils über ihr Vermögen eröffneten Insolvenzverfahren.¹³⁾

8

### b) Zustimmung zur Auflösung (Art. 48 Abs. 2 Alt. 2)

Auch hinsichtlich der Regelung des Art. 48 Abs. 2 Alt. 2 wird deutlich, dass diese Regelung ausschließlich Bedeutung für solche Rechtsordnungen haben kann, bei denen die Auflösung der juristischen Person bzw. Gesellschaft zur Vollbeendigung, also zum Verlust der Rechtspersönlichkeit und damit der Insolvenzrechtsfähigkeit führt.¹⁴⁾ Die Befugnis, seine Zustimmung zur Vollbeendigung zu geben, kommt daher für den Verwalter nicht in Betracht.¹⁵⁾

9

---

8) Wimmer/Bornemann/Lienau-*Wimmer*, Die Neufassung der EuInsVO, Rz. 491.
9) Wie hier *Reinhart* in: MünchKomm-InsO, Art. 48 EuInsVO 2015 Rz. 3.
10) Vgl. für die GmbH: § 60 Abs. 1 Nr. 4 GmbHG; für oHG/KG: §§ 131 Abs. 1 Nr. 3, 161 HGB; für die AG: § 262 Abs. 1 Nr. 3 AktG; für die BGB-Gesellschaft: § 728 BGB; für den Verein: § 42 Abs. 1 BGB; für die Genossenschaft: § 101 GenG.
11) Wimmer/Bornemann/Lienau-*Wimmer*, Die Neufassung der EuInsVO, Rz. 492; Braun-Delzant, InsO, Art. 48 EuInsVO, Rz. 6, 7.
12) Dies ordnen § 66 Abs. 1 GmbHG, § 264 Abs. 1 AktG und § 47 Halbs. 2 BGB ausdrücklich und § 101 GenG indirekt an.
13) RG, Urt. v. 13.12.1911 – V 52/11, RGZ 78, 91, 93; RG, Urt. v. 14.2.1913 – II 449/12, RGZ 81, 332, 336; RG, Urt. v. 5.2.1930 – I 220/29, RGZ 127, 197, 200; BGH, Urt. v. 18.12.1980 – II ZR 140/79, ZIP 1981, 178 = NJW 1981, 1097; Uhlenbruck-*Hirte*, InsO, § 11 Rz. 103 ff.; Wimmer/Bornemann/Lienau-*Wimmer*, Die Neufassung der EuInsVO, Rz. 492.
14) Ebenso Wimmer/Bornemann/Lienau-*Wimmer*, Die Neufassung der EuInsVO, Rz. 493; wohl auch *Reinhart* in: MünchKomm-InsO, Art. 48 EuInsVO 2015 Rz. 3.
15) Wimmer/Bornemann/Lienau-*Wimmer*, Die Neufassung der EuInsVO, Rz. 493 a. E.

---

## Artikel 49
### Überschuss im Sekundärinsolvenzverfahren

**Können bei der Verwertung der Masse des Sekundärinsolvenzverfahrens alle in diesem Verfahren festgestellten Forderungen befriedigt werden, so übergibt der in diesem Verfahren bestellte Verwalter den verbleibenden Überschuss unverzüglich dem Verwalter des Hauptinsolvenzverfahrens.**

# Artikel 49

Überschuss im Sekundärinsolvenzverfahren

**Literatur:** *Balz*, Das neue Europäische Insolvenzübereinkommen, ZIP 1996, 948; *Beck*, Verwertungsfragen im Verhältnis von Haupt- und Sekundärinsolvenzverfahren nach der EuInsVO, NZI 2007, 1; *Ehricke*, Das Verhältnis des Hauptinsolvenzverwalters zum Sekundärinsolvenzverwalter bei grenzüberschreitenden Insolvenzen nach der EuInsVO, ZIP 2005, 1104; *Leible/Staudinger*, Die europäische Verordnung über Insolvenzverfahren, KTS 2000, 533; *Pogacar*, Rechte und Pflichten des Hauptverwalters im Sekundärverfahren, NZI 2011, 46.

## Übersicht

| | | | |
|---|---|---|---|
| I. Zweck der Norm ............ 1 | | 1. Voraussetzungen ............ 6 | |
| II. Inhalt der Norm ............ 6 | | 2. Rechtsfolgen ............ 9 | |

## I. Zweck der Norm

1 Art. 49 regelt die Behandlung von **Überschüssen im Sekundärinsolvenzverfahren**. Sofern die Interessen der Gläubiger des Sekundärinsolvenzverfahrens durch die Abwicklung des Sekundärverfahrens befriedigt worden sind, ist ein etwaig verbleibender Überschuss an das Hauptinsolvenzverfahren herauszugeben, dem durch die Eröffnung des Sekundärinsolvenzverfahrens die dort belegene Masse entzogen worden ist.[1] Auch Art. 49 soll dazu beitragen, die **Dominanz des Hauptinsolvenzverfahrens** gegenüber dem Sekundärinsolvenzverfahren zu sichern.[2]

2 Die Regelung des Art. 49 hat **kaum praktische Bedeutung**, da sich ein Überschuss im Sekundärinsolvenzverfahren so gut wie nie ergibt (ErwG 48).[3] Dies resultiert insbesondere aus dem, den Gläubigern zustehenden Recht gemäß Art. 45, ihre Forderungen in jedem über das Vermögen des Schuldners eröffneten Insolvenzverfahren anzumelden. Die Masse des jeweiligen Sekundärinsolvenzverfahrens wird daher regelmäßig dadurch aufgebraucht, dass alle Gläubiger auf die Masse zugreifen können.[4]

3 Als **Sachnorm** verdrängt Art. 49 anders lautende nationale Regelungen, wie § 199 InsO bzgl. des Überschusses bei der Schlussverteilung.[5]

4 Art. 49 entspricht wörtlich der Regelung des **Art. 35 a. F.** Änderungsbedarf wurde – wohl auch aufgrund der theoretischen und praktischen Irrelevanz[6] – weder im

---

1) *Reinhart* in: MünchKomm-InsO, Art. 35 EuInsVO 2000 Rz. 1; *Beck*, NZI 2007, 1, 6.
2) Uhlenbruck-*Lüer*, InsO, Art. 34 EuInsVO Rz. 1; Mankowski/Müller/J. Schmidt-*Mankowski*, EuInsVO 2015, Art. 49 Rz. 1; *Ehricke*, ZIP 2005, 1104, 1108; *Beck*, NZI 2007, 1, 6.
3) Nerlich/Römermann-*Commandeur*, InsO, Art. 35 EuInsVO Rz. 3; Uhlenbruck-*Lüer*, InsO, Art. 34 EuInsVO Rz. 1; Pannen-*Herchen*, EuInsVO, Art. 35 Rz. 1; K. Schmidt-*Brinkmann*, InsO, Art. 35 EuInsVO Rz. 1; *Reinhart* in: MünchKomm-InsO, Art. 35 EuInsVO 2000 Rz. 3; Mankowski/Müller/J. Schmidt-*Mankowski*, EuInsVO 2015, Art. 49 Rz. 2; *Beck*, NZI 2007, 1, 6; *Pogacar*, NZI 2011, 46, 50; *Fehrenbach*, Haupt- und Sekundärinsolvenzverfahren, S. 455, unter Verweis auf S. 221 m. Fn. 706.
4) K. Schmidt-*Brinkmann*, InsO, Art. 35 EuInsVO Rz. 1; *Reinhart* in: MünchKomm-InsO, Art. 35 EuInsVO 2000 Rz. 3.
5) K. Schmidt-*Brinkmann*, InsO, Art. 35 EuInsVO Rz. 1; Mankowski/Müller/J. Schmidt-*Mankowski*, EuInsVO 2015, Art. 49 Rz. 3.
6) So formuliert bei *Fehrenbach*, Haupt- und Sekundärinsolvenzverfahren, S. 455.

„Heidelberg-Luxembourg-Vienna Report"[7], noch im Gesetzgebungsverfahren diskutiert.[8]

Auf **Partikularverfahren** findet die Regelung **keine Anwendung**, so dass in diesem Fall das Recht des Staates der Eröffnung des Partikularverfahrens Anwendung auf eine etwaige Ausschüttung des Überschusses findet.[9]

## II. Inhalt der Norm

### 1. Voraussetzungen

Art. 49 setzt zunächst die Befriedigung aller in dem Sekundärinsolvenzverfahren **festgestellten Forderungen** voraus. Angesichts der englischen Fassung („all claims allowed under those proceedings") zeigt sich, dass der Begriff der Feststellung nach Art. 49 nicht gleichbedeutend mit dem Begriff der (formalen) Feststellung nach § 177 InsO sein kann, sondern weiter auszulegen ist.[10] Nicht zu berücksichtigen sind dagegen solche Forderungen, deren Anmeldung unterblieben oder nicht zugelassen worden sind.[11]

Die Verteilungsreihenfolge richtet sich nach der lex fori concursus secundarii. Handelt es sich um ein deutsches Sekundärinsolvenzverfahren, so muss vorab eine Befreiung von **Massekosten** und **Masseverbindlichkeiten** erfolgt sein.[12]

Zu befriedigen sind darüber hinaus auch – sofern diese vom betreffenden nationalen Insolvenzrecht vorgesehen sind – **nachrangige Insolvenzforderungen**.[13]

### 2. Rechtsfolgen

Der **Umfang** des Überschusses richtet sich nach dem Recht des Staates der Verfahrenseröffnung des Sekundärinsolvenzverfahrens.[14]

Die Ausschüttung des Überschusses hat gemäß Art. 49 **„unverzüglich"**, d. h. ohne schuldhaftes Zögern[15] zu erfolgen. Der genaue Zeitpunkt wird aber ebenfalls durch die lex fori concursus secundarii geregelt. Sofern es sich um ein deutsches Insolvenzverfahren handelt, erfolgt die Ausschüttung des Überschusses nach Schlussver-

---

7) Hess/Oberhammer/Pfeifer-*Oberhammer*, European Insolvency Law, Rz. 857 ff.
8) *Reinhart* in: MünchKomm-InsO, Art. 49 EuInsVO 2015 Rz. 6.
9) *Reinhart* in: MünchKomm-InsO, § 358 Rz. 2; *Reinhart* in: MünchKomm-InsO, Art. 35 EuInsVO 2000 Rz. 3; Uhlenbruck-*Lüer*, InsO, Art. 34 EuInsVO Rz. 3; Mankowski/Müller/J. Schmidt-*Mankowski*, EuInsVO 2015, Art. 49 Rz. 9.
10) *Reinhart* in: MünchKomm-InsO, Art. 49 EuInsVO 2025 Rz. 6.
11) *Kindler* in: MünchKomm-BGB, Art. 35 EuInsVO Rz. 4; *Reinhart* in: MünchKomm-InsO, Art. 35 EuInsVO 2000 Rz. 6.
12) *Reinhart* in: MünchKomm-InsO, Art. 35 EuInsVO 2000 Rz. 6.
13) *Paulus*, EuInsVO, Art. 49 Rz. 3; *Reinhart* in: MünchKomm-InsO, Art. 35 EuInsVO 2000 Rz. 7.
14) Leonhardt/Smid/Zeuner-*Smid*, Internationales Insolvenzrecht, Art. 35 EuInsVO Rz. 5; Konecny/Schubert-*Pogacar*, Insolvenzgesetze, Art. 35 EuInsVO Rz. 9; *Reinhart* in: MünchKomm-InsO, Art. 35 EuInsVO 2000 Rz. 7; Mankowski/Müller/J. Schmidt-*Mankowski*, EuInsVO 2015, Art. 49 Rz. 4.
15) K. Schmidt-*Brinkmann*, EuInsVO, Art. 49 EuInsVO Rz. 2; *Reinhart* in: MünchKomm-InsO, Art. 35 EuInsVO 2000 Rz. 10; Mankowski/Müller/J. Schmidt-*Mankowski*, EuInsVO 2015, Art. 49 Rz. 7; *Pogacar*, NZI 2011, 46, 50.

teilung und Schlusstermin und vor Aufhebung des Verfahren (vgl. §§ 197, 199, 200 InsO).[16]

11 **Empfangszuständig** ist der Verwalter des Hauptinsolvenzverfahrens.[17] Er hat gegen den Verwalter des Sekundärinsolvenzverfahrens einen unmittelbaren **Herausgabeanspruch**.[18]

12 Konnten i. R. des Sekundärinsolvenzverfahrens nicht alle Vermögensgegenstände verwertet werden, so sind neben den liquiden Mitteln auch diese nicht verwerteten Vermögensgegenstände vom Verwalter des Sekundärinsolvenzverfahrens an den Verwalter des Hauptinsolvenzverfahrens herauszugeben.[19] Beabsichtigt der Verwalter des Sekundärinsolvenzverfahrens Bestandteile der Sekundärverfahrensmasse an den Schuldner **freizugeben**, so hat er zuvor die Zustimmung des Verwalter des Hauptinsolvenzverfahrens einzuholen.[20]

---

16) *Reinhart* in: MünchKomm-InsO, Art. 35 EuInsVO 2000 Rz. 10.
17) K. Schmidt-*Brinkmann*, InsO, Art. 35 EuInsVO Rz. 2; Mankowski/Müller/J. Schmidt-*Mankowski*, EuInsVO 2015, Art. 49 Rz. 8; *Balz*, ZIP 1996, 948, 951; *Leible/Staudinger*, KTS 2000, 533, 570; *Ehricke*, ZIP 2005, 1104, 1108; *Pogacar*, NZI 2011, 46, 50.
18) *Reinhart* in: MünchKomm-InsO, Art. 35 EuInsVO 2000 Rz. 3; Mankowski/Müller/J. Schmidt-*Mankowski*, EuInsVO 2015, Art. 49 Rz. 8; Pannen-*Herchen*, EuInsVO, Art. 35 Rz. 2; Konecny/Schubert-*Pogacar*, Art. 35 EuInsVO Rz. 1.
19) *Reinhart* in: MünchKomm-InsO, Art. 35 EuInsVO 2000 Rz. 9; Uhlenbruck-*Lüer*, InsO, Art. 34 EuInsVO Rz. 4; Mankowski/Müller/J. Schmidt-*Mankowski*, EuInsVO 2015, Art. 49 Rz. 4.
20) K. Schmidt-*Brinkmann*, InsO, Art. 35 EuInsVO Rz. 2; *Reinhart* in: MünchKomm-InsO, Art. 35 EuInsVO 2000 Rz. 9.

---

# Artikel 50
## Nachträgliche Eröffnung des Hauptinsolvenzverfahrens

Wird ein Verfahren nach Artikel 3 Absatz 1 eröffnet, nachdem in einem anderen Mitgliedstaat ein Verfahren nach Artikel 3 Absatz 2 eröffnet worden ist, so gelten die Artikel 41, 45, 46, 47 und 49 für das zuerst eröffnete Insolvenzverfahren, soweit dies nach dem Stand dieses Verfahrens möglich ist.

Literatur: *Wimmer*, Die Besonderheiten von Sekundärinsolvenzverfahren unter besonderer Berücksichtigung des Europäischen Insolvenzübereinkommens, ZIP 1998, 982, 988.

### Übersicht

| | | | |
|---|---|---|---|
| I. | Zweck der Norm .................... 1 | a) | Anwendung der Artt. 41, 45–47, 49 ............................. 5 |
| II. | Inhalt der Norm .................... 4 | b) | Analoge Anwendung der Artt. 42–44, 48 ..................... 11 |
| 1. | Voraussetzungen .................... 4 | | |
| 2. | Rechtsfolgen .......................... 5 | | |

## I. Zweck der Norm

1 Für den Fall, dass ein Partikularverfahren vor dem Hauptverfahren eröffnet wird, ordnet **Art. 50 die modifizierte Anwendung der Kooperations- und Koordinationspflichten**[1] gemäß Art. 41 (Zusammenarbeit und Kommunikation der Verwalter),

---

1) Vgl. Mankowski/Müller/J. Schmidt-*Mankowski*, EuInsVO 2015, Art. 50 Rz. 5 f.

Art. 45 (Ausübung von Gläubigerrechten), Art. 46 (Aussetzung der Verwertung der Masse), Art. 47 (Recht des Verwalters, Sanierungspläne vorzuschlagen) und Art. 49 (Überschuss im Sekundärinsolvenzverfahren) an.

Mit der Eröffnung des Hauptverfahrens wandelt sich das Partikularverfahren gemäß Art. 3 Abs. 4 Satz 2[2)] automatisch in ein Sekundärinsolvenzverfahren.[3)] 2

Art. 50 entspricht mutatis mutandi der Regelung des Art. 36 a. F. Änderungsbedarf wurde weder im „Heidelberg-Luxembourg-Vienna Report"[4)] noch im Gesetzgebungsverfahren diskutiert. 3

## II. Inhalt der Norm

### 1. Voraussetzungen

Art. 50 setzt zunächst die **Eröffnung eines unabhängigen Partikularverfahrens vor dem Hauptverfahren** voraus. Nach Maßgabe des *Eurofood*-Urteils[5)], ist als Eröffnung eines Insolvenzverfahrens i. S. von Art. 3 Abs. 1 bereits die **Einsetzung eines vorläufigen Insolvenzverwalters** und Anordnung von Sicherungsmaßnahmen, welche den Beschlag der Masse zur Folge haben, zu verstehen.[6)] 4

### 2. Rechtsfolgen

#### a) Anwendung der Artt. 41, 45–47, 49

Art. 50 sieht vor, dass der Verwalter des (ehemals Partikularverfahrens und nunmehr) Sekundärinsolvenzverfahrens die Kooperations- und Koordinationspflichten der Artt. 41, 45, 46, 47 und 49 „soweit es nach dem Stand des Verfahrens möglich ist" zu beachten hat. Die Einschränkung ist restriktiv auszulegen. Dies ergibt sich bereits aus dem im Zuge der Neufassung der EuInsVO eingefügten Art. 3 Abs. 4 Satz 2,[7)] demzufolge das Partikularverfahren nach Eröffnung des Hauptverfahrens zum Sekundärinsolvenzverfahren wird und damit die Anwendung der Artt. 41 ff. der Regelfall ist.[8)] Eine **Ausnahme** gilt daher nur dann, wenn dies aufgrund des zeitlichen Ablaufs bzw. des fortgeschrittenen Stadiums des Sekundärinsolvenzverfahrens **zwingend geboten** ist.[9)] 5

Während die Informationspflicht nach **Art. 41 Abs. 3** uneingeschränkt auch für den Verwalter des (ehemals Partikularverfahren und nunmehr) Sekundärinsolvenz- 6

---

2) Zuvor lediglich geregelt im ErwG 17 a. F.
3) K. Schmidt-*Brinkmann*, InsO, Art. 36 EuInsVO Rz. 2; Nerlich/Römermann-*Commandeur*, InsO, Art. 36 EuInsVO Rz. 1; vgl. dazu auch Mankowski/Müller/J. Schmidt-*Mankowski*, EuInsVO 2015, Art. 50 Rz. 10 f.
4) Hess/Oberhammer/Pfeifer-*Koller/Slonina*, European Insolvency Law, Rz. 938.
5) EuGH, Urt. v. 2.5.2006 – Rs. C-341/04 (Eurofood), ZIP 2006, 907, m. Anm. *Knof/Mock* = NZI 2006, 360, dazu EWiR 2005, 725 *(Pannen)*.
6) K. Schmidt-*Brinkmann*, InsO, Art. 36 EuInsVO Rz. 2; *Reinhart* in: MünchKomm-InsO, Art. 35 EuInsVO 2000 Rz. 3, 5.
7) Vormals: ErwG 17 a. F.
8) Pannen-*Herchen*, EuInsVO, Art. 36 Rz. 4.
9) Pannen-*Herchen*, EuInsVO, Art. 36 Rz. 3; *Reinhart* in: MünchKomm-InsO, Art. 35 EuInsVO 2000 Rz. 4; Mankowski/Müller/J. Schmidt-*Mankowski*, EuInsVO 2015, Art. 50 Rz. 7; Uhlenbruck-*Lüer*, InsO, Art. 36 EuInsVO Rz. 3; *Wimmer*, ZIP 1998, 982, 988.

verfahren gilt, kann sich die Kooperationspflicht lediglich auf die zukünftige Verwaltungs- bzw. Verwertungstätigkeit beziehen.[10]

7 Die Pflicht zur Forderungsanmeldung nach **Art. 45 Abs. 2** kann für den Verwalter des Hauptinsolvenzverfahrens nur insoweit gelten, als die Anmeldung nach den Regelungen des Staates der Eröffnung des (ehemals Partikularverfahren und nunmehr) Sekundärinsolvenzverfahrens noch zulässig ist.[11]

8 Richtigerweise kommt ein Antrag nach **Art. 46 Abs. 1** nur noch in Betracht, soweit Vermögensgegenstände nicht verwertet sind bzw. noch kein Vergleich oder Sanierungsplan geschlossen bzw. beschlossen wurde.[12]

9 Ebenso können verfahrensbeendigende Maßnahmen vom Verwalter des Hauptinsolvenzverfahrens nach **Art. 47** nur „im Einklang mit dem Verfahren des betreffenden Mitgliedstaats" vorgeschlagen werden.[13]

10 Die Herausgabe eines **Überschusses** kann vom Verwalter des Hauptverfahrens nach Art. 49 herausverlangt werden, sofern ein solcher tatsächlich existiert und die Verteilung des Überschusses noch nicht erfolgt ist.[14]

### b) Analoge Anwendung der Artt. 42–44, 48

11 Auffällig ist, dass Art. 50 dem Wortlaut nach, nur die Vorschriften der Artt. 41, 45–47, 49 auf ein (ehemals Partikularverfahren und nunmehr) Sekundärinsolvenzverfahren für anwendbar erklärt. Ausgenommen sind die im Zuge der Neufassung **neu eingeführten Artt. 42–44**, welche die **Kooperationsverpflichtung zwischen den Gerichten** und die Verpflichtung zur **Zusammenarbeit und Kommunikation zwischen Verwaltern und Gerichten** vorsehen.

12 Die Einführung dieser Kooperations- und Koordinationspflichten ist eines der Kernstücke der Neufassung der EuInsVO und erfolgte in Umsetzung des ErwG 48, wonach Hauptinsolvenzverfahren und Sekundärinsolvenzverfahren zur wirksamen Verwaltung der Insolvenzmasse oder der effizienten Verwertung des Gesamtvermögens nur beitragen können, wenn die an allen parallelen Verfahren beteiligten Akteure ordnungsgemäß zusammenarbeiten. Eine **ordnungsgemäße Zusammenarbeit** setzt danach voraus, dass die verschiedenen beteiligten Verwalter *und* Gerichte eng zusammenarbeiten, insbesondere indem sie einander wechselseitig ausreichend informieren. Gründe, weshalb der Verwalter des (ehemals Partikularverfahrens und nunmehr) Sekundärinsolvenzverfahrens gemäß Art. 41 zwar mit dem Verwalter des Hauptinsolvenzverfahrens, nicht aber mit dem Gericht der Eröffnung des Hauptinsolvenzverfahrens zusammenarbeiten soll, sind nicht ersichtlich.

---

10) *Reinhart* in: MünchKomm-InsO, Art. 35 EuInsVO 2000 Rz. 6; ähnlich Mankowski/Müller/ J. Schmidt-*Mankowski*, EuInsVO 2015, Art. 50 Rz. 8.
11) *Reinhart* in: MünchKomm-InsO, Art. 35 EuInsVO 2000 Rz. 7.
12) *Reinhart* in: MünchKomm-InsO, Art. 35 EuInsVO 2000 Rz. 8; Mankowski/Müller/ J. Schmidt-*Mankowski*, EuInsVO 2015, Art. 50 Rz. 8.
13) Ähnlich *Reinhart* in: MünchKomm-InsO, Art. 35 EuInsVO 2000 Rz. 9.
14) Vgl. *Reinhart* in: MünchKomm-InsO, Art. 35 EuInsVO 2000 Rz. 10, wonach lediglich ein Beschluss über die Verteilung den Herausgabeanspruch nicht abwehren kann.

Nach hiesigem Dafürhalten stellt die Ausklammerung der Artt. 42–44 mithin ein 13
redaktionelles Versehen dar, weshalb diese Regelungen – sofern dies nach dem
Stand des (ehemals Partikularverfahrens und nunmehr) Sekundärinsolvenzverfahrens möglich ist – entsprechend anzuwenden sind.[15] Gleiches gilt für den (klarstellenden) Art. 48.

---

15) Ähnlich Mankowski/Müller/J. Schmidt-*Mankowski*, EuInsVO 2015, Art. 50 Rz. 9.

## Artikel 51
### Umwandlung von Sekundärinsolvenzverfahren

**(1) Auf Antrag des Verwalters des Hauptinsolvenzverfahrens kann das Gericht eines Mitgliedstaats, bei dem ein Sekundärinsolvenzverfahren eröffnet worden ist, die Umwandlung des Sekundärinsolvenzverfahrens in ein anderes der in Anhang A aufgeführten Insolvenzverfahren anordnen, sofern die Voraussetzungen nach nationalem Recht für die Eröffnung dieses anderen Verfahrens erfüllt sind und dieses Verfahren im Hinblick auf die Interessen der lokalen Gläubiger und die Kohärenz zwischen Haupt- und Sekundärinsolvenzverfahren am geeignetsten ist.**

**(2) Bei der Prüfung des Antrags nach Absatz 1 kann das Gericht Informationen von den Verwaltern beider Verfahren anfordern.**

Literatur: *Balz*, Das neue Europäische Insolvenzübereinkommen, ZIP 1996, 948; *Brinkmann*, Grenzüberschreitende Sanierung und europäisches Insolvenzrecht, KTS 2014, 381; *Fritz/Bähr*, Die Europäische Verordnung über Insolvenzverfahren – Herausforderung an Gerichte und Insolvenzverwalter, DZWIR 2001, 221; *Kindler/Sakka*, Die Neufassung der Europäischen Insolvenzverordnung, EuZW 2015, 460; *Leible/Staudinger*, Die europäische Verordnung über Insolvenzverfahren, KTS 2000, 533; *Thole*, Das COMI-Prinzip und andere Grundfragen des Europäischen Insolvenzrechts, ZEuP 2014, 39, 63; *Virgós/Schmit*, Erster Teil: EU-Übereinkommen über Insolvenzverfahren, Kap. B – Erläuternder Bericht, in: Stoll, Vorschläge und Gutachten zur Umsetzung des EU-Übereinkommens über Insolvenzverfahren im deutschen Recht, 1997, S. 32 (zit.: *Virgós/Schmit* in: Stoll, Vorschläge und Gutachten); *Wimmer*, Die Besonderheiten von Sekundärinsolvenzverfahren unter besonderer Berücksichtigung des Europäischen Insolvenzübereinkommens, ZIP 1998, 982.

### Übersicht

I. Zweck der Norm ................... 1
II. Inhalt der Norm .................... 5
1. Voraussetzungen ................ 5
   a) Eröffnetes Sekundärinsolvenzverfahren (Art. 51 Abs. 1) ........... 5
   b) Antrag (Art. 51 Abs. 1) ............. 6
   c) Prüfungskompetenz des Gerichts (Art. 51 Abs. 2) ................ 11
2. Rechtsfolgen ........................ 16

### I. Zweck der Norm

Ist bereits ein Sekundärinsolvenzverfahren eröffnet, gewährt Art. 51 dem Verwalter 1
des Hauptinsolvenzverfahrens die Möglichkeit, bei dem Gericht des Staates der Eröffnung des Sekundärverfahrens zu beantragen, dass dieses in einen anderen, nach dessen nationalem Recht zulässigen Verfahrenstyp umgewandelt wird, der im Hinblick auf die Interessen der lokalen Gläubiger und die Kohärenz zwischen Haupt-

und Sekundärinsolvenzverfahren am geeignetsten ist. Damit stellt die Regelung in Umsetzung des ErwG 48 eine **spezielle Ausprägung der allgemeinen Pflicht zur Zusammenarbeit und Kommunikation** zwischen Verwaltern und Gerichten dar.[1] Zudem ergänzt Art. 51 das Recht des Hauptverwalters gemäß **Art. 38 Abs. 4** bereits vor Eröffnung eines Sekundärinsolvenzverfahrens einen entsprechenden Antrag zu stellen.[2]

2 Als **Sachnorm** verdrängt Art. 51 anders lautende nationale Regelungen, soweit dort die Möglichkeit der Umwandlung eines bereits eröffneten Verfahrens geregelt ist.[3]

3 Für Rechtsordnungen, wie bspw. die deutsche, die nicht zwischen Sanierungs- und Liquidationsverfahren unterscheiden, hat Art. 51 **keine praktische Bedeutung**.[4] Sofern die Gläubiger dem Insolvenzverwalter i. R. der Gläubigerversammlung nach § 157 InsO oder i. R. des Gläubigerausschusses nach § 158 InsO die Liquidation der Insolvenzmasse aufgegeben haben, kann eine Verwertung der Masse lediglich unter den Voraussetzungen des Art. 46 verhindert werden.[5]

4 Art. 51 basiert auf **Art. 37 a. F.**, jedoch mit entscheidenden Unterschieden: Während Art. 37 a. F. die Umwandlung eines ursprünglich isolierten Partikularverfahrens in ein Liquidationsverfahren vorsah,[6] regelt Art. 51 die Umwandlung in ein Sekundärinsolvenzverfahren, welches anders als unter Geltung der EuInsVO a. F. nicht mehr zwingend ein Liquidationsverfahren sein muss, sondern auch ein **Sanierungsverfahren** sein kann.[7] Möglich ist aber auch der Antrag des Hauptverwalters, das zunächst als Sanierungsverfahren geführte Sekundärinsolvenzverfahren in ein Liquidationsverfahren umzuwandeln, sofern dies im Interesse der lokalen Gläubiger und für die Kohärenz zwischen Haupt- und Sekundärinsolvenzverfahren am geeignetsten ist.[8]

## II. Inhalt der Norm

### 1. Voraussetzungen

#### a) Eröffnetes Sekundärinsolvenzverfahren (Art. 51 Abs. 1)

5 Die Anwendbarkeit des Art. 51 setzt zunächst voraus, dass ein Sekundärinsolvenzverfahren **bereits eröffnet** worden ist. Sofern das Sekundärinsolvenzverfahren noch nicht eröffnet wurde, steht dem Verwalter des Hauptinsolvenzverfahrens das Recht zu, einen entsprechenden Antrag auf Umwandlung des Sekundärinsolvenzverfahrens nach Art. 38 Abs. 4 zu stellen.

---

1) Wimmer/Bornemann/Lienau-*Wimmer*, Die Neufassung der EuInsVO, Rz. 502.
2) *Reinhart* in: MünchKomm-InsO, Art. 51 EuInsVO 2015 Rz. 11.
3) *Reinhart* in: MünchKomm-InsO, Art. 51 EuInsVO 2015 Rz. 8 und Art. 37 EuInsVO 2000 Rz. 1.
4) Vor Eröffnung besteht die Einwirkungsmöglichkeit des Hauptverwalters nach Art. 38 Abs. 4.
5) *Reinhart* in: MünchKomm-InsO, Art. 51 EuInsVO 2015 Rz. 2.
6) Uhlenbruck-*Lüer*, InsO, Art. 37 EuInsVO Rz. 1.
7) Mankowski/Müller/J. Schmidt-*Mankowski*, EuInsVO 2015, Art. 51 Rz. 2.
8) Wimmer/Bornemann/Lienau-*Wimmer*, Die Neufassung der EuInsVO, Rz. 496.

b) **Antrag (Art. 51 Abs. 1)**

Antragsberechtigt ist der **Verwalter des Hauptinsolvenzverfahrens**. Vor dem  6
Hintergrund, dass der vorläufige Verwalter nunmehr ausdrücklich in der Definition des „Verwalters" in Art. 2 Nr. 5 genannt ist und seine Einsetzung und die Anordnung von Sicherungsmaßnahmen, die den Beschlag der Masse zur Folge haben, bereits nach Maßgabe des *Eurofood*-Urteils[9] als Eröffnung eines Insolvenzverfahrens i. S. von Art. 3 Abs. 1 zu verstehen sein kann, kommt auch dem **vorläufigen Hauptverwalter** das Antragsrecht aus Absatz 1 zu.[10] Eine Umwandlung **von Amts wegen** ist dagegen unzulässig.[11]

Die Ausübung des Antragsrechts steht im **Ermessen** des Hauptverwalters.[12] Sofern  7
das Recht des Staates der Eröffnung des Hauptinsolvenzverfahrens keine Ausübungspflicht dieses Rechts vorsieht, steht es dem Hauptverwalter frei, den Antrag zu stellen oder davon abzusehen.[13] Für Fehleinschätzungen hat er ggf. nach den Regelungen des Staates der Eröffnung des Hauptinsolvenzverfahrens zu haften.[14]

Im Antrag muss der **Verfahrenstyp**, in welchen des Sekundärinsolvenzverfahren um-  8
gewandelt werden soll, konkret benannt sein.[15] Nicht ausreichend ist es, im Antrag anzugeben, dass das Liquidationsverfahren in ein Sanierungsverfahren umgewandelt werden soll, wenn die lex fori concursus secundarii mehrere Arten von Sanierungsverfahren vorsieht.[16]

Hinsichtlich der **Voraussetzungen für die Eröffnung** dieses Verfahrens gilt gemäß  9
Art. 51 Abs. 1 die lex fori concursus secundarii.[17] Gleiches gilt für die weiteren Formalien des Antrags.[18] Eine **Frist** für die Einreichung des Antrags besteht nicht.[19]

Der Antrag ist bei dem **Gericht** des Staates der Eröffnung des Sekundärinsolvenz-  10
verfahrens zu stellen (Art. 2 Nr. 6 (ii)).

c) **Prüfungskompetenz des Gerichts (Art. 51 Abs. 2)**

Dem angegangenen Gericht kommt eine eigene Prüfungskompetenz zu (... *kann*  11
*das Gericht ... die Umwandlung ... anordnen, ...*), ob die Voraussetzungen der

---

9) EuGH, Urt. v. 2.5.2006 – Rs. C-341/04 (Eurofood), ZIP 2006, 907, m. Anm. *Knof/Mock* = NZI 2006, 360, dazu EWiR 2005, 725 *(Pannen)*.
10) *Reinhart* in: MünchKomm-InsO, Art. 51 EuInsVO 2015 Rz. 4 dort Fn. 2.
11) Wimmer/Bornemann/Lienau-*Wimmer*, Die Neufassung der EuInsVO, Rz. 498; Pannen-Herchen, EuInsVO, Art. 37 Rz. 9; Duursma-Kepplinger/Duursma/Chalupsky-*Duursma-Kepplinger/Chalupsky*, EuInsVO, Art. 37 Rz. 6.
12) *Reinhart* in: MünchKomm-InsO, Art. 51 EuInsVO 2015 Rz. 5; Mankowski/Müller/J. Schmidt-*Mankowski*, EuInsVO 2015, Art. 51 Rz. 4.
13) Mankowski/Müller/J. Schmidt-*Mankowski*, EuInsVO 2015, Art. 51 Rz. 4; *Wenner/Schuster* in: FK-InsO, Art. 51 EuInsVO Rz. 3; vgl. auch *Wimmer*, ZIP 1998, 982, 989.
14) Mankowski/Müller/J. Schmidt-*Mankowski*, EuInsVO 2015, Art. 51 Rz. 4; Duursma-Kepplinger/Duursma/Chalupsky-*Duursma-Kepplinger/Chalupsky*, EuInsVO, Art. 37 Rz. 6.
15) *Reinhart* in: MünchKomm-InsO, Art. 51 EuInsVO 2015 Rz. 6.
16) Wimmer/Bornemann/Lienau-*Wimmer*, Die Neufassung der EuInsVO, Rz. 499.
17) *Reinhart* in: MünchKomm-InsO, Art. 51 EuInsVO 2015 Rz. 6.
18) Mankowski/Müller/J. Schmidt-*Mankowski*, EuInsVO 2015, Art. 51 Rz. 3.
19) Mankowski/Müller/J. Schmidt-*Mankowski*, EuInsVO 2015, Art. 51 Rz. 3.

Umwandlung vorliegen, namentlich, dass das vom Verwalter vorgeschlagene andere in Anhang A aufgeführte Verfahren

– den **Interessen der lokalen Gläubiger** und

– der **Kohärenz zwischen Haupt- und Sekundärinsolvenzverfahren** Rechnung trägt.[20]

12 Der Begriff des „lokalen Gläubigers" ist definiert in Art. 2 Nr. 11 und umfasst den Gläubiger, dessen Forderungen gegen den Schuldner aus oder in Zusammenhang mit dem Betrieb einer Niederlassung in einem anderen Mitgliedstaat als dem Mitgliedstaat entstanden sind, in dem sich der Mittelpunkt der hauptsächlichen Interessen des Schuldners befindet (COMI). Unter den Begriff fällt aber auch der Gläubiger, dessen Forderung zwar keinen Bezug zur Niederlassung hat, jedoch durch eine dingliche Sicherheit an einem im Mitgliedstaat der Niederlassung belegenen Vermögensgegenstand gesichert ist.[21]

13 Den **Nachweis** dafür, dass die Umwandlung im Interesse dieser Gläubiger erfolgt, hat der antragstellende Hauptverwalter zu erbringen.[22] Folglich hat das Gericht eine Prognose zu stellen, ob der beantragte Verfahrenstyp für die lokalen Gläubiger die **bestmöglichen Befriedigungsaussichten** bietet oder ob die lex fori concursus secundarii möglicherweise einen weiteren, noch geeigneteren Verfahrenstyp bereithält.[23]

14 Des Weiteren hat das Gericht zu prognostizieren, ob der beantragte Verfahrenstyp bestmöglich geeignet für eine **harmonische Abwicklung der parallelen Verfahren** ist.[24]

15 Bei der Prüfung des Antrags kann das angegangene Gericht nach Art. 51 Abs. 1 **Informationen von den Verwaltern** beider Verfahren anfordern.

## 2. Rechtsfolgen

16 Liegen die Voraussetzungen der Umwandlung nach Prüfung des angegangenen Gerichts vor, so hat es das Verfahren antragsgemäß umzuwandeln.[25] Das Gericht ist an den Antrag des Verwalters gebunden und hat insofern keinen eigenen Ermessensspielraum.[26]

---

20) Mankowski/Müller/J. Schmidt-*Mankowski*, EuInsVO 2015, Art. 51 Rz. 10; Wimmer/Bornemann/Lienau-*Wimmer*, Die Neufassung der EuInsVO, Rz. 500.

21) *Thole* in: MünchKomm-InsO, Art. 2 EuInsVO 2015 Rz. 17; Braun-*Tashiro*, InsO, Art. 2 EuInsVO Rz. 7 f.; Mankowski/Müller/J. Schmidt-*Mankowski*, EuInsVO 2015, Art. 2 Rz. 63; *Brinkmann*, KTS 2014, 381, 397.

22) Mankowski/Müller/J. Schmidt-*Mankowski*, EuInsVO 2015, Art. 51 Rz. 6; vgl. auch *Virgós/Schmit* in: Stoll, Vorschläge und Gutachten, Rz. 258; *Balz*, ZIP 1996, 948, 949 f., *Leible/Staudinger*, KTS 2000, 533, 548; *Fritz/Bähr*, DZWIR 2001, 221, 232.

23) Wimmer/Bornemann/Lienau-*Wimmer*, Die Neufassung der EuInsVO, Rz. 500.

24) Wimmer/Bornemann/Lienau-*Wimmer*, Die Neufassung der EuInsVO, Rz. 500.

25) *Reinhart* in: MünchKomm-InsO, Art. 51 EuInsVO 2015 Rz. 7.

26) *Reinhart* in: MünchKomm-InsO, Art. 51 EuInsVO 2015 Rz. 7; Mankowski/Müller/J. Schmidt-*Mankowski*, EuInsVO 2015, Art. 51 Rz. 11; dazu auch *Kindler/Sakka*, EuZW 2015, 460, 464; *Thole*, ZEuP 2014, 39, 63.

Ist das Gericht dagegen zu der Entscheidung gelangt, dass die lex fori concursus secundarii einen i. S. des Art. 51 geeigneteren Verfahrenstyp als den beantragten bereithält, ist dem Verwalter des Hauptinsolvenzverfahrens Gelegenheit zur Anpassung seines Antrags unter Berücksichtigung der Prüfung des Gerichts zu geben.[27] Erfolgt keine Anpassung, hat das Gericht den Antrag als unbegründet abzuweisen.[28]

17

---

27) Wimmer/Bornemann/Lienau-*Wimmer*, Die Neufassung der EuInsVO, Rz. 501.
28) Wimmer/Bornemann/Lienau-*Wimmer*, Die Neufassung der EuInsVO, Rz. 501; Mankowski/Müller/J. Schmidt-*Mankowski*, EuInsVO 2015, Art. 51 Rz. 11.

# Artikel 52
## Sicherungsmaßnahmen

**Bestellt das nach Artikel 3 Absatz 1 zuständige Gericht eines Mitgliedstaats zur Sicherung des Schuldnervermögens einen vorläufigen Verwalter, so ist dieser berechtigt, zur Sicherung und Erhaltung des Schuldnervermögens, das sich in einem anderen Mitgliedstaat befindet, jede Maßnahme zu beantragen, die nach dem Recht dieses Mitgliedstaats für die Zeit zwischen dem Antrag auf Eröffnung eines Insolvenzverfahrens und dessen Eröffnung vorgesehen ist.**

Literatur: *Vallender*, Aufgaben und Befugnisse des deutschen Insolvenzrichters in Verfahren nach der EuInsVO, KTS 2005, 283; *Virgós/Schmit*, Erster Teil: EU-Übereinkommen über Insolvenzverfahren, Kap. B – Erläuternder Bericht, in: Stoll, Vorschläge und Gutachten zur Umsetzung des EU-Übereinkommens über Insolvenzverfahren im deutschen Recht, 1997, S. 32 (zit.: *Virgós/Schmit* in: Stoll, Vorschläge und Gutachten).

### Übersicht

| | |
|---|---|
| I. Zweck der Norm ................ 1 | 3. Der Antrag ........................ 6 |
| II. Inhalt der Norm ................ 2 | 4. Zulässige Maßnahmen ........ 7 |
| 1. Einleitung eines Verfahrens zur Eröffnung eines Hauptverfahrens ....... 2 | 5. Zuständiges Gericht ............ 9 |
| 2. Belegenheit schuldnerischer Vermögenswerte ................ 5 | 6. Geltungsdauer der Maßnahmen ......... 10 |

## I. Zweck der Norm

Wurde in dem nach Art. 3 Abs. 1 zuständigen Mitgliedstaat ein vorläufiger Insolvenzverwalter bestellt, so ist dieser nach Art. 52 befugt, zu **Sicherung und Erhaltung des Schuldnervermögens**, das sich in einem anderen Mitgliedstaat befindet, jede Maßnahme zu beantragen, die nach dem Recht dieses Staates im Insolvenzeröffnungsverfahren vorgesehen ist.[1] So soll **in einem anderen Mitgliedstaat vorhandenes Vermögen** nach Antragsstellung möglichst effektiv geschützt werden.[2] Die Anordnung von Sicherungsmaßnahmen nach Art. 52 steht selbstständig neben der Anerkennung von Sicherungsmaßnahmen nach Art. 32 Abs. 1 Unterabs. 3.[3]

1

---

1) *Virgós/Schmit* in: Stoll, Vorschläge und Gutachten, Rz. 262.
2) *Reinhart* in: MünchKomm-InsO, Art. 38 EuInsVO 2000 Rz. 1; *Reinhart* in: MünchKomm-InsO, Art. 52 EuInsVO 2015 Rz. 1.
3) Pannen-*Herchen*, EuInsVO, Art. 38 Rz. 4.

Die Vorschriften ergänzen sich gegenseitig und zielen so auf eine umfassende Sicherung der Insolvenzmasse im Eröffnungsverfahren.[4] Der Insolvenzverwalter hat nach Art. 52 damit die Möglichkeit, Maßnahmen in anderen Mitgliedstaaten nach deren lex fori territorialis zu erlassen.

## II. Inhalt der Norm

### 1. Einleitung eines Verfahrens zur Eröffnung eines Hauptverfahrens

2 Voraussetzung von Art. 52 ist zunächst, dass in einem Mitgliedstaat ein Antrag auf Eröffnung eines Hauptinsolvenzverfahrens gestellt wurde und daraufhin in diesem Mitgliedstaat ein vorläufiger Insolvenzverwalter bestellt wurde.[5] Wurde das Verfahren bereits i. S. der Verordnung eröffnet, ist Art. 52 nicht mehr einschlägig. Die **Antragsbefugnis** des vorläufigen Hauptinsolvenzverwalters besteht auch nur so lange in dem anderen Staat kein Insolvenzverfahren eröffnet worden ist.[6] Die Befugnisse des Verwalters richten sich in diesem Fall nach Art. 21. Die Vorverlagerung des Eröffnungszeitpunktes durch die *Eurofood*-Entscheidung[7] des EuGH hat daher den praktischen Anwendungsbereich von Art. 52 gerade im Bereich des deutschen Rechts erheblich geschmälert.[8]

3 Nicht erforderlich ist nach Art. 52, dass auch in dem Staat, in welchem die Maßnahme erlassen werden soll, ein Insolvenzantrag gestellt wurde.[9] Vielmehr ist die Anordnung von Maßnahmen nach Art. 52 ausgeschlossen, wenn in dem jeweiligen Mitgliedstaat bereits ein **Sekundärverfahren** beantragt oder eröffnet wurde. Ein entsprechender Antrag nach Art. 52 würde mangels Rechtsschutzbedürfnis scheitern.[10]

4 Art. 52 sieht außerdem vor, dass der vorläufige Verwalter von dem nach Art. 3 Abs. 1 zuständigen Gericht bestellt wurde. Dies setzt zumindest eine **Plausibilitätsprüfung** in Bezug auf die **internationale Zuständigkeit** voraus.[11] Eine umfassende Prüfung wird hingegen dem Sicherungszweck und der dadurch gebotenen schnellen Entscheidung nicht gerecht.[12]

### 2. Belegenheit schuldnerischer Vermögenswerte

5 Art. 52 setzt voraus, dass in dem Mitgliedstaat nach dessen Recht die Maßnahme beantragt werden soll, **Vermögen** des Schuldners **vorhanden** ist. Nur in diesem Fall

---

4) *Reinhart* in: MünchKomm-InsO, Art. 38 EuInsVO 2000 Rz. 1; *Reinhart* in: MünchKomm-InsO, Art. 52 EuInsVO 2015 Rz. 1.
5) Uhlenbruck-*Lüer*, InsO, Art. 38 EuInsVO Rz. 2 f.
6) K. Schmidt-*Brinkmann*, InsO, Art. 38 EuInsVO Rz. 7.
7) EuGH, Urt. v. 2.5.2006 – Rs. C-341/04 (Eurofood), ZIP 2006, 907, m. Anm. *Knof/Mock*, dazu EWiR 2005, 725 *(Pannen)*.
8) *Reinhart* in: MünchKomm-InsO, Art. 38 EuInsVO 2000 Rz. 4; *Reinhart* in: MünchKomm-InsO, Art. 52 EuInsVO 2015 Rz. 1.
9) *Reinhart* in: MünchKomm-InsO, Art. 38 EuInsVO 2000 Rz. 3; *Reinhart* in: MünchKomm-InsO, Art. 52 EuInsVO 2015 Rz. 1.
10) Pannen-*Herchen*, EuInsVO, Art. 38 Rz. 15; *Vallender*, KTS 2005, 283, 308.
11) *Reinhart* in: MünchKomm-InsO, Art. 38 EuInsVO 2000 Rz. 6; *Reinhart* in: MünchKomm-InsO, Art. 52 EuInsVO 2015 Rz. 1.
12) *Reinhart* in: MünchKomm-InsO, Art. 38 EuInsVO 2000 Rz. 6; *Reinhart* in: MünchKomm-InsO, Art. 52 EuInsVO 2015 Rz. 1.

besteht ein Sicherungsbedürfnis. Auch wenn Art. 52 dies nicht ausdrücklich vorsieht, ist weiterhin erforderlich, dass der Schuldner in dem anderen Mitgliedstaat über eine **Niederlassung** verfügt.[13] Das Erfordernis ergibt sich aus der systematischen Stellung der Norm im Kapitel „Sekundärinsolvenzverfahren" sowie aus der *Eurofood*-Entscheidung des EuGH.[14] Dort stellt der EuGH fest, dass Maßnahmen nach Art. 52 nur in solchen Mitgliedstaaten erlassen werden können, in denen auch die Voraussetzungen zur Eröffnung eines Sekundärinsolvenzverfahrens vorliegen.[15]

### 3. Der Antrag

Art. 52 sieht vor, dass die Sicherungsmaßnahmen nach der lex fori territorialis vom vorläufigen Verwalter beantragt werden. Dies gilt auch für Maßnahmen, die nach ihrer lex fori keine Antragspflicht voraussetzen, sondern von Amts wegen erlassen werden können.[16] Dies ist auch zweckmäßig, da bereits festgestellt wurde, dass die Anordnung nach Art. 52 nicht voraussetzt, dass in dem Anordnungsstaat ein Insolvenzantrag gestellt wurde.[17]   6

### 4. Zulässige Maßnahmen

Der vorläufige Insolvenzverwalter ist befugt, alle Maßnahmen, die die lex fori territorialis im Eröffnungsverfahren vorsieht, zu beantragen.[18] Die Zulässigkeit der Maßnahme ergibt sich allein aus den **Voraussetzungen des fremden Rechts**, d. h. des Rechtes des Staates, in dem die Maßnahme angeordnet werden soll.[19] Das Insolvenzgericht ist allerdings an den Antrag des Insolvenzverwalters nicht gebunden, sondern entscheidet unter Berücksichtigung der Zwecke der EuInsVO nach eigenem Ermessen.[20] Die Maßnahmen dürfen sich jedoch nur auf das im Mitgliedstaat belegene Vermögen oder im Mitgliedstaat befindliche Personen beziehen.[21]   7

In **Deutschland** kann der vorläufige Verwalter daher alle Maßnahmen nach § 21 InsO beantragen. Das gilt auch für die Bestellung eines vorläufigen Verwalters nach § 21 Abs. 2 Nr. 1 InsO. Die Bestellung des vorläufigen Verwalters des Hauptinsolvenz-   8

---

13) Uhlenbruck-*Lüer*, InsO, Art. 38 EuInsVO Rz. 3; *Reinhart* in: MünchKomm-InsO, Art. 38 EuInsVO 2000 Rz. 10; *Paulus*, EuInsVO, Art. 38 Rz. 2; a. A. *Undritz* in: HambKomm-InsO, Art. 38 EuInsVO Rz. 3, Mankowski/Müller/J. Schmidt-*Mankowski*, EuInsVO 2015, Art. 52 Rz. 18 ff.
14) EuGH, Urt. v. 2.5.2006 – Rs. C-341/04 (Eurofood), ZIP 2006, 907, m. Anm. *Knof/Mock*; s. dazu ausführlich *Thomas*, Grenzüberschreitende Insolvenzeröffnungsverfahren, S. 131 f.
15) EuGH, Urt. v. 2.5.2006 – Rs. C-341/04 (Eurofood), ZIP 2006, 907, m. Anm. *Knof/Mock*; so auch *Reinhart* in: MünchKomm-InsO, Art. 38 EuInsVO 2000 Rz. 10; *Reinhart* in: MünchKomm-InsO, Art. 52 EuInsVO 2015 Rz. 1.
16) K. Schmidt-*Brinkmann*, InsO, Art. 38 EuInsVO Rz. 8.
17) *Reinhart* in: MünchKomm-InsO, Art. 38 EuInsVO 2000 Rz. 13; *Reinhart* in: MünchKomm-InsO, Art. 52 EuInsVO 2015 Rz. 1.
18) *Virgós/Schmit* in: Stoll, Vorschläge und Gutachten, Rz. 262; Kübler/Prütting/Bork-*Kemper*, InsO, Art. 38 EuInsVO Rz. 4.
19) *Reinhart* in: MünchKomm-InsO, Art. 38 EuInsVO 2000 Rz. 15; *Reinhart* in: MünchKomm-InsO, Art. 52 EuInsVO 2015 Rz. 1; Duursma-Kepplinger/Duursma/Chalupsky-*Duursma-Kepplinger*, EuInsVO, Art. 38 Rz. 12.
20) *Reinhart* in: MünchKomm-InsO, Art. 38 EuInsVO 2000 Rz. 16; *Reinhart* in: MünchKomm-InsO, Art. 52 EuInsVO 2015 Rz. 1.
21) *Reinhart* in: MünchKomm-InsO, Art. 38 EuInsVO 2000 Rz. 15; *Reinhart* in: MünchKomm-InsO, Art. 52 EuInsVO 2015 Rz. 1.

verfahrens zum vorläufigen Verwalter, ist zwar nach den Vorschriften der EuInsVO grundsätzlich möglich, von einer Bestellung sollte indes aufgrund der fehlenden Kenntnis des fremden Rechts, der Sprachbarriere und zur Vorbeugung eines Konfliktes im Fall der späteren Eröffnung eines Sekundärverfahrens im Anordnungsstaat abgesehen werden.[22] Im deutschen Recht dürfte die Bestellung im Regelfall bereits wegen der fehlenden Voraussetzung der notwendigen Geschäftskunde gemäß § 56 InsO scheitern.[23]

### 5. Zuständiges Gericht

9   Das in dem Anordnungsstaat jeweils zuständige Gericht bestimmt sich nach den nationalen Vorschriften des Anordnungsstaates.[24]

### 6. Geltungsdauer der Maßnahmen

10  Die Geltungsdauer der einzelnen Maßnahmen richtet sich entsprechend der Zulässigkeit nach der lex fori concursus territorialis. Dabei müssen allerdings einige Konstellationen besonders berücksichtigt werden:

11  Die **Sicherungsmaßnahmen** nach Art. 52 erlöschen mit Eröffnung eines Sekundärverfahrens im Anordnungsstaat. So dürfen nach Art. 52 nur solche Maßnahmen überhaupt beantragt werden, deren Wirkung sich auf die Phase zwischen Antragstellung und Eröffnung bezieht. Sieht der Verwalter nach Eröffnung des Hauptinsolvenzverfahrens davon ab, einen Antrag auf Eröffnung eines Sekundärverfahrens zu stellen, sind die Sicherungsmaßnahmen aufzuheben. Das Recht des Hauptverfahrens entfaltet seine Wirkung in allen Mitgliedstaaten und der Sicherungszweck der Maßnahmen entfällt.[25]

12  Wird der **Antrag** auf Anordnung einer Maßnahme nach Art. 52 **zurückgenommen**, muss dies zumindest im deutschen Recht, als Rücknahme des Insolvenzantrages behandelt werden.[26]

13  Wird das **Hauptverfahren nicht eröffnet**, bspw. weil die Prüfung der internationalen Zuständigkeit im Eröffnungsverfahren negativ ausfällt oder weil der Antrag als unzulässig oder unbegründet zurückgewiesen wird oder mangels Masse zurückgewiesen wird, dürfen die beantragten Maßnahmen keinen Bestand mehr haben. Bereits erlassene Sicherungsmaßnahmen müssen aufgehoben werden. Haben Sicherungsmaßnahmen bereits Wirkung entfaltet, wirkt die Aufhebung nur für die Zukunft.[27]

---

22) S. dazu ausführlich *Thomas*, Grenzüberschreitende Insolvenzeröffnungsverfahren, S. 137 f.
23) *Reinhart* in: MünchKomm-InsO, Art. 38 EuInsVO 2000 Rz. 17; *Reinhart* in: MünchKomm-InsO, Art. 52 EuInsVO 2015 Rz. 1.
24) *Reinhart* in: MünchKomm-InsO, Art. 38 EuInsVO 2000 Rz. 14; *Reinhart* in: MünchKomm-InsO, Art. 52 EuInsVO 2015 Rz. 1; Braun-*Delzant*, InsO, Art. 52 EuInsVO Rz. 9.
25) *Reinhart* in: MünchKomm-InsO, Art. 38 EuInsVO 2000 Rz. 19; *Reinhart* in: MünchKomm-InsO, Art. 52 EuInsVO 2015 Rz. 1; *Vallender*, KTS 2005, 283, 309 f.
26) Pannen-*Herchen*, EuInsVO, Art. 38 Rz. 46.
27) Pannen-*Herchen*, EuInsVO, Art. 38 Rz. 41; Uhlenbruck-*Lüer*, InsO, Art. 38 EuInsVO Rz. 8.

# KAPITEL IV
# UNTERRICHTUNG DER GLÄUBIGER UND ANMELDUNG IHRER FORDERUNGEN

## Artikel 53
### Recht auf Forderungsanmeldung

¹Jeder ausländische Gläubiger kann sich zur Anmeldung seiner Forderungen in dem Insolvenzverfahren aller Kommunikationsmittel bedienen, die nach dem Recht des Staats der Verfahrenseröffnung zulässig sind. ²Allein für die Anmeldung einer Forderung ist die Vertretung durch einen Rechtsanwalt oder sonstigen Rechtsbeistand nicht zwingend.

**Literatur:** *Mankowski*, Neues zur grenzüberschreitenden Forderungsanmeldung unter der EuInsVO, NZI 2011, 887; *Piekenbrock*, Steuerforderungen in grenzüberschreitenden Insolvenzverfahren, EWS 2016, 181.

### Übersicht

| | |
|---|---|
| I. Zweck der Norm ................................ 1 | 3. Vertretung bei der Forderungs- |
| II. Anwendungsbereich ........................ 3 | anmeldung (Art. 53 Satz 2) ............ 13 |
| III. Inhalt der Norm ............................ 5 | 4. Adressat der Anmeldung ............... 17 |
| 1. Anmeldungsberechtigte ................ 5 | 5. Anmeldefrist ................................ 18 |
| 2. Form der Forderungsanmeldung (Art. 53 Satz 1) ............................ 11 | |

## I. Zweck der Norm

Die Norm dient der Beschränkung der nach nationalem Recht möglichen formalen Vorgaben für eine Forderungsanmeldung, um zu hohe Hürden für die Geltendmachung ihrer Rechte durch in anderen Mitgliedstaaten ansässige Gläubiger zu verhindern. Es handelt sich um eine Sachnorm, welche die gemäß Art. 7 Abs. 2 Satz 2 lit. h grundsätzlich für „die Anmeldung, die Prüfung und die Feststellung der Forderungen" anwendbare lex fori concursus überlagert.[1]   1

Die Regelung stellt klar, dass auch ausländischen Gläubigern für die Anmeldung ihrer Forderungen im Insolvenzverfahren alle im Staat der Verfahrenseröffnung zugelassenen Kommunikationsmittel zur Verfügung stehen. Insofern besteht ein **Diskriminierungsverbot**. Daneben ist festgelegt, dass es allein für die Anmeldung einer Forderung keiner Vertretung durch einen Rechtsbeistand bedarf. Etwaige im nationalen Recht bestehende Anforderungen an eine solche Vertretung können daher zumindest für ausländische Gläubiger aufgrund der vorrangigen Vorgabe der EuInsVO nicht aufrechterhalten werden.   2

---

1) Mankowski/Müller/J. Schmidt-*J. Schmidt*, EuInsVO 2015, Art. 53 Rz. 4; Bork/van Zwieten-*Lenzing*, Commentary on the European Insolvency Regulation, Art. 53 Rz. 53.01; s. auch oben Art. 7 Rz. 32 [*Liersch*].

**Artikel 53**

## II. Anwendungsbereich

3 Die Norm gilt in allen nach Art. 1 erfassten Verfahrensarten. Insbesondere gilt sie sowohl für Hauptinsolvenzverfahren als auch für Partikularinsolvenzverfahren.[2]

4 Abzugrenzen ist die Norm von Art. 45. Dort ist die Rechtsstellung sämtlicher Gläubiger im Fall der Eröffnung mehrerer Verfahren im Anwendungsbereich der EuInsVO geregelt, während Art. 53 sich speziell mit nicht im Staat der Verfahrenseröffnung ansässigen Gläubigern befasst.[3]

## III. Inhalt der Norm

### 1. Anmeldungsberechtigte

5 Nicht gesondert geregelt, sondern **vorausgesetzt** wird in der Norm, **dass auch ausländische Gläubiger zur Anmeldung ihrer Forderungen im Insolvenzverfahren berechtigt sind**. Diese Berechtigung ist notwendiger Ausfluss des Gläubigergleichbehandlungsgrundsatzes und des Universalitätsprinzips.[4]

6 In der Vorgängernorm des Art. 39 a. F. war hierzu noch ausdrücklich aufgeführt, dass „jeder Gläubiger, der seinen gewöhnlichen Aufenthalt, Wohnsitz oder Sitz in einem anderen Mitgliedstaat als dem Staat der Verfahrenseröffnung hat, einschließlich der Steuerbehörden und der Sozialversicherungsträger der Mitgliedstaaten," seine Forderungen in dem Insolvenzverfahren anmelden könne. Die damit zugleich vorgenommene **Legaldefinition** des „**ausländischen Gläubigers**" findet sich nun inhaltlich unverändert in Art. 2 Nr. 12.

7 Maßgeblich für die Anwendbarkeit der Norm ist die Lokalisierung (**gewöhnlicher Aufenthalt, Wohnsitz oder Sitz**) des Gläubigers in einem Mitgliedstaat,[5] nicht etwa die Staatsangehörigkeit zu einem solchen Staate.[6] Der Begriff des „gewöhnlichen Aufenthalts" ist hier ebenso zu verstehen wie in Art. 3.[7] Für den Begriff „Wohnsitz" kann die Definition in Art. 62 und 63 EuGVVO herangezogen werden.[8] Den auch in Art. 3 verwendeten Begriff „Sitz" sollte man als gleichbedeutend mit dem Begriff des „satzungsmäßigen Sitz" nach Art. 63 Abs. 1 lit. a EuGVVO verstehen.[9]

8 Mangels Geltung der EuInsVO insgesamt ist auch Art. 53 nicht anwendbar in Bezug auf in **Dänemark** ansässige Gläubiger. Für die Berechtigung zur Forderungsanmel-

---

2) Mankowski/Müller/J. Schmidt-*J. Schmidt*, EuInsVO 2015, Art. 53 Rz. 7.
3) Bork/van Zwieten-*Lenzing*, Commentary on the European Insolvency Regulation, Art. 53 Rz. 53.19.
4) Bork/van Zwieten-*Lenzing*, Commentary on the European Insolvency Regulation, Art. 53 Rz. 53.03.
5) Mitgliedstaaten i. S. der EuInsVO sind alle Mitgliedstaaten der EU mit Ausnahme von Dänemark, s. Mankowski/Müller/J. Schmidt-*J. Schmidt*, EuInsVO 2015, Art. 1 Rz. 52.
6) Bork/van Zwieten-*Lenzing*, Commentary on the European Insolvency Regulation, Art. 53 Rz. 53.05.
7) Bork/van Zwieten-*Lenzing*, Commentary on the European Insolvency Regulation, Art. 53 Rz. 53.07.
8) Bork/van Zwieten-*Lenzing*, Commentary on the European Insolvency Regulation, Art. 53 Rz. 53.08.
9) Bork/van Zwieten-*Lenzing*, Commentary on the European Insolvency Regulation, Art. 53 Rz. 53.09.

dung können diese sich jedoch auf das Diskriminierungsverbot aus Art. 18 AEUV berufen.[10]

Als Gläubiger erfasst sind **natürliche wie juristische Personen**. Klarstellend gesondert aufgeführt werden in Art. 2 Nr. 12 die „Steuerbehörden und ... Sozialversicherungsträger der Mitgliedstaaten"[11] Darüber hinausgehend sind sämtliche Gläubiger miterfasst, deren Forderung auf öffentlich-rechtlichen Normen beruht. Berechtigt zur Anmeldung von Forderungen als ausländische Gläubiger sind daher insbesondere auch Garantieeinrichtungen für Arbeitnehmerforderungen wie die französische *Association pour la Gestion du régime de Garantie des Salaires* (AGS) oder die deutsche *Bundesagentur für Arbeit* (BA).[12] Etwaige **Vorrechte** der öffentlich-rechtlichen Gläubiger, die sie in ihrem Heimatstaat im Insolvenzverfahren genießen, werden durch Art. 53 jedoch nicht auf Verfahren in anderen Mitgliedstaaten übertragen.[13] Ob andererseits Forderungen ausländischer öffentlicher Gläubiger derselbe Rang einzuräumen ist, der den inländischen öffentlichen Gläubigern gewährt wird, ist bislang nicht durch den EuGH entschieden. Für ein Gebot der Gleichbehandlung sprechen entsprechende ausdrückliche Festlegungen in den für Kreditinstitute und Versicherungsunternehmen geltenden Verordnungen.[14]

Welche Personen im konkreten Verfahren als Gläubiger eine **Forderung** haben, **die als Insolvenzforderungen angemeldet werden kann**, bestimmt sich nach dem Recht des Staates der Verfahrenseröffnung. Dieses kann bspw. wie das deutsche Recht festlegen, dass nicht fällige Forderungen für die Zwecke der Forderungsanmeldung als fällig gelten (§ 41 InsO), dass nachrangige Insolvenzforderungen erst nach gesonderter Aufforderung angemeldet werden können (§ 174 Abs. 3 InsO) oder dass **Gesamtschuldner** oder **Bürgen** die Forderung, die sie durch eine Befriedigung des Gläubigers künftig gegen den Schuldner erwerben könnten, nur dann anmelden können, wenn der Gläubiger seine Forderung nicht geltend macht (§ 44 InsO).

## 2. Form der Forderungsanmeldung (Art. 53 Satz 1)

Während die Vorgängernorm des Art. 39 a. F. noch davon ausging, dass eine Forderungsanmeldung stets schriftlich zu erfolgen hat, lässt Art. 53 Satz 1 nunmehr auch für die Anmeldung der Forderung des ausländischen Gläubigers **jedes nach dem Recht des Staates der Verfahrenseröffnung zugelassene Kommunikations-**

---

10) Bork/van Zwieten-*Lenzing*, Commentary on the European Insolvency Regulation, Art. 53 Rz. 53.06.
11) Ausführlich zu Steuerforderungen in grenzüberschreitenden Insolvenzverfahren *Piekenbrock*, EWS 2016, 181.
12) Bork/van Zwieten-*Lenzing*, Commentary on the European Insolvency Regulation, Art. 53 Rz. 53.11.
13) Bork/van Zwieten-*Lenzing*, Commentary on the European Insolvency Regulation, Art. 53 Rz. 53.12.
14) Art. 16 Abs. 2 der Richtlinie 2001/24/EG des Europäischen Parlaments und des Rates v. 4.4.2001 über die Sanierung und Liquidation von Kreditinstituten, ABl. (EG) L 125/15 v. 5.5.2001; Art. 282 Abs. 2 der Richtlinie 2009/138/EG des Europäischen Parlaments und des Rates v. 25.11.2009 betreffend die Aufnahme und Ausübung der Versicherungs- und Rückversicherungstätigkeit – Solvabilität II, n. F., ABl. (EU) L 335/1 v. 17.12.2009; vgl. Bork/van Zwieten-*Lenzing*, Commentary on the European Insolvency Regulation, Art. 53 Rz. 53.13.

mittel zu. Dies ermöglicht insbesondere die elektronische Einreichung einer Forderungsanmeldung. Die Verordnung zwingt allerdings die Mitgliedstaaten nicht zur Zulassung bestimmter Kommunikationsmittel, sondern stellt lediglich ein Verbot der Diskriminierung auf, indem alle grundsätzlich zugelassenen Kommunikationsmittel auch den ausländischen Gläubigern zur Verfügung stehen müssen.[15] Welche Kommunikationsmittel zugelassen sind, haben die Mitgliedstaaten der EU-Kommission mitzuteilen, welche diese Information i. R. des Art. 86 der Öffentlichkeit über das Europäische Justizportal zur Verfügung stellt.[16]

12 Insbesondere kann sich der ausländische Gläubiger für die Anmeldung seiner Forderung des nach Artt. 55, 88 vorgesehenen **Standardformulars** bedienen.

### 3. Vertretung bei der Forderungsanmeldung (Art. 53 Satz 2)

13 Der Gläubiger kann seine Forderungen **persönlich**, aber auch durch einen **gewillkürten Vertreter** anmelden. Bei der Vertretung durch einen Rechtsanwalt ist nach deutschem Recht eine Vollmacht nur auf Rüge des Insolvenzverwalters oder eines Insolvenzgläubigers vorzulegen (§ 4 InsO, § 88 Abs. 2 ZPO).

14 **Bei juristischen Personen oder Gesellschaften ohne Rechtspersönlichkeit** kann sich zusätzlich die Frage stellen, welche natürliche Person für diese i. R. der Forderungsanmeldung handlungsfähig ist. Richtigerweise wird man dabei die organschaftliche Vertretungsmacht nach dem Gesellschaftsstatut zu beurteilen haben.[17]

15 Ausgeschlossen ist nach Art. 53 Satz 2 eine Verpflichtung des ausländischen Gläubigers, sich „allein für die Anmeldung einer Forderung" von einen Rechtsanwalt oder einem sonstigen Rechtsbeistand vertreten zu lassen. Durch dieses **Verbot des Anwaltszwangs**[18] soll ausländischen Gläubigern die Forderungsanmeldung erleichtert werden.

16 Anwendbar bleiben demgegenüber nationale Regelungen, die einen **Anwaltszwang für weitergehende Verfahrenshandlungen** vorsehen.[19]

### 4. Adressat der Anmeldung

17 Welche Stelle für die Entgegennahme der Forderungsanmeldungen zuständig ist, ergibt sich aus dem Recht des Staates der Verfahrenseröffnung. Hierüber sind die ausländischen Gläubiger i. R. der Unterrichtung nach Art. 54 zu informieren. Im deutschen Insolvenzverfahren gilt insoweit, dass die Forderungen beim **Insolvenzverwalter** (§ 174 Abs. 1 Satz 1 InsO) und im Verfahren der **Eigenverwaltung** beim **Sachwalter** (§ 270 Abs. 3 Satz 2) anzumelden sind.

---

15) Allerdings wird ein strengeres als das Schriftformerfordernis nach dem Normzweck nicht zulässig sein, s. Bork/van Zwieten-*Lenzing*, Commentary on the European Insolvency Regulation, Art. 53 Rz. 53.17.
16) Bork/van Zwieten-*Lenzing*, Commentary on the European Insolvency Regulation, Art. 53 Rz. 53.16.
17) Vgl. *Mankowski*, NZI 2011, 887, 888.
18) Mankowski/Müller/J. Schmidt-*J. Schmidt*, EuInsVO 2015, Art. 53 Rz. 10.
19) Mankowski/Müller/J. Schmidt-*J. Schmidt*, EuInsVO 2015, Art. 53 Rz. 11; Bork/van Zwieten-*Lenzing*, Commentary on the European Insolvency Regulation, Art. 53 Rz. 53.18.

## 5. Anmeldefrist

Die EuInsVO räumt ausländischen Gläubigern eine **Mindestfrist** für die Forderungsanmeldung ein (Art. 55 Abs. 6). Darüber hinaus richten sich die Fristenregelungen ebenso wie die Rechtsfolgen einer verspäteten Forderungsanmeldung nach dem Recht des Staates der Verfahrenseröffnung.[20]

18

---

20) Bork/van Zwieten-*Lenzing*, Commentary on the European Insolvency Regulation, Art. 53 Rz. 53.15.

# Artikel 54
## Pflicht zur Unterrichtung der Gläubiger

(1) Sobald in einem Mitgliedstaat ein Insolvenzverfahren eröffnet wird, unterrichtet das zuständige Gericht dieses Staates oder der von diesem Gericht bestellte Verwalter unverzüglich alle bekannten ausländischen Gläubiger.

(2) ¹Die Unterrichtung nach Absatz 1 erfolgt durch individuelle Übersendung eines Vermerks und gibt insbesondere an, welche Fristen einzuhalten sind, welches die Versäumnisfolgen sind, welche Stelle für die Entgegennahme der Anmeldungen zuständig ist und welche weiteren Maßnahmen vorgeschrieben sind. ²In dem Vermerk ist auch anzugeben, ob die bevorrechtigten oder dinglich gesicherten Gläubiger ihre Forderungen anmelden müssen. ³Dem Vermerk ist des Weiteren eine Kopie des Standardformulars für die Anmeldung von Forderungen gemäß Artikel 55 beizufügen oder es ist anzugeben, wo dieses Formular erhältlich ist.

(3) ¹Die Unterrichtung nach den Absätzen 1 und 2 dieses Artikels erfolgt mithilfe eines Standardmitteilungsformulars, das gemäß Artikel 88 festgelegt wird. ²Das Formular wird im Europäischen Justizportal veröffentlicht und trägt die Überschrift „Mitteilung über ein Insolvenzverfahren" in sämtlichen Amtssprachen der Organe der Union. ³Es wird in der Amtssprache des Staates der Verfahrenseröffnung oder – falls es in dem betreffenden Mitgliedstaat mehrere Amtssprachen gibt – in der Amtssprache oder einer der Amtssprachen des Ortes, an dem das Insolvenzverfahren eröffnet wurde, oder in einer anderen Sprache übermittelt, die dieser Staat gemäß Artikel 55 Absatz 5 zugelassen hat, wenn anzunehmen ist, dass diese Sprache für ausländische Gläubiger leichter zu verstehen ist.

(4) Bei Insolvenzverfahren bezüglich einer natürlichen Person, die keine selbständige gewerbliche oder freiberufliche Tätigkeit ausübt, ist die Verwendung des in diesem Artikel genannten Standardformulars nicht vorgeschrieben, sofern die Gläubiger nicht verpflichtet sind, ihre Forderungen anzumelden, damit diese im Verfahren berücksichtigt werden.

Literatur: *Mankowski*, Neues zur grenzüberschreitenden Forderungsanmeldung unter der EuInsVO, NZI 2011, 887.

# Artikel 54

### Übersicht

| | |
|---|---|
| I. Zweck der Norm .................... 1 | 2. Inhalt der Unterrichtung |
| II. Anwendungsbereich ................ 4 | (Art. 54 Abs. 2) .................... 13 |
| III. Inhalt der Norm .................... 6 | 3. Standardmitteilungsformular |
| 1. Pflicht zur Unterrichtung | (Art. 54 Abs. 3 und 4) ............ 15 |
| (Art. 54 Abs. 1) .................. 6 | IV. **Rechtsfolgen einer Verletzung der** |
| | **Unterrichtspflicht** .................. 19 |

## I. Zweck der Norm

1 Wie ErwG 64 Satz 1 festhält, ist es von grundlegender Bedeutung, dass **Gläubiger**, die ihren gewöhnlichen Aufenthalt, Wohnsitz oder Sitz in der Union haben, über die Eröffnung von Insolvenzverfahren über das Vermögen ihres Schuldners **informiert** werden. Dass dies aktiv durch die Verfahrensorgane geschieht und welche Informationen den Gläubigern dabei zu geben sind, ist Gegenstand der Norm.

2 Die Norm übernimmt den Kerninhalt des Art. 40 a. F., geht jedoch mit der Einführung des **Standardmitteilungsformulars** über diesen hinaus. Reformiert wurde zudem die Sprachenregelung.

3 Ebenfalls dem Zweck der Gläubigerinformation dient die Einrichtung eines Systems vernetzter **Insolvenzregister** nach Artt. 24 bis 27. Dieses System hat besondere Bedeutung für diejenigen Gläubiger, die nicht aus den im Verfahren vorliegenden Unterlagen erkennbar und daher nicht als „bekannte" Gläubiger einzuordnen sind.[1]

## II. Anwendungsbereich

4 Die Pflicht zur Unterrichtung der Gläubiger besteht **in allen Insolvenzverfahren** i. S. von Art. 1, insbesondere besteht sie sowohl in Haupt- als auch in Partikularverfahren. Eine inhaltliche Differenzierung im Hinblick auf bestimmte Gestaltungen von Verbraucherinsolvenzverfahren nimmt Art. 54 Abs. 4 vor.

5 Die Unterrichtungspflicht besteht nur gegenüber den ausländischen Gläubigern i. S. von Art. 2 Nr. 12 (siehe hierzu auch Art. 53 Rz. 6 ff. [*Riewe*]). Einer Inländerdiskriminierung steht das europäische Recht nicht entgegen.[2]

## III. Inhalt der Norm
### 1. Pflicht zur Unterrichtung (Art. 54 Abs. 1)

6 Die Verpflichtung zur Unterrichtung der Gläubiger knüpft an die **Eröffnung eines Insolvenzverfahrens** in einem Mitgliedstaat an. Hintergrund ist, wie sich auch dem nachfolgend geregelten Inhalt der Unterrichtung entnehmen lässt, dass den Gläubigern v. a. die rechtzeitige und den sonstigen Anforderungen entsprechende Anmeldung ihrer Forderungen in dem jeweiligen Insolvenzverfahren ermöglicht werden soll. Obwohl nach Art. 2 Nr. 7 i. V. m. Anhang B klargestellt ist, dass auch die Entscheidung über die Bestellung eines vorläufigen Insolvenzverwalters oder vorläufigen Sachwalters i. S. der EuInsVO als Eröffnung eines Insolvenzverfahrens einzu-

---

1) Bork/van Zwieten-*Lenzing*, Commentary on the European Insolvency Regulation, Art. 54 Rz. 54.04.
2) Bork/van Zwieten-*Lenzing*, Commentary on the European Insolvency Regulation, Art. 54 Rz. 54.03.

ordnen ist (siehe hierzu Art. 2 Rz. 21 [*Sutschet*]), erscheint vor diesem Hintergrund eine Unterrichtung erst nach dem Eröffnungsbeschluss i. S. von § 27 InsO geboten.

Die Pflicht zur Unterrichtung der Gläubiger trifft das zuständige **Gericht** des Staates der Verfahrenseröffnung **oder** den von diesem Gericht bestellten **Verwalter**. Die Norm überlässt insoweit die konkrete Aufgabenverteilung zwischen Gericht und Verwalter dem nationalen Recht.[3] Trifft dieses keine Aussage, so weist der effet utile dahin, Gericht und Verwalter als Adressaten der Unterrichtungspflicht anzusetzen.[4]

In **Deutschland** bestimmt Art. 102 EGInsO § 11 für den Anwendungsbereich der EuInsVO a. F., dass Gläubigern, die in einem anderen Mitgliedstaat der EU ihren gewöhnlichen Aufenthalt, Wohnsitz oder Sitz haben, neben dem Eröffnungsbeschluss ein Hinweis zuzustellen ist, mit dem sie über die Folgen einer nachträglichen Forderungsanmeldung nach § 177 InsO unterrichtet werden. Für diese Zustellung ist die entsprechende Geltung des § 8 InsO angeordnet. Daraus ergibt sich die originäre Zuständigkeit der Gerichte für die Zustellungen, wobei aber die Möglichkeit einer Beauftragung des Insolvenzverwalters besteht (§ 8 Abs. 3 Satz 1 InsO). **Art. 102c EGInsO** enthält demgegenüber keine ausdrückliche Regelung zur Umsetzung der Unterrichtungspflicht. Für den zur Unterrichtung verwendeten Vermerk besteht damit kein formales Zustellungserfordernis (siehe auch unten Rz. 12). Bezüglich der Aufgabenverteilung zwischen Gericht und Verwalter wird die Praxis sich an §§ 30 Abs. 2, 8 Abs. 3 Satz 1 InsO orientieren. Im Verhältnis zu den ausländischen Gläubigern liegt jedoch europarechtlich die Annahme einer gesamtschuldnerischen Verpflichtung zur Unterrichtung nahe.

Zu unterrichten sind alle **bekannten** ausländischen Gläubiger. Wie auch in nationalen Sachverhalten kann eine aktive Kontaktaufnahme durch Gericht und Verwalter nur bzgl. derjenigen Gläubiger erfolgen, von welchen diese aus den Unterlagen des Schuldners und sonstigen ihnen zugänglichen Informationsquellen Kenntnis erlangen. Eine Sicherheit, dass alle ausländischen Gläubiger auch tatsächlich erfasst werden, kann insoweit nicht gewährleistet werden. Allerdings ist zumindest davon auszugehen, dass die Unterrichtungspflicht über den Verfahrensverlauf hinweg gilt, so dass auch bei nachträglichem Bekanntwerden eines Gläubigers die Unterrichtung vorzunehmen ist.[5] Gläubiger, die nicht unterrichtet werden, können von dem Insolvenzverfahren insbesondere aus dem nach Art. 24 nunmehr von allen Mitgliedstaaten zwingend einzurichtenden Insolvenzregister erfahren.

Rechtsprechung zum Begriff des bekannten Gläubigers ist in der **Tschechischen Republik** ergangen, wo seit 2006 den nationalen Gläubigern abverlangt wird, sich selbst über ein elektronisches Insolvenzregister die Informationen über neu eingeleitete Verfahren zu verschaffen. Wegen der zugleich kurzen Fristen für die Forderungsanmeldung ergibt sich ein hohes Risiko gerade für nicht unterrichtete auslän-

---

3) Zur entsprechenden Regelung in Art. 40 Abs. 1 a. F. *Reinhart* in: MünchKomm-InsO, Art. 40 EuInsVO 2000 Rz. 10 m. w. N.
4) Zu Art. 40 Abs. 1 a. F. *Mankowski*, NZI 2011, 887, 889.
5) Bork/van Zwieten-*Lenzing*, Commentary on the European Insolvency Regulation, Art. 54 Rz. 54.06.

dische Gläubiger, wegen einer verspäteten Anmeldung vom Verfahren ausgeschlossen zu werden. Vor diesem Hintergrund haben die Gerichte eine weite Auslegung des Begriffs des bekannten Gläubigers vorgenommen und darunter auch den Fall gefasst, dass der Schuldner Informationen über den ausländischen Gläubiger bewusst zurückgehalten hat.[6]

11 Die Unterrichtung hat **unverzüglich** zu erfolgen. Eine konkrete Frist legt die Verordnung damit nicht fest. Von Bedeutung kann der Zeitpunkt der Unterrichtung insbesondere im Hinblick auf die bei der Anmeldung von Forderungen einzuhaltenden Fristen sein, vgl. hierzu Art. 55 Abs. 6. Die Unterrichtung muss so erfolgen, dass dem Gläubiger eine effektive Verfahrensteilnahme ermöglicht wird.[7] Ein Zeitraum von mehreren Monaten ist sicherlich nicht mehr als unverzüglich anzusehen.[8]

12 Die Unterrichtung erfolgt nach Art. 54 Abs. 1 Satz 1 durch **individuelle** Übersendung eines Vermerks. Es genügt demnach nicht, einen solchen Vermerk an einer für eine oder mehrere ausländische Gläubiger zugänglichen Stelle zu plazieren, beispielsweise durch Abdruck in einer Zeitung, Aushang oder Einstellen auf einer Internetseite, sondern es muss jeder einzelne ausländische Gläubiger unter seiner konkreten Adresse aktiv kontaktiert werden. Eine formale Zustellung ist – wie in ErwG 64 Satz 2 ausdrücklich festgehalten – nicht erforderlich, vielmehr soll eine möglichst rasche Übermittlung der Information erfolgen.[9]

### 2. Inhalt der Unterrichtung (Art. 54 Abs. 2)

13 Einige materielle Anforderungen an den Inhalt der Unterrichtung sind in Art. 54 Abs. 2 festgelegt. Für die Praxis werden diese Anforderungen allerdings durch die in Art. 54 Abs. 3 enthaltene Verpflichtung zur Verwendung des Standardmitteilungsformulars überlagert.

14 Als wesentliche Informationen, welche in dem zu übersendenden Vermerk enthalten sein müssen, nennt Absatz 2 Satz 1 einige **grundlegende Aspekte zum Forderungsanmeldungsverfahren**, nämlich welche Fristen einzuhalten sind, welches die Versäumnisfolgen sind, welche Stelle für die Entgegennahme der Anmeldungen zuständig ist und welche weiteren Maßnahmen vorgeschrieben sind. Damit für **bevorrechtigte oder dinglich gesicherte Gläubiger** ersichtlich ist, ob sie sich am Verfahren beteiligen müssen, um ihre Rechtsstellung zu wahren, ist nach Absatz 2 Satz 2 auch anzugeben, ob diese ihre Forderungen anmelden müssen. Nachdem für den ausländischen Gläubiger nun insbesondere die Möglichkeit besteht, sich des

---

6) Obergericht Prag, Urt. v. 1.9.2010 – No. 3 VSPH 173.2010 (Jens Lemmel); vgl. auch Tschechisches Oberstes Gericht, Urt. v. 31.12.2012 – No. 29 NSCR 13/2010 (Sahin); Bork/van Zwieten-*Lenzing*, Commentary on the European Insolvency Regulation, Art. 54 Rz. 54.06.

7) *Mock* in: BeckOK-InsO, Art. 54 EuInsVO 2017 Rz. 2.

8) Bork/van Zwieten-*Lenzing*, Commentary on the European Insolvency Regulation, Art. 54 Rz. 54.11, unter Verweis auf die Kritik der EU-Kommission an einer Mitteilung der Verfahrenseröffnung erst nach zweieinhalb Monaten in dem Verfahren EuGH, Urt. v. 17.3.2005 – Rs. C-294/02 (Kommission/AMI Semiconductor BVBA u. a.), ECLI:EU:C:2005:172.

9) Fraglich ist, ob das nationale Recht ein Zustellungserfordernis anordnen kann; **dagegen** Bork/van Zwieten-*Lenzing*, Commentary on the European Insolvency Regulation, Art. 54 Rz. 54.08.

nach Artt. 55, 88 vorgesehenen Standardformulars zu bedienen, ist dem Gläubiger nach Absatz 2 Satz 3 mit dem Vermerk auch dieses Formular zu übersenden oder zumindest anzugeben, wo dieses Formular erhältlich ist.

### 3. Standardmitteilungsformular (Art. 54 Abs. 3 und 4)

Das Standardmitteilungsformular ist nach Absatz 3 Satz 1 **grundsätzlich in jedem Fall der Unterrichtung** zu verwenden. Eine **Ausnahme** regelt Art. 54 Abs. 4, wonach die Verwendung des Standardformulars nicht vorgeschrieben ist, sofern die Gläubiger i. R. eines Insolvenzverfahrens bzgl. einer natürlichen Person, die keine selbstständige oder freiberufliche Tätigkeit ausübt, nicht verpflichtet sind, ihre Forderungen anzumelden, damit diese im Verfahren berücksichtigt werden. Erforderlich ist damit zum einen, dass es sich um ein Verbraucherinsolvenzverfahren handelt, und zum anderen, dass die Forderungen der Gläubiger in diesem Verfahren nach der Ausgestaltung durch das Recht des Staates der Verfahrenseröffnung berücksichtigt werden, ohne dass es einer Anmeldung bedarf. Entsprechende Verfahren existieren derzeit in Finnland und Schweden.[10] 15

Das Standardmitteilungsformular wurde von der Europäischen Kommission als **Durchführungsrechtsakt** erlassen[11] und kann von dieser auch wieder geändert werden (Art. 88). 16

Das Formular wird im Europäischen Justizportal veröffentlicht und trägt die Überschrift **„Mitteilung über ein Insolvenzverfahren" in sämtlichen Amtssprachen der Organe der Union** (Abs. 3 Satz 2).[12] Damit soll zunächst gewährleistet werden, dass der Empfänger möglichst einfach und eindeutig erkennen kann, worum es in dem an ihn gerichteten Schreiben geht. 17

Für den konkreten Fall ist für das unterrichtende Gericht oder den Verwalter zu entscheiden, in welcher **Sprache** das Formular verwendet wird. Dabei kommt nach Art. 54 Abs. 3 Satz 3 grundsätzlich die Amtssprache des Staates der Verfahrenseröffnung zur Anwendung. Gibt es in dem betreffenden Mitgliedstaat mehrere Amtssprachen ist die oder eine derjenigen zu verwenden, welche an dem Ort gilt, an dem das Insolvenzverfahren eröffnet wird. Soweit ein Mitgliedstaat von der Möglichkeit Gebrauch gemacht hat, für eine Forderungsanmeldung andere Amtssprachen der Organe der Union zuzulassen (vgl. Art. 55 Abs. 5), kann auch das Standardmitteilungsformular in einer solchen Sprache verwendet werden, wenn anzunehmen ist, dass diese Sprache für ausländische Gläubiger leichter zu verstehen ist. Da das Formular im Europäischen Justizportal in allen Amtssprachen der EU zur Verfügung steht, hat der Gläubiger in jedem Fall die Möglichkeit, sich das Formular auch in 18

---

10) Bork/van Zwieten-*Lenzing*, Commentary on the European Insolvency Regulation, Art. 54 Rz. 54.06.
11) Durchführungsverordnung (EU) 2017/1105 der Kommission v. 12.6.2017 zur Festlegung der in der Verordnung (EU) 2015/848 des Europäischen Parlaments und des Rates über Insolvenzverfahren genannten Formulare, ABl. (EU) 2017 L 160/1 v. 22.6.2017.
12) Abrufbar unter https://e-justice.europa.eu/content_insolvency-474-de.do (Abrufdatum: 20.1.2020), deutschsprachige Fassung, andere Sprachfassungen unter entsprechendem Sprachkürzel.

einer ihm verständlichen Sprachfassung zu beschaffen und die Einträge mit dem ihm übersandten Formular zu vergleichen.[13]

### IV. Rechtsfolgen einer Verletzung der Unterrichtungspflicht

19 Die EuInsVO enthält keine ausdrückliche Regelung zu den Rechtsfolgen einer Verletzung der Unterrichtungspflicht. Insbesondere die Frage, ob nationale Fristen für die Forderungsanmeldung auch ohne ordnungsgemäße Unterrichtung zu laufen beginnen, wird von den nationalen Gerichten unterschiedlich bewertet[14] und wurde bislang noch nicht dem EuGH vorgelegt.[15]

20 Da die InsO eine Forderungsanmeldung auch nach Ablauf der Frist zulässt (§ 177 Abs. 1 InsO), stellt sich bei einem deutschen Insolvenzverfahren vorrangig die Frage, ob der ausländische Gläubiger die entstehende **Gebühr für die nachträgliche Forderungsprüfung** trotz fehlender oder unzureichender Unterrichtung zu tragen hat. Dies wird überwiegend bejaht und darauf verwiesen, dass dem Gläubiger ein entsprechender Schadenersatzanspruch gegen den Insolvenzverwalter oder das Gericht zusteht.[16]

---

13) Bork/van Zwieten-*Lenzing*, Commentary on the European Insolvency Regulation, Art. 54 Rz. 54.13.
14) Vgl. die Zusammenstellung nationaler Entscheidungen bei Bork/van Zwieten-*Lenzing*, Commentary on the European Insolvency Regulation, Art. 54 Rz. 54.17 ff.
15) In dem Verfahren EuGH, Urt. v. 4.9.2014 – Rs. C-327/13 (Burgo Group), ZIP 2014, 2513 = NZI 2014, 964, dazu EWiR 2015, 81 *(Undritz)*, machte der Gläubiger keinen Anspruch auf Berücksichtigung seiner Forderung im laufenden französischen Hauptinsolvenzverfahren gelten, sondern erstrebte die Eröffnung eines Sekundärinsolvenzverfahrens in Belgien, vgl. Bork/van Zwieten-*Lenzing*, Commentary on the European Insolvency Regulation, Art. 54 Rz. 54.16.
16) Krit. Bork/van Zwieten-*Lenzing*, Commentary on the European Insolvency Regulation, Art. 54 Rz. 54.21, mit Blick auf die Schwierigkeiten des ausländischen Gläubigers bzgl. des Nachweises von Pflichtverletzung und Verschulden auf Seiten des Insolvenzverwalters; für eine Behandlung der Anmeldung als nicht verspätet zu Art. 40 a. F. *Mankowski*, NZI 2011, 887, 890 f.

---

# Artikel 55
### Verfahren für die Forderungsanmeldung

(1) ¹**Ausländische Gläubiger können ihre Forderungen mithilfe des Standardformulars anmelden, das gemäß Artikel 88 festgelegt wird.** ²Das Formular trägt die Überschrift „Forderungsanmeldung" in sämtlichen Amtssprachen der Organe der Union.

(2) ¹Das Standardformular für die Forderungsanmeldung nach Absatz 1 enthält die folgenden Angaben:

a) Name, Postanschrift, E-Mail-Adresse sofern vorhanden, persönliche Kennnummer sofern vorhanden sowie Bankverbindung des ausländischen Gläubigers nach Absatz 1,

b) Forderungsbetrag unter Angabe der Hauptforderung und gegebenenfalls der Zinsen sowie Entstehungszeitpunkt der Forderung und – sofern davon abweichend – Fälligkeitsdatum,

c) umfasst die Forderung auch Zinsen, den Zinssatz unter Angabe, ob es sich um einen gesetzlichen oder vertraglich vereinbarten Zinssatz handelt, sowie den Zeitraum, für den die Zinsen gefordert werden, und den Betrag der kapitalisierten Zinsen,

d) falls Kosten für die Geltendmachung der Forderung vor Eröffnung des Verfahrens gefordert werden, Betrag und Aufschlüsselung dieser Kosten,

e) Art der Forderung,

f) ob ein Status als bevorrechtigter Gläubiger beansprucht wird und die Grundlage für einen solchen Anspruch,

g) ob für die Forderung eine dingliche Sicherheit oder ein Eigentumsvorbehalt geltend gemacht wird und wenn ja, welche Vermögenswerte Gegenstand der Sicherheit sind, Zeitpunkt der Überlassung der Sicherheit und Registernummer, wenn die Sicherheit in ein Register eingetragen wurde, und

h) ob eine Aufrechnung beansprucht wird und wenn ja, die Beträge der zum Zeitpunkt der Eröffnung des Insolvenzverfahrens bestehenden gegenseitigen Forderungen, den Zeitpunkt ihres Entstehens und den geforderten Saldo nach Aufrechnung.

²Der Forderungsanmeldung sind etwaige Belege in Kopie beizufügen.

(3) Das Standardformular für die Forderungsanmeldung enthält den Hinweis, dass die Bankverbindung und die persönliche Kennnummer des Gläubigers nach Absatz 2 Buchstabe a nicht zwingend anzugeben sind.

(4) Meldet ein Gläubiger seine Forderung auf anderem Wege als mithilfe des in Absatz 1 genannten Standardformulars an, so muss seine Anmeldung die in Absatz 2 genannten Angaben enthalten.

(5) ¹Forderungen können in einer Amtssprache der Organe der Union angemeldet werden. ²Das Gericht, der Verwalter oder der Schuldner in Eigenverwaltung können vom Gläubiger eine Übersetzung in die Amtssprache des Staats der Verfahrenseröffnung oder – falls es in dem betreffenden Mitgliedstaat mehrere Amtssprachen gibt – in die Amtssprache oder in eine der Amtssprachen des Ortes, an dem das Insolvenzverfahren eröffnet wurde, oder in eine andere Sprache, die dieser Mitgliedstaat zugelassen hat, verlangen. ³Jeder Mitgliedstaat gibt an, ob er neben seiner oder seinen eigenen Amtssprachen andere Amtssprachen der Organe der Union für eine Forderungsanmeldung zulässt.

(6) ¹Forderungen sind innerhalb der im Recht des Staats der Verfahrenseröffnung festgelegten Frist anzumelden. ²Bei ausländischen Gläubigern beträgt diese Frist mindestens 30 Tage nach Bekanntmachung der Eröffnung des Insolvenzverfahrens im Insolvenzregister des Staats der Verfahrenseröffnung. ³Stützt sich ein Mitgliedstaat auf Artikel 24 Absatz 4, so beträgt diese Frist mindestens 30 Tage ab Unterrichtung eines Gläubigers gemäß Artikel 54.

## Artikel 55

(7) Hat das Gericht, der Verwalter oder der Schuldner in Eigenverwaltung Zweifel an einer nach Maßgabe dieses Artikels angemeldeten Forderung, so gibt er dem Gläubiger Gelegenheit, zusätzliche Belege für das Bestehen und die Höhe der Forderung vorzulegen.

**Literatur:** *Fuchs*, Grenzüberschreitenden Forderungsanmeldungen im Insolvenzverfahren, NZI 2018, 9.

### Übersicht

| | |
|---|---|
| I. Zweck der Norm ............................. 1 | cc) Geltendmachung von Sonderrechten (Art. 55 Abs. 2 |
| II. Anwendungsbereich ........................ 6 | Satz 1 lit. f bis lit. h) ............... 20 |
| III. Inhalt der Norm ............................. 8 | dd) Beifügung von Unterlagen |
| 1. Forderungsanmeldung und Standardformular (Art. 55 Abs. 1 bis 4) ........................................ 8 | (Art. 55 Abs. 2 Satz 2) ............. 24 |
| a) Form der Forderungsanmeldung .............................. 9 | 2. Sprache der Forderungsanmeldung (Art. 55 Abs. 5) ............................ 25 |
| b) Anmeldung mithilfe des Standardformulars .......................... 11 | 3. Anmeldefrist (Art. 55 Abs. 6) ........ 35 |
| c) Inhaltliche Anforderungen an die Forderungsanmeldung ........ 14 | 4. Folgen einer fehlerhaften oder unvollständigen Forderungsanmeldung ..................................... 37 |
| aa) Angaben zur Person des Gläubigers (Art. 55 Abs. 2 Satz 1 lit. a) ............................ 15 | a) Wirksamkeit der Anmeldung ... 37 |
| bb) Angaben zur Forderung (Art. 55 Abs. 2 Satz 1 lit. b bis lit. e) ............................. 16 | b) Gelegenheit zur Nachreichung von Belegen (Art. 55 Abs. 7) ... 38 |
| | IV. Wirkung der Forderungsanmeldung ..................................... 39 |

### I. Zweck der Norm

1 Ziel der Regelung ist es, **ausländischen Gläubigern**, insbesondere kleinen Gläubigern und kleinen und mittleren Unternehmen (KMU), die **Anmeldung ihrer Forderungen zu erleichtern**.[1]

2 Mit der Norm wird – als Neuerung gegenüber der vorherigen Regelung – ein im gesamten Geltungsbereich der EuInsVO einheitliches **Standardformular** für die Forderungsanmeldung eingeführt. Festgelegt wird hierzu, welche Angaben die Forderungsanmeldung eines ausländischen Gläubigers zu enthalten hat, und zwar sowohl als Bestandteil des Standardformulars als auch bei einer Anmeldung von Forderungen ohne Verwendung des Standardformulars (Abs. 2).

3 Reformiert wurde die zuvor in Art. 42 Abs. 2 a. F. enthaltene Regelung über die bei der Forderungsanmeldung zu verwendende **Sprache**.

4 Zugunsten des ausländischen Gläubigers wird zudem eine **Mindestfrist** für die Forderungsanmeldung anknüpfend an die Bekanntmachung der Verfahrenseröffnung im Insolvenzregister des Staats der Verfahrenseröffnung geschaffen (Abs. 6). Schließlich erhält der ausländische Gläubiger einen Anspruch darauf, zunächst **zusätzliche Belege** für das Bestehen und die Höhe seiner Forderung vorlegen zu können, ehe diese im Verfahren zurückgewiesen werden kann (Abs. 7).

---

1) Vgl. Europäische Kommission, Vorschlag für eine Verordnung des Europäischen Parlaments und des Rates zur Änderung der Verordnung (EG) Nr. 1346/2000 des Rates über Insolvenzverfahren, v. 12.12.2012, COM (2012) 744 final, 3.1.4.

Als **Sachnorm** enthält Art. 55 unmittelbar anwendbare Regelungen, welche die gemäß 5
Art. 7 Abs. 2 Satz 2 lit. h grundsätzlich anwendbare lex fori concursus überlagern
(siehe oben Art. 7 Rz. 32 [*Liersch*]).[2]

## II. Anwendungsbereich

Die Regelungen zum Verfahren bei der Forderungsanmeldung gelten für alle Ver- 6
fahren im Anwendungsbereich der EuInsVO, unabhängig davon, ob es sich um
Haupt- oder Sekundärverfahren handelt.

**Personell** können sich auf die mit der Norm eingeräumten Rechte nur ausländische 7
Gläubiger i. S. von Art. 2 Nr. 12 berufen.

## III. Inhalt der Norm

### 1. Forderungsanmeldung und Standardformular (Art. 55 Abs. 1 bis 4)

Im Ausgangspunkt richtet sich die **Anmeldung**, die **Prüfung** und die **Feststellung** 8
**der Forderungen** gemäß Art. 7 Abs. 2 Satz 2 lit. h nach dem **Recht des Staates der**
**Verfahrenseröffnung** (siehe auch Art. 7 Rz. 30 [*Liersch*]). Art. 55 schafft hierzu nur
beschränkte Sonderregelungen, so dass i. Ü. auf die jeweils geltenden nationalen
Vorgaben zurückzugreifen ist.

### a) Form der Forderungsanmeldung

Keine Aussage trifft das europäische Recht zur Frage einer notwendigen **Form** der 9
Forderungsanmeldung. Aus Art. 55 Abs. 1 ergibt sich allerdings, dass für ausländische Gläubiger stets eine Anmeldung unter **Verwendung des Standardformulars**
möglich ist und strengere Formvorgaben insoweit nicht gemacht werden dürfen.
Zugleich ist dem Wortlaut des Art. 55 Abs. 1 sowie der Regelung in Absatz 4 zu
entnehmen, dass die Verwendung des Standardformulars für den ausländischen Gläubiger nicht zwingend ist, sondern dass dieser seine Forderungsanmeldung auch „auf
anderem Wege" vornehmen darf. In formeller Hinsicht muss der ausländische Gläubiger, der sich gegen die Verwendung des Standardformulars entscheidet, dann die
Vorgaben des Rechts des Staates der Verfahrenseröffnung einhalten, inhaltlich gibt
ihm Art. 55 Abs. 4 dieselben Angaben vor, welche auch im Standardformular aufzunehmen sind.

Bei einem in Deutschland eröffneten Insolvenzverfahren gilt insoweit, dass die An- 10
meldung nach § 174 InsO **schriftlich** zu erfolgen hat, jedoch nicht notwendigerweise in der Form des § 126 Abs. 1 BGB. Ausreichend ist eine Übermittlung per
Telefax.[3] Die Verwendung von Vordrucken oder Formblättern ist nicht vorgeschrieben.[4] **Auf elektronischem Wege** ist die Anmeldung möglich, wenn der Insolvenzverwalter dazu ausdrücklich sein Einverständnis erklärt hat (§ 174 Abs. 4
InsO).

---

[2] Mankowski/Müller/*J. Schmidt*-*J. Schmidt*, EuInsVO 2015, Art. 55 Rz. 1.
[3] *Riedel* in: MünchKomm-InsO, § 174 Rz. 21a.
[4] Uhlenbruck-*Sintz*, InsO, § 174 Rz. 18; BGH, Urt. v. 22.2.2009 – IX ZR 3/08, Rz. 19,
NJW-RR 2009, 772.

### b) Anmeldung mithilfe des Standardformulars

11 Ausländische Gläubiger haben die Möglichkeit, nicht aber die Pflicht, ihre Forderung unter Verwendung des Standardformulars[5] anzumelden. Die Verwendung des Formulars ist also **fakultativ**.[6]

12 Die Ausgestaltung und Festlegung des Standardformulars erfolgt gemäß Art. 55 Abs. 1 Satz 1 in dem nach Art. 88 vorgesehenen Verfahren durch einen **Durchführungsrechtsakt der EU-Kommission**.[7] Das Standardformular trägt den Titel „Forderungsanmeldung" in sämtlichen Amtssprachen der Organe der Union (Abs. 1 Satz 2). Damit ist bezweckt, dass jeder Unionsbürger erkennen kann, worum es sich bei dem Dokument handelt.[8]

13 Für eine korrekte Forderungsanmeldung muss das Standardformular **alle darin geforderten Angaben** enthalten. Dabei ist zu beachten, dass von den in Art. 55 Abs. 2 vorgesehenen Angaben die Bankverbindung sowie die persönliche Kennnummer des Gläubigers nach Absatz 2 Satz 1 lit. a nicht zwingend anzugeben sind (vgl. Abs. 3). Ein entsprechender Hinweis ist auch als Inhalt des Standardformulars vorgesehen (Abs. 3).[9] Nicht gefordert werden können weitere Angaben, etwaige derartige Vorgaben des Rechts des Staates der Verfahrenseröffnung sind auf ausländische Gläubiger unanwendbar.

### c) Inhaltliche Anforderungen an die Forderungsanmeldung

14 Unabhängig davon, ob die Forderungsanmeldung des ausländischen Gläubigers mithilfe des Standardformulars oder auf anderem Wege erfolgt, sind inhaltlich übereinstimmend (vgl. Abs. 4) die nachfolgend dargestellten Angaben zu machen. Zu beachten ist, dass Art. 55 keine Spezialnorm darstellt, die in ihrem Anwendungsbereich (d. h. für ausländische Gläubiger) eine Anmeldung nach der lex fori concursus ausschließen möchte. Die Vorschrift eröffnet bei zutreffendem Verständnis für die ausländischen Gläubiger vielmehr lediglich einen **zusätzlichen einheitlichen Standard**, den das Gericht oder der Verwalter als zulässige Form der Forderungsanmeldung akzeptieren muss.[10]

#### aa) Angaben zur Person des Gläubigers (Art. 55 Abs. 2 Satz 1 lit. a)

15 Anzugeben sind jedenfalls **Name, Postanschrift** und – soweit vorhanden – **E-Mail-Adresse** des anmeldenden ausländischen Gläubigers (Abs. 2 Satz 1 lit. a). Vorgesehen, aber dem Gläubiger ausdrücklich freigestellt (Abs. 3) ist die Angabe einer etwaig vergebenen persönlichen **Kennnummer** des Gläubigers sowie die Angabe seiner

---

5) Abrufbar unter https://e-justice.europa.eu/content_insolvency-474-de.do (Abrufdatum: 20.1.2020), deutschsprachige Fassung, andere Sprachfassungen unter entsprechendem Sprachkürzel.
6) Mankowski/Müller/J. Schmidt-*J. Schmidt*, EuInsVO 2015, Art. 55 Rz. 11.
7) Durchführungsverordnung (EU) 2017/1105 der Kommission vom 12.6.2017 zur Festlegung der in der Verordnung (EU) 2015/848 des Europäischen Parlaments und des Rates über Insolvenzverfahren genannten Formulare, ABl. (EU) 2017 L 160/1.
8) Mankowski/Müller/J. Schmidt-*J. Schmidt*, EuInsVO 2015, Art. 55 Rz. 13.
9) Im Standardformular ist dies umgesetzt, indem obligatorische Angaben durch (*) oder (**) gekennzeichnet sind.
10) *Reinhart* in: MünchKomm-InsO, Art. 55 EuInsVO 2015 Rz. 7.

**Bankverbindung.** Die Angaben dienen der Identifikation des anmeldenden Gläubigers. Wird die Forderungsanmeldung durch eine andere Person vorgenommen, so sieht das Standardformular ergänzend die Angabe von deren Namen, Anschrift sowie deren Beziehung zum Gläubiger als ebenfalls obligatorisch vor.

**bb) Angaben zur Forderung (Art. 55 Abs. 2 Satz 1 lit. b bis lit. e)**

Die anzumeldende Forderung ist mit einem **konkreten Forderungsbetrag** unter Angabe der Hauptforderung und ggf. der Zinsen geltend zu machen. Anzugeben ist weiterhin der Entstehungszeitpunkt der Forderung sowie – sofern davon abweichend – deren Fälligkeitsdatum (Abs. 2 Satz 1 lit. b).[11] Unsicherheiten bei der Betragsangabe können sich ergeben, wenn die Forderung nicht von vornherein auf einen konkreten Geldbetrag gerichtet ist. Mangels einer materiellen Sonderregelung in der EuInsVO ist das Recht des Staats der Verfahrenseröffnung maßgeblich dafür, auf welcher Grundlage der im Verfahren zu berücksichtigende Betrag zu ermitteln ist. Im deutschen Recht sind hierzu die Regelungen in den §§ 41 ff. InsO heranzuziehen.

16

Umfasst die geltend gemachte Forderung auch **Zinsen**, sind sowohl der Zinssatz unter Angabe, ob es sich um einen gesetzlichen oder vertraglich vereinbarten Zinssatz handelt, sowie der Zeitraum, für den die Zinsen gefordert werden, als auch der Betrag der kapitalisierten Zinsen anzugeben (Abs. 2 Satz 1 lit. c).[12] Hier wird vom Gläubiger mehr verlangt als nach deutschem Recht, wonach keine betragsmäßige Errechnung erforderlich ist.[13]

17

Falls **Kosten** für die Geltendmachung der Forderung vor Eröffnung des Verfahrens in Rechnung gestellt werden, ist der geltend gemachte Betrag anzugeben sowie eine Aufschlüsselung dieser Kosten beizufügen (Abs. 2 Satz 1 lit. d).

18

Anzugeben ist schließlich die „**Art der Forderung**" (Abs. 2 Satz 1 lit. e). Das Standardformular bietet hierfür die Kategorien „Vertragspflicht des Schuldners", „Haftung des Schuldners aus vorsätzlicher unerlaubter Handlung", „sonstiges außervertragliches Schuldverhältnis", „dingliches Recht des Gläubigers", „ausstehender gesetzlicher Unterhalt, den der Schuldner entgegen seiner Verpflichtung vorsätzlich nicht gezahlt hat", „Ansprüche aus einem Arbeitsvertrag", „Steueranspruch", „Ansprüche in Bezug auf Beiträge zur sozialen Sicherheit" sowie „andere (bitte angeben)".

19

**cc) Geltendmachung von Sonderrechten (Art. 55 Abs. 2 Satz 1 lit. f bis lit. h)**

Der ausländische Gläubiger hat in der Forderungsanmeldung auch Rechtspositionen anzugeben, aufgrund derer er eine bevorzugte Behandlung im Insolvenzverfahren geltend macht.

20

---

11) Dies zielt insbesondere auf Deliktsforderungen, welche nach einigen Rechtsordnungen erst fällig werden, wenn sie betragsmäßig gerichtlich festgestellt wurden, vgl. Bork/van Zwieten-*Lenzing*, Commentary on the European Insolvency Regulation, Art. 55 Rz. 55.08.
12) Im Standardformular sind lediglich das „Ob" der Geltendmachung von Zinsen sowie der Gesamtbetrag der Forderung einschließlich Zinsen als obligatorische Angaben gekennzeichnet. Sinnvoll erscheint die dort fakultativ vorgesehene Angabe des einschlägigen Gesetzes, auf welches ein gesetzlicher Zinsanspruch gestützt wird.
13) Vgl. Braun-*Specovius*, InsO, § 174 Rz. 27.

21 Anzugeben ist, ob ein **Status als bevorrechtigter Gläubiger** beansprucht wird und die Grundlage für einen solchen Anspruch (Abs. 2 Satz 1 lit. f). Ob in dem jeweils in Rede stehenden Insolvenzverfahren eine Kategorie von bevorrechtigten Gläubigern besteht und nach welchen Kriterien sich die Zugehörigkeit zu einer solchen Kategorie von bevorrechtigten Gläubigern ergibt, ist nach dem jeweiligen Recht des Staats der Verfahrenseröffnung zu beurteilen (vgl. Art. 7 Abs. 2 Satz 2 lit. i „Rang der Forderungen"). Die Geltendmachung in der Forderungsanmeldung ist dabei keine zusätzliche Voraussetzung für die Zuerkennung eines Vorrechts.[14]

22 Anzugeben ist weiter, ob für die Forderung eine **dingliche Sicherheit** oder ein **Eigentumsvorbehalt** geltend gemacht wird und wenn ja, welche Vermögenswerte Gegenstand der Sicherheit sind (Abs. 2 Satz 1 lit. g). Ergänzend ist der Zeitpunkt der Überlassung der Sicherheit mitzuteilen sowie die Registernummer, wenn die Sicherheit in ein Register eingetragen wurde (Abs. 2 Satz 1 lit. g). Der Umstand, dass Rechte an außerhalb des Staates der Verfahrenseröffnung belegenen Vermögensgegenständen nach Artt. 8 und 10 Abs. 1 von der Eröffnung des Verfahrens unberührt bleiben, führt nicht zu einer Einschränkung der notwendigen Angaben in der Forderungsanmeldung.[15]

23 Auch darauf, ob eine **Aufrechnung** beansprucht wird, hat der ausländische Gläubiger in seiner Forderungsanmeldung einzugehen (Abs. 2 Satz 1 lit. h). Ist dies der Fall, sind die Beträge der zum Zeitpunkt der Eröffnung des Insolvenzverfahrens bestehenden gegenseitigen Forderungen, der Zeitpunkt ihres Entstehens und der geforderte Saldo nach Aufrechnung anzugeben (Abs. 2 Satz 1 lit. h).

### dd) Beifügung von Unterlagen (Art. 55 Abs. 2 Satz 2)

24 Der Forderungsanmeldung sind nach Absatz 2 Satz 2 etwaige **Belege in Kopie** beizufügen. Dies entspricht der Regelung im deutschen Recht nach § 174 Abs. 1 Satz 2 InsO, wonach der Anmeldung die Unterlagen, aus denen sich die Forderung ergibt, im Abdruck beizufügen sind. Die Urkunden (z. B. Vertragsurkunden, Vollstreckungstitel, Wechsel, Bescheide) sollen dem Insolvenzverwalter und den Insolvenzgläubigern ermöglichen, die Berechtigung der Forderung und damit die Frage des Widerspruchs zu prüfen.[16] Die Vorlage von Originalurkunden verlangt auch das deutsche Gesetz in diesem Verfahrensstadium nicht, sie ist also nicht Wirksamkeitserfordernis für die Anmeldung der Forderung.[17] Der Gläubiger muss aber bei einem solchen Vorgehen damit rechnen, dass der Insolvenzverwalter oder ein anderer Insolvenzgläubiger die Forderung bestreiten, weil sie deren Berechtigung nicht hinreichend prüfen können.[18] Für die **elektronische Anmeldung** bestimmt § 174 Abs. 4 Satz 2 InsO, dass die Urkunden unverzüglich nachzureichen sind.

---

14) Bork/van Zwieten-*Lenzing*, Commentary on the European Insolvency Regulation, Art. 55 Rz. 55.09.
15) Bork/van Zwieten-*Lenzing*, Commentary on the European Insolvency Regulation, Art. 55 Rz. 55.09.
16) *Nowak* in: MünchKomm-InsO, § 174 Rz. 42; Uhlenbruck-*Sinz*, InsO, § 174 Rz. 41.
17) BGH, Urt. v. 1.12.2005 – IX ZR 95/04, ZIP 2006, 192 = ZVI 2006, 26, dazu EWiR 2006, 177 *(Köster)*; Braun-*Specovius*, InsO, § 174 Rz. 24; Uhlenbruck-*Sinz*, InsO, § 174 Rz. 41.
18) Uhlenbruck-*Sinz*, InsO, § 174 Rz. 42.

## 2. Sprache der Forderungsanmeldung (Art. 55 Abs. 5)

Nach der früheren Regelung des Art. 42 Abs. 2 a. F. konnten ausländische Gläubiger ihre Forderung außer in der nach dem Recht des Staates der Verfahrenseröffnung vorgesehenen Sprache auch in der **Amtssprache oder einer der Amtssprachen ihres Herkunftsstaates** anmelden. In diesem Fall musste die Anmeldung jedoch mindestens die Überschrift „Anmeldung einer Forderung" in der nach dem Recht des Staates der Verfahrenseröffnung vorgesehenen Sprache enthalten. Vom Gläubiger konnte zudem eine Übersetzung der Anmeldung in die nach dem Recht des Staates der Verfahrenseröffnung vorgesehene Sprache verlangt werden. 25

Mit dem Ziel der Erleichterung der Forderungsanmeldung stellt Art. 55 Abs. 5 eine noch offenere Regelung bzgl. der zulässigen Sprachen dar. Zugelassen wird danach nunmehr die **Anmeldung von Forderungen in jeder Amtssprache der Organe der Union**, unabhängig davon, woher der ausländische Gläubiger stammt (Abs. 5 Satz 1). Zur Wahl stehen damit derzeit 24 Sprachen.[19] Dem Gläubiger wird damit neben der Wahl seiner eigenen Sprache insbesondere auch die Möglichkeit gegeben, seine Forderung in einer weit verbreiteten Drittsprache anzumelden, die er beherrscht und von der er annimmt, dass auch der Verwalter sie versteht.[20] Nicht erforderlich für die Wirksamkeit der Forderungsanmeldung ist dabei die mehrsprachige Überschrift „Forderungsanmeldung".[21] 26

Um gleichzeitig die Bearbeitung der Forderungsanmeldung durch das Gericht, den Verwalter bzw. den Schuldner in Eigenverwaltung praktikabel zu gestalten, wird diesen weiterhin die Möglichkeit eingeräumt, eine **Übersetzung** der Forderungsanmeldung zu verlangen. Vorgesehen ist dabei eine Übersetzung 27

– in die Amtssprache des Staats der Verfahrenseröffnung oder,

– falls es in dem betreffenden Mitgliedstaat mehrere Amtssprachen gibt, in die Amtssprache oder in eine der Amtssprachen des Ortes, an dem das Insolvenzverfahren eröffnet wurde, oder

– in eine andere Sprache, die dieser Mitgliedstaat zugelassen hat.[22]

Die Entscheidung, ob eine Übersetzung verlangt wird, liegt im **Ermessen** des Verwalters. Dieses ist in jedem Einzelfall auszuüben, weshalb das Verlangen erst nach Eingang einer Forderungsanmeldung ausgesprochen werden kann.[23] Bei einer For- 28

---

[19] Bulgarisch, Dänisch, Deutsch, Englisch, Estnisch, Finnisch, Französisch, Griechisch, Irisch, Italienisch, Kroatisch, Lettisch, Litauisch, Maltesisch, Niederländisch, Polnisch, Portugiesisch, Rumänisch, Schwedisch, Slowakisch, Slowenisch, Spanisch, Tschechisch und Ungarisch gemäß Art. 342 AEUV i. V. m. Art. 1 der Verordnung Nr. 1 des Rates v. 15.4.1958, ABl. (EG) L 17/385 v. 6.10.1958, zuletzt geändert durch die Verordnung (EU) Nr. 517/2013 des Rates v. 13.5.2013, ABl. (EU) L 158/1 v. 10.6.2013.

[20] *Reinhart* in: MünchKomm-InsO, Art. 55 EuInsVO Rz. 8; *Fuchs*, NZI 2018, 9, 10.

[21] Art. 55 Abs. 4 verweist zum notwendigen Inhalt der Forderungsanmeldung lediglich auf Absatz 2, nicht auch auf Absatz 1 Satz 2; vgl. *Fuchs*, NZI 2018, 9, 11 m. Nachw. zum abweichenden Verständnis zu Art. 42 Abs. 2 Satz 2 EuInsVO a. F.

[22] Bislang hat allerdings kein Mitgliedstaat von dieser Möglichkeit Gebrauch gemacht. Die von der Europäischen Kommission gewünschte Verpflichtung jedes Mitgliedstaats, eine weitere Sprache zuzulassen, hatte sich im Rechtssetzungsprozess nicht durchsetzen lassen.

[23] Ahrens/Gehrlein/Ringstmeier-*Fuchs*, InsO, Art. 55 EuInsVO Rz. 39.

derungsanmeldung in englischer Sprache wird regelmäßig die Anforderung einer Übersetzung nicht ermessensgerecht sein.[24]

29 Das Übersetzungsverlangen sollte in Anlehnung an Art. 54 Abs. 2 Satz 1 in Textform erfolgen.[25] Es dürfte genügen, wenn der Verwalter das Übersetzungsverlangen in der Verfahrenssprache äußert, weil die Anforderung einer Übersetzung gerade bezweckt, dem Verwalter die mit der Verwendung einer Fremdsprache verbundenen Sprachschwierigkeiten abzunehmen.[26] Allerdings wird es dem Verwalter unproblematisch möglich sein, das Übersetzungsverlangen zugleich wenigstens auch in englischer Sprache zu äußern, was häufig den Umgang des Gläubigers damit erleichtern mag und daher für den Regelfall zu empfehlen ist.[27]

30 Soweit für die Übersetzung mehrere Sprachen in Betracht kommen, weil es an dem Ort, an dem das Insolvenzverfahren eröffnet wurde, mehrere Amtssprachen gibt, oder der Mitgliedstaat eine andere Sprache zugelassen hat, stellt sich die Frage, ob die Übersetzung in eine bestimmte dieser Sprachen verlangt werden kann oder ob die Auswahl unter den zulässigen Sprachen dem Gläubiger überlassen bleibt. Für die **Auswahlbefugnis** des Gläubigers wird vorgebracht, dass die Option der Zulassung einer anderen Sprache sinnentleert wäre, wenn die Verfahrensbeteiligten in diesem Mitgliedstaat nicht auch eine Übersetzung in diese Sprache akzeptieren müssten.[28]

31 Dem ist zuzustimmen, da im Fall der Zulassung einer anderen Sprache für die Forderungsanmeldung von den mit der Prüfung der Forderung befassten Beteiligten verlangt wird, mit einer Anmeldung in dieser Sprache ebenso umgehen zu können wie mit einer in der maßgeblichen Amtssprache vorgenommenen Anmeldung. Andererseits können Praktikabilitätserwägungen dafür sprechen, in den Fällen, in denen es einer Übersetzung bedarf, eine Übersetzung dann auch direkt in eine Sprache vorzunehmen, welche den mit der Prüfung der Forderung befassten Personen tatsächlich geläufig ist.

32 Jedenfalls solange keine gerichtlichen Entscheidungen zur Frage der Auswahlbefugnis vorliegen, bietet es sich an, beim Verlangen nach einer Übersetzung darauf hinzuweisen, welche von mehreren denkbaren Sprachen gewünscht wird, und von Seiten des Gläubigers im Zweifel die Rückfrage zu stellen, in welche Sprache die Übersetzung erfolgen soll bzw. ob eine Verständigung auf eine Übersetzung in eine andere als die zunächst angegebene Sprache möglich ist, wenn die Übersetzung in diese andere Sprache mit geringerem Aufwand möglich ist.

33 Bei einem in **Deutschland** eröffneten Insolvenzverfahren kommt nach geltendem Recht lediglich die deutsche Sprache als Amtssprache des Staates der Verfahrenser-

---

24) Vgl. *Mock* in: BeckOK-InsO, Art. 55 EuInsVO 2017 Rz. 10.
25) Ahrens/Gehrlein/Ringstmeier-*Fuchs*, InsO, Art. 55 EuInsVO Rz. 35.
26) So Ahrens/Gehrlein/Ringstmeier-*Fuchs*, InsO, Art. 55 EuInsVO Rz. 37.
27) So auch *Mock* in: BeckOK-InsO, Art. 55 EuInsVO 2017 Rz. 11.
28) Vgl. Mankowski/Müller/J. Schmidt-*J. Schmidt*, EuInsVO 2015, Art. 55 Rz. 33.

öffnung in Betracht (§ 184 GVG).[29] Von der Möglichkeit der Zulassung einer oder mehrerer anderer Amtssprachen der Organe der Union für eine Forderungsanmeldung nach Absatz 5 Satz 3 hat der deutsche Gesetzgeber i. R. des Durchführungsgesetzes keinen Gebrauch gemacht.

Konkrete Anforderungen an die Übersetzung werden nicht gestellt. Ausreichend ist daher eine von dem Gläubiger **selbst erstellte Übersetzung**.[30] Legt der Gläubiger eine Übersetzung nicht vor, muss er sich behandeln lassen als habe er keine Forderung angemeldet.[31]   34

### 3. Anmeldefrist (Art. 55 Abs. 6)

Art. 55 Abs. 6 Satz 1 bekräftigt zunächst die sich bereits aus Art. 7 Abs. 2 Satz 2 lit. h ergebende Maßgeblichkeit der im **Recht des Staates der Verfahrenseröffnung** festgelegten Frist für die Forderungsanmeldung. Als vorrangige Sonderregelung bestimmt dann allerdings Art. 55 Abs. 6 Satz 2 zugunsten ausländischer Gläubiger eine **Mindestfrist von 30 Tagen nach Bekanntmachung der Eröffnung des Insolvenzverfahrens im Insolvenzregister des Staates der Verfahrenseröffnung** (siehe hierzu Art. 24 Rz. 22 [*Zipperer*]). Soweit eine solche Bekanntmachung nicht erfolgt, weil es sich um ein Insolvenzverfahren über das Vermögen einer natürlichen Person handelt, die keine selbstständige gewerbliche oder freiberufliche Tätigkeit ausübt, und der betreffende Mitgliedstaat von der Möglichkeit nach Art. 24 Abs. 4 Gebrauch macht, über diese Personen keine Informationen in die Insolvenzregister aufzunehmen oder öffentlich zugänglich zu machen,[32] ist Anknüpfungspunkt für den Fristlauf nach Absatz 6 Satz 3 die Unterrichtung des Gläubigers gemäß Art. 54.   35

Nach deutschem Insolvenzrecht wird die **Anmeldefrist** für Insolvenzforderungen vom Insolvenzgericht im Eröffnungsbeschluss festgelegt (§ 28 InsO). Dem Gericht steht dafür ein Zeitraum von **zwei Wochen bis drei Monaten** zur Verfügung (§ 28 Abs. 1 Satz 2 InsO). Da es sich um **keine Ausschlussfrist** handelt, bleibt die Anmeldung auch nach Fristablauf möglich.[33] Der Gläubiger hat allerdings die Kosten für die nachträgliche Prüfung zu tragen.   36

### 4. Folgen einer fehlerhaften oder unvollständigen Forderungsanmeldung

#### a) Wirksamkeit der Anmeldung

Für die Praxis ist zu beachten, dass eine mittels des Standardformulars vorgenommene Anmeldung eines ausländischen Gläubigers grundsätzlich als ausreichend erachtet werden muss. Die Folgen des **unvollständigen Ausfüllens** des Standardfor-   37

---

29) Die Maßgeblichkeit des Gerichtsverfassungsgesetzes für das Insolvenzverfahren setzt das deutsche Insolvenzrecht als selbstverständlich voraus, Jaeger-*Gerhardt*, InsO, § 4 Rz. 2. Zu den Besonderheiten für Sorben vgl. *Zimmermann* in: MünchKomm-ZPO, § 184 GVG Rz. 11.
30) Ahrens/Gehrlein/Ringstmeier-*Fuchs*, InsO, Art. 55 EuInsVO Rz. 44 f.
31) Ahrens/Gehrlein/Ringstmeier-*Fuchs*, InsO, Art. 55 EuInsVO Rz. 67; *Mock* in: BeckOK-InsO, Art. 55 EuInsVO 2017 Rz. 13.
32) In den Verhandlungen haben sich Belgien, Frankreich, Finnland, Luxemburg und Schweden für eine solche Möglichkeit eingesetzt, vgl. Bork/van Zwieten-*Lenzing*, Commentary on the European Insolvency Regulation, Art. 55 Rz. 55.05 m. Fn. 13.
33) *Schmahl/Busch* in: MünchKomm-InsO, § 29 Rz. 54; Uhlenbruck-*Sinz*, InsO, § 174 Rz. 13.

mulars sind nach ErwG 64 Satz 4 durch das nationale Recht zu regeln. Es besteht daher keine Verpflichtung für den Verwalter oder das Gericht, dem Gläubiger die Möglichkeit zu geben, eine unvollständige Forderungsanmeldung zu vervollständigen.[34]

b) Gelegenheit zur Nachreichung von Belegen (Art. 55 Abs. 7)

38 Nach Art. 55 Abs. 7 muss dem ausländischen Gläubiger demgegenüber im Fall von Zweifeln an der angemeldeten Forderung Gelegenheit gegeben werden, **zusätzliche Belege für das Bestehen und die Höhe der Forderung** vorzulegen. Damit soll sichergestellt werden, dass die Forderungsanmeldung nicht an einfach behebbaren Nachweismängeln scheitert.[35]

### IV. Wirkung der Forderungsanmeldung

39 Die **formgerechte und vollständige Anmeldung** einer Forderung zum Insolvenzverfahren **hemmt** mit Eingang beim Insolvenzverwalter die **Verjährung** (§ 204 Abs. 1 Nr. 10 BGB). Diese Hemmung dauert bis zum Ablauf von sechs Monaten nach Beendigung des Insolvenzverfahrens (§ 204 Abs. 2 Satz 1 BGB).

---

34) Bork/van Zwieten-*Lenzing*, Commentary on the European Insolvency Regulation, Art. 55 Rz. 55.09.
35) Mankowski/Müller/J. Schmidt-*J. Schmidt*, EuInsVO 2015, Art. 55 Rz. 8.

## KAPITEL V
## INSOLVENZVERFAHREN ÜBER DAS VERMÖGEN VON MITGLIEDERN EINER UNTERNEHMENSGRUPPE

### ABSCHNITT 1
### Zusammenarbeit und Kommunikation

### Artikel 56
### Zusammenarbeit und Kommunikation der Verwalter

(1) ¹Bei Insolvenzverfahren über das Vermögen von zwei oder mehr Mitgliedern derselben Unternehmensgruppe arbeiten die Verwalter dieser Verfahren zusammen, soweit diese Zusammenarbeit die wirksame Abwicklung der Verfahren erleichtern kann, mit den für die einzelnen Verfahren geltenden Vorschriften vereinbar ist und keine Interessenkonflikte nach sich zieht. ²Diese Zusammenarbeit kann in beliebiger Form, einschließlich durch den Abschluss von Vereinbarungen oder Verständigungen, erfolgen.

(2) (Unterabs. 1) Bei der Durchführung der Zusammenarbeit nach Absatz 1 obliegt es den Verwaltern,

a) einander so bald wie möglich alle Informationen mitzuteilen, die für das jeweilige andere Verfahren von Bedeutung sein können, vorausgesetzt, es bestehen geeignete Vorkehrungen zum Schutz vertraulicher Informationen;

b) zu prüfen, ob Möglichkeiten einer Koordinierung der Verwaltung und Überwachung der Geschäfte der Gruppenmitglieder, über deren Vermögen ein Insolvenzverfahren eröffnet wurde, bestehen; falls eine solche Möglichkeit besteht, koordinieren sie die Verwaltung und Überwachung dieser Geschäfte;

c) zu prüfen, ob Möglichkeiten einer Sanierung von Gruppenmitgliedern, über deren Vermögen ein Insolvenzverfahren eröffnet wurde, bestehen und, falls eine solche Möglichkeit besteht, sich über den Vorschlag für einen koordinierten Sanierungsplan und dazu, wie er ausgehandelt werden soll, abzustimmen.

(Unterabs. 2) ¹Für die Zwecke der Buchstaben b und c können alle oder einige der in Absatz 1 genannten Verwalter vereinbaren, einem Verwalter aus ihrer Mitte zusätzliche Befugnisse zu übertragen, wenn eine solche Vereinbarung nach den für die jeweiligen Verfahren geltenden Vorschriften zulässig ist. ²Sie können ferner vereinbaren, bestimmte Aufgaben unter sich aufzuteilen, wenn eine solche Aufteilung nach den für die jeweiligen Verfahren geltenden Vorschriften zulässig ist.

Literatur: *Brünkmans*, Auf den Weg zu einem europäischen Konzerninsolvenzrecht, ZInsO 2013, 797; *Eble*, Auf dem Weg zu einem europäischen Konzerninsolvenzrecht – Die „Unternehmensgruppe" in der EuInsVO 2017, NZI 2016, 115; *Eidenmüller/Frobenius*, Ein Regulierungskonzept zur Bewältigung von Gruppeninsolvenzen: Verfahrenskonsolidierung im Kontext nationaler und internationaler Reformvorhaben, ZIP Beilage z. Heft 22/2013, S. 1; *Fösling*, Konzerninsolvenz: Gruppen-Gerichtsstand Kooperation und

Koordination, ZInsO 2013, 413; *Fritz*, Die Neufassung der Europäischen Insolvenzverordnung: Erleichterung bei der Restrukturierung in grenzüberschreitenden Fällen? (Teil 1), DB 2015, 1882, (Teil 2), DB 2015, 1945; *Harder/Lojowsky*, Der Diskussionsentwurf für ein Gesetz zur Erleichterung der Bewältigung von Konzerninsolvenzen – Verfahrensoptimierung zur Sanierung von Unternehmensverbänden?, NZI 2013, 327; *Himmer*, Das europäische Konzerninsolvenzrecht nach der reformierten EuInsVO, 2019 (Diss.); *Holzer*, Die Empfehlungen der Uncitral, zum nationalen und internationalen Konzerninsolvenzrecht, ZIP 2011, 1894; *Humbeck*, Plädoyer für ein materielles Konzerninsolvenzrecht, NZI 2013, 957; *Kindler*, Hauptfragen der Reform des europäischen internationalen Insolvenzrechtes", KTS 2014, 25; *Madaus*, Insolvency proceedings for corporate groups under the new Insolvency Regulation, IILR 2015, 235; *Paulus*, Nach der Reform ist vor der Reform – Schwachstellen des neuen Konzerninsolvenzrechts, NZI Beilage 1 z. Heft 8/2018, S. 47; *Paulus*, Wege zu einem Konzerninsolvenzrecht, ZGR 2010, 270; *Paulus*, Überlegungen zu einem modernen Konzerninsolvenzrecht, ZIP 2005, 1948; *Pluta*, Insolvenzverwalter einer Unternehmensgruppe kooperiert!, NZI Beilage 1 z. Heft 8/2018, S. 18; *Prager/ Keller, Ch.*, Der Vorschlag der Europäischen Kommission zur Reform der EuInsVO, NZI 2013, 57; *Reuß*, Europäisches Insolvenzrecht 3.0 oder doch nur Version 1.1?, EuZW 2013, 165; *Schmidt, J.*, Das Prinzip „Eine Person, ein Vermögen, eine Insolvenz" und seine Durchbrechungen vor dem Hintergrund der aktuellen Reformen im europäischen und deutschen Recht, KTS 2015, 19; *Siemon*, Konzerninsolvenzverfahren – wird jetzt alles besser?, NZI 2014, 55; *Thole*, Das neue Konzerninsolvenzrecht in Deutschland und Europa, KTS 2014, 351; *Thole/Swierczock*, Der Kommissionsvorschlag zur Reform der EuInsVO, ZIP 2013, 550; *Vallender*, Europaparlament gibt den Weg frei für eine neue Europäische Insolvenzverordnung, ZIP 2015, 1513; *Vallender*, Der deutsche Motor stockt, aber Europa drückt aufs Gas, ZInsO 2015, 57; *Virgós/Schmit*, Erster Teil: EU-Übereinkommen über Insolvenzverfahren, Kap. B – Erläuternder Bericht, in: Stoll, Vorschläge und Gutachten zur Umsetzung des EU-Übereinkommens über Insolvenzverfahren im deutschen Recht, 1997, S. 32 (zit.: *Virgós/Schmit* in: Stoll, Vorschläge und Gutachten); *Wimmer*, Konzerninsolvenzen im Rahmen der EuInsVO – Ausblick auf die Schaffung eines deutschen Konzerninsolvenzrechts, DB 2013, 1343; *Zipperer/Vallender*, Der vorläufige Insolvenzverwalter – offene Fragen und Probleme in der neuen EuInsVO, ZInsO 2018, 960.

## Übersicht

I. Entstehungsgeschichte und Zweck der Norm .................. 1
II. Konzerninsolvenzliches System der neuen EuInsVO ............. 4
 1. Materielle Konsolidierung ............ 5
 2. Verfahrensrechtliche Koordination ..... 7
 3. Konsequenzen im System der neuen EuInsVO ................ 8
III. Inhalt der Norm ...................... 12
 1. Beteiligte der Zusammenarbeit und Kommunikation .................. 12
  a) Verwalter ....................... 13
  b) Sekundärinsolvenzverwalter ........ 14
  c) Vorläufiger Insolvenzverwalter ..................... 15
  d) Eigenverwaltung ................. 16
  e) Solvente Gesellschaften .......... 19
 2. Voraussetzungen der Anwendbarkeit des Art. 56 und der Artt. 56 bis 57 ........ 20
  a) Unternehmensgruppe ............. 21
  b) Grenzüberschreitender Bezug/ Räumlicher Anwendungsbereich ......................... 24
   aa) Unterschiedliche Mitgliedstaaten der EU ................ 25
   bb) Belegenheit der betroffenen Gesellschaften in einem Mitgliedstaat der EU ............. 26
   cc) Einbeziehung von Drittstaaten ... 28
 3. Allgemeine Regeln für die Zusammenarbeit und Kommunikation, deren Durchsetzbarkeit und Haftung für Pflichtverletzungen (Art. 56 Abs. 1) ................. 29
  a) Pflichtenstellung allgemein ......... 30
  b) Grenzen der Zusammenarbeit ....................... 33
  c) Durchsetzbarkeit der Pflichten und Haftung der beteiligten Verwalter ....................... 37

d) Mittel und Form des Zusammenwirkens (Art. 56 Abs. 1 Satz 2) ............... 40
4. Mitwirkungspflichten im Einzelnen (Art. 56 Abs. 2 Unterabs. 1) ............ 41
   a) Informationsaustausch (Art. 56 Abs. 2 Unterabs. 1 lit. a) ............ 43
   b) Koordinierung der Verwaltung und Überwachung der Geschäfte (Art. 56 Abs. 2 Unterabs. 1 lit. b) ............... 47
   c) Sanierungsprüfung und Durchführung (Art. 56 Abs. 2 Unterabs. 1 lit. c) ............... 53
5. Übertragung von Befugnissen und Aufgabenverteilung (Art. 56 Abs. 2 Unterabs. 2) ............... 59
   a) Kein Gruppeninsolvenzverwalter (Art. 56 Abs. 2 Unterabs. 2 Satz 1) ............... 60
   b) Aufgabenzuweisung an mehrere Insolvenzverwalter (Art. 56 Abs. 2 Unterabs. 2 Satz 2) ............... 61
   c) Zuweisung der jeweiligen Funktionen ............... 62
   d) Grenzen der Zulässigkeit ............... 63
IV. Schlussfolgerungen für die Praxis ............... 64

## I. Entstehungsgeschichte und Zweck der Norm

50 % der Arbeitnehmer in der Wirtschaft waren schon im Jahre 2007 in Deutschland in Konzernunternehmen beschäftigt. Circa 70 % des gesamten Umsatzes in der Wirtschaft entfielen im gleichen Jahr auf konzernverbundene Unternehmen und Gesellschaften.[1] Dennoch wurde sich bei der im Mai 2000 in Kraft getretenen EuInsVO im Wesentlichen auf den Einzelschuldner fokussiert.[2] Da schon bei Erlass der EuInsVO a. F. dieses Defizit erkannt worden war, sah Art. 46 a. F. die Vorlage eines Berichtes durch die Europäische Kommission an das Europäische Parlament, den Rat und den Wirtschafts- und Sozialausschuss bis zum 1.6.2012 vor.[3] Dieser Berichtspflicht entsprechend hatte die Kommission am 29.3.2012 die Öffentlichkeit aufgefordert, Vorschläge zur Reform der EuInsVO zu unterbreiten, um der hohen Bedeutung der Organisationsform „Konzern" Rechnung zu tragen.[4]

1

Die daraufhin eingegangenen Anregungen, Antworten und Ergebnisse bildeten sich schließlich in dem am 12.12.2012 veröffentlichten Vorschlag der Europäischen Kommission für eine Änderung der EuInsVO ab,[5] der die an den Verfahren beteiligten Akteure zur ordnungsgemäßen Zusammenarbeit in ähnlicher Weise wie die Verwalter und Gerichte in Haupt- und Sekundärinsolvenzverfahren verpflichten wollte (ErwG 52).[6] Dadurch soll die Effizienz der Koordinierung gewährleistet werden, wobei aber gleichzeitig die eigene Rechtspersönlichkeit jedes einzelnen Gruppenmitgliedes aufrechterhalten wird (ErwG 54).[7] Die wirksame Verwaltung in den Insolvenzverfahren über das Vermögen der Gruppenmitglieder soll so erleichtert werden und sich allgemein positiv für die Gläubiger auswirken (ErwG 57).

2

---

1) Bericht des Ausschusses für Bildung, Forschung und Technikfolgenabschätzung (18. Ausschuss) gemäß § 56a der Geschäftsordnung – Technikfolgenabschätzung (TA), v. 10.6.2010, BT-Drucks. 17/2000.
2) Krit. dazu *Paulus*, ZIP 2005, 1948, 1950; *Brünkmans*, ZInsO 2013, 797.
3) *Vallender*, ZInsO 2015, 57, 58; *Prager/Ch. Keller*, NZI 2013, 57; hierzu auch *Kindler*, KTS 2014, 25, 26.
4) COM Impact Assessment Dok. 17883/12 ADD1 Nr. 3.3, v. 18.12.2012.
5) *Vallender*, ZInsO 2015, 57, 58; weiterhin zur Entstehungsgeschichte s. *Reinhart* in: MünchKomm-InsO, Vor Art. 56 EuInsVO 2015 Rz. 9.
6) *Thole/Swierczock*, ZIP 2013, 550, 556.
7) Krit. zum Effizienzgedanken: *Paulus*, NZI Beilage 1 z. Heft 8/2018, S. 47.

3 Diese Gedanken greifen nunmehr die Artt. 56 bis 77 auf. Die Zusammenarbeit und Kommunikation zwischen den verschiedenen Beteiligten regeln die Artt. 56 bis 60, das Koordinationsverfahren die Artt. 61 bis 77. Auch vor dem Hintergrund des sog. Dominoeffekts[8] ist die Kodifizierung der Handhabung von europäischen Konzerninsolvenzen in die neue EuInsVO notwendig und richtig. Die deutschen Regeln zum Gruppeninsolvenzverfahren entsprechen den Vorschriften der EuInsVO im Wesentlichen.[9]

## II. Konzerninsolvenzliches System der neuen EuInsVO

4 Als Ergebnis der im Vorfeld der heutigen gesetzlichen Regelungen in den Artt. 56 ff. diskutierten Lösungsansätze sah der Verordnungsgeber weitestgehend von einer materiell-rechtlichen und verfahrensrechtlichen Konsolidierung ab.

### 1. Materielle Konsolidierung

5 Im Gegensatz zu dem nationalen Recht der USA und den Empfehlungen der UNCITRAL[10] stießen in den Staaten der EU Ansätze zu einer materiell-rechtlichen Konsolidierung auf erhebliche **verfassungsrechtliche Bedenken**.[11] Der Vorschlag der INSOL Europe sah daher auch nur noch in Fällen von Vermögensvermischungen, also bei fehlender eindeutiger Zuordenbarkeit von Vermögensgegenständen, die Möglichkeit der Bildung einer einheitlichen Konzerninsolvenzmasse vor.[12] Obwohl sich dem auch das EU-Parlament angeschlossen hatte, sah der Verordnungsgeber davon bewusst in den Artt. 56 ff. – ausdrücklich in Art. 72 Abs. 3 – ab. Zu Recht wird darauf verwiesen, dass bei einer solchen Konsolidierung über mehrere Mitgliedstaaten das anzuwendende maßgebliche Recht auseinanderfiele, das sich allein nach dem Konzerninsolvenzgerichtsstand bestimmt, obwohl sich die wesentlichen Rechtsbeziehungen des Unternehmens nach dem maßgeblichen Recht des Belegenheitsstaates richten.[13] Dagegen spricht auch, dass sich **die Kreditwürdigkeitsprüfung** der Schuldnergesellschaften wesentlich verschärfte, weil Kreditgeber das Szenario einer materiellen Konsolidierung berücksichtigen müssten.[14] Durchgriffe sind in Ausnahmefällen bereits jetzt möglich.[15]

---

8) *Siemon*, NZI 2014, 55, 56.
9) *Pluta*, NZI Beilage 1 z. Heft 8/2018, S. 18, 20; Kübler/Prütting/Bork-*Thole*, InsO, § 269a Rz. 10.
10) UNCITRAL, Legislative Guide on Insolvency Law – Part three, para 220, S. 71, para 219 ff., abrufbar unter https://www.uncitral.org/pdf/english/texts/insolven/Leg-Guide-Insol-Part3-ebook-E.pdf (Abrufdatum 29.11.2019).
11) *Holzer*, ZIP 2011, 1894, 1899.
12) *Brünkmans*, ZInsO 2013, 797.
13) S. hierzu *Fritz*, DB 2015, 1945; *Vallender*, ZInsO 2015, 57, 60; **anders** *Humbeck*, NZI 2013, 957 ff.
14) *Brünkmans*, ZInsO 2013, 797, 798 m. w. N.; *Thole*, KTS 2014, 351, 353; *J. Schmidt*, KTS 2015, 19, 35, 36; *Eidenmüller/Frobenius*, ZIP Beilage z. Heft 22/2013, S. 1, 3; *Vallender*, ZInsO 2015, 57, 60; *Harder/Lojowsky*, NZI 2013, 327; *Leutheusser-Schnarrenberger*, Börsen-Zeitung v. 8.1.2013; *Eidenmüller/Frobenius*, ZIP Beilage z. Heft 22/2013, S. 1, 7; Begr. RegE Gesetz zur Erleichterung der Bewältigung von Konzerninsolvenzen, BT-Drucks. 18/407, S. 12.
15) BGH, Urt. v. 30.1.2006 – II ZR 357/03, ZIP 2006, 467.

Als Folge der fehlenden materiellen Konsolidierung wird anders als bei Haupt- und 6
Sekundärinsolvenzverfahren jeweils ein Insolvenzverfahren über eine **eigenständige
Vermögensmasse** eröffnet (siehe hierzu Art. 41 Rz. 3 [*Hermann*]). Damit sind der
Vertragsfreiheit weitere Grenzen gesetzt. Anders als bei der Kooperation zwischen
Hauptinsolvenzverwaltern und Sekundärinsolvenzverwaltern (siehe Art. 41 Rz. 32
[*Hermann*]) sind auch Verfügungen, also sowohl Übereignungen als auch Sicherheitenbestellungen, wechselseitig bei gruppenverflochtenen Insolvenzen möglich.

## 2. Verfahrensrechtliche Koordination

Entgegen der neuen §§ 3a bis 3d InsO zum Gruppengerichtsstand sieht die neue 7
EuInsVO ausdrücklich davon ab, einen gemeinsamen **Konzerninsolvenzgerichtsstand** unabhängig vom tatsächlichen COMI zu begründen. Damit gilt allgemein Art. 3
für die Zuständigkeit der nationalen Gerichte. Obwohl teilweise auch im europäischen Konzernverbund entsprechende Ansätze diskutiert wurden,[16)] wurde überwiegend zu Recht die Einführung eines solchen Gruppengerichtsstandes abgelehnt.[17)]
Dem steht zunächst entgegen, dass für die beteiligten Gläubiger gar nicht erkennbar ist, wo der Interessenmittelpunkt im Falle einer solchen Antragstellung tatsächlich liegt. Die Gläubiger müssten zunächst einmal die Gruppenstruktur ausloten.[18)]
Ex ante ließen sich keine sinnvollen Kriterien finden, anhand derer sich in nachvollziehbarer Weise ein einheitlicher Gerichtsstand für einige oder alle Konzerngesellschaften bestimmen ließe.[19)] Vor allem aber fielen für die wesentlichen Rechtsbeziehungen das maßgebliche Recht und die lex fori concursus auseinander, was
neben der rechtlichen Abwicklung und dem langfristigen Sanierungserfolg auch zu
erheblich erhöhten Abwicklungskosten führen könnte.[20)]

## 3. Konsequenzen im System der neuen EuInsVO

Im Ergebnis beschränken sich daher die Regelungen über Insolvenzverfahren einer 8
Gruppe von Gesellschaften auf:

– die Artt. 56 bis 60, Zusammenarbeit, Kommunikation und Einwirkungsrechte
  zwischen den verschiedenen Beteiligten, und

– die Artt. 61 bis 67, Koordinierung der jeweils selbstständigen Verfahren.

Dabei bilden die Artt. 56 bis 58 den allgemeinen Teil des europäischen Insolvenz- 9
rechts, die bei grenzüberschreitenden Konzerninsolvenzverfahren stets anzuwenden sind.[21)] Mit Ausnahme des Koordinationsverfahrens wurde bei der Koordination und Kooperation von und in Konzerninsolvenzen im Wesentlichen auf die
Regelungen für das Haupt- und Sekundärinsolvenzverfahren (Artt. 41 bis 52) zu-

---

16) S. hierzu *Vallender*, ZInsO 2015, 57, 60.
17) *Brünkmans*, ZInsO 2013, 797, 806; *Vallender*, ZInsO 2015, 57, 61; *Thole*, KTS 2014, 351,
    373; **anders** *Eidenmüller/Frobenius*, ZIP Beilage z. Heft 22/2013, S. 1, 6.
18) *Vallender*, ZInsO 2015, 57, 61; *Vallender*, ZIP 2015, 1513, 1520; *Brünkmans*, ZInsO 2013,
    797, 805; *Kindler*, KTS 2014, 24, 38.
19) *Thole*, KTS 2014, 351, 373.
20) *Fritz*, DB 2015, 1945.
21) Wimmer/Bornemann/Lienau-*Bornemann*, Die Neufassung der EuInsVO, Rz. 562.

rückgegriffen.[22] Alle Beteiligten sollen in ähnlicher Weise wie die Verwalter und Gerichte in denselben Schuldner betreffenden Haupt- und Sekundärinsolvenzverfahren verpflichtet sein, **miteinander zu kommunizieren** und zusammenzuarbeiten (ErwG 52). Zumindest ergänzend kann daher auf die Kommentierungen zu diesen Artikeln zurückgegriffen werden. Unterschiede im System ergeben sich v. a. daraus, dass wegen der **unterschiedlichen Vermögensmassen** und Gläubigerschaften zwischen den einzelnen Verwaltern von vorneherein jegliche Priorität kraft Stellung im Verfahren ausgeschlossen ist. Prioritäten können aber sehr wohl aufgrund der **faktischen Einbindung im Konzern** bestehen.[23]

10 Der Verzicht auf eine verfahrensrechtliche Koordination bedeutet nicht, dass eine **Konzentration an einem gemeinschaftlichen Gerichtsstand** und bei einem einheitlichen Verwalter grundsätzlich ausgeschlossen ist (ErwG 53). Sind die Voraussetzungen des Art. 3 und des jeweiligen nationalen Rechtes erfüllt, dann können auch an einem einheitlichen Gerichtsstand Insolvenzverfahren über mehrere Gesellschaften und unter Einsetzung eines einzigen Insolvenzverwalters eröffnet werden.[24]

11 Trotz des in § 3a InsO eingeführten Gruppengerichtsstandes wird weiterhin der Anwendungsvorrang der EuInsVO bejaht. Art. 7 Abs. 1 verweist auf das nationale Recht und somit auch auf § 3a InsO.[25]

### III. Inhalt der Norm

#### 1. Beteiligte der Zusammenarbeit und Kommunikation

12 Als Beteiligte und Träger von Rechten und Pflichten aus Art. 56 kommen in Betracht:

##### a) Verwalter

13 Inhaltlich entspricht Art. 56 weitestgehend Art. 41. Im Gegensatz zu Art. 41 muss es sich jedoch bei Art. 56 um Insolvenzverfahren über das Vermögen von zwei oder mehr eigenständigen Mitgliedern einer Unternehmensgruppe handeln. Adressat sind daher ausschließlich Verwalter jeweils eigenständiger Gesellschaften.

##### b) Sekundärinsolvenzverwalter

14 Teilweise wird erwogen, Sekundärinsolvenzverwalter unmittelbar in einem Gruppeninsolvenzverfahren als Träger von Rechten und Pflichten mit der Konsequenz einzubeziehen, dass sie ebenfalls berechtigt sind, z. B. Anträge zur Verfahrensaussetzung nach Art. 60 zu stellen.[26] Diese **unmittelbare Einbeziehung ist aber zu weitgehend**. Schon nach dem Wortlaut greifen die Artt. 56 ff. ausschließlich für

---

22) *Thole/Swierczok*, ZIP 2013, 550, 556.
23) Bork/Mangano-*Mangano*, European Cross-Border Insolvency Law, Rz. 8.23, 8.36, 8.35; Wimmer/Bornemann/Lienau-*Bornemann*, Die Neufassung der EuInsVO, Rz. 562.
24) *Fritz*, DB 2015, 1945; *Wimmer*, jurisPR-InsR 7/2015; *Eidenmüller/Frobenius*, ZIP Beilage z. Heft 22/2013, S. 1, 5.
25) A. A. *Paulus*, NZI Beilage 1 z. Heft 8/2018, S. 47, der nur einen sehr geringen Anwendungsbereich vor dem Hintergrund der EuGH-Rspr. sieht.
26) Wimmer/Bornemann/Lienau-*Bornemann*, Die Neufassung der EuInsVO, Rz. 590; *Thole*, KTS 2014, 351, 377.

Hauptinsolvenzverfahren und Hauptinsolvenzverwalter. Darüber hinaus würde die Systematik der Artt. 41 ff. und der Artt. 56 ff. verletzt, die selbstständige Recht- und Pflichtenkreise für die jeweiligen Beteiligten regeln. Schließlich besteht auch kein echtes Bedürfnis für eine solche Einbeziehung. Dem Hauptinsolvenzverwalter kommt nach den Artt. 41 ff. gegenüber den Sekundärinsolvenzverwaltern gewisse Priorität zu. Dazu ist er maßgeblich einzubinden. Soweit der Hauptinsolvenzverwalter seinerseits wiederum über die Artt. 56 ff. zur Zusammenarbeit mit anderen Verwaltern verpflichtet ist oder Sekundärinsolvenzverwalter verpflichten kann, bleibt die Möglichkeit, über Art. 41 Sekundärinsolvenzverwalter in den Mitwirkungskreis einzubeziehen. Aus Art. 56 können sich daher für Sekundärinsolvenzverwalter **keine direkten Mitwirkungsrechte und Mitwirkungspflichten** ergeben[27].

### c) Vorläufiger Insolvenzverwalter

Die EuInsVO n. F. gilt nach Art. 1 Abs. 1 ausdrücklich auch für vorläufige Verfahren, die auf Grundlage gesetzlicher Regelungen zur Insolvenz eingeleitet werden und in denen zu Zwecken der Rettung, Schuldenanpassung, Reorganisation oder Liquidation die Verfügungsgewalt dem Schuldner ganz oder teilweise entzogen wird. Anders als nach der EuInsVO a. F. gilt daher, dass als Verfahren nach der neuen EuInsVO auch das deutsche vorläufige Insolvenzverfahren unabhängig davon anzuerkennen ist, ob starke oder schwache vorläufige Insolvenzverwaltung angeordnet ist.[28] Als Insolvenzverfahren über das Vermögen einer Gruppe kommt damit auch schon das vorläufige Insolvenzverfahren in Betracht, so dass **Beteiligte auch vorläufige Insolvenzverwalter sein können.**[29]

15

### d) Eigenverwaltung

Über Art. 76 gelten die Artt. 56 ff. auch für die Eigenverwaltung. Entsprechende Geltung soll bedeuten, dass die jeweilige Bestimmung nur insoweit gelten soll, als sie auch auf die Eigenverwaltung passt.[30] Daraus wird wegen der fehlenden Publizität teilweise geschlossen, dass **Schutzschirmverfahren** nicht einzubeziehen sein sollen.[31] Ob eine solche einschränkende Auslegung dem Willen des Verordnungsgebers entspricht, erscheint deshalb fernliegend, da einzelne ggf. die entscheidenden Konzernmitglieder außen vor gelassen werden. Für die Einbeziehung spricht außerdem ErwG 10: „Einbezogen werden sollten vor allem Verfahren, die auf eine Sanierung des Schuldners in einer Situation gerichtet sind, in der lediglich die Wahrschein-

16

---

27) Kübler/Prütting/Bork-*Prütting*, InsO, Art. 56 EuInsVO 2015 Rz. 9; a. A. *Himmer*, Das europäische Konzerninsolvenzrecht nach der reformierten EuInsVO, S. 234, der einen verfahrensökonomisch schädlichen Umweg sieht.

28) Mankowski/Müller/J. Schmidt-*J. Schmidt*, EuInsVO 2015, Art. 1 Rz. 23, 24; Kübler/Prütting/Bork-*Prütting*, InsO, Art. 56 EuInsVO 2015 Rz. 9; einschränkend *Reinhart* in: MünchKomm-InsO, Art. 1 EuInsVO 2015 Rz. 10.

29) *Wimmer*, jurisPR-InsR 7/2015; ausf. zur Stellung des vorläufigen Insolvenzverwalters: *Zipperer/Vallender*, ZInsO 2018, 960, 966.

30) Mankowski/Müller/J. Schmidt-*J. Schmidt*, EuInsVO 2015, Art. 76 Rz. 4; *Madaus*, IILR 2015, 235, 238.

31) *Fritz*, DB 2015, 1882, 1883; krit. hierzu: Mankowski/Müller/J. Schmidt-*J. Schmidt*, EuInsVO 2015, Art. 1 Rz. 19; Kübler/Prütting/Bork-*Prütting*, InsO, Art. 56 EuInsVO Rz. 9.

lichkeit einer Insolvenz besteht, und Verfahren, bei denen der Schuldner ganz oder teilweise die Kontrolle über seine Vermögenswerte und Geschäfte behält."

17 Jedenfalls sollte die Erstreckung auch auf solche Verfahren aber dann greifen, wenn deren Einleitung tatsächlich in der erforderlichen Weise bekannt gemacht worden ist, so dass die Beteiligten selbst die Anwendbarkeit in der Hand haben.

18 **Sachwalter** sollen nicht in den Kooperationskreis eingeschlossen sein, sondern nur die eigenverwaltenden Schuldner selbst.[32] Andererseits sind Sachwalter aber in Anhang C als Verwalter ausdrücklich erwähnt, so dass die Regeln der Artt. 56 ff. unabhängig von Art. 76 auch für sie gelten, so dass sie zumindest in dem für sie gegebenen gesetzlichen Rahmen auch zur Mitwirkung verpflichtet sind.

### e) Solvente Gesellschaften

19 Teilweise wird erwogen, in den Geltungsbereich des Art. 56 und der fortfolgenden Artikel für Gruppeninsolvenzverfahren auch **solvente Tochtergesellschaften** einzubeziehen.[33] Schon aufgrund des eindeutigen Wortlautes des Art. 56 ist eine solche Erstreckung jedoch ausgeschlossen. Zum einen muss es sich nach Art. 56 Abs. 1 um ein Insolvenzverfahren von Gruppenmitgliedern handeln, zum anderen sind nur die Verwalter dieser Verfahren angesprochen. Eine mittelbare Einbeziehung kommt daher nur über den Verwalter der insolventen Mutter in Betracht, indem er seine „Konzernleitungsmacht" über seine nicht insolventen Tochtergesellschaften ausübt, oder die Tochtergesellschaft freiwillig kooperiert.[34]

### 2. Voraussetzungen der Anwendbarkeit des Art. 56 und der Artt. 56 bis 57

20 Die Eröffnung mehrerer Verfahren allein reicht für die Anwendbarkeit der Artt. 56 ff. nicht aus. Gemäß ErwG 62 müssen es Verfahren sein, die über das Vermögen **verschiedener Mitglieder derselben Unternehmensgruppe in mehr als einem Mitgliedsland** eröffnet worden sind. Sind nur in Deutschland Insolvenzverfahren eröffnet, greifen ausschließlich die §§ 269a bis 269c InsO für Gruppeninsolvenzverfahren.[35]

### a) Unternehmensgruppe

21 Die Erweiterung der Kooperationspflichten auch auf durch Konzernstrukturen verbundene Hauptinsolvenzverfahren, bedingte die ergänzende Definition in Art. 2 Nr. 13 „Unternehmensgruppe" sowie in Art. 2 Nr. 14 „Mutterunternehmen". „Unternehmensgruppe" ist nach Art. 2 Nr. 13 ein Mutterunternehmen und alle seine Töchterunternehmen. Gemäß Art. 2 Nr. 14 ist ein „Mutterunternehmen" ein Unternehmen, das ein oder mehrere Tochterunternehmen entweder unmittelbar oder mittelbar kontrolliert. Die Grundlage dieser Kontrolle (faktisch, vertraglich oder ge-

---

32) Mankowski/Müller/J. Schmidt-*J. Schmidt*, EuInsVO 2015, Art. 76 Rz. 5; *Kübler* in: Kübler, HRI, § 20 Rz. 37.
33) *Paulus*, ZGR 2010, 270, 273; *Holzer*, ZIP 2011, 1894, 1896 f.; Begr. RegE Gesetz zur Erleichterung der Bewältigung von Konzerninsolvenzen, BT-Drucks. 18/407, S. 17, zur Parallelproblematik i. R. der deutschen Reform.
34) Kübler/Prütting/Bork-*Prütting*, InsO, Art. 56 EuInsVO 2015 Rz. 4; Mankowski/Müller/J. Schmidt-*J. Schmidt*, EuInsVO 2015, Art. 56 Rz. 10.
35) *Paulus*, NZI Beilage 1 z. Heft 8/2018, S. 47, 48; *Pluta*, NZI Beilage 1 z. Heft 8/2018, S. 18, 19.

setzlich) ist unerheblich.³⁶⁾ Ein Unternehmen, das einen konsolidierten Abschluss gemäß der Richtlinie 2013/34/EU des europäischen Parlamentes und des Rates erstellt, ist als Tochterunternehmen anzusehen. Auf die Kommentierung zu Art. 2 Nr. 13 und 14, Rz. 60 ff. [*Sutschet*], wird daher verwiesen.³⁷⁾

Kritisiert wird im Geltungsbereich der EuInsVO, dass **Gleichordnungskonzerne** nicht unter diese Regelung fallen, obschon auch für sie eine Koordination nicht nur wünschenswert, sondern ebenfalls erforderlich ist.³⁸⁾ Auch Gleichordnungskonzerne können jedoch Mitglied einer Unternehmensgruppe i. S. des Art. 2 Nr. 13 sein, wenn sie in einem konsolidierten Abschluss einbezogen sind.³⁹⁾ Unerheblich ist dabei, ob der konsolidierte Abschluss in Erfüllung einer tatsächlich bestehenden Pflicht erstellt wurde, da richtigerweise⁴⁰⁾ mit einem konsolidierten Abschluss die unwiderlegliche Vermutung besteht, dass es sich um einen Mutterkonzern handelt (siehe hierzu oben Art. 2 Rz. 65 [*Sutschet*]).⁴¹⁾Anderenfalls träfe das Insolvenzgericht eine eigenständige Prüfungspflicht, der es aufgrund fehlender Detailkenntnisse im Eröffnungsverfahren nicht nachkommen kann.

22

Liegen die Voraussetzungen einer solchen Unternehmensgruppe vor, so sind alle verflochtenen Gesellschaften und Unternehmen in den Mitwirkungskreis einbezogen, also Mutterunternehmen, Tochterunternehmen und Enkel- sowie Großenkelgesellschaften etc.

23

### b) Grenzüberschreitender Bezug/Räumlicher Anwendungsbereich

Die Verfahren müssen weiterhin einen grenzüberschreitenden Bezug aufweisen. Auch insoweit ergeben sich Einschränkungen.

24

### aa) Unterschiedliche Mitgliedstaaten der EU

Klar ist, dass die Artt. 56 ff. dann Platz greifen, wenn die jeweiligen gruppenverflochtenen Gesellschaften in mehreren Mitgliedstaaten der EU belegen sind (ErwG 62).⁴²⁾ Das gilt unabhängig davon, ob es sich i. R. der konzernähnlichen Verflochtenheit um das Verhältnis von Muttergesellschaft zu Tochter- oder Enkelgesellschaften oder gleichgeordneten Gesellschaften handelt (ErwG 52).

25

---

36) *Paulus*, EuInsVO, § 56 Rz. 4.
37) Umfassend hierzu Wimmer/Bornemann/Lienau-*Bornemann*, Die Neufassung der EuInsVO, Rz. 536, 539, 542; *Vallender*, ZInsO 2015, 57, 61.
38) S. hierzu *Fritz* in: Mönning, Betriebsfortführung, § 18 Rz. 197; *Reuß*, EuZW 2013, 165, 168.
39) Wimmer/Bornemann/Lienau-*Bornemann*, Die Neufassung der EuInsVO, Rz. 542.
40) In der 1. Auflage wurde von einer widerleglichen Vermutung ausgegangen. Die besseren Gründe sprechen jedoch für eine unwiderlegliche Vermutung, auch wenn der Wortlaut der Norm insoweit offen ist. Die Effizienz des Verfahrens sollte im Fokus stehen. Dies wird insbesondere auch durch klare und eindeutige Regelungen erzielt.
41) Mankowski/Müller/J. Schmidt-*J. Schmidt*, EuInsVO 2015, Art. 2 Rz. 79; *Undritz* in: Flöther, Hdb. Konzerninsolvenzrecht, § 8 Rz. 91; *Himmer*, Das europäische Konzerninsolvenzrecht nach der reformierten EuInsVO, S. 202; für eine Fiktionswirkung: *Vallender* in: Wilhelm, Konzerninsolvenzrecht, Teil 2 Rz. 43; für eine widerlegliche Vermutung: Wimmer/Bornemann/Lienau-*Bornemann*, Die Neufassung der EuInsVO, Rz. 544 f.; *Eble*, NZI 2016, 115, 116; Braun-*Tashiro*, InsO, Art. 2 EuInsVO Rz. 82; *Kindler* in: MünchKomm-BGB, Art. 56 EuInsVO Rz. 4.
42) *Brünkmans*, ZInsO 2013, 787, 806; *Vallender* ZInsO 2015, 57, 61.

### bb) Belegenheit der betroffenen Gesellschaften in einem Mitgliedstaat der EU

26 Schon vor der Neufassung des Art. 102c § 22 EGInsO war es einheitlicher Meinungsstand, dass Artt. 56 ff. auch dann gelten, wenn Insolvenzverfahren über gruppenverflochtene Gesellschaften zwar in mehreren Mitgliedstaaten eröffnet worden sind, konkret aber Beziehungen zwischen **zwei Gesellschaften in demselben Belegenheitsstaat** betroffen sind. Eine solche Einbeziehung ermöglichte es, dass allgemein in einer Konzerngruppe dieselben Koordinationspflichten gelten.[43]

27 Voraussetzung bleibt allerdings, dass sich das Insolvenzverfahren nicht nur auf diese zwei inländischen Gesellschaften beschränkt, sondern in der **Gruppe insgesamt ein europäischer Bezug vorliegt** (ErwG 62).[44] Nationale Vorschriften gelten zumindest dann ergänzend, soweit sie nicht der Wirksamkeit der Verordnung widersprechen (ErwG 61).[45] Dieser Auffassung ist der deutsche Gesetzgeber mit der Neufassung des Art. 102c § 22 EGInsO gefolgt. Wegen weiterer Einzelheiten wird auf die Kommentierung zu Art. 102c § 22 EGInsO [*Hermann*] verwiesen.

### cc) Einbeziehung von Drittstaaten

28 Gemäß ErwG 62 sollen die Vorschriften über die Mitwirkung i. R. von Insolvenzverfahren nur dann gelten, wenn Vermögen verschiedener Mitglieder derselben Unternehmensgruppe in mehr als einem Mitgliedstaat eröffnet worden sind. Daraus wird zu Recht geschlossen, dass zumindest **Verfahren in zwei verschiedenen Mitgliedstaaten eröffnet** worden sein müssen.[46] Es reicht also nicht aus, wenn nur eine Gesellschaft ihren Sitz in der EU hat. Allerdings ist es nicht erforderlich, dass über das Vermögen der Muttergesellschaft ein Insolvenzverfahren in Europa eröffnet worden ist. Es genügt also, wenn auf Ebene der nachgeordneten Gesellschaften Insolvenzverfahren in mehreren Mitgliedstaaten der EU anhängig sind.[47]

### 3. Allgemeine Regeln für die Zusammenarbeit und Kommunikation, deren Durchsetzbarkeit und Haftung für Pflichtverletzungen (Art. 56 Abs. 1)

29 Art. 56 und Art. 41 entsprechen sich weitestgehend. Daher wird auf die Ausführungen zu Art. 41, verwiesen. Unterschiede ergeben sich aber aus der fehlenden Priorität eines Insolvenzverwalters, den unterschiedlichen Vermögensmassen und Gläubigerschaften.

### a) Pflichtenstellung allgemein

30 Durch die Einführung des Art. 56 sollen ebenfalls wechselseitige Synergien zwischen den insolventen Gesellschaften hergestellt bzw. bereitgestellt werden, um die Sanierungsfähigkeit der Unternehmensgruppe zu prüfen und zu bewahren (ErwG 52). Da anders als bei Haupt- und Sekundärinsolvenzverwaltern von vorneherein ein

---

43) Brünkmans, ZInsO 2013, 797, 806; *Thole*, KTS 2014, 351, 371 f.
44) *Vallender*, ZInsO 2015, 57, 61.
45) *Thole*, KTS 2014, 351, 371, insgesamt auch Wimmer/Bornemann/Lienau-*Bornemann*, Die Neufassung der EuInsVO, Rz. 551 f., 552.
46) Eingehend dazu Wimmer/Bornemann/Lienau-*Bornemann*, Die Neufassung der EuInsVO, Rz. 547 ff.
47) *Reinhart* in: MünchKomm-InsO, Vor Art. 56 EuInsVO 2015 Rz. 11.

Über-/Unterordnungsverhältnis ausgeschlossen ist, bestehen aber auch im Ansatz keine **Weisungsrechte** oder ein Über-/oder Unterordnungsverhältnis.[48] Alle betroffenen Verwalter sind **gleichberechtigt** und gleichverpflichtet.

Da Insolvenzverwalter „zusammenarbeiten", besteht wie bei Art. 41 Einigkeit darin, dass eine **echte Pflichtenstellung** für die beteiligten Insolvenzverwalter begründet wird.[49] Damit greifen die Kooperationspflichten auch dann, wenn daraus nicht unmittelbar Vorteile für das eigene Insolvenzverfahren folgen. Allerdings müssen die sich ergebenden Nachteile ausgeglichen werden.[50] Eine alte Streitfrage ist damit zumindest im Geltungsbereich der EuInsVO entschieden.[51] Pflicht zur Zusammenarbeit besteht gemäß Art. 56 Abs. 1 auch dann, wenn die Mitwirkung zwar keine **unmittelbaren Vorteile mit sich bringt**, Nachteile aber ausgeglichen werden. Das wird insbesondere durch den Wortlaut („kann") deutlich. Daher sind von vorneherein alle relevanten Informationen auszutauschen, um ein besseres Bild der Lage zu ermöglichen.

31

Die Pflicht zur Zusammenarbeit besteht möglichst **frühzeitig**.[52] Das schließt schon den **Beginn des vorläufigen Insolvenzverfahrens** ein, da Art. 1 Abs. 1 ausdrücklich auch das vorläufige Insolvenzverfahren umfasst. Dafür sprechen auch Sinn und Zweck der Regelung.[53]

32

### b) Grenzen der Zusammenarbeit

Wie auch bei Art. 41 begrenzt v. a. das jeweilige **nationale Recht** den Umfang der Mitwirkungspflichten des jeweiligen Verwalters. Teilweise wird eine **restriktive Auslegung** dieser Einschränkung verlangt, da dem EU-Recht gegenüber dem nationalen Recht ein Vorrang in der Anwendung zukäme.[54] Nationale Vorschriften könnten den notwendigen Informationsfluss unnötigerweise erschweren.[55] Demgegenüber wird zu Recht hervorgehoben, dass die Mitwirkungspflichten in Art. 56 im Ergebnis zu vage und ihre Integration in die nationalen Insolvenzordnungen zu unklar sind. Der EuInsVO käme an dieser Stelle die Funktion zu, nach dem nationalen Insolvenzrecht bestehende Freiräume i. S. einer **europarechtskonformen Kooperation** zu nutzen.[56]

33

Ergänzend zu Art. 41 ist in Art. 56 Abs. 1 Satz 1 Halbs. 2 ausgeführt, dass die Zusammenarbeit **keine Interessenkonflikte** nach sich ziehen darf. Abgesehen von den jeweilig zu beachtenden nationalen Vorschriften wird hieraus geschlossen, dass

34

---

48) Wimmer/Bornemann/Lienau-*Bornemann*, Die Neufassung der EuInsVO, Rz. 562.
49) So ausführlich Wimmer/Bornemann/Lienau-*Bornemann*, Die Neufassung der EuInsVO, Rz. 574, 564; *Paulus*, EuInsVO, § 56 Rz. 9.
50) Wimmer/Bornemann/Lienau-*Bornemann*, Die Neufassung der EuInsVO, Rz. 567.
51) S. hierzu *Hermann* in: Mönning, Betriebsfortführung, § 18 Rz. 93–97.
52) *Holzer*, ZIP 2011, 1894, 1897; *Fösling*, ZInsO 20143, 413, 418.
53) *Wimmer*, jurisPR-InsR 7/2015.
54) Vgl. The European Communication &. Cooperative (CoCo) Guidelines for Cross-Border Insolvency, Nr. 3; *Eidenmüller/Frobenius*, ZIP Beilage z. Heft 22/2013, S. 1, 16.
55) Bork/Mangano-*Mangano*, European Cross-Border Insolvency Law, Rz. 8.49; *Eidenmüller/Frobenius*, ZIP Beilage z. Heft 22/2013, S. 1, 15.
56) *Reinhart* in: MünchKomm-InsO, Art. 56 EuInsVO 2015 Rz. 3; Wimmer/Bornemann/Lienau-*Bornemann*, Die Neufassung der EuInsVO, Rz. 550, 554.

die Artt. 56 ff. **keine Pflicht zur Selbstaufopferung** der Beteiligten eines Verfahrens zwecks Förderung der anderen Verfahren begründen kann. Dem steht auch die **Selbstständigkeit der jeweiligen Einzelverfahren** entgegen.[57] Die eigene Masse eines Insolvenzverfahrens kann daher im Interesse der Vermögensmasse in anderen Insolvenzverfahren nicht geschmälert werden.

35 Die Kunst der beteiligten Verwalter wird daher darin bestehen, Mechanismen und vertragliche Regelungen für einen Ausgleich zu entwickeln, um Nachteile für einzelne Verfahren auszuschließen, gleichzeitig aber die Vorteile einer Abwicklung und Sanierung im Konzernverbund zu erhalten.[58] Wie schon vor Geltung der neuen EuInsVO sowie weiterer nationaler Vorschriften sind dabei der Vertragsfreiheit weite Grenzen gesetzt. Die **Maßnahmen** können von

- einer Unterstützung der laufenden Liquidität anderer Insolvenzverfahren,
- von Verlustausgleichen in anderen Verfahren,
- von bilanziellen Stützungsmaßnahmen zur Vermeidung von Zahlungsunfähigkeit oder Überschuldung von weiteren noch nicht insolventen verflochtenen Gesellschaften,
- Rangrücktrittserklärungen,
- Massekosten und Verfahrenszuschüssen,
- von der Übernahme von Vermögenswerten,
- von wirtschaftlich sinnvollen Vergleichen auch über Anfechtungsrechte – soweit nicht grundsätzlich das Recht auf Anfechtung beseitigt wird –
- bis zur Unterstützung im eigenen Insolvenzplanverfahren in den jeweiligen Insolvenzverfahren reichen.

36 **Grenzen** können alleine das Verfahrensrecht und das materielle Recht der jeweiligen Belegenheitsstaaten setzen. Informationen sind also z. B. nicht weiterzugeben, wenn es den anderen Verwalter in die Lage versetzt, einen Anfechtungsanspruch zu verfolgen.[59] Sind die Vereinbarungen über **Nachteilsausgleich angemessen**, so besteht die Pflicht zur Kooperation weiterhin.[60]

### c) Durchsetzbarkeit der Pflichten und Haftung der beteiligten Verwalter

37 Da eine echte Pflichtenstellung begründet wird, stellt sich die Frage nach der Durchsetzbarkeit. Die EuInsVO enthält hierzu **keine expliziten Regelungen**.[61] Wie bei Art. 41 besteht die Möglichkeit der zwangsweisen Durchsetzbarkeit entweder im Klageweg oder durch gerichtliche Zwangsmaßnahmen. Wie auch bei Art. 41 ist der Erfolg jedoch zweifelhaft. Auf die entsprechenden Ausführungen in Art. 41 wird hingewiesen (siehe oben Art. 41 Rz. 39 [*Hermann*]).

---

57) Wimmer/Bornemann/Lienau-*Bornemann*, Die Neufassung der EuInsVO, Rz. 564; *Wimmer*, jurisPR-InsR 7/2015.
58) *Eidenmüller/Frobenius*, ZIP Beilage z. Heft 22/2013, S. 1, 4.
59) *Wimmer*, DB 2013, 1343, 1345.
60) Wimmer/Bornemann/Lienau-*Bornemann*, Die Neufassung der EuInsVO, Rz. 567.
61) *Vallender*, ZInsO 2015, 57, 62.

Es bleibt jedoch die Möglichkeit der **Haftung** der betroffenen Verwalter untereinander.[62] Da sie insolvenzrechtliche Träger von Rechten sind, müssen sie auch im Verhältnis untereinander als Beteiligte i. S. der §§ 60, 61 InsO angesehen werden. Hat einer der Verwalter daher seine Pflichten zur Mitwirkung ungerechtfertigt verletzt, so haftet er unmittelbar gegenüber der Insolvenzmasse eines anderen Insolvenzverfahrens, soweit die weiteren Voraussetzungen erfüllt sind. 38

Das wird insbesondere im Zusammenhang mit der Frage eines **angemessenen Nachteilsausgleiches** neben der **Kausalität** zu prüfen sein. Da es sich um unterschiedliche Vermögensmassen und Gläubigerschaften handelt, wird anders als im Verhältnis zwischen Haupt- und Sekundärinsolvenzverwalter ein hypothetischer Gesamtausgleich regelmäßig ausgeschlossen sein. Entzieht sich daher einer der Insolvenzverwalter seinen Pflichten ungerechtfertigt, so kann daraus auch seine persönliche Haftung folgen, wenn in einem anderen Insolvenzverfahren die Verteilungsmasse gemindert wird.[63] Aus der Stellung als Beteiligter muss man auch unmittelbar die Einstandspflicht folgern, ohne dass nur auf die eigene Gläubigerschaft abgestellt werden kann. 39

### d) Mittel und Form des Zusammenwirkens (Art. 56 Abs. 1 Satz 2)

Hinsichtlich der Form und Mittel der Zusammenarbeit ergeben sich keine Unterschiede zu Art. 41 (siehe die Kommentierung zu Art. 41 Rz. 19 [*Hermann*]). Im Vordergrund stehen auch bei Art. 56 wie schon vor Einführung der europäischen Regelungen zur Koordination in Insolvenzverfahren Vereinbarungen entweder durch formelle Verträge oder sog. Protokolle. 40

### 4. Mitwirkungspflichten im Einzelnen (Art. 56 Abs. 2 Unterabs. 1)

Art. 41 Abs. 2 entsprechend, konkretisiert Art. 56 Abs. 2 Unterabs. 1 die Pflichten der Verwalter. Die Aufzählung ist ebenfalls **nicht abschließend**. Es gilt, mögliche Synergien zwischen den insolventen Gesellschaften zu heben. Die Sanierungsfähigkeit der Unternehmensgruppe insgesamt und die Auswirkungen für das einzelne Insolvenzverfahren sind zu prüfen und zu bewahren (ErwG 52). Aufgrund der Selbstständigkeit und dem mit dem Insolvenzantrag entstehenden Bruch der Leitungsmacht zwischen Mutterkonzern und Tochtergesellschaften muss der Verordnungsgeber zwei Problemen begegnen: 41

– Zunächst ist der **Informationsfluss** zwischen den einzelnen Gesellschaften **aufrechtzuerhalten** (ErwG 52).

– Weiterhin geht es darum, die aufgrund der Eröffnung unterschiedlicher Insolvenzverfahren fehlenden gesellschaftsrechtlichen Koordinationsmöglichkeiten der Muttergesellschaften durch die Zusammenarbeit der Verwalter aufzufangen.

Ziel muss es sein, die sich aus den rechtlichen und wirtschaftlichen Verflechtungen der einzelnen Gesellschaften ergebenden Werte durch eine **Going-Concern-Be-** 42

---

62) Wimmer/Bornemann/Lienau-*Bornemann*, Die Neufassung der EuInsVO, Rz. 565; *Vallender*, ZInsO 2015, 57, 62.
63) *Vallender*, ZInsO 2015, 57, 60; **anders** *Wimmer*, jurisPR-InsR 7/2015; so auch *Thole*, KTS 2014, 351, 378.

trachtung zu heben. Somit soll nicht nur in einzelnen Insolvenzverfahren, sondern für die gesamte Gruppe eine bessere Befriedigung der jeweiligen Gläubigerschaften und der Gläubigerschaft insgesamt erreicht werden. Ergebnis kann es dabei auch sein, nicht nur den bestehenden Konzern zu erhalten – was im Einzelfall äußerst schwierig sein dürfte –, sondern möglicherweise eine völlig neue Gruppe zu bilden, die am Markt bestehen kann.

### a) Informationsaustausch (Art. 56 Abs. 2 Unterabs. 1 lit. a)

43 Ziel ist es, das durch die Insolvenzen bedingte, abgebrochene Austauschsystem wiederherzustellen, um den künftig reibungslosen Ablauf wieder sicherzustellen.[64] Es ergeben sich keine wesentlichen Änderungen zu Art. 41 Abs. 2 lit. a, so dass auf die dortigen Ausführungen verwiesen wird (siehe Art. 41 Rz. 48 f. [*Hermann*]).

44 Beispielhaft zu erwähnen sind nochmals:[65]
- Höhe der Insolvenzmasse bzw. wesentliche Änderungen,
- Gläubigerliste mit Forderungsanmeldungen,
- Rangklassen,
- geplante oder eingereichte Klagen zur Widererlangung von Teilen der Masse, z. B. Zahlungs- oder Anfechtungsklagen,
- Möglichkeiten der Masseverwertung,
- geplante/mögliche Sanierungsmaßnahmen,
- vorgeschlagene Vergleichsmaßnahmen,
- Vorschläge für die Verteilung von Insolvenzquoten,
- der jeweilige Verfahrensstand,
- Gerichtstermine, Gläubigerversammlungen/Ausschusstermine,
- bestehender Versicherungsschutz für Geschäftsführer und sonstige Beteiligte in der Gruppe.

45 Da es im Wesentlichen darum geht, eine Zerschlagung einzelner Teile zu vermeiden, sind v. a. Verkaufschancen und konkrete Angebote mitzuteilen. Es geht darum, den anderen Verwaltern die Chance zu eröffnen, von sich aus ihre Rechte, insbesondere auch nach Art. 60 zu wahren.

46 Ein Verstoß gegen diese Mitteilungspflicht kann zu einer **erheblichen Haftung** führen, wenn es anderen Verwaltern dadurch unterbunden wird, frühzeitig z. B. durch einen angemessenen Nachteilsausgleich für das eigene Insolvenzverfahren oder die anderen verflochtenen Gesellschaften eine bessere Verwertung, Sanierung oder eine Lösung durch Sanierungs- oder Insolvenzplan zu erreichen. Daher ist es für den jeweiligen Verwalter auch wesentlich, in entsprechenden **Vertraulichkeitsvereinbarungen** zu erreichen, dass solche Informationen an andere Insolvenzverwalter weitergegeben werden dürfen. Eine solche Unterlassung alleine kann schon einen Pflich-

---

64) *Vallender*, ZIP 2015, 1513, 1520.
65) *Virgós/Schmit* in: Stoll, Vorschläge und Gutachten, para 230.

tenverstoß begründen. Die **Durchsetzbarkeit und Beweisbarkeit** wird aber die gleichen Schwierigkeiten bereiten wie bei Art. 41.

b) **Koordinierung der Verwaltung und Überwachung der Geschäfte (Art. 56 Abs. 2 Unterabs. 1 lit. b)**

Überwiegend wird bei der Koordination von Insolvenzverfahren auf die Möglichkeiten der Eröffnung eines Gruppen-/Koordinationsverfahrens gemäß Artt. 61 ff. abgestellt. 47

Auch ohne die Einhaltung eines solchen Koordinationsverfahrens ergibt sich eine große Bandbreite von Koordinierungsmöglichkeiten sowie der Einleitung von bi- oder multilateralen Schritten. Nationale und multinationale Konzerne zeichnen sich v. a. durch die Zuweisung bestimmter Funktionen an einzelne Gesellschaften aus. Neben Holdingfunktionen werden die Produktion, der Vertrieb, IT, Rechnungswesen etc. einzelnen Gesellschaften in der Konzerngruppe zugeordnet. Koordination heißt damit schon in der ersten Stufe, dass jeder Verwalter für sich prüfen muss, inwieweit und in welchem Umfang er auf andere Gesellschaften in der Gruppe angewiesen ist.[66] Da im Zentrum regelmäßig die produzierenden Gesellschaften stehen, werden die Produkte nur dann vertrieben werden können, wenn Zusatzleistungen anderer Gesellschaften „eingekauft" werden. Da kein Wertausgleich mehr über Gewinnabführungen möglich ist, gilt der **Grundsatz „dealing at arm's length"** in der Insolvenz von Konzerngruppen in besonderem Umfange. Alle Leistungsbeziehungen stehen auf dem Prüfstand. Jeder Insolvenzverwalter wird verlangen müssen, dass er für seine Leistungen einen **angemessenen Ausgleich** erhält. 48

Gleichzeitig ergibt sich aus der Koordinationspflicht aber auch ein Kontrahierungszwang, sofern dies für die jeweilige Gesellschaft keine Nachteile bringt.[67] In der Anfangsphase jedes Insolvenzverfahrens, also schon im Eröffnungsverfahren, besteht **dringender Handlungsbedarf**. Es wird auf umgehende Kooperation und entsprechender zeitnahe Abmachungen ankommen, die dem Recht des jeweiligen Belegenheitsstaates standhalten. Der Insolvenzverwalter ist als Unternehmer gefordert. 49

An diese taktische Vorgehensweise können sich erst strategische Überlegungen anschließen. Zunächst geht es darum, durch ein entsprechendes Netzwerk die Fortführung in der Gruppe zu ermöglichen. Jeder Insolvenzverwalter hat für sich zu prüfen, inwieweit er seinen Verwertungsprozess notwendigerweise mit anderen verflochtenen Verwaltern abstimmen muss. Umgekehrt hat er einzubeziehen, ob und in welchem Umfange andere Insolvenzverwalter auf seine Kooperation angewiesen sind. Die Pflicht zur Koordination und Kooperation bedeutet eben nicht nur, eigene Vorteile zu suchen, sondern auch Nachteile für andere Insolvenzverfahren und Verwaltern zu antizipieren. Schon im Vorfeld sind andere Insolvenzverwalter daher z. B. darauf hinzuweisen, dass bestimmte Funktionen nur dann für sie aufrechterhalten werden können, wenn zeitnah entsprechende Deckungsbeiträge oder Unterstützungsmaßnahmen ergriffen werden. Egoismen sind auszuschließen. 50

---

66) *Fritz* in: Mönning, Betriebsfortführung, § 18 Rz. 210; Wimmer/Bornemann/Lienau-Bornemann, Die Neufassung der EuInsVO, Rz. 574.
67) *Fritz* in: Mönning, Betriebsfortführung, § 18 Rz. 210.

51 Daneben geht es um die **Feststellung wechselseitiger Forderungen und Verbindlichkeiten im Konzernverbund**. Soweit hier unterschiedliche Sichten bestehen, müssen die wechselseitigen Erkenntnisse untereinander ausgetauscht werden.

52 Schon vor Einleitung eines Koordinationsverfahrens nach Artt. 61 ff. besteht daher ein breites Feld für eine Koordination und Kooperation. Mittel zur Umsetzung sind entsprechende bilaterale Abmachungen auf Grundlage intensiver vorheriger Analysen.

c) Sanierungsprüfung und Durchführung (Art. 56 Abs. 2 Unterabs. 1 lit. c)

53 Gemäß Art. 56 Abs. 2 Unterabs. 1 lit. c ist von den Verwaltern zu prüfen, ob eine Sanierung der Gruppenmitglieder möglich erscheint. Wird das bejaht, muss ein Verwalter einen **Sanierungsplan entwickeln** und über diesen abstimmen lassen. Sinn der Vorschrift ist es, die Restrukturierung des Konzerns oder mehrerer restrukturierungsfähiger Gesellschaften mit einem gemeinsamen Plan durchzuführen. Außerdem ist ein Sanierungsplan gemäß Art. 60 Voraussetzung, um eine Aussetzung der Verwertungshandlungen anderer Gesellschaften durchzusetzen.

54 In dem Sanierungsplan sind insbesondere der **Umbau des operativen Unternehmens** bzw. die Abstimmung bei der Fortführung wesentlich. In der Praxis wesentlich ist letztlich, einen **ökonomisch erfolgversprechenden Masterplan** für die Rettung des Konzerns zu entwickeln, der auch insolvenzrechtlich jeweils zulässig ist.[68] Sowohl finanzwirtschaftliche Themen, wie die Lösung von Liquiditätsproblemen, als auch die Frage nach einem Gesamtkonzept für den Konzern sollten beantwortet werden.[69]

55 Die Verwalter können gerade auch zwecks Fortführung vereinbaren, wie die Erhaltung, Sanierung oder Verwertung einzelner Gruppenunternehmen oder sich über mehrere Rechtsträger erstreckender Produktionseinheiten bzw. Geschäftsfelder gemeinsam zu bewerkstelligen sind. Auch hier können ggf. Ausgleichszahlungen vereinbart werden, wenn sich der Sanierungsplan für einige Gesellschaften als nachteilig herausstellt.

56 In der englischen Fassung der EuInsVO wird das Instrument als „Coordinated Restructuring Plan" bezeichnet. Dies darf nicht mit einem Insolvenzplan zum Zwecke des Erhalts einzelner Rechtsträger bzw. Gruppengesellschaften verwechselt werden.[70] Der Sanierungsplan ist **zunächst nicht verpflichtend**.[71] Die Absprachen müssen in die einzelnen Insolvenzpläne der Gesellschaften übernommen werden.[72] Hier ist grundsätzlich die **Zustimmung der Gläubiger** zur Umsetzung der Regelungen einzuholen. Dementsprechend kann sich der Insolvenzverwalter nur soweit verpflichten, wie er die Sanierungsmaßnahmen selbst bestimmen kann. Ist zusätzlich das Einverständnis des Insolvenzgerichts oder der Gläubiger notwendig, kann sich der Insolvenzverwalter nur unter Vorbehalt der Zustimmung zu den vereinbarten Maßnahmen verpflichten.

---

68) *Fritz*, DB 2015, 1945.
69) *Wimmer*, jurisPR-InsR 7/2015.
70) *Fritz* in: Mönning, Betriebsfortführung, § 18 Rz. 211.
71) *Wimmer*, jurisPR-InsR 7/2015; *Eidenmüller/Frobenius*, ZIP Beilage z. Heft 22/2013, S. 1, 11, zum dt. Entwurf und dem dort geregelten Koordinationsplan.
72) *Brünkmans*, ZInsO 2013, 797, 803.

Jeder **Verwalter** darf einen eigenen Sanierungsplan vorlegen. Letztlich wird sich 57
derjenige Plan durchsetzen, der für alle Gesellschaften bzw. deren Gläubiger de facto
am erfolgversprechendsten erscheint. Ob es dabei zu einem gegenseitig behindernden Sanierungswettbewerb kommen wird, wie es *Brünkmans* erwartet, bleibt abzuwarten.[73]

In der Praxis wird der Sanierungsplan wohl meist von dem Insolvenzverwalter ein- 58
gereicht werden, der entweder **am meisten davon profitieren wird**, oder von demjenigen Verwalter, der die Gesellschaft verwaltet, die als die wichtigste unter den
insolventen Gesellschaften gilt. Die Muttergesellschaft ist dabei nur eine mögliche
Variante.

### 5. Übertragung von Befugnissen und Aufgabenverteilung (Art. 56 Abs. 2 Unterabs. 2)

Eine sinnvolle Koordination und Kooperation wird schon schwerfallen, wenn in einer 59
Gruppeninsolvenz nur zwei Insolvenzverwalter beteiligt sind. Das gilt erst recht,
wenn in üblicher Weise zahlreiche Gesellschaften über mehrere Mitgliedstaaten betroffen sind. Ohne einen „**Dirigenten**" scheitert eine sinnvolle Koordination regelmäßig. Daher sieht Art. 56 Abs. 2 Unterabs. 2 vor, dass zum Zwecke der Zusammenarbeit zusätzliche Befugnisse einem Verwalter aus der Mitte der betroffenen
Verwalter übertragen werden können.

### a) Kein Gruppeninsolvenzverwalter (Art. 56 Abs. 2 Unterabs. 2 Satz 1)

Nur **zusätzliche Befugnisse** können übertragen werden. Daraus folgt, dass der aus- 60
erkorene Verwalter nicht als „**Gruppeninsolvenzverwalter**" in andere Verfahren
hineinregieren darf. Es bleibt bei der **Eigenverantwortlichkeit jedes Insolvenzverwalters** in der Gruppe. Das folgt auch daraus, dass solche Vereinbarungen nach
den für die jeweiligen Verfahren geltenden Vorschriften zulässig sein müssen. In
diesem Umfang ist es aber auch möglich, dass die Verwalter Aufgaben unter sich
aufteilen können. Eine solche Zuordnung kann eine echte (kostenarme) Alternative
zu den sehr komplexen Koordinierungsverfahren nach Artt. 61 ff. darstellen.[74]

### b) Aufgabenzuweisung an mehrere Insolvenzverwalter (Art. 56 Abs. 2 Unterabs. 2 Satz 2)

Die Funktionszuordnung ist nicht nur an einen Insolvenzverwalter möglich, sondern 61
kann auch mehrere Insolvenzverwalter treffen. Die Funktionstrennung im Konzern
bedingt, dass unterschiedliche Funktionen unterschiedlichen Gesellschaften und
damit Insolvenzverwaltern zugeordnet sind. Soll dieses Potential gehoben werden,
so müssen auch mehrere Insolvenzverwalter in den speziellen Aufgabenkreis einbezogen werden können. Das folgt aus der Erwähnung, dass alle oder einige der in
Art. 56 Abs. 1 genannten Verwalter solche Delegationen unter sich regeln und
aufteilen können. Das erfordert wiederum von den betroffenen Insolvenzverwaltern,
einen **Organisationsplan** und ein **Organigramm** für die gesamte Gruppe festzulegen.

---

73) *Brünkmans*, ZInsO 2013, 797, 803.
74) K. Schmidt-*Thole*, InsO, § 60 Rz. 15.

### c) Zuweisung der jeweiligen Funktionen

62 Die Zuweisung der konkreten Aufgaben kann, muss aber nicht der gesellschaftsrechtlichen Struktur folgen. Entscheidend ist die wirtschaftliche Bedeutung für die Unternehmensgruppe. Was nützt es den Insolvenzverwaltern von operativen Tochtergesellschaften, wenn der Insolvenzverwalter der Muttergesellschaft weder über finanzielle Mittel noch über die entsprechenden Kenntnisse und Mittel verfügt, um die anderen Insolvenzverwalter zu unterstützen? Bei der Informationsbeschaffung ist daher in erster Linie auf den Insolvenzverwalter oder das Verfahren abzustellen, der oder das über die meisten Kenntnisse und Ressourcen verfügt, wie z. B. Patente, Produktionstechniken, Produktionsstätten etc. Damit wechselseitige Überlastungen vermieden werden, ist ihm gegen entsprechenden Nachteilsausgleich zuzumuten, das notwendige Know-how in der Gruppe aufzuarbeiten und zur Verfügung zu stellen. Auch die Poolung von Interessen, z. B. in Form von Rechtsverfolgungsgemeinschaften, ist möglich.[75] In diesem Zusammenhang dürfte es auch zulässig sein, für die Abwicklung, Verwertung und Sanierung eine neue Konzernstruktur zu entwickeln, die selbstverständlich dann der Zustimmung der einzelnen Verwalter bedarf.

### d) Grenzen der Zulässigkeit

63 Grenzen setzt, wie auch bei der Koordination allgemein nach Artt. 41 und 56 jeweils wieder das **nationale Recht** der einzelnen Belegenheitsstaaten. Insbesondere gilt, dass nach wie vor die Eigenverantwortlichkeit jedes Insolvenzverwalters aufrechtzuerhalten ist. Eine Delegation insolvenzspezifischer Aufgaben ist ausgeschlossen. Die deutschen Regelungen zum Gruppeninsolvenzverfahren sind zu beachten, auch wenn sich keine wesentlichen Unterschiede ergeben.[76]

## IV. Schlussfolgerungen für die Praxis

64 Art. 56 kodifiziert, was bereits zuvor und gegenwärtig bei Konzerninsolvenzen zwischen Verwaltern praktiziert wurde oder zumindest praktiziert werden soll. Kommunikations- und Zusammenarbeitspflichten ergeben sich bereits aus dem Grundsatz der bestmöglichen Gläubigerbefriedigung aus den nationalen Vorschriften, wenn sich aus der Kooperation mehr Insolvenzmasse gewinnen lässt. **Neu ist** aber, dass ein angemessenes System zur Verfügung gestellt wird, Kooperationspflichten auch dann zu begründen, wenn die eigene Masse zumindest nicht geschädigt wird.

65 Zwar kann Art. 56 nicht vollkommen Ersatz für die vor der Insolvenz gegebene Leitungsmacht der Konzernmutter bieten, jedoch schafft sie zumindest gute Voraussetzungen dafür, dass die Insolvenzverwalter enger zusammenarbeiten werden. Zudem rücken Sanierungsmöglichkeiten des ganzen Konzerns weiter in den Fokus der Insolvenzverwalter.

66 Wirklich benötigt wird die Norm daher für diejenigen Verwalter, die sich bisher einer Kooperation verschlossen haben, sog. Akkordstörer.[77] Da es jedoch an EU-

---

75) *Fritz*, DB 2015, 1945, 1946.
76) *Pluta*, NZI Beilage 1 z. Heft 8/2018, S. 18, 20.
77) *Thole/Swierczok*, ZIP 2013, 550, 557.

eigenen **haftungsrechtlichen Normen** fehlt und es bei nationalen Vorschriften – sofern diese anwendbar sind – meist am nachweisbaren **Schaden** mangelt, erscheint es höchst fraglich, ob die Regelungen ihre Wirkung bei bisher unwilligen Verwaltern ein Umdenken bewirken wird.

Wie auch bei Art. 41 wird die Herausforderung für die Gerichte schon im Vorfeld darin bestehen, kooperationswillige – und fähige – Verwalter zu bestimmen. Nichtsdestotrotz kann schließlich das Gericht bei massivem Verstoß eingreifen und – als ultima ratio – sogar den Verwalter auswechseln. Zudem ist das Vertrauen zwischen den Verwaltern wesentlich. Es spricht andererseits aber auch nichts dagegen, bereits praktizierte Mechanismen in Gesetzesform zu gießen. Letztlich wird die Zeit zeigen, inwieweit die Regelung die Praxis verändern wird. Bis dahin bleibt es aber dabei, dass in diesem groß angelegtem „**Feldversuch**" im Bereich der Konzerninsolvenzen die Praxis die beste Lösung für alle Beteiligten finden muss.[78] 67

---

78) *J. Schmidt*, KTS 2015, 19, 43.

## Artikel 57
### Zusammenarbeit und Kommunikation der Gerichte

(1) ¹Bei Insolvenzverfahren über das Vermögen von zwei oder mehr Mitgliedern derselben Unternehmensgruppe arbeitet ein Gericht, das ein solches Verfahren eröffnet hat, mit Gerichten, die mit einem Antrag auf Eröffnung eines Insolvenzverfahrens über das Vermögen eines anderen Mitglieds derselben Unternehmensgruppe befasst sind oder die ein solches Verfahren eröffnet haben, zusammen, soweit diese Zusammenarbeit eine wirksame Verfahrensführung erleichtern kann, mit den für die einzelnen Verfahren geltenden Vorschriften vereinbar ist und keine Interessenkonflikte nach sich zieht. ²Die Gerichte können hierzu bei Bedarf eine unabhängige Person oder Stelle bestellen bzw. bestimmen, die auf ihre Weisungen hin tätig wird, sofern dies mit den für sie geltenden Vorschriften vereinbar ist.

(2) Bei der Durchführung der Zusammenarbeit nach Absatz 1 können die Gerichte oder eine von ihnen bestellte bzw. bestimmte und in ihrem Auftrag tätige Person oder Stelle im Sinne des Absatzes 1 direkt miteinander kommunizieren oder einander direkt um Informationen und Unterstützung ersuchen, vorausgesetzt, bei dieser Kommunikation werden die Verfahrensrechte der Verfahrensbeteiligten sowie die Vertraulichkeit der Informationen gewahrt.

(3) Die Zusammenarbeit im Sinne des Absatzes 1 kann auf jedem von dem Gericht als geeignet erachteten Weg erfolgen. Sie kann insbesondere Folgendes betreffen:

a) die Koordinierung bei der Bestellung von Verwaltern,
b) die Mitteilung von Informationen auf jedem von dem betreffenden Gericht als geeignet erachteten Weg,
c) die Koordinierung der Verwaltung und Überwachung der Insolvenzmasse und Geschäfte der Mitglieder der Unternehmensgruppe,
d) die Koordinierung der Verhandlungen,

e) soweit erforderlich die Koordinierung der Zustimmung zu einer Verständigung der Verwalter.

**Literatur:** *Armbrüster*, Fremdsprachen in Gerichtsverfahren, NJW 2011, 812; *Brinkmans*, Auf dem Weg zu einem europäischen Konzerninsolvenzrecht, ZInsO 2013, 797; *Busch/Remmert/Rüntz/Vallender*, Kommunikation zwischen Gerichten in grenzüberschreitenden Insolvenzen, NZI 2010, 417; *Ehricke*, Die Zusammenarbeit der Insolvenzverwalter bei grenzüberschreitenden Insolvenzen nach der EuInsVO, WM 2005, 397; *Fritz*, Die Neufassung der Europäischen Insolvenzverordnung: Erleichterung bei der Restrukturierung in grenzüberschreitenden Fällen? (Teil 1), DB 2015, 1882; *Hrycaj*, Cooperation of Court Bodies of International Insolvency Proceedings, IILR 2011, 7; *Melissen*, Communicatie en samenwerking tussen insolventierechts in Europees en internationaal verband, Trema 2010, 289; *Pache*, Der Grundsatz der Verhältnismäßigkeit in der Rechtsprechung der Europäischen Gemeinschaften, NVwZ 1999, 1033; *Paulus*, Globale Grundsätze für die Zusammenarbeit in grenzüberschreitenden Insolvenzen und globale Richtlinien für die gerichtliche Kommunikation, RIW 2014, 194; *Thole*, Das neue Konzerninsolvenzrecht in Deutschland und Europa, KTS 2014, 351; *Vallender*, EuInsVO 2017 – eine neue Herausforderung für Insolvenzgerichte, in: Festschrift für Siegfried Beck zum 70. Geburtstag, 2016, S. 537; *Vallender*, Gerichtliche Kommunikation und Kooperation bei grenzüberschreitenden Insolvenzverfahren im Anwendungsbereich der EuInsVO – eine Herausforderung für Insolvenzgerichte, KTS 2008, 167; *Vallender*, Aufgaben und Befugnisse des deutschen Insolvenzrichters in Verfahren nach der EuInsVO, KTS 2005, 283; *Virgós/Schmit*, Erster Teil: EU-Übereinkommen über Insolvenzverfahren, Kap. B – Erläuternder Bericht, in: Stoll, Vorschläge und Gutachten zur Umsetzung des EU-Übereinkommens über Insolvenzverfahren im deutschen Recht, 1997, S. 32 (zit.: Virgós/Schmit in: Stoll, Vorschläge und Gutachten); *Wessels, B.*, Cooperation and sharing of information between courts and insolvency practitioners in cross border insolvency cases, in: Festschrift für Heinz Vallender, 2015, S. 775.

## Übersicht

| | |
|---|---|
| I. Zweck der Norm ............................. 1 | a) Pflichtgemäße Ermessensentscheidung des Gerichts ................. 25 |
| II. Anwendungsbereich (Art. 57 Abs. 1 Satz 1) ........................... 3 | b) Kein Gegenseitigkeitserfordernis ............................ 28 |
| III. Grundlagen der Kooperation ............ 8 | c) Anforderungen an die geeignete Person oder Stelle ................. 29 |
| IV. Persönliche und sachliche Voraussetzungen für eine grenzüberschreitende Kommunikation und Kooperation ........................... 9 | d) Vergütung und Haftung ............... 31 |
| 1. Nationale Ansprechpartner ................. 11 | 4. Zusammenarbeit nach Art. 57 Abs. 1 (Art. 57 Abs. 3 Satz 2) ............ 33 |
| 2. Informationsquellen ........................... 12 | a) Koordinierung bei der Bestellung von Verwaltern (Art. 57 Abs. 3 lit. a) ............... 34 |
| V. Inhalt der Norm ............................. 13 | |
| 1. Art und Weise sowie Inhalt der Kooperation ....................................... 13 | b) Mitteilung von Informationen (Art. 57 Abs. 3 lit. b) ............... 37 |
| a) Direkte Kommunikation (Art. 57 Abs. 2) ............................ 15 | c) Koordinierung der Verwaltung und Überwachung der Insolvenzmasse und Geschäfte der Mitglieder der Unternehmensgruppe (Art. 57 Abs. 3 lit. c) ....... 42 |
| b) Inhalt der Zusammenarbeit ........ 17 | |
| 2. Grenzen der Zusammenarbeit (Art. 57 Abs. 1 Satz 1 Halbs. 2) ......... 18 | |
| a) Erleichterung der wirksamen Abwicklung des Verfahrens ........ 20 | d) Koordinierung von Verhandlungen (Art. 57 Abs. 3 lit. d) ....... 45 |
| b) Vereinbarkeit mit den nationalstaatlichen Vorschriften ............... 21 | e) Die Koordinierung der Zustimmung zu einer Verständigung der Verwalter (Art. 57 Abs. 3 lit. e) ................................. 48 |
| c) Interessenkonflikte ...................... 22 | |
| 3. Unabhängige Person oder Stelle (Art. 57 Abs. 1 Satz 2) ....................... 23 | |
| | VI. Sanktionen ................................. 50 |

## I. Zweck der Norm

Ebenso wie **Art. 42**[1)] für das Haupt- und Sekundärinsolvenzverfahren normiert **Art. 57** bei Insolvenzverfahren über das Vermögen von Mitgliedern einer Unternehmensgruppe eine allgemeine **Pflicht der Insolvenzgerichte**[2)] **der Mitgliedstaaten**[3)] zur Zusammenarbeit und Kommunikation. Gleichzeitig beschreibt die Vorschrift deren **Grenzen** („... soweit diese Zusammenarbeit eine wirksame Verfahrensführung erleichtern kann, mit den für die einzelnen Verfahren geltenden Vorschriften vereinbar ist und keine Interessenkonflikte nach sich zieht."); näher dazu siehe Rz. 18 ff. Art. 57 trägt dem Gedanken Rechnung, durch eine ordnungsgemäße Zusammenarbeit zwischen den Gerichten der Gruppenmitglieder eine **effiziente Führung der Insolvenzverfahren** zu gewährleisten (ErwG 51 und 52). Ziel ist die Effizienzsteigerung der Verfahrensabwicklung (ErwG 51); sie soll die Dezentralisierung der Entscheidungsträger ausgleichen. Art. 57 macht die formellen Wege der Rechtshilfe weitgehend überflüssig. Ferner sorgt die Vorschrift für **größere Rechtssicherheit**, weil sich die Gerichte in vielen Mitgliedstaaten mangels irgendeiner Form von gesetzlicher Ermächtigung daran gehindert fühlten, in grenzüberschreitenden Verfahren mit anderen Gerichten zu kommunizieren.[4)] Dabei ist es bereits seit langem gefestigte Erkenntnis, dass ohne eine **enge Abstimmung zwischen den parallel anhängigen Verfahren** ein Ergebnis, das den Interessen der Gläubiger weitgehend Rechnung trägt, nicht zu erreichen ist.[5)] Vor allem der Austausch gegenseitiger Informationen kann für den Erfolg grenzüberschreitender Insolvenzverfahren entscheidend sein.[6)] Beispiele dafür gibt es v. a. im anglo-amerikanischen Rechtsraum genügend.[7)] So verwundert es nicht, dass sich der Verordnungsgeber bei seinen Regelungen zur Kooperation und Kommunikation der Gerichte eng an die Bestimmungen des UNCITRAL Model Law angelehnt hat. Art. 25 UNCITRAL Model Law gestattet nicht nur eine Zusammenarbeit der Gerichte und die direkte

---

1) Zum Verhältnis von Art. 42 zu Art. 57 s. die Kommentierung zu Art. 42 Rz. 3 [*Zipperer*].
2) *Wimmer*, jurisPR-InsR 7/2015, Anm. 1; *Vallender* in: FS Beck, S. 537, 545; Bork/van Zwieten-*J. Schmidt*, Commentary on the European Insolvency Regulation, Art. 57 Rz. 57.04.
3) S. Art. 2 Nr. 6 (ii), der ausdrücklich „das Justizorgan oder jede sonstige Stelle eines Mitgliedstaats" nennt.
4) In Deutschland dient die mit dem ESUG eingeführte Regelung des § 348 Abs 2 InsO über die Zusammenarbeit der Insolvenzgerichte dazu, die Kooperation und Kommunikation zwischen den beteiligten Gerichten zu fördern. Da auf europäischer Ebene bis zur Geltung der EuInsVO n. F. (s. Art. 92 Satz 2 lit. a) keine Regelung zur gerichtlichen Zusammenarbeit existierte, findet die Vorschrift auch im Anwendungsbereich der EuInsVO a. F. Anwendung (vgl. amtl. Begr. RegE ESUG, BT-Drucks. 17/5712, S. 43).
5) *Hrycaj*, IILR 2011, 7, 15; *Melissen*, Trema 2010, 289; *Vallender* in: FS Beck, S. 537; *Wimmer*, jurisPR-InsR 7/2015 Anm. 1.
6) Eindringlich beschreibt dies der holländische Insolvenzrechtler *Bob Wessels* in seiner Leidener Antrittsvorlesung: „International practice and present opinion demonstrates the ability and willingness that (bankruptcy judges) posses to play the vital role in applying an effective and efficient insolvency system", *B. Wessels*, Judicial Coordination of Crossborder Insolvency cases, pp 47; *B. Wessels*, International Insolvency Law, para 10030.
7) S. statt vieler das Verfahren Maxwell Communication Corporation plc. (93, Federal 3rd. Serie 1053, v. 21.8.1996). So lobte der Privy Council of the United Kingdom ([2006] 3 All E.R. 829, UKPC 26 Nr. 2) die gemeinschaftlichen Bemühungen zwischen den englischen und amerikanischen Gerichten in diesem Verfahren als beispielhaft für den „Zusammenarbeitsgeist".

Kommunikation sondern ordnet auch eine „so eng wie mögliche" Zusammenarbeit an. Dieses Petitum greift ErwG 52 Satz 2 i. V. m. ErwG 48 Satz 2 auf. Danach muss die **ordnungsgemäße Zusammenarbeit eng** sein und in erster Linie **wechselseitig ausreichend informieren**, ohne ein Gegenseitigkeitsverhältnis vorauszusetzen.[8]

2 Art. 57 Abs. 2 und 3 regeln – ebenso wie Art. 27 UNCITRAL Model Law – mögliche Formen der Zusammenarbeit. Mit Recht weist *Undritz*[9] darauf hin, dass die Vorschrift des Art. 57 zwar nicht alle Fragen beantwortet, welche die Kommunikation zwischen Gerichten in grenzüberschreitenden Verfahren aufwirft. Sie sei aber hilfreich, weil sie „die Weichen hin zu einer grenzüberschreitenden Kultur der Kommunikation und Kooperation auch der Gerichte" stelle. Unabdingbare Voraussetzung für ein Entstehen dieser Kultur ist indes die Bereitschaft der mit der Bearbeitung der Verfahren befassten Richter zur Kooperation und Kommunikation.[10]

## II. Anwendungsbereich (Art. 57 Abs. 1 Satz 1)

3 Art. 57 Abs. 1 Satz 1 findet Anwendung auf Insolvenzverfahren über das Vermögen von **zwei oder mehr Mitgliedern** derselben Unternehmensgruppe (näher dazu siehe Art. 56 Rz. 18 [*Hermann*]). Ein grenzüberschreitender Bezug reicht, wie für die EuInsVO im Allgemeinen, nicht aus.[11] Vielmehr geht es um die Koordinierung von Insolvenzverfahren **in verschiedenen Mitgliedstaaten**. Bei einem rein nationalen Sachverhalt findet allein die Vorschrift des § 269b InsO Anwendung.[12]

4 **Insolvenzverfahren** sind solche i. S. des Art. 1. Die Vorschrift bezieht sich sowohl auf Eröffnungs- als auch eröffnete Verfahren. Eine **Unternehmensgruppe** umfasst das Mutterunternehmen und alle seine Tochterunternehmen (Art. 2 Nr. 13). Die Insolvenzverfahren müssen sich gegen **mindestens zwei Mitglieder derselben Unternehmensgruppe**, sei es die Mutter- und eine Tochtergesellschaft oder zwei Tochtergesellschaften, richten. Bei den Tochtergesellschaften muss es sich nicht zwingend um direkte Töchterunternehmen handeln, sondern es kommen insoweit auch Enkel-, Urenkelunternehmen etc. in Betracht. Dies folgt insbesondere aus dem breiten Terminus „subsidiary" in der englischen Sprachfassung.[13] Die Kooperationspflicht gilt auch, wenn zwar in mehreren Mitgliedstaaten Verfahren eröffnet worden sind, es aber in concreto um Beziehungen zwischen **zwei inländischen Gesellschaften** geht.[14]

5 Art. 57 Abs. 1 Satz 1 verpflichtet die **Gerichte** zur Zusammenarbeit. Den Begriff Gericht definiert Art. 2 Nr. 6. Im Anwendungsbereich des Art. 57 umfasst der Begriff sowohl ein **Justizorgan** als auch **jede sonstige zuständige Stelle** eines Mitgliedstaats, die befugt ist, ein Insolvenzverfahren zu eröffnen, die Eröffnung eines solchen Verfahrens zu bestätigen oder i. R. des Verfahrens Entscheidungen zu treffen (Art. 2 Nr. 6 (ii)).

6 Die Zusammenarbeit und Kommunikation setzt zunächst voraus, dass bereits **ein Gericht** eines Mitgliedstaates das **Insolvenzverfahren** über das Vermögen einer

---

8) Vgl. Mankowski/Müller/J. Schmidt-*Mankowski*, EuInsVO 2015, Art. 42 Rz. 14.
9) *Undritz* in: Flöther, Hdb. Konzerninsolvenzrecht, § 8 Rz. 98.
10) *Vallender* in: FS Beck, S. 537, 550.
11) *Thole*, KTS 2014, 351, 371.
12) Uhlenbruck-*Vallender*, InsO, § 269b Rz. 30.
13) Mankowski/Müller/J. Schmidt-*Mankowski*, EuInsVO 2015, Art. 2 Rz. 77.
14) *Thole*, KTS 2014, 351, 372.

zur Unternehmensgruppe gehörenden Gesellschaft **eröffnet hat**. Dieses Gericht hat mit Gerichten, die mit einem **Antrag auf Eröffnung eines Insolvenzverfahrens** über das Vermögen eines anderen Mitglieds derselben Unternehmensgruppe befasst sind oder ein solches **Verfahren eröffnet haben**, zusammenzuarbeiten. Danach besteht keine Pflicht zur Zusammenarbeit von Gerichten für den Fall, dass noch kein angerufenes Gericht eine abschließende Entscheidung über den Eröffnungsantrag getroffen hat. Ob der Verordnungsgeber dies gewollt hat, erscheint fraglich. Auch wenn er den Kommissionsvorschlag, der eine Kooperationspflicht sowohl bei Antragsverfahren als auch eröffneten Verfahren vorsah,[15] nicht übernommen hat, muss den Gerichten allein zur **Vermeidung negativer oder positiver Kompetenzkonflikte** eine Zusammenarbeit auch dann erlaubt sein, wenn noch keine Verfahrenseröffnung erfolgt ist.[16] Hierfür spricht ferner, dass nach Art. 57 Abs. 3 lit. a die Zusammenarbeit v. a. die Koordinierung bei der Bestellung von Verwaltern betreffen kann. Dies setzt zwingend voraus, dass eine Eröffnungsentscheidung noch nicht ergangen ist.

Nach Ansicht des deutschen Gesetzgebers löst die in Art. 57 festgelegte Pflicht der Gerichte zur Zusammenarbeit keine Notwendigkeit der Verzahnung mit dem deutschen Verfahrensrecht aus, um erst eine sinnvolle und praxisgerechte Anwendung zu ermöglichen, weil Art und Reichweite der Pflicht bereits durch die Neufassung festgelegt werde.[17]

### III. Grundlagen der Kooperation

**Grundlagen** für die **Kooperation** der Gerichte bilden die **Cross-Border-Insolvency Court-to-Court-Principles** (EU JudgeCo Principles) und die **EU-Guidelines for Court-to-Court-Communications in International Insolvency Cases** (EU JudgeCo Guidelines[18]) sowie die Leitlinien der UNCITRAL Legislative Guide on Insolvency Law, Part Three, Treatment of enterprise groups in Insolvency[19], auf die ErwG 48 ausdrücklich verweist. Einer der Ausgangspunkte waren die von INSOL Europe 2007 veröffentlichten European Communication Cooperation Guidelines for Cross-Border Insolvency (CoCoGuidelines), der andere die vom International Insolvency Institute 2012 präsentierten Global Principles for Cooperation in International Insolvency Cases (Global Principles),[20] deren Bestandteil auch die

---

15) Art. 42b nahm Gerichte in Bezug, „die mit einem Antrag auf Eröffnung eines Insolvenzverfahrens gegen ein Mitglied einer Unternehmensgruppe befasst sind oder ein solches Verfahren eröffnet haben", Vorschlag für eine Verordnung des Europäischen Parlaments und des Rates zur Änderung der Verordnung (EG) Nr. 1346/2000 des Rates über Insolvenzverfahren, v. 12.12.2012, COM(2012) 744, S. 34, abrufbar unter https://www.europarl.europa.eu/meetdocs/2009_2014/documents/com/com_com(2012)0744_/com_com(2012)0744_de.pdf (Abrufdatum: 10.1.2020).
16) Weitergehend Wimmer/Bornemann/Lienau-*Bornemann*, Die Neufassung der EuInsVO, Rz. 577, der sogar eine Kooperationspflicht bejaht.
17) Begr. RegE Durchführungsgesetz, BR-Drucks. 654/16, S. 21.
18) S. den Text und die Übersetzung im Anhang, S. 915 ff. und 931 ff. Abrufbar unter www.tri-leiden.eu/uploads/files/EU_Cross-Border_Insolvency_Court-to-Court_Cooperation_Principles.pdf (Abrufdatum: 10.1.2020).
19) Abrufbar unter http://www.uncitral.org/pdf/english/texts/insolven/Leg-Guide-Insol-Part3-ebook-E.pdf (Abrufdatum: 10.1.2020).
20) Deutsche Übersetzung *Paulus*, RIW 2014, 194, 196 ff.

Global Guidelines for Court-to-Court Communications in International Insolvency Cases[21] sind. Die Guidelines verstehen sich als nicht bindende „**Soft-Law Rules**"[22], sind also im besten Fall Verhaltensanweisungen.[23] Auf ihrer Grundlage wurden die EU JudgeCo Principles und die EU JudgeCo Guidelines entwickelt.[24] Beides sind die bewährten[25] Praktiken in grenzüberschreitenden Insolvenzen der Kommunikations- und Kooperationsgrundsätze und -leitlinien europäischer Organisationen (ErwG 52 Satz 2 i. V. m. ErwG 48 Satz 4), die sich am besten in den spezifischen EU-Kontext einfügen.[26] Den Verweis auf internationale Leitlinien rundet der Verweis auf die UNCITRAL ab.[27] Daneben geben auch die Global Principles for Cooperation in International Insolvency Cases (Global Principles), präsentiert vom American Law Institute (ALI) und dem International Insolvency Institute (III), Hilfestellung in grenzüberschreitenden Verfahren.

### IV. Persönliche und sachliche Voraussetzungen für eine grenzüberschreitende Kommunikation und Kooperation

9 Damit die in Art. 57 vorgesehene Zusammenarbeit der Gerichte erfolgreich gelingen kann, bedarf es nicht nur der **Bereitschaft des einzelnen Richters und Rechtspflegers** zur Kommunikation und Kooperation, sondern auch der Bereitschaft, die zahlreichen auf nationaler und europäischer Ebene bestehenden **Fortbildungsmöglichkeiten** wahrzunehmen. Sie erweitern nicht nur den Wissensstand, sondern sind auch geeignet, ein Netzwerk von persönlichen Beziehungen zu knüpfen, das sich bei der Bearbeitung von grenzüberschreitenden Verfahren als nützlich erweisen kann.

10 Daneben haben die nationalen Gesetzgeber die **sachlichen Voraussetzungen für eine grenzüberschreitende Kommunikation** zu schaffen. Dies beginnt mit profanen Dingen wie der Möglichkeit uneingeschränkter Telefonate ins Ausland. Zugleich müssen auch bei allen Gerichten die technischen Voraussetzungen geschaffen werden, dass Telefonkonferenzen initiiert und auch Gespräche über Skype geführt werden können. Darüber hinaus müssen die Gerichte Zugang zu allen, das europäische Insolvenzrecht betreffenden Rechtsquellen und Dokumenten haben.

#### 1. Nationale Ansprechpartner

11 Da die wenigstens Richter (und Rechtspfleger) über Erfahrungen in grenzüberschreitenden Insolvenzverfahren verfügen, wäre es ratsam, wenn die einzelnen Mitgliedstaaten offizielle nationale Ansprechstellen einrichten, die es dem mit den Verfahren befassten Richter (und Rechtspfleger) ermöglichen, Informationen darüber

---

21) Deutsche Übersetzung *Paulus*, RIW 2014, 194, 206 ff.
22) *B. Wessels* in: FS Vallender, S. 775, 781.
23) *Paulus*, RIW 2014, 194, 195.
24) Zum Ganzen vgl. *B. Wessels* in: FS Vallender, S. 775, 779 f.
25) *B. Wessels* in: FS Vallender, S. 775, 782.
26) *B. Wessels* in: FS Vallender, S. 775, 782, 783; zustimmend Mankowski/Müller/J. Schmidt-Mankowski, EuInsVO 2015, Art. 42 Rz. 3.
27) Hier liegt ein Entwurf v. 3.10.2016 zur „Facilitating the cross-border insolvency of multinational enterprise grups: draft legislative provisions" vor, über den die Arbeitsgruppe V der UN-Commission on International Trade law in Wien am 12.–16.12.2016 befunden hat.; abrufbar unter www.uncitral.org/pdf/english/workinggroups/wg_5/50thWG5/wp_142_.pdf (Abrufdatum: 10.1.2020).

zu erlangen, wer Ansprechpartner in den ausländischen Insolvenzverfahren ist und wie eine Kommunikation aufgenommen werden kann. In Deutschland könnte z. B. das **Bundesamt für Justiz** diese Aufgabe erfüllen. Dies hätte den Vorteil, dass auch ausländische Insolvenzgerichte und ausländische Insolvenzverwalter zugleich einen offiziellen nationalen Ansprechpartner hätten. Es böte sich ferner an, dass diese Behörde „geeignete Personen und Stellen" i. S. des Art. 57 Abs. 1 Satz 2 in einer für alle Gerichte abrufbaren Liste bereitstellt. Das **Europäische Justizielle Netz für Zivil- und Handelssachen (EJN)**[28] ist in Deutschland bei diesem Amt angesiedelt. In Einzelfällen steht es den Richtern helfend zur Seite.[29]

## 2. Informationsquellen

Hindernisse auf dem Weg zu einer Kooperation und Kommunikation sind neben Sprachproblemen häufig die Unkenntnis der Besonderheiten des Rechtssystem des anderen Mitgliedstaats, mit dessen Gerichten Kontakt aufgenommen werden soll. Der Verordnungsgeber ist bestrebt, insoweit Abhilfe zu schaffen. Seit dem 26.6.2016 sind die Mitgliedstaaten verpflichtet, i. R. des **Europäischen Justiziellen Netzes für Zivil- und Handelssachen** eine kurze Beschreibung ihres nationalen Rechts und ihrer Verfahren zum Insolvenzrecht, insbesondere zu den in Art. 7 Abs. 2 aufgeführten Aspekten (Voraussetzung, Durchführung, Beendigung des Verfahrens, inkl. Wirkungen der Eröffnung) zu übermitteln, damit die betreffenden Informationen der Öffentlichkeit zur Verfügung gestellt werden können **(Art. 86)**. Diese sind von den Mitgliedstaaten regelmäßig zu aktualisieren. Die Kommission macht die Informationen öffentlich verfügbar.

12

## V. Inhalt der Norm

### 1. Art und Weise sowie Inhalt der Kooperation

Die **Zusammenarbeit** ist nach Art. 57 Abs. 3 Satz 1 in das **Gestaltungsermessen** des Gerichts gestellt: Sie ist auf **jedem Weg zulässig, sofern** das Gericht ihn für **geeignet** erachtet. Mit dieser Formulierung greift der VO-Geber den **Verhältnis-**

13

---

28) Das Netz besteht aus von den Mitgliedstaaten benannten Kontaktstellen, den in einigen Rechtsakten der Union vorgesehenen Zentralbehörden, den Verbindungsrichtern und anderen Behörden, die Zuständigkeiten im Bereich der justiziellen Zusammenarbeit zwischen staatlichen Akteuren besitzen (Richter, Zentralbehörden). Die Entscheidung des Rates über die Einrichtung eines Europäischen Justiziellen Netzes für Zivil- und Handelssachen, Nr. 2001/470/EG, v. 28.5.2001, ABl. (EG) L 174/25 v. 27.6.2001, wurde durch die Entscheidung des Europäischen Parlaments und des Rates zur Änderung der Entscheidung 2001/470/EG des Rates über die Einrichtung eines Europäischen Justiziellen Netzes für Zivil- und Handelssachen, Nr. 568/2009/EG, v. 18.6.2009, ABl. (EU) L 168/35 v. 30.6.2009, geändert.
29) Auf der Homepage des Bundesamts der Justiz (www.bundesamt.de) heißt es: „Das EJN steht als Serviceeinrichtung insbesondere den Gerichten und Justizverwaltungen zur Verfügung. Unter anderem unterstützt es in Einzelfällen, die eine Zusammenarbeit mit einem anderen Mitgliedstaat verlangen. Ziel ist es, eine reibungslose Abwicklung von Verfahren mit grenzüberschreitenden Bezügen innerhalb der EU zu gewährleisten. Wenn Sie als Richterin oder Richter mit einem grenzüberschreitenden Rechtsstreit befasst sind, können Sie sich an die **deutschen Kontaktstellen** wenden. Diese nehmen sodann Kontakt mit der jeweiligen Kontaktstelle in dem betreffenden Mitgliedstaat auf und unterstützen Sie so bestmöglich bei der Lösung der aufgetretenen Probleme. Hilfestellungen können von der Unterstützung bei der Formulierung und Erledigung von Rechtshilfeersuchen bis zur Einholung von Auskünften über den Inhalt ausländischen Rechts reichen." (Hervorhebung durch d. Vf.).

*Vallender*

mäßigkeitsgrundsatz auf (Art. 5 Abs. 4 EUV), allerdings beschränkt auf die **Geeignetheit**, da zum Beginn der Kooperation die **Erforderlichkeit** noch nicht feststeht. Zugleich ist dies eine Kompromissformel zur Förderung der Akzeptanz in der europäischen Richterschaft, weil die verschiedenen Rechtsordnungen mit dem Verhältnismäßigkeitsgrundsatz unterschiedlichste inhaltliche Vorstellungen und Anforderungen verbinden.[30]

14 Der Singular „von dem Gericht" ist nicht im Plural zu lesen, weil jedes Gericht seine eigene Einschätzung der Geeignetheit vornimmt. Eine **Kooperation** ist **geeignet**, wenn mit ihr ein **zulässiges Ziel verfolgt** wird und sie den verfolgten **Zweck erfüllen** kann.[31] Vom **Formwahlermessen** nicht mehr gedeckt und **unzulässig** sind Kooperationsmaßnahmen, die **über die Ziele** der Kooperation **hinausgehen**. Das ist der Fall, wenn das inländische Gericht auf die Verfahrensabwicklung des ausländischen Verfahrens einwirkt. Andererseits ist die Kooperation zu **intensivieren**, wenn **weniger weitgehende Bemühungen** den Zweck der Kooperation **vereiteln**.[32] Das kann etwa die Übermittlung sensibler Berichte beinhalten, wenn andernfalls eine Zusammenarbeit nicht zustande kommt; in keinem Fall darf sie die Arbeit des Gerichts blockieren.[33]

### a) Direkte Kommunikation (Art. 57 Abs. 2)

15 **Art. 57 Abs. 2 gestattet den Gerichten oder der von ihnen bestellten Person oder Stelle** i. S. des Absatzes 1 (siehe näher Rz. 23 ff.), **direkt miteinander zu kommunizieren** oder einander **direkt um Informationen und Unterstützung zu ersuchen**. Die **Kommunikationsmaßnahmen**, die den Austausch betreffen, sind vielfältig und beinhalten z. B. den Austausch von formellen Gerichtsbeschlüssen oder -urteilen, allgemeine Informationen, Fragen und Bemerkungen beinhaltende formlose Schreiben und Übermittlung von Gerichtsprotokollen.[34] Als **Kommunikationsmittel** kommen sämtliche gängigen Kommunikationsmittel, wie z. B. Post, E-Mail, Telefon oder eine Videokonferenz,[35] in Betracht. Das Gesetz lässt jeden von dem Gericht als geeignet erachteten Weg zu (Art. 57 Abs. 3 Satz 1); näher dazu siehe Rz. 13.

16 Während bislang für direkten Rechtshilfeverkehr zwischen den Gerichten ein Abkommen zwischen den jeweiligen Staaten erforderlich war,[36] substituiert Art. 57 Abs. 2 dies. Denn als Sekundärrecht, d. h. das von den Organen der EU aufgrund

---

30) Diese reichen von der zum englischen Recht entwickelten Aussage „the principle of proportionality prohibits the use of a steam hammer to crack a nut if a nutcracker would do it", also einer reinen Prüfung der Erforderlichkeit hoheitlicher Maßnahmen, bis zu der im deutschen Recht verbreiteten, ausdifferenzierten Prüfung auch der Angemessenheit hoheitlicher Maßnahmen i. S. einer abwägenden Gewichtung der geförderten und der beeinträchtigten Interessen; vgl. *Pache*, NVwZ 1999, 1033, 1035.
31) *Pache*, NVwZ 1999, 1033, 1036.
32) Der Grundsatz der Verhältnismäßigkeit ist allgemeiner Rechtsgrundsatz, der in vielen Bestimmungen seinen Niederschlag findet; z. B. in Art. 41 GRCh. Zum Grundsatz i. R. der Rechtssetzung vgl. Grabitz/Hilf/Nettesheim-*Rösslein/Krajewski*, EUV/AEUV, Art. 296 AUEV Rz. 50.
33) *Virgós/Schmit* in: Stoll, Vorschläge und Gutachten, Nr. 233, 3. Abs. Satz 2.
34) Pannen-*Hollander/Graham*, EuInsVO, UNCITRAL Rz. 259.
35) S. dazu den nicht bindenden „Leitfaden für den Einsatz von Videokonferenzen in grenzüberschreitenden Gerichtsverfahren", European Justice 2009.
36) *Busch/Remmert/Rüntz/Vallender*, NZI 2010, 417, 424.

von Kompetenzzuweisungen im Vertrag erlassenes Recht,[37] tritt es an die Stelle fehlender völkerrechtlicher Abkommen und setzt sich gegen etwaige Vorbehalte oder Hindernisse des nationalen Rechts durch.[38] Die Vorschrift ist **spezialgesetzlich geregelte Amtshilfe**,[39] da sie den Austausch von Informationen und keine Akteneinsicht durch Dritte zum Gegenstand hat. Als **Sachnorm** verbietet Absatz 2 Justizverwaltungen mittels Anordnungen die Kommunikation unter **Genehmigungsvorbehalt** zu stellen, oder von **vorheriger Anzeige** abhängig zu machen bzw. **bestimmte Formen vorzuschreiben**. Art. 57 Abs. 2 nimmt zweifach auf Absatz 1 Bezug, einmal hinsichtlich des **Ob** (Abs. 1 Satz 1) und zum anderen bezüglich des **Wie** (Abs. 1 Satz 2) der Kooperation; dem unmittelbaren persönlichen Kontakt zwischen den Richtern ist die Dazwischenschaltung von Beauftragten gleichgestellt. Die Gerichte können einander um **Information ersuchen**, ohne dass ein Anspruch auf sie besteht.[40] Dafür spricht „können ... ersuchen", während ErwG 48 Satz 2 unter ordnungsgemäßer Zusammenarbeit und auf wechselseitige ausreichende Information drängt. Die Sicherstellung der Zusammenarbeit erfordert die **Erfüllung des Informationsersuchens**, soweit dies die Verfahrensordnung zulässt. Inhaltlich sind die Informationen an den Gegenständen des Art. 57 Abs. 3 zu orientieren.

### b) Inhalt der Zusammenarbeit

Der Inhalt der Zusammenarbeit ist durch Heranziehen der Beispielsfälle des Art. 57 Abs. 3 auszufüllen, entscheidend ist der konkrete Einzelfall. Art. 57 enthält keinen präzisen gesetzlichen Rahmen für die Zusammenarbeit und bietet allenfalls einen Leitfaden, an dem sich die Gerichte ausrichten können.[41] Der VO-Geber hat sich bewusst für größtmögliche Flexibilität entschieden und gegen eine komplexe Vorgabe, die nur schwerfällig umzusetzen wäre: Zudem musste er auf die unterschiedlichen Befugnisse und Pflichten der Insolvenzgerichte in den verschiedenen Mitgliedstaaten Rücksicht nehmen.[42] Gleichwohl handelt es sich in Anlehnung an Art. 121 Abs. 1 AEUV im Wesentlichen um ein **gegenseitiges Informieren** über die geplanten Maßnahmen und ein **aufeinander Abstimmen**, wodurch, soweit möglich, eine **freiwillige Annäherung** der **Verfahrensziele** erreicht werden soll. Koordination schließt in jedem Fall die Möglichkeit eines direkten Eingriffs des Gerichts in das Verfahren eines anderen aus, ebenso eine verbindliche Harmonisierung oder Vereinheitlichung.[43]

17

### 2. Grenzen der Zusammenarbeit (Art. 57 Abs. 1 Satz 1 Halbs. 2)

Ebenso wie die Tätigkeit der Verwalter (vgl. Art. 56 Abs. 1 Satz 1) ist auch der Umfang der Zusammenarbeit und Kooperation der Gerichte begrenzt. Art. 57 Abs. 1 Satz 1 nennt die drei wichtigen Grenzen, innerhalb derer sich die Gerichte zu bewegen haben. Nach dieser Bestimmung muss die Zusammenarbeit geeignet sein,

18

– die wirksame Abwicklung des Verfahrens zu erleichtern (a),

---

37) Grabitz/Hilf/Nettesheim-*Nettesheim* EUV/AEUV, Art. 288 AEUV Rz. 30.
38) Vgl. Mankowski/Müller/J. Schmidt-*Mankowski*, EuInsVO 2015, Art. 42 Rz. 11.
39) Vgl. *Reinhart* in: MünchKomm-InsO, Art. 42 EuInsVO 2015 Rz. 3.
40) Mankowski/Müller/J. Schmidt-*Mankowski*, EuInsVO 2015, Art. 42 Rz. 13.
41) So schon *Ehricke*, WM 2005, 397, 399, 402, zu Art. 31 a. F.
42) *Brünkmans*, ZInsO 2013, 797, 802.
43) Grabitz/Hilf/Nettesheim-*Bandilla*, EUV/AEUV, Art. 121 AEUV Rz. 6.

- sie muss mit den für die einzelnen Verfahren geltenden Vorschriften vereinbar sein (b) und
- sie darf keine Interessenkonflikte nach sich ziehen (c).

19 Liegt nur einer der drei Voraussetzungen vor, besteht nicht nur keine Pflicht zur Zusammenarbeit, sondern die Gerichte haben davon abzusehen. Hat das Gericht Zweifel, ob mit seinen Maßnahmen bereits die Grenzen der Zusammenarbeit überschritten sind, sollte es den Insolvenzverwalter einbinden. Dieser kann am besten beurteilen, ob z. B. die erbetene Weitergabe von Informationen zu einer Masseschmälerung des eigenen Verfahrens führt.

### a) Erleichterung der wirksamen Abwicklung des Verfahrens

20 Ob eine Kooperation der Gerichte die wirksame Abwicklung des Verfahrens erleichtern hilft, beurteilt sich nach den **Umständen des Einzelfalls**. Soll die Konzernstruktur nicht erhalten werden bzw. wird eine konzernweite Sanierung aufgrund der wirtschaftlichen Lage der einzelnen Gruppenmitglieder nicht angestrebt, dürfte die Basis für eine Koordination grenzüberschreitender Betriebsfortführung fehlen, so dass es regelmäßig an den Voraussetzungen für eine Kooperation fehlt.

### b) Vereinbarkeit mit den nationalstaatlichen Vorschriften

21 Die Zusammenarbeit steht unter dem **Vorbehalt** ihrer **Vereinbarkeit** mit den **nationalstaatlichen Vorschriften** der beteiligten Mitgliedstaaten. Die primäre Pflicht zu wechselseitiger Information bedeutet **Offenlegung** von **geheimhaltungsbedürftigen Aktenbestandteilen** und **Verfahrensdaten** durch Übermittlung an ein Gericht eines Mitgliedstaates. Der nationalstaatliche **Datenschutz** bildet die **Grenze** der gegenseitigen **Unterrichtungspflicht**.[44] Dabei handelt es sich nicht um Akteneinsicht i. S. des § 299 Abs. 2 ZPO, sondern um **Amtshilfe**, die die Grenzen der §§ 12 ff. EGGVG zu beachten hat.[45] Dazu liefert Art. 57 Abs. 2 die erforderliche **Rechtsgrundlage** und gestattet die unmittelbare Amtshilfe ohne den Umweg über §§ 16, 16a EGGVG.[46] Die zu übermittelnden Daten sind durch **bereichsspezifische Übermittlungsbefugnisse** i. S. des § 13 Nr. 1 EGGVG gerechtfertigt (vgl. § 14 Abs. 2 Nr. 1 BDSG)[47] und fördern die Amtshilfe innerhalb der EU.[48] Uneingeschränkt **übermittlungsfähig** sind gemäß § 13 Nr. 4 EGGVG sämtliche von Amts wegen publizierten Daten i. S. des § 30 InsO,[49] i. Ü. ist für einen objektiven, vernünftigen Beobachter wegen der im Raum stehenden Effizienzge-

---

44) Pannen-*Riedemann*, EuInsVO, Art. 31 a. F. Rz. 29; Wimmer/Bornemann/Lienau-*Bornemann*, Die Neufassung der EuInsVO, Rz. 568; *Vallender*, KTS 2005, 283, 327.
45) *Busch/Remmert/Rüntz/Vallender*, NZI 2010, 417, 424.
46) Der Zweck der Mitteilung, also auch die Amtshilfe, ist dabei unerheblich; *Pabst* in: MünchKomm-ZPO, § 16 EGGVG Rz. 2.
47) *Pabst* in: MünchKomm-ZPO, § 13 EGGVG Rz. 3.
48) *Pabst* in: MünchKomm-ZPO, § 17 EGGVG Rz. 6, 7. § 17 Nr. 2 EGGVG begründet keine Übermittlungspflicht, diese ersetzt Art. 42 Abs. 1.
49) *Pabst* in: MünchKomm-ZPO, § 13 EGGVG Rz. 6.

winne kein Grund erkennbar, der für die Annahme einer Einwilligungsverweigerung des Schuldners spricht (§ 13 Nr. 3 EGGVG).[50]

c) Interessenkonflikte

Ebenso wenig wie die Verwalter der Insolvenzverfahren über das Vermögen von Mitgliedern einer Unternehmensgruppe sind die Gerichte zu einer **Selbstaufopferung** dahingehend verpflichtet, dass sie, zur Förderung der in einem anderen Verfahren verfolgten Interessen, die in dem von ihnen eröffneten Verfahren zu beachtenden Interessen der Verfahrensbeteiligten zurückstellen müssten. Dies widerspräche dem Grundsatz der **Selbstständigkeit der einzelnen Verfahren**.[51] Der konzernrechtliche Verbund ist auch für die Gerichte nur dann von Belang, wenn er sich positiv auf die Verwertung der Insolvenzmasse des Verfahrens auswirkt, das vom Gericht eröffnet worden ist. Ebenso wenig wie die Verwalter sind die Gerichte vor diesem Hintergrund gehalten, die Parallelverfahren eingehend mitzubegleiten, um ggf. unaufgefordert Informationen oder sonstige Unterstützungsmaßnahmen für das andere Verfahren bereitzustellen. Selbst wenn ein Ersuchen um Mitteilung von Informationen, die dem Verwalter des ausländischen Verfahrens erst die Möglichkeit eröffnen, die inländische Masse zu schmälern, bei Gericht eingeht, ist das Gericht mangels Selbstaufopferungspflicht nicht gehalten, diese weiterzugeben. Letztlich findet die Unterstützung in den Möglichkeiten des nationalen Rechts und den Interessen der nationalen Gläubiger an einer bestmöglichen Befriedigung ihre Grenzen.

22

### 3. Unabhängige Person oder Stelle (Art. 57 Abs. 1 Satz 2)

Bei der Zusammenarbeit mit anderen Gerichten können die Gerichte „bei Bedarf eine **unabhängige Person oder Stelle** bestellen bzw. bestimmen". Mit der Person des **Intermediärs** betritt ein neuer Akteur die Bühne des europäischen Insolvenzgeschehens. Der Ursprung geht auf Art. 25 UNCITRAL Model Law zurück, der zwischen „foreign courts" und „foreign representatives" unterscheidet; sie sind in Art. 2 lit. d und e UNCITRAL Model Law definiert.[52] In Betracht kommt **jede Person** mit denselben Befugnissen, die der **Aufsicht des Gerichts** unterstellt ist. Das folgt aus dem Zusammenhang von Art. 2 lit. d und e UNCITRAL Model Law, die die gerichtliche Aufsicht auf den „foreign repressentive" erstreckt.

23

Sinngemäß findet sich dies in **Art. 16.4 EU Communication and Cooperation Guidelines for Cross-Border Insolvency** wieder, wonach die Kooperation entweder direkt, über die Verwalter „or through any person or body appointed to act at the direction of the courts" stattfinden müsse. **Principle 17 der EU Cross-Border Insolvency Court-to-Court Cooperation Principles** knüpft an diese Überlegung

24

---

50) *Pabst* in: MünchKomm-ZPO, § 13 EGGVG Rz. 5.
51) Wimmer/Bornemann/Lienau-*Bornemann*, Die Neufassung der EuInsVO, Rz. 567.
52) Nach Art. 2 lit. e UNCITRAL ist „foreign court" eine richterliche oder andere Stelle, die für die Kontrolle oder die Überwachung eines ausländischen Insolvenzverfahrens zuständig ist. Der „foreign representative" ist eine Person oder Stelle, einschließlich eines vorläufigen Verwalters, die in einem ausländischen Verfahren befugt ist, die Reorganisation oder Liquidation des Vermögens oder der Geschäfte des Schuldners zu verwalten oder als Verwalter des ausländischen Verfahrens zu handeln (Art. 2 lit. d).

an, mahnt aber zu einer gewissen Zurückhaltung bei der Bestellung einer geeigneten Person oder Stelle.[53)]

### a) Pflichtgemäße Ermessensentscheidung des Gerichts

25  Die Gerichte sind nicht verpflichtet, von der in Art. 57 Abs. 1 Satz 2 eingeräumten Möglichkeit, eine unabhängige Person oder Stelle zu bestellen, Gebrauch zu machen. Vielmehr überlässt das Gesetz diese Entscheidung dem **pflichtgemäßen Ermessen** des einzelnen Richters („können ... bei Bedarf"). Soweit aus Sicht des Gerichtes die bestellten Verwalter ihren Kooperations- und Kommunikationspflichten vollumfänglich nachkommen, besteht für eine solche Maßnahme keine Veranlassung. Sie bietet sich unter Umständen bei **Sprachbarrieren** an, doch können aus Kostengründen dem Gericht vertraute Verwalter mit der Zusammenarbeit beauftragt werden.[54)]

26  Soweit sich indes **grundlegende Auseinandersetzungen zwischen den Verwaltern** der einzelnen Verfahren abzeichnen oder sich bereits manifestiert haben und die Gerichte bei unmittelbarer Kommunikation ihre Unparteilichkeit tangiert sehen, liegt die Bestellung einer geeigneten Person oder Stelle nahe:[55)] Dies gilt umso mehr, wenn die Gläubigerversammlung um eine solche gerichtliche Entscheidung ersucht. Erfolg dürfte die Tätigkeit des Intermediärs indes nur haben, wenn nicht nur die Unabhängigkeit seiner Person sondern auch gewährleistet ist, dass er das Vertrauen der Beteiligten hat. Dies gilt insbesondere, wenn sich seine Aufgabe auf die konsensuale Streitbeilegung zwischen den Beteiligten erstreckt.

27  Die Gerichte sollten bei ihrer Entscheidung nicht außer Acht lassen, dass die Bestellung zusätzliche Kosten verursacht und das Auftreten eines weiteren Verfahrensbeteiligten die Verfahrensabwicklung verzögern sowie unter Umständen sogar zu einer Konfliktsteigerung führen kann. Die **Aufgaben der betreffenden Person oder Stelle** sollten entweder in einem Protokoll oder einem Gerichtsbeschluss näher festgelegt werden. Es empfiehlt sich ferner, vor der Bestellung dem Verwalter Gelegenheit zur Stellungnahme zu geben.

### b) Kein Gegenseitigkeitserfordernis

28  Es besteht **kein Gegenseitigkeitserfordernis**, d. h. eine delegierte Person oder Stelle kann unmittelbar mit einem Gericht zusammenarbeiten, das von dieser Möglichkeit keinen Gebrauch macht.[56)] Soweit der deutsche Richter Weisungen erteilt und sich Kontroll- und Genehmigungsbefugnisse vorbehält, steht das **deutsche Recht** wegen des Delegationsverbotes der Rechtsaufsicht der Bestellung gemäß Satz 2 nicht entgegen.[57)]

---

53) „There are two reasons that a court should make use of EUjudge Co Principle 17 with caution", *B. Wessels*, Cooperation Principles, S. 83.
54) *Fritz*, DB 2015, 1882, 1887.
55) S. die Beispiele bei *B. Wessels*, Cooperation Principles, S. 83.
56) Mankowski/Müller/J. Schmidt-*Mankowski*, EuInsVO 2015, Art. 42 Rz. 10.
57) **A. A.** Wimmer/Bornemann/Lienau-*Bornemann*, Die Neufassung der EuInsVO, Rz. 579; *Brünkmans*, ZInsO 2013, 797, 802.

## c) Anforderungen an die geeignete Person oder Stelle

Das Gesetz lässt zunächst offen, welche Person oder Stelle bestellt bzw. bestimmt werden kann und welche **Qualifikation** sie haben muss. Art. 57 Abs. 1 Satz 2 bestimmt lediglich, dass sie **unabhängig** sein muss. Dies bedeutet, dass sie weder Interessenvertreter des Schuldners noch einzelner Gläubiger sein darf und zur Neutralität in sämtliche Richtungen verpflichtet ist. Es erscheint sachgerecht, die Unabhängigkeit auf Verwalter, nicht aber auf Gerichte zu beziehen.[58] Diese sind von Rechtsstaats wegen zur Unabhängigkeit verpflichtet. Vor diesem Hintergrund erscheint es auch zulässig – worauf *Paulus*[59] mit Recht aufmerksam macht – einen Richter als geeignete Person auszuwählen. Da die Person oder Stelle als Erfüllungsgehilfe des Gerichts tätig wird, versteht es sich von selbst, dass sie die Fähigkeit haben muss, in einem grenzüberschreitenden Insolvenzverfahren die ihr vom Gericht zugedachten Aufgaben zu erfüllen.

29

„Geeignet" i. S. der Vorschrift ist sie, wenn sie über die erforderlichen Sprachkenntnisse, Erfahrung und Fachwissen verfügt (vgl. Principle 17.2 (i) der EU Cross-Border Insolvency Court-to-Court Cooperation Principles). Vor diesem Hintergrund kommt insbesondere ein **Insolvenzverwalter** als geeignete Person in Betracht.[60] Allerdings darf dieser keiner der Verwalter sein, die für ein Mitglied der Gruppe bestellt sind (vgl. Art. 71 Abs. 2). Ob auch ein **Dolmetscher**[61] diese Aufgaben erfüllen kann, erscheint fraglich. Denn die grenzüberschreitende Zusammenarbeit erschöpft sich nicht in rein sprachlichen Problemen.[62] Als **geeignete Stellen** bieten sich z. B. Berufsorganisationen oder international aufgestellte Rechtsanwaltskanzleien an.[63]

30

## d) Vergütung und Haftung

Art. 59 bestimmt, dass die Kosten der Zusammenarbeit und Kommunikation nach den Artt. 56 bis 60, die einem Verwalter oder einem Gericht entstehen, als Kosten und Auslagen des Verfahrens gelten, in dem sie angefallen sind. Damit ist zwar geregelt, welche Masse für die Kosten einzustehen hat. Dagegen findet sich in den vorgenannten Bestimmungen keine Regelung zur **Vergütung und Haftung** der geeigneten Person oder Stelle, so dass insoweit das innerstaatliche Recht gilt (vgl. Principle 17.2 (iv) der der EU Cross-Border Insolvency Court-to-Court Cooperation Principles). Leider hat der deutsche Gesetzgeber davon abgesehen, in Art. 102c EGInsO hierzu Regelungen zu treffen. Näher in Erwägung zu ziehen ist eine entsprechende Anwendung des **JVEG**[64], weil die Tätigkeit der geeigneten Person oder Stelle in mancher Hinsicht der eines Sachverständigen ähnelt. Ob das in § 9

31

---

58) *Paulus*, EuInsVO, Art. 57 Rz. 12.
59) *Paulus*, EuInsVO, Art. 57 Rz. 12.
60) Ebenso Wimmer/Bornemann/Lienau-*Bornemann*, Die Neufassung der EuInsVO, Rz. 579.
61) Art. 102c § 22 EGInsO des RefE sah eine solche Person noch als Intermediär vor.
62) Unter der Web-Adresse https://ec.europa.eu/info/publications/interpreting-and-translating-europe_en finden sich weiterführende Hinweise – deutschsprachige Version: https://ec.europa.eu/info/sites/info/files/de_print_2016.pdf (Abrufdatum: 10.1.2020).
63) Mankowski/Müller/J. Schmidt-*J. Schmidt*, EuInsVO 2015, Art. 57 Rz. 12.
64) Justizvergütungs- und -entschädigungsgesetz – JVEG, v. 5.5.2004, BGBl. I 2004, 718.

JVEG vorgesehene Höchsthonorar aus Sicht des zu Bestellenden eine angemessene Vergütung darstellt, erscheint fraglich. Möglich ist allerdings die Festsetzung einer besonderen Vergütungshöhe nach Maßgabe des § 13 JVEG.

32 Wird die Tätigkeit der geeigneten Person oder Stelle entsprechend den Vorschriften des JVEG vergütet, liegt es nahe, als Haftungsnorm bei schuldhaftem Fehlverhalten **§ 839a BGB analog** anzuwenden. Die Vorschrift gilt für alle gerichtlichen Verfahren, insbesondere auch für das Insolvenzverfahren.[65] Angesichts der Tatsache, dass weder eine gesicherte rechtliche Grundlage für die Vergütung noch für die Haftung der geeigneten Person oder Stelle besteht, sollten deutsche Insolvenzgerichte von der Möglichkeit einer entsprechenden Bestellung sehr zurückhaltend Gebrauch machen.

### 4. Zusammenarbeit nach Art. 57 Abs. 1 (Art. 57 Abs. 3 Satz 2)

33 Art. 57 Abs. 3 Satz 2 beschreibt, worauf sich die Zusammenarbeit der Gerichte **insbesondere**[66] beziehen kann. Die **nicht abschließende** Aufzählung beschränkt sich auf die **hauptsächlichen Kooperationsfelder.** Satz 2 lit. a bis e geben konkretisierend die **Richtung** an und definieren den **Rahmen,** innerhalb dessen die Insolvenzgerichte ihre Kooperation gestalten. Auf diese Weise sollen die Gerichte zur **Kooperationsdisziplin** angehalten werden, indem sie Vereinbarungen schließen und Verständigungen herbeiführen (ErwG 52 Satz 2 i. V. m. ErwG 49 Satz 1). Wie die Insolvenzgerichte diese Pflichten mit Leben erfüllen, hängt vom Einzelfall ab und auch die folgenden Erläuterungen zu Satz 2 lit. a bis e stehen unter diesem Vorbehalt.[67]

#### a) Koordinierung bei der Bestellung von Verwaltern (Art. 57 Abs. 3 lit. a)

34 Die Gerichte verschiedener Mitgliedstaaten können auf der Grundlage von Vereinbarungen **Verständigungen** über eine **koordinierte Verwalterbestellung** herbeiführen, ggf. **dieselbe Person** zum Verwalter in mehreren Insolvenzverfahren über das Vermögen desselben Schuldners bestellen (ErwG 52 Satz 2 i. V. m. ErwG 50). Dabei kommt auch die Bestellung eines **ausländischen Verwalters** in Betracht.[68] Die **koordinierte Verwalterbestellung,** sie umfasst auch die nachträgliche Bestellung, Abberufung und Amtsniederlegung,[69] soll gewährleisten, dass die Verfahren **effizient geführt** werden (ErwG 51). Nur wenn die Verwalter zur engen Kooperation bereit sind, können i. R. der Verfahrensabwicklung Synergien freigesetzt und genutzt werden.[70] Dies entspricht der Zielsetzung des Art. 57.[71]

---

65) *Wagner* in: MünchKomm-BGB, § 839a Rz. 7; Palandt-*Sprau,* BGB, § 839a Rz. 2.
66) Im engl. Text heißt es „in particular" (insbesondere) und im frz. „notamment" (besonders). Ein sachlicher Unterschied zwischen den Amtssprachen ergibt sich daraus nicht, weil im Deutschen „insbesondere" gleichbedeutend ist mit „besonders/hauptsächlich".
67) S. a. *Skauradszun/Spahlinger* in: Brinkmann, EIR, Art. 57 Rz. 19 ff.
68) *Vallender,* KTS 2005, 283, 310/311.
69) Mankowski/Müller/J. Schmidt-*Mankowski,* EuInsVO 2015, Art. 42 Rz. 18.
70) Gemeint sind die koordinierte Betriebsfortführung und die Möglichkeit höherer Verwertungserlöse bei gemeinsamen Vorgehen; *Undritz* in: HambKomm-InsO, 5. Aufl., Art. 31 EuInsVO 2000 Rz. 17.
71) S. ErwG 52 Satz 3 Halbs. 2: „Das Ziel dieser Zusammenarbeit sollte sein, eine Lösung zu finden, durch die Synergien innerhalb der Gruppe ausgeschöpft werden."

Bei Insolvenzverfahren über das Vermögen von Mitgliedern einer **Unternehmens-** 35
**gruppe** erscheint die Bestellung nur eines Insolvenzverwalters insbesondere dann
sinnvoll, wenn der Mittelpunkt der hauptsächlichen Interessen dieser Gesellschaften in einem einzigen Mitgliedstaat liegt (ErwG 53). Bei der Abstimmung werden
die beteiligten Gerichte zu erörtern haben, ob diese Person alle Verfahren über die
gruppenangehörigen Schuldner mit der gebotenen Unabhängigkeit wahrnehmen
kann und wie mögliche Interessekonflikte ausgeräumt werden können. Dagegen erscheint es bei Interessenkonflikten im Zusammenhang mit konzerninternen Transaktionen zweifelhaft, ob die Bestellung derselben Person zum Verwalter in mehreren
Verfahren im Interesse der Gläubiger liegt.

Die **Dispositionsgrenze und -befugnis** des deutschen Richters folgt aus seiner 36
**Rechtsbindung** an § **56 InsO**.[72] Schlägt das kooperierende Insolvenzgericht einen
**ausländischen Insolvenzverwalter** vor, steht dies nicht seiner Bestellung entgegen,
wie Art. 102a EGInsO belegt, auch dann nicht, wenn er nicht auf der Vorauswahlliste geführt wird.[73] Der Vorgeschlagene muss **persönlich und fachlich geeignet**
sein, den Erfordernissen und der Eigenart des konkreten Verfahrens gerecht zu
werden.[74] Die Geeignetheit hat der deutsche Richter zu prüfen. Stimmt er dem
Vorschlag zu, muss die Zustimmung **pflichtgemäßem Ermessen** entsprechen, d. h.
er hat auf die Interessen der als Insolvenzverwalter geeigneten Verwalter Rücksicht
zu nehmen, ihnen eine faire Chance der Berücksichtigung einzuräumen.[75] Die
Bestellung desselben Verwalters für die ausländische Muttergesellschaft und die
inländische Tochter kommt nicht in Betracht, wenn zwischen beiden Gesellschaften streitige wechselseitige Ansprüche bestehen.

### b) Mitteilung von Informationen (Art. 57 Abs. 3 lit. b)

Der vorgesehene Informationsaustausch versetzt die Gerichte in die Lage, die Wir- 37
kungen einer Entscheidung auf die Gesamtheit der Beteiligten in den verschiedenen
Verfahren für die gruppenangehörigen Schuldner und auf eine konzernbezogene
Sanierungs- und Liquidationsstrategie abzuschätzen. Daneben wird eine **rechtliche
Grundlage** für **organisatorische Abstimmungen der Gerichte**, die sich auf Termine,
Sicherungsmaßnahmen, Insolvenzpläne und wesentliche verfahrensleitende Anordnungen beziehen können, geschaffen.[76]

Zu den **grundlegenden Informationen**, die sich Gerichte erteilen sollten, gehören 38

- die Anordnung von Sicherungsmaßnahmen,

- die Verfahrenseröffnung,

---

72) Vgl. Mankowski/Müller/J. Schmidt-*Mankowski*, EuInsVO 2015, Art. 42 Rz. 21.
73) Problematisch ist der Vorschlag, wenn es sich hierbei um eine juristische Person handelt;
 vgl. dazu AG Mannheim, Beschl. v. 14.12.2015 – 804 AR 163/15, ZIP 2016, 132, dazu
 EWiR 2016, 83 *(Römermann)* einerseits und AG Mannheim, Beschl. v. 20.1.2016 – 804
 AR 163/15, ZIP 2016, 431, dazu EWiR 2016, 249 *(Mankowski)* andererseits.
74) *Graeber* in: MünchKomm-InsO, § 56 Rz. 40.
75) Uhlenbruck-*Zipperer*, InsO, § 56 Rz. 39.
76) Vgl. Begr. RegE Gesetz zur Erleichterung der Bewältigung von Konzerninsolvenzen, BT-Drucks. 18/407, S. 36.

**Artikel 57**  Zusammenarbeit und Kommunikation der Gerichte

– die Verwalterbestellung sowie
– wesentliche verfahrensleitende Entscheidungen.

39 Dazu zählen die Termine für die Gläubigerversammlung und die Aufhebung des Verfahrens.[77] Dadurch ist gewährleistet, dass eine wechselseitige Orientierung an wichtigen Entscheidungen in den einzelnen Verfahren erfolgen kann (siehe Rz. 17).

40 Durch Wiederholung der bereits in Art. 57 Abs. 3 Satz 1 beschriebenen Freiheit will die Bestimmung sicherstellen, dass die Kommunikation zwischen den Gerichten nicht an bestehenden oder vorgeschobenen Hindernissen scheitert. Die Beurteilung der Geeignetheit ist dem betreffenden Gericht überantwortet, um Rücksicht auf die Befindlichkeit und Vorlieben des jeweiligen Richters zu nehmen.[78] „Auf jedem Weg" eröffnet die Bandbreite von **direkter** bis zur **indirekten Kontaktaufnahme** über die Einschaltung von „representatives." Ebenso die **mündliche** (durch Vorsprache, per Telefon oder Videokonferenz) oder **schriftliche** (Brief oder per E-Mail) Verständigung und den formalisierten Abschluss von „protocols", etwa von **allgemeinen** oder **spezifischen Vereinbarungen** (ErwG 52 Satz 2 i. V. m. ErwG 49 Satz 2).

41 Die Rechts- und Gesetzesbindung gemäß Art. 20 Abs. 3 GG hindert den **deutschen Insolvenzrichter** nicht, Vereinbarungen der genannten Art zu schließen, sofern sichergestellt ist, dass ihr sachlicher Inhalt mit den geltenden Gesetzen in Einklang steht.[79] Das wäre nicht der Fall, wenn sich der deutsche Richter dem Vorschlag des ausländischen Gerichts zur Person des Verwalters ohne eigene Geeignetheitsprüfung unterwirft. Will sich der Richter nicht persönlich binden, genügt die **Ermächtigung des Verwalters** gemäß §§ 21 Abs. 1, 22 Abs. 1 Satz 2 Nr. 1 InsO zum Anschluss eines Protokolls oder eines Insolvenzverwaltervertrages.[80] **Vorrangig**, vom Prinzip des „community trusts" getragen, ist stets zu erwägen, ob der Abschluss einer Vereinbarung verzichtbar ist.

### c) Koordinierung der Verwaltung und Überwachung der Insolvenzmasse und Geschäfte der Mitglieder der Unternehmensgruppe (Art. 57 Abs. 3 lit. c)

42 Diese Verpflichtung der Gerichte ist in einem umfassenden Sinne zu verstehen. **Verwaltungskoordination** heißt, Einvernehmen herzustellen, bestimmte Schritte zu unternehmen oder Maßnahmen zu treffen oder davon abzusehen (ErwG 52 Satz 2 i. V. m. ErwG 49 Satz 4); letztlich sämtliche Maßnahmen, die eine effiziente Verwaltung fördern (**abgestimmtes Verwaltungshandeln**).[81] Dagegen erhobene Bedenken, die Verwaltung obliege ausschließlich dem Insolvenzverwalter und nicht

---

77) In dem Verfahren Bank Handlowy w Warszawie SA und der PPHU"ADAX"/Ryszard Adamiak (EuGH, Urt. v. 22.11.2012 – Rs. C-116/11, Rz. 23, ZIP 2012, 2403, dazu EWiR 2013, 173 *(Jopen)* bedurfte es gar der Einholung eines Sachverständigengutachtens, um diese Frage zu klären!
78) Ebenso auf Fremdsprachenkenntnisse.
79) *Busch/Remmert/Rüntz/Vallender*, NZI 2010, 417, 428.
80) *Vallender*, KTS 2005, 283, 324.
81) Den Gefahren konfligierender Verwaltungshandlungen ist zu begegnen durch abgestimmte Verhaltensweisen; *Ehricke*, WM 2005, 397.

dem Gericht,[82] sind unberechtigt, da die Kooperation mit dem Verwalter und nicht gegen ihn erfolgt (Art. 58). Die begriffliche Weite umfasst z. B.

- die Entscheidung über die Betriebsfortführung oder
- die (Teil-)Stilllegung,
- die Einleitung eines M&A-Prozesses,
- Entlassung oder Freistellung von Personal,
- Neubesetzung der Geschäftsleitung und
- die Herausgabe von Ad hoc-Mitteilungen (§ 11 WpHG).

Überwachung der Insolvenzmasse und der Geschäfte beinhaltet ihre Aufsicht und Kontrolle. Da sich die EuInsVO dem vorläufigen Insolvenzverfahren öffnet (ErwG 15), sind damit auch sämtliche Sicherungsmaßnahmen umfasst, die dem Zugriff von Gläubigern und den Verfügungen des Schuldners entgegenwirken. 43

Bei einer **Verwertung des schuldnerischen Vermögens als Ganzes** bedarf es einer Koordinierung, wenn diese Maßnahme Auswirkungen auf Parallelverfahren hat. In diesem Fall kann sich auch eine Zusammenarbeit der Gerichte anbieten, um eine bestmögliche Befriedigung der Gläubiger zu erzielen (vgl. Principle 21 Cross-Border Insolvency Court-to-Court Principles). Allerdings ist zu berücksichtigen, dass die Befugnisse der Gerichte bei solchen Transaktionen höchst unterschiedlich und teilweise sehr begrenzt sind. 44

### d) Koordinierung von Verhandlungen (Art. 57 Abs. 3 lit. d)

Der Begriff der Verhandlung in der deutschen Fassung ist undeutlich, wie der Vergleich mit anderen Amtssprachen ergibt.[83] Gemeint sind die **mündlichen** und **schriftlichen Verhandlungen vor den** beteiligten **Gerichten**, ebenso Gläubigerversammlungen, auch wenn sie nicht unter dem Vorsitz eines Richters geleitet werden.[84] Das Verfahrensziel bestimmen in den Insolvenzrechten der Mitgliedstaaten überwiegend die Gläubiger, die dazu in **Gläubigerversammlungen** zusammentreten und abstimmen (vgl. § 157 InsO). Diese Befugnis liegt im Überschneidungsbereich von Verwaltung und Überwachung (lit. c), weshalb die EuInsVO zur Klarstellung eine eigene Regelung bereithält, denn die organisatorischen Vorbereitungen sind in der Regel von den Gerichten zu leisten. 45

Art. 57 Abs. 3 lit. d ermöglicht die **gemeinsame Durchführung** der **in- und ausländischen Gläubigerversammlung**.[85] Das deutsche Recht steht der Durchführung einer **(virtuellen)** Gläubigerversammlung nicht entgegen.[86] Bedenken wegen 46

---

82) Vgl. *Reinhart* in: MünchKomm-InsO, Art. 42 EuInsVO 2015 Rz. 5.
83) Vgl. Mankowski/Müller/J. Schmidt-*J. Schmidt*, EuInsVO 2015, Art. 57 Rz. 23.
84) Mankowski/Müller/J. Schmidt-*J. Schmidt*, EuInsVO 2015, Art. 57 Rz. 23.
85) Im Verfahren *Automold GmbH* hat das AG Köln, Beschl. v. 23.1.2004 – 71 IN 1/04, ZIP 2004, 471, dazu EWiR 2004, 601 *(Blenske)*, in Abstimmung mit den Verwaltern des englischen Hauptinsolvenzverfahrens die Durchführung der Gläubigerversammlung des englischen Hauptinsolvenzverfahrens und des deutschen Sekundärinsolvenzverfahrens am selben Tag im AG Köln terminiert.
86) *Ehricke* in: MünchKomm-InsO, § 76 Rz. 13; Mankowski/Müller/J. Schmidt-*Mankowski*, EuInsVO 2015, Art. 42 Rz. 25.

der Wahrung der **Parteiöffentlichkeit** können durch Zugangscodes über den Internetzugang besser gewährleistet werden, als es die Kontrolle von Einlasskarten ermöglicht. Denjenigen Teilnahmeberechtigten, die mit der Technik nicht vertraut sind, ist die Teilnahme an der parallel durchzuführenden **(realen)** Versammlung bei Gericht zu ermöglichen. Die Teilnahme der Beteiligten des ausländischen Verfahrens sind, da sie nicht zu den inländischen Verfahrensbeteiligten gehören (§ 74 Abs. 1 Satz 2 InsO), nicht an der inländischen Versammlung teilnahmeberechtigt; allerdings als Personen mit berechtigtem Interesse zuzulassen.[87] Bedenken wegen der **Datensicherheit** sind zwar berechtigt,[88] aber nicht größer als bei unzulässigen Aufzeichnungen und Übertragungen aus realen Versammlungen.

47 Art. 57 Abs. 3 lit. d ersetzt die bisher fehlende völkerrechtliche Vereinbarung für die **Übertragung** der Versammlung **ins Ausland**.[89] Zwangsläufig werden auf gemeinsamen Verhandlungen verschiedene Amtssprachen gesprochen, doch sind die Hindernisse aus § 184 GVG überwindbar. Eine Fremdsprache kann gesprochen und in dieser verhandelt werden, wenn alle Beteiligten sie verstehen,[90] das ist durch Bereithalten von Simultandolmetschern sicherzustellen;[91] wegen der Parteiöffentlichkeit ist § 169 GVG nicht zu beachten. Zwar müssen Schriftsätze, Anträge, Eingaben und sonstige Ausführungen der Beteiligten in deutscher Sprache abgefasst sein,[92] das **Gericht kann**,[93] ja **muss** zur Verwirklichung von lit. d i. R. seiner **Fürsorgepflicht** die **Übersetzung** dieser Kundgaben **anordnen**.

e) **Die Koordinierung der Zustimmung zu einer Verständigung der Verwalter (Art. 57 Abs. 3 lit. e)**

48 Die Zusammenarbeit der Gerichte wäre nutzlos, würden nicht auch die Verwalter ihre Arbeit koordinieren; das ist Sinn von Art. 57 Abs. 3 lit. e. Die Gerichte sollen deshalb auf die Zustimmung der Verwalter zu einer Verständigung hinwirken. Das, **soweit erforderlich**, und die zu Art. 57 Abs. 3 lit. a nachgeordnete Stellung machen deutlich, dass die Bereitschaft zur Verständigung bereits bei der Verwalterbestellung maßgebliches Auswahlkriterium sein muss. Demzufolge erfasst lit. e die Fälle, in denen sich die mit der Bestellung verbundenen Erwartungen nicht oder nicht mehr erfüllen. Da dies ein Zusatzaufwand für die Gerichte darstellt, fördert die Bestimmung die Bereitschaft, bereits bei der Verwalterbestellung zusammenzuwirken. Ziel ist eine Abwicklung auf der Grundlage sog. „protocols," ohne dass ein unterzeichnetes Dokument vorliegen müsste, denn auch mündliche Ad hoc-Verständigungen sind mitumfasst und ohne dass sich alle Verwalter beteiligen müssten.[94]

---

87) *Busch/Remmert/Rüntz/Vallender*, NZI 2010, 417, 423; für eine restriktive Zulassung *Ehricke* in: MünchKomm-InsO, § 76 Rz. 5; für großzügige Handhabung Kübler/Prütting/Bork-*Kübler*, InsO, § 76 Rz. 13.
88) *Ehricke* in: MünchKomm-InsO, § 76 Rz. 13.
89) *Busch/Remmert/Rüntz/Vallender*, NZI 2010, 417, 423.
90) *Zimmermann* in: MünchKomm-ZPO, § 184 GVG Rz. 5.
91) *Busch/Remmert/Rüntz/Vallender*, NZI 2010, 417, 423.
92) *Zimmermann* in: MünchKomm-ZPO, § 184 GVG Rz. 6.
93) *Armbrüster*, NJW 2011, 812, 813.
94) Mankowski/Müller/J. Schmidt-*J. Schmidt*, EuInsVO 2015, Art. 57 Rz. 25.

Allerdings kann das **deutsche**, auf die Rechtsaufsicht beschränkte **Insolvenzgericht** 49
dem Verwalter **nicht** gemäß § 58 InsO die **Weisung** zum Abschluss einer dem Inhalt nach konkretisierten Kooperationsvereinbarung **erteilen**.[95] Daran ändert
Art. 57 Abs. 3 lit. e grundsätzlich nichts, macht aber den beteiligten Insolvenzgerichten zur Pflicht, von sämtlichen, ihnen zu Gebote stehenden Befugnissen
Gebrauch zu machen, um eine Verständigung der Verwalter herbeizuführen. Das
bedeutet zunächst **mediatisierend** einzuwirken, aber bei **hartnäckiger Kooperationsverweigerung** den Insolvenzverwalter gemäß § 59 InsO zu entlassen.[96]

## VI. Sanktionen

Art. 57 enthält **keine Sanktion** für den kooperationsunwilligen Insolvenzrichter. 50
Die Rechtslage gestaltet sich ähnlich wie zu Art. 56. Zur Durchsetzung der vorgängigen **Informationspflichten** kann der betreffende deutsche Insolvenzrichter
**nicht** im Wege der **Auskunfts- oder Leistungsklage** angehalten werden,[97] denn
über die von den Prozessordnungen eingeräumten Rechtsbehelfe hinaus würde
seine Untätigkeit entgegen § 1 GVG durch andere Richter zur Nachprüfung gestellt.[98]

Eine **sofortige Beschwerde** gemäß § 6 InsO scheidet aus, weil die Bestimmungen 51
der InsO dem ausländischen Insolvenzrichter keine Befugnis zubilligen.[99] Auch
§ 198 Abs. 3 GVG führt lediglich zu einer Entschädigung. Ob daneben die **Untätigkeitsbeschwerde** zulässig ist, wird mit guten Gründen **verneint**.[100] Es bleibt
deshalb nur die **Haftung**, denn Art. 57 begründet als sekundäres Gemeinschaftsrecht eine Amtspflicht zur Kooperation,[101] ihre Verweigerung oder Verzögerung
führt zur **Regelhaftung** der §§ 839 Abs. 1 Satz 1 und Abs. 2 Satz 2 BGB.[102] Voraussetzungen und Rechtsfolgen des Schadensausgleiches richten sich nach der lex fori
concursus, sie umfassen auch die Quoteneinbußen der ausländischen Insolvenzmasse.[103] Die Verweigerung zur Kooperation ist **haftungsgeneigt**, aber ihre Erfüllung **nicht durchsetzbar**.

---

95) *Vallender*, KTS 2005, 283, 327; vgl. auch *Reinhart* in: MünchKomm-InsO, 2. Aufl.,
Art. 31 EuInsVO 2000 Rz. 35.
96) Wichtiger Grund ist der Verstoß gegen die Artt. 56, 58. Dem sollte eine entsprechende
Aufforderung mit Fristsetzung vorausgehen, was in Fällen evidenter und eklatanter Kooperationsverweigerung geboten ist; vgl. *Reinhart* in: MünchKomm-InsO, 2. Aufl., Art. 31
EuInsVO 2000 Rz. 35.
97) Vgl. *Reinhart* in: MünchKomm-InsO, 2. Aufl., Art. 31 EuInsVO 2000 Rz. 16, der sie als
ineffizient ansieht.
98) BGH, Urt. v. 11.3.1968 – III ZR 72/65, NJW 1968, 989, 990.
99) *Ganter/Lohmann* in: MünchKomm-InsO, § 6 Rz. 26. Die **Ablehnung wegen der Besorgnis der Befangenheit** scheitert an der mangelnden Verfahrensbeteiligung, s. § 42
Abs. 3 ZPO.
100) WF 21/12, NJW 2012, 1455, 1456, unter Hinw. auf BT-Drucks. 17/3802, S. 16, zu
Punkt 4.
101) *Zimmermann* in: MünchKomm-ZPO, § 1 GVG Rz. 31 und 42.
102) *Papier* in: MünchKomm-BGB, § 839 Rz. 321.
103) Vgl. *Reinhart* in: MünchKomm-InsO, 2. Aufl., Art. 31 EuInsVO 2000 Rz. 36.

## Artikel 58

**Zusammenarbeit und Kommunikation zwischen Verwaltern und Gerichten**

Ein Verwalter, der in einem Insolvenzverfahren über das Vermögen eines Mitglieds einer Unternehmensgruppe bestellt worden ist,

a) arbeitet mit jedem Gericht, das mit einem Antrag auf Eröffnung eines Insolvenzverfahrens über das Vermögen eines anderen Mitglieds derselben Unternehmensgruppe befasst ist oder das ein solches Verfahren eröffnet hat, zusammen und kommuniziert mit diesem und

b) kann dieses Gericht um Informationen zum Verfahren über das Vermögen des anderen Mitgliedes der Unternehmensgruppe oder um Unterstützung in dem Verfahren, für das er bestellt worden ist, ersuchen,

soweit eine solche Zusammenarbeit und Kommunikation die wirkungsvolle Verfahrensführung erleichtern können, keine Interessenkonflikte nach sich ziehen und mit den für die Verfahren geltenden Vorschriften vereinbar sind.

**Literatur:** *Busch/Remmert/Rüntz/Vallender*, Kommunikation zwischen Gerichten in grenzüberschreitenden Insolvenzen, NZI 2010, 417; *Garcimartín*, The EU Insolvency Regulation Recast: Scope, Jursidiction and Applicable Law, ZEuP 2015, 694; *Takeuchi*, Issues in Concurrent Insolvency Jurisdiction: Comments on the Papers by Grieson and Flashen-Silverman, in: Ziegel, Current Developments in International and Comparative Corporate Insolvency Law, 1994, S. 647; *Thole*, Das neue Konzerninsolvenzrecht in Deutschland und Europa, KTS 2014, 351; *Wessels, B.*, Cooperation and sharing of information between courts and insolvency practitioners in cross border insolvency cases, in: Festschrift für Heinz Vallender, 2015, S. 775.

### Übersicht

| | |
|---|---|
| I. Einführung ................................................. 1 | 3. Grenzen der Zusammenarbeit und Kommunikation (Art. 58 lit. b a. E.) ...... 9 |
| II. Zweck der Norm ........................................ 3 | a) Erleichterung der wirkungsvollen Verfahrensführung ................ 10 |
| III. Inhalt der Norm ........................................ 4 | |
| 1. Kooperation und Kommunikation (Art. 58 lit. a) ................................ 4 | b) Interessenkonflikte ........................ 11 |
| 2. Ersuchen um Informationen und Unterstützung (Art. 58 lit. b) ......... 7 | c) Vereinbarkeit mit den nationalstaatlichen Vorschriften ............... 12 |

## I. Einführung

1 Im Falle der Insolvenzverfahren über das Vermögen von Mitgliedern einer Unternehmensgruppe besteht die **Pflicht der Verwalter der einzelnen Verfahren** zunächst darin, sich unabhängig von einem möglichen Gruppen-Koordinationsplan (Art. 72 Abs. 1 Satz 1 lit. b) über die gesamte Unternehmensgruppe sachkundig zu machen und Lösungen zu erarbeiten, die für die **Beteiligten ihres Verfahrens**[1] möglichst vorteilhaft sind. Insofern haben sie auch zu berücksichtigen, ob ein in den konzernrechtlichen Verflechtungen angelegter Mehrwert zum Nutzen ihrer Insolvenzgläubiger fruchtbar gemacht werden kann.[2] Dem trägt Art. 58 insbesondere dadurch Rechnung, dass der Verwalter, der in einem Insolvenzverfahren über das Vermögen eines Mitglieds einer Unternehmensgruppe bestellt worden ist, jedes

---

1) *Garcimartín*, ZEuP 2015, 694, 729.
2) Vgl. Begr. RegE Gesetz zur Erleichterung der Bewältigung von Konzerninsolvenzen, BT-Drucks. 18/407, S. 35.

Gericht, das mit einem Antrag auf Eröffnung eines Insolvenzverfahrens über das Vermögen eines anderen Mitglieds derselben Unternehmensgruppe befasst ist oder das ein solches Verfahren eröffnet hat (siehe ErwG 62), um Informationen und Unterstützung ersuchen kann. Es muss sich um das Vermögen verschiedener Mitglieder derselben Unternehmensgruppe **in mehr als einem Mitgliedstaat** handeln. Denn bei einem rein nationalen Sachverhalt wirkt sich die EuInsVO nicht aus.[3]

Im **reziproken Verhältnis** dazu steht die **Pflicht der Verwalter zur Zusammenarbeit** 2 mit den Gerichten. Dem steht nicht entgegen, dass die Norm eine solche Pflicht nicht ausdrücklich normiert, sondern insoweit einen deskriptiven Stil verwendet („arbeitet ... zusammen und kommuniziert")[4]. Tatsächlich liefe die Zielrichtung der Vorschrift, eine Effizienzsteigerung der Verfahrensabwicklung (siehe ErwG 51) zu ermöglichen, ins Leere, wenn Zusammenarbeit und Kommunikation dem freien Ermessen des Verwalters überantwortet blieben. Art. 58 gilt nicht nur für die **Verwalter**, die in einem Insolvenzverfahren über das Vermögen eines Mitglieds einer Unternehmensgruppe bestellt worden sind, sondern gleichermaßen für **Schuldner in Eigenverwaltung** (Art. 76). Gerichte sind solche i. S. des Art. 2 Nr. 6 (ii), wobei die Pflicht des Verwalters zur Zusammenarbeit nicht eine Eröffnung des Insolvenzverfahrens voraussetzt, sondern bereits einsetzt, wenn die Gerichte mit einem Antrag auf Eröffnung eines Insolvenzverfahrens über das Vermögen eines anderen Mitglieds derselben Unternehmensgruppe befasst sind (Art. 58 lit. a). Ein grenzüberschreitender Bezug reicht, wie für die EuInsVO im Allgemeinen, nicht aus.[5] Vielmehr geht es um die **Koordinierung von Insolvenzverfahren in verschiedenen Mitgliedstaaten.**

## II. Zweck der Norm

Zweck der Vorschrift des Art. 58 ist es, durch eine ordnungsgemäße Zusammenarbeit zwischen den Verwaltern und Gerichten der Gruppenmitglieder eine **effiziente Führung der Insolvenzverfahren** zu gewährleisten (ErwG 51 und 52). Ziel ist die Effizienzsteigerung der Verfahrensabwicklung (ErwG 51). Soweit das um Zusammenarbeit ersuchte Gericht keine Notwendigkeit der Kooperation sieht, ist es zunächst Aufgabe des Verwalters, das Gericht davon zu überzeugen, dass Zusammenarbeit und Kommunikation zu einer Verfahrenserleichterung beitragen. Da sich die Kooperation von Verwaltern und Gerichten im Wesentlichen auf die Informationsweitergabe beschränkt, besteht kein Bedarf für die in Art. 57 Abs. 1 Satz 2 vorgesehene Bestellung einer geeigneten Person oder Stelle.

## III. Inhalt der Norm

### 1. Kooperation und Kommunikation (Art. 58 lit. a)

Nach autonomem Recht ist der Verwalter regelmäßig nur zur Zusammenarbeit mit 4 dem Gericht verpflichtet, das ihn bestellt hat.[6] Art. 58 lit. a erweitert diese Pflicht

---

3) Vgl. BGH v. 3.2.2011 – V ZB 54/10, Rz. 12, ZIP 2011, 926 = NZI 2011, 420, dazu EWiR 2011, 313 *(Undritz).*
4) *Paulus,* EuInsVO, Art. 58 Rz. 6.
5) *Thole,* KTS 2014, 351, 371.
6) *Wimm*er, jurisPR-InsR 7/2015, Anm. 1.

*Vallender*

auf jedes Gericht, das mit einem Eröffnungsantrag über das Vermögen eines anderen Mitglieds der Unternehmensgruppe befasst ist. Das Gesetz enthält keine näheren Angaben zu Form, Inhalt und Umfang der wechselseitigen Verpflichtungen. Mit Recht weist *Tschentscher*[7] darauf hin, dass insoweit weitgehend Freiheit besteht, die allerdings ihre Grenzen in den jeweils einschlägigen nationalen Verfahrensvorschriften findet sowie dann, wenn ein Interessenkonflikt vorliegt.[8] Als **Kommunikationsmittel** kommen sämtliche gängigen, wie z. B. Post, E-Mail, Telefon oder eine Videokonferenz, in Betracht.

5  Eine Kooperation nach Maßgabe des Art. 58 lit. a liegt bei einem Antrag nach Art. 60 Abs. 1 lit. b oder dem Ersuchen eines Verwalters um **Genehmigung von Protokollen**[9] nahe. So sieht ErwG 52 Satz 2 i. V. m. ErwG 49 ausdrücklich vor, dass in spezifischen Vereinbarungen zwischen Verwaltern im Rahmen von Grundsätzen für die Verwaltung mehrerer Insolvenzverfahren festgelegt werden und von **den Gerichten gebilligt** werden kann. Tatsächlich erlaubt der Abschluss von Protokollen zwischen Verwaltern oder Verwalter und Gerichten v. a. in komplexen Verfahren pragmatische Lösungen.[10] Dagegen bieten sie sich in Verfahren ohne nennenswerte Masse bereits aus Kosten- und Zeitgründen nicht an.[11]

6  Die im **reziproken Verhältnis** stehende **Kooperations- und Kommunikationspflicht** von Verwalter und Gericht eröffnet dem Gericht die Befugnis, die in den anderen Insolvenzverfahren über das Vermögen von Mitgliedern einer Unternehmensgruppe bestellten Verwalter um regelmäßige Berichterstattung insoweit zu bitten, als dies der effizienten Führung des eigenen Insolvenzverfahrens dient. Gerade die Verwalter als Hauptakteure eines jeden Verfahrens verfügen regelmäßig über umfassende Kenntnisse des Verfahrens, für das sie bestellt worden sind, die auch Gläubigern anderer Verfahren in den Grenzen des Art. 58 a. E. zugänglich sein sollten.

### 2. Ersuchen um Informationen und Unterstützung (Art. 58 lit. b)

7  Der Informationsaustausch auf der Grundlage von Art. 58 soll keine Einbahnstraße sein. Eine effiziente Führung der Insolvenzverfahren setzt nicht nur eine Kooperationspflicht der Verwalter gegenüber den Gerichten voraus, sondern reziprok das Recht der Verwalter, von den anderen befassten Gerichten Informationen zu verlangen und diese um Unterstützung für sein Verfahren zu ersuchen. Dieses Recht wäre wirkungslos, wenn die Gerichte nicht innerhalb der Grenzen des Halbsatzes 2 eine **Pflicht** träfe, dem Ersuchen des Verwalters nachzukommen.[12] Allerdings gibt Art. 58 – anders als Art. 43 Abs. 2, der auf die Regelung des Art. 42 Abs. 3 Bezug

---

[7] Braun-*Tschnetscher*, InsO, Art. 58 EuInsVO Rz. 7.
[8] Näher dazu s. Ausführungen Rz. 11.
[9] Zur Bedeutung von Protokollen in grenzüberschreitenden Verfahren s. *Takeuchi* in: Ziegel, Current Developments in International and Comparative Corporate Insolvency Law, S. 647.
[10] *B. Wessels*, International Insolvency Law, para 10116, S. 93.
[11] *B. Wessels*, International Insolvency Law, para 10117, S. 94.
[12] Wie hier *Thole* in: HK-InsO, Art. 58 EuInsVO Rz. 2; Mankowski/Müller/J. Schmidt-*J. Schmidt*, Art. 58 Rz. 8.

nimmt – keine Antwort auf die Frage, welche Informationen Gegenstand des Ersuchens zwischen Verwaltern und Gerichten sein könnten.

Hilfestellung können insoweit die Global Principles for Cooperation in International Insolvency Cases (Global Principles), präsentiert vom American Law Institute (ALI) und dem International Insolvency Institute (III), leisten.[13] Danach sollten sowohl Verwalter als auch Gericht sich sofort und vollumfänglich über **alle relevanten Vorgänge** in den jeweiligen Verfahren informieren. Dies setzt indes voraus, dass die Vertraulichkeit dieser Informationen gewährleistet sein muss. Insbesondere haben die Beteiligten Vorsorge dafür zu treffen, dass am Verfahren nicht Beteiligte keinen Zugang zu diesen Informationen haben. Hat das Gericht Zweifel, ob die Weitergabe von Informationen oder Unterstützungsmaßnahmen die Grenzen der Zusammenarbeit überschreiten (siehe dazu Rz. 9 ff.), sollte es dem von ihm bestellten Verwalter Gelegenheit zur Stellungnahme geben.

### 3. Grenzen der Zusammenarbeit und Kommunikation (Art. 58 lit. b a. E.)

Art. 58 lit. b a. E. begrenzt die Pflicht der Verwalter und Gerichte zur Zusammenarbeit und Kommunikation. Diese besteht nur, wenn sie der Erleichterung der wirkungsvollen Verfahrensdurchführung dient, keine Interessenkonflikte nach sich zieht und mit den nationalstaatlichen Vorschriften vereinbar ist.

#### a) Erleichterung der wirkungsvollen Verfahrensführung

Ob eine Kooperation von Verwalter und Gericht die wirksame Abwicklung des Verfahrens erleichtern hilft, beurteilt sich nach den **Umständen des Einzelfalls**. Soll die Konzernstruktur nicht erhalten werden bzw. wird eine konzernweite Sanierung aufgrund der wirtschaftlichen Lage der einzelnen Gruppenmitglieder nicht angestrebt, dürfte die Basis für eine Koordination grenzüberschreitender Betriebsfortführung fehlen, so dass es regelmäßig an den Voraussetzungen für eine Kooperation fehlt.

#### b) Interessenkonflikte

Ebenso wenig wie die Verwalter der Insolvenzverfahren über das Vermögen von Mitgliedern einer Unternehmensgruppe sind die Gerichte zu einer **Selbstaufopferung** dahingehend verpflichtet, dass sie, zur Förderung der in einem anderen Verfahren verfolgten Interessen, die in dem von ihnen eröffneten Verfahren zu beachtenden Interessen der Verfahrensbeteiligten zurückstellen müssten. Dies widerspräche dem Grundsatz der **Selbstständigkeit der einzelnen Verfahren**.[14] So hat ein Gericht dem Ersuchen des Verwalters des ausländischen Verfahrens, ihm Informationen, die diesem erst die Möglichkeit eröffnen, die inländische Masse zu schmälern, nicht zu entsprechen. Letztlich findet die Unterstützung in den Möglichkeiten des na-

---

13) B. Wessels in: FS Vallender, S. 775, 778. Principle 9: „9.1. Cooperation between courts and between administrators should include prompt and full disclosure regarding all relevant information, including assets and claims, with a view promoting transparency and reducing international fraud." „9.4. Following recognition, a foreign representative should be entitled to use all available legal means to obtain information about the debtor's assets in all jurisdictions where those assets may be found."
14) Wimmer/Bornemann/Lienau-*Bornemann*, Die Neufassung der EuInsVO, Rz. 567.

tionalen Rechts und den Interessen der nationalen Gläubiger an einer bestmöglichen Befriedigung ihre Grenzen.[15]

### c) Vereinbarkeit mit den nationalstaatlichen Vorschriften

12 Die Zusammenarbeit von Verwalter und Gericht steht unter dem **Vorbehalt** ihrer **Vereinbarkeit** mit den nationalstaatlichen Vorschriften der beteiligten Mitgliedstaaten. Die primäre Pflicht zu wechselseitiger Information bedeutet **Offenlegung** von **geheimhaltungsbedürftigen Aktenbestandteilen** und **Verfahrensdaten** durch Übermittlung an ein Gericht eines Mitgliedstaates. Der nationalstaatliche **Datenschutz** bildet die **Grenze** der gegenseitigen **Unterrichtungspflicht**.[16]

---

15) *Garcimartín*, ZEuP 2015, 694.
16) Pannen-*Riedemann*, EuInsVO, Art. 31 Rz. 29; Wimmer/Bornemann/Lienau-*Bornemann*, Die Neufassung der EuInsVO, Rz. 568; *Vallender*, KTS 2005, 283, 327.

---

## Artikel 59

### Kosten der Zusammenarbeit und Kommunikation bei Verfahren über das Vermögen von Mitgliedern einer Unternehmensgruppe

Die Kosten der Zusammenarbeit und Kommunikation nach den Artikeln 56 bis 60, die einem Verwalter oder einem Gericht entstehen, gelten als Kosten und Auslagen des Verfahrens, in dem sie angefallen sind.

#### Übersicht

| | |
|---|---|
| I. Zweck der Norm .................... 1 | III. Anwendungsbereich ................... 5 |
| II. Inhalt der Norm und Verhältnis zu Art. 7 Abs. 2 lit. l ................ 2 | IV. Schlussfolgerungen für die Praxis ..... 6 |

### I. Zweck der Norm

1 Art. 59 weist die Kosten, die durch die Zusammenarbeit und Kommunikation zwischen den Insolvenzverfahren einer Unternehmensgruppe entstanden sind, den jeweiligen Verfahren zu in denen sie angefallen sind. Somit gilt nicht das Verursachungsprinzip.[1] Sinn und Zweck der Norm ist, eine faire und angemessene Aufteilung der Kosten zu gewährleisten.

### II. Inhalt der Norm und Verhältnis zu Art. 7 Abs. 2 lit. l

2 In welcher Weise die Kosten des Insolvenzverfahrens einschließlich der Auslagen zu tragen sind, regelt gemäß Art. 7 Abs. 2 das Recht des Staates der Verfahrenseröffnung. Diese nationalen Vorschriften sind zunächst für die Frage heranzuziehen, wer für die Kosten aufzukommen hat.[2] Weiterhin bestimmen sich danach auch Grund und Höhe der zu tragenden Kosten. Das gilt sowohl für Gebühren und

---

1) Abkehr vom Verursacherprinzip, *Reinhart* in: MünchKomm-InsO, Art. 59 EuInsVO 2015 Rz. 2.
2) Mankowski/Müller/J. Schmidt-*Müller*, EuInsVO 2015, Art. 7 m. w. N.

Auslagen des Gerichts als auch des Insolvenzverwalters.[3] Ausnahmen kommen nur insoweit in Betracht, als unterschiedliche Insolvenzstatute für bestimmte Gläubigergruppen gelten, z. B. für dinglich besicherte Gläubiger nach Art. 8.[4]

An diese Regelung knüpft Art. 59 Halbs. 2 an. Die Kosten und Auslagen des Verfahrens sowohl des Gerichts als auch des Insolvenzverwalters werden dem Verfahren zuordnet, in welchem sie angefallen sind. Sowohl die Trägerschaft als auch Art und Umfang der Kosten richten sich damit ausschließlich nach dem Recht des Staates der Verfahrenseröffnung. Es ist nicht entscheidend, welches Verfahren als Folge des Zusammenwirkens einen besonderen Verfahrensaufwand und erhöhte Kosten bedingt. Entscheidend ist alleine, welcher Aufwand nach dem Recht des Eröffnungsstaates als Kosten und Auslagen anzusehen sind. In Deutschland sind hierfür die Vorschriften der InsO und der Insolvenzrechtliche Vergütungsverordnung (InsVV) heranzuziehen. Vereinbarungen über Grund und Höhe der Kostentragungspflicht sind damit nur eingeschränkt möglich, z. B. i. R. eines Insolvenzplanverfahrens.

Alle Aufwendungen, die danach nicht als Kosten und Auslagen i. S. des Art. 7 Abs. 2 lit. 1 anzusehen sind, fallen damit nicht unter Art. 59. Für die Verteilung dieser Aufwendungen ist also ein anderer Schlüssel zu wählen. Es gilt Art. 56 entsprechend. Freie Vereinbarungen insbesondere einschließlich Massekostenzuschüssen für entstandenen Mehraufwand bei Massearmut zwischen den jeweiligen Insolvenzverwaltern sind möglich.

### III. Anwendungsbereich

Ausdrücklich umfasst sind die Artt. 56 bis 60, also alle Formen der Zusammenarbeit zwischen Insolvenzverwaltern und Gerichten einer Unternehmensgruppe.[5] Für das Koordinationsverfahren (vgl. Artt. 61 bis 77) enthält Art. 77 eine eigenständige Regelung der Kosten und der Kostenaufteilung. Durch was die zusätzlichen Auslagen und Vergütungsansprüche bedingt sind, ist folglich unerheblich.[6] Das jeweilige Verfahrensrecht bestimmt damit insbesondere also auch die Höhe des Vergütungsanspruches des jeweiligen Insolvenzverwalters. Nach deutschem Vergütungsrecht maßgeblich ist also, inwieweit die Auslandsbeziehungen und die Konzernverflechtungen für den beauftragten Insolvenzverwalter tatsächlich im Einzelfall zu einem den Normalfall übersteigenden Mehraufwand geführt haben.

### IV. Schlussfolgerungen für die Praxis

Art. 59 schafft eine klare Regelung für das Koordinationsverfahren nach den Artt. 56 bis 58 und 60. Die Vorschrift greift auch den Regelungsgehalt des Art. 44 auf, wonach sich die Gerichte nicht wechselseitig die Kosten der Zusammenarbeit und

---

3) Uhlenbruck-*Lüer*, InsO, Art. 4 EuInsVO Rz. 2; Mankowski/Müller/J. Schmidt-*Müller*, EuInsVO 2015, Art. 58 Rz. 65.
4) Uhlenbruck-*Lüer*, InsO, Art. 4 EuInsVO Rz. 62.
5) Soweit Art. 49 durch den Verweis auf die Artt. 56–60 umfasst ist, handelt es sich um einen offensichtlichen Redaktionsfehler.
6) Abkehr vom Verursacherprinzip, so *Reinhart* in: MünchKomm-InsO, Art. 59 EuInsVO 2015 Rz. 2.

Kommunikation in Rechnung stellen dürfen. Abgrenzungsfragen nach dem Verursacherprinzip werden vermieden, wobei davon ausgegangen werden kann, dass sich in fairer Weise wechselseitig im europäischen Verbund Auslagen und Gebühren die Waage halten werden.[7]

---

7) Mankowski/Müller/J. Schmidt-*J. Schmidt*, EuInsVO 2015, Art. 60 Rz. 6.

## Artikel 60
### Rechte des Verwalters bei Verfahren über das Vermögen von Mitgliedern einer Unternehmensgruppe

(1) Der Verwalter eines über das Vermögen eines Mitglieds einer Unternehmensgruppe eröffneten Insolvenzverfahrens kann, soweit dies eine effektive Verfahrensführung erleichtern kann,

a) in jedem über das Vermögen eines anderen Mitglieds derselben Unternehmensgruppe eröffneten Verfahren gehört werden,

b) eine Aussetzung jeder Maßnahme im Zusammenhang mit der Verwertung der Masse in jedem Verfahren über das Vermögen eines anderen Mitglieds derselben Unternehmensgruppe beantragen, sofern

   i) für alle oder einige Mitglieder der Unternehmensgruppe, über deren Vermögen ein Insolvenzverfahren eröffnet worden ist, ein Sanierungsplan gemäß Artikel 56 Absatz 2 Buchstabe c vorgeschlagen wurde und hinreichende Aussicht auf Erfolg hat;

   ii) die Aussetzung notwendig ist, um die ordnungsgemäße Durchführung des Sanierungsplans sicherzustellen;

   iii) der Sanierungsplan den Gläubigern des Verfahrens, für das die Aussetzung beantragt wird, zugute käme und

   iv) weder das Insolvenzverfahren, für das der Verwalter gemäß Absatz 1 bestellt wurde, noch das Verfahren, für das die Aussetzung beantragt wird, einer Koordinierung gemäß Abschnitt 2 dieses Kapitels unterliegt;

c) die Eröffnung eines Gruppen-Koordinationsverfahrens gemäß Artikel 61 beantragen.

(2) (Unterabs. 1) Das Gericht, das das Verfahren nach Absatz 1 Buchstabe b eröffnet hat, setzt alle Maßnahmen im Zusammenhang mit der Verwertung der Masse in dem Verfahren ganz oder teilweise aus, wenn es sich überzeugt hat, dass die Voraussetzungen nach Absatz 1 Buchstabe b erfüllt sind.

(Unterabs. 2) ¹Vor Anordnung der Aussetzung hört das Gericht den Verwalter des Insolvenzverfahrens, für das die Aussetzung beantragt wird. ²Die Aussetzung kann für jeden Zeitraum bis zu drei Monaten angeordnet werden, den das Gericht für angemessen hält und der mit den für das Verfahren geltenden Vorschriften vereinbar ist.

(Unterabs. 3) Das Gericht, das die Aussetzung anordnet, kann verlangen, dass der Verwalter nach Absatz 1 alle geeigneten Maßnahmen nach nationalem Recht zum Schutz der Interessen der Gläubiger des Verfahrens ergreift.

(Unterabs. 4) Das Gericht kann die Dauer der Aussetzung um einen weiteren Zeitraum oder mehrere weitere Zeiträume verlängern, die es für angemessen hält und die mit den für das Verfahren geltenden Vorschriften vereinbar sind, sofern die in Absatz 1 Buchstabe b Ziffern ii bis iv genannten Voraussetzungen weiterhin erfüllt sind und die Gesamtdauer der Aussetzung (die anfängliche Dauer zuzüglich aller Verlängerungen) sechs Monate nicht überschreitet.

Literatur: *Brünkmans*, Auf den Weg zu einem europäischen Konzerninsolvenzrecht, ZInsO 2013, 797; *Ehricke*, Das Verhältnis des Hauptinsolvenzverwalters zum Sekundärinsolvenzverwalter bei grenzüberschreitenden Insolvenzen nach der EuInsVO, ZIP 2005, 1104; *Eidenmüller/Frobenius*, Ein Regulierungskonzept zur Bewältigung von Gruppeninsolvenzen: Verfahrenskonsolidierung im Kontext nationaler und internationaler Reformvorhaben, ZIP Beilage z. Heft 22/2013, S. 1; *Fritz*, Die Neufassung der europäischen Insolvenzverordnung: Erleichterung bei der Restrukturierung in grenzüberschreitenden Fällen, DB 2015, 1945; *Himmer*, Das europäische Konzerninsolvenzrecht nach der reformierten EuInsVO, 2019 (Diss.); *Kindler*, Hauptfragen der Reform des Europäischen Internationalen Insolvenzrechts, KTS 2014, 25; *Kindler/Sakka*, Die Neufassung der Europäischen Insolvenzverordnung, EuZW 2015, 460; *Madaus*, Insolvency Proceedings for Corporate Groups under the new Insolvency, IILR 2015, 235; *Prager/Keller, Ch.*, Der Vorschlag der Europäischen Kommission zur Reform der EuInsVO, NZI 2013, 57; *Thole*, Die Reform der Europäischen Insolvenzordnung – Zentrale Aspekte des Kommissionsvorschlags und offene Fragen, ZEuP 2014, 39; *Thole/Swierczok*, Der Reformvorschlag zur Reform der EuInsVO, ZIP 2013, 550; *Vallender*, Europaparlament gibt den Weg frei für eine neue Europäische Insolvenzverordnung, ZIP 2015, 1513; *Vallender*, Die Aussetzung der Verwertung nach Art. 33 EuInsVO in einem deutschen Sekundärinsolvenzverfahren, in: Verschuldung, Haftung, Vollstreckung, Insolvenz: Festschrift für Gerhard Kreft, 2004, S. 565; *Wimmer*, Konzerninsolvenzen im Rahmen der EuInsVO – Ausblick auf die Schaffung eines deutschen Konzerninsolvenzrechts, DB 2013, 1343.

## Übersicht

I. Zweck der Norm ............................ 1
II. Beteiligte ...................................... 4
III. Inhalt der Norm ............................ 5
1. Anhörungsrechte (Art. 60 Abs. 1 lit. a) ............................................. 5
    a) Gläubiger als Beteiligte ............ 6
    b) Anhörungs- und Mitwirkungsrechte (Art. 60 Abs. 1 lit. a) ......... 7
2. Aussetzung von Verwertungsmaßnahmen (Art. 60 Abs. 1 lit. b) ......... 8
    a) Mögliche Beteiligte des Aussetzungsverfahrens und deren Interessenstellung ..................... 11
    b) Entscheidung des Gerichtes ....... 14
    aa) Zuständigkeit, Verfahrensrecht, Bindung an den Antrag ..... 15
    bb) Anhörungsrecht, Verfahrensrecht, Bindung an den Antrag ... 17
    cc) Beweislast, Amtsermittlung ........ 19
    dd) Rechtsbehelfe ........................... 20
    c) Voraussetzungen der Aussetzung (Art. 60 Abs. 1) .................. 22
    aa) Sanierungsplan ........................ 23

bb) Notwendigkeit der Aussetzung .... 25
cc) Vorteilhaftigkeit für die Gläubiger des antragstellenden Insolvenzverwalters ..................... 26
dd) Kein Gruppen-Koordinationsverfahren (Art. 60 Abs. 1 lit. b (iv)) ............ 28
d) Beschlussfassung des Gerichtes (Art. 60 Abs. 2 Unterabs. 1) ....... 29
aa) Maßnahmen der Verwertung ...... 30
bb) Bindung an den gestellten Antrag, Umfang der Aussetzung ..... 31
cc) Dauer der Aussetzung (Art. 60 Abs. 2 Unterabs. 2 Satz 2) ........................................ 32
dd) Schutzmaßnahmen für die Gläubiger (Art. 60 Abs. 2 Unterabs. 3) .................................. 34
3. Antrag auf Eröffnung eines Gruppen-Insolvenzverfahrens (Art. 60 Abs. 1 lit. c) ....................... 37
IV. Schlussfolgerungen für die Praxis ... 38

**Artikel 60** Rechte des Verwalters bei Verfahren über das Vermögen von Mitgliedern

### I. Zweck der Norm

1 Die Artt. 56 ff. sollen eine wirksame und effektive Zusammenarbeit der betroffenen Insolvenzverwalter in einer Gruppeninsolvenz ermöglichen. Die Durchsetzbarkeit der Rechte und Pflichten bereitet im Einzelfall jedoch erhebliche Schwierigkeiten. Das gilt auch für mögliche Haftungsansprüche.[1] **Art. 60 eröffnet einen schnelleren und möglicherweise effektiveren Weg**, um zumindest zeitweise zu verhindern, dass Pläne zur Sanierung in der Gruppe durch verschiedene Beteiligte obstruiert werden.

2 Art. 60 umfasst **drei Regelungsbereiche:**
- Anhörungsrecht, Art. 60 Abs. 1 lit. a,
- Aussetzungsrecht bestimmter Verwertungsmaßnahmen, Art. 60 Abs. 1 lit. b,
- Einleitung eines Gruppenkoordinationsverfahrens gemäß Artt. 61 ff.

3 Die Regelungen schließen sich eng an die Vorschriften für das Verhältnis zwischen Haupt- und Sekundärinsolvenzverwaltern an (Anhörungsrechte nach Art. 45 Abs. 3; Aussetzungsrechte gemäß Art. 46). Ergänzend wird daher auf die dortigen Kommentierungen verwiesen.

### II. Beteiligte

4 Die Beteiligten bestimmen sich grundsätzlich in gleicher Weise wie in Art. 56. Auf die dortigen Ausführungen wird daher verwiesen, Art. 56 Rz. 12 ff. [*Hermann*].

### III. Inhalt der Norm

#### 1. Anhörungsrechte (Art. 60 Abs. 1 lit. a)

5 Art. 60 Abs. 1 lit. a legt Anhörungs- und Mitwirkungsrechte der Beteiligten in einem Gruppeninsolvenzverfahren fest. Es handelt sich um eigenständige Rechte.

#### a) Gläubiger als Beteiligte

6 Sollten in den Verfahren einer Gruppeninsolvenz wechselseitige Forderungen und Verbindlichkeiten zwischen den betroffenen Insolvenzverwaltern bestehen, so folgen außerhalb des Geltungsbereiches des Art. 60 **eigenständige Mitwirkungsrechte** der jeweiligen Verwalter aus ihrer allgemeinen Gläubigerstellung. In dieser Funktion als Gläubiger dürfen die Insolvenzverwalter daher **unabhängig von der Regelung in Art. 60 Abs. 1 lit. a** in den jeweils anderen Gläubigerversammlungen mitwirken. Sie haben dann auch ein entsprechendes Stimmrecht. Als Gläubiger können sie auch Mitglieder eines (vorläufigen) Gläubigerausschusses gemäß §§ 22a, 67 InsO sein.

#### b) Anhörungs- und Mitwirkungsrechte (Art. 60 Abs. 1 lit. a)

7 Unabhängig hiervon räumt Art. 60 Abs. 1 lit. a dem Insolvenzverwalter einer Unternehmensgruppe i. R. des generellen Rechts auf Anhörung in den anderen Insolvenzverfahren ein, an den Gläubigerversammlungen aller anderen Insolvenzverfahren in der Unternehmensgruppe mitzuwirken. Ist der Insolvenzverwalter kein Gläubiger

---

[1] *Madaus*, IILR 2015, 235, 240.

in dem anderen Insolvenzverfahren, hat er aber **keine Stimmrechte**.[2] Mitwirkung bedeutet in diesem Falle lediglich Teilnahme[3] und damit auch die Möglichkeit, eigene Tagesordnungspunkte einzubringen. Zu Recht wird weiterhin angenommen, dass das Anhörungsrecht allerdings ebenfalls ohne Stimmrecht auch in **Gläubigerausschüssen** wahrgenommen werden kann.[4] Da der Gläubigerausschuss seine Berechtigung aus der Wahl der Gläubigerversammlung ableitet, ist dem zuzustimmen. Das schließt – zumindest nach deutschem Recht – nicht aus, dass sich ein Insolvenzverwalter eines Gruppenmitglieds in einen Gläubigerausschuss eines anderen Gruppenmitglieds wählen lassen kann. Die Mitwirkung und Anhörung müssen jedoch aus Gründen der Vertraulichkeit ausgeschlossen sein, wenn es z. B. um die Wahrnehmung von Anfechtungsrechten gegenüber dem ausländischen Insolvenzverwalter geht.

## 2. Aussetzung von Verwertungsmaßnahmen (Art. 60 Abs. 1 lit. b)

Die schärfste Waffe in der Hand eines Insolvenzverwalters ist das Aussetzungsrecht nach Art. 60 Abs. 1 lit. b. Kooperationsunwillige Insolvenzverwalter müssen damit rechnen, dass ein anderer Insolvenzverwalter den Aussetzungsantrag stellt und er damit bis zu **sechs Monate** die Masse ganz oder teilweise nicht verwerten kann. Mit der Möglichkeit der Aussetzung sollte den Mitgliedern einer Unternehmensgruppe ein völlig **eigenständiges Instrumentarium** außerhalb des Gruppen-Koordinationsverfahrens an die Hand gegeben werden. Ziel ist es allerdings weiterhin, eine koordinierte Sanierung der Gruppe zu erreichen. Daher ist es auch für das Aussetzungsverfahren nach Art. 60 wesentliche Bedingung, dass ein Sanierungsplan für die betroffenen Mitglieder der Gruppe vorgelegt wird (ErwG 60 Satz 3).

8

Dieses Recht war in den Beratungen zu der Verordnung wegen möglicherweise zweckwidriger Verwendung der Einwirkungsmöglichkeiten umstritten, zumal jeder Verwalter das Interventionsrecht erhalten soll.[5] Es wurde deshalb zum Teil vorgeschlagen, dass nur einem Verwalter (des Mutterkonzerns) diese Befugnis zustehen soll.[6] Eine solche Zuweisung ist jedoch von vornherein abzulehnen, da die gesellschaftsrechtliche Leitungsmacht und die Zuweisung der Funktionen in Gruppeninsolvenzverfahren an völlig unterschiedliche Sachverhalte anknüpfen.

9

Jedenfalls ist die Ausübung dieses Rechtes wie auch zwischen Haupt- und Sekundärinsolvenzverwalter nach Art. 46 an enge Voraussetzungen geknüpft. Sind die Voraussetzungen erfüllt, so besteht kein Ermessen des Insolvenzgerichtes.[7] Es han-

10

---

2) *Kindler/Sakka*, EuZW 2015, 460, 465; *Brünkmans*, ZInsO 2013, 797, 802; Wimmer/Bornemann/Lienau-*Bornemann*, Die Neufassung der EuInsVO, Rz. 584.
3) *Fritz*, DB 2015, 1945, 1947.
4) *Thole*, ZEuP 2014, 39, 70; *Brünkmans*, ZInsO 2013, 797, 802; Wimmer/Bornemann/Lienau-*Bornemann*, Die Neufassung der EuInsVO, Rz. 584; *Prager/Ch. Keller*, NZI 2013, 57, 63.
5) Wimmer/Bornemann/Lienau-*Bornemann*, Die Neufassung der EuInsVO, Rz. 535; *Kindler*, KTS 2014, 25, 42; *Thole*, ZEuP 2014, 39, 70; *Wimmer*, DB 2013, 1343, 1346.
6) Revision of the European Insolvency Regulation Proposals by INSOL Europe, S. 96 f. wollen einen Hauptinsolvenzverwalter auch bei Konzernen, der dann das Aussetzungsrecht hat, abrufbar unter: https://www.insol-europe.org/technical-content/revision-of-the-european-insolvency-regulation-proposals-by-insol-europe (Abrufdatum: 29.11.2019); *Brünkmans*, ZInsO 2013, 797, 803.
7) Ahrens/Gehrlein/Ringstmeier-*Thöne*, InsO, Anh. II Art. 60 Rz. 5.

delt sich um unbestimmte Rechtsbegriffe, die durch die Praxis mit Leben zu füllen sind.[8]

### a) Mögliche Beteiligte des Aussetzungsverfahrens und deren Interessenstellung

11 Die Möglichkeit zur Aussetzung der Verwertung im Verhältnis zwischen Haupt- und Sekundärinsolvenzverwalter nach Art. 46 beschränkt sich auf deren bilaterales Verhältnis. **Die Ausgangslage nach Art. 60 Abs. 1 lit. b ist demgegenüber wesentlich komplexer.** In einem Konzern- oder Gruppeninsolvenzverfahren stehen sich in einem gleichgeordneten Verhältnis eine Vielzahl von Insolvenzverwaltern gegenüber.[9] Daher lässt sich das Aussetzungsverfahren nach Art. 60 nicht nur auf das Verhältnis zwischen einem Hauptinsolvenzverwalter und einem anderen Hauptinsolvenzverwalter beschränken. Im Rahmen unterschiedlicher Sanierungspläne können abweichende Zielvorstellungen verfolgt werden, die völlig unterschiedliche Verwertungs- sowie Fortführungsmöglichkeiten zur Folge haben. Jeder der betroffenen Insolvenzverwalter kann daher einen entsprechenden Antrag nach Art. 60 Abs. 1 lit. b stellen, so dass das Gericht nicht nur über einen Antrag, sondern ggf. über eine **Vielzahl von Anträgen** zu entscheiden hat.

12 Einzelne Insolvenzverwalter können darüber hinaus im Gegensatz zu den antragstellenden Insolvenzverwaltern ein Interesse gerade an der **beabsichtigten Verwertung** haben. Ihnen steht jedoch nach dem Wortlaut des Art. 60 Abs. 1 lit. b keine Antragsberechtigung zu, da sie gerade keine Aussetzung von Verwertungsmaßnahmen, sondern im Gegenteil deren Realisierung wünschen. Man wird ihnen jedoch eine **Unterstützungsmöglichkeit** als Beteiligter mit Anhörungsrecht nach Art. 60 Abs. 1 lit. a einräumen müssen. Bei antragsgemäßer Entscheidung durch das Gericht nach Art. 60 Abs. 1 lit. b muss man ihnen dann möglicherweise sogar ein eigenes Antragsrecht zubilligen, da diese gerichtliche Maßnahme wiederum im Zusammenhang mit der Verwertung der Masse steht.

13 Der betroffene, zur Verwertung bereite Insolvenzverwalter sowie das zuständige Insolvenzgericht drohen daher zum Spielball der verschiedensten Interessen in einem Gruppeninsolvenzverfahren zu werden. Ein sich gegenseitig behinderndes „Sanierungswettrennen" der gruppenangehörigen Insolvenzverwalter kann die Folge sein.[10] Das angerufene Gericht steht daher nicht nur unter einem erheblichen Zeit-, sondern unter hohem Sachdruck.

### b) Entscheidung des Gerichtes

14 Es gelten die Verfahrensvorschriften des Belegenheitsstaates, in dem das Insolvenzverfahren eröffnet worden ist, deren Insolvenzmasse betroffen ist.

#### aa) Zuständigkeit, Verfahrensrecht, Bindung an den Antrag

15 Zuständig ist nach Art. 60 Abs. 2 Unterabs. 1 das Gericht, welches das Insolvenzverfahren eröffnet hat. Damit gelten die Verfahrensvorschriften der InsO. Das Gericht

---

8) *Thole*, ZEuP 2014, 39, 70 f.; *Thole/Swierczok*, ZIP 2013, 550, 557; *Brünkmans*, ZInsO 2013, 797, 804; im Anschluss an *Prager/Ch. Keller*, NZI 2013, 57, 63.
9) *Wimmer/Bornemann/Lienau-Bornemann*, Die Neufassung der EuInsVO, Rz. 586.
10) *Brünkmans*, ZInsO 2013, 797, 803.

entscheidet also durch Beschluss. Insbesondere greifen die §§ 4 ff. InsO, also auch §§ 5, 6 und 7 InsO. Vollbeweis ist weitestgehend ausgeschlossen.[11] Im Wesentlichen kommen nur **Glaubhaftmachung** und Gegenglaubhaftmachung in Betracht.[12]

Das Gericht ist in seiner Entscheidung jedoch **nicht** an den Antrag des Insolvenzverwalters **gebunden;**[13] es kann daher ohne weiteres auch hinter dem gestellten Antrag zurückbleiben. 16

### bb) Anhörungsrecht, Verfahrensrecht, Bindung an den Antrag

Anders als nach Art. 33 a. F. eröffnet Art. 60 Abs. 2 Unterabs. 2 Satz 1 dem Verwalter des Insolvenzverfahrens, für das die Aussetzung beantragt wird, vor Anordnung der Aussetzung ein **Recht auf Anhörung**. Das betrifft zunächst nur den Insolvenzverwalter, dessen Vermögen von der Aussetzung betroffen ist. Über Art. 60 Abs. 1 lit. a wird man aber auch **jedem anderen Insolvenzverwalter** der gruppenzugehörigen Gesellschaften ein Anhörungsrecht zubilligen müssen, zumindest wenn seine eigenen Interessen durch die beantragte Aussetzung betroffen sind. Andere Insolvenzverwalter, die ein Interesse an der beabsichtigten Verwertung haben, werden also zumindest gehört werden müssen. 17

Gläubigern ist keine Mitwirkung möglich, da ausschließlich gerichtliche Entscheidungskompetenz besteht. Die §§ 160, 161 InsO greifen daher nicht. Anderes kann aber für das Insolvenzverfahren gelten, in dem der Insolvenzverwalter die Aussetzung der Verwertung in dem anderen Verfahren begehrt. 18

### cc) Beweislast, Amtsermittlung

Das Gericht hat **nach seiner Überzeugung** zu entscheiden, ob die Voraussetzungen für eine Aussetzung vorliegen. Gemäß § 5 InsO ist es zur **Amtsermittlung** verpflichtet. Entgegen der legislativen Entschließung des Europäischen Parlaments wurde keine Bestimmung mit aufgenommen, die dem Antragsteller eine Nachweispflicht auferlegt.[14] Für die Beurteilung der Tatbestände bedarf es eines entsprechenden wirtschaftlichen Sachverstands, der nicht ohne weiteres vorauszusetzen ist und u. U. die Einschaltung von Sachverständigen notwendig macht.[15] In der Praxis muss der antragstellende Verwalter entsprechende Unterlagen i. R. der Glaubhaftmachung vorbereitet haben, damit das Gericht zeitnah über den Antrag entscheiden kann, um Verzögerungen des Verfahrens durch Sachverständige zu vermeiden. 19

### dd) Rechtsbehelfe

Schon bei Art. 31 a. F. bestand Klarheit, dass gegen Beschlüsse des Gerichtes nach § 6 Abs. 1 InsO **keine sofortige Beschwerde** zulässig ist. Allenfalls kommt die Rechts- 20

---

11) S. hierzu *Kindler*, KTS 2014, 25, 42.
12) *Brünkmans*, ZInsO 2013, 797, 805.
13) *Vallender* in: FS Kreft, S. 565, 570.
14) Vorschlag für eine Verordnung des Europäischen Parlaments und des Rates zur Änderung der Verordnung (EG) Nr. 1346/2000 des Rates über Insolvenzverfahren, COM(2012) 744, S. 35, abrufbar unter https://www.europarl.europa.eu/meetdocs/2009_2014/documents/com/com_com(2012)0744_/com_com(2012)0744_de.pdf (Abrufdatum: 28.11.2019).
15) Vorschlag der deutschen Delegation zur Behandlung von Unternehmensgruppen, Dok. 15675/13, JUSTCIV 251 – CODEC 2448, S. 6; *Vallender*, ZIP 2015, 1513, 1520.

pflegererinnerung nach § 11 Abs. 2 RPflG mit der Anrufung des zuständigen Richters in Betracht, wenn der Rechtspfleger entschieden hat.[16] Dieselbe Ausgangslage gilt auch nach Verabschiedung der neuen EuInsVO. Die Neufassung des Gesetzes zur Durchführung der Verordnung (EU) 2015/848[17] enthält ebenfalls keine entsprechenden Ergänzungen des § 6 InsO.

21 Wie auch bei Art. 33 a. F. sind aber Rechtsbehelfe möglich, wenn die gerichtlichen Anordnungen der Aussetzung nicht befolgt werden. In Betracht kommen entweder die Vollstreckungserinnerung nach § 766 ZPO oder bei gerichtlicher Entscheidung die sofortige Beschwerde nach § 793 ZPO.[18]

c) Voraussetzungen der Aussetzung (Art. 60 Abs. 1)

22 Die untereinander verflochtenen Interessen sowie die Vielzahl der möglichen Beteiligten verdeutlichen, vor welchen Herausforderungen das angerufene Gericht bei seiner Entscheidung steht. Entscheidend ist, welche **Tatsachen und Annahmen** es für überwiegend wahrscheinlich erachtet.[19] Es müssen zumindest greifbare Anhaltspunkte vorliegen und eine **überwiegende Wahrscheinlichkeit** für deren Eintritt bestehen.[20]

aa) Sanierungsplan

23 Ein Sanierungsplan ist nicht einem Insolvenzplan gleichzusetzen (siehe hierzu auch Art. 56 Rz. 53 ff. sowie Art. 41 Rz. 54 [*Hermann*]) In der englischen Fassung heißt es „Coordinated Restructuring Plan", so dass es bei einem Sanierungsplan v. a. um den Umbau des operativen Unternehmens bzw. die Abstimmung der Fortführungschancen geht. Letztendlich wird das Ziel eines solchen Planes sein müssen, einen ökonomisch erfolgversprechenden **Masterplan** für die Rettung des Konzerns zu entwickeln.[21] **Reine Liquidationspläne** sind damit keine Sanierungspläne.[22] Da ein solcher Sanierungsplan bereits vorgelegt sein muss, reichen reine **Absichtserklärungen** oder vorbereitende Maßnahmen für die Begründetheit eines Aussetzungsantrages nicht aus.[23] Der Plan muss also den Gläubigern und den beteiligten Gremien zumindest in seiner **Grundstruktur** bereits bekannt und zugeleitet worden sein. Dabei sollten die Anforderungen nicht zu hochgestellt werden, um einem kooperationsunwilligen Insolvenzverwalter nicht die Möglichkeit zu eröffnen, bis

---

16) S. hierzu *Vallender* in: FS Kreft, S. 565, 579; im Anschluss hieran *Paulus*, EuInsVO, Art. 33 Rz. 17; Pannen-*Herchen*, EuInsVO, Art. 33 Rz. 34; Mankowski/Müller/J. Schmidt-*Mankowski*, EuInsVO 2015, Art. 46 Rz. 70 f.
17) Gesetz zur Durchführung der Verordnung (EU) 2015/848 über Insolvenzverfahren – Durchführungsgesetz, v. 5.6.2017, BGBl. I 2017, 1476.
18) *Brünkmans*, ZInsO 2013, 797, 805.
19) *Brünkmans*, ZInsO 2013, 797, 805.
20) S. hierzu *Kindler*, KTS 2014, 25, 42; *Brünkmans*, ZInsO 2013, 797, 805, zwar nur zur Frage der Vorteilhaftigkeit für die Gläubiger, muss aber allgemein für die Würdigung von Tatsachen i. R. des Art. 60 Abs. 1 lit. b gelten.
21) *Fritz*, DB 2015, 1945, 1946.
22) Mankowski/Müller/J. Schmidt-*Mankowski*, EuInsVO 2015, Art. 47 Rz. 4.
23) *Kindler*, KTS 2014, 25, 42; Brünkmans, ZInsO 2013, 797, 805.

zur Zulassung des Antrages vollendete Tatsachen zu schaffen. **Mit der Umsetzung muss aber noch nicht begonnen worden sein.**[24)]

Der Sanierungsplan muss eine **überwiegende Wahrscheinlichkeit** des Eintrittes des beabsichtigten Erfolges haben.[25)] Teilweise wird nur eine tragbare (reasonable) Chance auf Erfolg verlangt, ohne dass es auf eine umfassende Beurteilung des Planinhaltes ankäme.[26)] Zu beurteilen ist dabei, ob der vorgelegte Insolvenzplan in sich **schlüssig und nachvollziehbar** ist, um den aufgezeigten Sanierungserfolg auch tatsächlich zu erreichen. Ob der Plan tatsächlich durch die Gläubiger oder das Gericht auch angenommen wird, muss sich der Prüfungskompetenz des aussetzenden Gerichts entziehen, da es gerade darum geht, solchen Entscheidungen nicht die materielle Grundlage zu entziehen.

24

### bb) Notwendigkeit der Aussetzung

„Notwendigkeit" (Art. 60 Abs. 1 lit. b (ii)) ist i. S. von **Erforderlichkeit** zu verstehen. Entscheidend ist, dass ohne die beantragte Aussetzung bestimmter Verwertungsmaßnahmen der Sanierungsplan nicht mehr durchführbar ist. Nutzen, Zweck-Mittel-Relationen, Fragen der Verhältnismäßigkeit oder der Angemessenheit sind damit bei der Prüfung dieser Voraussetzung nicht einzubeziehen. Dasselbe gilt für eine Abwägung der Rechtsgüter oder der wirtschaftlichen Interessen der Beteiligten. Dem dienen der Nachteilsausgleich und die Wahrung der Gläubigerinteressen nach Art. 60 Abs. 2 Unterabs 3. Da das Gericht aber hinter den gestellten **Anträgen zurückbleiben** kann, wird man ihm zubilligen müssen, auch andere weniger beeinträchtigende Maßnahmen zu ergreifen, wenn es die Notwendigkeit gewahrt sieht.

25

### cc) Vorteilhaftigkeit für die Gläubiger des antragstellenden Insolvenzverwalters

Vorteilhaftigkeit (Art. 60 Abs. 1 lit. b (iii)) bedeutet, dass auf Basis einer **ex-ante-Betrachtung** durch einen objektiven Insolvenzexperten der Sanierungsplan voraussichtlich trotz möglicher Risiken oder Nachteilen insgesamt für die Gläubiger vorteilhaft sein muss, für deren Gläubigergemeinschaft der Insolvenzverwalter die Aussetzung beantragt.[27)] Während der Kommissionsentwurf noch von „nachweislich zugute käme" sprach und dies zu Recht von *Eidenmüller* und *Frobenius* kritisiert wurde,[28)] spricht der endgültige Wortlaut nur noch von „zugute käme". Für den Eintritt der behaupteten Tatsachen genügt – wie allgemein für Art. 60 Abs. 1 lit. b

26

---

24) *Kindler*, KTS 2014, 25, 42; *Brünkmans*, ZInsO 2013, 797, 805.
25) *Kindler*, KTS 2014, 25, 42; *Brünkmans*, ZInsO 2013, 797, 805; a. A. Braun-*Tschentscher*, InsO, Art. 60 EuInsVO Rz. 16; *Himmer*, Das europäische Konzerninsolvenzrecht nach der reformierten EuInsVO, S. 320.
26) Bork/van Zwieten-*J. Schmidt*, Commentary on the European Insolvency Regulation, Art. 60 Rz. 60.09; Bork/Mangano-*Mangano*, European Cross-Border Insolvency Law, Rz. 8.39; *Madaus*, IILR 2015, 235, 240.
27) Bork/van Zwieten-*J. Schmidt*, Commentary on the European Insolvency Regulation, Art. 60 Rz. 60.09; Bork/Mangano-*Mangano*, European Cross-Border Insolvency Law, Rz. 8.39; *Madaus*, IILR 2015, 235, 240.
28) *Eidenmüller/Frobenius*, ZIP Beilage z. Heft 22/2013, S. 1, 16.

eine **überwiegende Wahrscheinlichkeit**, wie grundsätzlich in einem Insolvenzverfahren, um die Effektivität des Verfahrens nicht zu gefährden.[29]

27 Die mögliche Gläubigerbefriedigung bei der auszusetzenden Einzelverwertung oder Einzelsanierung ist rechnerisch der Gläubigerbefriedigung bei der Gesamtverwertung oder (Gesamt)Sanierung gegenüberzustellen.[30] Ob entsprechend deutschem Insolvenzverständnis daneben auch andere Umstände einzubeziehen sind, wie z. B. höherer Erhalt von Arbeitsplätzen etc., ist zweifelhaft. Denn Ziel des Insolvenzverfahrens nach § 1 InsO ist immer noch die **bestmögliche Gläubigerbefriedigung**. Jedenfalls muss der antragstellende Insolvenzverwalter aber konkrete Tatsachen vortragen und mit den ihm zugänglichen Mitteln der Glaubhaftmachung auch nachweisen, dass sich für ihn konkret bessere Möglichkeiten der Verwertung bei einer Aussetzung eröffnen, z. B. indem er zumindest Interessenbekundungen, besser noch Kaufangebote und darauf basierend Quotenberechnungen etc. vorlegt. Dass bis zum Abschluss des konkreten Geschäftes Risiken und **Unsicherheiten** bestehen, ist jeder Prognose immanent und muss bei der Gesamtwürdigung durch das Gericht einbezogen werden, kann aber nicht als Totschlagargument zur Ablehnung der beantragten Aussetzung herangezogen werden.

### dd) Kein Gruppen-Koordinationsverfahren (Art. 60 Abs. 1 lit. b (iv))

28 Gruppen-Koordinationsverfahren haben immer Vorrang. Daher dürfen solche Verfahren nicht einfach unterminiert werden, indem zusätzlich Aussetzungsanträge nach Art. 60 Abs. 1 gestellt werden. Ist daher ein Antrag auf ein solches Gruppen-Koordinationsverfahren unter ausschließlicher Einbeziehung der Gesellschaften entweder des Antragstellers oder des Antragsgegners gestellt, so sind Aussetzungsanträge nach Art. 60 Abs. 1 unzulässig.[31]

### d) Beschlussfassung des Gerichtes (Art. 60 Abs. 2 Unterabs. 1)

29 Das Gericht kann nur über konkrete Anträge entscheiden. Der Insolvenzverwalter muss daher im Einzelnen vortragen, welche Verwertungsmaßnahmen ausgesetzt werden sollen.

### aa) Maßnahmen der Verwertung

30 Wie bei einer Aussetzung von Sekundärinsolvenzverfahren gilt auch für Art. 60 Abs. 1 lit. b, dass nur **Maßnahmen im Zusammenhang mit der Verwertung**, nicht jedoch das Gesamtverfahren ausgesetzt werden können.[32] Jede ergriffene Maßnahme hat in einem Insolvenzverfahren aber Verwertungscharakter. Auch bei einer Betriebsfortführung oder dem Einzug einzelner Forderungen werden Vermögensgegenstände verwertet, wie Warenvorräte oder sonstige Vermögensgegenstände.[33]

---

29) A. A. *Thole* in: HK-InsO, Art. 60 EuInsVO 2015 Rz. 4, der mehr verlangt als eine überwiegende Wahrscheinlichkeit; Braun-*Tschentscher*, InsO, Art. 60 EuInsVO Rz. 16, genügt hingegen eine Wahrscheinlichkeit.
30) Bork/van Zwieten-*J. Schmidt*, Commentary on the European Insolvency Regulation, Art. 60 Rz. 60.10.
31) Bork/van Zwieten-*J. Schmidt*, Commentary on the European Insolvency Regulation, Art. 60 Rz. 60.10.
32) *Brünkmans*, ZInsO 2013, 797, 804.
33) *Vallender* in: FS Kreft, S. 565, 568, 569.

Zumindest in einem gewissen Umfang müssen die zu untersagenden Maßnahmen daher einen **Gesamtverwertungscharakter- oder eine Gesamtsanierungsstrategie** haben.[34] Da es sich um eine Mehrheit von Vermögensgegenständen handelt und durch solche Maßnahmen auch z. B. eine sanierende Übertragung oder die Sanierung durch Insolvenzplan ausgeschlossen werden, wird man hierunter auch die **Stilllegung einer Niederlassung** oder des Betriebes fassen müssen.[35] Unmittelbar in **dingliche Rechte** von Gläubigern oder sogar von Dritten kann nicht eingegriffen werden (ErwG 69). Rechtsgestaltende Maßnahmen können daher weder beantragt noch durch das Gericht ergriffen werden.

### bb) Bindung an den gestellten Antrag, Umfang der Aussetzung

Liegen die Voraussetzungen für eine Aussetzung vor, so hat das Gericht dringend die gebotenen Maßnahmen zu ergreifen. Bei dem Inhalt der konkreten Anordnung wird dem Gericht jedoch abweichend von dem Ob der Entscheidung **pflichtgemäßes Ermessen** eingeräumt. Daher steht dem angerufenen Gericht die Möglichkeit zu, in dem beantragten **Umfang** die Verwertung insgesamt auszusetzen oder sie z. B. auf bestimmte Teile der Masse zu beschränken.[36] Zunächst wird man hierunter die teilweise Aussetzung der Verwertung fassen müssen.[37] Konkret bedeutet das, dass die Aussetzung nur auf einzelne Vermögensgegenstände beschränkt wird.[38] Weitergehend wird man dem Gericht aber auch gestatten müssen, z. B. anstelle der vollständigen Untersagung der Verwertung andere geeignete Maßnahmen zu ergreifen, die zu dem gleichen Erfolg der Quotenverbesserung oder des Quotenerhalts für den antragstellenden Insolvenzverwalter führen können. 31

### cc) Dauer der Aussetzung (Art. 60 Abs. 2 Unterabs. 2 Satz 2)

Bei dem Beginn der beantragten Aussetzung ist nicht entscheidend, ob mit der Verwertung begonnen worden ist. Auch vorbereitende Maßnahmen sind umfasst, da es um die Schaffung vorsorglicher Sicherheiten durch Verwertungsstopp geht.[39] Da die Aussetzung jedoch maximal auf die Dauer von **sechs Monaten** angeordnet werden kann, wird sich der antragstellende Insolvenzverwalter genau überlegen müssen, ab welchem Stichtag er einen solchen Aussetzungsantrag stellt. Diese Frist beginnt mit der **Zustellung des Beschlusses** zu laufen.[40] 32

Erstmalig kann das Gericht die Aussetzung bis zu **drei Monaten** anordnen. Die Angemessenheit ist von ihm zu prüfen. Grenzen setzt das nationale Recht. Die Möglichkeit der einmaligen oder der Verlängerung um mehrere weitere Zeiträume besteht nach Art. 60 Abs. 2 Unterabs. 4 maximal bis zur Dauer von sechs Monaten, wobei die erstmalige Aussetzung einzubeziehen ist. Die **Voraussetzungen nach Art. 60** 33

---

34) *Thole*, ZEuP 2014, 39, 71; *Brünkmans*, ZInsO 2013, 797, 798; *Vallender* in: FS Kreft, S. 565, 568, 569; Ahrens/Gehrlein/Ringstmeier-*Thöne*, InsO, Anh. II Art. 60 Rz. 3.
35) *Reinhart* in: MünchKomm-InsO, Art. 33 EuInsVO 2000 Rz. 12; *Brünkmans*, ZInsO 2013, 797, 804.
36) *Vallender* in: FS Kreft, S. 565, 570.
37) *Reinhart* in: MünchKomm-InsO, Art. 33 EuInsVO 2000 Rz. 9.
38) *Vallender* in: FS Kreft, S. 565, 570.
39) *Brünkmans*, ZInsO 2013, 797, 805.
40) LG Leoben, Beschl. v. 1.12.2005 – 17 S 56/05m, NZI 2006, 663.

Abs. 1 lit. b (ii) bis (iv) müssen jedoch weiterhin erfüllt sein. Zu Recht wird die Frage aufgeworfen, warum nicht ausdrücklich auch Art. 60 Abs. 1 lit. b (i) erwähnt ist.[41] Da es sich um die Sanierung in einer Gruppe handelt, ist ein solcher einheitlicher Sanierungsplan die Voraussetzung für die Aussetzung nach Art. 60 Abs. 1 lit. b.

### dd) Schutzmaßnahmen für die Gläubiger (Art. 60 Abs. 2 Unterabs. 3)

34 Das angerufene Gericht ist von sich aus berechtigt, die Aussetzung nur unter Auflagen[42] oder ggf. auch von Bedingungen zu gewähren. Notwendigerweise ist dabei auf die Interessen der Gläubiger in den Verfahren abzustellen, in welchem die Verwertung ausgesetzt werden soll.[43] Auch wenn diese Entscheidung in das freie Ermessen des Gerichtes gestellt ist, hat der antragstellende Insolvenzverwalter in jedem Falle von sich aus auf mögliche Nachteile einzugehen, um keine Überraschungsentscheidung zu erhalten. Für den anzuhörenden Insolvenzverwalter des von den Aussetzungsmaßnahmen betroffenen Verfahrens gelten dieselben Darlegungsregeln wie für den antragstellenden Insolvenzverwalter. Dabei muss es sich nicht um Nachteile für die gesamte Gläubigerschaft dieses Verfahren handeln. Auch zugunsten einzelner Gruppen von Gläubigern können solche Schutzmaßnahmen ergriffen werden.[44]

35 Wie auch bei der Frage der Vorteilhaftigkeit für die Gläubigerschaft des antragstellenden Insolvenzverwalters wird man dabei zunächst auf einen **rechnerischen Vergleich** abstellen müssen. Bei dieser Abwägung sind nicht nur möglicherweise entgehende Veräußerungserlöse einzubeziehen, sondern auch weitergehende Schäden, die z. B. aus einer dann nicht mehr vermeidbaren Schließung des Geschäftsbetriebes folgen können. Eine rein rechnerische Gegenüberstellung wird daher nicht genügen, da jede Verzögerung einer Verwertung immer zusätzliche Risiken nach sich zieht. **Je endgültiger eine mögliche Aussetzung der Verwertung sein kann, desto höher sind die Anforderungen an eine entsprechende Risikovorsorge** durch geeignete Sicherungsmaßnahmen zu stellen. Andererseits ist von Schutzmaßnahmen abzusehen, wenn überhaupt keine drohenden Schäden erkennbar sind.[45] Welche Sicherungsmaßnahmen nach Art und Umfang angeordnet werden, steht ebenfalls im Ermessen des Gerichtes.[46]

36 Die Maßnahmen müssen nach nationalem Recht zum Schutz der Interessen der Gläubiger möglich sein. In Betracht kommen schon gesetzlich vorgesehene Maß-

---

41) Bork/van Zwieten-*J. Schmidt*, Commentary on the European Insolvency Regulation, Art. 60 Rz. 60.19; Mankowski/Müller/J. Schmidt-*J. Schmidt*, EuInsVO 2015, Art. 60 Rz. 28, 29.
42) Das OLG Graz, Beschl. v. 20.10.2005 – 3 R 149/05 i, NZI 2006, 660 = ZIP 2006, 1544, hat entschieden, dass die Aussetzung im österreichischen Sekundärverfahren von Auflagen abhängig gemacht werden kann; *Ehricke*, ZIP 2005, 1104, 1108.
43) Bork/van Zwieten-*J. Schmidt*, Commentary on the European Insolvency Regulation, Art. 60 Rz. 60.16.
44) Bork/van Zwieten-*J. Schmidt*, Commentary on the European Insolvency Regulation, Art. 60 Rz. 60.16.
45) OLG Graz, Beschl. v. 20.10.2005 – 3 R 149/05 i, NZI 2006, 660, 663 = ZIP 2006, 1544; *Brünkmans*, ZInsO 2013, 797, 805.
46) *Undritz* in: HambKomm-InsO, Art. 33 EuInsVO Rz. 6; *Brünkmans*, ZInsO 2013, 797, 805; Bork/van Zwieten-*J. Schmidt*, Commentary on the European Insolvency Regulation, Art. 60 Rz. 60.16.

nahmen, wie die Aussetzung der Zinsschuld nach § 169 InsO, aber auch Garantien, Bürgschaften, Hinterlegungen etc. sind möglich.[47] Es gibt keinen abschließenden Katalog. Sicherungspflichtig ist in jedem Falle die Insolvenzmasse, dessen Insolvenzverwalter Antrag auf Aussetzung gestellt hat.[48] Nach Art. 102c § 24 i. V. m. § 16 EGInsO sind dem absonderungsberechtigten Gläubigern laufend die gesonderten Zinsen aus der Insolvenzmasse zu zahlen.

### 3. Antrag auf Eröffnung eines Gruppen-Insolvenzverfahrens (Art. 60 Abs. 1 lit. c)

Bei der Vielzahl der verflochtenen Interessen, hat sich jeder Insolvenzverwalter zu fragen, ob nicht von vorneherein die Einleitung eines Gruppen-Insolvenzverfahrens nach Artt. 61 ff. geboten ist. Daher verweist Art. 60 Abs. 1 lit. c ausdrücklich auf die Möglichkeit der Eröffnung eines solchen Verfahrens. Auf die einschlägigen Kommentierungen der Artt. 61 ff. wird insoweit verwiesen.    37

### IV. Schlussfolgerungen für die Praxis

Die Entscheidungen nach Art. 60 in einem Gruppen-Insolvenzverfahren sind nochmals erheblich komplexer als im Verhältnis zwischen Haupt- und Sekundärinsolvenzverwaltern nach Art. 46. Je endgültiger die Entscheidung ist, desto mehr ist das Gericht gefordert. Für die beteiligten Verwalter hat das höchste Ansprüche an ihren Vortrag und dessen Glaubhaftmachung zur Folge. Nur so werden sie erreichen können, dass die Gerichte zeitnah geplante Verwertungsmaßnahmen werden aussetzen können. Der Zeitfaktor spielt die entscheidende Rolle. Ob und inwieweit es möglich ist, in einem derartigen Aussetzungsverfahren in jedem Einzelfall sachgerechte Entscheidungen zu treffen, wird daher die gerichtliche Praxis zeigen müssen.    38

Da unbestimmte Rechtsbegriffe auszulegen sind, das Gericht weitestgehendes Ermessen bei den anzuordnenden Maßnahmen hat, wird immer zu prüfen sein, ob nicht die Einleitung eines Gruppen-Koordinationsverfahrens bei der Vielzahl der verwobenen Interessen eine bessere Lösung bietet, auch wenn sie möglicherweise teurer ist.    39

---

47) Braun-*Tschentscher*, InsO, Art. 60 EuInsVO, Rz. 23.
48) *Brünkmans*, ZInsO 2013, 797, 805; s. hierzu insbesondere auch die Übersicht bei *Reinhart* in: MünchKomm-InsO, Art. 33 EuInsVO 2000 Rz. 15, 16.

# ABSCHNITT 2
## Koordinierung

### Unterabschnitt 1
#### Verfahren

## Artikel 61
### Antrag auf Eröffnung eines Gruppen-Koordinationsverfahrens

(1) Ein Gruppen-Koordinationsverfahren kann von einem Verwalter, der in einem Insolvenzverfahren über das Vermögen eines Mitglieds der Gruppe bestellt worden

ist, bei jedem Gericht, das für das Insolvenzverfahren eines Mitglieds der Gruppe zuständig ist, beantragt werden.

(2) Der Antrag nach Absatz 1 erfolgt gemäß dem für das Verfahren, in dem der Verwalter bestellt wurde, geltenden Recht.

(3) Dem Antrag nach Absatz 1 ist Folgendes beizufügen:

a) ein Vorschlag bezüglich der Person, die zum Gruppenkoordinator (im Folgenden: „Koordinator") ernannt werden soll, Angaben zu ihrer Eignung nach Artikel 71, Angaben zu ihren Qualifikationen und ihre schriftliche Zustimmung zur Tätigkeit als Koordinator;

b) eine Darlegung der vorgeschlagenen Gruppen-Koordination, insbesondere der Gründe, weshalb die Voraussetzungen nach Artikel 63 Absatz 1 erfüllt sind;

c) eine Liste der für die Mitglieder der Gruppe bestellten Verwalter und gegebenenfalls die Gerichte und zuständigen Behörden, die in den Insolvenzverfahren über das Vermögen der Mitglieder der Gruppe betroffen sind;

d) eine Darstellung der geschätzten Kosten der vorgeschlagenen Gruppen-Koordination und eine Schätzung des von jedem Mitglied der Gruppe zu tragenden Anteils dieser Kosten.

Literatur: *Bufford*, Revision of the European Union Regulation on Insolvency Proceedings – Recommendations, IILR 2012, 341; *Dähnert*, The Threat of Corporate Groups and the Insolvency Connection, Int. Insolv. Rev. 18 (2015), 209; *Eidenmüller*, A New Framework for Business Restructuring in Europe: The EU Commission's Proposals for a Reform of the European Insolvency Regulation and Beyond, Maastricht Journal 20 (2013), 133; *Fritz*, Die Neufassung der Europäischen Insolvenzverordnung: Erleichterung bei der Restrukturierung in grenzüberschreitenden Fällen? (Teil 2), DB 2015, 1945; *Madaus*, Insolvency Proceedings For Corporate Groups Under the New Insolvency Regulation, IILR 2015, 235; *Merlini*, Reorganisation and Liquidation of Groups of Companies: Creditors' Protection vs. Going Concern Maximisation, the European Dilemma, or simply a Misunderstanding in light of the new EU Insolvency Regulation No. 2015/848, IILR 2016, 119; *Mevorach*, Appropriate Treatment of Corporate Groups in Insolvency: A Universal View, EBOR 8 (2007), 179; *Mevorach*, A Fresh View on the Hard/Soft Law Divide: Implications for International Insolvency of Enterprise Groups, 40 Mich. J. Int'l L. 505 (2019); *Prager/Keller, Ch.*, Der Entwicklungsstand des Europäischen Insolvenzrechts, WM 2015, 805; *Schmidt, J.*, Opt-out und Opt-in in Gruppen-Koordinationsverfahren nach der EuInsVO 2015, ZVglRWiss 116 (2017), 93; *Thole/Dueñas*, Some Observations on the New Group Coordination Procedure of the Reformed European Insolvency Regulation, Int. Insolv. Rev. 24 (2015), 214; *van Galen*, International groups of insolvent companies in the European Community, IILR 2012, 376.

## Übersicht

I. Funktion des Gruppen-Koordinationsverfahrens .................. 1
II. Rechtswirkungen eines Gruppen-Koordinationsverfahrens .................. 5
III. Inhalt der Norm .................................. 7
1. Antragsberechtigung (Art. 61 Abs. 1) ........................................ 8
2. Zuständiges Gericht ................... 10
3. Antragslegitimation nach nationalem Recht (Art. 61 Abs. 2) ............... 12
4. Notwendiger Antragsinhalt (Art. 61 Abs. 3) ................................ 15
   a) Begründeter Vorschlag der Person des Koordinators ............. 16
   b) Darlegung des Koordinationsvorteils ................................. 18
   c) Liste notwendiger Beteiligter ...... 20
   d) Kostenschätzung ......................... 23

## I. Funktion des Gruppen-Koordinationsverfahrens

Die Regelungen der Verordnung zur Bewältigung einer Konzerninsolvenz haben insgesamt zum Ziel, die in der Struktur einer Unternehmensgruppe gewachsenen **Synergien zu erhalten** und auch noch in der Insolvenz durch gemeinsame Verwertungsstrategien den darin verkörperten erhöhten **Fortführungswert zu gewinnen**. Die Praxis internationaler Insolvenzverfahren hat insofern gezeigt, dass beträchtliche Mehrerlöse möglich sind, wenn eine **einheitliche Verwertung** des Konzernvermögens (in der Regel eine einheitliche Veräußerung) erreicht werden kann (siehe *Nortel* oder auch *MG Rover*). Gleichzeitig kann der Erhalt von erfolgreichen Unternehmensstrukturen auch Arbeitsplätze sichern. 1

Der Verordnungsgeber hat diese Effekte erkannt und verfolgt mit den Regelungen zum europäischen Konzerninsolvenzrecht das Ziel, Konzerninsolvenzverfahren effizient zu führen (ErwG 51) und Gruppensynergien auszuschöpfen (ErwG 52 a. E.), wobei der Fokus dabei auf einer **koordinierten Sanierung der Gruppe** liegt (ErwG 54). Eine solche kann dabei aber nicht nur im Wege der **Restrukturierung** der Gruppe, sondern auch durch eine **übertragende Sanierung** fortführungsfähiger Gruppenstrukturen erfolgen, also durch eine Unternehmensveräußerung als Verwertungshandlung. Insgesamt sollen Gruppen-Koordinationsverfahren „stets zum Ziel haben, dass die wirksame Verwaltung in den Insolvenzverfahren über das Vermögen der Gruppenmitglieder erleichtert wird, und sie sollten sich allgemein positiv für die Gläubiger auswirken" (ErwG 57). 2

Die Regelungen der Verordnung verfolgen diese Ziele verfahrensrechtlich auf sehr zurückhaltende Weise. Der Verordnungsgeber verzichtete explizit und entgegen internationaler Standards[1] auf jegliche Möglichkeit einer **materiellen Konsolidierung** der Vermögensmassen der insolventen Unternehmensgruppe und hält stattdessen auch in Fällen einer starken konzerninternen Vermögensvermischung oder -verschiebung am Rechtsträgergrundsatz (ein Rechtsträger – ein Insolvenzverfahren) fest (Art. 72 Abs. 3 sowie ErwG 54).[2] 3

Auch einer **verfahrensrechtliche Konsolidierung oder auch nur Konzentrierung** der Insolvenzverfahren über Gruppenunternehmen wird durch die Verordnung eine Absage erteilt. Es finden sich weder Bestimmungen über einen Gruppen-Gerichtsstand noch über einen Gruppen-Verwalter oder einen Gruppen-Insolvenzplan. Stattdessen soll die koordinierte Sanierung einer internationalen Unternehmensgruppe auf der Basis von **Kooperationspflichten** unter den beteiligten Gerichten und Verwaltern (siehe Artt. 56–58) erfolgen, die durch die Eröffnung eines Gruppen- 4

---

[1] UNCITRAL Legislative Guide on Insolvency Law, Part three: Treatment of enterprise groups in insolvency, Recommendations 219–231. Aktueller auch das UNCITRAL Model Law on Enterprise Group Insolvency 2019, dessen Guide to Enactment in Rz. 114 ebenfalls Konsolidierungsoptionen empfiehlt. Dazu auch *Mevorach*, 40 Mich. J. Int'l L. 505 (2019), 526 f.

[2] Die Schaffung einer entsprechenden Handlungsoption wird in der Lit. verbreitet befürwortet; s. etwa *Bufford*, IILR 2012, 341, 362 ff.; *Dähnert*, Int. Insolv. Rev. 18 (2015), 209, 233–234; *Eidenmüller*, Maastricht Journal 20 (2013), 133, 148; *Merlini*, IILR 2016, 119, 135; *Mevorach*, EBOR 8 (2007), 179, 187 ff.; *van Galen*, IILR 2012, 376, 383; vorsichtiger aber etwa *Thole/Dueñas*, Int. Insolv. Rev. 24 (2015), 214, 215.

Koordinationsverfahrens „weiter verbessert" werden kann (so wörtlich ErwG 54 zur Funktion dieses Verfahrens). Ein solches Verfahren soll die Effizienz der **Koordinierung** gewährleisten, ohne die eigene Rechtspersönlichkeit jedes einzelnen Gruppenmitglieds in Frage zu stellen (so ErwG 54). Es ist ein zusätzliches Koordinationstool. Die Anwendung weitergehenderer Instrumente, insbesondere die verfahrensrechtliche Konzentrierung durch die Beteiligten über die Einigung auf einen personenidentisch bestellten Verwalter oder einen einheitlich bestimmten Gerichtsstand, wird durch die Regelung zwar nicht gefördert, aber jenseits einer Konsolidierung auch nicht verboten.[3]

### II. Rechtswirkungen eines Gruppen-Koordinationsverfahrens

5   Das Gruppen-Koordinationsverfahren ist vom Grundsatz der **Freiwilligkeit** geprägt (ErwG 56).[4] Es ist im Kern ein **Mediationsinstrument**,[5] indem es den freiwillig teilnehmenden Gruppenmitgliedern einen **Koordinator** an die Seite stellt, der als unbeteiligter Dritter eine Gesamtlösung der Insolvenzsituation suchen, ausarbeiten und schließlich empfehlen soll. Bindend vorgeben kann er seine in Form eines Gruppen-Koordinationsplans (Art. 72 Abs. 1 lit. b) vorzulegende Lösung nicht (Art. 70 Abs. 2). Dem Mediationsansatz folgend bestehen die wenigen Zwangswirkungen des Koordinationsverfahrens in den Rechten des Koordinators aus Art. 72 Abs. 2. Hier ist neben den Informations-, Anhörungs-, Teilnahme- und Erläuterungsrechten und der Vermittlungsbefugnis v. a. auf die **Aussetzungsbefugnis** nach Art. 72 Abs. 2 lit. e hinzuweisen, die dem Koordinator die Gelegenheit sichern soll, seine bereits entwickelte Koordinationslösung zu vermitteln.

6   Diese Rechtswirkungen beschränken sich aufgrund des **räumlichen Geltungsbereichs** der Verordnung auf Insolvenzverfahren über (mindestens zwei) Gruppenmitglieder in Mitgliedstaaten. Verfahren über **Gruppenunternehmen in Drittstaaten** werden weder erfasst noch hindern sie ein Koordinationsverfahren in der EU.[6] Den dortigen Beteiligten steht es vielmehr frei, sich am Mediationsversuch der Koordination zu beteiligen; ein Gruppen-Koordinationsverfahren initiieren können sie hingegen nicht.[7]

### III. Inhalt der Norm

7   Ein Gruppen-Koordinationsverfahren findet **nicht von Amts wegen**, sondern nur aufgrund eines **Antrags** statt, der die folgenden Anforderungen erfüllt.

#### 1. Antragsberechtigung (Art. 61 Abs. 1)

8   Der Antrag auf Eröffnung eines Gruppen-Koordinationsverfahrens kann gemäß Absatz 1 **nur vom Verwalter** eines Gruppenmitglieds gestellt werden. Es gilt insofern die Verwalterdefinition des Art. 2 Nr. 5, sodass auch der im Eröffnungsverfahren

---

3) Zutreffend *Fritz*, DB 2015, 1945, 1946; Mankowski/Müller/*J. Schmidt-J. Schmidt*, EuInsVO 2015, Art. 61 Rz. 11; auch *Merlini*, IILR 2016, 119, 134.
4) *J. Schmidt*, ZVglRWiss 116 (2017), 93, 97. S. auch Wimmer/Bornemann/Lienau-*Bornemann*, Die Neufassung der EuInsVO, Rz. 591, zur Genese des Verfahrenstyps.
5) So schon *Madaus*, IILR 2015, 235, 241.
6) Zutreffend Mankowski/Müller/*J. Schmidt-J. Schmidt*, EuInsVO 2015, Art. 61 Rz. 8–10.
7) **Anders** *Prager/Ch. Keller*, WM 2015, 805, 810.

erst vorläufig bestellte Insolvenzverwalter antragsberechtigt ist.[8] Findet anstelle der Fremd- eine Eigenverwaltung statt, so steht dem **Schuldner in Eigenverwaltung** (nicht dem Sachwalter) gemäß Art. 76 das Antragsrecht zu.[9]

Ein **Gruppenmitglied** wird verwaltet, wenn der Schuldner als Mutter- oder Tochterunternehmen i. S. des Art. 2 Nr. 14 Teil einer Unternehmensgruppe nach Art. 2 Nr. 13 ist. Eine besondere Bedeutung muss diesem Gruppenmitglied innerhalb der Gruppe nicht zukommen.

9

## 2. Zuständiges Gericht

Der Antrag auf Eröffnung eines Gruppen-Koordinationsverfahrens kann gemäß Art. 61 Abs. 1 bei **jedem** Gericht gestellt werden, das für das Insolvenzverfahren eines Mitglieds der Gruppe (nach Maßgabe des über Art. 3 zu bestimmenden nationalen Rechts örtlich und sachlich) zuständig ist. Der Verwalter muss den Koordinationsantrag also nicht zwingend bei dem Gericht einreichen, das ihn bestellt hat. Er hat vielmehr die **Wahl unter allen Gerichten**, die in einem der Mitgliedstaaten Verfahren (auch Sekundär- oder Partikularinsolvenzverfahren[10]) über Gruppenunternehmen führen – oder führen könnten.[11] Die Verordnung lädt Verwalter also zum Forum Shopping für das Koordinationsverfahren ein,[12] zumal Art. 62 für den Fall konkurrierender Anträge das Prioritätsprinzip vorschreibt, wodurch es dem Erstantragsteller ermöglicht wird, das Gruppen-Koordinationsgericht verbindlich zu bestimmen. Erscheint die Wahl des Forums unpassend, so ist nach dem Konzept der EuInsVO eine Abwahl nach Art. 66 Abs. 1 anzustreben. Kommt die dazu notwendige Zwei-Drittel-Mehrheit nicht zustande, so wird es dem Gericht verwehrt sein, den Koordinationsantrag allein im Hinblick auf ein Forum Shopping abzulehnen.[13]

10

Das Problem eines unpassenden Forums kann zudem im Voraus verbindlich dadurch ausgeschlossen werden, dass die beteiligten Verwalter vor der ersten Antragstellung eines der nach Absatz 1 möglichen Gerichte durch eine **Vereinbarung nach Art. 66 Abs. 2** für ausschließlich international zuständig erklären. Eine solche Wahl des Koordinations-Gerichtsstands führt nach Art. 66 Abs. 3 zur Unzulässigkeit von Koordinationsanträgen, die bei anderen Gerichten eingereicht werden (wegen der Einzelheiten dieser Prorogationsoption siehe Art. 66 Rz. 2 ff. [*Madaus*]).

11

## 3. Antragslegitimation nach nationalem Recht (Art. 61 Abs. 2)

Der antragsberechtigte Verwalter muss zur Antragstellung gemäß Absatz 2 auch nach Maßgabe **seiner lex fori concursus** (lex liquidatoris) befugt sein. Das für die

12

---

8) Wimmer/Bornemann/Lienau-*Bornemann*, Die Neufassung der EuInsVO, Rz. 598; *Prager/Ch. Keller*, WM 2015, 805, 810.
9) Ebenso Wimmer/Bornemann/Lienau-*Bornemann*, Die Neufassung der EuInsVO, Rz. 598; Mankowski/Müller/J. Schmidt-*J. Schmidt*, EuInsVO 2015, Art. 61 Rz. 18.
10) Mankowski/Müller/J. Schmidt-*J. Schmidt*, EuInsVO 2015, Art. 61 Rz. 25.
11) Wimmer/Bornemann/Lienau-*Bornemann*, Die Neufassung der EuInsVO, Rz. 599; a. A. *Prager/Ch. Keller*, WM 2015, 805, 810.
12) *Madaus*, IILR 2015, 235, 244.
13) **Anders** aber Wimmer/Bornemann/Lienau-*Bornemann*, Die Neufassung der EuInsVO, Rz. 599.

Befugnisse des Verwalters maßgebliche Recht der Mitgliedstaaten darf also bestimmen, ob die Antragsbefugnis bereits aus der allgemeinen Verwaltungsbefugnis folgt oder aber dass es einer besonderen Autorisierung durch das Insolvenzgericht oder ein Gläubigergremium bedarf.

13 Für **deutsche Insolvenzverwalter** sowie Schuldner in Eigenverwaltung bestimmt Art. 102c § 23 Abs. 1 EGInsO, dass für eine Antragstellung als besonders bedeutende Rechtshandlung gemäß § 160 Abs. 1 InsO die **Zustimmung des Gläubigerausschusses** und ersatzweise der Gläubigerversammlung erforderlich ist, wenn die Durchführung des Koordinationsverfahrens **besondere Bedeutung** i. S. der Norm hat. Nach der in der Begründung des RegE geäußerten Rechtsauffassung sei eine solche besondere Bedeutung im Regelfall anzunehmen, „da die Einleitung des Koordinationsverfahrens nur in Betracht kommt, wenn das Verfahren die effektive Führung der Einzelverfahren erleichtert."[14] Dies überrascht, wenn man bedenkt, dass die Eingriffswirkung eines Koordinationsverfahrens gering ist und es gerade nicht zu Gläubigernachteilen führen darf (Art. 63 Abs. 1 lit. b).

14 Das mit dem Verfahren verbundene Risiko wie auch die mit ihm unmittelbar verbundene Belastung der Masse, und damit der Befriedigungsaussichten der Gläubiger, ist also gering und damit unbedeutend i. S. des § 160 InsO. Eine hinreichende Bedeutung ließe sich allenfalls über die Außenwirkung einer Antragstellung im Szenario einer internationalen und damit oft öffentlichkeitswirksamen Konzerninsolvenz begründen. In einem solchen Umfeld ist der Verwalter sicher gehalten, eine Antragstellung mit dem Gläubigerausschuss abzustimmen. Richtigerweise sollte man daher die Anwendung des § 160 Abs. 1 InsO im Wege der **Auslegung** auf solche Fälle beschränken. Art. 102c § 23 Abs. 1 Satz 2 EGInsO schreibt dann vor, dass dem Gläubigerausschuss die in Art. 61 Abs. 3 genannten Unterlagen vorzulegen sind, damit der Gläubigerausschuss die voraussichtlichen Vor- und Nachteile der Durchführung des angestrebten Koordinationsverfahrens abschätzen kann.

### 4. Notwendiger Antragsinhalt (Art. 61 Abs. 3)

15 Inhaltlich muss der Antrag auf die Eröffnung eines Gruppen-Koordinationsverfahrens gemäß Artt. 61 ff. gerichtet sein. Art. 61 Abs. 3 verlangt zudem folgende **Pflichtangaben**, die dem angerufenen Gericht ermöglichen sollen, eine unsinnige, aber kostenträchtige Koordination zu identifizieren und von vornherein zu verhindern (ErwG 57).

### a) Begründeter Vorschlag der Person des Koordinators

16 Die mit dem Koordinationsverfahren bezweckten Effekte sollen allein durch die Tätigkeit eines Koordinators erzeugt werden. Folglich ist die Besetzung dieses Postens für den Erfolg des Verfahrens zentral. Der Antragsteller hat bei der Auswahl des Koordinators nach Absatz 3 lit. a das **Vorschlagsrecht**. Dieser Vorschlag ist für das Gericht verbindlich (siehe Art. 68 Abs. 1 Satz 2 lit. a), es sei denn, einer der beteiligten Verwalter erhebt Einwände gegen den vorschlagenden Koordinator, die das

---

14) RegE Durchführungsgesetz, BT-Drucks. 18/10823, S. 42; ebenso die (unbegründete) Regelfallvermutung bei Mankowski/Müller/*J. Schmidt-J. Schmidt*, EuInsVO 2015, Art. 61 Rz. 27; auch bei *Fritz*, DB 2015, 1945, 1947.

Gericht überzeugen und daher nach Art. 67 zu einem Vorschlagsrecht des opponierenden Verwalters führen.

Vor dem Hintergrund der nur nach Art. 67 **bedingten Verbindlichkeit des Vorschlags** ist der Antragsteller nach Art. 61 Abs. 3 lit. a aufgefordert, die Eignung des Vorgeschlagenen zu begründen und **gegen eventuelle Einwände abzusichern.** Die Eignungskriterien werden zum einen von Art. 71 vorgegeben (Eignung für das Verwalteramt in einem Mitgliedstaat, kein Interessenkonflikt). Zum anderen ist die Qualifikation des Vorgeschlagenen für die spezielle Aufgabe eines Koordinators aufzuzeigen (insbesondere Ansehen, Sprachkenntnisse, Vernetzung und Mediationsfähigkeiten).[15] Schließlich ist eine Urkunde beizufügen, in welcher der Vorgeschlagene seine Bereitschaft zur Übernahme der Koordinatorentätigkeit schriftlich erklärt.

17

### b) Darlegung des Koordinationsvorteils

Das beantragte Koordinationsverfahren muss eine effiziente Abwicklung der betreffenden Konzerninsolvenz unterstützen (ErwG 51). Es soll daher nur angeordnet werden, wenn „die wirksame Verwaltung in den Insolvenzverfahren über das Vermögen der Gruppenmitglieder erleichtert" und sich die Tätigkeit des Koordinators „allgemein positiv für die Gläubiger auswirken" wird (ErwG 57).

18

Art. 63 Abs. 1 konkretisiert die vom Gericht anzustellende Effizienzprüfung dahingehend, dass der Koordinator die **effektive Insolvenzbewältigung erleichtern** wird, ohne dass auch nur ein Gläubiger finanziell benachteiligt wird. Kann das angerufene Gericht den Koordinationsvorteil nicht erkennen oder befürchtet es eine **Gläubigerbenachteiligung,** so hat es den Antrag zurückzuweisen. Folgerichtig ist schon in der Antragsbegründung aufzuzeigen, worin die Effizienzvorteile der beantragten Koordination gesehen werden und warum jedenfalls ex ante keine Schlechterstellung einzelner Gläubiger zu erwarten ist. Aus diesen Anforderungen wird deutlich, dass der Koordinationsantrag auf der Basis einer **Gesamtstrategie** erfolgen muss, etwa eines Sanierungs- oder Gesamtverwertungskonzepts, sodass es möglich ist, Vor- und Nachteile zu bestimmen. Ein „Antrag ins Blaue" wird an dieser Stelle die Darlegungserfordernisse nicht erfüllen können;[16] er wird auch nicht als „Entwurf einer Koordination" gemäß Art. 68 Abs. 1 Satz 2 lit. b einen Eröffnungsbeschluss tragen können.

19

### c) Liste notwendiger Beteiligter

Um dem Gericht die Information **aller für Gruppenunternehmen bestellten Verwalter** nach Art. 63 zu ermöglichen, ist dem Antrag eine Liste dieser Verwalter beizufügen. Sie sollte Verwalter in **Drittstaaten** im Hinblick auf eine freiwillige Beteiligung an den Koordinationsbemühungen (siehe Rz. 6) umfassen.[17]

20

---

15) Ebenso Mankowski/Müller/J. Schmidt-*J. Schmidt,* EuInsVO 2015, Art. 61 Rz. 34.
16) *Madaus,* IILR 2015, 235, 244; auch Wimmer/Bornemann/Lienau-*Bornemann,* Die Neufassung der EuInsVO, Rz. 603; Mankowski/Müller/J. Schmidt-*J. Schmidt,* EuInsVO 2015, Art. 61 Rz. 38.
17) Pflichtangaben sind dies aber nicht; **anders** Mankowski/Müller/J. Schmidt-*J. Schmidt,* EuInsVO 2015, Art. 61 Rz. 46.

**Artikel 61** Antrag auf Eröffnung eines Gruppen-Koordinationsverfahrens

21 Darüber hinaus wird eine Liste der durch die Konzerninsolvenz betroffenen **Gerichte und Behörden** verlangt, **falls dies von Bedeutung** ist.[18] Da das angerufene Gericht die anderen Gerichte und Behörden weder nach Art. 63 noch nach Art. 68 über den Antrag informieren muss, wird eine solche Auflistung nur notwendig sein, wenn aufgrund paralleler Anträge eine Anwendung der Prioritätsregel des Art. 62 zwischen den Gerichten zu koordinieren ist oder aber der Antragsteller deutlich macht, dass für den Erfolg der beantragten Koordination die rechtzeitige Einbindung bestimmter (oder gar aller) beteiligten Gerichte und Behörden sinnvoll ist.

22 Die Folgen der Vorlage einer unvollständigen Liste sind nicht geregelt. Im Hinblick auf die Informationsfunktion der Beteiligtenliste wird der Koordinationsantrag durch diesen Mangel nicht unzulässig oder gar unbegründet, sondern ggf. nachzubessern sein. Nicht informierte Gruppenverwalter sind hinreichend über die Möglichkeit des nachträglichen Opt-in (Art. 69) geschützt.[19]

d) Kostenschätzung

23 Weder der Koordinator noch das Gruppen-Koordinationsgericht werden kostenlos tätig, weshalb zunächst die **Kosten der beantragten Koordination** zu schätzen sind. Hinsichtlich der Vergütung des Koordinators sind die Vorgaben des Art. 77 Abs. 1 zu beachten (angemessen und verhältnismäßig zu den wahrgenommenen Aufgaben). Die Kosten des Gruppen-Koordinationsgerichts folgen aus dem jeweiligen nationalen Recht (in Deutschland: 4.000 € gemäß Nr. 2362 GKG Anlage 1).

24 Hinsichtlich der **Verteilung dieser Kosten** auf die beteiligten Gruppenmitglieder macht die Verordnung keine Vorgaben. In Art. 77 finden sich nur sehr allgemeine Anforderungen an die Bemessung der Vergütung des Koordinators, ohne dass sich ein Maßstab für die Kostenverteilung ergibt. Folglich muss der Antragsteller einen **Verteilungsschlüssel** vorschlagen, den er für angemessen hält und im Idealfall gruppenintern abgesprochen hat. Hier sind **viele Gestaltungen denkbar**:

- von einer allgemeinen Kostenteilung pro rata der verwalteten Massen[20] oder
- der im Koordinationsplan erlangten Vorteile
- über eine Verteilung nach Kopfteilen der beteiligten Gruppenunternehmen
- bis hin zur Kostenübernahme durch einzelne Gruppenunternehmen, wie insbesondere der Konzernmutter.

25 Anhand dieses Verteilungsschlüssels sind die anteiligen Kosten für jedes Gruppenunternehmen **zu schätzen**.

---

18) Die deutsche Sprachfassung des Absatz 3 lit. c ist diesbezüglich unklar („gegebenenfalls"); die englische Fassung („where relevant") macht deutlicher, dass diese Auflistung nicht zwingend ist.
19) Wimmer/Bornemann/Lienau-*Bornemann*, Die Neufassung der EuInsVO, Rz. 604; *Paulus*, EuInsVO, Art. 61 Rz. 17.
20) So der Vorschlag bei Moss/Fletcher/Isaacs-*Fletcher*, The EU Regulation on Insolvency Proceedings, Rz. 8.790.

# Artikel 62

## Prioritätsregel

Unbeschadet des Artikels 66 gilt Folgendes: Wird die Eröffnung eines Gruppen-Koordinationsverfahrens bei Gerichten verschiedener Mitgliedstaaten beantragt, so erklären sich die später angerufenen Gerichte zugunsten des zuerst angerufenen Gerichts für unzuständig.

### Übersicht

I. Priorität und Universalität ............. 1 | II. Vorbehalt einer Prorogation nach Art. 66 .................................................. 3

## I. Priorität und Universalität

Die Norm verpflichtet alle nach Art. 61 Abs. 1 möglicherweise zuständigen Gerichte zur **automatischen Anerkennung** der internationalen Zuständigkeit desjenigen Gerichts, das zuerst mit einem Koordinationsantrag befasst wird, als Gruppen-Koordinationsgericht. Die Regelung fängt das Wahlrecht aller Verwalter nach Art. 61 Abs. 1 auf, das zur Einreichung mehrerer Anträge führen kann, indem es das **zuerst angerufene Gericht** für ausschließlich zuständig erklärt (Prioritätsregel). Die verfahrensrechtliche Anerkennung des Erstantrags erzeugt automatisch (ex lege) eine Sperrwirkung für andere Gruppen-Insolvenzgerichte hinsichtlich der Entscheidung über einen Koordinationsantrag. Der Erstantrag hat insoweit eine universell zuständigkeitsbestimmende Wirkung.

Maßgeblich für die Bestimmung des Zeitpunkts und damit der Reihenfolge einer Antragstellung ist – in Anlehnung an Art. 32 EuGVVO – der **Eingang** des jeweiligen Antrags bei Gericht.[1)] Die Kenntnis des mit einem Koordinationsantrag befassten Gerichts von einem früheren Antrag bei anderen Gericht wird sich mangels Eintragung im Insolvenzregister in der Praxis wohl allein aus Mitteilungen der Beteiligten ergeben. Der Eingang sollte daher nach Art. 63 Abs. 1 vom Gericht über die zu informierenden Verwalter auch an deren Gerichte **kommuniziert** werden. Mit Kenntniserlangung von einem früheren Antrag ist der Antrag zurückzuweisen.

## II. Vorbehalt einer Prorogation nach Art. 66

Die auf der Norm beruhende Macht des Erstantragstellers, das Gruppen-Koordinationsgericht verbindlich zu bestimmen, wird durch den Vorbehalt einer Prorogation nach Art. 66 beschränkt. Eine **Zweidrittel-Mehrheit der Verwalter** kann danach einem der nach Art. 61 Abs. 1 zuständigen Gruppen-Insolvenzgerichte die **ausschließliche Zuständigkeit** für ein Gruppen-Koordinationsverfahren – und damit für Koordinationsanträge – zuweisen. Jeder Koordinationsantrag ist dann bei diesem Gericht zu stellen; alle anderen Gerichte inklusive derjenigen, die sich mit einem abweichenden Erstantrag befasst hatten, haben sich gemäß Art. 66 Abs. 3 für unzuständig zu erklären. Wird die Vereinbarung erst nach Stellung des Erstantrags geschlossen, so endet die Entscheidungskompetenz des angerufenen Gerichts. Wegen der Einzelheiten siehe die Kommentierung bei Art. 66.

---

1) Mankowski/Müller/*J. Schmidt-J. Schmidt*, EuInsVO 2015, Art. 62 Rz. 7; Moss/Fletcher/Isaacs-*Fletcher*, The EU Regulation on Insolvency Proceedings, Rz. 8.773.

## Artikel 63
### Mitteilung durch das befasste Gericht

(1) Das mit einem Antrag auf Eröffnung eines Gruppen-Koordinationsverfahrens befasste Gericht unterrichtet so bald als möglich die für die Mitglieder der Gruppe bestellten Verwalter, die im Antrag gemäß Artikel 61 Absatz 3 Buchstabe c angegeben sind, über den Antrag auf Eröffnung eines Gruppen-Koordinationsverfahrens und den vorgeschlagenen Koordinator, wenn es davon überzeugt ist, dass

a) die Eröffnung eines solchen Verfahrens die effektive Führung der Insolvenzverfahren über das Vermögen der verschiedenen Mitglieder der Gruppe erleichtern kann,

b) nicht zu erwarten ist, dass ein Gläubiger eines Mitglieds der Gruppe, das voraussichtlich am Verfahren teilnehmen wird, durch die Einbeziehung dieses Mitglieds in das Verfahren finanziell benachteiligt wird, und

c) der vorgeschlagene Koordinator die Anforderungen gemäß Artikel 71 erfüllt.

(2) In der Mitteilung nach Absatz 1 dieses Artikels sind die in Artikel 61 Absatz 3 Buchstaben a bis d genannten Bestandteile des Antrags aufzulisten.

(3) Die Mitteilung nach Absatz 1 ist eingeschrieben mit Rückschein aufzugeben.

(4) Das befasste Gericht gibt den beteiligten Verwaltern die Gelegenheit, sich zu äußern.

### Übersicht

| | |
|---|---|
| I. Zweck der Norm ................................. 1 | 2. Entscheidung des Gerichts ................ 6 |
| II. Inhalt der Norm .................................. 2 | a) Unbegründeter Antrag .................. 6 |
| 1. Antragsprüfung (Art. 63 Abs. 1) ......... 2 | b) Begründeter Antrag ...................... 7 |
| a) Prüfungsgegenstände ..................... 3 | aa) Inhalt der Mitteilung (Art. 63 |
| b) Prüfungszeitraum und Prüfungskompetenz ............................. 5 | Abs. 2 bis 4) ................................. 8 |
| | bb) Adressaten der Mitteilung ............ 9 |

### I. Zweck der Norm

1 Die Regelung beschreibt die Entscheidungsoptionen des Gerichts, das mit einem zulässigen Koordinationsantrag (Art. 61) befasst ist. Dem Gericht wird in Art. 63 Abs. 1 die Aufgabe zugewiesen, sich von den Vorteilen und den fehlenden individuellen Nachteilen der beantragten Koordination zu überzeugen. Es übernimmt damit die **Zugangsprüfung zum Koordinationsverfahren** (ErwG 57). Hält die angerufene Gericht eine Koordination durch den vorgeschlagenen Koordinator für sinnvoll, so eröffnet es nicht unmittelbar das Gruppen-Koordinationsverfahren, sondern informiert zunächst nach Art. 63 Abs. 1 alle für Gruppenmitglieder bestellte Verwalter über den Koordinationsantrag (Abs. 2)[1] mit der Bitte um Stellungnahme (Abs. 4). Es sollte diese dabei zugleich um die Weiterleitung der Information an ihre Insolvenzgerichte bitten, um diesen eine Prüfung nach Art. 62 zu ermöglichen (siehe Art. 62 Rz. 2 [*Madaus*]).

---

1) Die beteiligten Verwalter sollen frühzeitig unterrichtet werden, ErwG 56 Satz 2.

## II. Inhalt der Norm
### 1. Antragsprüfung (Art. 63 Abs. 1)

Das mit dem Koordinationsantrag befasste Gericht muss sich aufgrund der Pflichtangaben im Antrag (Art. 61 Abs. 3) davon überzeugen, dass eine **Koordination** der Verfahren **sinnvoll** ist.

#### a) Prüfungsgegenstände

Das Gericht hat sich zunächst von der **Zulässigkeit des Antrags** nach Art. 61 zu überzeugen, insbesondere von der Antragsberechtigung des Antragstellers und der eigenen Zuständigkeit für einen Koordinationsantrag (siehe Art. 61 Rz. 7 ff. [*Madaus*]).

Es muss sich sodann davon überzeugen, dass die Koordination als **Mediationsinstrument** (siehe Art. 61 Rz. 5 [*Madaus*]) die Verwaltung der verschiedenen Konzerninsolvenzverfahren in mehreren Jurisdiktionen erleichtert und sich allgemein positiv für die betroffenen Gläubiger auswirkt (ErwG 57). Die Bestellung des Koordinators muss also auch nach Auffassung des Gerichts die **Verfahrensführung erleichtern** (Abs. 1 lit. a) und darf **keinen Gläubiger individuell finanziell benachteiligen** (Abs. 1 lit. b). Angesichts des Mediationscharakters der Koordination, der fehlenden Einwirkungskraft auf die individuelle Quotenerwartung auch nur eines einzigen Gläubigers,[2] wird das Gericht wohl nur dann zu einer negativen Überzeugung kommen können, wenn angesichts der bereits erkennbaren Interessengegensätze eine Mediation sinnlos oder aber der vorgeschlagene Koordinator ungeeignet erscheint (Abs. 1 lit. c). Lediglich in kleineren internationalen Insolvenzen kann sich eine unmittelbare Quotenrelevanz aus den Kosten des Koordinators (Art. 77) ergeben, soweit diese bereits im Zeitpunkt der Prüfung erkennbar die Quote der ungesicherten Gläubiger beeinträchtigen und damit zu einem finanziellen Nachteil führen werden (ErwG 58).

#### b) Prüfungszeitraum und Prüfungskompetenz

Das Gericht hat die Verwalter nach Art. 63 Abs. 1 **„so bald als möglich"** über den Koordinationsantrag zu informieren. Es hat sich folglich unmittelbar nach dessen Eingang mit dem Antrag zu befassen und sich **auf der Grundlage der Pflichtangaben** im Antrag (Art. 61 Abs. 3) seine Auffassung zu bilden. Zusätzliche Ermittlungskompetenzen hat das Gericht allenfalls insoweit, als sich hierdurch die Bearbeitung des Antrags nicht verzögert (Telefonate, Einblick in elektronische Datenbanken und Register).

### 2. Entscheidung des Gerichts
#### a) Unbegründeter Antrag

Für den Fall, dass das Gericht die beantragte Koordination nicht für sinnvoll bzw. den vorgeschlagenen Koordinator nicht für geeignet hält, findet sich **keine Rege-**

---

[2] Die Prüfung des Koordinationskonzeptes im Hinblick auf das Anstreben eines Pareto-Optimums für alle Beteiligten muss daher nicht erfolgen (**a. A.** Mankowski/Müller/ J. Schmidt-*J. Schmidt*, EuInsVO 2015, Art. 63 Rz. 9), sondern bleibt den Entscheidungsprozessen in den Gruppenverfahren vorbehalten.

lung in der EuInsVO. Es gelten also die allgemeinen prozessualen Regeln der lex fori concursus, sodass das Gericht grundsätzlich den **Antrag zurückweisen** kann. Der Antrag löst dann nicht die Prioritätsregel des Art. 62 aus. Eine **Gelegenheit zur Nachbesserung** des Antrags schreibt die EuInsVO nicht vor, kann aber durch das Gericht aus allgemeinen Befugnissen zur Verfahrensleitung gewährt werden. Jedenfalls ist es dem Antragsteller möglich, erneut einen nachgebesserten Antrag zu stellen.

### b) Begründeter Antrag

7  Hält das Gericht die Koordination durch den vorgeschlagenen Koordinator anhand der in Art. 63 Abs. 1 genannten Kriterien für sinnvoll, so veranlasst es **unverzüglich die Information** aller für die Gruppenunternehmen bestellten Verwalter.

#### aa) Inhalt der Mitteilung (Art. 63 Abs. 2 bis 4)

8  Die Information erfolgt durch das Versenden einer Mitteilung an alle Verwalter; Art. 63 Abs. 3 sieht insofern die Zustellung durch **eingeschriebenen Brief mit Rückschein** vor (vgl. § 183 Abs. 4 Satz 1 ZPO). Die Mitteilung muss den **Koordinationsantrag** inklusive der in Art. 61 Abs. 2 bezeichneten **Pflichtangaben** enthalten (Abs. 2). In der Mitteilung ist den Adressaten Gelegenheit zur Stellungnahme zu geben (Abs. 4).

#### bb) Adressaten der Mitteilung

9  Die Mitteilung ist gemäß Art. 63 Abs. 1 an die für die Mitglieder der Gruppe **bestellten Verwalter**, die im Antrag gemäß Art. 61 Abs. 3 lit. c angegeben sind, zu versenden (siehe Art. 61 Rz. 20 [*Madaus*]). Zusätzlich sollten die Mitteilungen an die Konzernunternehmen versandt werden, über die zwar noch kein Insolvenzverfahren eröffnet wurde, bei denen aber eine Eröffnung bevorsteht (etwa wenn bereits ein Eröffnungsverfahren stattfindet). Solche Verfahren können gemäß Art. 69 Abs. 1 lit. b) nachträglich am Koordinationsverfahren teilnehmen, weshalb deren **vorläufige Verwalter** rechtzeitig informiert werden sollten, ohne dass ihnen dadurch das Recht zur Erhebung von Einwänden nach Art. 64 oder ein Stimmrecht nach Art. 66 zukommen würde.

## Artikel 64
### Einwände von Verwaltern

(1) Ein für ein Mitglied einer Gruppe bestellter Verwalter kann Einwände erheben gegen

a) die Einbeziehung des Insolvenzverfahrens, für das er bestellt wurde, in ein Gruppen-Koordinationsverfahren oder

b) die als Koordinator vorgeschlagene Person.

(2) (Unterabs. 1) Einwände nach Absatz 1 dieses Artikels sind innerhalb von 30 Tagen nach Eingang der Mitteilung über den Antrag auf Eröffnung eines Gruppen-Koordinationsverfahrens durch den Verwalter gemäß Absatz 1 dieses Artikels bei dem Gericht nach Artikel 63 zu erheben.

**(Unterabs. 2)** Der Einwand kann mittels des nach Artikel 88 eingeführten Standardformulars erhoben werden.

(3) Vor der Entscheidung über eine Teilnahme bzw. Nichtteilnahme an der Koordination gemäß Absatz 1 Buchstabe a hat ein Verwalter die Genehmigungen, die gegebenenfalls nach dem Recht des Staats der Verfahrenseröffnung, für das er bestellt wurde, erforderlich sind, zu erwirken.

Literatur: *Schmidt, J.*, Opt-out und Opt-in in Gruppen-Koordinationsverfahren nach der EuInsVO 2015, ZVglRWiss 116 (2017), 93.

## Übersicht

| | |
|---|---|
| I. Zweck der Norm .................................. 1 | 2. Einwand gegen die Einbeziehung – Opt-out (Art. 64 Abs. 3) ................... 4 |
| II. Inhalt der Norm .................................. 2 | 3. Einwand gegen die als Koordinator vorgeschlagene Person (Art. 64 Abs. 1 lit. b) ....................... 7 |
| 1. Einwendungsfrist und -form (Art. 64 Abs. 2) ................................. 2 | |

## I. Zweck der Norm

Das Koordinationsverfahren ist ein **Mediationsinstrument** und basiert daher auf der **freiwilligen Bereitschaft** der Gruppenverfahren, sich an ihm zu beteiligen.[1] Eine zwangsweise Teilnahme macht keinen Sinn. Folglich berechtigt Art. 64 **jeden Verwalter**, sein Verfahren aus dem Koordinationsverfahren herauszuhalten bzw. um die Bestellung eines anderen Koordinators zu bitten. Formell verlangt die Norm hierzu die Erhebung eines entsprechenden Einwands (Opt-out).

## II. Inhalt der Norm

### 1. Einwendungsfrist und -form (Art. 64 Abs. 2)

Die Erhebung eines Einwands gegen die Einbeziehung wie auch gegen den vorgeschlagenen Koordinator hat gemäß Art. 64 Abs. 2 Unterabs. 1 **innerhalb von 30 Tagen nach Eingang der Mitteilung** über den Koordinationsantrag (Art. 63) zu erfolgen. Der Einwand ist **an das Gericht** zu senden, von dem die Mitteilung versandt wurde und muss dort binnen der Frist eingehen.

Formal bedarf die Erhebung des Einwands **keiner Form**, sodass sie auch via Fax, E-Mail oder gar telefonisch möglich ist. Art. 64 Abs. 2 Unterabs. 2 verweist zudem auf die mögliche Nutzung eines Standardformulars. Auch einer **Begründung** bedarf der Einwand nicht.[2] Einwände gegen die als Koordinator vorgeschlagene Person sollten allerdings begründet werden, um dem durch den Einwand nach Art. 67 kompetenten Gericht eine Entscheidungsgrundlage zu geben (siehe Art. 67 Rz. 3 [*Madaus*]). Eine Begründung eines Einbeziehungseinwands kann sinnvoll sein, wenn beabsichtigt ist, nicht nur das eigene Verfahren aus einer Koordination herauszuhalten, sondern ein Koordinationsverfahren insgesamt zu verhindern.[3]

---

1) ErwG 56: Freiwilligkeit wird sichergestellt.
2) Wimmer/Bornemann/Lienau-*Bornemann*, Die Neufassung der EuInsVO, Rz. 611.
3) Ebenso Mankowski/Müller/J. Schmidt-*J. Schmidt*, EuInsVO 2015, Art. 64 Rz. 14; *J. Schmidt*, ZVglRWiss 116 (2017), 93, 100 f.

## 2. Einwand gegen die Einbeziehung – Opt-out (Art. 64 Abs. 3)

4  Jeder Verwalter (Fremd- wie Eigenverwalter) eines Gruppenunternehmens kann frei entscheiden, ob er mit seinem Verfahren am Koordinationsverfahren teilnehmen will. Diese Entscheidungskompetenz ist grundsätzlich Teil der **Verwaltungskompetenzen des Verwalters**. Art. 64 Abs. 3 verweist für die Frage, ob der Verwalter für die Entscheidung über die Beteiligung am Koordinationsverfahren einer **Genehmigung** bedarf, auf das jeweilige nationale Recht. Für deutsche Verwalter ist insofern gemäß Art. 102c § 23 Abs. 2 Nr. 1 EGInsO relevant, ob die Erhebung eines Einwands eine **besonders bedeutsame Rechtshandlung** i. S. des § 160 Abs. 1 InsO (ggf. i. V. m. § 276 InsO) ist, sodass er die Zustimmung des Gläubigerausschusses zur Beteiligung bzw. zur Einwanderhebung bedarf, sobald er die besondere Bedeutung bejaht (siehe dazu ausführlich Art. 61 Rz. 13 [*Madaus*]). Dies muss nicht der Fall sein.[4]

5  Hält der Verwalter eine Koordination für sinnvoll (oder jedenfalls nicht für schädlich), so ist nach der Mitteilung über einen Koordinationsantrag allenfalls intern eine Genehmigung zur Beteiligung nach Art. 64 Abs. 3 einzuholen. Nach außen hin muss der Verwalter nicht tätig werden, da er mit seinem Verfahren automatisch an der Koordination teilnimmt, wenn die Erhebung des Einwands unterbleibt; ein **Opt-in** ist **nicht notwendig**.

6  Hält der Verwalter die Beteiligung an den Koordinationsbemühungen nicht für sinnvoll bzw. für zu kostspielig oder aber befürchtet er eine Aussetzung nach Art. 72 Abs. 2 lit. e (und folgt ihm insofern der Gläubigerausschuss im Fall eines deutschen Verwalters), so muss er binnen der 30-Tage-Frist des Art. 64 Abs. 2 Unterabs. 1 den Einwand gegen die Einbeziehung nach Abs. 1 lit. a erheben. Hierzu sollte er das nach Art. 64 Abs. 3 i. V. m. Art. 88 eingeführte Standardformular verwenden. Aufgrund eines solchen **Opt-out** wird sein Verfahren dann gemäß Art. 65 weder von den Befugnissen des Koordinators aus Art. 72 noch von dessen Kosten betroffen.

## 3. Einwand gegen die als Koordinator vorgeschlagene Person (Art. 64 Abs. 1 lit. b)

7  Hält ein Verwalter zwar die Koordination in einem Koordinationsverfahren, also die Bestellung eines Koordinators, für sinnvoll, nicht aber die Ernennung der vorgeschlagenen Person, so kann er seinen Einwand gemäß Art. 64 Abs. 1 lit. b auch auf die als Koordinator vorgeschlagene Person beschränken. Dieser Einwand hat gemäß Art. 67 lediglich zur Folge, dass das **Gruppen-Koordinationsgericht nicht mehr an den Vorschlag** des Antragstellers **gebunden** ist und dem Einwendenden das Vorschlagsrecht zuweisen kann (siehe Art. 67 Rz. 3 [*Madaus*]). Die Erhebung dieses Einwands bedarf keiner Genehmigung nach Art. 64 Abs. 3; sie ist **keine besonders bedeutende Rechtshandlung** nach Art. 102c § 23 EGInsO.

---

4) Anders *J. Schmidt*, ZVglRWiss 116 (2017), 93, 101 („zweifellos"); auch *Mock* in: BeckOK-InsO, Art. 64 EuInsVO 2017 Rz. 6.1.

## Artikel 65
### Folgen eines Einwands gegen die Einbeziehung in ein Gruppen-Koordinationsverfahren

(1) Hat ein Verwalter gegen die Einbeziehung des Verfahrens, für das er bestellt wurde, in ein Gruppen-Koordinationsverfahren Einwand erhoben, so wird dieses Verfahren nicht in das Gruppen-Koordinationsverfahren einbezogen.

(2) Die Befugnisse des Gerichts gemäß Artikel 68 oder des Koordinators, die sich aus diesem Verfahren ergeben, haben keine Wirkung hinsichtlich des betreffenden Mitglieds und ziehen keine Kosten für dieses Mitglied nach sich.

### Übersicht

I. Zweck der Norm .................. 1 | II. Rechtsfolgen eines Opt-out ............... 2

### I. Zweck der Norm

Die Regelung enthält die Rechtswirkungen eines **rechtzeitigen Einwands** nach Art. 64 Abs. 1 lit. a gegen die Einbeziehung des Verfahrens in das Gruppen-Koordinationsverfahren. 1

### II. Rechtsfolgen eines Opt-out

Infolge eines Opt-out nach Art. 64 Abs. 1 lit. a wird das betreffende Insolvenzverfahren **in keiner Weise direkt vom Gruppen-Koordinationsverfahren betroffen**, Art. 65 Abs. 1. In Art. 65 Abs. 2 wird dieser Grundsatz dahingehend konkretisiert, dass weder die Eröffnungsentscheidung über ein solches Verfahren nach Art. 68 noch die Handlungen und Kompetenzen des Koordinators aus Art. 72 (insbesondere die Zugangs- und Mitwirkungsrechte, aber auch die Aussetzungsbefugnis) für das Insolvenzverfahren des einwendenden Verwalters Wirkung entfalten; auch eine Beteiligung an den Koordinationskosten scheidet aus. 2

Die Reichweite des Opt-out beschränkt sich zugleich auf das Koordinationsverfahren. Sie **befreit den Verwalter nicht von den allgemeinen Kooperationspflichten** der Artt. 56–60. ErwG 60 stellt dies ausdrücklich klar und verweist dabei vor allem auf die Möglichkeit aller Verwalter nach Art. 60, im Interesse einer koordinierten Sanierungslösung in der Konzerninsolvenz, insbesondere zur Durchsetzung eines Konzernsanierungsplans, in anderen Verfahren gehört zu werden und ggf. schädliche Verwertungsmaßnahmen aussetzen zu lassen. Ein Opt-out bedeutet mithin **keine Loslösung** des betreffenden Verfahrens eines Gruppenunternehmens **aus der Konzerninsolvenz**. 3

Der Opt-out aus dem Koordinationsverfahren ist u. U. **reversibel**, wozu gemäß Art. 69 Abs. 1 lit. a ein **Opt-in-Antrag** an den Koordinator zu stellen ist und dieser dann einen Koordinationsbedarf nach Art. 69 Abs. 2 bejahen muss. 4

## Artikel 66
### Wahl des Gerichts für ein Gruppen-Koordinationsverfahren

(1) Sind sich mindestens zwei Drittel aller Verwalter, die für Insolvenzverfahren über das Vermögen der Mitglieder der Gruppe bestellt wurden, darüber einig, dass ein zuständiges Gericht eines anderen Mitgliedstaats am besten für die Er-

öffnung eines Gruppen-Koordinationsverfahrens geeignet ist, so ist dieses Gericht ausschließlich zuständig.

(2) ¹Die Wahl des Gerichts erfolgt als gemeinsame Vereinbarung in Schriftform oder wird schriftlich festgehalten. ²Sie kann bis zum Zeitpunkt der Eröffnung des Gruppen-Koordinationsverfahrens gemäß Artikel 68 erfolgen.

(3) Jedes andere als das gemäß Absatz 1 befasste Gericht erklärt sich zugunsten dieses Gerichts für unzuständig.

(4) Der Antrag auf Eröffnung eines Gruppen-Koordinationsverfahrens wird bei dem vereinbarten Gericht gemäß Artikel 61 eingereicht.

### Übersicht

| | |
|---|---|
| I. Zweck der Norm ................................ 1 | 2. Zeitpunkt der Wahl (Art. 66 Abs. 2 bis 4) ......................................................... 5 |
| II. Inhalt der Norm ................................ 2 | |
| 1. Die Wahl des Gruppen-Koordinationsgerichts (Art. 66 Abs. 1) ........ 2 | |

### I. Zweck der Norm

1 Die Regelung ermöglicht die verbindliche Festlegung des Gruppen-Koordinationsgerichtsstandes durch Verwaltervotum (Prorogation). Sie beschränkt daher das weite Wahlrecht des Erstantragstellers aus Art. 61 Abs. 1 ebenso wie die aus Art. 62 an sich folgende Verbindlichkeit dieser Wahl. Im Zusammenspiel dieser drei Regelungen soll sichergestellt werden, dass das Gruppen-Koordinationsverfahren **bei dem Gericht** stattfindet, dass **am besten geeignet ist**, um die Verwaltung der einzelnen Konzerninsolvenzverfahren zu erleichtern und Effizienzgewinne für die betroffenen Gläubiger zu erzielen (ErwG 57). Die dazu notwendige Prognose der Verfahrensleitung durch das zur Wahl vorgeschlagene Gericht wird dem Votum der Verwalter überlassen.

### II. Inhalt der Norm

#### 1. Die Wahl des Gruppen-Koordinationsgerichts (Art. 66 Abs. 1)

2 Die verbindliche Bestimmung des Gruppen-Koordinationsgerichtsstands setzt nach Art. 66 Abs. 1 voraus, dass sich **mindestens zwei Drittel aller Verwalter** von Gruppenunternehmen auf ein Gericht als Gruppen-Koordinationsgericht einigen können. Notwendig ist nach dem Wortlaut der Norm eine Zweidrittel-**Kopfmehrheit**; jeder Verwalter hat also unabhängig von der Bedeutung des verwalteten Unternehmens für den Konzern und unabhängig vom Umfang der verwalteten Masse oder der Zahl der beschäftigten Arbeitnehmer das gleiche Stimmrecht.[1] Bezugspunkt des Quorums ist die Zahl aller für Gruppenunternehmen bereits **bestellten Verwalter**, nicht nur der abstimmenden.[2] Erfolgt sie erst nachträglich (siehe unten Rz. 6), so sind diejenigen Verwalter nicht zu berücksichtigen, die im Abstimmungs-

---

1) Mankowski/Müller/J. Schmidt-*J. Schmidt*, EuInsVO 2015, Art. 66 Rz. 5; Moss/Fletcher/Isaacs-*Fletcher*, The EU Regulation on Insolvency Proceedings, Rz. 8.783.
2) *Paulus*, EuInsVO, Art. 66 Rz. 6.

zeitpunkt bereits einen Opt-out erklärt haben.³⁾ Die Funktion der Prorogation (Allokation des Koordinationsforums) setzt voraus, dass die Abstimmenden grundsätzlich eine Koordination befürworten und lediglich über den Ort streiten. Eine Blockadehaltung wegen grundsätzlicher Einwände gegen eine Koordination ist über ein Opt-out hinreichend berücksichtigt; weitere Obstruktionsmöglichkeiten sollte diesen Verwaltern nicht gegeben werden.

Die Wahl wird nach Art. 66 Abs. 2 Satz 1 Alt. 2 grundsätzlich **schriftlich** festgehalten. Inhalt des Schriftstücks ist dabei allein das Votum der abstimmenden Verwalter sowie das Gesamtergebnis. Einer **Begründung**, warum des gewählte Gericht besser für die Eröffnung eines Gruppen-Koordinationsverfahrens geeignet ist als ein anderes (insbesondere ein mit einem Erstantrag befasstes Gericht), bedarf es **nicht**.   3

Die Prorogation kann nach Art. 66 Abs. 2 Satz 1 Alt. 1 auch in Form einer „gemeinsamen Vereinbarung in Schriftform" erfolgen. Es genügt also, wenn sich in einem **Protocol**, also einer Verwaltervereinbarung i. S. des ErwG 49, die Verwalter einvernehmlich und schriftlich auf ein Gruppen-Koordinationsgericht einigen und mindestens zwei Drittel aller Verwalter an dieser Vereinbarung teilnehmen.   4

## 2. Zeitpunkt der Wahl (Art. 66 Abs. 2 bis 4)

Die Prorogation kann **ex ante** (etwa in einer Verwaltervereinbarung) erfolgen und für den Fall eines Koordinationsantrags vorsehen, dass dieser beim gewählten Gruppen-Koordinationsgericht zu stellen ist. Absatz 1 stellt in diesem Fall klar, dass entgegen Art. 61 Abs. 1 das gewählte Gericht für Koordinationsanträge **ausschließlich** (international) **zuständig** ist. Jedes andere angerufene Gericht hat sich gemäß Art. 66 Abs. 3 für unzuständig zu erklären und den Antragsteller an das gewählte Gericht zu verweisen. Art. 66 Abs. 4 stellt schließlich klar, dass der Antrag weiter den formalen Anforderungen der Absätze 2 und 3 des Art. 61 genügen muss.   5

Existiert keine Vereinbarung bei Stellung eines Koordinationsantrags, so erlaubt Art. 66 Abs. 2 Satz 2 allen Verwaltern, **noch bis zur Entscheidung über die Eröffnung eines Gruppen-Koordinationsverfahrens** durch das angerufene und nach Art. 61 Abs. 1 und Art. 62 an sich zuständige Gericht ein anderes Gericht zu wählen. Die nach Art. 63 Abs. 1 über die Antragstellung zu informierenden Verwalter von Gruppenunternehmen können also ein aus ihrer kollektiven Sicht ungeeignetes Gericht abwählen und so dem Forum Shopping des Erstantragstellers entgegenwirken. Dabei genügt nach dem klaren Wortlaut des Art. 66 Abs. 1 allerdings nicht die Abwahl des angerufenen Gerichts (Derogation); es bedarf vielmehr der Festlegung eines stattdessen zuständigen Gerichts (**Prorogation**). Wird dem angerufenen Gericht die Wahl eines anderen Gerichts als Gruppen-Koordinationsgericht mitgeteilt, so hat es nach Art. 66 Abs. 3 seine Unzuständigkeit auszusprechen und den Antragsteller an das gewählte Gericht zu verweisen.   6

---

3) **Anders** Mankowski/Müller/*J. Schmidt-J. Schmidt*, EuInsVO 2015, Art. 66 Rz. 4; wohl auch *Paulus*, EuInsVO, Art. 66 Rz. 6.

## Artikel 67
### Folgen von Einwänden gegen den vorgeschlagenen Koordinator

Werden gegen die als Koordinator vorgeschlagene Person Einwände von einem Verwalter vorgebracht, der nicht gleichzeitig Einwände gegen die Einbeziehung des Mitglieds, für das er bestellt wurde, in das Gruppen-Koordinationsverfahren erhebt, kann das Gericht davon absehen, diese Person zu bestellen und den Einwände erhebenden Verwalter auffordern, einen den Anforderungen nach Artikel 61 Absatz 3 entsprechenden neuen Antrag einzureichen.

Literatur: *Madaus*, Insolvency Proceedings For Corporate Groups Under the New Insolvency Regulation, IILR 2015, 235; *Prager/Keller, Ch.*, Der Entwicklungsstand des Europäischen Insolvenzrechts, WM 2015, 805.

### Übersicht

| | |
|---|---|
| I. Zweck der Norm ................ 1 | 2. Entscheidung über das Vorschlagsrecht ............................. 3 |
| II. Inhalt der Norm ................ 2 | 3. Das Vorschlagsrecht des Einwendenden ............................. 5 |
| 1. Wegfall der Bindungswirkung ............................. 2 | |

### I. Zweck der Norm

1 Die Regelung beschreibt die Rechtsfolgen eines **Einwands nach Art. 64 Abs. 1 lit. b** gegen die als Koordinator vorgeschlagene Person.

### II. Inhalt der Norm

#### 1. Wegfall der Bindungswirkung

2 Ein Einwand gegen die als Koordinator vorgeschlagene Person bewirkt zunächst, dass das mit dem Antrag befasste Gericht **nicht mehr an den Vorschlag gebunden** ist (siehe zum Vorschlagsrecht Art. 61 Rz. 16 [*Madaus*]).

#### 2. Entscheidung über das Vorschlagsrecht

3 Das Gericht darf infolge des Einwands nun nicht selbst einen Koordinator bestimmen.[1] Es hat vielmehr nun einen **Entscheidungsspielraum** dahingehend, entweder trotz des Einwands **am vorgeschlagenen Koordinator festzuhalten** oder aber den **Einwendenden aufzufordern**, selbst einen Koordinationsantrag inklusive eines begründeten Vorschlags zur Person des Koordinators zu stellen. Maßgeblich für die Entscheidung des Gerichts wird dabei sein, ob die Einwände gegen die Eignung des vorgeschlagenen Koordinators stichhaltig sind.

4 Gehen **von mehreren Verwaltern Einwände** ein, die sich auf die Person des vorgeschlagenen Koordinator beschränken, so hat das Gericht auch ein **Auswahlermessen** hinsichtlich der Zuweisung des Vorschlagsrechts an einen dieser Verwalter.

#### 3. Das Vorschlagsrecht des Einwendenden

5 Weist das Gericht das Vorschlagsrecht dem Einwendenden zu, so hat dieser nach dem klaren Wortlaut der Norm einen **neuen Antrag mit allen Pflichtangaben** des

---

1) *Paulus*, EuInsVO, Art. 67 Rz. 3; Mankowski/Müller/*J. Schmidt-J. Schmidt*, EuInsVO 2015, Art. 67 Rz. 6; auch *Prager/Ch. Keller*, WM 2015, 805, 810.

Art. 61 Abs. 3 einzureichen. Dem Einwendenden steht es dabei natürlich frei, die Angaben aus dem Erstantrag hinsichtlich der Sinnhaftigkeit und der Kostenlast sowie die Adressliste der Verwalter, Gericht und Behörden zu übernehmen. Im Interesse einer Verfahrensbeschleunigung wird es auch zulässig sein, bereits den Einwand gegen den vorgeschlagenen Koordinator vorsorglich mit einem den Anforderungen des Art. 61 Abs. 3 entsprechenden Antrag zu verbinden.[2]

Der auf die Person des Koordinators beschränkte Einwand lässt aufgrund des Effizienzgrundsatzes nicht erneut die 30-Tage-Frist des Art. 64 Abs. 2 beginnen.[3] Es bleibt beim Lauf der mit dem Erstantrag in Gang gesetzten Frist. Reicht der Einwendende trotz Aufforderung des Gerichts binnen dieser Frist des Art. 64 Abs. 2 **keinen neuen Antrag** ein, so darf das Gericht nach Art. 68 Abs. 1 lit. a einen Koordinator bestellen. Eine strenge Bindung an die Frist besteht allerdings nicht. Das Gericht sollte daher im Interesse des Erfolgs der Mediationsbemühungen in einem Koordinationsverfahren auch nach Ablauf der Frist zunächst auf einen kurzfristig zu stellenden Antrag inklusive Koordinatorenvorschlag **hinwirken**. Bleiben diese Bemühungen erfolglos, so ist nicht der zunächst vorgeschlagene Verwalter zu bestellen, da dieser Vorschlag aufgrund berechtigter Einwände verbraucht ist. Stattdessen kann das Gericht das Vorschlagsrecht an weitere Einwendende **weitergeben** oder aber, falls diese nicht existieren, **selbst** einen Koordinator auswählen.[4] Im Hinblick auf die besondere Funktion des Koordinators sollte eine solche Auswahl mit allen Beteiligten abgestimmt werden. 6

---

2) Ebenso Wimmer/Bornemann/Lienau-*Bornemann*, Die Neufassung der EuInsVO, Rz. 613.
3) Anders *Paulus*, EuInsVO, Art. 67 Rz. 5.
4) So schon *Madaus*, IILR 2015, 235, 245.

# Artikel 68
## Entscheidung zur Eröffnung eines Gruppen-Koordinationsverfahrens

(1) ¹Nach Ablauf der in Artikel 64 Absatz 2 genannten Frist kann das Gericht ein Gruppen-Koordinationsverfahren eröffnen, sofern es davon überzeugt ist, dass die Voraussetzungen nach Artikel 63 Absatz 1 erfüllt sind. ²In diesem Fall hat das Gericht:

a) einen Koordinator zu bestellen,

b) über den Entwurf der Koordination zu entscheiden und

c) über die Kostenschätzung und den Anteil, der von den Mitgliedern der Gruppe zu tragen ist, zu entscheiden.

(2) Die Entscheidung zur Eröffnung eines Gruppen-Koordinationsverfahrens wird den beteiligten Verwaltern und dem Koordinator mitgeteilt.

Literatur: *Schmidt, J.*, Opt-out und Opt-in in Gruppen-Koordinationsverfahren nach der EuInsVO 2015, ZVglRWiss 116 (2017), 93.

### Übersicht
I. Zweck der Norm .................. 1 | II. Inhalt der Norm .................. 2

## Artikel 68  Entscheidung zur Eröffnung eines Gruppen-Koordinationsverfahrens

1. Voraussetzungen der Verfahrenseröffnung (Art. 68 Abs. 1 Satz 1) ............ 2
2. Inhalt des Eröffnungsbeschlusses (Art. 68 Abs. 1 Satz 2) ......................... 4
3. Bekanntmachung des Eröffnungsbeschlusses (Art. 68 Abs. 2) ................. 7
4. Rechtsmittel ............................................................. 8

### I. Zweck der Norm

1 Das mit einem Koordinationsantrag befasste Gericht darf ein Gruppen-Koordinationsverfahren unter den in Art. 68 Abs. 1 Satz 1 genannten Voraussetzungen eröffnen. Es wird so zum **Koordinationsgericht**. In Art. 68 Abs. 1 Satz 2 werden die im **Eröffnungsbeschluss** zu treffenden Anordnungen benannt. Art. 68 Abs. 2 enthält die Bekanntmachungsregelung.

### II. Inhalt der Norm

#### 1. Voraussetzungen der Verfahrenseröffnung (Art. 68 Abs. 1 Satz 1)

2 In formaler Hinsicht setzt eine Eröffnungsentscheidung voraus, dass ein **zulässiger Eröffnungsantrag** vorliegt (Art. 61), die **Mitteilungen** nach Art. 63 erfolgt sind, das befasste Gericht weiter für die Eröffnungsentscheidung zuständig ist (insbesondere also nicht nach Art. 66 Abs. 1 abgewählt wurde) und die **Einwendungsfrist** des Art. 64 Abs. 2 Unterabs. 1 abgelaufen ist (30 Tage nach Eingang der Mitteilung des Antrags). Maßgeblich für den Fristablauf sind dabei aufgrund des Effizienzgrundsatzes und der Eilbedürftigkeit in Insolvenzverfahren allein die ursprünglich durch das Gericht nach Art. 63 versandten Mitteilungen aus der damaligen Adressliste und damit der späteste Eingang bei einem Verwalter aus dieser Liste. Sind innerhalb der Frist weitere Insolvenzverfahren über Gruppenunternehmen eröffnet worden und daraufhin weitere Mitteilungen über den Antrag an deren Verwalter erfolgt, so begrenzt die 30-Tage-Frist zwar das Einwendungsrecht dieser Verwalter gemäß Art. 64 Abs. 2 (siehe auch Art. 64 Rz. 2 [*Madaus*]); es hindert aber nicht die Eröffnung des Koordinationsverfahrens.[1] Aus denselben Grundsätzen heraus muss der Fristablauf nicht abgewartet werden, wenn für das Gericht feststeht, dass keine Einwände aus diesem Kreis eingehen werden, etwa weil die betreffenden Verwalter dies so erklärt haben.[2]

3 In materieller Hinsicht hat sich das Gericht nochmals davon zu überzeugen, dass die **Voraussetzungen nach Art. 63 Abs. 1** erfüllt sind (siehe dazu Art. 63 Rz. 3 f. und Art. 61 Rz. 7 ff. [*Madaus*]). Dabei hat es nun v. a. die Argumente aus eingegangenen Einwänden zu berücksichtigen. Gehen von bedeutenden Gruppenunternehmen Opt-out-Einwände ein, so ist zu prüfen, ob ein Gruppen-Koordinationsverfahren, das ohne diese Unternehmen stattfinden müsste (Art. 65), überhaupt noch einen Effizienzvorteil mit sich bringt. Richten sich die Einwände gegen den vorgeschlagenen Verwalter oder auch nur gegen dessen Kostenschätzung, so muss sich das Gericht davon überzeugen, dass die vorgeschlagene Person in der Kosten-Nutzen-Abwägung dennoch Effizienzvorteile verspricht und keine Gläubiger(quoten)schäden verursa-

---

[1] *Paulus*, EuInsVO, Art. 68 Rz. 9.
[2] *Paulus*, EuInsVO, Art. 68 Rz. 10; auch *J. Schmidt*, ZVglRWiss 116 (2017), 93, 102.

chen wird.³⁾ Anderenfalls kann das Vorschlagsrecht über Art. 67 weitergegeben werden.

### 2. Inhalt des Eröffnungsbeschlusses (Art. 68 Abs. 1 Satz 2)

Liegen die Voraussetzungen für die Eröffnung eines Gruppen-Koordinationsverfahrens vor, so eröffnet das zuständige Gericht das Verfahren durch **Beschluss**. In diesem Beschluss ist der **Koordinator zu bestellen** (Abs. 1 Satz 2 lit. a); siehe Art. 61 Rz. 16; Art. 67 Rz. 3 [*Madaus*]). 4

Zugleich muss das Gericht nach Art. 68 Abs. 1 Satz 2 lit. b „über den Entwurf der Koordination entscheiden". Dies bedeutet nicht, dass das Gericht ein bestimmtes Sanierungskonzept oder gar einen vorbereiteten Sanierungsplan selbst erstellt, modifiziert oder verbindlich bestätigt.⁴⁾ Es muss lediglich klarstellen, auf welchen **Gesamtverwertungskonzept** seine Annahme einer Vorteilhaftigkeit des Koordinationsverfahrens basiert. In der Regel sollte dies das im Koordinationsantrag als Pflichtangabe darzulegende Konzept sein (vgl. Art. 61 Abs. 3 lit. b; siehe dazu Art. 61 Rz. 19 [*Madaus*]). Dieses kann binnen der 30-Tages-Frist weder vom Antragsteller noch vom Gericht modifiziert werden,⁵⁾ da auf ihm die Beurteilung der anderen Verwalter über die Erhebung von Einwänden basiert. Da diesem Konzept ohnehin Details fehlen, scheinen Modifikationen auch kaum erforderlich. Die Erarbeitung eines (ebenfalls unverbindlichen) Gruppen-Koordinationsplans obliegt nach Art. 72 Abs. 1 lit. b ohnehin allein dem Koordinator. 5

Schließlich ist nach Art. 68 Abs. 1 Satz 2 lit. c über die **Kostenschätzung** und die **Kostenverteilung** zu entscheiden. Auch diese Entscheidung hat sich an den Pflichtangaben im Koordinationsantrag nach Art. 61 Abs. 3 lit. d zu orientieren, muss aber ggf. Einwände gegen den vorgeschlagenen Koordinator und dessen Kosten berücksichtigen.⁶⁾ Die Kostenentscheidung ist insofern entscheidend, als sie grundsätzlich zu einer Kostendeckelung führt. Ein erhebliches Überschreiten der geschätzten Kosten, jedenfalls aber ein Überschreiten um mehr als 10 %, führt nach Art. 72 Abs. 6 dazu, dass der Koordinator nicht nur unverzüglich die beteiligten Verwalter zu informieren; sondern v. a. die vorherige Zustimmung des Gruppen-Koordinationsgerichts einzuholen hat, bevor er seine Tätigkeit fortsetzen kann. Die Kostenentscheidung ist also **essentiell** für die **Kontrolle der Koordinationskosten** (ErwG 58). 6

### 3. Bekanntmachung des Eröffnungsbeschlusses (Art. 68 Abs. 2)

Die Eröffnungsentscheidung ist nach Art. 68 Abs. 2 (nur) den beteiligten Verwaltern und dem bestellten Koordinator mitzuteilen. Eine öffentliche Bekanntmachung ist nicht vorgeschrieben, sodass die Koordination ggf. **auch vertraulich** erfolgen kann.⁷⁾ 7

---

3) Die Bedeutung der Kosten-Nutzen-Relation für die Eröffnungsentscheidung wird auch in ErwG 58 hervorgehoben.
4) Missverständlich insofern die Überlegungen zur Modifikationskompetenz des Gerichts bei Mankowski/Müller/J. Schmidt-*J. Schmidt*, EuInsVO 2015, Art. 68 Rz. 17 f.
5) Mankowski/Müller/J. Schmidt-*J. Schmidt*, EuInsVO 2015, Art. 68 Rz. 17; **a. A.** *Paulus*, EuInsVO, Art. 68 Rz. 6.
6) *Paulus*, EuInsVO, Art. 68 Rz. 7.
7) *Paulus*, EuInsVO, Art. 68 Rz. 11; **a. A.** aber Mankowski/Müller/J. Schmidt-*J. Schmidt*, EuInsVO 2015, Art. 68 Rz. 27.

**Artikel 69**  Nachträgliches Opt-in durch Verwalter

Entsprechendes gilt für die Entscheidung, die Eröffnung des Koordinationsverfahrens abzulehnen.

### 4. Rechtsmittel

8  Gegen die **Eröffnungsentscheidung** ist in der EuInsVO **kein Rechtsmittel** vorgesehen. Sie kann daher auch nach Maßgabe der lex fori concursus nicht angefochten werden.[8] Verwaltern, die mit ihrem Verfahren nicht von dem eröffneten Koordinationsverfahren erfasst werden wollen, hatten stattdessen die Möglichkeit des Opt-out (zur Diskussion um die Möglichkeit eines nachträglichen Opt-out siehe Art. 69 Rz. 3 ff. [*Madaus*]). Zugleich erzeugen die Koordinationswirkungen des Verfahrens noch keine unmittelbaren Beeinträchtigungen bei Gläubigern oder anderen Stakeholdern. Es wird lediglich eine Mediation eingeleitet.

9  Entsprechendes gilt für die **Ablehnung der Eröffnung** des Koordinationsverfahrens. Hier ist allein der Antragsteller beschwert, dem es offensteht, andere Formen der Koordination zu nutzen. Auch scheint die Einräumung von Rechtsmitteln zur Erzwingung der Betätigung eines Insolvenzgerichts als Koordinationsgericht kaum mit der fakultativen Natur solcher Mediationsinstrumente vereinbar und in der Praxis wenig erfolgversprechend.

---

8) Im Ergebnis ebenso *Paulus*, EuInsVO, Art. 68 Rz. 12; a. A. Mankowski/Müller/J. Schmidt-J. Schmidt, EuInsVO 2015, Art. 68 Rz. 29.

## Artikel 69
### Nachträgliches Opt-in durch Verwalter

(1) Im Einklang mit dem dafür geltenden nationalen Recht kann jeder Verwalter im Anschluss an die Entscheidung des Gerichts nach Artikel 68 die Einbeziehung des Verfahrens, für das er bestellt wurde, beantragen, wenn

a) ein Einwand gegen die Einbeziehung des Insolvenzverfahrens in das Gruppen-Koordinationsverfahren erhoben wurde oder

b) ein Insolvenzverfahren über das Vermögen eines Mitglieds der Gruppe eröffnet wurde, nachdem das Gericht ein Gruppen-Koordinationsverfahren eröffnet hat.

(2) Unbeschadet des Absatzes 4 kann der Koordinator einem solchen Antrag nach Anhörung der beteiligten Verwalter entsprechen, wenn

a) er davon überzeugt ist, dass unter Berücksichtigung des Stands, den das Gruppen-Koordinationsverfahren zum Zeitpunkt des Antrags erreicht hat, die Voraussetzungen gemäß Artikel 63 Absatz 1 Buchstaben a und b erfüllt sind, oder

b) alle beteiligten Verwalter gemäß den Bestimmungen ihres nationalen Rechts zustimmen.

(3) Der Koordinator unterrichtet das Gericht und die am Verfahren teilnehmenden Verwalter über seine Entscheidung gemäß Absatz 2 und über die Gründe, auf denen sie beruht.

(4) Jeder beteiligte Verwalter und jeder Verwalter, dessen Antrag auf Einbeziehung in das Gruppen-Koordinationsverfahren abgelehnt wurde, kann die in Absatz 2 genannte Entscheidung gemäß dem Verfahren anfechten, das nach dem Recht des Mitgliedstaats, in dem das Gruppen-Koordinationsverfahren eröffnet wurde, bestimmt ist.

Literatur: *Fritz*, Die Neufassung der Europäischen Insolvenzverordnung: Erleichterung bei der Restrukturierung in grenzüberschreitenden Fällen? (Teil 2), DB 2015, 1945; *Schmidt, J.*, Opt-out und Opt-in in Gruppen-Koordinationsverfahren nach der EuInsVO 2015, ZVglRWiss 116 (2017), 93; *Weiss*, Bridge over Troubled Water: The Revised Insolvency Regulation, Int. Insolv. Rev. 24 (2015), 192.

### Übersicht

| | |
|---|---|
| I. Zweck der Norm .................... 1 | 2. Die Entscheidung des Koordinators |
| II. Inhalt der Norm .................... 3 | (Art. 69 Abs. 2 bis 4) ...................... 7 |
| 1. Der nachträgliche Opt-in | 3. Wirkung des Opt-in .................. 13 |
| (Art. 69 Abs. 1) ........................ 3 | III. Erneuter nachträglicher Opt-out? ..... 14 |

### I. Zweck der Norm

Die Norm regelt den **nachträglichen Zugang zum Koordinationsverfahren** für diejenigen Gruppenunternehmen, die nicht vom Eröffnungsbeschluss erfasst wurden. Dabei trägt die Norm gleich in mehrfacher Hinsicht dem **Grundsatz der Freiwilligkeit** einer Mediation und damit einer Koordination Rechnung: 1

– Zum einen bedarf die Erstreckung des Koordinationsverfahrens eines entsprechenden Antrags des betreffenden Verwalters; von Amts wegen ist sie nicht möglich.

– Zum anderen muss die nachträgliche Beteiligung des betreffenden Gruppenunternehmens aber auch aus Sicht des Koordinators und der am Koordinationsverfahren bereits beteiligten Verwalter noch sinnvoll sein. Die Erstreckung kann folglich auch abgelehnt werden.

Wenig sinnhaft erscheint vor diesem Hintergrund die in Art. 69 Abs. 4 geschaffene Möglichkeit, gegen eine Entscheidung des Koordinators gerichtlich vorzugehen. Im Erfolgsfall würde so eine **Zwangserstreckung** gegen den Willen wesentlich Beteiligter durchgesetzt, die dem Charakter des Verfahrens nicht gerecht wird.[1] 2

### II. Inhalt der Norm

#### 1. Der nachträgliche Opt-in (Art. 69 Abs. 1)

Die Berechtigung, nachträglich eine Einbeziehung in das Gruppen-Koordinationsverfahren zu beantragen, haben die **Verwalter aller Gruppenunternehmen**, die **noch nicht** von ihm **erfasst** werden. Damit sind Verwalter von Insolvenzverfahren über Gruppenunternehmen gemeint, die erst nach Eröffnung des Gruppen-Koordinationsverfahrens eröffnet wurden (Abs. 1 lit. b). Vor allem aber hatte der VO-Geber 3

---

[1] Ebenso *Paulus*, EuInsVO, Art. 69 Rz. 13 („deplaziert").

diejenigen Verwalter im Sinn, die angesichts der positiven Effekte einer laufenden Koordination ihr Opt-out (Abs. 1 lit. a) überdenken und nun doch teilhaben wollen (ErwG 56 Satz 3).

4 Der Antrag auf Einbeziehung (Opt-in) kann gemäß Art. 69 Abs. 1 **jederzeit nach Eröffnung des Gruppen-Koordinationsverfahrens** gestellt werden. Erklärt ein Verwalter binnen der Einwendungsfrist des Art. 64 Abs. 2 zunächst einen Opt-out, um dann noch vor der Eröffnung doch die Einbeziehung zu beantragen, so ist sein Antrag nicht nach Art. 69 zu behandeln, sondern als Rücknahme des Opt-out.

5 Der Antrag ist **an den Koordinator** zu richten, nicht an das Koordinationsgericht.[2] Wird er an das Gruppen-Koordinationsgericht gesandt, so leitet dieses den Antrag an den Koordinator zur Entscheidung weiter. Der Antrag bedarf **keiner Begründung und keiner besonderen Form**. In der Praxis sollte er nicht ohne Vorabstimmung mit dem Koordinator erfolgen, der eine Begründung erwarten wird.[3]

6 Ist die Einbeziehung in ein Gruppen-Koordinationsverfahren eine **besonders bedeutsame Rechtshandlung** i. S. des § 160 Abs. 1 InsO, so bedarf der Verwalter für die Antragstellung der Zustimmung des Gläubigerausschusses (vgl. Abs. 1 Halbs. 1 i. V. m Art. 102c § 23 Abs. 2 Nr. 2 EGInsO) – siehe dazu ausführlich die Kommentierung bei Art. 61 Rz. 13 f. [*Madaus*].

## 2. Die Entscheidung des Koordinators (Art. 69 Abs. 2 bis 4)

7 Wird der Koordinator mit einem Antrag auf Einbeziehung konfrontiert, so gibt er gemäß Art. 69 Abs. 2 Halbs. 1 zunächst den am Gruppen-Koordinationsverfahren **beteiligten Verwalter Gelegenheit zur Stellungnahme**. Formale Vorgaben hierzu existieren nicht.

8 Die Verwalter haben nun die Möglichkeit, explizit ihre **Zustimmung zur Einbeziehung** zu erklären (vgl. Abs. 2 lit. b). Dabei haben sie erneut die Bestimmungen des nationalen Rechts zu beachten, weshalb ein deutscher Verwalter wiederum den Gläubigerausschuss beteiligen muss, falls die Zustimmung zur Einbeziehung in das Gruppen-Koordinationsverfahren als besonders bedeutsame Rechtshandlung i. S. des § 160 InsO anzusehen ist (Art. 102c § 23 Abs. 2 Nr. 3 EGInsO).[4] Erklären **alle** beteiligten Verwalter ihre Zustimmung, so hat der Koordinator gemäß Art. 69 Abs. 2 lit. b dem Antrag zu entsprechen.

9 Geht nicht von allen beteiligten Verwaltern eine Zustimmungserklärung ein, so entscheidet der Koordinator gemäß Art. 69 Abs. 2 lit. a über den Einbeziehungsantrag. Er darf dem Antrag dabei nur entsprechen, wenn er davon überzeugt ist, dass die Einbeziehung des betreffenden Gruppenunternehmens **nach dem Stand des Koordinationsverfahrens** noch geeignet ist, **die effiziente Bewältigung der Konzerninsolvenz zu erleichtern**, ohne dass einzelne Gläubiger finanziell benachteiligt werden. Verwalter mit Störpotenzial für die Koordinationsbemühungen können also weiter aus dem Verfahren ausgeschlossen bleiben.[5] Der Koordinator hat insofern einen Be-

---

2) *J. Schmidt*, ZVglRWiss 116 (2017), 93, 104; a. A. *Paulus*, EuInsVO, Art. 69 Rz. 7.
3) Ähnlich *J. Schmidt*, ZVglRWiss 116 (2017), 93, 105.
4) Hiervon stets ausgehend *J. Schmidt*, ZVglRWiss 116 (2017), 93, 108.
5) S. dazu *Madaus*, IILR 2015, 235, 245.

urteilungsspielraum, da die Entscheidung von Prognoseelementen geprägt wird. Ein zusätzliches Ermessen („kann") wird ihm bei Feststellung der Gründe des Absatz 2 nicht zukommen.[6]

Der Koordinator hat seine Entscheidung gemäß Art. 69 Abs. 3 **zu begründen** und dann dem Gruppen-Koordinationsgericht sowie den am Gruppen-Koordinationsverfahren teilnehmenden Verwaltern **mitzuteilen**. Auch der Antragsteller ist natürlich entsprechend zu informieren, wenngleich er nicht explizit in Absatz 3 genannt wird. Aufgrund der Anfechtbarkeit wird die Entscheidung schriftlich erfolgen müssen. Eine **Entscheidungsfrist** existiert nicht; der Koordinator kann den Zeitpunkt seiner Entscheidung folglich an den Erfordernissen seines Mediationsauftrags ausrichten.

10

Wird jemand durch die Entscheidung des Koordinators **formell beschwert** (was bei einer Einbeziehungsentscheidung kraft allseitiger Zustimmung nach Art. 69 Abs. 2 lit. b nicht denkbar ist), erlaubt Art. 69 Abs. 4 auf Antrag eines der beteiligten Verwalters die **gerichtliche Überprüfung durch das Gruppen-Koordinationsgericht**.[7] Das einschlägige Verfahrensrecht ergibt sich gemäß Art. 69 Abs. 4 aus der lex fori des Gruppen-Koordinationsgerichts.[8]

11

Bei einem deutschen Gruppen-Koordinationsgericht bestimmt Art. 102c § 25 EGInsO, dass gegen die Entscheidung des Koordinators die **Erinnerung** statthaft ist und § 573 ZPO entsprechende Anwendung findet.[9] § 573 Abs. 2 ermöglicht dabei die sofortige Beschwerde gegen die Erinnerungsentscheidung. Eine Rechtsbeschwerde ist nur nach Maßgabe des § 574 ZPO statthaft. Im Fall einer erfolgreichen Anfechtung ist die Entscheidung aufzuheben und angesichts des Beurteilungsspielraums des Koordinators diesem erneut zur Sachentscheidung zu übertragen.[10] Vor dem Hintergrund der Funktion des Koordinationsverfahrens als freiwilliges Mediationsverfahren ist allerdings fraglich, ob eine erzwungene Neuentscheidung tatsächlich in der Sache hilfreich sein kann oder nicht gerade die Tatsachen vernichtet, die einem solchen Verfahren Sinn geben: gegenseitiges Vertrauen und Respekt.[11]

12

### 3. Wirkung des Opt-in

Mit der **Mitteilung des Koordinators** nimmt das betreffende Gruppenverfahren am Gruppen-Koordinationsverfahren teil. Die Befugnisse des Koordinators erfassen damit auch dieses Verfahren und es nimmt an der Kostentragung teil.

13

### III. Erneuter nachträglicher Opt-out?

Die EuInsVO sieht die Möglichkeit eines Opt-out in Art. 64 nur für den Zeitraum zwischen Antragstellung und Eröffnung des Gruppen-Koordinationsverfahrens vor

14

---

6) *J. Schmidt*, ZVglRWiss 116 (2017), 93, 106.
7) Die Zuständigkeit ergibt sich weniger aus Absatz 4 als aus ErwG 56 Satz 5.
8) Moss/Fletcher/Isaacs-*Fletcher*, The EU Regulation on Insolvency Proceedings, Rz. 8.792; Mankowski/Müller/J. Schmidt-*J. Schmidt*, EuInsVO 2015, Art. 69 Rz. 35.
9) **Anders** noch Mankowski/Müller/J. Schmidt-*J. Schmidt*, EuInsVO 2015, Art. 69 Rz. 36: sofortige Beschwerde.
10) *Paulus*, EuInsVO, Art. 69 Rz. 14.
11) Zweifel am Sinn der Rechtsmittelbefugnis auch bei Wimmer/Bornemann/Lienau-*Bornemann*, Die Neufassung der EuInsVO, Rz. 621.

(vgl. Art. 64 Abs. 2). Einmal vom Gruppen-Koordinationsverfahren erfasste Verfahren können danach **nicht mehr einseitig aus dem Verfahren ausscheiden.**[12] Mit dem Grundkonzept der Freiwilligkeit einer Koordination ist eine solche Zwangsbindung kaum vereinbar. Andererseits kann ein jederzeit möglicher Opt-out im Fall des Scheiterns einer Koordination zu einer Opt-out-Kaskade führen, wenn es auf diesem Wege möglich wäre, die Kostenlast für die Koordinationskosten vom eigenen Verfahren abzuwenden. Vorzugswürdig erscheint insofern ein **Mittelweg**, der zwar einen einseitigen Opt-out zulässt, um eine Zwangsbeteiligung zu vermeiden, diesem Opt-out aber eine Befreiung von den bis dahin entstandenen Koordinationskosten versagt.

---

[12] *Fritz*, DB 2015, 1945, 1948; Mankowski/Müller-*J. Schmidt*-*J. Schmidt*, EuInsVO 2015, Art. 69 Rz. 40; *Weiss*, Int. Insolv. Rev. 24 (2015), 192, 212. Für die Möglichkeit eines einvernehmlichen Ausscheidens immerhin *J. Schmidt*, ZVglRWiss 116 (2017), 93, 110.

## Artikel 70
### Empfehlungen und Gruppen-Koordinationsplan

(1) Bei der Durchführung ihrer Insolvenzverfahren berücksichtigen die Verwalter die Empfehlungen des Koordinators und den Inhalt des in Artikel 72 Absatz 1 genannten Gruppen-Koordinationsplans.

(2) (Unterabs. 1) Ein Verwalter ist nicht verpflichtet, den Empfehlungen des Koordinators oder dem Gruppen-Koordinationsplan ganz oder teilweise Folge zu leisten.

(Unterabs. 2) Folgt er den Empfehlungen des Koordinators oder dem Gruppen-Koordinationsplan nicht, so informiert er die Personen oder Stellen, denen er nach seinem nationalen Recht Bericht erstatten muss, und den Koordinator über die Gründe dafür.

Literatur: *Thole/Dueñas*, Some Observations on the New Group Coordination Procedure of the Reformed European Insolvency Regulation, Int. Insolv. Rev. 24 (2015), 214.

### Übersicht

| | |
|---|---|
| I. Zweck der Norm ................. 1 | 1. Die fehlende Verbindlichkeit der Koordinationsvorgaben ............. 2 |
| II. Inhalt der Norm ................. 2 | 2. Comply or Explain ............. 4 |

### I. Zweck der Norm

1 Die Norm beschreibt die **(fehlende) Bindungswirkung** der Ergebnisse der Tätigkeit des Koordinators, also der Empfehlungen oder gar eines Gruppen-Koordinationsplans für eine koordinierte Konzernsanierung. Sie formuliert stattdessen in zwei Absätzen den „Comply or Explain"-Grundsatz, dem die Verwalter lediglich unterworfen werden.

### II. Inhalt der Norm

#### 1. Die fehlende Verbindlichkeit der Koordinationsvorgaben

2 Das Gruppen-Koordinationsverfahren dient allein der Erleichterung einer koordinierten Insolvenzbewältigung im Interesse aller Beteiligten. Hierzu findet anstelle einer materiellen oder auch nur verfahrensrechtlichen Konsolidierung lediglich die Einsetzung eines Koordinators statt, der ein **Gesamtkonzept** erarbeiten und dessen

Umsetzung im Wege der Mediation bei allen beteiligten Verwaltern und sonstigen Beteiligten (Schuldnern, Gläubigern, Gesellschaftern, Arbeitnehmern) erreichen soll. Hierzu können entsprechende Empfehlungen nach Art. 72 Abs. 1 lit. a ausreichen (etwa hinsichtlich einer Gesamtverwertung im Wege des koordinierten Verkaufs aller Konzernvermögenswerte).

Der Koordinator kann aber auch einen Muster-Insolvenzplan als „Gruppen-Koordinationsplan" gemäß Art. 72 Abs. 1 lit. b ausarbeiten und allen Beteiligten zur Umsetzung zur Verfügung stellen. Zur Vermittlung seiner Ideen ist er berechtigt, in Gläubigerversammlungen aufzutreten, Unterlagen anzufordern und sogar eine Aussetzung von kontraproduktiven Einzelverwertungsakten zu beantragen (vgl. Art. 72 Abs. 2). Vor diesem Hintergrund verpflichtet Art. 70 Abs. 1 **alle Verwalter** von Gruppenunternehmen, die vom Gruppen-Koordinationsverfahren erfasst werden,[1] zur **Berücksichtigung** der Empfehlungen bzw. des Gruppen-Koordinationsplans des Koordinators bei der Verwaltung und Verwertung ihrer Gruppenunternehmen. 3

## 2. Comply or Explain

Die Pflicht zur Berücksichtigung nach Art. 70 Abs. 1 beinhaltet allerdings **keine Pflicht zur Umsetzung**, wie Art. 70 Abs. 2 Unterabs. 1 explizit feststellt. Den Vorgaben des Koordinators (insbesondere in einem Koordinationsplan) fehlt damit jede unmittelbare Bindungswirkung. Stattdessen beschränkt sich die Pflicht zur Berücksichtigung auf eine **Pflicht zur inhaltlichen Auseinandersetzung** mit den Vorgaben des Koordinators, die nach Art. 70 Abs. 2 Unterabs. 2 für den Fall des Abweichens zu einer verbindlichen **Informations- und Begründungspflicht** führt. So soll sichergestellt werden, dass diejenigen Stellen, die über wesentliche Verwertungshandlungen wie eine Unternehmensveräußerung[2] oder einen Sanierungsplan[3] entscheiden, über die Vorgaben des Koordinators informiert werden und ggf. den Verwertungsvorschlag ihres Verwalters ablehnen und ihn stattdessen zum Befolgen der Vorgaben des Koordinators verpflichten können. Die Informations- und Begründungspflicht wirkt also auf die Berichts- und Darlegungspflichten, denen der jeweilige Verwalter nach seiner lex fori concursus unterliegt, ein (in Deutschland etwa im Berichtstermin nach § 156 oder im darstellenden Teil eines Insolvenzplans nach § 220 Abs. 2 InsO). Das Koordinatorenhandeln kann den Verwalter auf diesem Wege **allenfalls mittelbar** binden.[4] 4

Art. 70 Abs. 2 Unterabs. 2 a. E. erweitert die Informations- und Begründungspflicht im Fall des Abweichens auf eine **Mitteilung an den Koordinator**, der dieser Information wie auch der Gründe bedarf, um seine Koordinationsbemühungen entsprechend anzupassen oder aufzugeben. 5

Ignoriert der Verwalter die Pflicht zur Berücksichtigung des Art. 70 Abs. 1, genauer die Pflicht zur Information und Begründung nach Art. 70 Abs. 2, so kann aus dieser 6

---

1) Diese Einschränkung ergibt sich leider nicht aus dem Wortlaut der Norm, wohl aber aus dem Zusammenhang mit Art. 65.
2) In Deutschland der Gläubigerausschuss nach § 160 Abs. 1 InsO.
3) In Deutschland die Gläubiger durch Abstimmung in Gruppen, §§ 243, 244 InsO.
4) Wimmer/Bornemann/Lienau-*Bornemann*, Die Neufassung der EuInsVO, Rz. 596; *Paulus*, EuInsVO, Art. 70 Rz. 2; *Thole/Dueñas*, Int. Insolv. Rev. 24 (2015), 214, 2018.

Pflichtverletzung eine **Schadensersatzpflicht** entstehen,[5] wenn sich hierauf kausal und zurechenbar ein **Quotenschaden** der Gläubiger im verwalteten Verfahren zurückführen lässt.[6] Das bloße Nichtbefolgen des Koordinationsvorschlags oder -plans kann hingegen, wie Art. 70 Abs. 2 deutlich macht, keine Pflichtverletzung begründen.

7 Insbesondere **Gruppenunternehmen, die besonders werthaltige oder essenzielle Vermögensgüter oder Strukturen** im Konzern halten (etwa Patent- oder Lizenzrechte, aber auch Datenbanken) und daher in der Einzelverwertung Befriedigungsquoten anstreben können, die sich im Fall eines koordinierten Gesamtverwertungskonzeptes nicht verbessern, können sich damit auch ohne einen Opt-out schnell aus der Konzernsanierung oder -verwertung verabschieden, da das Koordinationskonzept ihnen keine weiteren Vorteile bieten kann. Das Koordinationsverfahren taugt insofern oft kaum dazu, gerade solche Gruppenunternehmen einzufangen, da der Koordinationsplan unverbindlich und das Aussetzungsrecht des Koordinators aus Art. 72 Abs. 2 lit. e von temporärer Natur ist.

8 Wesentliche Gruppenunternehmen können also mit einer starken Verhandlungsposition in eine Koordination gehen und vom Koordinator eine Besserstellung gegenüber der eigenständigen Verwertung als Koordinationsergebnis verlangen. Eine **Zwangsbindung**, wie sie ein echter Gruppeninsolvenzplan gegenüber einzelnen Gruppenunternehmen schon im Fall einer fehlenden Schlechterstellung (unter angemessener Beteiligung am Mehrerlös) vorsehen könnte, ist dem Koordinationsplan **verwehrt**.

---

5) Grundlage hierfür wäre die lex fori concursus, in Deutschland also § 60 InsO.
6) Insoweit zurückhaltend Wimmer/Bornemann/Lienau-*Bornemann*, Die Neufassung der EuInsVO, Rz. 637.

# Unterabschnitt 2
## Allgemeine Vorschriften

### Artikel 71
#### Der Koordinator

(1) Der Koordinator muss eine Person sein, die nach dem Recht eines Mitgliedstaats geeignet ist, als Verwalter tätig zu werden.

(2) Der Koordinator darf keiner der Verwalter sein, die für ein Mitglied der Gruppe bestellt sind, und es darf kein Interessenkonflikt hinsichtlich der Mitglieder der Gruppe, ihrer Gläubiger und der für die Mitglieder der Gruppe bestellten Verwalter vorliegen.

Literatur: *Andres/Möhlenkamp*, Konzerne in der Insolvenz – Chance auf Sanierung?, BB 2013, 579; *Commandeur/Römer*, Neufassung der Europäischen Insolvenzverordnung, NZG 2015, 988; *Eble*, Der Gruppenkoordinator in der reformierten EuInsVO – Bestellung, Abberufung und Haftung, ZIP 2016, 1619; *Humbeck*, Plädoyer für ein materielles Konzerninsolvenzrecht, NZI 2013, 957; *Kindler/Sakka*, Die Neufassung der Europäischen Insolvenzverordnung, EuZW 2015, 460; *Madaus*, Insolvency proceedings for corporate groups under the new Insolvency Regulation, IILR 2015, 235; *Madaus*, Koordination ohne Koordinationsverfahren? - Reformvorschläge aus Berlin und Brüssel zu Konzerninsolvenzen, ZRP 2014, 192; *Reuß*, Europäisches Insolvenzrecht 3.0 oder doch nur Version 1.1? Der Vorschlag der Kommission v. 12.12.2012 zur Reform der Europäischen Insolvenzverordnung, EuZW 2013, 165; *Thole*, Das neue Konzerninsolvenzrecht in Deutschland und Europa, KTS 2014, 351; *Thole*, Die Reform der Europäischen Insolvenzverordnung, ZEuP 2014, 39; *Vallender*, Der Deutsche Motor stockt, aber Europa drückt aufs Gas, ZInsO 2015, 57; *Wimmer*, Übersicht zur Neufassung der EuInsVO, jurisPR-InsR 7/2015 Anm. 1.

### Übersicht

I. Zweck der Norm .................. 1
II. Inhalt der Norm .................. 9
1. Eignungsvoraussetzungen (Art. 71 Abs. 1) .................. 9
2. Neutral und interessensfrei (Art. 71 Abs. 2) .................. 15
   a) Interessenskonflikte hinsichtlich der Mitglieder einer Gruppe .................. 19
   b) Interessenskonflikte hinsichtlich der Gläubiger von Gruppenmitgliedern .................. 21
   c) Interessenskonflikte hinsichtlich der für die Mitglieder der Unternehmensgruppe bestellten Verwalter .................. 23
   d) Nahestehende Personen .................. 27
III. Schlussfolgerung für die Praxis .................. 28

### I. Zweck der Norm

In Art. 71 und den folgenden Artt. 72 bis 77 geht es um die **zentrale** und zugleich neue **Figur des Koordinationsverfahrens**, den Koordinator.[1] Hat die EU-Kommission in ihrem Vorschlag des Jahres 2012 noch ausschließlich auf die Koordination allein zwischen den Verwaltern der Gruppe gesetzt, ist in der jetzt in Kraft getretene Verordnung ein **Koordinationsverfahren mittels Koordinator** vorgesehen, die EuInsVO folgt damit den Ideen aus dem deutschen Reformentwurf zum deutschen Konzerninsolvenzrecht.[2] An dieser Stelle war an dem Koordinator, der sogar als „Edelparasit" bezeichnet wurde,[3] schon deutlich Kritik geübt worden, da z. B. *Madaus* dessen Kosteneffizienz in Frage stellte.[4] Der Koordinator wie das Koordinationsverfahren verstehen sich dabei als **freiwillige Option** für die Praxis und sollten daher vor ihrem Regelungshintergrund und nach Einsatz in der Praxis bewertet werden.

Der Koordinator ist somit das **Scharnier des Koordinationsverfahren**, bzw. nach *Bornemann* der Federführende[5] bei der Koordinierung oder schlicht – wie *Eble* herausarbeitet – ein eigenständiges Phänomen. Denn seine Rechtsstellung wird durch sein Handeln auf der Grundlage dieser **Sachnorm** europäischen Rechts,[6] seine Bestellung durch ein nationales Gericht und seine Zusammenarbeit mit den nationalen Verwaltern in den einzelnen Insolvenzverfahren durch deren Mithilfe bestimmt.[7]

Es liegt damit auch an den **Fähigkeiten des Koordinators**, wie erfolgreich das Koordinationsverfahren im Ergebnis ist. Für die Mammutaufgabe der Koordinierung eines international agierenden insolventen Konzerns, bedarf es dementsprechend einer

---

1) *Commandeur/Römer*, NZG 2015, 988, 990.
2) *Reuß*, EuZW 2013, 165, 168; ausführlich zur Genese Wimmer/Bornemann/Lienau-*Bornemann*, Die Neufassung der EuInsVO, S. 210.
3) Wimmer/Bornemann/Lienau-*Bornemann*, Die Neufassung der EuInsVO, S. 210 m. w. N.
4) *Madaus*, ZRP 2014, 192, 195.
5) Wimmer/Bornemann/Lienau-*Bornemann*, Die Neufassung der EuInsVO, S. 211.
6) *Eble*, ZIP 2016, 1619, 1620.
7) *Eble*, ZIP 2016, 1619, 1620.

geeigneten Person. Die Norm legt hierfür den **Mindeststandard**, um als Koordinator für ein Koordinationsverfahren i. S. der Artt. 61 ff. bestellt werden zu können.

4 Zu seinen **wesentlichen Aufgaben** gehört es, **Empfehlungen für die koordinierte Durchführung der Insolvenzverfahren** auszusprechen (siehe Art. 72 Rz. 11 ff. [*Fritz*]), einen sog. **Koordinationsplan** vorlegen (siehe Art. 72 Rz. 15 ff. [*Fritz*]), der den Verwaltern ein Maßnahmenpaket zur Sanierung der jeweiligen gruppenangehörigen Unternehmen empfiehlt. Die Empfehlungen des Koordinators sind für die jeweiligen Insolvenzverwalter jedoch **nicht bindend**. Sie sind nicht verpflichtet, den Empfehlungen des Koordinators oder dem Gruppen-Koordinationsplan ganz oder teilweise Folge zu leisten (siehe Art. 70 Abs. 2 und Art. 72 Rz. 32 [*Fritz*]).[8] Zwar ist damit der Koordinator nur mit schwachen Befugnissen ausgestattet, nichtsdestotrotz kann er mit seinem Handeln den entscheidenden Unterschied machen und hat mit dem Recht ein ganzes Insolvenzverfahren aussetzen zu lassen,[9] (siehe Art. 72 Rz. 72 f. [*Fritz*]) sogar ein sehr scharfes Schwert in der Hand.

5 Was die **Anforderungen an den Koordinator** betrifft unterscheidet Art. 71 zwischen der grundsätzlichen Eignungsvoraussetzung (Abs. 1) und den konkreten persönlichen Eigenschaften (Abs. 2) des Koordinators.

6 Das Gericht prüft gemäß Art. 63 Abs. 1 EuInsVO (siehe Art. 63 Rz. 4 [*Madaus*]) und Art. 68 Abs. 1 Satz 1 (siehe Art. 68 Rz. 3 [*Madaus*]) sogar zweimal die Erfüllung der Voraussetzungen. Grundsätzlich sollte das Gericht dabei zu dem gleichen Ergebnis kommen, es sei denn, es treten während der Prüfungsphase neue Sachstände auf. Sollte sich erst im Nachhinein herausstellen, dass die Kriterien gemäß dieser Norm nicht vorliegen, kann der Koordinator nach Art. 75 abberufen werden.

7 In den ErwG findet sich kein direkter Hinweis auf die **Eignungsvoraussetzungen** und das **Profil des Koordinators**. Wohl sind aber die **Ziele der Koordination** wiederholt angesprochen:

– Nach ErwG 52 sollen die an den Konzerninsolvenzverfahren beteiligten Akteure ordnungsgemäß zusammenarbeiten. Die verschiedenen beteiligten Verwalter und Gerichte sollten deshalb in ähnlicher Weise wie die Verwalter und Gerichte in denselben Schuldner betreffenden Haupt- und Sekundärinsolvenzverfahren verpflichtet sein, miteinander zu kommunizieren und zusammenzuarbeiten. Die Zusammenarbeit der Verwalter sollte nicht den Interessen der Gläubiger in den jeweiligen Verfahren zuwiderlaufen, und das Ziel dieser Zusammenarbeit sollte sein, eine Lösung zu finden, durch die **Synergien innerhalb der Gruppe** ausgeschöpft werden.

– Nach ErwG 54 soll die **Effizienz der Koordinierung** gewährleistet werden und gleichzeitig die eigene Rechtspersönlichkeit jedes einzelnen Gruppenmitglieds zu achten sein.

– Und nach ErwG 55 sollten Gruppen-Koordinationsverfahren stets zum Ziel haben, dass die wirksame Verwaltung in den Insolvenzverfahren über das Vermögen der Gruppenmitglieder erleichtert wird, und sie sollten sich allgemein positiv für die Gläubiger auswirken.

---

8) *Commandeur/Römer*, NZG 2015, 988, 990.
9) *Kindler/Sakka*, EuZW 2015, 460, 466.

Aus diesen Erwägungsgründen ergibt sich mithin dass prinzipielle **Pflichtenheft des Koordinators**. Die EuInsVO hält somit am Rechtsträgerprinzip, also dem Prinzip der Einzelverfahren[10] fest, und folgt nicht den Vorschlägen einer materiellen Verfahrenskonsolidierung[11] (siehe dazu ausführlich Art. 56 Rz. 6 [*Hermann*]). Der Koordinator ist somit eine Hilfestellung um das Gebilde „Konzern" trotz in der Insolvenz entfallender hierarchischer **Konzernleitungsmacht** im Interesse der Gläubiger partiell zu erhalten[12] und soll eine möglichst abgestimmte Abwicklung der einzelnen Insolvenzverfahren befördern, um hierdurch Synergien innerhalb der Gruppe auszuschöpfen.[13] Bei der Rolle und Aufgabe des Koordinators sollte daher stets berücksichtigt werden, dass die Einführung seiner Rolle letztlich ein weiteres Instrument der Koordinierung, wie sie grundsätzlich für die einzelnen Verwalter schon nach Art. 56 vorgesehen ist (siehe dazu ausführlich Art. 56 Rz. 9 ff. [*Hermann*]) darstellt, und stets der Erleichterung der Verfahrensführung zum Wohle der Gläubiger dienen soll.[14]

## II. Inhalt der Norm

### 1. Eignungsvoraussetzungen (Art. 71 Abs. 1)

**Formelle Voraussetzung** ist, dass die vorgeschlagene Person geeignet ist, als Verwalter nach dem Recht *eines* Mitgliedstaats tätig zu werden. Die Norm macht somit keine eigenen Vorgaben, sondern verweist ins nationale Recht.[15] Ausreichend ist deshalb, wenn der Koordinator die Eignung zur Bestellung in *irgendeinem* Mitgliedstaat erfüllt. Weder muss der Koordinator nach dem lex fori coordinatoria als Verwalter anerkannt sein, noch muss er auch auf einer entsprechenden Koordinatorenliste vermerkt oder gar in allen Staaten, in denen in dem betroffenen Konzern Insolvenzverfahren eröffnet werden, bestellbar sein.[16] Dies folgt letztlich auch aus dem ErwG 65, der den **Grundsatz des gegenseitigen Vertrauens**[17] hervorhebt. Somit kann z. B. ein Insolvenzverwalter aus Österreich zum Koordinator einer deutsch-italienischen Gruppe bestellt werden, selbst wenn dort keine (insolvente) Konzerngesellschaft ihren Sitz hat.

Zurecht weist auch *Eble*[18] daraufhin, dass, in einer nach hiesiger Auffassung gebotenen unionsautonomen Auslegung dieser Sachnorm, dann für einen Kandidaten nicht

---

10) So ist nach ErwG 54 die Rechtspersönlichkeit jeder Konzerngesellschaft zu achten; vgl. auch *Hermann* in: Mönning, Betriebsfortführung, § 21 Rz. 195; *Reuß*, EuZW 2013, 165; vgl. auch *Thole*, KTS 2014, 351, 373 ff., mit den zutreffenden Hinweisen auf die Folgen für die Kapitalmärkte und die Frage der Transparenz.
11) *Humbeck*, NZI 2013, 957; *Mevorach*, Insolvency within Multinational Enterprise Groups, S. 254.
12) *Andres/Möhlenkamp*, BB 2013, 579, 583.
13) *Wimmer*, jurisPR-InsR 7/2015 Anm. 1, 9. a).
14) Braun-*Ehret*, InsO, Art. 71 EuInsVO Rz. 2.
15) Braun-*Ehret*, InsO, Art. 71 EuInsVO Rz. 5.
16) *Eble*, ZIP 2016, 1619, 1621; Bork/van Zwieten-*J. Schmidt*, Commentary on the European Insolvency Regulation, Art. 72 Rz. 71.06.
17) Bork/van Zwieten-*J. Schmidt*, Commentary on the European Insolvency Regulation, Art. 72 Rz. 71.06.
18) *Eble*, ZIP 2016, 1619, 1621.

die aus seinem Herkunftsland ggf. (zu) strengen Anforderungen, etwa in Form einer Verkammerung des Verwalterstandes, sondern bspw. die liberalen deutschen Anforderungen der Geeignetheit für die Einzelfall ausreichen. Dabei muss aber auch gesehen werden, dass die EU gerade dabei ist, Mindeststandards für den europäischen Insolvenzverwalter zu entwickeln.[19]

11  Kein Koordinator kann der **Schuldner in Eigenverwaltung** sein. Dies schließt bereits der Wortlaut aus, der nur Verwalter i. S. des Art. 2 Abs. 5 für geeignet hält. Art. 76 ist auf diese Vorschrift nicht entsprechend anwendbar. Außerdem würde der Schuldner in Eigenverwaltung zu keiner Zeit die Voraussetzungen des Art. 71 Abs. 2 erfüllen.

12  Die Frage, ob der Koordinator eine natürliche Person sein muss, oder ob auch eine **juristische Person als Koordinator** ernannt werden kann, ist nicht geregelt. Während in einigen Ländern Verwalter nur natürliche Personen sein können (z. B. Deutschland oder England), ist es in anderen Mitgliedstaaten auch möglich juristische Personen als Verwalter zu bestellen. Ungeachtet der selbst beim dortigen Gericht strittigen Entscheidung des AG Mannheim[20] auch ausländische juristische Personen in die Insolvenzverwalter-Vorauswahlliste aufzunehmen, spricht schon der Grundsatz des gegenseitigen Vertrauens[21] für die Möglichkeit, auch juristische Personen als Koordinator zuzulassen. Dies mag aber nur formaljuristisch richtig sein. Rein tatsächlich sind gerade an den Koordinator besondere **persönliche Voraussetzungen** zu stellen, diese erfüllt eine juristische Person gerade nicht. Auch Schlichter oder Mediatoren sind eben keine juristischen Personen, sondern Persönlichkeiten.

13  Neben der **Verwaltereigenschaft** sind gleichwohl keine weiteren formalen Voraussetzungen definiert. Jedoch müssen gemäß Art. 61 Abs. 3 lit. a im Vorschlag zum Koordinator auch die konkreten Qualifikationen des Kandidaten als Verwalter beschrieben werden.

14  Dies zeigt, dass allein die Verwaltereigenschaft nicht genügt, als Koordinator bestellt zu werden. Es ist zu erwarten, dass ein Koordinationsverfahren nur bei entsprechender Größe, Schwierigkeitsgrad und komplexen Konzernstrukturen eröffnet wird und ihn anspruchsvolle Herausforderungen erwarten. Entsprechend muss der Koordinator neben exzellenten internationalen Restrukturierungs- und Insolvenzkenntnissen auch **ausgeprägte Softskills** besitzen. Er sollte eine ausgleichende Persönlichkeitsstruktur aufweisen,[22] Erfahrung im Bereich der Meditation besitzen und kul-

---

19) Vorschlag für eine Richtlinie über präventive Restrukturierungsrahmen, die zweite Chance und Maßnahmen zur Steigerung der Effizienz von Restrukturierungs-, Insolvenz- und Entschuldungsverfahren und zur Änderung der Richtlinie 2012/30/EU (2016/0359 (COD), COM(2016) 723 final, s. Titel IV Art. 25, abrufbar unter https://eur-lex.europa.eu/legal-content/DE/TXT/?qid=1573664975751&uri=CELEX:52016PC0723 (Abrufdatum: 20.11.2019), oder die Vorschläge von INSOL Europe – Insolvency Office Holder Forum, abrufbar unter https://www.insol-europe.org/ioh-forum-documents (Abrufdatum: 20.11.2017).
20) AG Mannheim, Beschl. v. 14.12.2015 – 804 AR 163/15, ZIP 2016, 132, dazu EWiR 2016, 83 (*Römermann*); dagegen aber dann AG Mannheim, Beschl. v. 20.1.2016 – 804 AR 163/15 (II), ZIP 2016, 431 = ZVI 2016, 112.
21) ErwG 65.
22) *Vallender*, ZInsO 2015, 57, 62.

turelle Kompetenzen wie sehr gute Englischkenntnisse besitzen.[23] Ferner sollte er auch international für seine Expertise und Erfahrung anerkannt sein.[24]

## 2. Neutral und interessensfrei (Art. 71 Abs. 2)

Neben der formalen Eignung nach Absatz 1, ist die wohl wichtigste Eigenschaft des Koordinators unabhängig und frei von Interessenskonflikten zu sein, um bei möglichen Verteilungskämpfen zwischen den einzelnen Verwaltern **unparteiisch** handeln zu können (vgl. Art. 72 Abs. 5)[25] und nicht selbst einem Zielkonflikt zwischen den Interessen der Gruppe als Ganzes und der selbst verwalteten Masse im Einzelnen ausgesetzt zu sein.[26] Im Gegensatz zu Absatz 1 geht es in Absatz 2 um Voraussetzungen, die im Einzelfall einschlägig sein können und zu beachten sind. Gesucht ist also ein **ehrlicher Makler**[27] der alle Interessen gleichwertig berücksichtigt.

15

Gemäß Art. 71 Abs. 2 Halbs. 1 dürfen deshalb keine Personen eingesetzt werden, die bereits zum **Verwalter eines Insolvenzverfahrens der Unternehmensgruppe** bestellt sind. Richtigerweise sollte dies auch für solche **Verwalter gelten, die in der Vergangenheit bereits als Verwalter eingesetzt waren** (z. B. der vorläufige Insolvenzverwalter) und durch das zuständige Organ nicht im Amt bestätigt oder beibehalten wurde.

16

Ferner schließt Art. 71 Abs. 2 Halbs. 2 EuInsVO die Bestellung einer Person aus, bei der i. Ü. ein oder mehrere Interessenskonflikte hinsichtlich

17

– der Mitglieder der Unternehmensgruppe,

– der Gläubiger der Unternehmensgruppe sowie

– der bestellten Verwalter der Verfahren einer Unternehmensgruppe

bestehen.

„**Interessenkonflikt**" ist dabei **weit zu verstehen**. Es soll möglichst jeder **böse Schein** vermieden werden. Letztlich wird ein Verwalter gesucht, die als neutrale Person[28] unparteiisch und unabhängig handeln kann.[29] Interessenkonflikte können sowohl privater, beruflicher oder wirtschaftlicher Natur sein.[30] Entscheidend ist am Ende jedoch immer der Einzelfall. Da die Freiheit von Interessenkonflikten schon Bestellungsvoraussetzung ist, ergibt sich hieraus auch eine **Offenbarungspflicht** für den Kandidaten, sollte tatsächlich ein solcher Konflikt bestehen. Dies ist zwar weder in Art. 71 noch in Art. 75 (Abberufung) ausdrücklich geregelt, muss aber zwingend aus der Gesamtschau folgen, sonst bliebe eine Erschleichung des Amtes durch einen ungeeigneten Kandidaten sanktionslos.

18

---

23) *Vallender*, ZInsO 2015, 57, 63.
24) *Madaus*, IILR 2015, 235, 241.
25) *Wimmer*, jurisPR-InsR 7/2015 Anm. 1, 9. g); *Vallender*, ZInsO 2015, 57, 62.
26) *Hermann* in: Mönning, Betriebsfortführung, § 21 Rz. 214.
27) *Thole*, KTS 2014, 351, 366.
28) Begr. RegE Gesetz zur Erleichterung der Bewältigung von Konzerninsolvenzen, BT-Drucks. 18/407, S. 35, *Vallender*, ZInsO 2015, 57, 62.
29) *Wimmer*, jurisPR-InsR 7/2015 Anm. 1, 9. g).
30) Mankowski/Müller/*J. Schmidt-J. Schmidt*, EuInsVO 2015, Art. 71 Rz. 12; *Eble*, ZIP 2016, 1619, 1621.

### a) Interessenskonflikte hinsichtlich der Mitglieder einer Gruppe

19 Nach Art. 71 Abs. 2 Var. 1 können Personen, die in irgendeiner Form mit einem oder mehreren Mitgliedern der **Unternehmensgruppe verbunden** sind, nicht bestellt werden. Dies kann z. B. aufgrund von Beteiligungen am Unternehmen der Fall sein. Jedoch ist hier eine gewisse relevante **Schwelle der Anteilsbeteiligung** zu fordern,[31] da ansonsten bereits das Halten einer Aktie ggf. auch unbewusst und indirekt i. R. eines Portfolios oder Depots die Bestellung ausschließen würde. Auch wenn der Verwalter in der Vergangenheit beim Unternehmen beschäftigt war oder nicht unwesentliche Beratungsleistungen erbracht hat (Wirtschaftsprüfer, Restrukturierungsberater etc.), kann ein Interessenkonflikt bestehen.[32]

20 Außerdem darf der Verwalter nicht in Organstellung oder ein Aufsichtsratsmitglied sein oder etwa im Verwaltungsrat/Beirat sitzen, Art. 71 Abs. 2 Var. 2.

### b) Interessenskonflikte hinsichtlich der Gläubiger von Gruppenmitgliedern

21 Weitere potentielle Interessenskonflikte sieht der Verordnungsgeber zwischen dem Koordinator und den Gläubigern der Gruppenmitglieder, Art. 71 Abs. 2 Var. 3. Ein solcher Interessenkonflikt besteht dann, wenn der (potentielle) Koordinator, an einem Unternehmen beteiligt ist, welches selbst Gläubiger ist.[33] Auch **wesentliche geschäftliche Kontakte** mit dem Gläubiger können einen Interessenkonflikt begründen. Zum Beispiel, wenn der (potentielle) Koordinator den Gläubiger in dem Insolvenzverfahren eines Mitglieds der Gruppe vertritt oder eine **nicht unwesentliche vertragliche Beratungsleistung** erbringt.[34]

22 Dies sollte auch wiederum nicht zu eng ausgelegt werden, so dass eine gelegentliche Beratung in der Vergangenheit und in anderer Sache nicht schädlich sein sollte;[35] anders wäre dies zu werten, wenn der Koordinator einen Gläubiger wiederkehrend und dauerhaft in verschiedenen Themen berät oder beraten hat („**Dauermandant**").

### c) Interessenskonflikte hinsichtlich der für die Mitglieder der Unternehmensgruppe bestellten Verwalter

23 Zuletzt will der Verordnungsgeber in Art. 71 Abs. 2 Var. 4 auch dann die Bestellung eines Verwalters unterbinden, wenn Interessenskonflikte hinsichtlich der für die Mitglieder der Unternehmensgruppe bestellten Verwalter bestehen. Auch hier gilt das soeben Gesagte zur Beratung im Einzelfall in Abgrenzung zum Dauermandat.

24 Auch wenn z. B. ein Insolvenzverwalter der gleichen Kanzlei bereits für ein Verfahren der Unternehmensgruppe bestellt wurde oder anderweitige wesentliche Beratungsleistungen erbringt, sollte dies im speziellen Fall des Koordinators die Unabhängig-

---

31) Bork/van Zwieten-*J. Schmidt*, Commentary on the European Insolvency Regulation, Art. 71 Rz. 71.11, spricht von einer signifikanten Beteiligung.
32) Mankowski/Müller/J. Schmidt-*J. Schmidt*, EuInsVO 2015, Art. 71 Rz. 13; *Reinhart* in: MünchKomm-InsO, Art. 71 EuInsVO 2015 Rz. 3; *Eble*, ZIP 2016, 1619, 1621.
33) Bork/van Zwieten-*J. Schmidt*, Commentary on the European Insolvency Regulation, Art. 71 Rz. 71.12.
34) Mankowski/Müller/J. Schmidt-*J. Schmidt*, EuInsVO 2015, Art. 71 Rz. 15.
35) *Reinhart* in: MünchKomm-InsO, Art. 71 EuInsVO 2015 Rz. 4.

keit ausschließen.[36] Dies ist damit anders zu werten als die Lösung, dass mitunter sinnvollerweise bei verschiedenen konzernangehörigen Gesellschaften **Verwalter aus einer Sozietät** bestellt werden. Dies ist an sich sinnvoll, um eine effiziente Verfahrensabwicklung darzustellen und führt (jedenfalls bei Bestellung natürlicher Personen) auch zu keinem Interessenkonflikt zwischen diesen Verwaltern.[37] Da der Koordinator aber zu allen Verwaltern der Gruppe ein ausgewogenes Verhältnis haben sollte, verbietet sich eine solche kanzleibezogene Mehrfachbestellung vor dem Hintergrund der Fairness gegenüber allen Beteiligten. Letztlich ist auch die Bestellungspraxis in Konzernfällen immer am **Primat der Gläubigerinteressen zu messen.**[38]

Zu weit dürfte aber die Auffassung gehen, dass nicht nur die aktuelle, sondern auch die frühere Tätigkeit für eine Kanzlei, die auf Ebene der Insolvenzverwalter involviert ist, die Unabhängigkeit ausschließt.[39] Der Koordinator ist nach Wechsel des Unternehmens diesem grundsätzlich nicht mehr verpflichtet. Anders wäre dies nur zu werten, wenn sich aufgrund konkreter Bewandtnisse eine negative Einstellung ergibt oder eine besondere Nähe gleichwohl vorhanden geblieben wäre. 25

Wie mit einem Koordinator umzugehen wäre, der im Zusammenhang mit seiner Auswahl und Bestellung falsche Angaben zu seinen Eigenschaften gemacht hat, wird unter Art. 77 zu diskutieren sein (siehe Art. 77 Rz. 23 [*Fritz*]). 26

### d) Nahestehende Personen

In allen Fällen ist auch dann ein Interessenskonflikt anzunehmen, wenn dieser nicht direkt, sondern aufgrund **enger Angehöriger** besteht. Zum Beispiel, wenn der Ehepartner des Verwalters einen wesentlichen Anteil an einem Mitglied der Gruppe hält.[40] 27

### III. Schlussfolgerung für die Praxis

Ob sich die Option des Koordinators bewährt, kann nur die Praxis zeigen. Sowohl die Frage, des „Ob", also nach dem Einsatz des Koordinationsverfahrens, als auch des „Wie", d. h. der konkreten Auswahl eines Kandidaten, sollte sich stets am Gläubigerinteresse orientieren. 28

Zu bedenken ist stets, dass eine gehörige Berücksichtigung der Gläubigerinteressen erfolgen muss und damit die Fähigkeiten des Kandidaten im Vordergrund stehen sollten. Damit sollte **nicht jede (auch potentielle oder hypothetische) Interessenkollision den sofortigen Ausschluss begründen können.** Dies wäre nicht verhältnismäßig und würde u. U. auch dazu führen, dass kein passender Kandidat gefunden wird. Wie oben (siehe Rz. 7 und 14) beschrieben, muss der Koordinator Erfahrungen und Kompetenzen mitbringen, die nur wenige Verwalter besitzen. Wenn jede noch so kleine Interessenskollision ausreichen soll, um als Koordinator ungeeignet zu sein, so kann es kaum zu einer guten Wahl kommen. 29

---

36) Mankowski/Müller/*J. Schmidt*-*J. Schmidt*, EuInsVO 2015, Art. 71 Rz. 15.
37) *Hermann* in: Mönning, Betriebsfortführung, § 21 Rz. 202; vgl. auch *Reinhart* in: MünchKomm-InsO, Art. 71 EuInsVO 2015 Rz. 5.
38) *Hermann* in: Mönning, Betriebsfortführung, § 21 Rz. 200.
39) Bork/van Zwieten-*J. Schmidt*, Commentary on the European Insolvency Regulation, Art. 71 Rz. 71.13.
40) *Eble*, ZIP 2016, 1619, 1621; Mankowski/Müller/*J. Schmidt*-*J. Schmidt*, EuInsVO 2015, Art. 71 Rz. 14.

30 Gerade bei weniger **gravierenden Konfliktmöglichkeiten** sollten diese vielmehr vorab allen Beteiligten gegenüber offengelegt werden und in dokumentierbarer Weise zur Kenntnis gelangt sein. Sind Gläubigerorgane, Gerichte und Verwalter konzernangehöriger Unternehmen im Bilde und werten einen potentiellen Konflikt als nicht relevant, sollte dies akzeptiert werden. Stellt sich indes später heraus, dass ein Koordinator bei Bestellung bestehende und ihm bekannte Interessenkonflikte nicht zuvor den Insolvenzverwaltern konzernangehöriger Gesellschaften offengelegt hat, sollte dies wiederum eine Abberufung nach Art. 75 rechtfertigen (siehe oben Rz. 18).

31 Es ist deshalb nicht schematisch, sondern immer im **Einzelfall** zu prüfen, ob zu der Unternehmensgruppe oder zu den Gläubigern eine solch enge Verbindung besteht, die parteiische und interessensgelenkte Entscheidungen zumindest nicht ausschließen lässt.

32 Momentan gibt es den Koordinationsverwalter nur nach der EuInsVO, spannend ist die Frage, wenn denn auch ein **deutsches Konzerninsolvenzrecht** in Kraft träte, wie ein Koordinator nach der EuInsVO zu einem „nur" nach der InsO stünde.[41] ErwG 62 postuliert hier klar den **Vorrang der EuInsVO.** So soll die EuInsVO die Mitgliedstaaten zwar nicht daran hindern, nationale Bestimmungen zu erlassen, mit denen die Bestimmungen dieser Verordnung über die Zusammenarbeit, Kommunikation und Koordinierung im Zusammenhang mit Insolvenzverfahren über das Vermögen von Mitgliedern einer Unternehmensgruppe ergänzt werden. Dies setzt aber voraus, dass der Geltungsbereich der nationalen Vorschriften sich auf die nationale Rechtsordnung beschränkt und die Anwendung der EuInsVO nicht beeinträchtigt.

33 Der derzeitige Entwurf des autonomen deutschen Konzerninsolvenzrechts sieht jedenfalls eine Beschränkung auf Verfahren vor, die im deutschen Inland eröffnet wurden. Befinden sich indes bei einem europäischen Konzern mehrere Gesellschaften in Deutschland, verbleibt noch immer die Frage, wie deren Verhältnis untereinander zu regeln ist: Nach autonomem deutschen Recht oder nach der EuInsVO? Soweit das deutsche Recht ohnehin nur einen begrenzten Anwendungsbereich im Auge hat,[42] wäre in diesem Sinne eine Reduktion geboten, zumal das unausgesprochene Ziel, ein Vorbild für das europäische Recht abzugeben, erreicht wurde. Im Zweifel sollte hier zunächst einmal ein und dieselbe Person bestellt werden, um die ansonsten ggf. zu erwartenden Kompetenzkonflikte von Anfang an zu vermeiden.

34 Grundsätzlich obliegt es nicht dem Koordinator, sondern dem Antrag stellenden Verwalter gemäß Art. 61 Abs. 3 lit. a Angaben zu den Eignungsvoraussetzungen zu machen. Dies dürfte einfacher sein, wenn der Koordinator am jeweiligen Gericht bereits als Insolvenzverwalter tätig war bzw. gelistet ist, und umso schwieriger, wenn er bislang im Ausland also in einer anderen Jurisdiktion bestellt wurde. Es empfiehlt sich hier, dass das Gericht sich nicht nur auf die **Angaben des Antragstellers** verlässt, sondern den **Kandidaten** selbst die **Möglichkeit der Anhörung** gewährt bzw. sich von diesem selbst die Unabhängigkeit und Geeignetheit versichern lässt.[43]

---

41) Ausführlich zur Problematik des Zusammenpralls deutschen und europäischen Konzerninsolvenzrechts: *Thole*, ZEuP 2014, 39, 73.
42) Wimmer/Bornemann/Lienau-*Bornemann*, Die Neufassung der EuInsVO, S. 210.
43) Vgl. hierzu Braun-*Ehret*, InsO, Art. 71 EuInsVO Rz. 10.

## Artikel 72
### Aufgaben und Rechte des Koordinators

(1) ¹Der Koordinator

a) legt Empfehlungen für die koordinierte Durchführung der Insolvenzverfahren fest und stellt diese dar,

b) schlägt einen Gruppen-Koordinationsplan vor, der einen umfassenden Katalog geeigneter Maßnahmen für einen integrierten Ansatz zur Bewältigung der Insolvenz der Gruppenmitglieder festlegt, beschreibt und empfiehlt. ²Der Plan kann insbesondere Vorschläge enthalten zu

  i) den Maßnahmen, die zur Wiederherstellung der wirtschaftlichen Leistungsfähigkeit und der Solvenz der Gruppe oder einzelner Mitglieder zu ergreifen sind,

  ii) der Beilegung gruppeninterner Streitigkeiten in Bezug auf gruppeninterne Transaktionen und Anfechtungsklagen,

  iii) Vereinbarungen zwischen den Verwaltern der insolventen Gruppenmitglieder.

(2) ¹Der Koordinator hat zudem das Recht

a) in jedem Insolvenzverfahren über das Vermögen eines Mitglieds der Unternehmensgruppe gehört zu werden und daran mitzuwirken, insbesondere durch Teilnahme an der Gläubigerversammlung,

b) bei allen Streitigkeiten zwischen zwei oder mehr Verwaltern von Gruppenmitgliedern zu vermitteln,

c) seinen Gruppen-Koordinationsplan den Personen oder Stellen vorzulegen und zu erläutern, denen er aufgrund der nationalen Rechtsvorschriften seines Landes Bericht erstatten muss,

d) von jedem Verwalter Informationen in Bezug auf jedes Gruppenmitglied anzufordern, wenn diese Informationen bei der Festlegung und Darstellung von Strategien und Maßnahmen zur Koordinierung der Verfahren von Nutzen sind oder sein könnten, und

e) eine Aussetzung von Verfahren über das Vermögen jedes Mitglieds der Gruppe für bis zu sechs Monate zu beantragen, sofern die Aussetzung notwendig ist, um die ordnungsgemäße Durchführung des Plans sicherzustellen, und den Gläubigern des Verfahrens, für das die Aussetzung beantragt wird, zugutekäme, oder die Aufhebung jeder bestehenden Aussetzung zu beantragen. ²Ein derartiger Antrag ist bei dem Gericht zu stellen, das das Verfahren eröffnet hat, für das die Aussetzung beantragt wird.

(3) Der in Absatz 1 Buchstabe b genannte Plan darf keine Empfehlungen zur Konsolidierung von Verfahren oder Insolvenzmassen umfassen.

(4) Die in diesem Artikel festgelegten Aufgaben und Rechte des Koordinators erstrecken sich nicht auf Mitglieder der Gruppe, die nicht am Gruppen-Koordinationsverfahren beteiligt sind.

# Artikel 72

(5) Der Koordinator übt seine Pflichten unparteiisch und mit der gebotenen Sorgfalt aus.

(6) Wenn nach Ansicht des Koordinators die Wahrnehmung seiner Aufgaben zu einer – im Vergleich zu der in Artikel 61 Absatz 3 Buchstabe d genannten Kostenschätzung – erheblichen Kostensteigerung führen wird, und auf jeden Fall, wenn die Kosten die geschätzten Kosten um 10 % übersteigen, hat der Koordinator

a) unverzüglich die beteiligten Verwalter zu informieren und
b) die vorherige Zustimmung des Gerichts einzuholen, das das Gruppen-Koordinationsverfahren eröffnet hat.

**Literatur:** *Brünkmans*, Auf dem Weg zu einem europäischen Konzerninsolvenzrecht, ZInsO 2013, 797; *Brünkmans*, Entwurf eines Gesetzes zur Erleichterung der Bewältigung von Konzerninsolvenzen: Kritische Analyse und Anregungen aus der Praxis, ZIP 2013, 193; *Commandeur/Römer*, Neufassung der Europäischen Insolvenzverordnung, NZG 2015, 988; *Fölsing*, Konzerninsolvenz: Gruppen-Gerichtsstand, Kooperation und Koordination (Stellungnahme zu dem Diskussionsentwurf des Bundesjustizministeriums für ein Gesetz zur Erleichterung der Bewältigung von Konzerninsolvenzen vom 3.1.2013), ZInsO 2013, 413; *Fritz*, Besser sanieren in Deutschland? Wesentliche Aspekte der Einpassung der Europäischen Insolvenzverordnung in das deutsche Recht, BB 2017, 131; *Fritz*, Die Neufassung der Europäischen Insolvenzverordnung: Erleichterung bei der Restrukturierung in grenzüberschreitenden Fällen, Teil 2, DB 2015, 1945; *Madaus*, Insolvency proceedings for corporate groups under the new Insolvency Regulation, IILR 2015, 235; *Parzinger*, Die neue EuInsVO auf einem Blick, NZI 2016, 63; *Prager/Keller, Ch.*, Der Entwicklungsstand der Europäischen Insolvenzrechts, WM 2015, 806, 811; *Vallender*, Europaparlament gibt den Weg frei für eine neue Europäische Insolvenzverordnung, ZIP 2015, 1513; *Vallender*, Der deutsche Motor stockt, aber Europa drückt aufs Gas, ZInsO 2015, 57; *Wimmer*, Übersicht zur Neufassung der EuInsVO, jurisPR-InsR 7/2015 Anm. 1; *Wimmer*, Konzerninsolvenzen im Rahmen der EuInsVO – Ausblick auf die Schaffung eines deutschen Konzerninsolvenzrechts DB 2013, 1343.

## Übersicht

| | |
|---|---|
| I. Zweck der Norm .................................. 1 | (5) Verfahrensleitende Maßnahmen zum Schutz des Going-Concern-Wertes der Gruppe ...... 26 |
| II. Inhalt der Norm ................................. 10 | |
| 1. Aufgaben des Koordinators (Art. 72 Abs. 1) ............................ 10 | (6) Vermeidung konzerninterner Streitigkeiten und Förderung von Vereinbarungen der Konzerninsolvenzverwalter ................. 28 |
| a) Empfehlungen für die koordinierte Durchführung von Insolvenzverfahren (Art. 72 Abs. 1 Satz 1 lit. a) .................. 11 | |
| b) Gruppen-Koordinationsplan (Art. 72 Abs. 1 Satz 1 lit. b) ....... 15 | bb) Regelungstiefe .......................... 32 |
| aa) Ziele und Inhalt des Gruppen-Koordinationsplan ...................... 18 | 2. Weitere Rechte des Koordinators (Art. 72 Abs. 2) ............................ 35 |
| (1) Hintergründe der Insolvenz ........ 19 | a) Rechtliches Gehör und Teilnahmerecht (Art. 72 Abs. 2 Satz 1 lit. a) ............................ 37 |
| (2) Regelbeispiele und Konsolidierungsverbot (Art. 72 Abs. 1 lit. b Satz 2 und Art. 72 Abs. 3) .................. 20 | b) Vermittlung von Streitigkeiten (Art. 72 Abs. 2 Satz 1 lit. b) ........ 39 |
| (3) Einbeziehung von Gesellschaften außerhalb der EU bzw. der EuInsVO .................. 22 | c) Recht auf Präsentation des Koordinationsplans (Art. 72 Abs. 2 Satz 1 lit. c) ........ 44 |
| | d) Informationsrecht (Art. 72 Abs. 2 Satz 1 lit. d) ........ 50 |
| (4) Betriebswirtschaftliche Maßnahmen und Sanierungsziele ....... 23 | e) Aussetzungsbefugnis (Art. 72 Abs. 2 Satz 1 lit. e) ........ 54 |

aa) Umfang des Aussetzungs-
   rechtes ............................................. 54
bb) Aussetzungsantrag ...................... 62
cc) Begründetheit des Antrages ........ 65
dd) Dauer der Aussetzung ................. 71
ee) Schutzmaßnahmen und
   Rechtsmittel .................................. 72
ff) Rechtsfolgen der Aussetzung ..... 74
gg) Aufhebung einer Aussetzung ...... 79
3. Grenzen des Koordinators
   (Art. 72 Abs. 4) ................................ 82
4. Sorgfaltspflicht des Koordinators
   (Art. 72 Abs. 5) ................................ 83
5. Abberufung des Koordinators ............ 88
6. Verhaltensweise bei Kostensteige-
   rung (Art. 72 Abs. 6) ......................... 89
   a) Erhebliche Kostensteigerung ...... 92
   b) Obliegenheit des
      Koordinators ................................ 94
   c) Kostenüberprüfung .................... 101
III. Schlussfolgerungen
   für die Praxis ..................................... 102

## I. Zweck der Norm

Art. 72 legt die Aufgaben und Rechte des Koordinators fest und macht **Vorgaben** 1
**über die Ausführung seiner Arbeit.** Der Verordnungsgeber wollte mit der Einführung die Koordinierung der Einzelverfahren verbessern, um **Effizienzgewinne** zu erzielen (ErwG 54). Die Zusammenarbeit der einzelnen Verwalter sollte entsprechend des ErwG 52 nach **Synergien** streben.

Auch die Aufgaben und Rechte des Koordinators sind somit im Kontext des ErwG 54 2
zu interpretieren: „Um die Koordinierung der Insolvenzverfahren über das Vermögen von Mitgliedern einer Unternehmensgruppe weiter zu verbessern und eine koordinierte Sanierung der Gruppe zu ermöglichen, sollten mit dieser Verordnung Verfahrensvorschriften für die Koordinierung der Insolvenzverfahren gegen Mitglieder einer Unternehmensgruppe eingeführt werden. Bei einer derartigen Koordinierung sollte angestrebt werden, dass die Effizienz der Koordinierung gewährleistet wird, wobei gleichzeitig die eigene Rechtspersönlichkeit jedes einzelnen Gruppenmitglieds zu achten ist."

Nach ErwG 57 sollten Gruppen-Koordinationsverfahren stets zum Ziel haben, dass 3
die wirksame Verwaltung in den Insolvenzverfahren über das Vermögen der Gruppenmitglieder erleichtert wird. Sie sollen sich allgemein positiv für die Gläubiger auswirken. Dies findet seine Entsprechung im Gedanken der Kosteneffizienz, bzw. in ErwG 58. Demnach sollen die einzelnen Verwalter, aber auch die Gläubigerausschüsse, der Insolvenzverfahren in der Gruppe eingebunden werden.

Die Kosten des Gruppen-Koordinationsverfahrens sollen dessen Vorteile nicht über- 4
steigen. Daher muss nach den ErwG sichergestellt werden, dass die Kosten der Koordinierung, und der von jedem Gruppenmitglied zu tragende Anteil an diesen Kosten, angemessen, verhältnismäßig und vertretbar sind und im Einklang mit den nationalen Rechtsvorschriften des Mitgliedstaats, in dem das Gruppen-Koordinationsverfahren eröffnet wurde, festgelegt werden. Die beteiligten Verwalter sollten auch die Möglichkeit haben, diese Kosten ab einer frühen Phase des Verfahrens zu kontrollieren. Um dies zu erleichtern, wird dem Koordinationsverwalter auferlegt, eine relevante Kostenüberschreitung anzuzeigen. ErwG 59 konkretisiert dies und postuliert eine gerichtliche Überprüfung bzw. Genehmigung im Falle erheblicher Kostenüberschreitungen, was auf jeden Fall bei einer Schwelle von 10 % erreicht sein soll.

### Artikel 72

5  Die Kernaufgabe des Koordinators ist zum einen, die **Koordination** zwischen den einzelnen Verwaltern der Verfahren **mittels Empfehlungen**[1] so konfliktarm wie möglich zu gestalten. Bei Konflikten kommt ihm die **Vermittlerrolle** zu.[2] Zum anderen wird es aber die wohl wichtigste Aufgabe für den Koordinator sein, einen **Gruppen-Koordinierungsplan** federführend zu formulieren, der einen möglichen Vorschlag zur Bewältigung der Konzerninsolvenz insgesamt beschreibt,[3] und diesen dann gemeinsam mit den Verwaltern der beteiligten, gruppenangehörigen Verfahren umzusetzen.

6  Zur Erfüllung der Aufgaben, werden dem Koordinator mehrere Rechte zur Verfügung gestellt.[4] Die Norm gibt dem Koordinator

– ein **Anhörungsrecht** (siehe Rz. 37), ein **Informationsrecht** (siehe Rz. 50) sowie
– korrespondierend zu Art. 74 ein **Vorstellungsrecht** bei den nationalen Stellen (siehe Rz. 44) und,
– das wohl schärfste Recht, ein **Antragsrecht zur Aussetzung von Insolvenzverfahren** (siehe Rz. 54).

7  Ferner regelt die Norm die **materiellen Grenzen** der Koordinierung: Die Koordination darf sich nur auf die insolventen Unternehmen der Gruppe beziehen, die am Koordinationsverfahren teilnehmen.[5] Der Koordinator muss selbst unabhängig sein und muss dementsprechend unparteiisch handeln (siehe Rz. 39) sowie die Aufgaben mit der gebotenen Sorgfalt erledigen. Schließlich macht die EuInsVO dem Koordinator Vorgaben, wie er sich zu verhalten hat, wenn ersichtlich wird, dass es zu einer erheblichen Überschreitung der Kostenschätzung für das Koordinationsverfahren kommt (siehe Rz. 89).

8  Alle ihm übertragenen Aufgaben und Rechte hat der Koordinator nur im Verhältnis gegenüber den Insolvenzverwaltern der Gruppe, die am Koordinationsverfahren beteiligt sind (vgl. Art. 72 Abs. 4, siehe Rz. 22). Nach ErwG 62 ist es zudem generelle Voraussetzung jedweder Koordinierungsvorschrift der EuInsVO, dass Verfahren über das Vermögen verschiedener Mitglieder derselben Unternehmensgruppe in mehr als einem Mitgliedstaat eröffnet worden sind.

9  Wie unten am Beispiel der Aussetzungsmöglichkeit diskutiert (siehe unten Rz. 60). sollte man die Aufgaben des Koordinators als **dispositives Recht** ansehen. Ist die Teilnahme an einem Koordinationsverfahren schon freiwillig, sollten dessen Bausteine auch disponibel sein. Insoweit könnten die Verwalter einzelner konzernangehöriger Gesellschaften aber auch i. R. des Art. 56 die Möglichkeit haben, dem Koordinator auf freiwilliger Basis sogar noch **weitergehende Rechte** als sie durch Art. 72 vorgesehen sind, einzuräumen.

---

1) *Commandeur/Römer*, NZG 2015, 988, 990.
2) *Fritz*, BB 2017, 131, 135.
3) *Vallender*, ZIP 2015, 1513, 1521; Braun-*Ehret*, InsO, Art. 72 EuInsVO Rz. 1.
4) Bork/Mangano-*Mangano*, European Cross-Border Insolvency Law, Rz. 8.72.
5) Wimmer/Bornemann/Lienau-*Bornemann*, Die Neufassung der EuInsVO, Rz. 624.

## II. Inhalt der Norm
### 1. Aufgaben des Koordinators (Art. 72 Abs. 1)

Die Aufgaben des Koordinators sind stets als Ausfluss des Prinzips von **Kooperation und Kommunikation** (**CoCo**) zu verstehen.[6] Sie bestehen aus der Abgabe von Empfehlungen, der Vorlage eines Gruppen-Koordinationsplanes und Informationsteilhabe sowie Durchsetzungsrechten. Die Rechte sind dabei auch in ihrem Kontext zu sehen. So bedingt die Abgabe von Empfehlungen die vorherige Information.[7]

#### a) Empfehlungen für die koordinierte Durchführung von Insolvenzverfahren (Art. 72 Abs. 1 Satz 1 lit. a)

Der Koordinator hat gemäß Art. 72 Abs. 1 Satz 1 lit. a Empfehlungen für die koordinierte Durchführung der Insolvenzverfahren zu erarbeiten. Wie sich schon aus dem Wortlaut ergibt sind diese nicht bindend.[8] Dies ergibt sich zudem aus Art. 70 Abs. 2, wonach die Empfehlungen zu **keiner Verpflichtung** der Insolvenzverwalter führen. Sie sind lediglich verpflichtet, die Nichtbefolgung gegenüber dem Koordinator zu begründen (Comply or Explain) und ggf. nach nationalem Recht entsprechende Organe des Verfahrens hierüber zu informieren.

Klar ist, dass einzelne Empfehlungen immer auf **gewisse Gegenstände der Verfahrensabwicklung beschränkt** sind.[9] Dagegen stellt der Gruppen-Koordinationsplan (siehe sogleich Rz. 15) die Weiterentwicklung der Empfehlungen dar und ist ein umfassendes und in sich schlüssiges **Gesamtkonzept**. Insoweit ist die Trennlinie zwischen Empfehlungen und Plan unscharf,[10] aber auch gar nicht nötig, da beide Instrumente ein und demselben Zweck dienen. Der Gruppen-Koordinationsplan bedarf jedoch einer gewissen Planungs- und Erarbeitungsphase, weshalb es wichtig ist, bereits vor Fertigstellung des Koordinationsplans **lenkend auf die Einzelverwalter** einzuwirken, um die möglicherweise spätere Umsetzung des Koordinationsplan nicht zu gefährden.

Daher könnten die **Empfehlungen** etwa darauf gerichtet sein, keine voreiligen und nicht revidierbaren Tatsachen zu schaffen oder ein Forum zu etablieren, in dem konzerntypische Probleme und die besonderen Aufgaben in einer Insolvenzsituation[11] – wie z. B. interne Verrechnungskonten oder Verrechnungspreise, Nutzung und Finanzierung gemeinsamer Ressourcen, Sicherstellung von Liquidität etc. – möglichst mit Synergien geklärt werden.[12] Weitere Empfehlungen könnten die Art der Kommunikation betreffen oder die **Nutzung von sog. Protocols** sein.[13]

---

6) *Fritz*, BB 2017, 131.
7) Mankowski/Müller/J. Schmidt-*J. Schmidt*, EuInsVO 2015, Art. 72 Rz. 7.
8) So auch *Commandeur/Römer*, NZG 2015, 988, 990.
9) Wimmer/Bornemann/Lienau-*Bornemann*, Die Neufassung der EuInsVO, Rz. 625.
10) Wimmer/Bornemann/Lienau-*Bornemann*, Die Neufassung der EuInsVO, Rz. 624.
11) Instruktiv dazu *Hermann* in: Mönning, Betriebsfortführung, § 21 Rz. 204 f.
12) So auch Bork/van Zwieten-*J. Schmidt*, Commentary on the European Insolvency Regulation, Art. 72 Rz. 72.08 f.
13) Bork/van Zwieten-*J. Schmidt*, Commentary on the European Insolvency Regulation, Art. 72 Rz. 72.10.

14 Aufgabe des Koordinators ist es auch, die erarbeiteten Empfehlungen in geeigneter Weise darzustellen. Zwar ist keinerlei Formvorschrift vorgegeben, sie sollten für alle sichtbar und nachvollziehbar sein. Die Textform ist deshalb ratsam, letztlich kann auch hierfür das Format eines Protokolls zielführend sein,[14] was bei Gegenzeichnung durch die einzelnen Verwalter auch zu einer – freilich freiwillig herbeigeführten – Bindungswirkung führt.

### b) Gruppen-Koordinationsplan (Art. 72 Abs. 1 Satz 1 lit. b)

15 Die wohl bedeutendste Aufgabe des Koordinators ist die **Erstellung eines Gruppen-Koordinationsplans**, der einen umfassenden Maßnahmenkatalog für einen **integrierten Ansatz zur Bewältigung der Konzerninsolvenz** umfassen soll. Das ist keine leere Worthülse, sondern die wichtigste Aufgabe des Koordinators. Aus den Einzelverfahren mögen sich ganz diverse, ggf. widerstreitende Aufgabenstellungen und Anforderungen ergeben. Die Kunst des Koordinators liegt darin die einzelnen Verwalter und deren Belange mittels Plan zu integrieren und auch in diesem Sinne eine integrierte Gesamtlösung zu konzipieren.[15] Wo die Empfehlungen nach Art. 72 Abs. 1 Satz 1 lit. a konkrete Handlungsvorschläge sein sollten, ist der Gruppen-Koordinationsplan in diesem Sinne als ausgearbeitetes Konzept anzusehen.[16]

16 Der Plan ist ansonsten nur recht vage geregelt. Klar ist nur, dass der Gruppen-Koordinationsplan die Insolvenzpläne der jeweiligen nationalen Insolvenzrechte, welche durchaus rechtsgestaltenden Charakter haben können, nicht ersetzen will, der Koordinationsplan soll daher ausdrücklich nur geeignete Maßnahmen beschreiben und vorschlagen;[17] man kann ihn als **flankierenden Masterplan** oder als Leitplanke verstehen.[18]

17 Der Gruppen-Koordinationsplan des Art. 72 darf nicht mit dem Sanierungsplan des Art. 56 Abs. 2 lit. c verwechselt werden, welcher einen anderen Gehalt hat.[19]

### aa) Ziele und Inhalt des Gruppen-Koordinationsplan

18 Der Koordinationsplan kann sowohl auf die **gemeinsame Sanierung** des Konzerns und Wiederherstellung der Wettbewerbsfähigkeit[20] als auch auf die **gemeinsame Liquidation** gerichtet sein. Vorrangiges Ziel sollte die Sanierung sein.[21]

### (1) Hintergründe der Insolvenz

19 Zu diesem Zweck sollte der Plan ggf. vorab die Schwachstellen des Konzerns und die **Hintergründe der Insolvenz** beleuchten und, daraus abgeleitet, Lösungsvorschlä-

---

14) Bork/van Zwieten-*J. Schmidt*, Commentary on the European Insolvency Regulation, Art. 72 Rz. 72.10.
15) *Vallender*, ZIP 2015, 1513, 1521; Mankowski/Müller/J. Schmidt-*J. Schmidt*, EuInsVO 2015, Art. 72 Rz. 16.
16) *Reinhart* in: MünchKomm-InsO, Art. 72 EuInsVO 2015 Rz. 6.
17) *Fritz*, BB 2017, 131.
18) *Fritz*, DB 2015, 1945, 1948.
19) Braun-*Ehret*, InsO, Art. 72 EuInsVO Rz. 5.
20) Bork/van Zwieten-*J. Schmidt*, Commentary on the European Insolvency Regulation, Art. 72 Rz. 72.16.
21) *Wimmer*, jurisPR-InsR 7/2015 Anm. 1, 9. f).

ge unterbreiten, wie diesen in Zukunft besser begegnet werden kann. Denn nur wenn man aus den Fehlern der Vergangenheit lernt und diese korrigiert, kann ein nachhaltiger Sanierungsplan erstellt werden.

**(2) Regelbeispiele und Konsolidierungsverbot (Art. 72 Abs. 1 lit. b Satz 2 und Art. 72 Abs. 3)**

Die Norm gibt selbst eine nicht abschließende Liste, somit **Regelbeispiele**[22] („insbesondere") an möglichen Vorschlägen des Koordinators vor:

– Maßnahmen zur **Wiederherstellung der wirtschaftlichen Leistungsfähigkeit**;

– Lösungen zur **Beilegung gruppeninterner Streitigkeiten** zu **internen Zahlungen** und (internen) **Anfechtungsklagen**;

– **sonstige Vereinbarungsvorschläge** für die Verwalter untereinander.

Ausdrücklich verboten ist nur, dass der Koordinierungsplan Maßnahmen für eine gemeinsame **Konsolidierung** der Verfahren enthält (vgl. Art. 72 Abs. 3). Damit will der Verordnungsgeber seine Entscheidung, keine materielle Konsolidierung einzuführen, nochmals unterstreichen.

**(3) Einbeziehung von Gesellschaften außerhalb der EU bzw. der EuInsVO**

Indes schweigt sowohl Art. 72 als auch der gesamte Abschnitt zur Koordinierung von Konzerninsolvenz zu der Frage, wie mit Insolvenzen konzernangehöriger Gesellschaften umzugehen ist, die außerhalb der EU bzw. des Geltungsbereiches der EuInsVO liegen. Auch die Definition der Unternehmensgruppe in Art. 2 Nr. 13 schränkt die Gruppe nicht auf Gesellschaften innerhalb der EU ein. Und auch bei den ErwG findet sich keine solche generelle Beschränkung. Selbst die Einschränkung der Aufgaben und Rechte des Koordinators auf Mitglieder der Gruppe, die am Koordinationsverfahren teilnehmen (Art. 72 Abs. 4) schränkt es nicht weiter auf EU-Gesellschaften ein. Indes betont ErwG 51 den Grundsatz, dass die Koordinierung der Steigerung der Effizienz dienen soll, und ErwG 56 stellt auf die Freiwilligkeit ab. Daher sollte nichts dagegen sprechen, wenn der Koordinierungsplan auch Gruppengesellschaften außerhalb der EU oder des Anwendungsbereiches der EuInsVO umfasst, soweit die Verfahren nach dortigem Recht freiwillig und nach Maßgabe entsprechender Vereinbarungen der Koordinierung beigetreten sind.

**(4) Betriebswirtschaftliche Maßnahmen und Sanierungsziele**

Die Ziele und Inhalte des Koordinationsplanes könnten **auf betriebswirtschaftlicher Ebene** nach *Wimmer* zum einen wie folgt umrissen werden:[23]

– Der Plan sollte vorrangig darauf ausgerichtet sein, allen Verwaltern ein **Sanierungsziel für den Konzern als Ganzes** vorzugeben.

– Soweit sich zumindest einige der gruppenangehörigen Unternehmen in einer massiven Liquiditätskrise befinden, soll der Plan Vorschläge unterbreiten können,

---

22) Mankowski/Müller/*J. Schmidt*-*J. Schmidt*, EuInsVO 2015, Art. 72 Rz. 15.
23) *Wimmer*, jurisPR-InsR 7/2015 Anm. 1, 9. g); *Madaus*, IILR 2015, 235, 241; *Parzinger*, NZI 2016, 63, 68.

wie die **Eigenkapitalsituation** einzelner Unternehmen zu verbessern sei oder wie eine zu komplexe Finanzstruktur zu entflechten wäre.

- Der Plan soll auch Wege aufzeigen, wie Schwachstellen bei einem konzerninternen **Liquiditätsausgleich** behoben werden können.

- Der Plan muss sich nicht auf die finanzwirtschaftliche Seite beschränken, er kann auch ein Gesamtkonzept entwickeln, wie der **Konzern völlig neu ausgerichtet** werden kann, um seine **Wettbewerbsfähigkeit** wiederherzustellen.

- Hierzu könne der Plan auch Aussagen zu der Frage enthalten, welche **Geschäftsfelder** künftig von welchen Unternehmen auf bestimmten Märkten abzudecken sind.

24 Auf dieser Ebene könnten zum anderen Gegenstand des Planes die folgenden Punkte sein:[24]

- So kann es sinnvoll sein, in den Fällen, in denen Investoren gesucht werden – sei es für die Stärkung des Kapitals i. R. eines **Planverfahrens** oder für (partielle) **übertragende Sanierungen** oder **Ausgliederungen** von strategisch entbehrlichen oder finanzwirtschaftlich nicht tragbaren Konzernbereichen –, auch diesen **M&A-Prozess** zu koordinieren.

- Ist eine Wiederherstellung der wirtschaftlichen Leistungsfähigkeit ausgeschlossen, kann der Gruppen- Koordinationsplan auch auf die **Liquidation** gerichtet sein.[25]

25 Vor dem Hintergrund des Hauptziels der Koordination, d. h. der Schaffung einer Verbesserung für die Gläubiger, sollte der Plan zudem darlegen, dass und inwieweit die Gläubiger bessergestellt werden. Hierfür sollte der Plan nach dem Gedanken des ErwG 58 einen Mehrwert für die Gläubiger vorsehen (ErwG 58). Die Befolgung des Planes muss daher bei mindestens einem Verfahren zu einer Verbesserung führen und darf bei den anderen keine Verschlechterung bringen.[26]

### (5) Verfahrensleitende Maßnahmen zum Schutz des Going-Concern-Wertes der Gruppe

26 Gerade bei verflochtenen Konzernstrukturen ist die Maximierung der Masse häufig nur durch eine koordinierte Planung möglich.[27] Neben diesen – je nach Einzelfall – notwendigen Vorschlägen sind daher auch **verfahrensleitende Maßnahmen** häufig sinnvoll, um die Umsetzung des Plans in den Verfahren sicherzustellen. Ziel sollte es sein, die Insolvenzen bestmöglich zu koordinieren und somit den **Going-Concern-Wert** nicht durch Egoismen und dem **Asset Stripping**[28] einzelner Verwalter zu zerstören. So nützt die beste Planung nichts, wenn sie nicht verfahrensrechtlich umgesetzt und vor unabgestimmten Vorgehen einzelner Verwalter geschützt wird.[29]

---

24) *Fritz*, DB 2015, 1945, 1948.
25) Mankowski/Müller/*J. Schmidt*-*J. Schmidt*, EuInsVO 2015, Art. 72 Rz. 17.
26) So zutreffend Braun-*Ehret*, InsO, Art. 72 EuInsVO Rz. 15.
27) *Fritz*, DB 2015, 1945, 1948.
28) Bork/van Zwieten-*J. Schmidt*, Commentary on the European Insolvency Regulation, Art. 72 Rz. 72.16.
29) *Wimmer*, jurisPR-InsR 7/2015 Anm. 1, 9. g).

Um dem zu begegnen, kann vorzuschlagen sein, wie die wirtschaftlich sinnvolle Abwicklung der Konzerninsolvenz mit den womöglich nicht immer einheitlichen formellen Anforderungen der einzelnen Insolvenzrechte bzw. Verfahren so in Einklang gebracht werden kann, dass unflexible oder starre Jurisdiktionen nicht den Gesamtprozess stören und so den Going-Concern-Wert schmälern.[30]

Wo aber der Plan den in der Gruppe verkörperten Going Concern schützen möchte, sollte auch von vorneherein erörtert werden, ob sich hieraus nicht sogar ein **Kooperationsgewinn**[31] ergeben könnte und wie dieser zu verteilen ist. Dieses setzt voraus, dass die Summe des Konzerns einen höheren Wert ausmacht als die Teile der einzelnen Konzerninsolvenzen.[32] Hier kann z. B. auch der **Goodwill**, der bei rein konzerninternen Servicegesellschaften schwerlich feststellbar ist, fair verteilt werden. 27

### (6) Vermeidung konzerninterner Streitigkeiten und Förderung von Vereinbarungen der Konzerninsolvenzverwalter

Ferner kann der Koordinationsplan Vorschläge und Empfehlungen enthalten, die der Beilegung von **konzerninternen Streitigkeiten** dienen. Die Norm selbst spricht bereits die wichtigste Fallgruppe an: die **konzerninternen Transaktionen** und den daraus entstehenden **Anfechtungsansprüche**.[33] Hier kommt es häufig zu langwierigen und kostenintensiven Rechtsstreitigkeiten zwischen den einzelnen Verfahren. Der Koordinationsplan soll deshalb bereits präventive Maßnahmen vorschlagen, um entweder Streitigkeiten gar nicht erst entstehen zu lassen oder aber ein Verfahren vorschlagen, um aufkommende Streitigkeiten außergerichtlich beilegen zu können. 28

Auch in anderen Situationen können Streitigkeiten entstehen, wie z. B. bei Art und Umfang der **Informationsweiterleitung** zwischen den Verwaltern (vgl. Art. 56) oder die Einigung zur Sprachregelung. Der Koordinationsplan kann für die Streitbeilegung bereits abstrakte Regeln und Methoden erarbeiten, anhand derer die Konflikte zu lösen sind.[34] 29

Im Koordinationsplan können auch **Vorschläge für Vereinbarungen** aufgeführt werden. Dies ist deshalb sinnvoll, da der Koordinationsplan selbst nicht bindend ist. Bi- und multilaterale Vereinbarungen zwischen den Verwaltern sind somit auf Ebene der Umsetzung essenziell wichtig, um **verbindliche Ziele festzulegen**, an die sich die Verwalter der jeweiligen Verfahren halten müssen und so auch deren Umsetzung sicherzustellen. In solchen Vereinbarungen kann von Sprachregelungen, der Beilegung von Streitigkeiten bei Anfechtungsklagen, Kreditvereinbarungen, Sicher- 30

---

30) *Fritz*, DB 2015, 1945, 1948.
31) *Hermann* in: Mönning, Betriebsfortführung, § 21 Rz. 209 f., unter Verweis auf *Brünkmans*, ZIP 2013, 193, und *Fölsing*, ZInsO 2013, 413.
32) Bork/van Zwieten-*J. Schmidt*, Commentary on the European Insolvency Regulation, Art. 72 Rz. 72.16.
33) Bork/van Zwieten-*J. Schmidt*, Commentary on the European Insolvency Regulation, Art. 72 Rz. 72.20; *Wimmer*, jurisPR-InsR 7/2015 Anm. 1, 9. g); Mankowski/Müller/*J. Schmidt-J. Schmidt*, EuInsVO 2015, Art. 72 Rz. 121.
34) Bork/van Zwieten-*J. Schmidt*, Commentary on the European Insolvency Regulation, Art. 72 Rz. 72.23; vgl. auch *Reinhart* in: MünchKomm-InsO, Art. 72 EuInsVO 2015 Rz. 12.

heitsleistungen bis hin zur künftigen Ausgestaltung des Konzerns alles geregelt werden.

31 Sinnvoll ist auch der Vorschlag von *J. Schmidt*, im Plan eine **Schiedsabrede** zwischen den Parteien vorzusehen, die, soweit vertraglich umgesetzt, dem Koordinator oder ggf. einem Dritten Schiedsbefugnisse erteilt.[35]

### bb) Regelungstiefe

32 Dabei darf unabhängig vom Regelungsgegenstand nicht vergessen werden, dass der Gruppen-Koordinationsplan **unverbindlichen Charakter** hat.[36] Von einem „kupierten Insolvenzplan" zu sprechen, der lediglich **darstellende Regelungen** hat,[37] schränkt den Plan auch nach seiner Funktion im Gefüge der Koordination zu weit ein. Er kann trotz seines (von sich aus) unverbindlichen Charakters gleichwohl einen **gestaltenden Teil beinhalten**, soweit dieser nur den Charakter von Empfehlungen hat oder nach *Bornemann*[38] Entwürfe vorsieht, die auf Ebene der einzelnen Insolvenzverfahren noch umzusetzen sind. Dies kann auch durch Vereinbarung der Gruppeninsolvenzverwalter untereinander geschehen. Somit kann auch der Koordinationsplan den Charakter von **Protocols** beinhalten oder **Poolvereinbarungen** bei der Verwertung von Assets[39] bzw. nach der hiesigen Auffassung auch Gesellschaften außerhalb der EU bzw. des Anwendungsbereiches der EuInsVO umfassen (siehe oben Rz. 22).

33 Die vorgeschlagenen Maßnahmen muss der Koordinator anschließend bei den Verwaltern vorstellen (siehe unten Rz. 44). Einer Genehmigung seitens der Verwalter oder sonstiger Stellen bedarf es jedoch nicht,[40] da die Verwalter gemäß Art. 70 Abs. 2 ohnehin nicht an den Koordinationsplan gebunden sind. Zum Inhalt des Planes siehe oben Rz. 18.

34 Damit der Koordinationsplan **verbindlich** wird, müssen die einzelnen Insolvenzverfahren die Empfehlungen **national umsetzen** (siehe oben Rz. 30). Gegebenenfalls folgt aber aus der Nichtbefolgung eines Planes und im Falle eines zurechenbaren Schadens der Gläubiger ein Schadensersatzanspruch gegen den Verwalter, der einen Plan nicht umsetzt.[41]

---

35) Bork/van Zwieten-*J. Schmidt*, Commentary on the European Insolvency Regulation, Art. 72 Rz. 72.21.
36) Bork/van Zwieten-*J. Schmidt*, Commentary on the European Insolvency Regulation, Art. 72 Rz. 72.21.; Braun-*Ehret*, InsO, Art. 72 EuInsVO Rz. 16.
37) Mankowski/Müller/J. Schmidt-*J. Schmidt*, EuInsVO 2015, Art. 72 Rz. 28; Begr. RegE, BT-Drucks. 18/407, S. 40; *Wimmer*, DB 2013, 1343, 1349.
38) Wimmer/Bornemann/Lienau-*Bornemann*, Die Neufassung der EuInsVO, Rz. 625.
39) *Reinhardt* in: MünchKomm-InsO, Art. 72 EuInsVO 2015 Rz. 7.
40) Anders noch der Entwurf des Europäischen Parlaments, vgl. Art. 42d der Legislativen Entschließung des europäischen Parlaments v. 5.2.2014 zu dem Vorschlag für eine Verordnung des Europäischen Parlaments und des Rates zur Änderung der Verordnung (EG) Nr. 1346/2000 des Rates über Insolvenzverfahren, v. 12.12.2012, COM(2012) 744 final, abrufbar unter http://www.europarl.europa.eu/sides/getDoc.do?pubRef=-//EP//TEXT+ TA+P7-TA-2014-0093+0+DOC+XML+V0//DE (Abrufdatum: 20.11.2019).
41) Braun-*Ehret*, InsO, Art. 72 EuInsVO Rz. 16.

## 2. Weitere Rechte des Koordinators (Art. 72 Abs. 2)

Damit der Koordinator seine in Art. 72 Abs. 1 aufgestellten Aufgaben auch erfüllen 35
kann und diese trotz der Unverbindlichkeit Wirkung entfalten können, bedarf es
gewisser Rechte für den Koordinator. Art. 72 Abs. 2 enthält **fünf Rechte des Koordinators**. Entgegen der Meinung von *J. Schmidt* sind diese **abschließender Natur**, da
der Wortlaut – im Gegensatz zu Absatz 1 – nicht von „insbesondere" spricht. Dies
gebietet sich auch vor dem Gedanken des **Subsidiaritätsprinzips**, wonach Aufgaben
prinzipiell auf Ebene der Mitgliedstaaten zu erledigen sind und eine europäische
Übernahme von Aufgaben einer Rechtfertigung bedarf.

Sollten dem Koordinator darüber hinaus Rechte zugestanden werden, müsste dies 36
ebenfalls ausdrücklich geregelt werden, da dies einen Eingriff in die Ausübungstätigkeit der Verwalter darstellen würde. In diesem Sinne spricht aber nichts dagegen,
dass die einzelnen Verwalter im Geiste der Vorschrift des Art. 56 Unterabs. 2 Satz 1
auf den Gruppenkoordinator auf freiwilliger bzw. gewillkürter Basis Aufgaben übertragen, soweit dies nur nach den jeweiligen für ihre Verfahren geltenden Bestimmungen zulässig ist. In jedem Falle gelten nach Art. 72 Abs. 4 auch die weiteren Rechte
nur gegenüber den Verfahren die am Gruppen-Koordinationsverfahren teilnehmen.

### a) Rechtliches Gehör und Teilnahmerecht (Art. 72 Abs. 2 Satz 1 lit. a)

Um die Durchführung der Empfehlungen und des Koordinierungsplans zu erreichen, 37
bedarf es voraussichtlich Aufklärungs- und Überzeugungsarbeit bei den einzelnen
Verwaltern, Gerichten, Gläubigerversammlungen und ähnlichen Stellen. Deshalb gibt
der Verordnungsgeber dem Koordinator mittels dieser **Sachnorm**[42] das Recht, in
jedem Insolvenzverfahren **gehört zu werden** und insbesondere durch Teilnahme an
**Gläubigerversammlungen**, daran mitzuwirken. Das rechtliche Gehör gilt umfassend,
was sich hier wieder aus dem Wortlaut („insbesondere") und dem Zusammenhang
der Aufgabenstellung ergibt.[43] Auch bei (vorläufigen) Gläubigerausschüssen und
ähnlichen Stellen hat der Koordinator daher das Recht gehört zu werden und teilzunehmen. Ein **Stimmrecht** ergibt sich aber, schon nach dem Wortlaut, nicht.[44]

Insoweit wurde diese Norm, wie sich aus der Zusammenschau mit der ErwG 62 38
ergibt, gerade auch auf Situationen bzw. Verfahren zugeschnitten, bei denen es nur
eine bedingte, etwa auf die Gläubiger beschränkte, Publizität gibt und Dritte ansonsten
keine Informationsrechte hätten. Dies wäre etwa bei Verfahren nach der InsO der
Fall. Insoweit will und kann die EuInsVO die Mitgliedstaaten nicht daran hindern,
nationale Bestimmungen zu erlassen, mit denen die Bestimmungen der EuInsVO
über die Zusammenarbeit, **Kommunikation und Koordinierung** nicht im Einklang stehen. Dies setzt aber nach ErwG 62 voraus, dass der Geltungsbereich der
**nationalen Vorschriften** sich auf die nationale Rechtsordnung beschränkt und die
Anwendung der EuInsVO nicht beeinträchtigt. Insoweit kann die **Vertraulichkeit**
des nationalen Insolvenzverfahrens dem Koordinator nicht entgegengehalten werden.

---

42) *Reinhart* in: MünchKomm-InsO, Art. 72 EuInsVO 2015 Rz. 11.
43) Mankowski/Müller/*J. Schmidt*-*J. Schmidt*, EuInsVO 2015, Art. 72 Rz. 34.
44) *Reinhart* in: MünchKomm-InsO, Art. 72 EuInsVO 2015 Rz. 11.

Zur Frage des Vorrangs der EuInsVO vor nationalen Koordinierungsvorschriften siehe auch Art. 71 Rz. 32 [*Fritz*].

### b) Vermittlung von Streitigkeiten (Art. 72 Abs. 2 Satz 1 lit. b)

39 Korrespondierend zu der Aufgabe aus Art. 72 Abs. 1 lit. b Satz 2 (ii) gewährt die EuInsVO auch das Recht bei Streitigkeiten zwischen einem oder mehreren Verwaltern zu vermitteln. Streitigkeiten zwischen einzelnen Verfahren können dazu führen, dass eine Sanierung des Konzerns unmöglich wird oder sich unnötigerweise in die Länge zieht, was zu weiteren Kosten führt. Dies gilt sowohl beim Sanierungsversuch, als auch i. R. einer Liquidation.

40 Häufiger Streitpunkt sind die **konzerninternen Transaktionen** aufgrund der verflochtenen Strukturen vor der Insolvenz und dem Prinzip der rechtlichen Selbstständigkeit ab Insolvenzeröffnung.[45] In der Regel bestehen **Cashpooling-Vereinbarungen** zwischen den einzelnen Gesellschaften und Lizenzen, Material und Arbeitskraft werden zum Teil kostenlos oder weit **unter dem Marktpreis**, somit oft nicht „at-arms-lenght" zur Verfügung gestellt. Um sich als Verwalter nicht selbst schadensersatzpflichtig zu machen (§ 60 InsO) müssen die Verwalter diese Transaktionen ggf. anfechten bzw. deshalb Forderungen anmelden, jedenfalls für eine vernünftige Vergütung im Falle der Fortführung dieser Verträge sorgen.

41 Ein neutraler Koordinator kann hier als „**Super Mediator**"[46] vermittelnd wirken. Als unabhängige Instanz kann er Vorschläge an die streitenden Verwalter richten, um den Streit außergerichtlich und schnell zu lösen. Die Vorschläge können auch auf den im Koordinationsplan erarbeiteten Methoden zur Streitbeilegung beruhen (siehe oben Rz. 20).

42 Art. 72 Abs. 2 Satz 1 lit. b räumt dem Koordinator jedoch **keine Entscheidungsbefugnis** ein. Um die Verbindlichkeit des Lösungsvorschlags zu sichern, bedarf es einer Vereinbarung zwischen den jeweiligen Verwaltern. Auch diese Vereinbarung kann vom Koordinator eingebracht werden (siehe Rz. 28 ff.). Möglich wäre auch, dass die streitenden Verwalter den Koordinator in einer **Schiedsvereinbarung** zur verbindlichen Entscheidung ermächtigen (siehe Rz. 31).[47]

43 Ob es sich bei der Streitschlichtung um ein echtes Recht des Koordinators handelt oder es als eine Aufgabe zu verstehen ist, ist nicht ganz eindeutig. Der Wortlaut des Art. 72 Abs. 2 spricht eindeutig von „Rechte(n)". Fraglich ist somit, ob die streitenden Verwalter eine **Schlichtung durch den Koordinator nicht ablehnen** dürfen und falls sie sich weigern, schadensersatzpflichtig machen. Sieht man die Norm im Gesamtkontext, spricht vieles dafür, dass der Koordinator von sich aus, also proaktiv, im Interesse der bestmöglichen Koordinierung, eingreifen kann. Zumindest müssen die Verwalter den Versuch des Koordinators aktiv nutzen, um eine Streitbeilegung zu erzielen. Abgesehen von den ggf. haftungsrechtlichen Konsequenzen, für den Fall, dass sich Verwalter ihrer Mitwirkungspflicht – die aus dem Schlichtungsrecht des Koordinators folgt – entziehen, bleibt die Norm aber ein stumpfes

---

45) *Wimmer*, jurisPR-InsR 7/2015 Anm. 1, 9. g).
46) *Madaus*, IILR 2015, 235, 241.
47) Mankowski/Müller/J. Schmidt-*J. Schmidt*, EuInsVO 2015, Art. 72 Rz. 37.

Schwert, soweit keine konkreten Schiedsabreden und Vereinbarungen über die Durchsetzung derselben getroffen wurden.[48]

c) Recht auf Präsentation des Koordinationsplans (Art. 72 Abs. 2 Satz 1 lit. c)

Gemäß Art. 72 Abs. 2 Satz 1 lit. c hat der Koordinator das Recht, seinen ausgearbeiteten Koordinationsplan den Personen und Stellen vorzulegen und zu erläutern, denen er aufgrund der nationalen Rechtsvorschriften seines Landes Bericht erstatten muss. Zum Inhalt des Planes siehe oben Rz. 18 ff.  44

Während der erste Halbsatz Sinn ergibt, ist der zweite Halbsatz wenig einleuchtend. Würde man den Wortlaut ernstnehmen, so müsste der Koordinator den Stellen seinen Koordinationsplan präsentieren, denen *er* aufgrund nationaler Rechtsvorschriften *seines* Landes Bericht erstatten müsste. Dies macht nicht nur wenig Sinn, sondern würde auch häufig leerlaufen, da viele Länder überhaupt kein Koordinationsverfahren kennen und dementsprechend auch keine Berichterstattungsvorschriften vorschreiben.[49] Dies dürfte selbst im Falle Deutschlands gelten, da das hiesige Konzerninsolvenzrecht nach dem neugefassten § 3e InsO nur bei einer Unternehmensgruppe aus Unternehmen, die den Mittelpunkt ihrer hauptsächlichen Interessen im Inland haben, greift, somit gar nicht bei grenzüberschreitenden Fällen gelten soll.  45

Gemeint ist wohl, dass der Koordinator seinen Koordinierungsplan den Stellen **vorstellen darf**, denen die ***Verwalter der jeweiligen Verfahren*** nach ***deren*** nationalem Recht Bericht erstatten müssen. Dies würde Sinn ergeben, da auch die Verwalter der nationalen Verfahren den gleichen Stellen nach dem Grundsatz **„Comply or Explain"** gemäß Art. 70 Abs. 2 Unterabs. 2 berichten müssen, warum sie den Empfehlungen des Koordinationsplans nicht Folge leisten werden. Es scheint, als ob der Verordnungsgeber lediglich die Regelung Art. 70 Abs. 2 Unterabs. 2 kopiert hat, ohne die Regelung für den Koordinator entsprechend anzupassen.[50]  46

Die nationalen Stellen können **beide Argumentationsstränge hören**, bewerten und entsprechende Maßnahmen ergreifen, wenn sie der Meinung sind, dass der Koordinator die besseren Argumente auf seiner Seite hat. Zum Beispiel kann der Verwalter ersetzt werden oder ein Beschluss gefasst werden, dem Koordinierungsplan Folge zu leisten.  47

Die **maßgeblichen Stellen** sind z. B. **Gläubigerversammlung, Gläubigerausschuss** sowie das zuständige **Insolvenzgericht**.[51] In Deutschland kann der Koordinator im **Berichtstermin** § 156 InsO seinen Koordinierungsplan vorstellen und für die Einhaltung des Plans werben. Sollte der Koordinierungsplan jedoch erst nach dem Berichtstermin fertiggestellt sein – was zumindest in Deutschland wahrscheinlich ist, wenn man bedenkt das nach § 29 Abs. 1 Nr. 1 InsO der Berichtstermin spätestens nach drei Monaten nach Verfahrenseröffnung zu erfolgen hat – so hat der Koordinator das Recht dem Gläubigerausschuss sowie der Gläubigerversammlung und dem Insolvenzgericht den Koordinierungsplan vorzustellen. Gegebenenfalls wäre dann  48

---

48) *Reinhart* in: MünchKomm-InsO, Art. 72 EuInsVO 2015 Rz. 12.
49) Mankowski/Müller/*J. Schmidt-J. Schmidt*, EuInsVO 2015, Art. 72 Rz. 38.
50) Mankowski/Müller/*J. Schmidt-J. Schmidt*, EuInsVO 2015, Art. 72 Rz. 38.
51) *Wimmer*, jurisPR-InsR 7/2015 Anm. 1, 9. g).

durch den Verwalter der konzernangehörigen Gesellschaft eine **gesonderte Gläubigerversammlung** einzuberufen, in der der Koordinationsverwalter seinen Plan vorstellen kann.[52] Der jeweilige Verwalter der konzernangehörigen Gesellschaft müsste dann wiederum nach dem comply or explain-Prinzip des Art. 70 Abs. 2 Unterabs. 2 seine Ablehnung des Planes darlegen, falls er diesem nicht folgen möchte (siehe i. Ü. zu den maßgeblichen Stellen Art. 70 Rz. 4 [*Madaus*]).

49 Ähnlich sieht es die durch das Gesetz zur Erleichterung der Bewältigung von Konzerninsolvenzen neugefasste InsO vor:[53] Laut § 269i InsO n. F. muss der Koordinationsplan im Berichtstermin erläutert und begründet werden. Gemäß § 269i Abs. 1 Satz 3 InsO n. F. müssen etwaige Änderungen in der Gläubigerversammlung vorgetragen werden.

### d) Informationsrecht (Art. 72 Abs. 2 Satz 1 lit. d)

50 Art. 72 Abs. 2 Satz 1 lit. d räumt dem Koordinator ein umfassendes Informationsrecht gegenüber den nationalen Verwaltern ein. Mit diesem Recht, welches durch Art. 74 ergänzt wird, wird sichergestellt, dass der Koordinator alle relevanten Informationen der einzelnen Verfahren zur Verfügung gestellt bekommt, die notwendig sind, um die bestmögliche Lösung für den Konzern zu finden.

51 Im Gegensatz zu Art. 56 haben jedoch die Verwalter die Informationen nicht unaufgefordert bereitzustellen, sondern erst **auf Anforderung des Koordinators**. Die Grenze des Informationsrechts ist erreicht, wenn die Informationen nicht zur Erarbeitung des Koordinierungsplan von Nutzen sind oder sein können. Das ist z. B. gegeben, wenn es um **Geschäftsgeheimnisse** geht, die für die Frage der wirtschaftlichen Situation unerheblich sind, bzw. es genügt, wenn die wirtschaftlichen Schlussfolgerungen zur Bewertung ausreichen.

52 Aus dem Informationsrecht des Koordinators folgt logischerweise die **Auskunftspflicht** des einzelnen Verwalters konzernangehöriger Gesellschaften, die am Koordinationsverfahren teilnehmen. Dies bekräftigt dann auch Art. 74. Eine Auskunftspflicht solchen Verwaltern aufzuerlegen, deren Verfahren nicht teilnehmen oder die ein Opt-out nach Art. 64 gewählt haben, widerspräche der Idee, dass es keinen Zwang zur Koordination gibt. Soweit man die Rolle des Koordinationsverwalters – wie schon von ErwG 54 postuliert (siehe Rz. 2) – im Kontext der Koordinierung und damit als Ergänzung der Regelungen der Art. 56 ff. versteht (siehe Art. 71 Rz. 1 [*Fritz*]), dürften sich die Grenzen der Auskunftspflicht der Verwalter von konzernangehörigen Gesellschaften ebenfalls aus Art. 56 ergeben. Damit kann sich ggf. aus der Mitwirkungspflicht im Falle deren Verletzung auch eine Haftung ergeben (siehe dazu ausführlich Art. 56 Rz. 46 ff. [*Hermann*]). Ein echtes Prüfungsrecht kommt den einzelnen Verwaltern jedoch i. Ü. nicht zu. Nur wenn das Begehren des Koordinators offensichtlich unbegründet oder willkürlich ist, darf der Verwalter die Informationsherausgabe verweigern.[54]

---

52) Mankowski/Müller/J. Schmidt-*J. Schmidt*, EuInsVO 2015, Art. 70 Rz. 14.
53) Begr. RegE Gesetz zur Erleichterung der Bewältigung von Konzerninsolvenzen z. § 269i InsO-E, BT-Drucks. 18/407, S. 41.
54) *Reinhart* in: MünchKomm-InsO, Art. 72 EuInsVO 2015 Rz. 14.

Der Koordinator kann nur – soweit nichts anders vereinbart wurde – vom **Verwalter selbst die Informationen verlangen**. Ein weitergehendes Durchsetzungsmittel als etwaige Haftungsansprüche gibt die EuInsVO freilich nicht an die Hand.[55] 53

e) Aussetzungsbefugnis (Art. 72 Abs. 2 Satz 1 lit. e)

aa) Umfang des Aussetzungsrechtes

Das wohl weitestgehende Recht für den Koordinator ist die Möglichkeit einen Antrag auf **Aussetzung des Verfahrens über das Vermögen jedes Mitglieds** der Gruppe zu stellen. Gleichzeitig ermöglicht die Norm, Anträge auf **Aufhebung** von bestehenden Aussetzungen zu stellen. 54

Nicht zu verwechseln ist dieses **Recht zur Aussetzung eines Verfahrens** mit den Aussetzungsrechten bzgl. der Verwertungsmaßnahmen in Artt. 46, 60 Abs. 1. Während bei den letztgenannten Normen lediglich die Verwertungsmaßnahmen ausgesetzt werden können, ist Art. 72 Abs. 2 Satz 1 lit. e viel weitreichender ausgestaltet: Er ermöglicht die Aussetzung eines gesamten Verfahrens für bis zu sechs Monate. 55

Die Aussetzung des Verfahrens ist auch kein Schreibfehler oder teleologisch zu reduzieren. So unterscheidet ErwG 69 explizit zwischen einer Aussetzung der Eröffnung eines Verfahrens (gemeint ist die **Eröffnungswirkung**) und der Aussetzung von **Vollstreckungsverfahren**. Unter Aussetzung des Verfahrens wird in der ZPO Stillstand des Verfahrens kraft gerichtlicher Anordnung verstanden.[56] Dies würde bedeuten, dass auch der **Insolvenzbeschlag aufgehoben** würde und somit in das Vermögen der Gesellschaft vollstreckt werden könnte. Hier hilft ein Blick auf die englische Originalfassung der EuInsVO, welche sowohl in ErwG 69 als auch in Art. 72 Abs. 2 Satz 1 lit. e von „stay of proceedings" spricht. Der englische Text verwendet also keinesfalls den Begriff der Suspendierung i. S. einer einstweiligen Einstellung bzw. Beseitigung der Wirkungen der Eröffnungsentscheidung. Dem entspricht auch, dass nach ErwG 69 die dinglichen Rechte der Gläubiger (für das deutsche Recht das Aussonderungsrecht gemäß § 47 InsO) von diesem Aussetzungsrecht unberührt bleiben (ErwG 69). Würde man die Aussetzung so verstehen, dass der Insolvenzbeschlag entfiele, bräuchte es dieser Klarstellung gar nicht. Auch in der französischen Fassung spricht der Verordnungstext klar von der „suspension de la procédure ouverte", was ebenfalls für die Aussetzung des Verfahrens spricht.[57] 56

Der Verordnungsgeber hat diese weitreichende Norm daher im Gruppen-Koordinationsverfahren bewusst geschaffen, auch wenn er hinsichtlich der anderen Aussetzungsverfahren lediglich die Aussetzung der Verwertungsmaßnahmen erlaubt. 57

Der Verordnungsgeber kommt damit dem Regelungserfordernis einer typischen Problematik nach: Gerade in Konzernfällen wird mit Eröffnung einzelner Verfahren nicht nur die **Leitungsmacht**,[58] sondern auch die Möglichkeit der Liquiditätssteuerung unterbrochen. Kettininsolvenzen aus dem Dominoeffekt sind die Folge. Diese wären aber u. U. vermeidbar gewesen, wenn die ggf. im Konzern vorhandene Liquidität 58

---

55) Bork/Mangano-*Mangano*, European Cross-Border Insolvency Law, Rz. 8.75.
56) *Brünkmans*, ZInsO 2013, 797, 803.
57) So Braun-*Ehret*, InsO, Art. 72 EuInsVO Rz. 23 Fn. 11.
58) *Hermann* in: Mönning, Betriebsfortführung, § 21 Rz. 102.

rechtzeitig zur Verfügung gestanden hätte, was in Folge der Insolvenz auf Ebene einzelner Gesellschaften entsprechend nicht mehr so leicht zu gestalten und umzusetzen ist. Es besteht aber regelmäßig ein Interesse Konzernbeteiligungen in der Insolvenz der Obergesellschaft zu halten bzw. zu veräußern, jedenfalls aber bestehende Leistungsstrukturen zusammenzuhalten, ohne die Beteiligten zu verleiten Insolvenzanträge zur Vermeidung eines Kontrollverlustes ungehörig aufzuschieben. Auch in der Insolvenz der Obergesellschaft besteht – aus der gesellschaftsrechtlichen Stellung folgend – ihre generelle **Treuepflicht** gegenüber der Beteiligung fort.[59] Auch wenn in den Verfahren für die bestellten Verwalter in der Regel insolvenzspezifische Pflichten und Haftungsfragen im Vordergrund stehen, entfallen die wechselseitigen Treuepflichten im Konzern nicht ohne Weiteres.[60]

59  Ist indes auf Ebene der Obergesellschaft ein Insolvenzverwalter installiert, verfolgt dieser gleichwohl in manchen Fällen Eigeninteressen, sei es aus eigenem Antrieb oder durch einzelne, stark aufgestellte Gläubiger getrieben, so dass dann das Verfahren blindlings betrieben wird oder die Aktiva meistbietend und unabgestimmt verkauft werden. Diese Erfahrungen mussten in der Vergangenheit leider gemacht werden. Um dem zu begegnen, hat der Verordnungsgeber mit der Aussetzung („Stay") des Verfahrens insoweit ganz bewusst ein scharfes Schwert geschaffen. Dieses Mittel steht daher im Bestreben, den in der Konzerninsolvenz ansonsten anzutreffenden **Dissoziationstendenzen entgegenzuwirken**.[61] Zur Umsetzung bzw. Rechtsfolge siehe unter Rz. 74.

60  Indes setzt der Aussetzungsantrag voraus, dass das betroffene Verfahren Teil der Koordinierung ist. Die Teilnahme hieran ist aber freiwillig. Insoweit müsste ein destruktiver Verwalter allenfalls durch seine Gremien oder Aufsichtsorgane im ersten Schritt gezwungen werden, an der Koordinierung teilzunehmen, bevor in das Schwert der Aussetzung überhaupt treffen könnte.

61  Auf der anderen Seite könnte es aber auch i. R. der Vereinbarungen der Verwalter vereinbart werden, dass der Koordinator von diesem Recht nur unter bestimmten Bedingungen Gebrauch macht. Da die Koordinierung insgesamt freiwillig ist, sollten ihre Bestandteile auch dispositiv sein. Auf diesem Wege wäre die Vorschrift schon einmal ein **mittelbares Disziplinierungselement**: Sie setzt Anreize, dass die Beteiligten regeln, ab wann Einzelgänge auf Ebene der Einzelverfahren gerechtfertigt sind und wann das Primat der rechtsträgerübergreifenden Gesamtverwertung ggf. doch im Interesse der jeweils einzelnen Gläubigerschaften ist.

### bb) Aussetzungsantrag

62  Art. 72 Abs. 2 Satz 1 lit. e **monopolisiert das Aussetzungsrecht** auf den Koordinator.[62] Allein er ist aktivlegitimiert. Hierdurch soll die in Art. 46 zum Teil kritisierte Möglichkeit, dass alle Verwalter gegenseitig Aussetzungsanträge stellen und sich damit gegenseitig blockieren, Abhilfe geschaffen werden. Damit sollen die teilneh-

---

59) *Hermann* in: Mönning, Betriebsfortführung, § 21 Rz. 104.
60) *Hermann* in: Mönning, Betriebsfortführung, § 21 Rz. 114.
61) Wimmer/Bornemann/Lienau-*Bornemann*, Die Neufassung der EuInsVO, Rz. 593.
62) Wimmer/Bornemann/Lienau-*Bornemann*, Die Neufassung der EuInsVO, Rz. 631.

menden Verfahren vor Aussetzungsanträgen anderer teilnehmender Verwalter und erst Recht nicht teilnehmender Verwalter geschützt werden.[63]

**Adressat** des Antrags auf Aussetzung ist das Gericht, dass das Verfahren über das der Aussetzungsantrag gestellt wurde, eröffnet hat.[64] Die **Form des Antrags** richtet sich nach der lex fori concursus. Für die Frage der **Zuständigkeit** ergibt sich das sachlich, örtlich und funktionell zuständige Gericht aus Art. 72 Abs. 2 lit. e Satz 2. Dies ist das Gericht, welches das Verfahren eröffnet hat.

Die Aussetzung des Verfahrens kann indes nur für Verfahren gestellt werden, die Teil des Gruppen-Koordinierungsverfahrens sind. Dies ergibt sich aus Art. 72 Abs. 4, der Klarstellung des Art. 65 Abs. 2, und fußt wieder auf dem **Prinzip der Freiwilligkeit** der Teilnahme.[65] Da aber die Möglichkeit zu einem Opt-out aus der Koordination nur innerhalb der **30-Tages-Frist** des Art. 64 Abs. 2 möglich ist, kann sich das einmal freiwillig an die Koordinierung gebundene Verfahren im Nachhinein hieraus nicht mehr lösen, etwa um dem ggf. später gestellten Aussetzungsantrag des Koordinators zu entgehen.[66]

### cc) Begründetheit des Antrages

Die Norm hat **zwei Voraussetzungen**:

– Die Aussetzung muss **notwendig** sein, um die **ordnungsgemäße Durchführung** des Koordinationsplan sicherzustellen und

– der Koordinationsplan muss **den Gläubigern** des Verfahrens, für welches die Aufhebung beantragt wurde, **zugutekommen**.

Wann die Aussetzung für notwendig erachtet werden kann, ist nicht ausdrücklich geregelt. Hierbei handelt es sich um einen **unbestimmten Rechtsbegriff**, der durch die Gerichte konkretisiert werden muss. Notwendig ist die Aussetzung jedenfalls dann, wenn der jeweilige Verwalter Handlungen vornehmen will, die dem ausgearbeiteten Gruppen- Koordinationsplan zuwiderlaufen.[67]

Zwar gibt es in Art. 72 Abs. 2 Satz 1 lit. e keine explizite Voraussetzung eines bereits erarbeiteten Koordinationsplans wie in Art. 60 Abs. 1 lit. b, jedoch kann die Notwendigkeit der Aussetzung nur dann gewissenhaft vom Gericht entschieden werden, wenn eine Analyse vorliegt, die die konkreten Folgen und negativen Einflüsse eines unkooperativen Verhaltens anderer Verwalter nachvollziehbar erklärt. Zum Teil wird deshalb gefordert, dass ein ausgearbeiteter Koordinationsplan vorliegen muss.[68] Jedenfalls kann man es auch etwas allgemeiner sehen, wonach es nach Sinn und Zweck der Vorschriften schon ausreichen dürfte, dass ganz abstrakt die Umsetzung eines

---

63) Wimmer/Bornemann/Lienau-*Bornemann*, Die Neufassung der EuInsVO, Rz. 631.
64) Bork/Mangano-*Mangano*, European Cross-Border Insolvency Law, Rz. 8.73.
65) Mankowski/Müller/J. Schmidt-*J. Schmidt*, EuInsVO 2015, Art. 72 Rz. 38.
66) *Fritz*, DB 2015, 1945.
67) Mankowski/Müller/J. Schmidt-*J. Schmidt*, EuInsVO 2015, Art. 72 Rz. 49.
68) *Reinhart* in: MünchKomm-InsO, Art. 72 EuInsVO 2015 Rz. 17.

Planes und die generelle Pflicht der Kooperation und Kommunikation sonst gefährdet wäre.[69]

68 Zweite Voraussetzung ist, dass die Aussetzung den **Gläubigern des betroffenen Verfahrens zugutekommen muss**. Das bedeutet, dass durch den Koordinationsplan die Gläubiger eine höhere Quote bzw. zumindest eine höhere Chance auf eine bessere Quote erhalten müssen. An diese Prognose sind keine zu hohen Anforderungen zu stellen.

69 Nicht von der Hand zu weisen ist der Einwand von *Reinhart*, dass andererseits die Gläubiger vor einer **verzögerten Verwertung** zu schützen sind. Dabei kann aber nicht in Anlehnung an die deutschen Vorschriften zum **Schutze der Absonderungsberechtigten** vor Verwertungsverzögerungen darauf abgestellt werden, dass als Voraussetzung für den Antrag eine Kompensation geleistet werden müsste.[70] Denn die EuInsVO will nach ErwG 69 die Rechte gesicherter Gläubiger schlicht unberührt lassen. Dies müsste vielmehr so verstanden werden, dass es zu den Rechten eines absonderungsberechtigten Gläubigers in einem deutschen Insolvenzverfahren gehört, sich ggf. auf Rechte aus § 169 InsO zu berufen. Lediglich der Lauf hierauf gestützter Zinsen soll also durch die Aussetzung nicht unterbrochen werden.

70 Freilich sind derartige Konsequenzen der Aussetzung bei der Kalkulation und Prüfung zu berücksichtigen, ob die Aussetzung den Gläubigern des auszusetzenden Verfahrens zugutekommt. Letztlich sind damit **Vor- und Nachteile gegenüberzustellen** und zu saldieren. Der Antragsteller müsste etwa darlegen, dass ein Verkauf bzw. eine Übertragung des Unternehmens oder der Erhalt des Rechtsträgers im auszusetzenden Verfahren nach Maßgabe des Koordinationsplanes und trotz Kosten des Zuwartens die dortigen Gläubiger besserstellt, als die ansonsten in diesem Verfahren geplanten Maßnahmen. Dabei können, wie unten dargelegt (siehe unter Rz. 77), womöglich einsparbare Aufwendungen auch in die Kalkulation einfließen.

#### dd) Dauer der Aussetzung

71 Die Aussetzung kann höchstens für **sechs Monate** erfolgen. Eine Verlängerung der Aussetzung ist nicht vorgesehen. Das Gericht kann jedoch auch die Aussetzung zunächst für einen kürzeren Zeitraum bewilligen und diesen Zeitraum ggf. verlängern – jedoch insgesamt nicht über sechs Monate hinaus.[71] Umso wichtiger ist die **Wahl des richtigen Zeitpunkts des Aussetzungsantrags**. Wird der Antrag zu früh gestellt und der Gruppen-Koordinationsplan ist nach sechs Monaten noch nicht voll ausgearbeitet und umgesetzt, so kann der Verwalter, dessen Verfahren ausgesetzt wurde, jetzt Entscheidungen treffen, die den gesamten Gruppen-Koordinierungsplan torpedieren.

#### ee) Schutzmaßnahmen und Rechtsmittel

72 Im Gegensatz zu Art. 46 wird dem Gericht nicht die Befugnis erteilt, Schutzmaßnahmen für die Gläubiger des betroffenen Verfahren zu verlangen. Dies ist auch gar

---

69) Bork/Mangano-*Mangano*, European Cross-Border Insolvency Law, Rz. 8.73.
70) *Reinhart* in: MünchKomm-InsO, Art. 72 EuInsVO 2015 Rz. 18.
71) *Reinhart* in: MünchKomm-InsO, Art. 72 EuInsVO 2015 Rz. 19.

nicht möglich, da dem Koordinator keine eigene Vermögensmasse zu Verfügung steht, aus der er diese bezahlen könnte.[72)]

Art. 72 und insbesondere das Aussetzungsrecht nach Absatz 2 lit. e sehen kein **Rechtsmittel** vor. Dies soll aber nicht heißen, dass kein Rechtsmittel gegeben ist, vielmehr ergibt sich dieses gemäß Art. 7 Abs. 2 aus der lex fori concursus.[73)] Nach dieser richten sich Form und Verfahren des Antrags[74)] und damit konsequenterweise auch die Rechtsmittelfähigkeit. Der bundesdeutsche Gesetzgeber sollte hier indes europarechtskonforme Regelungen schaffen, um diese Fragen eindeutig zu beantworten. Siehe dazu sogleich unter Rz. 75.

73

### ff) Rechtsfolgen der Aussetzung

Die Rechtsfolgen der Aussetzung eines Verfahrens sind nicht geregelt. Dies bedeutet, dass sich die Aussetzung im Zweifel und i. S. des Art. 7 Abs. 2 nach den nationalen Vorschriften richtet. Jedoch kennt scheinbar kein nationales Insolvenzrecht eine solche Aussetzungsmöglichkeit.[75)] Es ist freilich nicht davon auszugehen, dass dies dem Verordnungsgeber nicht bewusst war und ein Versehen unterlaufen ist. Vielmehr darf man unterstellen, dass er die nationalen Gesetzgeber damit zumindest mittelbar auffordern wollte, entsprechende Vorschriften i. R. der Einpassung der EuInsVO in das nationale Recht aufzunehmen. Der Verordnungsgeber hat zurzeit auch die Harmonisierung der in letzter Zeit weit diffundierenden Insolvenzrechte der Mitgliedstaaten im Fokus, insoweit wäre eine detailliertere Regelung, wie die Aussetzung bei der Vielzahl von vorinsolvenzlichen Verfahren, Eigenverwaltungsverfahren, Schuldenanpassungsverfahren, Plan- und schließlich Liquidationsverfahren auszugestalten ist, auf Ebene des europäischen Rechts nur schwer möglich gewesen.

74

Umso bedauerlicher ist es daher, dass der ansonsten sehr geglückte RegE zu einem Gesetz zur Durchführung der Verordnung (EU) 2015/848 zwar in Art. 102c § 23 eine Regelung für die Aussetzung nach Art. 60 Abs. 2 also für die bloße Aussetzung der Verwertung vorsieht, zu dem gravierenderen Fall des Art. 72 Abs. 2 Satz 1 lit. e aber keine Spezialregelung vorsieht.[76)] Die nunmehr kodifizierte Fassung des Art. 102c § 24 EGInsO stellt die Aussetzung des Verfahrens mit der Aussetzung der Verwertung trotz des eindeutige unterschiedlichen Wortlauts der EuInsVO gleich. In beiden Fällen wird auf Art. 102c § 16 EGInsO verwiesen. Dieser hat aber nur den Gehalt, dass im Falle der Aussetzung einer Verwertung dem Absonderungsberechtigten laufend die geschuldeten Zinsen aus der Masse zu zahlen sind.

75

Was die Aussetzung des Verfahrens bedeutet, bleibt dann dem jeweiligen Gericht überlassen. Es hat **geeignete Anordnungen** zu treffen, die dem Willen des Verordnungsgebers entsprechen. Die Aussetzung kann sicher nicht bedeuten – wie oben (siehe Rz. 56) aufgezeigt –, dass der Vermögensbeschlag völlig aufgehoben wird und auch

76

---

72) *Reinhart* in: MünchKomm-InsO, Art. 72 EuInsVO 2015 Rz. 18.
73) *Reinhart* in: MünchKomm-InsO, Art. 72 EuInsVO 2015 Rz. 21.
74) Mankowski/Müller/*J. Schmidt-J. Schmidt*, EuInsVO 2015, Art. 72 Rz. 56.
75) *Reinhart* in: MünchKomm-InsO, Art. 72 EuInsVO 2015 Rz. 16.
76) Etwa kritisiert durch den DAV in seiner Stellungnahme 49/16, S. 6, abrufbar unter http://arge-inso.de/files/downloads/Startseite/kachel%20aktuelles/DAV-SN_49-16.pdf (Abrufdatum: 20.11.2019), oder bei *Fritz*, BB 2017, 131, 135.

nicht dass der Insolvenzverwalter nicht mehr zuständig ist. Das Gericht sollte nach Sinn und Zweck der Vorschrift, die den Going-Concern-Wert[77] sichern will, und dem Grundsatz der Verhältnismäßigkeit vorgehen.

77 Praktisch lässt sich das Problem damit lösen, dass es wohl meist gar nicht notwendig sein wird, das gesamte Verfahren auszusetzen, sondern i. S. des argumentum a maiore ad minus auch lediglich die **Verwertungshandlungen**, diese ggf. aber vollumfänglich. Insoweit lassen sich für eine Aussetzung, die über die bloße Unterbindung einzelner Verwertungsmaßnahmen hinausgeht, auch gute Gründe finden. Oft ist nicht nur der konkrete Verkauf oder eine Auktionierung von Unternehmen(steilen) schädlich und im übergeordneten Interesse auszusetzen. Dies kann vielmehr schon einen M&A-Prozess oder die Vorbereitung eines Planes betreffen. Denn wenn es letztlich für die Gläubiger i. R. einer konzertierten Konzernverwertung bessere Aussichten gibt, sollte z. B. auf Ebene des einzelnen Verfahrens schon gar kein Geld für schädliche Parallelprozesse ausgegeben werden oder der Markt potentieller Käufer durch unkoordiniertes Vorgehen gestört werden. Auch die Preisgabe wichtigen Knowhows im Falle unprofessionellen Vorgehens könnte den Wert anderer Konzerngesellschaften bzw. der Gruppe als Ganzes gefährden.

78 Von daher ist der Befund zwar richtig, dass de lege lata und trotz der nicht umfassenden Regelung des Art. 102c § 24 EGInsO weiter unklar ist, wie die Aussetzung im Einzelnen umzusetzen ist.[78] Dies ist aber kein sachliches Argument gegen die dahinter stehende Überlegung, sondern sollte den Gesetzgeber bzw. die Rechtsprechung anspornen hier europarechtskonform tätig zu werden um ein vorhersehbares (Verfahrens-)Recht zu schaffen. Denn gerade ein derartiges koordiniertes Vorgehen, etwa im Bereich M&A, soll der durch die Aussetzung zu schützende Plan ja erreichen.[79] Letztlich hat sich der Verordnungsgesetzgeber daher eine solche Umsetzung in diesem Sinne vorgestellt. Bleibt diese Umsetzung aus, sind die Gericht berufen, die Norm in der Praxis auszufüllen. Zumindest muss die Aussetzung des Verfahrens wie in Art. 72 Abs. 2 Satz 1 lit. e vorgesehen als **sehr weit auszulegende Aussetzung der Verwertung** verstanden werden. Alles andere wäre nicht **richtlinienkonform**.

### gg) Aufhebung einer Aussetzung

79 Der Koordinator kann auch die **Aufhebung einer bestehenden Aussetzung** beantragen. Soweit Art. 72 Abs. 2 Satz 1 lit. e an dieser Stelle von jeder bestehenden Aussetzung spricht, ergibt sich hieraus, dass es sich nicht nur um eine Aussetzung auf Antrag des Koordinators nach Art. 72, sondern auch nach anderweitigen Vorschriften, sei es der EuInsVO oder des nationalen Rechts handeln kann.[80] So wie das Recht zur Aussetzung dem Koordinationsgedanken entspringt, gilt dies auch

---

77) Vgl. *Hermann* in: Mönning, Betriebsfortführung, § 21 Rz. 209, der auch einen weitergehenden Kooperationsgewinn sieht, der letztlich i. S. des Going-Concern-Werts das Mehr der Summe im Vergleich zum Einzelwert der Konzernteile darstellen sollte.
78) *Reinhart* in: MünchKomm-InsO, Art. 72 EuInsVO 2015 Rz. 19.
79) *Fritz*, DB 2015, 1945.
80) Mankowski/Müller/*J. Schmidt-J. Schmidt*, EuInsVO 2015, Art. 72 Rz. 51.

für den umgekehrten Fall der Aufhebung der Aussetzung. Dies ist durchaus sinnvoll, soweit oder sobald eine Aussetzung für nicht mehr notwendig erachtet wird.

Einer besonderen Begründung bedarf es dabei für den Antrag auf Aufhebung der Aussetzung nicht.[81] Die EuInsVO schreibt selbst keine Voraussetzungen vor, sodass letztlich das Gericht zu prüfen hat, ob die **Voraussetzungen für den Aussetzungsantrag** nicht mehr gegeben sind. Insoweit kann aus dem Schweigen der EuInsVO zu den Aufhebungsgründen nicht geschlossen werden, dass solche nicht vorliegen müssen. Entsprechend muss die Aufhebung sinnvoll, notwendig und angemessen sein, um die Ziele der Koordination zu erreichen. Von daher sollte sich das Gericht bei der Prüfung an den Maßstäben der Aussetzung selbst orientieren. 80

**Adressat des Aufhebungsantrags ist das Gericht**, dass der Aussetzung stattgegeben hat. Auch wenn das nicht wörtlich geregelt ist, muss dies aus der Anordnungsbefugnis konsequenter Weise folgen.[82] Die Form des Antrags richtet sich wiederum nach der lex fori des Gerichts, das Adressat ist. 81

### 3. Grenzen des Koordinators (Art. 72 Abs. 4)

Art. 72 Abs. 4 legt fest, dass der Koordinator seine Rechte und Aufgaben **nur auf die Unternehmen ausüben kann, die Teil des Koordinierungsverfahrens sind**. Insolvente, aber am Koordinationsverfahren nicht teilnehmende Unternehmen, sowie nicht insolvente Gruppenmitglieder dürfen zumindest nicht **unmittelbar** betroffen sein. Nichtsdestotrotz kann sich aufgrund des Koordinationsplans die Unternehmensbewertung der nicht teilnehmenden Unternehmen verschlechtern. Möglich ist aber auch, dass mit den nicht beteiligten Gesellschaften separate Vereinbarungen geschlossen werden und diese durch bilaterale Abreden einbezogen werden. Da auch das Koordinationsverfahren freiwillig ist, spricht nichts dagegen, den Kreis der Beteiligten weiter zu fassen (siehe auch unter Rz. 22). 82

### 4. Sorgfaltspflicht des Koordinators (Art. 72 Abs. 5)

Art. 72 Abs. 5 verlangt von dem Koordinator, dass er seine Pflichten **unparteiisch und mit der gebotenen Sorgfalt** ausübt. Diese Ausübungsmaxime korrespondiert mit den Eignungsvoraussetzungen des Verwalters nach Art. 71 (siehe Art. 71 Rz. 9 ff. [*Fritz*]).[83] Zumindest die hiernach geforderte Sorgfalt und Sachkunde des Verwalters sollte erfüllt werden.[84] 83

Eine Koordination multilateraler Verfahren stellt aufgrund der unterschiedlichen Insolvenzordnungen, der sprachlichen Herausforderungen und den vielschichtigen – und zum Teil widerstreitenden – Interessen eine extreme Herausforderung für den Koordinator dar.[85] 84

Das der Verordnungsgeber die **gebotene Sorgfalt** – die eigentlich selbstverständlich sein sollte – nochmals ausdrücklich erwähnt, kann nur so zu deuten sein, dass 85

---

81) Mankowski/Müller/J. Schmidt-*J. Schmidt*, EuInsVO 2015, Art. 72 Rz. 53.
82) Mankowski/Müller/J. Schmidt-*J. Schmidt*, EuInsVO 2015, Art. 72 Rz. 55.
83) Bork/Mangano-*Mangano*, European Cross-Border Insolvency Law, Rz. 8.77.
84) Mankowski/Müller/J. Schmidt-*J. Schmidt*, EuInsVO 2015, Art. 72 Rz. 63.
85) Mankowski/Müller/J. Schmidt-*J. Schmidt*, EuInsVO 2015, Art. 72 Rz. 64.

der Koordinator dieses Gebot auch wortwörtlich nehmen sollte und eine gewisse **Vorsicht** bei den Empfehlungen und dem Koordinationsplan walten lassen muss. Er sollte sein Handeln stets in den Dienst der Koordinierung der Verfahren und aller betroffenen Gläubiger stellen und seine Rolle nicht als Selbstzweck missverstehen.

86 Aus dem Sorgfaltsgebot erwächst daher nach Sinn und Zweck auch eine **Schadensvermeidungs- bzw. Minderungspflicht**[86] sowie ein **Effizienzgebot**.[87] Dass sind die Leitplanken, an denen er sich orientieren sollte. Diese beinhalten dann bspw. auch – wie *J. Schmidt* zu Recht feststellt – eine spezifische **Verschwiegenheitspflicht** und **Pflicht zur Kostenkontrolle**.[88]

87 Die erforderliche Sorgfalt gebietet auch, dass der Koordinator sich seinerseits bei Wahrung der Kosteneffizienz auch **Sachverständiger** und Experten oder **Vertretern** bedient, die ihn unterstützen, wenn und soweit dies zur Erfüllung seiner Aufgaben angebracht und angemessen ist.[89]

### 5. Abberufung des Koordinators

88 Der Koordinator kann abberufen werden, wenn er seine Pflichten nicht ordnungsgemäß ausübt (vgl. Art. 75). Soweit sich aus der lex fori concursus des Koordinationsgerichtes, welches den Koordinator nach Art. 69 Abs. 1 lit. a bestellt hat, keine Regelungen zu einem hiergegen gerichteten **Rechtsbehelf des Koordinators** ergeben, folgt das Recht auf angemessenes **rechtliches Gehör** und auf einen wirksamen Rechtsbehelf bei einem unparteiischen Gericht schon aus dem Unionsrecht gemäß Art. 47 GrCh.[90]

### 6. Verhaltensweise bei Kostensteigerung (Art. 72 Abs. 6)

89 Bei Beantragung des Koordinationsverfahrens müssen die voraussichtlichen Kosten des Koordinationsverfahrens angegeben werden (vgl. Art. 61 Abs. 3 lit. d).

90 Zur Vergütung des Koordinators enthält die EuInsVO in Art. 77 Abs. 1 i. Ü. nur generalklauselartige Vorgaben. Es empfiehlt sich daher, schon im Antrag nicht nur nach Art. 61 Abs. 3 lit. d eine Schätzung der Kosten der Koordination und deren Allokation abzugeben, sondern direkt einen Vorschlag zur Ausgestaltung der Vergütung der Koordination bzw. des Koordinators zu treffen. Auch insoweit sollte die Entscheidung des Gerichts über den „**Entwurf der Koordination**" anlässlich der Bestellung des Koordinators nach Art. 68 Abs. 1 so verstanden werden, dass hier zugleich über ein konkretes Vergütungsmodell entschieden wird, das dann auch direkt Basis der Entscheidung über **Kostenschätzung und deren Allokation** nach Art. 68 Abs. 1 lit. c sein sollte. Anders wäre dem Grundsatz nicht Genüge getan, dass eine Beleihung mit solchen Aufgaben und Pflichten auch mit einer angemessenen Vergütung einhergeht. Wenn das Gericht einen Koordinationsverwalter einsetzt,

---

86) Bork/Mangano-*Mangano*, European Cross-Border Insolvency Law, Rz. 8.77, spricht von „to avoid causing harm to the proceedings".
87) Zur Frage der Effektivität vgl. auch *Hermann* in: Mönning, Betriebsfortführung, § 21 Rz. 123.
88) Mankowski/Müller/J. Schmidt-*J. Schmidt*, EuInsVO 2015, Art. 72 Rz. 67.
89) Mankowski/Müller/J. Schmidt-*J. Schmidt*, EuInsVO 2015, Art. 72 Rz. 57.
90) Bork/Mangano-*Mangano*, European Cross-Border Insolvency Law, Rz. 8.79.

wird es gut daran tun, auch die Vergütung hierfür schon geklärt zu haben.[91] Wird bei der Vergütung nicht von Anfang an ein klares Konzept verfolgt, fällt es umso schwerer die Frage der Angemessenheit einer späteren Kostensteigerung zu beantworten.

Sollte es dann zu einer unvorhersehbaren relevanten Kostensteigerung für das Koordinationsverfahren kommen, gibt Art. 72 Abs. 6 zwei Maßnahmen vor, die der Koordinator ergreifen muss. Dies ist deshalb wichtig, damit das **Verhältnis zwischen den Kosten des Koordinationsverfahrens** und den Vorteilen aus der Koordinierung für die Insolvenzverfahren weiterhin positiv bleibt (siehe oben zur Saldierung der Vor- und Nachteile unter Rz. 2 bis 4):

91

– Der Koordinator muss **unverzüglich** die beteiligten Verwalter über die (wahrscheinliche) Kostensteigerung informieren.

– Ferner muss er die **Zustimmung des Gerichts** für die neue Kostenplanung einholen.

### a) Erhebliche Kostensteigerung

Wann eine erhebliche Kostensteigerung vorliegt, hat der Verordnungsgeber nur teilweise geregelt. Diese liegt nach ErwG 59 und Art. 72 Abs. 6 jedenfalls dann vor, wenn die Kosten des Koordinationsverfahrens 10 % der Kostenschätzung im Antrag des Koordinationsverfahren gemäß Art. 61 Abs. 3 lit. d übersteigen. Ist die Vergleichsgrundlage aber schon hoch, sollte die 10 %-Schranke nicht schematisch verwendet werden, denn bei ohnehin schon hohen, geschätzten Kosten bedeutet auch eine Erhöhung unterhalb von 10 % Tausende von Euro, was erheblich sein kann.[92] Die 10 %-Regel ist damit nur als allgemeine **Auffangregel** zu verstehen. Eine erhebliche Kostensteigerung kann nur anhand des konkreten Einzelfall bestimmt werden.

92

Warum der Verordnungsgeber als Vergleichsgrundlage die Kostenschätzung aus dem Antrag heranzieht und nicht die Entscheidung des Gerichts über die Kosten gemäß Art. 68 Abs. 1 lit. c ist nicht ersichtlich. Zwar werden diese Kostenschätzungen meist übereinstimmen, zwingend ist dies jedoch nicht. Gegebenenfalls wird damit bezweckt, dass bei der Beurteilung der Frage der Erheblichkeit nicht nur auf einen durch das Gericht abstrakt festgelegten Betrag oder ein Vergütungsschema abzustellen ist, sondern bei der Überprüfung auch die Begründung des Antrags heranzuziehen ist.

93

### b) Obliegenheit des Koordinators

Grundsätzlich muss der Koordinator aktiv werden, wenn **erste Anzeichen** vorliegen, dass die Kosten zu einem späteren Zeitpunkt die **Schätzungen erheblich überschreiten werden**. Das bedeutet jedoch für den Koordinator, dass er jederzeit über die aktuellen und zukünftigen Ausgaben im Bilde sein muss, um entsprechend handeln zu können.

94

---

91) *Fritz*, DB 2015, 1945.
92) Mankowski/Müller/J. Schmidt-*J. Schmidt*, EuInsVO 2015, Art. 72 Rz. 73.

95 Wenn der Koordinator die mögliche Kostensteigerung erkannt hat, muss er die beteiligten Verwalter unverzüglich informieren. Unverzüglich heißt **ohne schuldhaftes Zögern.**[93)] Es besteht **kein bestimmtes Formgebot.**

96 Auch soweit ErwG 58 hierbei ausdrücklich die **Genehmigung des Gläubigerausschusses** vorsieht, wäre im Falle eines deutschen, konzernangehörigen Verfahrens zu prüfen, ob die Kostenfrage so erheblich ist, dass die Regelung des § 160 InsO zu beachten ist.

97 Zeitgleich muss der Verwalter auch das Gericht über die erhebliche Kostensteigerung informieren und die **vorherige Zustimmung** einholen. Bevor das Gericht über die erhöhten Kosten entscheidet, muss das Gericht den Verwaltern die Möglichkeit geben zu dem Kostenerhöhungsgesuch Stellung zu nehmen.[94)]

98 Falls es bereits zur Kostensteigerung kam, kann nur eine **nachträgliche Zustimmung** eingeholt werden.[95)] Dies sollte jedoch der **Ausnahmefall** sein, da die Vorschrift gerade die vorherige Beantragung vorsieht und daher eine nachträgliche Zustimmung nur gestattet werden kann, wenn der Koordinator mit Kostensteigerung nicht rechnen konnte. Sind Mehrkosten bereits entstanden, so kann sich der Koordinator u. U. schadensersatzpflichtig machen oder der Koordinator kann abberufen werden, wenn er dies schuldhaft zu vertreten hat (vgl. Art. 75).

99 **Verweigert das Gericht die Zustimmung,** so darf der Koordinator die Kosten nicht überschreiten.[96)] Der Koordinator kann dann die erheblichen Mehrkosten, ab dem Überschreiten der 10 %-Grenze nicht als Vergütung geltend machen (vgl. Art. 77).

100 Andererseits braucht der Koordinator auch nicht weiterzuarbeiten, wenn keine Geldmittel für die weiteren Kosten des Koordinators genehmigt werden. Es wäre ihm nicht zuzumuten, ohne gesicherten Zahlungsanspruch die Koordinierung weiterzuführen (siehe oben unter Rz. 90).

c) **Kostenüberprüfung**

101 In Art. 72 nicht ausdrücklich erwähnt, jedoch in den ErwG explizit angesprochen, ist die Möglichkeit, dass die **Verwalter über die Kosten des Koordinationsverfahrens informiert** werden. So sieht ErwG 59 vor, dass das Gericht, das die erhöhten Kosten genehmigen soll, zuvor die beteiligten Verwalter anhört und diese ihre Auffassungen dazu darlegen können, ob der Antrag des Koordinators angebracht ist. Damit sollen die Verwalter ebenfalls eingreifen können und gehört werden, wenn ersichtlich wird, dass die Kosten aus dem Ruder laufen.

### III. Schlussfolgerungen für die Praxis

102 Inwieweit das Gruppen-Koordinationsverfahren in der Praxis überhaupt angewendet wird, hängt letztlich von dem Nutzen des Verfahrens ab. Zwar mag man auf den ersten Blick insbesondere die zusätzlichen Kosten im Blick haben und somit eher von dem Verfahren absehen, betrachtet man jedoch die durch das Gruppen-Koor-

---

93) Mankowski/Müller/J. Schmidt-*J. Schmidt*, EuInsVO 2015, Art. 72 Rz. 77.
94) Bork/Mangano-*Mangano*, European Cross-Border Insolvency Law, Rz. 8.77.
95) Mankowski/Müller/J. Schmidt-*J. Schmidt*, EuInsVO 2015, Art. 72 Rz. 81.
96) Mankowski/Müller/J. Schmidt-*J. Schmidt*, EuInsVO 2015, Art. 72 Rz. 84.

dinationsverfahren entstehenden Möglichkeiten bzgl. der einzelnen Verfahren, so sollte die Option der Gruppen-Koordinationsverwaltung bei Verfahren mit einer gewissen Größe und bei latenten Konflikten zwischen den Verfahren genauer analysiert und ggf. genutzt werden.

Derjenige, der das Gruppen-Koordinationsverfahren beantragt, hat einen großen Einfluss auf den jeweiligen Koordinator und kann entsprechend auch die Zielrichtung des Gruppen-Koordinationsverfahren wählen. Dabei spielt die Aussetzungsmöglichkeit des Koordinators eine entscheidende Rolle. 103

Zwar können sich die gruppenangehörigen Verfahren durch die Opt-out-Lösung von dem Verfahren und den damit verbunden Kosten lösen, damit erledigt sich jedoch nicht die Gefahr der Aussetzung des Verfahrens, da die Opt-out-Möglichkeit nach Art. 64 Abs. 2 zeitlich begrenzt ist. Eine weitere interessante Frage ist, ob sich die Verwalter vom Koordinator zusichern lassen können, dass der Koordinator keine Aussetzung gegen die Verfahren beantragen wird. Aufgrund der generellen Freiwilligkeit des Koordinationsverfahrens sollte dies möglich sein (siehe im Einzelnen Rz. 60). 104

Für die Frage der Aussetzung ist auch relevant, ob der Koordinator sich schadensersatzpflichtig machen könnte. Die EuInsVO enthält keine eigene Haftungsnorm für den Koordinator, jedoch kann hier auf das jeweilige Recht des Mitgliedstaates zurückgegriffen werden, in dem das Gericht das Koordinationsverfahren eröffnet hat. In Deutschland müsste somit die Haftungsnorm des § 60 InsO auch für den Koordinator greifen.[97] 105

Für die übrigen Verwalter gilt dies ebenfalls. Die Verwalter, die den Koordinationsplan nicht mittragen oder den Koordinator in seiner Arbeit behindern, können sich ggf. **schadensersatzpflichtig nach nationalen Vorschriften** machen, wenn sie dadurch einen Zugewinn an Insolvenzmasse vereiteln. Freilich bleibt die Frage, wie der Schaden für die Massen beweisbar ist und wer ihn einklagt. Da die Einhaltung insolvenzspezifischer Pflichten eines Verwalters durchaus auch von Gläubigergremien wie dem **Gläubigerausschuss** zu überwachen ist, stellt die Koordination auch an dessen Mitglieder sehr hohe Anforderungen, da ein Kontrollversagen wiederum auf deren Ebene eine Haftung nach sich ziehen kann. 106

---

97) *Prager/Ch. Keller*, WM 2015, 806, 811; *Vallender*, ZInsO 2015, 57, 63.

## Artikel 73

### Sprachen

(1) Der Koordinator kommuniziert mit dem Verwalter eines beteiligten Gruppenmitglieds in der mit dem Verwalter vereinbarten Sprache oder bei Fehlen einer entsprechenden Vereinbarung in der Amtssprache oder in einer der Amtssprachen der Organe der Union und des Gerichts, das das Verfahren für dieses Gruppenmitglied eröffnet hat.

(2) Der Koordinator kommuniziert mit einem Gericht in der Amtssprache, die dieses Gericht verwendet.

# Artikel 73

## Übersicht

I. Zweck der Norm .................... 1
II. Inhalt der Norm .................... 4
1. Kommunikation: Koordinator –
Verwalter .................... 4
2. Kommunikation: Koordinator –
Gericht .................... 9
III. Schlussfolgerungen
für die Praxis .................... 11

## I. Zweck der Norm

1 Art. 73 regelt die **Kommunikation zwischen dem Koordinator und den Verwaltern** bzw. gemäß Art. 76 dem eigenverwalteten Schuldner sowie zwischen dem Koordinator und den Gerichten. Die Vorschrift gilt jedoch nur für das Koordinationsverfahren und nicht für das gesamte Kapitel V, was *Reinhart* zu Recht kritisiert. Es wäre besser gewesen, das Sprachthema umfassend in den allgemeinen Vorschriften zu regeln.[1]

2 In den ErwG findet die Norm keinen Niederschlag. Sie fußt aber letztlich auf dem Gedanken des ErwG 58, wonach die Koordination die Verfahren erleichtern soll und berührt auch die ErwG 61 und 62. Insoweit obliegt es den Mitgliedstaaten zwar, u. a. **nationale Bestimmungen zur Kommunikation** zu erlassen, diese dürfen freilich die Regelungen des Art. 73 nicht unterlaufen und strengere Anforderungen stellen.[2]

3 Zweck der Norm ist es daher konkret, auf freiwilliger Basis i. S. der Effizienzsteigerung Sprachbarrien zu vermeiden und somit auch zur Fairness des Verfahrens beizutragen.[3]

## II. Inhalt der Norm

### 1. Kommunikation: Koordinator – Verwalter

4 Gemäß Art. 73 Abs. 1 Halbs. 1 setzt die Verordnung auf eine primär **freiwillige Vereinbarung** zwischen den Verwaltern und dem Koordinator. Dabei kann jede Sprache gewählt werden. Es ist nicht zwingend, dass die Sprache in einem Mitgliedstaat als **Amtssprache** angesehen ist. So kann auch eine neutrale Sprache – wie in den meisten Fällen wohl Englisch – vereinbart werden. Ebenfalls wäre eine Sprache zulässig, die in keinem der anhängigen Verfahren Amtssprache ist.[4]

5 Die Vereinbarung kann eine einheitliche Sprachregelung für alle Beteiligten enthalten oder es können auch mit einzelnen Verwaltern eigene Sprachregelungen getroffen werden.

6 Eine bestimmte **Form der Sprachvereinbarung** ist nicht bestimmt.[5] Die Sprache kann auch während des Koordinierungsverfahren (konkludent) geändert werden.

7 Wenn sich die Beteiligten jedoch nicht einigen können, wird subsidiär die Sprache von Art. 73 bestimmt. So muss dann gemäß Art. 73 Abs. 1 Halbs. 2 der Koordinator mit den Verwaltern in der Amtssprache oder in einer der Amtssprachen der Or-

---

1) *Reinhart* in: MünchKomm-InsO, Art. 73 EuInsVO 2015 Rz. 1.
2) Mankowski/Müller/J. Schmidt-*J. Schmidt*, EuInsVO 2015, Art. 73 Rz. 4.
3) Mankowski/Müller/J. Schmidt-*J. Schmidt*, EuInsVO 2015, Art. 73 Rz. 2.
4) Mankowski/Müller/J. Schmidt-*J. Schmidt*, EuInsVO 2015, Art. 73 Rz. 7.
5) Mankowski/Müller/J. Schmidt-*J. Schmidt*, EuInsVO 2015, Art. 73 Rz. 6.

gane der EU (siehe Rz. 4) und des Gerichts, das das Verfahren für dieses Gruppenmitglied eröffnet hat, kommunizieren. Damit wird sichergestellt, dass auch in Fällen, in denen keine Regelung zur Sprache gefunden wurde, gleichwohl aber Informationspflichten bestehen, klar ist, in welcher Sprache die Pflichten zu erfüllen sind.

Die Amtssprache des Mitgliedstaates wird durch den jeweiligen Mitgliedstaat bestimmt. In Deutschland ist dies Deutsch gemäß § 184 Satz 1 GVG. Die Amtssprachen der Organe der EU richtet sich nach Art. 342 AEUV i. V. m. VO (EWG) Nr. 1/1958. So muss in Deutschland auch in deutsch mit den Verwaltern kommuniziert werden.

### 2. Kommunikation: Koordinator – Gericht

Art. 73 Abs. 2 regelt die Kommunikation zwischen dem Koordinator und den Gerichten. Anders als in Absatz 1 ist in diesem Fall keine freiwillige Vereinbarung als Option angeboten. Es ist in der Amtssprache der Gerichte zu kommunizieren.[6]

Die Gerichte können jedoch **Sprachvereinbarungen** treffen, bzw. konkludent mit dem Koordinator eine andere Sprachwahl treffen. Gründe dies zu verbieten, sind nicht ersichtlich. Auch dies folgt wieder aus der Freiwilligkeit der Koordination.

### III. Schlussfolgerungen für die Praxis

Um die **Sprachbarrieren** so gering wie möglich zu halten, sollte das Thema auch schon bei der Beantragung der Koordination bzw. Wahl des Koordinators (vgl. Art. 61) mit berücksichtigt werden, spätestens bei Beginn des Koordinationsverfahrens.[7] Ansonsten sieht die Norm keine Formerfordernisse vor, weshalb die Vereinbarung auch mündlich geschlossen werden könnte. Sie sollte aber zumindest im Umlaufverfahren schriftlich festgehalten werden.[8]

Kommunizieren die Beteiligten in einer nicht zu verwendenden Sprache, griffe es zu weit, diese Kommunikation als nicht existent zu betrachten.[9] Vor dem Hintergrund des Normzwecks – der Erleichterung des Koordinationsverfahrens auf freiwilliger Basis – kann der Verordnungsgeber eine derartige Unwirksamkeitsfiktion nicht beabsichtigt haben. Die in der Praxis hierdurch entstehenden Schwierigkeiten sind durch die Warnfunktion einer solchen Fiktion nicht zu rechtfertigen. Solange sich die Beteiligten verstehen, die Kommunikation also funktioniert, sollten Abweichungen von der vereinbarten Sprache unerheblich sein.

---

6) *Reinhart* in: MünchKomm-InsO, Art. 73 EuInsVO 2015 Rz. 3.
7) *Reinhart* in: MünchKomm-InsO, Art. 72 EuInsVO 2015 Rz. 18.
8) Braun-*Ehret*, InsO, Art. 73 EuInsVO Rz. 3.
9) So aber *Mock* in: BeckOK-InsO, Art. 73 EuInsVO, Rz. 4.

### Artikel 74
#### Zusammenarbeit zwischen den Verwaltern und dem Koordinator

(1) Die für die Mitglieder der Gruppe bestellten Verwalter und der Koordinator arbeiten soweit zusammen, wie diese Zusammenarbeit mit den für das betreffende Verfahren geltenden Vorschriften vereinbar ist.

(2) Insbesondere übermitteln die Verwalter jede Information, die für den Koordinator zur Wahrnehmung seiner Aufgaben von Belang ist.

Literatur: *Fritz*, Die Neufassung der Europäischen Insolvenzverordnung: Erleichterung bei der Restrukturierung in grenzüberschreitenden Fällen, DB 2015, 1882.

### Übersicht

| | |
|---|---|
| I. Zweck der Norm .................. 1 | 2. Informationsübermittlung |
| II. Anwendungsbereich .............. 4 | (Art. 74 Abs. 2) ................... 7 |
| III. Inhalt der Norm .................. 6 | 3. Grenzen der Zusammenarbeit ........... 9 |
| 1. Wechselseitige Zusammenarbeitspflicht (Art. 74 Abs. 1) ........... 6 | IV. Schlussfolgerungen für die Praxis ................... 13 |

### I. Zweck der Norm

1 Art. 74 regelt die **wechselseitige Zusammenarbeit** zwischen dem Koordinator und den Verwaltern. Während Art. 74 Abs. 1 die **allgemeine Pflicht der Zusammenarbeit** statuiert, konkretisiert Art. 74 Abs. 2 die Pflichten des Verwalters gegenüber dem Koordinator hinsichtlich der **Informationsweitergabe**. Diese Norm ist an die Regelung des Art. 56 sowie an die Regelungen zu Sekundärinsolvenzverfahren Artt. 41, 46 angelehnt. Entsprechend kann auch auf diese Normen verwiesen werden. Überdies muss die Norm auch als Spiegelbild zu Art. 72 gesehen werden, da dieser dem Koordinator bestimmte Rechte gegenüber den für die Mitglieder der Gruppe bestellten Verwaltern einräumt.

2 In den ErwG wird die Norm in ErwG 61 und 62 (zu letzterem siehe sogleich Rz. 4) vorausgesetzt. ErwG 61 stellt klar, dass die Mitgliedstaaten ihrerseits vergleichbare Regelungen treffen können, diese haben sich aber auf die nationale Rechtsordnung zu begrenzen und sollen die Wirksamkeit der EuInsVO, und damit auch des Art. 74 nicht beeinträchtigen. Hierdurch ergibt sich ein Spannungsverhältnis, da die Zusammenarbeit nach Art. 74 Abs. 1 mit den für das Verfahren auf nationaler Ebene geltenden Vorschriften vereinbar sein soll, wohingegen nach ErwG 61 die nationale Rechtsordnung die Regelungen zur Zusammenarbeit nicht beeinträchtigen soll. Dies kann vernünftigerweise nur dadurch aufgelöst werden, dass man den Regelungen generellen, in der EuInsVO geregelten Fragen den Vorrang einräumt und dem entgegenstehende nationale Vorschriften in richtlinienkonformer Auslegung ggf. als verdrängt ansieht. Dies aber nur soweit die Richtlinie greift.

3 Der einzelne Verwalter sollte die Herausgabe von grundsätzlichen verfahrensspezifischen Informationen an den Koordinator also nicht mit dem Hinweis verweigern dürfen, dass er Informationen nach nationalem Insolvenzrecht nur an Gericht und Gläubiger weiterleiten darf. Sieht das nationale Recht aber den **Schutz von Informationen zugunsten Dritter** vor (**Mandanten-, Patientenakten** o. Ä.) geht dieser Schutz auch hier vor, zumal er schon auf nationaler Ebene greifen dürfte (siehe i. Ü. sogleich unter Rz. 9).[1)] Für die Form der Zusammenarbeit kann auf

---

1) Mit diesem Ergebnis auch Mankowski/Müller/*J. Schmidt*-*J. Schmidt*, EuInsVO 2015, Art. 74 Rz. 4; *Reinhart* in: MünchKomm-InsO, Art. 74 EuInsVO 2015 Rz. 13.

Art. 72 verwiesen werden. Die Zusammenarbeit umfasst auch vorläufige Verwalter, soweit eine Eröffnungsentscheidung i. S. von Art. 2 Nr. 7 vorliegt.[2)]

## II. Anwendungsbereich

ErwG 62 stellt klar, dass die Norm nur Anwendung findet, wenn es sich um Gruppen handelt, die zu **Verfahren in mehreren Mitgliedstaaten** führen.

Nicht ausdrücklich geregelt ist, ob die Norm nur für Verwalter gilt, die an dem Gruppen-Koordinationsverfahren teilnehmen. Dagegen könnte Art. 72 Abs. 4 sprechen, der explizit die Anwendbarkeit des Art. 72 nur für Verwalter vorsieht, die an dem Gruppen-Koordinationsverfahren teilnehmen, wohingegen Art. 74 eine solche Regelung nicht beinhaltet. Gegen die Anwendung auf alle Verwalter spricht aber die freiwillige Natur des Koordinationsverfahrens (vgl. ErwG 56 Satz 1). Es sollen keine Pflichten für den Verwalter entstehen, wenn er sich gegen das Koordinationsverfahren entscheidet.[3)] Letztlich ergibt sich dies auch aus der Systematik: Art. 56 regelt die Zusammenarbeit der Insolvenzverwalter gruppenangehöriger Verfahren unbeschadet des Koordinationsverfahrens; Art. 74 ist in die Regelungen des Koordinationsverfahrens eingebettet. Daher greift er auch nur für Teilnehmer der Koordination.

## III. Inhalt der Norm

### 1. Wechselseitige Zusammenarbeitspflicht (Art. 74 Abs. 1)

Art. 74 Abs. 1 verpflichtet den Koordinator und die Verwalter entsprechend zusammenzuarbeiten. Dies entspricht der Regelung in Artt. 41 Abs. 1 und 56 Abs. 1 und es kann entsprechend darauf verwiesen werden.

### 2. Informationsübermittlung (Art. 74 Abs. 2)

**Konkretisiert** wird die **Zusammenarbeitspflicht** in Absatz 2. Die **Informationspflicht** erstreckt sich insbesondere auf die Informationsübermittlung seitens der Verwalter an den Koordinator. Die Informationen werden vom Koordinator benötigt, um überhaupt fundierte und spezifische Empfehlungen aussprechen zu können und einen **Koordinierungsplan** zu erstellen. Hierunter fallen

- die Finanzkennzahlen,
- aktuelle Auftragslisten,
- Gläubigerlisten mit den gesamten Forderungen,
- Ab- und Aussonderungsrechte,
- mögliche Anfechtungsklagen,
- ein Ausblick über die wirtschaftliche Gesamtlage der Gesellschaft,
- die Personalstruktur sowie
- sonstige Informationen die für den Koordinator von Relevanz sein können.

---

2) Braun-*Cülter*, InsO, Art. 74 EuInsVO Rz. 5; *Fritz*, DB 2015, 1882.
3) Mankowski/Müller/J. Schmidt-*J. Schmidt*, EuInsVO 2015, Art. 74 Rz. 4; *Reinhart* in: MünchKomm-InsO, Art. 74 EuInsVO 2015 Rz. 2.

8    Auch die jeweiligen, erstellten **Sanierungspläne** bzw. schon deren Entwürfe sollten dem Koordinator zur Verfügung gestellt werden, damit sie ggf. in den Koordinierungsplan eingearbeitet werden können. Umgekehrt haben aber auch die Verwalter **Anspruch auf Auskünfte durch den Koordinator**, etwa in Form seiner gesammelten Erkenntnisse, Vorstellungen und Pläne, bzw. auf Entwürfe des Gruppen-Koordinationsplans oder der Kosten der Koordination.[4]

### 3. Grenzen der Zusammenarbeit

9    Grundsätzlich sollte die Frage, welche Information von Belang ist, großzügig ausgelegt werden.[5] Die Grenze der Zusammenarbeitspflicht ist erreicht, wenn die Zusammenarbeit mit den **nationalen Vorschriften** des jeweiligen Verfahrens unvereinbar ist. Entscheidend ist hier die lex fori concursus.[6] Soweit *J. Schmidt* zu den Vorschriften auch solche zählt, die sich nicht aus Gesetz, sondern aus **Leitlinien von Berufsverbänden** ergeben,[7] geht dieser Ansatz zu weit. Derartige berufsständige Leitlinien und Selbstverpflichtungen taugen sicherlich für die Frage des Sorgfaltsmaßstabes eines Verwalters und können damit bei der Frage von Pflichten herangezogen werden, sie stehen aber nicht auf der Ebene eines Gesetzes.

10   Indes sind aber auch nationale Vorschriften, die etwa die **Weitergabe verfahrensspezifischer Informationen** an außenstehend Dritte unterbinden, richtlinienkonform und i. S. von ErwG 61 auszulegen. Entsprechend sollen die Vorschriften der EuInsVO ggf. zu enges nationales Recht überlagern; daher dürfte der Koordinator nicht schon per se als Außenstehender durch das nationale Recht von Informationen abgeschnitten werden.

11   Auch bei der **Informationsübermittlung** nach Art. 74 Abs. 2 wurde – im Gegensatz zu Art. 56 – keine Einschränkung zum **Schutz vertraulicher Informationen** vorgesehen. Dies liegt darin begründet, dass der Koordinator als neutrale Person diese Informationen nicht anderweitig nutzen kann. Er ist nicht befugt, die Informationen an andere Verwalter weiterzugeben, aber befugt die Informationen zu erhalten.

12   Grenzen ergeben sich dann aber nicht aus der Rolle des Koordinators, sondern womöglich aus vorgehenden **schutzwürdigen Interessen der Einzelverfahren**. Solche Grenzen bilden etwa Geschäftsgeheimnisse (etwa spezielle Einkaufsbedingungen und Liefervereinbarungen, besonderes Know-how), Kundendaten oder ohnehin allgemeinem oder spezifischem **Datenschutz** unterliegende Daten[8] oder Themen aus denen ein **Interessenkonflikt** erwachsen könnte. Zu Recht weist *Cülter* darauf hin, dass keine Informationen preisgegeben werden müssen, die wiederum (etwa auf Anfechtung) gestützte Ansprüche gegen das jeweilige Verfahren nach sich ziehen könnten; dies ergibt sich aber im Verhältnis zum Koordinator nur dann, wenn die

---

4)   Mankowski/Müller/J. Schmidt-*J. Schmidt*, EuInsVO 2015, Art. 74 Rz. 8.
5)   *Reinhart* in: MünchKomm-InsO, Art. 74 EuInsVO 2015 Rz. 4.
6)   Mankowski/Müller/J. Schmidt-*J. Schmidt*, EuInsVO 2015, Art. 74 Rz. 10.
7)   Mankowski/Müller/J. Schmidt-*J. Schmidt*, EuInsVO 2015, Art. 74 Rz. 11.
8)   *Reinhart* in: MünchKomm-InsO, Art. 74 EuInsVO 2015 Rz. 4, oder Braun-*Cülter*, InsO, Art. 74 EuInsVO Rz. 11.

begründete Gefahr gesehen wird, das dieser die Informationen an Parteien weiterreicht die ihrerseits eigene Ansprüche darauf stützen könnten.[9]

### IV. Schlussfolgerungen für die Praxis

Der Koordinator sollte demnach im ständigen Austausch mit den Verwaltern sein, damit er bereits während der Ausarbeitung seines Koordinationsplans Feedback erhält und dieses miteinarbeiten kann. Außerdem sollte der Koordinator über die entstehenden Kosten Transparenz walten lassen und den Verwaltern somit immer einen genauen Überblick geben können, inwieweit die veranschlagten Kosten genügen werden (vgl. ErwG 58 und Art. 72 Abs. 6; siehe auch Art. 72 Rz. 89 ff. [*Fritz*]).

13

Im Gegensatz zu Art. 56 wird hier jedoch darauf verzichtet, dass nur eine Zusammenarbeit bestehen muss, sofern dies die Abwicklung erleichtert und keine Interessenskonflikte nach sich sieht. Daher lohnt es sich ggf., die Anfrage bzgl. einer Information explizit auf Art. 74 zu stützen.

14

Art. 74 selbst sieht keine **Sanktionen** vor. Soweit er aber **insolvenzspezifische Pflichten** auslöst, ergibt sich ggf. nach dem Insolvenzstatut eine Pflichtverletzung.[10] Für Pflichtverletzungen des Koordinators sei auf Art. 75 und die darin zum Ausdruck kommende **Aufsichtsfunktion des Gerichtes** verwiesen. Soweit Art. 75 nur das scharfe Schwert der Abberufung kennt, sollte sich aus der Gesamtschau und dem Prinzip der Verhältnismäßigkeit auch ergeben, dass das Koordinationsgericht im Streit um die sich aus Art. 74 ergebenden Pflichten die Parteien hören sollte und den Koordinator vor Abberufung etwa beauftragen könnte, bestimmte Informationen weiterzugeben.[11]

15

---

9) Braun-*Cülter*, InsO, Art. 74 EuInsVO Rz. 9.
10) Braun-*Cülter*, InsO, Art. 74 EuInsVO Rz. 12.
11) Vgl. auch Braun-*Cülter*, InsO, Art. 74 EuInsVO Rz. 13.

# Artikel 75
## Abberufung des Koordinators

Das Gericht ruft den Koordinator von Amts wegen oder auf Antrag des Verwalters eines beteiligten Gruppenmitglieds ab, wenn der Koordinator

a) zum Schaden der Gläubiger eines beteiligten Gruppenmitglieds handelt oder

b) nicht seinen Verpflichtungen nach diesem Kapitel nachkommt.

**Literatur:** *Eble*, Der Gruppenkoordinator in der reformierten EuInsVO – Bestellung, Abberufung, Haftung, ZIP 2016, 1619; *Madaus*, Insolvency proceedings for corporate groups under the new Insolvency Regulation, IILR 2015, 235.

### Übersicht

| | |
|---|---|
| I. Zweck der Norm .................. 1 | a) Handeln zum Schaden der Gläubiger eines beteiligten Gruppenmitglieds (Art. 75 lit. a) .................. 8 |
| II. Inhalt der Norm .................. 3 | |
| 1. Verfahren der Abberufung .................. 3 | |
| 2. Voraussetzungen der Abberufung ....... 7 | |

b) Nichterfüllung der Pflichten des Koordinators (Art. 75 lit. b) .................................. 18

III. Folgen der Abberufung ..................... 20
IV. Schlussfolgerungen für die Praxis .................................. 21

## I. Zweck der Norm

1   Art. 75 regelt die Abberufung des Koordinators. Somit wird sichergestellt, dass der Koordinator, der nicht mehr das Vertrauen der Beteiligten genießt oder die Effizienz nicht steigert, sondern mindert oder anderweitig untragbar geworden ist, abberufen werden kann. Denn für eine wirksame Durchführung des Koordinationsplans bedarf es eines Koordinators, der bei den Verwaltern, Gerichten und Gläubigern der teilnehmenden Verfahren Vertrauen genießt. Sollte dieses Vertrauen gestört sein, so muss es auch die Möglichkeit der Absetzung geben.[1]

2   In den ErwG findet sich die Frage der Abberufung nicht. Indes postuliert ErwG 57, dass sich die Koordination stets positiv auf die in die Koordination einbezogenen Verfahren auswirken soll. Wird der Koordinator diesem Postulat als dessen Hüter nicht gerecht, ist er abzuberufen.

## II. Inhalt der Norm

### 1. Verfahren der Abberufung

3   **Zuständig für die Abberufung** ist das Gericht, dass den Koordinator gemäß Artt. 61, 68 Abs. 1 Satz 2 bestellt hat.[2] Das Gericht kann **von Amts wegen** oder **auf Antrag** eines Verwalters der beteiligten Koordinationsmitglieder tätig werden.[3] Besondere Antragsvoraussetzungen sind neben dieser subjektiven Voraussetzung bei einem Antrag eines Verwalters nicht vorgesehen; da die Abberufung aber eines der in lit. a oder lit. b vorgesehenen Gründe bedarf, ist dieser darzulegen und zu beweisen.[4]

4   Soweit das Gericht auch amtswegig tätig werden muss, kann es ggf. unqualifizierte Unmutsäußerungen von dritter Seite (also Parteien, die nicht schon als Verwalter berechtigt wären, die Abberufung zu beantragen) ignorieren. Sind die Vorwürfe aber substantiell und substantiiert, wird das Gericht sie aufzugreifen haben und damit auch eine **Aufsichtsfunktion** zu erfüllen haben (siehe dazu auch Rz. 21).[5]

5   Der Koordinator muss vor der gerichtlichen Entscheidung **gehört** werden. Zwar ist dies nicht ausdrücklich geregelt, der Anspruch leitet sich jedoch aus dem vom EuGH ausdrücklich anerkannten, gemeinschaftsrechtlichen Grundsatz des fairen Verfahrens gemäß Art. 6 EMRK ab.[6] Indes sollte bei Gefahr in Verzug auch eine einstweilige Abberufung möglich sein.[7]

---

1) Mankowski/Müller/J. Schmidt-*J. Schmidt*, EuInsVO 2015, Art. 75 Rz. 2.
2) Mankowski/Müller/J. Schmidt-*J. Schmidt*, EuInsVO 2015, Art. 75 Rz. 4.
3) Mankowski/Müller/J. Schmidt-*J. Schmidt*, EuInsVO 2015, Art. 75 Rz. 18; *Eble*, ZIP 2016, 1619, 1622.
4) Braun-*Cülter*, InsO, Art. 75 EuInsVO Rz. 9.
5) Braun-*Cülter*, InsO, Art. 75 EuInsVO Rz. 8.
6) Mankowski/Müller/J. Schmidt-*J. Schmidt*, EuInsVO 2015, Art. 75 Rz. 20.
7) Braun-*Cülter*, InsO, Art. 75 EuInsVO Rz. 8.

Auch die Frage, ob der Koordinator **Rechtsmittel** gegen die Entscheidung einlegen 6
kann, ist ausdrücklich nicht geregelt. Jedoch spricht auch hier der Grundsatz des
fairen Verfahrens und die vergleichbare Regelung in Art. 69 Abs. 4 für die Möglichkeit, Rechtsmittel gegen die Entscheidung einzulegen, wobei für das Abberufungsverfahren und somit auch für das Rechtsmittel die lex fori des Koordinationsgerichtes maßgeblich ist.[8]

## 2. Voraussetzungen der Abberufung

Für die Abberufung bedarf es einer der in Art. 75 genannten **Gründe**.[9] Diese sind 7
abschließend geregelt, können aber alternativ vorliegen. Der Koordinator kann abberufen werden, wenn er zum Schaden der Gläubiger eines beteiligten Gruppenmitglieds handelt (lit. a) oder wenn er seinen Pflichten nicht nachkommt (lit. b).

### a) Handeln zum Schaden der Gläubiger eines beteiligten Gruppenmitglieds (Art. 75 lit. a)

Die erste Alternative ist gegeben, wenn der Koordinator i. R. seiner Aufgaben **Handlungen** vornimmt, die einem der Gläubiger des Gruppenmitglieds schaden. Unter 8
„Handlungen" sind auch **Unterlassungen** zu verstehen.[10]

Es muss sich beim Geschädigten um einen Gläubiger eines beteiligten **Mitglieds** 9
**des Koordinationsverfahrens** handeln. Gläubiger von Mitgliedern des Konzerns, die sich nicht am Koordinationsverfahren beteiligt haben, sind nicht umfasst.[11] Wie schon unter Art. 74 diskutiert (siehe Art. 74 Rz. 5 [*Fritz*]), ergibt sich schon aus der Systematik, dass die Regelungen des hiesigen Kapitels V Abschnitt 2 (anders als die des Abschnitts 1) immer nur gelten, wenn eine Beteilung an einem Koordinationsverfahren gewählt wurde und nur soweit dieses greift.

Insoweit muss aus soeben dargelegten systematischen Erwägungen der Schaden auch 10
den **Gläubiger in dieser Funktion treffen.** Sollte der Gläubiger auch zeitgleich Gläubiger eines anderen Verfahrens sein, kann ein Schaden i. S. der Vorschrift nur dann bestehen, wenn er den Gläubiger in seiner Stellung als Gläubiger des am Gruppen-Koordinationsverfahren teilnehmenden Verfahrens trifft.

Aufgrund der unklaren Formulierung der Norm, wonach der Koordinator „... zum 11
Schaden ... handelt", ist es strittig, ob es

– auf den Eintritt des Schadens oder

– auf eine bloß gefährdende Handlung ankommt.

*Eble* hat insoweit herausgearbeitet, dass die Formulierung „... zum Schaden ... handelt" für die Abberufung auch potentiell schädliches Einwirken umfassen solle und es 12
somit auf die dann tatsächlich schädigende Handlung nicht mehr ankomme.[12] Dies greift nach hiesiger Auffassung zu weit. *Reinhart* hingegen vertritt, dass die Voraussetzung eines Schadenseintritts nur auf die Ebene der Einzelverfahren bezogen

---

8) Mankowski/Müller/J. Schmidt-*J. Schmidt*, EuInsVO 2015, Art. 75 Rz. 19.
9) Mankowski/Müller/J. Schmidt-*J. Schmidt*, EuInsVO 2015, Art. 75 Rz. 19.
10) *Eble*, ZIP 2016, 1619, 1622.
11) *Eble*, ZIP 2016, 1619, 1622.
12) *Eble*, ZIP 2016, 1619, 1622.

sei, was aber dazu führe, dass, weil die ggf. schadensstiftenden Maßnahmen aufgrund der Unverbindlichkeit der Empfehlungen des Koordinators jeweils einer Umsetzung durch den jeweiligen Verwalter im einzelnen Verfahren bedürften, die Norm keinen Anwendungsbereich hätte.[13] Dies überzeugt nicht. Denn zum einen nimmt der Koordinator besonderes Vertrauen in Anspruch, zum anderen kann er etwa mittels Aussetzungsantrag (vgl. Art. 72 Abs. 2 Satz 1 lit. e) seiner „unverbindlichen" Empfehlung durchaus Geltung verschaffen und schließlich geht es hier nicht um die Zurechnung einer Haftung, sondern „nur" um Gründe für eine Abberufung.

13 Aus der Zusammenschau beider Argumente ergibt sich aber eine sachgerechte Lösung: Die **Gefahr** eines möglichen Schadens allein genügt (noch) nicht. Ein Schaden i. S. dieser Norm liegt somit erst dann vor, wenn er sich in den Verfahren materialisiert, also infolge des Handelns des Koordinators und durch Umsetzung eines Insolvenzverwalters eintritt, und wenn demnach im Falle der Befolgung einer Empfehlung, im Ergebnis die negativen Folgen die positiven übersteigen.[14] Ein **Schaden** muss somit tatsächlich eingetreten sein.

14 Da der Koordinator nur Empfehlungen abgibt, die keine Bindungswirkung entfalten, und letztlich die jeweiligen Organe der Verfahren über die Empfehlung entscheiden (vgl. Art. 70 Abs. 2), dürfte aber regelmäßig ein unmittelbar kausaler Schadenseintritt gar nicht vorliegen. Somit sind aber auch **mittelbare Schäden** ausreichend, da die Norm ansonsten leerliefe.[15] Insoweit sollte man die Formulierung „… zum Schaden … handelt" so verstehen, dass sie gerade diese Mittelbarkeit im Auge hatte. Damit muss man Art. 75 lit. a nicht mehr als in der Praxis kaum anwendbar[16] oder redundant[17], sondern allenfalls als Spezialfall zu Art. 75 lit. b ansehen. Dabei **materialisiert sich eine Pflichtwidrigkeit zum Schaden**. Wo Art. 75 lit. b nur die **koordinationsspezifischen Verpflichtungen** nach diesem Kapitel als Voraussetzung sieht, geht es bei **Art. 75 lit. a um jedwede Pflichtwidrigkeit**, die sich auch aus anderen Normen ergeben kann, dazu aber auch zu einem Schaden geführt haben muss.

15 Der Schaden bzw. dessen Eintrittswahrscheinlichkeit muss zudem und fairerweise **aus ex ante-Sicht** betrachtet werden. Es muss berücksichtigt werden, dass dem Koordinator ein Entscheidungsspielraum zuzusprechen ist. Nicht jede Fehlentscheidung darf zur Abberufung führen. Dies ist nur dann gerechtfertigt, wenn der Schaden vorhersehbar und aus damaliger Sicht wahrscheinlich war. Denn Sinn und Zweck der Norm ist nicht, den Koordinator für sein Verhalten zu bestrafen oder haftbar zu machen, sondern zukünftige, weitere Schäden zu vermeiden.

16 Ob es sich um einen **materiellen Schaden** handeln muss oder ein immaterieller Schaden ausreicht, ist nicht geregelt. Der Wortlaut differenziert nicht und spricht lediglich allgemein von Schaden. Da gerade auch der **immaterielle Schaden** während der Insolvenz zu einer erheblichen Wertminderung des Unternehmens führen kann,

---

13) *Reinhart* in: MünchKomm-InsO, Art. 75 EuInsVO 2015 Rz. 2.
14) Mankowski/Müller/*J. Schmidt-J. Schmidt*, EuInsVO 2015, Art. 75 Rz. 10.
15) *Eble*, ZIP 2016, 1619, 1622.
16) *Reinhart* in: MünchKomm-InsO, Art. 75 EuInsVO 2015 Rz. 2.
17) Mankowski/Müller/*J. Schmidt-J. Schmidt*, EuInsVO 2015, Art. 75 Rz. 7.

sprechen sowohl der Wortlaut als auch der Sinn und Zweck für einen weiten Schadensbegriff.

**Beispiele:** 17

– Ein Schaden kann z. B. vorliegen, wenn der Koordinator die Aufrechterhaltung eines Betriebs aus übergeordneten Belangen der Koordination empfiehlt, dazu dem betroffenen Verwalter in zurechenbarer Weise aufgrund grober Fahrlässigkeit falsch er- und vermittelte Prämissen vorgibt, der Betrieb jedoch in der Folge Verluste einfährt, da die Prämissen falsch waren.

– Ein Schaden kann auch dann vorliegen, wenn der Koordinator fahrlässig die Rechtslage bzgl. der gegenseitigen Anfechtungsansprüche verkennt und daraufhin den Streit mit den Verwaltern beeinflusst, was in einem Verfahren zur Minderung der Masse führt.

### b) Nichterfüllung der Pflichten des Koordinators (Art. 75 lit. b)

Der zweite Abberufungsgrund ist gegeben, wenn der Koordinator seinen koordinationsspezifischen **Pflichten aus den Artt. 61 bis 77 nicht nachkommt.** Insbesondere hat der Koordinator folgende Pflichten: 18

– Entscheidung allein aufgrund sachlicher Gründe, ob ein nachträgliches Opt-in durch einen Verwalter statthaft ist (Art. 69 Abs. 2 lit. a);
– Unterrichtung des Gerichts und der gruppenangehörigen Verfahren über die Aufnahme weiterer Verfahren in das Koordinationsverfahren (Art. 69 Abs. 3);
– Verpflichtung zur Unabhängigkeit (Art. 71 Abs. 2);
– fortlaufende Aufrechterhaltung der Qualifikationen, die er als Koordinator benötigt (Verwalterstellung in einem Mitgliedstaat, keine Interessenskonflikte, vgl. Art. 71)[18];
– Erarbeitung von Empfehlungen und eines Koordinationsplans für die Mitglieder der Gruppe (Art. 72 Abs. 1 Satz 1 lit. a, lit. b);
– Schlichtungsversuche zwischen einzelnen Verfahren bei Streitigkeiten insbesondere wegen Anfechtungsklagen (Art. 72 Abs. 2 Satz 1 lit. b);
– Anzeigepflichten im Falle erheblicher Kostensteigerungen (Art. 72 Abs. 6);
– unparteiische Amtsausübung mit der gebotenen Sorgfalt (Art. 72 Abs. 5);
– unverzügliche Information des Gerichts und der gruppenangehörigen Verfahren darüber, dass eine erhebliche Kostensteigerung zu den geplanten Kosten zu erwarten ist (Art. 72 Abs. 6);
– Kommunikation in der vorgeschriebenen bzw. vereinbarten Sprache (Art. 73);
– Zusammenarbeit mit den Verwaltern (Art. 74 Abs. 1);
– Endabrechnung nach Erfüllung seiner Aufgaben (Art. 77 Abs. 2).

Die Norm setzt **keine Erheblichkeitsschwelle** voraus, sondern lässt zunächst jede 19
Pflichtverletzung genügen. Bei der Frage, ob eine Pflichtverletzung vorliegt, hat das

---

18) Mankowski/Müller/*J. Schmidt-J. Schmidt*, EuInsVO 2015, Art. 75 Rz. 17.

Gericht einen gewissen Spielraum, der untragbare Ergebnisse auffangen kann. Dabei sollte zum einen berücksichtigt werden, dass dem Koordinator ein Ermessens- bzw. Entscheidungsspielraum zuzubilligen ist. *J. Schmidt* spricht von einer (an die Business Judgement Rule angelehnt) Insolvency Judgement Rule.[19] Zum anderen stellt die Abberufung einen Eingriff dar, dieser ist dann nicht gerechtfertigt, wenn die Pflichtverletzung keine Relevanz hat. Dies lässt sich an ErwG 54 messen, der ausdrückt, dass der Koordinator die Effizienz steigern soll. Wenn aber eine Pflichtverletzung die Effizienz mindert, ist sie auch relevant. Bei der Abwägung vor diesem Hintergrund ist zudem die Frage der Verhältnismäßigkeit zu beachten.[20]

### III. Folgen der Abberufung

20 Nicht geregelt sind die **Folgen einer Abberufung**. Damit das Koordinationsverfahren weiterlaufen kann, bedarf es eines neuen Koordinationsverwalters. Somit muss **analog zu den Erstbestellungsregeln** Art. 68 Abs. 1 Satz 2, Art. 61 ein neuer Koordinator vorgeschlagen werden, der den Voraussetzungen des Art. 71 genügt. Das Koordinationsgericht kann freilich nicht von Amts wegen einen neuen Koordinator einsetzen, denn zur Einsetzung bedarf es nach Art. 63 stets eines Vorschlages.[21] Klar ist, dass das Koordinationsverfahren stets eines Koordinators bedarf; ist der vormalige abberufen, aber noch kein neuer bestellt, ruht das Verfahren einstweilen. Die von ihm ergriffenen Maßnahmen bleiben aber – soweit rechtskonform – wirksam.[22] Zur Frage der Vergütung bei Abberufung siehe unter Art. 77 Rz. 23 [*Fritz*].

### IV. Schlussfolgerungen für die Praxis

21 Gemäß des Wortlauts von Art. 75 kann das **Gericht** *von Amts wegen* den Koordinator abberufen. Das legt die Frage nahe, ob das Gericht eine **Aufsichtspflicht** hat und falls dies der Fall ist, es sich ggf. **schadensersatzpflichtig** macht, wenn es diese nicht einhält. Ob jedoch allein aus der Tatsache, dass das Gericht den Koordinator abberufen kann, eine Aufsichtspflicht herzuleiten ist, ist fraglich. Dagegen könnte sprechen, dass der Koordinator in der Regel keinen unmittelbaren Schaden anrichten kann. Entweder haben die Verwalter oder das Gericht das letzte Wort. Wie *Eble* aufzeigt, folgt daraus jedenfalls nach der EuInsVO mangels entsprechender Anspruchsgrundlage keine Schadensersatzpflicht, wenn das Koordinationsgericht seiner Funktion nicht nachkommt. Grundsätzlich ist aber für das Gericht die lex fori concursus einschlägig, sieht diese ggf. eine Haftung vor, wie etwa im Falle des § 58 InsO, kann aus einer Verletzung der Amtspflicht eine Schadensersatzpflicht nach nationalem Recht folgen.[23] Auch hier bedarf es aber eines Schadens, wobei nach der bereits (siehe oben unter Rz. 14) dargelegten, hiesigen Auffassung durchaus ein mittelbarer Schaden durch Handeln des Koordinators und damit ggf. auch durch eine Amtspflichtverletzung des Gerichts in Betracht kommt.

---

19) Mankowski/Müller/J. Schmidt-*J. Schmidt*, EuInsVO 2015, Art. 75 Rz. 14.
20) Braun-*Cülter*, InsO, Art. 75 EuInsVO Rz. 8.
21) Braun-*Cülter*, InsO, Art. 75 EuInsVO Rz. 14.
22) Braun-*Cülter*, InsO, Art. 75 EuInsVO Rz. 14; a. A. *Madaus*, IILR 2015, 235, 246, der das Koordinationsverfahren dann als beendet betrachtet.
23) *Eble*, ZIP 2016, 1619, 1622 f.

## Artikel 75

Wie ausgeführt kann in Folge der Abberufung die Koordination nur fortgeführt werden, wenn ein **neuer Koordinator** bestellt wird, wozu es eines Antrags bedarf (siehe oben Rz. 3). Da das **Vorschlagsrecht** grundsätzlich bei dem Verwalter vorlag, der die Koordination beantragte (vgl. Art. 61 Abs. 3 lit. a), ist es nur angemessen, dass dieser das erneute Vorschlagsrecht innehat. Demnach wäre dieser vom abberufenden Gericht aufzufordern, einen Vorschlag zu unterbreiten. Im Sinne des Art. 63 wären sodann die anderen Verwalter zur Stellungnahme aufzufordern und schließlich bei Einwänden der Vorgeschlagene anzuhören.[24] All dies kostet aber Zeit und ist wenig effizient. Es empfiehlt sich daher i. S. der Gläubiger im Falle eines Abberufungsantrages durch einen der Verwalter auch zugleich einen gemäß diesen Vorgaben allseits abgestimmten Vorschlag für einen neuen Kandidaten mit zu unterbreiten. 22

Im Übrigen findet sich in der EuInsVO, jedenfalls in der endgültigen Fassung, auch **keine Regelung** mehr zur **Haftung des Gruppenkoordinators** für etwaige Schäden, die auf einer (schuldhaften) Verletzung seiner Pflichten beruhen. Dies verwundert um so mehr, als im Gesetzgebungsverfahren zunächst noch eine ausdrückliche Haftung vorgesehen war, demnach sollte er gegenüber den Insolvenzmassen der am Gruppen-Koordinationsverfahren beteiligten Insolvenzverfahren für Schäden, die zurechenbarerweise auf Verletzung dieser Pflichten zurückzuführen sind, haften. Seine Haftung richtete sich dabei nach dem Recht des Mitgliedstaates, in dem das Gruppen-Koordinationsverfahren eröffnet wurde.[25] Kommt man, was hier nicht vertreten wird, zur Auffassung, dass der Koordinationsverwalter gar keinen Schaden verursachen kann, weil immer noch die einzelnen Verwalter konzernangehöriger Insolvenzverfahren dazwischengeschaltet sind und lediglich deren Handlungen Schäden verursachen können, kann man dementsprechend auch vertreten, dass gar keine Regelungslücke vorliegt. Auch könnte man auch mit *Eble*[26] vertreten, dass mit der Abberufung ein viel schärferes Schwert als eine Haftung vorgesehen ist. 23

Folgt man aber der hiesigen Auffassung, wonach durchaus mittelbare Schäden in Betracht kommen, könnte auch den Koordinator eine Haftung treffen, wenn er in schuldhafter Weise Pflichten verletzt und hier ein kausal zurechenbarer Schaden hervorgerufen wird. Insoweit kann der Rechtsgedanke der Entwurfsfassung wiederum aufgegriffen werden, wonach sich die Haftung des Koordinators nach der lex fori concursus des ihn bestellenden Gerichtes bemisst. Gerade diese Auffassung führt auch zu dem Ergebnis, dass es einer expliziten Regelung innerhalb der EuInsVO nicht bedarf, da von jeher die lex fori concursus für diese Frage anwendbar ist. Insoweit lässt sich eine Haftung nicht ausschließen. 24

Soweit man der hiesigen Auffassung folgt, setzt die Haftung aber voraus, dass es nach der lex fori concursus eine entsprechende, sei es insolvenzrechtlich oder allgemeiner Natur, Haftungsnorm gibt und diese in der speziellen Konstellation des Koordinators auch eine Haftung für mittelbare Schäden vorsieht. 25

---

24) *Reinhart* in: MünchKomm-InsO, Art. 75 EuInsVO 2015 Rz. 5.
25) *Eble*, ZIP 2016, 1619, 1623.
26) *Eble*, ZIP 2016, 1619, 1625.

## Artikel 76

### Schuldner in Eigenverwaltung

Die gemäß diesem Kapitel für den Verwalter geltenden Bestimmungen gelten soweit einschlägig entsprechend für den Schuldner in Eigenverwaltung.

#### Übersicht

| | | | |
|---|---|---|---|
| I. Zweck der Norm | 1 | III. Schlussfolgerungen für die Praxis | 4 |
| II. Inhalt der Norm | 2 | | |

### I. Zweck der Norm

1 Art. 76 stellt den Schuldner in Eigenverwaltung dem Verwalter für das Kapitel V gleich. Sinn und Zweck der Regelung ist die Verfahren die in Eigenverwaltung geführt werden, auch in das Koordinationsverfahren einzubinden.

### II. Inhalt der Norm

2 Was die EuInsVO unter **Schuldner in Eigenverwaltung** versteht, ergibt sich aus der Definition in Art. 2 Nr. 3. Die Eigenverwaltung nach der InsO fällt unter diese Definition.[1]

3 Die Regelungen gelten in diesen Fällen „entsprechend", das bedeutet, dass die Regeln zu den Konzerninsolvenzen sowie die Normen zu dem Koordinationsverfahren, soweit sie dort einen Insolvenzverwalter konzernangehöriger Schuldner betreffen, entsprechend auf selbstverwaltete Schuldner anzuwenden sind. „Entsprechend heißt indes, dass sie nur dann Anwendung finden, wenn sie materiell auf den Schuldner in Eigenverwaltung passen.[2] Dies ist etwa nicht der Fall bei Art. 71.[3] Dieser kann nicht in Zusammenhang mit Art. 76 so weit ausgelegt werden, dass ein konzernangehöriger Schuldner in Eigenverwaltung Koordinator sein kann. Auf diesen würde zwar der Ausschlussgrund des Art. 71 Abs. 2 nicht zutreffen, nach Sinn und Zweck des Art. 71 kommt es aber auf die besondere Befähigung zum Verwalteramt an.

### III. Schlussfolgerungen für die Praxis

4 Aus Art. 76 folgt, dass generell das schuldnerische Unternehmen Adressat der Rechte und Pflichten ist, die im Koordinationsverfahren den Verwalter treffen. Dabei ist aber nach nationalem Recht zu prüfen, ob die Aufgaben oder Pflichten dort funktional dem Schuldner zustehen oder ggf. einem Sachwalter oder vergleichbarem Amtsträger bzw. dessen Zustimmung bedürfen. Bei einem nur überwachend tätigen Sachwalter dürfte dies nicht der Fall sein.[4] Dabei ist Träger der Rechten und Pflichten nicht das Organ des Schuldners, sondern der Schuldner bzw. Rechtsträger selbst; allenfalls soweit nach nationalem Recht durch einen Transformationsakt geregelt oder als spezifische Amtspflicht vorgesehen, treffen die Rechte und Pflichten auch die Organe.[5]

---

1) Braun-*Cülter*, InsO, Art. 76 EuInsVO Rz. 5.
2) Braun-*Cülter*, InsO, Art. 76 EuInsVO Rz. 2.
3) Mankowski/Müller/J. Schmidt-*J. Schmidt*, EuInsVO 2015, Art. 76 Rz. 5.
4) Mankowski/Müller/J. Schmidt-*J. Schmidt*, EuInsVO 2015, Art. 76 Rz. 5.
5) Braun-*Cülter*, InsO, Art. 77 EuInsVO Rz. 7.

## Artikel 77
### Kosten und Kostenaufteilung

(1) Die Vergütung des Koordinators muss angemessen und verhältnismäßig zu den wahrgenommenen Aufgaben sein sowie angemessene Aufwendungen berücksichtigen.

(2) Nach Erfüllung seiner Aufgaben legt der Koordinator die Endabrechnung der Kosten mit dem von jedem Mitglied zu tragenden Anteil vor und übermittelt diese Abrechnung jedem beteiligten Verwalter und dem Gericht, das das Koordinationsverfahren eröffnet hat.

(3) [1]Legt keiner der Verwalter innerhalb von 30 Tagen nach Eingang der in Absatz 2 genannten Abrechnung Widerspruch ein, gelten die Kosten und der von jedem Mitglied zu tragende Anteil als gebilligt. [2]Die Abrechnung wird dem Gericht, das das Koordinationsverfahren eröffnet hat, zur Bestätigung vorgelegt.

(4) Im Falle eines Widerspruchs entscheidet das Gericht, das das Gruppen-Koordinationsverfahren eröffnet hat, auf Antrag des Koordinators oder eines beteiligten Verwalters über die Kosten und den von jedem Mitglied zu tragenden Anteil im Einklang mit den Kriterien gemäß Absatz 1 dieses Artikels und unter Berücksichtigung der Kostenschätzung gemäß Artikel 68 Absatz 1 und gegebenenfalls Artikel 72 Absatz 6.

(5) Jeder beteiligte Verwalter kann die in Absatz 4 genannte Entscheidung gemäß dem Verfahren anfechten, das nach dem Recht des Mitgliedstaats, in dem das Gruppen-Koordinationsverfahren eröffnet wurde, vorgesehen ist.

Literatur: *Flores/Inacio*, Report of the Regulation of Insolvency Office Holders, INSOL Europe, IOHF, May 2016, abrufbar unter https://www.insol-europe.org/ioh-forum-documents (Abrufdatum: 23.11.2019) (zit.: *Flores/Inacio*, IOHF Report 2016); *Madaus*, Insolvency proceedings for corporate groups under the new Insolvency Regulation, IILR 2015, 235; *Parzinger*, Die neue EuInsVO auf einen Blick, NZI 2016, 63; *Thole*, Das neue Konzerninsolvenzrecht in Deutschland und Europa, KTS 2014, 351; *Wimmer*, Übersicht zur Neufassung der EuInsVO, jurisPR-InsR 7/2015 Anm. 1.

### Übersicht

I. Zweck der Norm .................................. 1
II. Abgrenzung der Kostenarten ............. 3
III. Die Kosten der Teilnahme an der Koordination .................................. 4
IV. Die Kosten des Koordinationsgerichtes .................................. 6
V. Inhalt der Norm .................................. 11
1. Die Vergütung des Koordinators (Art. 77 Abs. 1) .................................. 11
   a) Ansatz und Berechnung der Vergütung .................................. 12
   b) Umgang mit erhöhten Kosten, Ansatz und Berechnung der Vergütung .................................. 21
   c) Verwirkung der Vergütung ......... 23
   d) Aufwendungen des Koordinators .................................. 24
2. Endabrechnung und Kostenverteilung auf die jeweilige Verfahren (Art. 77 Abs. 2) .................................. 26
3. Widerspruchsfrist (Art. 77 Abs. 3 und 4) .................................. 34
   a) Verfahren ohne fristgemäßen Widerspruch .................................. 37
   b) Verfahren bei fristgemäßem Widerspruch .................................. 39
4. Rechtsmittel gegen den Widerspruchsentscheidung (Art. 77 Abs. 5) .................................. 41
VI. Schlussfolgerungen für die Praxis .................................. 42

*Fritz*

# Artikel 77

## I. Zweck der Norm

1 Bei dem Koordinationsverfahren dürfte in aller Regel die Vergütung des Koordinators, der maßgebliche **Kostenfaktor** sein. Gleichwohl ist die Regelung sehr spärlich ausgefallen.[1] Dies mag dem Umstand geschuldet sein, dass sie nicht auf den Vorarbeiten der Kommission beruht, sondern erst „last minute" durch eine Legislative Entschließung des Europäischen Parlaments mit den weiteren Regelungen zur Koordination in die Verordnung eingefügt wurde.[2] Das **Fehlen eines klaren Vergütungskonzeptes** für den Koordinator hat zudem den Hintergrund, dass die Vergütungen der Insolvenzverwalter in Europa sehr unterschiedlich geregelt sind,[3] und der europäische Gesetzgeber keinem Modell den Vorrang einräumen wollte. Das kommt auch in ErwG 58 zum Ausdruck, der gleich eine Reihe von Grundsätzen, aber auch die nationalen Besonderheiten aufgreift, wenn es dort heißt:

– Die Kosten der Koordination sollen deren Vorteile nicht überwiegen;

– es muss sichergestellt sein, dass der von jedem Gruppenmitglied zu tragende Anteil angemessen und vertretbar ist;

– es muss sichergestellt sein, dass die Kosten im Einklang mit dem Recht des Mitgliedstaates stehen, in dem das Gruppen-Koordinationsverfahren eröffnet wurde;

– die Kosten sollen ab einer frühen Phase, ggf. durch Genehmigung des Gerichts oder Gläubigerausschusses, kontrolliert werden.

2 Art. 77 regelt somit die **allgemeinen Grundsätze** für die Vergütung des Koordinators (Abs. 1) und legt ihm die **Pflicht zur Abrechnung** auf (Abs. 2). Art. 77 Abs. 3 bis 5 regeln das Verfahren rund um die Kosten.

## II. Abgrenzung der Kostenarten

3 Voneinander abzugrenzen sind im Bereich der Kosten der Koordination drei Bereiche:

– die Kosten des Koordinators (siehe Rz. 11),

– die Kosten des Koordinationsgerichtes (siehe Rz. 6),

– die Kosten der Teilnahme an der Koordination.

## III. Die Kosten der Teilnahme an der Koordination

4 Hier stellt *Hermann* zutreffend fest (siehe Art. 59 Rz. 5 [*Hermann*]), dass Art. 59 seinem Wortlaut nach nur die Kosten der Zusammenarbeit und Kommunikation nach den Artt. 56 bis 60 regelt. Auch *Bornemann* sieht, dass sich in der Verordnung keine materiellen Kriterien zur Bestimmung der Verfahrenskosten und deren Aufteilung finden.[4] Indes regelt Art. 77 seinem klaren Wortlaut nach nur die Kosten des Koordinationsverwalters. Er trifft **keine Aussage zu den Kosten des Koordinationsverfahrens**. Weder zum Gericht (siehe sogleich Rz. 6) noch zu den Kosten der

---

1) *Wimmer*, jurisPR-InsR 7/2015 Anm. 1, 9. g).
2) Braun-*Cülter*, InsO, Art. 77 EuInsVO Rz. 4.
3) S. *Flores/Inacio*, IOHF Report 2016, S. 19.
4) Wimmer/Bornemann/Lienau-*Bornemann*, Die Neufassung der EuInsVO, S. 226.

Insolvenzverwalter konzernangehöriger Gesellschaften, die sich nicht auf Tätigkeiten nach Artt. 56 bis 60 stützen, sondern i. R. des eigentlichen Koordinationsverfahrens angefallen sind, findet sich eine Regelung, inwieweit diese zu tragen sind.[5] Kosten der einzelnen Verwalter können etwa aus der Pflicht, dem Koordinator Informationen zur Verfügung zu stellen, herrühren (vgl. Art. 72 Abs. 2 Satz 1 lit. d bzw. Art. 74 Abs. 2).

Insoweit kann, mangels expliziter Regelung, zu den sonstigen Kosten der Koordination, im hiesigen Sinne also bzgl. der Kosten, die bei den Insolvenzverwaltern konzernangehöriger Unternehmen aus der Teilnahme an der Koordination erwachsen, nur im Sinne der Lückenfüllung auf die generelle Einschränkung der **Angemessenheit** (vgl. ErwG 58) und das **Verteilungsprinzip** des Art. 59 verwiesen werden. Daher sind auch diese Kosten, in dem Verfahren zu tragen, in dem sie anfallen. Das heißt, dass die einzelnen Verwalter bei ihrer Mitarbeit an der Koordination hinsichtlich der Verfahrenskosten ggf. durch die Grenze der Angemessenheit beschränkt sind und der Koordinator dies zu akzeptieren hätte. Dies darf indes nur den Umfang, nicht die generelle Mitarbeit einschränken. 5

### IV. Die Kosten des Koordinationsgerichtes

Soweit in der Neufassung des GKG im Zuge der Einpassung der EuInsVO n. F. in das deutsche Recht nun in § 23 Abs. 5 GKG n. F.[6] festgelegt wird, dass der Schuldner, der das Koordinationsverfahren beantragt hat, die Kosten des Koordinationsverfahrens trägt, und diese Norm so in Kraft tritt, stünde dies nicht im Widerspruch zu Art. 77, weil in letzterer Norm nur die Tragung der Kosten des Koordinators geregelt wird und nach dem GKG nur die Kosten des Koordinationsgerichtes. So fehlt in der EuInsVO eine Regelung zu den Kosten des Koordinationsgerichts, da Art. 77 nur die Kosten des Koordinators umfasst. 6

Insoweit schießt der Wortlaut des § 23 Abs. 5 GKG n. F. aber womöglich über dieses Verständnis hinaus, wenn er regeln will: 7

„Die Kosten des Gruppen-Koordinationsverfahrens nach Kapitel V Abschnitt 2 der Verordnung (EU) 2015/848 trägt der Schuldner, dessen Verwalter die Einleitung des Koordinationsverfahrens beantragt hat."

Dies kann freilich nur die Kosten des Gerichts selbst, nicht die des Koordinators, umfassen, da die Regelung ansonsten nicht im Einklang mit der vorrangigen Richtlinie stünde. 8

Damit dürfte § 23 Abs. 5 GKG n. F. überhaupt nur in der Konstellation Anwendung finden, in welcher ein deutsches Insolvenzgericht als Koordinationsgericht mit der Sache befasst wird und die Tragung dessen Kosten – mangels anderweitiger Regelung – zu klären sind. Insoweit sieht auch schon der § 23 Abs. 3 GKG a. F. vor, dass die Kosten grundsätzlich der Schuldner trägt und nur im Falle der Zurückweisung des Antrags der Antragsteller die Kosten trägt. Insoweit sollte auch im Falle des Antrags auf Koordination durch das GKG nur der Fall geregelt sein, 9

---

5) So auch Braun-*Cülter*, InsO, Art. 77 EuInsVO Rz. 4.
6) Art. 4 des Gesetzes zur Durchführung der Verordnung (EU) 2015/848 über Insolvenzverfahren – Durchführungsgesetz, v. 5.6.2017, BGBl. I 2017, 1476.

wer, wenn sich nicht aus dem dann stattfindenden Koordinationsverfahren heraus schon anderes ergibt, im Zweifel die Kosten des Koordinationsgerichts trägt. Dass als Auffangschuldner dieser Kosten der Antragsteller haftet, ist angemessen. Soweit das Koordinationsverfahren stattfindet, sollte die dort gefundene Kostenaufteilung am Ende auch die Gerichtskosten umfassen und auch diese, wie noch gezeigt wird, angemessen verteilen.

10 Für die Frage der Kosten des Koordinators gilt in jedem Fall ausschließlich Art. 77. Nur wenn einvernehmlich keine Lösung für die Gerichtskosten gefunden wird, sollte das GKG subsidiär für die Kostentragung gelten.

## V. Inhalt der Norm

### 1. Die Vergütung des Koordinators (Art. 77 Abs. 1)

11 Die Grundlage der Vergütung wird bereits mit dem Antrag zum Koordinationsverfahren gelegt. Der Antragsteller hat eine Kostenschätzung des Koordinationsverfahrens abzugeben (vgl. Art. 61 Abs. 3 lit. d). Mit Eröffnung des Koordinationsverfahrens befindet somit das Gericht gemäß Art. 68 Abs. 1 Satz 2 lit. c über die Kostenschätzung. Innerhalb dieser Kostenschätzung ist die Vergütung des Koordinators festzulegen. Gemäß Art. 77 Abs. 1 ist der Koordinator angemessen und verhältnismäßig zu seinen wahrgenommenen Aufgaben zu vergüten. Außerdem sollen auch seine Aufwendungen angemessen in der Vergütung berücksichtigt werden. Zudem soll den Verwaltern zu einer frühen Phase ermöglicht werden, die Kosten zu kontrollieren (ErwG 58).

### a) Ansatz und Berechnung der Vergütung

12 Die EuInsVO enthält somit lediglich generalklauselartige Angaben ohne Details[7] zur Vergütung. Sie verlangt nur, dass die **Vergütung angemessen und verhältnismäßig** ist. Details sind hier somit durch die Praxis zu klären. So lässt die neue EuInsVO z. B. offen, ob es sich um **Stundensätze** oder eine **wertorientierte Tätigkeitsvergütung**,[8] z. B. einen Betrag in Relation zu den Insolvenzmassen der Gruppenmitglieder, handelt.[9] In Betracht käme neben dem Wert der Massen der umfassten Gruppenmitglieder auch ein Bezug allein zum Mehrwert in Betracht,[10] der sich aus der Koordination ergibt oder ergeben kann, womit sich schon diese weitere hypothetische Frage anschließt, ob es der mögliche **Mehrwert** oder der am Ende aller Verfahren tatsächlich (nachweisbare?) Mehrwert sein soll.

13 Soweit nach ErwG 61 die Mitgliedstaaten die Möglichkeit haben, Bestimmungen der EuInsVO, somit auch Art. 77, durch nationale Bestimmungen zu ergänzen,[11] hilft auch ein erster Blick in die InsO bzw. InsVV für eine Frage nach dem „richtigen" Vergütungsmodell nicht weiter. Auch die InsO bzw. InsVV kennt für Ausschussmitglieder und Sachverständige Stundensätze und lediglich für Insolvenzver-

---

7) Mankowski/Müller/J. Schmidt-*J. Schmidt*, EuInsVO 2015, Art. 77 Rz. 4.
8) Braun-*Cülter*, InsO, Art. 77 EuInsVO Rz. 6.
9) *Parzinger*, NZI 2016, 63.
10) Braun-*Cülter*, InsO, Art. 77 EuInsVO Rz. 6.
11) *Reinhart* in: MünchKomm-InsO, Art. 77 EuInsVO 2015 Rz. 4.

walter einen Bezug zur (gemehrten) Masse. Insoweit stellt, *Reinhart* erst einmal zu Recht fest, dass der Koordinator keine eigene Masse verwaltet und darauf basierende Vergütungsmodelle nicht entsprechend anzuwenden sind. Hieraus aber abzuleiten, dass die Vergütung des Koordinators keinen Bezug zu den Massen oder einem Mehrwert haben dürfte, ginge zu weit.[12]

Welche Vergütung daher als **angemessen** und somit in zutreffender Weise auch als **verhältnismäßig** gilt, kann letztlich nur im Einzelfall bestimmt werden. Gleichwohl werden verschiedene Modelle benannt: 14

- Insbesondere sollen z. B. der **Wert** aller im Konzern vereinten Massen,
- die **Anzahl der zu koordinierenden Verfahren** sowie
- Aufgabenumfang, **Dauer und Schwierigkeitsgrad** zu berücksichtigen sein.
- Auch persönliche Eigenschaften des Koordinators wie die **Qualifizierung** und **Erfahrungen** könnten berücksichtigt werden.[13]
- Möglich sei auch eine **Vergütung nach erledigten Aufgaben** oder nach einem erarbeiteten Gesamtauftrag oder nach Erfolgen.[14]

Bei einer **Gesamtschau der europäischen Vergütungsmodelle** lassen sich je **zwei Gegenpole** feststellen. Zum einen gibt es Rechtsordnungen, welche die Vergütung i. R. der Vereinbarung mit den Gläubigern regeln lassen, wohingegen andere diese durch Gericht oder Behörde in einem förmlichen Verfahren festsetzen lassen. Was die Höhe anbelangt, gibt es wiederum Modelle, die auf einer reinen Zeitvergütung (in der Regel nach Stunden) basieren, wohingegen andere den Erfolg, z. B. auf Basis der Mehrung der Insolvenzmasse, vergüten.[15] 15

Geht man aber den Weg, diese zuvor genannten Einzelfaktoren einzubeziehen, ist man wieder nahe am deutschen Vergütungsmodell, welches ebenfalls die **Schaffung eines Mehrwerts** ins Zentrum der Vergütung stellt. Dies ist weniger willkürlich als die zuvor geschilderten, an sich passenden Ansätze, die allesamt kein umfassendes Modell im Geiste der EuInsVO, sondern nur für sich selbst und isoliert betrachtet stimmige Einzelansätze bieten. Welches Modell hier legitim und passend ist, ergibt sich freilich schon aus der EuInsVO selbst, genauer aus vier darin verankerten Gesichtspunkten. 16

- Nach ErwG 57 soll sich das Koordinationsverfahren für die Gläubiger erstens allgemein positiv auswirken.
- Nach ErwG 58 sollen zweitens die Kosten die Vorteile nicht übersteigen.
- Drittens sind schon beim Antrag auf Gruppenkoordination nach Art. 61 Abs. 3 lit. d die geschätzten Kosten zu beziffern.
- Schließlich und viertens darf der Koordinator, will er nicht nach Art. 75 abberufen werden, nicht zum Schaden der angehörigen Insolvenzverfahren handeln.

---

12) *Reinhart* in: MünchKomm-InsO, Art. 77 EuInsVO 2015 Rz. 4.
13) Mankowski/Müller/*J. Schmidt-J. Schmidt*, EuInsVO 2015, Art. 77 Rz. 8.
14) *Parzinger*, NZI 2016, 63, 68; *Madaus*, IILR 2015, 235, 243.
15) S. *Flores/Inacio*, IOHF Report 2016, S. 19.

## Artikel 77

17  Geht man von dem Gebot, dass die Koordination per se nicht zum Nachteil gereichen darf, aus, müsste sich schon im Antrag nach Art. 61 Abs. 3 lit. d eine Kosten-Nutzen-Relation ergeben haben. Der hier zu prognostizierende Überschuss, wäre dann als der prognostizierte Mehrwehrt eine **geeignete Berechnungsgrundlage**. Dieser kann sich aus einzelnen Maßnahmen bzw. der Vermeidung bestimmter Probleme, Konflikte oder potentieller Schadensquellen ergeben. Damit wäre dies nicht nur der Mehrwert des koordinierten Verfahrens, etwa im Falle einer koordinierten Gesamtveräußerung über mehrere Rechtsträger hinweg, sondern auch ein vermiedener Schaden, etwa durch zügige und effiziente Beilegung konzerninterner Streitigkeiten. Soweit die Vergütung i. Ü. auch **verhätnismäßig** zu den *wahrgenommenen* Aufgaben stehen sollte, ist dann bei den einzelnen Aufgaben auch ein Bezug zu dem jeweils dahinterstehende Aufwand und dem Erreichen der gesteckten Ziele herzustellen. Auch darf der Koordinator nicht die volle Vergütung erhalten, wenn er weniger Aufgaben erledigt hat, als in der Kostenschätzung angenommen.[16] Damit ergibt der **Umsetzungsstand** die **qualitative Komponente** und der **Aufwand** die **quantitative Komponente**. Soll zudem, i. S. einer angemessenen wie verhältnismäßigen Vergütung, auch Dauer und Schwierigkeitsgrad zu berücksichtigt werden, folgt daraus letztlich ein Zu- bzw. Abschlags-Modell. Wobei sich dabei Zu- und Abschläge auf Basis der einzelnen Maßnahmen und am Ende in der Gesamtschau i. S. der Angemessenheit und Verhältnismäßigkeit ergeben sollten. Hier könnte etwa ein wenige geringer Aufwandes reduzierter Ansatz von Maßnahmen, der an sich vergütungsmindernd wäre, aber auf besonderer Effizienz des Koordinators beruht, durch einen Effizienzzuschlag ausgeglichen werden. Was natürlich dann auch umgekehrt bei Ineffizienz gelten müsste. Dabei wären die quantitativen Komponenten schon bei der Kostenprognose zu berücksichtigen und erst bei der finalen Abrechnung beide, dann also auch die qualitativen Faktoren.

18  Damit könnte sich die Vergütung bzw. deren i. S. der Angemessenheit zu modifizierende **Berechnungsgrundlage** im schematischen Beispiel etwa wie folgt bemessen lassen:

| Maßnahme | Beschreibung | Prognose (Antrag) | Umsetzung am Ende (Qualität) | Zuschlag/Abschlag (Quantität) | Summen |
|---|---|---|---|---|---|
| Maßnahme 1 | Mehrwert 1 | 500 (= 100 %) | 250 (= 50 %) | 150 % wegen Mehraufwand | 375 |
| Maßnahme 2 | Mehrwert 2 | 400 (= 100 %) | 300 (= 75 %) | 100 % da i. R. | 300 |
| Maßnahme 4 | Ersparte Kosten 1 | 600 (= 100 %) | 200 (= 33,33 %) | 100 % da i. R. | 200 |
| Maßnahme 3 | Ersparte Kosten 2 | <u>600 (= 100 %)</u> | 400 (= 66,66 %) | 75 % wegen Minderaufwand | <u>300</u> |
| Geplante Berechnungsgrundlage | | **2.100** | Angepasste Berechnungsgrundlage | | 1.175 |
| | | | Pauschaler Zu-/Abschlag (150 %) | | **<u>1.763</u>** |

---

16) Vgl. etwa die Überlegungen zu den einzelnen Aufgaben und dem Zusammenhang bei Wimmer/Bornemann/Lienau-*Bornemann*, Die Neufassung der EuInsVO, Rz. 645.

Dieses Beispiel zeigt, dass ein solches Modell nicht allzu kompliziert sein muss, zugleich aber den Geist der Verordnung ideal umzusetzen geeignet ist. Wie bei der Grundvergütung des Insolvenzverwalters nach dem Modell der InsVV könnte dann in einem, je nach Höhe der Berechnungsgrundlage ggf. auch degressiven Prozentsatz, die Vergütung festgelegt werden. 19

Soweit bei der Festlegung der Vergütung immer zu berücksichtigen ist, dass die Kosten des Koordinationsverfahren nicht den Nutzen für die Gläubiger übersteigen dürfen (ErwG 58), wäre dies bei diesem Modell gewährleistet. 20

### b) Umgang mit erhöhten Kosten, Ansatz und Berechnung der Vergütung

Um **Kostenauswüchse** zu vermeiden, legt der Verordnungsgeber dem Koordinator die Obliegenheit gemäß Art. 72 Abs. 6 auf, bei einer erheblichen Kostensteigerung die Genehmigung des Gerichts einzuholen. Sollte der Koordinator dieser jedoch schuldhaft nicht nachgekommen sein, so kann der Koordinator maximal 10 % überhalb der Kostenschätzung als Vergütung geltend machen, sofern das Gericht auch nicht nachträglich der Kostensteigerung zustimmt. 21

Sollte die **Kostensteigerung** für den Koordinator nicht erkennbar gewesen sein, ist fraglich, ob der Koordinator die volle Vergütung erhalten kann, sofern das Gericht einer Kostensteigerung nicht (nachträglich) zustimmt. Wie der Wortlaut schon sagt, handelt es sich jedoch um eine Schätzung, bei der es – erwartbarer Weise – zu erheblichen Abweichungen kommen kann. Die Frage ist, wer fairerweise das Risiko der unerwartbaren Kostensteigerung zu tragen hat. Sollte die Steigerung für alle Beteiligen, einschließlich des Koordinators nicht ersichtlich gewesen sein, sollte der Koordinator die volle Vergütung verlangen dürfen. Dies sollte ihm freilich dann nicht zustehen, wenn er grob fahrlässig oder schuldhaft von falschen Umständen ausgegangen ist. Auch vor diesem Hintergrund macht das soeben skizzierte Modell Sinn. Es berücksichtigt die Kosten und Ersparnisse einzelner Maßnahmen. Somit gewährt dies auch bei der Frage der Kostenerhöhung immer noch einen Spielraum, da hier eine Steigerung in dem einem Bereich durch Einsparung in einem anderen Bereich aufgefangen werden kann. Dies rechtfertigt sich, wenn und weil man in diesem System bei der Frage, wann i. S. des Art. 72 Abs. 6 erhöhte Kosten vorliegen, alle kostenrelevanten Aufgabebereiche in der Gesamtschau sehen kann. 22

### c) Verwirkung der Vergütung

Ist der Verwalter **wegen Interessenskonflikten abberufen** worden, die von Anfang an bekannt waren bzw. schuldhaft nicht offengelegt wurden, oder hat er schuldhaft **Koordinatorpflichten verletzt**, so stellt sich die Frage, ob dem Koordinator überhaupt noch eine Vergütung zustehen sollte. Falls es sich dabei um Interessenkonflikte handelt, die von vornherein hätten bekannt sein müssen, kann die Vergütung insgesamt entfallen. Dies sollte auch bei anderen Umständen gelten, die den Verwalter nach nationalem Recht von dem Amt des Verwalters ausschließen bzw. zur Verwirkung einer Vergütung führen.[17] Bei anderen, **weniger gravierenden Pflichtverletzungen**, die zur Abberufung gemäß Art. 74 führen können, ist der 23

---

17) Dazu Vallender/Undritz-*Hermann*, Praxis des Insolvenzrechts, Kap. 16 Rz. 280.

Koordinator grundsätzlich vollständig bis zu seiner Abberufung zu vergüten, jedenfalls soweit kein quantifizierbarer Schaden in Ansatz zu bringen ist.

### d) Aufwendungen des Koordinators

24 Ferner sind die **Aufwendungen** angemessen zu berücksichtigen. Aufwendungen sind u. a. Reisekosten, die Beschäftigung von Hilfskräften, Kommunikationskosten, Recherchekosten, Beratungsleistungen und Übersetzungstätigkeit. Die Angemessenheit der Kosten ist ebenfalls nach dem Einzelfall, somit bei jeder Einzelposition zu bestimmen. Eine Pauschalierung sollte hier ausgeschlossen sein.[18] Ob und inwieweit **Hilfskräfte** zu den angemessenen Aufwendungen zählen, ist nicht nur eine Frage des Einzelfalls,[19] sondern hängt stark vom Vergütungsmodell ab. Wird nach Stunden vergütet, wären die der Hilfskräfte auch zu vergüten, was zugleich die Schwäche dieses Modells zeigt, da vereinfachend gesagt, ein Mehr an Zeit auch ein Mehr an Kosten verursacht. Bei dem hier vorgeschlagenen Ansatz in Anlehnung an die InsVV können auch deren Prinzipien bei der Frage der Hinzuziehung bloßerer Hilfskräfte oder ggf. auch – soweit i. S. der EuInsVO auch angemessen und verhältnismäßig – **fachkundiger Dritter mit besonderer Sachkunde** (vgl. § 5 InsVV) gelten. Kosten letzterer wären dann Aufwendungen, Kosten ersterer in der Vergütung enthalten, ggf. dann aber Anlass für einen Zuschlag.

25 *J. Schmidt* schlägt sinnvoller Weise vor, bei der Frage der Angemessenheit der Aufwendungen immer die ex- ante-Perspektive zu wählen. Der Maßstab ist somit aus der Perspektive vor Eingehung der Kosten anzulegen. Zu diesem Zeitpunkt muss die Eingehung der Kosten zumindest i. S. der Aufgaben des Koordinators erfolgversprechend gewesen sein.[20]

### 2. Endabrechnung und Kostenverteilung auf die jeweiligen Verfahren (Art. 77 Abs. 2)

26 Art. 77 Abs. 2 legt dem Koordinator die Pflicht auf, am Ende seiner Tätigkeit eine Endabrechnung zu erstellen, die auch den jeweiligen Kostenanteil der einzelnen Verfahren ausweist. Die Endabrechnung ist sowohl den Verwaltern der Verfahren als auch dem zuständigen Gericht, d. h dem Koordinationsgericht, zu übermitteln.[21]

27 Das **Ende der Arbeit** des Koordinators ist faktisch erreicht, wenn er entweder alle ihm aufgetragenen Aufgaben erledigt hat, er einen Koordinationsplan – wegen des Widerstandes der Verwalter – nicht umsetzen kann und auch sonst keine Aufgaben wie z. B. die Streitschlichtung zu erledigen sind oder er aufgrund Art. 75 abberufen wurde.[22] In jedem Falle ist die Arbeit logischerweise beendet, wenn nicht zumindest noch zwei konzernangehörige und der Koordination zugehörige Insolvenzverfahren unbeendet sind. Indes können die einzelnen konzernangehörigen Verfahren, soweit sie die Kosten der Koordination ggf. anteilig zu tragen haben, nicht beendet

---

18) Braun-*Cülter*, InsO, Art. 77 EuInsVO Rz. 8.
19) Braun-*Cülter*, InsO, Art. 77 EuInsVO Rz. 9.
20) Mankowski/Müller/J. Schmidt-*J. Schmidt*, EuInsVO 2015, Art. 77 Rz. 8.
21) *Reinhart* in: MünchKomm-InsO, Art. 77 EuInsVO 2015 Rz. 5.
22) Mankowski/Müller/J. Schmidt-*J. Schmidt*, EuInsVO 2015, Art. 77 Rz. 19.

werden. Aufgrund der Freiwilligkeit der Koordination sollten die Beteiligten der Koordination daher immer dann, wenn die Koordination keinen Mehrwert und Nutzen mehr darstellen kann, deren Beendigung beschließen können. Indes sind auch die Belange des Koordinators zu berücksichtigen: Hat er alle seine Aufgaben erfüllt und sollte lediglich die Umsetzung (etwa des Koordinationsplans) noch nicht abgeschlossen sein, ohne dass der Koordinator hier noch etwas beitragen kann, sollte seiner Abrechnung ebenfalls nichts im Wege stehen.[23]

Die **Kostenabrechnung** muss dann detailliert die erledigten Aufgaben und, soweit für das gewählte Vergütungsmodell relevant, auch die dafür aufgewendete Zeit darlegen. Auch die Aufwendungen müssen dargelegt werden, da diese Bestandteil der Kosten sind; siehe oben Rz. 24. Wenn und soweit es sich aus der lex fori coordinatoria ergibt (siehe dazu für Deutschland insbesondere oben Rz. 6), sind auch die Kosten des Koordinationsgerichts bei der Abrechnung zu berücksichtigen.[24]   28

Zudem muss die Kostenabrechnung den **Kostenanteil der jeweiligen Verfahren** ausweisen. Da für die Kosten und für den jeweiligen Anteil der zu tragenden Kosten zu Beginn eine Schätzung abzugeben war (vgl. Art. 68 Abs. 1 Satz 2 lit. c), sind i. S. der Kostenkontrolle auch die geschätzten Kosten als Vergleichsmaßstab darzustellen.[25]   29

Nach welcher Verteilung die jeweiligen Verfahren welchen Anteil an den Kosten zu tragen haben, ist nicht ausdrücklich geregelt. Hier lassen sich unterschiedliche Wege aufzeigen, wie die Verteilung der Kosten vorgenommen werden kann. In der Literatur werden folgende Maßstäbe diskutiert und der nationale Gesetzgeber ermuntert, eine Regelung zu finden:[26]   30

– Größe des Gruppenmitglieds,

– Bedeutung innerhalb des Konzerns,

– Bedeutung für die Koordination,

– Höhe der Insolvenzmassen,

– Koordinierungsmehrwert oder

– angefallene Arbeitsstunden des Koordinators für die jeweiligen Verfahren, dabei auch

– Zeitpunkt des Eintritts bzw. Zeitrahmen der Teilnahme an der Koordinierung.

Soweit nach der hier vertretene Auffassung (siehe oben Rz. 16) für die Vergütung des Koordinators dessen Nutzen die Messlatte ist, wäre auch bei der Verteilung der in den einzelnen Verfahren jeweils erzielte **Mehrwert** oder die **ersparten Kosten** entscheidend. Eine Umlegung nach Stunden scheint sehr schwierig, da der zeitliche Einsatz mitunter einem, mal zweien, mal mehreren oder allen Verfahren anzurech-   31

---

23) Braun-*Cülter*, InsO, Art. 77 EuInsVO Rz. 13.
24) Mankowski/Müller/*J. Schmidt*-*J. Schmidt*, EuInsVO 2015, Art. 77 Rz. 23.
25) *Reinhart* in: MünchKomm-InsO, Art. 77 EuInsVO 2015 Rz. 5.
26) *Thole*, KTS 2014, 351, 375; *Wimmer*, jurisPR-InsR 7/2015 Anm. 1, 9. g); Braun-*Cülter*, InsO, Art. 77 EuInsVO Rz. 12; Mankowski/Müller/*J. Schmidt*-*J. Schmidt*, EuInsVO 2015, Art. 77 Rz. 25.

nen wäre und eine Aufschlüsselung daher immer nur scheinbar korrekte Ergebnisse liefert. Da aber auch die Aufteilung angemessen, verhältnismäßig und vertretbar sein soll,[27] kann es mitunter Sinn machen, die dem Grundsatz nach den Nutzen für die Verfahren aufschlüsselnde Aufteilung nach obigen, die Bedeutung und Größe herausstellenden Modellen, als Korrektiv gegenzuprüfen, um im Einzelfall zu gerechten Ergebnissen zu kommen.

32 Um spätere Streitigkeiten und Widersprüche zu vermeiden, ist daher anzuraten, bereits mit der Schätzung auch den **Verteilungsmaßstab** festzulegen. Den konkreten Verteilungsschlüssel von Anfang an festzulegen, wie *Madaus* vorschlägt,[28] lässt sich aber auf Basis der Schätzung nur schwerlich darstellen. Weichen die tatsächlichen Kosten davon ab, oder ergibt sich aus Gründen der Verteilungsgerechtigkeit ein Anderes, ist der Schlüssel am Ende ggf. zu ändern. Daher wäre bei der Schätzung sinnvollerweise erst einmal der Maßstab bzw. das Verteilungskonzept aufzuzeigen. Dies macht auch Sinn, wenn mitunter eine Gefahr dahingehend gesehen wird, dass das Koordinationsgericht die heimische Insolvenzverfahren bei der Verteilung der Kosten entlasten wird.[29]

33 Da die Verwalter innerhalb von **30 Tagen** der Abrechnung **widersprechen** können (Abs. 3) sollte zur Übermittlung der Endabrechnung eine Alternative gewählt werden, bei der der **Zugang nachweisbar** ist.[30] Gegebenenfalls muss der nationale Verwalter die Genehmigung der Gläubiger einholen und muss – sofern dies von den Gläubigern verlangt wird – Widerspruch einlegen (ErwG 58). Die Endabrechnung ist zudem in **Textform** zu erstellen, auch wenn dies nicht ausdrücklich geregelt ist.[31]

### 3. Widerspruchsfrist (Art. 77 Abs. 3 und 4)

34 Art. 77 Abs. 3 enthält eine Billigung der Endabrechnung in Form einer fingierten Zustimmung, sofern nicht innerhalb von 30 Tagen Widerspruch erhoben wird. Die Fristberechnung folgt aus der lex fori coordinatoria. Der Widerspruch bedarf mangels anderweitiger Regelung keiner bestimmter Form. Zu Beweiszwecken sollte der Widerspruch in Textform erhoben werden.

35 Nicht geregelt ist, wer **Adressat des Widerspruches** ist.[32] In Frage kommt sowohl das Gericht, das über den Widerspruch gemäß Art. 77 Abs. 4 entscheidet, sowie der Koordinator selbst, der die Endabrechnung erstellt und übermittelt. Richtigerweise ist der Widerspruch an das Gericht zu richten. Andernfalls muss der Koordinator den Widerspruch erst an das Gericht weiterleiten, da das Gericht sonst nicht über den Widerspruch entscheiden kann. Eine Einlegung beim Koordinator stößt insoweit bei *Reinhart* zu Recht auf rechtsstaatliche Bedenken;[33] insoweit dürfte nur bei einer

---

27) Mankowski/Müller/J. Schmidt-*J. Schmidt*, EuInsVO 2015, Art. 77 Rz. 25 bzw. ErwG 58.
28) *Madaus*, IILR 2015, 235, 243.
29) *Thole*, KTS 2014, 351, 375.
30) *Reinhart* in: MünchKomm-InsO, Art. 77 EuInsVO 2015 Rz. 5.
31) Mankowski/Müller/J. Schmidt-*J. Schmidt*, EuInsVO 2015, Art. 77 Rz. 26.
32) *Reinhart* in: MünchKomm-InsO, Art. 77 EuInsVO 2015 Rz. 6.
33) *Reinhart* in: MünchKomm-InsO, Art. 77 EuInsVO 2015 Rz. 6.

Einlegung beim Koordinationsgericht die neutrale Überwachung der Widerspruchfrist gewährleistet sein.

Einer **Begründung des Widerspruchs** bedarf es nicht. Eine Begründung ist dennoch ratsam, damit das Gericht den Widerspruch nachvollziehen kann. 36

### a) Verfahren ohne fristgemäßen Widerspruch

Wurde kein oder nur ein **verspäteter Widerspruch** erhoben, so gilt die Endabrechnung einschließlich zughöriger Kostenpositionen und der vorgesehenen Verteilung als gebilligt. 37

Der Koordinationsverwalter hat dann nur noch zur Bestätigung die Endabrechnung dem Gericht vorzulegen, vgl. Art. 77 Abs. 3 Satz 2. Das Gericht prüft mangels Widerspruch dann nur, ob das Verfahren nach Art. 77 Abs. 2 und 3 eingehalten wurde. Es findet nur eine Rechtsprüfung statt.[34] Eine weitergehende inhaltliche oder isolierte Prüfung einzelner Positionen steht dem Gericht nicht zu. Auch dies folgt aus dem Prinzip der Freiwilligkeit der Koordination.[35] 38

### b) Verfahren bei fristgemäßem Widerspruch

Hat ein Verwalter rechtzeitigen Widerspruch eingelegt, so hat das zuständige Gericht (siehe oben Rz. 26) selbst über die Kosten und die zu tragenden Anteile zu entscheiden. Zuvor bedarf es eines Antrags durch den Koordinator oder irgendeines Verwalters des Koordinationsverfahrens. 39

Bei der Kostenentscheidung hat das Gericht die Kostenschätzungen gemäß Art. 68 Abs. 1 Satz 2 lit. c zu berücksichtigen.[36] Die Vergütung hat sich an den Maßstäben des Art. 77 Abs. 1 zu orientieren. Die jeweiligen Kostenanteile der Verfahren sollten – wie schon dargelegt – angemessen, verhältnismäßig und vertretbar sein sowie im Einklang mit den nationalen Rechtsvorschriften des Mitgliedstaats, in dem das Koordinationsverfahren eröffnet wurde, stehen (vgl. ErwG 58). 40

### 4. Rechtsmittel gegen den Widerspruchsentscheidung (Art. 77 Abs. 5)

Sollte einer der Verwalter mit der erneuten Kostenentscheidung des Gerichts nicht zufrieden sein, so statuiert Art. 77 Abs. 5 das Recht eines jeden beteiligten Verwalters – unabhängig davon, ob der Verwalter zuvor Widerspruch eingelegt hat oder nicht –, die Kostenentscheidung des Gerichts anzufechten. Für das Anfechtungsverfahren gilt wieder die lex fori coordinatoria.[37] Gemäß Art. 102c § 26 EGInsO ist im Falle eines deutschen Koordinationsverfahrens hierzu die sofortige Beschwerde (§§ 574 bis 577 ZPO) statthaft. Die Kosten der Beschwerde richten sich nach der Höhe der Kosten gemäß § 58 Abs. 7 GKG. 41

---

34) *Mock* in: BeckOK-InsO, Art. 77 EuInsVO Rz. 7.
35) Braun-*Cülter*, InsO, Art. 77 EuInsVO Rz. 17 und 19.
36) Wimmer/Bornemann/Lienau-*Bornemann*, Die Neufassung der EuInsVO, Rz. 645; *Reinhart* in: MünchKomm-InsO, Art. 77 EuInsVO 2015 Rz. 7.
37) *Reinhart* in: MünchKomm-InsO, Art. 77 EuInsVO 2015 Rz. 9.

## VI. Schlussfolgerungen für die Praxis

42 Wie schon dargelegt, wird eine entsprechend gut vorbereitete und aufgeschlüsselte Kostenschätzung zu Beginn der Koordination, die Akzeptanz der Endabrechnung steigern. Da und soweit in Insolvenzverfahren nahezu typischerweise mit unvorhergesehenen Entwicklungen zu rechnen ist, sollte die Schätzung aber auch keine falsche Sicherheit vorspiegeln. Sie kann aber das konkrete Modell der Vergütung schon genau beschreiben. Einen späteren Streit vermeidendes Modell ist somit wichtiger als die Scheingenauigkeit einer Schätzung.

43 Selbst, wenn man dem hier vorgeschlagenen Modell, welches den Nutzen herausstellt. nicht folgen wollte, empfiehlt es sich immer diesen in der **Endabrechnung** darzustellen. Wird es der Praxis nicht gelingen, den **Mehrwert der Koordination** zu belegen, wird sich die Idee der Koordination auch nicht durchsetzen können.

# KAPITEL VI
# DATENSCHUTZ

## Vor Artikeln 78–83
### Vorbemerkung

**Literatur:** *Berg*, Die datenschutzrechtliche Verantwortlichkeit des (vorläufigen) Insolvenzverwalters nach altem und neuem Recht, ZIP 2019, 247; *Beyer/Beyer*, Verkauf von Kundendaten in der Insolvenz – Verstoß gegen datenschutzrechtliche Bestimmungen?, NZI 2016, 241; *Bornheimer/Park*, Stellung und Verpflichtungen des (vorläufigen) Insolvenzverwalters und Sachverständigen im Lichte der Datenschutz-Grundverordnung, NZI 2018, 877; *Eckhardt/Menz*, Datenschutz bei der Übertragung von Kundendaten in der Insolvenz, ZInsO 2016, 1917; *Geiser*, „Big Data" im Insolvenzverfahren, ZInsO 2017, 1185; *Kühling/Martini*, Die Datenschutz-Grundverordnung: Revolution oder Evolution im europäischen und deutschen Datenschutzrecht?, EuZW 2016, 448; *Schmitt/Heil*, Neue Haftungsfalle für Insolvenzverwalter durch die Datenschutz-Grundverordnung, NZI 2018, 865; *Theurich/Degenhardt*, Datenschutz versus Gläubigerinformationsrechte, NZI 2018, 870; *Thole*, Der (vorläufige) Insolvenzverwalter als Verantwortlicher i. S. d. Art. 4 Nr. 7 DSGVO, ZIP 2018, 1001; *Weiß/Reisinger*, „Praktische Konkordanz" zwischen Datenschutz und Insolvenzrecht. Dringend nötig! Aber wie? Einige Thesen, ZInsO 2019, 481.

### Übersicht

| | |
|---|---|
| I. Die Datenschutz-Grundverordnung (DSGVO) .................. 1 | 1. Insolvenzregister ........................... 5 |
| II. Das Verhältnis DSGVO und EuInsVO ................................. 3 | 2. Insolvenzverwalter ........................ 6 |
| | 3. Insolvenzgerichte ......................... 9 |

### I. Die Datenschutz-Grundverordnung (DSGVO)

Am 25.5.2018 ist in allen Mitgliedstaaten der EU die Verordnung (EU) 2016/679 (DSGVO)[1]) in Kraft getreten. Sie tritt an die Stelle der Richtlinie 95/46/EG (DSRL).[2]) Diese entfaltete Rechtswirkungen erst durch die Umsetzung der Mitgliedstaaten (Art. 288 Unterabs. 3 AEUV), weshalb bislang die nationalen Rechtsvorschriften zum Datenschutz im Vordergrund standen.[3]) Das hat die DSGVO geändert, denn sie ist unmittelbar geltendes Datenschutzrecht in allen Mitgliedstaaten und beansprucht gegenüber den nationalen Rechtsvorschriften Anwendungsvorrang. Die bisherige Normenhierarchie im Datenschutzrecht hat sich damit umgekehrt.[4]) 1

---

1) Verordnung (EU) 2016/679 des Europäischen Parlaments und des Rates v. 27.4.2016 zum Schutz natürlicher Personen bei der Verarbeitung personenbezogener Daten, zum freien Datenverkehr und zur Aufhebung der Richtlinie 95/46/EG (Datenschutz-Grundverordnung) – DSGVO, ABl. (EU) L 119/1 v. 4.5.2016.
2) Richtlinie 95/46/EG des Europäischen Parlaments und des Rates v. 24.10.1995 zum Schutz natürlicher Personen bei der Verarbeitung personenbezogener Daten und zum freien Datenverkehr – DSRL, ABl. (EG) L 281/31 v. 23.11.1995.
3) In Deutschland das Bundesdatenschutzgesetz (BDSG) i. d. F. v. 14.1.2003, BGBl. I 2003, 66.
4) Kühling/Buchner-*Buchner*, DS-GVO/BDSG, Art. 1 DS-GVO Rz. 4 f.; Kübler/Prütting/Bork-*Petri*, InsO, Vor Artt. 78–83 EuInsVO Rz. 4 f.; Ehmann/Selmayr-*Selmayr/Ehmann*, DS-GVO, Einl. Rz. 2 und 3.

2 Die DSGVO hat gemäß Art. 288 Unterabs. 2 AEUV allgemeine Geltung, ist in allen ihren Teilen verbindlich und gilt unmittelbar in jedem Mitgliedstaat. Sie formuliert in den ErwG (vgl. ErwG 9, 10, 13 Satz 1). das Ziel einer Vollharmonisierung, ohne es vollumfänglich zu erreichen. Die VO ist als Grund-Verordnung ergänzungsbedürftig und regelt den Datenschutz nur im Grundsatz abschließend. Sie schafft für den nationalen Gesetzgeber Spielräume durch sog. **Öffnungsklauseln.** In ca. 70 Fällen enthält sie Regelungsgebote oder -optionen. Im Umfang dieser legislativen Spielräume ist sie ein Novum und ähnelt in wesentlichen Teilen einer Richtlinie,[5] wodurch zugleich die unmittelbare Wirkung eingeschränkt ist. Bislang vom nationalen Gesetzgeber i. R. einer VO zu treffende Regelungen beschränkten sich z. B. auf Zuständigkeitsfragen, während hier der nationale Gesetzgeber auf der Grundlage der Öffnungsklauseln befugt und verpflichtet ist, Rechtsgrundlagen für die Verarbeitung erst zu schaffen (vgl. Art. 6 Abs. 3 DSGVO).[6] Die DSGVO kann demnach als unvollständige („hinkende") VO bezeichnet werden, die der nationale Gesetzgeber noch vervollständigen muss. Der Vorrang zugunsten der VO bleibt hingegen erhalten und verdrängt kollidierendes nationales Recht.[7]

## II. Das Verhältnis DSGVO und EuInsVO

3 Nach Art. 78 Abs. 1 finden die nationalen Vorschriften zur Umsetzung der Richtlinie 95/46/EG auf die nach Maßgabe dieser Verordnung in den Mitgliedstaaten durchgeführte Verarbeitung personenbezogener Daten Anwendung und Abs. 2 wiederholt das für die Richtlinie 45/2001. Danach regeln die genannten Richtlinien das Datenschutzrecht i. R. der EuInsVO (ErwG 84). Soweit die EuInsVO datenschutzrechtrechtliche Bestimmungen enthält, sind das nur punktuelle Konkretisierungen des europäischen Insolvenzverfahrensrechts.[8] Nach Art. 94 Abs. 2 Satz 1 DSGVO gelten die Verweise auf die Richtlinie 95/46/EG als Verweise auf die DSGVO, bereits stattgefundene Verarbeitung sollten innerhalb von zwei Jahren mit der DSGVO „in Einklang gebracht werden" (ErwG 171 Satz 1 DSGVO). Eine gleichlautende Regelung für die Richtlinie (EG) 45/2001 (VO für den Datenschutz der Institutionen) gemäß Art. 78 Abs. 2 war entbehrlich, denn, was Art. 2 Abs. 3 Satz 1 DSGVO klarstellt, gilt für diese Verarbeitungen die DSGVO nicht, sie ist lediglich inhaltlich anzupassen (Art. 2 Abs. 3 Satz 2 DSGVO und ErwG 17).[9]

4 Fest steht, die Artt. 78 f. enthalten nur rudimentäre Regeln zum Datenschutz, verbleibende Lücken sind durch Rückgriff auf die DSGVO zu füllen, weshalb die EuInsVO nur punktuelle Konkretisierungen des bereits geltenden Datenschutzrechts bewirkt.[10] Die Bestimmungen der EuInsVO sind daher datenschutzrechtlich die spezifischeren Vorschriften (sog. bereichsspezifische Datenschutzbestimmungen),[11] die in unter-

---

5) Zust. *Theurich/Degenhardt*, NZI 2018, 870, 871; Gola-*Schulz*, DS-GVO, Art. 6 Rz. 47; *Kühling/Martini*, EuZW 2016, 448, 449: „atypischer Hybrid aus Verordnung und Richtlinie."
6) Begr. RegE DSAnpUG-EU, BT-Drucks. 18/11325, S. 73.
7) Streinz-*W. Schröder*, EUV/AEUV, Art. 288 AEUV Rz. 46 und 47.
8) Kübler/Prütting/Bork-*Petri*, InsO, Vor Artt. 78–83 EuInsVO Rz. 1.
9) Ehmann/Selmayr-*Zerdick*, DS-GVO, Art. 2 Rz. 14.
10) Kübler/Prütting/Bork-*Petri*, InsO, Vor Artt. 78–83 EuInsVO Rz. 1.
11) Vgl. Art. 6 Abs. 2 DSGVO; dazu Ehmann/Selmayr-*Heberlein*, DS-GVO, Art. 6 Rz. 35.

schiedlicher Weise Anforderungen an die Verarbeitung sowie sonstige Maßnahmen präziser bestimmen, um das Datenschutzniveau auch auf dem Gebiet des Insolvenzrechts einzuhalten.[12] Allerdings ist unter den Bestimmungen der EuInsVO zu unterscheiden zwischen Bestimmungen, die unmittelbar den Datenschutz regeln (z. B. Art. 24 Abs. 2) und solchen mit datenschutzrechtlicher Relevanz (z. B. Art. 28 und 54). Das Verhältnis der EuInsVO zur DSGVO verdeutlichen exemplarisch die sensiblen Bereiche Insolvenzregister, Insolvenzverwalter und Insolvenzgerichte.

### 1. Insolvenzregister

**Art. 24 Abs. 1** verpflichtet die Mitgliedstaaten zur Errichtung und dem Unterhalten von Insolvenzregistern sowie **nach Abssatz 2** zur Veröffentlichung der „Pflichtinformationen" zu Insolvenzverfahren in dem Register. Dabei handelt es sich um „personenbezogene Daten" i. S. des **Art. 4 Nr. 1 DSGVO**, die durch Einstellen in das Register verwendet, also verarbeitet werden (**Art. 4 Nr. 2 DSGVO**).[13] Zwar werden **juristische Personen** nicht von der DSGVO geschützt, doch werden in der Regel die Namen der vertretungsberechtigten Organe veröffentlicht und damit Daten i. S. des Art. 4 Nr. 1 verarbeitet.[14] Da die Insolvenzgerichte die Veröffentlichungen veranlassen (z. B. §§ 23 Abs. 1 Satz 1, 26 Abs. 1 Satz 3 InsO), mithin die Entscheidungsgewalt über Zweck und Mittel der Verarbeitung ausüben, sind sie „Verantwortliche" i. S. des Art. 4 Nr. 7.[15] Art. 55 Abs. 3 DSGVO nimmt die Aufsicht über die von den Gerichten i. R. ihrer justiziellen Tätigkeit aus. Ob davon die Führung der Insolvenzregister umfasst ist, kann unterschiedlich beurteilt werden. Der Begriff „justizielle Tätigkeit" spricht für eine umfassende Deutung, allerdings bestehen gute Gründe dafür, sie auf die originär rechtsprechende Tätigkeit zu beschränken.[16] Das bestätigt ErwG 20 Satz 2, nach dem die Unabhängigkeit der Justiz „im Rahmen ihrer justiziellen Tätigkeit" unangetastet bleiben soll, was den Kernbereich richterlicher Unabhängigkeit umfasst. Darüber hinausgehende Datenverarbeitungen, wozu Eintragungen und Löschungen in das Insolvenzregister zählen, rechnen zu den Justizverwaltungsakten und fallen in den Zuständigkeitsbereich der Datenschutz-Aufsichtsbehörden.[17] Das bestätigt ErwG 20 Satz 1, der die Gerichte und Justizbehörden grundsätzlich nicht von der DSGVO ausnehmen wollte.

### 2. Insolvenzverwalter

Der Insolvenzverwalter nimmt vielfältige Verarbeitungen vor, aber nicht zur Erfüllung einer im öffentlichen Interesse liegenden Aufgabe. Die Legitimation seines

---

12) Engl. „more specific provisions," frz. „dispositions plus spécifiques;" dazu Ehmann/Selmayr-*Heberlein*, DS-GVO, Art. 6 Rz. 38.
13) Ehmann/Selmayr-*Klabunde*, DS-GVO, Art. 4 Rz. 23.
14) Ehmann/Selmayr-*Klabunde*, DS-GVO, Art. 4 Rz. 14.
15) Ehmann/Selmayr-*Klabunde*, DS-GVO, Art. 4 Rz. 36.
16) Paal/Pauly-*Körffer*, DS-GVO/BDSG, Art. 55 DS-GVO Rz. 5; Kübler/Prütting/Bork-*Petri*, InsO, Vor Artt. 78–83 EuInsVO Rz. 30; Ehmann/Selmayr-*Selmayr*, DS-GVO, Art. 55 Rz. 12 und 14.
17) Ehmann/Selmayr-*Selmayr*, DS-GVO, Art. 55 Rz. 14. Das folgt nicht zuletzt aus dem Umkehrschluss zu ErwG 20 Satz 2, wonach sie „im Rahmen" der justiziellen Tätigkeit und nicht bloß gelegentlich stattfinden muss.

privaten Amtes bezieht er aus dem Gesetz, ohne Beliehener zu sein, denn er unterliegt lediglich der Rechtsaufsicht durch das Gericht (§ 58 InsO).[18] Seine Verarbeitung ist deshalb regelmäßig nach Art. 6 Abs. 1 lit. c oder lit. f DSGVO rechtmäßig. Die Frage, ob der Insolvenzverwalter „Verantwortlicher" i. S. des Art. 4 Nr. 7 DSGVO ist, wird problematisiert. Ein Standpunkt differenziert nach den Befugnissen, die dem vorläufigen Insolvenzverwalter zugewiesen sind, „Verantwortlicher" ist er stets dann, wenn ihm die Verwaltungs- und Verfügungsbefugnis übertragen wurde.[19] Andere stellen darauf ab, ob die Datenverarbeitung noch unter seinem gesicherten Einfluss steht, was nicht (mehr) der Fall ist, wenn er die Daten nie in Besitz genommen hat oder sie aus der Masse freigibt. In diesen Fällen fehlt es an einer fortbestehenden Einflussmöglichkeit des Verwalters auf die Datenverarbeitung.[20] Andererseits wird Art. 4 Nr. 7 DSGVO verneint, soweit er weisungsgebunden im Auftrag des Gerichts zur Durchführung des Verfahrens tätig wird.[21] Streitig ist ferner, ob der Insolvenzverwalter öffentliche Stelle i. S. des § 2 Abs. 2 BDSG sein kann. Das ist die Auffassung des VID, der auf diese Weise dem Verwalter die Vergünstigungen[22] der § 22 BDSG verschaffen will.[23] Der Gegenstandpunkt verweist darauf, dass Insolvenzverwalter keine Beliehenen sind, sondern ein privates Amt ausüben.[24]

7 Die Bestimmung der tatsächlich Verantwortlichen ist für die Verarbeitung von entscheidender Bedeutung und bedarf einer sorgfältigen Analyse der **Entscheidungsstrukturen**.[25] Angesichts der vielfältigen Aufgaben eines Insolvenzverwalters und der damit zusammenhängenden Datenverarbeitungsvorgänge, sind Entscheidungen über seine „Verantwortlichkeit" nur im Einzelfall möglich. Das geht gewiss zulasten der Rechtssicherheit. Die Entscheidung sollte vom konkreten Verarbeitungsvorgang ausgehen, ist zu fragen, ob es sich um das Erheben und Erfassen oder das Weiterleiten (z. B. Kundenlisten)[26] von Daten handelt. In einem nächsten Schritt ist zu klären, ob dem Insolvenzverwalter über diesen Vorgang die Verwaltungs- und

---

18) Kübler/Prütting/Bork-*Petri*, InsO, Vor Artt. 78–83 EuInsVO Rz. 31. Art. 6 Abs. 1 lit. b DSGVO dürfte nicht in Betracht kommen, da der Schuldner als betroffene Person mit dem Insolvenzverwalter regelmäßig keinen Vertrag abschließt; das kommt allenfalls bei § 295 Abs. 2 InsO in Betracht.
19) *Bornheimer/Park*, NZI 2018, 877, 878 f. Das ist beim schwachen vorläufigen Insolvenzverwalter mit und ohne Zustimmungsbefugnis der Fall, auch nicht bei Einzelermächtigungen oder der schlichten Beauftragung als Sachverständiger (a. a. O. S. 879).
20) *Thole*, ZIP 2018, 1001, 1003, 1006. Für den Bereich der Zustellung wohl zur öffentlichen Stelle i. S. des § 2 Abs. 4 Satz 2 BDSG a. F. neigend (a. a. O. S. 1005).
21) Etwa Zustellungen gem. § 8 Abs. 3 Satz 3 InsO und das Führen der Tabelle gemäß § 175 Abs. 1 Satz 1 InsO; *Berg*, ZIP 2019, 247, 253; *Bornheimer/Park*, NZI 2018, 877, 880; offengelassen bei *Thole*, ZIP 2018, 1001, 1005.
22) Durch eigene Erlaubnistatbestände; vgl. *Thole*, ZIP 2018, 1001, 1004.
23) VID, Stellungnahme v. 28.1.2019, abrufbar unter https://www.vid.de/stellungnahmen/rege-zur-umsetzung-der-richtlinie-eu-2016-680-im-strafverfahren-sowie-zur-anpassung-datenschutzrechtlicher-bestimmungen-an-die-dsgvo/ (Abrufdatum: 10.1.2020).
24) *Berg*, ZIP 2019, 247, 253; *Bornheimer/Park*, NZI 2018, 877, 880; *Thole*, ZIP 2018, 1001, 1004.
25) Ehmann/Selmayr-*Klabunde*, DS-GVO, Art. 4 Rz. 39.
26) Zur Problematik der Weitergabe von Kundendaten seitens des Insolvenzverwalters bei der Verwertung eines Unternehmens vgl. *Eckhardt/Menz*, ZInsO 2016, 1917; *Beyer/Beyer*, NZI 2016, 241.

Verfügungsbefugnis zusteht und/oder sie ihm die Einflussmöglichkeit auf den Verarbeitungsvorgang verschafft. Liegen die Voraussetzungen kumulativ vor, ist er „**Verantwortlicher**" i. S. des Art. 4 Nr. 7.[27] Auch soweit er Zustellungen und das Führen der Tabelle „**im Auftrag**" des Gerichts als **Auftragsverarbeiter** vornimmt, bleibt er durch Art. 32 Abs. 1 DSGVO unmittelbar verpflichtet, die Sicherheit der Verarbeitung zu gewährleisten. Dazu muss er wie der Verantwortliche nachweisen, dass die Verarbeitung der DSGVO entspricht.[28]

Der Insolvenzverwalter ist jedoch nicht öffentliche Stelle i. S. des § 2 Abs. 2 BDSG, er mag zwar Organ der Rechtspflege sein, im datenschutzrechtlichen Sinne ist er nicht als öffentliche Stelle anzusehen.[29] Für **Auskunftsansprüche** gegen das Finanzamt ist der Insolvenzverwalter nicht Betroffener i. S. des Art. 4 Nr. 1, 15 DSGVO, denn er ist nicht die Person, deren Persönlichkeitsrecht durch den Umgang mit ihren personenbezogenen Daten in ihrem Recht beeinträchtigt wird.[30]

### 3. Insolvenzgerichte

Datenschutzrelevanz hat das Verhältnis des Gerichts zum Schuldner. Mit Antragstellung liefert der Schuldner personenbezogene Daten (§ 13 InsO) oder muss sie gemäß § 20 Abs. 1 Satz 1 InsO offenlegen. Im Falle des Eigenantrags erklärt der Schuldner seine Einwilligung i. S. des Art. 4 Nr. 11, denn nach dem Kontext der Antragstellung (ErwG 32 Satz 2) kann dieser nur bearbeitet werden, wenn die personenbezogenen Daten zu diesem Zweck verarbeitet werden.[31] Bei Fremdanträgen ist das Gericht gemäß Art. 6 Abs. 1 Satz 1 lit. e DSGVO zur Datenerhebung und -verarbeitung berechtigt.[32] Da die Maßnahmen der §§ 20, 98 InsO dem Verhältnismäßigkeitsgrundsatz unterstellt sind, ergeben sich datenschutzrechtlich keine Komplikationen.

Der Insolvenzverwalter erhebt und verarbeitet personenbezogene Daten zum Zwecke der **Verfahrensbearbeitung** gemäß Art. 6 Abs. 1 Satz 1 lit. c DSGVO.[33] Fraglich ist, ob er durch das Gericht zur Erfüllung seiner datenschutzrechtlichen Verpflichtungen angehalten werden kann. Das wird zwar verneint,[34] ist aber mit § 58 InsO zu bejahen. Die **datenschutzrechtliche Erfüllungsbereitschaft und -fähigkeit** ist bereits Geeignetheitskriterium bei der Bestellungsentscheidung gemäß § 56 InsO. Die vom In-

---

27) Das ist nicht mehr der Fall, wenn er sich trotz fortbestehender Verwaltungs- und Verfügungsbefugnis der datenrechtlichen Einflussmöglichkeit entledigt (z. B. durch Freigabe).
28) Ehmann/Selmayr-*Heberlein*, DS-GVO, Art. 5 Rz. 29 und 33.
29) *Berg*, ZIP 2019, 247, 253; *Bornheimer/Park*, NZI 2018, 877, 880; Paal/Pauly-*Ernst*, DS-GVO/BDSG, § 2 BDSG Rz. 4; Kübler/Prütting/Bork-*Petri*, InsO, Vor Artt. 78–83 EuInsVO Rz. 31; offengelassen bei *Thole*, ZIP 2018, 1001, 1005. Soweit das LG Stuttgart, Beschl. v. 15.2.2019 – 12 O 33/19, ZIP 2019, 585, 586, den Insolvenzverwalter als „öffentliche Stelle" gemäß § 2 Abs. 4 Satz 2 BDSG einordnet, da er „den angemeldeten Forderungen Rechtskraftwirkungen zukommen lasse," ist das schon deshalb unrichtig, weil den Rechtskraftvermerk das Insolvenzgericht anbringt (§ 178 Abs. 2 InsO).
30) OVG Lüneburg, Beschl. v. 26.6.2019 – 11 LA 274/18, Rz. 13, 14, ZIP 2019 1388, 1389. Dazu BVerwG, Beschl. v. 4.7.2019 – 7 C 31.17 (Vorlagebeschluss an den EuGH).
31) Paal/Pauly-*Frenzel*, DS-GVO/BDSG, Art. 6 DS-GVO Rz. 11.
32) Paal/Pauly-*Frenzel*, DS-GVO/BDSG, Art. 6 DS-GVO Rz. 19 und 23.
33) *Weiß/Reisener*, ZInsO 2019, 481, 485.
34) *Weiß/Reisener*, ZInsO 2019, 481, 485 m. Fn. 37.

solvenzgericht zu leistende Rechtsaufsicht darf vor datenschutzrechtlichen Verstößen nicht die Augen verschließen, sondern hat den Insolvenzverwalter zu datenschutzrechtlich normgemäßem Verhalten anzuhalten.[35]

11 Auch im Umgang mit den **Gläubigern** ist das Insolvenzgericht gefordert. Das ist insbesondere der Fall, wenn die zu schützenden Daten mit den Rechten der Öffentlichkeit und Gläubiger an Informationen über ein beantragtes Verfahren konkurrieren (z. B. bei Presseerklärungen). Hier hat das Insolvenzgericht in besonderer Weise die **Grundsätze der Zweckbindung** (Art. 5 Abs. 1 lit. b DSGVO) und der Datenminimierung (Art. 5 Abs. 1 lit. c DSGVO), also die Schranken des Persönlichkeitsrechts des Schuldners sowie des Verfahrenszweckes zu wahren.[36]

12 Im eröffneten Verfahren stehen den Gläubigerorganen, d. h. dem vorläufigen Gläubigerausschuss und der Gläubigerversammlung umfassende Informationsrechte zu, denn die zugestandenen **Mitwirkungsrechte** erfordern den **Zugang zu den entscheidungsrelevanten Informationen** der Verfahrensabwicklung. Zwar richten sich diese in erster Linie an den Insolvenzverwalter, doch übt daneben das Insolvenzgericht seine Aufsichtspflicht und sein Recht zur umfassenden Informationserteilung auf der Grundlage des § 58 Abs. 1 InsO aus.[37] Dabei hat es die Informationserteilung auf erhebliche und angemessene Fragen der Gläubigergesamtheit zum Zwecke der Verfahrensabwicklung zu beschränken, die Verfolgung von Einzelinteressen ist auszuschließen (Art. 5 Abs. 1 lit. b und lit. c DSGVO), ebenso die Weitergabe von Unternehmensgeheimnissen.[38] Ob sich im Lichte des Art. 5 Abs. 1 lit. c DSGVO die Veröffentlichung der Vergütungsfestsetzung des Insolvenzverwalters, wie vom BGH entschieden,[39] aufrechterhalten lässt, ist mehr als zweifelhaft.[40]

13 Ein vollständige Darstellung des Einwirkens der DSGVO auf die EuInsVO ist hier nicht zu leisten, die Beispiele mögen einen ersten, zugegebenermaßen unvollständigen Eindruck verschaffen und das Bewusstsein der Beteiligten im Umgang mit personenbezogenen Daten schärfen.

---

35) Das steht unter dem Finanzierungsvorbehalt durch das Verfahren, was *Weiß/Reisener*, ZInsO 2019, 481, 484, übersehen.
36) *Theurich/Degenhardt*, NZI 2018, 870, 873.
37) *Theurich/Degenhardt*, NZI 2018, 870, 874.
38) *Theurich/Degenhardt*, NZI 2018, 870, 874.
39) BGH, Beschl. v. 14.12.2017 – IX ZB 65/16, ZIP 2018, 86.
40) *Theurich/Degenhardt*, NZI 2018, 870, 876 m. w. N. zur Gegenauffassung.

## Artikel 78

### Datenschutz

(1) Sofern keine Verarbeitungsvorgänge im Sinne des Artikels 3 Absatz 2 der Richtlinie 95/46/EG betroffen sind, finden die nationalen Vorschriften zur Umsetzung der Richtlinie 95/46/EG auf die nach Maßgabe dieser Verordnung in den Mitgliedstaaten durchgeführte Verarbeitung personenbezogener Daten Anwendung.

# Artikel 78

(2) Die Verordnung (EG) Nr. 45/2001 gilt für die Verarbeitung personenbezogener Daten, die von der Kommission nach Maßgabe der vorliegenden Verordnung durchgeführt wird.

**Literatur:** *Zipperer*, Der Erbe im Dickicht des Datenschutzes, ZVI 2015, 197.

### Übersicht

| | | | |
|---|---|---|---|
| I. Kapitel VI | 1 | 1. Art. 78 Abs. 1 | 4 |
| II. Zweck der Norm | 3 | 2. Art. 78 Abs. 2 | 10 |
| III. Inhalt der Norm | 4 | | |

## I. Kapitel VI

Im **Kapitel VI** sind die bei der Umsetzung des Europäischen Insolvenzportals zu 1
beachtenden **Datenschutzbestimmungen** geregelt. Die EuInsVO greift hier den nach
Art. 8 GrCh und Art. 16 AEUV einzuhaltenden **Grundrechtsschutz** der Unionsbürger[1] auf und nimmt ihre Rechtsetzungskompetenz gemäß Art. 39 EUV wahr.
Die Gemeinschaft erließ die **Richtlinie 95/46/EG** zum **Schutz natürlicher Personen bei der Verarbeitung personenbezogener Daten** und zum freien Datenverkehr (im Folgenden: DSRL).[2] Sie verhinderte Beeinträchtigungen des Binnenmarktes durch den nationalen Datenschutz durch ein gemeinschaftsweit **harmonisiertes Datenschutzniveau**.[3] Am 25.5.2018 löste die **Datenschutz-Grundverordnung (DSGVO)**[4] die DSRL ab, die Verweise auf die DSRL gelten als Verweise auf die DSGVO (Art. 94 Abs. 2 Satz 1 DSGVO), weshalb es eines erneuten Tätigwerdens des VO-Gebers nicht bedurfte. Die DSRL gilt allerdings nur für die Mitgliedstaaten, nicht für die Organe der Gemeinschaft. Diese Lücke schloss Art. 286 EGV-Amsterdam, auf dessen Grundlage die **VO (EG) Nr. 45/2001** vom 18.12.2000[5] zum Schutz natürlicher Personen bei der Verarbeitung personenbezogener Daten durch **die Organe und Einrichtungen der Gemeinschaft** und zum freien Datenverkehr erging (im Folgenden: **VO über den Datenschutz der Institutionen**).[6] Diese gilt auch nach Inkrafttreten der DSGVO fort, die Bestimmungen sollten ihr angepasst und in ihrem Lichte angewandt werden (Art. 2 Abs. 3 DSGVO), um einen soliden und **kohärenten Rechtsrahmen** im Bereich des Datenschutzes in der EU zu gewähr-

---

1) Dazu eingehend Kübler/Prütting/Bork-*Petri*, InsO, Vor Artt. 78–83 EuInsVO Rz. 6 f.
2) Richtlinie 95/46/EG des Europäischen Parlaments und des Rates v. 24.10.1995 zum Schutz natürlicher Personen bei der Verarbeitung personenbezogener Daten und zum freien Datenverkehr – DSRL, ABl. (EG) L 281/31 v. 23.11.1995. Zu weiteren, die DSRL flankierenden Bestimmungen, vgl. Braun-*Becker*, InsO, Vorb. Art. 78–83 EuInsVO Rz. 5.
3) Grabitz/Hilf/Nettesheim-*Sobotta*, EUV/AEUV, Art. 16 AEUV Rz. 2.
4) Verordnung (EU) 2016/679 des Europäischen Parlaments und des Rates v. 27.4.2016 zum Schutz natürlicher Personen bei der Verarbeitung personenbezogener Daten, zum freien Datenverkehr und zur Aufhebung der Richtlinie 95/46/EG – Datenschutz-Grundverordnung (DSGVO), ABl. (EU) L 119 v. 4.5.2016, S. 1. Zur Entstehung Mankowski/Müller/J. Schmidt-*J. Schmidt*, EuInsVO 2015, Art. 78 Rz. 1 und 4.
5) Verordnung (EG) Nr. 45/2001 des Europäischen Parlaments und des Rates v. 18.12.2000 zum Schutz natürlicher Personen bei der Verarbeitung personenbezogener Daten durch die Organe und Einrichtungen der Gemeinschaft und zum freien Datenverkehr – VO über den Datenschutz der Institutionen, ABl. (EU) L 8/1 v. 12.1.2001.
6) Grabitz/Hilf/Nettesheim-*Sobotta*, EUV/AEUV, Art. 16 AEUV Rz. 3.

leisten (ErwG 17 Satz 3 DSGVO).[7] Die Datenschutzbestimmungen des Kapitels VI verpflichten einerseits die **Mitgliedstaaten**, andererseits die Kommission als **Betreiber des Europäischen Justizportals** (Art. 25). Diese Zweigleisigkeit veranschaulichen die Abs. 1 und 2 des Art. 78.[8]

2   Vor der Normierung des Datenschutzes in Art. 8 GrCh, bestand Einigkeit, dass die Bestimmungen der DSRL, soweit sie die Verarbeitung **personenbezogener Daten** betreffen, zu Beeinträchtigungen der Grundfreiheiten und insbesondere des Rechts auf Achtung des Privatlebens führen kann, im Licht der **Grundrechte** auszulegen sind, denn sie gehören zu den allgemeinen Rechtsgrundsätzen, die die EU zu sichern hat.[9] Diesen **Grundrechtsschutz** ordnet das Kapitel VI für die vernetzten Insolvenzregister an (ErwG 83, 84 und 89), indem es dazu sowohl die Datenschutzpflichten der Mitgliedstaaten aktiviert als auch die EU als Betreiber einbindet. Art. 8 Abs. 2 Satz 2 GrCh ergänzt das Abwehrrecht durch ausgeformte **Sekundär-** oder **Verfahrensrechte**, die die Betroffenen dabei unterstützen, selbstschützend tätig zu werden; sie richten sich auf **Information** über die Datenerhebung und Datenverarbeitung, auf **Auskunft** über gespeicherte Daten sowie auf **Korrektur** und **Löschung** von Daten (Art. 79 Abs. 1 und 5).[10]

## II. Zweck der Norm

3   Gemäß **Art. 78 Abs. 1** finden die **nationalen Vorschriften** über den **Datenschutz** auf die Führung der nationalen Insolvenzregister bei der Verarbeitung personenbezogener Daten Anwendung. **Art. 78 Abs. 2** ordnet die Geltung der **VO über den Datenschutz von Institutionen** an und **verpflichtet** damit die **Kommission** als Betreiber der vernetzten Insolvenzregister (Art. 25 Abs. 1). Mit dieser zweifachen Normadressierung verwirklicht die EuInsVO den Subsidiaritätsgrundsatz des Art. 5 Abs. 3 EUV, weil nur die Mitgliedstaaten den Datenschutz ihrer Insolvenzregister sichern können; das unionsweit einheitliche Niveau sichert die **DSGVO**, die zusätzlich die Mitgliedstaaten durch Regelungsgebote und -optionen verpflichtet und berechtigt (siehe oben Vor Artt. 78–83 Rz. 1 [*Zipperer*]). Zur Sicherung des Datenschutzes auf der Ebene der vernetzten Insolvenzregister war der Normbefehl aus naheliegenden Gründen an die Kommission zu richten. Die Neufassung des Art. 78 nimmt weitgehend auf die VOen zum Datenschutz Bezug, also auf den **datenschutzrechtlichen EU-Rechtsrahmen**,[11] ihre explizite Regelung war gleichwohl zur Vermeidung von Unklarheiten bzgl. der Abgrenzung der Verantwortungen geboten und vom Datenschutzbeauftragten gefordert worden.[12]

---

7) Paal/Pauly-*Ernst*, DS-GVO/BDSG, Art. 2 DS-GVO Rz. 24; Ehmann/Selmayr-*Zerdick*, DS-GVO, Art. 2 Rz. 2.
8) Mankowski/Müller/J. Schmidt-*J. Schmidt*, EuInsVO 2015, Art. 78 Rz. 3.
9) EuGH, Urt. v. 6.3.2001 – Rs. C-274/99 P (Connolly/Kommission), Rz. 37, Slg. 2001, I-S. 1611; EuGH, Urt. v. 20.5.2003 – Rs. C-465/00 (Rechnungshof/Österreichischer Rundfunk), Rz. 68, Slg. 2003, I-4969.
10) Grabitz/Hilf/Nettesheim-*Sobotta*, EUV/AEUV, Art. 16 AEUV Rz. 10.
11) Mankowski/Müller/J. Schmidt-*J. Schmidt*, EuInsVO 2015, Art. 78 Rz. 3.
12) Wimmer/Bornemann/Lienau-*Bornemann*, Die Neufassung der EuInsVO, Rz. 648; Mankowski/Müller/J. Schmidt-*J. Schmidt*, EuInsVO 2015, Art. 78 Rz. 1.

## III. Inhalt der Norm

### 1. Art. 78 Abs. 1

Ausgenommen von den Datenschutzbestimmungen sind **Verarbeitungsvorgänge** 4
i. S. des Art. 2 Abs. 2 lit. c und lit. d DSGVO.[13] Das sind Vorgänge über persönliche und familiäre Tätigkeiten, wie Schriftverkehr oder die Führung von Anschriftenverzeichnissen, (ErwG 18 DSGVO) und der Mitgliedstaaten, die die öffentliche Sicherheit, die Landesverteidigung, die Sicherheit des Staates oder die Tätigkeiten des Staates im Bereich des Strafrechts betreffen (ErwG 19 DSGVO). Die **nationalen Insolvenzregister** erfüllen die **Anwendungsvoraussetzungen** der DSGVO. Die Pflichtinformationen des Art. 24 Abs. 2 sind „**personenbezogene Daten**" i. S. des Art. 4 Nr. 1 DSGVO, weil sie **Identifikationsmerkmale** einer bestimmten natürlichen Person („betroffene Person") angeben und ihre Veröffentlichung im Insolvenzregister sie zusätzlich in ihrer wirtschaftlichen oder sozialen Identität kennzeichnet (ErwG 26 DSGVO).[14] Das geschieht durch **Verarbeiten**, denn das ist jeder mit oder ohne Hilfe automatisierter Verfahren ausgeführte Vorgang, wie das Erheben, das Speichern, die Organisation, die Aufbewahrung, ebenso das Sperren, Löschen oder Vernichten der Daten (Art. 4 Nr. 2 DSGVO).[15] Nach dem Zweck der Register, die Daten zur Einsichtnahme bereitzuhalten, werden sie **an Dritte zur Weitergabe übermittelt** (Art. 2 lit. b DSRL). Angaben über **juristische Personen** werden von der DSGVO **nicht erfasst** (ErwG 14 Satz 2 DSGVO),[16] sie kann sich auf den Schutz der DSGVO nur berufen, soweit der Name der juristischen Person eine oder mehrere natürliche Personen bestimmt.[17] Sie sind gemäß § 3 Abs. 1 BDSG von dessen Anwendungsbereich ausgeschlossen, sie genießen einen andersartigen Rechtsschutz (z. B. Betriebs- und Geschäftsgeheimnisse); Datenschutz für sie bedarf besonderer rechtlicher Konkretisierung.[18]

---

13) **Art. 2 Abs. 2 lit. c und d DSGVO**: „Diese Verordnung findet keine Anwendung auf die Verarbeitung personenbezogener Daten,
 ... c) durch natürliche Personen zur Ausübung ausschließlich persönlicher oder familiärer Tätigkeiten,
 d) durch die zuständigen Behörden zum Zwecke der Verhütung, Ermittlung, Aufdeckung oder Verfolgung von Straftaten oder der Strafvollstreckung, einschließlich des Schutzes vor und der Abwehr von Gefahren für die öffentliche Sicherheit."
14) Ehmann/Selmayr-*Klabunde*, DS-GVO, Art. 4 Rz. 7; Mankowski/Müller/*J. Schmidt*-*J. Schmidt*, EuInsVO 2015, Art. 78 Rz. 7.
15) Ehmann/Selmayr-*Klabunde*, DS-GVO, Art. 4 Rz. 23: Auch die bloße Erfassung von Transaktionsdaten auf einem Web-Server gehört dazu; Mankowski/Müller/*J. Schmidt*-*J. Schmidt*, EuInsVO 2015, Art. 78 Rz. 8.
16) **ErwG 14 Satz 2 DSGVO**: „Diese Verordnung gilt nicht für die Verarbeitung personenbezogener Daten juristischer Personen und insbesondere als juristische Personen gegründeter Unternehmen, einschließlich Name, Rechtsform oder Kontaktdaten der juristischen Person."
17) EuGH, Urt. v. 9.11.2010 – Rs. C-92/09, C-93/09 (Volker und Markus Schecke GbR u. a./ Land Hessen), Rz. 53, EuZW 2010, 939, 941.
18) *Gusy/Eichenhofer* in: BeckOK-DatenschutzR, § 1 BDSG Rz. 44b. Soweit Informationen über die Personengruppe aber auf ein identifiziertes oder identifizierbares Mitglied „durchschlagen" greift der Datenschutz; Gola/Heckmann-*Schulz*, BDSG, § 46 Rz. 23. Obschon die Grundrechte gemäß Art. 19 Abs. 3 GG auch auf inländische juristische Personen anwendbar sind, werden sie datenschutzrechtlich nicht aus dem ggf. für sie geltenden allgemeinen Persönlichkeitsrecht geschützt, oder indirekt über die „hinter" ihr stehenden natürlichen Personen (BGH, Urt. v. 17.12.1985 – VI ZR 244/84, ZIP 1986, 220, 221, 222).

# Artikel 78

5 Das deutsche Datenschutzrecht ist trotz Bemühungen um Homogenisierung[19] unübersichtlich. Das am 30.6.2017 novellierte **Bundesdatenschutzgesetz (BDSG)**[20] deckt den von der DSGVO ausgelösten Anpassungsbedarf ab. Die Regelungen sind ihrem Inhalt nach Gemeinschaftsrecht, ihrer Form und Zuordnung nach nationales Recht. Das EU-Recht ist das vorrangige, die Auslegung erfolgt **richtlinienkonform** (§ 1 Abs. 5 BDSG). Das BDSG ist **Auffanggesetz** (§ 1 Abs. 2 BDSG) das durch **bereichsspezifische Regelungen** konkretisiert und in dieses Gesetz miteinbezogen werden.[21] Dazu gehören die **§§ 12–22 EGGVG (Justizmitteilungsgesetz – JuMiG)**,[22] die als Spezialregelungen vorgehen.[23] Weitere **bereichsspezifische Sonderregelungen** enthalten die Veröffentlichungspflichten der **InsO**, gegenüber die §§ 12–22 EGGVG nur subsidiär in Betracht kommen (§ 12 Abs. 1 Satz 2 EGGVG).[24] Es handelt sich z. B. um **§ 30 InsO (Eröffnungsbeschluss)**, § 25 Abs. 1 InsO **(Sicherungsmaßnahmen)**;[25] zu beachten sind ferner §§ 200 Abs. 2, 215, 303a InsO. Der Beschluss über die **Abweisung mangels Masse** ist wegen des Publizitätsinteresses Übermittlungsfähig (vgl. § 13 Abs. 1 Nr. 4 EGGVG).[26] Wegen desselben Schutzzieles hat seine Auslegung in gleicher Weise zu erfolgen wie das BDSG; dazu ergangene Rechtsprechung und Literatur sind heranzuziehen.[27]

6 Die Eintragungen im **nationalen Insolvenzportal** regelt, vorbehaltlich der Bestimmungen der InsO und der InsIntBekV, das **JuMiG**. Die Insolvenzgerichte veranlassen die Übermittlung personenbezogener Daten **von Amts wegen**.[28] Sie tragen die Verantwortung für die **Zulässigkeit** der Übermittlung (§ 12 Abs. 4 EGGVG) und damit für das **Ob**, die **Richtigkeit** und **rechtzeitige Löschung** der Daten. Das Insolvenzregister wird elektronisch geführt, es begrenzt die Veröffentlichung personenbezogener Daten auf die, die nach der InsO bekannt zu machen sind (§ 1 Satz 2

---

19) RegE DSAnpUG-EU, BT-Drucks. 18/11325, S. 2.
20) Gesetz zur Anpassung des Datenschutzrechts an die Verordnung (EU) 2016/679 und zur Umsetzung der Richtlinie (EU) 2016/680 (Datenschutz-Anpassungs- und -Umsetzungsgesetz EU) – DSAnpUG-EU, v. 30.6.2017, BGBl. I 2017, 2097. Das BDSG hat den im nationalen Datenschutzrecht durch die DSGVO ausgelösten Anpassungsbedarf vorgenommen und im Teil 2 die Richtlinie (EU) 2016/680 (sog. JI-RL) in den Bereichen Gefahrenabwehr und Strafverfolgung („Polizei und Justiz") umgesetzt; dazu RegE DSAnpUG-EU, BT-Drucks. 18/11325, S. 1.
21) Gola/Heckmann-*Gola/Reif*, BDSG, § 1 Rz. 11; Einzelheiten Begr. RegE DSAnpUG-EU, BT-Drucks. 18/11325, S. 79.
22) Justizmitteilungsgesetz und Gesetz zur Änderung kostenrechtlicher Vorschriften und anderer Gesetze (JuMiG), v. 18.6.1997, BGBl. I 1997, 1430.
23) Da der Datenschutz im privaten Bereich in die Zuständigkeit des Bundes fällt, weil ihm die Sachkompetenz für das Zivil- und Wirtschaftsrecht zusteht, sind die Landesdatenschutzrechte zu vernachlässigen.
24) *Pabst* in: MünchKomm-ZPO, § 12 EGGVG Rz. 11.
25) Aus Anhang A (Insolvenzverfahren) und Anhang B (vorläufiger Insolvenzverwalter) folgt entsprechend dem ErwG 9, dass Entscheidungen im Eröffnungsverfahren zu veröffentlichen sind, soweit sie Einfluss auf die Schutzbedürftigkeit des Geschäftsverkehrs u. a. gemäß Art. 5 nehmen.
26) § 26 Abs. 2 InsO behandelt nur die Eintragung im zentralen Vollstreckungsgericht.
27) *Pabst* in: MünchKomm-ZPO, § 12 EGGVG Rz. 13.
28) *Pabst* in: MünchKomm-ZPO, § 12 EGGVG Rz. 15.

InsIntBekV),[29)] denn die Aufnahme in ein öffentliches Register darf nur durch Gesetz oder aufgrund eines Gesetzes erfolgen. Das gilt uneingeschränkt auch, soweit das Insolvenzgericht von seinem **Veröffentlichungsermessen**[30)] Gebrauch macht, es hat den **Grundsatz der Verhältnismäßigkeit** in besonderer Weise zu beachten; dafür bieten die **Mitteilungen in Zivilsachen (MiZi)** einen Anhalt.[31)] Die Eintragungen unterliegen der **gerichtlichen Kontrolle** der §§ 22 ff. EGGVG,[32)] wenngleich aus Gründen der Effektivität eine analoge Anwendung des § 882d Abs. 1 ZPO vorzugswürdig erscheint[33)] und v. a. dem richtlinienkonformen Gebot des Art. 15 Abs. 1 lit. e DSGVO entspräche.

Das nationale Recht hat die Grundrechte zu beachten, deshalb ist die Führung von **Insolvenzregistern** nur im **überwiegenden Interesse** der **Allgemeinheit** zum Schutz des Geschäftsverkehrs (ErwG 75 Satz 1) zulässig. Zugleich ist der **Grundsatz der Verhältnismäßigkeit** zu beachten, die mit der Veröffentlichung verbundene Einschränkung darf nicht weiter gehen als es zum Schutze **öffentlicher Interessen unerlässlich** ist,[34)] deshalb sind Löschungsfristen unverzichtbar;[35)] sog. **Recht auf Vergessen** (Art. 17 DSGVO).[36)] Das BDSG erfasst **keine juristischen Personen** bzw. **rechtsfähige Personenvereinigungen** (§ 1 Abs. 1 BDSG), aber die Grundrechte aus Artt. 2 Abs. 1, 1 Abs. 1, 14 GG i. V. m. Art. 19 Abs. 3 GG verbürgen auch ihnen Schutz gegen unbegrenzte **Erhebung, Speicherung, Verwendung** oder **Weitergabe** der auf **sie bezogenen, individualisierten** oder **individualisierbaren Daten**.[37)] Der Anspruch auf Datenschutz entsteht, wenn personenbezogene Daten Aufnahme in

7

---

29) Verordnung zu den öffentlichen Bekanntmachungen in Insolvenzverfahren im Internet, v. 12.2.2002, BGBl. I. 2002, 677, geändert durch Art. 2 des Gesetzes zur Vereinfachung des Insolvenzverfahrens – InsOVereinfG, v. 13.4.2007, BGBl. I 2007, 509, zuletzt geändert durch Erste Verordnung zur Änderung der Verordnung, v. 14.10.2019, BGBl. I 2019, 1466 (Inkrafttreten: 30.6.2021). Änderung der Verordnung zu öffentlichen Bekanntmachungen in Insolvenzverfahren im Internet, Stand: 19.7.2018, abrufbar unter https://www.bmjv.de/SharedDocs/Gesetzgebungsverfahren/DE/Oeffentliche_Bekanntmachung_im_insolvenzverfahren_im_internet.html (Abrufdatum: 25.11.2019).
30) Zu § 270b InsO vgl. Uhlenbruck-*Zipperer*, InsO, § 270b Rz. 54 f.
31) *Pabst* in: MünchKomm-ZPO, § 12 EGGVG Rz. 18.
32) *Pabst* in: MünchKomm-ZPO, § 13 EGGVG Rz. 22.
33) *Zipperer*, ZVI 2015, 197, 198 ff.
34) EuGH Urt. v. 8.4.2014 – Rs. C-293/12, C-594/12 (Digital Rights Ireland Ldt/Minister for Communications, Marine and Naturale Recourses u. a.), Rz. 63, 64, NJW 2014, 2169, 2173; BVerfG, Urt. v. 15.12.1983 – 1 BvR 209/83 u. a. (Volkszählungsurteil), NJW 1984, 419, 422; BVerfG, Beschl. v. 25.3.1988 – 1 BvR 109/859 (Schuldnerverzeichnis), UG 2 a, bb, NJW 1988, 3009, 3010.
35) Vgl. z. B. § 26 Abs. 2 InsO.
36) Dieses geht auf EuGH, Urt. v. 13.5.2014 – Rs. C-131/12 (Google Spain und Google), Rz. 93, NJW 2014, 2257, 2264, dazu EWiR 2014, 517 *(Hoeren)*, zurück: „Aus ... Art. 6 Abs. 1 Buchst. c – e der RL 95/46 (jetzt Art. 17 Abs. 1 lit. a DS-GVO) enthaltenen Anforderungen ergibt sich, dass auch eine ursprünglich rechtmäßige Verarbeitung sachlich richtiger Daten im Laufe der Zeit nicht mehr den Bestimmungen der Richtlinie entsprechen kann, wenn die Daten für die Zwecke, für die sie erhoben oder verarbeitet worden sind, nicht mehr erforderlich sind."
37) BVerfG, Beschl. v. 1.10.1987 – 2 BvR 1178/86 u. a., NJW 1988, 890, 892 a. E.; s. o. Rz. 4 m. Fn. dort.

das Insolvenzregister finden („durchschlagen"), das ist gemäß § 27 Abs. 2 Nr. 1 InsO hinsichtlich der Veröffentlichung des **gesetzlichen Vertreters** oder der **persönlich haftenden Gesellschafter** der Fall.[38]

8 Nach ErwG 76 Satz 1 sollen in grenzüberschreitenden Verfahren die relevanten Informationen in einem **öffentlich – kostenfrei** (Art. 27 Abs. 1) **– zugänglichen** elektronischen **Register** bekannt gemacht werden. Davon ging bislang das nationale Recht aus (§ 28 Abs. 1 Nr. 3 BDSG a. F.), allerdings konnte der Erlaubnistatbestand der „allgemein zugänglichen Daten" wegen Art. 6 DSGVO nicht aufrechterhalten werden.[39] Der öffentliche Zugang zum Register ist zwei Wochen nach der Veröffentlichung insoweit eingeschränkt, als die Abfrage nur bei Kenntnis mindestens einer unterscheidbaren Angabe i. S. des § 2 Abs. 1 Nr. 3 lit. a bis e InsIntBekV möglich ist; das entspricht dem ErwG 79 und sichert das **Vorhandensein** eines **berechtigten Interesses** (§ 25 Abs. 2 Nr. 2 BDSG). Beim Zugang zum Register ist der verantwortlichen Stelle keine Einzelfallprüfung möglich, weshalb die zusätzlichen Suchkriterien das **schutzwürdige Interesse** des Betroffenen auf **offensichtlich** überwiegende Informationsinteressen zurückdrängt.[40] Es erscheint allerdings zweifelhaft, ob es mit vertretbarem Aufwand gelingt, die grenzüberschreitenden Fälle zu filtern und die Veröffentlichung im Europäischen Justizportal darauf zu beschränken. Zu erwarten ist deshalb, dass auch Verfahren ohne grenzüberschreitenden Bezug abrufbar sein werden; das ist datenschutzrechtlich unbedenklich.[41]

9 Neben dem elektronischen Zugang zum Register kann der Interessierte gemäß **§ 299 Abs. 1 oder 2 ZPO**, die bereichsspezifische Vorrangregelung gegenüber den Bundes- und Landesdatenschutzgesetzen,[42] **Einsicht** in die **Verfahrensakte** nehmen.[43] Sämtliche Anfragen zu veröffentlichten Informationen können bedenkenfrei beantwortet werden, weil in diesen Fällen das Recht des Schuldners auf informationelle Selbstbestimmung nicht höher zu bewerten ist (Art. 6 Abs. 1 lit. f DSGVO, § 24 Abs. 1 Satz 1 a. E. BDSG), mithin kein schutzwürdiges Interesse am Ausschluss der Übermittlung besteht.

---

38) EuGH, Urt. v. 9.11.2010 – Rs. C-92/09, C-93/09 (Volker und Markus Schecke GbR u. a./Land Hessen), Rz. 53, EuZW 2010, 939, 941: „Soweit der Name der juristischen Person eine oder mehrere natürliche Personen bestimmt."
39) Lediglich der Standard der §§ 28a und b BDSG a. F. wurde zum Schutz der Kreditwirtschaft in § 31 BDSG aufrechterhalten; Begr. RegE DSAnpUG-EU, BT-Drucks. 18/11325, S. 101.
40) *Gola*/Heckmann-*Sandfuchs*, BDSG, § 25 Rz. 22.
41) So auch die Einschätzung von Wimmer/Bornemann/Lienau-*Lienau*, Die Neufassung der EuInsVO, Rz. 334.
42) *Prütting* in: MünchKomm-ZPO, § 299 Rz. 32.
43) Den Parteien ist ohne weitere Voraussetzungen Akteneinsicht gemäß § 299 Abs. 1 ZPO zu gewähren; *Bacher* in: BeckOK-ZPO, § 299 Rz. 17, während Personen, die nicht Partei sind, gemäß § 299 Abs. 2 ZPO Akteneinsicht nur gewährt werden, wenn alle Parteien zustimmen oder wenn sie ein **rechtliches Interesse** glaubhaft machen; *Bacher* in: BeckOK-ZPO, § 299 Rz. 26. In beiden Fällen darf der Gesuchsteller nicht auf die Internetrecherche verwiesen werden.

## 2. Art. 78 Abs. 2

Art. 78 Abs. 2 ordnet die Anwendung der **VO über den Datenschutz der Institutionen**[44] für die Verarbeitung personenbezogener Daten an, die von der **Kommission** durchgeführt wird; sie entspricht im Kern der DSGVO[45] und gilt gemäß Art. 2 Abs. 3 DSGVO fort. Sie ist allerdings der DSGVO anzupassen (ErwG 17 DSGVO), wozu bereits ein Vorschlag in das Gesetzgebungsverfahren eingebracht wurde.[46] Nach Art. 3 Abs. 1 VO über den Datenschutz der Institutionen findet sie auf die Verarbeitung personenbezogener Daten durch alle Organe und Einrichtungen der Gemeinschaft Anwendung, soweit die Verarbeitung i. R. von Tätigkeiten erfolgt, die ganz oder teilweise in den Anwendungsbereich des Gemeinschaftsrechts fallen. Art. 78 Abs. 2 hat **nicht bloß deklaratorischen Charakter**, denn die Kommission versieht mit der Errichtung des Europäischen Justizportals gemäß Art. 25 Abs. 1 Satz 1 eine Tätigkeit, die bisher noch nicht in den Anwendungsbereich des Gemeinschaftsrechts fiel. Art. 78 Abs. 2 schafft die erforderliche **originäre Anordnung**. Die notwendige Vernetzung der nationalen Insolvenzregister ist **Verarbeitung personenbezogener Daten**, da sie auch die Verknüpfung vorhandener Register umfasst (Art. 2 lit. b VO über den Datenschutz der Institutionen).[47] Diese Verarbeitung ist gemäß Art. 25 Abs. 1 rechtmäßig, da sie der Kommission durch Rechtsakt zugewiesen wurde (Art. 5 lit. a VO über den Datenschutz der Institutionen). Den **freien Zugang** ermöglicht Art. 9 Abs. 6 lit. f VO über den Datenschutz der Institutionen, weil das Europäische Justizportal zur Unterrichtung der gesamten Öffentlichkeit bestimmt ist. Die betroffene Person hat gemäß Artt. 13 ff. VO über den Datenschutz der Institutionen Auskunfts-, Berichtigungs-, Sperrungs- und Löschungsansprüche, gemäß Art. 32 Abs. 2 VO über den Datenschutz der Institutionen kann die betroffene Person beim Datenschutzbeauftragten Beschwerde einlegen. Für Streitigkeiten ist der EuGH zuständig, der ggf. auch über Schadenersatz befindet (Art. 32 Abs. 1 und 4 VO über den Datenschutz der Institutionen).

---

44) Verordnung (EG) Nr. 45/2001 des Europäischen Parlaments und des Rates v. 18.12.2000 zum Schutz natürlicher Personen bei der Verarbeitung personenbezogener Daten durch die Organe und Einrichtungen der Gemeinschaft und zum freien Datenverkehr – VO über den Datenschutz der Institutionen, ABl. (EU) L 8/1 v. 12.1.2001.
45) Mankowski/Müller/J. Schmidt-*J. Schmidt*, EuInsVO 2015, Art. 78 Rz. 13 noch zur DSRL.
46) European Commission, Proposal for a Regulation of the European Parliament and of the Council on the protection of individuals with regard to the processing of personal data by the Union institutions, bodies, offices and agencies and on the free movement of such data, and repealing Regulation (EC) No 45/2001 and Decision No 1247/2002/EC, v. 10.1.2017, COM(2017) 8 final, abrufbar unter https://eur-lex.europa.eu/legal-content/EN/TXT/?uri=celex:52017PC0008 (Abrufdatum: 25.11.2019); Ehmann/Selmayr-*Zerdick*, DS-GVO, Art. 2 Rz. 16.
47) Mankowski/Müller/J. Schmidt-*J. Schmidt*, EuInsVO 2015, Art. 78 Rz. 14.

## Artikel 79
### Aufgaben der Mitgliedstaaten hinsichtlich der Verarbeitung personenbezogener Daten in nationalen Insolvenzregistern

(1) Jeder Mitgliedstaat teilt der Kommission im Hinblick auf seine Bekanntmachung im Europäischen Justizportal den Namen der natürlichen oder juristischen

Person, Behörde, Einrichtung oder jeder anderen Stelle mit, die nach den nationalen Rechtsvorschriften für die Ausübung der Aufgaben eines für die Verarbeitung Verantwortlichen gemäß Artikel 2 Buchstabe d der Richtlinie 95/46/EG benannt worden ist.

(2) Die Mitgliedstaaten stellen sicher, dass die technischen Maßnahmen zur Gewährleistung der Sicherheit der in ihren nationalen Insolvenzregistern nach Artikel 24 verarbeiteten personenbezogenen Daten durchgeführt werden.

(3) Es obliegt den Mitgliedstaaten, zu überprüfen, dass der gemäß Artikel 2 Buchstabe d der Richtlinie 95/46/EG benannte für die Verarbeitung Verantwortliche die Einhaltung der Grundsätze in Bezug auf die Qualität der Daten, insbesondere die Richtigkeit und die Aktualisierung der in nationalen Insolvenzregistern gespeicherten Daten sicherstellt.

(4) Es obliegt den Mitgliedstaaten gemäß der Richtlinie 95/46/EG, Daten zu erheben und in nationalen Datenbanken zu speichern und zu entscheiden, diese Daten im vernetzten Register, das über das Europäische Justizportal eingesehen werden kann, zugänglich zu machen.

(5) Als Teil der Information, die betroffene Personen erhalten, um ihre Rechte und insbesondere das Recht auf Löschung von Daten wahrnehmen zu können, teilen die Mitgliedstaaten betroffenen Personen mit, für welchen Zeitraum ihre in Insolvenzregistern gespeicherten personenbezogenen Daten zugänglich sind.

**Literatur:** *Eckhardt/Menz*, Datenschutz bei der Übertragung von Kundendaten in der Insolvenz, ZInsO 2016, 1917; *Keller, U.*, Die öffentliche Bekanntmachung im Insolvenzverfahren, ZIP 2003, 149; *Wytibul*, EU-Datenschutz-Grundverordnung in der Praxis – Was ändert sich durch das neue Datenschutzrecht?, BB 2016, 1077.

### Übersicht

| | |
|---|---|
| I. Zweck der Norm ................ 1 | 3. Art. 79 Abs. 3 ................ 7 |
| II. Inhalt der Norm ................ 2 | 4. Art. 79 Abs. 4 ................ 8 |
| 1. Art. 79 Abs. 1 ................ 2 | 5. Art. 79 Abs. 5 ................ 10 |
| 2. Art. 79 Abs. 2 ................ 5 | |

### I. Zweck der Norm

1 Die Bestimmung regelt Aufgabenzuweisungen an die Mitgliedstaaten, den dabei einzuhaltenden Datenschutz und harmonisiert diesen bei der Führung der nationalen Insolvenzregister. Dabei gelten die zwischenzeitlich überholten Verweise auf die **Richtlinie 95/46/EG** als solche auf die **DSGVO** (Art. 94 Abs. 2 DSGVO) und sind im Folgenden zu ersetzen. Dazu werden Informationspflichten (Art. 79 Abs. 1) angeordnet, Sicherheitsstandards eingefordert (Art. 79 Abs. 2), Überwachungspflichten festgeschrieben (Art. 79 Abs. 3), Zuständigkeiten abgegrenzt (Art. 79 Abs. 4) und Mitteilungspflichten bestimmt (Art. 79 Abs. 5). Soweit die damit geforderten Voraussetzungen bisher von Mitgliedstaaten nicht geschaffen wurden, erwächst ihnen eine erstmalige Pflicht zum Tätigwerden.

## II. Inhalt der Norm
### 1. Art. 79 Abs. 1

Art. 79 Abs. 1 verpflichtet die Mitgliedstaaten die für die Bekanntmachungen an das Europäische Justizportal **nach den nationalen Vorschriften Verantwortlichen** i. S. des Art. 4 Nr. 7 DSGVO zu benennen. Diese Pflicht erschließt sich aus Art. 25 Abs. 1, wonach die Kommission das Europäische Insolvenzportal einrichtet und betreibt. Damit **verarbeitet sie personenbezogene Daten** gemäß Art. 2 lit. b VO (EG) Nr. 45/2001[1]) (im Folgenden: **VO über den Datenschutz der Institutionen**), weil das auch die Organisation und die Weitergabe durch Übermittlung, hier die Zugriffsgewährung umfasst (Art. 80 Abs. 1). Sie rückt damit selbst in die Stellung des **für die Verarbeitung Verantwortlichen** ein (Art. 2 lit. d VO über den Datenschutz der Institutionen) und hat für die Einhaltung der Qualität, d. h. Rechtmäßigkeit der Daten zu sorgen (Art. 4 Abs. 2 VO über den Datenschutz der Institutionen). Dies wiederum löst die Rechte der betroffenen Person aus, also das Recht zur Auskunft (Art. 13 Satz 1 VO über den Datenschutz der Institutionen), den Berichtigungs-, Sperrungs- und Löschungsanspruch (Artt. 14, 15 Abs. 1, 16 VO über den Datenschutz der Institutionen). Da die Kommission diese Eingaben nicht selbst bearbeiten kann, folgt hieraus die Verpflichtung (Art. 4 Abs. 2 VO über den Datenschutz der Institutionen), diese an die betreffenden Mitgliedstaaten zur weiteren **Bearbeitung weiterzuleiten**. Insoweit verschafft ihr die Benennung der Verantwortlichen die Adressaten, die über die vorerwähnten Rechte zu befinden haben, damit diese im Falle der Nichteinhaltung der datenschutzrechtlichen Verpflichtungen zur Verantwortung gezogen werden können.[2]

Es sind die für die Bekanntmachung im Europäischen Justizportal natürliche oder juristischen Personen bzw. Behörden zu benennen, denen nach den nationalen Rechtsvorschriften die Aufgaben des für die Verarbeitung Verantwortlichen i. S. des Art. 4 Nr. 7 DSGVO zugewiesen sind. Nach der InsIntBekV[3]) stellt das Insolvenzportal lediglich die **Datensicherheit**, den **Schutz vor Missbrauch** und die **Einhaltung der Löschungsfristen** sicher (§§ 2 und 3 InsIntBekV), nur bezüglich dieser Verarbeitungsvorgänge ist es der für die Verarbeitung Verantwortliche und damit zu benennen. Die inhaltliche **Richtigkeit der personenbezogenen Daten** gewährleistet das **Insolvenzportal nicht**. Diesbezüglich bestimmt § 12 Abs. 4 EGGVG als **lex specialis** gegenüber den sonst vorrangigen Bundes- und Landesdatenschutzgesetzen (§ 1 Abs. 2 Satz 1 BDSG), dass für die Übermittlung der Daten an das In-

---

1) Verordnung (EG) Nr. 45/2001 des Europäischen Parlaments und des Rates v. 18.12.2000 zum Schutz natürlicher Personen bei der Verarbeitung personenbezogener Daten durch die Organe und Einrichtungen der Gemeinschaft und zum freien Datenverkehr – VO über den Datenschutz der Institutionen, ABl. (EU) L 8/1 v. 12.1.2001.
2) Mankowski/Müller/J. Schmidt-*J. Schmidt*, EuInsVO 2015, Art. 79 Rz. 4.
3) Verordnung zu öffentlichen Bekanntmachungen in Insolvenzverfahren im Internet, v. 12.2.2002, BGBl. I 2002, 677, geändert durch Art. 2 des Gesetzes zur Vereinfachung des Insolvenzverfahrens – InsOVereinfG, v. 13.4.2007, BGBl. I 2007, 509, zuletzt geändert durch Erste Verordnung zur Änderung der Verordnung, v. 14.10.2019, BGBl. I 2019, 1466 (Inkrafttreten: 30.6.2021).

solvenzportal und damit ihre inhaltliche Richtigkeit das **Insolvenzgericht verantwortlich ist.**[4)]

4   Die Pflicht zur Benennung des Verantwortlichen kann für Deutschland auf das **nationale Insolvenzportal** (insolvenzbekanntmachungen.de) beschränkt werden. Dieses leitet die nicht in ihre Zuständigkeit fallenden Gesuche um Berichtigung, vorzeitige oder endgültige Löschung an das jeweils zuständige **Insolvenzgericht weiter**. Die Einstellung der Informationen ist Offenlegung durch Übermittlung und damit **Verarbeitung** (Art. 4 Nr. 2 DSGVO) und das übermittelnde Insolvenzgericht ist der Verantwortliche, weil es Zweck und Mittel beherrscht (Art. 4 Nr. 7 DSGVO). Das Insolvenzportal hat dabei dem Interesse des Geschäftsverkehrs zu dienen (ErwG 76) und folglich richtlinienkonform an sie statt die Gerichte gerichtete Gesuche **weiter zu leiten**. **Nicht** zu benennen ist das **ZenVG**, das zwar in ähnlicher Weise wie ein Insolvenzregister den Rechtsverkehr vor kreditunwürdigen Schuldnern warnen soll,[5)] aber in ihm wird nur die **Abweisung mangels Masse** veröffentlicht (§ 882b Abs. 1 Nr. 3 ZPO), mithin keine Pflichtinformation i. S. des Art. 24 Abs. 2; es ist **kein Insolvenzregister**.

### 2. Art. 79 Abs. 2

5   Art. 79 Abs. 2 verpflichtet die **Mitgliedstaaten**, die erforderlichen **technischen Maßnahmen** zur **Gewährleistung der Datensicherheit** in ihren Insolvenzregistern durchzuführen. Sie konkretisiert Artt. 5 Abs. 1 lit. e, 32 DSGVO und die dortigen **Schutzprinzipien** (ErwG 78 DSGVO), um die kohärente und homogene Anwendung des Schutzes der informationellen Selbstbestimmung europaweit zu gewährleisten, weshalb Art. 44 DSGVO eine **Übermittlungssperre** an Empfänger aus Ländern vorsieht, wo das **angemessene Datenschutzniveau** nicht eingehalten wird. Dies folgt der Erkenntnis, dass bereits das unangemessene Schutzniveau nur eines nationalen Insolvenzregisters zum Einfallstor für unberechtigte Zugriffe über das Europäische Justizportal würde. Die Kommission, als der für die Verarbeitung Verantwortliche, **delegiert** ihre Verpflichtung an die Mitgliedstaaten. Das ist Ziel der Bestimmung und gibt so die Aufgabe der Nationalstaaten vor.

6   Es handelt sich um die technischen Maßnahmen zur Gewährleistung der **IT-Mindestsicherheitenstandards** i. S. des Art. 25 Abs. 2 lit. b und eine Konkretisierung der sich aus Art. 32 Abs. 1 DSGVO ergebenden Verpflichtung zur Gewährleistung der Sicherheit bei der Führung der Insolvenzregister.[6)] Danach sind technische und organisatorische Vorkehrungen zu treffen, die zufällige oder gezielte Zerstörungen verhindern, unberechtigte Änderungen und Zugriffe unmöglich machen und jeder unrechtmäßigen Verbreitung der Daten entgegenwirken. Diese Standards sind auch bei der Suchanfrage über das Europäische Insolvenzportal einzuhalten und Gegenstand

---

4)   *Pabst* in: MünchKomm-ZPO, § 12 EGGVG Rz. 16; s. o. Art. 78 Rz. 6 [*Zipperer*]. Vgl. Art. 6 Abs. 2 Satz 1 LDSG BW, v. 12.6.2018, GBl. 2018, 173. § 15 Abs. 2 Satz 1 BDSG ist entfallen, da sich die Öffnungsklausel des Art. 9 Abs. 4 DSGVO nicht auf die Person des „Verantwortlichen" erstreckte; vgl. Begr. RegE DSAnpUG-EU, BT-Drucks. 18/11325, S. 96.

5)   *Utermark/Fleck* in: BeckOK-ZPO, § 882b Rz. 1.

6)   Braun-*Becker*, InsO, Art. 79 EuInsVO Rz. 10 und 11 unter Hinweis auf § 9 BDSG; Mankowski/Müller/J. Schmidt-*J. Schmidt*, EuInsVO 2015, Art. 79 Rz. 5.

des Durchführungsrechtsakts vom 4.6.2019[7] noch zu bestimmen (siehe oben Art. 25 Rz. 5 ff. [*Zipperer*]). Den Schutz vor unberechtigten Zugriffen auf personenbezogene Daten in den Insolvenzregistern verlangt Art. 27, ggf. ist das Vorhandenseins eines rechtlichen Interesses nachzuweisen (Art. 27 Abs. 3 und 4). Die Gewährleistung der Sicherheit ist eine **Daueraufgabe** für die Mitgliedstaaten, sie erschöpft sich nicht in der einmaligen Bereitstellung, sondern erfordert unter dem Aspekt der technischen Weiterentwicklung Anpassungen an den **Stand der Technik** (Art. 32 Abs. 1 DSGVO),[8] damit auch der Organisation des Registers.

### 3. Art. 79 Abs. 3

Die **Sicherstellung** der Qualität der Daten, insbesondere deren **Richtigkeit und Aktualisierung**[9] der in den nationalen Insolvenzregistern **eingestellten Daten** (Art. 5 lit. d DSGVO) durch den für die Verarbeitung Verantwortlichen i. S. des Art. 4 Nr. 7 DSGVO obliegt den **Mitgliedstaaten**. Art. 79 Abs. 3 spricht ausgehend von Art. 5 lit. d DSGVO[10] Selbstverständliches aus, die Bestimmung ist im Zusammenhang mit Art. 79 Abs. 2 zu sehen. Jener behandelt die technischen, dieser die inhaltlichen Anforderungen an die Qualität der personenbezogenen Daten. Hinter dieser, die Hoheitsbefugnisse der Mitgliedstaaten respektierenden Aufgabenzuweisung steht die Selbstvergewisserung der Kommission, dass sie ihrerseits durch Weitergabe personenbezogener Daten über das Europäische Insolvenzportal den Anforderungen des Art. 4 VO über den Datenschutz der Institutionen genügt. Diese verteilte Verantwortlichkeit ist ein Beispiel des wechselseitigen Vertrauens (Community Trust) i. S. des Art. 81 Abs. 1 Satz 1 AEUV.[11]

7

### 4. Art. 79 Abs. 4

An Art. 79 Abs. 3 anknüpfend, weist die Bestimmung die **Datenerhebung** und **Speicherung** in den nationalen Datenbanken und die **Entscheidung**, sie im vernetzten Europäischen Justizportal **einsehen** zu können und **zugänglich** zu machen, den **Mitgliedstaaten** unter Beachtung der DSGVO zu. Behandelt Art. 79 Abs. 3 das **Wie**, ist der Regelungsgegenstand des Art. 79 Abs. 4 das **Ob** der Datenerhebung, Verarbeitung und des Zugänglichmachens. Einmal mehr bringt Art. 79 die „dienende Funktion" des Europäischen Justizportals zum Ausdruck, die keinen Eingriff in die mitgliedstaatliche Souveränität vornimmt, aber das Datenschutzniveau harmonisiert. Das ist Aufgabe und Funktion des expliziten Verweises auf die DSGVO.[12]

8

---

7) **Durchführungsverordnung (EU) 2019/917** der Kommission v. 4.6.2019 zur Festlegung technischer Spezifikationen, Maßnahmen und sonstiger Anforderungen für das System zur Vernetzung der Insolvenzregister gemäß Artikel 25 der Verordnung (EU) 2015/848 des Europäischen Parlaments und des Rates; ABl. (EU) L 146/100 v. 5.6.2019, Anhang Rz. 5: Sicherheitsstandards.
8) Ehmann/Selmayr-*Hladjk*, DS-GVO, Art. 32 Rz. 5.
9) Die Hervorhebung der Richtigkeit und Aktualität der Daten ist auf Betreiben des Europäischen Datenschutzbeauftragten in den VO-Wortlaut aufgenommen worden.
10) Mankowski/Müller/J. Schmidt-*J. Schmidt*, EuInsVO 2015, Art. 79 Rz. 6.
11) Grabitz/Hilf/Nettesheim-*Hess*, EUV/AEUV, Art. 81 AEUV Rz. 34.
12) Mankowski/Müller/J. Schmidt-*J. Schmidt*, EuInsVO 2015, Art. 79 Rz. 7.

**Artikel 79** Aufgaben der Mitgliedstaaten hinsichtlich der Verarbeitung

9   Art. 79 Abs. 4 ist weiterhin im Zusammenhang mit Art. 24 Abs. 2 zu lesen, d. h. die nationalstaatliche Entscheidungen, personenbezogene Daten über das Europäische Insolvenzportal zugänglich zu machen, müssen die sog. „**Pflichtinformationen**" umfassen. Auf diese Weise ist der mitgliedstaatlichen Zersplitterung der Insolvenzregister vorgebeugt (siehe oben Art. 24 Rz. 1 [*Zipperer*]), ohne sie zu Europäisieren (siehe oben Art. 24 Rz. 3 [*Zipperer*]).

## 5.  Art. 79 Abs. 5

10  Gemäß Art. 13 Abs. 1 DSGVO ist die **betroffene Person**, die durch die verarbeiteten Daten identifizierbar ist (Art. 4 Nr. 1 DSGVO), **von der für die Verarbeitung Verantwortlichen zu informieren.**[13] Parallelvorschrift ist Art. 81, der der Kommission, die sich aus Artt. 11 und 12 VO über den Datenschutz der Institutionen, Informationspflichten auferlegt.[14] Sie muss, soweit sie ihr noch nicht vorliegt, Informationen über die Person/Behörde des für die Verarbeitung Verantwortlichen, die Zweckbestimmung der Verarbeitung und das Bestehen von Auskunfts- und Berichtigungsrechten erhalten; wenn dies nach Treu und Glauben erforderlich ist. Diese Informationspflicht verfolgt den Zweck, die betroffene Person in die Lage zu versetzen, ihre Rechte, namentlich das der Löschung, geltend machen zu können (ErwG 60 DSGVO). Davon behandelt Art. 79 Abs. 5 einen **Ausschnitt**, indem es die Mitgliedstaaten verpflichtet, den **betroffenen Personen mitzuteilen**, für welchen **Zeitraum** ihre in den Insolvenzregistern gespeicherten Daten **zugänglich** sind.

11  Die EuInsVO regelt nicht, wann die Daten in den Insolvenzregistern zu löschen sind. Gemäß Art. 17 Abs. 1 lit. a DSGVO sollen personenbezogene Daten nicht länger als es für die Realisierung der Zwecke, für die sie erhoben wurden oder weiterverarbeitet werden, aufbewahrt werden.[15] Demnach sind die Interessen des Geschäftsverkehrs (ErwG 75 Satz 1) gegenüber dem Schutz der Informationen (ErwG 79) gegeneinander abzuwägen. Die konkrete Fristbestimmung ist dem nationalen Recht vorbehalten. Im Inland sind die Löschungsfristen in der gemäß § 9 Abs. 2 Satz 2 InsO erlassenen **InsIntBekV**,[16] hier § 3, geregelt. Danach hat eine Löschung aller Daten aus einem Insolvenzverfahren, unabhängig ihrer Einstellung, **spätestens sechs Monate nach der Aufhebung** oder der Rechtskraft der **Einstellung** des Insolvenzverfahrens zu erfolgen. Da die Löschungsfrist an die Verfahrensbeendigung anknüpft, bleibt der **Eröffnungsbeschluss** während des gesamten Verfahrens **ungelöscht**.[17] Im Falle der Nichteröffnung des Insolvenzverfahrens beginnt die sechsmonatige Frist **mit der Aufhebung** der veröffentlichten **Sicherungsmaßnahme** (§ 3 Abs. 1 Satz 2 InsIntBekV). Für die Veröffentlichungen im **Restschuldbefreiungsverfahren** einschließlich des Beschlusses nach § 289 InsO beginnt die Frist mit **Rechtskraft**

---

13)  Mankowski/Müller/J. Schmidt-*J. Schmidt*, EuInsVO 2015, Art. 79 Rz. 10.
14)  Mankowski/Müller/J. Schmidt-*J. Schmidt*, EuInsVO 2015, Art. 81 Rz. 2.
15)  Braun-*Becker*, InsO, Art. 79 EuInsVO Rz. 16.
16)  Verordnung zu den öffentlichen Bekanntmachungen in Insolvenzverfahren im Internet, v. 12.2.2002, BGBl. I 2002, 677, geändert durch Art. 2 des Gesetzes zur Vereinfachung des Insolvenzverfahrens – InsOVereinfG, v. 13.4.2007, BGBl. I 2007, 509, zuletzt geändert durch Erste Verordnung zur Änderung der Verordnung, v. 14.10.2019, BGBl. I 2019, 1466 (Inkrafttreten: 30.6.2021). Einzelheiten Kübler/Prütting/Bork-*Prütting*, InsO, § 9 Rz. 23 ff.
17)  Zust. *Keller*, ZIP 2003, 149, 154.

der Entscheidung zu laufen. Für alle sonstigen Veröffentlichungen nach der Insolvenzordnung bestimmt § 3 Abs. 3 IntBekV eine abweichende Frist von lediglich einem Monat und legt den Fristbeginn auf den Tag der Veröffentlichung.[18] Die **Abweisung mangels Masse** gemäß § 26 InsO wird lediglich gemäß § 26 Abs. 2 InsO im ZenVG veröffentlicht, die InsIntBekV erfasst sie nicht.[19]

Als Teil der Information, die die **Schuldner** erhalten, sind sie über diese **Löschungsfristen** zu **informieren** (Art. 79 Abs. 5). Das beschränkt sich nicht auf die Mitteilung der Fristen des § 3 InsIntBekV, sondern zusätzlich ist er als betroffene Person über den für die **Verarbeitung Verantwortlichen**, die **Zweckbestimmung** der Verarbeitung und das Bestehen von **Auskunfts- und Berichtigungsrechte** zu informieren. Das ist bereits in der verunglückten deutschen Fassung angelegt; richtigerweise sollte von einem **ausfüllungsbedürftigen Informationsrahmen** gesprochen werden.[20] Typischerweise werden die Informationen über den Schuldner sowohl bei ihm, als auch bei Dritten erhoben, Art. 79 Abs. 5 bedeutet deshalb eine Konkretisierung der Artt. 13 und 14 DSGVO, ohne die dortigen zusätzlichen Informationspflichten aufzuheben, und ist nur hinsichtlich seines Regelungsgegenstands **lex specialis**.[21] Da die Veröffentlichung im Insolvenzregister durch Gesetz angeordnet ist, darf der Mitgliedstaat berechtigterweise von der Information absehen (Art. 14 Abs. 5 lit. c DSGVO), aber in diesem Fall muss der Mitgliedstaat **geeignete Garantien** zum Schutz der berechtigten Interessen der betroffenen Person vorsehen (dazu ErwG 62 Satz 1 DSGVO).[22]

12

Bereits die Systematik der Artt. 12 f. DSGVO erfordert eine restriktive Handhabung der Nichtinformation (siehe ErwG 60–62 DSGVO), ebenso der hier maßgebliche **Abwägungsgesichtspunkt** des § 20 Abs. 3 EGGVG, nach dem von der Unterrichtungspflicht nur abzusehen ist, wenn sämtliche vernünftigen Zweifel an der Erforderlichkeit ausgeräumt sind.[23] Die **Information** ist die **Regel**, das **Absehen** von ihr die **Ausnahme** (ErwG 60 und 62 DSGVO).[24] Die Frage hat deshalb praktische Relevanz, weil **Art. 14 DSGVO** die Informationspflichten gegenüber den Artt. 10 f. DSRL, § 19a BDSG erheblich **erweitert** und gemäß Art. 288 Abs. 2 AEUV unmittelbare und vorrangige Wirkung gegenüber den §§ 12 ff. EGGVG und § 19a BDSG

13

---

18) *Madaus* in: BeckOK-InsO, § 9 Rz. 20, der die Abweichung der Frist in Abs. 3 als grundlos erachtet.
19) *U. Keller*, ZIP 2003, 149, 150.
20) Das folgt aus einen Vergleich mit den anderen Amtssprachen. Frz.: „dans le cadre …"; ital.: „nel quadro dell' …"; engl.: „as part of …"; nl.: „in het kader …"; sp.: „como parte …" Die insoweit gleichlautenden Übersetzungen lauten „innerhalb des Rahmens der Information".
21) Auch gegenüber §§ 32, 33 BDSG.
22) Nach ErwG 65 Satz 1 sind das insbesondere das Recht auf Berichtigung und auf Vergessenwerden, weshalb im Umkehrschluss das verantwortliche Insolvenzgericht die **Richtigkeit** der Daten und ihre **rechtzeitige Löschung** zu garantieren hat.
23) *Pabst* in: MünchKomm-ZPO, § 20 EGGVG Rz. 9.
24) Gleiches gilt für das BDSG, denn unverhältnismäßiger Aufwand i. S. des § 19a Abs. 2 Nr. 2 BDSG stellt die zusätzliche Unterrichtung nicht dar, weil sie ohne Weiteres mit den Zustellungen gemäß §§ 23 Abs. 1 Satz 2, 30 Abs. 2 InsO verbunden werden kann. Auch wenn die Speicherung und Übermittlung ausdrücklich gesetzlich vorgeschrieben (§ 19a Abs. 2 Nr. 3 BDSG) und damit die Information entbehrlich ist, ist das Absehen richtlinienkonform, also restriktiv zu handhaben.

hat.[25] Zwar bestehen auch nach Art. 14 Abs. 3 lit. a und c DSGVO keine Informationspflichten, falls die betroffene Person bereits über die Information verfügt, oder die Erlangung und Offenlegung der Daten gesetzlich geregelt ist,[26] doch werden davon nicht sämtliche Informationspflichten gemäß Art. 14 Abs. 1 und 2 DSGVO erfasst.[27] Selbst dann sind **geeignete Garantien** in Betracht zu ziehen (ErwG 63 Satz 3 DSGVO), die etwa darin bestehen können, dass insolvenzbekanntmachungen.de die erforderlichen Informationen in allgemein verständlicher Form zur Verfügung stellt.[28]

---

25) *Eckhardt/Menz*, ZInsO 2016, 1917, 1924; *Wytibul*, BB 2016, 1077, 1079.
26) Paal/Pauly-*Paal/Hennemann*, DS-GVO, Art. 14 Rz. 45.
27) Einzelheiten bei Paal/Pauly-*Paal/Hennemann*, DS-GVO, Art. 14 Rz. 45.
28) So auch die Einschätzung von *Eckhardt/Menz*, ZInsO 2016, 1917, 1924, die eine Zunahme der Informations- und Dokumentationsanforderungen der Insolvenzverwalter kommen sehen, was aber gleichermaßen für die insolvenzregisterführenden Mitgliedstaaten zutrifft.

# Artikel 80
## Aufgaben der Kommission im Zusammenhang mit der Verarbeitung personenbezogener Daten

**(1) Die Kommission nimmt die Aufgaben des für die Verarbeitung Verantwortlichen gemäß Artikel 2 Buchstabe d der Verordnung (EG) Nr. 45/2001 im Einklang mit den diesbezüglich in diesem Artikel festgelegten Aufgaben wahr.**

**(2) Die Kommission legt die notwendigen Grundsätze fest und wendet die notwendigen technischen Lösungen an, um ihre Aufgaben im Aufgabenbereich des für die Verarbeitung Verantwortlichen zu erfüllen.**

**(3) Die Kommission setzt die technischen Maßnahmen um, die erforderlich sind, um die Sicherheit der personenbezogenen Daten bei der Übermittlung, insbesondere die Vertraulichkeit und Unversehrtheit bei der Übermittlung zum und vom Europäischen Justizportal, zu gewährleisten.**

**(4) Die Aufgaben der Mitgliedstaaten und anderer Stellen in Bezug auf den Inhalt und den Betrieb der von ihnen geführten, vernetzten nationalen Datenbanken bleiben von den Verpflichtungen der Kommission unberührt.**

### Übersicht

| | |
|---|---|
| I. Zweck der Norm .................. 1 | 2. Art. 80 Abs. 2 .......................... 6 |
| II. Inhalt der Norm .................. 3 | 3. Art. 80 Abs. 3 .......................... 7 |
| 1. Art. 80 Abs. 1 ..................... 3 | 4. Art. 80 Abs. 4 .......................... 9 |

## I. Zweck der Norm

1 Art. 79 behandelt die **datenschutzrechtlichen Pflichten** der Mitgliedstaaten, Art. 80 die der **Kommission**. Sie richtet im Wege von Durchsetzungsrechtsakten ein dezentrales System der Vernetzung der nationalen Insolvenzregister ein (Art. 25 Abs. 1 Satz 1). Dabei dient das Europäische Justizportal als zentraler elektronischer Zugangspunkt (Art. 25 Abs. 1 Satz 2), der einen Suchdienst anbietet (Art. 25 Abs. 1

Satz 3) und somit für die Abfrage der Pflichtinformationen verfügbar ist, die in den nationalen Insolvenzregistern enthalten sind. Es liegt auf der Hand, dass damit die Kommission datenschutzrechtlich gefordert ist, denn als **Organ der Gemeinschaft** unterfällt sie dem **Anwendungsbereich der VO (EG) 45/2001**[1] (im Folgenden: **VO über den Datenschutz der Institutionen**), weil sie als zentraler Zugangspunkt fungiert und mittels des angebotenen Suchdienstes personenbezogene Daten verarbeitet (Art. 3 Abs. 1 VO über den Datenschutz der Institutionen).

**Art. 80 Abs.** 1 hebt die Kommission in den Stand des für die **Verarbeitung Verantwortlichen** im Umfang ihres Verantwortungsbereichs.[2] **Art. 80 Abs.** 2 beschreibt die **rechtliche** und **technische Festlegung ihrer Aufgabenerfüllung** als datenschutzrechtlicher Verantwortlicher, **Art. 80 Abs.** 3 seine **Umsetzung**, um die Datensicherheit bei der Übermittlung zu gewährleisten, insbesondere zur Sicherung der Vertraulichkeit und Unversehrtheit der Daten. **Art. 80 Abs.** 4 lässt die **Verpflichtungen der Mitgliedstaaten** beim Betrieb der künftig vernetzten nationalen Insolvenzregister **unberührt**, d. h. die **datenschutzrechtlichen Pflichten** kreuzen sich nicht, sie **bestehen parallel**. An die Stelle eines Europäischen Insolvenzregisters tritt ein **Komplementärsystem**, bestehend aus den nationalen Insolvenzregistern, deren Zugänglichmachung über einen zentralen Zugangspunkt erfolgt. Diese Konstruktion bestimmt den jeweils zu verantwortenden Datenschutz: Er ist **europäisch**, soweit das **Europäische Justizportal** personenbezogene Daten verarbeitet, auf der Ebene des **nationalen Insolvenzregisters** unterfällt er dem Datenschutz des **Mitgliedstaates**.

## II. Inhalt der Norm

### 1. Art. 80 Abs. 1

Die Kommission **nimmt** die **Aufgaben** des für die Bearbeitung Verantwortlichen mit den diesbezüglichen in diesem Artikel festgelegten Aufgaben **wahr**. Die amtliche deutsche Übersetzung ist schon sprachlich missglückt und erhellt die Bedeutung der Vorschrift nur unzureichend. In Anlehnung an die englische[3] und französische[4] Fassung sollte die Bestimmung stattdessen lauten, die Kommission übt die Verantwortung/Funktion des für die Bearbeitung Verantwortlichen aus, die ihr kraft dieses Artikels auferlegt sind. Das missverständliche „wahrnehmen" suggeriert die Übernahme fremder Verantwortlichkeit, stattdessen geht es um das **Ausüben eigener Verantwortung**. Diese ist in **Art. 80** umschrieben und **originär** der **Kommission zugewiesen**.

---

1) Verordnung (EG) Nr. 45/2001 des Europäischen Parlaments und des Rates v. 18.12.2000 zum Schutz natürlicher Personen bei der Verarbeitung personenbezogener Daten durch die Organe und Einrichtungen der Gemeinschaft und zum freien Datenverkehr – VO über den Datenschutz der Institutionen, ABl. (EU) L 8/1 v. 12.1.2001.

2) „... in Einklang mit den diesbezüglich in diesem Artikel festgelegten Aufgaben ..."; Braun-*Becker*, InsO, Art. 80 EuInsVO Rz. 5 und 6; Mankowski/Müller/*J. Schmidt-J. Schmidt*, EuInsVO 2015, Art. 80 Rz. 4, entsprechend der Forderung des Europäischen Datenschutzbeauftragten.

3) „... shall exercise the responsibility of controller pursuant ... in accordance with its respective responsibilities in this Article."

4) „... exerce la fonction resposable du traitement ... confermément aux responsabilités qui lui incombent en vertue du présent article."

**Artikel 80** Aufgaben der Kommission im Zusammenhang mit der Verarbeitung

4 Die Kommission verwirklicht die in den Art. 80 Abs. 2 und 3 beschriebenen Aufgaben, weitere Verantwortlichkeiten wachsen ihr nicht zu, wie das Art. 80 Abs. 4 verdeutlicht. Sie hat zwar die Qualität der Daten gemäß Art. 4 Abs. 2 VO über den Datenschutz der Institutionen zu verantworten, allerdings nur soweit sie für deren sachliche Richtigkeit, Aktualität und Dauer ihrer Speicherung einzustehen hat, also i. R. der **Vernetzung**. Für das Errichten und Unterhalten der nationalen Insolvenzregister und den Datenschutz sind die Mitgliedstaaten verantwortlich, weshalb deren Pflichtenprogramm systematisch vorrangig in Art. 79 Abs. 2 bis 4 geregelt ist. Das unterstreicht Art. 82, wonach im Europäischen Justizportal keine personenbezogenen Daten gespeichert werden, damit bleibt die datenschutzrechtliche Verantwortung i. S. des Art. 4 VO über den Datenschutz der Institutionen in erster Linie bei den Mitgliedstaaten. Zwar können die betroffenen Personen ihre Rechte gemäß Artt. 13 ff. VO über den Datenschutz der Institutionen gegenüber der Kommission ausüben, aber nur soweit deren datenschutzrechtliche Verantwortlichkeit reicht, darüber hinaus sind die eingehenden Gesuche an den betreffenden Mitgliedstaat weiterzuleiten (siehe oben Art. 79 Rz. 2 [*Zipperer*]).

5 Insgesamt ist die **datenschutzrechtliche Verantwortung** zwischen der Kommission und den Mitgliedstaaten **ausschließlich geordnet**, indem jeweils die Artt. 24 und 79 für die Mitgliedstaaten, während die Artt. 25 und 80 für die Kommission relevant sind. Mit der positiven Zuweisung von Verantwortung schafft Art. 80 als Schlussstein die **Lückenlosigkeit** des zu leistenden Datenschutzes der Mitgliedstaaten und der Kommission.

## 2. Art. 80 Abs. 2

6 Art. 80 Abs. 2 ermächtigt[5] die Kommission zur **Festlegung** der **notwendigen Grundsätze** und verpflichtet sie zur **Anwendung** der notwendigen **technischen Lösungen** in ihrem Aufgabenbereich. Zum Verständnis des ersten Satzteils helfen die englische[6] und französische[7] Amtssprache, danach geht es weniger um die Fixierung fester Regeln, als um die Festlegung von „Politiken," mithin **Leitlinien**. Angesichts des raschen technischen Fortschritts in der Datenverarbeitung ermöglicht dieses Verständnis die erforderliche **Entwicklungsfreiheit** und respektiert den **Charakter** des **Durchführungsrechtsakts** i. S. des Art. 291 Abs. 2 AEUV (Art. 25 Abs. 2). Danach darf die Kommission nicht den Aufgabenbereich verändern, auch nicht dessen wesentliche Grundzüge antasten, i. Ü. aber ist sie bei der Bestimmung der zu wählenden Maßnahmen frei; sie kann alle Maßnahmen anordnen, die sich als **erforderlich und zweckmäßig erweisen**.[8] Besonders für die Datensicherheit bleibt die erforder-

---

5) Mankowski/Müller/J. Schmidt-*J. Schmidt*, EuInsVO 2015, Art. 80 Rz. 5, sieht in Abs. 2 eine Verpflichtung der Kommission. Aber diese folgt bereits aus Art. 78 Abs. 2, 80 Abs. 1 i. V. m. der VO über den Datenschutz der Institutionen, weshalb eine Ermächtigung näher liegt. Der Unterschied ist nur von theoretischem Interesse.
6) „The Commission shall define the necessary policies and apply the necessary technical solutions to fulfil its responsibilities within the scope of the function of controller."
7) „La Commission définit les politiques nécessaires et applique les solutions techniques nécessaires pour exercer les responsabilités qui lui incombent dans le cadre de sa fonction de responsable du traitement."
8) Braun-*Becker*, InsO, Art. 80 EuInsVO Rz. 8; Grabitz/Hilf/Nettesheim-*Nettesheim*, EUV/AEUV, Art. 291 AEUV Rz. 29 m. Nachw. zur Rspr. des EuGH.

liche kontinuierliche Fortentwicklung möglich. Dies ist zwischenzeitlich mit der **Durchführungsverordnung (EU) 2019/917 der Kommission vom 4. Juni 2019**[9) ] geschehen.

### 3. Art. 80 Abs. 3

Die Bestimmung enthält im ersten Satzteil eine **technische Umsetzungsverpflichtung** für die Kommission, die bereits in Art. 22 VO über den Datenschutz der Institutionen enthalten ist.[10)] Der zweite Satzteil wiederholt die bereits nach Art. 25 Abs. 2 lit. b im Wege des Durchführungsrechtsakts einzuführenden **Mindeststandards zur Datensicherheit**. Diese war vom Europäischen Datenschutzbeauftragten besonders eingefordert worden, der u. a. auf die Risiken externer Suchmaschinen hinwies. Hard- und Software müssen daher ebenso wie die interne Organisation des Europäischen Justizportals dem „Stand der Sicherheitstechnik" entsprechen. Im Sinne des oben unter Rz. 4 Ausgeführten beschränken sich diese auf den Vorgang der Vernetzung der Daten der nationalen Insolvenzregister durch das Europäische Justizportal, damit die Vertraulichkeit und Unverfälschtheit der personenbezogenen Daten gewährleistet ist. Die Umsetzungsverpflichtung nimmt originär die Kommission in die Pflicht, bezogen auf die bereits per Durchführungsrechtsakt geregelten Mindeststandards.

Das bedeutet, beim Vorgang der Vernetzung und dem späteren Abruf der Daten dürfen keine unerlaubten Zugriffe ermöglicht und eine Verfälschung der Daten muss ausgeschlossen sein. Das kombiniert Kompatibilitäts- und Sicherheitsanforderungen, beides vornehmlich datentechnische Herausforderungen.

### 4. Art. 80 Abs. 4

Art. 80 Abs. 4 unterstreicht die parallele datenschutzrechtliche Verantwortung der Kommission und den autonom handelnden Mitgliedstaaten.[11)] Das bringt der Wortlaut „unberührt" zum Ausdruck, der sich auch als „unbeeinflusst" verstehen lässt.[12)] Warum die EuInsVO diese Selbstverständlichkeit ausdrücklich ausspricht, erklärt sich aus der systematische Stellung des Abs. 4. Er steht am Ende der Artt. 79 und 80 Abs. 1 bis 3 und schließt den Kreis der Datenschutzverantwortungen. Aus Respekt vor den verschiedenen Souveränitäten finden Verantwortungsüberschneidungen nicht statt, gleichwohl ist das System datenschutzrechtlich in sich geschlossen.

---

9) Durchführungsverordnung (EU) 2019/917 der Kommission v. 4.6.2019 zur Festlegung technischer Spezifikationen, Maßnahmen und sonstiger Anforderungen für das System zur Vernetzung der Insolvenzregister gemäß Artikel 25 der Verordnung (EU) 2015/848 des Europäischen Parlaments und des Rates; ABl. (EU) L 146/100 v. 5.6.2019. Sie regelt im Anhang u. a. die Kommunikation zwischen den Insolvenzregistern der Länder und dem Portal (IRI), die dabei einzuhaltenden Sicherheitsstandards und die für den Austausch zu verwendende Datenstruktur.
10) Mankowski/Müller/J. Schmidt-*J. Schmidt*, EuInsVO 2015, Art. 80 Rz. 6.
11) Mankowski/Müller/J. Schmidt-*J. Schmidt*, EuInsVO 2015, Art. 80 Rz. 7.
12) Engl.: „shall not affect the responsibilities"; frz.: „ne portent pas préjudice aux responsabilités"; ital.: „lasciano impregiudicate le responsabilità"; nl.: „laten de verantwoordelijkheden … onverlet".

## Artikel 81

### Informationspflichten

Unbeschadet der anderen den betroffenen Personen nach Artikel 11 und 12 der Verordnung (EG) Nr. 45/2001 zu erteilenden Informationen informiert die Kommission die betroffenen Personen durch Bekanntmachung im Europäischen Justizportal über ihre Rolle bei der Datenverarbeitung und die Zwecke dieser Datenverarbeitung.

#### Übersicht

I. Zweck der Norm ................................. 1 | II. Inhalt der Norm ................................ 2

### I. Zweck der Norm

1 Die Vorschrift behandelt die **Informationspflichten** der **Kommission**. Sie bestehen „unbeschadet", d. h. neben den von den Mitgliedstaaten zu erfüllenden Mitteilungspflichten und beziehen sich auf **Artt. 11 und 12 der VO (EG) 45/2001**[1]) (im Folgenden: **VO über den Datenschutz der Institutionen**); vgl. **Art. 13 und 14 DSGVO**. Danach obliegt der Kommission die Pflicht, die betreffenden Personen über **ihre Rolle** bei der Vernetzung der nationalen Insolvenzregister und ihre Möglichkeit der Zugriffsgewährung in Kenntnis zu setzen. Aus Gründen des Verständnisses sollte sie mit der Negativinformation einsetzen, im Europäischen Justizportal keine (eigenen) personenbezogenen Daten zu speichern (Art. 82). Die Information stellt die gebotene Transparenz her, damit die betroffenen Personen ihre datenschutzrechtlichen Ansprüche geltend machen können,[2]) und ist Ausfluss der Pflicht der Kommission, nur nach **Treu und Glauben** und **Transparenz** die betreffenden Daten zu verarbeiten (Art. 4 Abs. 1 lit. a VO über den Datenschutz der Institutionen).

### II. Inhalt der Norm

2 Die Informationspflicht des Art. 11 VO über den Datenschutz der Institutionen verpflichtet in dessen Absatz 1 die Kommission dafür **Sorge zu tragen**, dass die betreffende Person, **bei der die Daten erhoben** werden, mit bestimmten **Mindestinformationen** versorgt bzw. beliefert wird, wie das aus der englischen[3]) und französischen[4]) Fassung folgt. Bei der Vernetzung und der Zugangsgewährung **erhebt** die Kommission die Daten allerdings **nicht bei der betroffenen Person**, sondern aus den nationalen Insolvenzregistern, weshalb sich die relevante Informationspflicht

---

1) Verordnung (EG) Nr. 45/2001 des Europäischen Parlaments und des Rates v. 18.12.2000 zum Schutz natürlicher Personen bei der Verarbeitung personenbezogener Daten durch die Organe und Einrichtungen der Gemeinschaft und zum freien Datenverkehr – VO über den Datenschutz der Institutionen, ABl. (EU) L 8/1 v. 12.1.2001.
2) Art. 13 und ebenso Art. 14 haben zentrale Bedeutung für die Ausübung der Betroffenenrechte. Oder, wie es ErwG 60 formuliert: „Die Grundsätze einer fairen und transparenten Verarbeitung machen es erforderlich, dass die betroffene Person über die Existenz des Verarbeitungsvorgangs und seine Zwecke unterrichtet wird." Ehmann/Selmayr-*Knyrim*, DS-GVO, Art. 13 Rz. 1.
3) „The controller shall provide …".
4) „Le responsable du traitement fournit à la personne …".

aus **Art. 12** VO über den Datenschutz der Institutionen ergibt (Art. 14 DSGVO). Ihm zufolge sind die Mindestinformationen zu Beginn der Speicherung oder im Fall einer beabsichtigten Weitergabe, spätestens bei ihrer ersten Übermittlung zu erteilen (Art. 14 Abs. 3 lit. c DSGVO).[5] Der **Zeitpunkt** der Informationserteilung steht **im Ermessen** der Kommission, sie wird ihr Ermessen danach ausüben, wie die Informationspflicht den geringsten Aufwand erfordert; vermutlich mit der ersten Übermittlung.

Zu erteilen sind folgende **Informationen**:  3

- Die Identität des für die Verarbeitung Verantwortlichen (Art. 12 Abs. 1 lit. a VO über den Datenschutz der Institutionen),
- die Zwecke der Verarbeitung (Art. 12 Abs. 1 lit. b VO über den Datenschutz der Institutionen),
- die Datenkategorien die verarbeitet sind (Art. 12 Abs. 1 lit. c VO über den Datenschutz der Institutionen),
- die Empfänger der Daten (Art. 12 Abs. 1 lit. d VO über den Datenschutz der Institutionen),
- das Bestehen von Auskunfts- und Berichtigungsansprüchen (Art. 12 Abs. 1 lit. e VO über den Datenschutz der Institutionen),
- die Rechtsgrundlage der Verarbeitung (Art. 12 Abs. 1 lit. f (i) VO über den Datenschutz der Institutionen),
- die zeitliche Begrenzung der Speicherung (Art. 12 Abs. 1 lit. f (ii) VO über den Datenschutz der Institutionen),
- die Möglichkeit, sich jederzeit an den Europäischen Datenschutzbeauftragten zu wenden (Art. 12 Abs. 1 lit. f (iii) VO über den Datenschutz der Institutionen) und
- die Herkunft der Daten (Art. 12 Abs. 1 lit. f (iv) VO über den Datenschutz der Institutionen).[6]

Diese Informationspflichten stehen allerdings unter dem **Vorbehalt** des Art. 14 Abs. 5  4
lit. a bis d DSGVO.[7] Sie entfällt, wenn die betroffene Person bereits über die Information **verfügt** (lit. a), die Erteilung der Information sich als **unmöglich** oder **unverhältnismäßig** erweist (lit. b), die Offenlegung durch **Rechtsvorschriften** ausdrücklich **geregelt** ist (lit. c). Die betroffene Person, d. h. der Schuldner verfügt im Falle eines Eigenantrages über die Informationen. Unmöglichkeit wird schon dann befürwortet, wenn der Verantwortliche die betroffene Person nicht kontaktieren kann,[8] Unverhältnismäßigkeit ist schon durch die Anzahl der Eintragungen in den

---

[5] Ehmann/Selmayr-*Knyrim*, DS-GVO, Art. 14 Rz. 10; Braun-*Becker*, InsO, Art. 81 EuInsVO Rz. 5.
[6] Braun-*Becker*, InsO, Art. 81 EuInsVO Rz. 6.
[7] Damit entfällt der bisherige Vorbehalt der **spezifischen Umstände** des Art. 11 Abs. 1 DSRL; s. hierzu die 1. Aufl.
[8] Kühling/Buchner-*Bäcker*, DS-GVO/BDSG, Art. 14 DS-GVO Rz. 54.

Registern anzunehmen.[9] Die Offenlegung der Pflichtinformationen ist gemäß Art. 24 Abs. 2 unionsrechtlich angeordnet und Art. 27 Abs. 3 und 4 ermöglicht den Mitgliedstaaten Maßnahmen zum Schutz der berechtigten Interessen der betroffenen Person zu erlassen. Letzteres ist in Deutschland gemäß §§ 33 Abs. 2 Satz 1 BDSG i. V. m. § 2 InsIntBekVO geschehen, denn die dort verlangten Suchkriterien sind „geeignete Maßnahmen" zur Wahrung der berechtigten Interessen der betroffenen Person.[10] Unter Berücksichtigung des Umstands, dass die Mitgliedstaaten derselben Verpflichtung gemäß Artt. 13 und 14 DSGVO nachkommen müssen und die betroffenen Personen ihre maßgeblichen Auskunfts- und Berichtungsrechte ohnehin schon kennen, entfallen die Informationspflichten der Kommission weitgehend. Sie können sich auf Art. 12 Abs. 1 lit. a, d und lit. f (iii) VO über den Datenschutz der Institutionen in Form allgemeiner Angaben beschränken.

---

9) Ehmann/Selmayr-*Knyrim*, DS-GVO, Art. 14 Rz. 45.
10) Paal/Pauly-*Paal/Hennemann*, DS-GVO/BDSG, Art. 14 DS-GVO Rz. 42.

# Artikel 82

## Speicherung personenbezogener Daten

¹Für Informationen aus vernetzten nationalen Datenbanken gilt, dass keine personenbezogenen Daten von betroffenen Personen im Europäischen Justizportal gespeichert werden. ²Sämtliche derartige Daten werden in den von den Mitgliedstaaten oder anderen Stellen betriebenen nationalen Datenbanken gespeichert.

Literatur: Siehe Vor Artt. 78–83.

### Übersicht
I. Inhalt der Norm .................................. 1 | II. Zweck der Norm .................................. 3

## I. Inhalt der Norm

1  Art. 82 Satz 1 stellt einmal mehr klar, dass das Europäische Justizportal **keine personenbezogenen** Daten speichert.[1] Nach ErwG 76 ist es nur dazu bestimmt, den betroffenen Gläubigern in grenzüberschreitenden Insolvenzfällen **bessere Informationen** zu verschaffen, indem es über das Europäische Portal, den zentralen elektronischen Zugangspunkt, **Zugriff** auf sämtliche **nationalen Insolvenzregister** gewährt (Art. 25 Abs. 1 Satz 2). Das geschieht durch **Vernetzung**, nicht durch Speicherung. Damit ist die Kommission als Betreiber weitgehend von der **Gewähr** der **sachlichen Richtigkeit** der Daten und der **Dauer ihrer Speicherung** (vgl. dazu Art. 83) befreit (Art. 4 Abs. 1 lit. d VO (EG) 45/2001)[2]; im Folgenden: VO über den Datenschutz der Institutionen).

---

1) Allenfalls eine Zwischenspeicherung, vgl. Wimmer/Bornemann/Lienau-*Bornemann*, Die Neufassung der EuInsVO, Teil L Rz. 649.
2) Verordnung (EG) Nr. 45/2001 des Europäischen Parlaments und des Rates v. 18.12.2000 zum Schutz natürlicher Personen bei der Verarbeitung personenbezogener Daten durch die Organe und Einrichtungen der Gemeinschaft und zum freien Datenverkehr – VO über den Datenschutz der Institutionen, ABl. (EU) L 8/1 v. 12.1.2001.

Ergänzend stellt Art. 82 Satz 2 klar, dass sämtliche in den Insolvenzregistern geführten Daten von den Mitgliedstaaten oder anderen nationalstaatlichen Stellen gespeichert werden. 2

## II. Zweck der Norm

Art. 25 Abs. 1 Satz 2 klärt hinreichend die technischen Maßnahmen zur Einrichtung 3
des Europäischen Justizportals. Gemäß Art. 80 Abs. 1 übernimmt die Kommission
die Aufgaben des für die Verarbeitung Verantwortlichen. Dieser entscheidet über
die „Verarbeitung," zu der gemäß Art. 2 lit. b VO über den Datenschutz der Institutionen das Speichern und Offenlegung personenbezogener Daten gehört. Vor
diesem Hintergrund hat Art. 82 **klarstellenden Charakter** und **begrenzt** zugleich
die **Befugnisse** der Kommission, das durch diese Bestimmung nicht befugt ist, auch
nur „sicherheitshalber" Daten zu speichern.[3] Dies erfolgt ausschließlich dezentral
in den Insolvenzregistern von den Mitgliedstaaten.[4] Das legislatorische Signal ist
dabei sowohl an die betroffenen Personen, als auch die Mitgliedstaaten gerichtet.
Erstere erhalten einen **zusätzlichen Ansprechpartner** zur Durchsetzung ihrer datenschutzrechtlichen Ansprüche, wenngleich in beschränktem Umfange, zugleich bleibt
die datenschutzrechtliche Verantwortung für das Speichern der Daten unverändert
bei den Letzteren. Wie auch Art. 83 bestätigt, bleiben die **Mitgliedstaaten** weiterhin **Herren ihrer Insolvenzregister**.[5]

---

[3] Mankowski/Müller/J. Schmidt-*J. Schmidt*, EuInsVO 2015, Art. 82 Rz. 4.
[4] Mankowski/Müller/J. Schmidt-*J. Schmidt*, EuInsVO 2015, Art. 82 Rz. 5.
[5] Braun-*Becker*, InsO, Art. 82 EuInsVO Rz. 1.

# Artikel 83
## Zugang zu personenbezogenen Daten über das Europäische Justizportal

Die in den nationalen Insolvenzregistern nach Artikel 24 gespeicherten personenbezogenen Daten sind solange über das Europäische Justizportal zugänglich,
wie sie nach nationalem Recht zugänglich bleiben.

Literatur: Siehe Vor Artt. 78–83.

### Übersicht

I. Zweck der Norm .................. 1 | II. Inhalt der Norm .................. 2

## I. Zweck der Norm

Was Art. 82 zur Speicherung vorbereitet, vollendet Art. 83 hinsichtlich des **Zugangs**. Ungeachtet der missverständlichen Überschrift der Norm geht es **nicht** um 1
die **Art** des Zugangs, sondern die **Dauer** ihrer Speicherung und damit der Möglichkeit ihres **Abrufs**. In ihrer Kernaussage weist die Bestimmung die Löschungsfristen
und damit den Zugang zu den personenbezogenen Daten der Mitgliedstaaten zu,
daneben überträgt sie diese Fristen unverändert auf den Zugang über das Europäische Justizportal. Damit stellt sie einen **Gleichlauf der Fristen** her, indem die
Kommission als deren Betreiber die nationalstaatlichen datenschutzrechtlichen Ab-

wägungsgrundsätze für die Fristbestimmung übernimmt und somit die unterschiedlichen Rechtstraditionen der Mitgliedstaaten in Bezug auf den Datenschutz respektiert.[1]

## II. Inhalt der Norm

2 Dabei hat der Verordnungsgeber die **Grundsatzentscheidung** getroffen, dass der **Datenschutz nicht generell** der Information von Gläubigern und Gerichten **entgegensteht**[2] und erhebt ihn zu einem „legitimen Zweck" (Art. 5 Abs. 1 lit. b DSGVO). Die Zugangsfristen sollen durch das Europäische Justizportal nicht eingeebnet werden, sondern in ihrer Unterschiedlichkeit erhalten bleiben.

3 Auf diese Weise bleibt für deutsche Eintragungen § 3 InsIntBekV maßgeblich (siehe oben Art. 79 Rz. 11 [*Zipperer*]). Ein Abruf ist demnach in der Regel **sechs Monate** nach **Aufhebung** oder **Einstellung** des Verfahrens nicht mehr möglich.[3] Im Falle der **Nichteröffnung** beginnt die Frist mit der **Aufhebung der Sicherungsmaßnahme** (§ 3 Abs. 1 Satz 2 InsIntBekV). Sind die Daten im nationalen Insolvenzregister zu löschen, dürfen sie auch über das Europäisches Justizportal nicht mehr zugänglich sein.[4]

---

1) Wimmer/Bornemann/Lienau-*Lienau*, Die Neufassung der EuInsVO, Teil F Rz. 344 und 346.
2) Wimmer/Bornemann/Lienau-*Lienau*, Die Neufassung der EuInsVO, Teil F Rz. 345.
3) Mankowski/Müller/J. Schmidt-*J. Schmidt*, EuInsVO 2015, Art. 83 Rz. 5.
4) Braun-*Becker*, InsO, Art. 83 EuInsVO Rz. 1; *Thole* in: MünchKomm-InsO, Art. 78–83 EuInsVO 2015 Rz. 6.

## KAPITEL VII
## ÜBERGANGS- UND SCHLUSSBESTIMMUNGEN

### Artikel 84
### Zeitlicher Anwendungsbereich

(1) ¹Diese Verordnung ist nur auf solche Insolvenzverfahren anzuwenden, die ab*⁾ dem 26. Juni 2017 eröffnet worden sind. ²Für Rechtshandlungen des Schuldners vor diesem Datum gilt weiterhin das Recht, das für diese Rechtshandlungen anwendbar war, als sie vorgenommen wurden.

(2) Unbeschadet des Artikels 91 der vorliegenden Verordnung gilt die Verordnung (EG) Nr. 1346/2000 weiterhin für Verfahren, die in den Geltungsbereich jener Verordnung fallen und vor dem 26. Juni 2017 eröffnet wurden.

**Literatur:** *Virgós/Schmit*, Erster Teil: EU-Übereinkommen über Insolvenzverfahren, Kap. B – Erläuternder Bericht, in: Stoll, EU-Vorschläge und Gutachten zur Umsetzung des EU-Übereinkommens über Insolvenzverfahren im deutschen Recht, 1997, S. 32 (zit.: *Virgós/Schmit*, Erläuternder Bericht, in: Stoll, Vorschläge und Gutachten).

### Übersicht

| | |
|---|---|
| I. Zweck der Norm ................................. 1 | 2. Rechtshandlungen des Schuldners (Art. 84 Abs. 1 Satz 2) ........................ 8 |
| II. Inhalt der Norm ................................. 2 | 3. Fortgeltung der EuInsVO a. F. für laufende Verfahren (Art. 84 Abs. 2) .................................................. 10 |
| 1. Erfasste Verfahren (Art. 84 Abs. 1 Satz 1) ................................................ 2 | |

### I. Zweck der Norm

Die Norm legt den Geltungsbereich der Verordnung in **zeitlicher** Hinsicht fest und nimmt dabei insbesondere die Abgrenzung zum Geltungsbereich der Vorgängerregelungen in der EuInsVO a. F. vor, Art. 84 Abs. 2. Sie korrespondiert mit der Regelung zum Inkrafttreten und zum Geltungsbeginn in Art. 92 sowie der Regelung zum zeitlichen Geltungsbereich der EuInsVO a. F. in Art. 43 a. F.   1

### II. Inhalt der Norm

#### 1. Erfasste Verfahren (Art. 84 Abs. 1 Satz 1)

Anknüpfungspunkt für die Anwendbarkeit der Verordnung ist der **Stichtag** der Verfahrenseröffnung. Der Anwendungsbereich der Verordnung ist eröffnet, wenn dieser **ab dem 26.6.2017** liegt. Keine Rolle spielt demgegenüber, wann der Antrag auf Eröffnung des Insolvenzverfahrens gestellt wurde.[1]   2

In der zunächst veröffentlichten Fassung war in Absatz 1 noch auf Verfahren Bezug genommen, die „nach dem 26.6.2017 eröffnet worden sind". Die damit entstandene   3

---

*⁾ Berichtigung der Verordnung (EU) 2015/848 des Europäischen Parlaments und des Rates v. 20.5.2015 über Insolvenzverfahren, ABl. (EU ) L 349/6 v. 21.12.2016.
1) Mankowski/Müller/J. Schmidt-*J. Schmidt*, EuInsVO 2015, Art. 84 Rz. 5; dem steht die Bezugnahme auf das Antragsdatum in BGH, Beschl. v. 18.9.2018 – IX ZB 77/17, NZI 2018, 997, nicht entgegen, da dort gerade kein Verfahren eröffnet worden war.

# Artikel 84

Frage, welches Recht auf Verfahren anzuwenden ist, die **am 26.6.2017** eröffnet werden,[2] ist durch die erfolgte Berichtigung[3] dahingehend beantwortet, dass auch auf diese bereits die **Neufassung** anzuwenden ist.

4 **Insolvenzverfahren** ist auch für die Bestimmung des zeitlichen Anwendungsbereichs der Verordnung nach der Definition in Art. 2 Nr. 4 „ein in Anhang A aufgeführtes Verfahren".

5 Für den **Zeitpunkt der Verfahrenseröffnung** ist nach Art. 2 Nr. 8 der Zeitpunkt entscheidend, zu dem die Entscheidung zur Eröffnung des Insolvenzverfahrens wirksam wird, unabhängig davon, ob die Entscheidung endgültig ist oder nicht. Wird dagegen die Eröffnung zunächst abgelehnt und erfolgt die Eröffnung i. R. des Rechtsmittelverfahrens, so entfaltet die ablehnende Entscheidung keine Sperrwirkung und es kommt zur Anwendung der Neufassung, wenn die positive Eröffnungsentscheidung ab dem 26.6.2017 getroffen wird.[4]

6 Keine Regelung enthält die Norm zu der Frage, wie mit **mehreren (Haupt- bzw. Partikular-)Verfahren bezüglich desselben Schuldners** umzugehen ist. Dafür, vor diesem Hintergrund bei jedem Verfahren gesondert die Stichtagsregelung zu prüfen, spricht, dass Haupt- und Sekundärverfahren nach der Grundkonzeption der EuInsVO – ungeachtet aller Koordinierungsvorschriften – separate Verfahren sind, die zudem unterschiedlichen leges fori concursus unterliegen.[5] Allerdings ergeben sich dann Auslegungsschwierigkeiten insbesondere hinsichtlich der Möglichkeiten und Grenzen der Einflussnahme der Verfahren und ihrer Verwalter aufeinander, wie sie bspw. in Artt. 46, 47 geregelt sind. Überzeugender erscheint daher wegen der klareren Rechtsfolgen die Auffassung, wonach die Eröffnung eines ersten Verfahrens über das Vermögens des Schuldners eine Sperrwirkung entfaltet und die Anwendung der Neufassung insgesamt ausscheidet, wenn diese vor dem 26.6.2017 erfolgte.[6]

7 Am **Gruppen-Koordinationsverfahren** partizipieren grundsätzlich nur diejenigen Gruppenmitglieder, deren Insolvenzverfahren ab dem 26.6.2017 eröffnet wurde.[7] Damit überhaupt ein Gruppen-Koordinationsverfahren stattfinden kann, ist daher erforderlich, dass dies bei mindestens zwei Gesellschaften der Gruppe der Fall ist. Demgegenüber erscheint kein Grund ersichtlich, etwaigen weiteren Gruppenmitgliedern, bei denen das Insolvenzverfahren früher eröffnet wurde, die freiwillige

---

2) Vgl. hierzu Mankowski/Müller/J. Schmidt-*J. Schmidt*, EuInsVO 2015, Art. 84 Rz. 4.
3) Berichtigung der Verordnung (EU) 2015/848 des Europäischen Parlaments und des Rates v. 20.5.2015 über Insolvenzverfahren, ABl. (EU) L 349/6 v. 21.12.2016.
4) Vgl. zur EuInsVO a. F.: *Thole* in MünchKomm-InsO, Art. 43 EuInsVO 2000 Rz. 4, unter Verweis auf BGH, Beschl. v. 27.11.2003 – IX ZB 418/02, ZIP 2004, 94 = NZI 2004, 139, dazu EWiR 2004, 229 *(Mankowski)*; EuGH, Urt. v. 17.1.2006 – Rs. C-1/04 (Susanne Staubitz-Schreiber), ZIP 2006, 188, m. Anm. *Knof/Mock* = NZI 2006, 153, dazu EWiR 2006, 141 *(Vogl)*.
5) So Mankowski/Müller/J. Schmidt-*J. Schmidt*, EuInsVO 2015, Art. 84 Rz. 8.
6) So LG München I, Beschl. v. 5.3.2018 – 14 T 2769/18, ZIP 2018, 796 = NZI 2018, 665, m. abl. Anm. *Fuchs*, NZI 2018, 667, dazu EWiR 2018, 247 *(Bork)*; vgl. Mankowski/Müller/J. Schmidt-*J. Schmidt*, EuInsVO 2015, Art. 84 Rz. 7; vgl. zu Art. 43 EuInsVO a. F. *Virgós/Schmit*, Erläuternder Bericht, in: Stoll, Vorschläge und Gutachten, Rz. 304.
7) So Mankowski/Müller/J. Schmidt-*J. Schmidt*, EuInsVO 2015, Art. 84 Rz. 9.

Beteiligung am Koordinationsverfahren zu versagen. Stützen lässt sich dies auf eine analoge Anwendung des Opt-in nach Art. 69.[8]

**2. Rechtshandlungen des Schuldners (Art. 84 Abs. 1 Satz 2)**

In Bezug auf Rechtshandlungen vor Eröffnung des Insolvenzverfahrens gilt nach der Ausnahmeregelung in Art. 84 Abs. 1 Satz 2 das **zum Zeitpunkt der Handlung geltende Recht** auch dann, wenn das Insolvenzverfahren ab dem 26.6.2017 eröffnet wird. Auf diese Weise wird das **Vertrauen** des Rechtsverkehrs in die Rechtsbeständigkeit solcher Handlungen geschützt.

8

Bedeutung hat die Regelung insbesondere für die **Beurteilung anfechtbarer Rechtshandlungen**. Dabei soll verhindert werden, dass zunächst unanfechtbare Rechtshandlungen durch einen Wechsel des anwendbaren Rechts anfechtbar werden. Allerdings gilt das alte Recht auch dann weiterhin, wenn das neue Recht aus Sicht des Anfechtungsgegners günstiger wäre. Da jedoch die Regelungen bezüglich des anwendbaren Rechts i. R. der Neufassung der EuInsVO nicht geändert wurden, dürften die praktischen Auswirkungen der Norm gering sein.[9]

9

**3. Fortgeltung der EuInsVO a. F. für laufende Verfahren (Art. 84 Abs. 2)**

Für Verfahren, die **vor dem 26.6.2017 eröffnet** wurden und die in den Anwendungsbereich der EuInsVO a. F. fallen, gilt auch nach diesem Datum die EuInsVO a. F. Indem ausdrücklich auf den Anwendungsbereich der EuInsVO a. F. Bezug genommen wird, ist zugleich klargestellt, dass solche Verfahren, die zwar nach der Neuregelung von der Verordnung erfasst würden, nicht aber nach der EuInsVO a. F., auch zukünftig weder der einen noch der anderen Regelung unterliegen.

10

Nach Artt. 43, 47 a. F. war diese zeitlich auf Verfahren anzuwenden, die ab dem Tag des Inkrafttretens am **31.3.2002** eröffnet wurde. Für die später beigetretenen Mitgliedstaaten gilt wiederum der **Tag des Beitritts** als der Tag des Inkrafttretens. Für die zum 1.1.2004 der EU Union beigetretenen zehn Mitgliedstaaten Estland, Lettland, Litauen, Malta, Polen, Slowakei, Slowenien, Tschechische Republik, Ungarn und Zypern trat daher die Verordnung ebenfalls am 1.1.2004 in Kraft. Für die zum 1.1.2007 beigetretenen Mitgliedstaaten Bulgarien und Rumänien trat die Verordnung zum 1.1.2007 in Kraft; für Kroatien zum 1.7.2013.[10] Dabei sind nach der Rechtsprechung des EuGH[11] vom jeweiligen Zeitpunkt an in den Beitrittsstaaten auch solche Insolvenzverfahren uneingeschränkt anzuerkennen, die in einem anderen Mitgliedstaat bereits zuvor im Anwendungsbereich der EuInsVO a. F. eröffnet wurden.

11

---

8) So Mankowski/Müller/*J. Schmidt*-*J. Schmidt*, EuInsVO 2015, Art. 84 Rz. 9.
9) Vgl. Braun-*Dugué*, InsO, Art. 84 EuInsVO Rz. 11.
10) Vgl. *Thole* in MünchKomm-InsO, Art. 43 EuInsVO 2000 Rz. 2.
11) EuGH, Urt. v. 5.7.2012 – Rs. C-527/10, ZIP 2012, 1815.

## Artikel 85
### Verhältnis zu Übereinkünften

(1) Diese Verordnung ersetzt in ihrem sachlichen Anwendungsbereich hinsichtlich der Beziehungen der Mitgliedstaaten untereinander die zwischen zwei oder mehreren Mitgliedstaaten geschlossenen Übereinkünfte, insbesondere

a) das am 8. Juli 1899 in Paris unterzeichnete belgisch-französische Abkommen über die gerichtliche Zuständigkeit, die Anerkennung und die Vollstreckung von gerichtlichen Entscheidungen, Schiedssprüchen und öffentlichen Urkunden;

b) das am 16. Juli 1969 in Brüssel unterzeichnete belgisch-österreichische Abkommen über Konkurs, Ausgleich und Zahlungsaufschub (mit Zusatzprotokoll vom 13. Juni 1973);

c) das am 28. März 1925 in Brüssel unterzeichnete belgisch-niederländische Abkommen über die Zuständigkeit der Gerichte, den Konkurs sowie die Anerkennung und die Vollstreckung von gerichtlichen Entscheidungen, Schiedssprüchen und öffentlichen Urkunden;

d) den am 25. Mai 1979 in Wien unterzeichneten deutsch-österreichischen Vertrag auf dem Gebiet des Konkurs- und Vergleichs-(Ausgleichs-)rechts;

e) das am 27. Februar 1979 in Wien unterzeichnete französisch-österreichische Abkommen über die gerichtliche Zuständigkeit, die Anerkennung und die Vollstreckung von Entscheidungen auf dem Gebiet des Insolvenzrechts;

f) das am 3. Juni 1930 in Rom unterzeichnete französisch-italienische Abkommen über die Vollstreckung gerichtlicher Urteile in Zivil- und Handelssachen;

g) das am 12. Juli 1977 in Rom unterzeichnete italienisch-österreichische Abkommen über Konkurs und Ausgleich;

h) den am 30. August 1962 in Den Haag unterzeichneten deutsch-niederländischen Vertrag über die gegenseitige Anerkennung und Vollstreckung gerichtlicher Entscheidungen und anderer Schuldtitel in Zivil- und Handelssachen;

i) das am 2. Mai 1934 in Brüssel unterzeichnete britisch-belgische Abkommen zur gegenseitigen Vollstreckung gerichtlicher Entscheidungen in Zivil- und Handelssachen mit Protokoll;

j) das am 7. November 1933 in Kopenhagen zwischen Dänemark, Finnland, Norwegen, Schweden und Irland geschlossene Konkursübereinkommen;

k) das am 5. Juni 1990 in Istanbul unterzeichnete Europäische Übereinkommen über bestimmte internationale Aspekte des Konkurses;

l) das am 18. Juni 1959 in Athen unterzeichnete Abkommen zwischen der Föderativen Volksrepublik Jugoslawien und dem Königreich Griechenland über die gegenseitige Anerkennung und Vollstreckung gerichtlicher Entscheidungen;

Verhältnis zu Übereinkünften **Artikel 85**

m) das am 18. März 1960 in Belgrad unterzeichnete Abkommen zwischen der Föderativen Volksrepublik Jugoslawien und der Republik Österreich über die gegenseitige Anerkennung und die Vollstreckung von Schiedssprüchen und schiedsgerichtlichen Vergleichen in Handelssachen;

n) das am 3. Dezember 1960 in Rom unterzeichnete Abkommen zwischen der Föderativen Volksrepublik Jugoslawien und der Republik Italien über die gegenseitige justizielle Zusammenarbeit in Zivil- und Handelssachen;

o) das am 24. September 1971 in Belgrad unterzeichnete Abkommen zwischen der Sozialistischen Föderativen Republik Jugoslawien und dem Königreich Belgien über die justizielle Zusammenarbeit in Zivil- und Handelssachen;

p) das am 18. Mai 1971 in Paris unterzeichnete Abkommen zwischen den Regierungen Jugoslawiens und Frankreichs über die Anerkennung und Vollstreckung gerichtlicher Entscheidungen in Zivil- und Handelssachen;

q) das am 22. Oktober 1980 in Athen unterzeichnete Abkommen zwischen der Tschechoslowakischen Sozialistischen Republik und der Hellenischen Republik über die Rechtshilfe in Zivil- und Strafsachen, der zwischen der Tschechischen Republik und Griechenland noch in Kraft ist;

r) das am 23. April 1982 in Nikosia unterzeichnete Abkommen zwischen der Tschechoslowakischen Sozialistischen Republik und der Republik Zypern über die Rechtshilfe in Zivil- und Strafsachen, der zwischen der Tschechischen Republik und Zypern noch in Kraft ist;

s) den am 10. Mai 1984 in Paris unterzeichneten Vertrag zwischen der Regierung der Tschechoslowakischen Sozialistischen Republik und der Regierung der Französischen Republik über die Rechtshilfe und die Anerkennung und Vollstreckung gerichtlicher Entscheidungen in Zivil-, Familien- und Handelssachen, der zwischen der Tschechischen Republik und Frankreich noch in Kraft ist;

t) den am 6. Dezember 1985 in Prag unterzeichneten Vertrag zwischen der Tschechoslowakischen Sozialistischen Republik und der Republik Italien über die Rechtshilfe in Zivil- und Strafsachen, der zwischen der Tschechischen Republik und Italien noch in Kraft ist;

u) das am 11. November 1992 in Tallinn unterzeichnete Abkommen zwischen der Republik Lettland, der Republik Estland und der Republik Litauen über Rechtshilfe und Rechtsbeziehungen;

v) das am 27. November 1998 in Tallinn unterzeichnete Abkommen zwischen Estland und Polen über Rechtshilfe und Rechtsbeziehungen in Zivil-, Arbeits- und Strafsachen;

w) das am 26. Januar 1993 in Warschau unterzeichnete Abkommen zwischen der Republik Litauen und der Republik Polen über Rechtshilfe und Rechtsbeziehungen in Zivil-, Familien-, Arbeits- und Strafsachen;

x) das am 19. Oktober 1972 in Bukarest unterzeichnete Abkommen zwischen der Sozialistischen Republik Rumänien und der Hellenischen Republik über die Rechtshilfe in Zivil- und Strafsachen mit Protokoll;

# Artikel 85

y) das am 5. November 1974 in Paris unterzeichnete Abkommen zwischen der Sozialistischen Republik Rumänien und der Französischen Republik über die Rechtshilfe in Zivil- und Handelssachen;

z) das am 10. April 1976 in Athen unterzeichnete Abkommen zwischen der Volksrepublik Bulgarien und der Hellenischen Republik über die Rechtshilfe in Zivil- und Strafsachen;

aa) das am 29. April 1983 in Nikosia unterzeichnete Abkommen zwischen der Volksrepublik Bulgarien und der Republik Zypern über die Rechtshilfe in Zivil- und Strafsachen;

ab) das am 18. Januar 1989 in Sofia unterzeichnete Abkommen zwischen der Volksrepublik Bulgarien und der Regierung der Französischen Republik über die gegenseitige Rechtshilfe in Zivilsachen;

ac) den am 11. Juli 1994 in Bukarest unterzeichneten Vertrag zwischen Rumänien und der Tschechischen Republik über die Rechtshilfe in Zivilsachen;

ad) den am 15. Mai 1999 in Bukarest unterzeichneten Vertrag zwischen Rumänien und der Republik Polen über die Rechtshilfe und die Rechtsbeziehungen in Zivilsachen.

(2) Die in Absatz 1 aufgeführten Übereinkünfte behalten ihre Wirksamkeit hinsichtlich der Verfahren, die vor Inkrafttreten der Verordnung (EG) Nr. 1346/2000 eröffnet worden sind.

(3) Diese Verordnung gilt nicht

a) in einem Mitgliedstaat, soweit es in Konkurssachen mit den Verpflichtungen aus einer Übereinkunft unvereinbar ist, die dieser Mitgliedstaat mit einem oder mehreren Drittstaaten vor Inkrafttreten der Verordnung (EG) Nr. 1346/2000 geschlossen hat;

b) im Vereinigten Königreich Großbritannien und Nordirland, soweit es im Konkurssachen mit den Verpflichtungen aus Vereinbarungen, die im Rahmen des Commonwealth geschlossen wurden und die zum Zeitpunkt des Inkrafttretens der Verordnung (EG) Nr. 1346/2000 wirksam sind, unvereinbar ist.

## Übersicht

I. Zweck der Norm ............... 1
II. Inhalt der Norm ............... 2

1. Übereinkünfte zwischen den Mitgliedstaaten ............... 2
2. Übereinkünfte mit Drittstaaten ............... 3

## I. Zweck der Norm

1 Die Norm regelt das Verhältnis der EuInsVO zu internationalen Übereinkünften. Sie entspricht Art. 44 a. F.

## II. Inhalt der Norm

### 1. Übereinkünfte zwischen den Mitgliedstaaten

2 Nach dem Grundsatz des Vorrangs des Gemeinschaftsrechts verdrängt die EuInsVO in ihrem Anwendungsbereich zuvor geschlossene bilaterale und multilaterale Übereinkünfte zwischen den Anwendungsstaaten der EuInsVO. Diese werden – nicht

abschließend – in Art. 85 Abs. 1 benannt. Indem die betroffenen Übereinkünfte von der EuInsVO „ersetzt" werden, ist für den Anwendungsbereich der EuInsVO die Anwendbarkeit aller Bestimmungen aus den Übereinkünften ausgeschlossen, auch für den Fall, dass die EuInsVO eine Regelungslücke aufweist.[1)] Klargestellt wird, dass solche Übereinkünfte weiterhin auf Insolvenzverfahren anzuwenden sind, die vor Inkrafttreten der EuInsVO a. F. eröffnet wurden, Art. 85 Abs. 2. Maßgeblicher Zeitpunkt ist insoweit nach Art. 43 a. F. der 31.5.2002.

## 2. Übereinkünfte mit Drittstaaten

In Anerkennung von Übereinkünften mit Drittstaaten sowie innerhalb des Commenwealth hält Art. 85 Abs. 3 fest, dass die EuInsVO nicht zur Anwendung kommt, wenn dies unvereinbar mit bereits vor Inkrafttreten der EuInsVO a. F. eingegangenen Verpflichtungen eines Mitgliedstaats ist.

3

---

1) Braun-*Dugué*, InsO, Art. 85 EuInsVO Rz. 9; ebenso zu Art. 44 EuInsVO a. F. *Reinhart* in: MünchKomm-InsO, Art. 44 EuInsVO 2000 Rz. 2.

# Artikel 86
## Informationen zum Insolvenzrecht der Mitgliedstaaten und der Union

(1) Die Mitgliedstaaten übermitteln im Rahmen des durch die Entscheidung 2001/470/EG des Rates[*)] geschaffenen Europäischen Justiziellen Netzes für Zivil- und Handelssachen eine kurze Beschreibung ihres nationalen Rechts und ihrer Verfahren zum Insolvenzrecht, insbesondere zu den in Artikel 7 Absatz 2 aufgeführten Aspekten, damit die betreffenden Informationen der Öffentlichkeit zur Verfügung gestellt werden können.

(2) Die in Absatz 1 genannten Informationen werden von den Mitgliedstaaten regelmäßig aktualisiert.

(3) Die Kommission macht Informationen bezüglich dieser Verordnung öffentlich verfügbar.

### Übersicht

I. Zweck der Norm .................... 1
II. Inhalt der Norm ..................... 2
1. Bereitstellung und Aktualisierung durch die Mitgliedstaaten (Art. 86 Abs. 1 und 2) ........................... 2
2. Öffentliche Verfügbarmachung durch die Kommission (Art. 86 Abs. 3) ................................... 4

## I. Zweck der Norm

Um insbesondere ausländischen Gläubigern eine Teilnahme am Verfahren zu erleichtern, sieht die Neufassung der EuInsVO nicht nur die Veröffentlichung von Informationen zu den konkreten laufenden Insolvenzverfahren vor (vgl. Art. 24 mit ErwG 75 ff.), sondern auch eine allgemeine Information durch die Mitglied-

1

---

*) Entscheidung 2001/470/EG des Rates vom 28.5.2001 über die Einrichtung eines Europäischen Justiziellen Netzes für Zivil- und Handelssachen, ABl. (EU) L 174/25 v. 27.6.2001.

staaten in Form einer Beschreibung des nationalen Rechts und der Verfahren zum Insolvenzrecht. Diese Informationen sind regelmäßig zu aktualisieren, Art. 86 Abs. 2, und von der Kommission öffentlich verfügbar zu machen, Art. 86 Abs. 3.

### II. Inhalt der Norm

#### 1. Bereitstellung und Aktualisierung durch die Mitgliedstaaten (Art. 86 Abs. 1 und 2)

2   Die Informationen zum nationalen Recht und den Verfahren zum Insolvenzrecht sind von den Mitgliedstaaten zur Verfügung zu stellen (Abs. 1) und auch zu aktualisieren (Abs. 2).

3   Gemäß **Art. 92 Satz 2** gilt diese Verpflichtung bereits seit dem **26.6.2016** (siehe Art. 92 Rz. 4 [*Vallender*]). Allerdings ist festzustellen, dass auch drei Jahre nach diesem Termin nicht von allen Mitgliedstaaten Informationen vorliegen. Vor diesem Hintergrund werden die vorhanden Informationen auch zukünftig hinsichtlich ihrer Aktualität mit einer gewissen Vorsicht beurteilt werden müssen.

#### 2. Öffentliche Verfügbarmachung durch die Kommission (Art. 86 Abs. 3)

4   Eingestellt werden die von den Mitgliedstaaten zur Verfügung gestellten Informationen in die Website „**Europäisches Justizportal**" (https://e-justice.europa.eu), dort unter „Arbeitshilfen für Gerichte und Juristen" unter dem Stichwort „Insolvenz". Diese Website wird von der EU-Kommission verwaltet. Die Website steht generell **in allen Amtssprachen der EU** zur Verfügung, was im Ergebnis auch für die bereitgestellten Informationen gelten soll. In der Anfangsphase stehen allerdings nicht alle Sprachfassungen zur Verfügung, da die von den Mitgliedstaaten eingereichten Informationen zunächst übersetzt werden müssen.

# Artikel 87
## Einrichtung der Vernetzung der Register

¹Die Kommission erlässt Durchführungsrechtsakte zur Einrichtung der Vernetzung der Insolvenzregister gemäß Artikel 25. ²Diese Durchführungsrechtsakte werden gemäß dem in Artikel 89 Absatz 3 genannten Prüfverfahren erlassen.

### Übersicht
I. Zweck der Norm ................ 1 | II. Inhalt der Norm ................ 2

### I. Zweck der Norm

1   Die Norm ergänzt die Regelung zur Vernetzung der Insolvenzregister in Art. 25 durch eine **Zuständigkeits- und Verfahrensregelung** hinsichtlich der notwendigen Umsetzungsakte.

### II. Inhalt der Norm

2   Zuständig für den Erlass von Durchführungsrechtsakten zur Vernetzung der Insolvenzregister ist danach die **EU-Kommission**. Diese Kompetenzzuweisung bezweckt

die Gewährleistung einheitlicher Bedingungen für die Durchführung der Verordnung (vgl. ErwG 82).

Das vorgesehene **Prüfverfahren** gemäß Art. 89 Abs. 3 ist in Art. 5 der VO (EU) Nr. 182/2011 geregelt (siehe den Normtext in Art. 89 Rz. 7 [*Vallender*]). 3

## Artikel 88
### Erstellung und spätere Änderung von Standardformularen

**¹Die Kommission erlässt Durchführungsrechtsakte zur Erstellung und soweit erforderlich Änderung der in Artikel 27 Absatz 4, Artikel 54, Artikel 55 und Artikel 64 Absatz 2 genannten Formulare. ²Diese Durchführungsrechtsakte werden gemäß dem in Artikel 89 Absatz 2 genannten Beratungsverfahren erlassen.**

### Übersicht
I. Einführung ............................. 1 | II. Zweck und Inhalt der Norm ............. 5

### I. Einführung

Einheitliche Standardformulare für alle Mitgliedstaaten i. S. der EuInsVO tragen dazu bei, die Rechtsdurchsetzung in grenzüberschreitenden Insolvenzverfahren zu verbessern. Die reformierte Verordnung sieht in einigen Bestimmungen die Verwendung solcher Standardformulare vor. So normiert Art. 27 die Voraussetzungen für den Zugang zur Informationen über das System der Vernetzung. Art. 27 Abs. 4 Unterabs. 1 Satz 3 räumt der anfragenden Person die Möglichkeit ein, ihre Auskunftsanfrage in elektronischer Form anhand eines Standardformulars über das Europäische Justizportal zu übermitteln.[1] 1

Die Unterrichtung aller bekannten ausländischen Gläubiger von der Eröffnung des Insolvenzverfahrens erfolgt gemäß Art. 54 Abs. 2 Satz 1 durch individuelle Übersendung eines Vermerks. Hierfür ist gem. Art. 54 Abs. 3 Satz 1 grundsätzlich zwingend das Standardmitteilungsformular zu verwenden.[2] Dieses Formular wird im Europäischen Justizportal veröffentlicht (Art. 54 Abs. 3 Satz 2 Halbs. 2). 2

---

1) Aufgrund der Durchführungsverordnung (EU) 2017/1105 der Kommission v. 12.6.2017 zur Festlegung der in der Verordnung (EU) 2015/848 des Europäischen Parlaments und des Rates über Insolvenzverfahren genannten Formulare, ABl. (EU) L 160/1 v. 22.6.2017, wurde gemäß Art. 1 Nr. 4, das in Art. 27 Abs. 4 Unterabs. 1 EuInsVO genannte Standardformular, mithilfe dessen individuelle Auskunftsanfragen in elektronischer Form über das Europäische Justizportal zu übermitteln sind, in Anhang IV der vorgenannten Verordnung festgelegt.
2) Aufgrund der Durchführungsverordnung (EU) 2017/1105 der Kommission v. 12.6.2017 zur Festlegung der in der Verordnung (EU) 2015/848 des Europäischen Parlaments und des Rates über Insolvenzverfahren genannten Formulare, ABl. (EU) L 160/1 v. 22.6.2017, wurde gemäß Art. 1 Nr. 1, das in Art. 54 Abs. 3 EuInsVO genannte Standardformular, mithilfe dessen die bekannten ausländischen Gläubiger von der Eröffnung eines Insolvenzverfahrens zu unterrichten sind, in Anhang I der vorgenannten Verordnung festgelegt.

**3** Art. 55 Abs. 1 Satz 1 eröffnet Gläubigern die Möglichkeit, ihre Forderungen mithilfe des Standardformulars anzumelden.[3] Dessen Verwendung ist nicht zwingend vorgeschrieben, wie sich aus dem Wortlaut der Vorschrift („können") und der Regelung in Absatz 4 ergibt.

**4** In dem durch die reformierte EuInsVO neu eingeführten Gruppen-Koordinationsverfahren kann der Verwalter eines Gruppenmitglieds Einwände gegen die Einbeziehung in dieses Koordinationsverfahren erheben. Hierfür steht dem Verwalter das im Einklang mit Art. 88 erstellte Standardformular zur Verfügung (Art. 64 Abs. 2 Unterabs. 2). Dessen Verwendung ist nach dem Wortlaut der Vorschrift („kann") nicht zwingend vorgeschrieben.

## II. Zweck und Inhalt der Norm

**5** Art. 88 nimmt auf sämtliche vorgenannten Bestimmungen Bezug und überantwortet der Kommission i. R. des **Komitologie-Verfahrens** (siehe dazu Art. 89 Rz. 1 [*Vallender*]) insoweit die Befugnis, **Durchführungsrechtsakte** zur Erstellung und Festlegung des genauen Inhalts und, soweit erforderlich, Änderung dieser Standardformulare zu erlassen. Der Erlass der Durchführungsakte erfolgt nach Maßgabe des **Art. 89 Abs. 2**. Das dafür vorgesehene **Beratungsverfahren** ist in Art. 4 der VO (EU) Nr. 182/2011 geregelt. Hintergrund dieser Regelung ist, dass die EuInsVO selbst nicht mit technischen Details überfrachtet werden sollte und das vorgesehene Komitologie-Verfahren eine sachnahe Regelung ermöglicht.[4] Auch wenn die Kommission nicht an das Votum des Beratungsausschusses gebunden ist, hat sie, soweit wie möglich, das Ergebnis der Beratungen im Ausschuss und die abgegebene Stellungnahme zu berücksichtigen (Art. 4 Abs. 2 der VO (EU) Nr. 182/2011).

---

3) Aufgrund der Durchführungsverordnung (EU) 2017/1105 der Kommission v. 12.6.2017 zur Festlegung der in der Verordnung (EU) 2015/848 des Europäischen Parlaments und des Rates über Insolvenzverfahren genannten Formulare, ABl. (EU) L 160/1 v. 22.6.2017, wurde gemäß Art. 1 Nr. 2, das in Art. 55 Abs. 1 EuInsVO genannte Standardformular, mithilfe dessen ausländische Gläubiger Forderungen anmelden können, in Anhang II der vorgenannten Verordnung festgelegt.
4) Mankowski/Müller/J. Schmidt-*Mankowski*, EuInsVO 2015, Art. 88 Rz. 2.

# Artikel 89

## Ausschussverfahren

**(1) Die Kommission wird von einem Ausschuss unterstützt. Dieser Ausschuss ist ein Ausschuss im Sinne der Verordnung (EU) Nr. 182/2011.**

**(2) Wird auf diesen Absatz Bezug genommen, so gilt Artikel 4 der Verordnung (EU) Nr. 182/2011.**

**(3) Wird auf diesen Absatz Bezug genommen, so gilt Artikel 5 der Verordnung (EU) Nr. 182/2011.**

**Literatur:** *Achleitner/Soetopo*, Der neue Rechtsrahmen für die Komitologie nach dem Vertrag von Lissabon, Wirtschaftskammer Österreich, Stand: 10/2019, abrufbar unter https://news.wko.at/news/oesterreich/EU_Top_Thema__Komitologie.html (Abrufdatum:

12.12.2019); *Hardacre/Kaeding*, Delegierte Rechtsakte und Durchführungsakte – Die neue Komitologie, Version 3, v. 9/2011; *Möller/v. Achenbach*, Die Mitwirkung des Europäischen Parlaments an der abgeleiteten Rechtsetzung der Europäischen Kommission nach dem Lissabonner Vertrag, EuR 2011, 43.

### Übersicht

I. Komitologie-Verfahren .......... 1
II. Art. 291 AEUV (Übertragung von Durchführungsbefugnissen) ....... 2
III. Komitologie-Verordnung (EU) Nr. 182/2011 vom 16.2.2011 ........... 3

## I. Komitologie-Verfahren

Vor der Reform des Primärrechts durch den Vertrag von Lissabon übte die Kommission die ihr in Basisrechtsakten übertragenen Rechtsetzungsbefugnisse in den sog. **Komitologie-Verfahren** aus.[1] Das System der Komitologie (von frz. „comité" = Ausschuss) wurde vielfach als zu kompliziert, als intransparent und demokratisch defizitär kritisiert.[2] Im Jahr 2006 führte eine Reform der Komitologie für bestimmte Bereiche der abgeleiteten Rechtsetzung **Kontrollrechte des Europäischen Parlaments** ein. Nunmehr gilt für die **Ausübung abgeleiteter Rechtsetzungsbefugnisse durch die Kommission** ein neues System. In diesem kommen Komitologie-Verfahren nur noch eingeschränkt zur Anwendung (siehe Rz. 2, 5).

## II. Art. 291 AEUV (Übertragung von Durchführungsbefugnissen)

Nach **Art. 291 Abs. 1 AEUV** ergreifen die Mitgliedstaaten alle zur Durchführung der verbindlichen Rechtsakte der EU erforderlichen Maßnahmen nach innerstaatlichem Recht. Bedarf es einheitlicher Bedingungen für die Durchführung der verbindlichen Rechtsakte der EU, so werden mit diesen Rechtsakten der Kommission oder, in entsprechend begründeten Sonderfällen und in den in den Artt. 24 und 26 EGV vorgesehenen Fällen, dem Rat Durchführungsbefugnisse übertragen (Art. 291 Abs. 2 AEUV). Zur Gewährleistung **einheitlicher Bedingungen für die Durchführung der Verordnung** (EU) 2015/848 sieht Art. 89 vor, dass der Kommission **Durchführungsbefugnisse** übertragen werden sollen (ErwG 82). Diese Befugnisse sollen im Einklang mit der Verordnung (EU) Nr. 182/2011 des Europäischen Parlaments und des Rates ausgeübt werden.[3]

## III. Komitologie-Verordnung (EU) Nr. 182/2011 vom 16.2.2011

Bis zum 16.2.2011 wurde die **Ausübung der Durchführungsbefugnisse** durch die Kommission aufgrund des Beschlusses 1999/468/EG des Rates geregelt. Nach dem

---

1) Beschluss des Rates 1999/468/EG v. 28.6.1999 in der Fassung des Beschlusses des Rates 2006/512/EG v. 17.7.2006.
2) Bergmann-*v. Achenbach*, Handlexikon der EU, Komitologie.
3) Am 16.2.2011 wurde die Komitologie-Verordnung erlassen, die am 1.3.2011 in Kraft trat (VO (EU) Nr. 182/2011 des Eourpäischen Parlaments und des Rates v. 16.2.2011 zur Festlegung der allgemeinen Regeln und Grundsätze, nach denen die Mitgliedstaaten die Wahrnehmung der Durchführungsbefugnisse durch die Kommission kontrollieren, ABl. (EU) L 55/13 v. 28.2.2011). Sie löste den bisherigen Komitologie-Beschluss 1999/468 (Beschluss des Rates v. 28.6.1999 zur Festlegung der Modalitäten für die Ausübung der der Kommission übertragenen Durchführungsbefugnisse (1999/468/EG), ABl. (EG) L 184 v. 17.7.1999) ab, vgl. zum Ganzen Streinz-*Gellermann*, EUV/AEUV, Art. 291 AEUV Rz. 15 ff.

**Artikel 89** Ausschussverfahren

Vertrag über die Arbeitsweise der Union (AEUV) sind seit diesem Zeitpunkt das Europäische Parlament und der Rat gehalten, allgemeine Regeln und Grundsätze festzulegen, nach denen die Mitgliedstaaten die Wahrnehmung der Durchführungsbefugnisse durch die Kommission kontrollieren.

4 Bei der in Art. 89 Abs. 1 Satz 2 erwähnten Verordnung EU Nr. 182/2011 handelt es sich um die Verordnung vom 16.2.2011 zur Festlegung der allgemeinen Regeln und Grundsätze, nach denen die Mitgliedstaaten die Wahrnehmung der Durchführungsbefugnisse durch die Kommission kontrollieren (EU-Komitologie-VO). Diese legt die allgemeinen Regeln und Grundsätze fest, die anzuwenden sind, wenn ein verbindlicher Rechtsakt der EU – Basisrechtsakt – die Notwendigkeit einheitlicher Durchführungsbedingungen feststellt und vorschreibt, dass Durchführungsrechtsakte von der Kommission unter der Kontrolle der Mitgliedstaaten erlassen werden (Art. 1 AEUV).[4] Nach Art. 3 Abs. 2 der EU-Komitologie-VO setzt sich der Ausschuss aus Vertretern der Mitgliedstaaten zusammen und steht unter dem Vorsitz eines nicht stimmberechtigten Kommissionsvertreters.

5 Die Verordnung (EU) Nr. 182/2011 lehnt sich an die Verfahrensstruktur des Komitologie-Beschlusses 1999/468 an. Das auf der Grundlage des ehemaligen Art. 202 EGV entwickelte Ausschusswesen, dessen prägendes Element in der Unterstützung und Kontrolle der Durchführung des EU-Rechts durch aus Vertretern der Mitgliedstaaten gebildete Ausschüsse besteht, wird beibehalten, gleichwohl in grundlegender Hinsicht vereinfacht. Während der Komitologie-Beschluss mit dem Beratungs-, Verwaltungs-, Regelungs- und dem Verfahren bei Schutzmaßnahmen sowie mit dem erst mit dem Beschluss 2006/512 eingeführten Regelungsverfahren mit Kontrolle fünf verschiedene Verfahrensarten vorsah,[5] beschränkt sich die Komitologie-Verordnung im Interesse der Vereinfachung auf ein **Beratungs- und ein Prüfverfahren** (vgl. Artt. 4, 5 VO (EU) Nr. 182/2011). Welches dieser Verfahren anzuwenden ist, wird im Basisrechtsakt unter Berücksichtigung der Art sowie der Auswirkungen des erforderlichen Durchführungsrechtsakts festgelegt.[6]

6 Die im **Ausschussverfahren erlassenen Durchführungsrechtsakte** unterliegen der gerichtlichen Kontrolle.[7] Die Kommission ist dazu berufen, die erforderlichen und zweckmäßigen Durchführungsregeln zu erlassen, hat dabei aber die in dem jeweiligen Basisrechtsakt festgelegten Verfahrensvorschriften zu beachten.[8]

---

4) Vgl. Streinz-*Gellermann*, EUV/AEUV, Art. 291 AEUV Rz. 15 ff.; eingehend zum Inhalt der Verordnung *Achleitner/Soetopo*, Der neue Rechtsrahmen für die Komitologie, S. 11 ff.; *Hardacre/Kaeding*, Delegierte Rechtsakte und Durchführungsakte – Die neue Komitologie, S. 16 ff.; zum Vorschlag der Kommission *Möller/v. Achenbach*, EuR 2011, 43.
5) Vgl. Streinz-*Gellermann*, EUV/AEUV, Art. 291 AEUV Rz. 15 ff., 18; Überblick bei Calliess/Ruffert-*Ruffert*, EUV/AUEV, Art. 291 AEUV Rz. 14 ff.; Streinz, Europarecht, Rz. 526 ff.
6) Vgl. Streinz- *Gellermann*, EUV/AEUV, Art. 291 AEUV Rz. 15 ff., 18.
7) Vgl. Streinz-*Gellermann*, EUV/AEUV, Art. 291 AEUV Rz. 15 ff., 23; Schwarze/Becker/Hatje/Schoo-*Hix*, EU-Kommentar, Art. 202 EGV Rz. 19.
8) EuGH, Urt. v. 25.1.1994 – Rs. C-212/91 (Angelopharm), Rz. 38, Slg. 1994, I-171; vgl. Streinz-*Gellermann*, EUV/AEUV, Art. 291 AEUV Rz. 15 ff., 23.

Die in Art. 89 Abs. 2 und 3 erwähnten Artt. 4 und 5 der VO (EU) Nr. 182/2011 lauten wie folgt:

„*Artikel 4*

**Beratungsverfahren**

(1) Findet das Beratungsverfahren Anwendung, so gibt der Ausschuss – erforderlichenfalls auf der Grundlage einer Abstimmung – seine Stellungnahme ab. Im Falle einer Abstimmung gibt der Ausschuss seine Stellungnahme mit der einfachen Mehrheit seiner Mitglieder ab.

(2) Die Kommission beschließt über den zu erlassenden Entwurf des Durchführungsrechtsakts; wobei sie soweit wie möglich das Ergebnis der Beratungen im Ausschuss und die abgegebene Stellungnahme berücksichtigt.

*Artikel 5*

**Prüfverfahren**

(1) Findet das Prüfverfahren Anwendung, so gibt der Ausschuss seine Stellungnahme mit der Mehrheit nach Artikel 16 Absätze 4 und 5 des Vertrags über die Europäische Union und gegebenenfalls nach Artikel 238 Absatz 3 AEUV bei Rechtsakten, die auf Vorschlag der Kommission zu erlassen sind, ab. Die Stimmen der Vertreter der Mitgliedstaaten im Ausschuss werden gemäß den vorgenannten Artikeln gewichtet.

(2) Gibt der Ausschuss eine befürwortende Stellungnahme ab, so erlässt die Kommission den im Entwurf vorgesehenen Durchführungsrechtsakt.

(3) Unbeschadet des Artikels 7 erlässt die Kommission den im Entwurf vorgesehenen Durchführungsrechtsakt nicht, wenn der Ausschuss eine ablehnende Stellungnahme abgibt. Wird ein Durchführungsrechtsakt für erforderlich erachtet, so kann der Vorsitz entweder demselben Ausschuss innerhalb von zwei Monaten nach Abgabe der ablehnenden Stellungnahme eine geänderte Fassung des Entwurfs des Durchführungsrechtsakts unterbreiten oder den Entwurf des Durchführungsrechtsakts innerhalb eines Monats nach Abgabe der ablehnenden Stellungnahme dem Berufungsausschuss zur weiteren Beratung vorlegen.

(4) Wird keine Stellungnahme abgegeben, so kann die Kommission außer in den in Unterabsatz 2 vorgesehenen Fällen den im Entwurf vorgesehenen Durchführungsrechtsakt erlassen. Erlässt die Kommission den im Entwurf vorgesehenen Durchführungsrechtsakt nicht, so kann der Vorsitz dem Ausschuss eine geänderte Fassung des Entwurfs des Durchführungsrechtsakts unterbreiten.

Unbeschadet des Artikels 7 erlässt die Kommission den im Entwurf vorgesehenen Durchführungsrechtsakt nicht,

a) wenn dieser Rechtsakt die Besteuerung, Finanzdienstleistungen, den Schutz der Gesundheit oder der Sicherheit von Menschen, Tieren oder Pflanzen oder endgültige multilaterale Schutzmaßnahmen betrifft

b) wenn im Basisrechtsakt vorgesehen ist, dass der im Entwurf vorgesehene Durchführungsrechtsakt ohne Stellungnahme nicht erlassen werden darf, oder

c) wenn die Mitglieder des Ausschusses ihn mit einfacher Mehrheit ablehnen.

In allen in Unterabsatz 2 genannten Fällen kann der Vorsitz, wenn ein Durchführungsrechtsakt für erforderlich erachtet wird, entweder dem selben Ausschuss innerhalb von zwei Monaten nach der Abstimmung eine geänderte Fassung des Entwurfs des Durchführungsrechtsakts unterbreiten oder den Entwurf des Durchführungsrechtsakts innerhalb eines Monats nach der Abstimmung dem Berufungsausschuss zur weiteren Beratung vorlegen.

(5) Abweichend von Absatz 4 gilt das folgende Verfahren für die Annahme von Entwürfen für endgültige Antidumping- oder Ausgleichsmaßnahmen, wenn keine Stellungnahme im Ausschuss abgegeben wird und die Mitglieder des Ausschusses den Entwurf des Durchführungsrechtsakts mit einfacher Mehrheit ablehnen.

Die Kommission führt Konsultationen mit den Mitgliedstaaten durch. Frühestens 14 Tage und spätestens einen Monat nach der Sitzung des Ausschusses unterrichtet die Kommission die Ausschussmitglieder über die Ergebnisse dieser Konsultationen und legt dem Berufungsausschuss den Entwurf eines Durchführungsrechtsakts vor. Abweichend von Artikel 3 Absatz 7 tritt der Berufungsausschuss frühestens 14 Tage und spätestens einen Monat nach der Vorlage des Entwurfs des Durchführungsrechtsakts zusammen. Der Berufungsausschuss gibt seine Stellungnahme gemäß Artikel 6 ab. Die in diesem Absatz festgelegten Fristen lassen die Notwendigkeit, die Einhaltung der in dem betreffenden Basisrechtsakt festgelegten Fristen zu wahren, unberührt."

# Artikel 90
## Überprüfungsklausel

(1) ¹Die Kommission legt dem Europäischen Parlament, dem Rat und dem Europäischen Wirtschafts- und Sozialausschuss spätestens bis zum 27. Juni 2027 und danach alle fünf Jahre einen Bericht über die Anwendung dieser Verordnung vor. ²Der Bericht enthält gegebenenfalls einen Vorschlag zur Anpassung dieser Verordnung.

(2) ¹Die Kommission legt dem Europäischen Parlament, dem Rat und dem Europäischen Wirtschafts- und Sozialausschuss spätestens bis zum 27. Juni 2022 einen Bericht über die Anwendung des Gruppen-Koordinationsverfahrens vor. ²Der Bericht enthält gegebenenfalls einen Vorschlag zur Anpassung dieser Verordnung.

(3) Die Kommission übermittelt dem Europäischen Parlament, dem Rat und dem Europäischen Wirtschafts- und Sozialausschuss spätestens bis zum 1. Januar 2016 eine Studie zu den grenzüberschreitenden Aspekten der Haftung von Geschäftsleitern und ihres Ausschlusses von einer Tätigkeit.

(4) Die Kommission übermittelt dem Europäischen Parlament, dem Rat und dem Europäischen Wirtschafts- und Sozialausschuss spätestens bis zum 27. Juni 2020 eine Studie zur Frage der Wahl des Gerichtsstands in missbräuchlicher Absicht.

**Literatur:** *Brinkmann*, Von COMI, forum shopping und Insolvenztourismus – Ein kurzer Rundgang durch das internationale Insolvenzrecht, BRJ 2013, 5; *Frind/Pannen*, Einschränkung der Manipulation der insolvenzrechtlichen Zuständigkeiten durch Sperrfristen – ein Ende des Forum Shopping in Sicht?, ZIP 2016, 398; *Schmidt, J.*, Das Prinzip „eine Person, ein Vermögen, eine Insolvenz" und seine Durchbrechungen vor dem Hintergrund der aktuellen Reformen im europäischen und deutschen Recht, KTS 2015, 19; *Vallender*, Instrumente zur Verhinderung von rechtsmissbräuchlichem Forum Shopping natürlicher Personen, in: Festschrift für Marie Luise Graf-Schlicker, 2018, S. 407.

## Übersicht

| | |
|---|---|
| I. Überprüfungsklausel (Art. 90 Abs. 1) .................................................. 1 | 1. Gruppenkoordinationsverfahren (Art. 90 Abs. 2) ................................ 3 |
| II. Spezifische Überprüfungsklauseln ........................................................ 3 | |

2. Grenzüberschreitende Aspekte der Haftung und Disqualifikation von Geschäftsleitern (Art. 90 Abs. 3) ......... 4

3. Forum Shopping aufgrund missbräuchlicher, künstlicher Verlegung des Interessenmittelpunkts (Art. 90 Abs. 4) ......... 8

## I. Überprüfungsklausel (Art. 90 Abs. 1)

Wie bereits Art. 46 a. F. enthält auch Art. 90 eine **Überprüfungsklausel**,[1] die als empirische Grundlage für eine dynamische Entwicklung der EuInsVO anzusehen ist. Solche Überprüfungs- bzw. Revisionsklauseln sind seit der **Better-Regulation-**Initiative im Jahre 2002[2] in EU-Rechtsakten üblich.[3] Art. 90 Abs. 1 sieht vor, dass die Europäische Kommission dem **Europäischen Parlament**, dem **Rat** und dem **Europäischen Wirtschafts- und Sozialausschuss**, einem beratenden Organ der EU, das den zentralen EU-Organen mit seinem Sachverstand zur Seite steht und zu diesem Zweck Stellungnahmen zu EU-Legislativvorschlägen erarbeitet, **spätestens** bis zum 27.6.2027 und danach **alle fünf Jahre** einen Bericht über die Anwendung dieser Verordnung vorzulegen hat. Dieser Bericht dient der **Evaluierung der Anwendung der EuInsVO** und kann ggf. Vorschläge zu deren Änderung enthalten. Letztlich dient er der ständigen Anpassung der Gesetzeslage an die sog. Best-Practices im Insolvenzrecht. 1

Der auf der Grundlage von Art. 46 a. F. erstellte Einschätzungsbericht der Kommission vom 12.12.2012[4] war mit einer Verspätung von ca. sieben Monaten unterbreitet worden. Ob der Verordnungsgeber mit der Formulierung „spätestens" künftig jedwede Verzögerung bei der Evaluierung der EuInsVO auszuschließen versucht, erscheint vor dem Hintergrund der verzögerten Abgabe der Kommissionsempfehlungen nicht ausgeschlossen. Das Europaparlament, das gemäß Art. 14 Abs. 1 Satz 2 AEUV auch Aufgaben der politischen Kontrolle zu erfüllen hat, ist für die Prüfung der ordnungsgemäßen und effizienten Umsetzung der vorgenannten Regelung zuständig. Ein wichtiges Kontrollinstrument ist dabei die Anfrage an die Kommission, die schriftlich oder mündlich in einer gewissen Frist zu beantworten ist. Eine solche Anfrage wäre bei einer erheblichen Verzögerung der Abgabe des Berichts eine zulässige Aufsichtsmaßnahme. 2

## II. Spezifische Überprüfungsklauseln
## 1. Gruppenkoordinationsverfahren (Art. 90 Abs. 2)

Art. 90 Abs. 2 verpflichtet die Kommission darüber hinaus, dem Europäischen Parlament, dem Rat und dem Europäischen Wirtschafts- und Sozialausschuss spätestens 3

---

1) Eine Art. 90 vergleichbare Regelung findet sich in der Beschlussempfehlung und Bericht d. RA z. RegE ESUG, BT-Drucks. 17/7511, S. 5. Danach hatte die Bundesregierung die Erfahrungen mit der Anwendung des ESUG nach Ablauf von fünf Jahren nach Inkrafttreten des Gesetzes zu evaluieren und dem Deutschen Bundestag auf dieser Grundlage unverzüglich Bericht zu erstatten.
2) Mitteilung der Kommission – Aktionsplan „Vereinfachung und Verbesserung des Regelungsumfelds", v. 5.6.2008, COM(2002) 278 final, S. 8, abrufbar unter https://eur-lex.europa.eu/LexUriServ/LexUriServ.do?uri=COM:2002:0278:FIN:DE:PDF (Abrufdatum: 12.12.2019).
3) S. z. B. Art. 79 EuGVVO.
4) S. Vorschlag für eine Verordnung des Europäischen Parlaments und des Rates zur Änderung der Verordnung (EG) Nr. 1346/2000 des Rates über Insolvenzverfahren, v. 12.12.2012, COM(2012) 744 final, abrufbar unter http://www.europarl.europa.eu/meetdocs/2009_2014/documents/com/com_com(2012)0744_/com_com(2012)0744_de.pdf (Abrufdatum: 12.12.2019).

bis zum 27.6.2022 einen **Bericht** über die Anwendung des **Gruppen-Koordinationsverfahrens** vorzulegen. Auch insoweit hat der Bericht ggf. einen Vorschlag zur Anpassung dieser Verordnung zu enthalten. Die relativ kurze **Berichtsfrist von fünf Jahren** dürfte damit zu erklären sein, dass es sich bei dem Gruppen-Koordinationsverfahren um ein **völlig neues Verfahren** zur Bewältigung der Insolvenz multinationaler Unternehmensgruppen im Anwendungsbereich der EuInsVO handelt.[5] Mit den Regelungen in Kapitel V betritt der Verordnungsgeber juristisches Neuland. Deshalb ist es sachgerecht, dass er möglichst zeitnah darüber unterrichtet werden will, ob sich die Regelungen der Artt. 56–77 in der Praxis bewähren oder Änderungsbedarf besteht. Dies gilt um so mehr, als zahlreiche Mitgliedstaaten der EU über ein solches Verfahren nicht verfügen und nationale Erfahrungswerte kaum vorliegen.[6]

### 2. Grenzüberschreitende Aspekte der Haftung und Disqualifikation von Geschäftsleitern (Art. 90 Abs. 3)

4 Ferner hatte die Kommission dem Europäischen Parlament, dem Rat und dem Europäischen Wirtschafts- und Sozialausschuss **spätestens bis zum 1.1.2016** eine **Studie** zu den grenzüberschreitenden Aspekten der Haftung von Geschäftsleitern und ihres Ausschlusses von einer Tätigkeit zu übermitteln. Während Absatz 1 und 2 der Vorschrift den Begriff „Bericht" verwenden, ist in Absatz 3 und 4 von „Studie" die Rede. *Paulus*[7] unterstellt mit Recht, dass die Unterscheidung bewusst gewählt ist. Der Begriff „Studie" deute darauf hin, dass diese einer intensiveren Erforschung bedürfe, so dass mit ihrer Abfassung in erster Linie Forschungsaufträge vergeben würden, während der Begriff „Bericht" vornehmlich narrativ aufgebaut sei.

5 Die Verpflichtung zur Vorlage einer solchen Studie ist vor dem Hintergrund der bereits vor einigen Jahren auf europäischer Ebene eingeleiteten **Harmonisierungsbestrebungen** der Kommission zu sehen.[8] So hat die Kommission im September 2015 festgestellt, dass die Mitgliedstaaten ihre Empfehlung vom 12.3.2014[9] nur unzureichend umgesetzt haben und daher keine substanzielle Harmonisierung erreicht wurde. Noch am selben Tag kündigte sie einen Legislativakt im Bereich des Insolvenzrechts i. R. der Initiativen zur Erreichung einer Kapitalmarktunion an.

---

5) Nach *J. Schmidt*, KTS 2015, 19, 43, handelt es sich dabei um eine „Art großangelegten Feldversuch".
6) Auch wenn der Verordnungsgeber das Gruppenkoordinationsverfahren nach dem Vorbild des deutschen RegE eines Gesetzes zur Erleichterung der Bewältigung von Konzerninsolvenzen, v. 30.1.2014 (Gesetz v 13.4.2017, BGBl. I 2017, 866) gestaltet hat (BT-Drucks. 18/407, §§ 269d ff. InsO-E), kann Deutschland aller Voraussicht nach wenig Erfahrungswerte beisteuern, weil das Gesetz gemäß Art. 10 erst am 21.4.2018 in Kraft getreten ist.
7) *Paulus*, EuInsVO, Art. 90 Rz. 5.
8) Z. B. Bericht der High Level Group v. 4.11.2002, S. 73 ff.; anknüpfend daran Mitteilung der Kommission an den Rat und das Europäische Parlament – Modernisierung der Gesellschaftsrechts und Verbesserung der Corporate Governance in der Europäischen Union – Aktionsplan 2003, COM (2003), 284, S. 19; schließlich der Bericht der Reflection Group on the Future of EU company law aus dem Jahre 2011.
9) Empfehlungen der Kommission v. 12.3.2014 für einen neuen Ansatz im Umgang mit unternehmerischem Scheitern und Unternehmensinsolvenzen, ABl. (EU) L 74/65 v. 14.3.2014.

Überprüfungsklausel **Artikel 90**

In ihrem Zwischenbericht vom 3.3.2016, dem sog. Inception Impact Assessment, 6
wurde deutlich, dass die Kommission inhaltlich nicht mehr nur eine Harmonisierung auf Basis des Inhalts der Empfehlung (vorinsolvenzlicher Restrukturierungsrahmen und Restschuldbefreiung nach drei Jahren für gescheiterte Unternehmen) plant, sondern ihre Harmonisierungsüberlegungen insbesondere auf gemeinsame minimale Vorschriften zu den Aufgaben, der Haftung und Disqualifikation von Geschäftsleitern im Falle der Insolvenz[10] („commonon minimum rules for directors' duties and liabilities in anticipation of insolvency, as well as their disqualification due to breach of those duties")[11] auszuweiten gedenkt.

In der von der Kommission im Frühjahr 2015 der Universität Leeds[12] in Auftrag 7
gegebenen Studie „Study on a new approach to business failure and insolvency" gelangen die Autoren zu dem Ergebnis, dass es trotz der unterschiedlichen Regelungen in den Mitgliedstaaten gleichwohl möglich sei, eine Direktive einzuführen, die insoweit Minimum-Standards enthalte. Sollten diese aber Teil des Insolvenzrechts sein, ergäben sich Probleme, weil einige Mitgliedstaaten Disqualifikationen erlaubten aus Gründen, die nicht auf der Insolvenz der Gesellschaft des Geschäftsführers beruhten.[13]

### 3. Forum Shopping aufgrund missbräuchlicher, künstlicher Verlegung des Interessenmittelpunkts (Art. 90 Abs. 4)

Von besonderer Bedeutung für das Funktionieren der reformierten EuInsVO ist 8
deren Handhabung im Hinblick auf unerwünschtes Forum Shopping.[14] Ein Grund für die Reformbestrebungen war die Feststellung, dass die Zuständigkeitsvorschriften es Unternehmen und natürlichen Personen nicht verwehren, den Mittelpunkt ihrer

---

10) S. dazu auch das Urteil des EuGH, Urt. v. 10.12.2015 – Rs. C-594/14, ZIP 2015, 2468, dazu EWiR 2016, 67 *(Schulz)*, nach dem es sich bei der Vorschrift des § 64 GmbHG um eine insolvenzrechtliche Vorschrift handelt.
11) European Commission, Initiative on Insolvency, DG JUST (A1), 2016/JUST/025 INSOLVENCY II S. 6, v. 3.3.2016, abrufbar unter https://ec.europa.eu/smart-regulation/roadmaps/docs/2016_just_025_insolvency_en.pdf (Abrufdatum: 12.12.2019).
12) European Commission, Study on a new approach to business failure and insolvency, Comparative legal analysis of the Member States' relevant provisions and practices, Tender No. JUST/2014/JCOO/PR/CIVI/0075, Stand: 1/2016, abrufbar unter https://ec.europa.eu/info/sites/info/files/insolvency_study_2016_final_en.pdf (Abrufdatum: 12.12.2019).
13) European Commission, Study on a new approach to business failure and insolvency, Comparative legal analysis of the Member States' relevant provisions and practices, Tender No. JUST/2014/JCOO/PR/CIVI/0075, Stand: 1/2016, S. 76, abrufbar unter https://ec.europa.eu/info/sites/info/files/insolvency_study_2016_final_en.pdf (Abrufdatum: 12.12.2019).
14) Vorschlag für eine Verordnung des Europäischen Parlaments und des Rates zur Änderung der Verordnung (EG) Nr. 1346/2000 des Rates über Insolvenzverfahren, v. 12.12.2012, COM(2012) 744 final, S. 3, abrufbar unter http://www.europarl.europa.eu/meetdocs/2009_2014/documents/com/com_com(2012)0744_/com_com(2012)0744_de.pdf (Abrufdatum: 12.12.2019). ErwG 5 postuliert nunmehr ebenso wie bereits ErwG 5 a. F., dass es im Interesse eines ordnungsgemäßen Funktionierens des Binnenmarktes verhindert werden müsse, dass es für Beteiligte vorteilhafter sei, Vermögensgegenstände oder Gerichtsverfahren von einem Mitgliedstaat in einen anderen zu verlagern, um auf diese Weise eine günstigere Rechtsstellung zum Nachteil der Gesamtheit der Gläubiger zu erlangen (Forum Shopping).

*Vallender* 799

hauptsächlichen Interessen missbräuchlich zu verlegen und damit das für sie günstigste Recht zur Anwendung zu bringen. Der Verordnungsgeber hat dem durch Einführung von Retrospektivfristen (Look-back-Periods) in Art. 2 Nr. 10, Art. 3 Abs. 1 Unterabs. 2 bis 4 sowie der Regelung des Art. 5, bei der es sich ebenfalls um eine Schutzvorkehrung zur Verhinderung betrügerischen der missbräuchlichem Forum Shoppings handelt,[15] Rechnung zu tragen versucht.[16] Ob diese Maßnahmen ausreichen, lässt sich derzeit nicht absehen.[17]

9 Vor diesem Hintergrund ist nachvollziehbar, dass die Kommission dem Europäischen Parlament, dem Rat und dem Europäischen Wirtschafts- und Sozialausschuss bereits drei Jahre nach Geltung der reformierten EuInsVO, spätestens bis zum 27.6.2020, eine Studie zur Frage der Wahl des Gerichtsstands in missbräuchlicher Absicht vorzulegen hat.

---

15) BGH, Urt. v. 10.9.2015 – IX ZR 304/13, Rz. 22, ZIP 2015, 2331, dazu EWiR 2016, 19 (*Vallender*).
16) Näher dazu *Vallender* in: Graf-Schlicker, S. 407 ff.
17) *Brinkmann*, BRJ 2013, 5; *Frind/Pannen*, ZIP 2016, 398; zum Forum Shopping natürlicher Personen s. insbesondere *Fuchs*, Restschuldbefreiungs-Tourismus, S. 415 ff.

# Artikel 91
## Aufhebung

¹Die Verordnung (EG) Nr. 1346/2000 wird aufgehoben.

²Verweisungen auf die aufgehobene Verordnung gelten als Verweisungen auf die vorliegende Verordnung und sind nach der Entsprechungstabelle in Anhang D dieser Verordnung zu lesen.

### Übersicht

I. Zweck der Norm .................... 1 | II. Reichweite der Derogation ............ 2

## I. Zweck der Norm

1 Mit dem **Geltungsbeginn** der Verordnung (EU) 2015/848 ab dem 26.6.2017 (vgl. Art. 92) verliert die Verordnung (EU) 1346/2000 vom 29.5.2000[1] ihre Wirkung. Folge der Regelung in Art. 91 Satz 1 ist, dass die EuInsVO a. F. nicht mehr Bestandteil des Unionsrechts ist. Das bedeutet indes nicht, dass sie damit jeglicher Wirkung entkleidet ist. Denn Art. 84 Abs. 2 bestimmt, dass unbeschadet der Regelung in Art. 91 die EuInsVO a. F. weiterhin für Verfahren gilt, die in den Geltungsbereich jener VO fallen und vor dem 26.6.2017 eröffnet wurden.

## II. Reichweite der Derogation

2 Der Verordnungsgeber hat die bisweilen bei einer expliziten Aufhebung eines Gesetzes bzw. Verordnung entstehenden Verweisungsprobleme, die häufig auf eine

---

1) Verordnung (EU) Nr. 1346/2000 des Rates v. 29.5.2000 über Insolvenzverfahren – EuInsVO, ABl. (EG) L 160/1 v. 30.6.2000.

unklare Formulierung der Reichweite der Derogation zurückzuführen sind, vermieden. Satz 2 bestimmt, dass Verweisungen auf die bis zum 25.6.2017, 24 Uhr geltende Verordnung (EG) Nr. 1346/2000 des Rates vom 29.5.2000 entsprechend der im Anhang A enthaltenen Konkordanzliste bzw. Entsprechungstabelle in Anhang D als Verweisungen auf die Neufassung („vorliegende Verordnung") zu lesen seien. Diese pauschale Regelung hilft es zu vermeiden, dass Verweisungen in anderen Rechtsakten auf die EuInsVO a. F. ab dem vorgenannten Zeitpunkt nicht gegenstandslos werden.[2]

---

2) Mankowski/Müller/J. Schmidt-*J. Schmidt*, EuInsVO 2015, Art. 91 Rz. 4.

# Artikel 92

## Inkrafttreten

¹Diese Verordnung tritt am zwanzigsten Tag nach ihrer Veröffentlichung im Amtsblatt der Europäischen Union in Kraft.
²Sie gilt ab dem 26. Juni 2017 mit Ausnahme von

a) Artikel 86, der ab dem 26. Juni 2016 gilt,

b) Artikel 24 Absatz 1, der ab dem 26. Juni 2018 gilt und

c) Artikel 25, der ab dem 26. Juni 2019 gilt.

### Übersicht

I. Ausnahme von der Regel ............ 1  |  II. Geltung ................................. 2

## I. Ausnahme von der Regel

Mit dem Zeitpunkt des Inkrafttretens eines Gesetzes beginnt grundsätzlich die **Außenwirksamkeit**, d. h. die Geltung von Rechtsregeln.[1] Die Vorschrift des Art. 92 belegt in besonderer Weise, dass der Zeitpunkt des Inkrafttretens und der Geltung eines Gesetzes voneinander abweichen können. 1

## II. Geltung

**Existent** wurde die **EuInsVO** vom 20.5.2015 mit ihrer Veröffentlichung im Amtsblatt der EU; dies ist der **5.6.2015**.[2] **In Kraft getreten** ist sie am zwanzigsten Tag nach ihrer Veröffentlichung, am **25.6.2015**. 2

**Geltung** hat die EuInsVO indes erst zu einem späteren Zeitpunkt erlangt. Art. 92, der im Kontext mit Art. 84 Abs. 1 zu lesen ist, bestimmt, dass die neue Verordnung **ab dem 26.6.2017** gilt. Dies bedeutet, dass sie von diesem Zeitpunkt an Rechtswirksamkeit und Legitimität (Rechtfertigung, normative Begründung)[3] erlangt. Art. 84 Abs. 1 regelt wiederum den zeitlichen Anwendungsbereich der EuInsVO 3

---

1) BMJV, HdR, Rz. 438.
2) Verordnung (EU) 2015/848 des Europäischen Parlaments und des Rates v. 20.5.2015 über Insolvenzverfahren – EuInsVO, ABl. (EU) L 141/19 v. 5.6.2015.
3) *Zippelius*, Rechtsphilosophie, § 5 I, IV; *Zippelius*, Das Wesen des Rechts, Kap. 2 f., 7.

*Vallender*

n. F. Nach der korrigierten Fassung vom 21.1.2016[4] findet sie gemäß Satz 1 nur auf solche Insolvenzverfahren Anwendung, die **ab dem 26.6.2017** eröffnet worden sind.[5] Auf eine „richterliche Fortbildung" kommt es nach der Klarstellung des Verordnungsgebers nicht (mehr) an.[6] Auf Verfahren, die bis zum 25.6.2017, 24 Uhr eröffnet worden sind, findet die EuInsVO a. F. Anwendung. Für die Frage, ob auf ein **Sekundärinsolvenzverfahren** die EuInsVO 2000 oder die EuInsVO 2015 anzuwenden ist, kommt es gemäß Art. 84 Abs. 1 auf die Eröffnung des Hauptinsolvenzverfahrens und nicht auf die Eröffnung des Sekundärinsolvenzverfahrens an.[7] Es muss gewährleistet sein, dass sich Haupt- und Sekundärinsolvenzverfahren nach demselben Recht richten. Erfolgte die Eröffnung des Hauptinsolvenzverfahrens vor dem 26.6.2017, findet demnach auch auf das Sekundärinsolvenzverfahren die EuInsVO 2000 Anwendung.

4 **Art. 92 Satz 2** enthält in **lit. a bis c drei Ausnahmen** von der Grundregel, dass die EuInsVO n. F. ab dem 26.6.2017 gilt. So sind die Mitgliedstaaten gemäß Art. 86 bereits seit dem **26.6.2016** zur Bereitstellung von Informationen für die Öffentlichkeit über das nationale materielle Insolvenzrecht sowie das nationale Insolvenzverfahrensrecht mittels des Europäischen Justiziellen Netzes für Zivil- und Handelssachen (EJN) verpflichtet (**Art. 92 Satz 2 lit. a**). Hierdurch soll Interessierten die Möglichkeit eröffnet werden, bereits ein Jahr vor dem Anwendungsbeginn der EuInsVO n. F. auf entsprechende Informationen zurückgreifen zu können. Die entsprechende Website des EJN wird von der EU-Kommission verwaltet und in enger Zusammenarbeit mit den Mitgliedstaaten der EU aktualisiert. Die rechtlichen Grundlagen des EJN sind die Entscheidung des Rates vom 28.5.2001[8] und die Entscheidung des Europäischen Parlamentes und des Rates vom 18.6.2009[9]. Mitglieder des Netzes sind alle EU-Mitgliedstaaten mit Ausnahme Dänemarks.

5 Die in **Art. 24 Abs. 1** normierte Verpflichtung der Mitgliedstaaten zur Errichtung und Unterhaltung von Insolvenzregistern gilt ab dem **26.6.2018** (**Art. 92 Satz 2 lit b**). Damit gibt der Verordnungsgeber den Mitgliedstaaten durch Abweichung von der Grundregel der Geltung ab dem 26.6.2017 einen zusätzlichen Zeitraum von insgesamt 24 Monaten seit dem Inkrafttreten der EuInsVO für die **Etablierung von Insolvenzregistern**.

---

4) Berichtigung der Verordnung (EU) 2015/848 des Europäischen Parlaments und des Rates v. 20.5.2015 über Insolvenzverfahren – EuInsVO, ABl. (EU) L 349/6 v. 21.12.2016.
5) Für den Zeitpunkt der Eröffnung gilt die Legaldefinition des Art. 2 Nr. 8. Nach Auffassung des Supreme Court of Gibraltar, Urt. v. 31.7.2017 – 2016/COMP/039, ZIP 2017, 1772, dazu EWiR 2017, 571 *(Bork)*, auch abrufbar unter INSOL Europe, European Insolvency Regulation Case Register/Gibraltar/2017/2016/COMP/030-2017), kommt es für die Anwendbarkeit der EuInsVO 2015 nicht auf den Insolvenzantrag, sondern auf die gerichtliche Eröffnungsentscheidung an.
6) So aber *Schultz* in: HK-InsO, Art. 84 EuInsVO Rz. 3.
7) So mit Recht LG München I, Beschl. v. 5.3.2018 – 14 T 2769/18 rkr., ZIP 2018, 796, dazu EWiR 2018, 247 *(Bork)*, m. zust. Anm.
8) Entscheidung des Rates v. 28.5.2001 über die Einrichtung eines Europäischen Justiziellen Netzes für Zivil- und Handelssachen (2001/470/EG), ABl. (EU) L 174/25 v. 27.6.2001.
9) Entscheidung Nr. 568/2009/EG des Europäischen Parlaments und des Rates v. 18.6.2009 zur Änderung der Entscheidung 2001/470/EG des Rates über die Einrichtung eines Europäischen Justiziellen Netzes für Zivil- und Handelssachen, ABl. (EU) L 168/35 v. 20.6.2009.

Inkrafttreten  **Artikel 92**

Die in **Art. 25** enthaltene Ermächtigungsgrundlage für die **Errichtung eines de-** **6**
**zentralen Systems zur Vernetzung der Insolvenzregister** hat Geltung erst ab dem
26.6.2019 (**Art. 92 Satz 2 lit. c**) erlangt. Tatsächlich würde allein die Schaffung
nationaler internetbasierter Insolvenzregister nicht ausreichen, um eine ausreichende Informationsverfügbarkeit für Gläubiger und Gerichte in anderen Mitgliedstaaten zu gewährleisten.[10] Aus diesem Grunde hat der Verordnungsgeber den Weg
der Registervernetzung gewählt. Die Kommission hat gemäß Art. 25 Abs. 1 i. V. m.
Art. 92 Satz 2 im Wege von Durchführungsrechtsakten ein dezentrales System zur
Vernetzung der nationalen Register bereitzustellen. Organisiert werden soll diese
Vernetzung über das bereits existierende Europäische Justizportal als zentraler
elektronischer Zugangspunkt. Dafür verbleibt der Kommission ein Zeitraum von
48 Monaten nach dem Inkrafttreten der EuInsVO. Letztlich steht ihr aber nur ein
Zeitraum von einem Jahr ab dem Zeitpunkt zur Verfügung, von dem an die mitgliedstaatlichen Register funktionieren müssen.

---

10) Wimmer/Bornemann/Lienau-*Lienau*, Die Neufassung der EuInsVO, Rz. 329.

# Teil III
# Kommentierung des Art. 102c EGInsO

Teil III.
Kommentierung des Art. 102c SGInsO

## Artikel 102c EGInsO[*]
## Durchführung der Verordnung (EU) 2015/848 über Insolvenzverfahren

## Teil 1
## Allgemeine Bestimmungen

### § 1
### Örtliche Zuständigkeit; Verordnungsermächtigung

(1) Kommt in einem Insolvenzverfahren den deutschen Gerichten nach Artikel 3 Absatz 1 der Verordnung (EU) 2015/848 des Europäischen Parlaments und des Rates vom 20. Mai 2015 über Insolvenzverfahren (ABl. L 141 vom 5.6.2015, S. 19: L 349 vom 21.12.2016, S. 6), die zuletzt durch die Verordnung (EU) 2017/253 (ABl. L 57 vom 3.3.2017, S. 19) geändert worden ist, die internationale Zuständigkeit zu, ohne dass nach § 3 der Insolvenzordnung ein Gerichtsstand begründet wäre, so ist das Insolvenzgericht ausschließlich örtlich zuständig, in dessen Bezirk der Schuldner den Mittelpunkt seiner hauptsächlichen Interessen hat.

(2) Besteht eine Zuständigkeit der deutschen Gerichte nach Artikel 3 Absatz 2 der Verordnung (EU) 2015/848, so ist das Insolvenzgericht ausschließlich örtlich zuständig, in dessen Bezirk die Niederlassung des Schuldners liegt. § 3 Absatz 2 der Insolvenzordnung gilt entsprechend.

(3) [1]Unbeschadet der Zuständigkeiten nach diesem Artikel ist für Entscheidungen oder sonstige Maßnahmen nach der Verordnung (EU) 2015/848 jedes Insolvenzgericht örtlich zuständig, in dessen Bezirk sich Vermögen des Schuldners befindet. [2]Zur sachdienlichen Förderung oder schnelleren Erledigung von Verfahren nach der Verordnung (EU) 2015/848 werden die Landesregierungen ermächtigt, diese durch Rechtsverordnung für die Bezirke mehrerer Insolvenzgerichte einem von diesen zuzuweisen. [3]Die Landesregierungen können die Ermächtigung auf die Landesjustizverwaltungen übertragen.

**Literatur:** *Eidenmüller*, Europäische Verordnung über Insolvenzverfahren und zukünftiges deutsches internationales Insolvenzrecht, IPrax 2001, 1; *Kindler*, Hauptfragen der Reform des Europäischen Internationalen Insolvenzrechts, KTS 2014, 25; *Madaus*, As simple as it can be? – Anregungen zum Gesetzentwurf der Bundesregierung zur Durchführung der Verordnung (EU) 2015/848 über Insolvenzverfahren (BT-Drs. 18/10823), NZI 2017, 203; *Pannen/Riedemann*, Die deutschen Ausführungsbestimmungen zur EuInsVO – Ein Überblick zu den Regelungen des Art. 102 EGInsO n. F., NZI 2004, 301; *Trunk*, Regelungsschwerpunkte eines Ausführungsgesetzes zum Europäischen Insolvenzübereinkommen, in: Stoll, Vorschläge und Gutachten zur Umsetzung des EU-Übereinkommens über Insolvenzverfahren im deutschen Recht, 1997, S. 232; *Virgós/Schmit*, Erster Teil: EU-Übereinkommen über Insolvenzverfahren, Kap. B – Erläuternder Bericht, in: Stoll, Vorschläge und Gutachten zur Umsetzung des EU-Übereinkommens über Insolvenzverfahren im deutschen Recht, 1997, S. 32 (zit.: *Virgós/Schmit* in: Stoll, Vorschläge und Gutachten); *Zipperer*,

---

[*] Art. 102c EGInsO i. d. F. des Art. 3 des Gesetzes zur Durchführung der Verordnung (EU) 2015/848 über Insolvenzverfahren – Durchführungsgesetz, v. 27.4.2017, BGBl. I 2017, 1476.

**Art. 102c § 1 EGInsO**            Örtliche Zuständigkeit; Verordnungsermächtigung

Anforderungen an die Gerichte – zu Art. 24 des Richtlinienvorschlags der Europäischen Kommission vom 22.11.2016, COM(2016), 723 final, NZI Beilage 1 z. Heft 5/2017, S. 39.

### Übersicht

| | |
|---|---|
| I. Zweck der Norm .................... 1 | 2. Zuständigkeit für Sekundärinsolvenzverfahren (Art. 102c § 1 Abs. 2) ........ 10 |
| II. Inhalt der Norm .................... 4 | |
| 1. Örtliche Zuständigkeit für Hauptinsolvenzverfahren (Art. 102c § 1 Abs. 1) ................ 4 | 3. Inländische Zuständigkeit bei ausländischer Verfahrenseröffnung (Art. 102c § 1 Abs. 3) ................ 12 |

### I. Zweck der Norm

1 Die Vorschrift entspricht, abgesehen von einer geringfügigen Klarstellung in Absatz 3 Satz 2, dem bisherigen Art. 102 § 1. Sie regelt im Anwendungsbereich der EuInsVO Fragen der örtlichen Zuständigkeit, wenn nach Art. 3 EuInsVO ein **deutsches Gericht international zuständig** ist, aber **§ 3 InsO** die **örtliche Zuständigkeit nicht bestimmt**. Sie ist **Auffangnorm**.[1] Außerhalb des Anwendungsbereichs der EuInsVO wird die internationale Zuständigkeit eines deutschen Gerichts regelmäßig durch dessen örtliche Zuständigkeit indiziert; das gilt auch für den Gerichtsstand des Vermögens (§ 23 Abs. 1 ZPO), wenn neben der Vermögensbelegenheit ein hinreichender Inlandsbezug besteht.[2]

2 Die EuInsVO bestimmt demgegenüber die internationale Zuständigkeit, eines Rückgriffs auf das internationale Zivilverfahrensrechts bedarf es nicht, dennoch bleibt die örtliche Zuständigkeit ungeregelt. Das ist Aufgabe des Art. 102c § 1. Die Zuständigkeit der Insolvenzgerichte bestimmt § 3 InsO, dessen Zuständigkeitsbegriff ist aber **nicht deckungsgleich** mit Art. 3 Abs. 1 EuInsVO und geringe[3] Friktionen sind nicht auszuschließen.[4] Die Angleichung beider Mittelpunktbestimmungen erklärt die von § 3 Abs. 1 InsO abweichende Anknüpfung

– an den **Mittelpunkt des hauptsächlichen Interesses** (Abs. 1),

– der **Niederlassung** (Abs. 2) und

– der **Belegenheit des Vermögens** (Abs. 3 Satz 1).

3 Der bisherige Streit, ob Art. 3 Abs. 1 EuInsVO oder Art. 102 § 1 Abs. 3 **Annexverfahren** erfasst,[5] hat sich durch Art. 102c § 6 erledigt. Art. 102c § 1 hat das Gesetzgebungsverfahren nahezu unverändert durchlaufen. Der Rechtsausschuss hat in seinem Bericht und der Beschlussempfehlung in Absatz 1 die Angaben zur EuInsVO durch neuere Änderungen aktualisiert und in Absatz 3 Satz 2 eine sprachliche Änderung vorgenommen.[6]

---

1) *Thole* in: MünchKomm-InsO, Art. 102 § 1 EGInsO Rz. 1; Begr. RegE Gesetz zur Durchführung der Verordnung (EU) 2015/848 über Insolvenzverfahren, BR-Drucks. 654/16, S. 27 und BT-Drucks. 18/10823, S. 28, allerdings beschränkt auf § 1 Abs. 3.
2) BGH, Urt. v. 17.12.1998 – IX ZR 196/97, ZIP 1999, 196.
3) Unterschiede gering, vgl. *Thole* in: MünchKomm-InsO, Art. 102 § 1 EGInsO Rz. 1.
4) *Eidenmüller*, IPrax 2001, 1, 9; *Trunk* in: Stoll, Vorschläge und Gutachten, S. 232, 225.
5) *Thole* in: MünchKomm-InsO, Art. 102 § 1 EGInsO Rz. 9.
6) Beschlussempfehlung und Bericht d. RA z. RegE Durchführungsgesetz, BT-Drucks. 18/12154, S. 7 und 8.

## II. Inhalt der Norm

### 1. Örtliche Zuständigkeit für Hauptinsolvenzverfahren (Art. 102c § 1 Abs. 1)

Art. 102c § 1 Abs. 1 setzt voraus, dass ein deutsches Gericht seine **internationale Zuständigkeit** nach **Art. 3 Abs. 1 EuInsVO** annimmt. Gemeint ist die EuInsVO[7] vom 20.5.2015.[8] Ob dies einer formellen Feststellung bedarf,[9] ist durch Art. 4 Abs. 1 Satz 2 EuInsVO überholt, denn danach ist die Annahme der internationalen Zuständigkeit zu begründen. Deshalb enthält Art. 102c keine dem Art. 102 § 2 entsprechende Bestimmung. Da sich der Anwendungsbereich der EuInsVO auch auf das Eröffnungsverfahren erstreckt (Anhang B), sind nicht nur der **Eröffnungsbeschluss**, sondern auch die **Anordnung von Sicherungsmaßnahmen**[10] hinsichtlich der internationalen Zuständigkeit zu **begründen**, womit Zweifel an der Feststellung bei VO-konformer Rechtsanwendung ausgeräumt sind. Erfasst werden Sicherungsmaßnahmen allerdings nur, sofern sie i. S. des *Eurofood*-Urteils[11] eine Entscheidung über die Eröffnung darstellen. Das ist insbesondere bei der Bestellung eines vorläufigen Verwalters der Fall, nicht aber bei anderen Sicherungsmaßnahmen,[12] oder bei der vorläufigen Eigenverwaltung (siehe unten Art. 102c § 2 Rz. 5 [*Vallender/Zipperer*]).[13]

Weitere Anwendungsvoraussetzung ist, dass die internationale Zuständigkeit nach der EuInsVO gegeben ist, **ohne dass nach § 3 InsO ein Gerichtsstand begründet wäre**. Die Vorschrift schließt eine Rechtsschutzlücke, die ggf. nach § 15 Abs. 1 Satz 2 ZPO zu füllen wäre[14] und begründet eine zusätzliche örtliche Zuständigkeit des Insolvenzgerichts (sog. **Auffangzuständigkeit**). Dies ist notwendig, weil Art. 3 EuInsVO gegenüber § 3 InsO weitergefasst ist und nicht nur an die selbstständige Tätigkeit anknüpft, sondern den COMI dort verortet, wo der Schuldner in üblicher und für Dritte erkennbarer Weise der Verwaltung seiner Interessen nachgeht.[15]

Die **Regelanknüpfung** der örtlichen Zuständigkeit ist nach § 3 Abs. 1 Satz 2 InsO der Mittelpunkt der unternehmerischen Tätigkeit. Geht der Schuldner keiner selbstständigen wirtschaftlichen Tätigkeit nach, richtet sich die örtliche Zuständigkeit gemäß

---

7) Verordnung (EU) 2015/848 des Europäischen Parlaments und des Rates v. 20.5.2015 über Insolvenzverfahren – EuInsVO, ABl. (EU) L 141/19 v. 5.6.2015, und Berichtigung der Verordnung (EU) 2015/848 des Rates v. 20.5.2015 über Insolvenzverfahren, ABl. (EU) L 349/6 v. 21.12.2016, zuletzt geändert durch Verordnung (EU) 2017/253 des Europäischen Parlaments und des Rates v. 15.2.2017 zur Ersetzung der Anhänge A und B der Verordnung (EU) 2015/848 über Insolvenzverfahren, ABl. (EU) L 57/19 v. 3.3.2017.
8) Hier vollzog sich die Aktualisierung durch den Rechtsausschuss vgl. Beschlussempfehlung und Bericht d. RA z. RegE Durchführungsgesetz, BT-Drucks. 18/12154, S. 7.
9) So *Reinhart* in: MünchKomm-InsO, 2. Aufl., Art. 102 § 1 EGInsO Rz. 3; **a. A.** *Thole* in: MünchKomm-InsO, Art. 102 § 1 EGInsO Rz. 3.
10) Begr. RegE Durchführungsgesetz, BT-Drucks. 18/10823, S. 21 und 29.
11) EuGH, Urt. v. 2.5.2006 – Rs. C-341/04 (Eurofood), Rz. 54, ZIP 2006, 907, 910 m. Anm. *Knof/Mock*, dazu EWiR 2005, 725 *(Pannen)*.
12) Beschlussempfehlung und Bericht d. RA z. RegE Durchführungsgesetz, BT-Drucks. 18/12154, S. 30, 31.
13) *Madaus*, NZI 2017, 203, 207, 208.
14) *Toussaint* in: BeckOK-ZPO, § 15 Rz. 10.
15) Kübler/Prütting/Bork-*Kemper*, InsO, Art. 102 § 1 EGInsO Rz. 5; *Thole* in: MünchKomm-InsO, Art. 102 § 1 EGInsO Rz. 5.

**Art. 102c § 1 EGInsO**

§ 3 Abs. 1 Satz 1 InsO nach dem allgemeinen Gerichtsstand gemäß § 13 ZPO. Demgegenüber umfasst Art. 3 EuInsVO nicht nur Handels-, gewerbliche oder berufliche Tätigkeiten, sondern auch allgemein wirtschaftliche Tätigkeiten bis hin zu typischen Verbraucheraktivitäten (siehe oben Art. 3 EuInsVO Rz. 12 [*Vallender/Zipperer*]).[16] Für Gewerbetreibende und Selbstständige sind die Anknüpfungen an die hauptsächlichen Interessen und dem Mittelpunkt der wirtschaftlichen Tätigkeit in der Regel deckungsgleich. Bei natürlichen Personen, die abhängig beschäftigt sind, knüpft Art. 3 Abs. 1 Satz 1 InsO an den Wohnsitz an, während Art. 3 EuInsVO zur Bestimmung des COMI den Ort der Beschäftigung heranzieht.[17]

7 **Zweifelsfälle:** Hat der Schuldner seine **wirtschaftliche Tätigkeit** vor der Antragstellung **eingestellt**, ist zu differenzieren. Erfolgt eine aktive Abwicklung, ist der Ort der Liquidationshandlungen maßgeblich.[18] Im Übrigen ist der Ort ausschlaggebend, wo der Schuldner zum Zeitpunkt der Löschung und der Einstellung der werbenden Tätigkeit den Mittelpunkt seiner hauptsächlichen Interessen unterhielt (siehe oben Art. 3 EuInsVO Rz. 13 [*Vallender/Zipperer*]). Beim Auseinanderfallen von Wohnsitz und Ort der gewerblichen (Haupt-)Tätigkeit, ist letzterer maßgeblich.[19] **Grenzgänger** unterhalten einen vom Arbeitsplatz unterschiedlichen Wohnsitz im Ausland. Der „gewöhnliche Aufenthalt" und der Interessenmittelpunkt befinden sich an deren **Aufenthaltsort als tatsächlicher Lebensmittelpunkt,**[20] der nicht mit dem Wohnsitz identisch sein muss; das gilt auch bei nur **untergeordneter selbstständiger Tätigkeit.** Anknüpfungstatsachen, wie familiäre und persönliche Bindungen, Lebensmittelpunkt sind mangels Erkennbarkeit für Dritte allein nicht geeignet, den Interessenmittelpunkt zu bestimmen,[21] jedoch beachtliche Indizien. Ein **Aufenthaltswechsel** nach Antragstellung und nach Eingang mehrerer nachfolgender (unerledigter) Anträge ist unbeachtlich.[22]

8 Die bisherige Debatte, ob der Begriff des „Interessenmittelpunktes" die Annahme eines **Konzerngerichtsstandes** rechtfertigt,[23] ist durch die Artt. 56 f. EuInsVO weitgehend überwunden. Danach findet eine Konsolidierung der Verfahren nicht statt, die örtliche Zuständigkeit ist vielmehr für Mutter und Tochter getrennt zu bestimmen.[24] Ist die int. Zuständigkeit für die inländische Mutter gegeben, liegt auch im Inland der Interessenmittelpunkt, das entspricht der **Hilfs- bzw. Ergänzungsfunk-**

---

16) *Virgós/Schmit* in: Stoll, Vorschläge und Gutachten, Nr. 75.
17) *Thole* in: MünchKomm-InsO, Art. 102 § 1 EGInsO Rz. 5; krit. zum Aufenthaltsbegriff *Kindler*, KTS 2014, 25, 32.
18) AG Hamburg, Beschl. v. 9.5.2006 – 67c IN 122/06, ZIP 2006, 1105, dazu EWiR 2006, 433 *(Wagner)*, anders bei nur „interner" oder „passiver" Abwicklung, AG Hamburg, Beschl. v. 16.8.2006 – 67a IE 1/06, ZIP 2006, 1642, 1644.
19) Pannen-*Frind*, EuInsVO, Art. 102 § 1 EGInsO Rz. 4.
20) BGH, Beschl. v. 2.3.2017 – IX ZB 70/16, Rz. 11 f., ZIP 2017, 688, 689, 690.
21) Pannen-*Frind*, EuInsVO, Art. 102 § 1 EGInsO Rz. 5.
22) BGH, Beschl. v. 9.2.2006 – IX ZB 192/04, ZIP 2006, 767, dazu EWiR 2006, 397 *(Mankowski)*.
23) Nachweise bei *Kindler* in: MünchKomm-BGB, Art. 102 § 1 EGInsO Rz. 4.
24) Begr. RegE Durchführungsgesetz, BT-Drucks. 18/10823, S. 30; Kübler/Prütting/Bork-*Kemper*, InsO, Art. 102 § 1 EGInsO Rz. 5 mit Fn. 12; ausf. *Undritz* in: Flöther, Hdb. Konzerninsolvenzrecht, § 8 Rz. 30 ff.

tion[25] des § 1, aber auch der Lückenlosigkeit des Zuständigkeitssystems.[26] Die bisher bestehende, durch europarechtskonforme Rechtsfortbildung geschlossene Regelungslücke der örtlichen Zuständigkeit der **Prozessgerichte für Annexklagen**,[27] ist jetzt in Art. 102c § 6 gesetzlich geregelt.

Der deutsche **Rechtsanwender** hat Art. 102c § 1 Abs. 1 gleichlautend mit Art. 3 Abs. 1 EuInsVO auszulegen, nur so erfüllt die Vorschrift ihre **Auffangfunktion** zur Vermeidung von **Zuständigkeitslücken**.[28] Gleiches gilt für Art. 102c § 1 Abs. 2 und 3. Die **Vermutungsregeln** des Art. 3 Unterabs. 2 bis 4 EuInsVO finden hingegen keine Anwendung.[29] Bejaht ein Gericht die internationale Zuständigkeit gemäß Art. 3 Abs. 1 EuInsVO, verneint es aber die örtliche Zuständigkeit, ist das Verfahren zu **verweisen**.

9

### 2. Zuständigkeit für Sekundärinsolvenzverfahren (Art. 102c § 1 Abs. 2)

Die Vorschrift regelt die innerdeutsche örtliche Zuständigkeit, soweit Art. 3 Abs. 2 EuInsVO die Eröffnung eines **Partikularinsolvenzverfahrens** erlaubt, sowohl vor der Eröffnung eines Hauptinsolvenzverfahrens (isoliertes Partikularverfahren) als auch danach (Sekundärinsolvenzverfahren). Maßgeblicher **Niederlassungsbegriff** ist der des **Art. 2 Nr. 10 EuInsVO**.[30] Das ist jeder Tätigkeitsort, an dem der Schuldner einer nach außen erkennbaren wirtschaftlichen Tätigkeit von nicht nur vorübergehender Art nachgeht oder nachgegangen ist,[31] die den Einsatz von Personal und Vermögenswerten voraussetzt (siehe oben Art. 3 EuInsVO Rz. 44 [*Vallender/Zipperer*]). Das bloße Vorhandensein von Vermögenswerten oder Sachmitteln genügt grundsätzlich nicht den Erfordernissen einer Niederlassung,[32] im Gegensatz zu § 354 Abs. 1 und Abs. 3 Satz 1 InsO.

10

---

25) Dazu Begr. RegE Gesetz zur Neuregelung des Internationalen Insolvenzrechts, BT-Drucks. 15/16, S. 12, 13.
26) *Kindler* in: MünchKomm-BGB, Art. 102 § 1 EGInsO Rz. 4; *Thole* in: MünchKomm-InsO, Vor Art. 102 EGInsO Rz. 4.
27) Begr. RegE Durchführungsgesetz, BT-Drucks. 654/16, S. 29.
28) Begr. RegE Gesetz zur Neuregelung des Internationalen Insolvenzrechts, BT-Drucks. 15/16, S. 14; *Kindler* in: MünchKomm-BGB, Art. 102 § 1 EGInsO Rz. 3; *Thole* in: MünchKomm-InsO, Art. 102 § 1 EGInsO Rz. 6. Damit hat sich die extensive Auslegung des § 3 InsO der deutschen Gerichte durch die Widerlegung der Vermutungsregel erledigt; vgl. *Undritz* in: Flöther, Hdb. Konzerninsolvenzrecht, § 8 Rz. 42 m. w. N. in Fn. 71.
29) *Kindler* in: MünchKomm-BGB, Art. 102 § 1 EGInsO Rz. 2.
30) Kübler/Prütting/Bork-*Kemper*, InsO, Art. 102 § 1 EGInsO Rz. 8; *Kindler* in: MünchKomm-BGB, Art. 102 § 1 Rz. 5; *Swierczok* in: HK-InsO, Art. 102 § 1 EGInsO Rz. 8; *Thole* in: MünchKomm-InsO, Art. 102 § 1 EGInsO, Rz. 12.
31) Das weicht von § 21 ZPO ab, nach dem die Niederlassung zum Zeitpunkt der Klageerhebung noch bestehen muss; *Patzina* in: MünchKomm-ZPO, § 21 Rz. 10, 11; *Toussaint* in: BeckOK-ZPO, § 21 Rz. 8. Bei Auflösung der Niederlassung vor Klageeinreichung findet der Gerichtsstand keine Anwendung, auch nicht Art. 17 Abs. 2 EuGVVO (Brüssel Ia-VO), BGH, Urt. v. 12.6.2007 – XI ZR 290/06, ZIP 2007, 1676.
32) Mankowski/Müller/J. Schmidt-*Mankowski*, EuInsVO 2015, Art. 3 Rz. 137, 140, 146 f.; *Swierczok* in: HK-InsO, Art. 102 § 1 EGInsO Rz. 7.

**Art. 102c § 1 EGInsO**

11 Nach dem Wortlaut ist die Bestimmung des **Art. 102c § 1 Abs. 2** über die örtliche Zuständigkeit ist eine **ausschließliche**.[33] Sie ist notwendig, um mehrere, unzulässige Sekundärverfahren im Inland zu verhindern. Die Anwendung von § 3 InsO scheidet aus, da der Mittelpunkt der wirtschaftlichen Interessen im Ausland liegt.[34] Der Verweis in **Abs. 2 Satz 2** auf die **entsprechende Anwendung** des **§ 3 Abs. 2 InsO** verhindert Zuständigkeitskonflikte beim Vorhandensein mehrerer Niederlassungen.[35] Zuständig ist danach das Insolvenzgericht, bei dem **zuerst** die **Eröffnung** des Verfahrens **beantragt** wurde (**Prioritätsprinzip**),[36] was von Art. 2 Nr. 8 EuInsVO abweicht. Bei mehreren hierarchisch aufgebauten Niederlassungen des Schuldners ist das Territorialinsolvenzverfahren am Ort der Hauptniederlassung zu eröffnen,[37] sofern dort die Leitungsmacht verortet ist.[38]

### 3. Inländische Zuständigkeit bei ausländischer Verfahrenseröffnung (Art. 102c § 1 Abs. 3)

12 „**Unbeschadet** der **Zuständigkeiten** nach **diesem Artikel**" bedeutet, soweit in Art. 102c keine Zuständigkeiten angeordnet sind,[39] dass Art. 102c **§ 1 Abs. 3** Satz 1 nur Anwendung findet, wenn im Inland **weder** ein **Haupt-** noch ein **Sekundärverfahren** eröffnet werden kann.[40] Es handelt sich um eine **Auffangnorm**.[41] Der Wortlaut weicht ganz ohne Änderungen des sachlichen Anwendungsbereichs von Art. 102 § 1 Abs. 3 Satz 1 ab, der lediglich auf die Absätze 1 und 2 Bezug nahm.[42] Seine Anwendung setzt voraus, dass in einem anderen Mitgliedstaat ein Insolvenzverfahren i. S. des Art. 2 Nr. 4 EuInsVO eröffnet wird und gemäß Art. 19 Abs. 1 EuInsVO Wirkungen im Inland entfaltet sowie Befugnisse des Verwalters gemäß Art. 21 EuInsVO freisetzt.[43]

13 Die Zuständigkeitsbestimmung beschränkt sich auf **Entscheidungen** und **sonstige Maßnahmen**. Sie ist in ihrer Reichweite nicht unklar,[44] denn die Gesetzesbegründung[45] verweist beispielhaft auf **öffentliche Bekanntmachungen** und **Eintragungen**

---

33) Kübler/Prütting/Bork-*Kemper*, InsO, Art. 102 § 1 EGInsO Rz. 9; *Swierczok* in: HK-InsO, Art. 102 § 1 EGInsO Rz. 8.
34) *Thole* in: MünchKomm-InsO, Art. 102 § 1 EGInsO, Rz. 11.
35) Kübler/Prütting/Bork-*Kemper*, InsO, Art. 102 § 1 EGInsO Rz. 10; *Swierczok* in: HK-InsO, Art. 102 § 1 EGInsO Rz. 9.
36) Kübler/Prütting/Bork-*Kemper*, InsO, Art. 102 § 1 EGInsO Rz. 10; *Kindler* in: MünchKomm-BGB, Art. 102 § 1 EuInsO Rz. 6.
37) *Pannen/Riedemann*, NZI 2004, 301, 302.
38) *Kindler* in: MünchKomm-BGB, Art. 102 § 1 EGInsO Rz. 6; *Swierczok* in: HK-InsO, Art. 102 § 1 EGInsO Rz. 9.
39) Begr. RegE Durchführungsgesetz, BR-Drucks. 654/16, S. 27.
40) Begr. RegE Gesetz zur Neuregelung des Internationalen Insolvenzrechts, BT-Drucks. 15/16, S. 14.
41) Begr. RegE Durchführungsgesetz, BT-Drucks. 18/10823, S. 28; *Madaus*, NZI 2017, 203, 207.
42) Kübler/Prütting/Bork-*Kemper*, InsO, Art. 102 § 1 EGInsO Rz. 11.
43) Kübler/Prütting/Bork-*Kemper*, InsO, Art. 102 § 1 EGInsO Rz. 11.
44) A. A. *Thole* in: MünchKomm-InsO, Art. 102 § 1 EGInsO Rz. 14.
45) Begr. RegE Gesetz zur Neuregelung des Internationalen Insolvenzrechts, BT-Drucks. 15/16, S. 14.

in öffentliche Register (Art. 28, 29 EuInsVO). Entscheidungen sind Beschlüsse und Anordnungen des Insolvenzgerichts, also Veröffentlichungs- und Eintragungsanordnungen,[46)] die Anordnung von Sicherungsmaßnahmen gemäß Art. 52 EuInsVO[47)] und die Anordnung der Zwangsversteigerung nach Art. 21 Abs. 1 EuInsVO, § 165 InsO.[48)] Sonstige Maßnahmen sind Unterstützungshandlungen nicht förmlicher Art, wie Auskünfte und die Übersendung von Dokumenten.[49)] Nicht in den Anwendungsbereich des Art. 102c § 1 Abs. 3 fallen Rechtsstreitigkeiten des ausländischen Verwalters mit inländischen Gläubigern des Schuldners.[50)]

Für die Unterstützungshandlungen deutscher Insolvenzgerichte bestimmt sich die örtliche Zuständigkeit nach der **Vermögensbelegenheit**. Dieser Anknüpfungspunkt ist sachgerecht, weil die Wirkungserstreckung des ausländischen Insolvenzgerichts nur bei hiesigem Vermögen des Schuldners ihren Sinn erfährt. Die Belegenheit ist in Übereinstimmung mit Art. 2 Nr. 8 EuInsVO auszulegen, da andernfalls Divergenzen zu den Art. 28, 29 EuInsVO drohen.[51)] **Belegen** ist ein **Vermögensgegenstand** in dem **Mitgliedstaat**, in dem **er sich befindet**, wobei auf die innerstaatlichen Verhältnisse Rücksicht zu nehmen ist:[52)]

14

– Bei **beweglichen Sachen** entscheidet der Ort ihres Befindens,

– bei **unbeweglichem Vermögen** ist das Insolvenzgericht örtlich zuständig, in dessen Bezirk das Grundbuch der Immobilie geführt wird.[53)] Kommen mehrere Grundbuchämter in Betracht, bleibt das zuerst gemäß Art. 29 Abs. 1 EuInsVO ersuchte Insolvenzgericht unabhängig von seiner örtlichen Zuständigkeit auch für die nachfolgenden Ersuchen zuständig.[54)]

– **Forderungen** sind am COMI des Schuldners des Schuldners belegen;[55)]

– **Kontoguthaben** befinden sich am Ort der Hauptverwaltung des kontoführenden Kreditinstituts, aber auch an der Zweigniederlassung, Agentur oder sonstigen Niederlassung.[56)]

Der **Rechtsausschuss** hat ohne nähere Begründung von der Formulierung des **RegE** abweichend („Die Landesregierungen werden ermächtigt," Verfahren nach der EuInsVO „zu deren sachdienlichen Förderung oder schnelleren Erledigung" zu konzentrieren) die sachdienliche Förderung oder schnellere Erledigung an den Beginn

15

---

46) A. A. Kübler/Prütting/Bork-*Kemper*, InsO, Art. 102 § 1 EGInsO Rz. 13, der sie den sonstigen Maßnahmen zuordnet, allerdings auch missverständlich Urteile miteinbezieht.
47) *Thole* in: MünchKomm-InsO, Art. 102 § 1 EGInsO Rz. 14.
48) Wie hier Kübler/Prütting/Bork-*Kemper*, InsO, Art. 102 § 1 EGInsO Rz. 13.
49) *Swierczok* in: HK-InsO, Art. 102 § 1 EGInsO Rz. 10.
50) Kübler/Prütting/Bork-*Kemper*, InsO, Art. 102 § 1 EGInsO Rz. 13; *Swierczok* in: HK-InsO, Art. 102 § 1 EGInsO Rz. 11.
51) *Thole* in: MünchKomm-InsO, Art. 102 § 1 EGInsO, Rz. 16.
52) Kübler/Prütting/Bork-*Kemper*, InsO, Art. 102 § 1 EGInsO Rz. 12.
53) Pannen-*Frind*, EuInsVO, Art. 102 § 1 EGInsO Rz. 10.
54) AG Mannheim, Beschl. v. 7.10.2016 – 4 IE 1120/16, ZIP 2016, 2235; das mag gleichermaßen mit der entsprechenden Anwendung der Art. 102 § 1 Abs. 2 Satz 2 i. V. m. § 3 Abs. 2 InsO begründet werden; so *Swierczok* in: HK-InsO, Art. 102 § 1 EGInsO Rz. 11.
55) *Thole* in: MünchKomm-InsO, Art. 102 § 1 EGInsO, Rz. 16.
56) Mankowski/Müller/J. Schmidt-*Mankowski*, EuInsVO 2015, Art. 2 Rz. 36.

des Satzes gestellt.[57] Damit geht zwar keine sachliche Änderung einher, nutzt aber die Dramaturgie des Satzbaus, um die Landesjustizverwaltungen auf die unverzichtbare Konzentration[58] der Insolvenzgerichte hinzuweisen. Art. 102c § 1 Abs. 3 Sätze 2 und 3 sehen eine **Konzentrationsermächtigung** zugunsten der Landesjustizverwaltungen vor, nach der sie durch Rechtsverordnung die örtliche Zuständigkeit i. S. des Art. 102c § 1 Abs. 3 Satz 1 für das **Verfahren insgesamt**[59] für die Bezirke mehrerer Insolvenzgerichte **abweichend einem Insolvenzgericht** zuweisen können. Ziel ist die sachdienliche Förderung und schnelle Verfahrenserledigung sowie die Bildung von Fachkompetenz an einzelnen Gerichten.[60]

16 Soweit ersichtlich hat bislang lediglich **Baden-Württemberg** von der Ermächtigung Gebrauch gemacht. Gemäß § 13 der **Subdelegationsverordnung Justiz – SubVOJu v. 2.4.2019**[61] erging am 8.5.2018 die **Verordnung** des Justizministeriums zur Änderung der ZuständigkeitsVO Justiz,[62] die gemäß § 9b Abs. 2 diese Verfahren dem **AG Karlsruhe und AG Stuttgart** zuwies. Andere Länder, wie etwa Nordrhein-Westfahlen beschränken die Konzentration auf die Bestimmung des Gruppen-Gerichtsstandes gemäß § 3a InsO.[63] Allerdings dürfte der Druck durch die Umsetzungsverpflichtung des Art. 34 der Restrukturierungsrichtlinie[64] erheblich zunehmen; nur dann ist Deutschland für die Umsetzung der Richtlinie gewappnet.[65]

---

57) Beschlussempfehlung und Bericht des RA z. RegE Gesetz zur Durchführung der Verordnung (EU) 2015/848 über Insolvenzverfahren, BT-Drucks. 18/12154, S. 8.
58) *Madaus*, NZI 2017, 203, 207.
59) Insoweit klarstellend jetzt Begr. RegE Gesetz zur Durchführung der Verordnung (EU) 2015/848 über Insolvenzverfahren, BR-Drucks. 654/16, S. 27.
60) Begr. RegE Gesetz zur Neuregelung des Internationalen Insolvenzrechts, BT-Drucks. 15/16, S. 14.
61) Verordnung der Landesregierung zur Übertragung von Ermächtigungen im Bereich der Rechtspflege v. 2.4.2019 (Subdelegationsverordnung Justiz – SubVOJu), GBl. BW, S. 109.
62) Verordnung des Justizministeriums zur Änderung der Zuständigkeitsverordnung Justiz v. 8.5.2018, GBl. BW, S. 195.
63) Verordnung über die gerichtliche Zuständigkeit in Insolvenzsachen bei Begründung eines Gruppen-Gerichtsstands nach § 3a Insolvenzordnung (KonzentrationsVO Gruppen-Gerichtsstand in Insolvenzsachen) v. 21.4.2018, GV. NRW. S. 239. Einzelheiten bei *Madaus* in: BeckOK-InsO, § 2 Rz. 30.1.
64) Richtlinie (EU) 2019/1023 des Europäischen Parlaments und des Rates v. 20.6.2019 über präventive Restrukturierungsrahmen, über Entschuldung und über Tätigkeitsverbote sowie über Maßnahmen zur Steigerung der Effizienz von Restrukturierungs-, Insolvenz- und Entschuldungsverfahren und zur Änderung der Richtlinie (EU) 2017/1132 (Richtlinie über Restrukturierung und Insolvenz) – Restrukturierungsrichtlinie, ABl. (EU) L 172/18 v. 26.6.2019.
65) *Zipperer*, NZI Beilage 1 z. Heft 5/2017, S. 39.

## § 2
### Vermeidung von Kompetenzkonflikten

(1) Hat das Gericht eines anderen Mitgliedstaats der Europäischen Union ein Hauptinsolvenzverfahren eröffnet, so ist, solange dieses Insolvenzverfahren anhängig ist, ein bei einem deutschen Insolvenzgericht gestellter Antrag auf Eröffnung eines solchen Verfahrens über das zur Insolvenzmasse gehörende Ver-

mögen unzulässig. Ein entgegen Satz 1 eröffnetes Verfahren ist nach Maßgabe der Artikel 34 bis 52 der Verordnung (EU) 2015/848 als Sekundärinsolvenzverfahren fortzuführen, wenn eine Zuständigkeit der deutschen Gerichte nach Artikel 3 Absatz 2 der Verordnung (EU) 2015/848 besteht; liegen die Voraussetzungen für eine Fortführung nicht vor, ist es einzustellen.

(2) Hat das Gericht eines Mitgliedstaats der Europäischen Union die Eröffnung des Insolvenzverfahrens abgelehnt, weil nach Artikel 3 Absatz 1 der Verordnung (EU) 2015/848 die deutschen Gerichte zuständig seien, so darf ein deutsches Insolvenzgericht die Eröffnung des Insolvenzverfahrens nicht mit der Begründung ablehnen, dass die Gerichte des anderen Mitgliedstaats zuständig seien.

Literatur: Siehe die Literaturangaben bei § 1; *Madaus*, As simple as it can be? – Anregungen zum Gesetzentwurf der Bundesregierung zur Durchführung der Verordnung (EU) 2015/848 über Insolvenzverfahren (BT-Drs. 18/10823), NZI 2017, 203; *Müller*, Der Massebezug des anhängigen Rechtsstreits in Art. 15 EuInsVO a. F. – Warum einfach, wenn es auch kompliziert geht?, GPR 2018, 243; *Pannen/Riedemann*, Die deutschen Ausführungsbestimmungen zur EuInsVO – Ein Überblick zu den Regelungen des Art. 102 EGInsO n. F., NZI 2004, 301; *Vallender*, Aufgaben und Befugnisse des deutschen Insolvenzrichters in Verfahren nach der EuInsVO, KTS 2005, 283.

## Übersicht

| | |
|---|---|
| I. Zweck der Norm .................. 1 | 2. Negativer Kompetenzkonflikt |
| II. Inhalt der Norm .................. 4 | (Art. 102c § 2 Abs. 2) .......... 12 |
| 1. Positiver Kompetenzkonflikt | |
| (Art. 102c § 2 Abs. 1) ............ 4 | |

## I. Zweck der Norm

Die Bestimmung **übernimmt** in **modifizierter** Form Art. 102 § 3 EGInsO[1]) und durchlief das Gesetzgebungsverfahren unverändert.[2]) Art. 102c § 2 Abs. 1 Satz 1 entspricht der bisherigen Fassung, während Satz 2 jetzt die Möglichkeit vorsieht, ein entgegen Satz 1 eröffnetes Verfahren als Sekundärverfahren fortzusetzen, wenn dessen Voraussetzungen vorliegen, andernfalls ist es einzustellen (letzter Halbs.). Der bisherige Art. 102 § 3 Abs. 1 Satz 3, der ein Rechtsmittel eröffnete, ist jetzt in Art. 102c § 4 aufgegangen. Art. 102 § 3 Abs. 2 wird lediglich, wie auch Art. 102 § 3 Abs. 1 Satz 2, redaktionell angepasst.

Wie bereits die Überschrift klarstellt, soll Art. 102c § 2 Kompetenzkonflikte vermeiden. **Art. 102c § 2 Abs. 1** behandelt **positive Kompetenzkonflikte**, d. h. wenn mehrere Insolvenzgerichte verschiedener Mitgliedstaaten die internationale Zuständigkeit für sich reklamieren; dieser wird nach dem **Grundsatz** der **Priorität** gelöst.[3]

**Art. 102c § 2 Abs. 2** befriedet **negative Kompetenzkonflikte** und will vermeiden, dass ein deutsches Insolvenzgericht seine internationale Zuständigkeit nicht mit der Be-

1

2

3

---

1) Begr. RegE Gesetz zur Durchführung der Verordnung (EU) 2015/848 über Insolvenzverfahren, BR-Drucks. 654/16, S. 27.
2) Beschlussempfehlung und Bericht des RA z. RegE Gesetz zur Durchführung der Verordnung (EU) 2015/848 über Insolvenzverfahren, BT-Drucks. 18/12154, S. 3.
3) Kübler/Prütting/Bork-*Kemper*, InsO, Art. 102 § 3 EGInsO Rz. 1; Nerlich/Römermann-*Commandeur*, InsO, Art. 102 § 3 EGInsO Rz. 2.

gründung zurückweisen kann, das Gericht, welches die Unzulässigkeit des Antrages zuvor abgelehnt hat, sei international zuständig.[4] Die Vorschrift ist Ausdruck des gegenseitigen Vertrauens,[5] ohne den die automatische Anerkennung ohne weitere Überprüfung gemäß Art. 19 Abs. 1 EuInsVO nicht funktioniert.[6]

## II. Inhalt der Norm

### 1. Positiver Kompetenzkonflikt (Art. 102c § 2 Abs. 1)

4 Nach Art. 102c § 2 Abs. 1 Satz 1 ist **Anwendungsvoraussetzung**, dass ein Gericht eines **anderen Mitgliedstaates** ein **Hauptinsolvenzverfahren** eröffnet hat. Hauptinsolvenzverfahren ist ein solches i. S. des Art. 3 Abs. 1 EuInsVO. Schwierigkeiten bereiten **begründungslose**, gegen Art. 4 Abs. 1 EuInsVO verstoßende Eröffnungsentscheidungen. Das Begründungsdefizit berechtigt nicht zur Verweigerung der automatischen Anerkennung.[7] Beim Schuldnerantrag hilft Art. 102c § 5 Nr. 4 EGInsO. Die amtswegige Ermittlung[8] erfolgt gemäß Art. 42 Abs. 3 Satz 2 lit. b EuInsVO i. R. der inzidenten Anerkennung gemäß Art. 19 EuInsVO und beschränkt sich zunächst darauf, ob das eröffnende Gericht die Zuständigkeit gemäß Art. 3 Abs. 1 EuInsVO bejahte. Die Anerkennung kann nur wegen eines Ordre-Public-Verstoßes versagt werden. In diesem Fall kommt Art. 102c § 3 Abs. 1 nicht zur Anwendung und das inländische Gericht könnte das beantragte Hauptinsolvenzverfahren eröffnen.[9]

5 Der Begriff der **Eröffnung** orientiert sich an Art. 2 Nr. 7 EuInsVO und erfasst somit sowohl die formelle Eröffnungsentscheidung als auch Anordnungen einstweiliger Sicherungsmaßnahmen,[10] ohne dass der Schuldner die Verfügungsbefugnis verlieren muss.[11] Erforderlich ist die **Wirksamkeit** der Eröffnung (Art. 2 Nr. 8 EuInsVO), entscheidend ist **nicht** seine **Rechtskraft**, sondern der Zeitpunkt, ab dem sie Wirksamkeit entfaltet;[12] diese ist nach dem Recht des Eröffnungsstaates festzustellen.

---

4) Kübler/Prütting/Bork-*Kemper*, InsO, Art. 102 § 3 EGInsO Rz. 1; Nerlich/Römermann-*Commandeur*, InsO, Art. 102 § 3 EGInsO Rz. 5.
5) *Swierczok* in: HK-InsO, Art. 102 § 3 EGInsO Rz. 1.
6) Kübler/Prütting/Bork-*Kemper*, InsO, Art. 102 § 3 EGInsO Rz. 1 und 12.
7) Mankowski/Müller/J. Schmidt-*Mankowski*, EuInsVO 2015, Art. 5 Rz. 19.
8) Sie greift noch nicht im Zulassungsverfahren; vgl. *Swierczok* in: HK-InsO, Art. 102 § 3 EGInsO Rz. 2, setzt aber Mitwirkungs- und Darlegungspflichten frei (s. oben Art. 4 Rz. 5 [*Vallender/Zipperer*]).
9) Kübler/Prütting/Bork-*Kemper*, InsO, Art. 102 § 3 EGInsO Rz. 7.
10) EuGH, Urt. v. 2.5.2006 – Rs. C-341/04 (Eurofood), Rz. 54, ZIP 2006, 907, 910 m. Anm. *Knof/Mock*, dazu EWiR 2005, 725 (*Pannen*); Kübler/Prütting/Bork-*Kemper*, InsO, Art. 102 § 3 EGInsO Rz. 4; *Swierczok* in: HK-InsO, Art. 102 § 3 EGInsO Rz. 3.
11) Begr. RegE Durchführungsgesetz, BR-Drucks. 654/16, S. 15, unter Nennung des vorinsolvenzlichen Sanierungsverfahrens, in denen das schuldnerische Vermögen und die Geschäftsführung des Schuldners einer bloß gelockerten gerichtlichen Kontrolle unterliegen.
12) Kübler/Prütting/Bork-*Kemper*, InsO, Art. 102 § 3 EGInsO Rz. 5. Soweit die deutsche Sprachfassung von „wirksam" spricht, meint sie damit „praktisch wirksam". Daher sollte, um jegliche Konnotation mit „rechtlich wirksam" zu vermeiden, in Anlehnung an die anderen Amtssprachen („effective"; „eficaz", „efficaci") von „effektiv" gesprochen werden, vgl. *Müller*, GPR 2018, 243, 244 m. Fn. 15; Mankowski/Müller/J. Schmidt-*Müller*, EuInsVO 2015, Einl. Rz. 12.

Das Hauptinsolvenzverfahren muss **noch anhängig** sein („… solange dieses Insolvenzverfahren anhängig ist, …"). Der **Begriff** der **Anhängigkeit** ist nicht i. S. des deutschen Prozessrechts als Eingang eines Antrags zu verstehen,[13] sondern in seinem **funktionalen Sinn**.[14] Während der Anhängigkeit ist ein bei einem inländischen Insolvenzgericht gestellter Antrag **unzulässig** (Satz 1 a. E.), sie entfaltet **Sperrwirkung**.[15] Mit ihr wird daher die Fortdauer des ausländischen Verfahrens unter fortwährender Inanspruchnahme der internationalen Zuständigkeit bezeichnet, weil während dieses Zeitraums die Eröffnung eines weiteren Hauptinsolvenzverfahrens unzulässig ist. Soweit der Bestimmung ein Verstoß gegen Art. 19 Abs. 2 EuInsVO vorgeworfen wird, da die Eröffnung eines Sekundärinsolvenzverfahrens einen zulässigen Antrag vorsetze,[16] bezieht sich die Unzulässigkeit des Antrages nur auf ein mögliches Hauptinsolvenzverfahren und nicht auf ein solches i. S. des Art. 3 Abs. 2 EuInsVO. Die Dauer der Anhängigkeit bestimmt sich nach dem Recht des Eröffnungsstaates.[17]

6

Nach Art. 102c § 2 Abs. 1 Satz 2 ist ein **entgegen** Art. **102c § 2 Satz 1 eröffnetes Verfahren** nach Maßgabe der Art. 34 bis 52 EuInsVO als **Sekundärverfahren fortzuführen**. Erfasst werden damit Fälle, in denen das inländische Insolvenzgericht in Unkenntnis des ausländischen Hauptverfahrens eröffnet.[18] Wie der weitere Gesetzestext verdeutlicht, ist das **nicht** als **Regelfall** zu verstehen, sondern kommt nur in Betracht, wenn eine **Zuständigkeit** nach **Art. 3 Abs. 2 EuInsVO besteht** und die **Voraussetzungen** der **Fortführung** vorliegen. Der **automatischen** Fortführung steht schon der **Antragsgrundsatz** entgegen; auch ist die **regelmäßige Folge** der unzulässigen Zweiteröffnung die **Einstellung** des Verfahrens (Art. 102c § 3). Nach dem Wortlaut des Satzes 2 muss am inländischen Eröffnungsgericht eine Niederlassung des Schuldners bestehen (siehe oben Art. 102c § 1 Rz. 10 [*Vallender/Zipperer*]). Die **Voraussetzungen** der **Fortführung** bedeuten nach dem Willen des Gesetzgebers die Pflicht des Insolvenzgerichts, den **Eröffnungsantrag auszulegen**, ob dieser ausschließlich auf die Eröffnung eines Haupt- oder auch eines Sekundärverfahrens gerichtet ist. Nur wenn das der Fall ist, kommt die Fortführung in Betracht, andernfalls ist das Verfahren einzustellen.[19] Damit positioniert sich der Gesetzgeber zum

7

---

13) *Schüler* in: MünchKomm-ZPO, Vorb. § 688 Rz. 15.
14) Art. 30 Abs. 1 Verordnung (EU) Nr. 1215/2012 des Europäischen Parlaments und des Rates v. 12.12.2012 über die gerichtliche Zuständigkeit und die Anerkennung und Vollstreckung von Entscheidungen in Zivil- und Handelssachen – EuGVVO; Geimer/Schütze-*Peiffer/Peiffer*, Internationaler Rechtsverkehr, Art. 30 EuGVVO Rz. 25: „anderweitige Rechtshängigkeit."
15) *Thole* in: MünchKomm-InsO, Art. 102 § 3 EGInsO Rz. 7.
16) *Madaus*, NZI 2017, 203, 207.
17) Kübler/Prütting/Bork-*Kemper*, InsO, Art. 102 § 3 EGInsO Rz. 6.
18) *Thole* in: MünchKomm-InsO, Art. 102 § 3 EGInsO Rz. 13.
19) Begr. RegE Gesetz zur Durchführung der Verordnung (EU) 2015/848 über Insolvenzverfahren, BR-Drucks. 654/16, S. 27, 28.

bisherigen Streit über die **Zulässigkeit** der **Umdeutung**,[20] überlässt aber der Praxis die Lösung der offenen Fragen.

8 Wie schon der Wortlaut des Art. 102 § 3 Abs. 1 Satz 1 a. E. von einem gestellten Antrag „eines solchen Verfahrens" spricht, betrachtet er erkennbar **Haupt- und Sekundärinsolvenzverfahren** grundsätzlich als **unterschiedliche Verfahren**.[21] Kraft der Dispositionsbefugnis steht dem Antragsteller grundsätzlich die bindende Wahl der Verfahrensart zu.[22] Stellt er einen Antrag in der für ihn unzulässigen Verfahrensart und erklärt er sich nicht zu dem gebotenen richterlichen Hinweis (§ 4 InsO, § 139 ZPO), ist dieser als unzulässig zurückzuweisen; dem entspricht Art. 102c § 2 Abs. 1 Sätze 1 und 2 Halbs. 2. Der Einwand, Haupt- und Sekundärverfahren unterschieden sich nur hinsichtlich der Eröffnungswirkungen bezüglich des Masseumfangs und seien der Disposition nicht zugänglich,[23] widerspricht Wortlaut und Wille des Gesetzgebers. Das bestätigt Art. 37 Abs. 1 EuInsVO, der ausdrücklich die Antragsbefugnis für Sekundärverfahren regelt und damit anerkennt.[24]

9 **Für die praktische Anwendung gilt:** Hat der Antragsteller, wie stets in der Praxis, einen Eröffnungsantrag ohne Kennzeichnung der Verfahrensart gestellt und ermittelt das Gericht ein bereits eröffnetes Hauptinsolvenzverfahren in einem anderen Mitgliedstaat, ist dem Antragsteller ein Hinweis auf die Unzulässigkeit gemäß Art. 102c § 2 Abs. 1 Satz 1 zu erteilen. Sind überdies die Voraussetzungen für eine Antragstellung gemäß Art. 37 Abs. 1 EuInsVO eröffnet, was beim Schuldner nicht der Fall ist,[25] hat sich der Hinweis auch darauf zu erstrecken. Äußerungen des Antragstellers sind dabei so auszulegen, „dass die Partei mit ihnen das erreichen will, was nach den Maßstäben der Rechtsordnung vernünftig ist und ihrer recht verstandenen Interessenlage entspricht."[26] Dabei kann eine beabsichtigte Sanierung im Hauptinsolvenzverfahren es sinnvoll erscheinen lassen, von einem Sekundärverfahren Abstand zu nehmen.[27] Ob umgekehrt ein Hauptinsolvenzverfahren eröffnet werden kann, wenn nur ein Sekundärverfahren beantragt wird,[28] ist weitgehend theoretisch, weil der Antragsteller keine Kenntnis von einem Insolvenzgrund im Ausland hat. Der Eröffnungsantrag ist als unzulässig zurückzuweisen, wenn der Antragsteller von der gewählten Verfahrensart nach richterlichem Hinweis nicht abrückt oder sein Antrag mangels Antragsbefugnis i. S. des Art. 37 Abs. 1 EuInsVO nicht umzudeuten ist.[29]

---

20) Kübler/Prütting/Bork-*Kemper*, InsO, Art. 102 § 3 EGInsO Rz. 8 und 9; *Swierczok* in: HK-InsO, Art. 102 § 3 EGInsO Rz. 2; *Thole* in: MünchKomm-InsO, Art. 102 § 3 EGInsO Rz. 8–12.
21) BGH, Beschl. v. 29.5.2008 – IX ZB 102/07, Rz. 17, ZIP 2008, 1338, 1340, dazu EWiR 2008, 491 (*J. Schmidt*).
22) *Ganter/Lohmann* in: MünchKomm-InsO, § 5 Rz. 6.
23) *Reinhart* in: MünchKomm-InsO, 2. Aufl., Art. 102 § 3 EGInsO Rz. 10.
24) *Thole* in: MünchKomm-InsO, Art. 102 § 3 EGInsO Rz. 10.
25) Kübler/Prütting/Bork-*Kemper*, InsO, Art. 102 § 3 EGInsO Rz. 8.
26) BGH, Urt. v. 2.7.2004 – V ZR 290/03, NJW-RR 2005, 371, 372; BGH, Beschl. v. 19.10.2006 – V ZB 91/06, NJW 2007, 769, 770; BGH, Beschl. v. 10.11.2009 – XI ZB 15/09, NJW-RR 2010, 275, 276; *Becker-Eberhard* in: MünchKomm-ZPO, § 253 Rz. 25.
27) *Thole* in: MünchKomm-InsO, Art. 102 § 3 EGInsO Rz. 10.
28) Bejahend *Thole* in: MünchKomm-InsO, Art. 102 § 3 EGInsO Rz. 10.
29) *Thole* in: MünchKomm-InsO, Art. 102 § 3 EGInsO Rz. 11.

Nach Art. 102c § 2 Abs. 1 **Satz 2 letzter Halbs.** ist, wenn die Voraussetzungen der 10
Fortführung nicht vorliegen, das **Verfahren einzustellen.** Das Gesetz schafft damit
einen **eigenständigen Einstellungsgrund**, denn es verzichtet, auf die §§ 207 ff. InsO
zu verweisen.[30] In der Sache handelt es sich um die vorzeitige Beendigung des Insolvenzverfahrens, weil die gemeinschaftliche Befriedigung der Gläubiger nicht mehr
durchgeführt werden kann. Gemäß Art. 102 § 4 Abs. 1 Satz 1 erfolgte die Einstellung
**zugunsten** der Gerichte des anderen Mitgliedstaates. Dies wiederholt Art. 102c § 2
Abs. 1 Satz 2 letzter Halbs. nicht, stattdessen ist die Einstellungswirkung in Art. 102c
§ 3 Abs. 3 Satz 3 aufgeführt und wurde Bestandteil der gesetzlichen Überschrift.
Dem Standpunkt das „zugunsten" entgegen dem Wortsinn als ein „weil" auszulegen,[31] ist nicht beizutreten. Der Gesetzgeber stellt mit dem Gebrauch des „zugunsten" klar, dass die regelmäßigen Wirkungen einer Einstellung gemäß § 215 Abs. 2
Satz 1 InsO nicht eintreten (vgl. Art. 102c § 3 Abs. 3 Satz 3), denn dann richtet
sich das weitere Verfahren nach Art. 102c § 3.[32] Den hier vertretenen Standpunkt
unterstreicht die Aufnahme der Einstellung „zugunsten" in die gesetzliche Überschrift des Art. 102c § 3.

Das Gesetz regelt, abgesehen von Art. 102c § 3 Abs. 3 Sätze 1 bis 3, keine weiteren 11
Verfahrensfragen. Nach Art. 102c § 3 Abs. 3 Satz 4 ist die Anwendung des § 215
Abs. 2 InsO ausgeschlossen, woraus, argumentum e contrario, zu schließen ist, die
**übrigen Vorschriften** der §§ 207 ff. InsO sind **entsprechend anzuwenden**.[33] Das
gilt für § 215 Abs. 1 InsO, weshalb der Einstellungsbeschluss **öffentlich bekannt**
zu machen ist, was schon zum Gläubigerschutz geboten ist.[34]

## 2. Negativer Kompetenzkonflikt (Art. 102c § 2 Abs. 2)

Voraussetzung nach Art. 102c § 2 Abs. 2 ist die **Ablehnung der Eröffnung** durch ein 12
ausländisches Gericht, mit der Begründung, nach Art. 3 Abs. 1 EuInsVO seien die
**deutschen Gerichte zuständig.** Entgegen dem Wortlaut ist **lediglich eine die eigene
Zuständigkeit ablehnende Entscheidung zu verlangen.** Zwar legt die gesetzliche
Formulierung nahe, von der Entscheidung des Mitgliedstaates eine positive Entscheidung zur deutschen internationalen Zuständigkeit zu fordern, sie ist jedoch **missverständlich.** Nach dem Willen des Gesetzgebers geht es lediglich darum, dass der
Staat A seine internationale Zuständigkeit ablehnt. In diesem Fall darf ein deutsches
Gericht seine Zuständigkeit nicht mit der Begründung ablehnen, die internationale
Zuständigkeit läge doch im Land A.[35] Gegenteiliges anzunehmen, wäre sachfremd,
weil sich ablehnende gerichtliche Entscheidungen zu Zuständigkeitsfragen in der
Regel darin erschöpfen, dass die konkret beanspruchte Zuständigkeit nicht gegeben
ist, wo sie sich tatsächlich befindet, ist allenfalls Bestandteil eines obiter dictum.

---

30) Kübler/Prütting/Bork-*Kemper*, InsO, Art. 102 § 4 EGInsO Rz. 2; *Thole* in: MünchKomm-InsO, Art. 102 § 4 EGInsO Rz. 4.
31) Kübler/Prütting/Bork-*Kemper*, InsO, Art. 102 § 4 EGInsO Rz. 4.
32) Begr. RegE Durchführungsgesetz, BR-Drucks. 654/16, S. 28.
33) *Thole* in: MünchKomm-InsO, Art. 102 § 4 EGInsO Rz. 9.
34) Kübler/Prütting/Bork-*Kemper*, InsO, Art. 102 § 4 EGInsO Rz. 6.
35) Begr. RegE Gesetz zur Neuregelung des Internationalen Insolvenzrechts, BT-Drucks. 15/16, S. 15.

**13** Den deutschen Gerichten ist im Anwendungsbereich des Art. 102c § 2 Abs. 3 verwehrt, ihre internationale Zuständigkeit zu verneinen, weil das erstgenannte Gericht zuständig sei. Die Regelung bringt die besondere **Unionstreue** zum Ausdruck,[36] denn Art. 32 Abs. 1 Unterabs. 1 EuInsVO beschränkt sich auf die Anerkennung der Entscheidung des Erstgerichts, determiniert aber nicht die Entscheidung des Zweitgerichts.[37] Die Vorschrift führt die automatische Anerkennung inhaltlich fort, nach der durch das anerkennende Gericht keine Überprüfung stattfindet, nicht nur bei positiver, sondern erst recht bei der Verneinung der internationalen Zuständigkeit,[38] andernfalls wäre kein Land für die fragliche Insolvenz zuständig.[39]

**14** Ob das deutsche Gericht befugt ist, seine internationale Zuständigkeit unter Verweis auf einen **dritten Mitgliedstaat** abzulehnen, wird verneint,[40] ist aber zu bejahen.[41] Unterschiedlich beurteilt wird auch die **Bindungswirkung** der ausländischen Entscheidung zur Zuständigkeitsfrage. Diese wird unter Hinweis auf die amtswegige Ermittlung der Zuständigkeit (Art. 4 Abs. 1 EuInsVO, § 5 InsO) verneint,[42] aber auch zur Herbeiführung der Anerkennungswirkung bejaht.[43] Richtig ist die Annahme einer **relativen Bindungswirkung**, die dem deutschen Gericht die Möglichkeit offenlässt, die Zuständigkeit in einem dritten Staat festzustellen; insoweit entfaltet die Erstentscheidung keine Bindungskraft. Auch in diesem Fall ist eine **Weiterverweisung unzulässig,**[44] sie ist der EuInsVO nach wie vor unbekannt.

---

36) *Kindler* in: MünchKomm-BGB, Art. 102 § 3 Rz. 7.
37) *Thole* in: MünchKomm-InsO, Art. 102 § 3 EGInsO Rz. 15.
38) Kübler/Prütting/Bork-*Kemper*, InsO, Art. 102 § 3 EGInsO Rz. 12.
39) *Pannen/Riedemann*, NZI 2004, 301, 303.
40) *Thole* in: MünchKomm-InsO, Art. 102 § 3 EGInsO Rz. 15.
41) Begr. RegE Gesetz zur Neuregelung des Internationalen Insolvenzrechts, BT-Drucks. 15/16, S. 15; Kübler/Prütting/Bork-*Kemper*, InsO, Art. 102 § 3 EGInsO Rz. 13; *Swierczok* in: HK-InsO, Art. 102 § 3 EGInsO Rz. 7.
42) Kübler/Prütting/Bork-*Kemper*, InsO, Art. 102 § 3 EGInsO Rz. 13; *Thole* in: MünchKomm-InsO, Art. 102 § 3 EGInsO Rz. 16.
43) Widersprüchlich *Thole* in: MünchKomm-InsO, Art. 102 § 3 EGInsO Rz. 3 und 16.
44) *Vallender*, KTS 2005, 283, 298; a. A. AG Hamburg, Beschl. v. 9.5.2006 – 67c IN 122/06, ZIP 2006, 1105, 1107, dazu EWiR 2006, 433 *(Wagner)*, als Bestandteil der gegenseitigen Kooperation der Gerichte.

## § 3
### Einstellung des Insolvenzverfahrens zugunsten eines anderen Mitgliedstaats

(1) ¹Vor der Einstellung eines bereits eröffneten Insolvenzverfahrens nach § 2 Absatz 1 Satz 2 soll das Insolvenzgericht den Insolvenzverwalter, den Gläubigerausschuss, wenn ein solcher bestellt ist, und den Schuldner hören. ²Wird das Insolvenzverfahren eingestellt, so ist jeder Insolvenzgläubiger beschwerdebefugt.

(2) ¹Wirkungen des Insolvenzverfahrens, die vor dessen Einstellung bereits eingetreten und nicht auf die Dauer dieses Verfahrens beschränkt sind, bleiben auch dann bestehen, wenn sie Wirkungen eines in einem anderen Mitgliedstaat der Europäischen Union eröffneten Insolvenzverfahrens widersprechen, die sich nach

der Verordnung (EU) 2015/848 auf die Bundesrepublik Deutschland erstrecken. ²Dies gilt auch für Rechtshandlungen, die während des eingestellten Verfahrens vom Insolvenzverwalter oder ihm gegenüber in Ausübung seines Amtes vorgenommen worden sind.

(3) ¹Vor der Einstellung nach § 2 Absatz 1 Satz 2 hat das Insolvenzgericht das Gericht des anderen Mitgliedstaats der Europäischen Union, bei dem das Verfahren anhängig ist, und den Insolvenzverwalter, der in dem anderen Mitgliedstaat bestellt wurde, über die bevorstehende Einstellung zu unterrichten. ²Dabei soll angegeben werden, wie die Eröffnung des einzustellenden Verfahrens bekannt gemacht wurde, in welchen öffentlichen Büchern und Registern die Eröffnung eingetragen wurde und wer Insolvenzverwalter ist. ³In dem Einstellungsbeschluss ist das Gericht des anderen Mitgliedstaats zu bezeichnen, zu dessen Gunsten das Verfahren eingestellt wird. ⁴Diesem Gericht ist eine Ausfertigung des Einstellungsbeschlusses zu übersenden. ⁵§ 215 Absatz 2 der Insolvenzordnung ist nicht anzuwenden.

Literatur: Siehe auch die Literaturangaben bei § 1; *Gerhardt*, Die Beschwerde in Insolvenzverfahren, in: Festschrift für Wilhelm Uhlenbruck, 2000, S. 65; *Madaus*, As simple as it can be? – Anregungen zum Gesetzentwurf der Bundesregierung zur Durchführung der Verordnung (EU) 2015/848 über Insolvenzverfahren (BT-Drs. 18/10823), NZI 2017, 203.

### Übersicht

| | |
|---|---|
| I. Zweck der Norm .................. 1 | 2. Wirkungen des Insolvenzverfahrens (Art. 102c § 3 Abs. 2) ............... 9 |
| II. Inhalt der Norm .................. 4 | 3. Unterrichtungs- und Kooperationspflicht (Art. 102c § 3 Abs. 3) ......... 14 |
| 1. Anhörungspflicht und Beschwerdebefugnis (Art. 102c § 3 Abs. 1) ........ 4 | |

### I. Zweck der Norm

Die Vorschrift behandelt die **verfahrensrechtliche Umsetzung** der Verfahrenseinstellung. Sie übernimmt im Wesentlichen den bisherigen Art. 102 § 4.[1] Da die Einstellungspflicht der prioritätswidrigen Verfahrenseröffnung Eingang in Art. 102c § 2 Satz 2 fand, konnte Art. 102 § 4 Satz 1 entfallen. Art. 102c § 3 Abs. 1 Satz 1 enthält jetzt die **Anhörungspflichten**, Satz 2 die **Beschwerdebefugnis**. 1

Wie bisher regelt Art. 102c § 3 **Abs. 2** die **Wirkungen** der Einstellung und Art. 102c § 3 **Abs. 3 Sätze 1 bis 3** die **Unterrichtungs- und Übermittlungspflichten** des deutschen Gerichts gegenüber dem zuerst eröffnenden ausländischen Gericht; Satz 4 schießt die Wiedererlangung der Verfügungsbefugnis des Schuldners aus. 2

Die Vorschrift dient der **Durchsetzung** der **Prioritätsregel** des Art. 19 Abs. 1 EuInsVO,[2] die allerdings den verfahrensrechtlichen Umgang mit einer unzulässigen Zweiteröffnung nicht behandelt, was die Vorschrift notwendig machte.[3] Ausgehend von der Einstellungspflicht des prioritätswidrig eröffneten Verfahrens (Art. 102c § 3 Abs. 1 Satz 2 Halbs. 2) legt sie das gerichtliche Verfahren und die Wirkungen der 3

---

1) Beschlussempfehlung und Bericht d. RA z. RegE Gesetz zur Neuregelung des Internationalen Insolvenzrechts, BR-Drucks. 15/16, S. 28.
2) *Kindler* in: MünchKomm-BGB, Art. 102 § 4 EGInsO Rz. 2; *Swierczok* in: HK-InsO, Art. 102 § 4 EGInsO Rz. 1.
3) *Thole* in: MünchKomm-InsO, Art. 102 § 4 EGInsO Rz. 1.

Einstellung fest. Art. 102c § 3 übernimmt die unsystematische Struktur der Vorgängervorschrift, indem sowohl Art. 102c § 3 Abs. 1 und 3 Verfahrenspflichten anordnen, während Absatz 2 mittig die Verfahrenswirkungen enthält, ergänzt um Absatz 3 Satz 4. Damit bringt der Gesetzgeber zum Ausdruck, dass er am bereits vorhandenen System der „Verzahnung" des Art. 102 soweit als möglich festhalten will. Die Regelung und auch Art. 102c § 2 Abs. 1 Satz 2 Halbs. 2 sind § 3 des Deutsch-österreichischen Konkursvertrages (DöKV) nachgebildet, der allerdings die Eröffnung bzw. Fortsetzung eines Sekundärverfahrens nicht vorsah und dem nationalen Recht die Anordnung der Rückwirkung zubilligte.[4]

## II. Inhalt der Norm

### 1. Anhörungspflicht und Beschwerdebefugnis (Art. 102c § 3 Abs. 1)

4 **Vor der Einstellung** eines bereits eröffneten Verfahrens **soll** das Insolvenzgericht den Insolvenzverwalter, soweit bestellt den Gläubigerausschuss und den Schuldner hören (Abs. 1 Satz 1). Die Anhörung hat **vor dem Erlass des Einstellungsbeschlusses** stattzufinden, sie ist sachgerecht.[5] Das Gesetz setzt den Begriff der **Einstellung** voraus und meint damit die vorzeitige Beendigung des Insolvenzverfahrens, weil die gemeinschaftliche Befriedigung der Gläubiger nicht mehr durchgeführt wird.[6] Die Anhörungspflicht wahrt den Grundsatz des **rechtlichen Gehörs**.[7] Das Soll ist daher als **Mussvorschrift** auszulegen.[8] Soweit damit die Unverzichtbarkeit vorheriger Anhörung gemeint sein soll, ist dem zu widersprechen. In systematischer Hinsicht ist zu bedenken, dass die Anhörungspflicht vor, aber in unmittelbarem Zusammenhang mit der fortdauernden Wirkung des einzustellenden Insolvenzverfahrens geregelt ist. Daraus ist zu schließen, dass die Anhörung nicht zu Lasten **vermeidbarer** Insolvenzwirkungen gehen darf. In **Eilfällen** ist sie zugunsten der sofortigen Einstellung **zurückzustellen** und **später nachzuholen**[9] (Rechtsgedanke des § 56a Abs. 1 letzter Halbs. InsO). Die Anhörungspflicht gilt in gleicher Weise für die Fortführung des Hauptinsolvenzverfahrens als Sekundärverfahren.[10]

5 Anzuhören sind der **Insolvenzverwalter**, der auch ein **vorläufiger** sein kann, da auch dieser dem Anwendungsbereich der EuInsVO unterfällt, ebenso der **Gläubigerausschuss**, insofern ein solcher bestellt ist. Nach dem Wortlaut fordert Art. 102c § 3 Abs. 1 Satz 1 nicht, zum Zwecke der Anhörung einen Ausschuss zu bestellen;

---

4) Begr. RegE Gesetz zur Neuregelung des Internationalen Insolvenzrechts, BT-Drucks. 15/16, S. 15; BGH, Beschl. v. 29.5.2008 – IX ZB 103/07, Rz. 29 f., ZIP 2008, 2029, 2033, dazu EWiR 2009, 17 *(Herchen)*; *Kindler* in: MünchKomm-BGB, Art. 102 § 4 EGInsO Rz. 3; *Thole* in: MünchKomm-InsO, Art. 102 § 4 EGInsO Rz. 2.
5) *Madaus*, NZI 2017, 203, 207.
6) Kübler/Prütting/Bork-*Kemper*, InsO, Art. 102 § 4 EGInsO Rz. 2.
7) Kübler/Prütting/Bork-*Kemper*, InsO, Art. 102 § 4 EGInsO Rz. 4; *Swierczok* in: HK-InsO, Art. 102 § 4 EGInsO Rz. 4; *Thole* in: MünchKomm-InsO, Art. 102 § 4 EGInsO Rz. 6.
8) *Kindler* in: MünchKomm-BGB, Art. 102 § 4 EGInsO Rz. 5; *Swierczok* in: HK-InsO, Art. 102 § 4 EGInsO Rz. 4.
9) Zur Nachholbarkeit BVerfG, Beschl. v. 25.5.1956 – 1 BvR 128/56, NJW 1956, 1026; OLG Koblenz, Beschl. v. 9.9.2014 – 14 W 522/14, NJW-RR 2015, 446.
10) *Swierczok* in: HK-InsO, Art. 102 § 4 EGInsO Rz. 4; *Thole* in: MünchKomm-InsO, Art. 102 § 4 EGInsO Rz. 7.

dagegen spricht die Eilbedürftigkeit und die damit verbundenen Kosten. Schließlich ist der **Schuldner** anzuhören. Für ihn gilt § 10 InsO. Das Gesetz sagt nicht, **wie** und in **welcher Form** die Anhörung durchzuführen ist, sie ist dem **pflichtgemäßen Ermessen** des Gerichts überantwortet. **Funktionell zuständig** ist durch die Anfügung von § 19a Abs. 3 Nr. 2 RPflG der **Richter,**[11] eine gleichwohl vom Rechtspfleger vorgenommene Einstellung ist gemäß § 8 Abs. 4 RPflG unwirksam.[12] Die **Erinnerung** gemäß § 11 Abs. 2 RPflG kommt **nicht** zur Anwendung.

Art. 102c § 3 Abs. 1 Satz 2 räumt eine **Beschwerdebefugnis** für **jeden Insolvenzgläubiger** ein, ohne das Rechtsmittel näher zu erläutern. Hierüber ist im Einstellungsbeschluss gemäß § 4 InsO, § 232 ZPO zu **belehren.** Zutreffendes Rechtsmittel ist die **sofortige Beschwerde** i. S. der §§ 567 ff. ZPO.[13] Die Regelung in Art. 102c § 3 ist außerhalb der InsO getroffen, so dass § 6 Abs. 1 Satz 2 InsO keine Anwendung findet,[14] mit der Folge, dass die sofortige Beschwerde auch unmittelbar beim Rechtsmittelgericht eingelegt werden kann (§ 569 Abs. 1 Satz 1 ZPO). Das führt zu bedauerlichen Verzögerungen.

Beschwerdebefugt sind die **Insolvenzgläubiger** i. S. des § 38 InsO, nicht aber absonderungsberechtigte sowie nachrangige Gläubiger, da zumindest erstere weiter aus ihren Sicherheiten vorgehen können.[15] Dem ist entgegenzuhalten, dass dem Absonderungsrecht in der Regel ein persönlicher Anspruch zugrunde liegt, insoweit sind sie Insolvenzgläubiger. Auch die Nachrangigkeit gemäß § 39 InsO ist nur eine Verteilungsregel und ändert nichts an der Stellung als Insolvenzgläubiger.[16] Kritisiert wird i. Ü., dass die Beschwerdebefugnis nicht auf den Schuldner und entgegen Art. 102 § 3 Abs. 1 Satz 3 auf den Insolvenzverwalter erstreckt wird.[17] Die Beschwerdebefugnis gilt entsprechend, wenn das bisherige Hauptinsolvenzverfahren in ein Sekundärverfahren umgewandelt wird.[18]

Zur **formellen Beschwerdeberechtigung** muss die (individuelle) **Beschwer** hinzutreten. Der Beschwerdeführer muss durch die Einstellung des Verfahrens in rechtserheblicher Weise beschwert sein. Ist das nicht der Fall, ist die sofortige Beschwerde als **unzulässig** zurückzuweisen. Das ist in der Regel beim aussonderungsberechtigten Gläubiger der Fall, aber nicht beim Absonderungsberechtigten hinsichtlich des Ausfalls. Wird das Verfahren eingestellt, entfällt die Beschwer.[19] Davon weicht

---

11) Begr. RegE Durchführungsgesetz, BR-Drucks. 654/16, S. 23.
12) BGH, Beschl. v. 29.5.2008 – IX ZB 102/07, Rz. 17, ZIP 2008, 1338, 1340.
13) K Schmidt-*Brinkmann*, InsO, Art 102 § 4 EGInsO Rz 4; Kübler/Prütting/Bork-*Kemper*, InsO, Art. 102 § 4 EGInsO Rz. 9; Pannen-*Frind*, EuInsVO, Art. 102 § 4 EGInsO Rz. 3; *Swierczok* in: HK-InsO, Art. 102 § 4 EGInsO Rz. 5.
14) *Gerhardt* in: FS Uhlenbruck, S. 75, 78; abweichend Kübler/Prütting/Bork-*Kemper*, InsO, Art. 102 § 4 EGInsO Rz. 9, der § 216 InsO analog anwenden will, was in konsequenterweise zu § 6 InsO führt.
15) Kübler/Prütting/Bork-*Kemper*, InsO, Art. 102 § 4 EGInsO Rz. 7.
16) Wie hier *Swierczok* in: HK-InsO, Art. 102 § 4 EGInsO Rz. 5; *Thole* in: MünchKomm-InsO, Art. 102 § 4 EGInsO Rz. 8.
17) Pannen-*Frind*, EuInsVO, Art. 102 § 4 EGInsO Rz. 3.
18) *Thole* in: MünchKomm-InsO, Art. 102 § 4 EGInsO Rz. 8.
19) Uhlenbruck-*Pape*, InsO, § 6 Rz. 12.

Art. 102c § 3 Abs. 1 Satz 2 ab, indem der Einstellungsbeschluss **Beschwerdegegenstand** wird.

## 2. Wirkungen des Insolvenzverfahrens (Art. 102c § 3 Abs. 2)

9 Die **Wirkungen** des Insolvenzverfahrens **bleiben bestehen**, eine Rückabwicklung findet nicht statt. Art. 102c § 3 Abs. 2 beendet das Verfahren mit Wirkung ex nunc.[20] Gemeint sind Wirkungen, die **vor der Einstellung** des Insolvenzverfahrens **eingetreten** sind. Die Wirkungserhaltung beschränkt sich auf die Verfahrensfolgen, die **nicht auf die Dauer** des Verfahrens beschränkt sind. Das sind alle Verfahrenshandlungen, die ein Rechtsverhältnis gestalten,[21] aber auch irreversible, vom Gesetz angeordnete Rechtsfolgen wie die §§ 115, 116, 120, 121 InsO.[22]

10 Aus dem Umkehrschluss zu Art. 102c § 3 Abs. 2 Satz 1 folgt, dass mit der Einstellung des Verfahrens **alle Wirkungen** des inländischen Insolvenzverfahrens **enden**, die **für die Dauer** des Verfahrens aus Gründen des Verkehrsschutzes **bestehen**.[23] Letztere sind die Vollstreckungsverbote der §§ 89, 90, 110 Abs. 2 Satz 2, 123 Abs. 3 Satz 2, 210 InsO, die Verjährungshemmung (§ 204 Abs. 1 Nr. 10 BGB), die Prozessunterbrechung (§ 240 ZPO), gerichtliche Anordnungen, die nur für die Dauer des Verfahrens gelten sollen, wie § 99 InsO, die Ämter des Verwalters und der Mitglieder des Gläubigerausschusses.[24]

11 Die **Wirkungen** bleiben **auch dann bestehen**, wenn sie den **Wirkungen** eines in einem anderem Mitgliedstaat eröffneten Verfahrens **widersprechen**, die sich auch auf Deutschland erstrecken.[25] Diese Regelung solle, da europarechtswidrig, dann keine Anwendung finden, wenn das inländische Gericht in Kenntnis des in einem anderen Mitgliedstaat eröffneten Hauptinsolvenzverfahrens ein Verfahren eröffnet.[26] Dem ist zu widersprechen. Bereits der Umstand, dass der Gesetzgeber Art. 102 § 4 Abs. 2 unverändert und ohne Auseinandersetzung mit dem gegenteiligen Standpunkt übernimmt,[27] steht der Reduktion des Anwendungsbereichs entgegen. Zwar ist die Auffassung des BGH einerseits von dem anerkennenswerten Bemühen getragen, prio-

---

20) Begr. RegE Gesetz zur Neuregelung des Internationalen Insolvenzrechts, BT-Drucks. 15/16, S. 15; Kübler/Prütting/Bork-*Kemper*, InsO, Art. 102 § 4 EGInsO Rz. 10; *Swierczok* in: HK-InsO, Art. 102 § 4 EGInsO Rz. 6.
21) Kübler/Prütting/Bork-*Kemper*, InsO, Art. 102 § 4 EGInsO Rz. 12.
22) Kübler/Prütting/Bork-*Kemper*, InsO, Art. 102 § 4 EGInsO Rz. 12.
23) *Swierczok* in: HK-InsO, Art. 102 § 4 EGInsO Rz. 6; Kübler/Prütting/Bork-*Kemper*, InsO, Art. 102 § 4 EGInsO Rz. 11; Nerlich/Römermann-*Commandeur*, InsO, Art. 102 § 4 EGInsO Rz. 7; Pannen-*Frind*, EuInsVO, Art. 102 § 4 EGInsO Rz. 6.
24) Kübler/Prütting/Bork-*Kemper*, InsO, Art. 102 § 4 EGInsO Rz. 11; Pannen-*Frind*, EuInsVO, Art. 102 § 4 EGInsO Rz. 6.
25) *Swierczok* in: HK-InsO, Art. 102 § 4 EGInsO Rz. 6; Nerlich/Römermann-*Commandeur*, InsO, Art. 102 § 4 EGInsO Rz. 7.
26) BGH, Beschl. v. 29.5.2008 – IX ZB 102/07, Rz. 23 f., ZIP 2008, 1338, 1340; *Kindler* in: MünchKomm-BGB, Art. 102 § 4 EGInsO Rz. 7; Nerlich/Römermann-*Commandeur*, InsO, Art. 102 § 4 EGInsO Rz. 10 und 11; *Weller*, IPrax 2004, 412, 417 (Urteilsanm.); a. A. *Swierczok* in: HK-InsO, Art. 102 § 4 EGInsO Rz. 7 und 8; Kübler/Prütting/Bork-*Kemper*, InsO, Art. 102 § 4 EGInsO Rz. 14 f.; krit. auch *Thole* in: MünchKomm-InsO, Art. 102 § 4 EGInsO Rz. 12, 13.
27) Begr. RegE Durchführungsgesetz, BR-Drucks. 654/16, S. 28.

Einstellung des Insolvenzverfahrens **Art. 102c § 3 EGInsO**

ritätswidrige Eröffnungen zu verhindern,[28] für die der europäische Anwendungsvorrang keine zu verwaltende Masse belässt. Andererseits verkennt sie die **limitierte Universalität** von Hauptinsolvenzverfahren (ErwG 22 Satz 1), die Sonderanknüpfungen und Verfahren mit territorialer Wirkung zulassen (ErwG 22 Sätze 6 und 7).[29] Dem Gebot der Einheitlichkeit der Verfahren tragen u. a. die Koordinierungsvorschriften (Artt. 41 f. EuInsVO; ErwG 23 Satz 5 EuInsVO) und Art. 5 EuInsVO Rechnung, wobei das nationale Recht die Folgen der Anfechtung zu regeln befugt ist (ErwG 34 Satz 2 EuInsVO). Das ist **legitime Aufgabe** des **Art. 102c § 3 Abs. 2 Satz 1**, die im Kern das prioritätswidrige inländische Verfahren hinsichtlich ihrer Wirkungen bis zu seiner Aufhebung als Territorialverfahren behandelt („die sich ... auf die Bunderepublik Deutschland erstrecken").[30] Das macht die zweifelhafte Unterscheidung, ob die Eröffnung in Kenntnis oder Unkenntnis des ersten Eröffnungsbeschlusses erfolgt ist, entbehrlich[31] und nimmt hinreichend Rücksicht auf die Bedürfnisse der lokalen Gläubiger und den Rechtsverkehr.[32]

Dem folgend bleibt der inländische Insolvenzverwalter in **entsprechender** Anwendung des **§ 209 InsO** verpflichtet, die begründeten **Masseverbindlichkeiten** zu berichtigen, weil sie ihre bevorrechtigte Stellung u. U. im ausländischen Verfahren nach der dort geltenden lex fori concursus nicht behalten.[33] Diese Verpflichtung ist allerdings nicht auf die deutschen Massegläubiger beschränkt,[34] der Gegenstandpunkt perforiert den Schutz des Rechtsverkehrs (vgl. Art. 18 Abs. 1 AEUV). Wird das Verfahren als Sekundärverfahren fortgeführt, haftet nur noch die Masse des Sekundärverfahrens für die ab seiner Eröffnung begründeten Masseverbindlichkeiten.[35] 12

Nach **Art. 102c § 3 Abs. 2 Satz 2** gelten die Wirkungen des Satzes 1 auch für **Rechtshandlungen** des **Verwalters**, die er während des eingestellten Verfahrens oder **ihm gegenüber** in Ausübung seines Amtes **vorgenommen** hat. Hierzu rechnen Verfügungen, wie die Ausübung des Wahlrechts (§ 103 InsO), Veräußerungen von Massegegenständen, Freigabe eines Massegegenstandes; auch diese Verfügungshandlungen sind nicht auf die Dauer des Verfahrens beschränkt.[36] Rechtshandlungen, die gegenüber dem Verwalter vorgenommen werden, sind insbesondere die Erklärung der Aufrechnung, oder die Offenlegung der Abtretung (§§ 406, 407 BGB). Der Zusatz „in 13

---

28) *Thole* in: MünchKomm-InsO, Art. 102 § 4 EGInsO Rz. 13.
29) Dazu Mankowski/Müller/J. Schmidt-*Mankowski*, EuInsVO 2015, Vor Art. 34–51 Rz. 3, 16.
30) *Thole* in: MünchKomm-InsO, Art. 102 § 4 EGInsO Rz. 12.
31) *Thole* in: MünchKomm-InsO, Art. 102 § 4 EGInsO Rz. 13.
32) EuGH, Urt. v. 4.9.2014 – Rs. C-327/13 (Burgo Group), Rz. 35, ZIP 2014, 2513, 2515, dazu EWiR 2015, 81 (*Undritz*); *Swierczok* in: HK-InsO, Art. 102 § 4 EGInsO Rz. 8 ausdrücklich für die **irrtümliche** Verfahrenseröffnung in **(fahrlässiger) Unkenntnis**; Mankowski/Müller/J. Schmidt-*Mankowski*, EuInsVO 2015, Vor Art. 34–51 Rz. 4 f.
33) *Kindler* in: MünchKomm-BGB, Art. 102 § 4 EGInsO Rz. 12; *Swierczok* in: HK-InsO, Art. 102 § 4 EGInsO Rz. 8, der Dritte durch Schadensersatzansprüche schützen will; Nerlich/Römermann-*Commandeur*, InsO, Art. 102 § 4 EGInsO Rz. 11, europarechtswidrige Privilegierung.
34) So aber Nerlich/Römermann-*Commandeur*, InsO, Art. 102 § 4 EGInsO Rz. 8.
35) Pannen-*Frind*, EuInsVO, Art. 102 § 4 EGInsO Rz. 6.
36) Nerlich/Römermann-*Commandeur*, InsO, Art. 102 § 4 EGInsO Rz. 8.

**Ausübung seines Amtes**" stellt sicher, dass nur masserelevante Rechtshandlungen erfasst werden.

### 3. Unterrichtungs- und Kooperationspflicht (Art. 102c § 3 Abs. 3)

14 Vor der Einstellung gemäß Art. 102c § 3 Abs. 1 hat das Insolvenzgericht das Gericht des anderen Mitgliedstaates und den dort bestellten **Insolvenzverwalter** zu unterrichten. Wie schon die Vorgängervorschrift stellt die Unterrichtung sicher, dass der ausländische Insolvenzverwalter des Hauptinsolvenzverfahrens möglichst schnell alle Maßnahmen ergreifen kann, um das inländische Vermögen zu sichern.[37] Das „hat" macht die verpflichtende Wirkung der Vorschrift deutlich (**Mussvorschrift**). Die Unterrichtung hat zeitlich **vor der Einstellung** zu erfolgen, nur so erfüllt sie ihren Zweck[38] und gewährleistet den nahtlosen Übergang des Vermögensbeschlages.[39] Das Gericht hat über die **bevorstehende Einstellung** zu unterrichten, weil diese Information möglichen Handlungsbedarf des ausländischen Insolvenzverwalters auslöst. Die Unterrichtungspflicht darf allerdings nicht zulasten vermeidbarer Insolvenzwirkungen gehen (siehe oben Rz. 4), sie wird jetzt von Art. 42 Abs. 1 EuInsVO überlagert.

15 Art. 102c § 3 **Abs. 3 Satz 2** beschreibt die Angaben, die die Unterrichtung zu enthalten hat, sie ist **lex specialis** gegenüber § 16 EGGVG und stellt die notwendige Ermächtigungsgrundlage zur Weitergabe der Daten dar (vgl. Art. 6 Abs. 1 lit. c DSGVO). Der Gebrauch des „soll" verdeutlicht, dass das unterrichtende Gericht weitergehende Informationen als die umschriebenen weiterleiten kann, ihm steht ein **Unterrichtungsermessen** zu, wenn nur ihr Zweck erreicht wird.[40] Die **Mindestangaben** umfassen, wie die Verfahrenseröffnung bekannt gegeben wurde und in welche öffentlichen Bücher und Register das Verfahren eingetragen ist (Art. 102c § 3 Abs. 3 Satz 2). Diese Informationen sollen das zuständige Gericht und insbesondere den Insolvenzverwalter in die Lage versetzen, den Insolvenzwirkungen außerhalb des Eröffnungsstaates Geltung zu verschaffen, indem er von seinen Befugnissen gemäß Art. 21, 52 EuInsVO Gebrauch macht (Art. 102c §§ 7 und 8), ggf. Entscheidungen über Sicherungsmaßnahmen für vollstreckbar erklären zu lassen (Art. 32 Abs. 1 EuInsVO).[41]

16 Die **Form** der Unterrichtung ist **nicht vorgeschrieben**. Sie steht gleichfalls im Ermessen des Gerichts und kann **auf jedem geeigneten Weg** erfolgen (Art. 42 Abs. 3 Satz 1 EuInsVO). Deshalb ist weder eine förmliche Zustellung noch eine Übersetzung vorgeschrieben.[42] Das schließt indessen nicht aus, dass sich die Gerichte über eine gemeinsame Sprache verständigen.

---

37) Begr. RegE Gesetz zur Neuregelung des Internationalen Insolvenzrechts, BT-Drucks. 15/16, S. 15.
38) Kübler/Prütting/Bork-*Kemper*, InsO, Art. 102 § 4 EGInsO Rz. 21.
39) Pannen-*Frind*, EuInsVO, Art. 102 § 4 EGInsO Rz. 4.
40) Kübler/Prütting/Bork-*Kemper*, InsO, Art. 102 § 4 EGInsO Rz. 21.
41) OLG Düsseldorf, Beschl. v. 9.7.2004 – I-3 W 53/04, ZIP 2014, 1514, 1515, dazu EWiR 2005, 177 *(Pannen/Riedemann)*.
42) Kübler/Prütting/Bork-*Kemper*, InsO, Art. 102 § 4 EGInsO Rz. 22 und 23.

Einstellung des Insolvenzverfahrens  **Art. 102c § 3 EGInsO**

Nach **Art. 102c § 3 Abs. 3 Satz 3** ist **im Einstellungsbeschluss das Gericht** des anderen Mitgliedstaates zu bezeichnen, **zu dessen Gunsten** das Verfahren eingestellt wird. Die Vorschrift macht gesetzliche Vorgaben über den Inhalt des Einstellungsbeschlusses. Seine effektive Umsetzung ist im Tenor der Entscheidung vorzunehmen, etwa durch die Formulierung, „… das Insolvenzverfahren über das Vermögen des/der … wird zugunsten des beim … eröffneten Hauptinsolvenzverfahren eingestellt." Das **zugunsten** ist nach hier vertretener Auffassung kein Begründungsersatz (siehe oben Art. 102c § 2 Rz. 4 [*Vallender/Zipperer*]), sondern bringt die **Wirkungserstreckung** des Hauptinsolvenzverfahrens **zum Ausdruck**. Der Einstellungsbeschluss kann zur raschen Sicherung der Vermögenswerte mit dem Eröffnungsbeschluss eines Sekundärverfahrens **verbunden** werden, sofern hierzu ein entsprechender Antrag vorliegt.[43] Dann besteht die Möglichkeit der Aussetzung der Verwertung gemäß Art. 46 Abs. 1 Satz 1 EuInsVO.  17

Nach **Art. 102c § 3 Abs. 3 Satz 4** ist dem Gericht, zu dessen Gunsten eingestellt wird, eine **Ausfertigung** des Einstellungsbeschlusses zu **übersenden**. Auch diese Verpflichtung erfordert keine förmliche Zustellung. Entsprechend §§ 215 Abs. 1, 31 bis 33 InsO hat das Insolvenzgericht den **Insolvenzvermerk** in den deutschen Registern löschen zu lassen (§ 215 Abs. 1 Satz 1 InsO).[44]  18

**Art. 102c § 3 Abs. 3 Satz 5** besagt, dass § 215 Abs. 2 InsO nicht anzuwenden ist. Damit stellt der Gesetzgeber klar, der Schuldner erhält durch die Einstellung nicht die **Verfügungsbefugnis** über sein in Deutschland belegenes Vermögen zurück.[45] Die Regelung stellt ungeachtet der automatischen Wirkungserstreckung des Art. 19 Abs. 1 EuInsVO sicher, dass der Insolvenzbeschlag des Hauptinsolvenzverfahrens das schuldnerische Vermögen im Inland erfasst und so den nahtlosen Übergang gewährleistet.[46] Das Gesetz setzt schon nach seinem systematischen Aufbau vorrangig auf die Erfüllung der Kooperationspflichten, **Satz 5** bildet dazu eine **flankierende**, gleichwohl **notwendige gesetzliche Anordnung**.  19

Ob dem Insolvenzverwalter des einzustellenden Verfahrens eine **fortwährende Sicherungspflicht** zukommt mit der Folge, dass er weder dem Schuldner noch dessen Gläubigern Vermögensgegenstände aushändigen darf, wird unterschiedlich beurteilt.[47] Der Wille des Gesetzgebers ist eindeutig, aber er vermag nicht zu erklären, weshalb dem Insolvenzverwalter des einzustellenden Verfahrens trotz Beendigung des Amtes  20

---

43) Begr. RegE Gesetz zur Neuregelung des Internationalen Insolvenzrechts, BT-Drucks. 15/16, 15; Pannen-*Frind*, EuInsVO, Art. 102 § 4 EGInsO Rz. 8; *Swierczok* in: HK-InsO, Art. 102 § 4 EGInsO Rz. 3.
44) Pannen-*Frind*, EuInsVO, Art. 102 § 4 EGInsO Rz. 7.
45) Begr. RegE Gesetz zur Neuregelung des Internationalen Insolvenzrechts, BT-Drucks. 15/16, S. 15; Nerlich/Römermann-*Commandeur*, InsO, Art. 102 § 4 EGInsO Rz. 14.
46) *Swierczok* in: HK-InsO, Art. 102 § 4 EGInsO Rz. 9; *Thole* in: MünchKomm-InsO, Art. 102 § 4 EGInsO Rz. 14.
47) Begr. RegE Gesetz zur Neuregelung des Internationalen Insolvenzrechts, BT-Drucks. 15/16, S. 15: „Der Insolvenzverwalter des einzustellenden Verfahrens „hat demgemäß auch nicht" das Inlandsvermögen an den Schuldner oder Gläubiger auszuhändigen, sondern diese im Interesse des ausländischen Hauptinsolvenzverfahrens zu sichern." A. A. Pannen-*Frind*, EuInsVO, Art. 102 § 4 EGInsO Rz. 7, denn mit der Einstellung enden die Sicherungsbefugnisse.

*Vallender/Zipperer*

die Aushändigung verboten ist und zugunsten des ausländischen Verfahrens Sicherungsbefugnisse übernimmt. Diese Friktionen verhindern die Koordinations- und Kommunikationspflichten, wo ausschließlich die Lösung zu suchen ist. Die Tatsache, dass der Verwalter über die Rechtskraft des Einstellungsbeschlusses hinaus zur Masseschuldbefriedigung verpflichtet ist (siehe Rz. 12), ist eine Folge des Vertrauensschutzes des Rechtsverkehrs, stellt aber die Beendigung des Verfahrens nicht in Frage.

## § 4
## Rechtsmittel nach Artikel 5 der Verordnung (EU) 2015/848

¹Unbeschadet des § 21 Absatz 1 Satz 2 und des § 34 der Insolvenzordnung steht dem Schuldner und jedem Gläubiger gegen die Entscheidung über die Eröffnung des Hauptinsolvenzverfahrens nach Artikel 3 Absatz 1 der Verordnung (EU) 2015/848 die sofortige Beschwerde zu, wenn nach Artikel 5 Absatz 1 der Verordnung (EU) 2015/848 das Fehlen der internationalen Zuständigkeit für die Eröffnung eines Hauptinsolvenzverfahrens gerügt werden soll. ²Die §§ 574 bis 577 der Zivilprozessordnung gelten entsprechend.

**Literatur:** Siehe auch sie Literaturangaben bei § 1; *Deyda*, Der Fall NIKI Luftfahrt – Bruchlandung des neuen europäischen internationalen Insolvenzrechts?, ZInsO 2018, 221; *Gruber*, Die EuInsVO in schweren Turbulenzen, DZWiR 2018, 301; *Madaus*, As simple as it can be? – Anregungen zum Gesetzentwurf der Bundesregierung zur Durchführung der Verordnung (EU) 2015/848 über Insolvenzverfahren (BT-Drs. 18/10823), NZI 2017, 203; *Müller*, Der Massebezug des anhängigen Rechtsstreits in Art. 15 EuInsVO a. F. – Warum einfach, wenn es auch kompliziert geht?, GPR 2018, 243; *Schoppmeyer*, Rechtsmittel im internationalen Insolvenzrecht, in: Festschrift für Gerhard Pape, 2019, S. 373; *Thole*, Lehren aus dem Fall NIKI, ZIP 2018, 401; *Zipperer*, Ein Plädoyer für eine europarechtskonforme Anwendung deutscher Verfahrensvorschriften am Beispiel von Niki, ZIP 2018, 956.

### Übersicht

| | |
|---|---|
| I. Zweck der Norm .................. 1 | 2. Rechtsbeschwerde (Art. 102c § 4 Satz 2) ............. 9 |
| II. Inhalt der Norm .................. 2 | 3. Wirkung der Beschwerdeentscheidung .............. 10 |
| 1. Statthaftigkeit der sofortigen Beschwerde (Art. 102c § 4 Satz 1) .......... 2 | |

## I. Zweck der Norm

Die Norm reagiert auf die Neufassung des Art. 5 Abs. 1 EuInsVO, die dem **Schuldner und jedem Gläubiger** das Recht einräumt, die Entscheidung zur Eröffnung des Hauptinsolvenzverfahrens mit der Begründung **anzufechten**, das eröffnende Gericht sei **international unzuständig**.[1] Dafür ist in Art. 102c § 4 **Satz 1** die **sofortige Beschwerde** vorgesehen, auf die die §§ 567 ff., §§ 574 bis 577 ZPO entsprechend anwendbar sind (**Satz 2**), **nicht** aber § 6 InsO (siehe unten Rz. 10 f.).

---

1) Begr. RegE Durchführungsgesetz, BR-Drucks. 654/16, S. 28.

## II. Inhalt der Norm

### 1. Statthaftigkeit der sofortigen Beschwerde (Art. 102c § 4 Satz 1)

Gegenstand des Rechtsmittels ist die **Eröffnung** eines Insolvenzverfahrens oder die Anordnung einer **vorläufigen Sicherungsmaßnahme** gemäß § 21 InsO, sofern damit das erlassende Gericht seine internationale Zuständigkeit nach Art. 3 Abs. 1 EuInsVO zum Ausdruck bringt, also der vorläufigen Maßnahme grenzüberschreitende Wirkung beimisst.[2] Die Begründung des RegE war noch weitergehender,[3] was der Rechtsausschuss durch die geänderte Formulierung des Art. 102c § 4 Satz 1 im obigen Sinne klarstellte.[4] Eröffnung meint zweifellos den **Eröffnungsbeschluss** i. S. des § 27 InsO[5] über ein Insolvenzverfahren (Anhang A), das mit der Bestellung eines Insolvenzverwalters oder eines Sachwalters verbunden ist (Anhang B). In Betracht kommen unter Berücksichtigung der eingangs geschilderten Einschränkungen **vorläufige Maßnahmen** i. S. § 21 InsO, also die **vorläufige Verwalterbestellung**, gleichgültig ob stark oder schwach[6] (§ 21 Abs. 2 Nr. 1 InsO),[7] die Anordnung eines **allgemeinen Verfügungsverbots** (§ 21 Abs. 2 Nr. 2 InsO), die **Einstellung der Zwangsvollstreckung** (§ 21 Abs. 2 Nr. 3 InsO) und das **Verwertungsverbot** (§ 21 Abs. 2 Nr. 5 InsO). Der Wortlaut beschränkt sich auf Maßnahmen zur Sicherung der Masse, weshalb die Bestellung eines vorläufigen Gläubigerausschusses gemäß § 21 Abs. 2 Nr. 1a InsO nicht unter seinen Anwendungsbereich fällt, aber eine vorläufige Postsperre i. S. des § 21 Abs. 2 Nr. 4 InsO, da sie als Aufsichtsmaßnahme u. a. nachteilige Rechtshandlungen des Schuldners verhindern will (§ 99 Abs. 1 Satz 1 InsO). Da Art. 1 Abs. 1 EuInsVO eine wesentliche Erweiterung erfuhr, ist in Fortführung der *Eurofood*-Entscheidung ein Vermögensbeschlag oder eine Verwalterbestellung nicht mehr zwingend erforderlich,[8] soweit nur der Schuldner der Aufsicht und der (ggf. nachgelagerten) Kontrolle durch ein Gericht unterstellt ist (Art. 1 Abs. 1 Unterabs. 1 lit. b EuInsVO); dazu rechnen **vorinsolvenzliche Sanierungs- und Entschuldungsverfahren**.[9] Die Bestimmung nimmt damit künftige Rechtsänderungen vorweg bzw. bereitet diesen den Weg.

Die **Wirkungen** der Eröffnung bzw. der Sicherungsmaßnahme dürfen sich **nicht nur auf** das in der Bundesrepublik **befindliche Vermögen erstrecken**. Erlässt das Gericht eine auf die Bundesrepublik beschränkte Anordnung, bringt es damit zum Ausdruck, dass es nicht eine internationale Zuständigkeit i. S. des Art. 3 Abs. 1 EuInsVO

---

2) Begr. RegE Durchführungsgesetz, BT-Drucks. 18/10823, S. 29.
3) Begr. RegE Durchführungsgesetz, BT-Drucks. 18/10823, S. 29.
4) Beschlussempfehlung und Bericht d. RA z. RegE Durchführungsgesetz, BT-Drucks. 18/12154, S. 30, 31. *Swierczok* in: HK-InsO, Art. 102c § 4 EGInsO Rz. 3.
5) Nur diesen lässt als Beschwerdegegenstand zu Nerlich/Römermann-*Hübler*, InsO, Art. 102c § 4 EGInsO Rz. 5.
6) Mankowski/Müller/J. Schmidt-*J. Schmidt*, EuInsVO 2015, Art. 1 Rz. 24.
7) EuGH, Urt. v. 2.5.2006 – Rs. C-341/04 (Eurofood), Rz. 54, ZIP 2006, 907, 910, m. Anm. *Knof/Mock*, dazu EWiR 2005, 725 *(Pannen)*.
8) Begr. RegE Durchführungsgesetz, BT-Drucks. 18/10823, S. 29; differenzierend Beschlussempfehlung und Bericht d. RA z. RegE Durchführungsgesetz, BT-Drucks. 18/12154, S. 30, unter Hinweis auf *Madaus*, NZI 2017, 203, 207, 208.
9) Mankowski/Müller/J. Schmidt-*J. Schmidt*, EuInsVO 2015, Art. 1 Rz. 7.

**Art. 102c § 4 EGInsO**   Rechtsmittel nach Artikel 5 der Verordnung (EU) 2015/848

für sich in Anspruch nimmt.[10] Für die **Gerichtspraxis** gehen damit **Änderungen** einher. Bisher war lediglich der Eröffnungsbeschluss zu begründen (Art. 102 § 2). Jetzt sind gemäß Art. 4 Abs. 1 Satz 2 EuInsVO die Gründe anzugeben, auf denen die Zuständigkeit des Gerichts nach Art. 3 Abs. 1 oder Art. 2 EuInsVO beruht. Da Art. 1 Abs. 1 EuInsVO in die Eröffnungsentscheidungen auch vorinsolvenzliche Verfahren miteinbezieht, bedürfen ab sofort Beschlüsse über die Anordnung von **Sicherungsmaßnahmen** einer **Begründung** der internationalen Zuständigkeit. Abzustellen ist dabei auf die vom **Gericht gewählte, nicht** auf die **faktische Wirkung** der Anordnung. Taucht ein ausländischer Gläubiger in einem bislang ausschließlich innerdeutsch betriebenen Verfahren auf, ist er zur gerichtlichen Überprüfung der internationalen Zuständigkeit befugt.

4   **Beschwerdebefugt** sind der **Schuldner** und **jeder Gläubiger**. Rechtspolitisch zweifelhaft ist der Ausschluss des ausländischen Insolvenzverwalters vom Rechtsmittel abweichend von Art. 102 § 3 Abs. 1 Satz 3.[11] Gläubiger ist der, dem eine Forderung gegen den Schuldner zusteht (Art. 2 Nr. 11 EuInsVO), gleichgültig welchen Ranges und ungeachtet ihrer Beteiligung am Verfahren. Für diese schafft die Vorschrift originär eine Beschwerdebefugnis i. S. des § 6 InsO. Der in Betracht kommende Personenkreis ist im Lichte des Art. 5 Abs. 1 EuInsVO auszulegen, um zu verordnungskonformen Ergebnissen zu gelangen (siehe oben Art. 5 EuInsVO Rz. 3 [*Vallender/Zipperer*]).

5   Die Beschwerdebefugnis steht ihnen **unbeschadet** der **§§ 21 Abs. 1 Satz 2, 34 InsO** zu. Dies hat der Rechtsausschuss durch Veränderung der sprachlichen Fassung gegenüber dem RegE ausdrücklich klargestellt.[12] Damit bleiben anderweitig bestehende oder weitergehende Rechtsbehelfe nach den genannten Bestimmungen unberührt.[13] Der Kreis der Anfechtungsbefugten ist **nicht deckungsgleich**, denn gemäß §§ 21, 34 InsO steht nur dem **Schuldner** die sofortige Beschwerde zu. Diese Abweichung ist mit den unterschiedlichen Beschwerdegegenständen zu erklären.

6   Die sofortige Beschwerde ist **nur eröffnet, wenn** nach Art. 5 Abs. 1 EuInsVO das **Fehlen der internationalen Zuständigkeit** für die Eröffnung eines Hauptinsolvenzverfahrens **gerügt** werden soll.[14] Der eingeschränkte Beschwerdegegenstand weicht damit von der Regelungstechnik der §§ 571 Abs. 1 Satz 2, 513 Abs. 2 ZPO ab, weil sich die Rüge auf die **zu Unrecht** angenommene internationale Zuständigkeit stützt. Damit wird ein Rechtsbehelf eröffnet, der allein auf die Frage der **positiven Entscheidung** des Insolvenzgerichts über seine Zuständigkeit abstellt und den Verlust geleisteter Sacharbeit, aber auch entstandener Kosten in Kauf nimmt.[15]

---

10) Begr. RegE Durchführungsgesetz, BT-Drucks. 18/10823, S. 29.
11) *Schoppmeyer* in: FS Pape, S. 373, 378.
12) Beschlussempfehlung und Bericht d. RA z. RegE Durchführungsgesetz, BT-Drucks. 18/12154, S. 30.
13) Begr. RegE Durchführungsgesetz, BR-Drucks. 654/16, S. 29; *Schoppmeyer* in: FS Pape, S. 373, 378.
14) Beschlussempfehlung und Bericht d. RA z. RegE Durchführungsgesetz, BT-Drucks. 18/12154, S. 29.
15) Begr. RegE Gesetz zur Reform des Zivilprozesses, BT-Drucks. 14/4722, S. 113, zum gegenteiligen Ziel der Zivilprozessrechtsreform.

Die sofortige Beschwerde setzt damit in Übereinstimmung mit Art. 5 Abs. 1 und 2 EuInsVO voraus, dass das Insolvenzgericht seine Zuständigkeit gemäß Art. 3 Abs. 1 EuInsVO **fehlerhaft bejahte** („mangelnde int. Zuständigkeit", vgl. Art. 5 Abs. 2 Halbs. 2 EuInsVO). Das ist der Fall, wenn das Gericht seine Entscheidung **ausdrücklich** und mit **Begründung** (Art. 4 Abs. 1 EuInsVO) auf Art. 3 Abs. 1 EuInsVO **stützt**. Ergibt sich die internationale Zuständigkeit **stillschweigend** aus den Wirkungen der Entscheidung, ist das genügend. Entscheidungen mit **fehlender** oder **defizitärer** Begründung sind unter Rückgriff auf Art. 4 Abs. 1 EuInsVO aus diesem Grund mit der sofortigen Beschwerde angreifbar (siehe oben Art. 4 EuInsVO Rz. 14 [*Vallender/ Zipperer*]). 7

Zwar eröffnet die Bestimmung das Rechtsmittel mit nur einem **limitierten Beschwerdegegenstand**, doch obliegen die **Rügen keiner Beschränkung**. Es können Verfahrens-, aber auch reine Sachrügen geltend gemacht werden. Erfahrungsgemäß werden die unzureichende Amtsprüfung (Art. 4 Abs. 1 EuInsVO) und die Verkennung der Beweislast im Zusammenhang mit den Vermutungswirkungen des Art. 1 Unterabs. 1–3 EuInsVO) im Vordergrund stehen. 8

## 2. Rechtsbeschwerde (Art. 102c § 4 Satz 2)

Art. 102c § 4 Satz 2 ordnet die **entsprechende Geltung** der §§ 574 bis 577 ZPO an. Der ausdrückliche Hinweis wird in Anlehnung an Art. 102 § 7 auf Gründe der Rechtsklarheit gestützt.[16] Der Verweis stellt nicht nur das Rechtsmittel, sondern auch den Rechtsmittelweg dem des Insolvenzverfahrens gleich.[17] Die Rechtsbeschwerde ist binnen der Notfrist von einem Monat ab Zustellung der Beschwerdeentscheidung beim Beschwerdegericht einzureichen. Sie ist bei fehlender Zulassung, wofür es zu Beginn des Inkrafttretens keine Rechtfertigung gibt, nur bei grundsätzlicher Bedeutung (§ 574 Abs. 2 ZPO) zulässig. Das sollte in der Anfangszeit nach Inkrafttreten großzügig gehandhabt werden. 9

## 3. Wirkung der Beschwerdeentscheidung

Ob sich die Wirkung der Beschwerdeentscheidung nach § 6 Abs. 3 InsO richtet, wird unterschiedlich beurteilt. Die Befürworter unterstellen die Beschwerde den Rechtsmittelbestimmungen der InsO, da es sich kraft inneren Zusammenhangs unabweisbar um eine insolvenzspezifische Entscheidung handele.[18] § 6 Abs. 3 InsO erhalte den Beschwerdegerichten die ihnen prozessual zugewiesene Entscheidungsmöglichkeit, wenn zwischenzeitlich ein ausländisches Gericht mit Bindungswirkung eröffnen könnte.[19] Die Gegenauffassung verweist auf den klaren Wortlaut des Art. 102c § 4, der gegenüber § 6 InsO die speziellere sei. Hinzukommt, er ist au- 10

---

16) Begr. RegE Durchführungsgesetz, BR-Drucks. 654/16, S. 28; Beschlussempfehlung und Bericht d. RA RegE Durchführungsgesetz, BT-Drucks. 18/12154, S. 29.
17) *Thole* in: MünchKomm-InsO, Art. 102 § 7 EGInsO Rz. 7.
18) AG Charlottenburg, Beschl. v. 23.1.2018 – 36n IE 6433/17, ZIP 2018, 240, dazu EWiR 2018, 153, 154 *(Baumert)*; *Deyda*, ZInsO 2018, 221, 230; *Gruber*, DZWiR 2018, 301, 309, 310; *Schoppmeyer* in: FS Pape, S. 373, 382 f.; *Thole*, ZIP 2018, 401, 406.
19) *Thole*, ZIP 2018, 401, 406.

ßerhalb der InsO geregelt[20] und darauf angelegt, möglichst frühzeitig den Zuständigkeitsstreit zu befrieden, damit die Anerkennung ausländischer Entscheidungen gemäß Art. 19 EuInsVO in Gang gesetzt werde.[21]

11 Der letztere Standpunkt ist zutreffend. Art. 102c § 4 ordnet im Gegensatz zu Art. 102 § 8 Abs. 2 nur die entsprechende Anwendung der §§ 574 bis 577 ZPO an (Art. 102c § 4 Satz 2). Angesichts des klaren Wortlauts, reicht ein insolvenzrechtlicher Kontext nicht aus, um § 6 Abs. 3 InsO heranzuziehen. Der Gesetzgeber wollte mit Art. 102c § 4 klarstellen, dass es sich bei dem Rechtsmittel des Art. 5 EuInsVO um eine sofortige Beschwerde handelt,[22] weitere Aussagen trifft er nicht. Die Bestimmung vermeidet aufgrund seines Beschwerdegegenstandes Zuständigkeitskonflikte, dazu waren keine wie in Art. 102c § 7 Satz 2 zusätzlichen Anordnungen erforderlich.[23] Der Eintritt eines „insolvenzfreien Zeitraums" nach erfolgreicher Beschwerde bis zur Entscheidung der Rechtsbeschwerde, lässt sich ohne Weiteres mittels einstweiliger Anordnungen gemäß §§ 575 Abs. 5, 570 Abs. 3 ZPO überbrücken. Dass sie vergessen werden könnten und ihre Anordnung Zeit braucht,[24] ist demgegenüber unerheblich.

12 Die Anwendung des § 6 Abs. 3 InsO ist **europarechtswidrig**, da sie dem Rechtsbehelf des Art. 5 EuInsVO die Wirksamkeit nimmt (vgl. ErwG 34 Satz 1 EuInsVO). Er will allen Gläubigern des Schuldners einen wirksamen Rechtsbehelf zur Verfügung stellen (ErwG 34 Satz 1 EuInsVO), solange die Eröffnungsentscheidung tatsächlich wirksam ist. Das erfordert keine rechtliche Wirksamkeit, denn sie ist nicht gleichbedeutend mit rechtskräftig.[25] Hat das Beschwerdegericht entgegen dem eröffnenden Insolvenzgericht die internationale Zuständigkeit verneint, bringt es zum Ausdruck, dass es Art. 3 Abs. 1 EuInsVO nicht (mehr) beansprucht (siehe oben Rz. 3). Damit verliert die Eröffnungsentscheidung ihre Wirksamkeit, mithin ihre Sperrwirkung i. S. des Art. 19 Abs. 1 EuInsVO. Die Anwendung des § 6 Abs. 3 InsO verhindert diesen wohldurchdachten Mechanismus.

13 Der Rechtsbehelf des Art. 5 EuInsVO nimmt von einer gerichtlichen Eröffnungsentscheidung seinen Ausgang, die sich mutmaßlich zu Unrecht der internationalen Zuständigkeit berühmt. Der Beschwerdeentscheidung gleichwohl aufschiebende Wirkung beizumessen, behindert den beschwerdeführenden Gläubiger oder Schuldner in dem nach seiner Auffassung zuständigen Mitgliedstaat das Insolvenzgericht anrufen zu können, bis über die Rechtsbeschwerde entschieden wurde. Wenn in diesem Zeitraum die verfahrensrechtlichen und materiell-rechtlichen Wirkungen der Eröffnungsent-

---

20) LG Korneuburg (Österreich), Beschl. v. 12.1.2018 – 36 S 5/18d-3, ZIP 2018, 393, 395; *Zipperer*, ZIP 2018, 956, 958.
21) *Zipperer*, ZIP 2018, 956, 958; a. A. *Schoppmeyer* in: FS Pape, S. 373, 383.
22) Begr. RegE Durchführungsgesetz, BT-Drucks. 18/10823, S. 29.
23) Kübler/Prütting/Bork-*Kemper*, InsO, Art. 102 § 8 EGInsO Rz. 1.
24) So aber *Schoppmeyer* in: FS Pape, S. 373, 384.
25) Kübler/Prütting/Bork-*Kemper*, InsO, Art. 102 § 3 EGInsO Rz. 5. Soweit die deutsche Sprachfassung von „wirksam" spricht, meint sie damit „praktisch wirksam". Daher sollte, um jegliche Konnotation mit „rechtlich wirksam" zu vermeiden, in Anlehnung an die anderen Amtssprachen („effective"; „eficaz", „efficaci") von „effektiv" gesprochen werden, vgl. *Müller*, GPR 2018, 243, 244 m. Fn. 15; Mankowski/Müller/J. Schmidt-*Müller*, EuInsVO 2015, Einl. Rz. 12.

scheidung fortbestehen, ist die Gefahr irreversibler Verfügungen durch den Insolvenzverwalter programmiert; Vergleichbares gilt für das im Ausland anhängige Verfahren, das durch § 6 Abs. 3 InsO „gesperrt" werde. Beide brauchen eine rasche und klare Antwort. Nicht der Wechsel des verfahrensrechtlichen Zustands bedroht die Rechtssicherheit und Rechtsklarheit,[26] sondern die Perpetuierung der Eröffnungswirkungen durch ein u. U. international unzuständiges Gericht.

---

26) So aber *Schoppmeyer* in: FS Pape, S. 373, 383.

# § 5
## Zusätzliche Angaben im Eröffnungsantrag des Schuldners

¹Bestehen Anhaltspunkte dafür, dass auch die internationale Zuständigkeit eines anderen Mitgliedstaats der Europäischen Union für die Eröffnung eines Hauptinsolvenzverfahrens nach Artikel 3 Absatz 1 der Verordnung (EU) 2015/848 begründet sein könnte, so soll der Eröffnungsantrag des Schuldners auch folgende Angaben enthalten:

1. seit wann der Sitz, die Hauptniederlassung oder der gewöhnliche Aufenthalt an dem im Antrag genannten Ort besteht,
2. Tatsachen, aus denen sich ergibt, dass der Schuldner gewöhnlich der Verwaltung seiner Interessen in der Bundesrepublik Deutschland nachgeht,
3. in welchen anderen Mitgliedstaaten sich Gläubiger oder wesentliche Teile des Vermögens befinden oder wesentliche Teile der Tätigkeit ausgeübt werden und
4. ob bereits in einem anderen Mitgliedstaat ein Eröffnungsantrag gestellt oder ein Hauptinsolvenzverfahren eröffnet wurde.

²Satz 1 findet keine Anwendung auf die im Verbraucherinsolvenzverfahren nach § 305 Absatz 1 der Insolvenzordnung zu stellenden Anträge.

Literatur: Siehe auch die Literaturangaben bei § 1; *Laumen/Vallender*, Beweisführung und Beweislast im Insolvenzverfahren, NZI 2016, 609; *Madaus*, As simple as it can be? – Anregungen zum Gesetzentwurf der Bundesregierung zur Durchführung der Verordnung (EU) 2015/848 über Insolvenzverfahren (BT-Drs. 18/10823), NZI 2017, 203.

### Übersicht

| | |
|---|---|
| I. Zweck der Norm .................. 1 | 2. Die zusätzlichen Angaben |
| II. Inhalt der Norm .................. 5 | (Art. 102c § 5 Satz 1 Nr. 1 bis 4) ...... 11 |
| 1. Die Anhaltspunkte (Art. 102c | 3. Verfahrensrechtliches .................. 16 |
| § 5 Satz 1) .......................... 5 | 4. Verbraucherinsolvenzverfahren |
| | (Art. 102c § 5 Satz 2) .............. 20 |

## I. Zweck der Norm

Die Bestimmung fordert vom Schuldner **zusätzliche Angaben** zu § 13 Abs. 1 Satz 3 ff. InsO. Sie versteht sich als **unterstützende Maßnahme**, um dem Gericht die **Prüfung** seiner **Zuständigkeit zu erleichtern**. Zugleich will die Vorschrift die Gerichte in einem **frühzeitigen Stadium** über das Bestehen eines EU-Auslandsbezuges **sensibili-** 1

**Art. 102c § 5 EGInsO**  Zusätzliche Angaben im Eröffnungsantrag des Schuldners

sieren, der von ihnen einen zusätzlichen Begründungsaufwand zur Zuständigkeit in der jeweiligen Entscheidung fordert.[1]

2   Art. 102c § 5 Satz 1 verlangt zusätzliche Angaben, **wenn Anhaltspunkte** dafür bestehen, dass auch die **Zuständigkeit** nach Art. 3 Abs. 1 EuInsVO in einem **anderen Mitgliedstaat** begründet sein könnte. Es ist dann anzugeben, seit wann der Sitz, die Hauptniederlassung oder der gewöhnliche Aufenthalt sich an dem im Antrag angegebenen Ort befindet (**Nr. 1**), die Tatsachen, aus denen sich ergeben, dass der Schuldner gewöhnlich der Verwaltung seiner Interessen im Inland nachgeht (**Nr. 2**), in welchem anderen Mitgliedstaat sich Gläubiger oder wesentliche Vermögensteile befinden oder wesentliche Teile der Tätigkeit ausgeübt werden (**Nr. 3**), ob in einem anderen Mitgliedstaat bereits ein Eröffnungsantrag gestellt oder ein Hauptinsolvenzverfahren eröffnet wurde (**Nr. 4**).

3   Nach **Art. 102c § 5 Satz 2** findet die Vorschrift **keine Anwendung** auf das Verbraucherinsolvenzverfahren. Die Bestimmungen der Verbraucherinsolvenzvordruckverordnung sind deswegen weiterhin maßgeblich.[2]

4   Die Vorschrift belastet den Schuldner, der einen laufenden Gewerbebetrieb unterhält (vgl. § 13 Abs. 1 Satz 4 und 5 InsO), bei der Antragstellung zusätzlich. Auch wenn ihr beste Absichten nicht abzusprechen sind, kann sie das Eröffnungsverfahren in grenzüberschreitenden Fällen verzögern. Die zusätzlichen Angaben werden in aller Regel, wie bereits zu § 13 InsO erst nach Erlass einer Auflagenverfügung beigebracht, da Schuldner und ihre Berater nicht mit § 13 InsO, erst recht nicht mit Art. 102c § 5 vertraut sind. Die Anordnung von Sicherungsmaßnahmen ist u. U. bereits vor der Auflagenerfüllung erforderlich, oder die ausstehenden Angaben können von einem Sachverständigen schneller und verlässlicher ermittelt werden. Dieses Zeitfenster gilt es bei sachgerechter Anwendung der Norm zu überbrücken.

## II. Inhalt der Norm

### 1. Die Anhaltspunkte (Art. 102c § 5 Satz 1)

5   Bestehen Anhaltspunkte für eine von der inländischen internationalen Zuständigkeit abweichende Zuständigkeit, löst dies die zusätzliche Beibringungspflicht des Schuldners aus. Beispielhaft werden diese in der Gesetzesbegründung mit den Kriterien umschrieben, die in Art. 3 Abs. 1 EuInsVO oder im dazugehörigen ErwG 30 genannt sind.[3] **Zentrales Anknüpfungskriterium** ist der **Ort**, an dem der Schuldner **gewöhnlich der Verwaltung** seiner **Interessen** nachgeht **und** der für **Dritte feststellbar** ist.

6   **Zusätzliche Kriterien** folgen aus den **Vermutungen** der Unterabsätze des Art. 3 EuInsVO. Zugunsten von **Gesellschaften** und **juristischen Personen** wird der Mittelpunkt der hauptsächlichen Interessen an ihrem **Sitz** vermutet (Art. 3 Unterabs. 2

---

[1] Begr. RegE Durchführungsgesetz, BR-Drucks. 654/16, S. 29 und BT-Drucks. 18/10823, S. 29, 30.
[2] Krit. dazu der BR, da in grenznahen Gebieten Insolvenztourismus drohe; vgl. Begr. RegE Durchführungsgesetz, BT-Drucks. 18/10823, S. 43.
[3] Begr. RegE Durchführungsgesetz, BR-Drucks. 654/16, S. 29 und BT-Drucks. 18/10823, S. 29.

EuInsVO), bei natürlichen **Personen**, die **selbstständig** oder **freiberuflich** tätig sind, am Ort ihrer **Hauptniederlassung** (Art. 3 Unterabs. 3 EuInsVO), bei allen übrigen natürlichen **Personen** am Ort ihres **gewöhnlichen Aufenthaltes** (Art. 3 Abs. 1 Unterabs. 4 EuInsVO). Das gilt nur, wenn dieser Ort nicht innerhalb der letzten drei/sechs Monate verlegt wurde (Art. 3 Abs. 1 Unterabs. 2–4 EuInsVO jeweils Satz 2).

Diese Annahmen sind widerleglich und das Gericht sollte sorgfältig prüfen, ob sich 7 der COMI tatsächlich am vermuteten Ort befindet (ErwG 30 Satz 1 EuInsVO). Bei einer **Gesellschaft** ist das der Fall, wenn sich die Hauptverwaltung, von der die Verwaltung und Kontrolle ausgeübt wird, in einem anderen Mitgliedstaat als dem Sitzstaat befindet und eine Betrachtung aller relevanten Faktoren die für Dritte überprüfbare Feststellung zulässt, der COMI befindet sich in diesem anderen Mitgliedstaat (ErwG 30 Satz 2 EuInsVO).

Bei **selbstständig** und **freiberuflich Tätigen** ist die Vermutung widerlegt, wenn sich 8 ein Großteil des Vermögens außerhalb des Mitgliedstaats des Aufenthaltes befindet und der Hauptgrund des Umzugs darin bestand, die Gläubiger durch einen Insolvenzantrag am neuen Gerichtsstand zu beeinträchtigen (ErwG 30 Satz 3 EuInsVO).

In der Summe sind Anhaltspunkte dann gegeben, wenn die **Umstände** des Falles 9 **Anlass zu Zweifeln** an der Richtigkeit der Vermutung geben, d. h. **in Wirklichkeit die Lage nicht derjenigen entspricht**, die die Vermutung für diesen Ort **widerspiegeln soll**.[4] Dann hat das Gericht von Amts wegen seine Zuständigkeit zu prüfen (Art. 4 Abs. 1 Satz 1 EuInsVO; ErwG 32 EuInsVO) und Art. 102c § 5 schafft als lex fori die ihren Zweck erfüllenden **prozessualen Mitwirkungs- und Darlegungslasten**.[5]

Der **Eröffnungsantrag des Schuldners** soll die zusätzlichen Angaben enthalten. 10 Die Beschränkung auf den Eigenantrag versteht sich von selbst, da nur der Schuldner die in Art. 102c § 5 Nr. 1 bis 4 geforderten Angaben machen kann. Allerdings sind die Angaben in einem Gläubigerantrag nicht unbeachtlich, denn sie lassen die für Dritte überprüfbare Feststellungen zu, die zum Entstehen von Anhaltspunkten beitragen. Ausländische Gläubiger können vor der Antragstellung durch den Schuldner **Schutzschriften**[6] einreichen, um ihm eine zusätzliche Darlegungslast aufzubürden.

**2. Die zusätzlichen Angaben (Art. 102c § 5 Satz 1 Nr. 1 bis 4)**

Die **zusätzlichen Angaben** sollen dem Gericht die **Prüfung** der **Zuständigkeit** 11 **erleichtern**. Das beschränkt sich nicht nur auf die Tatsachenfeststellung, sondern soll dem Gericht gleichermaßen die Erfüllung des Begründungsaufwands gemäß Art. 4 Abs. 1 Satz 2 EuInsVO ermöglichen.[7] Art. 102c § 5 Satz 1 stellt **keine Zu-**

---

4) EuGH, Urt. v. 20.10.2011 – Rs. C-396/09 (Interedil), Rz. 51, ZIP 2011, 2153, 2156 f., dazu EWiR 2011, 745 *(Paulus)*.
5) *Thole* in: MünchKomm-InsO, Art. 4 EuInsVO 2015 Rz. 3.
6) Uhlenbruck-*Pape*, InsO, § 10 Rz. 11.
7) Begr. RegE Durchführungsgesetz, BR-Drucks. 654/16, S. 29 und BT-Drucks. 18/10823, S. 29.

lässigkeitsvoraussetzung, sondern eine **verpflichtende** prozessuale **Mitwirkungs- und Beibringungspflicht** auf.[8] Unzulässig wird der Antrag erst durch Nichterfüllung dieser Pflichten.[9] Art. 102c § 5 Satz 1 verlangt die zusätzlichen Angaben vom Schuldner erst nach Bekanntwerden begründeter Anhaltspunkte. Sie sind also noch nicht mit der Antragstellung geschuldet, gleichwohl erfüllbar. In der Regel wird das Gericht eine **Auflagenverfügung** mit **Fristsetzung** erlassen. Ob das Gericht sie zwangsweise gemäß §§ 20 Abs. 1 Satz 2, 97 ff. InsO durchsetzt, ist weitgehend eine Frage der Opportunität.

12 Art. 102c § 5 Satz 1 **Nr. 1** ermöglicht die **negative Feststellung**, ob der Schuldner innerhalb der **Verdachtsperiode** („suspect period," „période suspecte") seinen Sitz verlegte und liefert somit Anhaltspunkte, um betrügerisches oder missbräuchliches Forum Shopping aufzudecken (ErwG 29, 30 Satz 3 EuInsVO). Ist das der Fall, ist das gleichwohl nur ein **Indiz**, das **entkräftet** ist, wenn der Schuldner zeitnah die Adressenänderung in der Geschäftskorrespondenz oder den neuen Ort in einer anderen geeigneten Weise veröffentlicht hat (ErwG 28 Satz 2 EuInsVO). Zugleich bieten diese zusätzlichen Angaben die Möglichkeit zur **Motivationserforschung**, weshalb es zur Sitzverlegung kam, weil diese auch in guter Absicht („good Forum Shopping") erfolgt sein konnte.[10]

13 Art. 102c § 5 Satz 1 **Nr. 2** verlangt vom Schuldner **positive Nachweise**, wo er in Deutschland gewöhnlich der Verwaltung seiner Interessen nachgeht (ErwG 32 EuInsVO). Dem genügt er durch Darlegung von Tatsachen, die eine Gesamtbetrachtung erlauben, die Kontrolle einer Gesellschaft vom Inland, die hiesige Belegenheit eines Großteils des Vermögens und zum gewöhnlichen Aufenthalt (ErwG 30 Sätze 2 und 3 EuInsVO). Gefordert ist ein Mehr als die Vorlage eines Mietvertrages. Hinzukommen muss der Nachweis der Nutzung der Räumlichkeiten (z. B. Einkaufsbelege, Handwerkerrechnungen, Nebenkostenabrechnungen). Vergleichbares gilt für die Unterhaltung von Bankkonten, denn stets müssen diese Umstände für Dritte erkennbar sein.

14 Art. 102c § 5 Satz 1 **Nr. 3** knüpft unmittelbar an Nr. 2 an, indem er Angaben zu ausländischen Gläubigern, der dortigen Belegenheit von wesentlichen Teilen des Vermögens und der Ausübung wesentlicher Teile seiner Tätigkeit verlangt. Damit soll gewissermaßen eine **Schwerpunktbetrachtung** ermöglicht werden, die i. R. der Gesamtbetrachtung die Verortung des Interessenmittelpunkts zugunsten des Auslands gewichten kann. Ist das der Fall, darf das inländische Gericht kein Hauptinsolvenzverfahren eröffnen (ErwG 33 EuInsVO).

15 Art. 102c § 5 Satz 1 **Nr. 4** versetzt das angerufene Gericht in die Lage, festzustellen, ob im Ausland ein Insolvenzverfahren **eröffnet** oder **anhängig** ist, das die **Prioritätssperre** des Art. 19 Abs. 1 Unterabs. 1 EuInsVO auslöst. Zugleich ermöglichen die zusätzlichen Angaben die Zusammenarbeit und Kommunikation mit dem ausländischen Gericht aufzunehmen (Art. 42 Abs. 1 EuInsVO), um koordi-

---

8) Es handelt sich um Erklärungspflichten, *Madaus*, NZI 2017, 203, 207.
9) *Swierczok* in: HK-InsO, Art. 102c § 5 EGInsO Rz. 5.
10) Dazu High Court of Justice (Chancery Division) London (Justice Newey), Beschl. v. 17.12.2015 – [2015] EWHC 3778 (Ch), zit. nach EWiR 2016, 673, 674 *(Sax/Swierczok)*.

nierende Vereinbarungen zu treffen. Die Einbeziehung des **Eröffnungsantrages** ist notwendig, weil der Eröffnungszeitpunkt durch Art. 1 Abs. 1 EuInsVO vorverlegt ist und gleichermaßen eine **Eröffnungssperre** auszulösen vermag.[11]

### 3. Verfahrensrechtliches

Die Vorschrift des Art. 102c § 5 ist mit den prozessualen Gegebenheiten des Insolvenzverfahrensrechts „verzahnt" und lässt sich praxisgerecht anwenden.[12] Die internationale Zuständigkeit ist als **Prozessvoraussetzung** in jedem Stadium des Verfahrens **von Amts wegen** zu ermitteln.[13] Zwar setzt die Pflicht zur Amtsermittlung einen zulässigen Antrag gemäß § 5 Abs. 1 Satz 1 InsO voraus,[14] der im Feststellungsstadium der internationalen Zuständigkeit noch nicht erreicht ist, doch bestimmt sich das Verfahrensrecht nach dem Recht des angerufenen Gerichts und dieses ist zur amtswegigen Ermittlung verpflichtet, wenn der Verfahrensstand **dafür Anlass** bietet. Dieser ist das **Bestehen** von **Anhaltspunkten**, die die Vermutungsregeln des Art. 3 Abs. 1 EuInsVO erschüttern. 16

Das Gericht hält ihn mittels **Auflagenverfügung** zu ergänzenden Vortrag an (ErwG 32 EuInsVO). Der **Schuldner** muss die **Prüfung** der **internationalen Zuständigkeit ermöglichen**, erst dann ermittelt das Gericht **von Amts wegen**.[15] Der Schuldner trägt die **Darlegungs- und Beweislast** für seine Behauptung, im Inland gewöhnlich der Verwaltung seiner Interessen nachzugehen.[16] Bleibt er **beweisfällig**, lässt sich die internationale Zuständigkeit nicht feststellen, sie ist weder bestätigt noch sind die Zweifel an ihr ausgeräumt.[17] Da sich das Gericht von der internationalen Zuständigkeit eine **persönliche Überzeugung** zu verschaffen hat, die dem **Beweismaß** des **§ 286 Abs. 1 ZPO** entspricht,[18] ist der auf die internationale Zuständigkeit gestützte Antrag **unzulässig**, es sei denn die Zuständigkeit ist nach den nationalen Normen eröffnet.[19] 17

Mangels Mitwirkung des Schuldners können bei zweifelhaftem internationalem Gerichtsstand berechtigte Sicherungsinteressen der Insolvenzgläubiger es gebieten, **Sicherungsmaßnahmen vor** der **Feststellung** der **Zulässigkeit** des Insolvenzantrags anzuordnen, wenn sich das Insolvenzgericht letzte Gewissheit erst im weiteren Verfahrensablauf verschaffen kann. Rasches Eingreifen ist bei **unübersichtlichen Vermögensverhältnissen** und durch Indizien belegten Vermögensumschichtungen und Vermögensverschiebungen ins Ausland im zeitlichen Zusammenhang mit dem 18

---

11) Begr. RegE Durchführungsgesetz, BR-Drucks. 654/16, S. 29 und BT-Drucks. 18/10823, S. 29.
12) Begr. RegE Durchführungsgesetz, BR-Drucks. 654/16, S. 14 und BT-Drucks. 18/10823, S. 20.
13) BGH, Vers.-Urt. v. 17.12.1998 – IX ZR 196/97, ZIP 1999, 275, dazu EWiR 1999, 673 *(Holzer)*.
14) *Laumen/Vallender*, NZI 2016, 609 m. w. N.
15) BGH, Beschl. v. 19.7.2012 – IX ZB 6/12, Rz. 10, ZIP 2012, 1615, 1616.
16) *Ganter/Lohmann* in: MünchKomm-InsO, § 3 Rz. 23.
17) AG Köln, Beschl. v. 19.1.2012 – 74 IN 108/10, NZI 2012, 379, 382.
18) BGH, Beschl. v. 22.10.2009 – IX ZB 113/08, BeckRS 2009, 29634.
19) BGH, Beschl. v. 22.4.2010 – IX ZB 217/09, Rz. 9, NZI 2010, 680, 681.

Insolvenzantrag angezeigt.[20] Ebenso bei **mangelnder Mitwirkung** des Schuldners, obschon er dazu in der Lage ist.[21] Die Zulässigkeitsvoraussetzungen müssen aber mit überwiegender, auf gesicherter Grundlage beruhender Wahrscheinlichkeit gegeben sein. Davon ist in der Regel so lange auszugehen, wie die Vermutungswirkungen der Unterabsätze 2 bis 4 des Art. 3 Abs. 1 EuInsVO nicht widerlegt sind.

19 In Abweichung zu § 13 Abs. 1 Satz 3 InsO wurde Art. 102c § 5 **nicht als Zulässigkeitsvoraussetzung** des Antrages[22] ausgestaltet, es genügte, ihn als **prozessuale Mitwirkungs- und Beibringungslast** zu formen. Die Unzulässigkeit des Antrags ist dann Folge ihrer Nichterfüllung (siehe oben Rz. 11).

#### 4. Verbraucherinsolvenzverfahren (Art. 102c § 5 Satz 2)

20 Art. 102c § 5 Satz 2 nimmt die in **Verbraucherinsolvenzverfahren** zu stellenden Anträge vom **Anwendungsbereich** der Vorschrift **aus**.[23] Diese sind in § 305 Abs. 1 InsO abschließend geregelt, mit unzureichenden Anträgen ist gemäß § 305 Abs. 3 InsO zu verfahren. Einem deutschen **Schuldner mit Wohnsitz im Ausland** ist der Zugang zum Verbraucherinsolvenzverfahren ohnedies verwehrt.[24] Umgekehrt gilt für den Schuldner mit **gewöhnlichem Aufenthalt im Inland** die Vermutungsregel des Art. 3 Abs. 1 Unterabs. 4 EuInsVO, dessen Überprüfung in der Regel nicht veranlasst ist. Unterzieht sich der Schuldner der außergerichtlichen Einigung (§ 305 Abs. 1 Nr. 1 InsO), stellt er damit unter Beweis, dass er tatsächlich seinen gewöhnlichen Aufenthalt ins Inland verlegt hat (vgl. Art. 3 Abs. 1 Unterabs. 4 Satz 2 EuInsVO).

---

20) BGH, Beschl. v. 22.3.2007 – IX ZB 164/06, Rz. 11, NZI 2007, 344, 345 = ZIP 2007, 878, dazu EWiR 2007, 599 *(Pape)*.
21) BGH, Beschl. v. 22.3.2007 – IX ZB 164/06, Rz. 12, NZI 2007, 344, 345 = ZIP 2007, 878.
22) Begr. RegE ESUG, BT-Drucks. 17/5712, S. 23.
23) Die Kritik des BR wurde nicht aufgegriffen; vgl. Begr. RegE Durchführungsgesetz, BT-Drucks. 18/10823, S. 43.
24) OLG Köln, Beschl. v. 23.4.2001 – 2 W 82/01, NZI 2001, 380, 381; AG Hamburg, Beschl. v. 2.3.2007 – 67c IN 65/07, ZVI 2007, 182, 183.

---

### § 6
### Örtliche Zuständigkeit für Annexklagen

(1) Kommt den deutschen Gerichten infolge der Eröffnung eines Insolvenzverfahrens die Zuständigkeit für Klagen nach Artikel 6 Absatz 1 der Verordnung (EU) 2015/848 zu, ohne dass sich aus anderen Vorschriften eine örtliche Zuständigkeit ergibt, so wird der Gerichtsstand durch den Sitz des Insolvenzgerichts bestimmt.

(2) Für Klagen nach Artikel 6 Absatz 1 der Verordnung (EU) 2015/848, die nach Artikel 6 Absatz 2 der Verordnung in Zusammenhang mit einer anderen zivil- oder handelsrechtlichen Klage gegen denselben Beklagten stehen, ist auch das Gericht örtlich zuständig, das für die andere zivil- oder handelsrechtliche Klage zuständig ist.

Örtliche Zuständigkeit für Annexklagen        **Art. 102c § 6 EGInsO**

**Literatur:** *Albrecht,* Die reformierte EuInsVO im Spiegel der Rechtsprechung des EuGH – Ein Überblick (Teil 2), InsBüro 2018, 53; *Albrecht,* Die Reform der EuInsVO ist abgeschlossen – eine Übersicht, ZInsO 2015, 1077; *Baumert,* Offene Praxisfragen beim internationalen Gerichtsstand bei Insolvenzanfechtungsklagen in Drittstaatenfällen – Art. 3 EuInsVO analog, NZI 2014, 106; *Cranshaw,* Grenzüberschreitende Anfechtungsklagen, ZInsO 2012, 1237; *Haas,* Insolvenzrechtliche Annexverfahren und international Zuständigkeit, ZIP 2013, 2381; *Kindler,* Hauptfragen der Reform des Europäischen Internationalen Insolvenzrechts, KTS 2014, 25; *Kindler/Wendland,* Die internationale Zuständigkeit für Einzelstreitverfahren nach der neuen Europäischen Insolvenzverordnung, RIW 2018, 245; *Koller,* Die internationale Zuständigkeit für Annexverfahren und das Kollisionsrecht der Insolvenzanfechtung im Spiegel jüngster Entwicklungen, in: Konecny, Insolvenz-Forum 2017, S. 37; *Konecny,* Aktuelles zu insolvenznahen Verfahren, in: Jaufer/Nunner-Krautgasser/Schummer, Unternehmenssanierung mit Auslandsbezug, 2019, S. 73; *Lund,* Verschwommene Konturen: Das Luxemburger Porträt der Konnexität des Art. 6 Nr. 1 EuGVVO, RIW 2012, 377; *Madaus,* Der Wettlauf ist eröffnet – Die Nortel-Entscheidung des EuGH, ecolex 2015, 775; *Oberhammer,* Von der EuInsVO zum europäischen Insolvenzrecht, KTS 2009, 27; *Planitzer,* Die ausschließliche internationale Zuständigkeit für insolvenzrechtliche Annexverfahren – Anmerkungen zu EuGH C-296/17, Wiemer & Trachte, ZIK 2019, 5; *Prager/Keller, Ch.*, Der Vorschlag der Europäischen Kommission zur Reform der EuInsVO, NZI 2013, 57; *Schneider,* Insolvenznahe Verfahren, in: Nunner-Krautgasser/Garber/Jaufer, Grenzüberschreitende Insolvenzen im europäischen Binnenmarkt – die neue EU-Insolvenzverordnung, 2017, S. 97; *Smid,* Internationale Zuständigkeit bei „Annexverfahren" mit „verkehrten" Parteirollen, in: Festschrift für Heinz Vallender, 2015, S. 586; *Thole/Swierczok,* Der Kommissionsvorschlag zur Reform der EuInsVO, ZIP 2013, 550; *Vallender,* Europaparlament gibt den Weg frei für eine neue Europäische Insolvenzverordnung, ZIP 2015, 1513; *Wedemann,* EuGVVO oder EuInsVO bei gesellschaftsrechtlichen Haftungsklagen?, IPRax 2015, 505.

**Übersicht**

I. Anlass und Zweck der Norm ............ 1
II. Inhalt der Norm .................. 6
1. Zuständigkeit für Annexklagen
   (Art. 102c § 6 Abs. 1) ............ 6
   a) Voraussetzungen ............ 6
   aa) Eröffnetes Insolvenzverfahren ...... 6
   bb) Klage nach Art. 6 Abs. 1
        EuInsVO .................. 10
   cc) Internationale Zuständigkeit ....... 15
   dd) Keine örtliche Zuständigkeit
        nach anderen Vorschriften ......... 16
   b) Rechtsfolge ................. 22

2. Zuständigkeit für verbundene
   Annexklage (Art. 102c § 6 Abs. 2) ..... 23
   a) Voraussetzungen .......... 23
   aa) Zivil- oder handelsrechtliche
        Klage .................. 23
   bb) Verbundene Klagen ............ 27
   cc) Konnexität der Klagen ............ 31
   dd) Identische(r) Beklagte(r) ........... 34
   ee) Zuständigkeit nach EuGVVO ..... 36
   b) Rechtsfolge ............... 41
III. Parallelverfahren .................. 44

## I. Anlass und Zweck der Norm

In Umsetzung und teilweiser Erweiterung der Rechtsprechung des EuGH (näher   1
zur Entwicklung siehe Art. 6 Rz. 4 ff. [*Hänel*])[1]) zur Abgrenzung der internationalen
Zuständigkeit nach der EuInsVO einerseits und der EuGVVO[2]) andererseits zu-

---

1) Zu nennen sind hier insbesondere die Entscheidungen EWG-Gerichtshof von Luxemburg, Urt. v. 22.2.1979 – Rs. 133/78 (Gourdain/Nadler), Slg. 1979, 733 = KTS 1979, 268, und EuGH, Urt. v. 12.2.2009 – Rs. C-339/07 (Deko Marty Belgium), ZIP 2009, 427, dazu EWiR 2009, 411 *(K. Müller).*
2) Verordnung (EU) 1215/2012 des Europäischen Parlaments und des Rates v. 12.12.2012 über die gerichtliche Zuständigkeit und die Anerkennung und Vollstreckung von Entscheidungen in Zivil- und Handelssachen – Brüssel Ia-Verordnung, ABl. (EU) L 351/1 v. 20.12.2012.

**Art. 102c § 6 EGInsO**             Örtliche Zuständigkeit für Annexklagen

gunsten einer vis attractiva concursus bei insolvenzspezifischen Annexverfahren wurden mit dem ErwG 35 und Art. 6 EuInsVO im Zuge der Reform 2015 Regelungen zur internationalen Zuständigkeit für Annexverfahren in die EuInsVO aufgenommen, d. h. für Rechtsstreitigkeiten, die mit dem Insolvenzverfahren in unmittelbarem Zusammenhang stehen.

2   Mit Art. 6 Abs. 1 EuInsVO wurde ein (**relativ**)[3] ausschließlicher Gerichtsstand für Annexverfahren im Staat der Eröffnung des Insolvenzverfahrens kodifiziert. Art. 6 Abs. 2 EuInsVO ermöglicht eine Abweichung hiervon, wenn die Annexklage mit einer sachlich zusammenhängenden zivil- oder handelsrechtlichen Klage verbunden wird, für die in dem Mitgliedstaat, in dem der Beklagte oder einer von mehreren Beklagten seinen Wohnsitz hat, eine Zuständigkeit nach der EuGVVO besteht.

3   Art. 6 Abs. 1 EuInsVO bestimmt nur die **internationale Zuständigkeit**. Die örtliche und sachliche Zuständigkeit richtet sich nach nationalem Recht. Das deutsche Recht sah zur örtlichen Zuständigkeit keine Regelung vor, als der EuGH entschied, dass die Gerichte des Staates der Eröffnung eines Insolvenzverfahrens für Annexklagen international zuständig sind[4], woraufhin der BGH die Lücke durch eine analoge Anwendung von § 19a ZPO schloss.[5] Diese Analogie erübrigt sich nun durch die Regelung in Art. 102c § 6 Abs. 1.

4   Die auf Wunsch der Praxis[6] in Art. 6 Abs. 2 EuInsVO neu geschaffene Möglichkeit, eine Annexklage bei Verbindung mit einer zusammenhängenden Klage gegen den- oder dieselben Beklagten wahlweise auch in einem anderen Mitgliedstaat mit Beklagtenwohnsitz zu erheben, soll die Effizienz steigern (vgl. ErwG 35 Satz 4) und widersprüchliche Entscheidungen vermeiden (vgl. Art. 6 Abs. 3 EuInsVO).

5   In seiner ersten Alternative begründet Art. 6 Abs. 2 Unterabs. 1 EuInsVO einen **Wahlgerichtsstand des Sachzusammenhangs** (siehe Art. 6 Rz. 64 [*Hänel*]) und in seiner zweiten Alternative, bei bestehendem Sachzusammenhang und mehreren Beklagten in unterschiedlichen Mitgliedstaaten, einen **Wahlgerichtsstand der Streitgenossenschaft** (siehe Art. 6 Rz. 65 [*Hänel*]). Auch insoweit eröffnet Art. 6 Abs. 2 EuInsVO nur die internationale Zuständigkeit für die Annexklage. Art. 102c § 6 Abs. 2 regelt daher, dass das für die zusammenhängende Klage zuständige Gericht auch für die Annexklage örtlich zuständig ist. Die praktische Anwendbarkeit beschränkt sich im Wesentlichen auf **Annexklagen aus Insolvenzverfahren in anderen Mitgliedstaaten** (Ausnahme siehe Rz. 39).

---

3)  Vgl. hierzu unten Rz. 15 und Art. 6 Rz. 51 ff. [*Hänel*].
4)  EuGH, Urt. v. 12.2.2009 – Rs. C-339/07 (Deko Marty Belgium), ZIP 2009, 427.
5)  BGH, Urt. v. 19.5.2009 – IX ZR 39/06 (Deko Marty Belgium), ZIP 2009, 1287, dazu EWiR 2009, 505 *(Riedemann)*.
6)  Vgl. Bericht der Kommission an das Europäische Parlament, den Rat und den Europäischen Wirtschafts- und Sozialausschuss über die Anwendung der Verordnung (EG) Nr. 1346/2000 des Rates v. 20.5.2000 über Insolvenzverfahren, v. 12.12.2012, COM(2012) 743 final, unter 3.3., S. 11, abrufbar unter https://ec.europa.eu/transparency/regdoc/rep/1/2012/DE/1-2012-743-DE-F1-1.Pdf (Abrufdatum: 20.1.2020).

## II. Inhalt der Norm

### 1. Zuständigkeit für Annexklagen (Art. 102c § 6 Abs. 1)

#### a) Voraussetzungen

##### aa) Eröffnetes Insolvenzverfahren

Die Regelung der nationalen örtlichen Zuständigkeit wird dann benötigt, wenn eine internationale Zuständigkeit nach Art. 6 Abs. 1 EuInsVO besteht. Die Voraussetzung der „Eröffnung eines Insolvenzverfahrens" ist daher so zu beurteilen wie für Art. 6 Abs. 1 EuInsVO. Demgemäß gibt es zwar ganz ohne ein Insolvenzverfahren auch keine Annexverfahren,[7] es genügt aber die Anordnung eines **vorläufigen Insolvenzverfahrens** (siehe Art. 6 Rz. 10 ff. [*Hänel*]). Grundsätzlich geeignet sind auch die Anordnung einer vorläufigen Eigenverwaltung nach § 270a InsO oder eines Schutzschirmverfahrens nach § 270b InsO. Allerdings ist ohne Veröffentlichung die Anerkennungsfähigkeit dieser Verfahren zweifelhaft (siehe Art. 21 Rz. 10 [*Hänel*]), und damit die Anwendbarkeit von Art. 6 EuInsVO. Außerdem dürfte die praktische Relevanz gering sein, weil diese Verfahrensabschnitte kaum anfällig sind für Annexklagen.

Im Fall einer **Beendigung des vorläufigen Verfahrens ohne Insolvenzeröffnung** wird eine bereits erhobene Annexklage unzulässig, wenn der zugrunde liegende Anspruch – bei Annexklagen die Regel – nur in Verbindung mit dem Verfahren Bestand hat (siehe Art. 6 Rz. 13 [*Hänel*]). Bei isoliert fortbestehendem Klageanspruch geht die Prozessführungsbefugnis auf den Schuldner über, sofern sie – bei vorläufiger Eigenverwaltung – nicht zuvor schon bei ihm lag.

Eine bei **Beendigung des Insolvenzverfahrens** noch anhängige Annexklage kann weitergeführt werden, wenn der Klageanspruch einer Nachtragsverteilung vorbehalten bleibt (siehe Art. 6 Rz. 20 ff. [*Hänel*]), oder wenn die Voraussetzungen des § 259 Abs. 3 InsO (Fortsetzungsvorbehalt in einem Insolvenzplan) vorliegen (siehe Art. 6 Rz. 23 ff. [*Hänel*]). Ansonsten wird auch in diesem Fall die Klage unzulässig, wenn mit dem Ende des Insolvenzverfahrens der Anspruch entfällt. Die EuGH-Rechtsprechung ist zur Möglichkeit einer Annexklage nach Beendigung des Insolvenzverfahrens nur bedingt aussagekräftig: Einerseits schwächt die bloße Verfahrensbeendigung nach der Entscheidung *SCT Industri* die Insolvenznähe nicht,[8] andererseits lässt eine Abtretung des Klageanspruchs sie aber nach der Entscheidung *F-Tex* entfallen.[9] Fällt die internationale Zuständigkeit nach Art. 6 EuInsVO mit Verfahrensbeendigung weg,[10] ist die Annahme einer perpetuatio fori zwar zu befürworten,

---

7) Vgl. *Konecny* in: Jaufer/Nunner-Krautgasser/Schummer, Unternehmenssanierung mit Auslandsbezug, S. 73, 80.
8) EuGH, Urt. v. 2.7.2009 – Rs. C-111/08 (SCT Industri) Rz. 30, ZIP 2009, 1441; krit. dazu *Mankowski*, NZI 2009, 571 (Urteilsanm.). *Konecny* in: Jaufer/Nunner-Krautgasser/ Schummer, Unternehmenssanierung mit Auslandsbezug, S. 73, 80, weist darauf hin, dass sich der EuGH in den Rechtssachen *Valach* (EuGH, Urt. v. 20.12.2017 – Rs. C-649/16, ZIP 2018, 185) und *Tünkers* (EuGH, Urt. v. 9.11.2017 – Rs. C-641/16, ZIP 2017, 2275) auf sein *SCT-Industri-Urteil* beruft.
9) EuGH, Urt. v. 19.4.2012 – Rs. C-213/10 (F-Tex), ZIP 2012, 1049; krit. dazu etwa EWiR 2012, 383 (*Brinkmann*), und *Cranshaw*, ZInsO 2012, 1237, 1241 f. *Kindler/Wendland* (RIW 2018, 245, 248) halten das EuGH-Urteil nicht für verallgemeinerungsfähig.
10) Vgl. für Anfechtungsklagen *Cranshaw*, ZInsO 2012, 1237, 1243.

aber nicht zwingend (siehe Art. 6 Rz. 27 [*Hänel*]).[11]) Da der Übergang der Prozessführungsbefugnis auf den Schuldner einen Parteiwechsel darstellt,[12]) dürfte zumindest eine direkte Anwendung von § 261 Abs. 3 Nr. 2 ZPO ausscheiden.[13])

9 Art. 102c § 6 Abs. 1 ist schon deshalb nur für **deutsche Insolvenzverfahren** anwendbar, weil bei einem ausländischen Insolvenzverfahren ein deutsches Insolvenzgericht fehlt, an dessen Sitz die örtliche Zuständigkeit festzumachen wäre.

**bb) Klage nach Art. 6 Abs. 1 EuInsVO**

10 Um die der örtlichen vorgeschaltete internationale Zuständigkeit bejahen zu können, muss eine Annexklage i. S. von Art. 6 Abs. 1 EuInsVO vorliegen, also eine Klage, **die unmittelbar aus dem Insolvenzverfahren hervorgeht** und (kumulativ)[14]) **in engem Zusammenhang damit steht**. Mangels hinreichender Konkretisierung in der EuInsVO und in der bisherigen Rechtsprechung des EuGH bleiben Rechtsunsicherheiten für eine entsprechende Qualifikation.[15]) Klar ist jedenfalls zwischenzeitlich, dass der EuGH als ausschlaggebendes Kriterium zur Zuordnung einer Klage allgemein nicht den prozessualen Kontext erachtet, in dem die Klage steht, sondern deren Rechtsgrundlage.[16]) Die Literatur nennt als wesentliche Kriterien für Annexverfahren, dass der Anspruchsgrund im spezifischen Insolvenzrecht liegt, der Anspruch idealiter nur im Insolvenzfall besteht, insolvenzspezifische Befugnisse betrifft und nicht nur angelegentlich oder im Umfeld eines Insolvenzverfahrens geltend gemacht wird, dass der Prozessgegenstand auf spezifischen insolvenzrechtlichen Regeln basiert, die das allgemeine Zivilrecht modifizieren, und dass die Prozessführung den Interessen der Gläubigergesamtheit, nicht nur Individualinteressen dient.[17]) Zu Positiv- und Negativbeispielen siehe Art. 6 Rz. 59 f. [*Hänel*].

---

11) Eine perpetuatio fori wird üblicherweise verneint, wenn die internationale Zuständigkeit eines ausländischen Gerichts eine ausschließliche ist, vgl. *Becker-Eberhard* in: MünchKomm-ZPO, § 261 Rz. 86 m. w. N.
12) Vgl. BGH, Urt. v. 15.6.1992 – II ZR 88/91, ZIP 1992, 1152, 1153; OLG Karlsruhe, Urt. v. 12.4.2005 – 17 U 177/03, BeckRS 2005, 05327; Uhlenbruck-*Mock*, InsO, § 85 Rz. 142; *Kuleisa* in: HambKomm-InsO, § 85 Rz. 30.
13) Vgl. *Becker-Eberhard* in: MünchKomm-ZPO, § 261 Rz. 87.
14) Vgl. EuGH, Urt. v. 20.12.2017 – Rs. C-649/16 (Valach), ZIP 2018, 185, dazu EWiR 2018, 243 *(Undritz)*; *Koller* in: Konecny, Insolvenz-Forum 2017, S. 37, 41.
15) Vgl. nur *Kindler/Wendland*, RIW 2018, 245; *Koller* in: Konecny, Insolvenz-Forum 2017, S. 37, 43; Mankowski/Müller/J. Schmidt-*Mankowski*, EuInsVO 2015, Art. 6 Rz. 3 ff. m. w. N.
16) EuGH, Urt. v. 6.2.2019 – Rs. C-535/17 (NK), ZIP 2019, 524, dazu EWiR 2019, 305 *(Schulz)*; EuGH, Urt. v. 4.12.2019 – Rs. C-493/18 (Tiger u. a.), Rz. 27, ZIP 2020, 80, 82; *Konecny* in: Jaufer/Nunner-Krautgasser/Schummer, Unternehmenssanierung mit Auslandsbezug, S. 73, 79; Koller/Lovrek/Spitzer-*Lind/Richter*, IO, Art. 6 EuInsVO Rz. 22 m. w. N.
17) Die Analysen der EuGH-Rspr. variieren in den Formulierungen, nicht aber im Wesentlichen Inhalt, vgl. nur *Albrecht*, ZInsO 2015, 1077, 1080 f., und *Albrecht*, InsBüro 2018, 53 f.; *Koller* in: Konecny, Insolvenz-Forum 2017, S. 37, 41; *Konecny* in: Jaufer/Nunner-Krautgasser/Schummer, Unternehmenssanierung mit Auslandsbezug, S. 73, 76 ff.; *Haas*, ZIP 2013, 2381, 2384 f.; Bork/van Zwieten-*Oberhammer*, Commentary on the European Insolvency Regulation, Art. 32 Rz. 32.31 ff.; Mankowski/Müller/J. Schmidt-*Mankowski*, EuInsVO 2015, Art. 6 Rz. 9 f.; *Schneider* in: Nunner-Krautgasser/Garber/Jaufer, Grenzüberschreitende Insolvenzen, S. 97, 100 ff.; *Vallender*, ZIP 2015, 1513, 1517, jeweils m. w. N.

Die **Beteiligung eines Verwalters** am Prozess ist ein weiteres Indiz, aber kein unverzichtbares Kriterium für die Insolvenznähe.[18] Partei eines Annexverfahrens kann auch der Schuldner in Eigenverwaltung sein und selbst einen Haftungsprozess gegen Gläubigerausschussmitglieder ohne Beteiligung von Verwalter oder Schuldner qualifizierte der EuGH bereits als insolvenznah.[19]

11

Annexklagen i. S. von Art. 6 Abs. 1 EuInsVO müssen **nicht notwendigerweise Aktivprozesse** sein[20] (Beispiele siehe Art. 6 Rz. 59 [*Hänel*]). Soweit sich die örtliche Zuständigkeit für Passivprozesse nach § 19a ZPO oder § 180 InsO richtet, gehen diese Regelungen vor (siehe Rz. 16 ff.), wegen des inhaltlichen Gleichlaufs aber mit identischem Ergebnis.

12

Auch der Begriff der „**Klage**" ist weit zu verstehen als **gerichtliches Vorgehen mit Rechtsprechungscharakter** (siehe Art. 6 Rz. 61 [*Hänel*]). Dazu können z. B. auch ein Antrag auf Erlass eines Mahnbescheids[21] oder ein Verfahren der freiwilligen Gerichtsbarkeit zählen.[22]

13

Die Zuständigkeitsbegründung nach Art. 6 Abs. 1 EuInsVO erfordert über die allgemeinen Anforderungen an die Geltendmachung des Anspruchs hinaus **keine explizite Geltendmachung des insolvenzspezifischen Charakters** der Klage (siehe Art. 6 Rz. 62 [*Hänel*]). Allerdings erfasst der prozessuale Streitgegenstand bei einem einheitlichen Lebenssachverhalt z. B. Ansprüche aus Insolvenzanfechtung neben materiell-rechtlichen Ansprüchen nur bei Klageerhebung durch den Insolvenzverwalter.[23] In jedem Fall liegen entsprechende Darlegungen im eigenen Interesse desjenigen, der die Zuständigkeit nach Art. 6 EuInsVO in Anspruch nehmen will. Denn das Gericht muss eine **inhaltliche (Vor-)Prüfung** für die Feststellung der internationalen Zuständigkeit durchführen.[24]

14

### cc) Internationale Zuständigkeit

Die Regelung des Art. 102c § 6 Abs. 1 kommt (nur) zur Anwendung, wenn sich für eine Klage nach Art. 6 Abs. 1 EuInsVO die internationale Zuständigkeit deutscher Gerichte ergibt. Wie vom EuGH zwischenzeitlich gemäß der bereits h. M.[25] ent-

15

---

18) Wie hier *Kindler/Wendland*, RIW 2018, 245, 247; Mankowski/Müller/*J. Schmidt-Mankowski*, EuInsVO 2015, Art. 6 Rz. 13 jeweils m. w. N.; a. A. offenbar Bork/van Zwieten-*Oberhammer*, Commentary on the European Insolvency Regulation, Art. 32 Rz. 32.30.
19) EuGH, Urt. v. 20.12.2017 – Rs. C-649/16 (Valach), ZIP 2018, 185, dazu EWiR 2018, 243 *(Undritz)*.
20) Vgl. LG Innsbruck, Beschl. v. 12.12.2013 – 14 CG 56/13z, NZI 2014, 286; Mankowski/Müller/*J. Schmidt-Mankowski*, EuInsVO 2015, Art. 6 Rz. 12 m. w. N.
21) Vgl. für die EuGVVO OLG Zweibrücken, Beschl. v. 25.1.2006 – 3 W 239/05, RIW 2006, 709.
22) Vgl. *Kindler*, KTS 2014, 25, 34 f.; Mankowski/Müller/*J. Schmidt-Mankowski*, EuInsVO 2015, Art. 6 Rz. 9, jeweils m. w. N.
23) BGH, Urt. v. 22.11.2018 – IX ZR 14/18, ZIP 2019, 37, dazu EWiR 2019, 147 *(Loszynski)*.
24) Vgl. *Smid* in: FS Vallender, S. 585, 609 f.
25) Vgl. Mankowski/Müller/*J. Schmidt-Mankowski*, EuInsVO 2015, Art. 6 Rz. 27 ff. m. w. N.; *Thole* in: MünchKomm-InsO, Art. 6 EuInsVO 2015 Rz. 3; Wimmer/Bornemann/Lienau-*Lienau*, Die Neufassung der EuInsVO, Rz. 284; *Prager/Ch. Keller*, NZI 2013, 57, 59; *Schulz*, EuZW 2015, 596, 598 (Urteilsanm.); *Wedemann*, IPRax 2015, 505, 508. Für einen bloßen Wahlgerichtsstand demgegenüber *Kindler*, KTS 2014, 25, 36 f.; Bork/van Zwieten-*Ringe*, Commentary on the European Insolvency Regulation, Art. 6 Rz. 6.35 ff., jeweils m. w. N.; wohl auch *Albrecht*, ZInsO 2015, 1077, 1081.

schieden,[26] begründet Art. 6 Abs. 1 EuInsVO eine ausschließliche internationale Zuständigkeit. Richtigerweise gibt es aber Ausnahmen, d. h. **Annexklagen** i. S. von Art. 6 Abs. 1 EuInsVO, für die **deutsche Gerichte nicht ausschließlich international zuständig** sind: So kann der Verwalter eines deutschen Territorialverfahrens das Verfolgungsrecht des Art. 21 Abs. 2 Satz 1 EuInsVO auch in anderen Mitgliedstaaten gerichtlich geltend machen (siehe Art. 6 Rz. 53 [*Hänel*]). Zum anderen gilt die vom EuGH[27] zur EuInsVO 2000 bejahte **Alternativzuständigkeit für Aufteilungsstreitigkeiten** zwischen Haupt- und Sekundärinsolvenzverfahren auch für das neue Recht.[28] Darüber hinaus muss der Verwalter auch für Annexklagen gegen Beklagte mit Wohnsitz in Drittstaaten eine Gerichtsstandswahl haben (siehe Art. 6 Rz. 53 [*Hänel*]),[29] und für eine im Ausland anhängige Gläubigeranfechtungsklage, die der Verwalter nach Unterbrechung gemäß § 16 AnfG aufnimmt, ist eine perpetuatio fori zu befürworten (siehe Art. 6 Rz. 54 [*Hänel*]).

**dd) Keine örtliche Zuständigkeit nach anderen Vorschriften**

16 Nach seinem klaren Wortlaut begründet Art. 102c § 6 Abs. 1 keine ausschließliche, sondern nur eine **subsidiäre örtliche Zuständigkeit**. Ergibt sich die örtliche Zuständigkeit bereits aus anderen Vorschriften, gehen diese vor.

17 Für **Passivprozesse** kommen insbesondere § 180 InsO in Betracht, der eine ausschließliche Zuständigkeit für Klagen auf Feststellung zur Insolvenztabelle vorsieht, sowie § 19a ZPO, der den allgemeinen Gerichtsstand des Insolvenzverwalters vorgibt. Nach wohl einheiliger Auffassung gilt § 19a ZPO nicht für den Sachwalter[30] und den vorläufigen Insolvenzverwalter ohne volle Verfügungsbefugnis,[31] so dass insoweit ein Anwendungsbereich für Art. 102c § 6 Abs. 1 bleibt, im Ergebnis allerdings ohne Unterschied.

18 **Besondere Gerichtsstände** (z. B. §§ 29, 32 ZPO) werden von § 19a ZPO nicht ausgeschlossen und begründen nach § 35 ZPO ein Wahlrecht[32], das bei Passivprozessen dem Kläger, bei **Aktivprozessen** dem Verwalter zusteht und zu einer von Art. 102c § 6 Abs. 1 abweichenden örtlichen Zuständigkeit führen kann.

---

26) EuGH, Urt. v. 14.11.2018 – Rs. C-296/17 (Wiemer & Trachte), ZIP 2018, 2327, dazu EWiR 2019, 19 *(Brinkmann/Kleindiek)*. Nach EuGH, Urt. v. 4.12.2019 – Rs. C-493/18 (Tiger u. a.), ZIP 2020, 80, steht die ausschließliche internationale Zuständigkeit auch nicht zur Disposition der Gerichte des Eröffnungsstaats.
27) EuGH, Urt. v. 11.6.2015 – Rs. C-649/13 (Nortel), ZIP 2015, 1299, m. Anm. *Fehrenbach*, NZI 2015, 663, m. Anm. *Schulz*, EuZW 2015, 593, dazu EWiR 2015, 515 *(J. Schmidt)*.
28) Vgl. *Konecny* in: Jaufer/Nunner-Krautgasser/Schummer, Unternehmenssanierung mit Auslandsbezug, S. 73, 81; *Madaus*, ecolex 2015, 775, 777; *Planitzer*, ZIK 2019, 5, 9. A. A. wohl *Schulz*, EuZW 2015, 596, 598 (Urteilsanm.).
29) Vgl. *Baumert*, NZI 2014, 106; *Oberhammer*, KTS 2009, 27, 47; *Planitzer*, ZIK 2019, 5, 9 f. m. w. N.; ebenfalls die Klagemöglichkeit im Drittstaat bejahend *Konecny* in: Jaufer/Nunner-Krautgasser/Schummer, Unternehmenssanierung mit Auslandsbezug, S. 73, 81.
30) Vgl. nur *Patzina* in: MünchKomm-ZPO, § 19a Rz. 5; Musielak/Voit-*Heinrich*, ZPO, § 19a Rz. 3 m. w. N.
31) Vgl. nur *Patzina* in: MünchKomm-ZPO, § 19a Rz. 4; Musielak/Voit-*Heinrich*, ZPO, § 19a Rz. 2 m. w. N.
32) *Patzina* in: MünchKomm-ZPO, § 19a Rz. 8; Musielak/Voit-*Heinrich*, ZPO, § 19a Rz. 6.

Soweit **ausschließliche Gerichtsstände** (neben § 180 InsO z. B. §§ 24, 29a ZPO) 19
zur Anwendung kommen, gehen sie in Aktiv- und Passivprozessen ebenfalls den
Regelungen in § 19a ZPO und Art. 102c § 6 Abs. 1 vor.[33]

Nach verbreiteter Ansicht können vorinsolvenzlich vom Schuldner geschlossene 20
**Gerichtsstandsvereinbarungen** i. S. von § 38 ZPO den Insolvenzverwalter binden
und gehen § 19a ZPO vor.[34] Eine Abweichung von der durch Art. 6 Abs. 1 EuInsVO
vorgegebenen internationalen Zuständigkeit dürfte durch Gerichtsstandsvereinbarung nicht möglich sein.[35] Hinsichtlich der örtlichen Zuständigkeit kommt eine
bindende Gerichtsstandsvereinbarung zwar theoretisch in Betracht; für insolvenznahe Ansprüche i. S. von Art. 6 Abs. 1 EuInsVO scheitert sie aber im Zweifel daran,
dass diese vorinsolvenzlich nicht bestehen und damit nicht der Verfügungsbefugnis
des Schuldners unterliegen können, bzw. spricht eine vorinsolvenzliche Verfügungsbefugnis des Schuldners gegen die Insolvenznähe und damit gegen das Vorliegen
einer Annexklage (siehe Art. 6 Rz. 55 [*Hänel*]).

Die Begründung der Zuständigkeit durch **rügelose Verhandlung** i. S. von § 39 ZPO 21
geht dem Gerichtsstand des § 19a ZPO vor[36] und ist damit auch durch Art. 102c
§ 6 Abs. 1 nicht ausgeschlossen.

### b) Rechtsfolge

Unter den dargestellten Voraussetzungen richtet sich die örtliche Zuständigkeit für 22
eine Annexklage i. S. von Art. 6 Abs. 1 EuInsVO nach dem Sitz des (deutschen)
Insolvenzgerichts, bei dem das Insolvenzverfahren anhängig ist. Zur **sachlichen
und funktionellen Zuständigkeit** enthält Art. 102c § 6 Abs. 1 keine Vorgaben;
diese Zuständigkeiten sind nach den allgemeinen Regeln zu bestimmen.[37]

## 2. Zuständigkeit für verbundene Annexklage (Art. 102c § 6 Abs. 2)

### a) Voraussetzungen

#### aa) Zivil- oder handelsrechtliche Klage

Die Möglichkeiten der Gerichtsstandswahl nach Art. 6 Abs. 2 EuInsVO setzen 23
nach h. M. die gerichtliche Geltendmachung von **Aktivansprüchen der Insolvenzmasse** hinsichtlich Annexklage und verbundener Klage voraus (siehe Art. 6 Rz. 70
[*Hänel*]). Auch bei Letzterer ist der Begriff „Klage" weit zu verstehen (siehe Rz. 13
und Art. 6 Rz. 61 [*Hänel*]).

Als **Kläger** kommen der Verwalter (gemäß Definition in Art. 2 Nr. 5 EuInsVO) oder 24
ein eigenverwaltender Schuldner (gemäß Definition in Art. 2 Nr. 3 EuInsVO) in
Betracht, wobei Art. 102c § 6 Abs. 2 von Klagen aus einem Insolvenzverfahren ausgeht, das in einem anderen Mitgliedstaat eröffnet ist (Ausnahme siehe Rz. 39).

---

33) *Patzina* in: MünchKomm-ZPO, § 19a Rz. 8; Musielak/Voit-*Heinrich*, ZPO, § 19a Rz. 6.
34) Vgl. *Patzina* in: MünchKomm-ZPO, § 19a Rz. 8; Musielak/Voit-*Heinrich*, ZPO, § 19a Rz. 6 m. w. N. auch zur Gegenansicht.
35) Vgl. Mankowski/Müller/J. Schmidt-*Mankowski*, EuInsVO 2015, Art. 6 Rz. 29.
36) Vgl. *Patzina* in: MünchKomm-ZPO, § 19a Rz. 8.
37) Begr. RegE Durchführungsgesetz, BR-Drucks. 654/16, S. 19.

**Art. 102c § 6 EGInsO**  Örtliche Zuständigkeit für Annexklagen

25 Die verbundene Klage (siehe Rz. 27 ff.) darf nicht selbst insolvenzspezifisch i. S. von Art. 6 Abs. 1 EuInsVO sein, sondern muss dem Zuständigkeitsregime der EuGVVO unterliegen. Die **zivil- oder handelsrechtliche Natur** der Klage ist nach Art. 1 EuGVVO **autonom zu bestimmen** (siehe Art. 6 Rz. 71 [*Hänel*]).[38] Erfasst sind neben den in ErwG 35 Satz 5 beispielhaft erwähnten gesellschafts- oder deliktsrechtlichen Klagen gegen Geschäftsführer etwa auch – unabhängig von der Eignung hinsichtlich der Konnexität (siehe Rz. 31 ff.) – gesellschaftsrechtliche Streitigkeiten, Ansprüche aus Konzernhaftung, Kartellsachen, Streitigkeiten des gewerblichen Rechtsschutzes und des Urheberrechts sowie Patentverletzungsstreitigkeiten.[39] Für die Qualifizierung unerheblich ist die zuständige Gerichtsbarkeit, so dass z. B. auch Verfahren der freiwilligen Gerichtsbarkeit erfasst sein können.[40]

26 Um die Ankerwirkung zu entfalten, muss die zivil- oder handelsrechtliche Klage zwar nicht von vornherein begründet, aber **zumindest schlüssig** sein (siehe Art. 6 Rz. 85 f. [*Hänel*]). Dem Gericht obliegt insoweit die Prüfung, ob eine **missbräuchliche Zuständigkeitserschleichung** vorliegt.[41] Im Fall eines Missbrauchs wäre bereits die internationale Zuständigkeit für die Annexklage nach Art. 6 Abs. 2 EuInsVO zu verneinen und Art. 102c § 6 Abs. 2 somit nicht anwendbar.

**bb) Verbundene Klagen**

27 Die Anwendung von Art. 6 Abs. 2 EuInsVO und damit auch von Art. 102c § 6 Abs. 2 erfordert eine **kombinierte Erhebung der verbundenen Klagen**,[42] im Idealfall in Gestalt einer kumulativen Klagenhäufung[43] gegenüber einem Beklagten sowie ggf. einer zusätzlichen subjektiven Klagenhäufung[44] bei mehreren Beklagten (siehe Art. 6 Rz. 80 [*Hänel*]).

28 Auch bei **gestaffelter Klageerhebung** ist eine Gerichtsstandswahl möglich, wenn die zivil- oder handelsrechtliche Ankerklage zuerst erhoben wurde und die Annexklage nachgezogen wird (siehe Art. 6 Rz. 81 [*Hänel*]). Unbeschadet einer ggf. nach der EuGVVO möglichen Zuständigkeitskonzentration kommt eine solche allerdings gegen mehrere Beklagte unter Inanspruchnahme von Art. 6 Abs. 2 EuInsVO nur mit gleichzeitig verbundener Annexklage in Betracht, da sonst die EuInsVO nicht anwendbar ist.

---

38) Vgl. EuGH, Urt. v. 14.10.1976 – Rs. 29/76 (Eurocontrol), NJW 1977, 489; EuGH, Urt. v. 15.5.2003 – Rs. C-266/01 (Préservatrice foncière TIARD), IPRaX 2003, 528, 529.
39) Musielak/Voit-*Stadler*, ZPO, Art. 1 EuGVVO n. F. Rz. 1 m. w. N.
40) Musielak/Voit-*Stadler*, ZPO, Art. 1 EuGVVO n. F. Rz. 1 mit Hinweis auf EuGH, Urt. v. 3.10.2013 – Rs. C-386/12 (Schneider), FamRZ 2013, 1873.
41) Vgl. EuGH, Urt. v. 13.7.2006 – Rs. C-103/05 (Reisch Montage Bau), Rz. 32, NJW-RR 2006, 1568; zur Kritik an dieser Entscheidung Musielak/Voit-*Stadler*, ZPO, Art. 8 EuGVVO n. F. Rz. 5 m. w. N.; EuGH, Urt. v. 21.5.2015 – Rs. C-352/13 (CDC Hydrogen Peroxide), Rz. 28 ff., ZIP 2015, 2043 = EuZW 2015, 584, m. Anm. *Harms/Sanner/Schmidt*, dazu EWiR 2015, 687 (*Mankowski*); *Paulus*, EuInsVO, Art. 6 Rz. 22.
42) Vgl. Mankowski/Müller/J. Schmidt-*Mankowski*, EuInsVO 2015, Art. 6 Rz. 34 m. w. N. Strenger wohl *Kindler/Wendland*, RIW 2018, 245, 252 m. w. N., die nur eine Klagehäufung zulassen wollen, daraus resultierende Probleme (siehe Rz. 42 und Art. 6 Rz. 82 ff. [*Hänel*]) aber nicht thematisieren.
43) Zum Begriff *Becker-Eberhard* in: MünchKomm-ZPO, § 260 Rz. 4 f.
44) Zum Begriff *Becker-Eberhard* in: MünchKomm-ZPO, § 260 Rz. 7.

Örtliche Zuständigkeit für Annexklagen                          Art. 102c § 6 EGInsO

Eine für die Annexklage und die verbundene Klage **gesplittete Prozessführungsbefugnis** zwischen Verwalter und eigenverwaltendem Schuldner (siehe Art. 6 Rz. 82 [*Hänel*]) schließt eine Klagenverbindung i. S. von Art. 6 Abs. 2 EuInsVO nicht aus. Folgt man aber nicht der h. M., die eine Streitgenossenschaft – hier auf Klägerseite – bereits bei Zweckmäßigkeit zulässt,[45)] erfordert die Verbindung der Klagen i. S. von Art. 6 Abs. 2 EuInsVO eine Übertragung der Prozessführungsbefugnis insgesamt an den Verwalter (siehe Art. 6 Rz. 83 [*Hänel*]).

29

Da auch bei subjektiver Klagenhäufung mehrere Prozessrechtsverhältnisse bestehen, kann es zu einer **unterschiedlichen Beendigung der Rechtsstreite** kommen (siehe Art. 6 Rz. 87 ff. [*Hänel*]). Wird die Ankerklage vor der Annexklage beendet ist – außer im Fall eines Missbrauchs – eine perpetuatio fori für die Annexklage zu befürworten (siehe Art. 6 Rz. 88 f. [*Hänel*]).[46)]

30

### cc) Konnexität der Klagen

Die Gerichtsstandswahl nach Art. 6 Abs. 2 EuInsVO setzt voraus, dass die Annexklage mit der zivil- oder handelsrechtlichen Ankerklage in **Sachzusammenhang** steht. Die Konkretisierung einer entsprechenden Konnexität in Art. 6 Abs. 3 EuInsVO entspricht fast wörtlich Art. 8 Nr. 1 und Art. 30 Abs. 3 EuGVVO. Daher kann deren Auslegung herangezogen werden.[47)] Allerdings ist bei Art. 6 Abs. 2 EuInsVO ein weniger strenger Maßstab geboten, weil die Vorschrift explizit (vgl. ErwG 35) eine Privilegierung des Klägers bezweckt (siehe Art. 6 Rz. 77 [*Hänel*]).[48)]

31

Der Begriff des „Zusammenhangs" ist **autonom** zu bestimmen.[49)] Die Umschreibung der einfachen Streitgenossenschaft in § 60 ZPO kann insoweit einen Anhaltspunkt geben.[50)] ErwG 35 Satz 5 nennt als Beispiel Geschäftsführerhaftung auf insolvenzrechtlicher und gesellschafts- oder deliktsrechtlicher Anspruchsgrundlage. **Allgemeine Kriterien für eine ausreichende Konnexität** sind eine im Wesentlichen tatsächliche oder rechtliche **Gleichartigkeit der Klagen**[51)] sowie die Abhängigkeit

32

---

45) Musielak/Voit-*Weth*, ZPO, § 60 Rz. 7 m. w. N. A. A. *Schultes* in: MünchKomm-ZPO, § 60 Rz. 3.
46) Für eine Fortdauer der Zuständigkeit Geimer/Schütze-*Geimer*, EuZVR, Art. 6 EuGVVO Rz. 27, 29; *Becker-Eberhard* in: MünchKomm-ZPO, § 261 Rz. 86; Musielak/Voit-*Stadler*, ZPO, Art. 8 EuGVVO n. F. Rz. 4, jeweils m. w. N. zur Gegenansicht.
47) Vgl. *Kindler/Wendland*, RIW 2018, 245, 252; *Schneider* in: Nunner-Krautgasser/Garber/Jaufer, Grenzüberschreitende Insolvenzen, S. 107 m. w. N.; *Thole* in: MünchKomm-InsO, Art. 6 EuInsVO 2015 Rz. 12; Mankowski/Müller/J. Schmidt-*Mankowski*, EuInsVO 2015, Art. 6 Rz. 43; *Moss/Fletcher/Isaacs*, The EU Regulation on Insolvency Proceedings, (RR) Art. 6 Rz. 8.589.
48) Vgl. *Thole* in: MünchKomm-InsO, Art. 6 EuInsVO 2015 Rz. 12.
49) Vgl. *Kindler/Wendland*, RIW 2018, 245, 252; *Thole* in: MünchKomm-InsO, Art. 6 EuInsVO 2015 Rz. 12; zur Vorgängerregelung der EuGVVO vgl. EuGH, Urt. v. 27.9.1988 – Rs. 189/87 (Kalfelis), NJW 1988, 3088; BAG, Urt. v. 23.1.2008 – 5 AZR 60/07, NJW 2008, 2797, 2799.
50) Vgl. Musielak/Voit-*Stadler*, ZPO, Art. 8 EuGVVO n. F. Rz. 3 m. w. N.
51) Die Gleichartigkeit des rechtlichen Grundes ist ausreichend (vgl. Geimer/Schütze-*Geimer*, EuZVR, Art. 6 EuGVVO Rz. 20; *Schneider* in: Nunner-Krautgasser/Garber/Jaufer, Grenzüberschreitende Insolvenzen, S. 97, 107, jeweils m. w. N.), aber nicht zwingend (vgl. EuGH, Urt. v. 11.10.2007 – Rs. C-98/06 (Freeport/Arnoldsson), Rz. 53, IPRax 2008, 253, dazu EWiR 2007, 749 *(Knöfel)*; Geimer/Schütze-*Geimer*, EuZVR, Art. 6 EuGVVO Rz. 19 m. w. N.

beider Ansprüche von einer **gemeinsamen Vorfrage**[52] (siehe Art. 6 Rz. 78 [*Hänel*]). Die Gefahr widersprechender Entscheidungen erfordert weder Parteienidentität noch Rechtskrafterstreckung, noch müssen sich die Rechtsfolgen der beiden Entscheidungen gegenseitig ausschließen.[53]

33 Für die Verbindung von Klagen gegen mehrere Beklagte kann die **Absehbarkeit des Risikos, gemeinsam verklagt zu werden**, ein Indiz für die Konnexität darstellen (siehe Art. 6 Rz. 79 [*Hänel*]).[54]

### dd) Identische(r) Beklagte(r)

34 Soweit in Art. 102c § 6 Abs. 2 von der zivil- oder handelsrechtlichen Klage gegen *denselben* Beklagten die Rede ist, bedeutet dies, dass ein einziger Ankerbeklagter für die Zuständigkeitsbegründung ausreicht. Die Vorschrift findet auch Anwendung für Klagen gegen **mehrere Beklagte** i. S. von Art. 6 Abs. 2 Alt. 2 EuInsVO.[55]

35 Besteht nur eine **teilweise Identität der Beklagten** in verbundenen Annexklagen und zusammenhängenden Klagen, kann die Möglichkeit der Zuständigkeitskonzentration in Art. 6 Abs. 2 EuInsVO nur im Verhältnis zu denjenigen Annexbeklagten bejaht werden, gegen die sich auch eine zusammenhängende Klage richtet.

### ee) Zuständigkeit nach EuGVVO

36 Eine Annexklage kann hinsichtlich der internationalen Zuständigkeit gemäß Art. 6 Abs. 2 EuInsVO an eine zivil- oder handelsrechtliche Klage „angehängt" werden, soweit für Letztere ein **Wohnsitzgerichtsstand eines Beklagten** nach der EuGVVO besteht. Der Wohnsitzbegriff entspricht hier – weiter als in § 7 BGB – demjenigen der EuGVVO, so dass auf Art. 62 EuGVVO für natürliche und Art. 63 EuGVVO für juristische Personen zurückgegriffen werden kann (siehe Art. 6 Rz. 41 [*Hänel*]).[56]

37 Auch **Gerichtsstandsvereinbarungen** und **rügelose Einlassung** nach Maßgabe der Artt. 25, 26 EuGVVO können die Zuständigkeit am Beklagtenwohnsitz begründen und das Wahlrecht des Art. 6 Abs. 2 EuInsVO auslösen.[57] Führen aber die besonderen Gerichtsstände der EuGVVO, die nicht an den Beklagtenwohnsitz anknüpfen, oder auch die ausschließlichen Zuständigkeiten nach Art. 24 EuGVVO zu einer **vom**

---

52) Vgl. *Thole* in: MünchKomm-InsO, Art. 6 EuInsVO 2015 Rz. 12; *Schneider* in: Nunner-Krautgasser/Garber/Jaufer, Grenzüberschreitende Insolvenzen, S. 97, 107 m. w. N; Koller/Lovrek/Spitzer-*Lind/Richter*, IO, Art. 6 EuInsVO Rz. 37.
53) Vgl. *Schneider* in: Nunner-Krautgasser/Garber/Jaufer, Grenzüberschreitende Insolvenzen, S. 97, 107 f. m. w. N; Koller/Lovrek/Spitzer-*Lind/Richter*, IO, Art. 6 EuInsVO Rz. 37.
54) EuGH, Urt. v. 1.12.2011 – Rs. C-145/10 (Painer), EuZW 2012, 182, 185; Musielak/Voit-*Stadler*, ZPO, Art. 8 EuGVVO n. F. Rz. 3 m. w. N.; a. A. *Lund*, RIW 2012, 377, 379.
55) Begr. RegE Durchführungsgesetz, BR-Drucks. 654/16, S. 30.
56) Vgl. *Kindler/Wendland*, RIW 2018, 245, 253; Mankowski/Müller/J. Schmidt-*Mankowski*, EuInsVO 2015, Art. 6 Rz. 40 f; Koller/Lovrek/Spitzer-*Lind/Richter*, IO, Art. 6 EuInsVO Rz. 34.
57) So wohl auch *Schneider* in: Nunner-Krautgasser/Garber/Jaufer, Grenzüberschreitende Insolvenzen, S. 97, 112, m. Fn. 86; Koller/Lovrek/Spitzer-*Lind/Richter*, IO, Art. 6 EuInsVO Rz. 32 mit Fn. 128.

Wohnsitzstaat des Beklagten abweichenden Zuständigkeit, lösen sie die Wahlmöglichkeit des Art. 6 Abs. 2 EuInsVO nicht aus (siehe Art. 6 Rz. 73 [*Hänel*]).[58)]

Im Fall der **Klagenkonzentration gegen mehrere Beklagte** ist unklar, ob nur der Ankerbeklagte oder jeder einzubeziehende Beklagte einen Wohnsitzgerichtsstand nach der EuGVVO in einem Mitgliedstaat haben muss, oder ob auch **Beklagte in Drittstaaten** i. R. von Art. 6 Abs. 2 Satz 1 Alt. 2 EuInsVO einbezogen werden können. Die zur parallelen Problematik bei Art. 8 EuGVVO strittige[59)] Frage ist für Art. 6 Abs. 2 EuInsVO zu bejahen angesichts seines Zwecks, ein effektives gerichtliches Vorgehen zugunsten der Insolvenzmasse zu fördern (siehe Art. 6 Rz. 7 f. [*Hänel*]).[60)] Beklagte in Drittstaaten eignen sich allerdings nicht als Ankerbeklagte. 38

Da die EuGVVO auch auf reine Inlandsfälle anwendbar ist[61)], kann **Ankerbeklagter** auch ein Beklagter sein, der seinen Wohnsitz und EuGVVO-Gerichtsstand im **Mitgliedstaat der Eröffnung des Insolvenzverfahrens** hat. Die hierdurch ermöglichte Konzentration von Klagen gegen mehrere Beklagte am ursprünglichen Gerichtsstand der Annexklage gemäß Art. 6 Abs. 1 EuInsVO stellt eine Ausnahme von dem Grundsatz dar, dass Art. 102c § 6 Abs. 2 nur für Annexklagen aus Insolvenzverfahren in anderen Mitgliedstaaten anwendbar ist (siehe Rz. 5). 39

Eine einmal nach Art. 2 Abs. 1 EuGVVO begründete internationale Zuständigkeit deutscher Gerichte bleibt erhalten, wenn die sie begründenden Umstände im Lauf des Rechtsstreits wegfallen.[62)] Demgemäß fällt auch im Anwendungsbereich von Art. 6 Abs. 2 EuInsVO die Zuständigkeit nach der EuGVVO bei einem **Wohnsitzwechsel des Ankerbeklagten** in einen anderen Mitgliedstaat nicht weg, bzw. genügt eine Begründung der Wohnsitzzuständigkeit während des Rechtsstreits. Für die örtliche Zuständigkeit nach Art. 102c § 6 Abs. 2 folgt dies aus § 261 Abs. 3 Nr. 2 ZPO.[63)] 40

### b) Rechtsfolge

Unter den Voraussetzungen des Art. 6 Abs. 2, 3 EuInsVO begründet eine zivil- oder handelsrechtliche Ankerklage für eine Annexklage gegen denselben Beklagten eine internationale Zuständigkeit, die für die Annexklage alternativ zur Zuständigkeit nach Art. 6 Abs. 1 EuInsVO gewählt werden kann. Gegenüber mehreren Beklagten erstreckt sich diese **Konzentrationswirkung der Ankerklage** nicht nur auf die Annexklagen, sondern auch auf die zivil- oder handelsrechtlichen Klagen gegen Beklagte mit Wohnsitzgerichtsstand in anderen Mitglied- oder in Drittstaaten 41

---

58) Vgl. *Thole/Swierczok*, ZIP 2013, 550, 553; *Schneider* in: Nunner-Krautgasser/Garber/Jaufer, Grenzüberschreitende Insolvenzen, S. 97, 110; Koller/Lovrek/Spitzer-*Lind/Richter*, IO, Art. 6 EuInsVO Rz. 32.
59) **Abl.** Musielak/Voit-*Stadler*, ZPO, Art. 8 EuGVVO n. F. Rz. 5; **befürwortend** Geimer/Schütze-*Geimer*, EuZVR, Art. 6 EuGVVO Rz. 4 ff., jeweils m. w. N. Ob eine der Ansichten als h. M. bezeichnet werden kann, ist zweifelhaft.
60) Ebenso *Schneider* in: Nunner-Krautgasser/Garber/Jaufer, Grenzüberschreitende Insolvenzen, S. 97, 111, m. Fn. 83.
61) Vgl. Geimer/Schütze-*Geimer*, EuZVR, Art. 2 EuGVVO Rz. 101 ff. m. w. N.
62) BGH, Urt. v. 1.3.2011 – XI ZR 48/10, ZIP 2011, 833 = NJW 2011, 2515, dazu EWiR 2011, 311 *(Geimer)*; Musielak/Voit-*Stadler*, ZPO, Art. 8 EuGVVO n. F. Rz. 5 m. w. N.
63) Vgl. insbesondere zur Heilung durch nachträgliche Zuständigkeitsbegründung Musielak/Voit-*Foerste*, ZPO, § 261 Rz. 15 m. w. N.

(siehe Rz. 38). Art. 102c § 6 Abs. 2 setzt diese Konzentrationswirkung der Ankerklage für die örtliche Zuständigkeit in Deutschland fort und führt die Klagen an einem Gerichtsort zusammen.

42 Auch für Art. 102c § 6 Abs. 2 gilt indes, dass die **sachliche und funktionelle Zuständigkeit** nach den allgemeinen Regeln zu bestimmen ist.[64] Dies kann dazu führen, dass die zusammenhängenden Klagen zwar am gleichen Gerichtsort erhoben, aber nicht vor dem gleichen Richter(kollegium) verhandelt werden können.[65] Das Problem stellt sich bereits dann, wenn die zivil- oder handelsrechtliche Klage in die Zuständigkeit einer **Kammer für Handelssachen** fällt, die Annexklage aber nicht. Ist bei der subjektiven Klagenhäufung der Prozessgegenstand nur für einen Teil der Beklagten eine Handelssache, muss die Kammer auf Antrag eines anderen Beklagten nach § 97 Abs. 1 GVG abtrennen.[66] Für den Fall der objektiven Klagenhäufung mit nur teilweiser Zuständigkeit der Kammer für Handelssachen ist strittig, ob diese die nicht vor sie gehörige Klage auf Antrag gemäß § 97 Abs. 1 GVG an die Zivilkammer verweisen muss[67] bzw. ob und ggf. in welchem Umfang ihr für eine Verweisung von Amts wegen gemäß § 97 Abs. 2 GVG ein **Ermessen** zusteht.[68] Soweit man ein solches bejaht, sollte davon im Anwendungsbereich von Art. 6 Abs. 2 EuInsVO und Art. 102c § 6 Abs. 2 im Interesse des Normzwecks großzügig zugunsten einer Aufrechterhaltung der Klagenverbindung Gebrauch gemacht werden.

43 Haben im Fall einer Verbindung von Klagen gegen mehr als einen Beklagten **mehrere Beklagte Wohnsitze in Deutschland**, für die unterschiedliche Gerichte örtlich zuständig sind, ist eine **Zuständigkeitsbestimmung nach § 36 Abs. 1 Nr. 3 ZPO** vorzunehmen. Die Vorschrift erfasst sowohl die notwendige, als auch die einfache Streitgenossenschaft.[69] Das Wahlrecht nach Art. 6 Abs. 2 EuInsVO betrifft nur die internationale Zuständigkeit und deckt daher eine Auswahl der örtlichen Zuständigkeit bei mehreren Beklagten im selben Mitgliedstaat nicht.

### III. Parallelverfahren

44 Die Eröffnung eines Haupt- und eines oder mehrerer Sekundärinsolvenzverfahren kann zu **Kompetenzkonflikten und -wechseln** hinsichtlich der Massezugehörigkeit von Klageansprüchen und der Prozessführungsbefugnis führen (näher siehe Art. 6 Rz. 93 ff. [*Hänel*]). Das Prozessgericht hat dies von Amts wegen zu berücksichtigen, wobei nach der hier vertretenen Ansicht ein Kompetenzwechsel weitestmöglich abzulehnen bzw. jedenfalls praktisch durch den Abschluss von Verwaltervereinbarungen zu vermeiden ist (siehe Art. 6 Rz. 97 f. [*Hänel*]).

---

64) Begr. RegE Durchführungsgesetz, BR-Drucks. 654/16, S. 19.
65) Zustimmend *Swierczok* in: HK-InsO, Art. 102c § 6 EGInsO Rz. 5.
66) Vgl. *Zimmermann* in: MünchKomm-ZPO, § 97 GVG Rz. 6.
67) Vgl. *Zimmermann* in: MünchKomm-ZPO, § 97 GVG Rz. 7 m. w. N.
68) Vgl. *Zimmermann* in: MünchKomm-ZPO, § 97 GVG Rz. 11 m. w. N.
69) Vgl. Musielak/Voit-*Heinrich*, ZPO, § 36 Rz. 17 m. w. N.

## § 7
### Öffentliche Bekanntmachung

(1) Der Antrag auf öffentliche Bekanntmachung nach Artikel 28 Absatz 1 der Verordnung (EU) 2015/848 ist an das nach § 1 Absatz 2 zuständige Gericht zu richten.

(2) ¹Der Antrag auf öffentliche Bekanntmachung nach Artikel 28 Absatz 2 der Verordnung (EU) 2015/848 ist an das Insolvenzgericht zu richten, in dessen Bezirk sich der wesentliche Teil des Vermögens des Schuldners befindet. ²Hat der Schuldner in der Bundesrepublik Deutschland kein Vermögen, so kann der Antrag bei jedem Insolvenzgericht gestellt werden.

(3) ¹Das Gericht kann eine Übersetzung des Antrags verlangen, die von einer hierzu in einem der Mitgliedstaaten der Europäischen Union befugten Person zu beglaubigen ist. ²§ 9 Absatz 1 und 2 und § 30 Absatz 1 der Insolvenzordnung gelten entsprechend. ³Ist die Eröffnung des Insolvenzverfahrens bekannt gemacht worden, so ist dessen Beendigung in gleicher Weise von Amts wegen bekannt zu machen.

(4) Geht der Antrag nach Absatz 1 bei einem unzuständigen Gericht ein, so leitet dieses den Antrag unverzüglich an das zuständige Gericht weiter und unterrichtet den Antragsteller hierüber.

**Literatur:** *Vallender/Fuchs*, Die Antragspflicht organschaftlicher Vertreter einer GmbH vor dem Hintergrund der Europäischen Insolvenzverordnung, ZIP 2004, 829.

### Übersicht

| | |
|---|---|
| I. Zweck der Norm .................. 1 | a) Wesentlicher Teil des in- |
| II. Inhalt der Norm .................. 4 | ländischen Vermögens des |
| 1. Öffentliche Bekanntmachung | Schuldners .................. 15 |
| nach Art. 28 Abs. 1 EuInsVO | b) Kein Vermögen im Inland .......... 17 |
| (Art. 102c § 7 Abs. 1) .................. 4 | 3. Prüfungsbefugnis des Insolvenz- |
| a) Bezugnahme auf Art. 102c | gerichts .................. 18 |
| § 1 Abs. 2 in § 7 Abs. 1 .................. 5 | 4. Übersetzung des Antrags |
| aa) Niederlassung .................. 6 | (Art. 102c § 7 Abs. 3 Satz 1) .............. 20 |
| bb) Mehrere Niederlassungen | 5. Art und Weise sowie Form |
| (Art. 102c § 1 Abs. 2 i. V. m. | der Veröffentlichung (Art. 102c |
| § 3 Abs. 2 InsO) .................. 10 | § 7 Abs. 3) .................. 21 |
| b) Rechtsfolge .................. 11 | 6. Öffentliche Bekanntmachung |
| 2. Öffentliche Bekanntmachung | der Verfahrensbeendigung |
| nach Art. 28 Abs. 2 EuInsVO | (Art. 102c § 7 Abs. 3 Satz 3) .............. 24 |
| (Art. 102c § 7 Abs. 2) .................. 12 | 7. Antrag bei einem unzuständigen |
| | Gericht (Art. 102c § 7 Abs. 4) ........... 25 |
| | III. Kosten .................. 26 |

### I. Zweck der Norm

Richten andere Mitgliedstaaten Anträge auf öffentliche Bekanntmachung an Deutschland, sind diese nach näherer Maßgabe des Art. 102c § 7 zu behandeln. Die Vorschrift setzt die in Art. 28 EuInsVO getroffenen Regelungen in das deutsche Recht um. Die Neufassung orientiert sich am Vorbild des Art. 102 § 5 und spezifiziert die **örtliche und sachliche Zuständigkeit**. Art. 102c § 7 Abs. 2 regelt die Fälle, in denen sich Vermögen, insbesondere Forderungen des Schuldners im Veröffentlichungsstaat befinden.

2 Art. 102c § 7 Abs. 2 Satz 2 verfolgt den **Zweck**, unbekannte Gläubiger zu informieren. Hierfür dürfte kaum mehr ein Bedürfnis bestehen, wenn die unionsweite Vernetzung der nationalen Insolvenzregister installiert ist, die das Informationsbedürfnis an zusätzlichen Veröffentlichungen deutlich absenken wird.

3 Art. 102c § 7 Abs. 3 und 4 greifen auf die Regelungen in Art. 102 § 5 zurück.

## II. Inhalt der Norm

### 1. Öffentliche Bekanntmachung nach Art. 28 Abs. 1 EuInsVO (Art. 102c § 7 Abs. 1)

4 Art. 28 Abs. 1 EuInsVO verpflichtet zur Bekanntmachung der Eröffnungsentscheidung und ggf. der Entscheidung zur Bestellung des Verwalters in jedem anderen Mitgliedstaat, in dem sich eine **Niederlassung des Schuldners** befindet. Art. 102c § 7 Abs. 1 bestimmt nach dem Vorbild von Art. 102 § 5 Abs. 1, bei welchem Insolvenzgericht der Antrag zu stellen ist. Soweit das **ausländische Eröffnungsverfahren** bekanntmachungsbedürftige Rechtsfolgen erzeugt, können diese ebenfalls im Inland öffentlich bekannt gemacht werden.[1]

#### a) Bezugnahme auf Art. 102c § 1 Abs. 2 in § 7 Abs. 1

5 Im Falle des Art. 28 Abs. 1 EuInsVO hat der Insolvenzverwalter bzw. der Schuldner in Eigenverwaltung den Antrag auf öffentliche Bekanntmachung an das nach **Art. 102c § 1 Abs. 2 zuständige Gericht** zu richten. Diese Vorschrift setzt zunächst voraus, dass eine Zuständigkeit der deutschen Gerichte nach Art. 3 Abs. 2 EuInsVO besteht. Nach dieser Vorschrift muss der Schuldner den Mittelpunkt seines hauptsächlichen Interesses in einem anderen Mitgliedstaat unterhalten und im Inland eine **Niederlassung** betreiben.

#### aa) Niederlassung

6 Der Begriff der Niederlassung umfasst nach der Legaldefinition des **Art. 2 Nr. 10 EuInsVO** jeden **Tätigkeitsort**, an dem der Schuldner **nicht nur vorübergehend** seinen wirtschaftlichen **Aktivitäten nachgeht** bzw. drei Monate vor dem Antrag auf Eröffnung des Hauptinsolvenzverfahrens **nachgegangen ist** und am Ort Vermögenswerte belegen sind. Der Einsatz **eigener Arbeitnehmer** ist **nicht erforderlich**, wenn nur das eingesetzte Personal für die Niederlassung als Auftraggeber tätig ist;[2] ein ständiges **Ein-Mann-Büro** genügt. Das bloße **Vorhandensein** einzelner Vermögenswerte oder **Bankkonten** (allgemein Sachmittel) genügt grundsätzlich **nicht** den Erfordernissen einer „Niederlassung",[3] auch wenn dadurch Schutzlücken ent-

---

1) K. Schmidt-*Brinkmann*, InsO, Art. 102 § 5 EGInsO Rz. 1.
2) Mankowski/Müller/J. Schmidt-*Mankowski*, EuInsVO 2015, Art. 3 Rz. 142 f.; *Thole* in: MünchKomm-InsO, Art. 3 EuInsVO 2000 Rz. 82.
3) BGH, Beschl. v. 21.6.2012 – IX ZB 287/11, ZIP 2012, 1920; Mankowski/Müller/ J. Schmidt-*Mankowski*, EuInsVO 2015, Art. 3 Rz. 137, 140, 146.

stehen, etwa der Insolvenzverwalter des Hauptinsolvenzverfahrens keine Anstalten trifft, inländische Vermögenswerte zu verwerten.[4]

Schutzlücken entstehen auch bei **manipulativen Änderungen** der Niederlassung durch kurzfristige Verlegung oder der Einstellung der Niederlassung, sie sind durch entsprechende Auslegungen des Art. 2 Nr. 10 EuInsVO zu verhindern.[5] Fehlen wirtschaftliche Tätigkeit, Vermögenswerte und Personal völlig, liegt in diesem Staat **keine Niederlassung**.[6] Der **bloße Satzungssitz** ohne Personal oder Vermögen stellt ebenfalls keine Niederlassung dar.[7]

Unterhält der zweite Schuldner in einem anderen Mitgliedstaat als seinem COMI eine Niederlassung, muss er damit rechnen, dass im Wege der **personellen Erweiterung** der Insolvenzbeschlag des Erstschuldners auf ihn erstreckt wird.[8] Zwar ist der Niederlassungsbegriff weit auszulegen, das gestattet aber nicht, ihn auf Konzernsachverhalte zu erstrecken, er gilt deshalb nur für **unselbstständige, nicht für rechtlich selbstständige Töchter.**[9] Ist das der Fall, ist es unschädlich, wenn im Mitgliedstaat des Sekundärverfahrens der Schwerpunkt der Haupttätigkeit ausgeübt wird, oder sämtliche Assets belegen sind,[10] aber Voraussetzung ist das nicht.[11]

**Liegen die Voraussetzungen einer Niederlassung nicht vor,** fehlt dem angerufenen Gericht die internationale Zuständigkeit.[12] In diesem Fall hat es den Antrag unverzüglich an das zuständige Gericht weiterzuleiten und den Antragsteller hierüber zu unterrichten (**Art. 102c § 7 Abs. 4**); näher dazu siehe Rz. 25.

**bb) Mehrere Niederlassungen (Art. 102c § 1 Abs. 2 i. V. m. § 3 Abs. 2 InsO)**

Betreibt der Schuldner im Inland mehrere Niederlassungen, so ist das Insolvenzgericht zuständig, bei dem zuerst der Antrag auf öffentliche Bekanntmachung gestellt wurde (Art. 102c § 1 Abs. 2 Satz 2 i. V. m. § 3 Abs. 2 InsO). Gibt es innerhalb mehrerer Niederlassungen eine Leitungsmacht, so ist das deutsche Insolvenzgericht am Ort der Hauptniederlassung zuständig. Geht der Antrag bei einem unzuständigen Gericht ein, hat es ihn unverzüglich an das zuständige Gericht weiterzuleiten und den Antragsteller hierüber zu unterrichten (Art. 102c § 7 Abs. 4).

---

4) *Undritz* in: HambKomm-InsO, Art. 3 EuInsVO Rz. 42.
5) Wimmer/Bornemann/Lienau-*Wimmer*, Die Neufassung der EuInsVO, Rz. 404.
6) Mankowski/Müller/J. Schmidt-*Mankowski*, EuInsVO 2015, Art. 3 Rz. 147.
7) Mankowski/Müller/J. Schmidt-*Mankowski*, EuInsVO 2015, Art. 3 Rz. 148.
8) EuGH, Urt. v. 15.12.2011 – Rs. C-191/10 (Rastelli), Rz. 24 f., ZIP 2012, 183, 184 = NZI 2012, 150, 151, m. Anm. *Mankowski*, dazu EWiR 2012, 87 *(Paulus)*; Mankowski/Müller/J. Schmidt-*Mankowski*, EuInsVO 2015, Art. 3 Rz. 153 f.
9) Kübler/Prütting/Bork-*Kemper*, InsO, Art. 3 EuInsVO 2000 Rz. 30. Eingehend Mankowski/Müller/J. Schmidt-*Mankowski*, EuInsVO 2015, Art. 3 Rz. 150 f., mit dem Vorschlag, ein Partikularverfahren über die Mutter am Sitz der Tochter zu eröffnen, um Umgehungen zu verhindern.
10) AG Köln, Beschl. v. 23.1.2004 – 71 IN 1/04 (Automold), ZIP 2004, 472, dazu EWiR 2004, 601 *(Blenske)*; *Vallender/Fuchs*, ZIP 2004, 829, 834.
11) BGH, Beschl. v. 8.3.2012 – IX ZB 178/11, Rz. 15, 16, ZIP 2012, 782, 784, dazu EWiR 2012, 315 *(Paulus)*.
12) Kübler/Prütting/Bork-*Kemper*, InsO, Art. 3 EuInsVO 2000 Rz. 31.

## b) Rechtsfolge

11 Liegen die Voraussetzungen des Art. 3 Abs. 2 EuInsVO vor, normiert Art. 102c § 1 Abs. 2 eine **ausschließliche örtliche Zuständigkeit** des Insolvenzgerichts, in dessen Bezirk die Niederlassung des Schuldners liegt.[13] Der ausschließliche inländische Gerichtsstand begründet zugleich die ausschließliche internationale Zuständigkeit.[14] Das Gericht muss seine örtliche Zuständigkeit von Amts wegen ermitteln (vgl. § 5 Abs. 1 Satz 1 InsO).[15] Der Antragsteller hat alle die gerichtliche Zuständigkeit begründenden Tatsachen darzulegen.

## 2. Öffentliche Bekanntmachung nach Art. 28 Abs. 2 EuInsVO (Art. 102c § 7 Abs. 2)

12 Nach Art. 28 Abs. 2 EuInsVO kann der Insolvenzverwalter beantragen, dass die Bekanntmachung der Eröffnungsentscheidung und der Entscheidung zur Bestellung des Verwalters auch in einem anderen Mitgliedstaat veröffentlicht wird.

13 Dieser Antrag ist nach Art. 102c § 7 Abs. 2 Satz 1 bei dem Gericht zu stellen, in dessen Bezirk sich die **wesentlichen – inländischen – Vermögenswerte des Schuldners** befinden. Im Vergleich zur früheren Rechtslage schafft die Vorschrift insoweit eine Entlastung der Insolvenzgerichte, als der Antrag nicht bei jedem Insolvenzgericht zu stellen ist, in dessen Bezirk sich schuldnerisches Vermögen befindet.

14 Für den Fall, dass sich in der Bundesrepublik Deutschland keinerlei Vermögenswerte des Schuldners befinden, sieht Art. 102c § 7 Abs. 2 Satz 2 ergänzend vor, dass der Antrag bei jedem inländischen Insolvenzgericht gestellt werden kann.

### a) Wesentlicher Teil des inländischen Vermögens des Schuldners

15 Zu den **Vermögenswerten** i. S. des Art. 102c § 7 Abs. 2 zählen insbesondere bewegliche Sachen, die im Eigentum des Schuldners stehen, sowie Forderungsrechte des Schuldners. Ansprüche des Schuldners aus Versicherungen sowie Gesellschaftsanteile an Kapital- und Personengesellschaften sind ebenfalls Teil des schuldnerischen Vermögens. Soweit **unbewegliches Vermögen** betroffen ist, greift die Regelung des Art. 102c § 8 ein.

16 Die Begründung zu Art. 102c § 7 Abs. 2 macht deutlich, dass es sich um die im Inland belegenen Vermögenswerte handeln muss. Allein hierauf ist bei der Frage der Wesentlichkeit abzustellen. Wann von wesentlichen Vermögenswerten ausgegangen werden kann, richtet sich nach der Verkehrsauffassung. Entscheidend ist der **Wert der in den einzelnen Bezirken vorhandenen Vermögenswerte**. Soweit sich in einem Bezirk des Insolvenzgerichts mehr Vermögenswerte des inländischen Vermögens des Schuldners als in den jeweils anderen Bezirken befinden, dürfte es sich dabei um das wesentliche Vermögen handeln, so dass dieses Gericht örtlich zuständig ist.[16] Der Insolvenzverwalter bzw. Schuldner in Eigenverwaltung hat

---

13) Wie hier *Swierczok* in: HK-InsO, Art. 102c § 7 EGInsO Rz. 1.
14) BGH, Urt. v. 3.4.1985 – I ZR 101/83, NJW-RR 1987, 227, 229.
15) BGH, Beschl. v. 13.12.2005 – X ARZ 223/05, Rz. 13, ZIP 2006, 442 = NZI 2006, 164.
16) S. auch BGH, Urt. 13.3.1991 – XII ZR 79/90, NJW 1991, 1739.

Öffentliche Bekanntmachung                                    **Art. 102c § 7 EGInsO**

hierzu entsprechend vorzutragen. Erst bei hinreichend substantiierten Sachvortrag setzt die Ermittlungspflicht des Gerichts ein.

### b) Kein Vermögen im Inland

Art. 102c § 7 Abs. 2 Satz 2 eröffnet dem Insolvenzverwalter bzw. der Schuldner in Eigenverwaltung die Möglichkeit, die Bekanntmachung der Eröffnungsentscheidung und ggf. der Bestellung des Verwalters in jedem Mitgliedstaat selbst dann zu beantragen, wenn sich in der Bundesrepublik Deutschland kein schuldnerisches Vermögen befindet. Anlass zu diesem Antrag dürfte allenfalls bestehen, wenn er hier unbekannte Gläubiger vermutet.[17] Auf diese Weise kann der Verwalter eine schuldbefreiende Zahlung eines Dritten verhindern (Art. 31 EuInsVO).  17

## 3. Prüfungsbefugnis des Insolvenzgerichts

Das Insolvenzgericht hat vor der Veröffentlichung zu prüfen, ob es sich bei dem ausländischen Verfahren um ein anerkennungsfähiges Verfahren i. S. der EuInsVO handelt.[18] Auch wenn sich der Eröffnungsbeschluss nicht zum Mittelpunkt des hauptsächlichen Interesses äußert, ist aus dem Umstand der Verfahrenseröffnung der Schluss zu ziehen, dass es Art. 3 Abs. 1 EuInsVO jedenfalls inzidenter geprüft und bejaht hat. Daran ist das um Veröffentlichung der Bekanntmachung ersuchte Insolvenzgericht gemäß Art. 19 EuInsVO gebunden.[19]  18

Zurückweisen darf das Insolvenzgericht den Antrag nur unter den Voraussetzungen, die es ihm erlauben, die Eröffnungsentscheidung nicht anzuerkennen. Bei einer ausdrücklich auf Art. 3 EuInsVO gestützten Eröffnungsentscheidung hat sich die Prüfung allein an **Art. 33 EuInsVO** zu orientieren. Danach ist der Registerstaat grundsätzlich befugt, den Antrag zurückweisen, soweit die ausländische Eröffnungsentscheidung **offensichtlich** mit den Grundprinzipien oder den verfassungsmäßig genannten Rechten und Freiheiten des Einzelnen unvereinbar ist. Der Effektivität des Art. 28 EuInsVO kann indes nur dann Genüge getan werden, wenn sich die **inzidente Prüfung** auf solche Fälle beschränkt, in denen der Anwendungsbereich der EuInsVO prima facie nicht gegeben ist.[20] Dies steht im Einklang mit der höchstrichterlichen Rechtsprechung, nach der der **Ordre-Public-Vorbehalt** nur in **Ausnahmefällen** einschlägig ist.[21]  19

## 4. Übersetzung des Antrags (Art. 102c § 7 Abs. 3 Satz 1)

Zur Arbeitserleichterung kann das Gericht nach Art. 102c § 7 Abs. 3 Satz 1 eine **Übersetzung des Antrags** verlangen, die in Anlehnung an Art. 22 EuInsVO von  20

---

17) Begr. RegE Durchführungsgesetz, BR-Drucks. 654/16, S. 32.
18) *Thole* in: MünchKomm-InsO, Art. 102 § 5 EGInsO Rz. 7; Kübler/Prütting/Bork-*Kemper*, InsO, Art. 102 § 5 EGInsO Rz. 3.
19) Vgl. AG Mannheim, Beschl. v. 7.10.2016 – 4 IE 1120/16, ZIP 2016, 2235, 2236; *Thole* in: MünchKomm-InsO, Art. 21 EuInsVO 2000 Rz. 18.
20) *Kindler* in: MünchKomm-BGB, Internationales Wirtschaftsrecht, IntInsR Rz. 537; *Thole* in: MünchKomm-InsO, Art. 21 EuInsVO 2000 Rz. 5.
21) EuGH, Urt. v. 2.5.2006 – Rs. C-341/04 (Eurofood), ZIP 2006, 907, m. Anm. *Knof/Mock*, dazu EWiR 2005, 725 *(Pannen)*; BGH, Urt. v. 10.9.2015 – IX ZR 304/13, Rz. 10, ZIP 2015, 2331, dazu EWiR 2016, 19 *(Vallender)*.

einer hierzu in einem der Mitgliedstaaten der EU befugten Person zu beglaubigen ist (siehe Art. 57 EuGVVO). Die betreffende Person muss die in diesem Staat erforderlichen Voraussetzungen für die Übersetzung offizieller Dokumente erfüllen.

### 5. Art und Weise sowie Form der Veröffentlichung (Art. 102c § 7 Abs. 3)

21 Die Art und Weise sowie die Form der Veröffentlichung regelt die EuInsVO nicht. Maßgeblich ist insoweit das **nationalstaatliche Recht**, d. h. das deutsche Recht. Art. 102c § 7 Abs. 3 Satz 2 sieht vor, dass die §§ 9 Abs. 1 und 2 und 30 Abs. 1 InsO entsprechend gelten. Danach hat die öffentliche Bekanntmachung durch eine zentrale und länderübergreifende Veröffentlichung im Internet unter www.insolvenzbekanntmachungen.de. zu erfolgen. Dies kann auszugweise geschehen (§ 9 Abs. 1 Satz 1 InsO). Zu veröffentlichen sind

– die Bezeichnung des Schuldners,

– die Angabe der Verfahrensart,

– der Zeitpunkt der Eröffnung sowie

– das entscheidende Organ samt Aktenzeichen;

– darüber hinaus ist der Name der zum Verwalter bestellten Person zu veröffentlichen und

– ferner ist anzugeben, ob es sich bei dem Verfahren um ein Haupt- oder Sekundärinsolvenzverfahren handelt (siehe Art. 28 Abs. 1 Satz 2 EuInsVO).

22 Liegen die Eintragungsvoraussetzungen vor, hat die Eintragung **unverzüglich** zu ergehen, weil sie andernfalls ihre Funktion, gutgläubigen Erwerb zu verhindern, nicht erfüllen kann.[22]

23 Die Veröffentlichung selbst ordnet gemäß § 3 Nr. 2 lit. g RPflG der Rechtspfleger durch Beschluss an.[23] Dieser ist im Hinblick auf den Beginn der Beschwerdefrist dem Insolvenzverwalter sowie dem Schuldner nach der **EuZustVO**[24] zuzustellen (näher dazu siehe § 9 Rz. 6 [*Vallender*]).

### 6. Öffentliche Bekanntmachung der Verfahrensbeendigung (Art. 102c § 7 Abs. 3 Satz 3)

24 Weder Art. 28 noch Art. 29 EuInsVO sehen die Pflicht des Insolvenzverwalters vor, auch die **öffentliche Bekanntmachung der Verfahrensbeendigung** zu beantragen. Im Interesse des Wirtschaftsverkehrs verpflichtet Art. 102c § 7 Abs. 3 Satz 2 das deutsche Insolvenzgericht, die Beendigung des Verfahrens in gleicher Weise wie die Eröffnung bekannt zu machen. Art. 102c § 7 Abs. 3 Satz 2 bezieht sich seiner systematischen Stellung nach sowohl auf die Bekanntmachung nach Art. 102c § 7 Abs. 1 als auch nach Absatz 2. Im Interesse des Wirtschaftsverkehrs hat **die Bekanntmachung über die Verfahrensbeendigung** stets **von Amts wegen** zu

---

22) AG Mannheim, Beschl. v. 7.10.2016 – 4 IE 1120/16, ZIP 2016, 2235, 2237; Uhlenbruck-*Zipperer*, InsO, § 33 Rz. 13.
23) *Sternal* in: HK-InsO, § 9 Rz. 5 m. w. N.
24) Verordnung (EG) Nr. 1393/2007 des Europäischen Parlaments und des Rates v. 13.11.2007 über die Zustellung gerichtlicher und außergerichtlicher Schriftstücke in Zivil- und Handelssachen in den Mitgliedstaaten – EuZustVO, ABl. (EU) L 324/79 v. 10.12.2007.

erfolgen. Sie ist nicht von einem Antrag abhängig, soweit auch die Eröffnung bekannt gemacht wurde. Dies entsprach zwar schon der Regelung im RegE[25], nach der die Bekanntmachung der Verfahrensbeendigung nur von der Entscheidung über die Bekanntmachung der Eröffnung abhing Im Interesse der Rechtsklarheit soll dies noch deutlicher herausgestellt werden.[26] Ein Antrag auf Bekanntmachung der Verfahrensbeendigung kann zur Anregung der amtswegigen Bekanntmachung dienen.[27] Die Bekanntmachung der Verfahrensbeendigung erfolgt in entsprechender Anwendung des § 9 InsO. Sie setzt indes voraus, dass das Gericht Kenntnis von der Verfahrensaufhebung erlangt. Eine Verpflichtung des Gerichts, regelmäßig nach dem Stand des ausländischen Verfahrens nachzufragen, besteht nicht.[28] Vielmehr hat das Gericht spätestens dann aktiv zu werden, wenn es in geeigneter Form von der Verfahrensaufhebung in Kenntnis gesetzt wird.

### 7. Antrag bei einem unzuständigen Gericht (Art. 102c § 7 Abs. 4)

Geht der Antrag auf **öffentliche Bekanntmachung nach Art. 28 Abs. 1 EuInsVO bei einem** unzuständigen Gericht ein, hat dieses das Ersuchen unverzüglich an das **örtlich und sachlich** zuständige **(Insolvenz)gericht** weiterzuleiten und den Antragsteller hierüber zu unterrichten (**Art. 102c § 7 Abs. 4**). Dies setzt indes voraus, dass genügend Anhaltspunkte für die örtliche Zuständigkeit eines anderen Gerichts ersichtlich sind. Ansonsten hat das Gericht den Antragsteller von seiner Unzuständigkeit zu unterrichten (§ 139 ZPO) und ihm vor einer Zurückweisung des Antrags Gelegenheit zu geben, zur örtlichen Zuständigkeit näher vorzutragen. Kommt der Antragsteller dem nicht nach, ist der Antrag zurückzuweisen. Gegen diese Entscheidung steht ihm das Rechtsmittel der sofortigen Beschwerde zu (Art. 102c § 9 EGInsO).

### III. Kosten

Die Entscheidung des inländischen Insolvenzgerichts über die Bekanntmachung des ausländischen Insolvenzvermerks ist gerichtsgebührenfrei. Nach Nr. 9004 Kostenverzeichnis zum GKG entstehen **Bekanntmachungskosten**.

Wer Kostenschuldner ist, bestimmt § 24 GKG. Danach hat derjenige die Kosten des Verfahrens über den Antrag auf öffentliche Bekanntmachung ausländischer Entscheidungen in Insolvenzverfahren oder vergleichbaren Verfahren zu tragen, der das Verfahren beantragt hat. Dies ist im Regelfall der **Verwalter des ausländischen Verfahrens**. Da nach Art. 30 EuInsVO die Kosten der öffentlichen Bekanntmachung nach Art. 28 EuInsVO als Kosten und Aufwendungen des Verfahrens gelten, fallen die dem ausländischen Verwalter auferlegten Kosten letztlich dem ausländischen Verfahren zur Last. Sollte die Insolvenzmasse bereits vor der Verfahrensbeendigung verteilt sein, wird die Aufbringung der Verfahrenskosten aus der Masse nicht mehr möglich sein.

---

25) RegE Durchführungsgesetz, BT-Drucks. 18/10823.
26) Beschlussempfehlung und Bericht d. RA z. Durchführungsgesetz, BT-Drucks. 18/12154, S. 31.
27) Beschlussempfehlung und Bericht d. RA z. Durchführungsgesetz, BT-Drucks. 18/12154, S. 31.
28) Zu weitgehend *Paulus*, EuInsVO, Art. 28 Rz. 8, der die Gerichte als verpflichtet ansieht, von Amts wegen entsprechende Nachforschungen zu betreiben.

## § 8
### Eintragung in öffentliche Bücher und Register

(1) ¹Der Antrag auf Eintragung nach Artikel 29 Absatz 1 der Verordnung (EU) 2015/848 ist an das nach § 1 Absatz 2 zuständige Gericht zu richten. ²Er soll mit dem Antrag nach Artikel 28 Absatz 1 der Verordnung (EU) 2015/848 verbunden werden. ³Das Gericht ersucht die registerführende Stelle um Eintragung. ⁴§ 32 Absatz 2 Satz 2 der Insolvenzordnung findet keine Anwendung.

(2) ¹Der Antrag auf Eintragung nach Artikel 29 Absatz 2 der Verordnung (EU) 2015/848 ist an das nach § 7 Absatz 2 zuständige Gericht zu richten. ²Er soll mit dem Antrag nach Artikel 28 Absatz 2 der Verordnung (EU) 2015/848 verbunden werden.

(3) ¹Die Form und der Inhalt der Eintragung richten sich nach deutschem Recht. ²Kennt das Recht des Mitgliedstaats der Europäischen Union, in dem das Insolvenzverfahren eröffnet worden ist, Eintragungen, die dem deutschen Recht unbekannt sind, so hat das Insolvenzgericht eine Eintragung zu wählen, die der des Mitgliedstaats der Verfahrenseröffnung am nächsten kommt.

(4) § 7 Absatz 4 gilt entsprechend.

Literatur: *Pannen/Riedemann*, Die deutschen Ausführungsbestimmungen zur EuInsVO – ein Überblick zu den Regelungen des Art. 102 EGInsO n. F., NZI 2004, 301; *Steinmetz/Gimenez*, Deutsches Insolvenzverfahren und Immobiliarvermögen in Spanien, NZI 2010, 973; *Wimmer*, Einpassung der EU-Insolvenzverordnung in das deutsche Recht durch das Gesetz zur Neuregelung des Internationalen Insolvenzrechts, in: Insolvenzrecht im Wandel der Zeit: Festschrift für Hans-Peter Kirchhof, 2003, S. 521.

### Übersicht

| | |
|---|---|
| I. Zweck der Norm ... 1 | 4. Form und Inhalt der Eintragung (Art. 102c § 8 Abs. 3) ... 16 |
| II. Inhalt der Norm ... 3 | 5. Antrag bei einem unzuständigen Gericht (Art. 102c § 8 Abs. 4) ... 17 |
| 1. Antragsbefugnis (Art. 102c § 8 Abs. 1) ... 3 | |
| 2. Zuständigkeitskonzentration (Art. 102c § 8 Abs. 1 und Abs. 2) ... 5 | III. Löschung des Insolvenzvermerks ... 18 |
| 3. Eintragungsvoraussetzungen und Eintragungsverfahren ... 13 | IV. Kosten ... 19 |

### I. Zweck der Norm

1 Art. 29 EuInsVO dient der Sicherheit des Rechtsverkehrs;[1] durch entsprechende Registereintragungen soll verhindert werden, dass der Schuldner nach Eröffnung des Insolvenzverfahrens an gutgläubige Dritte wirksam verfügen kann. Art. 102c § 8 setzt die in der vorgenannten Bestimmung getroffenen Regelungen in deutsches Recht um. Dabei ergänzen Art. 102c § 8 Abs. 1 und 2 die Vorschrift des Art. 29 EuInsVO, indem sie Regelungen zur **sachlichen und örtlichen Zuständigkeit des Gerichts** enthalten, an das der Eintragungsantrag zu richten ist.[2] Ebenso wie Art. 22 EuInsVO a. F. unterscheidet Art. 29 EuInsVO zwischen der obligatorischen Eintragung im Niederlassungsstaat oder im Belegenheitsstaat von unbeweglichem Vermögen (**Abs. 1**)

---

1) Vgl. *Pannen/Riedemann*, NZI 2004, 301, 304.
2) *Thole* in: MünchKomm-InsO, Art. 102 § 6 EGInsO Rz. 1.

und der fakultativen **Eintragung in öffentliche Register** eines anderen Mitgliedstaates (**Abs. 2**).

Darunter sind nicht nur die Registergerichte zu verstehen, sondern **alle Register**, die 2
**öffentlich zugänglich** sind. Zu den öffentlich zugänglichen Registern zählen neben dem Grundbuch und dem Handelsregister, die ausdrücklich in Art. 29 Abs. 1 EuInsVO genannt sind, auch das Genossenschafts-, Partnerschafts-, Vereins-, (Binnen)Schiffs-, Luftfahrzeugregister und Register für gewerbliche Schutzrechte.[3]

## II. Inhalt der Norm

### 1. Antragsbefugnis (Art. 102c § 8 Abs. 1)

Aufgrund der Bezugnahme in Art. 102c § 8 Abs. 1 Satz 1 auf Art. 29 Abs. 1 und 2 3
EuInsVO ist allein der Insolvenzverwalter bzw. eigenverwaltende Schuldner des **ausländischen Hauptinsolvenzverfahrens** antragsbefugt. Die entsprechende Position ist nach Maßgabe des Art. 22 EuInsVO nachzuweisen.

Der Antrag eines **ausländischen Sekundärinsolvenzverwalters** auf Eintragung der 4
Verfahrenseröffnung in öffentliche Register ist mangels Rechtsschutzinteresses unzulässig. Der Verkehrsschutz gebietet eine solche Eintragung nicht, weil das Sekundärinsolvenzverfahren nicht die im Registerstaat belegenen Vermögenswerte erfasst. Da Art. 102c § 8 als Eintragungsvoraussetzung zwingend einen Antrag an das Insolvenzgericht voraussetzt, ist die registerführende Stelle weder von Amts wegen noch aufgrund eines unmittelbar an sie gerichteten Antrags zur Eintragung befugt.

### 2. Zuständigkeitskonzentration (Art. 102c § 8 Abs. 1 und Abs. 2)

Verfahrensrechtlich wählt Art. 102c § 8 den Weg über die **Zuständigkeitskonzent-** 5
**ration beim Insolvenzgericht**. Dies gilt sowohl für die **obligatorische** als auch die **fakultative Eintragung**. Während Art. 102c § 8 Abs. 1 auf das nach Art. 102c § 1 Abs. 2 zuständige Gericht, das Insolvenzgericht, in dessen Bezirk die Niederlassung des Schuldners liegt,[4] verweist, ist im Falle der fakultativen Eintragung (Art. 29 Abs. 2 EuInsVO) der Antrag gemäß Absatz 2 an das nach Art. 102c § 7 Abs. 2 zuständige Gericht zu richten.[5] Dies ist das Insolvenzgericht, in dessen Bezirk sich die wesentlichen inländischen Vermögenswerte des Schuldners befinden.

Hat der **Schuldner keine Niederlassung** in Deutschland, geht die Verweisung in 6
Art. 102c § 8 Abs. 1 Satz 1 auf die Vorschrift des Art. 102c § 1 Abs. 2 ins Leere. Da Abs. 3 der Vorschrift den Zweck verfolgt, Maßnahmen nach Artt. 28 und 29 EuInsVO

---

[3] K. Schmidt-*Brinkmann*, InsO, Art. 102 § 6 EGInsO Rz. 3.

[4] Das zuerst angerufene Gericht einer Niederlassung löst bei den nachfolgenden Eintragungsersuchen eines ausländischen Insolvenzverwalters die Prioritätssperre des § 3 Abs. 2 InsO aus und bleibt damit auch örtlich zuständig, wenn die zur Eintragung ersuchten Grundbuchämter außerhalb seines Bezirks liegen, AG Mannheim, Beschl. v. 7.10.2016 – 4 IE 1120/16, ZIP 2016, 2235, 2236; im Ergebnis in seiner Beschlussanm. bejahend *Mankowski*, NZI 2017, 224; *Thole* in: MünchKomm-InsO, Art. 102 § 1 EGInsO Rz. 13.

[5] Im spanischen Recht fehlt z. B. eine entsprechende Koordinierungsnorm. Nach einem Beschluss der Direccion General de los Registros y del Notarioda (Aufsichtsbehörde für die Register und Notariate) v. 11.6.2010 kann der Eintragungsantrag unmittelbar an das zuständige spanische Grundbuchamt gerichtet werden; näher dazu *Steinmetz/Gimenez*, NZI 2010, 973 ff.

zu unterstützen, erscheint es sachlich gerechtfertigt, auf diese Vorschrift abzustellen.[6] Soweit das um Eintragung ersuchte Insolvenzgericht dem Begehren entsprochen hat, bleibt es in entsprechender Anwendung der Vorschrift des § 3 Abs. 2 InsO und nach dem Rechtsgedanken des § 348 Abs. 1 Satz 2 InsO auch für nachfolgende Eintragungsersuchen zuständig, wenn die zur Eintragung ersuchten Grundbuchämter außerhalb seines Bezirks liegen.[7]

7 Hat der Schuldner in der Bundesrepublik kein Vermögen, so kann der Antrag bei jedem Insolvenzgericht gestellt werden. Dies betrifft bspw. Fälle, in denen der Insolvenzverwalter die Eintragung beantragt, weil er unbekannte Gläubiger in der Bundesrepublik Deutschland vermutet.[8]

8 Damit wird insoweit ein **Gleichlauf mit dem Verfahren auf öffentliche Bekanntmachung** nach **Art. 28 EuInsVO** hergestellt, als in beiden Fällen das Insolvenzgericht der sachlich zuständige Adressat des Ersuchens ist. Dementsprechend sehen Art. 102c § 8 Abs. 1 Satz 2 und Abs. 2 Satz 2 vor, dass **beide Anträge** aus verfahrensökonomischen Gründen **verbunden** werden sollen.[9]

9 Art. 102c § 8 schafft für den ausländischen Insolvenzverwalter eine erhebliche **Arbeitserleichterung**. Denn dieser ist nicht verpflichtet, das jeweilige öffentliche Register für sein Anliegen zu ermitteln, sondern kann bzw. muss seinen Antrag unmittelbar an eine zentrale Stelle, das örtlich zuständige Insolvenzgericht, richten. Da Art. 102c § 8 Abs. 1 **Satz 4** die Anwendung der Vorschrift des § 32 Abs. 2 Satz 2 InsO ausdrücklich ausschließt, ist es dem ausländischen Verwalter verwehrt, sich unmittelbar selbst an das öffentliche Register zu wenden. Sein Antrag ist unzulässig.

10 Vor einer Zurückweisung des Antrags hat die registerführende Stelle dem Antragsteller Gelegenheit zu geben, seinen Antrag zurückzunehmen und an das zuständige Insolvenzgericht zu richten. Vorzuziehen ist aus verfahrensökonomischen Gründen allerdings eine entsprechende Anwendung des Art. 102c § 8 Abs. 4, der seinem Wortlaut nach allein die Insolvenzgerichte betrifft. Folgt man dieser Ansicht, hat die registerführende Stelle den Antrag unverzüglich an das zuständige Insolvenzgericht weiterzuleiten und den Antragsteller hiervon zu benachrichtigen.

11 Soweit das Grundbuchamt eine Eintragung unter Verstoß gegen die gesetzliche Regelung vornimmt, soll dies nach Auffassung des OLG Köln[10] unerheblich sein. Diese Auffassung ist vertretbar und praxisgerecht. Allerdings ist nicht zu verkennen, dass eine so erfolgte Eintragung als Verletzung wesentlicher Verfahrensvorschriften anzusehen sein könnte. Denn die Einschaltung des Insolvenzgerichts verfolgt den Zweck, dessen besonderen Sachverstand bei grenzüberschreitenden Verfahren zu nutzen. Zu einer Nichtigkeit der Eintragung und einer entsprechenden Löschungsverpflichtung (§§ 398, 399 FamFG) würde man indes nur dann gelangen, wenn die Beseitigung der Eintragung im öffentlichen Interesse erforder-

---

6) Ausführlich *Mankowski*, NZI 2017, 224 (Urteilsanm.).
7) Im Ergebnis auch AG Mannheim, Beschl. v. 7.10.2016 – 4 IE 1120/16, ZIP 2016, 2235, 2236.
8) Begr. RegE Durchführungsgesetz, BR-Drucks. 654/16, S. 32.
9) Begr. RegE Durchführungsgesetz, BR-Drucks. 654/16, S. 32.
10) OLG Köln, Beschl. v. 21.10.2019 – 2 Wx 275/19, 2 Wx 287/19, Rz. 14, NZI 2019, 984, m. Anm. *Vallender*.

lich erscheint.[11] Davon ist nicht auszugehen, wenn das Grundbuchamt als sachlich zuständige Behörde die Eintragung vorgenommen hat.

Die **Zentralisierung des Art. 102c § 8** schafft mehr Rechtssicherheit und entlastet gleichzeitig die registerführenden Stellen.[12] Die Vorschrift vermeidet **grundsätzlich** widersprechende Entscheidungen über die Registereintragung.[13] Soweit jedoch Vermögen in verschiedenen Gerichtsbezirken belegen ist, sind u. U. mehrere Insolvenzgerichte örtlich zuständig, so dass die Einheitlichkeit der Entscheidung nicht mehr gewährleistet ist.[14]

12

### 3. Eintragungsvoraussetzungen und Eintragungsverfahren

Das Insolvenzgericht darf den Antrag nur unter den Voraussetzungen zurückweisen, die es ihm erlauben, die Eröffnungsentscheidung nicht anzuerkennen. Bei einer ausdrücklich auf Art. 3 EuInsVO gestützten Eröffnungsentscheidung hat sich die Prüfung allein an **Art. 33** EuInsVO zu orientieren. Danach ist der Registerstaat grundsätzlich befugt, den Antrag zurückweisen, soweit die ausländische Eröffnungsentscheidung **offensichtlich** mit den Grundprinzipien oder den verfassungsmäßig genannten Rechten und Freiheiten des Einzelnen unvereinbar ist. Der Effektivität des Art. 29 EuInsVO kann indes nur dann Genüge getan werden, wenn sich die **inzidente Prüfung** auf solche Fälle beschränkt, in denen der Anwendungsbereich der EuInsVO prima facie nicht gegeben ist.[15] Dies steht im Einklang mit der höchstrichterlichen Rechtsprechung, nach der der **Ordre-Public-Vorbehalt** nur in **Ausnahmefällen** einschlägig ist.[16]

13

Da Art. 102c § 8 anders als Art. 102 § 6 Abs. 1 Satz 2 nicht mehr darauf abstellt, dass die Verfahrenseröffnung nach dem Recht des Staates, in dem das Hauptinsolvenzverfahren eröffnet wurde, ebenfalls eintragungsfähig ist, hat das Insolvenzgericht nicht zu prüfen, ob nach dem Insolvenzstatut ebenfalls eine Eintragung in bestimmte Register vorgesehen ist.[17] Vielmehr ist nach dem Grundgedanken des Art. 29 EuInsVO, der auf den Verkehrsschutz und die Funktionsfähigkeit der Register im Registerstaat abstellt, der Rechtsverkehr im Registerstaat in der Weise zu unterrichten, wie dies bei einem reinen Binnensachverhalt der Fall wäre. Demnach ist eine Eintragung auch dann vorzunehmen, wenn die lex fori concursus eine Eintragung der Verfahrenseröffnung nicht kennt.[18]

14

---

11) Vgl. OLG München, Beschl. v. 22.2.2010 – 31 Wx 162/09, DNotZ 2010, 466.
12) K. Schmidt-*Brinkmann*, InsO, Art. 102 § 6 EGInsO Rz. 2.
13) Begr. RegE Gesetz zur Neuregelung des Internationalen Insolvenzrechts, BT-Drucks. 15/16, S. 16.
14) Pannen-*Eickmann*, EuInsVO, Art. 102 § 6 EGInsO Rz. 4.
15) *Kindler* in: MünchKomm-BGB, Internationales Wirtschaftsrecht, IntInsR Rz. 537; *Thole* in: MünchKomm-InsO, Art. 21 EuInsVO 2000 Rz. 5.
16) EuGH, Urt. v. 2.5.2006 – Rs. C-341/04 (Eurofood), Slg. 2006, I-3813-3880 = ZIP 2006, 907, m. Anm. *Knof/Mock*, dazu EWiR 2005, 725 *(Pannen)*; BGH, Urt. v. 10.9.2015 – IX ZR 304/13, Rz. 10, ZIP 2015, 2331, dazu EWiR 2016, 19 *(Vallender)*.
17) S. zum früheren Meinungsstand *Thole* in: MünchKomm-InsO, Art. 102 § 6 EGInsO Rz. 9.
18) Wie hier *Swierczok* in: HK-InsO, Art. 102c § 8 EGInsO Rz. 3.

**15** Sieht das Insolvenzgericht die Anerkennungsvoraussetzungen als gegeben an, hat es die registerführende Stelle **von Amts wegen** um Eintragung zu ersuchen (**Abs. 1 Satz 3**). Darüber hinaus hat es seine Entscheidung dem ausländischen Verwalter bzw. Schuldner in Eigenverwaltung nach den Bestimmungen der zuzustellen[19]. Mit der Zustellung beginnt die in Art. 102c § 9 Satz 2 normierte Beschwerdefrist zu laufen. Die registerführende Stelle ist nicht befugt, eine erneute Prüfung auf Bestehen der Anerkennungsvoraussetzungen des ausländischen Insolvenzverfahrens vorzunehmen.[20] Die rechtliche Beurteilung des Insolvenzgerichts ist bindend.[21] Die **Prüfungsbefugnis der registerführenden Behörde** beschränkt sich auf die **sonstigen Eintragungsvoraussetzungen** wie bei reinen Inlandssachverhalten.

### 4. Form und Inhalt der Eintragung (Art. 102c § 8 Abs. 3)

**16** Form und Inhalt der Eintragung richten sich nach **deutschem Recht**. In Anlehnung an § 31 Abs. 1 Nr. 1 und 2 InsO hat das örtlich zuständige Insolvenzgericht das zuständige Grundbuchamt um Eintragung eines Insolvenzvermerks in Form eines Verfügungsverbots zu ersuchen. Ob der Schuldner zum Zeitpunkt der Verfahrenseröffnung dinglich Berechtigter an den Grundbucheintragungen ist, bestimmt sich nach deutschem Grundbuchrecht.[22] Die registerführende Stelle hat für den Fall, dass das deutsche Recht eine Eintragung nicht vorsieht, eine Eintragung vorzunehmen, die der beantragten am nächsten kommt. Gelangt das Insolvenzgericht zum Ergebnis einer fehlenden Substituierbarkeit, ist es befugt, den Antrag zurückzuweisen.[23]

### 5. Antrag bei einem unzuständigen Gericht (Art. 102c § 8 Abs. 4)

**17** Geht der Antrag auf Eintragung in öffentliche Bücher und Register bei einem örtlich unzuständigen Insolvenzgericht ein, hat dieses das Ersuchen unverzüglich an das zuständige Gericht weiterzuleiten und den Antragsteller hierüber zu unterrichten (**Abs. 4 i. V. m. Art. 102c § 7 Abs. 4**). Dies setzt indes voraus, dass genügend Anhaltspunkte für die örtliche Zuständigkeit eines anderen Gerichts ersichtlich sind. Ansonsten hat das Gericht den Antragsteller von seiner Unzuständigkeit zu unterrichten (§ 139 ZPO) und ihm vor einer Zurückweisung des Antrags Gelegenheit zu geben, zur örtlichen Zuständigkeit näher vorzutragen. Kommt der Antragsteller dem nicht nach, ist der Antrag zurückzuweisen. Gegen diese Entscheidung steht ihm das Rechtsmittel der sofortigen Beschwerde zu (Art. 102c § 9).

---

[19] Die Zustellung hat nach Maßgabe der Verordnung (EG) Nr. 1393/2007 des Europäischen Parlaments und des Rates v. 13.11.2007 über die Zustellung gerichtlicher und außergerichtlicher Schriftstücke in Zivil- und Handelssachen in den Mitgliedstaaten – EuZustVO, ABl. (EU) L 324/79 v. 10.12.2007 zu erfolgen.

[20] OLG Dresden, Beschl. v. 26.5.2010 – 17 W 491/10, ZIP 2010, 2108.

[21] AG Duisburg, Beschl. v. 13.1.2010 – 62 IE 1/10, ZIP 2010, 594; *Thole* in: MünchKomm-InsO, Art. 22 EuInsVO Rz. 9.

[22] AG Mannheim, Beschl. v. 7.10.2016 – 4 IE 1120/16, ZIP 2016, 2235.

[23] Begr. RegE Gesetz zur Neuregelung des Internationalen Insolvenzrechts, BT-Drucks. 15/16, S. 16.

## III. Löschung des Insolvenzvermerks

Art. 102c § 8 enthält keine ausdrückliche Regelung, wie zu verfahren ist, wenn die Eintragungsvoraussetzungen entfallen sind. Ebenso wie bei der Eintragung des Insolvenzvermerks bedarf es auch bei dessen Löschung eines Antrags des Insolvenzverwalters bzw. eigenverwaltenden Schuldners des Hauptinsolvenzverfahrens.[24] Eine Löschung von Amts wegen kommt nicht in Betracht. Vielmehr ist eine entsprechende Anwendung des § 32 Abs. 3 Satz 1 InsO naheliegend.[25]

## IV. Kosten

Die **Eintragung des Insolvenzvermerks** selbst ist nach §§ 69 Abs. 2, 87 Nr. 1 KostO kostenfrei.

---

[24] OLG Köln, Beschl. v. 21.10.2019 – 2 Wx 275/19, 2 Wx 287/19, NZI 2019, 984, m. Anm. *Vallender.* Soweit *Swierczok* in: HK-InsO, Art. 102c § 8 Rz. 4, auch eine Antragsbefugnis des Schuldners (außerhalb der Eigenverwaltung) zu bejahen scheint, ergibt sich dies nicht aus den von ihm zitierten Vorschriften.

[25] Nach Auffassung des OLG Köln, Beschl. v. 21.10.2019 – 2 Wx 275/19, 2 Wx 287/19, NZI 2019, 984, 985, m. Anm. *Vallender,* und des OLG Dresden, Beschl. v. 26.5.2010 – 17 W 491/10, ZIP 2010, 2108, ist § 346 Abs. 3 Satz 2 InsO auf diesen Sachverhalt entsprechend anzuwenden. Die Vorschrift stellt ebenfalls auf einen Antrag des Insolvenzverwalters ab.

# § 9
### Rechtsmittel gegen eine Entscheidung nach § 7 oder § 8

¹Gegen die Entscheidung des Insolvenzgerichts nach § 7 oder § 8 findet die sofortige Beschwerde statt. ²Die §§ 574 bis 577 der Zivilprozessordnung gelten entsprechend.

### Übersicht

| | |
|---|---|
| I. Zweck der Norm ............... 1 | b) Entscheidung des Beschwerdegerichts ............... 8 |
| II. Inhalt der Norm ............... 2 | |
| 1. Sofortige Beschwerde (Art. 102c § 9 Satz 1) ............... 2 | 2. Rechtsbeschwerde (Art. 102c § 9 Satz 2) ............... 9 |
| a) Voraussetzungen ............... 3 | III. Sonstige Rechtsmittel ............... 10 |

## I. Zweck der Norm

Art. 102c § 9, der inhaltlich Art. 102 § 7 entspricht, hat gegenüber Art. 102c § 4 einen eigenständigen Regelungsgehalt. Die Vorschrift trägt insbesondere dem **Interesse des ausländischen Insolvenzverwalters** an der Sicherung der Insolvenzmasse Rechnung.[1] Um etwaigen Schadensersatzansprüchen zu entgehen, muss er dafür Sorge tragen, dass die Bekanntmachung bzw. die Eintragung in das Register eines anderen Mitgliedstaats so rasch wie möglich erfolgt.[2] Sieht das um Eintragung ersuchte Gericht davon ab, seinem Eintragungsersuchen zu entsprechen, eröffnet

---

[1] Näher dazu s. die Kommentierung zu Art. 29 Rz. 3 [*Vallender*].
[2] Uhlenbruck-*Lüer,* InsO, Art. 102 § 7 EGInsO Rz. 1.

**Art. 102c § 9 EGInsO** — Rechtsmittel gegen eine Entscheidung nach § 7 oder § 8

ihm Art. 102c § 9 gegen die Entscheidung des Insolvenzgerichts über die **Bekanntmachung** nach Art. 102c § 7 und die **Registereintragung** nach Art. 102c § 8 das Rechtsmittel der sofortigen Beschwerde.

## II. Inhalt der Norm

### 1. Sofortige Beschwerde (Art. 102c § 9 Satz 1)

2   Das Rechtsmittel der sofortigen Beschwerde richtet sich nach den §§ 567 ff. ZPO. § 6 InsO gilt nicht, weil diese Vorschrift nur in den Fällen Anwendung findet, in denen die InsO („dieses Gesetz") die sofortige Beschwerde vorsieht.[3]

#### a) Voraussetzungen

3   Art. 102c § 9 setzt eine **Entscheidung des Insolvenzgerichts** voraus. Dazu zählen die Zurückweisung des Antrags auf Eintragung, aber auch das Ersuchen um Löschung des Insolvenzvermerks im Register. Insoweit enthält Art. 102c § 8 zwar keine ausdrückliche Regelung. Bei einer Einstellung oder Aufhebung des Insolvenzverfahrens ist das Insolvenzgericht neben dem Schuldner in entsprechender Anwendung des § 346 Abs. 2 Satz 3 InsO befugt, das Grundbuchamt um Löschung der Eintragung zu ersuchen (§ 32 Abs. 3 Satz 1 InsO).[4]

4   Vorbereitende Maßnahmen wie z. B. der Hinweis auf die Unstatthaftigkeit der Eintragung sind nicht anfechtbar. Hat das Gericht seine Entscheidung über den Antrag auf Eintragung in der Form einer Verfügung getroffen, unterliegt sie der Anfechtung nach Art. 102c § 9 Satz 1.[5] Das Rechtsmittel der sofortigen Beschwerde findet unabhängig davon statt, ob der Richter oder Rechtspfleger die angefochtene Entscheidung erlassen hat.

5   **Beschwerdebefugt sind** der **ausländische Verwalter** und der **Schuldner**. Zwar bedarf der Schuldner nicht zwingend des Schutzes durch Art. 102c § 9, weil die Gutglaubensregelungen bis zur öffentlichen Bekanntmachung ihm zugutekommen (Artt. 17 lit. a, 31 EuInsVO). Auch ist nicht zu verkennen, dass ein Eingriff in seine Rechtssphäre nicht durch die mangelnde Eintragung erfolgt.[6] Gleichwohl ist ihm die Beschwerdebefugnis für eine sofortige Beschwerde nicht abzusprechen. Dies gebietet bereits der Grundsatz des rechtlichen Gehörs. Im Verfahren nach Art. 102c §§ 7 und 8 erhält er keine Gelegenheit zur Stellungnahme. Dort ist es ihm z. B. verwehrt, die Unzuständigkeit des Gerichts oder einen Verstoß gegen den *ordre public* geltend zu machen. Dies muss ihm im Wege der Einlegung einer sofortigen Beschwerde gestattet sein.[7]

---

3) K. Schmidt-*Brinkmann*, InsO, Art. 102 § 7 EGInsO Rz. 1; **a. A.** *Stephan* in: HK-InsO, Art. 102 § 7 EGInsO Rz. 2; *Reinhart* in: MünchKomm-InsO, 2. Aufl., Art. 102 § 7 EGInsO Rz. 1; Uhlenbruck-*Lüer*, InsO, Art. 102 § 7 EGInsO Rz. 5.
4) OLG Dresden, Beschl. v. 26.5.2010 – 17 W 491/10, ZIP 2010, 2108, 2109 m. w. Rspr.-Nachw.
5) Vgl. *Sternal* in: HK-InsO, § 6 Rz. 4.
6) Uhlenbruck-*Lüer*, InsO, Art. 102 § 7 EGInsO Rz. 3.
7) K. Schmidt-*Brinkmann*, InsO, Art. 102 § 7 EGInsO Rz. 4; *Stephan* in: HK-InsO, Art. 102 § 7 EGInsO Rz. 2; *Reinhart* in: MünchKomm-InsO, 2. Aufl., Art. 102 § 7 EGInsO Rz. 3, 4; **a. A.** Uhlenbruck-*Lüer*, InsO, Art. 102 § 7 EGInsO Rz. 3; Ahrens/Gehrlein/Ringstmeier-*Gruber*, InsO, 2. Aufl., Art. 102 § 7 EGInsO Rz. 2.

Die **zweiwöchige Beschwerdefrist** (§ 569 Abs. 1 ZPO) beginnt mit der **Zustellung** 6
der anzufechtenden Entscheidung.[8)] Für den Beginn der Frist kommt es nicht auf
die Verkündung, sondern die Zustellung an.[9)] Die Zustellung an den ausländischen
Verwalter und Schuldner richtet sich nach der **EuZustVO**.[10)] Es gelten insoweit die
§§ 4 Abs. 1 und 7 EuZustVO. Danach hat das Insolvenzgericht als Übermittlungsstelle die Zustellung an die ausländische Empfangsstelle zu veranlassen. Diese bewirkt die Zustellung und erteilt nach erfolgter Zustellung die Zustellungsbescheinigung
mit dem Zustellungsdatum. Dies ist für den Lauf der zweiwöchigen Beschwerdefrist,
bei der es sich um eine Notfrist handelt, maßgeblich (§ 569 Abs. 1 Sätze 1 und 2
ZPO).

Soweit das Insolvenzgericht ein **Ersuchen an das Registergericht um Löschung des** 7
**Insolvenzvermerks** richtet,[11)] hat es auch diese Entscheidung dem ausländischen
Insolvenzverwalter zuzustellen, weil dieser durch die Entscheidung beschwert ist,
falls tatsächlich ein Grund für die Löschung nicht vorliegt. Die Beschwerde soll begründet werden (§ 571 Abs. 1 ZPO). Die Zulässigkeit des Rechtsmittels hängt allerdings nicht davon ab, ob eine Begründung eingereicht wird (vgl. § 571 Abs. 3 ZPO).

**b) Entscheidung des Beschwerdegerichts**

Ob die Voraussetzungen für die beantragte Eintragung vorliegen, ist bezogen auf 8
den Zeitpunkt der neu zu treffenden Entscheidung des **Beschwerdegerichts** zu
prüfen (§ 571 Abs. 2 ZPO). Das Beschwerdegericht hat deshalb weiterhin die Möglichkeit, aber auch die Verpflichtung, **neue Tatsachen und Beweise** uneingeschränkt
zu berücksichtigen, unabhängig davon, ob diese vor oder nach der erstinstanzlichen
Entscheidung entstanden sind.[12)]

**2. Rechtsbeschwerde (Art. 102c § 9 Satz 2)**

Die **Verweisung** in Art. 102c § 9 Satz 2 auf die §§ 574 bis 577 ZPO eröffnet dem 9
Beschwerdeführer gegen die Entscheidung des Beschwerdegerichts die **Rechtsbeschwerde** unter den Voraussetzungen des § 574 Abs. 1–3 ZPO. **Sachlich zuständig**
ist gemäß § 133 GVG der **BGH**. Die Rechtsbeschwerde kann wirksam nur durch
einen beim BGH zugelassenen Rechtsanwalt eingelegt werden.[13)] Die Zulassung
der Rechtsbeschwerde durch das Beschwerdegericht (§ 574 Abs. 3 Satz 2 ZPO) bindet
den BGH nur in den Fällen des § 574 Abs. 1 Satz 1 Nr. 2 ZPO und nur hinsichtlich
der Zulässigkeitsgründe des § 574 Abs. 2 ZPO. Lässt das Beschwerdegericht die

---

8) K. Schmidt-*Brinkmann*, InsO, Art. 102 § 7 EGInsO Rz. 1.
9) Bei unterbliebener oder fehlerhafter Zustellung beginnt die Zwei-Wochen-Frist mit dem
 Ablauf von fünf Monaten nach der Verkündung der Entscheidung (§ 569 Abs. 1 Satz 2
 a. E. ZPO).
10) Verordnung (EG) Nr. 1393/2007 des Europäischen Parlaments und des Rates v. 13.11.2007
 über die Zustellung gerichtlicher und außergerichtlicher Schriftstücke in Zivil- und Handelssachen in den Mitgliedstaaten – EuZustVO, ABl. (EU) L 324/79 v. 10.12.2007.
11) Zur Befugnis des Insolvenzgerichts s. die Ausführungen bei Art. 102c § 8 Rz. 15
 [*Vallender*].
12) Vgl. BGH, Beschl. v. 27.3.2008 – IX ZB 144/07, Rz. 6, ZIP 2008, 1034.
13) BGH, Beschl. v. 21.3.2002 – IX ZB 18/02, ZIP 2002, 1003 = BB 2002, 964, dazu EWiR
 2002, 643 (*Hirtz*).

Rechtsbeschwerde ausdrücklich nicht zu, entfaltet eine nachträgliche, auf eine Anhörungsrüge oder Gegenvorstellung ergangene stattgebende Zulassungsentscheidung für das Rechtsbeschwerdegericht ebenfalls keine Bindungswirkung, wenn die ursprüngliche Entscheidung nicht auf Verstößen gegen Verfahrensgrundrechte beruht.[14] Die Rechtsbeschwerde ist binnen einer Notfrist von einem Monat nach Zustellung des Beschlusses durch Einreichen einer Beschwerdeschrift bei dem Rechtsbeschwerdegericht einzulegen (§ 575 Abs. 1 Satz 1 ZPO).

### III. Sonstige Rechtsmittel

10 Die Gesetzesbegründung zu Art. 102 § 7 sieht vor, dass der ausländische Insolvenzverwalter neben der sofortigen Beschwerde auch die Rechtsmittel einlegen können soll, die für das jeweilige Eintragungsverfahren vorgesehen sind.[15] Obwohl die Begründung des Art. 102c hierzu keine Aussage trifft, dürfte auch für die Neufassung des Art. 102c § 9, die vollinhaltlich dem Art. 102 § 7 entspricht, nichts anderes gelten. Danach steht dem ausländischen Insolvenzverwalter neben der in Art. 102c § 9 vorgesehenen sofortigen Beschwerde auch die Befugnis zu, die Rechtsmittel einzulegen, die für das jeweilige Eintragungsverfahren vorgesehen sind. Dies ist insoweit bemerkenswert, als er im Falle des Art. 102c § 8 nicht unmittelbarer Antragsteller ist.

11 Soll die ausländische Eröffnungsentscheidung im **Grundbuch** eingetragen werden, finden **zusätzlich** die **§§ 71 ff. GBO** Anwendung. Da dem Grundbuchamt bei einem formell ordnungsgemäßen Ersuchen des eingeschalteten deutschen Insolvenzgerichts weder im Zuge der Eintragung noch der späteren Löschung des Insolvenzvermerks im Grundbuch eine Prüfungskompetenz, ob die ersuchte Eintragung bzw. Löschung kollisions- und insolvenzrechtlich richtig ist, zukommt,[16] dürfte die Eröffnung des Rechtsmittelwegs nach den §§ 71 ff. GBO nur dann praktische Bedeutung erlangen, wenn das eintragende Gericht fehlerhaft gehandelt hat. Vor diesem Hintergrund ist kein Raum für den an das Grundbuchamt gerichteten Antrag des ausländischen Insolvenzverwalters, der die Löschung und das zugrunde liegende Ersuchen des Insolvenzgerichts für falsch hält, auf Eintragung eines Amtswiderspruchs gegen die Löschung.[17] Lehnt das **Handelsregister** die Eintragung der ausländischen Eröffnungsentscheidung ab, ist insoweit zwar das Beschwerdeverfahren gemäß **§ 382 Abs. 3 i. V. m. §§ 58 ff. FamFG** eröffnet. Da allein das Insolvenzgericht die kollisions- und insolvenzrechtlichen Voraussetzungen des beantragten Insolvenzvermerks zu prüfen hat, dürfte das Rechtsmittel grundsätzlich keinen Erfolg haben.[18]

---

14) BGH, Beschl. v. 9.6.2016 – IX ZB 92/15, NJW-RR 2016, 955.
15) Begr. RegE Gesetz zur Neuregelung des Internationalen Insolvenzrechts, BT-Drucks. 15/16, S. 16.
16) OLG Dresden, Beschl. v. 26.5.2010 – 17 W 491/10, ZIP 2010, 2108.
17) OLG Dresden, Beschl. v. 26.5.2010 – 17 W 491/10, ZIP 2010, 2108, 2109.
18) *Stephan* in: HK-InsO, Art. 102 § 7 EGInsO Rz. 3.

## § 10
### Vollstreckung aus der Eröffnungsentscheidung

¹Ist der Verwalter eines Hauptinsolvenzverfahrens nach dem Recht des Mitgliedstaats der Europäischen Union, in dem das Insolvenzverfahren eröffnet worden ist, befugt, auf Grund der Entscheidung über die Verfahrenseröffnung die Herausgabe der Sachen, die sich im Gewahrsam des Schuldners befinden, im Wege der Zwangsvollstreckung durchzusetzen, so gilt für die Vollstreckung in der Bundesrepublik Deutschland Artikel 32 Absatz 1 Unterabsatz 1 der Verordnung (EU) 2015/848. ²Für die Verwertung von Gegenständen der Insolvenzmasse im Wege der Zwangsvollstreckung gilt Satz 1 entsprechend.

Literatur: *Balz*, Das neue Europäische Insolvenzübereinkommen, ZIP 1996, 948; *Bierbach*, Wettlauf der Gläubiger um den Insolvenzgerichtsstand – Anfechtungsbefugnisse des Insolvenzverwalters, NZI 2008, 2203; *Bierhenke*, Der ausländische Insolvenzverwalter und das deutsche Grundbuch, MittBayNot 2009, 197; *Bismarck/Schümann-Kleber*, Insolvenz eines ausländischen Sicherungsgebers – Anwendung deutscher Vorschriften auf die Verwertung in Deutschland belegener Kreditsicherheiten, NZI 2005, 147; *Damman/Müller*, Eröffnung eines Sekundärinsolvenzverfahrens in Frankreich gem. Art. 29 lit. a EuInsVO auf Antrag eines „schwachen" deutschen Insolvenzverwalters, NZI 2011, 752; *Fehrenbach*, Insolvenzanfechtung in grenzüberschreitenden Insolvenzverfahren bei Verfahrenspluralität, NZI 2015, 157; *Kysel/Röder*, Ausländische Insolvenz und deutsches Grundbuch, ZIP 2017, 1650; *Oberhammer*, Zur Anfechtungsbefugnis des Sekundärverwalters nach Europäischem Insolvenzrecht, KTS 2008, 271; *Pannen/Riedemann*, Die deutschen Ausführungsbestimmungen zur EuInsVO – Ein Überblick zu den Regelungen des Art. 102 n. F., NZI 2004, 301; *Schneider*, Insolvenznahe Verfahren, in: Nunner-Krautgasser/Garber/Jaufer, Grenzüberschreitende Insolvenzen, 2017, S. 97; *Schütze*, Die Anerkennung und Vollstreckbarerklärung ausländischer, insbesondere US-amerikanischer, insolvenzrechtlicher Entscheidungen in Deutschland, DZWiR 2001, 412; *Virgós/Schmit*, Erster Teil: EU-Übereinkommen über Insolvenzverfahren, Kap. B – Erläuternder Bericht, in: Stoll, Vorschläge und Gutachten zur Umsetzung des EU-Übereinkommens über Insolvenzverfahren im deutschen Recht, 1997, S. 32 (zit.: *Virgós/Schmit* in: Stoll, Vorschläge und Gutachten).

### Übersicht

| | |
|---|---|
| I. Zweck der Norm .................. 1 | 2. Verwertung durch Zwangsvollstreckung (Art. 102c § 10 Satz 2) ....... 14 |
| II. Anwendungsbereich ............. 4 | 3. Verfahren der Vollstreckung .......... 19 |
| III. Inhalt der Norm .................. 9 | |
| 1. Herausgabevollstreckung gegen den Schuldner (Art. 102c § 10 Satz 1) ......... 9 | |

### I. Zweck der Norm

Mit der Neuregelung des Deutschen Internationalen Insolvenzrechts nach Inkrafttreten der EuInsVO[1]) wurde in Art. 102 § 8 bereits eine dem neuen Art. 102c § 10 weitgehend entsprechende Vorschrift eingeführt. Neu ist nunmehr, dass sich mit der **Abschaffung des Exequaturverfahrens** durch Art. 39 EuGVVO,[2]) d. h. des Verfahrens zur Vollstreckbarerklärung im Inland, der diesbezügliche Verweis in

---

1) Gesetz zur Neuregelung des Internationalen Insolvenzrechts, v. 14.3.2003, BGBl. I 2003, 345.
2) Verordnung (EU) 1215/2012 des Europäischen Parlaments und des Rates v. 12.12.2012 über die gerichtliche Zuständigkeit und die Anerkennung und Vollstreckung von Entscheidungen in Zivil- und Handelssachen – Brüssel Ia-Verordnung, ABl. (EU) L 351/1 v. 20.12.2012.

Art. 102 § 8 erübrigt hat, weshalb Art. 102c § 10 nur noch die Vollstreckung unter Verweis auf die EuGVVO regelt.[3] Im Zuge dessen entfiel auch die Art. 102c § 7 Abs. 4 entsprechende Regelung des bisherigen Art. 102 § 8 Abs. 2, die im Fall einer Antragstellung beim unzuständigen Gericht eine amtswegige Weiterleitung an das zuständige vorsah.

**2** Art. 102c § 10 hat keine nennenswerte eigenständige Bedeutung, sondern lediglich **wiederholenden und klarstellenden Charakter**.[4] Denn der Verwalter eines Hauptinsolvenzverfahrens kann schon aufgrund der Regelung in Art. 21 Abs. 1 EuInsVO in jedem anderen Mitgliedstaat seine nach der lex fori concursus bestehenden Befugnisse ausüben und Entscheidungen, die i. R. des Insolvenzverfahrens ergehen, sind auch ohne Durchführungsbestimmung nach Maßgabe von Art. 32 EuInsVO in allen anderen Mitgliedstaaten anzuerkennen und vollstreckbar. Dies umfasst auch die Entscheidung zur Verfahrenseröffnung, sofern sie (wie nach deutschem Recht) vollstreckbaren Inhalt hat (siehe Art. 32 Rz. 3 [*Reutershan*] m. w. N.).[5]

**3** Art. 102c § 10 regelt zwei Varianten des Falls, dass der Verwalter eines in einem anderen Mitgliedstaat eröffneten Hauptinsolvenzverfahrens **in Deutschland im Vollstreckungsweg** seine Befugnisse durchsetzt: **Satz 1** der Vorschrift betrifft die Herausgabevollstreckung gegen den Schuldner, **Satz 2** die Verwertung von Massegegenständen im Wege der Zwangsvollstreckung.

## II. Anwendungsbereich

**4** Die Anwendung der Vorschrift setzt zunächst voraus, dass in einem anderen Mitgliedstaat ein **Insolvenzverfahren eröffnet** wurde. Im Nachgang zur *Eurofood-Entscheidung* des EuGH entwickelte sich eine h. M. dahingehend, dass auch vorläufige Verfahren „eröffnete Verfahren" i. S. der EuInsVO darstellen können.[6] Der neue ErwG 15 sowie Art. 1 Abs. 1 Unterabs. 1 EuInsVO, Art. 2 Nr. 7 und 8 EuInsVO und Art. 32 Abs. 1 Unterabs. 3 EuInsVO verdeutlichen noch einmal zusätzlich, dass die Verordnung jedenfalls auch solche **vorläufigen Verfahren** erfasst, die der endgültigen Eröffnungsentscheidung vorgeschaltet, auf diese ausgerichtet sind und auch in ihrem vorläufigen Stadium alle anderen Anforderungen erfüllen,

---

3) Begr. RegE Durchführungsgesetz, BR-Drucks. 654/16, S. 31.
4) So zur Vorgängervorschrift bereits die Gesetzesbegr., BT-Drucks. 15/16, S. 17; *Pannen/Riedemann*, NZI 2004, 301, 304; Ahrens/Gehrlein/Ringstmeier-*Gruber/Schulz*, Insolvenzrecht, Art. 102 § 8 EGInsO Rz. 1; Nerlich/Römermann-*Commandeur*, InsO, Art. 102 § 8 EGInsO Rz. 1; *Wenner/Schuster* in: FK-InsO, Art. 102c § 10 EGInsO Rz. 1; *Thole* in: MünchKomm-InsO, Art. 102 § 8 EGInsO Rz. 2; Uhlenbruck-*Lüer*, InsO, Art. 102 § 8 EGInsO Rz. 1, jeweils m. w. N.
5) Vgl. nur *Virgós/Schmit* in: Stoll, Vorschläge und Gutachten, Rz. 158; *Balz*, ZIP 1996, 948, 953; Mankowski/Müller/J. Schmidt-*Müller*, EuInsVO 2015, Art. 32 Rz. 17; Braun-*Ehret*, InsO, Art. 32 EuInsVO Rz. 5, jeweils m. w. N.
6) EuGH, Urt. v. 2.5.2006 – Rs. C-341/04 (Eurofood), ZIP 2006, 907, m. Anm. *Knof/Mock*, dazu EWiR 2005, 725 *(Pannen)*. Für den „schwachen" vorläufigen Insolvenzverwalter nach deutschem Recht vgl. nur *Damman/Müller*, NZI 2011, 752 m. w. N.; AG Hamburg, Beschl. v. 11.2.2009 – 67c IE 1/09, ZIP 2009, 1024, dazu EWiR 2009, 441 *(Mankowski)*; LG Patra, Beschl. v. 2.5.2007 – 316/06, ZIP 2007, 1875, dazu EWiR 2007, 563 *(Paulus)*; **a. A.** Cour d'appel Colmar, Urt. v. 31.3.2010 – 1re ch. Civ B 08/04852, ZIP 2010, 1460, dazu EWiR 2010, 453 *(Mankowski)*.

Vollstreckung aus der Eröffnungsentscheidung  **Art. 102c § 10 EGInsO**

die an Insolvenzverfahren zu stellen sind (vgl. Art. 1 Rz. 26 ff. [*Vallender*] m. w. N.).[7]
Ist ein Insolvenzverfahren nach diesem Maßstab der EuInsVO eröffnet, muss das in gleicher Weise für Art. 102c § 10 gelten. Spiegelbildlich betrifft dies am Verfahrensende auch Verfahrensabschnitte, die der deutschen **Nachtragsverteilung** entsprechen (siehe dazu Art. 6 Rz. 20 ff. [*Hänel*]).

Art. 102c § 10 EGInsO gilt nach seinem klaren Wortlaut nur für den Verwalter  5
eines eröffneten **Hauptinsolvenzverfahrens** i. S. von Art. 3 Abs. 1 EuInsVO. Dem dürfte die Überlegung zugrunde liegen, dass in einem Territorialverfahren, d. h. einem Sekundärverfahren i. S. von Art. 3 Abs. 3 EuInsVO oder einem Partikularverfahren i. S. von Art. 3 Abs. 4 EuInsVO, wegen der auf den Eröffnungsstaat beschränkten Wirkungen kein praktischer Anwendungsbereich für eine Vollstreckung außerhalb dieses Staats besteht. Dies trifft indes nicht zu, weil dem Territorialverwalter das Verfolgungsrecht des Art. 21 Abs. 2 Satz 1 EuInsVO zusteht (siehe Art. 21 Rz. 31 ff. [*Hänel*]) sowie richtigerweise auch das Recht zur Verwertung der Territorialmasse zuzuordnender Gegenstände im Ausland (siehe Art. 21 Rz. 47 f. [*Hänel*]).[8] Jedenfalls ist durch Art. 102c § 10 EGInsO eine **Vollstreckung durch den Territorialverwalter** eines anderen Mitgliedstaats in Deutschland **nicht ausgeschlossen**. Eine solche ist vielmehr in direkter Anwendung von Art. 21 Abs. 2 Satz 1 und Art. 32 EuInsVO möglich.[9]

Für Verwalter **in Drittstaaten eröffneter Insolvenzverfahren** finden weder die  6
Regeln der EuInsVO, noch Art. 102c § 10 Anwendung, sondern § 353 Abs. 1 InsO.[10] Verwalter aus Drittstaaten benötigen danach ein Vollstreckungsurteil in entsprechender Anwendung der §§ 722, 723 ZPO.[11] Im Fall eines „Hard-Brexit" gilt das auch für das Vereinigte Königreich (siehe dazu Art. 6 Rz. 42 [*Hänel*]).

Im Hinblick auf die Ausübung von Verwalterbefugnissen ist auch der **Schuldner in**  7
**Eigenverwaltung** als Verwalter zu qualifizieren (siehe Art. 21 Rz. 11 ff. [*Hänel*]). Art. 102c § 10 Satz 1, der gerade die Vollstreckung gegen den Schuldner regelt, kann für den eigenverwaltenden Schuldner zwar keine Anwendung finden. Für die Verwertungsvollstreckung nach Alt. 2 spricht aber nichts gegen die Geltung auch für den Schuldner.

Sobald ein **Sekundärverfahren in Deutschland** eröffnet ist, verdrängt und suspen-  8
diert dessen Beschlag die Wirkungen des ausländischen Hauptinsolvenzverfahrens.[12] Dessen Verwalter kann dann allenfalls noch Maßnahmen zur Vorbereitung

---

7) Vgl. Wimmer/Bornemann/Lienau-*Bornemann*, Die Neufassung der EuInsVO, Rz. 88; ebenso *Schneider* in: Nunner-Krautgasser/Garber/Jaufer, Grenzüberschreitende Insolvenzen, S. 97, 103; Bork/van Zwieten-*van Zwieten*, Commentary on the European Insolvency Regulation, Art. 1 Rz. 1.46 ff.; *Paulus*, EuInsVO, Art. 1 Rz. 20.
8) Ebenso Mankowski/Müller/J. Schmidt-*Müller*, EuInsVO 2015, Art. 21 Rz. 30.
9) Vgl. *Wenner/Schuster* in: FK-InsO, Art. 102c § 10 EGInsO Rz. 3, die allerdings noch von der Vollstreckbarerklärung sprechen, welche sich durch Art. 39 EuGVVO erledigt hat (s. Rz. 1 und 19).
10) Zur Anwendbarkeit auch bei ausländischen Territorialverfahren unter den hier geschilderten Voraussetzungen vgl. Kübler/Prütting/Bork-*Paulus*, InsO, § 353 Rz. 2.
11) Vgl. hierzu *Schütze*, DZWiR 2001, 412.
12) Vgl. BGH, Urt. v. 20.11.2014 – IX ZR 13/14, Rz. 9 f., ZIP 2015, 42, dazu EWiR 2015, 83 (*Paulus*); im Ergebnis übereinstimmend *Fehrenbach*, NZI 2015, 157.

von Vollstreckungsmaßnahmen i. S. von Art. 102c § 10 EGInsO treffen – zum bisherigen Recht etwa die Einholung der Vollstreckbarerklärung[13] – für die Dauer des Sekundärverfahrens aber in Deutschland keine Vollstreckungsmaßnahmen mehr durchführen (lassen).

### III. Inhalt der Norm

#### 1. Herausgabevollstreckung gegen den Schuldner (Art. 102c § 10 Satz 1)

9  Der Verwalter eines deutschen Insolvenzverfahrens hat nach § 148 Abs. 1 InsO das Recht und auch die Pflicht, das gesamte zur Insolvenzmasse gehörige Vermögen – inklusive des im Ausland befindlichen[14] – sofort in Besitz und Verwaltung zu nehmen. § 148 Abs. 2 InsO ermöglicht ihm, mit einer vollstreckbaren Ausfertigung des Eröffnungsbeschlusses sein Inbesitznahmerecht gegen einen nicht herausgabewilligen Schuldner im Wege der Zwangsvollstreckung durchzusetzen, ggf. auch in Bezug auf Immobilien.[15] Sieht die lex concursus **eines anderen Mitgliedstaats** für den Verwalter eines dort eröffneten Hauptinsolvenzverfahrens eine § 148 Abs. 2 InsO vergleichbare Befugnis vor, so kann er diese nach Maßgabe von Art. 21 Abs. 1 und 3 EuInsVO auch im Hoheitsgebiet der anderen Mitgliedstaaten ausüben. Dies stellt Art. 102c § 10 Satz 1 für Deutschland klar.

10  Eine direkte oder analoge **Anwendung von § 148 Abs. 2 InsO** für Verwalter, deren Heimat-Insolvenzrecht keine entsprechende Befugnis gewährt, ist **ausgeschlossen**.[16] Eine Erweiterung der Verwalterbefugnisse durch Regelungen der lex concursus des Zielstaats kommt zwar grundsätzlich in Betracht, bedarf aber einer Grundlage in der EuInsVO (siehe Art. 21 Rz. 16 *[Hänel]*).

11  Art. 102c § 10 Satz 1 regelt nur eine **gegen den Schuldner** gerichtete Herausgabevollstreckung aufgrund der Eröffnungsentscheidung. Anders als bei einem Dritten wird beim Schuldner in aller Regel gegenüber dem Insolvenzverwalter kein Recht zum Besitz an Massegegenständen bestehen oder zu prüfen sein (zum Streit über die Massezugehörigkeit siehe Rz. 13). Allerdings kann Art. 102c § 10 EGInsO in dem – wohl theoretischen – Fall, dass das Recht des Eröffnungsstaats eine Herausgabevollstreckung aufgrund des Eröffnungsbeschlusses (auch) **gegen Dritte** vorsieht, diese Möglichkeit für Deutschland nicht ausschließen.[17]

12  Die unterschiedliche Bezeichnung des Vollstreckungsobjekts in Satz 1 („Sachen") und Satz 2 („Gegenstände") des Art. 102c § 10 legt nahe, dass die Herausgabevollstreckung gegen den Schuldner nur **körperliche Gegenstände** i. S. von § 90 BGB erfasst. Für ein weiteres Verständnis spricht indes, dass das Abholungsrecht des Hauptinsolvenzverwalters nach Art. 21 Abs. 1 Satz 2 EuInsVO darüber hinausgeht und z. B. auch bargeldlosen Zahlungsverkehr einschließt (siehe Art. 21 EuInsVO

---

13) Vgl. OLG Düsseldorf, Beschl. v. 9.7.2004 – I-3 W 53/04, ZIP 2004, 1514, dazu EWiR 2005, 177 *(Pannen/Riedemann)*; Nerlich/Römermann-*Commandeur*, InsO, Art. 102 § 8 EGInsO Rz. 2.
14) Vgl. BGH, Urt. v. 13.7.1983 – VIII ZR 246/82, BGHZ 88, 147, 150 f. = ZIP 1983, 961; *Brandes/Schoppmeyer* in: MünchKomm-InsO, § 60 Rz. 11a.
15) Vgl. nur Uhlenbruck-*Sinz*, InsO, § 148 Rz. 31 m. w. N.
16) Ebenso wohl *Thole* in: MünchKomm-InsO, Art. 102 § 8 EGInsO Rz. 2.
17) Vgl. *Thole* in: MünchKomm-InsO, Art. 102 § 8 EGInsO Rz. 5 m. w. N.

Rz. 23 [*Hänel*]).[18] Gleiches gilt nach h. M. auch für das Verfolgungsrecht des Territorialverwalters nach Art. 21 Abs. 2 Satz 1 EuInsVO (siehe Art. 21 Rz. 32 [*Hänel*]).[19] Lässt die lex concursus des Eröffnungsstaats eine Herausgabevollstreckung gegen den Schuldner aufgrund des Eröffnungsbeschlusses auch für **nicht körperliche Gegenstände** zu, kann Art. 102c § 10 dies wiederum für Deutschland nicht ausschließen. Allerdings dürfte insoweit regelmäßig aufgrund direkten Zugriffs eines verfügungsbefugten Verwalters ein praktischer Bedarf für eine durch Vollstreckung erzwungene Herausgabe fehlen.[20]

Art. 102c § 10 Satz 1 setzt nach seinem Wortlaut für die Herausgabevollstreckung gegen den Schuldner nur dessen **Gewahrsam** an den fraglichen Sachen voraus, anders als Satz 2 aber nicht deren **Massezugehörigkeit**. Insoweit gilt die über Art. 43 Abs. 1 EGBGB anwendbare Vermutung des § 1006 BGB. Drittrechte hat der Verwalter nach Art. 21 Abs. 1 Satz 2 EuInsVO i. V. m. den Artt. 8 und 10 EuInsVO zwar zu beachten (siehe dazu Art. 21 Rz. 26 ff. [*Hänel*]), sie sind aber nicht von Amts wegen zu prüfen und dem Verwalter obliegt keine Darlegung der Massezugehörigkeit. Ein **Streit zwischen Verwalter und Schuldner über die Massezugehörigkeit** von Gegenständen, insbesondere über die Pfändbarkeit, ist nach den Regeln der lex concursus des Eröffnungsstaats auszutragen. Dies folgt aus Art. 7 Abs. 2 Satz 2 lit. b EuInsVO (siehe dazu Art. 21 Rz. 57 und Rz. 63 [*Hänel*]).   13

### 2. Verwertung durch Zwangsvollstreckung (Art. 102c § 10 Satz 2)

Aufgrund des **Abholungsrechts** gemäß Art. 21 Abs. 1 Satz 2 EuInsVO kann der Verwalter eines Hauptinsolvenzverfahrens in anderen Mitgliedstaaten befindliche Massegegenstände in den Eröffnungsstaat holen und dort verwerten, ggf. im Wege der Zwangsvollstreckung, soweit die dortige lex concursus dies vorsieht. Ein solches Vorgehen ist indes nicht möglich bei Auslandsimmobilien, und auch bei Gegenständen, die theoretisch verlagerbar wären, können praktische und ökonomische Gründe für eine **Verwertung im Belegenheitsstaat** sprechen. Soll eine solche in Deutschland durch Zwangsvollstreckung erfolgen, eröffnet Art. 102c § 10 Satz 2 hierfür den Weg.   14

Der Verweis auf Satz 1 legt nahe, dass der Verwalter eine Verwertung durch Zwangsvollstreckung nur betreiben kann, wenn diese **Möglichkeit nach der lex concursus des Mitgliedstaats der Verfahrenseröffnung** besteht. Besteht sie, muss der ausländische Verwalter nach Art. 21 Abs. 3 EuInsVO in jedem Fall das Gewaltmonopol des Zielstaats beachten. Er kann im Anwendungsbereich von Art. 102c § 10 Satz 2 also seine Vollstreckungsbefugnisse nur nach den **verfahrensrechtlichen Vorgaben des**   15

---

18) Vgl. *Thole* in: MünchKomm-InsO, Art. 18 EuInsVO 2000 Rz. 7; *Paulus*, EuInsVO, Art. 21 Rz. 6.
19) Vgl. *Virgós/Schmit* in: Stoll, Vorschläge und Gutachten, Rz. 163; *Oberhammer*, KTS 2008, 271, 283 ff.; *Bierbach*, ZIP 2008, 2203, 2206 ff.; *Paulus*, EuInsVO, Art. 21 Rz. 16; Mankowski/Müller/J. Schmidt-*Müller*, EuInsVO 2015, Art. 21 Rz. 16.
20) Zu denken ist allerdings an die Herausgabe von Passwörtern für den Zugriff auf Daten oder des sog. „Private Keys" für den Zugriff auf Kryptowährung (s. dazu auch Art. 21 Rz. 34 [*Hänel*]).

deutschen Vollstreckungsrechts ausüben.[21] Sie geben das „Wie", d. h. die Art und Weise der Vollstreckungsverwertung vor (siehe Art. 21 Rz. 52 ff. [*Hänel*]).

16 Das „Ob" der Vollstreckungsverwertung wird nach ganz h. L. durch die lex concursus des Eröffnungsstaats bestimmt. Soweit diese **keine Möglichkeit der Vollstreckungsverwertung** für den Verwalter vorsieht, soll eine solche auch nicht über das deutsche Recht eröffnet sein.[22] Dies betrifft insbesondere die in § 165 InsO vorgesehene **Immobiliarvollstreckung**. Allerdings wird zum Teil auch ohne Thematisierung einer entsprechenden Befugnis nach der lex concursus einem ausländischen Verwalter die Möglichkeit der Immobiliarvollstreckung gemäß § 172 ZVG eingeräumt[23] oder das Antragsrecht des § 30d ZVG zugestanden[24], das zwar keine Verwertungsmaßnahme, aber eine spezifische Befugnis i. R. eines Vollstreckungsverfahrens darstellt. Zum Teil wurde die Möglichkeit in Betracht gezogen, dass der ausländische Verwalter sich über § 351 Abs. 1 InsO auf die Verwertungs- und Nutzungsrechte des deutschen Insolvenzrechts berufen kann.[25] Teils wird schließlich sogar vertreten, dass ausländische Verwalter deutsche Immobilien nur im Wege der Zwangsvollstreckung und nicht durch freihändigen Verkauf verwerten dürfen.[26]

17 Aus praktischen Erwägungen spräche kaum etwas dagegen, dem ausländischen Verwalter auch über „seine" lex concursus hinaus Vollstreckungsmöglichkeiten zuzugestehen, die das deutsche Insolvenzrecht gewährt, soweit nach dem Recht des Eröffnungsstaats keine Gründe entgegenstehen. Auch ist ein etwaiges Vertrauen von Beteiligten auf eine Insolvenzeröffnung in einem bestimmten Staat bzw. in die Unanwendbarkeit der lex concursus des Belegenheitsstaats nicht schützenswert.[27] Und im Grundsatz ist die Möglichkeit nicht ausgeschlossen, dass ein ausländischer

---

21) Vgl. *Pannen/Riedemann*, NZI 2004, 301, 304.
22) Vgl. Uhlenbruck-*Lüer*, InsO, Art. 102 § 8 EGInsO Rz. 5; *Reinhart* in: MünchKomm-InsO, 2. Aufl., Art. 102 § 8 EGInsO Rz. 6 ff.; *Thole* in: MünchKomm-InsO, Art. 102 § 8 EGInsO Rz. 6 ff. m. w. N.; *Wenner/Schuster* in: FK-InsO, Art. 102c § 10 EGInsO Rz. 5. Unklar die Gesetzesbegr. in BT-Drucks. 15/16, S. 17.
23) Zur entsprechenden Berechtigung eines niederländischen Verwalters LG Krefeld, Beschl. v. 9.4.1992 – R 12/92, ZIP 1992, 1407 = NJW-RR 1992, 1535; zust. *Frege/Keller/Riedel*, Insolvenzrecht, Rz. 2672 f. mit dem Hinweis, dass sich insgesamt die Verwaltungs- und Verfügungsbefugnisse des Verwalters hinsichtlich inländischer unbeweglicher Gegenstände aus dem inländischen Recht als dem Recht der belegenen Sache ergeben, vgl. § 351 Abs. 2 InsO. Zumindest die Bezugnahme auf § 351 Abs. 2 InsO trägt indes im Anwendungsbereich der EuInsVO aufgrund deren Vorrangs nicht, vgl. BGH, Beschl. v. 3.2.2011 – V ZB 54/10, ZIP 2011, 926, dazu EWiR 2011, 313 *(Undritz)*; *Thole* in: MünchKomm-InsO, § 351 Rz. 4.
24) LG Hannover, Beschl. v. 7.2.2014 – 4 T 2/13, BeckRS 2015, 08786; *Bismarck/Schümann-Kleber*, NZI 2005, 147, 151.
25) *Bismarck/Schümann-Kleber*, NZI 2005, 147, 150; § 351 InsO ist indes im Anwendungsbereich der EuInsVO nicht anwendbar, vgl. BGH, Beschl. v. 3.2.2011 – V ZB 54/10, ZIP 2011, 926; Kübler/Prütting/Bork-*Paulus*, InsO, § 351 Rz. 2; *Thole* in: MünchKomm-InsO, § 351 Rz. 4.
26) So Mankowski/Müller/J. Schmidt-*Mankowski*, EuInsVO 2015, Art. 14 Rz. 22; **a. A.** K. *Schmidt-Brinkmann*, InsO, Art. 18 EuInsVO Rz. 2; *Bierhenke*, MittBayNot 2009, 197, 198. *Kysel/Röder*, ZIP 2017, 1650, unterstellen – ohne Zweifel auch nur zu thematisieren – die Veräußerungsbefugnis als selbstverständlich.
27) Vgl. High Court of Justice London, Urt. v. 26.11.2009 – [2009] EWHC 3199 (Ch), ZIP 2010, 1816, dazu EWiR 2010, 563 *(Knof)*.

Verwalter zusätzliche insolvenzrechtliche Befugnisse des Zielstaats nutzen kann (siehe näher Art. 21 Rz. 16 [*Hänel*]). Davon wird man indes nicht ausgehen können, wenn keine Anknüpfung in Gestalt eines Verweises auf das Recht des Zielstaats besteht, wie ihn Art. 11 EuInsVO für immobilienbezogene Verträge und Art. 13 EuInsVO für Arbeitsverträge enthalten. Eine solche Anknüpfung ist der EuInsVO – insbesondere den Artt. 11 und 14 EuInsVO – für das „Ob" der Verwertungsvollstreckung nicht hinreichend klar zu entnehmen. Daher wird man **für die Praxis** mit der oben genannten h. L. davon ausgehen müssen, dass die Verwertungsvollstreckung in Deutschland eine entsprechende **Befugnis des ausländischen Verwalters** nach „seiner" lex concursus voraussetzt. Demgemäß hat er ggf. auch verfahrensrechtliche Vorgaben – z. B. eine gerichtliche Ermächtigung – einzuhalten und nachzuweisen, was indes die Frage der verfahrenstechnischen Umsetzung aufwirft (siehe Rz. 22).

Bringt der ausländische Verwalter die entsprechende Befugnis dem Grundsatz nach mit, stehen ihm bei der Durchführung der Verwertungsvollstreckung **alle Verwertungsalternativen des deutschen Rechts** zur Verfügung, insbesondere also bei der Immobiliarvollstreckung auch die Realisierung des Nutzwertes durch Zwangsverwaltung. 18

### 3. Verfahren der Vollstreckung

Der Bezug auf die Vollstreckbarerklärung im Inland (Exequaturverfahren) in der bisherigen Regelung in Art. 102 § 8 Abs. 1 war bereits seit Anwendbarkeit der Verordnung Nr. 1215/2012 zur Neufassung der EuGVVO[28] – konkret des Art. 39 EuGVVO – obsolet.[29] Art. 102c § 10 verweist nun für das Vollstreckungsverfahren auf Art. 32 Abs. 1 Unterabs. 1 EuInsVO, der seinerseits auf die **Artt. 39 bis 44 und 47 bis 57 EuGVVO** verweist. Richtigerweise handelt es sich insoweit um eine partielle Rechtsgrund- und Rechtsfolgenverweisung.[30] 19

An Stelle der bisher erforderlichen Vollstreckbarerklärung im Zielstaat genügt nach Art. 42 Abs. 1 EuGVVO eine beweiskräftige Ausfertigung der zu vollstreckenden Entscheidung nebst der nach Art. 53 EuGVVO i. V. m. Anhang I per Formblatt ausgestellten **Bescheinigung der Vollstreckbarkeit**, die das Ursprungsgericht erteilt.[31] Einer (zusätzlichen) Vollstreckungsklausel bedarf es nicht, § 1112 ZPO. 20

Problematisch ist insoweit, dass das **Formblatt gemäß Anhang I zur EuGVVO** auf „übliche" Titel abgestimmt ist und für die Insolvenzeröffnungsentscheidung 21

---

28) Verordnung (EU) 1215/2012 des Europäischen Parlaments und des Rates v. 12.12.2012 über die gerichtliche Zuständigkeit und die Anerkennung und Vollstreckung von Entscheidungen in Zivil- und Handelssachen – Brüssel Ia-Verordnung, ABl. (EU) L 351/1 v. 20.12.2012. Die (hier) wesentlichen Regelungen der Verordnung sind gemäß Art. 81 EuGVVO seit dem 10.1.2015 anwendbar.
29) Vgl. *Kindler* in: MünchKomm-BGB, Art. 102c § 10 EGInsO Rz. 2; *Thole* in: MünchKomm-InsO, Art. 102 § 8 EGInsO Rz. 10a.
30) Vgl. Mankowski/Müller/J. Schmidt-*Müller*, EuInsVO 2015, Art. 32 Rz. 35 m. w. N. zum Meinungsstand.
31) Für die Vollstreckung einer deutschen Entscheidung richtet sich nach Ausstellung der Bescheinigung nach den §§ 1110, 1111 ZPO. Funktionell zuständig ist nach § 20 Abs. 1 Nr. 11 RPflG der Rechtspfleger.

nicht passt, weshalb vorgeschlagen wird, eine an die Natur der Eröffnungsentscheidung **angepasste Bescheinigung** auszustellen.[32] Dem ist zuzustimmen, zumal das Vollstreckungsorgan nach Art. 42 Abs. 3, 4 EuGVVO i. V. m. Art. 57 EuGVVO eine Übersetzung oder Transliteration verlangen kann, die auch ohne Verwendung des Formblatts Klarheit über den Inhalt der Bescheinigung verschafft. Die Anforderung einer Übersetzung ist bereits dann gerechtfertigt, wenn die Bescheinigung über die routinemäßigen Eintragungen hinaus zusätzliche Angaben enthält,[33] was bei einem zu vollstreckenden Insolvenzeröffnungsbeschluss notwendigerweise der Fall ist.

22 Eine angepasste Bescheinigung empfiehlt sich aber auch aus einem anderen Grund: Folgt man der h. L., dass die lex concursus des Eröffnungsstaats die Obergrenze hinsichtlich des „Ob" der Vollstreckungsmöglichkeiten setzt (siehe Rz. 16 f.), bedarf es einer **Prüfung des Umfangs der Befugnisse**, die aus der Eröffnungsentscheidung abzuleiten sind. Dies ist keine nach Art. 52 EuGVVO unzulässige Nachprüfung in der Sache selbst, sondern die notwendige Feststellung der über den Gestaltungseffekt (Insolvenzeröffnung) hinausgehenden Wirkungen, soweit diese in der Eröffnungsentscheidung nicht ausdrücklich bezeichnet sind. Problematisch ist dabei weniger eine fehlende **Eignung als Herausgabetitel** (gegen den Schuldner) mangels Bestimmung der herauszugebenden Sachen;[34] denn Vollstreckungsobjekt sind zunächst alle im Gewahrsam des Schuldners befindlichen und damit prima facie massezugehörigen Sachen.[35] Prüfbar muss aber sein, ob sich die Eröffnungsentscheidung im Ausgangspunkt nach der lex concursus des Ursprungsstaats überhaupt als Herausgabetitel eignet bzw. allgemein, ob das begehrte Vollstreckungsvorgehen von der lex fori concursus gedeckt ist. Ergibt sich dies nicht aus der Eröffnungsentscheidung selbst oder der (angepassten) Bescheinigung nach Art. 42 Abs. 1 lit. b EuGVVO i. V. m. Art. 53 EuGVVO besteht ein **Vollzugshindernis**, dessen Beseitigung dem die Vollstreckung betreibenden Verwalter obliegt.

23 Als **Rechtsbehelf** gegen eine Vollstreckung aus der Eröffnungsentscheidung scheidet eine Versagung der Anerkennung auf Antrag des Schuldners gemäß den Artt. 45, 46 EuGVVO auf den ersten Blick aus, weil diese Vorschriften von der Verweisung in Art. 32 Abs. 1 Unterabs. 1 Satz 2 EuInsVO ausgenommen sind. Dies ist insofern missglückt, als z. B. der von der Verweisung erfasste Art. 41 Abs. 2 EuGVVO auf die Anerkennungsversagungsgründe des Art. 45 EuGVVO Bezug nimmt. Daher spricht einiges für eine korrigierende Auslegung dahingehend, dass neben dem in jedem Fall anwendbaren ordre-public-Vorbehalt des Art. 33 EuInsVO[36] auch eine **Versagung der Vollstreckung** auf Antrag des Schuldners **entsprechend Art. 46 EuGVVO**[37] mit der Maßgabe erfolgen kann, dass an die Stelle der Gründe zur An-

---

32) So *Thole* in: MünchKomm-InsO, Art. 102 § 8 EGInsO Rz. 10a.
33) Begr. RegE z. § 1113 ZPO-E, BT-Drucks. 18/823, S. 21.
34) Vgl. dazu *Wenner/Schuster* in: FK-InsO, Art. 102c § 10 EGInsO Rz. 4; Mohrbutter/Ringstmeier-*Wenner*, Hdb. Insolvenzverwaltung, § 20 Rz. 91 und Rz. 215 m. w. N.
35) Vgl. *Jaffé* in: MünchKomm-InsO, § 148 InsO Rz. 63; Uhlenbruck-*Sinz*, InsO, § 148 Rz. 28 ff., jeweils m. w. N.
36) Braun-*Ehret*, InsO, Art. 32 EuInsVO Rz. 11; Mankowski/Müller/J. Schmidt-*Müller*, EuInsVO 2015, Art. 32 Rz. 35; *Thole* in: MünchKomm-InsO, Art. 25 EuInsVO 2000 Rz. 13 f.
37) Die Zuständigkeit richtet sich dann nach § 1115 ZPO.

erkennungsversagung des Art. 45 EuGVVO ein engerer Nachprüfungsumfang der EuInsVO tritt.[38]

Im Übrigen ist allgemein für **Einwendungen gegen Verwalterhandeln** im Zielstaat danach zu unterscheiden, ob sich der Einwand gegen den Inhalt der Befugnisse oder (nur) gegen die Modalitäten der Ausübung richtet, was ersterenfalls zu den Gerichten und dem Recht des Eröffnungsstaats, letzterenfalls zu denen des Zielstaats führt (siehe Art. 21 Rz. 63 [*Hänel*]).[39]

24

---

[38] Vgl. K. Schmidt-*Brinkmann*, InsO, Art. 25 EuInsVO Rz. 13, 16; Mankowski/Müller/J. Schmidt-*Müller*, EuInsVO 2015, Art. 32 Rz. 35; ebenso wohl *Swierczok* in: HK-InsO, Art. 102c § 10 EGInsO Rz. 2.
[39] Vgl. *Virgós/Schmit* in: Stoll, Vorschläge und Gutachten, Rz. 166; Pannen-*Pannen/Riedemann*, EuInsVO, Art. 18 Rz. 55; *Thole* in: MünchKomm-InsO, Art. 18 EuInsVO 2000 Rz. 20; *Paulus*, EuInsVO, Art. 21 Rz. 31 f.; Bork/van Zwieten-*Veder*, Commentary on the European Insolvency Regulation, Art. 21 Rz. 21.31.

# Teil 2
## Sekundärinsolvenzverfahren

### Abschnitt 1
### Hauptinsolvenzverfahren in der Bundesrepublik Deutschland

## § 11
### Voraussetzungen für die Abgabe der Zusicherung

(1) Soll in einem in der Bundesrepublik Deutschland anhängigen Insolvenzverfahren eine Zusicherung nach Artikel 36 der Verordnung (EU) 2015/848 abgegeben werden, hat der Insolvenzverwalter zuvor die Zustimmung des Gläubigerausschusses oder des vorläufigen Gläubigerausschusses nach § 21 Absatz 2 Satz 1 Nummer 1a der Insolvenzordnung einzuholen, sofern ein solcher bestellt ist.

(2) Hat das Insolvenzgericht die Eigenverwaltung angeordnet, gilt Absatz 1 entsprechend.

**Literatur:** *Brinkmann*, Grenzüberschreitende Sanierung und europäisches Insolvenzrecht, KTS 2014, 381; Bundesarbeitskreis Insolvenzgerichte e. V. (BAKinso), Stellungnahme zum Referentenentwurf eines Gesetzes zur Durchführung der Verordnung (EU) 2015/848 über Insolvenzverfahren, v. 9.9.2016; Deutscher Anwaltsverein (DAV), Stellungnahme des Deutschen Anwaltsvereins durch den Ausschuss Insolvenzrecht in Zusammenarbeit mit der Europagruppe der Arbeitsgemeinschaft Insolvenzrecht und Sanierung im DAV zum Entwurf eines Gesetzes zur Durchführung der Verordnung (EU) 2015/848 über Insolvenzverfahren, Stand: 9/2016; Deutsches Institut für angewandtes Insolvenzrecht e. V. (DIAI), Stellungnahme zum Referentenentwurf eines Gesetzes zur Durchführung der Verordnung (EU) 2015/848 über Insolvenzverfahren des Bundesministeriums der Justiz und für Verbraucherschutz, v. 9.9.2016 (zit.: DIAI, Stellungnahme zum RefE); *Fritz*, Besser Sanieren in Deutschland? Wesentliche Aspekte der Einpassung der Europäischen Insolvenzverordnung in das deutsche Recht, BB 2017, 131; *Madaus*, As simple as it can be? – Anregungen zum Gesetzentwurf der Bundesregierung zur Durchführung der Verordnung (EU) 2015/848 über Insolvenzverfahren (BT-Drs. 18/10823), NZI 2017, 203; *Skauradszun*, Anmerkungen zum RefE des BMJV für ein Durchführungsgesetz zur neuen EuInsVO 2015, DB 2016, 2165; Verband Insolvenzverwalter Deutschlands (VID), Stellungnahme des Verbandes Insolvenzverwalter Deutschlands e. V. zum Referentenentwurf eines Gesetzes zur Durchführung der Verordnung (EU) 2015/848 über Insolvenzverfahren, v. 16.2.2017 (zit.: VID, Stellungnahme zum RefE).

## Übersicht

I. Zweck der Norm ................... 1
II. Inhalt der Norm ................... 3
1. Zustimmung der Gläubiger
   (Art. 102c § 11 Abs. 1) ............... 3
2. Eigenverwaltung (Art. 102c § 11
   Abs. 2) ................................. 6

## I. Zweck der Norm

1  Art. 36 Abs. 5 EuInsVO enthält detaillierte Vorschriften dazu, wie die Gläubiger im Niederlassungsstaat an virtuellen Sekundärverfahren beteiligt werden sollen. Dagegen fehlen Vorschriften dazu, ob und wie die Gläubiger im Hauptverfahrensstaat zu beteiligen sind. Diese Regelungslücke schließt Art. 102c § 11: Zweck der Vorschrift ist die Beteiligung der Gläubiger im Staat des Hauptinsolvenzverfahrens und damit der Schutz deren Interessen. Art. 102c § 11 Abs. 1 beteiligt diese über den Gläubigerausschuss bzw. den vorläufigen Gläubigerausschuss. Die Vorschrift ist ausweislich ihrer systematischen Stellung in Abschnitt 1 nur in **in der Bundesrepublik Deutschland eröffneten Hauptinsolvenzverfahren** anwendbar.

2  Die **Kritik**, die Vorschrift sei wegen der Anordnung dieses Zustimmungserfordernisses **europarechtswidrig**, **geht m. E. zu weit**, wobei die Vertreter dieser Auffassung das m. E. überzeugende Gegenargument nicht verschweigen: Art. 36 EuInsVO lässt die interne Kompetenzordnung des nationalen Insolvenzverfahrens unberührt.[1] Ferner wurde kritisiert, dass die Vorschrift von **unnötigem Misstrauen gegenüber dem Verwalter** geprägt sei und **unnötige Komplexität** schaffe.[2] Ich kann beiden Argumenten nichts abgewinnen: Der Vorschrift des Art. 102c § 11 Abs. 1 liegt so wenig (oder so viel) Misstrauen gegenüber dem Verwalter zugrunde, wie die Vorschriften über die Notwendigkeiten der Zustimmung von Gläubigerorganen sonst auch. Es geht in diesen Vorschriften nicht um die die Disziplinierung des Verwalters, sondern darum, die Gläubiger an wesentlichen Entscheidungen im Insolvenzverfahren angemessen zu beteiligen. So ist es auch hier.

## II. Inhalt der Norm

### 1. Zustimmung der Gläubiger (Art. 102c § 11 Abs. 1)

3  Inhaltlich ist Art. 102c § 11 Abs. 1 an § 187 Abs. 3 Satz 2 InsO angelehnt, wonach der Verwalter vor der Vornahme von Verteilungshandlungen die Zustimmung des Gläubigerausschusses einzuholen hat, sofern ein solcher bestellt ist. Dies entspricht Art. 36 Abs. 4 EuInsVO, wonach die Abgabe der Zusicherung den Form- und Zustimmungserfordernissen unterliegen soll, denen Verteilungsmaßnahmen unterliegen. Die im Gesetzentwurf der Bundesregierung noch vorgesehene Anlehnung

---

1) DIAI, Stellungnahme zum RefE, S. 4.
2) VID, Stellungnahme zum RefE, S. 10.

an die §§ 160 bis 164 InsO fügte sich demgegenüber nicht nahtlos in diese verordnungsrechtlichen Vorgaben, da die in Bezug genommenen Vorschriften nicht die Verteilung, sondern die Verwertung der Masse regeln.[3]

Auf der **Tatbestandsseite** führt die nun umgesetzte Anlehnung an § 187 Abs. 3 Satz 2 InsO dazu, dass das Zustimmungserfordernis nicht mehr davon abhängt, dass die Zusicherung für das Verfahren von besonderer Bedeutung ist.[4] Die Zustimmung ist vielmehr immer und ohne weiteres dann einzuholen, wenn ein Gläubigerausschuss oder ein vorläufiger Gläubigerausschuss bestellt ist. Fehlt es daran, ist eine Beteiligung nicht erforderlich und kann der Verwalter alleine entscheiden.[5] Darin unterscheidet sich die Regelung auf Rechtsfolgenseite vom Gesetzentwurf der Bundesregierung, der über die Verweisung auf § 160 Abs. 1 Satz 2 InsO in diesem Fall eine Befassung der Gläubigerversammlung vorgesehen hatte. Eine solche Befassung der Gläubigerversammlung wurde aber als für die Zwecke des Zusicherungsverfahrens zu umständlich und letztlich nicht erforderlich kritisiert:[6] Soll die Zusicherung ihren Zweck erfüllen, muss sie auch in einem Verfahrensstadium Wirksamkeit entfalten können, in der es für eine Gläubigerversammlung zu früh ist bzw. eine außerordentliche Versammlung einzuberufen wäre.[7] Eine Befassung der Gläubigerversammlung erscheint auch insoweit nicht erforderlich, als eine pflichtwidrige Abgabe von Zusicherungen nach § 60 Abs. 1 InsO haftungsbewehrt ist.[8]

Keine Regelung enthält Art. 102c § 11 Abs. 1 zu der Frage, welche **Rechtsfolge eine nicht erteilte Zustimmung** hat. Der Gesetzentwurf der Bundesregierung schlug für diesen Fall durch den Nichtanwendungsbefehl für § 164 InsO noch die Unwirksamkeit der Zusicherung vor. Macht man Ernst mit der Anlehnung an § 187 Abs. 3 InsO, so führt die fehlende Zustimmung nicht zur Unwirksamkeit der Zusicherung, sondern nur zu deren Pflichtwidrigkeit, die Schadensersatzansprüche nach sich ziehen kann.[9]

## 2. Eigenverwaltung (Art. 102c § 11 Abs. 2)

Hat das Gericht die **Eigenverwaltung** angeordnet, so hat der Schuldner nach Art. 102c § 11 Abs. 2 i. V. m. Abs. 1 die Zustimmung des Gläubigerausschusses einzuholen, wenn die Zusicherung für das Insolvenzverfahren von besonderer Bedeutung ist. Das eigentlich Interessante an der Vorschrift des Art. 102c § 11 Abs. 2 ist, dass in

---

3) Beschlussempfehlung und Bericht d. RA z. RegE Durchführungsgesetz, BT-Drucks. 18/12154, S. 31, unter Hinweis auf *Madaus*, NZI 2017, 203, 206.
4) Beschlussempfehlung und Bericht d. RA z. RegE Durchführungsgesetz, BT-Drucks. 18/12154, S. 31.
5) Ebenso *Wenner/Schuster* in: FK-InsO, Art. 102c § 11 EGInsO Rz. 3.
6) *Madaus*, NZI 2017, 203, 206, und *Brinkmann*, KTS 2014, 381, 396 f.
7) Beschlussempfehlung und Bericht d. RA z. RegE Durchführungsgesetz, BT-Drucks. 18/12154, S. 31.
8) Beschlussempfehlung und Bericht d. RA z. RegE Durchführungsgesetz, BT-Drucks. 18/12154, S. 31.
9) K. Schmidt-*Jungmann*, InsO, § 182 Rz. 7; Braun-*Pehl*, InsO, § 187 Rz. 13; Graf-Schlicker-*Castrup*, InsO, § 187 Rz. 6; *Preß* in: HambKomm-InsO, § 187 Rz. 11.

ihr die Auffassung des deutschen Gesetzgebers zum Ausdruck kommt, die Abgabe einer Zusicherung sei auch in Verfahren der Eigenverwaltung zulässig.[10]

---

10) VID, Stellungnahme zum RefE, S. 9; a. A. *Reinhart* in: MünchKomm-InsO, Art. 36 EuInsVO 2015 Rz. 18; *Wenner/Schuster* in: FK-InsO, Art. 102c § 11 EGInsO Rz. 4. Die Verordnungskonformität des Art. 102c § 11 Abs. 2 bezweifelnd (aber im Ergebnis bejahend) *Swierczok* in: HK-InsO, Art. 102c § 11 EGInsO Rz. 4 f.

## § 12
## Öffentliche Bekanntmachung der Zusicherung

¹Der Insolvenzverwalter hat die öffentliche Bekanntmachung der Zusicherung sowie den Termin und das Verfahren zu deren Billigung zu veranlassen. ²Den bekannten lokalen Gläubigern ist die Zusicherung durch den Insolvenzverwalter besonders zuzustellen; § 8 Absatz 3 Satz 2 und 3 der Insolvenzordnung gilt entsprechend.

**Literatur:** Bundesarbeitskreis Insolvenzgerichte e. V. (BAKinso), Stellungnahme zum Referentenentwurf eines Gesetzes zur Durchführung der Verordnung (EU) 2015/848 über Insolvenzverfahren, v. 9.9.2016 (zit.: Stellungnahme zum RefE); Deutscher Anwaltverein (DAV), Stellungnahme des Deutschen Anwaltvereins durch den Ausschuss Insolvenzrecht in Zusammenarbeit mit der Europagruppe der Arbeitsgemeinschaft Insolvenzrecht und Sanierung im DAV zum Entwurf eines Gesetzes zur Durchführung der Verordnung (EU) 2015/848 über Insolvenzverfahren, Stand: 9/2016; Deutsches Institut für angewandtes Insolvenzrecht e. V. (DIAI), Stellungnahme zum Referentenentwurf eines Gesetzes zur Durchführung der Verordnung (EU) 2015/848 über Insolvenzverfahren des Bundesministeriums der Justiz und für Verbraucherschutz, v. 9.9.2016; *Fritz*, Besser Sanieren in Deutschland? Wesentliche Aspekte der Einpassung der Europäischen Insolvenzverordnung in das deutsche Recht, BB 2017, 131; *Keller, Ch.*, Die fehlerhafte Zusicherung nach Art. 36 EuInsVO, ZInsO 2018, 1999; Verband Insolvenzverwalter Deutschlands (VID), Stellungnahme des Verbandes Insolvenzverwalter Deutschlands e. V. zum Referentenentwurf eines Gesetzes zur Durchführung der Verordnung (EU) 2015/848 über Insolvenzverfahren.

### Übersicht

| | |
|---|---|
| I. Zweck der Norm ................... 1 | 1. Öffentliche Bekanntmachung (Art. 102c § 12 Satz 1) ............ 2 |
| II. Inhalt der Norm .................... 2 | 2. Zustellung (Art. 102c § 12 Satz 2) ...... 3 |

## I. Zweck der Norm

1 Art. 102c § 12 ergänzt Art. 36 Abs. Abs. 5 Satz 4 EuInsVO. Zweck der Vorschrift ist der **Schutz der lokalen Gläubiger**, indem der Verwalter zur öffentlichen Bekanntmachung und Zustellung der Zusicherung sowie zur Bekanntmachung von Termin und Verfahren für die Abstimmung über die Zusicherung verpflichtet wird. Die Vorschrift ist ausweislich ihrer systematischen Stellung in Abschnitt 1 nur **in der Bundesrepublik Deutschland eröffneten Hauptinsolvenzverfahren** anwendbar.

## II. Inhalt der Norm

### 1. Öffentliche Bekanntmachung (Art. 102c § 12 Satz 1)

Art. 102c § 12 Satz 1 verpflichtet zur „öffentlichen Bekanntmachung der Zusicherung". Hierdurch soll gewährleistet werden, dass alle Gläubiger, die sich an dem virtuellen Sekundärverfahren beteiligen wollen, vor der Billigung der Zusicherung Kenntnis vom Inhalt der Zusicherung erhalten.[1] Da nach Art. 36 Abs. 1 Satz 1 EuInsVO alle Gläubiger und nicht nur die lokalen teilnahmeberechtigt sind und Vorrechte, die ihnen nach dem Insolvenzrecht des Niederlassungsstaats zustehen, geltend machen können, muss gewährleistet werden, dass alle Gläubiger zeitnah über die Zusicherung unterrichtet werden.[2] Außerdem muss der Verwalter die **öffentliche Bekanntmachung des Termins und das Verfahren zur Billigung der Zusicherung** veranlassen. Das knüpft an Art. 102c § 17 Abs. 1 Satz 1 an, wonach der Verwalter des Hauptinsolvenzverfahrens (und nicht, was vorzugswürdig gewesen wäre, ein Gericht) die Abstimmung über die Zusicherung durchführt. Er ist es also, der Ort, Zeit und Verfahren der Abstimmung über die Zusicherung bestimmt, und konsequenterweise ist er es auch, der für die öffentliche Bekanntmachung dieser Informationen zu sorgen hat. Art. 102c § 12 berücksichtigt, dass nach **Art. 24 Abs. 3 EuInsVO** die Mitgliedstaaten zusätzliche Informationen in ihre **Insolvenzregister** aufnehmen können.[3]

2

### 2. Zustellung (Art. 102c § 12 Satz 2)

Art. 102c § 12 Satz 2 ordnet an, dass den lokalen Gläubigern die Zusicherung (nicht aber Informationen über Termin und Verfahren zur Billigung derselben) durch den Insolvenzverwalter „besonders zuzustellen" ist. Die Vorschrift berücksichtigt, dass nach Art. 36 Abs. 5 Satz 4 EuInsVO der Verwalter die bekannten lokalen Gläubiger von der Zusicherung in Kenntnis zu setzen hat. Da nur die lokalen Gläubiger zur Abstimmung über die Zusicherung befugt sind, muss gewährleistet werden, dass sie zuverlässig über die Durchführung eines virtuellen Sekundärverfahrens unterrichtet werden. Eine öffentliche Bekanntmachung sei, so die Gesetzesbegründung, hierfür **nicht ausreichend**.[4] Vielmehr müssten die bekannten lokalen Gläubiger individuell informiert werden.

3

Teilweise wird vertreten, das Zustellungserfordernis des Art. 102c § 12 Satz 2 beziehe sich auf die von den Gläubigern gebilligte Zusicherung.[5] Dafür spricht, dass in Art. 36 Abs. Abs. 5 Satz 4 EuInsVO vorgeschrieben ist, dass der Verwalter über die Billigung oder Ablehnung der Zusicherung zu informieren hat. Bezieht man das Zustellungserfordernis auf diese Pflicht, kann denklogisch nur die gebilligte Zusicherung gemeint sein. Auch ist es so, dass die Unterrichtung über die Zusicherung die Frist des Art. 37 Abs. 2 EuInsVO in Gang setzt. Es besteht daher ein erhebliches Interesse an Klarheit über den Zeitpunkt, wann die Gläubiger die Zu-

4

---

1) Begr. RegE Durchführungsgesetz, BR-Drucks. 654/16, S. 31.
2) Begr. RegE Durchführungsgesetz, BR-Drucks. 654/16, S. 31.
3) Begr. RegE Durchführungsgesetz, BR-Drucks. 654/16, S. 31.
4) Begr. RegE Durchführungsgesetz, BR-Drucks. 654/16, S. 32.
5) *Swierczok* in: HK-InsO, Art. 102c § 12 EGInsO Rz. 2.

sicherung „erhalten" i. S. dieser Vorschrift haben. Andererseits sagt Art. 102c § 12 Satz 1, dass der Insolvenzverwalter die öffentliche Bekanntmachung der Zusicherung sowie den Termin und das Verfahren zu deren Billigung zu veranlassen hat. Im Kontext dieses Satzes (und des zugrunde liegenden ersten Halbsatzes des Art. 36 Abs. 5 Satz 4 EuInsVO) kann der Begriff der Zusicherung aber nicht die gebilligte, sondern nur die noch zu billigende, mithin die zur Abstimmung vorliegende Zusicherung meinen. Auch in diesem Zusammenhang ist ein Zustellungserfordernis sinnvoll, denn es muss sichergestellt sein, dass die lokalen Gläubiger soweit als möglich davon Kenntnis erlangen, dass eine Zusicherung abgegeben wurde und zur Abstimmung ansteht. Ich würde angesichts dessen dafür plädieren, dass sowohl die zur Abstimmung gestellte als auch die gebilligte Zusicherung den bekannten lokalen Gläubigern zugestellt werden müssen.

5 Die Zustellung muss **„durch den Insolvenzverwalter"** erfolgen.[6] Diese Vorschrift greift den in § 8 Abs. 3 Satz 1 InsO zum Ausdruck gekommenen Gedanken auf, dass dem Insolvenzverwalter alle oder ein Teil der Zustellungen übertragen werden können. Auch bei der in Art. 102c § 12 Satz 2 geregelten Amtszustellung kann der Verwalter sich **sämtlicher Zustellungsformen** bedienen. Dies gilt auch für die **Aufgabe zur Post.**[7] Um etwaige Zweifel auszuräumen, ob der Verwalter die **Zustellung in eigener Person** durchzuführen hat, wird durch einen Verweis auf § 8 Abs. 3 Satz 2 InsO klargestellt, dass sich der Verwalter für die Durchführung der Zustellung **auch eigenen Personals bedienen kann.**[8]

6 Der Verwalter ist gemäß § 8 Abs. 3 Satz 3 InsO verpflichtet, einen **Vermerk zu fertigen,** aus dem sich ergibt, zu welchem Zeitpunkt und unter welcher Adresse die Aufgabe zur Post geschehen ist, und diesen Vermerk unverzüglich zu den Gerichtsakten zu reichen.[9] Denn bereits im Hinblick auf die Frist von 30 Tagen nach Art. 37 Abs. 2 EuInsVO muss Klarheit über den Zeitpunkt der Zustellung bestehen. Die Vorschrift gilt auch für den vorläufigen Insolvenzverwalter, da eine Zusicherung bereits im Eröffnungsverfahren abgegeben werden kann. Unklar ist, **welchem Gericht** der Verwalter die Zustellung **nachzuweisen hat.**[10] In Betracht kommt insoweit aber wohl nur das Insolvenzgericht im Staat der Eröffnung des Hauptinsolvenzverfahrens.

7 Ein nicht heilbarer **Verstoß gegen Art. 102c § 12 Sätze 1 oder 2 EGInsO** hat zur Folge, dass die Zusicherung nicht wirksam ist. Sie entfaltet weder verfahrensrechtliche noch materiell-rechtliche Wirkungen.[11]

---

6) Begr. RegE Durchführungsgesetz, BR-Drucks. 654/16, S. 32.
7) Begr. RegE Durchführungsgesetz, BR-Drucks. 654/16, S. 32.
8) Begr. RegE Durchführungsgesetz, BR-Drucks. 654/16, S. 32.
9) Begr. RegE Durchführungsgesetz, BR-Drucks. 654/16, S. 32.
10) BAKinso, Stellungnahme zum RefE, S. 7.
11) *Ch. Keller,* ZInsO 2018, 1999, 2001.

## § 13
### Benachrichtigung über die beabsichtigte Verteilung

Für die Benachrichtigung nach Artikel 36 Absatz 7 Satz 1 der Verordnung (EU) 2015/848 gilt § 12 Satz 2 entsprechend.

**Literatur:** Siehe die Litertaurangaben bei § 12.

#### Übersicht
I. Zweck der Norm .................. 1 | II. Inhalt der Norm .................. 2

### I. Zweck der Norm

Die EuInsVO enthält keine Vorschrift darüber, wie den lokalen Gläubigern die Benachrichtigung über die beabsichtigte Verteilung nach Art. 36 Abs. 7 Satz 1 EuInsVO zur Kenntnis zu bringen ist. Diese Regelungslücke schließt Art. 102c § 13. Die Vorschrift ist ausweislich ihrer systematischen Stellung in Abschnitt 1 nur in **in der Bundesrepublik Deutschland eröffneten Hauptinsolvenzverfahren** anwendbar. 1

### II. Inhalt der Norm

Der Normbefehl der entsprechenden Anwendung des Art. 102c § 12 Satz 2 bedeutet, dass den bekannten[1] lokalen Gläubigern die Benachrichtigung nach Art. 36 Abs. 7 Satz 1 EuInsVO durch den Insolvenzverwalter **besonders zuzustellen** ist. Wie der Verweis auf § 8 Abs. 3 Satz 2 und 3 InsO klarstellt, kann er sich hierbei auch **eigenen Personals bedienen** und hat er einen Vermerk über die Zustellung zu fertigen und unverzüglich zu den Gerichtsaten zu reichen. Wegen weiterer Einzelheiten zu den Modalitäten der Zustellung siehe die Kommentierung zu § 12. 2

---

1) Ausführlich und zutreffend *Swierczok* in: HK-InsO, Art. 102c § 13 EGInsO Rz. 2.

## § 14
### Haftung des Insolvenzverwalters bei einer Zusicherung

Für die Haftung des Insolvenzverwalters nach Artikel 36 Absatz 10 der Verordnung (EU) 2015/848 in einem in der Bundesrepublik Deutschland anhängigen Insolvenzverfahren gilt § 92 der Insolvenzordnung entsprechend.

**Literatur:** Deutsches Institut für angewandtes Insolvenzrecht e. V. (DIAI), Stellungnahme zum Referentenentwurf eines Gesetzes zur Durchführung der Verordnung (EU) 2015/848 über Insolvenzverfahren des Bundesministeriums der Justiz und für Verbraucherschutz, v. 9.9.2016 (zit.: Stellungnahme zum RefE); *Madaus*, As simple as it can be? – Anregungen zum Gesetzentwurf der Bundesregierung zur Durchführung der Verordnung (EU) 2015/848 über Insolvenzverfahren (BT-Drs. 18/10823), NZI 2016, 203; *Skauradszun*, Anmerkungen zum RefE des BMJV für ein Durchführungsgesetz zur neuen EuInsVO 2015, DB 2016, 2165; Verband Insolvenzverwalter Deutschlands (VID), Stellungnahme des Verbandes Insolvenzverwalter Deutschlands e. V. zum Referentenentwurf eines Gesetzes zur Durchführung der Verordnung (EU) 2015/848 über Insolvenzverfahren, v. 16.2.2017 (zit.: Stellungnahme zum RefE).

**Art. 102c § 14 EGInsO** Haftung des Insolvenzverwalters bei einer Zusicherung

## Übersicht

| | | | |
|---|---|---|---|
| I. | Zweck der Norm ........... 1 | 2. | Haftung des eigenverwaltenden Schuldners ................... 5 |
| II. | Inhalt der Norm ........... 2 | | |
| 1. | Haftung des Verwalters ...... 2 | | |

## I. Zweck der Norm

1 Art. 102c § 14 ergänzt Art. 36 Abs. 10 EuInsVO, der eine europarechtliche **Haftung des Verwalters** für Pflichtverletzungen im Zusammenhang mit der Abgabe der Zusicherung enthält. Die Vorschrift ist ausweislich ihrer systematischen Stellung in Abschnitt 1 nur in in Deutschland eröffneten Hauptinsolvenzverfahren anwendbar.

## II. Inhalt der Norm

### 1. Haftung des Verwalters

2 Wird ein Hauptinsolvenzverfahren eröffnet und gibt dessen Insolvenzverwalter eine Zusicherung ab, so haftet er nach Art. 36 Abs. 10 EuInsVO gegenüber den lokalen Gläubigern für die Verletzung der Pflichten, die ihm aus der Zusicherung erwachsen. Nach Art. 102c § 14 ist für die Geltendmachung dieses Schadens § 92 InsO entsprechend anwendbar. Zwar handelt es sich bei diesem Schaden regelmäßig **nicht um einen Gesamtschaden i. S. des § 92 InsO**, soweit nicht alle Insolvenzgläubiger gleichermaßen geschädigt sind. Eine gemeinschaftliche Geltendmachung dieses Schadens entsprechend § 92 InsO sei – so die Bundesregierung – aber gleichwohl sachgerecht, da die im Niederlassungsstaat befindlichen Vermögenswerte des Schuldners eine Teilmasse der Insolvenzmasse bildeten (ErwG 43).[1]

3 Die hierin liegende Erschwerung der Anspruchsdurchsetzung hat dazu geführt, dass der Verweis auf § 92 InsO teilweise als **europarechtswidrig** kritisiert worden ist[2] und noch wird.[3] Auch mir erscheint die Vorschrift rechtssystematisch fehlerhaft (da es sich um Individualschäden handelt) und nicht sachgerecht (da er die Anspruchsdurchsetzung erschwert). Ob deshalb gleich von Europarechtswidrigkeit gesprochen werden kann, halte ich dagegen für fraglich, da die in dem Verweis auf § 92 InsO liegende Erschwerung der Anspruchsdurchsetzung nicht so gravierend ist, dass von einer faktischen Entwertung des europarechtlichen Haftungsanspruchs gesprochen werden könnte.

4 Der Anspruch gegen den Insolvenzverwalter ist mithin gemeinschaftlich für alle lokalen Gläubiger durch einen **Sonderinsolvenzverwalter** durchzusetzen.[4] Der insofern zu führende Rechtsstreit ist ein **Annexverfahren** i. S. des Art. 6 EuInsVO; die **örtliche Zuständigkeit** ergibt sich aus § 19a ZPO (nicht Art. 102c § 6, siehe dort Rz. 17 [*Hänel*]).

---

1) RegE Durchführungsgesetz, BR-Drucks. 654/16 v. 4.11.2016, S. 33. Zust. *Kindler* in: MünchKomm-BGB, Art. 102c § 14 EGInsO Rz. 3; abl. *Wenner/Schuster* in: FK-InsO, Art. 102c § 14 EGInsO Rz. 2.
2) DIAI, Stellungnahme zum RefE, S. 5; *Madaus*, NZI 2017, 203, 206; *Skauradszun*, DB 2016, 2165, 2166.
3) *Wenner/Schuster* in: FK-InsO, Art 102c § 14 EGInsO Rz. 2.
4) RegE Durchführungsgesetz, BR-Drucks. 654/16 v. 4.11.2016, S. 33.

## 2. Haftung des eigenverwaltenden Schuldners

Eine Regelung zur Haftung des eigenverwaltenden Schuldners bzw. seiner Organe fehlt sowohl in Art. 36 Abs. 10 EuInsVO als auch in Art. 102c § 14. Jedenfalls für ein in Deutschland anhängiges Insolvenzverfahren dürfte die **fehlende Erwähnung des eigenverwaltenden Schuldners** in Art. 36 Abs. 10 EuInsVO keinen Hinderungsgrund für eine nationale Haftungsregelung darstellen.[5] Ob eine solche in Art. 102c § 14 hineingelesen werden kann, ist fraglich.[6] In Betracht kommt aber eine analoge Anwendung der Vorschrift unter Berücksichtigung des Rechtsgedankens des § 270 Abs. 1 Satz 2 InsO.

---

[5] VID, Stellungnahme zum RefE, S. 13.
[6] Der Bundesrat hatte die Verwendung des Wortes „Insolvenzverwalter" aus eben diesem Grund kritisiert und die Verwendung des Wortes „Verwalter" vorgeschlagen (BR-Drucks. 654/1/16, S. 5). Der Bundesrat geht ausweislich dieses Passus aber davon aus, dass auch ein Sachwalter die Zusicherung abgeben kann.

# Abschnitt 2
# Hauptinsolvenzverfahren in einem anderen Mitgliedstaat der Europäischen Union

## § 15
### Insolvenzplan

¹Sieht ein Insolvenzplan in einem in der Bundesrepublik Deutschland eröffneten Sekundärinsolvenzverfahren eine Stundung, einen Erlass oder sonstige Einschränkungen der Rechte der Gläubiger vor, so darf er vom Insolvenzgericht nur bestätigt werden, wenn alle betroffenen Gläubiger dem Insolvenzplan zugestimmt haben. ²Satz 1 gilt nicht für Planregelungen, mit denen in Absonderungsrechte eingegriffen wird.

**Literatur:** Siehe auch § 11; *Liersch*, Deutsches Internationales Insolvenzrecht, NZI 2003, 302; *Madaus*, As simple as it can be? – Anregungen zum Gesetzentwurf der Bundesregierung zur Durchführung der Verordnung (EU) 2015/848 über Insolvenzverfahren (BT-Drs. 18/10823), NZI 2016, 203; *Pannen/Riedemann*, Die deutschen Ausführungsbestimmungen zur EuInsVO – Ein Überblick zu den Regelungen des Art. 102 EGInsO a. F., NZI 2004, 301; *Seidl/Paulick*, Sekundärinsolvenz und Sanierungsinsolvenzplan: Das Zustimmungserfordernis des Art. 34 II EuInsVO, ZInsO 2010, 125; *Skauradszun*, Anmerkungen zum RefE des BMJV für ein Durchführungsgesetz zur neuen EuInsVO 2015, DB 2016, 2165.

### Übersicht

I. Zweck der Norm .................... 1 | II. Inhalt der Norm .................... 4

## I. Zweck der Norm

Art. 102c § 15 greift die Regelung aus dem alten Art. 102 § 9 auf. Er präzisiert die Vorgabe aus Art. 47 Abs. 2 EuInsVO[1] und ist ausweislich seiner systematischen

---

[1] RegE Durchführungsgesetz, BR-Drucks. 654/16, S. 34; zur Vereinbarkeit des § 9 (dem Vorgänger des § 15) mit Art. 34 Abs. 2 EuInsVO a. F. (dem Vorgänger von Art. 47 Abs. 2 EuInsVO) Kübler/Prütting/Bork-*Kemper*, InsO, Art. 102 § 9 EGInsO Rz. 4.

Stellung in Abschnitt 2 **nur bei Eröffnung eines ausländischen Hauptinsolvenzverfahrens anwendbar.** Die Vorschrift soll vermeiden, dass durch einen inländischen Sekundärinsolvenzplan (in einem inländischen Partikularverfahren findet die Vorschrift keine Anwendung)[2] ausländische Gläubiger benachteiligt werden.[3] Diese Gefahr besteht deshalb, weil ein in einem inländischen Sekundärverfahren beschlossener Plan auch gegen die dort nicht ansässigen Gläubiger wirkt, und zwar unabhängig davon, ob sie sich am Planverfahren beteiligt haben oder nicht (§§ 254 Abs. 1 und 254b InsO): Ihre Insolvenzforderungen werden durch die Wirkung des Plans zu Naturalobligationen, die sie dann im Hauptinsolvenzverfahren nicht mehr anmelden können.[4]

2 Die Vorschrift ist im Gesetzgebungsverfahren mit dem Argument **kritisiert** worden, dass das das Erfordernis einer einstimmigen Beschlussfassung den Grundsätzen der §§ 243 bis 246 InsO widerspreche, nach denen Mehrheitsentscheidungen möglich sein sollen.[5] Der Zweck der Vorschrift, der darin bestehe zu verhindern, dass Gläubigern durch den Plan die Grundlage für ihre Teilnahme am Hauptinsolvenzverfahren entzogen wird, werde bereits durch das Zustimmungserfordernis des Art. 34 Satz 3 EuInsVO verwirklicht.[6] Danach seien die Wirkungen eines Plans in einem Sekundärverfahren auf das im Inland belegene Vermögen beschränkt. Daraus ergebe sich auch, dass Pläne im Sekundärverfahren keine Regelungen enthalten könnten, durch welche in die Forderungsrechte der Gläubiger eingegriffen werde.[7] Dem hat der Ausschuss für Recht und Verbraucherschutz[8] entgegengehalten, dass der aus Art. 34 Satz 3 und Art. 47 Abs. 2 EuInsVO abzuleitenden Beschränkung der Planwirkungen auf das Inlandsvermögen (als Bestandteil der Aktivmasse) noch nichts im Hinblick auf die möglichen Planwirkungen auf die Gläubigerforderungen (als Bestandteil der Passivmasse) folgt. Daher erschien es ihm erforderlich klarzustellen, dass die Forderungsrechte der Gläubiger im Sekundärverfahren einem Zugriff durch Planregelungen entzogen sind. Von diesem Grundsatz sei allerdings eine Ausnahme für Planregelungen zu machen, mit denen in Absonderungsrechte eingegriffen wird.

3 Auch wird die Vorschrift für europarechtswidrig gehalten, weil sie vom Inhalt des Art. 47 Abs. 2 EuInsVO insofern abweiche, als sie bestimme, dass ein Insolvenzplan nur bestätigt werden darf, wenn die Zustimmung aller betroffenen Gläubiger vorliege. Das widerspreche dem Anwendungsvorrang der EuInsVO.[9]

---

2) *Wenner/Schuster* in: FK-InsO, Art. 102c § 15 EGInsO Rz. 3.
3) Kübler/Prütting/Bork-*Kemper*, InsO, Art. 102 § 9 EGInsO Rz. 1.
4) Beschlussempfehlung und Bericht d. RA z. RegE Durchführungsgesetz, BT-Drucks. 18/12154, S. 32; Kübler/Prütting/Bork-*Kemper*, InsO, Art. 102 § 9 EGInsO Rz. 5.
5) *Madaus*, NZI 2017, 203; *Skauradszun*, DB 2016, 2165, 2166.
6) Zum Verhältnis der europarechtlichen Zustimmungspflicht und der Vorgängervorschrift zu Art. 102c § 15 s. *Seidl/Paulick*, ZInsO 2010, 125.
7) *Madaus*, NZI 2017, 203.
8) Beschlussempfehlung und Bericht d. RA z. RegE Durchführungsgesetz, BT-Drucks. 18/12154, S. 32.
9) *Wenner/Schuster* in: FK-InsO, Art. 102c § 15 EGInsO Rz. 1.

## II. Inhalt der Norm

Sieht ein Insolvenzplan in einem in der Bundesrepublik Deutschland eröffneten 4
Sekundärverfahren eine Stundung, einen Erlass oder sonstige Einschränkungen der
Rechte der Gläubiger vor, so darf er vom Insolvenzgericht nur bestätigt werden,
wenn alle betroffenen Gläubiger dem Insolvenzplan zugestimmt haben.

Dem Wortlaut der Vorschrift ist zunächst zu entnehmen, dass „alle betroffenen 5
Gläubiger" dem Insolvenzplan zugestimmt haben müssen; da die Vorschrift dem
Schutz der außerhalb des Niederlassungsstaats ansässigen Gläubiger dient, ist diese
Wendung auch **nur auf diese Gläubiger bezogen**. Sie bedeutet – entgegen der h. M.[10]
– nicht, dass für die Gläubiger im Niederlassungsstaat nun das Einstimmigkeitsprinzip gelten würde; für diese bleibt es bei den Mehrheitserfordernissen, die die InsO für die Annahme eines Insolvenzplans vorsieht.[11] „Gläubiger" ist, wer zur Anmeldung einer Insolvenzforderung berechtigt ist.[12]

„Alle betroffenen Gläubiger" heißt ferner, dass **jeder nicht im Niederlassungsstaat** 6
**ansässige Gläubiger**, der von den Planwirkungen betroffen ist, dem Plan zustimmen muss. Fraglich ist, ob die Zustimmung jedes einzelnen Gläubigers durch die **Zustimmung eines Gläubigerorgans** – einer Versammlung aller Gläubiger oder eines von den Gläubigern bestellten Gremiums – im Hauptverfahrensstaat ersetzt werden kann. Aus Gründen der Praktikabilität hielte ich dies für richtig. Aus der Bezogenheit des Zustimmungserfordernisses auf den Bestätigungsbeschluss ist zu schließen, dass mit der Wendung „alle betroffenen Gläubiger" nur die zu diesem Zeitpunkt bekannten Gläubiger gemeint sind. Nur diese müssen zustimmen; die fehlende Zustimmung eines unbekannten Gläubigers steht der Wirkung des Plans für und gegen die außerhalb des Niederlassungsstaats ansässigen Gläubiger nicht entgegen.

Der Wendung „darf nur bestätigt werden" ist zu entnehmen, dass die Zustimmung 7
der Gläubiger **vor der Bestätigung des Insolvenzplans** vorliegen muss. Eine nachträgliche Zustimmung ist nach dem Wortlaut der Vorschrift nicht möglich. Fehlt die Zustimmung der Gläubiger, ist der Beschluss über die Bestätigung des Insolvenzplans weder rechtswidrig noch gar nichtig; er entfaltet in diesem Fall schlicht keine Wirkungen für die außerhalb des Niederlassungsstaats ansässigen Gläubiger, und zwar auch dann nicht, wenn zwar einzelne, aber eben nicht alle Gläubiger zugestimmt haben.

---

10) Kübler/Prütting/Bork-*Kemper*, InsO, Art. 102 § 9 EGInsO Rz. 5; *Thole* in: MünchKomm-InsO, Art. 102 § 9 EGInsO Rz. 10; *Wenner/Schuster* in: FK-InsO, Anh. 2 nach § 358 und Art. 102 § 9 EGInsO Rz. 6.
11) Wohl auch *Wenner/Schuster* in: FK-InsO, Art. 102c § 15 EGInsO Rz. 5.
12) Kübler/Prütting/Bork-*Kemper*, InsO, Art. 102 § 9 EGInsO Rz. 6.

## § 16
## Aussetzung der Verwertung

Wird auf Antrag des Verwalters des Hauptinsolvenzverfahrens nach Artikel 46 der Verordnung (EU) 2015/848 in einem in der Bundesrepublik Deutschland eröffneten Sekundärinsolvenzverfahren die Verwertung eines Gegenstandes ausgesetzt, an dem ein Absonderungsrecht besteht, so sind dem Gläubiger laufend die geschuldeten Zinsen aus der Insolvenzmasse zu zahlen.

Literatur: *Beck*, Verwertungsfragen im Verhältnis zwischen Haupt- und Sekundärinsolvenzverfahren nach der EuInsVO, NZI 2006, 609; *Ehricke*, Zur Einflussnahme des Hauptinsolvenzverwalters auf die Verwertungshandlungen des Sekundärinsolvenzverwalters nach der EuInsVO, ZInsO 2004, 633; *Liersch*, Deutsches Internationales Insolvenzrecht, NZI 2003, 302; *Pannen/Riedemann*, Die deutschen Ausführungsbestimmungen zur EuInsVO – Ein Überblick zu den Regelungen des Art. 102 EGInsO a. F., NZI 2004, 301; *Sommer*, Zu den Einflussmöglichkeiten des Hauptverwalters auf das Sekundärinsolvenzverfahren, ZInsO 2005, 1137; *Vallender*, Die Aussetzung der Verwertung nach Art. 33 EuInsVO in einem deutschen Sekundärverfahren, in: Verschuldung, Haftung, Vollstreckung, Insolvenz: Festschrift für Gerhard Kreft, 2004, S. 565.

### Übersicht

| | | | |
|---|---|---|---|
| I. | Zweck der Norm .................... 1 | 1. | Verzinsungspflicht ........................ 3 |
| II. | Inhalt der Norm ..................... 2 | 2. | Andere Sicherungsmaßnahmen ......... 7 |

### I. Zweck der Norm

1 Art. 102c § 16 greift die Regelung aus Art. 102 § 10 EGInsO auf und passt sie an Art. 46 Abs. 1 EuInsVO an.[1]) Bezweckt wird der **Schutz der absonderungsberechtigten Gläubiger im inländischen Sekundärverfahren** im Falle der Aussetzungsentscheidungen zugunsten des ausländischen Hauptinsolvenzverfahrens.[2]) Art. 46 Abs. 1 EuInsVO sieht vor, dass auf Antrag des Hauptverwalters die **Verwertung im Sekundärverfahren ganz oder teilweise auszusetzen** ist. Art. 102c § 16 greift ein, wenn bei einer solchen Aussetzung die Interessen inländischer absonderungsberechtigter Gläubiger betroffen sind. Damit diesen Gläubigern aus der Verzögerung der Verwertung kein Schaden entsteht, ordnet Art. 102c § 16 eine Verzinsungspflicht nach § 169 InsO an. Die Vorschrift ist ausweislich ihrer systematischen Stellung in Abschnitt 2 nur bei im Ausland eröffneten Hauptinsolvenzverfahren anwendbar.

### II. Inhalt der Norm

2 Art. 46 Abs. 1 EuInsVO sieht bereits vor, dass der Hauptverwalter Maßnahmen zum Schutz der Gläubiger des Sekundärverfahrens sowie einzelner Gruppen von Gläubigern verlangen kann. Als **Mindestschutz** gewährt Art. 102c § 16 unabhängig von der Initiative des Hauptverwalters eine Verzinsungspflicht.

### 1. Verzinsungspflicht

3 Die Verzinsungspflicht nach Art. 102c § 16 besteht unter den Voraussetzungen, dass ein ausländisches Hauptverfahren sowie ein inländisches Sekundärverfahren

---

1) RegE Durchführungsgesetz, BR-Drucks. 654/16, S. 34.
2) Kübler/Prütting/Bork-*Kemper*, InsO, Art. 102 EGInsO § 10 Rz. 1.

eröffnet wurden. Ferner muss der Verwalter des Hauptverfahrens mit Erfolg den Antrag gemäß Art. 46 Abs. 1 EuInsVO auf Aussetzung der Verwertung gestellt haben. Schließlich muss von der Aussetzung der Verwertung ein Gegenstand betroffen sein, an dem ein Absonderungsrecht besteht. Liegen diese Voraussetzungen vor, hat der Inhaber des Absonderungsrechts einen Anspruch auf die laufend geschuldeten Zinsen aus der Insolvenzmasse.

Rechtsgrund der Verzinsungspflicht ist die gesetzliche Anordnung in § 169 InsO. 4
Die Höhe der Zinsen ergibt sich in erster Linie aus einer etwaigen Vereinbarung; sieht die Vereinbarung einen Zinssatz vor, der unter 4 % p. a. liegt, so sind nach der vom BGH zu § 169 InsO geäußerten Ansicht mindestens 4 % p. a. zu entrichten.[3] Existiert eine Vereinbarung zum anwendbaren Zinssatz nicht, gilt der gesetzliche Zinssatz des § 246 BGB, wonach **Zinsen i. H. von 4 Prozentpunkten über dem Basiszinssatz** geschuldet sind.[4] Verzugszinsen i. H. von 5 oder 9 Prozentpunkten über dem Basiszinssatz sind nach Ansicht des BGH nicht geschuldet, denn der der Höhe des Verzugszinses zugrunde liegende Sanktionsgedanke passe nicht auf Verzögerungen der Verwertung durch den Verwalter.[5] Das gilt erst Recht, wenn der Antrag auf Aussetzung der Verwertung vom Hauptverwalter selbst gestellt wird.

Das Insolvenzgericht kann den **Zahlungsturnus** festsetzen.[6] Die Auszahlung sollte 5 **monatlich** zu erfolgen, wenn nichts anderes zwischen dem Verwalter und dem Gläubiger vereinbart ist. Die Pflicht zur Zinszahlung beginnt mit dem Beschluss über die Aussetzung der Verwertung und endet mit der Aufhebung der Aussetzung.[7] Die Zinsen sind aus der Masse des ausländischen Hauptinsolvenzverfahrens zu zahlen.[8]

Die Rechtsfolge des Art. 102c § 16 tritt unabhängig von einer so lautenden (wenn 6 sie ergeht: nur deklaratorischen) Anordnung des Gerichts ein. Zahlt der Verwalter nicht, so kommen entweder **Aufsichtsmaßnahmen** des Insolvenzgerichts oder eine **Leistungs- oder Feststellungsklage** des absonderungsberechtigten Gläubigers in Betracht. Wird Leistungs- oder Feststellungsklage erhoben, so handelt es sich um eine **Annexstreitigkeit**, für die gemäß Art. 6 EuInsVO die Gerichte im Staat der

---

3) BGH, Urt. v. 16.2.2006 – IX ZR 26/05, ZIP 2006, 814 = BeckRS 2006, 04551, dazu EWiR 2006, 471 *(N. Schmidt/Schirrmeister)*.
4) BGH, Urt. v. 16.2.2006 – IX ZR 26/05, ZIP 2006, 814 = BeckRS 2006, 04551; Uhlenbruck-*Brinkmann*, InsO, § 169 Rz. 5; a. A. Andres/Leithaus-*Leithaus*, InsO, § 169 Rz. 7: der kaufmännische Fälligkeitszins des § 352 HGB sei in Ansatz zu bringen.
5) BGH, Urt. v. 16.2.2006 – IX ZR 26/05, ZIP 2006, 814 = BeckRS 2006, 04551; Uhlenbruck-*Brinkmann*, InsO, § 169 Rz. 5, a. A. (für Verzugszins) Begr. RegE IIRNeuRG (zu Art. 102 § 10), BT-Drucks. 15/16, S. 17; *Stephan* in: HK-InsO, Art. 102 § 10 EGInsO Rz. 6; *Thole* in: MünchKomm-InsO, Art. 102 § 10 EGInsO Rz. 6; Kübler/Prütting/Bork-*Kemper*, InsO, Art. 102 EGInsO § 10 Rz. 5; *Tetzlaff* in: MünchKomm-InsO, § 169 Rz. 32 wegen der sonst bestehenden Refinanzierungsschwierigkeiten; noch a. A. *Landfermann* in: HK-InsO, § 169 Rz. 17, der den Verzugszinssatz in Ansatz bringen will, wenn sich der Schuldner schon vor Insolvenzeröffnung in Verzug befand.
6) Kübler/Prütting/Bork-*Kemper*, InsO, Art. 102 EGInsO § 10 Rz. 1.
7) Allg. M., s. statt vieler Kübler/Prütting/Bork-*Kemper*, InsO, Art. 102 EGInsO § 10 Rz. 3, 7.
8) Kübler/Prütting/Bork-*Kemper*, InsO, Art. 102 EGInsO § 10 Rz. 5.

Eröffnung des Sekundärverfahrens – also deutsche Gerichte – international zuständig sind. Die örtliche Zuständigkeit ergibt sich aus § 19a ZPO.

## 2. Andere Sicherungsmaßnahmen

7 Neben der ipso iure eintretenden Verzinsungspflicht kann das deutsche Insolvenzgericht **weitere Maßnahmen** zum Schutz der absonderungsberechtigten (und im Übrigen auch der ungesicherten)[9] Gläubiger anordnen, etwa die Stellung einer Bürgschaft oder eine Art der Sicherheitsleistung. Das ergibt sich nicht aus Art. 102c § 16, sondern unmittelbar aus Art. 46 Abs. 1 EuInsVO.

---

9) *Undritz* in: HambKomm-InsO, 6. Aufl., 2017, Art. 102 § 10 EGInsO Rz. 2.

## § 17
### Abstimmung über die Zusicherung

(1) ¹Der Verwalter des Hauptinsolvenzverfahrens führt die Abstimmung über die Zusicherung nach Artikel 36 der Verordnung (EU) 2015/848 durch. ²Die §§ 222, 243, 244 Absatz 1 und 2 sowie die §§ 245 und 246 der Insolvenzordnung gelten entsprechend.

(2) ¹Im Rahmen der Unterrichtung nach Artikel 36 Absatz 5 Satz 4 der Verordnung (EU) 2015/848 informiert der Verwalter des Hauptinsolvenzverfahrens die lokalen Gläubiger, welche Fernkommunikationsmittel bei der Abstimmung zulässig sind und welche Gruppen für die Abstimmung gebildet wurden. ²Er hat ferner darauf hinzuweisen, dass diese Gläubiger bei der Anmeldung ihrer Forderungen Urkunden beifügen sollen, aus denen sich ergibt, dass sie lokale Gläubiger im Sinne von Artikel 2 Nummer 11 der Verordnung (EU) 2015/848 sind.

**Literatur:** Siehe auch § 11; Bundesarbeitskreis Insolvenzgerichte e. V. (BAKinso), Stellungnahme zum Referentenentwurf eines Gesetzes zur Durchführung der Verordnung (EU) 2015/848 über Insolvenzverfahren, v. 9.9.2016 (zit.: Stellungnahme zum RefE).

### Übersicht

| | |
|---|---|
| I. Zweck der Norm .................. 1 | 2. Anwendbare Vorschriften der InsO |
| II. Inhalt der Norm .................. 2 | (Art. 102c § 17 Abs. 1 Satz 2) ............. 7 |
| 1. Durchführung der Abstimmung durch den Verwalter (Art. 102c § 17 Abs. 1 Satz 1) .................. 2 | 3. Inhalt der Unterrichtung nach Art. 36 Abs. 5 Satz 4 EuInsVO (Art. 102c § 17 Abs. 2) ............. 9 |

## I. Zweck der Norm

1 Die Zusicherung wird gemäß Art. 36 Abs. 5 EuInsVO erst wirksam, wenn sie von den bekannten lokalen Gläubigern gebilligt wurde. Für den Abstimmungsmodus über die Zusicherung schreibt die EuInsVO vor, dass die Regeln über die qualifizierte Mehrheit und über die Abstimmung für die Annahme von Sanierungsplänen nach dem Recht des Staats, in dem das Sekundärverfahren hätte eröffnet werden können, maßgebend sein sollen. Damit sind in der Bundesrepublik Deutschland die

Vorschriften über den Insolvenzplan angesprochen.[1] Art. 102c § 17 Abs. 1 konkretisiert dies, in dem er eine Vorschrift zur Durchführung des Termins und – im Interesse der Rechtssicherheit[2] – eine abschließende Aufzählung der anwendbaren Vorschriften enthält. Art. 102c § 17 Abs. 2 enthält Vorschriften, die den Inhalt der Unterrichtung nach Art. 36 Abs. 5 Satz 2 EuInsVO konkretisieren. Art. 102c § 17 ist ausweislich seiner systematischen Stellung in Abschnitt 2 nur bei im Ausland eröffneten Hauptinsolvenzverfahren anwendbar.

## II. Inhalt der Norm

### 1. Durchführung der Abstimmung durch den Verwalter (Art. 102c § 17 Abs. 1 Satz 1)

Art. 102c § 17 Abs. 1 Satz 1 stellt den Grundsatz auf, dass der Insolvenzverwalter die Abstimmung durchführt. Unter den Begriff der **„Durchführung"** in diesem Sinne fällt die Bestimmung von Ort und Zeit der Abstimmung, die Bestimmung der Tages- und Hausordnung und die Leitung und Protokollierung der Abstimmung. 2

Art. 102c § 17 Abs. 1 Satz 1 ist die Vorschrift, deren Inhalt während des Gesetzgebungsverfahrens am heftigsten kritisiert wurde. Vorgetragen wurde (u. a. vom Bundesrat und dem BAKinso), dass die Vorschrift **sowohl europarechtswidrig als auch nicht sachgerecht** sei. Art. 36 Abs. 5 Satz 2 EuInsVO verweise für das Abstimmungsverfahren auf die nationalen Vorschriften, die für die Annahme von Insolvenzplänen gelten. Das stellt nach Ansicht der Kritiker einen Verweis auf das deutsche Insolvenzplanverfahren dar, das in den §§ 217 ff. InsO geregelt ist und eine **Zuständigkeit des Insolvenzrichters** für die Abstimmung im Planverfahren vorsieht.[3] Danach wären die Insolvenzgerichte für das Verfahren über die Billigung der Zusicherung zuständig. Zwar sehe – so der Bundesrat – Art. 36 Abs. 5 Satz 3 EuInsVO vor, dass der Verwalter des Hauptinsolvenzverwalters die lokalen Gläubiger u. a. über die Zusicherung, die Regeln und das Verfahren für deren Billigung unterrichtet. Es erscheine aber zumindest zweifelhaft, ob unterrichten zugleich bedeute, eine Abstimmung zu leiten.[4] 3

Die Regelung sei – so weitere Kritik – auch nicht sachgerecht, da der Verwalter des Hauptinsolvenzverfahrens ein besonderes eigenes Interesse am konkreten Ausgang der Abstimmung habe, nämlich die Vermeidung der Eröffnung eines Sekundärverfahrens durch eine Zusicherung. Insoweit sei – so der Bundesrat – fraglich, ob der Verwalter des Hauptinsolvenzverfahrens für die Leitung der Abstimmung generell geeignet ist. Es dürfte ihm insbesondere **an der für die Leitung der Abstimmung erforderlichen Neutralität fehlen.**[5] Zu berücksichtigen sei hierbei, dass er durch geschickte Einteilung der Gruppen den Ausgang der Abstimmung maßgeblich beeinflussen könne, ohne dass das Verfahren einer gerichtlichen Kontrolle unter- 4

---

1) Begr. RegE Durchführungsgesetz, BR-Drucks. 654/16, S. 34.
2) Begr. RegE Durchführungsgesetz, BR-Drucks. 654/16, S. 34.
3) Die Verordnungskonformität bejahend *Swierczok* in: HK-InsO, Art. 102c § 17 EGInsO Rz. 3.
4) BAKinso, Stellungnahme zum RefE, S. 8.
5) BAKinso, Stellungnahme zum RefE, S. 8.

läge.[6] Vor diesem Hintergrund dürfte möglicherweise keine hohe Akzeptanz bei den Gläubigern erreicht werden. Es bestehe somit die Gefahr, dass die Gläubiger i. R. des virtuellen Sekundärverfahrens schlechtergestellt werden als bei tatsächlicher Durchführung desselben.

5 Den **Bedenken** des Bundesrats und anderer wurde ausweislich des Normtextes des Art. 102c § 17 Abs. 1 Satz 1 **nicht Rechnung getragen**. Insbesondere mochten weder die Bundesregierung noch der Bundestag die Abstimmung über die Zusicherung in die Hände des Insolvenzgerichts legen. Hierfür wurden drei Argumente ins Feld geführt:

– *Erstens* werde die Zusicherung und das Verfahren der Abstimmung im Verfahren nach Art. 38 Abs. 2 EuInsVO ohnehin gerichtlich überprüft, so dass es gerichtlicher Vorfeldkontrolle nicht bedürfe.

– Angesichts nicht vorhandener Kontrollbedürftigkeit wiege – *zweitens* – umso schwerer, dass die Beteiligung des Insolvenzgerichts zu Zusatzaufwand und Zusatzkosten führe.

– *Drittens* erscheine auch eine Befassung des Gerichts des Hauptinsolvenzverfahrens nicht sachgerecht. Denn nach der Systematik und dem Schutzzweck von Art. 36 Abs. 5 EuInsVO soll die Abstimmung gerade im Niederlassungsstaat durchgeführt werden.[7]

6 Aus meiner Sicht ist die **Kritik an Art. 102c § 17 Abs. 1 Satz 1 berechtigt**. Selbst wenn die Vorschrift mit Europarecht vereinbar wäre, ist sie jedenfalls nicht sachgerecht. Es ist schlicht unsinnig, dem ausländischen Hauptinsolvenzverwalter (der der deutschen Sprache vielleicht gar nicht mächtig ist) die Durchführung der Abstimmung zu übertragen, ohne nicht zugleich gewisse prozedurale Mindestregelungen zu treffen. Das ist aber nicht geschehen, und so stellt sich nun die Frage, wo die Versammlung stattzufinden hat, ob ein Präsenztermin stattfinden muss oder eine Abstimmung im schriftlichen Verfahren ausreicht, und welche sitzungspolizeilichen Befugnisse dem Hauptverwalter zustehen.[8] Ganz abstrakt gesprochen stellt sich deshalb die Frage, wann eine Abstimmung fehlerhaft ist und welche Rechtsfolgen ein solcher Fehler hat. Man bedenke, dass das mit der Entscheidung nach Art. 38 Abs. 2 EuInsVO befasste Gericht das zu prüfen hat. Diese Fragen hätten vermieden werden können, wenn, wie es in anderen Rechtsordnungen geschehen ist, die Abstimmung in die Hände eines (Insolvenz)gerichts gelegt worden wäre. Dann hätte mit GVG und ZPO ein klarer prozeduraler Rahmen zur Verfügung gestanden, und die o. g. Zweifelsfragen hätten vermieden werden können.

---

6) Der BAKinso hat deshalb vorgeschlagen, dass das gesamte Verfahren der Zusicherung unter der Aufsicht des Insolvenzgerichts (des Rechtspflegers) steht, vgl. BAKinso, Stellungnahme zum RefE, S. 6.
7) Vgl. Begr. RegE Durchführungsgesetz, BR-Drucks. 654/16, S. 20; Beschlussempfehlung und Bericht d. RA z. RegE Durchführungsgesetz, BT-Drucks. 18/12154, S. 32 f.
8) Vgl. BAKinso, Stellungnahme zum RefE, S. 8.

## 2. Anwendbare Vorschriften der InsO (Art. 102c § 17 Abs. 1 Satz 2)

Art. 102c § 17 Abs. 1 Satz 2 listet die Vorschriften der Insolvenzordnung auf, die in der Abstimmung über die Billigung entsprechend anzuwenden sind. Die Aufzählung ist **abschließend**. Anwendbar sind

– § 222 InsO über die **Bildung von Gruppen**,

– § 243 InsO, wonach jede Gruppe der stimmberechtigten Beteiligten **gesondert über die Zusicherung abstimmt** sowie

– § 244 Abs. 1 und 2 InsO, der die **erforderlichen Mehrheiten** beschreibt.

– Bildet der Insolvenzverwalter für die Abstimmung über die Zusicherung mehrere Gruppen der nicht nachrangigen lokalen Gläubiger, etwa der Finanzgläubiger, der Lieferanten und der Arbeitnehmer, so kann die **Ablehnung** der Zusicherung durch eine Gläubigergruppe unter den Voraussetzungen des § 245 InsO **unbeachtlich** sein. Allerdings ist fraglich, ob der Weg über eine Zusicherung von Erfolg gekrönt ist, wenn ein namhafter Teil der lokalen Gläubiger nicht bereit ist, ihn zu beschreiten. Insofern dürfte es äußerst selten sein, dass über ein Obstruktionsverbot eine Billigung ermöglicht wird.[9]

– Regelmäßig wird wohl nur eine Abstimmungsgruppe gebildet werden. Wird dennoch einmal die Gruppe der **nachrangigen Insolvenzgläubiger** zur Abstimmung aufgefordert, so soll für deren Zustimmung § 246 InsO maßgebend sein.[10]

Da der Abstimmungsprozess über die Zusicherung verwaltergesteuert ist, **bedarf es keiner gerichtlichen Bestätigung**.[11] Auch eine **Zustimmung des Schuldners ist nicht erforderlich**, weil durch die Zusicherung nicht in seine Interessensphäre eingegriffen wird.[12] Bewusst nicht verwiesen wird schließlich auf § 240 InsO. Denn eine Anpassung der Zusicherung würde voraussetzen, dass der geänderte Zusicherungsvorschlag noch einmal allen lokalen Gläubigern gesondert zugestellt werden müsste. Angesichts der Eilbedürftigkeit der Zusicherung ist es deshalb vorzugswürdig, die Möglichkeit der Änderung der Zusicherung gemäß § 240 InsO auszuschließen.[13]

## 3. Inhalt der Unterrichtung nach Art. 36 Abs. 5 Satz 4 EuInsVO (Art. 102c § 17 Abs. 2)

Nach Art. 36 Abs. 5 Satz 3 EuInsVO können die lokalen Gläubiger über **Fernkommunikationsmittel** an der Abstimmung teilnehmen, sofern das nationale Recht dies gestattet. Da die zugelassenen Fernkommunikationsmittel sich verändern können und es von Land zu Land Unterschiede geben kann, welche Fernkommunikationsmittel dort gebräuchlich sind, schreibt Art. 102c § 17 Abs. 2 Satz 1 vor, dass der

---

9) Begr. RegE Durchführungsgesetz, BR-Drucks. 654/16, S. 35.
10) Begr. RegE Durchführungsgesetz, BR-Drucks. 654/16, S. 34.
11) Begr. RegE Durchführungsgesetz, BR-Drucks. 654/16, S. 34.
12) Begr. RegE Durchführungsgesetz, BR-Drucks. 654/16, S. 34.
13) Begr. RegE Durchführungsgesetz, BR-Drucks. 654/16, S. 34.

Insolvenzverwalter die lokalen Gläubiger informiert, wie sie mit ihm kommunizieren können.[14]

10 Ebenso hat er sie davon in Kenntnis zu setzen, welche **Gruppen von Gläubigern** für die Abstimmung gebildet wurden.

11 Da nur die lokalen Gläubiger über die Zusicherung abstimmen dürfen, müssen dem Insolvenzverwalter hinreichende Anhaltspunkte vorliegen, aus denen sich ergibt, dass der abstimmende Gläubiger zu dieser Gruppe zählt, also die von ihm präsentierte Forderung aus oder im Zusammenhang mit dem Betrieb der Niederlassung herrührt, die in dem Staat liegt, in dem ein Sekundärverfahren hätte eröffnet werden können (vgl. Art. 2 Nr. 11 EuInsVO). Aus diesem Grund sind nach Art. 102c § 17 Abs. 2 Satz 2 die lokalen Gläubiger darüber zu informieren, dass sie Unterlagen beizufügen haben, aus denen sich dies ergibt.[15]

---

14) Begr. RegE Durchführungsgesetz, BR-Drucks. 654/16, S. 35.
15) Begr. RegE Durchführungsgesetz, BR-Drucks. 654/16, S. 35.

## § 18
### Stimmrecht bei der Abstimmung über die Zusicherung

(1) ¹Der Inhaber einer zur Teilnahme an der Abstimmung über die Zusicherung angemeldeten Forderung gilt vorbehaltlich des Satzes 2 auch dann als stimmberechtigt, wenn der Verwalter des Hauptinsolvenzverfahrens oder ein anderer lokaler Gläubiger bestreitet, dass die Forderung besteht oder dass es sich um die Forderung eines lokalen Gläubigers handelt. ²Hängt das Abstimmungsergebnis von Stimmen ab, die auf bestrittene Forderungen entfallen, kann der Verwalter oder der bestreitende lokale Gläubiger bei dem nach § 1 Absatz 2 zuständigen Gericht eine Entscheidung über das Stimmrecht erwirken, das durch die bestrittenen Forderungen oder eines Teils davon gewährt wird; § 77 Absatz 2 Satz 2 der Insolvenzordnung gilt entsprechend. ³Die Sätze 1 und 2 gelten auch für aufschiebens bedingte Forderungen. ⁴§ 237 Absatz 1 Satz 2 der Insolvenzordnung gilt entsprechend.

(2) Im Rahmen des Verfahrens über eine Zusicherung gilt die Bundesagentur für Arbeit als lokaler Gläubiger nach Artikel 36 Absatz 11 der Verordnung (EU) 2015/848.

Literatur: Siehe die Literaturangabenn bei § 11.

### Übersicht

| | |
|---|---|
| I. Zweck der Norm ................. 1 | 2. Behandlung des Bundesagentur für Arbeit (Art. 102c § 18 Abs. 2) .............. 5 |
| II. Inhalt der Norm .................. 3 | |
| 1. Stimmrecht (Art. 102c § 18 Abs. 1) ..... 3 | |

### I. Zweck der Norm

1 Die Vorschrift ergänzt Art. 36 Abs. 5 Satz 2 EuInsVO, indem sie das Stimmrecht bei der Abstimmung über die Zusicherung abhandelt. Nach ErwG 44 gelten die Inhaber von Forderungen idealerweise auch dann als stimmberechtigt, wenn die

Forderungen bestritten sind. Eine unwiderlegliche Vermutung der Stimmberechtigung erschien dem deutschen Gesetzgeber allerdings zu weitgehend und würde mit Blick etwa auf denkbare missbräuchliche Praktiken auch dem Zweck der Verordnungsbestimmungen zuwiderlaufen.[1] Daher sollen bestrittene Forderungen nach Art. 102c § 18 Abs. 1 zwar **grundsätzlich eine Stimmberechtigung gewähren**. Allerdings soll der Verwalter die Möglichkeit haben, die Stimmberechtigung zu klären, wenn sich die Berücksichtigung von Stimmen, die durch bestrittene Forderungen gewährt werden, auf das Ergebnis der Abstimmung auswirkt. In diesem Fall soll der Verwalter eine **gerichtliche Entscheidung** über die Festsetzung der Gewährung des Stimmrechts aufgrund einer bestrittenen Forderung oder eines Teils davon erwirken.[2]

Art. 102c § 18 ist ausweislich seiner systematischen Stellung in Abschnitt 2 **nur bei im Ausland eröffneten Hauptinsolvenzverfahren anwendbar.**

### II. Inhalt der Norm

#### 1. Stimmrecht (Art. 102c § 18 Abs. 1)

Gemäß **Art. 102c § 18 Abs. 1 Satz 1** gilt der Inhaber einer zur Teilnahme an der Abstimmung über die Zusicherung angemeldeten Forderung vorbehaltlich des Satzes 2 auch dann als stimmberechtigt, wenn der Verwalter des Hauptinsolvenzverfahrens oder ein anderer lokaler Gläubiger bestreitet, dass die Forderung besteht oder dass es sich um die Forderung eines lokalen Gläubigers handelt. Hängt das Abstimmungsergebnis von Stimmen ab, die auf **bestrittene Forderungen** entfallen, kann der Verwalter oder der bestreitende lokale Gläubiger gemäß Art. 102c § 18 Abs. 1 Satz 2 bei dem nach Art. 102c § 1 Abs. 2 zuständigen **Gericht** – dem örtlich zuständigen Insolvenzgericht des Niederlassungsstaats – eine **Entscheidung über das Stimmrecht erwirken**, das durch die bestrittenen Forderungen oder eines Teils davon gewährt wird. Der dann folgende Verweis auf **§ 77 Abs. 2 Satz 2 InsO**, wonach das Insolvenzgericht entscheidet, wenn keine Einigung über das Stimmrecht erzielt werden kann, dürfte insofern rein deklaratorisch sein.

Art. 102c § 18 Abs. 1 Sätze 1 und 2 gelten auch für **aufschiebend bedingte Forderungen**. **Absonderungsberechtigte Gläubiger** sind gemäß Art. 102c § 18 Abs. 1 Satz 4 i. V. m. **§ 237 Abs. 1 Satz 2 InsO** nur insoweit zur Abstimmung als Insolvenzgläubiger berechtigt, als ihnen der Schuldner auch persönlich haftet und sie auf die abgesonderte Befriedigung verzichten oder bei ihr ausfallen; solange der Ausfall nicht feststeht, sind sie mit dem mutmaßlichen Ausfall zu berücksichtigen.

#### 2. Behandlung des Bundesagentur für Arbeit (Art. 102c § 18 Abs. 2)

Eine Behörde im Staat der Niederlassung, die nach der Richtlinie 2008/94/EG für die Insolvenzsicherung der Arbeitnehmer zuständig ist, gilt als lokaler Gläubiger, „sofern dies im nationalen Recht geregelt ist" (vgl. Art. 36 Abs. 11 EuInsVO). In der Bundesrepublik Deutschland haben nach § 165 Abs. 1 Satz 3 SGB III die im

---

1) Beschlussempfehlung und Bericht d. RA z. RegE Durchführungsgesetz, BT-Drucks. 18/12154, S. 33.
2) Beschlussempfehlung und Bericht d. RA z. RegE Durchführungsgesetz, BT-Drucks. 18/12154, S. 33.

Inland beschäftigten Arbeitnehmer einen Anspruch auf Insolvenzgeld auch bei einem ausländischen Insolvenzereignis. Stellt ein solcher Arbeitnehmer einen Antrag auf Gewährung von Insolvenzgeld, so gehen dessen Ansprüche auf Arbeitsentgelt nach § 169 SGB III auf die Bundesagentur für Arbeit über. Auch wenn sich bereits hieraus ergibt, dass die Bundesagentur für Arbeit als lokaler Gläubiger eingestuft werden kann, schien es der Bundesregierung es aus Gründen gesetzlicher Klarheit geboten, in Art. 102c § 18 Abs. 2 ausdrücklich zu bestimmen, dass die Bundesagentur für Arbeit als lokaler Gläubiger in einem Verfahren über die Zusicherung abstimmungsbefugt ist.[3]

---

3) Begr. RegE Durchführungsgesetz, BR-Drucks. 654/16, S. 36.

## § 19
### Unterrichtung über das Ergebnis der Abstimmung

Für die Unterrichtung nach Artikel 36 Absatz 5 Satz 4 der Verordnung (EU) 2015/848 gilt § 12 Satz 2 entsprechend.

**Literatur:** Siehe auch die Literaturangaben bei § 12; *Keller, Ch.*, Die fehlerhafte Zusicherung nach Art. 36 EuInsVO, ZInsO 2018, 1999.

### Übersicht

I. Zweck der Norm .................. 1 | II. Inhalt der Norm .................. 2

### I. Zweck der Norm

1 Die EuInsVO enthält keine Vorschrift darüber, wie den lokalen Gläubigern die Unterrichtung nach Art. 36 Abs. 5 Satz 4 EuInsVO zur Kenntnis zu bringen ist. Diese Regelungslücke schließt Art. 102c § 19. Die Vorschrift ist ausweislich ihrer systematischen Stellung in Abschnitt 2 **nur bei im Ausland eröffneten Hauptinsolvenzverfahren anwendbar.**

### II. Inhalt der Norm

2 Der Normbefehl der entsprechenden Anwendung des Art. 102c § 12 Satz 2 bedeutet, dass den bekannten lokalen Gläubigern die Unterrichtung über das Ergebnis der Abstimmung **durch den Insolvenzverwalter besonders zuzustellen** ist. Wie der Verweis auf § 8 Abs. 3 Sätze 2 und 3 InsO klarstellt, kann der Verwalter sich hierbei auch **eigenen Personals bedienen** und ist über die Zustellung ein Vermerk zu fertigen, der unverzüglich zur Gerichtsakte zu reichen ist. Wegen weiterer Einzelheiten zu den Modalitäten der Zustellung s. die Kommentierung zu Art. 102c § 12.

3 Ein **Verstoß gegen Art. 102c § 19** i. V. m. § 12 Satz 2 EGInsO hat zur Folge, dass die Frist des Art. 37 Abs. 2 EuInsVO nicht zu laufen beginnt.[1]

---

1) *Ch. Keller*, ZInsO 2018, 1999, 2005.

## § 20
### Rechtsbehelfe gegen Entscheidungen über die Eröffnung eines Sekundärinsolvenzverfahrens

(1) ¹Wird unter Hinweis auf die Zusicherung die Eröffnung eines Sekundärinsolvenzverfahrens nach Artikel 38 Absatz 2 der Verordnung (EU) 2015/848 abgelehnt, so steht dem Antragsteller die sofortige Beschwerde zu. ²Die §§ 574 bis 577 der Zivilprozessordnung gelten entsprechend.

(2) ¹Wird in der Bundesrepublik Deutschland ein Sekundärinsolvenzverfahren eröffnet, ist der Rechtsbehelf nach Artikel 39 der Verordnung (EU) 2015/848 als sofortige Beschwerde zu behandeln. ²Die §§ 574 bis 577 der Zivilprozessordnung gelten entsprechend.

Literatur: Siehe die Literaturangaben bei § 11 sowie Art. 36 und Art. 38.

### Übersicht

| | |
|---|---|
| I. Zweck der Norm .................. 1 | 2. Eröffnung eines Sekundärverfahrens trotz Zusicherung (Art. 102c § 20 Abs. 2) .................. 5 |
| II. Inhalt der Norm .................. 3 | |
| 1. Ablehnung der Eröffnung eines Sekundärverfahrens (Art. 102c § 20 Abs. 1) .................. 3 | |

### I. Zweck der Norm

Auf die Billigung einer Zusicherung durch die Gläubiger hin ist zweierlei möglich:  1

– Entweder, die Eröffnung eines Sekundärverfahrens wird abgelehnt, oder

– ein Sekundärverfahren wird gleichwohl eröffnet.

Für den letzteren Fall sieht bereits Art. 39 EuInsVO vor, dass ein Rechtsmittel  2
stattfindet; dieses wird durch Art. 102c § 20 Abs. 2 konkretisiert. Art. 102c § 20 Abs. 1 etabliert – insoweit über den Verordnungstext hinausgehend, aber wegen § 34 InsO nur deklaratorisch – ein Rechtsmittel auch für den Fall, dass die Eröffnung eines Sekundärverfahrens abgelehnt wird. Die Vorschrift ist ausweislich ihrer systematischen Stellung in Abschnitt 2 **nur bei im Ausland eröffneten Hauptinsolvenzverfahren anwendbar.**

### II. Inhalt der Norm

#### 1. Ablehnung der Eröffnung eines Sekundärverfahrens (Art. 102c § 20 Abs. 1)

Selbst wenn eine Zusicherung des Insolvenzverwalters von den lokalen Gläubigern  3
gebilligt wurde, kann innerhalb einer Frist von 30 Tagen, die mit der Zustellung der Mitteilung über die Billigung zu laufen beginnt (vgl. Art. 37 Abs. 2 EuInsVO), ein Antrag auf Eröffnung eines Sekundärverfahrens gestellt werden. Dem Antrag ist stattzugeben, wenn das angerufene Gericht der Überzeugung ist, durch die Zusicherung würden die Interessen der lokalen Gläubiger nicht angemessen geschützt (Art. 38 Abs. 2 EuInsVO).

Gegen eine **ablehnende Entscheidung** steht dem Antragsteller nach Art. 102c § 20  4
Abs. 1 das Rechtsmittel der sofortigen Beschwerde zu. Zwar sieht § 34 InsO für alle Arten von Insolvenzverfahren und damit auch für ein Sekundärverfahren das Rechtsmittel der sofortigen Beschwerde vor. Angesichts der vielfältigen Rechtsbe-

helfe, die die Neufassung i. R. des Zusicherungsverfahrens vorsieht (vgl. dazu auch Art. 102c § 21), erschien es dem Gesetzgeber im Interesse der Rechtsklarheit aber geboten, demjenigen, der erfolglos einen Antrag auf Eröffnung eines Sekundärverfahrens gestellt hat, ausdrücklich die Beschwerdebefugnis durch Art. 102c § 20 Abs. 1 zu eröffnen.[1)] Anwendbar sind die allgemeinen Bestimmungen zur **sofortigen Beschwerde** nach den §§ 567 ff. ZPO. Die sofortige Beschwerde ist also beim Insolvenzgericht einzulegen, dem die Möglichkeit zur Abhilfe zusteht.

### 2. Eröffnung eines Sekundärverfahrens trotz Zusicherung (Art. 102c § 20 Abs. 2)

5 Wird ein **Sekundärverfahren** eröffnet, obwohl eine wirksame Zusicherung vorliegt, so wird hierdurch massiv in die Verwaltungskompetenz des Hauptinsolvenzverwalters eingegriffen. In Art. 39 EuInsVO wird deshalb dem Verwalter die Befugnis eingeräumt, die Eröffnungsentscheidung anzufechten, wenn er der Auffassung ist, das Gericht habe den Anforderungen des Art. 38 EuInsVO nicht entsprochen. Mit Art. 102c § 20 Abs. 2 wird klargestellt, dass der mit Art. 39 EuInsVO eröffnete Rechtsbehelf als sofortige Beschwerde zu behandeln ist. Damit sind die allgemeinen Bestimmungen zur **sofortigen Beschwerde** nach den §§ 567 ff. ZPO anwendbar. Die sofortige Beschwerde ist wiederum beim Insolvenzgericht einzulegen, dem die Möglichkeit zur Abhilfe zusteht.[2)]

---

1) Begr. RegE Durchführungsgesetz, BR-Drucks. 654/16, S. 37.
2) Begr. RegE Durchführungsgesetz, BR-Drucks. 654/16, S. 37.

## Abschnitt 3
## Maßnahmen zur Einhaltung einer Zusicherung

### § 21
### Rechtsbehelfe und Anträge nach Artikel 36 der Verordnung (EU) 2015/848

(1) ¹Für Entscheidungen über Anträge nach Artikel 36 Absatz 7 Satz 2 oder Absatz 8 der Verordnung (EU) 2015/848 ist das Insolvenzgericht ausschließlich örtlich zuständig, bei dem das Hauptinsolvenzverfahren anhängig ist. ²Der Antrag nach Artikel 36 Absatz 7 Satz 2 der Verordnung (EU) 2015/848 muss binnen einer Notfrist von zwei Wochen bei dem Insolvenzgericht gestellt werden. ³Die Notfrist beginnt mit der Zustellung der Benachrichtigung über die beabsichtigte Verteilung.

(2) Für die Entscheidung über Anträge nach Artikel 36 Absatz 9 der Verordnung (EU) 2015/848 ist das Gericht nach § 1 Absatz 2 zuständig.

(3) Unbeschadet des § 58 Absatz 2 Satz 3 der Insolvenzordnung entscheidet das Gericht durch unanfechtbaren Beschluss.

**Literatur:** Siehe auch § 1; *Graf-Schlicker*, Das Europäische Insolvenzpaket – Aufbruch zu einem europäischen Insolvenzrecht?, in: Festschrift für Bruno M. Kübler, 2015, S. 195;

Pluta/Keller, Ch., Das virtuelle Sekundärinsolvenzverfahren nach der reformierten EuInsVO, in: Festschrift für Heinz Vallender, 2015, S. 437.

## Übersicht

I. Zweck der Norm .............................. 1
II. Inhalt der Norm .............................. 5
1. Entscheidungen über Anträge (Art. 102c § 21 Abs. 1) .............................. 5
2. Zuständigkeit (Art. 102c § 21 Abs. 2) .............................. 17
3. Unanfechtbarkeit und Rechtsmittel (Art. 102c § 21 Abs. 3) .............................. 22

## I. Zweck der Norm

Die Vorschrift leitet den Abschnitt 3 ein und steht unter der Überschrift „Maßnahmen zur Einhaltung der Zusicherung," womit ihr Zweck umschrieben ist. Sie dient der Durchführung der in Art. 36 EuInsVO neu geschaffenen Antragstellungen und Rechtsbehelfe.[1] Im Zusammenhang mit dem Recht des Verwalters des Hauptinsolvenzverfahrens zur Vermeidung eines Sekundärinsolvenzverfahrens eine Zusicherung zu geben, regelt **Art. 102c § 21 Abs. 1 Satz 1** die örtliche Zuständigkeit für **Anfechtungsanträge** der lokalen Gläubiger (Art. 36 Abs. 7 Satz 1 EuInsVO), ebenso **Verpflichtungsanträge** zur Sicherstellung der Einhaltung der Zusicherung durch den Verwalter (Art. 36 Abs. 8 EuInsVO). 1

**Art. 102c § 21 Abs. 1 Satz 2** bestimmt die **Antragsfrist** als zweiwöchige Notfrist, die mit der Zustellung der Benachrichtigung gemäß Art. 36 Abs. 7 Satz 1 EuInsVO beginnt. 2

**Art. 102c § 21 Abs. 2** behandelt die örtliche Zuständigkeit, wenn die lokalen Gläubiger das Gericht zur Anordnung von Sicherungsmaßnahmen anrufen (Art. 36 Abs. 9 EuInsVO). Nach **Art. 102c § 21 Abs. 3** entscheidet das Gericht durch **unanfechtbaren Beschluss**. 3

Die Bestimmung verzahnt die unionsrechtlichen Möglichkeiten mit dem innerstaatlichen Verfahrensrecht, also die Überprüfung der angekündigten Verteilung auf ihre Vereinbarkeit mit der Zusicherung und dem geltenden Recht, die Sicherstellung, dass der Insolvenzverwalter die Zusicherung beachtet, die Möglichkeit, das für das „virtuelle" Sekundärinsolvenzverfahren zuständige Gericht zum Erlass von Sicherungsmaßnahmen anzurufen. Endlich die Anfechtungsfrist und Unanfechtbarkeit der gerichtlichen Entscheidung.[2] 4

## II. Inhalt der Norm

### 1. Entscheidungen über Anträge (Art. 102c § 21 Abs. 1)

Der **Anwendungsbereich** des **Art. 102c § 21 Abs. 1 Satz 1** ist ein zweifacher. Er erfasst zum einen Entscheidungen über **Anträge** nach **Art. 36 Abs. 7 Satz 2 EuInsVO**, d. h. Anträge mit dem Ziel der Überprüfung der **Konformität** der angekündigten **Erlösverteilung mit der gegebenen Zusicherung** und mit dem **geltenden Recht** (Art. 102c § 21 Abs. 1 Satz 1 Alt. 1). Zum anderen regelt **Absatz 1 Satz 1** Anträge 5

---

1) Begr. RegE Durchführungsgesetz, BR-Drucks. 654/16, S. 37 und BT-Drucks. 18/10823, S. 36, 37.
2) Begr. RegE Durchführungsgesetz, BR-Drucks. 654/16, S. 37/38 und BT-Drucks. 18/10823, S. 36, 37.

gemäß **Art. 36 Abs. 8 EuInsVO**, also Anträge auf Erlass von **Sicherungsmaßnahmen**, die die **Einhaltung** der Zusicherung sicherstellen (**Art. 102c § 21 Abs. 1 Satz 1 Alt. 2)**. Das Gesetz trifft **keine Verfahrensregelungen** für die Antragsverfahren, das ist entbehrlich, da sie in das Hauptinsolvenzverfahren eingebettet sind und deshalb die **§§ 4 und 5 InsO** zur **Anwendung** kommen.

6   Der Gegenstand von **Art. 102c § 21 Abs. 1 Satz 1 Alt. 1** ist die **Anfechtung** der **Erlösverteilung**. Dieses Recht ist unionsrechtlich garantiert, seine Ausgestaltung obliegt dem lex fori concursus.[3] Ausgehend vom autonomen Begriff der **Anfechtung**,[4] soll der Rechtsbehelf auf **Negation**, d. h. **Unterlassen** der Verteilung gerichtet sein.[5] Dem ist zu widersprechen, da **Art. 102c § 21** bereits nach seiner gesetzlichen Überschrift das Gericht zur Einhaltung der Zusicherung beizutragen hat, wozu ein zur Unterlassung anhaltender Beschluss nur begrenzt Hilfe leistet.

7   Richtig ist demgegenüber die **entsprechende Anwendung** der **§§ 194, 197 Abs. 3 InsO**. Diese Lückenfüllung ist geboten, um effektiven Rechtsschutz zu gewährleisten. Das Gericht kann entweder den Antrag zurückweisen,[6] oder gibt dem Antrag statt mit der Folge, dass es gleichzeitig die Berichtigung der Erlösverteilung anordnet.[7] Nicht möglich ist auf diesem Wege eine **Erhöhung** der zu **verteilenden Masse** und damit der **Quote** anzustreben, denn die Zusicherung als solche steht nicht zur Überprüfung. Allerdings sind **materiell-rechtliche Einwendungen** gegen den Bestand der in die Erlösverteilung eingestellten Forderungen zu berücksichtigen.[8] Das folgt aus dem Zweck des Verfahrens und dem Umstand, dass eine förmliche Forderungsfeststellung im Stadium der Zusicherung nicht durchgeführt wird (vgl. Art. 38 Abs. 3 EuInsVO).

8   Die **zweite Antragsart** zielt darauf, den Verwalter durch **geeignete Maßnahmen** zur **Einhaltung** der **Zusicherung** zu **verpflichten**.[9] Anders als § 260 Abs. 2 InsO, wonach die Planüberwachung als ein eigenes Verfahren nach der Aufhebung des Insolvenzverfahrens und nicht als ein Nachverfahren des Insolvenzverfahrens ausgestaltet ist,[10] handelt es sich hier um eine **flankierende** und zugleich **vorgeschaltete Maßnahme**[11] zur Vermeidung eines Sekundärverfahrens. Die **geeigneten Maßnahmen** zielen **nicht** auf **Erfüllung** der Zusicherung,[12] sondern auf das **Sicherstellen** der

---

3) Mankowski/Müller/J. Schmidt-*Mankowski*, EuInsVO 2015, Art. 36 Rz. 62.
4) Frz.: „a la posibilité de contester"; engl.: „may challenge"; ital.: „possono impugnare".
5) Mankowski/Müller/J. Schmidt-*Mankowski*, EuInsVO 2015, Art. 36 Rz. 60.
6) Wegen Art. 102c § 21 Abs. 3 ist die sofortige Beschwerde entgegen § 194 Abs. 2 Satz 2 InsO nicht eröffnet.
7) Uhlenbruck-*Wegener*, InsO, § 194 Rz. 12 und § 197 Rz. 11. Es gilt nicht § 193 InsO, sondern das berichtigte Verteilungsverzeichnis setzt erneut die Notfrist des Art. 102c § 21 Abs. 1 Satz 3 in Gang.
8) Uhlenbruck-*Wegener*, InsO, § 194 Rz. 1, und zur Ausnahme § 197 Rz. 10.
9) Begr. RegE Durchführungsgesetz, BR-Drucks. 654/16, S. 38 und BT-Drucks. 18/10823, S. 37.
10) *Stephan* in: MünchKomm-InsO, § 260 Rz. 3.
11) Frz.: „de prendre toutes les mésures adéquates"; engl.: „to take any suitable measures necessary".
12) So *Reinhart* in: MünchKomm-InsO, Art. 36 EuInsVO 2015 Rz. 36: weitergehend als eine Erfüllungsklage.

Erfüllung.[13] Er ist ein unionsrechtlich garantierter Rechtsbehelf, der allerdings unter den Vorbehalt des Rechts des Eröffnungsstaates[14] gestellt ist. Art. 38 Abs. 8 EuInsVO greift deshalb nicht in die eigenverantwortliche Tätigkeit des Insolvenzverwalters ein, das Gericht ist auf **zulässige Aufsichtsmaßnahmen** beschränkt. Diese ergeben sich aus § 58 InsO und haben **einwirkenden, nicht bewirkenden** Charakter, wie das Verlangen nach Auskünften.[15] Zum Verbot des Beiseiteschaffens von Vermögen aus dem Sekundärstaat, die Aussetzung der Verteilung oder die Stellung von Sicherheiten ist das Gericht des Sekundärinsolvenzverfahrens ausschließlich zuständig (Art. 38 Abs. 3 Unterabs. 2 EuInsVO) und das gemäß Art. 102c § 21 Abs. 1 angerufene Gericht nicht befugt.[16]

Für die **Entscheidungen** über die **Anträge** ist das Insolvenzgericht **ausschließlich örtlich zuständig**, bei dem das **Hauptinsolvenzverfahren anhängig** ist. Der Gebrauch des Begriffs der **Anhängigkeit** ist missverständlich, weil er in Art. 102c § 2 Abs. 1 einen gestellten Eröffnungsantrag meint. Hier soll er die Eröffnung eines Hauptinsolvenzverfahrens im Inland bedeuten.[17] Der Begriff ist **unionsrechtlich** i. S. des Art. 2 Nr. 4, 5, 7, 8, Art. 34 EuInsVO zu verstehen, er umfasst deswegen die vorläufige Insolvenzverwalter- bzw. vorläufige Sachwalterbestellung;[18] einer Eröffnung gemäß § 27 InsO bedarf es nicht, sie ist aber genügend. Entscheidende **Anwendungsvoraussetzung** der Vorschrift ist ein **anhängiges Hauptinsolvenzverfahren** im Inland, dessen Verwalter in einem anderen Mitgliedstaat zur Vermeidung eines Sekundärinsolvenzverfahrens eine Zusicherung gegeben hat. Das angerufene Insolvenzgericht ist **ausschließlich örtlich zuständig**.[19] 9

Anträge gemäß Art. 102c § 21 Abs. 1 Satz 1 bei einen örtlich unzuständigen Gericht sind, ohne dass der Antragsteller nach Hinweis einen Verweisungsantrag stellt, als unzulässig zurückzuweisen. Dass ein örtlich unzuständiges Gericht einen gleichwohl wirksamen Beschluss erlässt, ist, wenn es sorgsam die Anwendungsvoraussetzungen der Vorschrift prüft, auszuschließen. Falls doch, stehen dem Schuldner und jedem Gläubiger die **sofortige Beschwerde** gemäß Art. 5 Abs. 1 EuInsVO, Art. 102c § 4 zu. 10

**Antragsbefugt** sind in beiden Fällen die **lokalen Gläubiger**, denn zu ihrem Schutz sind die Befugnisse gedacht.[20] Der Begriff ist **autonom** unter Rückgriff auf **Art. 2 Nr. 11 EuInsVO** auszulegen. Es handelt sich um Gläubiger, deren Forderungen 11

---

13) Mankowski/Müller/J. Schmidt-*Mankowski*, EuInsVO 2015, Art. 36 Rz. 65.
14) Frz.: „pour assurer le respect des termes de l'engagement prévues par la loi de l'État d'ouverture de la procédure d'insolvabilité principale."; engl.: „to ensure compliance with the terms of the undertaking available under the law of the State of the opening of main insolvency proceedings."
15) Begr. RegE Durchführungsgesetz, BR-Drucks. 654/16, S. 38 und BT-Drucks. 18/10823, S. 37; Nerlich/Römermann-*Hübler*, InsO, Art. 102c § 21 EGInsO Rz. 5.
16) A. A. *Pluta/Ch. Keller* in: FS Vallender, S. 437, 450; *Reinhart* in: MünchKomm-InsO, Art. 36 EuInsVO 2015 Rz. 36; krit. *Swierczok* in: HK-InsO, Art. 102c § 21 EGInsO Rz. 3.
17) Begr. RegE Durchführungsgesetz, BR-Drucks. 654/16, S. 38 und BT-Drucks. 18/10823, S. 37.
18) Zust. *Swierczok* in: HK-InsO, Art. 102c § 21 EGInsO Rz. 2.
19) *Pluta/Ch. Keller* in: FS Vallender, S. 437, 448.
20) *Reinhart* in: MünchKomm-InsO, Art. 36 EuInsVO 2015 Rz. 34.

gegen den Schuldner aus oder in Zusammenhang mit dem Betrieb der Niederlassung entstanden sind und die in einem anderen Staat als dem Eröffnungsstaat des Hauptinsolvenzverfahren ihren gewöhnlichen Aufenthalt, Wohnsitz oder Sitz haben. Diese Definition wird durch **Art. 38 Abs. 11 EuInsVO** zugunsten der **Steuerbehörden** und **Sozialversicherungsträger** erweitert. Der Zusammenhang mit dem Betrieb der Niederlassung ist in Anlehnung an Art. 7 Nr. 5 EuGVVO gegeben, wenn die **Forderung im Niederlassungsstaat begründet** wurde, auf das Forderungsstatut und den Erfüllungsort[21] kommt es nicht an. Deshalb sind die lokalen Gläubiger nicht identisch mit den ausländischen Gläubigern i. S. des Art. 53 EuInsVO.[22]

12 Im Fall des **Art. 102c § 21 Abs. 1 Satz 1 Alt. 1** prüft das Gericht das **quantitative** und **qualitative Zurückbleiben** der Verteilung **hinter der Zusicherung**. Ist das der Fall, ist die erforderliche **Beschwer** für den Antrag gegeben, im Verneinensfall handelt der Antragsteller ohne Rechtsschutzinteresse. **Kontrollmaßstab** ist weiter das „geltende" Recht. Aus dem Vergleich mit den anderen Amtssprachen,[23] ist die deutsche Fassung berichtigend als **anwendbares Recht** auszulegen, womit auf das **Sekundärstatut** abzustellen ist, denn darauf bezieht sich die Verteilung.[24] Das ermöglicht die Bevorzugung einzelner Gläubiger durch Zubilligung von Vorrechten, Sicherheiten oder Veränderung der gesetzlichen Rangfolge, entgegen der dortigen Rechtsordnung, abzuwehren. Daran wird kritisiert, das Gericht des Hauptinsolvenzverfahrens müsse das ausländische Recht des Sekundärverfahrens anwenden,[25] doch sind die dabei auftretenden Schwierigkeiten durch Zusammenarbeit und Kommunikation gemäß Art. 42 EuInsVO überwindbar und in der Regel ist damit die Einschaltung eines Sachverständigen überflüssig. Die Antragstellung hat die **Wirkung des Art. 36 Abs. 7 Satz 3 EuInsVO**, d. h. bis zur Entscheidung des Gerichts findet keine Verteilung statt. Entgegen § 6 InsO, § 570 ZPO hat die Antragstellung unionsrechtlichen **Suspensiveffekt**,[26] der nicht durch richterliche Entscheidung außer Kraft gesetzt werden kann.[27]

13 Die Anträge gemäß **Art. 102c § 21 Abs. 1 Satz 1 Alt. 2** zielen darauf, den Verwalter durch **geeignete Maßnahmen zur Einhaltung der Zusicherung zu verpflichten**.[28] Dazu wird ein **besonderes rechtliches Interesse** an der Antragstellung gefordert, wonach die **begründete Besorgnis** bestehen müsse, der Insolvenzverwalter werde die Zusicherung nicht einhalten.[29] Das ist weitgehend theoretisch, denn die Antragstellung, ist zugleich eine **Anregung** an das Gericht, von Amts wegen **Auf-**

---

21) EuGH, Urt. v. 22.11.1978 – Rs. 33/78 (Somafar SA/Saar-Ferngas AG), Rz. 12, Slg. 1978, 2183, 2193.
22) *Reinhart* in: MünchKomm-InsO, Art. 36 EuInsVO 2015 Rz. 34.
23) Frz.: „dispositions de la loi applicable," engl.: „the applicable law".
24) Mankowski/Müller/J. Schmidt-*Mankowski*, EuInsVO 2015, Art. 36 Rz. 61.
25) Mankowski/Müller/J. Schmidt-*Mankowski*, EuInsVO 2015, Art. 36 Rz. 61.
26) Mankowski/Müller/J. Schmidt-*Mankowski*, EuInsVO 2015, Art. 36 Rz. 62.
27) Kübler/Prütting/Bork-*Prütting*, InsO, § 6 Rz. 32.
28) Begr. RegE Durchführungsgesetz, BR-Drucks. 654/16, S. 38.
29) Begr. RegE Durchführungsgesetz, BR-Drucks. 654/16, S. 39; *Reinhart* in: MünchKomm-InsO, Art. 36 EuInsVO 2015 Rz. 35.

sichtsmaßnahmen einzuleiten; dies jedenfalls dann, wenn nicht nur unsubstantiierte und haltlose Verdächtigungen ausgesprochen werden.[30] Ob daneben deutsche Gerichte eine **einstweilige Verfügung** gemäß § 935 ZPO auf Einhaltung der Zusicherung erlassen können,[31] ist für Absatz 1 Satz 1 zu **verneinen**, denn dazu sind ausschließlich die Gerichte des Sekundärverfahrens aufgerufen (Art. 36 Abs. 9 EuInsVO).

Die Anträge nach Art. 102c § 21 Abs. 1 Satz 1 können **unabhängig voneinander** und von **verschiedenen Antragstellern** gestellt werden. Über sie ist gemeinsam zu entscheiden und, da sie in demselben Verfahren gestellt sind, bedarf es **keiner Verbindung**. Wird der Antrag gemäß Art. 36 Abs. 7 Satz 2 EuInsVO isoliert gestellt, ist im Wege der **Auslegung** zu ermitteln, ob er eine Antragstellung gemäß Art. 36 Abs. 8 EuInsVO einschließt; das ist der Fall, wenn Anhaltspunkte für eine Gläubigergefährdung aufgezeigt werden. Entsprechendes gilt im umgekehrten Falle. Ausländische Gläubiger, die nicht mit dem innerstaatlichen Rechtssystem vertraut sind (Art. 36 Abs. 7 Satz 2 EuInsVO), bedürfen der gerichtlichen Fürsorge gemäß § 4 InsO, § 139 ZPO. 14

Der Antrag gemäß **Art. 36 Abs. 7 Satz 2 EuInsVO** ist binnen einer **Notfrist** von **zwei Wochen** beim Insolvenzgericht zu stellen. Daraus folgt im Umkehrschluss, dass Anträge gemäß **Art. 36 Abs. 8 EuInsVO jederzeit** möglich sind.[32] Die Notfrist dient dazu, rasch Klarheit darüber zu gewinnen, ob die beabsichtigte Verteilung mit der abgegebenen Zusicherung in Einklang steht.[33] Gemäß **§ 4 InsO, § 233 Satz 1 ZPO** finden wegen Versäumens der Notfrist die Vorschriften der **Wiedereinsetzung** in den vorigen Stand Anwendung. Sie bieten inhaltliche und verfahrensmäßig beschränkte Korrekturmöglichkeit für die Fälle, in denen die Durchsetzung des Prinzips der Fristenstrenge als nicht erträglich empfunden würde.[34] Da die Antragsteller in einem anderen Mitgliedstaat ansässig sind (siehe oben Rz. 11), darf kein kleinlicher Maßstab zugrunde gelegt werden. 15

Nach **Art. 102c § 21 Abs. 1 Satz 3 beginnt** die Notfrist mit der **Zustellung** der Benachrichtigung über die beabsichtigte Verteilung. Der Begriff der Zustellung orientiert sich **nicht** an den **§§ 166 ff. ZPO**, sondern ist **autonom** zu bestimmen. Wie andere Amtssprachen belegen,[35] steht die **Kenntnisverschaffung** im Vordergrund und nicht die Beachtung bestimmter Förmlichkeiten. Der Verwalter des Hauptinsolvenzverfahrens hat deshalb gemäß Art. 36 Abs. 7 Satz 1 EuInsVO ein **Ermessen, wie** er den **Zugang** der beabsichtigten Verteilung bei den lokalen Gläubigern **sicherstellt**. Er kann sich dabei grundsätzlich **aller** zuverlässigen **Übermittlungsformen** bedienen. Das umfasst förmliche Zustellungen, die Vereinbarung be- 16

---

30) Uhlenbruck-*Vallender*, InsO, § 58 Rz. 20.
31) *Reinhart* in: MünchKomm-InsO, Art. 36 EuInsVO 2015 Rz. 37.
32) Begr. RegE Durchführungsgesetz, BR-Drucks. 654/16, S. 39; zust. *Swierczok* in: HK-InsO, Art. 102c § 21 EGInsO Rz. 4.
33) Begr. RegE Durchführungsgesetz, BR-Drucks. 654/16, S. 38 und BT-Drucks. 18/10823, S. 37.
34) BGH, Beschl. v. 10.10.2013 – IX ZB 229/11, Rz. 16, ZIP 2014, 86, 88, dazu EWiR 2014, 89 *(Vallender)*.
35) Frz.: „il informe"; engl.: „shall informe"; ital.: „informa".

stimmter Kommunikationswege, aber auch die mündliche Information auf einer gemeinsamen Versammlung oder die Veröffentlichung. Bereits aus eigenem, auf rasche Durchführung der Verteilung gerichtetem Interesse wird er nachweisbare Übermittlungsformen benutzen.

### 2. Zuständigkeit (Art. 102c § 21 Abs. 2)

17 Für die Entscheidung über Anträge nach **Art. 36 Abs. 9 EuInsVO** ist das **Gericht nach Art. 102c § 1 Abs. 2** zuständig. Mit diesen Anträgen können die lokalen Gläubiger den Erlass einstweiliger Maßnahmen oder Sicherungsmaßnahmen erwirken, um den Verwalter zur Einhaltung der Zusicherung anzuhalten.[36] **Ausschließlich zuständig** ist das Gericht nach **Art. 102c § 1 Abs. 2**, also das **örtlich** zuständige **Insolvenzgericht**, in dessen Bezirk die **Niederlassung** liegt (siehe oben Art. 102c § 1 Rz. 10 [*Vallender/Zipperer*]). Unterhält der Schuldner **mehrere Niederlassungen**, aus deren Geschäftsbetrieb Verbindlichkeiten gegenüber lokalen Gläubigern entstanden sind, gilt gemäß **§ 3 Abs. 2 InsO** das **Prioritätsprinzip**.[37] Absatz 2 regelt damit die innerstaatliche Zuständigkeit der durch Art. 36 Abs. 9 EuInsVO zuerkannten konkurrierenden internationalen Zuständigkeit,[38] womit deren Verzahnung hergestellt ist.

18 Der Antrag ist **zulässig**, wenn sich die **Gefahr abzeichnet**, dass durch ein Verhalten des Insolvenzverwalters oder anderer Gläubiger **zu besorgen** ist, dass sie die Umsetzung der Zusicherung **gefährden**.[39] Diese Voraussetzung weicht von der des Art. 102c § 21 Abs. 1 ab, weil dort die **Antragsbefugnis** mit der **Pflicht zur Rechtsaufsicht überlagert** ist (siehe oben Rz. 8). **Sicherstellen**[40] bedeutet die Zusicherung mit einer **Sicherstellungsgarantie** zu versehen. In Anlehnung an Art. 38 Abs. 3 Unterabs. 2 EuInsVO und ErwG 46 EuInsVO ist dem Verwalter des Hauptinsolvenzverfahrens zu untersagen, das im Mitgliedstaat der Niederlassung befindliche Vermögen zu verwerten oder außer Landes zu schaffen, wenn und soweit dadurch das Befriedigungsinteresse der lokalen Gläubiger gefährdet wird.

19 Diese Befugnisse sollen sich aus **§ 21 InsO i. V. m. Art. 38 Abs. 3 Unterabs. 2 EuInsVO** ergeben.[41] Das erschließt sich nicht ohne Weiteres, denn die Anordnung von Sicherungsmaßnahmen setzen einen zulässigen Insolvenzantrag voraus, oder die Befassung des Gerichts mit einem Antrag auf Eröffnung eines Sekundärverfahrens (Art. 38 Abs. 1 EuInsVO), was beides im Stadium der Zusicherung noch nicht gegeben sein muss (Art. 37 Abs. 2 EuInsVO). Nach hiesigem Verständnis ist stattdessen die grundsätzliche **Eingriffsbefugnis** des Gerichts des „virtuellen"

---

36) Begr. RegE Durchführungsgesetz, BR-Drucks. 654/16, S. 38 und BT-Drucks. 18/10823, S. 37.
37) Begr. RegE Durchführungsgesetz, BR-Drucks. 654/16, S. 38; Nerlich/Römermann-*Hübler*, InsO, Art. 102c § 21 EGInsO Rz. 7.
38) Mankowski/Müller/J. Schmidt-*Mankowski*, EuInsVO 2015, Art. 36 Rz. 66.
39) Begr. RegE Durchführungsgesetz, BR-Drucks. 654/16, S. 39 und BT-Drucks. 18/10823, S. 38.
40) Frz.: „en vue d'assurer le respect des termes"; engl.: „to ensure compliance"; ital.: „per garantire il rispetto delle condizioni dell'impegno".
41) Begr. RegE Durchführungsgesetz, BR-Drucks. 654/16, S. 38 und BT-Drucks. 18/10823, S. 37.

Sekundärverfahrens in **Art. 36 Abs. 9 EuInsVO** zu verorten. Die Weiterverweisung in **Art. 102c § 21 Abs. 2** auf **Art. 102c § 1 Abs. 2** bedeutet, das örtlich zuständige Insolvenzgericht entscheidet mit den Befugnissen, als ob „ein Sekundärverfahren eröffnet worden wäre". Solchermaßen sind Anordnungen gemäß § 21 InsO und Art. 38 Abs. 3 Unterabs. 2 EuInsVO eine Folge der Weiterverweisung. Soweit in diesem Zusammenhang das Gericht alle ihm passenden, nach nationalem Recht zulässigen Maßnahmen ergreifen kann, ohne auf aufsichtliche Maßnahmen beschränkt zu sein,[42] ist nur dem ersten Halbsatz zuzustimmen, denn über den Verwalter des Hauptinsolvenzverfahrens führt das Gericht keine Aufsicht.

Für die **praktische Rechtsanwendung** folgt daraus:[43] Das **Verwertungsverbot** gegen den Verwalter des Hauptinsolvenzverfahrens ist in entsprechender Anwendung der §§ 21 Abs. 1 Satz 1, 161 Satz 2 InsO zu erlassen; betreibt er dazu die Zwangsvollstreckung ist sie gemäß § 771 Nr. 1 ZPO zu verbieten. Das **Verbot der Vermögensverschiebung**, ausgenommen sie erfolgt i. R. des gewöhnlichen Geschäftsbetriebs (Art. 38 Abs. 3 Unterabs. 2 EuInsVO), ist in Anlehnung an § 21 Abs. 2 Nr. 5 InsO anzuordnen, ggf. gepaart mit einem Einziehungsverbot der Forderungen. Das Gericht kann dem Verwalter **aufgeben**, die **Gegenstände** zu **benennen**, die er **nach Antragstellung** aus dem Mitgliedstaat **verbrachte**, ebenso eine **Meldepflicht jeglichen Vermögenstransfers** bis zum Wirksamwerden der Zusicherung.[44] Rechtsgrundlage ist der die Zusammenarbeit und Kommunikation **dialogisierende Art. 43 Abs. 1 lit. a EuInsVO**.[45] Zweckmäßigerweise ist der Verwalter zur **Inventarisierung** aller am Sitz der Niederlassung befindlichen Vermögensgegenstände aufzufordern, beginnend mit dem Zeitpunkt der Abgabe der Zusicherung, die dann **kontinuierlich fortzuschreiben** ist.

Allerdings müssen beide Anordnungen ohne die Sanktionsgewalt des § 58 Abs. 2 InsO auskommen, da der Hauptinsolvenzverwalter nicht unter der Aufsicht des anordnenden Gerichts steht. Seine effektive Durchsetzung ist deshalb nur in Zusammenarbeit mit dem Gericht des Hauptinsolvenzverfahrens möglich (Art. 42 EuInsVO). Im Übrigen **haftet** der **Verwalter** gemäß Art. 36 Abs. 10 EuInsVO gegenüber den lokalen Gläubigern für jeden Schaden infolge **Nichterfüllung** von **Auflagen** i. S. des Art. 36 Abs. 9 EuInsVO.

### 3. Unanfechtbarkeit und Rechtsmittel (Art. 102c § 21 Abs. 3)

Das Gericht entscheidet durch **unanfechtbaren Beschluss**. Die Systemgerechtigkeit der Unanfechtbarkeit liegt in der Eilbedürftigkeit des Insolvenzverfahrens, die das Insolvenzgericht weder zum Einschreiten gegen Handlungen oder Unterlassungen des Insolvenzverwalters noch ein Rechtsmittel gegen die Untätigkeit des Gerichts vorsieht. Auch wenn Art. 36 Abs. 8 und 9 EuInsVO förmliche Antragsbefugnisse einräumt, ist es nicht geboten, gegen die Entscheidung des Gerichts ein

---

42) Mankowski/Müller/J. Schmidt-*Mankowski*, EuInsVO 2015, Art. 36 Rz. 66.
43) Begr. RegE Durchführungsgesetz, BT-Drucks. 18/10823, S. 37; zust. *Swierczok* in: HK-InsO, Art. 102c § 21 EGInsO Rz. 7.
44) Begr. RegE Durchführungsgesetz, BR-Drucks. 654/16, S. 38, 39.
45) *Graf-Schlicker* in: FS Kübler, S. 195, 199.

weiteres Rechtsmittel vorzusehen.[46] Diese Entscheidung setzt die unionsrechtlichen Vorgaben um und ist verfassungsrechtlich nicht zu beanstanden.[47]

23 Art. 36 Abs. 7 und 8 EuInsVO sehen nicht vor, dass die darauf ergehenden Entscheidungen anfechtbar sein müssen. Die Antragsverfahren beruhen auf einer klaren Trennung zwischen dem Unionsrecht und dem nationalen Recht. Letzterem ist die Ausgestaltung des Verfahrens überlassen, demzufolge bestand keine Veranlassung für den VO-Geber, abweichend von Art. 5 Abs. 1 EuInsVO, eine gerichtliche Nachprüfung vorzusehen, weil Fragen des europäischen Rechts nicht im Raum stehen (vgl. Art. 256 Abs. 2 Unterabs. 1 AEUV: „Einheit und Kohärenz des Unionsrechts"). Art. 19 Abs. 4 GG überlässt zwar die nähere Ausgestaltung dieses Rechtswegs den jeweils geltenden Prozessordnungen, aber weder Art. 19 Abs. 4 GG noch das Rechtsstaatsprinzip gewährleisten einen Instanzenzug.[48]

24 Die Entscheidung durch unanfechtbaren Beschluss gilt **unbeschadet** des **§ 58 Abs. 2 Satz 3 InsO**. Damit bleibt dem Insolvenzverwalter die Möglichkeit gegen Beschlüsse des Insolvenzgerichts, die ein **Zwangsgeld** gegen ihn festsetzen, die **sofortige Beschwerde** zu erheben.[49] Dies hat allerdings lediglich für Art. 102c § 21 Abs. 1 Relevanz, weil nur in diesem Fall das zuständige Gericht die Rechtsaufsicht ausübt und zugleich zur Verhängung von Zwangsgeldern befugt ist.

---

46) Begr. RegE Durchführungsgesetz, BR-Drucks. 654/16, S. 39 und BT-Drucks. 18/10823, S. 37.
47) *Swierczok* in: HK-InsO, Art. 102c § 21 EGInsO Rz. 8.
48) BVerfGE, Beschl. v. 18.2.1970 – 1 BvR 226/69, BVerfGE 28, 21, 36 = NJW 1970, 851.
49) Begr. RegE Durchführungsgesetz, BT-Drucks. 18/10823, S. 38.

# Teil 3
# Insolvenzverfahren über das Vermögen von Mitgliedern einer Unternehmensgruppe

## § 22

### Eingeschränkte Anwendbarkeit des § 56b und der §§ 269a bis 269i der Insolvenzordnung

(1) Gehören Unternehmen einer Unternehmensgruppe im Sinne von § 3e der Insolvenzordnung auch einer Unternehmensgruppe im Sinne von Artikel 2 Nummer 13 der Verordnung (EU) 2015/848 an,

1. findet § 269a der Insolvenzordnung keine Anwendung, soweit Artikel 56 der Verordnung (EU) 2015/848 anzuwenden ist,

2. finden § 56b Absatz 1 und § 269b der Insolvenzordnung keine Anwendung, soweit Artikel 57 der Verordnung (EU) 2015/848 anzuwenden ist.

(2) Gehören Unternehmen einer Unternehmensgruppe im Sinne von § 3e der Insolvenzordnung auch einer Unternehmensgruppe im Sinne von Artikel 2 Nummer 13 der Verordnung (EU) 2015/848 an, ist die Einleitung eines Koordi-

nationsverfahrens nach den §§ 269d bis 269i der Insolvenzordnung ausgeschlossen, wenn die Durchführung des Koordinationsverfahrens die Wirksamkeit eines Gruppen-Koordinationsverfahrens nach den Artikeln 61 bis 77 der Verordnung (EU) 2015/848 beeinträchtigen würde.

**Literatur:** *Brünkmans*, Auf dem Weg zu einem europäischen Konzerninsolvenzrecht, ZInsO 2013, 797; *Pluta*, Insolvenzverwalter einer Unternehmensgruppe kooperiert! Pflicht der Insolvenzverwalter zur Zusammenarbeit gem. § 269a InsO, NZI Beilage 1 z. Heft 8/2018, S. 18; *Swierczok*, Der neue Art. 102c EGInsO, ZInsO 2018, 1861; *Thole*, Das neue Konzerninsolvenzrecht in Deutschland und Europa, KTS 2014, 351.

### Übersicht

I. Zweck der Norm .................. 1
II. Inhalt der Norm .................. 2
1. Anwendungsvorrang der Kooperationspflichten von Verwaltern und Gerichten (Art. 102c § 22 Abs. 1) ...... 3
2. Anwendungsvorrang des Gruppen-Koordinationsverfahrens (Art. 102c § 22 Abs. 2) ...................... 6
III. Schlussfolgerung für die Praxis ........ 10

### I. Zweck der Norm

Vor Erlass des Art. 102c § 22 war gesetzlich nicht geregelt, ob insbesondere die Artt. 56 ff. EuInsVO grundsätzlich Anwendung finden, wenn zwar ein grenzüberschreitender Bezug in dem Konzern vorliegt, es aber konkret um die Beziehungen zwischen zwei Gesellschaften in demselben Belegenheitsstaat geht.[1] Diese Fallgestaltung greift der Gesetzgeber nunmehr in Art. 102c § 22 auf.

### II. Inhalt der Norm

Mit dem neugefassten Art. 102c § 22 folgt der Gesetzgeber der überwiegenden Meinung in der Literatur zu den Artt. 56 ff. EuInsVO, dass die EuInsVO vorrangig vor den nationalen Vorschriften des deutschen Insolvenzrechtes anzuwenden ist (siehe dazu auch Art. 56 Rz. 26, 27 [*Hermann*]).[2] Nur so könne sichergestellt werden, dass in einer Konzerngruppe dieselben Vorschriften gelten. Außerdem werde hierdurch die Wirksamkeit der EuInsVO nicht beeinträchtigt.[3]

#### 1. Anwendungsvorrang der Kooperationspflichten von Verwaltern und Gerichten (Art. 102c § 22 Abs. 1)

Art. 102c § 22 Abs. 1 legt den Anwendungsvorrang für die Kooperations- und Zusammenarbeitspflichten der Verwalter (Nr. 1) und der Zusammenarbeit der Gerichte (Nr. 2) fest. Sowohl für die Frage der Kooperation zwischen den Verwaltern, die jeweils eine deutsche konzernangehörige Gesellschaft verwalten, als auch zwischen den deutschen Gerichten, die jeweils für ein deutsches konzernangehöriges Verfahren zuständig sind, **gilt die EuInsVO** und **nicht** das neu geschaffene **deutsche Konzerninsolvenzrecht**.[4]

---

1) Begr. RegE Gesetz zur Erleichterung der Bewältigung von Konzerninsolvenzen, BT-Drucks. 18/407, S. 33.
2) *Brünkmans*, ZInsO 2013, 797, 806; *Thole*, KTS 2014, 351, 371 f.
3) Begr. RegE Gesetz zur Erleichterung der Bewältigung von Konzerninsolvenzen, BT-Drucks. 18/407, S. 33 m. w. Verweisen.
4) *Pluta*, NZI Beilage 1 z. Heft 8/2018, S. 18, 20.

4 Ungeklärt bleibt dabei zunächst, ob neben den europäischen Regeln auch *strengere deutsche Kooperationspflichten* für die Verwalter und Gerichte gelten sollen. Der Wortlaut des Art. 102c § 22 lässt diesen Schluss zu; denn der Anwendungsbereich des deutschen Konzerninsolvenzrechts ist nur *soweit* eingeschränkt, wie die Normen der EuInsVO greifen. Diese Sichtweise hat auch der europäische Gesetzgeber. Er wollte die nationalen Vorschriften als Ergänzung begreifen, soweit sie strengere Regelungen enthalten (ErwG 61 EuInsVO).[5] Zwar mag das in der Praxis gelegentlich zu gesteigertem Aufwand führen, jedoch wird diese Auffassung dem Schutz der nationalen Gläubiger am ehesten gerecht.

5 Ungeklärt ist weiterhin, wie zu verfahren ist, wenn zwar ursprünglich ein grenzüberschreitender Bezug vorgelegen hatte, dieser Bezug aber später weggefallen ist, z. B. weil ein anderes Insolvenzverfahren im EU-Ausland aufgehoben wird. Stellte man ausschließlich auf nationales Recht ab, führt das jedoch für alle Beteiligten zu nicht mehr vorhersehbaren und unkalkulierbaren Verhältnissen. Einmal getroffene Regelungen und Absprachen würden im Nachhinein möglicherweise außer Kraft gesetzt. Dies gilt erst recht dann, wenn die bisherige Vorgehensweise zwischen Verwaltern und Gerichten gerade dazu geführt hat, dass sich ein anderes europäisches Insolvenzverfahren erledigt hat. Daher muss ein einmaliger grenzüberschreitender Sachverhalt ausreichen, damit die Vorschriften der EuInsVO zum Konzerninsolvenzrecht bis zum Ende des jeweiligen Verfahrens Anwendungsvorrang genießen.

## 2. Anwendungsvorrang des Gruppen-Koordinationsverfahrens (Art. 102c § 22 Abs. 2)

6 Art. 102c § 22 Abs. 2 regelt die Nichtanwendung des deutschen Koordinationsverfahrens, wenn es das europäische Gruppen-Koordinationsverfahren beeinträchtigt.

7 Zunächst muss eine Unternehmensgruppe sowohl nach § 3e InsO[6] als auch nach Art. 2 Nr. 13 EuInsVO vorliegen. Ist das der Fall, so sind die Regelungen des §§ 269d bis 269i InsO ausgeschlossen, wenn hierdurch die Wirksamkeit des Gruppen-Koordinationsverfahrens gemäß Artt. 61 ff. EuInsVO beeinträchtigt wird.

8 Wann ein deutsches Koordinationsverfahren ein europäisches Gruppen-Koordinationsverfahren beeinträchtigt, ist nicht näher beschrieben. Aufgrund der unterschiedlichen Ausgestaltung der Koordinationsverfahren[7] (insb. der größeren Befugnisse des europäischen Koordinators wie zum Beispiel die Aussetzungsbefugnisse des Art. 72 Abs. 2 Satz 1 lit. e EuInsVO) kann bereits die Existenz eines deutschen Koordinationsverfahrens ein europäisches Gruppen-Koordinationsverfahren beeinträchtigen, da die Regeln mitunter nicht miteinander zu vereinbaren sind. Letztendlich hat damit in der Regel ein europäisches Gruppen-Koordinationsverfahren

---

5) *Thole*, KTS 2014, 351, 371; insgesamt auch Wimmer/Bornemann/Lienau-*Bornemann*, Die Neufassung der EuInsVO, Rz. 551 f., 552.
6) I. d. F. des Gesetzes zur Erleichterung der Bewältigung von Konzerninsolvenzen v. 13.4.2017, BGBl. I 2017, 866.
7) Begr. RegE Gesetz zur Erleichterung der Bewältigung von Konzerninsolvenzen, BT-Drucks. 18/407, S. 18.

Vorrang[8]. Jedoch sieht der Gesetzgeber auch die Möglichkeit, dass ein nationales Koordinationsverfahren einen Mehrwert bringen kann, etwa zur Unterstützung europäischer Koordinationsverfahren.[9] Eine parallele Durchführung von deutschen und europäischen (Gruppen)Koordinationsverfahren scheidet mithin regelmäßig aus.[10]

Nicht geregelt ist der Fall, dass zunächst ein deutsches Koordinationsverfahren 9 eröffnet wurde und erst später ein weiteres Insolvenzverfahren über ein Mitglied der Unternehmensgruppe eröffnet wird, welches ihren Sitz in einem anderen Mitgliedsstaat hat. Art. 102c § 22 Abs. 2 verbietet nach dem klaren Wortlaut lediglich die „Einleitung" eines Koordinationsverfahrens nach §§ 269d bis 269i InsO, nicht jedoch die Aufrechterhaltung eines bereits zuvor eingeleiteten nationalen Koordinationsverfahrens. Es sollte jedoch immer versucht werden, das nationale in ein europäisches Kooperationsverfahren zu überführen, um erhöhten Aufwand und zusätzlichen Kooperationsbedarf zu vermeiden.

### III. Schlussfolgerung für die Praxis

Der deutsche Gesetzgeber hat mit Einführung des Art. 102c § 22 bewiesen, dass er sich 10 intensiv mit den Vorschriften des europäischen Konzerninsolvenzverfahrens befasst hat. Bisher in der Literatur gestellte Fragen hat er aufgegriffen und eindeutig geregelt. Es bleiben lediglich solche Fragestellungen, die die gerichtliche Praxis klären kann.

---

8) *Swierczok*, ZInsO 2018, 1861, 1867; Begr. RegE Durchführungsgesetz, BT-Drucks. 18/10823, S. 38.
9) Begr. RegE Durchführungsgesetz, BT-Drucks. 18/10823, S. 38.
10) Begr. RegE Durchführungsgesetz, BT-Drucks. 18/10823, S. 38.

### § 23
### Beteiligung der Gläubiger

(1) ¹Beabsichtigt der Verwalter, die Einleitung eines Gruppen-Koordinationsverfahrens nach Artikel 61 Absatz 1 der Verordnung (EU) 2015/848 zu beantragen und ist die Durchführung eines solchen Verfahrens von besonderer Bedeutung für das Insolvenzverfahren, hat er die Zustimmung nach den §§ 160 und 161 der Insolvenzordnung einzuholen. ²Dem Gläubigerausschuss sind die in Artikel 61 Absatz 3 der Verordnung (EU) 2015/848 genannten Unterlagen vorzulegen.

(2) Absatz 1 gilt entsprechend

1. für die Erklärung eines Einwands nach Artikel 64 Absatz 1 Buchstabe a der Verordnung (EU) 2015/848 gegen die Einbeziehung des Verfahrens in das Gruppen-Koordinationsverfahren,

2. für den Antrag auf Einbeziehung des Verfahrens in ein bereits eröffnetes Gruppen-Koordinationsverfahren nach Artikel 69 Absatz 1 der Verordnung (EU) 2015/848 sowie

3. für die Zustimmungserklärung zu einem entsprechenden Antrag eines Verwalters, der in einem Verfahren über das Vermögen eines anderen gruppenangehörigen Unternehmens bestellt wurde (Artikel 69 Absatz 2 Buchstabe b der Verordnung (EU) 2015/848).

## Art. 102c § 23 EGInsO — Beteiligung der Gläubiger

**Literatur:** *Laroche*, Das neue Konzerninsolvenzrecht nach InsO und EuInsVO – Probleme und Fragen aus gerichtlicher Sicht, ZInsO 2017, 2585; *Madaus*, As simple as it can be? – Anregungen zum Gesetzentwurf der Bundesregierung zur Durchführung der Verordnung (EU) 2015/848 über Insolvenzverfahren (BT-Drs. 18/10823), NZI 2017, 203; *Swierczok*, Der neue Art. 102c EGInsO, ZInsO 2018, 1861.

### Übersicht

| | |
|---|---|
| I. Zweck der Norm ............................ 1 | 2. Einleitung eines Gruppen-Koordinationsverfahrens oder Abstandnahme |
| II. Inhalt der Norm ............................. 2 | von der Teilnahme an einem solchen |
| 1. Zustimmung der Gläubigerorgane (Art. 102c § 23 Abs. 1) .................. 2 | Verfahren (Art. 102c § 23 Abs. 2) ......... 4 |
| | III. Schlussfolgerung für die Praxis ......... 7 |

### I. Zweck der Norm

1 Die Artt. 61 bis 77 EuInsVO bestimmen die **inhaltlichen Voraussetzungen** eines Verfahrens zur Koordinierung grenzüberschreitender Konzerninsolvenzverfahren. Dem **nationalen Gesetzgeber** sind dagegen die Zuständigkeiten und Zustimmungsvorbehalte im Innenverhältnis vorbehalten.[1] Die Mitwirkungsbefugnisse der Gläubiger sowohl bei der Einleitung eines Gruppenkoordinationsverfahrens als auch bei den nach Art. 64 EuInsVO bestehenden Möglichkeiten des sog. Opt-out und des späteren Opt-in soll in Ausführung dieser Gesetzgebungskompetenzen Art. 102c § 23 regeln.

### II. Inhalt der Norm

#### 1. Zustimmung der Gläubigerorgane (Art. 102c § 23 Abs. 1)

2 Alle wesentlichen Entscheidungen sind nach Art. 102c § 23 an die Zustimmung der Gläubigerorgane nach §§ 160, 161 InsO geknüpft. Fehlt ein Gläubigerausschuss, so bedarf es über den Verweis auf § 160 Abs. 1 Satz 2 InsO der Zustimmung der Gläubigerversammlung.[2] Da weitere Voraussetzung für die Erforderlichkeit der Zustimmung nach Art. 102c § 23 Abs. 1 Satz 1 Halbs. 2 die besondere Bedeutung für das Insolvenzverfahren ist, kommt dieser Norm eigentlich nur **klarstellende Funktion** zu. Denn liegt diese besondere Bedeutung vor, so folgen die Zustimmungserfordernisse schon unmittelbar aus § 160 Abs. 1 InsO. Nach der Begründung zum Gesetzesentwurf soll die besondere Bedeutung in der Regel vorliegen, da die Einleitung eines Koordinationsverfahrens immer nur dann in Betracht kommt, wenn das Verfahren die effektive Führung der Einzelverfahren erleichtert.[3] Da sowohl eine Teilnahme als auch eine Abstandnahme von der Teilnahme an einem solchen Gruppen-Koordinationsverfahren aber immer **besondere Einflussmöglichkeiten** (vgl. insbesondere das Aussetzungsrecht des Koordinators, Art. 72 Abs. 2 lit. e EuInsVO) begründet oder versagt, sind eigentlich nie Fälle denkbar, in denen

---

1) Begr. RegE Durchführungsgesetz z. § 23, BT-Drucks. 18/10823; *Laroche*, ZInsO 2017, 2585, 2597; *Swierczok*, ZInsO 2018, 1861.
2) Begr. RegE Durchführungsgesetz z. § 23, BT-Drucks. 18/10823; so auch: *Swierczok*, ZInsO 2018, 1861, 1867.
3) Begr. RegE Durchführungsgesetz z. § 23 Abs. 2, BT-Drucks. 18/10823.

nicht die Zustimmung der Gläubigerorgane einzuholen ist.[4] Die Zustimmungspflicht trifft alle von dem Koordinationsverfahren umfassten Gesellschaften, was zur Verzögerung der Umsetzung führen kann.[5]

Zum Teil wird in der Literatur Art. 102c § 23 mit dem **Europarecht** als unvereinbar angesehen, soweit die Verwalterrechte in Bezug auf die Verfahrenskoordination (insbesondere Einleitung, „Opt-in", „Opt-out") den Zustimmungsregeln der §§ 160, 161 InsO unterstellt werden. Der effet utile der Koordinationsnormen soll nicht eingeschränkt werden[6] 3

**2. Einleitung eines Gruppen-Koordinationsverfahrens oder Abstandnahme von der Teilnahme an einem solchen Verfahren (Art. 102c § 23 Abs. 2)**

Konsequenterweise ist die Zustimmung sowohl für die **Teilnahme** (Art. 102c § 23 Abs. 1) als auch die **Abstandnahme** sowie die **spätere Teilnahme** an anderen Verfahren (Art. 102c § 23 Abs. 2) erforderlich. In allen Varianten ist die Gläubigerschaft in gleicher Weise betroffen. 4

Damit die Entscheidungen **sachgerecht vorbereitet** werden können, sind die nach Art. 102c § 23 Abs. 1 Satz 2 und Art. 61 Abs. 3 EuInsVO genannten Unterlagen dem Gläubigerausschuss (nach dem Wortlaut des Art. 102c § 23 Abs. 1 Satz 2) vorzulegen. Nur so kann der Gläubigerausschuss die voraussichtlichen Nachteile der Durchführung des angestrebten Koordinationsverfahrens in angemessener Weise abschätzen.[7] Die Vorlagepflicht gilt in gleicher Weise nach Art. 102c § 23 Abs. 2 in den dort genannten Varianten. Zwar ist ausdrücklich für die Vorlagepflicht nur der Gläubigerausschuss erwähnt. Da bei fehlendem Gläubigerausschuss die Gläubigerversammlung zu entscheiden hat, ist sie in gleicher Weise wie der Gläubigerausschuss zu unterrichten. 5

Von besonderer Bedeutung dürfte in diesem Zusammenhang auch der Verweis auf § 161 InsO sein. Da bei einer Gruppen-Insolvenz häufig auch nicht insolvente Gesellschaften involviert sind, auf den Ebenen der Geschäftsleitung aber möglicherweise Identitäten bestehen, kommt der vorherigen Information der vertretungsberechtigten Organe des Schuldners besondere Bedeutung zu. 6

**III. Schlussfolgerung für die Praxis**

Letztendlich hat die Vorschrift v. a. klarstellende Funktion. Auch ohne entsprechende ausdrückliche Erwähnung hätte jeder Verwalter von sich aus zu prüfen, ob und inwieweit er Zustimmungen der Gläubigerorgane einzuholen hat. 7

---

4) A. A. *Swierczok*, ZInsO 2018, 1861, 1867; *Madaus*, NZI 2017, 203, 207, da dem Gruppen-Koordinationsverfahren nur beschreibende und koordinierende Wirkung zukommt.
5) S. hierzu BAKinso, Stellungnahme zum RefE, S. 10, abrufbar unter https://www.bmjv.de/SharedDocs/Gesetzgebungsverfahren/Stellungnahmen/2016/Downloads/09092016_Stellungnahme_BAKinso_Ref_EUInsVO.pdf;jsessionid=98CA007B16A979542919803E3A5C2B8D.1_cid324?__blob=publicationFile&v=1 (Abrufdatum: 25.11.2019).
6) *Laroche*, ZInsO 2017, 2585, 2597.
7) Begr. RegE Durchführungsgesetz z. § 23 Abs. 2, BT-Drucks. 18/10823.

## Art. 102c § 24 EGInsO — Aussetzung der Verwertung

### § 24
### Aussetzung der Verwertung

§ 16 gilt entsprechend bei der Aussetzung

1. der Verwertung auf Antrag des Verwalters eines anderen gruppenangehörigen Unternehmens nach Artikel 60 Absatz 1 Buchstabe b der Verordnung (EU) 2015/848 und
2. des Verfahrens auf Antrag des Koordinators nach Artikel 72 Absatz 2 Buchstabe e der Verordnung (EU) 2015/848.

#### Übersicht
I. Zweck der Norm .................. 1 | II. Zinsanspruch bei Verwertungsverzögerung .................. 2

### I. Zweck der Norm

1 Die Regelung dient dem Schutz der Interessen **absonderungsberechtigter Gläubiger**, die infolge einer Aussetzung von Verwertungsmaßnahmen zumindest vorübergehend an der Durchsetzung ihrer Verwertungsrechte gehindert sind.

### II. Zinsanspruch bei Verwertungsverzögerung

2 Die Regelung verweist auf Art. 102c § 16, der den Fall einer Aussetzung der Verwertung durch den Hauptinsolvenzverwalter infolge der Eröffnung eines Sekundärinsolvenzverfahrens nach Art. 46 EuInsVO betrifft. Der in diesem Artikel fehlende **Anspruch auf eine Zinszahlung** an gesicherte Gläubiger **für die Zeit des Verwertungsstopps**, den das deutsche Recht in § 169 InsO vorsieht, wird durch Art. 102c § 16 normiert.

3 Art. 102c § 24 erweitert nun lediglich den Anwendungsbereich des Zinsanspruchs über den Fall der Verwertungsverzögerung nach Art. 46 EuInsVO (Eröffnung des Sekundärinsolvenzverfahrens) hinaus auf die Fälle
- der Verwertungsaussetzung nach Art. 60 Abs. 1 lit. b EuInsVO (auf **Verwalterantrag in Gruppeninsolvenz**) und
- nach Art. 72 Abs. 2 lit. e EuInsVO (auf Antrag des Koordinators in einem Gruppen-Koordinationsverfahren).

### § 25
### Rechtsbehelf gegen die Entscheidung nach Artikel 69 Absatz 2 der Verordnung (EU) 2015/848

¹Gegen die Entscheidung des Koordinators nach Artikel 69 Absatz 2 der Verordnung (EU) 2015/848 ist die Erinnerung statthaft. ²§ 573 der Zivilprozessordnung gilt entsprechend.

#### Übersicht
I. Zweck der Norm .................. 1 | II. Rechtsmittel gegen (Nicht)Einbeziehungsentscheidung des Koordinators .................. 2

Rechtsmittel gegen die Kostenentscheidung nach Artikel 77   **Art. 102c § 26 EGInsO**

## I. Zweck der Norm

Die Regelung nimmt die Anfechtungsrechte aus Art. 69 Abs. 4 EuInsVO auf. Da- 1
nach entscheidet der **Koordinator** in einem Gruppen-Koordinationsverfahren über
den Antrag eines zunächst nicht beteiligten Gruppenunternehmens auf **Einbeziehung** in das Koordinationsverfahren aufgrund zweier Tatbestände (Art. 69 Abs. 2
EuInsVO). Jeder Verwalter, der durch diese Entscheidung beschwert wird, kann sie
nach Art. 69 Abs. 4 EuInsVO nach dem Recht des Mitgliedstaats, in dem das
Gruppen-Koordinationsverfahren eröffnet wurde, anfechten.

## II. Rechtsmittel gegen (Nicht)Einbeziehungsentscheidung des Koordinators

Findet das Gruppen-Koordinationsverfahren vor einem deutschen Gruppen-Koor- 2
dinationsgericht statt, so bestimmt Art. 102c § 25 die Statthaftigkeit der **Erinnerung** und die entsprechende Anwendung des § 573 ZPO. Dies ist naheliegend, da
es in der Sache um die Überprüfung einer Entscheidung des Koordinators mit weitem
Beurteilungsspielraum durch das ihn beaufsichtigende Gericht geht, sodass die
sofortige Beschwerde erst im Fall der unterbliebenen Abhilfe (§ 572 ZPO) statthaft
ist.[1] Eine Rechtsbeschwerde ist damit nur nach Maßgabe des § 574 ZPO statthaft.

Im Fall einer **erfolgreichen Anfechtung** ist die Entscheidung des Koordinators 3
aufzuheben und angesichts des Beurteilungsspielraums des Koordinators diesem
**erneut zur Sachentscheidung** zu übertragen. Vor dem Hintergrund der Funktion
des Koordinationsverfahrens als freiwilliges Mediationsverfahren ist allerdings
fraglich, ob eine erzwungene Neuentscheidung tatsächlich in der Sache hilfreich
sein kann oder nicht gerade die Tatsachen vernichtet, die einem solchen Verfahren
Sinn geben: gegenseitiges Vertrauen und Respekt.[2]

---

1) **Anders noch** Mankowski/Müller/Schmidt-*J. Schmidt*, EuInsVO 2015, Art. 69 Rz. 36: unmittelbare Statthaftigkeit der sofortigen Beschwerde.
2) Zweifel am Sinn der Rechtsmittelbefugnis auch bei Wimmer/Bornemann/Lienau-*Bornemann*, Die Neufassung der EuInsVO, Rz. 621; *Paulus*, EuInsVO, Art. 69 Rz. 13.

## § 26
### Rechtsmittel gegen die Kostenentscheidung nach Artikel 77 Absatz 4 der Verordnung (EU) 2015/848

¹Gegen die Entscheidung über die Kosten des Gruppen-Koordinationsverfahrens
nach Artikel 77 Absatz 4 der Verordnung (EU) 2015/848 ist die sofortige Beschwerde statthaft. ²Die §§ 574 bis 577 der Zivilprozessordnung gelten entsprechend.

### Übersicht
I. Zweck der Norm ................... 1  |  II. Anzuwendendes Verfahrensrecht ...... 2

## I. Zweck der Norm

Die Regelung bestimmt für den Fall eines **deutschen Gruppen-Koordinations-** 1
**verfahrens** das anzuwendende Verfahrensrecht im Fall einer nach Art. 77 Abs. 5

*Madaus*

EuInsVO statthaften **Anfechtung der Kostenentscheidung** nach Art. 77 Abs. 4 EuInsVO.

## II. Anzuwendendes Verfahrensrecht

2  Legt der Koordinator am Ende eines Gruppen-Koordinationsverfahrens nach Art. 77 Abs. 2 EuInsVO seine **Schlussrechnung** vor und geht gegen die hierin vorgenommene **Kostenabrechnung** oder aber gegen die dort vorgesehene **Kostenverteilung** ein Widerspruch nach Art. 77 Abs. 3 EuInsVO ein, so muss gemäß Art. 77 Abs. 4 EuInsVO das Gruppen-Koordinationsgericht entscheiden.

3  Dessen Entscheidung zur Kostenhöhe und Kostenlast ist gemäß Art. 77 Abs. 5 EuInsVO anfechtbar, wobei der Rechtsbehelf zu nutzen ist, der nach dem Recht des Mitgliedstaats, in dem das Gruppen-Koordinationsverfahren eröffnet wurde, hierfür vorgesehen ist. Art. 102c § 26 Satz 1 bestimmt für den Falle eines Gruppen-Koordinationsverfahrens vor einem deutschen Gericht, dass hier die **sofortige Beschwerde statthaft** ist. Es findet folglich ein Verfahren nach den **§§ 567 ff. ZPO** statt.[1]

4  Art. 102c § 24 Satz 2 eröffnet gegen die Beschwerdeentscheidung dann das Rechtsmittel der **Rechtsbeschwerde** (§§ 574–577 ZPO).

---

1) Begr. RegE Durchführungsgesetz z. Art. 102c EGInsO, BT-Drucks. 18/10823, S. 43.

# Anhang

# EU JudgeCO Priniciples

## EU Cross-Border Insolvency Court-to-Court Cooperations Principles (EU JudgeCO Priniciples)[*]

englisch/deutsch

| EU Cross-Border Insolvency Court-to-Court Cooperation Principles[**] | EU Grundsätze für die Zusammenarbeit in grenzüberschreitenden Insolvenzen |
|---|---|
| Principle 1: International Status | Grundsatz 1: Internationaler Status |
| Nothing in these EU JudgeCo Principles is intended to: | Die vorliegenden Grundsätze sollen in keiner Weise |
| (i) Interfere with the independent exercise of jurisdiction by a national court involved, including in its authority or supervision over an insolvency practitioner; | (i) in die unabhängige Ausübung der Gerichtsbarkeit des beteiligten einzelstaatlichen Gerichts eingreifen, ebenso wenig in dessen Weisungsbefugnis oder Aufsicht über einen Insolvenzverwalter; |
| (ii) Interfere with the national rules or ethical principles by which an insolvency practitioner is bound according to applicable national law and professional rules; or | (ii) in national geltende Regelwerke oder ethische Prinzipien eingreifen, an die ein Insolvenzverwalter auf Grund geltenden einzelstaatlichen Rechts und der Standesregeln gebunden ist; oder |
| (iii) Confer substantive rights, to interfere with any function or duty arising out of any applicable law and professional rules or to encroach upon any local law. | (iii) materielle Rechte verleihen, die die Ausübung von auf geltenden Gesetzen beruhenden Tätigkeiten oder Pflichten beeinträchtigen oder sich Eingriffe in einzelstaatliches Recht anmaßen. |
| Principle 2: Public Policy | Grundsatz 2: Ordre public/Öffentliche Ordnung |
| Nothing in these EU JudgeCo Principles is intended to prevent a court from refusing to take an action which would be manifestly contrary to the public policy of the forum state. | Die vorliegenden Grundsätze sollen in keiner Weise ein Gericht zur Mitwirkung an einer Maßnahme anhalten, die offensichtlich dem Ordre public des Staates des Gerichtsstands widerspricht. |
| Principle 3: Overriding Objective | Grundsatz 3: Hauptziel |
| 3.1. These EU JudgeCo Principles embody the overriding objective of enabling courts and insolvency practitioners to operate effectively and efficiently in international insolvency cases with the goals of maximising the value of the debtor's global assets, preserving where appropriate the debtor's business, and furthering the just administration of the proceeding. | 3.1. Diese allgemeinen Grundsätze beinhalten in erster Linie das Ziel, Gerichte und Insolvenzverwalter in die Lage zu versetzen, in internationalen Insolvenzen erfolgreich und wirkungsvoll tätig zu werden, um den Wert des weltweit belegenen Schuldnervermögens bestmöglich zu sichern, es nach Möglichkeit zu erhalten, und das Verfahren angemessen zu führen. |

---

[*] Die nachfolgende Übersetzung von *Zipperer* ist abgedruckt in ZIP Heft 13/2017, S 632 ff.
[**] Der Übersetzung liegt die in 2015 veröffentlichte Fassung zugrunde (abrufbar unter: http://www.tri-leiden.eu/project/categories/eu-judgeco/).

## EU JudgeCO Priniciples

| | |
|---|---|
| 3.2. In achieving the objective of Principle 3.1, due regard should be given to the interests of creditors, including the need to ensure that similarly ranked creditors are treated equally. Insolvency practitioners should act fairly and proportionately in charging fees or costs. Due regard should also be given to the interests of the debtor and other parties in the case, so far as national law permits, and to the international character of the case. | 3.2. Bei der Verwirklichung des in Grundsatz 3.1. aufgeführten Ziels sind die Interessen der Gläubiger zu berücksichtigen; unter anderem ist die Gleichbehandlung ähnlichrangiger Gläubiger zu gewährleisten. Ebenso sind die Interessen des Schuldners und der anderen Verfahrensbeteiligten zu berücksichtigen, wie auch die besondere internationale Konstellation des Falls. |
| 3.3. All parties in an international insolvency case should further the overriding objective of Principle 3.1 and should conduct themselves in good faith in dealing with courts, insolvency practitioners and other parties in the case. | 3.3. Alle Verfahrensbeteiligten einer grenzüberschreitenden Insolvenz sollten das in Grundsatz 3.1. genannte Hauptziel fördern und ihr Verhalten gegenüber den Gerichten, den Insolvenzverwaltern und anderen Verfahrensbeteiligten an den Grundsätzen von Treu und Glauben ausrichten. |
| 3.4. Courts and insolvency practitioners should cooperate in an international insolvency case with the aim of achieving the objective of Principle 3.1. | 3.4. Die Gerichte und Insolvenzverwalter sollten ihre Zusammenarbeit in einer grenzüberschreitenden Insolvenz am Ziel einer Verwirklichung von Grundsatz 3.1. ausrichten. |
| 3.5. In the interpretation of these EU JudgeCo Principles due regard should be given to their international origin and to the need to promote good faith and uniformity in their application. | 3.5. Die vorliegenden allgemeinen EU JudgeCo Grundsätze sind in grenzüberschreitenden Insolvenzen unter Berücksichtigung ihrer internationalen Entstehung auszulegen, wie auch unter Berücksichtigung der Notwendigkeit zur Förderung ihrer einheitlichen Anwendung nach Treu und Glauben. |
| **Principle 4: Aim** | **Grundsatz 4: Zweck** |
| 4.1. The aim of these EU JudgeCo Principles is to facilitate the coordination of the administration of international insolvency cases involving the same debtor, including where appropriate through the use of a protocol. | 4.1. Die vorliegenden EU JudgeCo Grundsätze dienen dem Zweck, die Abstimmung im Rahmen der Verwaltung grenzüberschreitender Insolvenzverfahren desselben Schuldners zu vereinfachen, einschließlich des Einsatzes von Protokollen in geeigneten Fällen. |
| 4.2. These Principles aim to promote in particular: | 4.2. Diese Grundsätze sollen insbesondere das Folgende fördern: |
| (i) The orderly, effective, efficient and timely administration of proceedings; | (i) die geordnete, wirksame, effiziente und zügige Abwicklung der Verfahren; |
| (ii) The identification, preservation and maximisation of the value of the debtor's assets, including the debtor's business, on a global basis; | (ii) die weltweite Identifizierung, Erhaltung und bestmögliche Vermehrung des Werts des Schuldnervermögens, einschließlich des schuldnerischen Unternehmens auf weltweiter Basis; |

| | |
|---|---|
| (iii) The sharing of information in order to reduce costs; and | (iii) den Informationsaustausch zwecks Reduzierung der Kosten; und |
| (iv) The avoidance or minimisation of litigation, costs and inconvenience to the parties in the proceedings. | (iv) die Vermeidung oder Minimierung von Rechtsstreitigkeiten, Kosten und Unannehmlichkeiten für die Verfahrensbeteiligten in diesen Verfahren. |
| 4.3. These Principles aim to promote in each separate international insolvency case its administration with a view to: | 4.3. Diese allgemeinen Grundsätze zielen darauf ab, die Abwicklung von getrennten grenzüberschreitenden Insolvenzverfahren im Hinblick auf folgende Aspekte zu fördern: |
| (i) Ensuring that creditors' interests are respected and that creditors are treated equally; | (i) Gewährleistung der Wahrung der Belange der Gläubiger und ihre Gleichbehandlung; |
| (ii) Saving expense and reducing costs; | (ii) Ausgaben- und Kostenersparnis; |
| (iii) Managing the debtor's estate in ways that are proportionate to the amount of money involved, the nature of the case, the complexity of the issues, the number of creditors and to the number of jurisdictions involved; and | (iii) Verwaltung der Insolvenzmasse in der Weise, dass der entstehende Aufwand verhältnismäßig ist zu ihrem Wert, zur Art des Verfahrens, zur Komplexität der Problemfelder, sowie zur Zahl der beteiligten Gläubiger und Gerichtsbarkeiten; und |
| (iv) Ensuring that the case is dealt with effectively, efficiently and timely. | (iv) Gewährleistung der wirksamen, effizienten und zügigen Durchführung des Verfahrens. |
| **Principle 5: Case Management** | **Grundsatz 5: Handhabung von Insolvenzverfahren** |
| 5.1. Actively managing an international insolvency case involves coordination and harmonization of proceedings with those in other states, except where there are genuine and substantial reasons for doing otherwise and then only to the extent considered to be necessary in the circumstances. Dependent on national law case management is provided by an insolvency practitioner, a court or in a form of co-operation between these two. | 5.1. Zielstrebige Verwaltung eines grenzüberschreitenden Insolvenzverfahrens bedeutet Koordination und Harmonisierung der Verfahren mit denen in anderen Staaten, ausgenommen, es liegen triftige Sachgründe vor und dann nur, soweit dies nach den Umständen als notwendig erachtet wird. Abhängig vom nationalen Recht wird die Verwaltung von einem Insolvenzverwalter, dem Gericht oder in Form der Zusammenarbeit zwischen beiden durchgeführt. |
| 5.2. If a court is managing the international insolvency case, it: | 5.2. Wenn ein Gericht ein grenzüberschreitendes Insolvenzverfahren verwaltet, sollte es: |
| (i) Should seek to achieve disposition of the international insolvency case effectively, efficiently and timely, with due regard to the international character of the case; | (i) sich bemühen, das grenzüberschreitende Insolvenzverfahren unter gebührender Berücksichtigung der internationalen Aspekte des Verfahrens wirksam, effizient und zügig zu erledigen; |

# EU JudgeCO Priniciples

| | |
|---|---|
| (ii) Should manage the case to the maximum extent possible in consultation with the parties and the insolvency practitioners involved and with other courts involved; | (ii) in größtmöglichem Umfang Absprachen mit den Parteien und den Insolvenzverwaltern sowie mit den anderen beteiligten Gerichten treffen; |
| (iii) Should determine the sequence in which issues are to be resolved, preferably laid down in an overall schedule for all stages of the proceeding; | (iii) die Reihenfolge festlegen, in welcher Streitfragen entschieden werden, vorzugsweise niedergelegt in einer allumfassenden Terminplanung für alle Stadien des Verfahrens; |
| (iv) May hold status conferences regarding the international insolvency case; | (iv) Statuskonferenzen bezüglich der grenzüberschreitenden Insolvenzverfahren abhalten; |
| (v) Should arrange for the proper information to the insolvency practitioner and/or the creditors about the coordination and harmonization of the international insolvency case. | (v) ausreichende Information des Insolvenzverwalters und/oder der Gläubiger über die Koordination und Harmonisierung des grenzüberschreitenden Verfahrens veranlassen. |
| 5.3. If an insolvency practitioner is managing the international insolvency case, s/he: | 5.3. Wenn der Insolvenzverwalter ein grenzüberschreitendes Insolvenzverfahren verwaltet, sollte sie/er: |
| (i) Should seek to achieve disposition of the international insolvency case effectively, efficiently and timely, with due regard to the international character of the case; | (i) versuchen sich zu bemühen, das grenzüberschreitende Insolvenzverfahren unter Berücksichtigung der internationalen Eigenart des Verfahrens wirksam, effizient und zügig zu erledigen; |
| (ii) Should manage the case in consultation with the parties, the insolvency practitioners and with courts involved; | (ii) den Fall unter Einbeziehung der Verfahrensbeteiligten, der beteiligten Insolvenzverwalter sowie mit anderen beteiligten Gerichten verwalten; |
| (iii) Shall hold status conferences regarding the international insolvency case; | (iii) Statuskonferenzen bezüglich der grenzüberschreitenden Insolvenzverfahren abhalten; |
| (iv) Should arrange for the determination of the sequence in which issues are to be resolved, preferably laid down in an overall schedule for all stages of the proceeding; | (iv) die Reihenfolge der Entscheidungen, in welcher Streitfragen entschieden werden, vorzugsweise niedergelegt in einem Terminplan für alle Stadien des Verfahrens, veranlassen; |
| (v) Will inform the court and/or the creditors about the coordination and harmonization of the international insolvency case. | (v) das Gericht und/oder die Gläubiger über die Koordination und Harmonisierung des grenzüberschreitenden Insolvenzverfahrens informieren. |
| **Principle 6: Equality of Arms** | **Grundsatz 6: Waffengleichheit** |
| 6.1. All judicial orders, decisions and judgments issued in an international insolvency case are subject to the principle of equality of arms, without any conditions, so that there should be no substantial disadvantage to a party concerned. Accordingly: | 6.1. Alle in einem grenzüberschreitenden Insolvenzverfahren erlassenen gerichtlichen Beschlüsse, Verfügungen und Urteile unterliegen ausnahmslos dem Prinzip der Waffengleichheit, so dass es für keine betroffene Partei zu wesentlichen Nachteilen kommen sollte. Folglich: |

| | |
|---|---|
| (i) Each party should have a full and fair opportunity to present evidence and legal arguments and each party shall receive reasonable time to do so; | (i) Jedem Verfahrensbeteiligten sollte in vollem Umfang und in fairer Weise und angemessener Frist Gelegenheit zum Beweisantritt und zum Vorbringen rechtlicher Ausführungen gegeben werden; |
| (ii) Each party should have a full and fair opportunity to comment on the evidence and legal arguments presented by other parties. | (ii) jedem Verfahrensbeteiligten sollte in vollem Umfang und in fairer Weise Gelegenheit gegeben werden, zu den Beweisantritten und zum rechtlichen Vorbringen der anderen Verfahrensbeteiligten Stellung zu nehmen. |
| 6.2. For the purpose of deciding a dispute, the court should inform the parties in advance concerning the facts for which the taking of evi-dence is required, the burden of proof, and also on the consequences of any failure of the evidentiary procedure. | 6.2. Zum Zweck der Entscheidung einer Streitfrage sollte das Gericht die Parteien zuvor über alle betreffenden Tatsachen, die zur Beweisführung erforderlich sind, die Beweislast und auch die Folgen des Misslingens der Beweisführung informieren. |
| 6.3. Where the urgency of a situation calls for a court to issue an order, decision or judgment on an expedited basis, the court should so far as national law permits ensure: | 6.3. Wo die Dringlichkeit einer Sache das Gericht zwingt, einen Beschluss, eine Verfügung oder ein Urteil beschleunigt zu erlassen, sollte das Gericht, soweit das nationale Recht nicht entgegensteht, gewährleisten, dass |
| (i) That reasonable notice, consistent with the urgency of the situation, is provided by the court or the parties to all parties who may be affected by the order, decision or judgment, including the major unsecured creditors, any affected secured creditors, and any relevant supervisory governmental authorities; | (i) seitens des Gerichts oder der Verfahrensbeteiligten, soweit das gesetzlich vorgesehen ist, alle von dem Beschluss, der Verfügung oder dem Urteil betroffenen Verfahrensbeteiligten, einschließlich der nicht bevorrechtigten Hauptgläubiger, betroffener bevorrechtigter Gläubiger und maßgeblicher Aufsichtsbehörden unter Berücksichtigung der Dringlichkeit, davon in Kenntnis gesetzt werden; |
| (ii) That each party may seek to review or challenge the order, decision or judgment issued on an expedited basis as soon as reasonably practicable, based on local law; | (ii) jeder Verfahrensbeteiligte den Eilbeschluss, die Eilverfügung oder das Eilurteil so bald als möglich mit angemessenem Aufwand gemäß dem vor Ort geltenden Recht überprüfen und anfechten kann; |

| | |
|---|---|
| (iii) That any order, decision or judgment issued on an expedited basis is temporary and is limited to what the debtor or the insolvency practitioner reasonably requires in order to continue the operation of the business or to preserve the estate for a limited period, appropriate to the situation. Such order, decision or judgment will contain a 'come back' clause to allow objections to be heard on a timely basis. The court should then hold further proceedings to consider any appropriate additional relief for the debtor or the affected creditors, in accordance with Principle 6.1. | (iii) Eilbeschlüsse, Eilverfügungen oder Eilurteile vorläufig sind und sich darauf beschränken, nur den Umständen entsprechende, zeitlich begrenzte, für den Schuldner oder den Insolvenzverwalter zur Fortführung des Unternehmens bzw. des Erhalts der Insolvenzmasse erforderlichen Regelungen zu treffen. Diese Beschlüsse, Verfügungen oder Urteile sollten eine Wiedereinsetzungsklausel enthalten, um Einwände zeitnah zu hören. Das Gericht sollte vor weiteren Verfahrensschritten prüfen, ob unter Beachtung des Grundsatzes 6.1. für den Schuldner oder die betroffenen Gläubiger zusätzliche angemessene Rechtsschutzmöglichkeiten bestehen. |
| **Principle 7: Decision and Reasoned Explanation** | **Grundsatz 7: Entscheidung und Begründung** |
| 7.1. Upon completion of the parties' presentations relating to the opening of an insolvency case or the granting of recognition or assistance in an international insolvency case, the court should promptly issue its order, decision or judgment. | 7.1. Wenn die Parteien ihren Vortrag zur Eröffnung eines Insolvenzverfahrens oder zur Verfahrensanerkennung oder der Gewährung von Rechtshilfe vervollständigt haben, sollte die gerichtliche Verfügung, der Beschluss oder das Urteil unverzüglich ergehen. |
| 7.2. In cases where the court decides ex officio regarding the scheduling of proceedings, it should take into consideration parties' submissions on scheduling; all parties should cooperate and consult with one another concerning the scheduling of proceedings. | 7.2. In Fällen, in denen das Gericht von Amts wegen unter Berücksichtigung des Verfahrensgangs entscheidet, sollte es während des Verfahrens vorgebrachte Eingaben der Parteien in Erwägung ziehen; alle Parteien sollten unter Beachtung des Verfahrensgangs miteinander zusammenarbeiten und sich beraten. |
| 7.3. The court may issue an order, decision or judgment orally, which should be set forth in written or transcribed form as soon as possible. | 7.3. Erlässt das Gericht eine Verfügung, einen Beschluss oder ein Urteil mündlich, hat es so bald als möglich den Inhalt schriftlich oder in Abschrift niederzulegen. |
| 7.4. The order, decision or judgment should identify: | 7.4. Die Verfügung, der Beschluss oder das Urteil sollten enthalten: |
| (i) The name of the court and the number of the case; | (i) den Namen und das Aktenzeichen des Gerichts; |
| (ii) The name and address (including email address) of the parties and of their counsels; | (ii) Name und Adresse (einschließlich der E-Mail-Adresse) der Parteien und ihrer Verfahrensbevollmächtigten; |
| (iii) Any order previously made on any related subject; | (iii) jede vorherig erlassene Verfügung betreffend einer der Beteiligten; |

| | |
|---|---|
| (iv) The period, if any, for which it will be in force; | (iv) den Zeitraum, soweit vorgesehen, ihrer Wirksamkeit; |
| (v) Any appointment of an insolvency practitioner and supervisory judge; | (v) jede Bestellung eines Insolvenzverwalters und dessen die Aufsicht führenden Richters; |
| (vi) Any determination regarding costs; | (vi) jede Entscheidung betreffend die Kosten; |
| (vii) The issues to be resolved; | (vii) alle erlassenen Verfügungen; |
| (viii) The timetable for the relevant stages of the proceedings, including dates and deadlines; | (viii) der Zeitplan für die maßgeblichen Phasen des Verfahrens, einschließlich der Termine und Fristen; |
| (ix) The date showing the place and time of rendering the order, decision or judgment; | (ix) das Datum der mündlichen Verhandlung und die Uhrzeit der Verkündung der Verfügung, des Beschlusses oder des Urteils; |
| (x) The name of the judge(s) involved, and | (x) der/die Namen des/r beteiligten Richter/s und |
| (xi) The possibility of opposition or appeal to the order, decision or judgment and the period in which an opposition or an appeal must be made. | (xi) die Möglichkeit, gegen die Verfügungen, den Beschluss oder das Urteil Widerspruch oder Berufung einlegen zu können oder gerichtlich überprüfen zu können und die dazu einzuhaltende Frist. |
| 7.5. If the order, decision or judgment is opposed or appealed, the court should set forth the legal and evidentiary grounds for the decision. | 7.5. Falls gegen die Verfügung, den Beschluss oder das Urteil Widerspruch oder Berufung eingelegt werden kann, sollte das Gericht die rechtlichen Gründe und die zugrundegelegte Beweiswürdigung darlegen. |
| 7.6. To the maximum extent possible, courts should encourage their orders, decisions or judgments to be published as soon as possible. | 7.6. Die Gerichte sollten sich mit gebotener Anstrengung dafür einsetzen, dass ihre Verfügungen, Beschlüsse und Urteile so bald als möglich veröffentlicht werden. |
| **Principle 8: Stay or Moratorium** | **Grundsatz 8: Vollstreckungsschutz oder Zahlungsaufschub** |
| 8.1. Insolvency cooperation may require a stay or moratorium at the earliest possible time in each State where the debtor has assets or where litigation is pending relating to the debtor or the debtor's assets. | 8.1. Die Zusammenarbeit in Insolvenzfällen kann erfordern, dass zu einem möglichst frühen Zeitpunkt in jedem Staat, in dem Vermögen des Schuldners belegen oder in dem ein Rechtsstreit bezüglich des Schuldners oder seines Vermögens anhängig ist, Vollstreckungsschutz oder Zahlungsaufschub gewährt wird. |

| | |
|---|---|
| 8.2. The stay or moratorium should impose reasonable restraints on the debtor, creditors, and other parties. | 8.2. Der Vollstreckungsschutz oder Zahlungsaufschub sollte dem Schuldner, den Gläubigern und anderen Parteien vertretbare Beschränkungen auferlegen. |
| 8.3. If the local law does not provide an effective procedure for obtaining relief from the stay or moratorium, then a court should exercise its discretion to provide such relief where appropriate and to the extent possible under national law. Exceptions to the stay or moratorium should be limited and clearly defined. | 8.3. Sofern das einzelstaatliche Recht kein wirksames Verfahren vorsieht, in dessen Rahmen eine Aufhebung des Vollstreckungsschutzes oder des Zahlungsaufschubs bezüglich seiner Rechte möglich ist, sollte ein Gericht nach seinem Ermessen in geeigneten Fällen soweit als möglich diese Folgen abmildern. Ausnahmen vom Vollstreckungsschutz oder Zahlungsaufschub sollte es nur in eingeschränktem Maße geben; diese Ausnahmen sollten klar definiert sein. |
| 8.4. A court should encourage publication of its decision to render a stay or a moratorium as soon as possible. | 8.4. Ein Gericht sollte sich für die Veröffentlichung seiner Entscheidungen über Vollstreckungsschutz oder Zahlungsaufschub so bald als möglich einsetzen. |
| 8.5. The decision to render a stay or a moratorium should be open to appeal. | 8.5. Die Anordnung von Vollstreckungsschutz oder Zahlungsaufschub sollte gerichtlich überprüfbar sein. |
| **Principle 9: Reconciliation of Stays or Moratoriums in Parallel Proceedings** | **Grundsatz 9: Gütliche Beilegung des Vollstreckungsschutzes oder Zahlungsaufschub in Parallelverfahren** |
| Where there is more than one insolvency case pending with respect to a debtor, each court should minimise conflicts between the applicable stays or moratoriums. | Wenn mehr als ein Insolvenzverfahren anhängig ist, sollte mit Rücksicht auf den Schuldner jedes Gericht jeden Streit zwischen konkurrierendem Vollstreckungsschutz und Zahlungsaufschub verringern. |
| **Principle 10: Non-Discriminatory Treatment** | **Grundsatz 10: Nichtdiskriminierende Behandlung** |
| Subject to EU JudgeCo Principle 2, a court is not allowed to discrimi-nate against creditors or claimants based on the nature, the nationality, residence, registered seat or domicile of the claimant or on the nature of the claim. | Vorbehaltlich der Bestimmung von Grundsatz 2, sollte ein Gericht Gläubiger oder Anspruchsteller nicht aufgrund deren Staatsangehörigkeit, Wohnort, Satzungssitz oder Aufenthaltsort oder wegen der Art der Forderung benachteiligen. |

| Principle 11: Modification of Recognition | Grundsatz 11: Änderung der Anerkennungsentscheidung |
|---|---|
| 11.1. Where main insolvency proceedings are pending in another State, the court that is deciding whether to open secondary proceeding may postpone its decision where it becomes aware of evidence which warrants such action. Such evidence may include evidence that (i) there was fraud in the opening of the foreign main insolvency case, or that (ii) the foreign main insolvency case was opened in the absence of international jurisdiction as provided in Article 3 of the EIR. | 11.1. Wenn in einem anderen Staat ein Hauptinsolvenzverfahren anhängig ist, hat das Gericht, das mit der Eröffnung einer Sekundärinsolvenz befasst ist, seine Entscheidung zu verschieben, wenn es für ein solches Vorgehen rechtfertigende Beweismittel erlangt. Geeignet sind Beweismittel, mit denen bewiesen werden kann, dass (i) die Eröffnung des ausländischen Hauptinsolvenzverfahrens erschlichen wurde, oder dass (ii) das ausländische Hauptinsolvenzverfahren eröffnet wurde, ohne dass das Gericht gem. Art. 3 EuInsVO international zuständig war. |
| 11.2. Where main insolvency proceedings are pending in another State, the court that has opened secondary proceeding may postpone a hearing where it becomes aware of evidence in the meaning of paragraph 1 or may in such a case revoke its decision if national law allows such revocation. | 11.2. Solange ein Hauptinsolvenzverfahren in einem anderen Staat anhängig ist, hat das Gericht, das ein Sekundärinsolvenzverfahren eröffnet hat, einen Anhörungstermin zu verschieben, wenn es für ein solches Vorgehen rechtfertigende Beweismittel i. S. d. § 1[***]) gibt oder es hebt seine Entscheidung auf, sofern das nationale Recht dies erlaubt. |
| Principle 12 Abusive or Superfluous Filings | Grundsatz 12: Missbräuchliche oder überflüssige Insolvenzanträge |
| Where there is more than one insolvency case pending with respect to a debtor, and the court determines that an insolvency case pending before it is not a main proceeding and that the forum state has little interest in the outcome of the proceeding pending before it, the court should consider to dismiss the insolvency case, if dismissal is permitted under its law and no undue prejudice to creditors will result. | Ist über das Vermögen des Schuldners mehr als ein Insolvenzverfahren anhängig und stellt das Gericht fest, dass das bei ihm anhängige Insolvenzverfahren kein Hauptinsolvenzverfahren ist und der Staat des Gerichtsstands nur ein geringes Interesse am Ausgang des bei ihm anhängigen Verfahrens hat, sollte das Gericht den Insolvenzantrag zurückweisen, sofern eine solche Zurückweisung nach dem Recht seines Staates zulässig ist und für die Gläubiger nicht zu unbilligen Nachteilen führt. |
| Principle 13: Court Access | Grundsatz 13: Zugang zum Gericht |
| 13.1. An insolvency practitioner representing a foreign main insolvency proceeding should have direct access to any court in any other Member State necessary for the exercise of its legal rights. | 13.1. Ein Insolvenzverwalter, der in einem ausländischen Hauptinsolvenzverfahren bestellt ist, sollte direkten Zugang zu jedem Gericht in jedem anderen Mitgliedstaat haben, um seine Rechte ausüben zu können. |

---

[***]) Gemeint ist 11.1. in dem Sinne, dass die Zuständigkeit des Sekundärverfahrens erschlichen wurde oder für dieses keine internationale Zuständigkeit bestand.

| | |
|---|---|
| 13.2. An insolvency practitioner representing a foreign main insolvency proceeding should have the same access to any court in any other Member State as a domestic insolvency practitioner has or would have had were domestic proceedings opened. | 13.2. Der ausländische Verwalter des Hauptinsolvenzverfahrens sollte denselben Zugang zu jedem Gericht in jedem anderen Mitgliedstaat haben wie ein einheimischer Insolvenzverwalter hätte, wenn hier ein Verfahren eröffnet worden wäre. |
| **Principle 14: Language** | **Grundsatz 14: Sprache** |
| 14.1. Where there is more than one insolvency case pending with respect to a debtor, the insolvency practitioners and the courts involved should determine the language in which communications should take place with due regard to convenience and the reduction of costs. Notices should indicate their nature and significance in the languages that are likely to be understood by the recipients. | 14.1. Ist über das Vermögen eines Schuldners mehr als ein Insolvenzverfahren anhängig, sollten die Insolvenzverwalter unter Berücksichtigung der Zweckmäßigkeit und Kostenminimierung eine Sprache für ihre Kommunikation untereinander bestimmen. In Mitteilungen sollten deren Gegenstand und Wichtigkeit in den Sprachen bezeichnet werden, die voraussichtlich von den Empfängern der Mitteilungen verstanden werden. |
| 14.2. With due regard to local law and available resources, courts: | 14.2. Unter Berücksichtigung des nationalen Rechts und der zur Verfügung stehenden Mittel, sollten die Gerichte |
| (i) Should permit the use of languages other than those regularly used in local proceedings in all or part of the proceedings, if no undue preju-d-ice to a party will result; | (i) den Gebrauch anderer Sprachen als die in nationalen Verfahren oder in Teilen davon gebräuchlichen erlauben, sofern dies zu keinem unbilligen Nachteil für einen Verfahrensbeteiligten führt; |
| (ii) Should accept documents in the language designated by the insolvency practitioners without translation into the local language provided that (a) any such document is accompanied by a short description, written in the local language and signed by or on behalf of the insolvency practitioners, confirming in generic terms the nature of the document being filed and provided also that (b) if having considered such description the court concludes that a translation of part or all of such document is required in order to ensure that the local proceedings are conducted effectively and without undue prejudice to interested parties, it may require the insolvency practitioners to provide the same on such terms as the court may think fit. | (ii) Schriftsätze zum Verfahren (nebst Anlagen) in der seitens der Insolvenzverwalter benannten Sprache ohne Übersetzung zulassen, vorausgesetzt, (a) solchen Schriftsätzen ist eine kurze Beschreibung beigefügt in der Sprache des Gerichts und unterschrieben von oder im Namen des Insolvenzverwalters, das in allgemeiner Form die Natur des zu den Akten gereichten Schriftsatzes beschreibt, (b) es sei denn, das Gerichts beschließt, dass eine Übersetzung von Teilen oder des gesamten Schriftsatzes notwendig ist, um die wirksame Führung des innerstaatlichen Verfahrens ohne unbillige Nachteile für die Verfahrensbeteiligten zu gewährleisten; dann kann es von den Verwaltern verlangen, den Schriftsatz in der vom Gericht für geeignet erachteten Art einzureichen. |

| | |
|---|---|
| (iii) Should promote the availability of orders, decisions and judgments in languages other than those regularly used in local proceedings, if no undue prejudice to a party will result. | (iii) Die Gerichte sollten den Zugang zu Beschlüssen, Verfügungen und Urteilen in anderen als den üblicherweise in innerstaatlichen Verfahren genutzten Sprachen fördern, sofern dies zu keinem unbilligen Nachteil für einen Verfahrensbeteiligten führt. |
| **Principle 15: Authentication** | **Grundsatz 15: Bescheinigung der Echtheit** |
| Where authentication of documents is required, courts should permit the authentication of documents on any basis that is rapid and secure, including via electronic transmission, unless good cause is shown that they should not be accepted as authentic. | Wird eine Bescheinigung der Echtheit von Unterlagen erforderlich, sollten die Gerichte die entsprechende Bescheinigung unter Nutzung beliebiger, rasch umsetzbarer und sicherer Methoden zulassen, einschließlich im Wege der elektronischen Übermittlung, es sei denn, gewichtige Gründe werden vorgebracht, dass diese Unterlagen nicht als echt anzuerkennen sind. |
| **Principle 16: Communications between Courts** | **Grundsatz 16: Kommunikation zwischen den Gerichten** |
| 16.1. Courts before which insolvency cases are pending should, if necessary, communicate with each other directly or through the insolvency practitioners to promote the orderly, effective, efficient and timely administration of the cases. | 16.1. Gerichte, bei denen Insolvenzverfahren anhängig sind, sollten erforderlichenfalls direkt oder über die Insolvenzverwalter miteinander in Verbindung treten, um sich für die ordnungsgemäße, wirksame, effiziente und zügige Abwicklung der Verfahren einzusetzen. |
| 16.2. Such communications should utilise modern methods of communication, including electronic communications as well as written documents delivered in traditional ways. | 16.2. Diese Kommunikation sollte neben der traditionellen Übermittlung schriftlicher Unterlagen auch moderne Kommunikationswege nutzen, einschließlich der elektronischen Kommunikation. |
| 16.3. For such communications the EU JudgeCo Cross-Border Insolvency Court-to-Court Communications Guidelines should be employed. | 16.3. Für diese Kommunikation sollten die EU JudgeCo Guidelines eingehalten werden. |
| 16.4. Electronic communications should utilise technology which is commonly used and be reliable and secure. | 16.4. Im Falle von elektronischer Kommunikation ist eine allgemein gebräuchliche, verlässliche und sichere Technik einzusetzen. |
| 16.5. If courts are to manage an international insolvency case, they should consider the use of one or more protocols to manage the proceedings with the agreement of the parties, and approval by the courts concerned. | 16.5. Falls die Gerichte mit internationalen Insolvenzsachen befasst sind, sollten sie den Gebrauch eines oder mehrerer Protokolle für die Führung des Verfahrens erwägen, sofern die Parteien dem zustimmen und die betroffenen Gerichte dies genehmigen. |

# EU JudgeCO Priniciples

| Principle 17: Independent Intermediary | Grundsatz 17: Unabhängige Verbindungspersonen |
|---|---|
| 17.1. Courts should consider the appointment of one or more independent intermediaries within the meaning of Principle 17.2, to ensure that an international insolvency case proceeds in accordance with these EU JudgeCo Principles. The court should give due regard to the views of the insolvency practitioners in the pending insolvency cases before appointing an intermediary. The role of the intermediary may be set out in a protocol or an order of the court. | 17.1. Gerichte sollten die Ernennung einer oder mehrerer unabhängiger Verbindungspersonen im Sinne des Grundsatzes 17.2. erwägen, um sicherzustellen, dass ein grenzüberschreitendes Insolvenzverfahren gemäß den EU JudgeCo Principles verläuft. Vor Ernennung der Verbindungsperson sollte das Gericht die Stellungnahmen der an den anhängigen Insolvenzverfahren beteiligten Insolvenzverwalter berücksichtigen. Die Rolle der Verbindungsperson kann in einem Protokoll oder in einem Beschluss des Gerichts festgelegt werden. |
| 17.2. An intermediary: | 17.2. Eine Verbindungsperson |
| (i) Should have the appropriate skills, qualifications, experience and professional knowledge, and should be fit and proper to act in an international insolvency proceeding; | (i) sollte über die passenden Fertigkeiten, Qualifikationen und Erfahrung sowie das entsprechende Fachwissen verfügen, ebenso über die für Tätigkeiten in internationalen Insolvenzverfahren erforderliche Zuverlässigkeit und Integrität; |
| (ii) Should be able to perform his or her duties in an impartial manner, without any actual or apparent conflict of interest; | (ii) sollte zur Erfüllung ihrer Pflichten in unparteiischer Weise ohne tatsächliche oder scheinbare Interessenkonflikte tätig sein; |
| (iii) Should be accountable to the court which appoints him or her; | (iii) sollte gegenüber dem sie ernennenden Gericht rechenschaftspflichtig sein; |
| (iv) Should be compensated from the estate of the insolvency case in which the court has jurisdiction. | (iv) sollte aus der Masse vergütet werden, für die die Verbindungsperson ernennende Gericht zuständig ist. |
| Principle 18: Notice to Creditors | Grundsatz 18: Mitteilungen an die Gläubiger |
| 18.1. If an insolvency case appears to include claims of known foreign creditors from a State where an insolvency case is not pending, the court should assure that sufficient notice is given to permit those creditors to have a full and fair opportunity to file claims and participate in the case. | 18.1. Sofern ein Insolvenzverfahren auch Forderungen von bekannten ausländischen Gläubigern aus einem Staat zu betreffen scheint, in dem kein Insolvenzverfahren anhängig ist, sollte das Gericht sicherstellen, dass diesen Gläubigern mit ausreichendem Vorlauf in vollem Umfang und in fairer Weise Gelegenheit gegeben wird, ihre Ansprüche anzumelden und sich am Verfahren zu beteiligen. |
| 18.2. The court should encourage the publication of such notices in the Official Gazette (or equivalent publication, including any internet-registry) of each State concerned. | 18.2. Das Gericht sollte die Veröffentlichung im Amtsblatt (oder einer gleichwertigen Publikation) eines jeden betroffenen Staates veranlassen. |

| | |
|---|---|
| 18.3. For the purposes of notification within the meaning of Principle 18.1, a person or legal entity is a known foreign creditor if: | 18.3. Für die Zwecke der Mitteilung im Sinne des Grundsatzes 18.1. gilt eine natürliche oder juristische Person als bekannter Gläubiger, wenn |
| (i) The debtor's business records establish that the debtor owes or may owe a debt to that person or legal entity; and | (i) aus den Geschäftsunterlagen des Schuldners hervorgeht, dass der Schuldner gegenüber dieser natürlichen oder juristischen Person Schulden hat oder haben könnte; und |
| (ii) The debtor's business records or bookkeeping establish the address of that person or legal entity. | (ii) aus den Geschäftsunterlagen des Schuldners die Adresse dieser natürlichen oder juristischen Person hervorgeht. |
| **Principle 19: Coordination** | **Grundsatz 19: Abstimmung** |
| 19.1. Where there are parallel proceedings, each insolvency practitioner should obtain court approval for any action affecting assets or operations in that forum if required by local law, except as otherwise provided in a protocol approved by that court. | 19.1. Im Falle von parallellaufenden Verfahren sollte jeder Insolvenzverwalter die Genehmigung des Gerichts für Maßnahmen einholen, die den Vermögenswerte oder betrieblichen Einrichtungen des Schuldners in diesem Gerichtsbezirk betreffen, sofern dies gemäß dem innerstaatlichen Recht erforderlich und nicht anderweitig in einem von diesem Gericht genehmigten Protokoll vorgesehen ist. |
| 19.2. An insolvency practitioner should seek prior agreement from any other insolvency practitioner in relation to matters concerning proceedings or assets in that practitioner's jurisdiction, except where emergency circumstances make this unreasonable. | 19.2. Ein Insolvenzverwalter sollte in jedweder Angelegenheit, die ein im Zuständigkeitsbereich eines anderen Insolvenzverwalters laufendes Verfahren oder dort belegene Vermögenswerte betrifft, die vorherige Zustimmung dieses Insolvenzverwalters einholen, außer wenn dies aufgrund der Eilbedürftigkeit unzumutbar ist. |
| 19.3. A court should consider whether the insolvency practitioners in a main proceeding, or his or her agent, should serve as the insolvency practitioner or co-practitioner in secondary proceedings to promote the coordination of the proceedings. | 19.3. Ein Gericht sollte erwägen, ob der Insolvenzverwalter in einem Hauptinsolvenzverfahren oder sein bevollmächtigter Vertreter in einem anderen Verfahren als Insolvenzverwalter oder als Mitinsolvenzverwalter bestellt werden sollte, um die Abstimmung im Verfahren zu fördern. |
| 19.4. Courts should encourage insolvency practitioners to report periodically, as part of national reporting duties, on the way these Principles and/or agreed Protocols are applied, including any practical problems which have been encountered. | 19.4. Die Gerichte sollten die Insolvenzverwalter zu regelmäßigen Berichten anhalten, als Teil der nationalen Berichtspflichten, über die Art und Weise wie die Grundsätze und/oder vereinbarten Protokolle angewandt werden; die Berichte sollten alle praktischen Probleme, die auftreten, beinhalten. |

# EU JudgeCO Priniciples

| Principle 20: Notice to Insolvency Practitioners | Grundsatz 20: Mitteilungen an Insolvenzverwalter |
|---|---|
| The court shall ensure that an insolvency practitioner receives prompt and prior notice of a court hearing or the issuance of a court order, decision or judgment that is relevant to or potentially affects the conduct of proceedings in which that practitioner has been appointed. | Die Gerichte sollten sicherstellen, dass einem Insolvenzverwalter Gerichtstermine oder Gerichtsbeschlüsse, Verfügungen und Urteile, die für ihn relevant sind, unverzüglich und mit ausreichendem Vorlauf mitgeteilt werden. |
| **Principle 21: Cross-Border Sales** | **Grundsatz 21: Grenzüberschreitende Verwertung** |
| 21.1. When there are parallel insolvency proceedings and assets are to be disposed of (whether by sale, transfer or some other process), courts, insolvency practitioners, the debtor and other parties should co-operate in order to obtain the maximum aggregate value for the assets of the debtor as a whole, across national borders. | 21.1. Bei parallel laufenden Insolvenzverfahren, bei denen Vermögensgegenstände verwertet werden sollen (entweder durch Verkauf, Übertragung oder durch einen anderen Vorgang), sollten die Gerichte, die Insolvenzverwalter, der Schuldner und andere Beteiligte über die nationalen Grenzen hinaus zusammenarbeiten, um den bestmöglichen Erlös für die Vermögensgegenstände des Schuldners als ein Ganzes zu erzielen. |
| 21.2. Where required to act, each of the courts involved should make orders approving disposals of the debtor's assets that will produce the highest overall value for creditors. | 21.2. Wo Handlungsbedarf besteht, sollte jedes beteiligte Gericht genehmigende Beschlüsse zur Verwertung der schuldnerischen Vermögenswerte erlassen, die den höchsten Erlös für die Gläubiger erzielen. |
| **Principle 22: Assistance to Reorganisation** | **Grundsatz 22: Unterstützung von Sanierungen** |
| If in another Member State a main insolvency proceeding is opened, which concerns a reorganisation with respect to the debtor, the court should conduct any parallel secondary proceeding in a manner that is consistent with the reorganisation objective in the main proceeding. | Falls in einem anderen Mitgliedstaat ein Hauptinsolvenzverfahren eröffnet wird, bei dem es sich um ein Sanierungsverfahren handelt, sollte das Gericht inländische Parallelfälle unter Beachtung des innerstaatlichen Rechts und soweit dies nach den Umständen möglich ist, in einer Weise führen, dass sie mit den Zielen der Reorganisation des Hauptverfahrens vereinbar sind. |
| **Principle 23: Post-Insolvency Financing** | **Grundsatz 23: Finanzierung des eröffneten Verfahrens** |
| Where there are parallel proceedings, especially in reorganisation cases, insolvency practitioners and courts should cooperate to obtain necessary post-insolvency financing, including through the granting of priority or secured status to such lenders, with due regard to local law. | Bei parallel verlaufenden Insolvenzverfahren und insbesondere bei Sanierungen sollten die Insolvenzverwalter und Gerichte unter Beachtung des vor Ort geltenden Rechts miteinander zusammenarbeiten, um die erforderliche Finanzierung des eröffneten Verfahrens zu sichern, dies gilt auch für das Zugestehen eines bevorrechtigten Ranges oder die Besicherung des Gläubigers eines Finanzierungsdarlehens. |

# EU JudgeCO Priniciples

| Principle 24: Plan Binding on Participant | Grundsatz 24: Verbindlichkeit des Insolvenzplans für die Teilnehmer |
|---|---|
| 24.1. If a Plan of Reorganisation is adopted in a main insolvency proceeding and there is no parallel proceeding pending with respect to the debtor, the Plan should be final and binding upon the debtor and the creditors who participate in the main proceeding. | 24.1. Wird ein Sanierungsplan in einem Hauptinsolvenzverfahren beschlossen und sind keine parallele Verfahren gegen den Schuldner anhängig, sollte dieser Plan abschließend und bindend zwischen Schuldner und ungesicherten Gläubigern sein, die sich am Hauptverfahren beteiligten. |
| 24.2. For this purpose, participation includes: | 24.2. Zu diesem Zweck umfasst die Beteiligung am Verfahren |
| (i) Filing a claim; | (i) Forderungsanmeldung; |
| (ii) Voting on the Plan; or | (ii) Teilnahme an der Abstimmung; oder |
| (iii) Accepting a distribution of money or property under the Plan. | (iii) Zustimmung zur Verteilung von Geld oder Sachwerten auf der Grundlage des Plans. |
| Principle 25: Plan Binding: Personal Jurisdiction | Grundsatz 25: Verbindlichkeit des Insolvenzplans: Gerichtshoheit über eine Person |
| If a Plan of Reorganisation is adopted in a main insolvency proceeding and there is no parallel proceeding pending with respect to the debtor, the Plan should be final and binding upon any unsecured creditor who received adequate individual notice and over whom the court has jurisdiction in ordinary commercial matters under the local law. | Wird in einem Hauptinsolvenzverfahren ein Restrukturierungsplan beschlossen und ist gegen den Schuldner kein Parallelverfahren anhängig, sollte dieser Plan abschließend und für jeden ungesicherten Gläubiger verbindlich sein, der mit ausreichendem Vorlauf eine persönliche Mitteilung erhalten hat und für den das Gericht nach dem vor Ort geltenden Recht in gewöhnlichen Handelssachen zuständig ist. |
| Principle 26: Apply EU JudgeCo Principles by way of Analogy | Grundsatz 26: Anwendung der EU JudgeCo Grundsätze im Wege der Analogie |
| Courts and insolvency practitioners should communicate and co-operate with each other in those international cases which do not fall under the application of the EU Insolvency Regulation and should apply the EU JudgeCo Principles by way of analogy. | Die Gerichte und Insolvenzverwalter sollten in den internationalen Fällen, die nicht in den Anwendungsbereich der EuInsVO fallen, miteinander kommunizieren und kooperieren, indem sie die vorstehenden Grundsätze entsprechend heranziehen. |

# EU JudgeCO Guidelines

## EU Cross-Border Insolvency Court-to-Court Communications Guidelines (EU JudgeCO Guidelines)*⁾

englisch/deutsch

| EU Cross-Border Insolvency Court-to-Court Communications Guidelines**⁾ | EU Richtlinien für die Kommunikation zwischen Gerichten in grenzüberschreitenden Insolvenzverfahren |
|---|---|
| **Guideline 1: Overriding Objective** | **Richtlinie 1: Hauptziel** |
| 1.1. These EU Cross-Border Insolvency Court-to-Court Communications Guidelines ('EU JudgeCo Guidelines') embody the overriding objective to enhance coordination and harmonization of insolvency proceedings that involve more than one state through communications among the jurisdictions involved. | 1.1. Diese EU Richtlinie für die gerichtliche Kommunikation in grenzüberschreitenden Insolvenzverfahren (JudgeCo Richtlinien) verfolgt das Hauptziel, die Abstimmung und Anpassung von Insolvenzverfahren, die mehr als einen Staat betreffen, sowie den Austausch unter den beteiligten Gerichtsbarkeiten zu steigern. |
| 1.2. The EU JudgeCo Guidelines function in the context of the EU Cross-Border Insolvency Court-to-Court Cooperation Principles ('EU JudgeCo Principles') and therefore do not intend to interfere with the independent exercise of jurisdiction by national courts. | 1.2. Diese Richtlinien wirken im Zusammenhang mit den EU Grundsätzen für die Zusammenarbeit in grenzüberschreitenden Insolvenzverfahren (JudgeCo Principles) und beabsichtigen nicht, in die unabhängige Ausübung der Gerichtsbarkeit durch die einzelstaatlichen Gerichte einzugreifen. |
| **Guideline 2: Consistency with Procedural Law** | **Richtlinie 2: Vereinbarkeit mit dem Verfahrensrecht** |
| 2.1. Except in circumstances of urgency, prior to a communication with another court, the court should be satisfied that such a communication is consistent with all applicable Rules of Procedure in its state. | 2.1. Soweit nicht dringende Umstände eine andere Verfahrensweise gebieten, sollte sich das Gericht vor der Verbindungsaufnahme mit einem anderen Gericht davon überzeugen, dass dies mit allen geltenden Verfahrensvorschriften in seinem Staat vereinbar ist. |
| 2.2. Where a court intends to apply these EU JudgeCo Guidelines (in whole or in part and with or without modifications), the Guidelines to be employed should, wherever possible, be formally adopted in each individual case or proceedings before they are applied. | 2.2. Sofern ein Gericht die vorliegenden Richtlinien (insgesamt oder teilweise, in veränderter oder unveränderter Form) anzuwenden beabsichtigt, sollten die anzuwendenden Richtlinien vor ihrer Anwendung möglichst für jedes einzelnes Verfahren formell für anwendbar erklärt werden. |

---

*⁾ Die nachfolgende Übersetzung von *Zipperer* ist abgedruckt in ZIP Heft 13/2017, S 640 ff.
**⁾ Der Übersetzung liegt die in 2015 veröffentlichte Fassung zugrunde (abrufbar unter: http://www.tri-leiden.eu/project/categories/eu-judgeco/).

# EU JudgeCO Guidelines

| | |
|---|---|
| 2.3. Coordination of EU JudgeCo Guidelines between courts is desirable and officials of both courts may communicate in accordance with EU JudgeCo Guideline 9(iv) with regard to the application and implementation of the EU JudgeCo Guidelines. | 2.3. Die Abstimmung der Richtlinien unter den Gerichten ist wünschenswert; gemäß der EU JudgeCo Richtlinie 9(iv) können sich Justizbeamten beider Gerichte über die Anwendung und Umsetzung der Richtlinien miteinander verständigen. |
| **Guideline 3: Court-to-Court Communication** | **Richtlinie 3: Kommunikation zwischen Gerichten** |
| 3.1. A court may communicate with another court in connection with matters relating to proceedings before it for the purposes of coordinating and harmonising proceedings before it with those in the other jurisdiction. | 3.1. Das Gericht kann sich mit einem anderen Gericht im Zusammenhang mit den Angelegenheiten eines von ihm geführten Verfahrens austauschen, um das eigene Verfahren mit dem in der anderen Gerichtsbarkeit laufenden Verfahren abzustimmen und aneinander anzugleichen. |
| 3.2. A court should obtain in advance the consent of all parties affected by these communications before disclosing the information communicated in the meaning of EU JudgeCo Guideline 3.1. | 3.2. Ein Gericht sollte im Voraus, d. h. bevor es Informationen i. S. d. Richtlinie 3.1. weitergibt, die Zustimmung aller Parteien einholen, die durch diese Kommunikation berührt werden. |
| **Guideline 4: Court to Insolvency Practitioner Communication** | **Richtlinie 4: Kommunikation der Gerichte mit Insolvenzverwaltern** |
| 4.1. A court may communicate with an insolvency practitioner in another jurisdiction or an authorised representative of the court in that jurisdiction in connection with the coordination and harmonization of the proceedings before it with the proceedings in the other jurisdiction. | 4.1. Ein Gericht kann sich mit einem Insolvenzverwalter in einer anderen Gerichtsbarkeit oder einem bevollmächtigten Vertreter des Gerichts jener Gerichtsbarkeit verständigen, um das bei ihm laufende Verfahren mit dem in der anderen Gerichtsbarkeit laufenden Verfahren abzustimmen und es diesem anzugleichen. |
| 4.2. A court should obtain in advance the consent of all parties involved to disclose information communicated in the meaning of EU JudgeCo Guideline 4.1. | 4.2. Das Gericht sollte im Voraus, d. h. bevor es Informationen i. S. d. Richtlinie 4.1. weitergibt, die Zustimmung aller Parteien einholen. |
| **Guideline 5: Insolvency Practitioner to Foreign Court Communication** | **Richtlinie 5: Kommunikation von Insolvenzverwaltern mit ausländischen Gerichten** |
| 5.1. A court may permit a duly authorised insolvency practitioner to communicate with a foreign court directly, subject to the approval of the foreign court, or through an insolvency practitioner in the other jurisdiction or through an authorised representative of the foreign court on such terms as the court considers appropriate. | 5.1. Ein Gericht kann, vorbehaltlich der Genehmigung des ausländischen Gerichts, einem ordnungsgemäß bevollmächtigten Insolvenzverwalter gestatten, zu den jeweils vom dortigen Gericht für angemessen befundenen Bedingungen direkt mit dem ausländischen Gericht Verbindung aufnehmen, wahlweise über einen Insolvenzverwalter der anderen Gerichtsbarkeit oder über einen bevollmächtigten Vertreter des ausländischen Gerichts. |

| | |
|---|---|
| 5.2. If the conditions of Guideline 5.1. are met, the foreign court, the insolvency practitioner in the other jurisdiction or the authorised representative of the foreign court should respond to the communication, provided that the insolvency practitioner can produce an authenticated copy of the court order by which he was appointed. | 5.2. Sofern die Voraussetzungen der Richtlinie 5.1. erfüllt sind, sollte das ausländische Gericht, der Insolvenzverwalter der anderen Gerichtsbarkeit oder der bevollmächtigte Vertreter des ausländischen Gerichts auf die vorgeschlagene Kommunikation reagieren, vorausgesetzt, der Insolvenzverwalter kann eine bescheinigte Kopie seiner Bestellung vorlegen. |
| **Guideline 6: Receiving and Handling Communication** | **Richtlinie 6: Eingang von Mitteilungen und deren Bearbeitung** |
| A court may receive a communication from a foreign court or from an authorised representative of the foreign court or from a foreign insolvency practitioner. The court should respond directly if the communication is from a foreign court (subject to EU JudgeCo Guideline 8 in the case of two-way communications). The court may respond directly or through an authorised representative of the court or through a duly authorised insolvency practitioner if the communication is from a foreign insolvency practitioner, subject to local rules concerning ex parte communications. | Ein Gericht kann von einem ausländischen Gericht oder von einem bevollmächtigten Vertreter des ausländischen Gerichts Mitteilungen erhalten. Das Gericht sollte unmittelbar antworten, wenn die Mitteilung/Anfrage von einem ausländischen Gericht (vorbehaltlich der Richtlinie 8 für den Fall wechselseitiger Kommunikation) stammt. Auf die Mitteilung/Anfrage eines ausländischen Insolvenzverwalters kann das Gericht unmittelbar antworten, oder über einen bevollmächtigten Vertreter des Gerichts oder über einen ordnungsgemäß bevollmächtigten Insolvenzverwalter; in allen Fällen finden die vor Ort geltenden Rechtshilfebestimmungen auf einseitiges Ersuchen bezüglich der Kommunikation Anwendung. |
| **Guideline 7: Methods of Communication** | **Richtlinie 7: Kommunikationsformen** |
| To the fullest extent possible under any applicable law, a communication from a court to another court may take place by or through the court: | Im weitesten, nach dem jeweils anwendbaren Recht gestatteten Umfang können Mitteilungen von einem Gericht an ein anderes Gericht wie nachstehend aufgeführt erfolgen: |
| (i) Sending or transmitting copies of formal orders, judgments, opinions, reasons for decision, endorsements, transcripts of proceedings, or other documents directly to the other court and providing advance notice to counsel for affected parties in such manner as the court considers appropriate; | (i) Von einem Gericht zu einem anderen durch unmittelbares Übersenden oder Übermitteln von Abschriften von Beschlüssen, Urteilen, Gutachten, Entscheidungsbegründungen, Vermerken, Verfahrensprotokollen, vorausgesetzt, dies wird zuvor den anwaltlichen Vertretern der Verfahrensbeteiligten in der vom Gericht für angemessen erachteten Weise angekündigt; |

| | |
|---|---|
| (ii) Directing counsel or a foreign or domestic insolvency practitioner to transmit or deliver copies of documents, pleadings, affidavits, factums, briefs, or other documents that are filed or to be filed with the court to the other court in such fashion (as may be appropriate) and providing advance notice to counsel for affected parties in such manner as the court considers appropriate; or | (ii) Falls das Gericht die anwaltlichen Vertreter oder einen ausländischen oder inländischen Insolvenzverwalter anweist, Abschriften von Unterlagen, Schriftsätzen, eidesstattlichen Versicherungen, Stellungnahmen, Vorlagen oder sonstige Unterlagen, die bei Gericht eingereicht worden sind oder eingereicht werden sollen, an das andere Gericht (in der jeweils angemessenen Weise) zu übermitteln oder zu überbringen, sollte das Gericht dies den anwaltlichen Vertretern der Verfahrensbeteiligten zuvor in der jeweils vom Gericht für angemessen erachteten Weise ankündigen; oder |
| (iii) Participating in two-way communications with the other court by telephone or video conference call or other electronic means, in which case EU JudgeCo Guideline 8 should apply. | (iii) Falls das Gericht sich an Besprechungen direkt zwischen ihm und dem anderen Gericht per Telefon oder in Videokonferenzen oder auf anderem elektronischem Weg beteiligt, wobei in diesem Fall EU JudgeCo Richtlinie 8 Anwendung findet. |
| **Guideline 8: Court-to-Court E-Communication** | **Richtlinie 8: Elektronische Kommunikation zwischen den Gerichten** |
| In the event of a communication between the courts in accordance with EU JudgeCo Guidelines 3 and 6 by means of a telephone or video conference call or other electronic means, unless otherwise directed by either of the two courts: | Im Falle der Kommunikation zwischen den Gerichten gemäß den EU JudgeCo Richtlinien 3 und 6 per Telefon oder in einer Videokonferenz oder auf anderem elektronischem Wege, gilt das Folgende, sofern eines der beiden Gerichte nichts Abweichendes anordnet: |
| (i) Counsel for all affected parties should be entitled to participate in person during the communication with advance notice of the communication being given to all parties in accordance with the Rules of Procedure applicable in each court; | (i) Die anwaltlichen Vertreter aller Verfahrensbeteiligten sollten das Recht haben, persönlich an der Besprechung teilzunehmen; die jeweilige Besprechung ist gegenüber allen Verfahrensbeteiligten gemäß den in jedem Gericht geltenden Verfahrensregelungen anzukündigen; |
| (ii) The communication between the courts should be recorded and may be transcribed (a written transcript may be prepared from a recording of the communication which, with the approval of both courts, should be treated as an official transcript of the communication); | (ii) Die Besprechung zwischen den Gerichten sollte aufgenommen und kann in einer Niederschrift festgehalten werden (die Niederschrift einer aufgezeichneten Aufnahme gilt als offizielle Niederschrift der Besprechung, sofern beide Gerichte ihr zustimmen); |

| | |
|---|---|
| (iii) Copies of any recording of the communication, of any transcript of the communication prepared pursuant to any direction of either court, and of any official transcript prepared from a recording should be filed as part of the record in the proceedings and made available to counsel for all parties in both courts subject to such directions as to confidentiality as the courts may consider appropriate; and | (iii) Kopien von Aufnahmen der Besprechung, von nach Anweisung eines der beiden Gerichten gefertigten Niederschriften der Besprechung, sowie von offiziellen, aufgrund einer Aufnahme erstellten Niederschriften sollten zu den Verfahrensakten genommen und den anwaltlichen Vertretern aller Verfahrensbeteiligten in beiden Gerichten zur Verfügung gestellt werden, vorbehaltlich der von den Gerichten jeweils für angemessen erachteten Anweisung zu deren vertraulicher Behandlung; und |
| (iv) The time and place for communications between the courts should be to the satisfaction of both courts. Personnel other than judges in each court may communicate fully with each other to establish appropriate arrangements for the communication without the necessity for participation by counsel unless otherwise ordered by either of the courts. | (iv) Besprechungen zwischen den Gerichten sollten an für beide Gerichte zufriedenstellenden Orten und Zeitpunkten stattfinden. Mit Ausnahme der Richter können sich alle Mitarbeiter des jeweiligen Gerichts in vollem Umfang miteinander besprechen, um für das Gespräch angemessene Vorkehrungen zu treffen, ohne dass die Teilnahme der anwaltlichen Vertreter erforderlich wäre, es sei denn, dies wäre von einem der Gerichte angeordnet. |
| **Guideline 9: E-Communication to Foreign Insolvency Practitioner or Foreign Court Representative** | **Richtlinie 9: Elektronische Kommunikation mit dem ausländischen Insolvenzverwalter oder Vertreter des ausländischen Gerichts** |
| In the event of a communication between the court and an authorised representative of the foreign court or a foreign insolvency practitioner in accordance with EU JudgeCo Guidelines 3 and 6 by means of a telephone or video conference call or other electronic means, unless otherwise directed by the court: | Sofern ein Gericht und ein bevollmächtigter Vertreter eines ausländischen Gerichts oder ein ausländischer Insolvenzverwalter gemäß den EU JudgeCo Richtlinien 3 und 6 per Telefon oder in einer Videokonferenz oder auf anderem elektronischem Wege miteinander in Verbindung stehen, gilt das Folgende, sofern nichts Abweichendes vom Gericht angeordnet ist: |
| (i) Counsel for all affected parties should be entitled to participate in person during the communication with advance notice of the communication being given to all parties in accordance with the Rules of Procedure applicable in each court; | (i) Die anwaltlichen Vertreter aller Verfahrensbeteiligten sollten das Recht haben, persönlich an dem Gespräch teilzunehmen und eine vorherige Mitteilung sollte das Gespräch gegenüber allen Verfahrensbeteiligten gemäß den in jedem Gericht geltenden Verfahrensregeln ankündigen; |
| (ii) The communication should be recorded and may be transcribed (a written transcript may be prepared from a recording of the communication which, with the approval of the court, can be treated as an official transcript of the communication); | (ii) Die Besprechung sollte aufgenommen und in einer Niederschrift festgehalten werden (eine schriftliche Niederschrift kann erstellt werden, die, wenn beide Gerichte zustimmen, als offizielle Niederschrift gilt); |

| | |
|---|---|
| (iii) Copies of any recording of the communication, of any transcript of the communication prepared pursuant to any direction of the court, and of any official transcript prepared from a recording should be filed as part of the record in the proceedings and made available to the other court and to counsel for all parties in both courts subject to such directions as to confidentiality as the court may consider appropriate; and | (iii) Kopien von Aufnahmen der Besprechung, von aufgrund Anweisungen eines der beiden Gerichte gefertigten Niederschriften der Besprechung, sowie von offiziellen, auf Grundlage einer Aufnahme erstellten Niederschriften, sollten zu den Verfahrensakten genommen und den anwaltlichen Vertretern aller Verfahrensbeteiligten in beiden Gerichten zur Verfügung gestellt werden, vorbehaltlich der vom Gericht für angemessen erachteten Anweisungen zu deren Vertraulichkeit; und |
| (iv) The time and place for the communication should be to the satisfaction of the court. Personnel of the court other than judges may communicate fully with the authorised representative of the foreign court or the foreign insolvency practitioner to establish appropriate arrangements for the communication without the necessity for parti-cipation by counsel unless otherwise ordered by the court. | (iv) Besprechungen zwischen den Gerichten sollten an für beide zufriedenstellenden Orten und Zeitpunkten stattfinden. Nichtrichterliches Personal kann sich in vollem Umfang miteinander besprechen, um für das Gespräch angemessene Vorkehrungen zu treffen, ohne dass hierbei die Teilnahme der anwaltlichen Vertreter erforderlich wäre, es sei denn, dies wäre von einem der beiden Gerichte angeordnet worden. |
| **Guideline 10: Joint Hearing** | **Richtlinie 10: Gemeinsame mündliche Verhandlung** |
| A court may conduct a joint hearing with another court. In connection with any such joint hearing, the following should apply, unless otherwise ordered or unless otherwise provided in any previously approved Protocol applicable to such a joint hearing: | Ein Gericht kann mit einem anderen Gericht eine gemeinsame mündliche Verhandlung durchführen. Im Zusammenhang mit einer solchen gemeinsamen Verhandlung sollte, sofern nichts Abweichendes angeordnet oder in einem zuvor genehmigten Protokoll bestimmt wird, das Folgende gelten: |
| (i) Each court should be able to simultaneously hear the proceedings in the other court; | (i) Jedes Gericht sollte in der Lage sein, das Verfahren im jeweils anderen Gericht zur gleichen Zeit zu hören; |
| (ii) Evidentiary or written materials filed or to be filed in one court should, in accordance with the directions of that court, be transmitted to the other court or made available electronically in a system, accessible by the parties involved in the hearing in advance of such hearing. Transmission of such material to the other court or its public availability in an electronic system should not subject the party filing the material in one court to the jurisdiction of the other court; | (ii) In einem Gericht zu den Akten gereichte oder zu reichende Beweismittel oder schriftliche Unterlagen sollten gemäß den Verfahrensanweisungen dieses Gerichts vor dem Verhandlungstermin an das andere Gericht übermittelt oder diesem auf elektronischem Weg übermittelt werden. Die Übermittlung dieser eingereichten Materialien an das andere Gericht oder deren öffentliche Zurverfügungstellung in einem elektronischen System sollten nicht zur Begründung einer Zuständigkeit des anderen Gerichts für den einreichenden Verfahrensbeteiligten führen; |

| | |
|---|---|
| (iii) Submissions or applications by the representative of any party should be made only to the court in which the representative making the submissions is appearing, unless the representative is specifically given permission by the other court to make submissions to it; | (iii) Verfahrensbevollmächtigte von Parteien sollten nur bei dem Gericht Eingaben machen oder Anträge stellen, vor dem sie auftreten, es sei denn, ihnen wird von dem anderen Gericht ausdrücklich erlaubt, bei ihm Anträge einzureichen; |
| (iv) Subject to EU JudgeCo Guideline 8(ii), the court should be entitled, so far as the national law permits, to communicate with the other court in advance of a joint hearing, with or without counsel being present, to establish rules for the orderly making of submissions and rendering of decisions by the courts, and to coordinate and resolve any procedural, administrative, or preliminary matters relating to the joint hearing; and | (iv) Vorbehaltlich der Bestimmung EU JudgeCo Richtlinie 8(ii) sollte das Gericht, soweit dies das nationale Recht zulässt, berechtigt sein, sich vor einer gemeinsamen Gerichtsverhandlung mit dem anderen Gericht zu verständigen, in Anwesenheit der anwaltlichen Vertreter oder ohne diese, um Richtlinien für das ordnungsgemäße Einreichen von Eingaben und das ordnungsgemäße Fällen von Entscheidungen durch die Gerichte festzusetzen, und um verfahrens- und verwaltungstechnische und sonstige der Vorbereitung dienende Angelegenheiten hinsichtlich der gemeinsamen Gerichtsverhandlung abzustimmen und zu klären; und |
| (v) Subject to EU JudgeCo Guideline 8(ii), the court, subsequent to the joint hearing, should be entitled to communicate with the other court, with or without counsel present, for the purpose of determining whether coordinated orders could be made by both courts and to coordinate and resolve any procedural or non-substantive matters relating to the joint hearing. | (v) Vorbehaltlich EU JudgeCo Richtlinie 8(ii) sollte das Gericht, im Anschluss an die gemeinsame Gerichtsverhandlung, berechtigt sein, sich in Anwesenheit der anwaltlichen Vertreter oder ohne diese mit dem anderen Gericht zu verständigen, um festzustellen, ob seitens beider Gerichte von diesen abgestimmten Entscheidungen ergehen könnten, und um verfahrensrechtliche oder nicht-materiellrechtliche Angelegenheiten bezüglich der gemeinsamen Gerichtsverhandlung abzustimmen und zu klären. |
| **Guideline 11: Authentication of Regulations** | **Richtlinie 11: Anerkennung von Vorschriften** |
| The court should, except upon proper objection on valid grounds and then only to the extent of such objection, recognise and accept as authentic the provisions of statutes, statutory or administrative regulations, and rules of court of general application applicable to the proceedings in the other jurisdiction without the need for further proof or exemplification thereof. | Das Gericht sollte ohne das Erfordernis weiterer Nachweise oder Belege anerkennen und davon ausgehen, dass in formellen Gesetzen enthaltene Bestimmungen, sonstige gesetzliche Bestimmungen oder Verwaltungsanordnungen und allgemein gültige, auf das Verfahren im anderen Staat anwendbare, prozessuale Vorschriften geltendes Recht sind. |

# EU JudgeCO Guidelines

| Guideline 12: Orders | Richtlinie 12: Entscheidungen |
|---|---|
| The court should, except upon proper objection on valid grounds and then only to the extent of such objection, accept that orders made in the proceedings in the other jurisdiction were duly and properly made or entered on or about their respective dates. The court should also accept that such orders require no further proof or exemplification for purposes of the proceedings before it, subject to all such proper reservations as in the opinion of the court are appropriate regarding proceedings by way of appeal or review that are actually pending in respect of any such orders. | Vorbehaltlich zulässiger, stichhaltig begründeter Einwände und auch nur, soweit diese greifen, sollte das Gericht davon ausgehen, dass Gerichtsentscheidungen im Verfahren des anderen Staates zu dem angegebenen Datum oder in zeitlicher Nähe dazu ergangen sind oder in die gerichtliche Verfahrensliste eingetragen wurden. Das Gericht sollte weiter davon ausgehen, dass diese Entscheidungen für die Zwecke des vor ihm geführten Verfahrens keiner weiteren Nachweise und Belege bedürfen, dies jedoch vorbehaltlich aller angebrachten Einschränkungen, die sich nach dem Dafürhalten des Gerichts im Hinblick auf tatsächlich bezüglich dieser Entscheidungen anhängigen Rechtsmittelverfahren ergeben. |
| **Guideline 13: Service List** | **Richtlinie 13: Verteilerliste** |
| The court may coordinate proceedings before it with proceedings in another jurisdiction by establishing a Service List that may include parties that are entitled to receive notice of proceedings before the court in the other jurisdiction ('Non-Resident Parties'). All notices, applications, motions, and other materials served for purposes of the proceedings before the court may be ordered to also be provided to or served on the Non-Resident Parties by making such materials available electronically in a publicly accessible system or by facsimile transmission, certified or registered mail or delivery by courier, or in such other manner as may be directed by the court in accordance with the procedures applicable in the court. | Das Gericht kann das vor ihm geführte Verfahren mit Verfahren in einem anderen Staat abstimmen, indem es eine Verteilerliste festsetzt, die auch in dem anderen Staat ansässige, zum Erhalt von Mitteilungen über das Verfahren vor dem Gericht berechtigte Parteien umfassen kann („gebietsfremde Personen"). Hinsichtlich aller Mitteilungen, Ersuche, Anträge und sonstigen Materialien, die für die Zwecke des vor dem Gericht geführten Verfahrens zugestellt werden, kann auch angeordnet werden, dass sie den gebietsfremden Parteien zu übermitteln oder zuzustellen sind, indem diese Materialien in einem elektronischen öffentlich zugänglichen System zur Verfügung gestellt oder den gebietsfremden Parteien per Fax, Einschreiben, jedwelcher Art oder per Kurier oder in beliebig anderer, vom Gericht entsprechend den bei ihm geltenden Verfahrensregeln angeordneten Weise übermittelt werden. |
| **Guideline 14: Limited Appearance in Court** | **Richtlinie 14: Eingeschränkte Auswirkungen des Auftretens vor dem Gericht** |
| The court may issue an order or issue directions permitting the foreign insolvency practitioner or a representative of creditors in the proceedings in the other jurisdiction or an authorised representative of the court in the other jurisdiction to appear and be heard by the court without thereby becoming subject to the jurisdiction of the court. | Das Gericht kann verfügen oder anordnen, dass der ausländische Insolvenzverwalter oder ein Bevollmächtigter der Gläubiger des Verfahrens in einem anderen Staat oder ein bevollmächtigter Vertreter des Gerichts des anderen Staates vor dem Gericht auftreten und angehört werden darf, ohne dass dadurch eine Zuständigkeit des Gerichts für ihn begründet wird. |

# EU JudgeCO Guidelines

| Guideline 15: Applications and Motions | Richtlinie 15: Eingaben und Anträge |
|---|---|
| 15.1. The court may direct that any stay of proceedings affecting the parties before it shall, subject to further order of the court, not apply to applications or motions brought by such parties before the court in the foreign jurisdiction or that relief be granted to permit such parties to bring such applications or motions before the court in the foreign jurisdiction on such terms and conditions as it considers appropriate. | 15.1. Das Gericht kann anordnen, dass, vorbehaltlich weiterer Entscheidungen, Verfahrenshandlungen ruhen, die die ihr unterworfenen Parteien betreffen, nicht für die von diesen Parteien dem ausländischen Gericht unterbreitete Eingaben oder Anträge gelten oder diesen Parteien durch gerichtliche Entscheidungen gestatten, dem ausländischen Gericht solche Eingaben oder Anträge gemäß den vom Gericht für angemessen erachteten Bedingungen zu unterbreiten. |
| 15.2. Court-to-court communications in accordance with EU JudgeCo Guidelines 7 and 8 hereof may take place if an application or motion brought before the court affects or might affect issues or proceedings in the court in the other jurisdiction. | 15.2. Die Kommunikation zwischen den Gerichten gemäß den EU JudgeCo Richtlinien 7 und 8 kann erfolgen, wenn sich ein bei dem Gericht eingereichtes Ersuchen oder ein dort eingereichter Antrag auf vor dem ausländischen Gericht laufende Verfahren oder dort behandelten Angelegenheiten auswirkt oder auswirken könnte. |
| Guideline 16: Coordination of Proceedings | Richtlinie 16: Abstimmung von Verfahren |
| 16.1. A court may communicate with a court in another jurisdiction or with an authorised representative of such court in the manner prescribed by these EU JudgeCo Guidelines for the purposes of coordinating and harmonising proceedings before it with proceedings in the other jurisdiction regardless of the form of the proceedings before it or before the other court wherever there is commonality among the issues and/or the parties in the proceedings. | 16.1. Ein Gericht kann sich mit einem ausländischen Gericht oder mit einem bevollmächtigten Vertreter dieses Gerichts in der in den vorliegenden EU JudgeCo Richtlinien vorgegebenen Weise verständigen, um das vor ihm geführte Verfahren abzustimmen und es diesem anzugleichen; ungeachtet der Natur des vor ihm oder vor dem anderen Gericht geführten Verfahrens, sofern Gemeinsamkeiten bezüglich der Verfahrensgegenstände und/oder der Verfahrensbeteiligten bestehen. |
| 16.2. The court should, absent compelling reasons to the contrary, so communicate with the court in the other jurisdiction where the interests of justice so require. | 16.2. Sofern keine triftigen Gründe entgegenstehen, sollte das Gericht auf diese Weise mit dem ausländischen Gericht Verbindung aufnehmen und aufrechterhalten, soweit dies im Interesse der Rechtspflege erforderlich ist. |
| Guideline 17: Directions | Richtlinie 17: Anordnungen |
| 17.1. Directions issued by the court under these EU JudgeCo Guidelines are subject to such amendments, modifications, and extensions as may be considered appropriate by the court for the purposes described above and to reflect the changes and developments from time to time in the proceedings before it and before the other court. | 17.1. Die vom Gericht gemäß diesen EU JudgeCo Richtlinien erlassenen Anordnungen können in der vom Gericht gegebenenfalls für die oben dargelegten Zwecke in für sinnvoll erachteter Weise ergänzt, geändert oder erweitert werden, um erforderlichenfalls die in dem vor ihm oder dem anderen Gericht auftretenden Entwicklungen und Veränderungen zu berücksichtigen. |

| | |
|---|---|
| 17.2. Any directions may be supplemented, modified, and restated from time to time and such modifications, amendments, and restatements should become effective upon being accepted by both courts. | 17.2. Alle Verfahrensanweisungen können von Zeit zu Zeit ergänzt, geändert oder neu gefasst werden und diese Veränderungen, Änderungen und Neufassungen werden wirksam, wenn beide Gerichte zustimmen. |
| 17.3. If either court intends to supplement, change, or abrogate directions issued under these EU JudgeCo Guidelines in the absence of joint approval by both courts, the court should give the other courts involved reasonable notice of its intention to do so. | 17.3. Sofern eines der Gerichte gemäß den vorliegenden Richtlinien ergangene Anordnungen ergänzt, zu ändern oder aufzuheben beabsichtigt und insoweit keine Genehmigung beider Gerichte vorliegt, sollte dieses Gericht den anderen beteiligten Gerichten seine diesbezügliche Absicht mit einem angemessenen Vorlauf mitteilen. |
| **Guideline 18: Powers of the Court** | **Richtlinie 18: Befugnisse des Gerichts** |
| Arrangements contemplated under these EU JudgeCo Guidelines do not constitute a compromise or waiver by the court of any powers, responsibilities, or authority and do not constitute a substantive determination of any matter in controversy before the court or before the other court nor a waiver by any of the parties of any of their substantive rights and claims or a diminution of the effect of any of the orders made by the court or the other court. | Nach Maßgabe dieser EU JudgeCo Richtlinien erwogene Absprachen beinhalten weder eine Einschränkung der gerichtlichen Befugnisse, Kompetenzen oder Rechte noch den Verzicht auf diese, noch beinhalten sie Entscheidungen in der Sache über den einen der beiden Gerichte unterbreiteten Streitgegenstände, noch einen Verzicht einer Partei auf materielle Rechte und Ansprüche noch eine Einschränkung der Wirkung der von einem der beiden Gerichten getroffenen Anordnungen. |

# Stichwortverzeichnis

Absonderungsrechte
- Aussetzung d. Sekundärinsolvenzverfahren Art. 102c § 16, 1 ff.
- Sekundärinsolvenzplan Art. 102c § 15, 1 ff.
- Verzinsungspflicht, Gruppen-Koordinationsverfahren Art. 102c § 24, 1 ff.

Abwicklungsgesellschaft
- COMI Art. 3, 19

Akteneinsicht
- Verwalter Art. 45, 16

Aktien
- Vermögensgegenstände, Belegenheit Art. 2, 26, 32

Amtssprachen
- Insolvenzregister Art. 25, 1

Anerkennung
- Annexentscheidungen Art. 32, 11 ff.
- Durchführungsentscheidungen Art. 32, 1 ff.
- Durchführungsentscheidungen, Anerkennung Art. 32, 2 ff.
- EuGVVO, Anwendbarkeit Art. 32, 20
- Insolvenzeröffnung Art. 19, 1 ff., 12 ff.
- Insolvenzeröffnung, Wirkungen Art. 20, 1 ff.
- ordre public-Vorbehalt Art. 33, 1 ff.
- Sicherungsmaßnahmen Art. 32, 17 ff.
- Verfahrensbeendigung Art. 32, 2 ff.
- Verfügungsbeschränkung Art. 32, 4
- Verwalter, Bestellung Art. 32, 4

Anfechtungsansprüche
- Belegenheit, Vermögensgegenstände Art. 1, 83
- benachteiligende Rechtshandlungen Art. 7, 44 ff.; Art. 16, 1 ff.
- konkurrierende Art. 34, 32 f.

Anfechtungsklagen s. a. Annexklagen
- Annexentscheidungen, Anerkennung Art. 32, 14
- beendete Verfahren Art. 6, 17 f.
- Verwalter, Befugnisse Art. 21, 38 ff.
- Vorbehalt im Insolvenzplan Art. 6, 23

Anhang A
- Anwendungsbereich d. EuInsVO Art. 1, 44
- deutsche Verfahren Art. 1, 49
- Insolvenzeröffnungsverfahren Art. 1, 51
- Nachlassverfahren Art. 1, 52
- verbindliche Rechtswirkung Art. 1, 45 f.
- Verbraucherinsolvenzverfahren Art. 1, 52

Anhang B
- deutsche Verwalter Art. 1, 50
- verbindliche Rechtswirkung Art. 1, 45 f.
- Verwalter, Begriff Art. 2, 14

Anhänge
- Änderung per Verordnung Art. 1, 47 f.

Anhängigkeit
- Begriff Art. 18, 6

Anhörung
- Sekundärverfahren, Antragstellung Art. 38, 3 ff.
- Verwalter, Konzerninsolvenz Art. 60, 5 ff.

Annexentscheidungen
- Anerkennung Art. 32, 11 ff.

Annexklagen
- Anfechtungsklagen Art. 6, 17 f.
- Annexentscheidungen, Anerkennung Art. 32, 11 ff.
- anwendbares Recht Art. 6, 92
- beendete Verfahren Art. 6, 15 ff.
- beendetes Insolvenzverfahren Art. 102c § 6, 8
- Beklagtenidentität Art. 102c § 6, 34 ff.

941

# Stichwortverzeichnis

- Drittstaaten **Art. 6**, 38 ff., 52 f.
- erfasste Verfahrensarten **Art. 6**, 61
- eröffnetes Insolvenzverfahren **Art. 102c § 6**, 6
- Gerichtsstandsvereinbarung **Art. 102c § 6**, 20
- Insolvenzbezogenheit **Art. 6**, 57 ff.
- Insolvenzbezogenheit, Beispiele **Art. 6**, 59 f.
- Insolvenzeröffnung **Art. 6**, 9
- Klagehäufung **Art. 102c § 6**, 27 ff.
- Kläger **Art. 6**, 29 ff.
- Nachtragsverteilung **Art. 6**, 20 ff.
- Parallelverfahren **Art. 102c § 6**, 44
- Partikularverfahren **Art. 6**, 43 ff., 93 ff.
- Passivprozesse **Art. 6**, 34 ff.
- Sekundärverfahren **Art. 6**, 43 ff., 93 ff.
- spezielle Zuständigkeitsregelungen **Art. 102c § 6**, 16 ff.
- Vorbehalt im Insolvenzplan **Art. 6**, 23
- vorläufige Verfahren **Art. 6**, 10 ff.
- vorläufiges Insolvenzverfahren **Art. 102c § 6**, 6 f.
- zivil-/handelsrechtliche Klage **Art. 102c § 6**, 23 ff.
- Zusammenhang m. Insolvenzverfahren **Art. 102c § 6**, 10 ff.
- Zuständigkeit, internationale **Art. 6**, 1 ff., 47 ff.; **Art. 102c § 6**, 15
- Zuständigkeit, örtliche **Art. 102c § 6**, 1 ff.

Annexklagen, isolierte
- Annexklagen, Verbindung **Art. 6**, 80 ff.
- Beendigung **Art. 6**, 87 ff.
- Prozessführungsbefugnis **Art. 6**, 82 f.
- Sachzusammenhang **Art. 6**, 77 ff., 84
- Wahlgerichtsstand **Art. 6**, 63 ff.
- Wohnsitzverlegung **Art. 6**, 90 f.
- Zulässigkeit/Begründetheit **Art. 6**, 85 f.

Anwendungsbereich **Art. 1**, 1 ff.
- Anhang A **Art. 1**, 44

- Belegenheit, Vermögensgegenstände **Art. 1**, 79, 83; **Art. 2**, 26 ff.
- Bereichsausnahmen **Art. 1**, 59 ff.
- Drittstaatenbezug **Art. 1**, 73 ff., 78 ff.
- eigenverantwortliche Verfahren **Art. 1**, 11 ff.
- Eigenverwaltung **Art. 2**, 9 f.
- einstweilige Maßnahmen **ErwG**, 8
- Einzelzwangsvollstreckungsmoratorien **Art. 1**, 43
- Eröffnung eines Verfahrens, Begriff **Art. 2**, 18 ff.
- Eröffnung eines Verfahrens, Bestätigung **Art. 2**, 22
- EuGVVO **Art. 1**, 5 ff.
- EuInsVO **ErwG**, 2
- Gericht, Begriff **Art. 2**, 15 ff.
- Gesamtverfahren, Begriff **Art. 2**, 4 f.
- grenzüberschreitender Bezug **Art. 1**, 69 ff.
- Hauptinsolvenzverfahren, Begriff **Art. 2**, 12
- Insolvenzeröffnungsverfahren **Art. 1**, 51
- Insolvenzverfahren, Anerkennung **Art. 1**, 84
- Insolvenzverfahren, Begriff **Art. 2**, 11 f.
- Kollisionsnormen **Art. 1**, 78 ff., 87
- Kreditinstitute **Art. 1**, 61
- multi-/bilaterale Übereinkünfte **Art. 1**, 88
- Nachlassverfahren **Art. 1**, 52
- Niederlassung, Begriff **Art. 2**, 40 ff.
- öffentliche Gesamtverfahren **Art. 1**, 15 ff.
- Organsimen f. gemeinsame Anlagen **Art. 1**, 63 ff.
- Organsimen f. gemeinsame Anlagen, Begriff **Art. 2**, 6 ff.
- Partikularverfahren, Begriff **Art. 2**, 12
- persönlicher **Art. 1**, 55 ff.
- räumlicher **Art. 1**, 66 ff.
- sachlicher **Art. 1**, 8 ff.

- sachlich-räumlicher Art. 1, 68 ff.
- Schuldenanpassungsverfahren Art. 1, 11 ff., 34
- Schutzschirmverfahren Art. 1, 24 f.
- Sekundärinsolvenzverfahren, Begriff Art. 2, 12
- Verbraucherinsolvenzverfahren Art. 1, 52
- Verfahren „auf der Grundlage gesetzlicher Regelungen zur Insolvenz" Art. 1, 29 ff.
- Verfahren unter gerichtlicher Kontrolle Art. 1, 41 f.
- Vermögensbeschlag Art. 1, 40
- Versicherungsunternehmen Art. 1, 61
- Verwalter, Begriff Art. 2, 13 f.
- vorinsolvenzliche Verfahren/ Restrukturierungsverfahren Art. 1, 11 ff.
- vorläufige Verfahren Art. 1, 26 ff.
- Wertpapier-/Investmentunternehmen Art. 1, 62
- zeitlicher Art. 1, 89 ff.
- Zwecksetzung d. EuInsVO Art. 1, 35 ff.

Arbeitsverhältnisse
- anwendbares Recht Art. 7, 28; Art. 13, 1 ff.
- Arbeitsort Art. 13, 14
- Begriff Art. 13, 8
- inländisches Verfahren bei Zusicherungen, Abstimmung Art. 102c § 18, 5
- Pfändungsschutz Art. 13, 11
- Sekundärverfahren, virtuelles Art. 36, 39
- Verfahrenseröffnung, Wirkung Art. 13, 10 ff.
- Zuständigkeit, internationale Art. 13, 17 ff.

Arbeitsvertrag
- Begriff Art. 13, 7

Arbeitsvertragsstatut Art. 13, 1 ff.
- Arbeitsort Art. 13, 14
- Arbeitsverhältnisse/-vertrag, Begriffe Art. 13, 6 ff.

Aufrechnung
- anwendbares Recht Art. 7, 18 ff.

- Drittstaaten Art. 9, 8
- Verfahrenseröffnung, Wirkung Art. 9, 1 ff., 11

Auskunftsansprüche
- Verwalter Art. 23, 73 ff.

Aussetzung
- Sekundärverfahren Art. 38, 19 ff.
- Sekundärverfahren, Rechtsmittel Art. 38, 21
- Sekundärverfahren, wg. Verhandlungen Art. 38, 22 ff.
- Sicherungsmaßnahmen, lokale Gläubiger Art. 38, 25 ff.

**B**efriedigung
- Art/Weise Art. 23, 23 ff.
- Begriff Art. 23, 20 ff.
- dingliche Rechte Art. 23, 41 ff.
- Herausgabepflicht Art. 23, 1 ff.
- Herausgabepflicht, Inhalt Art. 23, 48 ff.
- Masseunzulänglichkeit Art. 23, 63
- Quotenausgleich Art. 23, 58 ff.; s. a. dort
- Territorialverfahren Art. 23, 27
- Verwalter, Auskunftsansprüche Art. 23, 73 ff.
- Zeitpunkt Art. 23, 28 ff.

Beglaubigung
- Bestellung, Nachweis Art. 22, 20

Bekanntmachung
- Art/Weise Art. 102c § 7, 21 ff.
- Gruppen-Koordinationsverfahren Art. 68, 7
- Gutglaubensschutz, Anforderungen Art. 31, 25 ff.
- in anderen Mitgliedstaaten Art. 102c § 7, 12 ff.
- Insolvenzantrag, Übersetzung Art. 102c § 7, 20
- Insolvenzeröffnung, Eintragung Art. 28, 1 ff.
- Insolvenzeröffnung, Eintragungsantrag Art. 28, 19 ff.; Art. 29, 21 ff.
- Insolvenzeröffnung, Eintragungspflicht Art. 29, 1 ff.
- Insolvenzregister Art. 24, 1 ff.; s. a. dort

943

# Stichwortverzeichnis

- Insolvenzverfahren, Beendigung Art. 102c § 7, 24
- Kosten Art. 28, 24; Art. 30, 1 ff.; Art. 102c § 7, 26 f.
- Öffentlichkeit des Verfahrens Art. 1, 21 ff.
- örtliche Zuständigkeit Art. 102c § 7, 1 ff.
- örtliche Zuständigkeit, Prüfung Art. 102c § 7, 18 f.
- unzuständiges Gericht Art. 102c § 7, 25
- Verfahrenseröffnung ErwG, 17
- Zusicherung d. Verwalters an ausl. Gläubiger Art. 36, 11
- Zustimmung, bei Zusicherungen Art. 102c § 12, 1 ff.

Belegenheit
- anderer Mitgliedstaat Art. 23, 36 f.
- dingliche Rechte Art. 8, 16 ff.
- Drittstaaten Art. 23, 38
- Gegenstände, unbewegliche Art. 11, 13 f.; Art. 17, 4
- Kaufgegenstand m. Eigentumsvorbehalt Art. 10, 7 ff.
- Luftfahrzeuge Art. 17, 4
- Schiffe Art. 17, 4
- Sekundärinsolvenzmasse Art. 34, 31
- Vermögensgegenstände Art. 1, 79; Art. 2, 26 ff.
- Wertpapiere Art. 17, 4
- wesentlicher Teil d. inl. Vermögens Art. 102c § 7, 15 ff.

Benachteiligende Rechtshandlungen Art. 16, 1 ff.
- anwendbares Recht Art. 7, 44 ff.
- Aufrechnungsansprüche Art. 9, 12 f
- Begriff Art. 16, 4
- Bestimmung d. maßgeblichen Rechts Art. 16, 5 ff.
- Darlegungs-/Beweislast Art. 16, 13 ff.
- dingliche Rechte Art. 8, 27 f.
- Eigentumsvorbehalt Art. 10, 16 f.
- Unangreifbarkeit Art. 16, 10 ff.
- Zahlungssysteme/Finanzmärkte Art. 12, 14 f.

Beschwer
- Zuständigkeitsprüfung, Rechtsmittel Art. 5, 9 f.

Beschwerde
- sofortige Beschwerde s. dort
- Zuständigkeitsprüfung, Rechtsmittel Art. 5, 7 ff.

Betriebsübergang Art. 13, 12

Beweislast
- benachteiligende Rechtshandlungen Art. 16, 13 ff.
- Bestellung, Nachweis Art. 22, 9
- Leistungen an d. Schuldner nach Insolvenzeröffnung Art. 28, 18; Art. 31, 25 ff.

Brexit Art. 1, 33; Art. 6, 42

Briefkastenfirma
- COMI Art. 3, 18, 30

Bundesagentur für Arbeit
- inländisches Verfahren bei Zusicherungen, Abstimmung Art. 102c § 18, 5

Center of Main Interests (COMI) s. a. Mittelpunkt des hauptsächlichen Interesses; Niederlassung
- Unternehmensgruppe Art. 1, 58
- Verlegung, Evaluierung Art. 90, 8 f.

Dänemark
- Anwendungsbereich, Opt-in/Opt-out ErwG, 21

Darlegungslast
- benachteiligende Rechtshandlungen Art. 16, 13 ff.
- Bestellung, Nachweis Art. 22, 9
- Zuständigkeitsprüfung, Rechtsmittel Art. 5, 11

Datenschutz
- anwendbares Recht Art. 78, 1 ff.
- DSGVO Vor Art. 78–83, 1 ff.
- DSGVO, Verhältnis zur EuInsVO Vor Art. 78–83, 3 ff.
- EU-Kommission, Aufgaben Art. 80, 1 ff.
- Europäisches Justizportal ErwG, 18

# Stichwortverzeichnis

- Gerichte  Vor Art. 78–83, 9 ff.
- Insolvenzregister, nationale Vor Art. 78–83, 5
- Insolvenzverwalter  Vor Art. 78–83, 6 ff.
- nationale Insolvenzregister, Aufgaben  Art. 79, 1 ff.
- natürliche Personen  ErwG, 18

Dingliche Rechte
- Begriff  Art. 8, 5 ff.
- Belegenheit  Art. 8, 16 ff.
- beschränkte  Art. 17, 3
- gleichgestellte Rechte  Art. 8, 13 f.
- Herausgabepflicht d. Gläubigers Art. 23, 41 ff.
- Insolvenzeröffnung  Art. 8, 19 ff.
- Rechtsinhaber  Art. 8, 15
- Sekundärverfahren  Art. 8, 22 f., 26
- Verfahrenseröffnung, Wirkung Art. 8, 1 ff., 24 ff.; Art. 10, 1 ff.
- Verwalter, Befugnisse  Art. 21, 26 ff.

Drittschuldner
- Gutglaubensschutz  Art. 31, 1 ff.
- Gutglaubensschutz, Anforderungen  Art. 31, 25 ff.
- Leistungen an d. Schuldner nach Insolvenzeröffnung  Art. 28, 18; Art. 31, 8 ff.
- Leistungen an Dritte aufgrund Anweisung d. Schuldners Art. 31, 18 ff.
- Leistungen nach Insolvenzeröffnung, Beweislast  Art. 28, 18; Art. 31, 25 ff.
- Leistungen v. Dritten für Drittschuldner an d. Schuldner Art. 31, 21 ff.

Drittstaaten
- Annexklagen  Art. 6, 38 ff., 52 f.
- Anwendungsbereich d. EuInsVO Art. 1, 73 ff., 78 ff.
- Aufrechnungsansprüche, Eingriff Art. 9, 8
- Belegenheit  Art. 23, 38
- Belegenheit, Vermögensgegenstände  Art. 2, 31
- Forderungsanmeldung  Art. 45, 7

- Gruppen-Koordinationsplan Art. 72, 22
- Insolvenzbeschlag  Art. 34, 29
- Konzerninsolvenzen  Art. 56, 28
- Sekundärverfahren, virtuelles Art. 36, 41 ff.
- Verwalter, Befugnisse  Art. 21, 18, 37, 46
- Zwangsvollstreckungsmaßnahmen Art. 102c § 10, 6

DSGVO  Vor Art. 78–83, 1 ff.
Durchführungsgesetz
- Überblick  Einl., 14 ff.

Durchführungsrechtsakte
- Ermächtigung d. Kommission ErwG, 19 f.
- Europäisches Justizportal Art. 87, 1 ff.
- Grundrechtscharta  ErwG, 19 f.
- Komitologie-Verfahren, Reform Art. 89, 1 ff.
- Übertragung von Durchführungsbefugnissen  Art. 89, 1 ff.

Eigentumsvorbehalt
- Begriff  Art. 10, 4 f.
- Durchsetzung  Art. 10, 13
- Käuferinsolvenz  Art. 10, 11 ff.
- Kaufgegenstand, Belegenheit Art. 10, 7 ff.
- Sekundärverfahren  Art. 10, 10
- Verfahrenseröffnung, Wirkung Art. 10, 1 ff.
- Verkäuferinsolvenz  Art. 10, 14 f.

Eigenverantwortliche Verfahren
- Anwendungsbereich d. EuInsVO Art. 1, 11 ff.

Eigenverwaltung
- Annexklagen, Klägerstellung Art. 6, 33
- Anwendungsbereich d. EuInsVO Art. 1, 12
- Begriff  Art. 2, 9 f.
- Forderungsanmeldung  Art. 53, 17
- Gruppen-Koordinationsverfahren Art. 76, 1 ff.
- Gruppen-Koordinationsverfahren, Antrag  Art. 61, 8

945

## Stichwortverzeichnis

- inländisches Verfahren bei Zusicherungen **Art. 102c § 11**, 6
- inländisches Verfahren bei Zusicherungen, Bekanntmachung **Art. 102c § 12**, 1 ff.
- Insolvenzeröffnung, Eintragung **Art. 28**, 1 ff.
- Insolvenzeröffnung, Eintragungsantrag **Art. 28**, 19 ff.
- Insolvenzeröffnung, Eintragungspflicht **Art. 29**, 1 ff.
- Konzerninsolvenzen, Beteiligte **Art. 56**, 16 ff.
- Kooperationspflichten **Art. 41**, 8 f.
- Leistungen an d. Schuldner nach Insolvenzeröffnung **Art. 31**, 11; s. a. Drittschuldner
- Nachweis, Verwaltungsbefugnis **Art. 22**, 4, 16 ff.
- Schuldner **Art. 21**, 11 ff.
- Sekundärverfahren **Art. 34**, 28
- Zusicherung an ausl. Gläubiger **Art. 36**, 5, 18
- Zusicherungen, Haftung **Art. 102c § 14**, 5

Einstweilige Maßnahmen
s. a. Sicherungsmaßnahmen
- EuInsVO, Anwendungsbereich **ErwG**, 8

Einstweilige Verfahren
- Anwendungsbereich d. EuInsVO **Art. 1**, 26 ff.

Einzelzwangsvollstreckungsmoratorien **Art. 1**, 43

Erfüllungswahlrecht
- Sekundärverwalter **Art. 6**, 59; **Art. 7**, 22; **Art. 21**, 15; **Art. 34**, 34; **Art. 102c § 3**, 13

Erinnerung
- Gruppen-Koordinationsverfahren, (Nicht)Einbeziehung **Art. 102c § 25**, 1 ff.

Erwägungsgründe
- Annexzuständigkeit **ErwG**, 7
- Bedeutung **Einl.**, 22 ff.
- Begriffsbestimmungen **ErwG**, 3
- EuInsVO, Anwendungsbereich **ErwG**, 2

- EuInsVO, Ermächtigung z. Durchführungsrechtsakten **ErwG**, 19 f.
- EuInsVO, Zielsetzung **ErwG**, 1
- Forderungsanmeldung **ErwG**, 13
- Forum Shopping **ErwG**, 6
- Haupt-/Sekundärinsolvenzverfahren **ErwG**, 8 f.
- Haupt-/Sekundärinsolvenzverfahren, Koordination **ErwG**, 10
- Information d. Gläubiger **ErwG**, 13
- Inhalt **Einl.**, 27; **ErwG**, 1 ff.
- Universalitäts- und Territorialitätsprinzip **ErwG**, 4
- Unternehmensgruppen, Koordination **ErwG**, 11 f.
- Verfahren, Anerkennung **ErwG**, 14 ff.
- Verfahrenseröffnung, Bekanntmachung **ErwG**, 17
- Zuständigkeit **ErwG**, 5; s. a. dort

EuGVVO
- Anwendbarkeit **Art. 32**, 20
- Eigentumsvorbehalt, Durchsetzung **Art. 10**, 13
- Verhältnis z. EuInsVO **Art. 1**, 5 ff.; **Art. 6**, 2

EuInsVO
- Annexzuständigkeit **ErwG**, 7
- Anwendungsbereich **Art. 1**, 1 ff.; **ErwG**, 2; s. a. dort
- Anwendungsbereich, Opt-in/Opt-out **ErwG**, 21
- Anwendungsbereich, sachlicher **Art. 1**, 8 ff.
- Anwendungsbereich, zeitlicher **Art. 84**, 1 ff.
- Aufbau **Einl.**, 6 ff.
- Auslegung **Einl.**, 17 ff.
- Begriffsbestimmungen **Art. 2**, 1 ff.; **ErwG**, 3
- DSGVO, Verhältnis **Vor Art. 78–83**, 3 ff.
- Entstehungsgeschichte **Einl.**, 1 ff.
- Ermächtigung z. Durchführungsrechtsakten **ErwG**, 19 f.
- Erwägungsgründe, Bedeutung **Einl.**, 22 ff.
- Erwägungsgründe, Inhalt **Einl.**, 27; **ErwG**, 1 ff.; s. a. dort

## Stichwortverzeichnis

- Evaluierung Art. 90, 1 ff.
- Forderungsanmeldung ErwG, 13
- Forum Shopping ErwG, 6
- Geltungsbeginn Art. 91, 1; Art. 92, 3 ff.
- Haupt-/Sekundärinsolvenzverfahren, Koordination ErwG, 10
- Hauptinsolvenzverfahren ErwG, 8 f.; s. a. dort
- Information d. Gläubiger ErwG, 13
- Inkrafttreten Art. 92, 1 ff.
- Internationale Übereinkommen, Fortgeltung Art. 85, 1 ff.
- Kollisionsnormen Art. 1, 78 ff.
- Reichweite der Derogation Art. 91, 2
- Restrukturierungsrichtlinie Art. 1, 10, 53 f.; Art. 6, 46
- Universalitäts- und Territorialitätsprinzip ErwG, 4
- Unternehmensgruppen, Koordination ErwG, 11 f.
- Verfahren, Anerkennung ErwG, 14 ff.
- Verfahrenseröffnung, Bekanntmachung ErwG, 17
- Verhältnis z. EuGVVO Art. 1, 5 ff.; Art. 6, 2
- zeitlicher Anwendungsbereich Art. 1, 89 ff.
- Zielsetzung ErwG, 1
- Zuständigkeit ErwG, 5; s. a. dort
- Zwecksetzung Art. 1, 35 ff.

EU-Kommission
- Durchführungsrechtsakte Art. 25, 1 ff.
- Europäisches Justizportal, Aufgaben Art. 80, 1 ff.
- Evaluierung d. EuInsVO Art. 90, 1 ff.
- Informationspflicht über nationales Insolvenzrecht Art. 86, 1 ff.
- Insolvenzregistereintragung, Information Art. 81, 1 ff.
- Komitologie-Verfahren, Reform Art. 89, 1 ff.
- Standardformulare, Bereitstellung Art. 88, 1 ff.

Europäisches Justizportal
- Bekanntmachungsinhalt Art. 28, 12 ff.
- Bekanntmachungskosten Art. 28, 24
- Bekanntmachungsverfahren Art. 28, 16 f.
- Datenabruf Art. 83, 1 ff.
- Datenschutz Art. 78, 1 ff.; ErwG, 18
- Datenspeicherung Art. 82, 1 ff.
- Durchführungsrechtsakte Art. 25, 1 ff.
- Einrichtung d. Vernetzung Art. 87, 1 ff.
- Einrichtung, Ermächtigung Art. 25, 3
- Erläuterungen Art. 25, 10 f.
- EU-Kommission, Aufgaben Art. 80, 1 ff.
- Information betroffener Personen Art. 81, 1 ff.
- Insolvenzeröffnung, Eintragung Art. 28, 1 ff.
- Insolvenzeröffnung, Eintragungsantrag Art. 28, 19 ff.
- Insolvenzregister, Vernetzung Art. 24, 1 ff.
- Kosten Art. 26, 1 ff.; Art. 30, 1 ff.
- Mindeststandards Art. 25, 8 f
- Mitteilungspflicht über nationales Insolvenzrecht Art. 86, 1 ff.
- Mitwirkungspflicht Art. 28, 15
- nationale Insolvenzregister, Aufgaben Art. 79, 1 ff.
- Öffentlichkeit des Verfahrens Art. 1, 23
- Prüfungsbefugnis Art. 28, 15
- Schnittstellenspezifikation Art. 25, 7
- Standardformulare, Bereitstellung Art. 88, 1 ff.
- Vernetzung Art. 25, 1 ff.
- Vernetzung öffentl. Register ErwG, 17
- Zugang, Genehmigung Art. 27, 10 ff.
- Zugangsvoraussetzungen Art. 27, 1 ff.

# Stichwortverzeichnis

Evaluierung
- Aspekte d. Haftung/Disqualifikation v. Geschäftsleitern **Art. 90**, 4 ff.
- Gruppen-Koordinationsverfahren **Art. 90**, 3

Finanzmärkte
- anwendbares Recht **Art. 12**, 1 ff.
- Begriff **Art. 12**, 8
- benachteiligende Rechtshandlungen **Art. 12**, 14 f.
- Rechtswahl **Art. 12**, 11
- Verfahrenseröffnung, Wirkung **Art. 12**, 12 f.

Forderungen
- anwendbares Recht **Art. 7**, 26 ff.
- Belegenheit **Art. 2**, 39
- Verteilungsfragen **Art. 7**, 33 ff.

Forderungsanmeldung **Art. 45**, 1 ff.; **Art. 53**, 1 ff.; ErwG, 13
- Adressat **Art. 53**, 17
- Anlagen **Art. 55**, 24
- Anmeldeberechtigung **Art. 53**, 5 ff.
- Annexentscheidungen, Anerkennung **Art. 32**, 14
- anwendbares Recht **Art. 7**, 30 ff.
- Drittstaaten **Art. 45**, 7
- Erwägungsgründe ErwG, 13
- fehlerhaft/unvollständige **Art. 55**, 37 f.
- Form **Art. 53**, 11 f.; **Art. 55**, 9 f.
- Frist **Art. 24**, 17, 22; **Art. 53**, 18; **Art. 55**, 35 f.
- Gläubigerversammlungen, Teilnahme **Art. 45**, 16 f.
- Inhalt **Art. 55**, 14 ff.
- Kosten **Art. 45**, 6, 14
- nachträgliche Eröffnung, Hauptinsolvenzverfahren **Art. 50**, 7
- Partikularverfahren **Art. 45**, 5
- Sammelanmeldung **Art. 45**, 11
- Sprache **Art. 55**, 25 ff.
- Standardformular **Art. 55**, 8 ff.
- Unterrichtungspflicht **Art. 54**, 1 ff.
- Verfahren **Art. 55**, 1 ff.
- Vertretung **Art. 53**, 13 ff.
- Verwalter **Art. 45**, 8 ff.

- Wirkung **Art. 55**, 39
- Zweckmäßigkeit **Art. 45**, 9 f.

Forderungserlass
- Sekundärinsolvenzplan, Gläubigerschutz **Art. 102c** § 15, 1 ff.

Forderungsfeststellung
- anwendbares Recht **Art. 7**, 30 ff.

Forderungsprüfung
- anwendbares Recht **Art. 7**, 30 ff.

Forum Shopping
- Evaluierung **Art. 90**, 8 f.
- Gruppen-Koordinationsverfahren **Art. 61**, 10
- Niederlassung/Aufenthalt, Prüfung ErwG, 6; **Art. 4**, 2; **Art. 102c** § 5, 12
- Sperrfristen **Art. 3**, 27
- Zeitpunkt des Antrags **Art. 3**, 13

Freiberufler
- COMI **Art. 3**, 34 f.

Gegenstände
- eintragungspflichtige Rechte **Art. 14**, 1 ff.

Gegenstände, körperliche
- Belegenheit **Art. 2**, 38

Gegenstände, unbewegliche
- anwendbares Recht **Art. 11**, 1 ff.
- Begriff **Art. 11**, 5 ff.; **Art. 14**, 6
- Belegenheit **Art. 11**, 13 f.; **Art. 17**, 4
- eintragungspflichtige Rechte **Art. 14**, 1 ff.
- Insolvenzeröffnung, Eintragungspflicht **Art. 29**, 1 ff.
- Schutz des Dritterwerbers **Art. 17**, 1 ff.
- Sekundärverfahren **Art. 11**, 14
- Verfahrenseröffnung, Wirkung **Art. 11**, 1 ff.
- Zuständigkeit, internationale **Art. 11**, 4, 17 f.

Gemeinschaftsgeschmacksmuster
- Hauptinsolvenzverfahren, Zuordnung **Art. 15**, 1 ff.

Gemeinschaftsmarke
- Hauptinsolvenzverfahren, Zuordnung **Art. 15**, 1 ff.

## Stichwortverzeichnis

Gemeinschaftssortenschutz
- Hauptinsolvenzverfahren, Zuordnung Art. 15, 1 ff.

Gericht s. a. Insolvenzgericht
- Ablehnung d. Eröffnung durch ausl. Gericht Art. 102c § 2, 12 ff.
- Annexentscheidungen Art. 32, 11 ff.
- Begriff Art. 2, 15 ff.; Art. 19, 7 ff.
- Datenschutz Vor Art. 78–83, 9 ff.
- deutsches Insolvenzgericht s. a. Insolvenzgericht
- Durchführungsentscheidungen, Anerkennung Art. 32, 2 ff.
- Gläubigerversammlungen, Koordinierung Art. 42, 22
- Gruppen-Koordinationsverfahren, Antragsprüfung Art. 63, 1 ff.
- Gruppen-Koordinationsverfahren, Eröffnung Art. 68, 1 ff.
- Gruppen-Koordinationsverfahren, Kosten Art. 77, 6 ff.
- Gruppen-Koordinationsverfahren, Unterrichtungspflicht Art. 63, 8 f.
- Gruppen-Koordinationsverfahren, Wahl d. Gerichts Art. 66, 1 ff.
- Gruppen-Koordinationsverfahren, Zuständigkeit Art. 61, 10; Art. 62, 1 ff.
- Insolvenzmasse, Koordinierung d. Verwaltung Art. 42, 20
- Kommunikation Art. 42, 12 f., 19
- Kompetenzkonflikte Art. 102c § 2, 1 ff.
- Konzerninsolvenzen, Informationsaustausch Art. 57, 37 ff.
- Konzerninsolvenzen, Kooperationsfelder Art. 57, 33
- Konzerninsolvenzen, Kosten Art. 57, 31 f.
- Konzerninsolvenzen, Pflichtverletzungen Art. 57, 50 f.
- Konzerninsolvenzen, Verhandlungen Art. 57, 45 ff.
- Konzerninsolvenzen, Verwaltung/Überwachung d. Geschäfte Art. 57, 42 ff.
- Konzerninsolvenzen, Zusammenarbeit Art. 57, 1 ff.
- Konzerninsolvenzen, Zusammenarbeit m. Verwaltern Art. 58, 1 ff.
- Kooperationspflichten Art. 42, 4 ff.; Art. 102c § 22, 3 ff.
- Koordinator, Aufsichtspflicht Art. 75, 21
- Koordinator, Vorschlagsrecht Art. 67, 3 ff.
- Koordinierung v. Verhandlungen Art. 42, 21
- Niederlassung/Aufenthalt, Prüfung ErwG, 6
- Sekundärverfahren, Aussetzung Art. 38, 19 ff.
- Sekundärverfahren, Eröffnung Art. 38, 1 ff.
- Sekundärverfahren, Eröffnungsermessen Art. 34, 25 ff.; Art. 38, 29 ff.
- Sekundärverfahren, Eröffnungsprüfung Art. 39, 1 ff.
- Sicherungsmaßnahmen Art. 32, 17 ff.
- Sprache Art. 73, 9 f.
- Umwandlung v. Sekundärverfahren Art. 51, 1 ff.
- Unterrichtungspflicht Art. 38, 3 ff.; Art. 42, 15 ff.
- Vereinbarungen/Protocols Art. 42, 23
- Verfahrensbeendigung, Anerkennung Art. 32, 2 ff.
- Verwalterbestellung, Koordinierung Art. 42, 16 ff.
- Verwertungsaussetzung Art. 46, 10
- Zusammenarbeit Art. 42, 1 ff.; s. a. Kooperationspflichten; Koordinierung
- Zusammenarbeit mit Verwaltern Art. 43, 1 ff.
- Zusammenarbeit, Gestaltungsermessen Art. 42, 14 ff.
- Zusammenarbeit, Kosten Art. 44, 1 ff.
- Zusammenarbeit, Sanktionen Art. 42, 24
- Zusammenarbeit, Verwalterbestellung Art. 57, 34 ff.

# Stichwortverzeichnis

- Zuständigkeit, Prüfung Art. 4, 11 ff.
- Zuständigkeitsprüfung, Rechtsmittel Art. 5, 1 ff.
- Zweiteröffnung, Einstellung d. Verfahrens Art. 102c § 3, 1 ff.

Gerichtsstand
- Annexklagen Art. 102c § 6, 18 f.
- Annexklagen, isolierte Art. 6, 63 ff.
- Annexklagen, Verbindung Art. 6, 80 ff.
- Annexklagen, Voraussetzungen Art. 6, 70 ff.
- zivil-/handelsrechtliche Klage Art. 102c § 6, 23 ff.

Gerichtsstandsvereinbarungen
- Annexklagen Art. 102c § 6, 20
- Zulässigkeit Art. 6, 55 f.

Gesamtverfahren
- Begriff Art. 2, 4 f.

Geschäftsgeheimnisse
- Kooperationspflichten Art. 41, 25

Geschmacksmuster
- Hauptinsolvenzverfahren, Zuordnung Art. 15, 1 ff.

Gesellschaften
- COMI Art. 3, 29 ff.
- Fortbestand bei Auflösung Art. 48, 5 ff.

Gesellschaftsstatut
- Verhältnis z. Insolvenzstatut Art. 7, 5

Gesetz zur Durchführung der EuInsVO s. Durchführungsgesetz

Gewerbetreibende
- COMI Art. 3, 34 f.

Gewöhnlicher Aufenthalt Art. 3, 34 ff.
- Prüfung durch d. Gericht ErwG, 6

Gläubiger
- Befriedigung, Art/Weise Art. 23, 23 ff.
- Befriedigung, aus dinglichem Recht Art. 23, 41 ff.
- Befriedigung, Begriff Art. 23, 20 ff.
- Befriedigung, Zeitpunkt Art. 23, 28 ff.
- Begriff Art. 23, 14
- Forderungsanmeldung Art. 45, 1 ff.; s. a. dort
- Forderungsanmeldung, Berechtigung Art. 53, 5 ff.
- Forderungsanmeldung, Verfahren Art. 55, 1 ff.
- Gleichbehandlung Art. 23, 1 ff.; s. a. dort
- Herausgabepflicht Art. 23, 1 ff., 14 ff.
- Herausgabepflicht und Sekundärverfahren Art. 23, 54 ff.
- Herausgabepflicht, Anspruchskonkurrenz Art. 23, 9 ff.
- Herausgabepflicht, Inhalt Art. 23, 48 ff.
- Insolvenzeröffnung, Unterrichtungspflicht Art. 54, 1 ff.; ErwG, 13
- Quotenausgleich Art. 23, 58 ff.; s. a. dort
- Sekundärverfahren, Antragstellung Art. 37, 9
- Verfahrensbeendigung Art. 7, 40 ff.
- Zuständigkeitsprüfung, Rechtsmittel Art. 5, 1 ff.

Gläubiger, ausländische
- Begriff Art. 1, 86; Art. 2, 59
- Unterrichtung Art. 1, 86

Gläubiger, lokale
- Ablehnung d. Eröffnung d. Sekundärverfahrens, Rechtsmittel Art. 102c § 20, 1 ff.
- Absonderungsberechtigte, Gruppen-Koordinationsverfahren Art. 102c § 24, 1 ff.
- Aussetzung d. Sekundärinsolvenzverfahren Art. 102c § 16, 1 ff.
- Begriff Art. 2, 57 f.
- Gruppen-Koordinationsverfahren, Zustimmung/Ablehnung Art. 102c § 23, 2 ff.
- inländisches Verfahren bei Zusicherungen, Abstimmung Art. 102c § 17, 1 ff.; Art. 102c § 18, 1 ff.; Art. 102c § 19, 1 ff.

## Stichwortverzeichnis

- Schutz ErwG, 9
- Sekundärinsolvenzplan, Gläubigerschutz Art. 102c § 15, 1 ff.
- Sicherungsmaßnahmen Art. 38, 25 ff.
- Verteilung, Benachrichtigung Art. 102c § 13, 1 f.
- Verteilung, Überprüfung Art. 102c § 21, 5 ff.
- Verteilung, Überprüfungsantrag Art. 102c § 21, 5 ff.
- Zusicherung, Sicherungsmaßnahmen Art. 102c § 21, 17 ff.
- Zusicherung, Verpflichtung z. Einhaltung Art. 102c § 21, 8 ff.
- Zustimmung, bei Zusicherungen Art. 102c § 11, 3 ff.

Gläubigerausschuss
- Gruppen-Koordinationsverfahren, Zustimmung/Ablehnung Art. 102c § 23, 2 ff.
- Zusicherung d. Verwalters an ausl. Gläubiger Art. 36, 17 ff.

Gläubigerbefriedigung
- Art/Weise Art. 23, 23 ff.
- Begriff Art. 23, 20 ff.
- dingliche Rechte Art. 23, 41 ff.
- Herausgabepflicht Art. 23, 1 ff.
- Herausgabepflicht, Inhalt Art. 23, 48 ff.
- Masseunzulänglichkeit Art. 23, 63
- Quotenausgleich Art. 23, 58 ff.; s. a. dort
- Territorialverfahren Art. 23, 27
- Verwalter, Auskunftsansprüche Art. 23, 73 ff.
- Zeitpunkt Art. 23, 28 ff.

Gläubigerbenachteiligung Art. 16, 1 ff.
- anwendbares Recht Art. 7, 44 ff.
- Aufrechnungsansprüche Art. 9, 12 f.
- Begriff Art. 16, 4
- Bestimmung d. maßgeblichen Rechts Art. 16, 5 ff.
- Darlegungs-/Beweislast Art. 16, 13 ff.
- dingliche Rechte Art. 8, 27 f.
- Eigentumsvorbehalt Art. 10, 16 f.

- Unangreifbarkeit Art. 16, 10 ff.
- Zahlungssysteme/Finanzmärkte Art. 12, 14 f.

Gläubigergleichbehandlung
- Grundsatz Art. 23, 3

Gläubigerversammlungen
- Gruppen-Koordinationsverfahren, Zustimmung/Ablehnung Art. 102c § 23, 2 ff.
- Koordinierung durch Gerichte Art. 42, 22
- Teilnahmerecht, Koordinator Art. 72, 37 f.
- Verwalter, Stimm-/Rederecht Art. 45, 17
- Verwalter, Teilnahme Art. 45, 16 f.

Grenzüberschreitender Bezug
- Anwendungsbereich d. EuInsVO Art. 1, 69 ff.
- Insolvenzregister Art. 24, 6
- Konzern Art. 56, 24 ff.

Grundbuch s. a. Register, öffentliche
- Insolvenzeröffnung, Eintragungspflicht Art. 29, 1 ff.
- Kosten Art. 30, 1 ff.
- Schutz des Dritterwerbers Art. 17, 1 ff.

Grundpfandrechte
- Verfahrenseröffnung, Wirkung Art. 11, 9

Grundrechtscharta
- EuInsVO, Durchführungsrechtsakte ErwG, 19 f.

Grundrechtsschutz
- personenbezogene Daten Art. 78, 1 ff.

Grundstücke s. a. Gegenstände, unbewegliche
- gesellschaftszugehörige Art. 3, 31
- Verfahrenseröffnung, Wirkung Art. 11, 1 ff.

Gruppen-Koordinationsplan
- Drittstaaten-Gesellschaften Art. 72, 22
- Empfehlung d. Koordinators Art. 70, 3
- Präsentation Art. 72, 44 ff.

951

# Stichwortverzeichnis

- Regelungstiefe  Art. 72, 32 ff.
- Sanierungsmaßnahmen  Art. 72, 23 ff.
- Streitigkeiten, Beilegung  Art. 72, 28 ff.
- verfahrensleitende Maßnahmen  Art. 72, 26 f.
- Ziele/Inhalt  Art. 72, 18 ff.

Gruppen-Koordinationsverfahren
- (Nicht)Einbeziehung, Rechtsmittel  Art. 102c § 25, 1 ff.
- Absonderungsberechtigte  Art. 102c § 24, 1 ff.
- Antrag  Art. 61, 7 ff.
- Antrag, Inhalt  Art. 61, 15 ff.
- Antragsbefugnis, nationale  Art. 61, 12 ff.
- Antragsprüfung  Art. 63, 1 ff.
- Aufwendungen d. Koordinators  Art. 77, 24 f.
- Aussetzungsrecht d. Koordinators  Art. 72, 54 ff.
- Aussetzungsrecht d. Koordinators, Rechtsmittel  Art. 72, 72 f.
- eigenverwaltende Schuldner  Art. 76, 1 ff.
- Einwendungen d. Verwalter  Art. 64, 1 ff.; Art. 65, 1 ff.
- Empfehlungen d. Koordinators  Art. 70, 1 ff.
- Eröffnung, Bekanntmachung  Art. 68, 7
- Eröffnung, Voraussetzungen  Art. 68, 2 f.
- Eröffnungsbeschluss  Art. 68, 4 ff.
- Evaluierung  Art. 90, 3
- Funktion  Art. 61, 1 ff.
- Grenzen  Art. 72, 7
- Gruppen-Koordinationsverfahren, Wahl d. Gerichts  Art. 66, 1 ff.
- Haftung  Art. 70, 6
- Informationspflichten  Art. 70, 4 ff.
- Koordinator  Art. 61, 16
- Koordinator, Abberufung  Art. 72, 88; Art. 75, 1 ff.
- Koordinator, Abberufungsfolgen  Art. 75, 20 ff.
- Koordinator, Abberufungsvoraussetzungen  Art. 75, 7 ff.
- Koordinator, Aufgaben  Art. 72, 10 ff.
- Koordinator, Eignung  Art. 71, 9 ff.
- Koordinator, Einwände d. Verwalter  Art. 64, 7; Art. 67, 1 ff.
- Koordinator, Interessenkonflikte  Art. 71, 15 ff.
- Koordinator, Sorgfaltspflichten  Art. 72, 83 ff.
- Koordinator, Vorschlagsrecht  Art. 67, 3 ff.
- Kosten d. Gerichts  Art. 77, 6 ff.
- Kosten d. Koordinators  Art. 77, 11 ff.
- Kosten d. Koordinators, Endabrechnung  Art. 77, 26 ff.
- Kosten d. Teilnahme  Art. 77, 4 f.
- Kosten, Verteilung  Art. 77, 28 ff.
- Kostenarten, Abgrenzung  Art. 77, 3
- Kostenentscheidung, Rechtsmittel  Art. 102c § 26, 1 ff.
- Kostenschätzung  Art. 61, 23 ff.; Art. 72, 90 ff.
- Kostensteigerungen  Art. 72, 89 ff.; Art. 77, 21 f.
- Muster-Koordinationsplan d. Koordinators  Art. 70, 3; Art. 72, 15 ff.
- nachträgliche Beteiligung  Art. 69, 1 ff.
- Rechtsmittel  Art. 68, 8 f.
- Unterrichtungspflicht d. Gerichte  Art. 63, 8 f.
- Verwertung, Aussetzung  Art. 102c § 24, 1 ff.
- Verwertungsaussetzung  Art. 60, 28
- Vorrang  Art. 102c § 22, 6 ff.
- Wirkungen  Art. 61, 5 f.
- Zusammenarbeit m. Verwaltern  Art. 74, 1 ff.
- Zuständigkeit  Art. 61, 10
- Zuständigkeit, Prioritätsregel  Art. 62, 1 ff.
- Zustimmung/Ablehnung inl. Gläubiger  Art. 102c § 23, 1 ff.

Gutglaubensschutz
- Anforderungen  Art. 31, 25 ff.
- Drittschuldner  Art. 31, 1 ff.

## Stichwortverzeichnis

Haftung
- Annexentscheidungen, Anerkennung Art. 32, 14
- Hauptinsolvenzverwalter, Zusicherungen Art. 102c § 14, 1 ff.

Handelsrechtliche Klagen
- Klagehäufung Art. 102c § 6, 27 ff.
- verbundene Klagen Art. 102c § 6, 23 ff.
- Wahlgerichtsstand Art. 6, 63 ff.

Handelsregister
- Insolvenzeröffnung, Eintragungspflicht Art. 29, 1 ff.
- Kosten Art. 30, 1 ff.

Hauptinsolvenzverfahren Art. 2, 12
- Anerkennung, automatische Art. 19, 1 ff., 12 ff.
- Annexklagen Art. 6, 43 ff.
- Annexklagen, Kompetenzkonflikt Art. 102c § 6, 44
- Beendigung, Auswirkungen Art. 48, 1 ff.
- einstweilige Maßnahmen ErwG, 8 f.
- Eröffnung, nachträgliche Art. 50, 1 ff.
- Gesellschaft, Fortbestand bei Auflösung Art. 48, 5 ff.
- Herausgabepflicht d. Gläubigers Art. 23, 7
- Herausgabepflicht und Sekundärverfahren Art. 23, 54 ff.
- inländisches Verfahren bei Zusicherungen Art. 102c § 11, 1 ff.
- inländisches Verfahren bei Zusicherungen, Abstimmung Art. 102c § 17, 1 ff.; Art. 102c § 18, 1 ff.; Art. 102c § 19, 1 ff.; Art. 102c § 20, 1 ff.
- inländisches Verfahren bei Zusicherungen, Bekanntmachung Art. 102c § 12, 1 ff.
- Insolvenzbeschlag Art. 21, 22
- Insolvenzeröffnung, Unterrichtungspflicht Art. 54, 1 ff.
- Insolvenzeröffnung, Wirkungen Art. 20, 1 ff.
- internationale Zuständigkeit, Rüge Art. 102c § 4, 1 ff.
- konzerninsolvenzliches System Art. 56, 1 ff.
- Massezugehörigkeit Art. 23, 33 ff.
- mehrere inländische Gesellschaften Art. 102c § 22, 1 ff.
- Nachlassinsolvenz Art. 19, 23
- Ordre-public-Verstoß Art. 19, 21
- Patente, europäische Art. 15, 1 ff.
- Prioritätsregel Art. 102c § 3, 3
- Sekundärinsolvenzverfahren, Koordination ErwG, 10
- Sicherungsmaßnahmen Art. 52, 1 ff.
- Sperrwirkung Art. 19, 3
- und Partikularverfahren Art. 19, 28 f.; Art. 20, 12 f.
- und Sekundärverfahren Art. 19, 25 ff.; Art. 20, 8 ff.
- Verteilung, Benachrichtigung Art. 102c § 13, 1 f.
- Verteilung, Überprüfung Art. 102c § 21, 5 ff.
- Verwalter, Rechtsstellung Art. 21, 1 ff.; s. a. dort
- Zusicherung d. Verwalters an ausl. Gläubiger Art. 36, 17 ff.
- Zusicherung, Sicherungsmaßnahmen Art. 102c § 21, 17 ff.
- Zusicherung, Verpflichtung z. Einhaltung Art. 102c § 21, 8 ff.
- Zuständigkeit, internationale Art. 3, 1, 9
- Zuständigkeit, örtliche Art. 102c § 1, 4 ff.
- Zweiteröffnung, Anhörungspflicht Art. 102c § 3, 4 f.
- Zweiteröffnung, Beschwerdebefugnis Art. 102c § 3, 6 ff.
- Zweiteröffnung, Einstellung d. Verfahrens Art. 102c § 2, 7 ff.
- Zweiteröffnung, Unterrichtung über Einstellung Art. 102c § 3, 14 ff.
- Zweiteröffnung, Wirkungen d. eingestellten Verfahrens Art. 102c § 3, 9 ff.

Hauptinsolvenzverwalter
- Abholungsrecht Art. 21, 23 ff.

# Stichwortverzeichnis

- Anfechtungsrechte, konkurrierende Art. 34, 32 f.
- Anhörungsrecht Art. 60, 5 ff.
- Auskunftsansprüche Art. 23, 73 ff.
- Aussetzung d. Sekundärinsolvenzverfahren Art. 102c § 16, 1 ff.
- Befugnisse Art. 21, 19 ff.
- Befugnisse, Schranken Art. 21, 51 ff.
- Bestellung, Beglaubigung Art. 22, 20
- Bestellung, Koordinierung durch Gerichte Art. 42, 16 ff.
- Bestellung, Kosten Art. 22, 22 ff.
- Bestellung, Nachweis Art. 22, 1 ff.
- Bestellung, Publikation Art. 21, 9 f.; Art. 22, 15
- Bestellung, Übersetzung Art. 22, 19 ff.
- dingliche Rechte Art. 21, 26 ff.
- Empfehlungen d. Koordinators Art. 70, 1 ff.
- Forderungsanmeldung Art. 45, 8 ff.
- Gläubigerversammlungen, Teilnahme Art. 45, 16 f.
- Gruppen-Koordinationsverfahren, Antrag Art. 61, 8
- Gruppen-Koordinationsverfahren, Einwendungen Art. 64, 1 ff.; Art. 65, 1 ff.
- Gruppen-Koordinationsverfahren, nachträgliche Beteiligung Art. 69, 1 ff.
- Herausgabevollstreckung Art. 102c § 10, 9 ff.
- Inbesitznahme/Inventarisierung/Sicherung Art. 21, 20
- Informationsaustausch Art. 41, 49 ff.
- Informationspflicht Art. 36, 29
- inländisches Verfahren bei Zusicherungen Art. 102c § 11, 1 ff.
- inländisches Verfahren bei Zusicherungen, Abstimmung Art. 102c § 17, 1 ff.; Art. 102c § 18, 1 ff.; Art. 102c § 19, 1 ff.
- inländisches Verfahren bei Zusicherungen, Bekanntmachung Art. 102c § 12, 1 ff.

- Insolvenzbeschlag Art. 21, 22
- Insolvenzeröffnung, Eintragung Art. 28, 1 ff.
- Insolvenzeröffnung, Eintragungsantrag Art. 28, 19 ff.; Art. 29, 21 ff.; Art. 102c § 8, 3
- Insolvenzeröffnung, Eintragungspflicht Art. 29, 1 ff.
- Kompetenzabgrenzung z. Territorialverwalter Art. 21, 31 ff.
- Konzerninsolvenzen, Aufgabenverteilung Art. 56, 59 ff.
- Konzerninsolvenzen, Bestellung Art. 57, 34 ff.
- Konzerninsolvenzen, Beteiligte Art. 56, 12 ff.
- Konzerninsolvenzen, Grenzen Art. 56, 33 ff.
- Konzerninsolvenzen, Haftung Art. 56, 38 f.
- Konzerninsolvenzen, Informationsaustausch Art. 56, 43 ff.
- Konzerninsolvenzen, Mitwirkungspflichten Art. 56, 41 ff.
- Konzerninsolvenzen, Pflichten Art. 56, 29 ff.
- Konzerninsolvenzen, Sanierungsplan Art. 56, 53 ff.; Art. 60, 23 ff.
- Konzerninsolvenzen, Verwalterrechte Art. 60, 1 ff.
- Konzerninsolvenzen, Verwertungsaussetzung Art. 60, 8 ff.
- Konzerninsolvenzen, Zusammenarbeit m. Gerichten Art. 58, 1 ff.
- Kooperation Sekundärverwalter Art. 21, 49 f.
- Kooperationspflichten Art. 41, 1 ff.; s. a. dort
- Kooperationspflichten, allgemeine Regeln Art. 41, 11 ff.
- Kooperationspflichten, Haftung Art. 41, 43 ff.
- Kooperationspflichten, Masseverwertung Art. 41, 55 ff.
- Leistungen an d. Schuldner nach Insolvenzeröffnung Art. 28, 18; Art. 31, 8 ff.; s. a. Drittschuldner
- Pflichten Art. 21, 21
- Rechtsbehelfe Art. 21, 63
- Sanierungsplan, Vorschlagsrecht Art. 47, 1 ff.; s. a. Sanierungsplan

## Stichwortverzeichnis

- Sanierungsprüfung Art. 41, 53 f.
- Sekundärverfahren, Antragsfrist Art. 37, 11
- Sekundärverfahren, Antragstellung Art. 37, 1; Art. 38, 9 ff.
- Sekundärverfahren, Aussetzung Art. 34, 6
- Sekundärverfahren, Eröffnungsprüfung Art. 39, 1 ff.
- Sekundärverfahren, Unterrichtung Art. 38, 3 ff.
- Sekundärverfahren, Vermeidung Art. 34, 6; Art. 36, 1 ff.; s. a. Sekundärverfahren, virtuelles; Zusicherung
- Sicherungsmaßnahmen, Antrag Art. 52, 6
- Umwandlung v. Sekundärverfahren Art. 51, 1 ff.
- Unterrichtungspflicht, Gläubiger Art. 54, 1 ff.
- Vereinbarungen/Protocols Art. 41, 29 ff.; Art. 42, 23
- Verwaltung/Überwachung d. Geschäfte Art. 56, 47 ff.
- Verwertung v. Massegegenständen, Vollstreckung Art. 102c § 10, 14 ff.
- Verwertung, Aussetzung Art. 46, 1 ff.; s. a. dort
- Verwertungsrecht Art. 21, 53 ff.
- vorläufiger, Sicherungsmaßnahmen Art. 52, 1 ff.
- Vorschlagsrecht ggü. Sekundärverwalter Art. 41, 55 ff.
- Zusammenarbeit mit Gerichten Art. 43, 1 ff.
- Zusammenarbeit, Gestaltungsermessen Art. 43, 12
- Zusammenarbeit, Kosten Art. 44, 1 ff.
- Zusammenarbeit, Sanktionen Art. 42, 24
- Zusicherung d. Verwalters an ausl. Gläubiger Art. 36, 4 ff.
- Zusicherung, Haftung Art. 36, 19, 36 ff.
- Zusicherungen, Haftung Art. 102c § 14, 1 ff.

Hauptniederlassung
- Prüfung durch d. Gericht ErwG, 6

Herausgabevollstreckung
- im Inland Art. 102c § 10, 9 ff.

Immobilien s. Gegenstände, unbewegliche; Grundstücke

Informationsaustausch
- Konzerninsolvenzen, Gerichte Art. 57, 37 ff.
- Koordinator, Zusammenarbeit m. Verwaltern Art. 74, 7 f.

Informationspflichten
- Durchsetzbarkeit Art. 41, 39 ff.
- Europäisches Justizportal s. dort; s. a. Insolvenzregister
- Grenzen Art. 41, 23 ff.
- Gruppen-Koordinationsverfahren Art. 70, 4 ff.
- Haftung Art. 41, 43 ff.
- Haupt- und Sekundärinsolvenzverwalter Art. 41, 1 ff.
- Informationsaustausch Art. 41, 49 ff.
- Informationsaustausch, Unternehmensgruppe Art. 56, 43 ff.
- Konzerninsolvenzen, Gerichte Art. 57, 37 ff.
- Koordinator, Zusammenarbeit m. Verwaltern Art. 74, 7 f.
- Kosten Art. 41, 27 f.; Art. 44, 1 ff.
- Masseverwertung Art. 41, 55 ff.
- Mittel/Form Art. 41, 19 ff.
- nachträgliche Eröffnung, Hauptinsolvenzverfahren Art. 50, 6
- Sanierungsprüfung Art. 41, 53 f.
- Sekundärinsolvenzverwalter, mehrere Art. 41, 6
- Sprache Art. 41, 21 f.
- Vereinbarungen/Protocols Art. 41, 29 ff.
- Verfahrenseröffnung ErwG, 13
- Verwalter, ggü. Koordinator Art. 72, 50 ff.
- Vorschlagsrecht d. Hauptinsolvenzverwalters Art. 41, 55 ff.

Inkrafttreten
- EuInsVO Art. 92, 1 ff.

Insolvenz
- Begriff Art. 1, 12, 29

# Stichwortverzeichnis

- vorinsolvenzliche Verfahren/ Restrukturierungsverfahren Art. 1, 11 ff.

Insolvenzanfechtung
- benachteiligende Rechtshandlungen Art. 16, 1 ff.
- konkurrierende Rechte Art. 34, 32 f.

Insolvenzbeschlag
- Herausgabepflicht d. Gläubigers Art. 23, 16
- Massezugehörigkeit Art. 23, 33 ff.
- Sekundärinsolvenzverfahren Art. 3, 46
- Sekundärverfahren Art. 34, 29 ff.
- Sekundärverfahren, Zuständigkeit Art. 34, 36
- Streitigkeiten Art. 32, 14

Insolvenzeröffnung
- Anerkennung, automatische Art. 19, 1 ff., 12 ff.; Art. 20, 6
- Annexklagen Art. 6, 9
- Anwendung des Rechts d. Eröffnungsstaats Art. 7, 1 ff.
- Aufrechnungsansprüche Art. 9, 1 ff.
- Begriff Art. 19, 4 ff.
- Bekanntmachung ErwG, 17
- dingliche Rechte Art. 8, 1 ff., 19 ff.
- Eigentumsvorbehalt Art. 10, 1 ff.
- Eintragung Art. 102c § 8, 16
- Eintragungsantrag, Prüfung Art. 102c § 8, 13 ff.
- Eintragungsantrag, Rechtsmittel bei Ablehnung Art. 102c § 9, 1 ff.
- Eintragungsantrag, Zuständigkeit Art. 102c § 8, 1 ff., 17
- Gegenstände, unbewegliche Art. 11, 1 ff.
- Gericht, befugtes Art. 19, 7 ff.
- Gruppen-Koordinationsverfahren Art. 68, 1 ff.
- Insolvenzregister Art. 24, 11
- Insolvenzvermerk, Kosten Art. 102c § 8, 19
- Leistungen an d. Schuldner nach Eröffnung Art. 28, 18; Art. 31, 8 ff., 25 ff.
- Löschung Art. 102c § 8, 18
- Nachlassinsolvenz Art. 19, 23
- nachträgliche, Hauptinsolvenzverfahren Art. 50, 1 ff.
- öffentliche Bekanntmachung, Zuständigkeit Art. 102c § 7, 1 ff.
- Ordre-public-Verstoß Art. 19, 21
- Partikularverfahren Art. 19, 28 f.; Art. 20, 12 f.
- Rechtsstreitigkeiten Art. 18, 2 ff.
- Schiedsverfahren Art. 18, 2 ff.
- Sekundärverfahren Art. 19, 25 ff.; Art. 20, 8 ff.
- Sicherungsmaßnahmen Art. 52, 1 ff.
- Sperrwirkung Art. 19, 3
- Sperrwirkung, Zeitpunkt/Dauer Art. 19, 15 ff.
- Universalitäts-/Prioritätsprinzip Art. 19, 2; Art. 20, 4
- Unterrichtungspflicht Art. 54, 1 ff.
- Unterrichtungspflicht, Inhalt Art. 54, 13 f.
- Unterrichtungspflicht, Standardformular Art. 54, 15 ff.
- Verfahrensstatut Art. 18, 1 ff.
- Wirksamkeit Art. 19, 11
- Wirkungen Art. 20, 1 ff.
- Zuständigkeit, Ablehnung durch ausl. Gericht Art. 102c § 2, 12 ff.
- Zuständigkeit, zusätzliche Angaben Art. 102c § 5, 11 ff.
- Zweiteröffnung, Einstellung d. Verfahrens Art. 102c § 2, 7 ff.

Insolvenzeröffnungsentscheidung
- Begriff Art. 2, 18 ff.
- Verwalterbestellung, Beschwerde Art. 2, 24
- Zeitpunkt Art. 2, 24 f.
- Zuständigkeit, Prüfung Art. 4, 1 ff.
- Zuständigkeitsprüfung, Rechtsmittel Art. 5, 1 ff.

Insolvenzeröffnungsverfahren
- Anwendungsbereich d. EuInsVO Art. 1, 26 ff., 51
- Zuständigkeit, Prüfung Art. 4, 1 ff.

Insolvenzfähigkeit
- anwendbares Recht Art. 7, 10 f.

## Stichwortverzeichnis

- fehlende Art. 33, 8
- Schuldner Art. 19, 22
Insolvenzforderungen
- anwendbares Recht Art. 7, 26 ff.
- Forderungsanmeldung Art. 53, 10; s. a. dort
Insolvenzgeld
- Arbeitsvertragsstatut Art. 13, 2
- inländisches Verfahren bei Zusicherungen, Abstimmung Art. 102c § 18, 5
- Sicherung Art. 13, 13
Insolvenzgericht s. a. Gericht
- Ablehnung d. Eröffnung durch ausl. Gericht Art. 102c § 2, 12 ff.
- Eintragungsantrag, Rechtsmittel bei Ablehnung Art. 102c § 9, 1 ff.
- Eintragungsantrag, Unzuständigkeit Art. 102c § 8, 17
- Gerichte i. S. d. EuInsVO s. a. Gericht
- Insolvenzeröffnung, Antragsprüfung Art. 102c § 8, 13 ff.
- Insolvenzeröffnung, Eintragung Art. 102c § 8, 16
- Insolvenzeröffnung, Eintragungsantrag Art. 102c § 8, 1 ff.
- Insolvenzeröffnung, Löschung Art. 102c § 8, 18
- Insolvenzvermerk, Kosten Art. 102c § 8, 19
- Kompetenzkonflikte Art. 102c § 2, 1 ff.
- Zuständigkeit Art. 102c § 1, 1 ff.
- Zuständigkeit, Annexklagen Art. 102c § 6, 1 ff.; s. a. Annexklagen
- Zuständigkeit, bei ausl. Verfahrenseröffnung Art. 102c § 1, 12 ff.
- Zuständigkeit, örtliche Art. 102c § 1, 1 ff.
- Zuständigkeitskonzentration Art. 102c § 8, 5 ff.
- Zweiteröffnung, Anhörungspflicht Art. 102c § 3, 4 f.
- Zweiteröffnung, Beschwerdebefugnis Art. 102c § 3, 6 ff.
- Zweiteröffnung, Einstellung d. Verfahrens Art. 102c § 3, 1 ff.

- Zweiteröffnung, Unterrichtung über Einstellung Art. 102c § 3, 14 ff.
Insolvenzgrund
- Partikularverfahren Art. 34, 41
- Partikularverfahren, isoliertes Art. 3, 62 f.
- Sekundärinsolvenzverfahren Art. 3, 47
- Sekundärverfahren Art. 34, 19 ff.
- Sekundärverfahren, Eröffnungsprüfung Art. 38, 30
Insolvenzmasse
- Aktivmasse Art. 34, 31 ff.
- anwendbares Recht Art. 7, 12 ff.
- Aussetzungsrecht d. Koordinators Art. 72, 54 ff.
- Belegenheit Art. 23, 36 ff.
- dingliche Rechte Art. 23, 41 ff.
- Herausgabepflicht d. Gläubigers Art. 23, 1 ff.
- Herausgabevollstreckung Art. 102c § 10, 9 ff.
- Insolvenzbeschlag, Streitigkeiten Art. 32, 14
- Insolvenzforderungen Art. 7, 26 ff.
- Leistungen an d. Schuldner nach Insolvenzeröffnung Art. 28, 18; Art. 31, 8 ff.; s. a. Drittschuldner
- Masseverbindlichkeiten Art. 7, 26 ff.
- Passivmasse Art. 34, 38 ff.
- Sekundärverfahren Art. 34, 29 ff.
- Sekundärverfahren, Zuständigkeit Art. 34, 36
- Verteilung Art. 7, 33 ff.
- Verteilung, Benachrichtigung Art. 102c § 13, 1 f.
- Verteilung, Überprüfung Art. 102c § 21, 5 ff.
- Verwaltung, Koordinierung durch Gerichte Art. 42, 20
- Verwertung v. Massegegenständen Art. 102c § 10, 14 ff.
- Verwertung, Aussetzung Art. 46, 1 ff.; s. a. dort
- Verwertungsaussetzung Art. 102c § 24, 1 ff.
- Verwertungsaussetzung, Konzerninsolvenz Art. 60, 8 ff.

957

# Stichwortverzeichnis

- Zugehörigkeit Art. 23, 33 ff.

Insolvenzplan
- Bestätigung Art. 32, 14
- Sanierungsplan, Vorschlagsrecht Art. 47, 1 ff.; s. a. Sanierungsplan
- Sekundärinsolvenzverfahren, Gläubigerschutz Art. 102c § 15, 1 ff.
- Sekundärverfahren Art. 34, 27
- Sekundärverfahren, Aussetzung Art. 38, 22

Insolvenzrecht, nationales
- Europäisches Justizportal, Mitteilungspflicht Art. 86, 1 ff.

Insolvenzregister Art. 24, 1 ff.
- Amtssprachen Art. 25, 1
- Bedeutung Art. 24, 2
- Bekanntmachungsinhalt Art. 28, 12 ff.
- Bekanntmachungskosten Art. 28, 24
- Bekanntmachungsverfahren Art. 28, 16 f.
- Durchführungsrechtsakte Art. 25, 1 ff.
- fakultative Informationen Art. 24, 20
- Forderungsanmeldung, Frist Art. 24, 17, 22
- grenzüberschreitender Bezug Art. 24, 6
- Gutglaubensschutz, Anforderungen Art. 31, 25 ff.
- Insolvenzeröffnung Art. 24, 11
- Insolvenzeröffnung, Eintragung Art. 28, 1 ff.
- Insolvenzeröffnung, Eintragungsantrag Art. 28, 19 ff.
- Insolvenzeröffnung, Unterrichtungspflicht Art. 54, 3
- Kosten Art. 26, 1 ff.; Art. 30, 1 ff.
- Mitwirkungspflicht Art. 28, 15
- Pflichtinformationen Art. 24, 9 ff.
- Prüfungsbefugnis Art. 28, 15
- Rechtsmittelfrist Art. 24, 19
- Rechtsmittelgericht Art. 24, 19
- Schuldnerangaben Art. 24, 14 f.
- Verfahrensart Art. 24, 12
- Verfahrensbeendigung Art. 24, 18
- Vernetzung Art. 24, 3; Art. 25, 1 ff.
- Veröffentlichungszeitpunkt Art. 24, 8
- Verwalterangaben Art. 24, 16
- Zugang, Genehmigung Art. 27, 10 ff.
- Zugänglichmachung Art. 24, 5
- Zugangsvoraussetzungen Art. 27, 1 ff.
- Zuständigkeitsnorm Art. 24, 13

Insolvenzregister, nationale
- anwendbares Recht Art. 78, 1 ff.
- Aufgaben Art. 79, 1 ff.
- Datenerhebung Art. 79, 8
- Datenschutz Art. 78, 1 ff.; Vor Art. 78–83, 5
- Datenspeicherung Art. 82, 1 ff.
- Einrichtung d. Vernetzung Art. 87, 1 ff.
- EU-Kommission, Aufgaben Art. 80, 1 ff.
- Information betroffener Personen Art. 79, 10 ff.
- Sicherstellung d. Datenqualität Art. 79, 7

Insolvenzschuldner s. a. Schuldner
- Anwendungsbereich d. EuInsVO Art. 1, 55 ff.

Insolvenzstatut
- Anfechtungsansprüche Art. 7, 44 ff.
- Anwendung des Rechts d. Eröffnungsstaats Art. 7, 1 ff.
- Arbeitsverhältnisse Art. 7, 28
- Aufrechnung Art. 7, 18 ff.
- Aufrechnungsansprüche, Eingriff Art. 9, 1 ff.
- Beispielkatalog Art. 7, 7 ff.
- benachteiligende Rechtshandlungen Art. 7, 44 ff.
- eintragungspflichtige Rechte Art. 14, 1
- Forderungsanmeldung/-prüfung/-feststellung Art. 7, 30 ff.
- Gegenstände, unbewegliche Art. 11, 1 ff.

## Stichwortverzeichnis

- Gläubigerrechte bei Beendigung **Art. 7**, 40 f.
- Insolvenzfähigkeit **Art. 7**, 10 f.
- Insolvenzforderungen **Art. 7**, 26 ff.
- Insolvenzmasse **Art. 7**, 12 ff.
- Masseverbindlichkeiten **Art. 7**, 26 ff.
- Rechtsverfolgungsmaßnahmen **Art. 7**, 23 ff.
- Verfahrensbeendigung **Art. 7**, 37 ff.
- Verfahrenskosten **Art. 7**, 42 f.
- Verfügungs-/Verwaltungsbefugnis **Art. 7**, 15 ff.
- Verhältnis z. Gesellschaftsstatut **Art. 7**, 5
- Verteilungsfragen **Art. 7**, 33 ff.
- Verträge, laufende **Art. 7**, 21 f.

Insolvenzverfahren
- Anerkennung **Art. 1**, 84
- Beendigung **Art. 7**, 37 ff.
- Beendigung, Anerkennung **Art. 32**, 2 ff.
- Beendigung, Auswirkungen **Art. 48**, 1 ff.
- Beendigung, Bekanntmachung **Art. 102c § 7**, 24
- Beendigung, Registereintragung **Art. 24**, 18
- Begriff **Art. 2**, 11 f.
- Einzelzwangsvollstreckungsmoratorien **Art. 1**, 43
- Eröffnung, Begriff **Art. 2**, 18 ff.
- Eröffnung, Bestätigung **Art. 2**, 22
- Eröffnung, Verwalterbestellung **Art. 2**, 24
- Eröffnung, Zeitpunkt **Art. 2**, 24 f.
- Gesellschaft, Fortbestand bei Auflösung **Art. 48**, 5 ff.
- gesellschaftsrechtliche Verfahren **Art. 1**, 31
- Hauptinsolvenzverfahren, Begriff **Art. 2**, 12
- Partikularverfahren, Begriff **Art. 2**, 12
- Scheme of Arrangement **Art. 1**, 32 f.
- Sekundärinsolvenzverfahren, Begriff **Art. 2**, 12
- Sperrwirkung **Art. 2**, 19 f.
- Verfahren „auf der Grundlage gesetzlicher Regelungen zur Insolvenz" **Art. 1**, 29 ff.
- Verfahren unter gerichtlicher Kontrolle **Art. 1**, 41 f.
- Vermögensbeschlag **Art. 1**, 40
- Wahrscheinlichkeit **Art. 1**, 30
- Zuständigkeit, Prüfung **Art. 4**, 1 ff.
- Zwecksetzung d. EuInsVO **Art. 1**, 35 ff.

Insolvenzverwalter
- Begriff **Art. 2**, 13 f.
- Bestellung, als Voraussetzung **Art. 1**, 40
- Bestellung, Beschwerde **Art. 2**, 24
- Bestellung, Koordinierung durch Gerichte **Art. 42**, 16 ff.
- Bestellung, Wirkung **Art. 2**, 21
- Datenschutz **Vor Art. 78–83**, 6 ff.
- Forderungsanmeldung **Art. 45**, 8 ff.
- Gruppen-Koordinationsverfahren, (Nicht)Einbeziehung **Art. 102c § 25**, 1 ff.
- Haftung **Art. 36**, 36 ff.
- Insolvenzeröffnung, Eintragung **Art. 28**, 1 ff.
- Insolvenzeröffnung, Eintragungsantrag **Art. 28**, 19 ff.
- Insolvenzeröffnung, Eintragungspflicht **Art. 29**, 1 ff.
- Leistungen an d. Schuldner nach Insolvenzeröffnung **Art. 28**, 18; **Art. 31**, 8 ff.
- Sekundärverfahren, Antragstellung **Art. 37**, 4 ff.
- Sekundärverfahren, Aussetzung **Art. 34**, 6
- Sekundärverfahren, Unterrichtung **Art. 38**, 3 ff.
- Sekundärverfahren, Vermeidung **Art. 36**, 1 ff.; s. a. Sekundärverfahren, virtuelles; Zusicherung
- vorläufiger **Art. 37**, 5; **Art. 38**, 5; **Art. 41**, 7
- Zusammenarbeit mit Gerichten **Art. 43**, 1 ff.

## Stichwortverzeichnis

- Zusicherung d. Verwalters an ausl. Gläubiger Art. 36, 4 ff.

Internationales Insolvenzrecht
- Anfechtungsansprüche Art. 7, 44 ff.; Art. 16, 1 ff.
- Anwendbarkeit Art. 1, 87
- Anwendung des Rechts d. Eröffnungsstaats Art. 7, 1 ff.
- Arbeitsverhältnisse Art. 7, 28
- Arbeitsvertragsstatut Art. 13, 1 ff.
- Aufrechnung Art. 7, 18 ff.
- Aufrechnungsansprüche, Eingriff Art. 9, 1 ff.
- benachteiligende Rechtshandlungen Art. 7, 44 ff.; Art. 16, 1 ff.
- dingliche Rechte Art. 8, 1 ff.; s. a. dort
- eintragungspflichtige Rechte Art. 14, 1 ff.
- Forderungsanmeldung/-prüfung/-feststellung Art. 7, 30 ff.
- Gegenstände, unbewegliche Art. 11, 1 ff.
- Gesellschaftsstatut Art. 7, 5
- Gläubigerrechte bei Beendigung Art. 7, 40 f.
- Insolvenzfähigkeit Art. 7, 10 f.
- Insolvenzforderungen Art. 7, 26 ff.
- Insolvenzmasse Art. 7, 12 ff.
- Insolvenzstatut Art. 7, 1 ff.
- Insolvenzstatut, Beispielkatalog Art. 7, 7 ff.
- Masseverbindlichkeiten Art. 7, 26 ff.
- Patente, europäische Art. 15, 1 ff.
- Rechtsverfolgungsmaßnahmen Art. 7, 23 ff.
- Verfahrensbeendigung Art. 7, 37 ff.
- Verfahrenskosten Art. 7, 42 f
- Verfahrensstatut Art. 18, 1 ff.
- Verfügungs-/Verwaltungsbefugnis Art. 7, 15 ff.
- Verteilungsfragen Art. 7, 33 ff.
- Verträge, laufende Art. 7, 21 f.
- Zahlungssysteme/Finanzmärkte Art. 12, 1 ff.

Investmentfonds, alternativer
- Begriff Art. 2, 8

Irland
- Anwendungsbereich, Opt-in/Opt-out ErwG, 21

Juristische Personen
- Anwendungsbereich d. EuInsVO Art. 1, 56
- COMI Art. 3, 29 ff.
- Fortbestand bei Auflösung Art. 48, 5 ff.
- Insolvenzregister, Angaben Art. 24, 14
- Satzungssitzverlegung Art. 3, 32

Kaufverträge s. a. Dingliche Rechte; Eigentumsvorbehalt
- Verfahrenseröffnung, Wirkung Art. 11, 9

Klagen s. a. Anfechtungsklagen; Annexklagen; Handelsrechtliche Klagen; Zivilrechtliche Klagen
- anwendbares Recht Art. 7, 23 ff.

Klagenhäufung Art. 6, 80 ff.
- Annexklagen/verbundene Klagen Art. 102c § 6, 27 ff.
- Beendigung Art. 6, 87 ff.
- Prozessführungsbefugnis Art. 6, 82 f.
- Sachzusammenhang Art. 6, 84
- Zulässigkeit/Begründetheit Art. 6, 85 f.

Kommunikation
- Gerichte Art. 42, 12 f., 19
- Gruppen-Koordinator Art. 72, 10 ff.
- Konzerninsolvenzen, Beteiligte Art. 56, 12 ff.
- Konzerninsolvenzen, Gerichte Art. 57, 1 ff.
- Konzerninsolvenzen, Grenzen Art. 56, 33 ff.
- Konzerninsolvenzen, Kosten Art. 59, 1 ff.
- Konzerninsolvenzen, Mittel/Form Art. 56, 40
- Konzerninsolvenzen, Mitwirkungspflichten Art. 56, 41 ff.
- Konzerninsolvenzen, Verwalter/Gerichte Art. 58, 1 ff.

# Stichwortverzeichnis

- Konzerninsolvenzen, Verwalterpflichten Art. 56, 29 ff.
- Koordinator, Zusammenarbeit m. Verwaltern Art. 74, 1 ff.
- Kosten Art. 44, 1 ff.
- Sprache Art. 73, 1 ff.
- Umwandlung v. Sekundärverfahren Art. 51, 1 ff.

Konsolidierung
- materielle Art. 56, 5 f.; Art. 61, 3
- verfahrensrechtliche Art. 61, 4

Kontoguthaben
- Vermögensgegenstände, Belegenheit Art. 2, 26, 34

Konzern
- Anhörungsrecht Art. 60, 5 ff.
- Anwendungsbereich d. EuInsVO Art. 1, 58 f.
- Aufgabenverteilung Art. 56, 59 ff.
- Drittstaaten Art. 56, 28
- grenzüberschreitender Bezug Art. 56, 24 ff.
- Gruppen-Koordinationsverfahren Art. 61, 1 ff.; s. a. dort
- Informationsaustausch Art. 56, 43 ff.
- Informationsaustausch, Gerichte Art. 57, 37 ff.
- insolvenzliches System Art. 56, 4 ff.
- internationale Zuständigkeit Art. 3, 33
- Kooperationspflichten, Verwalter/Gerichte Art. 102c § 22, 3 ff.
- Koordinierung v. Verhandlungen Art. 57, 45 ff.
- mehrere inländische Gesellschaften Art. 102c § 22, 1 ff.
- Mitwirkungspflichten Art. 56, 41 ff.
- Sanierungsplan Art. 56, 53 ff.; Art. 60, 23 ff.
- Verfahrensbeteiligte Art. 56, 12 ff.
- Verfahrenskonzentration Art. 56, 10 f.
- Verwalter, Pflichtenstellung Art. 56, 29 ff.

- Verwalterbestellung Art. 57, 34 ff.
- Verwalterrechte Art. 60, 1 ff.
- Verwaltung/Überwachung d. Geschäfte Art. 56, 47 ff.; Art. 57, 42 ff.
- Verwertungsaussetzung Art. 60, 8 ff.
- Verwertungsaussetzung, Gerichtsentscheidung Art. 60, 14 ff., 29 ff.
- Verwertungsaussetzung, Interessenlage Art. 60, 11 ff.
- Verwertungsaussetzung, Voraussetzungen Art. 60, 22 ff.
- Zusammenarbeit, Gerichte Art. 57, 1 ff.
- Zusammenarbeit, Grenzen Art. 56, 33 ff.
- Zusammenarbeit, Kosten Art. 59, 1 ff.
- Zusammenarbeit, Mittel/Form Art. 56, 40
- Zusammenarbeit, Sanktionen Art. 57, 50 f.
- Zusammenarbeit, Verwalter/Gerichte Art. 58, 1 ff.
- Zuständigkeit, internationale Art. 102c § 1, 8

Kooperationspflichten
- allgemeine Regeln Art. 41, 11 ff.
- Durchsetzbarkeit Art. 41, 39 ff.
- Gerichte Art. 42, 4 ff.; s. a. Koordinierung
- Gerichte und Verwalter Art. 43, 1 ff.
- Gerichte, Gestaltungsermessen Art. 42, 14 ff.
- Grenzen Art. 41, 23 ff.
- Gruppen-Koordinator Art. 72, 10 ff.
- Haftung Art. 41, 43 ff.
- Haupt- und Sekundärinsolvenzverwalter Art. 41, 1 ff.
- Informationsaustausch Art. 41, 49 ff.
- Konzerninsolvenzen, Gerichte Art. 57, 1 ff.
- Konzerninsolvenzen, Grenzen Art. 57, 18 ff.
- Konzerninsolvenzen, Haftung Art. 57, 31 f.

961

# Stichwortverzeichnis

- Konzerninsolvenzen, Kooperationsfelder  Art. 57, 33
- Konzerninsolvenzen, Kosten  Art. 57, 31 f.
- Konzerninsolvenzen, Verwalter/Gerichte  Art. 58, 1 ff.
- Kosten  Art. 41, 27 f.; Art. 44, 1 ff.
- Masseverwertung  Art. 41, 55 ff.
- mehrere inländische Gesellschaften  Art. 102c § 22, 3 ff.
- Mittel/Form  Art. 41, 19 f
- nachträgliche Eröffnung, Hauptinsolvenzverfahren  Art. 50, 6 ff.
- Partikularverfahren  Art. 42, 5
- Sanierungsprüfung  Art. 41, 53 f.
- Sekundärinsolvenzverwalter, mehrere  Art. 41, 6
- Sprache  Art. 41, 21 f.
- Streitigkeiten, außergerichtliche Beilegung  Art. 41, 12
- Umwandlung v. Sekundärverfahren  Art. 51, 1 ff.
- Vereinbarungen/Protocols  Art. 41, 29 ff.
- Verwalter und Gerichte  Art. 102c § 22, 3 ff.
- Vorschlagsrecht d. Hauptinsolvenzverwalters  Art. 41, 55 ff.

Koordination  s. a. Koordinierung
- Haupt-/Sekundärinsolvenzverfahren  ErwG, 10
- Unternehmensgruppe  ErwG, 11 f.
- verfahrensrechtliche, Konzern  Art. 56, 7
- Zusammenarbeit, Gerichte und Verwalter  Art. 43, 1 ff.

Koordinationsverfahren  s. a. Gruppen-Koordinationsverfahren
- Systematik  Art. 56, 3

Koordinator
- Abberufung  Art. 72, 88; Art. 75, 1 ff.
- Abberufung, Folgen  Art. 75, 20 ff.
- Abberufung, Voraussetzungen  Art. 75, 7 ff.
- Aufgaben  Art. 71, 1 ff.; Art. 72, 10 ff.
- Aufgaben, Überblick  Art. 72, 1 ff.
- Aufwendungen  Art. 77, 24 f.
- Eignungsvoraussetzungen  Art. 71, 9 ff.
- Empfehlungen  Art. 70, 1 ff.; Art. 72, 11 ff.
- Grenzen  Art. 72, 82
- Gruppen-Koordinationsplan  Art. 72, 15 ff.; s. a. dort
- Haftung  Art. 75, 23 ff.
- Informationsrecht  Art. 72, 50 ff.
- Interessenkonflikte  Art. 71, 15 ff.
- Koordination, Grenzen  Art. 72, 7
- Kosten, Verteilung  Art. 77, 28 ff.
- Kostenentscheidung, Rechtsmittel  Art. 102c § 26, 1 ff.
- Kostensteigerungen  Art. 72, 89 ff.; Art. 77, 21 f.
- Muster-Koordinationsplan  Art. 70, 3
- nachträgliche Beteiligung am Verfahren  Art. 69, 1 ff.
- Person  Art. 61, 16
- Person, Einwände  Art. 64, 7; Art. 67, 1 ff.
- Pflichten  Art. 71, 7 f.
- Rechte  Art. 72, 6
- rechtliches Gehör  Art. 72, 37
- Sorgfaltspflichten  Art. 72, 83 ff.
- Sprache  Art. 73, 1 ff.
- Streitigkeiten, Beilegung  Art. 72, 39 ff.
- Teilnahmerecht  Art. 72, 37 f.
- Vergütung  Art. 77, 11 ff.
- Vergütung, Endabrechnung  Art. 77, 26 ff.
- Vergütung, Rechtsmittel bei Widerspruch  Art. 77, 41
- Vergütung, Verwirkung  Art. 77, 23
- Vergütung, Widerspruch gg. Endabrechnung  Art. 77, 34 ff.
- Verwertung, Aussetzungsantrag  Art. 72, 62 ff.
- Verwertung, Aussetzungsfolgen  Art. 72, 74 ff.
- Verwertung, Aussetzungsrecht  Art. 72, 54 ff.
- Vorschlagsrecht  Art. 67, 3 ff.
- Zusammenarbeit m. Verwaltern  Art. 74, 1 ff.

# Stichwortverzeichnis

Koordinierung  Art. 42, 22;
s. a. Kooperationspflichten;
Koordination
- Aufgabenverteilung  Art. 56, 59 ff.
- Gläubigerversammlungen, durch Gerichte  Art. 42, 22
- Insolvenzmasse, Verwaltung durch Gerichte  Art. 42, 20
- Konzerninsolvenzen, Sanktionen  Art. 57, 50 f.
- Konzerninsolvenzen, Verhandlungen  Art. 57, 45 ff.
- Konzerninsolvenzen, Verwalter/ Gerichte  Art. 58, 1 ff.
- Konzerninsolvenzen, Verwalterbestellung  Art. 57, 34 ff.
- Konzerninsolvenzen, Verwalterrechte  Art. 60, 1 ff.
- Konzerninsolvenzen, Verwaltung/ Überwachung d. Geschäfte  Art. 57, 42 ff.
- Sanierungsplan  Art. 56, 53 ff.
- Vereinbarungen/Protocols  Art. 42, 23
- Verhandlungen, durch Gerichte  Art. 42, 21
- Verwalterbestellung  Art. 42, 16 ff.
- Verwaltung/Überwachung d. Geschäfte  Art. 56, 47 ff.

Kosten
- Bekanntmachung  Art. 28, 24; Art. 30, 1 ff.; Art. 102c § 7, 26 f.
- Forderungsanmeldung  Art. 45, 6, 14
- Gruppen-Koordinationsverfahren  Art. 61, 23 ff.; Art. 72, 89 ff.; Art. 77, 1 ff.
- Gruppen-Koordinationsverfahren, Rechtsmittel  Art. 102c § 26, 1 ff.
- Insolvenzregister  Art. 26, 1 ff.
- Konzerninsolvenzen, Zusammenarbeit  Art. 59, 1 ff.
- Kooperation/Kommunikation  Art. 44, 1 ff.
- Partikularverfahren, isoliertes  Art. 40, 7
- Sekundärverfahren, Eröffnung  Art. 40, 1 ff.

Kreditinstitute
- Anwendungsbereich d. EuInsVO  Art. 1, 61

Kreditsicherung
- Verfahrenseröffnung, Wirkung  Art. 8, 1 ff.; Art. 10, 1 ff.; s. a. Dingliche Rechte; Eigentumsvorbehalt

Leasingverträge
- Verfahrenseröffnung, Wirkung  Art. 11, 10

Luftfahrzeuge
- Belegenheit  Art. 17, 4
- Register, anwendbares Recht  Art. 14, 1 ff.
- Schutz des Dritterwerbers  Art. 17, 1 ff.

Markenschutz
- Hauptinsolvenzverfahren, Zuordnung  Art. 15, 1 ff.

Massegläubiger
- Herausgabepflicht  Art. 23, 17
- Masseunzulänglichkeit  Art. 23, 63
- Quotenausgleich  Art. 23, 63; s. a. dort

Masseunzulänglichkeit
- Quotenausgleich  Art. 23, 63

Masseverbindlichkeiten
- anwendbares Recht  Art. 7, 26 ff.

Mietverträge
- Verfahrenseröffnung, Wirkung  Art. 11, 10

Mittelpunkt des hauptsächlichen Interesses  s. a. Center of Main Interests
- Abwicklungsgesellschaft  Art. 3, 19
- Begriff  Art. 3, 10 ff.
- Beurteilungszeitpunkt  Art. 3, 13
- Beweis d. Gegenteils  Art. 3, 21 ff.
- Briefkastenfirma  Art. 3, 18, 30
- Gesellschaften  Art. 3, 29 ff.
- Gewerbetreibende/Freiberufler  Art. 3, 34 f.
- gewöhnlicher Aufenthalt  Art. 3, 34 ff.
- Interesse  Art. 3, 12

# Stichwortverzeichnis

- juristische Personen  Art. 3, 29 ff.
- natürliche Personen  Art. 3, 34 ff.
- objektive, für Dritte feststellbare Kriterien  Art. 3, 16 ff.
- Patente, europäische  Art. 15, 9
- Sekundärinsolvenzverfahren  Art. 3, 40 ff.
- Verlegung  Art. 3, 32
- Verlegung, Evaluierung  Art. 90, 8 f.
- Verlegung, Sperrfristen  Art. 3, 27 f.
- Vermutung  Art. 3, 20 ff., 39

Mitwirkungspflichten
- Durchsetzbarkeit  Art. 41, 39 ff.
- Grenzen  Art. 41, 23 ff.
- Haftung  Art. 41, 43 ff.
- Haupt- und Sekundärinsolvenzverwalter  Art. 41, 1 ff.
- Informationsaustausch  Art. 41, 49 ff.
- Konzerninsolvenzen  Art. 56, 41 ff.
- Kosten  Art. 41, 27 f.; Art. 44, 1 ff.
- Masseverwertung  Art. 41, 55 ff.
- Mittel/Form  Art. 41, 19 f.
- Sanierungsprüfung  Art. 41, 53 f.
- Sekundärinsolvenzverwalter, mehrere  Art. 41, 6
- Sprache  Art. 41, 21 f.
- Vereinbarungen/Protocols  Art. 41, 29 ff.
- Vorschlagsrecht d. Hauptinsolvenzverwalters  Art. 41, 55 ff.

Multilaterale Übereinkünfte  Art. 1, 88

Mutterunternehmen
- Begriff  Art. 2, 62 ff.

Nachlassinsolvenz
- Insolvenzeröffnung, Anerkennung  Art. 19, 23

Nachlassverfahren
- Anwendungsbereich d. EuInsVO  Art. 1, 52

Nachtragsverteilung
- Annexklagen  Art. 6, 20 ff.

Natürliche Personen
- Anwendungsbereich d. EuInsVO  Art. 1, 56
- COMI  Art. 3, 34 ff.

- Insolvenzregister, Angaben  Art. 24, 15, 21
- Niederlassung  Art. 2, 40

Niederlassung
- Begriff  Art. 2, 40 ff.; Art. 102c § 7, 6
- inländische  Art. 102c § 7, 5 ff.
- Insolvenzeröffnung, Eintragung  Art. 28, 1 ff.
- Insolvenzeröffnung, Eintragungspflicht  Art. 29, 1 ff., 21
- mehrere  Art. 102c § 7, 10
- Partikularverfahren, isoliertes  Art. 3, 64
- Sekundärinsolvenzverfahren  Art. 3, 41 ff.
- Sicherungsmaßnahmen  Art. 52, 5
- Stilllegung  Art. 46, 6
- Tochterunternehmen  Art. 2, 48 ff.

Öffentliche Gesamtverfahren
- Begriff  Art. 1, 15 ff.
- gerichtliche und administrative Verfahren  Art. 1, 20
- Kollektivverfahren  Art. 1, 16 ff.
- Öffentlichkeit des Verfahrens  Art. 1, 21 ff.

Öffentliche Ordnung
- Begriff  Art. 33, 3
- Ordre public-Vorbehalt  Art. 33, 1 ff.; s. a. dort

Opt-in
- EuInsVO  ErwG, 21

Opt-out
- EuInsVO  ErwG, 21

Ordre public-Verstoß
- Fallgruppen  Art. 33, 9
- Insolvenzeröffnung, Anerkennung  Art. 19, 21
- Rechtsfolgen  Art. 33, 10

Ordre public-Vorbehalt
- Anerkennung v. Entscheidungen  Art. 33, 1 ff.
- Entscheidungen ausl. Gerichts  Art. 33, 2
- Insolvenzfähigkeit, fehlende  Art. 33, 8

## Stichwortverzeichnis

- materieller **Art. 33,** 7
- offensichtliche Unvereinbarkeit **Art. 33,** 4
- öffentliche Ordnung, Begriff **Art. 33,** 3
- verfahrensrechtlicher **Art. 33,** 5 f.

Organsimen f. gemeinsame Anlagen
- Anwendungsbereich d. EuInsVO **Art. 1,** 63 ff.
- Begriff **Art. 2,** 6 ff.

Pachtverträge
- Verfahrenseröffnung, Wirkung **Art. 11,** 10

Partikularverfahren **Art. 2,** 12; s. a. Sekundärinsolvenzverfahren
- Annexklagen **Art. 6,** 43 ff., 93 ff.
- anwendbares Recht **Art. 35,** 4
- Begriff **Art. 34,** 11
- Begriff/Zweck **Art. 34,** 23
- Forderungsanmeldung **Art. 45,** 5
- Insolvenzeröffnung **Art. 19,** 28 f.; **Art. 20,** 12 f.
- Insolvenzeröffnung, Eintragung **Art. 28,** 1 ff.
- Insolvenzeröffnung, Unterrichtungspflicht **Art. 54,** 1 ff.
- Insolvenzfähigkeit **Art. 7,** 11
- Insolvenzgrund **Art. 34,** 41
- Kooperationspflichten **Art. 42,** 5
- Kritik **Art. 34,** 12
- mitgliedstaatliche **Art. 1,** 86
- negativer Kompetenzkonflikt **Art. 3,** 51 ff.
- Territorialitätsprinzip **Art. 34,** 41
- und Hauptinsolvenzverfahren **Art. 19,** 28 f.; **Art. 20,** 12 f.
- Verfahrenseröffnung, Antragstellung **Art. 37,** 12 f.
- Verhinderung **ErwG,** 8
- Voraussetzungen **Art. 3,** 48 ff.
- Zusammenarbeit, Gerichte und Verwalter **Art. 43,** 3
- Zuständigkeitsprüfung, Rechtsmittel **Art. 5,** 4
- Zweck **Art. 34,** 13

Partikularverfahren, isoliertes
- Anfechtungsklagen **Art. 21,** 38 ff.
- Behörden, Antragsrecht **Art. 3,** 61
- Insolvenzbeschlag **Art. 21,** 31
- Insolvenzgrund **Art. 3,** 62 f.
- Kompetenzabgrenzung z. Hauptverwalter **Art. 21,** 31 ff.
- Kostenvorschuss **Art. 40,** 7
- nachträgliche Eröffnung, Hauptinsolvenzverfahren **Art. 50,** 1 ff.
- Nachweis, Verwaltungsbefugnis **Art. 22,** 5
- Überleitung, automatische **Art. 3,** 65
- Verwalter, Befugnisse **Art. 21,** 31 ff.
- Voraussetzungen **Art. 3,** 54 ff.
- Wirkungen **Art. 3,** 64

Passivprozesse
- Annexklagen **Art. 6,** 34 ff.

Patente **Art. 1,** 82
- Vermögensgegenstände, Belegenheit **Art. 2,** 26, 36

Patente, europäische
- Hauptinsolvenzverfahren, Zuordnung **Art. 15,** 1 ff.
- Mittelpunkt der hauptsächlichen Interessen **Art. 15,** 9

Pfändungsschutz **Art. 13,** 11

Postsperre
- Verwalter, Befugnisse **Art. 21,** 61

Präventiver Restrukturierungsrahmen
- Restrukturierungsrichtlinie **Art. 1,** 10, 53 f.

Prioritätsprinzip
- Insolvenzeröffnung **Art. 19,** 2; **Art. 20,** 4

Prioritätsregel
- Zweiteröffnung, Einstellung d. Verfahrens **Art. 102c § 3,** 3

Protocols
- Kooperationsvereinbarungen **Art. 41,** 29 ff.

Prozess
- Verfahrensstatut **Art. 18,** 1 ff.

Prozessführungsbefugnis
- Annexklagen, isolierte **Art. 6,** 82 f.

## Stichwortverzeichnis

Quotenausgleich
- Berechnungsverfahren  Art. 23, 66 ff.
- Berechtigung  Art. 23, 61 ff.
- Gläubigerbefriedigung  Art. 23, 58 ff.
- Masseunzulänglichkeit  Art. 23, 63
- Verwalter, Auskunftsansprüche  Art. 23, 73 ff.
- Verwalter, Zurückbehaltungsrecht  Art. 23, 77

Rechtsbehelfe
- Verwalter, Befugnisse  Art. 21, 63

Rechtsbeschwerde
- Eintragungsantrag, Ablehnung  Art. 102c § 9, 9
- Gruppen-Koordinationsverfahren, Kostenentscheidung  Art. 102c § 26, 1 ff.
- internationale Zuständigkeit, Rüge  Art. 102c § 4, 9 ff.

Rechtsmittel
- Ablehnung d. Eröffnung, bei Zusicherungen  Art. 102c § 20, 1 ff.
- Aussetzungsrecht d. Koordinators  Art. 72, 72 f.
- Eintragungsantrag, Ablehnung  Art. 102c § 9, 1 ff.
- Gruppen-Koordinationsverfahren  Art. 68, 8 f.
- Gruppen-Koordinationsverfahren, (Nicht)Einbeziehung  Art. 102c § 25, 1 ff.
- Gruppen-Koordinationsverfahren, Kostenentscheidung  Art. 102c § 26, 1 ff.
- Insolvenzregister, Angaben  Art. 24, 19
- Sekundärverfahren, Aussetzung  Art. 38, 21
- Sekundärverfahren, virtuelles  Art. 36, 40
- Vergütung, Widerspruch gg. Endabrechnung  Art. 77, 41
- Verteilung, Überprüfung  Art. 102c § 21, 22 ff.
- Verwalter, Befugnisse  Art. 21, 63
- Verwertungsaussetzung, Ablehnung  Art. 46, 15
- Zusicherung, Verpflichtung z. Einhaltung  Art. 102c § 21, 22 ff.
- Zuständigkeit, internationale  Art. 102c § 4, 1 ff.
- Zweiteröffnung, Beschwerdebefugnis  Art. 102c § 3, 6 ff.

Rechtsstreitigkeiten  s. a. Klagen
- Anhängigkeit  Art. 18, 6
- Begriff  Art. 18, 4
- Verfahrensstatut  Art. 18, 1 ff.

Rechtsverfolgungsmaßnahmen
- anwendbares Recht  Art. 7, 23 ff.

Register, öffentliche
- anwendbares Recht  Art. 14, 1 ff.
- dinglichen Rechten gleichgestellte Rechte  Art. 8, 13 f.
- Einsichtnahme  ErwG, 18
- Europäisches Justizportal  ErwG, 17; s. a. dort
- Insolvenzeröffnung, Eintragungsantrag  Art. 29, 21 ff.; Art. 102c § 8, 1 ff.
- Insolvenzeröffnung, Eintragungspflicht  Art. 29, 1 ff.
- Insolvenzregister  s. dort
- Kosten  Art. 30, 1 ff.
- mitgliedstaatliche  Art. 1, 82
- nationale Insolvenzregister, Datenschutz  Art. 78, 5 ff.; s. a. dort; s. a. Europäisches Justizportal
- Öffentlichkeit des Verfahrens  Art. 1, 23
- Prüfungsbefugnis  Art. 29, 18 f.
- Schutz des Dritterwerbers  Art. 17, 1 ff.
- Vermögensgegenstände, Belegenheit  Art. 2, 35
- Vernetzung  ErwG, 17

Restrukturierungsverfahren
- Anwendungsbereich d. EuInsVO  Art. 1, 11 ff.
- Restrukturierungsrichtlinie  Art. 1, 10, 53 f.; Art. 6, 46

Restschuldbefreiung
- Anerkennung  Art. 32, 6

## Stichwortverzeichnis

Sachwalter
- Annexklagen, Klägerstellung Art. 6, 29 ff.
- Bestellung, Nachweis Art. 22, 3
- Forderungsanmeldung Art. 53, 17
- Konzerninsolvenzen, Beteiligte Art. 56, 18
- Rechtsstellung Art. 21, 6, 10
- Sekundärverfahren, Antragstellung Art. 37, 4
- Zusicherung an ausl. Gläubiger Art. 36, 5

Sanierung
- übertragende Art. 61, 2
- Verwertungsaussetzung Art. 46, 1 ff.

Sanierungsmaßnahmen
- Begriff Art. 47, 4 f.
- Unternehmensgruppe Art. 56, 53 ff.

Sanierungsplan
- Adressat Art. 47, 10 f.
- Auswirkungen Art. 47, 12 ff.
- Begriff Art. 47, 4 f.
- Konzerninsolvenzen Art. 60, 23 ff.
- Unternehmensgruppe Art. 56, 53 ff.
- Vorschlagsrecht Art. 47, 6 ff.

Satzungssitz
- Sekundärinsolvenzverfahren Art. 3, 45
- Verlegung Art. 3, 32

Scheme of Arrangement
- Anwendungsbereich d. EuInsVO Art. 1, 32 f.
- Brexit Art. 1, 33

Schenkungsverträge
- Verfahrenseröffnung, Wirkung Art. 11, 9

Schiedsverfahren
- Anhängigkeit Art. 18, 8 ff.
- Verfahrensstatut Art. 18, 1 ff.

Schiffe
- Belegenheit Art. 17, 4
- Register, anwendbares Recht Art. 14, 1 ff.
- Schutz des Dritterwerbers Art. 17, 1 ff.

Schuldenanpassungsverfahren
- Anwendungsbereich d. EuInsVO Art. 1, 34

Schuldner
- Annexklagen, Klägerstellung Art. 6, 29
- Anwendungsbereich d. EuInsVO Art. 1, 55 ff.
- Eigenverwaltung Art. 21, 11 ff.; Art. 76, 1 ff.
- Eigenverwaltung, Kooperationspflichten Art. 41, 8 f.
- eintragungspflichtige Rechte Art. 14, 1 ff.
- Eröffnungsantrag, Angaben z. Zuständigkeit Art. 102c § 5, 11 ff.
- Gruppen-Koordinationsverfahren, Antrag Art. 61, 8
- Haftung, Eintragungspflicht Art. 29, 26 f.
- Insolvenzeröffnung, Eintragung Art. 28, 1 ff.
- Insolvenzeröffnung, Eintragungsantrag Art. 28, 19 ff.
- Insolvenzeröffnung, Eintragungspflicht Art. 29, 1 ff.
- Insolvenzfähigkeit Art. 7, 10 f.; Art. 19, 22
- Insolvenzmasse, Koordinierung durch Gerichte Art. 42, 20
- Insolvenzregister, Angaben Art. 24, 14 f.
- Insolvenzregistereintragung, Information Art. 79, 10 ff.
- Leistungen an Dritte aufgrund Anweisung d. Schuldners Art. 31, 18 ff.
- Leistungen nach Insolvenzeröffnung Art. 28, 18; Art. 31, 8 ff.; s. a. Drittschuldner
- Leistungen nach Insolvenzeröffnung, Beweislast Art. 31, 25 ff.
- Leistungen v. Dritten für Drittschuldner an d. Schuldner Art. 31, 21 ff.
- Nachweis, Verwaltungsbefugnis Art. 22, 4, 16 ff.
- Sekundärverfahren, Antragstellung Art. 37, 10
- Sekundärverfahren, Unterrichtung Art. 38, 3 ff.

967

# Stichwortverzeichnis

- Verfügungsbefugnis  Art. 7, 15 ff.
- Verfügungsbeschränkung, Anerkennung  Art. 32, 4
- Zusicherungen, Haftung  Art. 102c § 14, 5
- Zuständigkeitsprüfung, Rechtsmittel  Art. 5, 1 ff.

Schutzrechte
- Hauptinsolvenzverfahren, Zuordnung  Art. 15, 1 ff.
- Vermögensgegenstände, Belegenheit  Art. 2, 26, 37

Schutzschirmverfahren
- Anwendungsbereich d. EuInsVO  Art. 1, 24 f.
- Konzerninsolvenzen, Beteiligte  Art. 56, 16

Sekundärinsolvenzverfahren  Art. 2, 12; s. a. Partikularverfahren
- Ablehnung  Art. 34, 6
- Ablehnung d. Eröffnung, bei Zusicherungen  Art. 102c § 20, 1 ff.
- Anfechtungsrechte, konkurrierende  Art. 34, 32 f.
- Annexklagen  Art. 6, 43 ff., 93 ff.
- Annexklagen, Kompetenzkonflikt  Art. 102c § 6, 44
- Antragstellung  Art. 37, 1 ff.
- anwendbares Recht  Art. 35, 1 ff.
- Aussetzung  Art. 34, 6; Art. 38, 19 ff.
- Aussetzung d. Verwertung  Art. 34, 7
- Aussetzung, Absonderungsberechtigte  Art. 102c § 16, 1 ff.
- Aussetzung, Sicherungsmaßnahmen  Art. 102c § 16, 7
- Aussetzung, wg. Verhandlungen  Art. 38, 22 ff.
- Beantragung, Gründe  Art. 34, 10
- Beendigung  Art. 34, 37
- Beendigung, Auswirkungen  Art. 48, 1 ff.
- Begriff  Art. 34, 2
- benachteiligende Rechtshandlungen  Art. 16, 3
- dingliche Rechte  Art. 8, 22 f., 26
- Eigenständigkeit  Art. 34, 8
- Eigentumsvorbehalt  Art. 10, 10
- Eigenverwaltung  Art. 34, 28
- Eröffnungsantrag trotz Zusicherungen  Art. 102c § 20, 5
- Eröffnungsentscheidung  Art. 38, 1 ff.
- Eröffnungsentscheidung, Überprüfung  Art. 39, 1 ff.
- Eröffnungsermessen  Art. 34, 25 ff.
- Forderungsanmeldung/-prüfung/-feststellung  Art. 7, 29, 32
- Gegenstände, unbewegliche  Art. 11, 14
- Gesellschaft, Fortbestand bei Auflösung  Art. 48, 5 ff.
- Hauptinsolvenzverfahren, Koordination  ErwG, 10
- Herausgabepflicht d. Gläubigers  Art. 23, 54 ff.
- Insolvenzbeschlag  Art. 3, 46; Art. 34, 29 ff.
- Insolvenzbeschlag, Zuständigkeit  Art. 34, 36
- Insolvenzeröffnung  Art. 19, 25 ff.; Art. 20, 8 ff.
- Insolvenzeröffnung, Unterrichtungspflicht  Art. 54, 1 ff.
- Insolvenzfähigkeit  Art. 7, 11
- Insolvenzgrund  Art. 3, 47; Art. 34, 19 ff.
- Insolvenzgrund, Eröffnungsprüfung  Art. 38, 30
- Insolvenzplan  Art. 34, 27
- Insolvenzplan, Gläubigerschutz  Art. 102c § 15, 1 ff.
- konzerninsolvenzliches System  Art. 56, 1 ff.
- Kostenvorschuss  Art. 40, 1 ff.
- Kritik  Art. 34, 12
- mehrere  Art. 34, 9
- mehrere inländische Gesellschaften  Art. 102c § 22, 1 ff.
- mitgliedstaatliche  Art. 1, 85 f.
- Niederlassung  Art. 3, 41 ff.
- Partikularverfahren, Überleitung  Art. 3, 65
- Prioritätsregel  Art. 102c § 3, 3
- Schutz der inl. Gläubiger  ErwG, 9
- Sekundärverfahren, Eröffnungsermessen  Art. 38, 29 ff.
- Sicherungsmaßnahmen, lokale Gläubiger  Art. 38, 25 ff.

## Stichwortverzeichnis

- Umwandlung in Partikularverfahren Art. 34, 16
- Umwandlung, Antrag Art. 51, 1 ff.
- Umwandlung, Prüfung Art. 51, 11 ff.
- und Hauptinsolvenzverfahren Art. 19, 25 ff.; Art. 20, 8 ff.
- Verfahrenseröffnung, Antragstellung Art. 37, 7 ff.
- Vermeidung Art. 36, 1 ff.; s. a. Sekundärverfahren, virtuelles; Zusicherung
- Verteilungsfragen Art. 7, 36
- Verwertungsüberschuss Art. 49, 1 ff.; Art. 50, 10
- Voraussetzungen Art. 34, 14 ff.
- vorinsolvenzliche Verfahren/ Restrukturierungsverfahren Art. 34, 27
- Zusicherung d. Verwalters an ausl. Gläubiger Art. 36, 4 ff.
- Zusicherungen aus inländischem Hauptverfahren Art. 102c § 11, 1 ff.
- Zusicherungen aus inländischem Hauptverfahren, Abstimmungsverfahren Art. 102c § 17, 1 ff.; Art. 102c § 18, 1 ff.; Art. 102c § 19, 1 ff.
- Zusicherungen aus inländischem Hauptverfahren, Bekanntmachung Art. 102c § 12, 1 ff.
- Zuständigkeit, internationale Art. 3, 40 ff.
- Zuständigkeit, örtliche Art. 102c § 1, 10 f.
- Zuständigkeitsprüfung, Rechtsmittel Art. 5, 4
- Zweck Art. 34, 5
- Zweiteröffnung, Einstellung d. Verfahrens Art. 102c § 2, 7 ff.
- Zweiteröffnung, Unterrichtung über Einstellung Art. 102c § 3, 14 ff.
- Zweiteröffnung, Wirkungen d. eingestellten Verfahrens Art. 102c § 3, 9 ff.

Sekundärinsolvenzverfahren, virtuelles
- Antragsfrist Art. 37, 11
- Arbeitsverhältnisse Art. 36, 39
- Begriff Art. 36, 3
- Bekanntmachung Art. 36, 11
- Drittstaaten Art. 36, 41 ff.
- Gläubigerbeteiligung Art. 36, 20 ff.
- Haftung Art. 36, 36 ff.
- Hauptinsolvenzverfahren, Gläubigerbeteiligung Art. 36, 17
- Rechtsmittel Art. 36, 40
- Sekundärverfahren, Antragstellung Art. 38, 9 ff.
- Sicherungsmaßnahmen Art. 36, 35
- Sprache Art. 36, 12
- Verteilungsordnung, Durchsetzung Art. 36, 30 ff.
- Zusicherung d. Verwalters an ausl. Gläubiger Art. 36, 1 ff.
- Zusicherung, Form Art. 36, 12
- Zusicherung, Inhalt Art. 36, 4 ff.
- Zusicherung, Rechtsfolgen Art. 36, 13 ff.

Sekundärinsolvenzverwalter Art. 21, 4
- Anfechtungsklagen Art. 21, 38 ff.
- Anfechtungsrechte, konkurrierende Art. 34, 32 f.
- Anhörungsrecht Art. 60, 5 ff.
- Befugnisse Art. 21, 31 ff.
- Befugnisse, Schranken Art. 21, 51 ff.
- Bestellung, Beglaubigung Art. 22, 20
- Bestellung, Koordinierung durch Gerichte Art. 42, 16 ff.
- Bestellung, Kosten Art. 22, 22 ff.
- Bestellung, Nachweis Art. 22, 5
- Bestellung, Publikation Art. 21, 9 f.; Art. 22, 15
- Bestellung, Übersetzung Art. 22, 19 ff.
- Drittstaaten Art. 21, 37, 46
- Empfehlungen d. Koordinators Art. 70, 1 ff.
- Erfüllungswahlrecht Art. 6, 59; Art. 7, 22; Art. 21, 15; Art. 34, 34; Art. 102c § 3, 13
- Forderungsanmeldung Art. 45, 8 ff.
- Freigabe Art. 34, 35
- Gläubigerversammlungen, Teilnahme Art. 45, 16 f.

969

## Stichwortverzeichnis

- Gruppen-Koordinationsverfahren, Antrag **Art. 61**, 8
- Gruppen-Koordinationsverfahren, Einwendungen **Art. 64**, 1 ff.; **Art. 65**, 1 ff.
- Gruppen-Koordinationsverfahren, nachträgliche Beteiligung **Art. 69**, 1 ff.
- Informationsaustausch **Art. 41**, 49 ff.
- Insolvenzbeschlag **Art. 21**, 22, 31
- Insolvenzeröffnung, Eintragung **Art. 28**, 1 ff.
- Insolvenzeröffnung, Eintragungsantrag **Art. 102c** § 8, 4
- Insolvenzeröffnung, Eintragungspflicht **Art. 29**, 1 ff.
- Kompetenzabgrenzung z. Hauptverwalter **Art. 21**, 31 ff.
- Konzerninsolvenzen, Aufgabenverteilung **Art. 56**, 59 ff.
- Konzerninsolvenzen, Bestellung **Art. 57**, 34 ff.
- Konzerninsolvenzen, Grenzen **Art. 56**, 33 ff.
- Konzerninsolvenzen, Haftung **Art. 56**, 38 f.
- Konzerninsolvenzen, Informationsaustausch **Art. 56**, 43 ff.
- Konzerninsolvenzen, Mitwirkungspflichten **Art. 56**, 41 ff.
- Konzerninsolvenzen, Pflichten **Art. 56**, 29 ff.
- Konzerninsolvenzen, Sanierungsplan **Art. 56**, 53 ff.; **Art. 60**, 23 ff.
- Konzerninsolvenzen, Verwalterrechte **Art. 60**, 1 ff.
- Konzerninsolvenzen, Verwertungsaussetzung **Art. 60**, 8 ff.
- Konzerninsolvenzen, Zusammenarbeit m. Gerichten **Art. 58**, 1 ff.
- konzerninsolvenzliches System **Art. 56**, 14
- Kooperation Hauptverwalter **Art. 21**, 49 ff.
- Kooperationspflichten **Art. 41**, 1 ff.; s. a. dort
- Kooperationspflichten, allgemeine Regeln **Art. 41**, 11 ff.
- Kooperationspflichten, Haftung **Art. 41**, 43 ff.
- Kooperationspflichten, Masseverwertung **Art. 41**, 55 ff.
- Rechtsbehelfe **Art. 21**, 63
- Sanierungsprüfung **Art. 41**, 53 f.
- Sekundärverfahren, Antragstellung **Art. 38**, 9 ff.
- Sekundärverfahren, Unterrichtung **Art. 38**, 5
- Vereinbarungen/Protocols **Art. 41**, 29 ff.; **Art. 42**, 23
- Verfahrenseröffnung, Antragstellung **Art. 37**, 4, 7 ff.
- Verwaltung/Überwachung d. Geschäfte **Art. 56**, 47 ff.
- Verwertungsrecht **Art. 21**, 53 ff.
- Vorschlagsrecht d. Hauptinsolvenzverwalters **Art. 41**, 55 ff.
- Zusammenarbeit mit Gerichten **Art. 43**, 1 ff.
- Zusammenarbeit, Gestaltungsermessen **Art. 43**, 12
- Zusammenarbeit, Kosten **Art. 44**, 1 ff.
- Zusammenarbeit, Sanktionen **Art. 42**, 24

Sicherheitsleistungen
- Verwertungsaussetzung **Art. 46**, 20

Sicherungsmaßnahmen
- Anerkennung **Art. 32**, 17 ff.
- Antrag **Art. 52**, 6
- Aussetzung d. Sekundärinsolvenzverfahren **Art. 102c** § 16, 7
- Dauer **Art. 52**, 10 ff.
- Einleitung d. Insolvenzeröffnung **Art. 52**, 1 ff.
- Insolvenzbeschlag **Art. 21**, 22
- Niederlassung **Art. 52**, 5
- Sekundärverfahren **Art. 36**, 35
- Sekundärverfahren, Aussetzung **Art. 38**, 25 ff.
- Zulässigkeit **Art. 52**, 7 f.
- Zusicherung **Art. 102c** § 21, 17 ff.
- Zuständigkeit **Art. 52**, 9

Sicherungsrechte
- Herausgabepflicht d. Gläubigers **Art. 23**, 41 ff.
- Verfahrenseröffnung, Wirkung **Art. 8**, 1 ff.; s. a. Dingliche Rechte; Eigentumsvorbehalt

# Stichwortverzeichnis

Sofortige Beschwerde
- Eintragungsantrag, Ablehnung Art. 102c § 9, 1 ff.
- Gruppen-Koordinationsverfahren, Kostenentscheidung Art. 102c § 26, 1 ff.
- internationale Zuständigkeit, Rüge Art. 102c § 4, 2 ff.

Sortenschutz
- Hauptinsolvenzverfahren, Zuordnung Art. 15, 1 ff.

Sperrfristen
- COMI, Verlegung Art. 3, 27 f.
- gewöhnlicher Aufenthalt Art. 3, 39

Sperrwirkung
- Beginn Art. 2, 19 f.
- Insolvenzeröffnung Art. 19, 3
- Zeitpunkt/Dauer Art. 19, 15 ff.

Sprache
- Forderungsanmeldung Art. 55, 25 ff.
- Gruppen-Koordinationsverfahren Art. 73, 1 ff.
- Insolvenzantrag, Übersetzung Art. 102c § 7, 20
- Kooperationspflichten Art. 41, 21 f.

Standardformulare
- Bereitstellung Art. 88, 1 ff.

Stichtag
- Anwendungsbereich, zeitlicher Art. 84, 2 ff.

Stundung
- Sekundärinsolvenzplan, Gläubigerschutz Art. 102c § 15, 1 ff.

Territorialitätsprinzip
- Erwägungsgründe ErwG, 4

Territorialverfahren s. Partikularverfahren; Sekundärverfahren

Tochtergesellschaften
- Konzerninsolvenzen, Beteiligte Art. 56, 19

Tochterunternehmen
- Niederlassung, Begriff Art. 2, 48 ff.

Treuhänder
- Annexklagen, Klägerstellung Art. 6, 29 ff.
- Bestellung, Nachweis Art. 22, 3

Übereinkünfte, bilaterale Art. 1, 88

Übereinkünfte, internationale
- Anwendungsbereich, zeitlicher Art. 85, 1 ff.

Übergangsbestimmungen
- Anwendungsbereich, zeitlicher Art. 84, 1 ff.

Übersetzungen
- Bestellung, Nachweis Art. 22, 19 ff.

Universalitätsprinzip
- Erwägungsgründe ErwG, 4
- Insolvenzeröffnung Art. 19, 2; Art. 20, 4
- Territorialverfahren Art. 34, 1

Unternehmensgruppe
- Anhörungsrecht Art. 60, 5 ff.
- Anwendungsbereich d. EuInsVO Art. 1, 58 f.
- Aufgabenverteilung Art. 56, 59 ff.
- Begriff Art. 2, 60 f.; Art. 56, 21 ff.
- Drittstaaten Art. 56, 28
- grenzüberschreitender Bezug Art. 56, 24 ff.
- Gruppen-Koordinationsverfahren Art. 61, 1 ff.; s. a. dort
- Informationsaustausch Art. 56, 43 ff.
- Informationsaustausch, Gerichte Art. 57, 37 ff.
- internationale Zuständigkeit Art. 3, 33
- konzerninsolvenzliches System Art. 56, 4 ff.
- Kooperationspflichten, Verwalter/ Gerichte Art. 102c § 22, 3 ff.
- Koordination ErwG, 11 f.
- Koordinierung v. Verhandlungen Art. 57, 45 ff.
- mehrere inländische Gesellschaften Art. 102c § 22, 1 ff.
- Mitwirkungspflichten Art. 56, 41 ff.

# Stichwortverzeichnis

- Niederlassung, Begriff Art. 2, 48 ff.
- Sanierungsplan Art. 56, 53 ff.; Art. 60, 23 ff.
- Verfahrensbeteiligte Art. 56, 12 ff.
- Verfahrenskonzentration Art. 56, 10 f.
- Verwalter, Pflichtenstellung Art. 56, 29 ff.
- Verwalterbestellung Art. 57, 34 ff.
- Verwalterrechte Art. 60, 1 ff.
- Verwaltung/Überwachung d. Geschäfte Art. 56, 47 ff.; Art. 57, 42 ff.
- Verwertungsaussetzung Art. 60, 8 ff.
- Verwertungsaussetzung, Gerichtsentscheidung Art. 60, 14 ff., 29 ff.
- Verwertungsaussetzung, Interessenlage Art. 60, 11 ff.
- Verwertungsaussetzung, Voraussetzungen Art. 60, 22 ff.
- Zusammenarbeit, Gerichte Art. 57, 1 ff.
- Zusammenarbeit, Grenzen Art. 56, 33 ff.
- Zusammenarbeit, Kosten Art. 59, 1 ff.
- Zusammenarbeit, Mittel/Form Art. 56, 40
- Zusammenarbeit, Sanktionen Art. 57, 50 f.
- Zusammenarbeit, Verwalter/Gerichte Art. 58, 1 ff.

Unterrichtungspflicht
- Gerichte Art. 42, 15 ff.
- Gruppen-Koordinationsverfahren, Antrag Art. 63, 8 f.
- Insolvenzeröffnung Art. 54, 1 ff.
- Insolvenzeröffnung, Inhalt Art. 54, 13 f.
- Insolvenzeröffnung, Standardformular Art. 54, 15 ff.
- Verletzung Art. 54, 19 f.

Urheberrechte
- Vermögensgegenstände, Belegenheit Art. 2, 26, 37

Verbraucherinsolvenzverfahren
- Anwendungsbereich d. EuInsVO Art. 1, 52
- internationale Zuständigkeit Art. 102c § 5, 20

Vereinigtes Königreich von Großbritannien
- Annexklagen Art. 6, 42
- Anwendungsbereich, Opt-in/Opt-out ErwG, 21
- Brexit s. dort

Verfahren
- Anerkennung, automatische ErwG, 14 ff.

Verfahrenskosten
- anwendbares Recht Art. 7, 42 f.

Verfahrensstatut
- Rechtsstreitigkeiten, anhängige Art. 18, 1 ff.

Verfügungsbefugnis
- anwendbares Recht Art. 7, 15 ff.

Verfügungsbeschränkungen
- Register, öffentliche Art. 14, 1

Vergleiche
- Anerkennung Art. 32, 7

Vermögensbeschlag Art. 1, 40

Vermögensgegenstände s. a. Gegenstände
- Belegenheit Art. 1, 79; Art. 2, 26 ff.; Art. 3, 44

Verordnungsermächtigung
- Insolvenzgericht, Zuständigkeit Art. 102c § 1, 15 f.

Versicherungsunternehmen
- Anwendungsbereich d. EuInsVO Art. 1, 61

Verteilung
- anwendbares Recht Art. 7, 33 ff.

Verträge, laufende
- anwendbares Recht Art. 7, 21 f.
- Arbeitsverhältnisse s. dort
- Gegenstände, unbewegliche Art. 11, 8

Verwalter
- Annexklagen, Klägerstellung Art. 6, 29 ff.
- Begriff Art. 2, 13 f.
- Bestellung Art. 21, 5 ff.

## Stichwortverzeichnis

- Bestellung, Anerkennung Art. 32, 4
- Bestellung, Beglaubigung Art. 22, 20
- Bestellung, Koordinierung durch Gerichte Art. 42, 16 ff.
- Bestellung, Kosten Art. 22, 22 ff.
- Bestellung, Nachweis Art. 22, 1 ff.
- Bestellung, Publikation Art. 21, 9 f.; Art. 22, 15
- Bestellung, Übersetzung Art. 22, 19 ff.
- Bestellung, Wirkung Art. 2, 21; Art. 21, 5
- Eigenverwaltung Art. 21, 11 ff.
- Empfehlungen d. Koordinators Art. 70, 1 ff.
- Gruppen-Koordinationsverfahren, (Nicht)Einbeziehung Art. 102c § 25, 1 ff.
- Gruppen-Koordinationsverfahren, nachträgliche Beteiligung Art. 69, 1 ff.
- Haftung Art. 36, 36 ff.
- Haftung, Eintragungspflicht Art. 29, 26 f.
- Insolvenzregister, Angaben Art. 24, 16
- Konzerninsolvenzen, Bestellung Art. 57, 34 ff.
- Konzerninsolvenzen, Zusammenarbeit m. Gerichten Art. 58, 1 ff.
- Kooperationspflichten Art. 102c § 22, 3 ff.
- Leistungen an d. Schuldner nach Insolvenzeröffnung Art. 28, 18; Art. 31, 8 ff.; s. a. Drittschuldner
- Pflichten Art. 21, 21
- Rechtsstellung Art. 21, 1 ff.
- Sekundärverwalter Art. 21, 4; s. a. dort
- vorläufiger Art. 21, 8 ff.; Art. 22, 3; Art. 56, 15
- vorläufiger, Sicherungsmaßnahmen Art. 52, 1 ff.
- Zusammenarbeit mit Gerichten Art. 43, 1 ff.
- Zuständigkeit, Prüfung Art. 4, 15; Art. 5, 1 ff.

Verwalter – Befugnisse
- Abholungsrecht Art. 21, 23 ff.; Art. 23, 4
- Anerkennung, automatische Art. 21, 1 ff.
- Anfechtungsklagen Art. 21, 38 ff.
- Auskunftsansprüche Art. 23, 73 ff.
- Bestellung, Nachweis Art. 22, 10
- dingliche Rechte Art. 21, 26 ff.
- Drittstaaten Art. 21, 18, 37, 46
- Erfüllungswahlrechte Art. 6, 59; Art. 7, 22; Art. 21, 15; Art. 34, 34; Art. 102c § 3, 13
- Forderungsanmeldung Art. 45, 8 ff.
- Freigabe Art. 34, 35
- Gläubigerversammlungen, Teilnahme Art. 45, 16 f.
- Hauptinsolvenzverwalter Art. 21, 19 ff.; s. a. dort
- Inbesitznahme/Inventarisierung/Sicherung Art. 21, 20
- Insolvenzbeschlag Art. 21, 22
- Insolvenzeröffnung, Eintragung Art. 28, 1 ff.
- Insolvenzeröffnung, Eintragungsantrag Art. 28, 19 ff.
- Insolvenzeröffnung, Eintragungspflicht Art. 29, 1 ff.
- Sekundärverfahren, Vermeidung Art. 34, 6; Art. 36, 1 ff.; s. a. Sekundärverfahren, virtuelles; Zusicherung
- Sonderbefugnisse Art. 21, 16 f.
- Verfügungs-/Verwaltungsbefugnis Art. 7, 15 ff.
- Verfügungsbefugnis Art. 21, 15
- Verwertungsrecht Art. 21, 15
- Zusicherung d. Verwalters an ausl. Gläubiger Art. 36, 4 ff.

Verwaltungsbefugnis
- anwendbares Recht Art. 7, 15 ff.

Verwertung
- Aussetzung Art. 34, 7; Art. 46, 1 ff.
- Aussetzung, Aufhebung Art. 46, 22 ff.
- Aussetzung, Dauer Art. 46, 21
- Aussetzung, Form/Frist Art. 46, 13

973

## Stichwortverzeichnis

- Aussetzung, Gläubigerinteressen
Art. 46, 11 f.
- Aussetzung, Gruppen-Koordinationsverfahren Art. 102c § 24, 1 ff.
- Aussetzung, Konzerninsolvenz
Art. 60, 8 ff.
- Aussetzungsantrag Art. 46, 8 f.
- Aussetzungsantrag, Ablehnung
Art. 46, 14 f.
- Aussetzungsantrag, Stattgabe
Art. 46, 16 ff.
- Aussetzungsrecht d. Koordinators
Art. 72, 54 ff.
- Begriff Art. 46, 5
- Gericht, zuständiges Art. 46, 10
- Überschuss Art. 49, 1 ff.;
Art. 50, 10
- Zwangsvollstreckung
Art. 102c § 10, 14 ff.

Verzinsungspflicht
- Absonderungsrechte
Art. 102c § 24, 1 ff.
- Aussetzung, Absonderungsberechtigte Art. 102c § 16, 3 ff.

Vollstreckbarerklärung
- Anerkennung Art. 32, 9 ff.
- EuGVVO, Anwendbarkeit
Art. 32, 20
- Sicherungsmaßnahmen, Anerkennung Art. 32, 17 ff.

Vollstreckungsmaßnahmen
- anwendbares Recht Art. 7, 23 ff.

Vorinsolvenzliche Verfahren
- Anwendungsbereich d. EuInsVO
Art. 1, 11 ff.
- Restrukturierungsrichtlinie
Art. 1, 10, 53 f.; Art. 6, 46
- Sekundärverfahren Art. 34, 27

Vorkaufsrecht
- Verfahrenseröffnung, Wirkung
Art. 8, 13 f.

Vorläufige Verfahren
- Annexklagen Art. 6, 10 ff.
- Anwendungsbereich d. EuInsVO
Art. 1, 26 ff.

Vormerkung
- Verfahrenseröffnung, Wirkung
Art. 8, 13 f.

Wahlgerichtsstand
- Annexklagen, isolierte Art. 6, 63 ff.
- Annexklagen, Verbindung
Art. 6, 80 ff.
- Annexklagen, Voraussetzungen
Art. 6, 70 ff.

Wertpapier-/Investmentunternehmen
- Anwendungsbereich d. EuInsVO
Art. 1, 62

Wertpapiere
- Belegenheit Art. 17, 4
- Schutz des Dritterwerbers
Art. 17, 1 ff.
- Vermögensgegenstände, Belegenheit Art. 2, 26, 33

Wohnsitzverlegung
- Annexklagen, isolierte Art. 6, 90 f.

Wohnungseigentum
- Verfahrenseröffnung, Wirkung
Art. 11, 1 ff.

Zahlungssysteme
- anwendbares Recht Art. 12, 1 ff.
- Begriff Art. 12, 5 ff.
- benachteiligende Rechtshandlungen Art. 12, 14 f.
- Rechtswahl Art. 12, 11
- Verfahrenseröffnung, Wirkung
Art. 12, 12 f.

Zivilrechtliche Klagen
- Klagehäufung Art. 102c § 6, 27 ff.
- verbundene Klagen
Art. 102c § 6, 23 ff.
- Wahlgerichtsstand Art. 6, 63 ff.

Zusammenarbeit
- Gerichte Art. 42, 1 ff.;
s. a. Kooperationspflichten; Koordinierung
- Gerichte und Verwalter Art. 43, 1 ff.
- Gerichte, Gestaltungsermessen
Art. 42, 14 ff.
- Gerichte, Sanktionen Art. 42, 24
- Gerichte, Unterrichtungspflicht
Art. 42, 15 ff.
- Konzerninsolvenzen, Aufgabenverteilung Art. 56, 59 ff.

## Stichwortverzeichnis

- Konzerninsolvenzen, Beteiligte Art. 56, 12 ff.
- Konzerninsolvenzen, Gerichte Art. 57, 1 ff.
- Konzerninsolvenzen, Grenzen Art. 56, 33 ff.; Art. 57, 18 ff.
- Konzerninsolvenzen, Haftung Art. 57, 31 f.
- Konzerninsolvenzen, Informationsaustausch Art. 57, 37 ff.
- Konzerninsolvenzen, Kooperationsfelder Art. 57, 33
- Konzerninsolvenzen, Kosten Art. 57, 31 f.; Art. 59, 1 ff.
- Konzerninsolvenzen, Mittel/ Form Art. 56, 40
- Konzerninsolvenzen, Mitwirkungspflichten Art. 56, 41 ff.
- Konzerninsolvenzen, Sanktionen Art. 57, 50 f.
- Konzerninsolvenzen, Verhandlungen Art. 57, 45 ff.
- Konzerninsolvenzen, Verwalter/ Gerichte Art. 58, 1 ff.
- Konzerninsolvenzen, Verwalterbestellung Art. 57, 34 ff.
- Konzerninsolvenzen, Verwalterpflichten Art. 56, 29 ff.
- Konzerninsolvenzen, Verwalterrechte Art. 60, 1 ff.
- Konzerninsolvenzen, Verwaltung/ Überwachung d. Geschäfte Art. 57, 42 ff.
- Koordinator und Verwalter Art. 74, 1 ff.
- Kosten Art. 41, 27 f.; Art. 44, 1 ff.
- Partikularverfahren Art. 42, 5; Art. 43, 3
- Sanierungsplan Art. 56, 53 ff.
- Umwandlung v. Sekundärverfahren Art. 51, 1 ff.
- Verwalter Art. 41, 1 ff.; s. a. Kooperationspflichten
- Verwalterbestellung, Koordinierung Art. 42, 16 ff.
- Verwaltung/Überwachung d. Geschäfte Art. 56, 47 ff.

Zusicherungen
- Ablehnung d. Eröffnung d. Sekundärverfahrens Art. 102c § 20, 1 ff.

- Arbeitsverhältnisse Art. 36, 39
- Bekanntmachung Art. 36, 11
- Drittstaaten Art. 36, 41 ff.
- Eigenverwaltung Art. 36, 5, 18
- Eröffnungsantrag trotz Zusicherungen Art. 102c § 20, 5
- Form Art. 36, 12
- Gläubigerbeteiligung Art. 36, 20 ff.
- Haftung Art. 36, 36 ff.
- Hauptinsolvenzverfahren, Gläubigerbeteiligung Art. 36, 17 f.
- Hauptinsolvenzverwalter, Haftung Art. 102c § 14, 1 ff.
- Informationspflicht Art. 36, 29
- Inhalt Art. 36, 4 ff.
- inländisches Verfahren Art. 102c § 11, 1 ff.
- inländisches Verfahren, Abstimmung Art. 102c § 17, 1 ff.; Art. 102c § 18, 1 ff.; Art. 102c § 19, 1 ff.
- inländisches Verfahren, Bekanntmachung Art. 102c § 12, 1 ff.
- Rechtsfolgen Art. 36, 13 ff.
- Rechtsmittel Art. 36, 40
- Sekundärverfahren, Antragsfrist Art. 37, 11
- Sekundärverfahren, Antragstellung Art. 38, 9 ff.
- Sekundärverfahren, Vermeidung Art. 36, 1 ff.
- Sicherungsmaßnahmen Art. 36, 35; Art. 102c § 21, 17 ff.
- Sprache Art. 36, 12
- Verpflichtung z. Einhaltung Art. 102c § 21, 8 ff.
- Verteilung, Überprüfung Art. 102c § 21, 5 ff.
- Verteilung, Überprüfungsantrag Art. 102c § 21, 5 ff.
- Verteilungsordnung, Durchsetzung Art. 36, 30 ff.
- Zuständigkeit, internationale Art. 36, 30 ff.
- Zustimmung, Zustellung Art. 102c § 12, 3 ff.

Zuständigkeit
- Annexklagen Art. 6, 1 ff., 47 ff.
- Annexklagen, isolierte Art. 6, 63 ff.
- Annexzuständigkeit ErwG, 7

975

## Stichwortverzeichnis

- Gerichtsstandsvereinbarungen Art. 6, 55 f.
- Gruppen-Koordinationsverfahren, Antrag Art. 61, 10
- Gruppen-Koordinationsverfahren, Prioritätsregel Art. 62, 1 ff.
- Prüfung, Begründungspflicht Art. 4, 11 ff.
- Prüfung, Insolvenzeröffnung Art. 4, 1 ff.; Art. 5, 1 ff.
- Sekundärverfahren, Eröffnungsprüfung Art. 39, 4 f.
- Sicherungsmaßnahmen Art. 52, 9
- Verwertungsaussetzung Art. 46, 10
- Zuständigkeitsprüfung, Rechtsmittel Art. 5, 1 ff.

Zuständigkeit, internationale ErwG, 5
- Ablehnung d. Eröffnung durch ausl. Gericht Art. 102c § 2, 12 ff.
- anderweitige, Anhaltspunkte Art. 102c § 5, 1 ff.
- Annexklagen Art. 6, 1 ff., 47 ff.; Art. 102c § 6, 15
- Annexklagen, isolierte Art. 6, 63 ff.
- Anwendung des Rechts d. Eröffnungsstaats Art. 7, 1 ff.; s. a. Insolvenzstatut
- Arbeitsverhältnisse Art. 13, 17 ff.
- Eigentumsvorbehalt, Durchsetzung Art. 10, 13
- Eröffnungsantrag, zusätzliche Angaben Art. 102c § 5, 11 ff.
- Gegenstände, unbewegliche Art. 11, 4, 17 f.
- Gerichtsstandsvereinbarungen Art. 6, 55 f.
- grenzüberschreitender Bezug Art. 1, 71 f.
- Hauptinsolvenzverfahren Art. 3, 1, 9
- Insolvenzmasse, Sekundärverfahren Art. 34, 36
- Kompetenzkonflikte Art. 102c § 2, 1 ff.
- Mittelpunkt des hauptsächlichen Interesses Art. 3, 10 ff.
- nationale Gerichte Art. 102c § 1, 1 ff.

- Niederlassung, inländische Art. 102c § 7, 5 ff.
- Partikularverfahren Art. 5, 4
- Partikularverfahren, isoliertes Art. 3, 48 ff., 54 ff.
- Prüfung, Begründungspflicht Art. 4, 11 ff.
- Prüfung, Insolvenzeröffnung Art. 4, 1 ff.; Art. 5, 1 ff.
- Rechtsmittel Art. 102c § 4, 1 ff.
- Sekundärinsolvenzverfahren Art. 3, 40 ff.
- Sekundärverfahren Art. 5, 4
- Unternehmensgruppe Art. 1, 58
- Verteilungsordnung, Durchsetzung Art. 36, 30 ff.
- Zusicherung Art. 36, 30 ff.
- Zuständigkeitsprüfung, Rechtsmittel Art. 5, 1 ff.

Zuständigkeit, örtliche
- Annexklagen Art. 102c § 6, 1 ff.
- Eintragungsantrag, Unzuständigkeit Art. 102c § 8, 17
- Insolvenzeröffnung, Eintragungsantrag Art. 102c § 8, 1 ff.
- Insolvenzgericht Art. 102c § 1, 1 ff.
- Verteilung, Überprüfung Art. 102c § 21, 5 ff.
- wesentlicher Teil d. inl. Vermögens Art. 102c § 7, 15 ff.
- zivil-/handelsrechtliche Klage Art. 102c § 6, 23 ff.
- Zusicherung, Sicherungsmaßnahmen Art. 102c § 21, 17 ff.
- Zusicherung, Verpflichtung z. Einhaltung Art. 102c § 21, 8 ff.
- Zuständigkeitskonzentration Art. 102c § 8, 5 ff.

Zwangsvollstreckung
- Aussetzung Art. 38, 22 ff.
- Herausgabevollstreckung Art. 102c § 10, 9 ff.
- Verwalter, Befugnisse Art. 21, 61
- Verwertung v. Massegegenständen Art. 102c § 10, 14 ff.
- Vollstreckbarerklärung, Anerkennung Art. 32, 9 ff., 17 ff.
- Vollstreckungsverfahren Art. 102c § 10, 19 ff.